USA

Regis St. Louis,

Amy C. Balfour, Sandra Bao, Michael Benanav, Greg Benchwick, Sara Benson, Alison Bing, Catherine Bodry, Celeste Brash, Gregor Clark, Lisa Dunford, Ned Friary, Michael Grosberg, Paula Hardy, Adam Karlin, Mariella Krause, Carolyn McCarthy, Christopher Pitts, Brendan Sainsbury, Caroline Sieg, Adam Skolnick, Ryan Ver Berkmoes, Mara Vorhees, Karla Zimmerman

REISEPLANUNG

PAUL E TESSIER /GETTY IMAGES ©

GREAT SMOKY MOUNTAINS NATIONAL PARK S. 385

GEORGE OSTERTAG /GETTY IMAGES ©

COLUMBIA RIVER GORGE S. 1196

REISEZIELE IN DEN USA

Inhalt

REISEZIELE IN DEN USA

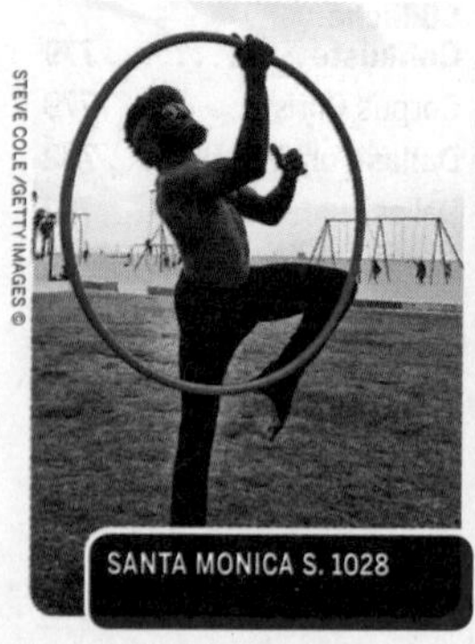
STEVE COLE /GETTY IMAGES ©
SANTA MONICA S. 1028

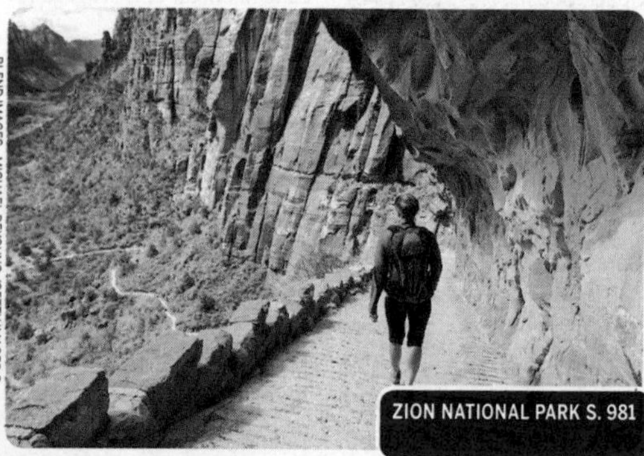
BLEND IMAGES - MICHAEL DEYOUNG /GETTY IMAGES ©
ZION NATIONAL PARK S. 981

Inhalt

DIE USA VERSTEHEN

PRAKTISCHE INFORMATIONEN

SONDERSEITEN

Die Parks heute

Willkommen in den USA

Amerika ist riesig und vielfältig: Da gibt es Wiesenrispengras und Strände, schneebedeckte Gipfel und Redwood-Wälder, Städte, Restaurants und weiten, endlos scheinenden Himmel.

Helle Lichter, große Städte

Amerika – hier liegen die Metropolen Los Angeles, Las Vegas, Chicago, Miami, Boston und New York City. Hört man diese Namen, denkt man natürlich automatisch an ein riesiges Angebot in den Bereichen Kultur, Küche und Unterhaltung. Wer genauer hinschaut, entdeckt aber noch viel mehr Vielfalt: die bunte Musikszene von Austin, den unbeschwerten Charme des Ende des 18. Jhs. gegründeten Savannah, das Umweltbewusstsein der Bevölkerung des freigeistigen Oregon, die prächtige Küste vor San Francisco und die fesselnden Altstadtbezirke von New Orleans, die sich noch immer von den Überschwemmungen erholen.

On the Road Again

Die USA sind das Land der langen Road Trips und der weiten Himmel. 6,5 Mio. km Highway führen an von hohen Bergen eingerahmten roten Wüstengebieten und scheinbar unendlich großen fruchtbaren Weizenfeldern vorbei. Die von der Sonne ausgebleichten Hügel der Great Plains, die üppigen Wälder des Nordwestens und die reizvollen Landstraßen in Neuengland gaben fantastische Ausgangspunkte für einen herrlichen Road Trip durch Amerika ab.

Kulinarische Vielfalt

Im riesigen Texas bekommt man dicke Grillrippchen und sanft geschmorte Rinderbrust, während an der Westküste talentierte Köche in preisgekrönten Restaurants frisches Biogemüse mit asiatischer Note zubereiten. Einheimische holen sich in Manhattans Upper West Side in einem Deli ihren Bagel mit Räucherlachs, während einige Staaten entfernt in einem Diner im 1950er-Jahre-Stil Pfannkuchen und Rühreier verputzt werden. Hummer wird an den Anlegestellen Maines serviert, Austern und Champagner in einer trendigen Weinbar in Kalifornien und Bier und Pizza in einer Kneipe im Mittleren Westen – und dies sind nur einige Seiten der amerikanischen Küche.

Kulturgigant

Die USA haben enorme Beiträge zur Kunst geleistet. O'Keeffes wilde Landschaften, Rauschenbergs surreale Collagen und Pollocks Gemälde sind in die Annalen der Kunst des 20. Jhs. eingegangen. Chicago und New York haben sich zu wahren Reißbrettern der Architekten der Moderne entwickelt. Und: Blues aus dem Mississippi-Delta, Bluegrass aus den Appalachen, Motown aus Detroit, dazu Jazz, Funk, Hip-Hop, Country und Rock'n'Roll – all diese Musikrichtungen stammen aus den USA.

Warum ich die USA liebe

Von Regis St. Louis, Lonely Planet Autor

Die USA verblüffen mich jedes Mal von Neuem mit ihrer Vielfalt. Es gibt nicht viele andere Länder mit soviel wunderbarer Natur – Berge, Strände, Regenwald, Wüsten, Canyons, Gletscher – und gleichzeitig so faszinierenden Städten, einer Top-Musikszene und all den Dingen, die Reisen so toll machen (freundliche Einheimische, nette Restaurants und Bauernmärkte und eine boomende Kleinbrauerei-Szene). Ich wohne gern an einem Ort, wo ich kein Auto brauche (Brooklyn), aber es gibt nichts Schöneres, als auf den Landstraßen unterwegs zu sein und die Wunder und versteckten Ecken dieses inspirierenden Landes zu erkunden.

Mehr zu den Lonely Planet Autoren gibt's auf S. 1372

Route 66, S. 38

USA

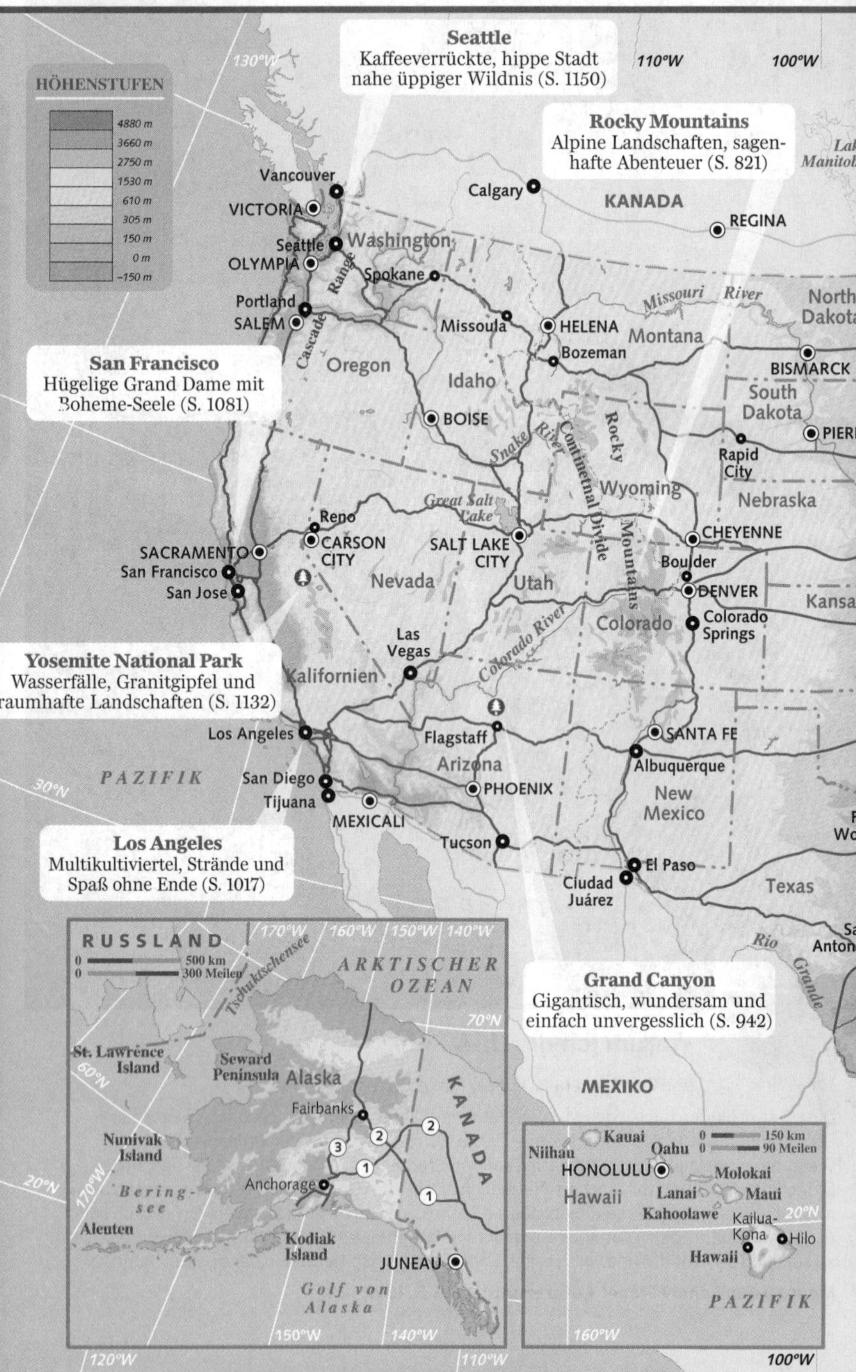

HÖHENSTUFEN
4880 m
3660 m
2750 m
1530 m
610 m
305 m
150 m
0 m
–150 m
Seattle
Kaffeeverrückte, hippe Stadt nahe üppiger Wildnis (S. 1150)
Rocky Mountains
Alpine Landschaften, sagenhafte Abenteuer (S. 821)
San Francisco
Hügelige Grand Dame mit Boheme-Seele (S. 1081)
Yosemite National Park
Wasserfälle, Granitgipfel und traumhafte Landschaften (S. 1132)
Los Angeles
Multikultiviertel, Strände und Spaß ohne Ende (S. 1017)
Grand Canyon
Gigantisch, wundersam und einfach unvergesslich (S. 942)
KANADA
MEXIKO
PAZIFIK
Vancouver
VICTORIA
Seattle
OLYMPIA
Washington
Cascade Range
Spokane
Portland
SALEM
Oregon
Calgary
REGINA
Missoula
HELENA
Bozeman
Montana
Missouri River
North Dakota
BISMARCK
South Dakota
PIERRE
Rapid City
Idaho
BOISE
Snake River
Continental Divide
Rocky Mountains
Wyoming
Nebraska
Great Salt Lake
Reno
CARSON CITY
SACRAMENTO
San Francisco
San Jose
Nevada
SALT LAKE CITY
Utah
CHEYENNE
Boulder
DENVER
Kansas
Colorado
Colorado Springs
Colorado River
Las Vegas
Kalifornien
Los Angeles
San Diego
Tijuana
MEXICALI
Flagstaff
Arizona
PHOENIX
Tucson
SANTA FE
Albuquerque
New Mexico
El Paso
Ciudad Juárez
Texas
Rio Grande
San Antonio
130°W
110°W
100°W
30°N
120°W
110°W
100°W
RUSSLAND
0 500 km
0 300 Meilen
Tschuktschensee
ARKTISCHER OZEAN
170°W
160°W
150°W
140°W
70°N
60°N
20°N
St. Lawrence Island
Seward Peninsula
Alaska
KANADA
Fairbanks
Nunivak Island
Anchorage
Beringsee
Aleuten
Kodiak Island
JUNEAU
Golf von Alaska
150°W
140°W
Kauai
Niihau
Oahu
0 150 km
0 90 Meilen
HONOLULU
Molokai
Hawaii
Lanai
Maui
Kahoolawe
Kailua-Kona
Hilo
Hawaii
PAZIFIK
20°N
160°W

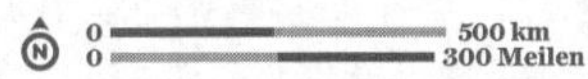

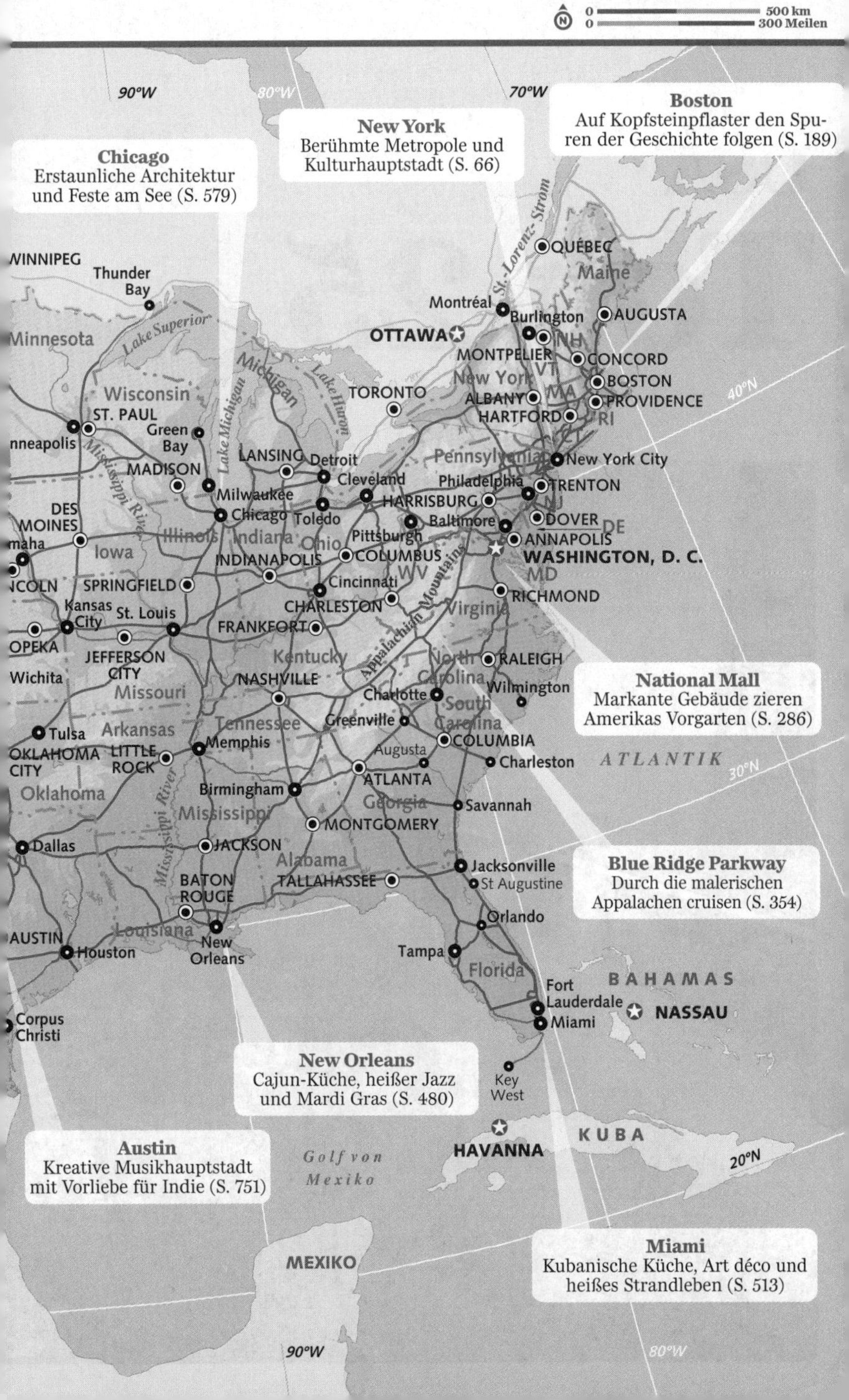
0 500 km
0 300 Meilen
90°W
80°W
70°W
Boston
Auf Kopfsteinpflaster den Spuren der Geschichte folgen (S. 189)
New York
Berühmte Metropole und Kulturhauptstadt (S. 66)
Chicago
Erstaunliche Architektur und Feste am See (S. 579)
St.-Lorenz-Strom
QUÉBEC
Maine
WINNIPEG
Thunder Bay
Montréal
Burlington
AUGUSTA
Lake Superior
Minnesota
OTTAWA
NH
MONTPELIER
VT
CONCORD
Michigan
Lake Huron
Wisconsin
New York
BOSTON
TORONTO
ALBANY
MA
PROVIDENCE
40°N
ST. PAUL
HARTFORD
RI
Green Bay
Lake Michigan
Minneapolis
Mississippi River
LANSING
Detroit
Pennsylvania
New York City
MADISON
Cleveland
Philadelphia
TRENTON
Milwaukee
HARRISBURG
NJ
DES MOINES
Chicago
Toledo
Baltimore
DOVER
DE
Omaha
Iowa
Illinois
Indiana
Ohio
Pittsburgh
ANNAPOLIS
INDIANAPOLIS
COLUMBUS
WASHINGTON, D. C.
LINCOLN
SPRINGFIELD
WV
Mountains
MD
Cincinnati
Kansas City
St. Louis
CHARLESTON
RICHMOND
Virginia
TOPEKA
FRANKFORT
Appalachian Mountains
JEFFERSON CITY
Kentucky
North Carolina
RALEIGH
Wichita
Missouri
NASHVILLE
Charlotte
Wilmington
National Mall
Markante Gebäude zieren Amerikas Vorgarten (S. 286)
South Carolina
Tennessee
Greenville
Tulsa
Arkansas
COLUMBIA
OKLAHOMA CITY
LITTLE ROCK
Memphis
Augusta
Charleston
ATLANTIK
30°N
ATLANTA
Oklahoma
Birmingham
Georgia
Savannah
Mississippi
MONTGOMERY
Dallas
JACKSON
Alabama
Jacksonville
Blue Ridge Parkway
Durch die malerischen Appalachen cruisen (S. 354)
BATON ROUGE
TALLAHASSEE
St Augustine
Orlando
Louisiana
AUSTIN
Houston
New Orleans
Tampa
Florida
BAHAMAS
Fort Lauderdale
NASSAU
Miami
Corpus Christi
New Orleans
Cajun-Küche, heißer Jazz und Mardi Gras (S. 480)
Key West
HAVANNA
KUBA
Austin
Kreative Musikhauptstadt mit Vorliebe für Indie (S. 751)
Golf von Mexiko
20°N
MEXIKO
Miami
Kubanische Küche, Art déco und heißes Strandleben (S. 513)
90°W
80°W

USA Top 25

1

New York City

1 Die Heimat von Künstlern, Börsenmaklern und Einwanderern aus aller Welt erfindet sich immer wieder neu (S. 66). Und bleibt dabei weiterhin eines der Zentren für Mode, Theater, Essen, Musik, Verlage, Werbung und Finanzen. Auf fünf Stadtteile verteilt sich eine beeindruckende Vielfalt an Museen, Parks und ethnischen Vierteln. Am besten macht man es wie die New Yorker: raus auf die Straße. Jeder Block spiegelt den Charakter und die Geschichte dieses atemberaubenden Kaleidoskops und selbst bei einem kurzen Spaziergang kann man ganze Kontinente durchqueren. High Line (S. 78)

Grand Canyon

2 Man kennt ihn aus dem Kino und von denen, die dort waren, hat man schon alles über ihn gehört. Aber ist der Hype um den Grand Canyon gerechtfertigt? Die Antwort ist eindeutig Ja. Der Grand Canyon (S. 942) ist riesig und unfassbar alt – er entstand im Verlauf von 6 Mio. Jahren und einige der Steine, die entlang der Wände freigelegt wurden, sind 2 Mrd. Jahre alt. Ein Blick über den Rand und man wird mit der großen Kraft und Rätselhaftigkeit der Erde, auf der wir leben, konfrontiert. Wer das einmal gesehen hat, versteht, warum hier kein anderes Naturphänomen mithalten kann.

CLAIRE TAKACS / GETTY IMAGES ©

2

MICHELE FALZONE / GETTY IMAGES ©

Route 66

3 Die Straße war der erste echte Road Trip durch die USA, denn sie verband bereits 1926 Chicago mit Los Angeles. Hier findet man Neonschilder, mit Kuchen gefüllte Diners und Autokinos am Straßenrand. Die Route (S. 38) wurde 1984 durch die I-40 abgekürzt, aber viele der alten Orte sind erhalten geblieben. Auf den Spuren der Route 66 lernt man das amerikanische Kleinstadtleben kennen. Egal, ob man die ganze Strecke oder nur ein Teilstück abfährt, man begegnet dem klassischen, nostalgischen Amerika.

New Orleans

4 Nach dem verheerenden Wirbelsturm Katrina 2005 hat sich New Orleans (S. 480) wieder aufgerappelt. Die karibisch-koloniale Architektur, die kreolische Küche und eine wilde Feier-Atmosphäre machen den Big Easy verführerischer denn je. Wer abends ausgeht, bekommt überall Dixieland Jazz, Blues und Rock um die Ohren, und die jährlichen Mardi Gras- und Jazz-Festivals sind weltberühmt. In „Nola" liebt man das Essen: Besucher schwelgen in Jambalaya, Krebsen und Louisiana *cochon* (Pulled Pork), bevor sie sich in die Bar-Szene der Frenchman St. stürzen.

5

6

Yellowstone National Park

5 Beeindruckende Naturschönheit, unglaubliche Geologie und mit die schönsten Wildtierbeobachtungen Nordamerikas sind nur einige Gründe, warum Yellowstone (S. 870) eine solche Anziehungskraft hat. Das Gelände ist in fünf Abschnitte aufgeteilt und riesig (über 9000 km²). Zu den Highlights gehören gewaltige Geysire, Wasserfälle, versteinerte Wälder, zerklüftete Berge, herrliche Aussichten und gluckernde Schlammbecken – mit 1770 km Wanderwegen, die einen überall hinführen. Morning Glory Pool, Upper Geyser Basin (S. 871)

Neuengland im Herbst

6 Den Farbwechsel der Blättern zu beobachten ist ein fast schon episches Event in Neuengland (S. 184). Von den Litchfield Hills (S. 239) in Connecticut und den Berkshires (S. 225) in Massachusetts bis zu den Green Mountains (S. 246) in Nord-Vermont leuchten ganze Berghänge in strahlendem Rot, Orange und Gelb. Brücken und weiße Kirchen mit üppigen Ahornbäumen katapultieren Vermont und New Hampshire ganz nach vorn in der Beliebtheitsskala der Blätter-Gucker. New Hampshire (S. 252)

Yosemite National Park

7 Yosemites von Gletschern geformte Täler lassen Herzen höher schlagen, auch wenn im Sommer hier immer viel los ist. Im Frühling wird man von der Gischt donnernder Schmelzwasserfälle besprüht und wirbelt singend wie in *Meine Lieder – meine Träume* über Wildblumenwiesen. Yosemites Landschaft (S. 1132) mit ihren schwindelerregenden Kletterwänden und Formationen sowie den uralten Mammutbäumen macht süchtig. Man findet aber inmitten der unerschlossenen Wildnis von 1881 km² auch Einsamkeit und Weite.

Walt Disney World

8 Will man die Latte hoch legen? Dann nennt man sich einfach „glücklichster Ort der Welt". Walt Disney World (S. 564) tut das und macht alles, um einem das Gefühl zu geben, man sei die wichtigste Figur in der ganzen Show. Trotz der Achterbahnen, Shows und Nostalgie besteht der schönste Zauber darin, sein eigenes Kind dabei zu beobachten, wie es stolz Goofy zum Lachen gebracht hat, von Cinderella hofiert wurde, mit Buzz Lightyear die Galaxie gerettet und wie ein echter Jedi-Ritter gegen Darth Maul gekämpft hat.

7

PAWEL GAUL / GETTY IMAGES ©

GARRY GAY / GETTY IMAGES ©

Chicago

9 Die Windy City (S. 588) mit ihren Wolkenkratzern, den Stränden und Weltklasse-Museen haut einen um. Aber der wahre Zauber steckt in der Kombination aus hoher Kultur und weltlichen Genüssen. Oder wo tragen Picasso-Skulpturen Sporttrikots? Wo stehen Einheimische ebenso geduldig an Imbissbuden wie vor Top-Restaurants Schlange? Die Winter sind eisig, aber im Sommer feiert Chicago die warmen Tage mit Essen und Musik-Festivals.

San Francisco & Wine Country

10 Inmitten des Geratters der Cable Cars und des dicken Nebels, der nachts hereinwabert, laden San Franciscos (S. 1081) Stadtviertel auf Hügeln und in Tälern mit Indie-Läden, Weltklasse-Restaurants und bohèmehaftem Nachtleben zum Herumschlendern ein. Ein Blick auf das Wasser und man ist süchtig. Wer sich losreißen kann, den erwarten gleich im Norden die Weinanbaugebiete von Napa, Sonoma und dem Russian River Valley (S. 1118). Eine Tour durch die Weinberge ist Teil des Wine-Country-Erlebnisses. Sonoma County (S. 1118)

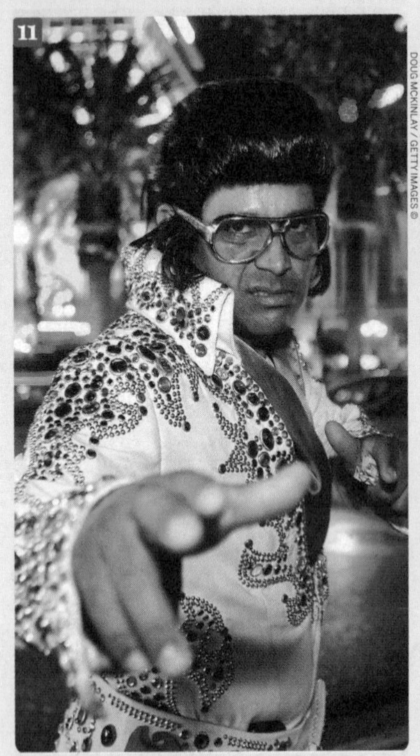

DOUG MCKINLAY / GETTY IMAGES ©

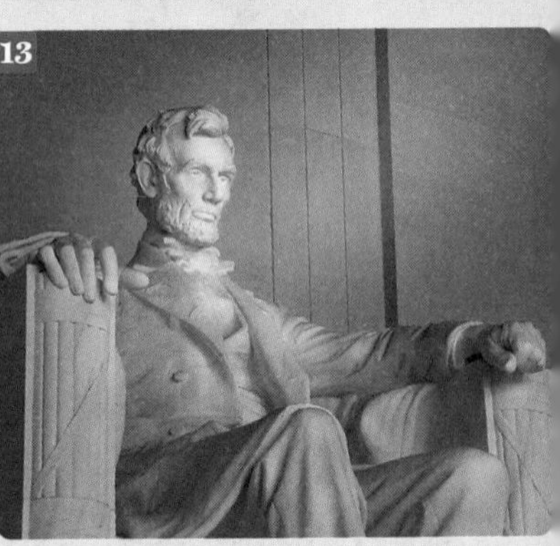

Las Vegas

11 Sin City (S. 904) ist ein Ritt im Neonlicht durch amerikanische Reichtumsfantasien. Hier strahlen die Namen der Milliardäre von den Leuchttafeln der Luxushotels. Hier hört man den Lärm einarmiger Banditen, das Klirren von Martinigläsern und bis ins Morgengrauen die hypnotisierenden Beats der DJs. Man trinkt Cocktails unter Palmen und spielt Blackjack am Pool. In einer Nacht kann man Paris, den Wilden Westen und eine tropische Insel besuchen. Das alles gibt es hier rund um die Uhr für den Preis eines Pokerchips (und ein bisschen Glück).

Der Tiefe Süden

12 Im geschichtsträchtigen und vom regionalen Stolz geprägten Tiefen Süden (S. 386) ist Amerika am verrücktesten und faszinierendsten: von den Sümpfen South Carolinas über die Juke Joints im Mississippi-Delta bis hin zu den isolierten französisch sprechenden Enklaven im Louisiana Bayou. Berühmt für seine langsame Gangart geht es im Tiefen Süden darum, die kleinen Dinge des Lebens zu genießen: frische Austern in Alabama zu schlürfen, die Antebellum-Straßen entlangzuschlendern oder süßen Tee auf der Veranda zu trinken. Oak Alley Plantation (S. 500), Louisiana

National Mall

13 Knapp 3 km lang und gesäumt von Denkmälern und Marmorgebäuden ist die National Mall (S. 288), der Mittelpunkt von Washingtons politischem und kulturellem Leben. Im Sommer finden hier Musik- und Gastronomie-Festivals statt. Und das ganze Jahr über wandern Besucher entlang des Grünstreifens durch die schönsten Museen Amerikas. Hier ist der beste Ort, um die Geschichte Amerikas zu entdecken: ob am Vietnam War Memorial oder am Lincoln Memorial, wo Martin Luther King Jr. seine berühmte „I Have a Dream"-Rede hielt. Lincoln Memorial (S. 289)

Pacific Coast Highways

14 Von Kanada bis zur mexikanischen Grenze winden sich atemberaubende Küstenstraßen die Westküste entlang und bieten eine unglaubliche Kulisse: Aussichtspunkte von Klippen auf tosende Wellen, Hügellandschaften, Eukalyptuswälder und Mammutbäume. Es gibt wilde verlassene Strände, idyllische Städte und Fischerdörfer und urzeitlichen Regenwald. Inmitten der Schönheit der Natur findet man aber auch Großstadtabenteuer in Seattle, Portland, San Francisco und Los Angeles. Bixby Creek Bridge, Big Sur (S. 1073)

Boston & Cape Cod

15 Zunächst folgt man auf Bostons Freedom Trail (S. 199) den Spuren der frühen Tea-Party-Mitglieder Paul Revere und Sam Adams. Nach dieser Geschichtslektion besucht man den Campus der Harvard University (S. 198) und fühlt sich in einem der Pubs der Stadt selbst ein wenig aufrührerisch gestimmt. Dann kühlt man sich an den Stränden der Cape Cod National Seashore (S. 214) ab, nimmt an einer Walbeobachtungstour teil oder verläuft sich in den Dünen von Provincetown (S. 216). Buckelwal vor Provincetown

14

15

Rocky Mountains

16 Die Rockies (S. 821) sind die Heimat der höchsten Berge in den *lower 48*. Schroffe Gipfel, reißende Flüsse, Canyons und Nationalparks bestimmen das Bild. Im Winter kann man auf Pulverschnee Ski und Snowboard fahren, im Frühling zwischen Wildblumen wandern und mountainbiken oder an heißen Sommernachmittagen das Rauschen des Wildwassers erleben. Nach soviel frischer Luft kann man in Kleinbrauereien, Restaurants und belebenden Thermalquellen entspannen. Bison, Grand Teton National Park (S. 877)

Miami

17 Wie kann eine Stadt so viel Glück haben? Die meisten geben sich mit ein oder zwei Vorzügen zufrieden, aber Miami (S. 513) scheint alles zu haben: Neben den tollen Stränden und der Art-déco-Altstadt gibt es überall Kultur pur. In verqualmten Hallen tanzen Einwanderer zu Son und Boléro, in Nachtclubs bewegen sich Models auf High Heels zu Latino-Hip-Hop und im Park lassen alte Männer Dominosteine klacken. Und Straßenhändler servieren Gerichte aus der Karibik, Kuba, Argentinien und Spanien. South Beach, Miami

16

17

STEPHEN SAKS / GETTY IMAGES ©

SHELLY PERRY / GETTY IMAGES ©

Stätten der Ureinwohner

18 Der Südwesten (S. 899) gehört den amerikanischen Ureinwohnern. Die vielen Stätten stehen für lange Vergangenes wie Gegenwärtiges. In Colorado und Arizona kann man die uralten Häuser der Pueblo-Völker besichtigen, die in dieser aufregenden Landschaft lebten; warum sie sie verließen, ist immer noch rätselhaft. Oder man besucht die noch lebende Navajo Nation, wandert zum Grund des Canyon de Chelly (S. 951), übernachtet im Reservat und erwirbt Kunsthandwerk direkt vor Ort. Felsbehausungen der frühen Pueblo-Indianer, Mesa Verde National Park (S. 862)

Blue Ridge Parkway

19 In den südlichen Appalachen von Virginia und North Carolina (S. 366) kann man grandiose Sonnenuntergänge erleben, Tiere beobachten und alles um sich vergessen, während man in die Wildnis starrt, die diese 755 km lange Strecke umgibt. Dutzende Wanderwege von einfachen Wegen bis zu herausfordernden Kletterpartien zum Adlerhorst hinauf führen direkt in die Natur. Und auf keinen Fall die tolle Bluegrass- und Mountain-Music-Szene in Nachbarstädten wie Asheville in North Carolina bzw. Floyd und Galax in Virginia verpassen!

Austin & San Antonio

20 Das ökobewusste Austin in Texas (S. 746) verdankt seine kreativ künstlerische Atmosphäre der Uni und der Subkultur. Es ist hervorragend zum Ausgehen und Shoppen. Die Stadt ist eine der US-Musikmetropolen mit unzähligen Sounds, Konzertbühnen und zwei großen Festivals vom Feinsten. Südwestlich davon lockt San Antonio (S. 764) mit seinem hübschen Riverwalk, lebendigen Festivals (z. B. die zehntägige Fiesta San Antonio) und einer abwechslungsreichen Geschichte (von spanischen Missionen bis zur Schlacht von Alamo). Musiker, Austin

21

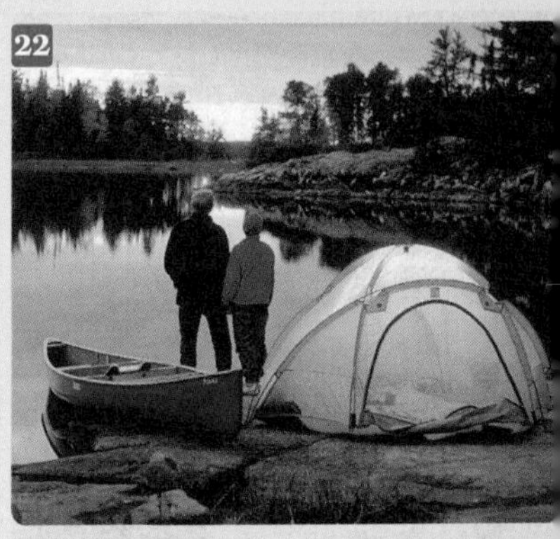
22

SAPNA REDDY PHOTOGRAPHY / GETTY IMAGES ©

23

Columbia River Gorge

21 Die Columbia River Gorge (S. 1196) entstand als sich der mächtige Fluss durch die Kaskadenkette schnitt und ist ein geologisches Wunder. Sie grenzt im Norden an den Bundesstaat Washington und im Süden an Oregon und bietet zahllose Wasserfälle und spektakuläre Wanderungen, aber auch reiche Ernten von Äpfeln, Birnen und Kirschen. Wind- und Kitesurfer fahren am besten direkt in die Stadt Hood River, dem Ausgangspunkt für diesen Abenteuersport. Egal ob Wanderfreund, Obstfan oder Adrenalinjunkie – die Schlucht liefert. Multnomah Falls

Die Großen Seen

22 Diese wasserreiche Region ist die erste Adresse für Touren abseits gewohnter Pfade. Outdoorfans lassen in Minnesotas Boundary Waters (S. 681) ihr Boot zu Wasser und nächtigen unter dem Sternenhimmel. Oder sie wandern zur Upper Peninsula des Michigansees (S. 645), einer abgelegenen Landschaft mit rauen Wäldern und von Wellen umtosten Klippen. Wem das zu einsam ist, der besucht die Milchbauern in Wisconsin und probiert deren Käse. Und Städte wie Minneapolis, Milwaukee und Detroit haben tolle Stadtviertel, in denen heimische Biere und Bands Erfolge feiern. Boundary Waters

Seattle

23 Eine innovative Stadt am Pazifischen Randgebiet mit der Angewohnheit, einheimische Ideen in globale Marken zu verwandeln. Seattle (S. 1150) hat mit seiner Musikszene, der Kaffeekultur und einer Vorliebe für Internet-Innovationen seinen Platz im Kreis der „großen" US-Metropolen verdient. Aber während die Trendsetter aus Seattle immer auf der Jagd nach dem nächsten großen Ding sind, pflegen die Traditionalisten der Stadt die typischen Stadtviertel, die gut bürgerliche Esskultur und den vermeintlich besten öffentlichen Markt der Nation, den Pike Place (S. 1151). Pike Place Market

Los Angeles

24 Obwohl es die Unterhaltungshauptstadt der Welt ist, ist Los Angeles (S. 1017) mehr als nur ein Leinwandstar. Es ist die Stadt des liebenswürdigen Venice Beach, der Kunstgalerien und der Esskultur von Santa Monica, der Indie-Viertel wie Los Feliz und Silverlake, der Surfstrände wie Malibu und des wilden Griffith Parks. Und das ist erst der Anfang. Gräbt man tiefer, findet man viele Museen, eine beginnende kulturelle Renaissance im Zentrum und multi-ethnische Viertel mit großartigem Essen. Venice Beach (S. 1030)

Mittel-Amerikana

25 Endlose Straßen, Parks wie die Badlands und großartiges Essen in Kansas City sind nur einige der Vorzüge der Great Plains (S. 684). Eine Überraschung jagt die andere: Nebraskas Carhenge (S. 730), South Dakotas Corn Palace (S. 716), das Space Center in Kansas (S. 735) und die Kunst in Lucas (S. 735) sind nur eine Auswahl. Am besten startet man auf einer der legendären Straßen wie der US50. Während der Fahrt entdeckt man so Vieles, dass der Weg das Ziel wird. Carhenge (Künstler: Jim Reinders)

24

25

Gut zu wissen

Weitere Infos gibt's im Abschnitt „Allgemeine Informationen" (S. 1316)

Währung
US-Dollar (US$)

Sprache
Englisch

Geld
Geldautomaten gibt es quasi überall. Kreditkarten werden in den meisten Hotels, Restaurants und Läden akzeptiert.

Visa
Besucher aus Deutschland, Österreich und der Schweiz benötigen für Aufenthalte unter 90 Tagen kein Visum. Die vorherige ESTA-Registrierung online ist obligatorisch.

Handys
In den USA funktionieren nur Triband- oder Quadband-Handys. Wer kein solches besitzt, kann sich in den Staaten ein günstiges Prepaid-Handy kaufen.

Autofahren
In den USA herrscht Rechtsverkehr.

Reisezeit

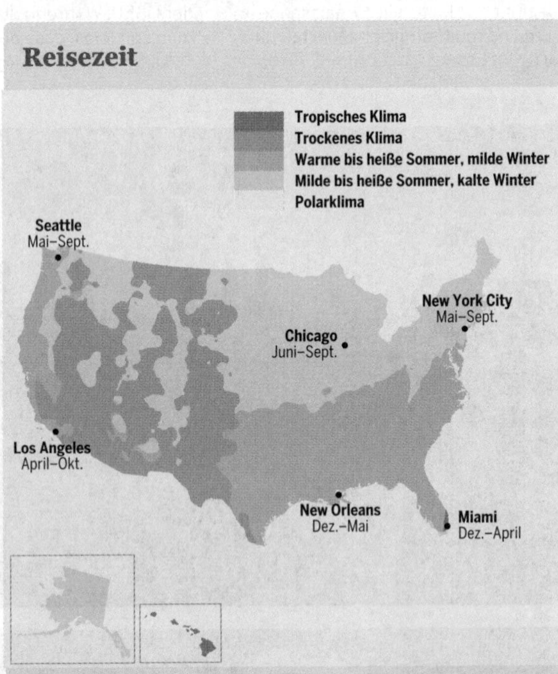

Hauptsaison
(Juni–Aug.)

➡ Warme Tage im ganzen Land, mancherorts ist's heiß.

➡ Sehr viele Touristen und hohe Preise.

➡ In Skigebieten dauert die Hauptsaison von Januar bis März.

Zwischensaison
(Okt. & April–Mai)

➡ Milde Temperaturen, weniger Besucher.

➡ Frühlingsblumen (April) und feurige Herbstfarben (Okt.) in manchen Landesteilen.

Nebensaison
(Nov.–März)

➡ Wintertage mit Schneefall im Norden und stärkeren Regenfällen in anderen Regionen.

➡ Günstigste Unterkunftspreise (allerdings nicht in Ski- und wärmeren Urlaubsgebieten).

Infos im Internet

Lonely Planet (www.lonelyplanet.de/reiseziele/usa) Reiseinfos, Hotelbuchungen, Forum und Fotos.

National Park Service (NPS; www.nps.gov) Portal zu den größten Naturschätzen der USA, ihren Nationalparks.

Festivals.com (www.festivals.com) Amerikas beste Feste mit Livemusik, Essen, Getränken und Tanz.

New York Times Travel (http://travel.nytimes.com) Reiseinfos, praktische Tipps und faszinierende Features.

Roadside America (www.roadsideamerica.com) Die schrulligen und schrägen Seiten der USA.

Wichtige Telefonnummern

Um herkömmliche Anschlüsse zu erreichen, wählt man die Ortsvorwahl gefolgt von der siebenstelligen Nummer.

Notruf	☎911
Landesvorwahl USA	☎1
Telefonauskunft	☎411
Internationale Telefonauskunft	☎00
Vorwahl für internationale Gespräche aus den USA	☎011

Wechselkurse

Eurozone	1 €	1,36 US$
	1 US$	0,74 €
Schweiz	1 SFr	1,10 US$
	1 US$	0,91 SFr

Aktuelle Wechselkurse sind unter www.xe.com abrufbar.

Tagesbudget

Günstiger – weniger als 100 US$

➡ B im Schlafsaal: 20–30 US$; Stellplatz: 15–30 US$; Zi. im Budgetmotel: 60 US$

➡ Nutzung von Bussen, U-Bahnen und anderen öffentlichen Verkehrsmitteln: 2–3 US$

➡ Mittagessen in einem Café oder vom Food Truck: 5–9 US$

Mittleres Budget – 150–250 US$

➡ DZ in einem Mittelklassehotel: 100–200 US$

➡ Abendessen in einem soliden Restaurant: 50–80 US$ für zwei

➡ Mietwagen: ab 30 US$/Tag

Teuer – mehr als 250 US$

➡ Unterkunft in einem Resort: ab 250 US$

➡ Abendessen in Top-Restaurants: 60–100 US$/Pers.

➡ Ausgehen (Spiele, Konzerte, Nachtclubs): 60–200 US$

Öffnungszeiten

Banken Mo–Fr 8.30–16.30 Uhr
Bars So–Do 17–24, Fr & Sa bis 2 Uhr

Einkaufszentren 9–21 Uhr

Geschäfte Mo–Sa 9–18, So 12–17 Uhr

Nachtclubs Do–Sa 22–3 Uhr

Post Mo–Fr 9–17 Uhr

Supermärkte 8–20 Uhr, einige haben rund um die Uhr geöffnet

Ankunft am …

JFK (New York; S. 124) Ab dem JFK geht's mit dem AirTrain zur Jamaica Station und mit der LIRR zur Penn Station, was 12 bis 15 US$ kostet (45 Min.). Für ein Taxi nach Manhattan zahlt man 52 US$ plus Maut und Trinkgeld (45–90 Min.).

Los Angeles International (LAX; S. 1041) Der LAX Flyaway Bus zur Union Station kostet 7 US$ (30–50 Min.); Prime Time & SuperShuttle von Tür zu Tür kosten 16 bis 28 US$ (35–90 Min.); für ein Taxi nach Downtown werden 47 US$ fällig (25–50 Min.).

Miami International (S. 526) Mit dem SuperShuttle geht's für 21 US$ (50–90 Min.) nach South Beach; eine Taxifahrt nach Miami Beach gibt's für 34 US$ (40–60 Min.); mit der Metrorail fährt man ins Zentrum (Government Center; 2 US$, 15 Min.).

Zeitzonen

Vier Zonen auf dem US-Festland:

EST (Eastern Standard Time; MEZ –6 Std.): NYC, Neuengland & Atlanta

CST (Central Standard Time; MEZ –7 Std.): Chicago, New Orleans & Houston

MST (Mountain Standard Time; MEZ –8 Std.): Denver, Santa Fe & Phoenix

PST (Pacific Standard Time; MEZ –9 Std.): Seattle, San Francisco & Las Vegas

Im größten Teil Alaskas ist es noch eine Stunde früher als in der PST-Zone (MEZ –10 Std.), auf Hawaii sind es zwei Stunden. Wenn es in New York 21 Uhr ist, ist es in Chicago 20 Uhr, in Denver 19 Uhr, in L. A. 18 Uhr, in Anchorage 16 Uhr und in Honolulu 15 Uhr.

Mehr zu **Verkehrsmitteln & -wegen** gibt's auf S. 1343

Wie wär's mit...

Strände

Von den schroffen, wilden Küsten Maines bis zu den herrlichen Surfständen Südkaliforniens: Angesichts der Küsten zweier Ozeane und des Golfs von Mexiko haben Strandliebhaber die Qual der Wahl.

Point Reyes National Seashore Das Wasser ist kalt, doch die Landschaft dieses wilden Strandes in Nordkalifornien ist magisch. (S. 1113)

South Beach An diesem weltbekannten Strand geht es weniger um Badespaß, sondern darum, am beliebtesten Tummelplatz Miamis Leute zu beobachten. (S. 515)

Cape Cod National Seashore Riesige Sanddünen, malerische Leuchttürme und kühle Wälder laden zu endlosen Erkundungstouren an diesem Kap in Massachusetts ein. (S. 214)

Montauk Das windumtoste Montauk an der östlichen Spitze von Long Island lockt mit einer schönen Küste, Strandcamping und einem noch funktionsfähigen Leuchtturm aus dem 18. Jh. (S. 129)

Santa Monica Erst geht's an den Strand, danach auf Promijagd in den Galerien und Nobelbistros. (S. 1028)

Grayton Beach State Park In dem unberührten Küstenpark am Panhandle in Floridas warten schöne Strände. (S. 571)

Themenparks

Amerikas Themenparks sind unglaublich vielfältig – von altmodischen Rummeln mit Zuckerwatte und Achterbahn bis zur perfekten Kinderwunderwelt, für deren Erkundung man mehrere Tage braucht.

Disney Wer Lust hat, sich in Disneys bezaubernde Märchenwelt zu stürzen, hat es nicht schwer, denn sie ist an beiden Küsten vertreten. (S. 1043; S. 564)

Dollywood Ein Tribut an die beliebte Countrysängerin Dolly Parton mit Fahrgeschäften und Attraktionen rund um das Thema Appalachen in den Hügeln von Tennessee. (S. 426)

Legoland In diesem Mitmach-Park für die Kleineren außerhalb von San Diego kann jeder sein Traumhaus bauen. (S. 1058)

Cedar Point Masochisten stehen in diesem legendären Park in Ohio Schlange, um mit dem furchterregenden korkenzieherförmigen GateKeeper (neu seit 2013) zu fahren. (S. 625)

Universal Orlando Resort Dies ist die berühmte Heimat der Universal Studios und der neuen Wizarding World of Harry Potter. (S. 561)

Wein

Der Besuch eines Weinguts bietet mehr als eine Kostprobe: das Eintauchen in die schöne Landschaft sowie Stände voller landwirtschaftlicher Erzeugnisse und tolle Bistros entlang der Weinberge.

Napa Valley Napa steht mit seinen mehr als 200 Gütern für Weinproduktion der Weltklasse. Es wartet mit großartigen Rebsorten, Gourmetgenüssen und herrlicher Landschaft auf. (S. 1115)

Willamette Valley Die fruchtbare Region außerhalb Portlands, OR, bringt einige der köstlichsten Pinot Noirs der Welt hervor. (S. 1193)

Finger Lakes Das Hinterland New Yorks ist eine aufstrebende Weinregion. Nach ein paar Gläschen bekommt man beim Wandern in den State Parks wieder einen klaren Kopf. (S. 133)

WIE WÄR'S MIT ... TRADITIONELLEN DINERS?

Dicke Pancakes gibt's im Arcade, einem zeitlosen Diner in Memphis, in dem Elvis verkehrte. (S. 407)

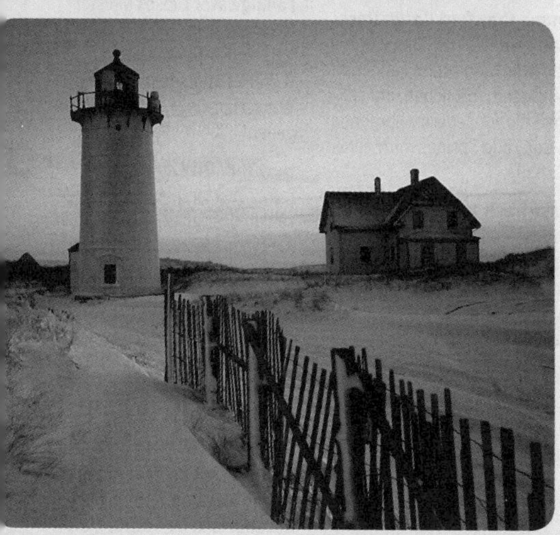

(Oben) Nashville (S. 410)
(Unten) Race Point Lighthouse (S. 217), Cape Cod

Virginia Wine Country Dieses im Aufschwung begriffene Weingebiet ist sehr geschichtsträchtig. Besucher können sogar Weine probieren, die auf dem alten Landbesitz von Thomas Jefferson angebaut wurden. (S. 335)

Verde Valley Wer denkt, dass Arizona nur aus Wüste besteht, liegt falsch und sollte in diesem Tal bei Sedona an einer Führung über ein Gut teilnehmen. (S. 935)

Yakima Valley In der ältesten und größten Weinregion des Bundesstaates Washington warten samtige Rotweine auf die Verkostung. (S. 1179)

Gutes Essen

So sieht das typische amerikanische Gourmet-Erlebnis aus: sich an den Hummerbuden die Finger schmutzig machen, sich im Texas Hill Country durch ein Barbecue kämpfen und in berühmten Restaurants in New York, Los Angeles und andernorts fürstlich schlemmen.

New York City Worauf auch immer man gerade Appetit hat: die Welthauptstadt der Restaurants hat es parat. (S. 105)

New England Hummer, Muschelessen am Strand, Austern und frischer Fisch in Hülle und Fülle – der Nordosten ist ein Paradies für Liebhaber von Fisch und Meeresfrüchten. (S. 203)

Chicago Besucher sind begeistert von der griechischen, thailändischen und Molekularküche, den berühmten Chicagoer Pizzas und anderen Leckerbissen. (S. 596)

San Francisco Authentische Taquerias und Trattorias, erstklassiges vietnamesisches Essen, großartige Bauernmärkte und gefeierte Köche tragen zum Weltniveau der kalifornischen Küche bei. (S. 1101)

Hill Country In Texas wird alles geräuchert – zumindest beim Barbecue. Wer Fleisch mag, sollte die legendäre Hauptstadt des köstlichen Brisket (Rinderbrust) nicht verpassen. (S. 761)

Portland Bridgetown wartet mit einer kreativen Gastroszene auf; an den Food Trucks gibt es aufregende Gerichte aus aller Herren Länder. (S. 1188)

New Orleans Die Franzosen, die Spanier, die Philippiner, die Haitianer und andere Völker haben Nola zu einem kulinarischen Schmelztiegel gemacht und dafür gesorgt, dass die Stadt eines der kulinarischen Highlights der USA ist. (S. 492)

Wandern

Die Kulisse ist perfekt: hohe Berge, nebelverhangene Regenwälder, rote Canyons und Klippen, die über dem wilden, windgepeitschten Meer aufragen. Dies sind nur einige Beispiele für Wandermöglichkeiten in der großartigen amerikanischen Wildnis.

Appalachian Trail Auch wenn man nicht die ganzen 2178 km wandern will, lohnt der AT auf jeden Fall einen Abstecher. Er führt durch 14 Bundesstaaten. (S. 359)

Marin County Am Muir Woods National Monument geht's zwischen hohen Mammutbäumen hindurch, danach locken ganz in der Nähe reizvolle Küstenwanderungen mit Blick auf den Pazifik. (S. 1111)

North Cascades Die Landschaft dieser rauen, abgelegenen Wildnis wartet mit Gletschern, zerklüfteten Gipfeln und Bergseen auf. (S. 1174)

Acadia National Park Die Wege in diesem Park führen durch Wälder und vorbei an Klippen und mit Felsbrocken übersäten Berghängen. (S. 270)

Rocky Mountain National Park Der grandiose Nationalpark in Colorado hat schneebedeckte Gipfel, Täler voller Wildblumen und malerische Bergseen zu bieten. (S. 840)

WIE WÄR'S MIT ... BERGSTEIGEN?

Anspruchsvolle fünftägige geführte Wanderungen führen auf den 4392 m hohen Mt. Rainier. (S. 1177)

USA mal anders

Wer keine Lust mehr hat, durch Museen zu schlurfen und bekannte Sehenswürdigkeiten abzuklappern, kann sich in die seltsame Welt des amerikanischen Kitschs und der Skurrilitäten stürzen.

Carhenge Diese alten Autos, die auf einem Feld in Nebraska aufgestellt wurden, sind eine witzige Hommage an Stonehenge. (S. 730)

Emma Crawford Coffin Races Man bemalt einen Sarg, baut Räder an, und schon kann man bei diesem fröhlichen und kostenlosen Jedermannrennen in Colorado Springs mitmachen. (S. 853)

NashTrash Tours Die aufgedonnerten „Jugg Sisters" aus Nashville nehmen Besucher mit auf eine herrlich schräge Tour durchs gar nicht so konservative Nashville. (S. 415)

Key West Cemetery Ein gotisches Labyrinth mit vielen unverblümten Grabinschriften wie *I told you I was sick* („Ich hab dir ja gesagt, dass ich krank bin"). (S. 539)

American Visionary Art Museum Kunst von Außenseitern (darunter Werke von psychisch Kranken) zeigt diese kuriose Museum in Baltimore. (S. 315)

Loneliest Road Auf dem einsamen Highway US 50 geht es quer durch Nevada. Unterwegs am Shoe Tree halten! (S. 924)

Mini Time Machine Museum of Miniatures Das skurrile neue Museum in Tucson widmet sich winzigen Dingen. (S. 955)

Architektur

Ob man nun ein Fan von Frank Lloyd Wright ist oder sich einfach gern schöne Bauwerke anschaut: die USA ist eine Schatztruhe der Architekturwunder.

Chicago In Chicago, dem „Geburtsort" der Wolkenkratzer, stehen grandiose Bauten von vielen der großen Architekten des 20. Jhs. (S. 579)

Fallingwater Dieses Meisterwerk von Frank Lloyd Wright fügt sich nahtlos zwischen die waldige Landschaft und den Wasserfall, über dem das Haus gebaut ist, ein. (S. 182)

New York City Zu den viel fotografierten Klassikern zählen das Chrysler Building im Art-déco-Stil, das spiralförmige Guggenheim-Museum und die majestätische Brooklyn Bridge. (S. 64)

Miami Miamis Art-déco-Bezirk ist ein Rausch der Farben. (S. 513)

San Francisco In der vielleicht europäischsten Stadt Amerikas stehen elegante viktorianische Gebäude und innovative Meisterwerke des 21. Jhs. (S. 1081)

Savannah Die markante Antebellum-Architur dieser

Alamo Square (S. 1092), San Francisco

„Southern Belle" ruft stets Bewunderung hervor. (S. 451)

Ureinwohner-Kultur

Die ersten Bewohner des Kontinents haben eine tiefe, Generationen zurückreichende Bindung an das Land und seine Tiere. Im Südwesten der USA zeigt sie sich am deutlichsten.

National Museum of the American Indian Es ist völlig angemessen, dass sich das beste Museum, das den amerikanischen Ureinwohnern gewidmet ist, in der Hauptstadt befindet. (S. 288)

Mesa Verde Die faszinierende Stätte, die im Süden Colorados in die Berge gemeißelt ist, wurde mysteriöserweise von den Ahnen der Pueblo-Indianer verlassen. (S. 862)

Pine Ridge Indian Reservation Hier wurden die Lakota von der US-Kavallerie niedergemetzelt. Nach dem Besuch zum Red Cloud fahren, um mehr über die Lakota zu erfahren! (S. 717)

Navajo Nation Man sieht tolle Landschaften und lernt viel über das stolze Volk. (S. 951)

Zuni Pueblo Hier gibt's wunderbar gearbeiteten Silberschmuck. Man kann in einer von den Zuni betriebenen Unterkunft übernachten. (S. 989)

Historisches

An der Ostküste hatten sich die ursprünglichen 13 Kolonien angesiedelt. Auch im Süden und Westen, wo die spanischen Forschungsreisenden ihre Spuren hinterließen, kann man in die Vergangenheit eintauchen.

Philadelphia In der ersten Hauptstadt der Nation wuchs erstmals die Idee einer unabhängigen Nation. Davon erzählen hervorragende Museen. (S. 152)

Boston Hier kann man Paul Reveres früheres Wohnhaus und einen Friedhof aus dem 18. Jh. besuchen und an Deck der 1797 gebauten USS *Constitution* gehen. (S. 189)

Williamsburg Die gut erhaltene Stadt Williamsburg ist das größ-

WIE WÄR'S MIT … DEM ALTEN AMERIKA?

Das Drive-In-Kino Wellfleet in Cape Cod versetzt Besucher zurück in die 1950er-Jahre. (S. 216)

WIE WÄR'S MIT … OPEN-AIR-MUSIK?

Das Amphitheater des Red Rocks Park hat 9000 Sitze und liegt malerisch zwischen 120 m hohen roten Sandsteinfelsen. Wegen der tollen Akustik nehmen hier viele Künstler ihre Livealben auf. (S. 834)

te Open-Air-Geschichtsmuseum der Welt und entführt Besucher zurück ins 18. Jh. (S. 340)

Washington, D.C. Einen Besuch lohnen die Stätten, wo Lincoln ermordet wurde, wo Martin Luther King Jr. seine berühmteste Rede hielt und wo Nixons Präsidentschaft ihr Ende nahm. (S. 281)

Harpers Ferry Eine faszinierendes Freilichtmuseum über das Dorfleben im 18. Jh. vor der schönen Kulisse der Berge und Flüsse. (S. 358)

St. Augustine Diese spanische Kolonialstadt, gegründet im 16. Jh., wartet mit Kopfsteinpflasterstraßen, 300 Jahre alten Forts und einem Jungbrunnen auf. (S. 547)

Bier & Kleinbrauereien

Die Beliebtheit von Kleinbrauereien wächst stetig, und bis zum nächsten Glas Bier ist es nie weit. Berühmt sind Brauereien in Colorado, Washington und Oregon.

Magic Hat Brewery Vermont, eines der amerikanischen Kleinbrauereizentren, verdient besondere Erwähnung. Die Biere von Magic Hat sorgen für einen erfrischenden und unterhaltsamen Barbesuch. (S. 249)

Mountain Sun Pub & Brewery Die beliebteste Kleinbrauerei Boulders serviert eine Palette hervorragender Fassbiere und dazu gutes Essen; außerdem veranstaltet sie regelmäßig Jam-Sessions. (S. 839)

Portland Im Stadtgebiet von Portland, einem Paradies für Bierliebhaber, gibt es über 30 Kleinbrauereien. (S. 1189)

Mammoth Brewing Company Die entspannte kalifornische Stadt Mammoth Lakes sorgt für faszinierende Geschmackserlebnisse. (S. 1141)

Asheville In der Stadt, die die Renaissance des Bieres in North Carolina einleitete, gibt es mehr als 20 Kleinbrauereien und Brauereikneipen. (S. 382)

Geologische Wunder

Angesichts roter Felswüsten, versteinerter Wälder, fauchender Geysire und eines riesigen Loches im Erdboden könnte sich mancher Besucher wie auf einen anderen Planeten versetzt fühlen.

Grand Canyon Die 1600 m tiefe und 16 km breite Schlucht, die einfach jeder kennt, entstand im Lauf von 6 Mio. Jahren. Für einen Besuch sollte man sich viel Zeit nehmen. (S. 942)

Yellowstone Gewaltige Geysire, Thermalbecken, die in allen Farben schimmern, und der Supervulkan, der unter all dem schlummert: Dieser Nationalpark bietet eine echte Show. (S. 870)

Hawaii Volcanoes National Park Besucher können Lavawüsten und schwelende Krater bestaunen und mit etwas Glück sehen, wie geschmolzene Lava ins Meer fließt. (S. 1246)

Carlsbad Caverns Eine 3 km lange Wanderung durch Höhlen führt zu einem grandiosen Raum, der einer unterirdischen Kathedrale gleicht. (S. 1010)

Nationalparks im Süden Utahs In den sieben Nationalparks und National Monuments des Red Rock County in Utah locken über 900 m tiefe enge Canyons, erodierende Felsformationen und Felsnadeln. (S. 977)

Livemusik

Die Amerikaner wissen einfach, wo eine gute Band spielt, ob nun Memphis-Blues, Bluegrass aus den Appalachen, Jazz aus New Orleans, kräftiger Rock, heißblütige Salsa, schmalziger Country oder etwas ganz anderes.

Austin Mit über 200 Veranstaltungsorten und dem größten Musikfestival des Landes ist Austin die stolze Musikhauptstadt der USA. (S. 757)

New Orleans Der Soundtrack von „Big Easy" ist so berauschend wie die Stadt selbst – von fettem Bigband-Jazz bis zu Indie-Rock. (S. 497)

Nashville Die Stadt am Fluss ist ein Mekka des Country, Bluegrass, Blues und Folk mit vielen wilden Honky-Tonk-Bars. (S. 420)

Los Angeles L.A. ist ein Magnet für aufstrebende Stars und zieht echte Talente an. Nicht verpassen: den legendären Sunset Strip, wo Künstler ersten Ranges auftreten! (S. 1038)

Memphis In den Juke Joints und Kneipen spielen lautstark Bands. (S. 409)

Kansas City In der für ihre Barbecues bekannten Stadt am Missouri gibt es auch eine gute Livemusikszene, besonders was den Jazz angeht. (S. 704)

Monat für Monat

TOP-EVENTS

Mardi Gras, Februar oder März

South by Southwest, März

National Cherry Blossom Festival, März

Chicago Blues Festival, Juni

Independence Day, Juli

Januar

Das neue Jahr beginnt kalt: Schnee bedeckt große Teile des Landes. In den Skiorten ist der Bär los, Sonnenanbeter fliehen ins Warme (z. B. nach Florida).

Mummers Parade

Diese schillernde Parade ist die größte Veranstaltung Philadelphias (www.mummers.com). Clubs in der Stadt basteln monatelang Kostüme und Umzugswagen, um am Neujahrstag Eindruck zu schinden.

Sundance Film Festival

Anlässlich des legendären zehntägigen Sundance Film Festival (www.sundance.org;) Ende Januar kommen Hollywood-Stars, Independent-Regisseure und Filmfans nach Park City, Utah. Im Voraus planen – die Festivalpässe sind schnell ausverkauft!

Februar

Viele Amerikaner fürchten den Februar mit seinen langen, dunklen Nächten und eisigen Tagen. Für Traveller kann es die günstigste Reisezeit sein: Mit etwas Glück gibt's tolle Rabatte auf Flüge und in Hotels.

Mardi Gras

Mardi Gras findet Ende Februar oder Anfang März am Tag vor Aschermittwoch als krönender Abschluss des Karnevals statt. Legendär sind die bunten Umzüge, Maskenbälle und die Vergnügungssucht in New Orleans (www.mardigrasneworleans.com).

März

Der Frühling lockt die ersten Knospen hervor (zumindest im Süden – der Norden friert noch immer bei kalten Temperaturen). In den Bergen ist noch Skihauptsaison. Gleichzeitig wird in Florida feuchtfröhlich Spring Break gefeiert.

St. Patrick's Day

Am 17. März wird der Schutzpatron der Iren mit Blaskapellen und viel Guinness gefeiert. Riesige Umzüge gibt es in New York, Boston und Chicago (wo als Höhepunkt der Chicago River grün gefärbt wird).

South by Southwest

Jedes Jahr wird Austin, TX, zur Bühne eines der größten Musikfestivals Nordamerikas. Mehr als 2000 Künstler treten in knapp 100 Locations auf. Das SXSW ist gleichzeitig ein großes Filmfestival und interaktives Fest – ein Forum für bahnbrechende Ideen (S. 754).

April

Langsam wird es wärmer, aber der April ist im Norden noch immer unbeständig. Ins kühle Wetter mischen sich betörend warme Tage. Für den Süden ist der April eine gute Reisezeit.

Fiesta San Antonio

Mitte April ist die aufregendste Zeit für einen Besuch dieser hübschen, an einem Fluss gelegenen

Stadt in Texas, denn dann ist zehn Tage lang Fiesta (www.fiesta-sa.org) mit Rummel, Umzügen, Tanz und vielen kulinarischen Köstlichkeiten angesagt.

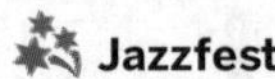

Jazzfest

Am letzten Aprilwochenende findet in New Orleans das landesweit beste Jazzfest (www.nojazzfest.com) mit erstklassigen Künstlern und viel guter Stimmung statt. Neben erstklassigem Jazz gibt's auch tolles Essen und Kunsthandwerk.

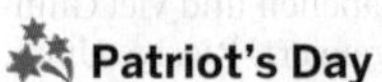

Patriot's Day

Massachusetts' großer Feiertag fällt auf den dritten Montag im April. Es gibt Nachstellungen von Gefechten aus dem amerikanischen Unabhängigkeitskrieg und Umzüge in Lexington und Concord, den Boston Marathon und ein viel beachtetes Heimspiel der Red Sox.

Gathering of Nations

Indigene Kultur kann man in Albuquerque beim Gathering of Nations (www.gatheringofnations.com) erleben, dem größten Zusammentreffen amerikanischer Ureinwohner. Es locken traditioneller Tanz, Musik, Essen, Kunsthandwerk und die Krönung der Miss Indian World.

Mai

Im Mai ist der Frühling endgültig angekommen. Der Wonnemonat ist einer der schönsten zum Reisen: Nun blühen die Wildblumen, das Wetter ist mild und sonnig – und noch bleiben einem die Menschenmassen und hohen Preise erspart.

Beale Street Music Festival

Blues-Fans zieht es Anfang Mai nach Memphis, wo drei Tage lang dieses ehrwürdige Musikfestival stattfindet. (S. 405)

Cinco de Mayo

Mexikos Sieg über die Franzosen wird im ganzen Land mit Salsamusik und Margaritas gefeiert. Die größten Feiern gibt's in L.A., San Francisco und Denver.

Juni

Es ist Sommer – die Amerikaner verbringen mehr Zeit in Cafés und fahren zur Küste und in die Nationalparks. Es ist Ferienzeit: d.h. verstopfte Autobahnen und hohe Preise.

Bonnaroo Music & Arts Festival

Bei dem großen Musikfestival (S. 424) im Herzen von Tennessee stehen Mitte Juni vier Tage lang große Namen des Rock, Soul, Country usw. auf der Bühne.

Gay Pride

Mancherorts dauern die Gay-Pride-Feiern eine Woche, in San Francisco einen Monat. Am letzten Juniwochenende finden dort riesige Umzüge statt.

Chicago Blues Festival

Das dreitägige Blues-Festival (www.chicagoblues festival.us) ist das größte der Welt und hat Chicago berühmt gemacht. Über 640 000 Besucher breiten Anfang Juni ihre Decken vor den vielen Bühnen im Grant Park aus.

CMA Music Festival

Beim legendären Festival der Countrymusik (www.cmaworld.com) treten mehr als 400 Künstler im Riverfront Park und im LP Field auf.

Telluride Bluegrass Festival

Bei diesem Festival (www.planetbluegrass.com) im bergigen Colorado spielt das Banjo eine Hauptrolle. Nonstop finden Veranstaltungen statt, dazu gibt es regionale Spezialitäten und tolles Bier aus den kleinen Brauereien der Gegend. Glänzende Unterhaltung für jedermann! Viele Gäste zelten sogar hier.

Tanglewood Musical Festival

Den ganzen Sommer über (Ende Juni–Anfang Sept.) finden in bezaubernder Umgebung im westlichen Massachusetts Freiluftkonzerte statt.

Juli

Der Sommer ist in vollem Gang. Die Amerikaner grillen im Garten oder nehmen Kurs auf die Strände. Die Preise sind hoch und die Menschenmengen groß. Es ist einfach was los!

Independence Day

Ihren Geburtstag begeht die Nation in fast allen Städten mit Feuerwerk. In Chicago wird schon am

(Oben) Umzug beim Mardi Gras in New Orleans (S. 480)
(Unten) Halloween-Kürbisse

3. Juli gefeiert. Besonders schön sind die Feste in Washington, D.C., und in New York, Philadelphia und Boston.

Oregon Brewers Festival

Die bierliebende Stadt Portland (www.oregonbrewfest.com) bietet eine Auswahl von 80 Bieren aus dem ganzen Land. Auch mit der Lage am Ufer des Willamette punktet das Oregon Brewers Festival.

Pageant of the Masters

Dieses achtwöchige Kunstfest (www.lagunafestivalofarts.org) bringt etwas Surreales nach Laguna Beach (Kalifornien). Kostümierte kreieren lebende Bilder – Nachbildungen berühmter Kunstwerke – begleitet von Lesungen und einem Orchester.

Newport Folk Festival

In Newport (Richmond), einem Sommerurlaubsort für Gutbetuchte, findet Ende Juli ein Musikfestival von Weltrang (www.newportfolkfest.com) statt. Hier stehen erstklassige Folk-Künstler auf der Bühne. Die Atmosphäre ist immer ausgelassen und wirklich einladend.

August

Es ist unglaublich heiß, und je weiter man in den Süden reist, desto unerträglicher wird die Hitze. Die Strände sind brechend voll, die Preise hoch und die Städte an den Wochenenden leer, wenn die Bewohner an den Strand fliehen.

Lollapalooza

Bei dem gigantischen Rockfestival (www.lollapalooza.com) am ersten Augustwochenende treten von Freitag bis Samstag mehr als 100 Bands auf acht Bühnen im Chicagoer Grant Park auf.

Iowa State Fair

Wer noch nie auf einer State Fair war, hat jetzt die Gelegenheit dazu. Bei dem Event (www.iowastatefair.org) erwarten die Besucher Countrymusik, wunderliche Schnitzereien (aus Butter), Ausstellungen von Farmtieren, Imbissbuden und eine richtig gute Zeit im Landesinneren Amerikas.

September

Der Sommer neigt sich dem Ende zu, die Tage werden kühler. Überall kann man tolle Ausflüge machen. Die Ferien sind aus, und in Konzertsälen, Galerien und Theatern wird die neue Saison eingeläutet.

Santa Fe Fiesta

In Santa Fe steigt das älteste Festival des Landes (www.santafefiesta.org), ein zweiwöchiges Event mit Umzügen, Konzerten und dem Verbrennen des Old Man Gloom.

Burning Man Festival

Für eine Woche versammeln sich rund 50000 Feiernde, Künstler und Freigeister in der Black Rock Desert in Nevada, um vorübergehend eine Metropole der Kunstausstellungen, Themencamps und Kuriositäten zu schaffen. Höhepunkt des Festivals ist das Verbrennen einer überdimensionalen Figur (www.burningman.com).

New York Film Festival

Dies ist nur eines der vielen Filmfestivals (www.filmlinc.com) in New York City – ein anderes ist das Tribeca Film Fest Ende April. Bei diesem hier gibt es Weltpremieren von Filmen aus aller Welt.

Oktober

Die Temperaturen sinken, der Herbst mit seinen feurigen Farben erreicht Nordamerika. Dort, wo die Blätter am stärksten leuchten (New England), ist Hauptsaison, anderswo fallen die Preise.

Fantasy Fest

Key Wests Pendant zu Mardi Gras lockt kurz vor Halloween über 100000 Feiernde in die subtropische Enklave – mit Umzügen, Partys und der Wahl des Königspaars (www.fantasyfest.net).

Halloween

In New York City kann man in ein Kostüm schlüpfen und sich bei einem Halloween-Umzug die Sixth Ave hinauf unter die Leute mischen. Ausgefallene Outfits sieht man in West Hollywood in Los Angeles und in San Franciscos Viertel Castro. In Salem finden im Oktober ebenfalls schwungvolle Events statt.

November

Im November ist überall Nebensaison. Trotz der niedrigen Preise (die aber zu Thanksgiving steigen) werden Besucher vom kalten Wind abgeschreckt. Kulturell ist in den Städten viel los.

Thanksgiving

Am vierten Donnerstag im November versammeln sich die Amerikaner mit Familie und Freunden und feiern mit Putenbraten, Süßkartoffeln, Preiselbeersauce, Wein, Kürbiskuchen und anderen Gerichten. In New York City findet ein Umzug statt, und im Fernsehen läuft Profi-Football.

Dezember

Es wird Winter, wenn die Skisaison in den Rockies beginnt (im Osten sind die Bedingungen bis Januar meist nicht ideal). Wer keinen Wintersport mag, macht es sich drinnen vor dem Kamin bequem.

Art Basel

Auf diesem gewaltigen viertägigen Kunstfestival (www.artbaselmiamibeach.com) in Miami Beach werden topaktuelle Kunst, Filme, Architektur und Design präsentiert. Über 250 Galerien stellen Arbeiten von rund 2000 Künstlern aus; die Hautevolee schüttelt sich die Hände.

Neujahr

Wenn es um Neujahr geht, spaltet sich die Nation. Die einen feiern in einer Menschenmenge, die anderen flüchten vor dem Chaos. Wofür man sich auch entscheidet, man sollte rechtzeitig im Voraus buchen. Die Preise sind hoch (vor allem in New York City).

Reiserouten

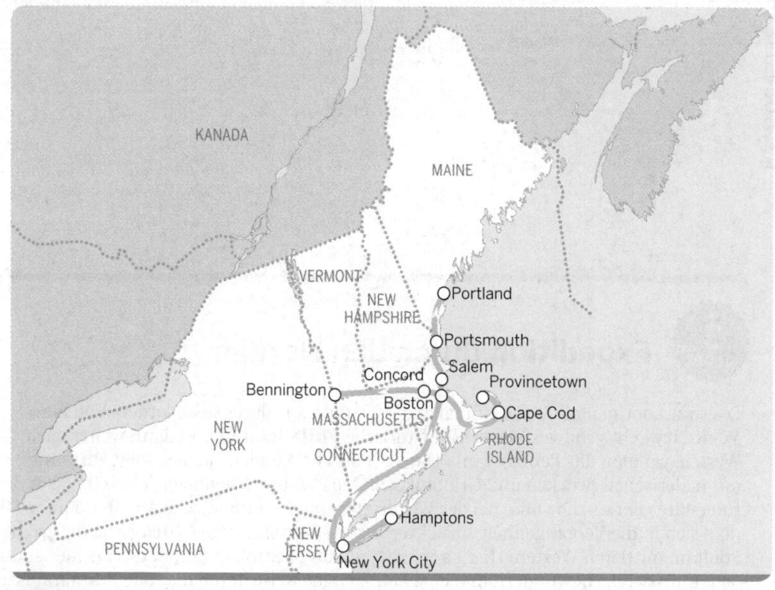

3 WOCHEN An der Ostküste

Städtischer als in **New York City** kann Amerika nicht sein. Vier Tage sollte man für die Metropole einplanen und Viertel wie West Village, East Village, Lower East Side, Soho, Nolita und die Upper West Side besuchen. Auch die Museen der Upper East Side sollte man nicht verpassen. Dann schlendert man durch den Central Park, entlang der High Line und macht noch einen Abstecher nach Brooklyn. Hat man genug von der Großstadt, flieht man an die Strände der **Hamptons** auf Long Island. Wieder in New York geht es per Zug nach **Boston**, wo man zwei Tage für historische Sehenswürdigkeiten, ein Abendessen im North End und Kneipenhopping in Cambridge einplanen sollte. Und dann auf zum **Cape Cod** mit seinen idyllischen Dünen und Wäldern sowie nach **Provincetown**, dem lebendigsten Ort der Halbinsel. Zurück in Boston mietet man ein Auto und macht eine dreitägige Tour durch New England: kleine Straßen, überdachte Brücken und malerische Orte. Übernachten kann man unterwegs in altmodischen B&Bs. Highlights sind **Salem** und **Concord** in Massachusetts, **Bennington** in Vermont und **Portsmouth** in New Hampshire. Lohnend ist auch ein Abstecher nach **Maine** – dort lockt köstlicher Hummer und die schöne, zerklüftete Küste. Portland ist ebenfalls ein toller Ort, um einige Tage zu verbringen.

Expedition durch den Norden

Die transkontinentale Reise einmal anders – und zwar durch den Norden. Von **New York City** geht's südwestwärts ins historische **Philadelphia** und dann weiter nach Westen, wo man das Pennsylvania Dutch Country erkundet. Danach folgt **Pittsburg**, mit malerischen Brücken und Grünanlagen, Museen und lebendigen Vierteln. Über die Interstate geht's nach Ohio. Bei der Weiterfahrt durchs altmodische Amish Country fühlt man sich in die Vergangenheit zurückversetzt. Das großherzige **Chicago** ist die größte Stadt im mittleren Westen. Hier kann man zu Fuß oder mit dem Rad das Seeufer erkunden, Kunstwerke bewundern und eine kulinarische Reise durch die tolle Restaurantszene machen. Weiter im Norden wartet die jugendliche, grüne Universitätsstadt **Madison**.

Nun folgt ein Abstecher nach Norden ins Land der 10000 Seen (auch bekannt als Minnesota). Etappenziele hier sind **Minneapolis** und das ruhigere, historische **St. Paul** auf der gegenüberliegenden Seite des Flusses. Zurück auf der I-90 lässt man den Blick über die Getreidefelder, den **Corn Palace** und die Ebenen von South Dakota schweifen. Gebremst wird erst wieder im „Wilden Westen", am **Badlands National Park**. In den Black Hills konkurriert das Präsidentendenkmal **Mt. Rushmore** mit dem von **Crazy Horse**. Dann Richtung Norden nach **Deadwood**, wo Schießereien nachgestellt werden.

In Wyoming macht man einen Abstecher nach **Cody** und schaut sich im Sommer ein Rodeo an. Dann ist es Zeit für die Wunder des **Yellowstone National Park**. Im Anschluss führt ein Abstecher nach Süden zum **Grand Teton National Park**, wo die Seen und Berge zum Wandern einladen. Die Fahrt geht zurück nach Norden und weiter gen Westen durch Montana, wo sich **Bozeman** und **Missoula** als Stopps anbieten. Man erkundet die Boutiquen und Cafés, geht gut essen und startet dann in die Gebirgslandschaft des **Glacier National Park**, gefolgt von einer Wanderung durch den **Bob Marshall Wilderness Complex**. Nach ein paar Tagen in der Wildnis ist **Spokane** mit seiner Uferpromenade und dem historischen Viertel ein guter Ort, um Kraft zu tanken. Weltoffener geht's in **Seattle** zu. Die umweltbewusste Stadt hat ein reges Nachtleben. Schnell ist man auch auf den Inseln des Puget Sound. Doch es gibt noch weitere tolle Fleckchen in der Region, z.B. den **Mt. Rainier**, den **Olympic National Park** und die **San Juan Islands**.

(oben) Rio Grande, Big Bend National Park (S. 794)

(rechts) Weisman Art Museum (S. 669; Architekt: Frank Gehry), Minneapolis

PAUL SOUDERS / GETTY IMAGES ©

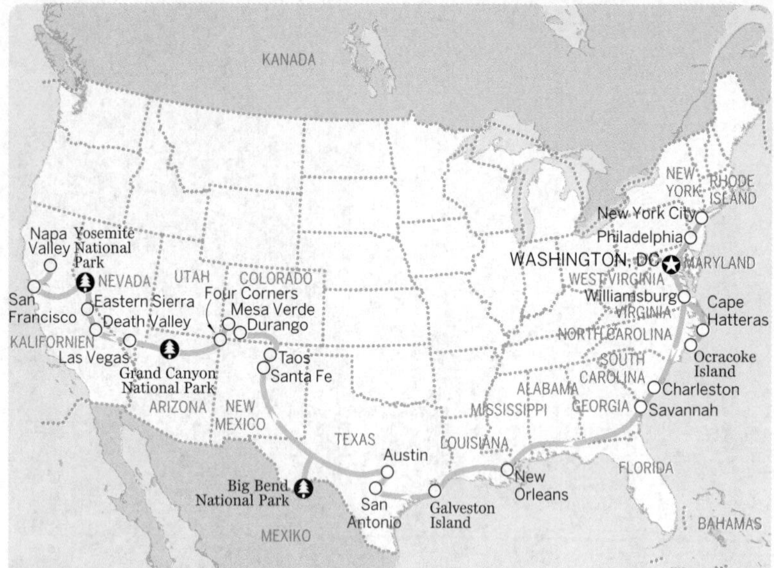

Von Küste zu Küste

Der große amerikanische Roadtrip ist legendär. Doch es liegt bei einem selbst, diesen Traum zu leben und einmal quer durch die USA zu fahren. Los geht's in **New York City** (ein Auto mietet man in New Jersey günstiger). Erste Station ist **Philadelphia**, eine historische Stadt mit einer boomenden Restaurant-, Kunst- und Musikszene. Dann geht es nach **Washington, D. C.** Die Hauptstadt bietet viele Sehenswürdigkeiten, dazu eine tolle Gastronomie und Partymöglichkeiten, nachdem man die Museen abgegrast hat. Nun fährt man gen Süden durch Virginia und macht einen Abstecher in die historische Kolonialsiedlung **Williamsburg**. Daraufhin besucht man das **Cape Hatteras** mit seinen Dünen, Sümpfen und Waldgebieten. Eine Fähre bringt Besucher zur abgelegenen **Ocracoke Island**, auf der wilde Ponys herumtollen. Weiter südlich liegen die zwei reizvollen Städte **Charleston** und **Savannah**. Nächste Station ist **New Orleans**, das geprägt ist von heißen Funk-Brassbands und köstlicher kreolischer und Cajun-Küche.

Nun liegt der freie Himmel von Texas vor einem. Zur Entspannung geht's an den Strand von **Galveston** vor Houston. Man folgt dem Mission Trail und schlendert in **San Antonio** die Promenade am Flussufer entlang, bevor man in die Musik- und Kneipenszene von **Austin** eintaucht. Auf dem Weg durchs grillversessene Hill Country futtert man sich satt, ehe man die Kalorien bei einer Wanderung im **Big Bend National Park** verbrennt. Weiter geht's Richtung Norden nach New Mexico, wo man dem Turquoise Trail bis ins künstlerische **Santa Fe** und ins abgelegene **Taos** folgt. Die Fahrt führt weiter durch Colorado und zum schönen Gebirgsort **Durango**, gefolgt vom Anasazi-Wunderwerk **Mesa Verde** und dem Vierländereck **Four Corners**. Der ehrfurchtgebietende **Grand Canyon** ist die nächste Station. Um ihn richtig würdigen zu können, sollte man hier etwas länger bleiben. Danach versucht man sein Glück in **Las Vegas**, bevor man auf der Fahrt nach Kalifornien das **Death Valley** bewundert. Weiter geht's in die majestätischen Wälder der **Eastern Sierra**. Danach kann man im **Yosemite**, dem beliebtesten Nationalpark Kaliforniens, wandern und Tiere beobachten. Letzter Stopp ist das hügelige und bezaubernde **San Francisco**. Wenn noch etwas Zeit bleibt, kann man als Finale der Tour den göttlichen Wein und die kulinarischen Spezialitäten des **Napa Valley** genießen.

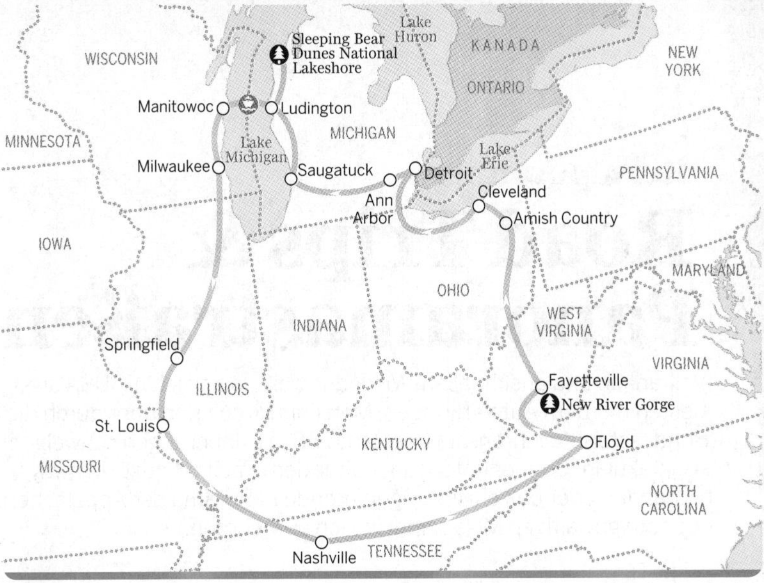

Abseits ausgetretener Pfade

Unbekannte Städte, Inseln in Seen und Country-Musik sind nur ein paar Dinge, die man bei dieser Tour erwarten kann. Start ist in **Detroit**, das keineswegs so apokalyptisch ist, wie es manchmal dargestellt wird. Man kann einen Bummel am Flussufer machen, die Geschichte der Stadt erkunden (Motown, Autos) und ins Untergrund-Nachtleben von River City eintauchen. Danach geht's zum nahen **Ann Arbor** mit dem entspannten Charme einer Collegestadt (Cafés, Bauernmärkte, Kneipen und Bars) und weiter nach Westen zum Lake Michigan. Die Fahrt führt durch Uferstädte (vielleicht mit Zwischenstopp in **Saugatuck**, wo man sich in den Galerien umschaut) und weiter bis zum **Sleeping Bear Dunes National Lakeshore** mit seiner dramatischen Sand-Landschaft.

Von hier geht's zurück nach **Ludington** und mit der Fähre über den Lake Michigan nach **Manitowoc** in Wisconsin. Im Süden liegt **Milwaukee**, eine der schönsten Kleinstädte Amerikas. Nach viereinhalbstündiger Fahrt gen Süden erreicht man **Springfield**. Hier kann man den Spuren Abraham Lincolns folgen, dem Helden der Stadt und beliebtesten Präsidenten der USA. Zwei Stunden weiter südlich liegt **St. Louis**, wo man zu Fuß die Viertel und Grünanlagen erkunden und den Blues, das Grillen und die pulsierenden Musiktreffs genießen kann. Stichwort Musik: Als nächstes ist **Nashville** dran, das Mekka für Country- und Blues-Fans. Die Fahrt geht weiter in die Appalachen (am besten beginnt man in **Floyd**, Virginia). Dort erwartet einen eine authentische Musikszene inmitten der idyllischen Landschaft des südöstlichen Virginia. Im Norden liegt **Fayetteville** in West Virginia, das Tor zur atemberaubenden **New River Gorge**, die sich hervorragend für Wander-, Kletter-, Mountainbike- und Wildwasserraftingtouren anbietet.

Eine fünfstündige Fahrt bringt einen zur größten Amish-Gemeinde Amerikas im **Amish Country** in der Nähe von Kidron in Ohio. Es ist wie eine Reise in die Vergangenheit, wenn man die Antiquitätenläden, altmodischen Farmen und Bäckereien und die anheimelnden Gasthöfe aus dem 19. Jh. sieht. Danach geht's auf schnellstem Weg nach **Cleveland**, eine Stadt mit aufstrebenden Gastropubs, neu ausgebauten Kunstmuseen, Obst- und Gemüsemärkten und der gewaltigen Rock and Roll Hall of Fame. Bis nach Detroit zurück sind es weniger als drei Stunden.

Reiseplanung

Road Trips & Panoramastraßen

Volltanken und anschnallen. Wie jeder weiß, lässt sich die USA am besten mit dem Auto erkunden. Man kann kreuz und quer durch die Bundesstaaten fahren, auf der Route 66 in Erinnerungen schwelgen, spektakuläre Sonnenuntergänge über dem Pacific Coast Highway bestaunen oder das ehrfurchtgebietende Panorama der Appalachen oder am gewaltigen Mississippi in sich aufnehmen.

Tipps für Road Trips

Weitere Ideen für Road Trips stehen im Kapitel Reiserouten (S. 33). Praktische Informationen zum Fahren in den USA findet man im Kapitel „Fahren in den USA" (S. 1338).

Highlights

Umwerfende Küstenlandschaften vom Pacific Coast Highway aus genießen; reizvolle, kaum besuchte Ziele an der Route 66 entdecken; tolle Sonnenuntergänge über den Appalachen auf dem Blue Ridge Parkway erleben; Memphis Blues in einer Musikkneipe an der Great River Road hören.

Wichtigste Ausgangspunkte

Route 66: Chicago oder Los Angeles; Pacific Coast Highway: Seattle oder San Diego; Blue Ridge Parkway: Waynesboro, VA oder Cherokee, NC; Great River Road: Itasca State Park, MN oder Venice, L.A.

Wichtigste Sehenswürdigkeiten

Route 66: Grand Canyon; Pacific Coast Highway: Point Reyes National Seashore; Blue Ridge Parkway: Peaks of Otter; Great River Road: Shawnee National Park.

Route 66

Die gute, alte Route 66 ist *der* Klassiker unter den Road Trips. Der Schriftsteller John Steinbeck verpasste dem aus Land- und Kleinstadthauptstraßen bestehenden Streckenabschnitt, der 1926 erstmals Chicago – die Stadt „mit den breiten Schultern" – mit den wippenden Palmen von Los Angeles verband, den Kosenamen „Mother Road", „Mutter aller Straßen".

Auf zur Route 66!

Egal, ob man „Retro-Americana" erkunden oder nur weite Horizonte und Landschaften abseits der Menschenmassen erleben möchte: Die Route 66 hat all das zu bieten. Die Reise führt an einigen der spektakulärsten Naturwunder der USA vorbei – nicht nur am Grand Canyon, sondern auch am Mississippi, an der Painted Desert und am Petrified Forest National Park in Arizona – und endet am in Südkalifornien.

Weitere Highlights unterwegs: altmodische Museen mit Überbleibseln der Vergangenheit, Norman Rockwell'sche Zapfhähne, familiengeführte Lokale, funktionstüchtige Tankstellen, die aber aussehen, als wären sie Teil eines James-Dean-Films und (teils auch angehende) Geisterstädte am Rande der Wüste.

Aber die Route 66 kann einem auch in kultureller Hinsicht die Augen zu öffnen: Vorurteile über das Leben in amerikanischen Kleinstädten verschwinden, das Positive der von Küstenbewohnern oft abwertend als „Flyover" bezeichneten Bundesstaaten wird aufgezeigt. Man kann sich in Illinois unter Farmer und in Missouri unter Country- und Westernstars mischen, in Oklahoma den Cowboy- und Indianerlegenden lauschen und im Südwesten Indianerstämme und moderne Pueblos besuchen und dabei die Traditionen der Ureinwohner kennenlernen. Dann dringt man auf den Spuren der Goldgräber und Desperados tief in den Wilden Westen vor.

Reisezeit

Die beste Monate für eine Reise auf der Route 66 sind Mai bis September, wenn es warm ist und man draußen viel unternehmen kann. Im Hochsommer (Juli/Aug.) muss man aufpassen, denn die Hitze kann unerträglich werden – vor allem in Wüstengebieten. Man sollte nicht im Winter (Dez.–März) reisen, wenn es schneebedingt gefährliche Straßenbedingungen geben kann oder Straßen komplett gesperrt werden.

Die Route

Die Reise beginnt in Chicago, westlich der Michigan Ave, führt dann über etwa 2400 Meilen (3840 km) durch acht Bundesstaaten und endet in Los Angeles beim Santa Monica Pier. Die Straße ist eine endlose Baustelle – alte Abschnitte werden wieder geöffnet oder verschwinden wegen der Umtrassierung anderer Hauptverkehrsstraßen.

Die Geschichte der „Mother Road"

Größere Bedeutung erlangte die Route 66 erst bei der Weltwirtschaftskrise, als Farmer auf ihr aus der Dust Bowl, den Great Plains, flüchteten. Der neue Reichtum der Babyboom-Jahre nach dem Zweiten Weltkrieg ermutigte dann viele Amerikaner, „to get their kicks on Route 66".

Doch kaum den Kinderschuhen entwachsen, begann die Route 66 an Glanz zu verlieren. Im Zuge eines ehrgeizigen neuen Interstate-Projekts wurde sie systematisch zubetoniert – und die neue, glänzende Asphaltstraße passierte nicht die familienbetriebenen Diners, die Drugstore-Oasen und die einst hippen Motels. Die Siedlungen an der Route 66 gerieten in Vergessenheit und über die Rastplätze legte sich Staub; ganze Städte begannen zu verschwinden.

Als die Route 66 1984 offiziell stillgelegt wurde, schlossen sich ihre Anhänger zusammen und forderten deren Erhalt. Nur deshalb findet man heute, wenn man den unbefestigten Nebenstraßen und den blau markierten Highways folgt, die das Herz der USA durchqueren, auch heute noch sein persönliches Abenteuer auf der Route 66. Man fühlt sich wie in einer Zeitmaschine und entdeckt Orte, die in den 1950er-Jahren hängengeblieben zu sein scheinen.

Vom Weg abkommen

Wer der Route 66 heute folgen will, muss ein wenig Detektivarbeit leisten: Neue Streckenverläufe, auf Feldern endende Sackgassen, schlechte Straßenbedingungen und tiefe Spurrillen behindern das Vorankommen. Ab und zu vom Weg abzukommen, ist

KURIOSITÄTEN AM STRASSENRAND: ROUTE 66

Kitschige, aus der Zeit gefallene und schlicht bizarre Attraktionen am Straßenrand? Die Route 66 hat Mengen davon. Hier ein paar ihrer heißgeliebten Wahrzeichen:

- Eine wuchtige Statue des legendären Holzfällers Paul Bunyan in Illinois, der einen Hotdog umklammert
- Der Schrein der Schwarzen Madonna in Pacific und Red Oak II außerhalb von Carthage in Missouri
- Der 24 m lange Blauwal in Catoosa, Oklahoma
- Das Devil's Rope Museum, die Cadillac Ranch und die Bug Ranch in Texas
- Das Snow Cap Drive-In in Seligman und das WigWam Motel und der Meteor Crater in Holbrook in Arizona
- Roy's Motel & Cafe in Amboy, mitten in der kalifornischen Mojave-Wüste

unausweichlich, aber das ist egal: Die Route 66 bietet einen Zeitsprung, der zeigt, wie Amerika einst war und manchmal noch ist. Nostalgie vom Feinsten!

Infos im Internet & Karten

Bevor man losfährt, sollte man sich mit Karten und Insidertipps wappnen, damit die Reise optimal gestaltet werden kann.

Here It Is: Route 66 Karten mit Wegbeschreibungen (für Reisen von Ost nach West und von West nach Ost), ohne die man ganz bestimmt nicht aufbrechen möchte; erhältlich in Buchläden.

Historic Route 66 (www.historic66.com) Herausragende Website mit detaillierten Wegbeschreibungen für jeden Bundesstaat.

Route 66: EZ66 Guide for Travelers Von Jerry McClanahan; bekommt Bestnoten für die leicht nachvollziehbaren Hochglanzkarten.

Route 66: The Mother Road Von Michael Wallis; ein faszinierender Blick in die Geschichte dieser großartigen Straße – mit alten Fotos, die sie wieder lebendig werden lassen.

Pacific Coast Highway

Die klassische Reise entlang der Westküste von Kalifornien, Oregon und Washington führt an Weltstädten, Surforten und Küstenenklaven vorbei, die nur darauf warten, erkundet zu werden. Für viele Reisende liegt der eigentliche Reiz des Pacific Coast Hwy (PCH) in der herrlichen Landschaft – einsame Strände, der Blick von den Klippen hinab auf die Brandung, sanft geschwungene Hügel und üppige Wälder (Redwood- und Eukalyptusbäume), die teilweise direkt am Stadtrand beginnen.

Auf zum PCH!

Der Pacific Coast Highway ist ein Paradies für Kajakfahrer, Taucher und alle anderen Outdoor-Enthusiasten, am Land und zu Wasser. Wer aber lieber von Sonnenauf- bis Sonnenuntergang im Cabrio am Meer dahincruist, dem bietet der PCH mit seinen wunderschönen Landschaften auch das.

Der PCH eignet sich für Verliebte, Wanderer, Alternative, Beatniks und Neugierige, die in Vergessenheit geratene Strandorte und Bauerndörfer erkunden wollen.

Die Route

Der PCH ist einer von mehreren Küsten-Highways. Er schließt den Hwy 101 ein, der sich über fast 2000 Meilen (3200 km) von Tijuana in Mexiko bis nach British Columbia in Kanada erstreckt. Diese Straße verbindet einige der bemerkenswertesten Städte der Westküste miteinander: Los geht's im San Diego der Surfer über Los

BEVOR ES LOSGEHT

Damit der Road Trip ein gelungenes Abenteuer wird, sollte man einiges beachten:

- Einem Automobilclub beitreten, der für seine Mitglieder einen 24-Stunden-Pannendienst sowie Rabatte bei Unterkünften und Sehenswürdigkeiten anbietet. Einige internationale Clubs haben Partnerprogramme mit amerikanischen Autoverbänden – also vorher abchecken und den Mitgliedsausweis mitnehmen.
- Ersatzreifen, Werkzeugkasten (z. B. Wagenheber, Starthilfekabel, Eiskratzer, Reifendruckmesser) und die Notfalleinrichtungen des Autos (wie etwa die Warnblinkanlage) überprüfen. Wer ein Auto gemietet hat, in dem diese wichtigen Sicherheitsgegenstände fehlen, sollte sich diese vor der Abfahrt noch zulegen.
- Gute Karten mitnehmen, besonders wenn man im Gelände oder abseits der Highways unterwegs ist. Sich nur auf GPS-Geräte zu verlassen, ist nicht empfehlenswert. Sie funktionieren manchmal nicht richtig, und in abgelegenen Gebieten (z. B. in tiefen Canyons oder dichten Wäldern) teilweise gar nicht.
- Führerschein und Versicherungsnachweis immer mitführen.
- Ausländische Reisende sollten sich mit der Straßenverkehrsordnung der USA vertraut machen und sich auf die üblichen Verkehrsrisiken einstellen.
- Häufig tanken, da es auf den malerischen Nebenstrecken der USA nur wenige und recht weit voneinander entfernte Tankstellen gibt.

USA – Panoramastraßen

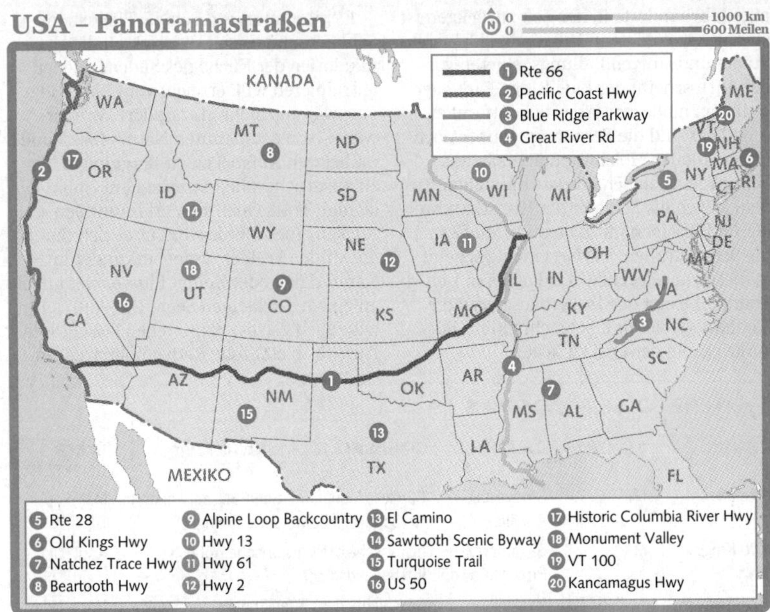

Angeles und San Francisco, CA, dann in Richtung Norden nach Seattle, WA.

Wer beim Anblick der Stadtstraßen allmählich Beklemmungen bekommt, sollte einfach wieder aus der Stadt hinausfahren und noch einen Abstecher nord- oder südwärts zur Küste machen. Die Richtung ist völlig egal – der Ausblick und die versteckten Orte, die man entlang des Weges findet, machen jede Erkundung lohnenswert.

Am besten umfährt man die Großstädte und hält sich an die Flecken dazwischen: an die fast schon zu perfekten Strände von Kaliforniens Orange County (O.C.) und von Santa Barbara, das verrückte Santa Cruz, Universitätsstadt und Surferparadies in Personalunion, die Redwood-Wälder von Big Sur und nördlich von Mendocino, die Sanddünen, die Orte am Meer und die Fischerdörfer an der Küste Oregons, schließlich Washingtons Olympic Peninsula mit ihren Regenwäldern und die San Juan Islands, die Fähren mit der Küste verbinden.

Reisezeit

Es gibt keine wirklich ungünstige Jahreszeit für eine Fahrt auf dem PCH, auch wenn es in den nördlicheren Gegenden im Winter mehr regnet und schneit. Hauptreisezeit ist von Juni bis August, obwohl es nicht unbedingt die besten Monate sind, um etwas von der Straße zu sehen, weil viele Küstenabschnitte im Frühsommer im Nebel versinken („June Gloom"). Die Zwischensaison vor dem Memorial Day (April/Mai) und nach dem Labor Day (Sept./Okt.) ist dank sonniger Tage, knackig kalter Nächte und weniger Touristen die ideale Reisezeit.

Blue Ridge Parkway

Auf dem Blue Ridge Parkway, der sich über 469 Meilen (750 km) durch die südlichen Appalachen windet, kann man großartig wandern, wilde Tiere beobachten, altmodische Musik hören und eine fesselnde Berglandschaft sehen – all das sorgt für einen unvergesslichen, kurzweiligen Road Trip.

Der Bau des Parkway begann 1935 unter Präsident Franklin D. Roosevelt und war eines der großen New-Deal-Projekte, ein riesiges Bauvorhaben, das bis zu seiner Fertigstellung 1987 über 52 Jahre brauchte.

Auf zum Blue Ridge Parkway!

Wenn man zuschaut, wie die Sonne über den unberührten Wäldern und Bergen, den friedlichen Bächen und der glückseligen Stille untergeht, hat man den Eindruck, einige Jahrhunderte in der Zeit zurückgereist zu sein. Obwohl er an Dutzenden kleinerer Städte und einigen Ballungsgebieten vorbeiführt, scheint der Blue Ridge Parkway weit vom modernen Amerika entfernt zu sein. Hier sind die Berghänge immer noch mit rustikalen Holzhütten übersät, auf deren Veranden Schaukelstühle stehen. Zudem locken die Schilder der Kunsthandwerker und Kneipen mit Bluegrass-Musik in die Seitenstraßen. Die Geschichte scheint in diesen abgelegenen Waldgebieten – einst Stammesgebiet der Tscherokesen, später Siedlungsgebiet und Schlachtfeld im Bürgerkrieg – in der Luft zu liegen.

Es gibt unterwegs schöne Plätze zum Schlafen und Essen. Wer sich all die Extrakalorien der Küche des Südens wieder abtrainieren will, erreicht vom Blue Ridge Parkway aus mehr als hundert Wanderwege – von entspannten Naturpfaden und mühelosen Aufstiegen zu Berggipfeln bis zu anspruchsvollen Strecken am Appalachian Trail. Oder man erklimmt den Rücken eines Pferdes und lässt sich durch die kühlen Wälder tragen, erkundet im Kanu, Kajak oder Reifen Flüsse oder angelt an einem der kleinen Seen. Das Auto kann man auch getrost ganz stehen lassen: Der Parkway bietet tolle Radwanderstrecken.

WEITERE TOLLE ROAD TRIPS

ROUTE	STAAT(EN)	START/ZIEL	SEHENSWERTES & AKTIVITÄTEN	BESTE REISEZEIT
Rte 28	NY	Stony Hollow/ Arkville	Catskills Mountains, Seen, Flüsse, wandern, Herbstfarben bewundern, Tubing	Mai–Sept.
Old Kings Hwy	MA	Sagamore/ Provincetown	historische Orte, historische Wohnsitze, Küstenlandschaft	April–Okt.
Natchez Trace Hwy	AL/MS/TN	Nashville/ Natchez	Geschichte des „Alten Südens", archäologische Stätten, malerische Flüsse, Radfahren, campen, wandern	März–Nov.
Beartooth Hwy	MT	Red Lodge/ Yellowstone	Wildblumen, Berge, alpine Landschaften, campen	Juni–Sept.
Alpine Loop Backcountry Byway	CO	Ouray/Lake City	Berge, Ausblicke, Täler, verlassene Minen	Juni–Sept.
Hwy 13	WI	Bayfield/ Superior	Seestrände, Wälder, Ackerland, Naturexkursionen	Mai–Sept.
Hwy 61	IA	Duluth/kanadische Grenze	State Parks, Wasserfälle, malerische kleine Städte, wandern	Mai–Sept.
Hwy 2	NE	I-80/Alliance	grasbedeckte Sanddünen, freier Ausblick	Mai–Sept.
El Camino Real	TX	Lajitas/ Presidio	Wüsten- & Berglandschaften, Thermalquellen, wandern, reiten	Feb.–April & Okt.–Nov.
Sawtooth Scenic Byway	ID	Ketchum/ Stanley	zerklüftete Berge, grüne Wälder, Rucksackreisen, wandern, wilde Tiere beobachten	Mai–Sept.
Turquoise Trail	NM	Albuquerque/ Santa Fe	Bergbaustädte, eigenartige Museen & Volkskunst, Radfahren, wandern	März–Mai & Sept.–Nov.
US 50	NV	Fernley/Baker	„Einsamste Straße Amerikas", schöne Wildnis, Radfahren, wandern, Höhlen erkunden	Mai–Sept.
Historic Columbia River Hwy	OR	Portland	Landschaft, Wasserfälle, Wildblumen, Radfahren, wandern	April–Sept.
Monument Valley	UT	Monument Valley	kultige Berge, Filmkulissen, Fahrten mit dem Geländewagen, reiten	ganzjährig
VT 100	VT	Stamford/ Newport	hügelige Weiden, grüne Berge, wandern, Ski fahren	Juni–Sept.
Kancamagus Hwy	NH	Conway/ Lincoln	Berge, Bäche & Wasserfälle, campen, wandern, schwimmen	Mai–Sept.

Blue Ridge Parkway (S. 41)

Die Route

Die hüglige, landschaftlich reizvolle Nebenstraße verbindet nach wie vor den Shenandoah National Park in Virginia mit dem Great Smoky Mountains National Park. Sie verläuft an der Grenze zwischen North Carolina und Tennessee und passiert die Städte Boone und Asheville in North Carolina sowie Galax und Roanoke in Virginia. Auch Charlottesville (VA) ist nur eine kurze Fahrt entfernt. Die Städte Washington, D.C. (140 Meilen bzw. 224 km) und Richmond, VA (95 Meilen bzw. 152 km) liegen in Reichweite des Parkway.

Abstecher: Skyline Drive

Wer seine Reise durch diese Gegend noch etwas ausdehnen möchte, kann eine Schleife auf dem Skyline Dr drehen. Das Nordende des Blue Ridge Parkway trifft bei Rockfish Gap auf diese 105 Meilen (170 km) lange Straße (die weiter nach Nordosten führt).

Man kommt auf dieser Straße nur langsam vorwärts (die Geschwindigkeit ist auf 35 Meilen/h beschränkt), aber so kann man die Landschaft noch besser betrachten (im Frühling Wildblumen auf den Hügeln, leuchtende Farben im Herbst und der sagenhaft blaue Himmel im Sommer). Der Shenandoah National Park rund um den Skyline Dr. hat viele tolle Wanderwege, von denen einige auf Berggipfel mit Panoramaaussicht führen. Im Park gibt es Campingplätze und schön gelegene Ferienhäuschen. In der Nähe liegen das Bergstädtchen Staunton (mit einem Shakespeare-Theater und Farm-to-Table-Restaurants) und das Höhlensystem der Luray Caverns.

Es gibt nur einen Wermutstropfen: der Skyline Dr. ist kostenpflichtig (10 US$ für einen Siebentagepass im Winter, 15 US$ im Sommer). Dabei handelt es sich nicht um eine Maut, sondern eher um die Eintrittsgebühr für den Shenandoah National Park. An Wochenenden ist mit starkem Verkehrsaufkommen zu rechnen.

Reisezeit

Man sollte bedenken, dass die Witterung je nach Höhenlage sehr unterschiedlich sein kann. Während im Winter auf den Berggipfeln schon Schnee liegt, kann es in den Tälern immer noch warm sein. Die meisten Touristeninformationen am Parkway haben nur von April bis Oktober geöffnet. Der Mai ist der beste Monat, um Wildblumen zu sehen, die meisten Besucher kommen aber im Herbst, um sich am Farbenspiel der Blätter zu erfreuen. Frühling und Herbst sind eine gute Zeit, um Vögel zu beobachten: Am Himmel über dem Parkway wurden fast 160 Arten gezählt. Wer im Sommer oder Frühherbst kommt, sollte sich auf großen Andrang gefasst machen.

Infos im Internet & Karten

Blue Ridge Parkway (www.blueridgeparkway.org) Karten, Aktivitäten und Übernachtungsmöglichkeiten an der Strecke. Man kann auch den kostenlosen *Blue Ridge Parkway Travel Planner herunterladen.*

Hiking the Blue Ridge Parkway Von Randy Johnson; genaue Wegbeschreibungen, topografische Wegekarten und andere Infos für kurze und lange Wanderungen (auch mit Übernachtungen).

Recreation.gov (www.recreation.gov) Über diese Seite kann man bei einigen Campingplätzen reservieren.

Skyline Drive (www.visitskylinedrive.org) Unterkünfte, Wanderwege, Tierleben und mehr: vollständiger Überblick über den Nationalpark, der diese malerische Straße umgibt.

Great River Road

Die Ende der 1930er-Jahre eingerichtete Great River Road ist eine abenteuerliche Route, die von den Quellflüssen des Mississippi an den Seen im nördlichen Minnesota flussabwärts bis zu der Stelle führt, wo der Fluss bei New Orleans in den Golf von Mexiko mündet. Wer einen Blick auf ein Amerika werfen möchte, das über die kulturellen Kluften – Nord-Süd, Stadt-Land, Baptisten-Bohème – hinausgeht, der sollte genau diesen Road Trip unternehmen.

Auf zur Great River Road!

Wer dem zweitlängsten Fluss Nordamerikas folgt, wird von der Schönheit der Landschaft, von Iowas Hügeln und den ausgedörrten Baumwollfeldern im Mississippi-Delta ergriffen sein. Kalksteinfelsen, dichte Wälder, Blumenwiesen und dunstige Sumpfgebiete sind ebenso Teil der Kulisse wie Schornsteine, Kasino-Schiffe und die Zersiedelung der Landschaft. Das sind die guten, die schlechten und die hässlichen Aspekte des Lebens am Mississippi. Es fügt sich jedoch erst zu einem Ganzen, wenn auch die großartige Musik, das leckere Essen und der herzliche Empfang in den Städten, die abseits der Reiseroute am Flussufer liegen, Beachtung finden.

Die Kleinstädte geben Einblick in die amerikanische Kultur: Da wäre beispielsweise Hibbing, MN, wo der Folk Rocker Bob Dylan aufgewachsen ist, oder Brainerd, MN, das im Film *Fargo* der Coen-Brüder zu sehen ist. In Spring Green, WI, sammelte der Architekt Frank Lloyd Wright erste Erfahrungen, im ländlichen Hannibal, MO, wuchs Mark Twain auf und in Metropolis, IL, steht die Telefonzelle, in der sich Superman sein Heldenkostüm überstreifte.

Der südliche Abschnitt dieser Strecke erzählt die Geschichte der amerikanischen Musik, vom Rock'n' Roll in St. Louis über den Blues in Memphis bis hin zum Jazz in New Orleans. Und Hunger muss man auch nicht leiden: Unterwegs kommt man an zahllosen Retro-Lokalen des Mittleren Westens, Southern-Barbecue-Schuppen und Räucherkammern vorbei und kann die Cajun-Tavernen und Tanzlokale in Louisiana ausgiebig erkunden.

Die Route

Die Great River Road ist eigentlich nicht eine einzige Straße, sondern eine Ansammlung von Abschnitten, die dem 2300 Meilen (3680 km) langen Mississippi folgen und die Reisenden durch zehn Bundesstaaten führen. Zu den Ballungszentren, die einen einfachen Zugang zur Great River Road bieten, gehören New Orleans, Memphis, St. Louis und Minneapolis.

Reisezeit

Die beste Reisezeit ist von Mai bis Oktober, wenn das Wetter am wärmsten ist. Die Winterzeit, in der man womöglich mit Schneestürmen kämpfen müsste, sollte gemieden werden (außer man bleibt ganz unten im Süden).

Infos im Internet

Mississippi River Travel (www.experiencemississippiriver.com) „Zehn Staaten, ein Fluss" ist das Motto dieser offiziellen Website, die eine großartige Quelle für Informationen zu Geschichte, Freizeitaktivitäten in der Natur, Livemusik und weiteren Themen ist.

Reiseplanung

Outdoor-Aktivitäten

Mammutbäume, Schluchten, schneebedeckte Berge und dramatische Küste – an spektakulären Kulissen für Abenteuer mangelt es den USA nicht. Wonach einem der Sinn auch steht, hier findet sich immer ein super Plätzchen für großartige Outdoor-Aktivitäten.

Wandern & Trekken

Die fitnessorientierten Amerikaner sind sehr stolz auf ihr sehr gutes Netz von Wanderwegen – es umfasst Zehntausende Kilometer –, und es gibt einfach keine bessere Möglichkeit als eine Wandertour, um die Landschaft ganz direkt und in der gewünschten Geschwindigkeit kennenzulernen.

Die Wildnis ist erstaunlich gut zugänglich und dadurch leicht auszukundschaften. Die Nationalparks sind besonders gut geeignet für kurze und lange Wanderungen. Wer schon immer einmal in der Wildnis unter dem Sternenhimmel übernachten wollte, sollte sicherheitshalber vorab eine Backcountry-Genehmigung einholen, insbesondere für Orte wie dem Grand Canyon – die Plätze sind begrenzt, besonders im Sommer.

Neben den Parks gibt es in jedem Bundesstaat wahre Juwelen von Wanderwegen, die man an zahlreichen Orten erkunden kann: Die Palette reicht von sonnenverbrannten Hoodoos (Gesteinssäulen) und den roten Spitzen der Chiricahua Mountains von Arizona über die tropfenden Bäume und bemoosten Winkel des Washingtoner Hoh River Rainforest bis zu dem von Hornstrauch überwachsenen Wild Azalea Trail in Louisiana und dem Tropenparadies der Na Pali Coast von Kauai. Fast überall gibt es großartige Wander- und Backpacking-Möglichkeiten,

Beste Outdoor-Abenteuer

Tiere beobachten

Bären im Glacier National Park, MT; Wapitis, Bisons und Wölfe im Yellowstone National Park, WY; Alligatoren, Manatis und Meeresschildkröten in den Florida Everglades; Wale und Delfine in der Monterey Bay, CA.

Wassersport

Wildwasserrafting auf dem New River, WV; surfen auf perfekten Wellen in Oahu, HI; tauchen und schnorcheln vor den Florida Keys; Kajak fahren in der unberührten Penobscot Bay, ME.

Mehrtägige Abenteuer

Wandern auf dem Appalachian Trail; mountainbiken auf dem Kokopelli's Trail, UT; klettern auf dem 4197 m hohen Grand Teton im Grand Teton National Park, WY; Kanu fahren, Portagen bewältigen und campen in den weitläufigen Boundary Waters, MN.

Wintersport

Ski fahren in Vail, CO; snowboarden in Stowe, VT; skilanglaufen am Lake Placid, NY.

auch mit kurzen Entfernungen. Alles, was man benötigt, sind ein Paar feste Schuhe (Sneakers od. Wanderstiefel) und eine Wasserflasche.

Wanderinfos im Internet

➡ **Survive Outdoors** (www.surviveoutdoors.com) Informationen zu den Themen Sicherheit und Erste Hilfe sowie hilfreiche Fotos von gefährlichen Tieren.

➡ **Wilderness Survival** Gregory Davenport hat damit wohl die beste Lektüre zum Überstehen nahezu aller Eventualitäten geschrieben.

➡ **American Hiking Society** (www.americanhiking.org) Links zu Freiwilligenprojekten, im Rahmen derer man beim Anlegen von Wanderwegen helfen kann.

➡ **Backpacker** (www.backpacker.com) Beste nationale Zeitschrift für Backpacker, sowohl für Neulinge als auch für alte Hasen.

➡ **Rails-to-Trails Conservancy** (www.railstotrails.org) Verwandelt stillgelegte Bahntrassen in Wander- und Radwege; veröffentlicht auf www.traillink.com kostenlose Bewertungen zu Wanderwegen.

Radfahren

Radfahren wird immer beliebter und selbst Städte wie New York weisen zunehmend Radwege aus und werden fahrradfreundlicher. Zudem findet man auch auf dem Land immer mehr Wege im Grünen. In jeder Stadt wird es ein paar Unerschrockene geben, und mehrere Unternehmen bieten geführte Radtouren für verschiedene Niveaus und von unterschiedlicher Dauer an. Die besten Infos zu Touren und Fahrradverleihs bekommt man in den Radläden vor Ort. Oder man recherchiert im Internet, was die Gegend, die man besucht, zu bieten hat.

In vielen Staaten werden mehrtägige Radtouren angeboten, bei denen man mit anderen Leuten in Kontakt kommt, etwa beim Ride the Rockies (www.ridetherockies.com) in Colorado. Gegen eine Gebühr kann man sich der Gruppe anschließen und sich auf eine malerische Radtour auf gut instand gehaltenen Wegen freuen. Die Ausrüstung der Teilnehmer wird jeden Tag ins jeweilige Nachtlager transportiert. Weitere tolle Radstrecken sind z. B. die auf den Mt. Lemmon in Arizona, eine 45 km lange Steigung von der Sonoran Desert hinauf zum 2791 m hohen Gipfel, die die Oberschenkel brennen lässt, und der Cherohala Skyway in Tennessee, der herrliche 82 km weit auf sanft gewellten Straßen durch Tennessee führt und tolle Ausblicke auf den Great Smoky Mountain gewährt.

Beste Städte für Radfahrer

➡ **San Francisco, CA** Radelt man über die Golden Gate Bridge, findet man sich in den atemberaubend schönen und ebenso hügeligen Marin Headlands wieder.

➡ **Madison, WI** Die 193 km an Radwegen führen auch an den hübschen Seen, Parks und am Uni-Campus vorbei.

➡ **Boulder, CO** Outdoor-Stadt mit Unmengen toller Radwege, darunter der knapp 26 km lange Boulder Creek Trail.

➡ **Austin, TX** Die Stadt des Indie-Rock hat neben einem über 300 km langen Wegenetz auch das ganze Jahr über tolles Wetter.

➡ **Burlington, VT** Dieses Paradies für Radfahrer im Nordosten hat tolle Touren zu bieten, deren bekannteste am Lake Champlain entlang verläuft.

➡ **Portland, OR** Eine wahre Schatzkammer voller toller Radfahroptionen (auf Radwegen und offroad) im Nordwesten.

Surfen

Hawaii

Gesegnet sei der Bundesstaat, in dem alles begann und in dem die besten Wellen gewöhnlich zwischen November und März auflaufen.

➡ **Waikiki (Südküste von Oahu)** Hawaiis einstige Könige surften auf Holzbrettern, schon lange bevor die Missionare des 19. Jhs. den Sport als gottlos verdammten. Dank des warmen Wassers und der sanft anrollenden Wellen ist Waikiki perfekt für Anfänger und ermöglicht lange Ritte auf dem schaumigen Meer.

➡ **Pipeline & Sunset Beach (Nordküste von Oahu)** Hier gibt's die klassischen Wellentunnel *(tubing waves)*, die entstehen, wenn riesige Wellen auf ein Riff auflaufen und brechen; die Gebilde sind allerdings nur geeignet für geübte Surfer. Für Zuschauer existiert aber nichts Spektakuläreres.

TOP-WANDERWEGE IN DEN USA

Fragt man zehn Personen nach den besten Wanderwegen in den USA, wird vermutlich kein einziger Weg zweimal genannt. Das Land ist so vielfältig und die Entfernungen sind derartig groß, dass auch die Meinungen weit auseinander gehen. Und dennoch wird man bei der folgenden Auswahl aus den Langzeitfavoriten kaum falsch liegen:

➡ **Appalachian Trail** (www.appalachiantrail.org) Der 1937 fertiggestellte Trail ist mit über 3375 km Länge der längste Wanderweg der USA, führt durch sechs Nationalparks und acht National Forests und durchquert zwischen Georgia und Maine insgesamt 14 Bundesstaaten.

➡ **Pacific Crest Trail** (PCT; www.pcta.org) Schlängelt sich am Grat der Cascades und der Sierra Nevada entlang und passiert auf der 4265 km langen Strecke von Kanada nach Mexiko sechs der sieben Ökozonen Nordamerikas.

➡ **John Muir Trail im Yosemite National Park, CA** (http://johnmuirtrail.org) Die malerischen 357 km vom Yosemite Valley hinauf zum Mt. Whitney sind eine wahre Wonne.

➡ **Enchanted Valley, Olympic National Park, WA** Eine traumhafte Berglandschaft, umherstreifende Wildtiere und üppige Regenwälder – all das halten die knapp 21 km dieses abgeschiedenen Wanderwegs (S. 1168) bereit.

➡ **Great Northern Traverse, Glacier National Park, MT** Der 93 km lange Wanderweg führt mitten durch das Land der Grizzlys und überquert die kontinentale Wasserscheide. Weitere Informationen finden sich im englischsprachigen Lonely Planet Band *Banff, Jasper & Glacier National Parks*.

➡ **Kalalau Trail, Na Pali Coast, Kauai, HI** Auf diesen knapp 18 km zeigt sich das wilde Hawaii von seiner besten Seite: mit Wasserfällen im Grünen, versteckten Stränden, saftigen Tälern und einer tosenden Brandung (S. 1253).

➡ **Mt. Katahdin, Baxter State Park, ME** Die 15,3 km lange Wanderung führt über diese 1605 m hohe Bergspitze und beschert Wandereren einen Panoramablick über die 46 Gipfel des Parks (S. 275).

➡ **South Kaibab/North Kaibab Trail, Grand Canyon, AZ** Bei dieser mehrtägigen Wanderung geht es quer durch den Grand Canyon. Der Weg führt von der einen Seite des Canyons hinunter bis zum Colorado River und auf der anderen Seite wieder hinauf zur Kante (S. 945).

➡ **South Rim, Big Bend National Park, TX** Ein 21 km langer Rundweg durch die rötlichen 2134 m hohen Chisos Mountains mit Blick auf das benachbarte Mexiko (S. 794).

➡ **Tahoe Rim Trail, Lake Tahoe, CA** (www.tahorimtrail.org) Dieser 265 km lange Mehrzweckweg verläuft hoch über dem See, umrundet diesen und bietet dabei einen herrlichen Blick auf die Sierra.

Westküste/Kalifornien

➡ **Huntington Beach, CA, (auch bekannt als Surf City, USA)** Dies ist die ultimative Surfer-Hauptstadt in den USA: Hier sind Dauersonne und „perfekte" Breaks garantiert. Besonders toll ist es bei ruhigen Winden im Winter.

➡ **Black's Beach, San Diego, CA** An dem 3,2 km langen Sandstreifen am Fuß der gut 900 m hohen Klippen in La Jolla gibt's einen der stärksten Beach Breaks in Südkalifornien – dank einer Unterwasserschlucht direkt vor der Küste.

➡ **Oceanside Beach, Oceanside, CA** Einer der schönsten Strände Südkaliforniens rühmt sich eines der am verlässlichsten guten Surfreviere im Sommer. Familien sind hier ebenfalls herzlich willkommen.

➡ **Rincon, Santa Barbara, CA** Einer der Top-Spots der Welt; fast jeder Surfchampion hat Rincon schon beehrt.

➡ **Steamer Lane & Pleasure Point, Santa Cruz, CA** Hier existieren elf Weltklasse-Breaks, darunter Pointbreaks über die Klippen entlang der Landzunge.

➡ **Swami's, Encinitas, CA** Beliebter Surfstrand unterhalb des Seacliff Roadside Park mit mehreren ordentlichen Breaks, die fantastische Wellen garantieren.

Ostküste

In den an der Atlantikküste gelegenen Bundesstaaten finden sich einige grandiose und unerwartete Spots, besonders für Fans einer moderateren Brandung. Am wärmsten ist das Wasser vor der Golfküste Floridas.

➡ **Cocoa Beach, Melbourne Beach, FL** Weil er nicht überfüllt ist und hier eher sanfte Wellen auflaufen, bietet er sich für Anfänger und Longboarder an. Südlich davon liegt das Inlet, bekannt für beständig gute Surfmöglichkeiten und übersichtliche Menschenmengen.

➡ **Reef Rd, Palm Beach, FL** Hier brechen die Wellen am Strand und an den Klippen und sorgen besonders bei Ebbe für konstant gute Bedingungen, besonders im Winter.

➡ **Cape Hatteras Lighthouse, NC** In dieser sehr beliebten Gegend findet man einige gute Spots und endlose Wellen – graziöse Dünungen jeder Größenordnung und Winde aus allen Richtungen.

➡ **Long Island, Montauk, NY** Über ein Dutzend Spots sprenkeln ganz Long Island, von den oft überfüllten Ditch Plains von Montauk bis zum Long Beach von Nassau County mit sich kräuselnden Wellen auf fast 5 km Länge.

VERRÜCKT NACH MOUNTAINBIKEN

Ein wahres Nirwana aus Radwegen erwartet Mountainbike-Fans in Boulder (CO), Moab (UT), Bend (OR), Ketchum (ID) genauso wie in Marin (CA), wo Gary Fisher und Co. die felsigen Flanken des Mt. Tamalpais auf ihren selbst getunten Bikes hinunterrasten und so die Sportart mitsamt Bunny Hops bekannt machten. Mehr Infos zu den Radwegen, zur Ausrüstung und Tipps gibt's im **Bicycling Magazine** (www.bicycling.com/mountainbike) oder bei **IMBA** (www.imba.com/destinations).

➡ **Kokopelli's Trail, UT** Einer der besten Mountainbike-Trails des Südwestens erstreckt sich über 225 bergige Kilometer zwischen Loma (CO) und Moab (UT). Weitere Optionen in der Nähe sind z. B. der 331 km lange Trail zwischen Telluride (CO) und Moab (UT), der jeden Abend Rast in einer anderen Hütte ermöglicht, und die kürzere, jedoch sehr anspruchsvolle, 61 km lange Strecke von Aspen nach Crested Butte – eine ebenfalls atemberaubende Route.

➡ **Maah Daah Hey Trail, ND** Ein 154 km langes Abenteuer über die sanften Hügel den Little Missouri River entlang.

➡ **Sun Top Loop, WA** Eine über 35 km lange Bike-Strecke an den westlichen Hängen der Cascade Mountains in Washington mit anspruchsvollen Anstiegen, die aber mit einem herrlichen Ausblick auf den Mt. Rainier und die umliegenden Gipfel belohnt werden.

➡ **Downieville Downhill, Downieville, CA** Nichts für ängstliche Naturen: Dieser von Pinien gesäumte Trail ist ganz in der Nähe des gleichnamigen Ortes am Fuß der Sierra im Tahoe National Forest zu finden. Er verläuft oben an den Felsen entlang, die sich eng an den Flusslauf schmiegen, und durchquert einen Primärwald. Auf der etwa 22 km langen Strecke geht's 1280 Höhenmeter nach unten.

➡ **Finger Lakes Trail, Letchworth State Park, NY** Ein recht unbekanntes Schmuckstück, 35 Meilen (56 km) südlich von Rochester im Bundesstaat New York. Hier fährt man auf einem 32 km langen Singletrail an den Felsen des „Grand Canyon of the East" entlang.

➡ **McKenzie River Trail, Willamette National Forest, OR** (www.mckenzierivertrail.com) Ein herrlicher Singletrail von über 35 km Länge schlängelt sich durch dichte Wälder und Vulkanformationen. Der Ort McKenzie liegt 50 Meilen (80 km) östlich von Eugene.

➡ **Porcupine Rim, Moab, UT** Der 48 km lange, ehrwürdige Porcupine Rim ist ein Rundweg. Er beginnt im Ort und verläuft durch die Mojave-Wüste – mit wunderschönen Ausblicken und buchstäblich atemberaubenden Downhills.

➡ **Casino Pier, Seaside Heights, NJ** Beide Seiten des Piers bieten die wohl längsten Tube Rides in New Jersey – allerdings sieht man sich hier mit Menschenmengen und den berechtigten Ansprüchen der Einheimischen konfrontiert.

➡ **Point Judith, Narragansett, RI** Rhode Island hat mit 64 km Küstenlinie und mehr als 30 Surfspots einige der besten Surfbedingungen zu bieten, u. a. diesen felsigen Pointbreak mit sanften bis tunnelartigen Wellen. Nicht für Anfänger geeignet!

➡ **Coast Guard Beach, Eastham, MA** Als Teil der Cape Cod National Seashore ist dieser familienfreundliche Strand bekannt für seine den ganzen Sommer anhaltende und für beide Boardlängen gleichermaßen geeignete konstante Dünung.

Rafting

Östlich des Mississippis bietet West Virginia sagenhafte Wildwasserareale. Zunächst wäre da der New River Gorge National River (S. 360), trotz seines Namens einer der ältesten Flüsse der Welt. Er verläuft von North Carolina bis nach West Virginia, schneidet eine tiefe Schlucht, die als „Grand Canyon of the East" bekannt ist, und erzeugt mit seinem Sog schäumende Stromschnellen. Dann gibt es da noch den Gauley, der wohl zu den herrlichsten Wildwassern der Welt zählt. Dieser ehrwürdige Appalachenfluss wird wegen seiner extrem steilen und turbulenten Stromschnellen geschätzt, und gibt eine wahre Achterbahnfahrt her. Auf einer Strecke von gerade einmal 45 km hat er ein Gefälle von mehr als 200 m. In seiner Nähe befinden sich noch sechs weitere Flüsse, die unerfahreneren Wasserratten als Trainingsgelände dienen.

Draußen im Westen gibt es zahlreiche Möglichkeiten, sich in ein malerisches, spektakuläres Rafting-Abenteuer zu stürzen: etwa im Cataract Canyon in Utah, bei einer mitreißenden Fahrt zwischen den roten Felsen des Cayonlands National Park (S. 975) oder auf dem Rio Grande in Texas, einem eher trägen Flusslauf durch hübsche Kalksteinschluchten. Der North Fork, die nördliche Gabelung des Owyhee, welcher sich vom Hochplateau des südwestlichen Oregon bis zu den Weiden Idahos erstreckt, ist nicht umsonst sehr beliebt und wird auf seinem Weg von hoch aufragenden Hoodoos gesäumt. In Kalifornien warten der Tuolumne River und der American River mit mäßigen bis extremen Stromschnellen auf, während Idahos Middle Fork (die mittlere Gabelung des Salmon River) wirklich alles zu bieten hat: zahlreiche Wildtiere an seinen Ufern, mitreißende Stromschnellen, eine bewegte Geschichte rund um die Grundbesitzer, Wasserfälle sowie Thermalquellen. Wenn man so gut organisiert ist, dass man seine Reise schon ein paar Jahre im Voraus buchen kann, sollte man unbedingt einen ultimativen Rafting-Trip auf dem Colorado River unternehmen. Und auch wer nicht auf abenteuerliche Stromschnellen steht, wird in den USA fündig: Viele Flüsse haben Abschnitte, die für einen ruhigen Bootstrip oder zum Dahingleiten in aufblasbaren Schläuchen – natürlich inklusive einem kühlen Bier in der Hand – geeignet sind.

Kajak- & Kanufahren

Ruhige Gewässer (ohne Stromschnellen oder Brandungen) erkundet man am besten mit dem Kanu oder dem Kajak. Kajaks sind zwar seetüchtig, aber nicht in jedem Fall für den Transport von sperriger Ausrüstung geeignet. Auf großen Seen und an der Küste (u. a. rund um die San Juan Islands) fährt man mit einem Seekajak am besten. Ein Kanu eignet sich bei monatelangen Trips durch die Wildnis sehr gut – etwa auf den 19 000 km langen Wasserwegen in den Boundary Waters von Minnesota oder auf dem Bartram Canoe Trail in Alabama mit seinen über 1200 km^2 sumpfiger Flussarme, Seen und ruhiger Flüsse.

Kajak- oder Kanufahren ist in den USA so gut wie überall möglich, und auch Kurse sowie Ausrüstungen sind nicht schwer zu finden – von der Apostle Islands National Seashore in Wisconsin und Utahs viel gelobten Green River bis zur Na-Pali-Küste auf Hawaii. Man kann sich in der Penobscot Bay in Maine Kajaks ausleihen und vor der Küste und rund um die von Fichten gesäumten Inselchen herumpaddeln oder sich in Sausalitos Richardson Bay in Kalifornien einer Tour bei Vollmond anschließen.

Skifahren & Wintersport

In über 40 Bundesstaaten der USA kann man die Pisten hinunter ins Tal sausen und hat dabei eine riesige Anzahl unterschiedlicher Gebiete und Skiorte zur Auswahl. Am besten Ski und Snowboard fahren kann man in Colorado, aber auch Kalifornien, Vermont und Utah sind Topziele. Die Skisaison dauert für gewöhnlich von Mitte Dezember bis April, wobei manche Skiorte auch länger Saison haben. Im Sommer nehmen viele Wintersportgebiete ihre Sessellifte für Mountainbiker und Wanderer in Betrieb. Skisportpakete (mit Flug, Hotel & Liftkarte) können ganz einfach über Ferienorte, Reisebüros und auf den Reisewebsites im Internet gebucht werden.

Egal wo man sich die Bretter anschnallt – ein billiges Vergnügen wird das definitiv nicht. Die besten Angebote bekommt man, wenn man werktags auf die Pisten geht, gleich Mehrtagestickets kauft, weniger bekannte Ferienorte ansteuert (beispielsweise die Alpine Meadows am Lake Tahoe) oder Berghänge ausfindig macht, an denen normalerweise vor allem Einheimische anzutreffen sind wie etwa im Mad River Glen in Vermont (S. 247), in der Santa Fe Ski Area oder am Wolf Grad in Colorado.

Beste Orte für Skifahrer & Snowboarder

Das erstklassige Stowe in Vermont (S. 247) ist etwas für alte Wintersporthasen – im Lift friert man sich zwar einen ab, dafür kann man sich beim Après-Ski in holzverkleideten Bars mit einheimischen Biersorten zünftig wieder aufwärmen. Mehr Schnee, höhere Berge und jede Menge Glamour findet man hingegen ganz im Westen in Vail, CO, in Squaw Valley, CA, und in der Glitzerwelt von Aspen, CO, vor. Eine recht unprätentiöse Szene und steile Schneehänge gibt's in Alta, UT, Telluride, CO, Jackson, WY, und Taos, NM. Außerhalb von Juneau, Anchorage und Fairbanks in Alaska durchschneiden die Skipisten eine spektakuläre Landschaft, und die nördlichsten Sessellifte Nordamerikas – und außerdem im Frühling und Sommer grün-blau schimmernde Polarlichter – sind im Mt. Aurora SkiLand zu finden.

Klettern

Kletterer zieht es in Scharen zum Joshua Tree National Park, der für sie wie ein überirdisches Heiligtum im südlichen Kalifornien ist. Dort, zwischen schroffen Monolithen und den ältesten Bäumen des Landes, klettern sie mehr als 8000 Routen und bewältigen blanke Steilhänge, scharfe Kurven und viele Felsspalten. Eine hervorragende Kletterschule bietet Kurse für jedes Niveau. Im Zion National Park, UT, lernt man in mehrtägigen Canyoning-Kursen die hohe Kunst des Abstiegs: das Abseilen an glatten Sandsteinwänden hinunter in prächtige rote und mit Bäumen übersäte Felsschluchten. Bei einigen der sportlicheren Abstiege geht es im Trockenanzug an den Flanken tosender Wasserfälle hinunter ins eiskalte Wasser. Es gibt auch noch jede Menge anderer toller Klettergebiete.

➡ **Grand Teton National Park, WY** Ein toller Ort für Kletterer mit und ohne Erfahrung. Anfänger lernen in einem Kurs (S. 877) die Grundlagen, die Erfahreneren können sich auf zweitägigen Expeditionen hinauf zur Spitze des Grand Teton machen: ein 4200 m hoher Gipfel mit majestätischem Ausblick.

➡ **City of Rocks National Reserve, ID** Hier gibt es über 500 Routen, die an windgepeitschtem Granit und Felsnadeln hinaufführen, die 60 Stockwerke hoch in den Himmel ragen.

➡ **Yosemite National Park, CA** In diesem heiligen Kletterschrein werden hervorragende Kletterkurse (S. 1134) angeboten. Hier ist sowohl etwas für Anfänger dabei als auch für Felsverrückte, die von einer Nacht in einer Hängematte in 3000 m Höhe träumen.

➡ **Bishop, CA** Südlich des Parks liegt dieses bei vielen Top-Kletterern beliebte, verschlafene Städtchen in der Eastern Sierra, die das Tor zu hervorragenden Klettergebieten in der nahe gelegenen Owens River Gorge und in den Buttermilk Hills ist.

➡ **Red Rock Canyon, NV** 10 Meilen (16 km) westlich von Las Vegas erstreckt sich eines der besten Sandstein-Klettergebiete der ganzen Welt.

➡ **Enchanted Rock State Natural Area, TX** Dieser 70 Meilen (112 km) westlich von Austin gelegene Nationalpark (S. 762) wartet mit riesigen rosafarbenen Granitkuppeln und Hunderten von Kletterrouten mit herrlichem Ausblick auf das Texas Hill Country auf.

DIE FERTIGKEITEN AUSBAUEN – ODER SICH NEUE ANEIGNEN

Bei diesen Programmen mit hohem Thrill-Faktor kann man ein paar neue Tricks in Sachen Outdoor-Aktivitäten erlernen, z. B. auf Wellen zu reiten oder an Klippen zu baumeln.

➡ **Club Ed Surf Camp** (www.club-ed.com) Bringt Travellern zwischen Manresa Beach und Santa Cruz das Wellenreiten bei und veranstaltet Exkursionen zum Surfmuseum und zu Herstellern von Surfbrettern.

➡ **Craftsbury Outdoor Center** (www.craftsbury.com) Hierher kommt man zum Rudern, Langlaufen und Laufen – inmitten der Wälder und Berge von Vermont.

➡ **Joshua Tree Rock Climbing School** (www.joshuatreerockclimbing.com) Einheimische Guides führen Anfänger und Könner auf 7000 verschiedenen Kletterrouten im Joshua Tree National Park, CA.

➡ **Nantahala Outdoor Center** (www.noc.com) In dieser Schule in North Carolina lernt man paddeln wie ein Profi. Sie bietet auch hervorragende Unterweisungen für Kanu- und Kajaksport in den Great Smoky Mountains an.

➡ **Otter Bar Lodge Kayak School** (www.otterbar.com) Der spitzenmäßige Unterricht im Wildwasserkajakfahren überzeugt, genau wie die Saunen, die heißen Bäder, die Abendessen mit Lachs und eine an der Nordküste Kaliforniens versteckte Waldhütte.

➡ **Steep & Deep Ski Camp** (www.jacksonhole.com/steep-ski-camp.html) Auf extremem Terrain gewandt Ski fahren (und unberührte Pisten einweihen) und sich danach auf einer Dinnerparty entspannen – toll! Man kann auch mal mit Olympiasieger Tommy Moe die Piste hinunterbrettern.

➡ **Chicks with Picks** (www.chickswithpicks.net) Die Gruppe mit Sitz in Ridgway, CO, bietet im ganzen Land Workshops für Frauen im Bergsteigen, Klettern und Eisklettern.

➡ **LL Bean Discovery Schools** (www.llbean.com) Der berühmte Anbieter in Maine veranstaltet Kurse im Kajakfahren, Schneeschuhlaufen, Skilanglauf, Erste Hilfe in der Wildnis, Fliegenfischen u. a.

➡ **Rocky Mountain National Park, CO** Alpines Klettern in der Nähe von Boulder.

➡ **Flatirons, CO** Auch nahe Boulder gelegen. Hier gibt es tolle Routen mit mehreren Seillängen.

➡ **Shawangunk Ridge, NY** Zwei Stunden Autofahrt nördlich von NYC liegt dieser etwa 80 km lange Bergkamm. Hier in den „Gunks" haben viele Kletterer von der Ostküste ihre ersten Kraxel-Versuche gemacht.

➡ **Hueco Tanks, TX** Zwischen Oktober und Anfang April zählt Hueco Tanks zu den weltbesten Kletterzielen, wenn andere beliebte Klettertouren nicht mehr durchführbar sind (allerdings sind die Felsen im Sommer aufgrund der Wüstensonne in der Regel zu heiß zum Anfassen).

Kletter- & Canyoning-Infos im Internet

➡ **American Canyoneering Association** (www.canyoneering.net) Eine Online-Datenbank mit Canyons und Links zu Kletterkursen und lokalen Klettergruppen.

➡ **Climbing** (www.climbing.com) Seit 1970 bekommt man hier die topaktuellsten Kletter-News und -infos.

➡ **SuperTopo** (www.supertopo.com) Hier bekommt man alles, von Kletterführern über kostenlose topografische Karten bis hin zu Routenbeschreibungen.

Sporttauchen & Schnorcheln

Das exotischste Unterwasserreiseziel der USA ist Hawaii. In den schillernden, aquamarinfarbenen Gewässern mit ganzjährig warmen Wassertemperaturen bekommt man eine gigantische Vorstellung aus surrealen Farben und Formen geboten. Man schwimmt inmitten von Meeresschildkröten, Tintenfischen und bunten Papageienfischen – von den Vulkanhöhlen und schwarzen Korallen ganz zu schweigen. Zurück an Land geht der Tagtraum mit einem *poke* aus frisch gefangenem Gelbflossen-Thun *(ahi)* weiter.

Die schönsten Tauchgebiete liegen vor der Küste und zwischen den Inseln, sodass ein mehrtägiger Tauchausflug auf einem Boot die beste Möglichkeit ist, die Unterwasserwelt zu erkunden. Der Aloha State bietet ein Unterwasserparadies von unvorstellbarer Schönheit: von Suppenschildkröten über Wracks aus dem Zweiten Weltkrieg vor der Küste von Oahu bis zu den Unterwasser-Lavaskulpturen nahe der kleinen Insel Lanai. Allerdings sollte alles gut geplant werden, da sich die Tauchplätze je nach Saison ändern.

Auf dem US-amerikanischen Festland hat Florida mit einer Küsten von über 1600 km Länge, die in 20 einzigartige Unterwassergebiete aufgeteilt ist, den Löwenanteil an tollen Tauchmöglichkeiten abgekommen. Es gibt Hunderte Tauchspots und zahllose Tauchläden, die die nötige Ausrüstung und geführte Tauchgänge anbieten. Südlich von West Palm Beach ist das Wasser wunderbar klar, und man kann das ganze Jahr über an dem weitläufigen Riff tauchen. Am Panhandle, dem nördlichen Teil des Bundesstaats, laden die ruhigen und warmen Wasser des Golfs von Mexiko zum Tauchen ein, und vor Pensacola und Destin gibt es hervorragende Möglichkeiten zum Wracktauchen. Nahe Crystal River kann man mit Seekühen tauchen.

Die Florida Keys, eine gekrümmte Inselkette aus 31 Inseln, sind das Beste, was die US-Küste zu bieten hat. Hier warten eine herrliche Mischung aus marinen Lebensräumen, der einzige lebendige Korallengarten Nordamerikas und das eine oder andere Schiffswrack darauf, erkundet zu werden. Key Largo beheimatet den John Pennekamp Coral Reef State Park, der mit mehr als 320 km paradiesischer Unterwasserwelt aufwartet.

Jenseits der Mangrovensümpfe der Florida Keys, wo sich das drittgrößte Korallenriff der Welt befindet, kann man (im viel wärmeren Wasser) hervorragend tauchen und schnorcheln. Vor der Küste von Islamorada sollte man nach Seekühen Ausschau halten, und eine Tour nach Dry Tortugas eröffnet einem die Welt eines Riffs, das von Barrakudas und Meeresschildkröten nur so wimmelt und wo um die 200 gesunkene Schiffe auf dem Meeresgrund liegen.

Noch mehr Unterwasserwelten

Aktuelle Infos zu Tauchstellen in den USA und im Ausland findet man unter **Scuba Diving** (www.scubadiving.com) und im **DT Mag** unter dem Abschnitt Tauchen in den USA (http://www.dtmag.com/dive-usa/divingusa.html).

➡ **Hanauma Bay Nature Preserve, Oahu, HI** Trotz der Menschenmassen ist dies noch immer einer der weltweit besten Orte zum Schnorcheln. Hier leben über 450 Arten von Rifffischen.

➡ **Point Lobos State Reserve, CA** Hier bietet sich eine der besten Möglichkeiten in Kalifornien zum Shore Diving: Es gibt flache Riffe, Höhlen, Felsnadeln, Seesterne, Zitterrochen, Seelöwen, Robben und Otter. Die **Monterey Bay Dive Company** (www.montereyscubadiving.com) ist eine gute Anlaufstelle, wenn man Tauchspots und -führer sucht.

➡ **The Channel Islands, CA** Zwischen Santa Barbara und Los Angeles gelegen, warten diese Inseln mit Langusten, Engelhaien und zahllosen Tauchspots auf, die man am besten mit einem gemieteten Boot erreicht.

➡ **Jade Cove** Etwa 10 Meilen bzw. 16 km südlich von Lucia am Hwy 1. An diesem treffend benannten Ort findet sich das weltweit einzige Unterwasservorkommen von Edelsteinen, was einen unvergesslichen Tauchgang garantiert.

➡ **Cape Hatteras National Seashore, NC** Entlang der nördlichen Küste von North Carolina können Taucher historische Wracks aus dem Bürgerkrieg erforschen (und dabei mitunter auch auf Sandtigerhaie treffen). Zudem gibt es zahllose Möglichkeiten für Tauchausflüge in die Outer Banks und in das Gebiet rund um Cape Lookout.

➡ **Lake Ouachita, AR** Der größte See in Arkansas ist von bewaldeten Bergen umgeben und bekannt für sein klares, sauberes Wasser und gut 30 verschiedene Tauchspots. Man kann am Seeufer campen und – ganz wörtlich genommen – eintauchen! Hier findet sich auch ein über 25 km langer Wasserwanderweg, der erste seiner Art im ganzen Land.

➡ **Great Lakes, MI** Der vielleicht überraschendste Tauchspot der USA: Der Lake Superior und der Lake Huron in Michigan haben

Tausende von Schiffswracks zu bieten, die auf ihrem sandigen Grund verstreut liegen. Bunte Korallenfische darf man hier natürlich nicht erwarten.

Reiten

Möchtegern-Cowboys werden sich freuen, zu hören, dass Reiten jeglicher Art, von seiner sattellosen Form bis hin zum Westernreiten, überall in den USA möglich ist. Im Westen finden sich die wirklich unvergesslichen Reiterlebnisse, von einwöchigen Expeditionen durch die Canyons des südlichen Utah über den Viehtrieb in Wyoming bis hin zum Ponyreiten entlang der Küste von Oregon. Ein Pferd zu finden, ist nicht schwer: In vielen der Nationalparks bzw. in ihrer Umgebung gibt es Reitschulen und Reitställe, die Pferde vermieten. Erfahrene Pferdenarren können allein auf Erkundungstour gehen oder einen Führer mitnehmen, der die örtliche Flora, Fauna und Geschichte kennt. Halb- und ganztägige Wanderritte in Gruppen sind sehr beliebt und werden überall angeboten. Meist ist ein Mittagessen auf einer mit Wildblumen übersäten Wiese inbegriffen.

Kalifornien ist ein fantastischer Ort zum Reiten: Vernebelte Pfade führen an der Point Reyes National Seashore an Klippen entlang, es gibt längere Exkursionen zu den hoch gelegenen Seen der Adams Wilderness und mehrtägige Reittouren im Yosemite Park und im Kings Canyon. Auch die Nationalparks Capitol Reef und Canyonlands in Utah eignen sich, ebenso wie die Berge, Bäche und Ebenen von Colorado, Arizona, New Mexico, Montana und Texas, hervorragend für spektakuläre Ausflüge auf dem Rücken eines Pferdes.

Ferienranches (à la „Urlaub auf dem Bauernhof") gibt es in allen möglichen Formen, vom luxuriösen Aufenthalt mit Daunendecken bis hin zum Stalldienst auf einer aktiven Rinderfarm. Zu finden sind die Ranches in den meisten westlichen und sogar in einigen östlichen Staaten (wie Tennessee oder North Carolina). Und echte Cowboys gibt's gratis obendrauf!

Reiseplanung

Mit Kindern reisen

Zwischen den Küsten finden sich tolle Attraktionen für Kinder jedes Alters: Buddelspaß am Strand, Vergnügungsparks, Zoos, Aquarien, Naturausstellungen, interaktive Museen, Campingabenteuer, Historisches, Wanderungen in Naturschutzgebieten, Radtouren durch ländliche Gegenden und vieles mehr, das die Kleinen begeistert.

Beste Ziele für Kids

New York City

N.Y. lockt mit Museen, Kutschfahrten und Rudern im Central Park, Bootsfahrten auf dem Hudson und Themenlokalen am Times Square.

Kalifornien

In den Universal Studios guckt man hinter die Kulissen, dann geht's zum Strand bzw. nach Disneyland oder zum San Diego Zoo. Top sind auch die Mammutbäume und die Golden Gate Bridge.

Washington, D.C.

Washington ist mit seinen kostenlosen Museen, den Pandas im Zoo und den vielen Grünflächen eine familienfreundliche Stadt. Von hier ist es nicht weit nach Williamsburg, VA, wo kostümierte Darsteller einen Einblick ins 18. Jh. geben.

Florida

Um die Walt Disney World kann man einen ganzen Urlaub planen. Die Strände sind auch herrlich.

Colorado

Die Skiresorts geben im Sommer Vollgas und bieten Sommercamps, Mountainbiken, Sommerrodelbahnen und Ziplines.

Die USA mit Kindern

Beim Reisen mit Kindern erschließt sich eine andere Dimension des Landes. Die Einheimischen, besonders wenn sie eigene Kinder haben, sind freundlich und schließen einen wie Verwandte ins Herz, sodass es viel leichter ist, engere Kontakte zu knüpfen. Die meisten Einrichtungen sind auf die Bedürfnisse von Kids eingestellt, in der Stadt ebenso wie auf dem Land.

Für Familien geeignete Sehenswürdigkeiten, Aktivitäten, Restaurants und Unterhaltungsangebote erkennt man am Symbol für „kinderfreundlich" (👪).

Mit Kindern im Restaurant

Die Gastronomie scheint auf die Verköstigung von Familien eingestellt: Kinder sind fast überall willkommen, und es gibt oft Kinderkarten mit kleineren Portionen zu geringeren Preisen. In manchen Restaurants essen Kids bis zu einem bestimmten Alter gratis. Hochstühle und Sitze werden in Restaurants meist zur Verfügung gestellt. In manchen Restaurants gibt's auch Buntstifte und Puzzles für die Kleinen, und gelegentlich treten Trickfiguren live auf.

Restaurants ohne Kinderkarte sehen Kinder nicht automatisch ungern. In Restaurants der höheren Preiskategorie kann das aber der Fall sein. Aber auch in vielen gehobenen Lokalen kann man mit Kindern ohne Stress essen, wenn man früh kommt (direkt zur abendlichen Küchenöffnung, oft 17 Uhr od. 18 Uhr). Wahrscheinlich werden sich dann auch andere Familien einstellen. Man kann fragen, ob die Küche eine kleinere Portion des Gerichts liefern kann (und zu welchem Preis) oder ob es möglich ist, eine normale Portion auf zwei Teller zu verteilen. Falls der Nachwuchs mäkelig ist, fährt man oft mit chinesischen, mexikanischen oder italienischen Restaurants am besten.

Bauernmärkte werden beliebter; in jedem größeren Ort gibt's pro Woche mindestens einen. Hier kann man sich ein Picknick zusammenstellen, Regionales probieren und dabei auch die kleinen Produzenten vor Ort unterstützen. Mit den Vorräten geht's dann in einen Park oder an ein Ufer.

Unterkünfte

Motels und Hotels haben in der Regel Zimmer mit zwei großen Betten, was für Familien super ist. Manche bieten Beistell- oder Kinderbetten, die gegen Aufpreis ins Zimmer gestellt werden. Bei Letzteren handelt es sich meist um Reisebetten, in denen nicht alle Kids gut schlafen. In manchen Hotels übernachten Kinder bis zwölf, manchmal sogar bis 18 Jahren gratis. Vorsicht bei B&Bs: Die meisten lehnen Kinder ab, daher vor der Reservierung nachfragen!

Babysitter

Manche Resorts haben einen Babysitter-Service auf Abruf; wenn nicht, kann man die Mitarbeiter darum bitten, einen Babysitter zu besorgen. Immer danach fragen, ob die Babysitter lizenziert und registriert (also qualifiziert und versichert) sind, wie hoch der Stundensatz pro Kind ist, ob es einen Mindestpreis gibt und ob Kosten für Transport oder Mahlzeiten anfallen! Die meisten Visitor Centers haben Verzeichnisse der Kinderbetreuungs- und Freizeitangebote, medizinischen Einrichtungen etc.

Toiletten, Autovermietungen & Flugverkehr

In vielen öffentlichen Toiletten gibt es Wickeltische (manchmal auch auf der Herrentoilette). Auf Flughäfen existieren auch geschlechterneutrale „Familientoiletten".

Die medizinische Versorgung in den USA hat ein hohes Niveau, und Babynahrung, Säuglingsmilch und Einwegwindeln – auch Bioprodukte – sind in den Supermärkten überall erhältlich.

Alle Autovermieter sollten Kindersitze bereitstellen; sie sind in allen Bundesstaaten vorgeschrieben. Man muss sie allerdings schon bei der Buchung anfordern und rund 13 US$ pro Tag dafür bezahlen.

Auf Inlandsflügen fliegen Kinder unter zwei Jahren kostenlos. Ältere brauchen einen Sitz, da sind Rabatte unwahrscheinlich. Selten bieten Resorts (z. B. Disneyland) mal Sonderangebote, bei denen Kinder gratis fliegen. Amtrak und andere Bahnunternehmen haben auf verschiedenen Strecken ebenfalls Sonderangebote, bei denen Kinder bis zu 15 Jahren kostenlos mitfahren.

ERMÄSSIGUNGEN

Bei Touren, Eintritt und Verkehrsmitteln erhalten Kinder häufig Rabatte um bis zu 50 %. Die Altersgrenze variiert zwischen 12 und 16 Jahren. Nur sehr wenige beliebte Sehenswürdigkeiten bieten allerdings ermäßigte Familientickets; wo es sie gibt, spart man im Vergleich zu Einzeltickets ein paar Dollar. Nachwuchs unter zwei Jahren hat fast überall freien Eintritt.

Highlights

Outdoor-Abenteuer

In allen Nationalparks gibt's Junior-Ranger-Programme; am Ende erhalten die Kinder Broschüren und Abzeichen.

- **Florida Everglades, FL** Kajak- und Kanutouren sowie geführte Wanderungen. (S. 529)
- **Yellowstone National Park, WY** Mächtige Geysire bewundern, Tiere beobachten und großartige Wanderungen unternehmen. (S. 870)
- **Grand Canyon National Park, AZ** Eines der größten Naturwunder bestaunen. (S. 942)
- **Olympic National Park, WA** In einem der wenigen gemäßigten Regenwälder der Erde die unberührte Wildnis erforschen. (S. 1167)
- **New River Gorge National River, WV** Hier locken Wildwasserfahrten. (S. 360)
- **Zion National Park, UT** Im Virgin River waten und zu den Emerald Pools am Fuß der roten Canyonwände wandern. (S. 981)

Zoos & Themenparks

➡ **Bronx Wildlife Conservation Park, NY** Einer der größten und besten Zoos liegt nur eine U-Bahnfahrt von Manhattan entfernt. (S. 96)

➡ **Walt Disney World, FL** Vier Parks voller Action auf über 80 km^2 bescheren Kindern ein unvergessliches Erlebnis. (S. 564)

➡ **Disneyland, CA** Kids ab vier Jahren lieben Disneyland, Teenager toben sich nebenan im **California Adventure** aus. (S. 1044)

➡ **San Diego Zoo, CA** In dem tollen Zoo leben über 4000 Tiere, die 880 Arten angehören. (S. 1049)

➡ **Six Flags** Eine der beliebtesten Vergnügungsparkketten der USA mit 16 Standorten im ganzen Land. (S. 299)

➡ **Cedar Point, OH** Hier gibt's einige der extremsten Achterbahnen der Welt, einen 1,6 km langen Strand, einen Wasserpark und Liveunterhaltung. (S. 625)

Reisen in die Vergangenheit

➡ **Plimoth Plantation, Williamsburg, Yorktown & Jamestown** In Kostüme aus dem 18. Jh. schlüpfen und den ebenfalls kostümierten Führern durch die geschichtsträchtigen Stätten folgen. (S. 210, S. 340, S. 342 & S. 343)

➡ **Fort Mackinac, MI** Sich die Ohren zuhalten, wenn Soldaten in Kostümen aus dem 19. Jh. Musketen und Kanonen abfeuern. (S. 649)

➡ **Freedom Trail, Boston** Mit Ben Franklin (naja, seinem Double) spazieren gehen. (S. 199)

➡ **Lincoln Home, Springfield, IL** (www.nps.gov/liho) Auf den Spuren eines berühmten amerikanischen Präsidenten wandeln. (S. 610)

➡ **St. Augustine, FL** In einer Kutsche durch die historischen Straßen rumpeln. (S. 547)

Aktivitäten für Regentage

➡ **National Air & Space Museum, Washington, D. C.** Raketen, Raumfahrzeuge, altmodische Zweidecker und Flugsimulatoren begeistern alle kleinen Piloten. (S. 288)

➡ **American Museum of Natural History, N. Y. C.** Kids jedes Alters sind von dem riesigen Planetarium, den gigantischen Saurierskeletten und 30 Mio. weiteren Artefakten begeistert. (S. 88)

➡ **City Museum, St. Louis** Ein Rummelplatz voller ungewöhnlicher Exponate und nicht zu vergessen das Riesenrad auf dem Dach. (S. 691)

➡ **Port Discovery, Baltimore** Drei Stockwerke voller Abenteuer und (geschickt verpackter) Bildung: Zu sehen sind u. a. ein ägyptisches Grabmal, ein Bauernmarkt, ein Zug, ein Atelier und physikalische Messstationen. (S. 316)

➡ **Pacific Science Center, Seattle** Faszinierende interaktive Exponate, ein IMAX-Kino, ein Planetarium und Lasershows. (S. 1158)

Reiseplanung

Die Witterung und der Massenandrang sind die wichtigsten Punkte, die bei der Planung eines Familienurlaubs in den USA zu bedenken sind. Hauptsaison ist von Juni bis August. In diese Zeit fallen die Schulferien, und die Temperaturen sind am höchsten. Man muss mit hohen Preisen und großen Menschenmassen rechnen – mit langen Schlangen in Vergnügungs- und Wasserparks, ausgebuchten Resorts und starkem Verkehr. Für besonders beliebte Ziele muss man weit im Voraus reservieren. Gleiches gilt für die Wintersportresorts (in den Rockies, am Lake Tahoe und in den Catskills) während der Hauptsaison dort (Jan.–März).

Infos und Tipps finden sich im Lonely Planet *Travel with Children*. Tipps zu Outdoor-Aktivitäten haben die Bücher *Kids in the Wild: A Family Guide to Outdoor Recreation* von Cindy Ross und Todd Gladfelter sowie Alice Carys *Parents' Guide to Hiking & Camping* zu bieten.

Baby's Away (www.babysaway.com) Standorte im ganzen Land; vermietet Kinderbetten, -stühle, Autokindersitze, Kinderwagen und sogar Spielzeug.

Babies Travel Lite (www.babiestravellite.com) Liefert Windeln, Babynahrung, Reisebetten, Autokindersitze, diverse Gegenstände mit Babysicherung, Schwimmflügel und mehr. Die Artikel werden per FedEx an jede Adresse in den USA geliefert.

Family Travel Files (www.thefamilytravelfiles.com) Improvisierte Ferienideen, Beschreibungen von Reisezielen und Tipps für Traveller.

Go City Kids (www.gocitykids.com) Berichte über familienfreundliche Aktivitäten und Unterhaltungsangebote in mehr als 50 Städten der USA.

Kids.gov (www.kids.gov) Thematisch sehr weite Website, die das ganze Land abdeckt. Bietet auch Songs zum Herunterladen, Aktivitäten und sogar einen Link zur Kinder-Website der CIA.

Travel Babees (www.travelbabees.com) Ein weiteres renommiertes Unternehmen mit Filialen im ganzen Land, das Babyausrüstung verleiht.

Die USA im Überblick

Die Entscheidung, wohin genau man reist, fällt in den gigantisch großen USA nicht leicht. Die Ostküste hat den Großstadtcharme, malerische Städtchen (vor allem Neuengland), historische Attraktionen, kulinarische Köstlichkeiten (Hummer aus Maine, Krabben aus Maryland) und viel schöne Natur (Strände, Inseln, Berge) zu bieten.

An der Westküste warten unvergessliche Städte (San Francisco, L.A., Seattle), eine atemberaubende Landschaft (dramatische Küste, Mammutbäume) und zahllose Leckereien (Weingüter, preisgekrönte Restaurants).

Zwischen den beiden Küsten gibt es noch viel mehr zu sehen und zu tun: beseelte Musik und Gelegenheiten zum Schlemmen im Süden, ein endlos weiter Himmel und die Indianerkultur in den Rockies, im Südwesten und in den Great Plains, Livemusik und Barbecue in Texas und rund um die Großen Seen unverfälschte Abenteuer abseits der Touristenpfade.

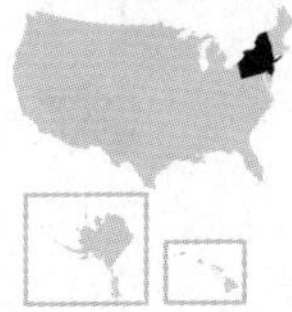

New York, New Jersey & Pennsylvania

Kunst
Geschichte
Outdoor

Kulturstätte

Heimat der MET, des MOMA und des Broadway – und all das nur in NYC! Buffalo, Philadelphia und Pittsburgh haben auch weltberühmte Kultur.

Zeugnisse der Vergangenheit

Von Herrenhäusern im Hudson Valley über den Independence National Historic Park Philadelphias bis zu Stätten, die der Gründung der Nation gewidmet sind, hat die Region ein gutes Bildungsangebot.

Wilde Natur

Hinter den Stadtgrenzen lauert die Natur und lockt mit Wanderungen in den Adirondacks und den Catskills, Rafting auf dem Delaware River und dem Atlantik und ausgelassenen Küstentagen an der Jersey Shore und in den Hamptons.

S. 62

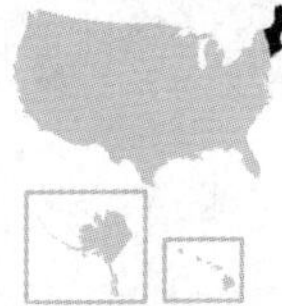

Neuengland

Seafood
Geschichte
Strände

Hummer-Hochburg

Neuengland ist berühmt für seine Meeresfrüchte. An der Küste isst man Austern, Hummer und Fisch, während draußen im Hafen schon das nächste Fischerboot ankommt.

Legenden der Vergangenheit

Von der Landung der Pilger in Plymouth und der Hexenhysterie in Salem bis zum Kurierritt Paul Reveres hat Neuengland einen beachtlichen Teil zur US-Geschichte beigetragen.

Entlang der Küste

Cape Cod, Martha's Vineyard und Block Island – Neuengland ist ein Mekka für Strandfans. Die Strände in der Region reichen von kinderfreundlichem Watt bis zu nicht ganz ungefährlichen Brandungen.

S. 184

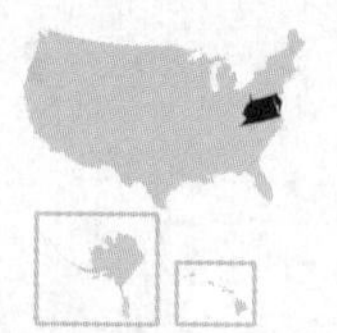

D.C. & Capital Region

Kunst
Geschichte
Essen

Erstklassige Kunst

Washington hat tolle Museen. Auf Virginias Crooked Road findet man Mountain Music, berühmte Theater und in Baltimore ausgefallene Kunst.

Die Anfänge

Eine Lektion über Kolonialgeschichte gibt's in Jamestown, Williamsburg und Yorktown und auf dem Land, das mit Schlachtfeldern aus dem Bürgerkrieg übersät ist. Hier stehen auch Präsidentenvillen wie Mount Vernon und Monticello.

Kulinarische Highlights

Maryland Blue Crabs, Austern und Meeresfrüchte; internationale Lokale in D.C. und in Baltimore, Charlottesville, und Staunton Zutaten direkt vom Erzeuger.

S. 276

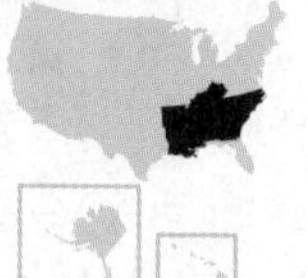

Der Süden

Essen
Musik
Charme

Die Küche des Südens

Vom Georgia-BBQ über Soul Food in Mississippi bis zur Cajun-Küche in Louisiana ist der Süden ein vielfältiger und toller Ort zum Schlemmen.

Country, Jazz & Blues

Kein Ort auf der Welt hat so ein einflussreiches Musikrepertoire. Wer eine authentische Musikerfahrung sucht, wird in den Musikhochburgen fündig: Country in Nashville, Blues in Memphis und Bigband-Jazz in New Orleans.

Südstaatenschönheit

Charleston, Savannah und viele mehr sind Orte wie aus dem Bilderbuch. Sie ziehen Besucher mit ihren historischen Straßen, mit ihrer Vorkriegsarchitektur und ihrer Gastfreundlichkeit in den Bann.

S. 362

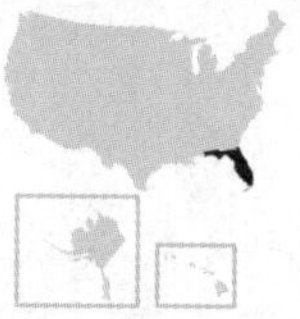

Florida

Spaß
Wildtiere
Strände

Herrliche Zeiten

Florida ist die Heimat von Miamis Art déco District und Little Havana und bietet historische Attraktionen in St. Augustine, Themenparks in Orlando und die Inseln der Keys.

Wale, Vögel & Alligatoren

Bei einem Schnorchel- oder Tauchausflug erkundet man das Leben unter Wasser. Tiere von größerem Kaliber sieht man bei einer Walbeobachtungstour oder in den Everglades, wo Alligatoren, Reiher, Seekühe und andere Wildtiere zu Hause sind.

Auf zum Strand

Zur Auswahl stehen Sandstrände – vom heißen South Beach bis zum gehobenen Palm Beach –, Inselzauber auf Sanibel und Captive Island und eine ruppige Küste in Pensacola.

S. 508

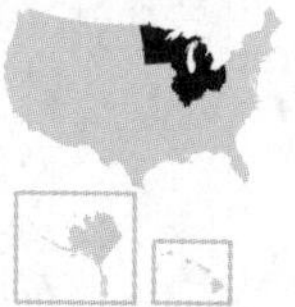

Die Großen Seen

Essen
Musik
Sehenswertes

Heartland Cuisine

Die Farmen, Obstplantagen und Brauereien des Mittleren Westens machen jeden Feinschmecker glücklich, von ausgezeichneten Restaurants (James Beard Award) in Chicago und Minneapolis bis zum frischen Milchshake direkt aus der Molkerei.

Rock & Roll

Heimat der Rock'n' Roll Hall of Fame, ausgelassener Festivals wie dem Lollapalooza und Clubs – der Mittlere Westen rockt, Baby!

Skurriles

Ein großes Knäuel, ein Senfmuseum, ein Kuhfladenweitwurfwettbewerb: So schräge Dinge denkt man sich im Mittleren Westen aus, wo die Menschen Leidenschaft, Fantasie und vielleicht etwas zu viel Zeit haben.

S. 574

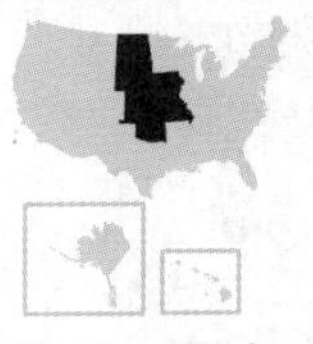

Great Plains

Landschaft
Geologie
Nachtleben

On the Road
Auf seinem Weg zum Horizont führt der Highway unter einem endlosen Himmel an Feldern, Flusstälern und Gipfeln vorbei – dazu noch abgefahrene Museen und gemütliche Cafés, und fertig ist der große Roadtrip durch die USA.

Faszinierende Natur
Die Badlands sind alles andere als bad. Zu den geologischen Wundern gesellen sich die schönen, von zahllosen Wildtieren bewohnten Black Hills und der Theodore Roosevelt National Park.

Großstadt-Soundtrack
Wenn außerhalb der Städte die Gehwege hochgeklappt werden, fängt in St. Louis und Kansas City der Spaß erst richtig an. In Clubs und Bars wird legendärer Jazz, Blues und Rock gespielt.

S. 684

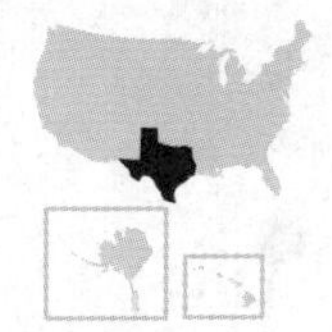

Texas

Barbecue
Livemusik
Outdoor

Barbecue-Vergnügen
Fleischliebhaber werden sich hier wie im Himmel fühlen. Das Barbecue von Lockhart in der Nähe von Austin gehört weltweit zu den besten. Rindfleisch, Rippchen und Würstchen vom Grill gibt's aber auch überall sonst im Bundesstaat.

Im Takt bewegen
Austin hat sich zur Hauptstadt der Livemusik ernannt. In Honky Tonks und Tanzhallen in ganz Texas wirbelt man zu Livemusik über die abgewetzten Holzbühnen.

Naturkino
Schluchten, Berge und Thermalquellen versprechen einen unvergesslichen Ausflug. Wie wär's mit Raften auf dem Big Bend River? Oder doch lieber an der Golfküste faul am Strand liegen?

S. 746

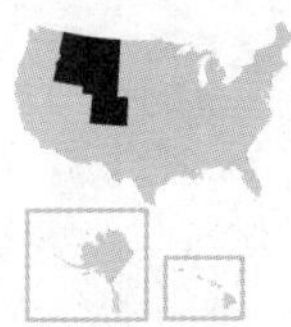

Rocky Mountains

Outdoor
Kultur
Landschaft

Hohe Berge
Skifahren, wandern und mit dem Boot fahren – die Rockies sind eine wahre Spielwiese mit einem unglaublichen Netz aus Parks, Routen und Hütten.

Alt trifft Neu
Früher war dies das Land der Stetsons und Bauernkleider, heute tragen die Leute eher Lycra, gehen Mountainbiken und lassen sich ein Bier oder eine Latte schmecken. Doch das Motto „hart arbeiten und geruhsam leben" ist immer noch Programm.

Fantastische Aussichten
Die schneebedeckten Rockies sind majestätisch, mit schroffen Gipfeln und klaren Flüssen, die von roten Felsen gerahmt sind. Hier finden sich einige der berühmtesten Parks – und frische Bergluft.

S. 821

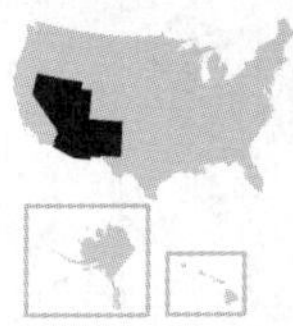

Der Südwesten

Landschaft
Outdoor
Kulturen

Naturschönheit
Im Südwesten gibt es spektakuläre Nationalparks, etwa den Grand Canyon, Monument Valley und die riesigen Carlsbad Caverns.

Wandern & Skifahren
Park City lockt mit Tiefschneepisten, der Slide Rock State Park verführt zum Planschen, White Sands ist optimal zum Sandboarden und in Bryce, Zion und an vielen anderen Orten kann man wandern.

Ureinwohner
Dies ist Indinaerland. Ein Besuch bei den Hopi oder Navajo ist eine tolle Einführung in das Leben der indigenen Völker. Die Erkundung der Felsbehausungen, die von den frühen Pueblo-Indianern verlassen wurden, ist eine Reise in die Vergangenheit.

S. 899

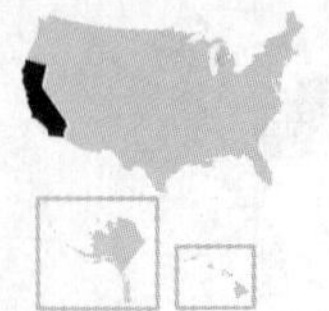

Kalifornien

Strände
Outdoor
Essen

Sonnenstrände

1760 km Küste: schroffe, unberührte Badestellen im Norden und überfüllte Juwelen im Süden, dazu überall an der Küste tolle Möglichkeiten zum Surfen, Kajakfahren und Spazierengehen.

Tolle Ausblicke

Schneebedeckte Berge, glitzerndes Meer und Primärwälder bilden die perfekte Kulisse für Ski-, Wander- und Radtouren, um in den Wellen zu toben und Wildtiere zu beobachten.

Die kalifornische Küche

Fruchtbares Land und talentierte Köche machen Kalifornien zu einem wichtigen Gourmetziel, egal ob man über die Märkte schlendert, die Produkte der Weinberge kostet oder in einem gefeierten Restaurant diniert.

S. 1011

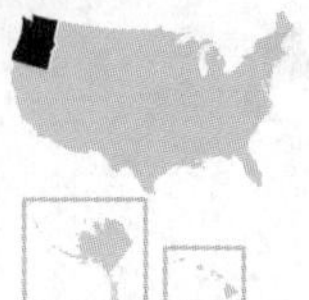

Der Nordwesten

Essen & Wein
Skifahren
Parks

Kulinarische Vielfalt

Seattle und Portland sind bekannt für ihre Esskultur mit fangfrischem Fisch, erstklassigen Weinen und regional angebautem Gemüse aus ganz Northwest Bounty.

Pulverschnee

Mit ganzjährig befahrbaren Pisten, hübsch gelegenen Langlaufloipen und dem Snowboarderparadies Mt. Baker steht die Region für ein Wintersporterlebnis, das seinesgleichen sucht. Die Skigebiete in Methow Valley sind weltbekannt.

Naturvielfalt

Es gibt vier Nationalparks: drei Klassiker aus der Roosevelt-Ära mit historischen Lodges – Olympic, Mt. Rainier und Crater Lake – und einen „jungen Wilden", den North Cascades.

S. 1144

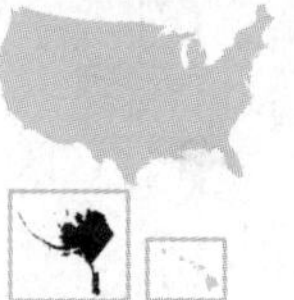

Alaska

Wildtiere
Gletscher
Essen & Trinken

Große & (nicht so) kleine Tiere

Alaska bietet einige der besten Möglichkeiten, Wildtiere zu sehen. Im Südosten einen Wal oder einen Bären zu beobachten, ist ein unvergessliches Erlebnis, während im Denali National Park Karibus, Elche und noch mehr Bären leben.

Dramatische Natur

Der Glacier Bay National Park ist für Kreuzfahrtschiffe das Ziel schlechthin und zudem auch bei Kajakfahrern sehr beliebt.

Gutes Essen

Alaskas Restaurants sind zwar nicht mit denen in Manhattan vergleichbar, die Meeresfrüchte sind aber super, und neue Bekannte zu treffen, ist einfach – die Bewohner Alaskas sind immer für einen Drink zu haben.

S. 1212

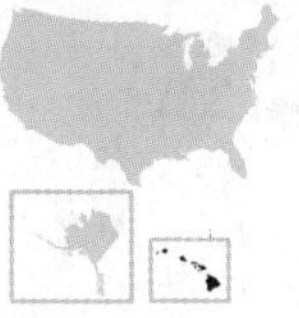

Hawaii

Strände
Abenteuer
Landschaft

Tropische Gebiete

Waikiki ist der perfekte Ort, um Leute zu beobachten. Atemberaubende schwarze Sandstrände säumen die Kona Coast, während überall erstklassige Surfgelegenheiten warten.

Outdoor Highlights

Eine Regenwald-Wanderung, ein Kajaktrip an der Na-Pali-Küste, Ziplining auf den vier größten Inseln oder doch lieber eine Begegnung mit der Unterwasserwelt der Hanauma Bay?

Unvergleichliche Landschaft

Hawaii bietet Vulkane, Regenwälder, Wasserfälle, Panoramablicke von den Klippen und vom Dschungel gesäumte Täler – ganz zu schweigen vom Meer, das die Inseln umgibt.

S. 1233

Reiseziele in den USA

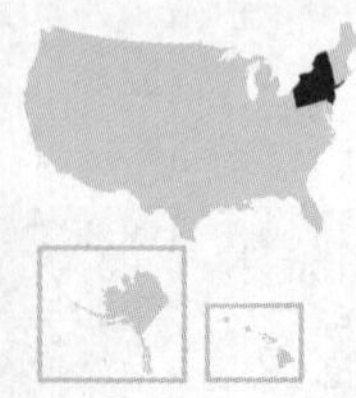

New York, New Jersey & Pennsylvania

Inhalt ➡

Gut essen

- ➡ Blue Hill at Stone Barns (S. 131)
- ➡ Hazelnut Kitchen (S. 136)
- ➡ Il Buco (S. 109)
- ➡ Anchor Bar (S. 142)
- ➡ Reading Terminal Market (S. 165)

Schön übernachten

- ➡ Roxbury Motel (S. 135)
- ➡ Yotel (S. 103)
- ➡ Giacomo (S. 144)
- ➡ White Pine Camp (S. 139)
- ➡ Congress Hall (S. 152)

Auf nach New York, New Jersey & Pennsylvania!

Wo sonst könnte man in ein paar Tagen eine Amish-Farm besuchen, auf einem Berg zelten, die Unabhängigkeitserklärung lesen und vom 86. Stock eines Art-déco-Wahrzeichens aus New York bestaunen? Die Region ist zwar der am dichtesten bevölkerte Teil der USA, aber es gibt hier unzählige Orte, in die sich Städter auf der Suche nach dem einfachen Leben zurückziehen, in denen Künstler nach Inspiration suchen und mitten in einer bezaubernden Landschaft hübsche Häuser die kleinstädtischen Hauptstraßen säumen.

Das abenteuerliche New York City, das historische, lebendige Philadelphia und das von Flüssen geprägte Pittsburgh sind ein Muss. In unmittelbarer Nähe finden sich herrliche Strände – vom glamourösen Long Island bis zur teils stattlichen, teils kitschigen Jersey Shore. Und nur eine Tagesfahrt von New York City entfernt erheben sich im Norden die Berge und die Wildnis der Adirondacks.

Reisezeit

New York City

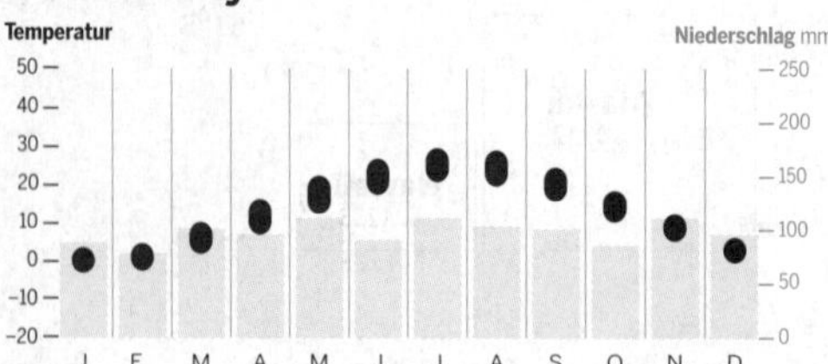

Okt.–Nov. Der Herbst bringt NYC kühle Temperaturen, Festivals und den Marathon.

Feb. Wintersportler zieht es in die Berge der Adirondacks, Catskills und Poconos.

31. Mai–5. Sept. Von Memorial Day bis Labor Day sind die Strände von Montauk bis Cape May angesagt.

Unterwegs vor Ort

Alle großen Städte haben Flughäfen, aber der New Yorker Flughafen John F. Kennedy ist das Drehkreuz der Region. Zu den Alternativen gehören der Newark Liberty International Airport und LaGuardia in Queens (vor allem Inlandsflüge). Philadelphia und Pittsburgh haben ebenfalls internationale Flughäfen.

Greyhound-Busse fahren in alle größeren Städte. Peter Pan Bus Lines und Adirondack Trailways sind zwei regionale Buslinien. Amtrak verbindet New York mit vielen Städten in New Jersey sowie mit Philadelphia und Pittsburgh. Die meisten der beliebten Tagesausflüge kann man zumindest von New York City aus leicht mit einer der drei Vorortbahnen erreichen. Für all diejenigen, die einen fahrbaren Untersatz zur Verfügung haben, ist die I-95 die wichtigste Nord-Süd-Verbindung.

NATIONALPARKS & STATE PARKS

In der Region gibt's jede Menge Parks und Erholungsgebiete. Viele Besucher, die diese Bundesstaaten nur mit großen Städten verbinden, sind verblüfft, dass es hier auch eine so reiche Tier- und Pflanzenwelt gibt. Schwarzbären, Rotluchse und sogar Wapitis tummeln sich in den hiesigen Wäldern; noch häufiger sind die verschiedenen Rotwildarten. Falken, Adler, Habichte und Zugvögel machen hier Halt, manche nur einige Kilometer vor den Toren von New York City.

Allein in New York gibt es Hunderte von State Parks mit Wasserfällen wie bei Ithaca oder mit völliger Wildnis wie in den Adirondacks. In New Jersey kann man sich den Delaware River hinabtreiben lassen, am Strand von Cape May Sonne tanken und im Norden durch das Kittatinny Valley wandern. In Pennsylvania liegen viele Wälder, hügelige Parklandschaften und ein großer Abschnitt des Appalachian National Scenic Trail, der sich über 3500 km von Maine bis nach Georgia schlängelt.

Top 5: Panoramastraßen

- **Catskills, New York – von der Platte Clove Rd über die 214 zur 28** Die Fahrt führt vorbei an bewaldeten Hügeln, rauschenden Flüssen und spektakulären Wasserfällen.
- **North Central, Pennsylvania – Rte 6** Auf der Fahrt durch die zerklüftete Berg- und Waldlandschaft passiert man reißende Bäche, Tiere in freier Wildbahn und Wälder.
- **Lake Cayuga, New York – Rte 80** Von Ithaca geht's oberhalb des Sees gen Norden vorbei an vielen Weingütern.
- **Delaware Water Gap, New Jersey – Old Mine Rd** Eine der ältesten Straßen in den USA mit wunderschönem Blick auf den Delaware River und die ländliche Idylle.
- **PA Dutch Country – S Ronks Rd** Diese Strecke führt durch die malerische Landschaft zwischen Strasburg und Bird-in-the-Hand.

DAS WILD CENTER

Das Wild Center (S. 140) in Tupper Lake, NY, ist ein tolles Museums über Ökologie in den Adirondacks. Zu den interaktiven Exponaten gehört auch eine digitalisierte Erde mit Tausenden von wissenschaftlichen Themen.

Kurzinfos

- **Größte Städte** New York City (8245000 Ew.), Philadelphia (1536000 Ew.)
- **Zeitzone** Eastern Standard Time (MEZ –6 Std.)
- **New York City Subway** 24 Std. täglich
- **Erstes Ölbohrloch** 1859, Titusville, PA

Schon gewusst?

Seehunde ziehen zwischen November und April in die Gewässer an der Jersey Shore, im Long Island Sound und sogar vor NYC, von Staten Island bis zu den Stränden in der Bronx.

Infos im Internet

- **New York State Tourism** (www.iloveny.com) Infos, Karten und telefonische Auskünfte.
- **New Jersey Travel & Tourism** (www.visitnj.org) Touristische Tipps für ganz New Jersey.
- **Pennsylvania Travel and Tourism** (www.visitpa.com) Karten, Videos und Vorschläge zu Reiserouten.
- **Gas Buddy** (www.gasbuddy.com) Aktuelle Angaben über die preiswertesten Tankstellen.

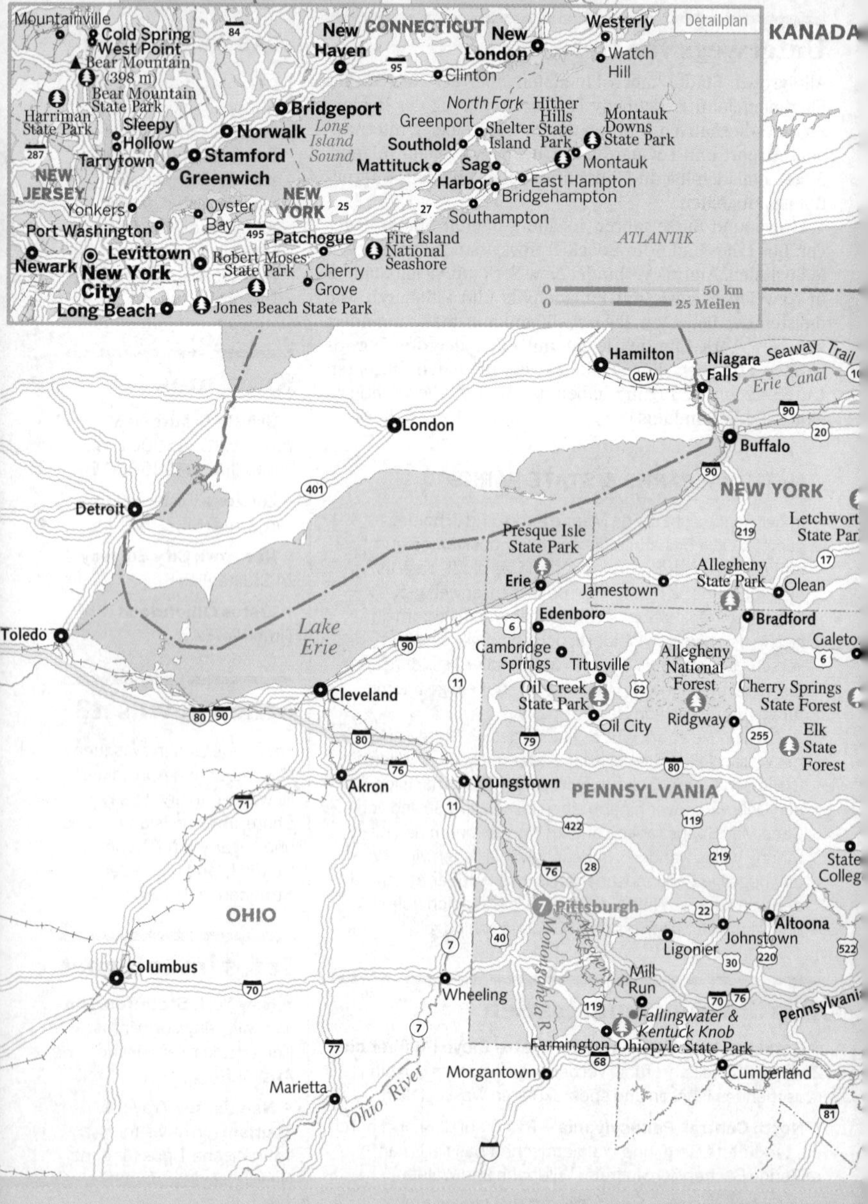

Highlights

1 Rund um die Welt reisen und fremde Kulturen kennenlernen, ohne **New York City** (S. 66) zu verlassen

2 Die Ruhe der **Jersey Shore** (S. 145) genießen

3 In Philadelphias **Independence National Historic Park** (S. 153) die Geschichte der Geburt einer Nation verfolgen

4 Durch die dichten grünen Wälder der noch immer unberührten **Catskills** (S. 132) wandern

5 Die beindruckende, wilde Schönheit der **Adirondacks** (S. 137) entdecken

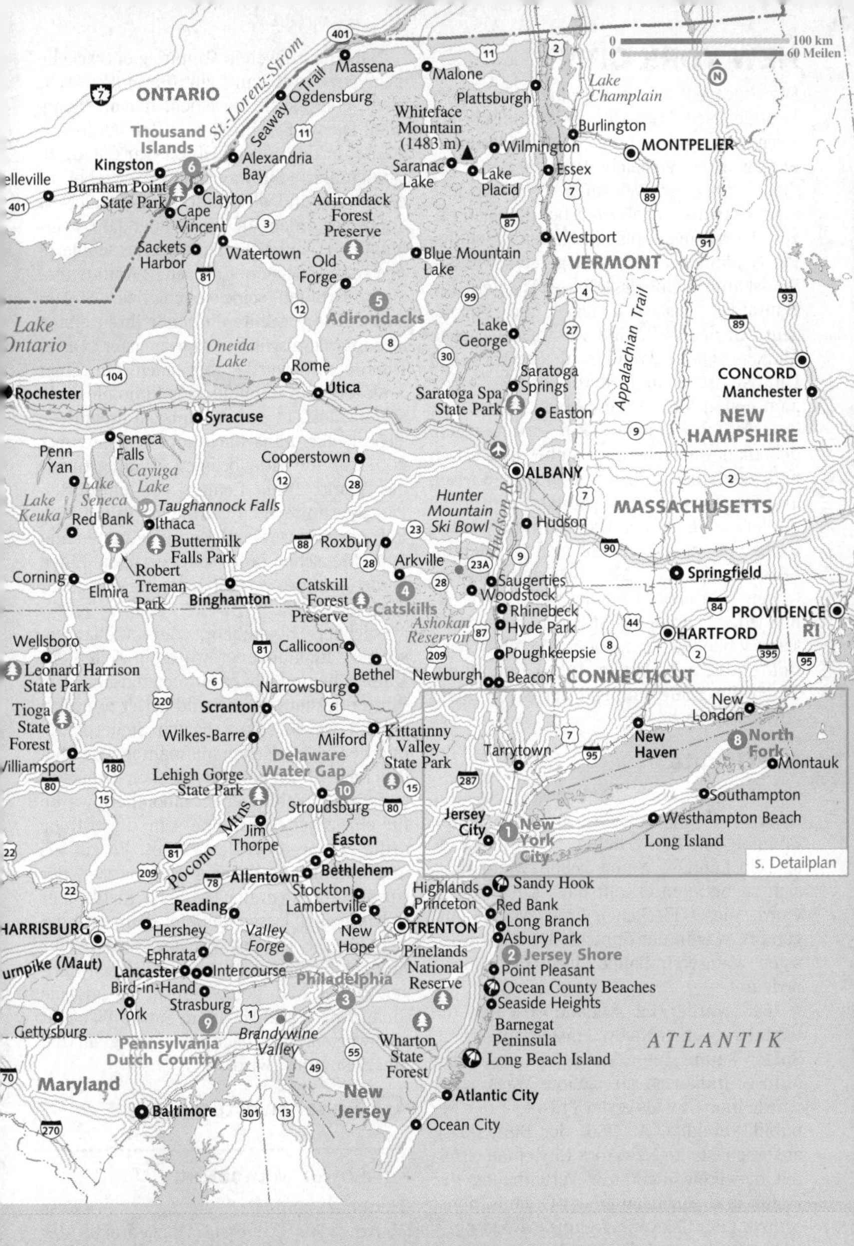

6 Auf den **Thousand Islands** (S. 138) an den Ufern des St.-Lorenz-Stroms zelten

7 In **Pittsburgh** (S. 174) in einem der Stadien am Fluss ein Sportereignis besuchen

8 In Long Islands **North Fork** (S. 130) Weine probieren

9 Über abgelegene Landstraßen durch das **Pennsylvania Dutch Country** (S. 152) radeln

10 Auf einem Boot durch die ländliche Idylle des **Delaware Water Gap** (S. 146) schippern

NEW YORK CITY

Die Stadt ist laut und schnell und voller Energie, New York City ist sinfonisch, anstrengend und ständigen Veränderungen unterworfen. Vielleicht kann nur ein Gedicht von Walt Whitman über typische Stadtszenen – angefangen bei den armseligen Behausungen bis hin zu den prächtigsten Gebäuden – der Stadt gerecht werden. Sie ist und bleibt das Mode-, Theater-, Restaurant-, Musik-, Verlags- und Finanzzentrum der Welt. Und wie sagte Groucho Marx so schön? „Wenn es in New York 9.30 Uhr ist, ist es in Los Angeles 1937." Wer zum ersten Mal in diese Stadt kommt, hat das Gefühl in einen Film einzutauchen, den man wahrscheinlich unbewusst schon mal gesehen hat. Extreme gibt es überall, angefangen beim Times Square bis hin zur dunkelsten Ecke der Bronx. Und zwischen Brooklyns russischer Enklave in Brighton Beach und dem Mini-Lateinamerika in Queens gibt's noch sehr viel mehr. Buchstäblich jedes Land der Welt hat in dieser Stadt seine lebendige Gemeinde. Wer ohne feste Route und mit offenen Augen und Ohren durch die Stadt bummelt, lernt von allem etwas kennen.

Geschichte

Als Henry Hudson 1609 dieses Land für seinen Auftraggeber, die Dutch East India Company, in Besitz nahm, beschrieb er es als „ein Land, so wunderschön, wie man es sich zu betreten erhofft hat". Kurz danach wurde dieses Fleckchen Erde „Manhattan" getauft, was in der Sprache der hier ansässigen Munsee-Indianer „Insel der Hügel" bedeutet.

1625 wurde eine Kolonie errichtet, die bald den Namen Nieuw Amsterdam erhielt. Später kaufte Peter Minuit die Insel den Munsee-Indianern ab. George Washington wurde hier 1789 als erster Präsident der Republik vereidigt. Als 1861 der Bürgerkrieg ausbrach, stellte New York City einen Großteil der Freiwilligen zur Verteidigung der Union und wurde zu einem Organisationszentrum der Sklavenbefreiungsbewegung.

Im ganzen 19. Jh. nahm die Bevölkerung ständig zu, da die Einwanderungswellen dicht aufeinander folgten. Iren, Deutsche, Engländer, Skandinavier, Slawen, Italiener, Griechen und Juden aus Zentraleuropa kamen zuhauf und schufen Industrie- und Finanzimperien. Wolkenkratzer läuteten ein goldenes Zeitalter ein.

Nach dem Zweiten Weltkrieg entwickelte sich New York dann zur führenden Weltstadt, aber sie litt an einem neuen Phänomen: Die weiße Mittelklasse floh in die Vorstädte. In den 1970er-Jahren war die graffitibeschmierte Subway zu einem Symbol für den zivilen und wirtschaftlichen Verfall New Yorks geworden. In den 1980er-Jahren erlangte NYC unter der Führung des schillernden Bürgermeisters Ed Koch (3 Amtszeiten) einen Großteil seines ehemaligen Stolzes zurück. 1989 wählte die Stadt ihren ersten afroamerikanischen Bürgermeister David Dinkins. Er wurde aber nach nur einer Amtszeit vom Republikaner Rudolph Giuliani abgelöst. In dessen Amtszeit ereigneten sich die Terroranschläge vom 11. September 2001, als die 110-stöckigen Zwillingstürme des World Trade Centers von entführten Passagierflugzeugen getroffen wurden, sich in Feuerbälle verwandelten, einstürzten und 3000 Menschen unter sich begruben. Einen derartigen Terrorangriff hatte die Welt zuvor noch nie erlebt.

Michael Bloomberg, der milliardenschwere Republikaner, wurde in Zeiten des Umbruchs und Chaos zum ersten Mal zum Bürgermeister gewählt und geriet nur allzu schnell wegen seiner harten Steuerpolitik und der drakonischen Maßnahmen als Chef des angeschlagenen öffentlichen Schulsystems in die Schlagzeilen. Bloomberg wurde für eine zweite und eine sehr umstrittene dritte Amtszeit wiedergewählt. Er gilt als unabhängiger politischer Pragmatiker, der sowohl Lobeshymnen als auch Kritik über sich ergehen lassen musste, denn er setzt sich für die Umwelt genauso ein wie für Entwicklungsprojekte, und das in schwierigen Zeiten. Man denke nur an die „globale Finanzkrise" und Hurrikan Sandy. Es bleibt abzuwarten, wer nach Bloomberg an die Macht kommen wird.

Sehenswertes

Lower Manhattan

Brooklyn Bridge BRÜCKE

(Karte S. 70) Die erste Hängebrücke der Welt inspirierte schon vor ihrer Fertigstellung die verschiedensten Dichter, angefangen bei Walt Whitman bis hin zu Jack Kerouac. Marianne Moores Aussage, die Brücke sei ein „klimatisches Ornament, ein doppelter Regenbogen", ist aber vielleicht die zutreffendste Beschreibung. Der Gang über die gewaltige Brooklyn Bridge ist für

New York City

0 — 10 km
0 — 5 Meilen

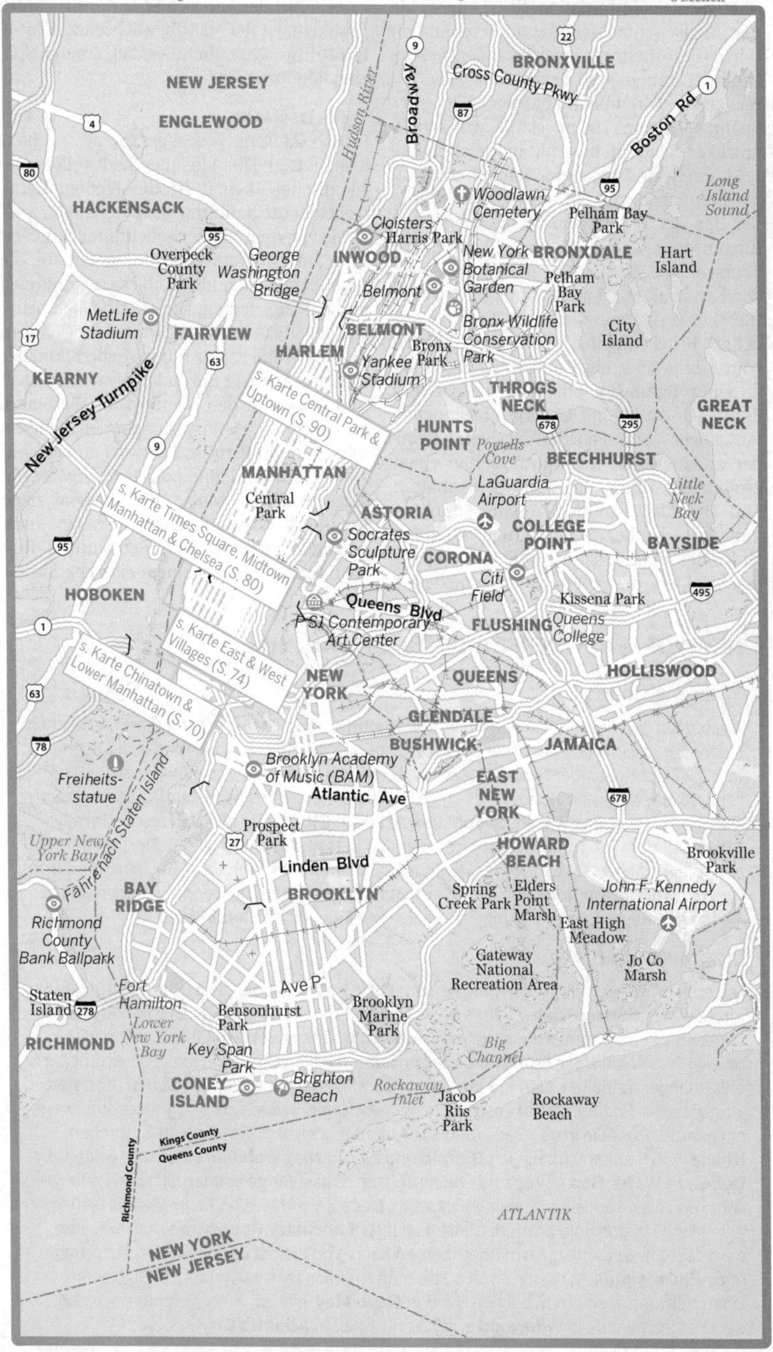

NEW JERSEY
ENGLEWOOD
HACKENSACK
Overpeck County Park
George Washington Bridge
MetLife Stadium
FAIRVIEW
KEARNY
New Jersey Turnpike
HOBOKEN
Freiheits-statue
Upper New York Bay
Fähre nach Staten Island
Richmond County Bank Ballpark
Staten Island
RICHMOND
BAY RIDGE
Fort Hamilton
Lower New York Bay
Hudson River
Broadway
Cross County Pkwy
BRONXVILLE
Boston Rd
Long Island Sound
Woodlawn Cemetery
Pelham Bay Park
Cloisters
Harris Park
INWOOD
New York Botanical Garden
BRONXDALE
Hart Island
Belmont
Pelham Bay Park
BELMONT
Bronx Wildlife Conservation Park
City Island
HARLEM
Bronx Park
Yankee Stadium
THROGS NECK
GREAT NECK
HUNTS POINT
Powells Cove
BEECHHURST
MANHATTAN
LaGuardia Airport
Little Neck Bay
Central Park
ASTORIA
COLLEGE POINT
BAYSIDE
Socrates Sculpture Park
CORONA
Citi Field
Kissena Park
Queens Blvd
P.S.1 Contemporary Art Center
FLUSHING
Queens College
NEW YORK
QUEENS
HOLLISWOOD
GLENDALE
BUSHWICK
JAMAICA
Brooklyn Academy of Music (BAM)
Atlantic Ave
EAST NEW YORK
Prospect Park
HOWARD BEACH
Brookville Park
Linden Blvd
BROOKLYN
Spring Creek Park
Elders Point Marsh
John F. Kennedy International Airport
East High Meadow
Gateway National Recreation Area
Jo Co Marsh
Ave P
Bensonhurst Park
Brooklyn Marine Park
Big Channel
Key Span Park
CONEY ISLAND
Brighton Beach
Rockaway Inlet
Jacob Riis Park
Rockaway Beach
Kings County
Queens County
Richmond County
ATLANTIK
NEW YORK
NEW JERSEY

s. Karte Central Park & Uptown (S. 90)
s. Karte Times Square, Midtown Manhattan & Chelsea (S. 80)
s. Karte East & West Villages (S. 74)
s. Karte Chinatown & Lower Manhattan (S. 70)

New Yorker und Besucher gleichermaßen so etwas wie ein Initiationsritus. Angesichts der Menschenmassen kann es gefährlich sein, wenn mehr als zwei Personen nebeneinander gehen, weil Jogger oder Radfahrer einen anrempeln könnten. Mit einer Spannweite von 486 m ist die wundervoll graziöse Brückenkonstruktion auch heute noch ein beeindruckendes Symbol amerikanischer Errungenschaft. Allerdings wurde der Bau der Brücke von Budgetüberschreitungen und dem Tod von 20 Arbeitern überschattet. Zu den Opfern gehörte auch der Konstrukteur John Roebling. Er wurde 1869 bei Vermessungsarbeiten für den westlichen Brückenpfeiler durch einen Unfall vom Pier geschleudert und starb daraufhin an einer Tetanusinfektion. Die Brücke und der gleich östlich der City Hall beginnende Fußgänger- und Fahrradweg bieten trotz der andauernden Reparaturarbeiten einen großartigen Blick auf Lower Manhattan und Brooklyn. An den Aussichtspunkten unterhalb der beiden steinernen Stützpfeiler findet man Illustrationen, die Panoramaansichten des Ufers zu verschiedenen Zeitpunkten in der Geschichte New Yorks zeigen. Auf der anderen Seite der Brücke, in Brooklyn, ist der ständig wachsende **Brooklyn Bridge Park** ein tolles Ziel, um den Spaziergang fortzusetzen.

Freiheitsstatue DENKMAL

(☎ 877-523-9849; www.nps.gov/stli; Liberty Island; ⌚ 9.30–17Uhr) In einer Stadt voller amerikanischer Ikonen ist die Freiheitsstatue vielleicht die berühmteste. Bereits 1865 wurde sie von dem französischen Intellektuellen Edouard Laboulaye als Monument für die republikanischen Ideale, die sich Frankreich und die USA teilten, konzipiert. Noch heute ist die Lady für viele das Symbol für Chancen und für Freiheit. Der französische Bildhauer Frédéric-Auguste Bartholdi reiste 1871 nach New York, um den Standort für die Statue auszuwählen. Dann verbrachte er mehr als zehn Jahre in Paris und entwarf und erschuf die 46 m hohe Figur *Liberty Enlightening the World*. Sie wurde anschließend nach New York verschifft, auf der kleinen Insel im Hafen aufgebaut und 1886 enthüllt. Ihre Struktur besteht aus einem eisernen Skelett

NEW YORK, NEW JERSEY & PENNSYLVANIA IN ...

... einer Woche

Am besten beginnt man entspannt in **Philadelphia**, dem Geburtsort der amerikanischen Unabhängigkeit. Nach der Erkundung der historischen Stätten kann man sich abends ins quirlige Nachtleben der Stadt stürzen. Weiter geht's nach New Jersey, wo man im ländlichen **Cape May** eine wunderbar ruhige Nacht verbringt. Am nächsten Tag stehen noch weitere Küstenstädte wie **Wildwood** oder **Atlantic City** weiter nördlich an der **Jersey Shore** auf dem Programm, bis man schließlich in **New York City** landet. Dort verbringt man die restlichen Tage mit einer Mischung aus den wichtigsten touristischen Standards wie dem **Top of the Rock** und dem **Central Park** und einem bunten Nachtleben und vielfältigen Restauranterfahrungen, vielleicht im lebendigen **East Village**.

... zwei Wochen

Die ersten Tage verbringt man in **New York City**. Nach ein oder zwei Übernachtungen irgendwo im **Hudson Valley** geht's in die **Catskills**. Nach einer Tour durch die idyllische Landschaft erreicht man weiter nördlich den **Lake George** und mit ihm das Tor zu der bewaldeten Wildnis der **Adirondack Mountains**, wo sich Outdoor-Freaks bestimmt gern etwas länger aufhalten. Nun macht man einen Schlenker zurück nach Süden durch die Finger-Lakes-Region, stattet einigen Weingütern einen Besuch ab, bewundert unterwegs ein paar Wasserfälle in den Parks und übernachtet schließlich im College-Städtchen **Ithaca**. Von hier kann man nach **Buffalo** und zu den **Niagarafällen** oder nach Süden zur **Delaware Water Gap** fahren und den netten, am Flussufer gelegenen Orten in Pennsylvania und New York einen Besuch abstatten. Der südliche Teil von Pennsylvania bietet jede Menge historische Stätten. Gleiches gilt für **Lancaster County**, wo man auf einer bewirtschafteten Amish-Farm übernachten kann. Von hier ist es nur ein Katzensprung nach **Philadelphia**. In dieser Stadt sollte man ein paar Tage verweilen. Es folgen eine Übernachtung in einem hübschen B&B in **Cape May**, ein Tag voller Vergnügungen an der Uferpromenade in **Wildwood** und Kasino-Spaß in **Atlantic City**.

(entworfen von Gustave Eiffel); darauf wurde mithilfe von Metall-Leisten eine kupferne Außenhaut montiert.

Hurrikan Sandy verursachte erhebliche Schäden auf der Insel. Sie wurde erst am 4. Juli 2013 wieder für die Öffentlichkeit zugänglich gemacht. Die Krone darf besucht werden, die Besucherzahl ist aber beschränkt, sodass man so früh wie möglich im Voraus buchen sollte (Eintritt 3 US$ extra). Man darf auch nicht vergessen, dass es keinen Fahrstuhl gibt. Der Aufstieg in die Krone ist mit einem 22-stöckigen Hochhaus gleichzusetzen. Wer keine Reservierung hat, kann über die Insel schlendern, das kleine Museum besuchen und den Blick vom Aussichtsdeck im 15. Stock des Sockels genießen. Der Fährtrip zur Liberty Island ist normalerweise mit einem Besuch der nahe gelegenen Ellis Island verbunden. Die **Fähren** (Karte S. 70; ☎ 201-604-2800, 877-523-9849; www.statuecruises.com; Erw./Kind 17/9 US$; ⏲ 9–17 Uhr alle 30 Min., im Sommer länger) legen am Battery Park ab. Im Ticketpreis ist der Eintritt für beide Inseln enthalten. Reservierungen möglich.

Ellis Island
AREAL, MUSEUM

(☎ 212-363-3200; www.nps.gov/elis; S 1 bis South Ferry, 4/5 bis Bowling Green) Ellis Island ist derzeit für Besucher nur eingeschränkt zugänglich. Schuld daran ist Hurrikan Sandy, der erhebliche Schäden hinterlassen hat. Zum Zeitpunkt der Recherche waren noch immer Reparaturarbeiten im Gange. Die Insel gehört zu New Yorks bedeutendsten Wahrzeichen. Ellis Island war von 1892 bis 1954 für mehr als 12 Mio. Immigranten Durchgangsstation auf ihrem Weg in ein neues Leben in den USA und erinnert an die demütigenden, manchmal armseligen ersten Erfahrungen in Amerika – aber auch an die Erfüllung ihrer Träume. Mehr als 3000 Menschen starben im Krankenhaus auf der Insel, und mehr als 2 % aller Neuankömmlinge wurde die Einreise verweigert. Bevor Hurrikan Sandy auf der Insel wütete, wurde das stattliche Hauptgebäude restauriert und beherbergte das **Immigration Museum**. Es präsentiert faszinierende Exponate und zeigt einen Film über die Erfahrungen der Einwanderer, über ihre Abfertigung und ihren Einfluss in den USA.

National September 11 Memorial
MAHNMAL

(Karte S. 70; ☎ 212-266-5211; www.911memorial.org; ⏲ tgl.; S R bis Cortlandt St) GRATIS Mehr als zehn lange Jahre war die Neubebauung des Geländes, auf dem das am 11. September 2001 zerstörte World Trade Center stand, von Kostenexplosionen, Verzögerungen und politischem Hickhack geprägt. Diese Zeit ist nun vorbei. Die Hälfte des 6,5 ha großen Geländes ist dem Gedenken an die Opfer und der Erinnerung an die historischen Ereignisse gewidmet. Auf der restlichen Fläche befinden sich Bürotürme, ein von Santiago Calatrava entworfener Umsteigebahnhof, ein Museum und ein Zentrum für darstellende Kunst – die letzten drei warten noch auf ihre Eröffnung. Mittelpunkt des bewegenden Mahnmals, das am 12. September 2011 der Öffentlichkeit übergeben wurde, sind zwei große Becken mit Wasserfällen in den „Fußabdrücken" des Nord- und Südturms. Rund um die Becken sind die Namen der Opfer auf Bronzetafeln verewigt. Hunderte von Sumpfeichen spenden der Anlage Schatten. Besucherausweise können gegen eine Service-Gebühr von 2 US$ über die Website des Mahnmals beantragt werden. Das 3,2 Mrd. US$ teure One World Trade Center, das früher auch Freedom Tower genannt wurde, hat jetzt 105 Stockwerke und auch die 124 m hohe Stahlspitze ist installiert. Somit ist dieses Gebäude mit seinen 541 m das höchste der USA. Den Fortschritt der Bauarbeiten kann man sich vor Ort oder unter www.wtcprogress.com anschauen. Besucherausweise, Exponate und Infos über den Wiederaufbau gibt's bei der **9/11 Memorial Preview Site** (Karte S. 70; www.911memorial.org; 20 Vesey St; ⏲ Mo–Fr 9–19, Sa & So 8–19 Uhr) GRATIS.

Das in der Nähe gelegene **Tribute WTC Visitor Center** (Karte S. 70; ☎ 866-737-1184; www.tributewtc.org; 120 Liberty St; Erw./Kind 17/5 US$; ⏲ Mo–Sa 10–18, So 10–17 Uhr; S E bis World Trade Center, R/W bis Cortland St) bietet Ausstellungen, Augenzeugenberichte und **Führungen** über das Gelände (Erw./Kind 22/7 US$ inkl. Eintritt in die Galerie, So–Fr mehrmals 11–15 Uhr, Sa bis 16 Uhr).

Governor's Island National Monument
PARK

(www.govisland.com; ⏲ 25. Mai–29. Sept. Sa & So 10–19 Uhr) GRATIS Die meisten New Yorker haben diesen mysteriösen grünen Landstreifen im Hafen, der weniger als 1 km vom Südzipfel Manhattans entfernt ist, jahrelang angestarrt, ohne auch nur eine Ahnung zu haben, wozu er gut ist. Früher hatten nur die Bediensteten der Armee oder der Küstenwache Zutritt zur Insel, die heute jeder be-

Chinatown & Lower Manhattan

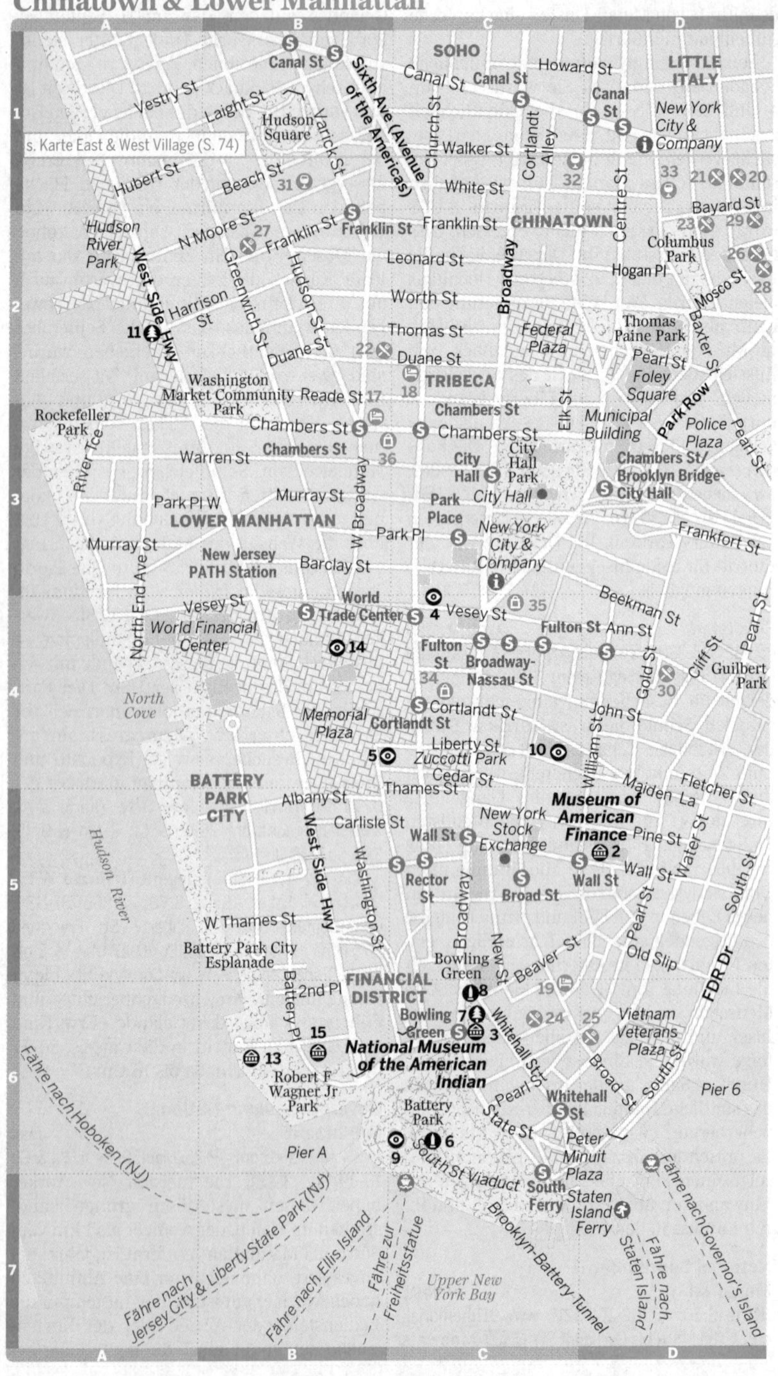

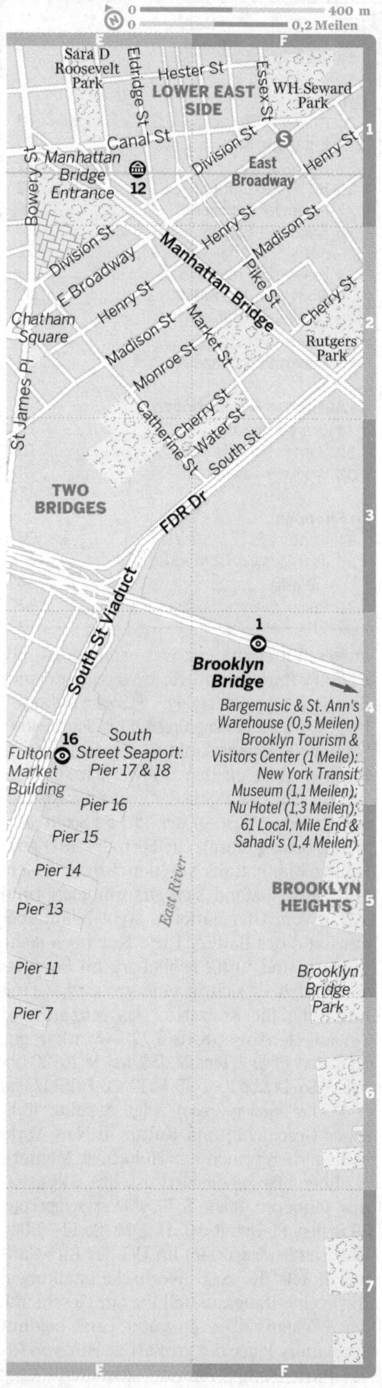

suchen kann. Das fast 9 ha große Governor's Island National Monument erreicht man mit der **Fähre** (Karte S. 70; ⏲10, 11 Uhr, danach alle 30 Min.) vom Battery Marine Terminal neben dem Staten Island Ferry Whitehall Terminal in Lower Manhattan. Die Parkverwaltung bietet anderthalbstündige **Führungen** an. Tickets gibt's (solange der Vorrat reicht) eine Stunde im Voraus am Battery Marine Terminal. Zu den Highlights gehören die beiden Befestigungsanlagen aus dem 19. Jh. – Fort Jay und das dreistufige Castle Williams aus Sandstein – sowie die Rasenflächen, die riesigen, Schatten spendenden Bäume und der grandiose Blick auf die Stadt.

South Street Seaport STADTVIERTEL

(Karte S. 70; ☎212-732-7678; www.southstreetseaport.com; ⏲Mo–Sa 10–21, So 11–20 Uhr; Ⓢ2/3, 4/5, J/M/Z bis Fulton St) Die elf Blocks einnehmende Enklave mit Geschäften, Anlegestellen und Sehenswertem vereint das Beste und Schlechteste in puncto Denkmalpflege. Für die meisten New Yorker ist der Besuch hier nicht unbedingt erstrebenswert, aber Besucher kommen gern wegen der frischen Seeluft, dem nautischen Feeling, den zahlreichen Straßenkünstlern und Restaurants hierher. Pier 17, eine eher nüchterne Mall am Wasser mit Geschäften und Restaurants über mehrere Etagen, ist seit September 2013 geschlossen. Das Einkaufszentrum wird abgerissen und durch einen moderneren, lichtdurchfluteten Shopping- und Unterhaltungskomplex ersetzt. Die Wiedereröffnung ist für 2015 geplant.

Die Fußgängerstraßen, die historischen Windjammer und der Bereich direkt am Wasser bieten eine schöne Kulisse, wenn man am TKTS-Stand Schlange nach ermäßigten Broadway-Tickets steht.

Bowling Green Park PARK

(Karte S. 70; Ecke State St & Whitehall St; Ⓢ4/5 bis Bowling Green) Im späten 17. Jh. relaxten die britischen Bewohner im Bowling Green Park beim friedlichen Spiel. Der riesige **Bronzebulle** (Karte S. 70) ist für Touristen ein beliebtes Fotomotiv. Das **National Museum of the American Indian** (Karte S. 70; www.nmai.si.edu; 1 Bowling Green; ⏲Fr–Mi 10–17, Do 10–20 Uhr; Ⓢ4/5 bis Bowling Green) GRATIS ist in dem großartigen, historischen Alexander Hamilton US Customs House untergebracht und beherbergt eine recht umfangreiche Sammlung von indianischer Kunst und Kunsthandwerk sowie eine Bibliothek und einen tollen Andenkenladen.

Chinatown & Lower Manhattan

Highlights
1 Brooklyn Bridge ... F4
2 Museum of American Finance ... D5
3 National Museum of the American Indian ... C6

Sehenswertes
4 9/11 Memorial Preview Site ... C4
5 9/11 Tribute Center ... B4
6 Battery Park ... C6
7 Bowling Green Park ... C6
8 Bronzebulle ... C6
9 Castle Clinton ... C6
10 Federal Reserve ... C4
11 Hudson River Park ... A2
12 Museum at Eldridge Street Synagogue ... E1
13 Museum of Jewish Heritage ... B6
14 National September 11 Memorial ... B4
15 Skyscraper Museum ... B6
16 South Street Seaport ... E4

Schlafen
17 Cosmopolitan Hotel ... B3
18 Duane Street Hotel ... C2
19 Wall Street Inn ... C6

Essen
20 Amazing 66 ... D1
21 Big Wong King ... D1
22 Blaue Gans ... B2
23 Bo Ky Restaurant ... D2
24 Financier Patisserie ... C6
25 Fraunces Tavern ... D6
26 Joe's Shanghai ... D2
27 Kutsher's Tribeca ... B2
28 Nom Wah Tea Parlor ... D2
29 Original Chinatown Ice Cream Factory ... D2
30 Ruben's Empanadas ... D4

Ausgehen & Nachtleben
31 Brandy Library ... B1
32 Santos Party House ... C1
33 Whiskey Tavern ... D1

Shoppen
34 Century 21 ... C4
35 J&R Music & Computer World ... C4
36 Philip Williams Posters ... B3

Wall Street & Financial District

Nach der weltweiten Wirtschaftskrise Ende 2007/Anfang 2008 und der darauffolgenden Occupy-Wall-Street-Proteste haben sich das Viertel und die Finanzwirtschaft jetzt wieder erholt. Der sprachgeschichtliche Ursprung der **Wall Street** – sowohl die Straße als auch metaphorisch gesehen die Heimat des US-Kommerzes – basiert auf einer Holzbarriere, die holländische Siedler 1653 hier errichteten, um Nieuw Amsterdam vor den Indianern und Briten zu schützen. Einen Überblick über die Finanzwirtschaft der USA mit ihren Fehlern, Nachteilen und Mängeln bietet die faszinierende, topaktuelle Ausstellung im **Museum of American Finance** (Karte S. 70; www.moaf.org; 48 Wall St zw. Pearl St & William St; Erw./Kind 8 US$/frei; Di–Sa 10–16 Uhr; S 2/3, 4/5 bis Wall St), das im altehrwürdigen Gebäude der Bank of New York untergebracht ist. Wer einen tieferen Einblick in die Welt des Geldes erhalten will, kann sich für eine ca. einstündige Führung durch das **Federal Reserve** (Karte S. 70; 212-825-6990; www.nps.gov/feha; 26 Wall St; 9–17 Uhr) GRATIS anmelden.

Battery Park & Umgebung STADTVIERTEL

Der südwestlichste Zipfel von Manhattan Island wurde über die Jahre immer weiter aufgeschüttet zu dem, was er heute ist: der **Battery Park** (Karte S. 70; www.nycgovparks.org; Broadway beim Battery Pl; Sonnenaufgang–1 Uhr; S 4/5 bis Bowling Green, 1 bis South Ferry). Seinen Namen verdankt er den Geschützen, die hier einst an den Bollwerken standen. **Castle Clinton** (Karte S. 70; www.nps.gov/cacl; Battery Park; 8.30–17 Uhr; S 1 bis South Ferry; 4/5 bis Bowling Green), ein Fort, das 1811 zum Schutz Manhattans vor den Briten errichtet wurde, befand sich ursprünglich rund 270 m vom Ufer entfernt, steht heute aber am Rand des Battery Park. Nur noch seine Mauern sind übrig geblieben. Im Sommer verwandelt es sich in eine großartige Freiluftbühne für Konzerte. Das **Museum of Jewish Heritage** (Karte S. 70; www.mjhnyc.org; 36 Battery Pl; Erw./Kind 12 US$/frei, Mi 16–20 Uhr frei; So–Di &Do 10–17.45, Mi 10–20, Fr 10–17 Uhr; S 4/5 bis Bowling Green) zeigt Aspekte jüdischer Geschichte und Kultur in New York; es beherbergt auch ein Holocaust Memorial. Ebenfalls sehenswert ist das **Skyscraper Museum** (Karte S. 70; www.skyscraper.org; 39 Battery Pl; Eintritt 5 US$; Mi–So 12–18 Uhr; S 4/5 bis Bowling Green) im UG des Ritz-Carlton Hotels. Es zeigt Wechselausstellungen sowie eine Dauerausstellung zur Geschichte der Wolkenkratzer. Zu guter Letzt beginnt am Battery Place der großartige **Hudson River Park** (Karte S. 70; www.hudsonriverpark.org;

Westseite Manhattans vom Battery Park bis zur 59th St; S 1 bis Franklin St, 1 bis Canal St). Hier gibt's renovierte Piers, Rasenflächen, Gärten, Basketballplätze, eine Trapezschule, Imbissstände und, was am allerbesten ist, einen Weg für Biker, Skater und Jogger. Er erstreckt sich über 8 km bis zur 59th St.

Tribeca & SoHo

Das „TRIangle BElow CAnal St", das im Osten grob vom Broadway und im Süden von der Chambers St begrenzt wird, ist der südlichere dieser beiden Stadtteile. Er beeindruckt durch alte Lagerhäuser, extrem teure Lofts und schnieke Restaurants.

SoHo hat mit seinem Londoner Namensvetter nichts zu tun. Sein Name geht – wie der von Tribeca – auf die geografische Lage zurück: SOuth of HOuston St. In SoHo reiht sich ein Block aus gusseisernen Industriegebäuden an den nächsten. Diese Häuser stammen aus der Zeit kurz nach dem Bürgerkrieg, als hier der führende Handelsbezirk der Stadt war. Bohemiens und Künstler verhalfen diesem Viertel zu einer wahren Blütezeit bis in die 1980er-Jahre. Die dann folgende Super-Gentrifizierung verwandelte die Gegend in einen Shopping-Schwerpunkt New Yorks. Boutiquen und viele Ketten haben hier Niederlassungen, in denen sich hauptsächlich am Wochenende die Kaufwütigen scharenweise tummeln.

Die wirklich Hippen von SoHo bevölkern die Gegend nördlich der Houston St und östlich der Lafayette St, **NoHo** („North of Houston") und **NoLita** („North of Little Italy") stehen für ausgezeichnete Geschäfte – viele kleine, unabhängige, stylishe Boutiquen für Damenklamotten – und Restaurants. Bei einem Bummel durch SoHo und Tribeca dürfen diese beiden Viertel nicht fehlen: Schaufenster anschauen, hier und da einen Kaffee trinken, und der Nachmittag ist perfekt.

Chinatown & Little Italy

Mehr als 150 000 Chinesisch sprechende Menschen leben beengt in ihren überfüllten Wohnungen in **Chinatown**, der größten chinesischen Gemeinde außerhalb Asiens (und es gibt noch zwei große Chinatowns in der Stadt: Sunset Park in Brooklyn und Flushing in Queens). Seit den 1990er-Jahren kommen immer mehr vietnamesische Einwanderer nach Chinatown, die hier ihre eigenen Läden und ein paar unglaublich günstige Restaurants eröffnet haben. In einigen Straßen ist sogar mehr Vietnamesisch als Chinesisch zu hören.

Ein Besuch in Chinatown entpuppt sich als ein wahres Fest der Sinne. Wo sonst kann man in NYC ganze gebratene Schweine zu Gesicht bekommen, die in den Schaufenstern der Schlachter hängen, den Geruch von frischem Fisch genießen und die näselnde Aussprache von Kantonesen und Vietnamesen mit den Lockrufen der Straßenhändler vergleichen, die in der Canal St ihre gefakten Pradataschen anpreisen.

Im Gegensatz dazu schrumpft **Little Italy** – früher eine echte italienische Enklave mit italienischer Kultur und italienischen Restaurants – immer stärker (Chinatown dringt mehr und mehr ein). Aber dennoch fallen loyale Italoamerikaner aus den Vororten weiterhin hier ein und treffen sich in einem der wenigen Familienrestaurants an den mit rot-weiß-karierten Tischdecken geschmückten Tischen. Ein Spaziergang entlang der Mulberry Street führt zur **Old St. Patrick's Cathedral** (263 Mulberry St), die 1809 zur ersten römisch-katholischen Kathedrale der Stadt wurde und bis 1878 die einzige blieb – da war ihre berühmtere Nachfolgerin im oberen Teil der Stadt fertig. Der ehemalige Ravenite Social Club, heute ein cooler Schuhladen, erinnert an Tage vor nicht allzu langer Zeit, als Gangster das Viertel kontrollierten. Das Ravenite hieß ursprünglich Alto Knights Social Club; hier verbrachten große Fische wie Lucky Luciano ihre Zeit. Auch John Gotti hing hier bevorzugt herum (zusammen mit dem FBI), bevor er 1992 verhaftet und zu lebenslanger Haft verurteilt wurde.

Museum of Chinese in America MUSEUM

(Karte S. 142; ☎ 212-619-4785; www.mocanyc.org; 211-215 Centre St an der Grand St; Erw./Kind 10 US$/frei; ⏲ Di, Mi & Fr–So 11–18, Do 11–21 Uhr; S N/Q/R/W, J/M/Z, 6 bis Canal St) Die auffällig gestalteten, hochaktuellen interaktiven Ausstellungen widmen sich der Geschichte und dem kulturellen Einfluss der chinesischen Gemeinden in den USA. Es gibt auch Vorträge, Filmreihen und Führungen.

Lower East Side

Erst kamen die Juden, dann die Latinos, danach die hippen Leute und mit ihnen Wichtigtuer, rüpelige Studenten und Provinzler. In dieser Gegend, die früher das am dichtesten bevölkerte Viertel der Welt war,

East & West Villages

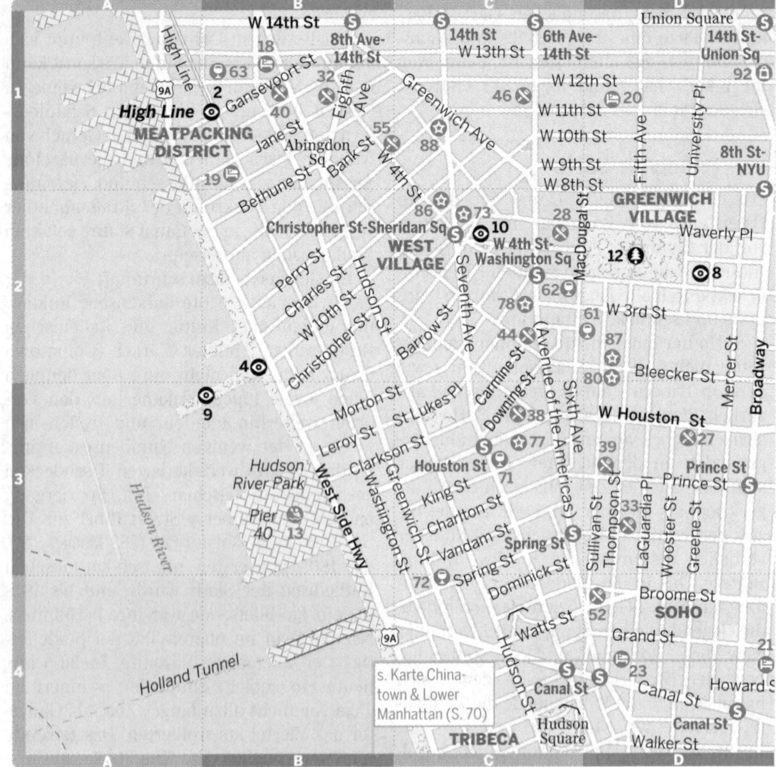

zählt nur eins: cool sein und stimmungsvolle Lounges, Livemusikclubs und In-Bistros besuchen. Luxuriöse Hochhäuser mit Eigentumswohnungen und Boutiquehotels stehen Seite an Seite mit Sozialwohnungen. (Unbedingt den Roman *Cash* von Richard Price lesen. Er gibt einen unterhaltsamen Einblick in diesen Klassenkonflikt). Ungeachtet dessen sind 40 % der Einwohner noch immer Einwanderer und zwei Drittel sprechen zu Hause nicht Englisch.

★Lower East Side Tenement Museum

MUSEUM

(Karte S. 74; ☎212-982-8420; www.tenement.org; 103 Orchard St; Führungen ab 22 US$; ⏲Besucherzentrum 10–17.30 Uhr, Führungen 10.15–17 Uhr) Es gibt wohl kein Museum in New York, das die farbenfrohe Vergangenheit der Stadt so rührend darstellt. Das herzergreifende, anregende Erbe des Viertels kann in mehreren rekonstruierten Wohnungen aus der Zeit der Wende zum 20. Jh. bewundert werden. Das Museum, das sich ständig weiterentwickelt und immer größer wird, bietet viele Führungen und Vorträge an. Die Besichtigung der Wohnungen ist zweifelsohne das Interessanteste, aber auch ein Gespräch mit einem der Führer ist lohnenswert. Ein weiteres Muss ist das 2011 eröffnete Besucherzentrum, es ist einfach einzigartig. Durch den Ausbau konnten eine Galerie, ein größerer Museumsladen, ein Vorführraum, in dem ein historischer Film gezeigt wird, und mehrere Seminarräume eingerichtet werden.

Museum at Eldridge Street Synagogue

MUSEUM

(Karte S. 70; ☎212-219-0302; www.eldridgestreet.org; 12 Eldridge St zw. Canal St & Division St; Erw./Kind 10/6 US$; ⏲So–Do 10–17, Fr 10–15 Uhr; ⓈF bis East Broadway) Die 1887 mit maurischen und romanischen Zierelementen erbaute Synagoge zog zu den jüdischen Feiertagen um 1900 bis zu 1000 Gläubige an. Aber mit der Verschärfung der Einwande-

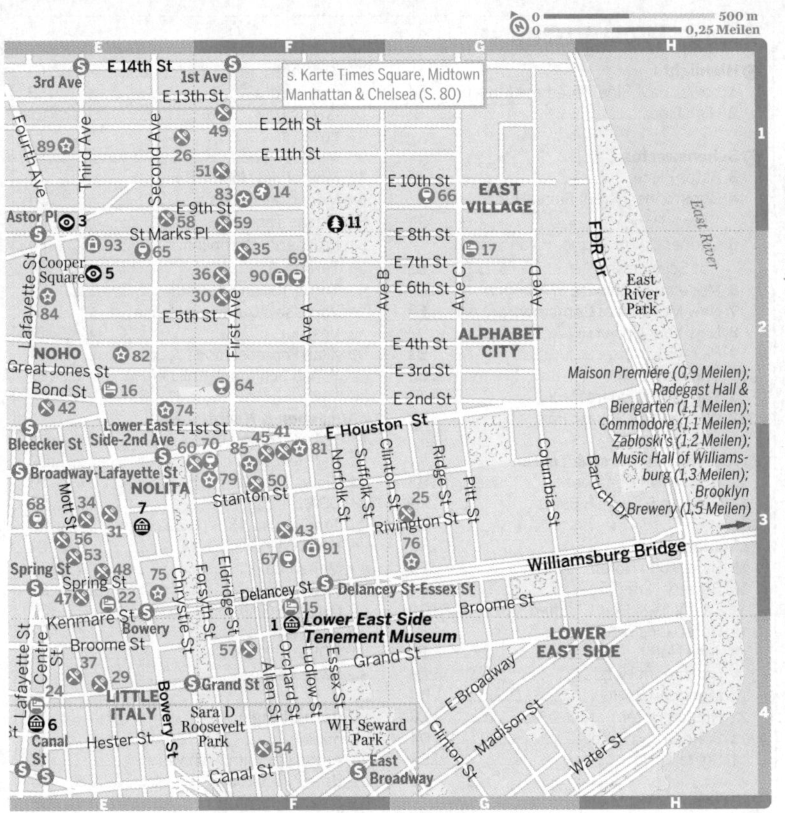

rungsgesetze verringerte sich in den 1920er-Jahren die Zahl der Gemeindemitglieder, und in den 1950er-Jahren wurde das Gotteshaus ganz geschlossen. 2007 waren die Restaurierungsarbeiten nach 20 Jahren endlich abgeschlossen. Jetzt finden wieder Gottesdienste (Fr abends & Sa morgens), Trauungen und **Führungen** (zur halben Std.) statt. Unbedingt einen Blick auf das große, runde **Buntglasfenster** über dem Thoraschrein werfen.

New Museum of Contemporary Art MUSEUM

(Karte S. 74; ☎212-219-1222; www.newmuseum.org; 235 Bowery zw. Stanton St & Rivington St; Erw./Kind 14 US$/frei, Do 19–21 Uhr frei; ⌚Mi & Fr–So 11–18, Do 11–21 Uhr; Ⓢ N/R bis Prince St, F bis 2nd Ave, J/Z bis Bowery, 6 bis Spring St) Das einzige Museum der Stadt, das sich ausschließlich der zeitgenössischen Kunst widmet, ist in einem architektonisch recht gewagten Gebäude in der ehemals düsteren Bowery untergebracht. Ein weiteres Highlight ist die Aussichtsplattform mit einzigartigem Blick auf das sich ständig wandelnde Stadtviertel.

East Village

Das East Village ist ein Heiliger Gral für alle, die von diesen urtypischen New Yorker Momenten träumen – Graffity an roten Backsteinwänden, Punks und Omis in friedvollem Nebeneinander, nette Cafés mit wackeligen Tischen auf dem Gehsteig. Interessante Ecken gibt's vor allem rund um den Tompkins Square Park und die östlich davon gelegenen A-B-C-Straßen (auch als Alphabet City bekannt). Zum Relaxen eignen sich auch die tollen, kleinen Gemeinschaftsgärten, wo manchmal sogar Liveaufführungen geboten werden.

Tompkins Square Park PARK

(Karte S. 74; www.nycgovparks.org; E 7th St & 10th St zw. Ave A & Ave B; ⌚6–24 Uhr; Ⓢ 6 bis Astor Pl)

East & West Villages

Highlights
1 Lower East Side Tenement Museum....F4
2 High Line....B1

Sehenswertes
3 Astor Place....E1
4 Christopher Street Piers/Hudson River Park....B2
5 Cooper Union for the Advancement of Science and Art....E2
6 Museum of Chinese in America....E4
7 New Museum of Contemporary Art....E3
8 New York University....D2
9 Pier 45....B3
10 Sheridan Square....C2
11 Tompkins Square Park....F1
12 Washington Square Park....D2

Aktivitäten, Kurse & Touren
13 Downtown Boathouse....B3
14 Russian & Turkish Baths....F1

Schlafen
15 Blue Moon Hotel....F3
16 Bowery Hotel....E2
17 East Village Bed & Coffee....G2
18 Hotel Gansevoort....B1
19 Jane Hotel....B1
20 Larchmont Hotel....D1
21 Mondrian SoHo....D4
22 Nolitan Hotel....E3
23 Soho Grand Hotel....D4
24 Solita SoHo....E4

Essen
25 Alias....G3
26 Angelica Kitchen....E1
27 Aroma Espresso Bar....D3
28 Babbo....C2
29 Bánh Mì Saigon Bakery....E4
30 Banjara....F2
31 BarBossa....E3
32 Bonsignour....B1
33 Boqueria Soho....D3
34 Café Gitane....E3
35 Caracas Arepa Bar....F2
36 Counter....F2
37 Da Nico....E4
38 Ditch Plains....C3
39 Dutch....D3
40 Fatty Crab....B1
41 Georgia's East Side BBQ....F3
42 Il Buco....E2
43 'Inoteca....F3
44 Joe's Pizza....C2
45 Katz's Delicatessen....F3
46 Kin Shop....C1
47 Lombardi's....E3
48 Lovely Day....E3
49 Luzzo's....F1
50 Meatball Shop....F3
51 Momofuku Noodle Bar....F1
52 Mooncake Foods....D4
53 Pinche Taqueria....E3
54 Prosperity Dumpling....F4
55 Tartine....B1
56 Torrisi Italian Specialties....E3
57 Vanessa's Dumpling House....F4
58 Veselka....E1
59 Xi'an Famous Foods....F1
60 Yonah Schimmel Knishery....E3

Ausgehen & Nachtleben
61 124 Old Rabbit Club....D2
62 Bar Next Door....C2
63 Cielo....B1
64 DBA....F2
65 Jimmy's No 43....E2
66 Louis 649....G1
67 Mehanata....F3
68 Pravda....E3
69 Pyramid Club....F2
70 Sapphire....F3
71 SOBs....C3
72 Sway Lounge....C4

Unterhaltung
73 55 Bar....C2
74 Anthology Film Archives....E2
75 Bowery Ballroom....E3
76 Delancey....G3
77 Film Forum....C3
78 IFC Center....C2
Joe's Pub....(siehe 84)
79 Landmark Sunshine Cinema....F3
80 Le Poisson Rouge....D2
81 Mercury Lounge....F3
82 New York Theater Workshop....E2
83 PS 122....F1
84 Public Theater....E2
85 Rockwood Music Hall....F3
86 Smalls....C2
87 Village Lantern....D2
88 Village Vanguard....C1
89 Webster Hall....E1

Shoppen
90 A-1 Records....F2
91 Economy Candy....F3
92 Strand Book Store....D1
93 Trash & Vaudeville....E2

GRATIS Dieser ca. 4 ha große Park ist wie ein netter Dorfplatz für die Anwohner, die sich hier an Betontischen zum Schach spielen, an warmen Tagen auf dem Rasen zum Picknick und auf den grasbedeckten Hügelchen zu spontanen Gitarren- oder Trommelsessions treffen. Außerdem gibt's Basketballplätze, einen Hundeauslauf (ein eingezäunter Bereich, wo Frauchen und Herrchen ihre Lieblinge frei herumlaufen lassen können), Sommerkonzerte und einen viel geliebten Kinderspielplatz. Das alljährlich im September stattfindende Howl! Festival of East Village Arts bringt von Allen Ginsberg inspirierte Theaterstücke, Musikgigs, Filme, Tanzvorführungen und Wortprogramme in den Park und an verschiedene Orte im ganzen Viertel.

Astor Place & Umgebung STADTVIERTEL

Dieser **Platz** (Karte S. 74; 8th St zw. Third Ave & Fourth Ave; S R/W bis 8th St-NYU, 6 bis Astor Pl) verdankt seinen Namen der Astor-Familie, die mit Biberpelzen ein Vermögen machte und in der Colonnade Row direkt südlich des Platzes lebte. Die große Cooper Union aus rotbraunem Sandstein, ein öffentliches College, das 1859 von dem Klebstoff-Millionär Peter Cooper gegründet wurde, beherrscht den Platz heute mehr denn je, denn die Schule hat nach über 50 Jahren ihr erstes neues Unterrichtsgebäude bekommen – eine markante, geschwungene, neunstöckige „Skulptur" aus satiniertem Glas mit perforiertem Edelstahl rundherum (natürlich mit LEED-Zertifikat) von dem Architekten Thom Mayne von Morphosis Architecture.

Russian & Turkish Baths SPA

(Karte S. 74; ☎ 212-674-9250; www.russianturkishbaths.com; 268 E 10th St zw. First Ave & Ave A; Eintritt 35 US$; ⏲ Mo, Di &Do–Fr 12–22, Mi 10–22, Sa 9–22, So 8–22 Uhr; S L bis 1st Ave; 6 bis Astor Pl) In dem historischen Bad kann man in einem der vier Dampfräume ganz wunderbar seinen Stress abbauen oder sich mit traditionellen Massagen verwöhnen lassen. Es ist ein authentisches und abgefahrenes Abenteuer zugleich: Gut möglich, dass man sich die Sauna mit einem hippen Pärchen bei einem Date, mit einem bekannten Schauspieler auf der Suche nach einer Auszeit oder mit einem echten Russen teilt.

West Village & Greenwich Village

Das geschichtsträchtige, beliebte Viertel war früher Symbol für alles Künstlerische, Ausgefallene und Unkonventionelle. Hier wurde die Schwulenbewegung geboren und all die Beat-Poeten und bedeutenden Künstler hatten hier ihr Domizil. In diesem Viertel hat man den Eindruck, Welten vom wuseligen Broadway entfernt und vielleicht sogar in Europa zu sein. Die meisten Besucher kennen es als „Greenwich Village", obwohl die Einheimischen diese Bezeichnung nicht verwenden (Greenwich Village ist ein Teil von West Village und eigentlich nur das Gebiet direkt um den Washington Square Park). Die von gepflegten, teuren Gebäuden gesäumten Straßen mit den vielen Cafés und Restaurants sind für einen Spaziergang prädestiniert.

Washington Square Park & Umgebung PARK

Früher war dieser Park (Karte S. 74; Fifth Ave am Washington Sq N; S A/C/E, B/D/F/V bis W 4th St-Washington Sq, N/R/W zur 8th St-NYU) ein Armenfriedhof und blieb deshalb lange unbebaut. Heute ist die komplett neu gestaltete Anlage ein erstaunlich stark genutzter Park. Vor allem am Wochenende ist hier viel los: Kinder tummeln sich auf dem Spielplatz, Studenten der NYU tanken Sonne, und Freunde treffen sich *under the arch*, dem restaurierten Wahrzeichen am Nordrand des Parks. Der Bogen wurde 1889 von dem Stararchitekten Stanford White entworfen. Die Gegend rund um den Park ist architektonisch und demografisch von der New York University geprägt, die eine der größten Universitäten des Landes ist und ein großes Gelände mitten im Village einnimmt.

Christopher Street Piers/Hudson River Park PIER, PARK

(Karte S. 74; Christopher St & West Side Hwy; S 1 bis Christopher St-Sheridan Sq) Wie viele andere Orte im Village war auch der äußerste Westen früher ein heruntergekommener Schandfleck für schnellen, anonymen Sex. Jetzt ist der Hudson River Park Teil eines schönen Uferabschnitts mit Rad- und Joggingwegen. Anmache gibt's noch immer, es ist aber bei Weitem nicht mehr so gefährlich hier.

Sheridan Square & Umgebung STADTVIERTEL

Am Westende des Village liegt der Sheridan Square (Karte S. 74; Christopher St & Seventh Ave; S 1 bis Christopher St-Sheridan Sq). In dem kleinen dreieckigen Park ehren lebensgroße, von George Segal geschaffene weiße Statuen die Schwulengemeinde und die Gay-Pride-Bewegung, die im nahen, kürzlich renovierten **Stonewall Inn** gegenüber auf der anderen Straßenseite ihren Anfang nahm. Ein Block weiter östlich heißt eine abknickende Straße offiziell Gay St. Obwohl sich die Szene heute in Richtung Chelsea verlagert hat, ist die **Christopher Street** noch immer das Zentrum des schwulen Lebens im Village.

Meatpacking District

Zwischen dem äußersten Teil von West Village und der Südgrenze von Chelsea liegt der jetzt mondän gewordene Meatpacking District, dessen Name so ganz und gar nicht mehr zu dem Viertel passt. Früher gab es hier aber 250 Schlachthäuser. Berühmt-berüchtigt war der Distrikt für seine transsexuellen Prostituierten, seine gewagten S&M-Sexclubs und natürlich auch für sein Rindfleisch. Der weithin beliebte High Line Park hat den Zuwachs von trendigen Weinbars, Lokalen, Nachtclubs, topaktuellen Designerläden, schicken Hotels und teuren Eigentumswohnungen noch weiter vorangetrieben.

★High Line PARK

(Karte S. 74; 212-500-6035; www.thehighline.org; Gansevoort St; 7–19 Uhr; M11 bis Washington St; M11, M14 bis 9th Ave; M23, M34 bis 10th Ave, S L oder A/C/E bis 14th St-8th Ave, C/E bis 23rd St-8th Ave) GRATIS Mit der Fertigstellung der High Line, einer 9 m hohen stillgelegten Hochbahntrasse, die in eine langgestreckte Parklandschaft umgewandelt wurde und von der Gansevoort St bis zur W 34th St reicht, ist endlich etwas Grün in den Asphalt-Dschungel eingezogen. Drei Etagen über der Straße bietet der Park mit seinem gut durchdachten und sorgfältig gestalteten Mix aus zeitgenössischen, industriellen und natürlichen Elementen einen Ort der Erholung und Abwechslung vom Üblichen. Direkt über der 10th Ave befindet sich ein **Amphitheater** mit einer Glasfassade und tribünenartigen Sitzbänken – etwas zu essen mitbringen und sich unter die Büroangestellten mischen, die hier ihre Mittagspause verbringen. Zugänge gibt's in der Gansevoort, 14th, 16th, 18th, 20th und 30th St (alle außer an der 18th St mit Aufzug). Der dritte und letzte Abschnitt des Parks wird an der 34th St einen Schlenker in Richtung Hudson machen. Bis wohin die High Line letztendlich gehen wird, hängt von der enormen Umgestaltung der angrenzenden Hudson Rail Yards ab. Das **Whitney Museum of American Art** (das lange in der Upper East Side seinen Sitz hatte) wird im Jahr 2015 in sein neues von Renzo Piano entworfenes Domizil zwischen der High Line und dem Hudson River umziehen.

Chelsea

Chelsea hat zwei Hauptattraktionen: erstens tolle schwule Männer, die zärtlich „Chelsea Boys" genannt werden und durch die Eighth Ave zwischen Fitnesscentern und trendigen Happy-Hour-Bars hin- und herschlendern. Und zweitens trifft sich hier die Kunstszene in den Kunstgalerien. Zurzeit gibt's in dieser Gegend fast 200 Locations, die moderne Kunst ausstellen und sich vor allem westlich der Tenth Ave konzentrieren. Wer eine bestimmte Galerie sucht, sollte unter www.westchelseaarts.com nachschauen.

Rubin Museum of Art MUSEUM

(Karte S. 80; 212-620-5000; www.rmanyc.org; 150 W 17th St an der Seventh Ave; Erw./Kind 10 US$/frei, Fr 18–22 Uhr frei; Mo & Do 11–17, Mi bis 19, Fr bis 22, Sa & So bis 18 Uhr; S 1 zur 18th St) Das Museum widmet sich der Kunst im Himalaja und den umliegenden Regionen. Die eindrucksvolle Sammlung zeigt Exponate vom 2. bis 19. Jh., u. a. Brokatstoffe aus China, Metallskulpturen aus Tibet, kunstvolle Malereien aus Bhutan sowie Ritualobjekte und Tanzmasken aus verschiedenen Regionen Tibets.

Chelsea Piers Complex SPORT

(Karte S. 80; 212-336-6666; www.chelseapiers.com; Hudson River am Ende der W 23rd St; S C/E zur 23rd St) In dem am Ufer gelegenen Sportzentrum kann sich jeder sportlich betätigen. Es gibt z. B. eine vierstöckige Driving Range, eine Eislaufhalle, großartige Bowlingbahnen, die Hoop City für Basketballer, eine Segelschule für Kids, Baseball-Übungskäfige, ein riesiges Fitnessstudio und eine Halle mit Kletterwänden.

Flatiron District

Das berühmte (und absolut großartige) **Flatiron Building** (Karte S. 80; Broadway Ecke Fifth Ave & 23rd St; S N/R, 6 bis 23rd St) von 1902 verdankt seine markante dreieckige Form dem Zuschnitt des Grundstücks. Es war New Yorks erstes Hochhaus mit Stahlskelett und bis 1909 das höchste Gebäude der Welt. Rundum liegt ein schickes Viertel mit Boutiquen, Lofts und einer boomenden Hightech-Industrie: New Yorks Antwort auf Silicon Valley. Der ruhige **Madison Square Park** zwischen der 23rd und 26th St sowie der Fifth und Madison Ave bietet einen Hundeauslaufplatz, Wechselausstellungen von Skulpturen, schattige Parkbänke und einen beliebten Burger-Imbiss. Ein paar Blocks östlich befindet sich das **Museum of Sex** (Karte S. 80; www.museumofsex.com; 233 Fifth Ave an der 27th St; Erw. 17,50 US$; So–Do 10–20, Fr

& Sa 10–21 Uhr; S N/R bis 23rd St), so etwas wie eine intellektualisierte Hommage an den Geschlechtsverkehr. Wer hier rein will, muss mindestens 18 Jahre alt sein.

Union Square

Ähnlich der Arche Noah scheint New Yorks **Union Square** (Karte S. 80; www.unionsquarenyc.org; 17th St zw. Broadway & Park Ave S; S L, N/Q/R/W, 4/5/6 bis 14th St-Union Sq) mindestens jeweils zwei einer bestimmten Art aus dem wogenden Betonmeer zu retten. Es fällt in der Tat schwer, einen vielfältigeren Querschnitt von Einheimischen an einem anderen öffentlichen Platz der Stadt zu finden. Zwischen den vielen Steinstufen und eingezäunten Grünpflanzen trifft man auf Einheimische jeder Couleur: Geschäftsleute im Anzug, die hier in der Mittagspause frische Luft schnappen, Weltenbummler mit Dreadlocks, die auf ihren Tablas rumtrommeln, Skater, die an den Stufen im Südosten ihre Tricks zeigen, rüpelhafte College-Kids, die preiswerte Snacks futtern, Demonstrantenscharen, die inbrünstig im Chor auf alles Mögliche aufmerksam machen wollen.

Gramercy Park direkt nordöstlich wurde nach einem von New Yorks schönsten Parks benannt – aber da dürfen nur die Anwohner rein, denn man braucht einen Schlüssel!

★Greenmarket Farmers Market — MARKT

(Karte S. 80; ☎ 212-788-7476; www.grownyc.org; 17th St, zw. Broadway & Park Ave S; ⏲ Mo, Mi, Fr & Sa 8–18 Uhr) An den meisten Tagen findet am Nordende des Union Square der beliebteste von annähernd 50 Obst- und Gemüsemärkten in den fünf Stadtbezirken New Yorks statt. Sogar Starköche kommen hierher, um frisch gepflückte Raritäten wie essbare Farne, alte Tomaten-Kultursorten und frische Curryblätter einzukaufen.

Midtown

So stellt man sich NYC vor – glitzernde Wolkenkratzer, Unmengen von geschäftig wirkenden Angestellten, Schaufenster in der Fifth Ave, unzählige Taxis und einige der berühmtesten Sehenswürdigkeiten der Stadt. Vor langer Zeit, als hier noch das gedruckte Wort zählte und Zeitungen und Illustrierte die kulturelle Währung des Tages darstellten, war Midtown auch der Literaturdistrikt New Yorks. Die wichtigsten Macher trafen sich im Algonquin Hotel. Und auch heute noch sind große Medienunternehmen wie die *New York Times* hier ansässig.

★Museum of Modern Art — MUSEUM

(MoMA; Karte S. 80; www.moma.org; 11 W 53rd St zw. Fifth Ave & Sixth Ave, Midtown West; Erw./Kind 25 US$/frei, Fr 16–20 Uhr; ⏲ Sa–Do 10.30–17.30, Fr 10.30–20 Uhr; S E/M bis 5th Ave-53rd St) Die Schätze des Superstars der modernen Kunstszene lassen alle anderen Sammlungen – gelinde gesagt – niedlich erscheinen. Im MoMA trifft man auf mehr Publikumslieblinge als auf der Party nach einer Oscar-Verleihung: Van Gogh, Matisse, Picasso, Warhol, Lichtenstein, Rothko, Pollock und Bourgeois. Seit der Gründung im Jahr 1929 hat das Museum über 150 000 Kunstwerke angesammelt, die die neuen und immer kreativer werdenden Ideen und Bewegungen ab dem 19. Jh. bis in unsere Zeit dokumentieren. Für Kunstfreaks ist das MoMA der absolute Traum. Für die nicht so Kunstbeflissenen ist es ein spannender Crash-Kurs über alles Schöne und Süchtigmachende, das Kunst zu bieten hat.

Times Square & Theater District — STADTVIERTEL

Es gibt nur wenig auf der Welt, das mit der glitzernden Kugel mithalten kann, die sich in der Silvesternacht über dem Times Square (Karte S. 80; www.timessquare.com; Broadway an der Seventh Ave; S N/Q/R, S, 1/2/3, 7 bis Times Sq-42nd St) heruntersenkt. Vor 100 Jahren fand das Schauspiel zum ersten Mal statt. Das Gebiet mitten in Midtown Manhattan rund um die Kreuzung von Broadway und Seventh Ave mit den knallbunten Reklamewänden, glitzernden Anzeigetafeln und riesigen Videoleinwänden ist in den Köpfen von Nicht-New-Yorkern so sehr mit New York City verflochten, dass es völlig egal ist, wie stark dieser Platz „disneyfiziert" wurde – er ist und bleibt der Inbegriff New Yorks. Die „Crossroads of the World", an der nichts mehr an die Zwielichtigkeit der Striptease-Lokale, die Prostituierten und Taschendiebe der 1970er-Jahre erinnert, ziehen jährlich 35 Mio. Besucher an. Große Filialen von Ketten und Erlebnisläden locken Kundschaft an. Auch Multiplexkinos mit riesigen Leinwänden und in ansteigenden Reihen angeordneten Sitzplätzen finden enormen Anklang. Um die Gegend fußgängerfreundlicher zu gestalten und die ewigen Verkehrsstaus zu mildern, wurde der Broadway zwischen der 47th und der 42nd St zur autofreien Zone erklärt.

Times Square, Midtown Manhattan & Chelsea

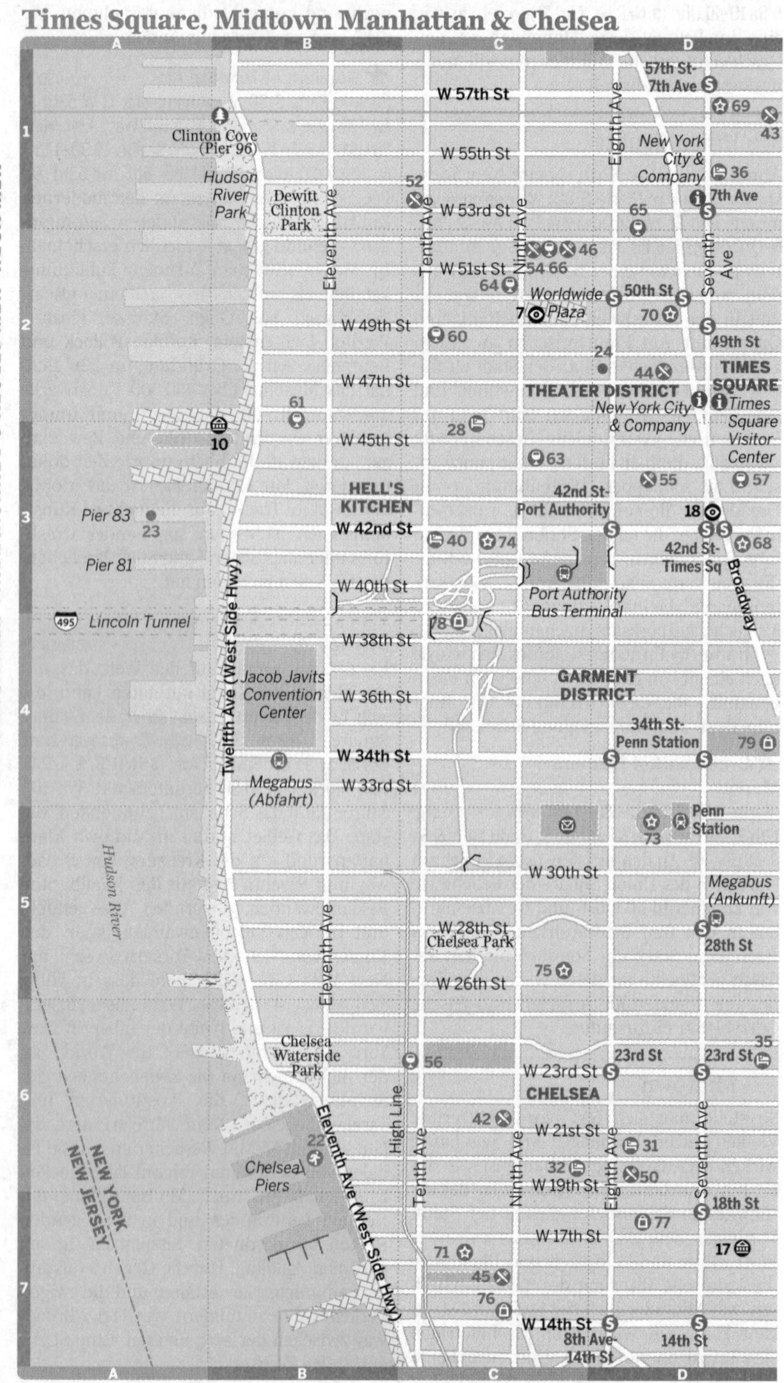

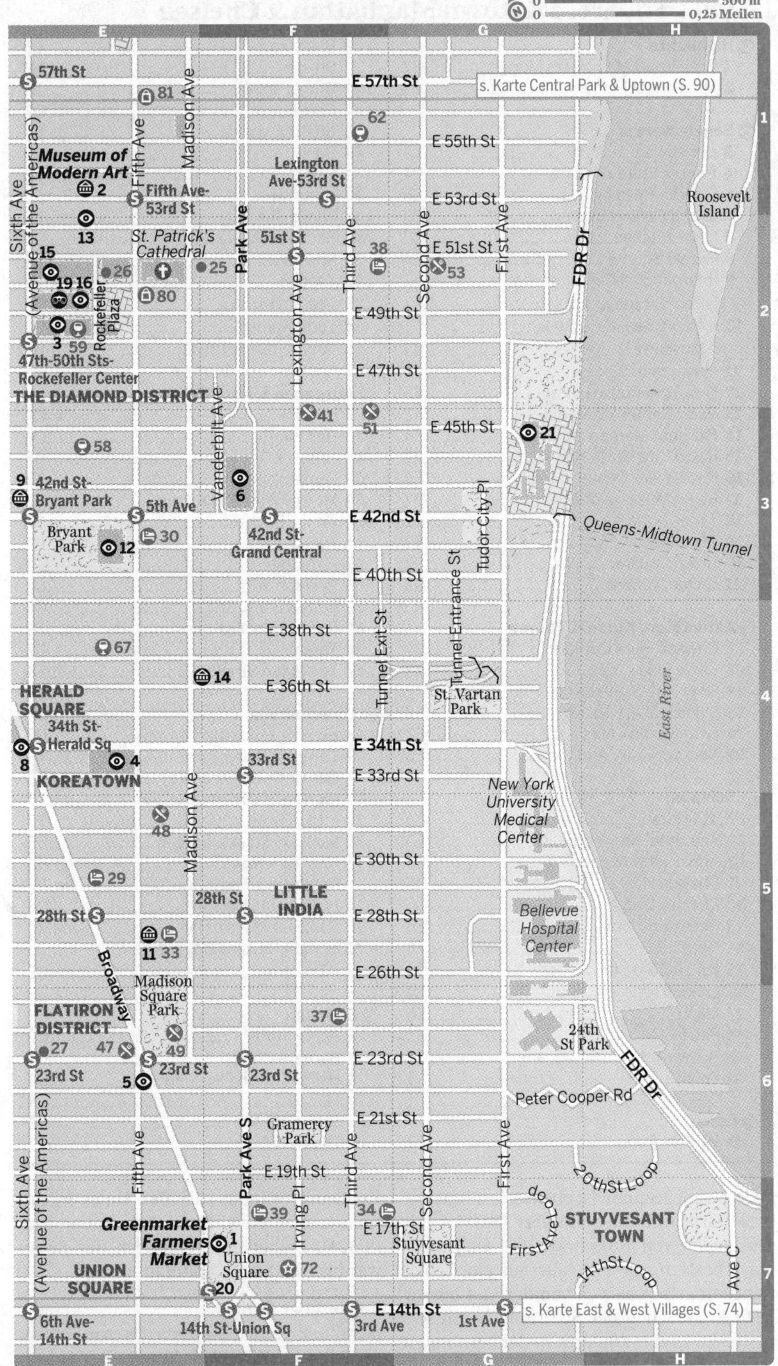
0 500 m
0 0,25 Meilen
s. Karte Central Park & Uptown (S. 90)
s. Karte East & West Villages (S. 74)
Museum of Modern Art
St. Patrick's Cathedral
Rockefeller Plaza
47th-50th Sts-Rockefeller Center
THE DIAMOND DISTRICT
42nd St-Bryant Park
Bryant Park
42nd St-Grand Central
Queens-Midtown Tunnel
Roosevelt Island
HERALD SQUARE
34th St-Herald Sq
KOREATOWN
LITTLE INDIA
New York University Medical Center
Bellevue Hospital Center
St. Vartan Park
East River
Madison Square Park
FLATIRON DISTRICT
24th St Park
Peter Cooper Rd
Gramercy Park
Greenmarket Farmers Market
Union Square
UNION SQUARE
STUYVESANT TOWN
Stuyvesant Square
14th St-Union Sq
6th Ave-14th St
3rd Ave
1st Ave
E 14th St
E 57th St
E 42nd St
E 34th St
FDR Dr
Broadway

Times Square, Midtown Manhattan & Chelsea

Highlights

1 Greenmarket Farmers Market F7
2 Museum of Modern Art E1

Sehenswertes

3 Christie's E2
4 Empire State Building E4
5 Flatiron Building E6
6 Grand Central Station F3
7 Hell's Kitchen C2
8 Herald Square E4
9 International Center of Photography E3
10 Intrepid Sea, Air & Space Museum B3
11 Museum of Sex E5
12 New York Public Library E3
13 Paley Center for Media E2
14 Pierpont Morgan Library F4
15 Radio City Music Hall E2
16 Rockefeller Center E2
17 Rubin Museum of Art D7
18 Times Square D3
19 Top of the Rock E2
20 Union Square F7
21 United Nations G3

Aktivitäten, Kurse & Touren

22 Chelsea Piers Complex B6
23 Circle Line A3
24 Gray Line Sightseeing D2
25 Municipal Art Society F2
26 NBC Studio Tours E2
27 New York City Audubon E6

Schlafen

28 414 Hotel C3
29 Ace Hotel New York City E5
30 Andaz Fifth Avenue E3
31 Chelsea Hostel D6
32 Chelsea Lodge C6
33 Gershwin Hotel E5
34 Hotel 17 .... F7
35 Inn on 23rd St D6
36 London NYC D1
37 Marcel F6
38 Pod Hotel F2
39 W New York Union Square F7
40 Yotel C3

Essen

41 99 Cent Pizza F3
42 Blossom C6
Breslin .... (siehe 29)
43 Burger Joint D1
44 Café Edison D2
45 Chelsea Market C7
46 Danji C2
47 Eataly E6
48 Hangawi E5
49 Shake Shack E6
50 Soccarat Paella Bar D6
51 Sparks F3
52 Taboon C1
53 The Smith G2
54 Totto Ramen C2
55 Virgil's Real Barbecue D3

Ausgehen & Nachtleben

Birreria .... (siehe 47)
56 Half King C6
57 Jimmy's Corner D3
58 Lantern's Keep E3
59 Morrell Wine Bar & Café E2
60 On the Rocks C2
61 Pacha B2
62 PJ Clarke's F1
63 Réunion Surf C3
64 Rudy's Bar & Grill C2
65 Russian Vodka Room D1
66 Therapy C2
67 Top of the Strand E4

Unterhaltung

68 BB King Blues Club & Grill D3
69 Carnegie Hall D1
70 Caroline's on Broadway D2
71 Highline Ballroom C7
72 Irving Plaza F7
73 Madison Square Garden D5
New York Knicks .... (siehe 73)
New York Liberty .... (siehe 73)
74 Playwrights Horizons C3
Radio City Music Hall .... (siehe 15)
75 Upright Citizens Brigade Theatre C5

Shoppen

76 Apple Store C7
77 Barneys Co-op D7
78 Hell's Kitchen Flea Market C4
79 Macy's D4
80 Saks Fifth Ave E2
81 Tiffany & Co. E1

Der Times Square ist ebenso berühmt wie New Yorks offizieller **Theater District** mit Dutzenden von Broadway- und Off-Broadway-Theatern, die sich alle auf ein Gebiet konzentrieren, das sich von der 41st bis zur 54th St zwischen der Sixth und Ninth Ave erstreckt. Und mittendrin in der berühmten Kreuzung befindet sich der Times-Square-Ableger der New York City & Company (S. 124). Früher erstreckte sich der Broadway bis zum State Capitol in Albany.

Rockefeller Center GEBÄUDE

(Karte S. 80; www.rockefellercenter.com; Fifth Ave bis Sixth Ave & 48th St bis 51st St; ⏲24 Std., unterschiedliche Öffnungszeiten der einzelnen Firmen; S B/D/F/M bis 47th-50th Sts-Rockefeller Center) Auf dem Höhepunkt der Weltwirtschaftskrise in den 1930er-Jahren hielt der Bau des 89 000 m² großen Rockefeller Center mit seinem Wahrzeichen, dem Art-déco-Wolkenkratzer, 70 000 Arbeiter neun Jahre lang in Lohn und Brot. Es war das erste Bauprojekt, das Einzelhandel, Unterhaltung und Büros unter einem Dach – der sogenannten „Stadt in der Stadt" – vereinen sollte. Der Panoramablick von der dreistöckigen Aussichtsplattform **Top of the Rock** (Karte S. 80; www.topoftherocknyc.com; 30 Rockefeller Plaza an der 49th St, Eingang W 50th St zw. Fifth Ave & Sixth Ave; Erw./Kind 27/17 US$, Sonnenaufgang & Sonnenuntergang 40/22 US$; ⌚8.00–24 Uhr, letzter Aufzug 23 Uhr; S B/D/F/M bis 47th-50th Sts-Rockefeller Center) ist einfach umwerfend und ein absolutes Muss. An klaren Tagen reicht der Blick über den Fluss bis nach New Jersey. Im Winter ist die Eisbahn draußen rappelvoll, und der Weihnachtsbaum zieht Unmengen von Schaulustigen an. In dem Gebäudekomplex befindet sich auch die 1932 errichtete **Radio City Music Hall** (Karte S. 80; www.radiocity.com; 1260 Sixth Ave an der 51st St; Führung Erw./Kind 22,50/16 US$; ⌚Führungen 11–15 Uhr; S B/D/F/M bis 47th-50th Sts-Rockefeller Center) mit 6000 Sitzplätzen. Wer einen Blick in den unter Denkmalschutz stehenden ehemaligen Filmpalast werfen will, der in all seiner Art-déco-Pracht wundervoll restauriert wurde, kann an einer der Führungen teilnehmen, die jede halbe Stunde in der Lobby beginnen. Fans der NBC-Fernsehserie *30 Rock* werden das 70-stöckige GE Building als Network-Zentrale wiedererkennen. Führungen durch die **NBC Studios** (Karte S. 80; ☎Reservierung 212-664-6298; www.nbcstudiotour.com; 30 Rockefeller Plaza an der 49th St; Führung Erw./Kind 24/20 US$, Kinder unter 6 Jahren nicht erlaubt; ⌚Führungen alle 15 Min. Mo–Do 8.30–17.30, Fr & Sa 8.30–18.30, So 8.30–16.30 Uhr; S B/D/F/M bis 47th-50th Sts-Rockefeller Center) starten alle 15 Minuten in der Lobby des GE Building. Achtung: Kinder unter sechs Jahren dürfen an den Führungen nicht teilnehmen. In dem gläsernen Studio im Erdgeschoss in der Nähe des Springbrunnens geht jeden Tag zwischen 7 und 11 Uhr *The Today Show* live auf Sendung.

New York Public Library KULTURELLES GEBÄUDE
(Stephen A. Schwarzman Building; Karte S. 80; ☎212-340-0833; www.nypl.org; Fifth Ave an der 42nd St; ⌚Mo & Do–Sa 10–18, Di & Mi bis 20, So 13–17 Uhr, geführte Touren Mo–Sa 11 & 14, So 14 Uhr; S B/D/F/M bis 42nd St-Bryant Park, 7 bis 5th Ave) Die tolle Treppe, die zur New York Public Library führt, wird von zwei riesigen Marmorlöwen flankiert. Der ehemalige Bürgermeister Fiorello LaGuardia gab ihnen die Spitznamen „Patience" (Ausdauer) und „Fortitude" (Stärke). Das stattliche Gebäude im Beaux-Arts-Stil steht nicht nur für die Wichtigkeit von Lernen und Kultur in der Stadt, sondern auch für den Reichtum der Wohltäter, die die Errichtung des Gebäudes ermöglichten. Der traumhafte Lesesaal im 2. Stock mit viel Sonnenlicht hat eine großartige Decke. Er ist vollgestellt mit langen Holztischen, an denen Studenten, Schriftsteller und andere an ihren Laptops arbeiten. Hier kann man in Galerien Manuskripte und faszinierende zeitgenössische Exponate bewundern. Ein neues Design für das Gebäude ist geplant – es wird allerdings kontrovers diskutiert. Direkt hinter der Bibliothek befindet sich der wunderschön gepflegte **Bryant Park**, eine hübsche Grünfläche mit Tischen und Stühlen. Im Sommer gibt's hier sogar eine Leihbücherei, Schachbretter und Tischtennisplatten, im Winter kann man Schlittschuhlaufen.

Empire State Building GEBÄUDE, AUSSICHTSPUNKT
(Karte S. 80; www.esbnyc.com; 350 Fifth Ave, an der 34th St; Aussichtsplattform im 86. Stock Erw./Kind 25/19 US$, inkl. Aussichtsplattform im 102. Stock 42/36 US$; ⌚8–2 Uhr, letzte Aufzugfahrt nach oben 1.15 Uhr; S B/D/F/M, N/Q/R zur 34th St-Herald Sq) Als einer der berühmtesten Vertreter der New Yorker Skyline katapultierte sich das Empire State Building auch in Hollywood zum Star – etwa als Treffpunkt für Cary Grant und Deborah Kerr in *Die große Liebe meines Lebens* oder als vertikales Verhängnis für King Kong. Der Klassiker aus Kalkstein wurde in nur 410 Tagen bzw. 7 Mio. Arbeitsstunden auf dem Höhepunkt der Weltwirtschaftskrise für 41 Mio. US$ aus dem Boden gestampft. Nachdem am ehemaligen Standort des Waldorf-Astoria 10 Mio. Ziegelsteine vermauert, 6400 Fenster eingebaut und rund 30 500 m² Marmor verlegt waren, konnte 1931 das 102-stöckige, bis zur Antennenspitze 448 m hohe Empire State Building eröffnet werden. Mit dem Fahrstuhl kann man zu den Aussichtsplattformen im 86. und 102. Stock fahren. Es herrscht aber großer Andrang, weshalb man am besten sehr früh oder sehr spät herkommt, um die Aussicht optimal genießen zu können. Tickets im Voraus oder online

kaufen oder sich den „Express Pass" für 50 US$ besorgen.

Grand Central Station GEBÄUDE

(Karte S. 80; www.grandcentralterminal.com; 42nd St, an der Park Ave) Die 1913 von der New York Central & Hudson River Railroad als prestigeträchtiger Bahnhof erbaute Grand Central Station ist schon lange nicht mehr der romantische Ausgangspunkt für eine Reise kreuz und quer durchs Land. Heute enden und starten hier nur noch die Metro-North-Pendlerzüge zu den Vororten im Norden und nach Connecticut. Aber auch wenn man nicht in einen Zug steigen will, lohnt sich ein Blick in die großartige gewölbte Haupthalle. Die restaurierte Decke zeigt den Sternenhimmel seitenverkehrt, also aus der Sicht Gottes. Es gibt hier einen ausgezeichneten Lebensmittelmarkt, und das Untergeschoss beherbergt ein paar hervorragende Lokale. Auf der Empore befindet sich die gemütliche, an die 1920er-Jahre erinnernde Bar **Campbell Apartment**.

Fifth Avenue & Umgebung STADTVIERTEL

(725 Fifth Ave, an der 56th St) Die Fifth Ave, die in zahlreichen Filmen und Songs verewigt ist, entwickelte ihr exklusives Image bereits Anfang des 20. Jhs. Damals war sie wegen ihrer „Landluft" und den Freiflächen begehrt. Die ehemalige **Millionaire's Row** mit einer Reihe von Herrenhäusern erstreckte sich bis zur 130th St. Die meisten Erben der Millionärsvillen in der Fifth Ave oberhalb der 59th St haben ihre Häuser inzwischen verkauft. Wenn sie nicht abgerissen wurden, sind sie in Kultureinrichtungen umgewandelt worden und bilden die heutige Museumsmeile.

Im Midtown-Abschnitt der Fifth Ave reihen sich Nobelgeschäfte und Luxushotels aneinander, u.a. auch der Trump Tower und das Plaza (Ecke Fifth Ave und Central Park South). Viele exklusive Geschäfte sind inzwischen in die Madison Ave umgezogen – zurückgeblieben sind Filialen von Gap und H&M. Aber es herrschen auch noch einige Superstars der Branche über die Fifth Ave oberhalb der 50th St, z.B. Tiffany & Co.

Pierpont Morgan Library MUSEUM

(Karte S. 80; www.morganlibrary.org; 29 E 36th St an der Madison Ave; Erw./Kind 18/12 US$; ⌚ Di–Do 10.30–17, Fr bis 21, Sa 10–18, So 11–18 Uhr; Ⓢ 6 zur 33rd St) Die wunderschön renovierte Bibliothek ist Teil des mit 45 Zimmern bestückten Herrenhauses, das einst dem Stahlmagnaten J.P. Morgan gehörte. Seine Sammlung umfasst eine phänomenale Vielfalt an Manuskripten, Wandteppichen und Büchern, ein Herrenzimmer mit Kunstwerken der italienischen Renaissance, eine Marmorrotunde und die dreistöckige Hauptbibliothek im East Room.

United Nations GEBÄUDE

(Karte S. 80; ☎212-963-7539; www.un.org/tours; Besuchereingang First Ave an der 47th St; Führung Erw./Kind 16/9 US$, Kinder unter 5 Jahren nicht erlaubt; ⌚9.15–16.15 Uhr; Ⓢ S, 4/5/6, 7 bis Grand Central-42nd St) Das UN-Gebäude mit Blick auf den East River befindet sich genau genommen auf internationalem Territorium. Bei der 45-minütigen Führung durch das Gebäude (englischsprachige Führungen, aber auch anderen Sprachen möglich; Deutsch evtl. auf Nachfrage) bekommt man die General Assembly, wo im Herbst die alljährliche Vollversammlung der Mitgliedsstaaten stattfindet, die Security Council Chamber (je nach Sitzungsplan) und die Economic & Social Council Chamber zu sehen. Im Park südlich des Gebäudekomplexes stehen mehrere Skulpturen zum Thema Frieden. Der Besuchereingang wurde für die Dauer der Renovierungsarbeiten des UN-Hauptquartiers bis 2015 verlegt. Führungen sind weiterhin vorgesehen, man sollte sich aber auf die Verlegung des Startpunkts und Änderungen in der Zahl der Führungen einstellen.

Paley Center for Media KULTURELLES GEBÄUDE

(Karte S. 80; www.paleycenter.org; 25 W 52nd St zw. Fifth Ave & Sixth Ave; Erw./Kind 10/5 US$; ⌚ Mi & Fr–So 12–18, Do bis 20 Uhr; Ⓢ E/M zur 5th Ave-53rd St) Fernsehsüchtige, die ihre Kindheit vor der Glotze verbracht haben und mit Nachdruck eine Wiederholung der TV-Serie *Happy Days* mit Fonzi fordern, sind hier an der richtigen Adresse, denn dieses „Museum" ist genau das, was sie suchen. Hier kann man an einem der Bibliothekscomputer den Katalog mit mehr als 100 000 amerikanischen TV- und Radiosendungen sowie Werbespots durchforsten und per Mausklick das Gewünschte abrufen. In dem gemütlichen Kino laufen einige tolle Specials über die Geschichte des Rundfunks, und es gibt häufig Events und Sondervorführungen.

Intrepid Sea, Air & Space Museum MUSEUM

(Karte S. 80; www.intrepidmuseum.org; Pier 86, Twelfth Ave an der 46th St; Erw./Kind 24/12 US$; ⌚10–17 Uhr; 👪; 🚌 Bus M42 nach Westen, Ⓢ A/C/E zur 42nd St-Port Authority Bus Terminal) Die USS *Intrepid* ist ein riesiger Flugzeugträger, der im Zweiten Weltkrieg eine Bombe und Kamikaze-Angriffe überstanden hat und in ein Militärmuseum mit Hightech-Ausstellungen sowie Kampfflugzeugen und Hubschraubern auf dem Flugdeck umgewandelt wurde. Am Pier findet man auch das Raketen-U-Boot *Growler*, eine ausgesonderte Concorde und seit 2012 das Space Shuttle *Enterprise*.

International Center of Photography GALERIE

(ICP; Karte S. 80; www.icp.org; 1133 Sixth Ave an der 43rd St; Erw./Kind 14 US$/frei, Fr 17–20 Uhr Eintritt gegen Spende; Di–Do & Sa, So 10–18, Fr 10–20 Uhr; S B/D/F/M bis 42nd St-Bryant Park) Diese Galerie ist New Yorks wichtigster Ausstellungort für bekannte Fotografen, vor allem Fotojournalisten. In der Vergangenheit gab es Ausstellungen mit Werken von Henri Cartier-Bresson, Matthew Brady und Robert Capa.

Herald Square PLATZ

(Karte S. 80; Ecke Broadway, Sixth Ave & 34th St; S B/D/F/M, N/Q/R zur 34th St-Herald Sq) Hier, wo sich der Broadway, die Sixth Ave und die 34th St zu einem belebten Platz vereinen, ist die Heimat von **Macy's**. Die einzelnen Etagen, in denen es von Einrichtungsgegenständen bis hin zu Dessous fast alles gibt, sind über einige Original-Holzrolltreppen zu erreichen. Seinen Namen verdankt der geschäftige Platz der schon lange nicht mehr existierenden Zeitung *Herald*. In dem kleinen Park mit viel Grün, der erst kürzlich aufpoliert wurde, herrscht tagsüber ein wahres Menschengewusel. Um den ewigen Verkehrsstaus in dieser Gegend entgegenzuwirken, wurde der Broadway von der 33rd bis zur 35th St zur Fußgängerzone erklärt.

Westlich vom Herald Sq haben sich im **Garment District** die meisten New Yorker Modedesigner angesiedelt. Viel Kleidung wird hier aber nicht mehr hergestellt, es ist vielmehr ein Ort für all diejenigen, die gern in einer traumhaften Auswahl von Stoffen, Knöpfen, Pailletten, Spitzen und Reißverschlüssen wühlen.

Von der 31st St bis zur 36th St zwischen Broadway und Fifth Ave liegt **Koreatown**, ein sehr interessantes und lebendiges Viertel, in dem sich gute Restaurants und authentische Karaoke-Läden ansiedeln.

Hell's Kitchen STADTVIERTEL

(Clinton; Karte S. 80) Lange war der äußerste Westen von Midtown – ein Arbeiterbezirk mit Miets- und Lagerhäusern – unter dem Namen Hell's Kitchen bekannt. Vermutlich hat ein Polizist diese Worte während der Aufstände im Viertel im Jahre 1881 vor sich hingemurmelt. Der wirtschaftliche Aufschwung in den 1990er-Jahren veränderte den Charakter dieser Gegend stark. Investoren wollten den sauberen Namen Clinton durchsetzen, ein Spitzname aus den 1950er-Jahren. Die Bewohner verwenden heute beide Bezeichnungen. Auf der Ninth und Tenth Ave zwischen der 37th und 55th St sind neue, vorwiegend preisgünstige Ethno-Restaurants wie Pilze aus dem Boden geschossen. Antiquitätenfans sollten den **Hell's Kitchen Flea Market** (Karte S. 80; 212-243-5343; 39th St zw. Ninth Ave & Tenth Ave; Sa & So 7–16 Uhr; S A/C/E bis 42nd St) besuchen. 170 Händler bieten erlesene Kleidungsstücke, alten Schmuck, Stilmöbel und vieles mehr an.

Museum of Arts & Design MUSEUM

(MAD; Karte S. 90; www.madmuseum.org; 2 Columbus Circle zw. Eighth Ave & Broadway; Erw./Kind 16 US$/frei; Di, Mi, Sa & So 10–18, Do & Fr 10–21 Uhr; S A/C, B/D, 1 bis 59th St-Columbus Circle) Das Museum an der Südseite des Kreisels zeigt eine facettenreiche internationale Sammlung mit modernen, volkstümlichen, kunsthandwerklichen und kunstgewerblichen Werken. Das schicke, witzig designte Restaurant **Robert** im 8. Stock bietet einen fantastischen Blick auf den Central Park.

Upper West Side

Die Upper West Side stand immer für das liberale, fortschrittliche und intellektuelle New York – man denke nur an die Filme von Woody Allen (obgleich er an der Upper East Side lebt) und an *Seinfeld*. Das Viertel, das Manhattans Westseite vom Central Park bis zum Hudson River und vom Columbus Circle bis zur 110th St umfasst, ist heute aber nicht mehr so bunt und farbenfroh wie früher. Der Upper Broadway ist inzwischen fest in der Hand von Banken, Apotheken und Filialen landesweiter Kettenläden, und viele der alten Tante-Emma-Läden und Buchhandlungen sind längst verschwunden. Man findet hier aber noch große, reich verzierte Apartments, eine Mischung aus sozialen Aufsteigern (darunter auch viele Schauspieler und Musiker) und ein paar hübsche Grünanlagen. Der **Riverside Park** erstreckt sich zwischen der W 72nd St und der W 158th St auf einer Länge von 6,4 km entlang des Hudson River und eignet sich prima

Central Park

DIE GRÜNE LUNGE VON NEW YORK

Das grüne Rechteck im Zentrum Manhattans legte man Mitte des 19. Jhs. an. Die ursprüngliche Sumpflandschaft wurde dabei in einen idyllischen Park verwandelt, der seit seiner Eröffnung die New Yorker – und seien sie noch so verschieden – auf interessante und unerwartete Art und Weise zusammenbrachte. Der Central Park diente als Ort der Reichen, die ihre Nobelkutschen zur Schau stellten (1860er-Jahre), der Armen, die die kostenlosen Sonntagskonzerte genossen (1880er-Jahre) und der Aktivisten, die hier ihre „Be-ins“ gegen den Vietnamkrieg abhielten (1960er-Jahre).

Seitdem besuchen ganze Heerscharen von Einheimischen – und natürlich auch Besucher aus aller Herren Länder – den Park, in dem man wunderbar spazieren gehen, picknicken, sonnenbaden, Ball spielen und kostenlosen Konzerten und Shakespeare-Aufführungen lauschen kann.

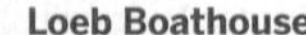

Loeb Boathouse
Das historische Loeb Boathouse am Seeufer bietet eine traumhafte Kulisse für ein romantisches Essen. Hier kann man Ruderboote und Fahrräder mieten oder sich in einer venezianischen Gondel über den See schippern lassen.

Conservatory Garden
Der einzige echte Garten im Central Park ist vielleicht der ruhigste Ort im Park. Am Nordrand blühen Ende Oktober Chrysanthemen. Im Süden steht ein riesiger Holzapfelbaum gleich neben der Burnett Fountain.

Jacqueline Kennedy Onassis Reservoir
Das fast 43 ha große Wasserbecken nimmt grob ein Achtel der gesamten Parkfläche ein. Ursprünglich sollte es die Stadt mit sauberem Wasser versorgen. Heute kann man hier ganz wunderbar Wasservögel beobachten.

Belvedere Castle
Das gotisch-romanische Schloss, eine „viktorianische Verrücktheit“, dient ausschließlich als grandioser Aussichtspunkt. Es wurde 1869 von Calvert Vaux, einem der beiden Landschaftsplaner des Central Parks, entworfen.

Der Park ist unglaublich vielfältig. Im Norden gibt es ruhige bewaldete Hügelchen, im Süden ein besonders bei Joggern beliebter See. Es gibt Gärten im europäischen Stil, einen Zoo und viele Teiche. Wer die ganze Pracht genießen will, sollte an einem sonnigen Tag zur Sheep Meadow gehen, wo sich ganz New York in der Sonne aalt.

Der Central Park ist nicht nur eine Grünanlage – er ist New York Citys Hinterhof.

FAKTEN & ZAHLEN

» **Landschaftsarchitekten** Frederick Law Olmsted und Calvert Vaux

» **Beginn der Bauarbeiten** 1858

» **Fläche** 3,4 km²

» **Der Park im Film** Hunderte Filme wurden hier gedreht, angefangen bei Blockbustern aus der Zeit der Weltwirtschaftskrise wie *Gold Diggers* (1933) bis hin zum Monster-Streifen *Cloverfield* (2008)

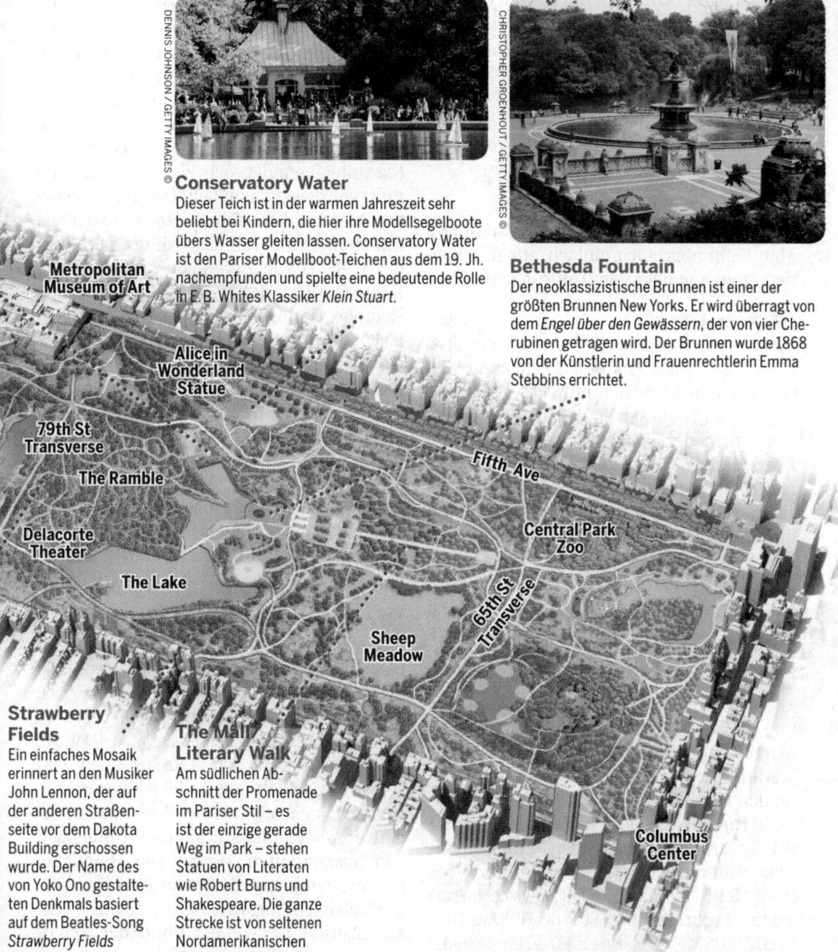

Conservatory Water
Dieser Teich ist in der warmen Jahreszeit sehr beliebt bei Kindern, die hier ihre Modellsegelboote übers Wasser gleiten lassen. Conservatory Water ist den Pariser Modellboot-Teichen aus dem 19. Jh. nachempfunden und spielte eine bedeutende Rolle in E. B. Whites Klassiker *Klein Stuart*.

Bethesda Fountain
Der neoklassizistische Brunnen ist einer der größten Brunnen New Yorks. Er wird überragt von dem *Engel über den Gewässern*, der von vier Cherubinen getragen wird. Der Brunnen wurde 1868 von der Künstlerin und Frauenrechtlerin Emma Stebbins errichtet.

Strawberry Fields
Ein einfaches Mosaik erinnert an den Musiker John Lennon, der auf der anderen Straßenseite vor dem Dakota Building erschossen wurde. Der Name des von Yoko Ono gestalteten Denkmals basiert auf dem Beatles-Song *Strawberry Fields Forever*.

The Mall/Literary Walk
Am südlichen Abschnitt der Promenade im Pariser Stil – es ist der einzige gerade Weg im Park – stehen Statuen von Literaten wie Robert Burns und Shakespeare. Die ganze Strecke ist von seltenen Nordamerikanischen Ulmen gesäumt.

VERKAUFT!

Auch wenn man sich an Kunstwerken gerade einmal eine Van-Gogh-Postkarte leisten kann, sollte man den Besuch einer Kunstauktion in Betracht ziehen, die adrenalingeladene Spannung mit bestem Museumserlebnis und Luxusshopping verbindet. Sowohl **Christie's** (Karte S. 80; 212-636-2000; www.christies.com; 20 Rockefeller Plaza; S B/D/F/M zur 47-50th Sts-Rockefeller Ctr) als auch **Sotheby's** (Karte S. 90; 212-606-7000; www.sothebys.com; 1334 York Ave, an der 72nd St; S 6 zur 68th St-Hunter College), zwei der New Yorker Auktionshäuser mit Weltruhm, sind für die Öffentlichkeit zugänglich. Ob eine Sammlung mit Warhol-Werken oder alte europäische Kunst – die Preise sind meist astronomisch. Deshalb behält man seine Hände lieber im Zaum; ansonsten könnte eine entspannte Handbewegung als ein Mitbieten gewertet werden, und man hätte im Nu Millionen von Dollar Schulden.

zum Schlendern, Joggen und Radfahren. Man kann aber auch einfach nur den Sonnenuntergang über dem Hudson genießen.

★Central Park PARK

(Karte S. 90; www.centralparknyc.org; 59th St & 110th St zw. Central Park West & Fifth Ave; 6–1 Uhr;) Man kann sich nur schwer vorstellen, wie es in dieser Stadt zugehen würde, wenn man der Platzangst, den übervollen Bürgersteigen und verstopften Straßen hier nicht entfliehen könnte. Dieses riesige Juwel von einem Park befindet sich genau in der Mitte Manhattans und versorgt die New Yorker sowohl im übertragenen als auch im wortwörtlichen Sinn mit Sauerstoff. Der 3,4 km² große Park wurde 1856 am sumpfigen Nordrand der Stadt angelegt. Die Landschaftsarchitektur (so etwas hatte es bis dato in keinem öffentlichen Park gegeben) von Frederick Law Olmsted und Calvert Vaux war mit ihrem naturverbundenen Stil äußerst innovativ: bewaldete Haine, gewundene Pfade und Teiche hier und dort. Zu den Highlights gehören die **Sheep Meadow** (Parkmitte zwischen 66th und 69th St), wo an warmen Wochenenden Zehntausende relaxen und spielen, der **Central Park Zoo** (Karte S. 90; 212-861-6030; www.centralparkzoo.com; Central Park, 64th St an der Fifth Ave; Erw./Kind 12/7 US$; April–Nov. 10–17.30 Uhr, Nov.–April 10–16.30 Uhr; ; S N/Q/R bis 5th Ave-59th St) und der **Ramble**, ein Rastplatz für fast 250 Zugvogelarten, den man am besten frühmorgens besucht. Touristen lieben Fahrten in einer **Pferdekutsche** (Karte S. 90; an der 59th St, Central Park South; 30 Min. 50 US$ zzgl. großzügiges Trinkgeld) oder einem Fahrradtaxi (1 Std. 45 US$), die am Central Park West und an der 72nd St starten. Weitere Infos gibt's beim **Dairy Building Visitor Center** (Karte S. 90; 212-794-6564; www.centralpark.org) im südlichen Parkabschnitt.

★Lincoln Center KULTURZENTRUM

(Karte S. 90; 212-875-5456; www.lincolncenter.org; Columbus Ave zw. 62nd St & 66th St; öffentliche Plazas frei, Führung Erw./Kind 15/8 US$; ; S 1 bis 66th St-Lincoln Center) Zu dem mehr als 1 Mrd. US$ teuren Umbau des weltweit größten Zentrums für darstellende Künste gehören die grundlegend neu gestaltete Alice Tully Hall und andere atemberaubende Veranstaltungsorte rund um einen gewaltigen Springbrunnen. Auch öffentliche Plätze wie u.a. der Dachgarten an der North Plaza (darunter befindet sich ein teures Restaurant) wurden aufgemöbelt. Das üppig gestaltete **Metropolitan Opera House** (MET) ist mit 3900 Sitzplätzen das größte Opernhaus der Welt. Die faszinierenden einstündigen **Führungen** (tgl. 10.30–16.30 Uhr) durch den Komplex beginnen in der Lobby der Avery Fisher Hall und konzentrieren sich auf verschiedene Themen von Architektur bis Backstage. Auf dem ganzen Gelände gibt's kostenloses WLAN. Dies gilt auch für das **David Rubenstein Atrium** (Karte S. 90; Broadway zw. 62nd St & 63rd St; S 1 bis 66th St-Lincoln Center), ein moderner öffentlicher Platz mit Loungebereich, Informationsschalter und Ticket Center, wo man ermäßigte Karten für Veranstaltungen im Lincoln Center am selben Tag bekommt.

★American Museum of Natural History MUSEUM

(Karte S. 90; 212-769-5100; www.amnh.org; Central Park West an der 79th St; Erw./Kind 19/10,50 US$; 10–17.45 Uhr, Rose Center Fr 10–20.45 Uhr, Butterfly Conservancy Okt.–Mai; ; S B, C bis 81st St-Museum of Natural History, 1 bis 79th St) Das 1869 gegründete Museum beherbergt mehr als 30 Mio. Artefakte, interaktive Ausstellungsstücke und Unmengen von ausgestopften Tieren. Die Highlights des Museums sind die drei großen Dinosaurierhallen, ein gigantischer (aber nicht echter) Blauwal, der von der Decke der Hall of

Ocean Life herabhängt, und das ausgezeichnete **Rose Center for Earth & Space**. Allein der Anblick der Fassade – ein wuchtiger Glaskasten mit einer Silberkugel, in deren Inneren sich Sternenkinos und ein Planetarium befinden – wirkt vor allem nachts hypnotisierend, wenn all die „außerirdischen" Elemente zum Leuchten gebracht werden.

New-York Historical Society MUSEUM

(Karte S. 90; www.nyhistory.org; 2 W 77th St am Central Park West; Erw./Kind 15/5 US$, 18–20 Uhr Eintritt gegen Spende, Bibliothek frei; Di–Do & Sa 10–18, Fr 10–20, So 11–17 Uhr; S B, C bis 81st St-Museum of Natural History) Das 1804 gegründete Museum, das als das älteste der Stadt gilt, wurde 2011 gründlich renoviert. Die skurrile, umfangreiche Sammlung, zu der auch eine Beinschiene von Präsident Franklin D. Roosevelt und eine mechanische Spardose aus dem 19. Jh. mit der Figur eines Politikers gehören, der die Geldstücke in seine eigene Tasche steckt, ist jetzt in einem aufgefrischten, modernen Ausstellungsbereich zu bewundern. Außerdem gibt es ein Auditorium, eine Bibliothek und ein Restaurant.

Upper East Side

Die Upper East Side (UES) kann mit der höchsten Konzentration kultureller Einrichtungen New Yorks aufwarten, darunter das Metropolitan Museum of Art. Viele bezeichnen die Fifth Ave oberhalb der 57th St daher auch als Museumsmeile. Die Immobilienpreise an der Fifth, Madison und Park Ave gehören zu den höchsten der Welt. Hier wohnen Ladys, die mittags gediegen essen gehen, und noble Jungs, die gern einen trinken. Je weiter man nach Osten kommt, desto weniger mondän wird das Viertel.

★ **Metropolitan Museum of Art** MUSEUM

(Karte S. 90; 212-535-7710; www.metmuseum.org; 1000 Fifth Ave an der 82nd St; empfohlene Spende Erw./Kind 25 US$/frei; So–Do 10–17.30, Fr & Sa 10–21 Uhr; ; S 4/5/6 bis 86th St) Mit mehr als 5 Mio. Besuchern jedes Jahr ist das Met New Yorks beliebteste Einzelattraktion. Es beherbergt eine der wertvollsten Sammlungen der gesamten Kunstwelt. Das Met ist eine Art autarker Kulturstadtstaat mit 2 Mio. Einzelobjekten und einem Jahresetat von über 120 Mio. US$. In den renovierten American Galleries kann man so ziemlich alles bewundern – von Porträtmalerei aus der Kolonialzeit bis hin zu Meisterwerken der Hudson River School. Zu den weiteren Highlights gehören alte ägyptische Kunst, Waffen und Rüstungen, moderne Kunst, griechische und römische Kunst, europäische Gemälde und die traumhafte Dachterrasse mit Bar und wahrhaft spektakulärem Blick (nur im Sommer geöffnet). Mit der empfohlenen Spende (die in der Tat eine *Empfehlung* ist) hat man am selben Tag auch Zutritt zu den Cloisters.

★ **Frick Collection** MUSEUM

(Karte S. 90; 212-288-0700; www.frick.org; 1 E 70th St an der Fifth Ave; Eintritt 18 US$, So 11–13 Uhr gegen Spende, Kinder unter 10 Jahren kein Zutritt; Di–Sa 10–18, So 11–17 Uhr; S 6 zur 68th St-Hunter College) Die spektakuläre Kunstsammlung befindet sich in dem Herrenhaus, das 1914 von Henry Clay Frick erbaut wurde. Leider ist der 2. Stock des Anwesens nicht für Besucher zugänglich. Die zwölf reich möblierten Zimmer im Erdgeschoss schmücken Gemälde von Titian, Vermeer, El Greco, Goya und anderen Meistern. Das vielleicht Beste an dem Museum ist aber, dass es nicht so überlaufen ist – eine willkommene Abwechslung zu den Menschenmassen in den größeren Museen, besonders am Wochenende.

Guggenheim Museum MUSEUM

(Karte S. 90; 212-423-3500; www.guggenheim.org; 1071 Fifth Ave an der 89th St; Erw./Kind 22 US$/frei, Sa 17.45–19.45 Uhr gegen Spende; So–Mi & Fr 10–17.45, Sa 10–19.45 Uhr; ; S 4/5/6 bis 86th St) Das von dem Architekten Frank Lloyd Wright entworfene Gebäude ist an sich schon ein Kunstwerk und stellt die darin gezeigte Sammlung aus dem 20. Jh. fast in den Schatten. Der 1959 fertiggestellte, auf dem Kopf stehende Zikkurat-Bau wurde von einigen Kritikern verspottet, von anderen wiederum als architektonische Glanzleistung bejubelt. Bei einem Bummel über die beeindruckende spiralförmige Rampe kommt man vorbei an Meisterwerken aus dem 20. Jh., u. a. von Picasso, Pollock, Chagall und Kandinsky.

Neue Galerie MUSEUM

(Karte S. 90; 212-628-6200; www.neuegalerie.org; 1048 Fifth Ave, Ecke E 86th St; Eintritt 20 US$, 1. Fr jedes Monats 18–20 Uhr frei, Kinder bis 12 Jahren haben keinen Zutritt; Do–Mo 11–18 Uhr; S 4/5/6 zur 86th St) Die in einem stattlichen, eleganten Herrenhaus in der Fifth Ave untergebrachte Galerie zeigt deutsche und österreichische Künstler, z. B. eindrucksvolle Werke von Gustav Klimt und Egon Schiele. Schon das **Café Sabarsky** ist mit seinem Ambien-

Central Park & Uptown

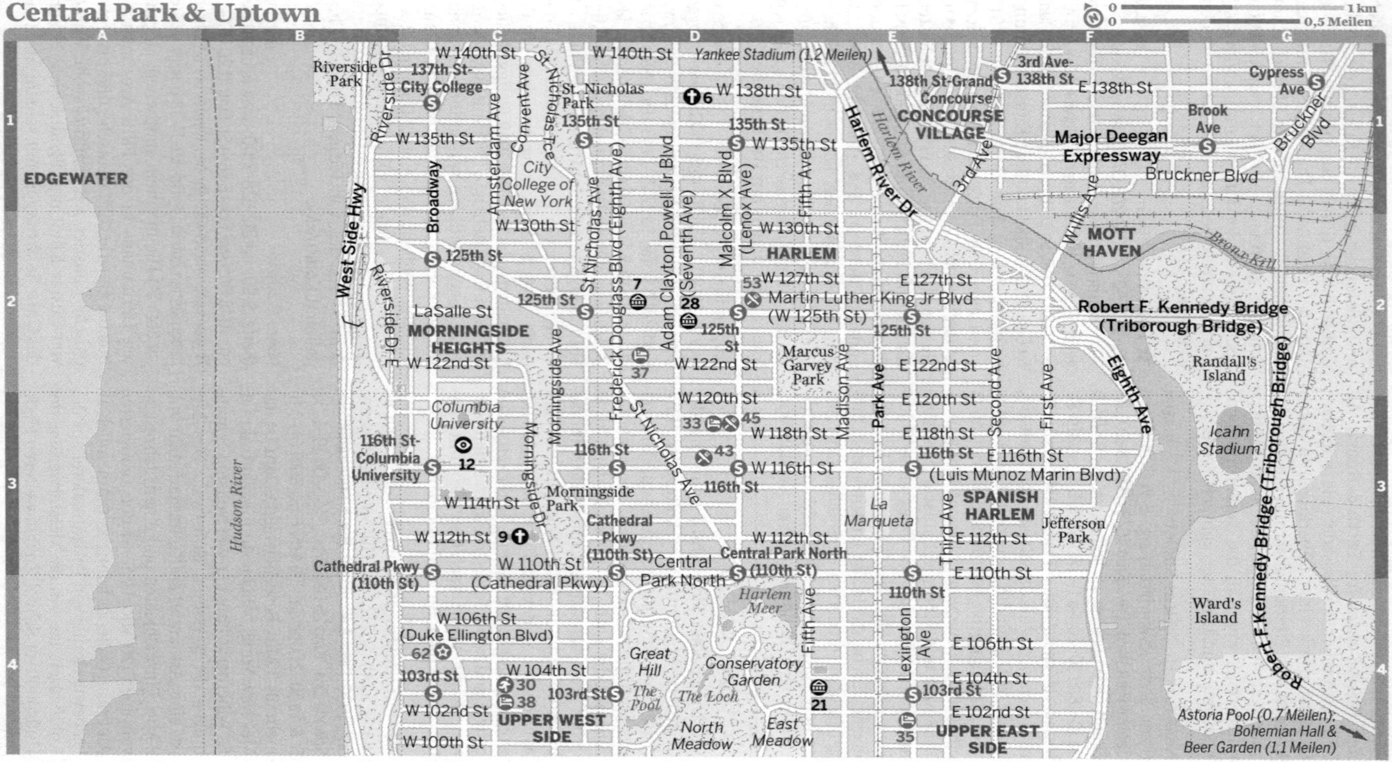

0 1 km
0 0,5 Meilen

A B C D E F G
1 2 3 4

EDGEWATER
Hudson River
Riverside Park
Riverside Dr
West Side Hwy
Riverside Dr E
137th St-City College
W 140th St
St Nicholas Tce
Convent Ave
Amsterdam Ave
Broadway
W 135th St
City College of New York
W 130th St
125th St
LaSalle St
MORNINGSIDE HEIGHTS
W 122nd St
Columbia University
12
116th St-Columbia University
W 114th St
W 112th St
9
Cathedral Pkwy (110th St)
W 110th St (Cathedral Pkwy)
W 106th St (Duke Ellington Blvd)
62
103rd St
W 104th St
30
38
W 102nd St
W 100th St
UPPER WEST SIDE
St. Nicholas Park
135th St
St Nicholas Ave
125th St
7
Frederick Douglass Blvd (Eighth Ave)
37
Morningside Ave
Morningside Dr
Morningside Park
116th St
Cathedral Pkwy (110th St)
Central Park North
103rd St
Great Hill
The Pool
The Loch
North Meadow
East Meadow
Conservatory Garden
Harlem Meer
W 140th St
Yankee Stadium (1,2 Meilen)
6
W 138th St
135th St
W 135th St
Adam Clayton Powell Jr Blvd (Seventh Ave)
Malcolm X Blvd (Lenox Ave)
W 130th St
HARLEM
53
W 127th St
Martin Luther King Jr Blvd (W 125th St)
28
125th St
W 122nd St
Marcus Garvey Park
W 120th St
33
45
W 118th St
43
W 116th St
116th St
W 112th St
Central Park North (110th St)
Fifth Ave
21
St Nicholas Ave
Madison Ave
Park Ave
Harlem River Dr
Harlem River
138th St-Grand Concourse
3rd Ave-138th St
CONCOURSE VILLAGE
3rd Ave
E 138th St
E 127th St
125th St
E 122nd St
E 120th St
E 118th St
116th St
E 116th St (Luis Munoz Marin Blvd)
La Marqueta
SPANISH HARLEM
Third Ave
E 112th St
E 110th St
110th St
Lexington Ave
E 106th St
E 104th St
103rd St
E 102nd St
35
UPPER EAST SIDE
Second Ave
First Ave
Jefferson Park
Cypress Ave
Brook Ave
Bruckner Blvd
Major Deegan Expressway
Bruckner Blvd
Willis Ave
MOTT HAVEN
Bronx Kill
Robert F. Kennedy Bridge (Triborough Bridge)
Eighth Ave
Randall's Island
Icahn Stadium
Ward's Island
Robert F. Kennedy Bridge (Triborough Bridge)
Astoria Pool (0,7 Meilen); Bohemian Hall & Beer Garden (1,1 Meilen)

NEW YORK
NEW JERSEY
UNION CITY
ASTORIA
LONG ISLAND CITY
Mill Rock Island
Mill Rock Light Park
Carl Schurz Park
Rainey Park
Queensbridge Park
Roosevelt Island
East River
East Channel East River
Central Park
Jacqueline Kennedy Onassis Reservoir
Great Lawn
Belvedere Lake
The Ramble
The Lake
Conservatory Pond
Naumburg Bandshell
The Mall
Literary Walk
The Pond
Metropolitan Museum of Art
American Museum of Natural History
Frick Collection
Lincoln Center
Rockefeller University
Hunter College
Roosevelt Island Bridge
Queensboro-59th St Bridge
PS 1 Contemporary Art Center (1,2 Meilen); Museum of the Moving Image (1,5 Meilen)
s. Karte Times Square, Midtown Manhattan & Chelsea (S. 80)
West Side Hwy
Riverside Dr
West End Ave
Broadway
Amsterdam Ave
Ninth Ave
Central Park West
West Dr
East Dr
Fifth Ave
Madison Ave
Park Ave
Lexington Ave
Third Ave
Second Ave
First Ave
York Ave
East End Ave
FDR Dr
Main St
Vernon Blvd
East Rd
West Rd
W 97th St
W 96th St
W 94th St
W 92nd St
W 90th St
W 88th St
W 85th St
W 83rd St
W 81st St
W 77th St
W 75th St
W 72nd St
W 70th St
W 66th St
W 62nd St
W 60th St
W 57th St
Central Park South
E 99th St
E 97th St
E 96th St
E 94th St
E 92nd St
E 90th St
E 88th St
E 86th St
E 84th St
E 82nd St
E 80th St
E 79th St
E 77th St
E 75th St
E 72nd St
E 70th St
E 68th St
E 65th St
E 62nd St
E 59th St
E 57th St
96th St
86th St
81st St-Museum of Natural History
79th St
72nd St
66th St-Lincoln Center
59th St-Columbus Circle
5th Ave-59th St
Lexington Ave-59th St
Lexington Ave-63rd St
68th St-Hunter College
77th St
A
B
C
D
E
F
G
5
6
7
8

Central Park & Uptown

Highlights
1 American Museum of Natural History ... C6
2 Central Park ... D6
3 Frick Collection ... E7
4 Lincoln Center ... C8
5 Metropolitan Museum of Art ... D6

Sehenswertes
6 Abyssinian Baptist Church ... D1
7 Apollo Theater ... D2
8 Bethesda Fountain ... D7
9 Cathedral Church of St John the Divine ... C3
10 Central Park Zoo ... D8
11 Children's Museum of Manhattan ... C6
12 Columbia University ... C3
13 Columbus Circle ... D8
14 Dakota Building ... C7
15 David Rubenstein Atrium ... C8
16 Guggenheim Museum ... E5
17 Pferdekutschen ... D8
18 Jacqueline Kennedy Onassis Reservoir ... D5
19 Jewish Museum ... E5
20 Museum of Arts & Design ... D8
21 Museum of the City of New York ... E4
22 Neue Galerie ... E6
23 New-York Historical Society ... D7
24 Sheep Meadow ... D7
25 Socrates Sculpture Park ... G6
26 Sotheby's ... F7
27 Strawberry Fields ... D7
28 Studio Museum in Harlem ... D2
29 Whitney Museum of American Art ... E7

Aktivitäten, Kurse & Touren
30 Five Borough Bicycle Club ... C4
31 Loeb Boathouse ... D7
32 Wollman Skating Rink ... D8

Schlafen
33 102 Brownstone ... D3
34 Bentley ... F8
35 Bubba & Bean Lodges ... E4
36 Carlyle ... E7
37 Harlem Flophouse ... D2
38 Hostelling International New York ... C4
39 Jazz on Amsterdam Ave ... C6
40 Lucerne ... C6
41 On the Ave ... C7
42 YMCA ... D8

Essen
43 Amy Ruth's Restaurant ... D3
44 Barney Greengrass ... C6
45 Caffe Latte ... D3
46 Candle Cafe ... E7
47 David Burke Townhouse ... E8
48 Dovetail ... C6
49 Earl's Beer & Cheese ... E5
50 Gray's Papaya ... C7
51 Josie's Restaurant ... C7
52 Maya Mexican ... F8
53 Red Rooster ... D2
54 Sfoglia ... E5

Ausgehen & Nachtleben
55 79th Street Boat Basin ... B6
56 Auction House ... F5
57 Barcibo Enoteca ... C7
Bemelmans Bar ... (siehe 36)
58 Dead Poet ... C6
59 Subway Inn ... E8

Unterhaltung
60 Beacon Theatre ... C7
61 Jazz at Lincoln Center ... C8
62 Smoke Jazz & Supper Club-Lounge ... C4
63 Symphony Space ... C5

Shoppen
64 Bloomingdale's ... E8

te der europäischen Jahrhundertwende, den reichhaltigen Desserts (Apfelstrudel 8 US$) und den Kabarettabenden am Donnerstag (45 US$) einen Besuch wert.

Whitney Museum of American Art MUSEUM
(Karte S. 90; ☎212-570-3600; www.whitney.org; 945 Madison Ave, Ecke 75th St; Erw./Kind 20 US$/frei; ⊙Mi, Do, Sa & So 11–18, Fr 13–21 Uhr; Ⓢ6 bis 77th St) Eines der wenigen Museen, die sich auf amerikanische Kunst, vor allem auf Werke des 20. Jhs., und auf zeitgenössische Kunst konzentrieren. Zu sehen sind u.a. Werke von Hopper, Pollock und Rothko sowie Sonderveranstaltungen wie die vielgepriesene Biennale. Das Whitney wird 2015 in die Gansevoort St im Meatpacking District umziehen.

Jewish Museum MUSEUM
(Karte S. 90; ☎212-423-3200; www.jewishmuseum.org; 1109 Fifth Ave an der 92nd St; Erw./Kind 12 US$/frei, Sa Eintritt frei; ⊙Fr–Di 11–17.45, Do bis 20 Uhr; 👪; Ⓢ6 bis 96th St) Dieses Museum ist eine Hommage an das Judentum und zeigt vor allem Kunstwerke über die Gebräuche und die Kultur in der 4000 Jahre alten jüdischen Geschichte. Es gibt auch ein großes Angebot an Aktivitäten für Kinder. Das prächtige Herrenhaus wurde 1908 für einen

Bankier erbaut und beherbergt nun mehr als 30 000 Judaika, Skulpturen, Gemälde, dekorative Kunstwerke und Fotografien.

Museum of the City of New York MUSEUM
(Karte S. 90; ☎ 212-534-1672; www.mcny.org; 1220 Fifth Ave, zw. 103rd St & 104th St; empfohlener Eintritt Erw./Kind 10 US$/frei; ⌚ Di–So 10–18 Uhr; S 6 bis 103rd St) Das Museum zeigt mit verschiedenen Ausstellungen die Geschichte der Stadt vom Handel mit Biberfellen bis zum Handel der Zukunft. Es gibt auch einen ausgezeichneten Buchladen für die ganzen NYC-Fans.

Morningside Heights

Der nördliche Nachbar der Upper West Side umfasst den Broadway und die Gegend westlich davon bis zur 125th St. Das Bild des Viertels wird von der **Columbia University** (Karte S. 90; www.columbia.edu; Broadway an der 116th St, Morningside Heights; S 1 bis 116th St-Columbia University) GRATIS beherrscht. Sie ist eine der hoch angesehenen Unis der Ivy League und hat im Zentrum einen großen viereckigen Platz mit viel Grün.

Cathedral Church of St. John the Divine KIRCHE
(Karte S. 90; ☎ Führungen 212-932-7347; www.stjohndivine.org; 1047 Amsterdam Ave an der W 112th St, Morningside Heights; Eintritt gegen Spende, Führung 6 US$, Führung mit Dachbesteigung 15 US$; ⌚ 7.30–18 Uhr; 👪; S B, C, 1 bis 110th St-Cathedral Pkwy) Die berühmte Episkopalkirche ist das größte Gotteshaus der USA. Besondere Aufmerksamkeit erregen die kunstvoll verzierte Fassade im byzantinischen Stil, die dröhnende alte Orgel und das ungewöhnlich unterteilte Kirchenschiff, das doppelt so breit ist wie das der Westminster Abbey in London. Bei der Sonntagsmesse um 11 Uhr werden die Predigten oft von bekannten Intellektuellen gehalten.

Harlem

Das Herz der afroamerikanischen Kultur schlägt in Harlem, das in den 1920er-Jahren als Enklave der Schwarzen entstand. Das Viertel nördlich des Central Park hat ganz außergewöhnliche Leistungen in Kunst, Musik, Tanz, Bildung und Literatur hervorgebracht, u.a. stehen dafür Frederick Douglass, Paul Robeson, Thurgood Marshall, James Baldwin, Alvin Ailey, Billie Holiday, Jessie Jackson und viele andere afroamerikanische Koryphäen. Nach dem steten Niedergang von den 1960er- bis in die 1990er-Jahre hinein erlebt Harlem eine Art zweite Renaissance. Davon zeugen die zum Verkauf stehenden, 1 Mio. Dollar teuren Brownstone-Häuser und Eigentumswohnungen, die direkt neben den vernachlässigten Mietshäusern stehen, und die Filialen großer landesweiter Ketten an der 125th St.

Einen Eindruck vom traditionellen Harlem erhält man am Sonntagmorgen, wenn die Leute im Sonntagsstaat in die Kirchen ihrer Nachbarschaft strömen. Man sollte sich aber der Tatsache bewusst sein, dass die Menschen tatsächlich zum Gottesdienst gehen (und sich nicht etwa Besuchern zur Schau stellen). Solange man nicht von einem Mitglied einer kleineren Kirchengemeinde eingeladen wird, sollte man sich lieber an die großen Kirchen halten.

Apollo Theater HISTORISCHES GEBÄUDE
(Karte S. 90; ☎ 212-531-5305, Führungen 212-531-5337; www.apollotheater.org; 253 W 125th St am Frederick Douglass Blvd, Harlem; S A/C, B/D bis 125th St) Nicht nur mythische Legende, sondern lebendiges Theater. Hier finden erstklassige Konzerte und jeden Mittwochabend die berühmte „Nacht der Amateure" statt – „Where stars are born and legends are made".

Abyssinian Baptist Church KIRCHE
(Karte S. 90; www.abyssinian.org; 132 W 138th St zw. Adam Clayton Powell Jr Blvd & Malcolm X Blvd; 👪; S 2/3 bis 135th St) Die Kirche hat einen ausgezeichneten Chor, und der charismatische Pastor Calvin O. Butts heißt Touristen willkommen und betet für sie. Sonntagsgottesdienste finden um 9 und 11 Uhr statt – der Letztere ist sehr gut besucht.

Studio Museum in Harlem MUSEUM
(Karte S. 90; ☎ 212-864-4500; www.studiomuseum.org; 144 W 125th St an der Adam Clayton Powell Jr Blvd, Harlem; empfohlene Spende 7 US$; ⌚ Do & Fr 12–21, Sa 10–18, So 12–18 Uhr; 👪; S 2/3 bis 125th St) Eines der wichtigsten Museen für afroamerikanische Künstler mit Wechselausstellungen von Malern, Bildhauern, Illustratoren und Installationskünstlern.

Washington Heights

Washington Heights in der Nähe der nördlichen Spitze von Manhattan (oberhalb der 155th St) ist nach dem ersten amerikanischen Präsidenten benannt, der hier während des Unabhängigkeitskriegs ein Fort für seine Armee errichten ließ. Bis Ende des 19. Jhs. war dies eine eher ländliche

Gegend. Mittlerweile haben die New Yorker Wind von den erschwinglichen Mieten bekommen. Dennoch hat sich der Bezirk sein lateinamerikanisches (überwiegend dominikanisches) Flair bewahrt, und eine interessante Mischung aus zugezogenen Downtownern und alteingesessenen Bewohnern hat sich zu einer festen Gemeinde zusammengeschlossen.

★ Cloisters MUSEUM

(☎ 212-923-3700; www.metmuseum.org/cloisters; Fort Tryon Park, an der 190th St; empfohlener Eintritt Erw./Kind 25 US$/frei; ⏲ So–Do 10–17.30 Uhr, Fr & Sa bis 21 Uhr; Ⓢ A bis 190th St) Das Gebäude wurde in den 1930er-Jahren aus Steinen und Fragmenten mehrerer französischer und spanischer Klöster aus dem Mittelalter erbaut. Die burgähnliche Anlage beherbergt mittelalterliche Fresken, Wandteppiche, Höfe, Gärten und Gemälde und bietet eine umwerfende Aussicht auf den Hudson River. Zudem hat man auch auf dem Weg von der Subway zum Museum durch den Fort Tryon Park einen tollen **Blick** auf den Hudson; im Park üben auch Kletterer.

Brooklyn

Brooklyn ist eine Welt für sich. Die Brooklyner fahren manchmal tage- oder sogar wochenlang nicht nach Manhattan. Hier leben 2,5 Mio. Menschen, und es werden immer mehr. Junge Eltern sind auf der Suche nach stattlichen Brownstone-Häusern in Carroll Gardens, Bands haben ihren nächsten Gig in Williamsburg, und die Bandmitglieder hätten dort auch gern eine billige Bleibe. Dieser Stadtteil hat schon lange Manhattan übertroffen, denn hier ist es cool, und hier lässt es sich gut leben. Brooklyns Sandstrände, luftige Uferpromenaden, gute Restaurants, zahlreiche ethnische Enklaven, weltklasse Entertainment, hochherrschaftliche Häuser und endlose Einkaufsstraßen stehen in starker Konkurrenz zu Manhattan. Die Entdeckungstour sollte am recht informativen **Brooklyn Tourism & Visitors Center** (☎ 718-802-3846; www.visitbrooklyn.org; 209 Joralemon St zw. Court St & Brooklyn Bridge Blvd; ⏲ Mo–Fr 10–18 Uhr; Ⓢ 2/3, 4/5 nach Borough Hall) in Brooklyn Heights beginnen.

★ Coney Island & Brighton Beach STADTVIERTEL

Diese beiden beliebten Stadtteile am Strand, die in nur ca. 50 Minuten von Midtown mit der Subway zu erreichen sind, eignen sich perfekt für einen Tagesausflug. Der breite Sandstrand von **Coney Island** hat sich seinen nostalgischen, kitschigen und leicht anrüchigen Charme und die Uferpromade aus Holzplanken (die durch den Hurrikan Sandy teilweise zerstört, aber wieder aufgebaut wurde) erhalten. Und obwohl der Vergnügungspark renoviert wurde und ein paar Fahrgeschäfte für Adrenalinjunkies hinzugekommen sind, so gibt es doch auch noch immer die berühmte Achterbahn Cyclone aus dem Jahr 1927. Aber all dies wird vielleicht bald der Vergangenheit angehören, denn es ist geplant, dieses Gebiet in ein schickes Wohnviertel mit Hochhaushotels umzuwandeln. Das **New York Aquarium** (www.nyaquarium.com; Surf Ave & W 8th St; Erw./Kind 15/11 US$, mit 4-D Show 19/15 US$; ⏲ Mai–Sept. Mo–Fr 10–18, Sa & So 10–19 Uhr; 👪; Ⓢ F, Q bis W 8th St-NY Aquarium) ist bei Kindern der Renner – genauso wie der **Key Span Park**. In diesem am Ufer gelegenen Baseballstadion kann man sich am frühen Abend ein Spiel der Zweitligisten **Brooklyn Cyclones** (www.brooklyncyclones.com) anschauen.

Schlendert man auf der Uferpromenade nach Norden, vorbei an Handballplätzen, wo sich einige der besten Spieler der Welt messen, erreicht man nach fünf Minuten **Brighton Beach** („Little Odessa"). Hier spielen ältere Herrschaften Schach, und Einheimische genießen in einem der vielen Lokale an der Uferpromenade Piroggen (gekochte, mit Fleisch oder Gemüse gefüllte Teigtaschen) und Wodka-Shots. Weiter geht's in das Zentrum dieses Viertels, in die geschäftige Brighton Beach Ave mit den vielen russischen Läden, Bäckereien und Restaurants.

Williamsburg, Greenpoint & Bushwick STADTVIERTEL

Es gibt ihn, den Williamsburg-Look: hautenge Jeans, viele Tattoos, ein dezentes Body Piercing, zottelhaarige Männer und Frauen mit Retrofrisur. Die Bewohner des schäbigen, rauen und jenseits des East River an der Zugstrecke L gelegenen Viertels scheinen genug Zeit und Geld zu haben, um tagsüber in Cafés und nachts in Bars rumhängen zu können. Aber es ziehen immer mehr Ältere – Anfang 30-Jährige – aus Manhattan und Europa hierher. Die Hauptstraße ist die **Bedford Ave** zwischen der N 10th St und der Metropolitan Ave. Dort gibt's viele Boutiquen, Cafés, Bars und billige Lokale. Cool geht's mittlerweile auch an der N 6th St und der Berry St zu, und vielleicht ist es ein Zeichen der Zeit, dass die Trendsetter

Williamsburg für out halten und deswegen ins benachbarte, traditionell polnische Viertel **Greenpoint** oder in die früheren Lagerhäuser in **Bushwick** weiterziehen. Die **Brooklyn Brewery** (718-486-7422; www.brooklynbrewery.com; 79 N 11th St zwischen Berry Sr & Wythe Ave; Kostenlose Führungen Sa & So 13–16 Uhr; S L bis Bedford Ave) bietet Führungen am Wochenende, spezielle Events und Kneipenabende.

Park Slope & Prospect Heights STADTVIERTEL

Das Viertel Park Slope ist bekannt für seine klassischen Brownstone-Häuser, unzähligen tollen Restaurants und Boutiquen sowie für weltoffene, Kinderwagen schiebende Pärchen, die denen aus der Upper West Side ähneln (aber einen Hinterhof hinter ihrer Wohnung haben). Der 1866 angelegte 237 ha große **Prospect Park** gilt als Meisterleistung der Landschaftsarchitekten Olmsted und Vaux, die auch den Central Park entworfen haben. Direkt nebenan ist der wunderbare, 21 ha große **Brooklyn Botanic Garden** (www.bbg.org; 1000 Washington Ave an der Crown St; Erw./Kind 10 US$/frei, Di ganztägig & Sa 10–12 Uhr frei; Mitte März–Okt. Di–Fr 8–18, Sa & So 10–18 Uhr, Nov.–März Di–Fr 8–16.30, Sa & So 10–16.30 Uhr; ; S 2/3 bis Eastern Pkwy-Brooklyn Museum), in dem man im Frühling die wahrhaft beeindruckende Kirschbaumblüte bewundern kann. Neben dem Garten befindet sich das **Brooklyn Museum** (718-638-5000; www.brooklynmuseum.org; 200 Eastern Pkwy; empfohlener Eintritt 10 US$; Mi, Sa & So 11–18, Do & Fr 11–22 Uhr; S 2/3 bis Eastern Pkwy-Brooklyn Museum) mit umfangreichen Sammlungen afrikanischer, islamischer und asiatischer Kunst. Hier ist auch das Elizabeth A. Sackler Center for Feminist Art untergebracht.

Brooklyn Heights & Downtown Brooklyn STADTVIERTEL

Als Robert Fultons Dampffähren Anfang des 19. Jhs. ihren regelmäßigen Betrieb auf dem East River aufnahmen, begannen wohlhabende Manhattaner in Brooklyn Heights mit dem Bau traumhafter Häuser – im neugotischen, romanischen, neugriechischen, italienischen oder einem anderen Baustil. Bei einem Nachmittagsbummel durch die von Bäumen gesäumten Straßen kann man die vielen schönen Häuser bewundern.

Folgt man der **Montague St**, der Hauptgeschäftsstraße von Heights, bis hinunter zum Ufer, trifft man auf die **Brooklyn Heights Promenade** über dem Brooklyn–Queens Expwy, von wo aus sich ein einmaliger Blick auf Lower Manhattan bietet. Unterhalb des Expressway befindet sich der **Brooklyn Bridge Park**. Die 34 ha große, landschaftlich schön gestaltete Grünanlage mit vielen Wegen wurde auf Piers angelegt und erstreckt sich von der Brooklyn Bridge Richtung Süden bis zur Atlantic Ave.

Das kleine, aber faszinierende **New York Transit Museum** (718-694-1600; www.mta.info/mta/museum; Schermerhorn St am Boerum

NEW YORK MIT KINDERN

Man glaubt es kaum, aber New York kann richtig kinderfreundlich sein. Überall – vom Union Square bis zum Battery Park – sind topmoderne Spielplätze aus dem Boden geschossen, und natürlich gibt's auch jede Menge davon in den großen Stadtparks wie dem Central Park (u. a. die Spielplätze Heckscher, Adventure und Ancient Playground). Es gibt mindestens genauso viele Attraktionen für Kinder und Jugendliche wie für Erwachsene. Da wären z. B. die beiden Kindermuseen, das **Children's Museum of Manhattan** (Karte S. 90; www.cmom.org; 212 W 83rd St zw. Amsterdam Ave & Broadway; Eintritt 11 US$; So–Fr 10–17, Sa 10–19 Uhr; ; S B, C bis 81st St-Museum of Natural History; 1 bis 86th St) und das **Brooklyn Children's Museum** (www.brooklynkids.org; 145 Brooklyn Ave an der St. Marks Ave, Crown Heights; Eintritt 9 US$; 10–17 Uhr, Mo geschl.; ; S C bis Kingston-Throop Aves, 3 bis Kingston Ave), die Zoos im Central Park und in der Bronx und nicht zuletzt das Coney Island Aquarium. Man kann auch mit dem Boot zur Lady Liberty oder mit der Circle Line durch den New Yorker Hafen schippern. Auch das am Fluss gelegene Intrepid, Sea, Air & Space Museum bietet Kinderfreundliches. Alte Karusselle gibt's im Bryant Park, Central Park und Brooklyn Bridge Park. Für Kids geeignet sind auch die thematisch gestalteten Megastores am Times Square und die benachbarten kinderfreundlichen Restaurants. Und natürlich gibt's überall Delis und Diners, wo man ein schnelles Sandwich genauso wie eine ausgedehnte Mahlzeit bekommt. Tipps zu Aufführungen und Events für die Kleinen stehen in der Wochenendrubrik Arts der *New York Times*.

Pl; Erw./Kind 7/5 US$; ⌚ Di–Fr 10–16, Sa & So 11–17 Uhr; 👪; Ⓢ 2/3, 4/5 bis Borough Hall, R bis Court St) beherbergt eine verblüffende Sammlung von Original-Subway-Wagen und Erinnerungsstücken aus mehr als 100 Jahren. Das **Barclay's Center**, die Heimat der in der NBA spielenden New Jersey Nets, wurde zu Beginn der Saison 2012 eingeweiht. Es liegt gegenüber der Atlantic Center Shopping Mall in Downtown Brooklyn.

Boerum Hill, Cobble Hill, Carroll Gardens & Red Hook STADTVIERTEL

In diesen Stadtvierteln wohnen hauptsächlich italienischstämmige Familien, die hier seit Generationen leben, und ehemalige Manhattaner, die auf der Suche nach einem besseren Leben sind. Die Straßen mit den schön restaurierten Brownstone-Häusern sind von Bäumen gesäumt. Die **Smith St** und die **Court St** sind die beiden Hauptstraßen, die bis zu Carroll Gardens führen, dem südlichsten Zipfel der drei Viertel. Die Smith Street ist als Restaurantmeile bekannt. In der Court Street gibt's noch immer alteingesessene Lebensmittelläden, Bäcker und italienische Lokale. Weiter westlich ist **Red Hook**, eine Gegend direkt am Wasser mit Kopfsteinpflasterstraßen und gewaltigen Industriegebäuden. Man muss zwar von der Subway aus ein gutes Stück zu Fuß gehen, dafür gibt's jetzt aber in dieser einst schmuddeligen Gegend einige Bars und Restaurants. Direkt am Wasser steht ein riesiger **Fairway** (☎ 718-694-6868; 480-500 Van Brunt St, Red Hook; ⌚ 8–22 Uhr; ✎; 🚌 B61 bis Ecke Coffey St & Van Brunt St, Ⓢ F, G bis Carroll St), ein beliebter Gourmet-Laden mit atemberaubendem **Blick** auf den New Yorker Hafen.

Dumbo STADTVIERTEL

Dumbos Spitzname ist die Abkürzung seiner Lage: „Down Under the Manhattan–Brooklyn Bridge Overpass". Dieser Uferstreifen im Norden Brooklyns war früher reines Industriegebiet. Heute gibt's hier erstklassige Eigentumswohnungen, Möbelläden und Kunstgalerien. In den kopfsteingepflasterten Straßen findet man mehrere hoch angesehene Theater. Der **Empire-Fulton Ferry State Park** am Ufer bietet einen postkartenperfekten Blick auf Manhattan.

The Bronx

Der Ruhm dieses 108 km² großen Stadtviertels nördlich von Manhattan hat mehrere Gründe: Die Yankees, die liebevoll auch Bronx Bombers genannt werden, kann man im Frühjahr und im Sommer in all ihrer Nadelstreifenpracht im neuen **Yankee Stadium** (☎ 718-508-3917, 718-293-6000; www.yankees.com; E 161st St an der River Ave; Führung 20 US$; ⌚ Öffnungszeiten telefonisch erfragen; Ⓢ B/D, 4 bis 161st St-Yankee Stadium) anfeuern; das „echte" Little Italy bzw. **Belmont** (www.arthuravenuebronx.com), ein geschäftiges Gebiet zwischen der Arthur und der Belmont Ave voller italienischer Feinkostläden und Lokale; und ein riesiges Ego, das dank Hollywood-Streifen wie *Der Pate* oder *Rumble in the Bronx* zum Mythos wurde. Die Bronx kann aber noch mehr Trümpfe aus dem Ärmel schütteln: Ein Viertel der Bronx besteht aus Grünanlagen, darunter der Stadtstrand Pelham Bay Park. Ebenfalls in dieser Gegend befindet sich die zauberhafte **City Island**, ein kleines Stückchen New England in der Bronx.

New York Botanical Garden GARTEN

(www.nybg.org; Bronx River Pkwy & Fordham Rd; Erw./Kind/Senior & Student 20/8/18 US$, Mi ganztägig & Sa 10–12 frei; ⌚ Di–So 10–18 Uhr; 👪; 🚆 Metro-North bis Botanical Garden) Der 101 ha große Garten ist die Heimat von uralten Bäumen, einem Sumpf-Wanderweg, fast 3000 Rosen und Zehntausenden neu gepflanzten Azaleen.

Bronx Wildlife Conservation Park ZOO

(☎ 718-220-5100; www.bronxzoo.com; Bronx River Pkwy, an der Fordham Rd; Erw./Kind 15/11 US$; ⌚ April–Okt. 10–17 Uhr; Ⓢ 2 bis Pelham Pkwy) Dieser Zoo ist einer der größten, besten und fortschrittlichsten Zoos überhaupt.

Woodlawn Cemetery FRIEDHOF

(☎ 718-920-0500; www.thewoodlawncemetery.org; Webster Ave an der E 233rd St; ⌚ 8.30–17 Uhr; Ⓢ 4 bis Woodlawn) Der berühmte, historische und faszinierende 162 ha große Friedhof ist die letzte Ruhestätte vieler namhafter Amerikaner, u. a. Irving Berlin und Herman Melville.

Queens

Den typischen Queens-Slang à la Archie und Edith Bunker in *All in the Family* gibt's nicht mehr. Im größten (730 km²) und ethnisch buntesten Bezirk des ganzen Landes wird man wahrscheinlich Bengali und Spanisch – und 170 weitere Sprachen – hören. Die in Brooklyn so zahlreichen baumgesäumten Straßen mit Brownstone-Häusern sieht man hier kaum. Die meisten der Viertel entsprechen zumindest aus architektonischer Sicht so gar nicht dem großen Namen der Gegend. Da aber fast die Hälfte der 2,3 Mio. Bewohner von Queens nicht in den USA geboren sind, gestalten sich einige Teile des Bezirks ständig neu und bilden so eine lebhafte, aufregende Gegenwelt zu Manhattan. Außerdem gibt's hier zwei große Flughäfen, die Mets, eine hippe moderne Kunstszene sowie kilometerlange, wunderschöne Strände in **Rockaways** und Wanderwege in der **Gateway National Recreation Area** (www.nps.gov/gate), einem Tierreservat in der Jamaica Bay, nur ein paar Minuten vom Flughafen JFK entfernt. Die **Queens Historical Society** (☎718-939-0647; www.queenshistoricalsociety.org) organisiert Touren durch die verschiedenen Gegenden dieses riesigen Stadtteils.

Long Island City STADTVIERTEL

(Eintritt 15 US$; geöffnet 14–19 Uhr; Ⓢ G zur 21st St) Im benachbarten Long Island City säumen mehrere Apartment-Hochhäuser mit großartigem Blick auf Manhattan das Flussufer. Das Gebiet hat sich zu einem Zentrum für Kunstmuseen entwickelt. Das **PS 1 Contemporary Art Center** (☎718-784-2084; www.ps1.org; 22–25 Jackson Ave, an der 46th Ave; empfohlene Spende 10 US$; ⌚Do–Mo 12–18 Uhr) widmet sich ausschließlich neuen, topaktuellen Arbeiten. Von Anfang Juli bis September verwandelt sich samstags (15 US$, 14–21 Uhr) der Innenhof in einen Kunstraum mit Installationen, wo sich dann so viele Hipster drängen wie nirgendwo sonst diesseits des Mississippi. Bei gutem Wetter sollte man am Ufer einen Bummel im **Socrates Sculpture Park** (Karte S. 90; www.socratessculpturepark.org; Broadway am Vernon Blvd; Eintritt frei; ⌚10 Uhr–Sonnenuntergang; Ⓢ N/Q bis Broadway) GRATIS machen. Dort stehen riesige erklimmbare Skulpturen von Größen wie Mark di Suvero, der diesen Park begründete.

Astoria STADTVIERTEL

Astoria ist die größte griechische Gemeinde außerhalb Griechenlands. Kein Wunder also, dass es hier herrliche griechische Bäckereien, Restaurants und Feinkostläden gibt – die meisten davon am **Broadway**. Der Zuzug von osteuropäischen, nahöstlichen (die Steinway Ave, die auch „Little Egypt" genannt wird, ist die Adresse für Falafel, Kebabs und Wasserpfeifen) und lateinamerikanischen Einwanderern haben eine bunte Multi-Kulti-Mischung hervorgebracht. Auch junge, künstlerisch angehauchte Typen haben sich hier niedergelassen und so in Queens ein zweites Williamsburg geschaffen. Das renovierte **American Museum of the Moving Image** (www.movingimage.us; 35th Ave an der 36th St, Astoria; Erw./Kind 12/6 US$, Eintritt Fr 16–20 Uhr frei; ⌚Di–Do 10.30–17, Fr 10.30–20, Sa & So 10.30–19 Uhr; Ⓢ M/R bis Steinway St) erinnert daran, dass die ersten Filme in den 1920er-Jahren in Astoria gedreht wurden. Mit tollen Exponaten und Vorführungen werden in dem schmucken Filmtheater ein paar der Geheimnisse der Kunst des Filmemachens gelüftet. Im Sommer kann man sich im **Astoria Pool** (www.nycgovparks.org/parks/astoriapark; Astoria Park, Ecke 19th St & 23rd Dr, Astoria; ⌚Ende Juni–Anfang Sept. 11–19 Uhr; Ⓢ N/Q bis Astoria Blvd), dem größten und ältesten Schwimmbad der Stadt, Abkühlung verschaffen. An warmen Nachmittagen und lauen Abenden treffen sich Anwohner und neugierige Manhattaner im **Bohemian Hall & Beer Garden** (www.bohemianhall.com; 29-19 24th Ave zw. 29th St & 31st St, Astoria; Ⓢ N/Q bis Astoria Blvd).

Flushing & Corona STADTVIERTEL

Die Kreuzung der Main St und der Roosevelt Ave in Downtown Flushing fühlt sich an wie der Times Square einer Stadt, die Welten von NYC entfernt ist. Einwanderer aus ganz Asien, vor allem Chinesen und Koreaner, lassen dieses Viertel mit Märkten und Restaurants voller leckerer, preiswerter Delikatessen fast aus den Nähten platzen. Im **Flushing Meadows Corona Park** befinden sich das **Citi Field**, das **USTA National Tennis Center** (in dem im August die US Open stattfinden) und viele Seen, Sportplätze, Radwege und Rasenflächen. 1939 und 1964 fand hier die Weltausstellung statt, wovon eine ganze Reihe verblasster Überbleibsel zeugen. In der interaktiven Ausstellung in der **New York Hall of Science** (☎718-699-0005; www.nyhallsci.org; 47-01 111th St; Erw./Kind 11/8 US$, Sept.–Juni Fr 14–17 Uhr frei; ⌚April–Aug. tgl., Sept–März Mo geschl.; Ⓢ 7 bis 111th St) erfahren Kids spielend alles über Wissenschaft und Technik. Auf dem Gelände gibt's auch einen Minigolfplatz. In diesem riesigen Park befindet sich außerdem noch das **Queens Museum of Art** (QMA; www.queensmuseum.org; Flushing Meadows Corona Park, Queens; empfohlene Spende Erw./Kind 5 US$/frei; ⌚Mi–So 12–18 Uhr, Juli & Aug. Fr 12–20 Uhr; Ⓢ 7 bis 111th St).

Jackson Heights Historic District STADTVIERTEL

(Zwischen Roosevelt & 34th Aves, von der 70th bis zur 90th St; Ⓢ E, F/V, R zur Jackson Heights Roosevelt Ave) Dieses Viertel ist eine faszinierende Mischung aus indischer und südamerikanischer (Roosevelt Ave) Kultur. Hier ist der richtige Ort, um Saris und 22-karätiges Gold zu kaufen, südindische *masala dosas* – riesige hauchdünne Reispfannkuchen, die mit einer würzigen Mixtur aus Masala-Kartoffeln, Erbsen, Koriander und anderen pikanten Leckereien gefüllt sind –, kolumbianische *arepas* (Maispfannkuchen) und argentinische Empanadas zu essen oder in einer der vielen Latino-Schwulen- und Lesbenbars einen Cocktail zu genießen. Die meisten Bars haben sich am mittleren Teil des Broadways angesiedelt.

Staten Island

Obwohl viele New Yorker der Meinung sind, dass Staten Island wegen seiner vorstädtisch geprägten Haus- und Autokultur mehr mit seinem Nachbar New Jersey gemeinsam hat, gibt es doch zweifelsohne gute Gründe, dieses Viertel zu besuchen. Zunächst einmal ist da die **Staten Island Ferry** (Karte S. 70; www.siferry.com; Whitehall Terminal an der Whitehall St & South St; ⏲24 Std.; Ⓢ1 bis South Ferry) GRATIS, die gelangweilte Pendler zur Arbeit und zurück befördert. Die Überfahrt bietet Gelegenheit für einen atemberaubenden Blick auf die Freiheitsstatue und die Skyline von Manhattan (das größte Riesenrad der Welt soll mitten in dem großen Shopping- und Einzelhandelskomplex in der Nähe des Fährterminals errichtet werden). Unweit des Fähranlegers auf Staten Island befindet sich der **Richmond County Bank Ballpark** (75 Richmond Terrace, Staten Island), das Heimatstadion der Zweitligisten Staten Island Yankees, und das absolute In-Viertel St. George.

Aktivitäten

Radfahren

Hunderte von Kilometern ausgewiesener Radwege wurden dank des pro Fahrrad gesinnten Bürgermeisters Bloomberg in der Stadt angelegt. Noch bedeutsamer ist wahrscheinlich das ebenfalls unter Bloomberg im Sommer 2013 ins Leben gerufene **Citi Bike** (www.citibikenyc.com; 24 Std./7 Tage 11/27 US$) – ein sowohl heiß ersehntes als auch umstrittenes Fahrrad-Sharing-Programm. Es ist das größte seiner Art in den USA. An Hunderten von Kiosken in Manhattan und in Teilen Brooklyns stehen die begehrten hellblauen, sehr robusten Fahrräder für kurze Fahrten bis zu 30 Minuten bereit. Aber für unerfahrene Radfahrer kann das Radeln durch die Straßen New Yorks ziemlich riskant sein, weil Lastwagen, Taxis und in zweiter Spur geparkte Autos oft die Radwege blockieren. Mehr als 45 km überwiegend am Flussufer verlaufende Strecken wurden in den **Manhattan Waterfront Greenway** integriert, ein Flickwerk aus Parkwegen, Überführungen und ein paar Stadtstraßen, das die gesamte Insel Manhattan umrundet. Der überwiegend durchgehende 16 km lange Abschnitt von der G.W. Bridge zum Battery Park, der auch durch den **Hudson River Park** führt, ist der wohl spektakulärste Teil. Aber natürlich gibt es auch im **Central Park** und in Brooklyns **Prospect Park** schöne Radwege.

Tipps zum Radfahren bekommt man beim **Five Borough Bicycle Club** (Karte S. 90; www.5bbc.org; 891 Amsterdam Ave an der 103rd St; Ⓢ1 bis 103rd St), der auch Wochenendausflüge organisiert. **Transportation Alternatives** (www.transalt.org), eine gemeinnützige Fahrrad-Interessensgruppe, ist ebenfalls eine gute Infoquelle. Schwule Radfreaks sollten die Website von **Fast & Fabulous** (www.fastnfab.org) anklicken, denn der schwule Fahrradclub organisiert lange Wochenendradtouren. Leihräder bekommt man (außer bei Citi Bike) auch im Central Park am **Loeb Boathouse**, oder man sucht sich einen Fahrradverleih auf der informativen Website **Bike New York** (www.bikenewyork.org).

Wassersport

Dies ist eine Insel. Kein Wunder also, dass es hier jede Menge Möglichkeiten zum Boot- und Kajakfahren gibt. Das **Downtown Boathouse** (Karte S. 74; www.downtownboathouse.org; Pier 40, nahe Houston St; Touren frei; ⏲Juni–Sept. Sa & So 10–18, Do 17–19 Uhr; Ⓢ1 bis Houston St) bietet kostenlose 20-minütige Kajaktouren (inkl. Ausrüstung) in der geschützten Bucht des Hudson River an. Weitere Standorte sind u. a. Pier 96 und 72nd St.

Das **Loeb Boathouse** (Karte S. 90; ☎212-517-2233; www.thecentralparkboathouse.com; Central Park zw. 74th St & 75th St; Boot 12 US$/Std., Fahrrad 9–15 US$/Std.; ⏲April–Nov. 10 Uhr–Sonnenuntergang; 👪; ⓈB, C bis 72nd St, 6 bis 77th St) im Central Park verleiht Ruderboote für romantische Dates und im Sommer sogar venezianische Gondeln (30 US$/30 Min.). Wer Lust auf ein Segelabenteuer hat, kann an den **Chelsea Piers** an Bord des *Schooner Adirondack* gehen.

Surfer werden überrascht sein, dass es in Queens am **Rockaway Beach** an der 90th

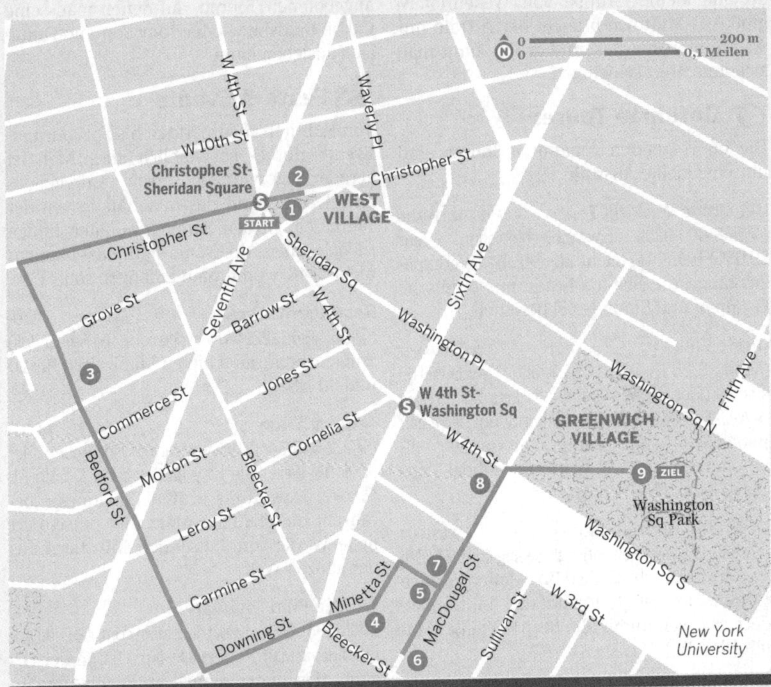

Stadtspaziergang
Das rebellische Village

START CHRISTOPHER ST
ZIEL FIFTH AVE
LÄNGE/DAUER 800 M; 30 MIN.

Seit eh und je ist Greenwich Village der Ort für Aufsteiger, Radikale, Bohemiens, Dichter, Folk-Sänger, Feministinnen und Schwule und Lesben. Zunächst fährt man mit der Subway zur Christopher St und besucht den 1 **Christopher Park** mit den beiden Statuen gleichgeschlechtlicher Paare (Gay Liberation, 1992). An der Nordseite ist das legendäre 2 **Stonewall Inn**, in dem sich 1969 Drag-Queens für ihre Bürgerrechte einsetzten und so die Schwulenbewegung starteten. Dann überquert man die Seventh Ave South und läuft westwärts entlang der Christopher St. Nun geht's links in die Bedford St, wo man im 3 **Chumley's** vorbeischauen kann, einer Flüsterkneipe, die von einem Sozialisten während der Prohibition illegal betrieben wurde (seit 2007 vorläufig geschl.). Die Bedford St weitergehen, links in die Downing St einbiegen und die Sixth Ave überqueren. Weiter geht's in der Minetta St gen Osten, wo sich Panchito's Mexican Restaurant befindet, das das Schild des 4 **Fat Black Pussycat** übermalen ließ. 1962 als der junge Bob Dylan hier *Blowin' in the Wind* schrieb und erstmals mit diesem Song auftrat, hieß der Laden noch The Commons. Nun geht's nach rechts in die Minetta Lane und nochmal rechts in die MacDougal St mit der 5 **Minetta Tavern**, die 1922 als Flüsterkneipe eröffnet wurde. Hier früher auch das 6 **Folklore Center**, mit dem Izzy Young einen Treff für Folk-Künstler etablierte. Zu ihnen gehörte auch Dylan, der erstmals im 7 **Cafe Wha?** vor Publikum auftrat. Jetzt geht's wieder zurück über die MacDougal zum Research Fellows & Scholars Office der NYU School of Law. Hier war früher der 8 **Liberal Club** von 1913, ein Treffpunkt für Freidenker wie Jack London und Upton Sinclair. Geht man noch etwas weiter, kommt man zum Südwesteingang des 9 **Washington Square Park** (S. 77). Zum Ende der Tour kann man den Park durch den Triumphbogen Richtung Fifth Ave verlassen.

St eine kleine Gruppe von Wellenreitern gibt. Aus Midtown braucht der A-Train nur 45 Minuten hierher, und schon kann man sich aufs Brett schwingen.

Geführte Touren

Die im Folgenden genannten Touren sind nur eine kleine Auswahl:

Big Onion Walking Tours STADTSPAZIERGANG
(☎888-606-9255; www.bigonion.com; Tour 20 US$) Beliebte, leicht abgedrehte Stadtspaziergänge, die sich auf bestimmte ethnische Gruppen und Stadtviertel beziehen.

Circle Line BOOTSFAHRT
(Karte S. 80; ☎212-563-3200; www.circleline42.com; Pier 83, W 42nd St; Tickets ab 29 US$; S A/C/E bis 42nd St-Port Authority Bus Terminal) Bootsfahrten mit Kommentar um die halbe oder ganze Insel sowie Speedboat-Trips (Erw./Kind 27/21 US$).

Gray Line Sightseeing BUSTOUR
(Karte S. 80; www.newyorksightseeing.com; 777 8th Ave; Erw./Kind ab 42/32 US$) Mehrsprachige Hop-on-Hop-off-Stadtrundfahrt in Doppeldeckerbussen durch alle Bezirke (außer Staten Island).

Municipal Art Society STADTSPAZIERGANG
(Karte S. 80; ☎212-935-3960; www.mas.org; 111 W 57th St; Tour 20 US$; S F bis 57th St) Diverse Spaziergänge mit Schwerpunkt auf Architektur und Geschichte, u. a. gibt's täglich um 12.30 Uhr eine Führung durch den Grand Central Terminal.

New York City Audubon STADTSPAZIERGANG
(Karte S. 80; ☎212-691-7483; www.nycaudubon.org; 71 W 23rd St, Ste 1523; Tour 8–100 US$; S F/M bis 23rd St) Touren mit Experten und sachkundigen Führern. Angeboten werden u. a. Vogelbeobachtungen im Central Park und in der Bronx sowie umweltorientierte Rundfahrten im Jamaica Bay Wildlife Refuge.

NYC Gangster Tours STADTSPAZIERGANG
(www.nycgangstertours.com; Tour 25 US$) Zugegeben, es ist eigentlich eine beliebte Masche. Aber die etwas schrillen, sachkundigen Führer machen aus diesem Spaziergang mit Schwerpunkt auf die italienische, chinesische und jüdische Mafia in NYC eine interessante und witzige Sache.

On Location Tours GEFÜHRTE TOUREN
(☎212-209-3370; www.screentours.com; Tour 15–45 US$) Die *Gossip Girl*- und *How I Met Your Mother-Tour* sind neu auf der Liste der angebotenen Touren, auf denen man seine Carrie Bradshaw- oder Tony Soprano-Fantasien ausleben kann.

Feste & Events

Von Kulturstraßenmärkten bis zu Gourmet-Events gibt es so ziemlich alles. Man ist geradezu gezwungen, etwas Aufregendes zu erleben – und das unabhängig von der Jahreszeit. In den Sommermonaten finden so viele Open-Air-Events statt, dass man gar nicht weiß, womit man anfangen soll.

Restaurant Week ESSEN
(☎212-484-1222; www.nycgo.com; ⏱Feb. & Juli) Spitzenrestaurants bieten Mahlzeiten für 20 und 30 US$.

Armory Show KULTUR
(☎212-645-6440; www.thearmoryshow.com; Pier 92 & 94, West Side Hwy an der 52nd & 54th St; ⏱März) New Yorks größte Kunstmesse berauscht die Stadt im März und präsentiert neue Werke von Tausenden Künstlern aus der ganzen Welt.

Tribeca Film Festival FILM
(☎212-941-2400; www.tribecafilm.com; ⏱Ende April & Anfang Mai) Robert De Niro ist an der Organisation dieses schnell an Prestige gewinnenden Filmfestivals in Downtown beteiligt.

Fleet Week MARINE
(☎212-245-0072; www.fleetweeknewyork.com; ⏱Mai) Seeleute in weißen Uniformen, Marineschiffe und Luftrettungsteams überschwemmen die Stadt.

Lesbian, Gay, Bisexual & Transgender Pride KULTUR
(☎212-807-7433; www.nycpride.org; ⏱Juni) Im Pride-Monat Juni ist der Veranstaltungskalender voller Partys und Special Events. Der Höhepunkt ist eine große Parade auf der Fifth Ave am letzten Sonntag im Juni.

Mermaid Parade KULTUR
(www.coneyisland.com; ⏱Ende Juni) Dieses witzige, irre, künstlerisch angehauchte Event verwandelt die Surf Ave auf Coney Island in Brooklyn in eine Art Mardi-Gras-Spektakel.

New York Film Festival FILM
(www.filmlinc.com; ⏱Ende Sept.) Im Lincoln Center werden Weltpremieren großer Regisseure gezeigt.

Schlafen

Die Preise ändern sich je nach Kurs des Euro, Yen und der anderen Währungen.

Auch die allgemeine Wirtschaftslage, der Wochentag und, nicht zu vergessen, die Jahreszeit beeinflussen den Preis, wobei Frühjahr und Herbst am teuersten sind. Hinzu kommt noch ein Steuerzuschlag von 13,25 % pro Übernachtung. Eine ganze Reihe von landesweit vertretenen Hotelketten wie Sheraton, Ramada und Holiday Inn bieten zu erschwinglichen Preisen Zimmer in Hotels, die nur ein paar Blocks voneinander entfernt rund um die 39th Ave in Long Island City, Queens, zu finden sind. Mit Zügen der Linien N, Q oder R kommt man schnell über den Fluss ins Zentrum von Manhattan.

Lower Manhattan & Tribeca

Cosmopolitan Hotel HOTEL **$$$**
(Karte S. 70; ☎212-566-1900; www.cosmohotel.com; 95 W Broadway an der Chambers St; DZ ab 200 US$; ; S 1/2/3 bis Chambers St) Das Hotel mit 130 Zimmern hat nicht viel, womit es sich rühmen könnte. Aber die Zimmer sind sauber und mit Teppichboden ausgelegt, sie haben ein Bad, ein oder zwei Doppelbetten und Möbel, die an IKEA erinnern. Saubere und gemütliche Unterkunft mit allen wichtigen Subway-Linien direkt vor der Haustür.

Duane Street Hotel BOUTIQUEHOTEL **$$$**
(Karte S. 70; ☎212-964-4600; www.duanestreethotel.com; 130 Duane St an der Church St; Zi. 215–429 US$; @; S A/C, 1/2/3 bis Chambers St) Lust auf ein eigenes minimalistisches Loft in Manhattan? Dann sollte man in einem der spärlich geschmückten Zimmer mit hellen Wänden, bequemen Betten und schickem Mobiliar einchecken. Wer einen leichten Schlaf hat, den stört nachts möglicherweise der Straßenlärm, aber abgesehen davon ist das Duane Street Hotel wirklich empfehlenswert.

Wall Street Inn LUXUSHOTEL **$$$**
(Karte S. 70; ☎212-747-1500; www.thewallstreetinn.com; 9 S William St; Zi. mit Frühstück ab 275 US$; @; S 2/3 zur Wall St) Früher war in diesem klassischen Kalksteingebäude die Pleite gegangene Bank Lehman Brothers untergebracht. In dem Hotel ist die Atmosphäre der sehr frühen amerikanischen Banker noch spürbar, aber man geht längst kein Risiko mehr ein, wenn man sein Geld hier investiert. Die altmodischen, eher warmen und nicht spießigen Zimmer mit luxuriösem Marmorbad sind für ihre Größe leicht vollgestopft.

SoHo

Mondrian SoHo HOTEL **$$$**
(Karte S. 74; ☎212-389-1000; www.mondriansoho.com; 9 Crosby St zw. Howard St & Grand St; Zi. ab 249 US$; @; S 4/6, N/Q/R, J/Z bis Canal St) Die Verspieltheit der Mondrian-Hotels hat jetzt auch in diesem schönen Haus in Downtown Einzug gehalten. Die märchenhafte Farbgebung in den mehr als 250 Zimmern und die vielen *objets d'art* mit ihren sonderbaren Reliefs verwirren die Sinne.

Soho Grand Hotel BOUTIQUEHOTEL **$$$**
(Karte S. 74; ☎212-965-3000; www.sohogrand.com; 310 W Broadway; DZ 195–450 US$; @; S 6, N/Q/R, J zur Canal St) *Das* Boutiquehotel des Viertels gibt mit seiner umwerfenden Treppe aus Glas und Gusseisen in der Lobby hier noch immer den Ton an. Die 367 Zimmer sind mit coolen sauberen Bettlaken und Luxusbettwäsche der Marke Frette, Plasma-Flachbild-TVs und Pflegeprodukten von Kiehl's ausgestattet. In der Grand Lounge in der Lobby ist immer viel los.

Solita SoHo HOTEL **$$$**
(Karte S. 74; ☎212-925-3600; www.solitasohohotel.com; 159 Grand St, an der Lafayette St; Zi. ab 220 US$; ; S 6, N/Q/R, J bis Canal St) Das Solita gehört zur Clarion-Hotelkette und ist eine saubere, funktionale Alternative mit erlesenen Möbeln ganz in der Nähe von Little Italy, Chinatown, Soho und Lower East Side. Im Winter niedrigere Zimmerpreise.

Lower East Side, East Village & NoLita

Nolitan Hotel HOTEL **$$**
(Karte S. 74; ☎212-925-2555; www.nolitanhotel.com; 30 Kenmare St zw. Elizabeth St & Mott St; Zi. ab 143 US$; ; S J bis Bowery, 4/6 bis Spring St, B/D bis Grand St) Das Nolitan hinter seiner denkwürdigen Fassade aus scheinbar schwebenden positiv-negativ angeordneten Tetris-Steinen, ist eine tolle Entdeckung. In der einladenden Lobby-Lounge kann man wunderbar in Büchern schmökern, und die stylish eingerichteten Zimmer warten nur darauf, fotografiert und im nächsten CB2-Katalog veröffentlicht zu werden.

East Village Bed & Coffee B&B **$$**
(Karte S. 74; ☎212-533-4175; www.bedandcoffee.com; 110 Ave C zw. 7th St & 8th St; EZ/DZ mit Gemeinschaftsbad ab 125/130 US$; ; S F/V bis Lower East Side-2nd Ave) Dieses familiäre Haus wurde in ein witzig designtes, ausge-

fallenes B&B mit farbenfrohen, thematisch unterschiedlich gestalteten Zimmern umgebaut (ein Gemeinschaftsbad und -küche pro Stockwerk). Den Gästen stehen sogar Fahrräder kostenlos zur Verfügung. Im Erdgeschoss kann man über Hunde stolpern, in den Obergeschossen gibt's keine Haustiere. Die Betreiber können tolle Insider-Tipps über das Viertel geben.

Blue Moon Hotel BOUTIQUEHOTEL **$$$**
(Karte S. 74; ☎212-533-9080; www.bluemoon-nyc.com; 100 Orchard St zw. Broome St & Delancey St; Zi. ab 250 US$; ❄📶; Ⓢ F/V bis Lower East Side-2nd Ave) Man kann sich kaum vorstellen, dass diese originelle, einladende, farbenfrohe Pension in einem Backsteinhaus früher (d.h. 1879) eine heruntergekommene Mietskaserne war. Abgesehen von einigen Schnörkeln, wie z.B. schmiedeeiserne Bettgestelle und feine Formarbeiten, sind die klaren, sauberen Zimmer im Blue Moon modern und gemütlich eingerichtet.

Bowery Hotel BOUTIQUEHOTEL **$$$**
(Karte S. 74; ☎212-505-9100; www.thebowery hotel.com; 335 Bowery, zw. 2nd St & 3rd St; Zi. ab 325 US$; ❄@; Ⓢ F/V zur Lower East Side-2nd Ave; 6 zur Bleecker St) Die Zeiten des Bowery als billige Absteige sind lange vorbei. Jetzt herrscht in dem atemberaubend stilvollen Hotel die Eleganz des 19. Jhs. vor. Die hellen Zimmer sind mit schicken Möbeln und Antiquitäten ausgestattet. Die Bar im Barockstil in der Lobby lockt junge, schicke Leute an, und im dazugehörigen Restaurant Gemma wird feinste italienische Küche geboten.

Chelsea, Meatpacking District & West (Greenwich) Village

Chelsea Hostel HOSTEL **$**
(Karte S. 80; ☎212-647-0010; www.chelseahos tel.com; 251 W 20th St zw. Seventh Ave & Eighth Ave; B 38–68 US$, EZ 70–95 US$, DZ ab 95 US$; ❄@📶; Ⓢ A/C/E, 1/2 bis 23 St; 1/2 bis 18 St) Das Chelsea Hostel setzt die gute Lage – das Village und Midtown sind zu Fuß zu erreichen – mit recht gepfefferten Preisen in bare Münze um. Aber die Zimmer sind sauber (manchmal fast schon etwas steril) und es gibt Gemeinschaftsräume und -küchen, in denen man auf Gleichgesinnte trifft.

Jane Hotel HOTEL **$**
(Karte S. 74; ☎212-924-6700; www.thejanenyc.com; 113 Jane St zw. Washington St & West Side Hwy; Zi. mit Gemeinschaftsbad ab 99 US$; Ⓟ❄📶; Ⓢ L bis 8th Ave, A/C/E bis 14th St; 1/2 bis Christopher St-Sheridan Sq) Ursprünglich wurde das Hotel für Seeleute gebaut (was man an den kajütenkleinen Zimmern unschwer erkennen kann), dann war es ein Notquartier für Überlebende der *Titanic,* später eine YMCA-Unterkunft und eine Rock'n'Roll-Spielstätte. Die Einzelzimmer haben Flachbild-TVs, und die Gemeinschaftsduschen sind recht gut.

Chelsea Lodge HOTEL **$$**
(Karte S. 80; ☎212-243-4499; www.chelsealodge.com; 318 W 20th St zw. Eighth Ave & Ninth Ave; EZ/DZ ab 118/128 US$; ❄; Ⓢ A/C/E bis 14th St; 1 bis 18th St) Die europäisch gestaltete Chelsea Lodge mit ihren 20 Zimmern in einem unverkennbaren Brownstone-Haus in Chelsea ist ein Superdeal. In den kleinen Zimmern steht kaum mehr als ein Bett und ein Holzschränkchen mit TV drauf. Duschen und Waschbecken sind in den Zimmern, die Toiletten aber am Ende des Flurs. Es gibt auch sechs Suiten mit Bad, zwei davon mit eigenem Gartenzugang.

Inn on 23rd St B&B **$$**
(Karte S. 80; ☎212-463-0330; www.innon23rd.com; 131 W 23rd St zw. Sixth Ave & Seventh Ave; Zi. inkl. Frühstück ab 179 US$; ❄📶; Ⓢ F/V, 1 bis 23rd St) Dieses B&B in einem kleinen, vierstöckigen Stadthaus in der belebten 23rd St in Chelsea ist ein wahres Schmuckstück. In den großen, einladenden Zimmern stehen große Messing- oder Himmelbetten, im Aufenthaltsraum wartet ein altes Klavier darauf, dass jemand auf ihm Boogie-Woogie spielt, und die viktorianisch eingerichtete Bibliothek im 1. OG fungiert morgens als Frühstücksraum.

Larchmont Hotel HOTEL **$$**
(Karte S. 74; ☎212-989-9333; www.larchmontho tel.com; 27 W 11th St, zw. Fifth Ave & Sixth Ave; EZ/DZ mit Gemeinschaftsbad & Frühstück ab 90/119 US$; ❄; Ⓢ 4/5/6, N/Q/R bis 14th St Union Sq) Das Larchmont punktet mit seiner Lage. Es ist in einem Gebäude aus der Vorkriegszeit untergebracht, das hervorragend zu den anderen schönen Brownstone-Häusern in dem Straßenblock passt. Die schlichten Zimmer mit Teppichböden könnten mal wieder aufgefrischt werden. Gleiches gilt für die Gemeinschaftsbäder. Aber das Preis-Leistungs-Verhältnis stimmt.

Ace Hotel New York City BOUTIQUEHOTEL **$$$**
(Karte S. 80; ☎212-679-2222; www.acehotel.com/newyork; 20 W 29th St zwischen Broadway & Fifth Ave; Zi. 249–549 US$; ❄@🐾; Ⓢ N/R zur 28th

St) Der Ableger einer hippen Hotelkette aus dem pazifischen Nordwesten befindet sich am Nordrand von Chelsea. Nette Details wie alte Plattenspieler und handgeschriebene Willkommensgrüße machen aus dem Ace etwas Besonderes. Trotzdem sind die gefängnisartigen Etagenbetten in einem der Zimmer ein Fehlgriff. Morgens gibt's Saft, Kaffee und Croissants.

Hotel Gansevoort LUXUSHOTEL **$$$**
(Karte S. 74; ☎212-206-6700; www.hotelgansevoort.com; 18 Ninth Ave an der 13th St; Zi. ab 325 US$; ❄ 📶 🏊 🐾; Ⓢ A/C/E, 1/2/3 bis 14th St; L bis 8th Ave) Das Luxushotel mit 187 Zimmern im trendigen Meatpacking District punktet mit besonders fein gewebter Bettwäsche, hypoallergenen Daunendecken und -kissen, Plasma-TVs, einem schicken Spa im Untergeschoss und einer Dachterrassenbar mit tollem Blick. Für Bodenständige ist es hier sicher etwas zu trendig.

Union Square, Flatiron District & Gramercy Park

Hotel 17 BUDGETUNTERKUNFT **$$**
(Karte S. 80; ☎212-475-2845; www.hotel17ny.com; 225 E 17th St zw. Second Ave & Third Ave; Zi. 89–150 US$; ❄ 📶; Ⓢ N/Q/R/W, 4/5/6 bis 14th St-Union Sq; L bis 3rd Ave) Die relativ erschwingliche Unterkunft in einem Wohnblock direkt am Stuyvesant Sq befindet sich in einem schlichten siebenstöckigen Stadthaus. Die kleinen Zimmer sind altmodisch und mit einfachen Möbeln eingerichtet (grauer Teppichboden, auffällig bunte Tagesdecken, burgunderrote Jalousien). Sie könnten etwas mehr Tageslicht vertragen.

Gershwin Hotel HOTEL **$$$**
(Karte S. 80; ☎212-545-8000; www.gershwinhotel.com; 7 E 27th St an der Fifth Ave; Zi. ab 215 US$; ❄ @ 📶; Ⓢ N/R, 6 bis 28th St) Die beliebte, abgefahrene Unterkunft ist halb Jugendherberge, halb Hotel. Das Haus ist voller originaler Pop-Art-Werke, tourender Bands und junger, kunstbeflissener Europäer.

W New York Union Square HOTEL **$$$**
(Karte S. 80; ☎888-625-5144, 212-253-9119; www.whotels.com; 201 Park Ave S an der 17th St; Zi. 389 US$, Suite ab 625 US$; ❄ @ 📶 🐾; Ⓢ L, N/Q/R/W, 4/5/6 bis 14th St-Union Sq) Wer in diesem ultra-hippen W übernachten will, muss Schwarz gekleidet und im Besitz einer Kreditkarte sein. Die Standardzimmer sind nicht groß, haben aber hohe Decken – das Hotel ist in einem ehemaligen Versicherungsgebäude von 1911 untergebracht – und bietet jeglichen nur erdenklichen modernen Schnickschnack. Die Suiten sind spektakulär.

Marcel BOUTIQUEHOTEL **$$$**
(Karte S. 80; ☎212-696-3800; www.nychotels.com; 201 E 24th St an der Third Ave; DZ ab 210 US$; ❄ @ 📶; Ⓢ 6 bis 23rd St) Schickes, minimalistisches Boutique-Hotel für weniger Betuchte mit 97 in Erdfarben gehaltenen Zimmern. Die modernistischen Zimmer zur Straße hin haben eine tolle Aussicht, und die schöne Lounge ist perfekt, um sich von einem langen Sightseeing-Tag zu erholen.

Midtown

★ **Yotel** HOTEL **$$**
(Karte S. 80; ☎646-449-7700; www.yotel.com; 570 Tenth Ave an der 41st St; Zi. ab 150 US$; ❄ 📶; Ⓢ A/C/E bis 42nd St-Port Authority Bus Terminal; 1/2/3, N/Q/R, S, 7 bis Times Sq-42nd St) In dem super coolen Hotel trifft Weltraumbahnhof auf Austin Powers. Die 669 Zimmer mit Flugzeug-Charme sind klein, aber fein. In den Zimmern der Premium Class stehen automatisch verstellbare Betten. Alle Zimmer haben Fenster vom Fußboden bis zur Decke und bieten einen grandiosen Blick, schicke Bäder und iPod-Docking-Stationen.

Pod Hotel HOTEL **$$**
(Karte S. 80; ☎866-414-4617; www.thepodhotel.com; 230 E 51st St zw. Second Ave & Third Ave; Zi. ab 145 US$; ❄ 📶; Ⓢ 6 bis 51st St; E, V bis Lexington Ave-53rd St) Ein Traum wird wahr für alle, die in und mit ihrem iPod leben – oder zumindest mit ihm einschlafen wollen. Der erschwingliche Hotspot hat eine Reihe verschiedener Zimmer, die meistens kaum groß genug für ein Bett sind. Das Bettzeug im „Pods" ist strahlend weiß, die Zimmer haben kleine Schreibtische, Flachbild-TVs, iPod-Docking-Stationen und Regenduschen.

Andaz Fifth Avenue BOUTIQUEHOTEL **$$$**
(Karte S. 80; ☎212-601-1234; http://andaz.hyatt.com; 485 Fifth Ave an der 41st St; DZ 355–595 US$; ❄ 📶; Ⓢ S, 4/5/6 bis Grand Central-42nd St, 7 bis 5th Ave) Das super schicke Andaz hat die spießige Rezeption verbannt. Die Gäste werden von jungen, lockeren, hippen Hotelangestellten in der mit viel Kunst geschmückten Lobby per Tablet eingecheckt. Die 184 Zimmer sind modern und schick mit New-York-typischen Details eingerichtet – fahrbare Kleiderständer à la „Fashion District" und an die Subway erinnernde Lampen.

London NYC LUXUSHOTEL $$$
(Karte S. 80; ☎ 212-307-5000, 866-690-2029; www.thelondonnyc.com; 151 W 54th St zw. Sixth Ave & Seventh Ave; Suite ab 389 US$; ❄ 📶; Ⓢ B/D, E bis 7th Ave) Dieses Luxushotel grüßt die britische Hauptstadt auf elegante Art und Weise, u.a. in dem mit einem Michelin-Stern ausgezeichneten Restaurant von Gordon Ramsay. Das Highlight sind aber die riesigen, exklusiven Zimmer oder besser gesagt Suiten mit getrenntem Schlafzimmer und Wohnbereich. Im Winter fallen die Preise auf unter 300 US$.

414 Hotel HOTEL $$$
(Karte S. 80; ☎ 212-399-0006; www.414hotel.com; 414 W 46th St zw. Ninth Ave & Tenth Ave; Zi. inkl. Frühstück ab 200 US$; ❄ 📶; Ⓢ C/E bis 50th St) Diese erschwingliche, freundliche Unterkunft mit 22 ordentlichen, geschmackvoll eingerichteten Zimmern ähnelt eher einer Pension als einem Hotel und liegt nur ein paar Blocks westlich vom Times Square. Die Zimmer zum grünen Innenhof, in dem man ganz wunderbar frühstücken kann, sind die ruhigsten.

Upper West Side

Hostelling International New York HOSTEL $
(HI; Karte S. 90; ☎ 212-932-2300; www.hinewyork.org; 891 Amsterdam Ave an der 103rd St; B 32–40 US$, DZ ab 135 US$; ❄ 📶; Ⓢ 1 bis 103rd St) Saubere, sichere und klimatisierte Schlafsäle in einem prachtvollen Gebäude mit großer, schattiger Terrasse und superfreundlicher Atmosphäre.

Jazz on Amsterdam Ave HOSTEL $
(Karte S. 90; ☎ 646-490-7348; www.jazzhostels.com; 201 W 87th St an der Amsterdam Ave; B 44 US$, Zi. 100 US$; ❄ 📶; Ⓢ 1 bis 86th St) Nur einen kurzen Spaziergang vom Central Park entfernt befindet sich der Upper-West-Side-Ableger dieser Hostelkette mit sauberen Zimmern und Schlafsälen mit zwei bis sechs Betten. In der Lobby gibt's kostenloses WLAN. Weitere Ableger befinden sich in Harlem und Chelsea.

YMCA HOSTEL $$
(Karte S. 90; ☎ 212-912-2600; www.ymca.com; 5 W 63rd St am Central Park West; Zi. ab 100 US$; ❄ @; Ⓢ A/B/C/D bis 59th St-Columbus Circle) Nur ein paar wenige Schritte vom Central Park entfernt bietet dieses großartige Art-déco-Gebäude einfache, aber saubere Zimmer auf mehreren Etagen (8.–13. Stock). Gäste können den großen, wenn auch altmodischen Fitnessraum, die Racquetball-Plätze, den Pool und die Sauna nutzen. Im Erdgeschoss gibt's WLAN. Weitere Ableger befinden sich in der Upper East Side und in Harlem.

Lucerne HOTEL $$$
(Karte S. 90; ☎ 212-875-1000; www.thelucernehotel.com; 201 W 79th St Ecke Amsterdam Ave; DZ 200–425 US$, Suite 400–625 US$; ❄ 📶 👪; Ⓢ B, C bis 81st St) Mit der reich verzierten terrakottafarbenen Fassade bricht dieses ungewöhnliche Gebäude von 1903 mit der Beaux-Arts-Architektur zu Gunsten des Barock. Das stattliche Hotel mit 197 Zimmern verfügt über neun verschiedene Zimmertypen im modernen, viktorianischen Look: geblümte Tagesdecken, verschnörkelte Kopfenden an den Betten und Plüschkissen mit Fransen.

On the Ave BOUTIQUEHOTEL $$$
(Karte S. 90; ☎ 212-362-1100; www.ontheave.com; 2178 Broadway an der 77th St; Zi. ab 225 US$; ❄ 📶; Ⓢ 1 bis 77th St) Im Vergleich zu einem durchschnittlich schicken Boutiquehotel hat dieses ein freundlicheres Ambiente und größere Zimmer. In Anbetracht des tollen Designs, der mit Edelstahl und Marmor ausgestatteten Bäder, der Federbetten, der Flachbild-TVs und der echten Kunst ist auch das Preis-Leistungs-Verhältnis sehr gut.

Upper East Side

Bubba & Bean Lodges B&B $$
(Karte S. 90; ☎ 917-345-7914; www.bblodges.com; 1598 Lexington Ave zw. 101st St & 102nd St; Zi. ab 180 US$; ❄ 📶; Ⓢ 6 bis 103rd St) Parkettböden, blendend weiße Wände und hübsche blaue Tagesdecken lassen die Zimmer dieses tollen B&Bs geräumig, modern und jugendlich erscheinen. Die Zimmer sind eigentlich eher komplett ausgestattete Apartments (manche für bis zu 6 Pers.). Gute Winterangebote.

Bentley BOUTIQUEHOTEL $$$
(Karte S. 90; ☎ 888-664-6835; www.nychotels.com; 500 E 62nd St an der York Ave; Zi. ab 200 US$; ❄ 📶; Ⓢ N/Q/R bis Lexington Ave/59th St) Das Bentley bietet einen traumhaften Blick über den East River und den FDR Dr soweit das Auge reicht. Das ehemalige Bürogebäude hat sich in ein schickes Boutiquehotel mit eleganter Lobby und hübschen Zimmern verwandelt.

Carlyle LUXUSHOTEL $$$
(Karte S. 90; ☎ 212-744-1600; www.thecarlyle.com; 35 E 76th St, zw. Madison Ave & Park Ave; Zi.

ab 450 US$; ❄ @; S 6 bis 77th St) Der legendäre New Yorker Klassiker ist der Inbegriff von altmodischem Luxus, den ausländische Würdenträger und Promis gleichermaßen genießen. Von der gedämpften Lobby mit ihrem glänzenden Marmorboden bis zu den englischen Landschaftsgemälden oder den Audubon-Drucken in den Zimmern herrscht hier überall Opulenz. Manche Zimmer bieten eine Terrasse oder sogar kleine Konzertflügel.

Harlem

102 Brownstone HOTEL $$
(Karte S. 90; ☎ 212-662-4223; www.102brownstone.com; 102 W 118th St, zw. Malcolm X Blvd & Adam Clayton Powell Jr Blvd; Zi. ab 120 US$; ❄ @; S A/B/C, 2/3 zur 116th St) Prächtig restauriertes Reihenhaus im neoklassizistischen Stil in einer hübschen Wohnstraße. Die Zimmer mit gemütlichen Betten sind stilistisch unterschiedlich eingerichtet – von buddhistisch bis zum klassischen Boudoir-Stil.

710 Guest Suites APARTMENT $$
(☎ 212-491-5622; www.710guestsuites.com; 710 St Nicholas Ave an der 146th St; Suite ab 174 US$; ❄ 📶; S A/B/C/D bis 145th St) Drei fabelhafte, schicke Suiten mit hohen Decken, modernen Möbeln und Holzfußböden in einem Brownstone-Haus. Mindestaufenthalt drei Nächte. Die niedrigeren Preise von Januar bis März sorgen für ein außergewöhnlich gutes Preis-Leistungs-Verhältnis. Die Unterkunft liegt nördlich des Central Park.

Harlem Flophouse PENSION $$
(Karte S. 90; ☎ 347-632-1960; www.harlemflophouse.com; 242 W 123rd St zw. Adam Clayton Powell Jr & Frederick Douglass Blvd, Harlem; Zi. mit Gemeinschaftsbad ab 125 US$; ❄ 📶; S A/C, B/D, 2/3 bis 124th St) Die vier hübschen Zimmer sind mit alten Lampen, lackierten Holzböden, großen Betten, klassischen Zinndecken und Fensterläden aus Holz ausgestattet. Im Haus lebt eine Katze.

Brooklyn

★ **New York Loft Hostel** HOSTEL $
(☎ 718-366-1351; www.nylofthostel.com; 249 Varet St zw. Bogart St & White St, Bushwick; B 50 US$, Zi. mit/ohne Bad 70/65 US$; ❄ @ 📶; S L bis Morgan Ave) In dem renovierten Loft-Hostel lebt man wie ein hipper Williamsburger oder genauer gesagt wie ein hipper Bushwicker. Unverputzte Wände, hohe Decken, eine schöne Küche und ein Whirlpool auf dem Dach lassen die Hostels in Manhattan vor Neid erblassen.

3B B&B $
(☎ 347-762-2632; www.3bbrooklyn.com; 136 Lawrence St; B/Zi. inkl. Frühstück 60/150 US$; ❄ 📶; S A/C/F/N/R bis Jay St-Metro Tech) Das zweite Stockwerk des im Zentrum von Brooklyn gelegenen Brownstone-Hauses wurde in ein helles, modernes B&B mit vier Zimmern umgebaut.

Nu Hotel HOTEL $$$
(☎ 718-852-8585; www.nuhotelbrooklyn.com; 85 Smith St, Downtown Brooklyn; DZ inkl. Frühstück ab 300 US$; ❄ @ 📶; S F, G bis Bergen St) Die Lage nur wenige Blocks von Brooklyn Heights entfernt mitten in einem hübschen Brownstone-Viertel ist absolut ideal – wäre nicht das Gefängnis von Brooklyn genau gegenüber. Das schicke Hotel mit minimalistischem Ambiente hat saubere, weiße, komfortable Zimmer.

Essen

Wo anfangen in einer Stadt mit fast 19000 Restaurants, in der jeden Tag neue dazukommen? Von Little Albania bis Little Uzbekistan – worauf immer man gerade Appetit hat, das passende Lokal ist nur eine kurze U-Bahnfahrt entfernt. New York Citys Restaurantszene ist eine Brutstätte kulinarischer Innovationen und Trends, die sich wie die Stadt selbst täglich neu erfindet und die zu erkunden sich wirklich lohnt – angefangen bei erfindungsreichen Donuts und Sandwiches mit frischem Bio-Schweinefleisch bis hin zu Haute-Cuisine-Variationen von Brathähnchen, Pizza und den guten alten Burgern mit Pommes. Der neueste süchtig machende Trend sind die Unmengen von umherfahrenden, hupenden Food Trucks – das zeitgemäße Äquivalent der klassischen Schiebekarren. Sie verkaufen alles von köstlichen Cupcakes bis hin zu Klößen und jamaikanischen Ziegen-Curry.

Lower Manhattan & Tribeca

Ruben's Empanadas ARGENTINISCH, FAST FOOD $
(Karte S. 70; 64 Fulton St; Empanadas 4 US$; ⏲ 9–19 Uhr) In dem argentinischen Kettenlokal kann man mit sättigenden, fettfreien Empanadas in unzähligen Variationen von Hähnchen bis Apfel oder würzigem Tofu seinen Hunger stillen. In dem Viertel gibt's noch zwei weitere Filialen.

A, B, C

Die Buchstaben, die man in den Fenstern aller Restaurants in NYC sieht, sind nicht etwa die Zeugnisnoten der Kinder der Restaurantbesitzer. Vielmehr stehen sie für bestimmte Hygienenormen und werden nach einer Kontrolle vom New Yorker Gesundheitsamt ausgestellt. A ist die beste Note und C die schlechteste – alles, was darunter liegt, sollte man erst gar nicht probieren.

Financier Patisserie BÄCKEREI, SANDWICHES $
(Karte S. 70; 212-334-5600; 62 Stone St an der Mill Lane; Hauptgerichte 8 US$; Mo–Fr 7–20, Sa 8.30–18.30 Uhr; ; 2/3, 4/5 bis Wall St, J/Z bis Broad St) Da niemand genug bekommen konnte von den lockeren Buttercroissants, den Mandel-, Aprikosen- und Birnentartes, den hausgemachten Suppen und saftigen Quiches, gibt es jetzt in Lower Manhattan drei weitere Ableger dieser Patisserie.

Fraunces Tavern AMERIKANISCH $$
(Karte S. 70; 212-968-1776; www.frauncestavern.com; 54 Pearl St; Hauptgerichte 15–24 US$; 12–17 Uhr; N/R bis Whitehall) Wer lässt sich schon die Chance entgehen, dort zur essen, wo auch George Washington 1762 schon zu Abend speiste? Aus der Küche kommen riesige Portionen Tavern-Eintopf, Muschelsuppe und Beef Wellington. Als Nachtisch gibt's Brotpudding, eingelegte Feigen und Apfeltarte oder Erdbeerkuchen.

Blaue Gans DEUTSCH-ÖSTERREICHISCH $$$
(Karte S. 70; 212-571-8880; www.kg-ny.com; 139 Duane St; Hauptgerichte 15–30 US$; 11–24 Uhr; ; A/C, 1/2/3 bis Chambers St) Dieses Restaurant, eine Hommage an die minimalistische österreichische Küche, serviert köstlichen *Kavalierspitz* (gekochtes Rindfleisch mit Meerrettich), verschiedene Wurstsorten und leckere Schnitzel. Es gibt eine Kinderkarte und wer keinen Appetit auf Österreichisches hat, für den gibt's schmackhafte Fischgerichte, scharf gewürzte Suppen und Pasta.

Kutsher's Tribeca JÜDISCH $$$
(Karte S. 70; 212-431-0606; www.kutsherstribeca.com; 186 Franklin St zw. Greenwich St & Hudson St; Hauptgerichte 19–29 US$; Mo–Mi 11.45–22, Do–Sa 11.45–23, So 10–15 Uhr; A/C/E bis Canal St, 1 bis Franklin St) Jüdische Hausmannskost in neuem Gewand, ganz ohne Speisestärke und Pampe. Stattdessen gibt's knackige Artischocken mit Zitrone, Knoblauch und Parmesan, Rote-Bete-Salat mit mariniertem Ziegenkäse und Kartoffelpuffer mit Apfelkompott.

Chinatown, Little Italy & NoLita

Lovely Day PAN-ASIATISCH $
(Karte S. 74; 212-925-3310; 196 Elizabeth St, zw. Prince St & Spring St; Hauptgerichte 9 US$; 11–23 Uhr; J/M/Z bis Bowery St, 6 bis Spring St) In diesem erschwinglichen, abgefahrenen Lokal ist alles einfach köstlich. Serviert werden kreativ zubereitete Thai-Gerichte wie Curries mit Kokosnuss, Nudelgerichte, Papaya-Salat und würzige Tofu-Ecken. Das alles in faszinierender Harmonie und mit einem Dekor, das einem Getränkeladen nachempfunden ist.

Pinche Taqueria MEXIKANISCH $
(Karte S. 74; 212-625-0090; www.pinchetaqueria.us; 227 Mott St, zw. Prince St & Spring St; Hauptgerichte 4–9 US$; So–Do 10.30–23, Fr & Sa 10.30–1 Uhr; ; 6 bis Spring St) Hier gibt's authentische mexikanische Tacos, Tostadas, Burritos, Quesadillas, frische Yucca-Fritten (Maniok), Guacamole und dazu eine *horchata* (ein mit Zucker gesüßtes Getränk aus Reis mit Limetten- und Zimtgeschmack). Das immer gut besuchte Pinche mit der lockeren Atmosphäre ist genau das Richtige, wenn man an einem heißen Nachmittag Hunger verspürt.

BarBossa SÜDAMERIKANISCH $$
(Karte S. 74; 212-625-2340; 232 Elizabeth St; Hauptgerichte 14 US$; 11–24 Uhr; 6 bis Spring St) Die luftige, große Fensterfront und die gedämpfte Bossa-Nova-Musik im Hintergrund verleihen diesem Café ein sinnlich-jazziges Ambiente. Aus der Küche kommen leichte, tropische Speisen, Salate, leckere Suppen und ein paar deftige Hauptgerichte.

Café Gitane MAROKKANISCH $$
(Karte S. 74; 212-334-9552; www.cafegitanenyc.com; 242 Mott St; Hauptgerichte 12–18 US$; So–Do 9–24, Fr & Sa 9–0.30 Uhr; N/R/W bis Prince St) Wer denkt, er sei in Paris, sollte sich den Gauloise-Qualm aus den Augen wischen und zwei Mal blinkern. Die schick gekleideten Gäste lieben dieses authentische Bistro, den starken, aromatischen Kaffee und Speisen wie Gelbflossenthunfisch-Ceviche und würzige Hackfleischbällchen in Tomaten-Kurkuma-Sauce.

Lombardi's PIZZA $$

(Karte S. 74; ☎ 212-941-7994; 32 Spring St zw. Mulberry St & Mott St; Pizza (6 Stücke) 16,50 US$; ⊙ Mo–Do & So 11.30–22, Fr & Sa 11.30–24 Uhr; Ⓢ 6 bis Spring St) Die allererste Pizzeria in Amerika öffnete hier 1905 ihre Pforten und ist verständlicherweise stolz auf ihre Pizza à la New York: dünner, knuspriger Boden und eine noch dünnere Schicht mit Sauce. Die Stücke sind dreieckig, es sei denn, dass es sich um eine sizilianische Pizza handelt, dann sind sie viereckig.

Da Nico ITALIENISCH $$$

(Karte S. 74; ☎ 212-343-1212; www.danicoristorante.com; 164 Mulberry St; Hauptgerichte 18–40 US$; ⊙ So–Do 12–23, Fr & Sa 12–24 Uhr; Ⓢ J/M/Z N/Q/R/W, 6 bis Canal St) Der Klassiker Da Nico ist genau das Richtige für all jene, die Heißhunger auf ein Little-Italy-Dinner verspüren. Auf der Speisekarte des traditionellen, hochpreisigen Familienrestaurants stehen nord- und süditalienische Speisen mit der unvermeidbaren, aber durchaus köstlichen roten Sauce.

★ **Torrisi Italian Specialties** ITALIENISCH $$$

(Karte S. 74; ☎ 212-965-0955; www.torrisinyc.com; 250 Mulberry St zw. Spring St & Prince St; Festpreismenü 65 US$; ⊙ Mo–Do 17.30–23, Fr–Sa 12–23 Uhr; Ⓢ N/R bis Prince St; B/D/F, M bis Broadway-Lafayette St; 4/6 bis Spring St) Die Speisekarte des Torrisi liest sich wie eine Ode an Italien. Sie wechselt jede Woche je nach Marktangebot und Gusto der Inhaber (die auch das beliebte Parm nebenan betreiben). Die eher unüblichen Produkte (wie Kaninchen- und Ziegenfleisch) kommen in großzügigen Portionen daher.

ESSEN IN NYC: CHINATOWN

Chinatown mit seinen Hunderten von Restaurants – von winzigen Lokalen bis zu riesigen Speisesälen – ist genau der richtige Ort, um den knurrenden Magen für wenig Geld zu füllen.

Amazing 66 (Karte S. 70; 66 Mott St an der Canal St; Hauptgerichte 7 US$; ⊙ 11–23 Uhr; Ⓢ 6, J, N/Q bis Canal St) Fantastische Kanton-Gerichte.

Prosperity Dumpling (Karte S. 74; ☎ 212-343-0683; 46 Eldridge St zw. Hester St & Canal St; Klöße 1–5 US$; ⊙ Mo–So 7.30–22 Uhr; Ⓢ B/D bis Grand St; F bis East Broadway; J bis Bowery) Hier gibt's die besten Klöße weit und breit.

Vanessa's Dumpling House (Karte S. 74; ☎ 212-625-8008; 118 Eldridge St zw. Grand St & Broome St; Klöße 1–5 US$; ⊙ 7.30–22.30 Uhr; Ⓢ B/D bis Grand St, J bis Bowery, F bis Delancey St) Super leckere Klöße.

Big Wong King (Karte S. 70; 67 Mott St an der Canal St; Hauptgerichte 5–20 US$; ⊙ 7–21.30 Uhr; Ⓢ 6, J, N/Q bis Canal St) Kleine Fleischstücke auf Reis und gute *congee* (süße oder herzhafte Reissuppe).

Bo Ky Restaurant (Karte S. 70; ☎ 212-406-2292; 80 Bayard St zw. Mott St & Mulberry St; ⊙ morgens, mittags & abends; ✍; Ⓢ J, M, N, Q, R, W, Z, 6 bis Canal St) Suppen mit Fleischstückchen, flache Nudeln mit Fisch und Curry-Reis-Gerichte.

Banh Mi Saigon Bakery (Karte S. 74; ☎ 212-941-1514; 198 Grand St zw. Mulberry St & Mott St; Hauptgerichte 4–6 US$; ⊙ Di–So 10–19 Uhr; Ⓢ J/M/Z, N/Q/R/W, 6 bis Canal St) Hier gibt's mit die besten vietnamesischen Sandwiches der Stadt.

Joe's Shanghai (Karte S. 70; ☎ 212-233-8888; www.joeshanghairestaurants.com; 9 Pell St zw. Bowery St & Doyers St; Hauptgerichte 5–16 US$; ⊙ Mo–So 11–23 Uhr; Ⓢ J/Z, N/Q, 4/6 bis Canal St, B/D bis Grand St) Immer voll und touristenfreundlich. Gute Nudelgerichte und Suppen.

Nom Wah Tea Parlor (Karte S. 70; 13 Doyers St; Hauptgerichte 4–9 US$; ⊙ 10.30–21 Uhr; Ⓢ 6, J, N/Q bis Canal St) Sieht aus wie ein urtypischer amerikanischer Diner, ist aber das älteste Dim-Sum-Lokal New Yorks.

Original Chinatown Ice Cream Factory (Karte S. 70; ☎ 212-608-4170; www.chinatownicecreamfactory.com; 65 Bayard St; Kugel 4 US$; ⊙ 11–22 Uhr; 👪; Ⓢ J/M, N/Q/R/W, 6 bis Canal St) Stellt den Häagen-Dazs in der Nähe in den Schatten. Leckere Tee-, Ingwer-, Passionsfrucht- und Lychee-Sorbets.

Lower East Side

★Katz's Delicatessen FEINKOST $

(Karte S. 74; ☎ 212-254-2246; www.katzsdelicatessen.com; 205 E Houston St an der Ludlow St; Pastrami auf Roggenbrot 15 US$, Knackwurst 6 US$; ⌚ Mo–Mi & So 8–22.45, Do–Sa 8–2.45 Uhr; Ⓢ F/V bis Lower East Side-2nd Ave) Das Katz's ist einer der letzten jüdischen Delikatessenläden New Yorks. Hier drängeln sich Einheimische, Touristen und Promis, deren Fotos auch die Wände schmücken. Sie alle verputzen riesige Sandwiches mit Pastrami, Corned Beef, Rinderbrust und Zunge. Gewöhnungsbedürftig ist allerdings das Bezahlungssystem: Man muss unbedingt den Zettel aufbewahren, den man beim Reingehen bekommt, und man muss bar bezahlen.

Yonah Schimmel Knishery KNISHES $

(Karte S. 74; ☎ 212-477-2858; 137 E Houston St zw. Eldridge St & Forsyth St; ⌚ 9.30–19 Uhr; 🌿; Ⓢ F/V bis Lower East Side-2nd Ave) Das Familienunternehmen verkaufte ursprünglich die Knishes von einem Handwagen aus, das war ungefähr im Jahr 1890 auf Coney Island. Heute bekommt man die Kartoffel-, Käse-, Kraut- und Kascha-Knishes in einem winzigen Laden in der Lower East Side.

Meatball Shop ITALIENISCH $

(Karte S. 74; ☎ 212-982-8895; www.themeatballshop.com; 84 Stanton St zw. Allen St & Orchard St; Gerichte ab 9 US$; ⌚ Mo–Mi & So 12–2, Do–Sa 12–4 Uhr; Ⓢ F bis 2nd Ave; F bis Delancey St; J/M/Z bis Essex St) Urplötzlich sind meisterhaft zubereitete Sandwiches mit Hackfleischbällchen zum Renner geworden, und der Meatball Shop reitet als Inkarnation des traditionellen Helden auf dieser Erfolgswelle mit. Es gibt noch drei weitere über die Stadt verteilte Filialen.

Georgia's East Side BBQ BARBECUE $

(Karte S. 74; ☎ 212-253-6280; www.georgiaseastsidebbq.com; 192 Orchard St zw. Houston St & Stanton St; ⌚ 12–23 Uhr; Ⓢ F/V, M bis Lower East Side-2nd Ave) Wer dieses kleine Lokal besucht, sollte großen Hunger mitbringen. Die Rippchen werden langsam in Bier gegart und anschließend auf dem Grill gebraten, das Brathähnchen ist knusprig und saftig, und das süße Maisbrot sowie der dekadente Mac'n'Cheese sind einfach nicht zu schaffen. Hier ist Barzahlung angesagt. Die Toilette befindet sich in der Bar auf der anderen Straßenseite.

Alias MODERN-AMERIKANISCH $$

(Karte S. 74; ☎ 212-505-5011; 76 Clinton St; ⌚ Di–Fr 18–23, Sa 11–23.30, So 10.30–22.30 Uhr; Ⓢ F bis Delancey St) Das Alias serviert köstliche, frische Speisen aus saisonalen Zutaten, beispielsweise wilder Schwarzzackenbarsch aus Alaska, in Ahornsirup getränkte Birnen mit Ricotta und in Tomaten geschmorte Rinderbrust.

'Inoteca ITALIENISCH $$

(Karte S. 74; ☎ 212-614-0473; 98 Rivington St an der Ludlow St; Gerichte 7–17 US$; ⌚ 12–1 Uhr; Ⓢ F/V bis Lower East Side-2nd Ave) Es lohnt sich, zusammen mit vielen anderen an dem kleinen Tresen in dieser luftigen Eckoase mit dunklen Holzpaneelen auf *tramezzini* (kleine Sandwiches aus Weiß- oder Vollkornbrot), *panini* oder *bruschetta* zu warten. Die Auswahl ist groß, alles ist ausgesprochen lecker und die Preise sind erschwinglich. Auf der Weinkarte stehen 200 verschiedene Weine, 25 davon werden glasweise ausgeschenkt.

SoHo & NoHo

Mooncake Foods ASIATISCH, SANDWICHES $

(Karte S. 74; 28 Watts St zw. Sullivan St & Thompson St; Hauptgerichte 8 US$; ⌚ Mo–Fr 10–23, Sa & So 9–23 Uhr; Ⓢ 1 bis Canal St) Das einfache, familienbetriebene Restaurant serviert einige der besten Sandwiches im Viertel. Unbedingt das Sandwich mit geräuchertem Weißfisch-Salat oder mit vietnamesischen Schweinefleischbällchen probieren. Weitere Filialen gibt's in Chelsea und Uptown in Hell's Kitchen.

Aroma Espresso Bar CAFÉ $

(Karte S. 74; ☎ 212-533-1094; 145 Greene St an der Houston St; Sandwiches 8,50 US$; ⌚ 7–23 Uhr; Ⓢ B/D/F/V bis Broadway-Lafayette St) Dieses aus Israel importierte Kettencafé bietet seinen Besuchern bequeme, schicke Sitzgelegenheiten und eine Speisekarte voller frischer, schmackhafter und dabei auch noch erschwinglicher Speisen.

Boqueria Soho SPANISCHE TAPAS $$

(Karte S. 74; ☎ 212-343-4255; 171 Spring St zw. West Broadway & Thompson St; Hauptgerichte 13,50 US$; ⌚ tgl. mittags & abends, Sa & So Brunch; Ⓢ C/E bis Spring St) Das große, einladende Tapas-Lokal hat Klassisches und Neues. Bei einem Gläschen von der einzigartigen Bier-Birnen-Sangria kann man in die offene Küche schauen und beobachten, wie die Tapas zubereitet werden.

Dutch AMERIKANISCH $$$

(Karte S. 74; ☎ 212-677-6200; www.thedutchnyc.com; 131 Sullivan St zw. Prince St & Houston St; Hauptgerichte 16–48 US$; ⊙ Mo–Fr 11.30–15, Mo–Do & So 17.30–24, Fr & Sa 17.30–1, Sa & So 10–15 Uhr; Ⓢ A/C/E bis Spring St, N/R bis Prince St, 1/2 bis Houston St) Austern auf Eis und frisch gebackene Kuchen bilden den Rahmen, und alles was dazwischen serviert wird, kommt frisch vom Bauernhof und perfekt zubereitet in Auflaufformen auf den Tisch.

★Il Buco ITALIENISCH $$$

(Karte S. 74; ☎ 212-533-1932; www.ilbuco.com; 47 Bond St zw. Bowery & Lafayette St; Hauptgerichte 21–32 US$; ⊙ Mo–Do 12–23, Fr & Sa 12–24, So 17–22.30 Uhr; Ⓢ B/D/F/V bis Broadway-Lafayette St; 6 bis Bleecker St) Dieses kleine, charmante Lokal mit Kupfertöpfen an den Wänden, Petroleumlampen und alten Möbeln bietet eine umwerfende Speise- und Weinkarte. Hier kommen ständig andere saisonale Highlights aus der Küche – z. B. weiße Polenta mit geschmortem Wildbroccoli und Sardellen.

East Village

Im East Village wird jede kulinarische Richtung angeboten, und die besten Restaurants sind hier eher locker als überkorrekt. Der St. Marks Place und die Gegend um die Third und die Second Ave sind zu Klein-Tokio geworden mit Unmengen japanischen Sushi- und Grillrestaurants. Indische Durchschnittsrestaurants reihen sich in der Sixth St zwischen First und Second Ave aneinander.

★Xi'an Famous Foods CHINESISCH $

(Karte S. 74; 81 St. Mark's Pl an der First Ave; Hauptgerichte 6 US$; ⊙ 24 Std.; Ⓢ 6 bis Astor Pl) Die Filiale des ursprünglich aus Flushing, Queens, stammenden Restaurants hat eine interessante Speisekarte, auf der vor allem würzige Nudelgerichte und Suppen stehen. In Chinatown gibt's zwei weitere Ableger.

Veselka UKRAINISCH $

(Karte S. 74; ☎ 212-228-9682; www.veselka.com; 144 Second Ave an der 9th St; Hauptgerichte 6–14 US$; ⊙ 24 Std.; Ⓢ L bis 3rd Ave, 6 bis Astor Pl) Ganze Generationen von East Villagern strömen in diese geschäftige Institution, um sich mit Plinsen und Frühstück – egal zu welcher Tageszeit – den Bauch vollzuschlagen.

Caracas Arepa Bar SÜDAMERIKANISCH $

(Karte S. 74; ☎ 212-529-2314; www.caracasarepabar.com; 93 1/2 E 7th St zw. First Ave & Ave A; Gerichte 6–16 US$; ⊙ 12–23 Uhr; 🖉 Ⓢ 6 bis Astor Pl) Man sollte sich in das winzige Lokal hineinzwängen und sich einen der 17 verschiedenen knusprigen, warmen *arepas* (mit Gemüse und Fleisch gefüllte Maisfladen) aussuchen. Auf der Karte stehen außerdem Empanadas und Tages-Specials wie Ochsenschwanzsuppe.

Luzzo's PIZZERIA $$

(Karte S. 74; ☎ 212-473-7447; 211-213 First Ave zw. 12th St & 13th St; Pizzas 14–17 US$; ⊙ Di–So 12–23, Mo 17–23 Uhr; Ⓢ L bis 1st Ave) Das kleine Luzzo's ist ein Publikumsrenner und jeden Abend proppenvoll. Hier treffen sich anspruchsvolle Gäste, die die im Holzkohlenofen gegarten Pies mit dünner Kruste und reifen Tomaten genießen.

Banjara INDISCH $$

(Karte S. 74; ☎ 212-477-5956; 97 First Ave an der 6th St; Hauptgerichte 12–18 US$; ⊙ 12–24 Uhr; Ⓢ L bis 1st Ave) Das Banjara ist etwas edler als die anderen Restaurants auf der indischen Restaurantmeile. Aus der Küche kommen köstliche, gut zubereitete indische Speisen – und das alles ganz ohne Kopfschmerzen verursachende Lichterketten, die viele andere Inder schmücken.

Angelica Kitchen VEGAN, CAFÉ $$

(Karte S. 74; ☎ 212-228-2909; www.angelicakitchen.com; 300 E 12th St zw. First Ave & Second Ave; Gerichte 14–20 US$; ⊙ 11.30–22.30 Uhr; 🖉; Ⓢ L bis 1st Ave) In dem beständigen Klassiker für vegane Kost herrscht eine beruhigende Atmosphäre mit viel Kreativem, um den Kopf frei zu bekommen. Einige der Gerichte, die im Angelica serviert werden, haben absolut niedliche Namen, sie enthalten alle Tofu, Seitan (Weizengluten), Gewürze und Sojaprodukte sowie manchmal auch eine Reihe von rohen Zutaten.

★Momofuku Noodle Bar NUDELN $$

(Karte S. 74; ☎ 212-777-7773; www.momofuku.com/noodle-bar/; 171 First Ave zw. 10th St & 11th St; Hauptgerichte 16–25 US$; ⊙ Mo–Do & So 12–23, Fr & Sa 12–2 Uhr; Ⓢ L bis 1st Ave, 6 bis Astor Pl) Ramen und Dampfklöße sind der Renner in diesem sagenhaft kreativen japanischen Lokal, das zum ständig größer werdenden Imperium von David Chang gehört. Man sitzt hier auf Hockern an der langen Bar oder an großen Tischen. Sehr zu empfehlen ist die Spezialität des Hauses: gedünstetes Hähnchen und Schweineklöße (2 Stück für 9 US$).

Chelsea, Meatpacking District & West (Greenwich) Village

★ Chelsea Market — MARKT $

(Karte S. 80; www.chelseamarket.com; 75 9th Ave; Mo–Sa 7–21, So 8–20 Uhr; S A/C/E bis 14th St) Die ehemalige Keksfabrik direkt zu Füßen der High Line wurde in eine 245 m lange Einkaufspassage für Feinschmecker umgewandelt. Es gibt hier schicke Bäckereien, Eisdielen, Ethno-Lokale und einen Food Court für Gourmets.

Joe's Pizza — PIZZA $

(Karte S. 74; 212-366-1182; www.joespizzanyc.com; 7 Carmine St zw. Sixth Ave & Bleecker St; Stücke ab 2,75 US$; Mo–So 10–4.30 Uhr; S A/C/E, B/D/F, M bis W 4th St, 1/2 bis Christopher St-Sheridan Sq, 1/2 bis Houston St) Joe's, die Meryl Streep der Pizzaläden, hat in den letzten dreißig Jahren Dutzende Preise und Auszeichnungen bekommen. Die preiswerten Pies sind bei Studenten, Touristen und Promis gleichermaßen beliebt.

Bonsignour — SANDWICHES $

(Karte S. 74; 212-229-9700; 35 Jane St an der Eighth Ave; Hauptgerichte 7–12 US$; 7.30–22, So bis 20 Uhr; S L bis 8th Ave; A/C/E, 1/2/3 bis 14th St) Der Sandwich-Laden versteckt sich in einer ruhigen Straße im Village und hat Dutzende köstlicher Sandwiches sowie Salate, Frittatas und ein herrliches Rindfleisch-Chili im Angebot. Wer Lust hat, kann sich sein Sandwich oder seinen Hühnchen-Curry-Salat auch einpacken lassen und dann unter freiem Himmel am Abingdon Sq verputzen.

Ditch Plains — SEAFOOD $$

(Karte S. 74; 212-633-0202; www.ditch-plains.com; 29 Bedford St; 11–2 Uhr; S A/C/E, B/D/F bis W 4th St, 1 bis Houston St) Der schicke Raum im Metallic-Look mit Holznischen ist ein einladender Ort, um die von dem berühmten Küchenchef Marc Murphy kreativ zubereiteten Fischgerichte zu probieren: Austern, Miesmuscheln, Fisch-Tacos, gebratene Venusmuscheln, belegte Baguettes und vieles mehr werden tagtäglich bis 2 Uhr serviert.

Fatty Crab — ASIATISCH $$

(Karte S. 74; 212-352-3590; www.fattycrab.com; 643 Hudson St zw. Gansevoort St & Horatio St; Hauptgerichte 16–28 US$; Mo–Mi 12–24, Do & Fr 12–2, Sa 11–2, So 11–24 Uhr; S L bis 8th Ave; A/C/E, 1/2/3 bis 14th St) Den Fatty-Leuten ist es mit ihrem kleinen malaysischen Lokal mal wieder gelungen. Der Laden ist super hip und immer rappelvoll. Hier treffen sich die Einheimischen in Scharen und genießen Fisch-Currys, Schweinebauch und hervorragende Cocktails.

Tartine — FRANZÖSISCH $$

(Karte S. 74; 212-229-2611; www.tartinecafenyc.com; 253 W 11th St zw. 4th St & Waverly Pl; Hauptgerichte 10–24 US$; Mo–Sa 9–22.30, So 9–22 Uhr; S 1/2/3 bis 14th St, 1/2 bis Christopher St-Sheridan Sq, L bis 8th Ave) In diesem Eckbistro werden Frankreich-Träume wahr: wacklige Stühle und Tische, rosa Steaks und Weinbergschnecken sowie nette und weniger nette Kellnerinnen, die in dem klitzekleinen Raum wahllos mit Tellern und Gästen jonglieren. Alkoholische Getränke kann man selbst mitbringen.

Kin Shop — THAI $$

(Karte S. 74; 212-675-4295; www.kinshopnyc.com; 469 Sixth Ave; Hauptgerichte 9–28 US$; Mo–So 11.30–15, Mo–So 17.30–23, Fr & Sa 17.30–23.30, So 17–22 Uhr; S L bis 6th Ave; 1/2/3, F/M bis 14th St) Der zweite Gewinner des Top-Chef-Kochwettbewerbs Harold Dieterle (Sieger war der Koch des Perilla – ebenfalls in der Nähe) steht in diesem thailändischen Restaurant in der Küche. Selbst die Currypasten werden vor Ort gemischt – ein Beweis dafür, dass alles auf der farbenfrohen Speisekarte von vorn bis hinten selbst hergestellt wird.

Soccarat Paella Bar — SPANISCH $$

(Karte S. 80; 212-462-1000; www.soccaratpaellabar.com; 259 W 19th St nahe Eighth Ave; Hauptgerichte 22 US$; 12–23, So bis 16 Uhr; S 1 bis 18th St) Das Soccarat mit seinem gemütlichen, schmalen Raum mit großen Glastischen ist berühmt für seine himmlischen, nach Safran duftenden Paellas mit Gemüse, Meeresfrüchten und/oder Fleisch. Tapas gibt's natürlich auch. Das Reisgericht ist aber unschlagbar.

Babbo — ITALIENISCH $$$

(Karte S. 74; 212-777-0303; www.babbonyc.com; 110 Waverly Pl; Hauptgerichte 19–29 US$; 11.30–23.15, Sa 17–23.15 Uhr; S C/E, B/D/F bis W 4th St; 1 bis Christopher St-Sheridan Sq) Das in dem zweistöckigen Stadthaus untergebrachte Restaurant ist vielleicht das Beste des Imperiums von Starkoch Mario Batali. Egal ob man Mint Love Letters (Teigtaschen mit Minze), *francobolli* (kleine mit Lammhirn gefüllte Ravioli) oder Schweinshaxe à la *milanese* bestellt, immer spielt Batali in puncto

Innovation in der ersten Liga. Reservierung erforderlich.

Union Square & Flatiron District & Gramercy Park

Shake Shack BURGER $

(Karte S. 80; ☎212-989-6600; www.shakeshack.com; Ecke 23rd St & Madison Ave; Burger ab 4,50 US$; ⏲11–23 Uhr; Ⓢ R/W bis 23rd St) Vor dem Imbiss am Madison Square Park stehen die Touristen traubenweise Schlange nach Hamburgern und Shakes.

★**Eataly** ITALIENISCH $$

(Karte S. 80; www.eatalyny.com; 200 Fifth Ave an der 23rd St; ⏲wechselnde Öffnungszeiten; Ⓢ F, N/R, 6 bis 23rd St) Eataly ist das Macy's aller Food-Courts, in dem der Starkoch Mario Batali mit seinem Imperium in NYC Spuren hinterlassen hat. Dank einer Handvoll Spezialitäten-Lokale mit verschiedenen Schwerpunkten (Pizza, Fisch, Gemüse, Fleisch, Pasta) und dem *pièce de résistance,* einem Biergarten auf dem Dach, ganz zu schweigen von dem Café, der Eisdiele und dem Lebensmittelladen, gibt's hier eine riesige Auswahl selbst für den pingeligsten Feinschmecker.

Breslin MODERN-AMERIKANISCH $$

(Karte S. 80; 16 West 29th St; Hauptgerichte 18 US$; ⏲7–24 Uhr; Ⓢ N/R bis 28th St) Hier kann man manchmal kaum sein eigenes Wort verstehen, und der Andrang der Hipster aus dem dazugehörigen super-trendigen Ace Hotel kann auch auf die Nerven gehen. Was letztlich aber wirklich zählt, ist die fleischlastige von Kneipengerichten inspirierte Küche der hochgefeierten Chefköchin April Bloomfield. Reservierungen sind nicht möglich; man muss also mit langen Wartezeiten rechnen.

Midtown

99 Cent Pizza PIZZERIA $

(Karte S. 80; 473 Lexington Ave; Pizzastück 1 US$; ⏲9.30–4.30 Uhr; Ⓢ S, 4/5/6, 7 bis Grand Central-42nd St) Hier gibt es keine Gourmet-Pizza – was auch gar nicht beabsichtigt ist. Aber in dieser einfachen Pizzeria wird man nicht enttäuscht, wenn man Heißhunger auf ein Stück Pizza mit würziger Tomatensauce und sahnigem Käse hat.

★**Burger Joint** BURGER $

(Karte S. 80; www.parkermeridien.com/eat4.php; Le Parker Meridien, 119 W 56th St; Burger 7 US$; ⏲11–23.30 Uhr; Ⓢ F bis 57th St) Dieses preiswerte Burger-Lokal versteckt sich hinter dem Vorhang in der Lobby des Hotels Le Parker Meridien und macht nur mit einem kleinen Neon-Burger auf sich aufmerksam. Die Wände sind übersät mit Graffiti, die Essnischen sind im Retro-Stil gestaltet und aus der Küche kommen hervorragende Burger.

Totto Ramen JAPANISCH $

(Karte S. 80; www.tottoramen.com; 366 W 52nd St; Ramen 9,50–12,50 US$; ⏲Mo–Sa 12–24 Uhr, So 16–23 Uhr; Ⓢ C/E bis 50th St) Erst hängt man seinen Namen und die Anzahl der Gäste an das schwarze Brett am Eingang, dann wartet man auf seine göttlichen Ramen (nur Barzahlung). Das Hähnchen sollte man auslassen und sich gleich auf das Schweinefleisch in Gerichten wie Miso Ramen (aus gegärter Sojabohnenpaste, Eiern, Frühlingszwiebeln, Sojasprossen, Zwiebeln und hausgemachter Chili-Paste) konzentrieren.

Café Edison DINER $

(Karte S. 80; ☎212-840-5000; 228 W 47th St, zw. Broadway & Eighth Ave; Hauptgerichte ab 6 US$; ⏲Mo–Sa 6–21.30, So bis 19.30 Uhr; Ⓢ N/Q/R zur 49th St.) Wo sonst bekommt man ein Mortadella-Sandwich? Den legendären New Yorker Laden gibt's schon seit den 1930er-Jahren. Serviert werden amerikanische Diner-Klassiker wie Grillkäse, warmes Corned Beef, Truthahn-Sandwiches und Käse-Plinsen. Nur Barzahlung.

Hangawi KOREANISCH $$

(Karte S. 80; ☎212-213-0077; www.hangawirestaurant.com; 12 E 32nd St zw. Fifth Ave & Madison Ave; Hauptgerichte 17–25 US$; ⏲Mo–Sa 12–22.15, So 17–21.30 Uhr; Ⓢ B/D/F/M, N/Q/R bis 34th St-Herald Sq) Großartige, vegetarische koreanische Speisen sind der Renner im Hangawi. Bevor man den beruhigend wirkenden, zen-artigen Raum, in dem meditative Musik spielt, betritt, muss man die Schuhe am Eingang ausziehen. Die raffiniert gewürzten Speisen nimmt man auf dem Fußboden auf Kissen hockend und an niedrigen Tischen ein.

Virgil's Real Barbecue AMERIKANISCH $$

(Karte S. 80; ☎212-921-9494; 152 W 44th St zw. Broadway & Eighth Ave; Hauptgerichte 14–25 US$; ⏲11.30–24 Uhr; Ⓢ N/R, S, W, 1/2/3, 7 bis Times Sq-42nd St) Die Speisekarte kommt als Barbecue-Landkarte daher – Oklahoma State Fair Corn-Dogs, Schweine-Geschnetzeltes nach Carolina-Art, Sandwiches mit geräuchertem Schinken aus Maryland, texanische

Rinderbrustscheiben und gebratene Hähnchensteaks aus Georgia.

Danji KOREANISCH $$
(Karte S. 80; www.danjinyc.com; 346 W 52nd St; Platten 7–20 US$; ⏲Mo–Do 12–22.30, Fr 12–23.30, Sa 17.30–23.30 Uhr; S C/E bis 50th St) Der mit einem Michelin-Stern ausgezeichnete Newcomer-Koch Hooni Kim verwöhnt die Geschmacksnerven seiner Gäste in seinem schicken, modernen Restaurant mit koreanischen Tapas. Das Highlight auf der Speisekarte, die in „traditionell" und „modern" unterteilt ist, sind die *sliders*, Duos aus *bulgogi-Rind* und gewürztem Schweinebauch in getoastetem Butterbrötchen.

The Smith AMERIKANISCH $$
(Karte S. 80; www.thesmithnyc.com; 956 Second Ave an der 51st St; Hauptgerichte 17–29 US$; ⏲Mo–Mi 7.30–24, Do & Fr 7.30–1, Sa 10–1, So 10–24 Uhr; S 6 bis 51st St) The Smith hat mit seinem Industriedesign, der beliebten Bar und dem guten Brasserie-Essen die Restaurantwelt im äußersten Osten von Midtown aufgepeppt. Der Schwerpunkt liegt auf regionalen Produkten, herkömmlichen amerikanischen und italienischen Aromen und routiniertem, freundlichem Service.

Sparks STEAKHOUSE $$$
(Karte S. 80; www.sparkssteakhouse.com; 210 E 46th St zw. Second Ave & Third Ave, Midtown East; Hauptgerichte 40 US$; ⏲Mo–Fr 12–24, Sa 17–23.30 Uhr; S S, 4/5/6, 7 bis Grand Central-42nd St) In diesem klassischen Lokal erfährt man, was ein wirklich echtes New Yorker Steakhouse ist. Seit 50 Jahren ist es eine viel besuchte Stammkneipe und brummt auch heute noch wegen der guten, saftigen Fleischgerichte.

Taboon MEDITERRAN $$$
(Karte S. 80; ☎212-713-0271; 773 Tenth Ave; Hauptgerichte 25–32 US$; ⏲Mo–Sa 17–23, So 11–22 Uhr; S C/E bis 50th St) Wenn man dieses luftige Lokal mit Steinfußboden und unverputzten Wänden betritt, fällt einem als erstes der weiße, kuppelförmige Ofen ins Auge. Auf der Speisekarte stehen Leckereien von beiden Seiten des Mittelmeers: Shrimps in kleinen Pasteten, Haloumi-Salat, Lammkebab und verschiedene Fischsorten vom Grill.

Upper West Side

★Gray's Papaya HOTDOGS $
(Karte S. 90; ☎212-799-0243; 2090 Broadway an der 72nd St; Hotdogs 2 US$; ⏲24 Std.; S A/B/C, 1/2/3 bis 72nd St) Es gibt nichts Typischeres für New York als sich nach einem Biergelage den Bauch in diesem klassischen Stehlokal vollzuschlagen. Helle Beleuchtung, Farben wie in den 1970er-Jahren und einfach gute Hotdogs.

Barney Greengrass FEINKOST $$
(Karte S. 90; www.barneygreengrass.com; 541 Amsterdam Ave, an der 86th St; Hauptgerichte 9–18 US$; Bagel mit Frischkäse 5 US$; ⏲Di–Fr 8.30–16, Sa & So bis 17 Uhr; 👪 S 1 zur 86th St) Stammgäste aus der Upper Westside und aus anderen Vierteln strömen am Wochenende zu diesem hundert Jahre alten „König der Störe". Hier gibt's eine lange Liste traditioneller, wenn auch teurer jüdischer Delikatessen von Bagels und Räucherlachs bis hin zu Stör mit Rührei und Zwiebeln.

Josie's Restaurant GESUND $$
(Karte S. 90; ☎212-769-1212; 300 Amsterdam Ave; Hauptgerichte 14–22 US$; ⏲Mo–Fr 11.30–22, Sa & So 16–22.30 Uhr; 🖉; S 1/2/3 bis 72nd St) Bioprodukte (mit Herkunftsangabe auf der Speisekarte), die die Herzen sowohl von Veganern, Vegetariern als auch Fleischessern höher schlagen lassen, haben dafür gesorgt, dass es Josie's jetzt schon mehr als zehn Jahre gibt.

Dovetail MODERN-AMERIKANISCH $$$
(Karte S. 90; ☎212-362-3800; www.dovetailnyc.com; 103 W 77th St Ecke Columbus Ave; Probiermenüs 85 US$, Hauptgerichte 36–58 US$; ⏲Mo–Sa 17.30–22, So 11.30–22 Uhr; 🖉; S A/C, B bis 81st St-Museum of Natural History, 1 bis 79th St) In diesem mit einem Michelin-Stern ausgezeichneten Restaurant ist alles einfach, angefangen bei der Einrichtung (unverputzte Wände, schlichte Tische) bis hin zu den unkomplizierten saisonalen Speisen, die aus superfrischem Obst und Gemüse und hochwertigem Fleisch zubereitet werden (Wie wär's mit Ente mit Pistazienkruste, Topinambur, Datteln und Spinat?).

Upper East Side

★Earl's Beer & Cheese AMERIKANISCH $
(Karte S. 90; www.earlsny.com; 1259 Park Ave zw. 97th St & 98th St; Käsetoast 6–8 US$, Hauptgerichte 8–17 US$; ⏲Di–Fr 16–24, Sa & So 11–24 Uhr; S 6 bis 96th St) Küchenchef Corey Covas Hausmannskost zieht eine junge, hippe Kundschaft an. Die einfachen Käsetoasts sind der Renner. Sie werden mit Schweinebauch, Spiegelei und Kimchi serviert. Außerdem gibt's Cheeseburger und Waffeln

(mit Foie gras) – von alledem hat man bisher nur geträumt.

Maya Mexican MEXIKANISCH $$

(Karte S. 90; www.modernmexican.com; 1191 First Ave; Hauptgerichte 13–28 US$; ⏲ Mo–Fr 11.30–22, Sa & So 10:30–22 Uhr; Ⓢ 4/5/6 bis 59th St) Das renovierte Maya ähnelt einer mexikanischen Hacienda aus dem 18. Jh. Auch die Einrichtung passt ganz wunderbar zu den sättigenden, molelastigen Speisen, den Tortillas aus Masateig mit Käse aus *Oaxaca* und *chile poblano rajas* sowie dem Heilbutt-Ceviche.

Candle Cafe VEGAN $$

(Karte S. 90; ☎ 212-472-0970; www.candlecafe.com; 1307 Third Ave zw. 74th St & 75th St; Hauptgerichte 15–20 US$; ⏲ Mo–Sa 11.30–22.30, So 11.30–21.30 Uhr; ✎; Ⓢ 6 bis 77th St) Wohlhabende Yoga-Freaks bevölkern dieses nette vegane Café und erfreuen sich an Sandwiches, Salaten, Hausmannskost und saisonalen Specials. Die Spezialität ist hausgemachter Seitan.

★Sfoglia ITALIENISCH $$$

(Karte S. 90; ☎ 212-831-1402; 1402 Lexington Ave an der E 92nd St; Hauptgerichte 26 US$; ⏲ Mo–Sa 12–22, So 12–17.30 Uhr; Ⓢ 6 bis 96th St) Kritikerliebling Sfoglia brachte frische Meeresfrüchte gemischt mit italienischer Hausmannskost von Nantucket nach New York. Aus der Küche kommen innovative Kombinationen wie Miesmuscheln mit Tomaten, Knoblauch, Salami und Fenchelpollen.

David Burke Townhouse MODERN-AMERIKANISCH $$$

(Karte S. 90; ☎ 212-813-2121; www.davidburketownhouse.com; 133 E 61St; Hauptgerichte 20–55 US$; ⏲ Mo–Sa 11.45–22.30, So 10.30–21 Uhr; Ⓢ F bis Lexington Ave-63rd St; N/R, W bis Lexington Ave-59th St) Die Gastronomin Donatella Arpaia und ihr Partner David Burke haben in einem Stadthaus in der Upper East Side ein modernes, stylishes Restaurant eröffnet. Es stehen Gerichte wie Lachs mit warmen Kartoffel-Knishes, mit Brezelkrumen überbackene Krabbenküchlein und Gelbflossenthunfisch im Salzmantel auf der Speisekarte.

Harlem

Caffe Latte CAFÉ $

(Karte S. 90; ☎ 212-222-2241; www.ilcaffelatte.com; 189 Malcolm X Blvd, nahe 119th St; ⏲ Mo–Fr 8–22 Uhr; ✎ 👪; Ⓢ 2/3 bis 116th St) Hier treffen sich Studenten, Ruheständler, Neu-Harlemer und Alt-Harlemer. Das Caffe Latte ist schnell zum In-Treff des Viertels geworden. Zum Frühstück gibt's schwarzen, starken Kaffee, Omeletts, Müsli, Pfannkuchen und vieles mehr.

Amy Ruth's Restaurant SÜDSTAATEN $$

(Karte S. 90; www.amyruthsharlem.com; 113 W 116th St nahe Malcolm X Blvd, Harlem; Hühnchen & Waffeln 10 US$, Hauptgerichte 12–20 US$; ⏲ Mo 11.30–23, Di–Do 8.30–23, Fr & Sa 8.30–17.30, So 7.30–23 Uhr; Ⓢ B, C, 2/3 bis 116th St) Waffeln sind die Spezialität des Hauses und ziehen die Touristen magisch an. Es gibt sie süß (mit Schokolade, Erdbeeren, Blaubeeren, sautierten Äpfeln) oder herzhaft (mit Brathähnchen, Rindersteak, Wels). Favoriten sind auch geräucherter Schinken, Hühnchen und Klöße.

★Red Rooster MODERN-AMERIKANISCH $$$

(Karte S. 90; www.redroosterharlem.com; 310 Malcolm X Blvd zw. 125th St & 126th St, Harlem; Hauptgerichte abends 16–35 US$; ⏲ Mo–Fr 11.30–22.30, Sa & So 10–23 Uhr; Ⓢ 2/3 bis 125th St) Chefkoch Marcus Samuelsons raffiniertes Lokal in Uptown hat die Atmosphäre eines Bistros in Downtown. Er leistet wahre Pionierarbeit mit seiner Mischung aus südstaatlicher, afroamerikanischer und neuamerikanischer Küche mit Gerichten wie Wels nach Cajun-Art und kreativen Sandwiches. Im vorderen Bar- und Frühstücksbereich gibt's Gebäck, Kekse und Kaffee.

Brooklyn

Es ist natürlich unmöglich, Brooklyns Restaurantszene wirklich gerecht werden zu können. Genauso wie in Manhattan fühlt sich auch hier jedes Schleckermaul wie im siebten Himmel. Buchstäblich jede ethnische Küche ist irgendwo in Brooklyn vertreten. In Williamsburg wimmelt es nur so von Lokalen, auch in der Fifth und Seventh Ave in Park Slope reihen sich die Restaurants aneinander. Die Smith St ist die Restaurantmeile von Carroll Gardens und Cobble Hill. In der Atlantic Ave in der Nähe der Court St gibt's etliche ausgezeichnete arabische Restaurants.

Tom's Restaurant DINER $

(☎ 718-636-9738; 782 Washington Ave an der Sterling Pl, Prospect Heights; ⏲ 6–16 Uhr; Ⓢ 2/3 bis Eastern Pkwy-Brooklyn Museum) Dieser altmodische Diner inspirierte Suzanne Vega zu ihrem (fast) gleichnamigen Song *Tom's Diner*. Spezialität des Hauses sind die vielen verschiedenen Pfannkuchen (z.B. Mango-Walnuss). An den Wochenenden stehen die Leute vormittags vor Tom's Restaurant Schlange nach Kaffee und Gebäck.

Sahadi's SELBSTVERSORGER $

(www.sahadis.com; 187 Atlantic Ave zw. Court St & Clinton St, Boerum Hill; ⏲Mo–Sa 9–19 Uhr; ☑; Ⓢ2/3, 4/5 bis Borough Hall) Wenn man den heißgeliebten Feinkostladen mit nahöstlichen Leckereien betritt, weht einem der Duft von frisch geröstetem Kaffee und Gewürzen um die Nase. Die Oliven-Bar wartet mit zwei Dutzend verschiedenen Sorten auf. Mit dem Angebot an Brot, Käse, Nüssen und Hummus könnte man ein ganzes Bataillon versorgen.

Mile End FEINKOST $

(www.mileendbrooklyn.com; 97A Hoyt St, Boerum Hill; Sandwiches 8–12 US$; ⏲Mo & Di 8–16, Mi–Sa 8–23, So 10–22 Uhr; ⓈA/C/G bis Hoyt-Schermerhorn Sts) Das Mile End ist so klein wie die angebotenen Portionen, aber die haben es in sich. Unbedingt die geräucherte Rinderbrust auf Roggenbrot mit Senf (12 US$) probieren – das Brot ist super weich und das Fleisch schmilzt nur so auf der Zunge. Eines nervt allerdings: eine Essiggurke kostet 1,50 US$.

Café Glechik RUSSISCH $$

(☎718-616-0766; 3159 Coney Island Ave, Brighton Beach; Krautwickel 11 US$, Kebabs 11–15 US$, Klöße 7–9 US$; ⏲11–23 Uhr; ⓈB, Q bis Brighton Beach) Hier sollte man Klöße essen: *pelmeni* und *vareniki* mit unterschiedlichster Füllung. *Vareniki* mit Sauerkirschen sind der Hit! Im Angebot sind aber auch Klassiker wie Borschtsch, Kebabs und extrem süße Kompott-Drinks. Nur Barzahlung.

Al Di Là Trattoria ITALIENISCH $$

(www.aldilatrattoria.com; 248 5th Ave Ecke Carroll St, Park Slope; ⏲Mo–Fr 12–22.30, Sa & So 17.30–23 Uhr; ⓈR bis Union St) Die nette, von einem aus Norditalien stammenden Ehepaar geführte Trattoria in Park Slope serviert hausgemachte Pasta und feurige Klassiker (z.B. geschmortes Kaninchenfleisch mit butterlastiger Polenta). Es gibt außerdem einen ausgezeichneten Brunch (mit Entenconfit vom Feinsten!) und eine lange Karte mit italienischen Weinen.

Roberta's PIZZA $$

(www.robertaspizza.com; 261 Moore St nahe Bogart St, Bushwick; Pizzas 9–17 US$, Hauptgerichte 13–28 US$; ⏲11–24 Uhr; ☑; ⓈL bis Morgan Ave) Das Restaurant, das in einer ehemaligen Lagerhalle in Bushwick untergebracht ist, serviert die wahrscheinlich beste Pizza New Yorks. Der Service lässt zwar manchmal etwas zu wünschen übrig und die Warteschlangen sind lang, aber alles, was aus dem Backsteinofen kommt, hat genau die richtige Mischung aus zart und frisch.

Prime Meats DEUTSCH $$

(www.frankspm.com; 465 Court St Ecke Luquer St, Carroll Gardens; Hauptgerichte 17–32 US$; ⏲Mo–Mi 10–24, Do & Fr 10–1, Sa 8–1, So bis 24 Uhr; ⓈF, G bis Carroll St) Das auf alt gemachte Lokal in Carroll Gardens erinnert an die gute alte Zeit des endenden 19. Jhs. Aus der Küche kommt Deutsches wie langsam geschmorter Sauerbraten mit Rotkohl.

Ausgehen & Nachtleben

Diese Stadt bietet unzählige verschiedenartigste Ausgehmöglichkeiten: schicke Lounges, laute Clubs, gemütliche Kneipen und verruchte Kaschemmen. Dank der New Yorker Gesetze ist Rauchen überall verboten. Die meisten Lokale sind bis 4 Uhr geöffnet, wobei die Öffnungszeiten aber doch recht unterschiedlich sein können. Die meisten Nachtclubs öffnen erst um 22 Uhr. Nachstehend eine kleine Auswahl.

Downtown

★**Birreria** BIERGARTEN

(Karte S. 80; www.eatalyny.com; 200 Fifth Ave an der 23rd St; ⏲So–Mi 11.30–24, Do–Sa 11.30–1 Uhr; ⓈF, N/R, 6 bis 23rd St) Dieser Biergarten auf der Dachterrasse ist das Kronjuwel des italienischen Gourmet-Markts Eataly. Er versteckt sich zwischen den Flatiron-Bürotürmen. Auf der Bierkarte mit dem Umfang einer Enzyklopädie stehen einige der besten Biere der Welt, und die Schweineschulter gehört zum kühlen Blonden einfach dazu.

Brandy Library BAR

(Karte S. 70; www.brandylibrary.com; 25 N Moore St an der Varick St; ⏲So–Mi 17–1, Do 16–2, Fr & Sa 16–4 Uhr; Ⓢ1 bis Franklin St) Wer einen Drink als ernste Angelegenheit betrachtet, fühlt sich sicherlich wohl in dieser Luxusbibliothek mit gedämpften Leselampen und Clubsesseln vor indirekt beleuchteten, bis zur Decke reichenden Regalen voller Flaschen. Im Angebot sind u.a. erstklassige Cognacs, Malt Whiskeys und 90 Jahre alte Brandys (Preise von 9–340 US$).

Pravda COCKTAILBAR
(Karte S. 74; ☎ 212-226-4944; 281 Lafayette St zw. Prince St & Houston St; Ⓢ B/D/F/V bis Broadway-Lafayette St) Diese Bar im Untergeschoss mit den roten Lederbänken und einladenden Sesseln trieft nur so vor Sowjet-Nostalgie. Hier bekommt man Blinis und gut zubereitete Cocktails. Wer möchte, kann auch einen Lauschangriff auf die anwesenden Apparatschicks aus der Mode- und Bankwelt starten.

DBA BAR
(Karte S. 74; ☎ 212-475-5097; www.drinkgoodstuff.com; 41 First Ave zw. 2nd St & 3rd St; ⏲ 13–4 Uhr; Ⓢ F/V bis Lower East Side-2nd Ave) Hier gibt's mehr als 200 Biersorten, 130 Single Malts und ein paar Dutzend Tequilas. Hinten ist ein winziger Hof mit Plastikstühlen, die meiste Action findet aber in der Nähe der Zapfhähne statt.

SOBs CLUB
(Karte S. 74; ☎ 212-243-4940; www.sobs.com; 204 Varick St zw. King St & Houston St; Grundpreis 10–20 US$; ⏲ 18.30–3 Uhr; Ⓢ 1 bis Houston St) Brasilianischer Bossa Nova, Samba und andere lateinamerikanische Rhythmen locken alle möglichen Leute an, die sich gern sinnlich bewegen oder einfach nur zuschauen wollen.

Whiskey Tavern COCKTAILBAR
(Karte S. 70; ☎ 212-374-9119; 79 Baxter St zw. Bayard St & Walker St; Ⓢ J/M/Z, N/Q/R/W, 6 bis Canal St) Die Whiskey Tavern ist zwar ein etwas schräger Eindringling in Chinatown, aber dennoch hat diese Bar viele Fans. Und das liegt an den super freundlichen Barkeepern, der lockeren, spannungsfreien Atmosphäre, den erschwinglichen Preisen und in lauen Nächten an der Outdoor-Terrasse hinterm Haus.

Louis 649 BAR
(Karte S. 74; ☎ 212-673-1190; www.louis649.com; 649 E 9th St, nahe Ave C; ⏲ 18–4 Uhr; Ⓢ L bis 1st Ave) Die Stammgäste lieben diese Bar, denn die Preise sind erschwinglich und die Einrichtung ist gemütlich und ohne jeden Schnickschnack. Dienstags ist kostenloser Verkostungsabend, dann lädt der Betreiber Spirituosenkenner ein, die viel zu erzählen wissen, und verteilt großzügig Gratis-Schlückchen.

Jimmy's No 43 BAR
(Karte S. 74; ☎ 212-982-3006; www.jimmysno43.com; 43 E 7th St zw. Third Ave & Second Ave; ⏲ Mo–Do & So 12–2, Fr & Sa 12–4 Uhr; Ⓢ N/R bis 8th St-NYU, F bis 2nd Ave, 4/6 bis Astor Pl) Fässer und Hirschgeweihe reihen sich an den Wänden dieser Bierkneipe im Untergeschoss aneinander. Es gibt mehr als 50 Importbiere und leckere Knabbereien.

124 Old Rabbit Club BAR
(Karte S. 74; ☎ 212-254-0575; 124 MacDougal St; Ⓢ A/C/E, B/D/F, M bis W 4th St, 1/2 bis Christopher St-Sheridan Sq, 1/2 bis Houston St) Man wird sich selbst auf die Schulter klopfen, wenn man diese an eine Flüsterkneipe erinnernde Bar endlich gefunden hat. Ein Tipp: nach „124" Ausschau halten und auf den Türsummer drücken. Zur Belohnung gönnt man sich dann ein Stout oder eines der unzähligen Importbiere.

Half King KNEIPE
(Karte S. 80; ☎ 212-462-4300; www.thehalfking.com; 505 W 23rd St an der Tenth Ave; ⏲ Mo–Fr 11–4, Sa & So 9–4 Uhr; Ⓢ C/E bis 23rd St) Dieses schummerige Lokal mit viel Holzverkleidung ist eine einzigartige Mischung aus gemütlicher Kneipe und anspruchsvollem Literaturcafé. In der warmen Jahreszeit stehen Tische auf dem Bürgersteig und im Hinterhof.

Bar Next Door BAR
(Karte S. 74; ☎ 212-529-5945; 129 MacDougal St zw. W 3rd St & W 4th St; ⏲ So–Do 18–2, Fr & Sa 18–3 Uhr; Ⓢ A/C/E, B/D/F/V bis W 4th St) Das Untergeschoss dieses restaurierten Stadthauses hat niedrige Decken, unverputzte Wände und eine romantische Beleuchtung. Allabendlich kann man gedämpften Livejazz und in La Lanterna di Vittorio, dem Restaurant nebenan, leckere italienische Gerichte genießen.

Pyramid Club CLUB
(Karte S. 74; ☎ 212-228-4888; www.thepyramidclub.com; 101 Ave A; Grundpreis 5–10 US$; ⏲ Mo 23–4, Di & So 20.30–1, Do & Sa 21–4, Fr 22–4 Uhr; Ⓢ F/V bis Lower East Side-2nd Ave) Bunt zusammen gewürfelte Hocker, ein klebriger Holzfußboden und preiswerte Drinks zeichnen diesen Club aus. Wer wild und unbefangen nach Musik aus den 1980er-Jahren tanzen will, kommt donnerstags hierher. Freitags ist Gay-Night.

Sway Lounge CLUB
(Karte S. 74; ☎ 212-620-5220; www.swaylounge.com; 305 Spring St; ⏲ Do–So 22–4 Uhr; Ⓢ C/E bis Spring St) Kleine, verführerische, schicke Location mit elegantem marokkanischem

Dekor. Es ist schwer, am Türsteher vorbeizukommen, wenn man aber drin ist, kann man donnerstags ganz wunderbar nach Musik aus den 1980er-Jahren tanzen, freitags sind Rock und Hip-Hop angesagt, und an den restlichen Abenden stehen DJs wie Mark Ronson und DJ Herschel am Plattenteller.

Mehanata CLUB
(Karte S. 74; ☎ 212-625-0981; www.mehanata.com; 113 Ludlow St; Ⓢ F, J/M/Z bis Delancey St-Essex St) Die „Bulgarische Bar" ist noch immer der Zigeunerhimmel für die osteuropäische Schickeria und Indie-Popfans. An manchen Abenden legen osteuropäische DJs auf, auch Bauchtänzerinnen und „Gypsy-Bands" bevölkern die kleine Bühne.

Sapphire CLUB
(Karte S. 74; ☎ 212-777-5153; www.sapphirenyc.com; 249 Eldridge St an der E Houston St; Eintritt 5 US$; ⏲ 19–4 Uhr; Ⓢ F/V bis Lower East Side-2nd Ave) Die winzige Tanzlocation hat den Boom der Ludlow St Mitte der 1990er-Jahre überlebt, und dank des niedrigen Eintritts von nur 5 US$ hält sich auch die hochnäsige Angeberei in Grenzen. Gespielt wird ein Mix aus R&B, Rap, Disco und Funk. Die Tanzfläche ist immer proppenvoll.

Santos Party House CLUB
(Karte S. 70; ☎ 212-584-5492; www.santosparty house.com; 96 Lafayette St; Grundpreis 5–15 US$; ⏲ 22–4 Uhr) Der struppige Rocker Andrew W.K. ist der Gründer des 743 m² großen, höhlenartigen, kargen Tanzclubs auf zwei Ebenen. Hier sind gute Stimmung und viel Spaß angesagt, aber vorher muss man am Türsteher vorbei. Gespielt wird alles von Funk bis Electronica, und an manchen Abenden betätigt sich W.K. persönlich als DJ.

Cielo CLUB
(Karte S. 74; ☎ 212-645-5700; www.cieloclub.com; 18 Little W 12th St; Grundpreis 15–25 US$; ⏲ Mo–Sa 22.30–5 Uhr; Ⓢ A/C/E, L bis 8th Ave-14th St) Der außerirdisch anmutende Club im Meatpacking District ist für seine anheimelnden Räumlichkeiten und seine phantastische Musikanlage bekannt. Abends lockt er mit einem Mix aus Tribal, gutem alten House und Soul-Klängen ein modernes Multikulti-Publikum an.

Midtown

★ **Russian Vodka Room** BAR
(Karte S. 80; ☎ 212-307-5835; 265 W 52nd St, zw. Eight Ave & Broadway; Ⓢ C/E zur 50th St) Russen sind gar keine Seltenheit in der eleganten, einladenden Bar. In schummriger Beleuchtung kann man in intimen Ecknischen mit einem Dutzend aromatisierter Wodkas herumexperimentieren – die Varianten reichen von Preiselbeere bis zu Meerrettich.

Rudy's Bar & Grill BAR
(Karte S. 80; 627 Ninth Ave; ⏲ 8–4 Uhr; Ⓢ A/C/E zum 42nd St-Port Authority Bus Terminal) In dieser Kneipe amüsieren sich neu Zugezogene und Berufstätige Seite an Seite mit Hardcore-Trinkern. Wen es nicht kümmert, dass man hier nicht mal sein eigenes Wort versteht, der kann billiges Bier und fetttriefende Hotdogs schlucken. Im Sommer kann man im Hinterhof auf Kunstrasen an improvisierten Tischen sitzen.

Lantern's Keep COCKTAILBAR
(Karte S. 80; ☎ 212-453-4287; www.thelanterns keep.com; Iroquois Hotel, 49 W 44th St; ⏲ Di–Sa 17–24 Uhr; Ⓢ B/D/F/M bis 42nd St-Bryant Park) Die dunkle, heimelige Cocktailbar befindet sich hinter der Lobby des Iroquois Hotels. Spezialität des Hauses sind Drinks aus der Zeit vor der Prohibition, die von leidenschaftlichen, sympathischen Barkeepern geschüttelt und gerührt werden. Reservierung empfohlen.

Top of the Strand COCKTAILBAR
(Karte S. 80; www.topofthestrand.com; Strand Hotel, 33 W 37th St zw. Fifth Ave & Sixth Ave; 👪; Ⓢ B/D/F/M bis 34th St) Wer endlich mal dieses Gefühl „Oh my God, I'm in New York" haben will, sollte in die Dachterrassenbar des Strand Hotel gehen, einen Martini (Extra Dirty) ordern und (diskret) auf Wolke sieben schweben. Nette Nischen, ein aufschiebbares Glasdach und ein unvergesslicher Blick auf das Empire State Building.

Pacha CLUB
(Karte S. 80; ☎ 212-209-7500; www.pachanyc.com; 618 W 46th St zw. Eleventh Ave & West Side Hwy; Eintritt 20–40 US$; Ⓢ A/C/E bis 42nd St-Port Authority) Riesiger, spektakulärer Club mit 2790 m² auf vier Ebenen voller Glitzer und Glanz. Gemütliche Sitznischen reihen sich rund um die Haupttanzfläche. Hier stehen immer bekannte DJs am Plattenteller.

Morrell Wine Bar & Café BAR, CAFÉ
(Karte S. 80; ☎ 212-262-7700; 1 Rockefeller Plaza, W 48th St zw. Fifth Ave & Sixth Ave; ⏲ Mo–Sa 11.30–23, So 12–18 Uhr; Ⓢ B/D/F/M bis 47th-50th Sts-Rockefeller Center) Die Weinkarte in dieser bahnbrechenden Weinbar ist ellenlang.

150 Sorten werden glasweise ausgeschenkt. Auch der luftige Raum auf zwei Ebenen direkt gegenüber von der berühmten Eisbahn hat etwas Berauschendes an sich.

Jimmy's Corner BAR
(Karte S. 80; 140 W 44th St zw. Sixth Ave & Seventh Ave, Midtown West; ⌚10–4 Uhr; Ⓢ N/Q/R, 1/2/3, 7 bis 42nd St-Times Sq; B/D/F/M bis 42nd St-Bryant Park) Die kleine, einladende, total schlichte Kneipe in der Nähe vom Times Square wird von einem ehemaligen Boxtrainer betrieben – wer hätte das angesichts der vielen gerahmten Fotos von berühmten Boxern gedacht? Aus der Jukebox kommt Musik von Stax bis Miles Davis.

PJ Clarke's BAR
(Karte S. 80; www.pjclarkes.com; 915 Third Ave an der 55th St, Midtown East; Ⓢ E/M bis Lexington Ave-53rd St) Dieses Bollwerk des alten New York mit seinem wunderbar verschlissenen Holz-Saloon gab's schon 1884. Einfach einen Song aus der Jukebox auswählen, eine Runde Krabbenküchlein bestellen und sich unter die Menge mischen.

Réunion Surf BAR
(Karte S. 80; 357 W 44th St an der Ninth Ave; ⌚17.30–2, Do–Sa bis 4 Uhr) Die elegante Tiki-Bar mit Restaurant serviert köstliche Gerichte der französisch-südpazifischen Küche so z. B. in Bananenblättern gedünstete Makrele.

On the Rocks COCKTAILBAR
(Karte S. 80; 696 Tenth Ave zw. 48th St & 49th St; ⌚17–4 Uhr) Whiskey-Fans werden die winzige Bar lieben.

Therapy SCHWULENBAR
(Karte S. 80; www.therapy-nyc.com; 348 W 52nd St zw. Eighth Ave & Ninth Ave; Ⓢ C/E, 1 bis 50th St) Das mehrstöckige, luftige, schicke Therapy ist schon lange eine In-Location für Schwule in Hell's Kitchen. Es werden unzählige Themenabende veranstaltet – von Stand-up-Comedy bis zu Musical-Shows.

Uptown

79th Street Boat Basin BAR
(Karte S. 90; W 79th St, in Riverside Park; ⌚12–23 Uhr) Überdachte offene Party-Location unter den uralten Bögen einer ehemaligen Parküberführung in Upper West Side, die mit Beginn des Frühlings zum Leben erwacht. Einfach Bier und Snacks bestellen und den Sonnenuntergang über dem Hudson River genießen.

Bemelmans Bar LOUNGE
(Karte S. 90; www.thecarlyle.com/dining/bemelmans_bar; Carlyle Hotel, 35 E 76th St an der Madison Ave; ⌚Mo–Sa 12–2, So 12–00.30 Uhr; Ⓢ 6 bis 77th St) Die Kellner tragen weiße Jacketts, im Hintergrund spielt jemand auf einem kleinen Konzertflügel, und die Wände schmücken Wandbilder von Ludwig Bemelmans *Madeline*. Dies ist eine klassische Bar für einen guten Cocktail.

Barcibo Enoteca WEINBAR
(Karte S. 90; www.barciboenoteca.com; 2020 Broadway Ecke 69th St; ⌚16.30–2 Uhr; Ⓢ 1/2/3 bis 72nd St) Die zwanglose, schicke Bar mit Marmortischen befindet sich direkt nördlich vom Lincoln Center und ist ein idealer Ort für ein gutes Schlückchen. Auf der langen Karte stehen Weine aus ganz Italien, von denen 40 auch glasweise ausgeschenkt werden.

Auction House BAR
(Karte S. 90; ☎212-427-4458; 300 E 89th St; ⌚19.30–4 Uhr; Ⓢ 4/5/6 bis 86th St) Diese sexy Bar betritt man durch schwere, dunkelbraune Holztüren. Die im Kerzenlicht erstrahlende Location eignet sich perfekt für einen Drink in aller Ruhe. Sofas im viktorianischen Stil und dick gepolsterte Sessel stehen verstreut in den Räumen mit Holzfußboden rum.

Subway Inn BAR
(Karte S. 90; 143 E 60th St zw. Lexington Ave & Third Ave; Ⓢ 4/5/6 bis 59th St; N/Q/R bis Lexington Ave-59th St) Klassische „Opa-Kneipe" mit preiswerten Getränken und jeder Menge Authentizität. Angefangen vom uralten Neonschild draußen bis zu den durchgesessenen roten Sitznischen scheint alles ein Relikt aus längst vergangenen Zeiten zu sein.

Dead Poet BAR
(Karte S. 90; www.thedeadpoet.com; 450 Amsterdam Ave zw. 81st St & 82nd St; ⌚Mo–Sa 9–4, So 12–4 Uhr; Ⓢ 1 bis 79th St) Diese Kneipe mit viel Mahagonifurnier an den Wänden ist seit über zehn Jahren der Liebling des Viertels. Hier treffen sich Anwohner und Studenten auf ein Guinness oder einen der Cocktails, die nach verstorbenen Dichtern benannt sind.

Brooklyn

★ **Commodore** BAR
(366 Metropolitan Ave Ecke Havenmeyer St, Williamsburg; ⌚So–Do 16–24, Fr & Sa 16–1 Uhr;

S L bis Lorimer St) Diese Eckbar ist ein den 1970er-Jahren nachempfundener holzgetäfelter Aufenthaltsraum mit einigen Nischen, in denen man es sich gemütlich machen kann. Mit einem Mint Julep oder einem Sloe Gin Fizz in der Hand kann man ganz ohne Geld sein Glück an alten Spielautomaten herausfordern.

61 Local BIERGARTEN
(www.61local.com; 61 Bergen St zw. Smith St & Boerum Pl, Cobble Hill; Snacks 1–7 US$, Sandwiches 4–8 US$; ⌚ So–Do 11–24, Fr & Sa 11–1 Uhr; S F, G bis Bergen) Der großen Halle mit viel Holz und Backsteinen in Cobble Hill ist es gelungen, schick und gleichzeitig gemütlich zu sein. An den großen Tischen herrscht eine angenehme Stimmung. Es gibt eine gute Auswahl an Bieren aus Kleinbrauereien und eine einfache Speisekarte mit Wurstwaren und Snacks.

Maison Premiere COCKTAILBAR
(www.maisonpremiere.com; 298 Bedford Ave zw. 1st St & Grand St, Williamsburg; ⌚ Mo–Fr 16–4, Sa & So 12–4 Uhr; S L bis Bedford Ave) Die altmodische Bar im Stil eines Chemielabors ist vollgestellt mit Sirupen und Essenzen, die von Hosenträger tragenden Barkeepern zu Cocktails gemixt werden. Auf der abenteuerlich langen Cocktailkarte stehen mehr als 20 Absinth-Drinks. Außerdem werden viele Seafood-Snacks angeboten.

Zabloski's BAR
(☎ 718-384-1903; 107 N 6th St zw. Berry St & Wythe Ave, Williamsburg; ⌚ 14–4 Uhr; S L bis Bedford Ave) In der einladenden Location in Williamsburg gibt's preiswertes Bier, coole Barkeeper, einen Flipper, eine Dartscheibe und einen Billardtisch. Man sollte sich zur Happy Hour einen Platz vorn an der Rolltür schnappen und das abendliche Treiben auf der Straße beobachten.

Union Hall BAR
(☎ 718-638-4400; 702 Union St zw. Fifth Ave & Sixth Ave; ⌚ Mo–Fr 16–4, Sa & So 12–4 Uhr; S M, R bis Union St; 2/3 bis Bergen St; F bis 7th Ave) Wenn man in Park Slope ist, sollte man dieser eigenartig kreativen Bar einen Besuch abstatten. Lederstühle wie in einem protzigen Londoner Herrenclub, Wände voller Bücherregale, zwei Boccia-Bahnen, Livemusik im Untergeschoß und draußen ein Hof.

Weather Up COCKTAILBAR
(589 Vanderbilt Ave zw. Bergen St & Dean St; ⌚ Di–So; S 2/3 bis Bergen St; B, Q bis 7th Ave) Die dunkle, geheimnisvolle, nicht ausgeschilderte Bar in Prospect Heights wirkt wie eine illegale Flüsterkneipe. Hier treffen sich die Leute aus der Nachbarschaft auf einen Cocktail.

Radegast Hall & Biergarten BIERGARTEN
(www.radegasthall.com; 113 N 3rd St an der Berry St, Williamsburg; ⌚ Mo–Fr 16–4, Sa & So 12–4 Uhr; S L bis Bedford Ave) Ein rauer Biergarten in Williamsburg, der mit exzellenten Kalbsschnitzeln aufwartet.

☆ Unterhaltung

Wer großen Appetit und viel Energie hat, kann in dieser Stadt zwischen fast endlos vielen Unterhaltungsmöglichkeiten wählen – von Broadway-Shows bis hin zu Aktionskunst in irgendeinem Wohnzimmer in Brooklyn. Die Zeitschrift *New York* und die Wochenendausgabe der *New York Times* sind tolle Ratgeber in Bezug auf alles, was gerade hier los ist.

Livemusik

★ **Joe's Pub** LIVEMUSIK
(Karte S. 74; ☎ 212-539-8778; www.joespub.com; Public Theater, 425 Lafayette St zw. Astor Pl & 4th St; S R/W bis 8th St-NYU; 6 bis Astor Pl) Der kleine, nette Club ist teils Kabarett, teils Rock- und New-Indie-Schuppen und bietet einen wundervollen Mix aus verschiedenen Stilrichtungen, Stimmen und Talenten.

Rockwood Music Hall LIVEMUSIK
(Karte S. 74; ☎ 212-477-4155; www.rockwoodmusichall.com; 196 Allen St zw. Houston St & Stanton St; S F/V bis Lower East Side-2nd Ave) In den beiden, brotkastengroßen Räumen treten Bands und Singer-Songwriter im Stundentakt auf. Der Eintritt ist frei, und jede Band darf maximal eine Stunde spielen.

55 Bar LIVEMUSIK
(Karte S. 74; ☎ 212-929-9883; www.55bar.com; 55 Christopher St an der Seventh Ave; Grundpreis 3–15 US$, mind. 2 Drinks; ⌚ 13–4 Uhr; S 1 bis Christopher St-Sheridan Sq) In der netten Location im Untergeschoss kann man sich gute Shows anschauen, ohne einen hohen Grundpreis berappen zu müssen. Allabendlich gibt es zwei Gigs von ausgezeichneten, hier ansässigen Künstlern und gelegentlich auch von Blues-Bands.

Bowery Ballroom LIVEMUSIK
(Karte S. 74; ☎ 212-533-2111; www.boweryballroom.com; 6 Delancey St an der Bowery St; ⌚ Vorstellungen zu wechselnden Zeiten; S J/M/Z bis

Bowery St) Fantastischer, mittelgroßer Veranstaltungsort mit perfekter Akustik für größere Indie-Rock-Konzerte (The Shins, Stephen Malkmus, Patti Smith).

Le Poisson Rouge LIVEMUSIK
(Karte S. 74; ☎212-505-3474; www.lepoissonrouge.com; 158 Bleecker St; Ⓢ A/C/E, B/D/F/V bis W 4th St-Washington Sq) Der Kellerclub in der Bleecker St gehört zu den wichtigsten Locations für experimentelle, moderne Musik von Klassik bis zu Indie-Rock und Electro-Acoustic.

Mercury Lounge LIVEMUSIK
(Karte S. 74; ☎212-260-4700; www.mercuryloungenyc.com; 217 E Houston St zw. Essex St & Ludlow St; Grundpreis 8–15 US$; ⊙16–4 Uhr; Ⓢ F/V bis Lower East Side-2nd Ave) Im Mercury treten immer coole neue oder coole ältere Bands auf, die in Downtown so ziemlich jeder sehen will.

Music Hall of Williamsburg LIVEMUSIK
(www.musichallofwilliamsburg.com; 66 N 6th St zw. Wythe Ave & Kent Ave, Williamsburg; Ⓢ L bis Bedford Ave) Die beliebte Musik-Location in Williamsburg ist *der* Ort für Indie-Bands in Brooklyn (viele Gruppen, die auf ihrer Tour auch durch New York kommen, treten ausschließlich hier auf).

BB King Blues Club & Grill BLUES, JAZZ
(Karte S. 80; ☎212-997-4144; www.bbkingblues.com; 237 W 42nd St zw. Seventh Ave & Eighth Ave; Ⓢ N/R/W, 1/2/3, 7 bis 42nd St-Times Sq) Direkt am Times Square gibt's guten alten Blues sowie Rock, Folk und Reggae.

Bargemusic KLASSISCHE MUSIK
(www.bargemusic.org; Fulton Ferry Landing, Brooklyn Heights; Tickets 35 US$; 👪; Ⓢ A/C bis High St) Außerordentlich talentierte Musiker, die sich der klassischen Musik verschrieben haben, treten in dieser intimen Location auf – einer stillgelegten Barkasse unter der Brooklyn Bridge.

Highline Ballroom LIVEMUSIK
(Karte S. 80; ☎212-414-5994; 431 W 16th St, zw. Ninth Ave & Tenth Ave) Typische Chelsea-Location mit buntem Veranstaltungsprogramm von Mandy Moore bis Moby.

Beacon Theatre LIVEMUSIK
(Karte S. 90; www.beacontheatre.com; 2124 Broadway zw. 74th St & 75th St; Ⓢ 1/2/3 bis 72nd St) Das Beacon in der Upper West Side zeigt

JAZZ

Gleich nach New Orleans folgt in puncto Jazz Harlem, die frühe Heimat und das schlagende Herz einer blühenden Jazzszene. In diesem Viertel hatten Größen wie Duke Ellington, Charlie Parker, John Coltrane und Thelonius Monk ihre ersten Erfolge. In den klassischen Art-déco-Clubs und intimen Jazz-Schuppen von Harlem und in anderen bedeutenden Veranstaltungsstätten überall in der Stadt, vor allem im Village, wird noch immer von Bebop bis Free Jazz so ziemlich alles geboten – und dabei treten neben altbekannten Oldtimern auch viele talentierte Newcomer auf. Wer im Radio Jazz hören will, braucht einfach nur den Sender **WKCR** (89,9 FM) einzuschalten. Dort glänzt Phil Schaap seit 30 Jahren montags bis freitags von 8.20 bis 9.30 Uhr mit seinem Programm und verblüfft die Zuhörer mit seinem enzyklopädischen Wissen und seiner Begeisterung für diese Kunstform.

Das **Smalls** (Karte S. 74; ☎212-252-5091; www.smallsjazzclub.com; 183 W 4th St; Grundpreis 20 US$) ist ein Jazz-Keller, der mit dem weltbekannten **Village Vanguard** (Karte S. 74; ☎212-255-4037; www.villagevanguard.com; 178 Seventh Ave an der 11th St; Ⓢ 1/2/3 bis 14th St) im Wettstreit um die großen Talente steht. Natürlich stand in den letzten 50 Jahren jeder große Star irgendwann einmal auf der Bühne des Village Vanguard. Allerdings besteht hier Getränkezwang (mind. 2 Drinks) und striktes Redeverbot während der Gigs.

In der Uptown ist **Dizzy's Club Coca-Cola: Jazz at the Lincoln Center** (Karte S. 90; ☎ ⊖ 212-258-9595; www.jazzatlincolncenter.org; 5. OG, Time Warner Center, Broadway, an der 60th St; Ⓢ A/C, B/D, 1 bis 59th St-Columbus Circle) einer der drei Jazzclubs im Lincoln Center. Er bietet einen tollen Blick auf den Central Park und allabendliche Shows mit Top-Besetzung. Weiter im Norden in der Upper West Side lohnt sich ein Besuch in der **Smoke Jazz & Supper Club-Lounge** (Karte S. 90; ☎212-864-6662; www.smokejazz.com; 2751 Broadway, zw. W 105th St & 106th St), die an den Wochenenden immer ein großes Publikum anlockt.

große Acts für Leute, die Shows lieber im intimeren Rahmen als auf großen Konzertbühnen sehen wollen.

Radio City Music Hall KONZERTHALLE
(Karte S. 80; ☎ 212-247-4777; www.radiocity.com; Sixth Ave an der W 50th St) In der architektonisch prächtigen Konzerthalle in Midtown treten Größen wie Barry Manilow und der Cirque de Soleil auf. Und natürlich findet hier auch das berühmte Christmas Spectacular statt.

Delancey LIVEMUSIK
(Karte S. 74; ☎ 212-254-9920; www.thedelancey.com; 168 Delancey St an der Clinton St; S F, J/M/Z bis Delancey-Essex Sts) Hier treten tolle Indie-Bands auf.

Irving Plaza LIVEMUSIK
(Karte S. 80; www.irvingplaza.com; 17 Irving Pl an der 15th St; S L, N/Q/R/W, 4/5/6 bis 14th St-Union Sq) Tolle, mittelgroße Location für spleenige Mainstream-Acts. Rund um die Bühne gibt's einen kleinen Dancefloor und von der Empore hat man einen tollen Blick.

Webster Hall CLUB
(Karte S. 74; ☎ 212-353-1600; www.websterhall.com; 125 E 11th St, nahe Third Ave; ⌚ Do–Sa 22–4 Uhr; S L, N/Q/R/W, 4/5/6 bis 14th St-Union Sq) In dem Urgestein der Dancehalls gibt's preiswerte Drinks, junge tanzwütige Gäste und genügend Platz, um ordentlich ins Schwitzen zu kommen.

Theater

Im Allgemeinen finden „Broadway"-Produktionen in den verschwenderisch ausgestatteten Theatern aus dem frühen 20. Jh. rund um den Times Square statt. Ein Theater wählt man nach der Produktion aus, beispielsweise *The Book of Mormon* oder *The Lion King*. Die Abendshows beginnen um 20 Uhr.

Die Bezeichnung „Off Broadway" bezieht sich auf Shows, die in kleineren Theatern mit 500 oder weniger Plätzen stattfinden. Viele von ihnen findet man gleich um die Ecke vom Broadway, aber auch anderswo in der Stadt. Zu den sogenannten „Off-Off Broadway"-Veranstaltungen gehören Lesungen, experimentelle und innovative Aufführungen sowie Improvisationen in Häusern mit weniger als 100 Plätzen. Sie befinden sich meist in Downtown. In diesen kleinen Theatern sind oft einige der besten Stücke der Welt zu sehen, bevor sie auf den Broadway umziehen.

Hinweise auf aktuelle Veranstaltungen findet man in den Printmedien oder auf Websites wie **Theater Mania** (☎ 212-352-3101; www.theatermania.com). Eintrittskarten zum regulären Preis bekommt man bei **Telecharge** (☎ 212-239-6200; www.telecharge.com) und **Ticketmaster** (☎ 800-448-7849, 800-745-3000; www.ticketmaster.com). Die **TKTS-Ticketschalter** (www.tdf.org/tkts; Ecke Front St & John St; ⌚ Mo–Sa 11–18, So 11–16 Uhr; S A/C bis Broadway-Nassau; 2/3, 4/5, J/Z bis Fulton St) verkaufen Karten für Broadway- und Off-Broadway-Musicals am selben Tag bis zu 50 % unter Normalpreis.

★ Public Theater THEATER
(Karte S. 74; ☎ 212-539-8500; www.publictheater.org; 425 Lafayette St, zw. Astor Pl & E 4th St; S R/N bis 8th Street, 6 bis Astor Place)

St. Ann's Warehouse THEATER
(☎ 718-254-8779; www.stannswarehouse.org; 29 Jay St, Dumbo; S A/C bis High St)

PS 122 THEATER
(Karte S. 74; ☎ 212-477-5288; www.ps122.org; 150 First Ave an der E 9th St)

Playwrights Horizons THEATER
(Karte S. 80; ☎ Tickets 212-279-4200; www.playwrightshorizons.org; 416 W 42nd St zw. Ninth Ave & Tenth Ave; S A/C/E bis 42nd St-Port Authority Bus Terminal)

New York Theater Workshop THEATER
(Karte S. 74; ☎ 212-460-5475; www.nytw.org; 79 E 4th St zw. Second Ave & Third Ave; S F/V bis Lower East Side-2nd Ave)

Comedy

Von anspruchslosen Komödien bis hin zu experimentellen, humorvollen Stücken – in dieser Stadt gibt's alles, für jeden Geschmack und jeden Geldbeutel. In etablierten Häusern wird mit verordnetem Mindestkonsum der Alkoholverkauf angekurbelt.

★ Upright Citizens Brigade Theatre COMEDY
(Karte S. 80; ☎ 212-366-9176; www.ucbtheatre.com; 307 W 26th St zw. Eighth Ave & Ninth Ave; Grundpreis 5–8 US$; S C/E bis 23rd St) In dem kleinen Kellertheater gibt's allabendlich Improvisations-Shows mit bekannten, aufstrebenden und weniger erfolgversprechenden Comedians.

Village Lantern COMEDY
(Karte S. 74; ☎ 212-260-7993; www.villagelantern.com; 167 Bleecker St; S A/B/C/D/F/M bis W 4th

St) Im Village Lantern unterhalb der Bar gleichen Namens kann man jeden Abend alternative Comedy genießen.

Caroline's on Broadway COMEDY

(Karte S. 80; ☎ 212-757-4100; www.carolines.com; 1626 Broadway an der 50th St; Ⓢ N/Q/R bis 49th St, 1 bis 50th St) Eine der bekanntesten Locations in der Stadt mit großen Namen auf der Bühne.

Kinos

Abends und am Wochenende gibt's an den Kinokassen immer lange Schlangen. Daher sollte man sich Kinokarten lieber im Vorverkauf besorgen (außer für Vorstellungen mitten in der Woche, mittags oder für einen Film, der schon seit Monaten läuft). Der Vorverkauf für die meisten Kinos läuft über **Movie Fone** (☎ 212-777-3456; www.moviefone.com) und **Fandango** (www.fandango.com). Die Vorverkaufsgebühr beträgt 1,50 US$ pro Kinokarte, aber die Investition lohnt sich. Überall in der Stadt findet man große Kinoketten mit steil aufsteigenden Sitzreihen, z. B. mehrere in der Gegend von Times Square und Union Square. Im Sommer werden viele Dachterrassen und Parks zu kostenlosen Freiluftkinos.

Film Forum KINO

(Karte S. 74; ☎ 212-727-8110; www.filmforum.com; 209 W Houston St zw. Varick St & Sixth Ave; ⏲ tgl.; 👪; Ⓢ 1 bis Houston St) Die langen, schmalen Kinos können die Liebe von Cineasten für diese Institution nicht schmälern. Gezeigt werden Neuverfilmungen, Klassiker und Dokus.

IFC Center KINO

(Karte S. 74; ☎ 212-924-7771; www.ifccenter.com; 323 Sixth Ave an der 3rd St; Ⓢ A/C/E, B/D/F/V bis W 4th St-Washington Sq) Das ehemalige Waverly mit drei Kinosälen ist ein Programmkino, in dem neue Indie-Filme, Kultklassiker und ausländische Streifen laufen. Und das Allerbeste: hier gibt's Bio-Popcorn.

Landmark Sunshine Cinema KINO

(Karte S. 74; ☎ 212-358-7709; www.landmarktheatres.com; 143 E Houston St an der Forsyth St; Ⓢ F/V bis Lower East Side-2nd Ave) Dieses Kino ist in einem ehemaligen jiddischen Filmtheater untergebracht und zeigt Indie-Uraufführungen.

Anthology Film Archives KINO

(Karte S. 74; ☎ 212-505-5181; www.anthologyfilmarchives.org; 32 Second Ave an der 2nd St; Ⓢ F/V bis Lower East Side-2nd Ave) Die Independent- und Avantgarde-Filme, die in diesem Kino mit dem Aussehen eines Schulgebäudes gezeigt werden, begeistern Filmstudenten.

Darstellende Künste

Großartige Veranstaltungsorte und Künstler von Weltklasse machen die Stadt das ganze Jahr über zu einem Mekka für Kunstliebhaber.

Jedes wichtige Genre hat eine Bühne im riesigen Lincoln Center (S. 88). In der Avery Fisher Hall treten die New York Philharmonics auf, in der Alice Tully Hall die Chamber Music Society of Lincoln Center; das New York State Theater beherbergt das New York City Ballet. Im Mitzi E. Newhouse und im Vivian Beaumont werden erstklassige Theaterstücke gezeigt. In der Juilliard School finden zahlreiche Konzerte statt. Die größte Attraktion ist aber das Metropolitan Opera House. Hier sind die Metropolitan Opera und das American Ballet Theater zu Hause.

★ **Carnegie Hall** LIVEMUSIK

(Karte S. 82; ☎ 212-247-7800; www.carnegiehall.org; W 57th St & Seventh Ave; Ⓢ N/Q/R zur 57th St–7th Ave) Seit ihrer Eröffnung im Jahr 1891 sind in der historischen Carnegie Hall schon Größen wie Tchaikowsky, Mahler und Prokofiev, andererseits aber auch Stevie Wonder, Sting und Tony Bennett aufgetreten. Heute spielen in den drei Sälen (Juli & Aug. meist geschl.) Philharmoniker aus aller Welt, das New York Pops Orchestra und die unterschiedlichsten Musiker von Weltklasse. Vor bzw. nach einer Aufführung kann man im **Rose Museum** der Geschichte dieser Institution nachspüren.

★ **Brooklyn Academy of Music** DARSTELLENDE KUNST

(BAM; www.bam.org; 30 Lafayette Ave am Ashland Pl, Fort Greene; Ⓢ D, N/R bis Pacific St, B, Q, 2/3, 4/5 bis Atlantic Ave) Die Brooklyner Version des Lincoln Center – zumindest was die All-inclusive-Politik angeht, denn die Atmosphäre ist hier viel aufregender. Die spektakuläre Akademie bietet alles von modernem Tanz, Oper, innovativem Theater bis hin zu Konzerten.

Symphony Space LIVEMUSIK

(Karte S. 90; ☎ 212-864-5400; www.symphonyspace.org; 2537 Broadway zw. 94th St & 95th St; 👪; Ⓢ 1/2/3 bis 96th St) Ein echtes Juwel der Upper West Side, in dem die ganze Woche über auf verschiedenen Bühnen Aufführungen unterschiedlicher Genres gezeigt werden –

Theater, Kabarett, Comedy, Tanz und Weltmusikkonzerte.

Sport

Die extrem erfolgreichen **New York Yankees** (☎718-293-6000, Tickets 877-469-9849; www.yankees.com; Tickets 20–300 US$) spielen im **Yankee Stadium** (☎718-293-6000, Tickets 877-469-9849; www.yankees.com; E 161st St an der River Ave; Führungen 20 US$; 👪; Ⓢ B, D, 4 bis 161st St-Yankee Stadium) und die angesehenen **New York Mets** (www.mets.com; Tickets 12–102 US$) im **Citi Field** (126th St, an der Roosevelt Ave, Flushing, Queens; Ⓢ 7 bis Mets-Willets Pt).

Wem eine weniger großartige Kulisse in netter Umgebung reicht, sollte einen Besuch der Zweitligisten in Betracht ziehen: die **Staten Island Yankees** (☎718-720-9265; www.siyanks.com; Tickets 12 US$; ⏲ Ticketschalter Mo–Fr 9–17, Sa 10–15 Uhr) im **Richmond County Bank Ballpark** (75 Richmond Terrace, Staten Island; ⛴ Staten Island Ferry) oder die **Brooklyn Cyclones** (☎718-449-8497; www.brooklyncyclones.com; Tickets 8–16 US$) im **MCU Park** (1904 Surf Ave & W 17th St, Coney Island; Ⓢ D/F, N/Q bis Coney Island-Stillwell Ave).

Beim Basketball lässt sich die NBA hautnah mit den **New York Knicks** (Karte S. 80; ☎212-465-6073, Tickets 866-858-0008; www.nyknicks.com; Tickets 13–330 US$) im **Madison Square Garden** (Karte S. 80; www.thegarden.com; Seventh Ave zw. 31st St & 33rd St; Ⓢ 1/2/3 bis 34th St-Penn Station), dem „Basketball-Mekka", erleben. Man kann sich auch die neuen **Brooklyn Nets** (www.nba.com/nets; Tickets ab 15 US$), ehemals die New Jersey Nets, anschauen, die ihre erste Saison 2012 im **Barclays Center** (www.barclayscenter.com; Ecke Flatbush Ave & Atlantic Ave, Prospect Heights; Ⓢ B/D, N/Q/R, 2/3, 4/5 bis Atlantic Ave) in Downtown Brooklyn spielten. Im Madison Square Garden ist auch die WNBA-Frauenliga **New York Liberty** (Karte S. 80; ☎212-564-9622, Tickets 212-465-6073; www.nyliberty.com; Tickets 10–85 US$) zu Hause, bei der alles etwas lockerer zugeht.

New York Citys NFL-Teams (Profi-Football), die **Giants** (www.giants.com) und die **Jets** (www.newyorkjets.com), teilen sich das **MetLife Stadium** in East Rutherford, New Jersey.

Shoppen

Ehemals besondere Blocks werden zu austauschbaren Einkaufszentren, weil immer mehr Filialen von Ketten eröffnet werden. Aber trotzdem gibt es in den ganzen USA doch keine bessere Stadt zum Shoppen als NYC. Und das Beste daran ist, dass die meisten Geschäfte, vor allem in Downtown, bis 22 oder 23 Uhr geöffnet haben.

Downtown

In Lower Manhattan findet man alle möglichen Schnäppchen. Hier sind auch die meisten kleinen, stylishen Boutiquen angesiedelt. Die coolsten Angebote gibt's in NoLita (direkt östlich von SoHo), im East Village und in der Lower East Side. In SoHo sind die Modeläden zwar teurer, aber ebenso gut. Auf dem Broadway reihen sich zwischen Union Sq und Canal St die großen Einzelhandelsgeschäfte wie H&M und Urban Outfitters aneinander. Hier gibt's auch Dutzende von Jeans- und Schuhläden. In den Straßen von Chinatown bekommt man Designerhandtaschen, Schmuck, Parfum und Uhren – natürlich alles gefälscht. Begehrte Designerlabels findet man beim Bummel durch den Meatpacking District rund um die 14th St und die Ninth Ave.

★ Strand Book Store — BÜCHER
(Karte S. 74; ☎212-473-1452; www.strandbooks.com; 828 Broadway an der 12th St; ⏲ Mo–Sa 9.30–22.30, So 11–22.30 Uhr; Ⓢ L, N/Q/R/W, 4/5/6 bis 14th St-Union Sq) Der beste Buchladen der Stadt verkauft neben neuen auch gebrauchte Bücher.

★ Century 21 — MODE
(Karte S. 70; www.c21stores.com; 22 Cortlandt St zw. Church St & Broadway; ⏲ Mo–Mi 7.45–21, Do & Fr 7.45–21.30, Sa 10–21, So 11–20 Uhr; Ⓢ A/C, J/Z, 2/3, 4/5 bis Fulton St) Das vierstöckige Kaufhaus ist bei allen New Yorkern ungeachtet ihres Einkommens beliebt, weil man hier auch immer wieder Designer-Schnäppchen findet.

J&R Music & Computer World — MUSIK
(Karte S. 70; www.jr.com; 15-23 Park Row; Ⓢ A/C, J/Z, M, 2/3, 4/5 bis Fulton St-Broadway-Nassau St) Hier kann jeder seinen Bedarf an Elektronikprodukten stillen, insbesondere im Bereich Computer und Kameras.

A-1 Records — MUSIK
(Karte S. 74; ☎212-473-2870; 439 E 6th St zw. First Ave & Ave A; ⏲ 13–21 Uhr; Ⓢ F/V bis Lower East Side-2nd Ave) New Yorks Vinyl-Himmel ist hier im East Village beheimatet.

Economy Candy — SÜSSIGKEITEN
(Karte S. 74; ☎212-254-1531; www.economycandy.com; 108 Rivington St an der Essex St; ⏲ So–Fr

9–18, Sa 10–17 Uhr; (S) F, J/M/Z bis Delancey St-Essex St) Dieser Bonbon-Laden versüßt das Leben der Menschen in diesem Viertel schon seit 1937. Der Laden ist bis unter die Decke vollgestopft mit losen und abgepackten Süßigkeiten.

Trash & Vaudeville BEKLEIDUNG
(Karte S. 74; 4 St Marks Pl; (S) 6 bis Astor Pl) Das Trash & Vaudeville, der Liebling aller Punks und Rocker, war ein echter Klamottengeheimtipp für singende Promis als es im East Village noch sehr viel heftiger zur Sache ging.

Philip Williams Posters VINTAGE
(Karte S. 70; www.postermuseum.com; 122 Chambers St zw. Church St & W Broadway; ⏲ Di–Sa 11–19 Uhr; (S) A/C, 1/2/3 bis Chambers St) In dieser großen Schatzkiste gibt's über eine halbe Million Poster – von riesigen französischen Werbeplakaten für Parfüm und Cognac bis hin zu sowjetischen Filmpostern.

Apple Store COMPUTER, ELEKTRONIK
(Karte S. 80; ☎ 212-444-3400; www.apple.com; 401 W 14th St an der Ninth Ave; ⏲ Mo–Fr 11–20, Sa & So 12–19 Uhr; (S) A/C/E bis 14th St, L bis 8th Ave) Apple-Fans bekommen hier die allerneuesten Gadgets.

Midtown & Uptown

In der Fifth Ave in Midtown und der Madison Ave in Upper East Side bekommt man berühmte internationale Designermode. Am Times Square befinden sich die Megastores vieler Ketten. In Chelsea gibt's dagegen etwas ausgefallenere Boutiquen, obwohl sich jetzt auch hier wie in Upper West Side immer mehr Banken, Drogeriemärkte und riesige Einzelhandelsgeschäfte niedergelassen haben.

Tiffany & Co SCHMUCK, HAUSHALTSWAREN
(Karte S. 80; www.tiffany.com; 727 Fifth Ave; (S) F bis 57th St) Bei dem berühmten Juwelier mit dem eine Uhr tragenden Atlas über dem Eingang bekommt man wunderschöne Diamantringe, Uhren und Colliers sowie Kristall- und Glaswaren.

Saks Fifth Ave KAUFHAUS
(Karte S. 80; www.saksfifthavenue.com; 611 Fifth Ave an der 50th St; (S) B/D/F/M bis 47th-50th Sts-Rockefeller Center, E/M bis 5th Ave-53rd St) Zehnstöckiger Flagship-Store mit wunderschönem, altem Aufzug und dem Glamour längst vergangener Zeiten. Perfekter Service und alle Must-Have-Labels.

Macy's KAUFHAUS
(Karte S. 80; www.macys.com; 151 W 34th St am Broadway; (S) B/D/F/M, N/Q/R bis 34th St-Herald Sq) Die Grande Dame der Kaufhäuser in Midtown verkauft alles von Jeans bis Küchenzubehör.

Bloomingdale's KAUFHAUS
(Karte S. 90; www.bloomingdales.com; 1000 Third Ave an der E 59th St; ⏲ Mo–Fr 10–20.30, Sa 10–19, So 11–19 Uhr; 📶; (S) 4/5/6 bis 59th St, N/Q/R bis Lexington Ave-59th St) Das riesige, überwältigende Bloomingdale's in Uptown ist für Shopper so etwas wie das Metropolitan Museum of Art für Kunstliebhaber.

Barneys Co-op MODE, ACCESSOIRES
(Karte S. 80; ☎ 212-593-7800; 236 W 18th St; ⏲ Mo–Fr 11–20, Sa 11–19, So 12–18 Uhr; (S) 1 bis 18th St) Hier gibt's tolle, preislich erschwingliche Versionen von Designermode.

ℹ Praktische Informationen

INTERNETZUGANG

Die meisten Unterkünfte in New York City bieten ihren Gästen einen Internetanschluss – oft wird dafür allerdings eine Log-in-Gebühr verlangt.

New York Public Library (☎ 212-930-0800; www.nypl.org/branch/local; E 42nd St an der Fifth Ave; (S) B, D, F oder M bis 42nd St-Bryant Park) Laptop-Freaks kommen hier kostenlos ins Internet, alle anderen können an öffentlichen Terminals in fast allen Bibliotheken der Stadt eine halbe Stunde lang kostenlos surfen.

Kostenlose WLAN-Hotspots gibt's u. a. im Bryant Park, Battery Park, Tompkins Square Park und Union Square Park sowie im Lincoln Center, an der Columbia University, im South Street Seaport und in Dumbo in Brooklyn. Und natürlich haben auch die fast 200 Starbucks-Filialen kostenloses WLAN.

Internetzugang bieten auch die Filialen von **Staples** (www.staples.com) und **FedEx Kinko** (www.fedexkinkos.com) in der ganzen Stadt.

MEDIEN

Daily News (www.nydailynews.com) Täglich erscheinendes Boulevardblatt mit einem Faible für Sensationsnachrichten. Erzrivale der *New York Post*.

New York (www.newyorkmagazine.com) Wochenblatt mit Reportagen über das ganze Land sowie auf NYC bezogene Nachrichten und Infos über Kunst und Kultur.

New York Post (www.nypost.com) Bekannt für seine gepfefferten Schlagzeilen, die mit Promi-Skandalen vollgestopfte „Page Six" und die guten Sportberichte.

New York Times (www.nytimes.com) Die graue Eminenz ist die maßgebende Zeitung und wird in den ganzen USA gelesen.

NY1 (Time Warner Cable, Channel 1; www.ny1.com) Nachrichten rund um die Uhr auf dem Kabelkanal Channel 1 von Time Warner.

Village Voice (www.villagevoice.com) Das wöchentlich erscheinende Boulevardblatt ist noch immer eine gute Infoquelle zu Events, Clubs und Musikveranstaltungen.

WFUV-90,7FM Den besten Radiosender für alternative Musik betreibt die Fordham University in der Bronx.

WNYC 820am oder 93,9FM Lokale Tochter vom National Public Radio.

MEDIZINISCHE VERSORGUNG

Große Apotheken gibt's überall (in einigen sind auch Ärzte anwesend) und viele sind bis spät in die Nacht geöffnet.

New York County Medical Society (☎212-684-4670; www.nycms.org) Empfiehlt Ärzte am Telefon, je nach Krankheit und Sprache.

New York University Langone Medical Center (☎212-263-7300; 550 First Ave; ⊙24 Std.)

Travel MD (☎212-737-1212; www.travelmd.com) Für Reisende und New Yorker rund um die Uhr abrufbarer Dienst für ärztliche Hausbesuche.

TELEFON

In den Straßen New Yorks stehen Tausende von Telefonzellen, aber die meisten funktionieren nicht. Manhattans Ortsvorwahlen lauten ☎212, ☎646 und ☎917, die der vier anderen Viertel ☎718, ☎347 und ☎929. Vor der Ortsvorwahl muss man immer zusätzlich die ☎1 wählen, auch wenn man eine Nummer in dem Stadtviertel wählt, in dem man sich gerade befindet.

Über die Service-Hotline ☎311 erhält man überall in der Stadt Infos oder Hilfe. Man kann sich mit städtischen Behörden verbinden lassen – vom Parkplatz-Ticketbüro bis zur Abteilung für Beschwerden wegen Ruhestörung.

TOURISTENINFORMATION

New York City & Company (Karte S. 80; ☎212-484-1222; www.nycgo.com; 810 Seventh Ave an der 53rd St; ⊙Mo–Fr 8.30–18, Sa & So 9–17 Uhr; Ⓢ B/D/E bis 7th Ave) Offizieller Infodienst des Convention & Visitors Bureau mit hilfsbereiten, mehrsprachigen Angestellten. Weitere Zweigstellen gibt's u. a. in Chinatown (Karte S. 70; Ecke Canal St, Walker St & Baxter St; ⊙Mo–Fr 10–18, Sa 10–19 Uhr; Ⓢ 6/J/N/Q bis Canal St); in Lower Manhattan (Karte S. 70; City Hall Park am Broadway; ⊙Mo–Fr 9–18, Sa & So 10–17 Uhr; Ⓢ 4/5/A/C bis Fulton St); am Times Square (Karte S. 80; 1560 Broadway zw. 46th St & 47th St, Times Square; ⊙Mo–So 8–20 Uhr; Ⓢ N/Q/R bis 49th St).

ℹ An- & Weiterreise

AUTO & MOTORRAD

Das Mieten eines Autos in der Stadt ist eine teure Angelegenheit. Ein Mittelklassewagen kostet pro Tag mindestens 75 US$. Hinzu kommen Extrakosten wie 13,25 % Steuern und verschiedene Versicherungen.

BUS

Der riesige und verwirrende **Port Authority Bus Terminal** (Karte S. 80; ☎212-564-8484; www.panynj.gov; 41st St an der Eighth Ave; Ⓢ A, C, E, N, Q, R, 1, 2, 3, & 7) ist Manhattans Hauptbusbahnhof. **Short Line** (S. 133) fährt mit zahlreichen Bussen in Städte im nördlichen New Jersey und im oberen Teil des New York State. Die Busse von **New Jersey Transit** (www.njtransit.state.nj.us) bedienen ganz New Jersey.

Mehrere verlässliche Busunternehmen mit Sitz in Midtown, darunter **BoltBus** (☎877-265-8287; www.boltbus.com) und **Megabus** (☎877-462-6342; us.megabus.com), betreiben komfortable, sichere Busse von NYC nach Philadelphia (10 US$, 2 Std.), Boston (25 US$, 4¼ Std.) und Washington, D. C. (25 US$, 4½ Std.). In den Bussen gibt's kostenloses WLAN.

FÄHRE

Seastreak (www.seastreak.com) fährt nach Sandy Hook (hin & zurück 45 US$) in New Jersey und Martha's Vineyard (nur im Sommer; hin & zurück 220 US$) in Massachusetts. Los geht's an Pier 11 am East River nahe Wall St und E 35th St. Die Fähren von New York Waterway (S. 145) legen an Pier 11 und am World Financial Center am Hudson ab und fahren nach Hoboken (einfache Fahrt 7 US$), Jersey City und in andere Orte.

FLUGZEUG

New York City hat drei Hauptflughäfen. Der größte ist der **John F. Kennedy International Airport** (JFK; ☎718-244-4444; www.panynj.gov) in Queens, wo sich auch der **LaGuardia Airport** (LGA; www.panynj.gov/aviation/lgaframe) befindet. Der **Newark Liberty International Airport** (EWR; ☎973-961-6000; www.panynj.gov) ist jenseits des Hudson River in Newark, NJ, und keine schlechte Alternative. Wer online buchen will, sollte lieber allgemein unter „NYC" suchen als unter einem bestimmten Flughafen, denn dann erfassen die meisten Suchmaschinen alle drei Flughäfen gleichzeitig. Der **Long Island MacArthur Airport** (ISP; ☎631-467-3210; www.macarthurairport.com) in Islip ist eine (wenn auch zeitaufwändige) Möglichkeit, Geld zu sparen, vor allem, wenn man die Hamptons oder andere Teile von Long Island sowieso besuchen will.

ZUG

Die **Penn Station** (33rd St, zw. Seventh Ave & Eighth Ave; Ⓢ 1/2/3/A/C/E bis 34th St-Penn

Station), die nicht mit der Penn Station in Newark, NJ, verwechselt werden darf, ist der Abfahrtsbahnhof für alle Züge von **Amtrak** (☎800-872-7245; www.amtrak.com), u. a. starten hier der schnelle Acela Express nach Boston (3¾ Std.) und Washington, D. C. (2 Std. 52 Min.). Die Preise und die Fahrtdauer sind vom Wochentag und der Abfahrtszeit abhängig. Neben Haltestellen in Brooklyn und Queens fährt die **Long Island Rail Road** (LIRR; www.mta.nyc.ny.us/lirr) ebenfalls die Penn Station (NYC) an und befördert jeden Tag mehrere Hunderttausend Pendler. Auch **New Jersey Transit** (S. 145) betreibt Züge ab der Penn Station (NYC), die in die Vorstädte und zur Jersey Shore fahren. Eine weitere Möglichkeit für die Reise nach New Jersey, allerdings in nördlicher Richtung, beispielsweise nach Hoboken und Newark, ist der **New Jersey PATH** (☎800-234-7284; www.panynj.gov/path). Für diese Züge gilt ein separates Preissystem (2,25 US$). Sie fahren auf der ganzen Länge der Sixth Ave und halten an der 34th, 23rd, 14th, 9th und Christopher St sowie an der Station World Trade Center.

Die einzige Bahnlinie, die von der Grand Central Station, Park Ave an der 42nd St, abfährt, ist die **Metro-North Railroad** (☎212-532-4900; www.mta.info/mnr). Sie bedient die nördlichen Vorstädte, Connecticut und Orte im Hudson Valley.

ℹ Unterwegs vor Ort

AUTO & MOTORRAD

In dieser Stadt werden selbst die ausgeglichensten Fahrer von der aggressiven Fahrweise angesteckt. Verkehr und Parkplatzsuche sind immer problematisch und angstbesetzt.

Das Schlimmste an einer Fahrt durch die Stadt ist das Hinein- und Herauskommen – man wird zwangsläufig zu einem Teil der Massen, die versuchen, sich durch die Tunnel und über die Brücken zu zwängen, die die verschiedenen Wasserwege über- bzw. unterqueren, die Manhattan umgeben. Auch müssen die hiesigen Gesetze beachtet werden. So darf man beispielsweise nicht bei Rot rechts abbiegen (was im restlichen Bundesstaat erlaubt ist). Man darf auch nicht vergessen, dass jede zweite Straße eine Einbahnstraße ist.

FÄHRE

Die **East River Ferry** (www.eastriverferry.com) (einfache Fahrt 4 US$, alle 20 Min.) verbindet Orte in Brooklyn (Greenpoint, North und South Williamsburg sowie Dumbo) und Queens (Long Island City) mit Manhattan (Pier 11 an der Wall St und E 35th St). **New York Water Taxi** (☎212-742-1969; www.nywatertaxi.com; Hop-on-Hop-off 26 US$/Tag) bedient mit einer Flotte von schnellen, gelben Booten mehrere Strecken, u. a. gibt's an den Wochenenden einen Hop-on-Hop-off-Service rund um Manhattan und Brooklyn.

FAHRRAD

In NYC gibt's das Fahrrad-Sharing-Programm „Citi Bike" (S. 98).

VOM/ZUM FLUGHAFEN

An den drei großen Flughäfen kann man Autos mieten. Die Autofahrt nach NYC ist aber eine Strapaze, daher fahren viele Leute mit dem Taxi in die Stadt. Das kostet vom JFK und von Newark 52 US$ (Festpreis) plus Maut und Trinkgeld. Von LaGuardia nach Midtown kostet die Fahrt ca. 25 US$ (mit Taxameter).

Eine preiswertere, angenehme Alternative, um vom JFK in die Stadt zu kommen, ist der **AirTrain** (einfache Strecke 5 US$). Er hat Anschluss an die Subway-Linien in die Innenstadt (2,50 US$; stadtauswärts mit dem A-Train in Richtung Far Rockaway) oder den LIRR (einfache Strecke 9,50 US$) an der Jamaica Station in Queens (dies ist wahrscheinlich die schnellste Art, um in die Stadt zur Penn Station zu kommen).

Newark hat seinen eigenen **AirTrain**, der alle Terminals mit einem New-Jersey-Transit-Bahnhof verbindet, von dem aus man dann zur Penn Station in NYC kommt (Kombi-Ticket NJ Transit/AirTrain einfache Fahrt 12,50 US$).

Eine verlässliche, aber zeitraubende Möglichkeit, um von LaGuardia nach Manhattan zu kommen, ist Bus M60 (2,50 US$). Er fährt über die 125th St in Harlem und hält unterwegs mehrere Male am Broadway in der Upper West Side.

Alle drei Flughäfen werden auch von Expressbussen (16 US$) und kleinen Shuttlebussen (23 US$) angefahren. Der **New York Airport Service Express Bus** (☎718-560-3915; www.nyairportservice.com; ⏲ca. alle 20 Min.) fährt etwa alle 20 Minuten zur Port Authority, Penn Station (NYC) und zur Grand Central Station. Der **Super Shuttle Manhattan** (www.supershuttle.com) holt seine Fahrgäste nach Vorbestellung an jedem x-beliebigen Ort ab.

ÖFFENTLICHE VERKEHRSMITTEL

Die **Metropolitan Transport Authority** (MTA; ☎718-330-1234 www.mta.info) ist sowohl für die Subway als auch die Busse zuständig. Je nach Subway-Linie und nach Tageszeit und je nachdem, ob einem die Bahn vor der Nase wegfährt oder nicht, ist die 100 Jahre alte New Yorker Subway (2,50 US$/Fahrt) der beste Freund oder ärgste Feind ihrer Benutzer. Das Tollste an ihr ist, dass sie rund um die Uhr fährt. Auf den ersten Blick kann das 1055 km lange Netz einem Angst einjagen, es ist aber trotz aller Unzulänglichkeiten eine echte Errungenschaft. Die Züge fahren buchstäblich in alle Viertel. Netzpläne gibt's an jeder Haltestelle. Um mitfahren zu können, muss man sich eine MetroCard kaufen, die es an Kartenschaltern und Automaten gibt. Diese akzeptieren Münzen, Scheine und Kreditkarten. Wer gleich mehrere Tickets kauft, kommt billiger weg, empfehlenswert ist eventuell auch der Kauf einer MetroCard-Wochenkarte.

Wenn man es nicht sonderlich eilig hat, kann man auch eine Busfahrt in Betracht ziehen (2,50 US$/Fahrt). So bleibt man über der Erdoberfläche und sieht die Welt draußen vorbeiziehen – und zwar rund um die Uhr. Und auch die Orientierung macht hier keine Probleme – die Busse fahren quer durch die Stadt in beide Fahrtrichtungen (z. B. auf der 14th, 23rd, 34th, 42nd, 72nd St und allen anderen zweispurigen Straßen) und nach Uptown und Downtown, abhängig von der Avenue, auf der sie fahren. Man kann mit einer MetroCard oder dem exakten Betrag in Münzen, aber nicht mit Dollarscheinen bezahlen. Mit einem Ticket kann man von einer Linie in die nächste umsteigen, ebenso von der und in die Subway.

TAXI

Das klassische, gelbe NYC-Taxi ist kein kastenförmiges, spritfressendes Monster mehr. Sondern eher ein stromlinienförmiges Hybridauto, das sogar Mini-TVs und Kreditkartenautomaten an Bord hat. Egal, welche Automarke das Taxi ist oder wie viele Jahre es auf dem Buckel hat, man muss sich auf eine ruckelige, manchmal außer Kontrolle geratene Fahrt gefasst machen. Aktuelle Preise: 2,50 US$ Startgebühr (für die ersten 300 m), dann jeweils 0,40 US$ alle 300 m bzw. 60 Sekunden, die man im Stau steht, 1 US$ Zuschlag in Spitzenzeiten (werktags 16–20 Uhr) und 0,50 US$ Nachtzuschlag (tgl. 20–6 Uhr). Die Fahrer erwarten ein Trinkgeld von 10 bis 15 %. In Großraumtaxis passen fünf bis sechs Personen. Wenn man ein Taxi anhalten kann, leuchtet das Licht auf seinem Dach. Zudem sollte man bedenken, dass man im Regen, zur Rushhour und gegen 16 Uhr nur sehr schwer ein Taxi bekommt. Zu dieser Zeit ist häufig Schichtwechsel.

NEW YORK STATE

Es gibt Upstate New York und Downstate New York, aber sie konnten zueinander nicht kommen. Die beiden haben so viel gemeinsam wie die Upper East Side in NYC und die Bronx. Und dennoch teilen sie sich einen Gouverneur, und ihre schlecht funktionierenden Gesetze werden in der Hauptstadt Albany gemacht. Eine verfahrene Situation und ein Drama – auch auf Seiten des Gesetzgebers. Vor allem, wenn man alles gleichzeitig will: Ruhe und ländliche Idylle genauso wie die Bars in der Lower East Side und die Subway. New York State mit seinen Wasserwegen – dem Hudson River, dem 843 km langen Eriekanal, der Albany mit Buffalo verbindet, und dem St.-Lorenz-Strom – reicht bis an die kanadische Grenze mit den weltberühmten Niagarafällen und den Thousand Islands. Buffalo ist ein preiswertes Paradies für Leckermäuler. Weinliebhaber können sich hier mit ihrem Lieblingswein aus dem ganzen Bundesstaat, insbesondere aber aus dem Gebiet der Finger Lakes unweit der Collegestadt Ithaca eindecken. Wanderungen durch die Wildnis, Campen, kleinstädtisches Amerika, kilometerlange Sandstrände, großartige historische Anwesen und Künstlerkolonien im Hudson Valley, die Catskills und die abgelegene Adirondacks-Bergkette – all dies ist Grund genug für viele Leute, der Stadt auf Nimmerwiedersehen den Rücken zuzukehren.

ℹ Praktische Informationen

New York State Office of Parks, Recreation and Historic Preservation (☎ 800-456-2267; 518-474-0456; www.nysparks.com) Informationen über Camping und Unterkünfte sowie allgemeine Auskünfte über alle State Parks. Reservieren kann man bis zu neun Monate im Voraus.

511 New York: Traffic, Travel & Transit Info (www.511ny.org) Wetterbericht, Infos zur Verkehrslage u. a.

Uncork New York (☎ 585-394-3620; www.newyorkwines.org) Infos über Weine aus dem ganzen Bundesstaat.

Long Island

Kinder in der Kleidung von Privatschulen, albtraumhafte Pendlerfahrten, Malls mit Geschäften einheimischer Ketten, 08/15-Vorstädte, teure Resorts, vom Wind durchpeitschte Dünen und traumhafte Strände. All das hat Long Island, das an die Stadtbezirke Brooklyn und Queens grenzt. Und so erklärt sich auch der etwas komplizierte Ruf Long Islands. Die ersten europäischen Siedlungen, die 1640 errichtet wurden, waren Walfänger- und Fischerhäfen, wie das nur 25 Meilen (40 km) östlich von Manhattan liegende Levittown im Nassau County. Hier wurden die ersten Häuser in perfekter Massenproduktion errichtet. Aber abgesehen davon gibt's in Long Island breite Strände, bedeutende historische Stätten, renommierte Weinkeller, ländliche Gegenden und natür-

KURZINFOS NEW YORK STATE

Spitznamen Empire State, Excelsior State, Knickerbocker State

Bevölkerung 19,5 Mio.

Fläche 122 237 km²

Hauptstadt Albany (98 000 Ew.)

Weitere Städte New York City (8 245 000 Ew.)

Verkaufssteuer 4 % zzgl. der Steuern des Countys und des Bundesstaats (insgesamt etwa 8 %)

Geburtsort von Dichter Walt Whitman (1819–1892), Präsident Theodore Roosevelt (1858–1919), Präsident Franklin D. Roosevelt (1882–1945), First Lady Eleanor Roosevelt (1884–1962), Maler Edward Hopper (1882–1967), Filmstar Humphrey Bogart (1899–1957), Komikerin Lucille Ball (1911–1989), Filmemacher Woody Allen (geb. 1935), Schauspieler Tom Cruise (geb. 1962), Profisportler Michael Jordan (geb. 1963), Popstar Jennifer Lopez (geb. 1969)

Heimat der Six Nations of the Iroquois Confederacy, der ersten US-amerikanischen Rinderranch (1747, in Montauk, Long Island), der US-amerikanischen Suffragetten-Bewegung (1872), des Eriekanals (1825)

Politische Ausrichtung Gouverneur ist der populäre Demokrat Mario Cuomo, NYC ist größtenteils demokratisch, der nördliche Teil des Staats konservativer

Berühmt für die (eine Hälfte der) Niagarafälle, die Hamptons, Kellereien, den Hudson River

Ungewöhnlicher Fluss Der Genesee River ist einer der wenigen Flüsse der Welt, die von Süden nach Norden fließen – von South Central New York in den Lake Ontario bei Rochester

Entfernungen NYC–Albany 160 Meilen (257 km), NYC–Buffalo 375 Meilen (603 km)

lich die Hamptons in all ihrer wunderschönen, sonnenbeschienenen Pracht.

ℹ Anreise & Unterwegs vor Ort

Die direkteste Strecke ist die I-495, die auch LIE (Long Island Expwy) genannt wird. Autofahrer sollten diese Route aber während der Rush Hour besser meiden, denn dann sind die ganzen Pendler unterwegs. Sobald man die Hamptons erreicht hat, führt eine Hauptstraße, der Montauk Hwy, bis zum Ende. Die **Long Island Rail Road** (LIRR; ☎718-217-5477; www.mta.nyc.ny.us/lirr; einfache Strecke Nebensaison/Hauptsaison 19,75/27 US$) bedient alle Regionen von Long Island und damit auch die Hamptons (einfache Strecke 25 US$, 2 Std. 45 Min.) von der Penn Station (NYC), von Brooklyn und von Queens aus. Die Busgesellschaften **Hampton Jitney** (☎212-362-8400; www.hamptonjitney.com; einfache Strecke 25 US$) und **Hampton Luxury Liner** (☎631-537-5800; www.hamptonluxuryliner.com; einfache Strecke 40 US$) betreiben Busse von Manhattans Midtown und Upper East Side zu verschiedenen Orten in den Hamptons. Hampton Jitney bietet auch Busse von/nach Brooklyn an (verschiedene Haltestellen).

North Shore

Long Island und seine Gold Coast der Goldenen Zwanziger mit den Vanderbilts, Chryslers und Guggenheims und natürlich den Gatsbys beginnt vor den Toren der Vorstadt Port Washington. Das Castle Gould, diese riesigen Stallungen mit Türmen am Eingang zur **Sands Point Preserve** (☎516-571-7900; www.sandspointpreserve.org; 127 Middleneck Rd; Eintritt Auto/zu Fuß 5/2 US$; ⏲9–16.30 Uhr), beherbergt heute das Visitor Center. Früher war es im Besitz von Howard Gould, der ein Eisenbahnvermögen geerbt hatte. Das Naturschutzgebiet mit Waldwegen und schönem Sandstrand lädt zu einem Spaziergang ein. Das 1923 erbaute, vollständig eingerichtete Herrenhaus **Falaise** (www.sandspointpreserve.org; Eintritt 10 US$; ⏲Führungen Juni–Okt. Do–So stündl. 12–15 Uhr) kann im Rahmen von Führungen besichtigt werden. Weiter östlich befindet sich der idyllische Ort Oyster Bay mit dem **Sagamore Hill** (☎516-922-4788; www.nps.gov/sahi; Erw./Kind 5 US$/frei; ⏲Mi–So 9–17 Uhr). In diesem Haus im viktorianischen Stil mit 23 Zimmern zogen Theodore Roosevelt und seine Frau ihre sechs Kinder groß. Während seiner Präsidentschaft verbrachten sie hier ihren Urlaub. Im Frühjahr und Sommer sind die Warteschlangen für eine Führung lang. Hinter dem ausgezeichneten **Museum** (Eintritt frei) beginnt ein hübscher Naturpfad bis zum malerischen Strand. Achtung: Bis zum Abschluss der Renovierungs- und Sanierungsarbeiten werden keine Führungen durch das Haus angeboten; aktuelle Informationen hierzu findet man auf der Website.

South Shore

Long Beach, über den ab und an Düsenjets jagen, ist der Strand, der am dichtesten an der Stadt liegt und mit der Bahn leicht zu erreichen ist. Die Hauptstraße ist übersät mit Eisdielen, Bars und Restaurants. Am Strand tummeln sich Surfer, trendige Städter und sonnengebräunte Anwohner.

An Sommerwochenenden wird der fast 10 km lange **Jones Beach** zu einem bunten, großstädtischen Mikrokosmos: Surfer, feierwütige Städter, Teenager, Nudisten, biedere Familien, Schwule, Lesben und viele Senioren. Hier trifft sich einfach alles. Auf der Long Island Rail Road (LIRR; ☎718-217-5477; www.mta.info/lirr) nach Wantagh besteht eine Busverbindung zum Jones Beach.

Weiter östlich, nicht weit entfernt vom südlichen Ufer, liegt die Barriereinsel **Fire Island** mit der **Fire Island National Seashore** (☎631-289-4810; www.nps.gov/fiis) und mehreren Sommerdörfern, die mit dem Schiff von Long Island aus zu erreichen sind. Die Gemeinden Fire Island Pines und Cherry Grove (beide autofrei) feiern ein historisches Schwulenfest, das die New Yorker Schwulen- und Lesbenszene in Scharen anlockt. Die Orte am westlichen Zipfel sind eher auf Hetero-Singles und Familien ausgerichtet. Die Zahl der Unterkünfte ist begrenzt. Rechtzeitiges Buchen wird dringend empfohlen (unter www.fireisland.com kann man sich über Unterkünfte informieren). Das erste und einzige Boutiquehotel, **Madison Fire Island** (☎631-597-6061; www.themadisonfi.com; The Pines; Zi. 200–775 US$; ❄📶🏊), kann es in puncto Annehmlichkeiten mit allen New Yorker Unterkünften aufnehmen. Als i-Tüpfelchen werden darüber hinaus ein grandioser Blick von der Dachterrasse und ein toller Pool geboten. Am Ostende der Insel befindet sich das 526 ha große Naturschutzgebiet **Otis Pike Fire Island High Dune Wilderness**, eine Sanddünenoase, und **Watch Hill** (☎631-567-6664; www.watchhillfi.com; Stellplatz 25 US$; ⊙Anfang Mai–Ende Okt.), wo das Campen am Strand erlaubt ist. Die Moskitos können hier eine ziemliche Plage sein. Reservieren ist ein Muss. (Achtung: Hurrikan Sandy hat eine Zufahrt zerstört, sodass man sich vorab über die Zufahrtstraßen informieren sollte). Der **Robert Moses State Park** am westlichen Ende von Fire Island ist der einzige mit dem Auto erreichbare Ort. Die **Fire Island Ferries** (☎631-665-3600; Bay Shore) fahren zu den Stränden der Fire Island und zur National Seashore. Die Terminals liegen in der Nähe der LIRR-Stationen von Bayshore, Sayville und Patchogue (hin & zurück Erw./Kind 17/7,50 US$, Mai–Nov.).

Die Hamptons

Die Meinungen über die Hamptons sind so verschieden wie die vielen Maseratis und Land Rover, die durch die landschaftlich perfekt gestalteten Straßen kurven. Nichts kann aber die Schönheit der Strände und der noch erhaltenen malerischen Farmen und Wälder schmälern. Wer den Neid begraben kann, wird einen vergnüglichen Tag erleben, denn es gibt hier Einiges zu sehen. Eine Fahrt vorbei an den extravaganten, einerseits topaktuell-modernistischen, andererseits schlossartig-monströsen Domizilen der Reichen lohnt sich allemal. Allerdings gibt's auch viele Sommergäste, die ihre Wochenendpartys in bescheideneren Ferienwohnungen und an den Drehtüren der Clubs verbringen. Die einzelnen Hamptons liegen zwar nicht weit auseinander, aber der Verkehr kann zum Albtraum ausarten.

SOUTHAMPTON

Tagsüber erscheint der Ort Southampton makellos, als ob all seine Falten mit Botox geglättet wären, aber nachts zeigt er sich von einer ganz anderen Seite, wenn lärmende Clubber durch die Straßen ziehen. Die riesigen Strände sind grandios; Parkplätze für Nicht-Anwohner gibt's vom 31. Mai bis 15. September aber nur am Coopers Beach (40 US$/Tag) und an der Road D (frei). Das **Parrish Art Museum** (☎631-283-2118; www.parrishart.org; 279 Montauk Hwy, Water Mill; Erw./Kind 10 US$/frei; ⊙Mi–Mo 11–18, Fr 11–20 Uhr) ist eine eindrucksvolle Institution in der Region. Das Halsey House, das älteste Wohnhaus in den Hamptons, und das nahegelegene **Southampton Historical Museum** (☎631-283-2494; www.southamptonhistoricalmu

seum.org; 17 Meeting House Ln; Erw./Kind 4 US$/frei; Di–Sa 11–16 Uhr) sind Zeugen für die kolonialzeitlichen Wurzeln des Orts als Walfänger- und Seefahrergemeinde. Wer mehr über die noch frühere Geschichte von Long Island erfahren möchte, sollte dem **Shinnecock Nation Cultural Center & Museum** (631-287-4923; www.shinnecock.com; 100 Montauk Hwy, Southampton; Erw./Kind unter 5 Jahren 10 US$/frei; Do–So 11–17 Uhr) am Ortsrand einen Besuch abstatten. Die Shinnecock-Indianer leben auf der 323 ha großen, in die Bucht ragenden Halbinsel und betreiben dieses Zentrum, das erst vor Kurzem eröffnet wurde. Hier können Shinnecocks und Besucher in einem nachgebauten Wikun (Dorf), das den Zustand von ca. 1640–1750 repräsentiert, erfahren, wie man damals lebte. Es gibt Führungen, Gesangs- und Tanzaufführungen sowie Vorführungen traditioneller Fertigkeiten. Ein schnelles, gutes Essen bekommt man bei **Golden Pear** (631-283-8900; www.goldenpear.com; 99 Main St; Snacks & Gerichte 6–18 US$; 7.30–17 Uhr), wo köstliche Suppen, Salate und Wraps serviert werden.

BRIDGEHAMPTON & SAG HARBOR

Weiter im Osten liegt Bridgehampton mit einer bescheideneren Hauptstraße, aber dennoch vielen trendigen Boutiquen und guten Restaurants. Der einfache **Enclave Inn** (631-537-2900; www.enclaveinn.com; 2668 Montauk Hwy, Bridgehampton; Zi. ab 199 US$;), der nur ein paar Blocks vom Zentrum des Ortes entfernt ist, gehört zu den preiswerteren Unterkünften. Anderswo in den Hamptons gibt's vier weitere Ableger. Der altmodische Diner **Candy Kitchen** (646-537-9885; 2391 Montauk, Hwy, Bridgehampton; Hauptgerichte 5–12 US$; 7–21.30 Uhr;) wartet mit einer Imbisstheke auf, an der es ein sättigendes Frühstück, Burger und Sandwiches gibt.

An der Peconic Bay, 7 Meilen (11 km) nördlich, liegt der hübsche alte Walfängerort Sag Harbor; die Fähren nach Shelter Island fahren ein paar Kilometer weiter nördlich ab. Im Ort kann man sich das **Whaling & Historical Museum** (631-725-0770; www.sagharborwhalingmuseum.org; 200 Main St; Erw./Kind 6/2 US$; Mo–Sa 10–17 Uhr, 15. Mai–1. Okt. So 13–17 Uhr) anschauen oder einfach nur durch die engen Straßen bummeln, die an Cape Cod erinnern. Feinschmecker kommen im **Provisions** (631-725-3636; Ecke Bay St & Division St; Sandwiches 9 US$; 8–18 Uhr) auf ihre Kosten, einem Bio-Markt mit leckeren Wraps, Burritos und Sandwiches zum Mitnehmen.

EAST HAMPTON

Von der ach so leger wirkenden Sommerkleidung, den Pastelltönen und den lässig um den Hals gebundenen Sweatshirts sollte man sich auf gar keinen Fall täuschen lassen. Die Sonnenbrillen allein kosten bestimmt schon ein normales Monatsgehalt. Hier haben einige Prominenten ihre Häuser. Lesungen, Theateraufführungen und Kunstausstellungen finden in der **Guild Hall** (631-324-0806; www.guildhall.org; 158 Main St) statt. Westlich vom Ort, auf dem Weg nach Bridgehampton, liegt das **Townline BBQ** (www.townlinebbq.com; 3593 Montauk Hwy; Hauptgerichte 9 US$; So, Mo & Do 11.30–21, Fr & Sa bis 22 Uhr), ein bodenständiges Grillrestaurant, in dem rauchige Rippchen und Grill-Sandwiches serviert werden. Gleich westlich davon, Richtung Amagansett, bekommt man im **La Fondita** (74 Montauk Hwy; Amagansett; Hauptgerichte 9 US$; Do & So 11.30–22 Uhr, Fr & Sa bis 21 Uhr) preisgünstiges mexikanisches Essen. Die Nachtclubs kommen und gehen hier wie die Jahreszeiten.

MONTAUK & UMGEBUNG

Montauk, die einst verschlafene, bescheidene Stiefschwester der Hamptons am östlichsten Zipfel von Long Island, lockt jetzt moderne, junge und auch einige hippe Leute an die wunderschönen Strände. Alteingesessene, Fischer und Reisende bilden eine buntere, volkstümlichere Restaurant- und Barszene als in den anderen Hampton-Orten. An der äußersten, windumtosten Ostspitze von South Fork befindet sich der **Montauk Point State Park** mit seinem eindrucksvollen, 1796 erbauten **Montauk Point Lighthouse** (631-668-2544; www.montauklighthouse.com; Erw./Kind 9/4 US$; 10.30–17.30 Uhr, wechselnde Öffnungszeiten), dem viertältesten Leuchtturm Amerikas, der noch in Betrieb ist. Einige Meilen westlich vom Ort kann man im von Dünen durchzogenen **Hither Hills State Park** (631-668-2554; www.nysparks.com; 164 Old Montauk Hwy) direkt am Strand campen. Im Sommer muss man aber frühzeitig reservieren. Ein paar Meilen nördlich liegt der Hafen von Montauk mit Restaurants direkt am Pier und Hunderten von Booten in den Yachthäfen.

In der Nähe vom Eingang zum Stadtstrand gibt es einen Abschnitt mit einfachen Motels wie dem **Ocean Resort Inn** (631-668-2300; www.oceanresortinn.com; 96 S Emerson Ave; Zi. ab 135 US$, Suite ab 185 US$; ❄📶). Ein paar Meilen weiter westlich gegenüber vom Strand steht das **Sunrise Guesthouse** (☎631-668-7286; www.sunrisebnb.com; 681 Old Montauk Hwy; Zi. 125–185 US$; ❄📶), ein einfaches, aber gemütliches B&B.

Es gibt zwei tolle Restaurants, in denen man von Mai bis Oktober an einem entspannten Tag ein paar Drinks und herzhaftes, frisches Seafood genießen kann: die **Clam Bar** (☎631-267-6348; 2025 Montauk Hwy; Hauptgerichte 7–14 US$; ⏲12–20 Uhr, je nach Wetterlage) oder das schon seit 50 Jahren bestehende **Lobster Roll** (☎631-267-3740; 1980 Montauk Hwy; Hauptgerichte 10–12 US$; ⏲Sommer 11.30–22 Uhr), das auch schlicht als „Lunch" bekannt ist. Beide Lokale liegen am Highway zwischen Amagansett und Montauk.

NORTH FORK & SHELTER ISLAND

North Fork ist vor allem für sein unberührtes Ackerland und seine Weingüter bekannt. Es gibt hier fast 30 Weingüter, die hauptsächlich rund um die Orte Jamesport, Cutchogue und Southold zu finden sind. Der **Long Island Wine Council** (☎631-722-2220; www.liwines.com) informiert ausführlich über die Weinstraße entlang der Rte 25 nördlich von Peconic Bay. Einen der schönsten Außenbereiche für Weinverkostungen bietet die **Peconic Bay Winery** (☎631-734-7361; www.peconicbaywinery.com; 31320 Main Rd, Cutchogue). Das bedeutet aber auch, dass hier scharenweise Reisebusse und Partygruppen herkommen. Zuvor bietet sich aber ein Zwischenstopp in der beliebten **Love Lane Kitchen** (240 Love Lane; Hauptgerichte 9–28 US$; ⏲Do–Mo 7–21.30, Di–Mi bis 16 Uhr) in Matituck an, um einen Happen zu essen oder am Wochenende zu brunchen.

North Forks Hauptort und Startpunkt der Fähren nach Shelter Island ist das charmante, entspannte **Greenport**. Hier gibt's auch viele Restaurants und Cafés, darunter die familienbetriebene **Claudio's Clam Bar** (111 Main St; Hauptgerichte 15 US$; ⏲11.30–21 Uhr) mit ihrer Rundumterrasse, die über der Marina thront. Oder man nimmt Sandwiches mit für ein Picknick im **Harbor Front Park**, wo man dann auch noch eine Runde auf dem historischen Karussell drehen kann.

Zwischen North und South Fork liegt **Shelter Island**, erreichbar nur mit der Fähre von North Haven im Süden und von Greenport im Norden (Fahrzeug & Fahrer 10 US$, 10 Min., alle 15–20 Min.). Die Insel ist ein Mikrokosmos mit wunderschönen Anwesen und einer maritimen Atmosphäre, die an New England erinnert. Im Süden liegt das 8 km² große **Mashomack Nature Preserve** (☎631-749-1001; www.nature.org; Rte 114; ⏲März–Sept. 9–17 Uhr, Okt.–Feb. bis 16 Uhr), das zum Wandern und Kajakfahren einlädt (Radfahren ist allerdings verboten).

In bester Lage auf Shelter Island, vom **Crescent Beach** gleich die Straße hinunter, liegt, von Bäumen umgeben, in einer Bucht das **Pridwin Beach Hotel & Cottages** (☎631-749-0476; www.pridwin.com; 81 Shore Rd; Shelter Island; Zi. & Cottage ab 165–315 US$; ❄📶) mit Standardzimmern im Hotel sowie privaten Cottages, die aufs Wasser hinaus blicken und teilweise ein erstklassiges Design aufweisen.

Hudson Valley

Direkt nördlich von New York City wird Grün zur vorherrschenden Farbe, und die Blicke auf den Hudson River und die Berge pumpen neues Leben in den ermatteten Großstädter. Im 19. Jh. war hier die Hudson River School of Painting beheimatet. Die Geschichte der Region ist in den vielen großartigen Anwesen und den malerischen Dörfern allgegenwärtig. Das Lower Valley und das Middle Valley haben eine höhere Bevölkerungsdichte und vermitteln daher eher Vorstadtcharakter. Das Upper Valley mit seinen Hügeln, die in die Bergregion der Catskills übergehen, verbreitet hingegen ein ländliches Feeling. Weitere Infos über dieses Gebiet hat das **Hudson Valley Network** (www.hvnet.com).

Lower Hudson Valley

In der Nähe von Tarrytown und Sleepy Hollow am Ostufer des Hudson stehen etliche traumhafte Häuser mit wunderschönen Gärten. **Kykuit**, eines der Anwesen der Familie Rockefeller, zeigt eine beeindruckende Sammlung asiatischer und europäischer Kunstwerke. Von dem wunderschön angelegten Garten genießt man einen atemberaubenden Blick. **Lyndhurst** gehört dem Eisenbahnriesen Jay Gould, und **Sunnyside** ist die Heimat des Schriftstellers Washington Irving. Auf der Website des **Historic Hudson Valley** (www.hudsonvalley.org) gibt's mehr Informationen, auch über andere historische Sehenswürdigkeiten in dieser Gegend. Nicht weit entfernt befindet sich das elegante Landgasthaus **Blue Hill at Stone Barns** (914-366-9600; www.bluehillfarm.com; 630 Bedford Rd, Pocantico Hills; 5-Gänge-Menü 108 US$, 8-Gänge-Menü 148 US$; Mi & Do 17–22, Fr & Sa 17–23, So 13–22 Uhr), eine Säule der Locavoren-Bewegung „Vom Feld auf den Tisch" und der Traum eines jeden Feinschmeckers.

Kaum 40 Meilen (65 km) nördlich von New York City an der Westseite des Hudson liegt der **Harriman State Park** (845-786-5003; http://nysparks.state.ny.us/parks) mit unberührten Wäldern und kilometerlangen Wanderwegen. Der Park hat eine Fläche von 186 km² und bietet tolle Gelegenheiten zum Schwimmen, Wandern und Campen. Vom fast 400 m hohen Gipfel im benachbarten **Bear Mountain State Park** (845-786-2701; http://nysparks.state.ny.us/parks; 8 Uhr–Sonnenuntergang) hat man einen fantastischen Blick auf die Skyline Manhattans jenseits des Flusses und die grüne Landschaft der Umgebung. In dem Gasthof am Hessian Lake kann man recht gut essen und übernachten. In beiden Parks gibt's mehrere Panoramastraßen, die sich an abgelegenen Seen entlangschlängeln. Von den verschiedenen Aussichtspunkten bieten sich traumhafte Blicke auf die Umgebung.

In einer atemberaubenden Biegung des Hudson etwas weiter nördlich in Highland Falls befindet sich die **West Point US Military Academy**, die man im Rahmen einer **Führung** (845-446-4724; www.westpointtours.com; Erw./Kind 12/9 US$) besichtigen kann. Neben dem Visitor Center befindet sich ein faszinierendes **Museum** (10.30–16.15 Uhr; Eintritt frei), in dem die Rolle von Krieg und Militär in der Menschheitsgeschichte aufgezeigt wird. Ganz in der Nähe und westlich der Rte 9W liegt das **Storm King Art Center** (845-534-3115; www.stormking.org; Old Pleasant Hill Rd; Eintritt 10 US$; April–Nov.), ein 200 ha großer Skulpturenpark im Freien mit sanft geschwungenen Hügeln, in dem es verblüffende Avantgardeskulpturen berühmter Künstler zu sehen gibt. Mit einer kostenlosen Bahn kann man das Gelände erkunden.

In Beacon, einem eher uninteressanten Städtchen etwas weiter nördlich, trifft sich die internationale Kunstszene regelmäßig bei **Dia Beacon** (Beacon; 845-440-0100; www.diaart.org; Erw. 10 US$; Mitte April–Mitte Okt. Do–Mo 11–18 Uhr, Mitte Okt.–Mitte April Fr–Mo 11–16 Uhr), einer Galerie mit einer Sammlung berühmter Werke von 1960 bis heute. Sehenswert sind insbesondere die Riesenskulpturen und Installationen. Auch der Boutique-Galerie **Hudson Beach Glass** (www.hudsonbeachglass.com; 162 Main St, Beacon), die kunstvolle, handgefertigte Stücke zum Kauf anbietet, sollte man einen Besuch abstatten. Wer will, kann sich hier zu einem Kurs anmelden und lernen, wie man die schönen Stücke selbst herstellt.

Middle & Upper Hudson Valley

Westlich des Hudson liegt **New Paltz** mit einem Campus der State University of New York, zahlreichen Bioläden und einer liberalen, umweltbewussten Haltung. In der Ferne hinter dem Ort erhebt sich der Bergrücken des Shawangunk (Shon-gum oder auch nur die „Gunks") über 610 m in die Höhe. Kilometerlange Wanderwege und ein paar der besten Klettermöglichkeiten in den östlichen USA findet man im **Mohonk Mountain Preserve** (845-255-0919; www.mohonkpreserve.org; Tageskarte für Wanderer/Kletterer & Radfahrer 12/17 US$). Das **Minnewaska State Park Preserve** in der Nähe ist eine 48 km² große wilde Landschaft, deren Herzstück ein fast immer eiskalter Bergsee ist. Bei **Alpine Endeavors** (877-486-5769; www.alpineendeavors.com) erhält man Kletterunterricht und Ausrüstung.

Wie aus einem Märchenbuch wirkt das **Mohonk Mountain House** (845-255-1000; www.mohonk.com; 1000 Mountain Rest Rd; Zi. 320–2500 US$), ein rustikales Schloss, das über einem dunklen See thront. Die Gäste dieses All-inclusive-Resorts können sich den Bauch mit üppigen Fünf-Gänge-Menüs vollschlagen, durch die Gärten schlendern, kilometerlange Wanderungen unternehmen, Kanufahren, Schwimmen und noch vieles mehr. Im luxuriösen Spa kann man sich rundum verwöhnen lassen. Auch wenn man nicht hier übernachtet, kann man das Anwesen besuchen (Erw./Kind 25/20 US$ pro Tag, werktags weniger) – der Eintritt lohnt sich.

Die größte Ortschaft am Ostufer des Hudson ist Poughkeepsie (puh-kip-sie). Berühmt ist das hiesige geisteswissenschaftliche Privatcollege Vassar, das bis 1969 ausschließlich Frauen aufnahm. Wegen des atemberaubenden Blicks lohnt sich der Bummel über den **Walkway Over the Hudson** (www.walkway.org; 7 Uhr–Sonnenuntergang). Die ehemalige Highland-Poughkeepsie-Eisenbahnbrücke ist seit 2009 die weltweit längste Fußgängerbrücke und der neueste Park des Bundesstaates.

Direkt nördlich davon befindet sich der Hyde Park, der lange Zeit mit den Roosevelts, einer seit dem 19. Jh. prominenten Familie, in Verbindung gebracht wurde. Das 615 ha große Anwesen war früher eine Farm. Heute beherbergt es das neu renovierte und erweiterte **Franklin D. Roosevelt Library & Museum** (☎845-229-8114; www.fdrlibrary.marist.edu; 511 Albany Post Rd/Rte 9, Hyde Park; Eintritt Museum 7 US$, Museum & Haus 14 US$; ⏲9–17 Uhr). Hier werden wichtige Leistungen der Präsidentschaft Roosevelts beleuchtet. Normalerweise gibt's auch eine Führung durch das Haus, in dem Roosevelt bis zu seinem Tod lebte und seine Kamingespräche führte. Die First Lady Eleanor Roosevelt flüchtete manchmal vor Hyde Park, ihrer Schwiegermutter und auch vor F.D.R. selbst in ihr friedliches Cottage **Val-Kill** (☎845-229-9115; www.nps.gov/elro; Albany Post Rd, Hyde Park; Eintritt 8 US$; ⏲Mai–Okt. tgl. 9–17 Uhr, Nov.–April Do–Mo 9–17 Uhr). Direkt nördlich von hier steht das 54 Zimmer große **Vanderbilt Mansion** (☎877-444-6777; www.nps.gov/vama; Rte 9, Hyde Park; Erw./Kind 8 US$/frei; ⏲9–17 Uhr), ein spektakuläres Herrenhaus aus der Zeit des Gilded Age mit aufwändigen Beaux-Arts-Elementen. Fast alle Originalmöbel, die aus europäischen Schlössern und Villen importiert wurden, stehen heute noch in dem Landhaus – dem kleinsten Anwesen der Vanderbilts!

In dem berühmten **Culinary Institute of America** (☎845-471-6608; www.ciarestaurants.com; Hyde Park; ⏲die meisten Restaurants 11.30–13 & 18–20 Uhr) im Hyde Park werden zukünftige Chefköche ausgebildet und alle erdenklichen gastronomischen Gelüste befriedigt. Das **Apple Pie Café** (Hauptgerichte 10 US$; ⏲7.30–17 Uhr) ist eines der fünf von Studenten betriebenen Lokale. Es blickt auf einen ruhigen Hof und serviert Gourmet-Sandwiches und Kuchenspezialitäten. Wer eine schöne, ruhige Nacht inmitten all der großartigen Anwesen im Hyde Park verbringen möchte, geht ins **Journey Inn** (☎845-229-8972; www.journeyinn.com; One Sherwood Pl, Poughkeepsie; Zi. 130–190 US$), ein B&B mit sechs Zimmern, darunter natürlich ein Roosevelt Room.

Weiter nördlich liegt **Rhinebeck** mit einer entzückenden Hauptstraße, Gasthäusern, Bauernhöfen und Weingütern. Etwa 3 Meilen (5 km) nördlich ist das **Aerodrome Museum** (☎845-752-3200; www.oldrhinebeck.org; 9 Norton Rd; Erw./Kind Sa & So 20/5 US$, Mo–Fr 10/3 US$; ⏲Mitte Juni–Mitte Okt. 10–17 Uhr) mit einer Sammlung von Flugzeugen und Autos aus der Zeit vor den 1930er-Jahren. Im Sommer werden an den Wochenenden Flugshows präsentiert. Die **Bread Alone Bakery** (45 E Market St; Hauptgerichte 9 US$; ⏲Theke 7–17 Uhr, Speisesaal Mo–Fr 8–15, Sa & So 7–16 Uhr) serviert Mittagsspezialitäten wie Rinderbrust-Panini und Quiche mit Spinat und Feta.

Wenn man weiter auf der 9G N fährt, erreicht man **Hudson** – einen schönen Ort mit einer hippen, schwulenfreundlichen Gemeinde aus Künstlern, Schriftstellern und Theaterleuten, die der Stadt den Rücken zugekehrt haben. Die Warren St ist die Hauptstraße durch den Ort; sie ist gesäumt von Antiquitätenläden, Luxusmöbelgeschäften, Galerien und Cafés. Ein paar Kilometer südlich der Stadt steht **Olana** (☎518-828-0135; www.olana.org; Rte 9G, Hudson; Führung Erw./Kind 12 US$/frei; ⏲Gelände tgl. 8 Uhr–Sonnenuntergang, Führungen Di–So 10–17 Uhr), ein nicht ganz in die Gegend passendes Haus im maurischen Stil von Frederic Church, einem der bedeutendsten Künstler der Hudson River School of Painting. Bei der Führung durch das Haus kann man Churchs ästhetische Visionen und Gemälde aus seiner Sammlung bewundern. Das weiß getünchte **Front St Guesthouse** (☎518-828-1635; www.frontstreetguesthouse.com; 20 S Front St, Hudson; Zi. ab 140 US$; ❄📶) in Flussnähe hat gemütliche, erschwingliche Zimmer mit glänzenden Holzfußböden, guten Betten und einem zuvorkommendem Inhaber, der den Gästen jeden Wunsch von den Augen abliest. Das **Helsinki** (☎518-828-4800; www.helsinkihudson.com; 405 Columbia St, Hudson; Hauptgerichte 13–25 US$) in einer restaurierten Remise beherbergt ein Restaurant mit regionaler Küche und einen beliebten Club, in dem Rock-, Jazz- und Indie-Gruppen auftreten.

Catskills

Amerikanische Maler haben diese Bergregion westlich des Hudson Valley schon Mitte des 19. Jhs. entdeckt. Für sie waren die versteckten moosbewachsenen Schluchten und die Wasserfälle Teil einer großartigen Wildnis, die es mit den Alpen in Europa aufnehmen konnte. Auch wenn die Höhe und die Umrisse der abgerundeten Gipfel in einem übertrieben romantischen Licht gesehen wurden, so kann man doch auf der Fahrt durch die Catskills eine Landschaft bewundern, die die Künstler von damals in Entzücken versetzte und die von heute inspiriert.

Obwohl Gourmet-Restaurants und schicke Boutiquen die charmanten kleinen Orte bereits überschwemmen, so ist die ländliche Idylle für viele noch immer ein Synonym für Ferien im sogenannten Borschtsch-Gürtel sowie für witzige jüdische Comedians und Tanzlehrer à la Patrick Swayze in *Dirty Dancing*, der ganze Generationen unterhalten hat. Aber das ist lange vorbei und die Catskills sind jetzt eine bei mondänen Städtern beliebte Region, die sich hier ihren Zweitwohnsitz eingerichtet haben.

In dieser Gegend ist ein eigenes Auto praktisch unerlässlich. **Adirondack Trailways** (800-776-7548; www.trailwaysny.com) fährt täglich mit Bussen von NYC nach Kingston (einfache Fahrt 25,50 US$, 2 Std.), dem Tor zu den Catskills, in die Catskills und nach Woodstock (einfache Fahrt 28 US$, 2½ Std.). **Shortline** (201-529-3666, 800-631-8405; www.coachusa.com) verkehrt regelmäßig zwischen NYC und Monticello (einfache Fahrt 30 US$, 2 Std.), dem Tor zu den südlichen Catskills. Abfahrt ist in NYC an der Port Authority. Der Pendlerzug **Metro-North** (212-532-4900, 800-638-7646; http://mta.info; einfache Fahrt in verkehrsschwachen Zeiten 9–16 US$) hält in mehreren Orten im Lower und im Middle Hudson Valley.

Woodstock & Umgebung

Das weltberühmte **Woodstock** stand in den 1960er-Jahren für freie Liebe, Meinungsfreiheit und politischen Aufruhr und ist auch heute noch durch zahlreiche Heilzentren, Kunstgalerien, Cafés und den Mix aus Althippies und jungen Phish-Fans alternativ angehaucht. Das berühmte Woodstock-Musikfestival von 1969 fand jedoch genau genommen in Bethel statt, knapp 65 km südwestlich von hier. Genau vor der Bushaltestelle steht das **Village Green B&B** (845-679-0313; www.villagegreebbb.com; 12 Tinker St; Zi. mit Frühstück 165–180 US$;), ein dreistöckiges viktorianisches Haus mit komfortablen Zimmern und Blick auf Woodstocks Hauptplatz. Etwa 800 m südöstlich bereitet das in einem elegant restaurierten Farmhaus untergebrachte **Cucina** (845-679-9800; 109 Mill Hill Rd; Hauptgerichte 18 US$; 5 Uhr–open end, Sa & So ab 11 Uhr) raffinierte italienische Gerichte mit saisonalen Produkten und Pizzas mit dünner Kruste zu.

Saugerties liegt 7 Meilen (11 km) östlich von Woodstock und ist nicht annähernd so ruhig, sondern eher großstädtisch. Richtig romantisch kann man aber im einzigartigen **Saugerties Lighthouse** (845-24… www.saugertieslighthouse.com; Zi. 165–185 U… nächtigen. Der malerische Leuchtturm von 1869 ist ein Wahrzeichen auf einer kleinen Insel im Esopus Creek und nur mit dem Boot oder zu Fuß vom Parkplatz über einen 800 m langen Weg zu erreichen. Die Zimmer sind immer schon weit im Voraus ausgebucht, aber auch ohne Übernachtung lohnt sich der Spaziergang bis zu dem Leuchtturm.

Die Region Finger Lakes

Aus der Vogelperspektive sehen die elf langen, schmalen Seen zwischen den sanft geschwungenen Hügeln wie Finger aus – daher der Name der Region. Das Paradies für Outdoor-Aktivitäten erstreckt sich von Albany bis weit in den Westen New Yorks. Man kann hier natürlich prima Bootfahren, Angeln, Radfahren, Wandern und Skilanglaufen. Aber dies ist auch das wichtigste Weinbaugebiet des Bundesstaats: Es gibt hier mehr als 65 Weingüter – das sollte selbst den anspruchsvollsten Weinliebhabern ausreichend Auswahl bieten.

Ithaca & Umgebung

Das idyllische College-Städtchen ist voller Studenten und Althippies, die den traditionellen Uni-Lebensstil mit relaxter Atmosphäre, Lesungen in Cafés, Programmkinos, Grünflächen und gutem Essen schätzen. Das an sich schon sehenswerte Ithaca am Cayuga Lake liegt bequemerweise auf halber Strecke zwischen NYC und den Niagarafällen. Informationen für Reisende erhält man im **Visit Ithaca Information Center** (607-272-1313; www.visitithaca.com; 904 E Shore Dr).

Die 1865 gegründete **Cornell University** thront auf einem Hügel mit malerischem Blick auf die Stadt darunter. Auf dem schönen Campus findet man eine Mischung aus traditionellen und modernen Gebäuden. Das moderne **Johnson Museum of Art** (607-255-6464; www.museum.cornell.edu; University Ave; Di–So 10–17 Uhr) GRATIS wurde von I.M. Pei entworfen. Das Museum zeigt vor allem asiatische Kunst, hat aber auch präkolumbische, amerikanische und europäische Werke zu bieten. Gleich östlich des Campuszentrums liegen die **Cornell Plantations** (607-255-2400; www.cornellplantations.org; Plantations Rd; 10–17 Uhr; Mo. geschl.) GRATIS, ein fachmännisch angelegter Kräu-

DRIVE: ROUTE 28 & UMGEBUNG

n den Catskills ist, erkennt man daran, dass der schier endlose Asphalt einer ünen Landschaft Platz macht, sobald man die I-87 verlassen hat und auf der Rte 28 ist. Bei der Fahrt über die gewundene Straße im Herzen der Region eröffnet sich ein unglaublicher Blick auf die Berge (etwa 35 davon sind über 1067 m hoch), die je nach Saison und Tageszeit in verschiedene Farben getaucht sind. Der Esopus Creek schlängelt sich durch das Gebiet, und das **Ashokan Reservoir** ist ein hübscher Ort für einen Spaziergang oder eine Spazierfahrt. Im Bereich des südlichen Abschnitts der Rte 28 winden sich verschiedene Straßen zu den hohen Gipfeln des Catskill Park empor.

Das **Emerson Spa Resort** (877-688-2828; www.emersonresort.com; 5340 Rte 28, Mt. Tremper; Zi. Lodge/Inn ab 159/199 US$;) bietet Catskills-Abenteurern zu jeder Jahreszeit eine gute Bleibe mit allem Drum und Dran. Von luxuriösen, im asiatischen Stil eingerichteten Suiten bis hin zu den rustikal-schicken Zimmern in den Blockhütten will das Emerson seinen Gästen gefallen. Die Angestellten helfen gern bei der Organisation von Ausflügen vom Ski- bis zum Kajakfahren. Das Restaurant Phoenix (Hauptgerichte 15–30 US$) ist das wohl beste in der Region. Das bei Einheimischen beliebte Catamount bietet eher Kneipenkost (Hauptgerichte 10 US$) wie Burger und gegrillte Rippchen; dazu gibt's Livemusik und montags Tanzabende. Auf dem Gelände findet man auch das weltweit größte Kaleidoskop und ein Kaleidoskop-Geschäft, das hochwertige Stücke anbietet, sowie ein Café, das auch Sandwiches verkauft.

Einige Meilen weiter westlich liegt das winzige **Phoenicia** mit nur einer Straße. Hier kann man gut etwas essen und mit **Town Tinker Tube Rental** (845-688-5553; www.towntinker.com; 10 Bridge St; Gummireifen 15 US$/Tag;) ein paar Mal in einem Gummireifen die Stromschnellen des Esopus hinunterrasen. Am **Belleayre Beach** (845-254-5600; www.belleayre.com;) ist das erfrischende Wasser des Pine Hill Lake genau das Richtige für heiße Sommertage; im Winter kann man hier gut Skifahren. Im nahen Arkville lohnt sich eine Fahrt mit der historischen Panoramabahn **Delaware & Ulster Rail Line** (845-586-3877; www.durr.org; Hwy 28; Erw./Kind 12/7 US$; Juni–Nov. Sa & So 11 & 14 Uhr, zusätzliche Fahrten Juli–Sept. Do & Fr;). Etwas weniger als 1 Meile (1,6 km) westlich von Phoenicia befindet sich die **Phoenecia Lodge** (845-688-7772; www.phoenicialodge.com; Rte 28; Zi. ab 80 US$, Suite ab 130 US$;), ein klassisches, erschwingliches Motel.

ter- und ein Blumengarten. Kinder können im interaktiven **Sciencenter** (607-272-0600; www.sciencenter.org; 601 First St; Erw./Kind 8/6 US$; Di–Sa 10–17, So ab 12 Uhr;) selbst Hand anlegen.

Die Gegend rund um Ithaca ist für ihre Wasserfälle, Schluchten und prächtigen Parks bekannt. Mitten in der Stadt befindet sich die **Cascadilla Gorge**. Die Schlucht beginnt einige Blocks von den Ithaca Commons entfernt und endet nach einem atemberaubenden, fast senkrechten Anstieg am Performing Arts Center of Cornell. Der **Buttermilk Falls Park** (607-273-5761; Rte 13) hat für jeden etwas zu bieten: einen Strand, Hütten, Angelstellen, Wanderwege, Freizeitanlagen und Campingplätze. Die Hauptattraktion sind aber die über zehn Wasserfälle, von denen einige 150 m in die Tiefe stürzen und schöne Schwimmstellen mit glasklarem Wasser bieten.

Der **Robert Treman Park** (607-273-3440; 105 Enfield Falls Rd), der sich ein paar Meilen außerhalb der Stadt befindet, bietet einen Wanderweg in der Schlucht, der auf einer knapp 5 km langen Strecke an zwölf umwerfend schönen Wasserfällen vorbei führt. Die beiden größten und sehenswertesten sind Devil's Kitchen und Lucifer Falls. Fährt man auf der Rte 89 8 Meilen (ca. 13 km) in Richtung Norden, kommt man zu den spektakulären **Taughannock Falls**, an denen das Wasser aus 65 m Höhe in die darunterliegende tiefe Schlucht stürzt. Der **Taughannock Falls State Park** (607-387-6739; www.nysparks.com; 2221 Taughannock Rd, Trumansburg) hat zwei Hauptwanderwege, schroffe Schluchten, Campingplätze und Hütten.

Etwas weiter an der Rte 89 befindet sich in der Nähe des Dorfs Interlaken das Restaurant **Creamery** (11–20 Uhr), das neben den üblichen Eisbechern auch köstliche Weinsorbets serviert. Gleich dahinter befindet sich **Lucas Vineyards** (607-532-4825; www.lucasvineyards.com; 3862 Cty Rd 150, Interla-

Von hier geht's weiter auf der Rte 30 Richtung Norden nach **Roxbury** und zum **Roxbury Motel** (☎607-326-7200; www.theroxburymotel.com; 2258 County Hwy 41; Zi. inkl. Frühstück Juni–Okt. Mo–Fr 100–300 US$, Sa–So 135–390 US$; ❄📶) mit seinen kreativ gestalteten luxuriösen Zimmern mit Namen, die sich an TV-Shows oder Filmen (vor allem aus den 1960er- und 1970er-Jahren) orientieren – wie wär's mit einem Zimmer das von *Familie Feuerstein* oder *Verliebt in eine Hexe* inspiriert wurde? Im Winter (niedrigere Zimmerpreise) macht man es sich am Kamin gemütlich, im Sommer aalt man sich in der Sonne oder lässt in dem kleinen Pavillon oder an dem Bächlein, der durch die Anlage fließt, die Seele baumeln. In dem Spa mit Komplettservice kann man es sich zu jeder Jahreszeit gut gehen lassen.

Im Winter sollten Skifahrer weiter nach Norden fahren. Die Rte 23 und 23A führen nämlich zur **Hunter Mountain Ski Bowl** (☎518-263-4223; www.huntermtn.com), einem ganzjährig geöffneten Resort mit anspruchsvollen Pisten und einem Höhenunterschied von fast 500 m. Ganz in der Nähe sind die **Kaaterskill Falls**, der höchste Wasserfall in New York. Er wurde einst in Gemälden von Thomas Cole und Asher Durand populär gemacht und idealisiert. Der beliebteste Wanderweg beginnt unweit der Haarnadelkurve an der Rte 23A. Das Auto kann man an der Ausweichstelle etwas weiter oben abstellen. Von dort geht man dann auf der anderen Straßenseite hinter dem Schutzgeländer wieder zurück. Von hier sieht man nur die Bastion Falls. Der Marsch von etwas mehr als 1 km hinauf zu den unteren Wasserfällen ist nicht sehr anstrengend. Das **Hotel Mountain Brook** (☎518-589-6740; www.hotelmountainbrook.com; 57 Hill St; Zi. inkl. Frühstück Mo–Fr 150 US$, Sa & So 200 US$, ❄📶🐾) in Tannersville steht auf einem Hügel und erinnert an eines der „Great Camps" in den Adirondacks. Das **Last Chance Cheese** (6009 Main St, Tannersville; Hauptgerichte 9–20 US$; ⏲Fr–So 11–24 Uhr) in Tannersville ist eine Institution für sich. Im ganzen Laden türmen sich Gourmet-Käse, Schokolade, Bonbons und 300 verschiedene Biere.

Die landschaftlich vielleicht schönste Fahrt in dieser Gegend führt über den 7 Meilen (11 km) langen Abschnitt der Platte Clove Rd/Rte 16 (auch als „Plattecove Mtn Rd" ausgeschildert) zwischen Tannersville und Woodstock. Es ist eine aufregende Fahrt durch ein enges, steiles Tal mit Höhenunterschieden von bis zu 365 m, und das manchmal ohne Leitplanke. (Für Lastwagen und Busse ist die Strecke immer gesperrt, für alle anderen nur von November bis April).

ken; ⏲März–Okt. Mo–Sa 10.30–17.30 Uhr; Memorial Day–Labor Day Mo–So 10.30–18 Uhr), einer der Pioniere der Cayuga-Weingüter. Etwas weiter im Norden am See ist **Sheldrake Point** (☎607-532-9401; www.sheldrakeppoint.com; 7448 County Rd; ⏲Jan.–März Fr–Mo 11–17 Uhr, April–Dez. tgl. 10–17.30 Uhr) mit tollem Blick über den See und hitverdächtigen Weißweinen.

Der kleine, verschlafene Ort **Seneca Falls** ist die Geburtsstätte der organisierten Frauenrechtsbewegung in den USA. Nachdem Elizabeth Cady Stanton und ihre Freundinnen von einem Antisklaverei-Treffen ausgeschlossen wurden, verfassten sie 1848 eine Erklärung, die postulierte: „Alle Männer und Frauen sind gleich geschaffen". Im inspirierenden **Women's Rights National Historical Park** (☎315-568-2991; www.nps.gov/wori; 136 Fall St; ⏲9–17 Uhr) GRATIS gibt es ein kleines, beeindruckendes Museum, in dem ein informativer Film gezeigt wird, und ein Visitor Center, das Führungen durch Cady Stantons Haus organisiert.

Seneca Lake & Keuka Lake

Am Nordzipfel des Seneca Lake liegt **Geneva** mit seiner historischen Architektur. Dank der hier ansässigen Colleges Hobart und William Smith herrscht in diesem Ort eine lockere Atmosphäre. Die South Main St ist gesäumt von zahlreichen gut erhaltenen Häusern, die um die Jahrhundertwende errichtet wurden. Das restaurierte **Smith Opera House** (☎315-781-5483; www.thesmith.org; 82 Seneca St, Geneva) aus dem Jahr 1894 ist ein Muss für alle Fans der darstellenden Künste. Im **Microclimate** (38 Linden St, Geneva; ⏲Mo 18–24, Do–So 16.30–1 Uhr), einer coolen kleinen Weinbar, kann man die in der Region hergestellten Weine mit denen der internationalen Konkurrenz vergleichen.

Da der y-förmige Keuka Lake von zwei kleinen State Parks umgeben ist, ist er relativ unberührt. Einer der ehemaligen Kanäle wurde in einen Radweg umgewandelt, und der See selbst ist bei Forellenanglern sehr beliebt. Gleich südlich von **Penn Yan**, dem größten Ort am See, sind die **Keuka Spring Vineyards** (☎315-536-3147; www.keukaspringwinery.com; 54 E Lake Rd, Penn Yan; ⏲Mo–Sa 10–17 Uhr, im Sommer So 11–17 Uhr, in den anderen Monaten nur an den Wochenenden) und die **Rooster Hill Vineyards** (☎315-536-4773; www.roosterhill.com; 489 Rte 54, Penn Yan; ⏲Mo–Sa 10–17, So 11–17 Uhr) – zwei beliebte Weingüter, die Verkostungen und Führungen in ländlicher Umgebung anbieten.

Schlafen

★William Henry Miller Inn B&B **$$**
(☎607-256-4553; www.millerinn.com; 303 N Aurora St, Ithaca; Zi. inkl. Frühstück 115–215 US$; ❄📶🐾) Das prächtige, wunderschöne B&B ist nur ein paar Schritte von den Commons entfernt. Das historische Haus wurde komplett restauriert und bietet luxuriös eingerichtete Zimmer – drei davon mit Whirlpool – und ein Frühstück vom Feinsten.

Inn on Columbia INN **$$**
(☎607-272-0204; www.columbiabb.com; 228 Columbia St, Ithaca; Zi. inkl. Frühstück 175–225 US$; ❄📶🐾) Das moderne, ebenfalls empfehlenswerte Haus liegt in einer ruhigen Wohnstraße.

Gone with the Wind B&B B&B **$$**
(☎607-868-4603; www.gonewiththewindonkeukalake.com; 14905 West Lake Rd, Branchport; Zi. inkl. Frühstück 110–200 US$; ❄) In diesem B&B am See hat man die Qual der Wahl: entweder man übernachtet im Original, dem Stone House, oder in der Log Lodge. Alle Zimmer sind gemütlich eingerichtet.

Hotel Clarence BOUTIQUEHOTEL **$$**
(☎315-712-4000; www.hotelclarence.com; 108 Fall St, Seneca Falls; Zi. 140 US$; ❄📶🐾) Das ursprünglich aus den 1920er-Jahren stammende Hotel im Stadtzentrum wurde schick renoviert und erinnert hier und da noch an die Vergangenheit. Die Standardzimmer sind klein. Das vornehme Restaurant „Kitchen" ist das beste in Seneca Falls.

Buttonwood Grove Winery HÜTTE **$$**
(☎607-869-9760; www.buttonwoodgrove.com; 5986 Rte 89; Zi. 135 US$; 🐾) Bietet vier vollständig möblierte Blockhütten mitten in den Hügeln oberhalb des Lake Cayuga (April–Dez.). Weinverkostungen sind gratis.

Belhurst Castle INN **$$$**
(☎315-781-0201; www.belhurst.com; 4069 Rte 14 S, Geneva; Zi. ab 160–415 US$; ❄📶) Auch wer nicht vorhat zu heiraten, könnte in diesem Märchenschloss mit Blick über den Seneca Lake in Versuchung geraten. Es gibt drei getrennte Häuser mit einer Vielzahl unterschiedlicher Zimmer und zwei Restaurants – das zwanglose Stone Cutters mit Livemusik an den Wochenenden und das formellere Edgar's.

Essen

Ein halbes Dutzend Restaurants, u.a. mit japanischer, nahöstlicher, mexikanischer oder spanischer Küche und Sitzbereichen im Freien, säumen die North Aurora St zwischen der East State St und der East Seneca St am Ostende von Ithacas Commons. Zu den besseren gehört das teure **Mercato** (www.mercatobarandkitchen.com; 108 N Aurora St, Ithaca; Hauptgerichte 25 US$; ⏲Mo–Sa 17.30–22 Uhr). **Ithaca's Farmers Market** (www.ithacamarket.com; Third St; ⏲April–Dez.) gilt als einer der besten Märkte in der Region mit Schwerpunkt auf regionalen Weinen und Käse. Genaue Termine stehen auf der Website.

Glenwood Pines BURGER **$**
(1213 Taughannock Blvd; Burger 6 US$; ⏲11–22 Uhr) Nach Meinung der Einheimischen bietet dieses bescheidene Restaurant an der Rte 89, 4 Meilen (6,5 km) nördlich von Ithaca nicht nur einen schönen Blick auf den Lake Cayuga, sondern auch die besten Burger.

Yerba Maté Factor Café & Juice Bar SANDWICHES **$**
(143 The Commons, Ithaca; Hauptgerichte 8 US$; ⏲Mo–Do 9–21, Fr 9–15, So ab 12 Uhr) Das große Restaurant wird von einer recht obskuren Sekte betrieben und befindet sich in einem umgebauten historischen Gebäude auf den Ithaca Commons. Gut sind die belgischen Waffeln, die Sandwiches und der Kaffee.

★Hazelnut Kitchen MODERN-AMERIKANISCH **$$**
(☎607-387-4433; 53 East Main St, Trumansburg; Hauptgerichte 14–23 US$; ⏲Do–Mo 17–21 Uhr) 🍃 Die neuen Betreiber, ein junges Paar aus Chicago, das sehr an einer Zusammenarbeit mit den örtlichen Landwirten interessiert ist, konnte den Ruf des Hazlenut als wohl bestes Restaurant in der Gegend wahren. Die Speisekarte richtet sich nach der Jahreszeit und die Zutaten kommen aus der Region. Wen wundert es also, dass hier Fleischgerichte wie im Tuch gegarter Schweinskopf serviert werden.

ABSTECHER

CORNING

Etwa 70 km südwestlich liegt der nette Ort Corning mit den Corning Glass Works und dem bekannten **Corning Museum of Glass** (800-732-6845; www.cmog.org; One Museum Way; Erw./Kind 15 US$/frei; 9–17 Uhr, Memorial Day–Labor Day 9–10 Uhr). In dem gewaltigen Gebäudekomplex finden faszinierende Ausstellungen über die Kunst der Glasherstellung mit Vorführungen und interaktiven Exponaten für Kinder statt. Nach dem Besuch des Museums lohnt sich ein Zwischenstopp im **Vitrix Hot Glass Studio** (www.vitrixhotglass.com; 77 W Market St; Mo–Fr 9–20, Sa 10–20, So 12–17 Uhr) in der hübschen Market Street, wo man einen kurzen Blick auf die qualitativ hochwertigen Glaswaren werfen kann.

Das **Rockwell Museum of Western Art** (607-937-5386; www.rockwellmuseum.org; 111 Cedar St; Erw./Kind 8 US$/frei; 9–17 Uhr, im Sommer 9–20 Uhr) in der ehemaligen City Hall beherbergt eine große Sammlung mit Werken über den amerikanischen Westen, u. a. von Bierstadt, Russell und Remington.

Moosewood Restaurant VEGETARISCH $$
(www.moosewoodcooks.com; 215 N Cayuga St, Ithaca; Hauptgerichte 8–18 US$; 11.30–20.30, So 17.30–21 Uhr) Bekannt für seine kreative, ständig wechselnde vegetarische Speisekarte und die Kochbücher der Gründerin Mollie Katzen.

An- & Weiterreise

Shortline Bus (www.coachusa.com) hat häufig Verbindungen nach New York City (53 US$, 4 Std.). Delta Airlines bietet vom **Ithaca Tompkins Regional Airport** (ITH; www.flyithaca.com) Direktflüge nach Detroit, Newark und Philadelphia.

Die Adirondacks

Majestätisch und wild präsentieren sich die Adirondacks, eine Bergkette mit 42 über 1200 m hohen Gipfeln. Mit ihrer wahrhaft ehrfurchtgebietenden Schönheit stehen die Adirondacks anderen unberührten Gebieten Amerikas in nichts nach. Die 24 281 km² große Park- und Waldfläche, die sich von der Mitte des Bundesstaats New York bis zur kanadischen Grenze erstreckt, umfasst Städte, Berge, Seen, Flüsse und mehr als 3200 km Wanderwege. Hier kann man ganz prima Forellen, Lachse und Hechte angeln. Außerdem gibt's ausgezeichnete Campingplätze. 40% des Parks gehören zum Adirondack Forest Preserve. So wird die wilde Natur geschützt. Zur Kolonialzeit holten sich die Siedler Biberpelze, Holz und die Rinde der Hemlocktanne aus den Wäldern. Im 19. Jh. wurde es immer beliebter, in der Wildnis Urlaub zu machen, und es wurden Blockhütten, Hotels und große Anwesen errichtet.

Lake George

Vielleicht ist es gut so, dass **Lake George**, das wichtigste Tor zu den Adirondacks, ein kitschiger Touristenort mit all den Zuckerwattebuden, Spielhallen und billigen Souvenirläden ist. Hat man den Ort erst einmal hinter sich gelassen, ist der Kontrast zur Landschaft umso verblüffender. Denn eigentlich kommt man nur wegen des 51 km langen Sees mit seinem kristallklaren Wasser und dem bewaldeten Ufer hierher. Beliebte Freizeitaktivitäten sind Schaufelraddampfer-, Parasailing-, Kajak- und Angeltouren.

Der Bundesstaat unterhält auf den Inseln im Lake George traumhaft abgelegene **Campingplätze** (800-456-2267; www.dec.ny.gov/outdoor; Stellplatz 25 US$). Kleine Motels säumen die Hauptstraße von Lake George am nördlichen Ortsrand, Dutzende weiterer Unterkünfte gibt's an der Strecke (Rte 9) nach **Bolton Landing**. Zwei empfehlenswerte Unterkünfte mit Seeblick sind das **Georgian Lakeside Resort** (518-668-5401; www.georgianresort.com; Zi. inkl. Frühstück ab 99 US$) und das kürzlich renovierte **Surfside on the Lake** (800-342-9795; www.surfsideonthelake.com; 400 Canada St; Zi. ab 60 US$).

Lake Placid & Saranac Lake

Es ist kaum vorstellbar, dass der kleine Höhenkurort **Lake Placid** zweimal im Zentrum der Weltöffentlichkeit stand. 1932 und 1980 fanden hier die Olympischen Winterspiele statt. Die Einrichtungen und Infrastruktur sind noch erhalten, und so trainieren hier noch immer Spitzensportler. Hockey-Fans

ABSTECHER

DIE REGION THOUSAND ISLANDS

Downstate New Yorker kennen diese Gegend mit ihren mehr als 1800 Inseln so gut wie gar nicht. Und das liegt teilweise auch daran, dass sie nur ziemlich schwer zugänglich ist. Hier und da ragen winzig kleine Felsen aus dem Wasser, die kaum die Größe eines Badetuchs erreichen. Aber es gibt auch größere Inseln mit Straßen und Ortschaften. Diese Traumlandschaft trennt die USA von Kanada. Der breite, schnell fließende St.-Lorenz-Strom verbindet die Großen Seen mit dem Atlantik. An diesem östlichen Abschnitt machten früher die Superreichen Urlaub, die sich hier große, beachtliche Sommerresidenzen bauten. Auch heute noch ist die Gegend sehr beliebt, denn sie eignet sich ganz ausgezeichnet zum Bootfahren, Campen und sogar zum Tauchen zu alten Schiffswracks.

In **Sackets Harbor** fanden im Krieg von 1812 die bedeutendsten Schlachten statt. Sackets Harbor liegt am Lake Ontario, gehört aber eigentlich nicht zur Region Thousand Islands. Trotzdem ist es ein günstiger Ausgangspunkt für eine Erkundungstour dieser Region. Mehrere einladende Restaurants befinden sich an der Straße, die hinunter zum Hafen führt. Dort kann man gemütlich am Wasser sitzen.

Das ziemlich relaxte Dorf **Cape Vincent** mit seinen französischen Wurzeln liegt am Westende des St.-Lorenz-Stroms an der Stelle, an der er in den Lake Ontario mündet. Vom **Tibbetts Point Lighthouse** aus hat man eine fantastische Sicht auf den See. Auf dem gleichen Grundstück befindet sich zudem noch ein nettes **Hostel** (☎315-654-3450; www.hihostels.com; 33439 Co Rte 6; B 25 US$). Im nahe gelegenen **Burnham Point State Park** (☎315-654-2522; Rte 12E; Stellplatz 25 US$) gibt's Campingplätze inmitten von Bäumen am See.

In **Clayton**, 15 Meilen (24 km) in Richtung Osten auf dem Seaway Trail (Rte 12), gibt's mehr als ein Dutzend Jachthäfen und ein paar gute Restaurants. Das **Antique Boat Museum** (☎315-686-4104; www.abm.org; 750 Mary St; Clayton; Erw./Kind 13 US$/frei; ⊙Mitte Mai–Mitte Okt. 9–17 Uhr; 👪) bietet nicht nur die Möglichkeit, viel über alte Ruder- bzw. Segelschiffe zu lernen, sondern auch, sie selbst einmal zu steuern. **TI Adventures** (☎315-686-2500; www.tiadventures.com; 1011 State St; Kajak halber Tag 30 US$) verleiht Kajaks und organisiert Wildwassertrips auf dem Black River. Ähnliche Aktivitäten bieten auch zahlreiche andere Unternehmen in Watertown an. Diese recht große Stadt liegt eine halbe Autostunde in Richtung Süden.

erkennen sicherlich das **Olympic Center** (☎518-302-5326; www.whiteface.com; 2634 Main St; Erw./Kind 7/5 US$; ⊙10–17 Uhr; 👪) in der Main St als den Ort wieder, an dem 1980 das „Miracle on Ice" stattfand und die US-amerikanische Eishockeymannschaft über die als unschlagbar geltende sowjetische Mannschaft siegte. Der **Olympic Jumping Complex** (☎518-523-2202; www.whiteface.com; 5486 Cascade Rd; Erw./Kind 11/8 US$; ⊙jahreszeitlich wechselnde Öffnungszeiten) befindet sich in der Nähe der Stadt an der Rte 73. Wer hier mit dem Aufzug in den 20. Stock fährt, kommt in den Genuss eines umwerfenden Blicks. 7 Meilen (11 km) südlich ist der **Mt. Van Hoevenberg** (☎518-523-4436; 8 John Brown Rd, Rte 73, Lake Placid; Erw./Kind 10/8 US$, Bobschlittenfahrt 30 US; ⊙jahreszeitlich wechselnde Öffnungszeiten; 👪), die Heimat des olympischen „Rodelsports". Hier kann man zu bestimmten Zeiten des Jahres eine Fahrt auf einem Bobschlitten, einem Skeleton oder einem Rodelschlitten wagen und sich so richtig schön durchschütteln lassen. Genau das Richtige für Adrenalinjunkies. Skifahrer finden am nahe gelegenen **Whiteface Mountain** (www.whiteface.com) 80 Pisten mit einem Höhenunterschied von sage und schreibe 1036 m. Hotels, Restaurants, Buchläden und Geschäfte säumen die grenzstädtisch wirkende Hauptstraße des Orts am Mirror Lake. Das **Golden Arrow Lakeside Resort** (☎800-582-5540; www.golden-arrow.com; 2559 Main St, Lake Placid; Zi. ab 130 US$; P⊖❄📶≋👪) 🍃 ist die einzige Unterkunft direkt am See und hat mehrere verschiedene Zimmertypen für Familien und Paare im Angebot.

Südlich von Lake Placid unterhält der Adirondack Mountain Club (ADK) die **Adirondack Loj** (☎518-523-3441; www.adk.org; B/Zi. inkl. Frühstück 50/155 US$), ein rustikales Refugium am Ufer des friedvollen Bergsees Heart Lake. Hier gibt's auch Stellplätze für Zelte und Wohnwagen sowie Hütten und kleine Häuschen.

In dem für Clayton überraschend modernen **Lyric Coffee House** (☎315-686-4700; 246 James St, Clayton; Hauptgerichte 7–24 US$; ⏲8–20, So 9–16 Uhr; 📶) gibt's Kaffeespezialitäten, Eis, Kuchen, Backwaren sowie Fleisch, Fisch und Pastagerichte.

Weiter östlich liegt **Alexandria Bay** (Alex Bay), ein Ferienort aus den frühen 1920er-Jahren. Auch heute noch zieht dieser Ort auf der amerikanischen Seite viele Besucher an – die Schwesterstadt in Kanada heißt übrigens Gananoque. Der Ort selbst ist zwar etwas heruntergekommen, aber in der Umgebung gibt es genug zu tun: Gokartbahn, Minigolfplatz und ein **Autokino** (www.baydrivein.com; Erw./Kind 5/2 US$; 👪). Außerdem starten hier die Fähren nach Heart Island mit dem **Boldt Castle** (☎315-482-9724; www.boldtcastle.com; Erw./Kind 8/5,50 US$; ⏲Mitte Mai–Mitte Okt. 10–18.30 Uhr). Dieses Schloss steht für die Liebesgeschichte eines New Yorker Hoteliers, der es vom Tellerwäscher zum Millionär gebracht hat. Er baute das Schloss für seine geliebte Frau, die aber vor der Fertigstellung verstarb. Der gleiche Hotelier bat seinen Chefkoch, ein neues Salatdressing zu kreieren, das dann unter dem Namen „Thousand Islands" bekannt wurde. Es besteht aus einer unglücklich gewählten Mischung aus Ketchup, Mayonnaise und Würze. **Uncle Sam's Boat Tours** (☎315-482-2611; www.usboattours.com, 45 James St; 2-Länder-Tour Erw./Kind 18,50/9,25 US$; 👪) organisiert mehrmals täglich die empfehlenswerte Zwei-Länder-Tour zur kanadischen und zur amerikanischen Seite des Flusses, die auch zum Boldt Castle führt. Von dort fährt man kostenlos auf einer der halbstündlich verkehrenden Fähren zurück.

Campen ist selbst für die größten Campinghasser die beste Lösung – besonders im **Wellesley Island State Park** (☎518-482-2722; www.nysparks.com; Stellplatz ab 15 US$). Viele Campingplätze befinden sich fast direkt am Wasser, einige haben sogar einen Privatstrand. Die Insel ist nur über die Thousand Islands Bridge zu erreichen (Maut 2,50 US$).

In der Umgebung von Alex Bay gibt es einige teure Unterkünfte, die aber ihr Geld nicht wert sind. Die beste Mittelklasseunterkunft ist wahrscheinlich das **Capt. Thomson's Resort** (☎315-482-9961; www.captthomsons.com; 45 James St; Zi. 130–200 US$; P ❄ 🏊) direkt am Wasser neben dem Büro von Uncle Sam's Boat Tours.

Jet Blue (S. 1347) fliegt täglich zum Hancock International Airport (SYR) in Syracuse – anderthalb Autostunden weiter südlich. Am Flughafen sind einige der großen Autovermieter mit Büros vertreten. Radfahrer werden den flachen Scenic Byway Trail lieben.

Weiter im Norden liegt die Region Saranac Lake mit noch mehr Einsamkeit, kleinen Seen und Teichen, alten Wäldern und Feuchtgebieten. Der Ort **Saranac Lake** war früher einmal ein Kurort für Tuberkulosekranke. Heute hat er etwas von seinem alten Charme verloren. 14 Meilen (ca. 22 km) weiter nördlich befindet sich das **White Pine Camp** (☎518-327-3030; www.whitepinecamp.com; 432 White Pine Rd, Paul Smiths; 2-Pers.-Cottage Ende Okt.–Ende Juni ab 105 US$; Mitte Mai–Ende Okt. ab 1085 US$/Woche). Es ist eines der wenigen noch bestehenden Adirondack „Great Camps", in dem man übernachten kann. White Pine ist aber weder pompös noch prachtvoll, sondern vielmehr eine Ansammlung von rustikalen, gemütlich eingerichteten Hütten am idyllischen Osgood Pond.

Rund um den Lake Champlain

Seit die „Green Mountain Boys" 1775 den Briten das **Fort Ticonderoga** (☎518-585-2821; www.fortticonderoga.org; 100 Fort Ti Rd; Erw./Kind 17,50/8 US$; ⏲17. Mai–20. Okt 9.30–17 Uhr) abgenommen haben, ist es ein Synonym für den Amerikanischen Unabhängigkeitskrieg. Heutzutage genießt man von den schiefen Steinmauern einen grandiosen Blick auf den Lake Champlain. Jeden Sommer öffnet das gut erhaltene Fort sein Museum, dann kann die ganze Anlage im Rahmen von Führungen und historischen Nachstellungen erkundet werden.

Weiter nördlich liegt die **Crown Point State Historic Site** (☎518-597-4666; www.nysparks.com; 21 Grandview Dr, Crown Point; ⏲Gelände 9–18 Uhr). Die Reste der beiden bedeutendsten Forts aus dem 18. Jh. stehen auf der strategisch bedeutenden Landzunge, an der der Lake Champlain zwischen New York and Vermont eine Engstelle bildet.

Ausable Chasm (☎518-834-9990; www.ausablechasm.com; 2144 Rte 9; Erw./Kind 17/10 US$; ⏲Sommer 9–17 Uhr, sonst 9–16 Uhr;

) ist eine beeindruckend schöne, rund 3,2 km lange Schlucht, die ein reißender Fluss über Jahrtausende in den Sandstein hinein geschnitten hat. Hier gibt es Wanderwege und Trampelpfade und im Sommer kann man auch raften. Der **Essex Inn** (518-963-4400; www.essexinnessex.com; 2297 Main St, Essex; Zi. ab 225 US$;) im Ort Essex hat schön renovierte Zimmer in einem 200 Jahre alten, unter Denkmalschutz stehenden Gebäude.

Anreise & Unterwegs vor Ort

Greyhound (www.greyhound.com) und **Adirondack Trailways** (www.trailwaysny.com) fahren verschiedene Orte in der Region an. Wer die Gegend erkunden will, benötigt unbedingt ein eigenes Fahrzeug.

Westliches New York

In den letzten Jahrzehnten hatte die Gegend unter der Abwanderung großer Industrien und dem Wegzug vieler Menschen zu leiden. Die meisten Städte in dieser Region fristen jetzt ein Leben im Schatten der Niagarafälle. Dieses Wunder der Natur zieht jährlich um die 12 Mio. Besucher aus der ganzen Welt an. Buffalo war früher eine boomende Industriestadt am Ende des Eriekanals, der als Verkehrsader zwischen den Großen Seen und dem Atlantik diente. Heute ist die Stadt mit den vielen Künstlervierteln überfüllt mit Restaurants, die kulinarische Highlights servieren.

Buffalo

Die oft verschmähte Arbeiterstadt ist von langen, kalten Wintern und vielen verlassenen Industriegebäuden geprägt. Aber in Buffalo gibt es auch viele College-Studenten und Mittdreißiger, die in preiswerten Wohnungen leben. Sie verleihen der Stadt eine pulsierende Atmosphäre und genießen die erschwingliche, äußerst wohlschmeckende Küche. Die Stadt wurde 1758 von den Franzosen angelegt – ihr Name soll sich von *beau fleuve* (schöner Fluss) ableiten. Buffalos glorreiche Vergangenheit, zunächst als Handelsposten und später als boomendes Produktionszentrum und Umschlagplatz am Ende des Eriekanals, hat Spuren hinterlassen. Es herrscht eine gewisse Nostalgie vor sowie die Hoffnung auf eine Wiederbelebung der Stadt, für die es ambitionierte Pläne gibt. (So wird beispielsweise der massive Ausbau der medizinischen Fakultät der University of Buffalo und der Umzug nach Downtown angestrebt). Buffalo liegt ungefähr acht Autostunden von New York City entfernt und nur etwa eine halbe Stunde südlich der Niagarafälle.

Das sehr hilfreiche **Buffalo Niagara Convention & Visitors Bureau** (800-283-3256; www.visitbuffaloniagara.org; 617 Main St; Mo–Fr 10–16, Sa 10–14 Uhr) befindet sich in einem lichtdurchfluteten Einkaufszentrum im Beaux-Arts-Stil (1892) und hat gute Broschüren für Wandertouren. Außerdem gibt es hier einen kleinen Andenkenladen.

NICHT VERSÄUMEN

TUPPER LAKE & BLUE MOUNTAIN LAKE

Nur ein paar Meilen weiter östlich von Tupper Lake, einem ansonsten eher nichtssagenden Städtchen, befindet sich das **Wild Center** (518-359-7800; www.wildcenter.org; 45 Museum Dr, Tupper Lake; Erw./Kind 17/10 US$, unter 3 Jahren frei; Ende Mai–Anfang Sept. tgl. 10–18 Uhr, Sept.–März Fr–So 10–17 Uhr, April geschl.;) , ein traumhaftes Museum, das sich der Ökologie und dem Schutz der Adirondacks verschrieben hat. Interaktive Ausstellungsstücke machen das Museum auch für Kinder interessant, und Wanderwege führen zu einem Aussichtspunkt über dem Bogen des Flusses und zum Raquette River. Man sollte auf keinen Fall die „Back-of-the-House-Tour" verpassen, auf der man alles über den Betrieb beispielsweise von Tiefkühltruhen erfährt, in denen tote Mäuse aufbewahrt werden, mit denen Schlangen, Eulen, Stinktiere und andere im Zentrum lebende Tiere gefüttert werden.

Nach dem Wild Center kann man das **Adirondack Museum** (518-352-7311; www.adkmuseum.org; 9097 Rte 30; Erw./Kind 18/6 US$; 24. Mai–14. Okt. 10–17 Uhr;), ein 12 ha großes Gelände mit Blick über den Blue Mountain Lake besuchen. Anhand von zahlreichen interaktiven Exponaten lernt man vieles über die Berge und das Leben ihrer Bewohner, von der Geschichte der Bergbauindustrie, der Holzgewinnung und des Bootsbaus bis hin zur Bedeutung des Tourismus in dieser Region.

Sehenswertes & Aktivitäten

Architekturfans werden es lieben, durch Downtown mit der City Hall und durch den „Theaterdistrikt" zu schlendern, wo man mehrere Gebäude vom Ende des 19. Jhs. mit Barock-, italienischen und Jugendstilfassaden bewundern kann (Infos unter www.walkbuffalo.com).

Die einst heruntergekommene Gegend am Wasser wurde saniert, heißt jetzt **Canalside** (www.canalsidebuffalo.com) und hat u.a. einen schönen Park zu bieten. Von hier aus kann man in einem Ausflugsdampfer durch die Gegend schippern, wer will, kann auch ein Kajak mieten. Lohnenswert ist ein Besuch des **Naval & Military Park** (www.buffalonavalpark.org; 1 Naval Park Cove; Erw./Kind 10/6 US$; April–Okt. 10–17 Uhr, Nov. Sa & So, Dez.–März geschl.). In diesem kleinen Museum kann man maritime, mit dem Krieg in Zusammenhang stehende Ausstellungsstücke bewundern. Noch beeindruckender sind aber die beiden riesigen Schiffe aus dem Zweiten Weltkrieg und das U-Boot (im Eintrittspreis fürs Museum ist die Besichtigung der Schiffe enthalten). Nördlich des Stadtzentrums liegt der weitläufige **Delaware Park**, der von Frederick Law Olmsted entworfen wurde. Im Viertel **Elmwood** gibt's jede Menge hippe Cafés, Restaurants, Boutiquen und Buchläden.

Buffalo ist sportbesessen. Die Einheimischen leben und sterben mit ihrer Football-Mannschaft **NFL Buffalo Bills** (www.buffalobills.com), die im Vorort Orchard Park im Ralph Wilson Stadium spielt, und ihrem NHL-Eishockeyteam **Buffalo Sabres** (www.sabres.com). 2014 werden die Sabres vom First Niagara Center in das neue **HARBORcenter** nebenan umziehen. Eine ebenfalls empfehlenswerte Möglichkeit, sich unter Sportfans zu mischen, ist der Besuch eines Spiels der **Buffalo Bisons** (www.bisons.com), dem AAA-Baseballteam des Erstligisten New York Mets. Gespielt wird im trendig-traditionellen Baseballstadion im Zentrum.

★ Albright-Knox Art Gallery MUSEUM

(716-882-8700; www.albrightknox.org; 1285 Elmwood Ave; Erw./Kind 12/5 US$; 10–17 Uhr, Mo geschl.; Bus 198 West bis Elmwood Ave S/Art Gallery) Das ziemlich große Museum mit der neoklassizistischen Fassade beherbergt einige der besten Werke französischer Impressionisten und amerikanischer Meister.

Darwin Martin House ARCHITEKTURFÜHRUNG

(716-856-3858; www.darwinmartinhouse.org; 125 Jewett Pkwy; kleine Führung 15 US$; große Führung inkl. Barton House 30 US$; Führung nur mit Reservierung, Di geschl.) Eines der aufwendigsten oder vollständigsten im Prairie-Stil errichteten Häuser von Frank Lloyd Wright mit besonders bemerkenswerten Glasarbeiten. Es kann nach Terminabsprache besichtigt werden. Das moderne Visitor Center nebenan hat Infos über Wright und sein Anwesen.

Theodore Roosevelt Inaugural National Historic Site MUSEUM

(716-884-0095; www.nps.gov/thri; 641 Delaware Ave; Erw./Kind 10/5 US$; Führungen stündl. Mo–Fr 9.30–15.30, Sa & So 9.30–12.30 Uhr) Bei der Führung durch das Ansley-Wilcox-Haus erfährt man alles über Teddys Notvereidigung nach der Ermordung von William McKinley im Jahr 1901 auf der Pan American Exposition in Buffalo.

Burchfield Penney Art Center MUSEUM

(716-878-6011; www.burchfieldpenney.org; 1300 Elmwood Ave; Erw./Kind 10 US$/frei; Di, Mi, Fr & Sa 10–17, Do 10–21,So 13–17 Uhr) Das moderne Museum beherbergt vorwiegend Werke von amerikanischen Künstlern vom späten 19. Jh. bis zur Gegenwart.

Schlafen

An den Highways rund um die Stadt stehen die üblichen Kettenhotels. In der Innenstadt gibt's einige Hotels der größeren Ketten wie das Hyatt Regency und das erschwingliche, empfehlenswerte Hampton Inn & Suites Buffalo Downtown (Zi. ab 159 US$). In diesen Hotels übernachten hauptsächlich Geschäftsreisende.

Hostelling International – Buffalo Niagara HOSTEL $

(716-852-5222; www.hostelbuffalo.com; 667 Main St; B/Zi. 25/65 US$;) Budgettraveller werden sich in diesem gut gelegenen Hostel in Buffalos „Theaterdistrikt" wohlfühlen. Das Hostel befindet sich in der Straße, durch die die Stadtbahn fährt. Obwohl die Einrichtung mal etwas aufgemöbelt werden könnte – die Aufenthaltsräume im Untergeschoss und im 1. OG erinnern an Freizeitheime der 1970er-Jahre –, ist dieses Hostel dennoch ein gemütlicher, sicherer Ort, um sein müdes Haupt zu betten. Hier gibt's kostenlosen Kaffee, Tee und Müsli, sogar Fahrräder stehen den Gästen zur Verfügung.

★ Hotel@the Lafayette BOUTIQUEHOTEL $$

(716-853-1505; www.thehotellafayette.com; 391 Washington St; Zi. 169 US$, Suite ab 200 US$;

P ❄ ≈) Das großartige, sechsstöckige Gebäude im französischen Renaissance-Stil vom Anfang des 20. Jhs. wurde renoviert und 2012 als Hotel eröffnet. Die coole, schicke Einrichtung der Zimmer und Suiten kann allerdings nicht gegen die Art-Déco-Lobby und die Marmorgänge antreten. Zum Hotel gehören mehrere empfehlenswerte Restaurants und eine Bar.

★ **Mansion on Delaware Avenue** HOTEL $$$
(☎716-886-3300; www.mansionondelaware.com; 414 Delaware Ave; Zi./Suite inkl. Frühstück ab 190/390 US$; P ❄ @ ≈) Das prächtige, majestätische Haus von 1862 bietet wahrhaft spezielle, klassische Unterkünfte und einen makellosen Service. Zimmer 200 hat einen Kamin und Fenster vom Fußboden bis zur Decke. Bemerkenswert sind auch die kostenlosen Nebenleistungen: zweimal täglich warten in der lichtdurchfluteten Lounge Drinks auf Abnehmer. Wer will, kann auch den Fahrdienst in Anspruch nehmen und sich im Umkreis von 3 km herumchauffieren lassen.

Essen

In Buffalo gibt's jede Menge Lokale mit einzigartigem, leckerem und preiswertem Essen. Schicke, gute Restaurants befinden sich in Downtown, Allentown, Elmwood und in den Vororten. Der Küchenchef und Gastronom Mike Andrzejewski hat ein florierendes Mini-Imperium aufgebaut, dazu gehören u. a. die Restaurants Seabar (japanisch), Tappo (italienisch), Mike A's (Steakhouse) und Cantina Loco (mexikanisch). Sie alle haben gutes Essen und eine tolle Atmosphäre.

★ **Anchor Bar** AMERIKANISCH $
(☎716-886-8920; 1047 Main St; 10/20 Chicken Wings 13/20 US$; ⏲Mo–Do 10–23, Fr & Sa 10–1 Uhr) Appetit auf die berühmten frittierten Chicken Wings in würziger Sauce? Dann ist diese Kult-Bar genau das Richtige, denn hier soll diese Delikatesse erfunden worden sein. (Auf der Speisekarte stehen aber auch Pizzas, Pasta, Sandwiches, Burger usw.). Die Wände sind mit Autonummernschildern und ähnlichen Erinnerungsstücken gepflastert, und überhaupt herrscht in dem ganzen Lokal Kneipenatmosphäre.

Cantina Loco MEXIKANISCH $
(www.cantinaloco.com; 191 Allen St; Hauptgerichte 7 US$; ⏲Mo–Do 16–22, Fr & Sa 16–23, So 16–20 Uhr) Hippe In-Location mit Innenhof, der im Sommer selbst montagabends rappelvoll ist. In diesem Restaurant in Allentown kommen Tacos, Burritos und Quesadillas aus der Küche. Aber es gibt auch Überraschendes wie Koreatown (Kalbsrippchen, Kimchee und Sojasauce). Die Desserts sind ausgezeichnet, und die flinken Barkeeper kennen ihre Mescal-Sorten.

Ted's FAST FOOD $
(www.tedsonline.com; 7018 Transit Rd; Hotdogs 2 US$; ⏲Mo–So 10.30–23 Uhr) Ted's Spezialität sind ellenlange Hotdogs mit allem, was das Herz begehrt.

Ulrich's Tavern DEUTSCH $$
(☎716-855-8409; 674 Ellicott St; Hauptgerichte 15 US$; ⏲Mo–Mi 11–15, Do & Fr 11–22, Sa 15–21 Uhr) Eine der ältesten Tavernen in Buffalo mit verzogenen Dielen und dunklen Holzwänden. Probieren sollte man deutsche Spezialitäten wie Leberwurst und rote Zwiebeln auf Roggenbrot oder Bratfisch mit Rotkohl, Sauerkraut, Kartoffeln und Gemüse.

Betty's MODERN-AMERIKANISCH $$
(☎716-362-0633; 370 Virginia St; Hauptgerichte 9–22 US$; ⏲Di 8–21, Mi–Fr 8–22, Sa 9–22, So 9–15 Uhr) Das etwas freakige, unkonventionelle Betty's an einer ruhigen Ecke in Allentown serviert gesunde, schmackhafte Abwandlungen amerikanischer Hausmannskost wie Hackbraten. Der Brunch ist verdientermaßen beliebt.

Ausgehen & Unterhaltung

Die Bars in der Chippewa St (auch Chip Strip genannt) sind bis 4 Uhr geöffnet und besonders bei Studenten beliebt. Auch Viertel wie Elmwood, Linwood und Allentown haben einiges an Nachtleben zu bieten. In der Allen St gibt's ein paar Kneipen mit Livemusik, darunter Nietzches und die Duke's Bohemian Grove Bar. Am Südende von Elmwood haben sich einige Schwulenbars niedergelassen. Von Ende Juni bis August lockt eine Reihe von **Sommerkonzerten** (☎716-856-3150; www.buffaloplace.com) eine bunte Mischung aus Newcomern und etablierten Künstlern auf die Straßen im Stadtzentrum.

Pan American Grill & Brewery BRAUEREI
(☎716-856-0062; 391 Washington St, Hotel Lafayette; Hauptgerichte 9–18 US$; ⏲Mo–Do 11–22, Fr & Sa 11–24, So 12–22 Uhr) Mehrere Räume, zwei davon mit mächtigen alten Mahagoni-Tresen, eine Lounge im Stil von Teddy Roosevelts Jagdhütte und ein Raum mit Wandmalereien und Gewölbedecke nehmen einen guten Teil des Erdgeschosses vom Hotel

Lafayette ein. Das hauseigene Bier wird im Kellergeschoss gebraut. Aus der Küche kommen ausgezeichnete Standards wie Burger (13 US$) und Koteletts (14 US$), aber auch Fladenbrot mit Entenconfit und Ziegenkäse (8 US$).

Founding Fathers BAR
(75 Edward St; ⌚Mo–Do 11.30–1, Fr 11.30–2, Sa 11.30–4, So 17–23 Uhr) Thema dieser kleinen, coolen Kiezbar nördlich des Zentrums sind die US-Präsidenten und – man glaubt es kaum – das zieht einen Klüngel hiesiger Politiker an. Auf der kleinen Speisekarte stehen gute Sandwiches (9 US$); Popcorn und Nachos gibt's umsonst.

Allen Street Hardware Cafe BAR
(☎716-882-8843; 245 Allen St) In einem Block mit unzähligen Kneipen ist dieses schicke Restaurant (Hauptgerichte 14–25 US$) mit Bar schon etwas Besonderes. Hier sorgen die besten Musiker aus der Gegend regelmäßig für ein volles Haus.

ℹ Anreise & Unterwegs vor Ort

Der **Buffalo Niagara International Airport** (BUF; ☎716-630-6000; www.buffaloairport.com) liegt etwa 16 km östlich des Zentrums und ist ein regionaler Verkehrsknotenpunkt. Jet Blue Airways bietet ab New York City erschwingliche Hin- und Rückflüge. Abfahrt und Ankunft von Bussen ist der **Greyhound-Busbahnhof** (181 Ellicott St) (alias Buffalo Transportation Center). Der Nahverkehrsbus 40 und der Expressbus 60 von **NFTA** (www.nfta.com) fahren zum Transit Center auf der amerikanischen Seite der Niagarafälle (2 US$, 1 Std.). Vom **Amtrak-Bahnhof** (☎716-856-2075; 75 Exchange St) in der Innenstadt fahren Züge in alle größeren Städte (nach NYC 88 US$, 8 Std.; nach Albany 48 US$, 6 Std.). Der Bahnhof an der Exchange Street ist vor allem nachts etwas zwielichtig; die Einheimischen empfehlen den 10 km östlich gelegenen **Bahnhof Buffalo-Depew** (55 Dick Rd).

Niagarafälle & Umgebung

Es ist die Geschichte von zwei Städten und zwei Wasserfällen. Von beiden Seiten der Landesgrenze kann man sich das wahrhaft dramatische Naturspektakel anschauen. Wem es gelingt, all die Flitterwöchner, die herzförmigen Whirlpools, die Spielhallen, die Billigläden und die kitschigen Uferpromenaden zu ignorieren, wird wahrhaft Majestätisches zu Gesicht bekommen. Je dichter man an die Niagarafälle herankommt, umso beeindruckender sehen sie aus und umso feuchter wird die Angelegenheit. Aus gutem Grund besuchen fast alle Leute die kanadische Seite des Wasserfalls, aber man kann auch ganz einfach zwischen beiden Seiten hin und zurück laufen (den Pass mitnehmen!). Die New Yorker Seite wird vom lilafarbenen, gänzlich mit Glas bedeckten Seneca Niagara Casino & Hotel dominiert, das über den umliegenden heruntergekommenen Blocks thront.

Sehenswertes & Aktivitäten

Die Wasserfälle liegen in zwei verschiedenen Städten: Niagara Falls, New York (USA), und Niagara Falls, Ontario (Kanada). Die Städte liegen sich am Niagara River gegenüber, über den die für Fußgänger und Autos passierbare Rainbow Bridge führt. Der berühmte Landschaftsarchitekt Frederick Law Olmstead half bei der Rettung und Erhaltung der New Yorker Seite der Niagarafälle, die bis in die 1870er-Jahre hinein nur von Industrie und kitschig-bunten Werbetafeln geprägt war.

GRENZÜBERGANG: KANADISCHE NIAGARAFÄLLE

Wer sagt, er habe die Niagarafälle besucht, meint in der Regel die kanadische Seite, denn das Panorama dort ist einfach unschlagbar. Die kanadischen **Horseshoe Falls** sind breiter und vom Queen Victoria Park aus besonders fotogen. Bei Dunkelheit werden sie außerdem noch bunt beleuchtet. Die **Journey Behind the Falls** (☎905-354-1551; 6650 Niagara Pkwy; Erw./Kind April–Dez. 15,95/10,95 US$, Dez.–April 11,25/6,95 US$; ⌚9–18 Uhr, im Sommer wird spatter geöffnet) ermöglicht den Zugang zu einem gischtumtosten Aussichtspunkt unter den Fällen. **Niagara on the Lake**, 15 km weiter nördlich, ist eine Kleinstadt voller eleganter B&Bs. Hier findet im Sommer ein berühmtes Theaterfestival statt.

Fast alle großen Hotelketten sind auf der kanadischen Seite gleich mit mehreren Häusern vertreten. In und rund um Clifton Hill gibt's unter den Restaurants Touristenfallen wie Sand am Meer. Amerikanisches Essen und Restaurantketten dominieren die kulinarische Landschaft. In der Gegend um die Lundy's Lane findet man haufenweise Billiglokale.

Vom **Prospect Point Observation Tower** (☎716-278-1796; Eintritt 1 US$, ab 17 Uhr frei, ⌚9.30–19 Uhr) kann man einen Blick auf die **American Falls** und ihren westlichen Teil, die **Bridal Veil Falls**, werfen, die 55 m in die Tiefe stürzen. Überquert man die kleine Brücke nach **Goat Island**, gibt es noch weitere Aussichtspunkte: Terrapin Point bietet einen wunderbaren Blick auf die Horseshoe Falls. Fußgängerbrücken führen zu den Three Sisters Islands in den oberen Stromschnellen. Am Nordende von Goat Island fährt ein Aufzug hinunter zur **Cave of the Winds** (☎716-278-1730; Erw./Kind 11/8 US$), wo Fußwege fast 8 m weit nah an den Fällen entlang führen (Regenjacken werden bereitgestellt). Seit 1846 ist die Bootstour **Maid of the Mist** (☎716-284-8897; www.maidofthemist.com; 151 Buffalo Ave; Erw./Kind 15,50/9 US$; ⌚Sommer 9–19 Uhr, die Öffnungszeiten können variieren, mehr dazu auf der Website) am Fuße der Wasserfälle die äußerst empfehlenswerte Hauptattraktion. Die Boote legen auf der US-amerikanischen Seite am Fuß des Prospect Park Observation Tower und auf der kanadischen Seite am Fuß des Clifton Hill ab.

Adrenalinjunkies können auch eine Tour mit **Whirlpool Jet Boat Tours** (☎888-438-4444; www.whirlpooljet.com; 1 Std. Erw./Kind 50/42 US$) machen, die in **Lewiston** beginnt. Der charmante Ort liegt 8 Meilen (13 km) nördlich von Niagara Falls und hat auch einige gute Lokale. Einige Kilometer westlich kann man in den **Fashion Outlets of Niagara Falls** Schnäppchen bei Designerklamotten machen.

Nordöstlich von Niagara Falls liegt **Lockport** am westlichen Ende des Eriekanals. Hier gibt es außer einem ausgezeichneten Visitor Center auch noch ein **Museum**. Im Sommer werden hier **Bootstouren** angeboten.

Schlafen & Essen

Die meisten der landesweiten Hotelketten sind hier vertreten, z. B. Ramada Inn, Howard Johnson, Holiday Inn. Im Vergleich zu der kanadischen Seite ist das Angebot aber verhältnismäßig gering. In der Nähe der Brücke gibt es ein paar Restaurants, darunter auch einige indische Imbisse.

★Giacomo BOUTIQUEHOTEL **$$**
(☎716-299-0200; www.thegiacomo.com; 220 First St; Zi. ab 150 US$; P ❄ ☜) Das Giacomo befindet sich in einem renovierten Art-déco-Büroturm von 1929 und kann sich in Stil und Komfort problemlos mit den Unterkünften auf der kanadischen Seite messen. Auf den meisten Etagen sind zwar topmoderne Eigentumswohnungen untergebracht, es gibt aber noch drei Dutzend geräumige, luxuriös eingerichtete Zimmer und die Lounge im 19. Stock, die alle einen spektakulären Blick auf die tosenden Wasserfälle bieten.

Buzzy's PIZZA **$**
(☎716-283-5333; 7617 Niagara Falls Blvd; Hauptgerichte 6–15 US$; ⌚So–Do 11–23, Fr & Sa 11–24 Uhr) Hier gibt's Pizzas wie in New York, würzige Chicken Wings, Calzones, Riesen- und Jumbosandwiches für Hungrige, die gern Bier trinken und Sportsendungen mögen.

Praktische Informationen

Bei der **Niagara Tourism & Convention Corporation** (☎716-282-8992; www.niagara-usa.com; 10 Rainbow Blvd; ⌚Juni–15. Sept. 9–19 Uhr, 16. Sept.–31. Mai 9–17 Uhr) auf der amerikanischen Seite gibt's alle möglichen Führer. Ihr kanadisches Pendant befindet sich in der Nähe vom Fuß des **Skylon Tower** (☎905-356-6061; www.niagarafallstourism.com; 5400 Robinson St, Skylon Tower; ⌚9–17 Uhr).

Anreise & Unterwegs vor Ort

Bus 40 und Expressbus 60 von **NFTA** (Niagara Frontier Transportation Authority; www.nfta.com) fahren zwischen dem Zentrum von Buffalo und Niagara Falls (2 US$, 1 Std.). Die Haltestelle in Niagara Falls ist an der Ecke First St und Rainbow Blvd (man muss nicht bis zur Endhaltestelle an der Main St und Pine St fahren). Ein Taxi kostet um die 75 US$. Der **Amtrak-Bahnhof** (27th St, an der Lockport Rd) liegt etwa 3 km nordöstlich vom Zentrum. Von Niagara Falls fahren täglich Züge nach Buffalo (35 Min.), Toronto (3 Std.) und New York City (9 Std.). Die Preise variieren je nach Zeit und Tag. Die Busse von **Greyhound** (www.greyhound.com; 303 Rainbow Blvd) starten am Daredevil Museum.

Parken kostet auf beiden Seiten der Niagarafälle zwischen 8 und 10 US$ pro Tag. Die meisten Mittelklassehotels bieten ihren Gästen kostenlose Parkplätze an, während die teureren Hotels (auf der kanadischen Seite) meistens 15 bis 20 US$ für diesen Service berechnen.

Das Passieren der Rainbow Bridge hinüber nach Kanada kostet hin und zurück pro Auto/Fußgänger 3,25/1 US$. Auf beiden Seiten gibt's Zoll- und Einwanderungsstellen – amerikanische Staatsangehörige und Besucher aus Übersee benötigen einen Reisepass oder eine Enhanced Driver's Licence (erweiterter Führerschein mit Identitätsnachweis). Mit einem Mietwagen die Grenze zu überqueren, dürfte kein Problem sein. Man sollte sich aber dennoch vorher beim Autovermieter vergewissern.

NEW JERSEY

In New Jersey gibt es riesige, gediegene Wohnhäuser wie in der Reality-Fernsehserie The *Real Housewives of New Jersey*, Leute, die wie Figuren in einem Fernsehkrimi den breiten, für Jersey typischen Dialekt sprechen, und Machos, die den ganzen Tag im Fitnesscenter, Solarium und Waschsalon an der Jersey Shore verbringen. Der Bundesstaat ist aber mindestens genauso von Hightech-Firmen und Banken-Zentralen geprägt, ganz zu schweigen von reizenden Städtchen, in denen intellektuelle, fortschrittliche Leute leben. Wer die Highways und die Einkaufszentren hinter sich lässt, wird ein anderes, wunderschönes New Jersey kennenlernen, denn der Bundesstaat besteht zu einem Viertel aus Ackerland und bietet 204 km an bezaubernden Stränden und charmanten, amüsanten Küstenorten. Und nicht zu vergessen: Hier sind zwei der bedeutendsten Wahrzeichen von New York City angesiedelt – die Freiheitsstatue und Ellis Island.

ℹ Praktische Informationen

NJ.com (www.nj.com) Hier gibt's Nachrichten von allen wichtigen Tageszeitungen aus dem Bundesstaat, darunter der Newark Star-Leger und das Jersey Journal aus dem Hudson County.

New Jersey Monthly (www.njmonthly.com) Monatliches Hochglanzmagazin mit Features zu Sehenswürdigkeiten und Geschichten, die für Besucher von Interesse sein könnten.

New Jersey Department of Environmental Protection (www.state.nj.us/dep/parksandforests) Umfangreiche Informationen zu allen State Parks, Campingmöglichkeiten und historischen Stätten.

ℹ An- & Weiterreise

Die Leute in New Jersey fahren zwar am liebsten Auto, aber es gibt durchaus auch öffentliche Verkehrsmittel:

New Jersey PATH Train (www.panynj.gov/path) Zugverbindung von Lower Manhattan nach Hoboken, Jersey City und Newark.

New Jersey Transit (www.njtransit.com) Betreibt Busse ab der Port Authority in NYC und Züge ab der Penn Station in NYC.

New York Waterway (☎ 800-533-3779; www.nywaterway.com) Die Fähren fahren durch das Hudson River Valley und von Midtown zum Yankee Stadium in der Bronx. Eine beliebte Pendlerstrecke führt vom Bahnhof New Jersey Transit in Hoboken zum World Financial Center in Lower Manhattan.

Nördliches New Jersey

Im Osten erlebt man Jerseys Stadtdschungel, im Westen das genaue Gegenteil: die friedliche, erfrischende Landschaft des Delaware Water Gap und die sanft geschwungenen Kittatinny Mountains.

Hoboken & Jersey City

Mit seinem Stadtbild wie aus einer Fernsehserie ist Hoboken ein niedliches kleines Städtchen am Hudson River direkt gegenüber von NYC – und aufgrund seiner billigeren Mieten, die seit mehr als fünfzehn Jahren die Leute anlocken, eine Art sechster Stadtteil von New York. Am Wochenende le-

KURZINFOS NEW JERSEY

Spitzname Garden State

Bevölkerung 8,8 Mio.

Fläche 22 581 km²

Hauptstadt Trenton (85 000 Ew.)

Andere Städte Newark (277 000 Ew.)

Verkaufssteuer 7 %

Geburtsort von Musiker Count Basie (1904–1984), Sänger Frank Sinatra (1915–1998), Schauspielerin Meryl Streep (geb. 1949), Musiker Bruce Springsteen (geb. 1949), Schauspieler John Travolta (geb. 1954), Musiker Jon Bon Jovi (geb. 1962), Rapperin Queen Latifah (geb. 1970), Popband Jonas Brothers: Kevin (geb. 1987), Joseph (geb. 1989), Nicolas (geb. 1992)

Heimat des ersten Films (1889), des ersten Baseball-Profispiels (1896), des ersten Autokinos (1933), der Freiheitsstatue

Politische Ausrichtung Gouverneur Chris Christie ist Republikaner, aber traditionell starke demokratische Parlamentsmehrheit

Berühmt für *Jersey Shore* (den Strand selbst und die MTV-Reality-Serie), als Schauplatz der Fernsehserie *Die Sopranos*, die musikalischen Anfänge von Bruce Springsteen

Anzahl der Weingüter 36

Entfernungen Priceton–NYC 55 Meilen (88 km), Atlantic City–NYC 135 Meilen (216 km)

ben die Bars und Livemusik-Locations auf. Das Städtchen bietet aber auch jede Menge Restaurants an der Hauptgeschäftsstraße Washington St, einige hübsche Wohnstraßen und eine begrünte, sanierte Uferpromenade, die nichts mehr mit dem zu tun hat, was in dem düsteren Film *Die Faust im Nacken* zu sehen ist, der hier gedreht wurde.

Hochhäuser mit Eigentumswohnungen und Büros von Finanzfirmen, die auf der Suche nach niedrigeren Mieten waren, haben aus dem einstigen Arbeiter- und Einwandererviertel das heutige **Jersey City**, eine für soziale Aufsteiger „restaurierte" Gegend mit allen damit verbundenen Vor- und Nachteilen gemacht. Die größte Attraktion hier ist der 486 ha große **Liberty State Park** (☎201-915-3440; www.libertystatepark.org; ⊙6–22 Uhr), in dem vor der Skyline Manhattans Open-Air-Konzerte stattfinden. Außerdem gibt's noch einen tollen Radweg und **Fähren** (☎201-604-2800; 877-523-9849; www.statuecruises.com; Erw./Kind 17/9 US$; ⊙9–17 Uhr alle 30 Min., im Sommer auch länger) nach Ellis Island und zur Freiheitsstatue. In dem Park ist auch das umfangreiche, moderne **Liberty Science Center** (☎201-200-1000; www.lsc.org; Erw./Kind 19,75/14,75 US$, IMAX & Sonderausstellungen kosten extra; ⊙Mo–Fr 9–16, Sa & So bis 17.30 Uhr; 👪) untergebracht, das bei Kindern sehr beliebt ist, zumal fast alle Exponate interaktiv sind.

Delaware Water Gap

Der Delaware River windet sich in einer scharfen S-Kurve durch die Kittatinny Mountains von New Jersey. Die traumhaft schöne Gegend hat sich seit Anfang des 19. Jhs. zu einem Erholungsgebiet entwickelt. Die **Delaware Water Gap National Recreation Area** (☎570-426-2452; www.nps.gov) liegt sowohl in New Jersey als auch in Pennsylvania und wurde 1965 unter Naturschutz gestellt. In dieser bis heute unberührten Gegend kann man ganz wunderbar schwimmen, Boot fahren, angeln, campen, wandern und Tiere beobachten – und das alles kaum 115 km östlich von New York City. Auf dem fast 30 Meilen (ca. 50 km) langen Abschnitt der gut befestigten Straße in Pennsylvania gibt's einige lohnenswerte Zwischenstopps, u. a. die **Raymondskill Falls** und das **Pocono Environmental Education Center** (☎570-828-2319; www.peec.org; 538 Emery Rd, Dingman's Ferry; 👪) 🍃, die touristisch gut erschlossenen, umwerfenden **Bushkill Falls** (☎570-588-6682; Rte 209, Bushkill; Erw./Kind 12,50/7 US$; ⊙ab 9 Uhr, wechselnde Öffnungszeiten, Dez.–März geschl.) liegen ein paar Kilometer weiter nördlich. Auf der New-Jersey-Seite erreicht man über die Old Mine Rd, eine der ältesten ständig befahrenen Handelsstraßen der USA, die Startpunkte von mehreren Wanderwegen. Eine schöne Tagestour führt hinauf auf den 480 m hohen Mt. Tammany im **Worthington State Forest** (☎908-841-9575; www.njparksandforests.org).

Wer etwas Spaß auf dem Wasser haben will, kann sich an **Adventure Sports** (☎570-223-0505, 800-487-2628; www.adventuresport.com; Rte 209; Kanu/Kajak 40/44 US$ pro Tag; ⊙Mai–Okt. Mo–Fr 9–18, Sa & So 8–18 Uhr) in Marshalls Creek, Pennsylvania, wenden. Dort gibt's verschiedene Start- und Endpunkte und folglich unterschiedliche Strecken. Camping ist an vielen Stellen entlang der Strecke erlaubt. Eine wirklich tolle Art, die Schönheit der Gegend zu erkunden.

Nordöstlich von hier liegt der **High Point State Park** (☎973-875-4800; www.njparksandforests.org; 1480 Rte 23, Sussex; ⊙April–Okt. 8–20 Uhr, sonst 8–16.30 Uhr), in dem man ebenfalls wunderbar campen und wandern kann. Auf 550 m Höhe steht ein Denkmal, von dem aus man einen wundervollen Blick auf die umliegenden Seen, Hügel und Ländereien hat.

Die nahe gelegene Ortschaft **Milford** auf der anderen Seite in Pennsylvania ist ein reizender Ort mit mehreren guten Restaurants und den **Grey Towers** (☎570-296-9630; www.greytowers.org; Old Owego Turnpike; Führungen Erw./Kind 8 US$/frei; ⊙Gelände Sonnenaufgang–Sonnenuntergang). Das prachtvolle Haus im Stil französischer Schlösser gehörte Gifford Pinchot, dem ersten Direktor des US Forest Service und zweimaligen Gouverneur von Pennsylvania.

Princeton & Umgebung

Das kleine Städtchen Princeton, das von einem englischen Quäkermissionar gegründet wurde, hat eine wunderschöne Architektur und einiges an Sehenswertem zu bieten. Die Hauptattraktion ist die **Princeton University** (www.princeton.edu), die Mitglied der Ivy League ist. Das Gebäude wurde Mitte des 18. Jhs. erbaut und war bald eines der größten in den frühen Kolonien. Der 1936 errichtete **Palmer Square** ist ideal zum Shoppen und Flanieren. Die **Historical Society of Princeton** (☎609-921-6748; www.princetonhistory.org; 158 Nassau St; Führungen

Erw./Kind 7/4 US$) organisiert sonntags um 14 Uhr historische Spaziergänge durch die Stadt, und das **Orange Key Guide Service & Campus Information Office** (☎609-258-3060; www.princeton.edu/orangekey) bietet kostenlose Führungen durch die Uni an. Das **Princeton University Art Museum** (☎609-258-3788; www.princetonartmuseum.org; McCormack Hall, Princeton University Campus; ⏲10–17, Do 10–22 Uhr) GRATIS ist die Miniaturausgabe des Metropolitan Museum of Art mit einer Vielzahl hochqualitativer Werke – von antiken griechischen Keramiken bis zu Arbeiten von Andy Warhol.

Wenn im Mai und Juni die Abschlussprüfungen stattfinden, sind Unterkünfte teuer und rar. Aber zu allen anderen Zeiten sollte es nicht allzu schwierig sein, ein Zimmer in einem der vielen stimmungsvollen Gästehäuser zu bekommen, z. B. im traditionell eingerichteten **Nassau Inn** (☎609-921-7500; www.nassauinn.com; 10 Palmer Sq; Zi. inkl. Frühstück ab 169 US$; ❄📶🐾). Wer preiswert und gesund mediterran mit griechischem Touch essen will, besorgt sich mittags im **Olives** (22 Witherspoon St, Princeton; Sandwiches 7 US$; ⏲7–20 Uhr) etwas Leckeres.

Trenton ist vielleicht nicht gerade die schönste Stadt, dafür aber die Hauptstadt von New Jersey. Hier gibt's verschiedene historische Stätten, ein Museum und einen Farmers Market zu besichtigen. Ein Zwischenstopp auf dem Weg nach Philly oder Atlantic City lohnt sich also allemal.

Jersey Shore

Der wohl berühmteste und am meisten geschätzte Teil New Jerseys ist seine fulminante Küste (www.visitthejerseyshore.com), die von Sandy Hook bis Cape May reicht. Von geschmacklos bis klassisch reiht sich hier ein Ferienort an den anderen. Man sieht hier genauso viele Mütter mit Kinderwagen wie Touristen, die stolz ihre Souvenir-Biergläser umklammern. An den Wochenenden im Sommer wimmelt es hier nur so von Leuten, wer aber Anfang Herbst kommt, wird die Strände fast für sich allein haben. Der Zugang zum Strand ist in den Gemeinden verschieden geregelt; die meisten erheben aber vernünftige Gebühren pro Tag. Im Sommer ist es fast unmöglich, eine preiswerte Unterkunft zu finden. Aber als preisgünstige Alternative kann man sein Zelt in einem State Park oder auf einem privaten Campingplatz aufstellen.

Sandy Hook & Umgebung

An der äußersten Nordspitze der Jersey Shore befindet sich die **Sandy Hook Gateway National Recreation Area** (☎718-354-4606), ein 11 km langer sandiger Strandwall am Eingang zum New York Harbor. Bei klarer Sicht kann man von seinem Strandtuch aus die Skyline der Stadt erkennen, was das Gefühl der Abgelegenheit noch angenehmer macht. Auf der Meerseite der Halbinsel gibt's breite Sandstrände (darunter auch den einzigen legalen FKK-Strand in NJ am Gunnison Beach) und ein weit verzweigtes Radwegenetz. An der Seite zur Bucht kann man prima angeln oder im Watt wandern. In den Backsteingebäuden der ehemaligen Küstenwache **Fort Hancock** (⏲Sa & So 13–17 Uhr) GRATIS ist ein kleines Museum untergebracht. Der **Sandy Hook Lighthouse**, der im Rahmen von Führungen besichtigt werden kann, ist der älteste Leuchtturm des Landes. Man sollte Insektenspray dabeihaben, denn nach Einbruch der Dunkelheit können einem die Mücken ziemlich auf die Nerven gehen.

Die Schnellfähre **Seastreak** (☎800-262-8743; www.seastreak.com; 2 First Ave, Atlantic Highlands; hin & zurück 45 US$) fährt von Sandy Hook (und den Highlands) zum Pier 11 in Downtown Manhattan oder zur East 35th St.

HURRIKAN SANDY

Ende Oktober 2012 verwüstete der Hurrikan Sandy einen Großteil der Küste von New York und New Jersey. Häuser wurden zerstört, Barriereinseln durchbrochen, Uferpromenaden weggerissen und ganze Gemeinden fortgeschwemmt. Im Staat New York wurden Staten Island, die Rockaways und Red Hook am schwersten getroffen; in New Jersey bekam der Küstenabschnitt von Sandy Hook bis Atlantic City am meisten ab. Größe und Gestalt vieler Strände schrumpften und es bleibt abzuwarten, ob bei den Wiederaufbaubemühungen Dünen und sonstige Sturmflutschutzmaßnahmen an Stellen errichtet werden, an denen es bisher keine gab. Zum Zeitpunkt der Recherche, mehr als sechs Monate nach Sandy, erinnerte noch vieles an das Drama: Trümmerberge, Häuser mit beschädigten Außenwänden und Häuser, die vom Einsturz bedroht sind.

Long Branch, Asbury Park & Ocean Grove

Das sanierte und im Vergleich zu den anderen Küstenorten ziemlich gesichtslose **Long Branch** ist der erste große Strandort südlich der Highlands. Etwas weiter landeinwärts befindet sich der berühmte **Monmouth Park Race Track** (☎732-222-5100; www.monmouthpark.com; Haupttribüne/Clubhaus 3/5 US$; ⏲Mai–Aug. 11.30–18 Uhr), eine prächtige historische Pferderennbahn für Vollblüter.

Gleich südlich von Long Branch liegt **Deal** mit seinen gewaltigen Häusern, die fast wie Museen wirken und auf jeden Fall sehenswert sind. Sobald man aber den Deal Lake überquert hat und in **Asbury Park** ist, weicht der Luxus verlassenen Reihenhäusern und Straßen voller Schlaglöcher. In den 1970er-Jahren erlangte das Städtchen vorübergehend Berühmtheit, als Bruce Springsteen im Nachtclub **Stone Pony** (☎732-502-0600; 913 Ocean Ave) „auftauchte". Danach ging es mit der Stadt jedoch bergab, bis sie in letzter Zeit ein Comeback erfuhr. Wohlhabende schwule New Yorker haben sich der in Vergessenheit geratenen viktorianischen Wohnblocks und Ladenfronten angenommen und renoviert. Heute ist das Stadtzentrum, einschließlich mehrerer Blocks an der Cookman Ave und der Bangs Ave, das lebendigste an der Jersey Shore. Hier gibt's unzählige nette Läden, Restaurants, Bars und ein Programmkino. Das weitläufige **Antique Emporium of Asbury Park** (☎732-774-8230; 646 Cookman Ave; ⏲Mo–Sa 11–17, So 12–17 Uhr) bietet auf zwei Etagen interessante Antiquitäten.

Ocean Grove, die Stadt unmittelbar im Süden, ist ein faszinierender Ort zum Herumschlendern. Er wurde im 19. Jh. von Methodisten gegründet und beherbergt die Überreste des Lagers **Tent City** aus der Zeit nach dem Bürgerkrieg – eine historische Stätte mit 114 Zelthütten, die heute als Sommerunterkünfte benutzt werden. Ocean Grove hat eine umwerfende viktorianische Architektur, die bis heute gut erhalten ist. Außerdem gibt es ein aus Holz errichtetes Auditorium mit 6500 Sitzplätzen und viele schöne **viktorianische Inns** mit großen Veranden, in denen man wunderbar übernachten kann. Details stehen unter www.oceangrovenj.com. Ein paar Kilometer landeinwärts am Garden State Pkwy befindet sich das sehr zweckmäßig anmutende Einkaufszentrum **Premium Outlet**.

Von Bradley Beach nach Spring Lake

In **Bradley Beach** gibt es reihenweise hübsche Sommerhütten und einen wunderschönen Küstenstreifen. **Belmar Beach** ist gleichermaßen einladend. Hier befindet sich eine Uferpromenade mit einigen Imbissbuden und eine Handvoll Restaurants sowie belebte Bars an der Uferstraße. Mitte Juli findet hier der **New Jersey Sandcastle Contest** (www.njsandcastle.com) statt.

Südlich von hier liegt **Spring Lake**, eine wohlhabende Gemeinde, die früher auch „Irische Riviera" genannt wurde, mit gepflegten Rasenflächen, prächtigen viktorianischen Häusern direkt am Meer, einem herrlichen Strand und eleganten Unterkünften. Dieser ruhige Ort hat nichts aber auch gar nichts von dem Trubel der typischen Küstenorte in dieser Gegend. Als Unterkunft bietet sich das helle, luftige **Grand Victorian at Spring Lake** (☎732-449-5237; www.grandvictorianspringlake.com; 1505 Ocean Ave; Zi. ohne/mit Bad mit Frühstück ab 100/150 US$; ❄📶) an.

Von Spring Lake nur 5 Meilen (8 km) landeinwärts liegt das eigenartige **Historic Village at Allaire** (☎732-919-3500; www.allairevillage.org; Erw./Kind 3/2 US$; ⏲Ende Mai–Anfang Sept. Mi–So 12–16 Uhr, Nov.–Mai Sa & So 12–16 Uhr), die Reste des im 19. Jh. florierenden Dorfs Howell Works. In den diversen „Werkstätten" arbeiten Darsteller in historischen Kostümen.

Strände im Ocean County

Gleich südlich des Manasquan River liegt **Point Pleasant**. Am Nordende der Uferpromenade findet man, nur ein paar Schritte von den Horden am Strand entfernt, kleine eigenartige Ferienwohnungen. Der südliche Abschnitt der Promenade ist der **Jenkinson's Boardwalk** mit den üblichen Toffee-Läden, Restaurants und Fahrgeschäften. Für Kids gibt's außerdem ein Aquarium und für Erwachsene eine riesige Bar und ein Restaurant direkt am Strand. Am Jachthafen und am Meeresarm befinden sich ein paar Seafood-Restaurants mit Terrassen über dem Wasser – empfehlenswert ist die **Shrimp Box** (75 Inlet Dr; Sandwiches 10 US$, Hauptgerichte 17 US$; ⏲12–22.30 Uhr). Am **Inlet Beach** gleich nördlich in Manasquan gibt's das ganze Jahr über die besten Surfwellen der Shore.

Genau unterhalb von Point Pleasant erstreckt sich die schmale Barriereinsel **Barnegat Peninsula** 35 km weit nach Süden. In der Mitte der Halbinsel liegen die **Seaside Heights**, die durch die MTV-Reality-Show *Jersey Shore* bekannt geworden sind und im Sommer mit ihren beiden Vergnügungspiers und den unglaublich vielen Bars an der Uferpromenade vor allem lärmende Mittzwanziger anlocken. Einer der Piers fiel Hurrikan Sandy zum Opfer; die Achterbahn *Star Jet* lag bis Juni 2013 im Meer. Weil der Strand relativ schmal ist, kann man hier nicht auf Privatsphäre oder Ruhe hoffen. Besser ist eine Fahrt mit dem **Sessellift** vom Casino Pier bis zum Nordende der Uferpromenade. Wer keine Lust auf Meer hat, kann im **Breakwater Beach Waterpark** (www.casinopiernj.com/breakwaterbeach; Eintritt 25 US$; ⌚Mai–Aug. 10–19 Uhr; 👪) an dem trägen Fluss der Hitze entgehen. Hinsichtlich der Unterkünfte in den vernachlässigten ausgedörrten Straßen hinter der Uferpromenade gibt's nicht viel zu empfehlen. Das Campen auf dem **Surf & Stream Campground** (☎732-349-8919; www.surfnstream.com; 1801 Ridgeway Rd/Rte 571, Toms River; Stellplatz 45 US$) in Tom's River, ca. 10 km westlich, ist eine gute Alternative. In der K-Mart-Shopping-Plaza dieses Ort versteckt sich ein Lokal mit dem albernen, sarkastischen Namen **Shut Up and Eat!** (☎732-349-4544; 213 Rte 37 East; Hauptgerichte 9 US$). Die Kellnerinnen, die hier im Pyjama Arme Ritter, Pfannkuchen und mehr servieren, sind wahrhafte Meisterinnen, wenn es um schnippische, schlagfertige Antworten geht. Direkt nördlich der Seaside Heights in Lavallette befindet sich **The Music Man** (☎732-854-2779; www.njmusicman.com; 2305 Grand Central Ave/Rte 35, Lavallette; Eiscreme 3–8 US$; ⌚Take-away 6–24 Uhr, Shows 18–24 Uhr; 👪), ein Eisladen, in dem die Bedienungen beim Servieren Songs aus Broadway-Musicals schmettern.

Im südlichen Drittel der Barnegat Peninsula liegt der **Island Beach State Park** (☎732-793-0506; www.islandbeachnj.org; wochentags/Wochenende 6/10 US$ pro Auto), eine 16 km lange Barriereinsel mit reinen, unberührten Dünen und Feuchtgebieten. Der südlichste Zipfel des Parks ist nur einen Steinwurf von **Long Beach Island** entfernt – sie sind nur durch einen schmalen Meeresarm voneinander getrennt, der zur Bucht im Süden führt. Aber um die langgestreckte Insel mit ihren wunderschönen Stränden und eindrucksvollen Sommerhäusern zu erreichen, muss man den ganzen Weg zurück

ABSEITS DER ÜBLICHEN PFADE

PINE BARRENS

Die Einheimischen nennen dieses Gebiet „die Pinelands" und erzählen gern die Sage von dem mythischen Ungeheuer „Jersey Devil", das in dem 4000 km² großen Kiefernwald sein Unwesen treiben soll. In dieser Gegend gibt es mehrere State Parks und Wälder – ein wahres Paradies für Vogelbeobachter, Wanderer, Camper, Kanuten und Naturfreunde. Landeinwärts befindet sich der **Wharton State Forest** (☎609-561-0024), in dem man gut Kanu fahren, aber auch wandern und picknicken kann. Um mehr über die Geschichte dieser Region zu erfahren, sollte man dem gut erhaltenen Ort **Batsto** einen Besuch abstatten. Er wurde 1766 gegründet, um während des Amerikanischen Unabhängigkeitskriegs „Raseneisenerz" zu gewinnen. Der bekannteste Wanderweg ist der 80 km lange, abenteuerliche **Batona Trail**, der durch mehrere State Parks und Wälder führt. Er passiert auch den **Apple Pie Hill Fire Tower**, von dem aus man einen großartigen Rundumblick über mehrere Tausend Hektar Wald hat. Ein guter Ausstatter ist **Micks Pine Barrens Canoe and Kayak Rental** (☎609-726-1515; www.pinebarrenscanoe.com; 3107 Rte 563; Kajak/Kanu 37/48 US$ pro Tag), bei dem man auch Karten und Infos über Bootstouren in der Gegend bekommt. Weiter im Süden an der Küste liegt das 160 km² große **Edwin B. Forsythe National Wildlife Refuge** (☎609-652-1665) mit Buchten, Feldern, Wäldern, Marschland, Sümpfen und Strandwällen – ein Paradies für Vogelfreunde. Ein empfehlenswerter Campingplatz am See ist der **Atsion Family Campground** (☎609-268-0444; www.state.nj.us; 31 Batsto Rd; Stellplatz Zelt 20 US$; ⌚31. April–1. Okt.) im Wharton State Forest. Ganz in der Nähe zwischen Atsion und dem Ort Hammonton ist **Penza's** (☎609-567-3412; 51 Myrtle St, Hammonton; Hauptgerichte 5–10 US$; ⌚8–17 Uhr), ein altmodisches Café in einer roten Scheune. Hier bekommt man ausgezeichnete Omeletts und selbstgebackenen Obstkuchen.

nach Seaside Heights und dann über die Rte 9 oder den Garden State Pkwy fahren. Der Leuchtturm im **Barnegat Lighthouse State Park** (☎ 609-494-2016; www.njparksandforests.org; am Long Beach Blvd; ⏲ 8–16 Uhr) am nördlichsten Zipfel der Insel ist ein Wahrzeichen und bietet von oben einen schönen Rundumblick. Hier kann man auch den Fischern zusehen, die von dem 610 m in den Atlantischen Ozean ragenden Anlegesteg in See stechen. In einer Wohnstraße in North Beach Haven versteckt sich das **Hudson House** (13th St, Beach Haven; ⏲ 17–1 Uhr). In dieser Kneipe, in der sich fast nur Einheimische treffen, fühlt man sich so wohl wie in alten, abgelatschten Flip-Flops. Einige Kilometer südlich der Rte 72, die mitten durch Long Beach Island führt, befindet sich das **Daddy O** (☎ 609-361-5100; www.daddyohotel.com; 4401 Long Beach Blvd; Zi. 195–375 US$), ein schickes Boutiquehotel mit Restaurant in Strandnähe.

Atlantic City

Atlantic City ist zwar nicht Las Vegas, aber viele verbinden mit dieser Stadt Ausschweifungen wie im Film *Hangover*. In den Kasinos, in die nie ein Sonnenstrahl hineindringt, vergisst man schnell, dass es draußen einen Sandstrand und auf der anderen Seite nur einige Blocks entfernt zugenagelte Geschäfte gibt. „AC“ war schon Ende des 19. und Anfang des 20. Jhs. für seine großartige Uferpromenade und seine Amüsiermeile am Meer bekannt. Aber das in der HBO-Fernsehserie *Boardwalk Empire* dargestellte korrupte AC aus der Zeit der Prohibition in den 1920er-Jahren wurde inzwischen komplett umgekrempelt. Grauhaarige Ruheständler und Urlauberfamilien sind hier mindestens genauso stark vertreten wie Junggesellen und Junggesellinnen.

Es ist nichts mehr wert, dass ACs berühmte Uferpromenade die erste weltweit war. Sie ist fast 13 km lang und noch immer die Lebensader der Stadt. Einheimische Geschäftsleute, die keinen Sand mehr in ihren Hotellobbys haben wollten, ließen sie 1870 errichten. Da Alexander Boardman als erster die Idee einer Uferpromade hatte, bekam sie seinen Namen – Boardman's Walk, woraus später dann „Boardwalk“ wurde.

Die Steel Pier direkt vor dem Taj-Mahal-Kasino war der Ort, an dem die berühmten tauchenden Pferde vor unzähligen Zuschauern von einer Rampe aus in den Atlantik gesprungen sind. Heute gibt's hier Fahrgeschäfte, Glücksspiel, Bonbonbuden und eine Go-Kart-Bahn.

Das kleine **Atlantic City Historical Museum** (☎ 609-347-5839; www.acmuseum.org; Garden Pier; ⏲ 10–17 Uhr) GRATIS bietet einen Einblick in die eigenartige Vergangenheit von AC. Zum Zeitpunkt der Recherchen war das Museum allerdings aufgrund der von Hurrikan Sandy angerichteten Schäden geschlossen, es soll aber wieder eröffnet werden. Aktuelle Informationen dazu gibt's auf der Website.

Schlafen & Essen

Ein paar Motels und Billigunterkünfte säumen die Pacific Ave, einen Block landeinwärts von der Uferpromenade. Die meisten großen Kasino-Hotels bieten wochentags außerhalb der Saison (Sept.–Mai) extrem günstige Preise. Das beste Kasino-Restaurant befindet sich im Borgata. Gut (und vor allem preiswerter) kann man aber im „realen“ Teil des Zentrums und im nahe gelegenen Ventnor und Margate essen.

Chelsea BOUTIQUEHOTEL $
(☎ 800-548-3030; www.thechelsea-ac.com; 111 S Chelsea Ave; Zi. ab 80 US$; P ❄ @ ≋) Das trendige Hotel mit Art-déco-Möblierung ist kein Kasino. Die Zimmer im Anbau sind nicht ganz so teuer. Hier gibt's auch ein Retro-Diner, ein Steakhaus und einen Cabana Club.

Revel AC RESORT $$
(☎ 609-572-6488; www.revelresorts.com; 500 Boardwalk; Zi. ab 160 US$; P ❄ @ ≋) Der 46-stöckige, 2,4 Mrd. US$ teure Newcomer steht direkt am Meer relativ abgeschieden am Nordzipfel von der Uferpromenade von AC. Alle Zimmer haben Meerblick. Das Revel verfügt über den ganzen Schnickschnack, den man hier erwartet, außerdem über einen Konzertsaal und zwölf Restaurants, darunter auch ein mexikanischer Food Truck.

Kelsey & Kim's Café GRILL $
(201 Melrose Ave; Hauptgerichte 9 US$; ⏲ 7–22 Uhr) Ausgezeichnete Südstaaten-Hausmannskost wie gebratener Wittling, Sandwiches mit gegrillter Rinderbrust und Brathähnchen.

Angelo's Fairmount Tavern ITALIENISCH $
(2300 Fairmount Ave; Hauptgerichte 7 US$; ⏲ 11.30–15 & 17–22 Uhr) Angelo's Fairmount Tavern ist ein beliebtes italienisches Restaurant in Familienbesitz. Die Terrasse ist ein netter Ort, an dem man bei einem Bier und

einem Burger ganz wunderbar den Sonnenuntergang genießen kann.

Praktische Informationen

Das **Atlantic City Convention & Visitors Bureau** (609-348-7100; www.atlanticcitynj.com; 2314 Pacific Ave; 9–17 Uhr) hat eine Filiale mitten am Atlantic City Expwy und eine andere direkt an der Uferpromenade an der Mississippi Ave. Nützliche Infos zu Veranstaltungen, Clubs und Restaurants findet man im **Atlantic City Weekly** (www.acweekly.com).

An- & Weiterreise

Air Tran und Spirit Airlines fliegen den kleinen **Atlantic City International Airport** (ACY; 609-645-7895; www.acairport.com) an, der etwa 20 Autominuten vom Zentrum entfernt ist. Von diesem Flughafen aus kann man alle Ziele in South Jersey und Philadelphia bequem erreichen.

Zahlreiche Busse fahren nach AC, u. a. NJ Transit (einfache Fahrt 36 US$, 2½ Std.) und Greyhound (einfache Fahrt 25 US$, 2½ Std.). Beide fahren in New York City an der Port Authority (S. 124) ab. Kasinos erstatten oft einen Großteil des Fahrpreises (in Form von Chips, Münzen oder Coupons), wenn man mit dem Bus direkt bis vor ihre Tür fährt. Achtung: Busse, die AC verlassen, halten zunächst an den verschiedenen Kasinos, am Busbahnhof halten sie nur, wenn sie nicht voll sind.

Züge von **New Jersey Transit** (800-772-2287; www.njtransit.com) fahren nur von Philadelphia nach Atlantic City (einfache Fahrt 10 US$, 1½ Std.).

Ocean City & Die Wildwoods

Ocean City, direkt südlich von Atlantic City, ist ein altmodischer Familien-Urlaubsort mit dünenübersäten Stränden, vielen Spielgalerien für Kinder, einem kleinen Wasserpark, Minigolfplätzen und Themenparks entlang der lebendigen Uferpromenade. Es gibt hier viele relativ preiswerte, altmodische Motels und Imbissbuden mit Meeresfrüchten.

Weiter im Süden auf dem Weg nach Cape May liegen die drei Orte **North Wildwood**, **Wildwood** und **Wildwood Crest**. Sie sind archäologische Kleinode – weiß getünchte Motels mit blinkenden Neonlichtern, türkisfarbenen Vorhängen und rosafarbenen Türen. Vor allem Wildwood Crest wirkt wie ein kitschiges Stück Amerika der 1950er-Jahre. Man beachte beispielsweise die auffälligen Motel-Werbeschilder wie das des **Lollipop** an der Ecke 23rd Ave/Atlantic Ave. In der Partystadt Wildwood ist definitiv am meisten los. Hier treffen sich Teens, Twens und all die jungen Leute, die hier in den Restaurants und Läden arbeiten. Der hiesige Strand ist stellenweise 300 m breit und damit der breiteste in NJ, was bedeutet, dass man immer jede Menge Platz hat. Es gibt mehrere gewaltige Piers, auf denen sich **Wasserparks** und **Vergnügungsparks** breit machen. Die Achterbahnen und anderen Rides am 3 km langen „Großvater" aller Jersey-Shore-Uferpromenaden würden sich fast schon für das Training angehender Astronauten eignen und können locker mit dem Six Flags Great Adventure Park mithalten. Die im Dunkeln leuchtende 3D-Minigolfanlage ist ein gutes Beispiel für die sich immer an Superlativen orientierende Uferpromenade von Wildwood. Aber die wohl schönste Fahrt – bei der einem auch nicht schlecht wird – ist die mit der **Tram** (einfache Fahrt 2,50 US$; 9–1 Uhr), die die ganze Uferpromenade von Wildwood Crest nach North Wildwood abklappert. Vor der für die Jersey Shore typischen Pizzeria **Mack & Manco's** an der Uferpromenade stehen immer lange Schlangen (es gibt noch weitere Filialen an anderen Uferpromenaden).

Ungefähr 250 kleine Motels – Kettenhotels gibt's hier nicht – bieten Zimmer für 50 bis 250 US$ an. Man sollte sich bei der Zimmersuche aber lieber auf die Gegend rund um Wildwood Crest beschränken. Das in meergrün und weiß gehaltene **Starlux** (609-522-7412; www.thestarlux.com; Rio Grande Ave & Atlantic Ave, Wildwood; Zi. 130–310 US$;) hat eine auffällige Form, Lavalampen, Tagesdecken mit Bumerangmuster und sogar zwei glänzende Airstream-Wohnwagen. Wer wegen all der Wasserrutschen und Achterbahnen hier ist, sollte sich im **Heart of Wildwood** (609-522-4090; www.heartofwildwood.com; Ocean Ave & Spencer Ave, Wildwood; Zi. 125–245 US$;) gegenüber von den Vergnügungspiers einquartieren. Diese Unterkunft ist zwar nichts Besonderes, aber extrem sauber.

Cape May

Das 1620 gegründete Cape May – der einzige Ort in diesem Bundesstaat, an dem die Sonne sowohl über dem Meer auf- als auch untergeht – liegt an der Südspitze von New Jersey und ist der älteste Küstenferienort des Landes. Im Sommer füllen sich die breiten Strände, die großartige viktorianische Architektur ist das ganze Jahr über eine Augenweide.

Neben 600 Häusern im Lebkuchenstil prunkt das Städtchen mit Antiquitätenläden und guten Möglichkeiten zum Beobachten von Delfinen, Walen (Mai–Dez.) und Vögeln. Cape May liegt direkt am **Cape May Point State Park** und seinem 48 m hohen **Cape May Lighthouse** (Erw./Kind 7/3 US$). Es gibt ein ausgezeichnetes Visitor Center und ein Museum mit Ausstellungen über die Flora und Fauna der Gegend. Im nahen **Cape May Bird Observatory** (☎609-861-0700, 609-898-2473; www.birdcapemay.org; 701 East Lake Dr; ⌚9–16.30 Uhr) kann man einen 1,6 km langen, schönen Rundgang durch das unter Naturschutz stehende Sumpfgebiet machen. Die breiten **Sandstrände** am Park (frei) und im Ort sind in den Sommermonaten die Hauptattraktion. **Aqua Trails** (☎609-884-5600; www.aquatrails.com; Einer-/Zweierkajak ab 40/70 US$) organisiert Kajaktouren durch die Küstenfeuchtgebiete.

B&Bs gibt's in Cape May wie Sand am Meer. Die meisten sind überladen und kitschig. Eine aktuelle Liste findet man unter www.capemaytimes.com. Die klassische, große **Congress Hall** (☎888-944-1816; www.caperesorts.com; 251 Beach Ave; Zi. 100–465 US$) bietet eine Reihe schöner Quartiere mit Blick aufs Meer sowie ein cooles Restaurant mit Bar. Die dazugehörigen Herbergen **Beach Shack** (☎877-7422-507; www.caperesorts.com; 205 Beach Ave; Zi. ab 120 US$; 📶) und **Star Inn** (☎800-297-3779; www.caperesorts.com; 29 Perry St; Zi. ab 150 US$; 📶) haben Zimmer für jeden Geldbeutel (außerhalb der Hochsaison gibt's enorme Preisnachlässe).

Uncle Bill's Pancake House (Beach Ave an der Perry St; Hauptgerichte 7 US$; ⌚6.30–14 Uhr) lockt mit seiner Größe, der Einrichtung wie in einer High-School-Cafeteria aus den 1950er-Jahren und seinen leckeren Pfannkuchen schon seit 50 Jahren die Leute an. Absolut frische Meeresfrüchte – man fährt täglich mit dem eigenen Boot raus – erhält man im **Lobster House** (906 Schellengers Landing Rd, Fisherman's Wharf; Hauptgerichte 12–27 US$; ⌚April–Dez. 11:30–15 & 16.30–22 Uhr, sonst bis 21 Uhr). Hier kann man nicht reservieren, sodass man auf lange Wartezeiten gefasst sein muss. Wenn das der Fall ist, schnappt man sich einfach einen Stuhl in der Seafood-Bar am Hafen. Man kann auch zur Washington Street Mall gehen, einer kopfsteingepflasterten Straße mit Läden und mehr als einem halben Dutzend Restaurants.

Wer weiter in Richtung Süden will und dazu nicht erst zurück nach Norden und dann landeinwärts fahren möchte, nimmt die **Cape May-Lewes Ferry** (www.cmlf.com; Auto/Fußgänger 44/8 US$; ⌚im Sommer stündl. 6–21.30 Uhr; Nebensaison s. Website) über die Bucht nach Lewes in Delaware beim Rehoboth Beach. Die Fahrt dauert 1½ Stunden.

PENNSYLVANIA

In einem so großen Bundesstaat ist es nicht überraschend, dass die Identität auch von der geografischen Lage bestimmt wird. Je weiter nach Westen man kommt, desto mehr nähert man sich dem restlichen Amerika. Philadelphia, das einstige Zentrum des britischen Kolonialreichs und intellektueller und spiritueller Motor seines Untergangs, ist fester kultureller Bestandteil der Ostküste. Die Bewohner von Pittsburgh und West-Pennsylvania (PA) sind stolz, sich selbst als Teil der Stadt oder der unmittelbaren Umgebung zu sehen, und legen Wert darauf, sich von den Ostküstlern und ihrem Arbeiterimage abzuheben. Wenn man von Ost nach West fährt, stellt man fest, dass die Landschaft immer schroffer wird, und schon nach kurzer Zeit verliebt man sich in die unendliche Größe und Vielfalt dieses Bundesstaates. Phillys Independence Park und der historische Bezirk bieten die grandiose Möglichkeit, mehr über die Nation und ihren Ursprung zu erfahren. Auch die nahe gelegenen Schlachtfelder von Gettysburg und Valley Forge erlauben eine Reise in die Vergangenheit. Aber sowohl die Stadt als auch der Bundesstaat haben einiges mehr zu bieten als nur die Klischees, die man auf einem Schulausflug erfährt. Umwerfende Wälder und Berge wie die Poconos und der Allegheny National Forest ermöglichen unzählige Outdooraktivitäten. Philly und Pittsburgh sind lebendige Uni-Städte mit einer tollen Musik-, Theater- und Kunstszene. Pennsylvania ist außerdem die Heimat von Frank Lloyd Wrights architektonischem Meisterwerk, der Villa Fallingwater. Hier befinden sich auch das Amish Country und – wie könnte man sie vergessen – die vielen kleinen, künstlerisch angehauchten Orte, die für ein perfektes Wochenende wie geschaffen sind.

Philadelphia

Philadelphia ist nur knapp 150 km von NYC entfernt – aber auch wenn es als dessen kleines Brüderchen angesehen werden könnte, fühlt man sich hier doch eher wie in einer typischen Ostküstenstadt. Nach Meinung vieler bietet Philly alle Vorteile des städtischen Lebens: gute Restaurants, eine blühende Musik- und Kunstszene, Stadtviertel mit ausgeprägten Eigenheiten, weitläufige Parklandschaften und – was genauso wichtig ist – relativ erschwingliche Wohnungen. Die erhaltenen älteren Gebäude im historischen Philadelphia vermitteln einen Eindruck davon, wie amerikanische Kolonialstädte mit breiten Straßen und öffentlichen Plätzen einst ausgesehen haben.

Bevor Philadelphia ein Zentrum des Widerstands gegen die britische Kolonialpolitik wurde, war es die zweitgrößte Stadt des britischen Empire (nach London). Zu Beginn des Unabhängigkeitskriegs und auch einige Jahre danach war Philadelphia die Hauptstadt der jungen Nation, bis die Machtzentrale schließlich im Jahr 1790 nach Washington, D.C. umzog. Im 19. Jh. hat NYC dann Philadelphia als Kultur-, Wirtschafts- und Industriezentrum des Landes den Rang abgelaufen. Und obwohl die Stadt seit Jahrzehnten saniert wird, gibt es in den ehemaligen Arbeiterbezirken noch immer Ecken, die heruntergekommen sind und nichts mit den Gärten im historischen Distrikt rund um die Freiheitsglocke und die Independence Hall zu tun haben.

Sehenswertes & Aktivitäten

In Philadelphia findet man sich ziemlich leicht zurecht. Die meisten Highlights und Hotels sind zu Fuß oder mit einer kurzen Busfahrt zu erreichen. Straßen von Ost nach West tragen Namen, von Nord nach Süd sind sie nummeriert – Ausnahmen sind lediglich die Broad St und die Front St.

Zum historischen Philadelphia gehören der Independence National Historic Park und die Old City, die sich Richtung Osten bis ans Wasser erstreckt. Westlich des historischen Stadtkerns liegt die Center City mit dem Penn Sq und der City Hall. Die Flüsse Delaware und Schuylkill (*skuu*-kill) grenzen an South Philadelphia, wo es einen farbenfrohen italienischen Markt, Restaurants und Bars gibt. Westlich von Schuylkill nennt die University City zwei wichtige Campus und ein großes Museum ihr Eigen. Zum nordwestlichen Philadelphia gehören die eleganten Vorstädte Chestnut Hill und Germantown sowie Manayunk. Hier gibt's viele gut besuchte Kneipen und hippe Restaurants. Rund um die South St zwischen S 2nd St, 10th St, Pine St und Fitzwater St stolpert man schließlich über Bars, Restaurants und Musikclubs. Northern Liberties und Fishtown sind zwei florierende Viertel mit ungewöhnlichen Bars, Cafés und Restaurants – eine Art Williamsburg gepaart mit Greenpoint, wer Brooklyn kennt, weiß, was gemeint ist.

KURZINFOS PENNSYLVANIA

Spitznamen Keystone State, Quaker State

Bevölkerung 12,7 Mio.

Fläche 119 244 km²

Hauptstadt Harrisburg (53 000 Ew.)

Weitere Städte Philadelphia (1,45 Mio. Ew.), Pittsburgh (313 000 Ew.), Erie (102 000 Ew.)

Verkaufssteuer 6 %

Geburtsort von Schriftstellerin Louisa May Alcott (1832–1888), Tänzerin Martha Graham (1878–1948), Künstler Andy Warhol (1928–1987), Filmstar Grace Kelly (1929–1982), Komiker Bill Cosby (geb. 1937)

Heimat der US-Verfassung, der Freiheitsglocke, der ersten Tageszeitung (1784), der ersten Autowerkstatt (1913), des ersten Computers (1946)

Politische Ausrichtung ein „Swing State" mit republikanischem Gouverneur. Philly ist progressiv, anderswo herrschen bodenständige Demokraten

Berühmt für weiche Brezeln, die Amish, das Philadelphia Cheesesteak, die Pittsburgher Stahlwerke

Natur Hier lebt die größte wilde Wapiti-Herde östlich des Mississippi

Entfernungen Philadelphia–NYC 100 Meilen (160 km), Philadelphia–Pittsburgh 306 Meilen (492 km)

Independence National Historic Park

Zusammen mit der Old City gilt dieser L-förmige Park als „Amerikas geschichtsträchtigste Meile". Das einstige Zentrum der US-Regierung ist heute das Rückgrat des städtischen Tourismus. Bei einem Spaziergang schlendert man an mehrstöckigen Gebäuden vorbei, in denen der Unabhängigkeitskrieg geplant und später die erste US-Regierung eingesetzt wurde. Außerdem gibt's hier wunderschöne schattige Rasenflächen mit unzähligen Bänken und kostümierte Schauspieler. Ausschau halten nach den zehn Schildern mit der Aufschrift „Once Upon a Nation", dort werden kostenlos **Geschichten** über die dramatische Geschichte erzählt (11–16 Uhr). Nur im National Constitution Center muss man Eintritt bezahlen.

Philadelphia

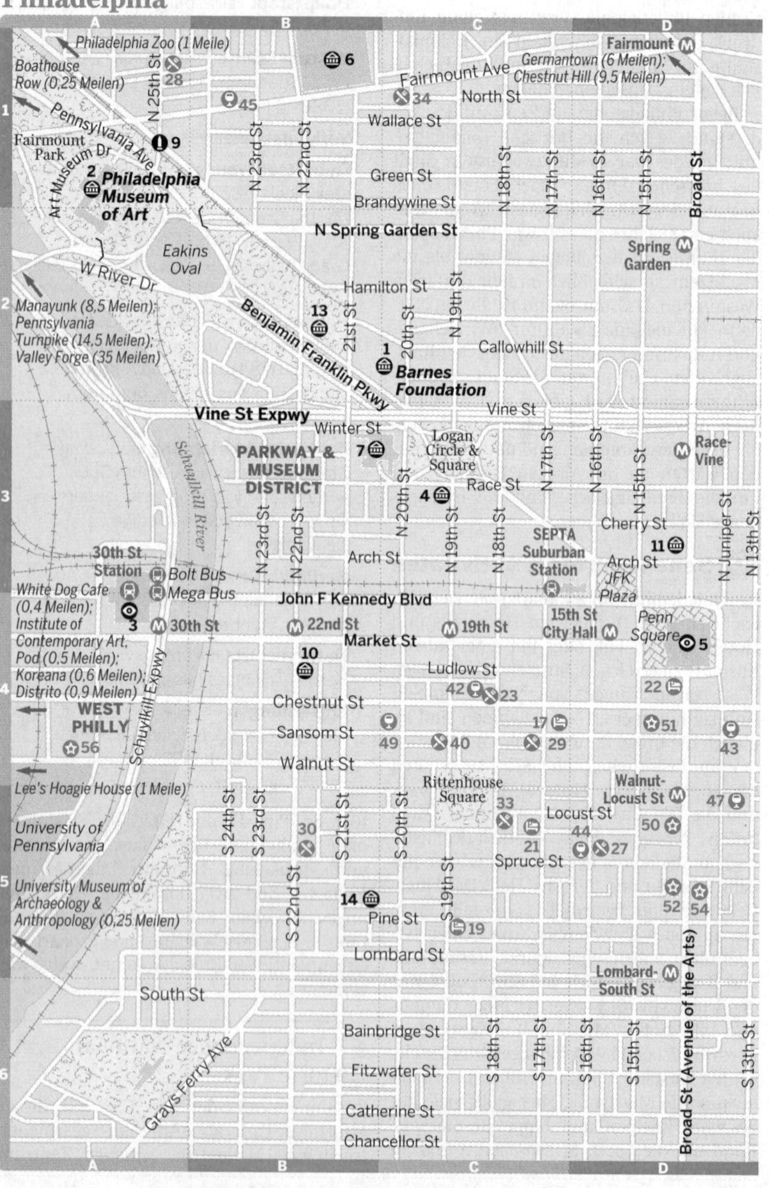

Alle anderen Sehenswürdigkeiten haben freien Eintritt, man muss aber vorher einen Besichtigungstermin vereinbaren.

Liberty Bell Center HISTORISCHE STÄTTE
(Karte S. 158; ☎215-597-8974; www.nps.gove/inde; 6th & Market St; ⏲9–17 Uhr) Philadelphias bekanntestes Touristenhighlight, die Liberty Bell, erinnert an das 50. Jubiläum der Charter of Privileges, Pennsylvanias Verfassung, die William Penn 1701 in Kraft setzte. Die Whitechapel Bell Foundry ließ die 943,5 kg schwere Bronzeglocke 1751 im Londoner East End gießen. Die Inschrift auf

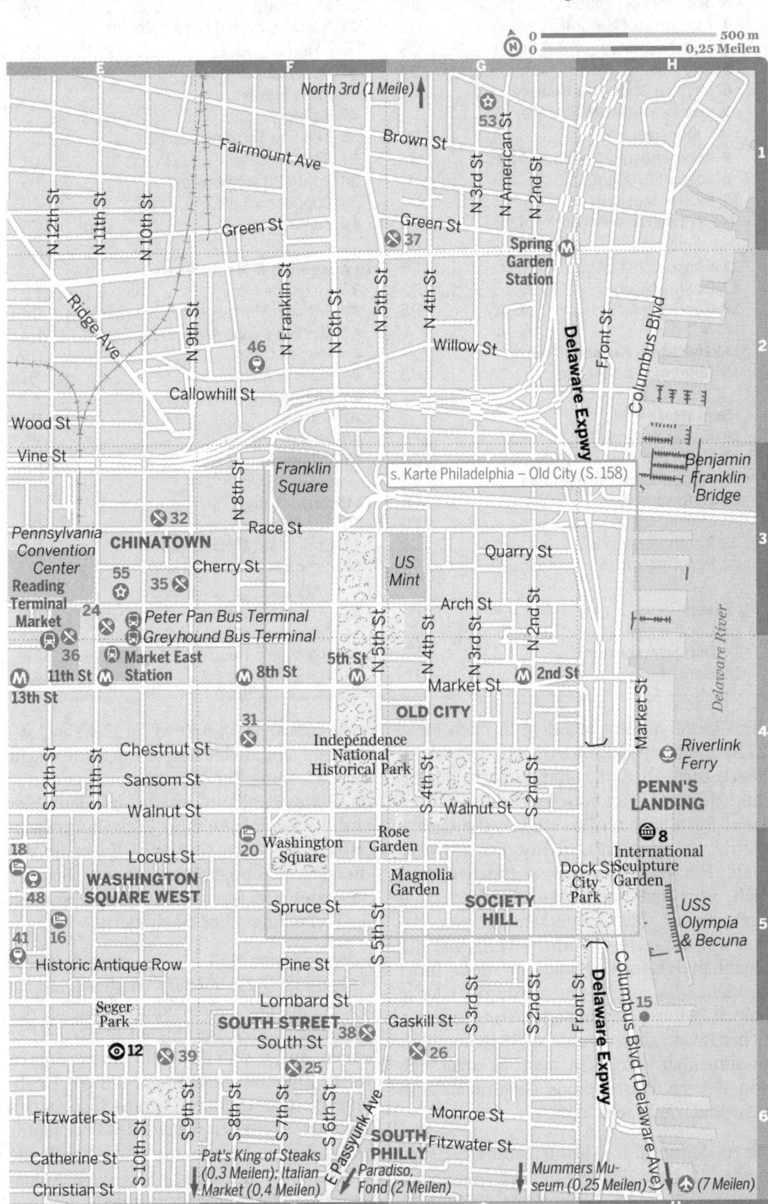

Philadelphia

Highlights
1 Barnes Foundation ... C2
2 Philadelphia Museum of Art ... A1

Sehenswertes
3 30th Street Station ... A4
4 Academy of Natural Sciences Museum ... C3
5 City Hall ... D4
6 Eastern State Penitentiary ... B1
7 Franklin Institute Science Museum ... B3
8 Independence Seaport Museum ... H5
9 Joan of Arc Statue ... A1
10 Mutter Museum ... B4
11 Pennsylvania Academy of the Fine Arts ... D3
12 Philadelphia's Magic Garden ... E6
13 Rodin Museum ... B2
14 Rosenbach Museum & Library ... B5

Aktivitäten, Kurse & Touren
15 Spirit of Philadelphia ... H5

Schlafen
16 Alexander Inn ... E5
17 Hotel Palomar ... C4
18 Independent Philadelphia ... E5
19 La Reserve ... C5
20 Morris House Hotel ... F5
21 Rittenhouse 1715 ... C5
22 Ritz-Carlton ... D4

Essen
23 Continental ... C4
24 Dim Sum Garden ... E3
25 Horizons ... F6
26 Jim's Steaks ... G6
27 La Viola ... D5
28 Lemon Hill Food & Drink ... A1
29 Luke's Lobster ... C4
30 Mama Palmas ... B5
31 Morimoto ... F4
32 Nan Zhou Hand Drawn Noodle House ... E3
33 Parc Brasserie ... C5
34 Philly Flavors ... C1
35 Rangoon ... E3
36 Reading Terminal Market ... E3
37 Silk City Diner ... G1
38 South Street Souvlaki ... F6
39 Supper ... E6
40 Zama ... C4

Ausgehen & Nachtleben
41 Dirty Frank's ... E5
42 Franklin Mortgage & Investment Co ... C4
43 Mcgillin's Olde Ale House ... D4
44 Monk's Cafe ... D5
45 Paris Wine Bar ... B1
46 Shampoo ... F2
47 Sisters ... D5
48 Tavern on Camac ... E5
49 Village Whiskey ... C4

Unterhaltung
50 Academy of Music ... D5
51 Chris' Jazz Club ... D4
52 Kimmel Center for the Performing Arts ... D5
53 Ortlieb's Jazzhaus ... G1
54 Philadelphia Theatre Company ... D5
55 Trocadero Theater ... E3
56 World Cafe Live ... A4

der Glocke stammt aus dem 3. Buch Mose 25,10 und lautet folgendermaßen: „Proclaim liberty through all the land, to all the inhabitants thereof" (Verkünde Freiheit im ganzen Land für alle seine Bewohner). Die Glocke wurde im Glockenstuhl des Pennsylvania State House, der heutigen Independence Hall, verwahrt und erklang zu wichtigen Ereignissen. Das bemerkenswerteste davon war die erste öffentliche Verlesung der Unabhängigkeitserklärung auf dem Independence Sq. Im 19. Jh. wurde die Glocke jedoch schwer ramponiert. Trotz anfänglicher Reparaturen wurde sie 1846 komplett unbrauchbar, nachdem man sie anlässlich von George Washingtons Geburtstag zum Schwingen gebracht hatte.

★ **National Constitution Center** MUSEUM
(Karte S. 158; ☎215-409-6700; www.constitutioncenter.org; 525 Arch St; Erw./Kind 14,50/8 US$; ⏲Mo–Fr 9.30–17, Sa 9.30–18, So 12–17 Uhr;) Das sehr empfehlenswerte Museum macht die Verfassung der Vereinigten Staaten für ein breites Publikum interessant, denn hier wird die Geschichte ihrer Entstehung nachgespielt. Zu sehen sind auch Exponate wie interaktive Wahlkabinen. In der Signer's Hall kann man lebensgroßen Bronzestatuen der Verfassungsväter bewundern.

Independence Hall HISTORISCHES GEBÄUDE
(Karte S. 158; ☎215-597-8974; Chestnut St, zw. 5th St & 6th St) Die Independence Hall ist der „Geburtsort" der Vereinigten Staaten. Hier kamen am 4. Juli 1776 die Abgeordneten der 13 Kolonien zusammen, um die Unabhängigkeitserklärung zu verabschieden. Das Gebäude ist ein hervorragendes Beispiel für georgianische Architektur und spiegelt die schlichte Linienführung wider, die das Quäker-Erbe in Philadelphia ausmacht.

Weitere Sehenswürdigkeiten HISTORISCHE GEBÄUDE

Teil dieser historischen Anlage ist außerdem die **Carpenters' Hall**, die der Carpenter Company, Amerikas ältester Handwerkszunft (1724), gehört. Hier trat der Continental Congress im Jahr 1774 erstmals zusammen. In der **Library Hall** (Karte S. 158) kann man eine Kopie der Unabhängigkeitserklärung bewundern, die von Thomas Jefferson handschriftlich in einem Brief festgehalten wurde, sowie erste Ausgaben von Darwins *Die Entstehung der Arten* sowie die Expeditionstagebücher von Lewis und Clark.

In der **Congress Hall** (Karte S. 158; S 6th & Chestnut St) versammelte sich der US-Kongress, als Philadelphia die Hauptstadt Amerikas war. In der 1791 fertiggestellten **Old City Hall** (Karte S. 146) befand sich bis 1800 der US Supreme Court. Der Gebäudekomplex **Franklin Court** (Karte S. 146) besteht aus mehreren restaurierten Wohnhäusern. Das interessante unterirdische Museum wurde zu Ehren von Benjamin Franklin errichtet und zeigt seine Erfindungen wie auch viele Details über seine Beiträge (als Staatsmann, Autor und Journalist) zur Gesellschaft. In die 1744 fertiggestellte **Christ Church** (Karte S. 158; ☎ 215-627-2750; N 2nd St) zogen sich George Washington und Franklin zum Gebet zurück.

Die **Philosophical Hall** (Karte S. 158; ☎ 215-440-3400; 104 S 5th St; Eintritt 1 US$; ⏲ März–Labor Day Do–So, Labor Day–Feb. Fr & Sa 10–16 Uhr) südlich der Old City Hall ist die Hauptniederlassung der 1743 von Benjamin Franklin gegründeten American Philosophical Society. Mitglieder dieser Gesellschaft waren u. a. Thomas Jefferson, Marie Curie, Thomas Edison, Charles Darwin und auch Albert Einstein.

Die dem griechischen Parthenon nachempfundene **Second Bank of the US** (Karte S. 158; Chestnut St zw. 4th St & 5th St) ist ein neoklassizistisches Meisterwerk von 1824. Das Gebäude mit der Marmorfassade beherbergte die mächtigste Finanzinstitution der Welt, bis Präsident Andrew Jackson 1836 den Vertrag auflöste. Danach diente es bis 1935 als Philadelphia Customs House. Heute ist hier die **National Portrait Gallery** (Karte S. 158; Chestnut St; ⏲ Mi–So 11–16 Uhr) untergebracht, in der viele Gemälde von Charles Willson Peale, Amerikas bestem Portraitmaler aus der Zeit des Unabhängigkeitskriegs, zu bewundern sind.

Old City

Die Old City wird von der Walnut St, der Vine St, der Front St und der 6th St eingegrenzt und beginnt praktisch dort, wo der Independence National Historical Park aufhört. Society Hill und Old City bilden zusammen das frühe Philadelphia. In den 1970er-Jahren wurde hier kräftig saniert, und viele Lagerhäuser verwandelten sich in Wohnungen, Galerien und Geschäftsräume. Ein Spaziergang durch die idyllische Old City ist ein faszinierendes Erlebnis. Auf jeden Fall sollte man auch die 2,7 m hohe **Ben-Franklin-Statue** an der Fourth St und der Arch St in Augenschein nehmen.

Elfreth's Alley HISTORISCHE STÄTTE

(Karte S. 158; www.elfrethsalley.org; an der 2nd St, zw. Arch St & Race St; ⏲ Museum Mi–Sa 10–17, So 12–17 Uhr) Die winzige, kopfsteingepflasterte Gasse – ein Stückchen koloniales Amerika in Miniaturausgabe – gilt als älteste ununterbrochen bewohnte Straße der USA. Eines der Häuser ist jetzt ein Museum (Führungen 5 US$, 12 & 15 Uhr). In den 32 gut erhaltenen Backsteinreihenhäusern wohnen noch immer echte Philadelphier – daran sollte man denken, wenn man sich hier umschaut.

National Museum of American Jewish History MUSEUM

(Karte S. 158; ☎ 215-923-3811; www.nmajh.org; 101 South Independence Mall E; Erw./Kind 12 US$/frei; ⏲ Di–Fr 10–17, Sa & So 10–17.30 Uhr) Hinter der das Gebäude unverwechselbar machenden, durchsichtigen Fassade des Museums befinden sich moderne Exponate zur historischen Rolle der Juden in den USA.

Betsy Ross House HISTORISCHE STÄTTE

(Karte S. 158; ☎ 215-686-1252; www.betsyrosshouse.org; 239 Arch St; empfohlene Spende Erw./Kind 3/2 US$; ⏲ April–Sept. tgl. 10–17 Uhr, Okt.–März Mo geschl.) In diesem Haus soll die Sattlerin und Näherin Betsy Griscom Ross (1752–1836) die erste US-Flagge genäht haben.

United States Mint FÜHRUNG

(Karte S. 158; ☎ 215-408-0110; www.usmint.gov; 151 N Independence Mall E; ⏲ Führungen Mo–Fr 9–16.30 Uhr, im Sommer auch Sa) GRATIS Die Audio-Führung durch das Münzamt dauert ca. 45 Minuten. Keine Voranmeldung nötig.

Society Hill

Das reizende Wohnviertel Society Hill wird von Osten nach Westen von der Front St und

Philadelphia – Old City

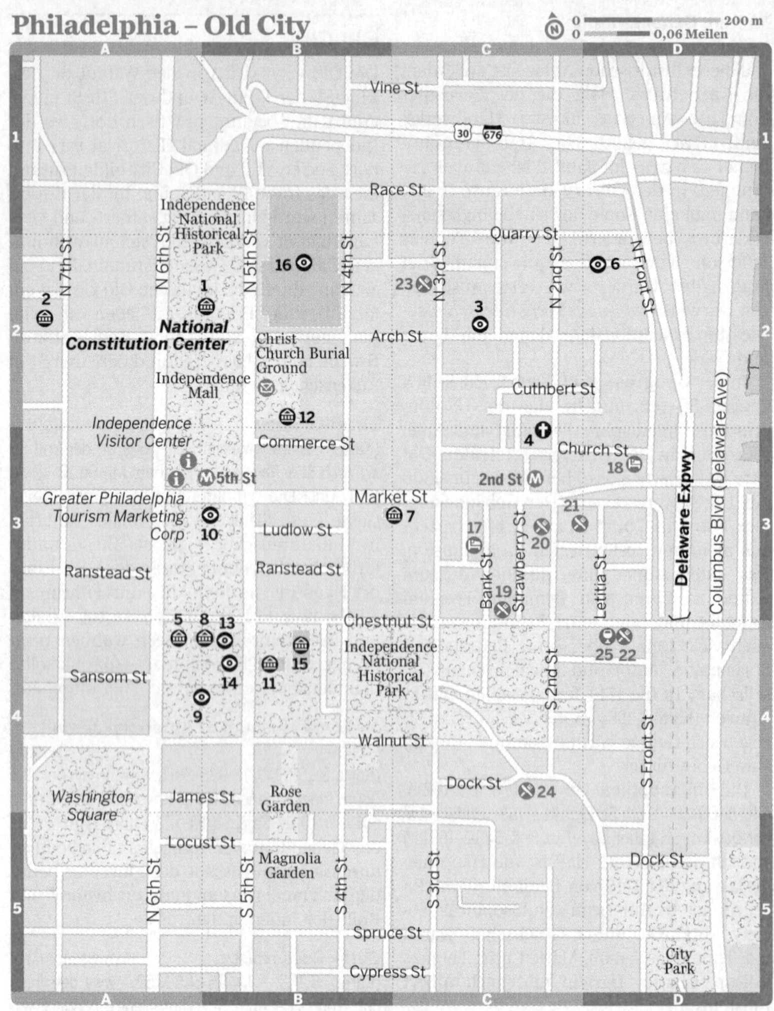

der 8th St und von Norden nach Süden von der Walnut St und der Lombard St begrenzt und ist von der Architektur des 18. und 19. Jhs. geprägt. An den kopfsteingepflasterten Straßen stehen hauptsächlich Backsteinreihenhäuser aus dem 18. und 19. Jh. Hier und da ragen mittendrin aber auch moderne Hochhäuser wie die von I.M. Pei entworfenen **Society Hill Towers** in den Himmel. Der **Washington Square** war bereits Teil von William Penns ursprünglichem Stadtentwurf. Der Platz bietet eine wunderbare Möglichkeit, sich vom Sightseeing-Stress zu erholen. Das **Physick House** und das **Powel House**, zwei Brownstone-Häuser aus dem 18. Jh., können im Rahmen von Führungen der **Philadelphia Society for the Preservation of Landmarks** (215-925-2251; www.philalandmarks.org; 321 S 4th St; Erw./Kind 5 US$/frei; Do–Sa 12–16, So 13–16 Uhr, im Jan. nach Vereinbarung) besichtigt werden.

Center City, Rittenhouse Square & Umgebung

Diese Gegend ist Philadelphias Zentrum für Kreativität, Handel, Kultur und vieles mehr. Sie ist der Motor der Stadt. Hier gibt's die höchsten Häuser, den Finanzdistrikt, große

Philadelphia – Old City

Highlights

1 National Constitution Center ... B2

Sehenswertes

2 African American Museum in Philadelphia ... A2
3 Betsy Ross House ... C2
4 Christ Church ... C3
5 Congress Hall ... A4
6 Elfreth's Alley ... D2
Elfreth's Alley Museum ... (siehe 6)
7 Franklin Court ... C3
8 Independence Hall ... B4
9 Independence Square ... A4
10 Liberty Bell Center ... B3
11 Library Hall ... B4
12 National Museum of American Jewish History ... B2
National Portrait Gallery ... (siehe 15)
13 Old City Hall ... B4
14 Philosophical Hall ... B4
15 Second Bank of the US ... B4
16 United States Mint ... B2

Schlafen

17 Apple Hostels ... C3
18 Penn's View Hotel ... D3

Essen

19 Amada ... C3
20 Cuba Libre ... C3
21 Franklin Fountain ... C3
22 Han Dynasty ... D4
23 La Locanda del Ghiottone ... C2
24 Zahav ... C4

Ausgehen & Nachtleben

25 Brasil's ... D4

Hotels, Konzerthallen, Geschäfte und Restaurants.

Der grüne **Rittenhouse Square** mit dem Wasserbecken und den schönen Statuen ist der bekannteste der von William Penn angelegten Plätze der Stadt. Mit den feinen Cafés, Restaurants, schicken Häusern mit Eigentumswohnungen und Hotels rundum hat der Platz etwas von europäischer Eleganz.

City Hall GEBÄUDE

(Karte S. 154; 215-686-2840; www.phila.gov; Ecke Broad St & Market St; Di–Fr 9.30–16.30 Uhr) GRATIS Das 1901 fertiggestellte Rathaus thront mit einer Höhe von 167 m majestätisch über dem Penn Sq. Es ist das weltweit höchste gemauerte Bauwerk (auch höher als das US Capitol) ohne Stahlträger und wird von einer 27 t schweren Statue von William Penn gekrönt. Das Gentleman's Agreement darüber, dass die City Hall das höchste Gebäude der Stadt bleiben sollte, wurde erst 1987 gebrochen. Von der Aussichtsplattform hat man einen schönen Blick. Wer will, kann auch an einer Führung teilnehmen.

Rosenbach Museum & Library MUSEUM

(Karte S. 154; 215-732-1600; www.rosenbach.org; 2008 Delancey Pl; Erw./Kind 10/5 US$; Di & Fr 12–17, Mi & Do 12–20, Sa & So 12–18 Uhr) Dieses Museum ist ein Paradies für Leseratten. Hier lagern seltene Bücher und Manuskripte, u. a. James Joyces *Ulysses* und Inkunabeln, die im Prinzip ersten zwischen 1450 und 1500 gedruckten Bücher. Auf den von Dozenten geleiteten Führungen durch das elegante Haus kann man im Stil der damaligen Zeit eingerichtete Räume, Porträts von Thomas Sully und das komplett ausgestattete Wohnzimmer des Greenwich-Village-Apartments der Dichterin der Moderne, Marianne Moore, bewundern.

Mutter Museum MUSEUM

(Karte S. 154; 215-563-3737; www.collphyphil.org; 19 S 22nd St; Erw./Kind 14/10 US$; 10–17 Uhr) Warum die medizinische Fakultät besuchen, wo man doch hier alles Wichtige über die Geschichte der Medizin in den USA erfährt?

Fairmount

Der Benjamin Franklin Parkway ist den Champs Elysées in Paris nachempfunden. Hier konzentrieren sich Museen und Wahrzeichen.

★ **Philadelphia Museum of Art** MUSEUM

(Karte S. 154; 215-763-8100; www.philamuseum.org; 2600 Benjamin Franklin Pkwy; Erw./Kind 20 US$/frei; Di, Do, Sa & So 10–17, Mi & Fr 10–20.45 Uhr) Dieses Museum ist eines der größten und bedeutendsten der USA mit ausgezeichneten Sammlungen. Es beherbergt asiatische Kunst, Meisterwerke der Renaissance, post-impressionistische Gemälde und moderne Werke von Picasso, Duchamp und Matisse. Die prächtige Freitreppe ist spätestens seit 1976, als Sylvester Stallone im Film *Rocky* die Stufen raufrannte, weltbekannt. Freitagabends gibt's Musik, Essen und Wein.

★ **Barnes Foundation** MUSEUM

(Karte S. 154; 866-849-7056; www.barnesfoundation.org; 2025 Benjamin Franklin Pkwy; Erw./Kind

18/10 US$; ⌚ Mi–Mo 9.30–18, Fr 9.30–22 Uhr) Die Barnes Foundation ist im Mai 2012 von ihrem ursprünglichen Sitz in Merion, PA, wo sich noch immer die Baumschule und das Archiv befinden, in dieses auffallend moderne Gebäude umgezogen. Zu sehen ist eine außergewöhnlich schöne Sammlung von Werken von Impressionisten, Post-Impressionisten und Franzosen wie Cézanne, Degas, Matisse, Monet, Picasso, Renoir und Van Gogh. Die Gemälde sind aber weiterhin genauso eigenwillig und unkonventionell angeordnet wie früher. Da Albert C. Barnes mit seiner ganz eigenen „objektiven Methode" zur Kunsterziehung und besseren Wertschätzung beitragen wollte, sind auch hier die Wände im „Galerie-Stil" mit Gemälden überladen.

Rodin Museum MUSEUM

(Karte S. 154; ☎ 215-763-8100; www.rodinmuseum.org; 2154 Benjamin Franklin Pkwy; empfohlene Spende 8 US$; ⌚ Mi–Mo 10–17 Uhr) In dem kürzlich renovierten Museum kann man Rodins große Werke *Den Denker* und die *Bürger von Calais* bewundern.

Pennsylvania Academy of the Fine Arts MUSEUM

(Karte S. 154; ☎ 215-972-7600; www.pafa.org; 118 N Broad St; Erw./Kind 15 US$/frei; ⌚ Di–Sa 10–17, So ab 11 Uhr) Prestigeträchtige Akademie, die in ihrem Museum Arbeiten amerikanischer Maler wie Charles Willson Peale und Thomas Eakins zeigt.

Franklin Institute Science Museum MUSEUM

(Karte S. 154; ☎ 215-448-1200; www.fi.edu; 222 N 20th St; Erw./Kind 16,50/12,50 US$; ⌚ 9.30–17 Uhr; 👪) Das Museum gehört zu den ersten, die wissenschaftliche Ausstellungsstücke zum Anfassen präsentierten. Ein Highlight ist die Ben-Franklin-Ausstellung.

Academy of Natural Sciences Museum MUSEUM

(Karte S. 154; ☎ 215-299-1000; www.ansp.org; 1900 Benjamin Franklin Pkwy; Erw./Kind 15/13 US$; ⌚ Mo–Fr 10–16.30, Sa & So 10–17 Uhr) Das Museum beherbergt eine großartige Dinosaurier-Ausstellung, in der man am Wochenende selbst nach Fossilien buddeln kann.

Eastern State Penitentiary MUSEUM

(Karte S. 154; www.easternstate.org; 2027 Fairmount Ave; Erw./Kind 14/10 US$; ⌚ 10–17 Uhr) Das stillgelegte, an eine mittelalterliche Festung erinnernde Gefängnis, in dem einst Al Capone saß, kann man allein (mit Kopfhörer) oder im Rahmen einer Führung besichtigen.

Fairmount Park

Der Schuylkill River schlängelt sich durch den 3723 ha großen Park. Er ist größer als der New Yorker Central Park und der größte Stadtpark der USA. Im ganzen Park verstreut stehen bemerkenswerte Denkmäler, u. a. eines für **Jeanne d'Arc** am östlichen Ende des Parks (Karte S. 154). Mit den ersten Sonnenstrahlen im Frühling wimmelt es hier in jeder Ecke von Menschen, die Ball spielen, joggen, picknicken oder anderen Aktivitäten nachgehen. Jogger lieben die von Bäumen gesäumten 3–16 km langen Wege am Flussufer. Die Wege im Park eignen sich auch hervorragend zum Radeln. **Fairmount Bicycles** (☎ 267-507-9370; www.fairmountbicycles.com; 2015 Fairmount Ave; ganzer/halber Tag 18/30 US$) vermietet Fahrräder und hat viele Infos.

Boathouse Row GEBÄUDE

(www.boathouserow.org; 1 Boathouse Row; frühe amerikanische Häuser Erw./Kind 5/2 US$) Am Ostufer in der Boathouse Row stehen viktorianische Bootshäuser, die der Gegend ein angenehm altmodisches Flair verleihen. Gegenüber vom Park stehen ein paar **frühe amerikanische Häuser**, die für die Öffentlichkeit zugänglich sind.

Shofuso Japanese House and Garden GARTEN

(☎ 215-878-5097; www.shofuso.com; Landsdowne & Horticultural Dr; Erw./Kind 6/4 US$; ⌚ 11–17 Uhr, s. Website) Das malerische Gebäude und das Teehaus wurden im traditionellen Stil des 16. Jhs. erbaut.

Philadelphia Zoo ZOO

(☎ 215-243-1100; www.philadelphiazoo.org; 3400 W Girard Ave; Erw./Kind 20/18 US$; ⌚ März–Okt. 9.30–17 Uhr, Nov.–Feb. 9.30–16 Uhr; 👪) Der älteste Zoo des Landes hält Tiger, Pumas, Eisbären und unzählige andere Tiere in Gehegen, die ihren natürlichen Lebensräumen nachempfunden sind.

South Street

Die leicht schmuddelige **South Street** ist so etwas wie eine Art East Village oder Williamsburg in Philly. Hier findet man jede Menge Tätowierstudios, Geschäfte für Künstlerbedarf, winzige Billiglokale und

Bars, die von Studenten und Goth-Teenagern bevölkert werden.

Philadelphia's Magic Garden GARTEN (Karte S. 154; ☎215-733-0390; www.phillymagicgardens.org; 1020 South St; Erw./Kind 7/3 US$; ⏲April–Okt. So–Do 11–18, Fr & Sa 11–20Uhr, Nov.–März 11–17 Uhr; 👪) Dieses versteckte Juwel ist wirklich sehenswert. Es ist ein geheimnisvolles Fleckchen voller Kunst des passionierten Mosaikfassadenkünstlers Isaiah Zager.

South Philadelphia

★**Italian Market** MARKT (S 9th St, zw. Wharton St & Fitzwater St; ⏲Di–Sa 9–17, So 9–14 Uhr) Heutzutage müsste der älteste Markt im Freien eher mexikanischer als italienischer Markt heißen, denn man findet hier wahrscheinlich mehr *taquiles* als *prosciutto*. Sei's drum, er ist noch immer ein Highlight von South Philadelphia. Hier verkaufen Metzger neben Kunsthandwerkern ihre Produkte, es gibt Käse und einige authentische italienische Läden, in denen man hausgemachte Pasta, Kuchen, frischen Fisch und Fleisch kaufen kann. In dem kleinen Café **Anthony's** (915 S 9th St; Eiscreme 3,50 US$; ⏲7–19 Uhr) kann man sich wunderbar bei einem Espresso oder Gelato ausruhen.

Mummers Museum MUSEUM (☎215-336-3050; www.mummersmuseum.com; 1100 S 2nd St; Erw./Kind 3,50/2,50 US$; ⏲Mi–Sa 9.30–16.30 Uhr) Inmitten der Feinschmeckerszene befindet sich das Mummers Museum, das die Tradition der Verkleidung und der Maskerade feiert. Es spielt eine zentrale Rolle bei der berühmten Mummers Parade, die alljährlich am 1. Januar stattfindet.

Chinatown & Umgebung

Die viertgrößte Chinatown in den USA existiert seit den 1860er-Jahren. Damals schufteten chinesische Einwanderer für Amerikas transkontinentale Eisenbahn und arbeiteten sich von Westen bis nach Philadelphia vor. Neben Menschen, die aus allen Provinzen Chinas stammen, wohnen hier auch viele Malaysier, Thailänder und Vietnamesen. Das bunte vierstöckige **Chinese Friendship Gate** ist das auffälligste Wahrzeichen Chinatowns.

African American Museum in Philadelphia MUSEUM (Karte S. 158; ☎215-574-0380; www.aampmuseum.org; 701 Arch St; Erw./Kind 14/10 US$; ⏲Do–Sa 10–17, So 12–17 Uhr) Das Museum ist zwar in einem abstoßenden Betongebäude untergebracht, zeigt aber ausgezeichnete Sammlungen zur afroamerikanischen Geschichte und Kultur.

Penn's Landing

Zu seinen besten Zeiten war Penn's Landing – die Uferpromenade am Delaware River zwischen Market St und Lombard St – ein äußerst geschäftiges Hafengebiet. Doch allmählich verlagerte sich der Betrieb weiter nach Süden. Heute starten hier Boote wie die **Spirit of Philadelphia** (Karte S. 154; ☎866-455-3866; www.spiritofphiladelphia.com; Tour ab 40 US$) zu geselligen Flussfahrten. Penn's Landing ist aber auch ein nettes Plätzchen für Spaziergänge am Wasser. Die 2,89 km lange **Benjamin Franklin Bridge** war zum Zeitpunkt ihrer Fertigstellung im Jahr 1926 die längste Hängebrücke der Welt. Sie überspannt den Delaware River und ist noch immer ein äußerst interessanter Blickfang.

Independence Seaport Museum MUSEUM (Karte S. 154; ☎215-413-8655; www.phillyseaport.org; 211 S Columbus Blvd; Erw./Kind 13,50/10 US$; ⏲10–17 Uhr, Sommer Do–Sa 10–19 Uhr; 👪) Das interaktive Museum am Fluss ist Philadelphias maritimer Vergangenheit gewidmet (die Schiffswerft wurde 1995 nach 200 Jahren geschlossen). Man kann zwei Schiffe besichtigen: ein Segelschiff aus dem Jahr 1892 und ein U-Boot aus dem Zweiten Weltkrieg.

University City

Das Viertel, das durch den Schuylkill River von Phillys Zentrum getrennt wird, wirkt wie eine große Universitätsstadt. Und das ist ja auch kein Wunder, denn hier sind die Drexel University und die zur Ivy League gehörende, 1740 gegründete **University of Pennsylvania** (meist nur „U Penn" genannt) zu Hause. Der begrünte, quirlige Campus ist perfekt für einen Nachmittagsbummel. Dabei sollte man unbedingt auch den zwei Museen hier einen Besuch abstatten.

University Museum of Archaeology & Anthropology MUSEUM (☎215-898-4000; www.penn.museum; 3260 South St; Erw./Kind 15/10 US$; ⏲Di & Do–So 10–17, Mi 10–20 Uhr; 🚌Nr. 21, 30, 40) Das University Museum of Archaeology & Anthropology beherbergt archäologische Schätze aus dem alten Ägypten, Mesopotamien, Mesoamerika, Griechenland, Rom und Nordamerika.

Institute of Contemporary Art GALERIE
(☎ 215-898-7108; www.icaphila.org; 118 S 36th St; ⌚ Mi 11–20, Do & Fr bis 18, Sa & So bis 17 Uhr) GRATIS Genau der richtige Ort, um sich die allerneuesten Werke von Furore machenden Künstlern anzuschauen.

30th Street Station HISTORISCHES GEBÄUDE
(Karte S. 154; ☎ 215-349-2153; 30th St, an der Market St) Auch wenn man keinen Zug erwischen muss, sollte man dem romantischen, neoklassizistischen Bahnhof einen Besuch abstatten, wenn man schon mal hier ist.

Geführte Touren

Ed Mauger's Philadelphia on Foot GEFÜHRTE TOUREN
(☎ 215-627-8680; www.ushistory.org/more/mauger; Touren 20 US$/Pers.) Ed Mauger, Historiker und Autor, organisiert thematische Spaziergänge, z. B. zu den Konservativen (Exercise Your Rights), zu den Liberalen (Exercise Your Lefts) und zu bedeutenden Frauen (Women in the Colony).

Mural Tours GEFÜHRTE TOUREN
(☎ 215-389-8687; www.muralarts.org/tours; Tour kostenlos–30 US$) Rundfahrten zu den vielen bunten Wandmalereien, von denen es hier mehr gibt als irgendwo sonst im Land.

Philadelphia Trolley Works & 76 Carriage Company GEFÜHRTE TOUREN
(☎ 215-389-8687; www.phillytour.com; Erw./Kind ab 25/10 US$) Rundfahrten im Bus oder in der Pferdekutsche durch bestimmte Stadtteile oder auch zu jeder erdenklichen Ecke der Stadt.

Taste of Philly Food Tour GEFÜHRTE TOUREN
(☎ 215-545-8007; www.tasteofphillyfoodtour.com; Erw./Kind 16/9 US$; ⌚ Mi Sa 10 Uhr) Mit allwissenden Lebensmittelexperten den Reading Terminal Market entdecken.

Feste & Events

Mummers' Parade PARADE
(www.mummers.com; ⌚ 1. Jan.) Ein für Philly typischer Umzug mit aufwändigen Kostümen, der immer am Neujahrstag stattfindet.

Manayunk Arts Festival KULTUR
(www.manayunk.com; ⌚ Juni) Größte Kunst- und Kunsthandwerkshow im Delaware Valley, bei der mehr als 250 Künstler aus dem ganzen Land zusammenkommen.

Philadelphia Live Arts Festival & Philly Fringe THEATER
(www.livearts-fringe.org; ⌚ Sept.) Hier sind die allerneuesten Aufführungen zu sehen.

Schlafen

Die meisten Unterkünfte gibt's in und in der Nähe der Center City. Aber auch in allen anderen Vierteln findet man Alternativen. Ein Mangel an Unterkünften besteht wahrlich nicht, aber es sind vorwiegend die üblichen Kettenhotels. Empfehlenswert sind Lowes, Sofitel und Westin. Die meisten Hotels bieten auch irgendeine Art von Parkplatz, in der Regel für 20 bis 45 US$ pro Tag, oder haben eine Preisvereinbarung mit Parkhäusern in der Nähe getroffen.

Apple Hostels HOSTEL $
(Karte S. 158; ☎ 215-922-0222; www.applehostels.com; 32 S Bank St; B 38 US$, Zi. ab 84 US$; ❄@📶) Das makellos saubere Schmuckstück eines Hotels versteckt sich in einer Gasse und ist nur ein paar Schritte von den wichtigsten Sehenswürdigkeiten entfernt. Von den Etagenbetten bis hin zum Geschirr in der geräumigen Küche sieht alles aus wie in einem Ikea-Katalog – was nicht unbedingt schlecht sein muss. Hier weiß man, was die Gäste wünschen und brauchen: Ohrstöpsel, Breath-Rite-Nasenpflaster für Schnarcher, Steckdosen in den Schränken, USB-Port an jedem Bett, Nintendo Wii, kostenloser Kaffee und natürlich all die herkömmlichen Annehmlichkeiten wie Waschmaschinen, Kicker, Darts und sogar eine Gitarre. Außerdem ist das Personal sehr freundlich und hilfsbereit, und es gibt jeden Abend „Events" wie Stadtspaziergänge, Pasta-Abende (mittwochs) und kostenlose Whiskey- und Bartouren (donnerstags).

Chamounix Mansion Hostel HOSTEL $
(☎ 215-878-3676; www.philahostel.org; 3250 Chamounix Dr, West Fairmount Park; B 23 US$; ⌚ 8–11, 16.30–24 Uhr, 15. Dez.–15. Jan. geschl.; P@) Das Chamounix wirkt eher wie ein B&B als wie ein Hostel. Es ist aber nur für Leute mit eigenem Auto geeignet, denn es liegt wunderschön im grünen Fairmount Park nördlich der Stadt an der Straße nach Manayunk. Es gibt einen Salon im Stil des 19. Jhs. und ein großes Gemeinschaftszimmer. Die Schlafsäle selbst sind schlicht, aber sauber.

Morris House Hotel BOUTIQUEHOTEL $$
(Karte S. 154; ☎ 215-922-2446; www.morrishousehotel.com; 225 S 8th St; Zi. mit Frühstück ab

179 US$; ❄📶) Wäre Benjamin Franklin Hotelier gewesen, hätte er bestimmt ein Gebäude wie das Morris House Hotel entworfen. Das vornehm im Kolonialstil eingerichtete Boutiquehotel in einem Gebäude aus der Federal-Ära bietet freundlichen Charme, die Intimität eines eleganten B&B und die Professionalität und den guten Geschmack einer Designer-Herberge des 21. Jhs.

Penn's View Hotel BOUTIQUEHOTEL **$$**
(Karte S. 158; ☎215-922-7600; www.pennsviewhotel.com; Ecke Front St & Market St; Zi. ab 149–329 US$; ❄📶) Das Penn's View umfasst drei Gebäude aus dem frühen 19. Jh., bietet einen tollen Blick auf das Ufer des Delaware und ist eine gute Ausgangsbasis für Entdeckungstouren durch die Old City. Die Zimmer in diesem reizenden, charaktervollen aber nicht übermäßig nostalgischen oder geschichtsträchtigen Hotel haben Marmorbäder und alle modernen Annehmlichkeiten. Auch eine echte italienische Trattoria und eine stimmungsvolle Weinbar gehören zum Hotel.

Hotel Palomar BOUTIQUEHOTEL **$$**
(Karte S. 154; ☎888-725-1778; www.hotelpalomar-philadelphia.com; 117 S 17th St; Zi. ab 149 US$; P❄📶🐾) Das Palomar gehört zur Kimpton-Kette und befindet sich in einem ehemaligen Bürogebäude, ein paar Blocks vom Rittenhouse Sq entfernt. Marmor und dunkles Holz sorgen in den schick eingerichteten, hippen Zimmern für warme Akzente. Es gibt auch Wein und Snacks, im Winter heiße Schokolade, einen Fitnessraum und ein Restaurant. Parkplatzservice kostet 42 US$ pro Nacht.

Independent Philadelphia BOUTIQUEHOTEL **$$**
(Karte S. 154; ☎215-772-1440; www.theindependenthotel.com; 1234 Locust St; Zi. mit Frühstück ab 150 US$; ❄📶) Das Independent ist eine gute Option in Center City. Es ist in einem schönen Backsteingebäude im neo-georgianischen Stil mit einem vierstöckigen Atrium untergebracht. Die gemütlichen, hellen Zimmer sind mit Holzböden ausgestattet. Hotelgästen wird der Aufenthalt noch mit kostenlosem Zugang zum Fitnessraum und mit allabendlichem Wein und Käse versüßt.

Alexander Inn BOUTIQUEHOTEL **$$**
(Karte S. 154; ☎215-923-3535; www.alexanderinn.com; 12th St & Spruce St; EZ/DZ inkl. Frühstück ab 120/130 US$; ❄@📶🐾; 🚌12, 23) Obwohl das Äußere wie eine sonderbare Mischung aus Backsteinmauern mit Erkerfenstern aus Kunststoff anmutet, sind die kleinen Zimmer in dieser Unterkunft recht gut. In der Lobby gibt's viel dunkles Holz, einen Kamin und ein paar Buntglasfenster. Wegen des hilfsbereiten, netten Personals und der fantastischen Lage unweit des Schwulenviertels von Philly übernachten in diesem Hotel viele gleichgeschlechtliche Paare.

ABSTECHER

PHILLYS RANDBEZIRKE

Manayunk

Manayunk ist ein kleiner Wohnbezirk nordwestlich der Stadt mit steilen Hügeln und viktorianischen Reihenhäusern. Der Name des Viertels leitet sich von einem Begriff der amerikanischen Ureinwohner ab und bedeutet „Wo wir zum Trinken hingehen". Hier kann man gut einen Nachmittag oder Abend verbringen. Aber Achtung: Tausende haben an den Wochenenden die gleiche Idee, dann hat man in dieser ansonsten ruhigen Gegend oberhalb des Schuylkill River den Eindruck, auf einer wilden Studentenfete gelandet zu sein. Man ist hier aber nicht dazu verpflichtet nur etwas zu trinken, es ist auch erlaubt, einen Happen zu essen oder zu shoppen (Dalessandro's und Chubby's sollte man aufsuchen, wenn man Lust auf Sandwiches und Cheesesteak hat). Parkplätze sind an Wochenenden extrem rar, sodass das Fahrrad eine gute Alternative ist – schließlich gibt's hier sogar einen Treidelpfad.

Germantown & Chestnut Hill

Der historische Bezirk Germantown – eine sonderbare Mischung aus verblichener und dennoch sichtbarer Größe – liegt von Phillys Zentrum etwa 20 Autominuten entfernt auf der Septa 23 in Richtung Norden. Hier gibt's eine Handvoll kleiner Museen und ein paar sehenswerte Häuser.

La Reserve B&B $$
(Karte S. 154; ☎215-735 1137; www.lareservebandb.com; 1804 Pine St; Zi. ohne/mit Bad inkl. Frühstück ab 80/125 US$;) Das schöne Reihenhaus aus den 1850er-Jahren steht an einem ruhigen Abschnitt der Pine Street einige Blocks südlich des Rittenhouse Sq. Die sieben Zimmer in diesem B&B präsentieren sich mit einem leicht verwelkten Charme – verblasste Orientteppiche, plüschige Vorhänge, hohe Decken, stillgelegte Kamine und (so scheint es) zerbrechliche Möbel eines unbedeutenden französischen Aristokraten aus dem 19. Jh.

Ritz-Carlton HOTEL $$$
(Karte S. 154; ☎215-523-8000; www.ritzcarlton.com/hotels/philadelphia; 10 Ave of the Arts; Zi. ab 300 US$; P) Dieses Ritz, das dem Pantheon nachempfunden ist, präsentiert seinen Gästen eine der nobelsten Lobbys Nordamerikas. Nachmittags ist Teatime in der Rotunda. Die 331 Zimmer befinden sich in einem benachbarten Hochhaus aus der Zeit vor dem Zweiten Weltkrieg. Die geräumigen Marmorbäder sind so sauber wie ein OP-Saal.

Rittenhouse 1715 HOTEL $$$
(Karte S. 154; ☎215-546-6500; www.rittenhouse1715.com; 1715 Rittenhouse Square St; Zi. 249–305 US$, Suite 309–699 US$;) Das elegante Hotel, nur ein paar Schritte vom Rittenhouse Sq entfernt, ist eine erstklassige Wahl. Es befindet sich in einem Herrenhaus von 1911, das die wunderbare Atmosphäre der alten Welt versprüht und doch mit allen modernen Annehmlichkeiten ausgestattet ist – iPod-Anschlüsse, Plasma-TVs und Regenduschen. Nicht zu verachten ist auch das freundliche, aufmerksame Personal.

Essen

Philly ist zu Recht für seine Cheesesteaks bekannt. Die Einheimischen debattieren über die jeweiligen Vorzüge der einzelnen Restaurants als seien sie Bibelgelehrte, die die Bedeutung des Fünften Buch Mose analysieren. Die Restaurantszene in Philly hat sich enorm entwickelt – nicht zuletzt dank der Starr- und Garces-Gruppe, die der Stadt ein paar erstklassige internationale Restaurants beschert hat. Vor allem Starr hat sein Augenmerk auf anscheinend jede Küche und jedes Thema, das der Menschheit bekannt ist, gerichtet.

Der neue amerikanische Locavore-Trend – „Vom Bauernhof im Umland direkt auf den Tisch“ – wird immer erfolgreicher (allein in dem Block 20th St und Rittenhouse Sq gibt's drei solcher Restaurants) genau wie Gastropubs, die ebenso besessen sind, allerdings von der Herkunft ihrer Biere und Burger (im Viertel Fairmount gibt's eine ganze Handvoll Gastropubs). Zu den vielversprechenden kulinarischen Hotspots gehören Northern Liberties (Modomio für norditalienisches Essen und Fette Sau für Barbecues), Fishtown (Pickled Heron für kreative französische Bistrogerichte) und East Passyunk in South Philadelphia (Le Virtu für Italienisches direkt vom Bauernhof). In der Gegend um die City Hall gibt's Food-Trucks mit einem sagenhaft unterschiedlichen Angebot, von Gourmet bis Ethno ist so ziemlich alles vertreten. Wegen der eigenartigen Alkoholgesetze in Pennsylvania gestatten viele Restaurants, dass man sich seine Getränke selbst mitbringt (BYOB).

Old City

★**Franklin Fountain** EISCREME $
(Karte S. 158; ☎215-627-1899; 116 Market St; Eisbecher 10 US$; ⏲So–Do 12–23, Fr & Sa 12–24 Uhr;) In dem altmodischen Eiscafé trifft man sich abends – vor allem an den Wochenenden – zu einem romantischen Date. Leckere Eisbecher mit Obst aus der Region.

Amada SPANISCH $$
(Karte S. 158; ☎215-625-2450; 217 Chestnut St; Tapas 6–20 US$; ⏲Mo–Do 11.30–22, Fr 11.30–24, Sa 17–24, So 16–22 Uhr) Das Amada wird von dem renommierten Gastronom Jose Garces betrieben. Die langen großen Tische sorgen für eine nette, lustige, laute Stimmung, und die Kombination aus kräftig und traditionell gewürzten Gerichten ist phänomenal (unbedingt die mit Krebsfleisch gefüllten Paprika probieren).

Cuba Libre KARIBISCH $$
(Karte S. 158; ☎215-627-0666; www.cubalibrerestaurant.com; 10 S 2nd St; Abendessen 15–24 US$; ⏲Mo–Fr 11.30–23, Sa & So 10.30–23 Uhr) Das koloniale Amerika könnte nicht ferner sein als in diesem geselligen, mehrstöckigen kubanischen Restaurant mit einer Rumbar. Auf der kreativen, ansprechenden Speisekarte stehen kubanische Sandwiches, mit Guave gewürztes Fleisch vom Grill, herzhafte schwarze Bohnen und Salate mit Räucherfisch.

La Locanda del Ghiottone ITALIENISCH $$
(Karte S. 158; ☎215-829-1465; 130 N 3rd St; Hauptgerichte 16 US$; ⏲Di–So 17–23 Uhr) Der Name

bedeutet „Gasthaus zum Vielfraß" und Küchenchef Giuseppe und sein Oberkellner Joe, tun alles, damit die Gäste sich vollfuttern. Anders als all die trendigen Lokale in der Nähe ist der Italiener klein und schlicht. Umso besser sind die Gnocchi, die Crêpes mit Pilzen und die Muscheln. BYOB.

Silk City Diner DINER **$$**
(Karte S. 154; 435 Spring Garden St; Hauptgerichte 13 US$; ⌚16–1, Sa & So ab 10 Uhr) In dem klassisch aussehenden Diner am Rand von Old City und Northern Liberties haben die Cocktails die Milchshakes ersetzt. Ein Besuch im Silk City lohnt sich, weil man hier spätabends noch tanzen kann. Samstags kommen sogar Leute aus Jersey zu den DJ-Abenden. Im Sommer gibt's draußen einen Biergarten.

Zahav NAHÖSTLICH **$$**
(Karte S. 158; ☎215-625-8800; 237 St James Pl, an der Dock St; Hauptgerichte 11 US$; ⌚So–Do 17–22, Fr & Sa 17–23 Uhr) Das Restaurant auf dem Gelände der Society Hill Towers serviert raffinierte Gerichte der modernen israelischen und nordafrikanischen Küche.

Center City & Umgebung

★Reading Terminal Market MARKT **$**
(Karte S. 154; ☎215-922-2317; www.readingterminalmarket.org; 51 N 12th St; ⌚Mo–Sa 8–17.30, So 9–16 Uhr) Ein traumhafter Ort für jeden Geschmack. In den Gängen werden die berühmten Cheesesteaks, Amish-Produkte, Hummerbrötchen, Sushi, Gegrilltes und alle Köstlichkeiten dieser Welt angeboten.

Mama Palmas PIZZERIA **$**
(Karte S. 154; ☎215-735-7357; 2229 Spruce St; Pizza 10 US$; ⌚Mo–Do 16–22, Fr & Sa 11–23, So 14–22 Uhr) Dieses kleine BYOB-Lokal serviert mit die beste im Ziegelofen gebackene, hauchdünne Pizza der Stadt. Es heißt, dass Knirpse hier nicht gern gesehen sind, wenn sie sich nicht zu benehmen wissen.

Philly Flavors EISCREME **$**
(Karte S. 154; ☎215-232-7748; 2004 Fairmount Ave, an der 20th St; ⌚So–Do 11–23, Fr & Sa 11–24 Uhr) Hier gibt's das beste italienische Eis der Stadt. Für die meisten Leute reichen selbst die „kleinen" Kinderportionen.

Lemon Hill Food & Drink MODERN-AMERIKANISCH **$$**
(Karte S. 154; www.lemonphilly.com; 747 N 25th St; Hauptgerichte 14 US$; ⌚17–22, Sa & So 10.30–22 Uhr) Wer es eilig hat, sollte hier nicht danach fragen, wie das Enten-Confit *poutine* zubereitet wird oder welcher Rum im Cocktail ist. Für diesen Gastropub in Fairmount steht die Herkunft der Zutaten an erster Stelle. Mit einem Wort: Essen und Getränke lohnen die Warterei. Die Bar ist bis 1 Uhr geöffnet.

La Viola ITALIENISCH **$$**
(Karte S. 154; ☎215-735-8630; 253 S 16th St, an der Spruce St; Hauptgerichte 13 US$; ⌚Mo–Do 11–22, Fr & Sa bis 23 Uhr, So 16–22 Uhr) Die beiden La Viola liegen sich direkt gegenüber. Das alte La Viola ist ein kleines, einfaches Lokal, das neue größer und moderner. Beide bieten gute, erschwingliche Speisen aus frischen Zutaten. BYOB.

Continental DINER **$$**
(Karte S. 154; www.continentalmidtown.com; 1801 Chestnut St; Hauptgerichte 10–20 US$) In diesem modernen In-Diner trifft sich ein hippes Völkchen, um Fusion-Tapas zu futtern und Cocktailspezialitäten zu trinken. Die Speisen sind mal so mal so und reichen von ordentlichem Quinoa-Salat bis zu mittelmäßigen asiatischen Bento-Boxen zur Mittagszeit. Eine weitere Filiale befindet sich in der Market St.

Luke's Lobster SEAFOOD **$$**
(Karte S. 154; 130 S 17th St; Sandwiches 10–17 US$; ⌚So–Do 11–21, Fr & Sa 11–22 Uhr) Wer auf der Suche nach einem echten Maine-Hummer, Krebsfleisch- oder Shrimps-Sandwich ist, sollte dieser unkonventionellen „Bude" beim Rittenhouse Sq einen Besuch abstatten.

★Morimoto JAPANISCH **$$$**
(Karte S. 154; ☎215-413-9070; 723 Chestnut St; Hauptgerichte 25 US$; ⌚Mo–Do 11.30–22, Fr & Sa 11.30–24 Uhr) Vom Speiseraum, der wie ein futuristisches Aquarium aussieht, bis hin zur Speisekarte, die Einflüsse aus aller Welt und gewagte Kombinationen aufweist, ist hier alles ambitioniert und äußerst stilvoll. Ein Essen in dem Restaurant des Gewinners der TV-Kochshow *Iron Chef* ist wie ein Theatererlebnis.

Parc Brasserie FRANZÖSISCH **$$$**
(Karte S. 154; ☎215-545-2262; 227 S 18th St; Hauptgerichte ab 23 US$; ⌚7.30–23, Fr & Sa 7.30–24 Uhr) Das riesige, auf Hochglanz polierte Bistro am Rittenhouse Sq eignet sich wunderbar zum Leute beobachten. Gut und preiswert sind der Brunch und die Mittagsmenüs.

Zama JAPANISCH $$$
(Karte S. 154; www.zamaphilly.com; 128 S 19th St; Hauptgerichte 20 US$; ⏲Mo–Do 11.30–22, Fr 11.30–23, Sa 17–23, So 17–21 Uhr) Das vornehme Restaurant ganz in der Nähe des Rittenhouse Sq ist genau das Richtige für alle Sushi- und Sake-Liebhaber. Der „Sake-Sommelier“ hat eine interessante Auswahl im Angebot.

South Street

Jim's Steaks STEAKS $
(Karte S. 154; ☎877-313-5467; 400 South St, an der 4th St; Steaksandwiches 6–8 US$; ⏲Mo–Do 10–1, Fr & Sa 10–3, So 12–22 Uhr) Wer die langen Schlangen – rund um das halbe Haus – vor dieser Institution in Philly tapfer überstanden hat, wird mit saftigen Cheesesteaks und Riesensandwiches (sowie Suppen, Salaten und Frühstück) belohnt.

South Street Souvlaki GRIECHISCH $$
(Karte S. 154; ☎215-925-3026; 507 South St; Hauptgerichte 13–18 US$; ⏲Di–Do 12–21.30, Fr & Sa 12–22, So 12–21 Uhr) Das alteingesessene, einfache Lokal gehört noch immer zu den besten Griechen der Stadt. Empfehlenswert ist der sehr große Tom's Special Salad (Tom ist der Betreiber).

Horizons VEGAN $$
(Karte S. 154; ☎215-923-6117; www.horizonsphiladelphia.com; 611 S 7th St; Hauptgerichte 15–20 US$; ⏲Di–Do 18–22, Fr & Sa 18–23 Uhr; 🖉) Serviert werden ordentliche, gesunde, kalorienarme Speisen aus Soja und Gemüse für den veganen Feinschmecker.

Supper MODERN-AMERIKANISCH $$$
(Karte S. 154; ☎215-592-8180; 926 South St; Hauptgerichte 24 US$; ⏲18–23.30 Uhr) Das Supper bezieht seine superfrischen saisonalen Zutaten von der eigenen Farm und verkörpert damit den derzeitigen kulinarischen Trend der Verbindung von Stadt und Land. Es gibt verlockende Vorspeisen und köstliche Kreationen wie knuspriges Enten-Confit mit Pekannuss-Waffeln.

Chinatown

Nan Zhou Hand Drawn Noodle House CHINESISCH $
(Karte S. 154; ☎215-923-1550; 1022 Race St; Hauptgerichte 6–10 US$; ⏲11–22 Uhr) Das Nan Zhou Hand Drawn Noodle House ist einen Block weiter in relativ schicke, größere Räumlichkeiten umgezogen, serviert aber noch immer köstliche und preiswerte Nudelsuppen mit Fleischeinlage.

Rangoon BIRMANISCH $
(Karte S. 154; ☎215-829-8939; 112 N 9th St; Hauptgerichte 6–15 US$; ⏲So–Do 11.30–21, Fr & Sa 11.30–22 Uhr) Das birmanische Restaurant bietet eine große Auswahl an verlockenden Spezialitäten von scharf gewürzten roten Bohnen mit Shrimps und Curry-Hühnchen mit Eiernudeln bis hin zu Kokos-Tofu.

Dim Sum Garden CHINESISCH $
(Karte S. 154; 59 N 11th St; Hauptgerichte 6 US$; ⏲10.30–22.30 Uhr) Insgesamt wirkt das winzige Lokal nahe dem Busbahnhof nicht besonders sauber, bietet aber mit die leckersten Dampfklöße der Stadt.

★ **Han Dynasty** CHINESISCH $$
(Karte S. 158; 108 Chestnut St; Hauptgerichte 15 US$; ⏲11.30–23.30 Uhr) Innovative, scharf gewürzte Suppen und Nudelgerichte in einem eher vornehmen Speiseraum.

South Philadelphia

In der Gegend Ecke Washington St und 11th St gibt's unzählige gute vietnamesische Familienrestaurants und natürlich den Italian Market (S. 161).

Pat's King of Steaks FAST FOOD $
(☎215-468-1546; www.patskingofsteaks.com; Ecke S 9th St & Passyunk Ave; Sandwiches 7 US$; ⏲24 Std.) Pat's ist typisch für Philly. Diese Institution lockt Touristen, Angetrunkene, die höchstwahrscheinlich keinen Schimmer davon haben, wie viel Fett sie gerade verzehren, und eingefleischte Stammkunden gleichermaßen an. Geno's, die Konkurrenz, befindet sich schräg gegenüber auf der anderen Straßenseite.

Tony Luke's SANDWICHES $
(☎215-551-5725; www.tonylukes.com; 39 E Oregon Ave; Sandwiches 7 US$; ⏲Mo–Do 6–24, Fr & Sa 6–2 Uhr) Tony Luke's ist für seine Schweine- und Rinderbraten-Sandwiches mit scharfem Pfeffer bekannt. Es befindet sich am Sportstadium und hat Picknicktische. Bestellt wird draußen durchs Fenster.

Paradiso ITALIENISCH $$
(☎215-271-2066; www.paradisophilly.com; 1627 E Passyunk Ave; Hauptgerichte 10–28 US$; ⏲Mo–Do 11.30–15 & 17–22, Fr & Sa bis 23, So 16–21 Uhr) Das elegante, luftige Paradiso bietet eine gehobene italienische Küche. Serviert werden z. B. Lammkoteletts mit Pistazienkruste, haus-

gemachte Gnocchi und mit Sardellenbutter glasierte New York Strip Steaks.

Fond AMERIKANISCH $$$
(☎ 212-551-5000; 1617 E Passyunk Ave; Hauptgerichte 25 US$; ⊙ 17.30–22 Uhr) Wer von den Sandwich-Läden im Viertel die Nase voll hat, sollte dieses gehobene Restaurant aufsuchen. Die jungen Köche bereiten kreativ konzeptionierte Fisch-, Fleisch- und Hühnchengerichte mit französischem Einschlag und saisonalen Zutaten zu.

University City

Abyssinia Ethiopian Restaurant ÄTHIOPISCH $
(229 S 45th St; Hauptgerichte 9 US$; ⊙ 10–24 Uhr) Exzellentes *foul medammes* (über Feuer gekochte Saubohnen) und ein guter Brunch. Empfehlenswert ist die Bar im Obergeschoss.

Lee's Hoagie House SANDWICHES $
(☎ 215-387-0905; 4034 Walnut St; Sandwiches 7 US$; ⊙ Mo–Sa 10–22, So 11–21 Uhr) In Sachen Fleisch- und Hühnchen-Sandwiches definitiv die beste Adresse in der Gegend.

Koreana KOREANISCH $
(☎ 215-222-2240; 3801 Chestnut St; Hauptgerichte 7 US$; ⊙ 12–22 Uhr) Verköstigt Studenten und andere Menschen, die gern gut und preiswert koreanisch essen wollen. Der Eingang befindet sich am Parkplatz hinter der Shopping Plaza.

Distrito MEXIKANISCH $$
(☎ 215-222-1657; 3945 Chestnut St; Hauptgerichte 9–30 US$; ⊙ Mo–Fr 11.30–23, Sa 17–23, So bis 22 Uhr) Die Einrichtung in kräftigem Pink und Limettengrün schmälert nicht das leckere modern-mexikanische Essen.

White Dog Café BIO-CAFÉ $$
(☎ 215-386-9224; 3420 Sansom St; Hauptgerichte abends 12–29 US$; ⊙ Mo–Sa 11.30–14.30, Mo–Do 17–22, Fr & Sa bis 23, So 10.30–14.30 & 17–22 Uhr) Die Institution in diesem Viertel ist die Art von funkig-gehobenem Restaurant, in das College-Studenten ihre Eltern für ein besonderes Abendessen oder zum Brunch einladen. Auf der Speisekarte stehen kreative Interpretationen von Fleisch- und Fischgerichten, überwiegend aus Bio-Produkten aus der Region.

Pod ASIATISCH $$$
(☎ 215-387-1803; 3636 Sansom St; Hauptgerichte abends 14–29 US$; ⊙ Mo–Do 11.30–23, Fr bis 24, Sa 17–24, So bis 22 Uhr) Das spacig wirkende Themenrestaurant gehört zum Imperium des Gastronomen Stephen Starr. Serviert werden hie panasiatische Köstlichkeiten wie Klöße, ein paar der besten Sushis in Philly, eine Vielzahl gewitzter Cocktails und klassische Desserts.

Ausgehen & Unterhaltung

Phillys Barszene nach der übertrieben anzüglichen Fernseh-Serie *It's Always Sunny in Philadelphia* zu beurteilen, ist natürlich ein Fehler. Klar, herkömmliche Eckkneipen gibt's reichlich, aber es gibt auch genauso viele schicke Cocktail-Lounges, Weinbars und Gastropubs, die in der Region gebraute Biere ausschenken.

Abgesehen von New Orleans gibt's in der Old City die meisten Alkohollizenzen in den USA. Wer was Passendes sucht, wird bestimmt in der S 2nd St und der S 3rd St fündig. Es gibt eine ganze Menge Orte, an denen seit Kurzem legal Alkohol getrunken werden darf, u. a. im Lucy's Hat Shop, in der Drinker's Tavern und im Buffalo Billiard's. In der South St tummeln sich an den Wochenenden abends alternative Studenten. Hotels wie Le Meridien und das Bellevue in Center City warten in ihren klassischen Lounges und Bars mit der allseits beliebten Happy Hour auf Gäste. Die Gegend zwischen der Broad St und der 12th St sowie der Walnut St und der Pine St heißt Midtown Village, wird inoffiziell auch „gay-borhood" genannt, und die Straßenschilder sind permanent mit Regenbogenflaggen geschmückt. Näheres unter www.phillygaycalendar.com, denn Zeiten und Veranstaltungsorte ändern sich häufig. Und schließlich gibt's im Fairmount rund um das Eastern State Penitentiary eine Handvoll empfehlenswerter Gastropubs.

Bars & Nachtleben

★ **Paris Wine Bar** WEINBAR
(Karte S. 154; 2301 Fairmount Ave; ⊙ Do–Sa 17–24 Uhr) Die beiden Besitzer, die auch den London Grill (ein ebenfalls empfehlenswerter Gastropub nebenan – einer der ersten in der Stadt) betreiben, hatten eine neue Idee, um die anspruchsvollen Philadelphier zufriedenzustellen: Weine vom Fass! In den Fässern hinter der Bar sind zwei weiße, drei rote und ein Roséwein. Auf der Speisekarte stehen ausgezeichnete französische Bistro-Gerichte.

North 3rd GASTROPUB
(www.norththird.com; 801 N 3rd St; ⊙ 16–2 Uhr) Ein Northern-Liberties-Juwel, das sowohl

wegen der Drinks, z.B. die riesigen Mojito-Martinis, als auch wegen des sagenhaften Essens, wie gedämpfte Muscheln und Schweine-Chorizo in Tomaten-Koriander-Brühe, empfehlenswert ist. Einige der Bedienungen sind stark tätowiert und Gespräche wegen des Geräuschpegels etwas anstrengend. Abends bekommt man zwischen 17 und 24 Uhr etwas Essbares, am Wochenende gibt's Brunch und dienstagabends werden Filme gezeigt.

Mcgillin's Olde Ale House BAR
(Karte S. 154; ☎215-735-5562; www.mcgillins.com; 1310 Drury St; ⊙Mo–Sa 11–2, So 11–24 Uhr) Das Mcgillin's ist Philadelphias älteste durchgängig betriebene Taverne (seit 1860) und war in den Jahren der Prohibition eine Flüsterkneipe. Hier gibt's leckere Buffalo Wings (Di ist Wing Night) und mittwochs und freitags Karaoke.

Dirty Frank's BAR
(Karte S. 154; 347 S 13th St; ⊙11–2 Uhr) Die klassische Kiezbar gibt's seit den 1970er-Jahren. Vor einiger Zeit wurde sie dann von Hipstern entdeckt. Auf dem Fußboden liegen Sägespäne, es gibt preiswerte Shots und Bier.

Shampoo CLUB
(Karte S. 154; ☎215-922-7500; www.shampoooonline.com; Willow St zw. N 7th St. & 8th St; Grundpreis 7–12 US$; ⊙21–2 Uhr) Schaumpartys, Whirlpools und mit Samt bezogene Sitze. Auf dem Wochenprogramm dieses gigantischen Nachtclubs stehen u.a. die extrem beliebten Schwulenabende am Freitag, die Goth-Abende am Mittwoch und die üblichen Partys für jedermann am Samstag.

Monk's Cafe BAR
(Karte S. 154; www.monkscafe.com; 264 S 16th St; ⊙11.30–2 Uhr) Belgische Bierbar mit großer Auswahl an Flaschenbieren und belgischen Bieren vom Fass. Auf der Speisekarte mit Bistro-Essen stehen u.a. empfehlenswerte Muscheln mit Pommes.

Brasil's CLUB
(Karte S. 158; www.brasilsnightclub-philly.com; 112 Chestnut St; Grundpreis 10 US$) Der Ort zum Abtanzen. Hier legt DJ John Rockwell lateinamerikanische, brasilianische und karibische Rhythmen auf.

Village Whiskey BAR
(Karte S. 154; 118 S 20th St; ⊙11.30–24, Fr & Sa bis 1 Uhr) Coole Atmosphäre, lange Whiskey-Karte und kreative Küche.

Franklin Mortgage & Investment Co COCKTAILBAR
(Karte S. 154; 112 S 18th St; ⊙17–2 Uhr) Hier gibt's fachgerecht gemixte Drinks aus Roggen-Whiskey, Whiskey und Gin in erstklassigem Ambiente.

Tavern on Camac BAR, CLUB
(Karte S. 154; ☎215-545-0900; www.tavernoncamac.com; 243 S Camac St; ⊙18–3 Uhr) Eine der älteren Schwulenbars in Philly. Der Dancefloor im Obergeschoss ist meistens proppenvoll.

Sisters LESBENBAR
(Karte S. 154; ☎215-735-0735; www.sistersnightclub.com; 1320 Chancellor St; ⊙17–2 Uhr, Mo geschl.) Riesiger Nachtclub mit Restaurant für die Ladys.

Dock Street Brewery & Restaurant BRAUEREI
(701 S 50th St; ⊙15–23, Fr & Sa 15–1 Uhr) Spezialbier und Pizza aus dem Ziegelofen. In West Philly.

Livemusik

Chris' Jazz Club BLUES, JAZZ
(Karte S. 158; ☎215-568-3131; www.chrisjazzcafe.com; 1421 Sansom St; Grundpreis 10–20 US$) In dem anheimelnden Club stehen einheimische Talente und landesweit bekannte Größen auf der Bühne. Dienstags bis freitags ist um 16 Uhr Happy Hour mit Klaviermusik, Montag- bis Samstagabend spielen gute Bands.

Ortlieb's Jazzhaus JAZZ
(Karte S. 154; ☎267-324-3348; www.ortliebsphilly.com; 847 N 3rd St; Grundpreis Di–Do 3–10 US$, Fr 10 US$, Sa 15 US$, So 3 US$) Respektabler Schuppen mit hauseigener Band, die jeden Dienstag spielt. Auf der Speisekarte stehen Cajun-Gerichte (Hauptgerichte 20 US$).

World Cafe Live LIVEMUSIK
(Karte S. 154; ☎215-222-1400; www.worldcafelive.com; 3025 Walnut St; Grundpreis 10–40 US$) Das World Cafe Live am östlichen Rand von University City hat auf mehreren Etagen Veranstaltungsräume mit einem Restaurant und einer Bar und viele Liveacts. Hier ist auch der Radiosender WXPN zu Hause.

Theater & Kultur

Kimmel Center for the Performing Arts DARSTELLENDE KUNST
(Karte S. 154; ☎215-790-5800; www.kimmelcenter.org; Ecke Broad St & Spruce St) Das Kimmel Center ist Philadelphias aktivstes Zentrum

für klassische Musik. Es organisiert zahlreiche Veranstaltungen, u.a. für die **Philadelphia Dance Company** und das **Philadelphia Orchestra**. Führungen werden dienstags bis samstags um 13 Uhr angeboten.

Philadelphia Theatre Company THEATER
(Karte S. 154; ☎ 215-985-0420; www.philadelphiatheatrecompany.org; 480 S Broad St an der Lombard St, Suzanne Roberts Theatre; Tickets 35–70 US$) Dieses Ensemble mit Schauspielern aus der Region zeigt erstklassige moderne Stücke und ist in einem großartigen Theater mitten im Arts District beheimatet.

Pennsylvania Ballet TANZ
(☎ 215-551-7000; www.paballet.org; Tickets 25–130 US$) Das exzellente Tanzensemble tritt in der wunderschönen **Academy of Music** (Karte S. 154; 240 S Broad St) und im benachbarten Merriam Theater auf, das zum Kimmel Center gehört.

Trocadero Theater DARSTELLENDE KUNST
(Karte S. 154; ☎ 215-922-6888; www.thetroc.com; 1003 Arch St; Grundpreis 10–40 US$) Das viktorianische Filmtheater aus dem 19. Jh. in Chinatown ist eine Musik-Location mit einem bunten Mix aus Musikern, Wortkünstlern und Comedians; montagabends ist Kino angesagt.

Sport

Football ist der Job der **Philadelphia Eagles** (www.philadelphiaeagles.com), die von August bis Januar normalerweise an zwei Sonntagen im Monat im hochmodernen **Lincoln Financial Field** spielen. Das Baseballteam sind die **Philadelphia Phillies** (www.phillies.mlb.com). Von April bis Oktober spielt das National-League-Team 81 Heimspiele im **Citizen's Bank Park**. Und die **Philadelphia 76ers** (www.nba.com/sixers) spielen Basketball im **Wells Fargo Center**.

ℹ Praktische Informationen

MEDIEN

Philadelphia Daily News (www.phillydailynews.com) Tageszeitung auf Boulevardblattniveau.

Philadelphia Magazine (www.phillymag.com) Monatliches Hochglanzmagazin.

Philadelphia Weekly (www.philadelphiaweekly.com) Kostenlos überall an Straßenständen erhältiches Alternativblatt.

Philly.com (www.philly.com) Aktuelles, Veranstaltungsinfos und mehr gibt's in der Beilage des *Philadelphia Inquirer.*

WHYY 91-FM (www.whyy.org) Örtliche Filiale des National Public Radio.

MEDIZINISCHE VERSORGUNG

Pennsylvania Hospital (☎ 800-789-7366; www.pennmedicine.org; 800 Spruce St; ⏲ 24 Std.)

TOURISTENINFORMATION

Greater Philadelphia Tourism Marketing Corp (Karte S. 158; www.gophila.com; 6th St an der Market St) Die hochmoderne gemeinnützige Touristeninformation bietet umfangreiche Infos. Das Begrüßungszentrum befindet sich im selben Gebäude wie das Independence Visitor Center.

Independence Visitor Center (Karte S. 158; ☎ 215-965-7676; www.independencevisitorcenter.com; 6th St zw. Market St & Arch St; ⏲ 8.30–17 Uhr) In dem vom National Park Service betriebenen Visitor Center sind Stadtpläne und Broschüren über alle Sehenswürdigkeiten in der Stadt und der Umgebung erhältlich.

ℹ An- & Weiterreise

AUTO

Von Nord nach Süd folgt die I-95 (Delaware Expwy) dem östlichen Stadtrand entlang des Delaware River und hat mehrere Ausfahrten Richtung Center City. Die I-276 (Pennsylvania Turnpike) verläuft in östlicher Richtung durch den Nordteil der Stadt, überquert den Fluss und bietet Anschluss an den New Jersey Turnpike.

BUS

Greyhound (Karte S. 154; ☎ 215-931-4075; www.greyhound.com; 1001 Filbert St) und **Peter Pan Bus Lines** (Karte S. 154; www.peterpanbus.com; 1001 Filbert St) sind die beiden größten Busunternehmen. **Bolt Bus** (www.boltbus.com) und **Megabus** (Karte S. 154; www.us.megabus.com) bieten beliebte und komfortable Alternativen. Greyhound verbindet Philadelphia mit Hunderten von Städten im ganzen Land; Peter Pan und die anderen Busunternehmen konzentrieren sich vor allem auf den Nordosten. Bei Onlinebuchungen kann die Hin- und Rückfahrt nach NYC gerade mal 18 US$ (einfache Strecke 2½ Std.), nach Atlantic City 20 US$ (1½ Std.) und nach Washington, D. C. 28 US$ (4½ Std.) kosten. **NJ Transit** sitzt am Greyhpound Terminal und bringt einen von Philly zu verschiedenen Zielen in New Jersey.

FLUGZEUG

Der **Philadelphia International Airport** (PHL; ☎ 215-937-6937; www.phl.org; 8000 Essington Ave) liegt 7 Meilen (11,3 km) südlich von Center City und wird von internationalen Fluglinien bedient. Außerdem gibt es Inlandsflüge zu mehr als 100 verschiedenen Zielen in den USA.

ZUG

Einer der größten Bahnhöfe des Landes ist die wunderschöne 30th St Station (☎215-349-2152; www.30thstreetstation.com; 30th St, an der Market St). **Amtrak** (www.amtrak.com) bietet von hier aus Zugverbindungen nach Boston (Regionalzug und Acela-Express einfache Strecke 87–206 US$, 5–5¾ Std.) und Pittsburgh (Regionalzug ab 55 US$, 7–8 Std.). Eine preiswertere, aber langwierige und komplizierte Option für die Fahrt nach NYC ist der Vorstadtzug Septa R7 nach Trenton in New Jersey. Von dort kann man mit **NJ Transit** (www.njtransit.state.nj.us) zur Penn Station in Newark und dann weiter mit NJ Transit zur Penn Station in New York City fahren.

Unterwegs vor Ort

Die Entfernungen in der Innenstadt sind kurz, man kann die meisten Sehenswürdigkeiten zu Fuß erreichen. Mit dem Zug, Bus oder Taxi kommt man relativ einfach auch zu etwas entfernteren Zielen.

Die **Septa** (www.septa.org) betreibt Philadelphias Stadtbusse, zwei U-Bahnlinien und eine Straßenbahn. Trotz seines Umfangs und seiner Zuverlässigkeit ist das Busliniennetz (120 Linien verkehren auf einer Fläche von 412 km²) nur schwer zu durchschauen. Die einfache Fahrt kostet auf den meisten Strecken 2,25 US$. Man benötigt genau abgezähltes Kleingeld oder eine Wertmarke. In den Verkaufsstellen an vielen Bahnhöfen und Umsteigebahnhöfen bekommt man zwei Wertmarken zum ermäßigten Preis von 3,60 US$.

Die Fahrt im Taxi vom Flughafen nach Center City kostet pauschal 28,50 US$. Die Flughafenlinie von Septa (6,50 US$) fährt nach University City und hält auch an verschiedenen Stellen in Center City.

Vor allem in der Innenstadt bekommt man problemlos ein Taxi. Der Grundpreis beträgt 2,70 US$, danach kostet jede angefangene Meile 2,30 US$. Alle zugelassenen Taxis sind mit Navi ausgestattet, die meisten akzeptieren auch Kreditkarten.

Der Shuttlebus **Phlash** (www.ridephillyphlash.com; ⌚ im Sommer tgl. 10–18 Uhr, Mai, Sept. & Okt. Fr–So 10–18 Uhr) sieht aus wie eine alte Straßenbahn und pendelt ca. alle 15 Minuten zwischen Penn's Landing und dem Philadelphia Museum of Art (einfache Fahrt/Tageskarte 2/12 US$) hin und her.

Rund um Philadelphia

Valley Forge

Nach ihrer Niederlage in der Schlacht von Brandywine und der Besetzung Philadelphias durch die Briten zogen sich General Washington und die 12 000 Soldaten seiner Kontinentalarmee 1777 nach Valley Forge zurück, das heute als Symbol für Washingtons Zähigkeit und Führungsqualitäten gilt. Der **Valley Forge National Historic Park** (☎610-783-1099; www.nps.gov/vafo; Ecke N Gulph Rd & Rte 23, park grounds; ⌚ Park 6–22 Uhr, Welcome Center & Washington's Headquarters 9–17 Uhr) GRATIS besteht aus gut 14 km² malerischer Landschaft und Freiflächen. Der Park liegt 20 Meilen (32 km) nordwestlich von Philadelphias Zentrum – ein Andenken an jene 2000 von George Washingtons 12 000 Mann, die an den bitterkalten Temperaturen, Hunger und Krankheiten zugrundegingen, während viele andere desertierten. Ein 35 km langer Radweg am Schuylkill River entlang verbindet Valley Forge mit Philadelphia.

New Hope & Lambertville

New Hope, ca. 65 km nördlich von Philadelphia, und dessen Zwillingsstadt Lambertville auf der anderen Seite des Delaware River in NJ, sind gleichweit von Philadelphia und New York City entfernt. Es sind zwei malerische Städtchen mit künstlerischem Flair. Auf beiden Seiten des Flusses gibt's lange, friedvolle Uferwege, die ideal zum Joggen, Radfahren und Spazierengehen sind. Über den Fluss führt eine Brücke mit einem Weg für Fußgänger, sodass man zwischen beiden Orten problemlos hin- und herpendeln kann. Die Orte werden gern von Schwulen besucht. Die Regenbogenfahnen vor den Geschäften sind ein Beweis für die Schwulenfreundlichkeit der beiden Städte.

Auf dem **Golden Nugget Antique Market** (☎609-397-0811; www.gnmarket.com; 1850 River Rd; ⌚6–16 Uhr), etwa 1 Meile (1,6 km) südlich von Lambertville, verkaufen viele Händler so ziemlich alles – von Möbeln bis Kleidung. Eine andere Möglichkeit, ein paar nette Stunden zu verbringen, ist eine Fahrt den Fluss hinunter im Kanu, Kajak, Schlauchboot oder Gummireifen. Die entsprechende Ausrüstung bekommt man bei **Bucks County River Country** (☎215-297-5000; www.rivercountry.net; 2 Walters Lane; Reifen 18–22 US$, Kanu 62 US$; ⌚Verleih 9–14.30 Uhr, Rückgabe bis 17 Uhr) etwa 8 Meilen (13 km) nördlich von New Hope an der Rte 32.

In beiden Städten gibt es viele nette B&Bs – warum also nicht über Nacht bleiben? Das **Porches on the Towpath** (☎215-862-3277; www.porchesnewhope.com; 20 Fisher's

Alley; Zi. Mo–Fr ab 115 US$, Sa & So ab 155 US$) ist ein schönes viktorianisches Haus mit Veranda und Blick auf den Kanal.

Wie wär's mit einem Essen in einer himmlisch renovierten Kirche? Dann ist die **Marsha Brown Creole Kitchen and Lounge** (☎215-862-7044; 15 S Main St; Hauptgerichte 15–30 US$; ⏱Mo–Do 11.30–22, Fr & Sa 11.30–23, So 11.30–21 Uhr) in New Hope das Richtige. Hier gibt's Wels, Steaks und Hummer. Im **DeAnna's** (☎609-397-8957; 54 N Franklin St; Hauptgerichte 18–25 US$; ⏱Di–Do 17–21.30, Fr & Sa 17–22 Uhr) in Lambertville bereitet der Betreiber/Küchenchef hausgemachte Pasta und köstliche Fleisch- und Fischgerichte für seine Gäste.

Pennsylvania Dutch Country

Das Herz des ca. 32 mal 24 km großen Pennsylvania Dutch Country liegt im Südosten Pennsylvanias östlich von Lancaster. Die Religionsgemeinschaften der Amish (*ah-misch*), der Mennoniten und der Brethren sind zusammen unter dem Namen „Plain People" bekannt. Da sie in ihrem Heimatland, der Schweiz, verfolgt wurden, siedelten sich die Täufersekten im frühen 17. Jh. im weltoffenen Pennsylvania an. Weil sie deutsche Dialekte sprachen, nannte man sie fälschlicherweise „Dutch" (abgeleitet von „Deutsch").

Die meisten Dutch-Leute in Pennsylvania leben auf Farmen, ihr Glaube variiert von Gemeinschaft zu Gemeinschaft. Viele verzichten auf elektrischen Strom, die meisten fahren in Pferdewagen durch die Gegend. Das sorgt für einen hübschen Anblick und eine nette Geräuschkulisse. Die Old Order Amish sind die Gläubigsten. Sie tragen dunkle, schlichte Kleidung und leben ein einfaches Leben, das sich an der Bibel orientiert. Ironischerweise sind genau sie zur Hauptattraktion für Touristen geworden. Schaulustige werden in ganzen Busladungen angekarrt, es gibt die unvermeidlichen Einkaufsstraßen, Niederlassungen von Restaurantketten und Hotels – wenn das alles nicht ein Widerspruch in sich ist! Natürlich geht so viel Kommerzialisierung nicht spurlos an den Familienfarmen, in denen mehrere Generationen unter einem Dach leben, vorbei. Es braucht also etwas Mühe, damit man die einzigartige Art der Gegend erleben kann. Am besten hält man sich an die vielen Nebenstraßen, die sich durch die Landschaft zwischen Intercourse und Strasburg schlängeln.

Sehenswertes & Aktivitäten

Im äußersten Westen des Amish Country liegt die Stadt **Lancaster** – eine Mischung aus Kunstgalerien, gut erhaltenen Backsteinreihenhäusern und teilweise verfallenen Blocks. Lancaster wurde im September 1777 für kurze Zeit Hauptstadt der USA, als der Kongress hier eine Nacht verbrachte. Der monatliche **First Friday** (www.lancasterarts.com) lockt die freundlichen Einheimischen auf die Straßen, besonders in die künstlerisch angehauchte Prince St mit ihren vielen Galerien.

Intercourse (einschließlich Kitchen Kettle Village) erhielt seinen Namen wahrscheinlich wegen seiner Lage an einer Kreuzung. Die von Touristen besuchten Geschäfte verkaufen Bekleidung, Quilts, Kerzen, Möbel, Bonbons und natürlich auch Souvenirs mit Anspielungen auf den doppeldeutigen Namen (denn *intercourse* bedeutet auch Geschlechtsverkehr). Die **Tanger Outlet Stores** an der Rte 30 locken mit superaktuellen Designerklamotten viele Touristen an.

★ Strasburg Railroad ZUG
(☎717-687-7522; www.strasburgrailroad.com; Rte 741, Strasburg; Standardwaggon Erw./Kind 14/8 US$; ⏱mehrere Fahrten tgl., wechselnde Zeiten je nach Saison; 👪) Seit 1832 fährt die Strasburg Railroad mit dampfbetriebenen Zügen auf der Strecke nach Paradise und zurück (immer mit der gleichen Geschwindigkeit). Die Holzwaggons sind fantastisch restauriert, sie haben Buntglasfenster, glänzende Messinglampen und plüschige, burgunderrote Sitze. Das **Railroad Museum of Pennsylvania** (☎717-687-8628; www.rrmuseumpa.org; Rte 741, Strasburg; Erw./Kind 10/8 US$; ⏱Mo–Sa 9–17, So 12–17 Uhr, Nov.–März So geschl.; 👪) auf der gegenüberliegenden Straßenseite zeigt 100 gigantische mechanische Wunderwerke – einfach einsteigen und ins Schwärmen geraten.

Landis Valley Museum MUSEUM
(☎717-569-0401; www.landisvalleymuseum.org; 2451 Kissel Hill Rd, Lancaster; Erw./Kind 12/8 US$; ⏱9–17, So 12–17 Uhr) Im 18. Jh. strömten deutsche Einwanderer in den Südosten von Pennsylvania, nur wenige gehörten den Amish an. Die meisten lebten wie die kostümierten Vortragenden in diesem Museum – einer Nachstellung des Dorflebens

mit Schmieden, Webern, Ställen und vielem mehr.

Ephrata Cloister MUSEUM
(☎ 717-733-6600; www.ephratacloister.org; 632 W Main St, Ephrata; Erw./Kind 10/6 US$; ⏲ Mo–Sa 9–17, So 12–17 Uhr) 1732 wurde hier von Conrad Beissel, einem deutschen Emigranten, eine der ersten religiösen Gemeinden des Landes gegründet. Beissel, dem die weltlichen Bräuche und Versuchungen missfielen, war vor der Verfolgung in seinem Heimatland geflüchtet. Im Visitor Center befindet sich ein kleines Museum, man kann die Gebäude im mittelalterlichen Stil bewundern und an einer Führung teilnehmen.

Sturgis Pretzel House FABRIKBESICHTIGUNG
(☎ 717-626-4354; www.juliussturgis.com; 219 E Main St, Lititz; Eintritt 3 US$; ⏲ Mo–Sa 9–17 Uhr; 👪) In der ersten Brezelfabrik der USA kann man sich im Brezelformen versuchen.

Aaron & Jessica's Buggy Rides GEFÜHRTE TOUR
(☎ 717-768-8828; 3121 Old Philadelphia Pike, Bird-in-Hand; Erw./Kind 10/6 US$; ⏲ Mo–Sa 9–17 Uhr; 👪) Eine lustige, 2 Meilen (3,2 km) lange Tour mit Kommentaren eines Amish-Fahrers.

Schlafen

Im Amish Country gibt's jede Menge Gästehäuser und B&Bs. An dem Abschnitt mit den vielen Malls an der Rte 30/Lincoln Hwy direkt östlich von Lancaster ist so gut wie jede Hotelkette vertreten.

★ **General Sutter Inn** INN $
(☎ 717-626-2115; www.generalsutterinn.com; 14 East Main St, Lititz; Zi. ab 70 US$; ❄📶) Die Ursprünge dieses stimmungsvollen und bezaubernden Gasthauses am Ende der Hauptstraße von Lititz gehen auf das Jahr 1764 zurück. Die zehn schönen Zimmer mit Holzfußboden sind geschmackvoll mit Antiquitäten eingerichtet. Das Obergeschoss wurde aufgestockt und beherbergt jetzt das Rock Lititz Penthouse mit sechs ausgesprochen modernen Suiten mit dem Thema Rock'n'Roll. Zur Unterkunft gehört auch der extrem beliebte Bull's Head Pub, in dem vorwiegend Craft-Biere ausgeschenkt werden.

A Farm Stay ZIMMERVERMITTLUNG $
(www.afarmstay.com; Zi. ab 60–180 US$; 👪) Wer seinen Urlaub auf einem bewirtschafteten Bauernhof verbringen will, wird auf dieser Website mit mehreren Dutzend Angeboten von typischen B&Bs bis zu Amish-Farmen bestimmt fündig. Im Preis sind meistens das Frühstück, ein eigenes Bad und einige Aktivitäten wie Kühe melken, Eier einsammeln oder einfach nur Ziegen streicheln enthalten.

Fulton Steamboat Inn HOTEL $$
(☎ 717-299-9999; 1 Hartman Bridge Rd, Lancaster; Zi. ab 100 US$; ❄📶🏊) Das thematisch am Meer orientierte Hotel mitten auf dem Land im Amish Country scheint ein Scherz zu sein, auch wenn der Erfinder des Dampfboots in der Nähe geboren wurde. Aber das leicht kitschige Konzept – glänzende altmodische Messinglampen, gemalt wirkende Tapeten – funktioniert. Die Hoteleinrichtung ist eher elegant und die Zimmer sind geräumig und gemütlich.

Red Caboose Motel & Restaurant MOTEL $$
(☎ 888-687-5005; www.redcaboosemotel.com; 312 Paradise Lane, Ronks; Zi. ab 120 US$; ❄📶👪) Bei einer Übernachtung in einer dieser großen Güterwagen, die mit TVs und Minikühlschränken ausgestattet sind, fühlt man sich wahrlich nicht wie ein Hobo. Die schlichte Einrichtung ist freilich nicht der Renner. Aber auch wenn man nur wenig Platz hat – die Zimmer sind natürlich nur so breit wie ein Zugwaggon – spricht das Besondere dieser Unterkunft sowohl Erwachsene als auch Kinder an. Das Motel liegt an einer schönen ruhigen Straße mitten in idyllischer Landschaft.

Cork Factory BOUTIQUEHOTEL $$
(☎ 717-735-2075; www.corkfactoryhotel.com; 480 New Holland Ave; Lancaster;Zi. mit Frühstück ab 125 US$; ❄📶) In dem früher leerstehenden Backsteinkoloss, nur einige Kilometer nordöstlich von Lancasters Zentrum, ist heute ein hochgestyltes, topmodernes Hotel untergebracht. Beim Sonntagsbrunch im Hotelrestaurant gibt's eine Mischung aus saisonaler neu-amerikanischer Küche und bodenständiger Hausmannskost.

Essen

Wer einmal eines der herzhaften Gerichte des Amish Country in einem der berühmten Familienrestaurants probieren will, muss sich darauf gefasst machen, auf enge Tuchfühlung zu vielen Touristen gehen zu müssen.

★ **Bird-in-Hand Farmers Market** MARKT
(☎ 717-393-9674; 2710 Old Philadelphia Pike, Bird-in-Hand; ⏲ Juli–Okt. Mi–Sa 8.30–17.30 Uhr, andere

Zeiten tel. erfragen) Das Highlight im Dutch Country. Es gibt Buttertoffee, Quilts und Kunsthandwerk. Am besten ist aber das große Angebot an leckeren, selbstgemachten Marmeladen, Käsesorten, Brezeln, Trockenfleisch und Spezialitäten wie *scrapple* (mit Mais- und Weizenmehl gemischte Reste vom Schwein werden zu einem Laib geformt und gebraten). Zwei Imbisstheken servieren Mittagsgerichte.

Central Market MARKT $

(www.centralmarketlancaster.com; 23 N Market St, Lancaster; ⌚Di & Fr 6–16, Sa 6–14 Uhr) Auf dem geschäftigen Markt gibt's Obst und Gemüse, Käse, Fleisch, Backwaren und Kunsthandwerk der Amish sowie all die regionalen Leckereien wie frischen Meerrettich, Whoopie Pies, weiche Brezeln, in Öl triefende Riesensandwiches mit Sülze. Ethno-Lokale fehlen natürlich auch nicht.

Tomato Pie Cafe SANDWICHES $

(23 N Broad St, Lititz; Hauptgerichte 6 US$; ⌚Mo–Sa 7–21 Uhr; 📶) Das in einem reizenden gelbgrünen Haus in einer von der Hauptstraße abzweigenden Nebenstraße untergebrachte Café ist vor allem an den Wochenenden mittags rappelvoll. Außer der namensgebenden Tomatenpastete stehen Sandwiches mit Erdnussbutter, Nutella oder Bananen auf der Speisekarte. Ausgezeichnetes Frühstück und Baristas, die ihren Job verstehen.

Dutch Haven DESSERTS $

(2857 Lincoln Hwy/Rte 30, Ronks; Kuchen 15 cm 7 US$) Hier sollte man einen Zwischenstop einlegen und sich einen klebrig-süßen Shoofly Pie gönnen.

Good'N Plenty Restaurant AMERIKANISCH $$

(Rte 896, Smoketown; Hauptgerichte 11 US$; ⌚Mo–Sa 11.30–20 Uhr, Jan. geschl.; 👪) Zugegeben, hier isst man inmitten ganzer Busladungen von Touristen, und auch der Kardiologe dürfte Einiges einzuwenden haben, aber es macht einfach Spaß, sich an einem der Picknicktische zu einem familiären Mahl (21 US$) niederzulassen. Neben dem Hauptspeisesaal von der Größe eines Footballfelds gibt's noch eine Reihe kleinerer Bereiche, in denen man Essen von der Karte bestellt.

NICHT VERSÄUMEN

GETTYSBURG

Das ruhige, kleine, geschichtsträchtige Städtchen, 145 Meilen (233 km) westlich von Philadelphia, hat eine der blutigsten Entscheidungsschlachten des Bürgerkriegs erlebt. Hier hielt Lincoln seine berühmte Gettysburg Address. Einen Großteil des Geländes, auf dem sich Robert E. Lees Army of Northern Virginia und Maj. Gen. Joseph Hookers Union Army of the Potomac bekämpften, kann man im eigenen Fahrzeug mit Karte und Führer, auf einer Audio-Tour mit CD, einer Bustour oder einer zweistündigen von Rangern geführten Tour (65 US$/Auto) erkunden, wobei Letzteres am empfehlenswertesten ist. Wer aber nicht allzu viel Zeit hat, sollte einfach die schmalen Wege durch die Felder fahren – Dutzende von Denkmälern markieren bedeutende Stätten und Ereignisse. Die Hauptsehenswürdigkeit (wo auch Führungen gebucht werden können) ist das neue riesige **Gettysburg National Military Park Museum & Visitor Center** (☎717-334-1124; www.gettysburgfoundation.org; 1195 Baltimore Pike; Erw./Kind 12,50/8,50 US$; ⌚Nov.–März 8–17 Uhr, April–Okt 8–18 Uhr) einige Kilometer südlich der Stadt. Das unglaubliche Museum beherbergt Artefakte und Exponate, die jede Kleinigkeit der Schlacht beleuchten. Zu sehen sind außerdem ein Film, der die Zusammenhänge erklärt, und Paul Philippoteauxs 115 m großes Cyklorama „Pickett's Charge", mit dessen Hilfe den Besuchern ein wichtiger Teil der Schlacht erklärt wird.

Bei den alljährlich am ersten Juliwochenende stattfindenden **Civil War Heritage Days** stellen Geschichtsfans von nah und fern die Schlacht nach und simulieren das historische Lagerleben.

Als Unterkunft bietet sich das stattliche, dreistöckige viktorianische **Brickhouse Inn** (☎717-338-9337; www.brickhouseinn.com; 452 Baltimore St; Zi. mit Frühstück 119–189 US$; 🅿❄📶) an, das um 1898 errichtet wurde. Das wundervolle B&B hat reizende Zimmer und eine Außenterrasse. Gettysburgs ältestes Wohnhaus wurde 1776 errichtet und beherbergt heute die **Dobbin House Tavern** (☎717-334-2100; 89 Steinwehr Ave; Hauptgerichte 8–30 US$; ⌚11.30–21 Uhr). Das Restaurant serviert mächtige Sandwiches und sättigende Fleisch-und Fischgerichte in kitschig gestalteten Speisesälen.

Bube's Brewery EUROPÄISCH, BRAUEREI $$
(www.bubesbrewery.com; 102 North Market St, Mt. Joy) Die gut erhaltene deutsche Brauerei aus dem 19. Jh. mit Restaurantkomplex hat mehrere stimmungsvolle Bars, vier Speisesäle (einer davon im Untergeschoß), „Kostümfeste" und natürlich selbstgebrautes Bier zu bieten.

Lancaster Brewing Co AMERIKANISCH, BRAUEREI $$
(302 N Plum St, Lancaster; Hauptgerichte 9–22 US$; ⏲11.30–22 Uhr) Vom Cork Factory Hotel in Lancaster die Straße hinunter findet sich diese Bar, die junge Stammgäste aus der Nachbarschaft anlockt. Das Essen ist deutlich besser als die übliche Kneipenkost – z.B. Wildschweinkarree und Cranberry-Würstchen –, aber wirklich unschlagbar sind Sonderangebote wie die Chicken Wings (0,35 US$) bei der Wing Night.

ℹ Praktische Informationen

Eine Straßenkarte mitnehmen, sich über Nebenstraßen bewegen und die Hauptstraßen – die Rte 30 und 340 – meiden oder im Winter kommen, wenn sich kaum Touristen blicken lassen. Eine noch bessere Alternative: Sich im **Rails to Trail Bicycle Shop** (☎717-367-7000; www.railstotrail.com; 1010 Hershey Rd, Fahrradverleih 25 US$/Tag; ⏲10–18 Uhr) zwischen Hershey und Lancaster ein Fahrrad mieten, etwas Proviant einpacken und auf Tour gehen. Ausführliche Infos gibt's im **Dutch Country Visitors Center** (☎800-723-8824; www.padutchcountry.com; 501 Greenfield Rd; ⏲Mo–Sa 9–17, So 10–16 Uhr) abseits der Rte 30 in Lancaster.

ℹ Anreise & Unterwegs vor Ort

Die Regionalbusse von **RRTA** (www.redrosetransit.com) verbinden alle größeren Ortschaften miteinander, aber fürs Sightseeing ist ein eigenes Auto wesentlich bequemer. Vom **Amtrak-Bahnhof** (53 McGovern Ave) fahren Züge nach Philadelphia (16 US$, 70 Min.) und Pittsburgh (51 US$, 6 Std.).

Pennsylvania Wilds

In dieser ländlichen Gegend stehen überall verstreut majestätische Gebäude und großartige Herrenhäuser aus einer Zeit, als Holz, Kohle und Öl für großen Wohlstand in dieser Ecke Pennsylvanias und für die Aufmerksamkeit der ganzen Welt sorgten. Mehrere Museen (je ein Ölmuseum in Titusville und Bradford, ein Holzmuseum in Galeton) schildern den industriellen Boom und den Niedergang. Aber natürliche Ressourcen einer ganz anderen Art gibt es noch immer: die sogenannten „Wilds". Hier schlängeln sich Straßen (vor allem die idyllische **Rte 6**) und mehrere 100 km Wege durch National Forests und State Parks.

Die Kinzua-Eisenbahnbrücke, früher die höchste und eine der längsten Eisenbahnhängebrücken der Welt, wurde 2011 durch einen Tornado teilweise zerstört. Daraufhin hat man sie zum **Kizua Bridge Skywalk** (www.visitanf.com) umgestaltet, der nach 180 m mit einem Aussichtspunkt über das Tal endet. Ein Teil des Aussichtspunkt ist mit einem Glasboden versehen, sodass man direkt auf den Talboden in 68 m Tiefe blicken kann. Die **Lodge at Glendorn** (☎800-843-8568; www.glendorn.com; 1000 Glendorn Dr, Bradford; Zi. ab 450 US$) im nördlich gelegenen Bradford ist eine Luxusherberge, die unzählige Outdooraktivitäten anbietet.

Über die Grenzenlosigkeit des Universums kann man im **Cherry Springs State Park** (www.dcnr.state.pa.us/state parks/parks/cherrysprings) nachdenken. Es ist einer der besten Orte zum Sternegucken östlich des Mississippi. Mehrere hundert Menschen versammeln sich hier an klaren Nächten im Juli und August, wenn man die Milchstraße fast direkt über sich sehen kann. Hier und in der Umgebung gibt's auch Campingmöglichkeiten.

Die oft als „Pennsylvanias Grand Canyon" bezeichnete Pine Creek Gorge im Tioga State Forest hat zwei Zugangspunkte und auf jeder Seite einen Park. Der am meisten besuchte und erschlossenere ist der **Leonard Harrison State Park** (☎570-724-3061; www.visitpaparks.com) an der Ostseite. Der ruhigere Colton Point State Park befindet sich an der Westseite. In beiden gibt's Wanderwege zu Wasserfällen und hinunter in den Canyon.

Pittsburgh

Im 19. Jh. war Pittsburgh ein wichtiger Industriestandort, und vielen Amerikanern kommen auch heute noch die rauchenden Schlote von Stahlfabriken und Kohlekraftwerken in den Sinn, wenn sie an Pittsburgh denken. Heute genießt die Stadt den wohlverdienten Ruf, zu den lebenswerteren Großstädten im Land zu gehören. Sie liegt an der Stelle, an der der Monongahela (oft auch „The Mon" genannt) und der Allegheny River in den Ohio münden, und breitet sich längs der Wasserwege aus. Malerische Brücken, die alle auch von Fußgängern benutzt werden können und von denen die Stadt mehr besitzt als jede andere in den USA, verbinden die hügligen Viertel miteinander. Wegen der vielen Universitäten wimmelt es von Studierenden, sodass sich Pittsburgh als eine überraschend hippe, kultivierte Stadt mit erstklassigen Museen, vielen Grünflächen und mehreren munteren Stadtvierteln mit lohnenden Restaurants und Bars präsentiert.

Der schottische Einwanderer Andrew Carnegie kam hier durch die Modernisierung der Stahlproduktion zu gewaltigem Reichtum; sein Vermächtnis ist immer noch fest mit der Stadt und ihren vielen Kultur- und Bildungseinrichtungen verbunden. Die Stahlproduktion brach während der Weltwirtschaftskrise ein, erholte sich dann aber, als in den 1930er-Jahren die Massenfertigung von Autos einsetzte. Als in den 1970er-Jahren die Wirtschaft und die örtliche Stahlproduktion erneut Rückschläge zu verkraften hatten, hielt Pittsburghs NFL-Footballteam den Lokalstolz aufrecht: Die Steelers legten eine bemerkenswerte Serie von vier Super-Bowl-Titeln hin – für manche Pittsburgher auch heute noch ein identitätsstiftendes Ereignis. Nach dem Niedergang der Stahlindustrie hat sich Pittsburghs Wirtschaft auf die Bereiche Gesundheitswesen, Technologie und Bildung umgestellt; mehrere Unternehmen, die zu den 500 umsatzstärksten gehören, darunter Alcoa und Heinz, haben in der Stadt ihren Sitz.

Sehenswertes & Aktivitäten

Die Sehenswürdigkeiten liegen über ganz Pittsburgh verstreut. Angesichts der großen Ausdehnung der Stadt lassen sie sich kaum alle zu Fuß erkunden. Die Great Allegheny Passage, ein fast 230 km langer Wander- und Radweg zwischen Cumberland, MD, und Pittsburgh, wurde im Sommer 2013 fertiggestellt. Von Cumberland führt der C&O Canal Towpath ganz bis nach Washington, D.C.

Pittsburgh Parks Conservancy PARKS
(☎ 412-682-7275; www.pittsburghparks.org) Beste Möglichkeiten für Outdoor-Aktivitäten fast jeder Art bieten die insgesamt 688 ha umfassenden Grünflächen, die von der Pittsburgh Parks Conservancy verwaltet werden. Sie bestehen aus dem **Schenley Park** (mit einem öffentlichen Schwimmbad und einem Golfplatz), dem **Highland Park** (mit Schwimmbad, Tennisplätzen und Radweg), dem **Riverview Park** (mit Sportplätzen und Reitwegen) sowie dem **Frick Park** (mit Wanderwegen, Sandplätzen für Tennis und einer Rasenfläche für Bowling). In allen Parks gibt's wunderschöne Wege für Jogger, Radler und Inlineskater.

Downtown

Im geheimnisvoll klingenden **Golden Triangle** (dieser Ausdruck wird eigentlich nur in Tourismusbroschüren verwendet) am Zusammenfluss des Monongahela River und des Allegheny River liegt Pittsburghs aufgemöbelte Downtown mit dem Finanz- und Geschäftsviertel sowie dem „Cultural District", ca. 14 Blocks mit Theatern, Spielstätten und Kunstgalerien. Von Mai bis November findet am **Market Square** jeden Donnerstag ein Bauernmarkt statt. Dieser öffentliche Platz ist gesäumt von Restaurants – darunter auch einige Fast-Food-Ketten – und Bürotürmen (zum Zeitpunkt der Recherchen wurde gerade ein großer Komplex mit Hotel, Büros und Parkhaus errichtet). Im **CONSOL Energy Center** (www.consolenergycenter.com; 1001 Fifth Ave) direkt östlich des Zentrums spielen die NHL Pittsburgh Penguins den Puck an die Bande. Hier finden aber auch große Konzerte statt. Gleich nordöstlich liegt der **Strip** mit Lagerhäusern, Ethno-Food-Läden, Cafés und Nachtclubs.

Point State Park PARK
Direkt an der Spitze des Dreiecks, das der Monongahela River und der Allegheny River hier bilden, befindet sich dieser Park mit dem **Fort Pitt Museum** (☎ 412-281-9284; www.heinzhistorycenter.org; 601 Commonwealth Pl; Erw./Kind 6/3 US$; ⏲ 10–17 Uhr), das an das historische Erbe des Siebenjährigen Kriegs in Nordamerika erinnert. Das runderneuerte und aufgehübschte Flussufer ist im Sommer bei Spaziergängern, Radfahrern, Erholungssuchenden und Joggern sehr beliebt. Wem das nicht reicht, kann die 17,7 km lange Schotterpiste **Montour Trail** (www.montourtrail.org) in Angriff nehmen, die man über die 6th St Bridge und dann den asphaltierten Weg am Carnegie Science Center erreicht.

Senator John Heinz Pittsburgh Regional History Center MUSEUM
(☎ 412-454-6000; www.heinzhistorycenter.org; 1212 Smallman St; Erw./Kind mit Sportmuseum 15/6 US$; ⏲ 10–17 Uhr) Das umgebaute Lagerhaus aus Backstein vermittelt mit seinen

Ausstellungsstücken zum Siebenjährigen Krieg, zu den frühen Siedlern, den Einwanderern und zur Stahl- und Glasindustrie einen guten Einblick in die Vergangenheit der Region. Das Gebäude beherbergt auch das **Western Pennsylvania Sports Museum**, das Pittsburghs Sporthelden ehrt. Die interaktiven Exponate sind ein Spaß für Kinder und für jene Erwachsene, die nicht einsehen wollen, keine Chance mehr im Profisport zu haben.

August Wilson Center for African American Culture KUNSTZENTRUM
(☎412-258-2700; www.augustwilsoncenter.org; 980 Liberty Ave; Sonderausstellungen Erw./Kind 8/3 US$; ⊙11–18 Uhr) Das auffallend moderne und nach dem preisgekrönten, aus Pittsburgh stammenden Dramatiker August Wilson benannte Gebäude beherbergt ein Museum, Schulungsräume sowie Spielstätten.

North Side

In diesem Teil der Stadt auf der anderen Seite des Allegheny River ist besonders viel los, wenn die Steelers auf dem **Heinz Field** (☎412-323-1200; www.steelers.com; 100 Art Rooney Ave) oder die Pirates im **PNC Park** (☎412-323-5000; www.pirateball.com; 115 Federal St) spielen. Dann sind sogar die Brücken, die vom Stadtzentrum herüberführen, für den Autoverkehr gesperrt. Die einstündige Führung über das Heinz Field (eine entscheidende Szene des letzten Batman-Films *The Dark Knight Rises* wurde hier gedreht) wird von April bis Ende Oktober jeden Freitag angeboten (Erw./Kind 7/3 US$). Ganz in der Nähe, im Nordwesten, liegt das Stadtviertel **Mexican War Streets**. Hier sind die Straßen nach Schlachten und Soldaten aus dem Mexikanisch-Amerikanischen Krieg von 1846 benannt. Die ruhigen, von sorgfältig restaurierten Reihenhäusern mit neoklassizistischen Portalen und gotischen Türmchen gesäumten Straßen laden zu einem friedlichen Spaziergang nach dem Museumsbesuch ein. Achtung: In dieser Gegend gibt's fast nur Fast-Food-Restaurants.

★ **Andy Warhol Museum** MUSEUM
(☎412-237-8300; www.warhol.org; 117 Sandusky St; Erw./Kind 20/10 US$; ⊙Di–Do, Sa & So 10–17, Fr 10–22 Uhr) In dem sechsstöckigen Museum wird Pittsburghs coolster Sohn gefeiert, der durch seine Pop-Art-Kunst, avantgardistischen Filme, Promi-Freundschaften und Velvet-Underground-Spektakel berühmt wurde. Gezeigt werden hier u.a. Portraits von Berühmtheiten. Im Theater des Museums sind häufig Filme und schräge Performances zu sehen. Bei Pittsburghs schwuler Gemeinde sind die Cocktailabende freitags im Museum sehr beliebt.

Carnegie Science Center MUSEUM
(☎412-237-3400; www.carnegiesciencecenter.org; 1 Allegheny Ave; Erw./Kind 18/12 US$, IMAX & Sonderausstellungen kosten extra; ⊙So–Fr 10–17, Sa bis 19 Uhr; 👪) Ein tolles Technikmuseum für Kinder, das mit seinen innovativen Ausstellungen zu Themen, die vom Weltraum bis zu Süßigkeiten reichen, etwas mehr bietet als die meisten anderen interaktiven Museen.

Children's Museum of Pittsburgh MUSEUM
(☎412-322-5058; www.pittsburghkids.org; 10 Children's Way; Allegheny Sq; Erw./Kind 13/12 US$; ⊙10–17 Uhr; 👪) Das Museum bietet unzählige interaktive Möglichkeiten. So können Kinder unter die Motorhaube eines echten Autos klettern und sich einige kindgerechte Arbeiten von Andy Warhol anschauen.

National Aviary NATURSCHUTZGEBIET
(☎412-323-7235; www.aviary.org; 700 Arch St; Erw./Kind 13/11 US$; ⊙10–17 Uhr; 👪) Hier leben mehr als 600 exotische und gefährdete Vogelarten.

Mattress Factory KUNSTZENTRUM
(☎412-231-3169; www.mattress.org; 500 Sampsonia Way; Erw. 15 US$; ⊙Di–Sa 10–17, So 13–17 Uhr) In diesem Zentrum gibt's zeitgenössische Avantgarde-Installationen und Performances zu sehen.

South Side & Mt. Washington

Auf der anderen Seite des Monongahela River liegt die South Side, die sich Richtung Mt. Washington hinzieht. In der auch Flats genannten Gegend befindet sich die junge, funkige E Carson St mit unzähligen Clubs und Restaurants. In den zehn Blocks zwischen der 10th St Bridge und der Birmingham Bridge gibt es Dutzende von Bars, darunter eine Reihe winziger Kneipen. Aus dem Talgewusel von South Side erhebt sich das **South Side Slopes** genannte Viertel – eine faszinierende Ansammlung von Häusern, die gefährlich nah am Abhang zu stehen scheinen und die über steile, kurvenreiche

Straßen und Hunderte von Stufen zu erreichen sind.

★Monongahela & Duquesne Incline STANDSEILBAHN

(Einfache Fahrt Erw./Kind 2,50/1,25 US$; ⌚ Mo–Sa 5.30–12:45, So ab 7 Uhr) Die historische Standseilbahn (um ca. 1877), die die steilen Hänge des **Mt. Washington** hinauf- und hinunterfährt, bietet besonders nachts einen großartigen Blick auf die Stadt. An der Talstation der Monongahela Incline, gleich hinter der Smithfield St Bridge, ist der **Station Square** (☎800-859-8959; www.stationsquare.com; Station Square Dr) mit mehreren schön renovierten Bahngebäuden, in denen jetzt Restaurants, Nachtclubs und Bars untergebracht sind. Etwa auf halber Strecke zwischen den beiden Hängen am Monongahela River befindet sich das **Highmark Stadium**, ein neues Fußballstadion mit 3500 Sitzplätzen. Die Grandview Ave oben am Duquesne Incline hat mehrere hervorragende Restaurants mit romantischem Blick zu bieten, u.a. das mit fünf Sternen ausgezeichnete Le Mont.

Oakland & Umgebung

Hier sind die University of Pittsburgh und die Carnegie Mellon University zu Hause. In den umliegenden Straßen gibt's unzählige preiswerte Lokale, Cafés, Läden und Studentenwohnheime.

Carnegie Museums MUSEUM

(☎412-622-3131; www.carnegiemuseums.org; 4400 Forbes Ave; Erw./Kind 18/12 US$; ⌚ Di–Sa 10–17, So 12–17 Uhr; 👪) Das **Carnegie Museum of Art** zeigt hervorragende Ausstellungen zum Thema Architektur und Gemälde von Impressionisten, Postimpressionisten und modernen amerikanischen Künstlern. Das **Carnegie Museum of Natural History** prunkt mit dem vollständigen Skelett eines Tyrannosaurus und Ausstellungen über die Geologie Pennsylvanias sowie über die Vor- und Frühgeschichte der Inuit.

Frick Art & Historical Center MUSEUM

(☎412-371-0600; www.thefrickpittsburgh.org; 7227 Reynolds St; Museum & Gelände frei, Clayton-Führung 12 US$; ⌚ Di–So 10–17 Uhr) GRATIS Dieses Museum östlich von Oakland in Point Breeze beherbergt flämische, französische und italienische Gemälde aus der Henry-Clay-Frick-Sammlung. Im Car & Carriage Museum werden ausgesuchte „Frick-Mobile" präsentiert, z.B. ein Rolls Royce von 1914. Weitere Highlights sind die etwa 2 ha großen Parkanlagen und Clayton, Fricks restauriertes Herrenhaus, das aus dem Jahr 1872 stammt. Hin kommt man aus der Innenstadt mit Bus 71 C.

Phipps Conservatory GARTEN

(☎412-622-6914; www.phipps.conservatory.org; One Schenley Park; Erw./Kind 15/11 US$; ⌚ 9.30–17, Fr bis 22 Uhr; 👪) 🍃 Die Anlage umfasst ein eindrucksvolles Gewächshaus aus Stahl und Glas und wunderschön angelegte, gepflegte Gärten.

Cathedral of Learning TURM

(☎412-624-6000; 4200 Fifth Ave; Führung 3 US$; ⌚ Mo–Sa 9–15, So 11–15 Uhr) GRATIS Mitten auf dem Campus der University of Pittsburgh ragt der prächtige, 42 Stockwerke hohe, gotische Turm in den Himmel. Mit 163 m ist er das zweithöchste Universitätsgebäude der Welt. In ihm befinden sich die eleganten **Nationality Classrooms**, die jeweils im Stil einer bestimmten Epoche eingerichtet sind. Die meisten dieser Seminarräume sind nur im Rahmen einer Führung zu besichtigen.

Squirrel Hill & Shadyside

Markenzeichen der beiden Nobelviertel sind breite Straßen, ausgezeichnete Restaurants, Filialen großer Ketten, unabhängige Boutiquen und Bäckereien (unbedingt die Torte mit gebrannten Mandeln probieren, ein klassischer Pittsburgher Nachtisch). In Squirrel Hill lebt Pittsburghs große jüdische Gemeinde. Daher gibt's hier die besten koscheren Restaurants, Metzger und jüdischen Läden der Stadt. Apartmentblocks, Doppelhäuser und bescheidenere Gebäude stehen hier Seite an Seite mit Herrenhäusern, für die dieses Viertel eigentlich bekannt ist.

Im Viertel Shadyside ist in der Walnut St am meisten los. Der mit viel Grün angelegte Campus der **Chatham University** befindet sich zwischen den beiden Stadtvierteln und eignet sich ganz wunderbar für einen Spaziergang.

Grossraum Pittsburgh

Das ehemals düstere **Lawrenceville** ist jetzt Pittsburghs **Interior Design District**. In der Butler St zwischen der 16th und 62nd St und in der Umgebung gibt's unzählige Geschäfte, Galerien, Studios, Bars und Restaurants, die hauptsächlich von einem hippen Publikum besucht werden. Auch im Nachbarviertel **Garfield**, das Schritt um Schritt luxussaniert wird, kann man in zahlreichen

Ethno-Restaurants gut und preiswert essen. **Bloomfield**, ein wirklich kleines Little Italy, ist vollgestopft mit italienischen Lebensmittelgeschäften und Restaurants. Eine Art Institution ist aber das polnische Restaurant Bloomfield Bridge Tavern. Der Zoo und das Aquarium von Pittsburgh sowie ein Wasserpark sind in der Nähe.

Kennywood Amusement Park VERGNÜGUNGSPARK
(☎412-461-0500; www.kennywood.com; 4800 Kennywood Blvd, West Mifflin; Erw./Kind 40/27 US$; ⏲Juni–Aug. 10.30–22 Uhr; 👪) Der Vergnügungspark 12 Meilen (19 km) südöstlich des Zentrums ist ein National Historic Landmark mit vier alten Holz-Achterbahnen.

Geführte Touren

Rivers of Steel GEFÜHRTE TOUR
(☎412-464-4020; www.riversofsteel.com) Diese Organisation widmet sich der Wahrung des materiellen Erbes sowie der Erinnerungen und Geschichten aus der industriellen Vergangenheit der Region. Die Besichtigung der Carrie Furnaces (April–Ende Okt. Fr & Sa), den seit Langem still gelegten U.S.-Steel-Hochöfen, die heute wie ein verfallenes Memento mori nach der Apokalypse in der Gegend herumstehen, ist wirklich lohnenswert. In ihrer Blütezeit in den 1950er- und 1960er-Jahren produzierten sie täglich mehr als 1000 t flüssiges Eisen. Hier wurden schon mehrere Filme und Musikvideos gedreht.

Tour-Ed Mine GEFÜHRTE TOUR
(☎724-224-4720; www.tour-edmine.com; 748 Bull Creek Rd, Tarentum; Erw./Kind 7,50/6,50 US$; ⏲Juni–Sept. 10–16 Uhr, Di geschl.; 👪) Wer einmal erfahren will, was Klaustrophobie wirklich ist und zudem die Arbeitswelt der Kohlekumpels zumindest ein wenig kennenlernen möchte, sollte an der Führung durch die Zeche teilnehmen, die einen fast 49 m in die Tiefe der Erde führt.

Alan Irvine Storyteller Tours STADTSPAZIERGANG
(☎412-508-2077; www.alanirvine.com/walking_tour; Tour 15 US$) Bei der Führung durch mehrere Stadtviertel erweckt der Historiker die Vergangenheit der Stadt zum Leben.

Burgh Bits & Bites Food Tour STADTSPAZIERGANG
(☎412-901-7150; www.burghfoodtour.com; Tour 37 US$) Eine ganz wunderbare Art, die einzigartigen Ethno-Restaurants der Stadt kennenzulernen.

Pittsburgh History & Landmarks Foundation STADTSPAZIERGANG
(☎412-471-5808; www.phlf.org; Station Sq; einige Touren kostenlos, andere ab 5 US$) Stadtspaziergänge und Bustouren mit speziellen historischen, architektonischen oder kulturellen Themen.

Schlafen

Die meisten Unterkünfte vor Ort sind normale Kettenhotels, die sich vor allem rund um Oakland ballen.

Inn on Negley INN $$
(☎412-661-0631; www.innonnegley.com; 703 Negley Ave; Zi. 180–280 US$; P❄📶) Die beiden viktorianischen Gästehäuser in Shadyside wurden inzwischen eingerichtet und zu einem Schmuckstück mit geradliniger Ästhetik und trotzdem viel Romantik zusammengelegt. Die Zimmer bieten Himmelbetten, schöne Möbel, Kamine und große Fenster. Einige verfügen auch über Whirlpools.

Priory INN $$
(☎412-231-3338; www.thepriory.com; 614 Pressley St; EZ/DZ/Suite inkl. Frühstück ab 99/150/180 US$; P❄📶) Das in einem ehemaligen katholischen Kloster in North Side gleich hinter der Veterans Bridge untergebrachte Priory mischt altmodische Möblierung mit modernen Design-Elementen. Es gibt einen Salon mit Kamin und einen Innenhof, in dem man an warmen Tagen gut einen Drink nehmen kann. 2011 kam ein neuer Flügel mit 17 Zimmern dazu. Zum Hotel gehört auch die prächtige Grand Hall, eine alte Kirche, die heute für Hochzeiten und Events genutzt wird.

Inn on the Mexican War Streets BOUTIQUEHOTEL $$
(☎412-231-6544; www.innonthemexicanwarstreets.com; 604 W North Ave; Zi. mit Frühstück 139–199 US$; P❄📶) Das historische, von schwulen Besitzern geführte Herrenhaus liegt in North Side nahe den Museen und direkt an der Buslinie in Richtung Downtown. Die charmanten Gastgeber servieren ein herzhaftes, hausgemachtes Frühstück. Neben wunderschönen alten Möbeln und einer eleganten Veranda gibt es auch noch eine Martini-Lounge und das Vier-Sterne-Restaurant Acanthus.

Morning Glory Inn B&B $$
(☎412-431-1707; www.gloryinn.com; 2119 Sarah St; Zi. inkl. Frühstück 155–195 US$, Suite 190–450 US$; P❄📶) Das italienisch angehauchte, aus

Backstein errichtete viktorianische Stadthaus mitten im geschäftigen Viertel South Side ist sehr beliebt für Hochzeitsfeiern. Das Ganze wirkt etwas plüschig – Blumenmuster, Korbmöbel, Himmelbetten –, aber dafür kann man hinten auf der schönen Veranda ganz wunderbar relaxen. Ein weiteres Plus ist das köstliche Frühstück.

Parador Inn B&B $$
(412-231-4800; www.theparadorinn.com; 939 Western Ave; Zi. mit Frühstück 150 US$; P ❄ ☏) Das liebevoll restaurierte Herrenhaus befindet sich in North Side unweit von National Aviary und Heinz Field. Stilistisch präsentiert sich dieses B&B als eine charmante Mischung diverser ästhetischer Einflüsse von viktorianisch bis karibisch. Der Betreiber ist vor Ort und beantwortet gern alle Fragen. Zum Entspannen gibt es öffentliche Räume und einen Garten.

Sunnyledge HOTEL $$
(412-683-5014; www.sunnyledge.com; 5124 Fifth Ave; Zi./Suite 189/275 US$; P ❄ ☏) Das Sunnyledge bezeichnet sich selbst als „Boutiquehotel", fällt aber eher in die Kategorie „historisch". In dem 1886 errichteten Herrenhaus in Shadyside herrscht eine Atmosphäre traditioneller Eleganz, die manchmal aber etwas überzogen wirkt. Das Hotelrestaurant wird unterschiedlich beurteilt.

★**Omni William Penn Hotel** HOTEL $$$
(412-281-7100; www.omnihotels.com; 530 William Penn Place; Zi. ab 200 US$; P ❄ ☏) Der ursprünglich vor fast 100 Jahren von Henry Clay Frick erbaute, elegante, stattliche Koloss in Downtown konnte sich viel von seinem europäischen Charme bewahren. Der High Tea wird in der großen Lobby serviert, die (überraschenderweise) auch ein beliebter Treffpunkt für Nichthotelgäste ist. Der überdurchschnittlich gute Service, die modern eingerichteten Zimmer, ein Spa, mehrere Restaurants und eine erst kürzlich eröffnete Bar im Untergeschoß runden den Aufenthalt in diesem Hotel ab.

Essen

Downtown & Strip

Wer Speisen aus der Ethno-Küche probieren möchte, ist im Strip District direkt östlich von Downtown von der 14th St bis zur 30th St zwischen dem Allegheny River und der Liberty Ave genau richtig. In der Penn Ave zwischen 17th und 23rd St befinden sich unvergleichliche Läden wie **Stamoolis Brothers**, **Pennsylvania Macaroni** und **Wholey**, in denen die Küchenchefs für ihre Restaurants einkaufen. Die beste Zeit für einen Besuch ist zwischen 10 und 15 Uhr. In der Weihnachtszeit (einen Parkplatz zu finden ist dann so gut wie unmöglich) herrscht hier Feierstimmung, denn der selbst hergestellte Wein wird normalerweise gratis ausgeschenkt.

★**Original Oyster House** SEAFOOD $
(20 Market Sq; Sandwiches 6 US$; Mo–Sa 10–22 Uhr) Dieses Lokal gibt's in der einen oder anderen Form schon seit 1870 und noch immer strömen die Liebhaber von Sandwiches mit frittiertem Fisch in Massen hierher. Mittags stehen Einheimische jeder Couleur Schlange vor dem völlig anspruchslosen Laden, in dem mit Plastikbesteck von Papptellern gegessen wird.

Primanti Bros FAST FOOD $
(412-263-2142; www.primantibros.com; 18th St an der Smallman St; Sandwiches 6 US$; 24 Std.) Die immer volle Pittsburgher Institution im Strip hat sich auf fettige, aber köstliche heiße Sandwiches spezialisiert – von Knackwurst und Käse bis hin zum „Pitts-Burger Cheesesteak". Weitere Filialen gibt's in Oakland, am Market Sq in Downtown und in South Side.

Pamela's DINER $
(www.pamelasdiner.com; 60 21st St; Hauptgerichte 7 US$; Mo–Sa 7–15, So 8–15 Uhr) Selbst Präsident Obama mochte das Frühstück und die Sandwiches in diesem Lokal im Strip District. Es gibt mehrere Pamela's über die ganze Stadt verteilt. Sie alle haben den klassischen Diner-Look und sind berühmt für ihre rundum knusprigen, crêpesartigen Pfannkuchen.

★**Enrico Biscotti Company** ITALIENISCH $$
(www.enricobiscotti.com; 2022 Penn Ave; Hauptgerichte 10 US$; Mo–Fr 11–15, Sa ab 8 Uhr) Enrico, der Inhaber, ist eine charmante Plaudertasche und ein Experte, wenn es darum geht, seine Gäste mit netten Geschichten aus der Nachbarschaft und köstlichem selbstgebackenem Brot und Pizzas aus dem Holzkohlenofen zu erfreuen. Die ehemalige Autowerkstatt am Strip hat hohe Decken, unverputzte Wände und ist mit alten Möbeln eingerichtet. Wer wissen will, wie Enricos Leben in etwa aussieht, sollte sich die ro-

mantische Komödie *The Bread, My Sweet* anschauen. Sonntagvormittags werden Brotback-, Wein- und Käsekurse angeboten.

Southside

Cafe du Jour MEDITERRAN $$
(☎ 412-488-9695; 1107 E Carson St; Hauptgerichte 15–35 US$; ⊙ Mo–Sa 11.30–22 Uhr) Auf der oft wechselnden Speisekarte steht Mediterranes. Besonders gut sind mittags die Suppen und Salate. Man sollte versuchen, einen Platz in dem kleinen Hof zu ergattern. BYOB.

Dish Osteria Bar MEDITERRAN $$
(☎ 412-390-2012; www.dishosteria.com; 128 S 17th St; Hauptgerichte 14–25 US$; ⊙ Mo–Sa 17–2 Uhr) Das versteckt gelegene, anheimelnde Lokal ist bei Einheimischen sehr beliebt. Die einfachen Holztische und -böden lassen kaum vermuten, dass extravagante mediterrane Kreationen wie frische Sardinen mit karamellisierten Zwiebeln oder Fettuccine mit Lammragout auf den Tisch kommen.

Gypsy Café MEDITERRAN $$
(☎ 412-381-4977; www.gypsycafe.net; 1330 Bingham St; Hauptgerichte 14–19 US$; ⊙ 11.30–24 Uhr) Die purpurfarbenen Böden und Wände und die farbenfrohen Teppiche stimmen die Stammgäste hier genauso heiter wie die frischen, saisonalen Gerichte. Auf der Speisekarte stehen u. a. eine Platte mit geräucherter Forelle und ein Eintopf aus Shrimps, Jakobsmuscheln und Feta. Die Öffnungszeiten können sich ändern, daher sollte man vorher anrufen.

Café Zenith VEGETARISCH $$
(86 S 26th St; Hauptgerichte 10 US$; ⊙ Do–Sa 11–21, So 11–15 Uhr; ✎) In diesem Lokal isst man wie in einem Antiquitätenladen und alles, von den Resopaltischen bis hin zu dem, was drauf steht, wird zum Verkauf angeboten. Der Sonntagsbrunch (10 US$) und die ausführliche Teekarte sind allerdings topaktuell.

Weitere Stadtviertel

Original Hot Dog Shop FAST FOOD $
(☎ 412-621-7388; 3901 Forbes Ave; Sandwiches 3–7 US$; ⊙ 10–3.30 Uhr) Das von Einheimischen liebevoll „dirty Os" oder „the O" genannte Lokal in Oakland serviert preiswerte Hotdogs, Riesensandwiches, Pizzas, Chicken Wings, Milchshakes und bergeweise knusprige Pommes. Es ist vor allem nach einem ausgedehnten Barbesuch äußerst beliebt. Ein Schwips ist für den Genuss nicht unbedingt erforderlich, aber recht üblich.

Emil's Lounge AMERIKANISCH $
(414 Hawkins Ave, Braddock; Hauptgerichte 6 US$; ⊙ Di–Do 10–19, Fr 10–20, Sa 10–16 Uhr) Die 8,5 Meilen (ca. 13 km) lange Fahrt von Downtown Richtung Osten nach Braddock lohnt sich, denn hier gibt's ein Familienrestaurant, das schon zu Zeiten der Stahlwerke existierte. Das sehr altmodische Emil's serviert seit 60 Jahren enorme Portionen Hühnchen, Wels, Burger und Sandwiches. In dem Lokal mit Holzpaneelen und Teppichboden wird man von der Tochter der früheren Betreiber aufs Herzlichste begrüßt.

Ritter's Diner DINER $
(5221 Baum Blvd; Hauptgerichte 7 US$; ⊙ 24 Std.) Ein klassisches Billiglokal in Bloomfield, in dem die Leute nach einer langen Nacht Piroggen futtern. Jeder Tisch hat seine eigene Jukebox.

Quiet Storm Coffeehouse & Restaurant CAFÉ $
(☎ 412-661-9355; www.qspgh.com; 5430 Penn Ave; Hauptgerichte 6–11 US$; ⊙ Mo–Do 8–17, Fr 8–22, Sa & So 9–16 Uhr; ✎) Das vielseitige, von hippen Leuten besuchte Café in Garfield ist auf vegetarische und vegane Küche spezialisiert. Häufig sorgen Lesungen und Musikveranstaltungen für Unterhaltung.

Dinette PIZZERIA $$
(☎ 412-362-0202; www.dinette-pgh.com; 5996 Penn Circle South; Pizzas 15 US$; ⊙ Di–Do 17–22, Fr & Sa 17–23 Uhr) Die zweimalige James-Beard-Award-Halbfinalistin Sonja Finn hat das zwanglose Lokal in Shadyside zu einer angesagten Adresse für Gourmets gemacht. Die dünne, knusprige Pizza ist mit Fleisch und Gemüse aus der Region belegt. Die Weinkarte ist ebenfalls ausgezeichnet.

Industry Public House MODERN-AMERIKANISCH $$
(www.industrypgh.com; 4305 Butler St; Hauptgerichte 10 US$; ⊙ 11–2 Uhr) Der typische Gastropub in Lawrenceville serviert Hausmannskost mit Pfiff, z. B. Mac'n'Cheese mit Hummer, Wildschwein-Bacon-Burger, kunstvoll zubereitete Cocktails und Bier aus der Gegend.

★ Isabela on Grandview MODERN-AMERIKANISCH $$$
(☎ 412-431-5882; www.isabelaongrandview.com; 1318 Grandview Ave; Gerichte 70 US$; ⊙ Mo–Sa

17–22 Uhr) Das kleine, romantische Restaurant auf dem Mt. Washington bietet vor allem abends einen grandiosen Blick über die Stadt. Es ist genau das Richtige für eine Geburtstagsfeier oder einen Heiratsantrag. Das Festpreismenü mit sieben Gängen besteht u.a. aus Hummer und Ente und natürlich stets frischen saisonalen Zutaten.

Ausgehen & Unterhaltung

Bars & Nachtclubs

Das Nachtleben spielt sich vor allem in South Side und im Strip ab. Die Carson St ist *das* Pflaster für einen Kneipenbummel. Mehrere große, wilde Dance Clubs, die sogenannten „Meatmarkets", ballen sich am Rand des Strip. Die meisten Schwulenbars liegen an einem Abschnitt der Liberty Ave in Downtown.

Wigle Whiskey BRENNEREI

(www.wiglewhiskey.com; 2401 Smallman St; ⌚Di–So 10–18 Uhr) Pittsburghs einzige Brennerei befindet sich im Familienbesitz (fast jedes Familienmitglied hat den Beruf gewechselt) und verwendet für die Herstellung ihres Roggen- und Weizenwhiskeys nur Biozutaten aus der Region. In der Brennerei in dem renovierten Backsteinlagerhaus kann man an Führungen (20 US$) teilnehmen und ein paar Schlückchen (5 US$) probieren.

Bar Marco COCKTAILBAR

(2216 Penn Ave; ⌚Mo 17–23, Di–Fr 17–2, Sa 10–2, So 10–15 Uhr) In der eleganten Bar in einer renovierten Feuerwache im Strip gibt's erstklassige Weine und von Profis gemixte Cocktails. Auch der Brunch an den Wochenenden ist exzellent.

Bloomfield Bridge Tavern KNEIPE, LIVEMUSIK

(☎412-682-8611; 4412 Liberty Ave; ⌚Mo–Sa 17–2 Uhr) Das „einzige polnische Restaurant in Lil' Italy" ist eine schmuddelige Kneipe, in der es Bier und ausgezeichnete Piroggen gibt. An den Wochenenden spielen Indie-Rockbands.

Church Brew Works BRAUEREI

(☎412-688-8200; 3525 Liberty Ave) In einem großen ehemaligen Kirchenraum werden vor Ort gebraute Biere ausgeschenkt. Eine Institution in Lawrenceville.

Hofbräuhaus BIERKNEIPE

(☎412-235-7065; 2705 S Water St) Eine Nachahmung des Münchner Hofbräuhauses; einen Block neben der Carson St.

Gooski BAR

(3117 Brereton St; ⌚15–2 Uhr) Eine Hipster-Bar und Kneipe im Viertel Polish Hill mit preiswerten Drinks und einer Jukebox.

Brillo Box Bar BAR, LIVEMUSIK

(www.brillobox.net; 4104 Penn Ave; ⌚Di–So 17–2 Uhr) Beliebte Location in Lawrenceville mit Livemusik, ausgezeichnetem Essen und gutem Sonntagsbrunch.

Dee's Cafe BAR

(☎412-431-1314; www.deescafe.com; 1314 E Carson St; ⌚11–2 Uhr) Eine angesagte Punk-Bar mit Pabst vom Fass und spottbilligem Flaschenbier.

Livemusik

AVA Bar & Lounge CLUB

(www.avapgh.net; 126 S Highland Ave; ⌚Mo–Sa 19–2, So 19–24 Uhr) Einer der coolsten und innovativsten Clubs der Stadt befindet sich ironischerweise in einer nichtssagenden Straße im Viertel East Liberty (in der Nähe von Shadyside). Das AVA wird von den gleichen Leuten wie die kürzlich geschlossene Shadow Lounge betrieben und es herrscht eine ähnliche Atmosphäre. Im Angebot sind DJs, Live-Hip-Hop, Livejazz und andere Musikrichtungen.

Rex Theater LIVEMUSIK

(☎412-381-6811; www.rextheatre.com; 1602 E Carson St) Das umgebaute Kino in South Side ist ein beliebter Veranstaltungsort für tourende Jazz-, Rock- und Indie-Bands sowie für das Moth StorySLAM.

MCG Jazz LIVEMUSIK

(☎412-323-4000; www.mcgjazz.org; 1815 Metropolitan St) Hier im Norden der Stadt finden Livekonzerte und Plattenaufnahmen von Jazzmusikern der Spitzenklasse statt.

Club Café LIVEMUSIK

(☎412-431-4950; www.clubcafelive.com; 56-58 S 12th St) Allabendlich wird Livemusik geboten, meistens vom Typ Singer-Songwriter.

Theater & Kultur

Pittsburgh Cultural Trust DARSTELLENDE KUNST

(☎412-471-6070; www.pgharts.org; 803 Liberty Ave) Gefördert werden alle Kunstformen, vom Pittsburgh Dance Council und dem PNC Broadway in Pittsburgh bis hin zu visueller Kunst und Oper. Auf der Website stehen Infos über Tickets für: Benedum Center, Byham Theater, Theater Square, Heinz Hall und weitere Veranstaltungsorte.

NICHT VERSÄUMEN

DIE LAUREL HIGHLANDS

Fallingwater (☎724-329-8501; www.fallingwater.org; 1491 Mill Run Rd; Erw./Kind 23/17 US$; ⏲wechselnde Öffnungszeiten, Jan. & Feb. geschl.) ist ein Meisterwerk von Frank Lloyd Wright. Es liegt südlich von Pittsburgh an der Rte 381. Das Wochenenddomizil der Familie Kaufmann (Eigentümer des Pittsburgher Kaufhauses) wurde 1939 fertiggestellt. Das Gebäude passt sich nahtlos seiner natürlichen Umgebung an. Das Innere kann nur im Rahmen einer der stündlich stattfindenden Führungen besichtigt werden – Reservierung empfohlen. Es wird auch eine umfangreichere zweistündige Tour angeboten, bei der Fotografieren erlaubt ist (55 US$; je nach Tag und Monat unterschiedliche Termine, Reservierung erforderlich). Das recht hübsche, bewaldete Grundstück öffnet seine Pforten um 8.30 Uhr.

Weitaus weniger Besucher kommen zum **Kentuck Knob** (☎724-329-1901; www.kentuckknob.com; 723 Kentuck Rd; Erw./Kind 20/14 US$; ⏲wechselnde Öffnungszeiten, 2. Jan.–2. März geschl.), einer weiteren Schöpfung von Frank Lloyd Wright (1953 entworfen). Das Haus wurde in die Flanke eines Hügels hineingebaut. Es besticht durch natürliche Baumaterialien, ein sechseckiges Design und wabenförmige Oberlichter. Die Führung durch das Gebäude dauert ungefähr eine Stunde und führt auch durch den Skulpturengarten mit Werken von Andy Goldsworthy, Ray Smith und anderen Künstlern.

Von Ende Mai bis Anfang September wird der winzige Ort Ohiopyle von Besuchern überrannt. Sie alle wollen die Stromschnellen des Youghiogheny River (die Einheimischen nennen ihn einfach „Yough" sprich „johk") hinunterrasen und den **Ohiopyle State Park** erkunden. Der sehr empfehlenswerte Veranstalter **Laurel Highlands River Tours** (☎800-472-3846; www.laurelhighlands.com) bietet auch Felsklettern und Kajaktouren an, wenn der Fluss für Rafting-Touren zu lahm sein sollte. Das **Laurel Guesthouse** (☎724-329-8531; www.laurelhighlands.com/lodging; Grant St, Ohiopyle; EZ/DZ 80/90 US$; ❄) hat drei Zimmer, die wie ein gemütliches Vorstadthaus eingerichtet sind.

Die geschichtsbegeisterten Vortragenden im **Fort Ligonier** (☎724-238-9701; www.fortligonier.org; 200 South Market St, Ligonier; Erw./Kind 10/6 US$; ⏲Mo–Sa 10–16.30 Uhr, Mitte April–Mitte Nov. So 12–16.30 Uhr), Museum und rekonstruiertes Fort in einem, sind wahre Meister, wenn es darum geht, die Bedeutung dieser Gegend im Siebenjährigen Krieg in Nordamerika zu beleuchten. Gleiches gilt für das Visitor Center beim **Fort Necessity** (www.nps.gov/fone; 1 Washington Pkwy/Rte 40, Farmington; ⏲9–17 Uhr).

Wer will, kann auch in dem von Frank Lloyd Wright entworfenen **Duncan House** (☎877-833-7829; www.polymathpark.com; 187 Evergreen Ln, Acme; bis zu 3 Pers. 400 US$, jede weitere Pers. 50 US$, höchstens 6 Pers.; ❄📶) übernachten. Es ist Teil des Polymath Park, einem bewaldeten Gelände mit drei weiteren Häusern, die von Wright-Schülern entworfen wurden. Aber man darf hier nicht die Brillanz von Wright erwarten, es handelt sich um schlichte Häuser im Eusonia-Stil, weder die Möbel noch das Interieur tragen Wrights Handschrift. Es sind eher moderne Standardzimmer aus der Zeit um 1950. Eine Alternative ist das mondäne **Nemacolin Woodlands Resort & Spa** (☎724-329-8555; www.nemacolin.com; 1001 Lafayette Dr, Farmington; Zi. ab 200 US$; ❄@📶🏊👪🐾) in Farmington mit Spa, Golfplatz und mehreren Restaurants.

Gist Street Readings DARSTELLENDE KUNST (www.giststreet.org; 305 Gist St, 2. OG; Lesungen 10 US$) Veranstaltet jeden Monat Lesungen mit einheimischen und landesweit bekannten Schriftstellern. Am besten kommt man gleich um 19.15 Uhr, denn der Andrang ist meist groß. Erfrischungen selber mitbringen.

ℹ Praktische Informationen

INFOS IM INTERNET

Citysearch (pittsburgh.citysearch.com) Infos zum Nachtleben, zu Restaurants und Shoppinggelegenheiten.

Pittsburgh.net (www.pittsburgh.net) Übersichten, Infos zu Stadtvierteln und Events.

Pop City (www.popcitymedia.com) Wöchentliches Online-Magazin zu Kunst- und Kulturveranstaltungen.

MEDIEN

Pittsburgh City Paper (www.pghcitypaper.com) Kostenloses alternatives Wochenblatt mit Veranstaltungskalender in Sachen Kunst.

Pittsburgh Post-Gazette (www.post-gazette.com) Große Tageszeitung.

Pittsburgh Tribune-Review (www.triblive.com) Noch eine große Tageszeitung.

Pittsburgh's Out (www.outonline.com) Kostenloses Monatsblatt für Schwule.

MEDIZINISCHE VERSORGUNG

Allegheny County Health Department (☎412-687-2243; 3333 Forbes Ave) Hat eine Ambulanz.

University of Pittsburgh Medical Center (☎412-647-8762; 200 Lothrop St; ⊙24 Std.) Notaufnahme, beste medizinische Versorgung.

TOURISTENINFORMATION

Greater Pittsburgh Convention & Visitors Bureau (Hauptfiliale; ☎412-281-7711; www.visitpittsburgh.com; Suite 2800, 120 Fifth Ave; ⊙Mo–Fr 10–18, Sa bis 16, So bis 15 Uhr) Gibt den *Official Visitors Guide* heraus und versorgt Traveller mit Stadtplänen und Tipps.

ℹ An- & Weiterreise

AUTO

Pittsburgh ist über die großen Highways leicht zu erreichen: von Norden oder Süden über die I-76 bzw. die I-79, von Westen über die Rte 22 und von Osten über die I-70. Die Fahrt mit dem Auto von NYC dauert ca. acht Stunden, von Buffalo etwa drei Stunden.

FLUGZEUG

Am **Pittsburgh International Airport** (☎412-472-3525; www.pitairport.com), 18 Meilen (ca. 29 km) westlich von Downtown, bieten mehrere Fluglinien Direktflüge nach Europa, Kanada und in US-amerikanische Großstädte an.

BUS

Vom **Greyhound-Busbahnhof** (☎412-392-6500; www.greyhound.com; 55 11th St) nahe dem Strip District fahren häufig Busse nach Philadelphia (ab 30 US$, 6–7 Std.) sowie nach New York (56 US$, 8½–14 Std.) und Chicago, IL (68 US$, 10–14 Std.).

ZUG

Vom **Amtrak-Bahnhof** (☎800-872-7245; www.amtrak.com; 1100 Liberty Ave) hinter dem prächtigen ursprünglichen Bahnhof fahren Züge u. a. nach Philadelphia (ab 55 US$, 7–8 Std.) und NYC (ab 73 US$, 9–11 Std.).

ℹ Unterwegs vor Ort

Der gute öffentliche Bus **28X Airport Flyer** (www.portauthority.org; einfache Strecke 3,75 US$) fährt alle 20 Minuten vom Flughafen nach Oakland und Downtown. Taxis stehen überall bereit; sie kosten ins Zentrum etwa 40 US$ (plus Trinkgeld). Außerdem gibt's noch Shuttlebusse in dieselbe Richtung (einfache Strecke 15–20 US$/Pers).

Selbst in Pittsburgh herumzufahren, kann frustrierend sein – Straßen enden unvermittelt, Einbahnstraßen sorgen für nervige Fahrten im Kreis, und man muss sich mit den verschiedenen Brücken rumschlagen.

Neben einem umfangreichen Busnetz betreibt die **Port Authority Transit** (www.portauthority.org) auch noch ein kleines Straßenbahnsystem namens „T", das ganz praktisch ist für Fahrten zwischen Downtown und South Side. Abhängig von der Entfernung und der Zahl der Zonen bezahlt man für Bus und Bahn bis zu 2,50 US$ (Fahrten zwischen den vier T-Haltestellen Downtowns sind kostenlos).

Taxis kann man telefonisch bei **Yellow Cab Co of Pittsburgh** (☎412-321-8100) bestellen, abgerechnet wird nach Zonen.

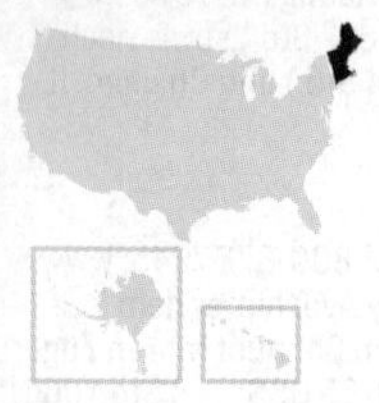

Neuengland

Inhalt ➡

Gut essen

➡ Giacomo's Ristorante (S. 203)

➡ Chatham Fish Pier Market (S. 214)

➡ Nudel (S. 226)

➡ Haven Brothers Diner (S. 230)

➡ Hen of the Wood (S. 249)

Schön übernachten

➡ Harborside Inn (S. 201)

➡ Carpe Diem (S. 218)

➡ Hopkins Inn (S. 239)

➡ Sea Breeze Inn (S. 233)

➡ Inn at Shelburne Farms (S. 250)

Auf nach Neuengland!

Natürlich könnte man Neuengland an einem Tag von einem Ende bis zum anderen durchqueren. Aber warum sollte man? Besser ist es, wenn man sich auf die vielen Verlockungen der Region einlässt. Die Städte bieten eine lebendige Mischung aus historischen Stätten, Sterne-Restaurants und Ivy-League-Universitäten. An der Küste findet man jahrhundertealte Fischerdörfer und Sandstrände, die zum Baden einladen. Im Landesinneren geben sich die nördlichen Bundesstaaten so ländlich und rau wie die Bergketten, die sie durchziehen.

Darum bloß keine Hast! Besser knackt man einen Hummer und lässt sich den leckeren Saft über die Finger rinnen. Oder man macht eine Wanderung auf ruhigen Pfaden oder verirrt sich auf malerischen Nebenstraßen und zählt die überdachten Brücken. Wer das Glück hat, im Herbst hierher zu kommen, wird das wohl bunteste Laub bewundern können, das er je gesehen hat.

Reisezeit

Boston

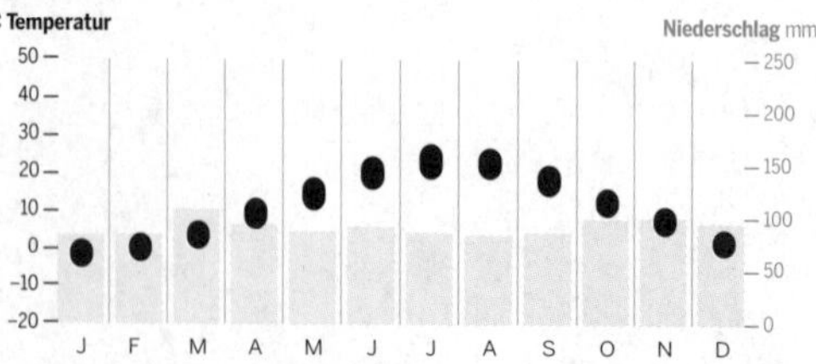

Mai–Juni Wenige Wanderer, keine Menschenmassen; Beginn der Walbeobachtungszeit.

Juli–Aug. Hauptsaison mit Sommerfestivals, warmem Meerwasser und Strandpartys.

Sept.–Okt. Höhepunkt von Neuenglands Herbstlaubpracht (Mitte Sept.–Mitte Okt.).

Anreise & Unterwegs vor Ort

Neuengland ist leicht zugänglich, intensive Erkundungen vor Ort erfordern aber ein Auto. Als Haupt-Highways in Nord-Süd-Richtung durchqueren die I-95 (Küste) und die I-91 (Binnenland) die Region zwischen Connecticut und Kanada. Anders als der ländliche Raum sind die größeren Städte gut an öffentliche Verkehrsmittel angebunden. **Greyhound** (www.greyhound.com) hat das größte Busnetz.

Der Northeast Corridor von **Amtrak** (☎800-872-7245; www.amtrak.com) verbindet Boston, Providence, Hartford und New Haven mit N.Y.C. Sonst fahren Züge auf Nebenstrecken.

Größter Regionalflughafen ist der **Logan International Airport** (BOS) in Boston. Der **TF Green Airport** (PVD) in Providence (RI) und der **Manchester Airport** (MHT) in New Hampshire liegen je etwa eine Stunde von Boston entfernt. Diese kleineren und weniger überfüllten Luftkreuze gewinnen wegen günstigerer Preise immer mehr an Bedeutung.

PARKS IN NEUENGLAND

Der **Acadia National Park** (S. 270) an Maines zerklüfteter Nordostküste ist der einzige Nationalpark hier. Weite Teile der Wälder, Berge und Küsten Neuenglands sind aber als Naturschutz- oder Erholungsgebiete ausgewiesen.

Der riesige **White Mountain National Forest** (S. 255) reicht nach New Hampshire und Maine hinein. Dieses 3237 km² große Wunderland wartet mit Panoramastrecken, Wanderpfaden, Campingplätzen und Skipisten auf. Die 1619 km² großen Wälder des **Green Mountain National Forest** (S. 244) in Vermont werden vom Appalachian Trail durchquert. Ein weiteres Juwel unter den Naturschutzgebieten ist der 180 km² große Streifen der **Cape Cod National Seashore** (S. 214) mit Dünen und tollen Stränden – ideal zum Schwimmen, Radfahren oder Strandwandern.

Bei New Englands vielen State Parks reicht das Spektrum von grünen Großstadtnischen bis hin zur entlegenen, ungezähmten Wildnis des **Baxter State Park** (S. 275) im nördlichen Maine.

Seafood-Spezialitäten

- **Clam Chowder** Für die sämige Muschelsuppe (*tschau-dah*, wie die Bostoner sagen) werden Kartoffeln, Muschelstückchen und -saft in Milch gekocht.
- **Austern** Entweder roh in der halben Schale oder gebraten für weniger Wagemutige; am besten sind die Wellfleet-Austern aus Cape Cod.
- **Sandklaffmuscheln** Die gedünsteten, weichschaligen *steamers* bekommt man in einer Schale salziger Brühe.
- **Clambake** Gedünsteter Hummer, Muscheln und Maiskolben – also eine Art Seafood-Barbecue.

NICHT VERSÄUMEN!

Auf keinen Fall sollte man Neuengland verlassen, ohne an einer der Meeresfrüchtebuden am Strand wie dem Lobster Dock (S. 269) in Boothbay Harbor einen gekochten Hummer geknackt zu haben.

Kurzinfos

- **Größte Städte** Boston (636 000 Ew.), Providence (178 000 Ew.)
- **Zeitzone** Eastern Standard Time (MEZ –6 Std.)
- **Höchster Punkt** Mt. Washington (1917 m)
- **Küstelänge** 7989 km

Faux Pas

Keinesfalls versuchen, auf irgendeine Art den Dialekt der Neuengländer nachzuahmen. Sie wissen, dass sie anders reden als die anderen Amerikaner, aber es stört sie nicht.

Infos im Internet

- **Yankee Magazine** (www.yankeemagazine.com) Tolle Infoquelle mit Zielbeschreibungen, Rezepten und Veranstaltungskalender.
- **Mountain Summits** (www.mountainsummits.com) Bietet alles, was man braucht, um eine Wanderung in den Hügeln Neuenglands zu planen.
- **Maine Lobster Council** (www.lobsterfrommaine.com) Beschreibt, wie man Hummer fängt, bestellt, kauft, zubereitet und isst.

Highlights

1 Auf **Bostons Freedom Trail** (S. 199) in die Fußstapfen rebellischer Kolonisten treten

2 In den Dünen der **Cape Cod National Seashore** (S. 214) umherstreifen

3 In **Newport** (S. 231) die Villen bewundern und bei den Folk- und Jazzfestivals die Musik genießen

4 In **Nantucket** (S. 219) durch die kopfsteingepflasterten Straßen aus der Moby-Dick-Zeit schlendern

5 Im Skigebiet **Mad River Glen** (S. 247) in dem letzten noch erhaltenen Einer-Sessellift Amerikas schon an den nächsten Abfahrtslauf auf einer Black-Diamond-Piste denken

6 Auf der **Billings Farm** (S. 245) in Woodstock Freundschaft mit den hübschen braunen Kühen schließen

7 Auf dem **Kancamagus Highway** (S. 257) durch die zerklüfteten White Mountains fahren

8 Auf den Kutschwegen des **Acadia National Park** (S. 270) radeln und wandern

9 Sich in den **Berkshires** (S. 225) und den **Litchfield Hills** (S. 239) vom herrlichen Herbstlaub verzaubern lassen

NEUENGLAND IN ...

... einer Woche

Den Anfang macht **Boston**: Hier kann man auf dem **Freedom Trail** wandeln, in einem von **North Ends** Bistros gediegen zu Abend essen und die lokalen Highlights erkunden. Danach heißt's die Villen in **Newport** bewundern, die Strände von **Cape Cod** besuchen und per Fähre einen Tagestrip nach **Nantucket** oder **Martha's Vineyard** unternehmen. Die Woche endet mit einem Abstecher zu den **White Mountains** (New Hampshire) im Norden; zurück geht es entlang der Küste von **Maine**.

... zwei Wochen

Jetzt hat man genug Zeit, sich richtig umzuschauen. Die zweite Woche nutzt man für eine entspannte Fahrt durch die **Litchfield Hills** und die **Berkshires**. Zur Abwechslung besucht man noch die quirligen Städte **Providence** und **Burlington**.

Man kann auch seinen Aufenthalt an der Küste von Maine verlängern, um **Bar Harbor** zu erkunden und im **Acadia National Park** im Meer Kajak zu fahren. Wer will, begibt sich in die weite Wildnis von Maine, wo man bei einer Wanderung zum nördlichsten Gipfel des **Appalachian Trail** richtig ins Schwitzen kommt oder eine adrenalingeladene Fahrt den **Kennebec River** hinab unternimmt.

Geschichte

Als die ersten europäischen Siedler hier ankamen, war Neuengland von den indigenen Algonkin bewohnt, die in kleinen Stämmen zusammenlebten, Mais und Bohnen anbauten, Wild jagten und in den Küstengewässern fischten.

Der englische Kapitän Bartholomew Gosnold landete 1602 in Cape Cod und segelte nordwärts nach Maine weiter. Erst Kapitän John Smith kartografierte 1614 im Auftrag von König Jakob I. die Küste und taufte das Land „Neuengland". Mit der Ankunft der Pilgerväter in Plymouth im Jahr 1620 begann die Besiedlung des Gebiets durch die Europäer. Im folgenden Jahrhundert wuchsen die Kolonien – vielfach auf Kosten der indigenen Bevölkerung.

Die Bürger Neuenglands waren zwar Untertanen der britischen Krone, besaßen aber eine Selbstverwaltung mit eigener Gesetzgebung und sahen ihre Interessen nicht unbedingt als identisch mit denen Englands an. Um 1770 erließ König Georg III. eine Reihe hoher Steuern, um Englands Beteiligung an kostspieligen Kriegen zu finanzieren. Die im englischen Parlament nicht vertretenen Kolonisten reagierten mit einer Steuerrevolte unter dem Motto *no taxation without representation* (keine Besteuerung ohne parlamentarische Vertretung). Versuche, die Proteste niederzuschlagen, führten schließlich zu den Schlachten von Lexington und Concord, mit denen der Amerikanische Unabhängigkeitskrieg begann, in dessen Folge 1776 die USA gegründet wurden.

Mit der staatlichen Unabhängigkeit wurde Neuengland zu einer Wirtschaftsmacht: In den Häfen boomten Schiffbau, Fischfang und Handel. Die berühmten Yankee Clippers fuhren bis China und Südamerika. Der Walfang brachte Nantucket und New Bedford beispiellosen Wohlstand. Auf Rhode Island wurde 1793 die erste mit Wasserkraft betriebene Baumwollspinnerei der USA gegründet. In den folgenden Jahren wurden die Flüsse Neuenglands zu Motoren für riesige Fabriken, die Kleidung, Schuhe und Maschinen herstellten.

Doch kein Aufschwung hält ewig an. Im frühen 20. Jh. waren viele der Fabriken in den Süden verlegt worden. Heute sind Bildung, Finanzwesen, Biotechnologie und Tourismus die Stützen der Wirtschaft in der Region.

Einheimische Kultur

Neuengländer sind von Natur aus eher zurückhaltend, und ihre schroffen Yankee-Umgangsformen unterscheiden sich deutlich von der lässigen Aufgeschlossenheit der Amerikaner in einigen anderen Regionen. Ihre wortkarge Art darf man aber nicht mit Unfreundlichkeit verwechseln – man ist hier einfach nur etwas förmlicher.

Insbesondere in ländlichen Gebieten offenbart sich der Stolz der Menschen auf ihren Einfallsreichtum und ihre Selbständigkeit. An Letzterer halten die Neuengländer hartnäckig fest, von den hiesigen Fischern, die den Stürmen des Atlantiks trotzen, bis zu den Kleinbauern in Vermont, die mühsam versuchen, ihre Unabhängigkeit gegen die alles verschlingende US-amerikanische Agrarindustrie zu behaupten.

Zum Glück für diese Bauern und Fischer ist überall in Neuengland das Interesse an regional und biologisch hergestellten Produkten sprunghaft gestiegen. Öko liegt voll im Trend – in Bostons Bistros, in den Restaurants in den Kleinstädten hoch im Norden und überall dazwischen.

Ein Ort, an dem von der charakteristischen Reserviertheit nichts zu spüren ist, ist die Sportarena. Die Neuengländer sind absolute Sportfanatiker. Bei einem Spiel der Red Sox geht es zu wie einst bei den Gladiatorenkämpfen im Kolosseum – da wird mächtig gejubelt und wüst gepfiffen.

Politisch gesehen gilt Neuengland als liberale Exklave, die sich in wichtigen Fragen progressiv und avantgardistisch gibt. Das zeigt sich etwa bei den Rechten von Homosexuellen oder bei der Reform der Gesundheitsversorgung. Für Präsident Obamas nationalen Plan einer allgemeinen Krankenversicherung in den USA gilt die in Massachusetts geltende Regelung als Modell.

MASSACHUSETTS

Von den bewaldeten Hügeln der Berkshires bis zu den Sandstränden von Cape Cod – Massachusetts bietet viele Möglichkeiten zur Erkundung der Natur. Der Commonwealth of Massachusetts hat Geschichte gemacht, vom Plymouth Rock bis zum Amerikanischen Unabhängigkeitskrieg. Und auch kulturell hat Massachusetts viel Erstklassiges zu bieten – von den Universitäten und Museen in Boston bis hin zu den Sommertheatern in den Berkshires und Tanglewood. Man hat nur die Qual der Wahl, welches Massachusetts man entdecken will.

Praktische Informationen

Massachusetts Department of Conservation and Recreation (☎ 617-626-1250; www.mass.gov/eea) Bietet Campingplätze in 29 State Parks.

Massachusetts Office of Travel & Tourism (☎ 617-973-8500; www.massvacation.com) Infos zum gesamten Bundesstaat.

Boston

Die gewundenen Straßen und stattlichen Gebäude spiegeln die von Revolution und Erneuerung geprägte Geschichte der Stadt wider. Und auch heute noch ist Boston eine der fortschrittlichsten und bahnbrechendsten Städte des Landes.

Boston ist in jeder Hinsicht die älteste Stadt der USA. Man kann kaum einen Schritt auf den kopfsteingepflasterten Straßen tun, ohne auf irgendeine historische Stätte zu stoßen. Aber Boston ist keineswegs auf seine Vergangenheit fixiert: Die nach wie vor bezaubernde Kunst- und Musikszene der Stadt ist eine echte Herausforderung fürs moderne Publikum, topmoderne Stadtplanungsprojekte verleihen der Stadt ein neues Gesicht, und die vielen Universitäten sorgen dafür, dass jeden September mit den neuen Studenten frischer Wind in die Stadt kommt.

Geschichte

Als England 1630 die Massachusetts Bay Colony gründete, wurde Boston zu ihrer

KURZINFOS MASSACHUSETTS

Spitzname Bay State

Bevölkerung 6,5 Mio.

Fläche 20 305 km²

Hauptstadt Boston (625 100 Ew.)

Weitere Städte Worcester (181 600 Ew.), Springfield (153 200 Ew.)

Verkaufssteuer 6,25 %

Geburtsort von Erfinder Benjamin Franklin (1706–1790), fünf US-Präsidenten (u. a. J. F. Kennedy, 1917–1963), Schriftsteller Jack Kerouac (1922–1969) und Henry David Thoreau (1817–1862)

Heimat der Harvard University, des Boston Marathon und des Plymouth Rock

Politische Ausrichtung Neuenglands liberalster Bundesstaat

Berühmt für die Boston Tea Party und die erste Anerkennung gleichgeschlechtlicher Ehen in den USA

Beliebteste Süßspeise Boston Cream Pie, Dunkin' Donuts, Fig Newtons

Entfernungen Boston–Provincetown 145 Meilen (232 km), Boston–Northampton 98 Meilen (157 km), Boston-Acadia National Park 310 Meilen (499 km)

Boston

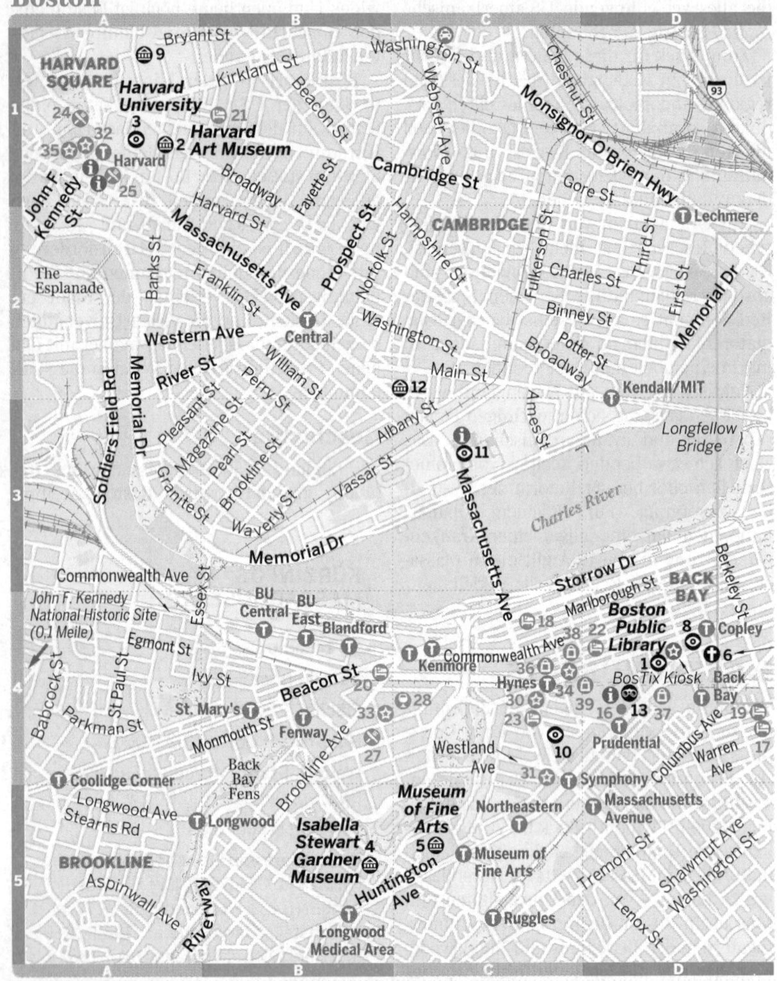

Hauptstadt erklärt. Boston ist in vielerlei Hinsicht Vorreiter gewesen: 1635 wurde die Boston Latin School, die erste öffentliche Schule in Amerika, gegründet, ein Jahr später die erste Universität des Landes, Harvard. In Boston erschien 1704 die erste Zeitung der Kolonien, 1795 konstituierte sich hier die erste Gewerkschaft der USA, und auch die erste U-Bahn des Staates rollte 1897 in Boston über die Gleise.

Nicht nur die ersten Schlachten des Amerikanischen Unabhängigkeitskriegs wurden hier ausgefochten, auch das erste afroamerikanische Regiment im Amerikanischen Bürgerkrieg stammte aus Boston. Scharenweise kamen europäische Einwanderer hierher, vor allem Iren in der Mitte des 18. Jhs. und Italiener Anfang des 20. Jhs. Sie brachten europäische Einflüsse in die Stadt.

Heute steht Boston in Sachen Hochschulbildung an der Spitze; aus seinen Universitäten sind weltbekannte Unternehmer in den Bereichen Biotechnologie, Medizin und Finanzwesen hervorgegangen.

Sehenswertes & Aktivitäten

Boston ist recht kompakt und daher besser zu Fuß als mit dem Auto zu erkunden. Die meisten großen Sehenswürdigkeiten finden sich rund ums Stadtzentrum. Bester Start-

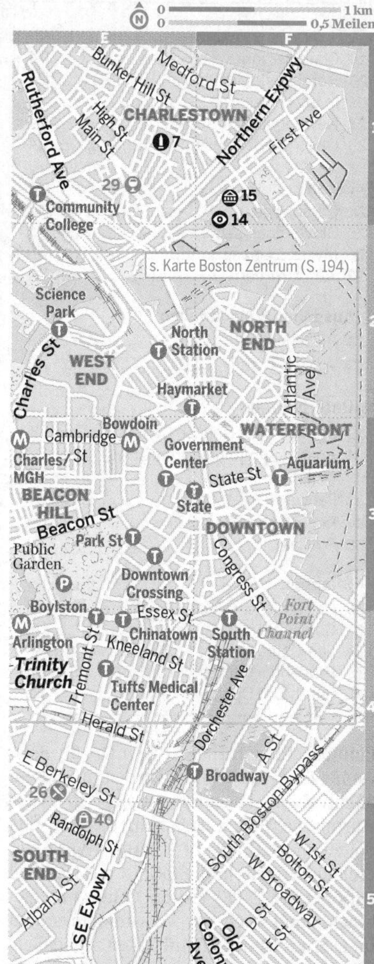

punkt ist der Boston Common, wo auch die Touristeninformation untergebracht ist und der Freedom Trail beginnt.

Boston Common & Public Garden

★ Boston Common — PARK

(Karte S. 194; zw. Tremont, Charles, Beacon & Park St; ⏲6–24 Uhr; 👪; Ⓣ Park St) Der Boston Common hat im Lauf der Jahre viele Zwecke erfüllt: Er war u.a. im Amerikanischen Unabhängigkeitskrieg Lagerplatz der britischen Truppen und bis 1830 eine Viehweide. Heute herrscht hier zwar auch Ordnung, aber der Park dient den Menschen vor allem zum Picknicken, Sonnenbaden und Leutegucken.

★ Public Garden — GARTEN

(Karte S. 194; www.friendsofthepublicgarden.org; zw. Charles, Beacon, Boylston & Arlington St; ⏲6–24 Uhr; 👪; Ⓣ Arlington) Der fast 10 ha große Public Garden neben dem Boston Common ist eine einladende Oase voller prächtiger Blumen und Schatten spendender Bäume. Mittendrin liegt ein ruhiger See mit altmodischen Tretbooten in Schwanenform: Die **Swan Boats** (Karte S. 194; www.swanboats.com; Erw./Kind/Senior 2,75/1,50/2 US$; ⏲10–16 Uhr, Mitte Juni–Aug. bis 17 Uhr) erfreuen Kinder seit Generationen.

Beacon Hill & Downtown

Oberhalb des Boston Common thront Beacon Hill, eines der geschichtsträchtigsten und reichsten Viertel der Stadt. Östlich davon liegt Downtown Boston mit einem kuriosen Mix aus kolonialzeitlichen Sehenswürdigkeiten und modernen Bürogebäuden.

★ Massachusetts State House — GEBÄUDE

(Karte S. 194; www.sec.state.ma.us; Ecke Beacon & Bowdoin St; ⏲9–17 Uhr, Führung Mo–Fr 10–16 Uhr; Ⓣ Park St) GRATIS Oben auf dem Beacon Hill setzen Massachusetts' Regierung und Parlamentarier im State House ihre Ideen in konkrete Politik und Gesetze um. Charles Bulfinch entwarf das monumentale State Capitol, das Oliver Wendell Holmes „das Zentrum (engl. *hub*) des Sonnensystems" nannte – daher erhielt Boston den Spitznamen „The Hub". Sachkundige Ehrenamtliche geben im Rahmen kostenloser Führungen Einblick in Geschichte, Kunst, Architektur und Politik in dem Gebäude.

Granary Burying Ground — FRIEDHOF

(Karte S. 194; Tremont St; ⏲9–17 Uhr; Ⓣ Park St) Der stimmungsvolle Friedhof von 1660 ist voller historischer Grabsteine, viele mit berührenden (und unheimlichen) Inschriften. Hier ruhen viele Helden aus dem Unabhängigkeitskrieg, z.B. Paul Revere, Samuel Adams, John Hancock und James Otis. Benjamin Franklin wurde in Philadelphia begraben, aber seine Eltern liegen im hiesigen Familiengrab.

Old South Meeting House — HISTORISCHES GEBÄUDE

(Karte S. 194; www.osmh.org; 310 Washington St; Erw./Kind/Senior & Student 6/1/5 US$; ⏲Ap-

Boston

Highlights
1 Boston Public Library ... D4
2 Harvard Art Museum ... A1
3 Harvard University ... A1
4 Isabella Stewart Gardner Museum ... B5
5 Museum of Fine Arts ... C5
6 Trinity Church ... D4

Sehenswertes
7 Bunker Hill Monument ... E1
8 Copley Square ... D4
9 Harvard Museum of Natural History ... A1
10 Mary Baker Eddy Library & Mapparium ... C4
11 Massachusetts Institute of Technology ... C3
12 MIT Museum ... C2
13 Prudential Center Skywalk Observatory ... D4
14 USS Constitution ... F1
15 USS Constitution Museum ... F1

Aktivitäten, Kurse & Touren
16 Boston Duck Tours ... D4

Schlafen
17 40 Berkeley ... D4
18 463 Beacon Street Guest House ... C4
19 Chandler Inn ... D4
20 Hotel Buckminster ... B4
21 Irving House ... B1
22 Newbury Guest House ... D4
23 Oasis Guest House ... C4

Essen
24 Cambridge, 1 ... A1
25 Clover Food Lab ... A1
26 Myers & Chang ... E4
27 Tasty Burger ... B4

Ausgehen & Nachtleben
28 Bleacher Bar ... C4
29 Warren Tavern ... E1

Unterhaltung
30 Berklee Performance Center ... C4
31 Boston Symphony Orchestra ... C4
32 Club Passim ... A1
33 Fenway Park ... B4
34 Red Room @ Café 939 ... C4
35 Sinclair ... A1

Shoppen
36 Converse ... C4
37 Copley Place ... D4
38 Life is Good ... C4
39 Prudential Center ... D4
40 South End Open Market ... E5

ril–Okt. 9.30–17 Uhr, Nov.–März 10–16 Uhr; 🚻; Ⓣ Downtown Crossing) „Keine Teesteuer!", lautete die Parole am 16. Dezember 1773, als 5000 wütende Kolonisten sich hier versammelten, um gegen die britischen Steuern zu protestieren, und damit die Boston Tea Party einleiteten. Man kann sich die Ausstellung zur Geschichte des Gebäudes anschauen und ein Hörspiel über die Versammlung vor der Tea Party anhören.

Old State House HISTORISCHES GEBÄUDE
(Karte S. 194; www.bostonhistory.org; 206 Washington St; Erw./Kind 8,50 US$/frei; 9–17 Uhr; 🚻; Ⓣ State) Das Old State House von 1713 ist das älteste erhaltene öffentliche Gebäude in Boston. Vor der Revolution tagte hier die Massachusetts Assembly. Das Gebäude kennt man vor allem wegen seines Balkons, auf dem 1776 erstmalig die Unabhängigkeitserklärung verlesen wurde.

Faneuil Hall HISTORISCHES GEBÄUDE
(Karte S. 194; www.faneuilhall.com; Congress St; 9–17 Uhr; Ⓣ Haymarket, Aquarium) GRATIS „Wer die freie Rede nicht ertragen kann, sollte besser nach Hause gehen", sagte Wendell Phillips. „Faneuil Hall ist kein Ort für Sklavenherzen." Tatsächlich wurden an diesem öffentlichen Versammlungsort so viele stürmische Reden gehalten, dass er den Spitznamen „Cradle of Liberty" (Wiege der Freiheit) erhielt. Im 1. Stock ist das National Park Service (NPS) Visitors Center untergebracht, und auch der Versammlungsraum im 2. Stock ist der Öffentlichkeit zugänglich.

★ New England Aquarium AQUARIUM
(Karte S. 194; www.neaq.org; Central Wharf; Erw./Kind/Senior 23/16/21 US$; Mo–Fr 9–17, Sa & So bis 18 Uhr, Juli & Aug. 1 Std. später; Ⓟ 🚻; Ⓣ Aquarium) Die Hauptattraktion des New England Aquariums ist der neu sanierte dreistöckige, zylindrische Meerwassertank mit mehr als 600 großen und kleinen Meerestieren wie Schildkröten, Haien und Aalen. In dem Pinguinbecken am Fuß des Tanks vergnügen sich drei Arten lustiger Pinguine. Außerdem gibt es eine Ausstellung zu Meeressäugern und ein Streichelbecken mit Haien und Stachelrochen. Das Personal des Aquariums organisiert auch **Walbeobachtungstouren** (Karte S. 194; www.neaq.org; Central Wharf; Erw./Kind/Kind bis 3 Jahre

40/32/15 US$; ⏲ April–Okt. 10 Uhr, Mai–Sept. zusätzl. Fahrten; 👪; Ⓣ Aquarium).

North End & Charlestown

Mit seinem Gewirr aus schmalen Gassen erinnert das italienische Viertel North End an die Alte Welt. Hier wartet ein unwiderstehlicher Mix aus farbenfrohen Gebäuden und tollen Restaurants. Die kolonialzeitlichen Attraktionen verteilen sich über den Fluss bis nach Charlestown, wo das älteste US-Kriegsschiff vor Anker liegt.

Paul Revere House HISTORISCHES HAUS

(Karte S. 194; ☎ 617-523-2338; www.paulreverehouse.org; 19 North Sq; Erw./Kind/Senior & Student 3,50/1/3 US$; ⏲ 9.30–17.15 Uhr, Nov.–April kürzere Öffnungszeiten; 👪; Ⓣ Haymarket) Als der Silberschmied Paul Revere seinen berühmten Ritt unternahm, um die Patrioten vor dem Vormarsch der britischen Truppen auf Lexington und Concord zu warnen, machte er sich von diesem Haus am North Sq auf den Weg. Das kleine Schindelhaus wurde 1680 erbaut und ist damit das älteste Wohnhaus in Boston. Bei einem Rundgang durch das Gebäude und den Hof erhält man einen kleinen Einblick in den Alltag der Familie Revere (mit 16 Kindern!).

Old North Church KIRCHE

(Karte S. 194; www.oldnorth.com; 193 Salem St; Spende 1 US$, Führung Erw./Kind 5/4 US$; ⏲ März–Okt. 9–17 Uhr, Nov.–Feb. Di–So 10–16 Uhr; Ⓣ Haymarket od. North Station) Jeder Amerikaner kennt die Zeile aus Longfellows Gedicht *Paul Revere's Ride* (Der Ritt des Paul Revere): *One if by land, Two if by sea…* (Eine, wenn sie über Land kommen, zwei, wenn sie übers Meer kommen). In jener Schicksalsnacht des 18. April 1775 hängte der Küster zwei Laternen in den Kirchturm – das vereinbarte Zeichen, dass die Briten sich Lexington und Concord auf dem Seeweg näherten. Das auch Christ Church genannte Gotteshaus von 1723 ist die älteste Kirche in Boston.

USS Constitution HISTORISCHE STÄTTE

(Karte S. 190; www.oldironsides.com; Charlestown Navy Yard; ⏲ April–Okt. Di–So 10–18 Uhr, Nov.–März Do–So bis 16 Uhr; 👪; 🚌 93 ab Haymarket, ⛴ F4 ab Long Wharf) GRATIS „Ihre Flanken sind aus Eisen!", rief einer der Männer an Bord, als er beobachtete, wie im Britisch-Amerikanischen Krieg von 1812 eine Kanonenkugel einfach vom dicken Panzer der USS *Constitution* abprallte. Daher hat das legendäre Schiff den Spitznamen „Old Ironsides" (alte Eisenhaut). Es ist das älteste Schiff der US-Marine. Bei der kostenlosen 30-minütigen Führung besichtigt man das Oberdeck, das Kanonendeck und die beengten Kajüten. Das **Museum** (Karte S. 190; www.ussconstitutionmuseum.org; First Ave, Charlestown Navy Yard; Erw./Senior/Kind 5/3/2 US$; ⏲ April–Okt. 9–18 Uhr, Nov.–März 10–17 Uhr; 👪; 🚌 93 ab Haymarket, ⛴ F4 ab Long Wharf) gewährt einen Einblick in die Geschichte und Aktivitäten für Kids.

Bunker Hill Monument DENKMAL

(Karte S. 190; www.nps.gov/bost; Monument Sq; ⏲ Sept.–Juni 9–17 Uhr, Juli & Aug. bis 18 Uhr; 🚌 93

BOSTON IN …

… zwei Tagen

Auf dem **Freedom Trail** folgt man einen Tag lang den Spuren der Revolutionsgeschichte. Dazu gehören ein Bummel durch den **Boston Common**, ein Blick ins **Old State House** und eine kleine Geschichtsstunde im **Union Oyster House**. Danach läuft man rüber nach **North End** und isst italienisch zu Abend.

An Tag zwei mietet man sich ein Fahrrad und macht eine Radtour am Ufer des Charles River. Wer es bis zum **Harvard Square** schafft, kann noch ein wenig auf dem Campus herumkurven und die Buchläden durchstöbern.

… vier Tagen

Am dritten Tag steht die eindrucksvolle Sammlung amerikanischer Kunst im **Museum of Fine Arts** auf dem Programm. Am Abend gönnt man sich eine Aufführung des weltberühmten **Boston Symphony Orchestra** oder geht zu einem Spiel der Red Sox im **Fenway Park**.

Am letzten Tag erkundet man Back Bay. Zum Galerien- und Schaufensterbummel geht's zur **Newbury St** und dann zur **Boston Public Library** ganz oben im **Prudential Center**.

Boston Zentrum

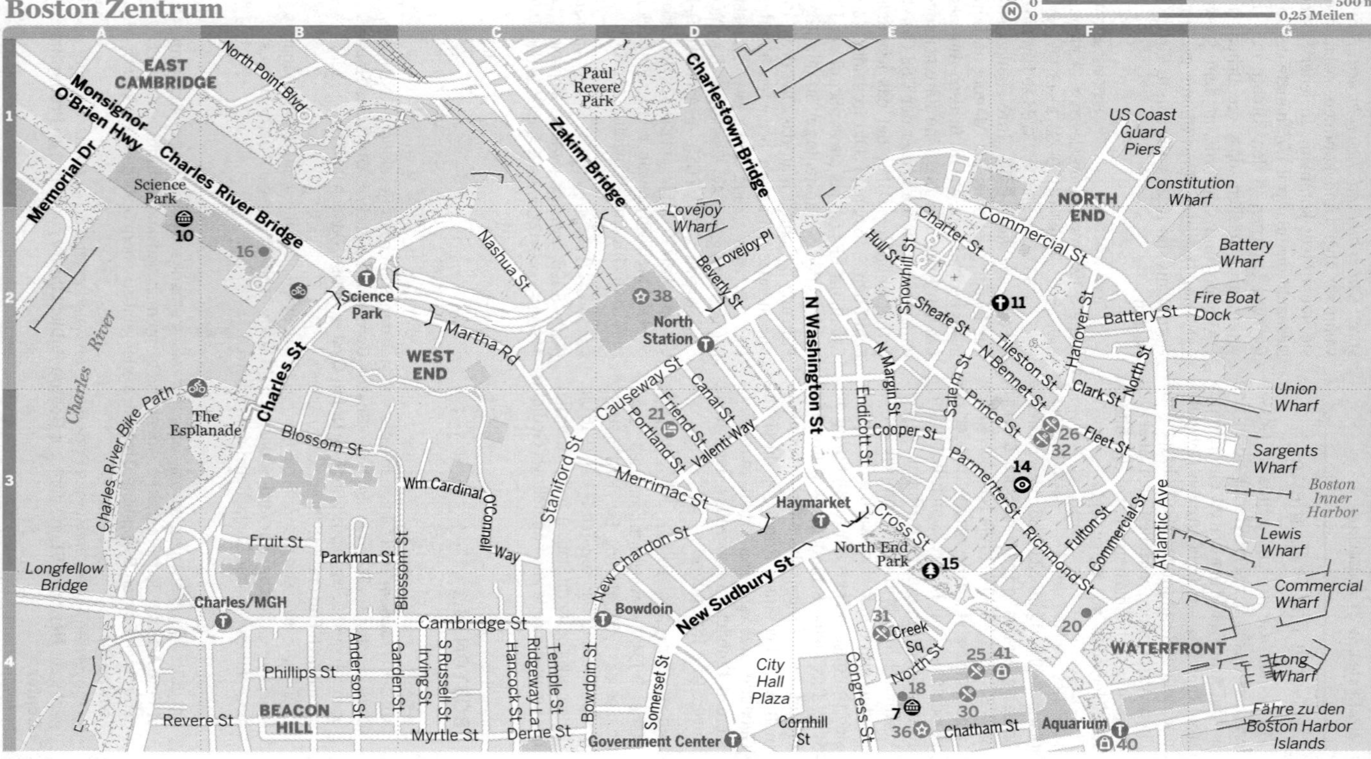

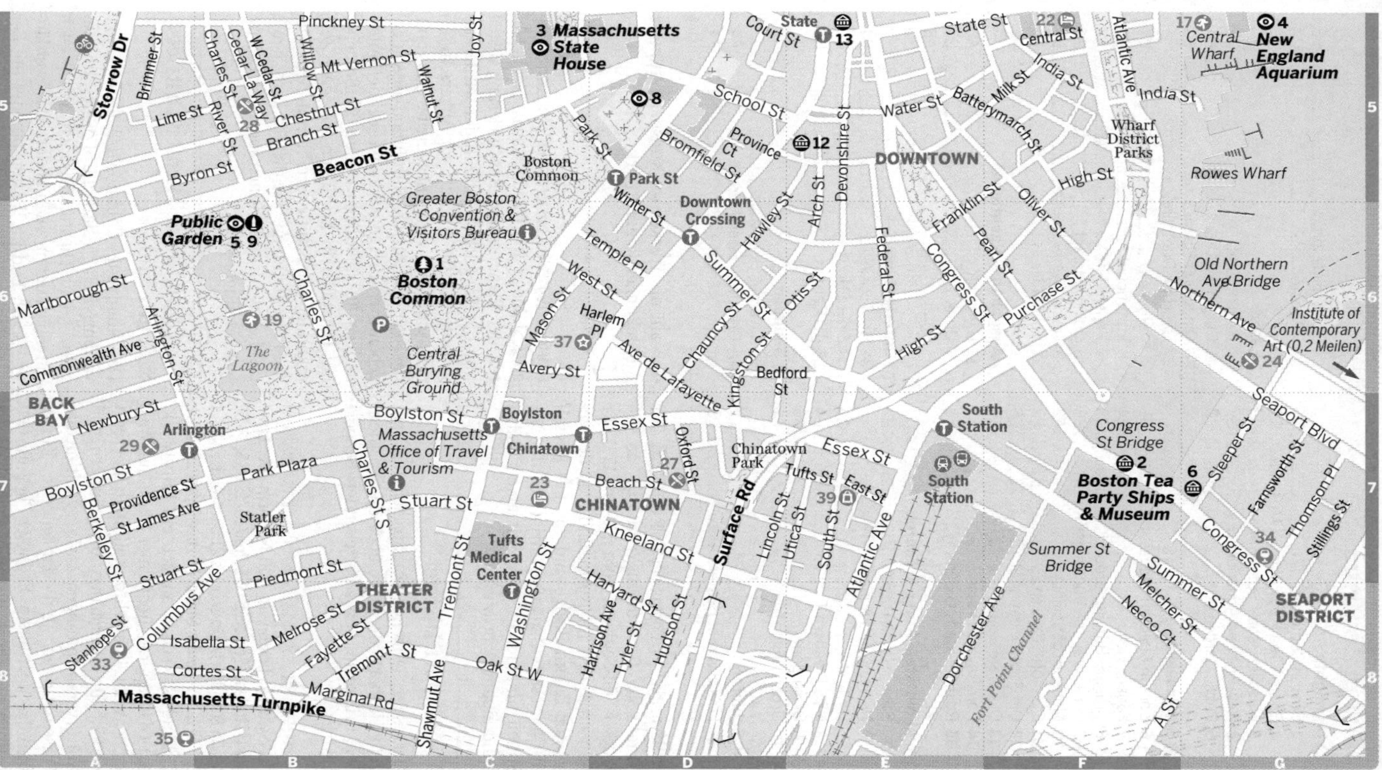
Storrow Dr
Brimmer St
Charles St
Cedar La Way
W Cedar St
Willow St
Pinckney St
Mt Vernon St
Walnut St
Joy St
3 Massachusetts State House
Court St
State
13
State St
22
Central St
Atlantic Ave
17
Central Wharf
4 New England Aquarium
India St
Lime St
River St
28
Chestnut St
Branch St
Byron St
Beacon St
8
School St
Province Ct
12
Devonshire St
Water St
Batterymarch St
Milk St
Wharf District Parks
Rowes Wharf
DOWNTOWN
Park St
Bromfield St
Boston Common
Greater Boston Convention & Visitors Bureau
Public Garden 5 9
Winter St
Downtown Crossing
Hawley St
Arch St
Federal St
Franklin St
Oliver St
High St
Pearl St
Congress St
Old Northern Ave Bridge
Northern Ave
Institute of Contemporary Art (0,2 Meilen)
24
1 Boston Common
Temple Pl
West St
Summer St
Otis St
Purchase St
Marlborough St
Arlington St
19
The Lagoon
Charles St
Mason St
Harlem Pl
37
Chauncy St
Kingston St
High St
Commonwealth Ave
Central Burying Ground
Avery St
Ave de Lafayette
Bedford St
BACK BAY
Newbury St
Arlington
29
Boylston St
Boylston
Massachusetts Office of Travel & Tourism
Chinatown
Essex St
Oxford St
27
Chinatown Park
Essex St
South Station
Congress St Bridge
2 Boston Tea Party Ships & Museum
6
Seaport Blvd
Sleeper St
Farnsworth St
Thomson Pl
Stillings St
Boylston St
Providence St
St James Ave
Park Plaza
Charles St S
Stuart St
23
Beach St
CHINATOWN
Tufts St
East St
39
Berkeley St
Statler Park
Tufts Medical Center
Tremont St
Washington St
Kneeland St
Surface Rd
Lincoln St
Utica St
South St
Atlantic Ave
Summer St Bridge
34
Congress St
Stuart St
Piedmont St
Columbus Ave
THEATER DISTRICT
Harvard St
Summer St
Melcher St
SEAPORT DISTRICT
Stanhope St
33
Isabella St
Melrose St
Fayette St
Tremont St
Oak St W
Harrison Ave
Tyler St
Hudson St
Dorchester Ave
Fort Point Channel
Necco Ct
A St
Cortes St
Marginal Rd
Massachusetts Turnpike
Shawmut Ave
35

Boston Zentrum

Highlights
1 Boston Common ... C6
2 Boston Tea Party Ships & Museum ... F7
3 Massachusetts State House ... C5
4 New England Aquarium ... G5
5 Public Garden ... B6

Sehenswertes
6 Boston Children's Museum ... G7
7 Faneuil Hall ... E4
8 Granary Burying Ground ... D5
9 Make-Way-for-Ducklings-Statue ... B6
10 Museum of Science ... A2
11 Old North Church ... F2
12 Old South Meeting House ... E5
13 Old State House ... E5
14 Paul Revere House ... F3
15 Rose Kennedy Greenway ... E3

Aktivitäten, Kurse & Touren
16 Boston Duck Tours ... B2
17 New England Aquarium Whale Watch ... G5
18 NPS Freedom Trail Tour ... E4
19 Swan Boats ... B6
20 Urban AdvenTours ... F4

Schlafen
21 Friend Street Hostel ... D3
22 Harborside Inn ... F5
23 HI Boston ... C7

Essen
24 Barking Crab ... G6
25 Durgin Park ... E4
26 Giacomo's Ristorante ... F3
27 Gourmet Dumpling House ... D7
28 Paramount ... B5
29 Parish Café ... A7
30 Quincy Market ... E4
31 Union Oyster House ... E4
32 Volle Nolle ... F3

Ausgehen & Nachtleben
33 Club Café ... A8
34 Drink ... G7
35 Fritz ... A8

Unterhaltung
36 BosTix Kiosk ... E4
37 Opera House ... C6
38 TD Garden ... D2

Shoppen
39 Calamus Bookstore ... E7
40 Greenway Open Market ... F4
41 Lucy's League ... F4

ab Haymarket, T Community College) GRATIS Der 67 m hohe Granitobelisk erinnert an die Bunker-Hill-Schlacht vom 17. Juni 1775. Er ist vom Hafen im North End, von der gesamten Zakim Bridge und von fast überall in Charlestown zu sehen. Wer sich die 294 Stufen hinaufquält, wird mit einem tollen Panoramablick belohnt.

Seaport District

Der sehr angenehme Spaziergang auf dem HarborWalk führt über die Northern Ave Bridge in den aufstrebenden Seaport District.

Institute of Contemporary Art MUSEUM
(ICA; www.icaboston.org; 100 Northern Ave; Erw./Kind/Student/Senior 15 US$/frei/10/13 US$; Di, Mi, Sa & So 10–17, Do & Fr bis 21 Uhr; P; SL1 od. SL2, T South Station) Das spektakuläre Gebäude ist schon an sich ein Kunstwerk: ein Glasbau, der über einer Plaza am Wasser schwebt. Das lichtdurchflutete Innere ist perfekt für einzigartige Ausstellungen und Kulturveranstaltungen wie Multimedia-Präsentationen und darstellende Kunst. Und das Wichtigste: Es bietet Platz für den Ausbau der Dauerausstellung des ICA, die sich auf die Werke von Künstlern früherer Ausstellungen konzentriert.

★ **Boston Tea Party Ships & Museum** MUSEUM
(Karte S. 194; www.bostonteapartyship.com; Congress St Bridge; ; T South Station) Nach Jahren der Planung und Restaurierung liegen nun die Tea-Party-Schiffe in der wiederaufgebauten Griffin's Wharf vor Anker. Außerdem gibt's ein funkelnagelneues Museum, das sich dem für die Revolution ausschlaggebendsten Ereignis widmet. Bei den interaktiven Ausstellungen treffen die Besucher auf Darsteller in Kostümen aus jener Zeit, erkunden die Schiffe, erfahren in Multimedia-Präsentationen, wie die Tea Party heute gesehen wird, und können sogar an den Protesten teilnehmen.

Chinatown, Theater District & South End

Das kompakte Chinatown hat unzählige verführerische asiatische Lokale. Im angrenzenden Theater District reihen sich die Spielstätten aneinander. Das weitläufige South End im Westen punktet mit der größten Ansammlung viktorianischer Reihenhäuser, einer aufkeimenden Kunstszene und umwerfenden Restaurants.

Back Bay

Das gepflegte Viertel westlich des Boston Common protzt mit Prachtbauten, würdevollen Wohnhäusern aus rotbraunem Sandstein und einer schicken Einkaufsmeile (Newbury St).

Copley Square PLATZ

(Karte S. 190; T Copley) Hier findet man eine Ansammlung schöner historischer Gebäude, darunter das Meisterwerk des Architekten H. H. Richardson: die prächtige neoromanische **Trinity Church** (Karte S. 190; www.trinitychurchboston.org; 206 Clarendon St; Erw./Kind/Senior & Student 7 US$/frei/5 US$; ⌚ Mo–Fr 10–15.30, Sa 9–16, So 13–17 Uhr). Gegenüber steht die im Stil der Neorenaissance erbaute **Boston Public Library** (Karte S. 190; www.bpl.org; 700 Boylston St; ⌚ ganzjährig Mo–Do 9–21, Fr & Sa 9–17 Uhr, Okt.–Mai So 13–17 Uhr) GRATIS, Amerikas älteste Stadtbibliothek, der die Stadt ihren Ruf als „das Athen Amerikas" verdankt. Mit einer Broschüre kann man einen Rundgang durchs Gebäude machen und die kostbaren Wandmalereien von John Singer Sargent und die Skulptur von Augustus Saint-Gaudens bewundern.

Prudential Center Skywalk Observatory AUSSICHTSPUNKT

(Karte S. 190; www.prudentialcenter.com; 800 Boylston St; Erw./Kind/Senior & Student 15/10/13 US$; ⌚ März–Okt. 10–22 Uhr, Nov.–Feb. bis 20 Uhr; P 👪; T Prudential) Das nicht zu übersehende Gebäude ist nur ein schickes Einkaufszentrum und heißt eigentlich „Shops at Prudential Center". Aber vom Skywalk im 50. Stock hat man hinter Glas einen spektakulären Panoramablick auf Boston und Cambridge.

BOSTON MIT KINDERN

Boston ist ein einziges riesiges Geschichtsmuseum – ein gutes Revier für viele Bildungsausflüge und lebendige Studien. Die kopfsteingepflasterten Straßen und die Touren mit kostümierten Führern lassen Ereignisse aus der amerikanischen Geschichte wieder gegenwärtig werden. Experimente zum Mitmachen und interaktive Ausstellungen sorgen für Unterhaltung mit Bildungsfaktor.

Es gibt viele öffentlichen Toiletten mit Wickelräumen. Zahlreiche Restaurants bieten Kindermenüs und Hochstühle an. Kinderwagen lassen sich problemlos in der „T" mitnehmen.

Das relativ kleine Stadtgebiet ist günstig für Erkundungen mit der gesamten Familie. Ein guter Startpunkt ist der Public Garden (S. 190), wo schwanenförmige Tretboote auf dem See herumfahren und kleine Kinder auf die Bronze-**Figuren** (Karte S. 194) klettern, für die der Bostoner Kinderbuchklassiker *Make Way for Ducklings* (*Familie Schnack* bzw. *Straße frei, die Enten kommen*) von Robert McCloskey Vorbild war. Gegenüber im Boston Common (S. 190) können die Kleinen ihre Füße im Froschteich kühlen, Karussell fahren und auf dem Spielplatz herumtollen. Im New England Aquarium (S. 192) erfreuen sich Kids jedes Alters an den Meerestieren, die sie aus nächster Nähe erleben können.

NOCH MEHR TOLLE MUSEEN FÜR KIDS:

Boston Children's Museum (Karte S. 194; www.bostonchildrensmuseum.org; 300 Congress St; Eintritt 14 US$, Fr abends 1 US$; ⌚ Sa–Do 10–17, Fr 10–21 Uhr; 👪; T South Station) 🍃 Hält jede Menge Spaß für kleine Kinder bereit.

Museum of Science (Karte S. 194; www.mos.org; Charles River Dam; Erw./Kind/Senior 22/19/20 US$, Kino & Planetarium 10/8/9 US$; ⌚ Sept.–Juni Sa–Do 9–17 Uhr, Juli & Aug. bis 19 Uhr, ganzjährig Fr bis 21 Uhr; P 👪; T Science Park) 🍃 Bietet Kindern jedes Alters stundenlangen Beschäftigung mit Bildungsfaktor.

TOLLE TOUREN FÜR KIDS:

Boston for Little Feet (S. 200) Die einzige Tour auf dem Freedom Trail, die speziell auf Kinder von sechs bis zwölf Jahren zugeschnitten ist.

Urban AdvenTours (S. 200) Verleiht Kinderfahrräder und Helme sowie Fahrradanhänger für Kleinkinder.

Boston Duck Tours (S. 198) Die schrägen, geselligen Touren sind immer ein Hit.

Auf Wunsch gibt's auch eine unterhaltsame Audiotour (und eine speziell auf Kinder zugeschnittene Version).

Mary Baker Eddy Library & Mapparium BIBLIOTHEK
(Karte S. 190; www.marybakereddylibrary.org; 200 Massachusetts Ave; Erw./Kind/Senior & Student 6 US$/frei/4 US$; ⌚ Di–So 10–16 Uhr; 👪; Ⓣ Symphony) Schon mal Lust auf einen Spaziergang über den ganzen Planeten gehabt? In der Mary Baker Eddy Library gibt es einen Globus aus Buntglas von der Größe eines ganzen Zimmers – das Mapparium. Beim Gang über die Glasbrücke fühlt man sich wie im Zentrum der Welt.

Fenway & Kenmore Square

Der Kenmore Sq eignet sich am besten zum Baseballspielen und Biertrinken, während im südlichen Teil des Fenway hohe Kultur angesagt ist.

★ **Museum of Fine Arts** MUSEUM
(MFA; Karte S. 190; www.mfa.org; 465 Huntington Ave; Erw./Kind/Senior & Student 22/10/20 US$; ⌚ Sa–Di 10–17, Mi–Fr bis 22 Uhr; 👪; Ⓣ Museum of Fine Arts od. Ruggles) Die enzyklopädische Sammlung umfasst Kunstwerke aus allen Epochen vom Altertum bis heute und aus allen Gegenden der Welt. Mit den neuen Flügeln, die sich der Kunst des amerikanischen Doppelkontinents und zeitgenössischer Kunst widmen, wurden die Ausstellungsfläche und das Themenspektrum signifikant erweitert, wie es Bostons Rolle als Kunstzentrum des 21. Jhs. gebührt.

★ **Isabella Stewart Gardner Museum** MUSEUM
(Karte S. 190; www.gardnermuseum.org; 280 The Fenway; Erw./Kind/Student/Senior 15 US$/frei/5/12 US$; ⌚ Mi–Mo 11–17, Do bis 21 Uhr; 👪; Ⓣ Museum of Fine Arts) Das Gardner beherbergt fast 2000 unschätzbare, überwiegend europäische Objekte, darunter hervorragende Wandteppiche und exquisite Gemälde aus der Zeit der italienischen Renaissance und dem Goldenen Zeitalter der holländischen Malerei. Das vierstöckige Gewächshaus im Hof ist eine ruhige Oase, die schon allein den Eintritt lohnt.

Cambridge

Das politisch progressive Cambridge am Nordufer des Charles River beheimatet mit der Harvard University und dem Massachusetts Institute of Technology (MIT) zwei akademische Schwergewichte. Tausende Studenten sorgen für eine muntere, lebhafte Atmosphäre. Am zentral gelegenen **Harvard Square** drängen sich Cafés, Buchläden und Straßenkünstler.

ABSTECHER

MASSACHUSETTS INSTITUTE OF TECHNOLOGY

Das **Massachusetts Institute of Technology** (MIT; Karte S. 190; www.mit.edu; 77 Massachusetts Ave; Ⓣ Kendall/MIT) zeigt die akademische Welt Cambridges von einer ganz anderen Seite: Man findet hier selbstbewusste Nerds, es geht aber nicht so steif zu wie in Harvard. Auf dem Campus gibt's eine eindrucksvolle Sammlung öffentlicher Kunst, und die Neubauten sind die architektonisch interessantesten im Großraum. Das **MIT Museum** (Karte S. 190; museum.mit.edu; 265 Massachusetts Ave; Erw./Kind 8,50/4 US$; ⌚ 10–17 Uhr; P 👪; Ⓣ Central) auf dem Campus ist das wohl ausgefallenste Museum der Stadt.

★ **Harvard University** UNIVERSITÄT
(Karte S. 190; www.harvard.edu; Massachusetts Ave; Führung gratis; ⌚ Führung Mo–Fr 10, 12 & 14, Sa 14 Uhr; Ⓣ Harvard) Das 1636 ursprünglich zur Ausbildung von Geistlichen gegründete Harvard ist Amerikas älteste Hochschule (die nächste folgte erst 1693). Zu den Absolventen der Ivy-League-Universität zählen acht US-Präsidenten und Dutzende Nobel- und Pulitzerpreisträger. Der **Harvard Yard** mit seinen uralten Eichen und roten Ziegelgebäuden ist das historische Zentrum der Universität.

Auf dem Campus gibt es auch mehrere exzellente Museen, darunter das **Harvard Art Museum** (Karte S. 190; www.harvardartmuseum.org; 32 Quincy St), das nach der mehrjährigen Renovierung 2014 vergrößert wiedereröffnet werden soll, und das seit Langem bestehende **Harvard Museum of Natural History** (Karte S. 190; www.hmnh.harvard.edu; 26 Oxford St; Erw./Kind/Senior & Student 12/8/10 US$; ⌚ 9–17 Uhr; 👪). Im Sommer finden häufiger Führungen statt.

Geführte Touren

Boston Duck Tours BOOTSFAHRT
(Karte S. 190; ☎ 617-267-3825; www.bostonducktours.com; Erw./Kind/Senior 34/23/28 US$; 👪;

Stadtspaziergang Freedom Trail

START BOSTON COMMON
ZIEL BUNKER HILL MONUMENT
LÄNGE/DAUER 4 KM; 3 STD.

Auf dem Freedom Trail vorbei an den wichtigsten Revolutionsstätten Bostons lässt sich die Entstehung der USA nachvollziehen. Die Route ist durch eine Doppelreihe roter Steine im Pflaster markiert und beginnt am 1 **Boston Common** (S. 191), dem ältesten Park der USA. Gen Norden, gelangt man zum 2 **State House** (S. 191) mit seiner goldenen Kuppel. Es wurde von Charles Bulfinch entworfen, dem ersten US-amerikanischen Architekten. Beim Abbiegen von der Park St in die Tremont St passiert man die kolonialzeitliche 3 **Park Street Church**, den 4 **Granary Burying Ground** (S. 191), auf dem die Opfer des Massakers von Boston begraben liegen, und die 5 **King's Chapel** mit einer der Glocken von Paul Revere. Man folgt der School St, vorbei an der 6 **ersten öffentlichen Schule Bostons** und dem 7 **Old Corner Bookstore**, in dem die Literaten des 19. Jhs. verkehrten.

In der Nähe erläutert das 8 **Old South Meeting House** (S. 191) die Geschichte der Boston Tea Party. Weitere Ausstellungen zur Revolutionszeit finden sich im 9 **Old State House** (S. 192). Der Kopfsteinring an der Kreuzung markiert die 10 **Stelle des Massakers von Boston**, bei dem die ersten Amerikaner für die Unabhängigkeit starben. Es folgt die 11 **Faneuil Hall** (S. 192), schon seit der Kolonialzeit eine Markthalle.

Von der Greenway St geht man zur Hanover St, der Hauptstraße des italienischen Viertels. Hier gönnt man sich ein Mittagessen, bevor es zum North Sq geht, wo man einen Rundgang durchs 12 **Paul Revere House** (S. 193) macht, das Wohnhaus des Helden. Dann geht's zur 13 **Old North Church** (S. 193), in deren Turm ein Wachposten das Anrücken der Briten signalisierte.

Folgt man der Hull St Richtung Nordwesten, findet man auf dem 14 **Copp's Hill Burying Ground** weitere Gräber aus der Kolonialzeit. Jenseits der Charlestown Bridge liegt die 15 **USS Constitution** (S. 193), das dienstälteste Kriegsschiff der Welt. Nördlich davon markiert das 16 **Bunker Hill Monument** (S. 193) den Schauplatz der ersten Schlacht im Amerikanischen Unabhängigkeitskrieg.

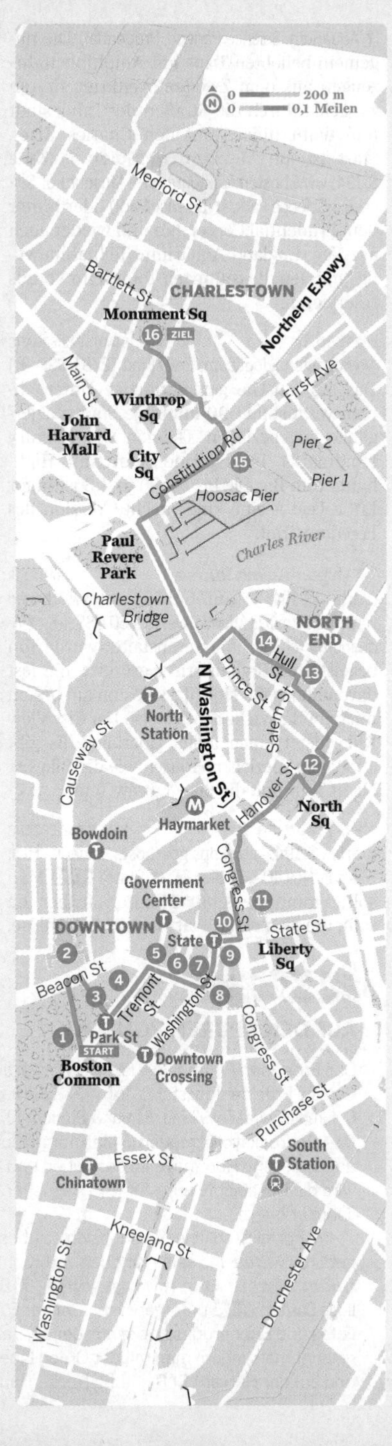

T Aquarium, Science Park od. Prudential) Die ungemein beliebten Trips mit Amphibienfahrzeugen aus dem Zweiten Weltkrieg führen zunächst durch die Straßen der Innenstadt und dann hinaus auf den Charles River. Start ist am **Museum of Science** (Karte S. 194; www.bostonducktours.com; Museum of Science, 1 Science Park; T Science Park) oder hinter dem Prudential Center, hin und wieder auch am New England Aquarium. Teilnahmewillige müssen die geführten Touren im Voraus reservieren.

Boston by Foot STADTSPAZIERGANG
(www.bostonbyfoot.com; Erw./Kind 12/8 US$;) Das fantastische gemeinnützige Unternehmen veranstaltet 90-minütige Stadtspaziergänge zu speziellen Themen wie Literary Landmarks, Boston Underfoot (mit Highlights vom Big Dig bis zur T) und Boston for Little Feet – eine kindgerechte Version des Freedom Trail.

★ **Urban AdvenTours** RADTOUR
(Karte S. 194; 617-670-0637; www.urbanadventours.com; 103 Atlantic Ave; Tour 50 US$; ; T Aquarium) Der Tourveranstalter wurde von begeisterten Radfahrern gegründet, die fest davon überzeugt sind, dass Boston am besten mit dem Rad zu besichtigen ist. Der City View Ride bietet einen tollen Überblick. Es gibt aber auch speziellere Touren wie die Bikes at Night Tour und die Bike & Brew Tour.

NPS Freedom Trail Tour STADTSPAZIERGANG
(Karte S. 194; www.nps.gov/bost; Faneuil Hall; April–Nov. 10 & 14 Uhr; ; T State) GRATIS Man sollte mindestens 30 Minuten früher da sein, um sich einen Platz für die kostenlose, von Rangern geführte Freedom-Trail-Tour zu sichern, die der National Park Service anbietet. Die 90-minütigen Spaziergänge beginnen am Visitor Center in Faneuil Hall und führen über einen Abschnitt des Freedom Trail (ohne Charlestown). Alle Touren sind auf jeweils 30 Teilnehmer beschränkt.

Feste & Events

★ **Boston Marathon** SPORTEREIGNIS
(www.baa.org; 3. Mo im April) Der Bostoner Marathon am Patriots Day, einem Feiertag in Massachusetts, ist einer der prestigeträchtigsten des Landes. Der 42,16 km lange Lauf endet am Copley Sq.

Fourth of July NATIONALFEIERTAG
(www.july4th.org) Am Unabhängigkeitstag steigt in Boston eine der größten Partys der USA. Die Boston Pops geben auf der Esplanade ein Gratiskonzert, und das Feuerwerk wird landesweit im Fernsehen übertragen.

Schlafen

Obwohl Boston für hohe Hotelpreise berüchtigt ist, sind Online-Rabatte selbst bei Spitzenklasseoptionen drin. Die besten Schnäppchen kann man normalerweise am Wochenende machen. In Downtown und Back Bay gibt's die meisten Hotels; beide Viertel liegen in praktischer Nähe zu Sehenswürdigkeiten und öffentlichen Verkehrsmitteln.

Die **Bed & Breakfast Associates Bay Colony** (781--0522, www.bnbboston.com; Zi. ab 100 US$) vermittelt B&Bs, Gästezimmer und Apartments, die sich nicht direkt buchen lassen.

ABSTECHER

AUF DEN SPUREN VON J.F.K.

Das Erbe John F. Kennedys ist allgegenwärtig in Boston, doch das offizielle Denkmal für den 35. Präsidenten ist das **John F. Kennedy Library & Museum** (www.jfklibrary.org; Columbia Point; Erw./Kind/Senior & Student 12/9/10 US$; 9–17 Uhr; P; T JFK/UMass). Das eindrucksvolle, moderne Marmorgebäude wurde von I. M. Pei entworfen und ist eine angemessene Hommage an das Leben und das Erbe von J. F. K. Dank der vielen Videos wird die Geschichte auch für jene Besucher lebendig, die sich nicht an die frühen 1960er-Jahre erinnern.

Im Viertel Brookline befindet sich das bescheidene dreistöckige Haus, in dem J. F. K. geboren wurde und seine Kindheit verbrachte. Heute ist hier die **John F. Kennedy National Historic Site** (www.nps.gov/jofi; 83 Beals St; Mai–Okt. Mi–So 9.30–17 Uhr; T Coolidge Corner) GRATIS untergebracht. Bei der Führung durch das Haus sieht man Möbel, Fotos und Erinnerungsstücke aus der Zeit, als die Kennedys noch hier lebten. Hierher gelangt man, indem man mit der Green Line (Streckenteil C) bis Coolidge Corner fährt und auf der Harvard St Richtung Norden läuft.

HI Boston HOSTEL $

(Karte S. 194; ☎ 617-536-9455; www.bostonhostel.org; 19 Stuart St; B 50–60 US$, DZ 179 US$; ❄@📶; Ⓣ Chinatown od. Boylston) 🍃 Hostelling International (HI) Boston hat eine brandneue Unterkunft. Das historische Dill Building wurde komplett umgebaut und bietet nun mehr Platz und Gemeinschaftsbereiche, einen rollstuhlgerechten Zugang sowie – was am eindrucksvollsten ist – topaktuelle umweltfreundliche Einrichtungen mit sparsamem Energieverbrauch. Es gibt auch einiges, das gleich geblieben ist: die zweckmäßigen, komfortablen Zimmer und die ausgezeichneten kulturellen Aktivitäten, die das HI Boston schon in den letzten drei Jahrzehnten auszeichneten.

Friend Street Hostel HOSTEL $

(Karte S. 194; ☎ 617-934-2413; www.friendstreethostel.com; 234 Friend St; B 48–54 US$; @📶; Ⓣ North Station) Wir glauben den Betreibern gern, dass dies das freundlichste Hostel in Boston ist. Aber es gibt noch andere Gründe, warum man die nette Herberge einfach lieben muss: Da wären z. B. die blitzblanke Küche und der gemütliche Gemeinschaftsbereich mit einem riesigen Flachbildfernseher. Die Schlafsäle für je sechs bis zehn Personen sind mit verputzten Ziegelwänden, breiten Dielen und stabilen Etagenbetten aus Kiefernholz ausgestattet. Außerdem gibt's Frühstück, Fahrräder und viele kostenlose Aktivitäten. Der einzige Nachteil ist der Lärm von der Straße.

★ **Oasis Guest House** PENSION $$

(Karte S. 190; ☎ 617-230-0105, 617-267-2262; www.oasisgh.com; 22 Edgerly Rd; Zi. 136–228 US$, ohne Bad 114–148 US$; P❄📶; Ⓣ Hynes od. Symphony) Gemäß ihrem Namen ist die heimelige Pension eine friedvolle, schöne Oase mitten in den chaotischen Straßen Bostons. Die mehr als 30 Gästezimmer verteilen sich auf vier hübsche Ziegelhäuser mit Erkerfassaden an der von Bäumen gesäumten Straße. Die einfachen, lichterfüllten Zimmer sind geschmackvoll und traditionell mit großen Betten, Bettdecken mit Blumenmuster und nichtssagenden Drucken eingerichtet.

★ **Harborside Inn** BOUTIQUEHOTEL $$

(Karte S. 194; ☎ 617-723-7500; www.harborsideinnboston.com; 185 State St; Zi. ab 169 US$; P❄@📶; Ⓣ Aquarium) Das in einem vorsichtig renovierten Lagerhaus aus dem 19. Jh. untergebrachte Hostel am Wasser schafft die Balance zwischen historischem Ambiente und modernen Annehmlichkeiten. Offenbar haben die Architekten bei der Renovierung darauf geachtet, die historischen Details zu erhalten, denn die Gästezimmer verfügen über die originalen freiliegenden Ziegel- und Granitwände und Hartholzparkett. Für die perfekte Abrundung sorgen orientalische Teppiche, altmodische, massive Betten und Reproduktionen von Mobiliar im Federal Style. Für zusätzliche 20 US$ bekommt man ein Zimmer mit Blick auf die Stadt.

Irving House PENSION $$

(Karte S. 190; ☎ 617-547-4600; www.irvinghouse.com; 24 Irving St; Zi. 165–270 US$, EZ ohne Bad 135–160 US$, DZ ohne Bad 165–205 US$; P❄@📶; Ⓣ Harvard) 🍃 Die große Pension – oder besser: das heimelige Hotel – ist das Richtige für weit gereiste Traveller. Die 44 verschieden großen Zimmer haben Betten mit Steppdecken und große Fenster, durch die viel Licht dringt. Das kontinentale Frühstück ist kostenlos.

Chandler Inn HOTEL $$

(Karte S. 190; ☎ 617-482-3450, 800-842-3450; www.chandlerinn.com; 26 Chandler St; Zi. ab 170 US$; ❄📶; Ⓣ Back Bay) Das Chandler Inn sieht nach der Komplettrenovierung gut aus. Die kleinen, aber schicken Zimmer profitieren von Designerelementen, die ihnen ein raffiniertes, urbanes Flair verleihen. Moderne Traveller schätzen die Plasmafernseher und iPod-Anschlüsse, und all das zu erstaunlich erschwinglichen Preisen. Obendrein sorgen die überaus freundlichen Angestellten für einen super Service. Auf dem Gelände befindet sich auch die beliebteste Bar von South End: das Fritz.

Hotel Buckminster HOTEL $$

(Karte S. 190; ☎ 617-727-2825; www.bostonhotelbuckminster.com; 645 Beacon St; Zi. 149–209 US$, Suite ab 219 US$; P❄📶🐾; Ⓣ Kenmore) Das vom Architekten der Boston Public Library entworfene Buckminster bietet den Charme des alten Boston und erschwingliche Eleganz. In dem Hotel gibt es fast 100 Zimmer von unterschiedlicher Form und Größe: Die billigeren Zimmer sind klein und langweilig mit etwas abgenutzten Möbeln (aber zu Schnäppchenpreisen). Im Gegensatz dazu sind die Suiten im europäischen Stil recht geräumig und mit allen gemütlichen und komfortablen Extras ausgestattet.

463 Beacon Street Guest House PENSION $$

(Karte S. 190; ☎ 617-536-1302; www.463beacon.com; 463 Beacon St; DZ mit/ohne Bad ab

149/99 US$; P ❄ ; T Hynes) Was passt besser nach Boston als ein hübsches, historisches Sandsteinhaus in Back Bay? In dieser Pension kann man all seine blaublütigen Fantasien ausleben und spart dabei noch Geld, das man dann in den Boutiquen und Bars auf der Newbury St verprassen kann. Die Zimmer unterscheiden sich in Größe und Einrichtung, bieten aber alles Wichtige (außer tägliche Zimmerreinigung). Die Bäder sind ziemlich klein, aber da muss man ja vielleicht auch nicht so viel Zeit verbringen.

40 Berkeley HOSTEL **$$**
(Karte S. 190; 617-375-2524; www.40berkeley.com; 40 Berkeley St; EZ/DZ/3BZ/4BZ ab 108/130/144/169 US$; ; T Back Bay) Die sichere, freundliche Herberge zwischen South End und Back Bay hat mehr als 200 kleine Zimmer (manche mit Blick auf den Garten), die auch für längere Zeiträume vermietet werden. Die sanitären Anlagen teilt man sich, genauso wie andere Einrichtungen wie Telefon, Bibliothek, Fernsehraum und Waschküche. Im Preis inbegriffen ist das großzügige, köstliche Frühstück.

★ **Newbury Guest House** PENSION **$$$**
(Karte S. 190; 617-437-7666, 617-437-7668; www.newburyguesthouse.com; 261 Newbury St; Zi. 219–249 US$; P ❄ ; T Hynes od. Copley) Die drei miteinander verbundenen Ziegel- und Sandsteinhäuser von 1882 sind zentral an der Newbury St gelegen. Bei der kürzlich erfolgten Renovierung wurden charmante Details wie Deckenrosetten und Kamine in den Zimmern erhalten, aber die Quartiere verfügen jetzt über klare Linien, luxuriöse Bettwäsche und moderne Annehmlichkeiten. Das kontinentale Frühstück wird jeden Morgen im Salon neben dem Marmorkamin aufgetragen.

BOMBEN IN BOSTON

Am Patriot's Day 2013 waren alle Augen im Land (und auf der Welt) auf Boston gerichtet, als beim Boston Marathon nahe der Ziellinie zwei Sprengsätze explodierten, drei Menschen töteten und Hunderte verletzten. Einige Tage danach wurde ein Polizist am MIT niedergeschossen. Daraufhin wurde ganz Boston als Schlachtfeld im Krieg gegen den Terror abgeriegelt. Die Tragödie war verheerend, aber Boston konnte sich unzähliger Helden rühmen, vor allem der vielen Opfer, die andere mit ihrem Mut und ihrer Tapferkeit während der Rettungsarbeiten inspirierten.

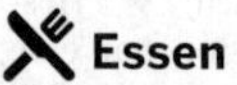

Essen

Die Küche Neuenglands ist bekannt für Clambakes (Meeresfrüchtegerichte) im Sommer und Truthahn zu Thanksgiving. Aber die Bostoner Restaurantszene ist abwechslungsreicher und zeigt internationale Einflüsse sowie moderne Abwandlungen. Erschwingliches asiatisches Essen gibt's in Chinatown, italienisches Essen im North End, und South End hat die trendigsten Restaurants.

Beacon Hill & Downtown

Quincy Market FOOD-COURT **$**
(Karte S. 194; Congress St; Mo–Sa 10–21, So 12–18 Uhr; ; T Haymarket) Die Markthalle nordöstlich der Kreuzung Congress St und State St beherbergt eine Reihe verschiedener Lokale: Es gibt hier rund 20 Restaurants und 40 Imbissbuden. Man holt sich einfach Fischsuppe, Bagels, indische oder griechische Speisen, Backwaren oder Eis und nimmt an einem der Tische in der zentralen Rotunde Platz.

★ **Paramount** CAFETERIA **$$**
(Karte S. 194; www.paramountboston.com; 44 Charles St; Frühstück & Mittagessen 8–12 US$, Abendessen 15–30 US$; Mo–Do 7–22, Sa–So ab 8, Fr–Sa bis 23 Uhr; ; T Charles/MGH) Die altmodische Cafeteria ist in dem Viertel sehr beliebt. Es gibt einfache Speisen wie Pfannkuchen, Steak mit Eiern, Burger, Sandwiches und große herzhafte Salate. Abends geht's mit Bedienung und Kerzenschein etwas gehobener zu, ohne dass der bodenständige Charme verloren ginge. Auf der Karte stehen hausgemachte Pasta, eine Auswahl Fleisch- und Fischspeisen und jede Menge Tagesgerichte.

Durgin Park AMERIKANISCH **$$**
(Karte S. 194; www.durgin-park.com; North Market, Faneuil Hall; Hauptgerichte mittags 9–15 US$, abends 15–30 US$; 11.30–21 Uhr; ; T Haymarket) Seit seiner Eröffnung im Jahr 1827 hat sich das für seinen schlichten Service und den mit Sägemehl bedeckten Boden bekannte Durgin Park kaum verändert. Selbiges gilt auch für die Speisekarte, auf der typisch neuenglische Gerichte wie Prime Rib, Fisch-Chowder, Chicken Pot Pie und Boston Baked Beans sowie Desserts wie Erdbeer-

Shortcake und Indian Pudding stehen. Mit den Nachbarn am Tisch kann man schnell Bekanntschaft schließen.

Union Oyster House SEAFOOD **$$**
(Karte S. 194; www.unionoysterhouse.com; 41 Union St; Hauptgerichte 15–25 US$; ⏲11–21.30 Uhr; Ⓣ Haymarket) Das älteste Restaurant in Boston, das gute alte Union Oyster House, serviert schon seit 1826 in diesem historischen roten Ziegelhaus Meeresfrüchte. Zahlreiche Größen der Geschichte wie Daniel Webster und John F. Kennedy haben hier schon an der Bar gesessen. Kennedy soll vor allem die Hummercremesuppe gemocht haben, aber der echte Renner hier ist die Austernbar. Am besten bestellt man ein Dutzend frisch geknackter Austern und lässt sich verzaubern.

North End

Volle Nolle SANDWICHES **$**
(Karte S. 194; 351 Hanover St; Sandwich 8–12 US$; ⏲11–23 Uhr; Ⓣ Haymarket) *Volle nolle* soll für das lateinische *nolens volens* stehen, aber in dem sehr beliebten Sandwich-Laden im North End ist nichts willkürlich. Schwarze Schiefertische und Wände mit unechtem Stuck zieren den schlichten, kleinen Raum. An der Tafel stehen die Angebote des Tages: frische Salate, köstliche belegte Fladenbrote und dunkler, starker Kaffee. Perfekter Mittagsstopp auf dem Freedom Trail!

★ **Giacomo's Ristorante** ITALIENISCH **$$**
(Karte S. 194; www.giacomosblog-boston.blogspot.com; 355 Hanover St; Hauptgerichte 14–19 US$; ⏲Mo–Sa 16.30–22, So 16–21.30 Uhr; Ⓣ Haymarket) Vor dem sehr beliebten Restaurant im North End stehen die Kunden schon vor Öffnung Schlange, um bei der ersten Runde dabei zu sein. Dank der eifrigen, unterhaltsamen Kellner und dem engen Ambiente lernt man sicher auch seine Nachbarn kennen. Die Küche bietet schlichte süditalienische Kost, die in unglaublichen Portionen serviert wird. Nur Barzahlung.

Seaport District

Barking Crab SEAFOOD **$$**
(Karte S. 194; www.barkingcrab.com; 88 Sleeper St; Hauptgerichte 12–30 US$; ⏲So–Mi 11.30–22, Do–Sa bis 23 Uhr; 🚌 SL1 od. SL2, Ⓣ South Station) Bergeweise dampfende Krabben (Taschenkrebse, Blaukrabben, Schneekrabben, Königskrabben usw.) in Zitronensaft und Butter auf Papptellern – das Essen hier ist reichlich und billig, und man isst gemeinsam an Picknicktischen mit Blick aufs Wasser. Zudem fließt das Bier in Strömen. Die Bedienung lässt zwar zu wünschen übrig, aber die Stimmung ist gesellig. Bei gutem Wetter muss man oft warten, bis ein Tisch frei wird.

GRÜNES BOSTON

Da, wo noch bis vor wenigen Jahren eine große Autobahn das Stadtzentrum durchschnitt, erstreckt sich heute ein Grünstreifen, der die Viertel vom North End bis Chinatown wieder miteinander verbindet. Der nach J. F. K.s Mutter benannte **Rose Kennedy Greenway** (Karte S. 194; www.rosekennedygreenway.org; Ⓣ Aquarium od. Haymarket) befindet sich auf dem einstigen hoch gelegenen Abschnitt der I-93 und besteht aus mehreren schattigen, miteinander verbundenen Parks, die Erholung vom urbanen Trubel bieten. Hierfür sorgen auch viele Springbrunnen, Blumenbeete und seit 2013 ein thematisch auf Boston ausgerichtetes Karussell. Wer sich fragt, was aus der Autobahn geworden ist – die verläuft jetzt dank des „Big Dig", des teuersten Autobahnbaus in der US-amerikanischen Geschichte, durch Tunnel unterhalb der Stadt.

Chinatown, Theater District & South End

★ **Gourmet Dumpling House** CHINESISCH, TAIWANESISCH **$**
(Karte S. 194; www.gourmetdumpling.com; 52 Beach St; Hauptgerichte mittags 8 US$, abends 10–15 US$; ⏲11–1 Uhr; Ⓣ Chinatown) *Xiao long bao.* Mehr Chinesisch braucht man nicht, um die Spezialität des Gourmet Dumpling House (oder GDH, wie es auch genannt wird) zu bestellen. Es handelt sich dabei natürlich um Shanghaier Suppenklößchen, und die sind frisch, teigig und köstlich. Auf der Karte stehen noch viele andere Optionen, z. B. leckere, knusprige Schalotten-Pfannkuchen. Wer nicht frühzeitig da ist, muss mit Wartezeiten rechnen.

Myers & Chang ASIATISCH **$$$**
(Karte S. 190; ☎617-542-5200; www.myersandchang.com; 1145 Washington St; kleine Gerichte 10–18 US$; ⏲Fr & Sa 11.30–23, So–Do bis 22 Uhr; 🚌 SL4 od. SL5, Ⓣ Tufts Medical Center) Das superhippe Asia-Restaurant bietet thai-

ländische, chinesische und vietnamesische Gerichte, also leckere Klößchen, würziges Bratgemüse und jede Menge Nudelgerichte. In der Küche werden mit dem Wok herrliche Dinge gezaubert, und dank der kleinen Portionen kann man sich viele verschiedene Gerichte bestellen. Die Atmosphäre ist gemütlich, aber auch cool, international und unabhängig.

Back Bay & Fenway

Tasty Burger BURGER $

(Karte S. 190; www.tastyburger.com; 1301 Boylston St; Burger 4–6 US$; ⌚11–2 Uhr; ; T Fenway) Die einstige Tankstelle ist heute ein Retro-Burger-Lokal mit Picknicktischen im Freien und einem Billardtisch drinnen. Der Name ist eine Hommage an *Pulp Fiction*, wie auch das Poster von Samuel L. Jackson an der Wand. Man hat zwar kein halbes Pfund Fleisch auf dem Brötchen, aber trotzdem ist es lecker!

Abgesehen von Burgern bekommt man hier billiges Bier und kann sich Sport im Fernsehen anschauen.

Parish Café SANDWICHES $$

(Karte S. 194; www.parishcafe.com; 361 Boylston St; Sandwich 12–15 US$; ⌚12–2 Uhr; ; T Arlington) Hier kann man Kreationen der berühmtesten Bostoner Chefköche probieren, ohne dass das Budget gesprengt würde. Auf der Karte des Parish stehen viele Salate und Sandwiches diverser lokaler Promiköche wie Lydia Shire, Ken Oringer und Barbara Lynch.

Cambridge

★**Clover Food Lab** VEGETARISCH $

(Karte S. 190; www.cloverfoodlab.com; 7 Holyoke St; Hauptgerichte 6–7 US$; ⌚7–24 Uhr; ; T Harvard) Das Clover ist auf dem neuesten Stand. Es ist komplett mit Hightech ausgerüstet: Die Speisekarte wird live upgedatet, und auch die Bestellung erfolgt elektronisch. Aber eigentlich geht's ja ums Essen: Es gibt vegetarische Kost aus lokalem, saisonalem Anbau – preisgünstig, lecker und schnell. Wie lange genau es dauert, bis die Bestellung kommt, erfährt man auf der Speisekarte. Interessant ist, dass das Clover als Food Truck begann (ein paar Trucks drehen noch immer ihre Runden).

Cambridge, 1 PIZZERIA $$

(Karte S. 190; www.cambridge1.us; 27 Church St; Pizza 17–22 US$; ⌚11.30–24 Uhr; ; T Harvard) Die Pizzeria in der alten Feuerwache hat ihren Namen von dem in Stein gemeißelten Zeichen vor dem Gebäude. Die Inneneinrichtung ist schick und sparsam-industriell mit großen Fenstern zum Old Burying Ground hinten. Die Karte ist ebenso schlicht: Pizza, Suppe, Salat, Dessert. Die merkwürdig geformten Pizzas sind lecker, knusprig und einfallsreich belegt.

Ausgehen & Nachtleben

★**Bleacher Bar** SPORTBAR

(Karte S. 190; www.bleacherbarboston.com; 82a Lansdowne St; T Kenmore) Von der tollen Bar unter den Tribünen des Fenway Park blickt

BOSTON FÜR SCHWULE & LESBEN

Schwule sieht man überall in Boston und Cambridge, vor allem im South End. Der **Calamus Bookstore** (Karte S. 194; www.calamusbooks.com; 92 South St; ⌚Mo–Sa 9–19, So 12–18 Uhr; T South Station) ist eine exzellente Quelle für Infos zu Events und Organisationen. Hier bekommt man auch das kostenlose Wochenblatt *Bay Windows* (www.baywindows.com).

Es gibt keinen Mangel an Unterhaltungsoptionen für GLBT-Traveller. Von Drag-Shows bis hin zu Lesbenabenden hat die sexuell vielfältige Gemeinde für jeden etwas zu bieten.

Club Cafe (Karte S. 194; www.clubcafe.com; 209 Columbus Ave; ⌚11–2 Uhr; T Back Bay) Tagsüber ein cooles Café, nachts ein verrückter Club – und immer proppenvoll. Die Zielgruppe sind Männer, aber willkommen sind hier alle.

Diesel Cafe (www.diesel-cafe.com; 257 Elm St; ⌚Mo–Sa 6–23, So 7–11 Uhr; T Davis Sq) In dem industriellen, bei Studenten und Schwulen beliebten Café kann man Brezeln knabbern, Kaffee trinken und Bier süffeln.

Fritz (Karte S. 194; www.fritzboston.com; 26 Chandler St; ⌚12–2 Uhr; T Back Bay) Hier kann man die Sportler im TV beobachten – oder die Männer, die sich im TV die Sportler ansehen.

man genau aufs Mittelfeld (los, Jacoby!). Der Laden ist nicht der beste Ort, um sich ein Spiel anzuschauen, weil es hier recht voll wird, aber man bekommt einen Eindruck von der Atmosphäre in Amerikas ältestem Baseballstadion, selbst wenn die Sox gerade nicht spielen.

Wer einen Platz am Fenster will, muss eine bis zwei Stunden vor Spielbeginn seinen Namen auf die Warteliste setzen lassen. Sitzt man dann endlich, hat man 45 Minuten Zeit zum Essen.

★Drink COCKTAILBAR
(Karte S. 194; www.drinkfortpoint.com; 348 Congress St S; 16–1 Uhr; SL1 od. SL2, T South Station) Eine Cocktailkarte gibt's hier nicht. Stattdessen unterhält man sich mit dem Barkeeper und bekommt den eigenen Wünschen gemäß einen Drink gemixt. Die Bar nimmt die Kunst des Getränkemixens sehr ernst – und das merkt man nach dem Genuss einiger Kreationen sehr schnell. Das unterirdische Gewölbe schafft eine düstere, anregende Atmosphäre – die perfekte Adresse für ein Date.

Warren Tavern HISTORISCHER PUB
(Karte S. 190; www.warrentavern.com; 2 Pleasant St; 11–1 Uhr; T Community College) Das Warren Tavern ist eine der ältesten Kneipen in Boston und hat auch schon für George Washington und Paul Revere Bier gezapft. Es ist nach General Joseph Warren benannt, der in der Schlacht von Bunker Hill (also kurz vor Eröffnung der Kneipe im Jahr 1780) gefallen ist.

☆ Unterhaltung

Boston hat Unterhaltungsangebote für jeden Geschmack.

Livemusik

★Club Passim FOLKMUSIK
(Karte S. 190; 617-492-7679; www.clubpassim.org; 47 Palmer St; Ticket 15–30 US$; T Harvard) Es scheint, als würde die Folkmusik in Boston außerhalb der irischen Bars einfach aussterben, aber dieser legendäre Club macht einen tollen Job und füllt mit den erstklassigen Bands, die hier auftreten, praktisch ganz allein das Vakuum. Der bunte, trauliche Club versteckt sich in einer Seitenstraße des Harvard Sq. Wer sich hier eine Show ansieht, kann sich davor gleich noch im **Veggie Planet**, einem unglaublich guten Restaurant vor Ort, ein üppiges Abendessen bestellen.

> **GÜNSTIGE TICKETS**
>
> Zum halben Preis verkaufen die **BosTix-Kioske** (www.bostix.org; Di–Sa 10–18, So 11–16 Uhr) an der Faneuil Hall und am Copley Sq Tickets für Theatervorstellungen und Konzerte, die am selben Tag in Boston stattfinden – allerdings nur gegen Bares (keine Kartenzahlung).

★Red Room@Café 939 LIVEMUSIK
(Karte S. 190; www.cafe939.com; 939 Boylston St; T Hynes) Das von Berklee-Studenten betriebene Red Room ist einer der besten Musikclubs in Boston. Es gibt hier eine ausgezeichnete Musikanlage und einen Stutzflügel. Das Wichtigste aber ist die bunte Mischung aus interessanten aufstrebenden Musikern, die hier auftreten. Hier kann man Bands erleben, die auf dem Weg nach ganz oben sind. Karten bekommt man im Voraus im **Berklee Performance Center** (Karte S. 190; www.berkleebpc.com; 136 Massachusetts Ave; T Hynes).

Sinclair LIVEMUSIK
(Karte S. 190; www.sinclaircambridge.com; 52 Church St; Ticket 15–18 US$; Di–So 11–1, Mo 17–1 Uhr; T Harvard) Großartiger neuer kleiner Club für Livemusik: Die Akustik ist exzellent, und wem die Massen unten zu viel sind, der kann sich ins Zwischengeschoss flüchten. In dem Club treten lokale und regionale Bands und DJs auf. Hinzu kommt noch, dass die angeschlossene Küche unter der Leitung von Michael Schlow köstliches, absolut erstklassiges Essen liefert (die Bedienung ist leider nicht so auf Zack).

Klassische Musik & Theater

Die großen Bühnen im Theater District wurden alle aufwendig restauriert und erstrahlen wieder in der Pracht des frühen 20. Jhs.

★Boston Symphony Orchestra KLASSIK
(BSO; Karte S. 190; 617-266-1200; www.bso.org; Symphony Hall, 301 Massachusetts Ave; Ticket 30–115 US$; T Symphony) Die fast perfekte Akustik passt zum ehrgeizigen Spielplan des weltbekannten Boston Symphony Orchestra. Von September bis April spielt das BSO für ein schick gekleidetes Publikum in der schönen Symphony Hall, die eine hohe, ornamental verzierte Decke hat. Das Gebäude wurde 1861 mit Hilfe eines Physikers aus Harvard entworfen, der versprach, einen akustisch perfekten Konzertsaal zu bauen (und sein Versprechen auch hielt).

Boston Ballet TANZ

(☎ 617-695-6950; www.bostonballet.org; Ticket 15–100 US$) Bostons erfahrenes Ballett-Ensemble präsentiert im **Opera House** (Karte S. 194; www.bostonoperahouse.com; 539 Washington St; Ⓣ Downtown Crossing) moderne und klassische Stücke. Sehr populär ist die *Nussknacker*-Aufführung in der Weihnachtszeit. Zwei Stunden vor der Vorstellung beginnt für Studenten und Kinder der Kartenverkauf zum Preis von 20 US$.

Sport

Boston liebt seine Sportmannschaften. Warum auch nicht? Immerhin gewannen die Profiteams in den letzten Jahren die vier größten Meisterschaften und holten damit den „Grand Slam of American Sports".

★ **Fenway Park** SPORT

(Karte S. 190; www.redsox.com; 4 Yawkey Way; Ticket 25–125 US$; Ⓣ Kenmore) Von April bis September kann man die Red Sox im Fenway Park spielen sehen, dem ältesten und geschichtsträchtigsten Baseballstadion des Landes. Leider ist es auch das teuerste. Das hält Fenway-Fans aber nicht davon ab, sich auf die Karten zu stürzen. Manchmal werden zwei Stunden vor Anpfiff ermäßigte Tickets verkauft.

TD Garden BASKETBALL, EISHOCKEY

(Karte S. 194; ☎ Infos 617-523-3030, Tickets 617-931-2000; www.tdgarden.com; 150 Causeway St; Ⓣ North Station) Die Reinkarnation des Boston Garden: Hier spielen die Bruins zwischen September und Juni Eishockey und die Celtics zwischen Oktober und April Basketball.

NICHT VERSÄUMEN

MÄRKTE

Auf Wochenmärkten, teils Flohmarkt, teils Kunsthandwerksmarkt, kann man prima schlendern, shoppen und Leute beobachten. Unter den Zeltdächern preisen mehr als 100 Verkäufer ihre Waren an. Der Markt ist jede Woche anders, aber es gibt immer Kunst und Kunsthandwerk, Modernes, alte Klamotten, Schmuck, Obst und Gemüse aus der Region und hausgemachte Süßwaren. Wer im Sommer da ist, sollte samstags dem Markt am **Rose Kennedy Greenway** (Karte S. 194; www.greenwayopenmarket.com; Surface Ave; ⏲ Juni–Okt. Sa 11–17 Uhr; Ⓣ Aquarium) und sonntags im **South End** (Karte S. 190; www.sowaopenmarket.com; 540 Harrison Ave; ⏲ Mai–Okt. So 10–16 Uhr; 🚌 SL4 oder SL5, Ⓣ Tufts Medical Center) einen Besuch abstatten.

Shoppen

Die Newbury St in Back Bay und die Charles St auf dem Beacon Hill sind die besten Einkaufsmeilen Bostons mit der größten Auswahl traditioneller und trendiger Läden. Der Harvard Sq ist berühmt für seine Buchläden, und South End ist das aufstrebende Kunstviertel der Stadt. Große Einkaufszentren sind **Copley Place** (Karte S. 190; www.simon.com; 100 Huntington Ave; ⏲ Mo–Sa 10–20, So 12–18 Uhr; Ⓣ Back Bay) und das **Prudential Center** (Karte S. 190; www.prudentialcenter.com; 800 Boylston St; ⏲ 10–21 Uhr; 📶; Ⓣ Prudential) in Back Bay.

Lucy's League BEKLEIDUNG

(Karte S. 194; www.thecolorstores.com; North Bldg, Faneuil Hall; Ⓣ Government Center) Zugegeben, die rosa Red-Sox-Mützen sind gewöhnungsbedürftig, aber manchmal wollen Frauen eben auch schick aussehen, während sie ihr Team anfeuern! Im Lucy's League finden modebewusste Sportfans Shirts, Jacken und andere Sachen mit Logos der örtlichen Teams und kessen, figurbetonenden Schnitten.

Life is Good BEKLEIDUNG, GESCHENKE

(Karte S. 190; www.lifeisgood.com; 285 Newbury St; Ⓣ Hynes) Für diese lokale Designermarke mit T-Shirts, Rucksäcken und anderen Sachen ist das Leben tatsächlich gut. Unverkennbar ist der Aufdruck, der die verrückte Figur Jake zeigt – beim Gitarrespielen, Gassigehen, Kaffeetrinken, Klettern und bei anderen Aktivitäten, die Spaß machen. Immer mit von der Partie ist der Slogan „Life is good".

Converse SCHUHE, BEKLEIDUNG

(Karte S. 190; www.converse.com; 348 Newbury St; Ⓣ Hynes) Gleich die Straße rauf, in Malden, MA, begann Converse 1908 Schuhe herzustellen. In den 1920er Jahren stieß Chuck Taylor zu dem Team, und der Rest ist Geschichte. Dieses Outlet ist eines von dreien im Land und hat eine unglaubliche Auswahl von Sneakers, Jeans und anderen Klamotten im Angebot. Die kultigen Schuhe gibt's in allen Farben und Mustern, und wer will, kann sie sich in der Customization Area auch nach eigenen Vorstellungen gestalten.

KEINE VERKAUFSSTEUER

Auf Bekleidung im Wert von bis zu 175 US$ wird in Massachusetts keine Verkaufssteuer erhoben, weil sie lebensnotwendig ist. Nun müsste man nur noch jemanden davon überzeugen, dass diese superteure Designerjeans *auch* lebensnotwendig ist …

Praktische Informationen

INFOS IM INTERNET

Boston Central (www.bostoncentral.com) Gute Website für Familien mit Infos zu Aktivitäten mit Kindern.

City of Boston (www.cityofboston.gov) Offizielle Website der Bostoner Stadtverwaltung mit Links zu für Traveller relevanten Websites.

INTERNETZUGANG

Internetzugang gibt's in Hotels, Cafés, in Bussen und sogar an öffentlichen Plätzen wie der Faneuil Hall und am Greenway. Viele Cafés nehmen eine Gebühr, manchmal ist aber auch die erste Stunde gratis.

Boston Public Library (www.bpl.org; 700 Boylston St; ⏲ganzjährig Mo–Do 9–21, Fr & Sa bis 17 Uhr, Okt.–Mai So 13–17 Uhr; 📶; T Copley) Wenn die 15 Gratis-Internetminuten nicht ausreichen, kann man sich bei der Buchausleihe einen Besucherausweis holen und sich für eine Stunde Gratisinternet eintragen. Frühmorgens kommen, um längere Wartezeiten zu vermeiden!

Wired Puppy (www.wiredpuppy.com; 250 Newbury St; ⏲6.30–19.30 Uhr; 📶; T Hynes) Bietet kostenlosen Internetzugang und Computer, falls man keinen eigenen dabeihat. Man kann hier aber auch nur gemütlich einen Kaffee trinken.

MEDIEN

Boston Globe (www.boston.com) Der *Globe* ist eine der zwei großen Tageszeitungen. Infos zu Veranstaltungen findet man donnerstags in der umfangreichen Beilage *Calendar* und täglich unter der Rubrik *Sidekick*.

Improper Bostonian (www.improper.com) Freches Gratisblatt, das alle zwei Wochen in Ausgabekästen auf dem Bürgersteig bereitliegt.

MEDIZINISCHE VERSORGUNG

CVS Pharmacy (www.cvs.com) Cambridge (www.cvs.com; 1426 Massachusetts Ave, Cambridge; ⏲24 Std.; T Harvard); Back Bay (☎617-437-8414; 587 Boylston St; ⏲24 Std.; T Copley)

Massachusetts General Hospital (☎617-726-2000; www.massgeneral.org; 55 Fruit St; ⏲24 Std.; T Charles/MGH) Das größte und beste Krankenhaus der Stadt. Oft wird man an kleinere Kliniken und Krisen-Hotlines weiterverwiesen.

POST

Hauptpost (www.usps.com; 25 Dorchester Ave; ⏲6–24 Uhr; T South Station) Einen Block südöstlich der South Station.

TOURISTENINFORMATION

Cambridge Visitor Information Kiosk (Karte S. 190; www.cambridge-usa.org; Harvard Sq; ⏲Mo–Fr 9–17, Sa & So 13–17 Uhr; T Harvard) Detaillierte Infos zu aktuellen Veranstaltungen in Cambridge und zu Rundgängen auf dem Campus.

Greater Boston Convention & Visitors Bureau (GBCVB; www.bostonusa.com) Boston Common (Karte S. 194; ☎617-426-3115; 148 Tremont St, Boston Common; ⏲Mo–Fr 8.30–17, Sa & So 9–17 Uhr; T Park St); Prudential Center (Karte S. 190; www.bostonusa.com; 800 Boylston St, Prudential Center; ⏲9–18 Uhr; T Prudential)

An- & Weiterreise

An- und Abreise gestalten sich in Boston sehr einfach. Der Bahnhof und der Busbahnhof liegen praktischerweise nebeneinander, und der Flughafen ist mit der U-Bahn schnell und problemlos zu erreichen.

BUS

Die **South Station** (Karte S. 194.; 700 Atlantic Ave) ist der Startpunkt für zahlreiche verschiedene Langstreckenbuslinien von **Greyhound** (www.greyhound.com) und diverse regionale Buslinien.

FLUGZEUG

Der **Logan International Airport** (☎800-235-6426; www.massport.com/logan), der vom Stadtzentrum aus gesehen direkt auf der anderen Seite des Boston Harbor gelegen ist, wird von großen in- und ausländischen Fluglinien genutzt. Es gibt hier sämtliche Service-Einrichtungen.

FAHRT NACH NEW YORK CITY

Die billigste Art, von Boston nach N. Y. C. zu kommen, ist per Bus. **Yo! Bus** (www.yobus.com; einfache Strecke 12–28 US$; 📶; T South Station) betreibt täglich sechs Busse ab der South Station; **Go Buses** (www.gobuses.com; einfache Strecke ab 15 US$; 📶; T Alewife) fährt ab Cambridge.

FAHRRAD-SHARING

Bostons brandneues Fahrrad-Sharing-Programm (gesponsert von New Balance – und daran wird man dauernd erinnert) nennt sich **Hubway** (www.thehubway.com; 30 Min. gratis, 60/90/120 Min. 2/6/14 US$; ⏱24 Std.). In der ganzen Stadt verteilt gibt es inzwischen 60 Hubway-Stationen mit insgesamt 600 Fahrrädern, die man kurzzeitig ausleihen kann. Man besorgt sich an einem der Fahrradkioske eine zeitweilige Mitgliedschaft und zahlt dann die Nutzung des Rads jeweils pro halbe Stunde (bis 30 Min. gratis). Zurückgeben kann man den Drahtesel dann an irgendeiner beliebigen Station.

Die Preise von Hubway sind auf kürzere Strecken abgestimmt, für die man sonst ein Taxi nehmen würde. Für Freizeit- und längere Radtouren empfiehlt sich der Fahrradverleih Urban AdvenTours (S. 200).

ZUG

Die Züge der **MBTA Commuter Rail** (☎800-392-6100, 617-222-3200; www.mbta.com) verkehren von der North Station in Boston nach Concord und Salem und von der Bostoner South Station nach Plymouth sowie nach Providence und zurück.

Der **Amtrak**-Bahnhof (☎800-872-7245; www.amtrak.com; South Station) ist South Station. Eine Zugfahrt nach New York kostet 73 bis 126 US$ und dauert etwa viereinhalb Stunden; für den schnelleren *Acela Express* (3½ Std.) zahlt man 147 US$.

ℹ Unterwegs vor Ort

AUTO

Das Autofahren in Boston ist nichts für schwache Nerven. Am besten hält man sich in der Stadt an öffentliche Verkehrsmittel. Wer mit einem Mietwagen weiterreist, sollte diesen erst am Ende seines Bostonbesuchs abholen.

VOM/ZUM FLUGHAFEN

Der Logan International Airport ist nur einige Kilometer von Downtown Boston entfernt und mit der blauen U-Bahn-Linie oder dem Bus der silbernen Linie zu erreichen.

TAXI

Innerhalb des Stadtgebiets kosten Fahrten mit einem der vielen Taxis 15 bis 25 US$. Taxis lassen sich einfach heranwinken und sind auch vor großen Hotels zu finden. Bei **Metro Cab** (☎617-242-8000) oder **Independent** (Karte S.190; ☎617-426-8700) können sie telefonisch bestellt werden.

U-BAHN

Die **MBTA** (☎800-392-6100, 617-222-3200; www.mbta.com; 2–2,50 US$/Fahrt; ⏱5.30–12.30 Uhr) betreibt mit der „T" von 1897 die älteste U-Bahn der USA. Die fünf verschiedenfarbigen Linien (rot, blau grün, orange und silber) erstrecken sich strahlenförmig ab den innerstädtischen U-Bahnhöfen Park St, Downtown Crossing und Government Center. „Inbound"-Bahnen fahren jeweils zu einem dieser drei Bahnhöfe, „Outbound"-Bahnen in die Gegenrichtung. Achtung: Die silberne Linie ist eigentlich ein Schnellbus, mit dem man gut zum Logan Airport und zu einigen anderen Zielen kommt!

Rund um Boston

Rund um Boston gibt es jede Menge Ziele mit viel Geschichte, lebendiger Kultur und einmaligen Events zu entdecken. Die meisten sind per Auto oder Zug leicht erreichbar und eignen sich ideal für Tagesausflüge.

Lexington & Concord

In dem 15 Meilen (24 km) nordwestlich von Boston gelegenen Lexington befindet sich der historische **Battle Green** (Massachusetts Ave), wo 1775 ein Gefecht zwischen Patrioten und britischen Truppen den Auftakt zum Amerikanischen Unabhängigkeitskrieg bildete. Nach der Schlacht marschierten die britischen Rotröcke westwärts nach Concord. Diese Strecke nennt sich heute **Battle Road**. Die Rotröcke trafen an der **Old North Bridge** wieder auf die Minutemen und mussten ihre erste Niederlage einstecken. Einblicke in das folgenschwere Ereignis erhält man im **Minute Man National Historic Park** (www.nps.gov/mima; 250 North Great Rd, Lincoln; ⏱April–Okt. 9–17 Uhr, Nov. 9–16 Uhr; 👪) GRATIS und im Visitor Center am Ostende der Battle Rd nahe der Brücke.

Abgesehen von seiner Revolutionsgeschichte war Concord im 19. Jh. auch die Heimat einer lebhaften Literatengemeinde. Neben der **Old North Bridge** befindet sich das **Old Manse** (www.thetrustees.org; 269 Monument St; Erw./Kind/Senior & Student 8/5/7 US$; ⏱Mai–Okt. Di–So 12–17 Uhr, März–April & Nov–Dez. nur Sa & So), das frühere Wohnhaus des Schriftstellers Nathaniel Hawthorne. Im Umkreis von 1 Meile (1,6 km) vom Stadtzentrum finden sich das **Ralph Waldo Emerson House** (www.rwe.org; 28 Cambridge Turnpike; Erw./Kind/Senior & Student 7 US$/frei/5 US$; ⌚Mitte April–Okt. Do–Sa 10–16.30, So 13–16.30 Uhr) und Louisa May Alcotts **Orchard House** (www.louisamayalcott.org; 399 Lexington Rd; Erw./Kind/Senior & Student 10/5/8 US$; ⌚April–Okt. Mo–Sa 10–16.30, So 13–16.30 Uhr, Nov.–März Mo–Fr 11–15, Sa 10–16.30, So 13–16.30 Uhr).

Henry David Thoreau lebte und verfasste sein berühmtestes Werk am **Walden Pond** (www.mass.gov/dcr/parks/walden; 915 Walden St; ⌚Sonnenaufgang–Sonnenuntergang) GRATIS, 3 Meilen (4,8 km) südlich vom Zentrum. Man kann das Anwesen mit der Hütte besichtigen und einen inspirierenden Spaziergang rund um den See machen. All diese Autoren liegen auf dem **Sleepy Hollow Cemetery** (www.friendsofsleepyhollow.org; Bedford St; ⌚Sonnenaufgang–Sonnenuntergang) im Ortszentrum begraben. Die **Concord Chamber of Commerce** (www.concordchamberofcommerce.org; 58 Main St; ⌚April–Okt. 9.30–16.30 Uhr) hat detaillierte Infos zu den Stätten und den jahreszeitlich wechselnden Öffnungszeiten.

Salem

Salem ist vor allem wegen der hysterischen Hexenjagd von 1692 bekannt, bei der unschuldige Menschen sterben mussten, weil sie angeblich Hexerei betrieben. Heute gefällt sich Salem mit Hexenmuseen, Geistertouren und verrückten Halloween-Feiern in seiner Rolle als „Hexenstadt".

Diese Vorfälle verdecken allerdings den wahren Grund für den Ruhm der Stadt, die ihre besten Zeiten als Zentrum eines regen Seehandels mit dem Fernen Osten erlebte. Die **Salem Maritime National Historic Site** (www.nps.gov/sama; 193 Derby St; ⌚9–17 Uhr) GRATIS umfasst das Zollhaus, die Anlegeplätze und andere Gebäude an der Derby St, die von der regen Schifffahrt als einstiger Hauptschlagader Salems zeugen. Man kann einen Bummel bis zum Ende der **Derby Wharf** machen und einen Blick in den **Leuchtturm** von 1871 werfen oder an Bord des Großseglers **Friendship** gehen. Alle Infos erhält man im **NPS Regional Visitor Center** (www.nps.gov/sama; 2 New Liberty St; ⌚9–17 Uhr).

Das außergewöhnliche **Peabody Essex Museum** (www.pem.org; 161 Essex St; Erw./Kind 15 US$/frei; ⌚Di–So 10–17 Uhr; 👪) ist eine perfekte Einführung in die Seefahrervergangenheit Salems. Das Museum wurde gegründet für die Kunstwerke, Artefakte und Kuriositäten, die die Salemer Händler bei ihren frühen Expeditionen aus dem Fernen Osten mitbrachten. Wie die Exponate zeigen, hatten sie einen guten Geschmack und die Taschen voller Geld. Neben erstklassigen Werken aus China und der Südsee besitzt das Museum auch eine ausgezeichnete Sammlung von Kunstwerken amerikanischer Ureinwohner.

Plymouth

Plymouth zelebriert sich als „America's Hometown", denn hier gingen im Winter 1620 die Pilgerväter auf ihrer Suche nach einem Ort, an dem sie ihre Religion ohne Behinderung durch die Regierung frei ausüben konnten, an Land. Ein nichtssagender, verwitterter Granitfelsen – der berühmte **Plymouth Rock** – markiert die Stelle, an der sie

STADT DER HEXEN

Salem vermarktet die Hexenjagd in seiner Vergangenheit mit viel Humor. Aber die Geschichte lehrt, was passieren kann, wenn Angst und Wahnsinn den gesunden Menschenverstand und das Mitgefühl verdrängen.

Bis zum Ende der hysterischen Hexenjagd 1692 wurden insgesamt 156 Menschen angeklagt; 55 bekannten sich schuldig und bezichtigten andere der Hexerei, um ihr eigenes Leben zu retten, und 14 Frauen und fünf Männer wurden gehenkt. Das schlichte, aber bewegende **Witch Trials Memorial** (Charter St) ist ein Denkmal zu Ehren der unschuldigen Opfer.

Das authentischste aller Salemer Hexenmuseen ist das **Witch House** (Jonathan Corwin House; www.salemweb.com/witchhouse; 310 Essex St; Erw./Kind/Senior 8,25/4,25/6,25 US$, Führung zusätzl. 2 US$; ⌚Mai–Nov. 10–17 Uhr). Hier lebte einst Jonathan Corwin, ein Richter in den hiesigen Hexenprozessen.

Einen informativen, exakten Überblick über diesen hässlichen Abschnitt der Geschichte Salems erhält man bei **Hocus Pocus Tours** (www.hocuspocustours.com; Erw./Kind 16/8 US$), deren Touren weder kitschig noch verlogen sind.

angeblich zum ersten Mal das fremde Land betraten. Die **Mayflower II** (www.plimoth.org; State Pier, Water St; Erw./Kind 10/7 US$; ⌚ April–Nov. 9–17 Uhr; 👪) in der Nähe ist eine Nachbildung des kleinen Schiffs, mit dem die Pilgerväter ihre schicksalsträchtige Fahrt über den Ozean in die neue Welt machten.

Die **Plimoth Plantation** (www.plimoth.org; MA 3A; Erw./Kind 26/15 US$; ⌚ April–Nov. 9–17 Uhr; 👪), 3 Meilen (4,8 km) südlich des Zentrums von Plymouth, ist ein authentischer Nachbau eines Pilgerdorfs von 1627. Alles in dem Dorf – die Kostüme der Darsteller, ihre Sprechweise, die Gerätschaften, das Kunsthandwerk, die zubereiteten Speisen und die Feldfrüchte – wurde nach sorgfältigen Recherchen den damaligen Verhältnissen nachempfunden. Ebenso interessant sind die nachgebildeten Wohnstätten der Wampanoag-Indianer, die zur selben Zeit in der Gegend lebten.

Cape Cod

Die Dünen der National Seashore erklimmen, auf dem Cape Cod Rail Trail radeln, Austern in Wellfleet Harbor essen – diese sandige Halbinsel strotzt nur so vor Lokalkolorit. Das „Cape", wie die Einheimischen sagen, gehört mit seinen 643 schimmernden Kilometern Küste zu Neuenglands schönsten Zielen für Strandliebhaber. Die Strände sind aber längst nicht alles: Wer genug von Sonne und Sand hat, kann Künstlerenklaven erkunden, Bootsfahrten unternehmen oder tief in die freigeistige Atmosphäre von Provincetowns Straßen eintauchen.

Die **Cape Cod Chamber of Commerce** (☎ 508-362-3225; www.capecodchamber.org; MA 132 am US 6, Hyannis; ⌚ Mo–Sa 9–17 Uhr, So 10–14 Uhr) liefert Infos zur Region.

Sandwich

Der historische Kern des ältesten Dorfes auf Cape Cod umgibt einen malerischen Schwanenteich, mehrere kleine Museen und eine ca. 1654 erbaute Getreidemühle mit Wasserrad.

Sehenswertes

Wer Lust auf Salzwasser hat, fährt hinaus zum **Sandy Neck Beach** (Sandy Neck Rd; West Barnstable) hinter der MA 6A. Dieser fast 10 km lange Sandstreifen (Parken 15–20 US$) ist super zum Strandgutsammeln und für ein erfrischendes Bad.

Sandwich Glass Museum MUSEUM
(☎ 508-888-0251; www.sandwichglassmuseum.org; 129 Main St; Erw./Kind 6/1,25 US$; ⌚ 9.30–17 Uhr) Sandwichs Glasbläsererbe aus dem 19. Jh. wird hier kunstvoll präsentiert. Vorführungen finden tagsüber immer stündlich statt.

Heritage Museums & Gardens MUSEUM
(☎ 508-888-3300; www.heritagemuseumsandgardens.org; 67 Grove St; Erw./Kind 15/7 US$; ⌚ 10–17 Uhr; 👪) Dieses Museum ist für Kinder und Erwachsene gleichermaßen interessant. Auf einem Gelände von rund 31 ha zeigt es eine herrliche Oldtimer-Sammlung in einer Rundhütte im Shaker-Stil (Shaker gehören einer christlichen Freikirche an), ein noch immer funktionstüchtiges Karussell von 1912, Exponate zur Volkskunst und einen der schönsten Rhododendrengärten der USA.

Cape Cod Canal KANAL
(www.capecodcanal.us; 👪🐾) GRATIS Cape Cod ist nicht mit dem Festland verbunden, aber auch keine richtige Insel – oder war es zumindest bis 1914 nicht, als der Cape Cod Canal gebaut wurde, um den Schiffen die 217 km lange Umrundung der tückischen Spitze des Kaps zu ersparen. Ein fast 10 km langer Weg – ideal zum Wandern, Radfahren und Inlineskaten – führt vom Sandwich Harbor an der Südseite des Kanals entlang.

Schlafen & Essen

Shawme-Crowell State Forest CAMPING $
(☎ 508-888-0351; www.reserveamerica.com; MA 130; Stellplatz 14 US$) 285 schattige Stellplätze auf einem 308 ha großen Waldgelände nahe der MA 6A.

Belfry Inne & Bistro B&B $$$
(☎ 508-888-8550; www.belfryinn.com; 8 Jarves St; Zi. inkl. Frühstück 149–299 US$; ❄📶) Schon mal in einer Kirche eingeschlafen? Dann könnte das zu einem gehobenen B&B kreativ umgebaute ehemalige Gotteshaus genau das Richtige sein! In manchen Zimmern fällt das Licht sogar noch durch die originalen Buntglasfenster. Wem die Figur des Erzengels Gabriel über dem Bett dann doch etwas zu viel ist, der findet in den zwei anderen Quartieren des Belfry auch konventionellere Zimmer.

Seafood Sam's SEAFOOD $$
(www.seafoodsams.com; 6 Coast Guard Rd; Hauptgerichte 8–20 US$; ⌚ 11–21 Uhr; 👪) Für Fa-

Cape Cod, Martha's Vineyard & Nantucket

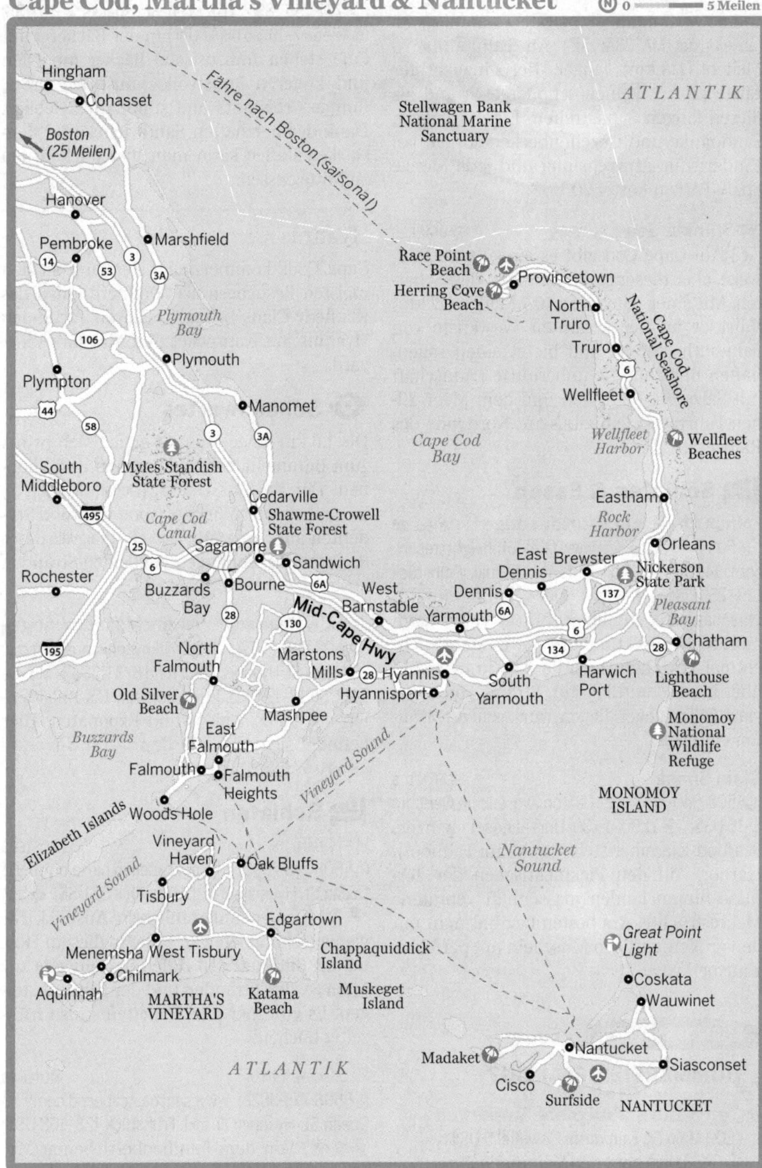

milien ist das Sam's, in dem Fish & Chips, gebratenen Muscheln und Hummersandwiches aus der Küche kommen, eine wirklich gute Wahl. Man isst an Picknicktischen im Freien mit Blick auf den Cape Cod Canal und schaut den vorbeifahrenden Fischerbooten zu.

Falmouth

Die zweitgrößte Ortschaft auf Cape Cod kann vor allem mit ihren fantastischen Sandstränden und einem malerischen Radweg am Meer, von dem aus man sich die Landschaft anschauen kann, punkten.

Sehenswertes & Aktivitäten

Old Silver Beach STRAND

(abseits der MA 28A;) An Falmouths 70 Meilen (113 km) langer, tief eingekerbter Küste gibt es keinen schöneren Strand als diesen langen Sandstreifen. Ein Felsensteg, Sandbänke und Gezeitenbecken sorgen bei Kindern für Abwechslung und jede Menge Spaß. Parken kostet 20 US$.

★ **Shining Sea Bikeway** RADFAHREN

() Auf Cape Cod gibt es einige tolle Radwege, aber dieser stellt sie alle in den Schatten. Mit einer Länge von 10,7 Meilen (17 km) führt er an der gesamten Westküste von Falmouth entlang und bietet einen sagenhaften Blick auf die unberührte Landschaft mit Salzseen, Marschen und dem Meer. Einen Fahrradverleih gibt's am Nordende des Radwegs.

Schlafen & Essen

Falmouth Heights Motor Lodge MOTEL $$

(508-548-3623; www.falmouthheightsresort.com; 146 Falmouth Heights Rd; Zi. inkl. Frühstück 129–259 US$;) Der Name täuscht: Das saubere, familiengeführte Haus kann man nicht direkt anfahren – es steht nicht einmal am Highway. Alle 28 Zimmer sind überdurchschnittlich gut. Strand und Vineyard-Fähranleger liegen nur wenige Minuten entfernt.

Clam Shack SEAFOOD $

(508-540-7758; 227 Clinton Ave; leichte Gerichte 6–15 US$; 11.30–19.30 Uhr) Dieser winzige Seafood-Klassiker steht direkt am Falmouth Harbor. Auf den Picknicktischen der Terrasse hinten landen massenhaft gebratene Meeresfrüchte. Am besten beginnt man mit den großen, saftigen Muscheln mit perfekter Knusperkruste.

NICHT VERSÄUMEN

HUMMEREIS GEFÄLLIG?

Ben & Bill's Chocolate Emporium (209 Main St, Falmouth; Eiswaffel 5 US$; 9–23 Uhr) hebt den Hummerwahnsinn auf eine neue Stufe: Hier sind die Schalentiere schon auf die Eiskarte gekrochen und lassen einen das gute, alte Vanilleeis vergessen: Statt der 31 anderen, normalen Sorten kann man an der Theke also eine Kugel Hummereis bestellen.

Maison Villatte CAFÉ $

(774-255-1855; 267 Main St; Snacks 3–10 US$; Mi–Sa 7–19, So bis 17 Uhr) In der Bäckerei mit Café stehen französische Bäcker am Ofen und kreieren kunstvolle knusprige Brote, fluffige Croissants und sündhaftes Gebäck. Dank der herzhaften Sandwiches und dem starken Kaffee kann man hier auch prima zu Mittag essen.

Hyannis

Cape Cods kommerzielles Zentrum ist den meisten Besuchern als Sommerdomizil des Kennedy-Clans bekannt. Fähren verbinden Hyannis mit Nantucket und Martha's Vineyard.

Sehenswertes

Die 1,6 km lange Main St eignet sich prima zum Bummeln, Essen, Ausgehen und Shoppen. Der **Kalmus Beach** (Ocean St, Hyannis) ist ein beliebter Windsurfspot, während Studenten am **Craigville Beach** (Craigville Beach Rd, Centerville) abhängen. An beiden Stränden kostet das Parken 15 bis 20 US$.

John F. Kennedy Hyannis Museum MUSEUM

(508-790-3077; http://jfkhyannismuseum.org; 397 Main St, Hyannis; Erw./Kind 8/3 US$; Mo–Sa 9–17, So 12–17 Uhr) Ehrt den 35. US-Präsidenten mit Fotos, Videos und Exponaten. Hier befindet sich auch die **Cape Cod Baseball League Hall of Fame**.

Schlafen

HI-Hyannis HOSTEL $

(508-775-7990; http://capecod.hiusa.org; 111 Ocean St, Hyannis; B inkl. Frühstück 32 US$;) Wer einen unbezahlbaren Ausblick für wenig Geld haben will, sollte in diesem Hostel mit Blick auf den Hafen in Gehweite zur Main St, den Stränden und der Fähre absteigen. Es gibt hier nur 37 Betten – also frühzeitig buchen!

SeaCoast Inn MOTEL $$

(508-775-3828; www.seacoastcapecod.com; 33 Ocean St, Hyannis; Zi. inkl. Frühstück 128–168 US$;) Von dem familienbetriebenen Motel braucht man nur zwei Gehminuten in der einen Richtung zum Hafen und in der anderen zu den Restaurants an der Main St. Es gibt hier keinen besonderen Ausblick und auch keinen Pool, aber die Zimmer sind schön gemütlich, die meisten haben auch Kochnischen, und der Preis ist unschlagbar für Hyannis.

ABSTECHER

WOODS HOLE

Das Nest Woods Hole ist der Standort des größten Meeresforschungsinstituts der USA. Vom Erkunden des Titanic-Wracks bis hin zu Klimawandelstudien hat sich die Woods Hole Oceanographic Institution (WHOI, ausgesprochen: *huh-ei*) schon allen möglichen Bereichen gewidmet.

Genaue Einblicke bekommt man im Rahmen von Gratisführungen, die am **WHOI Information Office** (93 Water St) beginnen. Auch das **WHOI Ocean Science Exhibit Center** (15 School St; Mo–Sa 10–16.30 Uhr) lässt einen in die Arbeit der Wissenschaftler hineinschnuppern.

Das **Woods Hole Science Aquarium** (http://aquarium.nefsc.noaa.gov; 166 Water St; Di–Sa 11–16 Uhr;) ist nicht sonderlich auffällig oder effektvoll. Es zeigt aber ungewöhnliche Meeresbewohner, einheimische Fische und den *Homarus americanus* alias Hummer. Kinder freuen sich über die Tiere im Streichelbecken. Am besten kommt man zur Seehundfütterung (11 & 16 Uhr) hierher.

Das **Fishmonger Café** (www.fishmongercafe.com; 56 Water St; Hauptgerichte 10–25 US$; 7–21.30 Uhr) jenseits der Zugbrücke setzt die Meeresthematik fort: Bei Rundumblick aufs Wasser bekommt man diverse Gerichte mit Schwerpunkt auf frischem Seafood vorgesetzt.

Um von Falmouths Zentrum aus nach Woods Hole zu kommen, ab der MA28 die Woods Hole Rd gen Süden nehmen!

Essen

★**Bistrot de Soleil** MEDITERRAN $$
(www.bistrotdesoleil.com; 350 Stevens St, an der Main St, Hyannis; Hauptgerichte 10–25 US$; 11.30–21 Uhr) Mediterrane Einflüsse treffen auf frische Zutaten aus der Region, und es gibt alles von köstlicher Holzofenpizza bis Filet Mignon. Die schicke Lage, Bio-Weine und Tagesgerichte zum Festpreis von 20 US$ runden das Angebot ab.

Raw Bar SEAFOOD $$
(www.therawbar.com; 230 Ocean St, Hyannis ; Hummersandwich 26 US$; 11–19 Uhr) Hier gibt's die „Mutter aller Hummersandwiches": Man kriegt hier quasi ein ganzes Schalentier im Brötchen. Genauso toll ist die Aussicht auf den Hyannis Harbor.

Brewster

Das waldreiche Brewster auf Cape Cods Buchtseite ist ein guter Ausgangspunkt für Outdoor-Aktivitäten. Der Cape Cod Rail Trail führt genau durch den Ort hindurch. Außerdem gibt es hervorragende Möglichkeiten zum Campen, Wandern und für Wassersport.

Sehenswertes & Aktivitäten

Nickerson State Park PARK
(508-896-3491; 3488 MA 6A; 5 US$/Auto; Sonnenaufgang–Sonnenuntergang;) Kilometerlange Wander- und Radwege sowie acht Teiche mit Sandstränden machen diese 8 km² große Oase aus.

Jack's Boat Rental BOOTFAHREN
(508-349-9808; www.jacksboatrental.com; Bootsverleih 25–45 US$/Std.; 10–18 Uhr) Der Anbieter im Nickerson State Park verleiht Kanus, Kajaks und Segelboote.

Barb's Bike Rental RADFAHREN
(508-896-7231; www.barbsbikeshop.com; Fahrradverleih halber/ganzer Tag 18/24 US$; 9–18 Uhr) Dies ist ein Fahrradverleih am Parkeingang.

Schlafen

★**Nickerson State Park** CAMPING $
(877-422-6762; www.reserveamerica.com; Stellplatz 17 US$; Jurte 30–40 US$) Cape Cods bester Campingplatz mit 418 Stellplätzen mitten im Wald ist oft voll belegt – daher rechtzeitig reservieren!

★**Old Sea Pines Inn** B&B $$
(508-896-6114; www.oldseapinesinn.com; 2553 MA 6A; Zi. inkl. Frühstück 85–195 US$; @) Die Herberge in einem ehemaligen Mädcheninternat von 1840 hat sich einen gewissen altmodischen Charme bewahrt. Man fühlt sich hier ein wenig wie bei Oma, denn man wohnt zwischen alten Möbeln, sepiagetönten Fotos und Badewannen mit Klauenfüßen. Statt eines Fernsehers gibt es eine Veranda mit Schaukelstühlen.

NICHT VERSÄUMEN

RADELN AUF DEM RAIL TRAIL

Als eine der schönsten Radrouten Neuenglands ist der **Cape Cod Rail Trail** ein Musterbeispiel für das Konzept, alte Bahntrassen in Radwege umzuwandeln. Auf herrlichen 35,4 km entlang eines früheren Schienenstrangs passiert man Moosbeerensümpfe und Teiche mit perfekten Sand- bzw. Badestränden. Unterwegs kann man sehr viele Eindrücke vom alten Cape Cod sammeln und zum Mittagessen oder Sightseeing Abstecher in ruhige Dörfer machen. Von Dennis an der MA 134 führt der Trail bis nach South Wellfleet. Wer nur Zeit für ein Teilstück hat, fährt vom Nickerson State Park (Brewster) zur Cape Cod National Seashore (Eastham). Leihfahrräder gibt's am Wegbeginn in Dennis, im Nickerson State Park und gegenüber vom Salt Pond Visitor Center (S. 215) der National Seashore.

Essen

★ Brewster Fish House SEAFOOD $$
(www.brewsterfish.com; 2208 MA 6A; Hauptgerichte 14–32 US$; ⌚11.30–15 & 17–21.30 Uhr) Sehr beliebt bei Meeresfrüchtefans: Als Vorspeise sollte man die Hummercremesuppe wählen, der frische Hummerstücke eine süßliche Note verleihen. Danach kann man sein Netz bedenkenlos in alle Richtungen auswerfen. Da es nur elf Tische gibt und man nicht reservieren kann, empfiehlt sich ein Mittag- oder frühes Abendessen, um Wartezeiten zu vermeiden.

Cobie's SEAFOOD $$
(www.cobies.com; 3256 MA 6A; Hauptgerichte 9–23 US$; ⌚11–21 Uhr) Der Muschelimbiss an der Straße in praktischer Nähe zum Nickerson State Park bringt frittierte Meeresfrüchte auf die Picknicktische im Freien.

Chatham

Gehobene Gästehäuser und schicke Läden sind die Markenzeichen des elegantesten Ortes auf Cape Cod. Ein paar von Chathams Hauptattraktionen sind jedoch gratis. Bester Ausgangspunkt für Erkundungen ist die Main St mit coolen Galerien und alten Kapitänshäusern.

Am **Chatham Fish Pier** (Shore Rd) laden Fischer ihren Fang ab, während sich Seehunde auf den nahen Sandbänken in der Sonne aalen. Etwa 1 Meile (1,6 km) südlich der Shore Rd erstreckt sich am **Lighthouse Beach** eine endlose Weite aus Meer und Sandbänken – perfekt für herrliche Strandspaziergänge. Die ca. 31 km² große **Monomoy National Wildlife Refuge** (www.fws.gov/northeast/monomoy) schützt zwei unbewohnte Inseln voller Strandvögel. Bei den Bootstouren von **Monomoy Island Excursions** (☎508-430-7772; www.monomoysealcruise.com; 702 MA 28, Harwich Port; 1½-stündige Tour Erw./Kind 35/30 US$) erlebt man das Schutzgebiet aus der Nähe.

Schlafen & Essen

Bow Roof House B&B $$
(☎508-945-1346; 59 Queen Anne Rd; Zi. inkl. Frühstück 115 US$) Das heimelige, 1780 erbaute Haus mit sechs Zimmern ist in Sachen Preise und Angebot angenehm altmodisch. Ortszentrum und Strand erreicht man gut zu Fuß.

Chatham Cookware Café CAFÉ $
(☎508-945-1250; 524 Main St; Sandwiches 8 US$; ⌚6.30–16 Uhr) Nein, dies ist kein Laden für Töpfe und Pfannen, sondern das angesagteste Café im Zentrum, in dem man tollen Kaffee, hausgemachte Muffins und Sandwiches bekommt.

★ Chatham Fish Pier Market SEAFOOD $$
(www.chathamfishpiermarket.com; 45 Barcliff Ave; Hauptgerichte 12–25 US$; ⌚Mo–Do 10–19, Fr–So bis 20 Uhr) Wer frische Produkte aus der Region mag, ist an dieser verwitterten Fischbude mit eigenem Sushi-Koch und täglichen ausfahrenden Fischerbooten genau richtig. Die Fischsuppe ist unglaublich und der Fisch so frisch, weil er noch ein paar Stunden zuvor munter im Wasser schwamm. Alle Speisen sind zum Mitnehmen, aber es gibt in der Nähe ein paar Picknicktische mit Blick auf den Hafen.

Cape Cod National Seashore

Die **Cape Cod National Seashore** (www.nps.gov/caco) erstreckt sich auf rund 40 Meilen (65 km) rund um das Outer Cape und nimmt den größten Teil der Küste zwischen Eastham und Provincetown ein. Dank des aus Cape Cod stammenden Präsidenten John F. Kennedy wurde das große, aus unberührten Stränden, Dünen, Salzmarschen und Wäldern bestehende Gebiet in den

1960er-Jahren unter Naturschutz gestellt – gerade noch rechtzeitig, bevor der Bau-Boom auf der Halbinsel einsetzte. Das **Salt Pond Visitor Center** (☎508-255-3421; 50 Doane Rd, Ecke US 6 & Nauset Rd, Eastham; ⌚9–17 Uhr) GRATIS ist der beste Ausgangspunkt: Von hier hat man eine großartige Aussicht, außerdem gibt es Exponate und Filme zur Ökologie des Gebiets sowie umfassende Informationen zu den zahlreichen Rad- und Wanderwegen im Park, die zum Teil direkt am Center beginnen.

Ist das Brett im Gepäck? Der wunderschöne **Coast Guard Beach**, vom Visitor Center gleich die Straße hinunter, lockt Spaziergänger und Surfer gleichermaßen an. Von den Dünen oberhalb des Strandes hat man einen wunderbaren Blick auf die unberührte Nauset Marsh. Der gleich nördlich an den Coast Guard Beach anschließende **Nauset Light Beach** verdankt seinen Namen einem hoch aufragenden Leuchtturm. In seiner Nähe stehen drei weitere klassische Leuchttürme. Parken am Strand kostet 15 US$ pro Tag (Saisonkarte 45 US$); die Parkberechtigungsausweise gelten für alle Strände an der Cape Cod National Seashore, einschließlich dessen in Provincetown.

Wellfleet

Kunstgalerien, Spitzenstrände und die berühmten Wellfleet-Austern locken Besucher in den kleinen Küstenort.

Sehenswertes

Wellfleets Strände STRÄNDE

Hinter den sanft gewellten Dünen am **Marconi Beach** steht ein Denkmal, das Guglielmo Marconi ehrt, dem von hier aus die erste transatlantische Funkübertragung gelang. Nebenan bieten **White Crest** und **Cahoon Hollow Beach** erstklassige Surfbedingungen. Der **SickDay Surf Shop** (☎508-214-4158; www.sickdaysurf.com; 361 Main St; Leihbrett pro Tag 25–30 US$; ⌚Mo–Sa 9–21 Uhr) vermietet Boards.

Wellfleet Bay Wildlife Sanctuary NATURRESERVAT

(☎508-349-2615; www.massaudubon.org; West Rd abseits des US 6; Erw./Kind 5/3 US$; ⌚8.30 Uhr–Sonnenuntergang; 👪) Vogelbeobachter strömen zu dem 4,45 km² großen Schutzgebiet der Massachusetts Audubon Society. Die hiesigen Wanderwege führen an Prielen, Salzmarschen und Stränden vorbei.

Feste & Events

Wellfleet OysterFest ESSEN

(www.wellfleetoysterfest.org; ⌚Mitte Okt.) Ein Wochenende lang wird in der ganzen Stadt dieses beliebte Fest mit Biergarten, einem Austernwettknacken und natürlich Unmengen der Weichtiere gefeiert.

Schlafen & Essen

Even'Tide Motel MOTEL $$

(☎508-349-3410; www.eventidemotel.com; 650 US 6; Zi. ab 135 US$, Cottage 1100–2800 US$/Woche; ❄🏊) Das Motel abseits vom Highway in einem Kiefernhain bietet 31 Zimmer und neun Cottages. Pluspunkte sind der große überdachte Pool, Picknickplätze und ein Spielplatz.

PB Boulangerie & Bistro BÄCKEREI $

(www.pbboulangeriebistro.com; 15 Lecount Hollow Rd; Gebäck ab 3 US$; ⌚Di–So 7–19 Uhr) Unglaubliches Gebäck, kunstvolle Brote und leckere Sandwiches.

Mac's Seafood Market SEAFOOD $$

(www.macsseafood.com; 265 Commercial St, Wellfleet Town Pier; Hauptgerichte 7–20 US$; ⌚Mo–Fr 11–15, Sa & So bis 20 Uhr; 🖉) Hier gibt's marktfrische Meeresfrüchte zu Schnäppchenpreisen. Neben Bratfisch bekommt man frische Austern, die in der Nähe geerntet wurden. Am Schalter bestellen und es sich dann an den Picknicktischen mit Blick auf den Wellfleet Harbor gemütlich machen!

Unterhaltung

★**Beachcomber** LIVEMUSIK

(☎508-349-6055; www.thebeachcomber.com; 1120 Cahoon Hollow Rd; ⌚17–1 Uhr) Das „Da Coma“ in einer früheren Rettungsschwimmerwache direkt am Cahoon Hollow Beach ist der richtige Ort, um die Nacht durchzurocken.

INSIDERWISSEN

SCENIC DRIVE: CAPE COD BAY

Wenn man Cape Cod erkundet, empfiehlt es sich, statt des Mid-Cape Hwy (US 6) den kurvigen Old King's Hwy (MA 6A) entlang der Cape Cod Bay zu nehmen. Letzterer ist die längste Straße in den USA, die am Stück durch einen historischen Bezirk führt. An dessen Rand laden Antiquitätengeschäfte und Kunstgalerien zwischen eleganten, alten Wohnhäusern zum Stöbern ein.

Es ist Bar, Restaurant und Tanzclub in einem – kurz: der coolste Sommertreff auf ganz Cape Cod. Bis Sonnenuntergang schaut man sich den Surfbetrieb an, und danach übernehmen ein paar richtig heiße Bands die Bühne.

Wellfleet Harbor Actors Theater THEATER
(WHAT; ☎508-349-9428; www.what.org; 2357 US 6) Gefeiertes Theater mit gewagten modernen Stücken.

Wellfleet Drive-In KINO
(☎508-349-7176; www.wellfleetcinemas.com; US 6; Erw./Kind 9/6 US$; 👪) Altmodisches Autokino für nostalgische Abende.

Truro

Eingequetscht zwischen der Cape Cod Bay an der Westküste und dem offenen Atlantik im Osten punktet das schmale Truro mit Meer und Stränden, so weit das Auge reicht.

Sehenswertes

Cape Cod Highland Light LEUCHTTURM
(www.capecodlight.org; Light House Rd; Eintritt 4 US$; ⏲10–17.30 Uhr) Der Leuchtturm auf dem (mit gerade mal 36,6 m) höchsten Punkt von Cape Cod lässt die Küste Neuenglands hell erstrahlen und bietet eine sagenhafte Aussicht.

Schlafen

Hostelling International Truro HOSTEL $
(☎508-349-3889; http://capecod.hiusa.org; N Pamet Rd; B inkl. Frühstück 39 US$; @) Budgettraveller finden keine stimmungsvollere Unterkunft als diese ehemalige Küstenwache inmitten hügeliger Dünen. Frühzeitig buchen!

Provincetown

Dies ist die Spitze: Auf Cape Cod kann man sich nicht weiter hinauswagen (nicht nur in geografischer Hinsicht). Provincetown ist unwiderstehlich. Vor 100 Jahren erkoren es die ersten unkonventionellen Autoren und Künstler zu ihrem Sommerdomizil. Heute ist der sandige Außenposten das angesagteste schwul-lesbische Reiseziel im ganzen Nordosten. Schriller Trubel auf den Straßen, großartige Kunstgalerien und ausschweifendes Nachtleben prägen das Ortszentrum. Das ist aber noch nicht alles: Die ungezähmte Küste mit den breiten Stränden lädt ebenfalls zur Erkundung ein. Besucher können auch an Walbeobachtungen per Boot teilnehmen, sich bis zum frühen Morgen vergnügen oder durch die Dünen streifen. Was auch immer geplant ist – diese einzigartige Ecke Neuenglands sollte man keinesfalls verpassen!

Sehenswertes & Aktivitäten

Province Lands Visitor Center STRAND
(☎508-487-1256; www.nps.gov/caco; Race Point Rd; ⏲9–17 Uhr; P) GRATIS Das Cape Cod National Seashore Visitor Center am Race Point Beach zeigt Ausstellungen zur Dünenökologie. Die Dachterrasse punktet mit herrlichem Rundumblick bis zu den äußersten Ausläufern von Cape Cod.

Race Point Beach STRAND
(Race Point Rd) Race Point an der rauen Spitze von Cape Cod ist ein atemberaubender Sandstrand mit tosender Brandung und hügeligen Dünen, so weit das Auge reicht.

Herring Cove Beach STRAND
(Province Lands Rd) Der beliebte Badestrand liegt im Westen, sodass man hier spektakuläre Sonnenuntergänge beobachten kann.

★ **Pilgrim Monument & Provincetown Museum** MUSEUM
(www.pilgrim-monument.org; High Pole Rd; Erw./Kind 12/4 US$; ⏲Juli & Aug. 9–19 Uhr, Sept.–Juni bis 17 Uhr) Wer zur Spitze des höchsten Vollgranitbaus (77 m) der USA hinaufsteigt, wird mit einem wunderbaren Blick auf die Stadt und die Küste belohnt. Das bewegende Museum am Fuß des Turms von 1910 beleuchtet die Landung der Pilgerväter mit der *Mayflower* und andere Aspekte aus der Geschichte Provincetowns.

★ **Provincetown Art Association & Museum** MUSEUM
(PAAM; www.paam.org; 460 Commercial St; Erw./Kind 7 US$/frei; ⏲Mo–Do 11–20, Fr bis 22, Sa & So bis 17 Uhr) Das 1914 zu Ehren der blühenden örtlichen Künstlergemeinde gegründete Museum zeigt Werke von Künstlern, die in

GALERIEBUMMEL

Provincetown verfügt über zahllose Kunstgalerien. Der beste Bummel beginnt am PAAM und folgt der Commercial St in Richtung Südwesten. Innerhalb der nächsten paar Blocks birgt jede zweite Ladenfront eine Galerie, die einen Besuch wert ist.

Provincetown Inspiration fanden, allen voran Edward Hopper, der in den Truro-Dünen ein Haus und eine Galerie besaß.

Whydah Pirate Museum MUSEUM
(www.whydah.com; MacMillan Wharf; Erw./Kind 10/8 US$; ⏲10–17 Uhr) Zeigt geborgene Gegenstände aus einem Piratenschiff, das 1717 vor Cape Cod sank.

★**Dolphin Fleet Whale Watch** WALBEOBACHTUNG
(☎508-240-3636; www.whalewatch.com; MacMillan Wharf; Erw./Kind 44/29 US$; ⏲April–Okt.;) Provincetown ist der perfekte Ausgangspunkt für Walbeobachtungen, da es der dem Stellwagen Bank National Marine Sanctuary am nächsten gelegene Hafen ist, wo sich Buckelwale im Sommer den Bauch vollschlagen. Dolphin veranstaltet mindestens zwölf Touren pro Tag. Für viel spritzigen Spaß ist gesorgt, da die Buckelwale mit Hang zur Wasserakrobatik erstaunlich nahe an die Boote herankommen – das gibt fabelhafte Fotos.

Cape Cod National Seashore Bike Trails RADFAHREN
(www.nps.gov/caco) Durch den Wald und über die hügeligen Dünen der Cape Cod National Seashore führen idyllische, insgesamt 8 Meilen (knapp 13 km) lange gepflasterte Radwege bis zu den Stränden von Herring Cove und Race Point. Im Ort verteilt gibt's mehrere Fahrradverleihs.

Feste & Events

Provincedtown Carnival KARNEVAL
(www.ptown.org/carnival.asp; 3. Woche im Aug.) Mardi Gras, Transvestiten und Blumenwagen prägen die ultimative Schwulenparty in dieser schwulenfreundlichen Partystadt. Zehntausende feiern mit.

Schlafen

Provincetown besitzt fast 100 Pensionen, aber kein einziges Kettenhotel verschandelt die Aussicht. Vor allem für Wochenenden sollte man im Sommer rechtzeitig reservieren. Wer einfach so kommt, kann sich an die Handelskammer wenden – sie hat ein aktuelles Verzeichnis der freien Zimmer.

Dunes' Edge Campground CAMPING $
(☎508-487-9815; www.dunesedge.com; 386 US 6; Stellplatz f. Zelt/Wohnmobil 42/54 US$) Familienfreundlicher Campingplatz mitten in den Dünen.

NICHT VERSÄUMEN

EIN HAFEN MITTEN IN DER STADT?

In einer Stadt voller schräger Attraktionen vermutet man einen versteckten Schatz wohl zu allerletzt in der **Provincetown Public Library** (www.provincetownlibrary.org; 356 Commercial St; ⏲Mo & Fr 10–17, Di–Do bis 20, Sa & So 13–17 Uhr). Der Bau wurde 1860 als Kirche errichtet und 100 Jahre später in ein Museum umgewandelt. Dort war z. B. eine Replik des siegreichen einheimischen Rennschoners *Rose Dorothea* ausgestellt. Nach der Museumspleite machte die Stadt das Gebäude zu einer Bibliothek. Das Boot war aber zu groß, um aus dem oberen Stockwerk entfernt zu werden. So kann es dort immer noch inmitten von Bücherregalen bewundert werden.

Moffett House PENSION $$
(☎508-487-6615; www.moffetthouse.com; 296a Commercial St; Zi. ohne Bad 90–159 US$;) Die etwas abseits in einer ruhigen Gasse gelegene Pension bietet einen großen Vorteil: Gratis-Fahrräder. Die Zimmer sind schlicht, und man fühlt sich eher wie bei Freunden zu Hause als wie in einem B&B. Weiteres Plus: Man kann die Küche nutzen und trifft auf viele andere Traveller.

Race Point Lighthouse INN $$
(☎508-487-9930; www.racepointlighthouse.net; Race Point; Zi. 155–185 US$) Wer mal richtig abtauchen will und Gefallen an unberührten Sanddünen und einem Leuchtturm aus dem 19. Jh. findet, sollte eines der drei Zimmer in dem alten Leuchtturmwärterhaus buchen, einer echt coolen Herberge mit Solar- und Windradstrom am äußersten Zipfel von Cape Cod, kilometerweit vom nächsten Nachbarn entfernt.

Ampersand Guesthouse B&B $$
(☎508-487-0959; www.ampersandguesthouse.com; 6 Cottage St; Zi. inkl. Frühstück 130–200 US$;) Das Ampersand mag nicht die schickste Unterkunft in der Stadt sein, ist aber freundlich, gemütlich und hat im Sommer Schnäppchenpreise.

Revere Guesthouse B&B $$
(☎508-487-2292; www.reverehouse.com; 14 Court St; Zi. inkl. Frühstück 155–345 US$;) Geschmackvolle Zimmer und friedvolle Lage

ur ein paar Minuten von all der Action entfernt.

★ Carpe Diem BOUTIQUEHOTEL $$$
(508-487-4242; www.carpediemguesthouse.com; 12 Johnson St; Zi. inkl. Frühstück 229–419 US$;) Lächelnde Buddhas, Orchideen und ein Spa nach europäischer Art machen das elegante, entspannende Ambiente aus. Jedes Zimmer ist nach einem bestimmten homosexuellen Schriftsteller eingerichtet. So punktet das nach dem Dichter Raj Rao benannte Quartier mit aufwendig bestickten Stoffen und handgefertigten indischen Möbeln.

Essen

Die Commercial St ist der beste Startpunkt: Jedes dritte Gebäude beherbergt ein Lokal.

Cafe Heaven CAFÉ $
(508-487-9639; 199 Commercial St; Hauptgerichte 7–12 US$; 8–15 Uhr) Das mit Kunst bestückte Café ist hell und luftig, aber klein und immer voll. Hier kann man günstig frühstücken oder zu Mittag essen. Auf der Karte steht alles von sündhaften Armen Rittern aus Croissants bis hin zu gesunden Salaten. Von Wartezeiten nicht abschrecken lassen – die Tische werden schnell frei!

Spiritus Pizza PIZZERIA $
(www.spirituspizza.com; 190 Commercial St; Stück/Pizza 3/20 US$; 11.30–2 Uhr) Beliebt für einen späten Imbiss und als Endstation nach Schließung der Clubs.

Purple Feather Cafe & Treatery CAFÉ $
(www.thepurplefeather.com; 334 Commercial St; Snacks 3–10 US$; 11–24 Uhr;) In dem schicken Café gibt's fabelhafte Panini, Unmengen Eis und dekadente, selbst gemachte Desserts. Lemon Cupcakes sahen nie verführerischer aus.

Fanizzi's by the Sea SEAFOOD $$
(508-487-1964; www.fanizzisrestaurant.com; 539 Commercial St; Hauptgerichte 10–25 US$; 11.30–21.30 Uhr;) Der herrliche Blick aufs Wasser und die vernünftigen Preise machen das Fanizzi's zu einem lokalen Favoriten. Von frischen Meeresfrüchten und Salaten bis hin zu einfacher Hausmannskost und Kindergerichten gibt's hier für jeden etwas.

★ Mews Restaurant & Café MODERN AMERIKANISCH $$
(508-487-1500; www.mews.com; 429 Commercial St; Hauptgerichte 14–35 US$; 17.30–22 Uhr) Lust auf erschwingliche Gourmetküche? Dann ignoriert man das tolle, aber teure Restaurant am besten und begibt sich stattdessen in die Bar im Obergeschoss. Dort warten eine tolle Aussicht, super Martinis und leckere Bistrokost.

Lobster Pot SEAFOOD $$$
(508-487-0842; www.ptownlobsterpot.com; 321 Commercial St; Hauptgerichte 22–37 US$; 11.30–21 Uhr) Getreu seinem Namen ist das brummende Seafood-Lokal mit laaaaahmen Service *die* Adresse für Hummer. Der wenigste Betrieb herrscht um die Nachmittagsmitte.

Ausgehen & Nachtleben

In Provincetown gibt's jede Menge Schwulenclubs, Drag Shows und Kabarett. Auch Heteros sind willkommen.

Patio CAFÉ
(www.ptownpatio.com; 328 Commercial St; 11–23 Uhr) Am besten schnappt man sich in diesem Café im pulsierenden Herzen der Commercial St einen Tisch unter den Sonnenschirmen und bestellt einen Inwer-Mojito.

Ross' Grill BAR
(www.rossgrille.com; 237 Commercial St; 11.30–22 Uhr) Wer einen romantischen Ort für einen Drink mit Blick aufs Wasser sucht, ist an der Bar dieses smarten Bistros richtig.

Pied Bar SCHWULE & LESBEN
(www.piedbar.com; 193 Commercial St) Bei Lesben und Schwulen gleichermaßen beliebte Lounge am Wasser. Besonders hoch her geht's hier bei Sonnenuntergang.

A-House CLUB
(Atlantic House; www.ahouse.com; 4 Masonic Pl) Heißer Tanzclub für Schwule.

Unterhaltung

In Provincetown gibt's zahlreiche Schwulenclubs, Travestieshows und Varietés. Auch Heteros müssen nicht schüchtern sein und sind überall willkommen.

Provincetown Theater THEATER
(508-487-7487; www.provincetowntheater.org; 238 Bradford St) Hier läuft fast immer etwas Interessantes – alles von spritzigen Broadway-Musicals bis hin zu Stücken mit ausgefallenen Lokalthemen.

Crown & Anchor SCHWULE & LESBEN
(www.onlyatthecrown.com; 247 Commercial St) Der mehrstöckige Komplex mit Nachtclub,

einer Lederbar und erotischem Kabarett ist das Highlight der Schwulenszene.

 Shoppen

Das riesige Ladenspektrum an der Commercial St bietet etwas für jeden: Man kriegt hier Kitsch, T-Shirts für Touristen und hochwertiges Kunsthandwerk genauso wie gewagte Mode.

Shop Therapy SEXSHOP
(www.shoptherapy.com; 346 Commercial St; ⏲10–22 Uhr) Unten werden Patchouli-Öl und Batikklamotten verkauft. Der wahre Besuchermagnet aber ist das Sexspielzeug im Obergeschoss – es ist heiß genug, um Prostituierte aus Amsterdam erröten zu lassen. Eltern sollten bedenken: Teenager *werden* reinwollen.

Womencrafts KUNSTHANDWERK
(www.womencrafts.com; 376 Commercial St; ⏲11–18 Uhr) Der Name ist Programm: Womencrafts verkauft Schmuck, Töpferwaren, Bücher und Tonträger von weiblichen Künstlern aus den ganzen USA.

Praktische Informationen

Post (www.usps.com; 219 Commercial St)
Provincetown Business Guild (www.ptown.org) Speziell für die schwul-lesbische Gemeinde.
Provincetown Chamber of Commerce (www.ptownchamber.com; 307 Commercial St; ⏲9–18 Uhr) Hilfreiche städtische Touristeninformation an der MacMillan Wharf, wo auch die Fähre anlegt.
Provincetown on the Web (www.provincetown.com) Online-Führer mit aktuellem Veranstaltungskalender.
Seamen's Bank (221 Commercial St; ⏲Geldautomat 24 Std.)
Wired Puppy (www.wiredpuppy.com; 379 Commercial St; ⏲6.30–22 Uhr; 📶) Wer hier einen Espresso bestellt, darf gratis im Netz surfen, während er ihn schürft.

An- & Weiterreise

Busse von **Plymouth & Brockton** (www.p-b.com) verkehren regelmäßig zwischen Boston und Provincetown (35 US$, 3½ Std.). Von Mitte Mai bis Mitte Oktober betreibt die **Bay State Cruise Company** (☎877-783-3779; www.boston-ptown.com; 200 Seaport Blvd, Boston; hin & zurück Erw./Kind Schnellfähre 85/62 US$, normale Fähre 46 US$/frei; ⏲Mitte Mai–Mitte Okt.) eine Fähre zwischen dem Bostoner World Trade Center Pier und der MacMillan Wharf in Provincetown.

Nantucket

Nantucket war einst die Basis der weltgrößten Walfangflotte. Von seiner facettenreichen Geschichte zeugen die vielen historischen Häuser und die Straßen mit Kopfsteinpflaster. Der Niedergang des Walfangs zur Mitte des 19. Jhs. ließ die Insel jedoch schnell verarmen; die Bevölkerungszahlen gingen zurück. Die prächtigen alten Häuser standen leer, bis reiche Großstädter Nantucket als sommerliches Urlaubsziel zu schätzen lernten. Seitdem ist gehobener Tourismus der wichtigste örtliche Wirtschaftsfaktor.

Sehenswertes & Aktivitäten

Wer hier an Land geht, betritt den einzigen Ort der USA, der als National Historic Landmark im Ganzen unter Denkmalschutz steht. Beim Umherschlendern wähnt man sich in einem Museum. Bester Startpunkt für Erkundungen ist die Main St: Dort stehen die prächtigsten Villen aus der Walfangzeit nebeneinander.

Nantucket Whaling Museum MUSEUM
(13 Broad St; Erw./Kind 20/5 US$; ⏲Mitte Mai–Okt. 10–17 Uhr, Nov.–Mitte Mai 11–16 Uhr) Diese bewegende Hauptattraktion befindet sich in einer früheren Fabrik für Kerzen aus Walrat (Spermaceti).

Nantuckets Strände STRÄNDE
Ruhiges Wasser und ein Spielplatz machen den **Children's Beach** mitten im Ort Nantucket ideal für Familien. Am **Surfside Beach** 2 Meilen (3,2 km) weiter südlich treffen sich Studenten zum Feiern und Bodysurfen. Den schönsten Sonnenuntergang genießt man 5,5 Meilen (ca. 9 km) westlich der Stadt am sich **Madaket Beach**.

Radfahren RADFAHREN
Kein Besuchsziel auf der Insel liegt weiter als 8 Meilen (13 km) vom Ort Nantucket entfernt. Dank ausgewiesener Radwege auf relativ flachem Terrain lässt sich das Eiland leicht per Drahtesel erkunden. Eine schöne Tour führt zum malerischen Dorf **Siasconset** (alias Sconset), das für Häuser mit üppigem Rosenbewuchs bekannt ist. Ein paar Unternehmen verleihen Fahrräder (30 US$/Tag) direkt am Fähranleger.

Schlafen

HI Nantucket HOSTEL $
(☎508-228-0433; http://capecod.hiusa.org; 31 Western Ave; B inkl. Frühstück 35 US$; ⏲Mitte

Mai–Mitte Sept.; @) Das allgemein „Star of the Sea“ genannte stimmungsvolle Hostel in einer Rettungsschwimmerwache von 1873 hat eine unbezahlbar tolle Lage nahe dem Surfside Beach. Es ist die einzige Budgetunterkunft in Nantucket – daher weit im Voraus reservieren!

★ Centerboard Inn B&B $$$
(☎ 508-228-2811; www.centerboardinn.com; 8 Chestnut St; Zi. inkl. Frühstück 249–419 US$; ❄ @ 📶) Der herzliche Gastgeber, der seine Gäste mit vielen Extras und geliehenen iPads verwöhnt, verschafft dem schicken B&B einen Vorteil gegenüber der Konkurrenz. Die Zimmer sind gehoben mit Inselflair eingerichtet, zum Frühstück gibt's herzhafte Leckerbissen, und die Lage ist perfekt zum Sightseeing. Nachdem man den Ort erkundet hat, kann man es sich hier zum Nachmittagstee bei Käse und Wein richtig gemütlich machen.

Barnacle Inn B&B $$$
(☎ 508-228-0332; www.thebarnacleinn.com; 11 Fair St; Zi. mit/ohne Bad inkl. Frühstück ab 200/140 US$) Gesellige Inhaber und schlichte, idyllische Unterkünfte machen die Herberge aus dem späten 19. Jh. aus.

Essen

Centre Street Bistro CAFÉ $$
(www.nantucketbistro.com; 29 Centre St; Hauptgerichte 8–30 US$; ⏲ Mi–Sa 11.30–21.30 Uhr; 📶 ✎) Von dem relaxten Café mit Sonnenschirmen und Tischen im Freien aus kann man den langsam vorbeiziehenden Verkehr beobachten. Die Eigentümer und Küchenchefs bereiten hier alles selbst zu, beispielsweise auch die köstlichen, warmen Ziegenkäse-Törtchen.

Club Car KNEIPE $$
(www.theclubcar.com; 1 Main St; Hauptgerichte 12–30 US$; ⏲ 11.30–1 Uhr) In dem umgebauten Eisenbahnwaggon, einem Überbleibsel der Eisenbahnlinie, die im Sand von Nantucket versunken ist, wird durchweg gutes Essen aufgetischt, darunter auch die besten Hummerbrötchen im Ort.

Black-Eyed Susan's CAFÉ $$
(www.black-eyedsusans.com; 10 India St; Hauptgerichte 9–30 US$; ⏲ tgl. 7–13 & Mo–Sa 18–22 Uhr) Einfach im Hinterhof Platz nehmen und die mit Sauerteig zubereiteten Armen Ritter mit karamellisierten Pekannüssen und Jack-Daniel's-Butter probieren! Abends erntet der fangfrische Fisch mit Schwarzaugenbohnen begeisterte Kritiken. Alkoholische Getränke selbst mitbringen!

ℹ Praktische Informationen

Visitor Services & Information Bureau (☎ 508-228-0925; www.nantucket-ma.gov; 25 Federal St; ⏲ 9–17 Uhr) Betreibt im Sommer an der Fähranlegestelle einen Kiosk.

ℹ Anreise & Unterwegs vor Ort

BUS

Vor Ort kommt man problemlos voran: Die Busse von **NRTA Shuttle** (www.shuttlenantucket.com; Einzelfahrt 1–2 US$, Tageskarte 7 US$; ⏲ Ende Mai–Sept.) bedienen neben dem ganzen Ort auch Sconset, Madaket und die Strände. Übrigens: Es gibt Radständer – so können Passagiere eine Strecke per Bus absolvieren und später zurückradeln.

FLUGZEUG

Cape Air (www.flycapeair.com) fliegt von Boston, Hyannis und Martha's Vineyard zum Nantucket Memorial Airport (ACK).

SCHIFF/FÄHRE

Die **Steamship Authority** (☎ 508-477-8600; www.steamshipauthority.com) betreibt den ganzen Tag über Fähren zwischen Hyannis und Nantucket. Die Schnellfähre (hin & zurück Erw./Kind 69/35 US$) braucht eine Stunde, die normale (hin & zurück Erw./Kind 35/18 US$) zweieinviertel Stunden.

Martha's Vineyard

Die größte Insel Neuenglands ist eine Welt für sich. Hier leben nur 15 500 Menschen dauerhaft, aber im Sommer steigt die Zahl der Bewohner auf 100 000 an. Die Ortschaften sind bezaubernd, die Strände schön und die von Kochkünstlern geführten Restaurants ausgezeichnet. Für jede Stimmungslage ist gesorgt: Mal diniert man elegant im vornehmen Edgartown, dann vergnügt man sich mit Zuckerwatte und Karussellfahren in Oak Bluffs.

Infos für Besucher gibt's in der **Martha's Vineyard Chamber of Commerce** (☎ 508-693-0085; www.mvy.com; 24 Beach Rd, Vineyard Haven; ⏲ Mo–Fr 9–17). Im Sommer sind zusätzlich Informationskioske an den Fähranlegern geöffnet.

Oak Bluffs

Die Ortschaft mit Fährhafen bekommen fast alle Besucher als erstes zu Gesicht: Hier legen die meisten Boote an. Im Spaßzentrum der Insel kann man mit einem Eis in der Hand herumschlendern, jahrmarktartige Sehenswürdigkeiten abklappern und später ins Nachtleben eintauchen.

Sehenswertes & Aktivitäten

Campgrounds & Tabernacle GINGERBREAD-HÄUSER

Ab der Mitte des 19. Jhs. war Oak Bluffs das Sommerdomizil einer Erweckungskirche, deren Mitglieder einen Tag am Strand genauso genossen wie den Gottesdienst. So errichteten sie um die 300 Cottages und verzierten sie mit wunderlichen Mustern im Queen-Anne-Stil, die an die von Lebkuchen *(gingerbred)* erinnern. Die bunt bemalten Häuschen – heute als Campgrounds bekannt – umgeben den **Trinity Park** mit dem **Tabernacle**, wo man Festivals und Konzerte genießen kann.

Flying Horses Carousel HISTORISCHE STÄTTE

(www.mvpreservation.org; 15 Lake & Ave, bei der Circuit Ave; 2,50 US$/Fahrt; ⏲10–22 Uhr; 👪) Das älteste Pferdekarussell der USA fesselt seit 1876 Kinder jedes Alters. Die altertümlichen Pferde haben Mähnen aus echtem Rosshaar. Wer ihnen bei der nostalgischen Fahrt in die Glasaugen blickt, entdeckt darin tolle kleine Tiere aus Silber.

Radweg RADFAHREN

Ein malerischer Küstenradweg verbindet Oak Bluffs, Vineyard Haven und Edgartown miteinander. Die Route ist teils flach und daher familienfr[illegible] Drahtesel verleiht **Anderson's Bik**[illegible] (☎508-693-9346; www.andersonbikerren[illegible] 1 Circuit Ave Extension; Fahrrad pro Tag Erw./Kind 18/10 US$; ⏲9–18 Uhr) nahe dem Fähranleger.

Schlafen

Nashua House INN $$

(☎508-693-0043; www.nashuahouse.com; 30 Kennebec Ave; Zi. Ohne Bad 99–219 US$; ❄📶) Das alte Vineyard – hier gibt's kein TV, kein Telefon, kein eigenes Bad im Zimmer. Dafür sind die schlichten Quartiere des kleinen Hotels im unmittelbaren Ortszentrum zweckmäßig und blitzsauber.

Narragansett House B&B $$

(☎508-693-3627; www.narragansetthouse.com; 46 Narragansett Ave; Zi. inkl. Frühstück 150–300 US$; ❄📶) Dieses B&B an einer ruhigen Anwohnerstraße besteht aus zwei benachbarten viktorianischen Häusern im Gingerbread-Stil, nur einen kurzen Spaziergang vom Stadtzentrum entfernt. Das Ganze wirkt altmodisch, aber nicht kitschig. Alle Zimmer haben eigene Bäder – in dieser Preiskategorie ist das keine Selbstverständlichkeit.

Essen

Linda Jean's DINER $

(www.lindajeansrestaurant.com; 25 Circuit Ave; Hauptgerichte 5–15 US$; ⏲6–22.30 Uhr) Das

ABSEITS DER ÜBLICHEN PFADE

WER NOCH EIN PAAR TAGE ZEIT HAT

Die ländliche Westhälfte von Martha's Vineyard ist als **Up-Island** bekannt. Das dortige Hügelland prägen kleine Bauernhöfe und weite Felder, auf denen sich wildlebende Truthähne und Hirsche tummeln. Ein Fest für Auge und Gaumen ist das malerische Fischerdorf **Menemsha**, wo die Fischer ihre Beute fangfrisch an den Hintertüren der Seafood-Lokale abliefern. Direkt vor den Augen der Kunden werden Austern geknackt und Hummer gekocht. Anschließend kann man im Freien auf einer Bank am Hafen speisen.

Die **Aquinnah Cliffs** alias Gay Head Cliffs sind so besonders, dass sie als nationales Naturdenkmal unter Schutz stehen. Diese 46 m hohen Küstenklippen schillern in allen Farben, die im Licht des späten Nachmittags besonders schön wirken. Gleich unterhalb der bunten Felsen lädt der **Aquinnah Public Beach** (Parkgebühr 5$) zum Relaxen ein. Alternativ führt ein 1,6 km langer Küstenspaziergang nordwärts zu einem FKK-Strand.

Im **Cedar Tree Neck Sanctuary** (www.sheriffsmeadow.org; Indian Hill Rd, ⏲8.30–17.30 Uhr) abseits der State Rd verläuft ein reizvoller Wanderweg (4 km) durch naturbelassene Sümpfe und Wälder zu einem Steilufer mit Aussicht auf Cape Cod. Das **Felix Neck Wildlife Sanctuary** (www.massaudubon.org; Edgartown–Vineyard Haven Rd; Erw./Kind 4/3 US$; ⏲Sonnenaufgang–Sonnenuntergang; 👪) der Massachusetts Audubon Society ist ein Paradies für Vogelbeobachter. Insgesamt 6,4 km an Wegen passieren hier u. a. Teiche und Marschland.

...e Allround-Billiglokal lockt die Einheimischen mit unschlagbaren Blaubeerpfannkuchen, saftigen Burgern und einfachen, sättigenden Gerichten an.

MV Bakery BÄCKEREI $
(www.mvbakery.com; 5 Post Office Sq; Backwaren 1–3 US$; ⏲7–17 Uhr) Den ganzen Tag über bekommt man hier günstigen Kaffee, Cannoli und die berühmten Apfel-Beignets. Wer vorbeischauen will, tut das trotzdem am besten zwischen 21 und 24 Uhr: Dann stehen die Leute vor der Hintertür an, um warme Donuts direkt vom Blech zu kaufen.

Slice of Life CAFÉ $$
(www.sliceoflifemv.com; 50 Circuit Ave; Hauptgerichte 8–24 US$; ⏲8–21 Uhr;) Das Ambiente ist zwanglos, das Essen vom Allerfeinsten. Zum Frühstück gibt's Muntermacher-Kaffee, Champignonomeletts und fabelhafte Kartoffelpuffer. Abends zählt der gebratene Kabeljau mit sonnengetrockneten Tomaten zu den herzhaften Favoriten. Und die Desserts – dekadente Crème Brûlée und köstlicher Zitronenkuchen – sind so gut wie nirgendwo sonst.

Ausgehen & Nachtleben

Offshore Ale Co BRAUEREI
(www.offshoreale.com; 30 Kennebec Ave) Die beliebte Kleinbrauerei ist die richtige Adresse für ein Vineyard Ale.

Lampost CLUB
(www.lampostmv.com; 6 Circuit Ave) Das Lampost ist Bar und Nachtclub in einem und bietet die heißeste Tanzszene der Insel. Wer hier, auch wenn es unwahrscheinlich ist, nicht das Gesuchte findet, sollte der Circuit Ave weiter folgen, bis er über die zwei anrüchigen, aber netten Kneipen **Dive Bar** und **Ritz** stolpert.

Vineyard Haven

Die reizende Kleinstadt lockt Besucher durch ihren Hafen voller klassischer Holzsegler und die sehenswerten Restaurants und Läden in den Straßen an.

Schlafen & Essen

HI Martha's Vineyard HOSTEL $
(☎508-693-2665; http://capecod.hiusa.org; 525 Edgartown–West Tisbury Rd; B 35 US$; ⏲Mitte Mai–Mitte Okt.;) In dem zweckmäßigen Hostel im Zentrum der Insel muss man sein Bett frühzeitig reservieren. Das Haus bietet alles, was man von einem erstklassigen Hostel erwartet: solide Küche, Fahrradverleih und keinen Zapfenstreich. Der Nahverkehrsbus hält gleich vor der Tür, und der Radweg liegt direkt neben dem Haus.

★ **Art Cliff Diner** CAFÉ $$
(☎508-693-1224; 39 Beach Rd; Hauptgerichte 10–16 US$; ⏲Do–Di 7–14 Uhr) *Die* Adresse für morgens und mittags: Inhaberin und Küchenchefin Gina Stanley verleiht allen Gerichten von Armen Rittern mit Mandelkruste bis zu den frischen Fisch-Tacos das gewisse Etwas. Die Speisekarte bietet eine bunte Auswahl farmfrischer Inselprodukte. Da lohnt sich das Warten in der Schlange.

Edgartown

Am Rand eines schönen Naturhafens empfängt Edgartown seine Besucher mit Patrizier-Flair und viel Seefahrtsgeschichte. Zur Blütezeit des Walfangs lebten hier über 100 Kapitäne, die die prächtigen alten Häuser an den heutigen Straßen bauen ließen.

An der Main St stehen mehrere historische Gebäude, von denen manche im Sommer öffentlich zugänglich sind.

Sehenswertes

Katama Beach STRAND
(Katama Rd) Als bester Inselstrand erstreckt sich 4 Meilen (6,4 km) südlich vom Zentrum Edgartowns der Katama bzw. South Beach über herrliche knapp 5 km. Die raue Brandung an der Ozeanseite erfreut Surfer, während Schwimmer eher die geschützten Salzwasserteiche auf der Inlandsseite bevorzugen.

Schlafen & Essen

Edgartown Inn PENSION $$
(☎508-627-4794; www.edgartowninn.com; 56 N Water St; Zi. mit/ohne Bad ab 175/125 US$;) Die besten Schnäppchen im Ort sind die 20 schnörkellosen Zimmer, die sich auf drei nebeneinander gelegene Häuser verteilen. Das älteste Haus stammt von 1798 und beherbergte in seinen früheren Zeiten sogar Gäste wie Nathaniel Hawthorne und Daniel Webster. Ruhig nach Last-Minute-Angeboten fragen; wenn gerade wenig los ist, bekommt man vielleicht Rabatt!

Among the Flowers Café CAFÉ $$
(☎508-627-3233; 17 Mayhew Lane; Hauptgerichte 8–20 US$; ⏲8–15.30 Uhr;) Auf der Gartenterrasse kann man zusammen mit den

vielen Einheimischen hausgemachte Suppen, Waffeln, Sandwiches, Crêpes und sogar Hummerbrötchen vertilgen. Obwohl der Laden alles auf Papp- bzw. Plastiktellern serviert, wirkt er etwas affektiert. Im Juli und August gibt's auch Abendessen.

☆ Unterhaltung

★ Flatbread Company LIVEMUSIK

(www.flatbreadcompany.com; 17 Airport Rd; ⏲15 Uhr–open end) Früher das legendäre Hot Tin Roof, wo einst Carly Simon sang, setzt das Flatbread die Tradition fort, die besten Bands auf die Bühne zu holen. Außerdem gibt's hier verdammt gute Bio-Pizzas. Neben dem Martha's Vineyard Airport.

ℹ Anreise & Unterwegs vor Ort

BUS

Die **Martha's Vineyard Regional Transit Authority** (www.vineyardtransit.com; 1-/3-Tageskarte 7/15 US$) gewährleistet regelmäßige Busverbindungen zwischen den Inselorten. Auf diese Weise kommt man bequem voran und erreicht sogar so abgelegene Ziele wie die Aquinnah Cliffs recht problemlos.

SCHIFF/FÄHRE

Fähren der **Steamship Authority** (☎508-477-8600; www.steamshipauthority.com) verbinden Woods Hole regelmäßig mit Vineyard Haven und Oak Bluffs (45 Min.). Passagiere mit eigenem Auto sollten Tickets so früh wie möglich buchen.

Ab Falmouth Harbor schippert eine reine Passagierfähre namens **Island Queen** (☎508-548-4800; www.islandqueen.com; 75 Falmouth Heights Rd) im Sommer mehrmals täglich nach Oak Bluffs.

Von Hyannis aus schickt **Hy-Line Cruises** (☎508-778-2600; www.hylinecruises.com; Ocean St Dock; hin & zurück Erw./Kind normale Fähre 45 US$/frei, Schnellfähre 71/48 US$) jeden Tag eine normale Fähre (1½ Std.) und fünf Schnellfähren (55 Min.) nach Oak Bluffs.

Zentrales Massachusetts

Wer das zentrale Massachusetts zwischen der Großstadt Boston und den schicken Berkshires erkundet, erhält einen Einblick in die weniger touristischen Teile des Bundesstaats. Die Gegend wirkt aber keinesfalls verschlafen – das verdankt sie vor allem den vielen Colleges, die ihr einen jugendlichen Touch verleihen.

Regionalinfos bekommen Besucher beim **Central Massachusetts Convention & Visitors Bureau** (☎508-755-7400; www.centralmass.org; 91 Prescott St; Worcester; ⏲Mo–Fr 9–17 Uhr) und beim **Greater Springfield Convention & Visitors Bureau** (☎413-787-1548; www.valleyvisitor.com; 1441 Main St, Springfield; ⏲Mo–Fr 8.30–17 Uhr).

NICHT VERSÄUMEN

DINER IN WORCESTER

Mit dem Diner hat Worcester ein tolles Kultsymbol der USA hervorgebracht. In dieser Rustbelt-Stadt verstecken sich solche Lokale dutzendweise hinter Lagerhallen, unter alten Eisenbahnbrücken oder in nächster Nähe zu zwielichtigen Bars. Der **Miss Worcester Diner** (☎508-753-5600;300 Southbridge St; Gerichte 5–9 US$; ⏲6–14 Uhr) von 1948 ist ein echter Klassiker: Es war ursprünglich der Vorführ-Diner der Worcester Lunch Car Company, die in ihrer direkt gegenüber gelegenen Fabrik insgesamt 650 Imbissbuden produzierte. Harleys auf dem Bürgersteig und Red-Sox-Krimskrams an den Wänden sorgen hier fürs passende Ambiente. Auf der Karte treten Köstlichkeiten wie Arme Ritter mit Bananenaroma gegen die üblichen Kalorienbomben (Chili-Hotdogs, Brötchen mit Sauce) an. Ein schmackhaftes Stück echtes Amerika!

Worcester

Die zweitgrößte Stadt des Bundesstaats erlebte ihre Blütezeit im 19. Jh. Die Industriebetriebe, die die Stadt einst reich gemacht haben, sind längst Geschichte, aber das Erbe der alten Barone kann man im erstklassigen **Worcester Art Museum** (☎508-799-4406; www.worcesterart.org; 55 Salisbury St; Erw./Kind 14 US$/frei; ⏲Mi–Fr & So 11–17, Sa 10–17 Uhr; 👪) bestaunen, das Werke bedeutender französischer Impressionisten und amerikanischer Meister wie Whistler zeigt.

Springfield

Das prosaische Springfield ist vor allem als Geburtsort des US-Nationalsports Basketball bekannt. Die **Naismith Memorial Basketball Hall of Fame** (www.hoophall.com; 1000 W Columbus Ave; Erw./Kind 19/14 US$; ⏲10–17 Uhr; P 👪) südlich der I-91 feiert die Sportart mit Ausstellungen und Memorabilien zu allen großen Stars.

Springfield ist zudem die Heimatstadt des Kinderbuchautors Theodor Seuss Geisel alias Dr. Seuss. Im **Dr. Seuss National Memorial Sculpture Garden** (www.catinthehat.org; Ecke State & Chestnut St) stehen lebensgroße Bronzeskulpturen von schrägen Seuss-Charakteren, beispielsweise von dem Kater mit Hut.

Northampton

Das superhippe Northampton hat die besten Restaurants, das heißeste Nachtleben und die spannendste Szene der Region. Darüber hinaus ist der Ort für seine liberale Einstellung und die offene lesbische Gemeinde bekannt. Das bunte Stadtzentrum ist leicht zu Fuß zu erkunden und bietet jede Menge Cafés, schrille Läden und Galerien. Alle Infos zum Ort liefert die **Greater Northampton Chamber of Commerce** (☎413-584-1900; www.explorenorthampton.com; 99 Pleasant St; ⌚Mo–Fr 9–17 Uhr, Sa & So 10–14 Uhr).

Sehenswertes

Smith College COLLEGECAMPUS
(www.smith.edu; Elm St; P) Der 51 ha große Campus mit hübschen Gartenanlagen lohnt einen Spaziergang.

Smith College Museum of Art MUSEUM
(☎413-585-2760; www.smith.edu/artmuseum; Elm St, an der Bedford Tce; Erw./Kind 5/2 US$; ⌚Di–Sa 10–16, So 12–16 Uhr; P) Unbedingt sehenswert ist dieses Museum mit einer beeindruckenden Sammlung von Gemälden europäischer und nordamerikanischer Künstler des 19. und 20. Jhs., darunter John Singleton Copley, Picasso und Monet.

Schlafen

Autumn Inn MOTEL $$
(☎413-584-7660; www.hampshirehospitality.com; 259 Elm St/MA 9; Zi. inkl. Frühstück 115–169 US$; P@) Trotz des motelartigen Aussehens bietet die zweistöckige Herberge nahe dem Smith College ein recht angenehmes, stilvolles Ambiente und große, komfortable Zimmer.

Hotel Northampton HISTORISCHES HOTEL $$$
(☎413-584-3100; www.hotelnorthampton.com; 36 King St; Zi. 185–275 US$; P) Das zentral gelegene Hotel mit 100 gut ausgestatteten Zimmern ist bereits seit 1927 Northamptons nobelste Unterkunft. Das Dekor entspricht jener Zeit.

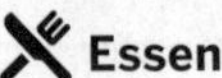

Essen

Woodstar Cafe CAFÉ $
(www.woodstarcafe.com; 60 Masonic St; Hauptgerichte 5–8 US$; ⌚8–20 Uhr;) Studenten lieben dieses familienbetriebene Bäckerei-Café, nur einen Steinwurf vom Smith-Campus entfernt. Es gibt leckere Sandwiches und Backwaren zu Schnäppchenpreisen. Wie wär's mit Räucherlachs und Ziegenkäse auf Bio-Baguette?

Green Bean CAFÉ $
(www.greenbeannorthampton.com; 241 Main St; Hauptgerichte 6–9 US$; ⌚7–15 Uhr;) Farmer aus dem Pioneer Valley versorgen die Küche des hübschen Lokals. Und das bedeutet: Man bekommt hier Bio-Eier zum Frühstück und saftige Burger aus hormonfreiem Rindfleisch zu Mittag.

Haymarket Café CAFÉ $
(www.haymarketcafe.com; 185 Main St; Stück 4–10 US$; ⌚7–22 Uhr;) Northamptons coolster Treff für Bohemiens und Kaffeesüchtige schenkt starken Espresso sowie frisch gepresste Säfte aus und hat eine umfangreiche vegetarische Karte.

Ausgehen & Unterhaltung

Northampton Brewery BRAUEREI
(www.northamptonbrewery.com; 11 Brewster Ct; ⌚Mo–Sa 11.30–2, So 12–1 Uhr) Die älteste Brauereikneipe Neuenglands hat im Sommer dank ihrer großen Terrasse viele Stammkunden.

Calvin Theatre KONZERTSTÄTTE
(☎413-584-0610; www.iheg.com; 19 King St) In dem prachtvoll restaurierten Theater stehen von heißen Rock- und Indie-Bands bis hin zu Comedyshows berühmte Stars auf der Bühne.

Diva's LESBEN
(www.divasofnoho.com; 492 Pleasant St; ⌚Mi–Sa) Die bekannteste Lesbendisko der Stadt bringt ihr Publikum mit beständig hämmernder House-Musik ins Schwitzen.

Iron Horse Music Hall KONZERTSTÄTTE
(☎413-584-0610; www.iheg.com; 20 Center St) Landesweit gefeierte Folk- und Jazzkünstler spielen hier in traulichem Ambiente.

Amherst

Das Zentrum dieser mit dem Auto von Northampton aus schnell erreichbaren Stadt bilden die große **University of Mas-**

sachusetts (www.umass.edu) und zwei kleine Colleges, das liberale Hampshire College (www.hampshire.edu) und das angesehene Amherst College (www.amherst.edu). Über Campusführungen und Veranstaltungen informieren die Einrichtungen selbst; irgendwas ist immer los. Die für eine Collegestadt üblichen Lokale finden sich im Umkreis der Main St im Stadtzentrum.

Das Haus, in dem die Dichterin Emily Dickinson (1830–1886), die „Belle of Amherst", ihr Leben lang wohnte, ist der Öffentlichkeit als Emily Dickinson Museum (413-542-8161; www.emilydickinsonmuseum.org; 280 Main St; Erw./Kind 10/5 US$; Mi–Mo 10–17 Uhr) bekannt und zugänglich. Im Eintrittspreis ist eine 40-minütige Führung inbegriffen.

Berkshires

In diesen kühlen, grünen Hügeln verbergen sich ruhige Kleinstädte und viele kulturelle Attraktionen. Seit über 100 Jahren sind die Berkshires ein bevorzugtes Refugium wohlhabender Bostoner und New Yorker. Das gilt nicht nur für die Rockefellers – auch das gesamte Boston Symphony Orchestra verbringt hier die Sommermonate. Das Berkshire Visitors Bureau (413-743-4500; www.berkshires.org; 3 Hoosac St; 10–17 Uhr) liefert Informationen über die ganze Region.

Great Barrington

Hier gibt's zweifellos die besten Restaurants der Berkshires. Also nichts wie hin zur Kreuzung der Main St (US 7) und der Railroad St im Ortszentrum, wo man einen kunstlastigen Mix aus Galerien und Lokalen vorfindet, die von Backwaren bis zu internationalen Gerichten köstliches Essen servieren.

Günstige Gerichte aus lokalen Zutaten bekommt man im Berkshire Co-op Market Cafe (www.berkshire.coop; 42 Bridge St; Gerichte 6–10 US$; Mo–Sa 8–20, So 10–20 Uhr;) im Gebäude der lokalen Kooperative. Wer fein essen gehen will, wählt im Castle Street Cafe (413-528-5244; www.castlestreetcafe.com; 10 Castle St; Hauptgerichte 21–29 US$; Mi–Mo 17–21 Uhr;) von der innovativen Speisekarte, die sich wie das *who is who* der lokalen Farmen liest: Bio-Rindfleisch von der Ioka Valley Farm, Ziegenköse von Rawson Brook usw. Wer auch beim Bier Wert auf Umweltbewusstsein legt, hält sich an die Barrington Brewery (www.barringtonbrewery.net; 420 Stockbridge Rd; Hauptgerichte 8–20 US$; 11.30–21.30 Uhr;), die das Hopfengebräu mit Solarstrom herstellt.

Stockbridge

In der typisch neuenglischen Kleinstadt scheint die Zeit stehengeblieben zu sein: Hier gibt's keine einzige Ampel. Besucher fühlen sich an die Werke Norman Rockwells (1894–1978) erinnert – kein Wunder: Der populärste Illustrator der US-Geschichte wohnte einst an der Main St und nutzte die Stadt bzw. deren Einwohner als Inspirationsquelle. Im faszinierenden Norman Rockwell Museum (413-298-4100; www.nrm.org; 9 Glendale Rd/MA 183; Erw./Kind 16/5 US$; 10–17 Uhr) ist es, als erwachten seine gemalten Americana-Alltagsszenen bei genauem Hinsehen zum Leben.

Lenox

Als kulturelles Zentrum der Berkshires ist das elegante Lenox der Veranstaltungsort einer der bedeutendsten Konzertreihen der USA. Unter freiem Himmel treten beim Tanglewood Music Festival (888-266-1200; www.tanglewood.org; 297 West St/MA 183, Lenox; Ende Juni–Anfang Sept.) das Boston Symphony Orchestra und Gastkünstler wie James Taylor oder Yo-Yo Ma auf. Um dieses typische Berkshires-Erlebnis richtig genießen zu können, holt man sich ein Ticket für die Konzertwiese, breitet dort eine Decke aus und entkorkt eine Flasche Wein.

Shakespeare & Company (413-637-1199; www.shakespeare.org; 70 Kemble St; Di–So) inszenieren den ganzen Sommer über auf stimmungsvollen Bühnen Stücke des englischen Dichters. Das renommierte Jacob's Pillow Dance Festival (413-243-0745; www.jacobspillow.org; 358 George Carter Rd, Becket; Mitte Juni–Aug.) findet 10 Meilen (16 km) östlich von Lenox in Becket statt und widmet sich dem modernen Tanztheater.

Mount (www.edithwharton.org; 2 Plunkett St; Erw./Kind 18 US$/frei; Mai–Okt. 10–17 Uhr) heißt das frühere Anwesen der Schriftstellerin Edith Wharton (1862–1937). Bei einer Führung kann man die Villa und den inspirierenden Garten besichtigen.

Schlafen & Essen

Birchwood Inn INN $$$
(413-637-2600; www.birchwood-inn.com; 7 Hubbard St; Zi. inkl. Frühstück 200–375 US$;) Charmante Unterkünfte aus frü-

herer Zeit gibt's in Lenox jede Menge. Am ältesten ist das Birchwood Inn, das seit 1767 Zimmer vermietet und bis heute mit großer Gastfreundschaft glänzt.

Cornell in Lenox B&B **$$$**
(☎413-637-4800; www.cornellbb.com; 203 Main St; Zi. inkl. Frühstück 145–265 US$; @) Das auf drei historische Häuser verteilte B&B bietet ein gutes Preis-Leistungs-Verhältnis in einer teuren Stadt.

**Nudel** AMERIKANISCH **$$$**
(☎413-551-7183; www.nudelrestaurant.com; 37 Church St; Hauptgerichte 22–25 US$; Di–Sa 17.30–21.30 Uhr) Hier kann man die köstliche Umsetzung der Bewegung zum nachhaltigen Lebensmittelanbau in der Region kennenlernen. Auf der saisonalen Karte zeichnet sich ein Trend zurück zu den Ursprüngen ab, mit Gerichten wie Schweinekoteletts samt traditionell hergestelltem Brot und Spätzle mit Kaninchen.

Bistro Zinc FRANZÖSISCH **$$$**
(☎413-637-8800; www.bistrozinc.com; 56 Church St; Hauptgerichte 15–30 US$; 11.30–15 & 17.30–22 Uhr) Schicke Bistros säumen die Church St im Ortszentrum. Dazu zählt beispielsweise das Bistro Zinc mit seiner heißen postmodernen Einrichtung und französisch inspirierten Gerichten der modernen amerikanischen Küche.

Ausgehen & Nachtleben

Olde Heritage Tavern KNEIPE
(www.theheritagetavern.com; 12 Housatonic St; Hauptgerichte 7–15 US$; Mo–Fr 11.30–0.30, Sa & So 8–0.30 Uhr;) In der peppigen Kneipe gibt's von Waffeln bis Steaks Familiengerichte zu soliden Preisen.

Pittsfield

Gleich westlich der Ortschaft Pittsfield liegt mit dem **Hancock Shaker Village** (☎413-443-0188; www.hancockshakervillage.org; US 20; Erw./Kind 18/frei US$; Mitte April–Okt. 10–17 Uhr;) ein faszinierendes Museum, das die Lebensart der sogenannten Shaker beleuchtet. Diese religiöse Sekte gründete das Dorf 1783. Sie praktizierte Gütergemeinschaft, Werkheiligkeit und das Zölibat. Letzteres ließ die Gruppe letztendlich aussterben. Die würdevoll schlichte Handwerkskunst der Shaker hat u. a. Holzmöbel und 20 Bauwerke hervorgebracht. Berühmtestes Beispiel ist die steinerne Rundscheune.

Williamstown & North Adams

Inmitten der sanft gewellten Berkshires-Hügel liegt Williamstown, eine neuenglische Collegestadt wie aus dem Bilderbuch. Deren Zentrum bildet der grüne Campus des Williams College. Hier und im benachbarten North Adams warten insgesamt drei hervorragende Kunstmuseen, die jeweils einen separaten Besuch wert sind.

Sehenswertes & Aktivitäten

★**Clark Art Institute** MUSEUM
(☎413-458-2303; www.clarkart.edu; 225 South St, Williamstown; Erw./Kind Juni–Okt. 15 US$/frei, Nov.–Mai Eintritt frei; 10–17 Uhr, Sept.–Juni Mo geschl.) Das Sterling & Francine Clark Art Institute ist ein Schatz unter den Kunstmuseen der USA. Selbst wer nicht kunstbeflissen ist, sollte sich das Museum nicht entgehen lassen. Der Schwerpunkt der Sammlung liegt auf impressionistischer Malerei mit bedeutenden Werken von Monet, Pissarro und Renoir. Mary Cassatt, Winslow Homer und John Singer Sargent repräsentieren die moderne amerikanische Malerei.

Williams College Museum of Art MUSEUM
(☎413-597-2429; www.wcma.org; 15 Lawrence Hall Dr, Williamstown; Di–Sa 10–17, So 13–17 Uhr) GRATIS Das Schwestermuseum des Clark Art Institute ist die Zierde des Stadtzentrums. Die Sammlung ist unglaublich: Etwa die Hälfte der 13 000 Werke bildet die American Collection mit wichtigen Werken bedeutender Künstler wie Edward Hopper *(Morning in a City)*, Winslow Homer und Grant Wood, um nur einige zu nennen.

MASS MoCA MUSEUM
(☎413-662-2111; www.massmoca.org; 1040 Mass Moca Way, North Adams; Erw./Kind 15/5 US$; Juli & Aug. 10–18 Uhr, Sept.–Juni Mi–Mo 11–17 Uhr;) Das größte Museum für moderne Kunst erstreckt sich über unglaubliche 20 624 m² und umfasst Bereiche für Installationen, Performance-Zentren und 19 Galerien. Eine Galerie hat die Größe eines Fußballfelds, was den Künstlern erlaubt, hier riesige Installationen aufzubauen. Laufschuhe mitbringen!

Mt. Greylock State Reservation PARK
(☎413-499-4262; www.mass.gov/dcr/parks/mtGreylock; Visitor Center 9–17 Uhr) GRATIS In dem Park gleich südlich von North Adams gibt es eine Straße und mehrere Pfade hinauf zum höchsten Gipfel Massachusetts'

(1064 m). Von dort bietet sich ein toller Panoramablick auf mehrere Gebirgsketten und an klaren Tagen zudem über fünf verschiedene US-Bundesstaaten. Unter den insgesamt über 70 km von Wanderwegen ist auch ein Abschnitt des Appalachian Trail. Außerdem befindet sich auf dem Gipfel eine rustikale Lodge.

Feste & Events

Williamstown Theatre Festival THEATER
(☎ 413-597-3400; www.wtfestival.org; 1000 Main St, Williamstown; ⏲ Ende Juni–Ende Aug.) Die Stars der Theaterwelt kommen jedes Jahr nach Williamstown. Bei dem Festival kommt eine Mischung aus klassischen Dramen und modernen Stücken von aufstrebenden Bühnenautoren zur Aufführung. Bradley Cooper und Gwyneth Paltrow sind nur zwei der berühmten Schauspieler, die hier auf den Brettern standen.

Schlafen & Essen

River Bend Farm B&B B&B $$
(☎ 413-458-3121; www.riverbendfarmbb.com; 643 Simonds Rd/US 7, Williamstown; Zi. ohne Bad inkl. Frühstück 120 US$; ❄📶) Mit echten Antiquitäten und fünf offenen Kaminen versetzt das georgianisch-kolonialzeitliche B&B an der US 7 in Williamstown seine Gäste zurück ins 18. Jh. Die Gäste der vier Doppelzimmer teilen sich zwei Bäder. Trotz des Namens handelt es sich nicht um eine Farm.

Maple Terrace Motel MOTEL $$
(☎ 413-458-9677; www.mapleterrace.com; 555 Main St, Williamstown; Zi. inkl. Frühstück 121–157 US$; 📶🏊) Am östlichen Ende von Williamstown bieten die schwedischen Inhaber 15 schlichte, gemütliche Zimmer an.

Porches BOUTIQUEHOTEL $$$
(☎ 413-664-0400; www.porches.com; 231 River St, North Adams; Zi. inkl. Frühstück 189–285 US$; ❄📶🏊🐾) Gegenüber vom MASS MoCA in North Adams verfügt dieses Boutiquehotel über kunstvoll gestaltete Zimmer mit durchdachten Farbschemata, bodenlangen Fenstern und viel Licht – sehr angenehm.

Moonlight Diner & Grille DINER $
(☎ 413-458-3305; 408 Main St, Williamstown; Hauptgerichte 6–10 US$; ⏲ Mo–Do 7–20.30, Fr & Sa bis 21.30 Uhr) Der altmodische Diner im Osten von Williamstown tischt die üblichen Klassiker zu ehrlichen Preisen auf. Gäste erwarten Retro-Dekor der 1950er-Jahre, riesige Burger und Käse-Omeletts.

ABSTECHER

FAHRT IN DEN HERBST

Wer in Massachusetts im Rahmen einer schönen Autofahrt den Herbst in all seinen bunten Farben erleben will, sollte auf der MA 2 Richtung Westen von Greenfield nach Williamstown fahren. Die 63 Meilen (rund 100 km) lange Strecke nennt sich **Mohawk Trail.** Neben der Straße verläuft der unruhige Deerfield River mit tosenden Wildwasserabschnitten, die das beschauliche Beobachten der Natur zum adrenalingeladenen Abenteuersport für Kajakfahrer machen.

Public Eat & Drink KNEIPE $$
(www.publiceatanddrink.com; 34 Holden St, North Adams; Hauptgerichte 10–22 US$; ⏲ 17–21 Uhr; 🖉) In dem gemütlichen Pub in North Adams werden eine exzellente Auswahl Kleinbrauereibiere, gehobene Kneipenkost wie Brie-Burger, Fladenpizza und Bistro-Steak sowie ein paar vegetarische Gerichte serviert.

★ **Mezze Bistro & Bar** FUSION $$$
(☎ 413-458-0123; www.mezzerestaurant.com; 777 Cold Spring Rd/US 7, Williamstown; Hauptgerichte 20–30 US$; ⏲ 17–21 Uhr) Ost trifft auf West: In dem schicken Restaurant genießt man eine Mischung aus modern-amerikanischer Küche mit Klassischem aus Frankreich und Japan. Für die Zutaten der saisonalen Gerichte gilt die Devise: von der Farm direkt auf den Tisch – ob aus dem restauranteigenen Garten oder vom Bio-Bauernhof. Auch alles andere, von Kleinbrauereibieren bis Bio-Fleisch, kommt aus der Region.

RHODE ISLAND

Der kleinste Bundesstaat der USA bietet noch mehr auf kleinem Raum, als die nur 400 Meilen (640 km) lange zerklüftete Küste mit ihren tief eingeschnittenen Buchten und den hübschen Stränden vermuten lässt. Providence, die nette Hauptstadt, ist klein und freundlich, aber doch groß genug, um erstklassige Restaurants und Sehenswürdigkeiten zu bieten. Newport, ein Sommerdomizil der wohlhabenderen Schicht, prunkt mit prächtigen Herrenhäusern, hübschen Jachten und Musikfestivals der Weltklasse. Wer sich noch ein bisschen weiter hinaus wagt,

KURZINFOS RHODE ISLAND

Spitznamen Ocean State, Little Rhody

Bevölkerung 1050300 Ew.

Fläche 2706 km2

Hauptstadt Providence (178400 Ew.)

Weitere Städte Newport (24000 Ew.)

Verkaufssteuer 7 %

Geburtsort von Broadway-Komponist George M. Cohan (1878–1942) und Spielzeugheld Mr. Potato Head (erfunden 1952)

Heimat der ersten US-Tennismeisterschaften

Politische Ausrichtung mehrheitlich Wähler der Demokraten

Berühmt als kleinster US-Bundesstaat

Offizieller Wappenvogel ein Huhn – warum auch nicht? Der Rhode Island Red revolutionierte die Geflügelzucht.

Entfernungen Providence–Newport 37 Meilen (59 km), Providence–Boston 50 Meilen (80 km)

erlebt bei der Fahrt mit der Fähre nach Block Island einen perfekten Tag.

Geschichte

Seit seiner Gründung im Jahr 1636 durch Roger Williams, einen aus Boston vertriebenen religiösen Abweichler, ist Providence, die Hauptstadt von Rhode Island, vom Hang zur Unabhängigkeit geprägt. Für Williams galt das oberste Prinzip, dass jeder Einzelne das Recht auf Glaubensfreiheit hat, was zu seiner Verbannung aus Massachusetts führte. Seine liberalen Überzeugungen setzte Williams bei der Gründung von Providence in die Praxis um. Er kaufte von den lokalen Narragansett-Indianern Land und unterhielt auch danach noch mit ihnen als großes Experiment der Toleranz und friedlichen Koexistenz gute Beziehungen.

Williams' Prinzipien blieben nicht lange bestehen. Als Providence und Newport wuchsen und zu einer großen Kolonie verschmolzen, kam es zu Konflikten, die mehrere Kriege mit den Stämmen in der Region auslösten, was schließlich zur Dezimierung der Wampanoag, Pequot, Narragansett und Nipmuck führte. Rhode Island war darüber hinaus für den Sklavenhandel berüchtigt, und in den Jahren nach dem Unabhängigkeitskrieg kontrollierten die hiesigen Händler den Großteil des Sklavenmarkts.

Mit der von Wasserkraft betriebenen Slater Mill begann 1790 in Pawtucket die Industrialisierung der USA. Die Industrie prägte den Charakter von Providence und seiner Umgebung, insbesondere am Blackstone River. Wie viele andere Städte an der Ostküste erlebten diese urbanen Gebiete in den 1940er- und 1950er-Jahren einen jähen Niedergang, als die Fertigungsindustrie (Textilien und Modeschmuck) einbrach. Denkmalschutzmaßnahmen sorgen in den 1960ern dafür, dass das historische architektonische Gesicht von Providence und Newport erhalten blieb. Providence ist heute eine lebendige Stadt mit einer dynamischen Wirtschaft und das ebenso lebendige Newport eine Museumsstadt.

Praktische Informationen

Providence Journal (www.providencejournal.com) Größte Tageszeitung des Bundesstaats.

Rhode Island Parks (www.riparks.com) Ermöglicht Camping in fünf State Parks.

Rhode Island Tourism Division (☎800-250-7384; www.visitrhodeisland.com) Besucherinfos zu ganz Rhode Island.

Providence

Die Hauptstadt von Rhode Island präsentiert ihren Gästen eines der schönsten städtischen Spaziergebiete diesseits des Connecticut River. Im Herbst, wenn es frisch ist und die Bäume ihre bunten Blätter verlieren, bietet sich ein Spaziergang über den grünen Campus der Brown University auf dem College Hill aus dem 18. Jh. über den Riverwalk bis in die Innenstadt von Providence an. Unterwegs kann man eine Pause in dem Café eines Programmkinos einlegen, eine Stärkung in einem Sterne-Restaurant zu sich nehmen oder sich in einer coolen Bar einige Biere genehmigen. Abends sollte man es nicht versäumen, sich ein Stück im Trinity Repertory anzuschauen, sich mit in einen Club zu quetschen oder um 3 Uhr morgens an Bord des mobilen Haven Brothers Diner ein paar Burger zu verdrücken.

Sehenswertes

Über den Exit 22 von der I-95 kommt man zur Innenstadt von Providence. Das Unigelände liegt einen kurzen Spaziergang weiter östlich. Das bunte italienische Viertel Federal Hill findet man rund um die Atwells Ave, 1 Meile (1,6 km) westlich vom Stadtzentrum.

College Hill VIERTEL

Auf dem Gelände der **Brown University** (www.brown.edu) auf dem östlich des Providence River gelegenen College Hill befinden sich über 100 Gebäude aus dem 18. Jh. im Colonial, Federal und Revival Style. Die schönsten von ihnen kann man bei einem Bummel über die „Mile of History" an der **Benefit Street** bewundern. Darunter ist auch das 1838 von William Strickland in klaren Linien erbaute **Providence Athenaeum** (☎401-421-6970; www.providenceathenaeum.org; 251 Benefit St; ⊙Mo–Do 9–19, Fr & Sa 9–17, So 13–17 Uhr) GRATIS mit Büsten von griechischen Göttern und Philosophen, die die Sammlung von 1753 bewachen.

Die kostenlosen Campusführungen beginnen am **Brown University Admissions Office** (☎401-863-2378; Corliss Brackett House, 45 Prospect St). Termine telefonisch erfragen oder einfach vorbeischauen!

Museum of Art MUSEUM

(☎401-454-6500; www.risdmuseum.org; 224 Benefit St; Erw./Kind 12/3 US$, ⊙Di–So 10–17 Uhr, Do bis 21 Uhr; 👪) Das Kunstmuseum der Rhode Island School of Design ist wunderbar facettenreich: Seine Sammlung reicht von antiker griechischer Kunst und amerikanischer Malerei des 20. Jhs. bis hin zu Kunsthandwerk.

State House HISTORISCHES GEBÄUDE

(☎401-222-3983; 82 Smith St; ⊙Mo–Fr 8.30–16.30, Gratisführungen 9, 10 & 11 Uhr) Das Wahrzeichen der Stadt wird von einer der weltgrößten freitragenden Marmorkuppeln bekrönt. Das ausgestellte George-Washington-Porträt von Gilbert Stuart animiert dazu, es mit der Abbildung auf dem 1-US$-Schein zu vergleichen.

Roger Williams Park PARK

(1000 Elmwood Ave) GRATIS 1871 schenkte Betsey Williams, die Ur-Ur-Ur-Enkelin des Begründers von Providence, ihre Farm der Stadt. Der 174 ha große öffentliche Park ist nur eine kurze Autofahrt südlich von Providence gelegen. Besucher finden hier viel Grün, Seen und Teiche, Wäldchen, große Wiesen, Picknickplätze sowie ein **Planetarium and Museum of Natural History** (☎401-785-9457; Museum 2 US$, Planetarium 4 US$; ⊙10–16 Uhr, Planetarium-Vorführung Sa & So 14 Uhr; 👪) vor.

Schlafen

Christopher Dodge House B&B $$

(☎401-351-6111; www.providence-hotel.com; 11 W Park St; Zi. inkl. Frühstück 120–180 US$; P) Das 1858 erbaute Haus im Federal Style ist mit amerikanischen Stilmöbeln und Marmorkaminen eingerichtet. Das von außen schlichte Haus punktet mit eleganten Proportionen, großen Fenstern, Fensterläden und Holzböden.

Providence Biltmore HISTORISCHES HOTEL $$$

(☎401-421-0700; www.providencebiltmore.com; 11 Dorrance St; Zi./Suite 146/279 US$; P 📶) Das älteste Hotel von Providence stammt aus den 1920er-Jahren. Die gemütliche, zugleich aber auch majestätische Lobby mit dunklem Holz, Wendeltreppen und Kronleuchtern ist hübsch anzusehen. Die 292 gut ausgestatteten Zimmer türmen sich viele Stockwerke hoch oberhalb der Altstadt auf. Am besten nimmt man eines der Quartiere möglichst weit oben.

Essen

Sowohl an der Rhode Island School of Design als auch an der Johnson & Wales University gibt es erstklassige kulinarische Kurse, die jedes Jahr neue kreative Chefköche hervorbringen. Dank der vielen Studenten an der East Side gibt es rund um College Hill und Fox Point jede Menge gute Lokale. Wer das alte Providence erleben will, sollte sich an der Atwells Ave in Federal Hill umschauen.

NICHT VERSÄUMEN

LAGERFEUER IN DER NACHT

Wer redet denn noch von Christo? Providence hat die Welt der öffentlichen Kunstinstallationen inzwischen mit dem **WaterFire** (www.waterfire.org) erhellt. Schauplatz ist der Fluss, der sich durch das Stadtzentrum schlängelt: Aus dem Wasser ragen fast 100 Kohlebecken empor, deren Inhalt nach Einbruch der Dunkelheit angezündet wird. Dann züngeln Flammen über dem Fluss, während Musik spielt, schwarz gekleidete Gondolieri vorbeistaken und am Ufer eine große Party steigt. Diesen fesselnden Mix aus Kunst und Unterhaltung gibt's von Mai bis September etwa ein Dutzend Mal (meist Sa Sonnenuntergang–1 Uhr).

East Side Pockets MEDITERRAN $
(www.eastsidepocket.com; 278 Thayer St; Hauptgerichte 4–7 US$; ⌚ Mo–Sa 10–1, So 10–22 Uhr; ✎) Fabelhafte Falafel und Baklava zu studentenfreundlichen Preisen.

★ **Haven Brothers Diner** DINER $
(Washington St; Gerichte 5–10 US$; ⌚ 17–3 Uhr) Angeblich begann Haven Brothers 1893 als ein von Pferden gezogener Imbisswagen. Man steigt die klapprige Treppe hinauf und genießt das einfache Essen. Das Publikum besteht aus allen möglichen Leuten von prominenten Politikern und College-Kids, die die Nacht durchmachen, bis hin zu Betrunkenen.

Flan y Ajo SPANISCH $
(☎ 401-432-6656; 225a Westminster St; Tapas 3–7 US$; ⌚ 18–23 Uhr) Die Tapas-Bar serviert köstliche *pintxos* (Häppchen) wie Garnelen auf Muschelschalen mit *salsa verde*, Muscheln in Weißwein und saftiges *lomito* (Schweinefilet). Weil es hier keine alkoholischen Getränke gibt, besorgt man sich die Flasche Wein am besten gleich nebenan bei Eno Fine Wines.

Abyssinia ÄTHIOPISCH $$
(☎ 401-454-1412; www.abyssinia-restaurant.com; 333 Wickenden St; Gerichte 20 US$; ⌚ 11–22 Uhr; ✎) Von den pflaumenfarbenen Bänken bis zum brüllenden (oder lächelnden?) Löwen von Juda an der Wand erlebt man hier die äthiopische Küche mit all ihren starken Aromen. Vegetarische Linsen und Schälerbsencurrys bereiten die Geschmacksnerven schon mal auf die darauffolgende Geschmacksexplosion durch den würzigen *doro wat* (Hühnereintopf) und Rindfleisch-*key-wot* vor.

★ **birch** MODERN-AMERIKANISCH $$$
(☎ 401-272-3105; www.birchrestaurant.com; 200 Washington St; Gerichte 25–35 US$; ⌚ Do–Di 17–24 Uhr) Nachdem sie im Dorrance at the Biltmore fabelhafte Arbeit geleistet haben, sind Koch Benjamin Sukle und seine Frau Heidi nun ihre eigenen Chefs. Das birch ist klein und stilvoll. Der Sinn fürs Detail zeigt sich im Dekor wie im Essen, das in kleinen Portionen mit frischen saisonalen Produkten zubereitet wird.

Ausgehen & Unterhaltung

Trinity Brewhouse BRAUEREI
(☎ 401-453-2337; www.trinitybrewhouse.com; 186 Fountain St; ⌚ So–Do 11.30–1, Fr & Sa 12–2 Uhr) Die Kleinbrauerei im Unterhaltungsviertel macht tolle Biere nach britischer Art. Unbedingt die Stouts probieren!

The Salon BAR, CLUB
(www.thesalonpvd.com; 57 Eddy St; ⌚ Mo–Fr 17–1, Sa 19–2 Uhr) Tischtennistische und Flipperautomaten bilden im Obergeschoss die Kulisse für 1980er-Jahre-Pop und Picklebacks (Whiskey mit einem Schuss Essiggurkenwasser), während unten Liveshows, Open-Mike-Abende, DJs und Tanzpartys angesagt sind.

Providence Performing Arts Center DARSTELLENDE KUNST
(☎ 401-421-2787; www.ppacri.org; 220 Weybosset St) Die beliebte Bühne für tourende Broadway-Musicals und andere große Aufführungen befindet sich im ehemaligen Loew's Theater von 1928 mit prächtiger Art-déco-Innenausstattung.

AS220 CLUB
(☎ 401-831-9327; www.as220.org; 115 Empire St; ⌚ 17–1 Uhr) Seit Langem bestehende Bühne für alle möglichen Formen von Rhode-Island-Kunst: Das AS220 (sprich: A-S-*two-twenty*) bucht experimentelle Bands (Lightning Bolt, Tuba- und Banjo-Duos), veranstaltet Lesungen und ist zugleich Ausstellungsraum für die sehr aktive Gemeinde. Die hier angegebenen Öffnungszeiten beziehen sich auf die Bar; die Galerie öffnet mittwochs bis samstags gegen Mittag, und das Café schließt um 22 Uhr.

Shoppen

Das **Providence Place** (www.providenceplace.com; 1 Providence Place) im Stadtzentrum ist das größte Einkaufszentrum auf Rhode Island. Individuellere, witzigere Läden findet man an der Westminster St, der Thayer St und der Wickenden St.

Praktische Informationen

Providence Visitor Information Center
(☎ 401-751-1177; www.goprovidence.com; Rhode Island Convention Center, 1 Sabin St; ⌚ Mo–Sa 9–17 Uhr)

An- & Weiterreise

Autovermieter sind am **TF Green Airport** (PVD; www.pvdairport.com; I-95, Exit 13, Warwick) vertreten. Rund 20 Minuten südlich der Innenstadt landen dort die Flieger großer US-Fluggesellschaften.

Peter Pan Bus Lines (www.peterpanbus.com) verbindet Providence mit Boston (8 US$,

1¼ Std.) und New York (35 US$, 33/4 Std.). Auch Züge der **Amtrak** (www.amtrak.com; 100 Gaspee St) pendeln zwischen Providence und anderen Städten im Nordosten.

Von ihrer Drehscheibe an der Kennedy Plaza schickt die **Rhode Island Public Transit Authority** (RIPTA; www.ripta.com; Fahrt/Tageskarte 2/6 US$) altmodische Busse im Trolley-Stil durch ganz Providence. Weitere RIPTA-Busse verbinden die Stadt mit Newport.

Newport

Der „neue Hafen" wurde von moderat-religiösen Abweichlern, die vor den Puritanern aus Massachusetts geflüchtet waren, gegründet und entwickelte sich schnell zur viertreichsten Stadt in der neuen, unabhängigen Kolonie. Auch heute noch ist Newport einer der aktivsten und wichtigsten Jachthäfen des Landes. Die Innenstadt mit ihrer kolonialzeitlichen Architektur ist wunderbar erhalten, kann aber kaum mit den opulenten Sommervillen konkurrieren, die später von Industriellen aus der Schifffahrt, dem Eisenbahnbau und dem Bergbau erbaut wurden. Diese italienischen Paläste, französischen Chateaus und elisabethanischen Herrenhäuser sind nach wie vor die größte Attraktion der Stadt, gefolgt von den sommerlichen Musikfestivals, die zu den bedeutendsten in den USA zählen.

Sehenswertes & Aktivitäten

★ Preservation Society of Newport County HISTORISCHE GEBÄUDE
(☎ 401-847-1000; www.newportmansions.org; 424 Bellevue Ave; 5 Gebäude Erw./Kind 49/19 US$) Die Gesellschaft verwaltet fünf der prächtigsten Anwesen Newports, die sich in jeweils 90 Minuten besichtigen lassen.

➡ Breakers
(44 Ochre Point Ave; Erw./Kind 19,50/5,50 US$; ⏲ April–Mitte Okt. 9–17 Uhr, Mitte Okt.–März wechselnde Öffnungszeiten; 🅿) Wer nur für eine der Villen Zeit hat, sollte sich diesen extravaganten Megapalast mit 70 Zimmern im Stil der italienischen Renaissance ansehen. Er wurde 1895 für Cornelius Vanderbilt II. erbaut, das Oberhaupt der damals reichsten Familie Amerikas.

➡ Rosecliff
(548 Bellevue Ave; Erw./Kind 14,50/5,50 US$; ⏲ April–Mitte Okt. 10–17 Uhr, Mitte Okt.–März wechselnde Öffnungszeiten; 🅿) Das 1902 vom Architekten Stanford White erbaute Meisterwerk ähnelt dem Grand Trianon in Versailles. Der riesige Ballsaal spielt eine große Rolle in *Der Große Gatsby* mit Robert Redford.

➡ Elms
(www.newportmansions.org; 367 Bellevue Ave; Erw./Kind 14,50/5,50 US$, Führung Angestelltenräume Erw./Kind 15/5 US$; ⏲ April–Mitte Okt. 10–17 Uhr, Mitte Okt.–März wechselnde Öffnungszeiten; 🅿 👪) Das 1901 erbaute Elms ist eine Replik des Château d'Asnières, das 1750 in der Nähe von Paris entstand. Bei der Führung hinter die Kulissen geht es durch die Quartiere der Angestellten und hinauf aufs Dach.

★ Rough Point HISTORISCHES GEBÄUDE
(www.newportrestoration.com; 680 Bellevue Ave; Erw./Kind 25 US$/frei; ⏲ Mitte April–Mitte Mai Do–Sa 10–14 Uhr, Mitte Mai–Mitte Nov. Di–Sa 10–15.45 Uhr; 🅿) Doris Duke (1912–93), einst „das reichste kleine Mädchen der Welt", war gerade mal 13 Jahre alt, als sie dieses englische Anwesen von ihrem Vater erbte. Sie hegte eine Leidenschaft fürs Reisen und Kunstsammeln. Die Villa beherbergt viele ihrer Besitztümer von Ming-Porzellan bis zu Gemälden von Renoir.

International Tennis Hall of Fame MUSEUM
(☎ 401-849-3990; www.tennisfame.com; 194 Bellevue Ave; Erw./Kind 12 US$/frei; ⏲ 9.30–17 Uhr) In dem Museum kann man sehen, wie amerikanische Aristokraten im 19. Jh. ihre Freizeit verbracht haben. Es befindet sich im Gebäude des historischen Newport Casino (1880), das den Reichsten der Reichen von Newport als Sommerclub diente. Für 110 US$ kann man selbst in einen weißen Dress schlüpfen und auf dem klassischen Grasplatz ein paar Bälle schlagen.

Touro Synagogue National Historic Site SYNAGOGE
(☎ 401-847-4794; www.tourosynagogue.org; 85 Touro St; Erw./Kind 12 US$/frei; ⏲ Juli–Sept. So–Fr 10–16 Uhr, Sept.–Okt. So–Fr 10–14 Uhr, Mai–Juni So–Fr 12–13.30 Uhr, Nov.–April So 12–13.30 Uhr) Mit der ältesten Synagoge (1763) in den USA besichtigt man ein architektonisches Juwel, das perfekt die Balance zwischen Schlichtheit und Prunk wahrt.

Cliff Walk WANDERWEG
(www.cliffwalk.com) Auf dem 5,6 km langen Cliff Walk, der an der Küste hinter den Villen verläuft, kann man herrliche Spaziergänge unternehmen. Es bietet sich nicht nur ein fantastischer Blick auf den Ozean, sondern auch auf die Herrenhäuser am Wegesrand. Der Cliff Walk erstreckt sich vom Memorial Blvd zum Bailey's Beach; ein guter Start-

punkt ist die malerische Ruggles Ave nahe dem Breakers.

★ **Fort Adams State Park** PARK
(www.fortadams.org; Harrison Ave; Fort mit Führung/ohne Führung Erw. 12/6 US$, Kind 6/3 US$; ⏲ Sonnenaufgang–Sonnenuntergang) Fort Adams ist die größte Küstenfestung der USA und befindet sich mitten in diesem prächtigen State Park, der in die Narragansett Bay hineinragt. Hier finden das Newport Jazz Festival und das Folk Festival statt. Am Fort Adams kann man auch baden, aber der **Easton's Beach** (First Beach; Memorial Blvd) und der **Sachuest (Second) Beach** (Purgatory Rd) sind besser.

★ **Sail Newport** SEGELN
(☎ 401-846-1983; www.sailnewport.org; 60 Fort AdamsBlock Island Chamber of Commerce Dr; Segeltour 1/2 Wochen 365/475 US$, Segelbootverleih 73–138 US$/3 Std.; ⏲ 9–19 Uhr; 👪) Wie zu erwarten sind im windigen Newport, der Heimat des prestigeträchtigen America's Cup, die Segeloptionen einfach phänomenal.

Adirondack II BOOTSFAHRT
(☎ 401-847-0000; www.sail-newport.com; Bowen's Wharf; Bootsfahrt 1½ Std. 30–39 US$; ⏲ 11–19 Uhr) Der Schoner legt fünfmal täglich von der Bowen's Wharf ab.

Feste & Events

Einen vollständigen Veranstaltungskalender gibt's unter www.gonewport.com.

Newport Folk Festival MUSIK
(www.newportfolkfest.net; Fort Adams State Park; 1-/3-Tagespass 49/120 US$, Parken 12 US$; ⏲ Ende Juli) Im Fort Adams State Park treten große Stars und aufstrebende Gruppen auf. Sonnenschutz mitbringen!

Newport Jazz Festival MUSIK
(www.newportjazzfest.net; Fort Adams State Park; Tickets 47,50–100 US$; ⏲ Anfang Aug.) Mit Namen wie Dave Brubeck und Wynton Marsalis liest sich die Liste wie das *who is Who* des Jazz.

Newport Music Festival MUSIK
(www.newportmusic.org; Tickets 20–42 US$; ⏲ Mitte Juli) Bei dem international angesehenen Festival finden klassische Konzerte in vielen der prächtigen Herrenhäuser statt.

Schlafen

★ **Newport International Hostel** HOSTEL $
(William Gyles Guesthouse; ☎ 401-369-0243; www.newporthostel.com; 16 Howard St; B ohne Bad inkl. Frühstück 35–119 US$; ⏲ April–Dez.; 📶) Willkommen in dem einzigen Hostel auf Rhode Island! Es wird von einem lässigen und sachkundigen Gastgeber geführt. Man sollte so früh wie möglich buchen. Die winzige Herberge bietet Vorrichtungen für ein einfaches Frühstück, eine Waschmaschine und saubere Einzelbetten in einem Schlafsaal. Es gibt auch private Zimmer, die man aber per E-Mail reservieren muss.

Stella Maris Inn INN $$
(☎ 401-849-2862; www.stellamarisinn.com; 91 Washington St; Zi. inkl. Frühstück 125–225 US$; P) Das ruhige Stein- und Holzrahmenhaus verfügt über zahlreiche Kamine, viele Möbel aus Schwarznussholz, viktorianischen Schnickschnack und ein paar geblümte Polstermöbel. Die Zimmer mit Blick auf den Garten sind billiger als die mit Blick aufs Wasser. Der Inhaber ist zwar etwas ruppig, aber die Preise sind (für Newport) o. k. Keine Kreditkartenzahlung möglich.

★ **The Attwater** BOUTIQUEHOTEL $$$
(☎ 401-846-7444; www.theattwater.com; 22 Liberty St; Zi. 180–309 US$; P ❄ 📶) Newports neuestes Hotel wirkt mit seinen türkisfarbenen, limettengrünen und blumigen Drucken, den farbig gemusterten Kopfbrettern der Betten und den flott geometrisch gemusterten Teppichen irgendwie sommerlich und strandpartymäßig. Durch die Panoramafenster und die Veranden dringt viel Sommersonne herein, und die Zimmer sind mit durchdachten Luxusextras wie iPads, Apple-Fernsehern und Strandtaschen ausgestattet.

Essen

★ **Rosemary & Thyme Cafe** BÄCKEREI, CAFÉ $
(☎ 401-619-3338; www.rosemaryandthymecafe.com; 382 Spring St; Backwaren 2–5 US$, Sandwiches & Pizza 5,95–7,95 US$; ⏲ Di–Sa 7.30–15, So bis 11.30 Uhr; 👪) Wenn ein deutscher Bäcker in der Küche steht, erstaunt es kaum, dass sich in der Theke die Buttercroissants, Apfel- und Kirschkuchen und saftigen Muffins stapeln. Zur Mittagszeit gibt's Gourmet-Sandwiches mit Kräuterziegenkäse, getrockneten Tomaten aus der Toskana und Elsässer Käse.

Franklin Spa DINER $
(☎ 401-847-3540; 229 Spring St; Gerichte 3–10 US$; ⏲ 6–14 Uhr; 👪) Dieser Diner alter Schule verkauft Hackfleischprodukte, Eier und Speck zu Spottpreisen. Er ist bei den Einheimischen sehr beliebt und öffnet

ABSEITS DER ÜBLICHEN PFADE

WER NOCH EIN PAAR TAGE ZEIT HAT

Block Island liegt 19 km vor dem Rest Rhode Islands im offenen Meer. Die unberührte Insel steht für schlichte Freuden: sanft geschwungenes Farmland, menschenleere Strände und kilometerlange, ruhige Wander- bzw. Radwege.

Fähren machen in der Hauptsiedlung Old Harbor fest, die sich seit dem Bau ihrer viktorianischen Gingerbread-Häuser im späten 19. Jh. kaum verändert hat. Die Strände beginnen direkt am nördlichen Ortsrand. Rund 2 Meilen (3,2 km) weiter nördlich verläuft der **Clay Head Nature Trail**, der den hohen Lehmklippen oberhalb des Strandes folgt und gute Möglichkeiten zur Vogelbeobachtung bietet. Das 40,5 ha große Naturschutzgebiet **Rodman Hollow** am südlichen Inselende wird ebenfalls von interessanten Pfaden durchzogen.

Die gerade mal 11 km lange Block Island schreit danach, mit dem Rad erkundet zu werden. An der Fähranlegestelle gibt's mehrere Fahrradverleihs (25 US$/Tag). Die **Block Island Chamber of Commerce** (☎ 800-383-2474; www.blockislandchamber.com) an der Anlegestelle hilft bei der Suche nach Unterkunft. Allerdings sind die vier Dutzend Herbergen im Sommer in der Regel ausgebucht, und bei vielen gilt ein Mindestaufenthalt. Die schönsten Betten in Strandhütten oberhalb einer wilden Wiese hat das **Sea Breeze Inn** (☎ 401-466-2275; www.seabreezeblockisland.com; Spring St, Old Harbor; Zi. 230–310 US$, mit Gemeinschaftsbad 150–180 US$; P).

schon ganz früh. Einfach an einen der Resopaltische auf dem abgewetzten, weiß-rot gefliesten Boden setzen und frisch gepressten Orangensaft, hausgemachte Truthahn-Nudelsuppe oder Coffee Cabinet (Milchshake mit Eis) genießen!

Mamma Luisa ITALIENISCH $$
(☎ 401-848-5257; www.mammaluisa.com; 673 Thames St; Hauptgerichte 14–25 US$; ⊙ Do–Di 17–22 Uhr) Das gemütliche Restaurant serviert echte italienische Gerichte. Die begeisterten Gäste empfehlen das entspannte Pasta-Haus als Zuflucht vor Newports Menschenmassen. Es gibt klassische Pastagerichte (Käse-Ravioli mit Saubohnen, Spaghetti *alle vongole*) sowie Fleisch- und Fisch-Vorspeisen.

Mooring SEAFOOD $$
(☎ 401-846-2260; www.mooringrestaurant.com; Sayer's Wharf; Gerichte 15–40 US$; ⊙ 11.30–22 Uhr) Die unschlagbare Kombination aus Hafenlage und frischen Meeresfrüchten auf der Karte macht das Mooring zur Top-Adresse für ein Abendessen am Meer. Falls das Lokal voll sein sollte, einfach den Seiteneingang zur Bar nehmen, sich einen Hocker schnappen und herzhafte Muschelsuppe sowie *a bag of doughnuts* (pikante frittierte Hummerstücke) bestellen!

Ausgehen & Unterhaltung

Fastnet BAR
(www.thefastnetpub.com; 1 Broadway; ⊙ 11–1 Uhr) Der nach dem Leuchtturm vor der Küste von Cork benannte Pub serviert Klassiker wie Würstchen mit Kartoffelbrei und Fish & Chips neben stetig fließendem Guinness. Samstagabends gibt's live irische Musik.

Newport Blues Café CLUB
(☎ 401-841-5510; www.newportblues.com; 286 Thames St) Die beliebte R&B-Bar mit Restaurant in einem alten Sandsteinhaus, das früher mal eine Bank war, lockt mit Top-Acts. In dem traulichen Raum genießen viele Stammkunden an den Tischen neben der kleinen Bühne Muscheln, selbst geräucherte Rippchen oder Schweinelenden. Abendessen gibt's zwischen 18 und 22 Uhr, die Musik beginnt um 21.30 Uhr.

Praktische Informationen

Newport Visitor Center (☎ 401-845-9123; www.gonewport.com; 23 America's Cup Ave; ⊙ 9–17 Uhr) Hat Stadtpläne, Broschüren, Infos zum Busfahrplan, einen Kartenverkauf für große Attraktionen, öffentliche Toiletten und einen Geldautomaten. Auf dem Parkplatz neben der Touristeninformation kann man 30 Minuten kostenlos parken.

An- & Weiterreise

Peter Pan Bus Lines (www.peterpanbus.com) Betreibt mehrere Busse pro Tag nach Boston (27 US$, 1¾ Std.).

RIPTA (www.ripta.com) Die bundesstaatliche RIPTA betreibt häufig verkehrende Busse (einfache Strecke 2 US$, Tageskarte 6 US$) vom Visitor Center zu den Villen, Stränden und nach Providence.

Scooter World (☎401-619-1349; www.scooterworldri.com; 11 Christie's Landing; Fahrradverleih 30 US$/Tag; ⏲9–19 Uhr) Fahrradverleih.

Strände von Rhode Island

Wer einen Tag am Strand verbringen will, ist in den Strandorten an der südwestlichen Küste von Rhode Island genau richtig. Schließlich ist dies der Ocean State!

Der 1,6 km lange **Narragansett Town Beach** in Narragansett ist perfekt für Surfer. Der nahe gelegene **Scarborough State Beach** zählt mit seinem breiten Sandstreifen, dem klassischen Pavillon und einladenden Plankenwegen zu den schönsten Stränden von Rhode Island. **Watch Hill** an der Südwestspitze des Bundesstaats ist mit seinem Kettenkarussell und den viktorianischen Villen ein wunderbarer Ort, um die Uhren zurückzudrehen. Detaillierte Infos über die gesamte Gegend gibt's beim **South County Tourism Council** (☎800-548-4662; www.southcountyri.com).

CONNECTICUT

Wegen seiner Lage zwischen dem verführerischen New York City und den urigeren Teilen Neuenglands weiter im Norden streifen die meisten Traveller Connecticut nur. Zugegeben: Der breite Küstenkorridor der I-95 führt weitgehend durch Industriegebiete, aber bei genauerem Hinschauen hält der Bundesstaat doch ein paar nette Überraschungen bereit: Mystic etwa, der Ort am Meer, lockt mit Schifffahrtsattraktionen, die altehrwürdigen Städtchen am Connecticut River bilden eine ganz eigene Welt, und die Litchfield Hills im Nordwesten Connecticuts sind so zauberhaft ländlich wie der Rest Neuenglands.

KURZINFOS CONNECTICUT

Spitznamen Constitution State, Nutmeg State

Bevölkerung 3,6 Mio.

Fläche 12 548 km²

Hauptstadt Hartford (124 890 Ew.)

Weitere Städte New Haven (129 585 Ew)

Verkaufssteuer 6,35%

Geburtsort von Sklavereigegner John Brown (1800–1859), Zirkusdirektor P. T. Barnum (1810–1891), Schauspielerin Katharine Hepburn (1909–2003)

Heimat der ersten schriftlichen US-Verfassung, des ersten Dauerlutschers, des Frisbee und des Hubschraubers

Politische Ausrichtung Hang zu den Demokraten

Berühmt als Entstehungsort der US-Versicherungswirtschaft und für den Bau des weltweit ersten Atom-U-Boots

Skurrilste Hymne ist der *Yankee Doodle*, der Patriotismus mit Strichmännchen, Federn und Maccaroni in Verbindung bringt

Entfernungen Hartford–New Haven 40 Meilen (64 km), Hartford–Providence 75 Meilen (120 km)

Geschichte

Als die ersten europäischen Entdecker, allen voran die Holländer, im frühen 17. Jh. hier ankamen, lebten verschiedene Stämme amerikanischer Ureinwohner (vor allem die Pequot und die Mohegan, deren Bezeichnung für den Fluss später den Namen des Bundesstaats bildete) in dem Gebiet. Die erste englische Siedlung entstand 1635 mit Old Saybrook, gefolgt von der ein Jahr später von den Puritanern aus Massachusetts unter der Führung von Thomas Hooker gegründeten Connecticut Colony. Eine dritte Kolonie entstand 1638 in New Haven. Nach dem Pequot-Krieg (1637) waren die amerikanischen Ureinwohner keine Hürde mehr für die koloniale Expansion in Neuengland, sodass die Einwohnerzahl der Engländer in Connecticut wuchs. 1686 wurde Connecticut in das Dominion of New England aufgenommen.

Die Amerikanische Revolution fegte durch Connecticut und hinterließ nach großen Schlachten bei Stonington (1775), Danbury (1777), New Haven (1779) und Groton (1781) viele Narben. Connecticut wurde 1788 zum fünften Bundesstaat der USA. Es folgte eine Periode des Wohlstands, befeuert durch den Walfang, den Schiffbau, die Landwirtschaft und die Fertigungsindustrie (von Feuerwaffen bis hin zu Fahrrädern und Haushaltsgegenständen), die bis ins 19. Jh. hinein anhielt.

Das 20. Jh. brachte die Weltkriege und die Weltwirtschaftskrise, aber Connecticut konnte sich gut behaupten, vor allem dank der Rüstungsindustrie, denn hier wurde alles von Flugzeugen bis zu U-Booten gebaut. Und als die Bedeutung der Verteidigungsindustrie in den 1990er Jahren in dem Bundesstaat schwand, füllten andere Wirtschaftszweige (z.B. die Versicherungsbranche) die entstehende Lücke.

Praktische Informationen

Touristeninformationen findet man am Flughafen Hartford und bei der Einfahrt in den Bundesstaat an I-95 oder I-84.

Connecticut Tourism Division (www.ctvisit.com) Besucherinformationen zum ganzen Bundesstaat.

Hartford Courant (www.courant.com) Connecticuts größte Tageszeitung.

Connecticuts Küste

Connecticuts Küste ist vielgestaltig. Das westliche Ende mit Pendlerzuganschluss nach New York City wird vor allem als Schlafstätte genutzt. Bei New Haven wird verstärkt die künstlerische Seite Connecticuts sichtbar. Mystic am Ostende des Bundesstaats hat die größte Attraktion Connecticuts zu bieten: Mystic Seaport, die 6,9 ha große Nachbildung eines Walfängerstädtchens aus dem 19. Jh.

New Haven

Yale ist New Havens Besucherhighlight. Darum nichts wie hin zum New Haven Green, wo sich neben alten Kirchen aus der Kolonialzeit die ehrwürdigen, mit Efeu bewachsenen Universitätsmauern erheben! Das 1638 gegründete New Haven ist Amerikas älteste Planstadt. Dank des regelmäßigen Straßenrasters ab dem Green findet man sich sehr leicht zurecht. Die nützliche städtische Touristeninformation heißt **INFO New Haven** (203-773-9494; www.infonewhaven.com; 1000 Chapel St; Mo–Sa 10–21, So 12–17 Uhr).

Sehenswertes

★Yale University UNIVERSITÄT

(www.yale.edu) Jedes Jahr pilgern Tausende High-School-Studenten nach Yale und träumen davon, an der drittältesten Universität des Landes angenommen zu werden, die solch prominente Absolventen wie Noah Webster, Eli Whitney, Samuel Morse und die ehemaligen Präsidenten William H. Taft, George H.W. Bush, Bill Clinton und George W. Bush hervorgebracht hat. Man braucht die Ambitionen der Studenten aber natürlich nicht zu teilen, um einen Bummel über den Campus zu unternehmen. Einen Campusplan erhält man im **Visitors Center** (www.yale.edu/visitor; Ecke Elm & Temple St; Mo–Fr 9–16.30, Sa & So 11–16 Uhr). Es gibt auch kostenlose einstündige Führungen.

Yale University Art Gallery MUSEUM

(203-432-0600; artgallery.yale.edu; 1111 Chapel St; Di–Fr 10–17, Sa & So 11–17 Uhr) Amerikas ältestes universitäres Kunstmuseum prunkt mit Meisterwerken von amerikanischen Malern wie Edward Hopper oder Jackson Pollock. Hinzu kommt dann noch eine wunderbare Sammlung europäischer Gemälde, die auch Vincent van Goghs bekanntes *Nachtcafé* umfasst.

Peabody Museum of Natural History MUSEUM

(203-432-5050; www.yale.edu/peabody; 170 Whitney Ave; Erw./Kind 9/5 US$; Mo–Sa 10–17, So 12–17 Uhr; P) Hier finden Hobbypaläontologen faszinierende Dinosaurierausstellungen vor.

Yale Center for British Art MUSEUM

(203-432-2800; ycba.yale.edu; 1080 Chapel St; Di–Sa 10–17, So 12–17 Uhr) Das Yale Center for British Art verfügt über die umfangreichste britische Kunstsammlung außerhalb des Vereinigten Königreichs.

Schlafen

Hotel Duncan HISTORISCHES HOTEL $

(203-787-1273; www.hotelduncan.net; 1151 Chapel St; EZ/DZ 60/80 US$;) Der Glanz des Juwels von New Haven ist zwar inzwischen verblichen, aber trotzdem lohnt sich ein Aufenthalt hier durchaus wegen der noch erhaltenen Dinge wie der schicken Lobby und des von Hand betriebenen Aufzugs. An der Wand im Büro des Managers hängen Fotos mit den Autogrammen prominenter Gäste wie Jodie Foster und Christopher Walken.

Study at Yale HOTEL $$$

(203-503-3900; www.studyhotels.com; 1157 Chapel St; Zi. 219–359 US$; P) Das Hotel beschwört den Chic von *Mad Men* herauf, ohne zu übertreiben. Zu den topmodernen Extras zählen iPod-Anschlüsse in den Zimmern und Trainingsgeräte mit eingebauten Fernsehern. Auf dem Gelände gibt es auch ein Restaurant mit Café, wo man morgens Snacks bekommt.

Essen

★ Frank Pepe PIZZERIA $$
(☎ 203-865-5762; www.pepespizzeria.com; 157 Wooster St; Pizza 7–20 US$; ⏱ 11.30–22 Uhr) Seit 1925 serviert das Pepe einwandfreie Pizzas aus dem Kohleofen in einem blendend weißen Lokal. Der Preis richtet sich nach Größe und Belag der Pizza; die große Mozzarellapizza kostet 12 US$. Zu empfehlen ist die Variante mit weißen Muscheln. Keine Kreditkartenzahlung.

Caseus Fromagerie Bistro KÄSELADEN $$$
(☎ 203-624-3373; www.caseusnewhaven.com; 93 Whitney Ave; Gerichte 10–30 US$; ⏱ Mo–Di 11.30–14.30, Mi–Sa 11.30–14.30 & 17.30–21 Uhr) Mit einer Feinschmeckerkäsetheke voller Käsesorten aus der Region und einer durchdachten Speisekarte rund um *le grand fromage* trifft das Caseus voll ins Schwarze. An den perfekt zubereiteten Käsemakkaroni oder der gefährlich leckeren Poutine (Pommes mit Käsebruch und Bratensauce) ist rein gar nichts auszusetzen. Es gibt auch einen Sitzbereich draußen.

Soul de Cuba KUBANISCH $$$
(☎ 203-498-2822; www.souldecuba.com; 283 Crown St; Gerichte 15–25 US$; ⏱ 11.30–22 Uhr) Mit seinen pfirsichfarbenen Wänden, der afrokaribischen Hintergrundmusik und den belebenden Cocktails ist das Soul de Cuba warm und einladend. Neben den riesigen kubanischen Sandwiches mit tollem Preis-Leistungs-Verhältnis stehen typische Sommerurlaubsgerichte von Brathähnchen mit spanischen Oliven bis hin zu Ochsenschwanzsuppe mit Rotwein auf der Speisekarte.

☆ Unterhaltung

New Haven hat erstklassige Theater. Der aktuelle Veranstaltungskalender ist in dem kostenlosen Wochenblatt *New Haven Advocate* (www.newhavenadvocate.com) enthalten.

Toad's Place MUSIK
(☎ 203-624-8623; www.toadsplace.com; 300 York St) Die zweifellos wichtigste Musikstätte Neuenglands hat sich ihre Sporen mit Konzerten von den Rolling Stones, U2, Bob Dylan und dergleichen verdient.

Shubert Theater THEATER
(☎ 203-562-5666; www.shubert.com; 247 College St) Das 1914 eröffnete Shubert wird auch „Geburtsstätte der größten Hits der Nation" genannt, weil hier die Probeläufe von Ballettaufführungen und Broadway-Musicals stattfinden, bevor sie ihre Premiere in New York City haben.

Yale Repertory Theatre THEATER
(☎ 203-432-1234; www.yale.edu/yalerep; 1120 Chapel St) In einer zum Theater umgebauten Kirche werden klassische und neue Stücke aufgeführt.

ℹ An- & Weiterreise

Wer per Zug aus New York City anreist, nimmt statt der Amtrak besser die **Metro North** (www.mta.info; einfache Strecke 14–19 US$). Die verkehrt fast stündlich und ist am günstigsten. **Greyhound Bus Lines** (www.greyhound.com) verbindet New Haven mit vielen Großstädten wie Hartford (12,75 US$, 1 Std.) oder Boston (33 US$, 4 Std.).

Mystic

Mystic kann mit einem spitzenmäßigen Seefahrtsmuseum, einem tollen Aquarium und attraktiven historischen Unterkünften für Traveller aufwarten. Zweifellos wird die jahrhundertealte Hafenstadt von Sommertouristen überrannt. Allerdings gibt's gute Gründe, warum hier jedermann (beispielsweise Fans des Films *Pizza Pizza – Ein Stück vom Himmel*; 1988) einen Zwischenstopp einlegt. Also nichts wie runter vom Highway und das Geheimnis erkundet! Die **Greater Mystic Chamber of Commerce** (☎ 860-572-1102; www.mysticchamber.org; 2 Roosevelt Ave; ⏱ 9–16.30 Uhr) im alten Bahnhof liefert Informationen für Besucher.

Sehenswertes

Mystic Seaport MUSEUM
(☎ 860-572-5315; www.mysticseaport.org; 75 Greenmanville Ave/CT 27; Erw./Kind 24/15 US$; ⏱ Mitte Feb.–Okt. 9–17 Uhr, Nov.–Dez bis 16 Uhr; P) Hier wird Amerikas maritime Geschichte zum Leben erweckt: Im weitläufigen Nachbau eines Hafendorfs aus dem 19. Jh. spielen kostümierte Darsteller den einstigen Handelsalltag nach. Besucher können beispielsweise an Bord mehrerer historischer Segler gehen. Zu diesen zählt mit der *Charles W. Morgan* von 1841 das weltweit letzte erhaltene Walfangschiff, das aus Holz gefertigt wurde. Wer selbst Lust auf eine kleine Seereise hat, kann mit dem Dampfer **Sabino** von 1908 einmal pro Stunde den Mystic River hinaufschippern (Erw./Kind 5,50/4,50 US$).

★Mystic Aquarium & Institute for Exploration AQUARIUM

(☎860-572-5955; www.mysticaquarium.org; 55 Coogan Blvd; Erw./Kind 3–17 Jahre 29,95/21,95 US$; ⏲April–Okt. 9–17 Uhr, Nov. & März bis 16 Uhr, Dez.–Feb. 10–16 Uhr; 👪) Das topmoderne Aquarium punktet mit über 6000 Meerestierarten (es gibt u.a. auch drei Weißwale), einem Freiluftbereich zur Beobachtung von Robben und Seelöwen unter Wasser, einem Pinguinpavillon und dem mit 1400 Sitzplätzen ausgestatteten Marine Theater für Delfinvorführungen.

Schlafen

★Mermaid Inn B&B $$

(☎860-536-6223; www.mermaidinnofmystic.com; 2 Broadway Ave; DZ inkl. Frühstück 175–225 US$; P) Das urige B&B nach italienischer Art befindet sich in einer ruhigen Straße in Gehweite zum Ortszentrum. Die drei Zimmer weisen jeweils eine besondere Note auf, z.B. mit frischen Blumen und italienischer Schokolade. Wenn es warm ist, genießen die Gäste ihr Frühstück auf der Veranda.

★Steamboat Inn INN $$$

(☎860-536-8300; www.steamboatinnmystic.com; 73 Steamboat Wharf; DZ inkl. Frühstück 160–295 US$; P❄📶) Die historische Herberge direkt im Zentrum von Mystic hat elf Zimmer mit Rundumblick aufs Wasser und luxuriöser Ausstattung, darunter Whirlpools für zwei Personen. Antiquitäten verleihen dem Haus eine romantische Atmosphäre. Auch der Service mit Backwaren zum Frühstück, Gratis-Fahrrädern, Bootsanlegestellen und Fitnessraum ist erstklassig.

Essen

Mystic Drawbridge Ice Cream EIS $

(www.mysticdrawbridgeicecream.com; 2 W Main St; Eiswaffel 4 US$, Panini 7,50 US$; ⏲9–23 Uhr; 👪) Ein Bummel durch den Ort ist mit einem Eis in der Hand am angenehmsten. Einige ausgefallene Sorten wie Pumpkin Pie und Southern Peach sind nur saisonal zu haben, aber es gibt immer innovative Kreationen zum Probieren.

★Captain Daniel Packer Inne AMERIKANISCH $$

(☎860-536-3555; www.danielpacker.com; 32 Water St; Gerichte 14–24 US$; ⏲11–22 Uhr) Das historische Haus von 1754 hat niedrige Balkendecken, knarrende Dielen und eine entspannte (und laute) Kneipe unten. Der Speiseraum oben bietet einen Blick auf den Fluss und eine einfallsreiche amerikanische Küche.

Oyster Club SEAFOOD $$$

(☎860-415-9266; www.oysterclubct.com; 13 Water St; Noank-Austern 2 US$, Gerichte 12–35 US$; ⏲Mo–Do 16–21, Fr–So 11–14 & 16–21 Uhr; P) Das etwas abseits der Hauptstraße gelegene Lokal lockt die Einheimischen mit Austern an, die Erstere dann gegrillt oder roh auf der hinteren Terrasse genießen. Klassiker wie Muschelsuppe und kleine Venusmuscheln stellen die Traditionalisten zufrieden, während gedünstete Muscheln in Zitronengras und Kokosmilch wagemutigere Gourmets erfreuen.

Lower Connecticut River Valley

Am Ufer des Connecticut River geben mehrere kolonialzeitliche Kleinstädte gemächlich ihren ländlichen Charme preis. Informationen zur Region gibt's beim **River Valley Tourism District** (☎860-787-9640; www.visitctriver.com).

Old Lyme

Old Lyme nahe der Mündung des Connecticut River war im 19. Jh. die Heimat von rund 60 Schiffskapitänen. Heute ist der Ort wegen seiner Künstlergemeinde bekannt. Im frühen 20. Jh. öffnete die Kunstmäzenin Florence Griswold ihr Anwesen für Besuche von Künstlern; viele von ihnen überließen ihr Bilder für die Miete. Ihre georgianische Villa, das heutige **Florence Griswold Museum** (☎860-434-5542; www.flogris.org; 96 Lyme St; Erw./Kind 10 US$/frei; ⏲Di–Sa 10–17, So 13–17 Uhr; P), beherbergt eine schöne Sammlung von impressionistischen Gemälden und Landschaftsbildern.

Das nahe gelegene, erstklassige **Bee & Thistle Inn & Spa** (☎860-434-1667; www.beeandthistleinn.com; 100 Lyme St; Zi. 180–280 US$; P📶) ist ein koloniales holländisches Farmhaus von 1756 mit Zimmern voller Antiquitäten und einem romantischen Speiseraum, in dem Gerichte der modernen amerikanischen Küche (Gerichte 30–60 US$) serviert werden.

Essex

Das 1635 gegründete, von Bäumen gesäumte Essex ist die größte Stadt in der Region und verfügt über gut erhaltene Häuser im Federal Style – ein Erbe aus dem 19. Jh., als hier mit Rum und Tabak ein Vermögen gemacht wurde.

Das **Connecticut River Museum** (860-767-8269; www.ctrivermuseum.org; 67 Main St; Erw./Kind 8/5 US$; Di–So 10–17 Uhr; P) neben dem **Steamboat Dock** erläutert die Geschichte der Region. Hier steht beispielsweise eine Replik des ersten richtigen U-Boots der Welt, das der Yale-Student David Bushnell 1776 anfertigte. Das Museum veranstaltet im Sommer **Bootsfahrten** (Erw./Kind 26/16 US$; Juni–Okt.) auf dem Fluss und von Februar bis Mitte März freitags bis sonntags **Adlerbeobachtungstouren** (40 US$/Pers.).

Man kann auch eine Fahrt mit dem **Essex Steam Train & Riverboat** (860-767-0103; www.essexsteamtrain.com; 1 Railroad Ave; Erw./Kind 17/9 US$, inkl. Bootsfahrt 26/17 US$;) machen: Eine alte Dampflok schnauft knapp 10 km durch malerisches Gelände bis zum Deep River, wo man mit einem Schaufelraddampfer den Fluss hinauf nach East Haddam fährt und dann mit dem Zug zurückkehrt.

Das **Griswold Inn** (860-767-1776; www.griswoldinn.com; 36 Main St; Zi. inkl. Frühstück 110–190 US$, Suite 190–305 US$; P) ist seit 1776 das gesellige Zentrum von Essex und damit ein echtes Wahrzeichen.

East Haddam

Zwei faszinierende Sehenswürdigkeiten machen diese Kleinstadt am Ostufer des Connecticut River aus. Das wie eine mittelalterliche Burg wirkende **Gillette Castle** (860-526-2336; www.ct.gov/dep/gillettecastle; 67 River Rd; Erw./Kind 6/2 US$; Ende Mai–Mitte Okt. 10–16.30 Uhr; P) ist ein ziemlich exzentrisches Herrenhaus mit Steintürmchen, das sich der Schauspieler William Gillette 1919 bauen ließ, der mit der Rolle als Sherlock Holmes reich wurde.

Durch Einwohner wie Gillette und den Bankier William Goodspeed wurde East Haddam zu einem obligatorischen Zwischenstopp auf der Sommerreiserunde der New Yorker, die mit Goodspeeds Dampfschiff hierher kamen und das **Goodspeed Opera House** (860-873-8668; www.goodspeed.org; 6 Main St; Ticket 45–70 US$; Aufführungen April–Dez. Mi–So) besuchten, eine elegante viktorianische Veranstaltungsstätte von 1876, die „Geburtsstätte des amerikanischen Musicals".

Hartford

Trotz ihres deprimierenden Rufs, der „Aktenschrank Amerikas" zu sein, ist Connecticuts Hauptstadt voller Überraschungen. Das im 17. Jh. von holländischen Händlern und später von Puritanern, die vor der Verfolgung in Massachusetts flohen, besiedelte Hartford ist eine der ältesten Städte Neuenglands und verfügt über eindrucksvolle Sehenswürdigkeiten und Museen. Touristeninformationen erhält man im **Greater Hartford Welcome Center** (860-244-0253; www.letsgoarts.org/welcomecenter; 100 Pearl St; Mo–Fr 9–17 Uhr).

Sehenswertes

★ **Mark Twain House & Museum** MUSEUM
(860-247-0998; www.marktwainhouse.org; 351 Farmington Ave; Erw./Kind 16/10 US$; Mo–Sa 9.30–17.30, So 12–17.30 Uhr) In diesem seinem Wohnhaus schrieb Samuel Langhorne Clemens, besser bekannt als Mark Twain, viele seiner größten Werke, darunter auch *Die Abenteuer von Huckleberry Finn* und *Tom Sawyer*. Das Haus selbst – ein viktorianisch-neugotischer Bau mit fantasievollen Giebeln und Türmchen – spiegelt den schrägen Charakter des legendären Schriftstellers wider.

Harriet Beecher Stowe House MUSEUM
(860-522-9258; www.harrietbeecherstowe.org; 77 Forest St; Erw./Kind 9/6 US$; Di–Sa 9.30–16.30, So 12–16.30 Uhr) Neben dem Twain-Haus steht das Haus der Frau, die mit *Onkel Toms Hütte* den bedeutendsten Roman gegen die Sklaverei verfasste. Das Buch brachte die Amerikaner dermaßen gegen die Sklaverei auf, dass Abraham Lincoln später sagte, mit Stowe habe der Amerikanische Bürgerkrieg begonnen.

★ **Wadsworth Atheneum** MUSEUM
(860-278-2670; www.thewadsworth.org; 600 Main St; Erw./Kind 10 US$/frei; Mi–Fr 11–17, Sa & So 10–17 Uhr) Das älteste öffentliche Kunstmuseum des Landes umfasst an die 50 000 Werke. Zu sehen sind Gemälde von Landschaftsmalern der Hudson River School, europäische alte Meister, impressionistische Werke aus dem 19. Jh., Skulpturen des aus Connecticut stammenden Alexander Calder und eine kleine, aber herausragende Auswahl surrealistischer Werke.

Old State House HISTORISCHES GEBÄUDE
(860-522-6766; www.ctoldstatehouse.org; 800 Main St; Erw./Kind 6/3 US$; 4. Juli–Columbus

Day Di–Sa 10–17 Uhr, Columbus Day–4. Juli Mo–Fr;) Das ursprüngliche Kapitol (1797–1873) von Connecticut wurde von Charles Bulfinch entworfen, von dem auch das Massachusetts State House in Boston stammt. Hier fanden die Prozesse gegen die aufständischen Sklaven von der *La Amistad* statt. Im Senatssaal hängt Gilbert Stuarts berühmtes Porträt von George Washington (1801).

Schlafen & Essen

Hartford Marriott Downtown BUSINESSHOTEL $$
(866-373-9806, 860-249-8000; www.marriott.com; 200 Columbus Blvd; DZ/Suite 159/299 US$;) Das kolossale Marriott Hotel befindet sich im Adriaen's Landing District mit Blick auf den Connecticut River. Es gibt 401 schicke Zimmer verteilt auf 22 Etagen, einen überdachten Pool auf dem Dach und ein Fitnesscenter. Angeschlossen sind auch ein Spa und ein gehobenes mediterranes Restaurant.

Bin 228 ITALIENISCH $$
(860-244-9463; www.bin228winebar.com; 228 Pearl St; Panini & kleine Gerichte 8–12 US$; Mo–Do 11.30–22, Fr bis 24, Sa 16–24 Uhr) In dieser Weinbar wird italienische Kost wie Panini, Käseteller und Salate serviert. Sie hat auch eine umfangreiche Karte italienischer Weine. Wer spätabends die lärmigeren Lokale meiden will, findet hier am Wochenende eine gute Alternative. Dann ist die Küche bis Mitternacht geöffnet (Getränke bekommt man auch noch später).

Ausgehen & Nachtleben

Vaughan's Public House KNEIPE
(860-882-1560; www.irishpublichouse.com; 59 Pratt St; Kneipengerichte 9–16 US$; 11.30–1 Uhr) In dem beliebten irischen Pub kommt ein vollständiges Kneipenmenü auf die Tische – u.a. Kabeljau in Bierteig mit Pommes, Lammragout mit Guinness und herzhafte Pies – und auf die lange Holztheke. Es gibt auch zwei Fässer mit Guinness, eine tolle Happy Hour (15–19 Uhr, 470 ml 3 US$) und ein amüsantes Wandgemälde mit berühmten Iren.

An- & Weiterreise

Von der in Hartfords Zentrum gelegenen **Union Station** (860-247-5329; www.amtrak.com; 1 Union Pl) aus fahren Züge in den ganzen Nordosten, darunter nach New Haven (13 US$, 1 Std.) und New York City (40–57 US$, 3 Std.).

Litchfield Hills

Die sanft geschwungenen Hügel in der nordwestlichen Ecke Connecticuts sind gesprenkelt mit Seen und Wäldern. Das historische Litchfield ist das Zentrum der Region, aber auch die weniger bekannten Dörfer wie Bethlehem, Washington, Preston, Warren und Kent haben eine ebenso glorreiche Vergangenheit und sind genauso idyllisch. Infos zur Region erhält man im **Western Connecticut Convention & Visitors Bureau** (800-663-1273; www.litchfieldhills.com).

Litchfield

Das 1719 gegründete Litchfield wurde im Lauf der Zeit zu einer wohlhabenden Handelsstation an der Postkutschenstrecke zwischen Hartford und Albany. Viele hübsche Gebäude zeugen noch von jener Zeit. Bei einem Bummel an der North St und der South St sieht man die schönsten Häuser. Dazu zählt auch das **Tapping Reeve House & Law School** (860-567-4501; www.litchfieldhistoricalsociety.org; 82 South St; Erw./Kind 5 US$/frei; Mitte April–Nov. Di–Sa 11–17, So 13–17 Uhr) von 1773, die erste Juristenakademie des Landes, zu deren Schülern u.a. 129 Kongressmitglieder gehörten.

Connecticuts größtes Naturschutzgebiet, das **White Memorial Conservation Center** (860-567-0857; www.whitememorialcc.org; US 202; Park kostenlos, Museum Erw./Kind 6/3 US$; Park Sonnenaufgang–Sonnenuntergang, Museum Mo–Sa 9–17, So 12–17 Uhr) mit einem insgesamt 56 km umfassenden Wanderwegenetz und guten Möglichkeiten zum Beobachten von Vögeln, befindet sich 2,5 Meilen (4 km) westlich der Stadt.

Lake Waramaug

Der Lake Waramaug ist der schönste unter den Dutzenden Seen und Teichen in den Litchfield Hills. Wer der North Shore Rd folgt, kann am **Hopkins Vineyard** (860-868-7954; www.hopkinsvineyard.com; 25 Hopkins Rd; Mai–Dez. Mo–Sa 10–17, So 11–17 Uhr) einen kleinen Zwischenstopp komplett mit Weinprobe einlegen. Das benachbarte **Hopkins Inn** (860-868-7295; www.thehopkinsinn.com; 22 Hopkins Rd, Warren; Zi. 120–135 US$, Apt. 150 US$;) aus dem 19. Jh. vermietet Gästezimmer mit Seeblick und hat ein renommiertes Restaurant, in dem österreichisch angehauchte Hausmannskost serviert wird. Die Uferstellplätze des **Lake Waramaug State**

Park (☎860-868-0220; www.ct.gov/deep; 30 Lake Waramaug Rd; Zeltplatz 17–27 US$) sollten rechtzeitig reserviert werden.

VERMONT

Hausgemachter Käse, eimerweise Ahornsirup, Eiscreme von Ben & Jerry's – hier kommt kaum jemand weg, ohne mindestens 5 kg zugenommen zu haben. Zum Glück gibt's in dem Bundesstaat aber auch viele Möglichkeiten, die Kalorien zu verbrennen – beim Wandern in den Green Mountains, beim Paddeln in einem Kajak auf dem Lake Champlain oder im Winter beim Skifahren auf den schneebedeckten Hängen Vermonts.

Vermont ist ländlich im wahrsten Sinne des Wortes: Seine Hauptstadt würde in anderen Staaten kaum als Kleinstadt durchgehen, und selbst in seiner größten Stadt, Burlington, leben gerade einmal bescheidene 42 500 Einwohner. Das Land ist grün und sanft gewellt; 80 % bedecken Wälder, der größte Teil des übrigen Landes wird von Farmen eingenommen, die zu den schönsten überhaupt zählen. Es lohnt sich, sich etwas Zeit für die ruhigen Seitenstraßen und die malerischen Dörfer zu nehmen und einfach das Leben zu genießen!

KURZINFOS VERMONT

Spitzname Green Mountain State

Bevölkerung 626 000 Ew.

Fläche 23 940 km²

Hauptstadt Montpelier (7860 Ew.)

Weitere Städte Burlington (42 500 Ew.)

Verkaufssteuer 6 %

Geburtsort von Mormonenführer Brigham Young (1801–1877), US-Präsident Calvin Coolidge (1872–1933)

Heimat von mehr als 100 überdachten Brücken

Politische Ausrichtung eigenständig mit Hang zu den Demokraten

Berühmt für das Eis von Ben & Jerry's

„Schaumigster" Staat mit den landesweit meisten Kleinbrauereien pro Kopf

Entfernungen Burlington–Brattleboro 151 Meilen, Burlington–Boston 216 Meilen (310 km)

Geschichte

Der Franzose Samuel de Champlain erkundete 1609 Vermont und war somit der erste Europäer, der diese seit Langem von den einheimischen Abenaki bewohnte Gegend besuchte.

Vermont spielte 1775 eine Schlüsselrolle im Amerikanischen Unabhängigkeitskrieg, als Ethan Allen mit seiner örtlichen Miliz, den Green Mountain Boys, nach Fort Ticonderoga zog und es von den Briten eroberte. 1777 erklärte sich Vermont zur unabhängigen Republik und verabschiedete die erste Verfassung in der neuen Welt, in der die Abschaffung der Sklaverei und der Aufbau eines öffentlichen Schulsystems festgeschrieben waren. 1791 trat Vermont als 14. Bundesstaat den USA bei.

Der Unabhängigkeitssinn des Bundesstaats ist so ausgeprägt wie die Marmoradern, die das Land durchziehen. Historisch gesehen ist Vermont das Land der Milchbauern und noch immer weitgehend landwirtschaftlich geprägt. Darüber hinaus hat es die niedrigste Bevölkerungszahl aller Bundesstaaten Neuenglands.

Praktische Informationen

Vermont Dept of Tourism (www.vermontvacation.com) Die Online-Infos sind nach Region, Saison und anderen benutzerfreundlichen Kategorien sortiert.

Vermont Public Radio (VPR; www.vpr.net) Exzellenter öffentlicher Radiosender für ganz Vermont. Die Frequenz ändert sich abhängig davon, wo man sich gerade aufhält, z. B.: Burlington (nordwestliches Vermont) 107,9, Brattleboro (südöstliches Vermont) 94,5, Manchester (südwestliches Vermont) 92,5 und St. Johnsbury (nordöstliches Vermont) 88,5.

Vermont State Parks (☎888-409-7579; www.vtstateparks.com) Alle Infos zum Campen und zu den Parks.

Südliches Vermont

Im südlichen Abschnitt von Vermont befinden sich die ältesten Ortschaften des Bundesstaats und viele malerische Nebenstrecken.

Brattleboro

Schon mal überlegt, wo die Alternativkultur der 1960er-Jahre abgeblieben ist? Hier in dieser Hochburg am Fluss ist sie noch quicklebendig, denn hier wimmelt es nur vor

Vermont & New Hampshire

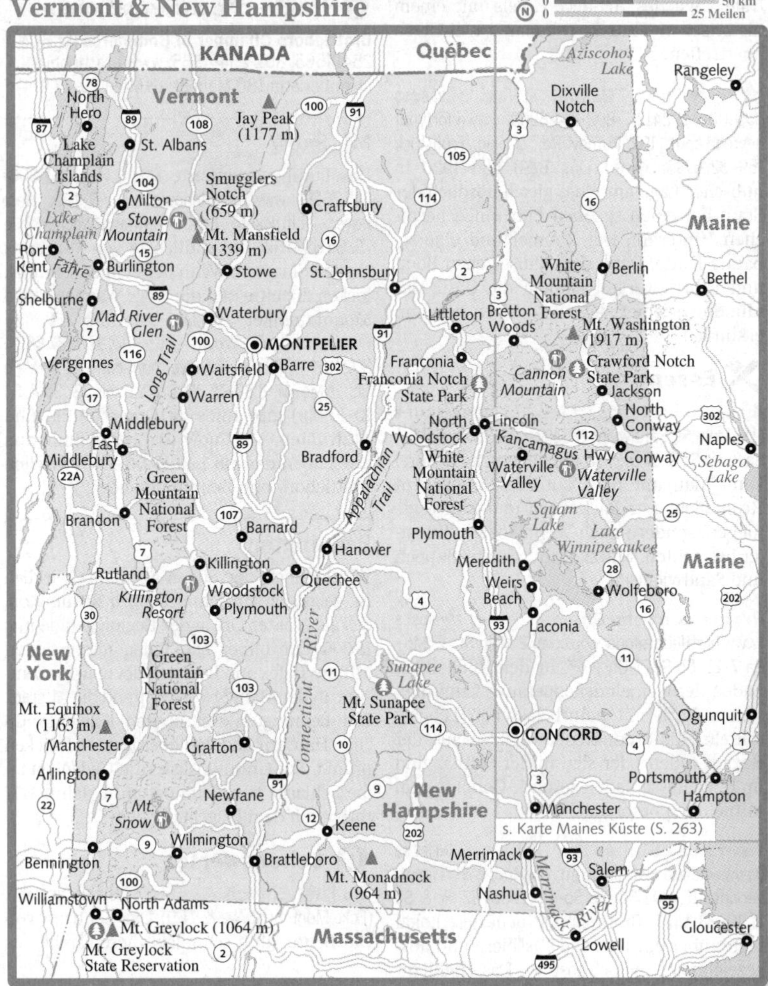

Künstlertypen, und es gibt mehr Batikklamotten pro Kopf als sonstwo in Neuengland.

Sehenswertes

Die parallel zum Connecticut River verlaufende Main St säumen historische Gebäude, darunter das hübsche **Latchis Building** im Art-déco-Stil. In der Umgebung gibt es mehrere **überdachte Brücken**; eine Straßenkarte erhält man in der Chamber of Commerce (S. 242).

Brattleboro Museum & Art Center MUSEUM
(www.brattleboromuseum.org; 10 Vernon St; Erw./Kind 8/4 US$; So–Mo & Mi–Do 11–17, Fr 11–19, Sa 10–17 Uhr) Das Museum in einem alten Bahnhof von 1915 zeigt Wechselausstellungen moderner Kunst. Darunter sind auch oft Multimedia-Installationen von einheimischen Künstlern.

Schlafen

Wer eine günstige Bleibe sucht, findet an der Putney Rd nördlich der Stadt viele Motels; Exit 3 von der I-91 nehmen!

Latchis Hotel HOTEL $$
(800-798-6301, 802-254-6300; http://hotel.latchis.com; 50 Main St; 2BZ 80–100 US$, DZ 105–180 US$, Suite 160–210 US$;) Die zen-

trale Lage des Art-déco-Hotels mit einem historischen Theater nebenan ist nicht zu übertreffen.

★**Forty Putney Road B&B** B&B **$$$**
(☎800-941-2413, 802-254-6268; www.fortyputneyroad.com; 192 Putney Rd; Zi. inkl. Frühstück 159–329 US$; @📶) Das B&B von 1930 in hübscher Lage am Fluss gleich nördlich der Stadt hat einen schönen Pub, einen herrlichen Hinterhof, vier Zimmer und eine separate Hütte. Dank dem hauseigenen Boot- und Fahrradverleih können die Gäste das Mündungsgebiet des West River nebenan erkunden.

Essen

Amy's Bakery Arts Cafe BÄCKEREI, CAFÉ **$**
(113 Main St; Sandwichs & Salate 7–12 US$; ⏲Mo–Sa 8–18, So 9–17 Uhr) In der beliebten Bäckerei kann man mit Blick auf den Connecticut River nicht nur Backwaren und Kaffee genießen, sondern auch Werke lokaler Künstler betrachten. Mittags gibt's Salate, Suppen und Sandwiches.

Brattleboro Food Co-op FEINKOST **$**
(www.brattleborofoodcoop.com; 2 Main St; ⏲Mo–Sa 7–21, So 9–21 Uhr) 🍃 In dem blühenden Laden der Gemeindekooperative kann man seinen Korb mit naturbelassenen Lebensmitteln, Bio-Produkten und Käse aus der Region füllen oder sich in der Saftbar und im Delikatessenladen gesunde Gerichte zum Mitnehmen besorgen.

Whetstone Station KNEIPE **$$**
(www.whetstonestation.com; 36 Bridge St; Hauptgerichte 10–20 US$; ⏲So–Do 11.30–22, Fr & Sa 11.30–23 Uhr) Brattleboros neuestes Lokal bietet über ein Dutzend Fassbiere und ausgezeichnete Kneipenkost an. Das Highlight ist aber die umwerfende Dachterrasse mit Blick auf den Connecticut River. Ein idealer Ort für ein Bier und einen Happen am Ende des Tages!

TJ Buckley's AMERIKANISCH **$$$**
(☎802-257-4922; www.tjbuckleys.com; 132 Elliot St; Hauptgerichte 40 US$; ⏲Do–So 17.30–21 Uhr) 🍃 Der Inhaber und Chefkoch Michael Fuller gründete vor mehr als 30 Jahren dieses außergewöhnliche gehobene Restaurant mit nur 18 Sitzplätzen und brachte es in einem echten Diner von 1927 unter. Das Vier-Gänge-Menü ändert sich jeden Abend. Die Produkte kommen überwiegend von Bio-Bauernhöfen aus der Region. Im Voraus reservieren!

Praktische Informationen

Brattleboro Chamber of Commerce (☎877-254-4565, 802-254-4565; www.brattleborochamber.org; 180 Main St; ⏲Mo–Fr 9–17 Uhr)

Mt. Snow

Das familienorientierte **Mt. Snow** (☎800-245-7669; www.mountsnow.com; VT 100, West Dover; Liftticket Erw. werktags/Wochenende 75/85 US$) ist der südlichste von Vermonts großen Skiorten. Wenn der Schnee schmilzt, locken die Lifte und die Wege Wanderer und Mountainbiker an. Die **Mt. Snow Valley Chamber of Commerce** (☎877-887-6884, 802-464-8092; www.visitvermont.com; 21 W Main St; ⏲Mo–Mi 8.30–16.30, Do & Fr bis 18, Sa & So 10–16 Uhr) gibt Infos zu Unterkünften und Aktivitäten. Mt. Snow ist über Wilmington erreichbar, das auf halber Strecke zwischen Brattleboro und Bennington liegt.

Bennington

Wie ländlich der Süden Vermonts wirklich ist, zeigt sich am schnuckeligen Bennington, das als größter Ort in der Region gerade mal 15 000 Einwohner hat. Einen interessanten Mix aus Cafés und Läden findet man im Zentrum an der Main St vor, während die Altstadt Old Bennington mit uralten kolonialzeitlichen Häusern und drei überdachten Brücken prunkt. Ein Granitobelisk zum Gedenken an die Schlacht von Bennington im Jahre 1777 thront auf dem Hügel über dem Ort.

Sehenswertes

Old First Church HISTORISCHE STÄTTE
(Ecke Monument Ave & VT 9) Das Zentrum von Old Bennington schmückt diese Kirche aus

DAS VERMONT FRESH NETWORK

In Vermont Lebensmittel aus der Region zu finden, ist ein Kinderspiel. Das **Vermont Fresh Network** (www.vermontfresh.net) 🍃 ist eine Kooperation von Bauern und Chefköchen und ermittelt Restaurants mit Schwerpunkt auf regionalen, nachhaltig produzierten Lebensmitteln. Einfach auf den grün-weißen Aufkleber mit dem Teller-und-Besteck-Symbol achten, der stolz an Farmen und Restaurants überall im Bundesstaat zur Schau gestellt wird.

dem frühen 19. Jh. Sie ist vor allem für ihren Friedhof berühmt, auf dem fünf Gouverneure Vermonts, zahlreiche Soldaten aus dem Amerikanischen Unabhängigkeitskrieg und der beliebte, aus Vermont stammende Dichter Robert Frost (1874–1963) begraben liegen.

Bennington Battle Monument HISTORISCHE STÄTTE
(www.benningtonbattlemonument.com; 15 Monument Circle; Erw./Kind 3/1 US$; ⏲ Mitte April–Okt. 9–17 Uhr) Von Vermonts höchstem Bauwerk bietet sich ein unschlagbarer Panoramablick auf die umliegende Landschaft. Ein Aufzug bringt die Besucher kurz und schmerzlos bis ganz nach oben.

Bennington Museum MUSEUM
(☎ 802-447-1571; www.benningtonmuseum.org; 75 Main St; Erw./Kind 10 US$/frei; ⏲ tgl. 10–17 Uhr, Jan. geschl., Nov.–Juni Mi geschl.) Das Museum zwischen dem Zentrum und Old Bennington zeigt eine hervorragende Sammlung von frühem amerikanischem Kunsthandwerk, darunter Möbel, Glaswaren, Bennington-Tonwaren, die weltweit älteste noch vorhandene Flagge der Amerikanischen Revolution und Werke der amerikanischen Volkskünstlerin „Grandma Moses“.

ABSTECHER

SCENIC DRIVE: ÜBERDACHTE BRÜCKEN

Ein 30-minütiger Abstecher mit dem Auto führt Besucher über – oder besser: durch – drei malerische überdachte Brücken, die den Wallomsac River am ländlichen Nordende von Bennington überspannen. Um zum Anfang der Strecke zu gelangen, fährt man gleich nördlich der Touristeninformation von Bennington westwärts auf die VT 67A, folgt ihr 3,5 Meilen (5,6 km) und hält sich an der 35,7 m langen **Burt Henry Covered Bridge** (1840) links auf der Murphy Rd. Nun ausatmen und runterschalten, denn man ist zurück im Zeitalter der Pferdekutschen. Nach einer Linkskurve windet sich die Murphy Rd als nächstes durch die **Paper Mill Bridge**, die ihren Namen von der Papiermühle von 1790 hat, die noch immer am Fluss unter der Brücke zu sehen ist. Danach geht's rechts auf die VT 67A und nach einer halben Meile (800 m) fährt man rechts auf die Silk Rd, wo man schließlich die **Silk Road Bridge** (1840) überquert. Nach weiteren 2 Meilen (3,2 km) Richtung Südosten hält man sich an den beiden T-Kreuzungen jeweils links und erreicht so das Bennington Battle Monument (S. 243).

🛏 Schlafen & Essen

Greenwood Lodge & Campsites HOSTEL, CAMPING $
(☎ 802-442-2547; www.campvermont.com/greenwood; VT 9, Prospect Mountain; Stellplatz f. 2-Pers.-Zelt/Wohnmobil 27/35 US$, B/DZ ab 29/70 US$; ⏲ Mitte Mai–Ende Okt.) Die 48,6 ha große Anlage mit drei Teichen befindet sich 8 Meilen (knapp 13 km) östlich der Stadt in den Green Mountains und umfasst einen der am besten gelegenen Campingplätze Vermonts mit Hostel.

Henry House B&B $$
(☎ 802-442-7045; www.thehenryhouseinn.com; 1338 Murphy Rd, North Bennington; Zi. inkl. Frühstück 100–155 US$; 📶) In diesem kolonialzeitlichen Haus auf einem 10 ha großen Anwesen, das sich der US-Revolutionsheld William Henry 1769 erbauen ließ, kann man gemütlich in einem Schaukelstuhl sitzen und beobachten, wie der Verkehr über eine überdachte Brücke tuckert.

Blue Benn Diner DINER $
(☎ 802-442-5140; 314 North St; Hauptgerichte 5–12 US$; ⏲ Mo–Fr 6–16.45, Sa & So 7–15.45 Uhr) In dem klassischen Diner aus den 1950er-Jahren bekommt man den ganzen Tag über Frühstück und eine gesunde Mischung aus amerikanischen und internationalen Gerichten. Das Retro-Ambiente wird noch verstärkt durch die kleinen Jukeboxen auf den Tischen, mit denen man so oft Willie Nelsons *Moonlight in Vermont* spielen lassen kann, bis die Leute an den Nachbartischen um Gnade flehen.

★ **Pangaea** INTERNATIONAL $$$
(☎ 802-442-7171; www.vermontfinedining.com; 1 Prospect St, North Bennington; Hauptgerichte Lounge 11–23 US$, Restaurant 30–39 US$; ⏲ Lounge tgl. 17–21 Uhr, Restaurant Di–Sa 17–21 Uhr) Das Spitzenklasserestaurant in North Bennington und die zwanglosere, trauliche Lounge liegen direkt nebeneinander, sodass hier alle etwas für ihren Geldbeutel finden. Man kann sich einen Gourmet-Burger auf der Hinterterrasse am Fluss bestellen oder nebenan in dem geschmackvoll dekorierten Speisesaal internationale Spezialitäten wie

Delmonico-Steak mit Kräutern aus der Provence und Gorgonzola genießen.

Praktische Informationen

Bennington Area Chamber of Commerce (800-229-0252, 802-447-3311; www.bennington.com; 100 Veterans Memorial Dr; 9–17 Uhr) Liegt 1 Meile (1,6 km) nördlich der Innenstadt.

Manchester

Manchester im Schatten des Mt. Equinox ist seit dem 19. Jh. ein angesagtes Sommerrefugium. Die Berglandschaft, das angenehme Klima und der Batten Kill River (Vermonts bester Forellenfluss) ziehen bis heute Urlauber an.

In Manchester Center am Nordende des Städtchens gibt es Cafés und Luxus-Outlets. Weiter südlich liegt das ehrwürdige Manchester Village mit Marmor-Bürgersteigen, stattlichen Häusern und dem vornehmen Hotel Equinox.

Sehenswertes & Aktivitäten

Der **Appalachian Trail**, der sich im südlichen Vermont mit dem Long Trail (S. 248) überschneidet, verläuft gleich östlich von Manchester. Wanderkarten und Details zu kürzeren Tagesmärschen erhält man beim **Green Mountain National Forest Office** (802-362-2307; 2538 Depot St, Manchester Center; Mo–Fr 8–16.30 Uhr).

★ Hildene HISTORISCHE STÄTTE
(800-578-1788, 802-362-1788; www.hildene.org; 1005 Hildene Rd/VT 7A; Erw./Kind 16/5 US$, Führung 5/2 US$; 9.30–16.30 Uhr) Das stattliche, mit 24 Zimmern ausgestattete neogeorgianische Herrenhaus von 1905 war der Landsitz von Robert Todd Lincoln, dem Sohn von Abraham Lincoln, und wurde 1975 in ein Museum umgewandelt. Zur Sammlung der Familienerbstücke gehört auch der Hut, den der US-Präsident Lincoln während seiner berühmten Rede in Gettysburg angeblich trug. Auf dem prächtigen Anwesen gibt es fast 13 km an Wanderwegen und Langlaufloipen.

American Museum of Fly Fishing & Orvis MUSEUM
(www.amff.com; 4070 Main St; Erw./Kind 5/3 US$; Juni–Okt. Di–So 10–16 Uhr, Nov.–Mai Di–Sa) Dieses Museum zeigt die wohl weltweit beste Ausstellung zum Fliegenfischen und u.a. auch Köder und Angelruten von Ernest Hemingway, Bing Crosby und dem US-Präsidenten Herbert Hoover.

BattenKill Canoe BOOTFAHREN
(802-362-2800; www.battenkill.com; 6328 VT 7A, Arlington; Mai–Okt. tgl. 9–17.30 Uhr, Nov.–April Mi–Fr) Der Anbieter, 6 Meilen (9,6 km) südlich von Manchester, vermietet die Ausrüstung für Paddeltrips und organisiert Ausflüge auf dem hübschen Battenkill River.

Skyline Drive SCENIC DRIVE
(802-362-1114; Auto & Fahrer 15 US$, Mitfahrer 5 US$; Mai–Okt. 9 Uhr–Sonnenuntergang) Wer ein spektakuläres Panorama erleben will, sollte über den Skyline Drive, eine von der VT 7A abzweigende, 5 Meilen (8 km) lange mautpflichtige Privatstraße, bis auf den Gipfel des **Mt. Equinox** (1163 m) fahren.

Schlafen & Essen

Aspen Motel MOTEL $
(802-362-2450; www.theaspenatmanchester.com; 5669 Main St/VT 7A; Zi. 85–150 US$;) Das familienbetriebene Motel in ruhiger Lage abseits der Straße, aber in bequemer Gehweite zum Manchester Center verfügt über 25 komfortable Zimmer.

Inn at Manchester INN $$
(800-273-1793, 802-362-1793; www.innatmanchester.com; 3967 Main St/VT 7A; Zi./Suite inkl. Frühstück ab 155/205 US$; @) Mitten im Zentrum der Stadt wohnt man in der reizenden Herberge mit Remise in gemütlichen Zimmern mit Quilttagesdecken und ländlicher Einrichtung sowie einer Veranda vorn, Nachmittagstees, einem großen Hinterhof und einem kleinen Pub.

Spiral Press Café CAFÉ $
(Ecke VT 11 & VT 7A; Hauptgerichte 6–10 US$; 7.30–19 Uhr;) Das beliebteste Café im Viertel Manchester Center befindet sich in dem fabelhaften Northshire Bookstore und zieht mit gutem Kaffee, feinblättrigen Croissants und köstlichen Panini Einheimische und Touristen gleichermaßen an.

Ye Olde Tavern AMERIKANISCH $$$
(802-362-0611; www.yeoldetavern.net; 5183 Main St; Hauptgerichte 17–34 US$; 17–21 Uhr) In dem freundlichen Gasthaus aus den 1790er-Jahren kann man bei Kerzenschein an Tischen am offenen Kamin die umfangreiche Speisekarte mit „Yankee-Favoriten“ studieren, z.B. traditionellem Schmorbraten (im hauseigenen Bier gekocht) und Wild aus der Region (regelmäßige Freitagsspezialität).

Praktische Informationen

Manchester and the Mountains Regional Chamber of Commerce (☎802-362-6313, 800-362-4144; www.visitmanchestervt.com; 39 Bonnet St, Manchester Center; ⊙Mo–Fr 9–17, Sa 10–16, So 11–15 Uhr; 📶) Schickes neues Büro mit kostenlosem WLAN.

Zentrales Vermont

Das zentrale Vermont mitten in den Green Mountains ist mit seinen Kleinstädten und der weiten Landschaft typisch für Neuengland. Die malerischen Dörfer und ehrwürdigen Skiorte locken schon seit Generationen Traveller an.

Woodstock & Quechee

Woodstock ist eine Vermonter Kleinstadt wie aus dem Bilderbuch: Wundervolle Häuser im Federal- und georgianischen Stil säumen die Straßen, und der Ottauquechee River schlängelt sich unter einer überdachten Brücke direkt durchs Ortszentrum. Das 7 Meilen (11,3 km) nordöstlich gelegene Quechee (*kwie*-tschie) ist berühmt für seine dramatische Schlucht, die auch „Vermonts kleiner Grand Canyon" genannt wird.

Sehenswertes

★Quechee Gorge SCHLUCHT

Die eindrucksvolle, fast 52 m tiefe und 914 m lange Schlucht, die der Ottauquechee River in den Fels gegraben hat, lässt sich entweder von oben bewundern oder aber von den Wanderwegen aus, die ihren Rand säumen.

Marsh-Billings-Rockefeller National Historical Park PARK

(☎802-457-3368; www.nps.gov/mabi; Woodstock; Führung Erw./Kind 8 US$/frei, Wanderwege kostenlos; ⊙Ende Mai–Okt. 10–17 Uhr) In Vermonts einzigem Nationalpark steht auch das historische Anwesen des frühen amerikanischen Umweltschützers George Perkins Marsh. Eine Führung durch das Haus findet alle 30 Minuten statt. Außerdem gibt es insgesamt 32 km an Wander- und Kutschenwegen, die Wanderer, Skilangläufer und Schneeschuhläufer erfreuen.

Billings Farm & Museum FARM

(☎802-457-2355; www.billingsfarm.org; 69 Old River Rd, Woodstock; Erw./Kind 12/6 US$; ⊙Mai–Okt. tgl. 10–17 Uhr, Nov.–Feb. Sa & So bis 15.30 Uhr; 👪) 🌿 Die historische Farm, 1 Meile (1,6 km) nördlich vom Dorfanger, sorgt mit ihren niedlichen Jersey-Kühen und interaktiven Demonstrationen des traditionellen Farmlebens bei Kindern für viel Spaß. Zu den saisonalen Veranstaltungen für Familien zählen Kutschen- und Schlittenfahrten, Kürbis- und Apfelfeste sowie altmodische Feiern zu Halloween, Thanksgiving und Weihnachten.

VINS Nature Center TIERSCHUTZZENTRUM

(☎802-359-5000; www.vinsweb.org; US 4; Erw./Kind 13/11 US$; ⊙10–17.30 Uhr; 👪) 🌿 Etwa 1 Meile (1,6 km) westlich der Quechee Gorge kümmert sich dieses Tierschutzzentrum um prächtige Weißkopfseeadler und andere Raubvögel. Man kann die Tiere aus nächster Nähe bewundern.

Schlafen

Quechee State Park CAMPING $

(☎802-295-2990; www.vtstateparks.com/htm/quechee.htm; 5800 US 4, Quechee; Stellplatz Zelt & Wohnmobil/Unterstand 20/27 US$; ⊙Mitte Mai–Mitte Okt.) Die 247 ha große Anlage am Rand der Quechee Gorge bietet 45 Stellplätze im Schatten von Kiefern und sieben Unterstände.

Ardmore Inn B&B $$

(☎802-457-3887; www.ardmoreinn.com; 23 Pleasant St, Woodstock; Zi. inkl. Frühstück 155–230 US$; 📶) Nette Inhaber und ein üppiges Frühstück machen den Reiz der stattlichen, zentral gelegenen Herberge von 1867 im viktorianisch-neoklassizistischen Stil mit fünf Zimmern voller Antiquitäten aus.

Shire Riverview Motel MOTEL $$

(☎802-457-2211; www.shiremotel.com; 46 Pleasant St/US 4, Woodstock; Zi. 128–228 US$; ❄📶) Das Motel mit 42 Zimmern in Gehweite zum Ortszentrum hat eine umlaufende Veranda mit Blick auf den Ottauquechee River. Ein paar Zimmer haben Kamine und die meisten einen Flussblick.

Essen

★Skunk Hollow Tavern AMERIKANISCH $$

(☎802-436-2139; www.skunkhollowtavern.com; 12 Brownsville Rd, Hartland Four Corners; Hauptgerichte 13–25 US$; ⊙Mi–So 17 Uhr–open end) Die 200 Jahre alte Taverne an der Kreuzung, 8 Meilen (13 km) südlich von Woodstock, verströmt rustikal-historischen Charme und serviert unten in der Bar als auch in dem traulicheren Bereich oben Burger, Fish & Chips sowie Lammkarree. Freitagabends gibt's Livemusik.

Osteria Pane e Salute ITALIENISCH $$

(☎802-457-4882; www.osteriapaneesalute.com; 61 Central St, Woodstock; Hauptgerichte 16–23 US$; ⏲Do–So 18–22 Uhr, April & Nov. geschl.) Das beliebte Downtown-Bistro hat sich auf norditalienische Klassiker spezialisiert. Im Winter gibt's auch toskanische Pizza mit dünnem Boden sowie eine umfangreiche Weinkarte mit italienischen Tropfen von kleinen Boutique-Weingütern. Vorab reservieren.

★ **Simon Pearce Restaurant** NEU-AMERIKANISCH $$$

(☎802-295-1470; www.simonpearce.com; 1760 Main St, Quechee; Hauptgerichte mittags 13–18 US$, abends 23–35 US$; ⏲11.30–14.45 & 17.30–21 Uhr) In der umgebauten Ziegelfabrik, deren Personal mit farmfrischen Produkten aus der Region einfallsreiche Gerichte kreiert, muss man vorab einen Tisch am Fenster über dem Fluss reservieren. Die wunderschönen Stielgläser im Restaurant werden direkt in den Ateliers von Simon Pearce Glass nebenan per Hand geblasen.

ℹ Praktische Informationen

Woodstock Area Chamber of Commerce Welcome Center (☎802-432-1100; www.woodstockvt.com; Mechanic St, Woodstock; ⏲Mo–Fr 10–16, Sa & So 9–17 Uhr) Die Handelskammer befindet sich zwei Blocks vom Dorfanger entfernt in einer Seitenstraße am Fluss.

Killington

Eine halbstündige Fahrt westlich von Woodstock liegt das **Killington Resort** (☎802-422-6200; www.killington.com; Erw./Senior/Jugendl. Liftticket Wochenende 88/75/68 US$, werktags 80/68/62 US$). Mit 200 Pisten auf sieben Bergen, einem Gefälle von 960 m und mehr als 30 Liften ist dieser Skiort Neuenglands Antwort auf Vail. Dank des weltweit umfangreichsten Kunstschneesystems ist die Skisaison in Killington eine der längsten im Osten. Im Sommer erobern Mountainbiker und Wanderer die Gipfel.

Killington bietet jede Menge Unterkünfte von gemütlichen Skihütten bis hin zu Kettenhotels. Die meisten sind an der 6 Meilen (knapp 10 km) langen Killington Rd zu finden, die von der US 4 auf den Berg hinaufführt. Alle nötigen Infos gibt's in der **Killington Chamber of Commerce** (☎800-337-1928, 802-773-4181; www.killingtonchamber.com; 2046 US 4, Killington; ⏲Mo–Fr 10–16.30, Sa 9–13 Uhr).

ABSTECHER

SCENIC DRIVE: DIE GREEN MOUNTAINS IN VERMONT

Die **VT 100** folgt dem Rückgrat der Green Mountains in Vermont und schlängelt sich dabei durch das ländliche Herz des Bundesstaats, vorbei an hügeligen Weiden mit grasenden Kühen, winzigen Dörfern mit ländlichen Läden und weißen Kirchtürmen und grünen Bergen voller Wanderwege und Skipisten – der perfekte Abstecher für alle, die abschalten und das beschauliche Vermonter Landleben genießen wollen. Die Straße führt von Massachusetts im Süden bis nach Kanada im Norden. Selbst wenn man nicht viel Zeit hat, sollte man sich den 45 Meilen (72 km) langen Abschnitt zwischen Waterbury und Stockbridge nicht entgehen lassen – ein einfacher Abstecher von der I-89.

Middlebury

In dem früheren Fabrikstädtchen am hübschen Wasserfall Otter Creek dreht sich heute alles ums Middlebury College, dessen Breadloaf School of English und die Sommersprachkurse Schriftsteller und Linguisten aus der ganzen Welt anziehen. Die **Addison County Chamber of Commerce** (☎802-388-7951; www.addisoncounty.com; 93 Court St; ⏲Mo–Fr 9–17 Uhr) hat alle Infos über die Region.

Ausgezeichnete Campingmöglichkeiten gibt es nur 10 Meilen (16 km) südlich vom Ort im **Branbury State Park** (☎802-247-5925; www.vtstateparks.com/htm/branbury.htm; VT 53; Stellplatz/Unterstand 20/27 US$; ⏲Ende Mai–Mitte Okt.). In Middlebury selbst verfügt das hübsche **Inn on the Green** (☎888-244-7512, 802-388-7512; www.innonthegreen.com; 71 S Pleasant St; Zi. inkl. Frühstück 159–299 US$; ❄@📶) von 1803 im Federal Style über elf attraktive Zimmer mit Blick auf den Ortsanger.

Im **A&W Drive-In** (middaw.com; 1557 US 7; Hauptgerichte 3–10 US$; ⏲11.30–20.30 Uhr) ist Retro angesagt: Hier bringen einem die Kellnerinnen die Root-Beer-Shakes, Cheeseburger und Zwiebelringe direkt ans Auto. Wer mit Blick auf den Fluss dinieren will, sollte die von Studenten betriebene, mit hohen Decken ausgestattete Restaurant-Bar **51 Main** (☎802-388-8209; www.go51main.com; 51 Main St; Hauptgerichte 9–24 US$; ⏲Di–Sa 17

Uhr–open end;) oder die Freiluftterrasse im **Storm Cafe** (802-388-1063; www.thestormcafe.com; 3 Mill St; Hauptgerichte 6–25 US$; Di & Mi 11.30–14.30 & 17–22, Do–Sa 7.30–14.30 & 17–22, So 7.30–14.30 Uhr) gleich unterhalb des Wasserfalls testen.

Mad River Valley

Das Mad River Valley mit den Ortschaften Warren und Waitsfield im Zentrum punktet mit zwei bedeutenden Skigebieten: **Sugarbush** (800-537-8427, 802-583-6300; www.sugarbush.com; 1840 Sugarbush Access Rd, Warren; Erw. Liftticket Wochenende/werktags 89/84 US$; bei Onlinekauf 10 % Rabatt) und **Mad River Glen** (802-496-3551; www.madriverglen.com; VT 17; Erw. Liftticket Wochenende/werktags 71/55 US$) in den Bergen westlich der VT 100. Hier bieten sich jede Menge Möglichkeiten zum Rad-, Kanu- und Kajakfahren, Reiten, Gleitschirmfliegen usw. Infos zur Gegend gibt's in der **Mad River Valley Chamber of Commerce** (800-828-4748, 802-496-3409; www.madrivervalley.com; 4061 Main St, Waitsfield; Mo–Fr 8–17 Uhr).

Nördliches Vermont

Das nördliche Vermont beheimatet ein paar der üppigsten und schönsten Landstriche ganz Neuenglands sowie die reizende Bundeshauptstadt Montpelier, das Skifahrermekka Stowe, die lebhafte Collegestadt Burlington und die höchsten Berge des Bundesstaats.

Montpelier

Montpelier, die kleinste Bundeshauptstadt der USA, ist ein durch und durch liebenswertes Städtchen voller alter Gebäude vor der Kulisse grüner Hügel. Die Krönung bildet das **State House** (www.vtstatehouse.org; 115 State St; Führung Juli–Okt. Mo–Fr 10–15.30, Sa 11–14.30 Uhr) GRATIS aus dem 19. Jh. mit seiner vergoldeten Kuppel. Führungen gibt's jeweils zur halben Stunde. Direkt gegenüber im **Capitol Region Visitors Center** (802-828-5981; cri.center@state.vt.us; 134 State St; Mo–Fr 6–17, Sa & So 9–17 Uhr) erhalten Traveller Infos.

Buchläden, Boutiquen und Restaurants findet man an den beiden Hauptstraßen State St und Main St. Junkfood gibt's hier allerdings nicht: Montpelier rühmt sich, die einzige Bundeshauptstadt der USA ohne einen McDonald's zu sein! Das von Studenten des New England Culinary Institute in Montpelier betriebene Bäckereicafé **La Brioche** (www.neci.edu/labrioche; 89 Main St; Gebäck & Sandwiches 2–8 US$; Mo–Fr 7–17, Sa bis 15 Uhr) verdient für seine innovativen Sandwiches und das knusprige französische Gebäck eine glatte Eins. Prima sind auch die **Hunger Mountain Co-op** (802-223-8000; hungermountain.coop; 623 Stone Cutters Way; Delikatessen 5–10 US$; 8–20 Uhr), ein toller Bio-Laden und Deli mit Cafétischen oberhalb des Flusses, und das **Threepenny Taproom** (www.threepennytaproom.com; 108 Main St; Hauptgerichte 9–18 US$; Mo–Fr 11 Uhr–open end, Sa 12 Uhr–open end, So 12–17 Uhr), das 25 Fassbiere sowie Bistrogerichte mit lokalen Zutaten auf die Tische bringt.

Stowe & Umgebung

Stowe mit dem Mt. Mansfield im Hintergrund, dem mit 1339 m höchsten Gipfel von Vermont, zählt zu den besten Skiorten im ganzen Bundesstaat. Hier gibt's alles, was sich Skifahrer wünschen: Langlaufloipen, Abfahrtspisten, einfache Pisten für Anfänger und schwierige Gefälle für Profis. Im Sommer sind hier Radler, Wanderer und Kajakfahrer unterwegs. Unterkünfte und Restaurants gibt's in rauen Mengen an der VT 108/Mountain Rd, die von Stowes Zentrum Richtung Nordwesten zu den Skiresorts führt.

Sehenswertes & Aktivitäten

Bei warmer Witterung sollte man unbedingt eine Fahrt auf der VT 108 (bei starkem Schneefall im Winter gesperrt) durch das spektakuläre **Smugglers Notch** nordwestlich von Stowe machen. Auf beiden Seiten dieses engen Passes ragen 305 m hohe Berghänge auf. Zudem laden am Rand der Strecke viele Wege zu Spaziergängen ins umliegende Hochland ein.

★ **Ben & Jerry's Ice Cream Factory** FABRIK (802-882-1240; www.benjerrys.com; 1281 VT 100, Waterbury; Erw./Kind 4 US$/frei; Juli–Mitte Aug. 9–21 Uhr, Mitte Aug.–Okt. 9–19 Uhr, Nov.–Juni 10–18 Uhr;) Nicht weit von der stillgelegten Tankstelle in Burlington entfernt haben die Eiscreme-Pioniere Ben Cohen und Jerry Greenfield 1978 ihren ersten Laden eröffnet. Diese legendäre Fabrik, gleich nördlich der I-89 in Waterbury, lockt noch immer viele Leute an. Die Führung beinhaltet einen affektierten Videofilm und eine Verkostung der neuesten Geschmacksrichtungen. Hinter der Fabrik gibt es einen „Friedhof“ für alle Geschmacksrichtungen, die bereits vom Markt genommen wurden, mit Grabsteinen für jede „beerdigte“ Sorte, beispielsweise Holy Cannoli.

Long Trail WANDERN

Vermonts 300 Meilen (483 m) langer Long Trail, der westlich von Stowe verläuft, folgt dem Kamm der Green Mountains und führt der Länge nach durch Vermont. Am gesamten Weg gibt es rustikale Hütten, Unterstände und Campingplätze, für die der **Green Mountain Club** (☎802-244-7037; www.greenmountainclub.org; 4711 Waterbury-Stowe Rd/VT 100) verantwortlich zeichnet, der auch alle nötigen Informationen über den Long Trail und kürzere Tageswanderungen rund um Stowe hat.

★ Stowe Recreation Path OUTDOOR

(www.stowe-village.com/BikePath;) Der flache bis leicht hügelige 8,8 km lange Weg bietet zu jeder Jahreszeit Freizeitsportlern jedes Alters fabelhafte Möglichkeiten. Er verläuft durch Wälder, über Wiesen und vorbei an einem Skulpturengarten unter freiem Himmel am West Branch des Little River und bietet einen atemberaubenden Blick auf den Mt. Mansfield in der Ferne. Man kann Rad fahren, wandern, skaten, Ski fahren oder aber in einem der Badelöcher entlang des Weges schwimmen.

Stowe Mountain Resort SKIFAHREN

(☎888-253-4849, 802-253-3000; www.stowe.com; 5781 Mountain Rd) Das altehrwürdige Zentrum des Wintersports erstreckt sich über zwei große Berge: den Mt. Mansfield (mit einem Gefälle von 719 m) und den Spruce Peak (472 m). Es gibt hier 48 schöne Pisten – 16 % davon sind für Anfänger geeignet, 59 % mittelschwere Pisten und 25 % ideal für hartgesottene Freerider.

Umiak Outdoor Outfitters OUTDOOR-AUSRÜSTUNG

(☎802-253-2317; www.umiak.com; 849 S Main St; ⏲9–18 Uhr) Vermietet Kajaks, Schneeschuhe und Telemark-Ski, gibt Kurse im Bootfahren und veranstaltet Bootsausflüge sowie romantische Schneeschuhtouren bei Mondschein.

AJ's Ski & Sports AUSRÜSTUNGSVERLEIH

(☎800-226-6257, 802-253-4593; www.stowesports.com; 350 Mountain Rd; ⏲10–18 Uhr) Vermietet Fahrräder, Kajaks, Ski- und Snowboardausrüstung. Im Ortszentrum.

Schlafen

Smugglers Notch State Park CAMPING $

(☎802-253-4014; www.vtstateparks.com/htm/smugglers.htm; 6443 Mountain Rd; Stellplatz f. Zelt & Wohnmobil 20 US$, Unterstand 27 US$; ⏲Mitte Mai–Mitte Okt.) Der 14 ha große Park an einem Berghang, 8 Meilen (knapp 13 km) nordwestlich von Stowe, bietet 20 Stellplätze für Zelte und Wohnmobile sowie 14 Unterstände.

Fiddler's Green Inn INN $

(☎800-882-5346, 802-253-8124; www.fiddlersgreeninn.com; 4859 Mountain Rd; Zi. inkl. Frühstück werktags/Wochenende 90/125 US$;) Wie auf einer Reise in schlichtere Zeiten fühlt man sich in diesem schnörkellosen Bauernhaus aus den 1820er-Jahren, 1 Meile (1,6 km) unterhalb der Skilifte. Es weist rustikale Kiefernwände, einen offenen Feldsteinkamin und sieben schlichte Gästezimmer auf, von denen die besten Ausblick nach hinten auf den Fluss gewähren.

Stowe Motel & Snowdrift MOTEL, APARTMENT $$

(☎800-829-7629, 802-253-7629; www.stowemotel.com; 2043 Mountain Rd; Zi. 85–200 US$, Suite 182–240 US$, Apt. 162–250 US$; @) In dem Motel auf einem 6,5 ha großen Gelände stehen Wohneinheiten von schlicht bis luxuriös, ein Tennisplatz, Whirlpools, Rasenspiele sowie kostenlose Fahrräder und Schneeschuhe für den Stowe Recreation Path nebenan für Gäste bereit.

Trapp Family Lodge LODGE $$$

(☎800-826-7000, 802-253-8511; www.trappfamily.com; 700 Trapp Hill Rd; Zi. ab 275 US$; @) Die von weiten offenen Feldern und Bergen umgebene Berghütte im österreichischen Stil mit der besten Lage in Stowe wurde von Maria von Trapp erbaut, auf deren Erinnerungen der Film *Meine Lieder – meine Träume* basiert. Ergänzend zu den Zimmern in der traditionellen Holzhütte stehen Gästen auf dem 11 km² großen Anwesen verteilte Gästehäuser zur Verfügung. Ein Wegenetz sorgt dafür, dass Erholungsbedürftige ausgiebig wandern, Schneeschuh und skilanglaufen können.

Essen

Harvest Market MARKT $

(www.harvestatstowe.com; 1031 Mountain Rd; ⏲7–19 Uhr) Vor einem Ausflug in die Berge kann man sich hier mit Kaffee, Gebäck, Vermonter Käse, Sandwiches, Delikatessen, Wein und Bier aus der Region eindecken.

Pie-casso PIZZERIA $$
(☎802-253-4411; www.piecasso.com; 1899 Mountain Rd; Hauptgerichte 9–22 US$; ⏲11–21 Uhr) Bio-Rukolasalat mit Hühnchen und Champignon-Panini ergänzen die ausgezeichneten handgemachten Pizzas. Es gibt auch eine Bar und Livemusik.

Gracie's Restaurant BURGER $$
(☎802-253-8741; www.gracies.com; 18 Edson Hill Rd; Hauptgerichte 11–35 US$; ⏲17–21.30 Uhr) Das lebhafte Lokal, in dem sich alles rund ums Thema Hunde dreht, liegt auf halbem Weg zwischen dem Dorf und dem Berg und serviert große Burger, handgeschnittene Steaks, Waldorfsalat sowie Scampi mit viel Knoblauch.

★**Hen of the Wood** AMERIKANISCH $$$
(☎802-244-7300; www.henofthewood.com; 92 Stowe St, Waterbury; Hauptgerichte 18–32 US$; ⏲Mo–Sa 17–22 Uhr) Das wohl feinste Restaurant im nördlichen Vermont ist das vom Chefkoch betriebene Hen of the Wood in Waterbury, das für seine innovative Küche mit der Devise „von der Farm direkt auf den Tisch" begeisterten Zuspruch erhält. Das Setting in einer historischen Getreidemühle ergänzt das außergewöhnliche Speisenangebot mit sehr würzigen Gerichten wie geräucherter Entenbrust und Schafsmilch-Gnocchi.

Praktische Informationen

Stowe Area Association (☎802-253-7321; www.gostowe.com; 51 Main St; ⏲Mo–Sa 9–17 Uhr, Juni–Okt. & Jan.–März bis 20 Uhr) Im Zentrum des Dorfes.

Burlington

Die hippe Universitätsstadt am Ufer des malerischen Lake Champlain zählt zu den Orten, an denen wohl jeder gerne leben würde. Ihre Café- und Clubszene kann mit der viel größerer Städte mithalten, während drumherum gemächliches, freundliches Kleinstadtleben herrscht. Und wo sonst kann man zum Ende der Hauptstraße laufen und dann mit dem Kajak lospaddeln?

Sehenswertes

Burlingtons Geschäfte, Cafés und Kneipen konzentrieren sich rund um den Church St Marketplace, eine von Backstein gesäumte geschäftige Fußgängerzone auf halbem Weg zwischen der University of Vermont und dem Lake Champlain.

★**Shelburne Museum** MUSEUM
(☎802-985-3346; www.shelburnemuseum.org; US 7, Shelburne; Erw./Kind 22/11 US$, nach 15 Uhr 15/7 US$; ⏲Mitte Mai–Okt. 10–17 Uhr; 👪) Das außergewöhnliche Museum auf einem 18 ha großen Gelände, 9 Meilen (14,5 km) südlich von Burlington, zeigt mit insgesamt 150 000 Objekten eine Sammlung amerikanischer Artefakte, die des Smithsonian würdig wäre. Die Kollektion aus Volkskunst, dekorativer Kunst und anderen Werken verteilt sich auf 39 historische Gebäude, von denen die meisten zum Zweck ihrer Erhaltung aus anderen Teilen Neuenglands hierher gebracht wurden.

Shelburne Farms FARM
(☎802-985-8686; www.shelburnefarms.org; 1611 Harbor Rd, Shelburne; Erw./Kind 8/5 US$; ⏲Mitte Mai–Mitte Okt. 9–17.30 Uhr, Mitte Okt.–Mitte Mai 10–17 Uhr; 👪) Das von dem Landschaftsarchitekten Frederick Law Olmsted (von dem auch der New Yorker Central Park stammt) entworfene, 567 ha große Anwesen mit dem ehemaligen Landhaus der Aristokratenfamilie Webb ist eine richtige Farm mit atemberaubendem Blick auf den See. Man kann den herrlichen Cheddar der Farm probieren, sich die prächtigen Scheunen anschauen, die Wanderwege erforschen und in dem preisgekrönten Inn (S. 250) einen Nachmittagstee oder ein feines Abendessen genießen.

Echo Lake Aquarium & Science Center WISSENSCHAFTSZENTRUM
(☎802-864-1848; www.echovermont.org; 1 College St; Erw./Kind 13,50/10,50 US$; ⏲10–17 Uhr; 👪) Das am See gelegene Museum widmet sich der vielgestaltigen Vergangenheit, Gegenwart und Zukunft des Lake Champlain. Es beherbergt diverse kleine Aquarien und wechselnde Wissenschaftsausstellungen mit vielen interaktiven Exponaten und Aktivitätsangeboten, die Kindern Spaß bereiten dürften.

Magic Hat Brewery BRAUEREI
(☎802-658-2739; www.magichat.net; 5 Bartlett Bay Rd, South Burlington; ⏲Mo–Sa 10–18, So 12–17 Uhr) Bei dem lustigen, kostenlosen Rundgang taucht man tief in die Geschichte dieser Kleinbrauerei ein, die zu den dynamischsten in Vermont zählt. Danach können interessierte Bierfreunde in der hiesigen Growler Bar aus den vier Dutzend Fässern einige Tropfen des experimentellen Gebräus.

INSIDERWISSEN

DER GEHEIME GARTEN VON BURLINGTON

Weniger als 2 Meilen (3,2 km) von Burlingtons Zentrum entfernt versteckt sich eine der idyllischsten Grünanlagen Vermonts. Das in den trägen Kurven des Winooski River gelegene **Intervale Center** (www.intervale.org; 180 Intervale Rd) GRATIS umfasst ein Dutzend Bio-Farmen und ein herrliches Wegenetz, das 365 Tage im Jahr für Wanderer, Radler, Skifahrer, Beerenpflücker usw. zugänglich ist. Detaillierte Infos finden sich auf der Website.

Aktivitäten

Bereit für Outdoor-Abenteuer? Dann auf zum Ufer des **Lake Champlain**: Dort kann man z. B. Bootstrips unternehmen oder dem 7,5 Meilen (12 km) langen **Burlington Bike Path** per pedes, Fahrrad oder Inlineskates folgen. Nahe dem Uferende der Main St finden sich Startpunkte und Ausrüster für all diese Aktivitäten innerhalb eines Blocks.

Local Motion FAHRRADVERLEIH
(☎802-652-2453; www.localmotion.org; 1 Steele St; Fahrradverleih 30 US$/Tag; ⏱10–18 Uhr; 🚻) Vermietet gute Fahrräder.

Whistling Man Schooner Company SEGELN
(☎802-598-6504; www.whistlingman.com; Boathouse, College St, am Lake Champlain; Rundfahrt 2 Std. Erw./Kind 40/25 US$; ⏱tgl. 3 Trips, Ende Mai–Anfang Okt.) An Bord der *Friend Ship*, eines 13 m langen Segelboots für 17 Passagiere, kann man den Lake Champlain erkunden.

Schlafen

Burlingtons Budget- und Mittelklassemotels befinden sich an den Ortsrändern: an der Shelburne Rd (US 7) in South Burlington, der Williston Rd (US 2) östlich des Exit 14 von der I-89 und an der US 7 nördlich von Burlington in Colchester (Exit 16 von der I-89).

North Beach Campground CAMPING $
(☎802-862-0942; www.enjoyburlington.com; 60 Institute Rd; Stellplatz f. Zelt/Wohnmobil 26/36 US$; ⏱Mai–Mitte Okt.; 📶) Die wundervolle Anlage am Lake Champlain, 2 Meilen (3,2 km) nördlich vom Zentrum, bietet auf einem 18 ha großen bewaldeten Gebiet 69 Zeltstellplätze mit Picknicktischen, Feuerstellen, Warmwasserduschen, Spielplatz, Strand und Radweg.

Burlington Hostel HOSTEL $
(☎802-540-3043; www.theburlingtonhostel.com; 53 Main St; B inkl. Frühstück werktags/Wochenende 35/40 US$; ❄@📶) Nur ein paar Minuten von der Church St und vom Lake Champlain entfernt gewährt Burlingtons Hostel 48 Gästen Unterkunft in Schlafsälen (gemischt & nur für Frauen).

Lang House B&B $$
(☎802-652-2500; www.langhouse.com; 360 Main St; Zi. inkl. Frühstück 145–245 US$; ❄📶) Burlingtons elegantestes B&B befindet sich in einem zentral gelegenen, geschmackvoll restaurierten viktorianischen Haus mit Remise aus dem 19. Jh. Wer eines der Zimmer im 3. Stock mit Seeblick bewohnen möchte, muss vorab reservieren!

Willard Street Inn INN $$
(☎802-651-8710; www.willardstreetinn.com; 349 S Willard St; Zi. inkl. Frühstück 150–265 US$; 📶) Auf einem Hügel in Gehweite zur University of Vermont und zum Church St Marketplace zeichnet sich dieses Herrenhaus aus dem späten 19. Jh. durch Elemente des Queen-Anne-Stils und des neogeorgianischen Stils aus. Feine Holzarbeiten und viel Kristall sorgen für Eleganz. Von mehreren Gästezimmern aus blickt man auf den Lake Champlain.

★**Inn at Shelburne Farms** INN $$$
(☎802-985-8498; www.shelburnefarms.org/staydine; 1611 Harbor Rd, Shelburne; Zi. mit eigenem/ohne Bad ab 289/169 US$, Cottage 289–430 US$, Gästehaus 436–926 US$; 📶) Auf dem historischen, 567 ha großen Anwesen am Seeufer (S. 249), 7 Meilen (11 km) südlich von Burlington, wohnen Gäste entweder im vornehmen Gutshaus selbst oder in einem der vier separaten, jeweils mit Küche ausgestatteten Cottages oder Gästehäusern, die verteilt auf dem Anwesen liegen. Das angeschlossene Restaurant mit aus farmfrischen Produkten zubereiteten Gerichten ist super.

Essen

Besucher sollten unbedingt den lebhaften Bauernmarkt im City Hall Park am Samstagmorgen besichtigen.

★**Penny Cluse Cafe** CAFÉ $
(www.pennycluse.com; 169 Cherry St; Hauptgerichte 7–11 US$; ⏱Mo–Fr 6.45–15, Sa & So 8–15 Uhr) Eines der beliebtesten Lokale im

Zentrum Burlingtons. Es gibt Pfannkuchen, Biskuits mit Bratensauce, Omeletts und Tofu-Rühreier, Sandwiches, Fisch-Tacos, Salate und das beste *chile relleno* östlich des Mississippi. Am Wochenende muss man mit langen Warteschlangen rechnen.

City Market MARKT **$**
(www.citymarket.coop; 82 S Winooski Ave; ⌚7–23 Uhr) Wenn es einen Naturkosthimmel gibt, dass muss er wohl so aussehen: voller lokaler Erzeugnisse und Produkte (mehr als 1600 Vermonter Hersteller sind hier vertreten) und mit einem riesigen Deli, der Gerichte zum Mitnehmen anbietet.

Stone Soup VEGETARISCH **$**
(www.stonesoupvt.com; 211 College St; Buffet 9,75 US$/Pfund, kleine Gerichte 5–10 US$; ⌚Mo–Fr 7–21, Sa 9–21 Uhr;) Der alteingesessene Favorit der Einheimischen ist vor allem für sein exzellentes vegetarier- und veganerfreundliches Buffet bekannt. Es gibt auch selbst gemachte Suppen, Sandwiches aus selbst gebackenem Brot, eine Salatbar und Gebäck.

★ **American Flatbread** PIZZERIA **$$**
(www.americanflatbread.com/restaurants/burlington-vt; 115 St. Paul St; Fladenbrot 14–23 US$; ⌚Restaurant 11.30–14.30 & 17–22 Uhr, Schankstube 11.30 Uhr–open end) Die zentrale Lage, tolle Fassbiere von Kleinbrauereien, die Freiluftterrasse an der hinteren Gasse und die leckeren Holzofen-Fladenbrote mit einem Belag aus lokalen Bio-Produkten machen dieses alteingesessene Lokal so beliebt.

Daily Planet INTERNATIONAL **$$**
(☎802-862-9647; www.dailyplanet15.com; 15 Center St; Hauptgerichte 11–20 US$; ⌚Mo–Sa 16–23, So 10–14 & 16–23 Uhr;) Das schicke Restaurant im Zentrum serviert alles von Burger mit exotischem Belag bis hin zu gegrilltem Enten-Confit, Muscheln von der Prince Edward Island und Regenbogenforelle mit Pekannusskruste. Die Bar ist bis spät in die Nacht geöffnet, und sonntags gibt's einen guten Brunch.

Leunig's Bistro FRANZÖSISCH **$$$**
(☎802-863-3759; www.leunigsbistro.com; 115 Church St; Hauptgerichte mittags 10–17 US$, abends 21–32 US$; ⌚Mo–Fr 11–22, Sa & So 9–22 Uhr) Das gesellige Bistro im Pariser Stil mit Sitzbereich im Freien und einem eleganten Speisesaal mit verzierter Metalldecke ist ein schon seit Langem beliebter Favorit in Burlington. Die Wein- und die Speisekarte sind ausgezeichnet, und man kann hier prima Leute beobachten (die Fenster gewähren Ausblick auf den turbulenten Church St Marketplace).

Ausgehen & Unterhaltung

Das kostenlose Wochenblatt *Seven Days* (www.7dvt.com) hat einen aktuellen Veranstaltungskalender.

Radio Bean BAR, CAFÉ
(www.radiobean.com; 8 N Winooski Ave; ⌚8–2 Uhr;) Die skurrile Café-Bar besitzt ihren eigenen Radiosender, hat ein angeschlossenes trendiges Lokal, in dem man internationale Snacks bekommt, und veranstaltet jeden Abend etwas, u. a. Jazz- und Akustikkonzerte und Dichterlesungen.

Vermont Pub & Brewery KLEINBRAUEREI
(www.vermontbrewery.com; 144 College St; ⌚So–Mi 11.30–1, Do–Sa bis 2 Uhr) Spezial- und saisonale Biere, die in kleinen Mengen pro Woche hier vor Ort hergestellt werden, und für einen britischen Pub typische Kneipenkost (Hauptgerichte 6–16 US$).

Splash at the Boathouse BAR
(☎802-658-2244; www.splashattheboathouse.com; 0 College St; ⌚11.30–2 Uhr) Die Restaurant-Bar oben in dem schwimmenden Bootshaus bietet einen herrlichen Blick auf den Lake Champlain – ideal für einen entspannenden Abendcocktail oder ein Bier bei Sonnenuntergang.

Nectar's LIVEMUSIK
(www.liveatnectars.com; 188 Main St; ⌚So–Di 19–2, Mi–Sa 17–2 Uhr) Die Indie-Band Phish kam hier ganz groß raus, und noch immer rockt die Location mit einem Mix aus Themenabenden und Liveacts.

Red Square LIVEMUSIK
(www.redsquarevt.com; 136 Church St; ⌚So–Do 16 Uhr–open end, Fr & Sa 14 Uhr–open end) Diese Institution an der Church St mit einem schicken, dem Soho würdigen Ambiente ist im Sommer am tollsten, wenn Bands live auf der Freiluftbühne spielen.

Shoppen

Boutiquen und coole Kunsthandwerksläden säumen den Church St Marketplace. Man sollte unbedingt das **Frog Hollow Craft Center** (www.froghollow.org; 85 Church St) besuchen: Die Mitglieder dieser Kollektive verkaufen einige von Burlingtons besten Handwerksprodukten!

Praktische Informationen

Fletcher Allen Health Care (☎ 802-847-0000; www.fletcherallen.org; 111 Colchester Ave; ⏲ 24 Std.) Vermonts größtes Krankenhaus.

Lake Champlain Regional Chamber of Commerce (☎ 877-686-5253, 802-863-3489; www.vermont.org; 60 Main St; ⏲ Mo–Fr 8–17, Sa & So 9–17 Uhr) Touristeninformation im Zentrum.

An- & Weiterreise

Greyhound (☎ 800-231-2222; www.greyhound.com; 219 S Winooski St) bietet Busverbindungen nach Boston und Montreal. Der **Vermonter Train** von **Amtrak** (☎ 800-872-7245; www.amtrak.com/vermonter-train) fährt südwärts nach Brattleboro, New York City und Washington DC. **Lake Champlain Ferries** (☎ 802-864-9804; www.ferries.com; King St Dock; Erw./Kind/Auto 8/3,10/30 US$) betreibt nur im Sommer Fähren über den See nach Port Kent, NY (1 Std.).

NEW HAMPSHIRE

Der „Granite State" ist einfach zum Liebhaben: Die Städte sind klein und sympathisch, die Berge majestätisch und schroff. Das Herz von New Hampshire sind zweifellos die Granitgipfel des White Mountain National Forest. Outdoor-Freaks von überall kommen hierher, um in den höchsten Höhen von Neuengland (am höchsten liegt der Mt. Washington mit 1917 m) im Winter Ski zu fahren, im Sommer zu wandern und im Herbst die fantastische Laubpracht zu genießen. Dem Bundesstaat wird nachgesagt, politisch konservativ zu sein – aber das ist nicht alles. Seine Devise *Live Free or Die* („Frei leben oder sterben") ist tatsächlich auf jedem Autonummernschild zu lesen, aber die Leute sind stolz auf ihre unabhängige Gesinnung, nicht auf Rechtsaußen-Politik.

KURZINFOS NEW HAMPSHIRE

Spitznamen Granite State, White Mountain State

Bevölkerung 1,3 Mio. Ew.

Fläche 23 227 km²

Hauptstadt Concord (42 800 Ew.)

Weitere Städte Manchester (109 800 Ew.), Portsmouth (1,3 Mio Ew.)

Verkaufssteuer keine

Geburtsort von Amerikas erstem Astronauten Alan Shepard (1923–1998), *Sakrileg*-Autor Dan Brown (geb. 1964)

Heimat der höchsten Berge im US-Nordosten

Politische Ausrichtung Neuenglands republikanischster Bundesstaat

Berühmt für das Vorrecht, bei den Vorwahlen für die US-Präsidentschaft als erster Bundesstaat abzustimmen; dies verschafft New Hampshire für seine Größe einen gewaltigen politischen Einfluss

Extremstes Staatsmotto *Live Free or Die* („Frei leben oder sterben")

Entfernungen Boston–Portsmouth 60 Meilen (96 km), Portsmouth–Hanover 118 Meilen (190 km)

Geschichte

New Hampshire erhielt seinen Namen 1629 nach der englischen Grafschaft Hampshire und war eine der ersten amerikanischen Kolonien, die 1776 ihre Unabhängigkeit von England erklärten. Während des Industrialisierungs-Booms im 19. Jh. stand Manchester an der Spitze und entwickelte eine solche Wirtschaftskraft, dass seine Textilfabriken die größten auf der ganzen Welt wurden.

Eine wichtige Rolle in der Weltpolitik spielte New Hampshire im Jahr 1944, als Präsident Franklin D. Roosevelt die Regierungen aus 44 verbündeten Staaten zu einer Konferenz in das abgelegene Bretton Woods einlud, um ein stabiles Währungssystem zu begründen. Im Rahmen der Bretton-Woods-Konferenz wurden die Weltbank und der Internationale Währungsfonds (IWF) ins Leben gerufen.

Im Jahr 1963 fand New Hampshire, lange berüchtigt für seine steuerfeindliche Haltung, ein neues Mittel, um Einkünfte zu erzielen: Es war der erste Bundesstaat der USA, in dem eine legale Lotterie aus der Taufe gehoben wurde.

Praktische Informationen

Welcome Centers gibt's an den wichtigsten Grenzübergängen. Das am Südende der I-93 ist rund um die Uhr geöffnet.

New Hampshire Division of Parks & Recreation (☎ 603-271-3556; www.nhstateparks.org) Bietet Infos zum Radwegenetz im ganzen Bundesstaat und einen sehr umfangreichen Campingführer.

New Hampshire Division of Travel & Tourism Development (☎ 603-271-2665; www.visitnh.gov) Infos zur Schnee- und Herbstlaublage.

Union Leader (www.unionleader.com) Größte Tageszeitung des Bundesstaats.

Portsmouth

Amerikas drittälteste Stadt, Portsmouth (gegr. 1623), trägt ihre Geschichte offen zur Schau. New Hampshires einzige Küstenstadt hat ihre Wurzeln im Schiffsbau; heute gibt sie sich hip, jugendlich und voller Energie: Die alten Frachthallen am Hafen beherbergen inzwischen Boutiquen und Cafés, während die eleganten historischen Wohnhäuser der Werftbarone teilweise zu B&Bs umgebaut wurden.

Sehenswertes & Aktivitäten

Strawbery Banke Museum MUSEUM
(☎ 603-433-1100; www.strawberybanke.org; Ecke Hancock & Marcy St; Erw./Kind 17,50/10 US$; Mai–Okt. 10–17 Uhr) Auf einem Gelände von 4 ha Fläche zeigt das Strawbery Banke Museum eine bunte Mischung alter Häuser, die bis in die 1690er-Jahre zurückdatieren. Kostümierte Führer schildern die Geschichten, die sich um diese 40 Häuser (zehn davon möbliert) ranken. Dazu zählen die **Pitt Tavern** (1766), eine Brutstätte des revolutionären Gedankens, die **Goodwin Mansion** (ein prächtiges Herrenhaus aus dem 19. Jh. aus der Blütezeit von Portsmouth) und der **Abbott's Little Corner Store** (1943). Die Eintrittskarte gilt für zwei aufeinander folgende Tage.

USS Albacore MUSEUM
(☎ 603-436-3680; http://ussalbacore.org; 600 Market St; Erw./Kind 6/3 US$; Juni–Mitte Okt. 9.30–17, Mitte Okt.–Mai Do–Mo bis 16 Uhr) Mitten auf einer musealen Rasenfläche wirkt die 62,5 m lange USS *Albacore* wie ein Fisch auf dem Trockenen. Das Schiff war 1953 im Portsmouth Naval Shipyard vom Stapel gelaufen und einst das schnellste U-Boot der Welt.

Isles of Shoals Steamship Co. BOOTSFAHRT
(☎ 603-431-5500; www.islesofshoals.com; 315 Market St; Erw./Kind 28/18 US$;) Von Mitte Juni bis Oktober veranstaltet das Unternehmen mit dem Nachbau einer Fähre aus den 1900er-Jahren eine ausgezeichnete Tour rund um den Hafen und die historischen Isles of Shoals. Es gibt auch ganztägige Walbeobachtungstouren und kürzere Rundfahrten bei Sonnenuntergang, mit Hip-Hop und Abendessen.

Schlafen

Ale House Inn INN $$
(☎ 603-431-7760; www.alehouseinn.com; 121 Bow St; Zi. 150–280 US$; P) Das backsteinerne Lagerhaus der Portsmouth Brewing Company ist heute Portsmouths schickste Boutiqueunterkunft, die geschickt modernes Design mit Komfort verbindet. Die modernen Zimmer mit klaren, weißen Linien sind mit Flachbildfernsehern ausgestattet, die Suiten haben edle hellbraune Sofas und die Luxuszimmer sogar iPads. Im Preis inbegriffen ist die Nutzung der Gästefahrräder.

Inn at Strawbery Banke B&B $$
(☎ 603-436-7242; www.innatstrawberybanke.com; 314 Court St; Zi. inkl. Frühstück 170–190 US$; P) Das charmante koloniale B&B mitten unter den historischen Gebäuden des Strawbery Banke bietet sieben kleine, aber feine Zimmer, die jeweils individuell mit Quilts und Messing- oder Himmelbetten ausgestattet sind.

Essen & Ausgehen

An der Kreuzung der Market St und der Congress St wimmelt es von Restaurants und Cafés.

Friendly Toast DINER $
(113 Congress St; Hauptgerichte 7–12 US$; So–Do 7–22, Fr & Sa bis 2 Uhr;) Die lustige, skurrile Einrichtung bildet in diesem Retro-Diner die Kulisse für sättigende Sandwiches, Omeletts, Tex-Mex-Kost und vegetarische Gerichte. Das Frühstücksmenü ist riesig und wird den ganzen Tag über serviert – eine gute Sache, zumal man an den Wochenenden morgens lange warten muss.

★ **Black Trumpet Bistro** INTERNATIONAL $$$
(☎ 603-431-0887; www.blacktrumpetbistro.com; 29 Ceres St; Hauptgerichte 17–38 US$; 17.30–21 Uhr) In dem Bistro mit Ziegelwänden und raffiniertem Ambiente serviert das Personal einzigartige Kombinationen (alles von hausgemachten Würstchen mit Kakaobohnen bis hin zu getrocknetem Schellfisch mit Yuzu und Miso). Alle Angebote gibt's auch oben in der Weinbar, die ebenso einfallsreiche Cocktails auf der Karte hat.

Jumpin' Jays Fish Cafe SEAFOOD $$$
(☎ 603-766-3474; www.jumpinjays.com; 150 Congress St; Hauptgerichte 20–28 US$; 17.30–22

Uhr) Das außergewöhnliche Meeresfrüchtelokal bietet den frischen Fang des Tages einfach gegrillt oder gebraten, verfeinert mit Saucen (wie „Tamarinde & Guave" oder „Zitrone & Dijon-Senf") sowie unkonventionelle Mischungen: Bouillabaisse mit Zitronengras und Kokos oder Schellfisch-Piccata. Nimmt man noch die Austernbar, das riesige Angebot warmer und kalter Vorspeisen und das geschäftige, sehr moderne Ambiente hinzu, überzeugt das Jumpin' Jays in jeder Hinsicht.

Portsmouth Brewery KLEINBRAUEREI
(www.portsmouthbrewery.com; 56 Market St; ⌚11.30–0.30 Uhr; 📶) Die Kleinbrauerei serviert in ihrem luftigen Pub mit verzierten Metalldecken und freiliegenden Ziegelwänden erstklassiges selbst gebrautes Pils, Porter und Ale. Das Essen ist leider nicht so gut wie das Bier.

Thirsty Moose Taphouse KNEIPE
(www.thirstymoosetaphouse.com; 21 Congress St; Bar-Snacks 3–11 US$, Brunch 10–17 US$; ⌚Mo–Sa 11.30–1, So 10.30–13 Uhr) Diese gesellige Location mit mehr als 100 Bieren vom Fass, die überwiegend aus Neuengland stammen, und sehr fachkundigen Barkeepern ist eher eine Bar als ein Restaurant. Hier kann man sich perfekt zurücklehnen und entspannen. Für den kleinen Hunger zwischendurch gibt's Poutine (eine Montrealer Spezialität: Pommes mit Käse und Bratensauce), Corn Dogs (frittierte Würstchen in Maisteighülle) und eine Handvoll Salate.

ℹ Praktische Informationen

Greater Portsmouth Chamber of Commerce
(☎603-436-3988; www.portsmouthchamber.org; 500 Market St; ⌚Mo–Fr 8.30–17 Uhr) Betreibt auch einen Info-Kiosk im Stadtzentrum am Market Sq.

Monadnock State Park

Der 965 m hohe **Mt. Monadnock** (www.nhstateparks.org; NH 124; Erw./Kind 4/2 US$) im Südwesten New Hampshires wird von allen Gipfeln Neuenglands am häufigsten erklommen. Der „alleinstehende Berg" (das bedeutet der Name in der Sprache der Algonkin nämlich wörtlich übersetzt) ragt relativ weit entfernt von seinesgleichen empor. Wer sich die Mühe macht, zum Gipfel hinaufzuwandern (hin & zurück 8 km), wird daher mit unversperrter Aussicht auf drei US-Bundesstaaten belohnt.

Lake Winnipesaukee

New Hampshires größter See ist ein beliebtes Sommerziel stadtmüder Familien. Er ist 45 km lang und mit 274 Inseln gesprenkelt. Traveller finden hier gute Möglichkeiten zum Schwimmen, Bootfahren oder auch Angeln vor.

Weirs Beach

Berühmte Spielhallen, Minigolfplätze und Gokart-Pisten machen Weirs Beach zu einer Art kitschig-kuriosem amerikanischem Vergnügungspark. Infos über das Gebiet gibt's bei der **Lakes Region Chamber of Commerce** (☎603-524-5531; www.lakesregionchamber.org; 383 S Main St, Laconia; ⌚Mo–Fr 8.30–16.30 Uhr).

Mount Washington Cruises (☎603-366-5531; www.cruisenh.com; Kreuzfahrt 27–43 US$) veranstaltet von Weirs Beach aus mit der altmodischen MS *Mount Washington* malerische Fahrten auf dem See (bei den teureren Versionen ist ein Champagner-Brunch dabei).

Winnipesaukee Scenic Railroad (☎603-279-5253; www.hoborr.com; Erw./Kind 3–11 Jahre 15/11 US$) bietet Zugfahrten entlang der Küste des Lake Winnipesaukee.

Wolfeboro

Auf der anderen Seite des Lake Winnipesaukee, weit weg vom schnöden Kommerzkitsch am Weirs Beach, liegt das vornehme Wolfeboro. Es bezeichnet sich selbst als „Amerikas ältester Sommerferienort" und strotzt nur so vor schmucken, alten Gebäuden, die teilweise öffentlich zugänglich sind. Die **Wolfeboro Chamber of Commerce** (☎603-569-2200; www.wolfeborochamber.com; 32 Central Ave; ⌚Mo–Fr 10–15, Sa bis 12 Uhr) im alten Bahnhof informiert über alles Erdenkliche, beispielsweise über Mietboote und Strände.

Beim **Great Waters Music Festival** (☎603-569-7710; www.greatwaters.org; ⌚Juli & Aug.) beschallen Folk-, Jazz- und Blues-Musiker diverse Clubs in ganz Wolfeboro.

Rund 4 Meilen (6,4 km) nördlich der Stadt liegt der bewaldete **Wolfeboro Campground** (☎603-569-9881; www.wolfeborocampground.com; 61 Haines Hill Rd; Stellplatz f. Zelt & Wohnmobil 32 US$; ⌚Mitte Mai–Mitte Okt.) mit 50 Uferstellplätzen abseits der NH 28.

Der **Wolfeboro Inn** (☎603-569-3016; www.wolfeboroinn.com; 90 N Main St; Zi. inkl. Frühstück

179–259 US$) ist ein Klassiker und seit 1812 die beste Unterkunft vor Ort. Seine Zimmer haben teilweise Balkone mit Seeblick. Zum Inn gehört mit der **Wolfe's Tavern** (Hauptgerichte 10–26 US$; ⌚8–22 Uhr) eine gemütliche Kneipe, auf deren vielfältiger Karte von Pizza bis Seafood alles Mögliche steht. Der altmodische **Wolfeboro Diner** (5 N Main St; Hauptgerichte 5–12 US$; ⌚7–14 Uhr) trifft mit saftigen Cheeseburgern und schlichtem Frühstück zu fairen Preisen genau ins Schwarze.

White Mountains

Was die Rocky Mountains für Colorado, das sind die White Mountains für New Hampshire. Neuenglands höchster Gebirgszug ist ein Magnet für Abenteurer und bietet unendliche Möglichkeiten für Fans von Sportarten wie Wandern, Kajakfahren oder Skifahren. Doch auch wer die Landschaft lieber bequem mit dem Auto erleben will, wird nicht enttäuscht: Malerische Straßen winden sich durch die zerklüfteten Berge, die überall Wasserfälle, schroffe Felshänge und tief eingeschnittene Schluchten aufweisen.

Infos über die White Mountains erhält man in den Ranger-Stationen, die über den **White Mountain National Forest** (www.fs.fed.us/r9/white) verteilt sind, sowie bei den Chambers of Commerce (Handelskammern) in den Ortschaften am Weg.

Waterville Valley

Waterville Valley im Schatten des Mt. Tecumseh wurde in der zweiten Hälfte des vorigen Jahrhunderts als Ferienort mit Hotels, Eigentumswohnungen, Golfplätzen und Skipisten konzipiert. Man sieht dem Ort an, dass er auf dem Reißbrett entstanden ist, und vielleicht wirkt er etwas zu glatt, aber dafür gibt's zahllose Freizeitangebote für die ganze Familie, u.a. Tennisplätze, eine Eislaufhalle und Radwege. Ausführliche Informationen bekommt man bei der **Waterville Valley Region Chamber of Commerce** (☎603-726-3804; www.watervillevalleyregion.com; 12 Vintinner Rd, Campton; ⌚9–17 Uhr), an der I-93, Exit 28.

Wie viele andere Skigebiete Neuenglands ist auch das **Skigebiet Waterville Valley** (www.waterville.com; Lift Erw./Schüler 63/53 US$) im Sommer für Wanderer und Mountainbiker geöffnet.

Mt. Washington Valley

Das Mt. Washington Valley mit den Orten Conway, North Conway, Intervale, Glen, Jackson und Bartlett erstreckt sich ab dem östlichen Ende des Kancamagus Hwy (S. 257) gen Norden. Hier sind diverse Outdoor-Aktivitäten möglich. Als Verkehrsknotenpunkt und größter Ort der Gegend ist North Conway auch ein Outlet-Zentrum, in dem z.B. rustikale Marken wie LL Bean zu haben sind.

Aktivitäten

★Conway Scenic Railroad ZUG
(☎603-356-5251; www.conwayscenic.com; NH 16, North Conway; Notch Train Erw./Kind ab 27/16 US$, Valley Train ab 14/10 US$; ⌚Mai–Okt. tgl., April & Nov. Sa & So; 👪) Mit dem 1874 gebauten und 1974 restaurierten **Notch Train** kann man die malerischste Bahnfahrt in Neuengland machen. Die spektakuläre Fahrt (5–5½ Std.) führt durch die Crawford Notch. Anhand der Begleitkommentare erfährt man etwas über die Geschichte – und Geschichten zur Bahn. Reservierung erforderlich.

Dasselbe Unternehmen betreibt auch die historische Dampfbahn **Valley Train**, die eine kürzere Fahrt südwärts durchs Mt. Washington Valley mit Halt in Conway und Bartlett macht. Im Angebot sind auch Sonderfahrten bei Sonnenuntergang, mit Abendessen und mehr.

Echo Lake State Park PARK
(www.nhstateparks.org; River Rd; Erw./Kind 4/2 US$) Rund 2 Meilen (3,2 km) westlich von North Conway über die River Rd liegt dieser ruhige See am Fuß des **White Horse Ledge**, einer steilen Felswand. Rund um den See führt ein malerischer Weg. Es gibt auch eine 1 Meile (1,6 km) lange Autostrecke und einen Wanderweg hinauf zum 213 m hohen **Cathedral Ledge** mit tollem Panoramablick auf die White Mountains. Sowohl der Cathedral Ledge als auch der White Horse Ledge eignen sich prima zum Klettern. Es gibt auch eine gute Stelle zum Baden und Picknicken.

Saco Bound KANU- & KAJAKFAHREN
(☎603-447-2177; www.sacobound.com; 2561 E Main/US 302, Conway; Kanuverleih 28 US$/Tag) Saco Bound vermietet Kanus und Kajaks und organisiert Kanutrips, darunter den Einsteigertrip zur Weston's Bridge (22 US$) und Campingausflüge komplett mit Übernachtung.

ABSTECHER

WEIN & KÄSE IN NEW HAMPSHIRE

Vermont, aufgepasst! In New Hampshire gibt es immer mehr kleine Käsereien, und links und rechts schießen kleine Weingüter aus dem Boden. Die Touristeninformation hat die ausgezeichnete Broschüre *New Hampshire Wine & Cheese Trails* zusammengestellt, in der drei Touren zu 21 Farmen und Weingütern, darunter einige Cidre-Hersteller, aufgeführt sind. Die Broschüre ist in allen Touristeninformationen und online unter http://agriculture.nh.gov/publications/documents/winecheesepdf.pdf erhältlich.

Attitash SKIFAHREN
(603-374-2368; www.attitash.com; US 302, Bartlett; Liftticket Wochenende & Feiertage Erw./Kind 13–18/Kind 6–12 & Senior 70/55/50 US$, werktags 63/48/39 US$) In Attitash westlich von Glen kann man wohnen und Ski fahren. Das Skigebiet umfasst zwei Berge, Attitash und Bear Peak, die zwölf Lifte und 70 Skipisten mit einem Gefälle von 533 m vorzuweisen haben. Die Hälfte der Pisten ist mittelschwer, die andere Hälfte teilt sich ziemlich genau in anspruchsvolle und Anfängerpisten. Von Mitte Juni bis Mitte Oktober bietet das Resort eine Menge, u.a. sommerrodeln, reiten, mountainbiken, Bungee-trampolinspringen, einen Sessellift, eine Wasserrutsche, eine Kletterwand und den Mountain Coaster (eine Achterbahn am Berghang).

Black Mountain Ski Area SKIFAHREN
(603-383-4490; www.blackmt.com; NH 16B; Liftticket Wochenende & Feiertage Erw./Kind 49/32 US$, werktags 35/25 US$;) Das kleinere Skigebiet mit einem Gefälle von 335 m umfasst 40 Skipisten, die sich gleichmäßig in leicht, mittelschwer und sehr schwer unterteilen und von vier Liften bedient werden. Ein guter Ort für Anfänger und Familien mit kleinen Kindern!

Schlafen

Besonders in North Conway gibt's viele Unterkünfte von Resorthotels bis zu gemütlichen Gasthäusern.

White Mountains Hostel HOSTEL $
(603-447-1001; www.whitemountainshostel.com; 36 Washington St, Conway; B/Zi. 24/60 US$;) Die einzige Jugendherberge in New Hampshire befindet sich in einem Farmhaus aus dem frühen 20. Jh. abseits der Main St (NH 16) in Conway. Das muntere, umweltfreundlich betriebene Hostel hat fünf Schlafzimmer mit Etagenbetten, vier große Zimmer für Familien und eine Gemeinschafts-Lounge und -küche. Direkt vor der Tür findet man ausgezeichnete Möglichkeiten zum Wandern und Radfahren vor, und Kanufahrer kommen leicht zu den beiden Flüssen in der Nähe. Der einzige Nachteil ist die Lage 5 Meilen (8 km) südlich der Action in North Conway. Achtung: Dies ist eine rauch- und alkoholfreie Zone!

Saco River Camping Area CAMPING $
(603-356-3360; www.sacorivercampingarea.com; 1550 NH 16; Stellplatz f. Zelt/Wohnmobil 33/39 US$; Mai–Mitte Okt.;) Der Campingplatz am Fluss, abseits vom Highway, verfügt über 140 bewaldete und offene Stellplätze sowie rustikale Hütten (eigentlich nur vier Wände und ein Dach ohne Strom und Küche). Es gibt auch einen Kanu- und Kajakverleih.

Cranmore Inn B&B $$
(603-356-5502; www.cranmoreinn.com; 80 Kearsarge St; Zi. inkl. Frühstück 99–169 US$;) Das Cranmore ist schon seit 1863 ein Landgasthof und bei den meisten auch für sein solides Preis-Leistungs-Verhältnis bekannt. In der Einrichtung überwiegt der traditionelle Landhausstil, was bedeutet, dass überall viele Blumenmuster und Rüschen zu finden sind. Neben den Standardzimmern gibt es eine Zweiraumsuite und ein Apartment mit Küche. Der Whirlpool auf dem Gelände ist prima zur Muskelentspannung nach einer anstrengenden Wanderung.

Essen

Peach's CAFÉ $
(www.peachesnorthconway.com; 2506 White Mountain Hwy; Hauptgerichte 6–11 US$; 7–14.30 Uhr) Das abseits vom städtischen Trubel gelegene, sehr beliebte, kleine Café ist eine exzellente Option für Suppen, Sandwiches und Frühstück. Wer kann schon Waffeln und Pfannkuchen mit Früchten und einem frisch gebrauten Kaffee in gemütlichem Wohnzimmerambiente widerstehen?

★ Moat Mountain Smoke House & Brewing Co. KNEIPE $$
(603-356-6381; www.moatmountain.com; 3378 White Mountain Hwy; Hauptgerichte 10–24 US$;

11.30–23 Uhr) Hier bekommt man amerikanisches Essen mit einem Touch Südstaaten-Feeling: gegrillte Reuben-Sandwichs (mit Corned Beef, Käse, Sauerkraut und Dressing), Rindfleisch-Chili, saftige Burger, köstliche Salate, Holzofenpizza und Wels in Maismehlkruste. Zum Runterspülen gibt's acht hausgemachte Biersorten. Die freundliche Bar ist auch ein beliebter Treffpunkt der Einheimischen.

Praktische Informationen

Mt. Washington Valley Chamber of Commerce (603-356-5701; www.mtwashingtonvalley.org; 2617 White Mountain Hwy; 9–17 Uhr) Die Touristeninformation gleich südlich vom Zentrum hat wechselnde Öffnungszeiten.

North Woodstock & Lincoln

Auf dem Weg vom Kancamagus Hwy (S. 257) zum Franconia Notch State Park kommt man direkt durch die Zwillingsstädtchen Lincoln und North Woodstock, wo man praktischerweise eine Pause zum Essen oder Übernachten einlegen kann. Die Ortschaften liegen zu beiden Seiten des Pemigewasset River an der Kreuzung NH 112 und US 3. Unternehmungslustige können am **Loon Mountain** (603-745-8111; www.loonmtn.com; Kancamagus Hwy, Lincoln; Reifenrodeln ohne/mit Lift 10/16 US$, Gondel Erw./Kind 17/11 US$, Liftticket Erw./Kind 13–18/Kind 6–12 & Senior 79/69/59 US$; Reifenrodeln Mi–So 18–21.40 Uhr, Gondel Ende Juni–Mitte Okt. 9.30–17.30 Uhr) im Winter Ski und Snowboard fahren und im Sommer mountainbiken, klettern oder die längste Gondelfahrt in New Hampshire machen. Für noch mehr Adrenalin sorgt die Fahrt mit der Seilrutsche von **Alpine Adventure** (603-745-9911; www.alpinezipline.com; 41 Main St, Lincoln; Seilrutsche 92 US$; 9–16 Uhr), bei der man an einem Seil über den Bäumen hängt und 610 m den Berghang hinunterrast.

Schlafen & Essen

Woodstock Inn INN **$$**
(603-745-3951; www.woodstockinnnh.com; US 3; Zi. inkl. Frühstück mit/ohne Bad ab 120/78 US$;) Das viktorianische Landhaus liegt im Herzen von North Woodstock. Es bietet 33 individuell eingerichtete Zimmer in fünf separaten Gebäuden (drei stehen nebeneinander, zwei auf der anderen Straßenseite). Alle sind mit modernen Annehmlichkeiten im

NICHT VERSÄUMEN

SCENIC DRIVE: WHITE MOUNTAIN NATIONAL FOREST

Als eine der schönsten Straßen Neuenglands durchquert der herrliche **Kancamagus Highway** (NH 112; 35 Meilen bzw. 56,3 km) den White Mountain National Forest (S. 255) zwischen Conway und Lincoln. Die tollen Wanderwege, malerischen Aussichtspunkte und Bäche (es darf gebadet werden!) der Gegend garantieren Natur pur. Der Highway erreicht seinen höchsten Punkt am **Kancamagus Pass** (874 m) und wird nirgendwo von Einrichtungen oder Siedlungen gesäumt.

Broschüren und Wanderkarten gibt's beim **Saco Ranger District Office** (603-447-5448; 33 Kancamagus Hwy; 8–16.30 Uhr) am östlichen Straßenende nahe Conway.

Aus Richtung Conway kommend, erblickt man 6,5 Meilen (10,5 km) westlich der Saco-Rangerstation die **Lower Falls**, die nördlich der Straße zum Baden und Genießen der Aussicht einladen. Kein Kancamangus-Trip wäre komplett ohne die Wanderung zu den atemberaubenden **Sabbaday Falls** (20 Min.). Der Weg dorthin beginnt bei Meilenstein 15 auf der südlichen Straßenseite. Der beste Ort für Elchbeobachtungen ist das Ufer des **Lily Pond**, den man von einem Aussichtspunkt bei Meilenstein 18 direkt im Blick hat. An der Ranger-Station Lincoln Woods nahe Meilenstein 29 beginnt jenseits der Fußgänger-Hängebrücke über den Fluss die Wanderung zu den **Franconia Falls** (4,8 km), der besten Badestelle im National Forest mit einer natürlichen Felsrutsche. Entlang des Highways kostet das Parken überall 3 US$ pro Tag bzw. 5 US$ pro Woche. Den anfallenden Betrag einfach an einem der Parkplätze in einen Umschlag stecken – kontrolliert wird nicht!

Der White Mountain National Forest ist ideal für Camper. Der Kancamagus Hwy bietet Zugang zu mehreren Campingplätzen, die von der Forstverwaltung betrieben werden, für die aber meist nicht reserviert werden kann. Ein Verzeichnis gibt's bei der Saco-Ranger-Station.

altmodischen Stil ausgestattet. Zum Abendessen hat man die Wahl zwischen dem gehobenen Restaurant und der Kleinbrauerei (Woodstock Station & Microbrewery) mit Sitzbereich im Freien in einem hübschen Hof voller Blumen (beide Einrichtungen befinden sich auf dem Gelände).

Woodstock Inn Station & Brewery KNEIPE $$
(☎603-745-3951; US 3; Hauptgerichte 12–28 US$; ⊙11.30–22 Uhr) Das Personal dieses Lokals in einem ehemaligen Bahnhof versucht, alle Wünsche zu befriedigen, und bei mehr als 150 Angeboten gelingt das auch so ziemlich. Allerdings sind Pasta, Sandwiches und Burger dann doch das Interessanteste auf der Karte. Die hintere Bierkneipe ist eine der turbulentesten Locations hier.

Praktische Informationen

Lincoln/Woodstock Chamber of Commerce
(☎603-745-6621; www.lincolnwoodstock.com; Main St/NH 112, Lincoln; ⊙Mo–Fr 9–17 Uhr) Hat Informationen über die Gegend.

Franconia Notch State Park

Der Franconia Notch ist Neuenglands berühmtester Gebirgspass. Ein reißender Fluss hat die schmale Schlucht über Jahrmillionen in den schroffen Granit geschnitten. Direkt durch den Park führt die I-93, die mancherorts eher einer Landstraße als einem Highway ähnelt. Rund 4 Meilen (6,4 km) nördlich von North Woodstock informiert das **Franconia Notch State Park Visitor Center** (☎603-745-8391; www.franconianotchstatepark.com; I-93, Exit 34A) detailliert über örtliche Wandermöglichkeiten, die von kurzen Naturspaziergängen bis hin zu Tageswanderungen reichen.

Sehenswertes & Aktivitäten

★**Frost Place** HISTORISCHE STÄTTE
(☎603-823-5510; www.frostplace.org; 158 Ridge Rd, Franconia; Erw./Kind 5/3 US$; ⊙Ende Mai–Juni Sa & So 13–17 Uhr, Juli–Mitte Okt. Mi–Mo 13–17 Uhr) In der Mitte des 20. Jhs. war Robert Frost (1874–1963) der bekannteste und beliebteste Dichter der USA. Er lebte mehrere Jahre mit seiner Frau und seinen Kindern auf dieser Farm nahe Franconia. Viele seiner besten und berühmtesten Gedichte beschreiben das Leben auf dieser Farm und die Landschaft in der Umgebung, darunter *The Road Not Taken* („Der nicht gegangene Weg") und *Stopping by Woods on a Snowy Evening* („Abendrast im Winterwald"). Das Bauernhaus wurde so originalgetreu wie möglich erhalten und zeigt zahlreiche Erinnerungsstücke an Frost.

Cannon Mountain Aerial Tramway SEILBAHN
(☎603-823-8800; www.cannonmt.com; I-93, Exit 34B; hin & zurück Erw./Kind 15/12 US$; ⊙Ende Mai–Mitte Okt. 9–17 Uhr; 👪) Bei der rasanten Fahrt auf den Cannon Mountain hinauf bietet sich von der Seilbahngondel aus ein atemberaubender Blick auf den Franconia Notch State Park. Die erste Personenseilbahn Nordamerikas wurde 1938 an diesem Hang erbaut. Sie wurde 1980 durch die heutige, längere Seilbahn ersetzt, die in fünf Minuten 80 Fahrgäste auf den Gipfel des Cannon Mountain bringt – ein 1,6 km langer Aufstieg mit einer Höhendifferenz von 616 m. Besucher können auch zu Fuß den Berg besteigen und mit der Bahn wieder hinunterfahren.

Flume Gorge WANDERN
(www.flumegorge.com; Erw./Kind 14/11 US$; ⊙Mai–Okt. 9–17 Uhr) Ein Wunder der Natur ist diese 3,6 bis 6,1 m breite Felsspalte im Granit, durch die ein 244 m langer begehbarer Plankenweg führt. Zu beiden Seiten ragen die Granitwände 21 bis 27 m in die Höhe, und aus den nicht ungefährlichen Nischen und Spalten wachsen Pflanzen und Moos. Schilder am Weg erläutern, wie die Natur dieses Phänomen erschaffen hat. Die überdachte Brücke in der Nähe gilt als eine der ältesten im ganzen Bundesstaat; sie wurde eventuell schon in den 1820er-Jahren errichtet.

Echo Lake STRAND
(☎603-823-8800; I-93, Exit 34C; Erw./Kind 4/2 US$; ⊙10–17.30 Uhr) Trotz seiner Nähe zum Highway ist dieser kleine See am Fuß des Cannon Mountain ein hübscher Ort, wo man den Nachmittag beim Schwimmen, Kajak- oder Kanufahren (Verleih ab 11 US$/Std.) in dem kristallklaren Wasser verbringen kann. Und viele Leute tun das auch. Der kleine Strand ist besonders am Wochenende brechend voll.

Schlafen

Lafayette Place Campground CAMPING $
(☎603-271-3628; www.reserveamerica.com; Stellplatz 21 US$; ⊙Mitte Mai–Anfang Okt.) Der beliebte Campingplatz verfügt über 97 bewaldete Zeltstellplätze, die im Sommer heiß begehrt sind. Für 88 Plätze werden Reservierungen entgegengenommen; bei den

restlichen gilt: früh ankommen und das Beste hoffen! Viele der Wanderwege im Park beginnen hier.

Bretton Woods & Crawford Notch

Vor 1944 kannte man Bretton Woods eher als ruhiges Refugium wohlhabender Gäste, die im majestätischen Mt. Washington Hotel abstiegen. Als aber Präsident F. D. Roosevelt das Hotel als Tagungsort für jene historische Konferenz auswählte, die nach dem Zweiten Weltkrieg eine neue Wirtschaftsordnung begründen sollte, erlangte der Name der Stadt weltweite Aufmerksamkeit. Die Landschaft mit dem gewaltigen Mt. Washington ist heute noch so beeindruckend wie damals. Mehr Infos über das Gebiet gibt's bei der **Twin Mountain-Bretton Woods Chamber of Commerce** (☎800-245-8946; www.twinmountain.org; Ecke US 302 & US 3, Twin Mountain).

Das größte Skigebiet in der Region ist die **Bretton Woods Ski Station** (☎603-278-3320; www.brettonwoods.com; US 302; Wochenende & Feiertage Liftticket Erw./Kind 13–17/Kind 6–12/Senior 79/64/49 US$, werktags 54/43/33 US$) mit Angeboten sowohl zum Abfahrts- als auch Langlauf sowie einer Seilbahn.

Der US 302 verläuft in südlicher Richtung von Bretton Woods zum Crawford Notch (540 m) durch eine eindrucksvolle Berglandschaft mit turmhohen Wasserfällen. Der **Crawford Notch State Park** (☎603-374-2272; www.nhstateparks.org; Erw./Kind 4/2 US$) ist überzogen von einem Netz aus Wanderwegen, darunter sind auch kürzere Pfade rund um einen Teich oder zu einem Wasserfall und ein längerer Weg zum Mt. Washington.

Schlafen

Dry River Campground CAMPING $

(☎603-271-3628; www.reserveamerica.org; US 302; Stellplatz 25 US$; ⏲Ende Mai–Anfang Okt.) Der ruhige, bundesstaatlich betriebene Campingplatz nahe dem Südende des Crawford Notch State Park stellt Travellern 36 Zeltstellplätze samt gepflegtem Badehaus, Duschen und Waschküche zur Verfügung. 30 der Plätze kann man im Voraus reservieren.

★ **Omni Mt. Washington Hotel & Resort** HOTEL $$$

(☎603-278-1000; www.brettonwoods.com; 310 Mt. Washington Hotel Rd, Bretton Woods; Zi. 299–480 US$, Suite 560 US$; ❄@📶🏊) Die Grande Dame gibt es schon seit 1902, und sie hat Sinn für Humor, wie an dem Elchkopf in der Lobby und den eingerahmten Wildblumen aus der Gegend in vielen der Zimmer deutlich wird. Es gibt hier auch einen Golfplatz mit 27 Löchern, einen Tennisplatz mit Lehmboden, ein Reitzentrum und ein Spa. Es wird eine Resortgebühr von 25 US$ pro Tag erhoben.

Mt. Washington

Von Pinkham Notch (620 m), das am NH 16 ungefähr 11 Meilen (17,6 km) nördlich von North Conway liegt, führen Wanderwege zu den Naturschönheiten der Presidential Range, z.B. zum hoch aufragenden **Mt. Washington** (1917 m), dem höchsten Berg östlich des Mississippi und nördlich der Smoky Mountains. Das Wetter am Mt. Washington ist äußerst launisch und kann von einem Augenblick zum nächsten umschlagen. Wer hier wandern will, muss sich warm anziehen: Auf dem Berg herrschen die kältesten Temperaturen Neuenglands (auf der Bergspitze werden im Sommer durchschnittlich 7°C gemessen!), und wegen der starken Winde kommt es einem noch kälter vor, als es ohnehin ist. Tatsächlich hält der Mt. Washington den Rekord: Hier wurde Amerikas stärkster Windstoß gemessen – 372 km/h!

Das **Pinkham Notch Visitor Center** (☎603-466-2727; www.outdoors.org; NH 16; ⏲6.30–22 Uhr) des Appalachian Mountain Club (AMC) versorgt Abenteuerlustige mit Infos über das Gebiet. Hier findet man außerdem alles Nötige für eine Wanderung, beispielsweise topografische Wanderkarten und den praktischen *AMC White Mountain Guide*.

Einer der beliebtesten Wege auf den Mt. Washington beginnt am Pinkham Notch Visitor Center des AMV und führt über 6,7 anstrengende Kilometer zum Gipfel; für den Aufstieg braucht man vier bis fünf Stunden, zurück geht's etwas schneller. Wer keine Lust hat, seine Beinmuskulatur zu beanspruchen, kommt per Auto über die **Mt. Washington Auto Road** (☎603-466-3988; www.mountwashingtonautoroad.com; Auto & Fahrer 25 US$, jede weitere Pers. Erw./Kind 8/6 US$; ⏲Mitte Mai–Mitte Okt.) leicht auf den Gipfel (wenn das Wetter mitspielt).

Puristen laufen also, Bewegungsmuffel fahren mit dem Auto, aber Nostalgiker und Schaulustige nutzen die **Mt. Washington Cog Railway** (☎603-278-5404; www.thecog.com; Erw./Kind 4–12 Jahre 62/39 US$, ⏲Mai–

Okt.), um den Gipfel zu bezwingen. Seit 1869 zuckelt die Zahnradbahn mit Dampfloks die 5,6 km lange, steile Strecke bergauf. Auf der Fahrt genießt man einen atemberaubenden Ausblick.

Auf dem **Dolly Copp Campground** (☎603-466-2713; www.campsnh.com; NH 16; Stellplatz f. Zelt/Wohnmobil 22/26 US$; ⌚Mitte Mai–Mitte Okt.), einem USFS-Campingplatz 6 Meilen (9,6 km) nördlich der AMC-Einrichtungen von Pinkham Notch, stehen Travellern 176 einfache Stellplätze zur Verfügung.

Hanover

Der zentrale Anger des typisch neuenglischen Universitätsstädtchens ist an allen vier Seiten von den hübschen Backsteinbauten des Dartmouth College umgeben. Quasi ganz Hanover steht im Zeichen dieser 1769 gegründeten Elitehochschule, die das neuntälteste College der USA ist.

Am Anger beginnt die abschüssige Main St, deren flotte Kneipen, Läden und Cafés auf Studenten abzielen.

Sehenswertes

Dartmouth College COLLEGE
(www.dartmouth.edu) In Hanover dreht sich alles um das Dartmouth College – also nichts wie hin! Besucher können an kostenlosen **Campusführungen** (☎603-646-2875) unter studentischer Leitung teilnehmen oder mit einer Übersichtskarte des Studiensekretariats auf eigene Faust losziehen. Auf keinen Fall die **Baker-Berry Library** mit dem ausdrucksstarken Wandbildzyklus *Geschichte der amerikanischen Zivilisation* verpassen! Letzterer stammt von dem realitätsliebenden mexikanischen Wandmaler José Clemente Orozco (1883–1949), der während der 1930er-Jahre am Dartmouth College lehrte.

Hood Museum of Art MUSEUM
(☎603-646-2808; E Wheelock St; ⌚Di–Sa 10–17, Mi bis 21, So 12–17 Uhr) GRATIS Kurz nach der Gründung der Universität 1769 begann das Dartmouth College, Artefakte von künstlerischem und historischem Interesse zu sammeln. Seitdem ist die Sammlung auf fast 70 000 Werke angewachsen, die im Hood Museum of Art zu sehen sind. Sie umfasst überwiegend amerikanische Werke, darunter auch Kunst amerikanischer Ureinwohner. Eines der Highlights sind die assyrischen Reliefs aus dem Palast von Assurnasirpal aus dem 9. Jh. v. Chr. Oft gibt es Sonderausstellungen zu zeitgenössischen Künstlern.

Schlafen & Essen

Storrs Pond Recreation Area CAMPING $
(☎603-643-2134; www.storrspond.com; NH 10; Stellplatz f. Zelt/Wohnmobil 28/36 US$; ⌚Ende Mai–Anfang Sept.; 📶) Der private Campingplatz verfügt über 37 bewaldete Stellplätze neben einem 6 ha großen See, einen Tennisplatz und zwei Sandstrände, an denen man auch baden kann. Von der I-89 nimmt man den Exit 13, fährt die NH 10 Richtung Norden und folgt der Ausschilderung.

Hanover Inn INN $$$
(☎800-443-7024, 603-643-4300; www.hanoverinn.com; Ecke W. Wheelock & S Main St; Zi. ab 280 US$; 📶) Hanovers schönstes Gästehaus gehört dem Dartmouth College und hat hübsch eingerichtete Zimmer mit eleganten Holzmöbeln. Es gibt auf dem Gelände auch eine Weinbar und ein preisgekröntes Restaurant.

Lou's DINER $
(www.lousrestaurant.net; 30 S Main St; Hauptgerichte 6–12 US$; ⌚Mo–Fr 6–15, Sa & So 7–15 Uhr) Seit 1947 ist das Lou's eine Institution des Dartmouth College – und damit das älteste Lokal in Hanover. Es ist immer voller Studenten, die sich auf einen Kaffee treffen oder ihre Bücher wälzen. An den Retrotischen oder direkt an der Resopaltheke bestellt man typisches Diner-Essen wie Eier, Sandwiches und Burger. Auch die Backwaren sind sehr zu empfehlen.

Canoe Club Bistro CAFÉ $$
(☎603-643-9660; www.canoeclub.us; 27 S Main St; Hauptgerichte 10–23 US$; ⌚11.30–23.30 Uhr) Das coole Café kredenzt Feines vom Grill – nicht nur Burger und Steaks, sondern auch Köstlichkeiten wie Entenbrust mit Feigen-Portwein-Glasur. Zudem gibt's jeden Abend Livemusik von Akustik-Sound bis Jazz.

Ausgehen & Unterhaltung

Murphy's on the Green KNEIPE
(☎603-643-4075; 11 S Main St; Hauptgerichte 8–18 US$; ⌚11–0.30 Uhr) In der klassischen College-Kneipe treffen sich Studenten und Dozenten auf ein Bier. Man bekommt mehr als zehn Sorten Bier vom Fass, darunter auch solche von lokalen Kleinbrauereien wie das Long Trail Ale, sowie sättigende Kneipenkost (Hauptgerichte 8–18 US$).

Buntglasfenster und Sitzbänke wie in einer Kirche sorgen für eine gemütliche Atmosphäre.

Hopkins Center for the Arts DARSTELLENDE KUNST
(☎603-646-2422; www.hop.dartmouth.edu; 2 E Wheelock St) Es ist ein langer Weg von den Großstadtlichtern New Yorks und Bostons bis hierher. In diesem hervorragenden Kulturzentrum sorgt das Dartmouth College selbst für Unterhaltung und zeigt während der Spielzeit alles von Filmen bis zu Liveauftritten internationaler Ensembles.

ℹ Praktische Informationen

Hanover Area Chamber of Commerce
(☎603-643-3115; www.hanoverchamber.org; 53 S Main St, Suite 216; ⏲Mo–Fr 9–16 Uhr) Die Touristeninformation befindet sich im Nugget Building. Zwischen Juli und Mitte September wird auch ein Info-Kiosk am Dorfanger betrieben.

KURZINFOS MAINE

Spitzname Pine Tree State

Bevölkerung 1,3 Mio. Ew.

Fläche 91651 km²

Hauptstadt Augusta (18700 Ew.)

Weitere Städte Portland (66400 Ew.)

Verkaufssteuer 5%

Geburtsort des Dichters Henry Wadsworth Longfellow (1807–1882)

Heimat des Horrorautors Stephen King

Politische Ausrichtung halb demokratisch, halb republikanisch

Berühmt für Hummer, Elche, Heidelbeeren, LL Bean

Staatsgetränk 1884 hat Maine der Welt Moxie geschenkt, den ersten und herbsten Softdrink der USA

Entfernungen Portland–Acadia National Park 160 Meilen (257,5 km), Portland–Boston 150 Meilen (241,4 km)

MAINE

Maine ist Neuenglands Grenzland und so groß, dass die anderen fünf Bundesstaaten der Region daneben winzig wirken. Hinter der scheinbar endlosen Reihe von Sandstränden, schroffen Klippen und ruhigen Häfen an der Küste breitet sich das Meer aus. Altehrwürdige Fischerdörfer und Hummerrestaurants am Ozean sind Maines ganzer Stolz. Doch auch im rauen Binnenland schreien viele Attraktionen – wie reißende Flüsse, dichte Wälder und hohe Berge – danach, erkundet zu werden.

Maines touristisches Angebot ist so spektakulär vielfältig wie die Landschaft: Hier kann man z.B. auf einem eleganten Schoner gemütlich die Küste entlangschippern, bei Raftingtrips durch wilde Stromschnellen flitzen, B&B-Übernachtungen in alten, umgebauten Kapitänshäusern genießen oder in der Gesellschaft von Elchen an einsamen Waldseen zelten.

Geschichte

Man schätzt, dass vor der Ankunft der Europäer rund 20000 amerikanische Ureinwohner in Maine gelebt haben. Sie gehörten Stämmen an, die in der Abenaki- („Menschen des Sonnenaufgangs"-)Konföderation verbunden waren. Im 17. Jh. versuchten Franzosen und die Briten, eigene Siedlungen in Maine zu etablieren, hatten aber wegen der harten und kalten Winter keinen Erfolg damit.

1652 wurde Maine von Massachusetts annektiert, um während des Krieges mit den Franzosen und den Indianern eine Verteidigungslinie gegen potenzielle Angriffe zu bilden. Tatsächlich wurde Maine mehrmals zum Schauplatz von Kämpfen zwischen britischen Kolonisten in Neuengland und französischen Truppen in Kanada. Um das dünn besiedelte Maine zu erschließen, wurden im frühen 19. Jh. jenen Siedlern kostenlos 40,5 ha große Parzellen überlassen, die bereit waren, das Land zu bewirtschaften. 1820 sagte sich Maine von Massachusetts los und wurde als eigenständiger Bundesstaat in die USA aufgenommen.

1851 verbot Maine als erster US-amerikanischer Bundesstaat den Verkauf von alkoholischen Getränken – das war der Beginn der Abstinenzbewegung, die sich schließlich in den gesamten USA durchsetzte. Erst 1934 wurde die Prohibition landesweit abgeschafft.

ℹ Praktische Informationen

Wer auf der I-95 Richtung Norden in den Bundesstaat hineinfährt, sollte bei der gut ausgestatteten Touristeninformation am Highway einen Zwischenstopp einlegen.

Maine Bureau of Parks and Land (☎800-332-1501; www.campwithme.com) Ermöglicht das Campen in zwölf State Parks.

Maine Office of Tourism (☎888-624-6345; www.visitmaine.com; 59 State House Station, Augusta) Betreibt Informationszentren an den Hauptzufahrten in den Bundesstaat: Calais, Fryeburg, Hampden, Houlton, Kittery und Yarmouth. Alle sind 9 bis 17 Uhr geöffnet, im Sommer länger.

Südküste Maines

Maines Touristenregion Nummer eins, die südliche Küste, lockt mit Sandstränden, Ferienorten und Outlet-Geschäften. Letztere finden sich vor allem in Kittery, der südlichsten Ortschaft.

Ogunquit

Ein passender Name: In der Sprache der indigenen Abenaki bedeutet Ogunquit „schöner Ort am Meer". Der 4,8 km lange Strand des Ortes zieht schon seit Langem Sommerfrischler an. Der sandige Ogunquit Beach ist ein Barrierestrand zwischen dem Ogunquit River und dem Atlantik. Praktisch – so können Besucher entweder in der kalten Meeresbrandung oder in der wärmeren, ruhigeren Bucht schwimmen!

Unter Neuenglands Badeorten mit den meisten schwulen Urlaubern steht Ogunquit nur Provincetown nach. Der Großteil des Städtchens erstreckt sich entlang der Main St (US 1), die von Restaurants, Läden und Motels gesäumt wird. Für Bootsfahrten und Dinners am Wasser empfiehlt sich die Perkins Cove am südlichen Ortsrand.

Sehenswertes & Aktivitäten

Ein Highlight sind Wanderungen entlang des malerischen **Marginal Way** (2,4 km). Dieser landschaftlich schöne Küstenpfad am „Rand" des Meeres erstreckt sich von der zentrumsnahen Shore Rd bis zur Perkins Cove. Der herrlich familienfreundliche **Ogunquit Beach** (Main Beach im Lokaljargon) beginnt mitten im Ort am Ende der Beach St.

Finestkind Scenic Cruises BOOTSFAHRT
(☎207-646-5227; www.finestkindcruises.com; Perkins Cove; Erw./Kind ab 17/9 US$) Bietet viele beliebte Bootsfahrten, darunter eine 50-minütige Hummerfangfahrt, eine Cocktailtour bei Sonnenuntergang und eine zweistündige Fahrt an Bord des Doppelseglers *Cricket*.

Schlafen

Pinederosa Camping CAMPING $
(☎207-646-2492; www.pinederosa.com; 128 North Village Rd, Wells; Stellplatz 30 US$;) Auf dem mustergültig geführten, bewaldeten Campingplatz stehen Gästen 162 gepflegte Stellplätze zur Verfügung, manche mit Blick auf den Ogunquit River. Außerdem gibt es einen hübschen, in den Boden eingelassenen Pool, einen Laden und im Sommer ein Shuttle zum rund 3 Meilen (4,8 km) entfernten Ogunquit Beach.

Gazebo Inn B&B $$
(☎207-646-3733; www.gazeboinnogt.com; 572 Main St; Zi. inkl. Frühstück 109–245 US$;) Das stattliche Farmhaus von 1847 hat 14 Zimmer, die man eher in einem privaten Boutiquehotel vermuten würde. Für rustikalen Schick sorgen der beheizte Holzboden, steinerne Kamine im Bad und ein TV-Zimmer mit einer Balkendecke und einem wandgroßen Fernseher.

Ogunquit Beach Inn B&B $$
(☎207-646-1112; www.ogunquitbeachinn.com; 67 School St; Zi. inkl. Frühstück 139–179 US$; @) Das schwulen- und lesbenfreundliche B&B in einem ordentlichen Bungalow im Arts-&-Crafts-Stil verfügt über farbenfrohe, heimelige Zimmer und hat gesellige Besitzer, die alles über die besten neuen Bistros und Bars des Ortes wissen. Dank der zentralen Lage findet sich in gemächlicher Gehweite sicher auch ein Abendessen.

Bread & Roses BÄCKEREI $
(www.breadandrosesbakery.com; 246 Main St; Snacks 3–9 US$; ⏲7–19 Uhr;) Den morgendlichen Kaffee mit Blaubeerhörnchen holt man sich am besten in dieser kleinen Bäckerei mitten im Zentrum von Ogunquit. Hier kann man sich auch schnell was zu Mittag besorgen, z. B. vegetarische Burritos oder mit Bio-Eiern belegte Sandwiches. Keine Sitzplätze vorhanden.

Lobster Shack SEAFOOD $$
(110 Perkins Cove Rd; Hauptgerichte 10–25 US$; ⏲11–20 Uhr) Das gleichbleibend gute Lokal ist etwas für Seafood-Fans, die nicht unbedingt Aussicht brauchen. Auf den Tisch kommt Hummer in allen erdenklichen Variationen (z. B. im Brötchen oder in der Schale).

Barnacle Billy's SEAFOOD $$$
(☎207-646-5575; www.barnbilly.com; 183 Shore Rd; Hauptgerichte 12–35 US$; ⏲11–21 Uhr) Der

Maine Coast

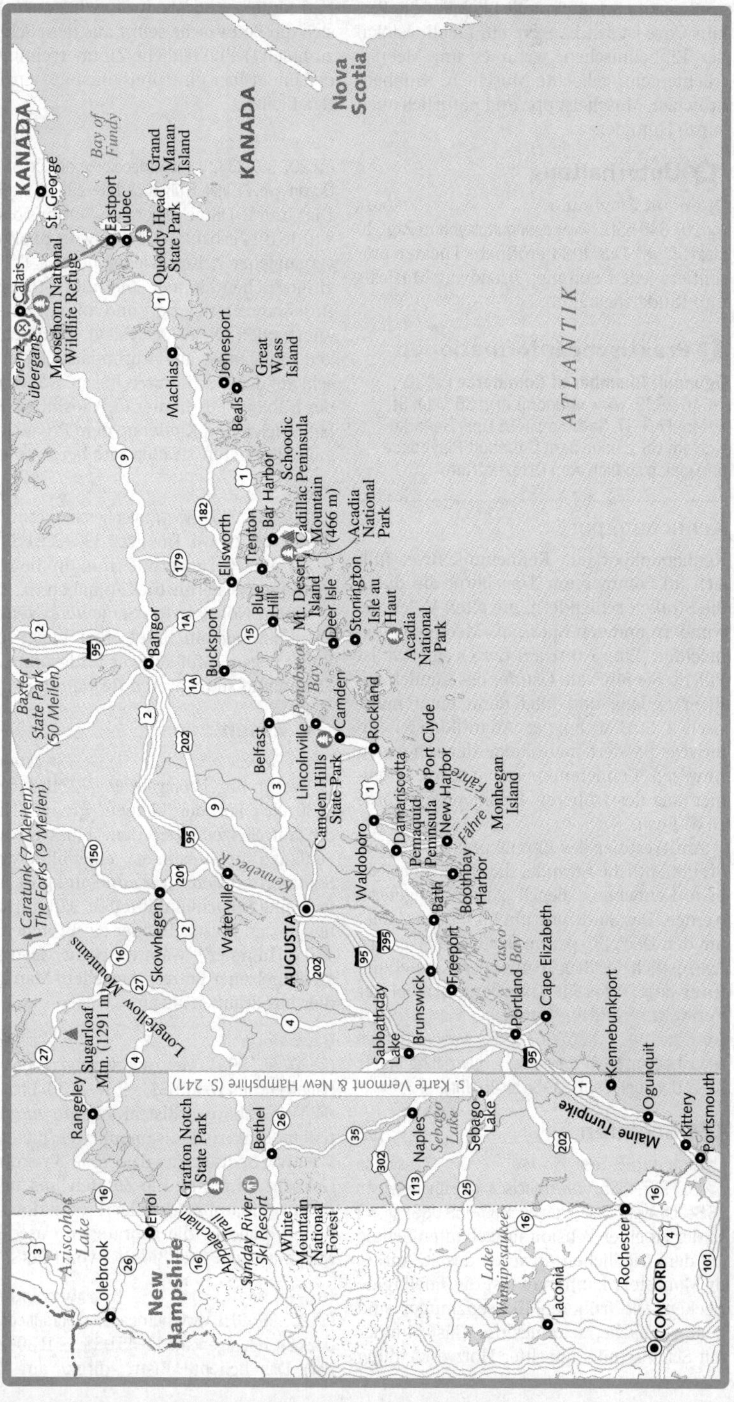

0 50 km
0 25 Meilen
Caratunk (7 Meilen); The Forks (9 Meilen)
Baxter State Park (50 Meilen)
Grenzübergang
Calais
KANADA
St. George
Moosehorn National Wildlife Refuge
Bay of Fundy
Eastport
Lubec
Quoddy Head State Park
Grand Manan Island
Machias
Jonesport
Beals
Great Wass Island
KANADA
Nova Scotia
Aziscohos Lake
Colebrook
Rangeley
Sugarloaf Mtn. (1291 m)
Longfellow Mountains
Errol
New Hampshire
Grafton Notch State Park
Appalachian Trail
Sunday River Ski Resort
Bethel
White Mountain National Forest
s. Karte Vermont & New Hampshire (S. 241)
Skowhegen
Bangor
Waterville
Kennebec R.
Bucksport
Ellsworth
Trenton
Blue Hill
Bar Harbor
Belfast
AUGUSTA
Lincolnville
Penobscot Bay
Mt. Desert Island
Schoodic Peninsula
Cadillac Mountain (466 m)
Camden Hills State Park
Camden
Deer Isle
Stonington
Acadia National Park
Waldoboro
Rockland
Isle au Haut
Acadia National Park
Sabbathday Lake
Damariscotta
Pemaquid Peninsula
Port Clyde
Naples
Brunswick
Bath
New Harbor
Sebago Lake
Freeport
Boothbay Harbor
Fähre
Fähre
Sebago Lake
Monhegan Island
Lake Winnipesaukee
Casco Bay
Portland
Cape Elizabeth
Laconia
ATLANTIK
Maine Turnpike
Kennebunkport
Rochester
CONCORD
Ogunquit
Kittery
Portsmouth

große, laute Schuppen mit Blick auf die Perkins Cove ist seit Langem ein Lieblingslokal der Einheimischen, wenn es um Meeresfrüchte geht: gekochte Muscheln, Krabbenbrötchen, Muschelsuppe und natürlich auch ganze Hummer.

☆ Unterhaltung

Ogunquit Playhouse THEATER

(☎207-646-5511; www.ogunquitplayhouse.org; 10 Main St;) Das 1933 eröffnete Theater präsentiert jeden Sommer Broadway-Musicals und Kindertheater.

Praktische Informationen

Ogunquit Chamber of Commerce (☎207-646-2939; www.ogunquit.org; 36 Main St; ⊙Mo–Fr 9–17, Sa & So 10–15 Uhr) Befindet sich am US 1, nahe dem Ogunquit Playhouse und gleich südlich vom Ortszentrum.

Kennebunkport

Kennebunkport am Kennebunk River füllt sich im Sommer mit Travellern, die durch die Straßen schlendern, die alten Villen bewundern und den Blick aufs Meer genießen möchten. Eine Fahrt auf der Ocean Ave ist Pflicht: Sie führt am Ostufer des Kennebunk River entlang und folgt dann einer malerischen Strecke an der Atlantikküste; unterwegs passiert man einige der schönsten Anwesen Kennebunkports, u.a. das Sommerhaus des früheren Präsidenten George H.W. Bush.

Am Westufer des Kennebunk River gibt's drei öffentliche Strände, die unter dem Namen Kennebunk Beach zusammengefasst werden. Das Stadtzentrum bildet das Gebiet um den Dock Sq, der an der ME 9 (Western Ave) östlich der Brücke über den Kennebunk River liegt. Infos für Traveller gibt's bei der **Kennebunk/Kennebunkport Chamber of Commerce** (☎207-967-0857; www.visittheken nebunks.com; 17 Western Ave; ⊙ganzjährig Mo–Fr 10–17 Uhr, Juni–Sept. Sa–So bis 15 Uhr).

Schlafen

Franciscan Guest House PENSION $$

(☎207-967-4865; www.franciscanguesthouse.com; 26 Beach Ave; Zi. inkl. Frühstück 89–159 US$;) In der zu einer Pension umgebauten Schule auf dem friedlichen Anwesen des St. Anthony Monastery kann man fast die Tafelkreide riechen. Die früheren Klassenzimmer sind heute einfache, schmucklose Gästezimmer mit Schallschutz, unechter Holzverkleidung und Motelbetten. Wem es nichts ausmacht, sich die Bettwäsche selbst aus dem Schrank zu holen (keine tägliche Zimmerreinigung), der findet hier eine preisgünstige, einzigartige Bleibe.

Colony Hotel HOTEL $$

(☎207-967-3331; www.thecolonyhotel.com; 140 Ocean Ave; Zi. inkl. Frühstück 129–299 US$;) Die Grande Dame unter den Sommerresorts wurde 1914 erbaut und beschwört die Pracht vergangener Zeiten wieder herauf. Die 124 altmodischen Zimmer sind mit historischen Rosentapeten tapeziert und mit authentisch knarrenden Dielen ausgelegt. Draußen liegen die Damen auf Adirondack-Gartensesseln auf dem getrimmten Rasen, während in der Nähe junge Männer in Poloshirts Federball spielen und Kinder an dem Privatstrand auf der anderen Straßenseite herumtollen.

Green Heron Inn INN $$$

(☎207-967-3315; www.greenheroninn.com; 126 Ocean Ave; Zi. inkl. Frühstück 190–225 US$; @) Der bezaubernde Inn, in dem ein mehrgängiges Frühstück zu haben ist, steht in einem Nobelviertel. Seine zehn gemütlichen Zimmer am Rand einer malerischen Bucht liegen in fußläufiger Entfernung zum Strand und zu mehreren Restaurants.

Essen

Clam Shack SEAFOOD $$

(2 Western Ave; Hauptgerichte 7–22 US$; ⊙11–21.30 Uhr) Vor der kleinen, grauen Hütte, die auf Stelzen über dem Fluss schwebt, Schlange zu stehen, ist eine altbewährte Sommertradition in Kennebunkport. Einfach eine Schachtel mit fetten, saftig frittierten ganzen Muscheln oder ein Brötchen mit 450 g Hummer – wahlweise mit Mayo oder geschmolzener Butter – bestellen! Man kann hier nur draußen sitzen.

Bandaloop BISTRO $$$

(☎207-967-4994; www.bandaloop.biz; 2 Dock Sq; Hauptgerichte 17–27 US$; ⊙17–21.30 Uhr;) Vom Ribeye-Grillsteak bis hin zu gebratenem Tofu in Hanfsamenkruste bietet die kreative Speisekarte das volle Programm. Gekocht wird mit Bio-Zutaten aus heimischem Anbau bzw. lokaler Produktion. Perfekte Vorspeise: die gebratenen Casco-Bay-Miesmuscheln plus Bio-Bier von Peak's.

Hurricane AMERIKANISCH $$$

(☎207-967-9111; www.hurricanerestaurant.com; 29 Dock Sq; Hauptgerichte 12–45 US$; ⊙11.30–21.30 Uhr) Das beliebte Bistro direkt am Dock

Sq hat sich auf Klassiker spezialisiert: mit Krabben gefüllter, gebackener Hummer, Lammkarree in Rotweinreduktion, Brotpudding. Die kleinen Gerichte sind modern und kreativ: Brötchen mit in Tempura frittiertem, würzigem Thunfisch oder Entenleber-Mousse mit Feigenmarmelade. Das Publikum ist zumeist mittleren Alters, gut betucht und trinkt gern und viel Wein.

Portland

Im 18. Jh. nannte der Dichter Henry Wadsworth Longfellow die Stadt seiner Kindheit ein „Juwel am Meer". Dank umfassender Sanierungsmaßnahmen erstrahlt das übersichtliche Portland heute wieder in alter Pracht. Der belebte Küstenbereich und die aufstrebende Galerieszene laden ebenfalls zu tollen Erkundungen ein. Auch Feinschmecker kommen nicht zu kurz: Topmoderne Cafés und Restaurants unter der Leitung von Spitzenköchen machen Portland nunmehr zum heißesten Gastro-Pflaster nördlich von Boston.

Die Stadt liegt auf einer hügeligen Halbinsel, die an drei Seiten von Wasser umgeben ist: von Back Cove, Casco Bay und Fore River. Vor Ort findet man sich leicht zurecht. Die Commercial St (US 1A) führt entlang des Ufers durch den Alten Hafen (Old Port). Parallel dazu verläuft die Congress St als Hauptverkehrsachse durch das Zentrum.

Sehenswertes

Old Port VIERTEL

Schmucke Ziegelhäuser aus dem 19. Jh. säumen die Straßen am alten Hafen. Portlands verlockendste Läden, Kneipen und Restaurants liegen in diesem fünf mal fünf Blocks umfassenden Viertel. Nachts sorgen flackernde Gaslaternen für noch mehr Atmosphäre. Hier kann man superfrische Meeresfrüchte verdrücken, Kleinbrauereibiere probieren, von aufstrebenden Designern Seefahrer-T-Shirts kaufen und die vielen kleinen Kunstgalerien durchstöbern. Unbedingt sollte man auch einen Bummel an den authentisch stinkenden Kais machen und bei den Fischverkäufern ein paar Hummer kaufen.

Portland Museum of Art MUSEUM

(☎207-775-6148; www.portlandmuseum.org; 7 Congress Sq; Erw./Kind 12/6 US$, Fr 17–21 Uhr frei; ⏱Sa–Do 10–17, Fr bis 21 Uhr, Mitte Okt.–Mai Mo geschl.) Das 1882 gegründete angesehene Museum zeigt eine hervorragende Sammlung amerikanischer Kunst. Vor allem aus Maine stammende Künstler sind stark vertreten, z.B. Winslow Homer, Edward Hopper, Louise Nevelson und Andrew Wyeth. Man findet auch ein paar Werke europäischer Meister, u.a. von Degas, Picasso und Renoir. Die Sammlungen verteilen sich auf drei separate Gebäude. Der Großteil der Arbeiten befindet sich in dem postmodernen Charles-Shipman-Payson-Gebäude, das der berühmte Architekt I.M. Pei gestaltet hat. In der von 1911 stammenden LDM Sweat Memorial Gallery im Beaux-Arts-Stil und in dem McLellan House von 1801 im Federal Style befindet sich die Sammlung amerikanischer Kunst des 19. Jhs.

Fort Williams Park LEUCHTTURM

(⏱Sonnenaufgang–Sonnenuntergang) GRATIS

Der 36 ha große Fort Williams Park, 4 Meilen (6,4 km) südöstlich von Portland am Cape Elizabeth, lohnt schon wegen des tollen Panoramas und der Picknickmöglichkeiten einen Besuch. Beim Bummel zwischen den Ruinen des Fort, einem Artilleriestützpunkt aus dem späten 19. Jh., sieht man auch die aus dem Zweiten Weltkrieg stammenden Bunker und Geschützstellungen auf dem hügeligen Rasen (1942 wurde in der Casco Bay ein deutsches U-Boot gesichtet). Interessanterweise diente das Fort noch bis 1964 zur Bewachung der Einfahrt zur Casco Bay.

Neben dem Fort steht der **Portland Head Light**, der älteste unter den 52 noch intakten Leuchttürmen Maines. Er wurde 1791 von George Washington in Auftrag gegeben und war bis 1989 bemannt – bis Maschinen den Beleuchterjob übernahmen. Das Haus des Leuchtturmwärters fungiert heute als **Museum at Portland Head Light** (☎207-799-2661; www.portlandheadlight.com; 1000 Shore Rd; Erw./Kind 2/1 US$; ⏱Juni–Okt. 10–16 Uhr), das sich der Seefahrts- und Militärgeschichte der Region widmet.

Portland Observatory Museum HISTORISCHE STÄTTE

(☎207-774-5561; www.portlandlandmarks.org; 138 Congress St; Erw./Kind 8/5 US$; ⏱Ende Mai–Anfang Okt. 10–17 Uhr) Dieses Museum auf einem Hügel ist interessant für Geschichtsfans. Es wurde 1807 als maritime Signalstation errichtet, die Schiffe in den geschäftigen Hafen dirigierte. Das Observatorium funktionierte somit ähnlich wie die Kontroll-Towers heutiger Flughäfen und ist mittlerweile das letzte seiner Art in den USA. Von ganz oben hat man einen atemberaubenden Panoramablick auf die Casco Bay.

Longfellow House HISTORISCHES GEBÄUDE
(☎ 207-879-0427; www.mainehistory.org; 489 Congress St; Erw./Kind 12/3 US$; ⏲ Mai–Okt. Mo–Sa 10–17, So 12–17 Uhr) Der angesehene amerikanische Dichter Henry Wadsworth Longfellow wuchs in diesem Haus im Federal Style auf, das sein Großvater, ein Held des Amerikanischen Unabhängigkeitskriegs, 1788 erbaute. Das Haus wurde originalgetreu restauriert und sieht mit den Originalmöbeln und Artefakten genauso aus wie im 19. Jh.

Children's Museum of Maine MUSEUM
(☎ 207-828-1234; www.childrensmuseumofme.org; 142 Free St; Eintritt 9 US$; ⏲ Mo–Sa 10–17, So 12–17 Uhr, Sept.–Mai Mo geschl.; 👪) Kinder bis zehn Jahre kreischen und quieken vor Freude, wenn sie auf einem nachgebauten Hummerboot Fallen einholen, auf einer Modellfarm eine unechte Kuh melken oder in einer Halle wie Affen an einer Kletterwand herumklettern können. Das Highlight des ultra-interaktiven Museums ist vielleicht die Camera obscura im 3. Stock, bei der man beim Blick durchs Guckloch die gesamte Downtown von Portland vor sich sieht.

Aktivitäten

Einen ganz anderen Blick auf Portland und die Casco Bay ermöglichen kommentierte Panoramafahrten per Boot, die am Portland Harbor beginnen.

Casco Bay Lines BOOTSFAHRT
(☎ 207-774-7871; www.cascobaylines.com; 56 Commercial St; Erw. 13–24 US$, Kind 7–11 US$) Der Veranstalter bietet Bootsfahrten zu den Inseln in der Casco Bay an und befördert Postsendungen, Fracht und Besucher. Es gibt auch Fahrten zur Bailey Island (Erw./Kind 25/12 US$).

Maine Island Kayak Company KAJAKFAHREN
(☎ 207-766-2373; www.maineislandkayak.com; 70 Luther St, Peaks Island; Tour 70 US$; ⏲ Mai–Nov.) Wer sich von Casco Bay Lines nach 15 Minuten Fahrt ab Downtown auf Peak Island absetzen lässt, kann mit diesem auf der Insel ansässigen Veranstalter einen lustigen Tagesausflug oder eine Nachttour zur Erkundung der Inseln in der Casco Bay unternehmen.

Portland Schooner Company BOOTSFAHRT
(☎ 207-776-2500; www.portlandschooner.com; 56 Commercial St; Erw./Kind 35/10 US$; ⏲ Mai–Okt.) Veranstaltet Touren an Bord dieses eleganten Schoners aus dem frühen 20. Jh. Neben den zweistündigen Segeltouren stehen auch Trips mit Übernachtung (240 US$/Pers. inkl. Abendessen & Frühstück) auf dem Programm.

Maine Narrow Gauge Railroad Co & Museum SCHMALSPURBAHN
(☎ 207-828-0814; www.mngrr.org; 58 Fore St; Erw./Kind 10/6 US$; ⏲ Mitte Mai–Okt. 10–16 Uhr, NS kürzere Betriebszeiten; 👪) Mit der alten Dampfbahn kann man die Casco Bay entlangfahren. Abfahrt ist jeweils zur vollen Stunde.

Schlafen

In Portland gibt's eine große Auswahl von Mittelklasse- und Spitzenklasse-B&Bs, aber kaum Unterkünfte der Budgetklasse. Am idyllischsten wohnt man in den alten Stadthäusern und in den prächtigen viktorianischen Villen im West End.

Inn at St. John INN $
(☎ 207-773-6481; www.innatstjohn.com; 939 Congress St; Zi. inkl. Frühstück 79–169 US$; P 📶) Von den altmodischen, wie ein Taubenschlag wirkenden Postkästen hinter der Rezeption bis hin zu den engen, süßlich-blumig eingerichteten Zimmern wirkt das Hotel aus der zeit der Jahrhundertwende wie eine Reise in die Vergangenheit. Nach einem Zimmer abseits der lauten Congress St fragen!

Morrill Mansion B&B $$
(☎ 207-774-6900; www.morrillmansion.com; 249 Vaughan St; Zi. inkl. Frühstück 149–239 US$; 📶) Charles Morrill, der ursprüngliche Besitzer dieses Stadthauses aus dem 19. Jh. im West End, machte sein Glück mit der Gründung von B&M Baked Beans; die Dosen füllen auch heute noch die Vorratskammern in Maine. Sein Haus wurde mittlerweile in ein hübsches B&B umgewandelt. Die sieben Gästezimmer sind schick und klassisch in geschmackvollen Khaki- und Taupe-Farben und mit Hartholzböden ausgestattet. Einige Zimmer sind etwas eng; wer viel Platz braucht, sollte die Morrill Suite mit zwei Zimmern buchen.

La Quinta Inn HOTEL $$
(☎ 207-871-0611; www.laquinta.com; 340 Park St; Zi. inkl. Frühstück 75–149 US$; ❄ @ 📶 🏊) Von Portlands Kettenhotels hat das günstig gelegene La Quinta mit gepflegten Zimmern das beste Preis-Leistungs-Verhältnis. Gegenüber ist das Baseballstadion der Portland Sea Dogs, die zu den Boston Red Sox gehören.

Portland Harbor Hotel HOTEL $$$
(☎ 207-775-9090; www.portlandharborhotel.com; 468 Fore St; Zi. ab 269 US$; P 📶) Das unabhängige Hotel hat eine klassisch eingerichtete Lobby, in der es sich die Gäste auf den gepolsterten Ledersesseln rund um den glühenden Kamin gemütlich machen. Die Zimmer sind klassizistisch mit sonnig wirkenden Goldtapeten und leuchtend blauen Toile-de-Jouy-Bettdecken gestaltet. Die Fenster sind zur Casco Bay, zum Garten im Innenhof oder zur Straße hin ausgerichtet; in den Gartenzimmern wohnt es sich ruhiger. Parken kostet 16 US$.

Essen

Two Fat Cats Bakery BÄCKEREI $
(☎ 207-347-5144; www.twofatcatsbakery.com; 47 India St; Stück 3–7 US$; ⌚ Mo–Fr 8–18, Sa bis 17, So 10–16 Uhr) Die winzige Bäckerei hat Gebäck, Pasteten, auf der Zunge zergehende Cookies mit Schokostückchen und fabelhafte Whoopie Pies im Angebot.

★ **Green Elephant** VEGETARISCH $$
(☎ 207-347-3111; www.greenelephantmaine.com; 608 Congress St; Hauptgerichte 9–13 US$; ⌚ Di–Sa 11.30–14.30, Di–So auch 17–21.30 Uhr; 🌿) Selbst überzeugte Fleischfans sollten unbedingt die sensationelle Vegi-Küche dieses thailändisch angehauchten Cafés im schicken Zen-Stil probieren. Losgehen könnte es beispielsweise mit knusprigen Wan-Tan-Spinattaschen. Dann folgt eine der exotischen Soja-Kreationen wie „Ente“ mit Ingwer und Shiitakepilzen. Im Magen auf jeden Fall noch Platz für den unglaublich leckeren Kuchen mit Schoko-Orange-Mousse lassen!

Susan's Fish & Chips SEAFOOD $$
(www.susansfishnchips.com; 1135 Forest Ave/US 302; Hauptgerichte 7–19 US$; ⌚ 11–20 Uhr) Guten Fish & Chips mit Tartarensauce aus dem Einweckglas gibt's in diesem schlichten Lokal in einer früheren Garage an der US 302.

J's Oyster SEAFOOD $$
(www.jsoyster.com; 5 Portland Pier; Hauptgerichte 6–24 US$; ⌚ Mo–Sa 11.30–23.30, So 12–22.30 Uhr) In dem beliebten Schuppen gibt's die billigsten rohen Austern der Stadt, die man genüsslich auf der Terrasse mit Blick auf den Pier schlürfen kann. Wer keine Austern mag, kann zwischen diversen Sandwiches und Meeresfrüchtegerichten wählen.

★ **Fore Street** MODERN-AMERIKANISCH $$$
(☎ 207-775-2717; www.forestreet.biz; 288 Fore St; Hauptgerichte 20–31 US$; ⌚ 17.30–23 Uhr) Der Chefkoch und Inhaber Sam Hayward hat im Fore Street, einem der berühmtesten Restaurants in Maine, das Grillen zur hohen Kunst erhoben. In der offenen Küche drehen sich die Hähnchen am Spieß, während der Koch Eisenkessel voller Muscheln in den Holzofen schiebt. Man legt hier größten Wert auf lokale, saisonale Produkte, und die Karte wechselt täglich, damit das Angebot immer frisch ist. Bei unserem Abendessen gab's Salat mit frischen Erbsen, Strandschnecken in Kräutercreme und gebratenen Blaufisch mit Pancetta. Der große, lärmige Speiseraum erinnert mit seinen freiliegenden Ziegelwänden und der Kiefernholztäfelung an seine Vergangenheit als Lagerhaus. Das Restaurant arbeitet umweltfreundlich.

WHOOPIE!

Die weichen Schoko-Doppelkekse mit Marshmallowcreme-Füllung sehen aus wie mit Steroiden aufgepumpte Oreo-Kekse. Es gibt sie überall im Bundesstaat in Bäckereien und als Desserts, sogar bei Meeresfrüchteimbissen. Die sowohl in Maine als auch bei den Amischen in Pennsylvania beliebten Whoopie Pies heißen angeblich so, weil die Amischen-Farmer laut *Whoopie!* gerufen haben sollen, wenn sie einen solchen Keks in ihrem Lunchpaket fanden. Auf keinen Fall sollte man den Bundesstaat verlassen, ohne einmal einen Whoopie Pie probiert zu haben. Unserer Meinung nach gibt's die besten in der Two Fat Cats Bakery (s. linke Spalte) in Portland.

Hugo's FUSION $$$
(☎ 207-774-8538; www.hugos.net; 88 Middle St; Hauptgerichte 24–30 US$; ⌚ Di–Sa 17.30–21 Uhr) In diesem Tempel der Molekularküche regiert der mit dem James Beard Award prämierte Koch Rob Evans. Auf der regelmäßig wechselnden Karte finden sich Herausforderungen wie Ochsenschwanz- und Seeteufelklöße, knusprige Schweinsohren und Schinken-Crème-brûlée. Das „blinde“ Verkostungsmenü, bei dem die Gäste nicht wissen, was sie vorgesetzt bekommen, ist das kulinarische Äquivalent zur Avantgarde-Oper.

Ausgehen & Unterhaltung

Gritty McDuff's Brew Pub BRAUEREIKNEIPE
(www.grittys.com; 396 Fore St; ⌚ 11–1 Uhr) *Gritty* bedeutet draufgängerisch, und das ist eine passende Beschreibung für den partyverses-

senen Pub am Alten Hafen. Man findet hier ein lautes Publikum und exzellentes Bier, denn das Gritty braut unten seine eigenen preisgekrönten Ales.

Big Easy Blues Club CLUB (www.bigeasyportland.com; 55 Market St; ⌚Di–Sa 21–1, So 16–21, Mo 18–22 Uhr) In dem kleinen Musikclub stehen fast jeden Abend einheimische Rock-, Jazz- und Blues-Bands auf der Bühne. Es gibt auch Open-Mike-Hip-Hop-Abende.

Shoppen

An der Exchange St und der Fore St finden sich jede Menge Läden.

Portland Farmers Market BAUERNMARKT (http://portlandmainefarmersmarket.org; ⌚Sa 7–12, Mo & Mi bis 14 Uhr) Samstags preisen die Händler im Deering Oak Park alles von Blaubeeren aus Maine bis zu selbst gemachten Gewürzgurken an. Montags und mittwochs wird der Markt am Monument Sq abgehalten.

Harbor Fish Market ESSEN (www.harborfish.com; 9 Custom House Wharf; ⌚Mo–Sa 7–12 Uhr) Der kultige Fischladen an der Custom House Wharf verschifft seinen Hummer überall in die USA.

Maine Potters Market TONWAREN (www.mainepottersmarket.com; 376 Fore St; ⌚Mo–Fr 10–20, Sa & So bis 18 Uhr) In der Galerie einer Kooperative findet man etwa ein Dutzend Arbeiten verschiedener Töpferkünstler.

Praktische Informationen

Greater Portland Convention & Visitors Bureau (www.visitportland.com; Ocean Gateway Bldg, 239 Park Ave; ⌚Mo–Fr 8–17, Sa 10–17 Uhr)

Anreise & Unterwegs vor Ort

Portland International Jetport (IATA-Code PWM; ☎207-874-8877; www.portlandjetport.org) Nonstop-Flüge zu Großstädten im Osten der USA.

Busse von **Greyhound** (www.greyhound.com) und Züge der **Amtrak** (☎800-872-7245; www.amtrak.com) verbinden Portland regelmäßig mit Boston (jeweils einfache Strecke 20–24 US$, ca. 2½ Std.).

Ab der zentralen Haltestelle am Monument Sq (Ecke Elm und Congress St) bedienen die Stadtbusse der **Metro** (www.gpmetrobus.com; Fahrt 1,50 US$) ganz Portland.

Mittlerer Küstenabschnitt

Im mittleren Abschnitt von Maines Küste treffen Berge und Meer aufeinander. Hier reichen schroffe Halbinseln weit in den Atlantik hinein. Hinzu kommen bezaubernde Küstendörfer und zahllose Möglichkeiten, zu wandern, zu segeln oder das Kajak aufs Wasser zu setzen.

Freeport

Freeport, 16 Meilen (25,6 km) nordöstlich von Portland, kam vor etwa 100 Jahren zu Ruhm und Reichtum, als Leon Leonwood Bean hier einen Laden eröffnete. Er verkaufte Ausrüstung an die Jäger und Fischer, die Richtung Norden in die Wälder von Maine zogen. Die Qualität seiner Waren brachte Bean treue Kunden ein. Im Lauf der Jahre erweiterte der **LL Bean Store** (www.llbean.com; Main St; ⌚24 Std.) sein Angebot um Sportbekleidung. Auch wenn inzwischen mehr als 100 weitere Geschäfte hinzugekommen sind, bildet der enorm populäre Ausrüster noch immer den Mittelpunkt der Stadt.

Der viktorianische **White Cedar Inn** (☎207-865-9099; www.whitecedarinn.com; 178 Main St; Zi. inkl. Frühstück 150–185 US$; 📶) liegt in praktischer Laufentfernung zu den Läden. Das frühere Wohnhaus des Arktisforschers Donald MacMillan hat sieben stimmungsvolle Zimmer mit Messingbetten und funktionierenden Kaminen.

Die beste Atmosphäre weist das zwanglose **Harraseeket Lunch & Lobster Co** (☎207-865-4888; www.harraseeketlunchandlobster.com; 36 Main St, South Freeport; Hauptgerichte 10–26 US$; ⌚Sept.–Juni 11–19.45 Uhr, Juli & Aug. 11–20.45 Uhr; 👪) am Hafen auf. Rund 3 Meilen (4,8 km) südlich von Freeports Zentrum serviert man hier beliebte Hummergerichte und gebratenes oder gekochtes Seafood. Gespeist wird an Picknicktischen in unmittelbarer Nähe der Bucht.

Bath

Bath ist seit der Kolonialzeit für Schiffsbau bekannt, und dieser ist auch heute noch der wichtigste Industriezweig vor Ort. Die **Bath Iron Works**, eine der größten Schiffswerften in den USA, fertigt Stahlfregatten und andere Schiffe für die US Navy an. Sehr interessant ist das **Maine Maritime Museum** (☎207-443-1316; www.mainemaritimemuseum.org; 243 Washington St; Erw./Kind 15/10 US$; ⌚9.30–17

Uhr) südlich der Werft am Kennebec River. Hier erhält man einen Einblick in die jahrhundertealte Schifffahrtsgeschichte des Ortes; dokumentiert ist beispielsweise der Bau des Sechsmastschoners *Wyoming*, des größten Holzschiffs, das jemals in den USA vom Stapel lief.

Boothbay Harbor

An einem fjordähnlichen Hafen liegt dieses unglaublich pittoreske Fischerdorf mit engen, gewundenen Straßen, in denen sich im Sommer die Touristen drängen. Neben dem Hummeressen ist hier das Bootfahren die Hauptbeschäftigung. **Balmy Days Cruises** (☎207-633-2284; www.balmydayscruises.com; Pier 8; Hafenrundfahrt Erw./Kind 15/8 US$, Tagesausflug zur Monhegan Erw./Kind 32/18 US$, Segeltour 24/18 US$) veranstaltet einstündige Hafenrundfahrten, Tagesausflüge zur Monhegan Island und eineinhalbstündige Segeltouren rund um die malerischen Inseln bei Boothbay. Infos erhält man bei der **Boothbay Harbor Region Chamber of Commerce** (☎207-633-2353; www.boothbayharbor.com; 192 Townsend Ave; ⊙Mo–Fr 8–17 Uhr).

Schlafen & Essen

Topside Inn B&B $$

(☎207-633-5404; www.topsideinn.com; 60 McKown St; Zi. inkl. Frühstück 165–275 US$; WLAN) Von der prächtigen grauen Villa oben auf dem McKown Hill aus hat man den besten Hafenblick in ganz Boothbay. Die Zimmer sind elegant und mit spritzigen Seefahrtsdrucken und Strandfarben wie Graugrün, Braungrün und Khaki gestaltet. Die Quartiere im Haupthaus verströmen historischen Charme, aber auch die Zimmer in den beiden modernen Gästehäusern nebenan sind sonnig und hübsch. Und während man auf dem getrimmten, abschüssigen Rasen in einem Adirondack-Gartensessel sitzt, kann man gemütlich den Sonnenuntergang beobachten.

Lobster Dock SEAFOOD $$

(www.thelobsterdock.com; 49 Atlantic Ave; Hauptgerichte 10–26 US$; ⊙11.30–20.30 Uhr) Unter all den vielen Hummerimbissbuden in Boothbay Harbor ist diese weitläufige Holzhütte am Wasser die beste und billigste Option. Man bekommt hier traditionell frittierte Meeresfrüchte, Sandwiches und gekochte Muscheln, doch das Highlight ist natürlich zweifellos der ganze, vor Butter nur so triefende Hummer.

Monhegan Island

Diese kleine Insel liegt 14,5 km vor der Küste Maines. Im Sommer kommen Tagesausflügler, Künstler und Naturliebhaber hierher, um sich von der tollen Aussicht und der angenehmen Abgeschiedenheit inspirieren zu lassen. Aufbrausend sind hier die Brandungswellen, die auf die hohen Klippen treffen, ansonsten ist die Insel ruhig, überschaubar und gerade mal 2,5 km lang und weniger als 1 km breit. Infos zur Insel und Links zu Unterkünften findet man auf der Website **Monhegan Island Vistor's Guide** (www.monheganwelcome.com). Normalerweise sind die Unterkünfte im Sommer voll ausgebucht – deshalb sollte man im Voraus planen, wenn man mehr als einen Tag hier verbringen will!

Neben den insgesamt 27,5 km langen Wanderwegen gibt es hier auch einen 1824 errichteten **Leuchtturm** mit einem kleinen **Museum**. Letzteres ist in dem früheren Haus des Leuchtturmwärters untergebracht. Außerdem haben hier einige Künst-

ABSEITS DER ÜBLICHEN PFADE

DIE PEMAQUID PENINSULA

Am südlichsten Zipfel der Pemaquid Peninsula liegt mit dem **Pemaquid Point** eine von Maines am wenigsten berührten Naturschönheiten: Tückische Brecher donnern hier gegen zerklüftete vulkanische Felsformationen. Im 2,8 ha großen **Lighthouse Park** (☎207-677-2494; www.bristolparks.org; Pemaquid Point; Erw./Kind 2 US$/frei; ⊙Sonnenaufgang–Sonnenuntergang) oben auf den Klippen brennt im Pemaquid Light von 1827 eine Lampe mit der Kraft von 11000 Kerzen, und den Star unter Maines 61 verbliebenen Leuchttürmen tragen viele sogar unbewusst bei sich: Sein Abbild ziert die Rückseite von Maines Vierteldollarmünze. Der Aufstieg zur Spitze wird mit einem tollen Blick auf die Küste belohnt. Das **Fishermen's Museum** (⊙Mitte Mai–Mitte Okt. 9–17.15 Uhr) im früheren Turmwärterhaus zeigt zeitgenössische Fotos, alte Fischerausrüstung und Leuchtturmkram. Der Besuch ist im Parkeintritt enthalten.

Die Pemaquid Peninsula liegt 15 Meilen (24 km) südlich vom US 1 und ist über die ME 130 erreichbar.

ler ihre Ateliers, in die man auch einen Blick hineinwerfen kann.

Von Ende Mai bis Mitte Oktober fahren täglich drei Schiffe der **Monhegan Boat Line** (☎ 207-372-8848; www.monheganboat.com; Rundfahrt Erw./Kind 32/18 US$) von Port Clyde zur Insel Monhegan; im übrigen Jahr einmal täglich. Die **MV Hardy III** (☎ 800-278-3346; www.hardyboat.com; Rundfahrt Erw./Kind 32/18 US$; ⏲ Mitte Juni–Sept.) legt zweimal täglich im New Harbor auf der Ostseite der Pemaquid Peninsula ab und fährt nach Monhegan. Die Schiffe brauchen ungefähr eine Stunde; sie legen früh am Morgen ab und kehren am späten Nachmittag zurück – also genau richtig für einen Tagesausflug!

Camden & Umgebung

Mit einem Hafen voller Segelboote und sanften Hügeln im Hintergrund präsentiert sich Camden als echtes Juwel. In dem Heimathafen der zu Recht berühmten Windjammerflotte Maines kommen Schiffsfans garantiert voll auf ihre Kosten. Ein fabelhafter Blick auf das malerische Camden und die Umgebung bietet sich im Rahmen des 45-minütigen Aufstiegs auf den Mt. Battie im **Camden Hills State Park** (☎ 207-236-3109; 280 Belfast Rd/US 1; Erw./Kind 4,50/1 US$; ⏲ 7 Uhr–Sonnenuntergang) im Norden Camdens.

Wer Hummer mag (und wer mag die nicht?), sollte keinesfalls das **Maine Lobster Festival** (www.mainelobsterfestival.com; ⏲ Anfang Aug.) nahe Rockland versäumen, Neuenglands ultimative Hommage an das knackige Schalentier.

Infos über die Region erhält man bei der **Camden-Rockport-Lincolnville Chamber of Commerce** (☎ 207-236-4404; www.camdenme.org; 2 Public Landing; ⏲ 9–17 Uhr) nahe dem Hafen.

Das verschlafene Hafenstädtchen Rockport, 2 Meilen (3,2 km) südlich von Camden, ist viel kleiner und friedlicher und vor allem wegen seiner weltberühmten **Maine Media Workshops** (www.mainemedia.edu; 70 Camden St, Rockport) bekannt.

Schlafen & Essen

Whitehall Inn INN $$
(☎ 207-236-3391; www.whitehall-inn.com; 52 High St, Camden; Zi. inkl. Frühstück 119–230 US$; ⏲ Mai–Okt.; 📶) Die in Camden aufgewachsene Lyrikerin Edna St. Vincent Millay begann hier ihre Karriere, indem sie Gästen des altmodischen Sommerhotels Gedichte vortrug. Im Salon des Millay Room, in dem auch der Steinway-Flügel steht, auf dem sie einst spielte, kann man nachlesen, wie wild und oft auch tragisch ihr Leben verlief. Die 45 Quartiere mit altmodischem Pensionscharakter verfügen teilweise über viktorianische Streifentapeten, Waschbecken im Zimmer und Klauenfußbadewannen. Schaukelstühle auf der breiten Vorderveranda ermöglichen ein gemütliches abendliches Beisammensein.

★ **Shepherd's Pie** AMERIKANISCH $$
(www.shepherdspierockport.com; 18 Central St, Rockport; Hauptgerichte 12–22 US$; ⏲ 17 Uhr–open end) Brian Hill, der erfolgreich das Restaurant Francine im benachbarten Camden betreibt, gehört auch dieser zwanglosere kulinarische Tempel mit dunklem Holz und einer verzierten Metalldecke. Auf der Karte gibt es vier große Abschnitte – *Bar Snacks, From the Grill, Plates* und *Sides* –, sodass man auf einen kleinen Happen reinschauen kann oder gleich eine volle Mahlzeit nimmt. Zur Auswahl stehen die üblichen Verdächtigen mit gewissem Pfiff: eingelegtes saisonales Gemüse, geräucherter Hering, gegrilltes Schweinekotelett mit Apfelsauce und gesalzenem Karamell oder mit Buttermilch-Kartoffeln.

Cappy's SEAFOOD $$
(www.cappyschowder.com; 1 Main St, Camden; Hauptgerichte 8–17 US$; ⏲ 11–23 Uhr; 📶) Das freundliche, stets beliebte Lokal ist eher für seine Bar und die gesellige Atmosphäre als für sein Essen bekannt, obwohl die Fischsuppe und die anderen einfachen Neuengland-Gerichte ganz ordentlich sind.

Acadia National Park

Der **Acadia National Park** (www.nps.gov/acad), der einzige Nationalpark Neuenglands, schützt eine unberührte Wildnis aus Bergen, steilen Meeresklippen, Stränden mit peitschender Brandung und ruhigen Gewässern. Sowohl Freizeitwanderer als auch Adrenalin-Junkies finden in der spektakulären Landschaft Gelegenheit zu einer Vielzahl von Aktivitäten.

Gegründet wurde der Park 1919 auf Land, das John D. Rockefeller dem National Park Service stiftete, um es vor den Interessen der Holzwirtschaft zu schützen. Heute nutzen Wanderer und Radfahrer dieselben Wege, auf denen Rockefeller einst mit seinem Pferd oder seiner Kutsche unterwegs war. Der über 160 km² große Park umfasst den

ABSTECHER

DIE SEGEL GESETZT!

An Bord eleganter Windjammer (mehrmastiger Segelschiffe) spürt man den Wind im Haar und erlebt Geschichte hautnah. In den Häfen von Camden und dem benachbarten Rockland warten historische und nachgebaute Windjammer darauf, Passagiere einen Tag oder länger mit auf hohe See zu nehmen.

Zweistündige Fahrten auf der Penobscot Bay (ca. 35 US$, Juni–Okt.) können in der Regel am selben Tag gebucht werden. An Camdens Kai sollte man nach dem 26,2 m langen Holzgroßsegler **Appledore** (☎207-236-8353; www.appledore2.com) und dem Zweimastschoner **Olad** (☎207-236-2323; www.maineschooners.com) Ausschau halten.

Andere Schoner unternehmen zwei- bis sechstägige Trips mit Tierbeobachtungen (Robben, Wale, Papageientaucher), an die sich Teilnehmer noch lange erinnern werden. Standard-Stationen sind der Acadia National Park, kleine Küstenorte und – zwecks Hummerpicknick – Inseln im offenen Meer.

Die **Maine Windjammer Association** (☎800-807-9463; www.sailmainecoast.com) informiert detailliert gleich über mehrere tolle Optionen. Sie repräsentiert 13 historische Windjammer, die teilweise unter Denkmalschutz stehen. Dazu gehört mit der *Lewis R. French* (gebaut 1871) als Amerikas ältestem Windjammer auch der Großvater aller Handelsschoner. Die Törns (2–6 Tage 400–1000 US$) sind sehr günstig, wenn man bedenkt, dass die Preise Kost und Logis beinhalten. Bei mehrtägigen Fahrten ist Reservierung erforderlich. Im Hochsommer sind die Tarife am höchsten. Im Juni sind die langen Tage, die relativ leeren Häfen und niedrigere Preise die Vorteile, eventuell hat man aber kühles Wetter. Wenn das Laub Ende September seine Herbstfarben annimmt, wirkt die Landschaft am allerschönsten.

Großteil der gebirgigen Mt. Desert Island sowie Teile der Schoodic Peninsula und der Isle au Haut. Zu den vielen hiesigen Tierarten zählen Elche, Papageitaucher und Weißkopfseeadler.

Sehenswertes & Aktivitäten

Park Loop Road

Auf der Park Loop Rd, der für Besucher wichtigsten Straße durch den Park, gelangt man zu mehreren Highlights des Acadia National Park. Wer Lust auf ein erfrischendes Bad oder einen Spaziergang am längsten Strand des Nationalparks hat, macht am **Sand Beach** Halt. Etwa 1 Meile (1,6 km) hinter dem Sand Beach erwartet einen das **Thunder Hole**, wo die wilden Wellen des Atlantik mit einer solchen Wucht gegen eine tiefe, enge Felsspalte schlagen, dass sich ein regelrechter Donner ergibt – ganz besonders laut wird's, wenn das Wasser bei Flut zurückkehrt. Blickt man nach Süden, erkennt man die **Otter Cliffs**, eine von Kletterern heiß geliebte Felswand, die senkrecht aus dem Meer emporsteigt. Am **Jordan Pond** stehen ein 1,6 km langer Naturpfad um die Südseite des Sees und ein 5,6 km langer Rundweg um das gesamte Gewässer zur Auswahl. Wenn man beim Wandern Appetit bekommen hat, kann man sich beim entspannten Nachmittagstee auf dem Rasen des Jordan Pond House (S. 272) wieder stärken. Nahe dem Ende der Park Loop Rd führt eine Seitenstraße hinauf zum Cadillac Mountain.

Cadillac Mountain

Den majestätischen Mittelpunkt des Acadia National Park bildet der Cadillac Mountain (466 m), der höchste Küstengipfel in den östlichen USA, zu erreichen über eine 3,5 Meilen (5,6 km) lange Schotterpiste, die von der Park Loop Rd abgeht. Wer das Wandern dem Autofahren vorzieht, kann aus vier **Wanderwegen** aus vier verschiedenen Richtungen wählen. Der Rundblick über den Ozean, die Inseln und die Berge ist zu jeder Tageszeit wunderbar, aber richtig traumhaft wird es hier in der Morgendämmerung, wenn Wagemutige auf die Bergspitze strömen, um den Sonnenaufgang über der Frenchman Bay zu erleben.

Noch mehr Aktivitäten

Kreuz und quer durch den Acadia National Park führen **Wanderwege** von insgesamt fast 200 km Länge. Darunter sind einfache, weniger als 1 km lange Naturwege ohne Anstieg, aber auch Bergstrecken, die über steiles und felsiges Gelände führen. Hervorragend ist der 4,8 km lange Rundweg **Ocean Trail**, der den Sand Beach mit den Otter Cliffs verbindet und einen zu den interessantesten Küstenpunkten im Park bringt. Einen Führer, in dem alle Wanderwege beschrieben sind, erhält man im Vistor Center.

Die insgesamt fast 72 km langen befahrbaren Straßen im Park werden gerne zum **Radfahren** genutzt. Hochwertige Mountainbikes, die zu Beginn jeder Saison ausgetauscht werden, kann man bei **Acadia Bike** (☎207-288-9605; www.acadiabike.com; 48 Cottage St; 22 US$/Tag; ⏲8–20 Uhr) mieten.

Ein atemberaubendes Erlebnis ist es, auf den Meeresklippen und den Bergen des Parks zu **klettern**. Die Ausrüstung dafür erhält man bei **Acadia Mountain Guides** (☎207-288-8186; www.acadiamountainguides.com; 228 Main St, Bar Harbor; Halbtagesausflug 75–140 US$; ⏲Mai–Okt.); die Preise beinhalten Führung und Ausrüstung.

Im Park gibt's auch unzählige, **von Rangern geleitete Programme**, z. B. Wanderungen durch die Natur, Vogelbeobachtungstouren und Exkursionen speziell für Kinder. Den täglichen Veranstaltungsplan erhält man im Vistor Center (s. rechte Spalte). Informationen zum Kajakfahren und zu weiteren Aktivitäten findet man im Abschnitt zu Bar Harbor (S. 273).

Schlafen & Essen

Die beiden Waldcampingplätze des Parks verfügen jeweils über fließendes Wasser, Duschen und Grillstellen.

Nur 1 Meile (1,6 km) vom Park entfernt liegt Bar Harbor mit vielen Restaurants, Inns und Hotels.

Acadia National Park Campgrounds CAMPING **$**
(☎877-444-6777; www.nps.gov/acad; Zeltstellplatz 14–24 US$) Einige Stellplätze auf dem 4 Meilen (6,4 km) südlich von Southwest Harbor gelegenen Campingplatz **Seawall** kann man reservieren, andere nicht. Der ganzjährig bestehende Campingplatz **Blackwoods** liegt 5 Meilen (8 km) südlich von Bar Harbor an der ME 3 und erfordert im Sommer grundsätzlich eine Reservierung. Beide Campingplätze verfügen über sanitäre Anlagen und Bezahlduschen und liegen in dichtem Waldgebiet, aber nur einige Gehminuten vom Meer entfernt.

Jordan Pond House AMERIKANISCH **$$**
(☎207-276-3316; www.thejordanpondhouse.com; Nachmittagstee 9,50 US$, Hauptgerichte 10–28 US$; ⏲Mitte Mai–Okt. 11.30–21 Uhr) Seit dem späten 19. Jh. ist der Nachmittagstee in diesem hüttenartigen Teehaus eine Tradition. Zu den dampfenden Kannen mit Earl Grey gibt's warme Popover (hohle Brötchen aus Pfannkuchenteig) und Erdbeermarmelade. Man isst draußen auf dem großen Rasen mit Blick auf den See. Als einziges Restaurant im Park bietet das Jordan Pond auch ausgefallene, aber oft mittelmäßige Mittags- und Abendgerichte.

Praktische Informationen

Granitfelsen und ein atemberaubender Blick auf die Küste begrüßen einen beim Betreten des Acadia National Park. Der Park ist ganzjährig zugänglich, allerdings sind die Park Loop Rd und die meisten Einrichtungen im Winter gesperrt bzw. geschlossen. Zwischen 1. Mai und 31. Oktober wird Eintritt erhoben, der für sieben aufeinanderfolgende Tage gilt und zwischen Mitte Juni und Anfang Oktober pro Fahrzeug 22 US$ (ansonsten 10 US$) und für Radfahrer bzw. Wanderer 12 US$ beträgt.

Beginnen sollte man seine Erkundungstour am **Hulls Cove Visitor Center** (☎207-288-3338; ME 3; Parkeintritt f. 7 Tage 22 US$/Fahrzeug, Wanderer & Radfahrer 12 US$; ⏲Mitte April–Mitte Juni & Okt. 8–16.30 Uhr, Mitte Juni–Aug. bis 18 Uhr, Sept. bis 17 Uhr), von wo aus die 20 Meilen (32 km) lange Park Loop Rd den östlichen Abschnitt des Parks umrundet.

Anreise & Unterwegs vor Ort

Acht praktische Shuttle-Bus-Linien von **Island Explorer** (www.exploreacadia.com; ⏲Ende Juni–Anfang Okt.) bedienen den ganzen Acadia National Park und das benachbarte Bar Harbor. Dabei verbinden sie Weganfänge, Campingplätze und Unterkünfte miteinander.

Bar Harbor

Der reizvolle Küstenort in nächster Nähe zum Acadia National Park konkurrierte einst mit Newport (Rhode Island) um die Rolle des bevorzugten Sommerferienorts der reichen Amerikaner. Viele der alten Villen sind mittlerweile zu einladenden Inns umgebaut worden, während das Städtchen zum Mekka für Outdoor-Fans geworden ist. Direkt vor der Verbindungsbrücke nach Mt. Desert Island betreibt die **Bar Harbor Chamber of Commerce** (☎207-288-5103; www.barharbormaine.com; 1201 Bar Harbor Rd/ME 3, Trenton; ⏲Ende Mai–Mitte Okt. 8–18 Uhr, Mitte Okt.–Ende Mai Mo–Fr bis 17 Uhr) ein nützliches Welcome Center.

Aktivitäten

Bar Harbor Whale Watch Co. BOOTSFAHRT
(207-288-2386; www.barharborwhales.com; 1 West St; Erw. 34–64 US$, Kind 22–34 US$; Mitte Mai–Okt.) Bietet u.a. vierstündige Touren zur Beobachtung von Walen und Papageitauchern an.

Downeast Windjammer Cruises BOOTSFAHRT
(207-288-4585; www.downeastwindjammer.com; 27 Main St; Erw./Kind 40/30 US$) Veranstaltet zweistündige Rundfahrten an Bord des majestätischen 46 m langen Viermaster-Schoners *Margaret Todd*.

Acadian Nature Cruises BOOTSFAHRT
(207-288-2386; www.acadiannaturecruises.com; 1 West St; Erw./Kind 28/17 US$; Mitte Mai–Okt.) Bei den zweistündigen kommentierten Rundfahrten sieht man Wale, Schweinswale, Weißkopfseeadler, Robben und vieles mehr.

Schlafen

In Bar Harbor gibt es keinen Mangel an Unterkünften – von altmodischen B&Bs bis hin zu den üblichen Kettenhotels.

Bar Harbor Youth Hostel HOSTEL $
(207-288-5587; www.barharborhostel.com; 321 Main St; B/Zi. 27/82 US$;) Das hübsche, freundliche, sehr saubere Hostel in einem umgebauten Wohnhaus ein paar Blocks südlich vom Dorfanger bietet einfache, nach Geschlechtern getrennte Schlafsäle für je zehn Personen und ein Privatzimmer für vier.

Holland Inn B&B $$
(207-288-4804; www.hollandinn.com; 35 Holland Ave; Zi. inkl. Frühstück 95–185 US$;) In einem ruhigen Wohnviertel und in Gehweite zum Zentrum. Das B&B hat neun heimelige, schlichte Zimmer in einem restaurierten Haus von 1895 und in dem Cottage nebenan. Die Stimmung ist so zwanglos, dass man sich wie im Haus eines guten Freundes fühlt.

Aysgarth Station Inn B&B $$
(207-288-9655; www.aysgarth.com; 20 Roberts Ave; Zi. inkl. Frühstück 115–165 US$;) Das B&B von 1895 in einer Seitenstraße hat sechs nette Zimmer mit heimeligem Flair. Das *Tan Hill*-Zimmer im 3. Stock punktet mit einem tollen Blick auf den Cadillac Mountain.

Essen

Cafe This Way AMERIKANISCH $$
(207-288-4483; www.cafethisway.com; 14½ Mount Desert St; Hauptgerichte morgens 6–9 US$, abends 15–25 US$; Mo–Sa 7–11.30, So 8–13, tgl. 17.30–21 Uhr;) Das witzige Lokal in einem großen weißen Cottage ist perfekt fürs Frühstück: Es gibt dicke Pancakes mit Blaubeeren aus Maine und Eggs Benedict mit Räucherlachs. Abends kommen diverse raffinierte Gerichte wie gebratene Ente mit Blaubeeren, Kürbis auf marokkanische Art und Thunfisch-Tempura auf den Tisch. Man sitzt im Garten.

2 Cats CAFÉ $$
(207-288-2808; www.2catsbarharbor.com; 130 Cottage St; Hauptgerichte 8–19 US$; 7–13 Uhr;) Am Wochenende stehen die Leute in dem sonnigen, künstlerisch angehauchten kleinen Café wegen der Omeletts mit Räucherforelle und hausgemachten Muffins Schlange. Mittags geht's mit Burritos, Meeresfrüchten und dergleichen etwas deftiger zu. Im Souvenirladen gibt's Andenken mit dem Katzen-Logo.

Mâche Bistro FRANZÖSISCH $$$
(207-288-0447; www.machebistro.com; 135 Cottage St; Hauptgerichte 18–28 US$; Mo–Sa 17–22.30 Uhr) Das wohl beste Restaurant in Bar Harbor serviert moderne, französisch angehauchte Gerichte in einem schick renovierten Cottage. Die ständig wechselnde Karte setzt auf den Reichtum der Region: Muscheln mit Kürbiskernen, Fladenbrot mit Hummer und Brie sowie Trifle mit wilden Blaubeeren. Spezialcocktails sorgen für zusätzlichen Anreiz. Reservierung absolut unerlässlich!

Downeast Maine

Der mehr als 900 Meilen (1450 km) lange Küstenstreifen, der nordöstlich von Bar Harbor verläuft, ist kaum bewohnt. Hier geht es gemächlicher zu, und es ist nebliger als im Süden und Westen von Maine. Zu den Highlights gehören die **Schoodic Peninsula**, deren Spitze Teil des Acadia National Parks ist, die Hummerfischerdörfer **Jonesport** und **Beals** sowie **Great Wass Island**, ein Naturreservat mit Wanderwegen und guten Vogelbeobachtungsmöglichkeiten – hier hat man sogar die Chance, Papageientaucher zu sichten.

Machias ist das wirtschaftliche Zentrum dieser Küstengegend. Hier hat auch die University of Maine eine Abteilung. **Lubec** liegt beinahe am östlichsten Punkt der USA. Eine beliebte Beschäftigung von Travellern ist es, den Sonnenaufgang im nahe gelegenen

Quoddy Head State Park zu beobachten, damit sie hinterher sagen können, sie waren die ersten im Land, die die Sonne gesehen haben.

Das Landesinnere Maines

Der nur spärlich besiedelte Norden und Westen von Maine ist ein raues Gebiet. Raftingmöglichkeiten, Wanderwege hinauf zum höchsten Berg von Maine und der Skiort Bethel machen diese Region bei Abenteurern aber sehr beliebt.

Sabbathday Lake

Die einzige aktive amerikanische Shaker-Gemeinde lebt 25 Meilen (40,2 km) nördlich von Portland am Sabbathday Lake. Sie wurde als eine Glaubensgemeinschaft im frühen 18. Jh. gegründet, und eine Handvoll Anhänger bewahrt die Shaker-Tradition eines einfachen Lebens, der harten Arbeit und der Herstellung feinen Kunsthandwerks noch immer. Besucher des **Shaker Museum** (☎207-926-4597; www.shaker.lib.me.us; Erw./Kind 6,50/2 US$; ⏲Ende Mai–Mitte Okt. Mo–Sa 10–16.30 Uhr) können ein paar ihrer Gebäude besichtigen. Um hierher zu kommen, den Maine Turnpike an Exit 63 verlassen und der ME 26 über 8 Meilen (12,8 km) nordwärts folgen!

Bethel

Die ländliche Gemeinde Bethel an der ME 26 versteckt sich 12 Meilen (19,3 km) östlich von New Hampshire in Maines bewaldeten Hügeln. Hier wartet ein reizvoller Mix aus Berglandschaft, Outdoor-Abenteuern und Unterkünften mit gutem Preis-Leistungs-Verhältnis. Die **Bethel Area Chamber of Commerce** (☎207-824-2282; www.bethelmaine.com; 8 Station Pl; ⏲Mo–Fr 9–17 Uhr) liefert Besucherinfos.

Aktivitäten

Bethel Outdoor Adventure KAJAKFAHREN
(☎207-824-4224; www.betheloutdooradventure.com; 121 Mayville Rd/US 2; Kajak/Kanu pro Tag 46/67 US$; ⏲8–18 Uhr) Der Anbieter im Zentrum vermietet Kanus, Kajaks und Fahrräder und vermittelt Kurse, geführte Touren und Shuttles zum und vom Androscoggin River.

Grafton Notch State Park WANDERN & TREKKEN
(☎207-824-2912; ME 26) Der Park nördlich von Bethel empfängt Wanderlustige mit einer hübschen Berglandschaft, mit Wasserfällen und mit einer Vielzahl verschieden langer Pfade.

Sunday River Ski Resort SKIFAHREN
(☎800-543-2754; www.sundayriver.com; ME 26; Liftticket ganzer Tag Erw./Kind 13–18/Kind bis 12 & Senior 87/69/56 US$, halber Tag 63/55/45 US$; 👪) Das 6 Meilen (9,6 km) nördlich von Bethel an der ME 5/26 gelegene Skigebiet umfasst acht Berge und 132 Pisten mit 16 Skiliften. Es gilt als eines der besten Skizentren für Familien in der ganzen Region. Auch im Sommer sind hier viele Aktivitäten möglich: beispielsweise Sessellift fahren, Kanu fahren oder Geländewagentouren. Einen Mountainbike-Park gibt es ebenfalls. Die zwei riesigen Berghütten bieten mehr als 400 Zimmer.

Schlafen

★**Chapman Inn** B&B $
(☎207-824-2657; www.chapmaninn.com; 2 Church St; B inkl. Frühstück 35 US$, Zi. 89–129 US$; 📶) Das von einem freundlichen Globetrotter-Rentner betriebene geräumige Gästehaus im Zentrum hat jede Menge Charakter. Die neun privaten Zimmer sind mit Blumenbildern und Antiquitäten ausgestattet, und die schon leicht durchgetretenen Dielen zeugen vom hohen Alter des Hauses. Im gemütlichen Gemeinschaftsbereich sorgen *Monopoly* und andere Spiele für Unterhaltung an Regentagen. Im Winter quartieren sich Skifahrer in dem gemütlichen Schlafsaal ein, zu dem auch ein mit Holz verkleidetes Spielezimmer mit einem Elchkopf als Deko gehört. Das Frühstück, bestehend aus vielen hausgemachten Backwaren und nach Gästewunsch zubereiteten Omeletts, gibt einem viel Kraft für den Tag auf den Skipisten. Ach, und sollte man einen kalten Luftzug verspüren, so ist das wahrscheinlich nur der herumspukende Geist der kleinen Abigail Chapman, der Tochter der Besitzer des Hauses im 19. Jh.

Sudbury Inn & Suds Pub INN $$
(☎207-824-2174; www.sudburyinn.com; 151 Main St; Zi. inkl. Frühstück 99–159 US$; ❄) Das historische Gästehaus mit 17 Zimmern ist die beste Unterkunft in Bethels Zentrum. Seine Hauskneipe kann mit Pizza, 29 Fassbiersorten und Liveunterhaltung am Wochenende aufwarten. Ein super Abendrestaurant (Hauptgerichte 18–26 US$) mit Schwerpunkt auf Regionalspezialitäten ist ebenfalls vorhanden.

Caratunk & The Forks

Wildwasserrafting vom Feinsten bietet der **Kennebec River** unterhalb des Harris Dam, wo das Wasser durch eine spektakuläre, über 19 km lange Schlucht schießt. Stromschnellen mit Namen wie Whitewasher und Magic Falls versprechen adrenalingeschwängerte abenteuerliche Flussfahrten – und das halten sie auch!

Die benachbarten Dörfer Caratunk und The Forks, südlich von Jackman am US 201 gelegen, sind die Raftingzentren am Kennebec River. Rafter finden hier tosende Stromschnellen und nervenaufreibende Wasserfälle vor, aber auch ruhigere Gewässer, in die sich schon Kinder (ab 7 Jahren) trauen dürfen. Für eine ganztägige Raftingtour bezahlt man zwischen 75 und 130 US$ pro Person. Möglich sind auch mehrtägige Pauschaltouren mit Übernachtung im Zelt oder in einer Hütte.

Zuverlässige Veranstalter sind: **Crab Apple Whitewater** (☎800-553-7238; www.crabapplewhitewater.com) und **Three Rivers Whitewater** (☎877-846-7238; www.threerivers whitewater.com).

Baxter State Park

In einem abgelegenen Waldgebiet im Norden von Maine liegt der **Baxter State Park** (☎207-723-5140; www.baxterstateparkauthority.com; 14 US$/Auto), der den gesamten Mt. Katahdin (1608 m) einschließt – Maines höchsten Berg und den nördlichen Endpunkt des 2160 Meilen (rund 3480 km) langen **Appalachian Trail** (www.nps.gov/appa). In dem riesigen Park mit einer Größe von fast 85 ha herrscht noch pure Wildnis: keine Elektrizität, kein fließendes Wasser (eigenes Wasser oder einen Filter zum Reinigen des Flusswassers mitbringen!). Die Chancen stehen nicht schlecht, Elche, Rehe und Schwarzbären zu sehen. Im Baxter Park gibt's Wanderwege, auch auf den Mt. Katahdin. Frühaufsteher mit guter Kondition schaffen Hin- und Rückweg an einem Tag.

In Millinocket südlich des Baxter State Park gibt's Motels, Stellplätze, Lokale und Outfitter für Rafting und Kajakfahrten auf dem Penobscot River. Näheres gibt's bei der **Katahdin Area Chamber of Commerce** (☎207-723-4443; www.katahdinmaine.com; 1029 Central St, Millinocket).

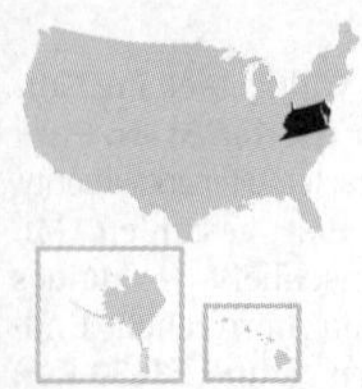

Washington, D.C. & Capital Region

Inhalt ➡

Gut essen

➡ Woodberry Kitchen (S. 317)

➡ Central Michel Richard (S. 304)

➡ Rasika (S. 304)

➡ Inn at Little Washington (S. 352)

➡ Julep's (S. 339)

Schön übernachten

➡ Hay-Adams Hotel (S. 300)

➡ Jefferson Hotel (S. 338)

➡ Colonial Williamsburg Historic Lodging (S. 341)

➡ Cottages at Indian River Marina (S. 327)

➡ Inn at 2920 (S. 316)

Auf nach Washington, D.C.!

Egal, wie man politisch stehen mag, es fällt schwer, nicht dem Charme der US-Hauptstadt zu verfallen. Symbolträchtige Denkmäler, riesige Museen und tolle Restaurants sind nur der Anfang des großartigen Erlebnisses D.C. Es gibt viel zu entdecken: schattige Viertel mit Kopfsteinpflaster, quirlige Märkte und Parks – und die Alleen der Macht, wo sich politische Visionäre und Demagogen tummeln.

Jenseits des Beltway, der Ringstraße rund um die Stadt, bietet die vielfältige Landschaft von Maryland, Virginia, West Virginia und Delaware einen starken Anreiz, die Hauptstadt zu verlassen. Schroffe Bergzüge, tosende Flüsse, Naturschutzgebiete, lebhafte Strände, historische Dörfer und die herrliche Chesapeake Bay bilden den Rahmen für unvergessliche Abenteuer: segeln, wandern, raften, campen oder einfach nur am Ufer sitzen und träumen. Es ist eine Region tief verwurzelter Traditionen, von der Geburtsstätte einer Nation bis zu Virginias immer noch blühender Bluegrass-Szene.

Reisezeit

Washington D.C.

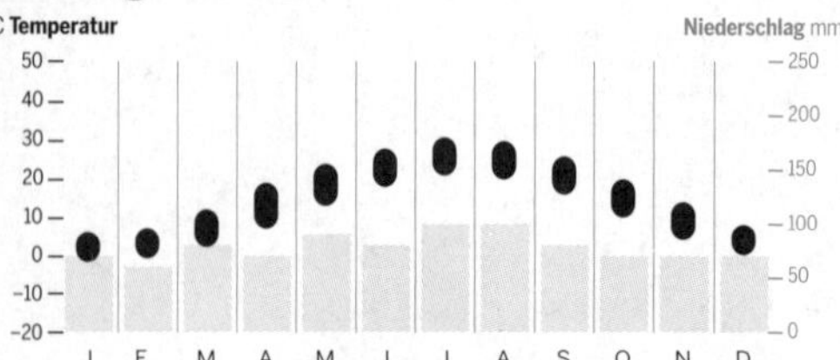

März–April Während D.C.s beliebtestem Festival locken die Kirschblüten Besuchermassen an.

Juni–Aug. Hochsaison an den Stränden – hohe Hotelpreise und kaum freie Unterkünfte.

Sept.–Okt. Weniger Menschen, niedrigere Preise, angenehmeres Klima und herbstliche Farben.

Unterwegs vor Ort

Die Region hat drei große Flughäfen: Washington Dulles International Airport (IAD), Ronald Reagan Washington National Airport (DCA) und Baltimore/Washington International Thurgood Marshall Airport (BWI). Der Norfolk International Airport (ORF) und der Richmond International Airport (RIC) sind kleinere, lokale Verkehrsknotenpunkte.

Zugreisen sind auch in einige Gegenden möglich. Die Linien betreibt **Amtrak** (www.amtrak.com). Von D.C. aus sind u.a. zu erreichen: Baltimore, MD; Wilmington, DE; Harpers Ferry, WV; sowie Manassas, Fredericksburg, Richmond, Williamsburg, Newport News und Charlottesville in Virginia.

GUT ZU WISSEN

Im D.C. gibt es eine Menge toller Museen und es ist fast nicht möglich, sie alle zu besichtigen – selbst wenn man zwei Wochen in der Hauptstadt verbringt. Bei einigen Sehenswürdigkeiten wie dem Washington Monument, dem US Holocaust Memorial Museum und dem Ford's Theatre ist die Besucherzahl begrenzt; wer diese nicht verpassen will, sollte das Motto „Der frühe Vogel fängt den Wurm" beherzigen.

Neben dem herrlichen Restaurant des Museum of the American Indian gibt es entlang der Mall kaum Möglichkeiten, um einen Happen zu essen. Tipp: zuerst auf dem Eastern Market vorbeischauen und sich für ein Picknick später am Tag (an der Mall oder rund um das Tidal Basin) versorgen!

Auf ein Auto kann man getrost verzichten ... und sollte dies auch tun: Die Metro ist ausgezeichnet und Autofahren in der Stadt ein teurer Spaß. Wer sein Auto über Nacht abstellen muss, wird mindestens 25 US$ los.

Top Five: Nationalparks

- Der New River Gorge National River ist ein wahres Paradies und zudem die Heimat der Weißwedelhirsche und Schwarzbären. Toll für Rafting-Abenteuer.
- Der spektakuläre Shenandoah National Park in den Blue Ridge Mountains eignet sich herrlich zum Wandern und Campen, z.B. am Appalachian Trail.
- Assateague Island National Seashore und Chincoteague Island bezaubern mit ihrer wunderschönen Küstenlandschaft, in der großartige Blaureiher, Fischadler, Blaukrabben und Wildpferde zu Hause sind.
- Der George Washington und der Jefferson National Forest schützen mehr als 3385 km² Wälder und Gebirge, die an das Shenandoah Valley grenzen.
- Die berühmten Schlachtfelder von Virginia sind ebenfalls Teil des Parknetzes. Antietam und Manassas eignen sich am besten, um sich mit den schwärzesten Stunden Amerikas vertraut zu machen.

NICHT VERSÄUMEN!

Liebhaber von Meeresfrüchten finden hier ihr Schlaraffenland. Der Maine Avenue Fish Market (S. 302) in D.C. ist legendär. Auch in Baltimore, Annapolis und an Marylands Ostküste gibt's 1A-Seafood.

Kurzinfos

- **Größte Städte** Washington, D.C. (632000 Ew.), Baltimore (620000 Ew.), Virginia Beach (442700 Ew.)
- **Entfernungen von D.C.** Baltimore 40 Meilen (64 km), Williamsburg 152 Meilen (245 km), Abingdon 362 Meilen (583 km)
- **Zeitzone** Eastern Standard Time (= MEZ –6 Std.)

Schon gewusst?

- Thomas Jefferson war einer von vielen, die in Virginia Wein herstellten. Heute heimsen die mehr als 192 Weingüter Virginias bei den internationalen Preisverleihungen Bestnoten ein.

Infos im Internet

- **Washington** (www.washington.org) Übersicht kommender Events und Detailinfos zu D.C.
- **The Crooked Road** (www.thecrookedroad.org) Das Tor zur Route durch Virginias musikalisches Erbe.
- **Virginia Wine** (www.virginiawine.org) Unentbehrlich für die Planung einer Reise durch die Weinbaugebiete.

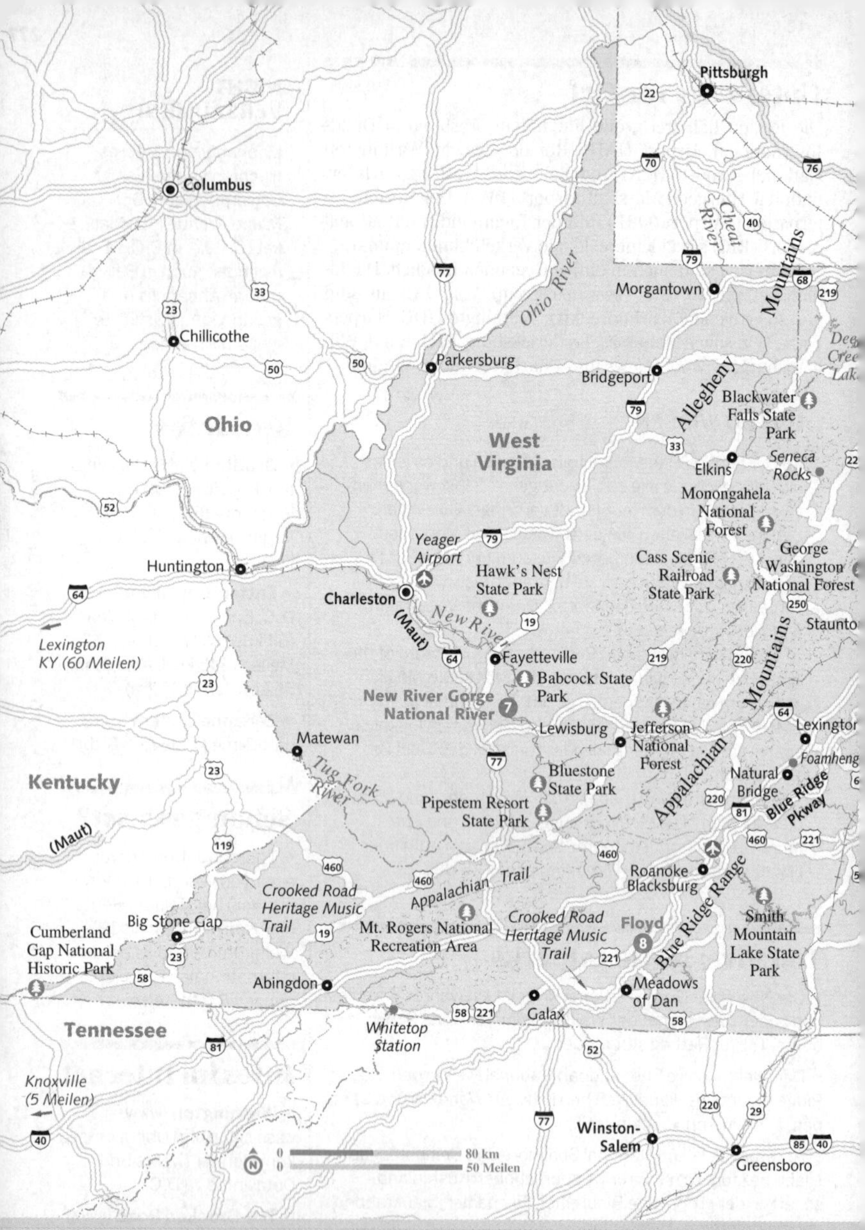

Highlights

1 Washingtons Museen der **Smithsonian Institution** besuchen (S. 291), danach den Sonnenuntergang über dem **Lincoln Memorial** (S. 289) genießen

2 Amerikas Wurzeln im Freilichtmuseum **Colonial Williamsburg** aufspüren (S. 340)

3 Die maritime Vergangenheit der Region in einer Kneipe im Hafenviertel von **Fell's Point** (S. 315), Baltimore, entdecken

4 Eine Spritztour auf dem **Skyline Drive** (S. 350) machen, dann wandern und im

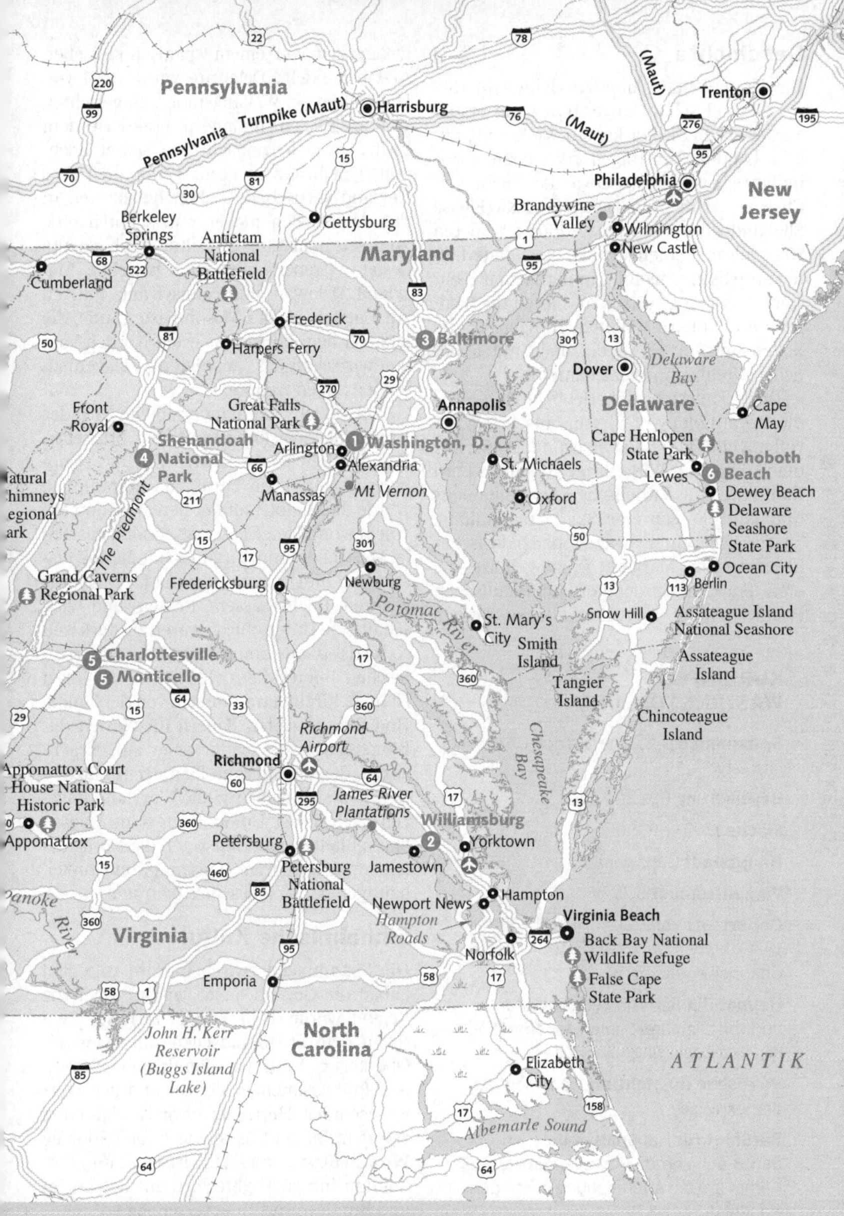

Shenandoah National Park (S. 350) unter dem Sternenhimmel übernachten

5 Die Meisterwerke von Thomas Jefferson in **Monticello** (S. 348) und in der **University of Virginia** (S. 3477) in Charlottesville bewundern

6 Die Strandpromenade des familien- und schwulenfreundlichen **Rehoboth Beach** (S. 327) entlang schlendern

7 Auf dem **New River Gorge National River** (S. 360) in Fayetteville raften

8 Den Rhythmus der Holzschuhtänzer auf einer Feier in **Floyd, VA** (S. 356) spüren

Geschichte

Die Ureinwohner Amerikas lebten in dieser Gegend schon lange, bevor die ersten europäischen Siedler kamen. Viele geografische Landmarken tragen noch heute ihren indianischen Namen, etwa die Bucht von Chesapeake, die Appalachen oder die Flüsse Shenandoah und Potomac. 1607 gründeten 108 englische Kolonisten die erste dauerhafte europäische Siedlung in der Neuen Welt: Jamestown. Von Anfang an hatten die Siedler mit dem harten Winter, Hunger, Krankheiten und immer wieder auch mit feindlichen Ureinwohnern zu kämpfen.

Doch Jamestown überlebte. 1624 wurde die Royal Colony of Virginia ins Leben gerufen, zehn Jahre später gründete der vor dem englischen Bürgerkrieg geflohene Lord Baltimore eine katholische Kolonie namens Maryland. Es gab eine Stadtversammlung, zu der auch ein schwarzer portugiesischer Seemann und Margaret Brent gehörte, die erste Frau, die in der nordamerikanischen Politik gewählt hat. Und alle zusammen ließen sich von einem spanisch-jüdischen Arzt behandeln. Delaware wurde 1631 von Holländern als Walfangstation eingerichtet, von ansässigen Indianern praktisch dem Erdboden gleichgemacht und später nochmals von Briten in Besitz genommen. Aus England vertriebene Kelten ließen sich in den Appalachen nieder und schufen eine komplett unabhängige Kultur, die bis heute besteht. Grenzstreitigkeiten zwischen Maryland, Delaware und Pennsylvania führten zur Entstehung der Mason-Dixon-Linie, die letztlich den industrialisierten Norden vom landwirtschaftlich geprägten, sklavenhaltenden Süden trennte.

1781 endete der handgreifliche Teil des Unabhängigkeitskriegs mit der britischen Kapitulation bei Yorktown. Um die regionalen Spannungen etwas zu entkrampfen, wurde die Hauptstadt der neuen Nation auf einem sumpfigen Gebiet gegründet, das Teile Marylands und Virginias umfasste: Washington im District of Columbia (D.C.) war geboren. Doch Klassen-, Rassen- und wirtschaftliche Unterschiede waren zu stark und so zerriss die Region während des Amerikanischen Bürgerkriegs (1861–1865) an ihren Nähten. Virginia trennte sich von der Union. Und die verarmten Bauern im Westen des Bundesstaates – schon lange aufgebracht gegen die affektierten Plantagenbesitzer – trennten sich von Virginia. Maryland dagegen blieb in der Union, doch seine weißen Sklavenhalter polterten gegen die Nordstaatentruppen, während Tausende von Dunkelhäutigen der Unionsarmee beitraten.

KURZINFOS WASHINGTON, D.C.

Spitznamen D.C., The District, Chocolate City

Bevölkerung 632 300 Ew.

Fläche 1769 km²

Hauptstadt Ganz genau!

Verkaufssteuer 5,75 %

Geburtsort von Duke Ellington (1899–1974), Marvin Gaye (1939–1984), Dave Chappelle (geb. 1973)

Heimat der Redskins, Kirschblüten und von allen drei Säulen der amerikanischen Regierung

Politische Ausrichtung überwiegend demokratisch

Berühmt für Nationalsymbole, Kriminalität, feiernde Praktikanten, den Kampf um die Anerkennung durch den Kongress

Inoffizielles Motto und Nummernschildspruch *Taxation without Representation* (Besteuerung ohne Repräsentation)

Entfernungen Washington D.C.–Baltimore 40 Meilen (64,5 km), Washington D.C.–Virginia Beach 210 Meilen (338 km)

Einheimische Kultur

Die Spannungen zwischen Nord und Süd haben die Gegend lange geprägt. Aber die Region wurde auch ständig zerrissen zwischen dem aristokratischen Anspruch der Oberklasse Virginias, Bergleuten, Seeleuten, Immigrantengemeinden und den stets wechselnden Herrschern von Washington. Seit dem Bürgerkrieg hat sich die regionale Wirtschaft weg von Landwirtschaft und Produktion hin zu Hightech, Dienstleistungen und Bundesverwaltung verschoben.

Viele Afroamerikaner sind als Sklaven oder Flüchtlinge auf der Suche nach Freiheit in die Capital Region gekommen. Heute bilden Afroamerikaner immer noch die präsente Unterschicht der großen Städte, in der Klasse der Benachteiligten konkurrieren sie aber mit lateinamerikanischen Einwanderern, meistens aus Mittelamerika.

DIE CAPITAL REGION IN …

… einer Woche

Zunächst folgt man am besten der zweitägigen Route durch Washington, D.C. (S. 289), und verbringt dann einen Tag im unterschätzten **Baltimore**, um sich daraufhin zur traumhaften **Ostküste** Marylands und den **Stränden von Delaware** aufzumachen. Anschließend geht's nach Süden, wo man durch den Bridge-Tunnel der Chesapeake Bay fährt und eine Zeitreise durch die Geschichte Virginias unternimmt: ein Besuch im Geburtsort der Nation in **Jamestown** und eine Wanderung durch **Williamsburg** aus dem 18. Jh., gefolgt vom **Appomattox Court House**, Ort der Kapitulation der Armee Nord-Virginias im Bürgerkrieg und heutige Gedenkstätte. Danach führt ein Schlenker nach Norden durch **Richmond**, wo Studenten, Dixie-Aristokraten und Stadtviertel der Afroamerikaner ein faszinierendes Ganzes bilden, bevor es schließlich wieder zurück nach Washington geht.

… zwei Wochen

In **Charlottesville** lernt man die aristokratische Seele Virginias kennen (und eine gute Restaurant- und B&B-Szene). Danach fährt man durch dessen gebirgiges Rückgrat durch **Staunton**, **Lexington** und **Roanoke**. Um eine Kostprobe der besten Bluegrass-Musik des Landes zu bekommt, folgt man an einem Wochenende der **Crooked Road**. Die Route führt weiter durch West Virginia. Hier sollte man im **Monongahela National Forest** einen Stopp einlegen, um zu wandern, zu mountainbiken oder Ski zu fahren. Anschließend kann man noch in der **New River Gorge** raften, bevor es über die heiligen Schlachtfelder von **Antietam** zurück nach Washington geht.

Am anderen Ende des Spektrums ziehen die Elfenbeintürme der Weltklasseunis und Forschungseinrichtungen – etwa das National Institute of Health – die Intelligenzia der ganzen Welt an. Die Highschools sind oft voll mit Kindern von Wissenschaftlern und Beratern, die bei einigen der angesehensten Denkfabriken des Globus arbeiten.

All das hat sich zu einer Kultur verwoben, die unglaublich vielschichtig ist: anspruchsvoll wie ein Journalistenbuchclub, erdverbunden wie die Bluegrass-Festivals in Virginia und verschmolzen mit dem Herzschlag des urbanen Amerika wie Tupac Shakur, Go-Go, Baltimore Club Housemusic und DC Hardcore Punk. Und dann ist da natürlich immer noch die Politik, eine Sache, die hier beständig unter der Oberfläche brodelt.

WASHINGTON, D.C.

Dies ist eine unheimlich tolle Stadt! Egal, was man glaubt, dass Washington, D.C. wäre, es ist mehr als das. Eine Hauptstadt der Workaholics? Eindeutig! Es genügt zu beobachten, wie die Praktikanten über den Capitol Hill wuseln, die Mitglieder der Denkfabriken nach einer beruflichen Position suchen und die Lobbyisten an ihren Handys hängen. Ein Paradebeispiel monumentaler Würde? Zweifelsohne, wenn man die breiten Boulevards, die symbolträchtigen Denkmäler, die zahllosen Museen und die romantischen Ausblicke über den Potomac betrachtet.

Außerdem ist D.C. weit mehr als nur ein Museumsstück oder der marmorne Hintergrund für die Abendnachrichten. Es besitzt von Bäumen bestandene Wohnviertel, ein pulsierendes Theaterleben, eine internationale Küche, eine große Zahl von Einwanderern und eine Dynamik, die nicht an der Oberfläche bleibt. In der Stadt wächst die Zahl der Märkte, der kopfsteingepflasterten historischen Straßen und es gibt hier mehr Leistungsträger und talentierte Typen als in jeder anderen Stadt dieser Größe.

D.C. hat aber auch eine Unterschicht, deren Angehörige in Armut leben, und eine hohe Kriminalitätsrate (obwohl sich die diesbezüglichen Zahlen gebessert haben) sowie ein hohes Preisgefälle. D.C. erlebt seit den späten 1990er-Jahren eine umfassende Gentrifizierung. Mit Ausnahme einiger Einzeljahre sank die Kriminalitätsrate, während die Lebenshaltungskosten stiegen, obwohl dieser Prozess mit einem Wegzug vieler Afroamerikaner in die Vororte von Maryland und Virginia einherging. Die Lebenshaltungskosten in D.C. gehören zu

Washington, D. C.

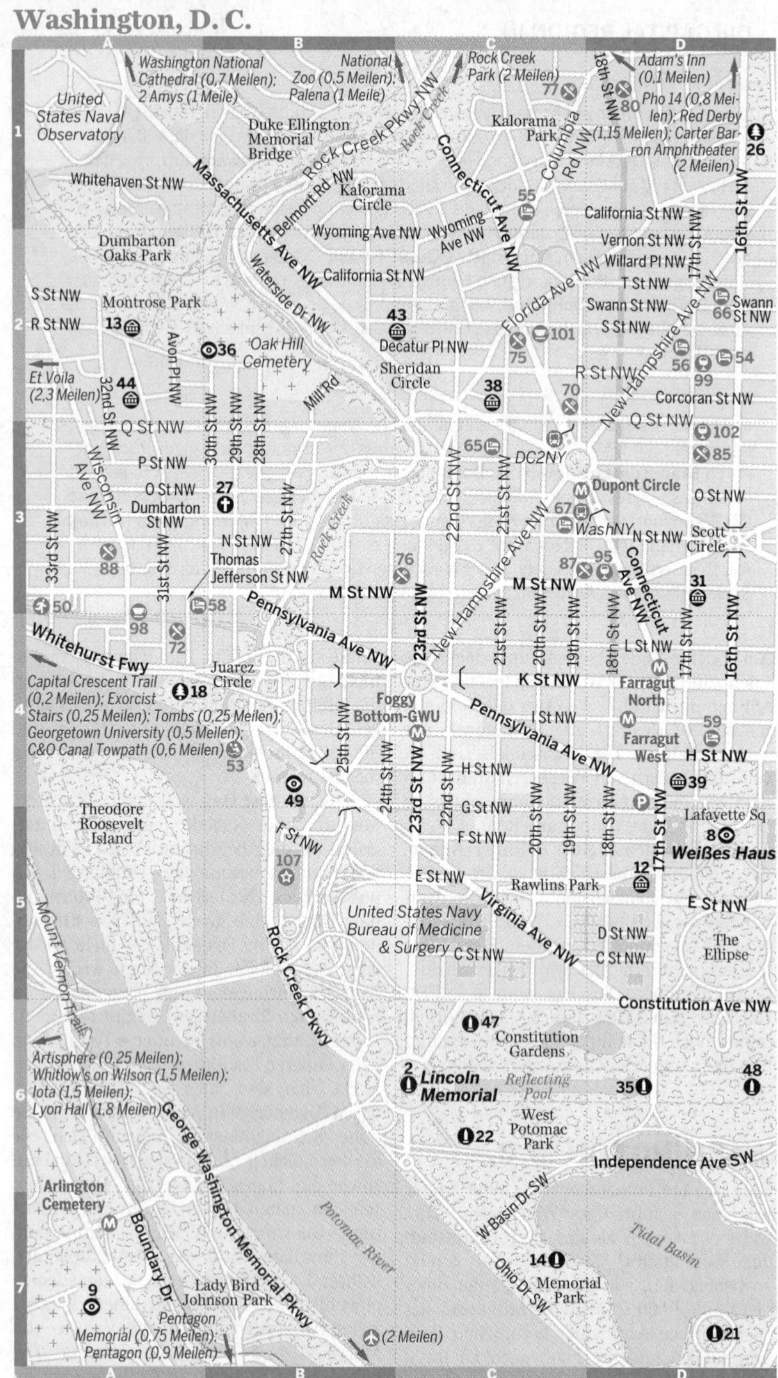

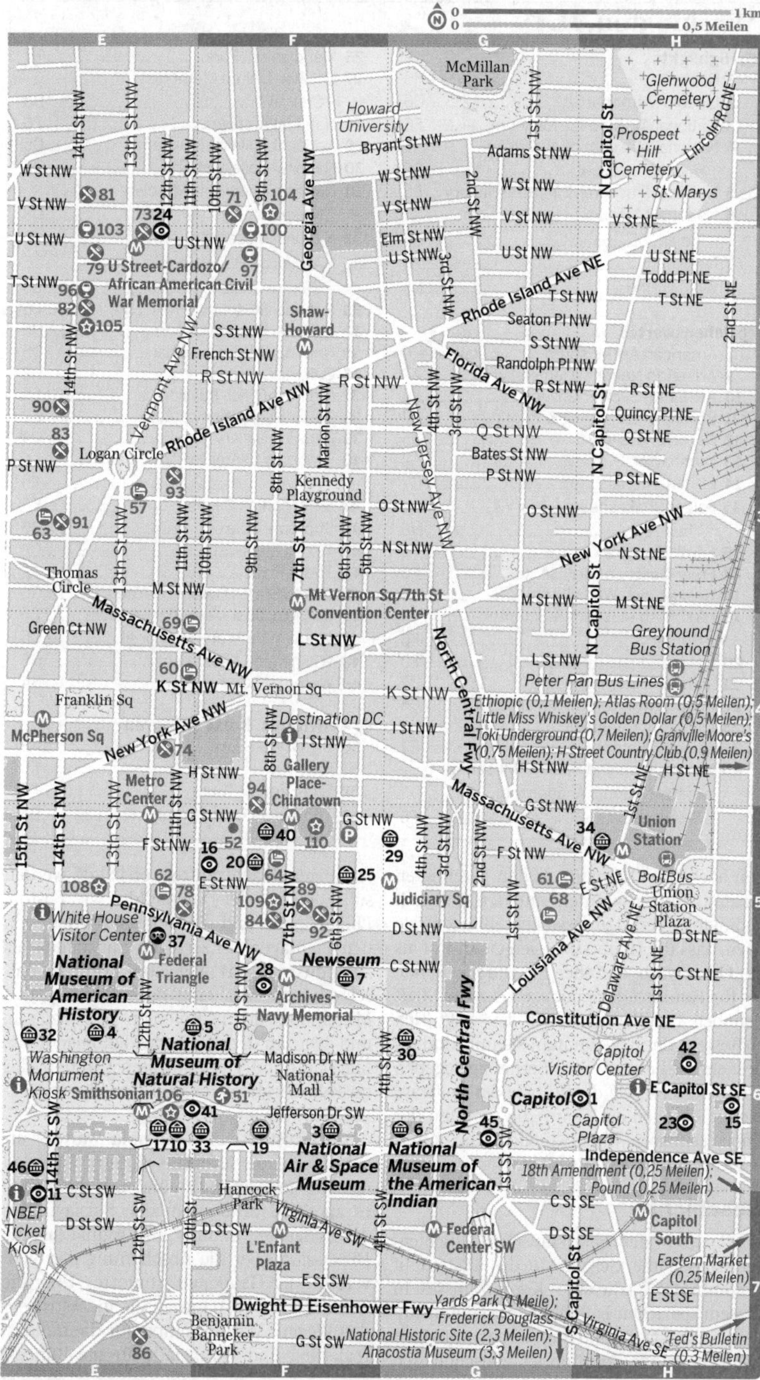

0 1 km
0 0,5 Meilen
McMillan Park
Howard University
Glenwood Cemetery
Prospect Hill Cemetery
St. Marys
Lincoln Rd NE
Bryant St NW
Adams St NW
W St NW
V St NW
U St NW
T St NW
Elm St NW
V St NE
U St NE
Todd Pl NE
T St NE
2nd St NE
14th St NW
13th St NW
12th St NW
11th St NW
10th St NW
9th St NW
Georgia Ave NW
1st St NW
2nd St NW
3rd St NW
N Capitol St
U Street-Cardozo/African American Civil War Memorial
Rhode Island Ave NE
T St NW
Seaton Pl NW
S St NW
Randolph Pl NW
Shaw-Howard
S St NW
French St NW
R St NW
Vermont Ave NW
Rhode Island Ave NW
Florida Ave NW
R St NW
R St NE
Quincy Pl NE
Q St NW
Q St NE
Bates St NW
P St NW
P St NE
P St NW
Logan Circle
Marion St NW
8th St NW
7th St NW
New Jersey Ave NW
4th St NW
Kennedy Playground
O St NW
O St NW
6th St NW
5th St NW
N St NW
New York Ave NW
N St NE
Thomas Circle
M St NW
Mt Vernon Sq/7th St Convention Center
M St NW
M St NE
Massachusetts Ave NW
Green Ct NW
L St NW
L St NW
Greyhound Bus Station
Peter Pan Bus Lines
North Central Fwy
K St NW
Mt. Vernon Sq
K St NW
Franklin Sq
McPherson Sq
Destination DC
I St NW
I St NW
Ethiopic (0,1 Meilen); Atlas Room (0,5 Meilen); Little Miss Whiskey's Golden Dollar (0,5 Meilen); Toki Underground (0,7 Meilen); Granville Moore's (0,75 Meilen); H Street Country Club (0,9 Meilen)
New York Ave NW
H St NW
Metro Center
Gallery Place-Chinatown
H St NW
1st St NE
H St NE
15th St NW
G St NW
G St NW
G St NW
Union Station
F St NW
F St NW
BoltBus
Union Station Plaza
E St NW
E St NE
Judiciary Sq
White House Visitor Center
Pennsylvania Ave NW
D St NW
D St NE
Louisiana Ave NW
Delaware Ave NE
National Museum of American History
Federal Triangle
Newseum
C St NW
C St NE
Archives-Navy Memorial
Constitution Ave NE
National Museum of Natural History
Washington Monument Kiosk
Smithsonian
Madison Dr NW
National Mall
Capitol Visitor Center
E Capitol St SE
Capitol
Jefferson Dr SW
Capitol Plaza
National Air & Space Museum
National Museum of the American Indian
Independence Ave SE
18th Amendment (0,25 Meilen); Pound (0,25 Meilen)
14th St SW
C St SW
C St SE
NBEP Ticket Kiosk
12th St SW
Hancock Park
4th St SW
1st St SW
D St SW
10th St
D St SW
L'Enfant Plaza
Virginia Ave SW
Federal Center SW
D St SE
Capitol South
Eastern Market (0,25 Meilen)
E St SW
E St SE
Dwight D Eisenhower Fwy
Yards Park (1 Meile); Frederick Douglass National Historic Site (2,3 Meilen); Anacostia Museum (3,3 Meilen)
S Capitol St
Virginia Ave SE
Benjamin Banneker Park
G St SW
Ted's Bulletin (0,3 Meilen)

Washington, D. C.

Highlights

1 Capitol H6
2 Lincoln Memorial C6
3 National Air & Space Museum F6
4 National Museum of American History E6
5 National Museum of Natural History E6
6 National Museum of the American Indian G6
7 Newseum F5
8 Weißes Haus D5

Sehenswertes

American Art Museum .... (siehe 40)
9 Arlington National Cemetery A7
10 Arthur M. Sackler Gallery E6
11 Bureau of Engraving & Printing E7
12 Corcoran Gallery D5
13 Dumbarton Oaks A2
14 FDR Memorial C7
15 Folger Shakespeare Library & Theatre H6
16 Ford's Theatre F5
17 Freer Gallery of Art E6
18 Georgetown Waterfront Park A4
19 Hirshhorn Museum & Sculpture Garden F6
20 International Spy Museum F5
21 Jefferson Memorial D7
22 Korean War Veterans Memorial C6
23 Library of Congress H6
24 Lincoln Theatre E2
25 Marian Koshland Science Museum of the National Academy of Sciences F5
26 Meridian Hill Park D1
27 Mt. Zion United Methodist Church B3
28 National Archives F5
29 National Building Museum G5
30 National Gallery of Art G6
31 National Geographic Society Museum D3
32 National Museum of African American History and Culture E6
33 National Museum of African Art F6
34 National Postal Museum H5
35 National WWII Memorial D6
36 Oak Hill Cemetery B2
37 Old Post Office Pavilion E5
38 Phillips Collection C2
39 Renwick Gallery D4
40 Reynolds Center for American Art F5
41 Smithsonian Castle E6
42 Supreme Court H6
43 Textile Museum C2
44 Tudor Place A2
45 United States Botanic Garden G6
46 US Holocaust Memorial Museum E6
47 Vietnam Veterans Memorial C6
48 Washington Monument D6
49 Watergate Complex B4

Aktivitäten, Kurse & Touren

50 Big Wheel Bikes A3
51 Carousel F6
52 City Segway Tours F5
53 Thompson Boat Center B4

den höchsten überhaupt in den Vereinigten Staaten und zusammen mit den politisch bedingten Versetzungswellen führten sie dazu, dass die Hauptstadt sich einen Ruf als ein Ort erwarb, der eher für Durchreisende als für Familien geeignet sei. Dass die Stadt dennoch familienfreundlich ist, zeigt sich spätestens dann, wenn man sie mit Kindern besucht und die etwas außerhalb gelegenen Wohnviertel sowie die Vororte des Beltways bieten all jenen ein Heim, die inmitten der unbestreitbaren intellektuellen und kulturellen Dynamik leben wollen.

Geschichte

Wie vieles in der amerikanischen Geschichte ist auch die Geschichte des District of Columbia (D.C.) die eines Kompromisses. In diesem speziellen Fall ging es um die Balance zwischen Nord und Süd, um derentwillen die Hauptstadt des Bundes zwischen den jeweiligen Machtzentren errichtet werden sollte. Potenzielle Hauptstädte wie Boston, Philadelphia und Baltimore wurden von den Plantagenbesitzern der Südstaaten als zu industrialisiert abgelehnt. Und so entschied man sich, eine neue Stadt in den Mittelpunkt der 13 Kolonien zu platzieren, und zwar an den Ufern des Potomac River. Maryland und Virginia traten Land ab (das im Falle Virginias im 19. Jh. wieder zurückgegeben wurde).

Der District of Columbia wurde ursprünglich vom Kongress geführt. Während des Krieges von 1812 zündeten die Briten es an, 1846 verlor man den Sklavenhafen Alexandria am Südufer an Virginia (als die Diskussion über die Abschaffung der Sklaverei in der Hauptstadt rumorte). Über die Jahre folgte D.C. dann auseinanderstrebenden Wegen: Marmortempel für die Bundesregierung und Wohnstadt für die Bundes-

Schlafen

54	Akwaaba	D2
55	American Guest House	C1
56	Carlyle Suites	D2
57	Chester Arthur House	E3
58	Graham Georgetown	A3
59	Hay-Adams Hotel	D4
60	Hostelling International – Washington DC	E4
61	Hotel George	G5
62	Hotel Harrington	E5
63	Hotel Helix	E3
64	Hotel Monaco	F5
65	Hotel Palomar	C3
66	Inn at Dupont North	D2
67	Inn at Dupont South	C3
68	Liaison	G5
69	Morrison-Clark Inn	E4

Essen

70	Afterwords Cafe	C2
71	American Ice Company	F1
72	Baked & Wired	A4
73	Ben's Chili Bowl	E2
74	Bibiana	E4
75	Bistrot du Coin	C2
76	Blue Duck Tavern	C3
77	Cashion's Eat Place	C1
78	Central Michel Richard	E5
79	Desperados	E2
80	Diner	D1
81	Eatonville	E1
82	El Centro	E2
83	Estadio	E3
84	Hill Country Barbecue	F5
85	Komi	D3
	Little Serrow	(siehe 85)
86	Maine Avenue Fish Market	E7
87	Malaysia Kopitiam	C3
88	Martin's Tavern	A3
89	Merzi	F5
	Mitsitam Native Foods Cafe	(siehe 6)
90	Pearl Dive Oyster Palace	E2
91	Pig	E3
92	Rasika	F5
93	Veranda on P	E3
94	Zaytinya	F5

Ausgehen & Nachtleben

95	18th Street Lounge	D3
96	Bar Pilar	E2
97	Brixton	F2
98	Ching Ching Cha	A3
99	Cobalt	D2
100	Dickson Wine Bar	F2
101	Filter	C2
102	JR's	D3
103	Marvin	E2
	Nellie's	(siehe 97)
	Patty Boom Boom	(siehe 103)

Unterhaltung

104	9:30 Club	F1
105	Black Cat	E2
106	Discovery Theater	E6
107	Kennedy Center	B5
108	National Theatre	E5
109	Shakespeare Theatre	F5
110	Verizon Center	F5

angestellten einerseits, urbanes Ghetto für nach Norden ziehende Afroamerikaner und Immigranten aus Übersee andererseits.

1973 bekam die Stadt endlich einen eigenen Bürgermeister: Walter Washington, einer der ersten afroamerikanischen Bürgermeister einer amerikanischen Großstadt überhaupt. D.C. war immer unterfinanziert und heute werden D.C.s Einwohner besteuert wie alle anderen Bürger der USA, haben allerdings keinen Sitz im Kongress. Die gebildete Oberschicht ist meilenweit von den vernachlässigten Notleidenden entfernt: Beinahe die Hälfte der Einwohner hat ein Uni-Diplom, aber auch ein Drittel besteht faktisch aus Analphabeten.

Mit der Wahl von Barack Obama zum Präsidenten der USA im Jahr 2008 erhielt D.C. ein cooleres Image. Jetzt strömten die New Yorker hierher und nicht mehr umgekehrt. Leider brachten sie auch die New Yorker Lebenshaltungskosten nach D.C. Die Hauptstadt bleibt gespalten zwischen den zunehmend mobilen, hier nur vorübergehend Wohnenden und den Langzeit-Einwohnern. Erstere leben in Wohlstand, während Letztere lokalpolitischen Einfluss haben. An manchen Orten leben diese zwei Extreme nebeneinander, in anderen Wohnvierteln aber gibt's spürbare Spannungen.

Sehenswertes

Washington wurde von zwei Stadtplanern mit dem Ziel entworfen, die Orientierung in der Hauptstadt denkbar einfach zu gestalten. Leider haben sich die städtischen Visionen der Herren völlig vermischt. Pierre L'Enfants diagonale, nach Bundesstaaten benannten Straßen teilen sich den Raum mit Andrew Ellicotts Raster (zur Erinnerung: Buchstaben verlaufen von Ost nach West, Zahlen von Nord nach Süd.). Als ob das nicht reichen würde, ist die Stadt in vier Quadranten unterteilt: mit fast identischen Adressen in den verschiedenen Vierteln – F und 14th NW ist

National Mall

Viele nennen die Mall „Amerikas Vorgarten“ und der Vergleich hat etwas für sich. Es ist in der Tat eine Wiese, die sich vom Capitol nach Westen bis zum Lincoln Memorial erstreckt. Es ist auch Amerikas großer öffentlicher Platz, zu dem die Bürger kommen, um gegen die Regierung zu protestieren, an Läufen teilzunehmen, und sich mit den von der ganzen Nation verehrten Idealen zu identifizieren, die in Stein gehauen sind oder sich als Monumente und Gedenkstätten präsentieren.

Man kann recht viel an einem einzigen, wenn auch anstrengenden Tag mit einem etwa 6 km langen Fußmarsch erleben. Man startet am besten am **Vietnam Veterans Memorial** 1 und klappert dann **das Lincoln Memorial** 2, das **Martin Luther King Jr Memorial** 3 und das **Washington Monument** 4 ab. Auch Abstecher zum Korean War Veterans Memorial und dem National WWII Memorial lohnen sich – um nur einige der Gedenkstätten im westlichen Teil der Mall zu nennen.

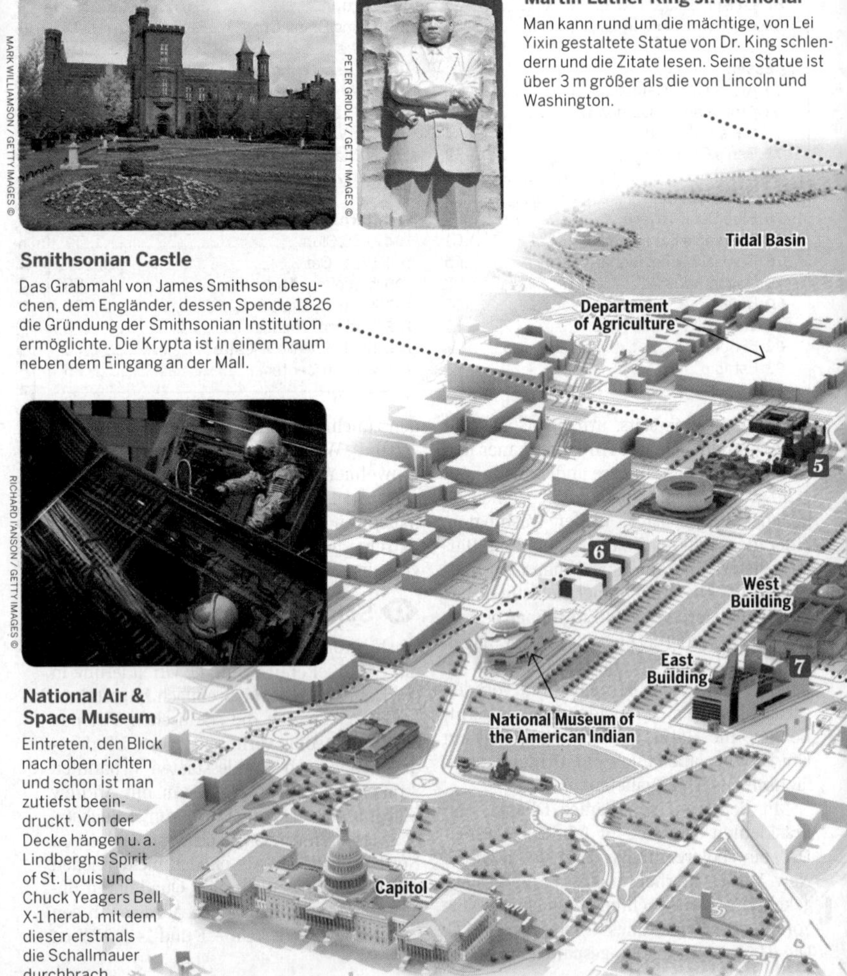

Martin Luther King Jr. Memorial

Man kann rund um die mächtige, von Lei Yixin gestaltete Statue von Dr. King schlendern und die Zitate lesen. Seine Statue ist über 3 m größer als die von Lincoln und Washington.

Smithsonian Castle

Das Grabmahl von James Smithson besuchen, dem Engländer, dessen Spende 1826 die Gründung der Smithsonian Institution ermöglichte. Die Krypta ist in einem Raum neben dem Eingang an der Mall.

National Air & Space Museum

Eintreten, den Blick nach oben richten und schon ist man zutiefst beeindruckt. Von der Decke hängen u. a. Lindberghs Spirit of St. Louis und Chuck Yeagers Bell X-1 herab, mit dem dieser erstmals die Schallmauer durchbrach.

Danach geht's weiter zu den Museen, die allesamt hervorragend und noch dazu kostenlos sind. Beginnen sollte man mit dem **Smithsonian Castle** 5 – und jenem Menschen dankbar sein, der all dies Großartige ermöglicht hat – und dann den Rundgang mit dem **National Air & Space Museum** 6, der **National Gallery of Art & National Sculpture Garden** 7 und dem **National Museum of Natural History** 8 fortsetzen.

TOP-TIPPS

Im Sommer möglichst früh starten, um den Menschenmassen und vor allem der brütenden Hitze zu entkommen. Die Tour der Gedenkstätten am besten gegen 10.30 Uhr beenden, um sich dann in die klimatisierten Räume der Museen flüchten zu können. Nicht vergessen, auch Snacks mitzunehmen, da es Snacks nur bei einigen mobilen Verkaufswägen und in den Cafés der Museen gibt.

Lincoln Memorial

Zuerst betracht man den sitzenden Lincoln, dann geht man die Treppen hinunter zu der Stelle, an der Martin Luther King Jr. über seinen „Traum" sprach. Der Blick auf den Reflecting Pool und das Washington Monument ist ein Highlights eines D. C.-Besuchs.

Vietnam Veterans Memorial

Neben den Namen sind Symbole zu sehen. Eine Raute bedeutet „Getötet, Leiche gefunden", ein Plus-Zeichen steht für „Verschollen und ungeklärt". Von Letzteren gibt es rund 1200.

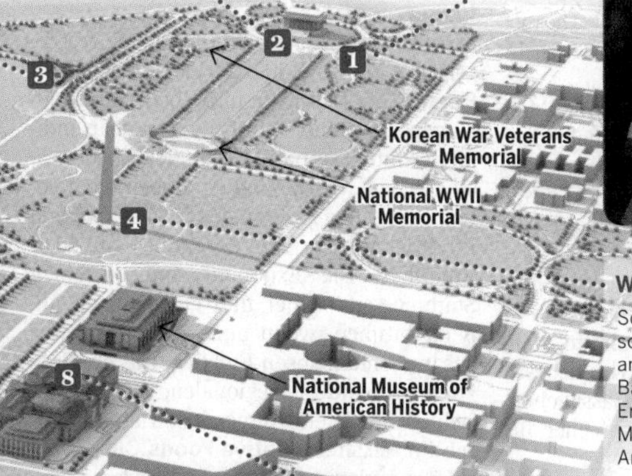

STEVEN GREAVES /GETTY IMAGES ©

Washington Monument

Sobald man sich dem Obelisken nähert, sollte man sich dessen unteres Drittel ansehen: Ja, er ist tatsächlich an der Basis etwas heller als weiter oben. Die Erbauer mussten verschiedene Arten von Marmor verwenden, nachdem die erste Art nicht ausreichte.

National Museum of Natural History

Dem Elefanten Henry, der die Rotunde dominiert, zuwinken und dann nichts wie in den 2. Stock zum Hope-Diamanten. Der 45,52-karätige Edelstein soll der Überlieferung zufolge seinen Besitzern nur Unglück gebracht haben.

EDDIE BRADY / GETTY IMAGES ©

National Gallery of Art & National Sculpture Garden

Schnurstracks zur Gallery 6 (im West Building) gehen und das einzige Gemälde von Leonardo da Vinci auf dem amerikanischen Kontinent bestaunen. Draußen, im Garten, zwischen ungewöhnlichen Skulpturen von Miró, Calder und Lichtenstein schlendern. Lohnend ist auch ein Blick auf das von I. M. Pei gestalteten East Building.

in der Nähe des Weißen Hauses, während F und 14th NE am Rosedale Playground liegt.

Der Großteil der Sehenswürdigkeiten liegt im Nordwestquadranten (NW), während sich die schäbigen Bezirke eher in der Südostecke (SE) befinden. Man sollte immer seine großstädtischen Sinne beisammen haben und besonders zu Anlässen wie dem Cherry Blossom Festival (Kirschblütenfest) auf riesige Menschenmassen vorbereitet sein. Der Potomac River liegt im Süden und Westen, Maryland im Norden und Osten, und der Beltway, die Ringstraße um die Hauptstadt, umkreist das Ganze.

National Mall

Wenn man an D.C. denkt, denkt man sehr wahrscheinlich an diese 3 km lange Wiese. An einem Ende vom Lincoln Memorial und am anderen Ende vom Capitol Hill begrenzt, wird sie vom Reflecting Pool und dem Mahnmal für den Zweiten Weltkrieg unterbrochen, während sich im Zentrum das Washington Monument erhebt. Dies ist das Herz der Stadt und in mancher Hinsicht das amerikanische Experiment.

Vielleicht verkörpert die National Mall wie kein anderes Symbol das nationale Ideal von der Stimme des Volkes, die einen radikalen Wandel bewirkt – von Martin Luther Kings „I have a dream"-Rede 1963 bis zu den Protestmärschen für die Homo-Ehe in den 2000er-Jahren. Hier finden jährlich Hunderte von Kundgebungen statt und die von Denkmälern und Museen umrahmte Mall, die überfüllt ist mit Touristen, Hundebesitzern, die mit ihren Vierbeinern Gassi gehen, und Idealisten, dient als Lautsprecher für alle möglichen Anliegen.

★National Air & Space Museum — MUSEUM

(http://airandspace.si.edu/; Ecke 6th St & Independence Ave SW; tägl. 10–17.30 Uhr, Juni–Aug. bis 19.30 Uhr; M Smithsonian, L'Enfant Plaza, Federal Center) GRATIS Das Air & Space Museum ist das beliebteste der Smithsonian Museen. Jeder drängt sich um den Flieger der Gebrüder Wright, Chuck Yeagers *Bell X-1,* Charles Lindberghs *Spirit of St. Louis* und das Kommandomodul der *Apollo 11.* Außerdem gibt's ein IMAX-Kino, ein Planetarium und einen Simulator (pro Erw./Kind 9/7,50 US$).

★National Museum of Natural History — MUSEUM

(www.mnh.si.edu; Ecke 10th St & Constitution Ave NW; 10–17.30 Uhr, Juni–Aug. bis 19.30 Uhr; M Smithsonian, Federal Triangle) GRATIS Besonders beliebt ist bei den Kindern das Museum of Natural History mit seinen Dinosaurierskeletten, einer archäologischen/anthropologischen Sammlung, Meereswundern und außergewöhnlichen Edelsteinen, darunter dem 45-karätigen Hope-Diamanten.

★National Museum of American History — MUSEUM

(www.americanhistory.si.edu; Ecke 14th St & Constitution Ave NW; 10–17.30 Uhr, Juni–Aug. bis 19.30 Uhr; M Smithsonian, Federal Triangle) GRATIS Das Museum of American History zeigt vor allem (durchaus interessanten) Alltags-Krimskrams aus Amerikas Vergangenheit – Gebetschals aus Synagogen, Banner von Protestkundgebungen und Baumwollentkörnungsmaschinen sowie einen riesigen originalen Sternenbanner und Kultobjekte wie Dorothys Schuhe aus *Der Zauberer von Oz* und Kermit, den Frosch.

★National Museum of the American Indian — MUSEUM

(www.americanindian.si.edu; Ecke 4th St & Independence Ave SW; 10–17.30 Uhr; M L'Enfant Plaza) GRATIS Das in honiggelbem Sandstein eingepackte Museum of the American Indian vermittelt anhand originaler Kleidungsstücke, von Video- und Audiobeiträgen sowie kulturellen Artefakten einen lebendigen Eindruck von der Welt der indigenen Völker Amerikas. Die Exponate sind einzelnen Stämmen gewidmet und geben einen äußerst intimen, wenn auch mitunter etwas zusammenhanglosen Einblick. Das absolute Highlight sind die regionalen, von den Gerichten der Ureinwohner inspirierten Speisen im **Mitsitam Native Foods Cafe** (www.mitsitamcafe.com; Ecke 4th St & Independence Ave SW, National Museum of the American Indian; Hauptgerichte 8–18 US$; 11–17 Uhr; M L'Enfant Plaza) im Erdgeschoss.

Hirshhorn Museum & Sculpture Garden — MUSEUM

(www.hirshhorn.si.edu; Ecke 7th St & Independence Ave SW; 10–17.30 Uhr, Skulpturengarten 7.30–Sonnenuntergang; M Smithsonian) GRATIS Im ringförmigen Hirshhorn Museum & Sculpture Garden gibt's eine riesige Sammlung moderner Kunst, deren Stücke in regelmäßigen Wechselausstellungen gezeigt werden. Zu sehen sind u.a. Werke von Auguste Rodin, Henry Moore und Ron Mueck sowie Gemälde von O'Keeffe, Andy Warhol, Man Ray und de Kooning.

WASHINGTON, D.C. IN…

…zwei Tagen

Das D.C.-Abenteuer beginnt man am besten beim beliebten National **Air & Space Museum** und dem **National Museum of Natural History** an der Mall. Gegen Mittag besucht man das **National Museum of the American Indian** und kann dort die Überlieferungen der Ureinwohner studieren und gleich noch ein hervorragendes Mittagessen genießen. Anschließend wandert man die **Mall** entlang zum **Lincoln Memorial** und dem **Vietnam Veterans Memorial**. Bevor einen die Kräfte verlassen, geht's zum Abendessen und ein paar Drinks in die **U Street**.

Am nächsten Tag macht man sich zum **US Holocaust Memorial Museum**, der **Arthur M. Sackler Gallery** und der **Freer Gallery of Art** auf. Das beleuchtete **Weiße Haus** und das neue **Martin Luther King Jr Memorial** sieht man sich bei Nacht an. Zum Abendessen geht's dann in das mit Restaurants gesäumte **Penn Quarter**.

…vier Tagen

Der dritte Tag führt auf einen Morgenspaziergang am Potomac River nach **Georgetown**, gefolgt von einer Schaufenstertour und Mittagessen im **Martin's Tavern**. Danach besucht man die herrlichen **Dumbarton Oaks** und macht eine Wanderung durch den **Rock Creek Park**. Abends macht man sich zum Abendessen nach **Columbia Heights** auf und beschließt mit ein paar Drinks in der Meridian Pint den Tag.

Am vierten Tag wird das **Newseum**, das **Capitol** und die **Library of Congress** besucht. Dann läuft man für eine Mahlzeit zum **Eastern Market**. Am Abend sollte man sich eine Show im Kennedy Center anschauen.

National Museum of African Art MUSEUM
(www.nmafa.si.edu; 950 Independence Ave SW; ⌚10–17.30 Uhr; 👪; Ⓜ Smithsonian) GRATIS Das National Museum of African Art zeigt Masken, Stoffe und Keramiken aus den Regionen südlich der Sahara sowie alte und zeitgenössische Kunst des gesamten Kontinents.

Arthur M. Sackler Gallery GALERIE
(www.asia.si.edu/; 1050 Independence Ave SW; ⌚10–17.30 Uhr; Ⓜ Smithsonian, L'Enfant Plaza) GRATIS In dieser ruhigen Galerie oder der angrenzenden **Freer Gallery of Art** (http://www.asia.si.edu/; Ecke 12 St & Jefferson Dr SW) kann man ganz friedlich einen Nachmittag damit verbringen, über antiken Schriftrollen und japanischen Seidenwandschirmen zu grübeln. Die beiden Galerien bilden zusammen das National Museum of Asian Art. Im Freer findet man außerdem – dem Thema nicht ganz entsprechend – über 1300 Werke des amerikanischen Malers James Whistler.

National Gallery of Art MUSEUM
(www.nga.gov; Constitution Ave NE, zw. 3rd St & 4th St NW; ⌚Mo–Sa 10–17, So 11–18 Uhr) GRATIS Die National Gallery of Art ist in zwei stattlichen Gebäuden untergebracht und beherbergt eine überwältigende Kunstsammlung (von über 100 000 Exponaten), die vom Mittelalter bis in die Gegenwart reicht. Im neoklassizistischen **West Building** wird europäische Kunst bis zum 19. Jh. gezeigt, darunter etliche herausragende Meisterwerke der italienischen Renaissance (u.a. das einzige Gemälde von Leonardo da Vinci auf amerikanischem Kontinent); im **East Building**, entworfen von I.M. Pei, gibt's Kunst der Moderne mit Werken u.a. von Picasso, Matisse, Pollock und in der Eingangshalle ein massives, von der Decke herabhängendes Mobile von Calder. Ein unterirdischer Tunnel mit einem großartigen Indoor-Wasserfall („Cascade") und einem Café verbindet die beiden Gebäude.

Smithsonian Castle VISITOR CENTER
(☎202-633-1000; www.si.edu; 1000 Jefferson Dr SW; ⌚8.30–17.30 Uhr; Ⓜ Smithsonian) Das rotbetürmte Smithsonian Castle ist das Visitor Center für alle Museen, aber selbst nicht sonderlich interessant.

Weitere Museen & Monumente

Lincoln Memorial DENKMAL
(2 Lincoln Memorial Cir NW) GRATIS Das westliche Ende der Mall wird von dem Schrein für Abraham Lincoln begrenzt. Friedlich blickt er von seinem neoklassizistischen Domizil mit den dorischen Säulen über den Reflecting

Pool. Links von Lincoln kann man die Worte der Gettysburg Address lesen, in der Halle darunter weitere Stücke zum großen Lincoln bestaunen. Auf den Stufen hat Martin Luther King Jr seine berühmte Rede „I Have a Dream" gehalten.

★Newseum MUSEUM

(www.newseum.org; 555 Pennsylvania Ave NW; Erw./Kind 22/13 US$; 9–17 Uhr; ; M Archives-Navy Memorial, Judiciary Sq) Auch wenn man hier tief in die Tasche greifen muss, ist das umfassende, durch und durch interaktive Nachrichten-Museum seinen Eintrittspreis mehr als wert. Man kann in die wichtigsten Ereignisse der letzten Jahre eintauchen (Fall der Berliner Mauer, 11. September, Hurrikan Katrina) und Stunden damit zubringen, Filme und mit dem Pulitzer-Preis ausgezeichnete Fotos anzuschauen und die Arbeiten von Journalisten zu lesen, die bei der Ausübung ihres Jobs getötet wurden.

US Holocaust Memorial Museum MUSEUM

(www.ushmm.org; 100 Raoul Wallenberg Pl; 10–17.20 Uhr) GRATIS Für ein umfassendes Verständnis des Holocaust – seiner Opfer, Täter und Zuschauer – ist dieses erschütternde Museum ein Muss. In der Hauptausstellung (nicht für Kinder unter 11 Jahren zu empfehlen, die eine ebenfalls im Gebäude befindliche und kostenlose Extra-Ausstellung besuchen können) bekommen die Besucher eine Identitätskarte eines Holocaust-Opfers. Nicht nur diese wird zum Nachdenken anregen, während man einer gewundenen Route in eine höllische Vergangenheit mitten durch Rekonstruktionen von Ghettos, Eisenbahnwagen und Todeslagern folgt und vieles über das Schicksal der ermordeten Juden erfährt. Es wird pro Tag nur eine begrenzte Anzahl von Besuchern eingelassen – man sollte also früh da sein.

Washington Monument DENKMAL

(202-426-6841; 2 15th St NW; Juni–Aug. 9–22 Uhr, Sept.–Mai 9–17 Uhr) GRATIS Das Washington Monument ist mit seinen 169,3 m das höchste Gebäude in diesem Stadtteil. Wie man an den Farbtönen der Steine erkennen kann, wurde es in zwei Abschnitten gebaut. Die Tickets kosten nichts, müssen aber am **Kiosk** (15th St, zw. Madison Dr NW & Jefferson Dr SW; 8.30–16.30 Uhr) reserviert werden. Man kann sie aber auch im Voraus bestellen: hierzu beim **National Park Service** (877-444-6777; www.recreation.gov; Tickets 1,50 US$) anrufen! Achtung: Das Washington Monument war zum Zeitpunkt der Recherche für Reparaturarbeiten aufgrund von Schäden durch ein Erdbeben geschlossen. Ein Datum für die Wiedereröffnung stand noch nicht fest. Infos unter www.nps.gov/wamo.

Bureau of Engraving & Printing AREAL

(www.moneyfactory.gov; Ecke 14th St & C St SW; Mo–Fr 9–15 Uhr, im Sommer bis 19.30 Uhr; ; M Smithsonian) GRATIS Das Bureau of Engraving & Printing, auch als weltweit berühmteste Druckerei bekannt, ist der Ort, an dem sämtliche US-Banknoten entworfen werden. Dabei verlassen rund 32 Mio. Banknoten täglich die Druckmaschinen. Am besten stellt man sich frühmorgens am **Ticketkiosk** (Raoul Wallenberg Pl, auch bekannt als 15th St) auf der Raoul Wallenberg Pl an.

Vietnam Veterans Memorial DENKMAL

(Constitution Gardens) GRATIS Das schwarze, etwas in den Boden eingelassene „V" ist das genaue Gegenstück zum üblichen weißen und glänzenden Marmor Washingtons. Es ist ein Ausdruck der Narbe, die der Vietnamkrieg in der nationalen Seele der USA hinterlassen hat. Das Monument führt noch tiefer in die Erde. Hier sind die Namen der 58 267 gefallenen Soldaten in die dunkle Wand gemeißelt, und zwar in der Reihenfolge, in der sie gestorben sind. Es ist ein feinsinniges und tiefgründiges Monument, was umso mehr überrascht, als es 1981 von der 21 Jahre alten Maya Lin entworfen wurde, die damals noch nicht einmal ihr Grundstudium absolviert hatte.

Korean War Veterans Memorial DENKMAL

(www.nps.gov/kwvm; 10 Daniel French Drive SW; M Foggy Bottom-GWU) GRATIS Die aufwendig gestaltete Erinnerungsstätte zeigt eine Patrouille von 19 geisterhaften Stahlsoldaten, die an einer Wand mit eingeätzten Gesichtern aus diesem Konflikt vorbeimarschieren. Aus der Entfernung gesehen, verbinden sich die Bilder auf der Wand zu einer Darstellung der koreanischen Berge.

National WWII Memorial DENKMAL

(www.wwiimemorial.com; 17th St; mSmithsonian) GRATIS Das National WWII Memorial nimmt ein Ende des Reflecting Pool ein und steht – was zu kontroversen Diskussionen geführt hat – im Zentrum der Mall, womit es das einzige Kriegsmahnmal ist, dem diese Auszeichnung zuteil wird. Es gedenkt der 400 000 US-Amerikaner, die im Zweiten Weltkrieg ihr Leben verloren, sowie der 16 Mio. GIs, die in dem Krieg kämpften. Be-

NICHT VERSÄUMEN

SMITHSONIAN INSTITUTION MUSEUMS

Größe und Anspruch der 19 **Smithsonian Museums** (☎202-633-1000; www.si.edu; ⏱10–17.30 Uhr) mit ihren Galerien und dem Zoo sind enorm. Sie umfassen den größten Museums- und Forschungskomplex der Welt – und noch dazu ist der Eintritt frei! Man kann Wochen damit verbringen, die endlosen Gänge entlangzuwandern und die sagenhaften Schätze, Artefakte, Kunstwerke und Grafiken aus Amerika und aller Welt auf sich wirken zu lassen. Selbst riesige Dinosaurierskelette und Mondfähren gehören zum vielfältigen Inventar des Smithsonian. Der Dank geht an den neugierigen Engländer James Smithson, der zwar die USA nie besucht hat, aber der flügge werdenden Nation 1826 per Testament 500 000 US$ vermachte, um eine „Einrichtung" zu gründen, die „das Wissen vergrößern und verbreiten" sollte.

Das neueste Projekt des Smithsonian befindet sich derzeit noch in Arbeit: das 500 Mio. US$ teuere **National Museum of African American History and Culture** (www.nmaahc.si.edu; Ecke Constitution Ave & 14th St NW), das 2015 eröffnet werden soll. Bis dahin kann man die vorläufige Ausstellung im zweiten Stock des National Museum of American History (S. 288) unter die Lupe nehmen.

Die meisten Museen sind täglich geöffnet (25. Dez. geschl.); einige haben im Sommer länger offen. Man muss sich auf Warteschlangen und Taschenkontrollen einstellen.

wegende Zitate sind über das gesamte Monument verteilt.

Corcoran Gallery MUSEUM
(☎202-639-1704; www.corcoran.org; Ecke 17th St & New York Ave NW; Erw./Kind 10 US$/frei; ⏱Mi–So 10–17, Do bis 21 Uhr; Ⓜ Farragut West) Das älteste Kunstmuseum Washingtons, die Corcoran Gallery, hatte seine liebe Mühe, sich gegen die kostenlose staatliche Konkurrenz gleich um die Ecke zu behaupten. Das hat es aber nicht davon abgehalten, eine der vielfältigsten Sammlungen des Landes zusammenzutragen.

Capitol Hill

Das Kapitol steht selbstverständlich auf dem Capitol Hill (den Pierre L'Enfant als „Sockel, der auf ein Monument wartet", bezeichnete; unserer Ansicht nach ist es zwar eher ein Stumpf – aber was für einer!). Auf der gegenüberliegenden Seite des Platzes erheben sich die ehrwürdigen Gebäude des Supreme Court und der Library of Congress. Bürogebäude des Kongresses säumen den Platz. Zwischen der E Capitol St und dem Lincoln Park erstreckt sich ein hübsches Wohnviertel mit Häusern aus braunem Sandstein. Hier befinden sich die Metro-Stationen Union Station, Capitol South und Eastern Market.

★Capitol WAHRZEICHEN
(East Capitol St NE & First St) Dies ist der Ort, an dem seit 1800 der Gesetzgeber, d.h. der Kongress, zusammenkommt, um die Gesetze des Landes zu verabschieden. Die Abgeordneten des Repräsentatenhauses (House of Representatives, 435 Mitglieder) und die des Senats (Senate, 100 Mitglieder) versammeln sich im südlichen bzw. im nördlichen Gebäudeflügel.

Ein unterirdisch angelegtes **Visitor Center** (www.visitthecapitol.gov; 1st St NE & E Capitol St; ⏱Mo–Sa 8.30–16.30 Uhr) informiert umfassend über die Vergangenheit eines Gebäudes, das vor Geschichte geradezu strotzt. Wer im Voraus bucht (http://tours.visitthecapitol.gov), kann kostenlos das Innere des Capitols besichtigen, das ebenso beeindruckend ist wie das Äußere und mit Büsten, Statuen, persönlichen Andenken an Generationen von Abgeordneten übersät ist und über eine museumswürdige Kunstsammlung verfügt. Es ist auch möglich, sich am Besuchstag an einer Schlange neben dem Informationschalter für Tickets anzustellen. Wer einen Besucherpass möchte, sollte aber früh kommen.

Um den Kongress in Aktion zu erleben, können US-Bürger ihre Repräsentanten oder Senatoren um einen Besucherpass bitten (☎202-224-3121); ausländische Besucher müssen ihren Reisepass vor Betreten der Besuchergalerie vorzeigen. Die Anhörungen der Kongress-Aussschüsse sind eigentlich spannender (und substanzieller) für all jene, die sich für das gerade zur Debatte stehende Thema interessieren. Informationen über Sitzungstermine, Räume und darüber, ob die Öffentlichkeit zugelassen ist, erfährt man unter www.house.gov und www.senate.gov.

Library of Congress WAHRZEICHEN
(www.loc.gov; 1st St SE; 8.30-16.30 Uhr Mo-Sa) GRATIS Um den Europäern zu beweisen, dass auch Amerika Kultur hat, setzte John Adams die größte Bibliothek der Welt auf den Capitol Hill. Das Ziel der LOC ist einfach: Universalität, also die Idee, dass alles Wissen brauchbar ist. Überwältigend in Größe und Design setzen sich barockes Interieur und neoklassizistische Schnörkel vom Hauptlesesaal ab, der eher aussieht wie eine Ameisenkolonie, in der ständig 29 Mio. Bücher gepflegt werden. Das informative Visitor Center (S. 291) und der Ausgangspunkt für Führungen durch die Lesesäle befinden sich im **Jefferson Building** direkt hinter dem Kapitol.

Supreme Court WAHRZEICHEN
(202-479-3030; www.supremecourt.gov; 1 1st St NE; Mo–Fr 9–16.30 Uhr; M Capitol South) GRATIS Selbst Nicht-Jurastudenten sind vom Höchsten Gericht der USA beeindruckt. Frühaufsteher können Beweisführungen lauschen (periodisch Okt.–April Mo–Do). Die Dauerausstellungen und die Wendeltreppe mit sieben Schleifen kann man das ganze Jahr über besichtigen.

Folger Shakespeare Library & Theatre BIBLIOTHEK
(www.folger.edu; 201 E Capitol St SE; Mo–Sa 10–17, So 12–17 Uhr; M Capitol South) GRATIS Die Bibliothek beherbergt die weltweit größte Sammlung an Werken von und über Shakespeare und ist sowohl für allgemeine Besuche geöffnet als auch für Aufführungen und Vorträge mit Eintrittskarten.

National Postal Museum MUSEUM
(www.postalmuseum.si.edu; 2 Massachusetts Ave NE; 10–17.30 Uhr; ; M Union Station) GRATIS Das Museum besitzt die weltweit größte Briefmarkensammlung und zeigt außerdem ein uraltes Postflugzeug sowie ergreifende Feldpost. Über dem Museum befindet sich eine nette Mini-Brauerei.

United States Botanic Garden GÄRTEN
(www.usbg.gov; 100 Maryland Ave SW; 10–17 Uhr; ; M Federal Center SW) GRATIS Diese nicht zum Capitol Hill passende Ergänzung ist heiß, stickig und grün und zeigt mehr als 4000 verschiedene Pflanzenarten.

Tidal Basin

Es ist wunderschön, um die künstlich angelegte Bucht zu schlendern und sich die beleuchteten Monumente anzuschauen, deren Lichter über dem Potomac River blinken. Besonders herrlich sind die Blüten hier während des Cherry Blossom Festivals, dem Kirschblütenfest im Frühling, wenn rund um das Becken eine rosa-weiße Farbenpracht erstrahlt. Die ersten Bäume waren ein Geschenk der Stadt Tokio und wurden 1912 gepflanzt.

Jefferson Memorial DENKMAL
(900 Ohio Dr SW) GRATIS Das überkuppelte Monument ist reich mit Zitaten aus den berühmtesten Schriften des Gründervaters ausgeschmückt, auch wenn Historiker einige textliche Abweichungen bemängeln (die angeblich auf Platzmangel zurückzuführen sind). Nichtsdestotrotz genießt man vom Monument aus einen herrlichen Blick über das Wasser hin zur Mall.

Franklin Delano Roosevelt (FDR) Memorial DENKMAL
(Memorial Park) GRATIS Diese 3 ha große Gedenkstätte ist dem US-Präsidenten mit der längsten Amtszeit und seiner Epoche gewidmet. Entlang eines sorgfältig angelegten Weges werden die Besucher durch die Weltwirtschaftskrise der 1930er-Jahre, die danach folgende Ära des New Deal und den Zweiten Weltkrieg geführt. Am besten besucht man die Gedenkstätte im Dunkeln, wenn das Zusammenspiel der Felsen, Brunnen und Lichter der Mall einen unvergesslichen Eindruck hinterlässt.

Martin Luther King Jr. Memorial MONUMENT
(www.mlkmemorial.org) GRATIS Das Martin Luther King Jr. Memorial, das sich über den Ufern des Tidal Basin erhebt, ist die erste Gedenkstätte, die einem Nichtpräsidenten und zugleich einem Afroamerikaner gewidmet ist. Anhand der Auszüge aus rund einem Dutzend Reden von Martin Luther King Jr wird einer der bedeutendsten Friedenskämpfer der Welt auf bewegende Weise geehrt.

Downtown

Downtown Washington nahm seinen Anfang in einer Gegend, die man heute als Federal Triangle kennt, und hat sich seither nach Norden und Osten ausgebreitet. Das Viertel umfasst jetzt den Bereich östlich vom Weißen Haus bis zum Judiciary Sq an der 4th St und von der Mall nördlich bis ungefähr zur M St.

Reynolds Center for American Art MUSEUM

(Ecke F St & 8th St NW; ⌚11.30–19 Uhr) GRATIS Auf keinen Fall das Reynolds Center for American Art auslassen, das die **National Portrait Gallery** (www.npg.si.edu) mit dem **American Art Museum** (http://americanart.si.edu) verbindet, wodurch die wohl eindrücklichste und umfassendste Sammlung amerikanischer Kunst überhaupt entstanden ist. Von ergreifenden Darstellungen von Stadtzentren und dem dörflichen Landesinnern bis zu den Visionen umherziehender Vagabunden hat sich das Center mit Erfolg der Aufgabe gewidmet, den Optimismus und die kritische Selbsteinschätzung der amerikanischen Kunst widerzuspiegeln. Der Innenhof mit seinem geneigten Glasdach, das das Tageslicht bricht, ist ein beliebter Ort zum Entspannen; der eindrucksvolle 3. Stock, hingegen, in dem sich einst die Modelle des nationalen Patentamts befanden, dient heute als barocker Festsaal.

National Archives WAHRZEICHEN

(www.archives.gov; 700 Constitution Ave NW; ⌚Mitte März–Anfang Sept. 10–19 Uhr, Anfang Sept.–Mitte März 10–17.30 Uhr) GRATIS Es ist kaum möglich, nicht zumindest ein bisschen Ehrfurcht zu empfinden, wenn man vor den berühmten Dokumenten in den National Archives steht: der Unabhängigkeitserklärung, der Verfassung und den Bill of Rights (die ersten 10 Verfassungszusätze) sowie einer von vier Kopien der Magna Carta. Sie verdeutlichen in ihrer Gesamtheit dem Besucher, wie radikal dieses „Experiment USA" in der damaligen Zeit war. Die Public Vaults sind lediglich ein Kratzen an der Oberfläche des gesamten archivierten Materials und sind eine grelle Erwiderung auf die Hauptausstellung.

International Spy Museum MUSEUM

(☎202-393-7798; www.spymuseum.org; 800 F St NW; Erw./Kind 20/15 US$; ⌚9–19 Uhr; 👪; Ⓜ Gallery Place-Chinatown) Wer in den Bond-Filmen die Szenen mit Q mag, wird auch das extrem beliebte International Spy Museum lieben. All die Kniffe und Tricks des Geheimdiensts machen das Museum zu einem Paradies für Fans der Spionagegeschichte. Man sollte frühzeitig dran sein.

National Building Museum MUSEUM

(www.nbm.org; 401 F St NW; Erw./Kind 8/5 US$; ⌚ Mo–Sa 10–17, So ab 11 Uhr, Führungen tgl. 11.30, 12.30 & 13.30 Uhr; 👪; Ⓜ Judiciary Sq) Das der Architektur und Stadtplanung gewidmete und unterschätzte Museum befindet sich standesgemäß in einem herrlichen Gebäude aus dem 19. Jh. Es wurde nach dem Vorbild des Palazzo Farnese in Rom aus der Renaissancezeit gestaltet. Die über vier Stockwerke reichenden, mit Ornamenten verzierten Säulengänge flankieren das herrschaftliche, 96 m breite Atrium, dessen goldene korinthische Säulen 23 m hoch sind. Wechselnde Ausstellungen zu verschiedenen Aspekten des Bauens sind in den an das Atrium grenzenden Räumen untergebracht

Renwick Gallery MUSEUM

(www.americanart.si.edu/renwick; 1661 Pennsylvania Ave NW; ⌚10–17.30 Uhr; 👪; Ⓜ Farragut West) GRATIS Die Renwick Gallery befindet sich in der Nähe des Weißen Hauses in einem 1859 erbauten Herrenhaus und enthält eine erlesene Sammlung an amerikanischem Kunsthandwerk. Zu den Highlights gehören einige ausgefallene Werke wie das kitschige *Game Fish* von Larry Fuente und Beth Lipmans entrücktes *Bancketje (Banquet)*.

Old Post Office Pavilion AUSSICHTSPUNKT

(www.oldpostofficedc.com; 1100 Pennsylvania Ave NW; ⌚Mo–Sa 10–20, So bis 19 Uhr; Ⓜ Federal Triangle) GRATIS Wer den Menschenmassen am Washington Monument entgehen möchte, sollte dieses wenig besuchte Revival des romanischen Stils aus dem Jahr 1889 aufsuchen. Von seinem fast 100 m hohen Aussichtsturm genießt man einen großartigen Panoramablick auf die Innenstadt. Ganz unten befinden sich eine in Flutlicht getauchte Halle und ein internationaler Food Court.

Ford's Theatre HISTORISCHE STÄTTE

(☎202-426-6924; www.fords.org; 511 10th St NW; Geführte Tour 2,50 US$; ⌚9–16.30 Uhr; Ⓜ Metro Center, Gallery Place-Chinatown) GRATIS Am 14. April 1865 verübte John Wilkes Booth das tödliche Attentat auf Abraham Lincoln, der sich hier in einer Loge aufhielt. Das Theater ist auch heute noch geöffnet; man kann an einer geführten Tour teilnehmen und sich über die Ereignisse informieren, die an jenem schicksalhaften Aprilabend stattfanden. Zur Tour gehört auch der Besuch des wiederhergestellten **Lincoln Museum**, das der Amtszeit des Präsidenten gewidmet ist. Da die tägliche Besucherzahl begrenzt ist, sollte man schon früh am Morgen kommen, um eine Eintrittskarte zu ergattern. Das Ticket ist auch für das gegenüberliegende **Petersen House** (516 10th St) gültig, in dem Lincoln starb.

Marian Koshland Science Museum of the National Academy of Sciences MUSEUM
(www.koshland-science-museum.org; Ecke 6th St & E St NW; Erw./Kind 7/4 US$; ⏲Mi–Mo 10–18 Uhr; 👪; Ⓜ Judiciary Sq, Gallery Place-Chinatown) Ein riesiges, kinderfreundliches Gebäude voll von verspielten, lehrreichen Exponaten, die Spaß machen und – gar nicht überraschend – wissenschaftlich ausgerichtet sind.

Das weiße Haus & Foggy Bottom

An die Mall grenzt ein großer Park, The Ellipse, an. Am östlichen Ende folgt an der Pennsylvania Ave der Block der Mächtigen. Foggy Bottom wurde nach den Nebeln benannt, die aus einem früher hier ansässigen Gaswerk strömten. Heute residieren in dem gehobenen, wenn auch nicht besonders lebhaften Viertel das State Department (Außenministerium) und die George Washington University, weshalb es hier auch von Studenten und Professoren wimmelt.

★ **Weißes Haus** WAHRZEICHEN
(☎Führungen 202-456-7041; www.whitehouse.gov; ⏲Führungen Di–Sa 7.30–11; Ⓜ Farragut West, Farragut North, McPherson Sq, Metro Center) Das Weiße Haus hat schon so einiges überstanden: ein Feuer – die Briten haben es 1814 in Brand gesetzt und nur ein Gewitter bewahrte es vor seiner völligen Zerstörung – oder auch Schmähungen wie etwa die von Jefferson, der meckerte, es sei groß genug für zwei Kaiser, einen Papst und den Dalai Lama. Obwohl sich die Fassade seit 1924 kaum verändert hat, wurde das Innere oft umgebaut. Franklin Roosevelt ließ einen Pool anlegen, Truman räumte alles aus und warf kurzerhand einen Teil der historischen Ausstattung weg (die heutigen Räume sind Nachbauten), Jacqueline Kennedy brachte wieder alte Möbel und historische Details zurück, Nixon gab eine Bowling-Bahn in Auftrag, Carter ließ Solarzellen anbringen, die Reagan wieder entfernte, Clinton legte einen Joggingpfad an und George W. Bush sorgte für ein T-Ball-Feld. Autos dürfen nicht mehr auf der Pennsylvania Ave am Weißen Haus vorbeifahren. Darum ist jetzt viel Platz für posierende Schulklassen und rund um die Uhr demonstrierende Friedensaktivisten.

➡ Touren

Eine selbstgeführte Tour führt einen ins Erdgeschoss und in den 1. Stock; die 2. und 3. Etage sind nicht zugänglich. Ausländische Besucher müssen sich hierfür entweder über das US-Konsulat ihres Landes oder über ihr Konsulat in D.C. anmelden. Wem das alles zu viel ist, kann das **White House Visitor Center** (www.nps.gov/whho; Ecke 15th St & E St NW; ⏲7.30–16 Uhr) besuchen; das ist auch nicht gerade das Wahre, aber – hey – hier liegt auch genug offizieller Krempel herum. Allerdings war dieses Visitor Center zum Zeitpunkt der Recherche gerade wegen Renovierung geschlossen. Ein einfaches temporäres Visitor Center befindet sich nahe dem Ellipse Visitor Pavilion. Aktuelle Infos über den Stand der Wiedereröffnung s. Homepage.

➡ Watergate

Im am Ufer gelegenen **Watergate Complex** (www.watergatehotel.com; 2650 Virginia Ave NW; Ⓜ Foggy Bottom-GWU) gibt's Apartments, Läden und die Bürotürme, die Watergate zum Synonym für politische Skandale gemacht haben. Hier brachen Präsident Nixons „Installateure" 1972 in das Hauptquartier des Landesvorstandes der Demokratischen Partei ein und verwanzten die Büros.

U Street, Logan Circle & Shaw

Wer einen Beweis dafür möchte, dass D.C. ein lebendige, quirlige, sich wandelnde Stadt ist und nicht eine verkorkste Hauptstadt, dem reicht ein Blick auf die U Street. Im Lauf des 20. Jhs. verwandelte sich diese Straße von einem Zentrum des afroamerikanischen Handels zur verkommenen Drogenszene und schließlich zur wohl am stärksten gentrifizierten Straße der Stadt. Heute ist die Gegend der U St (insbesondere die 14th St NW) eine angesagte Adresse für Restaurants, Nachtleben und Shopping. Ein Zeugnis der afroamerikanischer Vergangenheit ist an der Metro-Station U Street das **African American Civil War Memorial**, auf dem die Namen der im Bürgerkrieg gefallenen Afroamerikaner eingraviert sind. Die nahe gelegenen Viertel Shaw und Logan Circle gehören heute zu den angenehmsten Wohnvierteln der Hauptstadt.

Meridian Hill Park PARK
(www.nps.gov/mehi; zw. 15th St, 16th St, Euclid St & W St NW; ⏲Sonnenaufgang–Sonnenuntergang; Ⓜ U Street-Cardozo) Dies ist eine unglaubliche Grünfläche, die ohne Weiteres die großen amerikanischen Stadtparks in den Schatten stellt. Das Besondere an diesem Park ist die Art und Weise, wie er die landschaftliche Beschaffenheit hervorhebt. An der Falllinie

zwischen der Hochfläche des Piedmont Plateau und der flachen Atlantischen Küstenebene gelegen, erstreckt sich der Park terrassenförmig in der Art eines hängenden Gartens und ist reich mit Wasserfällen, Sandsteinterrassen und Dekorationselementen ausgestattet, die an toskanische Gärten erinnern. Viele Einheimische nennen ihn immer noch Malcolm X Park.

Lincoln Theatre WAHRZEICHEN
(☎202-328-6000; www.thelincolntheatre.org; 1215 U St NW) Als das historische Lincoln Theatre 1922 gegründet wurde, war es ein früher Eckpfeiler für die afroamerikanische Renaissance. Stars wie der in Washington geborene Duke Ellington, Louis Armstrong, Ella Fitzgerald, Billie Holiday, Sarah Vaughan u.v.a. haben hier die Bühne erstrahlen lassen.

Dupont Circle

Eine gut betuchte Synthese von schwuler Community und Diplomatenszene – das ist Stadtleben at its best. Tolle Restaurants, Bars und Cafés, fesselnde Architektur und die spürbare Energie einer lebendigen Nachbarschaft machen Dupont zu einem lohnenden Ziel. Die historischen Herrenhäuser sind größtenteils in Botschaften umgewandelt worden, während die Embassy Row (auf der Massachusetts Ave) mitten durch D.C.s schwules Herz verläuft.

Phillips Collection MUSEUM
(www.phillipscollection.org; 1600 21st St NW; Mo–Fr Eintritt frei, Sa–So 10 US$, Eintritt Sonderausstellungen 12 US$, Kammermusikabende 20 US$/Ticket; ⏲Di & Mi, Fr & Sa 10–17, Do bis 20.30, So 11–18 Uhr, Kammermusikabende Okt.–Mai, So, 16 Uhr; Ⓜ Dupont Circle) Das landesweit erste Museum für moderne Kunst wurde 1921 eröffnet und enthält eine kleine, aber exquisite Sammlung europäischer und amerikanischer Werke, darunter Arbeiten von Gauguin, van Gogh, Matisse, Picasso, O'Keeffe, Hopper und vielen anderen. Es ist teilweise in einem schön restaurierten Herrenhaus im Stil der Villen aus Georgia untergebracht.

Textile Museum MUSEUM
(www.textilemuseum.org; 2320 S St NW; empfohlene Spende 8 US$; ⏲Di–Sa 10–17, So ab 13 Uhr; Ⓜ Dupont Circle) Das oft übersehene Textile Museum befindet sich in zwei historischen Villen im Viertel Kalorama und zeigt wunderschön gearbeitete Kreationen aus aller Welt, etwa präkolumbische Webarbeiten, amerikanische Quilts und osmanische Stickereien.

National Geographic Society Museum GALERIE
(☎202-857-7700; 1145 17 St NW; Erw./Kind 11/7 US$; ⏲10–16 Uhr; Ⓜ Farragut North) Hier werden Wechselausstellungen und Vorträge über die weltweiten Expeditionen der Gesellschaft abgehalten. Infos über das Programm erteilt die telefonische Auskunft.

STEVEN F. UDVAR-HAZY CENTER

Das zum Smithsonian National Air & Space Museum gehörende **Steven F. Udvar-Hazy Center** (www.nasm.si.edu/udvarhazy; 14390 Air & Space Museum Parkway; ⏲10–17.30 Uhr, Ende Mai–Anfang Sept. bis 18.30 Uhr; 👪) GRATIS in Chantilly unweit vom Flughafen Dulles ist ein riesiger Hangar voller Flug- und Raumfahrzeuge, für die es im Museum in D.C. keinen Platz gibt. Zu den Highlights gehören das Space Shuttle *Enterprise*, der B-29-Bomber *Enola Gay*, das Aufklärungsflugzeug SR-71 *Blackbird* und eine Concorde-Überschallmaschine. Der Eintritt ist frei, dafür aber kostet der Parkplatz 15 US$.

Georgetown

Tausende Clevere und Schöne, von Studenten bis Elfenbeinturm-Akademiker und Diplomaten, nennen dieses grüne, aristokratische Viertel ihr Zuhause. Nachts staut sich der Verkehr auf der mit Läden vollgestopften M St, die dann zu einem seltsamen Mix aus Highschool-Schaufahren und Hauptstraßenschickeria mutiert.

Am besten entdeckt man das Stadtviertel während eines Spaziergangs am **C&O Canal Towpath** (☎202-653-5190; 1057 Thomas Jefferson St NW; ⏲Mi–So 9–16.30 Uhr), der entlang eines schattigen Weges neben einem Kanal verläuft, auf dem einst Güter nach West Virginia befördert wurden. Es lohnt sich, nach den **Exorcist Stairs** (3600 Prospect St NW) Ausschau zu halten, auf denen Pater Karras 1973 im Horrorfilm *Der Exorzist* in den Tod stürzte.

Dumbarton Oaks MUSEUM, GÄRTEN
(www.doaks.org; 1703 32nd St NW; Museum frei, Garten Erw./Kind 8/5 US$; ⏲Museum Di–So,

14–17 Uhr, Garten Di–So 14–18 Uhr) Das Museum in diesem historischen Herrenhaus zeigt erlesene byzantinische und präkolumbische Kunst. Noch beeindruckender ist der 4 ha große, schön gestaltete formale Garten, der besonders während der Frühlingsblüte sehenswert ist. Wer ihn wochentags besucht, vermeidet die Menschenmassen am Wochenende.

Mt. Zion United Methodist Church KIRCHE
(www.mtzionumcdc.org; 1334 29th St NW) Die Kirche erhebt sich an einem der Orte, die an die Geschichte der freien schwarzen Gemeinde von Georgetown im 19. Jh. erinnern, die in einem als Herring Hill bekannten Stadtviertel lebte. Sie wurde 1816 gegründet und gilt als älteste schwarze Kirchengemeinde von D.C. An ihrem ursprünglichen Standort an der 27th St NW war früher eine Station der Underground Railroad, des Netzwerks, das Sklaven half, aus den Südstaaten zu fliehen.

Georgetown University UNIVERSITÄT
(www.georgetown.edu; Ecke 37th St & O St NW) Bill Clinton war hier an der Universität. Das gibt einem einen Hinweis auf die Studentenschaft: smartes, hart arbeitendes Partyvolk.

Georgetown Waterfront Park PARK
(www.georgetownwaterfrontpark.org; K St NW & Potomac River; 👪) Der Waterfront Park ist besonders beliebt bei jungen Paaren, bei Singles auf Partnersuche, bei Familien, die einen Abendbummel unternehmen, und bei Yuppies, die mit ihren großen Jachten protzen wollen. Der Park beginnt am **Washington Harbour** (man findet ihn östlich der 31st St NW), einer modernen Gruppe von Hochhäusern, die sich um einen kreisrunden, terrassenförmigen Platz mit Springbrunnen scharen, die nachts wie Regenbogen leuchten. Bäume spenden Schatten entlang der Fußgängerwege, auf denen Bänke zum Sitzen oder zum Beobachten der Ruderteams auf dem Wasser einladen, während die Kids in den Springbrunnen an der Wisconsin Ave planschen. Auf der 33rd St gibt's im Gras ein Labyrinth und wer will, kann die Kreise abschreiten und sehen, ob er sich dem Universum enger verbunden fühlt.

Oak Hill Cemetery FRIEDHOF
(www.oakhillcemeterydc.org; Ecke 30th St & R St NW; ⌚Mo–Fr 9–16.30, So 13–16 Uhr) Der fast 10 ha große und von kleinen Obelisken übersäte Friedhof hat viele gewundene Pfade und aus dem 19. Jh. stammende Grabsteine, die an den Hängen des Rock Creek aufgestellt sind. Er ist ein schöner Ort für ruhige Spaziergänge, vor allem im Frühling, wenn alle Wildblumen zu blühen scheinen. James Renwick entwarf das nette Pförtnerhaus und die reizende Kapelle aus Gneis.

Tudor Place MUSEUM
(www.tudorplace.org; 1644 31st St NW; 1-stündige Tour Erw./Kind 10/3 US$, selbstgeführte Gartentour 3 US$; ⌚Di–Sa 10–15, So ab Mittag) Dieses 1816 erbaute neoklassizistische Herrenhaus befand sich im Besitz von Thomas Peter und Martha Custis Peter, der Enkelin von Martha Washington. Heute ist darin ein kleines Museum untergebracht, in dem Mobiliar und kunstgewerbliche Gegenstände aus Mount Vernon ausgestellt sind, die einen lebendigen Einblick ins amerikanische Kunsthandwerk ermöglichen. Das 2 ha große Grundstück ist als schöner Landschaftspark angelegt.

Upper Northwest D.C.

Die Randgebiete im Nordwesten von D.C. bestehen vor allem aus Wohngebieten mit reichem Baumbestand.

National Zoo ZOO
(www.nationalzoo.si.edu; 3001 Connecticut Ave NW; ⌚April–Okt. 10–18 Uhr, Nov–März bis 16.30 Uhr; Ⓜ Cleveland Park, Woodley Park-Zoo/Adams Morgan) GRATIS Der 66 ha große Zoo, in dem über 2000 Tiere (400 verschiedenen Arten) in natürlicher Umgebung leben, ist bekannt für seine Riesenpandas Mei Xiang und Tian Tian. Zu den weiteren Highlights zählen stolze afrikanische Löwen, der Asian Trail mit roten Pandas und einem japanischen Riesensalamander sowie Orang-Utans, die in 15 m Höhe auf Stahlseilen und miteinander verbundenen Türmen herumturnen (die „O-Line").

Washington National Cathedral KIRCHE
(☎202-537-6200; www.nationalcathedral.org; 3101 Wisconsin Ave NW; empfohlene Spende 5 US$; ⌚Mo–Fr 10–17.30, Sa bis 16.30, So 8–17 Uhr; 🚌32, 37) Die neugotische Kathedrale ist ebenso überwältigend wie ihre europäischen Gegenstücke. Ihre architektonischen Schätze verbinden das Geistliche mit dem Weltlichen. Die bunten Glasfenster sind atemberaubend (toll ist das „Space Window" mit einem eingebetteten Mondstein) und um den Darth-Vader-Wasserspeier an der Außenfassade zu entdecken, benötigt man ein Fernglas. Spezielle Führungen tauchen tiefer ins Esoterische ein; vorher anrufen oder online ins Programm schauen.

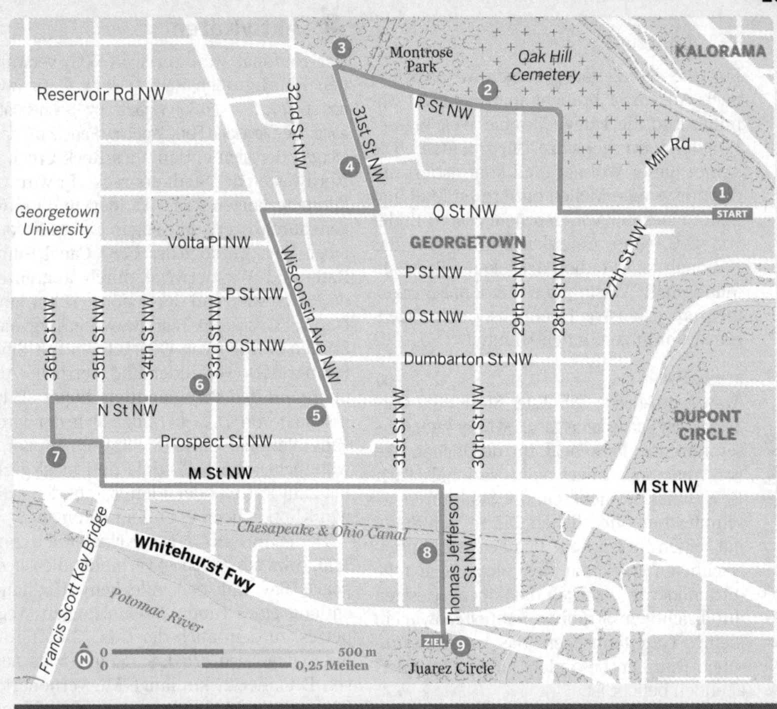

Stadtspaziergang
Das elegante Georgetown

START MT. ZION CEMETERY
ZIEL GEORGETOWN WATERFRONT PARK
LÄNGE/DAUER 4,8 KM; 3 STD

Wenn sich ein Wohnviertel zum Schlendern eignet, dann ist es Georgetown mit seinem vielen Bäumen und Herrenhäusern.

Der afroamerikanische 1 **Mt. Zion Cemetery** stammt aus dem frühen 19. Jh. Die nahe Mt. Zion Church war eine Station der Underground Railroad und entflohene Sklaven versteckten sich in einer Gruft auf dem Friedhof. Der Eingang zum 2 **Oak Hill Cemetery** (S. 296) liegt wenige Blocks weiter an der 30th St und der R St NW. Lohnend ist ein Spaziergang über das von obeliskartigen Grabsteinen übersäte Gelände. Weiter die Straße entlang überrascht 3 **Dumbarton Oaks** (S. 295) innen mit erlesener byzantinischer Kunst und außen mit Springbrunnen.

George Washingtons Stief-Enkelin Martha Custis Peter gehörte 4 **Tudor Place** (S. 296), ein neoklassizistisches Herrenhaus an der 1644 31st St.

Danach in die Wisconsin Ave NW einbiegen und an der 5 **Martin's Tavern** (S. 307) stoppen, wo John F. Kennedy Jackie einen Heiratsantrag machte. Weiter geht's auf der N St, vorbei an mehreren Stadthäusern im Federal-Stil im 3300 Block. JFK und Jackie wohnten von 1958 bis 1961 in der 6 **3307 N St.**

An der Ecke von 36th St und Prospect Ave liegen die 7 **Exorcist Stairs** (S. 295). Hier schickte die von Dämonen besessene Regan in *Der Exorzist* ihre Opfer in den Tod. Jogger nutzen die Treppen tagsüber; bei Nacht sind sie wirklich unheimlich.

Nun geht's auf die M St NW und man kann, abhängig davon, was der Geldbeutel hergibt, in eine der Boutiquen hineinschauen. An der Jefferson St rechts abbiegen und der Nase nach bis zu 8 **Baked & Wired** (S. 303) gehen, wo man sich mit einer Monsterportion Napfkuchen und einem Cappuccino stärken kann. Von hier geht's runter zum 9 **Georgetown Waterfront Park** (S. 296), wo man die Boote auf dem Potomac River bestaunen kann.

Anacostia

Für die Fahrt von Georgetown ostwärts nach Anacostia braucht man etwa 30 Minuten und die Fähigkeit, eine Welt krasser Einkommensgegensätze auszuhalten. Die Armut dieser Wohngegend kontrastiert mit der nur wenige Meilen entfernten Mall und bildet eines der widersprüchlichsten Bilder von D.C. (und Amerikas). Rund um das Nationals, das Stadion der lokalen Baseball-Mannschaft Washington Nationals, ragen mehrere exklusive Hochhäuser mit Eigentumswohnungen in den Himmel.

Yards Park PARK
(www.yardspark.org; 355 Water St SE; ⌚7 Uhr–2 Std. nach Sonnenuntergang; Ⓜ Navy Yard) Dieser reizende Park liegt im nördlichen Teil von Anacostia unweit vom Nationals Park. Er ist einer der neueren, mit Skulpturen geschmückten öffentlichen Plätze der Stadt, hat einen hölzernen Plankenweg, ausgezeichneten Blick auf den Fluss, eine tolle ultramoderne Brücke, die einem riesigen durchsichtigen Strohhalm ähnelt, sowie ein kleines Gezeitenbecken, das bei einheimischen Familien besonders an den Sommerabenden beliebt ist.

Frederick Douglass National Historic Site HISTORISCHE STÄTTE
(☎877-444-6777; www.nps.gov/frdo; 1411 W St SE; ⌚April–Okt. 9–17 Uhr, Nov.–März bis 16.30 Uhr; 🚌B2, B4 von der Anacostia Metro) GRATIS Der Freiheitskämpfer, Schriftsteller und Staatsmann Frederick Douglass bewohnte dieses reizend auf einer Anhöhe gelegene Haus von 1878 bis zu seinem Tod im Jahr 1895. Die Originaleinrichtung sowie die Bücher, Fotos und anderen persönlichen Gegenstände, die hier zu sehen sind, vermitteln ein lebendiges Bild vom privaten und öffentlichen Leben dieses bedeutenden Mannes. Das Haus kann man nur im Rahmen geführter Touren besichtigen.

Anacostia Museum MUSEUM
(☎202-633-4820; www.anacostia.si.edu; 1901 Fort Pl SE; ⌚10–17 Uhr; 🚌W2, W3 von der Anacostia Metro) GRATIS Das zum Smithsonian gehörende Museum ist umgeben von der Gemeinde, die es aus pädagogischer Sicht erreichen will, und ist Schauplatz guter Wechselausstellungen über die Geschichte der Afroamerikaner in den USA. Vorher anrufen, denn das Museum schließt zwischen den Ausstellungen jeweils für etwa einen Monat.

Aktivitäten

Der National Park Service (NPS) verwaltet den 7 km² großen **Rock Creek Park** (www.nps.gov/rocr; ⌚Sonnenaufgang–Sonnenuntergang; Ⓜ Cleveland Park, Woodley Park-Zoo/Adams Morga), der sich entlang des Rock Creek im Nordwesten der Stadt erstreckt. Er wird von kilometerlangen Rad-, Wander- und Reitwegen durchzogen und sogar einige Kojoten leben hier. Entlang des C&O Canal führen Rad- und Wanderwege durch angrenzende Parks, während der schöne, 17 km lange **Capital Crescent Trail** (www.cctrail.org; Water St) den Norden von Georgetown mit Silver Spring (MD) verbindet und herrliche Ausblicke auf den Potomac River bietet. 25 km nördlich von D.C. befindet sich der Great Falls National Park (S. 332), ein außergewöhnliches Stück Wildnis und ideal geeignet zum Raften oder Klettern auf den schönen Klippen hoch über dem Potomac.

Der **Potomac Heritage National Scenic Trail** (www.nps.gov/pohe) verbindet die Chesapeake Bay mit den Allegheny Highlands entlang eines rund 1350 km langen Wegenetzes, zu dem auch der **C&O Canal Towpath** (Erw./Kind 8/5 US$; ⌚April–Mitte Aug.) von D.C., der 27 km lange Mt. Vernon Trail (VA) und der 121 km lange Laurel Highlands Trail (PA) gehören.

Einen **Paddelbootverleih** (☎202-479-2426; www.tidalbasinpaddleboats.com/; 1501 Maine Ave SW; 2-Pers.-Boot 12 US$/Std.) gibt's beim Bootshaus des Tidal Basin. **Thompson Boat Center** (www.thompsonboatcenter.com; 2900 Virginia Ave NW; pro Std./Tag Wasserfahrzeuge ab 10/24 US$, Fahrräder ab 7/28 US$; ⌚März–Okt. 8–17 Uhr) am Potomac River am Ende des Rock Creek Park verleiht Kanus, Kajaks und Fahrrräder.

Big Wheel Bikes (www.bigwheelbikes.com; 1034 33rd St NW; pro 3 Std./Tag 21/35 US$; ⌚Di–Fr 11–19, Sa & So 10–18 Uhr) ist ein guter Fahrradverleih. Probieren kann man es auch bei **Capital Bikeshare** (☎877-430-2453; www.capitalbikeshare.com; Mitgliedschaft für 24 Std./3 Tage 7/15 US$), das nach dem europäischen System des Bikesharing arbeitet. Das Unternehmen verfügt über einen Bestand von über 1000 Fahrrrädern, die an über 100 Verleihstationen in ganz D.C. verstreut sind. Um ein Fahrrad auszuwählen, muss man sich zunächst für die gewünschte Mitgliedschaft entscheiden, dann steckt man seine Kreditkarte ein und schon geht's los. Die ersten 30 Minuten sind frei, danach steigt die Leihgebühr exponenziell (1,50/3/6 US$ pro

30/60/90 Min.). Weitere Infos erhält man telefonisch oder online.

Geführte Touren

DC Metro Food Tours STADTSPAZIERGANG
(800-979-3370; www.dcmetrofoodtours.com; 30–65 US$/Pers.) Die Spaziergänge führen zu den kulinarischen Highlights von D.C., erforschen mehrere Stadtviertel und stoppen auf dem Weg immer wieder für einen Bissen. Im Angebot sind der Eastern Market, die U St, Little Ethiopia, Georgetown und Alexandria, VA.

DC by Foot STADTSPAZIERGANG
(www.dcbyfoot.com) Bei dem kostenlosen Spaziergang erfährt man auf verschiedenen Routen spannende Geschichten und historische Details, u.a. über die National Mall, den Arlington Cemetery und die Ermordung Lincolns. Trinkgeld nicht vergessen!

Bike & Roll RADTOUR
(www.bikethesites.com; Erw./Kind ab 40/30 US$; Mitte März–Nov.) Bietet bei Tag und bei Nacht eine Handvoll von Radtouren durch die Stadt an (außerdem: Kombitouren mit Boot und Fahrrad zum Mt. Vernon).

City Segway Tours GEFÜHRTE TOUR
(202-626-0017; http://citysegwaytours.com/washington-dc; 70 US$) Eine extrem beliebte und entspannende Möglichkeit, um die wichtigsten Sehenswürdigkeiten an der Mall und im Penn Quarter zu besichtigen.

Feste & Events

National Cherry Blossom Festival KULTUR
(www.nationalcherryblossomfestival.org; Ende März–Anfang April) Während des Kirschblütenfests zeigt sich D.C. von seiner schönsten Seite.

Smithsonian Folklife Festival KULTUR
(www.festival.si.edu; Juni & Juli) Bei diesem lustigen Familienfest, das an zwei Wochenenden im Juni und Juli stattfindet, gibt es jede Menge für diese Region Typisches – Volkskunst, Kunsthandwerk, Essen und Musik.

WASHINGTON, D.C., MIT KINDERN

Die Top-Adresse für Familien ist zweifellos der (kostenlose!) National Zoo. Die Museen der Stadt bieten Lehrreiches und Unterhaltsames für Kinder jeden Alters. Falls man selbst – oder die Kinder – keine Lust mehr auf Sightseeing drinnen hat, bieten sich zahlreiche verlockende grüne Oasen an, z.B. der großartige Yards Park.

Auf der Website **Our Kids** (www.our-kids.com) gibt's einen Kalender mit kinderfreundlichen Events im D.C., familienfreundliche Restaurants und Unmengen an weiteren Ideen, um aktiv zu sein.

Viele Hotels bieten Babysitting an. Man kann aber auch bei der angesehenen Organisation **Mothers' Aides** (703-250-0700; www.mystaffingsolutions.com/) buchen.

Die weiten, offenen Flächen der Mall sind perfekt für den Familienspaß im Freien, sei es um ein Frisbee zu werfen, zu picknicken, eine Fahrt mit dem ältesten **Karussel** (Tickets 2,50 US$) der Welt zu machen oder durch die Museen zu schlendern.

Kids lieben Dinge, die quietschen und/oder andere Dinge zum Quietschen bringen. Beides gibt's bei den Dinosauriern und Insekten im National Museum of Natural History (S. 288). Das Kennedy Center (S. 310) führt unterhaltsame Shows für Knirpse auf, das National Air & Space Museum (S. 288) bietet Mondsteine, IMAX-Filme und einen wilden Flug im Simulator.

Das National Theatre (S. 310) bietet samstagvormittags kostenlose Vorstellungen, vom Puppenspiel bis zum Stepptanz (Reservierung erforderlich); das **Discovery Theater** (www.discoverytheater.org; 1100 Jefferson Dr SW; ; M Smithsonian) hat Unterhaltungsshows für junges Publikum und das **Imagination Stage** (301-961-6060; www.imaginationstage.org; 4908 Auburn Ave, Bethesda, MD; 301-961-6060; M Bethedsda) ist ein herrliches Kindertheater in Bethesda, einem Vorort nördlich von D.C., zu dem eine Metroverbindung besteht.

Der 15 Meilen (24 km) östlich von der Innenstadt in Largo, Maryland, gelegene Themenpark **Six Flags America** (301-249-1500; www.sixflags.com/america; 13710 Central Avenue Upper Marlboro, MD; Erw./Kind 60/38 US$; Mai–Okt., Öffnungszeiten unterschiedlich) bietet eine Vielfalt an Aktivitäten, von der Achterbahn bis zu Reiten für Kinder. Man nimmt die Metro (blaue Linie), und steigt dann um in den Bus C22, der bis zum Park fährt.

Independence Day KULTUR

(⏲4. Juli) Der Independence Day ist hier, was nicht überrascht, ein Mega-Ereignis und wird mit einer Parade, einem Open-Air-Konzert und einem Feuerwerk über der Mall gefeiert.

Schlafen

Für B&Bs und Privatwohnungen in der Stadt kontaktiert man **Bed & Breakfast Accommodations** (☎877-893-3233; www.bedandbreakfastdc.com).

Wer mit dem Auto nach D.C. kommt, muss in den Hotels mit hohen Parkgebühren rechnen (oder aber in Arlington oder Alexandria wohnen, wo einige Hotels keine Parkgebühren erheben). Nicht vergessen, dass in D.C. auf die Übernachtungspreise eine Hotelgebühr von 14,5 % aufgeschlagen wird.

Capitol Hill

Liaison HOTEL $$

(☎202-638-1616; www.affinia.com; 415 New Jersey Ave NW; Zi. ab 200 US$; P @ ; M Union Station) Das Liason hat die Übernachtungsmöglichkeiten in Capitol Hill aufgemischt. Modernistische Zimmer in dezenten Schiefer- und Erdtönen schaffen eine Atmosphäre von Businesswelt und verspielter Freizeit zugleich. Auf der Dachterrasse geht es vor allem um Letzteres; es gibt einen Dachpool, der dauerhaft von attraktiven Leuten besetzt zu sein scheint. Das Hotel ist einen Katzensprung vom Kapitol entfernt.

Hotel George BOUTIQUEHOTEL $$$

(☎202-347-4200; www.hotelgeorge.com; 15 E St NW; Zi. ab 290 US$; P @ ; M Union Station) Dies war das erste Hotel in D.C., das die Bezeichnung „Boutiquehotel" auf das höchste Level hob. Die stylische Inneneinrichtung ist geprägt durch klare Linien, Mobiliar mit Glas- und Chromelementen und moderne Kunst. Die Zimmer sind in hellen, cremeweißen Tönen gehalten. Die Pop-Art-Elemente (Gemälde mit Darstellungen der US-Währung, kunstvoll neu angeordnet) wirken etwas übertrieben, das ist aber das kleinste Übel in einer Unterkunft, die zu den hippsten Adressen auf dem Capitol Hill zählt.

Downtown & Rund ums Weiße Haus

Hostelling International – Washington DC HOSTEL $

(☎202-737-2333; www.hiwashingtondc.org; 1009 11th St NW; B inkl. Frühstück 30–55 US$, Zi. 120–150 US$; @ ; M Metro Center) Das große, freundliche Hostel ist die erste Adresse unter den Budgetunterkünften. Es zieht lässige internationale Gäste an und bietet viele Annehmlichkeiten: Clubräume, ein Billardtisch, kostenlose Touren und Filmnächte, eine Küche und Wäscherei.

Hotel Monaco HOTEL $$

(☎202-628-7177; www.monaco-dc.com; 700 F St NW; Zi. ab 410 US$, Suite ab 670 US$; P @ ; M Gallery Place-Chinatown) Die neoklassizistische Fassade dieses Marmortempels ist schon gealtert und sieht jetzt würdevoll glamourös aus. Auf Anfrage gibt's (ohne Aufpreis) einen Goldfisch. Das geometrisch gestaltete Innere macht die „Cool-Daddy-Atmosphäre" der 1930er-Jahre wett. Das alles findet statt im historischen Tariff Building von 1839 mit seinen mächtigen korinthischen Säulen. Das Hotel passt gut zu Familien: Es liegt gegenüber dem Spy Museum, dem Smithsonian American Art Museum sowie der Metro – und nur vier Blocks von der Mall.

Hotel Harrington HOTEL $$

(☎800-424-8532, 202-628-8140; www.hotel-harrington.com; 436 11th St NW; Zi. 130–200 US$; P ; M Federal Triangle) Dieses gealterte, inhabergeführte Hotel ist eine der erschwinglichsten Adressen in der Nähe der Mall. Es bietet kleine, einfache Zimmer, die sauber sind, aber eindeutig eine Renovierung nötig haben. Der zuvorkommende Service und die hervorragende Lage des Harrington werden von jenen Reisenden geschätzt, denen das Fehlen kleiner Annehmlichkeiten nichts ausmacht.

★**Hay-Adams Hotel** LUXUSHOTEL $$$

(☎202-638-6600; www.hayadams.com; 800 16th St NW; Zi. ab 450 US$; P @ ; M McPherson Sq) Eines der großartigen Heritage-Hotels der Stadt. Das Hay ist ein schönes, altes Gebäude. Vor allem hat man einen traumhaften Blick auf das Weiße Haus. Es wurde nach den beiden Villen benannt, die hier einst standen (die dem Minister John Hay und dem Historiker Henry Adams gehörten). Sie bildeten den Schnittpunkt der politischen und intellektuellen Elite von Washington. Heute hat das Hotel eine Lobby im Palazzo-Stil und vermutlich die besten Zimmer der Luxus-Klasse der alten Schule in der Stadt. Die bauschigen Matratzen sind wie Wolken und werden von Himmelbetten mit goldenen Quasten gekrönt.

Morrison-Clark Inn HISTORISCHES HOTEL **$$**
(☎202-898-1200; www.morrisonclark.com; 1015 L St NW; Zi. 200–350 US$; P ❄ @ ≋; M Mt. Vernon Sq/7th St Convention Center) Das elegante Gästehaus steht auf der Liste der Historic Places. Es umfasst zwei Häuser aus dem Jahr 1864 und ist mit schönen Antiquitäten, Kronleuchtern, Vorhängen in leuchtenden Farben und anderen Stücken ausgestattet, die die Südstaaten aus der Zeit vor dem Bürgerkrieg zum Leben erwecken. Einige Zimmer haben einen eigenen Balkon oder einen dekorativen Marmorkamin.

U Street, Shaw & Logan Circle

Chester Arthur House B&B **$$**
(☎877-893-3233; www.chesterarthurhouse.com; 13th St & P St NW; Zi. inkl. Frühstück 175-275 US$; ❄ ≋; M U Street-Cardozo) Geführt wird das Chester von einem reizenden Paar mit unglaublichem Reise-Know-how. Es ist eine gute Wahl für diejenigen, die etwas tiefer in Washington eintauchen wollen. Untergebracht wird man in einem von drei Zimmern in einem schönen Reihenhaus am Logan Circle, das mit Antiquitäten und Andenken von den Weltreisen der Gastgeber gefüllt ist.

Hotel Helix BOUTIQUEHOTEL **$$$**
(☎866-508-0658, 202-462-9001; www.hotelhelix.com; 1430 Rhode Island Ave NW; Zi. ab 220 US$; P ⊖ ❄ @ ≋; M Dupont Circle, U Street-Cardozo) Modisch, hell erleuchtet und verspielt hip – das Helix ist das perfekte Hotel für das umtriebige internationale Publikum, das sich im umliegenden Viertel vergnügt. Kleinigkeiten (PEZ-Spender in der Minibar) sorgen für jugendlichen Schwung, die poppig-punke Einrichtung vermittelt weltgewandte Coolness – liebenswert überzogen. Zu den Besonderheiten einiger Zimmer gehören Etagenbetten – ja, wirklich: Etagenbetten! – sowie Küchenzeilen. Sämtliche Zimmer haben bequeme, glatte Bettlaken und Flachbild-TVs.

Adams Morgan

American Guest House B&B **$$**
(☎202-588-1180; www.americanguesthouse.com; 2005 Columbia Rd NW; Zi. inkl. Frühstück 160–220 US$; ❄ @ ≋ M Dupont Circle) Dieses 12-Zimmer-B&B-Hotel erhält dank des zuvorkommenden, freundlichen Service, des guten Frühstücks und der elegant eingerichteten Zimmer Bestnoten. Die Bandbreite der Inneneinrichtung reicht vom viktorianischen Stil (Zimmer 203) bis zur Atmosphäre eines typischen Cottage aus Neuengland (Zimmer 304) und dem Liebesnest in kolonialem Stil (Zimmer 303). Einige Unterkünfte sind eher klein.

Adam's Inn B&B **$$**
(☎202-745-3600; www.adamsinn.com; 1746 Lanier Pl NW; Zi. inkl. Frühstück mit Bad 129–199 US$, ohne Bad 99–159 US$; P ❄ ≋; M Woodley Park-Zoo/Adams Morgan) Dieses Stadthaus in einer von Bäumen gesäumten Straße unweit von Adams Morgan bietet kleine, aber hübsch eingerichtete Zimmer. Die dünnen Wände sorgen für Hellhörigkeit.

Dupont Circle

Hotel Palomar HOTEL **$$**
(☎877-866-3070, 202-448-1800; www.hotelpalomar-dc.com; 2121 P St NW; Zi. 260–380 US$; P ❄ @ ≋ ≈ 🐾; M Dupont Circle) Das Palomar bedient stylische Geschäftskunden und etliche Möchtegern-Businessleute. Die Zimmereinrichtung ist hell, bunt und enthält Pop-Art-Akzente. Der Außenpool und die Terrasse haben Übergröße. Im Hotel herrscht eine haustierfreundliche Atmosphäre und dafür wird auch viel getan. Die Vierbeiner der Gäste werden allabendlich nicht nur mit Hundeleckerli verwöhnt, sie können auf Wunsch auch eine Massage erhalten. Man kann den Hund auch bei Dish, der Hundelounge des Hotels, abgeben.

Dupont Collection B&B **$$**
(☎202-467-6777; http://thedupontcollection.com; Zi. 120–260 US$; P ❄ ≋) Wer auf der Suche nach einem gemütlichen B&B mitten in der Hauptstadt ist, sollte in diesen drei ausgezeichneten historischen Häusern nachfragen. Am zentralsten gelegen sind die beiden Gästehäuser **Inn at Dupont North** (☎202-467-6777; www.thedupontcollection.com; 1620 T St NW; Zi. inkl. Frühstück 115–270 US$; ❄ ≋; M Dupont Circle) und **Inn at Dupont South** (☎202-467-6777; www.thedupontcollection.com; 1312 19th St NW; Zi. inkl. Frühstück 115–230 US$; ❄ ≋; M Dupont Circle); Ersteres wirkt wie das moderne Haus eines wohlhabenden Freundes, während das Letztere eher an den Charme von Chintz- und Spitzenromantik erinnert. Das **Brookland** (http://thedupontcollection.com; 3742 12th St NE, Brookland Inn) liegt im äußersten Nordosten (hat aber Metro-Anschluss).

Akwaaba B&B **$$$**
(☎866-466-3855; www.akwaaba.com; 1708 16th St NW; Zi. 200–265 US$; P ❄ ≋; M Dupont Circle)

Als Teil einer kleinen B&B-Kette mit dem Schwerpunkt auf dem afroamerikanischen Erbe bietet diese Dupont-Filiale in guter Lage individuell eingerichtete Zimmer im Stil eines Herrenhauses des späten 19. Jhs. Den Gast erwarten ein freundlicher Empfang und ein hervorragend zubereitetes Frühstück.

Carlyle Suites APARTMENT **$$$**
(☎202-234-3200; www.carlylesuites.com; 1731 New Hampshire Ave NW; Apt. 180–320 US$; P ❄ @ 📶; Ⓜ Dupont Circle) In diesem Apartmenthotel, einem Juwel im Art-déco-Stil, findet man recht große, ansprechend eingerichtete Zimmer mit weißen, gestärkten Leinenbezügen, luxuriösen Matratzen, Flachbild-TVs mit 94-cm-Bildschirmdiagonale und komplett ausgestatteten Küchen. Das freundliche Personal ist erstklassig und zu den angebotenen Extras zählen die freie Nutzung von Laptops und Freikarten für den Washington Sports Club. Außerdem spendiert man den Gästen an der Bar einen mittleren Martini. Es gibt nur 20 Parkplätze (für rund 170 Zimmer), die jeweils an die zuerst Ankommenden vergeben werden.

Georgetown

Graham Georgetown HOTEL **$$$**
(☎202-337-0900; http://thegrahamgeorgetown.com/; 1075 Thomas Jefferson St NW; Zi. ab 330 US$; P ❄ @ 📶; Ⓜ Foggy Bottom-GWU nach DC Circulator) Das Graham liegt mitten in Georgetown und bietet einen Mix aus vornehmer Tradition und modernistischem Chic. Die Zimmer haben geschmackvolle Tapeten mit floralen Motiven und zweifarbige Möbel mit geometrischen Akzenten. Selbst die einfachsten Zimmer bieten Bettwäsche von Liddell Ireland und Badekosmetik der Reihe Bvlgari White Tea, was bedeutet, dass der Gast ebenso sauber, duftend und frisch sein wird wie Georgetowns Schönen und Prominenten.

Essen

Erwartungsgemäß hat D.C. als eine der internationalsten Metropolen der Welt ein vielfältiges kulinarisches Angebot mit einer ungewöhnlichen Bandbreite an Restaurants, die äthiopische, indische, südostasiatische, französische, italienische sowie gute altmodische Südstaaten-Gerichte servieren. Leider ist D.C. eine teure Stadt, wenn man essen gehen will; es gibt kaum preiswerte Alternativen und selbst mittelpreisige Lokale können die Erwartungen enttäuschen – außer man orientiert sich an den folgenden Empfehlungen.

Capitol Hill

An der H St NE, die sich am Wochenende in eine Wundermeile des Nachtlebens verwandelt, reihen sich Restaurants und Bars aneinander. Zur H St kommt man entweder zu Fuß von der Union Station aus (die sich am anderen Ende der Straße, knapp 2 km entfernt befindet) oder man nimmt einen kostenlosen H-St-Shuttle-Bus von den Haltestellen Gallery Place-Chinatown und Minnesota Ave Metro. Der Shuttle verkehrt ab 17 Uhr, bis die Metro den Betrieb einstellt (wochentags um Mitternacht, am Wochenende um 3 Uhr morgens). Auch auf der 8th St SE neben dem Eastern Market – bekannt auch als Barracks Row – gibt's jede Menge Restaurants und Bars.

Eastern Market MARKT **$**
(225 7th St SE; ⏲Di–Fr 7–19, Sa bis 18, So 9–17 Uhr) Eines der Symbole von Capitol Hill. Die überdachten Arkaden sind voller köstlicher Produkte, wochentags kann man außerdem gut essen und trinken. Die Krabbenpasteten am Market-Lunch-Stand sind göttlich.

Toki Underground ASIATISCH **$**
(☎202-388-3086; www.tokiunderground.com; 1234 H St NE; Hauptgerichte 10 US$; ⏲Mo–Mi 17–22, Do bis 23 Uhr, Fr & Sa bis Mitternacht, So geschl.; 🚌 H Street Shuttle) Gewürzte, den Magen wärmende Ramen-Nudeln und Knödel bilden das Menü im winzigen Toki. Dampfende Töpfe und Pfannen verbergen die beschäftigten Chefs, während die Gäste zufrieden schlürfen und seufzen. Vorabreservierungen gibt es nicht, sodass lange Wartezeiten die Regel sind. Man sollte daher die Gelegenheit nutzen, und in die benachbarten Bars hineinschauen. Toki schickt eine SMS, sobald der Tisch frei wird. Anders als es der Name vermuten lässt, befindet sich das Toki Underground im Obergeschoss. Es gibt kein Hinweisschild – man muss nach dem Schild der Bar „The Pug" suchen – das Restaurant befindet sich darüber.

Maine Avenue Fish Market SEAFOOD **$**
(1100 Maine Ave SW; Menüs ab 7 US$; ⏲8–21 Uhr; Ⓜ L'Enfant Plaza) Wer es noch nicht gewusst hat: Washington D.C. liegt vor allem in Maryland und in Maryland gibt's die besten Meeresfrüchte in den USA. Man bekommt sie superfrisch – praktisch lebendig – und die Einheimischen übernehmen die Zuberei-

DIE SCHÖNSTEN CAFÉS

★ **Baked & Wired** (☎ 202-333-2500; www.bakedandwired.com; 1052 Thomas Jefferson St NW; Snacks 3–6 US$; ⊙ Mo–Do 7–20, Fr bis 21, Sa 8–21, So 9–20 Uhr; ☜) Das Baked & Wired ist ein fröhliches, kleines Georgetown-Café, das traumhaften Kaffee und köstliche Desserts zubereitet; es ist ein herrlicher Platz, um sowohl real als auch virtuell mit Studenten zu schwatzen (WLAN ist natürlich kostenlos).

Ching Ching Cha (1063 Wisconsin Ave NW; Tee 6–12 US$; ⊙ 11–21 Uhr) Das luftige Teehaus im Zen-Stil scheint meilenweit vom Shopping-Wahnsinn an der M St in Georgetown entfernt zu sein. Hier stoppt man für eine Tasse außergewöhnlichen Tee (mehr als 70 verschiedene Sorten). Im CCC werden außerdem dampfende Klöße, Süßigkeiten und mittags einfache, aber geschmackvolle Drei-Gänge-Menüs (30 US$) serviert.

Pound (www.poundcoffee.com; 621 Pennsylvania Ave SE; Hauptgerichte 5–8 US$; ⊙ Mo–Sa 7–21.30, So 8–20 Uhr; ☜; Ⓜ Eastern Market) Das Pound liegt in Capitol Hill und serviert Kaffee von höchster Qualität in einem eleganten, rustikalen Innenraum (unverputzte Ziegelwände und Holzbalken, originaler Deckenputz, Holzböden und nett beleuchtete Kunstwerke). Die Quesadillas und Panini zum Frühstück, die Specials zum Mittagessen und die Nutella-Latte sind top.

Filter (www.filtercoffeehouse.com; 1726 20th St NW; ⊙ Mo–Fr 7–19, Sa & So 8–19 Uhr; ☜; Ⓜ Dupont Circle) Das Filter befindet sich an einer ruhigen Straße in Dupont und ist ein Café in Schmuckkästchengröße mit einer winzigen Terrasse davor, einem hippen, laptopsüchtigen Publikum und vor allem tollem Kaffee. Alle die, die auf der Suche nach der perfekten Kaffeekreation sind, bekommen hier einen ordentlichen Flat-White.

tung: Sie schälen, zerlegen, nehmen sie aus, frittieren und grillen die Fische, Krabben, Muscheln usw. vor den Augen der Gäste.

Atlas Room AMERIKANISCH $$

(☎ 202-388-4020; 1015 H St NE; Hauptgerichte 11–25 US$; ⊙ Mo 17.30–21.30, Di–Do bis 22, Fr & Sa bis 22.30, So 17–21.30 Uhr; 🚍 H Street Shuttle) Das Atlas Room ist von der klassischen französischen und der italienischen Küche inspiriert, vermischt diese Traditionen aber auf eine einzigartige amerikanische Weise und greift dabei nur auf saisonale Zutaten zurück. Im Sommer kann man frittierte Krabben genießen, während im Winter ein Rinderschmorbraten auf der Zunge zergeht.

Granville Moore's BELGISCH $$

(☎ 202-399-2546; www.granvillemoores.com; 1238 H St NE; Hauptgerichte 11–16 US$; ⊙ So–Do 17–24, Fr & Sa bis 3 Uhr; 🚍 H Street Shuttle) Das Granville Moore's, eine der Bastionen des Künstlerviertels Atlas District (das sich entlang der H St NE erstreckt), wirbt für sich als Kneipe mit belgischem Flair. Und in der Tat findet man hier mehr als 70 belgische Biere, anständige Preise und abends meist jede Menge Stimmung.

Ethiopic ÄTHIOPISCH $$

(☎ 202-675-2066; 401 H St NE; Hauptgerichte 12–17 US$; ⊙ Di–Do 17–22 Uhr, Fr & Sa ab 12 Uhr; 🚍 H Street Shuttle) In einer Stadt, in der es an äthiopischen Lokalen nicht mangelt, belegt das Ethiopic den Spitzenplatz. Besonders empfohlen seien *wat* (scharfe Sauce) und *tibs* (sautiertes Fleisch und Gemüse) von zartem, in Gemüse und recht scharfem, eingelegten Lammfleisch. Man isst sie mit frischem Fladenbrot *injera* und gekochtem *gomen* (Grünkohl). Für Vegetarier und Veganer gibt's ebenfalls eine reiche Auswahl an Speisen.

Ted's Bulletin AMERIKANISCH $$

(☎ 202-544-8337; www.tedsbulletin.com; 505 8th St SE; Hauptgerichte 10–18 US$; ⊙ 7–22.30, Fr & Sa bis 23.30 Uhr; 👪; Ⓜ Eastern Market) Hier kann man in eine Bude mit Art-déco-Stimmung einfallen und sogleich den Gürtel lockern. Bierkekse und Wurst mit schwerer Sauce zum Frühstück, Hackbraten, überzogen mit Ketchup zum Abendessen und andere hippe Leckereien zieren den Tisch. Man muss einen Ort bewundern, an dem man statt der Maistörtchen Toast verwenden darf. Frühstück wird den ganzen Tag über serviert.

Downtown & Rund ums Weiße Haus

Merzi INDISCH $

(☎ 202-656-3794; 415 7th St NW; Menüs unter 10 US$; ⊙ Mo–Sa 11–22, So bis 21 Uhr; ✍; Ⓜ Gallery Place-Chinatown, Archives-Navy Memorial) Wer im Zentrum von D.C. günstig indisch – und ganz besonders vegetarisch indisch – essen will, ist hier genau richtig. Merzis Rezept ist einfach: eine „Basis" wählen (Roti-Fladenbrot, Reis, Salat usw.), dann Proteine (Hähnchen, Lamm usw.), dann Vegetarisches, Saucen, Chutney o.Ä. dazugeben. Und der Geldbeutel ist hier nach dem Essen auch kaum leichter.

★Rasika INDISCH **$$**

(202-637-1222; www.rasikarestaurant.com; 633 D St NW; Hauptgerichte 16–26 US$; Mo–Fr 11.30–14.30, Mo–Do 17.30–22.30, Fr. bis 23, So 17–23 Uhr; ; M Archives-Navy Memorial) Das Rasika ist ein echter Hammer in Sachen indische Küche, sowohl, was die Speisekarte als auch die Präsentation anbelangt. Zur Letzteren: Man meint, man sei in einem Palast in Jaipur, den eine Schar modernistischer Kunstgaleristen dekoriert hat. Zur Ersteren: Na ja, sie ist *gut*. Die Narangi-Ente ist saftig, fast fettig und dank der Zugabe von Cashewkernen angenehm nussig. Das enttäuschend einfache *dal* (Linsen) erinnert stark an Bockshornklee. Veganer und Vegetarier werden sich hier so richtig wohl fühlen.

Hill Country Barbecue BARBECUE **$$**

(202-556-2050; 410 7th St NW; Hauptgerichte 13–22 US$; 11.30–14 Uhr; M Archives-Navy Memorial, Gallery Place-Chinatown) Das Penn Quarter ist im Grunde überschwemmt von überteuerten, überbewerteten Lokalen. Das Hill Country gehört allerdings nicht dazu. In D.C. ist es aber die absolute Ausnahme – ein Restaurant mit dem Schwerpunkt Texas, geschmückt mit Cowboyhüten und Stiefeln, das dennoch nicht kitschig wirkt, ein Ort zum Grillen, der vorzügliches Rauchfleisch anbietet, und der der Schauplatz von Livemusik-Darbietungen wie in einer echten Texas-Spelunke ist.

Zaytinya MEDITERRAN **$$**

(202-638-0800; 701 9th St NW; Meze 7–13 US$; 1Di–Sa 11.30–23.30, So & Mo bis 22 Uhr) Das schon lange beliebte Zaytinya ist eine der kulinarischen Kronjuwelen von Koch José Andrés. Hier werden in einem langen, schmalen Speisesaal mit hohen Decken und gläsernen Wänden hervorragende griechische, türkische und libanesische *meze* (kleine Speisen) serviert. Die Happy Hour Specials für 4 US$ (16.30–18.30 Uhr) sind ein gutes Argument vorbeizuschauen.

★Central Michel Richard FUSION **$$$**

(202-626-0015; 1001 Pennsylvania Ave NW; Hauptgerichte 19–34 US$; Mo–Fr 11.30–14.30, Mo–Do 17–22.30, Fr & Sa bis 23 Uhr; ; M Federal Triangle, Archives-Navy Memorial) Michel Richard ist im District bekannt für gehobene gastronomische Tempel, aber das Central ist die absolute Spitze. Es erhebt den Anspruch, eher Hausmannskost zu bieten, man speist in einem Vier-Sterne-Bistro, wo traditionelle Lieblingsgerichte neu interpretiert werden: Hummer-Burger, ein sündhaft komplizierter Hackbraten und gebratene Hähnchen, die einen neu erleben lassen, was Hähnchen eigentlich sein können. Der Besuch im Central ist eine einmalige Erfahrung und die Ausgabe allemal wert.

Bibiana ITALIENISCH **$$$**

(202-216-9550; 1100 New York Ave NW; Hauptgerichte 18–34 US$; Mo–Fr 11.30–14.30, Mo–Mi 17.30–22.30, Do–Sa bis 23 Uhr;) Das Bibiana wird von Ashok Bajaj geleitet, dem Besitzer des Rasika, der hier die italienische Küche genauso promotet wie im Rasika die indische Gastronomie. Kronleuchter à la Chihuly und Lichtinstallationen hängen von der Decke eines supermodernen Speisesaals, in dem die Gäste Tortellini mit Perlhuhn und Foie gras oder pochierten Heilbutt auf Polenta mit grünen Tomaten genießen. Das fleischfreie Menü ist ein Höhepunkt auf der vegetarischen Speisekarte von D.C.

U Street, Shaw & Logan Circle

American Ice Company BARBECUE **$**

(202-758-3562; 917 V St NW; Hauptgerichte unter 10 US$; Mo–Do 17–2, Fr bis 3, Sa 13–3, So 13–2 Uhr; M U Street-Cardozo) Die normale U St/ Columbia Heights-Mischung aus Hipstern und Möchtegern-Politikern, die zwar keine Politiker sind, aber für politische Organisationen als Forscher, Lobbyisten, Referenten arbeiten, bevölkern hier das unansehliche Innere sowie die viel nettere Außenterrasse. Der Schwerpunkt liegt auf Barbecue und Dosenbier, und zwar in dieser Reihenfolge. Unbedingt das klebrige Sandwich mit Schweinefleisch und Käse oder die köstlichen Schweinefleisch-Nachos probieren.

Desperados BURGER **$**

(202-299-0433; 1342 U St NW; Hauptgerichte unter 10 US$; Mo–Do &So 11–1.30, Fr & Sa bis 2.30 Uhr; M U-St/Cardozo) Dieses kleine Lokal mit Cowboy-Thematik an der U St leistet Erste

NICHT VERSÄUMEN

DIE SCHÖNHEIT VON BENS CHILI-BOWLE

Ben's Chili Bowl (www.benschilibowl.com; 1213 U St; Hauptgerichte 5–9 US$; ⌚Mo–Do 11–2, Fr & Sa bis 4, So bis 24 Uhr; Ⓜ U Street-Cardozo) ist für die Gastronomie von D.C. das, was das Weiße Haus und das Capitol für eine Sightseeingtour sind: ein Muss. Und – führt man den Vergleich weiter – wie das Weiße Haus und das Capitol die sichtbarsten wichtigsten Symbole von D.C. für eine Hauptstadt sind, so hat Ben's Chili Bowl denselben Rang in D.C. für einen Ort, wo Menschen leben. Gegründet und betrieben von Ben und Virginia Ali und ihren Familien (Ali starb 2009; die angrenzende Straße wurde nach ihm benannt), besteht das Restaurant seit 1958. Es ist eines der wenigen Lokale, das die Unruhen von 1968 in der U St und die durch den Bau der Metro-Station U St bedingten Veränderungen überdauert hat. Hauptumsatzbringer ist der Half-smoked, D.C.s geräuchertere Version des Hot Dog, der meist in Senf und Chili nach Bens Rezept versinkt. Bis vor Kurzem war Bill Cosby die einzige Person, die hier kostenlos aß, aber Michelle Obama und ihre Töchter Sasha und Malia werden auch erwähnt – offensichtlich aber nicht ihr Präsidenten-Daddy. Das sind jedoch nur einige Namen, denn unzählige Promis haben sich hier schon blicken lassen, von Bono über beide Bushs. Nur Barzahlung.

Hilfe, wenn man schlecht bei Kasse ist und einen preiswerten, magenfüllenden Burger braucht. Die Rindfleischfrikadellen dafür sind keine Kinderportion; sie sind tellergroß und kommen einher in etlichen Variationen, darunter auch als angenehm gewürzte Cajun-Variation. Die Bar produziert am laufenden Band Cocktails, die einen schnell umhauen.

El Centro MEXIKANISCH **$$**

(☎202-328-3131; 1819 14th St NW; Hauptgerichte 9–20 US$; ⌚tägl. 11–23 Uhr, Brunch Sa & So 10.30–15 Uhr; 🍷; Ⓜ U Street-Cardozo) El Centro ist unser Favorit unter den vielen Ablegern der Restaurants von Richard Sandoval in D.C. Mit seinen eleganten Möbeln, den schicken Kunden und einer sexy Dachterrasse hat es sich einen Namen eher als Treffpunkt fürs Nachtleben gemacht denn als Restaurant (die Bar ist bis 2 Uhr morgens geöffnet). Der Guacamole ist der beste von D.C., die Enten-Tacos sind köstlich und die leicht gegrillten *carnitas* (Schweinefleisch) zergehen auf der Zunge.

Estadio SPANISCH **$$**

(☎202-319-1404; 1520 14th St NW; Tapas 5–15 US$; ⌚Mo–Do 17–22, Fr & Sa bis 21, So bis 21, Fr– So 11.30–2 Uhr; 🍷; Ⓜ U Street-Cardozo) Das Estadio ist eine Top-Adresse unter den Anbietern spanischer Küche in der Hauptstadt. Die Auswahl an Tapas – sie bilden den Schwerpunkt – ist gnadenlos groß. Es gibt drei Arten von *iberico*-Schinken, köstliche Foie gras, Rühreier und Sandwiches mit Trüffeln. Runterspülen kann man alles mit einem traditionellen *calimocho* (Rotwein mit Coke).

Veranda on P MEDITERRAN **$$**

(☎202-234-6870; 1100 P St NW; Hauptgerichte 12–25 US$; ⌚Mo–Do 17–0.30 Uhr, Sa & So später; 🍷; Ⓜ U Street-Cardozo) Das Innere dieses gemütlichen kleinen Lokals weckt Erinnerungen an eine griechische Insel, aber vorzuziehen ist die gleichnamige Außenterrasse zwischen den roten Backsteinhäusern von Logan Circle. Serviert wird Mittelmeerküche zu einem guten Preis-Leistungs-Verhältnis, der gebratene Kefalograviera-Käse ist eine vorzügliche Vorspeise und macht Lust auf eine köstliche Moussaka als Hauptgang.

Pig AMERIKANISCH **$$**

(☎202-290-2821; 1320 14th St NW; Hauptgerichte 12–21 US$; ⌚Mo & Di 12–22.30, Mi & Do bis 23, Fr bis 23.30, Sa 11–23.30, So bis 22 Uhr; Ⓜ U Street-Cardozo) Das Pig rechtfertigt seinen Namen, denn es bietet eine Fülle von Gerichten aus Schweinefleisch – von knuspriger Haxe bis zum sündhaft kalorienreichen Sandwich mit Schnitzel und Gruyère-Käse, das einen sprachlos macht. Es gibt aber auch Köstlichkeiten, die nicht vom Schwein sind, wie etwa herrliche, mit Maismehl bestäubte Austern und ein überraschend vegetarierfreundliches Kichererbsen-Haschee (auch wenn dies nicht der ideale Ort für Fleischverächter ist).

Eatonville SÜDSTAATEN **$$**

(☎202-332-9672; www.eatonvillerestaurant.com; 2121 U St NW; Hauptgerichte 9–21 US$; ⌚Mo–Do 11–23, Fr bis 24,00, Sa 15–24, So 15-23 Uhr; Ⓜ U Street-Cardozo) Alles dreht sich hier um die Schriftstellerin Zora Neal Hurston. Die Atmosphäre ist großartig, eine Art Bayou dank impressionistischer Wandmalereien mit Südstaatenmotiven, das dann als modernistischer, riesiger Speisesaal wiedererweckt wird, der genau wie eine Kathedrale der schwarzen Intelligenzia aussieht. Der Wels wird in Maismehlmantel auf Käse serviert, und die Andouille-Wurst mit Süßkartoffelbrei…einfach himmlisch. Alles runterspülen mit Lavendellimonade, die speziell an heißen Sommertagen schlicht super ist.

Pearl Dive Oyster Palace SEAFOOD $$
(www.pearldivedc.com; 1612 14th St NW; Hauptgerichte 19–25 US$; ⌚ Fr & Sa 12–15, So 11–15, tgl. 17–22 Uhr; Ⓜ U Street-Cardozo) Das protzige Pearl Dive serviert ausgezeichnete, nachhaltig gezüchtete Austern von beiden Küsten sowie Schmorente mit Austerngumbo, Krabbenfrikadellen und Schokopastete mit schrecklich viel Erdnussbutter. Durch die Vorderfenster zieht frische Luft in die offene ehemalige Industriehalle, die in maritimem Stil mit verwittertem Holz eingerichtet wurde. Keine Vorabreservierung; man muss nur eine Nummer ziehen.

Adams Morgan

Adams Morgan, vor allem das Gebiet um die 18th St und die Columbia Rd NW, ist voller Lokale mit internationaler Küche und tollen Restaurants.

Diner AMERIKANISCH $$
(www.dinerdc.com; 2453 18th St NW; Hauptgerichte 8–16 US$; ⌚ 24 Std.; ; Ⓜ Woodley Park-Zoo/Adams Morgan) Das ist der ideale Spot für ein Frühstück zu vorgerückter Stunde, für (überfüllte) Bloody-Mary-Brunches am Wochenende, für gut zubereitete amerikanische Hausmannskost (Omeletts, gefüllte Pfannkuchen, Mac and cheese, gegrillte Portobello-Sandwiches, Burger usw.). Das Restaurant eignet sich gut für Besuche mit Kindern (das Personal hängt sogar deren während des Essens gemalte Kunstwerke an die Wand).

Cashion's Eat Place AMERIKANISCH $$$
(202-797-1819; www.cashionseatplace.com; 1819 Columbia Rd NW; Hauptgerichte 17–34 US$; ⌚ Di–So 17.30–23 Uhr; Ⓜ Woodley Park-Zoo/Adams Morgan) Dank seiner originellen Speisekarte und der einladenden Inneneinrichtung gilt dieses kleine Bistro als eine der besten Adressen der Stadt. Das unpassende Mobiliar und die Blumentöpfe schaffen ein lockeres Ambiente, um die üppigen Speisen genießen zu können, wie etwa Krabben mit Lauchcreme und Bisonrippe mit *sauce bordelaise* mit Wildpilzen. Die Bar serviert am Freitag und Samstag bis 2 Uhr morgens ausgefallene Häppchen für den späten Hunger, wie etwa Schweinebäckchen und Quesadillas mit Ziegenkäse.

Dupont Circle

★ Afterwords Cafe AMERIKANISCH $$
(202-387-3825; www.kramers.com; 1517 Connecticut Ave; Hauptgerichte 15–24 US$; ⌚ So–Do 7.30–13.30 Uhr, Fr & Sa 24 Std.; Ⓜ Dupont Circle) Das ist kein 08/15-Buchladencafé, dieser quirlige Ort verbreitet an seinen vollen Kaffeetischen und auf der Außenterrasse gute Stimmung. Auf der Speisekarte stehen schmackhafte Bistrogerichte und eine reiche Auswahl an Bieren, sodass dieses Café ein beliebter Treffpunkt für die Happy Hour oder zum Brunchen ist. Am Wochende lohnt der Besuch zu jeder Uhrzeit.

Bistrot du Coin FRANZÖSISCH $$
(202-234-6969; www.bistrotducoin.com; 1738 Connecticut Ave; Hauptgerichte 14–24 US$; ⌚ 11.30–23, Do–Sa bis 1 Uhr; Ⓜ Dupont Circle) Für eine schnelle Reise über den Großen Teich liefert das lebhafte und beliebte Bistro du Coin den Proviant. Man bekommt eine deftige Zwiebelsuppe, klassische *steak-frites* (gegrilltes Steak mit Pommes), *cassoulet*, Sandwiches sowie neun verschiedene Arten der berühmten *moules* (Miesmuscheln).

Blue Duck Tavern AMERIKANISCH $$
(202-419-6755; www.blueducktavern.com; 1201 24th St NW; Hauptgerichte 16–34 US$; ⌚ So–Do 6.30–14.30 & 17.30–22.30, Fr–Sa bis 23.30 Uhr; ; Ⓜ Dupont Circle) Das Blue Duck versucht eine Landhausatmosphäre inmitten einer der hyperurbanen Betonlandschaften der M St zu schaffen. Die Speisen sind von den Farmen des ganzen Landes inspiriert, wobei diverse Menüs kombiniert werden wie etwa Schweineterrine und Kroketten von Schweinen aus Virginia sowie Krabbenkuchen nach Louisiana-Art.

Malaysia Kopitiam MALAYSISCH $$
(202-833-6232; www.malaysiakopitiam.com; 1827 M St NW; Hauptgerichte 9–15 US$; ⌚ Mo–Do 11.30–22, Fr & Sa bis 23, So 12–22 Uhr; Ⓜ Dupont Circle) Dieses versteckte Restaurant ist bestens geeignet, um sich mit der malaysischen Küche vertraut zu machen. Zu den Standards gehören *laksas* (Curry-Nudelsuppen), *roti canai* (Fladenbrot mit Hähnchencurry) und knackiger Tintenfischsalat.

★ Little Serrow THAILÄNDISCH $$$
(1511 17th St NW; Festes Menü/Pers. 45 US$; ⌚ Di–Do 5.30–22, Fr & Sa bis 22.30 Uhr) Im Little Ser-

row gibt's jede Menge ärgerlicher Regeln. So gibt's beispielsweise kein Telefon und keine Vorabreservierung. Zugang haben nur Gruppen von höchstens vier Personen und man muss sich draußen auf der Straße anstellen. Und wozu das Ganze? Um feinste nordthailändische Küche kennenzulernen. Das einzige Menü wechselt jede Woche; auf dem Speiseplan stehen möglicherweise Hähnchenleber mit Langem Pfeffer oder Shrimps-Pasta, Aubergine und Chili oder Schweineohren, garniert mit Minze. Jedes Gericht wird mit einem Berg von frischen Kräutern serviert.

Komi FUSION **$$$**

(☎ 202-332-9200; www.komirestaurant.com; 1509 17th St NW; Menü 135 US$; ⏲ Di–Sa 17–23 Uhr; Ⓜ Dupont Circle) Die wechselnden Menüs im Komi sind von erstaunlicher Einfachheit. Sie gehen auf die griechische Küche zurück und stehen unter allen möglichen Einflüssen, vor allem aber genialen Einfällen. Spanferkel für zwei Personen, Kammmuscheln und Trüffeln, gebratenes Zicklein… Komis Märchen von einem Essbereich erlaubt nur Gruppen von höchstens vier Personen und man muss sich – am Besten gleich jetzt – im Voraus anmelden.

Georgetown

Et Voila BELGISCH **$$**

(☎ 202-237-2300; 5120 MacArthur Blvd NW; Hauptgerichte 16–29 US$; ⏲ Di–Fr & Sa 11.30–14.30 & 17.30–22, Sa & So 11.30–14.30, Mo 17–21.30 Uhr) Das Restaurant ist ein echtes lokales Juwel an einer netten Ecke in den Palisades, norwestlich von Georgetown. Der Name klingt zwar nach Frankreich, aber das Restaurant widmet sich dem nördlicheren Belgien. Gerichte wie Entrecôte mit Pommes, Hummerrisotto und gebratenes Hähnchen kombinieren eine herzhafte, rustikale Note mit einer sorgfältigen Zubereitung. Die Atmosphäre im Et Voila ist äußerst gemütlich.

Martin's Tavern AMERIKANISCH **$$**

(☎ 202-333-7370; www.martins-tavern.com; 1264 Wisconsin Ave NW; Hauptgerichte 12–25 US$; ⏲ Mo–Do 11–1.30, Fr bis 2.30, Sa 9–2.30, So 8–1.30 Uhr) Martin's Tavern ist bei Studenten in Georgetown genauso beliebt wie bei US-Präsidenten, die alle den altmodischen Speisesaal und die nicht verkünstelten klassischen Gerichte wie dicke Burger, Krabbenkuchen und Entrecôte schätzen.

Upper Northwest DC

2 Amys PIZZA **$$**

(☎ 202-885-5700; www.2amyspizza.com; 3715 Macomb St NW; Hauptgerichte 9–14 US$; ⏲ Di–Do 11–22, Fr & Sa bis 23, So 12– 22, Mo 17–22 Uhr; 👪; Ⓜ Tenleytown-AU dann nach Süden 🚌 31, 32, 36, 37) Etwas abseits (aber nur einen Steinwurf von der Washington National Cathedral entfernt) gelegen, bietet 2 Amys einige der besten Pizzen mit dünnem Boden in D.C. Die Böden sind mit marktfrischen Zutaten bestreut und werden in einem Holzofen perfekt gebacken. Die Wochenenden mit den Menschenmassen sollte man besser meiden.

Palena AMERIKANISCH **$$$**

(☎ 202-537-9250; www.palenarestaurant.com; 3529 Connecticut Ave NW; 3-/5-Gänge-Menü 80/100 US$; ⏲ Di–Sa 17.30–22.30 Uhr; Ⓜ Cleveland Park) Das Palena liegt versteckt im Cleveland Park, nordwestlich der Red Line und ist in D.C. eine feste kulinarische Größe. Red Snapper mit wildem Lauch und Austernpilzen, Artischockenrisotto und Selleriesuppe mit Shrimps und Mandeln gehören zu den neuesten Favoriten. Frühzeitig reservieren oder im zwanglosen Café (Hauptgerichte 17 US$–30 US$) essen.

Columbia Heights & Umgebung

Pho 14 VIETNAMESISCH **$**

(☎ 202-986-2326; www.dcpho14.com; 1436 Park Rd NW; Hauptgerichte 8–13 US$; ⏲ So–Mi 11.30–21, Do–Sa bis 22 Uhr; Ⓜ Columbia Heights) Das schicke, solide Pho 14 bietet dampfende Schüsseln mit der gleichnamigen Nudelsuppe ebenso wie Pfannengerichte und *banh mi-Sandwiches* (Baguettes gefüllt mit Fleisch und/oder gewürztem Gemüse) zum Lunch oder für die Massen zum Abend.

Kangaroo Boxing Club AMERIKANISCH **$**

(KBC; ☎ 202-505-4522; 3410 11th St NW; Hauptgerichte 10–17 US$; ⏲ Mo–Do 17–2, Fr bis 3, Sa 10–3, So bis 2 Uhr) Das Gastropub-Konzept – aber ein hipper, lässiger Gastropub à la Brooklyn – ist jetzt der letzte Schrei unter D.C.s hippen, jungen Leuten. Nach dem Betreten des KBC merkt man: Das Lokal hat ein eigenartiges Thema (Vintage-Boxen), köstliche Gerichte (Burger, Barbecue, süßer Auflauf, Mac and cheese) und eine reiche Bierauswahl.

El Chucho MEXIKANISCH **$**

(☎ 202-290-3313; 3313 11th St NW; Tacos 6–12 US$; ⏲ 16-2, Fr & Sa bis 3 Uhr) Die Inneneinrichtung erinnert an den Horrorfilm *Day of the Dead*, es gibt Margeritas vom Fass, ausgezeichnete *elote* (Maiskolben), begraben unter weißem Käse und Gewürzen, sowie frischen Guacamole. Die winzigen Tacos wecken die Sehnsucht nach mehr. Viel Personal mit coolen Tattoos und Kunden, die sie mögen.

Ausgehen & Nachtleben

Umfassende Infos über Veranstaltungen gibt's im Wochenmagazin *Washington City Paper* (S. 311) oder der Wochenendbeilage der *Washington Post* (S. 311). Für Konzerte und Shows desselben Tages sind Karten zum halben Preis erhältlich (keine telefonischer Verkauf).

Capitol Hill & Downtown

Little Miss Whiskey's Golden Dollar BAR
(www.littlemisswhiskeys.com; 1104 H St NE; ⌚ab 17 Uhr; H Street Shuttle) Wäre Alice aus dem Wunderland infolge einer Fastenthauptung so traumatisiert zurückgekehrt, dass sie was Hochprozentiges gebraucht hätte, wäre sie sicher im Little Miss Whiskey's eingekehrt. Sie hätte die Inneneinrichtung geliebt: ein Mix aus Schrulligem und den dunklen Alpträumen eines verlorenen Süchtigen. Und sie hätte wohl ihre Freude gehabt an der Seite der Club-Kids, die an Wochenenden auf der Tanzfläche im Obergeschoss feiern.

H Street Country Club BAR
(www.thehstreetcountryclub.com; 1335 H St NE; ⌚Mo–Do ab 17, Fr–So ab 16 Uhr; H Street Shuttle) Der zweistöckige Country Club ist toll. Das Erdgeschoss ist vollgestopft mit Billiardtischen, Skeeball und Shuffleboard, während es oben eine Minigolf-Anlage gibt (7 US$ Gebühr, um mitzuspielen), die im Kleinen eine Tour durch die Stadt zeigt.

U Street, Shaw & Logan Circle

Marvin BAR
(www.marvindc.com; 2007 14th St NW; M U Street-Cardozo) Das Marvin ist stilvoll und hat eine Lounge mit gedämpftem Licht und gewölbter Decke. Hier legen DJs für ein gemischtes Publikum Soul und ungewöhnliche Grooves auf. Die Dachterrasse ist in Sommernächten eine beliebte Anlaufstelle, aber auch im Winter, wenn sich die Leute unter bollernden Heizlampen versammeln und Cocktails und belgisches Bier nippen. Außerdem gibt's gute Bistrogerichte.

Patty Boom Boom CLUB
(☎202-629-1712; 1359 U St NW; ⌚20–24, Sa & So bis 3 Uhr) Eine Mischung aus Möchtegernpolitikern und Studenten der Howard University bevölkert diesen Ort. Sie relaxen bei sanfter Reggae-Musik oder laufen sich warm, während der DJ im Tanzsaal die Stimmung anheizt. In beiden Fällen geht es karibisch zu, wie es auch die Namen der Rindfleischgerichte und der vegetarischen Pasteten verdeutlichen, die man bei einem Rumpunsch zu sich nimmt.

Brixton BAR
(☎202-560-5045; 901 U St NW; ⌚17–2, Sa bis 3, So ab 11 Uhr) Schon der Name macht klar, dass es hier um ein Stück England in D.C. geht, wenn auch nicht das sentimentale Old England. Es sind eher die hippen jungen Leute in engen Jeans und mit Halstüchern aus verschiedenen Ländern, die hochprozentige Drinks konsumieren, den Londoner Slang draufhaben und sich für die East End-Pop-Art an den Wänden begeistern. Für alle die so was mögen, gibt's im Brixton ein deftiges Kneipenmenü sowie eine offene Dachterrasse mit großartigem Blick auf die U St.

Bar Pilar BAR
(www.barpilar.com; 1833 14th St NW; M U Street-Cardozo) Die freundliche und beliebte Bar Pilar bietet Tapas aus saisonalen Bioprodukten und ausgezeichnete Cocktails in einem kleinen, hübsch eingerichteten Raum. Die senffarbenen Wände und das seltsame Sammelsurium (Hüte, Hemingway-Devotionalien) geben ihr einen altmodischen Touch.

Dickson Wine Bar WEINBAR
(www.dicksonwinebar.com; 903 U St NW; ⌚Mo–Sa ab 18 Uhr; M U Street-Cardozo) Gemütlichkeit, Kerzenlicht und Weinflaschen an den Wänden verleihen dem Dickson, das in einem Reihenhaus untergebracht ist, einen Hauch von Romantik für frisch Verliebte über alle drei Stockwerke hinweg. Am Eingang ist es nicht durch ein Schild gekennzeichnet; über der Tüt steht lediglich „Dickson Building 903". Das Dickson ist ein toller Ort für einen kurzen Drink vor einer Show im 9:30 Club.

Dupont Circle

18th Street Lounge LOUNGE
(www.eighteenthstreetlounge.com; 1212 18th St NW; ⌚Di–Fr ab 17.30, Sa & So ab 21.30 Uhr; M Dupont Circle) Kronleuchter, Samtsofas, alte Tapeten und hübsche, tanzfreudige Menschen, die dieses mehrstöckige Gebäude lieben. Die

SCHWULEN- & LESBENSZENE IN WASHINGTON, D.C.

Eine von Washingtons Schwulenszenen mit einschlägigen Bars befindet sich rund um den Dupont Circle.

Cobalt (www.cobaltdc.com; 1639 R St NW; ⏲17–2 Uhr; Ⓜ Dupont Circle) Das Cobalt ist bevorzugter Treffpunkt der Gäste mit muskulösem Körper, stark gegelten Haaren und falscher Sonnenbräune, die meist Ende 20 bis 30 und besser gekleidet sind und unter der Woche herkommen, um bei guter (wenn auch zu lauter) Musik abzutanzen.

Nellie's (www.nelliessportsbar.com; 900 U St NW; Ⓜ U Street-Cardozo) Die Atmosphäre ist hier gedämpft und das Nellie's ist der passende Ort, um Wurzeln zu schlagen und schmackhafte Häppchen, Abendveranstaltungen (z.B. Di Drag Bingo) oder frühe spezielle Drinks zu genießen.

JR's (www.jrsbardc.com; 1519 17th St NW; ⏲Mo–Fr ab 16, Sa & So ab 13 Uhr; Ⓜ Dupont Circle) Diese beliebte Schwulenkneipe ist eine gute Adresse für entspannte Stunden und meist rappelvoll. Peinliche Karaoke-Shows sorgen immer am Montagabend für Stimmung.

DJs hier – sie legen Funk, Soul und brasilianische Rhythmen auf – sind phänomenal, was nicht weiter wundert, denn Eric Hilton (von der Thievery Corporation) ist Mitbesitzer der 18th Street Lounge.

Georgetown

Tombs BAR
(www.tombs.com; 1226 36th St NW; ⏲Mo–Sa ab 11.30, So ab 9.30 Uhr) Wem die Bar vertraut vorkommt, muss nur an die 1980er-Jahre zurückdenken; sie war der Drehort für den Film *St Elmo's Fire – Die Leidenschaft brennt tief*. In der gemütlichen, fensterlosen Bar genießen heute die Studenten von Georgetown und ihre Profs einen Drink zwischen den Erinnerungsstücken der Crew.

Columbia Heights & Umgebung

Red Derby BAR
(www.redderby.com; 3718 14th St NW; Ⓜ Columbia Heights) Kein Namensschild ziert das Red Derby, das seine Gäste auf einer überdachten offenen Terrasse (mit Heizstrahlern) versammelt. An den Wänden hängen Filmplakate und meist ist die Bar rappelvoll. Mit einem Getränkemix auf Basis von Schlitz-Bier um 5 US$ startet man richtig in den Abend.

Wonderland BAR
(www.thewonderlandballroom.com; 1101 Kenyon St NW; Ⓜ Columbia Heights) Das Wonderland ist freundlich, aber etwas heruntergekommen und hat vorne eine geräumige Terrasse mit Holzbänken, die an lauen Abenden zum Sitzen einladen. Der Tanzsaal im ersten Stock, in dem verschiedene DJs auflegen und Bands spielen, ist am Wochenende zum Bersten voll.

Looking Glass Lounge BAR
(www.thelookingglasslounge.com; 3634 Georgia Ave NW; Ⓜ Georgia Ave-Petworth) Der angesagteste Spot im Wohnviertel Petworth ist eine kunstvoll gestaltete Location mit einer tollen Jukebox, DJs an Wochenenden und einer großartigen Terrasse im Freien.

Meridian Pint BAR
(www.meridianpint.com; 3400 11th St NW; Ⓜ Columbia Heights) Die Bar ist Treffpunkt der Einheimischen aus dieser Gegend und die bekannteste Eckkneipe der Columbia Heights. Im TV laufen Sportprogramme und die Gäste spielen Billard und Shuffleboard, während aus den Zapfhähnen Bier in rauen Mengen fließt.

DC Reynolds BAR
(☎202-506-7178; 3628 Georgia Ave NW; ⏲11–2, Fr & Sa bis 3 Uhr; Ⓜ Georgia Ave-Petworth) In Petworth, das sich an der Grenze zu den gentrifizierten Stadteilen von D.C. befindet, wurden mehrere interessante Bars eröffnet. Unter diesen gehört das DC Reynolds zu den Favoriten – allerdings sollte man es außerhalb der Wintermonate besuchen. Hauptattraktion ist nämlich die riesige Terrasse, auf der man ein kühles Bier und ein Pickle Back (Whiskey mit Gewürzgurkenwasser) genießen kann.

☆ Unterhaltung

Livemusik

Black Cat LIVEMUSIK
(www.blackcatdc.com; 1811 14th St NW U St; Eintritt 5–15 US$; Ⓜ U Street-Cardozo) Das verschlisse-

ne Black Cat ist seit den 1990er-Jahren ein Grundpfeiler der Musikszene in D.C. Hier sind alle Größen der vergangenen Jahre aufgetreten (u.a. White Stripes, die Strokes und Arcade Fire). Wer für die Bands auf der Hauptbühne im oberen Stock (oder die kleinere Backstage unten) keine 20 US$ bezahlen möchte, wählt lieber den Red Room mit seiner Jukebox, Pool-Billard und starken Cocktails.

9:30 Club LIVEMUSIK
(www.930.com; 815 V St NW, U St; Eintritt ab 10 US$; Ⓜ U Street-Cardozo) Der 9:30 Club, der bis zu 1200 Menschen an einem überraschend gemütlichen Ort fasst, ist der Vorreiter der Livemusikszene von D.C. Alle, die Rang und Namen haben und in dieser Stadt auftreten, landen schließlich auf dieser Bühne. Und ein Konzert hier ist für viele Teenager von D.C. die erste bleibende Erinnerung. Die Stars treten hier meist zwischen 22.30 und 23.30 Uhr auf.

Verizon Center KONZERTVERANSTALTUNG
(☎ 202-628-3200; www.verizoncenter.com; 601 F St NW, Gallery Place-Chinatown) Im riesigen Sportstadium von D.C. treten auch die Superstars der Musikszene auf.

Darstellende Künste

Kennedy Center DARSTELLENDE KÜNSTE
(☎ 202-467-4600; www.kennedy-center.org; 2700 F St NW, Georgetown; Ⓜ Foggy Bottom-GWU) Das sagenhafte Kennedy Center liegt auf einem 7 ha großen Gelände am Potomac River und beherbergt ein unglaubliches Spektrum von Aufführungen – auf seinen zahlreichen Bühnen mehr als 2000 pro Jahr. Zu den Bühnen gehören die Concert Hall (die Heimat des „National Symphony"-Orchesters), das Opera House und das Eisenhower Theater. Auf der Millenium Stage gibt's täglich um 18 Uhr kostenlose Aufführungen.

Wolf Trap Farm Park for the Performing Arts DARSTELLENDE KÜNSTE
(☎ 703-255-1900; www.wolftrap.org; 1645 Trap Rd, Northern Virginia) Der Open-Air-Park liegt etwa 40 Minuten vom Zentrum und beherbergt im Sommer Auftritte des National Symphony und anderer hochkarätiger Musical- und Theatergruppen.

National Theatre THEATER
(☎ 202-628-6161; www.nationaltheatre.org; 1321 Pennsylvania Ave NW; ⏲ Kasse Mo–Sa 10–21, So 12–20 Uhr; Ⓜ Federal Triangle) Washingtons ältestes durchgehend betriebenes Theater zeigt Broadway-Musicals und andere namhafte Produktionen.

Shakespeare Theatre THEATER
(☎ 202-547-1122; www.shakespearetheatre.org; 450 7th St NW; Karten ab 30 US$; ⏲ Kasse Mo–Sa 10–18, So 12–18 Uhr; Ⓜ Archives-Navy Memorial) Das landesweit führende Theater präsentiert meisterhafte Inszenierungen von Shakespeare-Stücken sowie Werke von George Bernard Shaw, Oscar Wilde, Henrik Ibsen, Eugene O'Neill und anderen berühmten Autoren.

Carter Barron Amphitheater THEATER
(☎ 202-895-6000; www.nps.gov/rocr; 4850 Colorado Ave NW, Nähe 16th St NW, Rock Creek Park; ⏲ Kasse an Tagen mit Vorstellungen 12–20 Uhr; Ⓜ McPherson Sq, dann 🚌 S2, S4) In einer netten, bewaldeten Umgebung inmitten des Rock Creek Park kann man einen Mix von Theater-, Tanz- und Musikdarbietungen (Jazz, Salsa, Klassik und Reggae) verfolgen. Einige Aufführungen sind kostenlos.

Sport

Washington Redskins FOOTBALL
(☎ 301-276-6800; www.redskins.com; 1600 Fedex Way, Landover, MD; Tickets ab 65 US$) Das lokale Football-Team spielt im FedEx-Field-Stadion, östlich von D.C. in Maryland. Die Saison dauert von September bis Februar.

Washington Nationals BASEBALL
(www.nationals.com; 1500 S Capitol St SE; Ⓜ Navy Yard) Das Baseball-Team von D.C. spielt im Nationals Park, unmittelbar am Anacostia River im Südosten von D.C. Die Saison dauert von April bis Oktober.

DC United FUSSBALL
(www.dcunited.com; 2400 East Capitol St; Ⓜ Stadium-Armory) Die Mannschaft des DC United kickt im Robert F. Kennedy (RFK) Memorial Stadium. Die Saison dauert von März bis Oktober.

Washington Capitals HOCKEY
(☎ 202-397-7328; http://capitals.nhl.com; 601 F St NW; Ⓜ Gallery Place-Chinatown) Die Spiele des wilden Eishockey-Teams der Washington Capitals finden zwischen Oktober und April im Verizon Center statt.

Washington Wizards BASKETBALL
(www.nba.com/wizards; 601 F St NW; ⏲ Kasse Mo–Sa 10–17.30 Uhr; Ⓜ Gallery Place-Chinatown) Die NBA-Saison dauert von Oktober bis April, wobei die Heimspiele im Verizon Center stattfinden. Das WNBA-Team von D.C.,

die **Washington Mystics** (www.wnba.com/mystics), spielt von Mai bis September ebenfalls hier.

Praktische Informationen

Destination DC (☎ 202-789-7000; www.washington.org; 901 7th St NW, 4. Stock) verteilt eine Fülle an Informationen online, telefonisch sowie persönlich an leicht erreichbaren Standorten im Zentrum.

George Washington University Hospital (☎ 202-715-4000; 900 23rd St NW; Ⓜ Foggy Bottom-GWU)

International Visitors Information Desk (⏲ Mo–Fr 9–17 Uhr) Das Informationsbüro, dessen Mitarbeiter alle mehrere Sprachen sprechen, wird vom Meridian International Center betrieben. Es befindet sich in der Ankunftshalle des Washington Dulles Airport.

Kramerbooks (1517 Connecticut Ave NW; ⏲ So–Do 7.30–1, Fr & Sa 24 Std.) In der Bar gibt's einen Computer mit kostenlosem Zugang.

Online Visitor Information (www.washington.org)

Washington City Paper (www.washingtoncitypaper.com) Kostenloses Wochenmagazin mit einer Liste der Veranstaltungen und Restaurants.

Washington Post (www.washingtonpost.com) Angesehene (überregionale) Tageszeitung. Die tägliche Boulevard-Ausgabe *Express* ist kostenlos. Online gibt's Infos zu den Veranstaltungen.

An- & Weiterreise

BUS

Neben Greyhound-Bussen gibt es noch zahlreiche weitere preisgünstige Busverbindungen nach New York, Philadelphia und Richmond. Meistens kostet die einfache Fahrt nach New York etwa 20 US$ (und dauert 4–5 Std.). Zusteigmöglichkeiten gibt es überall in der Stadt, sie befinden sich aber immer in der Nähe der Metrostationen. Fahrkarten werden üblicherweise online verkauft, man kann sie aber auch erst im Bus lösen, sofern noch Plätze frei sind.

BoltBus (☎ 877-265-8287; www.boltbus.com; 📶) BoltBus, die beste der preiswerten Alternativen, fährt von der oberen Ebene der Union Station ab.

DC2NY (☎ 202-332-2691; www.dc2ny.com; 20th St & Massachusetts Ave NW; 📶) Abfahrt in der Nähe des Dupont Circle.

Greyhound (☎ 202-589-5141; www.greyhound.com; 1005 1st St NE) Verbindet alle Ecken des Landes. Das Abfahrtsterminal ist einige Blocks von der Union Station entfernt; nach Einbruch der Dunkelheit ein Taxi nehmen.

Megabus (☎ 877-462-6342; us.megabus.com; 📶) Abfahrt von der Union Station.

Peter Pan Bus Lines (☎ 800-343-9999; www.peterpanbus.com) bedient den Nordosten der USA; das Terminal befindet sich gegenüber dem von Greyhound.

WashNY (☎ 866-287-6932; www.washny.com; 1320 19th St NW, Union Station; 📶)

FLUGZEUG

Der **Washington Dulles International Airport** (IAD; www.metwashairports.com), 26 Meilen (42 km) westlich der Innenstadt gelegen, und der **Ronald Reagan Washington National Airport** (DCA; ☎ 703-417-8000), 4,5 Meilen (7 km) südlich der Stadt, sind die wichtigsten Flughäfen von D. C. Allerdings ist auch der **Baltimore/Washington International Thurgood Marshall Airport** (BWI; ☎ 410-859-7111; www.bwiairport.com), 30 Meilen (48 km) nordöstlich gelegen, eine Alternative. Alle drei Flughäfen, vor allem aber die Flughäfen Dulles und National, sind wichtige Drehkreuze für Flüge in alle Welt.

ZUG

Amtrak (☎ 800-872-7245; www.amtrak.com) Abfahrt von der wunderschönen Union Station. Die Züge steuern Ziele in allen Landesteilen an, einschließlich New York City (3½ Std.), Chicago (18 Std.), Miami (24 Std.) und Richmond, VA (3 Std.).

MARC (Maryland Rail Commuter; mta.maryland.gov) Die Regionalbahn bedient vor allem den Großraum Washington, D. C., und Baltimore und fährt mehrmals täglich nach Baltimore (7 US$, 71 Min.) und in andere Städte in Maryland (4–12 US$) sowie zu Harpers Ferry, WV (15 US$, 80 Min.).

Unterwegs vor Ort

ZUM/VOM FLUGHAFEN

Wer den Baltimore/Washington International Airport benutzt, kann zwischen der Union Station und dem BWI-Terminal sowohl mit **MARC** (7 US$, 40 Min.) als auch mit **Amtrak** (16 US$, 40 Min.) fahren. Eine Alternative ist der **B30 bus**, der zur Greenbelt Metro (6,30 US$, 40 Min.) fährt.

Metrobus 5A (www.wmata.com) Verkehrt von Dulles zur Rosslyn Metrostation (35 Min.) und ins Zentrum von D. C. (L'Enfant Plaza, 48 Min.); Abfahrt alle 30–40 Min. Die Kombikarte Bus/Metro kostet etwa 8 US$.

Metrorail (www.wmata.com) Der National Airport hat eine eigene Metrostation, die Metro in die Innenstadt ist schnell und preisgünstig.

Supershuttle (☎ 800-258-3826; www.supershuttle.com; ⏲ 5.30–12.30) Der Direkt-Shuttleservice verbindet Downtown D. C. mit den Flughäfen Dulles (29 US$), National (14 US$) und BWI (37 US$).

Washington Flyer (www.washfly.com) Fährt alle 30 Min. von Dulles zur West Falls Church Metro (10 US$).

ÖFFENTLICHE VERKEHRSMITTEL

Circulator (www.dccirculator.com) Die Busse fahren entlang praktischer Strecken, z. B. Union Station nach/von Georgetown. Die einfache Fahrt kostet 1 US$.

Metrobus (www.wmata.com) Die Busse verkehren in der ganzen Innenstadt und in den Vororten; passendes Geld bereithalten (1,80 US$).

Metrorail (☎ 202-637-7000; www.wmata.com) unterhält eines der besten Beförderungssysteme des Landes und steuert die meisten Sehenswürdigkeiten, Hotels und Geschäftsviertel an sowie die Vororte in Maryland und Virginia. Die Züge verkehren von Montag bis Freitag ab 5 Uhr (am Wochenende ab 7 Uhr); der letzte Zug fährt etwa um Mitternacht (So–Do) ab bzw. um 3 Uhr (Fr & Sa). Fahrkarten kauft man an den Automaten in den Bahnhöfen. Die Fahrpreise beginnen bei 1,60 US$ (Kinder unter 5 Jahre fahren kostenlos). Es gibt auch unbegrenzt gültige Karten (1/7 Tage ab 14 bzw. 57,50 US$).

TAXI

Wer ein Taxi braucht, ruft **Capitol Cab** (☎ 202-636-1600), **Diamond** (☎ 202-387-6200) oder **Yellow Cab** (☎ 202-544-1212) an.

MARYLAND

Maryland wird oft auch als „Miniatur-Amerika" beschrieben. Und das mit guten Grund. Der kleine Staat besitzt die schönsten Flecken des Landes, von den Appalachen im Westen bis zu den weißen Sandstränden im Osten. Eine Mischung aus Nordstaaten-Cleverness und Südstaaten-Bodenständigkeit verleiht dem Staat zwischen den alten Fronten eine ausgewachsene Identitätskrise, wobei Marotten und Traditionen von hüben wie drüben adaptiert werden. Baltimore, die wichtigste Metropole des Bundesstaates, ist eine pfiffige, fordernde Hafenstadt, während die Ostküste künstlerisch angehauchte Stadtemigranten und hart arbeitende Fischer unter einen Hut packt. Die Vororte des D.C. werden dagegen von Regierungsangestellten und anderen Büromenschen bewohnt, die sich nach der Natur sehnen, aber auch von ärmeren Schichten, die auf der Suche nach niedrigen Mieten sind. Trotzdem funktioniert das alles. Köstliche Blaukrabben, Natty-Boh-Bier und die herrliche Landschaft von Chesapeake sind der Klebstoff, der alles miteinander verbindet. Es ist auch ein sehr vielfältiger und fortschrittlicher Staat. Er war einer der ersten Staaten des Landes, der die gleichgeschlechtliche Ehe legalisierte.

Geschichte

George Calvert gründete Maryland 1634 als Zuflucht für verfolgte englische Katholiken. Dafür kaufte er den einheimischen Piscataway St. Mary's City ab, mit denen er friedlich koexistieren wollte. Puritanische Flüchtlinge entrissen den Piscataway und den Katholiken die Kontrolle und verlagerten das Zentrum nach Annapolis. Die Schikanierung der Katholiken führte zum Tolerance Act, einem lückenhaften, aber wegweisenden Gesetz, das in Maryland jede Form des (christlichen) Gottesdienstes zuließ – zum ersten Mal in Nordamerika.

Diese Verpflichtung zur Diversität hat den Staat schon immer gekennzeichnet, trotz gemischter Einstellungen gegenüber der Sklaverei. Obwohl Maryland während des Bürgerkriegs gespalten war, wurde 1862 bei Antietam eine Invasion der Konföderation gestoppt. Nach dem Krieg nutzte das Land seine schwarze, weiße und zugewanderte Arbeiterschaft, um die Wirtschaftskraft zwischen Baltimores Industrien und Werften aufzuteilen; später kamen noch Dienstleistungen für Washington hinzu. All das macht heute den Marylander aus: Der Bundesstaat vermischt Reiche, Arme, Fremde, urbane Weltenbummler und ländliche Dörfchen wie wenige andere Staaten.

Baltimore

Einst eine der wichtigsten Hafenstädte Amerikas, ist Baltimore – oder „Bawlmer", wie die Einheimischen es nennen – eine Stadt der Gegensätze. Einerseits haftet ihr etwas von einem hässlichen Entlein an – eine trotzige, aber mutige Arbeiterstadt, die sich ihrer Vergangenheit als Hafenstadt noch immer verbunden fühlt. Andererseits begann sich Baltimore in den letzten Jahren in einen Schwan zu verwandeln oder, besser gesagt, es verstand es nun geschickter, der Welt zu zeigen, dass es schon immer ein Schwan gewesen ist. Das belegen herausragende Museen, trendige Läden, Restaurants mit Gerichten aus aller Welt, Boutiquehotels, Kultur und Sport. „B'more" (ein weiterer Beiname) schafft das alles mit einem Augenzwinkern und kann darüber nur witzeln. Diese eigenartige Stadt brachte Billie Holiday und John Waters hervor. Und immer noch pflegt sie ihre innige Beziehung zum Wasser, ob mit dem an Disneyland erinnernden Inner Harbor und den kopfsteingepflasterten Straßen des Hafenviertels Fells Point oder dem Fort

McHenry, dem Geburtsort von *The Star-Spangled Banner*, der amerikanischen Nationalhymne. Es herrscht eine intensive, aufrichtige Freundlichkeit in dieser Stadt, was auch erklärt, weshalb Baltimore seinem letzten und treffendsten Beinamen „Charm City" (Bezaubernde Stadt) voll gerecht wird.

Sehenswertes & Aktivitäten

Harborplace & Inner Harbor

Hier starten viele Touristen ihren Rundgang – und beenden ihn leider auch gleich wieder. Das Gebiet um den Inner Harbor wurde umfassend und glanzvoll erneuert. So schimmern hier Glasfassaden, locken klimatisierte Einkaufspassagen und glitzernde Bars, die es irgendwie schaffen, in einer familienfreundlichen Verpackung das maritime Herz der Stadt einzufangen. Aber das ist nur die Spitze des Eisbergs von Baltimore.

★National Aquarium AQUARIUM
(☎ 410-576-3800; www.aqua.org; 501 E Pratt St, Piers 3 & 4; Erw./Kind 35/22 US$; ⊙ Mo–Do 9–17, Fr bis 20, Sa 8.30–20, So bis 18 Uhr) Das Aquarium mit seinen sieben Stockwerken und der Glaspyramide auf der Spitze gilt vielen als das beste Amerikas. Es beherbergt 16 500 Tiere bzw. 660 Spezies, einen Regenwald auf dem Dach, ein Rochenbecken und ein mehrstöckiges Haifischbecken. Außerdem gibt's eine Rekonstruktion der Umbrawarra Gorge im Northern Territory von Australien, komplett mit 10 m hohem Wasserfall, Felsklippen und frei umherflatternden Vögeln und herumstreunenden Echsen. Kids lieben die Delfin-Show und das 4D Immersions Theater (zusammen 5 US$ extra). Unter der Woche herrscht weniger Andrang.

Baltimore Maritime Museum MUSEUM
(☎ 410-396-3453; www.historicships.org; 301 E Pratt St, Piers 3 & 5; 1/2/4 Schiffe Erw. 11/14/18 US$, Kind 5/6/7 US$; ⊙ 10–16.30 Uhr) Schiffsliebhaber können eine Tour durch vier historische Schiffe machen: einen Kutter der Küstenwache, ein Feuerschiff, ein U-Boot und die **USS Constellation**, eines der letzten Segelschiffe, das als Kriegsschiff von der US Navy (1797) gebaut wurde. Der Eintritt zum Seven Foot Knoll Lighthouse an Pier 5 von 1856 ist frei.

Downtown & Little Italy

Man kann leicht von Downtown nach Little Italy zu Fuß gehen, sollte dabei aber dem ausgeschilderten Weg genau folgen, da es an einem ungemütlichen Block vorbeigeht.

National Great Blacks in Wax Museum MUSEUM
(☎ 410-563-3404; www.greatblacksinwax.org; 1601 E North Ave; Erw./Kind 13/11 US$; ⊙ Di–Sa 9–18, So 12–18 Uhr, Okt.–Jan. bis 17 Uhr) Dieses erstklassige Museum über die afroamerikanische Geschichte widmet sich u.a. Frederick Douglass, Jackie Robinson, Martin Luther King Jr. und Barack Obama sowie anderen weniger bekannten Persönlichkeiten wie dem Entdecker Matthew Henson. Das Museum informiert auch über die Sklaverei, die Jum-Crow-Ära und afrikanische Anführer – alle dargestellt in surrealistischer Manie mit Wachsfiguren à la Madame Tussaud.

Star-Spangled Banner Flag House & 1812 Museum MUSEUM
(☎ 410-837-1793; www.flaghouse.org; 844 E Pratt St; Erw./Kind 8/6 US$; ⊙ Di–Sa 10–16 Uhr; 👪) In

KURZINFOS MARYLAND

Spitzname Old Line State, Free State

Bevölkerung 5,8 Mio. Ew.

Fläche 32 134 km²

Hauptstadt Annapolis (39 000 Ew.)

Weitere Städte Baltimore (621 000 Ew.), Frederick (66 000 Ew.), Hagerstown (40 000 Ew.), Salisbury (30 500 Ew.)

Verkaufssteuer 6 %

Geburtsort vom Sklavereigegner Frederick Douglass (1818–1895), von Baseballgröße Babe Ruth (1895–1948), Schauspieler David Hasselhoff (geb. 1952), Schriftsteller Tom Clancy (geb. 1947), Schwimmer Michael Phelps (geb. 1985)

Heimat von *The Star-Spangled Banner*, Baltimore Orioles, TV-Crimeshows *The Wire* und *Homicide*

Politische Ausrichtung stramme Demokraten

Berühmt für Blaukrabben, Lacrosse, Chesapeake Bay

Lieblingssport Tjost (Lanzenstechen; Jousting)

Entfernungen Baltimore–Annapolis 29 Meilen (47 km), Baltimore–Ocean City 147 Meilen (237 km)

ABSTECHER

SCENIC DRIVE: MARITIMES MARYLAND

Maryland und die Chesapeake Bay waren schon immer untrennbar miteinander verbunden, aber es gibt noch einige Orte, an denen sich die althergebrachte Lebensweise an der Bay im Lauf der vergangenen Jahrhunderte kaum verändert zu haben scheint.

Etwa 150 Meilen (241 km) südlich von Baltimore, am Rand des Eastern Shore, liegt **Crisfield**, die größte Stadt Marylands, die noch vom Wasser lebt. Nähere Infos über Sehenswertes gibt's im **J Millard Tawes Historical Museum** (☎ 410-968-2501; www.crisfieldheritagefoundation.org/museum; 3 Ninth St; Erw./Kind 3/1 US$; ⊙ Mo–Sa 10–16 Uhr), das gleichzeitig als Touristeninformation dient. Alle Gerichte mit Meeresfrüchten, die man hier serviert, sind vorzüglich, aber wer eine richtige Küstenerfahrung sucht, ist im legendären **Watermen's Inn** (☎ 410-968-2119; 901 W Main St; Hauptgerichte 12–25 US$; ⊙ Do & So 11–20, Fr & Sa bis 21 Uhr, Mo–Mi geschl.) genau richtig. In einem einfachen, anspruchslosen Ambiente kann man den lokalen Fang bei einem sich ständig ändernden Menü genießen. Den einheimischen Fischern begegnet man in ihrem Stammlokal, wenn sie um 4 Uhr morgens einen Kaffee im **Gordon's Confectionery** (831 W Main St) trinken, bevor sie hinaus aufs Meer fahren und die Netze auswerfen.

Hier kann man sein Auto abstellen und mit dem Boot nach **Smith Island** (www.visitsmithisland.com) fahren, der einzigen Siedlung von Maryland außerhalb des Festlandes. Vor etwa 400 Jahren ließen sich Fischer aus den westlichen Regionen Englands hier nieder. Seither spricht die winzige Inselgemeinde immer noch das, was Sprachwissenschaftler als am nächsten dem walisischen Akzent des 17. Jhs. verwandt bezeichnen.

Um ehrlich zu sein: Das ist eher ein dahinsterbendes Fischerdorf als eine reizvolle Sehenswürdigkeit, obwohl es B&Bs und Restaurants gibt (Details gibt's auf der Website). Zugleich ist es die letzte Verbindung zur Vergangenheit des Bundesstaates, und wenn man sich Smith Island auf diese Weise annähert, versteht man, warum hier nur begrenzte Annehmlichkeiten geboten werden. Dazu gehört u.a. das Paddeln durch Meilen von unberührtem Sumpfland am östlichen Meresufer. Die Fähre bringt einen am selben Tag um 15.45 Uhr zurück aufs Festland.

diesem historischen Haus aus dem Jahr 1793 hat Mary Pickersgill die gigantische Flagge genäht, die zur Inspiration von Amerikas Nationalhymne wurde. Kostümierte Führer und Exponate aus dem 19. Jh. begleiten die Besucher zurück in eine dunkle Zeit während des Krieges von 1812; für Kinder gibt's auch eine Entdeckungsausstellung zum Anfassen.

Jewish Museum of Maryland MUSEUM

(☎ 410-732-6400; www.jewishmuseummd.org; 15 Lloyd St; Erw./Student/Kind 8/4/3 US$; ⊙ Di–Do & So 10–17 Uhr) Maryland ist traditionell die Heimat einer der größten und aktivsten jüdischen Gemeinden des Landes. Und das Museum ist ein toller Ort, um die jüdische Seite Amerikas kennenzulernen. Es beherbergt außerdem zwei der am wunderbarsten erhaltenen historischen Synagogen.

Babe Ruth Birthplace & Museum MUSEUM

(☎ 410-727-1539; www.baberuthmuseum.com; 216 Emory St; Erw./Kind 6/3 US$; ⊙ 10–17 Uhr) Das Museum feiert den berühmten Sohn Baltimores, der zufällig auch der beste Baseball-Spieler aller Zeiten war. Vier Blocks weiter östlich werden im **Sports Legends at Camden Yards** (Ecke Camden St & Sharp St, Camden Station; Erw./Kind 8/4 US$) weitere Sportler aus Maryland geehrt. Die Museen haben die gleichen Öffnungszeiten; Kombitickets kosten 12/5 US$.

Edgar Allan Poe House & Museum MUSEUM

(☎ 410-396-7932; 203 N Amity St; Erw./Kind 4 US$/frei; ⊙ April–Nov. Mi–Sa 12–15.30 Uhr) Von 1832 bis 1835 lebte in diesem Haus der berühmteste Ziehsohn Baltimores, Edgar Allan Poe, der genial-makabre Dichter und Schriftsteller, der nach dem Gewinn von 50 US$ in einem Kurzgeschichten-Wettbewerb ersten Ruhm erlangte. Nachdem er ein paar Jahre unterwegs gewesen war, kehrte Poe 1849 nach Baltimore zurück, wo er unter mysteriösen Umständen verstarb. Sein Grab befindet sich im nahe gelegenen Westminster Cemetery

Mt. Vernon

Wer den besten Blick auf Baltimore genießen will, muss die 228 Stufen auf Baltimores

Washington Monument (699 Washington Pl; empfohlene Spende 5 US$; ⌚ Mi–So 10–17 Uhr) hinaufsteigen, eine 54 m hohe dorische Säule, die nur etwas weniger phallusförmig ist als ihr Pendant in Washington, D.C.

★ **Walters Art Museum** MUSEUM
(☎ 410-547-9000; www.thewalters.org; 600 N Charles St; ⌚ Mi–So 10–17, Do bis 21 Uhr) GRATIS Auf keinen Fall sollte man diese vorzügliche, bunt gemischte Galerie verpassen, in der Kunstwerke aus mehr als 55 Jahrhunderten von der Antike bis zur Gegenwart ausgestellt werden. Gezeigt werden außergewöhnliche Schätze aus Asien, seltene und reich verzierte Handschriften und Bücher sowie eine umfassende Sammlung französischer Gemälde.

Maryland Historical Society MUSEUM
(www.mdhs.org; 201 W Monument St; Erw./Kind 9/6 US$; ⌚ Mi–Sa 10–17, So 12–17 Uhr) Mit ihren über 5,4 Mio. Gegenständen ist dies eine der weltweit größten Sammlungen zur amerikanischen Geschichte überhaupt. Hier wird u.a. das Originalmanuskript von Francis Scott Keys *Star-Spangled Banner* aufbewahrt. Oft werden ausgezeichnete Wechselausstellungen organisiert, während sich eine faszinierende Dauerausstellung der maritimen Geschichte von Maryland widmet.

Federal Hill & Umgebung

Auf einem Steilhang oberhalb des Hafens gibt der **Federal Hill Park** seinen guten Namen an das angenehme Viertel weiter, das sich rund um den Cross St. Market erstreckt und nach Sonnenuntergang zum Leben erwacht.

★ **American Visionary Art Museum** MUSEUM
(☎ 410-244-1900; www.avam.org; 800 Key Hwy; Erw./Kind 16/10 US$; ⌚ Di–So 10–18 Uhr) Das AVAM ist ein Schaukasten autodidaktischer (oder „Außenseiter"-)Kunst und zugleich eine Inszenierung unbändiger Kreativität, die sich frei von allem Ehrgeiz der konventionellen Künstlerszene entfaltet. Einige Arbeiten entstanden in geschlossenen Anstalten, andere sind das Werk von selbsternannten Visionären, aber alle sind faszinierend und einen langen Nachmittagsbesuch wert.

Fort McHenry National Monument & Historic Shrine HISTORISCHE STÄTTE
(☎ 410-962-4290; 2400 E Fort Ave; Erw./Kind 7 US$/frei; ⌚ 8–17 Uhr) Während der Schlacht von Baltimore hat das sternenförmige Fort am 13. und 14. September 1814 erfolgreich einen Angriff der britischen Marine abgewehrt. Nach einer scheinbar endlosen Nacht mit unzähligen Kanonenschlägen sah der Gefangene Francis Scott Key „by dawn's early light" (im ersten Licht des Tages) die immer noch wehende, zerrissene Flagge. Das inspirierte ihn zu *The Star-Spangeld Banner*, das er zur Melodie eines beliebten Trinkliedes verfasste.

Fell's Point & Canton

Fell's Point, das einstige Zentrum der berühmten Schiffsbauindustrie von Baltimore ist heute ein historisches Stadtviertel mit kopfsteingepflasterten Straßen und einer hübschen Mischung aus Wohnhäusern des 18. Jhs., Restaurants, Bars und Geschäften. In dem recht bürgerlichen Ambiente wurden verschiedene Kinofilme und Fernsehserien gedreht, allen voran natürlich die Krimiepisoden von *Homicide*. Weiter östlich breiten sich die Straßen des etwas feineren Canton rund um den mit Gras bewachsenen zentralen Platz aus, der von tollen Restaurants und Bars umgeben ist.

North Baltimore

Der Ausruf „Hon" als Ausdruck der Zuneigung ist eine oft nachgeahmte, aber nie erreichte Besonderheit des in Baltimore gesprochenen Dialekts „Bawlmerese" und stammt aus **Hampden**, einem Stadtteil zwischen einem von Arbeitern bzw. von hyperkreativen Hipstern bewohnten Viertel. Man kann einen gemütlichen Nachmittag damit verbringen, in den Läden an der **Avenue** (auch als W 36th St bekannt) nach Kitsch, Antiquitäten und Vintage-Klamotten zu stöbern. Nach Hampden gelangt man auf der I-83 N, die (in nördlicher Richtung fahrend) zur Falls Rd wird, und biegt rechts in die Avenue ein. In der Nähe befindet sich die renommierte **Johns Hopkins University** (3400 N Charles St).

Geführte Touren

Baltimore Ghost Tours STADTSPAZIERGANG
(☎ 410-357-1186; www.baltimoreghosttours.com; Erw./Kind 13/10 US$; ⌚ März–Nov. Fr & Sa 19 Uhr) Bietet mehrere Spaziergänge, bei denen man die gespenstische und bizarre Seite von Baltimore kennenlernt. Der beliebte Fells Point Ghost Walk startet beim Max's Taphouse am Broadway, 731 S Broadway.

Feste & Events

Preakness SPORT
(www.preakness.com; Mai) Das Preakness, jeden dritten Sonntag im Mai, ist der zweite Teil des Triple-Crown-Pferderennens.

Honfest KULTUR
(www.honfest.net; Juni) Hier sollte man seinen besten „Bawlmerese"-Akzent einstudieren und sich nach Hampden aufmachen. Hier gibt's Feiern mit Kitsch, Beehive-Frisuren, Strassbrillen und anderen Exzentrizitäten aus Baltimore.

Artscape KULTUR
(www.artscape.org; Mitte Juli) Amerikas größtes Festival für die freien Künste. Auf dem Programm stehen Kunstausstellungen, Livemusik, Theater- und Tanzaufführungen.

Schlafen

Die meisten stilvollen und erschwinglichen B&Bs findet man in den Vierteln Downtown, Canton, Fell's Point und Federal Hill.

Mount Vernon Hotel HOTEL $
(410-727-2000; www.mountvernonbaltimore.com; 24 W Franklin St, Mt. Vernon; DZ ab 90 US$, Suite ab 120 US$;) Das historische Mount Vernon Hotel von 1907 ist dank der bequemen Old-School-Zimmer und der netten Lage nahe der Gastroszene an der Charles St eine gute Option. Ein herzhaftes Frühstück versüßt das Ganze noch.

HI-Baltimore Hostel HOSTEL $
(410-576-8880; www.hiusa.org/baltimore; 17 W Mulberry St, Mt. Vernon; B/DZ inkl. Frühstück 25/65 US$;) Das HI-Baltimore Hostel liegt in einem wundervoll restaurierten Herrenhaus von 1857 und verfügt über Vierbettzimmer, Schlafräume mit acht bzw. zwölf Betten sowie ein privates Doppelzimmer. Das hilfsbereite Personal, das reizende Haus und die klassisch-elegante Einrichtung machen es zu einem der besten Hostels dieser Gegend.

★ **Inn at 2920** B&B $$
(410-342-4450; www.theinnat2920.com; 2920 Elliott St, Canton; Zi. einschl. Frühstück 175–235 US$;) Das Boutique-B&B befindet sich in einem ehemaligen Bordell und bietet fünf individuell eingerichtete Zimmer; sie bestechen durch die feine Bettwäsche, die elegante avantgardistische Einrichtung und das Partyviertel Canton direkt vor der Tür. Die Whirlpools und das Umweltbewusstsein der Inhaber sind ein nettes Extra.

Inn at Henderson's Wharf HOTEL $$
(800-584-7065, 410-522-7777; www.hendersonswharf.com; 1000 Fell St; Zi. ab 175 US$;) Eine kostenlose Flasche Wein bei der Ankunft lässt in diesem sagenhaft gelegenen Hotel in Fell's Point vermuten, was man hier erwarten darf. Untergebracht in einem ehemaligen Tabak-Warenlager aus dem 18. Jh., gehört es unstrittig zu den besten Unterkünften der Stadt.

Blue Door on Baltimore B&B $$
(410-732-0191; www.bluedoorbaltimore.com; 2023 E Baltimore St, Fell's Point; Zi. 140–180 US$;

BALTIMORE FÜR KINDER

Die meisten Attraktionen findet man rund um den Inner Harbor, darunter auch das National Aquarium (S. 313), das perfekt für die Kleinen geeignet ist. Kids tollen auch gern auf den Befestigungsanlagen des historischen Fort McHenry National Monument & Historic Shrine herum.

Das **Maryland Science Center** (410-685-5225; www.mdsci.org; 601 Light St; Erw./Kind 17/14 US$; Mo–Fr 10–17, Sa bis 18, So 11–17 Uhr, im Sommer längere Öffnungszeiten) ist ein überwältigendes Zentrum mit einem drei Stockwerke hohen Innenhof, zahllosen interaktiven Ausstellungen über Dinosaurier, den Weltraum und den menschlichen Körper sowie einem unvermeidlichen IMAX-Kino (4 US$ extra).

Zwei Blocks weiter nördlich erstreckt sich **Port Discovery** (410-727-8120; www.portdiscovery.org; 35 Market Pl; Eintritt 14 US$; Mo–Sa 10–17, So 12–17 Uhr, im Winter verkürzte Öffnungszeiten), ein ehemaliger Fischmarkt, mit einem Spielhaus, einem Labor, einem TV-Studio und sogar einem Pharaonengrab. Hier können sich die Kids richtig austoben.

Im **Maryland Zoo in Baltimore** (www.marylandzoo.org; Druid Hill Park; Erw./Kind 16/11 US$; 10–16 Uhr), können die Kleinen den ganzen Tag lang über Seerosenblätter hüpfen, mit der Moorschildkröte Billy spielen und Tiere streicheln. Die Preise sind an Werktagen leicht ermäßigt.

P@) Das blitzsaubere B&B liegt in einem Reihenhaus aus dem frühen 19. Jh. Es hat drei elegant eingerichtete Zimmer – jedes mit Kingsize-Bett, Badewannen mit Klauenfüßen und separater Dusche – und nette Extras wie einen Brunnen und frische Blumen. Es liegt gleich nördlich von Fell's Point.

Peabody Court HOTEL **$$**
(410-727-7101; www.peabodycourthotel.com; 612 Cathedral St, Mt. Vernon; Zi. ab 120 US$; P) Das gehobene Hotel mit 104 Zimmern liegt mitten in Mt. Vernon und hat große, elegant eingerichtete Gästezimmer mit Bädern aus Marmor und einen hervorragenden Service. Online gibt's oft Schnäppchen.

Essen

Baltimore ist eine ethnisch sehr vielfältige Stadt. Sie liegt in einer Region, die reich an großartigten Meeresfrüchten ist und sich sowohl vom bodenständigen Süden als auch von den Innovationen des Nordostens kulinarisch inspirieren lässt.

Lexington Market FAST FOOD **$**
(www.lexingtonmarket.com; 400 W Lexington St, Mt. Vernon; Mo–Sa 9–17 Uhr) Mt. Vernons Lexington Market besteht seit etwa 1782 und ist einer der traditionsreichsten Lebensmittelmärkte. Von außen wirkt er etwas heruntergekommen, aber die Lebensmittel sind erstklassig. Sehr empfehlenswert sind die *crab cakes* (Krabbenfrikadellen) in **Faidley's** (410-727-4898; www.faidleyscrabcakes.com; Hauptgerichte 8–14 US$; Mo–Sa 9–17 Uhr) Seafood-Bude, denn sie schmecken verdammt gut.

Vaccaro's Pastry ITALIENISCH **$**
(www.vaccarospastry.com; 222 Albemarle St, Little Italy; Desserts 7 US$; So–Do 9–22, Fr & Sa bis 24 Uhr) Bei Vaccaro's Pastry gibt's einige der köstlichsten Desserts und einen der besten Kaffees der Stadt. Die Cannoli sind schlicht göttlich.

LP Steamers SEAFOOD **$$**
(410-576-9294; 1100 E Fort Ave, South Baltimore; Hauptgerichte 8–28 US$; 11.30–22 Uhr) Das LP ist die beste Adresse Baltimores in Sachen Seafood: Arbeiter, Frotzeleien und die frischesten Krabben an der ganzen Südseite.

PaperMoon Diner DINER **$$**
(227 W 29th St; Hauptgerichte 7–16 US$; So–Do 7–24, Fr & Sa bis 2 Uhr) Das bunt leuchtende, echt typisch Baltimorer Restaurant ist mit jeder Menge altem Spielzeug, gruseligen Schaufensterpuppen und allem möglichen Schnickschnack dekoriert. Top ist hier das jederzeit servierte Frühstück – fluffiger French Toast, krosser Speck und Bagels mit Lachs.

City Cafe CAFÉ **$$**
(410-539-4252; www.citycafebaltimore.com; 1001 Cathedral St, Mt. Vernon; Hauptgerichte mittags 10–14 US$, Abendessen 15–29 US$; Mo–Fr 7.30–22, Sa 10–22,30, So bis 20 Uhr;) Helles, einladendes Café in Mt. Vernon mit raumhohen Fenstern, das Desserts und Gourmet-Sandwiches bietet. Im Speisesaal im Hintergrund werden gehobene Bistro-Speisen serviert.

Dukem ÄTHIOPISCH **$$**
(410-385-0318; 1100 Maryland Ave, Mt. Vernon; Hauptgerichte 13–22 US$; 11–22.30 Uhr) Baltimore hat eine der weltweit größten äthiopischen Kolonien und deren Angehörige brachten aus ihrer Heimat auch ihre Küche in die „bezaubernde Stadt". Das Dukem in Mt. Vernon ist erstklassig. Köstliche Menüs, darunter die scharfen Hühnchen-, Lamm- und vegetarischen Gerichte, die alle mit weichem Fladenbrot serviert werden.

★ **Woodberry Kitchen** AMERIKANISCH **$$$**
(410-464-8000; www.woodberrykitchen.com; 2010 Clipper Park Rd, Woodberry; Hauptgerichte 24–45 US$; Mo–Do 17–22, Fr & Sa bis 23, So bis 21 Uhr) Das Woodberry verarbeitet alles, was die Region Chesapeake zu bieten hat, schafft alles in eine Industriehalle und vollbringt kulinarische Wunder. Die Speisekarte liest sich wie ein verspieltes Kombinieren der besten lokalen Produkte, Meeresfrüchte und Fleischsorten; sie reicht von der Zubereitung von *rockfish* (eine Wolfsbarsch-Art, der Staatsfisch von Maryland) bis zu lokaler Putenwurst mit Kartoffeln in Schweinefett und im Holzofen gebackenen Tomaten mit Knoblauch von den umliegenden Farmen. Das Essen ist umwerfend, der Service ist freundlich und die Erfahrung erstklassig.

Charleston SÜDSTAATEN **$$$**
(410-332-7373; www.charlestonrestaurant.com; 1000 Lancaster St, Harbor East; 3-/6-Gänge-Menü 79/114 US$; Mo–Sa 17.30–22 Uhr) Das Charleston, eines der berühmtesten Restaurants von Baltimore, bietet in plüschigem Ambiente ansprechend zubereitete und von der Südstaaten-Küche inspirierte Speisen. Dazu gibt's eine große Weinliste und herrliche Desserts (immer im Preis enthalten).

Salt AMERIKANISCH $$$
(☎410-276-5480; www.salttavern.com; 2127 E Pratt St, Fells Point; Hauptgerichte 18–27 US$; ⊙Di–Sa 17–24, So ab 16.30 Uhr; ✎) Das Salt steht bei den Gourmets von Baltimore hoch in Kurs. Die Küche ist der Ausrichtung nouveau American verpflichtet, sie weist aber zugleich einen starken internationalen Touch auf. Starten kann man das Essen mit Seeigeln mit Eiercreme und geht dann zu Entenbrust auf Dattelpüree mit marokkanischen Gewürzen über.

Ausgehen & Nachtleben

Am Wochenende verwandeln sich Fell's Point und Canton in Stätten ungehemmter Zechgelage, die selbst einen römischen Kaiser vor Neid hätten erblassen lassen. Mt. Vernon und North Baltimore sind etwas gesitteter, aber in jedem Stadtteil von Baltimore gibt's gemütliche Kneipen. Sperrstunde ist meistens 2 Uhr früh.

Brewer's Art KNEIPE
(☎410-547-6925; 1106 N Charles St, Mt. Vernon; ⊙Mo–Sa 16–2, So 17–2 Uhr) Diese unterirdische Höhle betäubt die Sinne mit ihrer überwältigenden Auswahl an Biersorten. Die überirdische Abteilung bietet ordentliches Essen (Sandwiches 9–12 US$, Hauptgerichte 19–26 US$) in einem tollen Speisesaal.

Club Charles BAR
(☎410-727-8815; 1724 N Charles St, Mt. Vernon; ⊙Ab 18 Uhr) Hipster in ihrer üblichen Uniform aus hautengen Jeans und auf alt gemachten T-Shirts, aber auch Typen, die andere Lebensformen pflegen, strömen in diese Cocktailbar im Art-déco-Stil der 1940er-Jahre, um gute Musik zu hören und preiswerte Drinks zu genießen.

Idle Hour BAR
(☎410-276-5480; 201 E Fort Ave, Federal Hill; ⊙17–2 Uhr) Man huscht durch eine mit Aufklebern und Bierdeckeln verklebte Tür in eine schummrige Bar, die von roten Weihnachtskerzen und dem breiten Lächeln eines Barkeepers erhellt wird – vielleicht aber auch von seiner mürrischen (wenn auch gutherzigen) Miene. Ein Aquarell mit Elvis' Antlitz blickt auf die Gäste herab und segnet ihre billigen Biere.

Ale Mary's BAR
(☎410-276-2044; 1939 Fleet St, Fell's Point; ⊙Mo–Do ab 16, Fr–So ab 11.30 Uhr) Der Name und die Inneneinrichtung mit überall verstreuten Kreuzen und Rosenkränzen erinnern an Marylands katholische Wurzeln.

One-Eyed Mike's KNEIPE
(☎410-327-0445; 708 S Bond St, Fell's Point; ⊙11–2 Uhr) Mit Handschlag und einem herzlichen Willkommen werden in dieser beliebten Piratenkneipe die Gäste begrüßt, die sich hier sogleich wohl fühlen. Mit seiner Wellblechdecke und Erinnerungsstücken aus der Alten Welt zählt es zu den ältesten Kneipen von Baltimore.

Little Havana BAR
(☎410-837-9903; 1325 Key Hwy, Federal Hill; ⊙ab 23.30 Uhr) Dieses ehemalige Ziegellager ist der richtige Treffpunkt, um auf der Terrasse direkt am Wasser den Feierabend zu genießen und an den *mojitos* zu nippen. Es wird gern (vor allem an den Wochenenden zur Brunch-Zeit) auch an warmen, sonnigen Tagen angesteuert.

Hippo SCHWULE
(www.clubhippo.com; 1 W Eager St; ⊙ab 16 Uhr) Das Hippo gibt's seit einer Ewigkeit und es ist immer noch der größte Schwulenclub der Stadt (obwohl an manchen Abenden das Tanzparkett leer bleibt), in dem auch Themennächte veranstaltet werden (Schwulen-Bingo, Karaoke und Hip-Hop).

Grand Central SCHWULE & LESBEN
(www.centralstationpub.com; 1001 N Charles St, Mt. Vernon; ⊙Mi–So 21–2 Uhr) Dies ist eigentlich mehr ein ganzer Komplex als nur ein Club und so fantasievoll, dass es allen

BALTIMORE BEEF

Es ist weithin bekannt, dass es in Baltimore Krabbenfrikadellen gibt, aber kaum jemand außer den Stadtbewohnern kennt Pit Beef – hauchdünne Scheiben von auf Holzkohle gegrillter Rindskeule –, das Baltimores Beitrag zum Barbecue darstellt. Die Topadresse dafür ist das **Chaps** (☎410-483-2379; 5801 Pulaski Hwy; Hauptgerichte unter 10 US$; ⊙So–Do 10.30–22 Uhr) auf dem Pulaski Hwy, etwa 4 Meilen (6 km) östlich der Innenstadt von Baltimore. Man parkt (neben einem Stripteaseclub) und geht, immer der Nase nach, bis ans Ziel. Dort erhält man das Fleisch wie die Einheimischen: die Fleischscheiben auf einem Brötchen, mit einer Scheibe roher Zwiebel darüber und gewürzt mit Tiger-Sauce (einem sämigen Mix aus Meerrettich und Mayo).

MARYLANDS BLAUKRABBEN

In einer Krabbenbude essen, in der sich die Kleiderordnung auf Shorts und Flip-Flops beschränkt – das ist das eigentliche Erlebnis in der Chesapeake Bay. Den Menschen in dieser Gegend sind ihre Krabben eine ernste Angelegenheit und sie können stundenlang darüber fachsimpeln, wie man Krabben am besten schält, sie richtig zubereitet und wo man die besten Krabben findet. In einem sind sich die Marylander aber einig: Es müssen *blue crabs* sein (wissenschaftlicher Name *Callinectes sapidus*, auch Blaue Schwimmkrabbe genannt). Allerdings hatten auch die Blaukrabben unter der Wasserverschmutzung der Chesapeake Bay zu leiden – und leider kommen bereits viele Blaukrabben, die man hier isst, von woanders her. Gedämpfte Krabben werden einfach nur mit Bier und der Gewürzmischung Old Bay zubereitet. Eine der besten Krabbenbuden in Maryland ist **Jimmy Cantler's Riverside Inn** (458 Forest Beach Rd; ⌚ So–Do 11–23, Fr & Sa bis 24 Uhr). Hier wurde das Essen von gedämpften Krabben zu einer wahren Kunst erhoben – ein handfestes, schmieriges Unterfangen, zu dem meist ein gekochter Maiskolben und eiskaltes Bier serviert werden. Eine weitere tolle Krabbenbude ist Crab Claw (S. 322) auf der anderen Seite der Bucht.

Stimmungen entgegen kommt – Tanzflächen, Pub und das Sappho's (freier Eintritt für Ladys). Das Grand Central hat vermutlich die besten Tanzflächen von Baltimore zu bieten.

☆ Unterhaltung

Die Einwohner von Baltimore *lieben* Sport. Die Stadt treibt leidenschaftlich Sport und noch viel leidenschaftlicher wird gefeiert – bei „Tailgate-Partys" auf Parkplätzen, bei denen man sich aus der Ladefläche von Kombis bedient, oder bei Liveübertragungen in zahlreichen Kneipen.

Baltimore Orioles BASEBALL
(☎ 888-848-2473; www.orioles.com) Die Orioles spielen im **Oriole Park at Camden Yards** (333 W Camden St, Downtown), dem wohl besten Baseball-Stadion Amerikas. Während der normalen Spielsaison (April–Okt.) gibt's täglich Führungen (Erw./Kind 9/6 US$) durch das Stadion.

Baltimore Ravens FOOTBALL
(☎ 410-261-7283; www.baltimoreravens.com) Die Ravens spielen im **M&T Bank Stadium** (1101 Russell St, Downtown) von September bis Januar.

Homewood Field STADION
(☎ 410-516-8000; www.hopkinssports.com; Homewood Field on University Pkwy) Maryland ist eine Hochburg des Ballspiels Lacrosse und vermutlich nirgendwo sonst gibt es so fanatische Fans dieser Ballsportart. Die besten „Lax"-Spiele werden im Stadion Johns Hopkins University's Homewood Field ausgetragen.

Pimlico PFERDERENNEN
(☎ 410-542-9400; www.pimlico.com; 5201 Park Heights Ave) Die Hauptsaison der Pferderennen dauert von April bis Ende Mai; beliebt sind vor allem die Rennen von Pimlico, wo auch das Preakness-Rennen (S. 316) ausgetragen wird. Die Rennbahn liegt etwa 11 km nördlich der Innenstadt.

ℹ Praktische Informationen

Baltimore Area Visitor Center (☎ 877-225-8466; http://baltimore.org; 401 Light St; ⌚ Mo–Fr 9–16 Uhr) Liegt am Inner Harbor. Hier wird der Harbor Pass verkauft (Erw./Kind 50/40 US$), der zum Eintritt zu fünf Hauptsehenswürdigkeiten berechtigt.

Baltimore Sun (www.baltimoresun.com) Lokale Tageszeitung.

City Paper (www.citypaper.com) Kostenloses alternatives Wochenmagazin.

Enoch Pratt Free Library (400 Cathedral St; ⌚ Mo–Mi 10–18, Do–Sa bis 17, So 13–17 Uhr; 📶) hat kostenloses WLAN und einige (ebenfalls kostenlose) öffentliche PCs.

University of Maryland Medical Center (☎ 410-328-8667; 22 S Greene St) Hat eine 24-Stunden-Notaufnahme.

ℹ An- & Weiterreise

Der Baltimore/Washington International Thurgood Marshall Airport (S. 311) liegt 10 Meilen (16 km) südlich der Innenstadt und ist über die I-295 zu erreichen.

Zahlreiche Busse von **Greyhound** (www.greyhound.com) und von **Peter Pan Bus Lines** (☎ 410-752-7682; 2110 Haines St) verbinden Baltimore mit Washington, D. C. (ca. alle 45 Min., 1 Std.), und New York (12- bis 15-mal tgl., 4½ Std.). Der **BoltBus** (☎ 877-265-8287; www.

boltbus.com; 1610 St Paul St;) hat sieben Busse pro Tag ab/nach NYC.

Die **Penn Station** (1500 N Charles St) liegt im Norden von Baltimore. MARC bietet wochentags Vorortzüge ab/nach Washington, D. C. (7 US$, 71 Min.). Die Züge von **Amtrak** (800-872-7245; www.amtrak.com) bedienen die Ostküste und weiter entfernte Ziele.

Unterwegs vor Ort

Die **Light Rail** (866-743-3682; mta.maryland.gov/light-rail; Fahrkarten 1,60 US$; 6–23 Uhr) fährt vom BWI Airport zum Lexington Market und zur Penn Station. Die Züge verkehren alle fünf bis zehn Minuten. MARC-Züge fährt für 5 US$ an Wochentagen stündlich zwischen der Penn Station und dem BWI Airport. **SuperShuttle** (S. 311) fährt mit Vans für 14 US$ vom BWI Airport zum Inner Harbor. **Maryland Transit Administration** (MTA; www.mtamaryland.com) listet alle ÖPNV-Fahrpläne und Preise in der Region auf.

Baltimore Water Taxi (410-563-3900; www.baltimorewatertaxi.com; Inner Harbor; Tagesticket Erw./Kind 12/6 US$; 10–23, So bis 21 Uhr) Wassertaxis legen an allen am Wasser gelegenen Attraktionen und Stadtvierteln an.

Annapolis

Annapolis ist so bezaubernd wie die Hauptstadt eines Bundesstaates nur sein kann. Die Gebäude aus der Kolonialzeit, das Kopfsteinplaster, die flackernden Straßenlaternen und die Reihenhäuser aus Backstein scheinen einem Roman von Charles Dickens zu entstammen – aber das Ganze ist wirklich echt. Diese Stadt hat ihr historisches Erbe nicht neu geschaffen, sondern tatsächlich bewahrt.

In der traditionsreichen Hafenstadt an der Chesapeake Bay dreht sich immer noch alles um die Schifffahrt. An der US Naval Academy werden künftige Marineoffiziere ausgebildet, die in ihren weißen Paradeuniformen durch die Stadt schlendern. Segeln ist hier nicht nur eine Freizeitbeschäftigung, sondern ein Lebensstil. Der Hafen ist voller Schiffe jeder Art und Größe.

Sehenswertes & Aktivitäten

In Annapolis stehen mehr Gebäude aus dem 18. Jh. als in jeder anderen Stadt der USA. Dazu gehören auch die Wohnhäuser der vier Marylander, die die Unabhängigkeitserklärung unterzeichnet haben.

Das State House bildet eine Art Knotenpunkt, von dem aus man die meisten Sehenswürdigkeiten erreichen kann, darunter das City Dock und das historische Hafenviertel.

US Naval Academy UNIVERSITÄT

(www.usnabsd.com/for-visitors) Das Undergraduate College der US Navy ist eines der exklusivsten in den USA. Im **Armel-Leftwich Visitor Center** (410-293-8687; tourinfo@usna.edu; Gate 1, City Dock-Eingang; Touren Erw./Kind 9,50/7,50 US$; 9–17 Uhr) kann man Touren buchen und in alles eintauchen, was mit der Akademie zu tun hat. An den Wochentagen kann man exakt um 12.05 Uhr beim Exerzieren zusehen. Dann zeigen 4000 Kadettinnen und Kadetten im Hof eine 20-minütige Parade. Einlass erhält man nur mit einem Lichtbildausweis. Wer etwas über die Geschichte der US Navy erfahren will, sollte das **Naval Academy Museum** (410-293-2108; www.usna.edu/museum; 118 Maryland Ave; Mo–Sa 9–17, So 11–17 Uhr) GRATIS ansteuern.

Maryland State House HISTORISCHE GEBÄUDE

(410-974-3400; 91 State Circle; Mo–Fr 9–17, Sa & So 10–16 Uhr, Führungen 11 & 15 Uhr) GRATIS Das älteste Kapitol eines US-Staats, das ununterbrochen für die Legislative genutzt wurde, steht in Annapolis. Das stattliche (haha) State House von 1772 diente 1783/84 auch als Sitz der US-Regierung. Von Januar bis April tagt hier der Senat von Maryland. Die umgedrehte riesige Eichel auf der Spitze der Kuppel symbolisiert übrigens Weisheit. Ins Innere gelangt man nur mit einem Lichtbildausweis.

Hammond Harwood House MUSEUM

(410-263-4683; www.hammondharwoodhouse.org; 19 Maryland Ave; Erw./Kind 7/6 US$; April–Okt. Di–So 12–17, Nov.–Dez. bis 16 Uhr) Unter den vielen historischen Wohnhäusern in der Stadt ist das HHH von 1774 das sehenswerteste. Es bietet eine sagenhafte Sammlung kunstvoller Dekorationsgegenstände, Möbel, Gemälde u. v. m. aus dem 18. Jh. und gehört zweifelsohne zu den schönsten noch erhaltenen britischen Kolonialhäuser in den USA.

Kunta Kinte–Alex Haley Memorial DENKMAL

Am City Dock markiert das Kunta Kinte–Alex Haley Memorial den Punkt, an dem Kunta Kinte – ein Vorfahr von Alex Haley, dem Autor des Bestsellers *Roots* – in Ketten aus Afrika kommend landete.

Geführte Touren

Four Centuries Walking Tour STADTSPAZIERGANG
(http://annapolistours.com; Erw./Kind US$16/10) Ein kostümierter Führer zeigt auf dieser hervorragenden Einführungstour alles Sehenswerte in Annapolis. Die Tour um 10.30 Uhr startet am Visitor Center, um 13.30 Uhr geht's am Informationskiosk am City Dock los. Bei den Besichtigungspunkten der Touren gibt es winzige Unterschiede, beide führen jedoch an zahlreichen Gebäuden aus dem 18. Jh. vorbei und erzählen von einflussreichen Afroamerikanern und dem Geist der Kolonialzeit, der einfach nicht verschwinden will. Die sich anschließende einstündige **Pirates of the Chesapeake Cruise** (410-263-0002; www.chesapeakepirates.com; Erw./Kind 20/12 US$; Ende Mai–Anfang Sept.;) bietet jede Menge „Yo Ho"-Spaß, vor allem für Kids.

Woodwind BOOTSFAHRT
(410-263-7837; www.schoonerwoodwind.com; 80 Compromise St; Bootsfahrt in der Abenddämmerung Erw./Kind 42/27 US$; Mai–Okt.) Der traumhafte 23 m lange Schoner bietet zweistündige Rundfahrten tagsüber und in der Abenddämmerung an. Oder man bucht das „Boat & Breakfast"-Angebot (Kabine inkl. Frühstück 300 US$), eine der einmaligsten Unterkünfte der Stadt.

Schlafen

ScotLaur Inn PENSION $
(410-268-5665; www.scotlaurinn.com; 165 Main St; Zi. 95–140 US$; P) Die Betreiber des Chick & Ruth's Delly bieten über ihrem Deli B&B (was in diesem Fall „Bett & Bagel" bedeutet) in zehn einfachen, rosa und blauen Zimmern mit eigenem Bad an.

Historic Inns of Annapolis HOTEL $$
(410-263-2641; www.historicinnsofannapolis.com; 58 State Circle; Zi. 130–205 US$;) Das Historic Inns umfasst gleich drei Boutiquegästehäuser, die sich alle in einem Baudenkmal im Herzen des alten Annapolis befinden: das Maryland Inn, das Governor Calvert House und das Robert Johnson House. Die Gemeinschaftsräume sind mit zeitgenössischen Stücken vollgestellt. In den schönsten Zimmern erwarten die Gäste Antiquitäten, Kamine und eine großartige Aussicht, während die günstigsten ziemlich klein geraten sind und eine Renovierung vertragen könnten.

Essen & Ausgehen

Mit der Chesapeake Bay vor der Haustür kann Annapolis mit sagenhaften Meeresfrüchten aufwarten.

Chick & Ruth's Delly DINER $
(410-269-6737; www.chickandruths.com; 165 Main St; Hauptgerichte 6–12 US$; So–Do 6.30–22, Fr & Sa bis 23.30 Uhr;) Dieser Diner ist eine der tragenden Säulen von Annapolis – er strotzt vor liebenswerter Schrulligkeit und hat eine riesige Speisekarte. Wert wird vor allem auf Sandwiches und Frühstück gelegt. US-Patrioten können hier ihre Grundschulzeiten nacherleben und wochentags um 8.30 Uhr (am Wochenende um 9.30 Uhr) den Fahneneid schwören.

★ **Vin 909** AMERIKANISCH $$
(410-990-1846; 909 Bay Ridge Ave; Hauptgerichte 12–18 US$; Di 5.30–22.30, Mi–Fr 17–23, So bis 21 Uhr) Das Vin 909 liegt auf einer kleinen bewaldeten Anhöhe und verströmt eine gemütlich-vertrauliche Atmosphäre. Es ist die beste Adresse in Annapolis in Sachen Gastronomie. Die Produkte stammen aus den umliegenden Farmen und werden als leckere Sliders, also kleine Burger, und selbst gemachte Pizzas (wie etwa die Rock Star Pizza mit Foie gras, Trüffeln und Pfirsichen) serviert. Außerdem gibt's einen Weinkeller, tief wie ein Graben.

Galway Bay KNEIPE $$
(410-263-8333; 63 Maryland Ave; Hauptgerichte 8–15 US$; Mo–Sa 11–24, So ab 10.30 Uhr) Die Kneipe, deren Inhaber und Geschäftsführung Iren sind, ist der Inbegriff einer Stammkneipe und eine Art dunkles Versteck, wo politische Deals bei irischem Jameson-Whiskey, Stout-Bier und leckeren Meeresfrüchten eingefädelt werden.

Rams Head Tavern KNEIPE $$$
(410-268-4545; www.ramsheadtavern.com; 33 West St; Hauptgerichte 10–30 US$; Ab 11 Uhr) In einem hübschen, eichenholzgetäfelten Ambiente werden Kneipengerichte und Bier aus kleinen regionalen Brauereien serviert. Außerdem gibt's Livemusik (Karten 15–55 US$).

Praktische Informationen

Es gibt ein **Visitor Center** (www.visitannapolis.org; 26 West St; 9–17 Uhr) und einen nur in der Hauptsaison besetzten Informationskiosk am City Dock. Das **Maryland Welcome Center** (410-974-3400; 350 Rowe Blvd; 9–17 Uhr) befindet sich im State House und bietet kostenlose Führungen durch das Gebäude.

Anreise & Unterwegs vor Ort

Greyhound (www.greyhound.com) schickt Busse nach Washington, D.C. (1-mal tgl.). **Dillon's Bus** (www.dilonbus.com; 5 US$) bietet nur an Wochentagen 26 Pendlerbusse zwischen Annapolis und Washington an, die dort Anschluss zu mehreren Metrolinien haben.

Kostengünstige **Leihfahrräder** (5 US$/Tag; 9–20 Uhr) bekommt man beim Büro des Hafenmeisters am City Dock.

Eastern Shore

Gleich jenseits der Chesapeake Bay Bridge, nur eine kurze Autofahrt von den ausufernden Ballungsräumen Baltimore–Washington entfernt, verändert sich die Landschaft von Maryland dramatisch. Bedeutungslose Vororte weichen kilometerlangen Sumpfgebieten voller Wasservögel, friedlichen Wasserlandschaften, endlosen Maisfeldern, feinen Sandstränden und freundlichen, kleinen Dörfern. Die Ostküste hat sich ihre Reize trotz der steigenden Zuwanderung von Yuppies aus der Stadt und der Tagesausflügler erhalten. In dieser Gegend dreht sich alles ums Wasser: Die Einwohner der kleinen Küstensiedlungen leben immer noch von der Chesapeake Bay und ihren Zuflüssen und Bootfahren, Angeln, Krabbenfischen und Jagen sind hier Teil des Alltags.

St. Michaels & Tilghman Island

St. Michaels, das hübscheste kleine Dorf an der Ostküste, wird seinem Namen als „Herz und Seele der Chesapeake Bay" mehr als gerecht. Es ist ein Mix aus alten viktorianischen Häusern, idyllischen B&Bs, Boutiquen und Fischerdocks, die noch immer in Betrieb sind. Die Stadtflüchtlinge aus Washington mischen sich unter die erfahrenen Fischer. Im Krieg von 1812 hängten die Bewohner Laternen in den benachbarten Wald und verdunkelten die Stadt. Die Kanonen der britischen Schiffe beschossen die Bäume, während St. Michaels der Vernichtung entkam. Das heute als **Cannonball House** (Mulberry St) bekannte Gebäude wurde als einziges getroffen. Am Leuchtturm widmet sich das **Chesapeake Bay Maritime Museum** (410-745-2916; www.cbmm.org; 213 N Talbot St; Erw./Kind 13/6 US$; Sommer 9–18 Uhr;) intensiv dem wechselseitigen Verhältnis zwischen dem größten Meeresarm der USA und den Menschen an seinem Ufer.

Das viktorianische **Parsonage Inn** (410-745-8383; www.parsonage-inn.com; 210 N Talbot St; Zi. inkl. Frühstück 150–210 US$; P) aus rotem Backstein bietet blumige Dekadenz (Vorhänge, Bettwäsche), Messingbetten und ein herzliches Willkommen.

Neben dem Maritime Museum kann man im **Crab Claw** (410-745-2900; 304 Burns St; Hauptgerichte 15–30 US$; 11–22 Uhr) herrlich direkt am Wasser sitzen. Beim Verzehren der köstlichen gedünsteten Krabben (das Dutzend 36–60 US$) an Picknicktischen bekleckert man sich wunderbar.

Auf dem Hwy 33 gelangt man über eine Zugbrücke auf die winzige **Tilghman Island**, auf der Fischer immer noch aktiv sind und die hiesigen Kapitäne Besucher schon mal auf ihren anmutigen Austernseglern mit auf den Ozean nehmen. Die historische **Rebecca T. Ruark** (410-829-3976; www.skipjack.org; 2 stündige Bootsfahrten Erw./Kind 30/15 US$) wurde 1886 gebaut und ist das älteste registrierte Schiff seiner Art.

Berlin & Snow Hill

Man stelle sich die typische amerikanische Kleinstadt rund um die charakteristische Hauptstraße vor, das Ganze nur ein bisschen hübscher – dann hat man ein recht gutes Bild von diesem Eastern-Shore-Dörfchen. Die meisten Häuser sind noch gut erhalten oder toll renoviert worden. Wer Antiquitätenläden mag, sollte extra Zeit einplanen, um in den Unmengen an Läden in der Gegend zu stöbern.

Das liebevoll restaurierte **Globe Theater** (410-641-0784; www.globetheater.com; 12 Broad St; Hauptgerichte Mittagessen 6–12 US$, Abendessen 11–25 US$; 11–22 Uhr;) in Berlin ist heute Restaurant, Bar, Kunstgalerie und Bühne für Musikveranstaltungen in einem. Die Küche serviert abwechslungsreiche amerikanische Gerichte mit Einflüssen aus aller Welt (Seafood-Burritos, Jerk Chicken Wraps).

B&Bs gibt's hier in Hülle und Fülle. Wir bevorzugen das **Atlantic Hotel** (410-641-3589; www.atlantichotel.com; 2 N Main St; Zi. 115–245 US$; P). Die stattliche Unterkunft aus dem „Gilded Age" (ca. 1876–1914) gibt den Gästen das Gefühl einer Zeitreise, ohne all die modernen Annehmlichkeiten außer Acht zu lassen.

Das ein paar Meilen von Berlin entfernte Snow Hill bietet eine super Lage am idyllischen Pocomoke River. Mit **Pocomoke Ri-**

ver Canoe Company (☎410-632-3971; www.pocomokerivercanoe.com; 312 N Washington St; Kanu pro Std./Tag 15/40 US$) kann man aufs Wasser gehen. Sie bringen die Gäste sogar den Fluss hinauf, sodass man gemütlich stromabwärts paddeln kann. Das nahe gelegene **Furnace Town** (☎410-632-2032; www.furnacetown.com; Old Furnace Rd; Erw./Kind 6/3 US$; ⏲April–Okt. Mo–Sa 10–17, So ab 12 Uhr; P 👪) an der Rte 12 wirkt wie ein Museum; im 19. Jh. befand sich hier eine Stadt, in der Eisenerz verhüttet wurde. In Snow Hill selbst kann man im **Julia A. Purnell Museum** (☎410-632-0515; 208 W Market St; Erw./Kind 2/0,50 US$; ⏲April–Okt. Di–Sa 10–16, So ab 13 Uhr) eine ulkige, lohnende halbe Stunde verbringen. Das winzige Gebäude ist so etwas wie die Dachkammer der gesamten Eastern Shore.

Wer in Snow Hill übernachten will, sollte es beim **River House Inn** (☎410-632-2722; www.riverhouseinn.com; 201 E Market St; Zi. 160–190 US$, Cottage 250–300 US$; P ❄ 📶 🏊) probieren. Es hat einen grünen Hinterhof mit Blick über die malerische Flussbiegung. Das **Palette** (☎410-632-0055; 104 W Market St; Hauptgerichte 14–22 US$; ⏲Di–Mi 11–15, Do–Sa bis 21, So 10–14 Uhr; ✎) 🌿 serviert wechselnde amerikanische Gerichte, die aus regionalen Biozutaten zubereitet werden.

Ocean City

In „O.C." lernt man die Art und Weise, uramerikanisch in einem Strandresort Ferien zu machen, von der scheußlichsten Seite kennen. Hier kann man Rides fahren, die wahlweise das Adrenalin in die Höhe jagen oder Übelkeit hervorrufen, ein T-Shirt mit anzüglichen Sprüchen kaufen und in billigen Themenbars bis zum Umfallen zechen. Das Zentrum der Action ist die 4 km lange Uferpromenade, die von der Flussmündung bis zur 27th St reicht. Der Strand ist zwar recht hübsch, wird aber oft von lüsternen Teenagern und lärmenden Massen in Beschlag genommen. Die Strände nördlich der Promenade sind viel ruhiger.

Im Sommer schwillt die Einwohnerzahl von 7100 auf mehr als 150 000 Menschen an, der Verkehr ist grauenvoll und die Parkplatzsuche ein fast hoffnungsloses Unterfangen.

Schlafen

Das **Visitor Center** (☎800-626-2326; www.ococean.com; Coastal Hwy an der 40th St; ⏲9–17 Uhr) befindet sich im Tagungszentrum an der Kreuzung Coastal Hwy. Es hilft bei der Unterkunftsuche.

King Charles Hotel PENSION $$
(☎410-289-6141; www.kingcharleshotel.com; Ecke N Baltimore Ave & 12th St; Zi. 115–190 US$; P ❄ 📶) Dies könnte ein idyllisches Sommer-Cottage sein, doch liegt es nur einen kurzen Fußweg von der Action der Strandpromenade entfernt. Die Zimmer sind schon etwas betagter, aber sauber, es gibt kleine Terrassen und es ist ruhig (die Besitzer mögen keine jungen Partylöwen).

Inn on the Ocean B&B $$$
(☎410-289-8894; www.innontheocean.com; 1001 Atlantic Ave, am Boardwalk; Zi. inkl. Frühstück 275–395 US$) Dieses B&B mit seinen sechs Zimmern ist eine elegante Alternative zu den Betonburgen, die sonst in Ocean City üblich sind.

Essen & Ausgehen

„Surf'n'turf" (Fisch-Fleisch-Kombis) und „All you can eat"-Angebote gibt's hier rund um die Uhr an jeder Ecke. Tanzclubs drängeln sich am Südende der Promenade.

Liquid Assets MODERN-AMERIKANISCH $$
(☎410-524-7037; Ecke 94th St & Coastal Hwy; Hauptgerichte 10–28 US$; ⏲So–Do 11.30–23, Fr- & Sa bis 24 Uhr) Wie ein Rohdiamant liegt dieses Bistro und Weingeschäft verborgen in einer Einkaufsstraße im Norden von O.C. Die Speisekarte ist eine erfrischende Mischung von innovativen Spezialitäten aus Meeresfrüchten, gegrilltem Fleisch und regionalen Klassikern (wie Carolina-Schweinefleisch-BBQ und *'ahi*-Thunfisch-Burger).

Fager's Island MODERN-AMERIKANISCH $$$
(☎410-524-5500; www.fagers.com; 60th St; Hauptgerichte 19–36 US$; ⏲ab 11 Uhr) Das Essen ist mal so, mal so, man kann aber sehr gut über die Isle of Wight Bay blicken und an einem Drink nippen. An den Wochenenden sorgen Livebands und DJs dafür, dass die Junggesellinnen in Fahrt kommen.

Seacrets BAR
(www.seacrets.com; Ecke W 49th St & the Bay; ⏲8–2 Uhr) Die mit Rum getränkte, direkt am Wasser stehende Bar im Jamaika-Look scheint direkt aus MTVs *Spring Break* zu stammen. Man kann sich in einem Reifen herumtreiben lassen, dabei an einem Drink nippen und auf O.C.s berühmtestem Fleischmarkt die Leute beobachten.

ABSTECHER

ASSATEAGUE ISLAND

Nur 8 Meilen (13 km) südlich von Ocean City und doch eine Weltreise entfernt, erstreckt sich die Küste von Assateague Island, eine karge Landschaft aus Sanddünen und wunderschönen, abgeschiedenen Stränden. Auf der unerschlossenen Düneninsel lebt die einzige Wildpferdeherde an der Ostküste. Die Tiere wurden durch das Buch *Misty of Chincoteague* von Marguerite Henry berühmt.

Die Insel ist in drei Abschnitte aufgeteilt. In Maryland befinden sich der **Assateague State Park** (☎410-641-2918; Rte 611; Eintritt/Stellplatz 4/31 US$; ⏰Campingplatz Ende April–Okt.) und die **Assateague Island National Seashore** (☎410-641-1441; www.nps.gov/asis; Rte 611; Eintritt/Fahrzeuge/Stellplätze 3/15/20 US$/Woche; ⏰Visitor Center 9–17 Uhr). Das **Chincoteague National Wildlife Refuge** (www.fws.gov/northeast/chinco, 8231 Beach Road, Chincoteague Island; Tages-/Wochenpass 8/15 US$; Mai–Sept. Mo–Sa 5–22 Uhr, Nov.–Feb. 6–18 Uhr, März, April & Okt. bis 20 Uhr; P) liegt in Virginia.

Schwimmen, Sonnenbaden, Vögel beobachten, Kajak- und Kanutouren machen, Krabbenfischen und Angeln bestimmen das Freizeitprogramm auf der Insel. Auf der Marylander Seite der Insel gibt's keine Versorgungsmöglichkeiten. Essen und Trinken muss selbst mitgebracht werden. Auf keinen Fall sollte man Insektenschutzmittel vergessen – die Moskitos und Bremsen sind bösartige Biester!

Anreise & Unterwegs vor Ort

Die Busse von **Greyhound** (☎410-289-9307; www.greyhound.com; 12848 Ocean Gateway) fahren täglich nach/ab Washington, D.C. (4 Std.) und Baltimore (3½ Std.).

Der **Ocean City Coastal Highway Bus** (Tageskarte 3 US$) fährt von 6 bis 3 Uhr am Strand entlang. Es gibt auch eine Straßenbahn (Tageskarte 3 oder 6 US$), die vom Memorial Day bis Ende September von 11 bis 24 Uhr verkehrt.

Western Maryland

Marylands Rückgrat im Westen besteht aus Bergen. Die Spitzen der Appalachen erreichen Höhen von über 900 m über dem Meeresspiegel, zerklüftete Landschaften und Schlachtfelder des Bürgerkriegs prägen die Täler in der Umgebung. Die Region ist der Outdoor-Spielplatz Marylands, wo man wandern, Ski fahren, klettern und raften kann – und das alles nur eine kurze Autofahrt von Baltimore entfernt.

Frederick

Auf halber Strecke zwischen den Schlachtfeldern von Gettysburg, PA, und Antietam gelegen, erfüllt Frederick mit seiner historischen Altstadt von gut 50 Häuserblocks das fast perfekte Klischee einer mittelgroßen Stadt.

Das **National Museum of Civil War Medicine** (www.civilwarmed.org; 48 E Patrick St; Erw./Kind 6,50/4,50 US$; ⏰Mo–Sa 10–17, So ab 11 Uhr) bietet einen faszinierenden, wenn auch mitunter grausamen Einblick in die medizinischen Bedingungen, mit denen Soldaten und Ärzte im Bürgerkrieg konfrontiert waren, zeigt aber auch die bedeutenden Fortschritte in der Medizin, die durch den Krieg erreicht wurden.

Das **Hollerstown Hill B&B** (☎301-228-3630; www.hollerstownhill.com; 4 Clarke Pl; Zi. 135–145 US$; P) hat vier stark gemusterte Zimmer, ein elegantes Billiardzimmer und freundliche, kenntnisreiche Gastgeber.

Das lebhafte **Brewer's Alley** (☎301-631-0089; 124 N Market St; Burger 9–13 US$, Hauptgerichte 18–29 US$; ⏰Mo & Di 11.30–23.30, Mi & Do bis 24, Fr & Sa bis 0.30, So 12–23.30 Uhr;) ist aus mehreren Gründen eines der beliebtesten Lokale in der Stadt. Zunächst wegen des Biers (selbst gebraut, köstlich und in vielen Sorten vorhanden), zweitens wegen der Burger (riesige, ein halbes Pfund schwere Brocken), drittens wegen des übrigen Menüs (vorzügliche Meeresfrüchte aus der Chesapeake Bay und Produkte aus den Farmen von Frederick). Und schließlich: wegen des Biers. Nochmals!

Frederick ist erreichbar mit den Bussen von **Greyhound** (☎301-663-3311; www.greyhound.com) und den Zügen von **MARC** (☎301-682-9716), die beide gegenüber dem Visitor Center in der 100 S East St abfahren.

Antietam National Battlefield

Der Ort des blutigsten Tages in der Geschichte Amerikas ist heute äußerst friedvoll, ruhig und eindringlich, ja schlicht, sieht man einmal von den Plaketten und Statuen ab. Am 17. September 1862 kam General Robert E. Lees erster Versuch einer Invasion der Nordstaaten hier zum Stehen. Bei diesem militärischen Patt wurden mehr als 23 000 Soldaten getötet, verwundet oder als vermisst gemeldet – mehr Opfer als in allen vorangegangenen Kriegen zusammen. Viele der Gräber sind mit deutschen und irischen Namen versehen – sie stehen für Männer, die für ihre neue Heimat starben.

Das **Visitor Center** (☎ 301-432-5124; State Rd 65; 3-Tagespass pro Pers./Familie 4/6 US$; ⌚ 8.30–18 Uhr, NS bis 17 Uhr) bietet eine Reihe von Büchern und anderen Materialien, um mit dem Auto und zu Fuß das Schlachtfeld selbst zu erkunden.

Cumberland

Am Potomac River liegt der Grenzposten Fort Cumberland (nicht zu verwechseln mit der Cumberland Gap zwischen Virginia und Kentucky). Er war für die Pioniere das Tor über die Allegheny Mountains bis nach Pittsburgh und zum Ohio River. Heute ist der Ort ein Spezialist für Erholung in der freien Natur mit ihren Flüssen, Wäldern und Bergen. Die hier aufgeführten Sehenswürdigkeiten sind nur einen kurzen Fußweg von den fußgängerfreundlichen Straßen der Innenstadt von Cumberland entfernt.

Sehenswertes & Aktivitäten

C&O Canal National Historic Park WANDERN, RADFAHREN

Das Meisterwerk der Ingenieurskunst wurde entworfen, um parallel zum Potomac River die Chesapeake Bay mit dem Ohio River zu verbinden. Der Bau des Kanals begann 1828, wurde aber 1850 an den Appalachen gestoppt. In dem durch den Park geschützten, ca. 298 km langen Korridor gibt's einen 4 m breiten Treidelpfad zum Wandern und Radeln, der den ganzen Weg von hier bis nach Georgetown in D.C. führt. Das **C&O Canal Museum** (☎ 301-722-8226; http://nps.gov/choh; 13 Canal Pl; ⌚ 9–17 Uhr Mo–Fr; P) zeigt chronologisch die Bedeutung des Flusshandels für die Geschichte der Ostküste.

Western Maryland Scenic Railroad GEFÜHRTE TOUR

(☎ 800-872-4650; www.wmsr.com; 13 Canal St; Erw./Kind 33/16 US$; ⌚ Mai–Okt. Fr–So, Nov.–Dez. Sa & So 11.30 Uhr) Vor dem Allegheny County Visitor Center, in der Nähe des Startpunkts des C&O Canal, kann mit einem von einer Dampflok gezogenen Zug auf Tour gehen. Er fährt durch Wälder und tiefe Schluchten nach Frostburg. Hin und zurück dauert das dreieinhalb Stunden.

Cumberland Trail Connection RADFAHREN

(☎ 301-777-8724; www.ctcbikes.com; 14 Howard St, Canal Pl; halber Tag/Tag/Woche ab 15/25/120 US$; ⌚ 10–18 Uhr) Praktisch neben dem Startpunkt des C&O Canal gelegen, verleiht dieser Ausrüster Fahrräder (Cruiser, Tourenräder und Mountainbikes) und organisiert auch einen Shuttleservice von überall in Pittsburgh und Washington, D.C. Ein Kanuverleih ist in Vorbereitung.

Allegany Expeditions ABENTEUERTOUR

(☎ 301-777-9313; www.alleganyexpeditions.com; 10310 Columbus Ave/Rte 2) Veranstaltet Abenteuertouren, z. B. mit Klettern, Kanufahrten, Langlaufen oder Fliegenfischen.

Essen

Queen City Creamery & Deli DINER $

(☎ 301-777-0011; 108 Harrison St; Hauptgerichte 6–8 US$; ⌚ 7–21 Uhr) In dem Laden meint man, 70 Jahre zurückgereist zu sein. Auf den Tisch kommen Shakes und hausgemachtes Vanilleeis, dicke Sandwiches und ein supersättigendes Frühstück.

Deep Creek Lake

Im äußersten Westen liegt der größte Süßwassersee von Maryland. Hier ist zu jeder Jahreszeit etwas los. Während des jährlichen **Autumn Glory Festival** (www.autumngloryfestival.com; ⌚ Okt.) zieht die tiefrote, kupferne Farbenpracht der Alleghenies, die durchaus mit dem Indian Summer in Neuengland konkurrieren kann, Tausende von Besuchern an.

DELAWARE

Das winzige Delaware, der zweitkleinste Bundesstaat der USA (155 km lang und weniger als 56 km breit), steht im Schatten seiner Nachbarn und wird von den Besuchern der Capital Region oft übersehen. Und das ist schade, denn Delaware hat weitaus mehr zu bieten als steuerfreies Einkaufen und Hühnerfarmen.

Lange, weiße Sandstrände, hübsche Dörfer im Kolonialstil, liebliche Landschaften und der Kleinstadtcharme prägen das Antlitz des „kleinen Wunders“. Die Mautgebühren einfach ignorieren: Ein ganzer Staat wartet darauf, entdeckt zu werden, und (diesen weiteren Witz über die Größe von Delaware bitte nicht übelnehmen) es dauert nicht lange, bis man ihn umrundet hat.

Geschichte

In der Kolonialzeit war das Land von Delaware Gegenstand eines erbitterten Streits zwischen holländischen, schwedischen und britischen Siedlern. Während Holländer und Schweden eine Gesellschaft aufbauten, in der nach dem Vorbild nordeuropäischer Länder das Bürgertum das Sagen haben sollte, errichteten die Briten eine Aristokratie der Plantagenbesitzer. Dies erklärt zum Teil, warum Delaware bis heute eine für die Mittelatlantikstaaten typische Hybrid-Kultur aufweist.

Den vielleicht größten Moment seiner Geschichte erlebte der kleine Staat am 7. Dezember 1787, als Delaware als Erster die amerikanische Verfassung unterzeichnete und damit der erste Staat der Union wurde. Der Union blieb Delaware während des gesamten Bürgerkriegs treu, obwohl der Staat die Sklaverei befürwortete. Die Wirtschaftskraft Delawares beruhte in dieser Zeit – wie nahezu im gesamten Verlauf seiner Geschichte – auf der chemischen Industrie. 1802 gründete der französische Einwanderer Eleuthère Irénée du Pont eine Fabrik zur Herstellung von Sprengstoff. Heute ist DuPont der zweitgrößte Chemiekonzern der Welt. Im 20. Jh. lockten die niedrigen Steuersätze weitere Firmen an, besonders Kreditkartenunternehmen, und ließen den Staat wachsen und gedeihen.

KURZINFOS DELAWARE

Spitzname First State

Bevölkerung 917 000

Fläche 6451,6 km^2

Hauptstadt Dover (36 000 Ew.)

Verkaufssteuer keine

Geburtsort von Rockmusiker George Thorogood (geb. 1952), Schauspielerin Valerie Bertinelli (geb. 1960), Schauspieler Ryan Phillippe (geb. 1974)

Heimat des Vize-Präsidenten Joe Biden, der Du Pont Familie, von DuPont Chemicals, Kreditkarten-Firmen und jeder Menge Hühnern

Politische Ausrichtung demokratisch

Berühmt für steuerfreies Shoppen, schöne Strände

Staatsvogel Blue Hen

Entfernungen Wilmington–Dover 52 Meilen (84 km), Dover–Rehoboth Beach 43 Meilen (69 km)

Strände in Delaware

Delawares 45 km lange Sandstrände am Atlantik sind der beste Grund, hier zu verweilen. Die meisten Läden und Dienstleister sind ganzjährig geöffnet. In der Nebensaison (außer Juni–Aug.) gibt es jede Menge günstige Angebote.

Lewes

1631 gaben die Holländer dieser Walfängersiedlung den hübschen Namen Zwaanendael (Schwanental), wurden aber kurz darauf von den einheimischen Nanticokes niedergemetzelt. Der Name wurde in Lewes (gesprochen Lu-iss) geändert, als William Penn die Kontrolle über dieses Gebiet übernahm. Heute ist die Stadt ein attraktiver Küstenort mit einer Mischung aus englischer und holländischer Architektur.

Das **Visitor Center** (www.leweschamber.com; 120 Kings Hwy; Mo–Fr 9–17 Uhr) verweist auf Sehenswürdigkeiten wie das **Zwaanendael Museum** (102 Kings Hwy; Di–Sa 10–16.30, So 13.30–16.30 Uhr) GRATIS in dem das freundliche Personal über die holländischen Wurzeln dieser ersten Siedlung in Delaware aufklärt.

Für Freunde des Wassersports bietet **Quest Fitness Kayak** (302-644-7020; www.questfitnesskayak.com; Savannah Rd; Kajak für 2/8 Std. 25/50 US$) einen Kajakverleih neben dem Beacon Motel. Es organisiert auch Panoramatouren mit dem Kajak um das Cape (Erw./Kind 65/35 US$).

Zu den Restaurants und Hotels im kleinen historischen Zentrum gehört auch das **Hotel Rodney** (302-645-6466; www.hotelrodneydelaware.com; 142 2nd St; Zi. 160–260 US$;), ein reizendes Boutiquehotel mit vorzüglichen Betten und alten Möbeln. Am anderen Ufer des Kanals befindet sich das **Beacon Motel** (302-645-4888; www.beaconmotel.com; 514 Savannah Rd; Zi. 95–190 US$;) mit großen, ruhigen (vielleicht etwas langweiligen) Zimmern. Von hier bis zum Strand braucht man kaum zehn Minuten zu Fuß.

Entlang der 2nd St reihen sich bezaubernde Restaurants und Cafés aneinander. Neben der Zugbrücke über dem Kanal steht das schindelgedeckte **Striper Bites Bistro** (☎302-645-4657; 107 Savannah Rd; Hauptgerichte mittags 10–12 US$, abends 16–24 US$; ⏲Mo–Sa 11.30 Uhr–open end), das sich auf innovative Gerichte mit Meeresfrüchten wie Lewes-*rockfish* und Fisch-Tacos spezialisiert hat. Das jenseits der Zugbrücke gelegene **The Wharf Restaurant** (☎302-645-7846; 7 Anglers Rd; Hauptgerichte 15–29 US$; ⏲7–1 Uhr; P 👪) bietet eine reizvolle Aussicht auf die Wasserfläche des Kanals und hat eine reiche Auswahl an Seafood-und Kneipengerichten. Unter der Woche gibt es durchgehend Livemusik.

Die **Cape May–Lewes Ferry** (☎800-643-3779; www.capemaylewesferry.com; 43 Cape Henlopen Dr; pro Motorrad/Auto 36/44 US$, pro Erw./Kind 10/5 US$) verkehrt täglich in 90 Minuten über die Delaware Bay nach New Jersey von der Anlegestelle, die 1 Meile (1,6 km) vom Stadtzentrum von Lewes entfernt ist. Für Fußgänger verkehrt während der Saison ein Shuttle-Bus (4 US$) von der Anlegestelle nach Lewes und zum Rehoboth Beach. Von Sonntag bis Donnerstag und während des Winters sind die Preise etwas niedriger. Vorausbuchung empfohlen.

Cape Henlopen State Park

1 Meile (1,6 km) östlich von Lewes findet man in einem über 16 km² großen herrlichen **Naturpark** (☎302-645-8983; http://www.destateparks.com/park/cape-henlopen/; 15099 Cape Henlopen Dr; Eintritt 4 US$; ⏲8 Uhr–Sonnenuntergang) hoch aufragende Dünen, Pinienwälder und Sumpfgebiete unter staatlichem Schutz, die bei Vogelbeobachtern und Strandläufern (6 US$ für nicht in Delaware zugelassene Autos) sehr beliebt sind. Vom Beobachtungsturm reicht der Blick bis zum Cape May. Der Strand von **North Shores** zieht besonders homosexuelle und lesbische Pärchen an. Auf dem **Campingplatz** (☎877-987-2757; Stellplatz 33 US$; ⏲März–Nov.) gibt's Stellplätze am Strand oder am Wald.

Rehoboth Beach & Dewey Beach

Obwohl knapp 200 km entfernt, ist der Rehoboth Beach der Washington, D.C. am nächsten gelegene Strand – und wird deshalb auch als „Sommerhauptstadt der Nation" bezeichnet. Die Stadt wurde 1873 als christliches Ferienlager gegründet, ist heute aber ein Musterbeispiel an Toleranz – familien- und schwulenfreundlich. Vor allem die lesbische Gemeinde ist sehr groß. Es gibt sogar den als Poodle Beach (Pudelstrand) bekannten Schwulenstrand, der sich – wie passend – am Ende der Queen St befindet.

Die Innenstadt von Rehoboth ist eine Mischung aus großartigen viktorianischen Villen und zauberhaften Hexenhäuschen. Bäume säumen die Straßen, in denen sich stilvolle B&Bs und Boutiquen, noble Restaurants und Vergnügungsstätten für die Kleinen aneinanderreihen. Ein gut 1,5 km langer Plankenweg führt am breiten Strand entlang. In der Hauptstraße Rehoboth Ave, die sich von der Strandpromenade bis zum **Visitor Center** (☎302-227-2233; www.beach-fun.com; 501 Rehoboth Ave; ⏲Mo–Fr 9–17, Sa & So bis 13 Uhr) am Kreisverkehr erstreckt, drängeln sich noch mehr Restaurants und die üblichen schrägen Souvenirläden. Außerhalb der Stadt liegen am vielbefahrenen Highway der Rte 1 zahlreiche Kettenrestaurants, Hotels und die Einkaufsparadiese für Schnäppchenjäger in der Steueroase Delaware.

Weniger als 2 Meilen (ca. 3 km) südlich des Hwy 1 befindet sich das winzige Dörfchen **Dewey Beach**. Der wegen seiner ausschweifenden Single-Szene und des zügellosen Nachtlebens auch unrühmlicherweise „Do Me"-Strand genannte Ort ist einer der großen Partystrände. Weitere 3 Meilen (ca. 5 km) hinter Dewey erstreckt sich der **Delaware Seashore State Park** (☎302-227-2800; http://www.destateparks.com/park/delaware-seashore/; 39415 Inlet Rd; Eintritt 4 US$; ⏲8 Uhr–Sonnenuntergang), eine von der salzhaltigen Meeresbrise gepeitschte geschützte Dünenlandschaft von ungezähmter, einsamer Schönheit.

🛏 Schlafen

Wie überall an der Küste explodieren die Preise in der Hochsaison (Juni–Aug.). Günstige Übernachtungsmöglichkeiten findet man an der Rte 1.

★Cottages at Indian River Marina COTTAGES **$$$**
(☎302-227-3071; http://www.destateparks.com/camping/cottages/rates.asp; Inlet 838, Rehoboth Beach; pro Woche Hauptsaison/Zwischensaison/Nebensaison 1800/1350/835 US$, 2 Tage Nebensaison 280 US$; P ❄) Die Cottages stehen im Delaware Seashore State Park, 8 km südlich der Stadt, und gehören zu den besonders empfehlenswerten Mietanlagen. Und zwar

nicht sosehr wegen ihrer Einrichtung, sondern vor allem wegen ihren Terrassen und des ungehinderten Fernblicks über den naturbelassenen Strand zum Ozean hin. Jedes Cottage verfügt über zwei Schlafzimmer und ein Loft. In der Hauptsaison kann man die Cottages nur wochenweise mieten, in der Nebensaison sind auch 2-Tage-Arrangements möglich.

Bellmoor Inn & Spa BOUTIQUEHOTEL $$$
(☎866-899-2779, 302-227-5800; www.thebellmoor.com; 6 Christian St; Zi. 190–260 US$; P ❄ @ 📶) Wenn Geld keine Rolle spielt, sollte man im luxuriösesten Hotel von Rehoboth absteigen. Die Inneneinrichtung im Stil englischer Landhäuser mit Kamin, idyllischem Garten und die abgeschiedene Lage machen das Bellmoor zu einer ganz und gar ungewöhnlichen Ferienanlage am Meer. Das i-Tüpfelchen ist jedoch das Wellnesscenter mit seinem kompletten Programmangebot.

Hotel Rehoboth BOUTIQUEHOTEL $$$
(☎302-227-4300; www.hotelrehoboth.com; 247 Rehoboth Ave; Zi. 230–320 US$; P ❄ @ 📶 🏊) Dieses Boutiquehotel genießt dank seines vorzüglichen Services und der luxuriösen Annehmlichkeiten einen guten Ruf. Es bietet einen kostenlosen Shuttle-Service zum Strand an.

NICHT VERSÄUMEN

RADFAHREN AUF DEM JUNCTION & BREAKWATER TRAIL

Eine fantastische Radtour kann man zwischen Rehoboth und Lewes machen, die der knapp 10 km lange Junction and Breakwater Trail miteinander verbindet. Benannt wurde der Weg nach der ehemaligen Zuglinie, die hier im 19. Jh. verlief. Der ebene, leicht ansteigende Weg im Grünen führt durch bewaldetes und offenes Terrain, durch Sümpfe an der Küste und an Feldern vorbei. Im Visitor Center oder bei **Atlantic Cycles** (☎302-226-2543; www.atlanticcycles.net; 18 Wilmington Ave; halber Tag/Tag ab 16/24 US$) in Rehoboth, wo auch günstig Räder geliehen werden können, gibt's eine Karte. In Lewes kann man sich an **Ocean Cycles** (☎302-537-1522; www.oceancylces.com; 526 E Savannah Rd) beim Beacon Motel wenden.

Crosswinds Motel MOTEL $$$
(☎302-227-7997; www.crosswindsmotel.com; 312 Rehoboth Ave; Zi. 130–275 US$; P ❄ 📶) Das direkt an der Rehoboth Ave gelegene einfache Motel bietet ein vorzügliches Preis-Leistungs-Verhältnis dank seiner Annehmlichkeiten (Mini-Kühlschrank, Kaffeemaschine, Flachbild-TV). Bis zum Strand sind es nur zwölf Gehminuten.

Essen & Ausgehen

Preiswerte Imbissstände findet man an der Promenade, darunter Favoriten wie die Pommes bei Thrasher, die Pizza bei Grotto und die Saltwater Taffies (Toffeebonbons) bei Dolle. Etwas gediegener kann man in den einladenden Restaurants an der Wilmington Ave essen.

Ed's Chicken & Crabs AMERIKANISCH $
(☎302-227-9484; 2200 Coastal Highway, Dewey Beach; Hauptgerichte 7–18 US$; ⏰11–22 Uhr) Es ist gebraten! Was ist gebraten? Fast alles in diesem Freiluft-Lokal: die Shrimps, die Jalapenos, die Krabben. Aber nicht der Maiskolben – der ist gekocht und süß und köstlich. Das Ed's serviert keine gehobene Küche, aber die Speisen sind schmackhaft, Hausmannskost eben, ungesund und – auf ihre Art – perfekt.

★ **Planet X** FUSION $$$
(☎302-226-1928; 35 Wilmington Ave; Hauptgerichte 16–33 US$; ⏰ab 17 Uhr; 🌶) In dem stilvollen Restaurant erkennt man den asiatischen Einfluss auf der Speisekarte und an der Einrichtung – rote Papierlaternen und Buddhas schmücken die Wände, während die Gäste sich an rotem Thai-Curry mit Riesengarnelen und Krabbenpasteten mit würzigen asiatischen Sesamnudeln erfreuen. Auf der zur einen Seite hin offenen Veranda vorne kann man im Freien zu Abend essen.

Henlopen City Oyster House SEAFOOD $$$
(50 Wilmington Ave; Hauptgerichte 21–26 US$; ⏰ab 15 Uhr) Austern- und Meeresfrüchtefans werden das elegante Lokal nicht verpassen wollen. Eine verlockende, rustikale Bar und wunderschön angerichtete Speisen (z.B. Krabben mit weicher Schale, Bouillabaisse und Hummer-Mac-and-cheese) ziehen die Massen an. Frühzeitig dran sein, es werden keine Reservierungen angenommen! Tolle Biere aus Kleinbrauereien, Cocktails und ausgewählte Weine komplettieren das Ganze. Fazit: ein guter Ort, um am frühen Abend

einen Happen und einen Drink zu sich zu nehmen.

Cultured Pearl JAPANISCH **$$$**
(☎302-227-8493; 301 Rehoboth Ave; Hauptgerichte 16–33 US$; ⏲16.30 Uhr–open end) Das asiatische Restaurant ist bei den Einheimischen schon lange beliebt. Der Koi-Teich am Eingang und die schöne Dachterrasse verströmen Zen-Feeling. Das Sushi und die Appetizer sind erstklassig. An den meisten Abenden gibt's Livemusik.

Dogfish Head KLEINBRAUEREI
(www.dogfish.com; 320 Rehoboth Ave; Hauptgerichte 9–25 US$; ⏲12 Uhr–open end) Mit die besten Livegigs an der Eastern Shore und selbst gebrautes Bier – diese Kombination passt einfach!

Anreise & Unterwegs vor Ort

Der **Jolly Trolley** (einfache Strecke/hin- und zurück 3/5 US$; ⏲Sommer 8–2 Uhr) verbindet Rehoboth mit Dewey und hält mehrmals auf der Strecke. Leider fahren keine Fernbusse mehr nach Rehoboth.

Bethany Beach & Fenwick Island

Einfach mal abschalten? Die Küstenorte Bethany und Fenwick, auf halbem Weg zwischen Rehoboth und Ocean City gelegen, sind als „Quiet Resorts" (ruhige Seebäder) bekannt. Beide sind tatsächlich ultraruhig, fast schon langweilig und sehr familienfreundlich.

Hier gibt es nur einige wenige Restaurants und noch weniger Hotels. Die meisten Besucher mieten sich in Ferienwohnungen und Strandhütten ein. Eine gute Alternative zum üblichen Meeresgetier sind die butterzarten Rippchen vom Grill und leckeren Sandwiches mit *pulled pork* (einer Art geräuchertem Schweinegeschnetzeltem) bei **Bethany Blues BBQ** (☎302-537-1500; www.bethanyblues.com; 6 N Pennsylvania Ave; Hauptgerichte 14–24 US$; ⏲16.30 Uhr–21, Fr & Sa bis 22 Uhr).

Nord- & Zentral-Delaware

Wilmington verdankt seinen Charme vor allem der Hügellandschaft und den Palästen des Brandywine Valley, vor allem dem hoch aufragenden Anwesen von Winterthur. Dover ist niedlich, sympathisch und gegen später recht lebhaft.

Wilmington

Ein einzigartiges kulturelles Milieu (eine Mischung aus afroamerikanischen, jüdischen und karibischen Einflüssen) und eine lebendige Kunstszene machen diese Stadt besuchenswert.

Das **Delaware Art Museum** (☎302-571-9590; www.delart.org; 800 S Madison St; Erw./Kind 12/6 US$, So frei; ⏲Mi–Sa 10–16, So ab 12 Uhr) zeigt Arbeiten der Künstler der örtlichen Brandywine-Schule, darunter Werke von Edward Hopper, John Sloan und drei Generationen der Wyeth-Familie.

Die **Wilmington Riverfront** (www.riverfrontwilm.com) besteht aus mehreren, am Wasser gelegenen Blocks von sanierten Läden, Restaurants und Cafés; das auffallendste Bauwerk ist das **Delaware Center for the Contemporary Arts** (☎302-656-6466; www.thedcca.org; 200 S Madison St; ⏲Di & Do–Sa 10–17, Mi & So ab 12 Uhr) GRATIS, das vor allem zeitgenössische Kunst zeigt. Im Woolworth-Gebäude im Art-déco-Stil ist das **Delaware History Museum** (☎302-656-0637; www.hsd.org/dhm; 200 S Madison St; Erw./Kind 6/4 US$; ⏲Mi–Fr 11–16, Sa 10–16 Uhr) untergebracht. In diesem Museum wird den Besuchern gezeigt, dass der Erste Staat in der Vergangenheit weit mehr geleistet hat, als nur als Erster seine Unterschrift unter den Text der Verfassung zu setzen.

Das erste Hotel des Staates, das **Hotel du Pont** (☎302-594-3100; www.hoteldupont.com; Ecke Market St & 11th St; Zi. 230–480 US$; P ❄ 📶) ist hinreichend luxuriös, um seiner Namensgeberin (einer der erfolgreichsten Unternehmerfamilien Amerikas) gerecht zu werden. Die am Fluss gelegene **Iron Hill Brewery** (☎302-472-2739; 710 South Madison St; Hauptgerichte 10–24 US$; ⏲11–23 Uhr) ist ein weitläufiger, luftiger mehrstöckiger Raum in einem ehemaligen Warenlager. Passable Minibrauereien (empfehlenswert ist das saisonale belgische Ale) passen zu den herzhaften Kneipengerichten.

Das **Visitor Center** (☎800-489-6664; www.visitwilmingtonde.com; 100 W 10th St; ⏲Mo–Do 9–17, Fr 8.30–16.30 Uhr) befindet sich in der Innenstadt. Wilmington kann man gut mit den Bussen von Greyhound oder den Peter Pan Bus Lines erreichen, die die wichtigsten Städte der Ostküste miteinander verbinden. Beide Untrnehmen fahren das **Wilmington Transportation Center** (101 N French St) an. Die Züge von **Amtrak** (www.amtrak.com; 100 S French St) verbinden Wilmington mit Washington, D.C. (1½ Std.), Baltimore (45 Min.) und New York (1¾ Std.).

Brandywine Valley

Nachdem sie vermögend wurde, verwandelte die aus Frankreich stammende Familie Du Pont das Brandywine Valley in eine Art amerikanisches Loire-Tal, in dem sich bis heute die Wohlhabenden und Prunksüchtigen gerne niederlassen.

10 km nordwestlich von Wilmington liegt **Winterthur** (☎ 302-888-4600; www.winterthur.org; 5105 Kennett Pike (Rte 52); Erw./Kind 18/5 US$; ⏲ Di–So 10–17 Uhr), der 175 Zimmer große Landsitz des Industriellen Henry Francis du Pont mit seiner Sammlung von Antiquitäten und amerikanischer Kunst, die zu den größten der Welt zählt.

Der **Brandywine Creek State Park** (☎ 302-577-3534; http://www.destateparks.com/park/brandywine-creek/; 41 Adams Dam Road, Wilmington; Eintritt 3 US$; ⏲ 8 Uhr–Sonnenuntergang) ist ein Kleinod dieser Region. Diese weite Grünfläche würde überall beeindrucken, aber hier ist sie doppelt verblüffend, wenn man bedenkt, wie nahe sie bei den urbanen Siedlungen liegt. Naturlehrpfade und seichte Wasserläufe winden sich durch den Park; Infos über Paddeln oder Tubing auf dem tiefgrünen Brandywine Creek bekommt man bei **Wilderness Canoe Trips** (☎ 302-654-2227; www.wildernesscanoetrips.com; 2111 Concord Pike; Kajak-/Kanufahrten ab 46/56 US$, 18 US$/Reifen).

New Castle

Superniedlich, so präsentiert sich das am Fluss gelegene New Castle mit seinem Gewirr aus kopfsteingepflasterten Straßen und gut erhaltenen Häusern aus dem 18. Jh. (wobei das Umland gewissermaßen einer urbanen Ödnis ähnelt). Zu den Sehenswürdigkeiten gehören das **Old Court House** (☎ 302-323-4453; 211 Delaware St, New Castle; ⏲ Mi–Sa 10–15.30, So 13.30–16.30 Uhr) GRATIS, das Arsenal on the Green, Kirchen und Friedhöfe, die bis ins 17. Jh. zurückreichen, sowie historische Häuser.

Das **Terry House B&B** (☎ 302-322-2505; www.terryhouse.com; 130 Delaware St; Zi. 90–110 US$; P 📶) hat nur fünf Zimmer und liegt idyllisch im historischen Viertel. Während die Gäste das üppige Frühstück genießen, spielt der Inhaber auf dem Klavier.

Wenige Türen weiter werden in **Jessop's Tavern** (☎ 302-322-6111; 114 Delaware St; Hauptgerichte 12–24 US$; ⏲ So–Do 11.30–22, Fr & Sa bis 24 Uhr) in einem kolonialen Ambiente holländisches Schmorfleisch, *pilgrim's feast* (im Ofen gebratener Truthahn mit allem, was dazu gehört), sowie Fisch und Chips und andere Kneipengerichte serviert. Das gelangweilte jugendliche Personal in seiner kratzenden Kolonialkostümierung zu beobachten ist dabei der halbe Spaß.

Zu empfehlen ist das außerhalb der Stadt gelegene **Dog House** (☎ 302-328-5380; 1200 Dupont Hwy, New Castle; Hauptgerichte unter 10 US$; ⏲ 10.30–24 Uhr), von dessen Namen man sich nicht in die Irre führen lassen darf. Zum anspruchslosen Diner gibt es tatsächlich Hot Dogs, sie sind aber ordentlich gemacht (die Chili Dogs sind ein Traum); geboten werden auch tolle riesige Sandwiches und Cheesesteaks, die auch in Philadelphia durchgehen würden.

Dover

Dovers Zentrum ist recht hübsch; in den von Reihenhäusern gesäumten Straßen gibt es eine Vielzahl von Restaurants und Läden, während in den schöneren Straßen Bäume mit ihren auslandenden Ästen Schatten spenden.

Über den ersten Bundesstaat der USA informiert der **First State Heritage Park** (☎ 302-744-5055; 121 Martin Luther King Blvd North, Dover; ⏲ Mo–Fr 8–16.30, Sa ab 9, So 13.30–16.30 Uhr) GRATIS Auf dem Gelände der örtlichen Archive gelegen dient der Park als Welcome Center für die Stadt Dover, den Bundesstaat Delaware und das angrenzende State House. Der Zugang zu Letzterem erfolgt über das im Georgia-Stil errichtete **Old State House** (☎ 302-744-5055; http://history.delaware.gov/museums/; 25 The Green; ⏲ Mo–Sa 9–16.30, So ab 13.30) GRATIS, erbaut 1791 und seither restauriert, in dem Kunstgalerien und Sonderausstellungen zur Geschichte des ersten Bundesstaates der USA untergebracht sind.

Der **State Street Inn** (☎ 302-734-2294; www.statestreetinn.com; 228 N State St; Zi. 125–135 US$) liegt in günstiger Lage unweit vom State House und verfügt über vier helle Zimmer mit Holzdielen und Möbeln im Stil der Zeit.

Nicht weit entfernt vom State House befindet sich das **Golden Fleece** (☎ 302-674-1776; 132 W Lockerman St; Hauptgerichte unter 10 US$; ⏲ 16–24 Uhr, Sa &So open end, So ab 12 Uhr), eine beliebte Bar in Dover. Hier gibt's ordentliches Essen und eine Atmosphäre wie in einem alten englischen Pub, was gut mit dem umliegenden, aus Backsteinziegeln erbauten historischen Zentrum harmoniert.

Bombay Hook National Wildlife Refuge

Menschliche Besucher sind nicht die einzigen, die eine Tour zum **Bombay Hook National Wildlife Refuge** (☎302-653-9345; http://www.fws.gov/refuge/Bombay_Hook; 2591 Whitehall Neck Rd, Smyrna; ⏲Sonnenaufgang-Sonnenuntergang) unternehmen. Hunderttausende Wasserzugvögel nutzen dieses geschützte Marschland für einen Zwischenstopp auf ihren Flugrouten.

Das Highlight in diesem Schutzgebiet ist ein 19 km langer Naturschutzweg durch ein 66 km² großes, süßlich riechendes Salzwassersumpfgebiet mit Schlickgräsern und Prielen, der durch ein perfekt erhaltenes Ökosystem führt und all die stille Schönheit der DelMarVa-Halbinsel einzufangen vermag.

Außerdem gibt's fünf Wanderwege, davon sind zwei auch für Personen mit Behinderungen geeignet, sowie Beobachtungstürme, von denen aus man das ganze Gebiet überblicken kann. Jenseits des Wassers kann man die Lichter und Fabriken von New Jersey sehen – ein industrieller Schwerpunkt als Gegenpart zur wilden Ursprünglichkeit der Natur dieser Region.

VIRGINIA

Virginia ist schön und außerordentlich geschichtsträchtig. Hier wurde Amerika geboren, hier gründeten englische Siedler 1607 die erste dauerhafte Kolonie der Neuen Welt. Bis heute hat der *Commonwealth of Virginia* eine tragende Rolle in fast jedem großen Drama der amerikanischen Geschichte gespielt, sei es während des Unabhängigkeitskriegs, des Bürgerkriegs, in der Bürgerrechtsbewegung oder am 11. September 2001.

So verschiedenartig und vielfältig wie die Geschichte und Bevölkerung Virginias ist auch dessen Landschaft: die Chesapeake Bay und die breiten Sandstrände des Atlantiks im Osten, Pinienwälder, Sumpfgebiete und sanfte grüne Hügel der lieblichen Region Piedmont in der Mitte, der raue Gebirgszug der Appalachen und das traumhaft schöne Shenandoah Valley im Westen.

KURZINFOS VIRGINIA

Spitzname Old Dominion (Altes Herrschaftsgebiet)

Bevölkerung 8,2 Mio.

Fläche 110 785 km²

Hauptstadt Richmond (205 000 Ew.)

Weitere Städte Virginia Beach (447 000 Ew.), Norfolk (245 800 Ew.), Chesapeake (228 400 Ew.), Richmond (210 300 Ew.), Newport News (180 700 Ew.)

Verkaufssteuer 5,3 %

Geburtsort von acht US-Präsidenten, inklusive George Washington (1732–1799), Konföderierten-General Robert E. Lee (1807–1870), Tennis-As Arthur Ashe (1943–1993), Schriftsteller Tom Wolfe (geb. 1931), Schauspielerin Sandra Bullock (geb. 1964)

Heimat des Pentagon, der CIA und mehr Arbeitern in der Technologie-Branche als in jedem anderen Staat

Politische Ausrichtung republikanisch

Berühmt für Geschichte Amerikas, Tabak, Äpfel und den Shenandoah National Park

Staatsgetränk Milch

Entfernungen Arlington–Shenandoah 113 Meilen (182 km), Richmond–Virginia Beach 108 Meilen (174 km)

Hier, irgendwo bei Richmond, verläuft die unsichtbare Grenze zwischen Nord und Süd. Man hat sie überschritten, wenn man die gedehnt-schleppende Sprechweise hört, mit dem Teller voller Kekse und der typische Schinken aus Virginia offeriert werden. Virginia bietet für jeden etwas, getreu dem Motto „Virginia is for Lovers" (Virginia ist für Liebhaber).

Geschichte

Seit mindestens 5000 Jahren leben Menschen im Gebiet des heutigen Bundesstaats Virginia. Es waren einige Tausend Ureinwohner, die im Mai 1607 mit ansehen mussten, wie Kapitän James Smith mit seiner Mannschaft die Chesapeake Bay hinaufsegelte und Jamestown gründete, die erste dauerhafte englische Kolonie in der Neuen Welt. Die nach der *Virgin Queen*, der jungfräulichen Königin Elisabeth I., benannte

Kolonie erstreckte sich ursprünglich über fast die gesamte Ostküste Amerikas. Nachdem 1610 die meisten Siedler auf der Suche nach Gold verhungert waren, entdeckte John Rolfe, der Ehemann von Pocahontas, den wahren Reichtum Virginias: den Tabak.

Aus dem Tabakanbau entstand eine feudale Aristokratie, und viele Sprösslinge des niederen Adels wurden zu Gründungsvätern, nicht zuletzt der hier geborene George Washington. Im 19. Jh. wucherte das auf Sklaverei basierende Plantagensystem unaufhaltsam – und geriet in einen immer schärfer werdenden Widerspruch zur industrialisierten Wirtschaft des Nordens. 1861 spaltete sich Virginia schließlich von der Union ab und wurde zum Zentrum des Bürgerkriegs. Nach seiner Niederlage vollführte der Bundesstaat einen kulturellen Drahtseilakt. Es musste sich eine vielschichtige Identität zulegen, zu der ältere Aristokraten, eine ländliche und städtische Arbeiterklasse, Einwanderer und schließlich auch die Bewohner der florierenden technologielastigen Vorstädte Washingtons, D.C., ihren Beitrag leisteten. Der Staat zehrt von seiner Geschichte, will aber dennoch beim amerikanischen Experiment in der ersten Reihe mitmischen. Während Virginia in den 1960er-Jahren nur widerstrebend die Rassenschranken aufhob, beherbergt es heute eine der ethnisch vielfältigsten Bevölkerungen im ganzen New South.

Nord-Virginia

Hinter der sperrigen Vorstadtfassade verbirgt sich die für Nord-Virginia (NOVA) typische Mischung aus Kleinstadtcharme und Großstadtflair: Dörfer aus der Kolonialzeit und Schlachtfelder des Bürgerkriegs wechseln sich ab mit Wolkenkratzern, Einkaufszentren und erstklassigen Kunstveranstaltungen.

Die grüne Oase des **Great Falls National Park** (☎ 703-285-2965; www.nps.gov/grfa; ⏲ 7 Uhr–Sonnenuntergang) konnte ihre wilde Ursprünglichkeit bewahren. Der Nationalpark ist ein großartiges, sorgfältig gepflegtes Waldgebiet, durch den der Potomac River über wildschäumende Stromschnellen rauscht.

Arlington

Von Washington aus gleich auf der anderen Seite des Potomac River liegt Arlington County. Es gehörte zwischenzeitlich zu Washington, D.C., wurde aber 1847 an Virginia zurückgegeben. In den vergangenen Jahren haben sich die Stadtviertel von Arlington gemausert und einige verlockende Angebote in puncto Essen und Ausgehen entwickelt.

Sehenswertes

Arlington National Cemetery HISTORISCHE STÄTTE
(☎ 877-907-8585; www.arlingtoncemetery.mil; Bustour Erw./Kind 8,75/4,50 US$; ⏲ April–Sept. 8–19 Uhr, Okt.–März bis 17 Uhr) GRATIS Dieser unheimlich ergreifende Ort ist die letzte Ruhestätte für mehr als 300 000 Soldaten und ihre Angehörigen sowie Veteranen aller US-amerikanischen Kriege vom Unabhängigkeits- bis zum Irakkrieg. Der Friedhof erstreckt sich über eine hügelige Fläche von fast 2,5 km². Es empfiehlt sich daher, mit dem **Tour Bus** durch den Friedhof zu fahren; er fährt regelmäßig zwischen 8.30 und 16.30 Uhr vom Visitor Center ab.

➡ The Grounds

Der Friedhof wurde größtenteils auf dem Grundstück des **Arlington House** angelegt, in dem einst General Robert E. Lee und seine Frau Mary Anna Custis Lee, eine Nachfahrin von Martha Washington, lebten. Während Lee die Armee von Virginia in den Bürgerkrieg führte, konfiszierten die Truppen der Union das Anwesen, um ihre Toten zu begraben. Im **Tomb of the Unknowns** (Grabmal der Namenlosen) ruhen die sterblichen Überreste von nicht identifizierten amerikanischen Soldaten aus den beiden Weltkriegen und dem Korea-Krieg. Soldaten halten an dem Grabmal rund um die Uhr eine Ehrenwache. Die Wachablösung (März–Sept. alle 30 Min., Okt.–Feb. stündl.) ist die ergreifendste Sehenswürdigkeit von Arlington. Eine ewige Flamme brennt auf dem **Grab von John F. Kennedy**. Direkt daneben befinden sich die Gräber seiner Frau Jacqueline Kennedy Onassis und zwei ihrer früh verstorbenen Kinder.

➡ Marine Corps War Memorial

Nördlich des Friedhofs stellt das **Marine Corps War Memorial** (N Meade St & 14th St) sechs Soldaten dar, die während des Zweiten Weltkriegs auf der japanischen Insel Iwojima die US-amerikanische Flagge hissten. Felix de Weldon gestaltete das Denkmal nach dem weltberühmten Foto des Pressefotografen Joe Rosenthal.

Artisphere KUNSTZENTRUM
(☎703-875-1100; www.artisphere.com; 1101 Wilson Blvd; ; Ⓜ Rosslyn) Wer etwas völlig anderes sucht als Gedenkstätten und Museen, findet in diesem modernen, eleganten, mehrstöckigen Kunstgebäude vorzügliche Ausstellungen. In seinen Theatern finden Live-Veranstaltungen statt (viele davon kostenlos), beispielsweise Musik aus aller Welt, Film und experimentelles Theater. Der angrenzende **Freedom Park**, eine begrünte Hochallee, die auf einer ehemaligen Überführung entlang der Artisphere angelegt wurde, ist ein angenehmer Ort zum Entspannen und Genießen.

Pentagon GEBÄUDE
Südlich des Arlington Cemetery befindet sich das Pentagon, das größte Bürogebäude der Welt. Für die Öffentlichkeit ist es nicht zugänglich, außerhalb davon kann man jedoch das **Pentagon Memorial** (www.whs.mil/memorial; 1N Rotary Rd, Arlington; ⌚24 Std.) GRATIS besichtigen. Die 184 beleuchteten Bänke gedenken der Menschen, die am 11. September 2001 hier ihr Leben ließen. In der Nähe verkörpern die drei hoch aufragenden Säulen des **Air Force Memorial** (☎703-247-5805; www.airforcememorial.org; 1 Air Force Memorial Dr, Arlington) die Kondensstreifen von Flugzeugjets.

Schlafen & Essen

Neben Hotels gibt es Dutzende von schicken Restaurants und Bars entlang des Clarendon Blvd und des Wilson Blvd, besonders dicht sind sie aber neben den Metrostationen Rosslyn and Clarendon.

★ **Myanmar** BURMESISCH $
(☎703-289-0013; 7810 Lee Hwy, Falls Church; Hauptgerichte unter 10 US$; ⌚11–22 Uhr) Das Dekor des Myanmar ist überaus ärmlich, der Service träge, die Portionen sind klein-aber die Gerichte köstlich. Das ist echt burmesisch: Currys zubereitet mit jeder Menge Knoblauch, Kurkuma und Öl, dazu Chilifisch, Mangosalat und Hähnchen, das in Bratensauce schwimmt.

Lyon Hall FRANZÖSISCH $$
(☎703-741-7636; http://lyonhallarlington.com; 3100 N Washington Blvd; Hauptgerichte 14–25 US$; ⌚Mo–Fr 11.30–15, Sa & So ab 10, So–Do 17–22.30, Fr & Sa bis 23.30 Uhr; Ⓜ Clarendon) Dieses elsässische Bistro empfängt seine Gäste mit einem Schild in Deko-Stil. Das Cassoulet ist herrlich gehaltvoll dank der Beigabe von Entenfett. Und eine Forelle auf weißen Bohnen wird durch Vanillebutter belebt. Zum Runterspülen sei ein lokaler Cocktail der beliebten Bar empfohlen.

Eden Center VIETNAMESISCH $$
(www.edencenter.com; 6571 Wilson Blvd, Falls Church; Hauptgerichte 9–15 US$; ⌚9-23 Uhr;) Eine der faszinierendsten ethnischen Enklaven Washingtons liegt eigentlich gar nicht mehr auf dem Gebiet von Washington, D.C., sondern westlich von Arlington in Falls Church, VA. Das Eden Center ist im Grunde ein Stück Saigon, das in Amerika hängen geblieben ist. Dabei ist tatsächlich Saigon gemeint, denn die Einkaufsmeile befindet sich zur Gänze in der Hand von südvietnamesischen Flüchtlingen und deren Nachkommen. Man kann vietnamesische CDs erwerben, in Läden exotische Früchte und ausgefallene Heilmittel einkaufen und natürlich – überall – essen.

Whitlow's on Wilson AMERIKANISCH $$
(☎703-276-9693; 2854 Clarendon Blvd; Hauptgerichte 8–21 US$; ⌚Mo–Fr 11–14, Sa & So ab 9 Uhr) Hier gibt's am Sonntag den besten Brunch in ganz Arlington sowie wochentags Happy Hour Specials und Livemusik an Wochenenden.

☆ Unterhaltung

★ **Iota** LIVEMUSIK
(www.iotaclubandcafe.com; 2832 Wilson Blvd; Karten ab 10 US$; ⌚ab 8 Uhr; ; Ⓜ Clarendon) Das Iota ist in dieser Gegend die beste Bühne für Livemusik. Die hier auftretenden Bands spielen Folk, Reggae sowie traditionellen irischen und Südstaatenrock. Karten sind nur am Eingang erhältlich (kein Vorverkauf). Mittwochs ist immer „Open-Mic Wednesday" – Anlass für jede Menge Spaß oder Wichtigtuerei, die fast weh tut, was bei solchen Veranstaltungen oft der Fall ist.

Alexandria

Das bezaubernde Kolonialstädtchen Alexandria ist nur 8 km und 250 Jahre von Washington entfernt. Alexandria, einst eine raue Hafenstadt – von den Einheimischen „Old Town" genannt – ist heute eine Ansammlung schmucker Backsteinhäuser im Kolonialstil, von kopfsteingepflasterten Straßen, flackernden Gaslaternen und einer Uferpromenade. Die King St wird gesäumt von Boutiquen, Straßencafés, gemütlichen Bars und Restaurants.

Sehenswertes

George Washington Masonic National Memorial DENKMAL, AUSSICHTSPUNKT
(www.gwmemorial.org; Ecke 101 Callahan Dr & King St; Erw./Kind 8 US$/frei; Mo–Sa 9–16, So 12–16 Uhr; King St) Alexandrias auffallendstes Kennzeichen bietet einen tollen Ausblick von dem 101,5 m (exakt 333 Fuß) hohen Turm, von dem aus man das Capitol, den Mount Vernon und den Potomac River sehen kann. Es ist dem Leuchtturm der ägyptischen Stadt Alexandria nachempfunden und wurde zu Ehren des ersten Präsidenten der USA George Washington erbaut (der 1752 in Fredericksburg der Freimaurerloge beitrat und später zum Großmeister der Alexandria-Loge Nr. 22 wurde). Den Turm kann man nur im Rahmen einer geführten Tour besteigen; sie beginn um 10, 11.30, 13.30 und 15 Uhr (sonntags startet die erste Führung erst um 12.30 Uhr).

Gadsby's Tavern Museum MUSEUM
(www.gadsbystavern.org; 134 N Royal St; Erw./Kind 5/2 US$; Di–Sa 10–17, So & Mo 13–17 Uhr; King St dann Trolley) Die einstige Kneipe (von John Gadsby zwischen 1796 und 1808 betrieben) beherbergt heute ein Museum, das die wichtige Rolle dieser Kneipe in Alexandria im 18. Jh. veranschaulicht. Sie galt als Mittelpunkt des politischen, geschäftlichen und sozialen Lebens und wurde von allen damals wichtigen Persönlichkeiten besucht, darunter George Washington, Thomas Jefferson und dem Marquis de Lafayette. Die Zimmer wurden im Stil des 18. Jhs. restauriert und auch heute noch finden in der Kneipe gelegentlich teure Bälle statt. Geführte Touren finden immer 15 Minuten vor und nach der vollen Stunde statt.

Torpedo Factory Art Center KUNSTZENTRUM
(www.torpedofactory.org; 105 N Union St; 10–18, Do bis 19 Uhr; King St dann Trolley) GRATIS Was kann man mit einer ehemaligen Munitions- und Waffenfabrik anfangen? Wie wäre es, daraus eine der führenden Kunststätten der Region zu machen? Drei Stockwerke mit Ateliers und freier künstlerischer Kreativität gibt's in der Old Town Alexandria, aber auch die Möglichkeit, Gemälde, Skulpturen, Glasarbeiten, Textilien und Schmuck direkt von den Künstlern zu erwerben. Die Torpedo Factory ergänzt das neu gestaltete Hafengebiet Alexandrias mit seinem Jachthafen, den Parks, Alleen, Wohnvierteln und Restaurants.

Essen & Ausgehen

Misha's Coffee Roaster CAFÉ $
(www.mishascoffee.com; 102 S Patrick St; Gebäck 3–4 US$; 6–20 Uhr;) An einem köstlichen Latte neben Gefäßen voller kräftig riechender Kaffeebohnen aus Indonesien und Äthiopien nippen, seine Zeit mit dem kostenlosen WLAN verplempern, mit den netten Nerds am Nachbartisch plaudern und in diesem sehr trendigen indischen Café das koffeinhaltige Nirvana erreichen. Croissants und Cookies erhöhen das Koffeinhoch.

Hank's Oyster Bar SEAFOOD $$
(1026 King St; Hauptgerichte 6–28 US$; Di–Do 5.30–21.30, Fr & Sa 11.30–24, So 11–21.30 Uhr) Es gibt eine ganze Reihe von Austerbars in Washington (das Schlürfen roher Austern scheint der politischen Großtuerei förderlich zu sein) und das Hank's ist eine der ersten Adressen. Es hat die richtige Mischung von Testosteron, Altherrenriege und Strippenzieher, was nicht heißen soll, dass sich Frauen hier nicht wohl fühlen; aber Männer tun es mit Sicherheit. Überflüssig zu sagen, dass das Austernmenü reichhaltig und ausgezeichnet ist; es gibt immer mindestens vier Variationen. Der Platz ist etwas eng und man muss oft auf einen Tisch warten, aber eine Saki-Austern-Bombe macht das alles wieder wett.

Restaurant Eve AMERIKANISCH $$$
(703-706-0450; www.restauranteve.com; 110 S Pitt St; 5-/7-Gänge-Verkostungsmenü 120/135 US$; Mo–Mi mittags, Mo–Sa abends;) Der Begriff „Fusion" mag schon abgedroschen klingen, wenn es um die Beschreibung der Küche eines Restaurants geht, aber bei den Top-Adressen gab's schon immer „Fusion", nämlich eine Mischung aus Innovation und Tradition, regionalen und internationalen Einflüssen, Komfort und Niveau. Das Eve bietet all das bisher Gesagte und noch dazu eine Mischung bester amerikanischer Zutaten, präzise französische Zubereitungstechnik und einen der exklusivsten Services, dem man in dieser Region begegnet. Man sollte sich hier ein Verkostungsmenü gönnen, denn es ist ein ganz neues kulinarisches Erlebnis. Das Eve ist eines der wenigen veganerfreundlichen Spitzenrestaurants im Großraum D.C. Um auf Nummer sicher zu gehen, empfiehlt es sich, einen Tag im voraus telefonisch zu reservieren, und das Team um Inhaber Cathal Armstrong wird einen gern empfangen.

ABSTECHER

VIRGINIAS WEINGÜTER

Als mittlerweile fünftgrößter Weinproduzent der USA gibt es in Virginia inzwischen 192 Weingüter. Viele davon befinden sich in den schönen Hügeln rund um Charlottesville. Besonders angesehen ist Virginia Viognier. Mehr Infos über den Wein aus Virginia stehen auf www.virginiawine.org.

Jefferson Vineyards (☎434-977-3042; www.jeffersonvineyards.com; 1353 Thomas Jefferson Pkwy) Bekannt für durchgängig hochwertige Jahrgänge. Das Weingut liegt in den 1774 angelegten Originalweinbergen des Namensgebers.

Keswick Vineyards (☎434-244-3341; www.keswickvineyards.com; 1575 Keswick Winery Dr) Keswick hat für seinen ersten Jahrgang eine Vielzahl von Preisen gewonnen und bietet seither eine große Auswahl an Weinen an. Das Weingut liegt an der Rte 231.

Kluge Estate (☎434-977-3895; www.klugeestateonline.com; 100 Grand Cru Dr) Weinkenner küren den Kluge-Wein regelmäßig zum besten im Bundesstaat.

☆ Unterhaltung

Birchmere LIVEMUSIK

(www.birchmere.com; 3701 Mount Vernon Ave; Karten 15–35 US$; ⏲Kasse 17–21 Uhr, Shows 19.30; Ⓜ Pentagon City danach 🚌 10A) Bekannt als „Amerikas legendäre Konzerthalle" ist das Birchmere die erste Adresse im D.C. für Folk-, Country-, keltische Musik und Bluegrass. Die Talente, die hier auftreten, sind Grund genug, herzukommen, aber auch die Konzerthalle selbst hat es in sich: Sie sieht aus wie ein Warenlager, das mit einer Armada von Wandmalern auf LSD-Trip kollidiert ist. Die Konzerthalle befindet sich nördlich von Old Town Alexandria unweit der Glebe Rd.

Tiffany Tavern LIVEMUSIK

(www.tiffanytavern.com; 1116 King St; Ⓜ King St) GRATIS Die Speisen sind irgendwie lahm und die Bierauswahl ist dürftig, aber der Live-Bluegrass (Fr & Sa ab 20.30 Uhr) in der betagten Tiffany Tavern ist großartig. Es geht etwas laut und rau zu an den besten Abenden, wenn Yuengling-Bier vom Fass ausgeschenkt wird und Mandoline und Geige musikalische Magie verströmen.

ℹ Praktische Informationen

Das **Visitor Center** (☎703-838-5005; www.visitalexandriava.com; 221 King St; ⏲9–17 Uhr) stellt Parkausweise sowie ermäßigte Eintrittskarten für die historischen Stätten aus.

ℹ An- & Weiterreise

Um aus der Innenstadt von Washington, D.C., nach Alexandria zu gelangen, steigt man an der Metrostation King St aus. Ein kostenloser Trolley fährt von der Metrostation die 1,6 km zum Flussufer (11.30–22 Uhr, alle 20 Min.).

Mount Vernon

Eine der am häufigsten besuchten historischen Stätten der USA ist **Mount Vernon** (☎703-780-2000, 800-429-1520; www.mountvernon.org; 3200 Mount Vernon Memorial Hwy, Mt. Vernon; Erw./Kind 17/8 US$; ⏲April–Aug. 8–17 Uhr, Nov–Feb. 9–16, Sept. & Okt. bis 17 Uhr), der Landsitz von George und Martha Washington, die hier seit ihrer Heirat im Jahr 1759 bis zu Washingtons Tod 1799 lebten. Er befindet sich heute im Besitz der Mount Vernon Ladies Association und bietet einen Einblick in das Leben auf dem Land im 18. Jh. und in das des ersten Präsidenten als Plantagenbesitzer. Mount Vernon verschweigt nicht, dass der Gründervater auch Sklaven hielt; Besucher können ihre Unterkünfte und den Friedhof besichtigen. Zu den weiteren Sehenswürdigkeiten gehören Washingtons **Distillery and Grist Mill** (www.tourmobile.com; Erw./Kind 4/2 US$, inkl. Mount Vernon Erw./Kind 30/15 US$), die sich etwa 3 Meilen (4,5 km) südlich des Anwesens befinden.

Mount Vernon liegt 16 Meilen (26 km) südlich von Washington, D.C., abseits des Mount Vernon Memorial Hwy. Wer die öffentlichen Verkehrsmittel benutzt, nimmt die Metro bis Huntington und steigt dort in den Fairfax-Connector-Bus 101 um. **Grayline** (☎202-289-1995; www.grayline.com; Erw./Kind inkl. Eintritt Mt. Vernon ab 55/20 US$) bietet das ganze Jahr über täglich Touren an, die in D.C. bei der Union Station starten.

Einige Unternehmen organisieren auch saisonale Bootsfahrten von D.C. nach Alexandria. Der günstigste Anbieter ist die **Potomac Riverboat Company** (☎703-684-0580; www.potomacriverboatco.com; Erw./Kind inkl. Eintritt Mt. Vernon 40/20 US$). Eine gesunde Alternative ist die herrliche Radfahrt von Washington, D.C., entlang des Potomac River (29 km von Roosevelt Island).

Manassas

Am 21. Juli 1861 trafen die Soldaten der Union und der Konföderierten in der ersten großen Landschlacht des Bürgerkriegs aufeinander. In Erwartung des sicheren Sieges strömten die Einwohner von Washington, D.C., in Scharen herbei, um beim Picknick die „Erste Schlacht am Bull Run" (in den Südstaaten bezeichnet als „Erste Schlacht von Manassas") zu beobachten. Der völlig überraschende Sieg der Konföderierten zerstörte alle Hoffnungen auf ein schnelles Ende des Krieges. Ein gutes Jahr später, im August 1862, trafen die beiden Kriegsparteien am gleichen Ort in der größeren „Zweiten Schlacht von Manassas" wieder aufeinander. Und wieder gewannen die Südstaatler. Heute ist der **Manassas National Battlefield Park** eine sanft geschwungene, grüne Hügellandschaft, die durch Lattenzäune in struppige Wiesenstücke mit hohem Gras und Wildblumen unterteilt ist. Die Besichtigungstour beginnt man am besten im **Henry Hill Visitor Center** (703-361-1339; www.nps.gov/mana; Erw./Kind 3/frei US$; 8.30–17 Uhr), in dem ein Film zur Orientierung gezeigt und Kartenmaterial zum Park verteilt wird.

Täglich fahren Züge von **Amtrak** (www.amtrak.com; einfache Strecke 16–28 US$) und **Virginia Railway Express** (VRE; www.vre.org; einfache Strecke 9,10 US$; Mo–Fr) die 50 Minuten von Washingtons Union Station zur historischen Old Town Manassas Railroad Station an der 9451 West St; von hier sind es zum Park knapp 6 Meilen (ca. 10 km) mit dem Taxi. Rund um den Bahnhof von Manassas gibt's zahlreiche Restaurants und Bars, der Rest der Stadt ist allerdings ein Durcheinander von Einkaufszentren und verzweigten Vororten.

Fredericksburg

Fredericksburg ist eine hübsche Stadt mit einem historischen Viertel, das schon fast klischeeartig die typische amerikanische Kleinstadt verkörpert. In den Straßen und der Umgebung des Ortes, in dem George Washington aufgewachsen ist, brach einst der Bürgerkrieg aus. Heute bietet die Hauptstraße eine schöne Mischung aus Buchläden, Gaststätten und Cafés.

Sehenswertes

Das **Visitor Center** (540-373-1776; www.visitfred.com; 706 Caroline St; 9–17, So ab 11 Uhr) bietet den zeitlich unbegrenzten Fredericksburg Pass (32 US$) an, der zum Eintritt bei neun lokalen Sehenswürdigkeiten berechtigt.

Fredericksburg & Spotsylvania National Military Park HISTORISCHE STÄTTE
(Erw./Kind 32/10 US$) Über 13 000 Amerikaner kamen im Bürgerkrieg in den vier Schlachten ums Leben, die in einem Umkreis von 27 km um diesen vom National Park Service verwalteten Park ausgetragen wurden. Einen Besuch lohnt auch das Grab mit dem amputierten Arm von Stonewall Jackson neben dem **Fredericksburg Battlefield Visitor Center** (540-654-5535; www.nps.gov/frsp; 1013 Lafayette Blvd; Film 2 US$; 9–17 Uhr) GRATIS.

James Monroe Museum & Memorial Library HISTORISCHE STÄTTE
(540-654-1043; http://jamesmonroemuseum.umw.edu; 908 Charles St; Erw./Kind 5/1 US$; Mo–Sa 10–17, So ab 13 Uhr) Der Namensgeber dieses Museums war der fünfte Präsident der USA.

Mary Washington House HISTORISCHE STÄTTE
(540-373-1569; www.apva.org; 1200 Charles St; Erw./Kind 5/2 US$; Mo–sa 11–17, So 12–16 Uhr) Das aus dem 18. Jh. stammende Haus von George Washingtons Mutter.

Schlafen & Essen

An den historischen Straßen Caroline St und Williams St findet man Dutzende von Restaurants und Cafés.

Richard Johnston Inn B&B $$
(540-899-7606; www.therichardjohnstoninn.com; 711 Caroline St; Zi. 125–200 US$;) Das gemütliche B&B liegt in einer Backsteinvilla aus dem 18. Jh. und punktet mit seiner Lage, dem Komfort und der Freundlichkeit (vor allem der zwei hier lebenden Scottie-Hunde). Gäste erhalten am Wochenende ein großes Frühstück.

Sammy T's AMERIKANISCH $
(540-371-2008; 801 Caroline St; Hauptgerichte 6–14 US$; 11.30am–21.30 Uhr;) Das Sammy T's ist in einem um 1805 erbauten Gebäude inmitten des historischen Zentrums untergebracht. Es bietet Suppen, Sandwiches und Kneipenessen mit einem tollen Mix von vegetarischen Gerichten,

darunter eine lokale Variation von Lasagne, und Quesadillas mit schwarzen Bohnen.

Foode AMERIKANISCH **$$**
(☎540-479-1370; 1006 C Caroline St; Hauptgerichte 13–24 US$; ⌚Di–Do 11–15 & 16.30–20, Fr bis 21, Sa 10–14.30 & 16.30–21, So 10–14 Uhr;) Foode nimmt alle Wohlfühltrends der späten Kinder- und frühen Teenagerjahre auf – frisch, mit lokalen Zutaten aus Freilandhaltung, ökologisch und alles alltags-rustikal schick geschmückt – und kommt mit all diesem zu einem wirklich bezaubernden Ergebnis.

An- & Weiterreise

Züge von **VRE** (11,10 US$, 1½ Std.) und **Amtrak** (25–43 US$, 1¼ Std.) starten am **Bahnhof von Fredericksburg** (200 Lafayette Blvd) auch Richtung D.C. **Greyhound** hat Busse ab/nach D.C. (5-mal tgl., 1½ Std.) und Richmond (3-mal tgl., 1 Std.). Die **Greyhound Station** (☎540-373-2103; 1400 Jefferson Davis Hwy) liegt ca. 1,5 Meilen (2,4 km) westlich des historischen Viertels.

Richmond

Richmond ist schon seit 1780 die Hauptstadt des Bundesstaates Virginia. Das ist der unveränderliche Teil ihrer Identität. Die Stadt ist jedoch unablässig bestrebt, ihre kulturelle Identität zu definieren: eine einladende, freundliche Stadt des Südens und zugleich Teil des internationalen Flairs der nordöstlichen Staaten. Besser wäre es vielleicht, diese Gegensätzlichkeit außer Acht zu lassen und zu sagen, dass Richmond die nördlichste Stadt des New South ist: verwurzelt in der Tradition und dennoch international und gebildet einerseits, aber geprägt vom Einkommensgefälle und sozialen Spannungen andererseits.

Es ist eine ansehnliche Stadt mit vielen Reihenhäusern aus rotem Backstein oder Sandstein, die einen gemütlicheren Eindruck vermitteln als ihre mitunter seriösgesetzter wirkenden Gegenparts im Nordosten. Geschichte ist allgegenwärtig – und mitunter unbequem. Hies ist der Ort, an dem der Patriot Patrick Henry die berühmten Worte „Give me Liberty, or give me Death!“ (Gebt mir Freiheit oder gebt mir den Tod!) sprach, und wo die Sklavenhalterstaaten des konföderierten Südens ihre Hauptstadt ausriefen. Heute lassen Studenten und Yuppies die „River City“ fröhlicher erscheinen, als man es erwarten würde.

Sehenswertes

Der James River teilt Richmond in zwei Hälften, die meisten Sehenswürdigkeiten liegen in der nördlichen. Um den Stadtkern herum gruppieren sich die Wohnviertel, etwa der Fan District südlich der Monument Ave und Carytown im Westen. Im Zentrum befinden sich beim Court End das Kapitol und einige Museen. An der E Cary St zwischen der 12th St und der 15th St liegen im Shockoe Slip umgebaute Warenhäuser mit Geschäften und Restaurants. Unter der wie aufgebockt wirkenden Autobahnüberführung geht's nach Shockoe Bottom. Nördlich des Court End liegt das historische afroamerikanische Stadtviertel Jackson Ward. Man sollte bedenken, dass die Cary St mehr als 8 km lang ist: Der Teil E Cary St gehört zur Innenstadt, W Cary St zu Carytown.

An der **Monument Avenue**, einem von Bäumen gesäumten Boulevard im Nordosten von Richmond, stehen **Statuen** von so verehrten Südstaatenhelden wie J.E.B. Stuart, Robert E. Lee, Matthew Fontaine Maury, Jefferson Davis, Stonewall Jackson und um die Vielfalt zu zeigen die des afroamerikanischen Tennischampions Arthur Ashe.

Das afroamerikanisches Viertel **Jackson Ward** war im 19. Jh. als Little Africa bekannt. Heute wirkt die Gegend, die ein National Historic Landmark District ist, ziemlich rau (und das ist sie auch), doch sie besitzt auch ein tief verwurzeltes kulturelles Erbe.

Der 2 km lange **Canal Walk** am Ufer, zwischen dem James River, dem Kanawha (ka-naw) und dem Haxall Canal, eignet sich wunderbar, viele der Highlights des historischen Richmond zu sehen.

American Civil War Center at Historic Tredegar MUSEUM
(www.tredegar.org; 500 Tredegar St; Erw./Kind 8/2 US$; ⌚9–17 Uhr) Die in einer Waffenfabrik von 1861 untergebrachte, faszinierende Stätte erforscht die Gründe und den Verlauf des Bürgerkriegs aus der Sicht der Union, der Konföderation und der Afroamerikaner. Das Center gehört zu 13 geschützten Stätten, die zusammen den **Richmond National Battlefield Park** (www.nps.gov/rich) bilden.

Museum & White House of the Confederacy HISTORISCHE STÄTTE
(www.moc.org; Ecke 12th St & Clay St; Erw./Kind 12/7 US$; ⌚Mo–Sa 10–17, So ab 12 Uhr) Während dies früher eine Pilgerstätte des Südens und seiner „verlorenen Sache“ war, wandelte sich

das Museum der Konföderation inzwischen zu einer Bildungsstätte und besitzt die landesweit vermutlich größte Sammlung von Zeugnissen über die Konföderierten. Die freiwillige Führung durch das Confederate White House ist für die tiefen Einblicke empfehlenswert, da sie nebenbei auch einige ziemlich unerwartete Informationen bietet (so etwa ist es kaum bekannt, dass der zweitmächtigste Mann der Konföderation ein homosexueller Jude war).

Virginia State Capitol GEBÄUDE
(www.virginiacapitol.gov; Ecke 9th St & Grace St, Capitol Sq; ⏲ Mo–Sa 9–17, So 13–16 Uhr) GRATIS Das State Capitol wurde von Thomas Jefferson entworfen und 1788 fertiggestellt. Es beherbergt die älteste gesetzgebende Körperschaft der westlichen Hemisphäre, die Virginia General Assembly, die 1619 eingerichtet wurde. Kostenlose Führungen.

Virginia Historical Society MUSEUM
(www.vahistorical.org; 428 N Blvd; Erw./Student 6/4 US$; ⏲ Mo–Sa 10–17, So ab 13 Uhr) Wechselnde und ständige Ausstellungen erforschen die Geschichte des Commonwealth von prähistorischen Zeiten bis zur Gegenwart.

St. John's Episcopal Church KIRCHE
(www.historicstjohnschurch.org; 2401 E Broad St; Touren Erw./Kind 7/5 US$; ⏲ Mo–Sa 10–16, So ab 13 Uhr) An dieser Stelle hat der Hitzkopf Patrick Henry seinen berühmten Schlachtruf („Gebt mir Freiheit oder gebt mir den Tod!") während der rebellischen Second Virginia Convention im Jahr 1775 von sich gegeben. Seine Rede wird im Sommer sonntags um 14 Uhr nachgestellt.

Virginia Museum of Fine Arts MUSEUM
(VMFA; ☎ 804-340-1400; www.vmfa.state.va.us; 2800 Grove Ave; ⏲ ❄ ♿ Sa–Mi 10–17, Do & Fr bis 21 Uhr) GRATIS Das Museum besitzt eine bemerkenswerte Sammlung europäischer Kunst, religiöser Kunst der Länder des Himalaja und eine der größten Sammlungen von Fabergé-Eiern außerhalb Russlands. Es werden auch hervorragende Wechselausstellungen organisiert (Eintritt frei–20 US$).

Poe Museum MUSEUM
(☎ 804-648-5523; www.poemuseum.org; 1914-16 E Main St; Erw./Student 6/5 US$; ⏲ Di–Sa 10–17 Uhr, So ab 11 Uhr) Das Museum beeinhaltet eine der weltweit größten Sammlungen mit Manuskripten von und Erinnerungsstücken an den Dichter Edgar Allan Poe, der in Richmond gelebt und gearbeitet hat.

Hollywood Cemetery FRIEDHOF
(hollywoodcemetery.org; Eingang Ecke Albemarle St & Cherry St; ⏲ 8–17, Sommer bis 18 Uhr) GRATIS Der ruhige Friedhof liegt oberhalb der Stromschnellen des James River und beherbergt die Gräber von zwei US-Präsidenten (James Monroe & John Tyler), den einzigen Präsidenten der Konföderierten (Jefferson Davis), und 18 000 konföderierter Soldaten. Montags bis samstags gibt's um 10 Uhr kostenlose Führungen zu Fuß.

Schlafen

Massad House Hotel MOTEL $
(☎ 804-648-2893; www.massadhousehotel.com; 11 N 4th St; Zi. 75–110 US$) Es bietet die preiswerteste Unterkunft und hat auch eine unübertroffen zentrale Lage. Entsprechend ist auch das, was man bekommt: Die Zimmer sind winzig, aber sauber, eine Sanierung des Hotels ist jedoch dringend vonnöten.

Linden Row Inn BOUTIQUEHOTEL $$
(☎ 804-783-7000; www.lindenrowinn.com; 100 E Franklin St; Zi. inkl. Frühstück 120–170 US$, Suite 250 US$; P ❄ @ 📶) Die Perle aus der Antebellum-Ära (bis 1861) hat 70 hübsche Zimmer mit Möbeln aus der viktorianischen Zeit. Das Haus ist von Gebäuden im amerikanischen Greek-Revival-Stil umgeben und steht in einer ausgezeichneten Lage in der Innenstadt. Die herzliche Südstaaten-Gastfreundlichkeit und aufmerksame Extras (kostenlose YMCA-Pässe und ein kostenloser Shuttleservice in der Stadt) komplettieren das gute Angebot.

Museum District B&B B&B $$
(☎ 804-359-2332; www.museumdistrictbb.com; 2811 Grove Ave; Zi. 100–195 US$; P ❄ 📶) Das vornehme, in einem Backsteinhaus untergebrachte B&B aus den 1920er-Jahren hat eine praktische Lage unweit der Restaurants und Kneipen von Carytown. Gäste loben die herzliche Atmosphäre. Die Zimmer sind gut gelegen, man kann die große Veranda vorne, den gemütlichen Salon mit Kamin und das ausgezeichnet zubereitete Frühstück genießen – und dazu gibt's abends Wein und Käse.

★ **Jefferson Hotel** LUXUSHOTEL $$$
(☎ 804-788-8000; www.jeffersonhotel.com; 101 W Franklin St; Zi. ab 250 US$; P ❄ 📶 ♿) Das Jefferson ist Richmonds prächtigstes Hotel und vielleicht eines der schönsten in den USA. Es war die Vision des Tabak-Tycoons und Konföderiertenmajors Lewis Ginter und wurde

als Beaux-Arts-Hotel 1895 vollendet. Heute bietet es luxuriöse Zimmer, einen hervorragenden Service und eines der besten Restaurants von Richmond. Einem Gerücht zufolge hat die sagenhafte, große Treppe in der Lobby als Vorbild für die berühmte Treppe in *Vom Winde verweht* gedient.

Essen

In den kopfsteingepflasterten Straßen von Shockoe Slip und Shockoe Bottom findet man Dutzende von Restaurants. Weiter westlich in Carytown (W Cary St, zwischen dem S Blvd und der N Thompson St) gibt's sogar noch mehr Lokale.

17th Street Farmers MarketFarm MARKT $
(Ecke 17th & E Main Sts; Sa & So 8.30–16 Uhr) Wer preisgünstige Lebensmittel und frische Produkte sucht, ist auf diesem belebten Markt gerade richtig, der von Anfang Mai bis Ende Oktober abgehalten wird. Sonntags werden hier Antiquitäten verkauft.

Burger Bach GASTHAUS $
(804-359-1305; 10 S Thompson St; Hauptgerichte 7–12 US$; So–Mo 11–22, Fr & Sa bis 23 Uhr;) Man kann der eigenen Aussage von Burger Bach glauben, wonach dies das einzige neuseeländisch inspirierte Burger-Lokal in dieser Gegend ist. Und in der Tat: Die Lammburger, die hier serviert werden, sind ausgezeichnet, obwohl auch das Rindflisch aus regionaler Züchtung und andere (vegetarische) Gerichte nicht minder toll schmecken. Und angesichts der 14 verschiedenen Saucen für die dick geschnittenen Pommes frites kann man mühlos aus dem Häuschen geraten.

Ipanema Café AMERIKANISCH $$
(804-213-0190; 917 W Grace St; Hauptgerichte 8–13 US$; Mo–Fr 11–23, Sa & So ab 17.30 Uhr;) Dieser unterirdische Bau ist besonders bei Bohemiens und Studenten beliebt. Es bietet eine verführerische Vielfalt an veganen und vegetarischen Gerichten (Tempeh-„Schinken"-Sandwich, Gemüse mit Currys, wechselnde Tagesgerichte), außerdem *moules-frites, tuna melts* (Tunfischbrot aus der Pfanne) und einige nicht vegetarische Gerichte. Die veganischen Desserts sind großartig.

★ **Julep's** MODERN-AMERIKANISCH $$$
(804-377-3968; 1719 E Franklin St; Hauptgerichte 18–32 US$; Mo–Sa 17.30–22 Uhr;) Eines der besten Restaurants von Richmond. Es serviert in einem klassischen, altmodischen Speisesaal, der sich kinoreif in einem restaurierten Gebäude von 1817 befindet, dekadente moderne Südstaatengerichte. Man beginnt mit einem Minz-Julep, gebratenen grünen Tomaten oder einer Riesenportion Krabbensuppe, und macht mit sagenhaften Julep-Shrimps und Maisgrütze mit Andouillette-Würstchen weiter.

Edo's Squid ITALIENISCH $$$
(804-864-5488; 411 N Harrison St; Hauptgerichte 12–30 US$) Das Edo's ist eindeutig das beste italienische Restaurant in Richmond. Es serviert köstliche, authentisch italienische Gerichte wie etwa Auberginen mit Parmesan, *diavolo*-Pasta mit würzigen Shrimps, Tagesgerichte und natürlich Tintenfisch. Mitunter ist es hier überfüllt und es kann sehr laut werden.

Millie's Diner MODERN-AMERIKANISCH $$$
(804-643-5512; 2603 E Main St; Frühstück & Mittagessen 7–12 US$, Abendessen 20–32 US$; Di–Fr 11–14.30 & 17.30–22.30, Sa & So 10–15 & 17.30–22.30 Uhr) Frühstück, Mittag- oder Abendessen? Kein Problem, das Millie's hat alles und das auch noch gut. Aber das Beste in dieser Institution von Richmond ist der Sonntags-Brunch: Das Devil's Mess – ein aufgeklapptes Omelett mit scharfen Würstchen, Curry, Gemüse, Käse und Avocado – ist legendär.

Ausgehen & Unterhaltung

Lift CAFÉ
(218 W Broad St; Mo–Fr 7–19, Sa 8–20 Uhr, So 9–19 Uhr;) Teils Kaffeehaus, teils Kunstgalerie serviert das Lift Lattes mit tollem Milchschaum, köstliche Sandwiches und Salate. Hat auch Tische am Straßenrand.

Capital Ale House BAR
(623 E Main St; 11–1.30 Uhr) Bei den politischen Strebern des nahen State Capitol beliebt. Die zentrumsnahe Kneipe hat eine tolle Bierauswahl (mehr als 50 Fass- und 250 Flaschenbiere) und ordentliche Kneipengerichte. Der Kühltrog an der Bar hält die Getränke herrlich kalt.

Cary Street Cafe LIVEMUSIK
(804-353-7445; www.carystreetcafe.com; 2631 W Cary St; 11–2 Uhr) Aus dieser ausgezeichneten Bar dringt fast jeden Abend Livemusik (zumindest aber Karaoke) hinaus auf die Straße. Die Location ist Hippie-freundlich, gespielt wird nicht nur Hippie-Musik, die Band-Auftritte reichen von Reggae bis zu alternativer Country-Musik.

Byrd Theater KINO
(☎ 804-353-9911; www.byrdtheatre.com; 2908 W Cary St; Tickets 5 US$) Der Preis in dem klassischen Kino von 1928 ist nicht zu schlagen. Es zeigt allerdings nicht mehr ganz aktuelle Filme. Vor den Samstagabend-Vorführungen gibt's Wurlitzer-Konzerte.

Praktische Informationen

Johnston-Willis Hospital (☎ 804-330-2000; 1401 Johnston-Willis Dr)
Post (700 E Main St; ⊙ Mo–Fr 7.30–17 Uhr)
Richmond-Times Dispatch (www2.timesdispatch.com) Tageszeitung.
Richmond Visitor Center (☎ 804-783-7450; www.visitrichmondva.com; 405 N 3rd St; ⊙ 9–17 Uhr)

Anreise & Unterwegs vor Ort

Eine Taxifahrt vom **Richmond International Airport** (RIC; ☎ 804-226-3000), 10 Meilen (16 km) östlich der Stadt, kostet etwa 30 US$.

Amtrak (☎ 800-872-7245; www.amtrak.com) Die Züge halten in der **Main Station** (7519 Staples Mill Rd), 7 Meilen (11 km) nördlich der Stadt (mit der Stadt durch den Bus Nr. 27 verbunden). Der Bahnhof **Main St Station** (1500 E Main St) liegt zwar zentraler, aber hier halten nicht so viele Züge.
Greater Richmond Transit Company (GRTC; ☎ 804-358-4782; www.ridegrtc.com) betreibt den örtlichen Nahverkehr (Grundpreis 1,50 US$; kein Wechselgeld).
Greyhound/Trailways Bus Station (☎ 804-254-5910; www.greyhound.com; 2910 N Blvd)

Petersburg

Das kleine Städtchen Petersburg, 25 Meilen (40 km) südlich von Richmond, spielte im Bürgerkrieg eine bedeutsame Rolle. Der wichtige Eisenbahnknotenpunkt versorgte die Konföderierten mit Soldaten und Nachschub. 1864/65 belagerten die Streitkräfte der Union zehn Monate lang die Stadt. Die Not der Bewohner während dieser Belagerung, der längsten auf amerikanischem Boden, wird im **Siege Museum** (☎ 804-733-2404; 15 W Bank St; Erw./Kind 5/4 US$, inkl. Old Blandford Church 11/9 US$; ⊙ 10–17 Uhr) anschaulich dargestellt. Auf dem Gelände des **Petersburg National Battlefield** (US 36; pro Fahrzeug/Fußgänger 5/3 US$; ⊙ 9–17 Uhr), einige Kilometer östlich der Stadt, sprengten die Truppen der Union einen Krater in die Schützengräben der Konföderierten und lösten damit den *Battle of the Crater* aus. Diese Schlacht spielt auch eine Rolle in dem Kriegs- und Liebesfilm *Unterwegs nach Cold Mountain*. Das ausgezeichnete **National Museum of the Civil War Soldier** (☎ 804-861-2408; Erw./Kind 6–12 Jahre 10/5 US$; ⊙ 9–17 Uhr) im Pamplin Historical Park westlich des Zentrums erläutert sehr eindringlich das Elend und Leiden der Soldaten auf beiden Seiten.

Historic Triangle

Willkommen im „Historischen Dreieck", der Geburtsstätte der Vereinigten Staaten von Amerika. Nirgendwo sonst hat ein so kleines Gebiet eine so entscheidende Rolle für den Verlauf der amerikanischen Geschichte gespielt. In Jamestown, der ersten dauerhaften englischen Siedlung in der Neuen Welt, wurde der Grundstein der Nation gelegt. Das Feuer des Amerikanischen Unabhängigkeitskriegs wurde in Williamsburg entfacht, damals Hauptstadt der britischen Kolonie Virginia. Und in Yorktown schließlich errang Amerika die uneingeschränkte Unabhängigkeit von Großbritannien.

Um der Bedeutung des historischen Dreiecks annähernd gerecht zu werden, sollte man für den Besuch mindestens zwei Tage einplanen. Ein kostenloser Shuttleservice verkehrt täglich zwischen dem Visitor Center von Williamsburg und den Städten Yorktown und Jamestown.

Williamsburg

Wer in Virginia nur einen historischen Ort besuchen will oder kann, sollte sich für Williamsburg entscheiden. In „Colonial Williamsburg", einem der größten und umfangreichsten Museumsdörfer der Welt, wird Geschichte wirklich gelebt. Es gibt kaum einen besseren Ort, um Kindern Geschichte zu vermitteln. Aber natürlich werden auch die Erwachsenen ihren Spaß haben.

Die heutige Stadt Williamsburg, die von 1699 bis 1780 die Hauptstadt von Virginia war, präsentiert sich recht herrschaftlich. Den Studenten des renommierten College of William & Mary ist es jedoch zu verdanken, dass es auch so etwas wie eine Jugendkultur gibt: lässige Cafés, günstige Kneipen und Modeboutiquen.

Sehenswertes & Aktivitäten

Colonial Williamsburg HISTORISCHE STÄTTE
(www.colonialwilliamsburg.org; Erw./Kind 42/21 US$; ⊙ 9–17 Uhr) Die restaurierte Haupt-

stadt der größten Kolonie Englands in der Neuen Welt ist ein absolutes Muss für Besucher jeden Alters. Das Museumsdorf ist kein kitschiger, hermetisch abgeriegelter Themenpark. Hier wird gelebt, geatmet, gearbeitet – genau wie in der Zeit um 1700.

➡ **Die Stätte**

Auf dem ca. 120 ha großen historische Gelände stehen 88 Originalhäuser aus dem 18. Jh. sowie einige Hundert originalgetreue Nachbauten. Einwohner und Darsteller in historischen Kostümen jener Zeit gehen ihren Berufen als Schmied, Apotheker, Drucker, Barkeeper, Soldaten und Patrioten nach und unterbrechen ihre Tätigkeit nur für das obligate Erinnerungsfoto mit den Besuchern.

In Kostümen jener Zeit gekleidete Patrioten wie Patrick Henry und Thomas Jefferson halten immer noch glühende Freiheitsreden, aber, das muss man der Stadt lassen, Williamsburg ist seither ein wenig gewachsen. Während es früher vor allem darum ging, mit einer gepuderten Perücke auf dem Kopf eine pathetische Hurra-Version des amerikanischen Patriotismus auszustrahlen, debattieren die Darsteller von heute Fragen zur Sklaverei, dem Frauenwahlrecht, den Rechten der indianischen Ureinwohner und der moralischen Rechte der Revolution.

➡ **Eingang**

Der Rundgang durch das Musemsdorf und der Besuch der Geschäfte und Tavernen ist kostenlos. Für Führungen durch die Gebäude und die meisten Ausstellungen benötigt man eine Eintrittskarte. Vor allem im Sommer ist der Andrang groß, die Warteschlangen sind lang und die Kinder quengelig.

Zum Parken und Kauf von Tickets folgt man den Schildern zum **Visitor Center** (☎757-220-7645; 101 Visitor Center Drive; ⌚8.45–17 Uhr), nördlich des historischen Viertels zwischen dem Hwy 132 und dem Colonial Pkwy. Hier können sich Kids zeitgenössische Kostüme für 25 US$ pro Tag leihen. Man beginnt mit einem 30-minütigen Film über Williamsburg und sieht sich eine Ausgabe der *Williamsburg This Week* an. Dort stehen das Programm des Tages und die Events.

Parken ist kostenlos; Shuttlebusse fahren regelmäßig zum historischen Viertel und zurück. Alternativ kann man den von Bäumen gesäumten Fußweg entlanglaufen. Tickets gibt's auch an der **Merchants Square Information Booth** (westliches Ende der Duke of Gloucester St; ⌚9–17 Uhr).

College of William & Mary HISTORISCHES GEBÄUDE

(www.wm.edu; 200 Stadium Dr) Das 1693 gegründete **College of William & Mary** ist das zweitälteste College der USA. Zu ihm gehört auch das Sir Christopher Wren Building, das älteste akademische Gebäude der USA, das ununterbrochen als solches genutzt wurde. Zu den Absolventen dieses Colleges gehörten Thomas Jefferson, James Monroe und der Komiker Jon Stewart.

Schlafen

Die **Williamsburg Hotel & Motel Association** (☎800-446 -9244; www.gowilliamsburg.com) beim Visitor Center hilft kostenlos dabei, Unterkünfte zu finden und zu buchen. Wer in Colonial Williamsburg wohnt, bekommt von den Pensionen vergünstigte Eintrittskarten (Erw./Kind 30/15 US$).

Governor's Inn HOTEL $

(☎757-253-2277; www.colonialwilliamsburgresorts.com; 506 N Henry St; Zi. 70–120 US$; P @ ≋) Williamsburgs offizielle „Budgetunterkunft" ist – da darf man sich nicht vom Namen täuschen lassen – nur eine große Schachtel. Aber die Zimmer sind sauber und die Gäste können den Pool und die Einrichtungen des Woodlands Hotel mitbenutzen. Toll gelegen, drei Blocks vom historischen Viertel entfernt.

Williamsburg White House B&B $$

(☎757-229-8580; www.awilliamsburgwhitehouse.com; 718 Jamestown Rd; Zi. 160–200 US$, Suite 375 US$; P ᯤ) Dieses romantische, reizend eingerichtete B&B mit rot-weiß-blauen Fähnchen steht direkt gegenüber dem Campus des College of William & Mary, nur wenige Häuserblocks von Colonial Williamsburg entfernt. Hier kehren bevorzugt Politiker und andere Promis ein, aber die Stimmung und das freundliche Management vermitteln eher Würde als Steifheit. In der Zweizimmer-Suite F.D. Roosevelt können bis zu vier Gäste übernachten.

Colonial Williamsburg Historic Lodging PENSION $$$

(☎757-253-2277; www.history.org; Zi. 150–270 US$) Wer wirklich ins 18. Jh. eintauchen will, kann in einem der 26 Originalhäuser der Kolonialzeit auf dem Gelände des Colonial Williamsburg übernachten. Sie unterscheiden sich zwar in Stil und Inneneinrichtung, alle haben aber vorzügliches historisches Mobiliar, Himmelbetten und Kamine, die tatsächlich mit Holz befeuert werden.

Williamsburg Inn INN $$$
(☎757-253-2277; www.colonialwilliamsburg.com; 136 E Francis St; Zi. ab 320 US$; P❄📶🏊) Königin Elisabeth II. hat schon zweimal hier übernachtet, was beweist, dass dieser Ort eines Palastes würdig ist. Williamsburgs erstes Haus am Platz hat zwar keine Preise wie zu Kolonialzeiten, dafür aber werden die Gäste an diesem anspruchsvollen Ort rund um die Uhr bestens versorgt.

Essen

Am Merchants Sq, direkt neben Colonial Williamsburg, findet man viele Restaurants, Cafés und Kneipen.

Cheese Shop DELI $
(410 Duke of Gloucester St, Merchants Sq; Hauptgerichte 6–7 US$; ⏲Mo–Sa 10–20, So 11–18 Uhr) Gleich neben dem Fat Canary. Das Feinschmecker-Deli serviert einige schmackhafte Sandwiches und Antipasti, Baguettes, Gebäck, Wein, Bier und köstlichen Käse.

King's Arms Tavern MODERN-AMERIKANISCH $$
(☎757-229-2141; 416 E Duke of Gloucester St; Hauptgerichte Mittagessen 13–15 US$, Abendessen 31–37 US$; ⏲11.30–14.30 & 17–21 Uhr) Von den vier Restaurants in Colonial Williamsburg ist dieses hier das eleganteste. Es werden klassische amerikanische Gerichte serviert, z. B. Wildpastete (Wild, Kaninchen und Ente, geschmort in Portweinsauce).

Fat Canary AMERIKANISCH $$$
(☎757-229-3333; 410 Duke of Gloucester St, Merchants Sq; Hauptgerichte 28–39 US$; ⏲17–22 Uhr) Wer sich richtig was gönnen will, findet im „historischen Dreieck" keinen besseren Platz als dieses Restaurant. Allerbester Service, erlesene Weine und himmlische Desserts werden nur leicht übertroffen von der ausgezeichneten saisonalen Küche (neueste Favoriten: angebratene Jakobsmuscheln mit Austern und Schweinebauch; mit Wildreis gefüllte Wachtel und angebratenes Foie gras mit Haselnusstoast).

Anreise & Unterwegs vor Ort

Williamsburg Transportation Center (☎757-229-8750; Ecke Boundary St & Lafayette St) Züge von **Amtrak** (www.amtrak.com) starten hier zweimal am Tag nach Washington (43 US$, 4 Std.), Richmond (33 US$, 50 Min.) und New York (84–152 US$, 8 Std.). Greyhound Busse fahren fünfmal am Tag nach Richmond (18 US$, 1 Std.). Zu anderen Zielen muss man in Richmond in einen anderen Bus umsteigen.

Themenparks im Triangle

Knapp 5 km östlich von Williamsburg, befindet sich am Hwy 60 **Busch Gardens** (☎800-343-7946; www.buschgardens.com; Erw./Kind 70/60 US$; ⏲April–Okt.; 👪), ein Freizeitpark mit Europa-Thema und ein paar der besten Achterbahnen an der Ostküste. Nur ein Stück die Straße hinunter liegt am Hwy 199 und östlich von Williamsburg das **Water Country USA** (☎800-343-7946; www.watercountryusa.com; Erw./Kind 49/42 US$; ⏲Mai–Sept.; 👪), ein Paradies für Kinder, die auf den Rutschen, in den Stromschnellen und im Wellenbad Riesenspaß haben werden. Ein Kombiticket für beide Parks und drei Tage kostet 75 US$. An beiden Parks zahlt man 13 US$ fürs Parken.

Jamestown

Am 14. Mai 1607 ließen sich 104 englische Männer und Jungs auf dieser sumpfigen Insel nieder, ausgestattet mit einem Freibrief der Virginia Company of London, nach Gold und anderen Reichtümern suchen zu dürfen. Stattdessen aber fanden sie Hunger und Krankheiten. Im Januar 1608 lebten nur noch etwa 40 Kolonisten und um zu überleben kam es zu Kannibalismus. Die Kolonie überlebte diese Hungerzeit dank der Führung von Captain James Smith und der Hilfe des einheimischen Königs der Powhatan. 1619 trat das gewählte House of Burgesses zusammen, das damit zur ersten demokratischen Regierung auf dem amerikanischen Kontinent wurde.

Die vom NPS geleitete **Historic Jamestowne** (☎757-856-1200; www.historicjamestowne.org; 1368 Colonial Pkwy; Erw./Kind 14 US$/frei; ⏲8.30–1.30 Uhr) befindet sich dort, wo das originale Jamestown lag. Den Besuch beginnt man am besten mit dem hiesigen Museum und den Statuen von John Smith und Pocahontas. Die Ruinen des echten Jamestown wurden 1994 wiederentdeckt; Besucher können den Archäologen bei der Arbeit zuschauen.

Kinderfreundlicher ist das vom US-Staat Virginia betriebene **Jamestown Settlement** (☎757-253-4838; www.historyisfun.org; 2110 Jamestown Rd; Erw./Kind 16/7,50 US$, inkl. Yorktown Victory Center 20,50/10,25 US$; ⏲9–17 Uhr; P👪) mit Rekonstruktionen des James Fort von 1607 und eines Indianerdorfs sowie maßstabsgetreuen Nachbauten der ersten Schiffe, mit denen die Siedler nach Jamestown gelangten. Ferner gibt's hier Multimedia-Ausstellungen und einige kostümierte Darsteller/Führer, die das Leben im 17. Jh. schildern.

Yorktown

Am 19. Oktober 1781 kapitulierte hier der britische General Charles Cornwallis vor George Washington, womit auch der amerikanische Unabhängigkeitskrieg endete. An Land waren die Briten der amerikanischen Artillerie unterlegen, auf See durch die Franzosen vom Nachschub abgeschnitten – die Lage war also hoffnungslos. Obwohl Washington mit einer viel längeren Belagerung gerechnet hatte, überwältigte das vernichtende Trommelfeuer Cornwallis, der innerhalb von Tagen aufgab.

Das **Yorktown Battlefield** (☎757-898-3400; 1000 Colonial Pkwy; inkl. Historic Jamestowne Erw./Kind 10 US$/frei; ⏲9–17 Uhr; P 🚻) S wird vom NPS geführt. Hier fand die letzte große Schlacht des amerikanischen Unabhängigkeitskrieges statt. Die Tour beginnt man am besten am Visitor Center, wo man sich den Film zur Orientierung und das ausgestellte originale Zelt von Washington anschaut. Die 7 Meilen (ca. 11,3 km) lange Battlefield Rd Tour führt einen an den wichtigsten Sehenswürdigkeiten des Geländes vorbei. Man sollte auf keinen Fall die letzten Abwehrstellungen der Briten an den Schanzen 9 und 10 auslassen.

Das vom US-Staat Virginia geführte **Yorktown Victory Center** (☎757-8871776; www.historyisfun.org; 200 Water St; Erw./Kind 9,75/5,50 US$; ⏲9–17 Uhr; P 🚻) 🍃 ist ein interaktives Living-History-Museum. Es widmet sich originalgetreuen Nachbauten, dem Nacherleben des Unabhängigkeitskriegs und dessen Einfluss auf die Menschen der damaligen Zeit. In dem wiederaufgebauten Zeltlager feuern als Soldaten historisch kostümierte Schauspieler Kanonen ab und erläutern, wie man damals Essen zubereitete und wie die medizinische Versorgung im Feld aussah.

Die heutige Stadt Yorktown ist ein hübsches Dorf am Wasser mit Blick über den York River und einer netten Reihe an Läden, Restaurants und Kneipen. In einem stimmungsvollen Haus von 1720 befindet sich das **Carrot Tree** (☎757-988-1999; 411 Main St; Hauptgerichte 10–16 US$; ⏲tgl. 11–15.30, Do–Sa 17–20.30 Uhr). Der gute und preiswerte Laden serviert hochtrabend benannte Gerichte wie das Lord Nelsons BBQ und das Battlefield Beef Stroganoff.

Plantagen am James River

Die prunkvollen Häuser der Aristokratie Virginias, die ihren Reichtum mithilfe der Sklaverei erwirtschaftete, verkörpern die Klassengesellschaft der damaligen Zeit. Eine ganze Reihe der herrschaftlichen Anwesen, von denen nur wenige öffentlich zugänglich sind, säumen den malerischen Hwy 5 entlang des Nordufers des Flusses.

Sherwood Forest (☎804-829-5377; sherwoodforest.org; 14501 John Tyler Memorial Hwy) Im längsten Holzhaus der USA wohnte John Tyler, der zehnte US-Präsident. Die Besichtigung ist nur nach Voranmeldung möglich und kostet 35 US$ pro Person. Der Park um das Haus und ein rührender Tierfriedhof sind im Rahmen **selbst geführter Touren** (Erw./Kind 10/frei US$; ⏲9–17 Uhr) zugänglich.

Berkeley (☎804-829-6018; www.berkeleyplantation.com; 12602 Harrison Landing Rd; Erw./Kind 11/7,50 US$; ⏲9.30–16.30 Uhr) Das Haus, in dem 1619 das erste offizielle Thanksgiving-Fest gefeiert wurde, war Geburts- und Wohnort von Benjamin Harrison V., einem Unterzeichner der Unabhängigkeitserklärung, und seinem Sohn William Henry Harrison, dem neunten Präsidenten der USA.

Shirley (☎800-232-1613; www.shirleyplantation.com; 501 Shirley Plantation Rd; Erw./Kind 11/7,50 US$; ⏲9–17 Uhr) Das malerische Anwesen am Fluss ist die älteste Plantage (1613) in Virginia und vielleicht das beste Beispiel, wie ein solches Anwesen nach britischem Vorbild tatsächlich ausgesehen hatte. Vorbei an fein säuberlich in Reih und Glied aufgestellten Backsteinhäusern, die als Gesinde- und Wirtschaftsgebäude wie Werkzeugschuppen, Eishaus und Wäscherei dienten, führt der Weg zum großen Haupthaus.

Hampton Roads

Die Region Hampton Roads ist nicht nach Straßen, sondern dem James River, Nansemond River und Elizabeth River benannt, die hier allesamt in die Chesapeake Bay münden. Sie war schon immer eine erstklassige Wohngegend. Die Powhatan-Indianer angelten in den Gewässern ihre Fische und jagten das Wild entlang der wild zerklüfteten Küste von Virginia Tausende von Jahren, bevor John Smith 1607 hier landete. Heute ist Hampton Roads wegen seiner verstopften Straßen und dem kulturellen Mischmasch aus Geschichte, Militaria und Kunst berühmt.

Norfolk

Norfolk ist die Heimat des weltgrößten Flottenstützpunkts – und so überrascht es nicht, dass Norfolg bislang den Ruf einer rauen Hafenstadt voller betrunkener Seeleute hatte. In den vergangenen Jahren hat die Stadt aber hart daran gearbeitet, dieses Image mithilfe von Bauprogrammen, Gentrifizierungsmaßnahmen und der Konzentration auf eine aufstrebende Kunstszene aufzupolieren.

Sehenswertes

Naval Station Norfolk MARINEBASIS
(☎757-444-7955; www.cnic.navy.mil/norfolksta; 9079 Hampton Blvd; Erw./Kind 10/5 US$) Die weltgrößte Marinebasis und einer der betriebsamsten Flugplätze des Landes ist ein Muss für Besucher der Region. Die 45 Minuten langen Bustouren werden von Marineangehörigen durchgeführt und müssen im Voraus gebucht werden (wechselnde Anfangszeiten). Erwachsene benötigen einen Lichtbildausweis.

Nauticus MUSEUM
(☎757-664-1000; www.nauticus.org; 1 Waterside Dr; Erw./Kind 16/11,50 US$; ⌚Di–So. 10–17 Uhr) Das riesige interaktive maritime Museum hat Ausstellungen zur Unterwasserforschung, dem Leben in der Chesapeake Bay und Geschichten über die US Navy. Das Highlight des Museums ist die Möglichkeit, auf den Decks und im Innern der **USS Wisconsin** herumzuklettern. Das 1943 gebaute und 270 m lange Schlachtschiff war eines der größten und letzten Schiffe dieser Art, die die US Navy vom Stapel laufen ließ.

Chrysler Museum of Art MUSEUM
(☎757-664-6200; www.chrysler.org; 245 W Olney Rd; ⌚Mi 10–19, Do–Sa bis 17, So 12–17 Uhr) GRATIS Ein hervorragender Standort für eine erlesene eklektische Kunstsammlung, die Objekte aus dem alten Ägypten bis zur Gegenwart vereint, darunter Werke von Monet, Matisse, Renoir, Warhol sowie eine erstklassige Sammlung von mundgeblasenem Tiffany-Glas. Nach Umbauarbeiten im Inneren und einer Neugestaltung der Fassade ist die Wiedereröffnung für 2014 geplant.

Schlafen

„Kojen“ am Meer gibt's en masse – viele Budget- und Mittelklasseunterkünfte finden sich an der Ocean View Ave (die tatsächlich an die Bucht grenzt).

Residence Inn HOTEL $$
(☎757-842-6216; www.marriott.com; 227 W Brambleton Ave; Zi. 140 US$, Suite 210 US$; P ☜ ≋) Nur wenige Gehminuten von der mit Restaurants gesäumten Granby St entfernt, präsentiert sich das zu einer Kette gehörende Residence Inn als ein Boutiquehotel mit stylischen, geräumigen Zimmern, die über kleine Küchenzeilen und beste Annehmlichkeiten verfügen.

Page House Inn B&B $$$
(☎757-625-5033; www.pagehouseinn.com; 323 Fairfax Ave; Zi. 155–230 US$; P ❄ ☜) Gegenüber des Chrysler Museum of Art. Das luxuriöse B&B ist ein Grundpfeiler der Eleganz von Norfolk.

Essen

Wer Hunger hat, wird sicher in der Granby St und an der Ghent's Colley Ave fündig.

Doumar's DINER $
(1919 Monticello Ave, an der E 20th St; Hauptgerichte 2–4 US$; ⌚Mo–Sa 8–23 Uhr) Schon seit 1904 gibt es in dem typisch amerikanischen Diner die legendären Eiswaffeln, die noch heute auf der Originalmaschine gerollt werden. Tolles BBQ.

Luna Maya LATEINAMERIKANISCH $$
(☎757-622-6986; 2010 Colley Ave, Ghent; Hauptgerichte 13–19 US$; ⌚Di–Sa 16.30–22 Uhr; ✎) Das Luna Maya liegt an der mit Restaurants gesäumten Colley Ave in Ghent. In einem stilvollen, rustikalen Raum serviert es leckere lateinamerikanische Pfannengerichte und nicht versiegen wollende Mojitos. Es wird von zwei bolivianischen Schwestern geführt. Zu den Highlights gehört das *pastel de choclo con chorizo*, ein bolivianischer Maisauflauf mit würzigen Schweinswürstchen.

Press 626 Cafe & Wine Bar MODERN-AMERIKANISCH $$$
(☎757-282-6234; 150 W Main St; Hauptgerichte 19–35 US$; ⌚Mo–Fr 11–23, Sa ab 17, So 10.30–14.30 Uhr; ✎) Als Vertreter der Slow-Food-Bewegung hat das Press 626 eine kleine, spitzenmäßige Speisekarte (z. B. gebratener Schwertfisch an Polenta mit sonnengetrockneten Tomaten) und dazu köstlichen Käse und Platten für mehrere Personen.

Ausgehen & Unterhaltung

Elliot's Fair Grounds CAFÉ
(806 Baldwin Ave; ⌚Mo–Sa 7–22 Uhr, So ab 8 Uhr; ☜) Das winzige, flippige Café zieht ein buntes Publikum an, von Studenten bis hin zu

Matrosen. Auf der Speisekarte stehen auch vegane und koschere Speisen, z.B. Boca-Burger.

Taphouse Grill at Ghent KNEIPE
(931 W 21st St) Die warme, kleine Kneipe schenkt leckeres Bier von Kleinbrauereien aus; es spielen gute Bands aus der Gegend.

Anreise & Unterwegs vor Ort

Die Region wird vom **Norfolk International Airport** (NIA; ☎757-857-3351), 7 Meilen (11,3 km) nordöstlich des Zentrums von Norfolk, bedient. **Greyhound** (☎757-625-7500; www.greyhound.com; 701 Monticello Ave) hat Busse nach Virginia Beach (16 US$, 35 Min.), Richmond (32 US$, 2¾ Std.) und Washington (50 US$, 6½ Std.).

Hampton Roads Transit (☎757-222-6100; www.hrtransit.org) deckt die gesamte Region Hampton Roads ab. Die Busse (1,50 US$) fahren vom Zentrum durch die ganze Stadt und nach Newport News und Virginia Beach. **Norfolk Electronic Transit** (NET; Mo–Fr 6.30–23, Sa 12–24, So bis 20 Uhr) ist ein kostenloser Busservice, der Norfolks wichtigste Sehenswürdigkeiten in der Innenstadt verbindet, u.a. das Nauticus und das Chrysler Museum.

Newport News

Die Stadt Newport News ist ein gigantisches Beispiel für das Ausufern der Vorstädte. Nichtsdestotrotz gibt's hier mehrere Attraktionen, vor allem das erstaunliche **Mariners' Museum** (☎757-596-2222; www.marinersmuseum.org; 100 Museum Dr; Erw./Kind 12/7 US$; Mi–Sa 9–17, So ab 11 Uhr). Es ist eines der größten und umfassendsten Schifffahrtsmuseen der Welt. Das dortige **USS Monitor Center** stellt den ausgeschlachteten Rumpf der aus der Zeit des Bürgerkriegs stammenden *Monitor* aus, eines der ersten gepanzerten Kriegsschiffe der Welt. Zudem gibt's eine originalgetreue Nachbildung des Schiffes zu sehen.

Die lebensnahen Habitate des **Virginia Living Museum** (☎757-595-1900; thevlm.org; 524 J Clyde Morris Blvd; Erw./Kind 17/13 US$; 9–17, So ab 12 Uhr; P) bieten eine gute Einführung in Virginias Flora und Fauna an Land und im Wasser. Zum Komplex gehören Tiergehege im Freien, ein Vogelhaus, Gärten und ein Planetarium.

Virginia Beach

Mit 56 km feinstem Sandstrand, einer fast 5 km langen Strandpromenade aus Beton und dazu einem reichen Angebot an Outdoor-Aktivitäten überrascht es nicht, dass Virginia Beach ein bedeutendes Touristenziel ist. Die Stadt hat hart daran gearbeitet, ihren Ruf als Redneck Riviera für Touristen abzuschütteln. Und so ist der Strand jetzt breiter und sauberer und es gibt auch viel weniger Rüpel. Dennoch bietet das Stadtbild keine Highlights: Einfallslose vielstöckige Hotelburgen ragen in den Himmel, während der überfüllte Strand und die vom Verkehr verstopften Straßen noch viel zu wünschen übrig lassen.

Surfen darf man am Südende des Strandes und neben dem Rudee Inlet sowie entlang des 14th St Piers.

Sehenswertes

Virginia Aquarium & Marine Science Center AQUARIUM
(☎757-385-3474; www.virginiaaquarium.com; 717 General Booth Blvd; Erw./Kind 22/15 US$; 9–17 Uhr) Wer ein gut konzipiertes Aquarium sehen möchte, ist hier genau richtig. In einem Gezeiten-Wasserbecken kann man verspielten Robben nahe kommen (175 US$) oder die Fütterung einheimischer Schildkröten beobachten (20 US$).

Mt. Trashmore PARK
(310 Edwin Dr; 7.30–Sonnenuntergang) GRATIS An der I-64, Exit 17B, befindet sich die einzige Erhebung von Virginia Beach. Sie war eine einfallsreiche Lösung für ein Müllproblem. Heute ist der 67 ha große Park eine erstklassige Location, um zu picknicken oder Drachen steigen zu lassen. Zum Areal gehören zwei Seen, Spielplätze, ein Skatepark und Plätze zum Ausspannen.

First Landing State Park NATURSCHUTZGEBIET
(☎800-933-7275; 2500 Shore Dr; 4–5 US$/Auto) Virginias meistbesuchtes Naturschutzgebiet umfasst ein 1169 ha großes bewaldetes Gelände mit insgesamt rund 32 km langen Wanderwegen sowie Möglichkeiten zum Campen, Radfahren, Angeln, Kajakfahren und Schwimmen.

Contemporary Arts Center of Virginia MUSEUM
(www.virginiamoca.org; 2200 Parks Ave; Erw./Kind 7,70/5,50 US$; Di 10–21, Mi–Fr bis 17, Sa & So bis 16 Uhr) In dem neuen, ultramodernen Gebäude werden tolle Sonderausstellungen gezeigt. Liebevoll wird im Tageslicht eine herausragende Sammlung einheimischer und internationaler Kunstwerke gezeigt.

Back Bay National Wildlife Refuge NATURSCHUTZGEBIET
(www.fws.gov/backbay; pro Fahrzeug/Fußgänger April–Okt. 5/2 US$, Nov.–März frei; ⌚ Sonnenaufgang–Sonnenuntergang) Das 37,4 km² große Sumpflandreservat für Wildtiere und Zugvögel ist vor allem während der Zugsaison im Dezember atemberaubend.

Great Dismal Swamp National Wildlife Refuge NATURSCHUTZGEBIET
(☎ 757-986-3705; www.fws.gov/refuge/great_dismal_swamp; 3100 Desert Rd, Suffolk, GPS 36.631509,-76.559715; ⌚ Sonnenaufgang–Sonnenuntergang; 🐾) GRATIS Rund 30 Meilen (50 km) südwestlich von Virginia Beach befindet sich dieses 453 km² große Naturschutzgebiet, das sich beiderseits der Grenze zu North Carolina erstreckt. Es besitzt eine artenreiche Pflanzen- und Tierwelt, darunter Schwarzbären, Rotluchse und über 200 Vogelarten.

Schlafen

Angie's Guest Cottage & Hostel PENSION $
(☎ 757-491-1830; www.angiescottage.com; 302 24th St; B 23–31 US$, EZ/DZ 55/70 US$; P ❄) Nur eine Straße vom Strand entfernt gelegen, bietet das dem HI-USA angeschlossene Angie's Schlafsäle, 2 private Zimmer und eine Gemeinschaftsküche. Das Preis-Leistungs-Verhältnis ist für diese Gegend in Ordnung; hinzu kommt, dass es ein Gemeinschaftsgefühl vermittelt, das dazu ermuntert, hier zusammen mit anderen Rucksacktouristen zu entspannen.

First Landing State Park CAMPING $
(☎ 800-933-7275; http://dcr.virginia.gov; Cape Henry; Stellplatz 24–30 US$, Hütten ab 75 US$; P) Es gibt keinen malerischeren Campingplatz als diesen im Naturschutzgebiet entlang der Bucht, auch wenn die Hütten keinen Ausblick aufs Wasser bieten.

Cutty Sark Motel MOTEL $$
(☎ 757-428-2116; www.cuttysarkvb.com; 3614 Atlantic Ave; Zi. 140–160 US$, Apt./Woche ab 1000 US$; P ❄) Im Cutty Sark haben alle Zimmer einen eigenen Balkon und eine Küchenzeile. Man muss darauf achten, dass der zugesagte Ausblick nicht auf einen Parkplatz hinausgeht. Außerhalb der Hauptsaison gibt's starke Preisnachlässe.

Hilton Virginia Beach Oceanfront HOTEL $$$
(☎ 757-213-3000; www.hiltonvb.com; 3001 Atlantic Ave; Zi. 180–250 US$, Suite ab 290 US$; P 📶 🏊) Dieses superluxuriöse Hotel mit 21 Stockwerken ist die Top-Adresse für eine Unterkunft am Strand. Die Zimmer mit Blick aufs Meer sind großzügig, gemütlich und bieten zahlreiche Annehmlichkeiten, darunter einen riesigen Flachbild-TV, traumhafte Betten und einen großen Balkon, der auf den Strand und den angrenzenden Neptune Park hinausgeht.

Essen

Entlang der Strandpromenade und der Atlantic Ave gibt's jede Menge Restaurants, die vor allem Meeresfrüchte aus der Region servieren. Eine Reihe beliebig austauschbarer Clubs und Bars findet man zwischen der 17th St und der 23rd St rund um die Pacific Ave und die Atlantic Ave.

Jewish Mother DELI $
(☎ 757-428-1515; 600 Nevan Rd; Hauptgerichte 5–14 US$; ⌚ Mo–Do 10–19, Fr & Sa 8–2, So bis 21 Uhr) Gegen den kleinen Hunger gibt's hier köstliche bepackte Sandwiches, eine „Penicillin-Suppe" (Hühnchensuppe mit Matzen-Bällchen) und riesige Pasteten. Außerdem ist jeden Abend tolle Livemusik zu hören.

Mary's Restaurant DINER $
(☎ 757-428-1355; 616 Virginia Beach Blvd; Hauptgerichte 4–9 US$; ⌚ 6–15 Uhr) Das Mary's ist seit mehr als 40 Jahren eine Institution. Es ist ein herrlicher Ort, um den Tag mit einem leckeren, füllenden und günstigen Frühstück zu beginnen. Die lockeren, klebrigen Chocolate-Chip-Waffeln haben viele Fans gewonnen.

Catch 31 SEAFOOD $$$
(☎ 757-213-3474; 3001 Atlantic Ave; Hauptgerichte 18–35 US$; ⌚ 7–23 Uhr) Eines der besten Seafood-Restaurants an der Promenade hat eine schicke Einrichtung und eine beliebte Terrasse. Man kann herrlich Leute beobachten und die Brise vom Ozean genießen. Es ist im Hilton untergebracht.

Praktische Informationen

Der I-264 führt direkt zum **Visitor Center** (☎ 800-822-3224; www.visitvirginiabeach.com; 2100 Parks Ave; ⌚ 9–17 Uhr) und zum Strand.

Anreise & Unterwegs vor Ort

Greyhound (☎ 757-422-2998; www.greyhound.com; 971 Virginia Beach Blvd) hat täglich mehrere Busse nach Richmond (3½ Std.). Sie halten auch in Norfolk und Newport News; nach Washington, Wilmington, NYC und weiter steigt man in Richmond um. Die Busse starten am Circle D Food Mart, 1 Meile (1,6 km) westlich der Promenade. **Hampton Roads Transit** unterhält den Virginia Beach Wave Trolley (Fahrkarten 1 US$), der im Sommer die Atlantic Ave entlangfährt.

Das Piedmont

Die sanft gewellten Hügel und Hochebenen im Herzen Virginias trennen die flache Küstenebene von der Gebirgkette der Apalachen. Im fruchtbaren Tal findet man Dutzende Weingüter, ländliche Dörfer und prächtige Anwesen aus der Kolonialzeit.

Charlottesville

Charlottesville liegt im Schatten der Blue Ridge Mountains und landet bei Umfragen regelmäßig unter den Orten mit der höchsten Lebensqualität in den USA. Die 45 000 Einwohner zählende Stadt hat eine vielfältige Kultur und ist Heimat der University of Virginia (UVA), die die alte Südstaaten-Aristokraten genauso wie künstlerisch angehauchte Linksgerichtete anzieht. Der UVA-Campus und die Fußgängerzone in der Innenstadt sind fest in der Hand von Studenten, Pärchen, Professoren und der einen oder anderen Berühmtheit, während am makellos blauen Himmel die Sonne lacht – kurz: „C-Ville" ist eigentlich perfekt.

Das nützliche **Charlottesville Visitor Center** (☎ 877-386-1103; www.visitcharlottesville.org; 610 E Main St; ⏰ 9–17 Uhr) liegt im Herzen von Downtown.

Sehenswertes

Blenheim Vineyards WEINGUT
(☎ 434-293-5366; http://blenheimvineyards.com; 31 Blenheim Farm, Charlottesville; Weinprobe 5 US$; ⏰ 11–17.30 Uhr) Blenheim gehört Dave Matthews, der in gewisser Weise das platonische Ideal des UVA-Studenten verkörpert: Seine Kleidung ist eine Mischung aus rustikal und adrett, und er strahlt Unbeschwertheit und Fröhlichkeit aus. Hinzu kommt, dass er ein Weingut besitzt. Die Weine sind großartig und die Lage des Weinguts ist Idylle pur.

University of Virginia UNIVERSITÄT
(☎ 434-924-0311; www.virginia.edu; 400 Ray C Hunt Dr, Charlottesville) Thomas Jefferson gründete die University of Virginia; ihre nach klassischem Vorbild entworfenen Gebäude und Einrichtungen verkörpern den Geist des gemeinschaftlichen Lebens und Lernens, von dem Jefferson träumte. Den Mittelpunkt des Campus bildet die von Jefferson entworfene **Rotunda** (☎ 434-924-7969; 1826 University Ave; ⏰ geführte Touren tgl. 10, 11, 14, 15 & 16 Uhr), ein maßstabsgetreuer Nachbau des Pantheons von Rom. Der Treffpunkt für die kostenlosen, von Studenten geleiteten Führungen befindet sich im Haupteingang. Das **Fralin Art Museum** (☎ 434-924-3592; 155 Rugby Rd; ⏰ Di–So 12–17 Uhr) GRATIS der University of Virginia besitzt eine interessante eklektische Sammlung amerikanischer, europäischer und asiatischer Kunst.

Schlafen

Eine gute Auswahl an Budget- und Mittelklasse-Kettenmotels säumt die Emmet St/US 20 nördlich der Stadt. Wer einen Reservierungsservice sucht, kann **Guesthouses** (☎ 434-979-7264; www.va-guesthouses.com; Zi. ab 150 US$) ausprobieren. Die Agentur vermittelt Zimmer in Cottages und B&Bs in Privatunterkünften. An den Wochenenden muss man normalerweise mindestens zwei Nächte bleiben.

White Pig B&B $$
(☎ 434-831-1416; www.thewhitepig.com; 5120 Irish Rd; Zi. 180–190 US$; P ❄) Es lohnt sich, zum etwa 22 Meilen (35 km) südwestlich von Monticello gelegenen White Pig zu pilgern. Die Zimmer bieten eine schöne Aussicht auf Wiesen und Gärten und für die Gäste gibt's auch einen Badezuber mit Warmwasser. Dieses B&B mit angegliedertem Tierschutzgebiet, das sich auf dem Gelände der 69 ha großen Briar Creek Farm befindet, trumpft mit einer der innovativsten veganen Küchen in Virginia auf.

English Inn HOTEL $$
(☎ 434-971-9900; www.englishinncharlottesville.com; 2000 Morton Dr; Zi. inkl. Frühstück 100–160 US$; P 📶 🏊) Britische Gastfreundschaft und Einrichtung sowie eine Tudor-Fassade verleihen dem Hotel einzigartige Akzente. Es liegt 2,5 km nördlich der UVA. Unter der Woche ist es günstiger.

South Street Inn B&B $$$
(☎ 434-979-0200; www.southstreetinn.com; 200 South St; Zi. inkl. Frühstück 150–255 US$; P ❄) Das elegante, 1856 erbaute Gebäude im Herzen von Charlottesville hat eine wechselvolle Geschichte hinter sich: Zunächst war es ein Mädchenpensionat, dann eine Pension und schließlich ein Bordell. Heute sind die ins-

NICHT VERSÄUMEN

MONTICELLO & UMGEBUNG

Monticello (☎ 434-984-9800; www.monticello.org; 931 Thomas Jefferson Pkwy; Erw./Kind 24/16 US$; ⏲ März–Okt. 9–16 Uhr, Nov.–Feb. 9–17 Uhr) ist ein architektonisches Meisterwerk, das Thomas Jefferson, Gründervater und dritter Präsident der USA, selbst entworfen und bewohnt hat. „Nirgendwo anders und in keiner anderen Gesellschaft bin ich so glücklich wie hier. Alle meine Wünsche enden da, wo hoffentlich auch mein Leben endet, in Monticello", schrieb Jefferson, der 40 Jahre lang an seinem Traumhaus baute, bevor es 1809 endlich fertiggestellt war. Heute ist es das einzige Wohngebäude in Amerika, das die UNESCO in die Liste des Weltkulturerbes aufnahm. Das im römisch-neoklassizistischen Stil erbaute Herrenhaus war der Mittelpunkt einer 20 km² großen Plantage, auf der 150 Sklaven arbeiteten. Die heutige Verwaltung von Monticello beschönigt weder die Tatsache, dass Jefferson Sklaven hielt, noch den sehr wahrscheinlichen Umstand, dass er der Vater einiger Kinder der Sklavin Sally Hemings war. Die Sklavenhaltung ist ein Teil der schwierigen Vergangenheit eines Mannes, der in der Unabhängigkeitserklärung feststellte, dass „alle Menschen gleich erschaffen wurden". Jefferson und seine Familie liegen in einem kleinen Waldstück in der Nähe des Hauses begraben.

Das Haus kann nur im Rahmen einer Führung besichtigt werden; auf eigene Faust kann man das Gelände der Plantage, die Gärten und den Friedhof durchstreifen. Ein Hightech-Ausstellungsgebäude taucht tiefer in die Welt von Jefferson ein. Es gibt Vitrinen zur Architektur, der Aufklärung durch Bildung und der komplizierten Idee der Freiheit. Vom Visitor Center fahren regelmäßig Shuttles zum Haus auf dem Hügel. Alternativ kann man den Fußweg durch den Wald nehmen.

Auch in der nahe gelegenen **Michie Tavern** (☎ 434-977-1234; www.michietavern.com; 683 Thomas Jefferson Pkwy; Erw./Kind 5/2 US$; ⏲ 9–16.20 Uhr) von 1784 werden Führungen angeboten, ebenso im Anwesen von James Monroe, dem **Ash Lawn-Highland** (☎ 434-293-8000; www.ashlawnhighland.org; Erw./Kind 14/8 US$; ⏲ April–Okt. 9–18 Uhr, Nov.–März 11–17 Uhr), das 2,5 Meilen (4 km) östlich von Monticello liegt. Für alle drei Attraktionen gibt's ein Kombiticket für 36 US$. Die Michie Tavern sollte man während der Mittagszeit besuchen. Dann wird im Speiseraum, dem **Ordinary** (Büfett 17 US$; ⏲ 11.15–15.30 Uhr), ein Mittagsbuffet mit Köstlichkeiten aus den Südstaaten serviert, z. B. Fried Chicken mit Biscuits.

Monticello liegt etwa 4,5 Meilen (7 km) nordwestlich des Zentrums von Charlottesville.

gesamt zwei Dutzend Zimmer im Stil des 19. Jhs. eingerichtet, was diesem Ort eine persönlichere Note und größere Vielfalt verleiht als ein gewöhnliches B&B bietet.

Essen

Die Downtown Mall, eine mit Dutzenden von Läden und Restaurant gesäumte Fußgängerzone, ist toll zum Leute beobachten und an warmen Tagen für ein Abendessen im Freien. Abends ziehen die Bars an der University Ave Studenten und Ü-20 an.

Whiskey Jar SÜDSTAATEN $

(☎ 434-202-1549; 227 West Main St; Hauptgerichte 9–16 US$; 📝) Das Whiskey Jar bietet neue Südstaaten-Küche in einer auffällig rustikalen Umgebung aus Holzmöbeln; dabei tragen die Kellner Buntkariertes und die Getränke werden in Einweckgläsern serviert. Man ist geneigt zu sagen, das alles sei etwas zu gekünstelt, aber, um ehrlich zu sein, im Whiskey Jar passt alles zusammen – die einfachen, frischen Gerichte, wie etwa geschmortes Kaninchen in Senfsauce, sind köstlich und haben ein prima Preis-Leistungs-Verhältnis.

Local MODERN-AMERIKANISCH $$

(☎ 434-984-9749; 824 Hinton Ave; Hauptgerichte 11–25 US$; ⏲ So–Do 17.30–22, Fr & Sa bis 23 Uhr) Das Restaurant hat eine große Fangemeinde dank seiner Menüs, die dem Locavore-Trend des regionalen Essens (z. B. Mac and cheese mit schwarzen Trüffeln oder gebratene Ente mit Blutorangenessig) folgen, und des gepflegten, in warmes Licht getauchten Interieurs (die unverputzten Ziegelwände sind mit bunten Ölgemälden geschmückt). Für die wärmeren Monate gibt's eine überdachte Terrasse und großartige Cocktails.

Blue Moon Diner AMERIKANISCH $$

(512 W Main St; Hauptgerichte 10–20 US$; ⏲ Mo–Fr 8–22, Sa ab 9, So 9–15 Uhr) Das festliche Di-

ner im Retrostil ist eine der besten Adressen Charlottesvilles für ein Frühstück oder einen Wochenendbrunch. Es werden köstliche Gerichte mit Zutaten aus der Region serviert. Man bekommt auch Fassbier aus Virginia, hört Classic Rock im Radio und sieht manchmal eine Liveband.

Continental Divide MEXIKANISCH **$$**
(☎ 434-984-0143; 811 W Main St; Hauptgerichte 10–15 US$; ⌚ 17–22.15, Fr & Sa bis 22.45, So bis 21.45 Uhr) Dieses fröhliche, lockere Lokal hat kein Firmenschild (auf den Neon-Schriftzug „Get in Here" im Fenster achten), aber es lohnt sich allemal, hier wegen der mexikanischen Fusion-Küche einzukehren; es gibt u. a. Tacos mit langsam gekochtem Schweinefleisch, Thunfisch-Tostadas, Nachos mit Bison-Chili – und die besten Margaritas in Charlotteville. Es ist gleichermaßen beliebt bei Studenten, die knapp bei Kasse sind, und bei Professoren, die mal preiswert ausgehen wollen.

South Street Brewery SÜDSTAATEN **$$**
(106 W South St; Hauptgerichte 9–18 US$; ⌚ Mo–Sa ab 17 Uhr) In diesem restaurierten Backstein-Lagerhaus aus dem 19. Jh. bekommt man köstliches Bier aus Kleinbrauereien, gute Südstaaten-Bistrogerichte (Barbecue Schweinefleisch und mit Languste und Pilzen gefüllte Forelle) und hört ab und zu Livebands (derzeit Mi ab 22 Uhr). Von der Downtown Mall ist es einen kurzen Fußweg entfernt.

Zocalo FUSION **$$$**
(☎ 434-977-4944; 201 E Main St; Hauptgerichte 19–26 US$; ⌚ Di–So 17.30–2 Uhr) Das schicke und stilvolle Restaurant mit Bar serviert nette, ausgefallene, lateinamerikanisch inspirierte Gerichte (scharfes Thunfisch-Tartar, mit Chili bestäubte Jakobsmuscheln und mit Achiotte eingeriebenes, gegrilltes Schweinefleisch). Für warme Abende gibt's eine Terrasse im Freien und einen knisternden Kamin für den Winter.

ℹ Anreise & Unterwegs vor Ort

Amtrak (www.amtrak.com; 810 W Main St) Zweimal täglich fährt ein Zug nach Washington (33 US$, 3 Std.).

Charlottesville Albemarle Airport (CHO; ☎ 434-973-8342; www.gocho.com) Zehn Meilen (16 km) nördlich der Innenstadt; hier starten nur Regionalflüge.

Greyhound/Trailways Terminal (☎ 434-295-5131; 310 W Main St) Drei Busse täglich jeweils nach Richmond (20 US$, 1¼ Std.) und Washington, D. C. (26 US$, 3 Std.).

Trolley (⌚ Mo–Sa 6.40–23.30, So 8–17 Uhr) Ein kostenloser Trolley verbindet die W Main St mit der UVA.

Appomattox Court House & Umgebung

Im Haus des Farmers McLean in der Stadt Appomattox Court House besiegelte General Robert E. Lee die Kapitulation seiner Nord-Virginia-Armee vor dem Nordstaaten-General Ulysses S. Grant. Damit war der Bürgerkrieg offiziell beendet. Statt auf direktem Weg anzureisen, kann man auch der Route des **Rückzugs von General Lee** (☎ 800-673-8732; www.varetreat.com) folgen. Sie beginnt in Petersburg an der Southside Railroad Station (Ecke River St und Cockade Alley) und endet in Appomattox. Unterwegs windet sie sich durch eine der bezauberndsten Landschaften Virginias, vorbei an 25 Stationen. Da der Weg mitunter schlecht ausgeschildert ist, empfiehlt sich eine ausführliche Straßenkarte. Die Fahrt endet im 688 ha großen **Appomattox Court House National Historic Park** (☎ 434-352-8987; www.nps.gov/apco; Juni–Aug. 4 US$, Sept.–Mai 3 US$; ⌚ 8.30–17 Uhr), dessen 27 restaurierte Gebäude fast alle zu besichtigen sind.

Wer auf der Suche nach einer Bleibe ist, sollte im **Longacre** (☎ 800-758-7730; www.longacreva.com; 1670 Church St; Zi. ab 105 US$, Suite 275 US$; P ❄) absteigen. Es sieht aus, als sei es irgendwo im ländlichen England verloren gegangen und in Virginia wieder aufgetaucht. Aber ganz im Ernst: Irgendwo in den sechs elegant eingerichteten Zimmern könnten Kinder, wie in den *Narnia*-Büchern, durch einen Schrank in Märchenwelten verschwinden.

Shenandoah Valley

Der einheimischen Überlieferung zufolge soll Shenandoah das indianische Wort für „Tochter der Sterne" sein. Ob das nun stimmt oder nicht – das ist wirklich Gottes eigenes Land, einer der schönsten Flecken in den USA. Das 320 km lange Tal und die Blue Ridge Mountains sind übersät mit idyllischen Kleinstädten, malerischen Weingütern, gepflegten Schlachtfeldern und Höhlen. Hier verlief früher die Westgrenze des kolonialen Amerikas, wo sich schottisch-irische Pioniere niedergelassen hatten, die durch die Einführung der Schafzucht im schottischen Hochland vertrieben worden

NICHT VERSÄUMEN

SCENIC DRIVE: SKYLINE DRIVE

Der 169 km lange **Skyline Drive**, der im Shenandoah National Park entlang des Höhenzugs der Blue Ridge Mountains verläuft, definiert den Begriff „Panoramastraße" neu. Immer wieder bieten sich überwältigende Ausblicke, doch darf man nicht vergessen, dass die Straße sehr kurvenreich ist, man nur langsam fahren darf (max. 35 mph bzw. 56 km/h) und sie (in der Hauptsaison) verstopft ist. Am besten startet man die Tour gleich südlich von Front Royal, VA; von hier aus windet sich die Strecke durch Virginias Weinbaugebiet und Hügelland. Nummerierte Meilensteine dienen als Wegmarkierung und es gibt auch viele Parkbuchten. Empfehlenswert ist die nahe Meile 51,2, an der man zu einer mittelschweren Wanderung auf einem fast 6 km langen Wanderweg zu den Lewis Spring Falls starten kann.

waren. Outdoor-Aktivitäten – wandern, campen, angeln, reiten und Kanu fahren – gibt es hier in Hülle und Fülle. .

Shenandoah National Park

Der **Shenandoah National Park** (☎540-999-3500; www.nps.gov/shen; Wochenpässe März–Nov. 15 US$/Auto), vielleicht einer der spektakulärsten Nationalparks des ganzen Landes, gleicht zu jeder Jahreszeit einem anderen spontanen Lächeln der Natur: Im Frühjahr und Sommer explodieren die Wildblumen, im Herbst leuchten die Blätter hellrot und orange und im Winter setzt ein kalter, gnadenlos schöner Winterschlaf ein. Während Weißwedelhirsche recht oft zu sehen sind, braucht es etwas Glück, einen Schwarzbären, einen Luchs oder einen wild lebenden Truthahn zu sichten. Der Park liegt nur 75 Meilen (120 km) westlich von Washington, D.C.

Aktivitäten

Im Park gibt's zwei Visitor Centers, **Dickey Ridge** (☎540-635-3566; Skyline Dr, bei Meile 4,6; ⏲April–Nov. 9–17 Uhr) im Norden und **Harry F. Byrd** (bei Meile 51; ⏲31. März–27. Okt. 8.30–17 Uhr) im Süden. Dort bekommt man Karten, *backcountry permits* und Infos zum Reiten, Drachenfliegen, Radfahren (nur auf öffentlichen Wegen erlaubt) und anderen sportiven Aktivitäten. Im Shenandoah National Park gibt's ein mehr als 800 km langes Wanderwegnetz, zu dem u.a. der 163 km lange Appalachian Trail gehört. Die hier beschriebenen Pfade sind von Norden nach Süden aufgelistet.

Old Rag Mountain WANDERN

Ein anstrengender, 13 km langer Rundkurs, der in einer Kletterei über Felsen gipfelt. Man sollte also körperlich durchaus fit sein, um die Tour bewältigen zu können. Der Weg ist dabei Ziel und Belohnung zugleich: Entlang der Strecke zum Old Rag Mountain hinauf gibt's einige der schönsten Ausblicke Virginias zu bestaunen.

Big Meadows WANDERN

Durch die sehr beliebte Region führen vier einfache bis mittelschwere Wanderwege. Die Wege Lewis Falls und Rose River verlaufen an den spektakulärsten Wasserfällen des Parks vorbei; der erstgenannte hat zudem Anschluss zum Appalachian Trail.

Bearfence Mountain WANDERN

Der kurze Weg führt zu einem Aussichtspunkt mit sagenhaften 360-Grad-Rundblick. Der Rundweg ist nur 2 km lang, beinhaltet aber eine anstrengende Kletterei über Felsen.

Riprap WANDERN

Drei Wege mit unterschiedlichem Schwierigkeitsgrad. Der Blackrock Trail ist eine einfache, 1,6 km lange Schleife, die fantastische Ausblicke bietet. Alternativ kann man entweder den gemäßigten 5,5 km langen Riprap Trail zum Chimney Rock wandern oder einen Abstecher über den recht anstrengenden 15,8 km langen Rundkurs machen, der Anschluss an den Appalachian Trail hat.

Schlafen & Essen

Übernachten kann man auf vier **Campingplätzen** (☎877-444-6777; www.recreation.gov; 15–25 US$): **Mathews Arm** (bei Meile 22,1; Stellplatz 15 US$), **Big Meadows** (bei Meile 51,3; Stellplatz 20 US$), **Lewis Mountain** (bei Meile 57,5; Stellplatz 15 US$, keine Reservierung möglich) und **Loft Mountain** (bei Meile 79,5; Stellplatz 15 US$). Die meisten Campingplätze sind von Mitte Mai bis Oktober geöffnet. Wer wild zelten will, braucht ein kostenloses *backcountry permit*, das bei jedem Visitor Center erhältlich ist.

Wer es bequemer mag, übernachtet im **Skyland Resort** (☎877-247-9261; www.goshe

nandoah.com/Skyland-Resort.aspx; Skyline Dr, bei Meile 41,7; Zi. ab 140 US$, inkl. Frühstück 150 US$; April–Okt.; P), in der **Big Meadows Lodge** (540-999-2255; www.goshenandoah.com/Big-Meadows-Lodge.aspx; Skyline Dr, bei Meile 51,2; Zi. 130–210 US$; Ende Mai–Okt.;) oder den **Lewis Mountain Cabins** (877-247-9261; www.goshenandoah.com/Lewis-Mountain-Cabins.aspx; Skyline Dr, bei Meile 57,6; Hütte 90–100 US$, Stellplatz 16 US$; April–Okt.; P).

Skyland und Big Meadows haben Restaurants und Kneipen, in denen gelegentlich Livemusik geboten wird. Big Meadows bietet die meisten Annehmlichkeiten, darunter eine Tankstelle, einen Waschsalon und einen Laden für Campingausrüstung. Wer campen und/oder längere Wanderungen unternehmen möchte, sollte auf alle Fälle Proviant mitnehmen.

Anreise & Unterwegs vor Ort

Die Züge von **Amtrak** (www.amtrak.com) fahren nach Staunton im Shenandoah Valley einmal täglich von Washington, D. C. (65 US$, 4 Std.). Um jedoch den Park in seiner ganzen Breite und Länge zu entdecken, benötigt man ein eigenes Fahrzeug. Damit erreicht man ihn mühelos über mehrere Ausfahrten der I-81.

Front Royal & Umgebung

Die nördlichste Spitze des Skyline Dr sieht aus wie ein trister Streifen Land mit Tankstellen, aber es gibt eine recht freundliche Hauptstraße und einige coole Höhlen in der Nähe. Am besten beim **Visitor Center** (800-338-2576; 414 E Main St; 9–17 Uhr) und der **Shenandoah Valley Travel Association** (800-847-4878; www.visitshenandoah.org; US 211 W, I-81 Exit 264; 9–17 Uhr) halten, bevor man das Tal „hinauf" fährt.

Front Royal verdankt seinen Ruf den **Skyline Caverns** (800-296-4545; www.skylinecaverns.com; Eintritt Erw./Kind 16/8 US$; 9–17 Uhr), in denen seltene, weiß-stachelige Gipsblumen vorkommen, filigrane Mineralienstrukturen, die Seeigeln ähneln. Kinder dürften ihren Spaß bei Fahrten mit einer Mini-Eisenbahn (3 US$) und im Spiegellabyrinth (5 US$) haben.

Woodward House on Manor Grade (800-635-7011, 540-635-7010; www.acountryhome.com; 413 S Royal Ave/US 320; Zi. 110–155 US$, Hütte 225 US$; P) hat sieben freundliche Zimmer und zwei separate Hütten (mit Kamin mit Holzfeuer). Auf der Terrasse kann man seinen Kaffee schlürfen und lässt sich beim Blick auf die Blue Ridge Mountains nicht von der geschäftigen Straße ablenken lassen.

Element (540-636-9293; jsgourmet.com; 206 S Royal Ave; Hauptgerichte 12–22 US$; Di–Sa 11–15 & 17–22 Uhr;) wird unter Genießern wegen der Qualität der Bistro-Gerichte geschätzt. Die knappe Speisekarte bietet für den Abend oft Tagesgerichte wie etwa Red Snapper mit Meerrettichkruste; zu Mittag gibt's Gourmet-Sandwiches, Suppen und Salate. Ein Stock höher werden im **Apartment 2G** (540-636-9293; jsgourmet.com; 206 S Royal Ave; 5 Gänge 50 US$, Tapas 6–14 US$; Sa & 3. Do ab 18.30) abends dekadente 5-Gänge-Menüs in einem gemütlichen Ambiente (wie bei einem Freund daheim) serviert. Unbedingt reservieren. Über weitere kulinarische Aktionen informiert die Website des Restaurants. **Jalisco's** (540-635-7348; 1303 N Royal Ave; Hauptgerichte 8–15 US$; Mo–Do 11–22, Fr & Sa bis 23, So bis 21.30 Uhr) bietet erstaunlich gutes mexikanisches Essen. Die Chili *rellenos* (gefüllte Chilischoten) sind der Renner.

Etwa 25 Meilen (ca. 40 km) nördlich, in der Stadt Winchester, befindet sich das **Museum of the Shenandoah Valley** (540-662-1473, 888-556-5799; www.shenandoahmuseum.org; 901 Amherst St; Erw./Student 10/8 US$; Di–So 10–16 Uhr), das eine komplette Hauseinrichtung im Stil des 18. Jhs., einen fast 2,5 ha großen Garten sowie ein Multimedia-Museum umfasst. Letzteres bietet einen Einblick in die Geschichte des Shenandoah Valley. Hier gibt's auch ein Café.

Wenn man nur für eine der Höhlen Zeit hat, sollte man sich für die überwältigenden **Luray Caverns** (540-743-6551; www.luraycaverns.com; Rte 211; Erw./Kind 21/10 US$; Juni–Aug. 9–19 Uhr, Sept.–Nov., April & Mai bis 18 Uhr, Dez.–März Mo–Fr. bis 16 Uhr) 25 Meilen (40 km) südlich von Front Royal entscheiden und darin die „Stalaktitenpfeifen"-Orgel bewundern, für die man auch als weltgrößtes Musikinstrument wirbt.

Staunton & Umgebung

Wer seine Reise hier beendet, möchte vielleicht einen Blick auf einige der Immobilien in dieser Region werfen. Es gibt einige Städte in den USA, in denen einfach alles zusammenpasst, und Staunton ist eine dieser Städte.

Sehenswertes

Im fußgängerfreundlichen, hübschen Zentrum gibt es über 200 Gebäude, die vom bekannten viktorianischen Architekten T.

SCENIC DRIVE: PFERDELAND VIRGINIA

Etwa 40 Meilen (64 km) westlich von Washington, D.C., weichen die ausufernden Vororte endlosen grünen Farmen, Weinbergen, verschlafenen Dörfern, schlossartigen Landsitzen und den Mustangs. Hier ist „Pferdeland", wohin die wohlhabenden Washingtoner kommen, um ihrer Leidenschaft nachzugehen.

Die folgende Route ist die landschaftlich reizvollste Straße, die in den Shenandoah National Park führt. Von Washington, D.C., geht's auf der Rte 50 West nach **Middleburg**, eine unbeschreiblich niedliche Stadt voller B&Bs, Gästehäuser, Weinläden und Boutiquen. Die **National Sporting Library** (540-687-6542; www.nsl.org; 102 The Plains Rd; Mi–Sa 10–16, So ab 12 Uhr) GRATIS ist ein Museum und eine Forschungseinrichtung, die sich dem Thema Pferd und damit verwandten Sportarten wie Fuchsjagd, Dressur, Steeplechase und Polo widmet.

Griffin Tavern (540-675-3227; 659 Zachary Taylor Hwy; Hauptgerichte 9–18 US$; Mo–Fr 11.30–21, Sa bis 22, So 10.30–21 Uhr) ist eine typisch englische Kneipe mit englischen und irischen Gerichten und Biersorten. Weiter geht's nach Südwesten auf der Rte 522 und der Rte 211 nach Flint Hill.

Nach 6 Meilen (ca. 10 km) auf der Rte 211 erreicht man **Little Washington**, ein weiteres niedliches Städtchen, in dem es eines der exquisitesten B&Bs Amerikas gibt, das **Inn at Little Washington** (540-675-3800; www.theinnatlittlewashington.com; Ecke Middle St & Main St, Washington, VA; Abendessen Festpreis 148–165 US$; 17.30–23 Uhr). Das Inn at Little Washington hat sich der Zubereitung der Gerichte mit regionalen Produkten verschrieben, schon lange bevor dies ein allgemeiner kulinarischer Trend wurde. Das Ergebnis ist eine neue amerikanische Küche, die auf das Beste aus dem Piedmont und Chesapeake zurückgreift und in einem Ambiente serviert wird, das an ein romantisches französisches Landgasthaus erinnert. Früh buchen und gut essen. Im weiteren Verlauf der Straße, an den Ausläufern der Blue Ridge Mountains, erreicht man **Sperryville**, dessen zahlreiche Galerien und Läden ein Muss für alle Liebhaber von Antiquitäten sind. Nach weiteren 9 Meilen (14 km) in westlicher Richtung gelangt man den Thornton Gap, dem Startpunkt des Skyline Dr im Shenandoah National Park.

J. Collins entworfen wurden. In der Stadt herrscht eine lockere, unkonventionelle Atmosphäre dank des kleinen, nur Studentinnen vorbehaltenen Mary Baldwin College, und des Kleinods der Shenandoah Mountains: dem **Blackfriars Playhouse** (540-851-1733; www.americanshakespearecenter.com; 10 S Market St; Tickets 20–42 US$). Dies ist der weltweit einzige Nachbau des originalen überdachten Shakespeare-Theaters. In diesem Gebäude spielt das berühmte Ensemble des American Shakespeare Center, das während des ganzen Jahres Aufführungen veranstaltet. Ein Besuch lohnt sich allemal – und tut jedem Besucher gut.

Geschichte-Fans sollten sich die **Woodrow Wilson Presidential Library** (www.woodrowwilson.org; 18-24 N Coalter St; Erw./Student/Kind 14/7/5 US$; Mo–Sa 9–17, So ab 12 Uhr) nicht entgehen lassen. Das im Greek-Revival-Stil erbaute Geburtshaus des 28. US-Präsidenen erhebt sich auf einem Hügel und wurde sorgfältig originalgetreu restauriert.

Das vorzügliche **Frontier Culture Museum** (540-332-7850; oberhalb der I-81, Exit 222; Erw./Student/Kind 10/9/6US$; Mitte März–Nov. 9–17 Uhr, Dez.–Mitte März 10–16 Uhr) besitzt authentische historische Gebäude aus Deutschland, Irland und England sowie nachgebaute westafrikanische Wohnungen und eine Farm aus dem amerikanischen Grenzland des 18. Jhs., die alle auf dem 40 ha großen Museumsgelände stehen. Darsteller in historischen Kostümen (unterstützt von blökenden Ziegen) leisten einen tollen Job, indem sie plastisch vorführen, wie das Leben in Virginia einst aussah.

Schlafen

Frederick House B&B $$

(540-885-4220; www.frederickhouse.com; 28 N New St; Zi. inkl. Frühstück 130–240 US$; P ❄ 📶) Im Herzen der Innenstadt gelegen, besteht das leuchtend violette und überaus gastfreundliche Frederick House aus fünf historischen Häusern mit insgesamt 25 verschiedenen Zimmern und Suiten, die alle über ein eigenes Bad verfügen; einige Zimmer sind mit Antiquitäten eingerichtet und haben Terrassen.

Anne Hathaway's Cottage B&B $$
(☎540-885-8885; www.anne-hathaways-cottage.com; 950 West Beverley St; Zi. 150–170 US$; P ❄ 📶) Man verlässt die Stadt, um zum Anne Hathaway's Cottage zu gelangen, das nach der Ehefrau von Shakespeare benannt wurde. Sie hätte sicherlich die Nacht in einem der drei Zimmer dieser idyllischen, im englischen Tudor-Stil erbauten und mit Stroh gedeckten Hütte genossen.

Essen

In der West Beverley St gibt's jede Menge Restaurants und Cafés.

Pompeii Lounge ITALIENISCH $
(☎540-885-5553; 23 East Beverley St; Snacks 4–9 US$; ⏲Di–Do 17–1, Fr & Sa bis 2 Uhr; 🍷) Das Pompeii ist ein dreistöckiges italienisches Restaurant, das sich in Staunton als Top-Adresse für einen entspannten Drink etabliert hat. Das i-Tüpfelchen ist die Dachterrasse, von der aus man einen herrlichen Weitblick über die Skyline der Stadt hat und auf der man Livemusik, kleine Teller mit Antipasti und tolle lokale Cocktails genießen kann.

Mugshots CAFÉ $
(☎540-887-0005; 32 S New St, Staunton; Gebäck unter 5 US$; ⏲Mo–Fr 7–17.30, Sa 8–17, So 8–16 Uhr; 📶) Dieses einfache Caé eignet sich bestens dafür, um sich kurz zu erholen, seine E-Mails zu checken, einen Kaffee zu schlürfen und einen Bagel oder Muffin zu genießen.

AVA Restaurant & Wine Bar AMERIKANISCH $$
(☎540-886-2851; 103 W Beverley St, Staunton; Hauptgerichte 10–30 US$; ⏲ Mi–Do 16–21.30, Fr & Sa 12–22, So 10.30–14.30 Uhr; 🍷) 🌿 Das AVA bietet gepflegte Küche mit Wels nach kreolischer Art und gebratene Entenbrust sowie die besten vegetarischen Gerichte in Staunton – für das Beef Wellington wird Mangold statt Rindfleisch verwendet.

Lexington & Umgebung

Hier sieht man, was die Oberschicht des Südens leistet, wenn die Kadetten des Virginia Military Institute an den angesehenen Akademikern der Washington & Lee University vorbeijoggen. Im **Visitor Center** (☎540-463-3777; 106 E Washington St; ⏲9–17 Uhr) kann man kostenlos parken.

Sehenswertes & Aktivitäten

Die 1749 gegründete und mit Kolonnaden versehene Washington & Lee University ist eine der besten kleinen Hochschulen Amerikas. Im **Lee Chapel & Museum** (☎540-458-8768; ⏲9–16, So 13 Uhr) wurde Robert E. Lee beigesetzt, während sein Pferd Traveller draußen begraben ist. Einer der vier konföderierten Banner rund um Lees Grab weht an einem originellen Flaggenmast: einem Ast, den ein Soldat zu einer provisorischer Standarte umgewandelt hatte.

Virginia Military Institute UNIVERSITÄT
(VMI; Letcher Ave; ⏲9–17 während der Öffnungszeiten von Campus & Museen) Man kann nur beeindruckt oder abgestoßen sein von der extremen Disziplin der Kadetten des Virginia Military Institute, der einzigen Universität, die eine gesamte Abschlussklasse in den Krieg geschickt hat (die Gedenktafeln für die gefallenen Studenten sind ergreifend und allgegenwärtig). Paraden mit den Kadetten in voller Paradeuniform finden während des Schuljahres an den meisten Freitagen um 16.30 Uhr statt. Das **George C. Marshall Museum** (☎540-463-7103; http://www.marshallfoundation.org/museum/; Erw./Student 5/2 US$; ⏲Di–Sa 9–17, So ab 13 Uhr) der Schule ehrt George Marshall, auf dessen Initiative der Plan für den Wiederaufbau Europas nach dem Zweiten Weltkrieg beschlossen wurde. Im **VMI Cadet Museum** (☎540-464-7334; ⏲9–17 Uhr) GRATIS werden der ausgestopfte Körper von Stonewall Jacksons Pferd und eine amerikanische Flagge aufbewahrt, die ein ehemaliger Student während seiner Kriegsgefangenschaft in Vietnam angefertigt hat. Auch wird der Studenten des VMI gedacht, die im Krieg gegen den Terror gefallen sind. Kostenlose geführte Touren durch den Campus werden nach vorheriger Anmeldung beim Museum mittags angeboten.

Natural Bridge & Foamhenge AREAL
Ja, sie ist kitschig. Und ja, die lautstarken Kreationisten, die darauf bestehen, dass die Hand des Allmächtigen sie erschuf, sind in der Überzahl. Doch die 66 m hohe **Natural Bridge** (www.naturalbridgeva.com; Brücke Erw./Kind 21/12 US$, Brücke & Höhlen 29/17 US$; ⏲9 Uhr–Sonnenuntergang), 15 Meilen (24 km) von Lexington entfernt, ist schon ziemlich cool. Auch der 16-jährige George Washington war damals schon da und hat sich angeblich mit seinen in den Fels geritzten Initialen verewigt. Einst gehörte die Natural Bridge bzw. das Areal Thomas Jefferson. Man kann auch eine Führung durch die außerordentlich tiefen Höhlen hier machen.

Ein Stück die Straße hinauf gelangt man zu **Foamhenge** (Hwy 11) GRATIS, ein unglaublicher, originalgetreuer Nachbau von Stonehenge aus Styropor. Man hat eine schöne Aussicht – und es gibt sogar einen Zauberer vor Ort. Es liegt 1 Meile (1,6 km) nördlich der Natural Bridge.

Schlafen

Historic Country Inns INN $$
(877-283-9680; 11 N Main St; Zi. 110–145 US$, Suite 170–190 US$;) betreibt zwei Pensionen im Zentrum von Lexington und eine außerhalb der Stadt. Alle Gebäude haben eine gewisse historische Bedeutung für Lexington und die meisten Zimmer sind individuell eingerichtet mit Möbeln, die aus der jeweiligen Zeit stammen.

Applewood Inn & Llama Trekking INN $$
(800-463-1902; www.applewoodbb.com; 242 Tarn Beck Lane; Zi. 155–165 US$;) Nur zehn Minuten mit dem Auto von der Innenstadt von Lexington entfernt bietet das reizende, umweltbewusste Applewood Inn & Llama Trekking in einem wirklich idyllischen Tal Übernachtungsmöglichkeiten sowie jede Menge an Outdoor-Aktivitäten, darunter – ja, richtig! – Lama-Trekking.

Essen

Red Hen SÜDSTAATEN $$
(540-464-4401; 11 E Washington St; Hauptgerichte 17–26 US$; Di–Sa 17.30–21 Uhr;) Man muss genügend lange im Voraus reservieren, um ein denkwürdiges Essen im Red Hen genießen zu können, wo kreative Menüs mit regionalen Produkten zubereitet werden. Empfehlenswert ist die geschmorte Schweinelende mit schmackhaftem Bierbrotpudding und Austernpilzen.

Bistro On Main BISTRO $$
(8 N Main St; Hauptgerichte 9–24 US$; Di–Sa 11.30–14.30 & 17–21 Uhr) Ein helles, einladendes Bistro mit großen Fenstern, die auf Lexingtons Hauptstraße blicken. Es gibt schmackhafte Bistro-Gerichte und eine Bar.

Unterhaltung

Hull's Drive-in KINO
(540-463-2621; http://hullsdrivein.com; 2367 N Lee Hwy/US 11; 6 US$/Pers.; Mai–Okt., Di–So 19 Uhr) Fast 9 km nördlich von Lexington befindet sich dieses Autokino für alle Fans dieser etwas aus der Mode gekommenen Form von Freizeitspaß.

Blue Ridge Highlands & Südwest-Virginia

Die Südwestspitze Virginias ist der raueste Teil des US-Staats. Fährt man auf den Blue Ridge Pkwy oder eine andere Seitenstraße, versinkt man sofort in dunklen Streifen aus Hartriegel und Tannen, durchbrochen von wilden Strömen und weißen Wasserfällen. In den Kleinstädten wehen Konföderiertenflaggen, hinter dem stolzen Banner der Unabhängigkeit gibt es aber auch eine stolze Gastfreundschaft.

Blue Ridge Parkway

Wo der Skyline Dr endet, beginnt der **Blue Ridge Pkwy** (www.blueridgeparkway.org). Die Straße ist sehr hübsch und reicht vom südlichen Rücken der Appalachen im Shenandoah National Park bei Meile 0 bis zu North Carolinas Great Smoky Mountains National Park bei Meile 469. Wildblumen blühen im Frühling, die Herbstfarben sind ebenfalls spektakulär – Achtung an nebligen Tagen: Die fehlenden Straßenbegrenzungen machen das Fahren etwas haarig! Es gibt ein paar Dutzend Visitor Centers am Pkwy; jedes davon ist ein guter Startpunkt für die Reise.

Sehenswertes & Aktivitäten

Die Palette der Sehenswürdigkeiten am Parkway ist breit gefächert.

Mabry Mill HISTORISCHE STÄTTE
(Meile 176) Eines der am meisten fotografierten Bauwerke des Staates. Die Mühle kuschelt sich in ein so schönes, grünes Tal, dass man meint, man wäre in den ersten Teil von *Der Herr der Ringe* geraten.

Humpback Rocks WANDERN
(Meile 5,8) Man macht eine Tour durch die Farmgebäude aus dem 19. Jh. oder nimmt den steilen Pfad zu den Humpback Rocks, von denen sich ein spektakulärer 360-Grad-Rundumblick bietet.

Sherando Lake Recreation Area SCHWIMMEN
(540-291-2188; bei Meile 16) Im George Washington National Forest findet man zwei hübsche Seen (einen zum Baden und einen zum Angeln) mit Wanderwegen und Campingplätzen. Die Rte 664 W führt hierher.

Peaks of Otter WANDERN
(Meile 86) Es gibt Pfade zu den Gipfeln der Umgebung: Sharp Top, Flat Top und Har-

kening Hill. Zum Sharp Top fahren auch Shuttles hinauf; die recht anspruchsvolle Wanderung ist hin und zurück 5,6 km lang.

Schlafen

In der Region gibt's neun **Campingplätze** (☎877-444-6777; www.recreation.gov; Stellplatz 19 US$; ⏲Mai–Okt.), vier davon in Virginia. Die gestaffelten Öffnungszeiten der Einrichtungen wechseln jedes Jahr, normalerweise sind sie jedoch von April bis November zugänglich. Zwei vom NPS empfohlene Quartiere, bei denen man ein festes Dach überm Kopf hat, befinden sich am Parkway in Virginia.

Rocky Knob Cabins HÜTTE **$**
(☎540-593-3503; www.rockyknobcabins.com; 266 Mabry Mill Rd; Hütte ohne Bad 75 US$; ⏲Mai–Okt.; 🐾 P) Rustikale Hütten in einem abgeschiedenen Waldstreifen. Proviant mitnehmen, da es entlang des Pkwy nur wenige Verpflegungsmöglichkeiten gibt.

Peaks of Otter LODGE **$$**
(☎540-586-1081; www.peaksofotter.com; Meile 86, 85554 Blue Ridge Pkwy; Zi. ab 130 US$; ❄) Eine hübsche, von einem Holzzaun umgebene Lodge, die sich zwischen die zwei Berge schmiegt, die ihr den Namen gegeben haben. Es gibt ein Restaurant, aber kein öffentliches Telefon oder Handyempfang.

Roanoke & Umgebung

Roanoke, das von einem riesigen Stern auf dem Gipfel des Mill Mountain beleuchtet wird, ist die größte Stadt im Tal und die selbst ernannte „Hauptstadt des Blue Ridge".

Das auffallende **Taubman Museum of Art** (www.taubmanmuseum.org; 110 Salem Ave SE; ⏲Di–Sa 10–17, Do & 1. Freitag des Monats bis 21 Uhr; P) GRATIS wurde 2008 eröffnet und ist in einem skulpturenähnlichen futuristischen Glas- und Stahlbau untergebracht, der an das Guggenheim Museum von Bilbao erinnert (nicht zufällig war der Architekt Randall Stout ein ehemaliger Mitarbeiter von Frank Gehry). Im Inneren ist eine herrliche Kunstsammlung ausgestellt, die 3500 Jahre überspannt (wobei besonders gut amerikanische Werke des 19. und 20. Jhs. vertreten sind).

Etwa 48 km östlich von Roanake liegt die winzige Stadt Bedford, die im Zweiten Weltkrieg, gemessen an der Einwohnerzahl, die schwersten Verluste erlitten hatte und daher als Standort für das bewegende **National D-Day Memorial** (☎540-586-3329; US 460 & Hwy 122; Erw./Kind 7/5 US$; ⏲10–17 Uhr) ausgewählt wurde. Unter einem hoch aufragenden Bogen inmitten eines Blumengartens sind mehrere Bronzefiguren von Soldaten aufgestellt, die den Strand stürmen, unbeeindruckt von den Wasserstrahlen, die für den Kugelhagel stehen, dem sie damals ausgesetzt waren. Geführte Spaziergänge (2 US$) finden stündlich zwischen 10.30 und 15.30 Uhr statt.

Rose Hill (☎540-400-7785; www.bandbrosehill.com; 521 Washington Ave; Zi. 100–125 US$) ist ein reizendes, freundliches B&B mit 3 Zimmern im historischen Stadtviertel von Roanake.

Essen kann man im **Wildflour** (☎540-343-4543; 1212 4th St SW; Sandwiches unter 10 US$, Hauptgerichte mittags 15–24 US$; ⏲Mo–Sa 11–21 Uhr; P) 🌿. Hier gibt's herrliche, selbst gemachte Sandwiches und rustikale Fusion-Gerichte, die auf neuamerikanische Küche treffen. Als Vorspeisen gehören dazu u. a. Lachs mit Soja- und Ahornsirupglasur, und ein herzhafter Hackbraten.

Mt. Rogers National Recreation Area

Diese Gegend von erhabener Schönheit ist für Outdoor-Freaks unbedingt besuchenswert. Unter uralten Laubbäumen und mit Blick auf den höchsten Gipfel Virginias kann man wandern, angeln oder Skilanglauf betreiben. Bei der **Parkverwaltung** (☎800-628-7202, 276-783-5196; www.fs.usda.gov/gwj; 3714 Hwy 16, Marion) sind Karten und Verzeichnisse der Freizeitangebote erhältlich. Der NPS betreibt in dieser Gegend fünf Campingplätze; Zusatzinfos gibt's ebenfalls bei der Parkverwaltung.

Abingdon

Abington ist eine der fotogensten Städte von Virginia. In seinem historischen Viertel haben sich schöne Beispiele der Federal-Style- und der viktorianischen Architektur erhalten. Außerdem beherbergt sie in der ersten Augusthälfte das Bluegrass **Virginia Highlands Festival**. Das **Visitor Center** (☎800-435-3440; 335 Cummings St; ⏲9–17 Uhr) hat Ausstellungen zur Geschichte der Gegend.

Das **Fields-Penn 1860 House Museum** (208 W Main St; Erw./Kind 3/2 US$; ⏲Mi 11–16, Do–Sa ab 13 Uhr) widmet sich dem Leben in Virginia im 19. Jh. Das während der Weltwirtschaftskrise gegründete **Barter**

Theatre (☎276-628-3991; www.bartertheatre.com; 133 W Main St; Aufführungen ab 20 US$) verdankt seinen Namen der Tatsache, das die Zuschauer die Aufführungen einst mit Lebensmitteln bezahlten (*barter* bedeutet Tauschgeschäft). Schauspieler wie Gregory Peck und Ernest Borgnine (und wow, Wayne Knight alias *Seinfelds* „Newman") haben hier laufen gelernt.

Der **Virginia Creeper Trail** (www.vacreepertrail.org) wurde nach der Bahnlinie benannt, die früher auf dieser Strecke fuhr. Er verläuft über 53 km zwischen Whitetop Station in der Nähe der Grenze nach North Carolina und der Innenstadt von Abingdon. Zahlreiche Ausrüster verleihen Räder, organisieren Ausflüge und betreiben Shuttles, so z. B. der **Virginia Creeper Trail Bike Shop** (☎276-676-2552; www.vacreepertrailbikeshop.com; 201 Pecan St; Leihrad 2 Std./Tag 10/20 US$; ⏲So–Fr 9–18, Sa ab 8 Uhr) in der Nähe des Ausgangspunkts des Wanderwegs.

Das **Martha Washington Inn** (☎276-628-3161; www.marthawashingtoninn.com; 150 W Main St; Zi. ab 173 US$; P ❄ @ ⛜ ≋) liegt gegenüber vom Barter und ist das beste historische Hotel der Gegend. Es vermietet eine Reihe eleganter Zimmer mit ausgezeichneten Annehmlichkeiten (holzgetäfelte Bibliothek, Whirlpool im Freien, Salzwasserpool und Tennisplätze).

Im **Pop Ellis Soda Shoppe** (217 W Main St; Hauptgerichte 8–11 US$; ⏲Mo 11–16, Di–Sa bis 21 Uhr) reist man in der Zeit zurück. Das herrlich restaurierte Innere ist eine Reminiszenz an die Getränkeautomaten der 1920er-Jahre. Riesige Burger, Wraps und Nachos sind eine schöne Beigabe für selbst gemachte Sodas und Milchshakes.

Das **Zazzy'z** (380 E Main St; Hauptgerichte ca. 5 US$; ⏲Mo–Sa 8–18, So 9–15 Uhr), Café und Buchladen in einem, serviert preisgünstige Quiches, Lasagne und Paninis und guten Kaffee.

The Crooked Road

Als schottisch-irische Fideln und der Reel (Volkstanz) auf afroamerikanische Banjo- und Percussionmusik trafen, wurde die amerikanische Musik der Berge geboren, die sogenannte Old-Time-Music, darunter Country und Bluegrass. Letzteres dominiert immer noch die Blue Ridge und Virgina's Heritage Music Trail, die 250 Meilen (400 km) lange **Crooked Road** (www.thecrookedroad.org). Sie führt an neun Stätten vorbei, die mit dieser Geschichte verbunden sind, obendrein gibt's noch ein tolles Bergpanorama, so weit das Auge reicht. Es lohnt sich auf alle Fälle, diesen Umweg zu machen und sich zu den musikliebenden Fans aller Altersklassen zu gesellen, die bei den festlichen Jamborees mit ihren Schuhen stampfen (viele kommen mit Stepschuhen hierher). Während einer Liveshow kann man die Lebensfreude rüstiger Senioren sehen, die eine Verbindung zu ihren kulturellen Wurzeln suchen, und erlebt zugleich die Generation von Musikern, die das Erbe am Leben erhalten.

FLOYD

Das winzige, postkartenreife Floyd ist nicht mehr als eine Kreuzung zwischen dem Hwy 8 und dem Hwy 221. Doch freitagabends erwacht der **Floyd Country Store** (☎540-745-4563; www.floydcountrystore.com; 206 S Locust St; ⏲Di–Do 11–17, Fr bis 23, Sa bis 17, So 12–17 Uhr) zum Leben. Start ist jeden Freitag um 18.30 Uhr. Für 5 US$ bekommt man vier Bluegrass-Bands in vier Stunden und die Chance geboten, den überglücklichen Zuschauern dabei zuzusehen, wie sie ihr nationales Erbe

ABSTECHER

CARTER FAMILY FOLD

In einem winzigen Dörfchen im Südwesten Virginias, früher als Maces Spring bekannt (heute ein Teil von Hiltons), findet man einen der geheiligten Geburtsorte der Old-Time-Music. Das **Carter Family Fold** (☎276-386-6054; www.carterfamilyfold.org; AP Carter Hwy, Hiltons; Erw./Kind 8/1 US$; ⏲Sa 19.30 Uhr) führt das musikalische Erbe fort, das mit der talentierten Carter-Familie 1927 begonnen hat. Jeden Samstagabend beherbergt eine Arena für 900 Personen erstklassige Bluegrass- und Gospelbands. Es gibt außerdem ein Museum mit Erinnerungsstücken der Familie und der originalen Blockhütte aus dem 19. Jh., in der A. P. Carter geboren wurde. Da man in der Nähe nicht übernachten kann, ist es das Beste, in Abington (30 Meilen, bzw. 48 km östlich), Kingsport (12 Meilen, bzw. 19 km südwestlich) in Tennessee oder Bristol (25 Meilen, bzw. 40 km südöstlich) zu wohnen.

pflegen. Keine Zigaretten, kein Alkohol, aber viel Tanz (im Jig-and-Tap-Stil) und gute Stimmung. An den Wochenenden gibt's in der Umgebung jede Menge Livemusik.

Das **Hotel Floyd** (☎540-745-6080; www.hotelfloyd.com; 120 Wilson St; Zi. 85–145 US$; P ❄ 📶 🐾) 🍃 wurde 2007 mit nachhaltig gewonnenen und hergestellten Materialien und Möbeln errichtet. Es ist eines der grünsten Hotels in Virginia und ein Vorbild in puncto umweltbewusstes Bauen. Jedes der 14 einmaligen Zimmer wurde von Künstlern der Region gestaltet. 8 Meilen (13 km) westlich von Floyd bietet das **Miracle Farm B&B** (☎540-789-2214; www.miraclefarmbnb.com; 179 Ida Rose Lane; Zi. 125–155 US$; P ❄ 📶) herrliche Öko-Hütten in grüner Umgebung.

Wenn nichts mehr geht, macht man sich ins **Oddfella's** (☎540-745-3463; 110 N Locust St; Hauptgerichte mittags 7–14 US$, abends 8–21 US$; ⏲Mi–Sa 11–14.30, Do–So 17–21, So 10–15 Uhr; P 🖉) 🍃 auf. Auf der Speisekarte steht vor allem Tex-Mex, aber auch Bio-Food aus dem Wald – und ein ordentliches, vor Ort gebrautes Bier aus der kleinen Shooting Creek Brewery.

Das **Natasha's Market Cafe** (☎540-745-2450; 227 N Locust St; Hauptgerichte Mittagessen/Abendessen ab 8/16 US$; ⏲Di–Sa 11–15, Do–Sa 17.30–21 Uhr) liegt über dem Bioladen Harvest Moon. Es ist ein heller und fröhlicher Laden, wo Bio-Produkte aus der Region auf dem Teller landen.

GALAX

Galax erhebt für sich den Anspruch, die Hauptstadt der Old-Time-Music zu sein. Außerhalb des unmittelbaren Zentrums, das zum National Register of Historic Places gehört, wirkt es aber wie ein ganz normales Dorf. Die Hauptattraktion ist das **Rex Theater** (☎276-236-0329; www.rextheatergalax.com; 113 E Grayson St), eine muffige Schönheit in rotem Samt. Regelmäßig stehen Bluegrass-Bands auf der Bühne, am leichtesten aber kommt man in die kostenlose Liveshow von WBRF 98.1, die freitagabends Massen aus den Bergen lockt.

Tom Barr vom **Barr's Fiddle Shop** (☎276-236-2411; http://barrsfiddleshop.com/; 105 S Main St; ⏲Mo–Sa 9–17 Uhr) ist der Stradivari der Berge, ein Meisterhandwerker, der von Fiedel- und Mandolinenanhängern aus der ganzen Welt aufgesucht wird. Die **Old Fiddler's Convention** (www.oldfiddlersconvention.com) findet jedes Jahr in Galax statt und ist eines der besten Old-Time-Music-Festivals der Welt.

Das **Doctor's Inn** (☎276-238-9998; thedoctorsinnvirginia.com; 406 W Stuart Dr; Zi. 140–150 US$; P ❄ 📶) ist ein gastfreundliches Gästehaus mit Kammern voller Antiquitäten und ausgezeichnetem Frühstück.

Das **Galax Smokehouse** (☎276-236-1000; 101 N Main St; Hauptgerichte 7–18 US$; ⏲Mo–Sa 11–21, So bis 15 Uhr) serviert BBQ-Teller mit süßer Sauce im Memphis-Stil.

WEST VIRGINIA

Das wilde, wunderbare West Virginia wird von amerikanischen und ausländischen Reisenden gleichermaßen oft übersehen. Das liegt wohl daran, dass der Staat anscheinend nicht in der Lage ist, all die negativen Klischees, die mit ihm verbunden sind, zu widerlegen. Das ist jammerschade, muss sich doch West Virginia sicher nicht verstecken. Die ursprünglichen, grün bewaldeten Berge mit rauschenden Wildwasserläufen und schneebedeckten Wintersportorten sind ein wahres Paradies für Outdoor-Aktivisten.

Die Menschen hier halten sich immer noch für die ärmlichen Söhne der einstigen Minenarbeiter – und diese Einstellung ist gar nicht so weit von der Realität entfernt. Aber der Mountain State wird gerade luxussaniert. In diesem Fall ist das eine gute Sache. Im Tal blüht die Kunst und einige Städte bieten eine willkommene Abwechslung von den stetig zunehmenden Unternehmungen in der freien Natur.

Geschichte

Virginia war früher der größte Bundesstaat der USA und erstreckte sich von den Plantagen der Küstenregion bis zu den Bergen, die jetzt West Virginia bilden. Diese waren besiedelt von beinharten Farmern, die ihre unabhängigen Besitzrechte über die Appalachen ausdehnten. Ihren östlichen Verwandten gegenüber waren sie immer ein wenig skeptisch eingestellt – vor allem zu deren Ausbeutung von billiger (d.h. Sklaven-)Arbeitskraft. Und so erklärte das Bergvolk von West Virginia seine Unabhängigkeit, als Virginia versuchte, sich während des Bürgerkriegs von den USA abzuspalten.

Allerdings wurde die konfrontationslustige „Unabhängig um jeden Preis"-Einstellung im späten 19. und frühen 20. Jh. auf die Probe gestellt, als die Minenarbeiter Gewerkschaften gründeten und ihre Arbeitgeber in einer der blutigsten Auseinandersetzungen

KURZINFOS WEST VIRGINIA

Spitzname Mountain State

Bevölkerung 1,85 Mio.

Fläche 62 791 km^2

Hauptstadt Charleston (52 000 Ew.)

Weitere Städte Huntington (49 000 Ew.), Parkersburg (31 500 Ew.), 4 Morgantown (29 500 Ew.), Wheeling (28 500 Ew.)

Verkaufssteuer 6 %

Geburtsort von der olympischen Turnerin Mary Lou Retton (geb. 1968), Schriftsteller Pearl S. Buck (1892–1973), Flugpionier Chuck Yeager (geb. 1923), Schauspieler Don Knotts (1924–2006)

Heimat von The National Radio Astronomy Observatory, großen Teilen der amerikanischen Kohle-Industrie

Politische Ausrichtung republikanisch

Berühmt für Berge, John Denver's „Take Me Home, Country Roads", die Hatfield–McCoy-Fehde

Staatsslogan *Wild and Wonderful* (Wild und wunderbar)

Entfernungen Harpers Ferry–Fayetteville 280 Meilen (451 km), Fayetteville–Morgantown 148 Meilen (238 km)

der amerikanischen Arbeiterbewegung bekämpften. Der seltsame Mix aus einer Allergie gegen alle Autoritäten und besorgtem nachbarschaftlichen Gemeinschaftssinn prägt auch noch das heutige West Virginia.

Praktische Informationen

West Virginia Division of Tourism (☎ 800-225-5982; www.wvtourism.com) unterhält an den Staatsgrenzen und in **Harpers Ferry** (☎ 304-535-2482) Touristenbüros. Auf www.adventuresinwv.com findet man Infos zu den unzähligen Outdoor-Aktivitäten im Bundesstaat.

Viele Hotels und Motels verlangen eine Safe-Gebühr von 1 US$, die beim Auschecken auf Anfrage zurückerstattet wird. Wer also seinen Safe nicht benutzt hat, sollte sich seinen Dollar zurückholen.

Eastern Panhandle

Der zugänglichste Teil des Bundesstaates war immer und wird immer der bergige Rückzugsort für die Leute aus D.C. sein.

Harpers Ferry

In dieser hübschen Stadt mit steilen kopfsteingepflasterten Straßen, die von den Shenandoah Mountains und dem Zusammenfluss der rauschenden Flüsse Potomac und Shenandoah eingerahmt wird, wird Geschichte lebendig. Der untere Teil der Stadt ist ein Freiluftmuseum mit über einem Dutzend Gebäuden, die man durchwandern kann, um eine Vorstellung vom Leben in einer Kleinstadt des 19. Jhs. zu bekommen. In Ausstellungen wird die Rolle der Stadt als Vorposten zur Expansion gen Westen, in der amerikanischen Industrialisierung und, am berühmtesten, in der Geschichte der Antisklavereibewegung erzählt. 1859 versuchte der alte John Brown, hier einen Sklavenaufstand anzuzetteln und wurde für seine Bemühungen gehängt. Der Vorfall vertiefte die Spannungen zwischen Norden und Süden bis hin zu den Schlachten des Bürgerkriegs.

Im **Harpers Ferry National Historic Park Visitor Center** (☎ 304-535-6029; www.nps.gov/hafe; 171 Shoreline Dr; pro Pers./Fahrzeug 5/10 US$; ⏲ 8–17 Uhr; 🚻) am Hwy 340 bekommt man einen Pass, mit dem man die historischen Gebäude besuchen kann. Hier kann man auch parken und einen kostenlosen Shuttlebus nehmen. Direkt in Harpers Ferry gestaltet sich die Parkplatzsuche extrem schwierig.

Sehenswertes & Aktivitäten

In der Region gibt es tolle Wanderrouten, z. B. den Maryland Heights Trail mit dreistündigen Klettertouren und malerischen Ausblicken, den Loudoun Heights Trail vorbei an Befestigungen aus dem Bürgerkrieg oder den Appalachian Trail. Man kann auch den Treidelpfad am C&O Canal entlangwandern oder -radeln.

Master Armorer's House HISTORISCHE STÄTTE
(☎ 304-535-6029; www.nps.gov/hafe; 171 Shoreline Dr, Harpers Ferry) GRATIS Zu den Sehenswürdigkeiten im historischen Viertel mit freiem Eintritt gehört auch dieses 1858 erbaute Haus, in dem anschaulich gezeigt wird, wie die Entwicklung des Gewehrbaus die Waffenindustrie revolutionierte.

Storer College Building MUSEUM
(☎ 304-535-6029; www.nps.gov/hafe; 171 Shoreline Dr, Harpers Ferry) GRATIS Das Gebäude, einst ein Lehrer-College für befreite Sklaven, widmet sich heute der afroamerikanischen Geschichte dieser Stadt.

John Brown Wax Museum MUSEUM
(☎304-535-6342; www.johnbrownwaxmuseum.com; 168 High St, Harpers Ferry; Erw./Kind 7/5 US$; ⏲Winter 9–16.30, Sommer 10–17.30 Uhr) Wer etwas für Kitsch übrig hat, darf sich diese ultimative – und überteuerte – Attraktion, das John Brown Wax Museum, nicht entgehen lassen. Brown, ein gewissermaßen unausgeglichener, wenn auch unerschrockener Fanatiker, war der Anführer einer hier gegen die Sklaverei losgetretenen, aber schlecht geplanten Revolte, die mit zum Ausbruch des Bürgerkriegs beitrug. Das seinem Leben und seinen Taten gewidmete Museum ist lächerlich altbacken und lohnt genau deshalb einen Besuch; es fehlt jede Spur von historischer Genauigkeit, enthält alberne Animationen und eine Licht-und-Ton-Show der allerübelsten Sorte.

Appalachian Trail Conservancy WANDERN
(☎304-535-6331; www.appalachiantrail.org; 799 Washington Trail, Ecke Washington St & Jackson St; ⏲April–Okt. MO–Fr 9–17 Uhr) Der 3476 km lange Appalachian Trail hat hier sein Hauptbüro, das eine hervorragende Infoquelle für Wanderer ist.

River Riders ABENTEUERSPORT
(☎800-326-7238; www.riverriders.com; 408 Alstadts Hill Rd) Die ideale Adresse für Rafting, Kanufahren, Tubing, Kajakfahren und mehrtägige Radtouren – einen Fahrradverleih gibt es hier ebenfalls.

Schlafen & Essen

HI-Harpers Ferry Hostel HOSTEL $
(☎301-834-7652; www.hiusa.org; 19123 Sandy Hook Rd, Knoxville, MD; B 20 US$; ⏲Mitte April–Mitte Okt.; P❄@☎) Das sympathische Hostel liegt 2 Meilen (3,2 km) von der Innenstadt entfernt auf der Maryland-Seite des Potomac River und hat jede Menge Annehmlichkeiten zu bieten, etwa eine Küche, eine Wäscherei und einen Aufenthaltsbereich mit Spielen und Büchern.

Jackson Rose B&B $$
(☎304-535-1528; www.thejacksonrose.com; 1167 W Washington St; Zi. Wochentag/Wochenende 135/150 US$; ❄☎) Elegante Gärten umgeben die herrliche Backstein-Residenz aus dem 18. Jh. In einem der drei hübschen Gästezimmer hat Stonewall Jackson während des Bürgerkriegs für kurze Zeit gewohnt. Alte Möbel und ebensolche Kuriositäten sind über das Haus verteilt. Das Frühstück ist ausgezeichnet. Zum historischen Viertel sind es 600 m den Berg hinunter. Kinder unter zwölf Jahren sind nicht erwünscht.

Town's Inn B&B $$
(☎877-489-2447, 304-702-1872; www.thetownsinn.com; 175 & 179 High St; Zi. 70–140 US$; ❄) Das Town's erstreckt sich zwischen zwei benachbarten Residenzen aus der Zeit vor dem Bürgerkrieg und hat verschiedene Zimmer, von klein und minimalistisch bis zu zauberhaft und im historischen Stil eingerichtet. Es liegt mitten im historischen Viertel und hat ein Restaurant mit Tischen drinnen und draußen.

Canal House AMERIKANISCH $$
(1226 Washington St; Hauptgerichte 7–14 US$; ⏲Mi–Sa 11–15, Do–Sa 17.30–20.30, So 12–18 Uhr; 👪) Vom historischen Viertel etwa 1,5 km westlich und den Berg hinauf gelegen. Das Canal House, ein von Blumen eingerahmtes Steinhaus, ist dank seiner köstlichen Sandwiches und des freundlichen Services ein Dauerbrenner. Man kann auch draußen sitzen.

Anvil AMERIKANISCH $$
(☎304-535-2582; 1270 Washington St; Hauptgerichte mittags 8–12 US$, Hauptgerichte abends 15–24 US$; ⏲Mi–So 11–21 Uhr) Forellen aus der Region werden mit Honig-Pekannuss-Butter veredelt und in einem eleganten Speisesaal im Federal Style serviert: Das ist Stil im Anvil. Es befindet sich im benachbarten Bolivar.

Beans in the Belfry AMERIKANISCH $$
(☎301-834-7178; 122 W Potomac St, Brunswick, MD; Hauptgerichte unter 10 US$; ⏲Mo–Sa 9–21, So bis 19 Uhr; ☎👪) Über den Fluss in Brunswick, MD, etwa 10 Meilen (16 km) östlich, findet

ABSTECHER

MYSTERIEN AM STRASSENRAND

Im **Mystery Hole** (☎304-658-9101; www.mysteryhole.com/; 16724 Midland Trail, Ansted; Erw./Kind 6/5 US$; ⏲10.30–18 Uhr), einer der großen Straßenrand-Attraktionen der USA, kann man Zeuge davon werden, wie den Gravitationsgesetzen und den Grenzen des guten Geschmacks ein Schnippchen geschlagen wird. Alles in diesem Irrenhaus ist irgendwie schräg! Es liegt 1 Meile (1,6 km) westlich vom Hawks Nest State Park. Um zu erfahren, an welchen Tagen geöffnet ist, sollte man vorher anrufen.

man diese umgebaute Kirche aus rotem Backstein. Die Innenräume bestehen aus bunt zusammengewürfelten Sofas und mit Kitsch überladenen Wänden. Auf den Tisch kommen leichte Speisen (Chili, Sandwiches, Quiche), während auf einer winzigen Bühne an den meisten Abenden Folk-, Blues- und Bluegrassbands spielen. Der sonntägliche Jazzbrunch (18 US$) ist ein Hit.

Anreise & Unterwegs vor Ort

Amtrak (www.amtrak.com) Züge fahren zur Union Station in Washington (14 US$, 1-mal tgl., 71 Min.). **MARC Train** (mta.maryland.gov) startet dreimal täglich von Montag bis Freitag.

Berkeley Springs

Amerikas ältester Kurort – schon George Washington erholte sich hier – ist ein seltsamer Mix aus Spiritualismus, künstlerischer Freiheit und übersteigertem Wohlfühlbewusstsein. In den Straßen von Bath (wie das Städtchen offiziell immer noch heißt) begegnen sich Farmer in Pickups, an denen die Flagge der Konföderierten flattert, und Akupunkteure in Batik-Arbeitskitteln, ohne Verständnis füreinander zu zeigen.

Die **Roman Baths** (☎304-258-2711; www.berkeleyspringssp.com/spa.html; 2 S Washington St; Bad 22 US$; ⌚10–18 Uhr) im Berkeley Springs State Park präsentieren sich wenig einladend als in schummriges Licht getauchte, geflieste Umkleidekabinen, sie sind aber das preiswerteste Bad in der Stadt. Man kann sich die Wasserflasche mit dem Wasser füllen, das aus dem Brunnen vor dem Eingang sprudelt. Wer eine Erfahrung sucht, die mehr Wohlbefinden verspricht, kann auf der anderen Seite der Grünfläche, im **Bath House** (☎800-431-4698; www.bathhouse.com; 21 Fairfax St; 1-stündige Massage 75 US$; ⌚10–17 Uhr), Behandlungen (Massage, Gesichtskosmetik, Aromatherapie) buchen.

Der **Cacapon State Park** (☎304-258-1022; 818 Cacapon Lodge Dr; Lodge/Hütte ab 85/91 US$) liegt gut 14 km südlich von Berkley Springs (an der US 522) und bietet in einer waldreichen Umgebung einfache Lodge-Unterkünfte sowie moderne und und rustikale Hütten (mit Kamin). Man kann auch wandern, im See schwimmen und an Golfkursen teilnehmen.

Das **Tari's** (☎304-258-1196; 33 N Washington St; Mittagessen 8–12 US$, Abendessen 19–27 US$; ⌚11–21 Uhr;) ist ein für Berkeley Springs typischer Treffunkt und bietet frische, aus regionalen Produkten zubereitete Menüs sowie gute vegetarische Gerichte. Sie werden in einer lässigen Umgebung serviert, in der alle Anzeichen eines guten Karmas vorhanden sind.

Monongahela National Forest

Fast die gesamte östliche Hälfte von West Virginia erscheint auf der Landkarte als grüne Parklandschaft und dieser ganze Reichtum wird vom überwältigenden Monongahela National Forest geschützt. Innerhalb seiner über 3600 km² gibt es reißende Flüsse, Höhlen und den höchsten Gipfel des Staates Virginia (Spruce Knob). Zu dem rund 1370 km langen Netz an Wanderwegen gehören auch der 200 km lange, bei Wanderern beliebte **Allegheny Trail** sowie der besonders von Radfahrern geschätzte 121 km lange **Greenbrier River Trail**.

Elkins, an der westlichen Grenze des Parks gelegen, ist ein guter Ausgangspunkt. Die **National Forest Service Headquarters** (☎304-636-1800; 200 Sycamore St; Stellplatz Zelt 5–30 US$, einfacher Stellplatz kostenlos) verteilen Freizeitführer zum Wandern, Radfahren und Campen. Die Vorräte an Studentenfutter, Müsliriegeln usw. kann man bei **Good Energy Foods** (214 3rd St; ⌚Mo–Sa 9–17.30 Uhr) aufstocken.

Am südlichen Ende des Waldes findet man im **Cranberry Mountain Nature Center** (☎304-653-4826; Ecke Hwy 150 & Hwy 39/55; ⌚Mai–Okt. Do–Mo 9–16.30 Uhr) wissenschaftlich fundierte Informationen über den Wald und das umliegende, 3 km² große Ökosystem, das größte seiner Art in Virginia.

Die surreal wirkende Landschaft der **Seneca Rocks** ersteckt sich 35 Meilen (56 km) südlich von Elkins und zieht Kletterer an, die die 274 hohen Sandsteinwände besteigen. Der **Seneca Shadows Campground** (☎877-444-6777; Stellplatz Zelt 11–30 US$; ⌚April–Okt.) liegt 1 Meile (1,6 km) weiter östlich.

Südliches West Virginia

Dieser Teil von West Virginia hat sich zum nicht zu unterschätzenden Abenteuerspielplatz an der Ostküste gemausert.

New River Gorge National River

Der New River ist genau genommen einer der ältesten Flüsse der Welt. Die urzeitliche, bewaldete Schlucht, durch die er fließt, gehört zu den atemberaubendsten in den Appalachen. Der NPS schützt einen Abschnitt des New River, der auf einer Strecke von 80 km 228 Höhenmeter hinunterrauscht; am nördlichen Ende gibt's dicht aneinandergedrängte Stromschnellen bis Klasse V.

Das **Canyon Rim Visitor Center** (☎304-574-2115; www.nps.gov/neri; 162 Visitor Center Road Lansing, WV, GPS 38.07003 N, 81.07583 W; ⏲9–17 Uhr;) , gleich nördlich der eindrucksvollen Brücke über die Schlucht, ist eines von fünf NPS-Centern am Fluss. Hier gibt's Infos zu malerischen Strecken, Ausrüstern für Unternehmungen am Fluss, Klettertouren in den Schluchten, Wanderungen und Mountainbiken sowie Raftings auf dem Gauley River im Norden. Pfade am Rand oder in der Tiefe der Schlucht bieten grandiose Ausblicke. Es gibt mehrere einfache und kostenlose Campingplätze.

Von der **Lodge** (☎304-658-5212; www.hawksnestsp.com; Zi. 86–128 US$;) am Rand der Schlucht im nahe gelegenen **Hawks Nest State Park** ist der Ausblick nicht weniger faszinierend; von Juni bis Oktober fährt eine Seilbahn hinunter zum Fluss (Mi. geschl.), wo man eine Bootsrundfahrt unternehmen kann.

Im **Babcock State Park** (☎304-438-3004; www.babcocksp.com; Hütte 77–88 US$, Stellplatz 20–23 US$) kann man wandern, Kanu fahren und reiten, zelten und in Hütten übernachten. Das Highlight des Parks ist die fotogene Glade Creek Grist Mill.

Fayetteville & Umgebung

Das winzige Fayetteville dient als Sprungbrett für alle, die den Adrenalinkick auf dem New River suchen, und gilt außerdem als cooles Bergstädtchen. Am dritten Samstag im Oktober stürzen sich beim **Bridge Day Festival** Hunderte Fallschirmspringer von der 267 m hohen New River Gorge Bridge in die Tiefe.

Unter den vielen staatlich zertifizierten Rafting-Veranstaltern dieser Gegend ist besonders **Cantrell Ultimate Rafting** (☎304-574-2500, 304-663-2762; www.cantrellultimaterafting.com/; 49 Cantrell Dr; Package ab 60 US$) mit seinen Wildwassertouren zu nennen. **Hard Rock** (☎304-574-0735; www.hardrockclimbing.com; 131 South Court St; halb-/ganztags ab 75/140 US$) bietet Touren und Trainingskurse für Felskletterer an.

Das Bergwerksmuseum **Beckley Exhibition Coal Mine** (☎304-256-1747; www.beckleymine.org; Erw./Kind 20/12 US$; ⏲April–Okt. 10–18 Uhr) im benachbarten Beckley illustriert die Geschichte des Kohlebergbaus in dieser Region. Besucher können bis zu 500 m tief in eine ehemalige Kohlengrube einfahren. Eine Jacke mitnehmen, denn da unten ist es recht kalt!

Das **River Rock Retreat Hostel** (☎304-574-0394; www.riverrockretreatandhostel.com; Lansing-Edmond Rd; B 23 US$;), weniger als 1 Meile (1,6 km) nördlich der New River Gorge Bridge gelegen, hat einfache, saubere Zimmer und großzügige Gemeinschaftsräume. Besitzerin Joy Marr ist eine unerschöpfliche Quelle für Informationen zur Region. 2 Meilen (3,2 km) südlich der Brücke liegt der **Rifrafters Campground** (☎304-574-1065; www.rifrafters.com; Laurel Creek Rd; Stellplatz Zelt 12 US$, Hütte DZ/4BZ 40/80 US$). Er hat einfache Stellplätze, gemütliche Hütten, warme Duschen und Waschgelegenheiten.

Im **Cathedral Café & Bookstore** (☎304-574-0202; 134 S Court St; Hauptgerichte 5–8 US$; ⏲7:30–16 Uhr;) kann man den Tag mit einem Frühstück und Kaffee unter Buntglasfenstern beginnen.

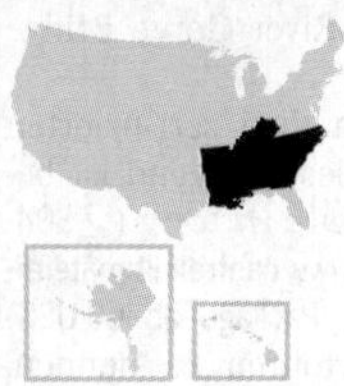

Der Süden

Inhalt ➡

Gut essen

- Proof (S. 430)
- Prince's Hot Chicken (S. 417)
- Boucherie (S. 495)
- Octopus Bar (S. 444)
- Restaurant August (S. 495)

Schön übernachten

- 21c Museum Hotel (S. 428)
- Nashville Downtown Hostel (S. 415)
- Lodge on Little St. Simons (S. 456)
- Shack Up Inn (S. 467)
- Mansion on Forsyth Park (S. 454)

Auf in den Süden!

Mehr als andere Landesteile besitzt der Süden eine eigene Identität, die sich im Dialekt, einer komplizierten politischen Vergangenheit und dem Stolz auf die Kultur manifestiert. Der Süden mit seinem politischen und kulturellen Erbe ist geprägt von alten Wurzeln, aber auch Entbehrungen. Idole wie Martin Luther King Jr., Rosa Parks, Bill Clinton, William Faulkner, Eudora Welty und Flannery O'Connor stammen – wie Barbecue, Bourbon und Coca-Cola – aus dem Süden. Auch der Blues entstand hier, der wiederum neue Stile wie den Rock'n' Roll, Soul und Pop hervorbrachte. Die Städte des Südens gehören zu den faszinierendsten des Landes, darunter historische Schönheiten wie New Orleans und Savannah sowie Wirtschaftsmetropolen wie Atlanta und Nashville.

Das Highlight der Region ist jedoch die legendäre Gastfreundschaft. Die Menschen hier lieben es, ein Schwätzchen zu halten, und wer lange genug bleibt, wird sicher mal von einem Einheimischen zum Abendessen eingeladen.

Reisezeit

New Orleans

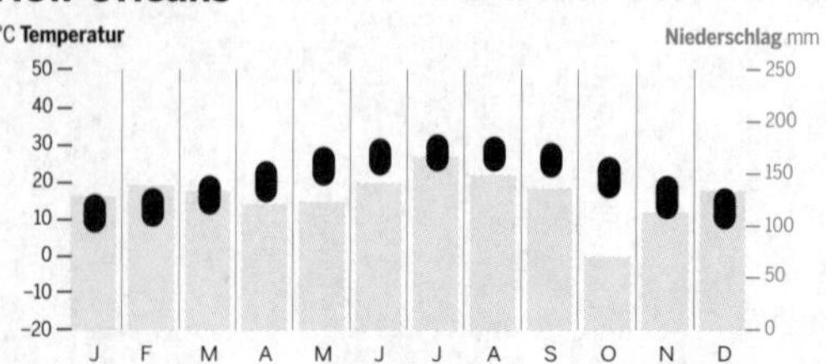

Nov.–Feb. Der Winter ist im Allgemeinen mild, und Weihnachten wird mit viel Inbrunst gefeiert.

April–Juni Im grünen, warmen Frühling blühen duftender Jasmin, Gardenien und Tuberosen.

Juli–Sept. Im Sommer ist es oft sehr schwül, und die Einheimischen stürmen die Strände.

Die Kultur des Südens verstehen

Die Südstaatler sind die Zielscheibe für Witze ihrer Landsleute: Sie gelten als langsam und als Trinker, sie reden komisch, schrauben stets an ihren Pick-ups herum und heiraten ihre Cousins und Cousinen. In Wahrheit sind die Menschen hier meist freundlich und entspannt, der Bauerntölpel ist die Ausnahme. Der Südstaatler von heute kann vieles sein: ein in Mumbai geborener Motelinhaber in Arkansas, ein plappernder Investmentbanker in Atlanta oder ein flippiger, schwuler Mittzwanziger in der trendigen Midtown von Memphis.

Die Menschen des Südens lieben Sport, aber auch die Künste gedeihen in historischen Städten wie Charleston und Savannah. Collegestädte wie Chapel Hill, Knoxville und Athens sind berühmt für ihre Indie-Musikszene. Und nicht zuletzt spielt Religion eine große Rolle. Der Bible Belt verläuft direkt durch den Süden: Rund 50 % der Menschen hier bezeichnen sich als evangelikale Christen.

DER SÜDEN FÜR MUSIKLIEBHABER

Die US-amerikanische Musikgeschichte ist die Geschichte der Südstaaten-Musik. Blues, Bluegrass, Jazz, Gospel, Country und Rock 'n' Roll haben hier ihre Ursprünge. Zu den musikalischen Hotspots gehören Nashville, die Heimat der Countrymusik mit den wohl stimmungsvollsten Kneipen der Welt, Memphis mit seinen Clubs, in denen Blues-Musiker grooven, und New Orleans, wo es erstklassigen Jazz, Blues und Zydeco auf die Ohren gibt. Asheville in North Carolina gilt als aufstrebendes Zentrum der Appalachen-Musik, Kentucky als Wiege des Bluegrass.

Typische Gerichte

- **Barbecue** (in der ganzen Region, besonders in North Carolina und Tennessee)
- **Brathähnchen** bzw. **Fried Chicken** (in der ganzen Region)
- **Maisbrot** (in der ganzen Region)
- **Shrimps auf Maisgrütze** (South Carolina und Georgia)
- **Boudin** (Schweinefleisch-Reis-Bällchen; Süd-Louisiana)
- **Gumbo/Jambalaya/Étouffée** (Eintopf aus Reis sowie Seafood und/oder Fleisch; Süd-Louisiana)
- **Po'boy** (Sandwich, traditionell mit gebratenen Meeresfrüchten oder Fleisch; Süd-Louisiana)
- **Heiße Tamales** (mit würzigem Rind oder Schwein gefüllter Maisteig; Mississippi-Delta)
- **Collards** (meist mit Schinken gekochter Markstammkohl; in der ganzen Region)
- **Pekannusspastete, Kokoskuchen, Red Velvet Cake, Süßkartoffelpastete** (in der ganzen Region)
- **Bourbon** (Kentucky)

SCHON GEWUSST?

Der Süden ist mit einem Anteil von 14,3 % an der Gesamtbevölkerung die am schnellsten wachsende US-Region.

Kurzinfos

- **Spitzname** Dixie
- **Größte Städte** Atlanta, Charlotte, Memphis
- **Zeitzonen** Eastern & Central Standard Time

Scenic Drives

- **Blue Ridge Parkway** North Carolina–Virginia (www.blueridgeparkway.org)
- **Natchez Trace** Tennessee–Mississippi (www.nps.gov/natr)
- **Hwy 12** Outer Banks (NC)
- **Kentucky Bourbon Trail** (S. 434) Den Lieblingslikör der Einheimischen kosten
- **Blues Highway** (S. 469) Der legendäre Hwy 61 von Memphis bis Crossroads

Infos im Internet

- **Visit South** (www.visitsouth.com) Sehenswertes und Aktivitäten
- **South Carolina** (www.discoversouthcarolina.com) Offizielle Tourismusseite des Bundesstaates; eine der besseren ihrer Art.
- **North Carolina** (www.visitnc.com) Roadtrips, Asheville und die Küste
- **Tennessee** (www.tnvacation.com) Events, Aktivitäten und Sehenswertes
- **Louisiana** (www.louisianatravel.com) Cajun-Infos

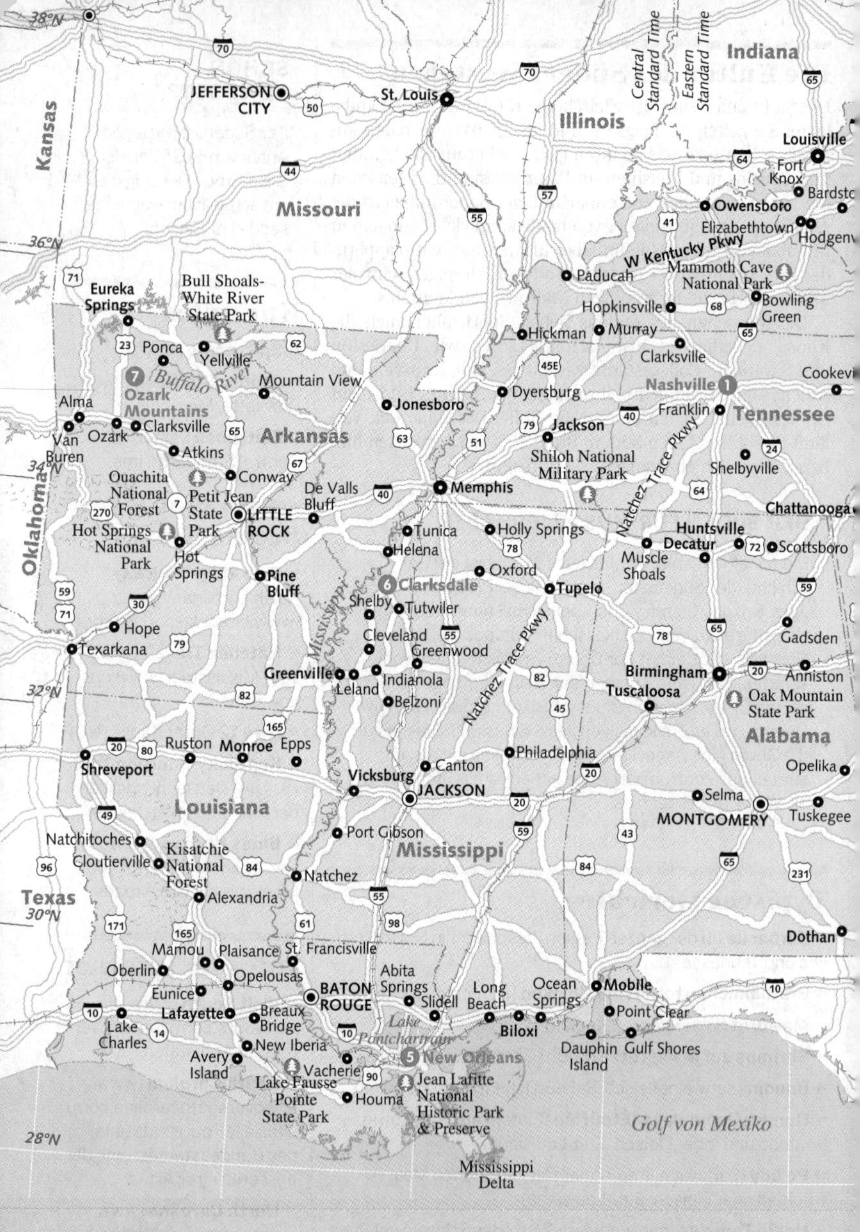

Highlights

1 In **Tootsie's Orchid Lounge** (S. 420) am Lower Broadway in Nashville ein Tänzchen wagen

2 Im großartigen **Great Smoky Mountains National Park** (S. 385 & S. 425) wandern und campen

3 Auf dem windgepeitschten Hwy 12 die **Outer Banks** (S. 367) abfahren und zur Ocracoke Island schippern

4 Die Anwesen aus der Zeit vor dem Bürgerkrieg und die Plantagen von **Charleston** (S. 388) bestaunen

5 Sich in **New Orleans** (S. 480), einer der Gourmet-

Hauptstädte Amerikas, den Bauch mit Cajun-Gerichten vollschlagen

6 In Clarksdale, Mississippi, der Seele, dem Rhythmus, der Geschichte und dem Erbe des **Delta Blues Museum** (S. 467) nachspüren

7 In Arkansas die Höhlen, Berge, Flüsse und Wälder der **Ozark Mountains** (S. 477), der Heimat des Folk, erkunden

8 Sich im historischen **Savannah** (S. 451) von Spuk- und Mördergeschichten und der für den Süden typischen Gastfreundlichkeit in den Bann ziehen lassen

NORTH CAROLINA

Im rasch wachsenden North Carolina, in dem der „Old South" auf den neuen Süden trifft, leben Hipster, Schweinezüchter und Hightech-Wunderkinder Seite an Seite. Von den alten Bergen im Westen bis zu den vorgelagerten Düneninseln des Atlantiks bietet der Bundesstaat eine große Vielfalt von Kulturen und Gemeinschaften, die sich wegen ihrer Individualität nicht über einen Kamm scheren lassen.

Die Landwirtschaft ist die wichtigste Einnahmequelle North Carolinas; mit 50400 Farmen ist der Bundesstaat der zweitgrößte Produzent von Schweinefleisch im ganzen Land. Frischen Wind und Wirtschaftskraft bringen aber auch die neuen Technologien mit sich. Allein im Research Triangle Park sind 170 internationale Unternehmen ansässig. Weitere wichtige Industriezweige sind u.a. der Finanzsektor, die Nanotechnologie, die Tabakindustrie und die Weihnachtsbaumzucht.

Obwohl die meisten Einwohner North Carolinas in den städtischen Geschäftszentren der in der Mitte des Staates gelegenen Piedmont-Region leben, halten sich die meisten Traveller an die malerischen Küstenstraßen und die Routen durch die Appalachen.

Man sollte also ruhig herkommen, sich einen Grillteller und etwas Gerstensaft aus einer Kleinbrauerei schnappen und zuschauen, wenn das Collegeteam der Duke Blue Devils gegen die Carolina Tar Heels antritt. Basketball ist hier fast so etwas wie eine Religion.

Geschichte

Schon seit über 10000 Jahren leben amerikanische Ureinwohner in North Carolina. Zu den größten Stämmen zählten die Cherokee in den Bergen, die Catawba im Piedmont und die Waccamaw an der Küstenebene.

Der Bundesstaat – benannt nach dem englischen König Karl I. (lat. Carolus) – war das zweite Gebiet, das die Briten kolonisierten, und die erste Kolonie, die für die Unabhängigkeit von der britischen Krone stimmte. Mehrere wichtige Schlachten des Unabhängigkeitskriegs wurden hier ausgefochten.

Bis weit ins 19. Jh. hinein blieb North Carolina ein verschlafenes, von der Landwirtschaft geprägtes Provinznest, was ihm den Spitznamen „Rip Van Winkle State" eintrug (nach dem Held aus Irvings Erzählung *Rip Van Winkle*). In der Sklavereifrage gespalten – die meisten Einwohner waren schlichtweg zu arm, um sich Sklaven zu halten –, schloss es sich im Bürgerkrieg als letzter Bundesstaat der Sezession an, stellte dann jedoch mehr Soldaten für die konföderierte Armee als jeder andere.

In der Mitte des 20. Jhs. war North Carolina ein Zentrum der Bürgerrechtsbewegung. So fanden in Greensboro von den

DER SÜDEN IN ...

... einer Woche

Nach der Ankunft in **New Orleans** vertritt man sich bei einem Spaziergang durch das legendäre **French Quarter** erst einmal die Beine und verbringt die verbleibende Zeit dann in einem Zydeco-Schuppen, wo man in die Jazzgeschichte eintaucht und die Nacht zum Tag macht. Auf dem Weg ins entspannte Delta lohnt sich ein Halt in **Clarksdale**, wo ein temperamentvoller Blues-Abend in den Juke Joints ansteht, bevor man, in **Memphis** angekommen, in **Graceland** auf den Spuren des King of Rock 'n' Roll wandelt. Von hier aus geht's den Music Hwy hinunter nach **Nashville**, wo im **Country Music Hall of Fame & Museum** Elvis' goldener Cadillac ausgestellt ist. In den Country-Kneipen (Honky Tonks) des **District** kann man dann an seinen Fähigkeiten im Line Dance arbeiten.

... zwei bis drei Wochen

Von Nashville aus geht es gen Osten zu einer Wanderung inmitten der zerklüfteten Gipfel und Wasserfälle des **Great Smoky Mountains National Park**, bevor man eine erholsame Nacht im künstlerisch angehauchten Gebirgsstädtchen **Asheville** verbringt und das unverschämt protzige **Biltmore Estate**, das größte Privathaus der USA, besichtigt. Danach führt die Reise weiter an die Küste, wo die sandigen Düneninseln der abgelegenen **Outer Banks** zum Entspannen einladen. Etwas weiter die Küste hinunter liegt **Charleston**, das mit kulinarischen Köstlichkeiten und traumhaft schöner Architektur einen gelungenen Abschluss bildet.

Medien stark beachtete Sit-Ins statt, und in Raleigh wurde das einflussreiche Student Nonviolent Coordinating Committee (SNCC) gegründet. In der zweiten Hälfte des 20. Jhs. siedelten sich in Charlotte die Finanzindustrie und in der Region Raleigh-Durham Technologie- und Pharmaunternehmen an. Das führte zu einem hohen Bevölkerungszuwachs und zu deutlich mehr kultureller Vielfalt.

Praktische Informationen

North Carolina Division of Tourism (919-733-8372; www.visitnc.com; 301 N Wilmington St, Raleigh; Mo–Fr 8–17 Uhr) Hat gute Karten und Infomaterial, darunter auch der jährlich erscheinende *Official Travel Guide*.

North Carolina State Parks (www.ncparks.gov) Hier bekommen Traveller Informationen zu den 38 State Parks und Erholungsgebieten in North Carolina, in denen teilweise auch Zeltplätze vorhanden sind (kostenlos–20 US$/Nacht).

Küste North Carolinas

Die Küste von North Carolina ist noch immer erstaunlich wenig erschlossen. O.k., südlich von Corolla hat man mitunter das Gefühl, die Cottage-Fluten würden niemals abebben, der Großteil der Küste des Bundesstaats ist bisher jedoch von grellen, kommerzialisierten Urlaubsorten verschont geblieben. Stattdessen dominieren hier schroffe, windgepeitschte Düneninseln, koloniale Dörfer, die einst von Piraten heimgesucht wurden, sowie entspannte Strandorte, in denen die Eisdielen noch den Einheimischen gehören und die Motels noch Familienbetriebe sind. Selbst die touristischsten Strände versprühen ein sympathisches Kleinstadtflair.

Wer auf echte Abgeschiedenheit aus ist, fährt zu den abgelegenen Outer Banks (OBX), wo die Fischer noch immer vom Garnelenfang leben und die älteren Leute einen archaischen, britisch gefärbten Dialekt sprechen. Die Straße, die parallel zum Hwy 158 von Kitty Hawk nach Nags Head verläuft, ist im Sommer meist hoffnungslos überlastet, die Strände selbst erscheinen aber trotzdem noch nicht überfüllt. Das weiter im Süden gelegene Wilmington ist ein Zentrum für Film- und Fernsehproduktionen, und an den umliegenden Stränden tummeln sich Touristen sowie – während des Spring Break – massenweise Studenten.

KURZINFOS NORTH CAROLINA

Spitzname Tar Heel State

Bevölkerung 9,7 Mio.

Fläche 126 161 km^2

Hauptstadt Raleigh (416 000 Ew.)

Weitere Städte Charlotte (751 000 Ew.)

Verkaufssteuer 6,75 %, zzgl. Übernachtungssteuer von bis zu 6 %

Geburtsort von US-Präsident James K. Polk (1795–1849), Jazzmusiker John Coltrane (1926–1967), Nascar-Fahrer Richard Petty (geb. 1937), Liedermacherin Tori Amos (geb. 1963)

Heimat der ersten State University der USA, des Biltmore House, der Krispy Kreme Doughnuts

Politische Ausrichtung in ländlichen Gebieten konservativ, in Städten zunehmend liberal

Berühmt für die *The Andy Griffith Show,* den ersten Motorflug, College-Basketball

Kosenamen der Einheimischen Die Menschen in NC werden als *tar heels* (Teerfersen) bezeichnet; wieso, ist unklar, wahrscheinlich aber, weil hier Holzteer produziert wurde ... und wegen der legendären Sturheit der Leute

Entfernungen Asheville–Raleigh 247 Meilen (395 km), Raleigh–Wilmington 131 Meilen (210 km)

Outer Banks

Die filigrane Kette aus Düneninseln erstreckt sich auf einer Länge von 160 km vor der Küste und ist vom Festland durch verschiedene Meerengen und Wasserstraßen abgetrennt. Die Düneninseln – von Norden nach Süden: Bodie (sprich „Body"), Roanoke, Hatteras und Ocracoke – sind eigentlich lange Sandbänke, die durch Brücken und Fähren miteinander verbunden sind. Rund um die weit im Norden gelegenen ruhigen, schicken Gemeinden **Corolla** (sprich „kar-*oll*-ah", nicht wie das Auto), **Duck** und **Southern Shores** gingen früher die Reichen aus den Staaten im Nordosten der USA auf Entenjagd. Die beinahe zusammenhängenden Ortschaften **Kitty Hawk**, **Kill Devil Hills** und **Nags Head** auf Bodie Island sind sehr stark erschlossen und viel touristischer:

Man findet hier Imbissbuden, die Bratfisch verkaufen, Bars unter freiem Himmel, Motels und Dutzende Läden für Badelatschen, Sonnencreme und dergleichen. **Roanoke Island**, westlich von Bodie Island, hat eine reiche koloniale Geschichte und das idyllische Uferörtchen **Manteo** zu bieten. Weiter südlich liegt **Hatteras Island**, ein nationales Küstenschutzgebiet von wilder, windumtoster Schönheit mit ein paar winzigen Dörfern. Am schwanzförmigen Ende der Banks (OBX) streifen auf der nur per Fähre erreichbaren **Ocracoke Island** Ponys frei umher, während wettergegerbte alte Fischer Austern knacken und Hängematten weben.

Die Fahrt über den kurvenreichen Hwy 12, der den größten Teil der Outer Banks miteinander verbindet, ist einer der großartigsten Trips, die man auf amerikanischen Straßen erleben kann – egal ob im unglaublich trostlosen Winter oder im sonnigen Sommer.

Sehenswertes

Corolla, die nördlichste Stadt am US 158, ist für Wildpferde bekannt. Nachkommen der von den Kolonialisten eingeführten spanischen Pferde streifen auch heute noch durch die Dünen im Norden, und zahlreiche Tourenanbieter haben Ausflüge im Programm, im Rahmen derer die wild lebenden Tiere aufgespürt werden. Der gemeinnützige **Corolla Wild Horse Fund** (www.corollawildhorses.com; 1129 Corolla Village Rd; Juni–Aug. Mo–Fr 9.30–17, Sa 10–16 Uhr, Sept.–Mai Mo–Fr 10–16 Uhr) GRATIS betreibt ein kleines Museum und bietet Touren an.

Die folgenden Ziele sind von Norden nach Süden geordnet.

Currituck Heritage Park HISTORISCHE GEBÄUDE

(Corolla; Sonnenaufgang–Sonnenuntergang) Der sonnenblumengelbe, im Jugendstil errichtete **Whalehead Club** (www.whaleheadclub.org; geführte Tour 10 US$; Mitte März–Dez. geführte Touren Mo–Sa 10–17 Uhr, Dez.–Mitte März 11–16 Uhr) wurde in den 1920er-Jahren als „Jagdhütte" für einen Industriellen aus Philadelphia erbaut und ist das Glanzstück dieses gepflegten Parks in Corolla. Man kann außerdem auf das **Currituck Beach Lighthouse** (www.currituckbeachlight.com; Erw./Kind 7 US$/frei; 23. März–23. Nov. 9–17 Uhr) steigen oder sich das moderne **Outer Banks Center for Wildlife Education** (www.ncwildlife.org/obx; 1160 Village Ln; Mo–Sa 9–16.30 Uhr) GRATIS ansehen, in dem ein interessanter Film zur Geschichte der Gegend gezeigt wird, man Infos zu Wanderwegen in der Umgebung erhält und in dem ein maßstabgetreues Diorama eines Sumpfgebiets zu sehen ist.

Wright Brothers National Memorial PARK, MUSEUM

(www.nps.gov/wrbr; Meile 7,5, US 158 Bypass; Erw./Kind 4 US$/frei; 9–17 Uhr, Sommer bis 18 Uhr) Am 17. Dezember 1903 absolvierten die Laieningenieure Wilbur und Orville Wright den weltweit ersten erfolgreichen Flug mit einem Flugzeug (er dauerte zwölf Sekunden). Ein Felsbrocken markiert die Stelle, an der die Maschine abhob. Ganz in der Nähe kann man einen Hügel erklimmen, auf dem die Brüder im Vorfeld Gleitflugexperimente durchgeführt hatten und von dem aus man einen fantastischen Blick aufs Meer und auf die Meerenge hat. Das **Wright Brothers Visitor Center** vor Ort zeigt einen Nachbau der Flugkonstruktion von 1903 sowie einige Exponate.

Der 30-minütige Flight Room Talk, ein Vortrag über die Begeisterung und den Einfallsreichtum der Brüder, ist ausgezeichnet. Hinter dem Hügel steht ein aus Bronze und Stahl gefertigter Nachbau des Flugzeugs, an dem sich prima alle Details der Konstruktion erkennen lassen. Sogar hineinklettern ist erlaubt.

Fort Raleigh National Historic Site HISTORISCHE GEBÄUDE

Ende der 1580er-Jahre, 30 Jahre vor der Landung der Pilgerväter am Plymouth Rock, verschwand eine Gruppe von 116 britischen Kolonisten spurlos aus ihrer Siedlung auf Roanoke Island. Fielen sie einer Dürre zum Opfer? Hatten sie sich einem Stamm amerikanischer Ureinwohner angeschlossen? Waren sie beim Versuch, wieder nach Hause zu segeln, gekentert? Das Schicksal der „verlorenen Kolonie" ist bis heute eines der größten ungelösten Rätsel des Landes, und das beliebte Musical **Lost Colony Outdoor Drama** (www.thelostcolony.org; 1409 National Park Dr; Erw./Kind 26,50/9,50 US$; Juni–Ende Aug. Mo–Sa 20 Uhr) ist der Besuchermagnet der historischen Stätte.

Das Stück des aus North Carolina stammenden Pulitzer-Preisträgers und Bühnenautors Paul Green feierte 2012 sein 75. Bühnenjubiläum und handelt vom Schicksal der Siedler. Es ist den ganzen Sommer über im Waterside Theater zu sehen.

Im **Visitor Center** (www.nps.gov/fora; 1401 National Park Dr, Manteo; Anlage Sonnenaufgang–Sonnenuntergang, Visitor Center 9–17 Uhr)

GRATIS sind weitere Attraktionen, etwa verschiedene Exponate, Artefakte, Landkarten und ein kostenloser Film, zu sehen, die die Fantasie der Besucher beflügeln. Die im Stil des 16. Jhs. angelegten **Elizabethan Gardens** (www.elizabethangardens.org; 1411 National Park Dr; Erw./Kind 9/6 US$; ⏲ Juni–Aug. 9–19 Uhr, Sept.–Mai verkürzte Öffnungszeiten) umfassen u.a. einen Shakespeare'schen Kräutergarten und hübsch angelegte Blumenbeete.

Cape Hatteras National Seashore INSELN

(www.nps.gov/caha) Über rund 110 km erstreckt sich südlich von Nags Head bis zum Südende der Ocracoke Island eine fragile Inselkette, die glücklicherweise von übermäßiger Bebauung verschont geblieben ist. Hier lockt die Natur mit Wasservögeln (sowohl Stand- als auch Zugvögel), Sümpfen, Wäldern, Dünen und meilenlangen leeren Stränden.

Bodie Island Lighthouse LEUCHTTURM

(☎252-441-5711, Kartenreservierung 255-475-9417; Bodie Island Lighthouse Rd, Bodie Island; Museum frei, geführte Tour Erw./Kind 8/4 US$; ⏲ Museum Juni–Aug. 9–18 Uhr, Sept.–Mai bis 17 Uhr, geführte Touren Ende April–Anfang Okt. 9–17.45 Uhr;) Dieser fotogene Leuchtturm ist seit 2013 für Besucher zugänglich. In dem fast 50 m hohen Bauwerk ist noch immer die original Fresnellinse eingebaut, was eine echte Seltenheit ist. Eintritt nur im Rahmen einer Führung. Karten können vorab telefonisch reserviert werden (☎255-475-9417), nicht jedoch am Tag des Besuchs selbst. Es gibt auch einige Tickets an der Tageskasse.

Pea Island National Wildlife Refuge RESERVAT

(☎252-987-2394; www.fws.gov/peaisland; Hwy 12; ⏲ Visitor Center 9–16 Uhr, Wanderungen Sonnenaufgang–Sonnenuntergang) Am Nordende von Hatteras Island liegt dieses 23,6 km² große Reservat, das mit zwei Naturpfaden (einer davon rollstuhlgerecht) und insgesamt 21 km unberührter Strände ein Paradies für Vogelbeobachter ist.

Chicamacomico Lifesaving Station MUSEUM

(www.chicamacomico.net; Erw./Kind 6/4 US$; ⏲ April–Nov. Mo–Fr 10–17 Uhr) Die 1874 errichtete Rettungsstation war die erste ihrer Art

ABSTECHER

OCRACOKE ISLAND

In der unkonventionellen kleinen Gemeinde **Ocracoke Village** (www.ocracokevillage.com), die im Sommer überfüllt und im Winter wie ausgestorben ist, ticken die Uhren anders. Das Dorf am Südende der 23 km langen Ocracoke Island ist ab Hatteras mit einer kostenlosen Fähre zu erreichen (S. 372), die am Nordostende der Insel anlegt. Das gesamte Land – das Dorf ausgenommen – ist im Besitz des National Park Service.

Die älteren Bewohner sprechen noch den aus dem 17. Jh. stammenden britischen Dialekt, der Hoi Toide (hiesige Aussprache von *hight tide*) genannt wird, und bezeichnen Fremde als *dingbatters*. Edward Teach alias Blackbeard, der Pirat, versteckte sich gern in der Gegend, bis er schließlich 1718 hier getötet wurde. Man kann am Strand campen und Wildponys beobachten, ein Fisch-Sandwich in einem hiesigen Pub verdrücken, mit dem Rad die engen Straßen des Dorfes erkunden oder das 1823 errichtete **Ocracoke Lighthouse** besichtigen, den ältesten noch funktionstüchtigen Leuchtturm in North Carolina.

Die Insel ist ein traumhaftes Ziel für einen Tagesausflug ab Hatteras Island, man kann aber auch hier übernachten. Es gibt eine Handvoll B&Bs, einen vom NPS betriebenen Campingplatz sowie einige Ferienhäuschen.

Eine gute Adresse für leckeres Essen ist das **Dajio** (dajiorestaurant.com; 305 Irvin Garrish Hwy), in dessen Hof von 15 bis 17 Uhr ein Shrimp-Basket-Special serviert wird. Zum Nachtisch sollte man sich die sündhaft köstliche Zitronen-Beeren-Marscapone gönnen. Wer durstig ist, probiert im **Ocracoke Coffee** (www.ocracokecoffee.com; 226 Back Rd) einen Grasshopper-Latte mit Pfefferminzschokolade und Sahnekaramell oder trinkt ein Bier im großen, historischen, aus Holz errichteten **Howard's Pub** (Hauptgerichte 8–23 US$; ⏲ Anfang März–Ende Nov. 11–22 Uhr, Fr & Sa z. T. verlängerte Öffnungszeiten), das seit den 1850er-Jahren eine beliebte Adresse für Bier und gebratene Meeresfrüchte ist.

Wer Lust auf einen Ausflug auf dem Wasser hat, bucht bei **Ride the Wind** (☎252-928-6311; www.surfocracoke.com; 2–2½-stündige Tour Erw./Kind 35/15 US$) eine Kajaktour. Die Sunset-Touren sind nicht anstrengend, und die Guides machen optisch auch einiges her.

im Bundesstaat. Heute ist hier ein Museum untergebracht, in dem Exponate aus der Zeit vor der Entstehung der Küstenwache zu sehen sind.

Cape Hatteras Lighthouse LEUCHTTURM
(www.nps.gov/caha; Führung mit Turmbesteigung Erw./Kind 8/4 US$; ⏲Visitor Center Sept.–Mai 9–17 Uhr, Juni–Aug. bis 18 Uhr, Leuchtturm Ende April–Anfang Okt.) Der beeindruckende schwarzweiß gestreifte Bau ist mit einer Höhe von 63,4 m der höchste aus Backsteinen errichtete Leuchtturm der USA und eines der bedeutendsten Wahrzeichen North Carolinas. Das Visitor Center ist ganz interessant, und der Turm kann auch bestiegen werden (248 Stufen).

Graveyard of the Atlantic Museum MUSEUM
(☎252-986-2995; www.graveyardoftheatlantic.com; 59200 Museum Dr; Spenden erbeten; ⏲April–Okt. Mo–Sa. 10–16 Uhr, Nov.–März Mo–Fr 10–16 Uhr) GRATIS Highlights des Schifffahrtsmuseums am Ende der Straße sind Ausstellungen über Schiffswracks, Piraterie und geborgene Schiffsfracht. So erfährt man z. B., dass 2006 in der Nähe von Frisco ein Container mit Tausenden Tüten Doritos angespült wurde und seinen Inhalt über den Strand ergoss.

Aktivitäten

Der gleiche starke Wind, der den Start des Doppeldeckers der Gebrüder Wright ermöglichte, dient heute Windsurfern, Seglern und Drachenfliegern als Antriebskraft. Weitere beliebte Aktivitäten sind Kajak fahren, angeln, Rad fahren, reiten, stehpaddeln und tauchen. Zwischen August und Oktober werden die Küstengewässer etwas rauer und bieten somit die perfekten Voraussetzungen zum Bodysurfen.

Kitty Hawk Kites ABENTEUERSPORT
(☎877-359-2447, 252-441-2426; www.kittyhawk.com; 3933 S Croatan Hwy; Drachenflug 99 US$, Fahrradverleih 25 US$/Tag, Kajaks 39–49 US$, Stehpaddelbretter 59 US$) Hat überall auf den Outer Banks Standorte und bietet Kiteboard-Kurse für Anfänger (2 Std. 300 US$) sowie Unterricht im Drachenfliegen im Jockey's Ridge State Park (ab 99 US$) an. Es können auch Kajaks, Segelboote, Stehpaddelbretter, Räder sowie Inlineskates ausgeliehen und verschiedene Touren und Kurse gebucht werden.

Corolla Outback Adventures AUTOTOUREN
(☎252-453-4484; www.corollaoutback.com; 1150 Ocean Trail, Corolla; 2-stündige Tour Erw./Kind 50/25 US$) Der Besitzer Jay Bender, dessen Familie die ersten geführten Touren in Corolla anbot, weiß bestens über die Geschichte und die Pferde der Umgebung Bescheid. Im Geländewagen geht's hinunter zum Strand und durch die Dünen, um die wilden Mustangs zu beobachten, die über die nördlichen Outer Banks streifen.

Outer Banks Dive Center TAUCHEN
(☎252-449-8349; www.obxdive.com; 3917 S Croatan Hwy; Wracktauchen 120 US$) Die NAUI-zertifizierten Tauchlehrer bieten alles Mögliche an, von Anfängerkursen bis hin zu geführten Tauchgängen zu den Schiffswracks des Graveyard of the Atlantic.

Schlafen

Im Sommer werden die Outer Banks von Besuchern buchstäblich überrannt, weshalb unbedingt vorab reserviert werden sollte. In der Gegend sind die großen Hotelketten mit einigen riesigen Hotelbunkern vertreten, es gibt aber auch unzählige kleine Motels, Ferienhäuser und B&Bs. Infos dazu gibt's in den Visitor Centers sowie unter www.outer-banks.com. Wer ein Ferienhäuschen mieten möchte, schaut auf www.sunrealtync.com oder www.southernshores.com vorbei.

Campingplätze CAMPING $
(☎252-473-2111; www.nps.gov/caha; Stellplatz 20–23 US$; ⏲spätes Frühjahr–Frühherbst) Der National Park Service betreibt auf den Inseln vier Campingplätze mit Kaltwasserduschen und Spültoiletten. Sie liegen am Oregon Inlet (nahe dem Bodie Island Lighthouse), am Cape Point, in Frisco (nahe dem Cape Hatteras Lighthouse) und in **Ocracoke** (☎800-365-2267; www.recreation.gov). Die Stellplätze in Ocracoke können reserviert werden, ansonsten gilt: Wer zuerst kommt, mahlt zuerst.

Breakwater Inn MOTEL $$
(☎252-986-2565; www.breakwaterhatteras.com; 57896 Hwy 12; Zi./Inn-Suite 159/189 US$, Motel 104/134 US$; P❄☜≋) Dieser hübsche, dreistöckige Inn liegt am Ende einer Straße und bietet Zimmer mit Küchennischen und privaten Sonnenterrassen, von denen aus man Ausblick auf die Meerenge hat. Wer etwas mehr Budget zur Verfügung hat, sollte sich in einem der älteren „Fisherman's Quarters" einmieten, bei denen eine Mikrowelle und ein Kühlschrank zur Ausstattung gehören. Der Inn liegt nahe der Anlegestelle der Hatteras-Ocracoke-Fähre.

NICHT VERSÄUMEN

SCENIC DRIVE: BLUE RIDGE PARKWAY

Der während der Weltwirtschaftskrise von Präsident Franklin D. Roosevelt als öffentliches Bauprojekt zur Schaffung von Arbeitsplätzen in Auftrag gegebene Blue Ridge Parkway führt vom Shenandoah National Park in Virginia (Meile 0) durch die südlichen Appalachen bis zum Great Smoky Mountains National Park (Meile 469 bzw. Km 751).

Auf einer Strecke von 262 Meilen (420 km) windet sich die Straße durch die atemberaubende Berglandschaft North Carolinas. Der **National Park Service** (NPS; www.nps.gov/blri; ⏲ Mai–Okt.) betreibt Campingplätze und Visitor Centers. Toiletten und Tankstellen sind auf der Strecke dünn gesät. Infos zum in Virginia gelegenen Abschnitt des Parkway gibt's auf S. 354.

Hier einige Highlights sowie Campingplätze ab der Grenze zu Virginia in südlicher Richtung:

Cumberland Knob (Meile 217,5) NPS Visitor Center; zum Knob führt ein einfacher Spazierweg.

Doughton Park (Meile 241,1) Wanderwege und Campingmöglichkeiten.

Blowing Rock (Meile 291,8) Kleine Ortschaft, die nach einer zerklüfteten, kommerziell genutzten Klippe benannt ist, die einen tollen Ausblick und gelegentliche Aufwinde bietet sowie Schauplatz einer indianischen Liebesgeschichte ist.

Moses H Cone Memorial Park (Meile 294,1) Hübsches altes Anwesen mit breiten Wegen und einem Kunsthandwerksladen.

Julian Price Memorial Park (Meile 296,9) Campingplatz.

Grandfather Mountain (Meile 305,1) Sehr beliebt wegen seiner Fußgängerhängebrücke in schwindelerregender Höhe. Es gibt auch ein Nature Center und ein Schutzgehege für Kleintiere.

Linville Falls (Meile 316,4) Kurze Wanderwege zum Wasserfall; Stellplätze.

Little Switzerland (Meile 334) Traditioneller Höhenkurort.

Mt. Mitchell State Park (Meile 355,5) Höchster Gipfel östlich des Mississippi (2037 m); Wander- und Campingmöglichkeiten.

Craggy Gardens (Meile 364) Entlang der Wanderwege blühen im Sommer prächtige Rhododendren.

Folk Art Center (Meile 382) Verkauf von hochwertigem Kunsthandwerk der Appalachenregion.

Blue Ridge Parkway Visitor Center (Meile 384) Hervorragender Film, interaktive Karte und Infos zu Wanderwegen.

Mt. Pisgah (Meile 408,8) Wander- und Campingmöglichkeiten, Restaurant, Inn.

Graveyard Fields (Meile 418) Kurze Wanderwege zu einem Wasserfall.

Shutters on the Banks HOTEL $$
(☎800-848-3728; www.shuttersonthebanks.com; 405 S Virginia Dare Trail; Zi. 149–289 US$; P ❄ 📶 🏊) Das ehemalige Colony IV by the Sea ist ein freundliches, in einem frechen, farbenfrohen Stil gehaltenes Hotel direkt am Strand. Die einladenden Zimmer sind mit innen angebrachten Fensterläden *(shutters)* und bunten Tagesdecken sowie Flachbild-TVs, Kühlschrank und Mikrowelle versehen.

Sanderling Resort & Spa RESORT $$$
(☎252-261-4111; www.sanderling-resort.com; 1461 Duck Rd; Zi./Suite ab 299/539 US$; P ❄ 📶 🏊) Diese edle Unterkunft verfügt über makellose, geschmackvolle Zimmer in neutralen Farbtönen mit Terrassen und Flachbild-TVs, mehrere Restaurants und Bars sowie ein Spa, das Luxusmassagen und Meerblick bietet.

Essen

Die meisten Restaurants und das aktivste Nachtleben finden sich an der Touristenmeile auf Bodie Island, allerdings ist vieles nur vom Memorial Day (letzter Montag im Mai) bis zum Frühherbst geöffnet.

John's Drive-In SEAFOOD, EIS **$**
(www.johnsdrivein.com; 3716 N Virginia Dare Trail; Hauptgerichte 2–13 US$; ⌚Mo, Di & Do 11–17 Uhr, Mai–Sept. Fr–So bis 18 Uhr) Die Institution in Kitty Hawk serviert perfekt gebratene Goldmakrelen (sogenannter Dolphinfish) und Streifenbarsch an Picknicktischen im Freien. Außerdem kann man unter Hunderten Milchshake-Variationen wählen. Manche Gäste haben es auch ausschließlich auf das Eis abgesehen.

★**Kill Devil Grill** SEAFOOD, AMERIKANISCH **$$**
(☎252-449-8181; www.thekilldevilgrill.com; Beach Rd, Meile 9¾; Mittagessen 7–11 US$, Abendessen 9–20 US$; ⌚Di–Sa 11.30–22 Uhr) Hammermäßig gute Adresse! Und zudem noch historisch angehaucht: Die Eingangstür stammt noch von einem Diner aus dem Jahr 1939 und ist im National Registry of Historic Places aufgeführt. Das typische Kneipenessen und die Meeresfrüchte werden in großzügigen Portionen und in einer tollen Atmosphäre serviert. Vor allem bei den Specials macht die Küche eine gute Figur.

Tortugas' Lie SEAFOOD **$$**
(www.tortugaslie.com; 3014 S Virginia Dare Trail/ Meile 11; Mittagessen 9–18 US$, Abendessen 12–24 US$; ⌚So–Do 11.30–21.30, Fr & Sa bis 22 Uhr) Wegen der Surfbretter und Nummernschilder kann die Inneneinrichtung dieses etwas spelunkenhaften Lokals zwar nicht gerade mit einem Nobelrestaurant mithalten, aber wen interessiert das schon? Die verlässlich guten Meeresfrüchte, Burritos und Burger sind die perfekten Begleiter zu einem Bier. Guy Fieri legte hier 2012 einen Boxenstopp ein und kritzelte sein Autogramm an die Wand. Gegen 18.30 Uhr wird's richtig voll. Kinder willkommen.

Mama Quan's OBX Grill & Tiki Bar KALIFORNISCH, SEAFOOD **$$**
(www.mamakwans.com; 1701 S Virginia Dare Trail; Mittagessen 9–15 US$, Abendessen 10–25 US$; ⌚Mo–Sa 11.30–2, Sa bis 24 Uhr) Der Ausdruck *Mama's World Famous Fish Tacos* ist schon zur festen Phrase geworden, und beim ersten Biss in die besagten weltberühmten, mit Goldmakrele gefüllten Fisch-Tacos fühlt man sich wie im siebten Seafood-Himmel.

ℹ Orientierung

Der Hwy 12, auch Virginia Dare Trail oder einfach Coast Road (Küstenstraße) genannt, verläuft über die gesamte Länge der Outer Banks, nur einen Steinwurf vom Atlantik entfernt. Der US 158, auch als Bypass bezeichnet, beginnt nördlich von Kitty Hawk und geht bei Roanoke Island in den US 64 über. Ortsangaben werden meist in Form von Mileposts (Mile, MP; Meile) gemacht. Meile 0 befindet sich an der Basis der Wright Memorial Bridge in Kitty Hawk.

ℹ Praktische Informationen

Die besten Anlaufstellen für Infos aller Art sind die größeren Visitor Centers. Viele kleinere Touristeninformationen haben nur saisonal geöffnet. Nützlich ist auch die Website www.outerbanks.org. In Manteo gibt's entlang der gesamten Küste kostenloses WLAN.

Aycock Brown Visitor Center (☎252-261-4644; www.outerbanks.org; Meile 1, US 158, Kitty Hawk; ⌚9–17 Uhr)

Corolla Public Library (1123 Ocean Trail/Hwy 12; 📶) Öffentliche Bibliothek; kostenloses WLAN und Internetzugang.

Hatteras Island Visitor Center (☎252-441-5711; www.nps.gov/caha; ⌚Juni–Aug. 9–18 Uhr, Sept.–Mai bis 17 Uhr) Neben dem Cape Hatteras Lighthouse.

Ocracoke Island Visitor Center (☎252-928-4531; www.nps.gov/caha; ⌚9–17 Uhr)

Outer Banks Welcome Center on Roanoke Island (☎877-629-4386, 252-473-2138; www.outerbanks.org; 1 Visitors Center Cir, Manteo; ⌚9–17 Uhr)

ℹ An- & Weiterreise

Öffentliche Verkehrsmittel zu oder auf den Outer Banks sind leider Fehlanzeige. Das **North Carolina Ferry System** (☎800-293-3779; www.ncdot.gov/ferry) bietet jedoch mehrere Verbindungen an, darunter auch die 40-minütige Autofährfahrt zwischen Hatteras und Ocracoke, die in der Hauptsaison zwischen 5.15 und 23.45 Uhr mindestens einmal pro Stunde auf Hatteras beginnt. Reservierungen sind nicht möglich. Auch North Carolina Ferries verkehren etwa alle zwei Stunden zwischen Ocracoke und Cedar Island (einfache Strecke 15 US$, 2¼ Std.) bzw. Ocracoke und Swan Quarter auf dem Festland (15 US$, 2½ Std.). Im Sommer ist eine Reservierung auf diesen beiden Strecken empfehlenswert.

Crystal Coast

Der südliche Teil der Outer Banks wird unter dem Namen Crystal Coast zusammengefasst – zumindest für die Werbezwecke der Touristeninformationen. Die Kristallküste ist weniger zerklüftet als die Strände im Norden und hat mehrere historische Küstenorte, eine Reihe dünn besiedelter Inseln und einige urlaubstaugliche Strände zu bieten.

Ein ziemliche trostloses Stück des US 70 führt an Industrieanlagen und Geschäftsgebäuden vorbei durch **Morehead City**, wo sich viele Kettenhotels und -restaurants finden. Ein Stopp im legendären Fischlokal **El's Drive-In** (3706 Arendell St; Hauptgerichte 2–13 US$; ⌚ So–Do 10.30–22, Fr & Sa bis 22.30 Uhr) lohnt sich allemal. Die traumhaften Shrimps-Burger und andere Leckereien werden einem hier direkt ans Auto gebracht.

Etwas weiter die Straße runter liegt das Postkartenidyll **Beaufort** („*bou*-fort"). Im drittältesten Ort im Bundesstaat gibt's eine charmante Fußgängerpromenade und haufenweise B&Bs. Im stilvollen **Front Street Grill at Stillwater** (www.frontstreetgrillatstillwater.com; 300 Front St; Brunch & Mittagessen 11–17 US$, Abendessen 19–24 US$; ⌚ Di–Do 11.30–21, Sa & So bis 22.30 Uhr) kann man sich direkt neben dem Taylor's Creek leckere Chili-Limetten-Shrimps schmecken lassen. Eine gute Unterkunft ist der heimelige **Beaufort Inn** (☎ 252-728-2600; www.beaufort-inn.com; 101 Ann St; Zi./Suite inkl. Frühstück ab 139/189 US$). Der Pirat Blackbeard war Anfang des 18. Jhs. oft in dieser Gegend unterwegs – 1996 wurde das Wrack seines Flaggschiffs, die *Queen Anne's Revenge*, auf dem Grund des Beaufort Inlet entdeckt. Artefakte von Bord des Schiffes sind im **North Carolina Maritime Museum** (www.ncmaritimemuseum.org; 315 Front St; ⌚ Mo–Fr 9–17, Sa 10–17, So 13–17 Uhr) GRATIS ausgestellt. Blackbeard selbst soll im **Hammock House** in einer Seitenstraße der Front St gewohnt haben. Man kommt nicht ins Haus rein (nachts sollen hier aber die Schreie der ermordeten Frau des Piraten zu hören sein).

Momentan legen regelmäßig kleine, kommerziell betriebene Fähren an der Uferpromenade von Beaufort ab und steuern die abgelegenen Inseln der **Cape Lookout National Seashore** (www.nps.gov/calo; Fähre 10–16 US$) an. Zu den Highlights gehören die **Shackleford Banks**, eine unbewohnte Sandbank mit beeindruckenden Muscheln und Herden wilder Ponys, und das **Cape Lookout Lighthouse** (Erw./Kind 8/4 US$; ⌚ Mitte Mai–Mitte Sept.) mit seinem Rautenmuster. In manchen Gegenden ist einfaches Campen erlaubt. Die coolste Option ist **Portsmouth Island**, wo man durch eine verlassene Siedlung aus dem 18. Jh. streifen und am Strand übernachten kann. Reichlich Mückenspray mitbringen – die Stechmücken sind berühmt-berüchtigt! Es stehen auch rustikale **Hütten** (☎ 877-444-6777; www.nps.gov/calo; www.reserve.com; Juni–Aug. ab 76 US$, Herbst & Frühjahr ab 101 US$) mit mehreren Zimmern zur Verfügung, die bei Anglern sehr beliebt sind. Zum Zeitpunkt der Drucklegung gab es seitens des NPS Pläne, mit einem Fährbetreiber zusammenzuarbeiten. Aktuelle Infos dazu sind auf der Website des Parks zu finden.

Die **Bogue Banks** liegen gegenüber von Morehead City auf der anderen Seite der Meerenge und sind über den Atlantic Beach Causeway zu erreichen. Dort gibt's mehrere viel besuchte Strandorte. Wer sich nicht am Duft von Sonnenöl mit Kokosaroma und Donuts stört, kann Atlantic Beach ruhig eine Chance geben. Im **North Carolina Aquarium** (www.ncaquariums.com; 1 Roosevelt Blvd; Erw./Kind 8/6 US$; ⌚ 9–17 Uhr; 👪) in Pine Knoll Shores gibt es neben blitzschnellen Fischottern auch eine ultracoole Ausstellung mit dem nachgebauten Schiffswrack eines deutschen U-352-Unterseeboots zu sehen. Der **Fort Macon State Park** (www.ncparks.gov; ⌚ Juni–Aug. 8–21 Uhr, Sept.–Mai verkürzte Öffnungszeiten) GRATIS in Atlantic Beach zieht mit seiner nachgebauten Bürgerkriegsfestung unzählige Besucher an.

Wilmington

Auf der Fahrt entlang der Küste lohnt es sich, ein oder zwei Tage für Wilmington einzuplanen. Die charmante Stadt an der Küste mag vielleicht nicht so bekannt sein wie Charleston oder Savannah, als größte Stadt im östlichen North Carolina punktet sie aber mit historischen Vierteln, Gärten voller Azaleen und vielen netten Cafés. Hinzu kommen vernünftige Hotelpreise und ein entspanntes Stadtbild ohne Menschenmassen. Abends wird die historische Kulisse des am Ufer gelegenen Stadtzentrums zur Spielwiese von Collegestudenten, Touristen und dem einen oder anderen Hollywood-Star. Wegen der vielen Filmstudios sprechen viele auch von „Wilmywood".

Sehenswertes

Wilmington liegt an der Mündung des Cape Fear River, rund 8 Meilen (13 km) vom Strand entfernt. Das historische **Flussufer** mit seinen zahlreichen Boutiquen und Promenaden ist wohl die wichtigste Attraktion der Stadt.

Eine **kostenlos nutzbare Straßenbahn** (www.wavetransit.com) tuckert den ganzen Tag über gemächlich durch die historische Altstadt.

HOLLYWOOD EAST

North Carolina gehört zu den Staaten mit den meisten Film- und Fernsehproduktionen. Millionen Menschen kennen seine Landschaft zumindest vom Sehen.

Wilmington *Dawson's Creek* und *One Tree Hill* wurden beide an den Filmsets der EUE/Screen Gem Studios gedreht. Im Jahr 2012 wurden einige Stunts für *Iron Man III* über dem Cape Fear River aufgenommen. Auf www.visitnc.com erfährt man, welche Orte in *Iron Man III* zu sehen sind. Alternativ meldet man sich bei **Hollywood Location Walk** (www.hollywoodnc.com; Erw./Kind 13/11 US$) für die wundervoll kitschige Movie-Tour an.

Asheville Hier kann Katniss Everdeen gehuldigt werden. Im Visitor Center (S. 384) gibt's eine Liste mit den Orten in der Umgebung, an denen *Die Tribute von Panem* gedreht wurde. Das Henry River Mill Village, etwa eine Stunde östlich von Asheville gelegen, musste als District 12 herhalten.

Blue Ridge Mountains & Umgebung Die letzten 17 Minuten von *Der letzte Mohikaner* wurde im Chimney Rock State Park gedreht, und der Grandfather Mountain diente in *Forrest Gump* als Kulisse. Der Cheoah Dam nahe dem Nantahala Outdoor Center (S. 386) ist in *Auf der Flucht* zu sehen.

★ **Cape Fear Serpentarium** SCHLANGENZOO
(☎ 910-762-1669; www.capefearserpentarium.com; 20 Orange St; Eintritt 8 US$; ⏲ Mo–Fr 11–17, Sa & So bis 18 Uhr) Das Museum des Herpetologen (Lurch- und Kriechtierforschers) Dean Ripa ist nicht nur sehr informativ, sondern macht auch noch Spaß – solange man bei dem Gedanken an ein Gebäude voller Giftschlangen, ellenlanger Würgeschlangen und Krokodile mit Riesenzähnen nicht gleich Reißaus nimmt. Natürlich gibt es eine Glaswand, die Besucher und Bewohner trennt. Bleibt nur zu hoffen, dass es kein Erdbeben gibt… Auf einem Schild ist nachzulesen, was passiert, wenn man von einer Schlange der Gattung Buschmeister gebissen wird: „Am besten legt man sich einfach unter einen Baum und ruht sich aus, da man sowieso bald sterben wird." Na dann viel Spaß!

In der Nebensaison ist das Serpentarium teilweise montags und dienstags geschlossen. An Samstagen und Sonntagen kann man um 15 Uhr bei der Fütterung der Tiere zusehen. Termine vorab telefonisch bestätigen lassen!

Battleship North Carolina HISTORISCHES SCHIFF
(www.battleshipnc.com; 1 Battleship Rd; Erw./Kind 12/6 US$; ⏲ 8–17 Uhr, Juni–Aug. bis 20 Uhr) Zu dem Schiff gelangt man mit einem Flusstaxi (hin & zurück 5 US$) oder über die Cape Fear Bridge. Das 45 000 t schwere Schiff verdiente sich bei den Pazifikschlachten im Zweiten Weltkrieg 15 Battle Stars, bevor es 1947 außer Dienst gestellt wurde. Heute kann man es besichtigen und dabei auf den Decks umherlaufen.

Airlie Gardens GARTEN
(www.airliegardens.org; 300 Airlie Rd; Erw./Kind 8/3 US$; ⏲ 9–17 Uhr, Winter Mo geschl.) Der 27 ha große Garten lädt mit seinen Glyzinien, den Zierblumenbeeten, Kiefern, Seen und zahlreichen Wegen zu einem gemütlichen Spaziergang ein. Die Eiche „Airlie Oak" steht schon seit 1545 hier.

Schlafen & Essen

An der Market St, gleich nördlich der Innenstadt, gibt es zahlreiche Budgethotels. Viele der Restaurants am Wasser sind oft überfüllt und recht mittelmäßig; ein oder zwei Blocks weiter in die Stadt hinein sind die Lokale und Nachtclubs besser.

CW Worth House B&B $$
(☎ 910-762-8562; www.worthhouse.com; 412 S 3rd St; Zi. 154–194 US$; ❄ @ ☎) Nur wenige Häuserblocks von der Downtown entfernt steht dieses mit Türmen versehene Wohnhaus von 1893, das vor Antiquitäten und viktorianischen Details nur so strotzt. Trotzdem versprüht es eine gemütliche und entspannende Atmosphäre. Das Frühstück ist klasse.

Blockade Runner Beach Resort HOTEL $$$
(☎ 910-256-2251; www.blockade-runner.com; 275 Waynick Blvd, Wrightsville Beach; Zi. ab 204 US$) Hier geht es nicht ganz so edel zu wie in anderen Boutiquehotels (hier und da merkt man die Abnutzung), aber die Zimmer sind nüchtern-stilvoll und elegant eingerichtet und der Strand ist nur einen Steinwurf entfernt. Von der der Meerenge zugewandten Seite aus kann man hervorragend den Sonnenuntergang beobachten.

Flaming Amy's Burrito Barn MEXIKANISCH $
(☎ 910-799-2919; www.flamingamys.com; 4002 Oleander Dr; Hauptgerichte 5–9 US$; ⏲ 11–22 Uhr) Das Flaming Amy's ist in einem chaotischen Schuppen voller kitschiger Deko mit Themen von Elvis bis Route 66 untergebracht. Die Burritos, z.B. der Philly Phatboy, der Thai Mee Up oder der vor Peperoni und Paprikaschoten strotzende Flaming Amy, sind üppig und lecker. Wer nicht eh schon da ist, ist gerade auf dem Weg hierher.

Manna MODERN-AMERIKANISCH $$$
(☎ 910-763-5252; www.mannaavenue.com; 123 Princess St; ⏲ Di–Do 17–22, Fr & Sa bis 23, So bis 21 Uhr) Die Speisekarte dieses schicken Restaurants in der Downtown wechselt täglich. Auf den Tisch kommen Gerichte aus frischen Zutaten direkt vom Bauernhof. Im Angebot sind interessante, leckere Speisen wie in Vanille gebratener Thunfisch oder in Sherry eingelegte Entenbrust. Ein weiteres Highlight sind die mit viel Sorgfalt zusammengestellten Cocktails.

Ausgehen & Nachtleben

Front Street Brewery BRAUEREIKNEIPE $
(www.frontstreetbrewery.com; 9 N Front St; Hauptgerichte 7–15 US$; ⏲ 11 Uhr bis Mitternacht) Die zweistöckige Kneipe in der Innenstadt erfreut sich mit ihrer einfachen Kost (saftige Burger, Krabbenpuffer) und dem selbst gebrauten Bier großer Beliebtheit. Jeden Tag zwischen 15 und 17 Uhr gibt es kostenlose Bierverkostungen und Führungen durch die Brauerei.

Praktische Informationen

Visitor Center (☎ 877-406-2356, 910-341-4030; www.wilmingtonandbeaches.com; 505 Nutt St; ⏲ Mo–Fr 8.30–17, Sa 9–16, So 13–16 Uhr) Das Visitor Center ist in einem Lagerhaus aus dem 19. Jh. untergebracht. Hier sind Stadtpläne für Stadtspaziergänge erhältlich.

Triangle

In Piedmont, der im Zentrum von North Carolina gelegenen Region, bilden die Städte Raleigh, Durham und Chapel Hill in etwa ein gleichseitiges Dreieck. In diesem Gebiet liegen drei führende Forschungsuniversitäten – die Duke, die University of North Carolina und die North Carolina State – sowie ein über 28 km² großer Campus mit Bürokomplexen der Computer- und Biotechnologieindustrie, der unter dem Namen Research Triangle Park bekannt ist. Hochintelligente Programmierfreaks und bärtige Friedensaktivisten trifft man hier ebenso an wie hippe, junge Familien, und obwohl die Städte nur wenige Kilometer voneinander entfernt liegen, hat jede ihren ureigenen Charme. Wenn im März College-Basketball angesagt ist, spielen hier alle – wirklich alle – völlig verrückt.

Anreise & Unterwegs vor Ort

Der **Raleigh-Durham International Airport** (RDU; ☎ 919-840-2123; www.rdu.com) ist ein wichtiges Drehkreuz und liegt eine 25-minütige Autofahrt (15 Meilen bzw. 24 km) nordwestlich des Stadtzentrums von Raleigh. **Greyhound** (☎ 919-834-8275; 314 W Jones St) bedient Raleigh und Durham. Die **Triangle Transit Authority** (☎ 919-549-9999; www.triangletransit.org; Erw. 2 US$) unterhält Busse, die Raleigh, Durham und Chapel Hill miteinander verbinden sowie den Flughafen anfahren. Die Rte 100 verläuft von Raleighs Stadtzentrum zum Flughafen

STRÄNDE RUND UM WILMINGTON

Die Uferstadt Wilmington hat zwar keinen eigenen Strand, viele Sandstrände liegen aber in der unmittelbaren Umgebung und können in wenigen Minuten erreicht werden. Von Norden nach Süden sind das die folgenden:

Topsail Beach Sauberer, weißer Sandstrand mit einer Station für Meeresschildkröten.

Wrightsville Beach Der Wilmington am nächsten gelegene Strand mit zahlreichen Bratfischbuden, Sonnenbrillengeschäften und jeder Menge Besucher im Sommer.

Carolina Beach Warmes Wasser, Stege und Sonnenschirme, so weit das Auge reicht.

Kure Beach Ein bei Anglern beliebter Strand und Standort des North Carolina Aquarium bei Fort Fisher.

Southport Nicht zum Baden geeignet, aber dennoch ein idyllischer Ort mit jeder Menge Antiquitätenläden und der berühmten Fischbude **Provision Company** (www.provisioncompany.com).

und zum Regional Transit Center (Busbahnhof) in Durham.

Raleigh

Raleigh wurde 1792 einzig zu dem Zweck gegründet, Hauptstadt des Bundesstaates zu werden. Heute ist sie eine biedere Verwaltungsstadt, die dazu neigt, immer weiter zu wuchern. Dennoch findet man in der hübschen Innenstadt ein paar nette (und kostenlose) Museen und Galerien. Auch die Restaurant- und Musikszene ist auf dem Vormarsch.

Sehenswertes

Das hübsche, 1840 fertiggestellte **State Capitol** an der Edenton St ist eines der besten Beispiele des Greek-Revival-Stils und kann besichtigt werden.

North Carolina Museum of Art MUSEUM
(www.ncartmuseum.org; 2110 Blue Ridge Rd; Di–Do, Sa & So 10–17, Fr 10–21 Uhr) Das lichtdurchflutete Gebäude aus Glas und eloxiertem Stahl ein paar Meilen westlich des Zentrums wurde bei seiner Eröffnung 2010 von Architekturexperten aus dem ganzen Land gelobt. Bemerkenswert sind aber auch die umfassende Sammlung, die von antiken römischen Skulpturen über Werke Raffaels bis hin zu Graffiti-Kunst reicht, und der gewundene Skulpturenweg im Freien.

North Carolina Museum of Natural Sciences MUSEUM
(www.naturalsciences.org; 11 W Jones St; Mo–Mi, Fr & Sa 9–17, Do & 1. Fr im Monat bis 21, So 12–17 Uhr) GRATIS 2012 war dieses Museum die am häufigsten besuchte Attraktion in North Carolina und damit sogar noch beliebter als Biltmore. Grund für die Attraktivität ist der neu erbaute Flügel – das **Nature Research Center** – mit seinem drei Stockwerke hohen Globus direkt vor der Tür. Das Forschungszentrum rückt verschiedene Wissenschaftler und ihre Projekte ins Rampenlicht und gibt Besuchern die Möglichkeit, den Forschern bei ihrer Arbeit zuzusehen. Ein verglaster Übergang führt ins Hauptgebäude des Museums, in dem Habitat-Dioramen, präparierte Tiere und das weltweit einzige Dinosaurierherz (versteinert natürlich!) ausgestellt sind.

Es gibt auch eine ganz schön gruselige Ausstellung über den Acrocanthosaurus, einen 3 t schweren Fleischfresser, der als der Schreck des Südens bekannt ist. Sein Schädel mit den riesigen Zähnen ist der Stoff, aus dem Albträume gemacht sind.

North Carolina Museum of History MUSEUM
(www.ncmuseumofhistory.org; 5 E Edenton St; Mo–Sa 9–17, So 12–17 Uhr) GRATIS In diesem fesselnden Museum gibt's wenig technischen Schnickschnack, dafür aber jede Menge gut verständliche Informationen. Unter den Ausstellungsstücken sind ein 3000 Jahre altes Kanu, Fotografien aus dem Bürgerkrieg und eine Theke aus der Zeit der Sitzblockaden in den 1960er-Jahren. Es gibt auch eine Sonderausstellung über Stockcar-Rennen.

Raleigh State Capitol HISTORISCHES GEBÄUDE
(Edenton St) Das hübsche State Capitol von 1840 ist eines der besten Beispiele des Greek-Revival-Stils und ist zudem für Besucher geöffnet.

Schlafen & Essen

In der Innenstadt ist es abends und am Wochenende ziemlich ruhig, eine Ausnahme bildet die Gegend um den City Market an der E Martin und der S Person St. Gleich im Nordwesten im Viertel Glenwood South findet man Cafés, Bars und Clubs, rund um den Exit 10 der I-440 und abseits der I-40 unweit des Flughafens gibt es jede Menge Kettenhotels mit moderaten Preisen.

Umstead Hotel & Spa HOTEL $$$
(919-447-4000; www.theumstead.com; 100 Woodland Pond, Dr; Zi./Suite ab 279/369 US$; P) Computerchips in den silbernen Abfalleimern ermöglichen es den Pagen, den Müll schnellstmöglich zu beseitigen. Auch darin zeigt sich die Liebe zum Detail, die in diesem schicken Hotel vorherrscht. In einem vorstädtischen, bewaldeten Gewerbepark werden die Gäste in schlichten, geräumigen Zimmern untergebracht, und das nach den Zen-Lehren gestaltete Spa wird vor allem von den Chefetagen der Biotech-Unternehmen genutzt.

Raleigh Times KNEIPE $
(14 E Hargett St; Hauptgerichte 10–12 US$; 11.30–2 Uhr) Die beliebte Kneipe in der Innenstadt serviert gegrillte Nachos und Bier aus North Carolina.

Poole's Downtown Diner MODERN-AMERIKANISCH $$
(www.ac-restaurants.com; 426 S McDowell St; Hauptgerichte 18–22 US$; 17.30–24 Uhr) Diese Kreuzung aus Südstaaten-Diner und Pariser

Bistro ist der Star der hiesigen Gourmetszene. Hier sautiert die Chefköchin Ashley Christensen Burger in Entenfett und zaubert die köstlichsten Käsemakkaroni der Welt. Sehr empfehlenswert sind die Edelvarianten klassischer amerikanischer Pasteten, z.B. die mit Bananencreme. Keine Reservierung möglich.

Praktische Informationen

Raleigh Visitor Information Center (919-834-5900; www.visitraleigh.com; 500 Fayetteville St; Mo–Sa 9–17 Uhr) Hat Karten und sonstige Infos.

Durham & Chapel Hill

Die Rivalität ihrer Basketballteams und eine linksgerichtete Kultur haben die 10 Meilen (16 km) voneinander entfernt liegenden Universitätsstädte gemein. Doch hier enden die Ähnlichkeiten auch schon. Chapel Hill ist eine Collegestadt, deren kulturelles Leben von den fast 30000 Studenten der renommierten University of North Carolina geprägt ist, die 1789 als erste State University der USA gegründet wurde. Die flippige, fortschrittliche Stadt ist bekannt für ihre Indie-Rock-Szene und stolze Hippie-Kultur. Durham, die Straße hinunter, war einst eine düstere, von der Tabak- und Eisenbahnindustrie beeinflusste Stadt, die in den 1960er-Jahren in eine wirtschaftliche Krise schlitterte, von der sie sich erst vor Kurzem wieder erholt hat. Im Grunde ist sie noch immer eine typische Südstaaten-Arbeiterstadt, allerdings lockt die renommierte Duke University kreative Geister an, die Durham in ein Zentrum für Feinschmecker, Künstler, Schwule und Lesben verwandelt haben.

Westlich vom Zentrums Chapel Hills liegt die hippe frühere Fabrikstadt **Carrboro**. Die große Wiese vor der Lebensmittelkooperative **Weaver Street Market** (www.weaverstreetmarket.com) ist eine Art inoffizielles Zentrum mit Livemusik und kostenlosem WLAN.

In Durham gibt's die meiste Action in der hübschen Innenstadt rund um die renovierten Tabaklager aus Backstein. Am Brightleaf Sq und auf dem American Tobacco Campus kann man shoppen und unter freiem Himmel speisen.

Sehenswertes

Duke Lemur Center ZOO
(919-489-3364; www.lemur.duke.edu; 3705 Erwin Rd, Durham; Erw./Kind 10/7 US$;) Die vielleicht coolste und doch am wenigsten bekannte Attraktion in Durham ist das Lemur Center, das den größten Bestand der gefährdeten Feuchtnasenaffen außerhalb deren Heimat Madagaskar beherbergt. Beim Anblick der süßen Wuschelköpfe mit den großen Augen schmilzt wohl jeder dahin. Wer an einer Führung teilnehmen möchte (Mo–Sa, nur nach Vereinbarung), muss sich lange im Voraus telefonisch anmelden.

Duke University UNIVERSITÄT, GALERIE
(www.duke.edu; Campus Dr, Durham) Die mit dem Tabakvermögen der Familie Duke finanzierte Universität hat einen Ostcampus im georgianischen Stil und einen neugotischen Westcampus mit einer eindrucksvollen, hoch aufragenden Kapelle aus den 1930er-Jahren. Auch das **Nasher Museum of Art** (2001 Campus Dr; Eintritt 5 US$; Di, Mi, Fr & Sa 10–17, Do bis 21, So 12–17 Uhr) und die traumhaften, 22 ha großen **Sarah P. Duke Gardens** (420 Anderson St; 8 Uhr–Sonnenuntergang) GRATIS sind einen Besuch wert. Parken kostet an beiden Orten 2 US$ pro Stunde.

University of North Carolina UNIVERSITÄT
(www.unc.edu; Chapel Hill) Die älteste staatliche Universität hat einen klassischen, von blühenden Birnbäumen und prächtigen historischen Gebäuden gesäumten Campus. Der alte Brunnen soll Studenten, die aus ihm trinken, Glück bringen. Einen Lageplan bekommt man im **Visitor Center** (919-962-1630; 250 E Franklin St; Mo–Fr 9–17 Uhr) im Innern des Morehead Planetarium und des Science Center.

Durham Bulls Athletic Park ZUSCHAUERSPORT
(www.dbulls.com; 409 Blackwell St; Durham; Tickets 7–9 US$;) Hier kann man einen typisch amerikanischen Nachmittag mit Bier und Baseball erleben. Das Minor-League-Team der Durham Bulls, das durch den Film *Annies Männer* (1988) mit Kevin Costner und Susan Sarandon berühmt wurde, spielt von April bis September.

Schlafen

Im nördlichen Durham abseits der I-85 gibt es viele günstige Kettenhotels.

Duke Tower HOTEL $
(866-385-3869, 919-687-4444; www.duketower.com; 807 W Trinity Ave, Durham; Suite 88–98 US$;) In Durhams Tabakviertel in der historischen Altstadt gelegen. Für die Apartments mit Parkettboden, voll ausgestatteter Küche und Tempur-Schaummatratzen be-

zahlt man weniger als für die meisten Hotelzimmer vor Ort. Die Premium-Suiten haben Flachbild-TVs.

Inn at Celebrity Dairy B&B $$
(☎919-742-5176; www.celebritydairy.com; 144 Celebrity Dairy Way, Siler City; Zi. inkl. Frühstück 100–165 US$, Suite 165 US$; P ❄ ᯤ) Im ländlichen Chatham County, 30 Meilen (48 km) westlich der Stadt, bietet diese Ziegenmilchfarm B&B-Unterkünfte in einem Farmhaus im Greek-Revival-Stil. Nach dem Frühstück mit Ziegenkäse-Omeletts können Gäste im Stall die meckernden Tiere streicheln, die für die Milch sorgen.

Carolina Inn HOTEL $$
(☎919-933-2001; www.carolinainn.com; 211 Pittsboro St, Chapel Hill; Zi. ab 179 US$; P ❄ ᯤ) Selbst wenn man kein *tar heel* (Zugehöriger der Universtity of North Carolina) ist, wird einen dieser liebenswerte Inn mitten auf dem Campus mit seiner Gastfreundschaft und dem historischen Touch sofort begeistern. Schon die helle Lobby ist zauberhaft, aber auch die Korridore, an deren Wänden Fotografien der Alumni und der Meisterteams hängen, haben ihren Charme. Zum Zeitpunkt der Recherche waren gerade die Renovierungsarbeiten an einigen Gästezimmern abgeschlossen, bei denen auch auf Umweltfreundlichkeit Wert gelegt wurde.

Essen

Durham wurde 2013 von der Zeitschrift *Southern Living* zur „Köstlichsten Stadt des Südens" gekürt. Aus gutem Grund: In der Gegend gibt es jede Menge Top-Restaurants. In der Innenstadt Durhams finden sich zahlreiche tolle Lokale, Cafés und Bars. Der Großteil der besseren Restaurants von Chapel Hill findet sich entlang der Franklin St.

Neal's Deli FRÜHSTÜCK, FEINKOST $
(www.nealsdeli.com; 100 E Main St, Carrboro; Frühstück 3–6 US$, Mittagessen 5–9 US$; ⌚Di–Fr 7.30–19, Sa & So 8–16 Uhr) Für den perfekten Start in den Tag holt man sich in diesem winzigen Feinkostladen in der Downtown von Carrboro zum Frühstück einen leckeren Buttermilchkeks. Die Variante mit Ei, Käse und Bacon ist himmlisch. Mittags gibt's Sandwiches und kleine Gerichte von Geflügelsalat über Pastrami bis zu mit Käse gefüllter Paprika mit einem Spritzer Bourbon.

Toast SANDWICHES $
(www.toast-fivepoints.com; 345 W Main St, Durham; Sandwiches 7 US$; ⌚Mo–Fr 11–20, Sa bis 15 Uhr) Familien, Paare, Singles und zur Mittagszeit auch die Angestellten aus der Downtown strömen zu diesem winzigen italienischen Sandwichladen. Er ist einer von mehreren Lokalen, die zur Wiederbelebung der Innenstadt Durhams beigetragen haben. Panini auswählen, an der Theke bestellen und sich dann einen Platz am Fenster sichern, um die Leute draußen auf der Straße zu beobachten!

Guglhupf Bakery & Cafe BÄCKEREI, CAFÉ $$
(www.guglhupf.com; 2706 Durham-Chapel Hill Blvd, Durham; Mittagessen 8–11 US$, Abendessen 15–24 US$; ⌚Bäckerei Di–Sa 7–17, So 8.30–14 Uhr, Café Di–Sa 8–16.30, So 9–15 Uhr) Eine Frühstücksoption in dieser erstklassigen Bäckerei mit angeschlossenem Café nach deutschem Vorbild sind Kirschplunder und Cappuccino. Nachmittags kann man sich auf der sonnigen Terrasse z. B. belegte Brötchen mit westfälischem Schinken und dazu ein Pils genehmigen.

★Lantern ASIATISCH $$$
(☎919-969-8846; www.lanternrestaurant.com; 423 W Franklin St, Chapel Hill; Hauptgerichte 23–32 US$; ⌚Mo–Sa 17.30–22 Uhr) Wenn beim Besuch aller drei Städte des Dreiecks nur Zeit für ein Abendessen bleibt, so sollte man das hier einnehmen. In Tee geräuchertes Hühnchen und Bentoboxen zum Selbstzusammenstellen brachten dem modernen asiatischen Lokal zahlreiche James Beard Awards ein. Für besondere Anlässe sind die stilvollen Räume im vorderen Teil genau richtig. Lockerer und geselliger geht's in der Bar-Lounge im hinteren Teil des Restaurants zu. Und die Salt-&-Pepper-Shrimps, bei denen die Schale gleich mitgegessen wird? Herausragend!

Watts Grocery MODERNE SÜDSTAATENKÜCHE $$$
(☎919-416-5040; www.wattsgrocery.com; 1116 Broad St, Durham; Mittagessen 8–13 US$, Abendessen 18–23 US$, Brunch 7–13 US$; ⌚Mi–So 11–14.30, Di–So 17.30–22 Uhr) In Durhams flippigstem Lebensmittelgeschäft stammen die Zutaten für die Speisen direkt von Bauernhöfen aus der Region. Sie werden zu hochwertiger Feinkost verarbeitet und in dem luftigen, renovierten Laden serviert. Die Maisgrütze mit Würstchen und Avocado ist der wohl beste Wochenend-Brunch, den man in der Stadt kriegen kann.

🍷 Ausgehen & Unterhaltung

Chapel Hill hat eine exzellente Musikszene, weshalb es fast jeden Abend Konzerte gibt.

Über das Unterhaltungsangebot informiert das kostenlose Wochenblatt *Independent* (www.indyweek.com).

★ **Cocoa Cinnamon** CAFÉ
(www.cocoacinnamon.com; 420 W Geer St, Durham; ⌚ Mo–Do 7.30–22, Fr & Sa 7.30–24, So 9–21 Uhr) Der Tipp, bei Cocoa Cinnamon eine heiße Schokolade zu bestellen, ist zwar mehr als berechtigt, aber leider etwas ungenau: Dieses neue Café ist in aller Munde und hat ganz schön viel Kakao im Angebot – unvorbereiteten Besuchern verschlägt es bei dieser Unmenge schokoladiger Leckereien schon mal die Sprache. Neben Kakao gibt's aber auch Tee, Kaffeebohnen aus einem einzigen Anbaugebiet und eine energiegeladene Atmosphäre.

Fullsteam Brewery BRAUEREIKNEIPE
(www.fullsteam.ag; 726 Rigsbee Ave, Durham; ⌚ Mo–Do 16 Uhr bis 0, Fr bis 2, Sa 12–2, So bis 0 Uhr) Die Brauerei steht für eine neue Bierkultur der Südstaaten und macht sich mit ihren außergewöhnlichen Erzeugnissen wie Lagerbier aus Süßkartoffeln und Kaki-Ale landesweit einen Namen. Gemischte Klientel.

Top of the Hill KNEIPE
(www.thetopofthehill.com; 100 E Franklin St, Chapel Hill; ⌚ 11–2 Uhr) Die Terrasse im 3. Stock des Restaurants mit angeschlossener Kleinbrauerei in der Innenstadt ist nach Footballspielen ein beliebter Treffpunkt der reichen und schönen Collegestudenten von Chapel Hill.

Cat's Cradle MUSIK
(☎ 919-967-9053; www.catscradle.com; 300 E Main St, Carrboro) Seit rund 30 Jahren geht hier die Crème de la Crème der Indie-Musik ein und aus, von Nirvana bis zu Arcade Fire. Für die meisten Veranstaltungen gibt es keine Altersbeschränkung.

ℹ Praktische Informationen

Chapel Hill Visitor Center (☎ 919-968-2060; www.visitchapelhill.org; 501 W Franklin St, Chapel Hill; ⌚ Mo–Fr 8.30–17, Sa 10–14 Uhr)

Durham Visitor Center (☎ 800-446-8604, 919-687-0288; www.durham-nc.com; 101 E Morgan St, Durham; ⌚ Mo–Fr 8.30–17, Sa 10–14 Uhr) Infos und Karten.

Charlotte

Charlotte ist die größte Stadt in North Carolina und nach New York das größte Bankenzentrum der USA. Die Stadt wirkt wie viele suburbanen Megalopolen des New South zersiedelt und stellenweise gesichtslos. Doch obwohl die „Queen City" in erster Linie ein Geschäftszentrum ist, hat sie ein paar gute Museen, einige schöne alte Viertel und viele gute Restaurants zu bieten.

Die geschäftige Tryon St durchquert, gesäumt von Banken, Hotels, Museen und Restaurants, die mit Wolkenkratzern gespickte „Uptown" Charlottes. Die renovierten Textilfabriken im Viertel NoDa (eine Abkürzung für die N Davidson St) und der urige Mix aus Boutiquen und Restaurants in der Gegend um die Plaza Midwood, gleich nordöstlich der Uptown, verströmen eine trendigere Atmosphäre.

NICHT VERSÄUMEN

DER BARBECUE TRAIL

North Carolinas Pulled-Pork-Barbecue ist in der Region eine echte Institution, wobei eine große Rivalität zwischen Verfechtern der östlichen (mit einer dünnflüssigen Essigsauce) und der westlichen Variante (mit einer süßeren, auf Tomaten basierenden Sauce) besteht. Auf der interaktiven **Barbecue-Trail-Karte** (www.ncbbqsociety.com) der North Carolina Barbecue Society sind die besten Adressen für Barbecue-Fans aufgelistet. Einfach beide Versionen probieren und dann Partei ergreifen! (Unser Tipp: Die östliche Variante ist besser. Oder vielleicht doch die aus dem Westen?)

👁 Sehenswertes & Aktivitäten

Billy Graham Library RELIGION
(www.billygrahamlibrary.org; 4330 Westmont Dr; ⌚ Mo–Sa 9.30–17 Uhr) Diese Multimedia-Bibliothek fasziniert (oder schockiert) und widmet sich dem Leben des evangelikalen Superstars und „Pastors der Präsidenten" Billy Graham, der aus Charlotte stammt. Die 90-minütige Tour beginnt mit einer sprechenden Kuh, die das Evangelium verkündet, und endet mit einem Fragebogen, der danach fragt, ob man nun vom richtigen Weg überzeugt sei.

Levine Museum of the New South MUSEUM
(www.museumofthenewsouth.org; 200 E 7th St; Erw./Kind 8/5 US$; ⌚ Mo–Sa 10–17, So 12–17 Uhr) Das raffinierte Museum beherbergt eine informative Dauerausstellung zu Kultur und Geschichte der Südstaaten nach dem Bür-

gerkrieg und beschäftigt sich mit Themen wie Pachtfarmen oder Sitzblockaden.

★ US National Whitewater Center ABENTEUERSPORT
(www.usnwc.org; 5000 Whitewater Center Pkwy; Tageskomplettpass Erw./Kind 54/44 US$, einzelne Aktivitäten 20–25 US$, 3-stündige Baumwipfeltour 89 US$; ⏲ Sonnenaufgang–Sonnenuntergang) Die 160 ha große Mischung aus Natur- und Wasserpark ist der absolute Hammer und wartet mit der größten künstlichen Wildwasseranlage der Welt auf. In den Stromschnellen trainieren Kanuten und Kajakfahrer für die Olympischen Spiele. Besucher können auf der Anlage im Rahmen einer geführten Raftingtour paddeln oder eine andere abenteuerliche Aktivität des Centers ausprobieren: Es gibt eine Seilrutsche, eine Kletterwand im Freien, einen Hochseilparcours, Stehpaddelbretter, Baumwipfeltouren durch den umliegenden Wald und kilometerweise Wander- und Mountainbikewege. Parken kostet 5 US$.

Charlotte Motor Speedway RENNSTRECKE
(www.charlottemotorspeedway.com; Führungen 12 US$; ⏲ Führungen Mo–Sa 9.30–15.30, So 13.30–15.30 Uhr) Auf der 12 Meilen (19 km) nordöstlich der Stadt gelegenen Strecke, die sogar vom Weltall aus zu erkennen ist, finden Nascar-Rennen statt, die in der Region verwurzelte Leidenschaft der Südstaatler. Für den ultimativen Kick bzw. eine Nahtoderfahrung sorgen bei bis zu 265 km/h die Fahrten in einem echten Stockcar, durchgeführt von **Richard Petty Driving Experience** (☎ 800-237-3889; www.drivepetty.com; Fahrt ab 59 US$).

Schlafen & Essen

Viele Hotels in der Uptown sind auf Geschäftsreisende ausgerichtet, sodass die Preise am Wochenende oft sinken. Entlang der I-85 und der I-77 finden sich die günstigeren Hotelketten. Die Restaurants und Bars der Uptown werden vorwiegend von adrett gekleideten Bankern besucht, während man in den Pubs und Bistros in NoDa eine entspanntere Klientel (und mehr Tattooträger) antrifft.

Duke Mansion B&B $$
(☎ 704-714-4400; www.dukemansion.com; 400 Hermitage Rd; Zi. 99–219 US$, Suite 279 US$; P ❄ @ 🛜) Der stattliche Inn mit weißen Säulen liegt in einer Wohngegend voller Eichen, war im 19. Jh. der Wohnsitz des Tabakmillionärs James B. Duke und hat sich das ruhige, trauliche Flair eines edlen Privathauses bewahrt. Die meisten Zimmer haben hohe Decken und eine eigene Schlafveranda.

Hyatt House HOTEL $$
(☎ 704-373-9700; www.charlottecentercity.house.hyatt.com; 435 E Trade St; Zi. ab 239 US$; P ❄ @ 🛜) Das ehemalige Hotel Sierra ist eine schicke, in futuristischen Dunkelgrau- und Hellgrüntönen gehaltene Unterkunft mit einer schicken Lobby. Die Parkgebühr beträgt pro Nacht 22 US$.

★ Price's Chicken Coop SÜDSTAATENKÜCHE $
(www.priceschickencoop.com; 1614 Camden Rd; Hauptgerichte 2–11 US$; ⏲ Di–Sa 10–18 Uhr) Das leicht gammelige Price's ist eine Institution in Charlotte, und seine Brathähnchen schaffen es regelmäßig auf die Liste der „Best Fried Chicken in America". Einfach anstellen, bei einem der zahllosen Köche in weißen Kitteln einen Dark Quarter oder eine White Half bestellen und das Ganze dann draußen (keine Sitzmöglichkeiten) verspeisen! Nur Barzahlung möglich.

Mac's Speed Shop SÜDSTAATENKÜCHE $$
(☎ 704-522-6227; www.macspeedshop.com; 2511 South Blvd; Hauptgerichte 8–16 US$; ⏲ So–Di 11–24, Mi–Sa 11–2 Uhr) Im Mac's Speed Shop, einem BBQ-Laden in einer ehemaligen Tankstelle, gibt's neben Gegrilltem lokal gebrautes Bier und Livemusk. Man kann drinnen oder draußen auf der Terrasse sitzen und dabei meist ein beeindruckendes Motorradaufgebot bestaunen.

Soul Gastrolounge Tapas SUSHI $$
(☎ 704-348-1848; www.souldgastrolounge.com; 1500 Central Ave; Hauptgerichte 5–18 US$; ⏲ Mo–Sa 17–2, So 11–15 & 17–2 Uhr) An der Plaza Midtown wird in dieser einfachen, aber temperamentvollen Kneipe eine global inspirierte Auswahl kleiner Gerichte serviert: griechisches Spanakopita, koreanisches BBQ, kubanische Panini, Sushi ...

Praktische Informationen

Das alternative Wochenblatt *Creative Loafing* (charlotte.creativeloafting.com) informiert über das Unterhaltungsangebot der Stadt.

Bibliothek (College St) Hier gibt's 90 PCs mit kostenlosem Internetzugang.

Visitor Center (☎ 800-231-4636, 704-331-2700; www.charlottesgotalot.com; 330 S Tryon St; ⏲ Mo–Fr 8.30–17, Sa 9–15 Uhr) Das Visitor Center in der Downtown gibt eigene Stadtpläne und einen eigenen Stadtführer heraus.

Anreise & Unterwegs vor Ort

Der **Charlotte Douglas International Airport** (CLT; ☎ 704-359-4027; www.charmeck.org/departments/airport; 5501 Josh Birmingham Pkwy) ist ein Drehkreuz von US Airways mit Direktflügen ab Europa. Sowohl der **Greyhound-Busbahnhof** (601 W Trade St) als auch der Bahnhof von **Amtrak** (1914 N Tryon St) liegen in bequemer Nähe zur Uptown. **Charlotte Area Transit** (www.charmeck.org; 310 E Trade St) betreibt die Stadtbusse und Straßenbahnen.

North Carolina Mountains

Schon seit Jahrhunderten werden Menschen, die sich auf einer Suche gleich welcher Art befinden, von diesen alten Bergen magisch angezogen: Die Cherokee kamen wegen der Jagdgründe, schottisch-irische Einwanderer hofften im 18. Jh. auf ein besseres Leben, und vornehme Orte wie Blowing Rock lockten Kranke mit ihrer frischen Höhenluft an. Heute zieht es Abenteurer und Naturliebhaber wegen der schönen Panoramastraßen, Waldwanderwege und tosenden Flüsse hierher.

Zu den Appalachen im westlichen Teil des Bundesstaats gehören die Gebirgsketten der Great Smoky, Blue Ridge, Pisgah und Black Mountains. Die kühlen Hügel erscheinen durch den Bewuchs mit Hemlocktannen, Kiefern und Eichen blaugrün, in den Wäldern leben Pumas, Hirsche, Schwarzbären, wilde Truthähne und Virginia-Uhus. Möglichkeiten zum Wandern, Campen, Klettern und Raften gibt es in Hülle und Fülle, und nach jeder Kurve zeigt sich ein neues, atemberaubendes Fotomotiv.

High Country

Der nordwestliche Teil des Bundesstaats nennt sich „High Country". Die größten Orte hier sind Boone, Blowing Rock und Banner Elk, die alle eine kurze Fahrt vom Blue Ridge Pkwy entfernt liegen. In dem lebendigen Collegestädtchen **Boone** sitzt die Appalachian State University (ASU). **Blowing Rock** und **Banner Elk** sind idyllische Touristenzentren in der Nähe der Winterskigebiete.

Sehenswertes & Aktivitäten

Der Hwy 321 von Blowing Rock nach Boone ist gespickt mit **Edelsteinfeldern** und anderen Touristenfallen. In Boone kann man einen Blick in die Geschäfte auf der King St sowie auf die **Bronzestatue** der hiesigen Bluegrass-Legende Doc Watson werfen. Er zupft die Saiten seiner Gitarre an der Ecke King St und Depot St.

Tweetsie Railroad VERGNÜGUNGSPARK
(☎ 877-893-3874; www.tweetsie.com; 300 Tweetsie Railroad Ln; Erw./Kind 37/23 US$; ⌚ Juni–Aug. tgl. 9–18 Uhr, Mitte April–Mai, Sept. & Okt. Fr–So; 👪) Sehr beliebter, thematisch am Wilden Westen orientierter Vergnügungspark. Highlight ist ein mit Kohle befeuerter Dampfzug von 1917, der an plündernden Indianern und heldenhaften Cowboys vorbeituckert.

Grandfather Mountain WANDERN
(☎ 828-733-4337; www.grandfather.com; Blue Ridge Pkwy Mile 305; Erw./Kind 4–12 Jahre 18/8 US$; ⌚ Juni–Aug. 8–19 Uhr) Nach der obligatorischen Überquerung der in schwindelerregender Höhe verlaufenden Hängebrücke kann man den Touristenmassen am besten auf einem der elf Wanderwege entkommen. Auf dem schwierigsten von ihnen kraxelt man auch schon mal auf Händen und Knien steile Anhöhen hinauf. Die Familie, welcher der Berg gehört, verkaufte das Hinterland 2008 an die State-Park-Behörden, die im Jahr darauf den **Grandfather Mountain State Park** (www.ncparks.gov) eröffneten.

River and Earth Adventures OUTDOOR-AKTIVITÄTEN
(☎ 828-963-5491; www.raftcavehike.com; 1655 Hwy 105; Rafting halber/ganzer Tag ab 60/100 US$; 👪) Hier wird alles Mögliche geboten, von familienfreundlichen Höhlenwanderungen bis hin zu Raftingtouren mit Stromschnellen der Kategorie V in der Watauga Gorge. Die umweltbewussten Guides versorgen die Teilnehmer sogar mit Bio-Lunch-Paketen. Es können auch Kanus und Kajaks geliehen werden.

Schlafen & Essen

In Boone gibt's Kettenhotels en masse. Private Campingplätze und B&Bs liegen in den Hügeln verstreut.

Mast Farm Inn B&B $$
(☎ 828-963-5857; www.themastfarminn.com; 2543 Broadstone Rd, Vale Crucis; Zi./Cottage inkl. Frühstück ab 209/349 US$; P ❄ 📶) Das restaurierte Farmhaus in dem wunderschönen Dörfchen Valle Crucis steht mit seinen alten Holzdielen, Badewannen mit Klauenfüßen und selbst gemachten Sahnebonbons auf dem Nachttisch für rustikalen Komfort. Das angeschlossene Restaurant Simplicity lohnt

wegen seiner gehobenen Bergküche allein schon einen Besuch.

Six Pence Pub PUB $$

(www.sixpencepub.com; 1121 Main St, Blowing Rock; Hauptgerichte 9–18 US$; ⌚Restaurant So–Do 11.30–22.30, Fr & Sa bis 24 Uhr, Bar bis 2 Uhr) Die Barkeeper dieses lebhaften britischen Pubs haben auf alles ein wachsames, aber freundliches Auge. Die Shepherd's Pie ist hier kein matschiges Etwas, sondern hübsch und adrett auf dem Teller drapiert.

Hob Nob Farm Cafe CAFÉ $$

(www.hobnobfarmcafe.com; 506 West King St, Boone; Frühstück & Mittagessen 3–12 US$, Abendessen 8–15 US$; ⌚Mi–So 10–22 Uhr;) In dem bunt bemalten Cottage nahe der ASU verschlingt die hungrige Klientel warme Avocado-Tempeh-Sandwiches, Thai-Currys und saftige Burger mit Rindfleisch aus der Region. Brunch bis 17 Uhr.

Praktische Informationen

Visitor Center (800-438-7500, 828-264-1299; www.highcountryhost.com; 1700 Blowing Rock Rd; ⌚Mo–Sa 9–17, So bis 15 Uhr) Im High Country Visitor Center gibt's Infos zu Unterkünften und Outdoor-Veranstaltern.

Asheville

Mit seinen Kleinbrauereien, dekadenten Schokoladenläden und stilvollen Restaurants mit moderner Südstaaten-Cuisine ist Ashville eine der angesagtesten Kleinstädte im Osten. Hochglanzmagazine geraten regelrecht ins Schwärmen. Man darf sich aber nicht von den Hipstern und dem ganzen Pomp blenden lassen. Im Herzen ist Ashville noch immer ein kleines Bergdorf, das einfach über seine einstigen Grenzen hinausgewachsen ist, und hält an seinen Wurzeln fest. Das sieht man auf den ersten Blick: Auf der Biltmore Ave fidelt ein Straßenmusikant einsam ein Liedchen, und überall in den Restaurants langen Wanderer nach der Besteigung des Mt. Pisgah kräftig zu. Vom Blue Ridge Parkway, der am Stadtrand verläuft, fahren immer wieder Traveller ab, um die Stadt zu besichtigen. Auch eine große Künstlergemeinde sowie eine Menge Hardcore-Hippies, die kaum zu übersehen sind, sorgen dafür, dass Asheville authentisch bleibt.

Sehenswertes

Die kompakte Innenstadt lässt sich problemlos zu Fuß erkunden. Die Art-déco-Gebäude haben sich seit den 1930er-Jahren kaum verändert. Es gibt auch großartige Shoppingmöglichkeiten, von Läden mit total überkandidelten Hippie-Kerzen über Vintage-Shops bis hin zu hochwertiger Kunst aus der Gegend. Der noch immer düstere, aber coole Westen der Stadt ist gerade schwer angesagt.

★ Biltmore Estate HAUS, GARTENANLAGE

(800-543-2961; www.biltmore.com; 1 Approach Rd; Erw./Kind unter 16 Jahre ab 59/30 US$; ⌚Haus 9–16.30 Uhr) Das 1895 für den Schifffahrts- und Eisenbahnmagnaten George Washington Vanderbilt II erbaute Biltmore ist das größte Privatwohnhaus der USA und Ashevilles wichtigste Touristenattraktion. Vanderbilt gestaltete das Haus nach dem Vorbild der großen Schlösser, die er auf seinen Reisen nach Europa gesehen hatte. Die Besichtigung des Anwesens und des über 100 ha großen, wunderschön gepflegten Grundstückes dauert mehrere Stunden.

Das Haus kann auf eigene Faust besichtigt werden, wer aber etwas mehr erfahren möchte, holt sich für weitere 10 US$ einen Audioguide. Man kann auch Führungen hinter die Kulissen buchen (17 US$), bei denen man mehr über die Architektur, die Familie oder die Bediensteten erfährt.

Es gibt hier zahlreiche Cafés, einen Souvenirladen von der Größe eines kleinen Supermarkts, ein piekfeines Hotel und eine preisgekrönte Winzerei mit kostenlosen Weinproben. In Antler Village vermittelt die neue Ausstellung über Biltmores Vermächtnis mit dem Titel *The Vanderbilts at Home and Abroad* einen persönlicheren Einblick in das Familienleben.

Chimney Rock Park PARK

(www.chimneyrockpark.com; Hwy 64/74A; Erw./Kind 15/7 US$; ⌚Ende März–Okt. 8.30–17.30 Uhr, Nov.–Feb. wechselnde Öffnungszeiten) In diesem Park 20 Meilen (32 km) südöstlich von Asheville flattert die amerikanische Nationalflagge auf der Spitze des 96 m hohen Granitmonolithen im Wind, der dem beliebten Ausflugsziel seinen Namen gegeben hat. Ein Aufzug bringt die Besucher hinauf zum „Kamin" *(chimney)*. Das eigentliche Highlight ist jedoch die wunderbare Wanderung entlang der Klippen bis zu einem 123 m hohen Wasserfall. Der Park befand sich einst in Privatbesitz und gehört heute zum State-Park-Netzwerk; der Zugang zum Monolithen wird jedoch auch weiterhin kommerziell verwaltet.

Thomas Wolfe Memorial HAUS
(www.wolfememorial.com; 52 N Market St; Museum frei, Führung durchs Haus 5 US$; ⏲ Di–Sa 9–17 Uhr) GRATIS Diese in der Innenstadt gelegene Gedenkstätte ist Thomas Wolfe, dem Autor von *Schau heimwärts, Engel* gewidmet. Der Autor wuchs in Asheville auf, das ihm als Inspiration für den Schauplatz des Romans diente. Neben dem kleinen Museum wird auch eine Führung durch das Haus angeboten.

Geführte Touren

Brews Cruise KLEINBRAUEREIN
(☎ 828-545-5181; www.ashevillebrewscruise.com; 50–55 US$/Pers.) Bei der Brews Cruise werden verschiedene Kleinbrauereien in Asheville besichtigt.

Lazoom Comedy Tour COMEDY
(☎ 828-225-6932; www.lazoomtours.com; 21–24 US$/Pers.) Eine Fahrt mit diesem lilafarbenen Bus verspricht, eine hysterisch-historische Stadttour zu werden. Alkohol darf selbst mitgebracht werden.

Schlafen

Die **Asheville Bed & Breakfast Association** (☎ 877-262-6867; www.ashevillebba.com) vermittelt zahlreiche B&Bs in der Gegend, von Lebkuchenhäusern bis hin zu Almhütten.

Sweet Peas HOSTEL $
(☎ 828-285-8488; www.sweetpeashostel.com; 23 Rankin Ave; B/Pod/Zi. 28/35/60 US$; P ❄ @ 📶) Dieses picobello saubere Hostel könnte mit seinen qualitativ hochwertigen Stockbetten aus Stahl und den Schlaf-„Pods" aus hellem Holz glatt einem Ikea-Katalog entsprungen sein. Die loftähnliche Unterkunft ist offen gestaltet, und so kann es auch mitunter recht laut werden (der Pub im Erdgeschoss tut sein Übriges dazu). Fehlende Privatsphäre und Ruhe werden jedoch durch Stil, Sauberkeit, Geselligkeit und die unschlagbare Lage im Zentrum wieder wettgemacht.

Campfire Lodgings CAMPING $$
(☎ 828-658-8012; www.campfirelodgings.com; 116 Appalachian Village Rd; Stellplatz f. Zelt/Wohnmobil 38/45 US$, Jurte ab 115 US$, Hütte 160 US$; P ❄ 📶) Wenn doch nur alle Jurten dieser Welt mit einem Flachbild-TV ausgestattet wären… In diesen voll möblierten Zelten mit mehreren „Zimmern" an einem Hang nächtigen die wohl stilvollsten mongolischen Nomaden der Welt. Es gibt auch Hütten und Stellplätze für Zelte. Die Wohnwagenstellplätze haben WLAN-Zugang sowie einen wunderschönen Ausblick auf das Tal.

Grove Park Inn Resort & Spa RESORT $$$
(☎ 828-252-2711; www.groveparkinn.com; 290 Macon Ave; Zi. ab 269 US$; P ❄ @ 📶 🏊 🐾) Dieser gigantische, im Stil der Arts-&-Craft-Bewegung errichtete Steinbau feierte 2013 sein 100-jähriges Jubiläum, und sein rüstiges, stattliches Äußeres lässt in so manchem Betrachter die Lust auf Abenteuer aufkeimen. Wer nun Angst hat, man müsse hier auf moderne Annehmlichkeiten verzichten, der sei beruhigt: In den gut ausgestatteten Zimmern gibt es alles, was der moderne Reisende des 21. Jhs. so braucht. Zudem gibt es eine unterirdische Wellnessgrotte mit Steinbecken und einen künstlichen Wasserfall. Das Nantahala Outdoor Center (S. 386) hat kürzlich erst sein „Basislager" hier eröffnet, das mit dem LEED-Preis für energie- und umweltbewusstes Design ausgezeichnet wurde.

Aloft Asheville HOTEL $$$
(☎ 828-232-2838; www.aloftasheville.com; 51 Biltmore Ave; Zi. ab 242 US$; P ❄ @ 📶 🏊 🐾) Im ersten Moment kommt man sich in diesem neuen Hotel in der Downtown wie in einer Hipster-Community vor: Es gibt eine riesige Wandtafel in der Lobby, coole, junge Angestellte und eine in Neontönen gehaltene Lounge mit knalligen Retro-Stühlen. Fehlt nur noch der bärtige Typ mit Wollmütze und einem Bier aus einer Kleinbrauerei in der Hand – ach halt, da drüben ist er ja! O.k., kleiner Scherz. Wenn man sich erst einmal auf das Aloft einlässt, merkt man, dass die Angestellten sehr gut informiert und die Zimmer groß sind und dass das Flair gesellig ist. Von hier bis zu allen wichtigen Highlights im Zentrum, u.a. zum Orange Peel (S. 384), ist es nur ein Katzensprung.

Essen

Asheville ist ein tolles Ziel für Feinschmecker. Viele Besucher kommen tatsächlich nur wegen des Essens hierher.

★ **12 Bones** BARBECUE $
(www.12bones.com; 5 Riverside Dr; Gerichte 4–20 US$; ⏲ Mo–Fr 11–16 Uhr) Mannomann, ist das lecker! Himmlisch zarte Fleischstücke werden hier schonend in perfekter Manier zubereitet, und die Beilagen, von Maisgrütze mit Jalapeños und Käse bis hin zu in Butter gewendeten grünen Bohnen, sind so köstlich, dass man die ganze Welt umarmen

möchte. An der Theke bestellen, sich einen Picknicktisch krallen und mit sich und der Welt zufrieden sein!

Sunny Point Cafe CAFÉ $
(www.sunnypointcafe.com; 626 Haywood Rd; Frühstück & Mittagessen 8–12 US$, Abendessen 8–17 US$; ⌚ So & Mo 8.30–14.30, Di–Sa bis 21 Uhr) Ein freundliches Café in West Asheville, das wegen seiner herzhaften Hausmannskost beliebt ist. Die *huevos rancheros* (Tortilla mit Spiegelei) mit Feta und Chorizo sind aus gutem Grund unter den Favoriten. Hier wird sehr viel Wert auf frische Bio-Zutaten gelegt, und das Café hat sogar seinen eigenen Garten. Die Kekse sind ein Traum.

French Broad Chocolate Lounge BÄCKEREI, DESSERTS $
(www.frenchbroadchocolates.com; 10 S Lexington; Snacks 2–6 US$; ⌚ So–Do 11–23, Fr & Sa bis 24 Uhr) Wir sagen nur: sorgfältig hergestellte Bio-Schokolade, „flüssiger Trüffel" zum Trinken, Starkbier aus der Region und dazu Vanilleeis. Schon unterwegs dorthin?

★ Admiral MODERN-AMERIKANISCH $$
(☎ 828-252-2541; www.theadmirainc.com; 400 Haywood Rd; kleine Portion 10–14 US$, große Portion 22–30 US$; ⌚ 17–22 Uhr) Von außen sieht dieser Betonbunker neben einem Autofriedhof zunächst aus wie eine kleine Spelunke. Betritt man jedoch das Innerer des Restaurants, vollzieht sich eine geheimnisvolle Metamorphose. Das bewusst unauffällige Admiral in West Asheville gehört zu den besten Adressen für moderne amerikanische Küche im Bundesstaat und serviert gewagt-kreative, aber himmlisch leckere Gerichte wie Flat-Iron Steak mit Sojasauce, Kartoffelbrei und vietnamesischem Krautsalat. Wer nicht reserviert hat, kann auch am Tresen Platz nehmen.

Tupelo Honey MODERNE SÜDSTAATENKÜCHE $$
(☎ 828-255-4863; www.tupelohoneycafe.com; 12 College St; Frühstück 7–15 US$, Mittagessen & Abendessen 10–28 US$; ⌚ 9–22 Uhr) Das beliebte, alteingesessene Bistro serviert moderne Südstaatenküche wie Shrimps mit Maisgrütze und Ziegenkäse. Das Frühstück ist hervorragend, aber egal zu welcher Tageszeit: Einen der leckeren Kekse (mit einem Klecks Honig) sollte man sich immer genehmigen.

Ausgehen & Unterhaltung

Im Zentrum von Asheville gibt es jede Menge Bars und Cafés, von studentischen Bruderschaftskneipen bis hin zu winzigen alternativen Hippieläden mit Wasserpfeifen im Angebot. West Asheville verströmt eine entspanntere Kleinstadtatmosphäre. Nähere Infos zu den über 20 Kleinbrauereien und Bierstuben in der Region gibt's unter www.ashevillealetrail.com.

Wicked Weed KLEINBRAUEREI
(www.wickedweedbrewing.com; 91 Biltmore Ave) Heinrich VIII. bezeichnete Hopfen als „sündhaftes und gefährliches Unkraut" *(wicked weed)*, das den Geschmack des Biers verderbe. Seine Untergebenen tranken es trotzdem – ebenso wie die zahllosen durstigen Gäste dieser neuen Kleinbrauerei, die vor lauter Gerstensaft zu bersten droht. Sie ist in einer ehemaligen Tankstelle untergebracht und hat vor dem Haus eine ausladende, luftige Terrasse, auf der man prima relaxen kann.

Thirsty Monk BRAUEREIPUB
(www.monkpub.com; 95 Patton Ave; ⌚ Mo–Do 16–24, Fr & Sa 12–2, So 12–22 Uhr) In der etwas schmuddeligen, aber liebenswerten Bar gibt's einige handwerklich gebraute Biere aus North Carolina sowie belgisches Ale.

Jack of the Wood PUB
(www.jackofthewood.com; 95 Patton Ave) In dem keltischen Pub kommt man bei einer Flasche Bio-Bier wunderbar mit der Stammkundschaft ins Gespräch, die etwa zwischen 20 und 30 Jahre alt ist.

Asheville Pizza & Brewing Company BRAUEREI, KINO
(www.ashevillebrewing.com; 675 Merrimon Ave; Kino 3 US$; ⌚ Kino 13, 16, 19 & 22 Uhr) In dem kleinen Theater der einzigartigen Brauerei können sich Gäste Filme ansehen.

Orange Peel LIVEMUSIK
(www.theorangepeel.net; 101 Biltmore Ave; Tickets 15–33 US$) In der lagerhausähnlichen Location treten namhafte Indie- und Punk-Bands auf.

Grey Eagle LIVEMUSIK
(www.thegreyeagle.com; 185 Clingman Ave; Tickets 5–20 US$) Bluegrass und Jazz.

ℹ Praktische Informationen

Bibliothek (67 Haywood Ave) Die öffentliche Bibliothek hat PCs mit kostenlosem Internetzugang.

Visitor Center (☎ 828-258-6129; www.exploreasheville.com; 36 Montford Ave; ⌚ Mo–Fr 9–17.30, Sa & So 9–17 Uhr) Das hübsche neue Visitor Center liegt am Exit 4C der I-240.

Anreise & Unterwegs vor Ort

Asheville Transit (www.ashevilletransit.com; Tickets 1 US$) betreibt 16 städtische Buslinien, die größtenteils von Montag bis Samstag zwischen 6.30 und etwa 20 Uhr in Betrieb sind. Auf dem **Asheville Regional Airport** (AVL; ☎828-684-2226; www.flyavl.com), etwa 20 Minuten südlich der Stadt, starten und landen eine Handvoll Direktflüge, u. a. ab/nach Atlanta, Charlotte, Chicago und New York. **Greyhound** (2 Tunnel Rd) befindet sich nordöstlich vom Stadtzentrum.

Great Smoky Mountains National Park

Der 211 ha große Great Smoky Mountains National Park ist ein stimmungsvoller, märchenhafter Ort. Er zählt zu den artenreichsten Gebieten der Erde, und die Landschaftsformen reichen von tiefen, dunklen Fichtenwäldern über sonnengeflutete, mit Gänseblümchen und wilden Möhren gesprenkelte Weiden bis hin zu breiten, braun schimmernden Flüssen. Es gibt unzählige Möglichkeiten zum Wandern und Campen, Reiten, Radfahren (mit Verleih) und Fliegenfischen. Wegen der über 9,6 Mio. Besucher pro Jahr – also der höchsten Besucherzahl aller Nationalparks in den USA – wird es hier aber leider oft unangenehm voll. Allerdings ist der in North Carolina gelegene Teil des Parks weniger frequentiert als der Tennessee-Teil, sodass man selbst in den touristischen Hochzeiten im Sommer noch viel Platz für sich hat (S. 425).

Die Newfound Gap Rd (Hwy 441) ist die einzige Hauptverkehrsstraße durch den Great Smoky Mountains National Park. Sie windet sich durch die Berge von Gatlinburg in Tennessee bis nach Cherokee und zum geschäftigen **Oconaluftee Visitor Center** (☎allgemeine Informationen 865-436-1200, Visitor Center 865-436-1200; www.nps.gov/grsm; Hwy 441; ⊙Juni–Aug. 8–19 Uhr, Sept.–Mai wechselnde Öffnungszeiten) GRATIS im Südosten, das Campinggenehmigungen für das Hinterland erteilt. Der **Oconaluftee River Trail** ist einer von nur zwei Wanderwegen im Nationalpark, an dem Hunde an der Leine mitgenommen werden dürfen. Er beginnt am Visitor Center und verläuft 2,4 km am Fluss entlang.

Auf dem Gelände befindet sich auch das **Mountain Farm Museum** (☎423-436-1200; www.nps.gov/grsm; ⊙Sonnenaufgang–Sonnenuntergang), ein restaurierter Bauernhof aus dem 19. Jh. mit Scheune, Schmiede und Räucherkammer (in der echte Schweineköpfe hängen). Alles wurde von Originalgebäuden aus verschiedenen Teilen des Parks zusammengetragen. Gleich nördlich liegt die **Mingus Mill** (Besichtigung auf eigene Faust gratis; ⊙Mitte März–Mitte Nov. tgl. 9–17 Uhr, zusätzl. am Thanksgiving-Wochenende 9–17 Uhr). In der von Turbinen angetriebenen Mühle von 1886 werden noch immer Weizen und Mais gemahlen. Ein paar Kilometer weiter liegt der einzige ganzjährig geöffnete Campingplatz in North Carolina, der **Smokemont Campground** (www.nps.gov/grsm; Zelt/Stellplatz 20 US$).

Im Osten erwartet das abgeschiedene **Cataloochee Valley** Besucher mit mehreren historischen Bauten, zwischen denen sie umherstreifen können. Es ist ein prima Ort, wenn man nach Wapiti-Hirschen und Schwarzbären Ausschau halten will.

TAGESWANDERUNGEN IN DEN SMOKYS

Im Folgenden eine Auswahl kurzer Wanderstrecken im North-Carolina-Teil des Great Smoky Mountains National Park:

Big Creek Trail Eine angenehme, 3,2 km lange Strecke zu den Mouse Creek Falls; man kann noch 4,8 km weiter bis zu einem Campingplatz im Hinterland wandern. Der Ausgangspunkt des Weges liegt nahe der I-40 am nordöstlichen Rand des Parks.

Boogerman Trail Der mittelschwere, 11 km lange Rundkurs, der an alten Bauernhöfen vorbeiführt, ist über die Cove Creek Rd zu erreichen.

Chasteen Creek Falls Dieser 6,4 km lange Rundweg beginnt am Smokemont Campground und führt an einem kleinen Wasserfall vorbei.

Shuckstack Tower Der Weg beginnt an dem gewaltigen Fontana Dam. Nach einem 5,6 km langen Aufstieg gelangt man zu einem alten Feuerwachturm mit traumhafter Aussicht.

Rund um den Great Smoky Mountains National Park

Die westlichste Ecke des Bundesstaats ist von Parklandschaft bedeckt, in der winzige Bergdörfer verstreut liegen. Das geschichtsträchtige Gebiet blickt auf eine traurige Vergangenheit zurück: In den 1830er-Jahren wurden viele der damals hier lebenden Cherokee auf dem „Pfad der Tränen" in Richtung Oklahoma vertrieben. Die Nachfahren derer, die flüchten konnten, werden heute als die „Eastern Band of the Cherokee" bezeichnet. Von ihnen leben noch etwa 12 000 in dem 227 km² großen Reservat Qualla Boundary am Rande des Great Smoky Mountains National Park.

Am Rand des Qualla Boundary liegt das Örtchen **Cherokee** voller nachgemachter Indianersouvenirs, Fast-Food-Läden und mit dem **Harrah's Cherokee Casino** (www.harrahscherokee.com; 777 Casino Dr). Hier gibt es eine beeindruckende Wasser- und Videoshow, die Rotunda, mitten in der Lobby. Die beste Attraktion ist das moderne und fesselnde **Museum of the Cherokee Indian** (☎828-497-3481; www.cherokeemuseum.org; 589 Tsali Blvd/Hwy 441, an der Drama Rd; Erw./Kind 6–12 Jahre 10/6 US$; ⏲tgl. 9–17 Uhr, Juni–Aug. Mo–Sa bis 19 Uhr), das eine interessante Ausstellung zum Pfad der Tränen (Trail of Tears) zeigt.

Südlich von Cherokee liegen der Pisgah und der Nantahala National Forest. Dort gibt es Millionen Hektar dichten Laubwalds, windgepeitschte, kahle Berggipfel und einige der besten Wildwasserstrecken des Landes. Durch beide Gebiete führen Teile des Appalachian Trail. Zu den Highlights des **Pisgah National Forest** gehören die blubbernden Becken im Örtchen **Hot Springs** (www.hotspringsnc.org), die natürliche Wasserrutsche am **Sliding Rock** sowie der 48 km lange Rundwanderweg hinauf zum Gipfel des 1744 m hohen **Mt. Pisgah**, von dem aus man auf den aus Buch und Film bekannten Cold Mountain blickt. Im **Nantahala National Forest** finden sich mehrere beschauliche Seen und Dutzende tosender Wasserfälle.

Unmittelbar nördlich von Nantahala liegt das urige **Bryson City**, ein idealer Ausgangspunkt für verschiedene Outdoor-Abenteuer. Hier befindet sich auch das sehr empfehlenswerte **Nantahala Outdoor Center** (NOC; ☎828-488-2176, 888-905-7238; www.noc.com; 13077 Hwy 19/74; Kajak-/Kanuverleih pro Tag 30/50 US$, geführte Tour 30–189 US$), das sich auf nasse, wilde Raftingtrips auf den Flüssen Nantahala, French Broad, Pigeon und Ocoee spezialisiert hat. Es existieren auch eine Seilrutsche und ein Hochseilturm sowie eine angeschlossene Lodge und ein Restaurant. Auch der Appalachian Trail verläuft über das Gelände. **Great Smoky Mountains Railroad** (☎800-872-4681; www.gsmr.com; 226 Everett St, Bryson City; Fahrt durch die Nantahala Gorge Erw./Kind 2–12 Jahre ab 55/31 US$; ⏲März–Dez.) bietet vom Bahnhof in Bryson City aus idyllische Panoramafahrten durch das beeindruckende Flusstal an. Wer auf der Suche nach einer Unterkunft oder einem Restaurant ist, wird im vornehmen **Fryemont Inn** (☎828-488-2159; www.fryemontinn.com; 245 Fryemont St; Lodge/Suite/Hütte ab 110/180/245 US$; Nicht-Gäste Frühstück 6–9 US$, Abendessen 20–29 US$; ⏲Restaurant So–Di 8–10 & 18–20 Uhr, Mitte April–Ende Nov. Fr & Sa 18–21 Uhr; P≋) fündig, einer Lodge mit Restaurant in Familienbesitz. Von der Frontveranda des mit Baumrinde verkleideten Inn blickt man direkt auf die Smokies sowie das Zentrum von Bryson City.

SOUTH CAROLINA

In South Carolina, dort, wo der „Deep South", der tiefe Süden, beginnt, ist die Luft heißer, der Dialekt ausgeprägter, und Traditionen nehmen einen höheren Stellenwert

KULTUR DER GULLAH

Afrikanische Sklaven wurden aus der als Reisküste bekannten Region (Sierra Leone, Senegal, Gambia und Angola) in eine Welt abgelegener Inseln verschleppt, die mit ihren sumpfigen Küstengebieten, der tropischen Vegetation und den heißen, schwülen Sommermonaten ihrer Heimat überraschend stark ähnelte.

Diese neuen Afroamerikaner konnten selbst nach der Abschaffung der Sklaverei und bis weit ins 20. Jh. hinein an vielen ihrer alten Traditionen festhalten. Die sich daraus entwickelnde Gullah-Kultur (auch Geechee-Kultur) besitzt eine eigene Sprache – eine auf dem Englischen basierende Kreolsprache mit zahlreichen afrikanischen Wörtern und eigenem Satzbau – und hat sich viele Traditionen wie das Erzählen von Geschichten, die Kunst, Musik und das Kunsthandwerk bewahrt. Die Gullah-Kultur wird jedes Jahr mit dem lebendigen **Gullah Festival** (www.gullahfestival.org; ⏲Ende Mai) in Beaufort gefeiert. Typische Gullah-Gerichte bekommt man beim Mittagsbuffet im **Gullah Cuisine** (www.gullahcuisine.net; 1717 Hwy 17 N; Buffet Erw./Kind 8,25/4,50 US$) in Mt. Pleasant.

ein. Von den Patrioten aus der Zeit des Amerikanischen Unabhängigkeitskriegs über die Abtrünnigenregierung der 1860er bis hin zur aktuellen streitsüchtigen Führungsriege des Staates hat der Palmetto State niemals eine Konfrontation gescheut.

Der Bundesstaat erstreckt sich vom silbrigen Sand der Atlantikküste westwärts über die Küstenebene und durch Piedmont bis hinauf zu den Blue Ridge Mountains. Die meisten Traveller beschränken sich auf die Küste mit ihren hübschen Städten aus der Antebellum-Ära und die palmengesäumten Strände. Doch das Hinterland wartet mit einer Vielzahl verschlafener alter Städtchen, wilder, nicht erschlossener State Parks und gespenstisch düsterer Sümpfe auf, und auf den Inseln im Ozean kann man die sanften Gesänge der Gullah hören. Die Sprache und die Kultur wurden von ehemaligen Sklaven begründet, die über die Jahrhunderte hinweg an vielen ihrer westafrikanischen Traditionen festhielten.

Ob man nun das vornehme, nach Geranien duftende Charleston oder das grelle, kitschige Myrtle Beach besucht: South Carolina ist immer ein einnehmendes Reiseziel.

Geschichte

Im Gebiet des heutigen South Carolina lebten mehr als 28 verschiedene Indianerstämme. Viele gehörten dem Volk der Cherokee an, das in den 1830er-Jahren über den „Pfad der Tränen" gewaltsam umgesiedelt wurde.

Die Engländer gründeten die Kolonie Carolina im Jahr 1670, die ersten Siedler kamen vom britischen Vorposten Barbados, sodass die damals „Charles Towne" genannte Hafenstadt einen karibischen Touch erhielt.

Um die Küstensümpfe in Reisfelder zu verwandeln, wurden westafrikanische Sklaven ins Land verschleppt. Mitte des 18. Jhs. war das Land tief gespalten: Im „Lowcountry" herrschte eine Schicht Sklaven haltender Aristokraten, im ländlichen „Backcountry" siedelten arme Bauern aus Schottland, Irland und Deutschland.

South Carolina war der erste Staat, der sich von der Union abspaltete; die erste Schlacht des Amerikanischen Bürgerkriegs wurde bei Fort Sumter im Hafen von Charleston geschlagen. Am Ende des Krieges war ein großer Teil des Bundesstaates verwüstet.

Im 20. Jh. lebte die Bevölkerung des Bundesstaats vorrangig vom Baumwoll- und Textilhandel. Auch heute noch ist South Carolina ein relativ armer Agrarstaat, auch wenn die Tourismusindustrie an der Küste Zuwachs verzeichnet.

In den vergangenen Jahren waren der Palmetto State und seine Politiker immer wieder in den Schlagzeilen, von Nikki Haley, der ersten weiblichen Gouverneurin und der ersten Gouverneurin mit indianischen Wurzeln in diesem Amt, bis hin zum in Ungnade gefallenen ehemaligen Gouverneur und heutigen Kongressabgeordneten Mark Sanford, der in seiner Zeit als Gouverneur angeblich den Appalachian Trail beschritt, während er in Wirklichkeit seine argentinische Geliebte besuchte.

KURZINFOS SOUTH CAROLINA

Spitzname Palmetto State

Bevölkerung 4,7 Mio.

Fläche 77 982 km²

Hauptstadt Columbia (130 500 Ew.)

Weitere Stadt Charleston (122 700 Ew.)

Verkaufssteuer 6 %, plus Übernachtungssteuer von bis zu 10 %

Geburtsort von Jazzmusiker Dizzy Gillespie (1917–1993), Bürgerrechtler Jesse Jackson (geb. 1941), Boxer Joe Frazier (geb. 1944), *Wheel-of-Fortune*-Moderatorin Vanna White (geb. 1957)

Heimat der ersten öffentlichen Bibliothek (1698), des ersten Museums (1773) und der ersten Dampfeisenbahn (1833) in den USA

Politische Ausrichtung republikanische Tendenzen

Berühmt für das Abfeuern der ersten Schüsse im Amerikanischen Bürgerkrieg vom Fort Sumter in Charleston

Tanz des Bundesstaats Shag

Entfernungen Columbia–Charleston 115 Meilen (184 km), Charleston–Myrtle Beach 97 Meilen (155 km)

Praktische Informationen

South Carolina Department of Parks, Recreation & Tourism (☎ 803-734-1700; www.discoversouthcarolina.com; 1205 Pendleton St, Zi. 505; WLAN) Gibt den offiziellen Ferienführer für South Carolina heraus. In allen neun Highway Welcome Centers gibt es WLAN. Das Passwort holt man sich drinnen.

South Carolina State Parks (☎ Camping-Reservierung 866-345-7275, 803-734-0156; www.southcarolinaparks.com) Eine hilfreiche Website mit Aktivitäten, Wanderwegen und der Möglichkeit, Campingplätze online zu reservieren (die Preise variieren).

Charleston

Diese liebenswürdige Stadt empfängt Besucher mit der Wärme und Gastfreundschaft eines alten, geliebten Freundes – der leider Anfang des 18. Jhs. verstarb. Na ja, das mag vielleicht etwas übertrieben sein, aber die Kanonen, Friedhöfe und Kutschfahrten erinnern wirklich an eine vergangene Ära. Und diese historische Romantik, das kulinarische Angebot und die Liebenswürdigkeit des Südens machen Charleston zu einer der weltweit angesehensten Städte und zu einem der beliebtesten Reiseziele im Süden. Leser der Zeitschrift *Condé Nast Traveler* wählten Charleston 2012 sogar zur „Best City to Visit in the World".

Charlestons Charme kann man am besten auf sich wirken lassen, indem man ihn einfach genießt: an den historischen Gebäuden vorbeischlendern, ihre Architektur aus der Antebellum-Ära bewundern, innehalten, um den Duft des blühenden Jasmins in sich aufzusaugen, und zum Abschluss des Tages ausgiebig auf der Veranda zu Abend essen. Auch die Romantik hat hier ihren Platz, und so erblickt man überall Bräute mit vor Aufregung geröteten Wangen, die glücklich und erwartungsvoll auf den Stufen bezaubernder Kirchen stehen.

In der Hauptsaison vermischt sich der Duft von Gardenien und Heckenkirschen mit dem Geruch der Pferde vor den bereits erwähnten Kutschen, die über das Kopfsteinpflaster rumpeln. Im Winter, wenn das Wetter milder ist und die Besuchermassen sich lichten, ist Charleston ein tolles Reiseziel für die Nachsaison.

Geschichte

Schon lange vor dem Unabhängigkeitskrieg war Charles Towne (nach Karl II., engl. Charles II., benannt) einer der geschäftigsten Häfen an der Ostküste und das Zentrum der Reis anbauenden und exportierenden Kolonie. Beeinflusst von Westindien und Afrika, Frankreich und anderen europäischen Ländern entstand hier eine kosmopolitische Stadt, die nicht selten mit New Orleans verglichen wurde.

Die ersten Schüsse des Bürgerkriegs fielen bei Fort Sumter im Hafen von Charleston. Als nach dem Krieg mit der Abschaffung der Sklaverei die arbeitsintensiven Reisplantagen unrentabel wurden, verlor die Stadt an Bedeutung. Doch ein großer Teil der historischen Stadtbauten blieb zur Freude der alljährlich mehr als 4 Mio. Touristen erhalten.

Sehenswertes & Aktivitäten

Historisches Viertel

Im Viertel südlich der Beaufain St und der Hasell St befinden sich die meisten Herrenhäuser aus der Antebellum-Ära sowie Geschäfte, Bars und Cafés. An der äußersten Südspitze der Halbinsel stehen die Vorkriegsgebäude von Battery.

Gateway Walk KIRCHEN

Wegen seiner vielen Gotteshäuser wird das traditionell multikulturelle Charleston auch „Holy City" genannt. Hier fanden verfolgte Hugenotten, Baptisten und Juden Zuflucht. Der Gateway Walk, ein kaum bekannter Parkweg zwischen der Archdale St und der Philadelphia Alley, verbindet vier der schönsten historischen Kirchen der Stadt miteinander: die **St. John's Lutheran Church** (5 Clifford St) mit ihren weißen Säulen, die neugotische **Unitarian Church** (4 Archdale St), die ursprünglich 1681 geweihte, eindrucksvolle romanische **Circular Congregational Church** (150 Meeting St) und die **St. Philip's Church** (146 Church St) mit ihrem malerischen Turm und einem Friedhof aus dem 17. Jh., von dem einst ein Teil für „Fremde und durchreisende Weiße" reserviert war.

Gibbes Museum of Art GALERIE

(www.gibbesmuseum.org; 135 Meeting St; Erw./Kind 9/7 US$; ⌚ Di–Sa 10–17, So 13–17 Uhr) Hier ist eine ganz gute Sammlung von Kunstwerken aus den Südstaaten und den ganzen USA untergebracht. In der Ausstellung zeitgenössischer Kunst sind Werke von hiesigen Künstlern zu sehen; Höhepunkt sind die Arbeiten zum Leben im Lowcountry.

Old Slave Mart Museum MUSEUM

(www.nps.gov/nr/travel/charleston/osm.htm;6Chalmers St; Erw./Kind 7/5 US$; ⌚Mo–Sa 9–17 Uhr) Hier, wo einst afrikanische Männer, Frauen und Kinder bei Auktionen versteigert wurden, erinnert heute ein Museum an South Carolinas schändliche Vergangenheit. Die textlastige Ausstellung beleuchtet die Schicksale der Sklaven. Die wenigen Artefakte, etwa Fußfesseln, sind besonders schaurig. Die auf Tonband aufgezeichneten Erinnerungen des ehemaligen Sklaven Elijah Green liefern Geschichten aus erster Hand.

Old Exchange & Provost Dungeon HISTORISCHES GEBÄUDE
(www.oldexchange.org; 122 E Bay St; Erw./Kind 8/4 US$; ⌚9–17 Uhr; 👪) Kinder lieben dieses Verlies, das einst als Piratenkerker und während des Unabhängigkeitskriegs als Gefängnis für von den Briten gefangen gehaltene amerikanische Patrioten diente. Das kleine Gebäude liegt direkt neben einem stattlichen georgianisch-palladianischen Zollhaus von 1771. Die Führungen werden von kostümierten Guides geleitet.

Kahal Kadosh Beth Elohim SYNAGOGE
(www.kkbe.org; 90 Hasell St; ⌚Führung Mo–Do 10–12 & 13.30–15.30, Fr 10–12 & 13–15, So 13–16 Uhr) In der ältesten ohne Unterbrechung genutzten Synagoge der USA gibt's kostenlose sachkundige Führungen.

Battery & White Point Gardens GARTEN
Battery wird die südlichste, von einer Ufermauer geschützte Spitze der Charleston-Halbinsel genannt. In den Gärten sind Kanonen und Statuen von Kriegshelden zu sehen; von der Promenade aus erkennt man Fort Sumter.

Rainbow Row STADTVIERTEL
Von den White Point Gardens aus um die Ecke liegt dieser Abschnitt der unteren E Bay St. Wegen seiner bonbonfarbenen Häuser ist er ein sehr beliebtes Fotomotiv.

Historische Wohnhäuser

Etwa ein halbes Dutzend majestätischer historischer Wohnhäuser können besichtigt werden. Ermäßigte Kombitickets verleiten vielleicht zu einer ausgiebigen Tour, den meisten Besuchern werden ein oder zwei der Häuser jedoch ausreichen. Halbstündlich werden Führungen angeboten.

Aiken-Rhett House HISTORISCHES GEBÄUDE
(www.historiccharleston.org; 48 Elizabeth St; Eintritt 10 US$; ⌚Mo–Sa 10–17, So 14–17 Uhr) Die einzige erhaltene städtische Plantage vermittelt anhand des zugehörigen Wohnhauses faszinierende Einblicke in das Leben in der Antebellum-Ära und das Schicksal der Sklaven. Hinter dem Haupthaus kann man einen Blick in ihre Quartiere werfen, die an Schlafsäle erinnern. Die Historic Charleston Foundation verwaltet, erhält und bewahrt das Haus, restauriert es aber nicht. Das bedeutet, dass sich das Gebäude größtenteils im Originalzustand befindet.

Joseph Manigault House HISTORISCHES GEBÄUDE
(www.charlestonmuseum.org; 350 Meeting St; Eintritt 10 US$; ⌚Mo–Sa 10–17, So 13–17 Uhr) Das dreistöckige, im Federal Style erbaute Haus war einst der ganze Stolz eines französischen Hugenotten und Reisplantagenbesitzers. Besonders sehenswert ist der winzige neoklassizistische Tempel im Garten.

Nathaniel Russell House HISTORISCHES GEBÄUDE
(www.historiccharleston.org; 51 Meeting St; Erw./Kind 10/5 US$; ⌚Mo–Sa 10–17, So 14–17 Uhr, letzte Führung 16.15 Uhr) Dieses Haus im Federal Style wurde 1808 von einem Mann aus Rhode Island erbaut, der im Ort als der „König der Yankees" bekannt war. Bemerkenswert sind vor allem die fantastische freitragende Wendeltreppe und der üppig grüne englische Garten.

◉ Marion Square

Der 4 ha große Park beherbergte einst das Waffenarsenal des Bundesstaates und ist heute mit seinen verschiedenen Monumenten und einem exzellenten Bauernmarkt an Samstagen quasi die Wohnstube von Charleston.

Charleston Museum MUSEUM
(www.charlestonmuseum.org; 360 Meeting St; Erw./Kind 10/5 US$; ⌚Mo–Sa 9–17, So 13–17 Uhr) Das 1773 gegründete Museum ist angeblich das älteste des Landes, und wer sich nach einem Spaziergang durch den Historic District noch mehr historisches Hintergrundwissen aneignen möchte, der wird hier fündig. Es sind Exponate aus verschiedenen Epochen der langen und ereignisreichen Stadtgeschichte zu sehen, von prähistorischen Walskeletten über Sklavenmarken bis hin zu Waffen aus dem Bürgerkrieg.

◉ Aquarium Wharf

Die Aquarium Wharf umgibt den hübschen Liberty Sq. Hier kann man prima umherschlendern und dabei zusehen, wie Schlepper Schiffe in den viertgrößten Containerhafen der USA ziehen. Der Kai ist zudem einer von zwei Landeplätzen, an denen die Bootstouren nach Fort Sumter beginnen. Der andere ist Patriot's Point (S. 394).

Fort Sumter HISTORISCHE STÄTTE
Die ersten Schüsse im Amerikanischen Bürgerkrieg wurden vom Fort Sumter aus abgegeben, einer fünfeckigen Insel im Hafen. Die Festung der Konföderierten wurde zwischen 1863 und 1865 von den Unionstruppen bis auf ihre Grundmauern niedergeschossen. Ein paar wenige originale Geschütze und Befestigungsanlagen lassen die ereignisreiche Geschichte lebendig werden. Die Insel kann nur im Rahmen einer **Bootstour** (☎Bootstour 843-722-2628, Park 843-883-3123; www.nps.gov/fosu; Erw./Kind 18/11 US$) besichtig werden. Die Touren beginnen im Sommer um 9.30, 12 und 14.30 Uhr (im Winter seltener) an der 340 Concord St sowie von Mitte März bis Ende August um 10.45, 13.30 und 16 Uhr (im Winter seltener) am Patriot's Point in Mt. Pleasant auf der gegenüberliegenden Flussseite.

South Carolina Aquarium AQUARIUM
(www.scaquarium.org; 100 Aquarium Wharf; Erw./Kind 25/15 US$; ⏲März–Aug. 9–17 Uhr, Sept.–Feb. bis 16 Uhr; 👪) Die Eintrittspreise für dieses Aquarium direkt am Fluss sind ganz schön happig, weshalb man sich den Besuch am besten für einen Regentag aufspart. Gezeigt wird die vielfältige Fauna der Gewässer des Bundesstaates. Highlight ist der 13 m hohe Great Ocean Tank, in dem es vor Haien und fremdartigen Kugelfischen nur so wimmelt.

Arthur Ravenel Jr. Bridge BRÜCKE
Die knapp 5 km lange Brücke überspannt den Cooper River und ist ein Triumph zeitgenössischer Ingenieurskunst. Es gibt eine autofreie Spur, auf der aktive Charlestoner am Wochenende oft joggen oder Rad fahren. An beiden Enden der Brücke gibt's Parkplätze. Ein Fahrrad kann man sich bei **Affordabike** (☎843-789-3281; www.affordabike.com; 534 King St; Fahrrad ab 20 US$/Tag) ausleihen.

Geführte Touren

Eine Auflistung aller in Charleston angebotenen Stadtspaziergänge, Kutschfahrten, Bus- und Bootstouren würde einen ganzen Reiseführer füllen. Umfangreiche Infos dazu gibt's beim Visitor Center.

Culinary Tours of Charleston KULINARISCHE TOUR
(☎843-722-8687; www.culinarytoursofcharleston.com; 2½-stündige Tour 42 US$) Bei diesem Spaziergang durch die Restaurants und Märkte der Stadt werden Maisgrütze, Pralinen, Grillfleisch und mehr verkostet.

Adventure Harbor Tours BOOTSFAHRT
(☎843-442-9455; www.adventureharbortours.com; Erw./Kind 55/30 US$) Unterhaltsame Bootstouren hinüber zur unbewohnten Morris Island, auf der man wunderbar Muscheln sammeln kann.

Charleston Footprints STADTSPAZIERGANG
(☎843-478-4718; www.charlestonfootprints.com; 2-stündige Tour 20 US$) Hoch gelobte Stadtführung, bei der die historischen Sehenswürdigkeiten Charlestons zu Fuß erkundet werden.

Olde Towne Carriage Company KUTSCHFAHRT
(☎843-722-1315; www.oldetownecarriage.com; 20 Anson St; 1-stündige Tour Erw./Kind 22/12 US$) Die Guides dieser beliebten Pferdekutschentouren unterhalten die Passagiere während der Stadtrundfahrt mit anschaulichen Erklärungen.

Feste & Events

Lowcountry Oyster Festival AUSTERN
(www.charlestonrestaurantassociation.com/lowcountry-oyster-festival; ⏲Jan.) Im Januar laben sich in Mt. Pleasant Austernliebhaber an 30 000 kg der salzigen Meereslebewesen.

Spoleto USA DARSTELLENDE KÜNSTE
(www.spoletousa.org; ⏲Mai) Das 17-tägige Festival der darstellenden Künste ist Charlestons größte Veranstaltung. In der ganzen Stadt werden Opern, Theaterstücke und Musicals aufgeführt, und an Ständen entlang der Straßen werden Kunsthandwerk und Essen verkauft.

MOJA Arts Festival KUNST
(www.mojafestival.com; ⏲Sept.) Bei diesem Festival zu Ehren der afroamerikanischen und karibischen Kultur stehen zwei Wochen lang Poetry Slams und Gospelkonzerte im Mittelpunkt des Geschehens.

Schlafen

Eine Übernachtung im historischen Zentrum ist natürlich am reizvollsten, dafür aber auch am teuersten, vor allem wenn man am Wochenende und in der Hauptsaison hierher kommt. Die hier angegebenen Preise beziehen sich auf die Hauptsaison (Frühjahr & Frühsommer). In den Kettenhotels an den Highways in der Nähe des Flughafens kann man wesentlich günstiger übernachten. Ein Hotelparkplatz in der Innenstadt kostet in der Regel zwischen 12 und 20 US$ pro Nacht; Unterkünfte am Stadtrand bieten oft kostenlose Parkplätze.

In der Stadt gibt es jede Menge bezaubernde B&Bs, die mit Südstaatenfrühstück und der für die Region typischen Gastfreundlichkeit aufwarten, jedoch schnell belegt sind. Am besten wendet man sich an eine Agentur wie **Historic Charleston B&B** (☎843-722-6606; www.historiccharlestonbedandbreakfast.com; 57 Broad St).

NotSo Hostel HOSTEL **$**
(☎843-722-8383; www.notsohostel.com; 156 Spring St; B/Zi. 26/62 US$; P❄@☎) Am nördlichen Rand der Innenstadt wurden in drei klapprigen alten Häusern Schlafsäle und Privatzimmer eingerichtet. Morgens gibt's ein gemeinsames Frühstück, und die freundlichen Angestellten geben gern Auskunft über die Gegend. Die neue Erweiterung ganz in der Nähe in der 33 Cannon St bietet Privatzimmer mit Doppelbetten (70 US$) und eine ruhigere Atmosphäre. Gute Option für Paare!

James Island County Park CAMPING **$**
(☎843-795-4386; www.ccprc.com; 871 Riverland Dr; Stellplatz f. Zelt ab 25 US$, Cottage f. 8 Pers. 169 US$) Südwestlich der Stadt weist dieser 260 ha große Campingplatz Wiesen, ein Sumpfgebiet sowie eine Hundewiese auf. Es können Fahrräder und Kajaks geliehen und die Discgolfanlage genutzt werden. Der Campingplatz bietet einen Shuttle-Service in die Innenstadt an (10 US$). Vorab reservieren! Zwischen Juni und August beträgt die Mindestaufenthaltsdauer in den Cottages eine Woche.

Indigo Inn BOUTIQUE-UNTERKUNFT **$$**
(☎843-577-5900; www.indigoinn.com; 1 Maiden Ln; Zi. 171 US$) Das Beste an dieser Unterkunft ist das leckere Schinkengebäck zum Frühstück. Es gibt aber noch weitere Vorzüge, etwa die Top-Lage mitten in der historischen Altstadt oder der paradiesische private Hof, in dem die Gäste neben dem Springbrunnen mit kostenlosem Wein und Käse versorgt werden. Die Deko erinnert leicht ans 18. Jh. Die Betten sind sehr bequem. Gutes Preis-Leistungs-Verhältnis.

1837 Bed & Breakfast B&B **$$**
(☎877-723-1837, 843-723-7166; www.1837bb.com; 126 Wentworth St; Zi. inkl. Frühstück 129–169 US$; P❄☎) Dieses B&B nahe dem College of Charleston könnte auch die Wohnung einer exzentrischen, nach Antiquitäten verrückten Tante sein. Das 1837 erbaute Gebäude wartet mit neun charmanten, überaus üppig dekorierten Zimmern auf, von denen sich drei im alten backsteinernen Kutschenhaus befinden.

Anchorage Inn INN **$$**
(☎843-723-8300; www.anchoragecharleston.com; 26 Vendue Range; Zi. ab 159 US$; ❄☎) Unter Charlestons heimeligen Inns im historischen Viertel dürfte dieses hier eines der besten Preis-Leistungs-Verhältnisse haben. Die kleinen, dunklen Zimmer erinnern an Schiffskojen, sind dabei jedoch sehr vornehm.

★ **Ansonborough Inn** HOTEL **$$$**
(☎800-522-2073; www.ansonboroughinn.com; 21 Hasell St; Zi. inkl. Frühstück 209–259 US$; P❄@☎) Das in der Mitte gelegene Atrium mit poliertem Kiefernholz, frei liegenden Balken und Ölgemälden mit maritimen Motiven verleiht dem heimeligen Hotel im Historic District das Flair eines alten Segelschiffs. Witzige neoviktorianische Details wie gläserne Aufzüge mit persischen Teppichen, ein winziger britischer Pub und formelle Porträts von Hunden offenbaren einen gewissen Sinn für Humor. Die riesigen Gästezimmer mit ihren abgewetzten Ledersofas, hohen Decken und Flachbild-TVs prägt ein Mix aus Alt und Neu. Zwischen 17 und 18 Uhr gibt's kostenlos Wein und Käse, was das gesellige Zusammensein fördert.

Vendue Inn INN **$$$**
(☎843-577-7970; www.vendueinn.com; 19 Vendue Range; Zi. inkl. Frühstück 205–425 US$, Suite 395–465 US$; P❄☎) Dieses Boutiquehotel im French Quarter in der Innenstadt ist mit einer trendigen Mischung aus frei liegenden Backsteinwänden und exzentrischen Antiquitäten gestaltet. Die Zimmer sind mit coolen Extras wie tiefen Badewannen und Gaskaminen ausgestattet. Noch besser ist allerdings die Dachterrassenbar. Parken kostet 14 US$ pro Nacht.

Essen

Charleston gehört zu den Gourmetzentren des Landes – es gibt hier genügend gute Restaurants für eine dreimal so große Stadt. Die klassischen Lokale sind auf raffinierte Meeresfrüchtegerichte mit französischem Touch spezialisiert, während viele aufstrebende, moderne Restaurants innovative Südstaatenküche mit Fokus auf der kulinarischen Vielfalt der Region servieren, von Austern über Reis bis hin zu traditionellen Schweinefleischgerichten. Samstags findet ein großartiger **Bauernmarkt** (Marion Sq; ⏲April–Okt. Sa 8–13 Uhr) statt.

Sugar Bakeshop BÄCKEREI **$**
(www.sugarbake.com; 59 Cannon St; Gebäck 1–4 US$; ⌚ Mo–Fr 10–18, Sa 11–17 Uhr) Im Sugar, einer klitzekleinen Bäckerei nördlich vom Stadtzentrum, sind nicht nur die Cupcakes, sondern auch die Angestellten toll. Donnerstags werden die Lady-Baltimore-Cupcakes zubereitet, eine traditionelle Spezialität der Südstaaten mit getrockneten Früchten und weißer Glasur.

The Ordinary SEAFOOD **$$**
(☎ 843-414-7060; www.eattheordinary.com; 544 King St; kleine Portion 5–25 US$, große Portion 24–28 US$; ⌚ Di–So ab 15 Uhr) Wenn man dieses höhlenartige Bankgebäude aus dem Jahr 1927 betritt, fühlt es sich an, als sei man auf der besten Party der Stadt gelandet. Die Speisekarte dieser geschäftigen Meeresfrüchte- und Austernbar ist nicht sehr lang, die köstlichen Gerichte sind aber mit viel Pfiff zubereitet, von den Austern-Häppchen über die Hummersandwiches bis hin zu den abendlichen Fischgerichten. In der effizienten und dennoch freundlichen Bar bleibt man auch als Alleinreisender nicht lange einsam.

Dies ist die neueste Location des Chefkochs Mike Lata, Gewinner des James Beard Awards und Inhaber des beliebten FIG.

Poe's Tavern PUB **$$**
(www.poestavern.com; 2210 Middle St, Sullivan's Island; Gerichte 9–13 US$; ⌚ 11–22 Uhr, Bar bis 24 Uhr) An einem sonnigen Tag ist die Veranda vor dem Poe's auf Sullivan's Island die Adresse schlechthin. Edgar Allen Poe, der Meister des Makaberen und Namensgeber der Taverne, war einst im nahe gelegenen Fort Moultrie stationiert. Die Burger sind ein Traum, und zum Amontillado gibt's leckere Guacamole, Jalapeño Jack, Pico de Gallo und Chipotle Sour Cream dazu. Sprach der Rabe: „Immer mehr!"

Gaulart & Maliclet FRANZÖSISCH **$$**
(www.fastandfrenchcharleston.com; 98 Broad St; Hauptgerichte 5–16 US$; ⌚ Mo–Sa 8–23 Uhr) Einheimische drängen sich um die Gemeinschaftstische in dem winzigen Bistro, das auch als „Fast & French" bekannt ist, und lassen sich französischen Käse, Würstchen und die Abendmenüs (16 US$) mit Brot, Suppe, einem Hauptgericht und Wein schmecken.

Monza PIZZA **$$**
(www.monzapizza.com; 451 King St; Hauptgerichte 12–14 US$; ⌚ So–Do 11–22, Fr & Sa bis 23 Uhr) Genug von Shrimps mit Maisgrütze? Ja, das passiert. In solch einem Fall schaut man nach dem Einkaufsbummel auf der King St in diesem Laden mit den frei liegenden Backsteinwänden vorbei. Beim Namen Monza überrascht es nicht, dass die Namen der Holzofenpizzas von Rennfahrerlegenden inspiriert sind. Die Volpini etwa ist mit Schinken und Rucola belegt. Auch Salate und Pasta sind im Angebot.

Hominy Grill MODERNE SÜDSTAATENKÜCHE **$$**
(www.hominygrill.com; 207 Rutledge Ave; Hauptgerichte 8–18 US$; ⌚ Mo–Fr 7.30–21, Sa 9–21, So bis 15 Uhr; 🌿) Das gemütliche Café versteckt sich in einem alten Barbierladen und bringt moderne, vegetarierfreundliche Lowcountry-Küche auf den Tisch. Der schattige Patio lädt zum Brunch ein.

Husk MODERNE SÜDSTAATENKÜCHE **$$$**
(☎ 843-577-2500; www.huskrestaurant.com; 76 Queen St; Brunch & Mittagessen 10–16 US$, Abendessen 27–30 US$; ⌚ Mo–Sa 11.30–14.30, So 10–14.30, So–Do 17.30–22, Fr & Sa 17.30–23 Uhr) Dieses Restaurant ist in aller Munde und ausnahmslos *alles*, was auf der Speisekarte steht, wurde in den Südstaaten angebaut oder gezüchtet, von der Georgia-Maissuppe mit Jalapeño-Marmeladen-Haube über Cooper-River-Austern, die mit Yuzu verfeinert wurden, bis hin zu lokal erzeugtem Schweineschmalz, das in der „Schweinebutter" verarbeitet ist, die mit den süchtig machenden Sesamröllchen zusammen serviert wird.

Die Kulisse, eine zweistöckige Villa, besticht durch schlichte Eleganz, und die angeschlossene feuchtfröhliche Bar ist einfach grandios. Lediglich das Kneipenessenangebot ist noch ausbaufähig.

FIG MODERNE SÜDSTAATENKÜCHE **$$$**
(☎ 843-805-5900; www.eatatfig.com; 232 Meeting St; Hauptgerichte 28–31 US$; ⌚ Mo–Do 17.30–22.30, Fr & Sa bis 23 Uhr) Im rustikal-schicken Speisesaal des FIG lassen sich Feinschmecker kreative, moderne Südstaatenküche, beispielsweise knusprige Pig's Trotters (Schweinehaxen – natürlich aus der Region und nicht hormonversecht!) mit Sellerie-wurzel-Remoulade, kredenzen. FIG steht für *food is good*. Und jeder Gourmet wird dem beipflichten.

S.N.O.B. MODERNE SÜDSTAATENKÜCHE **$$$**
(☎ 843-723-3424; www.mavericksouthernkitchens.com; 192 E Bay St; Mittagessen 10–14 US$, Abendessen 18–34 US$; ⌚ Mo–Fr 11.30–15, tgl. 17.30 Uhr–open end) Der neckische Name – die Ab-

kürzung steht für *slightly north of Broad* (d.h. etwas nördlich der Broad St) – spiegelt die relaxte Haltung des erstklassig-lässigen Restaurants wieder, das wegen seiner facettenreichen Speisekarte viel gelobt wird. Dort finden sich Köstlichkeiten wie gegrillter Thunfisch mit gebratenen Austern und sautierte Taubenbrust auf Reis aus South Carolina.

 Ausgehen & Nachtleben

Die lauen Abende in Charleston sind wie geschaffen dafür, einen erfrischenden Cocktail zu trinken oder zu Live-Blues das Tanzbein zu schwingen. Veranstaltungstipps gibt's im wöchentlich erscheinenden *Charleston City Paper* und in der „Preview"-Beilage der Freitagsausgabe des *Post & Courier*.

Husk Bar BAR

(www.huskrestaurant.com; 76 Queen St; ⊙ab 16 Uhr) Diese Bar aus Backsteinen und abgewetztem Holz verströmt ein persönliches, ungezwungenes Flair. Sie ist an das Restaurant Husk angeschlossen. Gemixt werden historische Cocktails wie der Monkey Gland (Gin, Orangensaft, Himbeersirup).

Rooftop at Vendue Inn BAR

(www.vendueinn.com; 23 Vendue Range; ⊙11.30–24 Uhr) Diese Dachbar bietet den besten Blick aufs Stadtzentrum, und das spiegelt sich auch in ihrer Beliebtheit wider. Nachmittags einfach Nachos genießen oder spätabends den Blues-Bands lauschen!

Blind Tiger PUB

(www.blindtigercharleston.com; 36-38 Broad St; ⊙Mo–Sa 11.30–2, So 11–2 Uhr) Eine gemütliche und stimmungsvolle Kneipe, deren Decke mit gestanztem Zinn verkleidet ist. Die Bar ist aus verschlissenem Holz gezimmert und das Kneipenessen sehr lecker.

Closed for Business PUB

(www.closed4business.com; 535 King St; ⊙Mo–Sa 11–2, So 10–2 Uhr) Hier finden Traveller Charlestons beste Bierauswahl sowie ein lärmig-geselliges Kneipenambiente vor.

 Shoppen

Das historische Viertel ist überladen mit überteuerten Souvenirläden und Ramschmärkten. Die King St ist daher die bessere Wahl. Auf dem unteren Abschnitt finden sich Antiquitäten, in der Mitte angesagte Boutiquen und im oberen Teil gibt's trendige Designer- und Geschenkläden. Der zentrale Abschnitt der Broad St wird aufgrund seiner zahlreichen Kunstgalerien auch „Gallery Row" genannt.

Shops of Historic Charleston Foundation GESCHENKE

(www.historiccharleston.org; 108 Meeting St; ⊙Mo–Sa 9–18, So 12–17 Uhr) Hier können Schmuckstücke, Einrichtungsgegenstände und Möbel erstanden werden, die alle von den historischen Bauten der Stadt inspiriert wurden. So gibt es etwa Ohrringe, die dem gusseisernen Geländer des Aiken-Rhett House nachempfunden sind. Oder man nimmt sich eine Charleston-Kerze mit, die nach Hyazinthe, Jasmin und Tuberose duftet.

Charleston Crafts Cooperative KUNSTHANDWERK

(www.charlestoncrafts.org; 161 Church St; ⊙10–18 Uhr) Eine hochpreisige, aber gute Auswahl zeitgenössischen Kunsthandwerks aus South Carolina, wie etwa Korbwaren aus Mariengras, handgefärbte Seidenwaren und Holzschnitzereien.

Blue Bicycle Books BÜCHER

(www.bluebicyclebooks.com; 420 King St; ⊙Mo–Sa 10–19.30, So 13–18 Uhr) Hervorragender Buchladen für alte und neue Bücher mit einer tollen Auswahl von Literatur zur Geschichte und Kultur der Südstaaten.

 Praktische Informationen

In der gesamten Innenstadt von Charleston gibt es einen kostenlosen, öffentlichen Internetzugang (WLAN).

Charleston City Paper (www.charlestoncity paper.com) Das mittwochs erscheinende alternative Wochenblatt hat gute Veranstaltungs- und Restauranttipps.

Hauptpolizei (☎ Nicht-Notfälle 843-577-7434; 180 Lockwood Blvd)

Post & Courier (www.postandcourier.com) Tageszeitung von Charleston

Post (www.usps.com; 83 Broad St; ⊙11.30–15.30 Uhr)

Öffentliche Bibliothek (68 Calhoun St; ⊙Mo–Do 9–20, Fr & Sa bis 18, So 14–17 Uhr) kostenloser Internetzugang.

Universitätsklinik (Medical University of South Carolina; ☎843-792-1414; 171 Ashley Ave; ⊙24 Std.) Krankenhaus mit Notaufnahme.

Visitor Center (☎843-853-8000; www.charlestoncvb.com; 375 Meeting St; ⊙8.30–17 Uhr) Hier, in einem geräumigen renovierten Lagerhaus, bekommt man Hilfe bei der Suche nach Unterkünften und geführten Touren. Außerdem wird ein Video (30 Min.) über die Geschichte Charlestons gezeigt.

EIN SOMBRERO LÄSST GRÜSSEN

Ja, das da an der Grenze zwischen North und South Carolina ist in der Tat ein riesiger Sombrero, der sich über die I-95 erhebt. *Bienvenidos* am **South of the Border** (www.thesouthoftheborder.com; 3346 Hwy 301 N Hamer), einem Monument des amerikanischen Kitschs mit mexikanischem Flair. Was in den 1950er-Jahren als Verkaufsstand für Feuerwerk begann (Pyrotechnik ist in North Carolina verboten), hat sich zu einer Mischung aus Raststätte, Souvenirladen, Motel und Vergnügungspark (heute größtenteils außer Betrieb) entwickelt, die auf Hunderten Reklametafeln von einer schrecklich klischeebehafteten mexikanischen Cartoonfigur mit dem Namen Pedro angepriesen wird. In letzter Zeit ist hier immer weniger los, ein kurzer Zwischenstopp für ein schnelles Foto und etwas Süßes lohnt sich aber allemal.

Anreise & Unterwegs vor Ort

Der **Charleston International Airport** (CHS; ☎843-767-7000; www.chs-airport.com; 5500 International Blvd) liegt 12 Meilen (19 km) außerhalb der Stadt in North Charleston. Von hier starten täglich 124 Flüge zu 17 Zielen.

Der **Greyhound-Busbahnhof** (3610 Dorchester Rd) und der **Amtrak-Bahnhof** (4565 Gaynor Ave) befinden sich ebenfalls in North Charleston.

CARTA (www.ridecarta.com; Ticket 1,75 US$) betreibt die Stadtbusse in ganz Charleston. Die kostenlosen DASH-Straßenbahnen fahren ab dem Visitor Center drei Rundstrecken.

Mt. Pleasant

Jenseits des Cooper River liegen das Wohn- und Ausflugsviertel Mt. Pleasant, ursprünglich ein Sommerrefugium der Einwohner Charlestons, und die schmalen Barriereinseln **Isle of Palms** und **Sullivan's Island**. Trotz des zunehmenden Verkehrs und der wachsenden Zahl von Einkaufszentren hat die Stadt immer noch einen gewissen Charme, insbesondere im historischen Zentrum, dem **Old Village**. Einige gute Seafood-Restaurants finden sich am Ufer des **Shem Creek**. Hier kann man bei Sonnenuntergang prima sitzen, dinieren und zuschauen, wie die eingelaufenen Fischerboote ihren Fang ausladen. Außerdem lassen sich Kajaks leihen, um die Flussmündung zu erkunden.

Sehenswertes

Patriot's Point Naval & Maritime Museum MUSEUM
(www.patriotspoint.org; 40 Patriots Point Rd; Erw./Kind 18/11 US$; ⌚9–18.30 Uhr) Zum Patriot's Point Naval & Maritime Museum gehört die USS *Yorktown,* ein gigantischer Flugzeugträger, der im Zweiten Weltkrieg wertvolle Dienste leistete. Man kann das Flugzeugdeck des Schiffs, die Brücke und die Bereitschaftsräume besichtigen und erfährt, wie die Besatzung früher an Bord lebte. Außerdem gibt's hier ein kleines Museum, ein U-Boot, einen Zerstörer, einen Kutter der Küstenwache und ein nachgebautes Basislager aus dem Vietnamkrieg zu sehen. Man kann von hier aus eine Bootstour nach Fort Sumter machen.

Boone Hall Plantation HISTORISCHES GEBÄUDE
(☎843-884-4371; www.boonehallplantation.com; 1235 Long Point Rd; Erw./Kind 20/10 US$; ⌚Anfang März–Aug. Mo–Sa 8.30–18.30, So 12–17 Uhr, Sept.–Feb. verkürzte Öffnungszeiten, Jan. geschl.) Nur 11 Meilen (18 km) von der Innenstadt Charlestons entfernt liegt am Hwy 17N die Boone Hall Plantation. Sie ist für ihre zauberhafte Avenue of Oaks berühmt, die 1743 von Thomas Boone angelegt wurde. Auf Boone Hall werden noch immer Ernten eingefahren, allerdings haben Erdbeeren, Tomaten und Weihnachtsbäume die Baumwolle als wichtigstes Produkt längst abgelöst. Das Haupthaus wurde 1936 errichtet und ist das vierte Haus auf dem Gelände. Am beeindruckendsten sind die Hütten auf der Slave Street, die zwischen 1790 und 1810 gebaut wurden und in denen heute Ausstellungen zu sehen sind.

Ashley River Plantations

Diese drei spektakulären Plantagen liegen 20 Autominuten nordwestlich von Charleston. Wer sie alle an einem Tag besichtigen möchte, hat sich viel vorgenommen, zwei sind aber gut zu schaffen, wobei man jeweils zwei Stunden einplanen sollte. Die Ashley River Rd (oder SC 61) ist von der Innenstadt Charlestons über den Hwy 17 zu erreichen.

Sehenswertes

★**Middleton Place** HISTORISCHES GEBÄUDE, GÄRTEN
(☎843-556-6020; www.middletonplace.org; 4300 Ashley River Rd; Gärten Erw./Kind 28/10 US$, Füh-

rung Gebäude Erw. & Kind zzgl. 15 US$; ⌚9–17 Uhr) Der 1741 angelegte weitläufige Park der Plantage ist der älteste in den USA. 100 Sklaven waren hier zehn Jahre lang damit beschäftigt, für ihren wohlhabenden Besitzer, den Politiker Henry Middleton aus South Carolina, das Land zu terrassieren und geometrisch präzise Kanäle auszuheben. Die prachtvolle Anlage besticht durch eine Mischung aus klassisch-formalen französischen Gärten und romantischen Wäldchen, die von gefluteten Reisfeldern und Weiden mit seltenen Nutztieren gesäumt werden. Die Unionstruppen brannten das Haupthaus 1865 nieder; ein Gästeflügel von 1755 ist aber noch intakt. Er beherbergt heute das **Hausmuseum**.

Auf dem Gelände gibt es auch einen **Inn**, der eine Reihe umweltfreundlicher, modernistischer Glasboxen mit Blick auf den Ashley River vermietet. Im hochgelobten **Café** kann man sich einen traditionellen Lowcountry-Plantagen-Lunch mit Garnelencremesuppe und Stangenbohnen genehmigen.

Magnolia Plantation HAUS, GÄRTEN

(www.magnoliaplantation.com; 3550 Ashley River Rd; Erw./Kind 15/10 US$, Führung 8 US$; ⌚8–17.30 Uhr) Die Magnolia Plantation befindet sich auf einem 202 ha großen Anwesen, das seit 1676 im Besitz der Familie Drayton ist. Sie ist ein richtiggehender Plantagen-Themenpark inklusive Rundfahrt mit einer Bummelbahn, Spazierweg durch einen Sumpf, Streichelzoo und geführtem Ausritt. Die „Slavery to Freedom"-Tour beleuchtet das Leben auf der Plantage aus Sicht der Sklaven. Sie wird rund um die rekonstruierten Sklavenunterkünfte angeboten.

Drayton Hall PLANTAGE

(☎843-769-2600; www.draytonhall.org; 3380 Ashley River Rd; Erw./Kind 18/8 US$; ⌚Mo–Sa 9–17, So 11–17 Uhr, letzte Führung 15.30 Uhr) Das palladianische Landhaus wurde 1738 aus Backsteinen errichtet und überstand als einziges Plantagenhaus am Ashley River den Unabhängigkeitskrieg, den Bürgerkrieg und das große Erdbeben von 1886. Das leere Haus kann im Rahmen einer Führung besichtigt werden. Es ist gut erhalten, wurde aber nicht restauriert. Spazierwege führen am Fluss entlang und durch ein Sumpfgebiet.

Lowcountry

Gleich nördlich von Charleston beginnt der südliche Abschnitt von South Carolinas Küste. Geprägt wird sie von einem Wirrwarr aus Inseln, die durch Meeresarme und Gezeitensümpfe vom Festland abgeschnitten sind. Hier leben die Gullah, Nachfahren westafrikanischer Sklaven, in kleinen Gemeinden. Quasi vor ihrer Haustür entstehen immer mehr Resorts und Golfplätze. Die Landschaft reicht von gepflegten Stränden mit austerngrau schimmerndem Sand bis zu wilden, moosbedeckten Küstenwäldern.

Charleston County Sea Islands

Die folgenden Inseln liegen alle maximal ein einstündige Autostunde von Charleston entfernt.

Etwa 8 Meilen (13 km) südlich von Charleston breitet sich der **Folly Beach** aus, der sich wunderbar für einen sonnigen Strandtag eignet. Im **Folly Beach County Park** (☎843-588-2426; www.ccprc.com; 1100 W Ashley Ave, Folly Beach; Eintritt 8 US$/Fahrzeug, zu Fuß/mit dem Rad Eintritt frei; ⌚10–18 Uhr) an der Westseite gibt's öffentliche Umkleidebereiche und einen Strandkorbverleih. Die andere Seite der Insel ist bei Surfern beliebt.

Auf **Kiawah Island**, unmittelbar südöstlich von Charleston, gibt's hochwertige Ferienhäuser und Golfplätze en masse, während die nahe gelegene, schlichte **Edisto Island** (sprich „*ed*-is-tau") ein Urlaubsziel für Familien ist und keine einzige Ampel aufweist. Ganz unten im Süden liegt der **Edisto Beach State Park** (☎843-869-2156; www.southcarolinaparks.com; Erw./Kind 5/3 US$, Stellplatz Zelt ab 21 US$, möblierte Hütte ab 80 US$), der mit einem traumhaften einsamen Strand sowie Wanderwegen im Schatten alter Eichen und Zeltplätzen aufwartet.

Beaufort & Hilton Head Island

Der südlichste Küstenabschnitt von South Carolina ist bei gut betuchten Golfern und B&B-Liebhabern beliebt, sein schrulliger Charme zieht aber auch andere Besucher an.

Das reizende Kolonialstädtchen **Beaufort** (sprich „bju-fart") auf Port Royal Island dient oft als Drehort für Hollywoodfilme, die in den Südstaaten spielen. Antebellum-Häuser und von Louisianamoos überzogene Magnolien säumen die Straßen im historischen Viertel. In der Innenstadt am Flussufer gibt's jede Menge gemütliche Cafés und Galerien. Das romantischste von einer Handvoll B&Bs in der Stadt ist **Cuthbert House** (☎843-521-1315; www.cuthberthouseinn.com; 1203 Bay St; Zi. inkl. Frühstück 179–245 US$;

(P ❄ wifi), ein prächtiges weißes Herrenhaus mit weißen Säulen, das an *Vom Winde verweht* erinnert. Auf der Bay St gibt es einige niedliche Bistros, wer jedoch authentische lokale Küche sucht, ist beim **Sgt White's** (1908 Boundary St; Hauptgerichte 7–12 US$; ⌚Mo–Fr 11–15 Uhr) Richtung Landesinneres richtig, wo ein pensionierter Marineoffizier saftige gegrillte Rippchen, Kohl und Maisbrot serviert.

Südlich von Beaufort absolvieren um die 20 000 junge Männer und Frauen jedes Jahr ihr Bootcamp im **Marine Corps Recruit Depot** auf Parris Island, das durch Kubricks Film *Full Metal Jacket* zu zweifelhaftem Ruhm gelangte. Das beeindruckende **Parris Island Museum** (☎843-228-2951; www.mcrdpi.usmc.mil; 111 Panama St; ⌚10–16.40 Uhr) GRATIS stellt alte Uniformen und Waffen aus und informiert über die Geschichte der US Marine Corps. Freitags kann man Absolventen des Trainingslagers zusehen, wie sie stolz für Familie und Freunde zur Parade aufziehen. Wer auf das Gelände fährt, muss manchmal einen Ausweis sowie die Fahrzeugpapiere vorzeigen.

Östlich von Beaufort verbindet der Sea Island Pkwy (Hwy 21) eine Reihe sumpfiger, ländlicher Inseln miteinander, darunter auch **St. Helena Island**, die als das Herz des Gullah-Landes gilt. Das **Penn Center** (☎843-838-2432; www.discoversouthcarolina.com; 16 Penn Center Circle W; Erw./Kind 5/3 US$; ⌚Mo–Sa 11–16 Uhr) war eine der ersten Schulen des Landes für befreite Sklaven und beherbergt heute ein kleines Museum über die Kultur der Gullah und die Geschichte der Schule. Folgt man der Straße etwas weiter, ist der **Hunting Island State Park** (☎843-838-2011; www.southcarolinaparks.com; 2555 Sea Island Pkwy; Erw./Kind 5/3 US$, Stellplatz Zelt 17–38 US$, Hütte 210 US$; ⌚Visitor Center Mo–Fr 9–17, Sa & So 11–17 Uhr) erreicht, mit nebelverhangenen Küstenwäldern, Gezeitenlagunen und einem menschenleeren, schneeweißen Strand. Hier im Marschland – es ist ein Traum für jeden Naturliebhaber – wurden die Vietnamkriegsszenen aus *Forrest Gump* gedreht. Im Sommer sind die Zeltplätze schnell belegt.

Das schicke **Hilton Head Island** gegenüber dem Port Royal Sound ist die größte Düneninsel South Carolinas und gleichzeitig eine der besten Golf-Destinationen in ganz Amerika. Es gibt hier Dutzende Golfplätze, viele davon in nicht zugänglichen, schicken Privatsiedlungen, den so genannten Plantations. Im Sommer sieht man vor lauter Verkehr und Ampeln auf dem Hwy 278 zwar kaum den Wald (oder auch nur einen Baum), es gibt aber üppig grüne Naturschutzgebiete und breite, weiße Sandstrände, an denen man sogar Rad fahren kann. Infos und Broschüren bekommt man im **Visitor Center** (☎800-523-3373; www.hiltonheadisland.org; 1 Chamber of Commerce Dr; ⌚8.30–17 Uhr) auf der Insel.

Nordküste

Die Küstenlinie zwischen der Grenze zu North Carolina und der Stadt Georgetown ist als Grand Strand bekannt. Auf 60 Meilen (ca. 100 km) reihen sich Fast-Food-Läden, Strandresorts und Souvenirshops aneinander. Was einst ein relaxtes Sommerziel für die Arbeiterklasse war, ist heute einer der

LOWCOUNTRY-KÜCHE

Die traditionelle Lowcountry-Küche ist typisch für die Küsten von South Carolina und Georgia. Die meeresfrüchtelastigen Südstaatengerichte sind von westafrikanischen Einflüssen geprägt. Leckere Beispiele sind:

Benne Wafers Sesamkekse

Country Captain Hähncheneintopf mit Curry; ein Gericht, das von britischen Kapitänen von Indien aus in die Stadt gebracht wurde

Hoppin' John Gericht mit Bohnen und Reis, mitunter auch scharf

Lowcountry Boil/Frogmore Stew Eintopf aus Krebsen, Garnelen, Austern und anderen Meeresfrüchten aus der Region sowie Mais und Kartoffeln; beliebtes Picknickessen

Perlau Gericht mit Fleisch und Reis, ähnlich dem Pilaw

She-Crab Soup Cremige, mit Sherry verfeinerte Krebsfleischsuppe

Shrimp and Grits Traditionelles Frühstück der Fischer von Charleston, zubereitet aus Garnelen und Maisgrütze; heute überall auch als Hauptspeise zu finden

NICHT VERSÄUMEN

BOWEN'S ISLAND RESTAURANT

Eine lange, unbefestigte Straße durch das Marschland des Lowcountry nahe dem Folly Beach führt zu einer unbemalten **Holzhütte** (1870 Bowen's Isald Rd; ⌚Di–Sa 17–22 Uhr), die eines der besten Seafood-Lokale des Südens beherbergt – also ran ans Austernmesser und losschlürfen! Kaltes Bier und freundliche Einheimische sorgen für gute Stimmung. Das Restaurant befindet sich in der 1870 Bowen's Island Rd und ist dienstags bis samstags von 17 bis 22 Uhr geöffnet.

am stärksten erschlossenen Landstriche im gesamten Land. Ob man nun in einem Monsterresort unterkommt oder im Zelt in einem staatlichen Park übernachtet – um den Aufenthalt zu genießen, braucht man nur ein Paar Badelatschen, eine Margarita und ein paar Münzen für den Flipper.

Myrtle Beach

Die einen mögen es, die anderen hassen es: Myrtle Beach bedeutet Sommerurlaub auf amerikanische Art.

Radfahrer nutzen das Fehlen einer Helmpflicht aus, um den ergrauenden Pferdeschwanz im Wind flattern zu lassen, Teenager im Bikini spielen Pac-Man und essen Hotdogs in verrauchten Ladenpassagen, und ganze Familien rösten auf dem weißen Sand wie Hähnchen auf dem Grill.

North Myrtle Beach ist praktisch eine eigene Ortschaft. Hier geht es etwas entspannter zu; außerdem hat der Ort eine eigene Kultur, die auf dem „Shag" beruht – nein, das ist hier kein vulgärer Ausdruck für Sex, sondern schlicht ein bestimmter Tanz, der an den Jitterbug erinnert und hier in den 1940er-Jahren erfunden wurde.

Für Naturliebhaber ist das alles nichts, aber dank der riesigen Shopping Malls, zahllosen Minigolfplätzen, Wasserparks, Daiquiri-Bars und T-Shirt-Shops kann man schon gut einen draufmachen.

Sehenswertes & Aktivitäten

Der Strand selbst ist ganz hübsch – breit, warm und voller Sonnenschirme. Am Ocean Blvd am Strand gibt's jede Menge Burger-Imbisse und zweitklassige Souvenirläden. Am Hwy 17 wiederum findet man zahlreiche **Minigolfanlagen**, die u.a. mit animierten Dinosaurierfiguren und künstlichen Vulkanen verziert sind, die leuchtend pinkfarbenes Wasser spucken.

Die verschiedenen Vergnügungsparks mit integrierten Shoppingmalls sind rund um die Uhr gut besucht.

Brookgreen Gardens GÄRTEN
(www.brookgreen.org; Erw./Kind 14/7 US$; ⌚9.30–17 Uhr) Die zauberhaften Gärten liegen 16 Meilen (26 km) südlich der Stadt am Hwy 17S. Auf der 36 km² großen Reisplantage, die in ein subtropisches Gartenparadies verwandelt wurde, findet sich die größte Sammlung amerikanischer Skulpturen des Landes.

Wonderworks MUSEUM
(www.wonderworksonline.com; 1313 Celebrity Circle; Erw./Kind ab 23/15 US$; ⌚So–Do 9–21, Fr & Sa bis 22 Uhr, wechselnde Öffnungszeiten; 👪) Beim Gang durch den „Inversion Tunnel" werden die Besucher und alles andere auch erst einmal auf den Kopf gestellt – ganz schön abgefahren! Und damit fängt der Spaß in diesem interaktiven Museum und Vergnügungspark erst an: Es gibt außerdem einen Seilparcours, Laser Tag, piepende und blinkende „wissenschaftliche" Exponate und mehr. Wer wagt sich auf das Nagelbett?

Broadway at the Beach EINKAUFSZENTRUM, AREAL
(www.broadwayatthebeach.com; 1325 Celebrity Circle) Das Herz von Myrtle Beach bietet Geschäfte, Restaurants, Nachtclubs, Fahrgeschäfte und ein IMAX-Kino.

Family Kingdom VERGNÜGUNGSPARK
(www.family-kingdom.com; Tageskarte 36 US$; 👪) Ein altmodischer Vergnügungs- und Wasserpark mit Meerblick. Die Öffnungszeiten variieren je nach Jahreszeit; im Winter ist die Anlage geschlossen.

Schlafen

Die Preise der Hunderten Hotels vor Ort, die von familienbetriebenen Retro-Pensionen bis zu großen Resorts reichen, variieren je nach Saison erheblich: Ein und dasselbe Zimmer kann im Januar 30 US$ und im Juli über 150 US$ kosten. Die folgenden Preise gelten in der Hauptsaison.

Myrtle Beach State Park CAMPING $
(☎843-238-5325; www.southcarolinaparks.com; 4401 S Kings Hwy; Stellplatz f. Zelt & Wohnmobil

21–52 US$, Hütte & Apt. 65–210 US$; P📶🏊) Nur wenige Schritte vom Ufer entfernt kann man sich hier eine Hütte mieten oder im Schatten von Kiefern nächtigen. Der Park liegt 3 Meilen (5 km) südlich des Zentrums von Myrtle Beach. In der Rangerstation gibt's WLAN.

Serendipity Inn INN $$
(☎800-762-3229; www.serendipityinn.com; 407 71st Ave N; Zi. inkl. Frühstück 99 US$, Suite 109–149 US$; P❄📶🏊) Der persönliche, spanisch angehauchte Inn entgeht in einer ruhigen Seitenstraße dem Trubel der Innenstadt. Die Zimmer sind mit Blumenmustern und Nippes ausgestattet und nicht gerade schick, dafür aber gemütlich.

Compass Cove RESORT $$
(☎855-330-6258; www.compasscove.com; 2311 S Ocean Blvd; Zi. ab 172 US$; P❄@📶🏊) Wer mit Kindern reist, ist in diesem Resort mit den drei Türmen und 23 Wasserattraktionen – u.a. acht Becken und zwei Rutschen – richtig.

Essen

Die zahllosen Restaurants im Ort sind meist auf Massen ausgerichtet und nur mittelmäßig gut. Es gibt Buffets von der Länge einer Bowlingbahn und rund um die Uhr geöffnete Donut-Läden. Gute Meeresfrüchte sind hier absurderweise nur schwer zu bekommen; die Einheimischen fahren dafür ins nahe gelegene Fischerdorf **Murrells Inlet**.

Prosser's BBQ SÜDSTAATENKÜCHE $$
(3750 Business Hwy 17, Murrells Inlet; Buffet Frühstück/Mittagessen 6/8,30 US$, Abendessen 9,30–13 US$; ⏱Mo–Sa 6–14, Mi–Sa zusätzl. 16–20 Uhr; 👪) Das üppige Mittagsbuffet ist bodenständig und sehr lecker. Dazu gehören gebratener Fisch und Hähnchen, Süßkartoffeln, Käsemakkaroni, grüne Bohnen und in Essig mariniertes Pulled Pork (Schweinefleisch). Die Öffnungszeiten variieren je nach Saison. Die beste Option unter all den Restaurants auf dem Murrells Inlet und die Anfahrt wert!

Duffy Street Seafood Shack SEAFOOD $$
(www.duffyst.com; 202 Main St; Hauptgerichte 10–23 US$; ⏱12–22 Uhr) Hier herrscht typisches Kneipenflair, die Erdnussschalen landen einfach auf dem Boden, und zur Happy Hour gibt's Shrimps für 0,35 US$.

☆ Unterhaltung

★**Fat Harold's Beach Club** TANZ
(www.fatharolds.com; 212 Main St; ⏱Mo & Di ab 16, Mi–So ab 11 Uhr) In dieser Institution in North Myrtle, die sich selbst „Home of the Shag" nennt, wird zu Doo-Wop und gutem altem Rock'n' Roll das Tanzbein geschwungen. Jeden Dienstag um 19 Uhr gibt's kostenlosen Shag-Unterricht (im Englischen mag das Wort doppeldeutig sein – hier ist aber ganz sicher der Tanzstil gemeint).

ℹ Praktische Informationen

Chapin Memorial Library (www.chapinlibrary.org; 400 14th Ave N; 📶) Bibliothek mit Internetzugang.

Visitor Center (☎800-356-3016, 843-626-7444; www.myrtlebeachinfo.com; 1200 N Oak St; ⏱Mo–Fr 8.30–17, Sa 10–14 Uhr) Jede Menge Karten und Broschüren.

ℹ Anreise & Unterwegs vor Ort

Der starke Verkehr auf dem Hwy 17 Business/Kings Hwy kann nervig sein. Um diesem aus dem Weg zu gehen, bleibt man am besten auf der Umgehungsstraße des Hwy 17 oder nimmt den Hwy 31/Carolina Bays Pkwy, der parallel zum Hwy 17 zwischen dem Hwy 501 und dem Hwy 9 verläuft.

Der **Myrtle Beach International Airport** (MYR; ☎843-448-1589; www.flymyrtlebeach.com ; 1100 Jetport Rd) liegt innerhalb der Stadtgrenzen, ebenso der **Greyhound-Bahnhof** (☎843-448-2471; 511 7th Ave N).

Rund um Myrtle Beach

Fährt man 15 Minuten die I-17 hinunter, gelangt man zur **Pawleys Island**. Der schmale Streifen mit seinen pastellfarbenen Küstencottages scheint Welten entfernt von dem in Neonlicht erstrahlenden Myrtle Beach. Hier kann man nicht viel mehr unternehmen als Kajak fahren und angeln. Nach weiteren 15 Minuten kommt man zum lieblichen **Georgetown**, der drittältesten Stadt in South Carolina. Dort kann man an der Front St zu Mittag essen und die fotogene Ladenzeile aus dem 19. Jh. mit Blick aufs Wasser bewundern... oder auch gleich geruhsam weiterfahren zum Francis Marion National Forest.

Greenville & Upcountry

Einst streiften hier die Cherokee-Indianer durch das Vorgebirge, das sie The Great Blue Hills of God (Die großartigen blauen Hügel Gottes) nannten. Heute ist diese Region als das Upcountry bekannt. Aus Sicht eines Geografen betrachtet fallen an dieser Stelle die Blue Ridge Mountains auf spektakuläre

ABSTECHER

UNTERWEGS IN DEN SÜMPFEN SOUTH CAROLINAS

Tannin (Gerbstoff, der aus vermoderndem pflanzlichem Material austritt) färbt Gewässer tintenschwarz, bleiche Zypressenstümpfe ähneln den Oberschenkelknochen vorweltlicher Riesen und trockenes Louisianamoos dem grauen Haar von Hexen – nichts ist mit den Eindrücken vergleichbar, die man bei einer Wanderung oder Kanufahrt durch die gespenstischen Sümpfe South Carolinas sammelt. Fast wähnt man sich in einem Gruselroman.

In der Nähe von Columbia liegt der 89 km² große **Congaree National Park** (5803-776-4396; www.nps.gov/cong; 100 National Park Rd, Hopkins; ⌚8.30–17 Uhr), Amerikas größter zusammenhängender alter Überschwemmungswald. Hier findet man Campingmöglichkeiten vor und kann an kostenlosen, von Rangern geführten Kanutrips teilnehmen (vorab reservieren; ☎803-776-4396). Tagesausflügler können auch einfach auf dem 3,9 km langen Plankenweg entlangspazieren. Man sollte einen Blick auf die coole Blue Sky Mauer im Visitor Center werfen: Die Szenerie scheint sich zu verändern, wenn man sich bewegt.

Der zwischen Charleston und Myrtle Beach gelegene **Francis Marion National Forest** (5843-928-3368; www.fs.usda.gov/scnfs;5821 Hwy 17 N, Awendaw; ⌚Visitor Center Di–Sa 9–17 Uhr) umfasst ein 1048 km² großes Gebiet mit tanninschwarzen Bächen, Campingplätzen und Wanderwegen, darunter der 67 km lange Palmetto Trail, der alten Holzfällerrouten folgt. **Nature Adventures Outfitters** (☎843-568-3222; www.kayakcharleston.com; halber Tag Erw./Kind 55/39 US$) mit Sitz in Charleston veranstaltet Kajak- und Kanutrips.

Art und Weise ab und treffen auf das Gebiet Piedmont.

Am Rand der Region liegt Greenville, das sich einer der schönsten Innenstädte der gesamten Südstaaten rühmen kann. Der Reedy River schlängelt sich durch das Zentrum, und der beeindruckende Wasserfall stürzt gleich unterhalb der Main St im **Falls Park** (www.fallspark.com) in die Tiefe. Die Main St ist gesäumt von einer lebhaften Mischung aus unabhängigen Läden, guten Restaurants und Pubs, in denen Bier aus Kleinbrauereien ausgeschenkt wird. Am Straßenrand finden sich skurrile Zitate, die Thoughts on a Walk. Kinder werden die Schnitzeljagd **Mice on Main**, die von dem Kinderbuch *Goodnight Moon* inspiriert ist und bei der sie Mäuse aus Bronze finden müssen, lieben. Im hoch gelobten **Lazy Goat** (☎864-679-5299; www.thelazygoat.com; 170 River Pl; Mittagessen 5–15 US$, Abendessen kleine Portion 5–10 US$, Hauptgerichte abends 12–25 US$; ⌚Mo–Mi 11.30–21, Do–Sa bis 22 Uhr), einem stilvollen Lokal, das für seine mediterranen Probierteller bekannt ist, kann man direkt am Flussufer genüsslich Porchetta knabbern und dazu einen Wein schlürfen. Wer auf der Suche nach einem freundlichen B&B in der Nähe des Zentrums ist, sollte sich mal das **Pettigru Place** (☎864-242-4529; www.pettigruplace.com; 302 Pettrigru St; Zi. inkl. Frühstück 145–225 US$; P ❄ 📶) anschauen.

Die beliebteste Outdoor-Attraktion der Region ist der Table Rock Mountain, ein 952 m hoher Berg mit einer auffälligen Granitwand. Der 11,5 km lange Rundweg zum Gipfel im **Table Rock State Park** (☎864-878-9813; www.southcarolinaparks.com; 158 Ellison Ln, Pickens; Erw./Kind 2 US$/frei; ⌚So–Do 7–19, Fr & Sa bis 21 Uhr, Mitte Mai–Anfang Nov. verlängerte Öffnungszeiten) ist unter Einheimischen ein beliebter Gegenstand von Wetten. Wer über Nacht bleibt, kann entweder campen (Zeltplatz 16–21 US$) oder eine der Hütten mieten (52–181 US$), die während des New Deal als Arbeitsbeschaffungsmaßnahme vom Civilian Conservation Corps erbaut wurden.

TENNESSEE

Die meisten Bundesstaaten haben eine offizielle Hymne – Tennessee hat sieben. Und das ist kein Zufall: Tief in der Seele Tennessees lebt die Musik. Hier traf der Folk der schottisch-irischen Bergbewohner im Osten auf die Blues-Rhythmen der Afroamerikaner im Mississippi-Delta des Westens, und heraus kam die moderne Countrymusik, die Nashville so berühmt machte.

Die drei geografischen Regionen – auf der Fahne von Tennessee von drei Sternen symbolisiert – sind von einer jeweils ganz eigenen Schönheit: Die von lilafarbenem Hei-

KURZINFOS TENNESSEE

Spitzname Volunteer State

Bevölkerung 6,35 Mio.

Fläche 106 752 km²

Hauptstadt Nashville (641 000 Ew.)

Weitere Städte Memphis (634 000 Ew.)

Verkaufssteuer 7 %, plus Gemeindesteuern von bis zu 15 %

Geburtsort von Trapper Davy Crockett (1786–1836), Soul-Diva Aretha Franklin (geb. 1942), Sängerin Dolly Parton (geb. 1946)

Heimat von Graceland, Grand Ole Opry, der Jack Daniel's Distillery

Politische Ausrichtung erzkonservativ, mit liberalen Enklaven in urbanen Gegenden

Berühmt für den „Tennessee Waltz", Countrymusik, die Tennessee Walking Horses

Merkwürdigstes Gesetz In Tennessee ist es verboten, aus fahrenden Fahrzeugen auf Wildtiere zu schießen – die Ausnahme sind Wale

Entfernungen Memphis–Nashville 213 Meilen (341 km), Nashville–Great Smoky Mountains National Park 223 Meilen (357 km)

dekraut bedeckten Gipfel der Great Smoky Mountains weichen den üppig grünen Tälern des Zentralplateaus um Nashville und schließlich den heißen, schwülen Niederungen bei Memphis.

In Tennessee kann man morgens auf schattigen Gebirgspfaden wandern und abends in einer Kneipe in Nashville ein Tänzchen wagen oder aber mit dem Geist Elvis' durch die Straßen von Memphis ziehen.

Die Leute in Tennessee sind… nun ja… ziemlich leidenschaftliche, vielfältige Gesellen: In Kirchen auf dem Land sprechen die Schlangenbeschwörer immer noch in Zungen, während in den modernen Städten die Plattenbosse ihre Sonnenbrille auch bei Nacht nicht absetzen.

Praktische Informationen

Department of Environment & Conservation (☎ 888-867-2757; www.state.tn.us/environment/parks) Die übersichtliche Website informiert übers Campen (0–27 US$ od. mehr pro Nacht), Wandern und Angeln in den über 50 State Parks in Tennessee.

Department of Tourist Development (☎ 800-462-8366, 615-741-2159; www.tnvacation.com; 312 8th Ave N, Nashville) Unterhält Welcome Centers an den Staatsgrenzen.

Memphis

Memphis ist nicht nur ein Touristenmagnet, es ist auch das Ziel vieler Pilgerreisen. Musikfans kommen hierher, um andächtig dem Klang der Blues-Gitarren an der Beale St zu lauschen. Barbecue-Liebhaber schlagen sich den Bauch bis zum Platzen mit rauchigem Schweinefleisch und Rippchen voll, und Elvis-Anhänger fliegen aus aller Herren Länder hierher, um ihrem King vor seinem Altar in Graceland zu huldigen. Man könnte Tage damit verbringen, die Museen und historischen Stätten abzuklappern und zwischendurch nur an dem einen oder anderen Grillrestaurant Halt machen – und trotzdem wäre es ein erfüllter Aufenthalt.

Lässt man aber die Lichter und Touristenbusse hinter sich, taucht man ein in ein völlig anderes Memphis. Die Stadt, benannt nach der Hauptstadt des Alten Ägypten, präsentiert sich in einem grotesken barocken Verfall, was zugleich schmerzt und anziehend wirkt. Die Armut greift überall um sich: Viktorianische Villen stehen neben verfallenen Shotgun-Hütten (sehr schmale, besonders im Süden beliebte Wohnhäuser), College-Gebäude liegen im Schatten unheimlicher, verlassener Fabriken und ganze Viertel scheinen von Kopubohnen- und Heckenkirschsträuchern nahezu gänzlich überwuchert zu sein. Der wilde Charme, der die Stadt am Fluss umgibt, wird aufgeschlossene Besucher jedoch mühelos verzaubern und egal wo man hinkommt wird man die Offenheit und Freundlichkeit der Menschen hier spüren.

Sehenswertes

Downtown

Der autofreie Abschnitt der Beale St ist rund um die Uhr eine Partyzone, in der frittierte Funnel Cakes, Bier *to go* und Musik, Musik und nochmals Musik das Ambiente prägen. Obwohl man hier kaum Einheimische zu Gesicht bekommt, scheinen Besucher diesen Hokuspokus zu mögen.

★National Civil Rights Museum MUSEUM
(Karte S. 402; www.civilrightsmuseum.org; 450 Mulberry St; Erw./Student & Senior/Kind 10/9/8 US$; ⌚Mo & Mi–Sa 9–17 Uhr, Sept.–Mai So 13–17 Uhr, Juni–Aug. bis 18 Uhr) Dem Lorraine Motel gegenüber, in dem Martin Luther King am 4. April 1968 einem Attentat zum Opfer fiel, ist das ergreifende National Civil Rights Museum untergebracht. Es liegt fünf Häuserblocks südlich der Beale St und dokumentiert durch umfangreiche Exponate und eine detaillierte Chronik den Kampf der Afroamerikaner für Freiheit und Gleichheit. Sowohl die kulturellen Errungenschaften als auch die Ermordung des Bürgerrechtlers dienen als Ansatzpunkte für einen Einblick in die Bürgerrechtsbewegung, ihre Vorläufer und ihren unauslöschlichen Einfluss auf das Leben in den USA. Die türkisfarbene Fassade des Motels aus den 1950er-Jahren sowie zwei Innenräume sind größtenteils genau so erhalten, wie sie zum Zeitpunkt der Ermordung Martin Luther Kings aussahen und sind somit schon eine Pilgerstätte für sich.

Memphis Rock 'n' Soul Museum MUSEUM
(Karte S. 402; ☎901-205-2533; www.memphisrocknsoul.org; Ecke Lt George W Lee Ave & S 3rd St; Erw./Kind 11/8 US$; ⌚10–19 Uhr) Im Museum der Smithsonian Institution neben dem FedEx Forum wird untersucht, wie sich im Mississippi-Delta afroamerikanische und weiße Musikstile vermischten und daraus dann der moderne Rock und die Soulmusik entstanden. Bei der Audiotour gibt's über 100 Songs auf die Ohren.

Gibson Beale Street Showcase FABRIKFÜHRUNG
(Karte S. 402; www.gibson.com; 145 Lt George W Lee Ave; Eintritt 10 US$, kein Einlass für Kinder unter 5 Jahren; ⌚Führung Mo–Sa 11–16, So 12–16 Uhr) Bei der faszinierenden 45-minütigen Führung durch diese riesige Fabrik kann man zusehen, wie Meister ihres Fachs aus massiven Holzblöcken die legendären Stratocaster-

Großraum Memphis

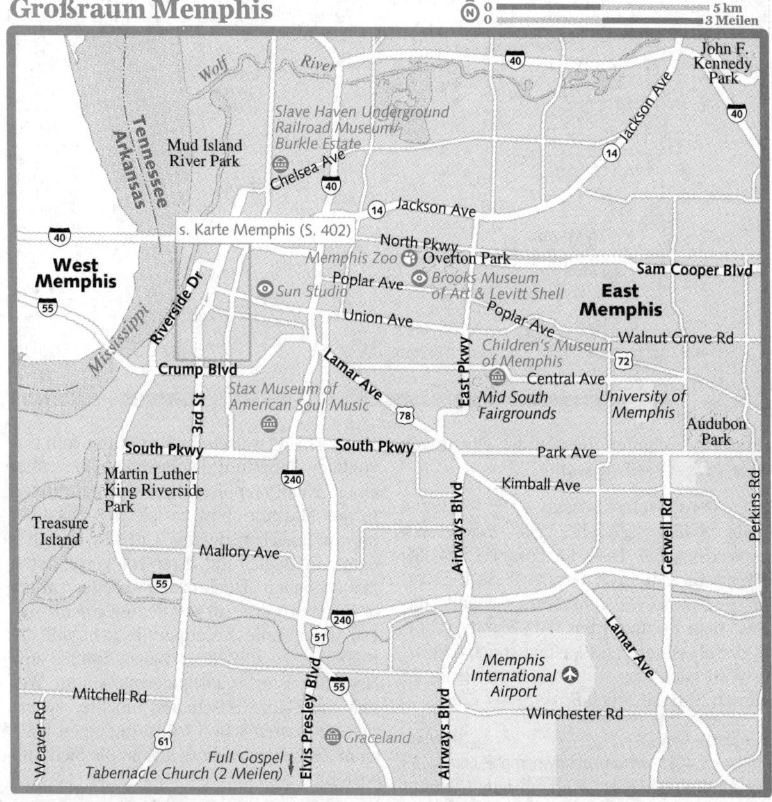

Memphis

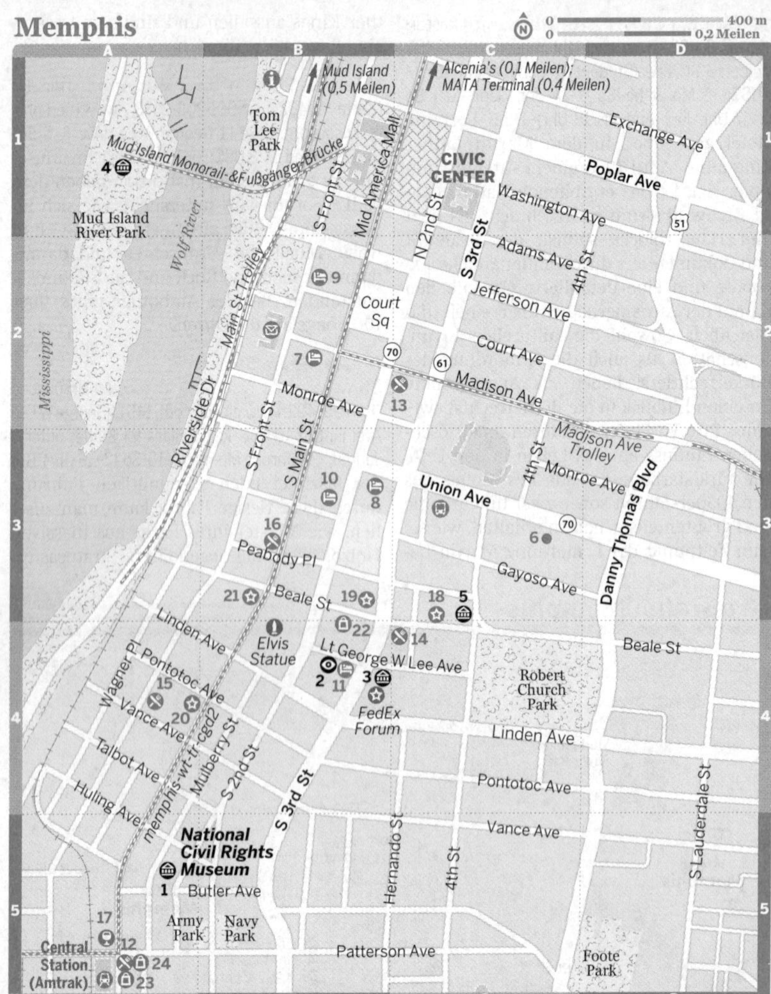

Gitarren erschaffen. Beginn der Führungen ist jeweils zur vollen Stunde.

W.C. Handy House Museum MUSEUM

(Karte S. 402; ☎901-522-1556; www.wchandymemphis.org; 352 Beale St; Erw./Kind 6/4 US$; ⊙Winter Di–Sa 11–16 Uhr, Sommer Di–Sa 10–17 Uhr) An der Ecke 4th St steht dieses Gebäude, das einst dem Komponisten W.C. Handy gehörte, der als erster den 12er-Takt transponierte. Er wird auch der „Vater des Blues" genannt schrieb 1916 das Stück *Beale Street Blues*.

Peabody Ducks ENTENPARADE

(Karte S. 402; www.peabodymemphis.com; 149 Union Ave; ⊙11 & 17 Uhr; 👪) GRATIS Jeden Tag um Punkt 11 Uhr watscheln fünf Enten vom vergoldeten Fahrstuhl des Peabody Hotel über einen roten Teppich zum Springbrunnen in der Marmorlobby, wo sie den Tag über herumplanschen dürfen. Um 17 Uhr geht's dann, in Begleitung ihrer rot gewandeten menschlichen „Duckmaster" wieder zurück in ihr Penthouse zur verdienten Nachtruhe. Die sogenannte Entenparade geht auf die 1930er-Jahre zurück und zieht immer aufs Neue begeisterte Zuschauermassen an. Wer sich das Ganze anschauen möchte, sichert sich am besten schon frühzeitig einen Platz (vom Zwischengeschoss aus ist die Sicht am besten).

Memphis

Highlights

1 National Civil Rights Museum A5

Sehenswertes

2 Gibson Beale Street Showcase B4
3 Memphis Rock 'n' Soul Museum B4
4 Mississippi River Museum A1
Peabody Ducks .... (siehe 8)
5 W.C. Handy House Museum C3

Aktivitäten, Kurse & Touren

6 Blues City Tours C3

Schlafen

7 Madison Hotel B2
8 Peabody Hotel B3
9 Sleep Inn at Court Square B2
10 Talbot Heirs B3
11 Westin Memphis Beale Street Hotel B4

Essen

12 Arcade A5
13 Charlie Vergos' Rendezvous C2
14 Dyer's C4
15 Gus's World Famous Fried Chicken A4
16 Majestic Grille B3

Ausgehen & Nachtleben

17 Earnestine & Hazel's A5

Unterhaltung

18 New Daisy Theater C3
19 Rum Boogie B3
20 Rumba Room A4
21 The Orpheum B3

Shoppen

22 A Schwab's B4
23 D'Edge A5
24 Hoot & Louise A5
Lanksy Brothers .... (siehe 8)

Nördlich von Downtown

Mud Island PARK

(www.mudisland.com; 125 N Front St; April–Okt. Di–So 10–17 Uhr, Juni–Aug. verlängerte Öffnungszeiten;) GRATIS Diese kleine, in den Mississippi hineinragende Halbinsel ist die beliebteste Grünanlage in der Innenstadt von Memphis. Entweder man setzt sich in die Monorail (4 US$ bzw. im Eintritt ins Mississippi River Museum inkl.), oder man überquert die Brücke, die in den Park führt, zu Fuß und geht dort eine Runde Joggen bzw. leiht sich ein Fahrrad.

Mississippi River Museum MUSEUM

(Karte S. 402; www.mudisland.com/c-3-mississippi-river-museum.aspx; 350 East 3rd St; Erw./Kind 15/10 US$; April–Okt. 10–17 Uhr) Dieses Museum auf Mud Island ist teils ein Aquarium, teils eine geologische und historische Ausstellung rund um den größten Fluss der USA. Hier gibt's ein nachgebautes Paketboot in Originalgröße zu sehen sowie ein maßstabsgetreues Modell des unteren Mississippi komplett mit einem Aquarium über den Golf von Mexiko, der vor Haien und Rochen nur so wimmelt und auf dem die Besucher Tretboot fahren.

Slave Haven Underground Railroad Museum/Burkle Estate MUSEUM

(Karte S. 401; 901-527-3427; www.slavehavenundergroundrailroadmuseum.org; 826 N 2nd St; Erw./Kind 10/8 US$; Mo–Sa 10–13 Uhr) Es wird davon ausgegangen, dass dieses unauffällige, mit Schindeln verkleidete Haus eine vom Netzwerk Underground Railroad bereitgestellte Zwischenstation für entflohene Sklaven war. Zu sehen sind unter anderem noch die Falltüren und Tunnel.

Östlich von Downtown

★ Sun Studio STUDIOFÜHRUNG

(Karte S. 401; 800-441-6249; www.sunstudio.com; 706 Union Ave; Erw./Kind 12 US$/frei; 10.30–17.30 Uhr) Von außen wirkt das angestaubte Musikstudio eher unscheinbar, doch hier begann der Siegeszug des amerikanischen Rock'n'Roll. Anfang der 1950er-Jahre begann Sam Phillips vom Sun Studio damit, Platten von Blues-Künstlern wie Howlin' Wolf, B.B. King und Ike Turner aufzunehmen. Danach folgte die Rockabilly-Dynastie mit Jerry Lee Lewis, Johnny Cash, Roy Orbison und, natürlich, dem King of Rock'n'Roll höchstpersönlich, dessen Karriere 1953 hier ihren Anfang nahm.

Bei der sehr informativen 40-minütigen Führung durch das winzige Studio werden Originalbänder von legendären Aufnahme-Sessions vorgespielt, die Guides spicken ihre Ausführungen mit Anekdoten, und man kann ein Foto von sich genau an der Stelle schießen lassen, an der Elvis einst stand (die Stelle ist mit einem „X" markiert). Es gibt auch CDs des Albums *Million Dollar Quartet* zu kaufen, einer Jam-Session mit Elvis, Johnny Cash, Carl Perkins und Jerry Lee Lewis, die Sun 1956 spontan aufnahm. Der kostenlose Shuttle-Bus des Studios fährt ab 11.15 Uhr stündlich einen Rundkurs zwischen dem Sun Studio, der Beale St und Graceland.

Children's Museum of Memphis MUSEUM
(Karte S. 401; www.cmom.com; 2525 Central Ave; Eintritt 12 US$; ⌚9–17 Uhr; 👪) Hier können die Kleinen sich mal so richtig austoben und in, auf oder mit den Ausstellungsstücken, etwa einem Flugzeugcockpit, einem Webstuhl oder einem Wasserrad, spielen. Der Eintritt in den **Splash Park** kostet weitere 5 US$, verspricht aber jede Menge Fun. Dabei rennen die Kids über einen Platz mit 40 Spritz- und Sprührohren, haben dabei großen Spaß und kühlen sich noch dazu gleich ein bisschen ab.

Overton Park

Abseits der Poplar Ave in Midtown liegt, von stattlichen Häusern umgeben, diese 845 ha große Oase inmitten der vielerorts tristen Stadt. Wenn die Beale St das Herz von Memphis ist, so ist der Overton Park seine Lunge.

Memphis Zoo ZOO
(Karte S. 401; www.memphiszoo.org; 2000 Prentiss Pl; Erw./Kind 15/10 US$; ⌚März–Okt. 9–17 Uhr, Nov.–Feb. bis 16 Uhr; 👪) In der nordwestlichsten Ecke des Parks liegt dieser tolle Zoo mit zwei Riesenpandas, die in einem 16 Mio. US$ teuren Gehege leben, das dem chinesischen Lebensraum nachempfunden ist. Weitere Bewohner des Zoos sind u.a. zahlreiche Affen, Eisbären, Pinguine, Adler und Seelöwen.

Brooks Museum of Art GALERIE
(Karte S. 401; www.brooksmuseum.org; 1934 Poplar Ave; Erw./Kind 7/3 US$; ⌚Mi & Fr 10–16, Do bis 20, Sa bis 17, So ab 11 Uhr) Das renommierte Kunstmuseum am westlichen Rand des Parks zeigt eine hervorragende Dauerausstellung, die von Skulpturen aus der Renaissance über impressionistische Werke bis hin zu den Erzeugnissen der abstrakten Expressionisten reicht.

Levitt Shell ARCHITEKTUR
(Karte S. 401; www.levittshell.org) Auf der historischen Bühne hat Elvis 1954 seinen ersten Auftritt. Heute finden in der modern wirkenden weißen Muschel im Sommer kostenlose Konzerte statt.

Südlich von Downtown

★**Graceland** HISTORISCHES GEBÄUDE
(Karte S. 401; ☎901-332-3322; www.elvis.com; Elvis Presley Blvd/US 51; Führung Haus Erw./Kind 33/30 US$, komplette Führung 37/33 US$; ⌚Mo–Sa 9–17, So bis 16 Uhr, Winter verkürzte Öffnungszeiten & Di geschl.; P) Wenn man in Memphis nur Zeit für *eine* Sehenswürdigkeit hat, dann sollte es diese hier sein: das grandios kitschig-bizarre Zuhause des King of Rock'n'Roll. Obwohl Elvis Presley in Mississippi geboren wurde, war er doch ein Sohn der Stadt Memphis. Er wuchs in einer Sozialwohnung im Viertel Lauderdale Courts auf, wurde in den Clubs der Beale St vom Blues inspiriert und im Sun Studio auf der Union Ave entdeckt. Im Frühjahr 1957 kaufte der 22-jährige, bereits zu Ruhm gelangte Sänger für 100 000 US$ eine Kolonialvilla, die von ihrem vorherigen Besitzer den Namen Graceland erhalten hatte.

Der King selbst ließ die Villa 1974, nun ja, umdekorieren. Mit seiner 4,6 m langen Couch, einem künstlichen Wasserfall, gelben Vinylwänden und grünen, flauschigen Teppichen an der Decke könnte es glatt einem pompösen Einrichtungskatalog aus den 1970ern entsprungen sein. Die Führung beginnt auf der Visitor Plaza, jenseits des Elvis Presley Blvd. Um lange Wartezeiten zu umgehen, sollte man in der Hauptsaison unbedingt vorab buchen. Wer das Anwesen auf eigene Faust erkunden möchte, bekommt zu seinem Ticket noch einen sehr guten Audioguide mit Kopfhörern. Für zusätzlich gerade einmal 4 US$ bekommt man auch das Automuseum und zwei speziell angefertigte Flugzeuge zu sehen (im Convair-880-Jet *Lisa Marie* gibt's eine in Blau und Gold gehaltene, durchaus sehenswerte Toilette).

Priscilla Presley, die 1973 von Elvis geschieden wurde, öffnete Graceland 1982 für Besichtigungstouren. Heute kommen Millionen Menschen hierher, um ihrem King zu huldigen. Er starb 1977 im Badezimmer im Obergeschoss an Herzversagen. Zahllose Fans trauern auch heute noch an seinem Grab, das hinter dem Haus gleich neben dem Swimmingpool liegt. Graceland liegt 9 Meilen (14,5 km) südlich der Innenstadt am US 51, der auch „Elvis Presley Blvd" genannt wird. Auch der kostenlose Shuttlebus des Sun Studio fährt hierher. Parken kostet 10 US$.

Stax Museum of American Soul Music MUSEUM
(www.staxmuseum.com; 926 E McLemore Ave; Erw./Kind 12/9 US$; ⌚März–Okt. Mo–Sa 10–17, So 13–17 Uhr, Nov.–März Mo geschl.) Lust auf Funk? Dann auf zur „Soulsville USA", wo auf dem Gelände des alten Aufnahmestudios

Stax heute ein 1580 m² große Museum untergebracht ist. Das ehrwürdige Studio war in den 1960er-Jahren das Epizentrum des Soul, als Otis Redding, Booker T. und die MGs oder auch Wilson Pickett ihre Platten aufnahmen. Besucher können tief in die Geschichte des Souls eintauchen und Fotos, Exponate aus den 1960ern, bunte Kostüme aus den 1970ern und den Superfly Cadillac von Isaac Hayes, Baujahr 1972, mit Florteppichen und einer 24-karätigen Goldauflage an der Außenseite besichtigen.

Full Gospel Tabernacle Church KIRCHE
(www.algreenmusic.com; 787 Hale Rd; ⏲Messe So 11.30 & 16 Uhr) Wer an einem Sonntag in der Stadt ist, sollte seine besten Hosen anziehen und die Sonntagsmesse in der Kirche in South Memphis besuchen, wo Prediger und Soullegende Al Green einem gewaltigen Chor vorsteht. Besucher sind willkommen und belegen in der Regel etwa die Hälfte der Kirchenbänke. Einfach in die „Hallelujahs" einstimmen, aber nicht vergessen, eine kleine Spende zu hinterlassen (ein paar Dollar sind o.k.)! Green ist zwar nicht jedes Wochenende vor Ort, der Gottesdienst ist jedoch immer ein faszinierendes Erlebnis.

Geführte Touren

★American Dream Safari KULTUR
(☎901-527-8870; www.americandreamsafari.com; Stadtspaziergang 15 US$/Pers., Autotour 200 US$/Fahrzeug) Tad Pierson, der regelrecht süchtig nach Südstaatenkultur ist, zeigt Tourteilnehmern wahlweise zu Fuß oder in seinem pinken Cadillac eine unkonventionelle, persönliche Seite von Memphis in Form von Juke Joints, Gospelkirchen und zerfallenen Gebäuden. Zum Angebot gehören auch Tagesausflüge ins Delta und Fotoführungen.

Blues City Tours BUSTOUR
(Karte S. 402; ☎901-522-9229; www.bluescitytours.com; Erw./Kind ab 24/19 US$) Anbieter von verschiedenen Stadtrundfahrten mit unterschiedlichen Themenschwerpunkten, darunter auch eine Elvis-Tour und eine Musik-Tour.

Feste & Events

Trolley Night KUNSTSPAZIERGANG
(www.southmainmemphis.net; S Main St; 10 US$/Pers.; ⏲letzter Fr des Monats 18–21 Uhr) Während der Trolley Night bleiben die Galerien entlang der South Main abends länger geöffnet, und es wird Wein für die Besucher ausgeschenkt.

★Beale Street Music Festival MUSIK
(www.memphisinmay.org; Tom Lee Park; 3-Tages-Pass 85 US$; ⏲1. Wochenende im Mai) Von Coachella, dem New Orleans Jazz Fest oder Bonnaroo hat wohl jeder schon mal gehört. Das Beale Street Music Festival in Memphis ist weniger bekannt, obwohl sich hier einige der landesweit besten Blues-Master der alten Schule, Nachwuchsrocker und alternde Pop- und Hip-Hop-Künstler die Ehre geben.

Das Festival dauert drei Tage lang und zieht 100 000 Besucher an.

International Blues Challenge MUSIK
(www.blues.org; ⏲Jan./Feb.) Gefördert von der Blues Foundation treten hier vor einer Fachjury mehrere Blues-Künstler gegeneinander an.

Memphis in May KULTUR
(www.memphisinmay.org; ⏲Mai) Im Mai wird jeden Freitag, Samstag und Sonntag irgendetwas geboten, beispielsweise das Beale Street Music Festival (S. 405), der BBQ-Wettbewerb oder, als großes Finale, die Sonnenuntergangssymphonie.

Schlafen

Am Exit 279 von der I-40 stehen auf der anderen Flussseite in West Memphis, Arkansas, mehrere Kettenhotels. Während des Memphis in May Festivals schießen die Preise in die Höhe.

Downtown

★Talbot Heirs PENSION $$
(Karte S. 402; ☎901-527-9772, 800-955-3956; www.talbothouse.com; 99 S 2nd St; Suite ab 130 US$; ❄📶) Ganz unscheinbar befindet sich diese freundliche, einzigartige Pension im 2. Stock eines Gebäudes in einer geschäftigen Straße der Downtown und gehört zu Memphis' bestgehüteten Geheimnissen. Die geräumigen Suiten erinnern eher an angesagte Ein-Zimmer-Appartments als an Hotelzimmer. Sie sind mit asiatischen Teppichen und flippiger lokaler Kunst ausgestattet. In den Küchen stehen bereits einige Snacks bereit.

Wenn die ganz Großen wie Harvey Keitel, Kathy Bates oder Eric Clapton in Memphis weilen, übernachten sie hier. Das Parken kostet 10 US$.

ABSTECHER

DIE JACK DANIEL'S DISTILLERY

Es ist schon eine Ironie, dass die **Jack Daniel's Distillery** (www.jackdaniels.com; Rte 1; 9–16.30 Uhr) GRATIS ausgerechnet in einem „trockenen" County steht: Gemäß den hiesigen Gesetzen ist der Verkauf harter alkoholischer Getränke innerhalb der Grenzen des Landkreises nicht gestattet. Bei den kostenlosen einstündigen Führungen durch die Brennerei werden aber immerhin kleine Kostproben ausgeschenkt. Die zweistündige Führung kostet 10 US$ (im Voraus buchen!), aber auf dieser sind die Probierportionen großzügiger bemessen. Jack Daniel's ist die älteste registrierte Brennerei in den USA: Schon seit 1866 wird hier Whiskey tropfenweise durch eine 3 m dicke Schicht Holzkohle gefiltert und reift anschließend in Eichenfässern. Die Brennerei befindet sich abseits des Hwy 55 im kleinen Städtchen Lynchburg.

Sleep Inn at Court Square HOTEL $$
(Karte S. 402; 901-522-9700; www.sleepinn.com; 400 S Front St; Zi. ab 114 US$; P) Der kompakte Stuckbau in einer Gegend mit zahlreichen Hotels für Geschäftsreisende ist unter den günstigeren Unterkünften in Downtown eine der besten Optionen (wenn nicht sogar *die* beste). Es gibt angenehme, luftige Zimmer mit Flachbild-TVs. Fürs Parken blecht man 12 US$.

Madison Hotel BOUTIQUEHOTEL $$$
(Karte S. 402; 901-333-1200; www.madisonhotelmemphis.com; 79 Madison Ave; Zi. ab 264 US$; P@) Wer sich mal was Schickes leisten will, der checkt in dieser eleganten Boutiqueunterkunft ein. Vom Garten auf dem Dach kann man wunderbar den Sonnenuntergang beobachten, und die Zimmer sind mit netten Details wie hohen Decken, italienischer Bettwäsche und Badewannen mit Whirlpoolsystem ausgestattet.

Peabody Hotel HOTEL $$$
(Karte S. 402; 901-529-4000; www.peabodymemphis.com; 149 Union Ave; Zi. ab 229 US$;) Im legendärsten Hotel der Stadt nächtigt seit den 1860er-Jahren das Who's Who des Südstaatenadels. Der heutige 13-stöckige Bau im italienischen Neorenaissancestil stammt aus den 1920er-Jahren. Das Peabody ist auch weiterhin ein gesellschaftlicher Treffpunkt mit Wellnessbereich, Geschäften, verschiedenen Restaurants sowie einer stimmungsvollen Lobby-Bar aus Marmor und Gold. Die tägliche Parade der im Brunnen der Lobby residierenden Enten (S. 402) ist eine Tradition in Memphis.

Westin Memphis Beale Street Hotel HOTEL $$$
(Karte S. 402; 901-334-5900; www.westinmemphisbealestreet.com; 170 Lt George W Lee Ave; Zi. ab 189 US$) Gleich gegenüber dem FedEx Forum und am Beginn der Beale St steht das neueste und schillerndste Hotel der Stadt. Die großzügigen Zimmer sind mit den Annehmlichkeiten einer Vier-Sterne-Unterkunft ausgestattet, und der Service ist hervorragend.

Östlich von Downtown

Pilgrim House Hostel HOSTEL $
(901-273-8341; www.pilgrimhouse.org; 1000 S Cooper St; B 20 US$, Zi. 30–50 US$; P@) Ja, es ist eine Kirche, aber nein, niemand wird anfangen zu predigen. Die Schlafsäle und privaten Zimmer sind sauber und schlicht eingerichtet. Die internationale Gästeschar sitzt im sonnigen, offenen Gemeinschaftsbereich, der irgendwie an einen Ikea-Katalog erinnert, und spielen Karten oder unterhalten sich einfach (kein Alkohol!). Jeder muss eine kleine Arbeit erledigen, z.B. einmal am Tag kurz den Müll rausbringen.

Südlich von Downtown

Memphis Graceland RV Park & Campground CAMPING $
(901-396-7125; www.elvis.com; 3691 Elvis Presley Blvd; Stellplatz f. Zelt/Hütte ab 27/51 US$; P) Wer hier zeltet oder in einer der schlichten Blockhütten (mit Gemeinschaftsbad) direkt neben Graceland übernachtet, sorgt dafür, dass Lisa Marie weiter über die Runden kommt…

Heartbreak Hotel HOTEL $$
(877-777-0606, 901-332-1000; www.elvis.com/epheartbreakhotel/; 3677 Elvis Presley Blvd; DZ ab 120 US$; @) In der schlichten Unterkunft am Ende der Lonely St (sic!) gegenüber von Graceland dreht sich alle nur um Elvis. Wer in dem ohnehin schon hoffnungslos kitschigen Hotel noch einen obendrauf

setzen will, mietet eine Themensuite, etwa die mit rotem Samt ausgeschlagene Burnin'-Love-Suite.

Days Inn Graceland MOTEL $$
(☎ 901-346-5500; www.daysinn.com; 3839 Elvis Presley Blvd; Zi. ab 104 US$; P ❄ 📶 ≋) Mit seinem gitarrenförmigen Pool, den goldenen Schallplatten, dem Elvis-Schnickschnack in der Lobby und den neonfarbenen Cadillacs auf dem Dach schafft es das Days Inn, das benachbarte Heartbreak Hotel in puncto Elvis-Kult sogar noch zu übertreffen. Die Zimmer sind sauber, aber unspektakulär. Um in die Stadt zu kommen, braucht man sein eigenes Fahrzeug, sonst ist man vom Shuttle-Bus abhängig.

Essen

Die Einheimischen streiten sich darüber, welche Schweinehacksandwiches oder marinierten Rippchen denn nun die besten in Memphis sind. Grillrestaurants sind überall in der Stadt zu finden, wobei die mit der hässlichsten Fassade nicht selten das leckerste Essen servieren. Die jungen, coolen Einheimischen zieht es in den South Main Arts District oder ins Viertel Cooper-Young in der Midtown. Dort gibt es zahlreiche neue, angesagte und gute Restaurants.

Downtown

Gus's World Famous Fried Chicken HÄHNCHEN $
(Karte S. 402; ☎ 901-527-4877; 310 S Front St; Hauptgerichte 6–9 US$; ⏲ So–Do 11–21, Fr & Sa bis 22 Uhr) Brathähnchenfans aus aller Welt wälzen sich nachts im Bett herum und träumen von den zarten, goldbraun gebratenen Hähnchen, die in diesem Betonbau in Downtwon serviert werden. Im Innern steht im Neonlicht eine alte Jukebox. Wenn viel los ist, wartet man schon mal über eine Stunde.

Alcenia's SÜDSTAATENKÜCHE $
(www.alcenias.com; 317 N Main St; Hauptgerichte 6–9 US$; ⏲ Di–Fr 11–17, Sa 9–15 Uhr) Gibt es noch etwas, das süßer ist als Alcenia's bekannter „Ghetto Juice", ein Fruchtgetränk, das den Blutzuckerspiegel in die Höhe schnellen lässt? Ja, und zwar die Besitzerin Betty Joyce „B.J." Chester-Tamayo, die Gästen gerne mal einen Kuss auf die Stirn drückt. Das witzige, kleine, rot-goldene Café serviert ein täglich wechselndes Mittagsmenü, beispielsweise knusprig gebratenes Hähnchen und Seewolf, superzarten würzigen Kohl und exquisite Sahnetorte.

Arcade DINER $
(Karte S. 402; www.arcaderestaurant.com; 540 S Main St; Hauptgerichte 8–10 US$; ⏲ 7–15 Uhr, Fr auch abends) Schon Elvis hat in diesem Retro-Diner – dem ältesten der Stadt – gegessen, und auch heute noch sind die Süßkartoffelpuffer himmlisch und genauso locker, butterhaltig und verführerisch wie sie angepriesen werden. Der Rest auf der Speisekarte sind die üblichen Schnellrestaurant-Klassiker.

Dyer's FAST FOOD $
(Karte S. 402; www.dyersonbeale.com; 205 Beale St; Burger 4–7 US$; ⏲ So–Do 11–24 Uhr, Fr & Sa open end) Die Burger hier sollen angeblich zu den besten der USA zählen (laut *Esquire* und *Playboy*). Das Fleisch wird zunächst mit einem Pfannenwender von mindestens 10 cm Breite platt gedrückt und anschließend in blubberndes Fett getaucht, das nie gewechselt, immer nur frisch gefiltert wird, da es das lebensspendende Elixier des Ganzen ist – in Wirklichkeit ist wohl eher das Gegenteil der Fall.

Charlie Vergos' Rendezvous BARBECUE $$
(Karte S. 402; ☎ 901-523-2746; www.hogsfly.com; 52 S 2nd St; Hauptgerichte 10–20 US$; ⏲ Di–Do 16.30–22.30, Fr 11–23, Sa ab 11.30 Uhr) In einer kleinen Gasse abseits der Union Ave werden in diesem alteingesessenen Kellerlokal jede Woche unglaubliche 5 t der ausgezeichneten marinierten Rippchen an den Mann oder die Frau gebracht. Zu den Rippchen gibt's keine Sauce, zur Schweineschulter schon. Deshalb beides probieren, dann reicht die Sauce locker! Auch die Rinderbrust ist der Wahnsinn. Der Top-Service und die mit historischem Allerlei verzierten Wände machen ein Essen hier zum Erlebnis. Wartezeit einplanen!

Majestic Grille EUROPÄISCH $$$
(Karte S. 402; ☎ 901-522-8555; www.majesticgrille.com; 145 S Main St; Hauptgerichte 17–36 US$; ⏲ Mo–Do 11–22, Fr & Sa bis 23, So bis 21 Uhr) Im hübschen, mit dunklem Holz verkleideten Speisesaal des in einem alten Stummfilmtheater untergebrachten Restaurants zucken in alter Stummfilmmanier schwarze und weiße Lichter, während man sich europäische Klassiker, beispielsweise halbe Grillhähnchen, gebratenen Thunfisch, gegrillte Schweinemedaillons oder eine der vier Varianten des Filet Mignon, schmecken lässt.

Nur einen Katzensprung von der Beale St entfernt.

Östlich von Downtown

Bar DKDC GASTHAUS $
(www.facebook.com/BARDKDC; 964 S Cooper St; Gerichte 3–8 US$; ⊙Mi–So 17–3 Uhr) Hier dreht sich alles um Tapas – und das Essen ist günstig und gut. Hält man sich an die Empfehlung von der Speisekarte, dann sind die Zuckerrohr-Shrimps der erste Gang, danach geht's mit einem Clubsandwich mit geräuchertem Fisch weiter und schließlich folgt geräuchertes Hähnchen oder Lammkoteletts oder ein mit Guave glasiertes Schweinekotelett. Das Lokal ist abgefahren dekoriert, die Weinliste ist auf einer Kreidetafel angeschrieben, und die Barkeeper sind sehr freundlich.

Payne's Bar-B-Q BARBECUE $
(1762 Lamar Ave; Sandwiches 4–7 US$, Gerichte 7–9 US$; ⊙Di–Sa 11–18.30 Uhr) In dieser umgebauten Tankstelle gibt's das womöglich beste Schweinehacksandwich der Stadt. Wer diese Behauptung zu gewagt findet, probiert am besten einfach selbst und entscheidet dann.

Neely's Interstate Bar-B-Q BARBECUE $
(☎901-775-1045; www.interstatebarbecue.com; 2265 S 3rd St; Hauptgerichte 8–20 US$; ⊙So–Do 11–23, Fr & Sa bis 24 Uhr; 👪) Gegrillte Spaghetti. Das hört sich nicht nur seltsam an, es ist auch seltsam – gleichzeitig aber auch nur halb so schlimm wie befürchtet. Jim Neely's Rippchen und Sandwiches mit gehackter Schweineschulter sind, ebenso wie der geräucherte Truthahn, klasse. Die Atmosphäre ist heimelig und familienfreundlich.

★**Cozy Corner** BARBECUE $$
(www.cozycornerbbq.com; 745 N Pkwy; Hauptgerichte 7–12 US$; ⊙Di–Sa 11–21 Uhr) In dem wunderbar hässlichen Kultlokal fläzt man sich in eine der abgewetzten Sitznischen aus Vinyl und verschlingt die Spezialität des Hauses: ein ganzes Brathähnchen. Auch die Rippchen und Chicken Wings sind grandios, ganz zu schweigen vom himmlisch fluffigen Süßkartoffelkuchen, einem klassischen Südstaatendessert.

Alchemy SÜDSTAATENKÜCHE, TAPAS $$
(☎901-726-4444; www.alchemymemphis.com; 940 S Cooper St; Tapas 10–13 US$, Hauptgerichte 23–28 US$; ⊙Mo–Sa 16–1, So bis 22 Uhr) Dieser schicke Laden im Viertel Cooper-Young serviert leckere Südstaaten-Tapas, etwa Jakobsmuscheln mit Trüffel-Blumenkohl-Püree, gebratenen Spargel mit Benton-Bacon oder kurz angebratenen Tintenfisch mit einem Hauch von Maismehl überzogen. Warme Küche bis 1 Uhr.

Soul Fish Cafe SEAFOOD $$
(☎901-755-6988; www.soulfishcafe.com; 862 S Cooper St; Hauptgerichte 10–13 US$; ⊙Mo–Sa 11–22, So bis 21 Uhr) Ein schnuckeliges, aus Betonziegeln errichtetes Café im Viertel Cooper-Young, das für seine köstlichen Po'boy-Sandwiches, seine Backfischplatten und feinsten Kuchen bekannt ist.

Restaurant Iris MODERNE SÜDSTAATENKÜCHE $$$
(☎901-590-2828; www.restaurantiris.com; 2146 Monroe Ave; Hauptgerichte 25–37 US$; ⊙Mo–Sa 17–22 Uhr) Der Chefkoch Kelly English zaubert in diesem Restaurant modernste Südstaaten-Fusion-Gerichte und wurde dafür auch schon für den James Beard Award nominiert. Zur Auswahl der ganz besonderen Art zählen sein mit Austern gefülltes Steak, ein himmlisches Shrimp'n'Grits sowie amerikanisches Kobe-Rind mit *alu gobhi* und einem Pfefferminz-Chutney. Am jeweils dritten Sonntag im Monat wird auch ein Brunch serviert.

Sweet Grass SÜDSTAATENKÜCHE $$$
(☎901-278-0278; www.sweetgrassmemphis.com; 937 S Cooper St; Hauptgerichte 21–27 US$; ⊙Di–So 17.30–open end, So 11–14 Uhr) Das schicke neue Bistro in der Midtown bringt moderne Lowcountry-Küche (typisch für South Carolina und Georgia und sehr meeresfrüchtelastig) auf den Tisch und erntet dafür begeistertes Lob. Das Shrimp'n'Grits, traditionell ein Fischer-Frühstück, ist bei den Gästen besonders beliebt. Die Atmosphäre kann mitunter allerdings etwas spießig sein.

Ausgehen & Nachtleben

Die letzte Runde wird um 3 Uhr ausgegeben, an ruhigen Abenden schließen Bars aber auch schon früher.

★**Earnestine & Hazel's** BAR
(Karte S. 402; 531 S Main St) Eine spelunkenhafte Bar und eine der besten ihrer Art in ganz Memphis. Der 2. Stock steht voller rostiger Bettgestelle und Badewannen mit Klauenfüßen, die noch aus dessen Vergangenheit als Bordell stammen. Der Soul Burger, das einzige Gericht, das hier angeboten wird, ist legendär. Nach Mitternacht steigt die Stimmung.

Cove BAR
(www.thecovememphis.com; 2559 Broad Ave) Die neue Hipster-Bar mit maritimem Ambiente serviert Retro-Cocktails und hochwertige Barsnacks (Austern in der Schale, Pommes mit frittierten Sardellen). Beliebt bei den Einheimischen.

☆ Unterhaltung

Die Beale St ist natürlich die erste Adresse, wenn man Blues, Rock oder Jazz live erleben will. Der Eintritt in die meisten Clubs ist frei oder kostet nur ein paar Dollar. Bars haben für gewöhnlich den ganzen Tag geöffnet, während in den kleineren Clubs in den unterschiedlichen Vierteln oft erst ab 22 Uhr was los ist. Was gerade ansteht, erfährt man im Online-Veranstaltungskalender des *Memphis Flyer* (S. 410).

★ FedEx Forum SPORTARENA
(Karte S. 402; ☎ Tageskasse 901-205-2640; www.fedexforum.com; 191 Beale St, Beale Street Entertainment District) In dieser Sportarena in der Downtown tragen die Memphis Grizzlies, die einzige größere Profimannschaft der Stadt, ihre Heimspiele aus. Memphis liebt seine Basketballjungs, und wenn sie spielen ist hier richtig was los. Auch Konzerte bekannter Künstler werden im FedEx Forum veranstaltet.

Wild Bill's BLUES
(1580 Vollentine Ave; ⌚ Fr & Sa 22 Uhr–open end) Vor Mitternacht herrscht in der winzigen, düsteren Spelunke tote Hose. Dann jedoch macht es sich die einheimische Klientel – die Fremde auch gerne mal anstarrt – mit einem Bier und einer Portion Chicken Wings gemütlich und genießt einen der besten Blues-Acts in Memphis. Lohnt sich wegen der mitreißenden, sehr authentischen Jams!

Hi-Tone Cafe LIVEMUSIK
(www.hitonememphis.com; 1913 Poplar Ave) Unauffällige kleine Bar nahe dem Overton Park und eine der besten Adressen für Konzerte lokaler Bands und Indie-Acts.

Young Avenue Deli LIVEMUSIK
(www.youngavenuedeli.com; 2119 Young Ave; ⌚ Mo–Sa 11–15 Uhr, So ab 11.30 Uhr) Die beliebte Adresse in der Midtown bietet Essen, Billard, gelegentliche Livemusik und eine hippe, entspannte, junge Klientel.

New Daisy Theater LIVEMUSIK
(Karte S. 402; ☎ 901-525-8971, Veranstaltungs-Hotline 901-525-8979; www.newdaisy.com; 330 Beale St; ⌚ wechselnde Öffnungszeiten) Beliebte Independent-Musiker und -Bands wie Minus the Bear, Gorilla und Napalm Death (für den Namen ist einzig und allein die Band selbst verantwortlich) treten in dieser Location auf der Beale St auf.

Rum Boogie BLUES
(Karte S. 402; ☎ 912-528-0150; www.rumboogie.com; 182 Beale St) Riesig, beliebt und laut. In diesem Club mit Cajun-Dekor auf der Beale St sorgt jeden Abend die hauseigene Blues-Band für Stimmung.

Rumba Room TANZ
(Karte S. 402; www.memphisrumbaroom.com; 303 S Main St; ⌚ Mo 19.30–23.30, Do 18–2, Fr 18.30–3, Sa 20–3, So bis 1 Uhr) Heute mal keine Lust auf Blues? In diesem Tanzsaal legen DJs auf, und es werden Swing- und Salsaabende veranstaltet. Nach ein paar Drinks wirbeln selbst blutige Anfänger wie Profis durch die Gegend.

The Orpheum LIVEMUSIK
(Karte S. 402; ☎ 901-525-7800; www.orpheum-memphis.com; 203 S Main St; ⌚ wechselnde Öffnungszeiten) Im Orpheum finden Broadway-Shows und Konzerte bekannter Künstler statt. Vor dem historischen Gebäude von 1928 kann man den Walk of Fame bewundern. In den Pausen soll das unheimliche Kichern Marys, des Geistes eines kleinen Mädchens mit dem Pferdeschwanz, zu hören sein.

Shoppen

In der Beale St gibt es zahllose kitschige Souvenirläden, während sich in Cooper-Young Boutiquen und Bücherläden finden. Die Straßen rund um South Main sind zum Künstlerviertel deklariert worden. Dort kann man mittlerweile sehr gut shoppen gehen, und hier findet auch einmal im Monat die Trolley Night (S. 405) statt.

★ Hoot & Louise VINTAGE
(Karte S. 402; www.facebook.com/hootandlouise; 109 GE Patterson Ave; ⌚ Mo–Sa 10.30–18.30, So 12–17 Uhr) In diesem nagelneuen Laden bekommt man neues, auf alt getrimmtes Design sowie sonderbaren Schmuck. Auf seine eigene Weise ist das Hoot & Louise etwas ganz Besonderes.

A Schwab's GESCHENKE
(Karte S. 402; ☎ 901-523-9782; www.a-schwab.com; 163 Beale St; ⌚ Mo–Mi 12–19, Do bis 21, Fr & Sa bis 22 Uhr) Hier gibt's alles, vom Jeans-

hemd über Flachmänner, Quietsche-Enten und schicke Hüte bis hin zu Overalls. Echtes Highlight sind aber die Antiquitäten im Obergeschoss. Dort finden sich etwa alte Waagen und Bügeleisen, Hutspanner und die gusseiserne Verankerung einer Registrierkasse.

D'Edge GALERIE
(Karte S. 402; www.dedgeart.com; 550 S Main St; ⌚11–17 Uhr) Eine farbenfrohe Kunstgalerie mit einer skurrilen Leidenschaft für Musik, in der klassische, vom Mississippi-Delta inspirierte afroamerikanische Kunst mit kreativer Landschaftsmalerei zusammengebracht wurde. Hier sieht man unterhaltsame, aufregende Kunstwerke, die von Menschen für Menschen geschaffen worden sind.

Lanksy Brothers BEKLEIDUNG
(Karte S. 402; ☎901-529-9070; www.lanskybros.com; 149 Union Ave; ⌚So–Mi 9–18, Do–Sa bis 21 Uhr) Der „Herrenausstatter des King" versorgte einst Elvis mit seinen typischen zweifarbigen Hemden. Das Geschäft gibt es schon seit Mitte des 20. Jhs., und heute findet man hier neben Herrenbekleidung im Retro-Stil auch Geschenke und Frauenmode. Im Peabody Hotel untergebracht.

Praktische Informationen

Nahezu alle Hotels und viele Restaurants bieten kostenloses WLAN.

Commercial Appeal (www.commercialappeal.com) Tageszeitung mit Infos über das städtische Unterhaltungsangebot.

Hauptpost (Karte S. 402; 555 S 3rd St)

Memphis Flyer (www.memphisflyer.com) Kostenloses Wochenblatt, das donnerstags erscheint und Infos über das städtische Unterhaltungsangebot enthält.

Öffentliche Bibliothek (www.memphislibrary.org; 33 S Front St; ⌚Mo–Fr 10–17 Uhr) Computer mit kostenlosem Internetzugang.

Polizei (☎901-545-2677; 545 S Main St)

Regional Medical Center at Memphis (☎901-545-7100; www.the-med.org; 877 Jefferson Ave) Das einzige Unfallzentrum für schwerere Fälle in der Region.

Tennessee State Visitor Center (Karte S. 402; ☎888-633-9099, 901-543-5333; www.memphistravel.com; 119 N Riverside Dr; ⌚Nov.–März 9–17 Uhr, April–Okt. bis 18 Uhr) Broschüren über den ganzen Bundesstaat.

Anreise & Unterwegs vor Ort

Der **Memphis International Airport** (MEM; ☎901-922-8000; www.memphisairport.org; 2491 Winchester Rd) liegt 12 Meilen (19 km) südöstlich der Innenstadt und ist über die I-55 zu erreichen. Ein Taxi ins Zentrum kostet um die 30 US$. **Memphis Area Transit Authority** (MATA; www.matatransit.com; 444 N Main St; Fahrt 1,75 US$) betreibt die Stadtbusse; die Linien 2 und 32 steuern den Flughafen an.

MATA betreibt auch historische **Trolleys** (1 US$, alle 12 Min.), die entlang der Main St und der Front St im Zentrum verkehren. **Greyhound** (Karte S. 402; www.greyhound.com; 203 Union Ave) sowie die **Central Station** (www.amtrak.com; 545 S Main St), der Bahnhof der Amtrak, befinden sich mitten im Zentrum.

Shiloh National Military Park

„Kein Soldat, der an der zweitägigen Schlacht von Shiloh beteiligt war, wollte später jemals wieder kämpfen", erklärte einst ein Veteran, der den blutigen Kampf 1862, der hier in den wunderschönen Feldern und Wäldern tobte, miterlebt hatte. Ulysses S. Grant, seinerzeit Generalmajor, führte damals die Army of Tennessee an. Nach einem brutalen Angriff der Konföderiertentruppen am ersten Tag, der Grant völlig überrumpelte, konnte er am zweiten Tag durch ein kreatives Manöver Pittsburgh Landing halten und somit die Konföderierten zurückdrängen. Während der Kämpfe fielen über 3500 Soldaten und fast 24 000 wurden verwundet. Der zu Beginn des Kriegs noch relativ unbekannte Grant führte die Unionstruppen ab diesem Tag zum Sieg und wurde später der 18. Präsident der Vereinigten Staaten.

Der weitläufige **Shiloh National Military Park** (www.nps.gov/shil; 1055 Pittsburg Landing Rd; ⌚Park Sonnenaufgang–Sonnenuntergang, Visitor Center 8–17 Uhr) GRATIS liegt unmittelbar nördlich der Grenze zu Mississippi in der Nähe der Ortschaft Crump, Tennessee, und lässt sich nur mit dem Auto erkunden. Zu sehen gibt es den Shiloh National Cemetery sowie den Ausblick auf den Cumberland River, wo die Verstärkung der Unionstruppen an Land ging. Im Visitor Center gibt es Kartenmaterial, es wird ein Film über die Schlacht gezeigt, und man kann einen Audioguide für die Autotour erstehen.

Nashville

Mal angenommen, man ist ein hoffnungsfroher Country-Sänger und erreicht nach tagelangem Trampen mit nichts als einer Gitarre auf dem Rücken das Zentrum von Nashville. Man sieht die Neonlichter des Lower Broadway, atmet tief die rauch- und biergeschwängerte Luft ein und spürt das Rumpeln der vielen Stiefel, die in den überfüllten Kneipen den Boden malträtieren. Dann wird man sich sagen: „Ich hab's geschafft!"

Für Country-Fans und Möchtegern-Liedermacher aus aller Welt ist eine Reise nach Nashville die ultimative Pilgerfahrt. Schon seit den 1920er-Jahren zieht die Stadt Musiker an, die das Country-Genre vom Hillbilly des frühen 20. Jhs. über den glatten Nashville-Sound der 1960er-Jahre bis zum punkigen Alternative Country der 1990er weiterentwickelt haben.

Die musikalischen Attraktionen Nashvilles reichen von der Country Music Hall of Fame über die ehrwürdige Grand Ole Opry bis zu Jack Whites Plattenlabel für Nischenmusik. Daneben gibt es eine lebhafte Studentengemeinde, ausgezeichnete Hausmannskost sowie einige herrlich kitschige Souvenirs.

Sehenswertes

Downtown

Das historische Geschäftsviertel rund um die 2nd Ave N war in den 1870er- und 1880er-Jahren das Zentrum des Baumwollhandels. Zu jener Zeit wurden auch die meisten der viktorianischen Warenhäuser mit den Fassaden aus Gusseisen und Ziegelstein erbaut. Heute ist es mit seinen Geschäften, Lokalen, Kellerkneipen und Nachtclubs das Herz des **District** und mutet wie eine Mischung aus French Quarter und Hollywood Boulevard an – komplett mit Bourbon-Whiskey und dem typischen Country-Slang. Zwei Blocks westlich befindet sich die **Printers Alley**, eine schmale Gasse mit Kopfsteinpflaster, die schon seit den 1940ern für ihr Nachtleben bekannt ist. Der **Riverfront Park** am Ufer des Cumberland River ist eine malerische Promenade, an der auch das Fort Nashborough liegt, eine Replik der ursprünglichen Wehranlage aus den 1930er-Jahren. Das nagelneue **Music City Center** (www.nashvillemusiccitycenter.com; Broadway St zw. 5th Ave & 8th Ave) ist ein rundum modernes Kongress- und Veranstaltungszentrum.

★Country Music Hall of Fame & Museum MUSEUM
(www.countrymusichalloffame.com; 222 5th Ave S; Erw./Kind 22/14 US$, Audiotour zzgl. 2 US$, Studio B 1-stündige Tour Erw./Kind 13/11 US$; ⌚9–17 Uhr) *Honor Thy Music* (Ehre deine Musik) ist das Motto in dem monumentalen Museum, in dem die fast religiöse Bedeutung der Countrymusik für Nashville zum Ausdruck kommt. Zu sehen sind etwa das Cocktailkleid von Patsy Cline, die Gitarre von Hank Williams, der goldene Cadillac von Elvis sowie das Jahrbuchfoto von Conway Twitty (als dieser noch Harold Jenkins hieß).

Schriftstücke dokumentieren den Ursprung des Country, über Touchscreens hat man Zugang zu Musikaufnahmen und Fotos aus den riesigen Archiven, und es gibt eine Audioführung, deren Texte von zeitgenössischen Stars gesprochen und mit Musik hinterlegt sind und bei der man jede Menge Fakten erfährt. Am Museum beginnt auch die Studio B Tour, bei der es mit einem Shuttle zu dem berühmten Aufnahmestudio Music Row der Radio Corporation of America (RCA's) geht. Dort hat Elvis den Song *Are You Lonesome Tonight?* und Dolly Parton *I Will Always Love You* eingespielt.

Ryman Auditorium HISTORISCHES GEBÄUDE
(www.ryman.com; 116 5th Ave N; Audioguide Erw./Kind 13/6,50 US$, inkl. Backstage 17/10,50 US$; ⌚9–6 Uhr) Das ist die sogenannte Mother Church of Country Music. Hier sind schon alle großen Unterhaltungskünstler des 20. Jhs. aufgetreten – von Martha Graham bis Elvis, von Katherine Hepburn bis Bob Dylan. Das hoch aufragende Backstein-Tabernakel wurde 1890 von dem wohlhabenden Flusskapitän Thomas Ryman als Haus für religiöse Veranstaltungen erbaut. Von einem der 2000 Sitze aus einer Show zu folgen, hat auch heute noch etwas von einer

INSIDERWISSEN

FIVE POINTS

Five Points in East Nashville ist das Epizentrum einer neuen Hipster-Szene und überraschenderweise auch die eigentliche Altstadt Nashvilles. Nashville breitete sich zunächst östlich des Cumberland River aus, nach einem großen Brand wurde das Zentrum allerdings auf die andere Seite des Flusses verlegt, dorthin, wo sich mittlerweile die Downtown befindet. Heute ist Five Points übersät mit Cafés und Restaurants. Am meisten los ist auf der Woodlawn Ave zwischen 10th und 11th.

Nashville

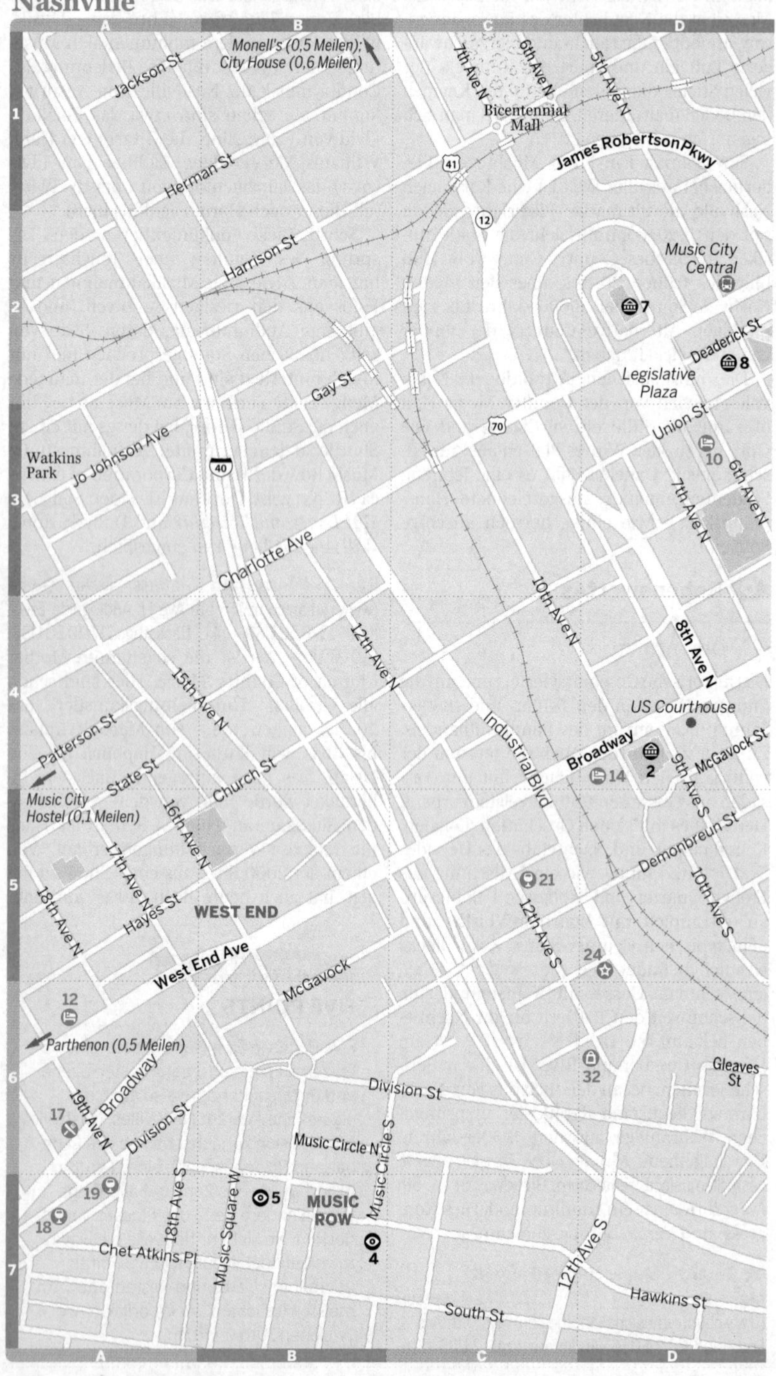

A
B
C
D
1
2
3
4
5
6
7
Monell's (0,5 Meilen);
City House (0,6 Meilen)
Jackson St
Herman St
Harrison St
Gay St
Jo Johnson Ave
Watkins Park
Charlotte Ave
7th Ave N
6th Ave N
5th Ave N
Bicentennial Mall
James Robertson Pkwy
41
12
40
70
Music City Central
7
Deaderick St
8
Legislative Plaza
Union St
10
6th Ave N
7th Ave N
10th Ave N
12th Ave N
8th Ave N
US Courthouse
15th Ave N
Industrial Blvd
Broadway
2
14
9th Ave S
McGavock St
Patterson St
State St
Church St
Music City Hostel (0,1 Meilen)
16th Ave N
17th Ave N
18th Ave N
Hayes St
WEST END
Demonbreun St
21
12th Ave S
10th Ave S
24
West End Ave
McGavock
12
Parthenon (0,5 Meilen)
32
Gleaves St
Broadway
19th Ave N
17
Division St
Division St
Music Circle N
Music Circle S
18th Ave S
Music Square W
5
MUSIC ROW
19
18
4
Chet Atkins Pl
12th Ave S
Hawkins St
South St

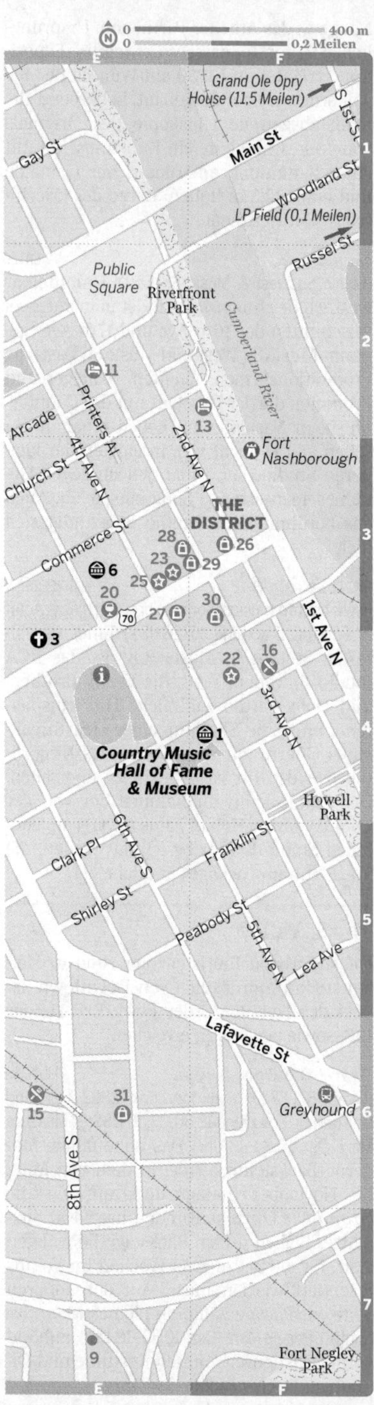

Nashville

Highlights

1 Country Music Hall of Fame & Museum F4

Sehenswertes

2 Frist Center for the Visual Arts D4
3 Music City Center E4
4 Music Row B7
5 RCA Studio B B7
6 Ryman Auditorium E3
7 Tennessee State Capitol D2
8 Tennessee State Museum D2

Aktivitäten, Kurse & Touren

9 NashTrash E7

Schlafen

10 Hermitage Hotel D3
11 Hotel Indigo E2
12 Hutton Hotel A6
13 Nashville Downtown Hostel F2
14 Union Station Hotel D4

Essen

15 Arnold's E6
16 Southern F4
17 Tavern A6

Ausgehen & Nachtleben

18 Rebar A7
19 Soulshine A7
20 Tootsie's Orchid Lounge E3
21 Whiskey Kitchen C5

Unterhaltung

22 Nashville Symphony F4
23 Robert's Western World E3
Ryman Auditorium .... (siehe 6)
24 Station Inn D5
25 Tootsie's Orchid Lounge E3

Shoppen

26 Boot Country F3
27 Ernest Tubb E3
28 Gruhn Guitars E3
29 Hatch Show Print F3
30 Johnny Cash Museum Store F3
31 Third Man Records E6
32 Two Old Hippies D6

spirituellen Erfahrung. Hier hatte auch das *Grand Ole Opry* 31 Jahre lang sein Zuhause, bis es 1974 in den Opryland-Komplex etwas außerhalb umzog. Inzwischen findet das *Opry* aber im Winter wieder im Ryman statt.

Tennessee State Capitol HISTORISCHES GEBÄUDE (www.tnmuseum.org; Charlotte Ave; ⌚Führung Mo–Fr 9–16 Uhr) Am nordöstlichen Rand der Downtown erhebt sich das im Jahr 1845 im Greek-Revival-Stil errichtete Gebäude aus Kalkstein und Marmor. Gebaut wurde es von Sklaven, Strafgefangenen und europäischen Handwerkern. An der Rückseite führen steile Stufen hinab zur **Tennessee Bicentennial Mall**, deren Außenmauern historische Fakten zur Geschichte Tennessees schmücken, und zum großartigen, täglich stattfindenden **Bauernmarkt**.

Tennessee State Museum MUSEUM

(www.tnmuseum.org; 5th Ave, zw. Union St & Deaderick St; ⌚Di–Sa 10–17, So 13–17 Uhr) GRATIS Das mitreißende, aber nicht überladene Museum im Erdgeschoss eines riesigen Bürogebäudes ist genau das Richtige für alle Geschichts-Fans. Indianisches Kunsthandwerk, eine Blockhütte in Originalgröße und skurrile historische Artefakte wie der Hut, den Andrew Jackson bei seiner Einführung ins Präsidentenamt trug, verleihen einen guten Einblick in die Geschichte des Bundesstaates. Es werden auch Wanderausstellungen abgehalten.

Frist Center for the Visual Arts GALERIE

(www.fristcenter.org; 919 Broadway; Erw./Senior/Kind 10/7 US$/frei; ⌚Mo–Mi & Sa 10–17.30, Do & Fr bis 21, So 13–17 Uhr) In diesem erstklassigen Kunstmuseum, das in einem renovierten Postamt untergebracht ist, sind auch Wanderausstellungen zu sehen, die thematisch von amerikanischer Volkskunst bis hin zu Picasso reichen. Zum Zeitpunkt der Recherche fand hier gerade eine Rembrandt-Ausstellung statt.

Fort Nashborough FESTUNG

(1st Ave) Am Ufer des Cumberland River liegt dieser Nachbau einer hölzernen Wehranlage aus dem späten 18. Jh. Sie war der erste Flaggenposten einer Pioniersiedlung, die später zu Nashville heranwachsen sollte.

West End

Entlang der West End Ave thront – beginnend an der 21st Ave – die angesehene **Vanderbilt University**, die 1883 von dem Eisenbahnmagnaten Cornelius Vanderbilt gegründet wurde. Auf dem 134 ha großen Campus tummeln sich rund 12 000 Studenten, die die Kultur der Midtown entscheidend mitprägen.

Parthenon PARK, GALERIE

(www.parthenon.org; 2600 West End Ave; Erw./Kind 6/4 US$; ⌚Di–Sa 9–16.30 Uhr & Sommer So) Ja, im **Centennial Park** steht tatsächlich ein Nachbau des Athener Parthenon. Ursprünglich 1897 für Tennessees Centennial Exposition errichtet und 1930 auf Wunsch der Bevölkerung wieder aufgebaut, beherbergt die maßstabsgetreue Gipskopie des Originals von 438 v. Chr. heute ein Kunstmuseum mit einer Sammlung amerikanischer Gemälde und einer 12,8 m hohen Statue der griechischen Göttin Athene.

Music Row VIERTEL

(Music Sq West & Music Sq East) Unmittelbar westlich der Innenstadt findet man auf zwei Abschnitten der 16th Ave und 17th Ave (genannt Music Sq West und Music Sq East) die Produktionsfirmen, Agenten, Manager und Promoter, die das Geschäft mit der Country-Musik in Nashville am Leben erhalten. Zu sehen gibt es nicht viel, in einigen der kleineren Studios kann man jedoch gegen Gebühr seinen eigenen Song einspielen. Auch das berühmte RCA Studio B befindet sich hier.

RCA Studio B WAHRZEICHEN

(www.countrymusichalloffame.org; 1611 Roy Acuff Pl; Führung Erw./Kind 35/26 US$) Eines der ältesten Studios in Music Row ist das RCA Studio B, in dem Elvis, die Everly Brothers und Dolly Parton zahlreiche Hits einspielten. Durch die Skulptur einer Heartbreak-Hotel-Gitarre mit dem Abbild des King direkt vor der Tür ist es nicht zu übersehen. Das Studio kann im Rahmen der von der Country Music Hall of Fame (S. 411) angebotenen Studio B Tour besichtigt werden, die im „Platinum Package" mit dabei ist.

Music Valley

Die suburbane Touristenzone, rund 10 Meilen (16 km) nordöstlich von Downtown, ist über den Hwy 155/Briley Pkwy, Exit 11 oder 12B, sowie per Bus zu erreichen.

Grand Ole Opry House MUSEUM

(☎615-871-6779; www.opry.com; 2802 Opryland Dr; Führung Erw./Kind 18,50/13,50 US$; ⌚Museum März–Dez. 10.30–18 Uhr) Das unauffällige moderne Backsteingebäude, in dem von März bis November freitags und samstags die *Grand Ole Opry* stattfindet, hat 4400 Sitzplätze. Täglich finden Backstage-Führungen statt, für die bis zu zwei Wochen im Voraus reserviert werden muss. Auf der anderen Seite der Plaza erzählt ein kleines **Museum** (Eintritt frei; ⌚März–Dez. 10.30–18 Uhr) anhand von Wachsfiguren, bunten Kostüme und Dioramen die Geschichte des Opry.

ABSTECHER

PLANTAGEN RUND UM NASHVILLE

Das frühere Wohnhaus des 7. Präsidenten Andrew Jackson, **Hermitage** (615-889-2941; www.thehermitage.com; 4580 Rachel's Lane; Erw./Kind 19/14 US$; April–Okt. 8.30–17 Uhr, Okt.–März 9–16.30 Uhr), liegt 15 Meilen (24 km) östlich der Innenstadt. Die 405 ha große Plantage gewährt einen Einblick in das Leben eines Gutsbesitzers im mittleren Süden im 19. Jh. Bei der Besichtigung des aus Backstein errichteten Herrenhauses im Federal Style, das heute ein möbliertes Hausmuseum mit kostümierten Darstellern ist, sieht man auch Jacksons originale Blockhütte aus dem Jahr 1804 sowie die alten Sklavenquartiere. Jackson war sein Leben lang ein Unterstützer der Sklaverei und besaß zeitweise selbst bis zu 150 Sklaven. In einer Sonderausstellung wird auch ihre Geschichte erzählt.

Anfang des 19. Jhs. begann die Harding-Jackson Familie auf der **Belle Meade Plantation** (615-356-0501; www.bellemeadeplantation.com; 5025 Harding Pike; Erw./Student 13–18 Jahre/Kind unter 13 Jahre 16/10/8 US$; Mo–Sa 9–17, So 11–17 Uhr) 6 Meilen (10 km) westlich von Nashville mit der Zucht von Vollblütern. Nahezu jedes Pferd, das in den letzten sechs Jahren am Kentucky Derby teilnahm, stammt von Belle Meades kräftigem Hengst Bonnie Scotland ab (ja, Bonnie kann auch ein Jungenname sein), der in den 1880er-Jahren starb. Das Herrenhaus von 1853 sowie einige interessante Nebengebäude, darunter eine nachgebaute Sklavenhütte, sind für Besucher zugänglich.

Geführte Touren

★NashTrash BUSTOUR
(615-226-7300; www.nashtrash.com; 900 8th Ave N; 1½-stündige Tour 35 US$) Die „Jugg Sisters" mit ihren toupierten Frisuren veranstalten eine trashige Vergnügungstour, bei der man die schlüpfrigen Seiten der Geschichte Nashvilles kennenlernt. Wer seinen eigenen Alkohol mitbringen möchte, kann das tun und ihn im großen pinkfarbenen Bus genießen. Die Touren müssen im Voraus reserviert werden und sind manchmal schon Monate vorher ausgebucht.

Tommy's Tours BUSTOUR
(615-335-2863; www.tommystours.com; Tour ab 35 US$) Der witzige Einheimische Tommy Garmon führt sehr unterhaltsame, dreistündige Touren, bei denen Sehenswürdigkeiten der Country-Szene abgeklappert werden.

General Jackson Showboat BOOTSTOUR
(615-458-3900; www.generaljackson.com; Tour ab 45 US$) Sightseeing-Fahrten unterschiedlicher Dauer mit dem Paddelboot auf dem Cumberland River, teilweise mit Musik und Essen.

Feste & Events

CMA Music Festival MUSIK
(www.cmafest.com; Juni) Lockt Zehntausende Country-Fans in die Stadt.

Tennessee State Fair VOLKSFEST
(www.tennesseestatefair.org; Sept.) Neun unterhaltsame Tage mit Schweinerennen, Maultiertreiben und Kuchenbackwettbewerben.

Schlafen

Billige Kettenmotels stehen überall in der Downtown, an der I-40 und an der I-65. Im Music Valley finden Traveller verschiedene familienfreundliche Mittelklasseunterkünfte vor.

Downtown

★Nashville Downtown Hostel HOSTEL $
(615-497-1208; www.nashvillehostel.com; 177 1st Ave N; B/Zi. 28/85 US$; P) Eine stylishe, sehr zweckmäßige Unterkunft in guter Lage mit einem rund um die Uhr zugänglichen und geselligen Gemeinschaftsbereich im Untergeschoss, dessen unverputzte Steinwände und Balkendecken einen ganz schön pompösen Eindruck machen. Die Schlafsäle liegen im 4. Stock und sind mit hübschen Holzböden, freiliegenden Holzpfeilern, Deckenbalken und vier nagelneuen Stockbetten pro Quartier ausgestattet. Alle teilen sich ein Gemeinschaftsbad. Parken kostet 12 US$.

Union Station Hotel HOTEL $$$
(615-726-1001; www.unionstationhotelnashville.com; 1001 Broadway; Zi. ab 359 US$; P ❄ ⊜) Die hoch aufragende, neoromanische Steinburg war zu den Glanzzeiten des Eisenbahnverkehrs ein Bahnhof, heute beherbergt sie jedoch das prächtigste Hotel der Innenstadt. Die überwölbte Lobby ist

VIVA NASHVEGAS!

Das grelle, glitzernde Nashville ist stolz auf seinen Spitznamen NashVegas. Also rein in die strassbesetzten Cowboystiefel und auf geht's zu einer Erkundung der bizarren, wilden Seite der Stadt.

Willie Nelson, der Star der Outlaw-Bewegung, verkaufte Anfang der 1990er-Jahre all seine Besitztümer, um seine Steuerschulden in Höhe von 16,7 Mio. US$ zu begleichen. Zu sehen sind diese Gegenstände im **Willie Nelson Museum** (www.willienelsongeneralstore.com; 2613 McGavock Pike; Eintritt 8 US$; ⌚8.30–21 Uhr).

Die Show **Doyle and Debbie** im **Zanies Comedy Club** (www.nashville.zanies.com; 2025 8th Ave S) ist eine wirklich kultverdächtige Parodie auf ein abgehalftertes Countrymusik-Duo.

Der **Johnny Cash Museum Store** (www.facebook.com/johnnycashmuseum; 119 3rd Ave; ⌚11–19 Uhr) ist eher ein Souvenirshop als ein Museum. Hier können sich Fans des „Man in Black" mit allem Möglichen eindecken, mit Lederwaren genauso wie mit Büchern und CDs oder sogar alten Schallplatten.

Im schrulligen Viertel rund um die 12th Ave S stattet im **Katy K's Ranch Dressing** (www.katyk.com; 2407 12th Ave S) eine ehemalige Stylistin der Drag Queen Szene New Yorks ihre Kunden mit üppigen Perücken, klassischen Cowboystiefeln und handgefertigten Cowboykrawatten aus.

in Pfirsich- und Goldtönen gehalten und hat einen Marmorboden mit Intarsien und eine Buntglasdecke. Die geschmackvollen, modernen Zimmer verfügen über Flachbildfernseher und tiefe Badewannen. Wer sein Fahrzeug hier abstellen möchte, muss 20 US$ berappen.

Hermitage Hotel HOTEL **$$$**
(☎888-888-9414, 615-244-3121; www.thehermitagehotel.com; 231 6th Ave N; Zi. ab 399 US$; P ❄ 📶) Nashvilles erstes millionenschweres Hotel war bei seiner Eröffnung 1910 der Hit in Promikreisen. Die Lobby, die locker mit einem Zarenpalast mithalten könnte, schmücken dicke Wandbehänge und ornamentale Verzierungen. Die luxuriösen Zimmer sind mit Himmelbetten, Mahagonimöbeln und Bädern aus Marmor mit Badewannen ausgestattet. Parken kostet 20 US$. Auch der Service liegt hier über dem Durchschnitt.

Hotel Indigo BOUTIQUEHOTEL **$$$**
(☎615-891-6000; www.ihg.com; 301 Union St; Zi. ab 299 US$; P) Das Indigo ist Teil einer kleinen internationalen Hotelkette und im witzigen Pop-Art-Look gehalten. Gästen stehen 130 Zimmer zur Verfügung, von denen 24 kürzlich erst renoviert wurden. Diese King Rooms sind geräumig und haben brandneue Holzfußböden, hohe Decken, Flachbild-TVs, Kopfteile aus Leder und Bürostühle. Die Lage in Capitol Hill ist perfekt. Von dort sind die Kneipen nur einen Katzensprung entfernt. Parken kostet 20 US$.

West End

Music City Hostel HOSTEL **$**
(☎615-692-1277; www.musiccityhostel.com; 1809 Patterson St; B/Zi. 28/85 US$; P ❄ @ 📶) Diese niedrigen Backsteinbungalows machen äußerlich vielleicht nicht viel her, das Hostel im West End ist aber lebhaft und freundlich und hat einen Fahrradverleih und eine Gemeinschaftsküche. Die Gäste sind jung, international und lustig drauf, und viele Bars sind leicht zu Fuß zu erreichen. Die privaten Zimmer haben Gemeinschaftsduschen, aber eine eigene Toilette.

★ **Hutton Hotel** HOTEL **$$$**
(☎615-340-9333; www.huttonhotel.com; 1808 West End Ave; Zi. ab 289 US$; P ❄ @ 📶) Das beste Boutiquehotel in Nashville gibt sich ganz im modernen Stil der Mitte des 20. Jhs., mit bambusgetäfelten Wänden und großen Sitzsäcken in der Lobby. Die in Rost- und Schokoladentönen gehaltenen Zimmer sind geräumig und gut in Schuss gehalten; sie weisen Regenduschen aus Marmor, gläserne Waschbecken, übergroße Betten, große Schreibtische, fette Flachbild-TVs, hochwertige Teppiche, Qualitätsbettwäsche sowie einen erstklassigen Service auf.

Music Valley

Gaylord Opryland Hotel RESORT **$$$**
(☎866-972-6779, 615-889-1000; www.gaylordhotels.com; 2800 Opryland Dr; Zi. ab 149 US$; P ❄ @ 📶 🏊) Das gewaltige Hotel hat 2881

Zimmer – eine Welt für sich! Warum einen Fuß nach draußen setzen, wenn man im Hotel und seinen drei großen Glasatrien auf einem künstlichen Fluss Tretboot fahren, unter einem künstlichen Wasserfall im Wintergarten Sushi essen, in einer nachgebauten Ortschaft aus dem 19. Jh. Cowboykrawatten kaufen oder in einer Antebellum-Villa einen Scotch nippen kann?

Essen

Das klassische Nashville-Gericht heißt *meat-and-three* und besteht aus einer deftigen Portion Fleisch mit drei Beilagen nach Hausmacherart. Im gehobenen Germantown gibt's eine Handvoll Cafés und Restaurants, von denen zwei besonders hervorzuheben sind. Five Points – wo es die besten Brathähnchen der Welt gibt – lohnt auch einen Abstecher.

Five Points

★ Prince's Hot Chicken BRATHÄHNCHEN $

(123 Ewing Dr; viertel/halbes/ganzes Hähnchen 5/9/18 US$; ⌚ Di–Do 12–22, Fr bis 4, Sa 14–4 Uhr; P) Nashvilles einzigartiger Beitrag zur Welt der Kulinarik: mit Cayenne-Pfeffer eingeriebenes „scharfes Hähnchen", perfekt saftig gebraten und auf einer Scheibe Weißbrot mit sauren Gurken serviert.

Das winzige, etwas verblichene Prince's befindet sich in Familienbesitz und liegt in einer rauen Einkaufstraße im Norden. Es ist eine lokale Legende, die von Medien wie der *New York Times* oder *Bon Appétit* mit Komplimenten überhäuft wird und eine gemischte Klientel anzieht, von Hipstern über Burschenschaftler und ganze Immigrantenfamilien bis hin zu Einheimischen und Hinterwäldlern. Das Hähnchen gibt's *mild* (eine absolute Lüge), *medium* (soll das ein Witz sein?), *hot* (an Wahnsinn grenzend) und *extra hot* (für Extremmasochisten). Es wird einem zuerst den Rachen verbrennen und anschließend das Herz öffnen. Wartezeiten von bis zu einer Stunde sind keine Seltenheit, aber man wird für jede Sekunde reich belohnt. Nur Barzahlung möglich.

Pied Piper Creamery EIS $

(www.thepiedpipercreamery.com; 114 S 11th St; Kugel Eis unter 3 US$; ⌚ So–Do 12–21, Fr & Sa bis 22 Uhr) Die Eisdiele mit dem mächtigsten, cremigsten und köstlichsten Eis der ganzen Stadt. Besonders lecker ist die Sorte Toffee Lovers Coffee, es gibt aber zwei Dutzend verschiedene Geschmacksrichtungen, sodass Eisliebhaber einige Zeit mit Probieren beschäftigt sind.

I Dream of Weenie HOTDOGS $

(www.facebook.com/IDreamofWeenie; 113 S 11th St; Hotdogs 3–5 US$; ⌚ Mo–Do 11–16, Fr bis 18, Sa 10.30–19, So bis 16 Uhr) Wer einen schnellen, einfachen Snack sucht, ist an diesem zum Hotdog-Stand umfunktionierten VW-Bus goldrichtig. Der Hotdog (Rind, Truthahn oder Tofu) ist kreativ belegt. Zum Picnic In A Bun gehörten z.B. Baked Beans, Bacon, Krautsalat und BBQ-Sauce. Eine simple, aber nicht weniger leckere Variante ist der Kraut Weenie (mit Sauerkraut und scharfem Senf).

King Market Cafe LAOTISCH, THAI $

(300 Church St, Antioch Pike; Gerichte 6–10 US$; ⌚ 8.30–19 Uhr) Ein authentisches südostasiatisches Café, das in einem asiatischen Lebensmittelgeschäft im Vorort Antioch Pike untergebracht ist. In diesem Viertel erscheint Nashville schon nicht mehr ganz so homogen wie in Downtown. Aufgetischt werden Nudel- und Currygerichte, Suppen, Gemüsepfannen, eine thailändische Fleischwurst, frittierte Makrelen und abenteuerliche Gerichte wie gebratene Schweininnereien. Das Essen wird schnell und in großen Portionen serviert.

Marché Artisan Foods BISTRO $$

(www.marcheartisanfoods.com; 1000 Main St; Hauptgerichte 9–16 US$; ⌚ Di–Sa 8–21, So bis 16 Uhr) Das freundliche, rundum verglaste Café, in dem alle Zutaten für die Gerichte frisch vom Bauernhof kommen, ist ebenfalls im zunehmend nobler werdenden Five Points zu finden. Auf der Speisekarte stehen ein Ruben-Sandwich aus Roggenmischbrot mit Corned Beef, ein beliebter Burger mit Lammfleisch sowie ein köstlicher warmer Brokkolisalat zum Mittagessen. Es werden auch spezielle Bier- und Weindinner veranstaltet.

Downtown

Arnold's SÜDSTAATENKÜCHE $

(www.facebook.com/Arnoldsmeatand3; 605 8th Ave S; Hauptgerichte 5–8 US$; ⌚ Mo–Fr 10.30–14.30 Uhr) Das Arnold's ist der King des *meat-and-three*. Am besten schnappt man sich ein Tablett und mischt sich unter die Collegestudenten, Müllmänner und Country-Stars. Spezialität des Hauses sind saftige Roastbeef-Scheiben, gebratene grüne Tomaten, Maisbrot und leckerer Schokoladencremekuchen, der in großen Stücken serviert wird.

Monell's SÜDSTAATENKÜCHE $$
(☎ 615-248-4747; www.monellstn.com; 1235 6th Ave N; All you can eat 13–19 US$; ⏲ Mo 10.30–14, Di–Fr 10.30–14 & 17–20.30, Sa 8.30–15 & 17–20.30, So 8.30–16 Uhr) In einem alten Backsteinhaus gleich nördlich des District liegt das für seine bodenständige Südstaaten-Küche bekannte Monell's. Man bedient sich aus großen Schüsseln und von Platten direkt am Tisch – ein richtiges Abenteuer also, besonders beim Frühstück, wenn plattenweise Würstchen, Bacon, Beinschinken, in der Pfanne gebratenes Hähnchen, Maismehl, Maispudding, Bratäpfel und Bratkartoffeln aufgetragen werden. Dazu gibt's Körbe voller Kekse und süßer Zimtschnecken.

City House MODERNE SÜDSTAATENKÜCHE $$$
(☎ 615-736-5838; www.cityhousenashville.com; 1222 4th Ave N; Hauptgerichte 15–24 US$; ⏲ Mo & Mi–Sa 17–22, So bis 21 Uhr) Das nicht beschilderte Backsteingebäude in Nashvilles immer nobler werdendem Germantown erinnert im Innern an ein Lagerhaus und beherbergt eines der besten Restaurants der Stadt. Das Essen wird in einer offenen Küche zubereitet und ist eine gelungene Mischung aus italienischer und moderner Südstaaten-Küche.

Auf die Tische kommen würzige Grünkohlsalate, ein leckeres Tintenfischgericht mit Kichererbsen und Fenchel, Zwiebeln, Zitrone und Knoblauch sowie verschiedene kreative Pastagerichte, etwa Kaninchen-Rigatoni oder Gnocchi mit Blumenkohlragout. Zudem werden hier Würstchen und Salami selbst hergestellt, und die Cocktail- und Weinkarte kann sich auch sehen lassen. Unbedingt Platz im Magen für den Nachtisch lassen! Sonntagabends ist die Speiseauswahl etwas eingeschränkt.

Southern BAR & GRILL $$$
(www.thesouthernnashville.com; 150 3rd Ave; Hauptgerichte mittags 11–15 US$, Hauptgerichte abends 14–48 US$; ⏲ Mo–Do 7.30–22, Fr bis 24, Sa 10–24, So 10–22 Uhr) Ein neues Lokal im Herzen von Nashvilles Downtown mit einer guten Auswahl von Austern, die vom Cape Cod, aus dem Nordwesten der USA und von der Golfküste stammen. An der Bar aus Marmor wird handwerklich gebrautes Bier vom Fass ausgeschenkt, und in der offenen Küche werden leckere Gerichte zubereitet, vom Gourmet-Burger über Fisch-Tacos bis hin zum zweifach geräucherten Schweinekotelett und einer Vielzahl verschiedener Steaks.

Der Laden gehört zum neuen Viertel mit dem etwas eigenwilligen Namen SoBro. Echt abgefahren, Bro ...!

West End

Fido CAFÉ $
(www.fidocafe.com; 1812 21st S; Hauptgerichte 6–12 US$; ⏲ 7–23 Uhr; 📶) Eine Institution in Hillsboro, die für ihren exzellenten Kaffee und ihr tolles Frühstück, die günstigen Salate und Sandwiches, kreative Vorspeisen wie Käsemakkaroni mit grünem Chili, eine knusprige Tofu-Gemüsepfanne sowie den Blattsalat mit Kohl bekannt ist. Das große Café ist für gewöhnlich bis zum Bersten mit netten Menschen gefüllt.

Pancake Pantry FRÜHSTÜCK $
(www.pancakepantry.com; 1796 21st Ave S; Hauptgerichte 7–11 US$; ⏲ 6–15 Uhr) Seit über 50 Jahren stehen Gäste in dem beliebten Frühstückslokal für hoch aufgestapelte, in allen Varianten zubereitete Pfannkuchen Schlange. Besonders lecker ist die Süßkartoffel-Version.

Provence BÄCKEREI, CAFÉ $
(www.provencebreads.com; 1705 21st Ave S; Hauptgerichte 7–11 US$; ⏲ Mo–Fr 7–20, Sa bis 20, So bis 18 Uhr) Das Provence ist ein beliebtes Café in Hillsboro, in dem Brotliebhaber unbedingt vorbeischauen sollten, um sich ein frisch zubereitetes Sandwich mit Truthahn, Geflügelsalat oder Thunfisch als Belag zu genehmigen. Außerdem bekommt man hier italienische Omeletts, Salate, leckeres Gebäck und Arme Ritter mit Pfirsichkompott. Zum Essen schnappt man sich einen Tisch im hellen Speisebereich. Vor allem zur Mittagszeit sehr beliebt!

Tin Angel MODERN-AMERIKANISCH $$
(☎ 615-298-3444; www.tinangel.net; 3201 West End Ave; Hauptgerichte 14–22 US$; ⏲ Mo–Fr 11–22, Sa 17–22, So 11–15 Uhr) Ein unprätentiöses Bistro in West End, das besonders bei Angestellten in der Mittagspause beliebt ist und gute neu-amerikanische Gerichte serviert. Im dezent beleuchteten, in dunklem Holz gehaltenen Speiseraum werden Gerichte wie geräuchertes Schweinerückensteak, vegetarische Moussaka, Entenbrust in Bourbon mit Ahorngeschmack sowie köstliche Vorspeisensalate serviert. Da ist für wirklich jeden etwas dabei. Das einzige, woran man sich stören könnte, ist die entspannte Jazz-

ABSTECHER

FRANKLIN

Etwa 20 Meilen (32 km) südlich von Nashville liegt abseits der I-65 das historische Städtchen **Franklin** (www.historicfranklin.com) mit seinem reizenden Zentrum und einigen hübschen B&Bs. Hier fand außerdem eine der blutigsten Schlachten des Bürgerkriegs statt. Am 30. November 1864 kämpften 37 000 Männer (20 000 Soldaten der Konföderiertentruppen und 17 000 Soldaten der Unionstruppen) um ein 1,5 km langes Stück Land vor den Toren Franklins. Durch die Ausdehnung Nashvilles wurde der Großteil des Schlachtfeldes von den städtischen Vororten geschluckt, mit dem **Carter House** (615-791-1861; www.carter-house.org; 1140 Columbia Ave, Franklin; Erw./Senior/Kind 8/7/4 US$; Mo–Sa 9–17, So 13–17 Uhr) ist jedoch ein 3,2 ha großes Areal aus der Schlacht von Franklin erhalten geblieben. Am Haus sind immer noch um die 1000 Einschusslöcher zu sehen. Bevor man Franklin wieder verlässt, lohnt sich ein Stopp in **Puckett's Grocery** (www.puckettsgrocery.com; 120 4th Ave S, Franklin; Hauptgerichte 10–20 US$; Mo 7–15, Di–Sa bis 21, So bis 19 Uhr), wo es leckere Sandwiches mit gebratenem Wels und Bluegrass-Musik gibt.

Musik im Hintergrund. Dies ist schließlich Nashville!

Tavern GASTHAUS $$
(www.mstreetnashville.com; 1904 Broadway; Hauptgerichte 9–22 US$; Mo–Do 11–1, Fr bis 3, Sa 10–3, So bis 1 Uhr) In diesem Gasthaus in der Music Row bekommt man so ziemlich alles und das auch noch zu erschwinglichen Preisen: thailändischen Cobb Salad, Artischocken vom Holzkohlegrill, Fleischpasteten nach australischem Vorbild, Steak und Meeresfrüchte. Es gibt auch eine gute Whiskey-Karte. Das nette, minimalistische Interieur ist mit kleinen Nischen, Ziegelsteinwänden und eingebauten Bücherregalen gestaltet.

Ausgehen & Nachtleben

Nashvilles Nachtleben würde auch einer dreimal so großen Stadt zur Ehre gereichen. Es dürfte schwer sein, eine Location zu finden, in der es keine Livemusik auf die Ohren gibt. Ob Collegestudenten, Partygänger, dänische Backpacker oder Tagungsteilnehmer – sie alle machen das Stadtzentrum unsicher, wo der unter Neonlichtern funkelnde Broadway wie Las Vegas im Country-Stil wirkt. In den Bars und Veranstaltungsorten westlich und südlich von Downtown tummeln sich eher Einheimische. Viele Bars findet man im Umkreis der Vanderbilt University. Sperrstunde ist um 3 Uhr.

3 Crow Bar BAR
(www.3crowbar.com; 1024 Woodland St; 11–3 Uhr;) Eine spelunkenhafte, höhlenartige Bar in einem aus Betonziegeln errichteten Gebäude in Five Points, dessen Fenster irgendwie an die einer Autowerkstatt erinnern. Drinnen gibt's mehrere Tische und viel Platz an der Bar. Die 3 Crow Bar ist einer dieser Läden, in denen man sich zurücklehnen und einige Minuten – wenn nicht sogar Stunden – vollkommen entspannen kann. Zu den Gästen zählen vor allem junge Einheimischen. Es gibt auch einen tollen Hinterhof.

Whiskey Kitchen PUB
(www.whiskeykitchen.com; 118 12th Ave S) In Gulch, einem aufstrebenden Stadtteil mit renovierten Lagerhäusern nahe Downtown, serviert das Personal dieses Gasthauses moderne Südstaatenküche. Wer mag, kann auch etwas von der endlos langen Whiskey-Karte wählen. Klar, dass es hier eher eine gehobenere Klientel herzieht.

Bongo Java KAFFEEHAUS
(www.bongojava.com; 107 S 11th St; Mo–Fr 6.30–18, Sa & So ab 7.30 Uhr) Ein unprätentiöser Treffpunkt für Hipster, melancholische Gothic-Girls mit Netzstrümpfen und seriöse Denker/Schriftsteller/Surfer, die auf der schattigen Terrasse oder im höhlenartigen Innern über ihren Laptops sitzen. Der Kaffee wird hier frisch geröstet und auch eingetütet. Robert Plant, der Leadsänger von Led Zeppelin, holte sich im Bongo Java früher immer seine Portion Koffein, wenn er in der Stadt war.

Rebar BAR
(www.rebarnashville.com; 1919 Division St; Mo–Fr 14–3, Sa & So ab 11 Uhr) Ein altes Backsteingebäude beherbergt diesen Laden mit seiner hübschen, gefliesten Bar, der niedrigen Decke und einer großen, betonierten Terrasse. Über die Flachbild-TVs flimmern

ununterbrochen Ballspiele jeglicher Art. Die Bar ist besonders bei den Einwohnern der Midtown beliebt, die sich tagsüber schon ein Gläschen genehmigen wollen. Das mag auch an der täglichen Happy Hour von 14 bis 19 Uhr liegen, während der man zwei Drinks für den Preis von einem bekommt.

Soulshine PUB
(www.soulshinepizza.com; 1907 Division St; ⌚ So–Do 11–1, Fr & Sa bis 2 Uhr) In einem zweistöckigen Backsteinbau mit Betonfußböden ist diese Mischung aus Pub und Pizzeria in der Midtown untergebracht. Am Wochenende rocken abends Bands die Dachterrasse.

☆ Unterhaltung

In Nashville gibt es beispiellos viele Möglichkeiten, Livemusik zu hören. Da wären einerseits natürlich die großen Veranstaltungsorte, aber viele talentierte Country-, Folk-, Bluegrass-, Südstaatenrock- und Blues-Musiker spielen für ein Trinkgeld auch gerne in verrauchten Kneipen, Collegebars, Kaffeehäusern und Biocafés. Zwischen Montag und Freitag bezahlt man oft keinen Eintritt.

★ Station Inn BLUEGRASS
(☎ 615-255-3307; www.stationinn.com; 402 12th Ave S; ⌚ Open Mic 19 Uhr, Live Bands 21 Uhr) Hier steht auf dem abgewetzten Holzfußboden und erleuchtet von Scheinwerfern und Neonschildern eine Reihe kleiner Tische dicht an dicht. Bei einem Glas Bier (es gibt keinen anderen Alkohol) kann man die blitzschnellen Finger von Bluegrass-Musikern bewundern. Dabei kommen Kontrabass, Banjo, Mandoline, Fiedel und sogar noch etwas Jodelkunst zum Einsatz.

Bluebird Cafe CLUB
(☎ 615-383-1461; www.bluebirdcafe.com; 4104 Hillsboro Rd; Eintritt frei–15 US$; ⌚ Shows 18.30 & 21.30 Uhr) Auch wenn der Club in einer Einkaufsstraße im Vorort South Nashville liegt, sind auf seiner winzigen Bühne schon einige der besten traditionellen Liedermacher des Landes aufgetreten, darunter Steve Earle, Emmylou Harris und die Cowboy Junkies. Das Bluebird diente zudem als Kulisse für die beliebte Fernsehserie *Nashville*. Montags kann jeder, der will, bei den Open-Mike-Abenden sein eigenes Talent unter Beweis stellen.

Es können keine Tische reserviert werden, deshalb sollte man mindestens eine Stunde vor dem Beginn der Show auftauchen. Wer sich während der Shows unterhält, wird rausgeschmissen.

Tootsie's Orchid Lounge KNEIPE
(☎ 615-726-7937; www.tootsies.net; 422 Broadway; ⌚ 10 Uhr–open end) GRATIS In der allseits hoch geschätzten Kneipe in Downtown herrscht immer eine feuchtfröhlich-ausgelassene Tanzstimmung. In den 1960er-Jahren kurbelte Clubbesitzerin und Kneipenmutter „Tootsie" Bess die beginnende Karriere von Willie Nelson, Kris Kristofferson und Waylon Jennings an.

Auch heute spielen noch bislang unbekannte Musiker auf den beiden winzigen Bühnen, nicht selten kommen aber auch große Stars auf spontane Jam-Sessions vorbei.

Grand Ole Opry MUSICALS
(☎ 615-871-6779; www.opry.com; 2802 Opryland Dr; Erw. 28–88 US$, Kind 18–53 US$) Die ganze Woche über kann man hier eine Reihe von Country-Musik-Events erleben. Eine Pflichtveranstaltung ist aber das *Grand Ole Opry*, eine aufwendige Show, die immer dienstag-, freitag- und samstagabends dem klassischen Nashville-Country Tribut zollt. Von November bis Februar finden die Shows im Ryman statt.

Robert's Western World KNEIPE
(www.robertswesternworld.com; 416 Broadway; ⌚ 11–2 Uhr) GRATIS Das schon lange existierende Robert's ist in der Gegend sehr beliebt und versorgt seine Gäste mit Stiefeln, Bier und Burgern. Musik wird von etwa 11 Uhr bis tief in die Nacht hinein gespielt. Am Wochenende heizt die hauseigene Band Brazilbilly ab 22 Uhr kräftig ein. Vor 22 Uhr haben hier Groß und Klein Zutritt, danach wird streng darauf geachtet, dass die Gäste mindestens 21 Jahre alt sind.

Ryman Auditorium KONZERTHALLE
(☎ Info 615-889-3060, Tickets 615-458-8700; www.ryman.com; 116 5th Ave) Eine ausgezeichnete Akustik, der historische Charme und die vielen Sitzplätze sichern dem Ryman nach wie vor den Status einer der wichtigsten Veranstaltungsstätten der Stadt. Nicht selten treten hier bekannte Künstler auf. Im Winter kehrt für einige Monate die *Opry* zurück.

Belcourt KINO
(www.belcourt.org; 2012 Belcourt Ave; Kind/Erw. 7,25/9,25 US$; ⌚ wechselnde Öffnungszeiten) Ein süßes Programmkino mit den neuesten Independent-Filmen und jeder Menge alter

ABSTECHER

SCENIC DRIVE: NATCHEZ TRACE PARKWAY

Ungefähr 25 Meilen (40 km) südwestlich von Nashville stößt man abseits des Hwy 100 auf den Natchez Trace Pkwy, der über 444 Meilen (714 km) in südwestlicher Richtung nach Natchez in Mississippi führt. Der hiesige nördliche Abschnitt ist einer der schönsten der gesamten Strecke – nicht zuletzt wegen der Bäume, die ein Blätterdach über die gewundene Straße spannen. An der Strecke gibt's drei einfache Campingplätze, auf denen man kostenlos übernachten kann, sofern etwas frei ist (Reservierung nicht möglich). Ein Halt am **Loveless Cafe** (☎ 615-646-9700; www.lovelesscafe.com; 8400 Hwy 100, Nashville, TN 37221) nahe dem Anfang des Parkway, einem Rasthaus aus den 1950er-Jahren, lohnt sich: Das Wahrzeichen ist berühmt für seine Kekse mit hausgemachter Marmelade, Landschinken und gewaltige Portionen Brathähnchen nach Südstaatenart.

Klassiker. In dem historischen Kinosaal werden manchmal auch Livekonzerte gespielt.

Nashville Symphony SINFONIE
(☎ 615-687-6500; www.nasvillesymphony.org; 1 Symphony Pl) Hier treten große Maestros, das Sinfonieorchester der Stadt sowie bekannte Popstars von Randy Travis bis Smokey Robinson auf. Das Gebäude, die Schermerhorn Symphony Hall, ist zwar brandneu, versprüht aber einen herrlich antiquierten Charme.

LP Field FOOTBALL
(☎ 615-565-4200; www.titansonline.com; 1 Titans Way; Ticketpreise variieren; ⏲ Spiele Sept.–Dez.) Die Tennessee Titans spielen in der National Football League und tragen hier ihre Heimspiele aus. Aus Downtown kommt man über eine Fußgängerbrücke über den Cumberland River dorthin.

Shoppen

Auf dem Broadway gibt es jede Menge Plattenläden, Geschäfte für Cowboystiefel und Souvenirstände. Das Viertel 12th Ave South ist die richtige Adresse für trendige Boutiquen und Vintage-Läden.

★ **Hatch Show Print** KUNST, SOUVENIRS
(www.hatchshowprint.com; 316 Broadway; ⏲ Mo–Fr 9–17, Sa ab 10 Uhr) Das Hatch ist eine der ältesten Druckereien des Landes. Seit den frühen Vaudeville-Veranstaltungen verwendet es für seine berühmten farbenfrohen Plakate altmodische, von Hand gefertigte Druckstöcke. Es hat schon für fast jeden Country-Star Werbedrucke und Plakate hergestellt und ist immer noch im Geschäft.

Wer keinen persönlichen Druckauftrag mitbringt, kann auch Nachdrucke von originalen Werbeplakaten für Louis Armstrong, Patsy Cline, Hank Williams und Bill Monroe kaufen.

Third Man Records MUSIK
(www.thirdmanrecords.com; 623 7th Ave S; ⏲ Mo–Sa 10–18, So 13–16 Uhr) In einem letzten verbliebenen Industriegebiet in der Altstadt findet sich Jack Whites Boutique-Plattenlabel samt Laden und sogar eigener Vinylpresse. Verkauft werden hier ausschließlich Third-Man-Aufnahmen auf Vinyl oder auf CD, T-Shirts für Sammler, Aufkleber und Kopfhörer sowie die eigenen Spinerette-Plattenspieler. Auch alte Aufnahmen der White Stripes und neuere Aufnahmen von den Raconteurs sind hier zu finden.

Einmal im Monat gibt's im **Blue Room** des Studios Liveshows. Sie sind meist öffentlich und kosten um die 10 US$ Eintritt, werden aber erst zwei Wochen im Voraus angekündigt. Die Shows werden nicht selten als Limited Edition auf Vinyl herausgebracht und im Laden verkauft wie der Auftritt von Jerry Lee Lewis.

Boot Country STIEFEL
(www.facebook.com/bootcountrynashville; 304 Broadway; ⏲ Mo–Do 10–22.30, Fr & Sa bis 23, So 11–19.30 Uhr) Wer auf Leder steht, bekommt hier sicher die passenden Stiefel: ob sexy oder seriös, ob extravagant oder schlicht, ob abgetragen und abgewetzt oder poliert und glänzend. Zu jedem Paar gibt's – unglaublich aber wahr – zwei weitere Paare kostenlos dazu.

Two Old Hippies BEKLEIDUNG, MUSIK
(www.twooldhippies.com; 401 12th Ave S) Das gibt es nur in Nashville: Dieser Laden, der gehobene Retro-Bekleidung anbietet, verfügt nebenher auch noch über eine Bühne, auf der regelmäßig hochwertige Liveshows dargebracht werden. Wie der Name schon vermuten lässt, wird hier vorwiegend „countryfizierter" Hippie-Rock gespielt. Im Laden selbst werden besonderer Schmuck, Tops, hervorragende Gürtel und eine unglückse-

lige Sammlung von Männerhandtaschen verkauft.

Ach ja, und Lederjacken für schlappe 2000 US$ (darunter eine Kopie der mit Perlen bestickten Jacke, die Jimmie Hendrix in Woodstock trug) und hochwertige Gitarren gibt's auch. Der Laden befindet sich in Gulchs Einkaufszentrum.

A Thousand Faces GESCHENKE
(www.athousandfaces.com; 1720 21st Ave S; ⊙ Mo–Do 10–18, Fr & Sa bis 19, So bis 17 Uhr) Eine nette Geschenkboutique, die auf handgemachte Keramiken, exquisiten Silberschmuck und interessante Kunstwerke spezialisiert ist. Die faszinierende Gitarre muss man einfach gesehen haben.

Ernest Tubb PLATTEN
(www.etrecordshop.com; 417 Broadway) Der Laden mit der riesigen Neongitarre ist die beste Adresse für Country- und Bluegrass-Platten und hat lange Öffnungszeiten.

Parnassus Books BÜCHER
(www.parnassusbooks.net; 3900 Hillsboro Pike; ⊙ Mo–Sa 10–20, So 12–17 Uhr) Anne Patchetts Parnassus Books ist wohl eine der berühmtesten unabhängigen Buchhandlungen in ganz Amerika. In den hellen Geschäftsräumen werden zudem Sonderveranstaltungen sowie Lesungen und Autogrammstunden abgehalten. Außerdem werden hiesige Schriftsteller unterstützt und sogar E-Books verkauft.

Gruhn Guitars MUSIK
(www.gruhn.com; 400 Broadway; ⊙ Mo–Fr 9.30–17.30, Sa bis 14.30 Uhr) Renommiertes Geschäft für Musikinstrumente mit fachkundigem Personal. Jeden Moment kann hier ein unauffälliger Virtuose hereinspazieren, sich eine Gitarre, eine Mandoline oder ein Banjo schnappen und drauflosklampfen.

Pangaea GESCHENKE
(www.pangaeanashville.com; 1721 21st Ave S; ⊙ Mo–Do 10–18, Fr & Sa bis 21, So 12–17 Uhr) Der coolste Shop Nashvilles, in dem man perlenbesetzte Gürtel und verrückte Schals, abgefahrene Hüte und Sommerkleider bekommt, ganz zu schweigen von der dreifach gemahlenen Seife, den Streichholzständern mit Bildern von Frida Kahlo, den beeindruckenden Spiegeln und den Leuchten, die allesamt antiquierten Charme versprühen – ebenso wie der Holzfußboden. Hier kann man sich seine Dröhnung wohlriechender, gutgelaunter Boheme abholen.

ℹ Praktische Informationen

In der Downtown und im Centennial Park gibt es kostenloses WLAN, ebenso in fast allen Hotels sowie vielen Restaurants und Cafés.

InsideOut (www.insideoutnashville.com) Das Wochenblatt informiert über die hiesige Schwulen- und Lesbenszene.

Nashville Scene (www.nashvillescene.com) Kostenloses alternatives Wochenblatt mit Infos zum Unterhaltungsangebot.

Nashville Visitors Information Center (☎ 800-657-6910, 615-259-4747; www.visit-mu siccity.com; 501 Broadway, Sommet Center; ⊙ 8.30–17.30 Uhr) Im Glasturm; bietet kostenlose Stadtpläne und gute Online-Infos.

Öffentliche Bibliothek (www.library.nashville.org; 615 Church St) Kostenloser Internetzugang.

Polizei (☎ 615-862-8600; 310 1st Ave S)

Post (1718 Church St)

Tennessean (www.tennessean.com) Lokale Tageszeitung.

Vanderbilt University Medical Center (☎ 615-322-5000; 1211 22nd Ave S)

ℹ Anreise & Unterwegs vor Ort

Der **Nashville International Airport** (BNS; ☎ 615-275-1675; www.nashintl.com), 8 Meilen (13 km) östlich der Stadt, ist kein wichtiger Verkehrsknotenpunkt. Bus 18 von der **Metropolitan Transit Authority** (MTA; www.nashvillemta.org; Ticket 1,70–2,25 US$) verbindet den Flughafen mit der Downtown; der **Gray Line Airport Express** (www.graylinenashville.com; einfache Strecke/hin & zurück 12/20 US$; ⊙ 5–23 Uhr) fährt alle großen Hotels im Zentrum und in West End an. Taxis bringen einen gegen einen Fixpreis von 25 US$ nach Downtown oder auch nach Opryland.

Greyhound (www.greyhound.com; 709 5th Ave S) befindet sich in Downtown. Die **MTA** betreibt Stadtbusse ab **Music City Central** (400 Charlotte Ave). Zum Music Valley fahren Express-Busse.

Östliches Tennessee

Dolly Parton, die berühmteste Persönlichkeit aus dem Osten Tennessees, liebt ihre Heimatregion so sehr, dass sie einst Lieder über junge Frauen schrieb, die für den falschen Glanz der Großstadt die nach Heckenkirschen duftenden Smoky Mountains verlassen haben und das am Ende immer bereuen. Das Glück war ihr hold – sie machte damit Karriere.

Das östliche Drittel des Bundesstaats ist eine überwiegend ländliche Region mit kleinen Ortschaften, sanften Hügeln und Flusstälern. Hier fühlt man sich dank der freundlichen Leute, des herzhaften Essens und des ländlichen Charmes wie zu Hause.

In den üppigen, mit Heidekraut bewachsenen Great Smoky Mountains lässt es sich prima wandern, campen und raften. Die beiden wichtigsten städtischen Regionen, Knoxville und Chattanooga, sind entspannte Ortschaften am Fluss mit vielen munteren Studenten und einer spannenden Musikszene.

Chattanooga

In den 1960er-Jahren genoss Chattanooga den zweifelhaften Ruf, die „schmutzigste Stadt Amerikas" zu sein. Heute gilt die Stadt als eine der grünsten des Landes, denn sie verfügt über kilometerlange, viel genutzte Uferwege, Busse mit Elektroantrieb und Fußgängerbrücken über den Tennessee River. Darüber hinaus bietet sie erstklassige Möglichkeiten zum Klettern, Wandern, Radfahren und für Wassersport, was sie zu einem der besten Destinationen für Outdoor-Fans in den Südstaaten macht.

Im 19. und 20. Jh. war die Stadt ein wichtiger Knotenpunkt des Schienenverkehrs, daher der Begriff „Chattanooga Choo-Choo", der ursprünglich den Personenzug der Cincinnati Southern Railroad von Cincinnati nach Chattanooga bezeichnete und später als Titel eines weltberühmten Songs von Glen Miller herhalten musste. Die Innenstadt ist problemlos zu Fuß zu erkunden und ist ein zunehmend nobler werdendes Labyrinth aus historischen Stein- und Backsteingebäuden mit einigen hervorragenden Gourmetrestaurants. Chattanooga hat durchaus seine liebenswerten Seiten.

Sehenswertes & Aktivitäten

Der **Coolidge Park** ist ein guter Ausgangspunkt für einen Spaziergang am Fluss. Es gibt ein Karussell, viel genutzte Sportplätze und eine 15 m hohe Kletterwand, die an einem Pfeiler der **Walnut Street Bridge** angebracht ist. Unmittelbar neben dem Park hat die Stadt Gabione (mit Steinen gefüllte Drahtkörbe) errichtet, um die Regeneration des Feuchtgebiets zu fördern und mehr Vögel anzuziehen. Beim Spaziergang zum Rande der coolen, etwas erhöht stehenden Stege, die ins Sumpfland hineinragen, kann man vielleicht einige von Letzteren zu Gesicht bekommen. Der viel größere **Tennessee River Park** ist ein fast 13 km langer, auf verschiedenste Weise genutzter Grünzug, der von der Downtown durch die Amincola Marsh und entlang dem South Chickamauga Creek verläuft. Es ist geplant, ihn auf sage und schreibe 35 km auszubauen.

Tennessee Aquarium AQUARIUM
(www.tnaqua.org; 1 Broad St; Erw./Kind 25/15 US$; ⌚10–20 Uhr, letzter Einlass 18 Uhr; 👪) Die Glaspyramide, die auf den Klippen am Ufer thront, beherbergt das weltweit größte Süßwasseraquarium. Mit dem Hochgeschwindigkeitskatamaran des Aquariums kann man eine zweistündige Fahrt durch die Tennessee River Gorge unternehmen (Erw./Kind 29/22 US$).

Hunter Museum of American Art GALERIE
(www.huntermuseum.org; 10 Bluff View; Erw./Kind 10/5 US$, 1. So im Monat frei; ⌚Mo, Di, Fr & Sa 10–17, Do bis 20, Mi & So 12–17 Uhr) Östlich des Aquariums liegt ebenfalls auf den Klippen das nicht weniger eindrucksvolle Gebäude aus Glas und Stahl, das die vielleicht bemerkenswerteste architektonische Errungenschaft Tennessees ist. Die Kunstsammlung mit Werken aus dem 19. und 20. Jh. ist übrigens auch fantastisch.

Lookout Mountain OUTDOOR-AKTIVITÄTEN
(www.lookoutmountain.com; 827 East Brow Rd; Erw./Kind 48/25 US$; ⌚wechselnde Öffnungszeiten; 👪) Einige der ältesten und beliebtesten Attraktionen Chattanoogas befinden sich 6 Meilen (9,6 km) außerhalb der Stadt. Im Eintrittspreis enthalten sind die Fahrt mit der **Incline Railway**, die einen Steilhang hinauf zur Spitze des Berges tuckert, der weltweit höchste unterirdische Wasserfall, die **Ruby Falls**, sowie **Rock City**, ein Garten mit einer Felsklippe, von der aus man einen atemberaubenden Ausblick hat.

Der Berg ist außerdem bei Gleitschirmfliegern sehr beliebt. Mutige, aufgepasst: Tandemflüge werden im **Lookout Mountain Flight Park** (☎800-688-5637; www.hanglide.com; 7201 Scenic Hwy; Schnupper-Tandemflug 149 US$) angeboten.

Outdoor Chattanooga OUTDOOR-AKTIVITÄTEN
(☎423-643-6888; www.outdoorchattanooga.com; 200 River St) Diese städtische Agentur für Freizeitaktivitäten hat eine gute Website mit Informationen zu Outdoor-Aktivitäten sowie Wandertipps. Wer einfach so im Büro vorbeischaut, wird allerdings enttäuscht werden: Spontane Tipps gibt's hier eher nicht. Manchmal werden geführte Touren angeboten.

BONNAROO

Auch nach zwölf Jahren rockt dieses Musikfestival noch gewaltig. Das **Bonnaroo** (www.bonnaroo.com; Machester, TN; ⏲Mitte Juni) gehört zu den besten Musikfestivals Amerikas und wird auf einem 283 ha großen Bauernhof veranstaltet, der 40 Meilen (64 km) nordwestlich von Chattanooga und 60 Meilen (96 km) südöstlich von Nashville liegt. Die Mischung aus Musik, Camping und Kunst fördert das Gemeinschaftsgefühl, eindeutiges Highlight ist aber natürlich die Musik. Im Jahr 2013 gab es an vier herrlich energiegeladenen Tagen 150 Vorführungen auf zehn verschiedenen Bühnen, mit Stars wie Paul McCartney, David Byrne, Jack Johnson, dem Wu-Tang Clan, The National, Edward Sharpe & The Magnetic Zeroes, Tom Petty und Björk.

Schlafen & Essen

Rund um die I-24 und die I-75 finden sich zahlreiche Budgetmotels.

★ Stone Fort Inn BOUTIQUEHOTEL $$
(☎423-267-7866; www.stonefortinn.com; 120 E 10th St; Zi. ab 135–155 US$; P ❄ 📶) Die Zimmer in diesem historischen Hotel, das zum Zeitpunkt der Recherche gerade renoviert wurde, sind mit Flachbild-TVs, Whirlpool und neuen sanitären Einrichtungen ausgestattet. Sie haben außerdem hohe Decken und eine auf alt getrimmte Ausstattung. Der Service ist sensationell. Im Restaurant im Appalachenstil werden nur frische Zutaten von Höfen aus der Region verwendet; es ist aktuell die angesagteste Adresse im Ort. Einige der Matratzen sind schon etwas durchgelegen.

Sheraton Read House HOTEL $$
(☎423-266-4121; www.sheratonreadhouse.com; 827 Broad St; Zi. ab 149 US$; P ❄ 📶) Dies ist das ansprechendste Kettenhotel der Stadt und gleichzeitig das einzige, das sich mitten im Stadtzentrum befindet (die meisten stehen am nördlichen Stadtrand nahe dem Fluss). Die Zimmer in diesem historischen Gebäude von 1926 sind sauber und nicht zu klein, haben hohe Decken, hübsche Deckenleisten, Schreibtische aus Holz und Flachbild-TVs. Das Haus liegt in fußläufiger Entfernung zu den besten Restaurants und zum Ufer. Parken kostet 15 US$.

Chattanooga Choo-Choo HOTEL $$
(☎423-308-2440; www.choochoo.com; 1400 Market St; Zi./Eisenbahnwaggon ab 133 US$; P ❄ @ 📶 🏊) Der 100 Jahre alte, großartige Bahnhof der Stadt wurde in ein geschäftiges Hotel verwandelt, das sogar 48 authentische viktorianische Eisenbahnwaggons als Zimmer anbietet. Außerdem gibt es eine Retro-Bar im Stil des Gilded Age (der Zeit des wirtschaftlichen Aufschwungs in den USA nach der Reconstruction) sowie einen beeindruckenden Säulengang in der Lobby. Die Standardzimmer und Suiten im separaten Gebäude sind nichts Besonderes.

★ Public House MODERN-AMERIKANISCH $$
(☎423-266-3366; www.publichousechattanooga.com; 1110 Market St; Hauptgerichte 9–22 US$; ⏲Mo–Do 17–21, Fr & Sa bis 22 Uhr) Eine recht schicke Mischung aus Pub und Restaurant in einem Viertel mit renovierten Lagerhäusern. Die hauseigene Bar **Social** ist in einem dunklen, freundlichen Backsteinhaus untergebracht, der helle und gemütliche Speisesaal ist mit Gardinen verkleidet, und in beiden Locations werden köstliche, hochwertige Gerichte serviert.

Auf der Speisekarte finden sich Entenconfit mit Rotkohl, gegrillte Schweinelende mit Apfel-Chutney oder sautierte Forelle mit Blumenkohl und eingelegten Tomaten.

St. John's Meeting Place MODERN-AMERIKANISCH $$$
(☎423-266-4400; www.stjohnsrestaurant.com; 1278 Market St; Hauptgerichte 28–36 US$; ⏲Mo–Do 17–21.30, Fr & Sa bis 22 Uhr) Am südlichen Ende der Innenstadt beschreitet ein weiteres Restaurant neue kreative Wege. Es gilt als die beste Adresse in Chattanooga. Der Boden mit schwarzen Granitplatten, Kronleuchtern aus schwarzem Glas und Wandbehänge verleihen dem Lokal ein modernes, elegantes Ambiente. Die Zutaten für die Gerichte stammen sämtlich von Bauernhöfen aus der Umgebung. Auf der Speisekarte finden sich Hauptgerichte mit Schweinefleisch, Antilope, Lamm, Rinderrippchen sowie Ente.

Anreise & Unterwegs vor Ort

Chattanoogas kleiner **Flughafen** (CHA; ☎423-855-2202; www.chattairport.com; 1001 Airport Rd) liegt unmittelbar östlich der Stadt. Der **Greyhound-Bahnhof** (960 Airport Rd) liegt auch nicht weit entfernt an derselben Straße. Mit den kostenlosen **Elektrobussen** in der Innenstadt erreicht man die meisten interessanten Ziele. Im **Visitor Center** (☎ 800-322-3344, 423-756-8687; www.chattanoogafun.com; 215 Broad St; ⌚ 8.30–17.30 Uhr) gibt's einen Streckenplan. Wer gerne auch mal in die Pedale tritt, registriert sich online und kann dann **Bike Chattanooga** (www.bikechattanooga.com) nutzen, ein von der Stadt gefördertes Fahrradverleihsystem. Die Räder stehen an 31 Stationen in der ganzen Stadt verteilt. Wenn man den Drahtesel nicht länger als 60 Minuten braucht, ist der Verleih kostenlos.

Knoxville

Wegen seiner vielen Textilfabriken war Knoxville einst als „Welthauptstadt der Unterwäsche" bekannt. Heute ist es der Standort der University of Tennessee. Den **Market Square** in der Innenstadt säumen kunstvoll verzierte, leicht baufällige Gebäude aus dem 19. Jh. sowie hübsche Straßencafés mit Schatten spendenden Birnbäumen. Das beste Nachtleben steigt in **Old Town**, einem künstlerisch angehauchten Stadtviertel mit renovierten Lagerhäusern rund um die Gay St.

Der Blickpunkt der Stadt ist die **Sunsphere** (☎ 865-251-6860; World's Fair Park, 810 Clinch Ave; ⌚ April–Okt. 9–22 Uhr, Nov.–März 11–18 Uhr). Die auf einem Turm thronende goldene Kugel ist das wichtigste Überbleibsel der Weltausstellung von 1982. Ein Aufzug fährt hinauf zur (meist menschenleeren) Aussichtsplattform mit Panoramablick auf Knoxville und einer altmodischen Ausstellung zu den Bürgertugenden der Stadtbewohner. Unübersehbar ist auch der massive, orangefarbene Basketball, der die **Women's Basketball Hall of Fame** (www.wbhof.com; 700 Hall of Fame Dr; Erw./Kind 8/6 US$; ⌚ Sommer Mo–Sa 10–17 Uhr, Winter Di–Sa 11–17 Uhr) kennzeichnet. Dort bekommt man einen Einblick in die Geschichte des Sports, angefangen bei der Zeit, als Frauen noch in langen Kleidern spielen mussten.

Ein leckeres Abendessen bekommt man im **Tupelo Honey Cafe** (www.tupelohoneycafe.com; 1 Market Sq; Hauptgerichte 9–19 US$; ⌚ Mo–Do 9–22, Fr bis 23, Sa 8–23, So bis 21 Uhr), einem belebten, vielseitigen Lokal auf dem Market Sq. Hier stehen mit Chorizo ummantelte Jakobsmuscheln, Pulled Pork mit Jalapeño-BBQ-Sauce sowie Shrimps mit Maisgrütze und Ziegenkäse auf der Speisekarte. Auch eine Reihe vegetarischer Gerichte ist im Angebot. Die stilvollste Unterkunft in Knoxville ist wahrscheinlich das **Oliver Hotel** (☎ 865-521-0050; www.theoliverhotel.com; 407 Union Ave; Zi. ab 145 US$).

Great Smoky Mountains National Park

Die Cherokee nannten dieses Gebiet Shaconage (ausgesprochen „sha-*kaun*-a-dschei"), was soviel bedeutet wie „Land des blauen Rauches". Der Name rührt von dem lilafarbenen Nebel her, der über den uralten Gipfeln liegt. Die südlichen Appalachen gehören zu den ältesten Gebirgszügen der Welt. Kühler, feuchter Laubwald erstreckt sich über viele Quadratkilometer.

Der 2110 km² große **Park** (www.nps.gov/grsm) GRATIS ist der meistbesuchte Park des Landes. Zwar können die wichtigsten Verkehrswege und Attraktionen überlaufen sein, doch laut Statistik entfernen sich 95 % aller Besucher kaum mehr als 100 m von ihren Autos. Man kann den Menschenmassen also problemlos entkommen. Tennessee und North Carolina teilen sich den Park.

Anders als für viele andere Nationalparks muss man für den Great Smoky keinen Eintritt zahlen. In den Visitor Centers bekommt man eine Karte des Parks sowie den kostenlosen *Smokies Guide*. Die beliebteste Sehenswürdigkeit des Parks sind die Überreste einer Siedlung aus dem 19. Jh. in **Cades Cove** – was durch das nervenaufreibende Verkehrsaufkommen auf der Rundstraße im Sommer bestätigt wird.

Am **Mt. LeConte** gibt's grandiose Wanderwege. Dort steht auch die **LeConte Lodge** (☎ 865-429-5704; www.lecontelodge.com; Hütte pro Pers. Erw./Kind 4–12 Jahre 126/85 US$), die einzige Unterkunft des Parks (abgesehen von den Campingmöglichkeiten). Die rustikalen Hütten ohne Stromanschluss erreicht man allerdings nur nach einem 13 km langen Marsch bergauf. Zudem sind sie so begehrt, dass man bis zu einem Jahr im Voraus reservieren muss. Mit dem Auto direkt zu erreichen ist hingegen der schwindelerregende **Clingmans Dome**, der dritthöchste Berg östlich von Mississippi, auf dem ein futuristischer Aussichtsturm steht.

Bei zehn erschlossenen Campingplätzen mit rund 1000 Stellplätzen würde man vermuten, dass sich immer ein Plätzchen für ein Zelt finden ließe. Nicht so in der betriebsamen Sommersaison, weshalb sich das Vorausplanen lohnt. Für manche Campingplätze werden **Reservierungen** (☎ 800-365-2267; www.nps.gov/grsm; Stellplatz Zelt 14–23 US$/Nacht) entgegengenommen; bei anderen gilt: Wer zuerst kommt, mahlt zuerst. Die Campingplätze Cades Cove und

Smokemont sind das ganze Jahr über geöffnet, die anderen hingegen nur von März bis Oktober.

Eine tolle Option ist das **Wildcampen** (☎ Reservierungen 865-436-1231; www.nps.gov/grsm/planyourvisit/backcountry-camping.htm; 4 US$/Nacht), für das man jedoch eine Genehmigung braucht. Für Reservierungen und Genehmigungen wendet man sich an die Rangerstationen und Visitor Centers.

ℹ Praktische Informationen

Im Park gibt's drei Visitor Centers: das **Sugarlands Visitor Center** (☎ 865-436-1291; www.nps.gov/grsm; ⏲ Juni–Aug. 8–19 Uhr, Sept.–Mai wechselnde Öffnungszeiten) am Nordeingang des Parks nahe Gatlinburg, das **Cades Cove Visitor Center** (☎ 877-444-6777; ⏲ April–Aug. 9–19 Uhr, Sept.–März früher) nach der Abzweigung vom Hwy 441 auf halber Strecke der Cades Cove Loop Rd in der Nähe des Eingangs in Gatlinburg sowie das Oconaluftee Visitor Center (S. 385) am südlichen Eingang des Parks nahe Cherokee in North Carolina.

Gatlinburg

Das furchtbar kitschige Gatlinburg liegt am Eingang zum Great Smoky Mountains National Park und betört Wanderer mit dem Duft von Buttertoffee und Zuckerwatte. Und es gibt auch jede Menge zu tun: Ripley's hat gleich mehrere Attraktionen zu bieten (ein *Believe it or Not!*-Kuriositätenmuseum, ein Spiegelkabinett, ein Geisterhaus und ein riesiges Aquarium), oder man nimmt die malerische, 3 km lange **Schwebebahn** (www.obergatlinburg.com; 1001 Parkway; Erw./Kind 11/8,50 US$; ⏲ So 7.30–18.20, Mo, Fr & Sa bis 22.40, Di–Do 9.30–21.49 Uhr) ins **Ober Gatlinburg Ski Resort** (www.obergatlinburg.com; Liftticket Erw. 35–54 US$, Kind 25–44 US$, Verleih von Ausrüstung Ski/Snowboard 25/30 US$) nach bayerischem Vorbild. Danach locken ein paar kostenlose hochprozentige Kostproben in der **Ole Smoky Moonshine Distillery** (☎ 865-436-6995; www.olesmokymoonshine.com; 903 Parkway; ⏲ 10–22 Uhr), der ersten legalen Produktionsstätte für illegal gebrannten Schnaps (irgendwie widersprüchlich, aber wahr). Wer in Gatlinburg übernachten möchte, tut dies am besten in der gemütlichen und freundlichen **Bearskin Lodge** (☎ 877-795-7546; www.thebearskinlodge.com; 840 River Rd; Zi. ab 110 US$) direkt am Fluss. Ein Abendessen im **Wild Boar Saloon & Howard's Steakhouse** (☎ 865-436-3600; www.wildboarsaloon.com; 976 Parkway; Hauptgerichte 9–30 US$; ⏲ So–Do 10–22, Fr & Sa bis 1.30 Uhr) bildet dann den krönenden Abschluss eines ereignisreichen Tages.

DOLLYWOOD

Dollywood (☎ 865-428-9488; www.dollywood.com; 2700 Dollywood Parks Blvd; Erw./Kind 57/45 US$; ⏲ April–Dez.) ist eine Hommage an die Schutzheilige von East Tennessee, die langhaarige, großbusige Countrysängerin Dolly Parton. Der Park hat Fahrgeschäfte und thematisch an den Appalachen orientierte Attraktionen zu bieten, etwa die Achterbahn Mystery Mine oder die kleine Pseudo-Kapelle, benannt nach dem Arzt, der Dolly auf die Welt brachte. Sie thront über dem Outlet-Shoppingcenter **Pigeon Forge** (www.mypigeonforge.com), 9 Meilen (15 km) nördlich von Gatlinburg.

KENTUCKY

Angesichts einer Wirtschaft, die auf Bourbon-Whiskey, Pferderennen und Tabak basiert, könnte man meinen, Kentucky mache Las Vegas den Ruf als Hort der Sünde streitig. Die Antwort lautet: ja und nein. Auf jede whiskeylastige Bar in Louisville kommt ein „trockener" County, wo man nichts Stärkeres bekommt als Ginger Ale. Und auf jede Pferderennbahn kommt eine Kirche. Kentucky steckt voller merkwürdiger Gegensätze. Der Bundesstaat, an einem geografischen wie kulturellen Scheideweg gelegen, vereint in sich die Freundlichkeit des Südens, seine Geschichte als Grenze zum Wilden Westen, die Industrie des Nordens und den aristokratischen Charme des Ostens. Jede Ecke des Bundesstaats ist eine Augenweide, es gibt aber nur wenig, das so herzzerreißend schön ist wie die sanften Sandsteinhügel des „Pferdelands", in dem die Vollblutzucht ein viele Millionen Dollar schweres Geschäft ist. Im Frühling blühen auf den Weiden winzige himmelblaue Blumen, denen der Staat auch seinen Beinamen „Bluegrass State" verdankt.

ℹ Praktische Informationen

Die Grenze zwischen den Zeitzonen Eastern Standard Time und Central Standard Time verläuft mitten durch Kentucky.

Kentucky State Parks (☎ 800-255-7275; www.parks.ky.gov) Hat Infos zum Wandern, Höhlenwandern, Angeln, Campen etc. in Kentuckys 52 State Parks. Die sogenannten Resort Parks haben Lodges, während es in den Recreation Parks weniger komfortabel zugeht.

Kentucky Travel (☎ 800-225-8747, 502-564-4930; www.kentuckytourism.com) Gibt eine detaillierte Broschüre über die Attraktionen des Bundesstaats aus.

Louisville

Das hübsche Louisville (oder „Louahvul", wie die Einheimischen sagen) wird oft ein bisschen unterschätzt und ist vor allem für das Kentucky Derby bekannt. Die größte Stadt Kentuckys, die während der Erschließung des Westens ein wichtiges Schifffahrtszentrum am Ohio River war, ist heute ein aufstrebendes Zentrum mit angesagten Bars, exzellenten Restaurants (die Frisches aus der Region verarbeiten) und einer gewinnenden, jungen und immer fortschrittlicher denkenden Bevölkerung. Hier kann man gut einen oder zwei Tage damit verbringen, sich die Museen anzuschauen, durch die alten Viertel zu schlendern und Bourbon zu trinken.

KURZINFOS KENTUCKY

Spitzname Bluegrass State

Bevölkerung 4,4 Mio.

Fläche 102 896 km²

Hauptstadt Frankfort (28 000 Ew.)

Weitere Städte Louisville (600 000 Ew.), Lexington (300 000 Ew.)

Verkaufssteuer 6 %

Geburtsort von dem 16. US-Präsident Abraham Lincoln (1809–1865), „Gonzo"-Journalist Hunter S. Thompson (1937–2005), Boxer Muhammad Ali (geb. 1942), den Schauspielerinnen Ashley Judd (geb. 1968) und Jennifer Lawrence (geb. 1990)

Heimat des Kentucky Derby, der Louisville Slugger, des Bourbon

Politische Ausrichtung vorwiegend konservativ, in ländlichen Gegenden erzkonservativ

Berühmt für Pferde, Bluegrass-Musik, Basketball, Bourbon, Höhlen

Dauerhafter interner Konflikt Loyalität zum Norden oder Süden während des Bürgerkriegs

Entfernungen Louisville–Lexington 77 Meilen (123 km), Lexington–Mammoth Cave National Park 135 Meilen (216 km)

Sehenswertes & Aktivitäten

Das aus viktorianischer Zeit stammende Viertel **Old Louisville** gleich südlich des Stadtzentrums ist eine Spazierfahrt oder einen Bummel wert. Bemerkenswert ist der **St. James Court** jenseits der Magnolia Ave mit seinem herrlich charmanten, mit Gaslampen beleuchteten Park. Zudem gibt es mehrere wunderbare **historische Häuser** (www.historichomes.org), die man im Rahmen von Führungen besichtigen kann, u. a. das alte Shotgun House von Thomas Edison.

★ Churchill Downs RENNBAHN

(www.churchilldowns.com; 700 Central Ave) Am ersten Samstag im Mai wirft sich Amerikas Oberschicht in Nadelstreifenanzüge und setzt superschräge Hüte auf, um derart gewappnet die „zwei großartigsten Minuten des Sports" zu erleben: das Kentucky Derby. Nach dem Rennen singen die Menschmassen *My Old Kentucky Home* und schauen zu, wie das siegreiche Ross mit Rosen überschüttet wird. Danach ist Party angesagt.

Und diese Party dauert eigentlich schon zwei Wochen an, denn eben jene zwei Wochen vor dem Rennen beginnt das **Kentucky Derby Festival** (www.kdf.org), zu dem Ballonwettbewerbe, ein Marathon und das größte Feuerwerk Nordamerikas gehören. Die meisten Sitzplätze für das Derby werden auf Einladung vergeben oder sind schon Jahre vorab reserviert. Am Tag des Derbys selbst kommt man für 50 US$ immerhin noch ins Innenfeld (keine Sitzplätze). Dieses ist aber eine einzige ausschweifende Partyzone und so überlaufen, dass man kaum etwas vom Rennen sehen wird – was dann aber zweitrangig ist. Wer sich für reinrassige Pferde interessiert, kann zwischen April und November für nur 3 US$ einen Sitzplatz in den Downs ergattern, wenn in Vorbereitung auf das Kentucky Derby viele aufregende Testrennen stattfinden.

Kentucky Derby Museum MUSEUM

(www.derbymuseum.org; Gate 1, Central Ave; Erw./Kind 14/6 US$; ⏲ Mo–Sa 8–17, So 11–17 Uhr) Auf dem Gelände der Pferderennbahn zeigt dieses Museum Ausstellungsstücke zur Geschichte des Derbys. Dabei erhält man einen

Einblick in das Leben eines Jockeys, und es gibt eine Liste der berühmtesten Pferde. Eine 360°-Panoramashow zum Rennen und eine 30-minütige Führung (im Eintrittspreis enthalten), die zu Fuß durch den Bereich führt, in dem die Pferde untergebracht sind, sowie über die Rennstrecke selbst, werden ebenfalls veranstaltet. Sehr interessant!

Die 90-minütige Inside the Gates Tour (11 US$) führt durch die Quartiere der Jockeys und in den todschicken VIP-Bereich, der auch Millionaire's Row (Millionärs-Reihe) genannt wird.

Muhammad Ali Center MUSEUM
(www.alicenter.org; 144 N 6th St; Erw./Senior & Student/Kind 4–12 Jahre 9/8/5 US$; ⌚ Di–Sa 9.30–17, So 12–17 Uhr) Das Zentrum ist ein Geschenk an die Stadt von ihrem berühmtesten Sohn und ein absolutes Muss. Los geht's am besten im 5. Stock, wo ein Film einen tollen ersten Überblick verschafft. Im Videoarchiv im 4. Stock findet man eine Aufzeichnung jedes einzelnen Kampfes des Boxidols.

Die hervorragende Ausstellung „Confidence" vermittelt, dass Alis vermeintlich überhebliche Prahlerei eher Ausdruck seiner Selbstliebe und seines Selbstvertrauens war. Für einen Schwarzen aus dem Süden war es zu seiner Zeit revolutionär und etwas Besonderes, sich über seine eigene Großartigkeit und Schönheit zu freuen.

Louisville Slugger Museum MUSEUM
(www.sluggermuseum.org; 800 W Main St; Erw./Senior/Kind 11/10/6 US$; ⌚ Mo–Sa 9–17, So 11–17 Uhr; 👪) Der 36 m große Baseballschläger, der am Gebäude dieses Museums lehnt, ist nicht zu übersehen. Hillerich & Bradsby Co. stellen hier seit 1884 den berühmten Louisville Slugger her. Im Eintrittspreis sind eine Führung durch die Fabrik, eine Ausstellung mit Erinnerungsstücken aus der Geschichte des Baseballs (wie etwa der Schläger von Babe Ruth), ein Batting Cage, in dem man selbst den Schläger schwingen kann, und ein kostenloser Minischläger inbegriffen.

Frazier International History Museum MUSEUM
(www.fraziermuseum.org; 829 W Main St; Erw./Schüler/Kind 10,50/7,50/6 US$; ⌚ Mo–Sa 9–17, So 12–17 Uhr) Das für die mittelgroße Stadt erstaunlich ambitionierte, hochmoderne Museum dokumentiert 1000 Jahre Regionalgeschichte mittels Dioramen von grausamen Schlachten und kostümierten Darstellern, die Schwertkämpfe und hitzige Debatten nachstellen.

State Science Center of Kentucky MUSEUM
(☎ 502-561-6100; www.kysciencecenter.org; 727 W Main St; Erw./Kind 13/11 US$; ⌚ So–Do 9.30–17.30, Fr & Sa bis 21 Uhr; 👪) In einem historischen Gebäude an der Main St ist hier auf drei Ebenen eine familientaugliche und bei Kindern sehr beliebte Ausstellung zu sehen, die Themen aus der Biologie, Physiologie, Physik, Computerwissenschaft und mehr beleuchtet. Für weitere 7 US$ kann man sich auch noch einen Film im IMAX-Kino anschauen.

Big Four Bridge STADTSPAZIERGANG, RADFAHREN
(East River Rd) Die neueste Attraktion der Stadt ist eine generalüberholte alte Brücke. Die zwischen 1888 und 1895 erbaute Big Four Bridge führt über den Ohio River hinüber nach Indiana. Seit 1969 war sie für den Fahrzeugverkehr gesperrt und wurde 2013 für Fußgänger und Radfahrer wieder geöffnet. Von überall auf der Brücke bietet sich ein hübscher Blick auf Stadt und Fluss.

Hunde sind erlaubt, Inliner und Skateboards hingegen nicht. Es gibt genügend Parkmöglichkeiten.

Schlafen

In der Nähe des Flughafens an der I-264 finden sich zahlreiche Kettenhotels.

Rocking Horse B&B B&B $$
(☎ 888-467-7322, 502-583-0408; www.rockinghorse-bb.com; 1022 S 3rd St; Zi. inkl. Frühstück 125–215 US$) An einem Abschnitt der 3rd St, die einst als Millionaire's Row bekannt war, liegt dieses romanische Herrenhaus mit sechs Gästezimmern, die alle mit Antiquitäten im viktorianischen Stil und tollen Buntglasdetails dekoriert sind. Das Zwei-Gänge-Frühstück kann im englischen, üppig begrünten Garten eingenommen werden, den kostenlosen Portwein genießt man dann eher im Salon.

★ **21c Museum Hotel** HOTEL $$$
(☎ 502-217-6300; www.21chotel.com; 700 W Main St; Zi. ab 269 US$; P ❄ 📶) Das Hotel, das zugleich ein Museum für zeitgenössische Kunst ist, würde überall aus dem Rahmen fallen, im entspannten Louisville hingegen wirkt es fast wie aus einer anderen Welt. Während die Gäste auf den Aufzug warten, werden ihre verzerrten Abbilder und Stimmen auf eine Videoleinwand geworfen und über Lautsprecher übertragen. In den Fluren baumeln aus Scheren gefertigte Kronleuchter von den Decken. Die urbanen,

DIE GEISTERKLINIK

Das verlassene **Waverly Hills Sanatorium** thront wie die Burg eines verrückten Königs über Louisville. Einst beherbergte es die Opfer einer Tuberkulose-Epidemie Anfang des 20. Jhs. Die Leichname der verstorbenen Patienten wurden über eine Rutsche in den Keller befördert – kein Wunder, dass es in dem Gebäude spuken soll! Wer auf Geisterjagd gehen möchte, kann sich einer nächtlichen **Führung** (☎502-933-2142; www.therealwaverly-hills.com 400 Paralee Ln; 2-stündige Führung/2-stündige Geisterjagd/Übernachtung 22/50/100 US$; ⊙März–Aug.) anschließen. Wahrhaft Furchtlose können hier sogar die Nacht verbringen. Viele Besucher sprechen hinterher über die Klinik als den unheimlichsten Ort, an dem sie je gewesen sind.

loftähnlichen Zimmer haben iPod-Stationen und einen Minikühlschrank, der mit allen nötigen Zutaten für einen Mint Julep ausgestattet ist.

Das hoteleigene Restaurant Proof (S. 430) gehört zu den angesagtesten Bistros mit moderner Südstaatenküche der Stadt, und der Service lässt nicht zu wünschen übrig. Parken kostet 18 US$.

Brown Hotel HOTEL $$$
(☎502-583-1234; www.brownhotel.com; 335 West Broadway; Zi. ab 250 US$; P ⊖ ❄ ≋) Opernstars, Königinnen und Ministerpräsidenten sind schon über die Marmorböden dieses legendären Hotels in der Downtown geschritten. Dank einer Renovierung erstrahlt es mit seinen 293 komfortablen Zimmern und der schicken Bar wieder im alten Glanz der 1920er-Jahre. Parken kostet 18 US$.

Essen

Die Zahl von guten Restaurants wächst jedes Jahr exponentiell an, besonders im entzückenden Stadtviertel **NuLu**, in dem es auch zahllose Galerien und Boutiquen gibt. Das Viertel **Highlands** rund um die Bardstown Rd und die Baxter Rd ist nicht nur wegen seiner Restaurants, sondern auch aufgrund des guten Nachtlebens beliebt.

★**Hillbilly Tea** APPALACHEN-KÜCHE $$
(☎502-587-7350; 120 S First St; Gerichte 10–17 US$; ⊙Di–Sa 10–21, So bis 16 Uhr) Ein Café mit einem hervorragenden Preis-Leistungs-Verhältnis abseits der Main St, dessen Spezialität die Küche der Appalachen mit einem modernen Touch ist. Lecker sind u.a. der geräucherte Wels an Kartoffelbrei und der geräucherte Indische Kämpfer (eine Hühnerrasse) mit Rosenkohl und Pastinaken, aber auch das gegrillte Schweinerückensteak sieht hervorragend aus.

Garage Bar GASTHAUS $$
(www.garageonmarket.com; 700 E Market St; Gerichte 7–16 US$) An einem heißen Nachmittag gibt es nichts Besseres, als sich in dieser absolut angesagten, umgebauten Tankstelle in NuLu (mit seinen beiden sich „küssenden" Chevrolets nicht zu übersehen) einen Basilikum-Gimlet und eine Schinkenplatte zu bestellen: eine Kostprobe von vier Schinkensorten aus der Region mit frischem Brot und Kompott.

Zu den angebotenen Gerichten zählen die besten Ziegelofen-Pizzas der Stadt, Schweinefleischbällchen, Truthahnflügel und himmlisch leckere Rolled Oysters (panierte und frittierte Austern).

Wiltshire on Market MODERN-AMERIKANISCH $$
(☎502-589-5224; www.wiltshirepantry.com; 636 Market St; Hauptgerichte 14–23 US$; ⊙Do & So 17–22, Fr & Sa bis 23 Uhr) Die Livemusik an Sonntagabenden und der in der Stadt sehr engagierte Küchenchef sind nette Besuchsanreize, der wahre Grund für eine Stippvisite hier sind aber zweifellos die zu vernünftigen Preisen angebotenen Gourmetgerichte. Auf der Speisekarte stehen u.a. ein halbes Dutzend Austerngerichte mit einer wöchentlich wechselnden Aufschnittplatte, ein mit Würstchen belegtes Fladenbrot, Lammbolognese sowie wirklich vorzügliche Gemüse-Burger.

Eiderdown GASTHAUS $$
(☎502-290-2390; www.eiderdowngermantown.com; 983 Goss Ave; Gerichte 4–17 US$; ⊙Di–Do 16–22, Fr & Sa 11.30–23, So 12–22 Uhr) Der aus Kentucky stammende und in Frankreich ausgebildete Chefkoch arbeitete früher im hiesigen Outback-Restaurant, was seine kulinarische Schaffensfreiheit jedoch zu sehr einengte. Danach träumte der Mittdreißiger davon, einen Pub mit unverputzten Backsteinwänden und einer Einrichtung aus dunklem Holz zu eröffnen. Es sollte vom Aroma von mit Entenfett zubereitetem Popcorn, Kohl, Bacon und *spaetzle* – ein vor Salbeibutter nur so triefender Mix aus Wurzelgemüse und Würstchen – erfüllt sein. Et voilá…

Zu finden ist das Eiderdown im bislang noch nicht so richtig in die Puschen gekommenen Louisviller Wohnviertel Germantown.

Ghyslain MARKTCAFÉ **$$**
(☎ 502-690-8645; www.Ghyslain.com; 721 E Market St; Gerichte 10–13 US$; ⊙7–21 Uhr) Ein einladendes Marktcafé mit Tischen aus Marmor, auf dessen Speisekarte köstliche Baguettes mit Schweinebraten und Broccoli sowie Pesto-Hackfleischbällchen stehen. Lecker sind auch das Hähnchencurry in Naan, das Gumo (ein auf Mehlschwitze basierender Eintopf) sowie das Chili. Einen tollen Abschluss bilden die Pralinen oder eine Portion Eis.

★ **Proof** MODERNE SÜDSTAATENKÜCHE **$$$**
(☎ 502-217-6360; www.proofonmain.com; 702 W Main St; Hauptgerichte 17–36 US$; ⊙Mo–Do 7–10, 11–14 & 17.30–22, Fr bis 23, Sa 7–15 & 17.30–23, So bis 22 Uhr) Das vielleicht beste, mit Sicherheit aber das am höchsten gelobte Restaurant in Louisville. Die Cocktails sind unglaublich, die Weinkarte und Bourbonauswahl sind nicht nur umfangreich, sondern auch noch außerordentlich gut (das Proof ist bekannt für seine exklusiven und seltenen Whiskeys Woodford Reserve und Van Winkle aus Eichenfässern). Die Speisekarte reicht von Schweinekoteletts mit Knochen über den köstlichen Bison-Burger bis hin zu einigen hochwertigen Gerichten mit Hähnchenfleisch und Klößen.

Ein Teil der Zutaten stammt vom eigenen Bauernhof. Die Kunstwerke sind grell und inspirierend, die Angestellten hip und seriös und die Gäste der Bar prima gekleidet und gut gelaunt.

Ausgehen & Unterhaltung

Im kostenlosen Wochenblatt *Weekly Leo* (www.leoweekly.com) werden anstehende Konzerte angekündigt. Die meisten Kneipen finden sich in Highlands. Beim **First Friday Trolley Hop** (www.ldmd.org/First-Friday-Trolley-Hop.html; Main St & Market St; ⊙1. Fr des Monats 17–23 Uhr) GRATIS kann man die zahlreichen Galerien, Restaurants und Cafés in NuLu und Downtown mit der Straßenbahn erkunden.

Holy Grale KNEIPE
(www.holygralelouisville.com; 1034 Bardstown Rd; ⊙16 Uhr–open end) Eine von Bardstowns besten Bars ist in einer alten Kirche untergebracht. Neben gehobener Kneipenkost (Wachteleier in Scotch, Kimchee-Hotdogs) werden auch ein Dutzend deutsche, belgische und japanische Biere vom Fass ausgeschenkt, die in diesen Gefilden selten zu finden sind. Die stärkeren Biere (bis 13% Alkohol) gibt's auf der Chorempore.

Please & Thank You CAFÉ
(www.pleaseandthankyoulouisville.com/welcome; 800 E Market St; Drinks 2–5 US$; ⊙Mo–Fr 7–18, Sa & So 10–14 Uhr) Jedes Viertel sollte ein solches unabhängiges Café haben. Hier bekommt man guten Kaffee und selbst gemachten Brotpudding, kreatives Teegebäck und Kuchen, Zucchini-Brot und gehaltvolle Schokoladenkekse. Auch Schallplatten werden hier verkauft – ein weiterer Pluspunkt, mit dem sich der Laden vom üblichen Starbucks-Einheitsbrei abhebt.

Rudyard Kipling BAR, MUSIK
(www.therudyardkipling.com; 422 W Oak St) Die einheimische Boheme-Szene liebt diese Kneipe in Old Louisville wegen ihrer Indie-Bluegrass-Shows in persönlicher Atmosphäre, der Theaterstücke mit Dinner und der Kneipenkost nach Kentucky-Art (lecker ist der Snappy Cheese).

KFC Yum! Center BASKETBALL
(☎ 502-690-9000; www.gocards.com; 1 Arena Plaza) An Spieltagen ergießt sich eine purpurrote Flut in diese Arena in der Innenstadt. Die Spiele der University of Louisville Cardinals, die zum Zeitpunkt der Recherche unter Coach Rick Pitino amtierender Basketballmeister der National Collegiate Athletic Association waren, sind fast immer ausverkauft. Wer Basketball mag, sollte sich unbedingt ein Spiel hier ansehen. Manchmal werden in dem Stadium auch Popkonzerte veranstaltet.

Shoppen

★ **Joe Ley Antiques** ANTIQUITÄTEN
(www.joeley.com; 615 E Market St; ⊙Di–Sa 10–17 Uhr) In diesem riesigen alten Kaufhaus aus Ziegelstein und Glas werden auf vier Etagen Sammlerstücke aus acht Jahrzehnten verkauft, darunter unansehnliche Puppen, abgefahrene Möbel und klobiger Schmuck.

Butchertown Market BOUTIQUEN
(www.thebutchertownmarket.com; 1201 Story Ave; ⊙Mo–Fr 10–18, Sa bis 17 Uhr) Neu, ambitioniert und unbedingt sehenswert! Dieses ehemalige Schlachthaus wurde in eine Wunderwelt voller schrulliger, süßer und künstlerisch angehauchter Boutiquen verwandelt. Ob

flippiger Schmuck, verrückte Geschenke, edle Pralinen, künstlerisch gestaltete Einrichtungsgegenstände aus Metall, Körper- und Hautpflegeprodukte oder Babyklamotten – es findet sich mit Sicherheit ein Laden, der es verkauft.

Cellar Door Chocolates SCHOKOLADE
(www.thebutchertownmarket.com; 1201 Story Ave, Butchertown Market; ⏲Mo–Fr 10–18, Sa bis 17 Uhr) Die Pralinen hier sind nicht nur kreativ, sondern auch noch köstlich, was auch durch verschiedenste Auszeichnungen bestätigt wird. Grünes Chili, Kokosschokolade, Wasabi-Trüffel, weiße Schokolade, Karamell mit Meersalz? Alles kein Problem. Auch einen Espresso bekommt man hier.

Flea Off Market FLOHMARKT
(www.facebook.com/thefleaoffmarket; 1007 E Jefferson St; ⏲2. Wochenende des Monats) Jeden Monat werden hier ein Wochenende lang Adidas-Schuhe aus den 1990ern, Rockabilly-Schallplatten, kunstvolle Terrarien, alte Werke lokaler Künstler und verrückter Schmuck verkauft, ganz zu schweigen von den vielen Retro-Klamotten. Für die Verpflegung der Schnäppchenjäger sorgen mehrere Imbissstände.

Taste WEIN
(☎502-409-4646; www.tastefinewinesandbourbons.com; 634 E Market Street; Verkostung 4–8 US$; ⏲Di–Mi 11–20, Do & Fr 12 Uhr–open end, Sa 10.30 Uhr–open end) Eine gehobene Weinhandlung, in der in kleinen Mengen produzierte Weine und Bourbons verkauft werden. Bei der Auswahl hilft eine Verkostung – wenn man dadurch nicht noch entscheidungsunfreudiger wird … Es gilt das Prinzip: vorbeischauen, probieren, kaufen.

ℹ Praktische Informationen

Bibliothek (301 York St) Kostenloser Internetzugang in der Innenstadt.

Visitor Center (☎888-568-4784, 502-582-3732; www.gotolouisville.com; 301 S 4th St; ⏲Mo–Sa 10–18, So 12–17 Uhr)

ℹ Anreise & Unterwegs vor Ort

Der **Louisville's International Airport** (SDF; ☎502-367-4636; www.flylouisville.com) liegt 5 Meilen (8 km) südlich der Stadt an der I-65. Dorthin gelangt man mit dem Taxi (zum Festpreis von 20 US$) oder mit dem Stadtbus 2. Der **Greyhound-Busbahnhof** (www.greyhound.com; 720 W Muhammad Ali Blvd) liegt unmittelbar westlich von Downtown. Die Stadtbusse der **TARC** (www.ridetarc.org; 1000 W Broadway) fahren ab dem Betriebshof Union Station. Eine Fahrt kostet 1,75 US$.

ABSTECHER

INTERNATIONAL BLUEGRASS MUSIC MUSEUM

Der aus Kentucky stammende Bill Monroe gilt als Gründervater des Bluegrass. Seine Band, die Blue Grass Boys, gab der Musikrichtung ihren Namen. Die Wurzeln des Bluegrass liegen in der traditionellen Musik der Bergbewohner, in die das schnelle Tempo afrikanischer Lieder und die Synkopen des Jazz hineingemischt wurden. Banjozupfer und Fiedel-Fans werden sich für die historischen Exponate im **International Bluegrass Music Museum** (www.bluegrassmuseum.org; 107 Daviess St; Erw./Student 5/2 US$; ⏲Di–Sa 10–17, So 13–16 Uhr) in Owensboro interessieren, wo am ersten Donnerstag im Monat auch Jam-Sessions abgehalten werden. In dem hübschen Städtchen am Ohio River, das ungefähr 100 Meilen (160 km) westlich von Louisville liegt, findet auch das **ROMP Bluegrass Festival** (www.rompfest.com; ⏲Ende Juni) statt.

Bluegrass Country

Wer an einem sonnigen Tag durch das Bluegrass Country im Nordosten Kentuckys fährt, wird nicht nur über die schimmernden, grünen Hügeln staunen, die mit kleinen Teichen, Pappeln und hübschen Landhäusern übersät sind, sondern auch zahllose Pferde beim Grasen beobachten können. Die einst wilden Wald- und Wiesengebiete sind seit fast 250 Jahren ein Zentrum der Pferdezucht, und die Weiden der Region sollen aufgrund der natürlichen Kalksteinvorkommen in der Gegend – auf die majestätisch aufragenden Kalksteinfelsen achten! – besonders nährstoffreich sein. Die wichtigste Stadt in der Region ist Lexington, das auch die „Welthauptstadt der Pferde" genannt wird.

Lexington

In Lexington gibt's Häuser, die Millionen Dollar kosten, ja sogar Pferde, für die ebenfalls Sümmchen mit etlichen Nullen fällig werden, und selbst das Gefängnis sieht aus wie ein Country-Club. Die einst wohlhabendste und kultivierteste Stadt westlich der Allegheny Mountains, die auch „Athen des Westens" genannt wurde, ist heute Sitz der University of Kentucky und das Zentrum der Vollblutzucht. In der kleinen Innenstadt finden sich ein paar hübsche viktorianische Viertel.

Sehenswertes

Kentucky Horse Park MUSEUM, PARK
(www.kyhorsepark.com; 4089 Iron Works Pkwy; Erw./Kind 16/8, Reitausflüge 25 US$; Mitte März–Okt. tgl. 9–17 Uhr, Nov.–Mitte März Mi–So;) Gleich nördlich von Lexington liegt dieses 4,9 km² große Pferdesportzentrum mit lehrreichem Themenpark. Pferde aus 50 verschiedenen Zuchtlinien leben hier und wirken bei besonderen Liveshows mit. Zur Anlage gehört außerdem das internationale **Museum of the Horse** mit hübschen Dioramen rund ums Thema Pferd – man begegnet dem winzigen prähistorischen Eohippus genauso wie den Postexpress-Ponys. Gelegentlich finden 35-minütige Ausritte statt.

Thoroughbred Center FARM
(www.thethoroughbredcenter.com; 3380 Paris Pike; Erw./Kind 15/8 US$; Führungen April–Okt. Mo–Sa 9 Uhr, Nov.–März Mo–Fr) Die meisten Farmen sind nicht für Besucher zugänglich; auf dieser hier kann man jedoch im Rahmen einer Führung durch die Ställe sowie über die Trainingsbahnen und Koppeln Rennpferde hautnah erleben.

Ashland WAHRZEICHEN
(www.henryclay.org; 120 Sycamore Rd; Erw./Kind 10/5 US$; Di–Sa 10–16, So 13–16 Uhr) Gerade einmal 1,5 Meilen (2,4 km) östlich des Stadtzentrums liegt Ashland, teils historisches Wohnhaus des beliebtesten Sohns Kentuckys, teils öffentlicher Park. Das italienisch angehauchte Anwesen befand sich einst im Besitz des Staatsmanns Henry Clay (1777–1852), der eine wichtige Funktion in Abraham Lincolns Kabinett innehatte.

Wer das Wohnhaus dieses traumhaften Anwesens mitten in einem schicken Wohnviertel besichtigen möchte, muss Eintritt bezahlen; der Park kann kostenlos erkundet werden. Dabei lohnt sich ein Blick in die Remise, wo Clays Kutsche steht. Auch das Außenklo ist zu sehen.

Mary Todd-Lincoln House HISTORISCHES GEBÄUDE
(www.mtlhouse.org; 578 W Main St; Erw./Kind 10/5 US$; Mo–Sa 10–16 Uhr) Gleich hinter der Rupp Arena steht dieses (im Vergleich zu Ashland) eher einfache Wohnhaus von 1806, in dem Gegenstände aus der Kindheit der späteren First Lady und aus ihren Jahren als Gattin Abraham Lincolns zu sehen sind.

Schlafen

Kentucky Horse Park CAMPING $
(800-370-6416, 859-259-4257; www.kyhorsepark.com; 4089 Iron Works Pkwy; Stellplatz 20 US$, mit Strom 28–35 US$; ganzjährig;) Hier gibt's 260 befestigte Stellplätze sowie Duschen, eine Waschküche, einen Lebensmittelladen, Spielplätze und vieles mehr. Auch einfache Zeltplätze sind vorhanden.

Gratz Park Inn HOTEL $$
(800-752-4166; www.gratzparkinn.com; 120 W 2nd St; Zi. ab 179 US$; P) In einer ruhigen Straße im Zentrum befindet sich dieses Hotel mit 41 Zimmern, das mit seinen Mahagonimöbeln, den europäischen Ölgemälden in wuchtigen Bilderrahmen und dem Stutzflügel in der Lobby wie ein vornehmer Jagdclub wirkt. Es ist das einzige Boutiquehotel in der Stadt.

Essen

Im Zentrum rund um die Main St und die Limestone St gibt's mehrere Cafés und Bars mit Sitzgelegenheiten im Freien.

Magee's BÄCKEREI $
(www.mageesbakery.com; 726 E Main St; Donuts & Gebäck 1–3 US$, Hauptgerichte 6–8 US$; Mo & Sa 6.30–14, Di–Fr bis 16, So 8–14 Uhr; P) Das sündhafteste Vergnügen der Stadt ist diese in einem alten Backsteinhaus mit hohen Deckenbogen untergebrachte liebenswerte Bäckerei, deren Zimt- und Pekannussschnecken, mächtige Donuts und glasierte Cupcakes jede Menge Glückshormone freisetzen. Vor allem sonntagmorgens ist hier sehr viel Betrieb.

Village Idiot GASTHAUS $$
(859-252-0099; www.lexingtonvillageidiot.com; 307 West Short St; Gerichte 7–17 US$; So–Mi 17–24, Do–Sa bis 1 Uhr) Hippe, junge Feinschmecker lieben die vertrauten, traditionellen Gerichte im Village Idiot, die jedoch alle einen besonderen Touch aufweisen. Darunter sind z. B. Entenconfit mit Waffeln oder Jakobsmuscheln und Foie gras mit Sauce Hollandaise. Der in Blätterteig gebackene und mit Feigenessig beträufelte Brie ist göttlich. Auch die Bourbon-Auswahl kann sich sehen lassen.

★ Table Three Ten MODERN-AMERIKANISCH $$$
(☎ 859-309-3901; www.table-three-ten.com; 310 West Short St; Gerichte 8–32 US$; ⊙ Mo–Fr 16.30–23, Sa 11–15, So 11–21 Uhr) Jeden Tag liefern hier Bauern in ihren Pick-ups körbeweise Kaninchen, Hühner, Schweineschultern und Gemüse an, aus denen die besten Köche der Stadt geschmack- und fantasievolle Gerichte zaubern. Es gibt sogar Hummer-Käsemakkaroni. Die Gerichte, die jeweils im Angebot sind, stehen an einer Tafel angeschrieben. Auch die Cocktails sind lecker.

A la Lucie BISTRO $$$
(☎ 859-252-5277; www.alalucie.com; 159 N Limestone St; Hauptgerichte 19–30 US$; ⊙ Di–Fr 11–14, Mo–Do 17–22, Fr & Sa bis 23 Uhr) Ein wunderlich dekoriertes Bistro mit einer persönlichen Atmosphäre, in dem Klassiker wie Lammhüfte oder Steak mit Pommes frites auf die Tische kommen. Aber auch das in Weißwein und Kräutern geschmorte Kaninchen ist exzellent. Hier verbringen verheiratete Paare gerne ihre kinderfreien Abende.

☆ Unterhaltung

Keeneland Association RENNBAHN
(☎ 859-254-3412; www.keeneland.com; 4201 Versailles Rd; einfacher Eintritt 5 US$; ⊙ Rennen Aug. & Okt.) Was die Qualität anbelangt, so kommt Keeneland gleich an zweiter Stelle nach den Churchill Downs. Die Rennen finden im April und Oktober statt; dann kann man frühmorgens von Sonnenaufgang bis 10 Uhr auch beim Training der Champions zusehen. Die regelmäßigen Pferdeauktionen locken Scheichs, Sultane, Hedgefonds-Fürsten sowie deren Stellvertreter an.

Red Mile RENNBAHN
(www.theredmile.com; 1200 Red Mile Rd; ⊙ Rennen Aug.–Okt.) Auf dieser Rennbahn werden Trabrennen ausgetragen, bei denen die Fahrer in speziellen zweirädrigen Wagen sitzen. Die Rennen finden im Herbst statt, Übertragungen von Rennen aus aller Welt und die Möglichkeit, auf diese zu wetten, gibt's aber das ganze Jahr über.

Rupp Arena ARENA
(www.rupparena.com; 430 W Vine St) Hier werden die Heimspiele des Basketballteams der University of Kentucky, ständiger Anwärter auf den Meisterschaftstitel der USA, ausgetragen. Die Arena liegt mitten in der Innenstadt und dient auch als Location für Kongresse, Konzerte und andere Veranstaltungen.

ℹ Praktische Informationen

Karten und Infos über die Gegend gibt's im **Visitor Center** (☎ 800-845-3959, 859-233-7299; www.visitlex.com; 301 E Vine St; ⊙ Mo–Fr 8.30–17, Sa 10–16 Uhr). Die **Bibliothek** (140 E Main St; ⊙ Di–Fr 10–17, Sa & So 12–17 Uhr; 📶) bietet kostenlosen Internetzugang sowie kostenloses WLAN für Laptopbesitzer.

ℹ Anreise & Unterwegs vor Ort

Der **Blue Grass Airport** (LEX; ☎ 859-425-3114; www.bluegrassairport.com; 4000 Terminal Dr), von dem aus um die 13 Nonstop-Inlandsflüge starten, liegt westlich der Stadt. **Greyhound** (www.greyhound.com; 477 W New Circle Rd) ist 2 Meilen (3,2 km) außerhalb der Innenstadt zu finden. **Lex-Tran** (www.lextran.com) betreibt die Stadtbusse (Bus 6 fährt zum Greyhound-Busbahnhof).

Zentrales Kentucky

Der Bluegrass Pkwy führt von der I-65 im Westen bis zur Rte 60 im Osten und verläuft dabei durch einige der üppigsten Weidelandschaften Kentuckys.

Etwa 40 Meilen (64 km) südlich von Louisville liegt **Bardstown**, die „Welthauptstadt des Bourbon". Der historische Stadtkern erwacht beim **Kentucky Bourbon Festival** (www.kybourbonfestival.com; Bardstown; ⊙ Sept.) zum Leben. Gutes Essen, Bourbon und Zimmer bekommt man in der düsteren, aus Sandstein erbauten **Old Talbott Tavern** (☎ 502-348-3494; www.talbotts.com; 107 W Stephen Foster Ave; Zi. ab 69–109 US$, Hauptgerichte 8–11 US$; P ❄), die seit Ende des 18. Jhs. auch Gäste wie Abraham Lincoln und Daniel Boone willkommen geheißen hat.

Der Hwy 31 führt in südwestlicher Richtung zunächst nach **Hodgenville** und dann weiter zum **Abraham Lincoln Birthplace** (Geburtsstätte Abraham Lincolns; www.nps.gov/abli; 2995 Lincoln Farm Road, Hodgenville; ⊙ 8–16.45 Uhr, im Sommer bis 18.45 Uhr) GRATIS, der Replik eines griechischen Tempels rund um eine alte Holzhütte. Nach weiteren zehn Minuten Fahrt ist Knob Creek erreicht, wo Abraham Lincoln seine Kindheit verbrachte. Dort gibt's auch Wanderwege.

Ungefähr 25 Meilen (40 km bzw. 30 Min.) südwestlich von Lexington liegt das **Shaker Village at Pleasant Hill** (www.shakervillageky.org; 3501 Lexington Rd; Erw./Kind 15/5 US$, Bootsfahrt auf dem Fluss 10/5 US$; ⊙ 10–17 Uhr), in dem bis Anfang des 20. Jhs. Anhänger der religiösen Shaker-Sekte lebten. Man kann

DER BOURBON TRAIL

Der weiche, karamellfarbene Bourbon wurde vermutlich erstmals um 1789 im Bourbon County nördlich von Lexington destilliert. Dank des reinen, durch Kalkstein gefilterten Wassers werden heute 90 % aller Bourbons aus den USA hier im Bundesstaat Kentucky produziert. Ein guter Bourbon muss mindestens 51 % Mais enthalten und zwei Jahre oder länger in innen verkokelten Eichenfässern lagern. Während ihn die meisten Kenner pur oder mit etwas Wasser trinken, wird er in den Südstaaten gerne als Mint Julep (Bourbon, Zuckersirup und zerstoßene Minze) getrunken.

Das **Oscar Getz Museum of Whiskey History** (www.whiskeymuseum.com; 114 N 5th St; Spenden erwünscht; ⌚Di–Sa 10–16, So 12–16 Uhr) in Bardstown erzählt anhand alter Brennkessel, die früher in Schwarzbrennereien verwendet wurden, und anderer Artefakte die Geschichte des Bourbons.

Die meisten Brennereien in Kentucky liegen nahe Bardstown und Frankfort und veranstalten kostenlose Führungen. Infos gibt's auf Kentuckys offizieller **Bourbon Trail Website** (www.kybourbontrail.com). Dort sind allerdings nicht alle Brennereien aufgeführt.

Brennereien rund um Bardstown:

Heaven Hill (www.bourbonheritagecenter.com; 1311 Gilkey Run Rd; Führung 3–5 US$) Brennereiführungen; man kann sich auch das interaktive Bourbon Heritage Center anschauen.

Jim Beam (www.jimbean.com; 149 Happy Hollow Rd; Führung 8 US$/Pers.; ⌚Mo–Sa 9–17.30, So 12–16.30 Uhr) Dies ist die größte Destillerie der USA. Es gibt einen Film über die Familie Beam zu sehen, und es werden Kostproben von in kleinen Mengen produzierten Bourbons ausgeschenkt. Aus der Brennerei stammen Knob Creek (gut), Knob Creek Single Barrel (besser), Basil Hayden's (samtweich) und Booker's (hochprozentige Erleuchtung).

Maker's Mark (www.makersmark.com; 3350 Burks Spring Rd; Führung 7 US$; ⌚Mo–Sa 10–16.30, So 13–16.30 Uhr) Die restaurierte viktorianische Brennerei ist praktisch ein Bourbon-Themenpark. Es gibt eine alte Getreidemühle und einen Souvenirshop, in dem man seine persönliche Whiskeyflasche mit rotem Wachs versiegeln kann.

Willet (☎502-348-0899; www.kentuckybourbonwhiskey.com; Loretto Rd, Bardstown; Führung 7 US$) Brennerei in Familienbesitz, in der in kunsthandwerklicher, patentierter Arbeit Bourbon in kleinen Mengen produziert wird. Das 49 ha große Anwesen ist wunderschön und gehört zu den besten Optionen für eine Brennereibesichtigung. Führungen werden den ganzen Tag angeboten.

Brennereien rund um Frankfort/Lawrenceburg:

Buffalo Trace (www.buffalotrace.com; 1001 Wilkinson Blvd) Die älteste kontinuierlich betriebene Brennerei der USA bietet gute Führungen und kostenlose Verkostungen an.

Four Roses (☎502-839-2655; www.fourrosesbourbon.com; 1224 Bonds Mills Rd; ⌚Mo–Sa 9–16, So 12–16 Uhr, im Sommer geschlossen) GRATIS Das Gebäude am Fluss, in dem die unglaublich malerisch gelegene Brennerei untergebracht ist, erinnert an eine spanische Mission. Kostenlose Verkostungen.

Woodford Reserve (www.woodfordreserve.com; 7855 McCracken Pike; Führung 7 US$/Pers.; ⌚10–17 Uhr) Die an einem Bach gelegene historische Stätte wurde restauriert und erstrahlt nun wieder im Glanz des 19. Jhs. Hier kommen noch immer altmodische Kupferkessel zum Einsatz. Aus landschaftlicher Sicht die reizvollste der aufgeführten Optionen.

die tadellos restaurierten Gebäude besichtigen, die von Wiesen voller Butterblumen und gewundenen, steinigen Wegen umgeben sind. Es gibt auch einen bezaubernden **Inn** (☎859-734-5611; www.shakervillageky.org; 3501 Lexington Rd; Zi. ab 100 US$; P 📶), ein Restaurant, Paddelbootsfahrten auf dem Kentucky River im Schatten eines Kalksteinkliffs sowie einen Souvenirladen.

Daniel Boone National Forest

Das über 2800 km² große Waldgebiet mit seinen zerklüfteten Schluchten und den der

Erdanziehung trotzenden Sandsteinbogen umfasst den größten Teil der Gebirgsausläufer der Appalachen im östlichen Kentucky. Die größte **Ranger-Station** (☎ 859-745-3100; www.fs.fed.us/r8/boone; 1700 Bypass Rd) befindet sich in Winchester.

Eine Stunde südöstlich von Lexington liegt die **Red River Gorge**, deren Klippen und natürliche Bogenformationen zu den besten Klettermöglichkeiten im Land gehören. **Red River Outdoors** (☎ 859-230-3567; www.redriveroutdoors.com; 415 Natural Bridge Rd; ganztägige geführte Klettertour ab 115 US$) bietet geführte Klettertouren an. Auf der Website von **Red River Climbing** (www.redriverclimbing.com) finden sich ausführliche Routeninfos. Im Dörfchen Slade können (ausschließlich) Kletterer hinter **Miguel's Pizza** (www.miguelspizza.com; 1890 Natural Bridge Rd; Hauptgerichte 10–14 US$; ⌚ Mo–Do 7–22, Fr & Sa bis 23 Uhr) für 2 US$ ihr Zelt aufschlagen. Der an die Red River Gorge angrenzende **Natural Bridge State Resort Park** (☎ 606-663-2214; www.parks.ky.gov; 2135 Natural Bridge Rd; Zi. 70–150 US$, Cottage 100–170 US$) ist für seinen Sandsteinbogen bekannt. Neben Campingmöglichkeiten bietet der familienfreundliche Park auch einige kurze Wanderwege.

Mammoth Cave National Park

Im **Mammoth Cave National Park** (www.nps.gov/maca; 1 Mammoth Cave Pkwy, Ausfahrt 53 der I-65;Führungen Erw. 5–48 US$, Kind 3,50–18 US $; ⌚ Frühling–Herbst 8.45–17.15 Uhr, Sommer 8.15–18.30 Uhr) befindet sich das größte Höhlensystem der Erde mit mehr als 400 Meilen kartierter Gänge. Die Mammoth Cave ist mindestens dreimal so groß wie jede andere bekannte Höhle und birgt gewaltige Felskathedralen, scheinbar bodenlose Abgründe und seltsame, wellenförmige Felsformationen. Die Höhlen wurden in prähistorischer Zeit als Mineralsammelstellen genutzt, später lieferten sie Salpeter für Schießpulver und dienten auch einmal als Hospital für Schwindsüchtige. Erste Touristen kamen um 1810, und seit den 1830er-Jahren werden Höhlenführungen angeboten. Das Gebiet wurde 1926 zum Nationalpark erklärt, der heute fast 2 Mio. Besucher jährlich anzieht.

Die einzige Möglichkeit, die Höhlen zu besichtigen, sind die ausgezeichneten, von Rangern **geführten Touren** (☎ 800-967-2283; Erw. 5–48 US$, Kind 3–18 US $); man sollte diese im Voraus buchen, vor allem im Sommer. Das Tourangebot reicht von einfachen Spaziergängen bis zu anstrengenden, einen ganzen Tag lang dauernden Höhlenwanderungen (nur für Erwachsene). Besonders interessant ist die Geschichtstour.

Neben den Höhlen gibt's im Park Wege in einer Gesamtlänge von 113 km, die sich hervorragend zum Wandern, Reiten und Moutainbiken eignen. Drei **Campingplätze** haben sanitäre Anlagen, aber weder Strom- noch Wasseranschlüsse (12–30 US$), auf dreizehn Campingplätzen im Hinterland kampiert man kostenlos. Die Erlaubnis zum Zelten erhält man im Visitor Center bei den Höhlen.

GEORGIA

Georgia, der größte Staat östlich des Mississippis, ist ein Potpourri geographischer und kultureller Extreme: Rechtsgerichtete Politiker der Republikaner sehen sich einem liberalen Idealismus gegenüber, konservative Kleinstädte werden von sich ausdehnenden, fortschrittlichen und finanzstarken Großstädten verschluckt, in den himmelhohen Bergen im Norden entspringen reißende Ströme und in den Küstenmarschen mit dem wogenden Riedgras wimmelt es nur so von Winkerkrabben. Die Strände und Inseln im Süden des Bundesstaates sind – ebenso wie ihre Küche – wunderbar.

ℹ Praktische Informationen

Informationen über den gesamten Staat bekommen Besucher bei **Discover Georgia** (☎ 800-847-4842; www.exploregeorgia.org). Infos zu Campingmöglichkeiten und Aktivitäten in den State Parks hält das **Georgia Department of Natural Resources** (☎ 800-864-7275; www.gastateparks.org) bereit. Das bequemste Fortbewegungsmittel in Georgia ist das Auto. Die I-75 verläuft von Norden nach Süden und unterteilt den Bundesstaat so in zwei Teile. Die I-20 verläuft von Osten nach Westen.

Atlanta

Die sogenannte „Hauptstadt des Südens" hat einschließlich ihrer Vororte 5 Mio. Einwohner und wächst dank in den Süden ziehender Yankees und Zuwanderern aus dem Ausland in atemberaubendem Tempo weiter. Auch für Touristen wird die Stadt immer interessanter. Neben den bekannten Attraktionen der Downtown finden sich hier auch erstklassige Restaurants, und die Stadt blickt auf eine bedeutende afroamerikani-

KURZINFOS GEORGIA

Spitzname Peach State

Bevölkerung 9,9 Mio.

Fläche 153 952 km²

Hauptstadt Atlanta (5,2 Mio. Ew.)

Weitere Städte Savannah (136 286 Ew.)

Verkaufssteuer 7 %

Geburtsort von Baseballlegende Ty Cobb (1886–1961), US-Präsident Jimmy Carter (geb. 1924), Bürgerrechtler Martin Luther King (1929–1968), Sänger Ray Charles (1930–2004)

Heimat von Coca-Cola, dem verkehrsreichsten Flughafen der Welt, dem größten Aquarium der Welt

Politische Ausrichtung generell konservativ; Atlanta wählt mal so, mal so

Berühmt für Pfirsiche

Schrägstes Gesetz Esel dürfen nicht in Badewannen gehalten werden

Entfernungen Atlanta–St. Marys 343 Meilen (549 km), Atlanta–Dahlonega 75 Meilen (120 km)

sche Geschichte zurück. Da sich Atlanta zudem zu einer Art Filmproduktionszentrum entwickelt hat, ist auch ein großer Einfluss aus Hollywood spürbar.

Ohne natürliche Grenzen, die die Ausbreitung eindämmen könnten, wächst Atlanta zwar unaufhörlich weiter, ist aber dennoch eine hübsche Stadt mit vielen Bäumen und eleganten Wohnhäusern. Die unterschiedlichen Stadtviertel wirken wie freundliche Kleinstädte. Die Wirtschaft ist stabil, die Bevölkerung jung und kreativ, und es gibt so gut wie keine ethnischen Spannungen in der Stadt, die „zu beschäftigt ist, um zu hassen."

Sehenswertes & Aktivitäten

Downtown

Seit ein paar Jahren versuchen Stadtplaner und Politiker, den Stadtkern lebendiger und lebenswerter zu gestalten, was u.a. durch neue große Attraktionen geglückt ist.

World of Coca-Cola MUSEUM
(www.woccatlanta.com; 121 Baker St; Erw./Senior/Kind 16/14/12 US$; ⌚Mo–Fr 9–19.30, Sa bis 20.30, So 10–19 Uhr) Direkt neben dem Georgia Aquarium liegt dieses Museum, das sich selbst feiert und für Fans koffeinhaltiger Limo und gnadenloser Kommerzialisierung ganz unterhaltsam sein könnte. Höhepunkt des Besuchs ist die Verkostung verschiedener Coke-Produkte aus der ganzen Welt – ein echtes Abenteuer für den Gaumen. Außerdem gibt's Werke von Andy Warhol und einen 4-D-Film zu sehen, dazu Einblicke in die Unternehmensgeschichte und unendlich viel Werbematerial.

CNN Center FERNSEHSTUDIO
(☎404-827-2300; www.cnn.com/tour/atlanta; 1 CNN Center; Führung Erw./Senior/Kind 15/14/12 US$; ⌚9–17 Uhr) Die 55-minütige Führung durch die internationale Zentrale des 24-Stunden-Nachrichtensenders mag durch das Versprechen, einen Blick hinter die Kulissen zu gewähren, vielleicht verlockend klingen. Wer sie jedoch nicht mitmacht, hat nicht viel verpasst, da Besucher hier doch sehr auf Abstand gehalten werden.

Georgia State Capitol WAHRZEICHEN
(☎404-463-4536; www.libs.uga.edu/capitolmuseum; 214 State Capitol; ⌚Mo–Fr 8–17 Uhr, Führung 10, 10.30, 11 & 11.30 Uhr) GRATIS Das Kapitol mit seiner goldenen Kuppel ist Atlantas politisches Machtzentrum. Zur kostenlosen Führung (mit Guide oder auf eigene Faust per Audioguide) gehören ein Film über die Arbeit der Legislative sowie ein Blick in die Kommunikationszentrale der Regierung von Georgia.

Midtown

Mit ihren zahlreichen tollen Bars, Restaurants und Kulturstätten ist die Midtown die hippere Downtown.

★High Museum of Art GALERIE
(www.high.org; 1280 Peachtree St NE; Erw./Kind 19,50/12 US$; ⌚Mo–Sa 10–17, So 12–17 Uhr) Atlantas modernes High Museum war das erste Museum der Welt, das Leihgaben aus dem Pariser Louvre ausstellte, und ist sowohl wegen seiner Architektur als auch wegen seiner erstklassigen Exponate einen Besuch wert. Das eindrucksvolle, weiß getünchte Gebäude beherbergt auf mehreren Etagen eine Dauerausstellung mit faszinierenden Möbelstücken aus dem späten 19. Jh., frühe Malereien der American-Modern-Ära von Künstlern wie George Morris und Albert Gallatin sowie Nachkriegswerke von Mark Rothko.

Atlanta Botanical Garden GÄRTEN
(☎404-876-5859; www.atlantabotanicalgarden.org; 1345 Piedmont Ave NE; Erw./Kind 18,95/12,95 US$; ⌚Di–So 9–17 Uhr, April–Okt. bis 19 Uhr) In der nordwestlichen Ecke des Piedmont Park liegt der eindrucksvolle, 12 ha große botanische Garten mit einer japanischen Anlage, verschlungenen Wegen und dem faszinierenden Fuqua Orchid Center.

Margaret Mitchell House & Museum HISTORISCHES GEBÄUDE
(☎404-249-7015; www.margaretmitchellhouse.com; 990 Peachtree St, bei der 10th St; Erw./Student/Kind 13/10/8,50 US$; ⌚Mo–Sa 10–17.30, So 12–17.30 Uhr) Das Haus ist eine Gedenkstätte für die Autorin von *Vom Winde verweht*. Mitchell schrieb ihr Epos in der kleinen Kellerwohnung dieses historischen Gebäudes, allerdings sind keinerlei persönliche Gegenstände von ihr zu sehen.

Piedmont Park PARK
(www.piedmontpark.org) Weit erstreckt sich dieser herrliche weitläufige Stadtpark, der Schauplatz vieler Kultur- und Musikfestivals ist. Zudem gibt es wunderbare Radwege und einen samstäglichen Bio-Markt.

Skate Escape RADFAHREN
(☎404-892-1292; www.skateescape.com; 1086 Piedmont Ave NE) Verleiht Fahrräder (ab 6 US$/Std.), Inlineskates (6 US$/Std.), Tandems (12 US$/Std.) und Mountainbikes (25 US$/3 Std.).

Sweet Auburn

In der Auburn Ave schlug zu Beginn des 20. Jhs. das wirtschaftliche und kulturelle Herz der afroamerikanischen Gemeinschaft. Heute sind hier allerlei Sehenswürdigkeiten Martin Luther King gewidmet, dem berühmtesten Sohn Auburns, der hier predigte und seine letzte Ruhestätte fand.

Alle Attraktionen zu Martin Luther King sind nur ein paar Blocks zu Fuß von der Station King Memorial der MARTA (S. 448) entfernt.

★**Martin Luther King Jr. National Historic Site** HISTORISCHE STÄTTE
(☎404-331-5190, 404-331-6922; www.nps.gov/malu/index.htm; 450 Auburn Ave; ⌚9–17 Uhr) GRATIS Die historische Stätte erinnert an das Leben, die Arbeit und das Vermächtnis des Bürgerrechtlers, der gleichzeitig einer der größten Amerikaner überhaupt war. Das Zentrum nimmt mehrere Häuserblocks ein. Es lohnt sich, kurz im hervorragenden und betriebsamen **Visitor Center** (⌚9–17 Uhr, im Sommer bis 18 Uhr) vorbeizuschauen, das einen Lageplan sowie Broschüren über die Stätten auf Lager hat und bei der Orientierung helfen kann. Durch verschiedene Ausstellungen werden verschiedene Themen, etwa die Segregation (Rassentrennung), die systematische Unterdrückung und die rassistisch motivierte Gewalt erläutert, die Martin Luther Kings Arbeit inspirierten und ihn antrieben. Ein 2,4 km langer, hübsch begrünter Pfad führt von hier zum Carter Center (S. 440).

Martin Luther King Jr. Birthplace GEBÄUDE
(www.nps.gov/malu; 501 Auburn Ave; ⌚Führung 10, 11, 14, 15, 16 & 16.30 Uhr) GRATIS Die kostenlosen geführten Touren durch das Haus, in dem Martin Luther King Jr. seine Kindheit verbrachte, dauern 30 Minuten und müssen im Voraus gebucht werden. Die Buchungen kann man im National Historic Site Visitor Center vornehmen.

King Center For Non-Violent Social Change MUSEUM
(www.thekingcenter.org; 449 Auburn Ave NE; ⌚9–17 Uhr, im Sommer bis 18 Uhr) Gegenüber dem National Historic Site Visitor Center hält dieses Zentrum weitere Infos zu Martin Luther Kings Leben und Arbeit parat und zeigt einige Dinge aus seinem persönlichen Besitz, darunter auch seine Friedensnobelpreismedaille. Seine **Grabstätte** ist von einem langen Wasserbecken umgeben, in dem sich die Umgebung spiegelt, und kann jederzeit besucht werden.

First Ebenezer Baptist Church KIRCHE
(www.historicebenezer.org; 407 Auburn Ave NE; ⌚Führung Mo–Sa 9–18, So 13.30–18 Uhr) GRATIS In dieser Kirche waren Martin Luther King Jr., sein Vater und Großvater Pastoren, und Kings Mutter war die Chorleiterin. Tragischerweise wurde sie hier 1974 auch von einem geistig behinderten Mann erschossen, während sie Orgel spielte. Die mehrere Millionen Dollar teueren Renovierungsarbeiten, die 2011 abgeschlossen wurden, lassen die Kirche nun wieder so erstrahlen wie in den Jahren 1960 bis 1968, als King Jr. hier als Hilfspastor seines Vaters tätig war.

Wenn man dasitzt und Kings gewaltige Stimme den Ort erfüllt, kommt man sich wie in einer Zeitkapsel vor. Die Gottesdienste werden sonntags nun in der neuen Ebenezer-Kirche auf der gegenüberliegenden Straßenseite gefeiert.

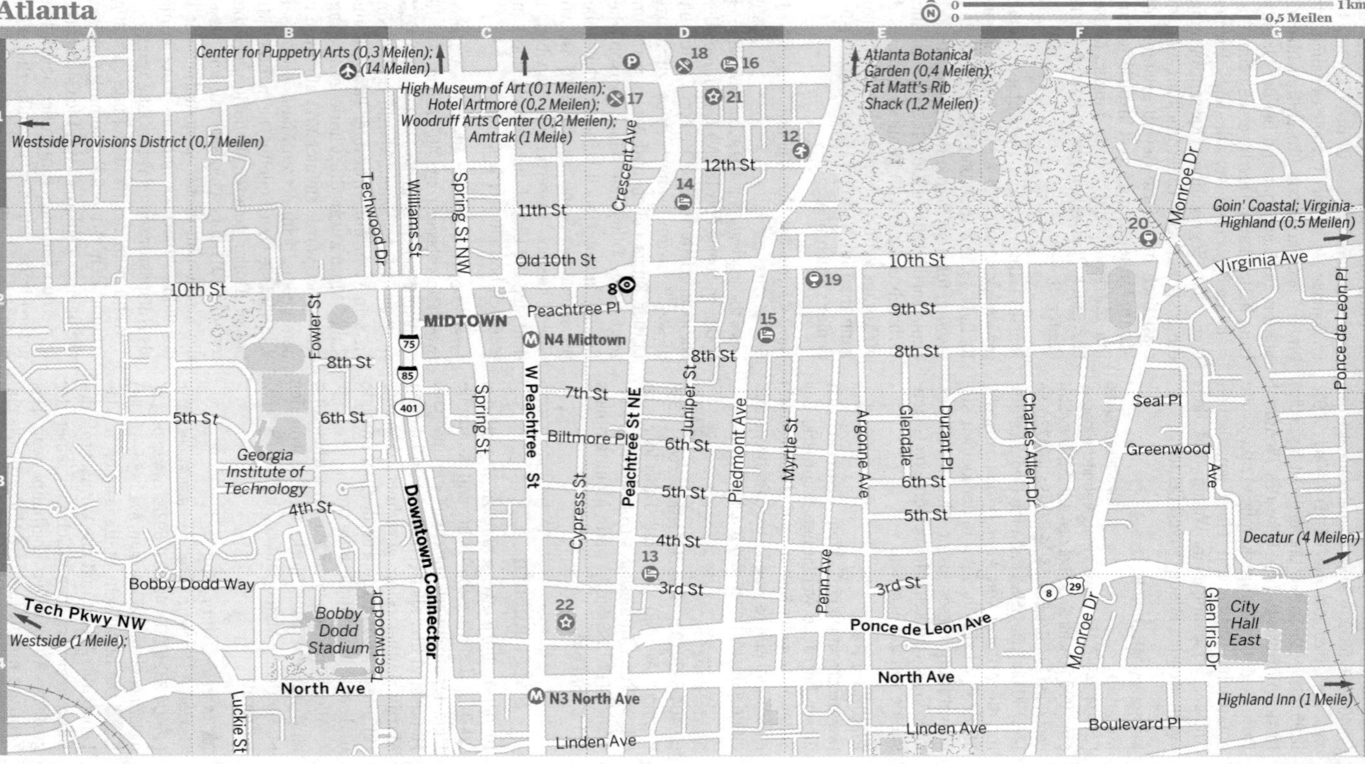
Atlanta
0
1 km
0
0,5 Meilen
Center for Puppetry Arts (0,3 Meilen); (14 Meilen)
High Museum of Art (0,1 Meilen); Hotel Artmore (0,2 Meilen); Woodruff Arts Center (0,2 Meilen); Amtrak (1 Meile)
Atlanta Botanical Garden (0,4 Meilen); Fat Matt's Rib Shack (1,2 Meilen)
Westside Provisions District (0,7 Meilen)
Goin' Coastal; Virginia-Highland (0,5 Meilen)
Decatur (4 Meilen)
Highland Inn (1 Meile)
Westside (1 Meile)
Tech Pkwy NW
MIDTOWN
N4 Midtown
N3 North Ave
Downtown Connector
Georgia Institute of Technology
Bobby Dodd Stadium
Bobby Dodd Way
City Hall East
Techwood Dr
Williams St
Spring St NW
Spring St
W Peachtree St
Peachtree St NE
Crescent Ave
Cypress St
Juniper St
Piedmont Ave
Myrtle St
Penn Ave
Argonne Ave
Glendale
Durant Pl
Charles Allen Dr
Seal Pl
Greenwood Ave
Monroe Dr
Glen Iris Dr
Ponce de Leon Pl
Ponce de Leon Ave
Virginia Ave
North Ave
Linden Ave
Boulevard Pl
Luckie St
Fowler St
12th St
11th St
Old 10th St
10th St
Peachtree Pl
9th St
8th St
7th St
6th St
5th St
4th St
3rd St
Biltmore Pl

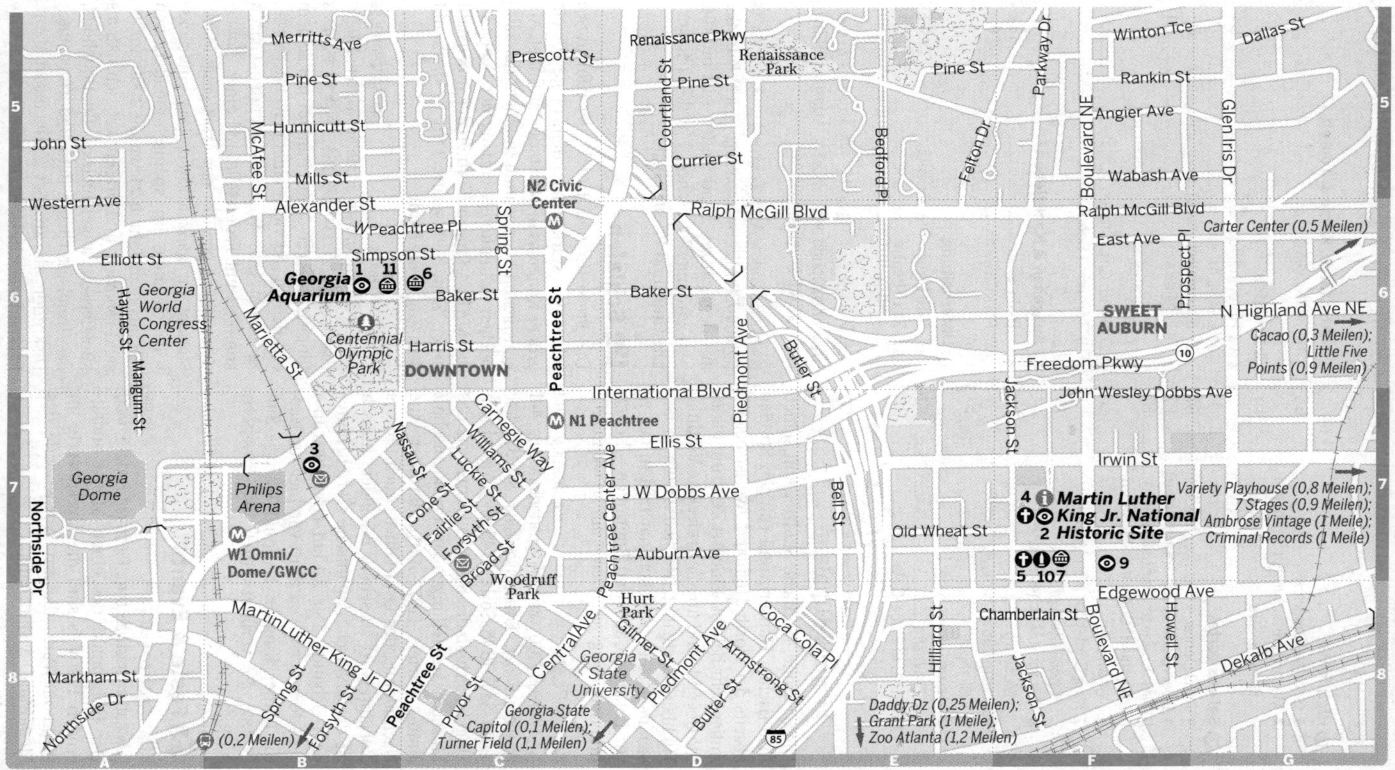

Merritts Ave
Prescott St
Renaissance Pkwy
Renaissance Park
Pine St
Pine St
Pine St
Parkway Dr
Winton Tce
Dallas St
Rankin St
Angier Ave
John St
McAfee St
Hunnicutt St
Courtland St
Currier St
Bedford Pl
Felton Dr
Boulevard NE
Glen Iris Dr
Wabash Ave
Mills St
Western Ave
Alexander St
N2 Civic Center
Ralph McGill Blvd
Ralph McGill Blvd
W Peachtree Pl
Spring St
Carter Center (0,5 Meilen)
East Ave
Prospect Pl
Elliott St
Simpson St
Georgia Aquarium
1 11 6
Baker St
Peachtree St
Baker St
SWEET AUBURN
N Highland Ave NE
Cacao (0,3 Meilen); Little Five Points (0,9 Meilen)
Haynes St
Georgia World Congress Center
Marietta St
Centennial Olympic Park
Harris St
DOWNTOWN
Piedmont Ave
Butler St
Freedom Pkwy
Mangum St
International Blvd
John Wesley Dobbs Ave
Jackson St
N1 Peachtree
Carnegie Way
Nassau St
Williams St
Luckie St
Ellis St
Irwin St
3
Georgia Dome
Philips Arena
Northside Dr
Peachtree Center Ave
J W Dobbs Ave
Bell St
4 Martin Luther King Jr. National 2 Historic Site
Variety Playhouse (0,8 Meilen); 7 Stages (0,9 Meilen); Ambrose Vintage (1 Meile); Criminal Records (1 Meile)
Cone St
Fairlie St
Forsyth St
Broad St
Old Wheat St
W1 Omni/ Dome/GWCC
Auburn Ave
5 107
9
Woodruff Park
Hurt Park
Edgewood Ave
MartinLuther King Jr Dr
Central Ave
Gilmer St
Coca Cola Pl
Hilliard St
Chamberlain St
Boulevard NE
Howell St
Georgia State University
Piedmont Ave
Armstrong St
Dekalb Ave
Markham St
Spring St
Forsyth St
Peachtree St
Pryor St
Butler St
Jackson St
Northside Dr
(0,2 Meilen)
Georgia State Capitol (0,1 Meilen); Turner Field (1,1 Meilen)
Daddy Dz (0,25 Meilen); Grant Park (1 Meile); Zoo Atlanta (1,2 Meilen)
A
B
C
D
E
F
G
5
6
7
8

Atlanta

Highlights
1 Georgia Aquarium B6
2 Martin Luther King Jr. National Historic Site F7

Sehenswertes
3 CNN Center B7
4 Ebenezer Baptist Church (Neu) F7
5 First Ebenezer Baptist Church F7
6 Imagine It! Children's Museum of Atlanta C6
7 King Center for Non-Violent Social Change F7
8 Margaret Mitchell House & Museum D2
9 Martin Luther King Jr. Birthplace F7
10 Martin Luther King Jr. Gravesite F7
11 World of Coca-Cola B6

Aktivitäten, Kurse & Touren
12 Skate Escape E1

Schlafen
13 Hotel Indigo D4
14 Loews Atlanta D1
15 Stonehurst Place D2
16 W Midtown D1

Essen
17 South City Kitchen D1
18 Tamarind Seed D1

Ausgehen & Nachtleben
19 Blake's E2
20 Park Tavern F2

Unterhaltung
21 14th Street Playhouse D1
22 Fox Theatre C4

Virginia-Highland

Dieser grüne, ländliche Stadtteil mit seinen historischen Häusern und ruhigen Straßen abseits der North Highland Ave ist bei Familien sehr beliebt. Eine Art Zentrum bildet die Gegend rund um die dreieckige Virginia-Highland-Kreuzung, die sich zu einem Geschäftsviertel entwickelt hat und in der es vor Lokalen, Cafés und Boutiquen – Ketten und unabhängige Läden – nur so wimmelt.

Carter Center BIBLIOTHEK, MUSEUM
(☎404-865-7100; www.jimmycarterlibrary.org; 441 Freedom Pkwy; Erw./Senior/Kind 8/6 US$/frei; ⏲Mo–Sa 9–16.45, So 12–16.45 Uhr) Auf einem Hügel oberhalb des Stadtzentrums zeigt das Museum Ausstellungen zur Präsidentschaft Jimmy Carters (1977–1981), darunter eine Nachbildung des Oval Office. Auch Carters Nobelpreis ist zu sehen. Besonders hübsch ist der idyllische japanische Garten hinter dem Gebäude. Der 2,4 km lange begrünte **Freedom Park Trail** führt von hier zur Martin Luther King Jr. National Historic Site (S. 437). Er verläuft durch den **Freedom Park**.

Feste & Events

Atlanta Jazz Festival MUSIK
(www.atlantafestivals.com; Piedmont Park; ⏲Mai) Der Höhepunkt des einen Monat andauernden Festivals sind die Livekonzerte im Piedmont Park, die am Wochenende des Memorial-Day stattfinden.

Atlanta Pride Festival SCHWULE & LESBEN
(www.atlantapride.org; ⏲Okt.) Atlantas jährliches GLBT-Festival.

National Black Arts Festival KULTUR
(☎404-730-7315; www.nbaf.org; ⏲Juli) Künstler aus dem ganzen Land treffen sich auf diesem afroamerikanischen Musik-, Theater-, Literatur- und Filmfestival.

Schlafen

Die Preise in den Hotels der Downtown schwanken stark, je nachdem, ob gerade ein großer Kongress in der Stadt stattfindet. Am günstigsten kommt man in einem der zahlreichen Kettenhotels entlang der Schienen der MARTA-Linie außerhalb der Innenstadt unter. Zum Sightseeing geht es dann mit dem Zug in die Stadt.

Hotel Artmore BOUTIQUEHOTEL **$$**
(☎404-876-6100; www.artmorehotel.com; 1302 W Peachtree St; Zi. 134–279 US$; P❄@📶) Das flippige Art-déco-Juwel punktet mit seinem exzellenten Service, einem wunderbaren, zu einem Glas Wein einladenden Garten komplett mit Feuerstelle und einer großartigen Lage gegenüber der Arts Center Marta Station auf ganzer Linie. Das eindrucksvolle Gebäude im spanisch-mediterranen Stil aus dem Jahr 1924 wurde 2009 umfassend renoviert und präsentiert sich nun als künstlerisch angehauchtes Boutiquehotel, das Trendsettern mit dem Bedürfnis nach Diskretion als urbaner Zufluchtsort dient. Parken kostet 18 US$.

Hotel Indigo BOUTIQUEHOTEL $$

(☎404-874-9200; www.hotelindigo.com; 683 Peachtree St; Zi. 129–179 US$; P) Das Hotel im Boutiquestil, das eigentlich einer Kette angehört, begeistert durch fröhliches Blau und seinen sonnigen Charakter. Am meisten überzeugt aber die Top-Lage in der Midtown in der Nähe der Restaurants und Unterhaltungsangebote und in fußläufiger Entfernung zur MARTA-Linie. Parken 18 US$.

Highland Inn INN $$

(☎404-874-5756; www.thehighlandinn.com; 644 N Highland Ave; Zi. ab 81 US$; P❄📶) Die Pension im europäischen Stil aus dem Jahr 1927 hat im Lauf ihrer Geschichte schon viele tourende Musiker angezogen. Die Zimmer sind nicht besonders groß, und der Teppich ist etwas abgewetzt, für diesen Preis findet man in Atlanta aber nichts, was mit dem Komfort und der Lage in der Virginia-Highland-Gegend mithalten könnte. Gegen einen Aufpreis von 10 US$ bekommt man ein größeres Zimmer und ein größeres Bett.

W Midtown HOTEL $$

(☎404-892-6000; www.watlantamidtown.com; 188 14th St NE; Zi. ab 190 US$; P❄@📶🏊) Nur wenige Schritte vom Piedmont Park entfernt liegt diese im üblichen modernen Stil aller W-Hotels gehaltene Unterkunft. Die Zimmer sind nicht riesig, bieten aber ausreichend Platz und haben Flachbild-TVs, Zweiersofas und punkten in den oberen Etagen mit einem tollen Ausblick. Im hauseigenen Club **Whiskey Park** treffen sich an den Wochenenden die Szenegänger.

Das W Midtown richtet sich vorwiegend an Geschäftsreisende, wodurch die Preise werktags in die Höhe schnellen, am Wochenende jedoch gute Angebote zu erwarten sind.

★ **Stonehurst Place** B&B $$$

(☎404-881-0722; www.stonehurstplace.com; 923 Piedmont Ave NE; Zi. 159–399 US$; P❄@📶) Das elegante, 1896 von der Hinman Family erbaute B&B bietet alle modernen Annehmlichkeiten, die man sich nur vorstellen kann, und ist in puncto Wasserversorgung und Heizsystem rundum umweltfreundlich ausgestattet. An den Wänden hängen die Originale von Warhol-Illustrationen. Für Traveller mit dem nötigen Kleingeld ist dies eine außergewöhnliche Wahl in toller Lage.

ATLANTA MIT KINDERN

Atlanta hat jede Menge Aktivitäten zu bieten, die den Nachwuchs unterhalten, begeistern und ihm etwas beibringen.

Georgia Aquarium (www.georgiaaquarium.com; 225 Baker St; Erw./Kind 35/29 US$; ⌚So–Fr 10–17, Sa 9–18 Uhr; P👪) Das weltweit größte Aquarium ist Atlantas Besuchermagnet. Zu sehen gibt's Walhaie (Taucher mit Tauchschein können mit ihnen schwimmen), Belugawale und eine Delfinshow (damit kann man einverstanden sein oder auch nicht), bei der Schauspieler bzw. Tiertrainer gemeinsam mit majestätischen Großen Tümmlern ein Spektakel à la Las-Vegas-meets-Broadway inszenieren. Dabei geht es allerdings mehr wie in *Fluch der Karibik* zu als wie im (Unterwasser-)Cirque du Soleil.

Imagine It! Children's Museum of Atlanta (☎404-659-5437; www.childrensmuseumatlanta.org; 275 Centennial Olympic Park Dr NW; Eintritt 12,75 US$; ⌚Mo–Fr 10–16, Sa & So bis 17 Uhr; 👪) Das interaktive Museum richtet sich an Kinder bis acht Jahre. Erwachsene kommen hier nur in Begleitung eines Kindes rein.

Center for Puppetry Arts (☎Tickets 404-873-3391; www.puppet.org; 1404 Spring St NW; Museum 8,25 US$, Vorführung 16,50–25 US$; ⌚Di–Fr 9–15, Sa 10–17, So 12–17 Uhr; 👪) Ein Wunderland für Besucher aller Altersgruppen und zweifellos eine der einzigartigen Attraktionen Atlantas. Das Museum beherbergt einen Schatz an Puppen, von denen manche auch von den Besuchern angefasst und bedient werden dürfen. Für die Vorstellungen des Puppentheaters, die bei den Kindern sehr beliebt sind, muss eine zusätzliche Eintrittskarte gekauft werden. Sie sind nicht selten ausverkauft.

Grant Park (www.grantpark.org) Der Park am südöstlichen Rand des Stadtzentrums ist eine grüne Oase und beherbergt den **Zoo Atlanta** (www.zooatlanta.org; Grant Park; Erw./Kind 22/17 US$; ⌚Mo–Fr 9.30–17.30, Sa & So bis 18.30 Uhr; 👪), in dem Flamingos, Elefanten, Kängurus und ein Tiger leben. Der ganze Stolz des Zoos sind aber die Pandas, deren niedlicher Nachwuchs einen förmlich dahinschmelzen lässt.

INSIDERWISSEN

LITTLE FIVE POINTS & EAST ATLANTA

Während viele Stadtteile Atlantas die Hipster-Kultur erst nach und nach für sich entdecken, war Little Five Points (L5P) schon immer das Pflaster der Boheme-Szene der Stadt. Allerdings wird es auch dort mit jedem Jahr nobler und touristischer. Das Epizentrum der Gegend ist die Kreuzung dreier Straßen, in deren Mitte sich ein kleiner Platz befindet. Dort treffen sich Herumtreiber und Hippies, um auf kaputten Gitarren herumzuzupfen und Zigaretten zu schnorren. Aufgrund der Tatsache, dass sich in L5P immer mehr junge Karrieretypen ansiedeln, hat sich mittlerweile East Atlanta zu einem neuen Hotspot entwickelt, an dem sich die Hippen, Homosexuellen und Alternativen treffen, um zu diskutieren und zu feiern.

Beide Stadtteile werden von einer Hauptverkehrsstraße dominiert – der **Euclid Ave** in L5P und der **Flat Shoals Ave** in East Atlanta –, an deren Ende sich populäre Konzert-Locations, nämlich das Variety Playhouse (S. 447) bzw. das EARL (S. 447) befinden.

Loews Atlanta HOTEL **$$$**
(☎ 404-745-5000; www.loewshotels.com; 1065 Peachtree St; Zi. ab 269 US$; ❄@📶) Das wohl edelste Luxushotel Atlantas gehört zur Loews-Kette. Es ist elegant und modern und bietet im Herzen der Midtown allerhand Super-Komfort. Das dazugehörige **Exhale Spa** bringt den Blutdruck nach der Vorstandssitzung wieder auf Normalniveau, und die Kunstsammlung verleiht dem Ganzen noch das nötige Flair.

Essen

Nach New Orleans bietet Atlanta die beste Restaurantszene des Südens und die Gastrokultur ist hier schon fast eine Art Obsession.

Downtown & Midtown

Fat Matt's Rib Shack BARBECUE **$$**
(www.fatmattsribshack.com; 1811 Piedmont Ave NE; Hauptgerichte 6–21 US$; ⏲ Mo–Fr 11.30–23.30, Sa bis 0.30, So 13–23.30 Uhr) Hier wird zwei großen Südstaaten-Traditionen die Ehre erwiesen: dem Barbecue und dem Blues. Besonders empfehlenswert ist der Brunswick Stew, eine leckere Beilage, die wohl am besten als Suppe mit Grillfleisch beschrieben werden kann.

Daddy Dz BARBECUE **$$**
(☎ 404-222-0206; www.daddydz.com; 264 Memorial Dr; Sandwiches 6–12 US$, Gerichte 13–20 US$; Ⓟ) Ein spelunkenhafter BBQ-Laden, der ständig zu einem der besten Grillrestaurants der Stadt gewählt wird und jede Menge Charakter hat – von den Graffitigemälden an den rot-weiß-blauen Außenwänden über die rauchgeschwängerte Luft im Innern bis hin zu den hübsch hergerichteten Sitzecken auf der überdachten Terrasse. Besonders empfehlenswert sind die saftigen Rippchen oder eine Portion Pulled Pork, die jedem ein Lächeln ins Gesicht zaubern.

Tamarind Seed THAI **$$**
(www.tamarindseed.com; 1197 Peachtree St NE; Hauptgerichte 14–28 US$; ⏲ Mo–Do 11–22, Fr bis 23, Sa 16–23, So 12–22 Uhr; Ⓟ) Ein gut besuchtes, schickes Thai-Restaurant zwischen den Hochhäusern der Midtown, das besonders bei aufstrebenden jungen Berufstätigen beliebt ist. Im Angebot sind die üblichen thailändischen Klassiker und einige interessante Abwandlungen, z.B. scharfes Lammfleisch mit Basilikum oder gebackene Jakobsmuscheln mit Penang-Curry. Parktickets werden abgestempelt.

South City Kitchen SÜDSTAATENKÜCHE **$$$**
(☎ 404-873-7358; www.southcitykitchen.com; 1144 Crescent Ave; Hauptgerichte 17–36 US$; ⏲ 11–15.30, So–Do 17–22, Fr & Sa bis 22.30 Uhr) Ein Restaurant mit gehobener Südstaatenküche, das köstliche Gerichte mit dem gewissen Etwas serviert, darunter etwa in Buttermilch ausgebackenes Hähnchen mit sautiertem Kohl und Kartoffelbrei oder eine aus regionalen Gewässern stammende, in der Pfanne gebratene Forelle mit Zitronenmascarpone. Eine gute Vorspeise sind die in Maismehl gewendeten, kurz angebratenen Austern, die mit gedünsteten Schalentieren, gegrillter Andouille und gebratenen Kapern serviert werden.

Westside

Der **Westside Provisions District** (www.westsidepd.com; 100-1210 Howell Mill Rd; Ⓟ) ist ein ansprechender neuer Komplex mit gehobenen Geschäften und Lofts in Atlantas Westside, in dem auch einige angesagte Restaurants zu finden sind, die die Zutaten für ihre Gerichte frisch von Bauernhöfen aus der Region beziehen.

★ West Egg Cafe DINER $

(www.westeggcafe.com; 1100 Howell Mill Rd; Hauptgerichte 6–12 US$; ⌚ Mo & Di 9–21, Mi–Fr bis 22, Sa 8–22, So bis 21 Uhr; P ♿) Entweder nimmt man an der marmornen Frühstückstheke oder an einem der Tische Platz und lässt sich dann eine Lachstorte mit Sauce Hollandaise, Eiern und Maisgrütze, Arme Ritter mit Bananenbrot, ein Sandwich mit Bacon, Salat und gebratenen grünen Tomaten, süße Bacon-Pfannkuchen oder Short-Rib-Hackfleisch schmecken. Alle diese Gerichte sind althergebrachte Klassiker, die mit einem besonderen Touch versehen wurden. Der Speisesaal ist stilvoll und spartanisch eingerichtet.

Nette zusätzliche Pluspunkte sind der leckere Irish Coffee und die süßen Bedienungen.

Star Provisions SELBSTVERSORGER $

(☎ 404-365-0410; www.starprovisions.com; 1198 Howell Mill Rd; ⌚ Mo–Sa 10–24 Uhr) Wer sich seine Gourmetgerichte gerne selbst zubereitet, wird sich hier mit der riesigen Auswahl von Käse, Fleischereierzeugnissen, Backwaren und Küchengeräten sicherlich wohl fühlen. Die Fleischabteilung bietet ein atemberaubendes Sortiment von vor Ort geräucherten Produkten, darunter Peperoni, Bresaola, Lachsschinken und Prosciutto. Gut fürs nächste Picknick!

Yeah! Burger BURGER $

(www.yeahburger.com; 1168 Howell Mill Rd; Burger 6–11 US$; ⌚ So–Do 11.30–22, Fr & Sa bis 23 Uhr; P 📶 ♿) Ein kreativer, preiswerter und guter Burger-Laden, in dem man sich seine Zutaten selbst aussuchen kann. Soll das Hackfleisch vom Rind aus Weidenhaltung, vom Bison, Truthahn oder Huhn stammen? Oder lieber doch vegetarisch? Dazu wählt man ein Brötchen (auf Wunsch glutenfrei), sucht sich eine der neun Käsesorten und einen der 22 Beläge aus (auch seltene Optionen wie Jalapeños, nitratfreier Bacon oder Feigenmarmelade sind darunter) und rundet das Ganze mit einer der 18 Saucen ab.

Das Yeah! kommt bei Kindern sehr gut an. Es gibt außerdem eine Bar, die auch hochprozentigen Alkohol ausschenkt; die Plastikbecher sind biologisch abbaubar.

JCT Kitchen & Bar MODERN-AMERIKANISCH $$

(☎ 404-355-2252; www.jctkitchen.com; 1198 Howell Mill Rd; Hauptgerichte 9–24 US$; ⌚ Mo–Sa

MARTIN LUTHER KING JR.: GALIONSFIGUR DER BÜRGERRECHTE

Martin Luther King Jr., die bedeutendste Figur der amerikanischen Bürgerrechtsbewegung und die wohl größte Führungspersönlichkeit Amerikas, wurde 1929 als Sohn eines Predigers und einer Chorleiterin in Atlanta geboren. Dieser Hintergrund war nicht nur insofern von Bedeutung, als dass er seinem Vater als Pfarrer der Ebenezer Baptist Church folgte, sondern auch, weil seine späteren politischen Reden von einer nicht unbedeutenden Kanzelrhetorik geprägt waren.

Der „Busboykott" von Montgomery, Alabama, wurde 1955 von King angeführt, woraufhin der Oberste Gerichtshof der USA die Gesetze aufhob, die eine Rassentrennung in Bussen vorschrieben. Von diesem Moment an war King die inspirierende Stimme mit moralischem Gewicht.

Seine Ablehnung von Gewalt bei der Durchsetzung der Rassengleichheit und des Rassenfriedens, bei der er dem Vorbild Gandhis folgte und die er als mächtige Waffe gegen Hass, Segregation und rassistisch motivierte Gewalt einsetzte – in den Südstaaten jener Zeit alles alltägliche Untaten –, lässt seinen Tod nur noch tragischer erscheinen. Er wurde 1968, vier Jahre, nachdem er den Friedensnobelpreis erhalten hatte und fünf Jahre nach seiner legendären Washingtoner *I Have a Dream*-Rede, auf dem Balkon eines Hotels in Memphis erschossen.

King bleibt eine der am meisten anerkannten und respektierten Persönlichkeiten des 20. Jhs. Zehn Jahre führte er eine Bewegung an, um ein System der rechtlichen Diskriminierung zu beenden, das seit der Entstehung des Landes gegolten hatte. Die Martin Luther King Jr. National Historic Site (S. 437) und das King Center for Non-Violent Social Change (S. 437) in Atlanta huldigen dem Erbe seiner moralischen Vision, seiner Fähigkeit, Menschen zu inspirieren, und seiner andauernden Wirkung auf das Grundgefüge der US-amerikanischen Gesellschaft.

11–14.30, Mo–Do 17–22, Fr & Sa bis 23, So 17–21 Uhr) In dieser Location mit stilvollen Holzfußböden, Glaswänden, dezentem Licht und einer Bar aus knorrigem Holz werden leckere Gerichte von Hühnerlebermousse auf Toast über Shrimps mit Maisgrütze bis hin zu schonend gegartem Kaninchen und köstlichen Krebsfleischrollen serviert. Auch das Hanger Steak ist verdammt lecker.

Abattoir STEAK $$$
(☎ 404-892-3335; www.starprovisions.com/abattoir; 1170 Howell Mill Rd; Hauptgerichte 15–35 US$; ⏲ Di–Sa 18–23 Uhr; P) Dieses gehobene Restaurant für Fleischliebhaber macht seinem Namen (*abattoir* ist das französische Wort für Schlachthaus) alle Ehre und hat zudem eine tolle Bar. Die Burger sind erste Sahne! Zu den gebratenen Wachteln gibt's als Beilage geschmortes Gemüse und eine Maismehlwaffel, die Shrimps mit Maisgrütze haben eine Currynote, und das Hanger Steak ist ein althergebrachter Favorit. Ein echtes Steakhaus ohne viel Schnickschnack, dafür aber mit eleganter Gelassenheit!

Bacchanalia FEINSCHMECKER $$$
(☎ 404-365-0410; www.starprovisions.com/bacchanalia; 1198 Howell Mill Rd; Festpreis 85 US$/Pers.; ⏲ ab 18 Uhr) Zum Zeitpunkt der Recherche galt das Bacchanalia als bestes Restaurant der Stadt. Die Speisekarte ändert sich täglich, und für jeden der fünf Gänge stehen sechs Gerichte zur Auswahl. Wie wär's zu Anfang mit einem hawaiischen Gelbschwanz an einer Sojasauce mit eingelegten Zitronen und Radieschen oder einem Foiegras-Confit? Als zweiter Gang empfehlen sich der Gulf Crab Fritter, ein Süßkartoffel-Angelotti oder der pochierte Heilbutt.

Der nächste Gang könnte aus einem Club Steak vom Lamm, Wachteln oder einem Steak von einem hiesigen Berkshire-Schwein mit Grünkohl bestehen. Zu guter Letzt folgen eine dekadente Käserunde und das Dessert. Die Atmosphäre ist fast schon frostig. Reservierung empfohlen.

Virginia-Highland & Umgebung

In Little Five herrscht am Wochenende eine ausgelassene Stimmung, während Inman Park eher ein bodenständiges Viertel gleich östlich der Downtown ist. Und mitten drin im vielseitigen East Atlanta gibt's ein Hummer-Sandwich, das einem vor Glück die Tränen in die Augen treibt.

Sevananda SELBSTVERSORGER $
(www.sevananda.coop; 467 Moreland Ave NE, Little Five Points; ⏲ 8–22 Uhr) Diese genossenschaftliche Vereinigung wurde zu Atlantas bestem Naturkostladen gewählt und ist eine Fundgrube für Selbstversorger. Es gibt eine gute Feinschmeckerabteilung, heiße Suppen, Bio-Produkte, Naturheilmittel und jede Menge weitere Anzeichen für eine linksgerichtete Einstellung zur Nahrungsmittelversorgung.

Cacao SCHOKOLADE $
(www.cacaoatlanta.com; 312 N Highland Ave NE; Süßigkeiten 4–6 US$; ⏲ Mo–Do 11–21, Fr & Sa 10–22, So 11–18 Uhr) Schokoladenliebhaber stürzen sich in dieser schicken Boutique auf sündhafte Trüffel, Eis (das aus dunkler Schokolade ist unbeschreiblich gut), vierschichtigen Schokokuchen, der schon beim bloßen Anblick die Kilos auf die Hüften zaubert, und den leckeren Mokka, der Geist und Seele wärmt.

★ **Fox Brothers** BARBECUE $$
(☎ 404-577-4030; www.foxbrosbbq.com; 1238 Dekalb Ave NE; Gerichte 8–25 US$; ⏲ So–Do 11–22, Fr & Sa bis 23 Uhr) Noch ein alteingesessener Klassiker in Atlantas Restaurantszene: Das Fox Brothers in Inman Park serviert geschmorte und geräucherte Rippchen mit einer hauchdünnen schwarzen Kruste außen und perfekter Zartheit innen. Es ist außerdem für die außergewöhnliche Rinderbrust im Texas-Stil bekannt und verkauft seine eigene, selbst abgefüllte Sauce.

Octopus Bar ASIATISCH, FUSION $$
(www.octopusbaratl.com; 560 Gresham Ave SE, East Atlanta; Gerichte 3–14 US$; ⏲ Mo–Sa 22.30–2.30 Uhr) Sind die Öffnungszeiten seltsam? Ist es schwer, einen Sitzplatz zu ergattern? Dauert es so lange, bis man sein Fusion-Gericht bekommt, weil die Köche sich am Hinterausgang gerade erst mal, äh, irgendwie … berauschen? Und kann es denn sein, dass der Barkeeper der hübscheste Mann in ganz Georgia ist? Die Antwort auf all diese Fragen lautet ganz klar: ja. Deshalb heißt es Vorbehalte und Erwartungen an der Garderobe abgeben und sich dann in diesem Laden mit Sitzgelegenheiten drinnen und draußen, bunten Wänden und sphärischen Elektroklängen auf das konzentrieren, was wirklich zählt, nämlich das hervorragende Essen. Auf der Speisekarte steht das beste Gericht der Stadt: das Hummer-Sandwich der Erleuchtung. Keine Reservierung möglich, also früh kommen!

★Goin' Coastal SEAFOOD $$$
(www.goincoastalseafood.com; 1021 Virginia Ave NE; Hauptgerichte 18–26 US$; ⌚ So–Do 17–22, Fr & Sa bis 23 Uhr) In diesem entspannten Nachbarschaftslokal im Herzen von Highlands wird der Fang des Tages an einer Tafel angeschrieben – die Meeresfrüchte sind hervorragend. Zudem gibt's weitere tolle Gerichte wie Hummer-Tacos (18 US$), Küstenforelle (24 US$) und eine Menge leckerer Beilagen (cremige Maisgrütze, Jalapeño-Maisbrot-Pudding). Montagabends bezahlt man für einen ganzen Maine-Hummer gerade einmal 20 US$.

Decatur

Das unabhängige Städtchen Decatur liegt 6 Meilen (9,6 km) östlich der Downtown und hat sich im Lauf der Zeit zu einer Gegenkultur-Enklave und zu einer echten Gourmetadresse entwickelt. Wie in den meisten traditionellen Südstaatenorten ist der **Courthouse Square** mit seinem Holzpavillon der Mittelpunkt allen Geschehens und ist von einigen Restaurants, Cafés und Geschäften umgeben.

Victory SANDWICHES $
(www.vicsandwich.com; 340 Church St, Decatur; Sandwiches 4 US$; ⌚ 11–2 Uhr) Die in einem freistehenden umgebauten Backsteinhaus in Decatur untergebrachte Victory-Filiale verkauft wunderbare und dazu noch günstige Gourmetsandwiches. Die Baguettes werden großzügig mit weißen Sardellen und Zitronenmayonnaise, mit Prosciutto, Rucola und Äpfeln oder mit zahlreichen weiteren interessanten Variationen belegt. Es gibt noch eine weitere Filiale in Inman Park.

★Leon's Full Service FUSION $$
(☎ 404-687-0500; www.leonsfullservice.com; 131 E Ponce de Leon Ave; Hauptgerichte 11–24 US$; ⌚ Mo 17–1, Di–Do & So 11.30–1, Fr & Sa bis 2 Uhr) In dieser fantastischen Betonbar mit ihrer offenen Raumaufteilung ist Sein wichtiger als der Schein. Vor der ehemaligen Tankstelle gibt es eine tolle beheizte und von Balken überspannte Veranda. Alles hier ist mit Sorgfalt und Liebe zum Detail zusammengestellt, ob nun die Bier-, Wein- und Cocktailkarte (der hochprozentige Alkohol stammt ausnahmslos aus kleinen Betrieben mit geringen Produktionsmengen) oder die Speisenauswahl mit Gerichten wie in der Pfanne gebratener Forelle mit geröstetem Blumenkohl, einer Apfel-Curry-Suppe und hausgemachter Geflügelwurst in grünem Curry mit Senfkohl. Kein Wunder, dass es hier immer brechend voll ist! Keine Reservierung möglich.

No. 246 ITALIENISCH $$
(☎ 678-399-8246; www.no246.com; 129 E Ponce de Leon Ave; Hauptgerichte 12–25 US$; ⌚ Mo–Sa 11–15 & 17–22, So bis 21 Uhr) Ein gehobenes Restaurant, in dem Holzofenpizza und hausgemachte Pasta auf die Tische kommen und das einen unverkennbaren Feinschmecker-Touch aufweist. Zur Vorspeise werden Aufschnitt- und Käseplatten serviert, als Hauptgang sind die Agnolotti mit Ziegenkäsefüllung, gebratener Rote Bete, Radieschen und Estragon einfach traumhaft. Auch empfehlenswert: Gnocchi mit Fenchel-Fleischbällchen oder Pizza. Der Service ist erste Sahne.

Cake's & Ale MODERN-AMERIKANISCH $$$
(☎ 404-377-7994; www.cakesandalerestaurant.com; 155 Sycamore St; Hauptgerichte 24–36 US$; ⌚ Di–Do 18–23, Fr & Sa 17.30–24 Uhr) Der Besitzer dieser neuen, angesagten Location ist eine Koryphäe auf dem Gebiet der Backkunst und trat kürzlich erst beim US-amerikanischen TV-Kochduell *Top Chef* auf. Die Bäckerei nebenan serviert eine heiße Schokolade und köstliches Gebäck, die die Herzen der Kunden höher schlagen lassen. Leider schließt sie schon recht früh. Aber keine Angst: Man kann auch an der Bar aus Betonformteilen Platz nehmen und sich einen Portwein mit Ricotta-Cheesecake und Blutorangensorbet bestellen! Oder doch lieber die gebratene Ananas in Plunderteig mit Rumeiscreme?

Das wöchentlich rotierende Dinnerangebot ist recht beschränkt, meistens sind aber Austern, ein Rib-Eye-Steak und interessante Gerichte wie Schweinebauch und Shrimps an Fenchelpüree dabei. Auch die knusprige Kaninchenkeule sieht vorzüglich aus.

Ausgehen & Nachtleben

Brick Store Pub BAR
(www.brickstorepub.com; 125 E Court Sq) Bierfans werden vom besten Biersortiment in Atlanta – 17 ausgewählte Sorten – begeistert sein. Im oberen Stockwerk gibt es eine separate, etwas kleinere Bar, in der belgisches Bier die Hauptrolle spielt. Insgesamt werden fast 200 Biersorten in der Flasche angeboten, und wohl auch deshalb trifft man hier jeden Abend eine junge, gut gelaunte Klientel an.

Ormsby's BAR
(www.ormsbysatlanta.com; 1170 Howell Mill Rd, Westside; ⌚ Mo–Fr 11–3, Sa ab 12, So 12–24 Uhr)

Unter dem Westside Provisions District (S. 442) versteckt sich diese großräumige, geschäftige Kellerkneipe, in der es nicht nur über ein Dutzend Biere aus Kleinbrauereien und Dutzende weiterer Biersorten aus Deutschland, Belgien, Sri Lanka und anderen exotischen Ländern, sondern auch noch Spiele gibt. Die Gäste können sich bis spät in die Nacht die Zeit mit Boccia, Shuffleboard, Billard, Skee-ball und Brettspielen vertreiben.

Gerüchten zufolge soll das Ormsby's zu Zeiten der Prohibition ein Burlesque-Theater mit SM-Touch gewesen sein.

Graveyard Tavern BAR
(www.graveyardtavern.com; 1245 Glenwood Ave SE; ⏲ Mo–Sa 17–2, So 19–24 Uhr) Die freiliegenden Dachsparren verraten das hohe Alter dieser Spelunke in East Atlanta. Dies ist jedoch kein gelungener Designer-Coup, sondern einfach ein liebenswertes Anzeichen von Altersschwäche. An der achteckigen hölzernen Bar und in den Sitzecken aus Vinyl trifft man sie alle: Hipster, Homosexuelle, Hip-Hopper, Gangster und auch ein paar Ruheständler.

Park Tavern BAR
(www.parktavern.com; 500 10th Street NE; ⏲ Mo–Fr 16.30–24, Sa & So ab 11.30 Uhr) Ein Restaurant mit Kleinbrauerei, das vielleicht nicht gerade ultimativ hip ist, dessen Terrasse am Rand des Piedmont Park aber zu den schönsten Plätzchen in Atlanta gehört, um sich zurückzulehnen und einfach einen gemütlichen Nachmittag zu genießen. An Regentagen gibt's für 1 US$ Kostproben des hauseigenen Gerstensafts.

Blake's SCHWULE & LESBEN
(www.blakesontheparkatlanta.com; 227 10th St NE) Das Blake's am Piedmont Park feiert sich selbst als „Atlantas beliebteste Schwulenbar seit 1987".

☆ Unterhaltung

Mit viel Livemusik und zahlreichen Kulturevents kann sich Atlantas Nachtleben durchaus mit dem anderer Großstädte messen. Einen Veranstaltungskalender gibt's bei der **Atlanta Coalition of Performing Arts** (www.atlantaperforms.com). Infos zu Livemusik, ein Verzeichnis der Veranstaltungsorte der Stadt sowie Links zum Onlineticketverkauf findet man bei **Atlanta Music Guide** (www.atlantamusicguide.com). Smartphone immer dabei? Dann sollte man sich vielleicht die App **Bandsintown** herunterladen. Vor allem in den Großstädten des Landes kann sie sehr hilfreich sein.

Theater

Woodruff Arts Center KUNSTZENTRUM
(www.woodruffcenter.org; 1280 Peachtree St NE, Höhe 15th St) Auf dem Kunst-Campus sind neben dem High Museum auch das Atlanta Symphony Orchestra und das Alliance Theatre zu Hause.

Fox Theatre THEATER
(☎ 855-285-8499; www.foxtheatre.org; 660 Peachtree St NE; ⏲ Kartenvorverkauf Mo–Fr 10–18, Sa bis 15 Uhr) In dem spektakulären Filmpalast von 1929 mit verspielter, maurisch-ägyptischer Deko finden Broadway-Shows und Konzerte statt. Der Zuschauerraum fasst über 4500 Personen.

14th Street Playhouse THEATER
(☎ 404-733-5000; www.14thstplayhouse.org; 173 14th St NE; Eintritt ab 25 US$) Wer Lust auf einen schönen Theaterabend hat, kann hier professionelle Inszenierungen der klassischen Stücke und Musicals sehen. Auch einige Avantgarde-Produktionen sind dabei.

7 Stages THEATER
(☎ 404-523-7647; www.7stages.org; 1105 Euclid Ave) Ein unabhängiges, gemeinnütziges The-

SCHWULEN- & LESBENSZENE IN ATLANTA

Atlanta – von manchen auch „Hotlanta" genannt – ist einer der wenigen Orte in Georgia mit einer offen sichtbaren, aktiven Homosexuellen-Community. Midtown ist das Zentrum der Schwulenszene mit dem Piedmont Park und der Kreuzung von 10th St und Piedmont Ave als Epizentrum. Dort findet sich das Blake's (s. oben), eine recht gute Bar. Im Stadtteil Decatur östlich der Downtown von Atlanta hat sich eine recht große lesbische Community angesiedelt. News und Infos gibt's in *David Atlanta* (www.davidatlanta.com) und auf www.gayatlanta.com.

Das Atlanta Pride Festival (S. 440) ist ein jährlich stattfindendes riesiges Fest der Schwulen- und Lesbenszene der Stadt. Es findet im Oktober in und um den Piedmont Park statt.

aterhaus, das sich auf Produktionen hiesiger Bühnenautoren spezialisiert hat.

Livemusik & Nachtclubs

Die Eintrittspreise für folgende Läden ändern sich von Abend zu Abend. Veranstaltungskalender und Infos zu Ticketpreisen finden sich auf den jeweiligen Websites.

EARL LIVEMUSIK
(www.badearl.com; 488 Flat Shoals Ave, East Atlanta) Fans des Indie-Rock lieben diesen Pub, der sehr häufig mit Livemusik und mit überraschend gutem Essen aufwartet.

Eddie's Attic LIVEMUSIK
(☎ 404-377-4976; www.eddiesattic.com; 515b N McDonough St) Eine der besten Adressen der Stadt für Live-Folk und akustische Musik. Sieben Tage die Woche sorgen aufstrebende lokale Künstler in der rauchfreien Bar in East Atlanta für Stimmung.

Variety Playhouse LIVEMUSIK
(www.variety-playhouse.com; 1099 Euclid Ave NE) Eine gut geführte Konzert-Location mit vielen tollen Events. Hier treten tourende Musiker jeder Couleur auf. Ein wichtiger Veranstaltungsort, der Little Five Points seinen festen Platz in der Musikszene sichert.

Sport

Karten für Sportveranstaltungen gibt's bei **Ticketmaster** (☎ 404-249-6400; www.ticketmaster.com).

Atlanta Braves BASEBALL
(☎ 404-522-7630; www.atlantabraves.com; 755 Hank Aaron Dr SE; Tickets 8–90 US$) Das Baseball-Team spielt auf dem Turner Field. Die MARTA-/Braves-Shuttles, die zum Stadion verkehren, fahren 90 Minuten vor Spielbeginn am **Underground Atlanta** (www.underground-atlanta.com; Ecke Peachtree St & Alabama St; ⌚ Mo–Sa 10–21, So 11–18 Uhr) bei der Steve Polk Plaza ab.

Shoppen

Ambrose Vintage VINTAGE
(www.facebook.com/AmbroseVintage; 1160 Euclid Ave; ⌚ 11–19 Uhr) Bei Weitem die beste der Vintage-Boutiquen in Little Five mit einer guten Auswahl von Blazern und Lederwaren für Männer sowie Tweedjacken und Hosen, Krawatten und Jeansjacken, Röcken, Pullovern, Blusen und Hüten für Damen – und das alles in sämtlichen Stilen der letzten vier Jahrzehnte. Aus den Lautsprechern ertönt geschmackvolle Rockmusik.

Criminal Records MUSIK
(www.criminalatl.com; 1154 Euclid Ave; ⌚ Mo–Sa 11–21, So 12–19 Uhr) Ein Plattenladen, der einen in Erinnerungen schwelgen lässt, mit neuen und gebrauchten Pop-, Soul-, Jazz- und Metalalben auf CD oder Vinyl, in die man auch hineinhören kann. Es gibt auch einen interessanten Bereich mit Büchern über Musik sowie einige ganz gute Comicbücher.

ℹ Praktische Informationen

INFOS IM INTERNET

Scout Mob (www.scoutmob.com) Tipps zu allem, was in Atlanta neu und hip ist.

Dixie Caviar (www.dixiecaviar.com) Rezepte und Restaurantempfehlungen von einer jungen, geistreichen und gut informierten Feinschmeckerin aus Atlanta.

Atlanta Travel Guide (www.atlanta.net) Offizielle Website des Atlanta Convention & Visitors Bureau mit ausgezeichneten Links zu Läden, Restaurants, Hotels und anstehenden Events. Auf der Website kann man außerdem den CityPass kaufen, ein tolles Sparangebot, das den Eintritt zu fünf Attraktionen der Stadt zum reduzierten Preis ermöglicht (mehr Infos unter www.citypass.com/atlanta).

INTERNETZUGANG

Central Library (www.afpls.org; 1 Margaret Mitchell Sq; ⌚ Mo–Sa 9–21, So 14–18 Uhr) Viele Filialen der Bibliothek bieten wie die Zentrale 15-minütige kostenlose Internetnutzung.

MEDIEN

Atlanta (www.atlantamagazine.com) Monatsmagazin für lokale Themen, Kunst und Essen.

Atlanta Daily World (www.atlantadailyworld.com) Älteste kontinuierlich herausgegebene afroamerikanische Tageszeitung (seit 1928).

Atlanta Journal-Constitution (www.ajc.com) Atlantas wichtigste Tageszeitung mit gutem Reiseteil am Sonntag.

Creative Loafing (www.clatl.com) Das kostenlose alternative Wochenblatt, das immer mittwochs erscheint, liefert heiße Tipps zu Musik, Kunst und Theater.

NOTFALL & MEDIZINISCHE VERSORGUNG

Atlanta Medical Center (www.atlantamedcenter.com; 303 Pkwy Dr NE) Ein seit 1901 bestehendes Krankenhaus mit 460 Betten für stationäre Behandlungen.

Atlanta Police Department (☎ 404-614-6544; www.atlantapd.org)

Emory University Hospital (www.emoryhealthcare.org; 1364 Clifton Rd NE)

Piedmont Hospital (www.piedmonthospital.org; 1968 Peachtree Rd NW)

POST

Allgemeine postalische Infos gibt's unter der Telefonnummer 800-275-8777. Postfilialen finden sich im **CNN Center** (190 Marietta St NW, CNN Center), **Little Five Points** (455 Moreland Ave NE), **North Highland** (1190 N Highland Ave NE) und in der **Phoenix Station** (41 Marietta St NW).

An- & Weiterreise

Atlantas riesiger Flughafen, der **Hartsfield-Jackson International Airport** (ATL; Atlanta; www.atlanta-airport.com), liegt 12 Meilen (19 km) nördlich der Downtown. Der Verkehrsknotenpunkt bedient alle internationalen Hauptstrecken.

Die **Greyhound-Haltestelle** (232 Forsyth St) befindet sich neben der MARTA-Station Garnett. Zu den Zielen gehören Nashville, TN (5 Std.), New Orleans, LA (10½ Std.), New York (20 Std.), Miami, FL (16 Std.), und Savannah, GA (4¾ Std.).

Der **Amtrak-Bahnhof** (1688 Peachtree St NW, an der Deering Rd) ist direkt nördlich der Innenstadt zu finden.

Unterwegs vor Ort

Die Züge der **Metropolitan Atlanta Rapid Transit Authority** (MARTA; ☎ 404-848-5000; www.itsmarta.com; Fahrt 2,50 US$) fahren vom Flughafen in die Innenstadt und zurück. Es gibt auch ein paar für Traveller weniger hilfreiche Linien, die hauptsächlich von Pendlern genutzt werden. Jeder Kunde muss eine Breeze Card (1 US$) erwerben, die je nach Bedarf aufgeladen werden kann.

Die Shuttle-Anbieter und Autovermietungen haben Büros im Flughafen; sie befinden sich auf der Etage der Gepäckausgabe.

Wer mit dem Auto in Atlanta unterwegs ist, braucht starke Nerven. Ständig hängt man im Stau fest und ebenso leicht verfährt man sich. Google Maps ist deshalb eine unbezahlbare Hilfe. Auch einige mutige Radfahrer wagen sich auf die Straßen der Stadt.

Nördliches Georgia

Die südlichen Ausläufer der Appalachen ragen knapp 65 km weit in den äußeren Norden Georgias hinein und schaffen eine prächtige Gebirgslandschaft, sorgen für wahnsinnig gute Weine und nähren reißende Flüsse. Der Herbst mit seiner Farbenpracht zieht hier erst sehr spät ein und zeigt sich im Oktober von seiner schönsten Seite. Man sollte ein paar Tage einplanen, um die lokalen Sehenswürdigkeiten zu erkunden, darunter die 366 m tiefe **Tallulah Gorge** (www.gastateparks.org/tallulahgorge) und die Berglandschaft und die Wanderwege des **Vogel State Park** (www.gastateparks.org/vogel) sowie des **Unicoi State Park** (www.gastateparks.org/unicoi).

Dahlonega

Dahlonega war 1828 Schauplatz des ersten Goldrauschs in den USA. Heute boomt hier nur noch der Tourismus, da der Ort von Atlanta aus leicht an einem Tag zu erreichen ist und er zudem ein fantastisches Ziel für einen Ausflug in die Berge abgibt. Das **Visitor Center** (☎ 706-864-3513; www.dahlonega.org; 13 S Park St; ⌚ Mo–Fr 9–17.30, Sa 10–17 Uhr) am Courthouse Sq liefert viele Infos zu Sehenswürdigkeiten und Aktivitäten in der Umgebung, z. B. zum Wandern, Kanu- und Kajakfahren, Raften und Mountainbiken. Im **Amicalola Falls State Park** (☎ 706-265-4703; www.amicalolafalls.com; Eintritt 5 US$/Fahrzeug), 18 Meilen (29 km) westlich von Dahlonega am Hwy 52, findet sich der höchste Wasserfall Georgias, die 222 m hohen **Amicalola Falls**.

Rund um die Stadt gibt es etwa ein Dutzend Weingüter, die ein paar wirklich gute Tropfen herstellen. Die können im Degustationsraum von **Naturally Georgia** (www.naturallygeorgia.com; 90 Public Sq N; ⌚ Mo–Do 12–17, Fr–So bis 20 Uhr) gekostet werden. Es lohnt sich aber auch ein Besuch des wunderschönen Weinguts **Frogtown Cellars** (☎ 706-878-5000; www.frogtownwine.com; 700 Ridge Point Dr; Weinprobe 15 US$; ⌚ Mo–Fr 12–17, Sa bis 18, So 12.30–17 Uhr) mit seiner großartigen Terrasse, auf der man genüsslich an den Probiergläschen nippen kann. Gleich dahinter liegt **Three Sisters** (☎ 706-865-9463; www.threesistersvineyards.com; Weinprobe 15 US$; ⌚ Do–So 13–17 Uhr), das zum guten Wein auch noch Bluegrass und Erdnussflips serviert.

Das **Crimson Moon Café** (www.thecrimsonmoon.com; 24 N Park St; Hauptgerichte 8–15 US$; ⌚ Mo 11–15, Mi bis 21, Do–So bis 21.30 Uhr) ist ein auf Bio-Produkte spezialisiertes Café mit einfacher, für die Südstaaten typischer Hausmannskost und einer Livebühne mit traulicher Atmosphäre. Die **Back Porch Oyster Bar** (☎ 706-864-8623; www.facebook.com/backporchoysterbar; 19 North Chestatee St; Hauptgerichte 9–30 US$; ⌚ 11.30–20 Uhr) wird jeden Tag mit frischen Meeresfrüchten beliefert.

Das ★ **Hiker Hostel** (☎ 770-312-7342; www.hikerhostel.com; 7693 Hwy 19N; B/Zi. 18/42 US$; P ❄ @ ☜) am Hwy 19N nahe dem Three Gap Loop wird von passionierten

Outdoor-Liebhabern betreiben und ist für Wanderer auf dem Appalachian Trail gedacht, der nicht weit von hier beginnt. Jeder Schlafsaal verfügt über zwei Bäder, und alles ist wunderbar sauber und ordentlich.

Zentrales Georgia

Im zentralen Georgia findet man das, was es in der Metropole Atlanta, im gebirgigen Norden und dem von Sümpfen durchzogenen Savannah nicht gibt: ländliches, rustikales und authentisches Südstaaten-Flair.

Athens

Athens ist ein geselliges, künstlerisch angehauchtes und lässiges Collegestädtchen etwa 70 Meilen (113 km) östlich von Atlanta. Es ist bekannt für sein extrem beliebtes Footballteam (die University of Georgia Bulldogs), eine weltweit renommierte Musikszene, aus der Künstler wie die B-52s, R.E.M. oder Widespread Panic hervorgegangen sind, und eine aufkeimende Restaurantkultur. Die Universität hält Athens kulturmäßig auf dem Laufenden und sorgt für einen nie versiegenden Nachschub an jungen Barbesuchern und Konzertgängern, von denen viele auch nach ihrem Abschluss hier bleiben und sich niederlassen. Die hübsche Downtown kann zu Fuß besichtigt werden und bietet jede Menge hippe Restaurants, Bars und Geschäfte.

Sehenswertes

★Georgia Museum of Art MUSEUM
(www.georgiamuseum.org; 90 Carlton St; empfohlene Spende 3 US$; ⏲ Di–Mi, Fr & Sa 10–17, Do bis 21, So 13–17 Uhr) Eine schicke, moderne, für Besucher zugängliche Galerie, in deren Lobby geistreiche, kunstinteressierte Gestalten Selbststudium betreiben und wo Kunstkenner den modernen Skulpturengarten im Hof sowie die beeindruckende Sammlung von Werken amerikanischer Realisten der 1930er-Jahre beäugen. Die Wechselausstellungen sind inspirierend.

State Botanical Garden of Georgia GÄRTEN
(✆706-369-5884; www.uga.edu/~botgarden; 2450 S Milledge Ave; ⏲ 8–20 Uhr) Mit gewundenen Pfaden unter freiem Himmel und der soziohistorischen Ausrichtung macht dieser wunderbare botanische Garten dem in Atlanta Konkurrenz. Schilder informieren Besucher über die eindrucksvolle Pflanzensammlung, die jede Menge seltene und bedrohte Arten umfasst, zudem gibt's insgesamt knapp 8 km lange erstklassige Waldwanderwege.

Schlafen & Essen

Athens bietet keine große Unterkunftsauswahl. Unmittelbar außerhalb der Stadt an der W Broad St finden sich Ableger der üblichen Kettenhotels.

★Hotel Indigo BOUTIQUEHOTEL $$
(✆706-546-0430; www.indigoathens.com; 500 College Ave; Zi. Wochenende/werktags ab 159/139 US$; P ❄ @ ᯤ ≋) Das Boutiquehotel mit jeder Menge Öko-Schick gehört zur Indigo-Kette, hat geräumige Zimmer, die an ein cooles Loft erinnern und wurde mit dem goldenen LEED-Zertifikat für energie- und umweltbewusstes Design ausgezeichnet. Es gibt Aufzüge, die mit erneuerbarer Energie betrieben werden, bei der Parkplatzvergabe haben Hybridfahrzeuge Vorrang, und beim Bau des Gebäudes wurden 30 % recycelte Materialen verwendet.

Foundry Park Inn & Spa INN $$
(✆706-549-7020; www.foundryparkinn.com; 295 E Dougherty St; Zi. ab 110 US$; P ❄ @ ᯤ ≋) Eine reizende unabhängige Unterkunft auf einem schönen Gelände, zu dem auch die restaurierte Confederate-Eisengießerei gehört. Neben dem hauseigenen Spa gibt's auch ein Restaurant und eine gemütliche Location für Musikevents.

Ike & Jane CAFÉ $
(www.ikeandjane.com; 1307 Prince Ave; Hauptgerichte 3,50–7 US$; ⏲ Mo–Fr 6.30–17 Uhr) Donuts und Kaffee sind das perfekte ausgewogene Frühstück? Dann ist man entweder Polizist, 85 Jahre alt oder einfach nur Fan dieses fröhlichen, kleinen Cafés in Norman Town. Die einfallsreichen Donut-Kreationen sind z.B. in den Varianten Red Velvet, Karamell, Erdnussbutter, Banane und Bacon erhältlich.

Der Kaffee ist vom Feinsten, und es gibt auch Quiche, Bagels und Gourmetsuppen, -salate und -sandwiches.

Heirloom Cafe CAFÉ $$
(✆706-354-7901; www.heirloomathens.com; 815 N Chase St; Hauptgerichte 10–15 US$; ⏲ Mo–Do 11–15 & 17.30–21, Fr bis 22, Sa 9.30–14.30 & 17.30–22, So 9.30–14.30 Uhr; P) Eine neue Location, die auf die Verwendung von Zutaten aus der Region spezialisiert ist, welche hier zu leckeren Gerichten wie Shrimps mit Maisgrütze, Prosciutto-Käse-Baguettes mit Apfel und ge-

nialen Pulled-Pork-Sandwiches verarbeitet werden. Highlight des Wochenend-Brunchs ist das Omelett mit Feigen und Gruyère.

★ Five & Ten AMERIKANISCH **$$$**
(☎ 706-546-7300; www.fiveandten.com; 1653 S Lumpkin St; Hauptgerichte 18–29 US$; ⏲ So 10.30–14.30, So–Do 17.30–22, Fr & Sa bis 23 Uhr) Im Five & Ten wird Wert auf nachhaltig erzeugte Zutaten gelegt. Es gehört zu den besten Restaurants der Südstaaten. Auf der bodenständigen Speisekarte findet man auch recht gewagte Kreationen: Kalbsbries, hausgemachte Pasta und Frogmore Stew (Kartoffel-Mais-Eintopf mit Würstchen). Reservierung ist Pflicht.

National MODERNE SÜDSTAATENKÜCHE **$$$**
(☎ 706-549-3450; www.thenationalrestaurant.com; 232 W Hancock Ave; Hauptgerichte 20–28 US$; ⏲ Mo–Do 11.30–22, Fr & Sa bis open end, So 17–22 Uhr) Das unangestrengt-coole Café am Rand der Innenstadt ist vor allem wegen seines Grünkohl-Caesar-Salats, der cremigen Flusskrebssuppe, der leckeren, in der Pfanne gebratenen Forelle sowie den in einer Orangen-Safran-Chili-Vinaigrette gedünsteten Muscheln beliebt. Die Bar lädt zum Verweilen und Versumpfen ein.

Ausgehen & Unterhaltung

In Athens übersichtlicher Innenstadt gibt es fast 100 Bars und Restaurants, sodass immer irgendwo irgendetwas geboten ist. Das kostenlose Wochenblatt *Flagpole* (www.flagpole.com) informiert über den aktuellen Veranstaltungskalender.

Normal Bar BAR
(www.facebook.com/normal.bar.7; 1365 Prince Ave; ⏲ Mo–Do 16–2, Fr & Sa ab 15 Uhr) Diese Bar zwischen den Läden Normal Towns liegt zwar etwas ab vom Schuss, ist dafür aber umso liebenswürdiger. Sie ist überhaupt keine typische Studentenbar und dennoch ein authentisches Stück Athens. Das Biersortiment reicht von billigem PBR bis zu in lokaler Handwerkskunst gebrauten, hochwertigen IPA-Bieren. Die Weinkarte ist sensationell, und die Gäste sind jung, hübsch und tiefenentspannt.

Man kann es sich in von Kerzen erhellten Nischen bequem machen, an der Bar andocken oder auf der Terrasse hinter dem Haus abhängen.

Flicker BAR
(www.flickertheatreandbar.com; 263 W Washington St; ⏲ Mo–Fr 16–2, Sa ab 13 Uhr) Im Flicker treten nicht nur Livebands auf, hier trifft sich auch die angesagte Hipsterszene. Im kleinen Raucherhof drängt sich eine intellektuelle Meute mit verrückten Frisuren, und ab und zu mischt sich auch ein sexy Feuerschlucker darunter. Hier ist immer die Hölle los, selbst montagabends.

Cutter's SPORTBAR
(www.facebook.com/cutterspub; 120 E Clayton St; ⏲ Mo–Fr 14.30–2, Sa ab 12 Uhr) Eine beliebte Sportbar mit gigantischen Flachbildschirmen. Wenn die UGA Bulldogs einen Sieg einfahren, verwandelt sich das Cutter's in einen glückstrunkenen, sittenlosen Tanzschuppen – im positiven Sinn.

Walker's Coffee & Pub PUB
(www.walkerscoffee.com; 128 College Ave; ⏲ 7–2 Uhr) Hochschulabsolventen und ein paar kultivierte Bachelor-Studenten machen es sich hier in den Sitznischen auf Holzbänken bequem. Die Spezialität des Hauses sind einige mit Likören verfeinerte Kaffeekompositionen, man bekommt aber auch einfach nur einen vernünftigen Kaffee.

40 Watt Club LIVEMUSIK
(☎ 706-549-7871; www.40watt.com; 285 W Washington St; Eintritt 5–30 US$) In diesem legendären Laden gibt's Lounges, eine Tiki-Bar, PBR-Bier für 2 US$ und eine Bühne, auf der schon seit den Zeiten von R.E.M., den B-52s und Widespread Panic Indie-Rock gespielt wird. Auch heute treten hier noch die ganz Großen auf, wenn sie mal in der Stadt sind.

Georgia Theatre VERANSTALTUNGSORT
(☎ 706-850-7670; www.georgiatheatre.com; 215 N Lumpkin St; ⏲ Mo–Sa 11.30–24 Uhr) Nachdem dieses historische Theater bei einem Feuer niedergebrannt war, wurde es als eine hippe Location für Musik-Events wieder aufgebaut. Vom ursprünglichen Gebäude sind nur noch das Vordach und die Fassade übrig, und auf dem Dach gibt es eine nagelneue Bar mit tollem Ausblick auf die Lichter der Downtown.

Sanford Stadium STADION
(☎ 706-542-9036; www.georgiadogs.com; 100 Sanford Dr) Hier trägt das allseits beliebte Footballteam der Stadt, die University of Georgia Bulldogs, seine Heimspiele aus.

Praktische Informationen

Das **Athens Welcome Center** (☎ 706-353-1820; www.athenswelcomecenter.com; 280 E Dougherty St; ⏲ Mo–Sa 10–17, So 12–17 Uhr) residiert in einem historischen Haus aus der Zeit vor dem Bürgerkrieg an der Ecke der Thomas St. Hier gibt's Karten und Infos zu Touren in der Umgebung – u. a. zu einer Bürgerkriegstour und einem Stadtspaziergang zur Musikgeschichte von Athens.

Savannah

Diese großartige historische Stadt ist wie eine seriöse Südstaatenschönheit, die eine grellblau gefärbte Strähne im Haar trägt: Auf der einen Seite ist da die prächtige Architektur aus der Antebellum-Ära, auf der anderen Seite gibt es da die ausgelassenen Partys der Studenten des hiesigen Savannah College of Art & Design (SCAD). Die Stadt liegt am Ufer des Savannah River, etwa 18 Meilen (29 km) von der Küste entfernt, inmitten der Sümpfe des Lowcountry und zwischen riesigen, von Louisianamoos bedeckten Lebenseichen. Mit seinen kolonialzeitlichen Herrenhäusern und wunderschönen Plätzen trägt Savannah seine Vergangenheit mit Stolz und Anmut zur Schau. Im Gegensatz zu seiner Schwesterstadt Charleston in South Carolina, die sich ihr Ansehen als würdevolles und elegantes Kulturzentrum bewahrt hat, wirkt Savannah ein wenig grobschlächtig, abgewohnt – und einfach authentisch.

Sehenswertes & Aktivitäten

Der Central Park Savannahs ist eine weitläufige, rechteckige Grünfläche namens **Forsyth Park**. Der wunderschöne Springbrunnen der Anlage ist ein beliebtes Fotomotiv. Am **Flussufer** finden sich vorwiegend reizlose Geschäfte und Cafés, ein kurzer Spaziergang kann trotzdem ganz schön sein. Gleiches gilt für die **Jones Street**, die dank den mit Moos bewachsenen Eichen und deren ineinander verschlungenen Ästen zu den schönsten Straßen Savannahs zählt.

Ein für 20 US$ erhältliches Kombiticket gewährt kostenfreien Eintritt in das Jepson Center for the Arts, die Telfair Academy sowie das Owen-Thomas House.

★Wormsloe Plantation Historic Site PLANTAGE
(www.gastateparks.org; 7601 Skidaway Rd; Erw./Senior/Jugendl. 6–17 Jahre/Kind 1–5 Jahre 10/9/4,50/1 US$; ⌚Di–So 9–17 Uhr) Nur eine kurze Autofahrt vom Stadtzentrum entfernt befindet sich auf der wunderschönen **Isle of Hope** eines der beliebtesten Fotomotive der Stadt. Highlight ist die Zufahrtsstraße, die durch einen 1,5 Meilen (2,4 km) langen Korridor aus moosbewachsenen, uralten Eichen führt und als **Avenue of the Oaks** bekannt ist – es ist, als träumte man.

Weitere Besuchermagnete sind das Herrenhaus aus der Antebellum-Ära, in dem noch heute die Nachkommen des ursprünglichen Besitzers Noble Jones leben, einige Ruinen kolonialzeitlicher Bauten sowie ein touristisches Dorf, in dem demonstriert wird, wie in längst vergangenen Zeiten Hammerschmiede und andere Handwerker arbeiteten. Es gibt außerdem zwei flache Bohlenwanderwege. Der eine (1,6 km) führt zu den wichtigsten Attraktionen, der andere (4,8 km) zum Rand der Plantage.

Owens-Thomas House HISTORISCHES GEBÄUDE
(www.telfair.org; 124 Abercorn St; Erw./Kind 15/5 US$; ⌚Mo 12–17, Di–Sa 10–17, So 13–17 Uhr) Die 1819 von dem britischen Architekten William Jay fertiggestellte Villa ist ein wunderschönes Beispiel der für ihre Symmetrie bekannten Regency-Architektur. Die Führung ist ein bisschen chaotisch, vermittelt aber interessante Fakten über die Sklavenquartiere, die mit „gespensterblauer" Farbe – hergestellt aus zerstoßenem Indigo, Buttermilch und zerriebenen Austernschalen – gestrichen wurden. Und wer hätte es gedacht: Dieses Haus hatte fast 20 Jahre vor dem Weißen Haus fließendes Wasser!

Jepson Center for the Arts GALERIE
(JCA; www.telfair.org; 207 W York St; Erw./Kind 12/5 US$; ⌚Mo, Mi, Fr & Sa 10–17, Do bis 20, So 12–17 Uhr; 👪) Das alte Zentrum wirkt für Savannahs Verhältnisse ziemlich futuristisch und legt seinen Schwerpunkt auf die Kunst des 20. und 21. Jhs. Die Werke sind kleinformatig, aber spannend, zudem gibt es einen netten interaktiven Bereich für Kinder.

Mercer-Williams House HISTORISCHES GEBÄUDE
(www.mercerhouse.com; 429 Bull St; Erw./Kind 12,50/8 US$) Obwohl Jim Williams, der Kunsthändler aus Savannah, den Kevin Spacey im Film *Mitternacht im Garten der Lüste* spielte, bereits 1990 gestorben war, wurde sein berüchtigtes Wohnhaus erst 2004 zum Museum. Das Obergeschoss, in dem Williams' Familie noch lebt, ist nicht zugänglich, das Erdgeschoss hingegen ist der Traum eines jeden Innenarchitekten.

Telfair Academy of Arts & Sciences MUSEUM
(www.telfair.org; 121 Barnard St; Erw./Kind 12/5 US$; ⌚Mo 12–17, Di–Sa 10–17, So 13–17 Uhr)

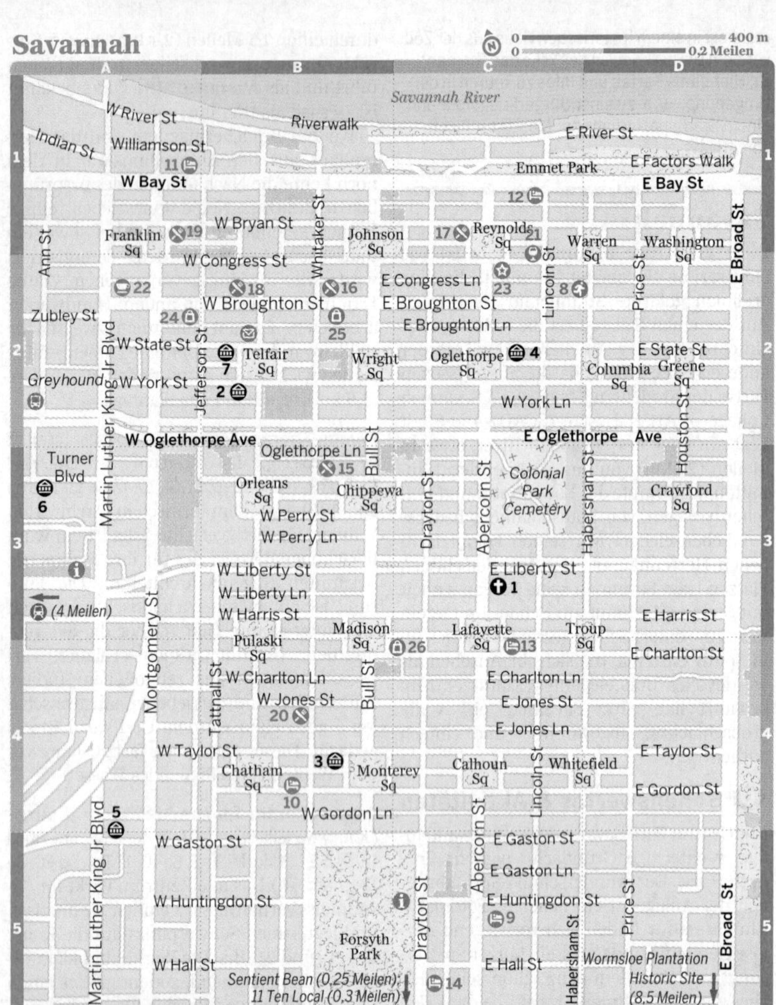

Im historischen Herrenhaus der Familie Telfair ist dieses Kunstmuseum untergebracht, das als bestes seiner Art in ganz Savannah gilt. Es ist bis obenhin vollgestopft mit amerikanischer Kunst und Silber aus dem 19. Jh. sowie einigen wenigen Werken aus Europa.

SCAD Museum of Art KUNSTMUSEUM

(www.scadmoa.org; 601 Turner Blvd; Erw./Kind unter 14 Jahre 10 US$/frei; ⌚ Di, Mi & Fr 10–17, Do bis 20, Sa & So 12–17 Uhr) Das nagelneue, aus Ziegelstein, Beton und Glas erbaute Langhaus, das dieses moderne Museum birgt, ist ein echtes architektonisches Kunstwerk. Es gibt tolle kreative Sitzbereiche drinnen und draußen, und die Wechselausstellungen sind richtig gut.

Cathedral of St. John the Baptist KIRCHE

(222 E Harris St) Wer alte Kirchen mag, wird diese beeindruckende Kathedrale lieben. Sie wurde 1896 fertiggestellt, zwei Jahre später jedoch durch ein Feuer zerstört und anschließend 1912 wieder eröffnet. Die eindrucksvollen Buntglasfenster im Querschiff stammen aus Österreich und stellen Christi Himmelfahrt dar. Auch kunstvoll verzierte Holzschnitzarbeiten aus Bayern, die den Leidensweg Christi zeigen, schmücken das

Savannah

Sehenswertes
1 Cathedral of St. John the Baptist ... C3
2 Jepson Center for the Arts ... B2
3 Mercer-Williams House ... B4
4 Owens-Thomas House ... C2
5 Ralph Mark Gilbert Civil Rights Museum ... A4
6 SCAD Museum of Art ... A3
7 Telfair Academy of Arts & Sciences ... B2

Aktivitäten, Kurse & Touren
8 Savannah Bike Tours ... C2

Schlafen
9 Azalea Inn ... C5
10 Bed & Breakfast Inn ... B4
11 Bohemian Hotel ... A1
12 East Bay Inn ... C1
13 Hamilton Turner Inn ... C4
14 Mansion on Forsyth Park ... C5

Essen
15 Angel's BBQ ... B3
16 Circa 1875 ... B2
17 Olde Pink House ... C1
18 Papillote ... B2
19 Vinnie Van GoGo's ... A1
20 Wilkes' House ... B4

Ausgehen & Nachtleben
21 Abe's on Lincoln ... C2
22 Lulu's Chocolate Bar ... A2
Rocks on the Roof ... (siehe 11)

Unterhaltung
23 Lucas Theatre for the Arts ... C2

Shoppen
24 Satchel ... A2
25 Savannah Bee Company ... B2
26 ShopSCAD ... C4

Gotteshaus. Die Pfeifenorgel ist nicht weniger spektakulär.

Ralph Mark Gilbert Civil Rights Museum MUSEUM
(460 Martin Luther King Jr Blvd; Erw./Senior/Kind 8/6/4 US$; Di–Sa 9–17 Uhr) Das private Museum widmet sich vorrangig der lokalen Geschichte der Rassentrennung in Schulen, Hotels, Krankenhäusern, im Berufsleben und sogar an den Imbisstheken. Das Gebäude, in dem die Ausstellung untergebracht ist, war einst die landesweit erfolgreichste Bank in der Hand eines Afroamerikaners. Wer die Knöpfe an Levy's Lunch Counter betätigt, bekommt eine sehr beeindruckende und zugleich schockierende Inszenierung geboten.

Savannah Bike Tours RADFAHREN
(912-704-4043; www.savannahbiketours.com; 41 Habersham St) Das Personal des Fahrradladens hinter einer hübschen Fassade in der Habersham St bietet zweistündige Radtouren auf den ladeneigenen Cruisern (mit Korb, versteht sich) an.

Schlafen

Sehr zur Freude der Traveller ist es in den Hotels und B&Bs in Savannah zur Mode geworden, den Gästen abends Hors d'oeuvres und Wein zu spendieren. Günstige Unterkünfte sind allerdings Mangelware. Es sollte – für jede Preisklasse – immer im Voraus gebucht werden.

Azalea Inn INN $$
(912-236-2707; www.azaleainn.com; 217 E Huntingdon St; Zi. ab 199 US$; P) In einer ruhigen Straße nahe dem Forsyth Park ist in einem quietschgelben Gebäude dieser einfache, aber wundervolle historische Inn untergebracht. Die zehn Zimmer sind zwar nicht gerade riesig, dafür wurde aber bei der Einrichtung ganze Arbeit geleistet: Es gibt Fußböden aus dunkel lackiertem Holz, Deckenleisten und Himmelbetten. Hinter dem Haus befindet sich sogar ein kleiner Pool.

Bed & Breakfast Inn B&B $$
(912-238-0518; www.savannahbnb.com; 117 W Gordon St; Zi. 179–229 US$; P) In einer super Lage, nur einen Steinwurf vom Monterey Square, Savannahs architektonischem Sammelsurium, entfernt, befindet sich diese unscheinbare, beliebte, etwas in die Jahre gekommene Unterkunft in einer Straße voller identischer Häuser aus den 1850er-Jahren.

Bohemian Hotel BOUTIQUEHOTEL $$$
(912-721-3800; www.bohemianhotelsavannah.com; 102 West Bay St; Zi. ab 299 US$; P @) Unmittelbar am Fluss liegt das Bohemian mit eleganten, dunklen, gotisch angehauchten Korridoren und netten Details wie Kronleuchtern aus Treibholz und Austern. Die Zimmer sind umwerfend, wenn auch teilweise etwas zu schummrig. Der individuelle Service lässt einen vergessen, dass es noch 74 weitere Zimmer gibt. Parken kostet 25 US$.

Mansion on Forsyth Park HOTEL $$$

(☎ 912-238-5158; www.mansiononforsythpark.com; 700 Drayton St; Zi. Wochenende/werktags 249/199 US$; P ❄ @ 📶 ≋) Das 1672 m² große, schicke Hotel in erstklassiger Lage bietet Luxus pur – allein die grandiosen Bäder sind den Preis schon fast wert. Das Beste an diesem Hotel-Spa sind die umwerfenden über 400 Kunstwerke von lokalen und internationalen Künstlern an den Wänden und in den Fluren. Parken kostet 20 US$.

East Bay Inn INN $$$

(☎ 912-238-1225; www.eastbayinn.com; 225 E Bay St; Zi. ab 235 US$) Zwischen zwei Kettenhotels steht dieser aus Backsteinen erbaute Koloss mit gerade einmal 28 riesigen Zimmern, die alle originale Holzfußböden, unverputzte Wände, hohe Decken, filigrane Stützpfeiler und fette Flachbild-TVs haben. Hinzu kommt eine kräftige Portion Charme und Gastfreundlichkeit.

Hamilton Turner Inn INN $$$

(☎ 912-233-1833; www.hamilton-turnerinn.com; 330 Abercorn St; DZ ab 189 US$; ❄ 📶) Am malerischen Lafayette Sq steht dieser im klassischen französischen Stil erbaute Inn von 1873. Die 17 Zimmer sind mit elegantem Antikdekor ausgestattet, bei dem einem fast der Mund offen stehen bleibt. Guter Service zählt leider nicht gerade zu den Stärken der Angestellten.

Essen

Angel's BBQ BARBECUE $

(www.angels-bbq.com; 21 West Oglethorpe Lane; Sandwiches/Gerichte 6/8 US$; ⏲ Di 11.30–15, Mi–Sa bis 18 Uhr) Das ganz und gar rustikale Angel's versteckt sich in einer unspektakulären Seitenstraße und serviert Pulled-Pork-Sandwiches und Pommes frites mit Meersalz, die keine Wünsche offen lassen. Zudem gibt's eine eindrucksvolle Auswahl hausgemachter Saucen.

Vinnie Van GoGo's PIZZERIA $

(www.vinnievangogo.com; 317 W Bryan St; Stück Pizza ab 2,50 US$; ⏲ Mo–Do 16–23, Fr & Sa 12–24, So 12–23.30 Uhr) Der Besitzer dieser Pizzeria kommt aus Savannah und zieht mit seinen neapolitanischen Pasteten aus dem Backsteinofen hordenweise Einheimische an.

Wilkes' House SÜDSTAATENKÜCHE $$

(www.mrswilkes.com; 107 W Jones St; Mittagessen 16 US$; ⏲ Mo–Fr 11–14 Uhr) Manche stehen schon morgens um 8 Uhr an dieser Institution der Südstaatenküche Schlange (keine Reservierung möglich!). Zur Mittagszeit wird dann den Gästen, die wie eine große Familie an Tischen zusammensitzen, ein Festessen kredenzt: Brathähnchen, Rindereintopf, Fleischbällchen, Käsekartoffeln, Blattkohl, Schwarzaugenbohnen, Mac'n'Cheese, Steckrüben, kandierte Süßkartoffeln, Kürbis-Kasserolle, Maisgrütze, Gebäck und süßer Tee. Das Ganze wirkt wie eine Verschmelzung von Thanksgiving und Letztem Abendmahl!

Papillote CAFÉ $$

(www.papillote-savannah.com; 218 W Broughton St; Hauptgerichte 9–14 US$; ⏲ Mi–Fr 10.30–19, Sa & So 9.30–17 Uhr) Ein vorbehaltlos empfehlenswertes, neues Café mit kreativen und doch einfachen Leckereien, etwa einer Chicken-Curry-Potpie oder einem mit geschmortem Schweinefleisch, gerösteter Peperoni und Schweizer Schmelzkäse belegten Baguette. Zum Brunch sind die Omeletts und die Armen Ritter aus Plunderteig ausgesprochen beliebt.

Circa 1875 BISTRO $$

(☎ 912-443-1875; www.circa1875.com; 48 Whitaker St; Hauptgerichte 12–28 US$; ⏲ Bar 17–2 Uhr, Abendessen 18–23 Uhr) Dieses herrliche kleine Bistro in der Downtown mit seinen hohen Zinndecken und dem Fliesenboden aus der Zeit der Jahrhundertwende serviert einen Wahnsinns-Burger mit Pfeffersauce und Trüffelpommes. Ebenfalls im Angebot sind Froschschenkel, Schnecken, Pâté, Tartarbeefsteak und das obligatorische Steak mit Pommes.

★ 11 Ten Local MODERN-AMERIKANISCH $$$

(☎ 912-790-9000; www.local11ten.com; 1110 Bull St; Hauptgerichte 24–32 US$; ⏲ Mo–Sa 18–22 Uhr) Gehoben, nachhaltig, regional und frisch – das ist das Geheimrezept dieses eleganten, gut geführten Restaurants, das zweifellos die beste Adresse in Savannah ist. Los geht's mit einem Frühlingsrollensalat (eine ausgebreitete Frühlingsrolle mit Ingwerdressing). Dann bestellt man sich den fabelhaften Großaugen-Thun, der meisterhaft gebraten ist und mit Kimchi und Erbsenpüree serviert wird.

Oder wie wär's einfach mit ein paar Proteinen vom Grill? Zu Filet, frischem Fisch, Jakobsmuscheln oder Hähnchenbrust kann man eine (oder mehrere) der superleckeren Saucen wählen und das Ganze mit Beilagen wie Rosenkohl mit Walnüssen und Würstchen vervollständigen. Immer gut: eine Portion unvergessliche Käsemakkaroni.

Olde Pink House MODERNE SÜDSTAATENKÜCHE $$$
(☎912-232-4286; www.plantersinnsavannah.com/savannah-dining.htm; 23 Abercorn St; Hauptgerichte 25–31 US$; ⏲11–22.30 Uhr) Hier werden aus klassischen Südstaatengerichten exklusive Gourmetkreationen. Die leckerste Vorspeise ist das Südstaaten-Sushi – Shrimps mit Maisgrütze in einer mit Kokosnuss ummantelten Nori-Rolle. Gespeist wird im eleganten Bereich im Obergeschoss oder in der tollen Taverne unten. Die Räumlichkeiten dort sind gemütlich und unkonventionell, und der Klavierspieler tut sein Übriges dazu, um die Sache abzurunden. Untergebracht ist das Restaurant in einem Wahrzeichen von 1771.

Ausgehen & Nachtleben

Rocks on the Roof BAR
(www.bohemianhotelsavannah.com/dining/lounge; 102 West Bay St; ⏲ab 11 Uhr;) Die weitläufige Dachterrassenbar des Bohemian Hotel ist eine luftige Location und bei gutem Wetter und lodernder Feuerstelle am tollsten. Die Aussicht ist der Hammer.

Lulu's Chocolate Bar CAFÉ
(www.luluschocolatebar.net; 42 Martin Luther King Jr Blvd) In der bezaubernden, schicken Bar schnellt der Blutzuckerspiegel in die Höhe: Serviert werden Martinis und Desserts. Spezialität des Hauses sind die himmlischen Lulutini, eine Sünde aus reiner Schokolade.

Sentient Bean CAFÉ
(www.sentientbean.com; 13 E Park Ave; ⏲7–22 Uhr;) Das Sentient Bean ist genau so, wie man sich ein unabhängiges Café wünscht: Es gibt grandiosen Kaffee, Gourmetgebäck, ein weitläufiges, unkonventionelles Interieur und hippe Gäste und Angestellte. Das beliebteste Café Savannahs liegt gleich gegenüber dem Forsyth Park.

Abe's on Lincoln BAR
(17 Lincoln St) In diese dunkle, dumpfe, komplett in Holz gehaltene Bar verirrt sich kaum ein Tourist, dafür kommen aber jede Menge trinkfreudige Einheimische hierher. Es finden regelmäßig Open-Mike-Abende statt, und gelegentlich wird Livemusik gespielt.

☆ Unterhaltung

Lucas Theatre for the Arts THEATER
(☎912-525-5040; www.lucastheatre.com; 32 Abercorn St) In dem historischen Gebäude von 1921 werden Konzerte (des Gitarristen Jonny Lang) gespielt, Theatervorstellungen *(Guys and Dolls)* veranstaltet und Filme *(Der Tag, an dem die Erde stillstand)* gezeigt.

In Savannahs hervorragendem Shoppingbezirk rund um die West Broughton St sind sowohl Handelsketten als auch unabhängige Geschäfte zu finden. Ein gewisses Universitätsflair ist dabei allgegenwärtig.

★**Satchel** HANDTASCHEN
(☎912-233-1008; www.shopsatchel.com; 311 W Broughton St) Nach ihrem Abschluss an der SCAD hatte die 29-jährige Designerin und Besitzerin dieses Ladens, Elizabeth Seeger, keine Lust auf einen richtigen Job (oder darauf, Savannah zu verlassen) und so eröffnete sie einfach ein Geschäft. Sie stellt ihre Lederprodukte selbst vor Ort her – eine atemberaubende Sammlung hochwertiger, nach Kundenwünschen angefertigter Handtaschen, die eigentlich auf eine Pariser Modeschau gehören. Auch die Herrenportemonnaies sind grandios.

Savannah Bee Company ESSEN
(www.savannahbee.com; 104 W Broughton St; ⏲Mo–Sa 10–20, So 11–17 Uhr) Ein Abstecher zu diesem über die Landesgrenzen hinaus bekannten Honigparadies sollte bei einem Besuch in Savannah nicht fehlen. Hier bekommt man unzählige verschiedene Sorten handgeschleuderten Honigs, die alle probiert werden können.

ShopSCAD KUNST & KUNSTHANDWERK
(www.shopscadonline.com; 340 Bull St; ⏲Mo–Mi 9–17.30, Do & Fr bis 20, Sa 10–20, So 12–17 Uhr) Alles in der witzigen, kitschigen Boutique stammt von Studenten und Absolventen des renommierten Kunstcollege von Savannah.

ⓘ Praktische Informationen

Candler Hospital (www.sjchs.org; 5353 Reynolds St)

CVS Pharmacy (Ecke Bull St & W Broughton St)

Live Oak Public Library (www.liveoakpl.org; 2002 Bull St; ⏲Mo–Di 9–20, Mi–Fr bis 18, So 14–18 Uhr;) Gratis-Internet, auch via WLAN.

Post Historic District (118 Barnard St; ⏲Mo–Fr 8–17 Uhr); Hauptpost (1 E Bay St; ⏲Mo–Fr 8–17.30, Sa 9–13 Uhr)

Savannah Chatham Metropolitan Police (☎912 651-6675; www.scmpd.org; Ecke E Oglethorpe Ave & Habersham St)

Visitor Center (☎912-944-0455; www.savannahvisit.com; 301 Martin Luther King

Jr Blvd; ⌚ Mo–Fr 8.30–17, Sa & So 9–17 Uhr) Das in einem restaurierten Bahnhof aus den 1860er-Jahren untergebrachte Zentrum hat ausgezeichnete Infos. Viele privat organisierte Stadtführungen beginnen hier. Im neuen Visitor Center beim Forsyth Park gibt es zudem einen kleinen Infostand für Touristen.

ℹ Anreise & Unterwegs vor Ort

Der **Savannah/Hilton Head International Airport** (SAV; www.savannahairport.com) liegt ungefähr 5 Meilen (8 km) westlich der Downtown abseits der I-16. Taxifahrten zwischen dem Flughafen und den Hotels im historischen Viertel kosten 28 US$.

Greyhound (www.greyhound.com; 610 W Oglethorpe Ave) fährt nach Atlanta (ca. 5 Std.), Charleston, SC (ca. 2 Std.) und Jacksonville, FL (2½ Std.). Der **Amtrak-Bahnhof** (www.amtrak.com; 2611 Seaboard Coastline Dr) liegt ein paar Kilometer westlich des historischen Viertels.

Ein Auto ist nicht vonnöten. Wer eines hat, stellt es am besten irgendwo ab und geht zu Fuß. **Chatham Area Transit** (CAT; www.catchacat.org) betreibt Stadtbusse mit Hybridmotoren, die mit altem Bratfett laufen; dazu gehört ein kostenloses Shuttle, das durch das historische Viertel fährt und in der Nähe von fast allen größeren Attraktionen hält.

Brunswick & Golden Isles

Georgia hat eine Küste? Oh ja, und zwar eine schöne! Der Bundesstaat ist mit einer malerischen Inselkette entlang der Küste gesegnet, wobei jedes Eiland seinen eigenen Charme hat, von rustikal über kitschig bis luxuriös. Das 1733 gegründete **Brunswick** ist eine Stadt mit einer großen Shrimpsfangflotte und einem historischen Zentrum im Schatten üppiger Lebenseichen. Wenn man auf der I-95 oder auf dem Golden Isle Pkwy (US Hwy 17) entlangrauscht, könnte man den charmanten Ort glatt verpassen Während des Zweiten Weltkriegs bauten die Werften von Brunswick 99 Liberty-Transportschiffe für die Marine. Heute erinnert ein etwa 7 m großes Modell im **Mary Ross Waterfront Park** (Bay St) an die Schiffe und ihre Erbauer. Am ersten Freitag im Monat kann man die schrullige Seite Brunswicks kennenlernen, wenn die tollen Antiquitätenläden und Kunstgalerien ihre Türen öffnen und allen Besuchern Wein ausschenken.

St. Simons Island

Die für ihre Golfplätze, Resorts und majestätischen Lebenseichen berühmte St. Simons Island ist die größte und am besten erschlossene Insel der Golden Isles. Sie liegt 75 Meilen (120 km) südlich von Savannah und nur 5 Meilen (8 km) von Brunswick entfernt. Die südliche Hälfte der Insel ist eine dicht besiedelte Wohn- und Erholungsgegend, die Nordhälfte und die angrenzende Insel **Sea Island** (www.explorestsimonsisland.com) bestehen aus wildem Küstengebiet inmitten eines von den Gezeiten geprägten Meeresarms. **East Beach**, der beste Strand der Insel, ist vom **Massengale Park** (1350 Ocean Blvd) aus zugänglich. Leckere Meeresfrüchte bekommt man im **Crab Trap** (☎912-638-3552; www.thecrabtrapssi.com; 1209 Ocean Blvd; Gerichte 11–25 US$). Eine gute Übernachtungsmöglichkeit ist **St. Simons Inn by the Lighthouse** (☎912-638-1101; www.saintsimonsinn.com; 609 Beachview Dr; Zi. ab 179 US$; P ❄ 📶 🏊) in der Nähe der Hauptstraße, die über die Insel führt.

Little St. Simons ist ein naturbelassenes Juwel, das ausschließlich mit dem Boot erreichbar ist. Man muss entweder in der exklusiven **Lodge on Little St. Simons** (☎912-638-7472; www.littlessi.com; 1000 Hampton Pt, Little St. Simons Island; DZ all inclusive ab 475 US$; ⌚ Mai–Sept.) übernachten oder diese im Rahmen eines **Tagesausflugs** (☎912-638-7472; www.littlestsimonsisland.com; Hampton Point Dr; ⌚ Ausflug 10.30 Uhr) besuchen.

Jekyll Island

Jekyll ist eine 4000 Jahre alte Düneninsel mit insgesamt 16 km Strand. Im späten 19. und frühen 20. Jh. war sie ein exklusives Refugium für Millionäre, heute ist sie ein ungewöhnlicher Mix aus Wildnis, denkmalgeschützten historischen Gebäuden, modernen Hotels und einem riesigen Campingplatz. Die Fortbewegung auf der Insel ist nicht schwierig, egal ob mit dem Auto, mit dem Rad oder hoch zu Ross. Pro Tag werden fürs Parken allerdings 5 US$ fällig.

Eine nette Attraktion ist das **Georgia Sea Turtle Center** (☎912-635-4444; www.georgiaseaturtlecenter.org; 214 Stable Rd; Erw./Kind 7/5 US$; ⌚ So–Di 9–17, Mo 10–14 Uhr, Führung ab 1. Juni 20.30 & 21.30 Uhr; 👪), ein Naturschutzzentrum und Schildkrötenhospital, in dem die Patienten unter ständiger Beobachtung – auch der Besucher – stehen. Beste Location für den Sonnenaufgang ist der **Driftwood Beach**.

Nach einem leckeren Meeresfrüchte-Dinner im unmittelbar am Kai gelegenen **Latitude 31 Restaurant & Rah Bar** (www.

latitude31andrahbar.com; Hauptgerichte 14–23 US$; ⌚Di–So ab 11.30 Uhr) ist das schicke, wenn auch etwas antiquierte **Jekyll Island Club Hotel** (☎800-535-9547; www.jekyllclub.com; 371 Riverview Dr; DZ/Suite ab 179/279 US$; P ❄ @ ≋) eine prima Adresse für einen gemütlichen Drink. Wer lieber in der Nähe der besten Strände wohnen möchte, mietet sich im **Villas By The Sea** (☎912-635-2521, 800-841-6262; www.villasbythesearesort.com; 1175 N Beachview Dr; Ferienwohnung ab 149 US$) ein.

Cumberland Island & St. Marys

Ein unberührtes Paradies, ein Backpackertraum, ein Ziel für Tagesausflüge oder längere Aufenthalte – kein Wunder, dass sich die Familie des Industriellen und Philanthropen Andrew Carnegie, der im 19. Jh. lebte, schon vor langer Zeit für Cumberland als Landsitz entschied. Der größte Teil dieser südlichsten Düneninsel gehört heute zur **Cumberland Island National Seashore** (www.nps.gov/cuis; Eintritt 4 US$). Fast die Hälfte des 147,4 km² großen Gebiets besteht aus Marschen, Sumpfebenen und Prielen. Auf der dem Ozean zugewandten Seite gibt's einen 26 km langen weißen Sandstrand, den man nicht selten für sich alleine hat, und das Inselinnere ist geprägt von einem maritimen Wald. Die Ruinen des Carnegie-Anwesens **Dungeness** sind beeindruckend, ebenso wie die wilden Truthähne, winzigen Winkerkrabben und wunderschönen Schmetterlinge. Auch Wildpferde leben auf der Insel und lassen sich häufig blicken.

Einzige Möglichkeit, als Besucher auf die Insel zu gelangen, ist das Übersetzen vom bzw. zum urigen und gemächlichen Örtchen **St. Marys** (www.stmaryswelcome.com). Komfortable und günstige **Fähren** (☎912-882-4335; www.nps.gov/cuis; hin & zurück Erw./Senior/Kind 20/18/14 US$) legen um 9 und 11.45 Uhr am dortigen Kai ab und fahren um 10.15 und 16.45 Uhr wieder zurück. Man sollte unbedingt weit im Voraus reservieren, und Besucher müssen spätestens 30 Minuten vor der Abfahrt beim **Visitor Center** (☎912-882-4336; www.nps.gov/cuis; ⌚8–16.30 Uhr) direkt am Kai einchecken. Von Dezember bis Februar fahren dienstags und mittwochs keine Fähren.

St. Marys ist auf Touristen eingestellt, die Cumberland Island besuchen. In dem winzigen, grünen Dörfchen gibt es eine Reihe komfortabler B&Bs, darunter das reizende **Spencer House Inn** (☎912-882-1872; www.spencerhouseinn.com; 200 Osborne St; Zi. 135–245 US$) von 1872. In dem Haus mit dem pinkfarbenen Anstrich sind auf drei Etagen 14 geräumige Zimmer untergebracht. Das Personal reserviert auf Wunsch Fährverbindungen, stellt Lunch-Pakete für Tagesausflüge zusammen und bereitet jeden Morgen ein reichhaltiges, leckeres Gourmetfrühstück vor. Das **Riverside Cafe** (www.riversidecafesaintmarys.com; 106 St Marys Rd; Hauptgerichte 8–18 US$; ⌚Mo–Fr 11–21, Sa & So ab 8.30 Uhr) ist ein wunderbarer, griechischer Diner und serviert zum Essen sogar noch Meerblick.

Die einzige private Unterkunft auf Cumberland Island ist das **Greyfield Inn** (☎904-261-6408; www.greyfieldinn.com; Zi. inkl. VP 425–635 US$), ein Herrenhaus aus dem Jahr 1900. Mindestaufenthalt sind zwei Nächte. Wer sein Zelt hier aufschlagen möchte, kann das am **Sea Camp Beach** (☎912-882-4335; www.nps.gov/cuis; Zeltplatz 4 US$/Pers.) unter einem Blätterdach aus wunderschönen grünen Eichen tun.

Auf der Insel gibt es weder Geschäfte noch Mülleimer. Am besten isst man vorher oder bringt sich sein Mittagessen selbst mit – und nimmt seinen Abfall dann selbstverständlich wieder mit zurück.

ALABAMA

Es gibt zwei Dinge, über die die Südstaatler unaufhörlich diskutieren, nämlich Football und Geschichte, und Alabama vereint beide Leidenschaften auf perfekte Weise. Einer der legendärsten Footballtrainer der Gridirons, Paul „Bear" Bryant, sowie Jefferson Davis, der 1861 zum ersten Präsidenten der Konföderation gewählt wurde (in dem Jahr, als der Bürgerkrieg ausbrach), stammten beide von hier.

Von größerer Bedeutung sind die Ereignisse der 1950er- und 1960er-Jahre, als Alabama zum Schauplatz von Auseinandersetzungen zwischen radikalen Befürwortern der Rassentrennung und friedlichen Aktivisten wurde. Die Folgen spiegelten sich in der Gesetzgebung wider, welche schließlich Auswirkungen auf das ganze Land hatte. Eine Erkundungstour durch den Bundesstaat vermittelt einen tiefen Einblick in die einzigartigen ethnischen Dynamiken im Land sowie die wechselvolle Geschichte der USA allgemein.

Was seine Landschaft anbelangt, so hat Alabama eine überraschende Vielfalt zu bieten, von grünen Gebirgsausläufern im

KURZINFOS ALABAMA

Spitzname The Heart of Dixie

Bevölkerung 4,8 Mio.

Fläche 135 776 km^2

Hauptstadt Montgomery (205 600 Ew.)

Weitere Städte Birmingham (212 038 Ew.)

Verkaufssteuer 4 %, plus bis zu 11 % Gemeindesteuern

Geburtsort von Schriftstellerin Helen Keller (1880–1968), Bürgerrechtsaktivistin Rosa Parks (1913–2005), Musiker Hank Williams (1923–1953)

Heimat des US Space & Rocket Center

Politische Ausrichtung Republikaner-Hochburg – Alabama hat seit 1976 nicht mehr demokratisch gewählt

Berühmt für Rosa Parks und die Bürgerrechtsbewegung

Härteste Rivalität Süden versus Norden (ja, immer noch!), University of Alabama versus Auburn University

Entfernungen Montgomery–Birmingham 91 Meilen (146 km), Mobile–Dauphin Island 38 Meilen (61 km)

Norden bis hin zur subtropischen Golfküste unten im Süden. Und dann ist da noch das liebendwerte Birmingham, das in einem Staat, der sich bis heute gegen die Dämonen seiner eigenen Vergangenheit wehren muss, eine Lichtgestalt des Fortschritts ist.

Praktische Informationen

Alabama Bureau of Tourism & Travel (www.alabama.travel) Hat Broschüren mit Infos für Urlauber und informiert auf seiner Website umfassend über touristische Angebote.

Alabama State Parks (800-252-7575; www.alapark.com) In Alabama gibt es 23 Parks mit verschiedenen Campingoptionen von einfach (12 US$) bis hin zu Wohnwagenstellplätzen mit Stromanschluss (26 US$). Am Wochenende und an Feiertagen sollte man rechtzeitig im Voraus reservieren.

Birmingham

Birminghams bewegte Vergangenheit – das gewalttätige Vorgehen gegen die Bürgerrechtsbewegung trug ihm den Beinamen „Bombingham" ein – ist ein Teil der Stadtgeschichte, der nicht ignoriert werden kann. Inzwischen hat sich Birmingham aber zu einer mittelgroßen Arbeiterstadt entwickelt, die Besucher freundlich aufnimmt, ein überraschendes Kulturangebot bietet und das Ringen um die Bürgerrechte kurzerhand zu einem Teil der touristischen Erfahrung gemacht hat. Dies und die boomende Wirtschaft – Mercedes Benz hat hier eine Produktionsstätte – geben Birmingham eine Zukunftsperspektive und ebnen den Weg, eine moderne, offene und erneuerte Stadt zu werden.

Sehenswertes & Aktivitäten

In den im Art-déco-Stil erbauten Gebäuden im angesagten **Five Points South** sind Geschäfte, Restaurants und Nachtlokale untergebracht. Ebenso bemerkenswert ist das neuere und gehobenere **Homewood**, ein malerisches Geschäftsviertel an der 18th St S nahe der beleuchteten Vulcan-Statue, die zu jeder Tages- und Nachtzeit von nahezu jedem Punkt in der Stadt zu sehen ist.

★ Birmingham Civil Rights Institute MUSEUM
(www.bcri.org; 520 16th St N; Erw./Senior/Kind 12/5/3 US$, So frei; Di–Sa 10–17, So 13–17 Uhr) Eine Vielzahl bewegender Ton-, Video- und Fotodokumente erzählt die Geschichte der Rassentrennung in den USA sowie der Bürgerrechtsbewegung und hebt dabei besonders die Geschehnisse in Birmingham hervor. Eine umfassende Ausstellung beleuchtet die Bombenangriffe in der 16th Street Baptist Church im Jahr 1963. Außerdem befindet sich hier der Ausgangspunkt des neuen Civil Rights Memorial Trail der Stadt.

16th Street Baptist Church KIRCHE
(www.16thstreetbaptist.org; Ecke 16th St & 6th Ave N; Spende 5 US$; Führung Di–Fr 10–16, Sa bis 13 Uhr) In den 1950er- und 1960er-Jahren entwickelte sich diese Kirche zu einem Versammlungsort, an dem die Protestaktionen organisiert wurden. Im Rahmen einer massiven Kampagne zur Aufhebung der Rassentrennung, die sich an die Händler in der Innenstadt richtete, verübten Mitglieder des Ku Klux Klans 1963 während eines Kindergottesdienstes einen Bombenanschlag auf die Kirche, bei dem vier kleine Mädchen getötet wurden. Heute dient die wiederaufgebaute Kirche nicht nur als Gotteshaus (Gottesdienst So 10.45 Uhr), sondern auch als Gedenkstätte.

Vulcan Park PARK
(www.visitvulcan.com; 1701 Valley View Dr; Aussichtsturm Erw./Kind 6/4 US$; ⌚7–22 Uhr, Aussichtsturm Mo–Sa 10–18, So ab 13 Uhr) Die weltweit größte gusseiserne Statue sorgt dafür, dass der Park von überall in der Stadt sichtbar ist. Die Anlage ist wunderschön (für lau!), und einen **Aussichtsturm** gibt's auch.

Birmingham Museum of Art GALERIE
(www.artsbma.org; 2000 Rev Abraham Woods Jr. Blvd; ⌚Di–Sa 10–17, So 12–17 Uhr) GRATIS Das Museum zeigt Werke aus Asien, Afrika, Europa und Amerika. Besonders bemerkenswert sind die Arbeiten von Rodin, Botero und Dalí im Skulpturengarten.

Birmingham Civil Rights Memorial Trail STADTSPAZIERGANG
(www.bcri.org; 520 16th St N; 👪) Der sieben Häuserblocks lange, ergreifende Spaziergang eignet sich hervorragend für die ganze Familie. Der Weg wurde erst 2013 anlässlich des 50. Jahrestages der Bürgerrechtskampagne eingeweiht, stellt in seinem Verlauf mittels Statuen und Fotografien 22 bewegende Szenen nach und beleuchtet so eine Kampagne, die viel Leid und Blutvergießen gebracht hat und ein ganzes Land verändern sollte.

Man erfährt beispielsweise vom Plan Martin Luther Kings, die Kapazitäten der Gefängnisse zu sprengen. Um den Familien jedoch nicht den Ernährer zu nehmen, wurden an den High Schools Schüler rekrutiert, die als „Fußsoldaten" der Bewegung bekannt wurden.

Schlafen

★ Aloft HOTEL $$
(☎205-874-8055; www.aloftbirminghamsohosquare.com; 1903 29th Ave S; Zi. ab 129 US$; P ❄ 📶) Zwar handelt es sich bei dem Haus in Homewood um eine Kette, doch dieser kleine Bruder des W Hotels bietet eine neue, moderne Einrichtung mit großen Doppelbetten, hoher Decke, den allerneuesten elektronischen Geräten sowie ein helles Ambiente und luxuriöse Bäder und Bettwäsche – und das alles zu einem unschlagbaren Preis. Die tolle Bar ist mit einem Billardtisch ausgestattet, und in der coolen Lobby gibt's einen News-Ticker.

Redmont Hotel HISTORISCHES HOTEL $$
(☎205-324-2101; 2101 5th Ave N; Zi./Suite ab 89/129 US$; ❄ @ 📶) Das Klavier und der Kronleuchter in der Lobby verleihen dem 1925 erbauten Hotel ein historisches, europäisches Flair, wohingegen die kürzlich renovierten Deluxe-Zimmer mit einem moderneren Touch versehen wurden. Die große Dachterrassenbar ist ein nettes Plus, und die Sehenswürdigkeiten zum Thema Bürgerrechtsbewegung sind alle zu Fuß zu erreichen.

Hotel Highland HOTEL $$
(☎205-271-5800; www.thehotelhighland.com; 1023 20th St S; Zi. ab 129 US$; P ❄ @ 📶) Das farbenfrohe, moderne, leicht schräge Hotel direkt neben dem lebendigen Viertel Five Points kombiniert Komfort mit einem guten Preis-Leistungs-Verhältnis. Die Zimmer sind glücklicherweise etwas weniger grell und flippig als die Lobby.

Essen & Ausgehen

Für eine so kleine Südstaaten-Stadt hat das studentisch geprägte Birmingham eine große Auswahl von Cafés und Restaurants und am Wochenende viele Locations, an denen man kostenlos Livemusik hören kann.

Garage Café CAFÉ $
(www.garagecafe.us; 2304 10th Tce S; Sandwiches 7 US$; ⌚So–Mo 15–24, Di–Sa 11–2 Uhr) Tagsüber werden hier Suppen und Sandwiches serviert, die man selbst zusammenstellen kann, abends amüsiert sich die bunt zusammengewürfelte Kundschaft bei einem Bier (große Auswahl!) und lauscht der Livemusik. Das Ganze findet in einem Garten voller Schrott, Antiquitäten, Tonstatuen und mit einem Spülbecken statt.

★ Hot & Hot Fish Club SEAFOOD $$$
(☎205-933-5474; www.hotandhotfishclub.com; 2180 11th Court South; Hauptgerichte 29–36 US$; ⌚Di–Sa 17.30–22.30 Uhr) Dieses grandiose Restaurant in Birmingham ist eines der besten im gesamten Südwesten. Es begeistert nicht nur seine Gäste, die fast auf Knien Lobeshymnen anstimmen. Küchenchef Chris Hastings war auch drei Jahre hintereinander Finalist im Wettbewerb „James Beard Best Chef in the South". Seine täglich wechselnde Speisekarte saisonaler Gerichte (und Cocktails) ist unübertrefflich.

Bottega ITALIENISCH $$$
(☎205-939-1000; www.bottegarestaurant.com; 2240 Highland Ave S; Hauptgerichte mittags 13–19 US$, Abendessen 25–42 US$; P) In diesem feinen italienischen Bistro in Highlands trifft sich die Birminghamer Schickeria. Es überzeugt mit kreativen Pizzas, etwa der mit

gebratenen Austern und Pancetta, oder den Piadine mit Brunnenkresse, Pfefferminze, Dill, Walnüssen und Radieschen. Auch die Pasta mit Schweinehackbällchen und das in der Pfanne gebratene Wild sind köstlich. Das Nierenzapfen-Steak kommt auch gut an.

Bottletree Cafe BAR

(☎205-533-6288; www.thebottletree.com; 3719 3rd Ave S; ⏲Mo 17–2, Di–Sa 11–2, So 11–15 Uhr) Etwas ab vom Schuss steht in einem Gewerbegebiet nördlich der Downtown dieser abgefahrene Laden mit Delta-Blues-Kunstwerken an den Wänden sowie einer auf alt getrimmten Deko. Eine tolle Adresse für ein spätabendliches geselliges Beisammensein bei Musik von Indie-Bands! Auch das Essen bekommt gute Bewertungen.

Pale Eddie's PUB

(☎205-297-0052; www.paleeddiespourhouse.com; 2308 2nd Ave N; ⏲Mo–Do ab 16, Fr ab 14, Sa ab 18 Uhr) Am hübschen nördlichen Rand der Innenstadt, in einer Straße mit tollen Backsteinhäusern, überzeugt dieser Pub mit seiner großen Auswahl handwerklich gebrauter Biere. Es wird sogar ein glutenfreier Cider angeboten. Jedes Wochenende gibt's kostenlos Livemusik auf die Ohren.

ℹ Anreise & Unterwegs vor Ort

Der **Birmingham International Airport** (BHM; www.flybirmingham.com) liegt ungefähr 5 Meilen (8 km) nordöstlich der Downtown.

Greyhound (☎205-253-7190; www.greyhound.com; 618 19th St N), nördlich der Innenstadt, steuert verschiedene Städte an, u. a. Huntsville, Montgomery, Atlanta, GA, Jackson, MS, und New Orleans, LA (10 Std.). Vom **Amtrak-Bahnhof** (☎205-324-3033; www.amtrak.com; 1819 Morris Ave) im Stadtzentrum verkehren täglich Züge nach New York und New Orleans.

Die **Birmingham Transit Authority** (www.bjcta.org; Erw. 1,25 US$) betreibt die Stadtbusse.

Rund um Birmingham

Das nördlich von Birmingham gelegene Huntsville, Sitz des Raketenentwicklungszentrums der USA, wurde praktisch über Nacht zum Mittelpunkt der Raumfahrtindustrie mit zahlreichen internationalen Unternehmen aus der Branche. Das **US Space & Rocket Center** (www.spacecamp.com/museum; 1 Tranquility Base, I-565, Exit 15; Museum Erw./Kind 25/20 US$; ⏲9–17 Uhr; 👪) ist eine Mischung aus Wissenschaftsmuseum und Themenpark und damit ein prima Ort für Kinder oder jung gebliebene Erwachsene. Im Eintrittspreis sind auch ein Film im IMAX-Kino, Ausstellungen, Fahrgeschäfte und Videovorführungen enthalten.

Östlich von Huntsville findet man in Scottsboro das berüchtigte **Unclaimed Baggage Center** (☎256-259-1525; www.unclaimedbaggage.com; 509 W Willow St; ⏲Mo–Do 9–18, Fr bis 19, Sa bis 8–19 Uhr). Die Habseligkeiten, die bedauernswerte Flugreisende auf immer und ewig an die dunklen Schächte der Gepäckausgabebänder verloren haben, werden hier zu günstigen Preisen an Schnäppchenjäger aus Nah und Fern verkauft – des einen Freud ist des anderen Leid.

Wer ein Fan des Films *Ricky Bobby – König der Rennfahrer* ist oder einfach nur

ROLL TIDE!

Roll Tide! Diesen Ausruf wird man in Tuscaloosa, 60 Meilen (97 km) südwestlich von Birmingham, sehr oft – an Samstagnachmittagen im Herbst wohl ununterbrochen – zu hören bekommen. Während der Football-Saison treffen sich Studenten und Ehemalige schon Stunden vor dem Beginn des Spiels im Hof der **University of Alabama** (www.ua.edu) und feiern eine Vorglühparty, die sich gewaschen hat. Der weitläufige Rasenbereich ist dann mit weißen Zelten und Satelliten-TVs überfüllt. Es wird Grillfleisch gebrutzelt und Cornhole (Bohnensäckchenwerfen in Volltrunkenheit) gespielt. Wenn das Footballspiel beginnt, pilgert die ganze Meute ins **Bryant-Denny Stadium** (☎205-348-3600; www.rolltide.com; 920 Paul W Bryant Dr), ein Footballstadion mit Platz für 102 000 Zuschauer am Rand sanfter Hügel, das immer bis zum Bersten mit fanatischen Fans gefüllt ist. Und das aus gutem Grund. Die Alabama Crimson Tide haben 19 nationale Meisterschaften gewonnen, davon allein drei in den letzten vier Jahren. Ganz tief in die Geschichte des Crimson Tide Football eintauchen kann man im **Paul W. Bryant Museum** (☎205-348-4668; www.bryantmuseum.com; 300 Paul W Bryant Dr; Erw./Senior & Kind 2/1 US$; ⏲9–16 Uhr), das nach dem großartigsten Coach aller Zeiten – so will es jedenfalls die Legende – benannt ist.

Nascar-Autorennen mag, der sollte auf dem **Talladega Superspeedway** (☎877-462-3342; www.talladegasuperspeedway.com; 3366 Speedway Blvd; Ticket 45–200 US$), 48 Meilen (77 km) östlich von Birmingham an der I-20 gelegen, vorbeischauen. Dies ist die größte und am schnellsten befahrbare Rennstrecke, die im Rennkalender zu finden ist, hat nervenaufreibende Neigungswinkel und ist während eines Rennens ein Garant für Adrenalinkicks.

Montgomery

Hier nahm 1955 die Bürgerrechtsbewegung ihren Anfang, als die afroamerikanische Näherin Rosa Parks sich in einem städtischen Bus weigerte, ihren Sitzplatz einem Weißen zu überlassen. Der anschließende Busboykott ließ die Bewegung im ganzen Land aktiv werden. Zur Erinnerung an diese Ereignisse betreibt die Stadt ein Museum, das neben ein paar anderen Sehenswürdigkeiten im Zusammenhang mit der Bürgerrechtsbewegung der Hauptgrund für einen Besuch hier ist. Davon abgesehen ist die Hauptstadt Alabamas zwar ganz nett, aber doch eher verschlafen.

Sehenswertes

Aus der Innenstadt führt ein Tunnel zu Montgomerys schönem **Riverwalk**. Der große Platz an einer Biegung des Flusses verfügt über ein natürliches Amphitheater und eine Anlegestelle für Flussschiffe.

★Rosa Parks Museum MUSEUM
(www.trojan.troy.edu/community/rosa-parks-museum; 251 Montgomery St; Erw./Kind 4–12 Jahre 7,50/5,50 US$; ⏲Mo–Fr 9–17, Sa 9–15 Uhr; 👪) Das Museum, eine Hommage an Mrs. Parks, die im Oktober 2005 verstorben ist, entführt seine Besucher mithilfe einer raffinierten Videopräsentation noch einmal zurück zu jenem denkwürdigen Tag im Jahr 1955, der den Boykott auslöste. Es befindet sich direkt gegenüber der Bushaltestelle, an der Parks so klar Stellung bezog. Zwar stimmt es, dass sie Schneiderin war. Der Rest der Geschichte, dass Parks nichts weiter als eine gewöhnliche Frau war, die etwas übers Ziel hinausgeschossen ist, ist jedoch nichts als ein Mythos.

Sie war eine Aktivistin mit einem scharfen, strategischen Intellekt, die sich freiwillig in der Ortsgruppe der National Association for the Advancement of Colored People (Nationale Organisation für die Förderunge farbiger Menschen) engagierte und vor ihrem großen Auftritt in die Grundlagen des gewaltlosen zivilen Ungehorsams eingewiesen wurde.

Civil Rights Memorial Center GEDENKSTÄTTE
(www.civilrightsmemorialcenter.org; 400 Washington Ave; Erw./Kind 2 US$/frei; ⏲Mo–Fr 9–16.30, Sa 10–16 Uhr) Das runde, von Maya Lin entworfene und sehr bewegende Mahnmal erinnert an 40 Märtyrer der Bürgerrechtsbewegung, die alle sinnlos ermordet wurden. Einige Fälle wurden bis heute nicht aufgeklärt. Das bekannteste Opfer ist Martin Luther King Jr., es gab jedoch auch viele namenlose Opfer, sowohl Weiße als auch Afroamerikaner.

Die Gedenkstätte ist Teil des Southern Poverty Law Center (Rechtszentrum für Armut in den Südstaaten), einer Stiftung, die sich für Rassengleichheit sowie die Gleichheit vor dem Gesetz stark macht. Sie wurde 1987 durch ihren bahnbrechenden Erfolg gegen den Ku Klux Klan bekannt, der für den Tod eines jungen Schwarzen, Michael Donald, im Jahr 1981 für schuldig befunden wurde. Das Urteil sorgte für den landesweiten Ruin des Klans.

Dexter Avenue King Memorial Church KIRCHE
(☎334-263-3970; www.dexterkingmemorial.org; 454 Dexter Ave; Erw./Kind 3–12 Jahre 10/6 US$; ⏲Di–Fr 10–16, Sa bis 14 Uhr) In dieser ehemals unter dem Namen Dexter Avenue Baptist Church bekannten Kirche begann für einen 26-jährigen Geistlichen aus Atlanta sein langer Weg zur Freiheit. Martin Luther King war zwischen 1954 und 1960 Pastor in diesem 1885 erbauten Gotteshaus und plante in seinem Büro den Busboykott von Montgomery. Das nahe gelegene **Dexter Parsonage Museum** ist das bescheidene Wohnhaus, in dem King mit seiner Familie lebte; 1956 wurde hier ein Bombenanschlag verübt.

Es werden einstündige Führungen angeboten, die im Voraus gebucht werden müssen.

Scott & Zelda Fitzgerald Museum MUSEUM
(www.fitzgeraldmuseum.net; 919 Felder Ave; Spende Erw./Kind 5/2 US$; ⏲Mi–Fr 10–14, Sa & So 13–17 Uhr) Das Gebäude, in dem das Schriftstellerehepaar von 1931 bis 1932 lebte, beherbergt heute Erstausgaben, Übersetzungen und Originalkunstwerke der beiden, u.a. ein geheimnisvolles Selbstporträt von Zelda. Ein Highlight sind die handgeschriebenen Brie-

DIE WORTE EINES KINGS

Nach dem langen Marsch von Selma nach Montgomery hielt Dr. Martin Luther King Jr. am 25. März 1965 seine Rede *Our God is Marching On* (Unser Gott marschiert voran) auf den Stufen des State Capitol. Hier einige Highlights daraus:

> In der Geschichte Amerikas gab es nie einen ehrenwerteren oder inspirierenderen Moment als diesen Pilgermarsch von Geistlichen und Laien jeder Rasse und jedes Glaubens, die nach Selma strömten, um der Gefahr an der Seite Amerikas bedrängter Neger ins Auge zu blicken.
>
> … Es darf nie unser Ziel sein, den weißen Mann zu besiegen oder zu demütigen, wir wollen seine Freundschaft und sein Verständnis gewinnen. Wir müssen erkennen, dass der Ausgang, den wir erstreben, eine Gesellschaft ist, die in Frieden zusammenlebt, eine Gesellschaft, die mit ihrem Gewissen leben kann. Jener Tag wird weder der Tag des weißen noch des schwarzen Mannes sein. Jener Tag wird der Tag des Menschen als solchem sein. Ich weiß, ihr fragt euch heute: „Wie lange wird das dauern?" Ich bin heute Nachmittag gekommen, um euch zu sagen, dass es, egal wie schwierig dieser Moment, egal wie frustrierend diese Stunde sein mag, nicht mehr lange dauern wird, denn die zu Boden gedrückte Wahrheit wird sich wieder aufrichten.
>
> Wie lange? Nicht lange, denn keine Lüge kann für immer bestehen.
>
> Wie lange? Nicht lange, denn man erntet noch immer, was man sät.
>
> Wie lange? Nicht lange. Denn der Arm des moralischen Universums ist lang, er beugt sich aber hin zur Gerechtigkeit.

fe von Zelde an ihren Ehemann und die mit der Schreibmaschine getippten Briefe Scotts an seinen großen Kontrahenten und Freund Ernest Hemingway.

Hank Williams Museum MUSEUM
(www.thehankwilliamsmuseum.com; 118 Commerce St; Eintritt 10 US$; ⏲ Mo–Fr 9–16.30, Sa 10–16, So 13–16 Uhr) Das Museum ist eine Hommage an den aus Alabama stammenden Giganten des Country, der der Hillbilly-Musik einfach mal ganz lässig eine Prise afroamerikanischen Blues beimischte.

Schlafen & Essen

Montgomery ist zwar nicht gerade für seine Lokale und Hotels berühmt, und grundsätzlich kann die Stadt auch in einem Tagesausflug erkundet werden, doch ein paar gute Adressen gibt es. Der Gastro- und Unterhaltungsdistrikt **The Alley** hat dem verschlafenen Zentrum etwas Leben eingehaucht.

Renaissance Hotel HOTEL $
(☎ 334-481-5000; www.marriott.com; 201 Tallapoosa St; Zi. ab 189 US$; P ❄ @ ☜ ≋) Ein riesiges Kettenhotel und doch die schönste Unterkunft der Stadt; zudem noch gut gelegen.

Dreamland BBQ BARBECUE $
(www.dreamlandbbq.com; 101 Tallapoosa St; Hauptgerichte 8–11 US$; ⏲ So–Do 11–21, Sa 22 Uhr) Der Laden gehört zu einer in Alabama ansässigen Kette. Die Rippchen, die Schweinehack-Sandwiches und der traditionelle Bananenpudding sind aber allesamt solide. Das Lokal ist die kulinarische Wiege von Alley, dem Herzstück der neu gestalteten Innenstadt.

★**Central** STEAK $$$
(www.central129coosa.com; 129 Coosa St; Hauptgerichte 18–33 US$; ⏲ Mo–Fr 11–14, Mo–Sa 17.30 Uhr–open end) Dieses überwältigende Lokal mit seinem kreativen Interieur, der Bar aus recyceltem Holz und den luxuriös gestalteten Sitzbereichen steht bei Gourmets ganz hoch im Kurs. Das Central hat sich auf über Holzfeuer gebratene Fisch- und Hähnchengerichte, Steaks und Koteletts spezialisiert.

Praktische Informationen

Montgomery Area Visitor Center (☎ 334-262-0013; www.visitingmontgomery.com; 300 Water St; ⏲ Mo–Sa 8.30–17 Uhr) Touristeninformation und nützliche Website.

Anreise & Unterwegs vor Ort

Der **Montgomery Regional Airport** (MGM; www.montgomeryairport.org; 4445 Selma Hwy) liegt rund 15 Meilen (24 km) vom Zentrum entfernt und wird täglich ab Atlanta, Charlotte und Dallas angeflogen. Auch **Greyhound** (☎ 334-286-0658; www.greyhound.com; 950 W South

Blvd) fährt die Stadt an. Für den berühmten städtischen Busverkehr ist das **Montgomery Area Transit System** (www.montgomerytransit.com; Tickets 1 US$) zuständig.

Selma

Am 7. März 1965, dem „blutigen Sonntag" (Bloody Sunday) berichteten die Medien darüber, wie die Polizei von Alabama mit ihren Hilfskräften in der Nähe der **Edmund Pettus Bridge** (Broad St & Walter Ave) Afroamerikaner und weiße Sympathisanten zusammenschlug und mit Tränengas besprühte. Die Menge war auf dem Weg nach Montgomery, in die Hauptstadt des Bundesstaats, um gegen die Ermordung eines einheimischen schwarzen Aktivisten zu demonstrieren, der von der Polizei während einer Kundgebung für das Wahlrecht umgebracht worden war. Die Bilder wurden an jenem Abend von jedem Fernsehsender im Land ausgestrahlt, und es war das erste Mal, dass Amerikaner, die nicht in den Südstaaten lebten, Zeugen der entsetzlichen Ausmaße dieses Kampfes wurden. Überall regte sich Bestürzung und Empörung, und die Unterstützung für die Bürgerrechtsbewegung wuchs. Martin Luther King machte sich eilig auf den Weg nach Selma, und nachdem ein zweiter Versuch aufgrund anhaltender Gewaltandrohungen zunächst abgebrochen wurde, führte er gemeinsam mit anderen den viertägigen, 87 km langen Marsch nach Montgomery an. Die ganze Aktion, der sich 8000 Menschen anschlossen, endete mit einer seiner typischen Reden auf den Stufen des Kapitols. Wenig später unterzeichnete Präsident Johnson den Voting Rights Act von 1965 über das Wahrecht von Minderheiten.

Die Geschichte Selmas wird im **National Voting Rights Museum** (☎334-327-8218; www.nvrm.org; 1012 Water Ave; Erw./Senior & Student 6/4 US$; ⏲Mo–Do 10–16 Uhr) nahe der Edmund Pettus Bridge erzählt. Detailliertere Infos vermittelt das **Lowndes County Interpretive Center** (www.nps.gov/semo; 7002 US Hwy 80; ⏲9–16.30 Uhr) auf halbem Weg zwischen Selma und Montgomery. Sonderbarerweise hatte der Oberste Gerichtshof der Vereinigten Staaten zum Zeitpunkt unserer Recherche gerade entschieden, dass der Voting Rights Act verfassungswidrig sei – eine kontroverse Entscheidung, die über die Parteigrenzen zu Diskussionen geführt hat. Die Verabschiedung des Bundesgesetzes war zum Zeitpunkt der Bürgerrechtsbewegung der Schlüssel zum Sieg gewesen. Welche Auswirkungen diese aktuelle Entscheidung nun haben wird, ist noch unklar, einige Beobachter befürchten jedoch, dass dies den Zugang zu den Urnen schwieriger gestalten könnte. Staaten wie Florida etwa werden beim Thema Wahlrecht immer wieder der Rassendiskriminierung beschuldigt.

Mobile

Mobile (ausgesprochen „mou-*biel*") ist die einzige wirkliche Küstenstadt Alabamas. Sie liegt eingekeilt zwischen Mississippi und Florida und ist eine geschäftige Hafenstadt mit Grünflächen, schattigen Boulevards und vier historischen Vierteln. Zum Frühlingsanfang leuchten hier überall die Azaleen, und den ganzen Februar hindurch feiert die Stadt den **Mardi Gras** (www.mobilemardigras.com) – und das schon seit bald 200 Jahren. Im historischen Viertel rund um die Dauphin St sind die meisten Bars und Restaurants angesiedelt. Dort liegt auch der ausgelassene Schwerpunkt der Mardi-Gras-Veranstaltungen.

Die **USS Alabama** (www.ussalabama.com; 2703 Battleship Pkwy; Erw./Kind 15/6 US$; ⏲April–Sept. 8–18 Uhr, Okt.–März bis 17 Uhr) ist ein 210 m langer Koloss, der bekannt dafür ist, im Zweiten Weltkrieg neun Seeschlachten unbeschadet überstanden zu haben. Eine Besichtigung lohnt sich allemal und erfolgt auf eigene Faust. Parken kostet 2 US$.

Die beste Übernachtungsoption in Mobiles Innenstadt ist das **Battle House** (☎251-338-2000; www.marriott.com; 26 N Royal St; Zi. ab 159 US$; P❄@📶🏊). Man sollte versuchen, im ursprünglichen historischen Flügel mit seiner reich verzierten, mit einer Kuppel versehenen Marmor-Lobby unterzukommen. Der neue, beeindruckende Turm steht dafür jedoch direkt am Wasser. Das baufällige **Callaghan's Irish Social Club** (www.callaghansirishsocialclub.com; 916 Charleston St; Burger 7–9 US$; ⏲Mo 11–21, Di & Mi 11–22, Do–Sa 11–23 Uhr) serviert die besten Burger der Stadt und wird immer wieder unter die besten Bars des Landes gewählt. Das Gebäude aus den 1920er-Jahren im Viertel Oakleigh beherbergte einst einen Fleischmarkt und ist nicht zu verfehlen. Das 1938 eröffnete **Wintzell's** (☎251-432-4605; www.wintzellsoysterhouse.com; 605 Dauphin St; Hauptgerichte 11–23 US$; ⏲So–Do 11–22, Fr & Sa bis 23 Uhr) liegt näher an der Innenstadt und bietet in einer Brauhausatmosphäre Austern in jeglicher Ausführung an: roh, gebraten oder auf Holzkohle gegrillt.

MISSISSIPPI

Mississippi ist einer der am häufigsten missverstandenen (und am stärksten mythologisierten) US-Staaten. Prächtige Straßen, schäbige Juke Joints, knusprig gebratene Welse, hoch geschätzte Schriftsteller und hektargroße Baumwollfelder haben das Gebiet geprägt. Die meisten Menschen geben sich damit zufrieden, über Mississippi die Nase zu rümpfen, ohne jemals dort gewesen zu sein. Lange wurde der Staat wegen seiner beschämenden Bürgerrechtsgeschichte, der miesen Wirtschaftslage und schlechter Bildungschancen verachtet. Ein Aufenthalt hier vermittelt aber eine Ahnung vom wahren Süden.

An- & Weiterreise

Auf der Reise durch Mississippi bieten sich drei beliebte Routen an. Die I-55 und der US-61 verlaufen beide von Nord nach Süd von den Grenzen des Bundesstaats im Norden bis zu seinen Grenzen im Süden. Der US-61 führt durch das Delta, die I-55 verläuft durch Jackson. Der fabelhafte Natchez Trace Parkway durchquert den Staat von Tupelo nach Natchez.

KURZINFOS MISSISSIPPI

Spitzname Magnolia State

Bevölkerung 3 Mio.

Fläche 121487 km²

Hauptstadt Jackson (175437 Ew)

Verkaufssteuer 7%

Geburtsort von Schriftstellerin Eudora Welty (1909–2001), den Musikern Robert Johnson (1911–1938), Muddy Waters (1913–1983), B.B. King (geb. 1925) und Elvis Presley (1935–1977), dem Aktivisten James Meredith (geb. 1933) und von Puppenspieler Jim Henson (1936–1990)

Heimat des Blues

Politische Ausrichtung traditionell konservativ, gab allerdings seit dem Zweiten Weltkrieg Kandidaten von Drittparteien mehr Stimmen als jeder andere Bundesstaat

Berühmt für Baumwollfelder

Kitschigstes Souvenir Elvis-Presley-Lunchbox aus Tupelo

Entfernungen Jackson–Clarksdale 187 Meilen (299 km), Jackson–Ocean Springs 176 Meilen (282 km)

Praktische Informationen

Mississippi Division of Tourism Development (☎ 601-359-3297; www.visitmississippi.org) Hat eine Liste der Touristeninformationen sowie eine Auswahl thematischer Reiserouten, von denen die meisten gut durchdacht sind und tiefere Einblicke gewähren.

Mississippi Wildlife, Fisheries, & Parks (☎ 1-800-467-2757; www.mississippistateparks.reserveamerica.com) Je nach Ausstattung kostet das Campen 12 bis 28 US$. In manchen Parks können auch Hütten gemietet werden.

Tupelo

Wer nicht gerade in aller Ruhe den Natchez Trace Pkwy erkunden möchte, wird wohl nicht allzu lange in Tupelo bleiben. Elvis-Fans werden aber durchaus einen amüsanten Nachmittag hier verbringen.

Die **Geburtsstätte Elvis Presleys** (☎ 662-841-1245; www.elvispresleybirthplace.com; 306 Elvis Presley Blvd; Erw./Senior/Kind 15/12/6 US$; ⏲ Mo–Sa 9–17.30, So 13–17 Uhr) liegt östlich der Downtown abseits des Hwy 78. Auf der 6 ha großen Anlage befinden sich die Hütte mit zwei Zimmern, in der Elvis als Kind lebte, ein Museum, in dem persönliche Gegenstände ausgestellt sind, und ein riesiger Souvenirladen. In der bescheidenen Kapelle, die der kleine Elvis oft mit seiner Mutter besucht hat, wurde er vom Musikfieber gepackt und tanzte auch schon mal durch den Mittelgang.

Oxford

Oxford ist einer jener Orte, die einen, hat man sich erst einmal von ihm gefangen nehmen lassen, nicht mehr loslassen. Das gesellschaftliche Leben Oxfords findet rund um den altertümlich hübschen und doch hippen **Square** statt, der von einladenden Bars, tollen Restaurants und guten Shoppingmöglichkeiten gesäumt ist. Dort befindet sich auch die **University of Mississippi** (www.olemiss.edu), hier einfach nur Ole Miss genannt. Rund um den Campus und sogar mitten darauf finden sich ruhige Straßen mit Wohnhäusern aus der Antebellum-Ära im Schatten majestätischer Eichen, darunter auch William Faulkners einstiges Wohnhaus. Oxford hat gerade einmal 10 000 Einwohner, die 18 000 Studenten verleihen dem Ort aber ein jugendliches, lebendiges Flair.

Oxford ist am besten über den Hwy 6 zu erreichen, der zwischen Clarksdale und Tupelo im nördlichen Mississippi verläuft.

Sehenswertes & Aktivitäten

Der fabelhafte, 1 km lange und nicht sehr anspruchsvolle **Bailee's Woods Trail** verbindet zwei der beliebtesten Sehenswürdigkeiten des Ortes miteinander, nämlich Rowan Oak und das University of Mississippi Museum.

Rowan Oak HISTORISCHES GEBÄUDE
(www.rowanoak.com; Old Taylor Rd; Erw./Kind 5 US$/frei; Di–Sa 10–16, So 13–16 Uhr) Literaturfans eilen schnurstracks zum wunderschönen, aus den 1840er-Jahren stammenden Wohnsitz von William Faulkner. Er war der Autor sehr vieler brillanter und tiefgründiger Romane, deren Schauplatz Mississippi ist; sein Werk wird alljährlich im Juli mit einer Tagung in Oxford gewürdigt. Besucher können Rowan Oak, wo Faulkner von 1930 bis zu seinem Tod 1962 lebte, auf eigene Faust erkunden. Die Angestellten können einem den Weg zu **Faulkners Grabstelle** auf dem St. Peter's Cemetery nordöstlich des Square weisen.

University of Mississippi Museum MUSEUM
(www.museum.olemiss.edu; University Ave an der 5th St; Eintritt 5 US$; Di–Sa 10–18 Uhr) Das Museum zeigt Kunstwerke, Volkskunst, eine Konföderiertenuniform sowie eine Vielzahl kleiner naturwissenschaftlicher Wunder, etwa ein Mikroskop oder einen Elektromagneten aus dem 19. Jh.

Schlafen & Essen

Die günstigsten Übernachtungsoptionen finden sich am Stadtrand in Form von Kettenhotels. Rund um den Square gibt es einige prima Restaurants.

★ **(5) Twelve** B&B $$
(662-234-8043; www.the5twelve.com; 512 Van Buren Ave; Zi. ab 115 US$;) Das Gebäude, in dem dieses B&B mit seinen sechs Zimmern untergebracht ist, wurde im Stil der Antebellum-Ära erbaut, versprüht innen durch die mit Tempur-Matratzen ausgestatteten Betten und die Flachbild-TVs allerdings ein modernes Flair. Im Zimmerpreis inbegriffen ist ein großzügiges Südstaaten-Frühstück, das vorab bestellt werden muss. Das Haus liegt nur einen kurzen Fußmarsch von den Geschäften und Restaurants der Stadt entfernt, und die Besitzer sorgen dafür, dass man sich wie daheim fühlt.

Inn at Ole Miss HOTEL $$
(662-234-2331; www.theinnatolemiss.com; 120 Alumni Dr; Zi. ab 129 US$;) Wenn am Wochenende nicht gerade ein Footballspiel ansteht (dann ist nämlich eine Reservierung weit im Voraus empfehlenswert), wird man in diesem Hotel mit Konferenzzentrum direkt am Ole Miss Grove sicher auch noch kurzfristig eines der 180 hübschen Zimmer ergattern können. Es geht hier zwar weniger persönlich zu als in den kleinen Inns der Stadt, dafür ist es komfortabel, gut gelegen und von der Downtown auch zu Fuß nicht weit entfernt.

Bottletree Bakery BÄCKEREI $
(www.bottletreebakery.net; 923 Van Buren; Gebäck 3–4 US$, Hauptgerichte 6–9 US$; Di–Fr 7–16, Sa 9–16, So bis 14 Uhr;) Hier werden exzellente Backwaren, tellergroße Zimtschnecken, täglich andere Brioches, Streuselgebäck, gigantische Schokoladencroissants und eine gute Auswahl von Sandwiches und Salaten verkauft.

★ **Snackbar** MODERN-AMERIKANISCH $$
(662-236-6363; www.citygroceryonline.com; 721 N Lamar Blvd; kleine Gerichte 6–12 US$, Hauptgerichte 11–26 US$; Mo–Sa 16–24 Uhr) Ein fabelhaftes Juwel in einer sonst nichtssagenden Mini-Mall. Die Spezialität des Lokals sind handgemixte Cocktails, aber auch die exquisite Theke voller Meeresfrüchte (Austern, Blaukrabben, Shrimps) und die kleinen Gerichte, die von Austern über Maisgrütze bis zu Grünkohl-Caesar-Salat reichen, sind sehr beliebt. Der Burger ist legendär. Serviert wird das Ganze in einem etwas düsteren Ambiente mit einer coolen Einrichtung aus Hartholz.

Taylor Grocery SEAFOOD $$
(www.taylorgrocery.com; 4 County Rd 338 A; Gerichte 9–15 US$; Do–Sa 17–22, So bis 21 Uhr) Bei diesem grandiosen rustikalen Restaurant, das sich auf Welse spezialisiert hat, muss man mit Wartezeiten rechnen – sogar auf dem Parkplatz. Den Wels gibt's gebraten oder gegrillt, und wer einen Stift dabei hat, kann sich an der Wand verewigen. Das Lokal liegt an der Old Taylor Rd, etwa 7 Meilen (11 km) in südlicher Richtung von der Innenstadt entfernt.

DER FUSSMARSCH DES JAMES MEREDITH

The Grove, das schattige Herzstück der Ole Miss (University of Mississippi), ist normalerweise ein friedlicher Ort – wenn nicht gerade Football-Samstag ist und dem Spiel hier mit Blasmusik entgegengefiebert wird.

Am 1. Oktober 1962 war es jedoch der Schauplatz einer der erschütterndsten Szenen der Bürgerrechtsbewegung, als der junge Student James Meredith in Begleitung seines Studienberaters und Vorsitzenden der National Association for the Advancement of Colored People in Mississippi, Medgar Evers, durch einen gewaltbereiten Mob von Befürwortern der Rassentrennung schritt, um sich als erster afroamerikanischer Student an der Ole Miss einzuschreiben. Eigentlich hätte er dies schon zehn Tage zuvor tun sollen, was aber zu Ausschreitungen geführt hatte, woraufhin die Kennedy-Regierung 500 Bundespolizisten und die Nationalgarde einsetzen musste, um seine Sicherheit zu gewährleisten.

Evers wurde später ermordet, und Meredith ging zu Fuß durch den Bundesstaat, um die Öffentlichkeit für die Rassengewalt in Mississippi zu sensibilisieren. Einige Briefe Merediths sind in der Universitätsbibliothek im **Center for Southern Culture** (☎ 662-915-5855; 1 Library Loop, University of Mississippi; ⏲ Mo–Do 8–21, Fr bis 16, Sa bis 17, So 13–17 Uhr; 👪) GRATIS ausgestellt.

☆ Unterhaltung

Am letzten Dienstag im Monat findet der immer beliebter werdende **Art Crawl** statt, bei dem kostenlos nutzbare Busse zwischen Galerien in der ganzen Stadt verkehren und beschwipste Kunstliebhaber von A nach B kutschieren. Für Knabbereien und Wein ist nicht zu knapp gesorgt.

Proud Larry's LIVEMUSIK
(☎ 662-236-0050; www.proudlarrys.com; 211 S Lamar Blvd; ⏲ Auftritte 21.30 Uhr) In dieser kultigen Musikstätte am Square treten immer sehr gute Bands auf. Außerdem ist das Kneipenessen, das hier mittags und abends vor Beginn der Shows serviert wird, echt lecker.

Rooster's Blues House BLUES
(www.roostersblueshouse.com; 114 Courthouse Sq) Beseelte Blues-Musik am Wochenende.

The Lyric VERANSTALTUNGSORT
(☎ 662-234-5333; www.thelyricoxford.com; 1006 Van Buren Ave) In diesem alten Backsteinhaus ist ein kleines, süßes Theater mit Betonfußböden, freiliegenden Dachsparren und Balkon untergebracht, in dem auch Indie-Bands wie Beach House und Band of Horses auftreten.

Shoppen

Square Books BUCHLADEN
(☎ 662-236-2262; www.squarebooks.com; 160 Courthouse Sq; ⏲ Mo–Do 9–21, Fr & Sa bis 22, So bis 18 Uhr) Square Books ist einer der großartigsten unabhängigen Buchläden in den USA und gleichzeitig das Epizentrum der lebhaften Literaturszene Oxfords. Nicht selten sind hier Schriftsteller von außerhalb zu Gast. Im 1. Stock gibt's ein Café und einen Balkon, sowie eine ganze Sektion, die William Faulkner gewidmet ist. Im nahe gelegenen **Square Books Jr.** werden Kinderbücher und Jugendliteratur verkauft. **Off Square** hat gebrauchte Bücher im Sortiment.

Southside Gallery KUNST
(www.southsideartgallery.com; 150 Courthouse Sq; ⏲ Di–Sa 10–18 Uhr) Die beste Kunstgalerie in der Innenstadt von Oxford konzentriert sich auf lokale, aufstrebende Künstler. Die modernen Kunstwerke reichen von abstrakt bis realistisch und von großformatig bis (etwas übertrieben) klein.

Mississippi-Delta

Die amerikanische Musik nahm in dieser landwirtschaftlich genutzten Flussniederung entlang dem Hwy 61 ihren Anfang. Sie wurde von Afrika aus in den Herzen der Sklaven in die neue Welt transportiert, entwickelte sich zu Liedern, die bei der Arbeit auf den Feldern gesungen wurden, und brannte sich in das Gedächtnis eines Troubadours ein, der gerade seine Naturalpacht entrichtet hatte und auf seinen Zug zurück nach Hause wartete. In Tutweiler hörte W.C. Handy mit und schrieb diesen Rhythmus nieder. In Clarksdale verkaufte Robert Johnson, wie es heißt, seine Seele an einer Kreuzung an den Teufel und wurde zum ersten Gitarrenhelden Amerikas. Das Delta ist zwar auch die Heimat des Soul Food und blickt auf eine blutige, bedeutsame Vergangenheit zurück, der größte Exportschlager und sein großes Erbe ist und bleibt jedoch der Blues. Ohne die Musik des Mississippi-Deltas, das sich von Memphis bis nach Vicksburg erstreckt, hätte es die Beatles, die Stones, Hendrix und Led Zeppelin nicht gegeben, und auch der Hip-Hop wäre nicht das, was er heute ist.

Clarksdale

Clarksdale ist der beste Ausgangspunkt für die Erkundung des Mississippi-Deltas. Hier gibt es mehr komfortable Hotelzimmer und moderne, gute Restaurants als im ganzen Rest des Deltas zusammen. Außerdem liegt es von keiner Sehenswürdigkeit rund um die Blues-Musik weiter als eine zweistündige Autofahrt entfernt, und am Wochenende geben sich die großen Namen des Blues in den Veranstaltungsstätten der Stadt die Ehre.

Sehenswertes

Die **Kreuzung** des Hwy 61 und Hwy 49 ist der Ort, an dem Robert Johnson seinen sagenhaften Pakt mit dem Teufel geschlossen haben soll. Die Kreuzung wurde durch seinen Song *Cross Road Blues* unsterblich.

Delta Blues Museum MUSEUM
(www.deltabluesmuseum.org; 1 Blues Alley; Erw./Senior & Student 7/5 US$; ⌚ Mo–Sa 9–17 Uhr) Hier wird eine kleine, aber gut sortierte Sammlung von Erinnerungsstücken ausgestellt. Zum Schrein für die Delta-Legende Muddy Waters gehört auch die originale Hütte, in der er aufwuchs. Zudem gibt's lokale Kunstwerke und einen Souvenirshop.

Rock 'N' Roll & Blues Heritage Museum MUSEUM
(☎ 901-605-8662; www.blues2rock.com; 113 E Second St; Eintritt 5 US$; ⌚ Di–Sa 11–17 Uhr) Ein niederländischer Auswanderer und Blues-Fanatiker stellt in diesem Museum seine beeindruckende Privatsammlung von Platten, Erinnerungsstücken und anderen Gegenständen aus, die vom Rock'n' Roll und vom Blues der 1970er-Jahre erzählen.

Feste & Events

In Clarksdale finden zwei große Blues-Festivals statt.

Juke Joint Festival MUSIK
(www.jukejointfestival.com; Tickets 15 US$; ⌚ April) Bei diesem dreitägigen Festival steigen über 120 Events (etwa 100 tagsüber und um die 20 abends) an Veranstaltungsorten in und um Clarksdale.

Sunflower River Blues & Gospel Festival MUSIK
(www.sunflowerfest.org; ⌚ Aug.) Mit berühmteren Stars als das Juke Joint Festival.

Schlafen & Essen

Shack Up Inn INN $$
(☎ 662-624-8329; www.shackupinn.com; Hwy 49; Zi. 75–165 US$; P ❄ ᯤ) Das selbst ernannte

EIN STREIFZUG DURCH DIE JUKE POINTS

Der Begriff *juke* wird zurückgeführt auf das westafrikanische Wort aus der Gullah-Sprache (einer Kreolsprache auf Grundlage des Englischen, die von isoliert lebenden Afroamerikanern in den USA gesprochen wird). Es bedeutet so viel wie „übel" oder „liederlich" und passt demnach perfekt auf die Straßenkneipen im Mississippi-Delta, in denen gottlose Musik, gewagte Tänze, Trinkgelage und – in einigen Fällen – Prostitution an der Tagesordnung waren. Der Begriff Jukebox kam in Mode, als Schallplatten in automatischen Plattenwechslern aufgelegt wurden, die die Livemusiker in diesen Läden (und auch in Cafés und Bars) nach und nach verdrängten.

Die meisten Juke Joints sind Clubs in afroamerikanischen Vierteln; Ausländer sieht man eher selten, und meistens hängen in den Spelunken nur Männer ab. Es gibt kaum Läden, in die einheimische Frauen, allein oder in der Gruppe, ohne Begleitung gehen würden – hartnäckiges „Interesse" ist an der Tagesordnung.

Einen Einblick in die Juke-Joint-Szene bekommt man im Red's, einem großen, freundlichen, etwas kitschigen Saal mit jeder Menge Graffiti und einer von Tischen umgebenen Tanzfläche. Im Gegensatz dazu wirkt das **Red's** (☎ 662-627-3166; 395 Sunflower Ave, Clarksdale), das üblicherweise am Freitag- und Samstagabend geöffnet ist, auf Außenstehende zunächst ein wenig einschüchternd; dennoch ist es eines der besten Jukes in Clarksdale. Wenn die Feuerstelle qualmt, bestellen, was auch immer da brutzelt!

„Beer & Breakfast“ auf der Hopson Plantation liegt 2 Meilen (3,2 km) südlich an der Westseite des Hwy 49 und versprüht jede Menge Blues-Flair. Gäste kommen in umgebauten Pächterhütten oder in einer kreativ renovierten ehemaligen Baumwollverarbeitungshalle unter. Die Hütten haben überdachte Veranden und sind mit alten Möbeln und Musikinstrumenten ausgestattet. Die alte Verpflegungsstation, die mit Kirchenbänken bestückte Juke Joint Chapel, ist eine stimmungsvolle Location für Livemusikveranstaltungen. Die ganze Anlage strotzt nur so vor authentischer Blues-Atmosphäre und Südstaaten-Charme – vielleicht eine der coolsten Unterkünfte überhaupt.

Lofts at the Five & Dime LOFTS **$$**
(☎888-510-9604; www.fiveanddimelofts.com; 211 Yazoo St; Loft 150–175 US$) In einem Gebäude von 1954 sind diese sechs feudalen, loftähnlichen Apartments untergebracht. Die vollwertigen Küchen sind mit Theken aus Betonformteilen ausgestattet, sowohl in den Wohnzimmern als auch in den Schlafzimmern stehen riesige Flachbild-TVs, die Bäder sind mit Terrazzo-Duschen versehen, und während des Aufenthalts werden die Gäste kostenlos mit Limonade und Mineralwasser versorgt. Hier haben bis zu vier Personen bequem Platz.

Abe's BARBECUE **$**
(☎662-624-9947; 616 State St; Sandwiches 4–6 US$, Tellergerichte 6–14 US$; ⌚Mo–Do 10–21, Fr & Sa bis 22, So 11–14 Uhr; 👪) Schon seit 1924 werden im Abe's an der Crossroads leckere Schweinefleisch-Sandwiches, würziger Krautsalat und feurig-scharfe Tamales serviert.

★ **Yazoo Pass** CAFÉ **$$**
(www.yazoopass.com; 207 Yazoo Ave; Hauptgerichte mittags 6–10 US$, abends 13–26 US$; ⌚Mo–Sa 7–21 Uhr; 📶) Ein modernes Lokal, in dem morgens frisches Teegebäck und Croissants, mittags Salate vom Buffet, Sandwiches und Suppe und zum Abendessen in der Pfanne gebratener Gelbflossen-Thun, Filet Mignon, Burger und Pasta serviert werden.

Rust SÜDSTAATENKÜCHE **$$**
(www.rustclarksdale.com; 218 Delta Ave; Hauptgerichte 12–36 US$; ⌚Di–Do 18–21, Fr & Sa bis 22 Uhr) Hier wird in einer netten Atmosphäre zwischen schrottmäßig-schicker Dekor gepimpte südstaatentypische Hausmannskost aufgetischt (Rib-Eye-Steak vom Grill mit Chili-Senf oder Frikadellen aus Langustenfleisch mit gegrilltem Spargel). Toller Ort für einen Happen zwischen die Beißerchen, bevor man in den Abend startet!

☆ Unterhaltung

Red's BLUES
(☎662-627-3166; 395 Sunflower Ave; Eintritt 10 US$; ⌚Livemusik Fr & Sa 21 Uhr) Clarksdales bester Juke Joint wird von neonrotem Stimmungslicht erhellt, die Decken sind mit Plastikplanen abgehängt, und überhaupt ist er irgendwie vom Zerfall gekennzeichnet – auf beseelte Weise, versteht sich. Dies ist der beste Ort der Stadt, um Blues-Musikern beim „Trübsinnblasen“ (das bedeutet *blues* eigentlich) zuzuhören. Vielleicht hat Red, der Betreiber der Bar, ja unterm Tresen noch einen Schwarzgebrannten herumstehen.

Ground Zero BLUES
(www.groundzerobluesclub.com; 0 Blues Alley; ⌚Mo–Di 11–14, Mi & Do bis 23, Fr & Sa bis 1 Uhr) Wer Blues in einer etwas feineren Umgebung erleben möchte, der schaut am besten in Morgan Freemans Club Ground Zero vorbei. In der großen, freundlichen Halle gibt es eine Tanzfläche mit Tischen ringsherum. Mittwochs bis samstags treten hier Bands auf.

🔒 Shoppen

Cat Head Delta Blues & Folk Art KUNST & KUNSTHANDWERK
(www.cathead.biz; 252 Delta Ave; ⌚Mo–Sa 10–17 Uhr) Der freundliche, sehr geschäftstüchtige Roger Stolle aus St. Louis ist nicht nur Schriftsteller, sondern betreibt auch noch dieses bunte, universelle und gut sortierte Blues-Kaufhaus. In den Regalen stapeln sich Bücher, Krüge mit Gesichtern, hiesige Kunstwerke und Blues-Platten. Stolle scheint alle und jeden im Delta zu kennen und weiß immer, welche Band wann und wo spielen wird.

Rund um Clarksdale

Für eine so ärmliche, flache Gegend besitzt das Delta eine überraschend große Anzahl unkonventioneller, kleiner Örtchen, deren Erkundung sich allemal lohnt.

In dem am Hwy 49 gelegenen Ort **Tutwiler** begann die Verwandlung des Blues von einer mündlich überlieferten Tradition hin zu einer populären Kunstform. Während W.C. Handy, der als der Vater des Blues gilt, hier 1903 auf einen Zug wartete, hörte er erstmals einen Sharecropper (Pächter, der Naturalpacht zu entrichten hatte), wie dieser im 12er-Takt betend lamentierte. Neun Jahre später transkribierte er diese Melodie; als Blues-Pionier wurde er aber erst anerkannt, als sein Stück *Beale Street Blues* 1916 zum Erfolg wurde. Dieses Aufeinandertreffen ist in Form einer Wandmalerei an den **Tutwiler Tracks** (abseits Hwy 49, Tutwiler;) verewigt.

Östlich von Greenville führt der Hwy 82 aus dem Delta hinaus. Am Ausgangspunkt der Straße, die auch als der **Blues Highway** bekannt ist, befindet sich das **Highway 61 Blues Museum** (www.highway61blues.com; 307 N Broad St; Nov.–Feb. Di–Sa 10–16 Uhr, März–Okt. Mo–Sa 10–17 Uhr), das in sechs kleinen, vor Informationen nur so strotzenden Ausstellungsräumen den Blues-Musikern des Deltas huldigt. In **Leland** (www.lelandms.org) wird im Juni das **Highway 61 Blues Festival** gefeiert.

Es lohnt sich, im winzigen Deltastädtchen **Indianola** einen Halt einzulegen, um das faszinierende und moderne **BB King Museum and Delta Interpretive Center** (www.bbkingmuseum.org; 400 Second St; Erw./Student/Kind 10/5 US$/frei; Di–Sa 10–17, So–Mo 12–17 Uhr, Nov.–März Mo geschl.) zu besuchen. Es ist das beste Blues-Museum im Delta und randvoll mit interaktiven Exponaten, Videopräsentationen und einer unglaublichen Zahl von Artefakten zu B. B. King. Sie beleuchten hervorragend die Geschichte und das Erbe des Blues und machen damit die Seele des Deltas spürbar.

Im einst ärmlichen Kleinstädtchen **Greenwood** liegt dank einer Investition der Viking Range Corporation, die ihre Zentrale hier hat, ein Hauch von Opulenz in der Luft. Besucher sind in der Regel wohlhabende Stammgäste oder gut betuchte Urlauber, die sich im vornehmsten Hotel im Delta, dem von Viking betriebenen **Alluvian** (662-453-2114; www.thealluvian.com; 318 Howard St; Zi. 200–215 US$;), verwöhnen lassen wollen. Das nahe gelegene **Delta Bistro** (662-455-9575; www.deltabistro.com; 117 Main St, Greenwood; Hauptgerichte 9–24 US$; Mo–Sa 11–21 Uhr) ist das beste Restaurant in der Region.

Vicksburg

Vicksburg war aufgrund seiner Lage auf einem hohen Felsvorsprung über dem Mississippi im Bürgerkrieg von besonderer strategischer Bedeutung. General Ulysses S. Grant belagerte die Stadt 47 Tage lang, bis sie sich am 4. Juli 1863 ergab und die Union fortan die Kontrolle über Nordamerikas größten Fluss übernahm. Der Krieg war damit so gut wie entschieden, aber noch lange nicht beendet.

Sehenswertes & Aktivitäten

Die wichtigsten Sehenswürdigkeiten sind leicht vom Exit 4B (Clay St) der I-20 aus zu erreichen.

Der **National Military Park** (www.nps.gov/vick; Clay St; pro Auto/Pers. 8/4 US$; Okt.–März 8–17 Uhr, April–Sept. bis 19 Uhr) liegt nördlich der I-20 und ist Vicksburgs Hauptattraktion. Eine 16 Meilen (26 km) lange Fahrt führt an Infotafeln vorbei, auf denen die historischen Ereignisse während der Schlacht sowie Schlüsselszenen erklärt werden. Im Souvenirladen des Visitor Center kann man eine Audiotour zum Anhören im Auto kaufen. Alternativ kann die Tour auch mithilfe der vor Ort erhältlichen kostenlosen Straßenkarte komplett auf eigene Faust durchgeführt werden. Zwei Stunden einplanen! Eine weitere tolle Möglichkeit: mit dem eigenen Fahrrad losradeln. Auf dem Friedhof liegen etwa 17 000 Soldaten der Unionstruppen begraben. Im Mai und Juli werden **Szenen aus der Bürgerkriegsschlacht** nachgespielt.

Die historische Altstadt umfasst mehrere Blocks an der Washington St. Unten am Wasser befinden sich ein Block mit Wandmalereien zur Geschichte der Region und ein **Park mit Wasserspielen für Kinder**. Das überraschend interessante **Lower Mississippi River Museum** (601-638-9900; www.lmrm.org; 910 Washington St; ganzjährig Di–Sa 9–17 Uhr, April–Okt. So 13–17 Uhr) GRATIS widmet sich Themen wie dem berühmten Hochwasser von 1927. Kinder können sich derweil im Aquarium vergnügen und auf dem Forschungsschiff im Trockendock, der **M/V Mississippi IV**, herumtollen. Auf jeden Fall sollte man die **Attic Gallery** (601-638-9221; www.atticgallery.net; 1101 Washington St; Mo–Sa 10–17 Uhr) besuchen, eine kleine Schatztruhe mit Kunstwerken und Volkskunst aus dem gesamten Delta.

Schlafen & Essen

Corners Mansion B&B **$$**
(601-636-7421; www.thecorners.com; 601 Klein St; Zi. inkl. Frühstück ab 125 US$;) Das Beste an diesem B&B von 1873 sind die Hollywoodschaukeln auf der Veranda, von denen aus man über den Yazoo River und den Mississippi blickt. Der Garten und das Südstaatenfrühstück sind auch ganz nett.

Rusty's Riverfront Grill SÜDSTAATENKÜCHE $$
(www.rustysriverfront.com; 901 Washington St; Hauptgerichte 17–29 US$; ⊙Di–Fr 11–14 & 17–21.30, Sa 11–21.30 Uhr) Das bodenständige Grillrestaurant am nördlichen Ende der Innenstadt ist für sein sensationelles Rib-Eye-Steak bekannt, hat aber auch eine gute Auswahl von Meeresfrüchten nach Südstaaten-Art, etwa Crab Cake (Frikadellen aus Krabbenfleisch), gegrillten Rotbarsch oder einen leckeren Gumbo im New-Orleans-Stil, auf der Speisekarte stehen.

Jackson

Mississippis Hauptstadt ist zugleich seine größte Stadt. Auch Jackson musste schmerzlich erfahren, dass Menschen – sofern sie ein Auto besitzen – bevorzugt außerhalb der Stadt in den schicken Vororten leben. Das Ergebnis: Die Innenstadt, wenn auch prächtig und sehr gepflegt, wirkt wie ausgestorben. Man findet in Jackson so interessante Gegenden wie den flippigen Fondren District sowie einige gut gestaltete Museen und historische Stätten, die einen Einblick in die Kultur des Bundesstaats gewähren. Alles in allem lohnt sich ein Zwischenstopp in Jackson also.

Sehenswertes

★ **Mississippi Museum of Art** GALERIE
(www.msmuseumart.org; 380 South Lamar St; Dauerausstellungen frei, Sonderausstellungen 5–12 US$; ⊙Di–Sa 10–17, So 12–17 Uhr) GRATIS Dies ist Jacksons Attraktion schlechthin. Die Sammlung von Kunstwerken aus Mississippi – eine Dauerausstellung mit dem Namen *The Mississippi Story* – ist schlicht top.

Old Capitol Museum MUSEUM
(www.mdah.state.ms.us/museum; 100 State St; ⊙Di–Sa 9–17, So 13–17 Uhr) GRATIS Das Gebäude im Greek-Revival-Stil diente von 1839 bis 1903 als Kapitol von Mississippi und beherbergt heute ein Museum zur Geschichte des Bundesstaates mit zahlreichen Filmen und Ausstellungen. So erfährt man etwa, dass die Sezession alles andere als eine einstimmige Sache war und dass nach der Reconstruction einige der strengsten Black Codes (Gesetze zur Einschränkung der Rechte Schwarzer) eingesetzt wurden, die es in den Südstaaten vor der Zeit der Rassentrennung gab.

Eudora Welty House WAHRZEICHEN
(☎601-353-7762; www.mdah.state.ms.us/welty; 1119 Pinehurst St; ⊙Führung Di–Fr 9, 11, 13 & 15 Uhr) Wer sich für Literatur interessiert, sollte sich zu einer Führung durch das Welty House anmelden. Die mit dem Pulitzer-Preis ausgezeichnete Autorin lebte über 75 Jahre in dem im Tudor-Revival-Stil erbauten Haus, das heute dank Restaurierungsarbeiten ein detailgetreues historisches Prunkstück ist.

Smith Robertson Museum MUSEUM
(www.jacksonms.gov/visitors/museums/smithrobertson; 528 Bloom St; Erw./Kind 4,50/1,50 US$; ⊙Mo–Fr 9–17, Sa 10–14, So 14–17 Uhr) Das Museum befindet sich in der ersten öffentlichen Schule Mississippis für afroamerikanische Kinder, die auch der Schriftsteller Richard Wright besuchte. Es bietet Einblicke in die schmerzvolle und konfliktreiche afroamerikanische Geschichte in Mississippi.

Schlafen & Essen

Der Fondren District entwickelt sich zu einem künstlerisch angehauchten, unkonventionellen Stadtviertel mit tollen Restaurants, Kunstgalerien und Cafés, die die geschäftige Hauptstraße säumen.

Old Capitol Inn BOUTIQUEHOTEL $$
(☎601-359-9000; www.oldcapitolinn.com; 226 N State St; Zi. inkl. Frühstück ab 135 US$; P ❄ @ 📶 🏊) Dieses Boutiquehotel in der Nähe einiger Museen und Restaurants ist mit seinen 24 komfortablen und individuell eingerichteten Suite-Zimmern und dem Whirlpool im Dachterrassengarten eine wirklich tolle Option. Im Preis inbegriffen sind ein üppiges Südstaatenfrühstück und ein Snack mit Wein und Käse am frühen Abend.

Fairview Inn INN $$
(☎601-948-3429; www.fairviewinn.com; 734 Fairview St; Zi. inkl. Frühstück 129–329 US$; P ❄ @ 📶) Wer das Flair eines kolonialen Anwesens erleben möchte, ist in den 18 Zimmern des Fairview Inn genau richtig, das in einem umgebauten historischen Herrenhaus untergebracht ist. Die Einrichtung im alten Stil ist umwerfend, und es gibt sogar einen voll ausgestatteten Wellnessbereich.

High Noon Cafe VEGETARISCH $
(www.rainbowcoop.org; 2807 Old Canton Rd; Hauptgerichte 7–10 US$; ⊙Mo–Fr 11.30–14 Uhr; P 📶 ✍) 🌿 Keine Lust mehr auf Pulled Pork und Wels? Dieses vegetarische Bio-Grillrestaurant im Lebensmittelladen Rainbow Coop im Fondren District serviert Rote-Bete-Burger, Portabello-Reuben-Sandwiches und andere gesunde Leckereien. Hier bekommt man auch Bio-Lebensmittel.

★ Walker's Drive-In SÜDSTAATENKÜCHE $$$
(☎ 601-982-2633; www.walkersdrivein.com; 3016 N State St; Hauptgerichte mittags 10–17 US$, abends 25–35 US$; ⏲ Mo–Fr 11–14 & Di–Sa ab 17.30 Uhr) Das Retro-Diner wurde mit viel Liebe restauriert und mit modernem Südstaaten-Feinschmecker-Touch aufgepeppt. Zu Mittag gibt's hochwertige Diner-Kost wie gegrillte Rotbarsch-Sandwiches, weiche Burger und gegrillte Austern-Po'boys oder den außergewöhnlichen Salat mit schonend gegartem, mit Chili ummanteltem Thunfisch, zu dem feurige Tintenfischringe und Seetang serviert werden.

Abends wird in Sachen Gourmetkost noch eins draufgesetzt. Dann gibt's Porterhouse-Steak vom Lamm, Tintenfisch vom Holzkohlegrill und in Miso marinierten Seebarsch. Die Weinkarte ist hervorragend und der Service tadellos.

Mayflower SEAFOOD $$$
(☎ 601-355-4122; 123 W Capitol St; Hauptgerichte 21–29 US$; ⏲ Mo–Fr 11–14.30 & 16.30–21.15, Sa 16.30–21.30 Uhr) Das Mayflower wirkt wie eine x-beliebige Spelunke in der Innenstadt, ist aber ein verdammt gutes Fischrestaurant. Die Einheimischen schwören auf den gegrillten Rotbarsch und den griechischen Salat, den man mit den sensationellen, in der Pfanne gebratenen Jakobsmuscheln als Extra auch als Hauptgericht essen kann. Alle Zutaten sind frischer als frisch.

☆ Unterhaltung

★ F. Jones Corner BLUES
(www.fjonescorner.com; 303 N Farish St; ⏲ Di–Fr 11–14, Do–Sa 10 Uhr–open end) Wenn die anderen Bars in Jackson dicht machen, trifft sich alles in diesem bodenständigen Club in der Farish St. Es treten authentische Delta-Musiker auf, die schon mal bis zum Morgengrauen spielen. Vor 1 Uhr ist hier nichts los.

119 Underground BLUES
(www.underground119.com; 119 S President St; ⏲ Di 17–23, Mi–Do 16–24, Fr & Sa 16–2, Sa 18–2 Uhr) Der schräge, extrem coole Nachtclub serviert zu Blues, Jazz und Bluegrass exzellente Gerichte. Die Südstaaten-Fusion-Gerichte sind von den weiten Reisen, aber auch von den Erzeugnissen aus dem eigenen Garten des Küchenchefs geprägt.

ℹ Praktische Informationen

Convention & Visitors Bureau (☎ 601-960-1891; www.visitjackson.com; 111 E Capitol St, Suite 102; ⏲ Mo–Fr 8–17 Uhr) Kostenlose Infos.

ℹ An- & Weiterreise

Jackson liegt an der Kreuzung der I-20 mit der I-55 und ist deshalb leicht zu erreichen. Der internationale **Flughafen** (JAN; www.jmaa.com) liegt 10 Meilen (16 km) östlich der Downtown. Busse von **Greyhound** (☎ 601-353-6342; www.greyhound.cpm; 300 W Capitol St) fahren nach Birmingham (Alabama), Memphis (Tennessee) und New Orleans (Louisiana). Der Amtrak-Zug *City of New Orleans* hält am hiesigen Bahnhof.

Natchez

Das liebenswerte Natchez ist eine winzige kosmopolitische Enklave in Mississippi, in der die unterschiedlichsten Leute aufeinandertreffen – von schwulen Republikanern über intellektuelle Linke bis hin zum einfachen, bodenständigen Volk, das schon immer hier lebt. Das auf einem Felsvorsprung oberhalb des Mississippi gelegene Natchez lockt Touristen an, die sich für die Geschichte und Architektur aus der Zeit vor dem Bürgerkrieg interessieren: In der ältesten Siedlung am Mississippi (zwei Jahre älter als New Orleans) stehen 668 Häuser aus der Antebellum-Ära, und hier endet (bzw. beginnt) auch der malerische, 444 Meilen (714 km) lange Natchez Trace Pkwy, das Highlight des Staates für Radfahrer und Erholungsbedürftige.

Das große und gut organisierte **Visitor and Welcome Center** (☎ 601-446-6345; www.visitnatchez.org; 640 S Canal St; Führung Erw./Kind 12/8 US$; ⏲ Mo–Sa 8.30–17, So 9–16 Uhr) hält

PADDELN AUF DEM MISSISSIPPI

Glaubt man Keith Benoist, Fotograf, Landschaftsarchitekt und Mitbegründer des Kajak-Marathons **Phatwater Challenge** (www.kayakmississippi.com), so ist kein anderer Fluss in den Union-Staaten auf solch einer langen Strecke befahrbar wie der Mississippi. Der aus Natchez stammende Benoist trainiert für das 42 km lange Rennen, indem er regelmäßig 10 Meilen (16 km) auf dem Old River paddelt, einem verlassenen Arm des Mississippi, der von Zypressen gesäumt ist und in dem es vor Alligatoren nur so wimmelt. Wer ihn zufällig im Under the Hill Saloon trifft, wird vielleicht sogar zu einer Paddeltour mitgenommen.

Infos für Traveller bereit. Die Führungen durch die historische Innenstadt und zu den Herrenhäusern aus der Antebellum-Ära beginnen hier. Während der Hauptsaison im Frühjahr und Herbst sind die Herrenhäuser der Stadt für Besucher geöffnet.

Wer schon immer mal in einem historischen Wohnhaus übernachten wollte, kann dies im **Historic Oak Hill Inn** (☎601-446-2500; www.historicoakhill.com; 409 S Rankin St; Zi. inkl. Frühstück ab 125 US$; P ❄ ☰) tun, wo die Gäste in einem Originalbett von 1835 schlafen und unter Waterford-Gaskandelabern aus dem Jahr 1850 von Porzellan aus der Antebellum-Zeit speisen. In dem schon lange bestehenden B&B dreht sich alles um das puristische, aristokratische Leben zu jener Zeit. Das unmittelbar am Ufer gelegene **Mark Twain Guesthouse** (☎601-446-8023; www.underthehillsaloon.com; 33 Silver St; Zi. ohne Bad 65–85 US$; ❄ ☰) ist der ideale Ort, um seine Fähigkeiten im Steinewerfen zu testen. Zwei der drei Zimmer bieten Ausblick auf den Mississippi. Unterhalb der Pension befindet sich der alteingesessene **Under the Hill Saloon** (☎601-446-8023; 25 Silver St; ⏲9 Uhr–open end). Übernachtungsgäste checken in der Kneipe ein.

Der Heißhunger auf Südstaaten-Fusion-Küche kann im **Magnolia Grill** (☎601-446-7670; www.magnoliagrill.com; 49 Silver St; Hauptgerichte 13–20 US$; ⏲11–21, Fr & Sa bis 22 Uhr; 👪) gestillt werden. Das **Cotton Alley** (www.cottonalleycafe.com; 208 Main St; Hauptgerichte 10–15 US$; ⏲Mo–Sa 11–22 Uhr) ist eine gute Adresse für leichtere Gerichte.

Golfküste

Die Golfküste Mississippis ist quasi der Hinterhof von New Orleans. Traditionell war die hiesige Wirtschaft vom Fischfang geprägt, bis sie in den 1990er-Jahren einen Boom erlebte, als sich große Kasinos im Las-Vegas-Stil neben den verschlafenen Fischerdörfern ansiedelten. Dann setzten aber gleich zwei Schicksalsschläge der Region böse zu: Gerade als die Kasinos in Biloxi nach dem Hurrikan Katrina 2005 wieder aufgebaut waren, suchte 2010 infolge des Blowout auf der Ölbohrplattform Deepwater Horizon eine Ölpest die Golfküste heim. Dank der Düneninseln vor Mississippi trieb jedoch ein großer Teil des Öls in Richtung New Orleans und Alabama ab.

Trotz allem ist **Ocean Springs** auch weiterhin ein bezaubernder Ort mit einem Hafen voller romantischer Fischerboote und Segeljachten, einem historischen Altstadtkern und einem weißen, weichen Sandstrand am Golf von Mexiko. Das **Walter Anderson Museum** (www.walterandersonmuseum.org; 510 Washington St; Erw./Kind 10/5 US$; ⏲Mo–Sa 9.30–16.30, So 12.30–16.30 Uhr) ist das Highlight der Stadt. Anderson, ein Künstler mit Leib und Seele, der die Golfküste liebte, litt an einer Geisteskrankheit, die ein Sexualleben praktisch unmöglich machte und sein Lebenswerk inspirierte. Nach seinem Tod fand man in seiner Strandhütte auf **Horn Island** atemberaubende Wandgemälde, die jetzt im Museum zu sehen sind.

Auf dem Weg in die Downtown ist der Highway von Hotels gesäumt. Einen netten Campingplatz (und ein Visitor Center) gibt's im **Gulf Islands National Seashore Park** (www.nps.gov/guis; Zelt 16–20 US$) gleich außerhalb des Ortes.

ARKANSAS

Zwischen dem Mittleren Westen und den Südstaaten versteckt sich Arkansas („*ar*-ken-soh“), ein verkanntes Juwel der USA. Mit den verwitterten Berghängen der Ozarks und Ouachita („uosh-*ie*-tah“) Mountains, den klaren, reißenden Flüssen und den von zinnenartigen Felsvorsprüngen aus Granit und Kalkstein überspannten Seen ist es ein Paradies für Naturliebhaber. Im gesamten Bundesstaat gibt es außerordentlich schön gestaltete State Parks und schmale, einsame Straßen, die durch dichte Wälder führen und plötzlich atemberaubende Ausblicke auf liebliche Wiesen mit weidenden Pferden eröffnen. Die ländlichen Ortschaften Mountain View und Eureka Springs versprühen zudem einen urigen Charme. Man sollte sich also nicht von den Klischees über Wal-Mart und das Hinterwäldlertum abschrecken lassen. So sagte ein Einheimischer: „Man kann über Arkansas sagen, was man will, doch in jedem Fall ist es ein Naturparadies.“

ℹ Praktische Informationen

Arkansas State Parks (☎888-287-2757; www.arkansasstateparks.com) Die 52 State Parks von Arkansas werden tadellos verwaltet, 30 von ihnen bieten Campingmöglichkeiten (Stellplatz f. Zelt & Wohnmobil 12–55 US$, je nach Ausstattung). Einige der Parks haben sogar Lodges und Hütten. Sie sind sehr beliebt, und deshalb muss man am Wochenende und in den Ferien reservieren und mehrere Nächte bleiben.

KURZINFOS ARKANSAS

Spitzname Natural State

Bevölkerung 2,9 Mio.

Fläche 134 856 km²

Hauptstadt Little Rock (193 537 Ew.)

Weitere Städte Fayetteville (76 899 Ew.), Bentonville (38 294 Ew.)

Verkaufssteuer 6 %, plus 2 % Besucherabgabe und Gemeindesteuer

Geburtsort von General Douglas MacArthur (1880–1964), Musiker Johnny Cash (1932–2003), Ex-Präsident Bill Clinton (geb. 1946), Schriftsteller John Grisham (geb. 1955), Schauspieler Billy Bob Thornton (geb. 1955)

Heimat von Wal-Mart

Politische Ausrichtung Wie die meisten Staaten im Süden verwandelte sich der Staat in Opposition zur Bürgerrechtsbewegung in den 1960er-Jahren zu einer Republikaner-Hochburg

Berühmt für Football-Fans mit dem Kampfschrei *Calling the Hogs – Woooooooooo, Pig ! Sooie!*

Offizielles Musikinstrument des Staates Fiedel

Entfernungen Little Rock–Eureka Springs 182 Meilen (291 km), Eureka Springs–Mountain View 123 Meilen (197 km)

Little Rock

Wer der attraktiven, begrünten, am Arkansas River gelegenen Hauptstadt des Bundesstaates nur einen kurzen Besuch abstattet, der mag dem Irrglauben erliegen, es handele sich um eine ruhige, etwas glanzlose, biedere Stadt. Weit gefehlt: Little Rock ist eine junge, aufstrebende, schwulen- und einwandererfreundliche, ja allgemein sehr freundliche Stadt. Die Downtown wurde durch den aufblühenden River Market District aufgewertet, und das Viertel Hillcrest ist eine kleine Enklave mit Cafés und coolen Geschäften. Wer weiß, wo er suchen muss, wird seine Zeit in der Stadt genießen.

Sehenswertes

Die beste Gegend für einen Stadtbummel ist der **River Market District** (www.rivermarket.info; W Markham St & President Clinton Ave) mit Läden, Galerien, Restaurants und Pubs, die das Ufer säumen.

★ Little Rock Central High School HISTORISCHE STÄTTE
(www.nps.gov/chsc; 2125 Daisy Bates Dr; 9.30–16.30 Uhr, Führung Mitte Aug.–Anfang Juni Mo–Fr 9 & 13.15 Uhr) Little Rocks fesselndste Attraktion ist der Ort, an dem 1957 eine Krise ausgelöst wurde, die die Aufhebung der Rassentrennung betraf und das Land für immer verändern sollte. Obwohl der Oberste Gerichtshof 1954 die Eingliederung Schwarzer an öffentlichen Schulen durch einen Richterspruch festgelegt hatte, wurde einer Gruppe afroamerikanischer Schüler, Little Rock Nine genannt, der Zugang zur damals nur von Weißen besuchten Highschool verwehrt.

Auf den Befehl Präsident Eisenhowers hin griff eine 1200 Mann starke Einheit der 101st Airborne Battle Group ein, hielt die Massen in Schach und eskortierte die Studenten in das Schulgebäude. Dies war ein Schlüsselmoment in der Geschichte der amerikanischen Bürgerrechtsbewegung. Heute ist die Schule sowohl National Historic Site als auch funktionierende Highschool. Das schicke neue Visitor Center arbeitet all die unschönen Ereignisse auf und setzt sie in Bezug zu der gesamten Bürgerrechtsbewegung.

William J. Clinton Presidential Center BIBLIOTHEK
(501-748-0419; www.clintonlibrary.gov; 1200 President Clinton Ave; Erw./Student & Senior/Kind 7/5/3 US$, inkl. Audioguide 10/8/6 US$; Mo–Sa 9–17, So 13–17 Uhr) Die Bibliothek beherbergt mit 80 Mio. Dokumentenseiten und 2 Mio. Fotos die größte Archivsammlung der amerikanischen Präsidentschaftsgeschichte. Zu sehen gibt's auch einen maßstabsgetreuen Nachbau des Oval Office, Exponate zu allen wichtigen Lebensstationen Clintons sowie Geschenke von berühmten Würdenträgern. Der gesamte Komplex wurde gemäß umweltverträglicher Standards errichtet.

Old State House Museum MUSEUM
(www.oldstatehouse.com; 300 W Markham St; Mo–Sa 9–17, So 13–17 Uhr) GRATIS Das Gebäude war von 1836 bis 1911 das Kapitol des Bundesstaates und birgt eindrucksvoll restaurierte Plenarsäle sowie Ausstellungen zur Geschichte und Kultur von Arkansas.

ABSTECHER

ARKANSAS-DELTA

Rund 120 Meilen (193 km) östlich von Little Rock und gerade einmal 20 Meilen (32 km) von Clarksdale entfernt überquert der Hwy 49 den Mississippi hinein ins Arkansas-Delta. Der einst aufgrund seiner Sägewerke wohlhabende Ort **Helena** macht heute eine Krise durch. Es gibt hier eine lebendige Blues-Tradition (Sonny Boy Williamson hat sich hier einen Namen gemacht), die mit dem jährlich stattfindenden **Arkansas Blues & Heritage Festival** (www.kingbiscuitfestival.com; Tickets 45 US$; ⏲ Anfang Okt.) gefeiert wird. Dann stürmen Blues-Musiker und ihre Fans für drei Tage die Innenstadt. Das ganze Jahr über lohnt sich für Blues- und Geschichtsfans der Besuch des **Delta Cultural Center** (☎ 870-338-4350; www.deltaculturalcenter.com; 141 Cherry St; ⏲ Di–Sa 9–17 Uhr) GRATIS. In dem Museum sind jede Menge Erinnerungsstücke zu sehen, beispielsweise die Gitarren von Albert King und Rosetta Tharpe oder ein handsigniertes Taschentuch von John Lee Hooker.

Von hier wird auch die am längsten bestehende Blues-Radiosendung der Welt, die *King Biscuit Time*, ausgestrahlt (Mo–Fr 12.15 Uhr), und bei *Delta Sounds* (Mo–Fr 13 Uhr) treten oft Musiker live auf. Beide sind auf KFFA AM-1360 zu hören. Vor dem Verlassen der Stadt sollte man es Robert Plant gleichtun und einen Stopp im wunderbar überfüllten **Bubba's Blues Corner** (☎ 870-995-1326; 105 Cherry St, Helena; ⏲ Di–Sa 9–17 Uhr; 👪) GRATIS einlegen, um eine Blues-Platte zu erstehen. Bubba organisiert auch das **Arkansas Delta Rockabilly Festival** (www.deltarockabillyfest.com; Tickets 30 US$; ⏲ Mai).

Riverfront Park PARK

Gleich nordwestlich der Downtown erstreckt sich entlang dem Arkansas River der Riverfront Park, ein wunderschöner Stadtpark, der von unzähligen Fußgängern und Radfahrern genutzt wird. Die unübersehbare **Big Dam Bridge** (www.bigdambridge.com; 👪) ist das Verbindungsstück eines 27 km langen Fußgänger- und Radwegenetzes, das dank der Renovierung der kürzlich umbenannten **Clinton Presidential Park Bridge** nun durchgängig genutzt werden kann.

Um den Riverfront Park in vollen Zügen zu genießen, kann man bei **Fike's Bike** (☎ 501-374-5505; www.fikesbikes.com; 200 S Olive St; 4 Std./Tag ab 12/20 US$; ⏲ Di–Fr 15–20, Sa & So 7–11 & 15–20 Uhr) ein Fahrrad (oder Tandem) ausleihen; außerhalb der Öffnungszeiten können telefonisch Reservierungen vorgenommen werden. Im River Market District bekommt man Leihräder bei **Bobby's Bike Hike** (☎ 501-613-7001; www.bobbysbikehike.com/littlerock; 400 President Clinton Ave; 4 Std. 17–30 US$, ganzer Tag 28–55 US$).

🛏 Schlafen & Essen

Da Regierungsvertreter und Tagungsteilnehmer die Hauptzielgruppe der Hotels hier sind, mangelt es in der Innenstadt an günstigeren Unterkünften, zudem schwanken die Preise gewaltig. An der Interstate finden sich einige Budgetoptionen. Im River Market District ist abends in den Pubs jede Menge Stimmung angesagt. In der **Ottenheimer Market Hall** (zw. S Commerce St & S Rock St; ⏲ Mo–Sa 7–18 Uhr) findet sich eine große Auswahl günstiger Imbissstände.

Capital Hotel BOUTIQUEHOTEL $$

(☎ 888-293-4121, 501-374-7474; www.capitalhotel.com; 111 W Markham St; Zi. ab 160 US$; P ❄ @ 📶) Das 1872 errichtete, vierstöckige ehemalige Bankgebäude mit gusseiserner Fassade – ein fast verschwundenes architektonisches Merkmal – beherbergt heute das beste Hotel von Little Rock. Es gibt einen wunderbaren Mezzanin im Freien, in dem man Cocktails trinken (und leider auch rauchen) kann.

Die Zimmer sind vornehm, und der Küchenchef des **Ashley's**, eines von zwei Restaurants im Hotel, gewann 2011 den Preis als bester neuer Küchenchef im Mittleren Westen der Zeitschrift *Food & Wine*. Das hier ist zwar nicht der Mittlere Westen, das tut dem Geschmack jedoch keinen Abbruch.

Rosemont HISTORISCHES B&B $$

(☎ 501-374-7456; www.rosemontoflittlerock.com; 515 W 15th St; Zi. inkl. Frühstück ab 99 US$; P ❄ 📶) Das restaurierte Bauernhaus aus den 1880er-Jahren unweit des Gouverneurshauses versprüht gemütlichen Südstaatencharme. Die Besitzer vermieten seit Kurzem außerdem einen Block entfernt ein paar historische Cottages (ab 125 US$).

River City CAFÉ $

(www.rivercityteacoffeeandcream.com; 2715 Kavanaugh Blvd; ⏲ Mo–Fr 6–21, Sa & So ab 7 Uhr; 📶)

Ein unfassbar gutes Tee- und Kaffeehaus in Hillcrest mit einer gemütlichen, heimeligen Atmosphäre und bequemen Sofas sowie einer hervorragenden Auswahl loser Blatt-Tees. Es gibt auch leckeres Eis.

House PUB $

(www.facebook.com/thehouseinhillcrest; 722 N Palm St; Hauptgerichte 8–11 US$; ⌚Mo–Sa 11–14, 17 Uhr–open end; 📶) In Arkansas' erstem Gastropub dreht sich wirklich alles um die hervorragenden Burger. Der Jerk Burger wird mit warmem Mango-Chutney und rauchigen Gewürzen verfeinert, als Beilage zum Käsemakkaroni-Burger werden, nun ja, Käsemakkaroni serviert, und der Black-Apple-Bourbon-Burger ist mit einer Bourbon-Sauce besprenkelt und hat je eine knackige Scheibe Arkansas Black Apple (Apfelsorte) und Speck als Belag.

Im Notfall gibt's das Ganze auch mit Truthahn oder vegetarisch.

Acadia SÜDSTAATENKÜCHE $$$

(www.acadiahillcrest.com; 3000 Kavanaugh Blvd; Hauptgerichte abends 18–23 US$; ⌚Mo–Sa 17.30–22 Uhr; 📶) Noch eine tolle Adresse in Hillcrest. Die mehrstöckige Terrasse mit den blinkenden Lichtern ist ein toller Ort, um sich in schicker Atmosphäre köstliche Südstaatengerichte schmecken zu lassen. Wie wär's mit dem mit Guinness-Honigsenf glasierten Entenbraten? Dazu mit weißen Trüffeln verfeinerte Maisgrütze mit Portobello-Champignons und Monterey-Jack-Käse?

Anreise & Unterwegs vor Ort

Der **Bill & Hillary Clinton National Airport** (LIT; ☎501-372-3439; www.lrn-airport.com) liegt gleich östlich der Downtown. Der **Greyhound-Busbahnhof** (☎501-372-3007; www.greyhound.com; 118 E Washington St), in North Little Rock bietet Verbindungen nach Hot Springs (1–2 Std.), Memphis, TN (2½ Std.) und New Orleans (18 Std.) an. Amtrak ist in der **Union Station** (☎501-372-6841; 1400 W Markham St) zu finden. **Central Arkansas Transit** (CAT; ☎501-375-6717; www.cat.org) betreibt das örtliche Busnetz. Der **River Rail Streetcar,** eine Straßenbahn, fährt auf einem Rundkurs über die W Markham und die President Clinton Ave (Erw./Kind 1 US$/0,50 US$).

Hot Springs

In dem kleinen Städtchen Hot Springs machte einst die Elite des organisierten Verbrechens Urlaub. Vor allem während ihrer Blütezeit in den 1930er-Jahren war die Stadt ein Treffpunkt für Glücksspieler, Schwarzbrenner, Prostituierte, Stinkreiche und gefährliche Typen. Gleichzeitig herrschte hier aber auch Waffenstillstand zwischen konkurrierenden Gangs, sodass man die Gangster in Ruhe ihr Geld ausgeben und das verschwenderische Leben genießen ließ. Als dem Glücksspiel schließlich ein Riegel vorgeschoben wurde, ging es auch mit der Wirtschaft der Stadt bergab.

Hot Springs hat sich zwar noch immer nicht ganz von diesem Schlag erholt, die Heilquellen ziehen jedoch seit eh und je Menschen an; einst waren es die Ureinwohner, heute sind es die Touristen. Aufwendig restaurierte Badehäuser, in denen noch traditionelle Anwendungen vorgenommen werden, säumen die Bathhouse Row voller schattenspendender Magnolien an der Ostseite der Central Ave.

Sehenswertes & Aktivitäten

Hinter der Bathhouse Row führt eine Promenade rund um einen Hügel durch den Park, wo einige Quellen noch immer erhalten sind. Die Berge rund um Hot Springs sind von einem Netzwerk aus Wegen durchzogen. Nur zwei der historischen Badehäuser sind noch in Betrieb.

Gangster Museum of America MUSEUM

(www.tgmoa.com; 510 Central Ave; Erw./Kind 12 US$/frei; ⌚So–Do 10–17, Fr & Sa bis 18 Uhr) Das Museum gewährt einen Einblick in die sündig-glorreichen Tage der Prohibition, als sich diese kleine Stadt im Nirgendwo dank Alkoholschmugglern wie Capone aus Chicago und seinen „Kollegen" aus New York zu einem Zentrum des überschwänglichen Luxus entwickelte. Zu den Highlights gehören die Original-Spielautomaten jener Zeit und eine Maschinenpistole.

Hot Springs Museum of Contemporary Art KUNST

(☎501-608-9966; www.museumofcontemporaryart.org; 425 Central Ave; Erw./Kind 5 US$/frei; ⌚Di–Sa 9–16, So 12–15 Uhr) Das historische Ozark Bathhouse beherbergt heute auf einer Fläche von 1020 m² Galerieräume mit Wechselausstellungen. In Anbetracht des guten Rufes von Hot Springs in Kunstkreisen lohnt sich ein Besuch allemal.

NPS Visitor Center MUSEUM

(☎501-620-6715; www.nps.gov/hosp; 369 Central Ave; ⌚9–17 Uhr) Im NPS Visitor Center in der

Bathhouse Row ist auch ein Museum untergebracht, das im traditionellen Stil des Fordyce Bathhouse von 1915 gehalten ist. Hier werden Exponate zur Geschichte des Parks gezeigt, der zuerst eine Freihandelszone der Ureinwohner und zur Jahrhundertwende ein Kurbad nach europäischem Vorbild war. Zum Zeitpunkt der Recherche wurde das Fordyce gerade renoviert, und es gab ein Ausweichbesucherzentrum im Lamar Bathhouse in derselben Straße.

Hot Springs Mountain Tower OUTDOOR-AKTIVITÄTEN
(401 Hot Springs Mountain Rd; Erw./Kind 7/4 US$; ⏲ Nov.–Feb. 9–17 Uhr, März–15. Mai & Labor Day–Okt. bis 18 Uhr, 16. Mai–Labor Day bis 21 Uhr) Auf der Spitze des Hot Springs Mountain bietet sich von dem 65 m hohen Turm eine spektakuläre Aussicht auf die umliegenden Berge, die mit Hornsträuchern, Hickory-Bäumen, Eichen und Kiefern bewachsen sind, welche im Frühjahr und Herbst ihre volle Pracht entfalten.

★ Buckstaff Bathhouse SPA
(☎ 501-623-2308; www.buckstaffbaths.com; 509 Central Ave; Thermalbad 30 US$, mit 20-minütiger Massage 60 US$; ⏲ Mo–Sa 7–11.45 & 13.30–15 Uhr) Die Kurbad-Erfahrung in Hot Springs war schon immer eine eher bodenständige Erfahrung. Die Angestellten des Buckstaff verstehen ihr Handwerk und scheuchen einen durch die Bäder, Behandlungen und Massagen – genau wie in den 1930er-Jahren. Und das ist wunderbar.

Quapaw Baths SPA
(www.quapawbaths.com; 413 Central Ave; Thermalbad 18 US$, Massage 50–80 US$; ⏲ Mo & Mi–Sa 10–18, So 10–15 Uhr) Wer nicht so der Typ des traditionellen „ruckzuck, danke und Nächster, bitte!" ist, der wird sich im kürzlich umgebauten Quapaw mit seinen hübsch renovierten Thermalbädern, der modernen Atmosphäre und den sanften Behandlungen wohler fühlen.

Schlafen & Essen

Entlang der touristischen Central Ave gibt's jede Menge Restaurants, die die üblichen Speisen anbieten.

★ Alpine Inn INN $
(☎ 501-624-9164; www.alpine-inn-hot-springs.com; 741 Park Ave/Hwy 7 N; Zi. 55–90 US$; P ❄ ☜ ≋) Die freundlichen schottischen Betreiber des Inns, das weniger als eine Meile (1,6 km) von der Bathhouse Row entfernt liegt, haben das alte Motel mehrere Jahre lang einer Renovierung unterzogen – mit beeindruckendem Ergebnis. Die Zimmer sind tadellos, komfortabel und haben Flachbild-TVs sowie gemütliche Betten.

Arlington Resort Hotel & Spa HISTORISCHES HOTEL $
(☎ 501-623-7771; www.arlingtonhotel.com; 239 Central Ave; EZ/DZ ab 88/98 US$, inkl. Mineralbad 145 US$; P ❄ ☜ ≋) Das imposante historische Hotel thront über der Bathhouse Row und ist noch immer so hübsch wie zu seiner Glanzzeit. Abends, wenn in der prächtigen Lobby manchmal Livebands auftreten, ist hier ganz schön was los. Es gibt einen hoteleigenen Wellnessbereich, eine kleine Starbucks-Filiale, und die Zimmer sind gut gepflegt, wenn auch so langsam etwas abgewohnt. Die Eckzimmer mit Ausblick sind ein gutes Schnäppchen.

Colonial Pancake House DINER $
(111 Central Ave; Hauptgerichte 6–10 US$; ⏲ 7–15 Uhr) Dieser Klassiker in Hot Springs hat türkisfarbene Sitznischen sowie Quilts und Zierdeckchen an den Wänden, die dem Diner einen heimeligen Touch verleihen und einen zurück in Omas Küche versetzen. Neben Pfannkuchen werden auch Arme Ritter (mit Texas-Toast) sowie Malz- und Buchweizenwaffeln (lecker, mit Pekannüssen!) serviert, die noch besser schmecken als die von Großmutter. Mittags gibt's auch Burger und andere typische Diner-Gerichte.

McClard's BARBECUE $$
(www.mcclards.com; 505 Albert Pike; Hauptgerichte 4–15 US$; ⏲ Di–Sa 11–20 Uhr) Am südwestlichen Rand der Downtown liegt das Lieblingsgrillrestaurant des kleinen Bill Clinton. Es ist auch heute noch wegen seiner Rippchen, der schonend gegarten Bohnen, der Chilis und Tamales beliebt.

Central Park Fusion ASIATISCHE FUSION-KÜCHE $$$
(☎ 501-623-0202; www.centralparkfusion.com; 200 Park Ave; Hauptgerichte 19–33 US$) Zum Zeitpunkt unserer Recherche war dies das beliebteste Restaurant der Stadt. Es vereint auf raffinierte Art die östliche und westliche Küche. Das Personal serviert beispielsweise Grillsteaks Hawaii, in Thai-Curry gedünstete Muscheln, einen asiatischen Salat mit Ente sowie mit Thai-Chili glasierten Lachs. Der modern gehaltene Essbereich ist mit Kunstwerken von hiesigen Künstlern geschmückt.

✪ Unterhaltung

Maxine's BAR
(☎501-321-0909; www.maxineslive.com; 700 Central Ave) Hier wurde ein einst berüchtigtes Bordell in eine Bar mit (lauter) Livemusik verwandelt. Es treten regelmäßig Bands aus Austin auf, die den vorwiegend jungen Gästen ordentlich einheizen.

ℹ An- & Weiterreise

Greyhound (☎501-623-5574; www.greyhound.com; 1001 Central Ave) bietet Busverbindungen nach Little Rock (1½ Std., 3-mal tgl.) an.

Rund um Hot Springs

Der wilde, schöne **Ouachita National Forest** (☎501-321-5202; www.fs.usda.gov/ouachita; Welcome Center 100 Reserve St, Hot Springs; ⌚8–16.30 Uhr) lockt mit seinen vielen Seen Jäger, Angler, Mountainbiker und Freizeitkapitäne an. Die schmalen Straßen durch die Berge führen zu lauschigen Plätzchen und grandiosen Aussichtspunkten. Durch das Gebiet verlaufen gleich zwei ausgewiesene National Forest Scenic Byways: der Arkansas Scenic Hwy 7 und der Talimena Scenic Byway, der sich über die Gebirgszüge von Arkansas bis nach Oklahoma erstreckt.

Clinton-Fans können in **Hope** stoppen, wo der Ex-Präsident seine ersten sieben Lebensjahre verbrachte. Außer dem schicken **Hope Visitor Center & Museum** (www.hopearkansas.net; 100 E Division St; ⌚Mo–Fr 8.30–17, Sa ab 9, So 13–16 Uhr) im alten Bahnhof und dem **President Bill Clinton First Home Museum** (www.clintonchildhoodhomemuseum.com; 117 S Hervey St; ⌚8.30–16.30 Uhr), das nun vom National Park Service betrieben wird, gibt's aber nicht viel zu sehen.

Arkansas River Valley

Der Arkansas River schlägt eine Schneise von Oklahoma nach Mississippi. Er und seine Nebenflüsse laden zum Angeln und Kanufahren ein, am Ufer kann man außerdem zelten.

Die sehr gepflegten Wege im **Petit Jean State Park** (☎501-727-5441; www.petitjeanstatepark.com; 👪) westlich von Morrilton führen an einem 29 m hohen Wasserfall inmitten üppigen Grüns vorbei, an romantischen Grotten, fantastischen Aussichtspunkten und dichten Wäldern. Übernachten kann man in einer rustikalen Stein-Lodge, ordentlichen **Hütten** (105–180 US$/Nacht) und auf Campingplätzen. Ein weiterer wunderbarer Park ist der **Mount Magazine** (☎479-963-8502; www.mountmagazinestatepark.com; 16878 Hwy 309 S, Paris) mit einem insgesamt 22,5 km langen Wegenetz rund um den höchsten Gipfel im Bundesstaat. Outdoor-Fans finden hier erstklassige Möglichkeiten zum Gleitschirmfliegen, Klettern und Wandern.

Der spektakuläre, von Sonnenhut und Lilien gesäumte **Highway 23/Pig Trail Byway** führt durch den **Ozark National Forest** in die Berge hinauf – eine ausgezeichnete Route nach Eureka Springs in den Ozark Mountains.

Ozark Mountains

Vom nordwestlichen und zentralen Arkansas bis hinein nach Missouri erstrecken sich die **Ozark Mountains** (☎870-404-2741; www.ozarkmountainregion.com). Die alte Gebirgskette war einst von Meer umgeben und ist nun ziemlich verwittert. Hier gibt's grüne Berge, nebelverhangene Felder und malerische Nebenstraßen; dramatische Karstformationen umgeben funkelnde Seen und erstrecken sich entlang gewundener Flüsse. Einige Ortschaften setzen allzu sehr auf kitschige Hillbilly-Kultur, kratzt man aber an dieser Oberfläche, kommen einzigartige Traditionen ans Licht: akustischer Folk und Gerichte wie hausgemachte Hushpuppies und gebratener Catfish.

Mountain View

Ein Abstecher nach Osten auf dem US 65 oder dem Hwy 5 bringt einen in dieses schräge Städtchen, das für seine Tradition zwanglosen Musizierens auf dem **Courtsquare** bekannt ist. Die schleichende Kommerzialisierung fordert auch hier ihren Tribut, was man daran erkennen kann, dass das **Visitor Information Center** (☎870-269-8068; www.yourplaceinthemountains.com; 107 N Peabody Ave; ⌚Mo–Sa 9–16.30 Uhr) den Ort als „Welthauptstadt des Folk" vermarktet. Die hübsche Sandsteinarchitektur in der Innenstadt sowie spontane *hootenannies* (Jam-Sessions) mit Folk-, Gospel- und Bluegrass-Musik am Stone County Courthouse (vor allem samstagabends) sowie auf den Veranden in der ganzen Stadt (jederzeit) sorgen für einen harmonischen Aufenthalt.

Der **Ozark Folk Center State Park** (☎800-264-3655; www.ozarkfolkcenter.com; 1032

Park Ave; Auditorium Erw./Kind 12/7 US$; ⌚April–Nov. Di–Sa 10–17 Uhr) gleich nördlich des Ortes bietet Handwerksvorführungen, einen traditionellen Kräutergarten und ab 19 Uhr häufig auch Livemusik für ein begeistertes, älteres Publikum. Die Seilrutschen, Slacklines, der Free-Fall und die Kletterwand im **LocoRopes** (☎870-269-6566; www.locoropes.com; 1025 Park Ave; Seilrutsche 7,50 US$/Fahrt; ⌚1. März 1–30. Nov. 10–17 Uhr) richten sich hingegen an die Jungen und Junggebliebenen.

Die spektakulären **Blanchard Springs Caverns** (☎870-757-2211; www.blanchardsprings.org; NF 54, Forest Rd, abseits des Hwy 14; Erw./Kind Tropfstein-Tour 10,50/5,50 US$, Wild-Cave-Tour 75 US$; ⌚10.30–16.30 Uhr;), 15 Meilen (24 km) nordwestlich von Mountain View, wurden von einem unterirdischen Strom ausgewaschen und können es mit den Höhlen im Carlsbad Caverns National Park aufnehmen. Es gibt drei geführte Touren des Forest Service; die leichteste ist rollstuhlgerecht, die anspruchsvollste eine drei- bis vierstündige Höhlenwanderung für Abenteuerlustige. Das einladende historische **Wildflower B&B** (☎870-269-4383; www.wildflowerbb.com; 100 Washington; Zi. inkl. Frühstück ab 89 US$; P❄📶) von 1918 steht direkt am Courtsquare und hat eine Veranda mit Schaukelstühlen, die um das ganze Gebäude herum verläuft, und eine gemütliche, heimelige Einrichtung. **Tommy's Famous Pizza and BBQ** (Ecke Carpenter St & W Main St; Pizza 7–26 US$, Hauptgerichte 7–13 US$; ⌚ab 15 Uhr) wird von den freundlichsten Hinterwäldler-Hippies überhaupt geführt. Die Grillpizza mit Pulled Pork ist eine Spezialität des Hauses.

Eureka Springs

Unweit der nordwestlichen Ecke des Bundesstaates liegt in einem tiefen Tal das künstlerisch angehauchte, eigenwillige, aber umwerfend schöne Eureka Springs, einer der coolsten Orte der Südstaaten. Die verwinkelten Gassen sind von viktorianischen Gebäuden gesäumt, und die erdverbundenen Einheimischen heißen jeden willkommen. So gilt die Stadt als eine der schwulenfreundlichsten Ortschaften in den Ozarks und ist die einzige demokratische Enklave in einer tief republikanischen Region. Auf den ersten Blick buhlen hier lediglich Kunstgalerien und kitschige Shops, kommerzialisierte Country-Musik und die 21 m hohe Statue des **Christ of the Ozarks** um die Gunst der Besucher. Von den Einheimischen kann man allerdings erfahren, wer gerade in der nächsten Kneipe spielt oder wo man am besten schwimmen gehen kann – dann sieht man den eigentümlichen Ort plötzlich in einem ganz neuen Licht. Zudem finden sich unzählige Möglichkeiten zum Wandern, Radfahren und Reiten. Da es keine roten Ampeln oder rechtwinklig schneidende Querstraßen gibt, ist eine Erkundungstour durch den historischen Ort ein echter Genuss. Nun ja, abgesehen von den steilen Hügeln natürlich.

Das **Visitor Center** (☎479-253-8737; www.eurekaspringschamber.com; 516 Village Circle, Hwy 62 E; ⌚9–17 Uhr) hält Informationen über Unterkünfte, Aktivitäten, geführte Touren und örtliche Attraktionen bereit, darunter das muntere **Blues Festival** (www.eurekaspringsblues.com; ⌚Juni). Der alte **ES & NA Railway** (☎479-253-9623; www.esnarailway.com; 299 N Main St; Erw./Kind 14/7 US$; ⌚April–Okt. Di–Sa) tuckert dreimal täglich (Sa 4-mal) auf einer einstündigen Rundfahrt durch die Hügel der Ozarks.

Die **Thorncrown Chapel** (☎479-253-7401; www.thorncrown.com; 12968 Hwy 62 W; empfohlene Spende; ⌚April–Nov. 9–17 Uhr, März & Dez. 11–16 Uhr) ist ein prächtiges, mit viel Glas erbautes Gotteshaus. Sage und schreibe 425 Fenster sitzen in der 14,6 m hohen Holzkonstruktion. Da betet es sich so schön wie in freier Natur. Die Kapelle steht unmittelbar außerhalb des Dorfes im Wald.

Eine gute Unterkunft ist das historische **New Orleans Hotel and Suchness Spa** (☎479-253-8630; www.neworleanshotelandspa.com; 63 Spring St; Zi. ab 89 US$; P❄📶), in dem man sich fast in die gute alte Zeit zurückversetzt fühlen könnte, wäre da nicht in der Lobby der Wellnessbereich im New-Age-Look mit Chakra-Balancing im Angebot. Die **Treehouse Cottages** (☎479-253-8667; www.treehousecottages.com; 165 W Van Buren St; Cottage 149–169 US$; P❄📶) stehen am Rand einer Schlucht im Wald. Die traumhaften Baumhäuser sind von Sonnenlicht durchflutet, haben Whirlpools und sind eigentlich schon fast Cottages auf Stelzen.

Die Kaffeespezialitäten und Frühstücksangebote des **Mud Street Café** (www.mudstreetcafe.com; 22G S Main St; Hauptgerichte 9–13 US$; ⌚Do–Di 8–15 Uhr) in der Downtown werden hoch gelobt. Abends gibt's in der **Chelsea's Pizzeria** (☎479-253-8231; www.chelseascornercafe.com; 10 Mountain St; Hauptgerichte 10–20 US$; ⌚So–Do 12–22, Fr & Sa bis 24 Uhr) leckere Pasteten und mediterrane

NICHT VERSÄUMEN

EIN SCHÖNER RUNDWEG

Die Innenstadt von Eureka Springs ist für sich genommen schon wunderschön, das eigentliche Highlight der Stadt wird jedoch leicht übersehen: Der faszinierende **Historic Loop**, ein 5 km langer Weg, führt durch das historische Zentrum und benachbarte Stadtteile, vorbei an über 300 vor 1910 errichteten Häusern im viktorianischen Stil, von denen jedes einzelne ein wahres Schmuckstück ist. Das Viertel kann mit jedem anderen restaurierten historischen Stadtkern in den USA mithalten.

Die Broschüre *Six Scenic Walking Tours* gibt's beim Visitor Center in Eureka Springs; ein Fahrrad kann man sich bei **Adventure Mountain Outfitters** (☎479-253-0900; www.adventuremountainoutfitters.com; 151 Spring St; 50 US$; ⊙Mi–Sa 9–17 Uhr) leihen. Auch die Red Line des **Eureka Trolley** (www.eurekatrolley.org; ⊙Jan.–April & Nov.–Dez. 9–17 Uhr) verkehrt hier.

Gerichte sowie exzellente Livemusik in der höhlenartigen Bar im Untergeschoss.

Buffalo National River

Der 217 km lange Fluss, ein weiteres wenig beachtetes Juwel in Arkansas und vielleicht das tollste von allen, fließt an spektakulären Klippen vorbei durch den unberührten Wald der Ozarks. Der obere Abschnitt weist die meisten Stromschnellen auf, im unteren Teil fließt der Fluss gemütlicher und ist ideal für eine Kanu- oder Kajakfahrt. Der **Buffalo National River** (☎870-741-5443; www.nps.gov/buff) hat zehn Campingplätze und drei ausgewiesene Schutzgebiete. Am einfachsten erreicht man diese über das **Tyler Bend Visitor Center** (☎870-439-2502; ⊙8.30–16.30 Uhr), 11 Meilen (18 km) nördlich von Marshall am Hwy 65 gelegen. Dort gibt es außerdem eine Liste der zugelassenen Anbieter für Rafting- und Kanutouren in Eigenregie – die beste Art, den Park zu erkunden und die gigantischen Kalksteinklippen zu bestaunen. Alternativ wendet man sich an das **Buffalo Outdoor Center** (BOC; ☎800-221-5514; www.buffaloriver.com; Ecke Hwy 43 & Hwy 74; Kayak/Kanu pro Tag 58/60 US$, Shuttle ab 18 US$, Tour Seilrutsche 89 US$; ⊙8–17 Uhr; 👪🐾) in Ponca. Die Mitarbeiter können eine Wegbeschreibung geben und vermieten außerdem attraktive Hütten im Wald. Dank der 1972 erfolgten Ausweisung des Buffalo River als nationales Schutzgebiet ist der Fluss einer der wenigen unverschmutzten und frei fließenden Ströme im Land.

LOUISIANA

Die Bewohner der Südstaaten erzählen gerne, dass sie anders sind als andere Amerikaner. Dies ist ihrer Meinung nach auf die tief verwurzelten lokalen Traditionen und die Verbundenheit zum Land zurückzuführen. Sie werden dies selbst dann sagen, wenn sie gerade auf der Durchschnittsveranda ihres Durchschnittshauses in einem Durchschnittswohnviertel sitzen, das sich überall in Amerika befinden könnte. In Louisiana nimmt dieser Regionalstolz fast schon regionalistische Züge an, und es macht sich das Gefühl breit, dass hier tatsächlich irgendetwas anders ist.

Die einstige französische Kolonie wurde zuerst zu einem spanischen Protektorat und ging dann durch einen Kaufvertrag in den Besitz der USA über. Das gekaufte Land bestand im Süden, am Golf von Mexiko, aus Sumpfgebieten mit Bayous und Alligatoren, im Norden aus einem Flickenteppich aus Prärie und Farmland, und überall lebten Menschen, die durch eine tiefe, unerschütterliche Wertschätzung für die schönen Dinge im Leben untereinander verbunden waren – nämlich das Essen und die Musik.

Die größte und wichtigste Stadt Louisianas ist New Orleans, das natürlich auch von Essen und Musik geprägt ist. Seine Restaurants und Music Halls sind unübertroffen, die Lebensfreude hat es jedoch mit allen Orten des Bundesstaats gemein. Französisch spielte in Louisiana übrigens eine recht große Rolle. Für das nördliche Louisiana trifft das weniger zu, dafür ist die französische Sprache südlich der I-10 ein wichtiger Bestandteil der Kultur und wurde bis vor etwa 30 Jahren von vielen Familien gesprochen. Auch heute ist das noch nicht ganz verschwunden.

Geschichte

Das Gebiet des unteren Mississippi war von der Moundbuilder-Kultur („Hügelbauer")

KURZINFOS LOUISIANA

Spitznamen Bayou State, Pelican State, Sportsman's Paradise

Bevölkerung 4,5 Mio.

Fläche 110 236 km²

Hauptstadt Baton Rouge (229 553 Ew.)

Weitere Städte New Orleans (360 740 Ew.)

Verkaufssteuer 4 %, plus Stadt- und Gemeindesteuern

Geburtsort von Jazz, Naturforscher John James Audubon (1785–1851), Trompeter Louis „Satchmo" Armstrong (1901–1971), Schriftsteller Truman Capote (1924–1984), Musiker Antoine „Fats" Domino (geb. 1928), Popstar Britney Spears (geb. 1981)

Heimat der Tabascosauce des Kochs Emeril Lagasse

Politische Ausrichtung eine Republikaner-Hochburg mit einer großen liberalen Stadt (New Orleans)

Berühmt für Drive-Thru-Margaritas

Offizielles Staatsreptil Alligator

Entfernungen New Orleans–Lafayette 137 Meilen (219 km), New Orleans–St. Francisville 112 Meilen (180 km)

geprägt, bis um 1592 die Europäer auf der Bildfläche erschienen und die Ureinwohner mit der üblichen Kombination aus Krankheiten, Knebelverträgen und offener Feindseligkeit dezimierten.

Das Land wurde in der Folgezeit zwischen Frankreich, Spanien und England hin- und hergereicht. Unter dem französischen „Code Noir" waren Sklaven zwar nicht frei, hatten aber doch etwas mehr Freiheiten und konnten somit ihre Kultur besser pflegen als ihre Leidensgenossen in Britisch-Nordamerika.

Nach der Amerikanischen Revolution ging das gesamte Gebiet 1803 durch den berühmten Louisiana Purchase in den Besitz der USA über, und Louisiana wurde 1812 zum amerikanischen Bundesstat. Die daraus resultierende Mischung aus amerikanischen und französisch-spanischen Traditionen gepaart mit dem Einfluss afrokaribischer Gemeinden verlieh Louisiana eine einzigartige Kultur, die es sich bis heute bewahrt hat.

Schaufelraddampfer erschlossen ein pulsierendes Handelsnetzwerk, das sich über den gesamten Kontinent erstreckte. New Orleans wurde dabei zu einem wichtigen Hafen, und durch die auf Sklavenarbeit basierende Plantagenwirtschaft Louisianas entwickelte sich ein reges Exportgeschäft mit Reis, Tabak, Indigo, Zuckerrohr und besonders Baumwolle. Nach dem Bürgerkrieg wurde Louisiana 1868 wieder in die Union aufgenommen. In den 30 darauffolgenden Jahren sah der Bundesstaat politisches Gerangel, eine stagnierende Wirtschaft und die erneute Diskriminierung der afroamerikanischen Bevölkerung.

In den 1920er-Jahren blühten Industrie und Tourismus auf, es entwickelte sich aber auch eine Tradition unorthodoxer und zuweilen rücksichtsloser Politik. Im Jahr 1991 trat das ehemalige führende Mitglied des Ku Klux Klans, David Duke, bei den Gouverneurswahlen gegen Edwin Edwards an. Letzterer ist als schillernde Persönlichkeit und korrupter Politiker bekannt. Am Ende gewann Edwards das Rennen und wurde später aufgrund mehrerer dunkler Machenschaften verurteilt.

Der Hurrikan Katrina (2005) und die von BP verursachte Ölpest im Golf von Mexiko (2010) haben sowohl der Wirtschaft als auch der Infrastruktur vor Ort schwer zugesetzt. Louisiana rangiert auch weiterhin auf den hinteren Plätzen, was das Pro-Kopf-Einkommen und das Bildungsniveau anbelangt. Gleichzeitig ist es aber in den nationalen Zufriedenheitsumfragen ganz vorne mit dabei.

ℹ Praktische Informationen

An den Hauptstraßen des Bundesstaats liegen insgesamt 16 Welcome Centers; aber auch das **Louisiana Office of Tourism** (☎ 800-993-7515, 225-342-8100; www.louisianatravel.com) kann Auskünfte geben.

Louisiana State Parks (☎ 877-226-7652; www.crt.state.la.us/parks; einfacher/Premium-Stellplatz 1/18 US$) In Louisiana gibt es 22 State Parks, in denen man campen kann. Manche Parks haben auch Lodges oder Hütten. Reservierungen (☎ 877-226-7652; http://reservations2.usedirect.com/LAStateParksHome/) können online oder telefonisch vorgenommen werden. Alternativ kommt man einfach vorbei und schaut, ob noch was frei ist.

New Orleans

New Orleans ist einerseits eine typische amerikanische Stadt, andererseits aber doch das komplette Gegenteil. „Nola“ ist anders. „Nola“ ist woanders. Es wurde von den Franzosen gegründet und von den Spaniern verwaltet (und dann noch einmal von den Franzosen). Mit seinen Straßencafés und schmiedeeisernen Balkonen ist es zwar die „europäischste“ Stadt der USA; gleichzeitig ist es jedoch wegen der Voodoo-Tradition, der wöchentlichen Second-Line-Paraden (Paraden in den Stadtteilen), der Mardi-Gras-Indianer, der Jazz- und Blechblasmusik sowie des Gumbo auch die afrikanischste bzw. karibischste Stadt im Land. New Orleans liebt es zu feiern. Während der Rest des Landes immer eine Deadline im Nacken hat, geht man hier nach einem ausgedehnten Mittagessen erst einmal einen Cocktail trinken. Wer allerdings miterlebt hat, wie die Menschen hier ihre Häuser nach der Flut und nach dem Sturm wiederaufgebaut haben, dem wird es niemals in den Sinn kommen, die Einheimischen als faul zu bezeichnen.

Tolerant sein und von Fremdem lernen, das ist das Wesen dieser Stadt. Das Resultat dieser großartigen kreolischen Maxime, alle Einflüsse aufzunehmen und daraus etwas Besseres zu kreieren, wird bewahrt. Dem ist so einiges zu verdanken: der Jazz, die Nouveau Louisiana Cuisine, Geschichtenerzähler – von den afrikanischen *griots* (Barden aus Westafrika) über die Rapper aus Seventh Ward bis zu Tennessee Williams –, französische Stadthäuser, die nur wenige Blocks entfernt von den von Myrten und Bougainvillea eingerahmten Villen in Foghorn Leghorn liegen, und schließlich die Mardi-Gras-Feiern, die heidnische Mystik und den Prunk des Katholizismus miteinander verquicken. Nicht vergessen: mitmachen und genießen! Das Ganze funktioniert nur, wenn man sich der „Kreolisierung“ mit allen Sinnen hingibt.

New Orleans mag es leicht nehmen, aber es nimmt alles an und geht dann aufs Ganze. Und wenn es zu diesem Ganzen noch einen guten Cocktail dazugibt… umso besser.

Geschichte

Nouvelle Orléans wurde 1718 von Jean-Baptiste Le Moyne de Bienville als französischer Vorposten gegründet. Die ersten Siedler stammten aus Frankreich, Kanada und Deutschland, die Franzosen verschleppten zudem Tausende afrikanischer Sklaven ins Land. Die Stadt wurde zu einem zentralen Hafen des Sklavenhandels; aufgrund örtlicher Gesetze konnten sich einige Sklaven jedoch ihre Freiheit verdienen und als *les gens de couleur libres* (freie farbige Menschen) eine anerkannte Stellung in der kreolischen Gesellschaft erlangen.

Für die Gebäude des French Quarter, wie man sie heute sieht, sind hauptsächlich die Spanier verantwortlich, hatten doch die Brände der Jahre 1788 und 1794 einen großen Teil der früheren französischen Architektur vernichtet. Der Zustrom von Angloamerikanern nach dem Louisiana Purchase führte dazu, dass die Stadt um den Central Business District (CBD), den Garden District und Uptown erweitert wurde.

New Orleans überstand den Amerikanischen Bürgerkrieg unbeschadet, da die Stadt sich früh und kampflos den Unionstruppen ergeben hatte. Da nun aber die Plantagen nicht mehr mit Sklavenkraft betrieben werden konnten, siechte die Wirtschaft dahin. In den frühen Jahren des 20. Jhs. schlug in New Orleans die Geburtsstunde des Jazz. Viele der Flüsterkneipen und Wohnhäuser der Begründer des Jazz sind zwar verwahrlost oder zerstört, doch 1994 wurde der NPS der historisch-kulturellen Verpflichtung schließlich gerecht, indem er den New Orleans Jazz National Historical Park einrichtete. Dieser widmet sich den Ursprüngen und der Entwicklung der bekanntesten originär amerikanischen Musikrichtung. In den 1950er-Jahren fasste dann auch die Öl- und die petrochemische Industrie Fuß, neben der der Tourismus das zweite lebenswichtige Standbein der hiesigen Wirtschaft wurde.

Als der Hurrikan Katrina 2005 aufs Festland traf, hatte er sich eigentlich schon auf Kategorie 3 abgeschwächt. Dennoch brachen die Deiche von New Orleans an über 50 Stellen. Etwa 80 % der Stadt wurde überflutet, mehr als 1800 Menschen starben, die ganze Stadt musste evakuiert werden. Heute leben wieder viele Menschen in der Stadt (80 % der Vor-Katrina-Bevölkerung sind wieder erreicht), und günstige Häuser und die lebendige Kultur haben eine neue Generation von Unternehmen angezogen.

Sehenswertes

French Quarter

Das French Quarter prägen eine elegante, karibisch-koloniale Architektur, üppige Gärten und Schmiedeeisenkunst. Es ist das touristische Zentrum von New Orleans. Leider geht sein Flair durch die zwielichtige Bourbon St fast etwas unter, am besten sieht man

NEW ORLEANS IN ...

... zwei Tagen

Am ersten Tag steht ein Streifzug über den Jackson Sq und durch die Museen im French Quarter an. Das **Cabildo** und der **Presbytere** liegen direkt nebeneinander und geben, ebenso wie die nahe gelegene **Historic New Orleans Collection**, einen guten ersten Überblick über die Kultur Louisianas. Danach folgt ein Spaziergang am Ufer des gewaltigen Mississippi.

Abendessen gibt's im **Bayona**, wo die legendäre Küchenchefin Susan Spicer ausschließlich mit Zutaten aus der Region kocht. Danach schaut man auf einen Drink im **Tonique** vorbei, bevor es in die **Preservation Hall** geht, wo Livemusik gespielt wird.

Der zweite Tag beginnt mit einem Bummel auf der Magazine St, dem Shopping-Paradies der Stadt. Im Anschluss geht's nach Norden, wo man einen Abstecher zum **Lafayette Cemetery No. 1** macht, bevor man sich – am besten in etwas feinerer Aufmachung – einen Drink im **Commander's Palace** genehmigt. Danach bringt einen die St. Charles Avenue Streetcar in die **Boucherie**, wo ein nobles Südstaaten-Dinner wartet.

... vier Tagen

Am dritten Tag lockt eine morgendliche Fahrradtour durch die kreolischen Viertel der Stadt, die von **Confederacy of Cruisers** organisiert wird. Die Tour ist wirklich einfach zu meistern und deckt alle wichtigen Aspekte der unkonventionellen Viertel Marigny und Bywater ab. Wer dennoch keine Lust auf den Drahtesel hat, geht einfach am Washington Sq Park entlang und lässt das Flair Marignys auf sich wirken.

Zum Abendessen geht's ins **Bacchanal**, wo es nicht nur großartigen Wein und Käse, sondern auch noch einen tollen Garten mit Livemusik gibt.

Kribbelt es in den Beinen? Auf der St. Claude Avenue gibt's jegliche Art von tanzbarer Musik, von Punk über Hip-Hip und Bounce bis hin zu Mod-Musik aus den 1960ern. Traditionellerer Nola-Jazz und -Blues werden auf der Frenchmen St gespielt.

Am nächsten Tag geht es mit dem Auto (oder vielleicht doch mit dem Leihfahrrad?) auf Erkundungsfahrt durch Tremé. Dort unbedingt im **Backstreet Cultural Museum** vorbeischauen und ein Brathähnchen bei **Willie Mae's** verdrücken!

Auf der Fahrt über die Esplanade Ave kann man all die großartigen kreolischen Herrenhäuser bestaunen, die im Schatten großer Lebenseichen stehen. Auf der Esplanade geht's in den **City Park** und auf einen Besuch ins **New Orleans Museum of Art**.

einfach über sie hinweg. Das „Vieux Carré" (Altes Viertel, 1722 geplant) ist das kulturelle Epizentrum, die ruhigeren Nebenstraßen und Gassen erinnern an die Vergangenheit und vermitteln jede Menge Lebensfreude.

Jackson Square PLATZ

(☎504-568-6968; www.jackson-square.com; Decatur St & St Peter St) Der Jackson Sq ist das Herz des Viertels. Mit seinen Müßiggängern, Kartenlegern, Skizzenzeichnern und Schaustellern, Kathedralen, Büros und Geschäften gehört der Platz zu den großartigsten Grünflächen der USA und sieht dazu noch aus wie aus einem Märchen.

St. Louis Cathedral KATHEDRALE

(☎504 525-9585; Jackson Sq; Spenden erbeten; ⌚Mo–Sa 9–17, So 13–17 Uhr) Prunkstück des Jackson Sq ist die St. Louis Cathedral. Sie wurde von Gilberto Guillemard entworfen und ist eines der schönsten Beispiele französischer ökumenische Kirchenarchitektur in den USA.

Louisiana State Museum MUSEUM

(http://lsm.crt.state.la.us; Erw./Kind pro Gebäude 6 US$/frei; ⌚Di–So 10–16.30 Uhr) Das berühmte Museum ist an mehreren Standorten im ganzen Bundesstaat vertreten. Zu den Highlights gehört das **Cabildo** (701 Chartres St) von 1911 links der Kathedrale, ein Museum im alten Rathaus, das sich Louisiana widmet; in dem Gebäude fand auch die Gerichtsverhandlung im Fall Plessy gegen Ferguson statt, bei der die Rassentrennung für gesetzlich zulässig erklärt wurde. Die Besichtigung der vielen Exponate nimmt locker einen halben Tag in Anspruch (unbedingt ansehen sollte man sich das Upright Piano von 1875 im 3. Stock!). Die restliche Zeit kann man im Schwestergebäude verbringen, dem rechts von der Kathedrale stehenden **Presbytère** (751 Chartres St; 🚻) von

1813. Dort zu sehen sind ein ausgezeichnetes **Mardi-Gras-Museum**, das Kostüme, Umzugswagen und Flitterschmuck zeigt, und die neue, bewegende Ausstellung **Katrina & Beyond**, die die Zeit vor und nach dem verheerenden Sturm zeigt und die Auswirkungen der Katastrophe auf die Stadt eindrucksvoll vermittelt.

Historic New Orleans Collection MUSEUM
(www.hnoc.org; 533 Royal St; Führung 5 US$; ⌚Di–Sa 9.30–16.30, So 10.30–16.30 Uhr) Verteilt auf mehrere kunstvoll restaurierte Gebäude zeigt das Museum sorgfältig zusammengestellte Exponate. Der Schwerpunkt liegt auf Material aus den Archiven, u.a. werden die Originalurkunden des Louisiana Purchase ausgestellt. Drei separate Führungen – durch das Haus, zur Architektur und durch den Innenhof sowie zur Geschichte – finden um 10, 11, 14 und 15 Uhr statt.

Old Ursuline Convent HISTORISCHES GEBÄUDE
(1112 Chartres St; Erw./Kind 5/3 US$; ⌚Führung Mo–Sa 10–16 Uhr) 1727 kamen zwölf Ursulinerinnen nach New Orleans, um sich in dem „miserablen kleinen Hospital" der französischen Garnison um die Kranken zu kümmern und die jungen Mädchen in der Kolonie zu unterrichten. Zwischen 1745 und 1752 baute die französische Kolonialarmee dann dieses Kloster, das heute das älteste Gebäude im ganzen Mississippital und das einzig erhaltene französische Bauwerk im Quarter ist.

The Tremé

Das älteste afroamerikanische Viertel der Stadt blickt natürlich auf eine bewegte Geschichte zurück. Die begrünte **Esplanade Avenue**, eine der hübschesten Straßen der Stadt, verläuft am Rand des Viertels entlang und ist von alten kreolischen Herrenhäusern gesäumt.

Louis Armstrong Park PARK
(701 N Rampart St; ⌚9–22 Uhr) Zum Louis Armstrong Park gehört auch der **Congo Square**, ein kulturelles Wahrzeichen Amerikas. Die heute mit Backsteinen gepflasterte, offene Fläche war der einzige Ort, an dem es Sklaven erlaubt war, sich zu versammeln und die Musik ihrer Heimat zu spielen – eine Praxis, die in den meisten der anderen Sklavenhaltergesellschaften verboten war. Die Erhaltung dieses musikalischen Erbes bildete die Grundlage für die Entstehung des Jazz.

Backstreet Cultural Museum MUSEUM
(www.backstreetmuseum.org; 1116 St Claude Ave; Eintritt 8 US$; ⌚Di–Sa 10–17 Uhr) Das Museum zeigt die afroamerikanische Facette der charakteristischen Bräuche von New Orleans und wie sich diese im Alltag manifestieren. Der Begriff „Backstreet" bezieht sich auf „Back o' Town", also die „Rückseite" von New Orleans, auf der die armen Viertel der Schwarzen liegen. Wer sich für Mardi-Gras-Indianer (Afroamerikaner, die sich als Indianer kostümieren), Second-Line-Paradetänzer und Aktivitäten von Hilfs- und Freizeitvereinen (Bürgervereinigungen der hiesigen schwarzen Gemeinde) interessiert, sollte hier vorbeischauen.

Le Musée de FPC MUSEUM
(Free People of Color Museum; www.lemuseedefpc.com; 2336 Esplanade Ave; Erw./Kind 10/5 US$; ⌚Mi–Sa 11–16 Uhr) In einem hübschen, im Greek-Revival-Stil erbauten Herrenhaus von 1859 in Upper Tremé ist dieses Museum untergebracht, das eine 30 Jahre alte Sammlung von Artefakten, Dokumenten, Möbeln und Kunstwerken zeigt, die die Geschichte einer vergessenen Subkultur erzählen, nämlich der Free People of Color, die vor dem Bürgerkrieg aktiv war. Öffnet auch nach Terminvereinbarung.

St. Louis Cemetery No. 1 FRIEDHOF
(Basin St; ⌚Mo–Sa 9–15, So bis 12 Uhr; 👪) Auf diesem Friedhof liegen die meisten der frühen kreolischen Einwohner begraben. Der hohe Grundwasserspiegel hat überirdische Begräbnisse erforderlich gemacht. Die Leichen wurden in Familiengräbern beigesetzt, die heute noch zu sehen sind. Hier befindet sich auch das vermeintliche Grab der Voodoo-Königin Marie Laveau. Die zahlreichen „XXX" stammen von faszinierten Anhängern. Auf Wunsch der Familie, der das Grab gehört, sollte man aber nicht zu den Schmierereien beitragen. Bei Dunkelheit ist es besser, den Friedhof zu meiden, da die Gegend nicht ganz ungefährlich ist.

New Orleans African American Museum MUSEUM
(www.thenoaam.org; 1418 Governor Nicholls St; Erw./Student/Kind 7/5/3 US$; ⌚Mi–Sa 11–16 Uhr) Das kleine Museum zeigt in einer Reihe gepflegter kreolischer Häuser Wechselausstellungen von Werken einheimischer Künstler sowie semipermanente Installationen zur Sklaverei und zur afroamerikanischen Geschichte.

New Orleans

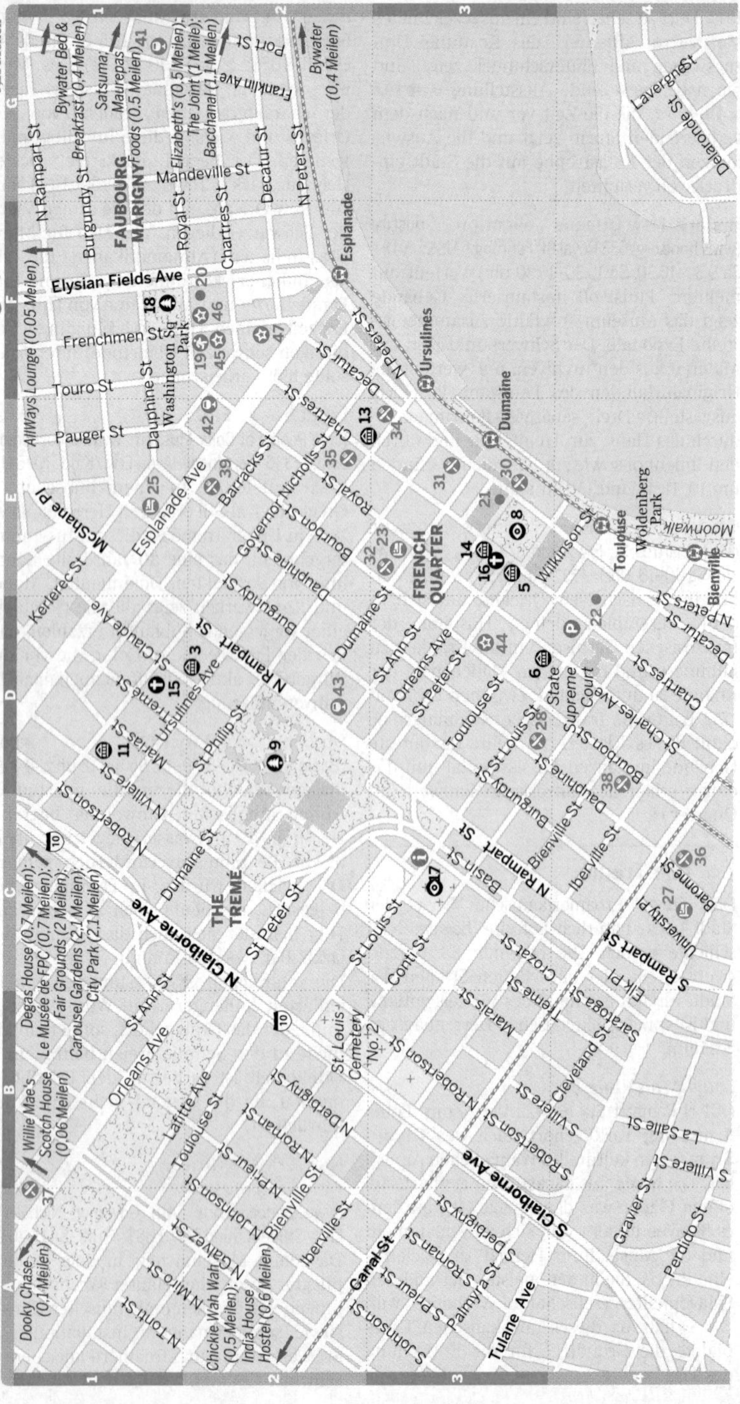

0 — 500 m
0 — 0,25 Meilen

Dooky Chase (0,1 Meilen)
Willie Mae's Scotch House (0,06 Meilen)
Degas House (0,7 Meilen); Le Musée de FPC (0,7 Meilen); Fair Grounds (2 Meilen); Carousel Gardens (2,1 Meilen); City Park (2,1 Meilen)
AllWays Lounge (0,05 Meilen)
Bywater Bed & Breakfast (0,4 Meilen)
Satsuma; Maurepas Foods (0,5 Meilen)
Elizabeth's (0,5 Meilen); The Joint (1 Meile); Bacchanal (1,1 Meilen)
Bywater (0,4 Meilen)
Chickie Wah Wah (0,5 Meilen); India House Hostel (0,6 Meilen)

FAUBOURG MARIGNY
FRENCH QUARTER
THE TREME
Washington Sq Park
Woldenberg Park
St. Louis Cemetery No. 2
State Supreme Court

Elysian Fields Ave
N Rampart St
Burgundy St
Royal St
Chartres St
Decatur St
N Peters St
Mandeville St
Franklin Ave
Port St
Frenchmen St
Touro St
Pauger St
Dauphine St
Esplanade Ave
McShane Pl
Kerlerec St
St Claude Ave
Barracks St
Governor Nicholls St
Bourbon St
Ursulines Ave
St Philip St
Dumaine St
St Ann St
Orleans Ave
St Peter St
Toulouse St
St Louis St
Wilkinson St
Conti St
Bienville St
Iberville St
Basin St
Crozat St
N Robertson St
N Villere St
Marais St
Treme St
N Claiborne Ave
Lafitte Ave
N Derbigny St
N Roman St
N Prieur St
N Johnson St
N Galvez St
N Miro St
N Tonti St
Canal St
S Claiborne Ave
S Derbigny St
S Roman St
S Prieur St
S Johnson St
Palmyra St
Tulane Ave
S Robertson St
S Villere St
Cleveland St
Saratoga St
Elk Pl
S Rampart St
University Pl
Baronne St
St Charles Ave
La Salle St
Gravier St
Perdido St
Lavergne St
Delaronde St
Moonwalk

Esplanade
Ursulines
Dumaine
Toulouse
Bienville

1 3 5 6 7 8 9 11 13 14 15 16 18 19 20 21 22 23 25 27 28 30 31 32 34 35 36 37 38 39 41 42 43 44 45 46 47

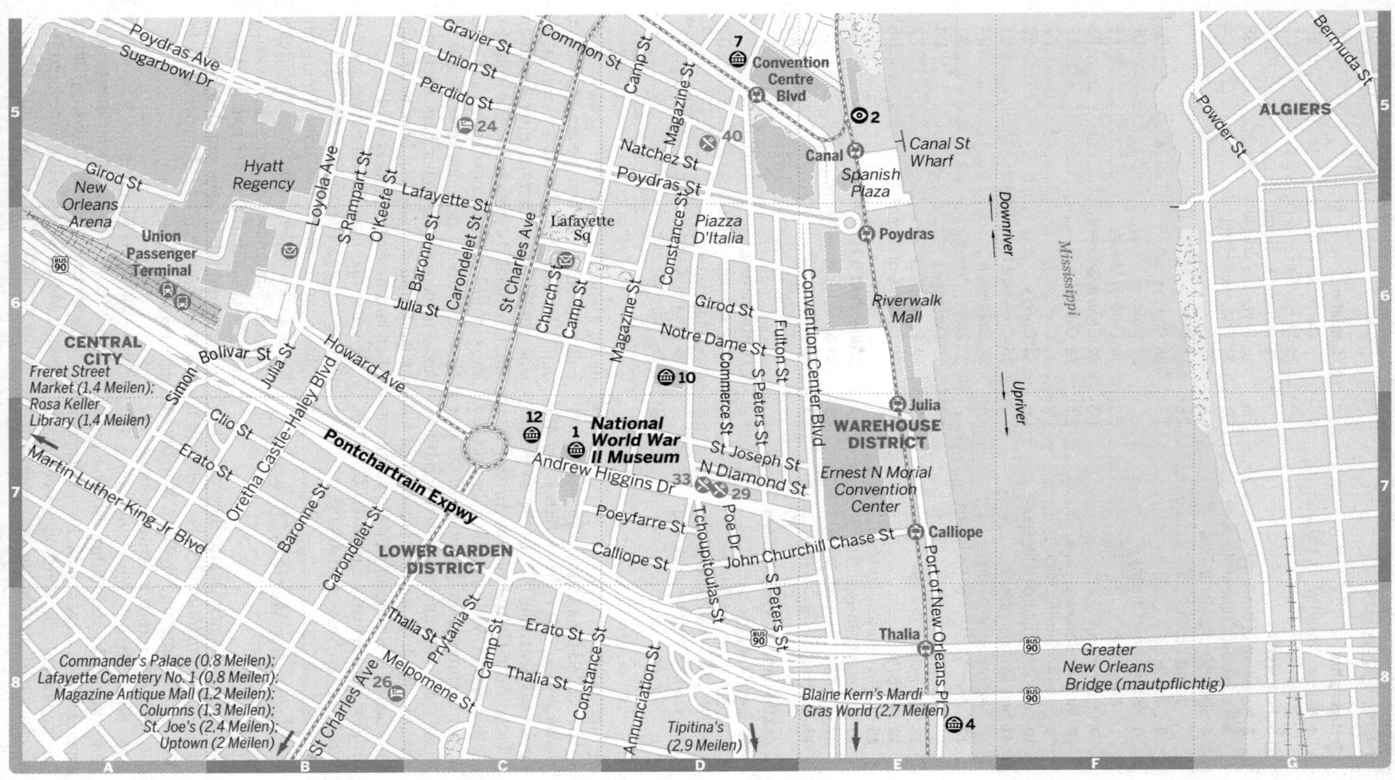
Poydras Ave
Sugarbowl Dr
Gravier St
Union St
Perdido St
Common St
Camp St
Magazine St
Convention Centre Blvd
ALGIERS
Bermuda St
Powder St
Canal St Wharf
Canal
Spanish Plaza
Poydras
Downriver
Mississippi
Riverwalk Mall
Upriver
Julia
WAREHOUSE DISTRICT
Ernest N Morial Convention Center
Calliope
Port of New Orleans Pl
Thalia
Greater New Orleans Bridge (mautpflichtig)
Blaine Kern's Mardi Gras World (2,7 Meilen)
Tipitina's (2,9 Meilen)
Girod St
New Orleans Arena
Hyatt Regency
Union Passenger Terminal
Loyola Ave
S Rampart St
O'Keefe St
Baronne St
Carondelet St
Lafayette St
St Charles Ave
Lafayette Sq
Church St
Natchez St
Poydras St
Constance St
Piazza D'Italia
Julia St
Notre Dame St
Fulton St
Convention Center Blvd
Commerce St
S Peters St
St Joseph St
N Diamond St
National World War II Museum
Andrew Higgins Dr
Poeyfarre St
Tchoupitoulas St
Poe Dr
John Churchill Chase St
Calliope St
CENTRAL CITY
Freret Street Market (1,4 Meilen);
Rosa Keller Library (1,4 Meilen)
Simon
Bolivar St
Howard Ave
Oretha Castle-Haley Blvd
Clio St
Erato St
Martin Luther King Jr Blvd
Pontchartrain Expwy
LOWER GARDEN DISTRICT
Prytania St
Thalia St
Melpomene St
Annunciation St
Commander's Palace (0,8 Meilen);
Lafayette Cemetery No. 1 (0,8 Meilen);
Magazine Antique Mall (1,2 Meilen);
Columns (1,3 Meilen);
St. Joe's (2,4 Meilen);
Uptown (2 Meilen)

New Orleans

Highlights

1 National World War II Museum C7

Sehenswertes

2 Aquarium of the Americas E5
3 Backstreet Cultural Museum D2
4 Blaine Kern's Mardi Gras World E8
5 Cabildo E3
6 Historic New Orleans Collection D3
7 Insektarium D5
8 Jackson Square E3
9 Louis Armstrong Park D2
10 Louisiana Children's Museum D6
11 New Orleans African American Museum D1
12 Ogden Museum of Southern Art C7
13 Old Ursuline Convent E2
14 Presbytère E3
15 St. Augustine's Church D1
16 St. Louis Cathedral E3
17 St. Louis Cemetery No. 1 .... C3
18 Washington Square Park F1

Aktivitäten, Kurse & Touren

19 Bicycle Michael's F2
20 Confederacy of Cruisers F2
21 Friends of the Cabildo E3
22 New Orleans School of Cooking D4

Schlafen

23 Cornstalk Hotel E3
24 Le Pavillon C5
25 Melrose Mansion E1
26 Prytania Park Hotel B8
27 Roosevelt Hotel C4

Essen

28 Bayona D3
29 Butcher D7
30 Café du Monde E3
31 Central Grocery E3
32 Clover Grill E3
33 Cochon D7
34 Coop's E3
35 Croissant D'Or Patisserie E2
36 Domenica C4
37 Dooky Chase A1
38 Galatoire's D4
39 Port of Call E2
40 Restaurant August D5

Ausgehen & Nachtleben

41 Mimi's in the Marigny G1
42 R Bar E2
43 Tonique D2

Unterhaltung

44 Preservation Hall D3
45 Snug Harbor F2
46 Spotted Cat F2
47 Three Muses F2

St. Augustine's Church KIRCHE

(☎504-525-5934; www.staugustinecatholicchurch-neworleans.org; 1210 Governor Nicholls St) Die Kirche aus dem Jahr 1824 ist das zweitälteste katholische Gotteshaus für Afroamerikaner in den USA. Viele Jazz-Begräbnisprozessionen beginnen hier. Sonntags findet eine Messe statt, Führungen müssen vorab telefonisch vereinbart werden. Draußen ist auf einer Seite der Kirche ein bewegendes Kreuz aus Ketten zu sehen, welches das **Grab des unbekannten Sklaven** markiert.

Faubourg Marigny, Bywater & Ninth Ward

Nördlich des French Quarter liegen die kreolischen Vororte (*faubourgs* heißt eigentlich „Viertel") Marigny und Bywater. Marigny ist das Herz der hiesigen Schwulenszene. Die **Frenchmen Street**, die mitten durch das Zentrum des Viertels führt, ist eine großartige Meile mit Livemusik. Bis vor Kurzem galt sie noch als die Bourbon St der Einheimischen, und obwohl sie mittlerweile fest in der Hand der Touristen ist, ist sie nicht halb so kitschig wie besagte Straße. Ganz in der Nähe liegt die **St. Claude Avenue**, die eine ansehnliche Auswahl guter Locations mit Livemusik zu bieten hat, die von den Massen noch größtenteils unentdeckt sind. Allerdings finden sich hier keine Dixieland-Jazz-Kneipen, sondern eher Bars, bei denen zu Punk und Bounce (ein hiesiger frenetischer Tanzmusikstil) gerockt wird.

Bywater ist eine Ansammlung kunterbunter Shotgun-Häuser (für Nola typische Häuser, in denen sich – ohne Flur – ein Raum an den anderen reiht) und kreolischer Cottages. Nirgendwo in der Stadt leben so viele Neuankömmlinge wie hier, und Restaurants und Bars – teils genial, teils schon fast übertrieben hip – schießen wie Pilze aus dem Boden.

Old New Orleans Rum Distillery FABRIK

(☎504-945-9400; www.oldneworleansrum.com; 2815 Frenchmen St; Eintritt 10 US$; ⌚Führung Mo–Fr 12, 14 & 16, Sa 14 & 16 Uhr) Eine kurze Autofahrt nördlich von Marigny liegt die Old

New Orleans Rum Distillery. Die Brennerei wurde vom hiesigen Künstler James Michalopoulos und seinen Musiker- und Künstlerfreunden gegründet und stellt tolle Spirituosen her, die in den meisten Bars der Stadt ausgeschenkt werden. Im Rahmen einer 45-minütigen Führung kann man sie alle kosten, sogar den seltenen Vintage-Rum, den es nur hier in der Fabrik gibt. Letztere liegt in einem Gewerbegebiet, 2 Meilen (3,2 km) nördlich von Faubourg Marigny.

Washington Square Park PARK
(Ecke Frenchmen St & Royal St) Der Park, auch als „Marigny Green" bekannt, ist bei den Einheimischen sehr beliebt. Sie kommen hierher, um mit ihren Hunden zu spielen, Frisbees zu werfen und (so lässt jedenfalls der verräterische Geruch vermuten) Zigaretten zu rauchen, in denen nicht nur Tabak drin ist. An der Nordseite des Parks steht ein bewegendes HIV/AIDS-Denkmal.

CBD & Warehouse District

★**National World War II Museum** MUSEUM
(☎504-528-1944; www.ddaymuseum.org; 945 Magazine St; Erw./Kind 22/13 US$, mit 1/2 Filmen zusätzl. 5/10 US$; ⏲9–17 Uhr) Das große, bewegende Museum ist für jeden, der sich auch nur ansatzweise für den Zweiten Weltkrieg interessiert, ein interessanter Abstecher. Es bietet seinen Besuchern eine beeindruckend differenzierte und gründliche Analyse des größten Kriegs des 20. Jhs. Besonders bemerkenswert ist die **D-Day-Ausstellung**, die wohl ausführlichste ihrer Art im Land. *Beyond All Boundaries* (gesprochen von Tom Hanks) wird auf einer 36 m breiten, gekrümmten Leinwand im neuen **Solomon Victory Theater** gezeigt und ist ein lautes, stolzes und grandioses Spektakel. *Final Mission* entführt 27 Zuschauer auf das Unterseeboot USS *Tang*. Während dessen letzter Mission wird man selbst zum aktiven Besatzungsmitglied und erfährt vom Schicksal der Männer an Bord.

Ogden Museum of Southern Art MUSEUM
(www.ogdenmuseum.org; 925 Camp St; Erw./Student/Kind 10/8/5 US$; ⏲Mi–Mo 10–17, Do 18–20 Uhr) Der aus New Orleans stammende Unternehmer Roger Houston Ogden hat eine der schönsten Sammlungen von Südstaatenkunst überhaupt zusammengetragen, die viel zu groß ist, um sie für sich allein zu behalten. In den riesigen Sälen sind impressionistische Landschaftsbilder, ausgefallene Volkskunst und moderne Installationen zu sehen. Donnerstags von 18 bis 20 Uhr gibt's Livemusik – die Gebühr dafür ist bereits im Eintrittspreis enthalten.

INSIDERWISSEN

KUNST FÜR JEDES WOCHENENDE

Lindsay Glatz vom Arts Council of New Orleans verrät, wo man in New Orleans am Wochenende lokale Kunst sehen und einheimische Künstler treffen kann.

New Orleans Arts District Art Walk (www.neworleansartsdistrict.com; Julia St; ⏲1. Sa des Monats 18–21 Uhr) Am ersten Samstag im Monat feiern die Galerien im New Orleans Art District die Eröffnung ihrer einmonatigen Ausstellungen, die immer einen bestimmten Künstler zum Thema haben. Das Ganze findet im Warehouse District/CBD statt.

Freret Street Market (www.freretmarket.org; Ecke Freret St & Napoleon Ave; ⏲Sept.–Juni 1. Sa des Monats 12–17 Uhr) Der Mix aus Bauern-, Kunst- und Flohmarkt in der Uptown gewährt großartige Einblicke in die hiesige Kultur.

Saint Claude Arts District Gallery Openings (www.scadnola.com; ⏲2. Sa des Monats) New Orleans' neuestes Kunstviertel beherbergt immer mehr Galerien und erstreckt sich von Faubourg Marigny bis nach Bywater. Hier leben einige der vielseitigsten Künstler von New Orleans. Fragt man Einheimische nach Empfehlungen fürs Wochenende, landet man vielleicht bei einer Feuerschluckerdarbietung oder einer improvisierten Kunstinstallation einer Künstlergruppe an einem geheim gehaltenen Ort.

Art Market of New Orleans (www.artscouncilofneworleans.org; Palmer Park, Ecke Carrolton Ave & Claiborne Ave; ⏲letzter Sa des Monats) Am letzten Samstag jedes Monats stellen Hunderte der kreativsten Künstler der Region ihre Werke aus, die von einer Jury ausgewählt wurden. Außerdem gibt's typische Spezialitäten der regionalen Küche, Musik und ein Kinderprogramm. An warmen Tagen ein echtes Vergnügen!

Blaine Kern's Mardi Gras World MUSEUM
(☎ 504-655-9586; www.mardigrasworld.com; 1380 Port of New Orleans Pl; Erw./Kind 19,95/12,95 US$; ⊙ geführte Touren 9.30–16.30 Uhr; 👪) Diese grellbunte, aber witzige Institution beherbergt (und konstruiert) viele der großen Wagen, die bei Mardi-Gras-Paraden zum Einsatz kommen. Im Rahmen der Führung geht man durch die gigantischen Werkstätten, in denen Künstler die reich verzierten Fahrzeuge für die *krewes* (Paradeclubs), für die Universal Studios und für Disney World bauen.

Aquarium of the Americas AQUARIUM
(☎ 504-581-4629; www.auduboninstitute.org; 1 Canal St; Erw./Kind 22,50/16 US$, mit IMAX 29/23 US$, mit Audubon Zoo 36/25 US$; ⊙ 10–17 Uhr; 👪) Hier wird eine facettenreiche Auswahl maritimer Lebensräume nachgestellt. Den weißen Alligator nicht verpassen! Mit einem Kombiticket kann man auch das IMAX-Kino nebenan, das nahe gelegene Insektarium, den Audubon Zoo in der Uptown oder alle vier Sehenswürdigkeiten zusammen besuchen (Erw./Kind 44,50/27,50 US$).

Insektarium MUSEUM, GARTEN
(☎ 504-581-4629; www.auduboninstitute.org; 423 Canal St; Erw./Kind 16,50/12 US$; ⊙ 10–17 Uhr; 👪) Das überaus kinderfreundliche Lehrzentrum ist eine wahre Freude für zukünftige Entomologen. Besonders schön ist der japanische Garten mit den lautlosen Schmetterlingen. Es gibt auch eine nette Ausstellung über die berüchtigten Kakerlaken von New Orleans.

Garden District & Uptown

Die wichtigste architektonische Trennlinie in New Orleans verläuft zwischen den eleganten Stadthäusern der Kreolen und Franzosen im Nordosten und den prachtvollen Herrenhäusern der Amerikaner, die sich nach dem Louisiana Purchase hier angesiedelt haben. Die riesigen Gebäude, die fast wie Plantagen anmuten, findet man vor allem im Garden District und in der Uptown. Prächtige Eichen thronen über der St. Charles Ave, die mitten durch das Viertel läuft und auf der eine charmante **Straßenbahn** (Fahrt 1,25 US$; 👪) fährt. Die **Magazine Street** mit ihren Boutiquen und Galerien ist die beste Shoppingmeile der Stadt.

Lafayette Cemetery No. 1 FRIEDHOF
(Washington Ave Ecke Prytania St; ⊙ 9–14.30 Uhr) Diese Nekropole gleich gegenüber dem **Commander's Palace** wurde 1833 von der früheren City of Lafayette eingerichtet und liegt im Schatten großartiger, üppig grüner Bäume. Ihr haftet ein gewisses subtropisches Südstaaten-Gothic-Flair an. Einige der Gräber der reicheren Familien sind aus Marmor erbaut, und ihre aufwendigen Verzierungen können mit der feinen Architektur des Viertels locker mithalten. Auf den überirdischen Gräbern sind viele deutsche und irische Namen zu lesen, was darauf hinweist, dass die Gelbfieberepidemien im 19. Jh. auch zahlreiche Einwanderer das Leben gekostet haben. Bus 11 und 12 fahren hierher.

Audubon Zoological Gardens ZOO
(www.auduboninstitute.org; 6500 Magazine St; Erw./Kind 17,50/12 US$; ⊙ Mo–Fr 10–17, Sa & So bis 18 Uhr; 👪) Dieser wundervolle Zoo ist eine tolle Sache für Jung und Alt. Die ultracoole Ausstellung **Louisiana Swamp** strotzt nur so vor Alligatoren, Rotluchsen, Füchsen, Bären und Schnappschildkröten.

City Park & Mid-City

City Park PARK
(www.neworleanscitypark.com; City Park Ave) Die **Canal-Straßenbahn** (S. 499) fährt vom CBD zum City Park. Der 4,8 km lange und 1,6 km breite, üppig mit Trauerweiden und Louisianamoos bewachsene City Park wartet mit Museen, Gärten, Wasserläufen, Brücken, Vögeln und dem ein oder anderen Alligator auf. Er ist der fünftgrößte Stadtpark der USA (größer als der Central Park in New York) und New Orleans' schönste grüne Lunge.

New Orleans Museum of Art MUSEUM
(www.noma.org; 1 Collins Diboll Circle; Erw./Kind 10/6 US$; ⊙ Di–Do 10–18, Fr bis 21, Sa & So 11–17 Uhr) Im City Park befindet sich dieses elegante, 1911 gegründete Museum, das aufgrund seiner Sonderausstellungen und Galerien für afrikanische, indianische, ozeanische und asiatische Kunst im Obergeschoss einen Besuch wert ist. Unbedingt auch einen Blick auf die hervorragende Sammlung von Schnupftabakflaschen aus der Qing-Dynastie werfen! Der **Skulpturengarten** (⊙ Sa–Do 10–16.30, Fr bis 20.45 Uhr) GRATIS präsentiert auf einem üppig bewachsenen, sorgsam gepflegten Gelände den letzten Schrei in Sachen moderner Kunst.

Messegelände PARK
(1751 Gentilly Blvd, zw. Gentilly Blvd & Fortin St; ⊙ Ende April–Anfang Mai) Neben regelmäßigen

SUMPFTOUREN

Sumpftouren können von New Orleans aus arrangiert werden; alternativ wendet man sich direkt an einen Veranstalter vor Ort.

Louisiana Lost Land Tours (☎504-400-5920; http://lostlandstours.org) Wundervolle Touren, bei denen es z. B. mit dem Kajak in die Wetlands hineingeht. Auch Touren mit dem Motorboot in die Barataria Bay werden angeboten. Die Ausflüge drehen sich thematisch um den Landverlust und die Bedrohungen für Tiere und werden von Guides betreut, die dieses Land aufrichtig lieben. Diese haben auch einen Blog zu umweltrelevanten Themen im Süden von Louisiana (http://lostlandstours.org/category/blog), der vom Journalisten und Pulitzer-Preis-Gewinner Bob Marshall betreut wird.

Annie Miller's Son's Swamp & Marsh Tours (☎985-868-4758; www.annie-miller.com; 3718 Southdown Mandalay Rd, Houma; Erw./Kind 15/10 US$;) Der Sohn der legendären Sumpfführerin Annie Miller ist in die Fußstapfen seiner Mutter getreten. Die Touren finden 50 Meilen (80 km) außerhalb von New Orleans statt. Wer kein Auto hat, kann anrufen und sich abholen lassen.

Cajun Encounters (☎504-834-1770; www.cajunencounters.com; ohne/mit Abholung 25/50 US$, Nachttouren 40/70 US$) Ein beliebter, gut geführter Anbieter mit einem großen Tourenangebot, u. a. auch Nachttouren.

Pferderennen (während der Saison) findet auf dem Messegelände im Frühjahr auch das große New Orleans Jazz & Heritage Festival statt.

Kurse

New Orleans School of Cooking KOCHEN
(☎800-237-4841; www.neworleansschoolofcooking.com; 524 St. Louis St; Kurse 24–29 US$) Die meisten Veranstaltungen sind eigentlich Kochvorführungen, also keine Kurse zum Mitmachen. Die Menüs wechseln täglich. Am Ende kann man Kreationen wie Gumbo, Jambalaya und Pralinen kosten, während die charismatischen Köche Anekdoten aus der Stadtgeschichte erzählen. Es wird auch ein klassischer Kochkurs zur kreolischen Küche angeboten. (125 US$).

Geführte Touren

Das Visitor Center im Jean Lafitte National Historic Park and Preserve (S. 498) bietet um 9.30 Uhr kostenlose Stadtspaziergänge durch das French Quarter an (Tickets um 9 Uhr holen!).

Confederacy of Cruisers RADFAHREN
(☎504-400-5468; www.confederacyofcruisers.com; Radtour ab 49 US$) Rauf aufs Rad und raus aus dem French Quarter! Die sehr informativen und entspannten Radtouren führen durch die 100%ig kitschfreien Stadtviertel von New Orleans – Faubourg Marigny, Esplanade Ridge, Tremé – und schließen auch einen Stopp in einer Bar mit ein. Unterwegs trifft man gelegentlich die eine oder andere mit Jazz untermalte Beerdigungsprozession. Es werden auch Cocktail- (85 US$) und kulinarische Touren (89 US$) angeboten.

Friends of the Cabildo STADTSPAZIERGANG
(☎504-523-3939; 1850 House Museum Store, 523 St Ann St; Erw./Student 15/10 US$; ⊙geführte Tour Di–So 10 & 13.30 Uhr) Ehrenamtliche Mitarbeiter veranstalten die besten Stadtspaziergänge durch das French Quarter.

City Segway Tours SEGWAY
(☎504-619-4162; neworleans.citysegwaytours.com; 3-/2-/1-stündige Tour 75/65/45 US$) Hier geht's auf dem Segway geschmeidig durch das French Quarter, durch Tremé und am Fluss entlang.

Feste & Events

In New Orleans findet sich immer ein Grund zum Feiern. Im Folgenden ist nur eine kleine Auswahl aufgelistet; einen guten Veranstaltungskalender gibt es unter www.neworleansonline.com.

Mardi Gras KULTUR
(www.mardigrasneworleans.com; ⊙Feb. od. Anfang März) Am Faschingsdienstag (dem „Mardi Gras") wird mit einem fulminanten Finale der Abschluss der Karnevalssaison begangen.

St. Patrick's Day KULTUR
(www.stpatricksdayneworleans.com; ⊙März) Am 17. März und dem diesem Datum am nächsten gelegenen Wochenende veranstaltet ein

in grün gekleidetes Partyvolk Paraden und hantiert mit Salatköpfen.

St. Joseph's Day – Super Sunday KULTUR
(🕘März) Am 19. März und dem diesem Datum am nächsten gelegenen Sonntag ziehen Gruppen von Mardi-Gras-Indianern mit Federschmuck und Trommelwirbeln durch die Straßen. Der Umzug am Super Sunday beginnt normalerweise gegen 12 Uhr am Bayou St. John an der Orleans Ave. Eine festgelegte Route gibt es nicht.

Tennessee Williams Literary Festival LITERATUR
(www.tennesseewilliams.net; 🕘März) Hier wird an fünf Tagen mit Lesungen, Aufführungen und Festen der Werke des Schriftstellers gedacht.

French Quarter Festival MUSIK
(www.fqfi.org; 🕘2. Wochenende im April) Kostenlose Konzerte auf mehreren Bühnen.

Jazz Fest MUSIK
(www.nojazzfest; 🕘April–Mai) Am letzten Wochenende im April und dem ersten im Mai findet dieses weltberühmte Feuerwerk der Musik, des Essens, des Kunsthandwerks und des guten Lebens statt.

Schlafen

Die Preise sind während des Mardi Gras und des Jazz Fest am höchsten und sinken im heißen Sommer. Es empfiehlt sich, frühzeitig zu buchen und sich online oder telefonisch über Angebote zu informieren. Parken im French Quarter kostet 15 bis 30 US$ pro Tag.

Bywater Bed & Breakfast B&B $
(☎504-944-8438; www.bywaterbnb.com; 1026 Clouet St, Bywater; Zi. ohne Bad 100 US$) Ein künstlerisch angehauchtes B&B, das vor allem in der LGBT-Szene (besonders bei Lesben) beliebt ist. Die heimelige und entspannte Unterkunft ist in einem restaurierten, sehr farbenfrohen Shotgun-Doppelhaus untergebracht und bietet eine den Gästen zugängliche Küche sowie Aufenthaltsbereiche, die zum Abhängen einladen. Die Wände dienen als Ausstellungsfläche für eine Sammlung lebendiger Outsider- und Volkskunst. Die vier Gästezimmer sind einfach und komfortabel und warten mit noch mehr fröhlicher Farbe und Kunst auf.

Prytania Park Hotel HOTEL $
(☎504-524-0427; www.prytaniaparkhotel.com; 1525 Prytania St, Garden District; Zi. ab 75 US$, Suite ab 100 US$; P❄📶) Die Anlage aus drei separaten, freundlichen Hotels in guter Lage im Garden District bietet ein tolles Preis-Leistungs-Verhältnis. Im **Prytania Park** mit seinen gut geschnittenen, wenn auch etwas kleinen Zimmern mit Flachbild-TVs steigen vorwiegend budgetbewusste Traveller ab. Das **Prytania Oaks** (Zimmer ab 110 US$) ist schicker, und beim **Queen Anne** (Zimmer ab 120 US$) handelt es sich um ein exquisites, hübsch renoviertes Boutiquehotel voller Antiquitäten. Der Komplex liegt zwischen dem French Quarter, dem Garden District und der Uptown und eignet sich für jeden Geldbeutel. Parken ist kostenlos, ebenso wie der Eintritt in den St. Charles Ave Athletic Club.

India House Hostel HOSTEL $
(☎504-821-1904; www.indiahousehostel.com; 124 S Lopez St, Mid-City; B/DZ 20/55 US$; @📶🏊) In dem Hostel in der Mid-City liegt eine freigeistige Partystimmung in der Luft. Ein großes Aufstellschwimmbecken und der wunderbare Innenhof mit Urlaubsflair verleihen den drei abgewohnten, alten Häusern mit ihren einfachen, aber netten Schlafsälen Atmosphäre. Die Doppelzimmer sind so lala.

Columns HISTORISCHES HOTEL $$
(☎504-899-9308; www.thecolumns.com; 3811 St Charles Ave, Garden District; Zi. inkl. Frühstück Wochenende/werktags ab 170/134 US$; ❄📶) Die imposante, im italienischen Stil erbaute Villa von 1883 im Garden District ist in der Nebensaison ein echtes Schnäppchen (ab 99 US$), kann jedoch auch in der Hauptsaison mit einem guten Preis-Leistungs-Verhältnis überzeugen. Das elegant-legere Hotel wartet mit allerlei außergewöhnlichen Details auf, z. B. einem Treppenaufgang mit Buntglasfenstern, hübschen Marmorkaminen und kunstvollen Holzschnitzereien. Das wunderbare Gesamtpaket komplettieren eine einladende Bar und eine hübsche Veranda im 2. Stock mit Blick auf die von Eichen gesäumte St. Charles Ave. New Orleans in seiner schönsten Form!

Melrose Mansion B&B $$$
(☎504-944-2255, 800-650-3323; www.melrosemansion.com; 937 Esplanade Ave, French Quarter; Suite werktags/Wochenende ab 150/330 US$; 📶🏊) Als Millionär auf der Suche nach einer Zweitwohnung in New Orleans könnte man dieses B&B durchaus in Erwägung ziehen. Es ist schlicht, elegant und mit handverlesenen Antiquitäten und dem letzten Schrei in Sachen moderner Kunst ausgestattet. Wäh-

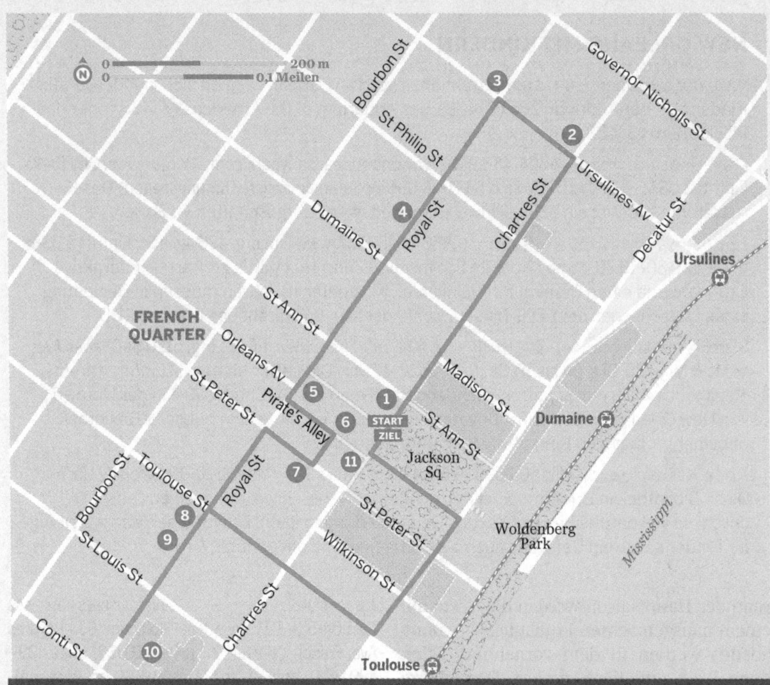

Stadtspaziergang French Quarter

START JACKSON SQ
ZIEL JACKSON SQ
LÄNGE/DAUER 1,7 KM; 1,5 STD.

Der Rundgang beginnt am 1 **Presbytère** (S. 482) am Jackson Sq. Von dort geht es die Chartres St hinunter bis zur Ecke der Ursulines Ave. Direkt gegenüber, in der Chartres St Nr. 1113, verbindet das 1826 errichtete 2 **Beauregard-Keyes House** kreolische und amerikanische Stilelemente. Weiter geht es auf der Ursulines Ave zur Royal St. Der Sodabrunnen in der 3 **Royal Pharmacy** ist ein Relikt aus jenen Tagen, als es noch Soda Shops gab, die Softdrinks und Snacks verkauften.

In puncto Postkartenmotive hat die Royal St die Nase ganz vorne. Gusseiserne Balkone zieren die Gebäude, und eine Fülle hübscher Blumen schmückt die Fassaden.

In Nr. 915 der Royal St steht das 4 **Cornstalk Hotel** (S. 492) hinter einem der meistfotografierten Zäune. An der Orleans Ave blühen im 5 **St. Anthony's Garden** hinter der 6 **St. Louis Cathedral** (S. 482) stattliche Magnolien und üppige tropische Pflanzen.

Am Garten entlang führt die hübsche Pirate's Alley, von der man nach rechts in die Cabildo Alley und nochmals nach rechts in die St. Peter St gen Royal St abbiegt. Tennessee Williams lebte von 1946 bis 1947, während er *Endstation Sehnsucht* schrieb, im 7 **Avart-Peretti House** in der St. Peter St Nr. 632.

Weiter geht's nach links in die Royal St. An der Ecke Royal St/Toulouse St stehen zwei von Jean François Merieult in den 1790ern erbaute Häuser. Der Bau in der 541 Royal St, der als 8 **Court of Two Lions** bekannt ist, öffnet sich zur Toulouse St; nebenan ist die 9 **Historic New Orleans Collection** (S. 483).

Im nächsten Block trifft man auf das gewaltige 10 **State Supreme Court Building** von 1909, in denen Szenen für Oliver Stones Film *JFK – Tatort Dallas* gedreht wurden.

Einmal umkehren und nach rechts in die Toulouse St gehen; an der Decatur St nach links abbiegen! Nachdem man die Straße überquert hat, geht's am Fluss entlang. Wenn der Jackson Sq wieder in Sicht kommt, geht's auf die andere Straßenseite zum 11 **Cabildo** (S. 482), dem „Zwilling" des Presbytère.

NEW ORLEANS MIT KINDERN

Viele der tagsüber geöffneten Attraktionen von New Orleans eignen sich wunderbar für Kinder, z. B. der Audubon Zoo (S. 488), das Aquarium of the Americas (S. 488) oder das Insektarium (S. 488).

Carousel Gardens (504-483-9402; www.neworleanscitypark.com; 7 Victory Ave, City Park; Eintritt 3 US$; Di–Fr 10–15, Sa & So 11–18 Uhr, im Sommer längere Öffnungszeiten) Das Karussell von 1906 ist ein echtes Juwel unter den alten Fahrgeschäften im Park.

Louisiana Children's Museum (504-523-1357; www.lcm.org; 420 Julia St; Eintritt 8 US$; Di–Sa 9.30–16.30, So ab 12 Uhr, im Sommer bis 17 Uhr) Hier gibt's großartige interaktive Exponate und einen Bereich für Kleinkinder. Kids unter 16 Jahren müssen in Begleitung eines Erwachsenen sein. Das Museum befindet sich im Warehouse District/CBD.

Milton Latter Memorial Library (504-596-2625; www.nutrias.org; 5120 St Charles Ave; Mo & Mi 9–20, Di & Do bis 18, Sa 10–17, So 12–17 Uhr) Die Latter Memorial Library thront elegant oberhalb der Schatten spendenden Palmen der St. Charles Ave in der Uptown von New Orleans. In dem einst privaten Herrenhaus ist heute eine hübsche Bibliothek mit einer großartigen Kinderabteilung untergebracht.

Rosa Keller Library (504-596-2660; 4300 S Broad St; Mo–Do 10–19, Sa bis 17 Uhr) Diese Bibliothek in Broadmoor ist ein architektonisches Juwel mit riesigen Fenstern, durch die viel natürliches Licht in das Gebäude dringen kann. Es gibt eine nette Abteilung für Kinder sowie ein Café, das auch als Gemeindezentrum genutzt wird.

rend der Hauptsaison werden die Gäste mit einem hausgemachten Frühstück verwöhnt, abends werden in dem vornehmen Salon dann Wein und Käse serviert. Das schicke Studio ist noch etwas edler und moderner.

Roosevelt Hotel HOTEL $$$
(504-648-1200; www.therooseveltneworleans.com; 123 Baronne St, Warehouse District/CBD; Zi. ab 200 US$, Suite ab 290 US$; P @) Als das Roosevelt 1893 eröffnet wurde, war es mit seiner majestätischen Lobby, die sich über den gesamten Block erstreckte, das elitärste Etablissement der Stadt. In den 1930er-Jahren war Gouverneur Huey Long ein oft gesehener Gast. Nach einer akribischen, 145 Mio. US$ teuren Renovierung wurde das Hotel im Juni 2009 als Teil der Waldorf-Astoria-Kette wiedereröffnet. Die todschicken Zimmer sind mit klassischen Details ausgestattet, die besten Argumente für eine Übernachtung hier sind allerdings der Spa-Bereich, ein John-Besh-Restaurant sowie die geschichtsträchtige Sazerac Bar.

Cornstalk Hotel B&B $$$
(504-523-1515; www.cornstalkhotel.com; 915 Royal St; French Quarter; Zi. 125–250 US$;) Hinter der berühmten gusseisernen Umzäunung steht ein elegantes, altmodisches B&B, das den Trubel der Straße vergessen lässt. Die luxuriösen, sauberen Zimmer sind Schmuckstücke, die Teppiche werden einmal im Monat gereinigt. Begrenzte Parkplätze.

Le Pavillon HISTORISCHES HOTEL $$$
(504-581-3111; www.lepavillon.com; 833 Poydras Ave, French Quarter; Zi. 160–299 US$, Suite 199–499 US$; P) Das 1907 im europäischen Stil errichtete, elegante Hotel hat eine großzügige Marmorlobby, schicke, moderne Zimmer und einen tollen Pool auf dem Dach. Die dekadenten Suiten könnten dazu verleiten, für immer hierzubleiben. Wer ein „Queen"-Zimmer bucht, sollte um eines mit Erker bitten. Parken kostet 25 US$.

Degas House HISTORISCHES HOTEL $$$
(504-821-5009; www.degashouse.com; 2306 Esplanade Ave; Zi. inkl. Frühstück ab 199 US$; P) Als der berühmte französische Impressionist Edgar Degas Anfang der 1870er-Jahre die Familie seiner Mutter besuchte, wohnte er in diesem 1852 im italienischen Stil erbauten Haus. Die kunstvoll gestalteten Zimmer erinnern mit Reproduktionen seiner Arbeiten und Möbeln aus jener Zeit an den Aufenthalt des Malers. Die Suiten haben Balkons und Kamine. Die günstigeren, kleinen Mansardenzimmer im Dachgeschoss dienten einst den hier wohnenden Künstlern als dringend benötigte Rückzugsorte.

Essen

Louisiana hat die wohl bedeutendste einheimische kulinarische Tradition in den USA. Das liegt nicht so sehr an der (sehr hohen!) Qualität des Essens, sondern an der

Geschichte der Gerichte, die teilweise älter sind als die meisten amerikanischen Bundesstaaten. Die Einwohner von New Orleans essen nicht, um zu leben, sondern leben, um zu essen!

French Quarter

Croissant D'Or Patisserie
CAFÉ $

(617 Ursulines Ave; Backwaren 1,50–5,75 US$; ⌚ Mo & Mi–So 6.30–15 Uhr) In dieser wundervollen Patisserie beginnen viele Einwohner des Quarter ihren Tag. Einfach eine Zeitung mitbringen, Kaffee und ein Croissant bestellen und genießen! Am Eingang fällt das Emailleschild über der Tür ins Auge, auf dem „Ladies Entrance" steht, ein Überbleibsel aus voremanzipatorischen Zeiten, das heute natürlich keine Bedeutung mehr hat.

Clover Grill
DINER $

(900 Bourbon St; Hauptgerichte 3–8 US$; ⌚ 24 Std.) Ein Schwulen-Imbiss? Jawohl! Das ist schon ziemlich schräg, schließlich sieht der Laden ansonsten haargenau wie ein Diner aus den 1950er-Jahren aus. Aber es ist ein echt amerikanisches Erlebnis, wenn sich zu plärrender Diskomusik eine abgetakelte Drag-Queen und ein betrunkener Clubgänger wie Primadonnen anfauchen.

Café du Monde
CAFÉ $

(800 Decatur St; Beignets 2,14 US$; ⌚ 24 Std.; 👪) Das Café du Monde wird überschätzt, aber für alle, die dennoch hin wollen, hier die nötigen Angaben: Der Kaffee ist ordentlich, die viereckigen, mit Zucker bestreuten Beignets sind nicht immer gleich gut, und die Atmosphäre ist, nun ja, abstoßend: Gäste werden wie Nummern behandelt, man versucht, Bob und Fran zu überschreien, die gerade lautstark Jambalaya bestellen, und ein Straßenmusikant gibt eine grausige Version von John Lennons *Imagine* zum Besten. Immerhin ist der Laden durchgehend geöffnet.

Coop's
CAJUN, KREOLISCH $$

(1109 Decatur St; Hauptgerichte 8–17,50 US$; ⌚ 11–3 Uhr) Das als Kneipe verkleidete ländliche Cajun-Lokal eignet sich bestens für eine günstige, sättigende Mahlzeit. Empfehlenswerte Cajun-Köstlichkeiten sind z. B. Jambalaya mit Kaninchen und Würstchen oder rote Bohnen mit Reis. Für unter 15 US$ kann man sich hier den Magen vollschlagen.

Port of Call
BAR $$

(☎ 504 523-0120; 838 Esplanade Ave; Hauptgerichte 7–21 US$; ⌚ 11 Uhr–open end) Der Port-of-Call-Burger ist mit absoluter Sicherheit einer der allerbesten Burger, die im Rahmen einer Recherche jemals verdrückt wurden. Das Fleisch ist naturrein, saftig, und die Portionen sind gigantisch groß – ein 250-g-Burger hat hier locker den Durchmesser eines Gesichts. Nein, das ist keine Übertreibung. Auf der Speisekarte stehen zwar noch andere Gerichte, die Burger sind aber einfach der Oberhammer, und so stehen auch die Einheimischen vor dem Lokal Schlange, um einen Tisch zu ergattern (keine Reservierung).

Central Grocery
ITALIENISCH $$

(923 Decatur St; halbes/ganzes Muffuletta 7,50/14,50 US$; ⌚ Mo–Sa 9–17 Uhr, plus Mo–Do 6–22 Uhr) Ein sizilianischer Einwanderer erfand hier 1906 das weltberühmte *muffuletta*-Sandwich, einen runden, ausgehöhlten Brotlaib, groß wie ein Gullydeckel, gefüllt mit Schinken, Salami, Provolone und mariniertem Salat mit Oliven. Noch heute wird es hier am besten zubereitet.

Bayona
MODERN-AMERIKANISCH $$$

(☎ 504-525-4455; www.bayona.com; 430 Dauphine St; Hauptgerichte 27–32 US$; ⌚ Mo–Fr 11.30–14 & Mo–Do 18–22, Fr & Sa 18–23 Uhr) Wer sein Geld im Quarter gut investieren möchte, ist im Bayona richtig. Die Küche ist facettenreich, aber nicht chaotisch, stilvoll, aber nicht zu steif, innovativ, aber nicht abgehoben. Auf der täglich wechselnden Speisekarte finden sich Fisch, Geflügel und Wild sowie Klassiker und Tagesmenüs (jeweils etwa vier), die als verfeinerte Hausmannskost zunächst überraschen, doch dann voll und ganz überzeugen.

Galatoire's
KREOLISCH $$$

(☎ 504 525 2021; 209 Bourbon St; Hauptgerichte 17–38 US$; ⌚ Di–Sa 11.30–22, So 12–22 Uhr) Das etwas über 100 Jahre alte, geschichtsträchtige Restaurant ist eine echte Institution, in der noch bis vor Kurzem nur mit Bargeld bezahlt werden konnte. Die Vergangenheit ist hier förmlich greifbar, was nicht zuletzt an den Wänden liegt, die heute noch genau so aussehen wie damals. Die Kellner im Smoking geben gerne Auskunft darüber, was gerade besonders frisch ist. Zu den althergebrachten Köstlichkeiten und grundlegenden Klassikern zählen *Pompano Meunière*, Leber mit Bacon und Zwiebeln oder das Aushängeschild des Restaurants, Hähnchen *Clemenceau*. Als Mann sollte man sich in Schale (sprich: in ein Jackett) werfen. Das Mittagessen am Freitag (das den ganzen Tag dauert) ist eine feucht-fröhliche Angelegenheit, bei der sich auch die hiesige Aristokratie blicken lässt.

The Tremé

Willie Mae's Scotch House SÜDSTAATENKÜCHE $$
(2401 St. Ann St; Brathähnchen 10 US$; ⌚ Mo–Sa 11–19 Uhr) Das Brathähnchen im Willie Mae's ist gut. Sehr gut. Für manche ist es sogar das beste Brathähnchen der Welt. Eines ist auf jeden Fall sicher: Ein heißer Titelanwärter ist es allemal.

Dooky Chase SÜDSTAATENKÜCHE $$
(☎ 504-821-0600;2301 Orleans Ave; Buffet 17,95 US$; ⌚ Di–Fr 11–15 Uhr, Fr 17–21 Uhr) Ray Charles schrieb *Early in the Morning* über das Dooky, hiesige Anführer der Bürgerrechtsbewegung nutzten den Laden in den 1960er-Jahren als inoffizielles Hauptquartier, und selbst Bush und Obama haben die gehobene, ziemlich teure Südstaatenküche bereits probiert!

Bywater

The Joint BARBEQUE $
(☎ 504-949-3232; 701 Mazant St; Hauptgerichte 7–17 US$; ⌚ Mo–Sa 11.30–22 Uhr) Der Duft des geräucherten Schweinefleischs hat dieselbe Wirkung wie der Gesang der Sirenen: Der Seemann (aka Traveller) wird magisch angezogen, kommt von seinem Kurs nach Ithaka ab und steuert auf die unheilvollen Felsen eines köstlichen, fleischlastigen Todes zu (o.k., genug von griechischen Heldensagen). Zurück in der Realität angekommen, schnappt man sich Rippchen, Pulled Pork oder ein Bruststück, setzt sich mit einem Eistee hinaus in den Garten hinterm Haus und ist dankbar, dass man noch einmal mit dem Leben davongekommen ist.

Satsuma GESUND $
(☎ 504-304-5962; 3218 Dauphine St; Frühstück & Mittagessen unter 10 US$, Hauptgerichte abends 8–16 US$; ⌚ 7–19 Uhr) Das Satsuma ist wie die Reinkarnation des süßen Hipster-Girls mit Kleid, Ponyfrisur und Hornbrille, in das man früher heimlich verliebt war. Das Speiseangebot, das auf einer Tafel angeschrieben ist, umfasst Bio-Suppen und -Sandwiches, mediterrane Salate, Pasta, Meeresfrüchte und Lamm. Zudem gibt's Ingwer-Limeade (ein Traum an einem heißen Tag), Grafiken und Pop-Art an den Wänden – und jede Menge MacBooks. Die Tatsache, dass die Klientel hier vorwiegend aus Frauen besteht, beweist es einmal mehr: Bywater ist das neue Brooklyn.

Bacchanal CAFÉ $$
(www.bacchanalwine.com; 600 Poland Ave; Käse ab 5 US$, Hauptgerichte 8–16 US$; ⌚ 11–24 Uhr) Einfach eine Flasche Wein und dazu eine Portion Käse bestellen, den die Angestellten hinter der Theke in ein wahres Käse-Kunstwerk verwandeln, und es sich dann in dem zugewachsenen Hinterhof auf rostigen Garten- oder wackligen Faltstühlen gemütlich machen! Oft werden auch Livekonzerte gegeben. Umfassende, kreative Speisekarte. Nur Barzahlung möglich.

Maurepas Foods AMERIKANISCH $$
(☎ 504-267-0072; 3200 Burgundy St; Hauptgerichte 7–16 US$; ⌚ 11–24 Uhr, Mi geschl.; ✎) Das Maurepas ist nicht gerade das typische Bywater-Lokal. Hier treffen hohe Decken, ein minimalistisches Dekor, polierte Fußböden und Einrichtungsdetails aus Metall aufeinander. Das Essen? Der absolute Wahnsinn! Lecker sind vor allem das Bio-Hähnchen, das Marktgemüse und die Maisgrütze mit pochiertem Ei. Vegetarier sollten die Soba-Nudeln testen, und eigentlich jeder sollte sich mit den handgemixten Cocktails betrinken.

Elizabeth's CAJUN, KREOLISCH $$$
(www.elizabethsrestaurantnola.com; 601 Gallier St; Hauptgerichte 16–26 US$; ⌚ Di–Sa 8–14.30 & 18–22, So 8–14.30 Uhr) Das Elizabeth's sieht auf den ersten Blick aus wie eine Spelunke. Hier mischt sich typisches Eckkneipen-Flair mit Musik, Volkskunst und verdammt gutem Essen. Dieses mag vielleicht den Eindruck erwecken, herkömmliche Standardkost zu sein, es ist jedoch genauso lecker wie die Kreationen der Haute-Cuisine-Köche der Stadt. Zu jeder Tags- und Nachtzeit sollte man unbedingt den Praline Bacon bestellen, der in braunem Zucker und – so darf zu Recht vermutet werden – magischem oder göttlichem Speiseöl angebraten wurde. Wer Steak mag, wird das geräucherte Rib-Eye-Steak lieben.

CBD & Warehouse District

Domenica ITALIENISCH $$
(☎ 504-648-6020; 123 Baronne St; Hauptgerichte 13–30 US$; ⌚ 11–23 Uhr; ✎) Die rustikalen Pasteten im Domenica's sind mit allerhand nichttraditionellen, aber leckeren Zutaten gefüllt, darunter feurige Lammfleischbällchen und gebratene Schweineschulter. Sie

sind so üppig, dass sie alleine fast nicht zu schaffen sind. Wegen der hölzernen Refektoriumstische, der weißen Lampen und der hohen Decke fühlt man sich hier wie in einer aufgehübschten Dorftrattoria.

Butcher CAJUN, SÜDSTAATENKÜCHE **$$**
(www.cochonbutcher.com; 930 Tchoupitoulas St; Sandwiches 9–12 US$; ⏲ Mo–Do 10–22, Fr & Sa bis 23, So bis 16 Uhr) Beim Cochon um die Ecke gibt's in dem ebenfalls von Küchenchef Donald Link betriebenen Delikatessenladen mit Bar hausgemachtes Rauchfleisch zu fairen Preisen. Zu den köstlichen Sandwich-Varianten gehören Pork-Cuban, Pulled Pork im Carolina-Stil, Cochon-Muffaletta und Buckboard-Bacon-Melt, zudem werden Pancetta-Käsemakkaroni und Speck-Pralines serviert. Hier versteht jemand sein Handwerk!

Cochon MODERNE CAJUN-KÜCHE **$$$**
(☎504-588-2123; www.cochonrestaurant.com; 930 Tchoupitoulas St; Hauptgerichte 19–25 US$; ⏲Mo–Fr 11–22, Sa 17.30–22 Uhr) Die großartige Brasserie des mit dem James Beard Award ausgezeichneten Donald Link serviert wunderbar kreative, gehobene Südstaatenküche. Das hausgemachte Louisiana-*cochon* (innen wunderbar saftiges, außen perfekt knuspriges Pulled Pork) ist das vielleicht am besten zubereitete Schweinefleisch, das man jemals probieren wird – es sei denn, man isst hier zweimal. Man muss reservieren.

Restaurant August KREOLISCH **$$$**
(☎504 299-9777; 301 Tchoupitoulas St; Hauptgerichte 24–45 US$; ⏲Di–Do & Sa 17–21, Fr 11–14 & 17–21 Uhr; 🖉) Das in einem umgebauten Tabaklagerhaus aus dem 19. Jh. untergebrachte August erhält den ersten Preis für den vornehmsten Speisesaal von New Orleans. Das flackernde Kerzenlicht taucht das Essen, das einen höchstwahrscheinlich von den Socken hauen wird, in ein sanftes Licht. Wer wirklich in die Vollen gehen und wie ein Kaiser speisen möchte, der gönnt sich ein privates Verkostungsdinner.

Garden District & Uptown

Dat Dog HOTDOGS **$**
(☎504-899-6883; 5031 Freret St, Uptown; Hauptgerichte unter 8 US$; ⏲Mo–Sa 11–22, So bis 21 Uhr; 👪) Vom gedünsteten Würstchen über das getoastete Sauerteigbrötchen bis hin zum würzigen Belag wird in diesem kleinen Häuschen alles mit herrlicher Überschwänglichkeit zubereitet. Die Auswahl von Würstchen und Belägen ist atemberaubend. Von Olivensalat bis zu gedünstetem Krebsfleisch ist alles zu haben. Wer seinen Hotdog gerne feurig mag, der sollte die Louisiana Hot Sausage vom nahe gelegenen Hanrahan probieren.

★ **Boucherie** MODERNE SÜDSTAATENKÜCHE **$$**
(☎504-862-5514; www.boucherie-nola.com; 8115 Jeannette St, Uptown; große Portion 13–18 US$; ⏲Di–Sa 11–15 & 17.30–21 Uhr) Gibt es etwas Besseres als einen Krispy-Kreme-Donut? Ja, nämlich den Brotpudding der Boucherie. Der schwere Pudding wird wunderbar locker, wenn man ihn mit Honig glasiert und in Sirup taucht – eine unvergessliche Leckerei. Abends empfehlen sich die süßen, lecker gegrillten Shrimps-Maisküchlein, die wunderbar stinkigen und klebrigen Knoblauch-Parmesan-Pommes oder die geräucherte Wagyu-Rinderbrust, die einem buchstäblich auf der Zunge zergeht. Unglaublich!

Domilise's Po-Boys KREOLISCH **$$**
(5240 Annunciation St, Uptown; Po'boys 9–15 US$; ⏲Mo–Mi & Fr 10–19, Sa 10.30–19 Uhr) In der baufälligen weißen Hütte am Fluss servieren Angestellte, die hier schon seit Jahr und Tag arbeiten, Dixie-Bier aus Wisconsin sowie einen der legendärsten Po'boys (traditionelles Louisiana-Sandwich) der Stadt. Zeit für ein gemütliches Essen ist hier nicht, und am Wochenende muss man oft mit Wartezeiten rechnen. Nur Barzahlung möglich.

Mat and Naddie's MODERN-KREOLISCH **$$$**
(☎504-861-9600; 937 Leonidas St, Uptown; Hauptgerichte 22–29 US$; ⏲Do–Sa, Mo & Di 17.30–21.30 Uhr) In einem wundervollen Shotgun-Haus am Ufer, dessen hintere Terrasse mit Lichterketten geschmückt ist (der Weihnachtsmann lässt grüßen), bietet das M&N's eine umfangreiche, innovative, teilweise sogar exotische Speisekarte. Zu den traumhaft leckeren Kreationen zählen z. B. der Käsekuchen mit Artischocken, sonnengetrockneten Tomaten und geröstetem Knoblauch (mmh!), in Sherry marinierte, gegrillte Wachtel mit Waffeln oder die Süßkartoffel-Pie mit Pekannuss. Hier ist höchste Qualität mit einem Schuss Schrulligkeit abgeschmeckt.

Commander's Palace MODERN-KREOLISCH **$$$**
(☎504-899-8221; 1403 Washington Ave, Garden District; Hauptgerichte abends 28–45 US$; ⏲Mo–Fr 11.30–14 & 18.30–22, Sa 11.30–13 & 18.30–22, So 10.30–13.30 Uhr) Es ist kein Zufall, dass einige der bekanntesten Köche der Stadt und sogar des ganzen Landes (Paul Prudhomme, Eme-

VOM MEKONG ZUM MISSISSIPPI

Nach Ende des Vietnamkriegs flohen Tausende Südvietnamesen in die USA und ließen sich in Südkalifornien, Boston, rund um Washington, D.C., und in New Orleans nieder. Letzteres mag zunächst vielleicht überraschen, man muss aber bedenken, dass die Mehrzahl dieser Flüchtlinge Katholiken waren und die katholische Gemeinde von New Orleans – eine der größten im ganzen Land – aktiv an der Organisation der Eingliederung der Flüchtlinge mithalf. Zudem fühlten sich die Neuankömmlinge sicher auch aufgrund des subtropischen Klimas, der Reisfelder und der flachen Feuchtgebiete hier zumindest in geographischer Hinsicht wohl. Für einen Südostasiaten mag das Mississippi-Delta wenigstens eine Ähnlichkeit mit dem Mekong-Delta gehabt haben.

Restaurants

Die beste Möglichkeit, sich mit der hiesigen vietnamesischen Kultur vertraut zu machen, ist es, sich ihren köstlichen, kulinarischen Errungenschaften hinzugeben. Folgende Optionen finden sich alle in den Vororten Gretna oder New Orleans East.

Pho Tau Bay (☎504 368 9846; 113 Westbank Expwy, Gretna; Hauptgerichte unter 10 US$; ⏲Mo–Mi, Fr & Sa 9–20.30 Uhr) Fantastische Varianten vietnamesischer Hauptgerichte und eine der besten *pho* (Reisnudelsuppen) im Großraum New Orleans.

Dong Phuong Oriental Bakery (☎504 254 0214; 14207 Chef Menteur Hwy, New Orleans East; Hauptgerichte unter 10 US$) Hier gibt's das leckerste *banh mi* (vietnamesisches Sandwich mit Schweinefleischstückchen, Gurke, Koriander und anderen Köstlichkeiten, in Nola auch „vietnamesischer Po'boy" genannt) der Gegend sowie einen köstlichen Duriankuchen.

Tan Dinh (☎504 361 8008; 2005 Belle Chasse Hwy, Gretna; Hauptgerichte 8–15 US$; ⏲Mo & Mi–Fr 9.30–21, Sa 9–21, So 8–21 Uhr) Es kann mit Fug und Recht behauptet werden, dass das Tan Dinh eines der besten Restaurants im Großraum New Orleans ist. Die Chicken Wings mit Kräuterbutter werden so bestimmt auch im Himmel serviert, und die koreanischen Short Ribs lassen einem das Wasser im Mund zusammenlaufen. Die erstklassigen *pho* können problemlos mit denen des PhoTau Bay mithalten.

Märkte

Auf keinen Fall sollte man sich die hiesigen Märkte entgehen lassen.

Hong Kong Food Market (☎394-7075; 925 Behrman Highway, Gretna; ⏲8–21 Uhr) Der Hong Kong Food Market ist ein asiatischer Lebensmittelmarkt, der auch von zahlreichen Chinesen und Filipinos genutzt wird; der wichtigste Kundenstamm besteht jedoch aus Vietnamesen.

Vietnamese Farmers' Market (☎394-7075; 14401 Alcee Fortier Blvd, New Orleans East; ⏲6–9 Uhr) Dieser Bauernmark kommt dem geschäftigen Treiben in Ho-Chi-Minh-Stadt an einem Samstagmorgen noch am nächsten (da sie Flüchtlinge aus dem Süden des Landes sind, nennen viele der hier lebenden Vietnamesen die Stadt übrigens immer noch Saigon). Wegen der Frauen mit den *non la* (kegelförmige Strohhüte), die bei ihren frischen, traumhaft duftenden Waren hocken, wird der Markt auch „Squat Market" (von *squat*, engl. für „hocken") genannt.

ril Lagasse) ihre Karriere in der Küche dieser herausragenden Grande Dame von New Orleans mitten im wunderschönen Garden District begonnen haben. Dieser ausgezeichnete Pfeiler kreolischer Küche profitiert nicht zuletzt von dem sachkundigen, freundlichen Service. Mittags gibt's Martini (0,25 US$) sowie die Spezialität des Hauses: Schildkrötensuppe. Für den Restaurantbesuch sind keine kurzen Hosen erlaubt.

Ausgehen

New Orleans ist große Klasse in Sachen Ausgehen, von der Bourbon St sollte man sich allerdings fernhalten und stattdessen die verschiedenen Viertel aufsuchen, wo einige der besten Bars der USA zu finden sind.

Die meisten Bars haben jeden Tag geöffnet, viele bereits gegen Mittag. Richtig los geht's um etwa 22 Uhr; geschlossen wird oft erst in den frühen Morgenstunden. Wenn nicht gerade Livemusik gespielt wird, ist der Eintritt frei. Es ist verboten, alkoholische Getränke in offenen Glasbehältern auf der Straße mitzuführen, weshalb in den Bars Plastikbecher ausgegeben werden, wenn man mit seinem Getränk weiterziehen will.

Tonique BAR
(www.bartonique.com; 820 N Rampart St, French Quater) Wer sich einen Drink im Quarter (zumindest an dessen Peripherie) genehmigen möchte, ist in dieser professionellen Cocktail-Bar an der richtigen Adresse. Coole Nachtschwärmer genießen hier den wohl besten Sazerac der Stadt.

Mimi's in the Marigny BAR
(2601 Royal St, Faubourg Marigny; ⌚ bis 5 Uhr) In der wunderbaren zweistöckigen Bar (Billard unten, Musik oben) werden exzellente spanische Tapas (5–8 US$) serviert. Der Laden versprüht die lässige Atmosphäre einer Nachbarschaftskneipe.

St. Joe's BAR
(5535 Magazine St, Uptown) Einladende, religiös angehauchte Bar in der Uptown mit leckeren Heidelbeer-Mojitos (Gott sei gepriesen!), coolem Hinterhof und freundlichem Ambiente.

R Bar BAR
(1431 Royal St, Marigny) Eine Mischung aus Kneipe und Nachbarschaftstreff; ein Bier mit Schnaps kostet 5 US$.

☆ Unterhaltung

Was wäre New Orleans ohne die ortstypische Livemusik? Am Wochenende ist fast immer für jeden Geschmack etwas dabei – Jazz, Blues, Brassbands, Country, Dixieland, Zydeco (Cajun-Tanzmusik), Rock oder Cajun. Tagsüber kann man oft kostenlos den Auftritten lauschen. Veranstaltungshinweise findet man im *Gambit* (www.bestofneworleans.com), *Offbeat* (www.offbeat.com) oder auf www.nolafunguide.com.

Spotted Cat LIVEMUSIK
(www.spottedcatmusicclub.com; 623 Frenchmen St, Faubourg Marigny) Retro-Coolness durchdringt die tolle Bar in der Frenchman St, die aus der Fernsehserie *Tremé* bekannt ist. Jeden Abend gibt's Hipster-Jazz, Eintritt wird nur für spezielle Veranstaltungen verlangt.

Three Muses JAZZ
(www.thethreemuses.com; 536 Frenchmen St, Marigny; ⌚ Mi, Do, So & Mo 16–22, Fr & Sa bis 2 Uhr) Dem Three Muses ist die Kombination von exzellentem Soundtrack und Gourmetküche gelungen. Zudem ist die Atmosphäre hier persönlicher als in den anderen Locations in der Frenchmen St. Zwischen den Auftritten und den verschiedenen Gängen gibt's tolle Kunst von Künstlern aus der Umgebung zu bestaunen. Guter Ort, um in den Abend zu starten!

AllWays Lounge THEATER
(☎ 504-218-5778; 2240 St Claude Ave, Marigny) In einer Stadt voller flippiger Musik-Locations hebt sich dieses Theater dadurch hervor, dass es das flippigste von allen ist. An jedem einzelnen Abend der Woche gibt es hier experimentelles Gitarrenspiel, örtliche Schauspielkunst, Thrash-Rock oder eine groovige 1960er-Danceparty. Auch nicht ganz unwichtig: Die Getränke sind superbillig.

Chickie Wah Wah LIVEMUSIK
(☎ 504-304-4714; www.chickiewahwah.com; 2828 Canal St, Mid-City; ⌚ Show gegen 20 Uhr) Obwohl das Chickie Wah Wah an einem der unscheinbarsten Abschnitte der Canal St liegt, ist es doch ein großartiger Jazzclub. Hier treten in gemütlicher Atmosphäre einige bekanntere Namen wie John Mooney, Jolly House und Papa Mali auf. Da scheint das French Quarter Welten entfernt zu sein.

Tipitina's LIVEMUSIK
(www.tipitinas.com; 501 Napoleon Ave, Uptown) In dem legendären Club in der Uptown trifft sich stets ein munteres Publikum. Das Musikmekka hatte neben örtlichen Größen des Jazz, Blues, Soul und Funk auch internationale tourende Bands zu Gast.

Rock & Bowl LIVEMUSIK
(☎ 504-861-1700; www.rockandbowl.com; 3000 S Carrollton Ave, Mid-City; ⌚ 17 Uhr–open end, Mi–Sa Livemusik; 👪) Ein Abend im Rock & Bowl gehört zum authentischen New-Orleans-Erlebnis auf jeden Fall dazu. Der Club ist eine seltsame, aber wunderbare Mischung aus Bowlingbahn, Delikatessengeschäft und einer riesigen Livemusik- und Tanz-Location. Die Gäste kommen sowohl wegen des Bowlings als auch aufgrund der authentischen New-Orleans-Roots-Musik hierher. Die Zydeco-Vorführungen am Donnerstagabend sind der Hammer.

Snug Harbor JAZZ
(www.snugjazz.com; 626 Frenchmen St, Marigny) Im Marigny. Der beste Veranstaltungsort für zeitgenössischen Jazz hat immer erst-

klassige Musik und viele interessante Shows im Programm. Wer sich den Eintritt für die Auftritte (15–25 US$) sparen möchte, kann das Ganze unten in der Bar auf sich wirken lassen.

Preservation Hall JAZZ
(www.preservationhall.com; 726 St Peter St; French Quarter; Eintritt 15 US$; ⊙ 20–23 Uhr) Als gutes Museum für traditionellen Jazz und Dixieland ist die Preservation Hall eine echte Pilgerstätte. Aber wie bei vielen Andachtsstätten müssen die Gläubigen auch hier Opfer bringen: Es gibt keine Klimaanlage, die Zahl der Plätze ist begrenzt, und Erfrischungen gibt's auch nicht – man darf Wasser mitbringen, das war's aber auch schon.

Shoppen

Magazine Antique Mall ANTIQUITÄTEN
(☎ 504 896 9994; 3017 Magazine St, Uptown; ⊙ Mo–Sa 10.30–17.30, So ab 12 Uhr) Wer viel und gerne herumstöbert, der wird in den etwa zwölf Läden hier sicher fündig werden, in denen unabhängige Händler eine beeindruckende Vielfalt antiken Allerleis anbieten.

Maple Street Book Shop BUCHLADEN
(www.maplestreetbookshop.com; 7523 Maple St; ⊙ Mo–Sa 9–19, So 11–17 Uhr) Wichtiger unabhängiger Buchladen in der Uptown mit angeschlossenem Geschäft für Secondhand-Bücher direkt daneben.

Praktische Informationen

GEFAHREN & ÄRGERNISSE

In New Orleans geschehen viele Gewaltverbrechen, und die sicheren Viertel liegen dicht an dicht mit den Ghettos. Zu Fuß sollte man nicht zu weit nördlich von Faubourg Marigny und Bywater unterwegs sein (am besten nur bis zur St. Claude Ave vorwagen!); auch südlich der Magazine St (vor allem hinter der Laurel St) und zu weit nördlich der Rampart St (Lakeside) vom French Quarter in Richtung Tremé ist es nicht gerade sicher. Am besten hält man sich an Orten auf, wo viele Menschen sind, vor allem nachts, und nimmt nach Einbruch der Dunkelheit ein Taxi. Im Quarter werden Touristen oft von Strichern angesprochen – einfach ignorieren und weitergehen! Dennoch besteht kein Grund, paranoid zu werden. Wie auch anderswo ereignen sich Gewaltverbrechen meistens unter Leuten, die sich kennen.

INFOS IM INTERNET & MEDIEN

Gambit Weekly (www.bestofneworleans.com) Kostenloses Wochenblatt zu Musik, Kultur und Politik mit Kleinanzeigen.

Offbeat Magazine (www.offbeat.com) Gratis-Monatsblatt, das auf Musik spezialisiert ist.

WWOZ 90.7 FM (www.wwoz.org) Spielt u. a. Musik aus Louisiana.

INTERNETZUGANG

Eine recht gute WLAN-Abdeckung gibt's im CBD, im French Quarter, im Garden und im Lower Garden District und in der Uptown. Auch fast jedes Café in der Stadt hat WLAN. Mit Ausweis kann man in den Bibliotheken kostenlos ins Netz.

MEDIZINISCHE VERSORGUNG

Tulane University Medical Center (☎ 504-988-5800; http://tulanehealthcare.com; 1415 Tulane Ave; ⊙ 24 Std.) Liegt im CBD und hat eine Notaufnahme.

POST

Post Lafayette Sq (610 S Maestri Pl Lafayette Sq; ⊙ Mo–Fr 8.30–16.30 Uhr); Hauptpost (701 Loyola Ave; ⊙ Mo–Fr 7–19, Sa 8–16 Uhr) Briefe mit der Adresse „General Delivery, New Orleans, LA 70112" landen bei der Hauptpost in der 701 Loyola Ave. Seit Katrina werden Briefkästen in abgelegenen Gegenden nicht immer zuverlässig geleert.

TOURISTENINFORMATION

Die offizielle städtische Website für Besucher lautet www.neworleansonline.com.

Jean Lafitte National Historic Park and Preserve Visitor Center (☎ 504-589-2636; www.nps.gov/jela; 419 Decatur St, French Quater; ⊙ 9–17 Uhr) Wird vom NPS betrieben und bietet Ausstellungen zur Lokalgeschichte, Stadtführungen und täglich Livemusik.

Basin St. Visitor's Center (☎ 504-293-2600; www.neworleanscvb.com; 501 Basin St, French Quarter; ⊙ 9–17 Uhr) Die interaktive Touristeninformation ist im ehemaligen Frachtzentrum der Southern Railway untergebracht und hält jede Menge nützliche Infos und Karten sowie einen Film bereit, der einen historischen Überblick zeigt; zudem zeigt es eine kleine Eisenbahnausstellung.

An- & Weiterreise

Der **Louis Armstrong New Orleans International Airport** (MSY; www.flymsy.com; 900 Airline Hwy) 11 Meilen (18 km) westlich der Stadt wickelt hauptsächlich Inlandsflüge ab.

Im **Union Passenger Terminal** (☎ 504-299-1880; 1001 Loyola Ave) ist der Sitz von **Greyhound** (☎ 504-525-6075; ⊙ 5.15–13 & 14.30–18 Uhr); regelmäßig fahren Busse nach Baton Rouge (2 Std.), Memphis, TN (11 Std.) und Atlanta, GA (84–106 US$, 12 Std.). **Amtrak** (☎ 504-528-1610; ⊙ Ticketverkauf 5.45–22 Uhr) nutzt ebenfalls das Union Passenger Terminal; die Züge fahren nach Jackson, MS, Memphis, TN,

Chicago, IL, Birmingham, AL, Atlanta, GA, Washington, D.C., New York City, Los Angeles, CA, und Miami, FL.

Unterwegs vor Ort

AUTO & MOTORRAD

Um die Viertel jenseits des Quarter zu erkunden, bietet sich ein Auto an; allerdings gestaltet sich die Parkplatzsuche schwierig. In Parkhäusern zahlt man rund 13 US$ für die ersten drei Stunden und 30 bis 35 US$ für 24 Stunden.

VOM/ZUM FLUGHAFEN

Es gibt Infoschalter an den Terminals A und B auf dem Flughafen. Der **Airport Shuttle** (☎866-596-2699; www.airportshuttleneworleans.com; einfache Strecke 20 US$) fährt zu den Hotels in der Innenstadt. **Jefferson Transit** (☎504-364-3450; www.jeffersontransit.org; Erw. 2 US$) betreibt die Airport Route E2. Der Bus nimmt Passagiere vor Eingang 7 im Obergeschoss des Flughafens auf, hält am Airline Hwy (Hwy 61) auf dem Weg in die Stadt und endet an der Ecke Tulane Ave/Loyola Ave. Nach 19 Uhr fährt der Bus nur bis zur Kreuzung Tulane Ave/Carrollton Ave in Mid-City; von dort muss man 8 km durch eine heruntergekommene Gegend marschieren, bis man ins CBD kommt, wo man in einen Bus der Regional Transit Authority (RTA) umsteigen kann – bestenfalls eine sehr umständliche Angelegenheit, vor allem wenn man Gepäck mit sich herumschleppt.

Taxifahrten in die Innenstadt kosten 34 US$ für eine oder zwei Personen, für jeden zusätzlichen Mitfahrer werden noch 14 US$ extra berechnet.

ÖFFENTLICHE VERKEHRSMITTEL

Die **Regional Transit Authority** (RTA; www.norta.com) betreibt das lokale Busnetz. Die Preise für Busse und Straßenbahnen (Streetcars) liegen bei 1,25 US$, zu denen beim Umsteigen noch 0,25 US$ kommen; Expressbusfahrten kosten 1,50 US$. Man muss den Fahrpreis passend zahlen. Für RTA Visitor Passes werden für einen bzw. drei Tage 5 bzw. 12 US$ fällig.

Die RTA hat auch drei Straßenbahnlinien (einfache Strecke 1,25 US$, Tagespass 3 US$; genaues Wechselgeld parat haben!). Die historische St.-Charles-Straßenbahn fährt aufgrund der durch den Hurrikan verursachten Schäden am Gleisbett in Uptown nur eine kurze Schleife im CBD. Die Canal-Straßenbahn bedient die Strecke die Canal St hinauf zum City Park und hat eine Nebenstrecke in der Carrollton Ave. Die Riverfront-Route führt 3,2 km den Fluss entlang, von der Old US Mint über die Canal St bis zum flussaufwärts gelegenen Convention Center und wieder zurück.

Taxis werden von **United Cabs** (☎504-522-9771; www.unitedcabs.com) betrieben.

Fahrräder verleiht **Bicycle Michael's** (☎504-945-9505; www.bicyclemichaels.com; 622 Frenchmen St, Faubourg Marigny; 35 US$/Tag; ⌚Mo, Di & Do–Sa 10–19, So bis 17 Uhr).

Rund um New Orleans

Wer das wilde, bunte New Orleans verlässt, findet sich urplötzlich in einer Welt aus Sümpfen, Bayous, Plantagenherrenhäusern aus der Antebellum-Ära, entspannten Dörfern, endlos großen Schlafstädten und Einkaufsstraßen wieder.

Barataria Preserve

Dieser Abschnitt des **Jean Lafitte National Historical Park & Preserve** südlich von New Orleans liegt unweit der Ortschaft Marrero und bildet den einfachsten Zugang zu dem dichten Sumpfland, das Louisianas Hauptstadt umgibt. Die 13 km an Bohlenwegen sind eine tolle Möglichkeit, die üppigen, fruchtbaren Sümpfe zu erforschen und dabei Alligatoren und andere faszinierende Tiere und Pflanzen zu beobachten. In dem Schutzgebiet leben z.B. Alligatoren, Biberratten (riesige eingeschleppte Ratten), Baumfrösche und Hunderte Vogelarten. Es lohnt sich auf jeden Fall, an einem von Rangern geführten Spaziergang teilzunehmen, bei dem man etwas über die vielen Ökosysteme erfährt, die gemeinhin als „Feuchtgebiete" zusammengefasst werden.

Am **NPS Visitors Center** (☎504-589-2330; www.nps.gov/jela; Hwy 3134; ⌚9–17 Uhr; 👪) GRATIS 1 Meile (1,6 km) westlich des Hwy 45 nahe dem Barataria Blvd Exit, kann man eine Karte mitnehmen oder sich einer geführten Wanderung oder Kanufahrt anschließen (meistens samstagvormittags und jeden Monat zur Vollmondnacht; vorab telefonisch reservieren!). Kanus oder Kajaks für die Teilnahme an einer Tour oder zum Paddeln auf eigene Faust verleiht das etwa 3 Meilen (4,8 km) vom Parkeingang entfernte **Bayou Barn** (☎504-689-2663; http://bayoubarn.com; 7145 Barataria Blvd; Kanu 20 US$/Pers., Einerkajak 25 US$/Tag; ⌚Do–So 10–18 Uhr).

Nordufer

Das Nordufer des **Lake Pontchartrain** ist von Trabantenstädten gesäumt, nördlich von Mandeville liegt aber das idyllische Örtchen **Abita Springs**, das im späten 19. Jh. wegen seiner Heilquellen beliebt war. Das Wasser sprudelt zwar auch heute noch aus dem Brunnen in der Ortsmitte, die wichtigste Attraktion in Verbindung mit Flüssigkeiten ist mittlerweile aber das **Abita Brew Pub** (985-892-5837; www.abitabrewpub.com; 7201 Holly St; Di–Do 11–21, Fr & Sa bis 22 Uhr, Mo geschl.). Hier können die zahlreichen Abita-Biersorten probiert werden, die 1 Meile (1,6 km) westlich des Ortes in der **Abita Brewery** (www.abita.com; 166 Barbee Rd; Führung frei; Führung Mi–Fr 14, Sa 11, 12, 13 & 14 Uhr) produziert werden.

Der 50 km lange **Tammany Trace Trail** (www.tammanytrace.org) verbindet die Orte am Nordufer miteinander und beginnt in Covington. Er verläuft weiter durch Abita Springs und den **Fontainebleau State Park**, der in der Nähe von Mandeville direkt am See liegt; Endpunkt ist Slidell. Die umfunktionierte alte Bahntrasse bietet sich für eine nette Radtour an, bei der man die Zentren aller Ortschaften passiert. In Lacombe, etwa 9 Meilen (14,5 km) östlich von Mandeville, können bei **Bayou Adventures** (985-882-9208; www.bayouadventure.com; 27725 Main St, Lacombe; Fahrrad pro Std./Tag 8/25 US$, 1er-/2er-Kajak pro Tag 35/50 US$; 5–18 Uhr) Fahrräder und Kajaks geliehen werden.

River Road

Prächtige Plantagenherrenhäuser sprenkeln das Ost- und Westufer des Mississippi zwischen New Orleans und Baton Rouge. Mithilfe der Plantagen wurde großer Reichtum erwirtschaftet, zunächst mit Indigo, dann mit Baumwolle und Zuckerrohr; viele sind für die Öffentlichkeit zugänglich. Die meisten Führungen behandeln das Leben der Plantagenbesitzer, die restaurierten Gebäude und die kunstvollen Gärten des Antebellum-Louisiana.

Sehenswertes

Laura Plantation PLANTAGE
(www.lauraplantation.com; 2247 Hwy 18, Vacherie; Erw./Kind 20/6 US$; 10–16 Uhr) Die Laura Plantation am Westufer des Sees in Vacherie bietet unter all den River-Road-Plantagen die anschaulichste und informativste Führung an. Die beliebte Tour wird ständig weiterentwickelt und arbeitet die Unterschiede im Leben der Kreolen, Angloamerikaner sowie der freien und unfreien Afroamerikaner in der Antebellum-Ära heraus. Dies geschieht durch gründliche Nachforschungen und anhand schriftlicher Zeugnisse von kreolischen Frauen, welche die Plantage über Generationen hinweg führten. Auch Laura selbst ist faszinierend. Das kreolische Herrenhaus wurde nicht von Angloamerikanern, sondern von einer aus Europa stammenden Elite gegründet und unterhalten. Die kulturellen und architektonischen Unterschiede zwischen dieser Plantage und den anderen sind offensichtlich und beeindruckend.

Oak Alley Plantation PLANTAGE
(www.oakalleyplantation.com; 3645 Hwy 18, Vacherie; Erw./Kind 20/7,50 US$; 9–16.40 Uhr) Der bemerkenswerteste Aspekt der Oak Alley Plantation ist ihr Blätterdach, das 28 majestätische Lebenseichen bilden, die die Auffahrt zu dem prächtigen Greek-Revival-Herrenhaus säumen. Der Anblick lässt sich noch besser mit einem frischen Minz-Julep genießen. Die Führung ist recht steif, es gibt aber Gäste-Cottages (145–200 US$) sowie ein Restaurant.

River Road African American Museum MUSEUM
(www.africanamericanmuseum.org; 406 Charles St, Donaldsonville; Eintritt 5 US$; Mi–Sa 10–17, So 13–17 Uhr) Egal welche Plantagentour man mitmacht, abrunden sollte man sie unbedingt mit einem Besuch im River Road African American Museum 25 Meilen (40 km) von Vacherie entfernt in Donaldsonville. Das tolle Museum erinnert an die bedeutende Geschichte der Afroamerikaner in den ländlichen Gemeinden entlang des Mississippi und geht auf die Free People of Color (die „freien Farbigen") ein, eine einzigartige gesellschaftspolitische Bevölkerungsgruppe in Louisiana, die für die kulturelle Entwicklung des Bundesstaates von großer Bedeutung war. Führungen nur nach Vereinbarung.

Baton Rouge

Als französische Entdeckungsreisende 1699 auf einen rot gefärbten Pfosten aus Zypressenholz stießen, den die Bayagoulas- und Houma-Indianer in den Boden gerammt hatten, um ihre Jagdgründe abzugrenzen, nannten sie die Gegend kurzerhand Baton Rouge („roter Stab"). Dieser eine Pfosten ist im Lauf der Zeit ganz schön gewuchert: Baton Rouge ist heute ein weitläufiges Chaos, das sich in alle Richtungen ausbreitet. Besucher der Hauptstadt Louisianas kommen hauptsächlich wegen der Louisiana State University (LSU) und der Southern University hierher; Letztere war einst die größte rein afroamerikanische Universität des Landes.

Sehenswertes & Aktivitäten

Louisiana State Capitol HISTORISCHES GEBÄUDE
(⏲ Di–Sa 9–16 Uhr) GRATIS Der über der Stadt thronende Art-déco-Wolkenkratzer wurde auf dem Höhepunkt der Weltwirtschaftskrise (1929) für 5 Mio. US$ erbaut und ist die auffälligste Hinterlassenschaft des populistischen Gouverneurs „Kingfish" Huey Long. Die **Aussichtsplattform** im 27. Stock bietet einen atemberaubenden Ausblick, und die prunkvolle Eingangshalle ist nicht weniger beeindruckend. Jede Stunde finden kostenlose Führungen statt.

Louisiana Arts & Science Museum MUSEUM
(www.lasm.org; 100 S River Rd; Erw./Kind 7,25/6,25 US$, mit Planetarium-Show 9/8 US$; ⏲ Di–Fr 10–15, Sa bis 17, So 13–16 Uhr; 👪) Das Museum zeigt interessante Installationen zu Kunst und Naturgeschichte sowie Planetarium-Shows. Wer ein bisschen Bewegung braucht, kann sich auf dem hübschen **Fuß- bzw. Fahrradweg** am Mississippi die Beine vertreten. Er führt über 4 km von der Uferpromenade der Innenstadt bis zur LSU.

Old State Capitol HISTORISCHES GEBÄUDE
(☎ 225-342-0500; www.louisianaoldstatecapitol.org; 100 North Blvd; ⏲ Di–Sa 9–16 Uhr) GRATIS Das neugotische Bauwerk erinnert nicht nur an ein Märchenschloss, es ist zu allem Überfluss auch noch rosarot – ein klares Anzeichen dafür, wie exzentrisch die Regierung des Bundesstaates mitunter sein kann. Heute ist hier eine Ausstellung über die bewegte politische Vergangenheit Louisianas untergebracht.

LSU Museum of Art MUSEUM
(LSUMOA; www.lsumoa.com; 100 Lafayette St; Erw./Kind 5 US$/frei; ⏲ Di–Sa 10–17, Do bis 20, So 13–17 Uhr) Das LSUMOA ist im Shaw Center untergebracht, einem Gebäude mit klaren geometrischen Formen, das ebenso beeindruckend ist wie das Museum selbst. In den Galerien wird eine Dauerausstellung mit über 5000 Werken gezeigt, und in temporären kuratierten Ausstellungen werden das künstlerische Erbe der Region und zeitgenössische Strömungen ergründet.

Rural Life Museum MUSEUM
(☎ 225-765-2437; 4560 Essen Ln; Erw./Kind 7/6 US$; ⏲ 8–17 Uhr; P 👪) Ein Besuch in diesem Freiluftmuseum ist ein Ausflug in die Architektur, das Arbeitsleben und die Traditionen des ländlichen Louisiana. Auf dem Gelände liegen zahlreiche einfache Gebäude verstreut, und die Ausstellungen malen das harte Leben auf dem Land, das den Bundesstaat aufgebaut hat, nicht schön, sondern sind erfrischend ehrlich und informativ.

Dixie Landin & Blue Bayou VERGNÜGUNGSPARK
(☎ 225-753-3333; www.bluebayou.com; 18142 Perkins Rd; Erw./Kind 37/30 US$; 👪) Gleich östlich der Stadt an der I-10 und der Highland Rd liegen der bei Kindern beliebte Vergnügungs- und der Wasserpark; die Öffnungszeiten stehen auf der Website.

Schlafen & Essen

Stockade Bed & Breakfast B&B $$$
(☎ 88-900-5430, 225-769-7358; www.thestockade.com; 8860 Highland Rd; Zi. inkl. Frühstück 135–215 US$; P ❄ 📶) Kettenhotels säumen die I-10, doch das wunderbare B&B mit fünf geräumigen, gemütlichen und eleganten Zimmern verspricht einen sehr viel netteren Aufenthalt. Es liegt 3,5 Meilen (5 km) südöstlich der LSU, nur einen Katzensprung von mehreren großartigen Restaurants der Gegend entfernt. Am Wochenende, besonders in der Footballsaison, sollte man reserviert haben.

Schlitz & Giggles BAR, PIZZERIA $$
(www.schlitz.com; 301 3rd St; Pizza 10–22 US$; ⏲ Mo–Do 11–24, Fr–So bis 3 Uhr; 📶) Das Essen lässt den seltsamen Namen der Pizzeria und Bar in der Innenstadt vergessen. Studenten lassen sich die knusprig dünnen Pizzastücke (3–3,50 US$) und fabelhaften Paninis schmecken, während sich in der Bar ältere Einheimische treffen.

Buzz Café CAFÉ $
(www.thebuzzcafe.org; 340 Florida St; Gerichte 7–9 US$; ⏲ Mo–Fr 7.30–14 Uhr; 📶) Das flippige Café ist in einem historischen Gebäude untergebracht und serviert wunderbaren Kaffee, originelle Wraps und Sandwiches.

Unterhaltung

Varsity Theatre LIVEMUSIK
(☎ 22-383-7018; www.varsitytheatre.com; 3353 Highland Rd; ⏲ 20–2 Uhr) Im Varsity vor den Toren der LSU wird auch oft werktags abends Livemusik gespielt. Im zugehörigen Restaurant lässt sich ein lautes studentisches Publikum die große Bierauswahl schmecken.

Boudreaux and Thiboudeaux LIVEMUSIK
(☎ 225-636-2442; www.bandtlive.com; 214 3rd St) In diesem Laden in der Downtown, der seinen Namen einem *Dumm und Dümmer*-Duo der klassischen Cajun-Comedy ver-

dankt, wird donnerstags bis samstags Livemusik geboten. Im Obergeschoss gibt's eine tolle Terrassenbar.

Praktische Informationen

Visitor Center (☎ 225-383-1825, 800-527-6843; www.visitbatonrouge.com; 359 3rd St; ⌚ 8–17 Uhr) Die Zweigstelle in der Innenstadt gibt Stadtpläne, Broschüren zu lokalen Attraktionen und Veranstaltungskalender aus.

Capital Park Welcome Center (☎ 225-219-1200; www.louisianatravel.com; 702 River Rd N; ⌚ 8–16.30 Uhr) Dieses Besucherzentrum nahe dem Visitor Center hat ein noch größeres Angebot.

Anreise & Unterwegs vor Ort

Baton Rouge liegt 80 Meilen (128 km) westlich von New Orleans an der I-10. Der **Baton Rouge Metropolitan Airport** (BTR; www.flybtr.com) befindet sich nördlich der Stadt abseits der I-110. Da New Orleans nur etwa eineinhalb Stunden entfernt liegt, kann man, sofern man sowieso ein Auto mieten wollte, auch hierher fliegen. Busse von **Greyhound** (☎ 225-383-3811; 1253 Florida Blvd, an der N 12th St) fahren regelmäßig nach New Orleans, Lafayette und Atlanta, Georgia. Für die Stadtbusse ist das **Capitol Area Transit System** (CATS; ☎ 225-389-8282; www.brcats.com) zuständig.

St. Francisville

Das üppig grüne St. Francisville ist mit seinen historischen Häusern, künstlerisch angehauchten Läden und den Outdoor-Optionen in den nahe gelegenen Tunica Hills (ja genau: Hügel in Louisiana!) eine vollkommene, kleine, unkonventionelle Südstaatenstadt. In den zehn Jahren vor dem Bürgerkrieg lebten hier reiche Plantagenbesitzer, und viele ihrer Herrenhäuser sind bis heute erhalten.

Sehenswertes & Aktivitäten

Bei einem Spaziergang entlang der historischen **Royal St** lassen sich die in Wohnhäuser umgebauten Gebäude und Villen aus der Antebellum-Ära bewundern. Im Visitor Center gibt es Broschüren zu Touren in Eigenregie.

Myrtles Plantation HISTORISCHES GEBÄUDE
(☎ 225-635-6277, 800-809-0565; www.myrtlesplantation.com; 7747 US Hwy 61 N; ⌚ 9–16.30 Uhr, Führungen Fr & Sa 18, 19 & 20 Uhr) Das B&B ist besonders bemerkenswert, denn hier soll es spuken – aus zweiter Hand wurde uns bestätigt, dass da was dran sein soll. An den Wochenenden werden denn auch abends Mystery Tours (nach Reservierung) angeboten. Es könnte also ganz lustig sein, in einem der Zimmer (ab 115 US$) Kontakt mit dem Jenseits aufzunehmen.

Oakley Plantation & Audubon State Historic Site HISTORISCHE STÄTTE
(☎ 225 342 8111; www.crt.state.la.us; 11788 Hwy 965; Eintritt 2 US$; ⌚ 9–17 Uhr) Außerhalb von St. Francisville liegt die Oakley Plantation & Audubon State Historic Site. John James Audubon kam 1821 als Privatlehrer für die Tochter des Besitzers hierher. Die Stelle hatte er nur vier Monate inne (und sein Zimmer war ganz schön spartanisch ausgestattet). Er und sein Assistent fertigten 32 Gemälde von Vögeln an, die sie in den Wäldern rund um die Plantage fanden. Zur Ausstattung des kleinen, im Stil der karibischen Inseln erbauten Hauses von 1806 zählen auch einige originale Audubon-Drucke.

Mary Ann Brown Preserve NATURSCHUTZGEBIET
(☎ 225-338-1040; 13515 Hwyy 965; ⌚ Sonnenaufgang–Sonnenuntergang) Das von der Nature Conservancy betriebene Mary Ann Brown Preserve umfasst Buchenwälder, dunkle Feuchtgebiete und einen Teil des niedrigen, von Lehmböden geprägten Hügellands der Tunica Hills. Ein 3,2 km langes Netzwerk aus Spazier- und Bohlenwegen durchzieht den Wald, durch den schon John James Audubon streifte, als er mit der Arbeit zu *Birds of America* begann.

Schlafen & Essen

Shadetree Inn Bed and Breakfast B&B $$
(☎ 225-635-6116; www.shadetreeinn.com; Ecke Royal St & Ferdinand St; Zi. ab 165 US$; P ❄ 📶) Am Rand des historischen Viertels und eines Vogelschutzgebiets. Das wunderbar gemütliche B&B wartet mit einem prachtvollen, mit Blumen übersäten Garten voller Hängematten und mit geräumigen Zimmern in rustikalem Schick auf. Das kontinentale Deluxe-Frühstück, das man sich im Zimmer servieren lassen kann, ist – ebenso wie eine Flasche Wein oder Champagner – im Preis inbegriffen.

3-V Tourist Court HISTORISCHER INN $$
(☎ 225-721-7003; 5689 Commerce St; 1-/2-Bett-Hütte 80/130 US$; P ❄ 📶) Der Inn, der in den 1930er-Jahren seine Pforten öffnete, gehört zu den landesweit ältesten Motels und wurde in das National Register of Historic Places aufgenommen. Die fünf einfachen

Wohneinheiten verfügen über Zimmer mit historischer Deko und Einrichtung, denen kürzlich mit modernen Betten, neuem Parkettboden und Flachbildfernsehern ein moderneres Antlitz verliehen wurde.

Birdman Coffee and Books CAFÉ $
(Commerce St; Hauptgerichte 5–6,50 US$; Di–Fr 7–17, Sa 8–17 Uhr, So bis 16 Uhr;) Direkt vor dem Magnolia Café bietet das Birdman typisches Südstaatenfrühstück (gelbe Maisgrütze, Süßkartoffelpfannkuchen usw.) und Kunst aus der Gegend.

Magnolia Café CAFÉ $$
(225-635-2528; www.themagnoliacafe.com; 5687 Commerce St; Hauptgerichte 7–12 US$; So–Mi 10–16, Do & Sa bis 21 Uhr, Fr bis 22 Uhr) Der gesellige Treffpunkt war einst ein Naturkostladen samt Werkstatt für VW-Busse. Heute wird hier gegessen, geplaudert und freitagabends zu Livemusik getanzt. Zu empfehlen ist der Garnelen-Po'boy.

Praktische Informationen

Touristeninformation (225-635-4224; www.stfrancisville.us; 11757 Ferdinand St) Hält nützliche Infos über die zahlreichen Plantagen in der Gegend bereit, die besichtigt werden können. Auf vielen gibt's auch B&Bs.

Cajun Country

Mit Louisiana verbinden viele Menschen – außer New Orleans – kilometerlange Bayous, Hütten mit Sägespänen, eine Abwandlung des Französischen sowie jede Menge gutes Essen. Willkommen also in Cajun Country! Aufgrund der Tatsache, dass die Briten 1755 die französischen Siedler aus L'Acadie (heute Nova Scotia, Kanada) vertrieben hatten, wurde die Gegend früher Akadien genannt.

Die Cajuns sind die größte französischsprachige Minderheit in den USA. Man hört die Sprache im Radio, bei Gottesdiensten und kann, wenn die Bewohner der Gegend Englisch sprechen, einen französischem Akzent und Tonfall ausmachen. Lafayette ist zwar der Knotenpunkt von Akadien, aber erst die Erkundung der Wasserwege, Dörfer und baufälligen Tavernen am Straßenrand lassen einen die Lebensweise der Cajuns verstehen. Während die Region weitestgehend sozialkonservativ ausgerichtet ist, sagt man den Cajuns einen gewissen Hedonismus nach. Und das stimmt: Jambalaya (Reis mit Tomate, Wurst und Shrimps) und Krebs-Étouffée (ein dicker Eintopf und eine Spezialität der Cajun-Küche) werden hier voller Stolz und mit viel Ruhe (und Cayennepfeffer!) zubereitet. Wer nicht fischt, der tanzt wahrscheinlich gerade. Da bleibt niemand lange Zaungast. *Alors on danse…*

Lafayette

Der Begriff „unentdecktes Juwel" wird in der Reiseliteratur oft inflationär benutzt, Lafayette ist aber nun mal genau das. Die schlechte Nachricht zuerst: Sonntags herrscht hier absolut tote Hose. Die gute Nachricht: Es gibt eine unglaubliche Anzahl guter Restaurants und viele Musik-Locations. Zudem findet hier eines der besten kostenlosen Musikfestivals der USA statt. Lafayette ist eine Universitätsstadt, und so tritt hier so gut wie jeden Abend irgendwo eine Liveband auf. Und selbst die tot geglaubten Sonntage haben ihren Höhepunkt: einige bekannte Optionen für einen leckeren Brunch.

Sehenswertes

Vermilionville KULTURELLER KOMPLEX
(337-233-4077; www.vermilionville.org; 300 Fisher Rd; Erw./Student 8/6 US$; Di–So 10–16 Uhr;) Entlang eines Bayous in der Nähe des Flughafens erstreckt sich dieses idyllische, teils restaurierte, teils nachgebaute Cajun-Dorf aus dem 19. Jh. Freundliche, begeisterte kostümierte Guides erläutern die Geschichte der Cajuns, der Kreolen und der amerikanischen Ureinwohner. Sonntags spielen lokale Bands. Es werden außerdem geführte **Bootstouren** (337-233-4077; Erw./Student 12/8 US$; März–Mai & Sept.–Nov. Di–Sa 10.30 Uhr) auf dem Bayou Vermilion angeboten.

Acadiana Center for the Arts GALERIE
(337-233-7060; www.acadianacenterforthearts.org; 101 W Vermilion St; Erw./Student/Kind 5/3/2 US$; Di–Fr 9–17, Sa bis 18 Uhr) Im Herzen der Innenstadt betreibt dieses Kunstzentrum drei schicke Galerien und veranstaltet dynamische Theatervorführungen, Vorträge und Sonderveranstaltungen.

Acadian Cultural Center MUSEUM
(www.nps.gov/jela; 501 Fisher Rd; 8–17 Uhr) Das vom National Parks Service betriebene Museum liegt direkt neben dem Vermilionville und zeigt eine Ausstellung zur Cajun-Kultur.

Feste & Events

Festival International de Louisiane MUSIK
(www.festivalinternational.com; letztes Wochenende im April) Beim fabelhaften Festival In-

CAJUNS, KREOLEN UND ... KREOLEN

Viele Besucher Louisianas verwenden die Begriffe „Cajun" und „Kreolen" synonym, die beiden Kulturen sind aber ganz und gar nicht gleich. „Kreolisch" bezieht sich auf die Nachkommen der frühen europäischen Siedler in Louisiana, eine bunte Mischung mit vorwiegend französischen und spanischen Vorfahren. Die Kreolen haben meist eine Verbindung in die Stadt, genauer nach New Orleans, und sehen ihre eigene Kultur als hoch entwickelt und kultiviert an. Viele (wenn auch nicht alle) sind die Nachkommen von Aristokraten, Händlern und Fachhandwerkern.

Die Cajuns können ihre Abstammung bis zu den Akadiern zurückverfolgen, den Kolonisten aus dem ländlichen Frankreich, die sich in Nova Scotia niedergelassen hatten. Nach der Eroberung Kanadas durch die Briten weigerten sich die stolzen Akadier, vor der neuen Krone niederzuknien, und wurden Mitte des 18. Jhs. verbannt, was unter dem Begriff des Grand Dérangement bekannt ist. Viele der Vertriebenen ließen sich im Süden von Louisiana nieder, da sie wussten, dass dieses Gebiet französisch war. Allerdings wurden die Akadier („Cajun" ist eine englische Verfälschung des französischen Wortes „Acadians") von den Kreolen oft wie Bauerntrampel behandelt. Die Akadier/Cajuns ließen sich in den Bayous und den Prärien nieder und sehen sich bis zum heutigen Tage als eine ländlichere Kultur von Grenzgängern.

Um die Verwirrung perfekt zu machen, werden in vielen Gesellschaften des französischen Postkolonialismus alle Menschen gemischter Rasse als „Kreolen" bezeichnet. So natürlich auch in Louisiana, hier gibt es aber einen kulturelle Unterschied zwischen Kreolen mit französisch-spanischen Wurzeln und Kreolen mit anderen gemischten Wurzeln, selbst wenn diese beiden Gruppen sehr wahrscheinlich eine Blutsverwandtschaft verbindet.

ternational de Louisiane sorgen Hunderte lokaler und internationaler Künstler fünf Tage lang für Stimmung – dies ist das größte kostenlose Musikfestival dieses Kalibers in den USA. Obwohl das Festival erklärtermaßen die frankophone Musik und Kultur feiert, sind hier mittlerweile auch andere Musikstile und Sprachen vertreten.

Schlafen & Essen

An der I-10 finden sich rund um die Exits 101 und 103 zahlreiche Kettenhotels (DZ ab 65 US$). In der Jefferson St im Zentrum gibt es eine gute Auswahl von Bars und Restaurants, die von Sushi bis hin zu mexikanischer Küche ein ordentlich breites Spektrum bieten.

Blue Moon Guest House PENSION **$**
(☎ 337-234-2422, 877-766-2583; www.bluemoonguesthouse.com; 215 E Convent St; B 18 US$, Zi. 73–94 US$; P ❄ 📶 @) Ein echtes kleines Juwel Louisianas: Das gepflegte alte Haus beherbergt eine gehobene Unterkunft im Hostelstil, einen kurzen Fußmarsch vom Zentrum entfernt. Wer hier übernachtet, landet automatisch auf der Gästeliste für den beliebtesten Treffpunkt in Lafayette, wenn es um bodenständige Livemusik geht: Die Party steigt im Hinterhof. Die freundlichen Besitzer, eine voll ausgestattete Küche und Geselligkeit fügen sich zu einem einzigartigen musikalischen Urlaubsflair zusammen, das auch Backpacker mit schmalem Geldbeutel anlockt. Während des Festivals ziehen die Preise stark an. Und es geht dann nicht mehr so ruhig zu.

Buchanan Lofts BOUTIQUE-APARTMENTS **$$**
(☎ 337-534-4922; www.buchananlofts.com; 403 S Buchanan; Zi. pro Nacht/Woche ab 110/600 US$; P ❄ 📶 @) Wenn sie nicht so groß wären, würden die hippen Lofts wunderbar nach New York City passen. Die sehr geräumigen Apartments sind mit Küchenzeilen sowie moderner Kunst und schickem Dekor ausgestattet, das der freundliche Besitzer von seinen vielen Reisen mitgebracht hat. Die Optik bestimmen unverputzte Backsteinwände und Parkettböden.

Johnson's Boucanière CAJUN **$**
(1111 St John St; Hauptgerichte unter 10 US$; ⌚ Di–Do 10–18, Fr bis 21 Uhr, Sa 7–21 Uhr) Das wiedereröffnete, 70 Jahre alte ländliche Familienrestaurant für geräucherte Spezialitäten lohnt die Anfahrt mit seinem *boudin* (Würstchen aus Schweinefleisch und Reis nach Cajun-Art) oder dem wunderbaren Sandwich mit geräucherter Brust vom Schwein und Räucherwürstchen. Das schicke, mit Aluminium verkleidete Häuschen mit Veranda und

unverkennbarem Räucherduft ist nicht zu verfehlen.

Artmosphere AMERIKANISCH $
(☎337-233-3331; 902 Johnston St; Hauptgerichte unter 10 US$; ⊙Mo–Sa 11–2, So bis 24 Uhr; ✎) Hier ist jeder richtig, den es nach veganer bzw. vegetarischer Küche oder auch nur einer Wasserpfeife gelüstet. Auch die Bierauswahl ist ganz gut. Jeden Abend wird vor einem Publikum aus vorwiegend Studenten und der Künstlergemeinde Livemusik gespielt.

★ **French Press** FRÜHSTÜCK $$$
(www.thefrenchpresslafayette.com; 214 E Vermillion; Frühstück 6–10,50 US$, Hauptgerichte abends 29–38 US$; ⊙Di–Do 7–14, Fr 7–14 & 17.30–21, Sa 9–14 & 17.30–21, So 9–14 Uhr; 📶) Dieser Laden, die beste kulinarische Adresse in Lafayette, vermischt französische und Cajun-Elemente. Zum sensationellen Frühstücksangebot gehören z.B. das sündige Cajun Benedict (anstatt mit Schinken mit *boudin* serviert), Maisgrütze mit Cheddar (zum Dahinschmelzen lecker) und Bio-Müsli (ein guter Ausgleich zur Maisgrütze). Auch das Abendessen ist ein Traum, und das Stück Lammfleisch mit Trüffelgratin ist ein ganz besonderer gastronomischer Höhepunkt.

☆ Unterhaltung

Über das Unterhaltungsprogramm vor Ort informieren das kostenlose Wochenblatt *Times* (www.theadvertiser.com unter „Times of Acadiana") und der *Independent* (www.theind.com).

Neben den unten aufgeführten Adressen bieten auch Cajun-Restaurants wie das **Randol's** (☎337-981-7080; www.randols.com; 2320 Kaliste Saloom Rd; ⊙So–Do 17–22, Fr & Sa 23 Uhr) und das **Prejean's** (☎337-896-3247; www.prejeans.com; 3480 NE Evangeline Thruway/I-49) am Wochenende abends Livemusik.

Blue Moon Saloon LIVEMUSIK
(www.bluemoonpresents.com; 215 E Convent St; Eintritt 5–8 US$) Der Veranstaltungsort auf der hinteren Veranda der zugehörigen Pension steht für die Quintessenz Louisianas: gute Musik, nette Leute, leckeres Bier.

Artmosphere LIVEMUSIK
(902 Johnston St; ⊙Mo–Sa 11–2, So bis 24 Uhr) Graffiti, Wasserpfeifen, Hipster und ein eigenwilliges Line-Up: Das Artmosphere erinnert mehr an einen Musikclub als an ein Cajun-Tanzlokal. Trotzdem ist es toll, und das mexikanische Essen ist auch gut.

ℹ Praktische Informationen

Visitor Center (☎800-346-1958, 337-232-3737; www.lafayettetravel.com; 1400 NW Evangeline Thruway; ⊙Mo–Fr 8.30–17, Sa & So 9–17 Uhr)

ℹ An- & Weiterreise

Vom Exit 103A der I-10 führt der Evangeline Thruway (Hwy 167) ins Stadtzentrum. Busse von **Greyhound** (☎337-235-1541; 315 Lee Ave) fahren von einer Haltestelle neben dem CBD mehrmals täglich nach New Orleans (3½ Std.) und Baton Rouge (1 Std.). Der Zug *Sunset Limited* von **Amtrak** (100 Lee Ave) fährt dreimal pro Woche nach New Orleans.

Cajun Wetlands

Das Grand Dérangement von 1755, also die große Vertreibung der ländlichen französischen Siedler aus Akadien (heute Nova Scotia in Kanada) durch die Briten, schuf eine heimatlose Bevölkerung von Akadiern, die jahrzehntelang nach einem Ort suchten, an dem sie sich niederlassen konnten. Im Jahr

ABSTECHER

FRED'S GEHEIMNIS

Mitten im Herzen des Cajun Country liegt Mamou, eine typische Kleinstadt in Süd-Louisiana, die an sechs Tagen die Woche maximal einen kurzen Stopp auf dem Weg nach Eunice wert ist. Samstagmorgens jedoch verwandelt sich der Dorftreff, die kleine **Fred's Lounge** (420 6th St; ⊙Sa 8–14 Uhr), in den Inbegriff einer Cajun-Tanzhalle.

O.k., um ehrlich zu sein, ist das Fred's eher eine Tanzhütte als eine Tanzhalle. Die kleine Bar ist samstags zwischen etwa 8.30 und 14 Uhr buchstäblich zum Bersten voll, wenn die Besitzerin Tante Sue und ihre Angestellten einen auf französischsprachige Musik konzentrierten Musikvormittag mit Bands, Bier, Zigaretten und Tanz organisieren (und dann wird es auch wirklich ganz schön rauchig hier drin). Sue stellt sich nicht selten selbst auf die Bühne, um kluge Weisheiten oder Lieder auf Cajun-Französisch zum Besten zu geben. Dabei nimmt sie regelmäßig einen tiefen Schluck aus einer Flasche mit braunem Likör, die sie in ihrem Pistolenhalfter aufbewahrt.

1785 kamen sieben Flüchtlingsschiffe in New Orleans an, und bis ins frühe 19. Jh. hatten sich 3000 bis 4000 Akadier in den Sümpfen südwestlich von New Orleans angesiedelt. Ureinwohner wie die Attakapas lehrten sie, vom Fischfang und von Fallenstellerei zu leben. Noch heute spielen Wasserwege in ihrem Leben eine große Rolle.

Östlich und südlich von Lafayette bildet das **Atchafalaya Basin** das faszinierende Herz der Cajun Wetlands. Im **Atchafalaya Welcome Center** (☎337-228-1094; www.louisianatravel.com/atchafalaya-welcome-center; I-10, Exit 121; ⏲8.30–17 Uhr) erfährt man, wie man in den dichten Urwald vordringen kann, der die Sümpfe, Seen und Bayous vor unvorbereiteten Besuchern schützt. (Ganz nebenbei wird hier auch noch einer der großartigsten Kitsch-Naturfilme aller Zeiten gezeigt.) Das Besucherzentrum gibt auch Tipps zum Campen im **Indian Bayou** und zur Erkundung der **Sherburne Wildlife Management Area** sowie des traumhaft gelegenen **Lake Fausse Pointe State Park**.

Im kompakten, krebsfleischverrückten Örtchen **Breaux Bridge**, 11 Meilen (18 km) östlich von Lafayette, ist das **Café des Amis** (www.cafedesamis.com; 140 E Bridge St; Hauptgerichte 17–26 US$; ⏲Di 11–14, Mi & Do bis 21, Fr & Sa 7.30–21.30, So 8–14 Uhr) eine völlig unerwartete, aber tolle Überraschung. Dort kann man entspannen, die schrillen Werke örtlicher Künstler bewundern und am Wochenende ein üppiges Frühstück verdrücken, manchmal sogar mit Untermalung von Zydeco-Musik. Nur 3,5 Meilen (5,6 km) südlich von Breaux Bridge vermittelt der **Lake Martin** (Lake Martin Rd) einen wunderbaren ersten Eindruck von der Landschaft der Bayous. In dem Vogelschutzgebiet lebend Tausende Silber-, Blau- und Kuhreiher und auch ganz schön viele Alligatoren.

Das freundliche **Tourist Center** (☎337-332-8500; www.breauxbridgelive.com; 318 E Bridge St; ⏲Mo–Fr 8–16, Sa bis 12 Uhr) hilft bei der Vermittlung der vielen B&Bs vor Ort. Die wunderbaren **Bayou Cabins** (☎337-332-6158; www.bayoucabins.com; 100 W Mills Ave; Hütte 60–125 US$) bestehen aus 14 individuell gestalteten Hütten, die sich am Bayou Teche befinden und teilweise mit einer Retro-Ausstattung aus den 1950er-Jahren versehen sind; andere sind mit Volkskunst aus der Region geschmückt. Das Frühstück ist im Preis enthalten und schmeckt sehr lecker, das Rauchfleisch könnte einen aber einige Jahre seines Lebens kosten. Wer die Gegend in der ersten Maiwoche besucht, sollte sich unbedingt ins bunte Trieben stürzen und beim **Crawfish Festival** (www.bbcrawfest.com; ⏲Mai) Musik, Tanz und die Cajun-Küche in vollen Zügen genießen.

Cajun Prairie

Tanzende Cowboys, wo gibt's denn so was? Hier! Die Cajuns und afroamerikanischen Siedler in dem höher gelegenen, trockeneren Gelände nördlich von Lafayette entwickelten eine auf Viehhaltung und Farmwirtschaft basierende Kultur, und noch immer bestimmt der Cowboyhut das Bild der Gegend. Diese ist zudem ein Zentrum der Cajun- und Zydeco-Musik (und damit des Akkordeonspiels) sowie der Krebszucht.

In der historischen Innenstadt des verschlafenen Örtchens **Opelousas** am Hwy 49 ist das esoterische **Museum & Interpretive Center** (☎337-948-2589; 315 N Main St; ⏲Mo–Fr 8–16.30, Sa 10–15 Uhr) GRATIS untergebracht. Die Puppensammlung anschauen!

Die besten Zydeco-Treffs in Akadien sind das **Slim's Y-Ki-Ki** (www.slimsykiki.com; Ecke Main St & Park St, Opelousas), ein paar Meilen nördlich an der Main St und gegenüber dem Piggly Wiggly gelegen, sowie die **Zydeco Hall of Fame** (11154 Hwy 190), 4 Meilen (6,5 km) westlich in Lawtell. Dort finden an den meisten Wochenenden Veranstaltungen statt. Besucher sollten Tanzschuhe mitbringen und sich auf einen heißen Abend gefasst machen.

Nordwestlich von Opelousas liegt **Plaisance**, das im Sommer Schauplatz des bodenständigen, auch für Familien wunderbar geeigneten **Southwest Louisiana Zydeco Festival** (www.zydeco.org; ⏲Ende Aug.) ist.

In **Eunice** (www.eunice-la.com) findet am Samstagabend (18–19.30 Uhr) im **Liberty Theater** (☎337-457-7389; 200 Park Ave; Eintritt 5 US$) das „Rendez-Vous des Cajuns" statt, das im örtlichen Radio übertragen wird. Das **KBON** (101.1 FM; www.kbon.com; 109 S 2nd St) ist den ganzen Tag über für Besucher geöffnet, die sich die große Wall of Fame anschauen können, auf der Musiker, die hier aufgetreten sind, ihre Unterschriften hinterlassen haben. Zwei Blocks weiter lockt das **Cajun Music Hall of Fame & Museum** (☎337-457-6534; www.cajunfrenchmusic.org; 230 S CC Duson Dr; ⏲Di–Sa 9–17 Uhr) GRATIS, eine verstaubte Sammlung von Instrumenten und Grafiken, die vor allem die hartgesottenen Musikfans interessieren wird. Das vom NPS geführte **Prairie Acadian Cultural Center** (☎337-

457-8499; www.nps.gov/jela; 250 West Park Ave; ⌚Di–Fr 8–17, Sa bis 18 Uhr) GRATIS präsentiert interessante Ausstellungen zum Leben auf dem Land und zur Cajun-Kultur und zeigt eine große Auswahl Dokumentationen mit Erläuterungen zur Geschichte der Region.

Wer nun erst mal ausruhen möchte, kann das im zentral gelegenen **Potier's Cajun Inn** (☎337-457-0440; 110 W Park Ave, Eunice; Zi. ab 55 US$; P ❄) tun. Die geräumigen, bodenständigen und gemütlichen Apartments im Cajun-Stil haben alle eine Küchenzeile. Das **Ruby's Café** (☎337-550-7665; 123 S 2nd St, Eunice; Gerichte unter 10 US$; ⌚Mo–Fr 6–14, Mi & Do 17–21, Fr & Sa bis 22 Uhr) mit dem 1950er-Jahre-Flair serviert beliebte Mittagsgerichte; im schicken **Café Mosaic** (202 S 2nd St, Eunice; Gerichte 3–4,50 US$; ⌚Mo–Fr 6–22, Sa ab 7, So 7–19 Uhr; 📶) gibt's Waffeln und Grill-Sandwiches.

Nördliches Louisiana

Die ländlichen, von der Ölförderung geprägten Ortschaften am baptistischen „Bibelgürtel" im Norden von Louisiana und das musikalische New Orleans könnten unterschiedlicher kaum sein. Es gibt zwar einige positive Entwicklungen in Sachen Fremdenverkehr, allerdings muss auch ehrlich gesagt werden, dass die meisten Besucher des nördlichen Louisiana aus Texas oder Arkansas kommen und lediglich am Glücksspiel interessiert sind.

Captain Henry Shreve säuberte eine 265 km lange Passage des Red River von alten Holzstämmen und Gehölz und gründete 1839 die Flusshafenstadt **Shreveport**. Nach Ölfunden erlebte diese im frühen 20. Jh. einen Boom, dem nach dem Zweiten Weltkrieg ein jäher Absturz folgte. Für etwas Wiederbelebung sorgten dann riesige, an Las Vegas erinnernde Kasinos und ein Unterhaltungskomplex am Ufer. Das **Visitor Center** (☎888-458-4748; www.shreveport-bossier.org; 629 Spring St; ⌚Mo–Fr 8–17, Sa 10–14 Uhr) liegt in der Innenstadt. Rosenliebhaber sollten sich unbedingt das **Gardens of the American Rose Center** (☎318-938-5402, 800-637-6534; www.ars.org; 8877 Jefferson Paige Rd; Eintritt gegen Spende, Führung 10 US$; ⌚Mo–Sa 9–17, So 13–17 Uhr) anschauen, das aus mehr als 65 Einzelgärten besteht, nach deren Vorbild man dann zu Hause sein Glück als Rosenzüchter versuchen kann. Erreichbar sind die Gärten über den Exit 5 der I-20. Seinen Hunger kann man im **Strawn's Eat Shop** (☎318-868-0634; 125 E Kings Hwy; Hauptgerichte unter 10 US$; ⌚Mo–Sa 6–20, So bis 15 Uhr) stillen. Der einfache Diner serviert gute, herzhafte amerikanische Kost, verfeinert mit dem Charme der Südstaaten – z. B. eine Art paniertes Hähnchenschnitzel mit braunem Senf –, am beliebtesten sind jedoch seine leckeren Pasteten.

Etwa 50 Meilen (80 km) nordöstlich von Monroe liegt am Hwy 557 in der Nähe des Örtchens Epps die **Poverty Point State Historic Site** (☎888-926-5492, 318-926-5492; www.crt.state.la.us; 6859 Highway 577, Pioneer; Erw./Kind 4 US$ /frei; ⌚9–17 Uhr) mit bemerkenswerten Erdwällen und Aufschüttungen am früheren Lauf des Mississippi. Vom zweistöckigen Aussichtsturm aus kann man die sechs konzentrischen Ringe der Anlage deutlich erkennen, und ein 4,2 km langer Wanderweg schlängelt sich durch die grasbewachsene Landschaft. Um 1000 v. Chr. lag hier das Zentrum einer Kultur, die aus Hunderten Gemeinschaften bestand und Handelsbeziehungen bis zu den Großen Seen im Norden unterhielt.

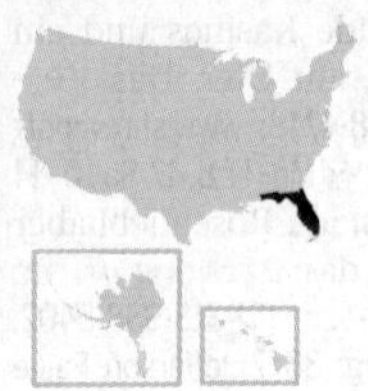

Florida

Inhalt ➡

Gut essen

- Blue Heaven (S. 542)
- Floridian (S. 549)
- Michy's (S. 524)
- Broken Egg (S. 558)
- Ella's Folk Art Cafe (S. 554)

Schön übernachten

- Pelican Hotel (S. 521)
- Biltmore Hotel (S. 522)
- Dickens House (S. 556)
- Pillars (S. 527)
- Everglades International Hostel (S. 532)

Auf nach Florida!

Juan Ponce de León suchte hier nach dem Jungbrunnen, Henry Flagler baute eine Eisenbahn für sonnenhungrige Urlauber aus dem Norden, und Walt Disney machte Florida für viele zum Pflichtziel, indem er es zum Standort seines legendären Themenparks erkor.

Seit Jahrhunderten suchen Menschen in Florida nach etwas Magie – und werden nur selten enttäuscht. Der Sunshine State lebt vom Tourismus und *besteht* darauf, allen ordentlich Spaß zu bereiten. So ist die schmale Halbinsel denn auch mit vielen Attraktionen gesprenkelt.

Dazu zählen Themenparks, Kitsch am Straßenrand, weiße Sandstrände und relaxte Inseln, außerdem Top-Kunstmuseen und faszinierende historische Stätten wie die älteste Stadt der USA. Langeweile ist hier praktisch ausgeschlossen und sehr leicht zu vertreiben, wenn sie doch aufkommt: einfach eine Runde Achterbahn fahren, per Kajak an Alligatoren vorbeipaddeln oder mit Seekühen schwimmen!

Reisezeit

Miami

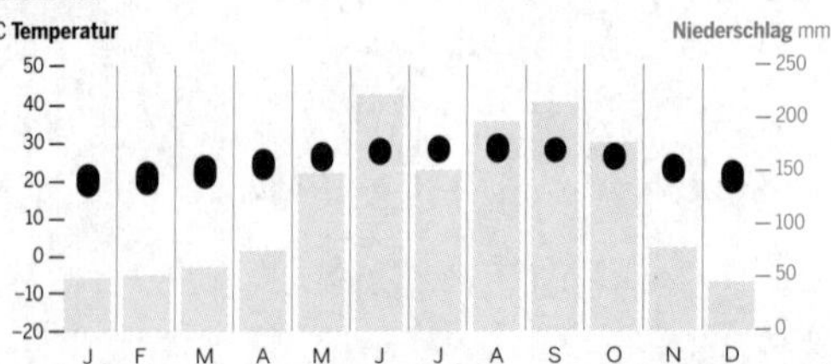

Feb.–April Nach dem Winter beginnt die Hauptsaison mit dem Springbreak.

Juni–Aug. In den feuchtwarmen Monaten sind Nord-Floridas Strände und Themenparks angesagt.

Sept.–Okt. Ideale Zwischensaison mit kühlerem Wetter, warmem Wasser und weniger Menschen.

Frühjahrstraining

Sommerzeit? Pah! Viel Einwohner Floridas bemessen die Jahreszeiten nach dem Beginn bzw. Ende des Baseball-Trainings im Frühjahr: Im März zieht es 15 Major-League-Mannschaften zu diesem Zweck nach Zentral- und Süd-Florida. Dort sitzt man in Stadien in nächster (Autogramm-)Nähe zu Liga-Stars und zukünftigen Hall-of-Fame-Helden. Also ist dieses Event ein Wallfahrtsgrund für Fans der Boston Red Sox, der New York Yankees oder der Philadelphia Phillies. Natürlich nehmen auch einige Teams aus Florida an den rund 240 Freundschaftsspielen innerhalb von 30 Tagen teil. Manche Fans campieren sogar, um die besten Plätze zu ergattern. Details gibt's unter www.floridagrapefruitleague.com.

AMERIKAS BESTE STATE PARKS

Zu den Highlights eines Besuchs in Florida gehören die bizarren, schönen Landschaften und der Vielfalt exotischer Kriechtiere, Wandermeeresvögel und Wildtiere. Glücklicherweise macht es Florida Besuchern mit einem der besten State-Park-Netze der USA leicht, Letzteren zu begegnen. Es ist der erste und einzige Bundesstaat, der zweimal die Auszeichnung „National Gold Medal Award for Excellence" (1999 & 2005) bekommen hat.

Die 160 State Parks des Bundesstaates erstrecken sich über mannigfaltige Landschaften, die mächtige Korallenriffe (John Pennekamp), Tausende Alligatoren (Myakka River), Kalkstein-Karstgebiete (Paynes Prairie) und kristallklare Quellen (Wakulla Springs) bergen. Natürlich ist Florida aber auch dank der hohen Qualität seiner Strände legendär, zu denen erstklassige Strandparks wie Grayton Beach, Fort DeSoto, Honeymoon Island und die St. Joseph Peninsula zählen.

Eine komplette Liste gibt's bei **Florida State Parks** (www.floridastateparks.org). Wer nach Tipps zu Wildtierbeobachtungen (was, wann, wie) sucht, findet sie zusammen mit Infos zu Bootstouren, Jagd und Angeln bei **Florida Fish & Wildlife Commission** (www.myfwc.com).

Grünes Florida

Bis vor Kurzem war Florida nicht unbedingt für Umweltschutz und Ökotourismus bekannt, aber das ändert sich gerade.

➡ **Department of Environmental Protection** (www.dep.state.fl.us) Staatliche Agentur für Umwelt und Nachhaltigkeit.

➡ **Green Lodging Program** (www.dep.state.fl.us/greenlodging) Programm des DEP, das Unterkünfte anerkennt, die sich Umweltschutz und Nachhaltigkeit verschrieben haben.

➡ **Florida Sierra Club** (http://florida.sierraclub.org) Ehrenwerte Outdoor-Freiwilligen- und -Interessengruppe.

➡ **Florida Surfrider** (http://florida.surfrider.org) Alteingesessene Outdoor-Organisation und Interessengruppe.

➡ **Greenopia** (www.greenopia.com) Bewertet umweltfreundliche Unternehmen in mehr als Dutzend Städten in Florida.

CARL HIAASEN

Die schwarzhumorige Florida-Vision des Schriftstellers Carl Hiaasen beschreibt eine komische Mischung aus Außenseitern und mörderischen Machern. Einen guten Einstieg bieten *Der Reinfall* (für Erwachsene), *Eulen* (für Kinder) und *Paradise Screwed* (ausgewählte Kolumnen).

Kurzinfos

➡ **Bevölkerung** Miami (413892 Ew.), Miami-Dade County 2,5 Mio.

➡ **Entfernungen** Miami–Key West 160 Meilen (257 km), Miami–Orlando: 235 Meilen (378 km)

➡ **Zeitzonen** Eastern Standard Time (Ostflorida), Central Standard Time (westlicher Panhandle)

Beste Strände

Im Sunshine State herrscht kein Mangel an Stränden. Ein paar unserer Favoriten:

➡ Siesta Key (S. 557)

➡ South Beach (S. 515)

➡ Bahia Honda (S. 538)

➡ Apollo Beach (S. 544)

➡ St. George Island (S. 570)

Infos im Internet

➡ **Visit Florida** (www.visitflorida.com) Floridas offizielle Tourismus-Website.

➡ **My Florida** (www.myflorida.com) Offizielles Portal der Staatsregierung.

➡ **Florida Smart** (www.floridasmart.com/news) Zahllose Links zur Region.

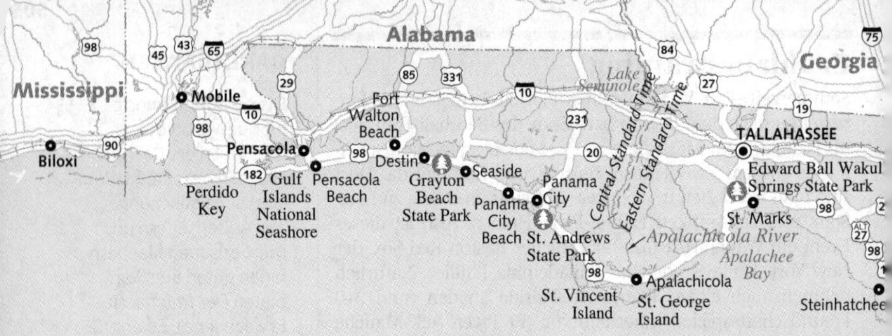

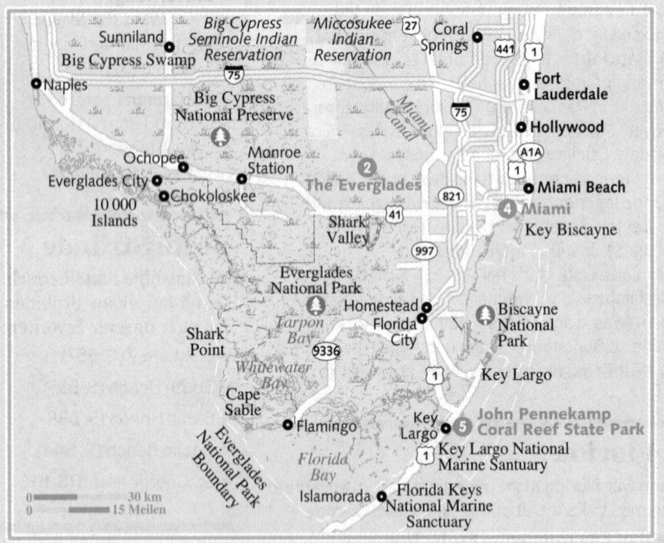

Highlights

1. Am **Bechern bei Sonnenuntergang** (S. 538) auf dem Mallory Square von Key West teilnehmen
2. In den **Everglades** (S. 529) zwischen Alligatoren und Schneidebinsen hindurchpaddeln
3. Sich in **Walt Disney World** (S. 564) von Nostalgie und spannenden Rides fesseln lassen
4. Die vielen **Wandgemälde** (S. 518) des Miami-Viertels Wynwood bewundern
5. Im **John Pennekamp Coral Reef State Park** (S. 534) am Korallenriff schnorcheln

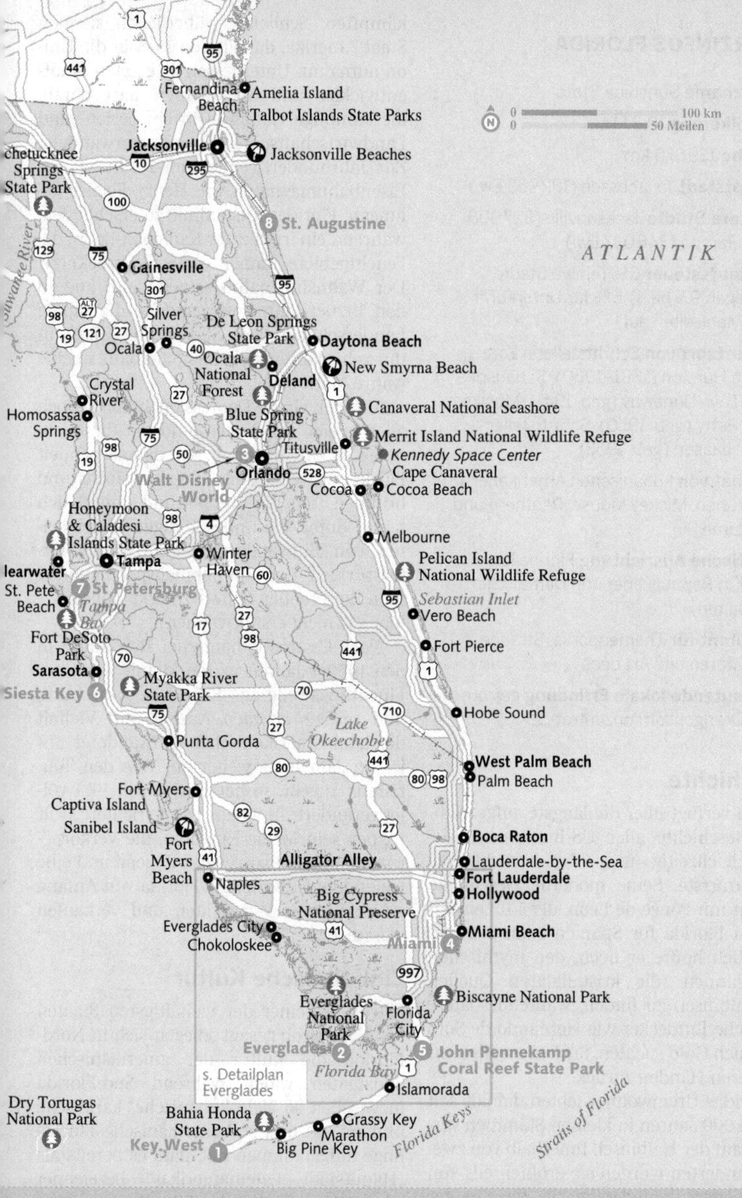

6 An den Puderzucker-Sandstränden von **Siesta Key** (Sarasota; S. 557) relaxen

7 Im **Dalí Museum** (S. 556) in St. Petersburg über den Symbolismus im Werk *Halluzinogener Torero* nachdenken

8 Zwischen den historischen spanischen Bauten von **St. Augustine** (S. 547) wie ein Pirat grollen

KURZINFOS FLORIDA

Spitzname Sunshine State

Bevölkerung 19,3 Mio.

Fläche 139 670 km²

Hauptstadt Tallahassee (182 965 Ew.)

Weitere Städte Jacksonville (827 908 Ew.), Tampa (346 037 Ew.)

Verkaufssteuer 6 % (einige Städte schlagen 9,5 bis 11,5 % für Unterkunft und Mahlzeiten auf)

Geburtsort von Schriftstellerin Zora Neale Hurston (1891–1960), Schauspielerin Faye Dunaway (geb. 1941), Musiker Tom Petty (geb. 1950), Schriftsteller Carl Hiaasen (geb. 1953)

Heimat von kubanischen Amerikanern, Seekühen, Mickey Mouse, Rentnern und Key Lime Pie

Politische Ausrichtung Florida ist stark in Republikaner und Demokraten gespalten

Berühmt für Themenparks, Strände, Alligatoren und Art déco

Bedeutende lokale Erfindung gefrorenes Orangensaftkonzentrat (1946)

Geschichte

Florida verfügt über die längste aufgezeichnete Geschichte aller US-Bundesstaaten – und gleichzeitig über die berüchtigtste und bizarrste. Seine moderne Geschichte beginnt mit Ponce de León, der 1513 eintraf und La Florida für Spanien beanspruchte. Angeblich hoffte er noch, den mythischen Jungbrunnen (die kristallklaren Quellen der Halbinsel) zu finden, während spätere spanische Entdecker wie Hernando de Soto eher nach Gold suchten. Sie kamen allesamt mit leeren Händen zurück.

Floridas Ureinwohner lebten damals seit über 11 000 Jahren in kleinen Stämmen verstreut auf der Halbinsel. Innerhalb von zwei Jahrhunderten wurden sie größtenteils von Krankheiten dahingerafft, die die Spanier mitgebracht hatten. Die heutigen Seminolen sind Nachkommen jener Ureinwohnerstämme, die auf dem Gebiet siedelten und sich ab dem 18. Jh. miteinander vermischten.

Im Laufe des 18. Jhs. warfen sich Spanien und England Florida immer wieder wie eine heiße Kartoffel gegenseitig zu, während sie um die Vorherrschaft in der Neuen Welt kämpften. Schließlich überließen sie den Staat Amerika, das Florida 1845 in die Union aufnahm. Unterdessen arbeiteten Stadtentwickler und Spekulanten hart daran, die sumpfige Halbinsel in ein Ferien- und Landwirtschaftsparadies zu verwandeln. Zur Jahrhundertwende zum 20. Jh. war es Eisenbahnmagnaten wie Henry Flagler gelungen, Floridas Küstenlinie zu erschließen, während ein irrwitziger Kanalbau-Boom die Feuchtgebiete immer weiter austrocknete. Der Wahnsinn nahm seinen Lauf, und in den 1920er-Jahren verwandelte die rapide Landerschließung in Süd-Florida Miami in nur zehn Jahren von einer Sandbank in eine wahre Metropole.

Mit der Great Depression brach jedoch alles in sich zusammen, und mit ihr zeichnete sich ein Muster ab: Seit damals pendelt Florida zwischen mitreißenden Hochs und brutalen Tiefs hin und her und kämpft sich tapfer durch die unbeständigen Widrigkeiten von Einwanderung, Tourismus, Wirbelstürmen und Immobilienspekulationen (den florierenden Schwarzmarkt wollen wir hier gar nicht erst erwähnen).

Nach Castros kubanischer Revolution in den 1960er-Jahren wurde Miami von einer Flüchtlingswelle aus Kuba überschwemmt, und seither nehmen Anzahl und Vielfalt der lateinamerikanischen Einwanderer mit jedem Jahrzehnt weiter zu. Was den Tourismus angeht, so hat er sich seit 1971 völlig verändert: In jenem Jahr errichtete Walt Disney sein Magic Kingdom, die Verkörperung der Vision von ewiger Jugend und eine vollendete Fantasie, die Florida von Anfang an perfekt zu vermarkten und verkaufen wusste.

Einheimische Kultur

Florida ist einer der vielfältigsten Staaten der USA. Grob gesagt spiegelt sich in Nord-Florida die Kultur der amerikanischen Südstaaten wider, während Süd-Florida inzwischen so viele kubanische, karibische und mittel- und südamerikanische Flüchtlinge aufgenommen hat, dass es bereits als „Hauptstadt Lateinamerikas" bezeichnet wird. Den „typischen Floridianer" gibt's also nicht, und so ziemlich das Einzige, was den Staat überhaupt vereint, ist, dass die meisten Menschen hier eigentlich von ganz woanders stammen. Auch wenn diese Tatsache bereits zu einer Reihe von Konflikten geführt hat, ist doch Toleranz die Regel. Die Mehrheit der Einwohner Floridas kann sich nach Lust und Laune in ihren selbst gewählten Gemeinden einrichten, ganz gleich, ob sie nun Schwule, Rentner, Kubaner, Haitianer, Biker, Evangelikale, nascarverrückte große Jungs oder kosmopolitische Intellektuelle aus der Kunstwelt sind.

Anreise & Unterwegs vor Ort

Der **Miami International Airport** (S. 526) ist neben Orlando, Tampa und Fort Lauderdale eines der internationalen Tore Floridas. Die Flughäfen von Fort Lauderdale und Miami liegen etwa 30 Minuten voneinander entfernt; es ist fast immer billiger, nach Fort Lauderdale zu fliegen. Miami verfügt außerdem über den geschäftigsten Kreuzfahrthafen der Welt.

Greyhound (☎ 800-231-2222; www.greyhound.com) bietet weitreichende Verbindungen im gesamten Bundesstaat an. Die Züge *Silver Meteor* und *Silver Star* von **Amtrak** (www.amtrak.com) verkehren täglich zwischen New York und Miami.

Die Mietwagenpreise in Florida schwanken oft sehr stark, aber man sollte mit mindestens 300 US$ pro Woche für einen normalen Mittelklassewagen rechnen.

SÜD-FLORIDA

In Süd-Florida zeigt sich die ganze Vielfalt des Staates in einem lebendigen Potpourri all dessen, was Florida so wild und anziehend macht, allem voran der multikulturelle Umschlagplatz Miami und die niveauvollen, reichen Strandgemeinden, die sich von Fort Lauderdale bis Palm Beach Richtung Norden erstrecken. In starkem Kontrast dazu stehen die Strände an sich, die von der subtropischen Wildnis der Everglades begrenzt werden, während die Spitze des Staates in einer Ellipse lebensfroher Inseln ausläuft, die ihre deutlichste Ausprägung in Key West und seiner „Alles ist möglich"-Einstellung finden.

Miami

Miami bewegt sich in einem völlig anderen Rhythmus als der gesamte Rest der USA. Pastellfarbene subtropische Schönheit und lateinamerikanische Sinnlichkeit sind hier allgegenwärtig: von den zigarrenrauchgeschwängerten Tanzläden, in denen Auswanderer aus Havanna zu Son und Bolero tanzen, bis zu den exklusiven Nachtclubs, in denen brasilianische Models in Stilettos ihre Hüften zu lateinamerikanischem Hip-Hop schütteln. Egal, ob man auf das hippe Volk der Avantgarde-Galerien trifft oder an den gestählten, perfekten Körpern vorbeiflaniert, die am South Beach schauliegen – irgendwie wirken hier alle wahnsinnig kunstvoll gestellt. Nebenbei sorgen Straßenverkäufer und Restaurants für die Düfte und Gewürze aus der Karibik, Kuba, Argentinien oder Haiti. Auf Touristen kann die Stadt ebenso berauschend wirken wie ein eiskalter Mojito.

Miami ist eine eigene Welt, eine internationale Stadt, deren Tempo, Interessen und Inspirationen oft von weit entfernten Ufern angespült werden. Über die Hälfte der Bevölkerung stammt aus Lateinamerika, und mehr als 60% sprechen hauptsächlich Spanisch. Tatsächlich betrachten viele Einwohner Nord-Floridas das einwandererreiche Miami gar nicht als einen Teil des Staates, und viele Menschen in Miami, besonders die Kubaner, sehen das genauso.

Sehenswertes

Der Großraum Miami ist eine weitläufige Metropole. Miami selbst liegt auf dem Fest-

FLORIDA IN …

… einer Woche

Die Reise beginnt in **Miami** mit drei vollen Tagen, um die Museen und Galerien, das Art-déco-Viertel, Little Havana und die South-Beach-Szene zu erkunden. Ein Tagesausflug mit Kajaktour durch die **Everglades** ist Pflicht, und auch **Coral Castle** sollte man nicht verpassen. Anschließend geht es für drei Tage in die Keys: schnorcheln im **John Pennekamp Coral Reef State Park**, Tarpune angeln in **Islamorada** und auf **Key West** mal richtig ausspannen!

… zwei Wochen

Ein oder zwei Tage in den Themenparks in **Orlando** stehen an, danach genießt man in **Tampa** die feine Küche und das Nachtleben von Ybor City. Im Salvador Dalí Museum in **St. Petersburg** wartet eine surreale Erfahrung, bevor man ein paar **Strände der Tampa Bay Area** besucht. Die Reise endet schließlich mit je einem Tag in **Sarasota** und seinem atemberaubenden Ringling Museum Complex und an den Traumstränden von **Siesta Key**.

Großraum Miami

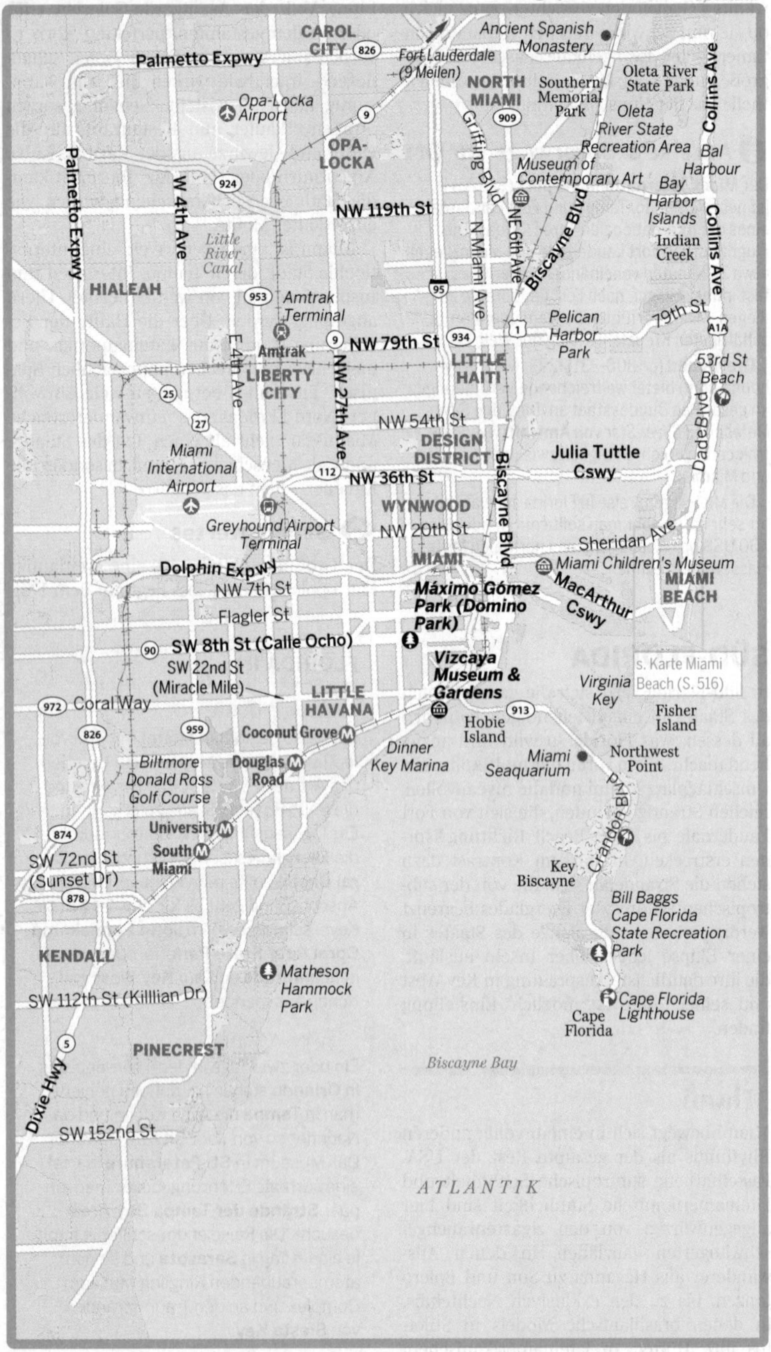

0 5 km
0 2,5 Meilen

CAROL CITY
826
Palmetto Expwy
Fort Lauderdale (9 Meilen)
Ancient Spanish Monastery
NORTH MIAMI
909
Southern Memorial Park
Oleta River State Park
Oleta River State Recreation Area
Collins Ave
Opa-Locka Airport
9
OPA-LOCKA
Griffing Blvd
Bal Harbour
Museum of Contemporary Art
Bay Harbor Islands
Palmetto Expwy
W 4th Ave
924
NW 119th St
NE 6th Ave
Biscayne Blvd
N Miami Ave
Collins Ave
Indian Creek
Little River Canal
HIALEAH
95
953
Amtrak Terminal
Pelican Harbor Park
79th St
1
A1A
9
NW 79th St
934
Amtrak
LIBERTY CITY
E 4th Ave
NW 27th Ave
LITTLE HAITI
53rd St Beach
25
27
NW 54th St
Dade Blvd
Miami International Airport
DESIGN DISTRICT
Biscayne Blvd
Julia Tuttle Cswy
112
NW 36th St
WYNWOOD
Greyhound Airport Terminal
NW 20th St
Sheridan Ave
Dolphin Expwy
MIAMI
Miami Children's Museum
NW 7th St
Máximo Gómez Park (Domino Park)
MacArthur Cswy
MIAMI BEACH
Flagler St
90
SW 8th St (Calle Ocho)
Vizcaya Museum & Gardens
SW 22nd St (Miracle Mile)
LITTLE HAVANA
s. Karte Miami Beach (S. 516)
Virginia Key
972
Coral Way
913
Fisher Island
826
959
Coconut Grove
Hobie Island
Dinner Key Marina
Miami Seaquarium
Northwest Point
Biltmore Donald Ross Golf Course
Douglas Road
Crandon Blvd
University
874
South Miami
SW 72nd St (Sunset Dr)
Key Biscayne
878
Bill Baggs Cape Florida State Recreation Park
KENDALL
Matheson Hammock Park
SW 112th St (Killlian Dr)
Cape Florida Lighthouse
Cape Florida
5
PINECREST
Biscayne Bay
Dixie Hwy
SW 152nd St
ATLANTIK

land, Miami Beach vier Meilen östlich auf der anderen Seite der Biscayne Bay. South Beach gehört eigentlich zum südlichen Teil von Miami Beach und reicht von der 5th St Richtung Norden bis zur 21st St; die Washington Ave ist seine kommerzielle Arterie. Nördlich von Downtown (entlang der NE 2nd Ave, von der 17th St bis zur 41st St) sind Wynwood und der Design District die wichtigsten Zentren in Sachen Kunst, Kulinarisches und Nachtleben. Gleich nördlich liegt auch Little Haiti.

Wer Little Havana besuchen möchte, wendet sich auf der SW 8th St, auch Calle Ocho genannt, nach Westen; sie durchstößt das Herz dieses Viertels (und wird später zum Tamiami Trail/Hwy 41). Gleich südlich von Little Havana warten Coconut Grove und Coral Gables.

Näheres zu Süd-Florida gibt's im Lonely Planet *Miami & the Keys*.

Miami Beach

Miami Beach hat ein paar der besten Strände des ganzen Landes zu bieten und lockt mit weißem Sand und warmem, türkisblauem Wasser. Was den Miami-Film angeht, den jeder im Kopf hat – Art-déco-Hotels, Models auf Inlineskates, junge Prachtkerle mit strammer Brust und schicken Autos –: Der läuft am Ocean Drive (von der 1st bis zur 11th St), dem der Strand nur als Kulisse für vorbeistolzierende Pfauen dient. Diese geballte Mischung aus Wellen, Sonnenschein und exhibitionistischer Schönheit hat South Beach (oder „SoBe") weltberühmt gemacht.

Nur ein paar Blocks nördlich wird die Lincoln Road (zwischen Alton Rd und Washington Ave) zur Fußgängerzone bzw. zum Freiluft-Laufsteg, damit auch wirklich jeder die fabelhaft attraktiven Kreaturen von SoBe gebührend bewundern kann.

★ Art Deco Historic District — STADTVIERTEL

(Karte S. 516) Der gut erhaltene pastellfarbene Art Deco Historic District schreit förmlich „Miami". Nirgendwo sonst auf der Welt findet man so viele Art-déco-Gebäude auf einem Haufen: die Straßen rund um den Ocean Dr und die Collins Ave werden von geschätzten 1200 Exemplaren gesäumt. Bei einem Abstecher ins Art Deco Welcome Center (Karte S. 516; ☎305-531-3484; 1001 Ocean Dr, South Beach; geführte Touren Erw./Kind/Senior 20/frei/15 US$; ⏲Touren Fr–Mi 10.30 Uhr, Do 18.30 Uhr) erfährt man alles zu Touren und erhält nähere Informationen.

★ Wolfsonian-FIU — MUSEUM

(Karte S. 516; www.wolfsonian.org; 1001 Washington Ave; Erw./Kind 6–12 Jahre 7/5 US$; ⏲Do–Di 12–18, Fr bis 21 Uhr) Eine faszinierende Sammlung, die von Transport, Urbanisierung, Industriedesign und Werbung bis zur Politpropagan-

MIAMI IN …

… zwei Tagen

Am ersten Tag liegt der Fokus auf South Beach, ein Nachmittag zum Sonnenbaden und Schwimmen verbindet sich wunderbar mit einem Bummel durch den **Art Deco Historic District** und einem Besuch des **Wolfsonian-FIU**, in dem alles erklärt wird. Am Abend wird im **Tap Tap** die haitianische Küche probiert, und danach klingt der Tag mit edlen Cocktails in der **Skybar** aus oder man genießt im **Room** ein entspanntes Bierchen. Wer abends noch mal ein bisschen aufdrehen möchte, kann einen Abstecher ins **World Erotic Art Museum** machen, das am Wochenende bis Mitternacht geöffnet ist. Am nächsten Morgen wartet in der Calle Ocho in **Little Havana** kubanische Musik, anschließend wird im **Versailles** bei klassischer kubanischer Küche die Atmosphäre vertieft. Danach schlendert man durch die **Vizcaya Museum & Gardens** und kühlt sich beim Planschen im **Venetian Pool** wieder ab. Der Tag wird beschlossen mit einem Abendessen und Cocktails im **Senora Martine**.

… vier Tagen

Nach dem Zwei-Tages-Plan geht es am dritten Tag in die **Everglades**, wo eine Kajaktour ansteht. Am letzten Tag stehen dann in **Wynwood** und im **Design District** Kunst und Design auf dem Programm, und noch mehr davon gibt's im **Miami Art Museum** oder dem **Museum of Contemporary Art**. Am Abend wird mit den Hipstern im **Electric Pickle** gefeiert oder ein bisschen Livemusik genossen: Rock im **Tobacco Road** oder lateinamerikanische Rhythmen im **Hoy Como Ayer**.

Miami Beach

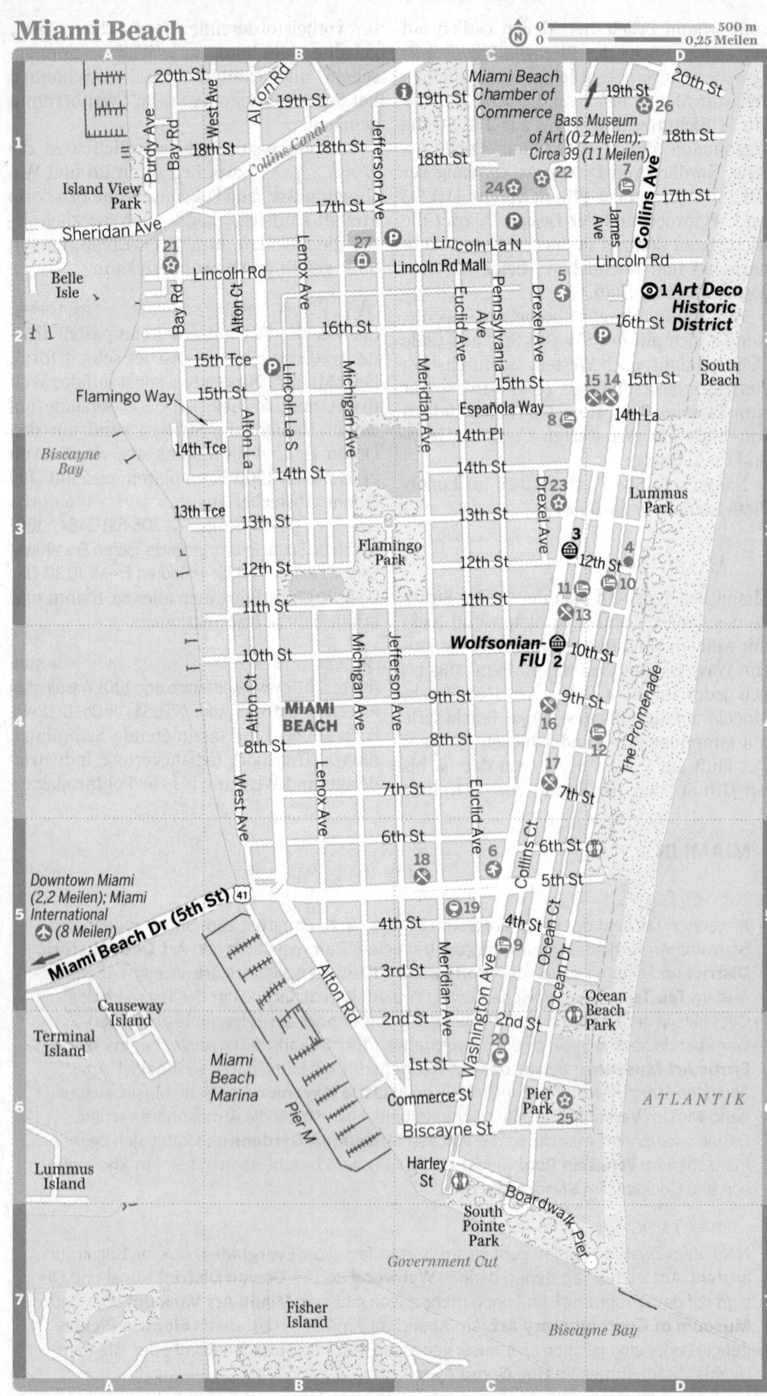

0 500 m
0 0,25 Meilen
20th St
19th St
18th St
17th St
Purdy Ave
Bay Rd
West Ave
Alton Rd
Collins Canal
Island View Park
Sheridan Ave
Belle Isle
Lincoln Rd
Alton Ct
Lenox Ave
Jefferson Ave
Miami Beach Chamber of Commerce
Bass Museum of Art (0,2 Meilen); Circa 39 (1,1 Meilen)
Collins Ave
James Ave
Lincoln La N
Lincoln Rd Mall
Euclid Ave
Pennsylvania Ave
Drexel Ave
1 Art Deco Historic District
16th St
15th Tce
15th St
Flamingo Way
Lincoln La S
Michigan Ave
Meridian Ave
Española Way
14th La
14th Pl
14th Tce
14th St
Alton La
South Beach
Biscayne Bay
13th Tce
13th St
Lummus Park
Flamingo Park
12th St
11th St
10th St
Wolfsonian-FIU
9th St
8th St
7th St
6th St
5th St
4th St
3rd St
2nd St
1st St
MIAMI BEACH
The Promenade
Collins Ct
Ocean Ct
Ocean Dr
Washington Ave
Downtown Miami (2,2 Meilen); Miami International (8 Meilen)
Miami Beach Dr (5th St)
41
Causeway Island
Terminal Island
Miami Beach Marina
Pier M
Ocean Beach Park
Commerce St
Pier Park
Biscayne St
ATLANTIK
Harley St
Lummus Island
Boardwalk Pier
South Pointe Park
Government Cut
Fisher Island
Biscayne Bay

Miami Beach

Highlights

Sehenswertes

Aktivitäten, Kurse & Touren

Schlafen

Essen

Ausgehen & Nachtleben

Unterhaltung

Shoppen

da vom späten 19. bis zur Mitte des 20. Jhs. reicht.

Bass Museum of Art MUSEUM
(www.bassmuseum.org; 2121 Park Ave; Erw./Kind 8/6 US$; Mi–So 12–17 Uhr) Das beste Kunstmuseum in Miami Beach verfügt über eine verspielt-futuristische Fassade, und die Sammlung ist auch nicht von schlechten Eltern: Sie reicht von religiöser europäischer Kunst aus dem 16. Jh. bis zu Gemälden der Renaissance.

World Erotic Art Museum MUSEUM
(Karte S. 516; www.weam.com; 1205 Washington Ave; Erw. ab 18 Jahre 15 US$; Mo–Do 11–22, Fr–So bis 24 Uhr) Unbeeindruckt von SoBes nacktem Fleisch? Nun, irgendetwas wird in dieser erstaunlich umfangreichen Sammlung ungezogener und erotischer Kunst sicher Aufmerksamkeit erregen – hier stellen sogar die Möbel diverse Körperteile und Positionen dar.

Downtown Miami

Die Innenstadt mag zwar nicht gerade ein Touristenmagnet sein, ist aber der Standort einiger lohnender Museen. Nach seinem Umzug in den **Bicentennial Park** heißt das frühere Miami Art Museum nun **Pérez Art Museum Miami** (MAM; www.miamiartmuseum.org).

History Miami MUSEUM
(www.historymiami.org; 101 W Flagler St; Erw./Kind 8/5 US$; Di–Fr 10–17, Sa & So 12–17 Uhr) Ob Seminolenkrieger, Schmuggler, Pirat, Landräuber, Touristen oder lateinamerikanische Einwanderer: An einem Platz abseits der W Flagler St wird Süd-Floridas komplexe, turbulente Geschichte auf lebendige Weise erzählt.

Little Havana

Sobald die SW 8th St sich von Downtown entfernt, wird sie zur **Calle Ocho** (*kah*-je *oh*-tscho; spanisch für „achte Straße"). Dann weiß man, dass man sich in Little Havana befindet, der auffälligsten Gemeinde kubanischer Amerikaner in den gesamten USA. Trotz der kulturellen Denkmäler ist dies aber kein kubanischer Themenpark: Das Viertel ist und bleibt eine sehr lebendige Einwandererenklave, auch wenn seine Einwohner inzwischen zugegebenermaßen eher aus Mittelamerika stammen. Mit die beste Zeit für einen Besuch ist der letzte Freitag im Monat zum **Viernes Culturales** (www.viernesculturales.org) oder „Kulturellen Freitag", wenn bei einem Straßenfest lateinamerikanische Künstler und Musiker auftreten.

★ **Máximo Gómez Park** PARK
(SW 8th St bei SW 15th Ave; 9–18 Uhr) Hier kann man das alte Kuba genießen. Der Park

ist auch als „Domino Park" bekannt, und wenn man die Alten beim Spielen beobachtet, weiß man auch, warum.

El Crédito Cigars ZIGARREN
(☎305-858-4162; 1106 SW 8th St) Einer der beliebtesten Zigarrenläden in ganz Miami; hier kann man zusehen, wie die *tabaqueros* sie von Hand rollen.

Design District, Wynwood & Little Haiti

Diese beiden trendigen Gegenden nördlich von Downtown sind der lebende Beweis dafür, dass SoBe ganz und gar nicht das Monopol auf „Hipness" hält. Noch vor 25 Jahren waren die Viertel so gut wie ausgestorben, haben sich inzwischen aber zu wahren Bastionen für Kunst und Design entwickelt. Der Design District ist ein Mekka für Innenarchitekten; hier gibt es Dutzende Galerien, zeitgenössische Möbel, Ausstellungsräume und Designerateliers zu sehen. Gleich südlich des Design Districts liegt **Wynwood**, ein bemerkenswerter Kunstbezirk mit unzähligen Galerien und Kunststudios, die in verlassenen Fabriken und Lagerhäusern untergebracht sind.

Little Haiti, die Heimat der haitianischen Flüchtlinge Miamis, wird von bunt gestrichenen Häusern, Märkten und *botanicas* (Voodoo-Läden) dominiert.

Wynwood Walls ÖFFENTLICHE KUNST
(www.thewynwoodwalls.com; NW 2nd Ave zw. 25th & 26th St; ⏲Mi–Sa 12–20 Uhr) Die Wynwood Walls sind eigentlich keine Galerie. Hierbei handelt es sich vielmehr um eine Sammlung von Wandbildern bzw. Graffitis, die einen offenen Innenhof im Viertel Wynwood ziert. Was es jeweils aktuell zu bewundern gibt, richtet sich meist nach dem Zyklus großer Kunst-Events wie der Art Basel (einer der größten Kunstmessen des Jahresin Nordamerika). Highlight zum Recherchezeitpunkt war ein fantastisches riesiges Werk von Shepard Fairey.

NICHT VERSÄUMEN

GALERIEN IN WYNWOOD

In Wynwood, Miamis hippem Testgelände für Avantgarde-Kunst, füllen „Wypster" (Wynwood-Hipster) Dutzende Galerien mit ihren „Guerilla"-Installationen, neuen Wandgemälden, Graffitis und anderen undurchschaubaren Werken. Das Viertel ist ungefähr durch die NW 20th und NW 37th St im Süden und Norden bzw. durch die N Miami Ave und die NW 3rd Ave im Osten und Westen begrenzt. Am besten lernt man die Szene auf einem der **Wynwood and Design District Arts Walks** (www.artcircuits.com; ⏲2. Sa des Monats 19–22 Uhr) GRATIS mit Musik, Essen und Wein kennen.

Coral Gables & Coconut Grove

Wer eher nach gemächlicherem Tempo und europäischerem Flair sucht, wird Richtung Landesinneres fündig. Coral Gables wurde in den frühen 1920er-Jahren von George Merrick als „Modellvorort" entworfen und gleicht einem Dorf im mediterranen Stil, das die **Miracle Mile** umgibt, einen vier Blocks langen Abschnitt des Coral Way zwischen der Douglas und LeJeune Rd mit vielen Läden und Restaurants.

★ **Vizcaya Museum & Gardens** HISTORISCHES GEBÄUDE
(www.vizcayamuseum.org; 3251 S Miami Ave; Erw./Kind 6–12 Jahre 15/6 US$; ⏲Mi–Mo 9.30–16.30 Uhr) Diese Villa im italienischen Renaissance-Stil ist die bauliche Entsprechung eines Fabergé-Eis und Miamis märchenhafteste Residenz. Die 70 Zimmer sind mit jahrhundertealten Möbeln und Kunst bestückt, und zu dem rund 12 ha großen Anwesen gehören wunderschöne architektonische Gärten und florentinische Pavillons.

Biltmore Hotel HISTORISCHES GEBÄUDE
(☎855-311-6903; www.biltmorehotel.com; 1200 Anastasia Ave) Architektonisches Kronjuwel von Coral Gables ist dieser herrliche Bau, der einst eine illegale Kneipe Al Capones beherbergte. Auch Nicht-Gäste sollten sich einen Drink an der Bar genehmigen und einen Blick auf den Pool werfen. Alternativ finden am Sonntagnachmittag Gratisführungen statt.

Venetian Pool SCHWIMMEN
(www.coralgablesvenetianpool.com; 2701 De Soto Blvd; Erw./Kind 11/7,35 US$; ⏲wechselnde Öffnungszeiten; 👪) Die Beschreibung „Schwimmbad" reicht nicht mal ansatzweise: Der quellgespeiste Venetian Pool nimmt den Kalksteinbruch ein, aus dem einst Kalkstein für den Bau von Coral Gables geholt wurde. Mit seinen italienisch angehauchten Wasserfällen und Grotten wirkt er wie ein Urlaubsrefugium für reiche Meerjungfrauen.

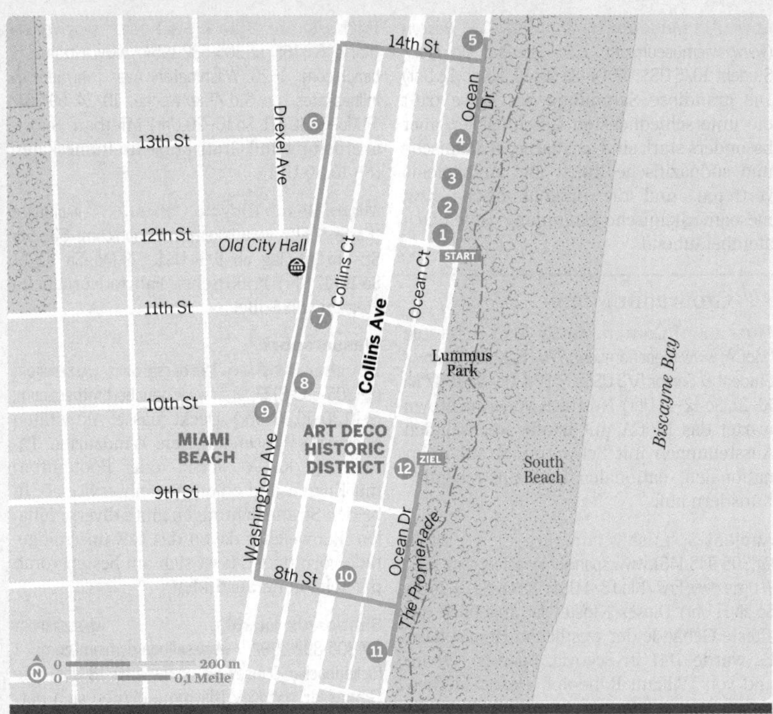

Stadtspaziergang Art-déco-Magie

START ART DECO WELCOME CENTER
ZIEL EDISON HOTEL
LÄNGE/DAUER 1,6–3,2 KM; 30 MIN.

Im Art Deco Historic District sind tolle Stadtspaziergänge mit und ohne Guide möglich. Wer einfach nur die Highlights sehen will, folgt dieser übersichtlichen Kurzroute.

Zu Anfang vermittelt das Innere des 1 **Art Deco Welcome Center** (S. 515; Ecke Ocean Dr & 12th St) einen ersten Eindruck von diesem speziellen Stil. Dann dem Ocean Dr nordwärts folgen. Zwischen 12th und 14th St stehen drei klassische Beispiele für Art-déco-Hotels: Das typisch kastenförmige 2 **Leslie** mit klassischen „Augenbrauen", das 3 **Carlyle** (war im Film *The Birdcage – Ein Paradies für schrille Vögel* zu sehen) und das 4 **Cardozo Hotel** mit glatten, abgerundeten Ecken. Nächste Station sind die herrlichen Terrazzo-Böden im 5 **Winter Haven** an der 14th St.

Jetzt nach links laufen, der 14th St bis zur Washington Ave folgen und links abbiegen, um das 6 **US Post Office** an der 13th St zu erreichen. Drinnen warten Frankiertische aus Marmor und eine Kuppeldecke, die zu einem geflüsterten Echo-Test verlockt. Zwei Blocks weiter links gibt's nun Mittagessen im 7 **11th Street Diner** (S. 523), einem schimmernden Art-déco-Salonwagen aus Aluminium. An der 10th St steht dann mit dem 8 **Wolfsonian-FIU** (S. 515) ein Top-Museum voller Art-déco-Schätze. Gegenüber erhebt sich das wunderschön restaurierte 9 **Hotel Astor.**

Anschließend nach links in die 8th St einbiegen und diese ostwärts bis zur Collins Ave entlanglaufen: 10 **The Hotel** an der Ecke hieß ursprünglich Tiffany Hotel und wird bis heute von einer Art-déco-Neonspitze mit diesem Namen gekrönt. Wer nun zum Ocean Dr weiterschlendert und rechts abbiegt, schaut auf das 11 **Colony Hotel** mit dem berühmten Neonschild. Zum Schluss heißt's kehrtmachen und einen halben Block über die 9th St hinauslaufen, bis mit dem 12 **Edison Hotel** von 1935 eine weitere Kreation der Art-déco-Legende Henry Hohauser in Sicht kommt.

Lowe Art Museum MUSEUM
(www.lowemuseum.org, 1301 Stanford Dr; Erw./Student 10/5 US$; ⌚Di–Sa 10–16, So ab 12 Uhr) Die grandiose Sammlung des Lowe trifft die unterschiedlichsten Geschmäcker, aber besonders stark sind asiatische, afrikanische und südpazifische Kunst und Archäologie vertreten, und die präkolumbische bzw. mesoamerikanische Sammlung ist einfach atemberaubend.

Großraum Miami

Museum of Contemporary Art MUSEUM
(MoCA; www.mocanomi.org; 770 NE 125th St; Erw./Student & Senior 5/3 US$; ⌚Di & Do–Sa 11–17, Mi 13–21, So 12–17 Uhr) Nördlich von Downtown wartet das MoCA mit häufig wechselnden Ausstellungen mit Schwerpunkt auf internationalen, nationalen und aufstrebenden Künstlern auf.

Ancient Spanish Monastery KIRCHE
(☎305-945-1461; www.spanishmonastery.com; 16711 W Dixie Hwy; Erw./Kind 8/4 US$; ⌚Mo–Sa 10–16.30, So ab 11 Uhr) Dieses Kloster ist angeblich das älteste Gebäude der westlichen Hemisphäre. Es wurde 1141 in Segovia, Spanien, erbaut und von William Randolph Hearst hierhertransportiert. Öffnungszeiten vorab telefonisch bestätigen lassen!

Key Biscayne

Bill Baggs Cape Florida State Park PARK
(www.floridastateparks.org/capeflorida; 1200 S Crandon Blvd; Auto/Fußgänger 8/2 US$; ⌚8 Uhr–Sonnenuntergang) Wer es nicht auf die Florida Keys schafft, bekommt in dem 200 ha großen Park einen Eindruck von den einzigartigen Ökosystemen, de sich auf den Inseln finden. Sandige Pfade und Holzstege führen durch das Gewirr der dunklen Mangrovenhaine voller tropischer Tiere. Drum herum erstreckt sich kilometerweit das blasse Meer. An einer Bude werden Kajaks, Fahrräder, Inlineskates, Strandkörbe und Sonnenschirme vermietet. An der äußersten Südspitze steht das 1825 erbaute **Cape Florida Lighthouse** aus Backstein (Gratisführungen Do–Mo 10 & 13 Uhr).

Aktivitäten

Radfahren & Inlineskaten

Inlineskaten oder Radeln entlang der Promenade am Ocean Dr (South Beach) ist Miami pur. Alternativ empfiehlt sich der Rickenbacker Causeway Richtung Key Biscayne.

Fritz's Skate, Bike & Surf SPORTVERLEIH
(Karte S. 516; ☎305-532-1954; www.fritzsmiamibeach.com; 1620 Washington Ave; Fahrräder & Inlineskates pro Std./Tag/Woche 10/24/69 US$; ⌚Mo–Sa 10–21, So 10–20 Uhr) Mietbare Sportausrüstung und Gratiskurse im Inlineskaten (So 10.30 Uhr).

Miami Beach Bicycle Center RADFAHREN
(Karte S. 516; www.bikemiamibeach.com; 601 5th St; pro Std./Tag ab 5/14 US$; ⌚Mo–Sa 10–19, So 10–17 Uhr) Praktischer Fahrradverleih im Herzen von SoBe.

Wassersport

Boucher Brothers Watersports WASSERSPORT
(☎305-535-8177; www.boucherbrothers.com; ⌚10.30–16.30 Uhr) Deckt nasse Aktivitäten aller Art (Wasserskilaufen, Windsurfen, Parasailing, Kajak-, Jetski- oder Bootfahren) mit Kursen und einem Verleihservice ab. In beiden Strandrichtungen gibt's diverse Filialen. Bei welcher davon das Gewünschte gerade vorrätig ist, lässt sich am besten vorab per Telefon herausfinden.

Sailboards Miami WASSERSPORT
(☎305-892-8992; www.sailboardsmiami.com; 1 Rickenbacker Causeway; ⌚Fr–Di 10–18 Uhr) Die Gewässer vor Key Biscayne eignen sich perfekt zum Windsurfen, Kiteboarden oder Kajakfahren. Hier gibt's Leihausrüstung und Kurse.

Geführte Touren

Miami Design Preservation League STADTSPAZIERGANG
(Karte S. 516; ☎305-531-3484; geführte Touren Erw./Kind 20 US$/gratis, Audiotouren 15 US$; ⌚Fr–Mi 10.30, Do 18.30 Uhr) Die 90-minütigen Stadtspaziergänge ab dem Art Deco Welcome Center (1200 Ocean Dr, Miami Beach) beleuchten den Art-déco-Stil und dessen Ikonen.

History Miami Tours STADTSPAZIERGANG, RADFAHREN
(☎305-375-1621; www.historymiami.org/tours; geführte Touren 20–54 US$) Der Ausnahme-Historiker Dr. Paul George leitet faszinierende Touren zu Fuß, per Fahrrad, Boot oder Bus (beispielsweise mit Schwerpunkt auf Stiltsville). Das Gesamtangebot steht auf der Website.

South Beach Bike Tours RADFAHREN
(☎305-673-2002; www.southbeachbiketours.com; Halbtagstour 59 US$/Pers.) Dreistündige Touren auf zwei Rädern durch South Beach.

MIAMIS STRÄNDE

Mit ihrem klaren, sauberen Wasser zählen Miamis Strände zu den besten der USA. Dank inoffizieller Einteilung in bestimmte Besucherbereiche können sie ganz nach eigenem Gusto genossen werden.

Für spärlich Bekleidete Zwischen 5th und 21st St (South Beach) sind sittsame Outfits Mangelware.

Familienstrände Nördlich der 21st St geht's familienfreundlicher zu. An der 53rd St gibt's einen Spielplatz und öffentliche Toiletten.

FKK-Strände Im Haulover Beach Park (Sunny Isles) ist Hüllenlosigkeit legal. Nördlich vom Rettungsschwimmerturm tummeln sich vor allem Schwule, südlich davon hauptsächlich Heteros.

Schwulenstrände Ganz South Beach ist schwulenfreundlich – vor allem aber die Umgebung der 12th St.

Windsurfer-Strände Der Hobie Beach am Rickenbacker Causeway gen Key Biscayne wird häufig „Windsurfing Beach" genannt.

Feste & Events

Calle Ocho Festival KULTUR
(www.carnavalmiami.com) Das riesige Straßenfest im März ist der Höhepunkt des Carnaval Miami, bei dem zehn Tage lang die lateinamerikanische Kultur gefeiert wird.

Winter Music Conference MUSIK
(www.wmcon.com) Dieses Dance- und Elektro-Festival findet jeden März statt.

Art Basel Miami Beach KUNST
(www.artbaselmiamibeach.com; Dez.) International bekannte Kunstmesse.

Schlafen

Inzwischen hat sich ein richtiger Hype um Miami Beach als das Mekka für stilvolle Boutiquehotels in renovierten Art-déco-Gebäuden entwickelt. Wer diese und andere schicke Optionen sucht, kann sich auf www.miamiboutiquehotels.com umschauen. Die Preisen schwanken saisonal sehr stark, und während des Spring Breaks schießen sie förmlich durch die Decke und steigen oft um das Fünffache; am ruhigsten geht es im Sommer zu. Für einen Hotelparkplatz muss man mit 20 bis 35 US$ pro Nacht rechnen.

South Beach

Clay Hotel HOTEL $$
(Karte S. 516; 305-534-2988, 800-379-2529; www.clayhotel.com; 1438 Washington Ave; Zi. 88–190 US$;) In der 100 Jahre alten Villa im spanischen Stil soll einst Al Capone übernachtet haben. Die sauberen, komfortablen Zimmer liegen direkt am Espanola Way.

★Hotel St. Augustine BOUTIQUEHOTEL $$
(Karte S. 516; 305-532-0570; www.hotelstaugustine.com; 347 Washington Ave; Zi. 126–289 US$;) Das Holz ist heller als Barbies Haar und vereint sich mit der strahlend sauberen Inneneinrichtung zu einer der elegantesten und dabei atemberaubend modernen Unterkünfte in South Beach. Eine ebenso hippe wie gemütliche Ausnahmeerscheinung!

Lords Hotel BOUTIQUEHOTEL $$
(Karte S. 516; 877-448-4754; www.lordssouthbeach.com; 1120 Collins Ave; Zi. 120–240 US$, Suite 330–540 US$;) Dieses „entsprechend orientierte Hotel" ist das Epizentrum von South Beachs Schwulenszene. In den Zimmern bildet Pop-Art einen Gegenpol zum Zitronengelb der Einrichtung. Hip, aber nicht affektiert.

Kent Hotel BOUTIQUEHOTEL $$
(Karte S. 516; 305-604-5068; www.thekenthotel.com; 1131 Collins Ave; Zi. 69–199 US$;) Die Lobby ist der Hit: Hier finden sich rosa- und leuchtend orangefarbene geometrische Möbel und grelle Plexiglas-Bauklötze. In den Zimmern geht's genauso verspielt weiter. Mit das beste Preis-Leistungsverhältnis in South Beach!

★Pelican Hotel BOUTIQUEHOTEL $$$
(Karte S. 516; 305-673-3373; www.pelicanhotel.com; 826 Ocean Dr; Zi. 165–425 US$, Suite 295–555 US$;) Der Name und die Art-déco-Fassade lassen nichts Außergewöhnliches vermuten. Innen haben sich die Dekorateure jedoch mit tollen Themen wie *Best Whorehouse* (Bestes Bordell), *Executive Zebra* (Geschäftsführendes Zebra) oder *Me*

MIAMI MIT KINDERN

Die kinderfreundlichsten Strände liegen nördlich der 21st St in Miami Beach. Gut sind der an der 53rd St (mit Spielplatz und Toiletten) und der 73rd St (viele Dünen). Prima ist auch der im Süden gelegene Matheson Hammock Park mit ruhigen künstlichen Lagunen.

Miami Seaquarium (www.miamiseaquarium.com; 4400 Rickenbacker Causeway; Erw./Kind 40/30 US$; ⏲9.30–18 Uhr, letzter Einlass 16.30 Uhr) Der 15 ha große Meerespark in Richtung Key Biscayne ist größer als ein normales Aquarium und veranstaltet u. a. tolle Tiershows. Zudem pflegt er verletzte Seekühe, Meeresschildkröten und Delfine gesund. Mit Letzteren kann man auch schwimmen.

Miami Children's Museum (www.miamichildrensmuseum.org; 980 MacArthur Causeway; Eintritt 16 US$; ⏲10–18 Uhr) Dieses Mitmach-Museum steht auf Watson Island zwischen Innenstadt und Miami Beach. Hier gibt's z. B. Musikstudios und Kunstateliers. Allerdings lassen von Firmen gesponserte *work experiences* das Ganze sehr kommerziell wirken.

Jungle Island (www.jungleisland.com; 1111 Parrot Jungle Trail abseits des MacArthur Causeway; Erw./Kind 35/27 US$; ⏲10–17 Uhr) Beheimatet viele Tropenvögel, Alligatoren, Orang-Utans, Schimpansen und – Fans von *Napoleon Dynamite* aufgepasst! – einen Liger (Kreuzung zwischen Löwe und Tiger).

Zoo Miami (Metrozoo; www.miamimetrozoo.com; 12400 SW 152nd St; Erw./Kind 16/12 US$; ⏲9.30–17.30 Uhr, letzter Einlass 16 Uhr) Im hiesigen Tropenwetter fühlen sich Spaziergänge durch den Zoo Miami fast wie Wildnistrips an. Für einen schnellen Überblick über das gigantische Gelände empfiehlt sich eine Fahrt mit der Safari Monorail (alle 20 Min.). Zudem finden alle möglichen Führungen statt. Kinder füttern gern die Samburu-Giraffen (2 US$).

Monkey Jungle (www.monkeyjungle.com; 14805 SW 216th St; Erw./Kind 30/24 US$; ⏲9.30–17 Uhr, letzter Einlass 16 Uhr) Der Slogan *Where humans are caged and monkeys run wild* („Wo Menschen eingesperrt sind und Affen frei umherlaufen") sagt bereits genug – nur nicht, dass dies im äußersten Süden von Miami der Fall ist.

Tarzan, You Vain (Ich Tarzan, Du nichts) ausgetobt.

Cadet Hotel BOUTIQUEHOTEL $$$
(Karte S. 516; ☎305-672-6688; www.cadethotel.com; 1701 James Ave; Zi. 189–280 US$; ❄📶🏊) Das unscheinbare kleine Boutiquehotel mit perfekter Art-déco-Ästhetik ist von kreativem Zierrat geprägt. Die schattige Veranda ist eine Oase der Ruhe.

Nördliches Miami Beach

★Circa 39 BOUTIQUEHOTEL $$
(☎305-538-4900; www.circa39.com; 3900 Collins Ave; Zi. 85–144 US$; ❄@P🏊) Wer den Stil von South Beach liebt, dessen Attitüde aber hasst, trifft im Circa auf Gleichgesinnte. Es vereint die vielleicht abgefahrenste Lobby in ganz Miami mit hippen Zimmern in Eisblau und Weiß und einer einladenden Atmosphäre. Die Online-Preise sind phänomenal.

Coral Gables

Hotel St. Michel HOTEL $$
(☎305-444-1666; www.hotelstmichel.com; 162 Alcazar Ave; Zi. 85–225 US$; P❄📶) Dieses Hotel in Coral Gables würde auch gut nach Europa passen. Hierfür sorgen Gewölbedecken, Bodenmosaike, altertümlicher Charme und gerade mal 28 Zimmer.

★Biltmore Hotel HISTORISCHES HOTEL $$$
(☎855-311-6903; www.biltmorehotel.com; 1200 Anastasia Ave; Zi. ab 209 US$; P❄📶🏊) Das denkmalgeschützte Biltmore von 1926 ist eine Ikone des Luxus. Die Standardzimmer sind z.T. klein, die Gemeinschaftsbereiche hingegen palastartig. Der herrliche Hotelpool ist landesweit der größte seiner Art.

Essen

Floridas multikulturellste Stadt besitzt eine Restaurantszene auf internationalem Niveau.

South Beach

Entlang der Ocean Ave findet man auf den Terrassen und Bürgersteigen vor fast allen Strandhotels anständige Restaurants vor. Hier sind günstige Mittagsgerichte und Happy-Hour-Sonderangebote zu haben. Die starke Konkurrenz sorgt dabei für niedrige

Preise. Einfach zwischen 5th St und 14th Pl nach etwas Passendem suchen!

Puerto Sagua KUBANISCH $

(Karte S. 516; ☎305-673-1115; 700 Collins Ave; meiste Hauptgerichte 6–20 US$; ⏲7.30–2 Uhr) Ran an die Theke in diesem beliebten kubanischen Diner und spontan ebenso authentische wie köstliche und erschwingliche Gerichte bestellt, z.B. *ropa vieja* (Rindergeschnetzeltes), schwarze Bohnen und *arroz con pollo* (Reis mit Hühnchen)! Und dazu gibt's den vielleicht besten kubanischen Kaffee der Stadt.

11th Street Diner DINER $

(Karte S. 516; www.eleventhstreetdiner.com; 1065 Washington Ave; Hauptgerichte 9–18 US$; ⏲Do–Di 24 Std., Mi 24–7 Uhr) Dieses Art-déco-Diner befindet sich in einem schimmernden Eisenbahnwaggon (Pullman-Salonwagen). Hier geht's rund um die Uhr geschäftig zu. Besonders beliebt bei heimwärts schwankenden Nachtschwärmern.

Pizza Rustica PIZZERIA $

(Karte S. 516; www.pizza-rustica.com; 863 Washington Ave; Pizzastücke 5 US$, andere Hauptgerichte 8–10 US$; ⏲11–18 Uhr) Perfekt für hungrige Stadtspaziergänger: Die großen viereckigen Pizzastücke sind vollwertige Mahlzeiten. Filiale an der 667 Lincoln Rd.

★**Tap Tap** HAITIANISCH $$

(Karte S. 516; ☎305-672-2898; www.taptaprestaurant.com; 819 5th St; Hauptgerichte 9–20 US$; ⏲12–23.30 Uhr) In diesem psychedelischen haitianischen Restaurant speist man unter Wandmalereien von Papa Legba und genießt die genauso bunte, fröhliche Fusion-Küche aus Westafrika, Frankreich und der Karibik: Die scharfe Kürbissuppe, die Ziege mit Curry und das *mayi moulen*, die charakteristische Beilage aus Maismehl, sollte man probieren!

Jerry's Famous Deli FEINKOST $$

(Karte S. 516; ☎305-532-8030; www.jerrysfamousdeli.com; 1450 Collins Ave; meiste Hauptgerichte 9–18 US$; ⏲24 Std.) Von Pastrami-Grillsandwiches oder chinesischem Hühnchensalat bis hin zu Fettuccine Alfredo gibt's hier alles Mögliche – und das rund um die Uhr. Die gewaltigen Portionen werden in einem großen, offenen Art-déco-Raum serviert und bei Bedarf auch nach Hause geliefert.

★**Osteria del Teatro** ITALIENISCH $$$

(Karte S. 516; ☎305-538-7850; http://osteriadelteatromiami.com; 1443 Washington Ave; Hauptgerichte 17–38 US$; ⏲Mo–Do 18–23, Fr–So bis 1 Uhr) In einem der ältesten italienischen Restaurants hält man sich am besten an die Spezialgerichte, dann kann man nichts falsch machen. Oder noch besser, man lässt die freundlichen italienischen Kellner bestellen und sich rundum verwöhnen – die liegen garantiert nie falsch.

Downtown Miami

Azul FUSION-KÜCHE $$$

(☎305-913-8288; 500 Brickell Key Dr; Hauptgerichte 35–65 US$; ⏲Di–Sa 19–23 Uhr) Auf Brickell Key kann man sich in diesem grandiosen Restaurant mit phänomenaler asiatischer Fusion-Küche richtig verwöhnen lassen. Neben der umfangreichen Weinkarte und dem

EIN HAUCH LATEINAMERIKA IN MIAMI

Dank seiner langen Einwanderungsgeschichte ist Miami inzwischen zur Legende geworden, wenn es um authentische kubanische, haitianische, brasilianische und lateinamerikanische Küche geht. Kubanisches Essen ist eine Mischung aus karibischen, afrikanischen und lateinamerikanischen Einflüssen, und durch die gegenseitige äußerst fruchtbare „Fremdbestäubung" dieser Traditionen haben sich unzählige kreative, köstliche Gourmet-Fusionen entwickelt, die manchmal als *nuevo Latino*, *nouvelle Floridian* oder „floribische" Küche bezeichnet werden.

Für eine erste Kostprobe kubanischen Essens stellt man sich am besten an einer kubanischen *loncheria* (Imbissbude) an und bestellt ein *pan cubano:* ein gegrilltes Baguette mit Butter, Schinken, Schweinebraten, Käse, Senf und Essiggurken. Zum Abendessen gibt's dann das klassische *ropa vieja:* geschnetzeltes Bauchsteak mit Tomaten und Paprika, und dazu gebratene Kochbananen, schwarze Bohnen und gelben Reis.

Weitere Leckereien, die man unbedingt probieren sollte, sind haitianische *griots* (mariniertes, gebratenes Schweinefleisch), jamaikanisches „Jerk Chicken", brasilianisches Barbecue, *gallo pinto* (rote Bohnen mit Reis) aus Mittelamerika und *batidos* (milchige, sehr erfrischende Frucht-Smoothies aus Lateinamerika).

Blick übers Wasser auf Downtown bietet das Azul auch den besten Service in ganz Miami.

Little Havana

Versailles KUBANISCH $$

(☎ 305-444-0240; www.versaillesrestaurant.com; 3555 SW 8th St; Hauptgerichte 5–26 US$; ⊙ 8–1 Uhr) *Das* kubanische Lokal der Stadt sollte man keinesfalls verpassen. Die großen Speiseräume im Cafeteria-Stil bieten Platz für jedermann.

Design District & Wynwood

Michy's FUSION $$$

(☎ 305-759-2001; http://michysmiami.com; 6927 Biscayne Blvd; Gerichte 29–38 US$; ⊙ Di–Do 18–22.30, Fr & Sa 18–23, So 18–22 Uhr; 🖉) Das Restaurant von Michelle „Michy" Bernstein zählt zu den hellsten Sternen an Miamis Gastro-Himmel. Hierfür sorgen einheimische Bio-Zutaten und stilvolles, märchenhaftes Dekor.

Ausgehen & Unterhaltung

Nachts erwacht Miami erst richtig zum Leben. Irgendwo ist immer was geboten, meist bis zum frühen Morgen: Viele Bars haben bis 3 Uhr oder sogar 5 Uhr geöffnet. Veranstaltungskalender und Galerie-, Bar- und Clubbewertungen gibt's unter www.cooljunkie.com und www.beached-miami.com.

Bars

Zahllose Bars säumen den Ocean Dr. Wer während der Happy Hour hier bummeln geht, trinkt zum halben Preis.

★ Room BAR

(Karte S. 516; www.theotheroom.com; 100 Collins Ave; ⊙ 19–5 Uhr) Die dunkle, stimmungsvolle Boutique-Bierbar in SoBe ist ein echtes Juwel: hip und super sexy, aber dennoch nicht affektiert. Wie der Name vermuten lässt: Der Laden ist klein – und darum oft überfüllt.

★ Abraxas BAR

(Karte S. 516; 407 Meridian Ave; ⊙ So–Mo 19–3, Di–Sa 17–5 Uhr) Das Abraxas in einem klassischen Art-déco-Bau könnte nicht sympathischer sein: Versteckt in einem Wohngebiet von South Beach schenkt es super Bier aus aller Welt an nicht allzu viele Gäste aus.

Electric Pickle BAR

(www.electricpicklemiami.com; 2826 N Miami Ave; ⊙ Mi–Sa 22–5 Uhr) Der angesagte zweistöckige Jazzschuppen in Wynwood ist gleichermaßen sexy, attraktiv und kultiviert. Hippe Künstlertypen werden hier zu glamourösen Clubber-Kids.

Nachtclubs

Wer bei großen Nachtclubs seine Chancen aufs Hineinkommen steigern will, sollte sich vorab per Telefon auf die jeweilige Gästeliste setzen lassen. Attraktive, gut gekleidete Damen als Begleitung können auch nicht schaden (sofern man nicht gerade eine Schwulenbar besuchen möchte). South Beachs Clubs und Livemusik-Läden verlangen Grundpreise von 20 bis 25 US$. In der übrigen Stadt bezahlt man die Hälfte.

Skybar NACHTCLUB

(Karte S. 516; ☎ 305-695-3100; Shore Club, 1901 Collins Ave; Mo–Mi 16–2, Do–Sa 16–3 Uhr) Auf der Freiluftterrasse können Gäste schicke Cocktails schlürfen (Runterkippen wird zu teuer!). Wer „jemand" bzw. ein Promi ist, bekommt auch Zugang zum Red Room im Inneren. Beide Bereiche bieten die Möglichkeit, schöne Menschen im marokkanisch angehauchten Luxusambiente zu beobachten.

Twist NACHTCLUB

(Karte S. 516; ☎ 305-538-9478; www.twistsobe.com; 1057 Washington Ave; ⊙ 13–5 Uhr) Dieser Schwulentreff mit Klassiker-Potential hält etwas von allem parat (z. B. Tanzfläche, Travestieshows, Go-Go-Tänzer).

Nikki Beach Club NACHTCLUB

(Karte S. 516; ☎ 305-538-1111; www.nikkibeach.com; 1 Ocean Dr; Grundpreis ab 25 US$; ⊙ Mo & Di 11–18, Mi–Sa 11–23, So 11–17 Uhr) Die Betten und Privatzelte des schicken Freiluftclubs direkt auf dem Strandsand laden zum Relaxen ein.

Mansion NACHTCLUB

(Karte S. 516; ☎ 305-532-1525; www.mansionmiami.com; 1235 Washington Ave; Grundpreis ab 20 US$; ⊙ Mi–Sa 23–5 Uhr) Bei dem großartigen, exklusiven Megaclub ist der Name Programm. Wer hinein will, sollte schick angezogen sein und mit langem Anstehen vor dem Samtseil rechnen.

Livemusik

Hoy Como Ayer LIVEMUSIK

(☎ 305-541-2631; www.hoycomoayer.us; 2212 SW 8th St; ⊙ Do–Sa ab 21 Uhr) Authentische kubanische Musik.

Tobacco Road LIVEMUSIK

(☎ 305-374-1198; www.tobacco-road.com; 626 S Miami Ave; ⊙ 11.30–5 Uhr) Altmodische Kneipe (eröffnet 1912) mit Blues, Jazz und gelegentlichen spontanen Rockstar-Jams.

Jazid LOUNGE
(Karte S. 516; ☎ 305-673-9372; www.jazid.net; 1342 Washington Ave; ⏰ 11–5 Uhr) Hier in der Kerzenlicht-Lounge gibt's u. a. Jazz auf die Ohren; im Stockwerk darüber legen DJs Soul und Hip-Hop auf.

Theater & Kultur

Adrienne Arsht Center for the Performing Arts THEATER
(www.arshtcenter.org; 1300 Biscayne Blvd) Präsentiert u. a. Theater, Tanz, Comedy und Musik wie Jazz aus aller Welt.

New World Center KLASSISCHE MUSIK
(Karte S. 516; www.newworldcenter.com; 500 17th St) Die neue Heimstatt der New World Symphony zählt zu Miamis schönsten Gebäuden.

Colony Theater THEATER
(Karte S. 516; www.mbculture.com; 1040 Lincoln Rd) Von unbekannteren Musicals und Ballettvorstellungen bis hin zu Filmen zeigt dieses renovierte Art-déco-Prunkstück (erb. 1934) alles Mögliche.

Fillmore Miami Beach THEATER
(Karte S. 516; www.fillmoremb.com; 1700 Washington Ave) Miami Beachs Hauptbühne für Broadway-Shows und große Konzerte.

Sport

Miamis Profiliga-Teams sind in allen vier großen Mannschaftssportarten vertreten.

Miami Dolphins FOOTBALL
(☎ 305-943-8000; www.miamidolphins.com; Sun Life Stadium, 2269 Dan Marino Blvd; Tickets ab 35 US$; ⏰ Aug.–Dez.) NFL-Football.

Florida Marlins BASEBALL
(http://miami.marlins.mlb.com; Marlins Park, 501 Marlins Way; Tickets ab 15 US$; ⏰ Mai–Sept.) MLB-Baseball.

Miami Heat BASKETBALL
(☎ 786-777-1000; www.nba.com/heat; American Airlines Arena, 601 Biscayne Blvd; Tickets ab 20 US$; ⏰ Nov.–April) NBA-Basketball.

Florida Panthers EISHOCKEY
(☎ 954-835-7825; http://panthers.nhl.com; BB&T Center, 1 Panther Pkwy, Sunrise; Tickets ab 15 US$; ⏰ Mitte Okt.–Mitte April) NHL-Eishockey.

Shoppen

Für Einzel- und Designerstücke empfehlen sich Boutiquen im Bereich der Collins Ave (South Beach; zw. 6th & 9th St) oder entlang der Lincoln Rd Mall. Einzigartiges gibt's in Little Havana und im Design District.

Bal Harbour Shops EINKAUFSZENTRUM
(www.balharbourshops.com; 9700 Collins Ave) Miamis eleganteste Mall.

Bayside Marketplace EINKAUFSZENTRUM
(www.baysidemarketplace.com; 401 Biscayne Blvd) Belebtes, wenn auch touristisches Einkaufs- und Unterhaltungszentrum in der Nähe des Jachthafens.

Books & Books BÜCHER
(Karte S. 516; ☎ 305-532-3222; www.booksandbooks.com; 927 Lincoln Rd) Süd-Floridas bester Indie-Buchladen ist in Coral Gables (265 Aragon Ave; Hauptgeschäft) und in den Bal Harbour Shops vertreten.

ℹ Praktische Informationen

GEFAHREN & ÄRGERNISSE

Ein paar Gegenden gelten in Miami nachts als gefährlich: Little Haiti, einige Abschnitte des Flussufers und des Biscayne Blvd und das Gebiet unterhalb der 5th St in South Beach. In Downtown sollte man rund um den Greyhound-Busbahnhof und die Barackensiedlungen in der Nähe von Dämmen, Brücken und Überführungen Vorsicht walten lassen.

GELD

Die Bank of America hat überall in Miami und Miami Beach Filialen.

INFOS IM INTERNET

Art Circuits (www.artcircuits.com) Insidertipps zu Kunstevents; Karten mit Galerien zu einzelnen Stadtvierteln.

Mango & Lime (www.mangoandlime.net) Der beste örtliche Blog rund ums Thema Essen.

Miami Beach 411 (www.miamibeach411.com) Toller allgemeiner Guide für Besucher von Miami Beach.

INTERNETZUGANG

Die meisten Hotels bieten (genau wie Starbucks) WLAN-Zugang an, und in Bibliotheken gibt's kostenlose Internetterminals.

MEDIEN

Miami Herald (www.miamiherald.com) Die wichtigste englischsprachige Tageszeitung der Stadt.

El Nuevo Herald (www.elnuevoherald.com) Tageszeitung auf Spanisch, vom Miami Herald herausgegeben.

Miami New Times (www.miaminewtimes.com) Bissige alternative Wochenzeitung.

MEDIZINISCHE VERSORGUNG

Mount Sinai Medical Center (☎305-674-2121, 24 Std. medizinische Hotline für Besucher 305-674-2222; 4300 Alton Rd) Die beste Notaufnahme der Gegend.

NOTFALL

Beach Patrol (☎305-673-7714)

TOURISTENINFORMATION

Greater Miami & the Beaches Convention & Visitors Bureau (☎305-539-3000; www.miamiandbeaches.com; 701 Brickell Ave, 27. Stock; ⏲Mo–Fr 8.30–17 Uhr) In einem seltsam einschüchternden Hochhaus.

Miami Beach Chamber of Commerce (Karte S. 516; ☎305-674-1300; www.miamibeachchamber.com; 1920 Meridian Ave; ⏲Mo–Fr 9–17 Uhr) Verkauft u. a. die Meter Card (Parkkarte zu 10, 20 od. 25 US$; Parken 1 US$/Std.).

An- & Weiterreise

Der **Miami International Airport** (MIA; www.miami-airport.com) liegt ca. 6 Meilen (9,7 km) westlich von Downtown. **SuperShuttle** (☎305-871-8210; www.supershuttle.com) fährt zum Flughafen und von dort aus für ca. 21 US$ nach South Beach.

An Miamis vier **Greyhound-Terminals** (☎800-231-2222; www.greyhound.com) besteht Anschluss zu allen Großstädten Floridas. Die jeweils praktischste Abfahrtsstelle lässt sich über die Website ermitteln.

Die **Amtrak** (☎800-872-7245, 305-835-1222; www.amtrak.com; 8303 NW 37th Ave) unterhält in Miami einen großen Bahnhof. Pendlerzüge der **Tri-Rail** (☎800-874-7245; www.tri-rail.com) bedienen Miami (inkl. MIA), Fort Lauderdale (inkl. Flughafen) und West Palm Beach (inkl. Flughafen; hin & zurück 11,55 US$). Unterwegs kann einmal gratis in Miamis übriges Nahverkehrsnetz umgestiegen werden.

Unterwegs vor Ort

Die **Metro-Dade Transit** (☎305-891-3131; www.miamidade.gov/transit/routes.asp; Fahrt 2 US$) betreibt neben den lokalen Metrobus- und Metrorail-Netzen auch den kostenlosen Metromover (fahrerlose Einschienenbahn) im Stadtzentrum.

Fort Lauderdale

Fort Lauderdale war einst als Spring-Break-Partyhochburg bekannt, aber genau wie die betrunkenen Teenager, die früher am Strand abhingen, ist die Stadt inzwischen erwachsen geworden und hat sich weiterentwickelt. Heute ist sie ein stilsicherer, niveauvoller Ort, der eher für seine Museen, die Wasserstraßen im venezianischen Stil, Jachten und Freiluft-Cafés bekannt ist als für Wet-T-Shirt-Contests und Biermeter. Außerdem ist die Stadt ein beliebtes Ziel für Schwule und Lesben, genau wie der Großteil des restlichen Süd-Floridas. Und der Strand ist noch genauso schön wie eh und je.

Alles Wichtige rund um die Gegend erfährt man bei der **Touristeninformation** (☎800-227-8669, 954-765-4466; www.sunny.org; 100 E Broward Blvd, Suite 200; ⏲Mo–Fr 8.30–17 Uhr).

Sehenswertes & Aktivitäten

Fort Lauderdale Beach & Promenade STRAND

Fort Lauderdales Promenade – ein breiter, von Palmen gesäumter Weg aus Ziegelsteinen, der sich an den Strand und die A1A schmiegt – ist ein wahrer Magnet für Jogger, Inlineskater, Spaziergänger und Radfahrer. Der weiße Sandstrand ist einer der saubersten und besten des ganzen Landes; er erstreckt sich über 11,3 km bis nach Lauderdale-by-the-Sea.

Museum of Art MUSEUM

(www.moafl.org; 1 E Las Olas Blvd; Erw./Kind 6–17 Jahre 10/5 US$; ⏲Mo–Sa 10–17, Sa 12–17 Uhr) Der kurvige Bau ist in Florida eine echte Ausnahme. Fans von William Glackens schätzen ihn für die entsprechende Sammlung, alle anderen Besucher für die fesselnden Ausstellungen.

Museum of Discovery & Science MUSEUM

(www.mods.org; 401 SW 2nd St; Erw./Kind 2–12 Jahre 14/12 US$; ⏲Mo–Sa 10–17, So 12–18 Uhr; 👪) Hier wird man von einer knapp 16 m hohen kinetischen Skulptur begrüßt, und zu den witzigen Ausstellungen gehören „Gizmo City" und „Runways to Rockets" – perfekt für kleine Raketenforscher. Außerdem gibt's eine Ausstellung zu den Everglades und ein IMAX-Kino.

Bonnet House HISTORISCHES WOHNHAUS

www.bonnethouse.org; 900 N Birch Rd; Erw./Kind 20/16 US$, nur Anlage 10 US$; ⏲Di–Sa 9–16, So ab 11 Uhr) Während man durch die herrlich grünen subtropischen Gärten dieses 14 ha großen Anwesens schlendert, sieht man vielleicht sogar eines der hier wohnhaften Totenkopfäffchen.

★ **Carrie B** BOOTSFAHRT

(☎954-642-1601, 888-238-9805; www.carriebcruises.com; Erw./Kind 23/13 US$) Mit diesem

SCHWULEN- & LESBENSZENE IN FORT LAUDERDALE

Sicher, South Beach in Miami ist ein Mekka für Schwule und Lesben, aber Fort Lauderdale ist seinem Nachbarn im Süden schon seit einiger Zeit dicht auf den Fersen. Näheres zur örtlichen Schwulenszene gibt's unter www.gayftlauderdale.com. Auch das wöchentlich erscheinende Hochglanzmagazin **Hot Spots** (www.hotspotsmagazine.com) und die unglaublich umfangreichen Quellen www.jumponmarkslist.com und www.sunny.org/glbt widmen sich dem schwul-lesbischen Leben in Süd-Florida.

Nachbau eines Raddampfers aus dem 19. Jh. geht's z. B. an den riesigen Villen entlang des Intracoastal Waterway und des New River vorbei (90 Min.). Der Bordkommentar beleuchtet dabei die *lifestyles of the rich and famous* (Lebensstile der Reichen und Berühmten).

Water Taxi BOOTSFAHRT
(www.watertaxi.com; Tagespass Erw./Kind 20/13 US$) Das coole gelbe **Wassertaxi** ist auf den Kanälen bzw. Wasserwegen zwischen 17th St (Süden), Atlantic Blvd/Pompano Beach (Norden), Riverfront (Westen) und dem Atlantik (Osten) unterwegs. Der Tagespass erlaubt unbegrenzt viele Fahrten.

Schlafen

Das größte Unterkunftsangebot in allen Preiskategorien gibt's zwischen Rio Mar St (Süden), Vistamar St (Norden), Hwy A1A (Osten) und Bayshore Dr (Westen). Tipp: Das CVB führt ein Verzeichnis der **luxuriösen kleinen Unterkünfte** (Superior Small Lodgings; www.sunny.org/ssl).

Shell Motel MOTEL $
(☎954-463-1723; www.sableresorts.com; 3030 Bayshore Dr; Zi./Suite ab 90/150 US$; ❄☎≋) Eines von sechs bescheidenen Motels desselben Unternehmens: Dieses Haus im netten Old-Florida-Stil bietet helle, saubere Zimmer rund um einen kleinen Pool, aber man kann sich natürlich auch eine der großzügigen Suiten gönnen.

Riverside Hotel HOTEL $$
(☎954-467-0671; www.riversidehotel.com; 620 E Las Olas Blvd; Zi. 129–224 US$; ❄@☎≋🐾) Dieses Wahrzeichen von Fort Lauderdale in fabelhafter Lage auf dem Las Olas bietet drei Arten von Zimmern: modernere Quartiere im neueren Turm, renovierte Zimmer im ursprünglichen Gebäude und die altmodischeren, „klassischen" Varianten.

★**Pillars** B&B $$$
(☎954-467-9639; www.pillarshotel.com; 111 N Birch Rd; Zi. 179–520 US$; ❄@☎≋) Von der Harfe in der Sitzecke bis zu den Balkonen und den Candle-Light-Dinners für zwei – in diesem winzigen Boutique-B&B stecken Stil und guter Geschmack selbst im Detail. Nur einen Block vom Strand entfernt und mit Blick auf den Sonnenuntergang.

Essen

★**Gran Forno** ITALIENISCH $
(www.gran-forno.com; 1235 E Las Olas Blvd; Hauptgerichte 6–12 US$; ⏲Di–So 7–18 Uhr) Das beste Plätzchen zum Mittagessen in Downtown Fort Lauderdale: Die herrliche altmodische Bäckerei mit Café im mailändischen Stil serviert knuspriges Gebäck, Blasen werfende Pizzas und dicke, goldbraune Ciabatta-Scheiben belegt mit Schinken, gegrillter Paprika, Pesto und anderen Köstlichkeiten.

11th Street Annex AMERIKANISCH $
(http://twouglysisters.com; 14 SW 11th St; Mittagessen 9 US$; ⏲Mo–Fr 11.30–14 Uhr) Dieses nette, kleine Cottage liegt ein bisschen ab vom Schuss und tischt auf, was immer den Besitzern gerade einfällt: Makkaroni und Käse mit Brie, Hühner-Confit oder Schokoladenkuchen mit saurer Sahne. Das meiste Gemüse stammt aus dem hauseigenen Garten.

★**Le Tub** BURGER, AMERIKANISCH $$
(www.theletub.com; 1100 N Ocean Dr, Hollywood; Hauptgerichte 9–20 US$; ⏲Mo–Fr 11–1, Sa & So 12–2 Uhr; 👪) Diese schräge Institution am Intracoastal Waterway ist ausschließlich mit Treibgut dekoriert, das im Lauf von vier Jahren beim Joggen am Hollywood Beach gefunden wurde. Zwischen den Freilufttischen auf mehreren Etagen sprießen üppige Pflanzen in Badewannen und Toilettenschüsseln. Unbedingt den Sirloin-Burger bestellen: Der ist größer als der eigene Kopf (kein Witz!) und wird vom Männermagazin GQ immer zum „besten Amerikas" gekürt. Auf freie Plätze und das Essen muss oft eine Runde gewartet werden – doch das lohnt sich.

Casablanca Cafe MEDITERRAN $$$
(☎954-764-3500; www.casablancacafeonline.com; 3049 Alhambra St; Hauptgerichte 10–38 US$;

⌚11.30–2 Uhr) Gäste des marokkanisch gestalteten Wohnhauses versuchen am besten, einen Platz auf dem oberen Balkon zu ergattern: Dort wird mediterran angehauchte Küche zu Meerblick à la Florida serviert. Von Mittwoch bis Sonntag gibt's Livemusik.

Rustic Inn SEAFOOD **$$$**
(☎954-584-1637; www.rusticinn.com; 4331 Anglers Ave; Hauptgerichte 14–30 US$; ⌚Mo–Sa 11.30–22.30, So 12–21.30 Uhr) In dem chaotischen, lärmigen Seafood-Lokal greifen hungrige Einheimische zum Holzhammer, um auf den mit Zeitungspapier belegten Tischen stark knoblauchlastige Blaukrabben, Pazifische Taschenkrebse und Goldene Königskrabben zu knacken.

Ausgehen & Unterhaltung

Bars haben am Wochenende in der Regel bis 4 Uhr, werktags bis 2 Uhr geöffnet. Man kann auf dem **Riverwalk** (www.goriverwalk.com) am New River entlang zum Freiluft-Einkaufszentrum **Las Olas Riverfront** (SW 1st Ave at Las Olas Blvd) schlendern, wo man Läden, Restaurants, ein Kino und jede Menge Unterhaltung vorfindet.

Elbo Room BAR
(www.elboroom.com; 241 S Fort Lauderdale Beach Blvd; 10–2 Uhr) Das Elbo Room ist auch im Film *Where the Boys Are* zu sehen und baut noch immer auf seinen etwas zweifelhaften Ruf als eine der ältesten und verruchtesten Bars der Gegend.

Lulu's Bait Shack BAR
(www.lulusbaitshack.com; 17 S Atlantic Blvd; ⌚11–1 Uhr) Direkt am Meer locken hier eimerweise Bier, Schüsseln voller Muscheln und Drinks in Goldfischgläsern.

Anreise & Unterwegs vor Ort

Der **Fort Lauderdale-Hollywood International Airport** (☎866-435-9355, 954-359-6100; www.broward.org/airport; 320 Terminal Dr) wird von über 35 Fluglinien bedient (z. T. direkt ab Europa). Ein Taxi vom Flughafen nach Downtown kostet ca. 20 US$.

Der **Greyhound-Busbahnhof** (www.greyhound.com; 515 NE 3rd St) mit vielen Verbindungen täglich liegt vier Blocks vom Broward Central Terminal entfernt. Züge der **Amtrak** (☎800-872-7245; www.amtrak.com; 200 SW 21st Tce) halten am **Bahnhof** (200 SW 21st Tce). Die **Tri-Rail** (www.tri-rail.com; 6151 N Andrews Ave) fährt nach Miami und Palm Beach.

Die Stadtbusse von **Sun Trolley** (www.suntrolley.com; Fahrt 0,50 US$) empfehlen sich für Fahrten zwischen Downtown, Strand, Las Olas und Riverfront.

Palm Beach & Umgebung

In Palm Beach dreht sich nicht alles nur um Jachten und prächtige Villen – aber fast. In dieser Gegend erbaute auch der Eisenbahnbaron Henry Flagler seinen Winterwohnsitz, und sie ist das Zuhause von Donald Trumps **Mar-a-Lago** (1100 S Ocean Blvd). Mit anderen Worten: Wer nach Mittelklassetourismus und Florida-Kitsch sucht, sollte weiterfahren. Nähere Informationen und Karten der Gegend gibt's beim **Convention & Visitor Bureau** (☎800-554-7256; www.palmbeachfl.com; 1555 Palm Beach Lakes Blvd) des Palm Beach County in West Palm Beach.

Boca Raton

Dieser malerische Küstenlandstrich liegt auf halber Strecke zwischen Fort Lauderdale und Palm Beach und ist größtenteils eine Wohngegend, die von umfangreicher Bebauung verschont geblieben ist. Einen wunderbaren Einstieg gewährt eine Wanderung über den erhöhten Holzsteg im **Gumbo Limbo Nature Center** (☎561-544-8605; www.gumbolimbo.org; 1801 N Ocean Blvd; Eintritt gegen Spende; ⌚Mo–Sa 9–16, So 12–16 Uhr; 👪), einem schönen geschützten Feuchtgebiet; die Aufzuchtstation für Meeresschildkröten ist ebenfalls einen Besuch wert. Ein weiterer guter Grund für einen Zwischenstopp ist das grandiose **Boca Raton Museum of Art** (☎561-392-2500; www.bocamuseum.org; 501 Plaza Real; Erw./Student 8/5 US$; ⌚Di–Fr 10–17, Sa & So 12–17 Uhr) mit seiner Dauerausstellung zeitgenössischer Werke von Picasso, Matisse, Warhol und vielen anderen. Das Museum befindet sich im **Mizner Park** (www.miznerpark.org), einem schicken Freiluft-Einkaufszentrum mit Läden, Restaurants und regelmäßig stattfindenden kostenlosen Konzerten.

Palm Beach

Rund 30 Meilen (48 km) nördlich von Boca Raton liegen Palm Beach und West Palm Beach. Die beiden Städte stellen die traditionelle Küstenhierarchie auf den Kopf: Palm Beach am Strand ist luxuriöser, West Palm Beach auf dem Festland jünger und lebhafter.

Palm Beach ist eine Enklave der Superreichen (vor allem während seiner „Gesellschaftssaison" im Winter). So sind Traveller hier vor allem damit beschäftigt, die Villen am Meer und die Schaufenster der Boutiquen an der passend benannten **Worth Avenue** (www.worth-avenue.com) zu bewundern. Alternativ kann man eines der faszinierendsten Museen der USA besuchen: das prachtvolle **Flagler Museum** (www.flaglermuseum.us; 1 Whitehall Way; Erw./Kind 18/10 US$; ⊙Di–Sa 10–17, So 12–17 Uhr) in Whitehall Mansion, der 1902 erbauten Winterresidenz des Eisenbahnmagnaten. Der kunstvolle Palast mit 55 Räumen lässt einen tief in die historische Opulenz des Gilded Age (Blütezeit der US-Wirtschaft von ca. 1870–1898) eintauchen.

Flaglers mondänes Küstenhotel **Breakers** (☎888-273-2537, 561-655-6611; www.thebreakers.com; 1 S County Rd; Zi. 270–1250 US$, Suite 510–5500 US$;) von 1896 ist der Villa Medici in Rom nachempfunden und eine superluxuriöse Welt für sich. Zum Gelände gehören zwei Golfplätze, zehn Tennisplätze, zahlreiche Restaurants und ein mediterraner Strandclub mit drei Pools.

Für deutlich günstigere Genüsse empfiehlt sich die Mittagstheke von **Green's Pharmacy** (151 N County Rd; Hauptgerichte 4–11 US$; ⊙Mo–Fr 8–18, Sa 8–16 Uhr), wo kalorienarme Speisen und Egg Cream (Mixgetränk aus Milch, Mineralwasser und Schokoladensirup) auf Resopaltischen landen.

West Palm Beach

Henry Flagler entwickelte West Palm Beach ursprünglich als Arbeitergemeinde zur Unterstützung von Palm Beach. Heute wird in West Palm härter gearbeitet, dafür geht es aber auch ein bisschen ruppiger und einfach cooler und entspannter zu. Kurz und gut: Diese Stadt macht einfach Spaß.

Floridas größtes Museum, das **Norton Museum of Art** (☎561-832-5196; www.norton.org; 1451 S Olive Ave; Erw./Kind 12/5 US$; ⊙Di–Sa 10–17, Do bis 21, So 11–17 Uhr), birgt eine umfangreiche Sammlung amerikanischer und europäischer moderner Meister und Impressionisten sowie einen Buddha-Kopf, der über eine beeindruckende Ausstellung asiatischer Kunst wacht. Wer das mag, wird den **Ann Norton Sculpture Garden** (www.ansg.org; 253 Barcelona Rd; Eintritt Erw./Kinder unter 5 Jahre 7/frei US$; ⊙Mi–So 10–16 Uhr) lieben. Die feine Skulpturensammlung steht verstreut in herrlich grünen Gärten und ist ein echtes West-Palm-Schmuckstück.

Wer mit Kindern reist, kann sie auf eine **Lion Country Safari** (www.lioncountrysafari.com; 2003 Lion Country Safari Rd; Erw./Kind 28,50/21 US$; ⊙9.30–17.30 Uhr;) mitnehmen, die erste käfigfreie Safari des Landes, bei der man durch ein 200 ha großes Gelände fährt, auf dem sich 900 Tiere frei bewegen können.

Die lässigste Unterkunft der Stadt ist das **Hotel Biba** (☎561-832-0094; www.hotelbiba.com; 320 Belvedere Rd; Zi. 69–129 US$;) . Seine auffällige Retro-Fassade sieht aus wie ein niedliches Motel aus den 1950ern, aber die Zimmer sind in einem modernen Boutiquestil gehalten, der perfekt nach SoBe in Miami passen würde.

Der Großteil des Geschehens spielt sich rund um **CityPlace** (www.cityplace.com; 700 S Rosemary Ave; ⊙Mo–Sa 10–22 Uhr, So 12–18 Uhr) ab, ein Freiluft-Einkaufszentrum, das aussieht wie ein europäisches Dorf mit plätschernden Springbrunnen und jeder Menge Restaurants und Unterhaltungsmöglichkeiten. In der Clematis St reihen sich außerdem mehrere gute Bars, Livemusik-Clubs und Restaurants aneinander, und darüber hinaus finden beim **Clematis by Night** (www.clematisbynight.net) jeden Donnerstag nette Konzerte unter freiem Himmel statt. Wer Hunger hat, kann einen Abstecher zur **Rocco's Tacos & Tequila Bar** (www.roccostacos.com; 224 Clematis St; Hauptgerichte 12–23 US$; ⊙So–Mi 11.30–23, Do–Sa bis 24 Uhr) machen, einem angesagten *nuevo*-mexikanischen Restaurant mit abgefahrener Einrichtung, Guacamole auf den Tischen und 175 verschiedenen Sorten Tequila – kein Wunder, dass es hier so laut zugeht!

Der **Palm Beach International Airport** (☎561-471-7420; PBI; www.pbia.org) fertigt die große Welle seiner winterlichen Zugvögel in bewundernswerter Weise ab; er liegt 2,5 Meilen (4 km) westlich von West Palm Beachs Stadtzentrum. Der **Tri-Rail-Bahnhof** (☎800-875-7245; www.tri-rail.com; 203 S Tamarind Ave) in Downtown dient auch als **Amtrak-Bahnhof** (☎561-832-6169; www.amtrak.com; 209 S Tamarind Ave).

Everglades

Im Gegensatz dazu, was man vielleicht gehört hat, sind die Everglades gar kein Sumpf – oder zumindest nicht nur. Am besten lässt es sich als nasse Prärie bezeichnen: eine Graslandschaft, die zufällig die meiste Zeit des Jahres überflutet ist. Sie ist aber auch kein stehendes Gewässer. Während der Regenzeit kriecht ein breiter Fluss, der sich über den gesamten Horizont erstreckt, unendlich langsam unter dem rauschenden Sumpfgras durch die höher aufragenden Zypressen und Hartholzgewächse des Sumpfes in Richtung Ozean. Wahr ist allerdings, dass es in den Everglades vor Alligatoren nur so wimmelt – und vielleicht liegen hier auch wirklich ein paar Leichen, wie *CSI: Miami* uns glauben machen will. Die Schönheit der Everglades liegt jedoch weder in diesen Furcht einflößenden Details noch in ihrer geologischen Dramatik, sondern vielmehr im zeitlosen, langsamen Flügelschlag des Amerikanischen Graureihers, der seit dem Jura mit derselben Anmut über sein weites, überraschend sanft wirkendes Zuhause gleitet.

Dies ist auch einer der Gründe, warum es viel befriedigender ist, die Everglades zu Fuß, mit dem Fahrrad, Kanu oder Kajak (und mit einem Zelt) zu erkunden als mit einem lauten, vibrierenden Propellerboot. In dieser einzigartigen subtropischen Wildnis gibt es eine unglaubliche Vielfalt wundervoller Kreaturen zu entdecken. Über mehrere gut zugängliche Eingänge, für die sich die paar Stunden Umweg wirklich lohnen, ist auch das sanfte Herz der Everglades leicht zu erreichen.

In den Everglades herrschen zwei Jahreszeiten: die Regenzeit im Sommer und die Trockenzeit im Winter. Der Winter dauert von Dezember bis April und ist die beste Zeit für einen Besuch: Das Wetter ist angenehm mild, und es gibt haufenweise wilde Tiere zu sehen. Im Sommer – von Mai bis Oktober – ist es hier unerträglich heiß, feucht und insektenverseucht, und die Nachmittage werden häufig von Gewitterstürmen verhagelt. Sobald sich das Wasser ausbreitet, verschwinden auch die Tiere zusehends.

Everglades National Park

Auch wenn die Geschichte der Everglades bis in prähistorische Zeiten zurückreicht, der Park wurde erst 1947 gegründet. Er gilt als der am stärksten bedrohte Nationalpark der USA, aber seit der Comprehensive Everglades Restoration Plan (www.evergladesplan.org) in Kraft trat, wurden einige der Schäden, die durch Entwässerung und Bebauung angerichtet wurden, bereits wieder behoben.

Der Park verfügt über drei Hauptzugänge und Bereiche: Man erreicht ihn im Süden entlang der Rte 9336, die durch Homestead und Florida City zum Ernest Coe Visitor Center und schließlich nach Flamingo führt; über den Tamiami Trail/Hwy 41 im Norden nach Shark Valley und entlang der Golfküste in der Nähe von Everglades City.

An den Haupteingängen des Parks stehen Visitor Centers zur Verfügung, in denen Karten und Campinggenehmigungen sowie Informationen der Ranger erhältlich sind. Man muss die Eintrittsgebühr (pro Auto/Fußgänger 10/5 US$; 7 Tage gültig) nur einmal für alle Zugangspunkte bezahlen.

Selbst im Winter ist es beinahe unmöglich, den Moskitos zu entgehen, aber im Sommer sind sie besonders unerbittlich: unbedingt starkes Insektenschutzmittel einpacken! Auch Alligatoren sind häufig anzutreffen. Und so offensichtlich das auch klingen mag: Man darf die Tiere wirklich niemals füttern! Erstens ist es illegal und zweitens eine zuverlässige Möglichkeit, einen Angriff zu provozieren. Auch vier giftige Schlangenarten sind in den Everglades zu Hause – zur Sicherheit macht man einen großen Bogen um sämtliche Schlangen und trägt lange, dicke Socken und hohe Schnürstiefel.

Sehenswertes & Aktivitäten

Shark Valley PARK

(☎305-221-8776; www.nps.gov/ever/planyourvisit/svdirections.htm; 36000 SW 8th St; Auto/Radfahrer 10/5 US$; ⏲9.15–17.15 Uhr) Shark Valley ist einer der besten Orte, um in die Everglades einzutauchen (in übertragenen Sinn jedenfalls). Bei der hervorragenden, zweistündigen **Tramtour** (☎305-221-8455; www.sharkvalleytramtours.com; Erw./Kind 20/12,75 US$) entlang eines 15 Meilen (24 km) langen Asphaltwegs sind im Winter viele Alligatoren zu sehen. Nebenbei erlebt man den Park komfortabel an Bord einer beschatteten, luftigen Minibahn auf normalen Rädern. Begleitend geben Ranger mit sachkundigen Kommentaren einen faszinierenden Überblick über die Everglades. Die topfebene Route eignet sich auch perfekt für Fahrräder (am Parkeingang ausleihbar; 7,50 US$/Std.). Ausreichend Wasser mitbringen!

Ernest Coe Visitor Center PARK

(☎305-242-7700; www.nps.gov/ever; Hwy 9336; ⏲9–17 Uhr) Wer einen ganzen Tag in den Everglades verbringen kann, sollte bei diesem Visitor Center starten. Es zeigt ausgezeichnete Ausstellungen in Museumsqualität und hält jede Menge Infomaterial zu verschiedenen Aktivitäten bereit: Von der Straße aus hat man Zugang zu zahlreichen kurzen Wanderungen und unzähligen erstklassigen Strecken für Kanutouren.

Telefonisch kann man nach dem Zeitplan für das Programm fragen, das die Ranger anbieten, darunter auch die zweistündige „Sumpftour". An der nahen **Royal Palm Area** (☎305-242-7700; Hwy 9336) beginnen zwei kurze Wanderwege. Der **Anhinga Trail** bietet sich für tolle Natur- und Tierbeobachtungen an – besonders für Alligatoren im Winter – und der **Gumbo-Limbo Trail** ist die richtige Wahl für Pflanzen- und Baumliebhaber.

Flamingo Visitor Center PARK

(☎239-695-2945; ⏲8–16.30 Uhr) Von Royal Palm aus führt der Hwy 9336 über 38 Meilen (61 km) quer durch den Park. Schließlich erreicht er das einsame Flamingo Visitor Center, wo es Routenkarten für Wanderer und Kanuten gibt. Am besten vorher telefonisch nach vorhandenen Einrichtungen erkundigen: Die frühere Flamingo Lodge wurde 2005 von Wirbelstürmen zerstört. Die inzwischen wiedereröffnete **Flamingo Marina** (☎239-695-3101; ⏲Laden Mo–Fr 7–17.30, Sa & So 6–17.30 Uhr) bietet Bootstouren durch die Wildnis und Leihkanus bzw. -kajaks für Küstentrips auf eigene Faust an.

Gulf Coast Visitor Center PARK

(☎239-695-3311; 815 Oyster Bar Lane, abseits Hwy 29, Everglades City; ⏲9–16.30 Uhr) Wer mehr Zeit hat, sollte darüber nachdenken, die Nordwestecke der Everglades zu besuchen, wo die Mangroven und Wasserstraßen der **10 000 Islands** zu unglaublichen Kanu- und Kajaktouren einladen und man sich einer großartigen Bootstour anschließen kann, auf der man vielleicht sogar Delfine sieht. Das Visitor Center befindet sich neben dem Hafenbereich; hier kann man Ausrüstung leihen (13 US$/Std.) und sich eine der geführten Bootstouren aussuchen (ab 25 US$). In Everglades City gibt's auch private Touranbieter, die Campingtrips zu den 10 000 Islands organisieren.

Schlafen

Die beiden erschlossenen Campingplätze des Everglades National Park warten jeweils mit Trinkwasser, Toiletten und Grills auf. Am besten sind die reservierungsfreien Stellplätze von **Long Pine Key** (☎305-242-7873; Stellplatz f. Zelt/Wohnmobil 16/30 US$) gleich westlich des Royal Palm Visitor Center. Reservieren muss man die Stellplätze von **Flamingo** (☎877-444-6777; www.recreation.gov; Stellplatz f. Zelt/Wohnmobil 16/30 US$) mit Stromanschlüssen und Kaltwasserduschen. Eine Genehmigung des Visitor Center ermöglicht **Wildniscamping** (Genehmigung 10 US$ zzgl. 2 US$/Pers. & Nacht) im ganzen Park – z. B. am Strand oder auf sogenannten *chickees* (überdachten Holzplattformen über dem Wasser).

Anreise & Unterwegs vor Ort

Das größte subtropische Wildnisgebiet der kontinentalen USA ist von Miami aus leicht erreichbar. Zwischen dem Atlantik (Osten) und dem Golf von Mexiko (Westen) bedecken die „Glades" die südlichsten 130 km Floridas. Der Tamiami Trail (US Hwy 41) durchquert sie von Osten nach Westen – parallel zur weiter nördlich gelegenen und weniger interessanten Alligator Alley (I-75).

Um richtig ins Innere der Everglades vordringen zu können, braucht man unbedingt ein eigenes Auto und gute Wanderstiefel. Sinn macht auch ein eigenes Kanu oder Kajak (inner- und außerhalb des Parks mietbar); eine Alternative sind geführte Paddeltouren. Fahrräder eignen sich gut für die ebenen Fahrbahnen des Everglades National Park (vor allem zwischen Ernest Coe und Flamingo Point), nützen aber abseits des Highways nichts. Zudem sind die hiesigen Seitenstreifen gefährlich schmal.

Rund um die Everglades

Von Miami kommend bietet sich das Städtchen Homestead an der Ostseite des Parks als gutes Basislager an, besonders, wenn man zu den Keys unterwegs ist.

Biscayne National Park

Südlich von Miami (und östlich von Homestead) liegt dieser Nationalpark, der nur zu 5 % aus Land besteht. Die 95 % Wasser gehören zum **Biscayne National Underwater Park** (☎305-230-1100; www.nps.gov/bisc), einem vielfältigen, lebendigen Ökosystem, das einen Teil des drittgrößten Korallenriffs der Welt sowie Seekühe, Delfine und Meeresschildkröten beherbergt. Im **Dante Fascell Visitor Center** (☎305-230-7275; www.nps.gov/bisc ; 9700 SW 328th St; ⏲8.30–17 Uhr) gibt's allgemeine Parkinformationen. Der Park bietet außerdem einen Kanu- und Kajakverleih, Schnorchel- und Tauchausflüge und beliebte dreistündige Touren mit einem Glasbodenboot an; alles vorab reservieren!

Homestead & Florida City

Homestead und Florida City wirken recht unscheinbar, bieten aber ein paar echte

Everglades-Highlights. Nicht verpassen sollte man z. B. **Robert Is Here** (www.robertishere.com; 19200 SW 344th St, Homestead; ⏲ Nov.–Aug. 8–19 Uhr). Diese kitschige Institution im Stil des alten Florida wartet mit Livemusik, einem Streichelzoo und ungemein guten Milchshakes auf.

Im Umkreis von Homestead und Florida City säumen zahlreiche Kettenmotels die Krome Ave. Für einen richtig tollen Herbergsaufenthalt empfiehlt sich das **Everglades International Hostel** (☎800-372-3874, 305-248-1122; www.evergladeshostel.com; 20 SW 2nd Ave, Florida City; Stellplatz/B 18/28 US$, DZ 61–75 US$, Suite 125–225 US$; P ❄ ☜ ☒) mit preiswerten Zimmern und freundlicher Atmosphäre. Der Hit ist jedoch sein der Garten hinten – ein Naturwunderland! Zudem veranstaltet das Hostel ein paar der besten Everglades-Touren im ganzen Umkreis. Das historische **Redland Hotel** (☎800-595-1904; www.hotelredland.com; 5 S Flagler Ave, Homestead; Zi. 100–140 US$; P ☜) wirkt etwas persönlicher als die Kettenhotels. Homesteads zentrale Restaurant- und Einkaufsmeile erstreckt sich entlang der halbwegs schmucken Krome Ave.

Tamiami Trail

Ab Miami führt der Tamiami Trail (Hwy 41) schnurstracks nach Naples am Nordrand des Everglades National Park. Gleich hinter dem Eingang des Shark-Valley-Parkbereichs liegt mit dem **Miccosukee Village** (www.miccosukee.com; MM 70 Hwy 41; Erw./Kind 10/6 US$, Kind bis 5 Jahre frei; ⏲ 9–17 Uhr) ein informatives, unterhaltsames Freilichtmuseum zur Kultur der Mikasuki. Besucher können traditionelle Wohnhäuser besichtigen, mit Propellerbooten fahren (16 US$), im Geschenkladen nach Kunsthandwerk stöbern und Vorführungen vom Alligator-Ringen bis hin zu Tänzen erleben.

Rund 20 Meilen (32 km) westlich vom Shark Valley liegt das **Oasis Visitor Center** (☎941-695-1201; ⏲ Mo–Fr 8–16.30 Uhr; 🚻) der 2950 km² großen **Big Cypress National Preserve** (☎239-695-4758; 33000 Tamiami Trail E; ⏲ 8.30–16.30 Uhr). Gute Ausstellungen und Kurzwanderungen erwecken hier die regionale Ökologie zum Leben. Größere Abenteuerlust befriedigt der **Florida National Scenic Trail** (www.nps.gov/bicy/planyourvisit/florida-trail.htm), der über 50 km durch Big Cypress führt.

0,5 Meilen (800 m) östlich des Visitor Center zeigt die **Big Cypress Gallery** (☎941-695-2428; www.clydebutcher.com; Tamiami Trail; ⏲ Mi–Mo 10–17 Uhr) 🍃 das Werk von Clyde Butcher. Dessen große, schwarz-weiße Landschaftsfotos rücken die ungewöhnliche Schönheit der Region ins Rampenlicht.

Das Nest **Ochopee** besitzt das kleinste Postamt der ganzen USA. Ein weiterer Besuchsgrund besteht im exzentrischen **Skunk Ape Research Headquarters** (☎239-695-2275; www.skunkape.info; 40904 Tamiami Trail E; ⏲ 7–19 Uhr, „Zoo" bis ca. 16 Uhr), das nach dem legendären, aber stark riechenden Everglades-Verwandten des Bigfoot sucht – albern, aber ernst gemeint. Hier beginnen auch die **Everglades Adventure Tours** (EAT; ☎800-504-6554; www.evergladesadventuretours.com; geführte Touren ab 69 US$) unter sachkundiger Leitung (u. a. Sumpfwanderungen, „Safaris" und Trips mit Propellerbooten). Am besten sind die Ausflüge mit gestakten Kanus oder Barken.

Gleich östlich von Ochopee stößt man schließlich auf einen typischen „Sumpfschuppen" im Stil der 1950er-Jahre: **Joanie's Blue Crab Cafe** (joaniesbluecrabcafe.com; Tamiami Trail; Hauptgerichte 9–17 US$; ⏲ 9–17 Uhr) bewirtet Gäste unter freiliegenden Dachsparren mit Sumpfkost (z. B. frittierte Alligatorfleischbällchen) an ramponierten bunten Picknicktischen.

CORAL CASTLE

„Hier werden Sie Zeuge unglaublicher Errungenschaften", verspricht die Inschrift an der rauen Steinmauer. Das ist eine Untertreibung. Das **Coral Castle** (☎305-248-6345; www.coralcastle.com; 28655 S Dixie Hwy; Erw./Kind 15/7 US$; ⏲ So–Do 8–18, Fr & Sa bis 20 Uhr) steht für Süd-Floridas seltsame, etwas verrückte Seite und ist ein einzigartiges Denkmal unerfüllter Liebe. Aber gut, was soll ein Lette, der am Altar sitzengelassen wurde, auch anderes tun, als nach Florida zu ziehen und – unentdeckt und mitten in der Nacht – von Hand eine Felsformation zu meißeln, zu der auch ein „Thronzimmer", eine Sonnenuhr, ein Steinzaun und eine steinerne Drehtür gehören, deren Funktionieren sich Ingenieure bis heute nicht erklären können …

Everglades City

Dieses Städtchen am Parkrand ist ein guter Ausgangspunkt für das Erkunden der Region **10000 Islands**. Mit seinen großen,

DIE SANFTERE ART DES WILDNIS-TOURISMUS

Wer Floridas Natur erkunden und seinen Wildtieren begegnen möchte, sollte die folgenden Richtlinien berücksichtigen.

➡ **Propellerboote und Sumpfbuggys** Zur Erkundung von Feuchtgebieten sind Propellerboote besser geeignet als Buggys mit ihren großen Reifen, aber den geringsten Schaden richten nach wie vor nichtmotorisierte (und geräuschlose) Kanus und Kajaks an.

➡ **Wildlebende Delfine** Gerettete, in Gefangenschaft lebende Delfine sind bereits an Menschen gewöhnt. Laut Landesgesetz ist es jedoch illegal, wildlebende Delfine im Meer zu füttern, zu verfolgen oder zu berühren.

➡ **Schwimmen mit Seekühen** Seekühe stehen bundesweit auf der Liste der geschützten Tierarten, und für alle, die in ihrer Nähe schwimmen, gilt: schauen, aber nicht anfassen. Das Motto lautet „passives Beobachten".

➡ **Füttern von Wildtieren** Kurz: nein! Wenn Wildtiere sich an den Menschen gewöhnen, führt das zum Tod des Tieres, sei es durch einen Unfall oder aggressives Verhalten.

➡ **Niststätten von Meeresschildkröten** Es ist per Bundesgesetz verboten, sich nistenden Meeresschildkröten oder geschlüpften Jungtieren auf dem Weg ins Meer zu nähern. Auf Warnschilder an Stränden achten! Wer eine nistende Schildkröte sieht, hält Abstand und fotografiert nicht mit Blitz.

➡ **Korallenriff-Etikette** Niemals das Korallenriff berühren! So einfach ist das. Korallenpolypen sind lebende Organismen. Durch das Berühren oder Abbrechen einer Koralle entstehen offene Wunden, die zu Infektionen und Krankheiten führen können.

renovierten Zimmern hat das **Everglades City Motel** (☎800-695-8353, 239-695-4244; www.evergladescitymotel.com; 310 Collier Ave; Zi. ab 80 US$; ❄📶) ein außergewöhnlich gutes Preis-Leistungs-Verhältnis. Zudem vermittelt das freundliche Personal alle Arten von geführten Touren. Gleiches gilt für das **Ivey House Bed & Breakfast** (☎877-567-0679, 239-695-3299; www.iveyhouse.com; 107 Camellia St; Zi. Lodge 74–120 US$, Inn 99–209 US$; ❄📶) mit einfachen Lodge-Quartieren und schickeren Zimmern in einem Inn. Vor Ort sind zudem einige der besten Trips durch die regionale Natur bei **North American Canoe Tours** (NACT; ☎877-567-0679, 239-695-3299; www.evergladesadventures.com; 107 Camellia St, Ivey House Bed & Breakfast; geführte Touren 124 US$, Leihkanu 25–35 US$; ⏲Nov.–Mitte April) buchbar. Nach Pauschalangeboten mit Übernachtung und Tour fragen! Fürs Abendessen empfiehlt sich das **Seafood Depot** (102 Collier Ave; Hauptgerichte 6–20 SU$; ⏲10.30–21 Uhr) mit super Seafood aus der Pfanne. Außerdem kann man hier prima Alligatorfleisch und Froschschenkel probieren – mit Tabasco besprenkeln und genießen!

Florida Keys

Bevor Henry Flagler 1912 seine Eisenbahnstrecke fertigstellte, die die Keys mit dem Festland verband, war diese über 200 km lange Inselkette nichts weiter als eine Reihe von Hügeln im Wasser, die nur mit dem Boot erreichbar waren (da überrascht es auch wenig, dass sich die frühe Wirtschaft der Insel auf Piratentum, Schmuggel, Schiffsraub und Fischerei gründete). Flaglers Eisenbahn wurde 1935 durch einen Wirbelsturm zerstört, aber was von ihren Brücken noch übrig war, ermöglichte 1938 die Fertigstellung des Overseas Hwy. Heute strömen die Menschen in Scharen vom Festland hierher, um sich mit einem Bad in den verführerischen, jadegrünen Wassern zu verwöhnen und die entspannte Lebensart der Inseln, die tollen Angelmöglichkeiten und die idyllischen Schnorchel- und Tauchplätz zu genießen.

Normalerweise werden die Inseln in die Upper Keys (Key Largo bis Islamorada), die Middle Keys und die Lower Keys (ab Little Duck Key) unterteilt. Sie verlaufen jedoch nicht einfach irgendwo im Nichts, sondern feiern ihr großes Finale am Ende des Highways in Key West – dem dramatischen, wunderbar ungezähmten, wilden Höhepunkt der Keys mit einem großen Herz für alles Verrückte.

Viele Adressen auf den Keys werden anhand ihrer Entfernung zu den Meilenmarkierungen (MM) angegeben, die bei MM 126 in Florida City beginnen und bis MM 0 in Key West heruntergezählt werden. Manchmal ist als Zusatz auch *oceanside* (Südseite des Highways) oder *bayside* (Nordseite) angegeben.

Im **Florida Keys & Key West Visitors Bureau** (☎800-352-5397; www.fla-keys.com) oder unter www.keysnews.com gibt's nähere Informationen.

Key Largo

Zahllose Motels und Touristenshops prägen die Upper Keys zwischen Key Largo und Islamorada. Vom Highway aus ist das Wasser zuerst nicht einmal zu sehen. Das ändert sich aber auf einen Schlag und im großen Stil, sobald man Islamorada erreicht.

Key Largo wird seit Langem in Filmen und Liedern romantisiert. Deshalb kriegen Erstbesucher eventuell einen Schreck: Hier gibt's keinen Bogart, keine Bacall und auch keine Sade mit Herzschmerz. Zudem ist Key Largo selbst nur eine nicht sonderlich beeindruckende Kleinstadtinsel mit mittelmäßiger Aussicht. Dennoch nicht verzweifeln, sondern einfach auf dem Highway bleiben: An dessen Nebenstraßen warten ein paar der legendären Inselklischees! Außerdem kann man dort zum schönsten Korallenriff der kontinentalen USA hinuntertauchen.

Gleich hinter der Seashell World gibt's Karten und Broschüren bei der **Handelskammer** (Chamber of Commerce; ☎305-451-1414; www.keylargo.org; MM 106 bayside; ⏲9–18 Uhr) in einem gelben Bau – nicht zu verwechseln mit dem *anderen* gelben Visitor Center (Hausnummer 10624), das Reservierungen vornimmt und dafür Provision kassiert.

Aktivitäten

John Pennekamp Coral Reef State Park PARK
(www.pennekamppark.com; MM 102,6 oceanside; Auto/Motorrad 8/4 US$, Fußgänger od. Radfahrer 2 US$; ⏲8 Uhr–Sonnenuntergang, Aquarium 8–17 Uhr; 👪) Das Korallen-Wallriff des ersten amerikanischen Unterwasserparks ist das einzige des Landes und das drittgrößte der Welt. Neben allen möglichen Meeresbewohnern birgt es auch die oft fotografierte Statue *Christ of the Deep* (Christus der Tiefe). Zu den vielfältigen Erkundungsoptionen zählen z.B. zweieinhalbstündige Touren mit einem topmodernen, 20 m langen **Glasboden-Katamaran** (☎305-451-6300; Erw./Kind 24/17 US$; ⏲9.15, 12.15 & 15.15 Uhr). Hinein ins Wasser geht's bei **Schnorcheltrips** (☎305-451-6300; Erw./Kind 30/25 US$) oder **Tauchausflügen** (☎305-451-6322; 2-Flaschen-Tauchgang 55 US$), die als Halbtags-Varianten zweimal täglich starten (meist ca. 9 & 13 Uhr). Wer auf eigene Faust losziehen will, kann per Leihkanu oder -kajak (Ein-/Zweisitzer pro Std. 12/17 US$; für Details beim Park anrufen!) über ein 4,8 km langes Wasserwegnetz schippern.

African Queen BOOTSFAHRT
(☎305-451-8080; www.africanqueenflkeys.com; MM 100 an der Holiday Inn Marina; Kanaltour 49 US$, Tour inkl. Abendessen 89 US$) Die African Queen dampfte 1951 durch den gleichnamigen Film mit Humphrey Bogart und Katherine Hepburn. Danach war das Boot jahrelang in Key Largo festgemacht. Nach der Restaurierung durch die Eigentümer erstrahlt es nun wieder in seiner alten… äh, Pracht. Neben Fahrten mit Abendessen sind auch Kanaltouren (10–18 Uhr alle 2 Std.) im Angebot. Am besten rechtzeitig per Telefon reservieren: Der winzige Kahn bietet nur Platz für sechs Personen!

Florida Bay Outfitters KAJAKFAHREN
(☎305-451-3018; www.kayakfloridakeys.com; MM 104 bayside; Leihkajak 40 US$/halber Tag) Die Keys vom Wasser aus bewundern: Kunden können Kanus bzw. Kajaks mieten und geführte Touren buchen.

Horizon Divers TAUCHEN & SCHNORCHELN
(☎305-453-3535; www.horizondivers.com; 100 Ocean Dr, am Meer abseits von MM 100; Schnorcheln/Tauchen 50/80 US$) Im Angebot sind Tauch- und Schnorcheltrips mit sympathischen Guides.

Schlafen

Neben Luxusresorts hat Key Largo auch viele freundlich-fröhliche Motels und Campingplätze.

John Pennekamp Coral Reef State Park CAMPING $
(☎800-326-3521; www.pennekamppark.com; Stellplatz f. Zelt od. Wohnmobil 36 US$; P) Schlafen mit, äh, *nahe* den Fischen: Die 47 Stellplätze am Rand des Korallenriffs sind sehr beliebt und sollten daher rechtzeitig reserviert werden.

Largo Lodge HOTEL $$
(☎305-451-0424; www.largolodge.com; MM 102 bayside; Hütte 150–265 US$; P) Inmitten von Palmen, Tropenblumen und vielen umherflatternden Vögeln vermitteln die sechs reizenden, sonnigen Hütten mit Privatstrand einen Eindruck vom guten alten Florida.

Key Largo House Boatel HOTEL $$
(☎ 305-766-0871; www.keylargohouseboatel.com; Shoreland Dr, MM 103,5 oceanside; Hausboot klein/mittelgroß/groß ab 75/100/150 US$) Die fünf Hausboote sind echt Schnäppchen. Da sie direkt am Hafen liegen, besteht stets Direktzugang zu festem Boden (und Alkohol). Der größte Kahn ist ungemein geräumig und nimmt sechs Personen komfortabel auf. Zwecks Wegbeschreibung anrufen!

Kona Kai Resort & Gallery HOTEL $$$
(☎ 305-852-7200; www.konakairesort.com; MM 97,8 bayside; Zi. 199–439 US$; P ❄ 📶 ≋) Dieses trauliche Refugium hat elf luftige Zimmer und Suiten mit voll ausgestatteten Küchen. Die Quartiere sind allesamt hell und komfortabel, wirken aber z. T. etwas altmodisch. Dafür gibt's hier einen Privatstrand und zahllose Aktivitäten.

Essen & Ausgehen

Mrs. Mac's Kitchen AMERIKANISCH $
(☎ 305-451-3722; www.mrsmacskitchen.com; MM 99,4 bayside; Gerichte morgens & mittags 8–12 US$, abends 9–22 US$; ⏲ Mo–Sa 7–21.30 Uhr) Das reizende Diner am Straßenrand ist mit verrosteten Nummernschildern verkleidet und serviert Highway-Klassiker wie Burger oder Körbe mit Bratfisch. Nur etwa 0,5 Meilen (800 m) weiter südlich steht eine Filiale auf der anderen Fahrbahnseite.

Alabama Jack's SEAFOOD, BAR $
(http://alabamajacks.com; 58000 Card Sound Rd; Hauptgerichte 7–14 US$; ⏲ 11–19 Uhr) Rund 15 Meilen (24 km) nördlich von Key Largo steht dieses witzige Freiluftlokal an der Nebenstrecke nach Florida City. Ein bunter Mix aus echten Key-Originalen spricht hier kräftig dem Alkohol zu. Tipp: die großartigen *conch fritters* (frittierte Muschelbällchen)!

★ **Key Largo Conch House** FUSION-KÜCHE $$
(☎ 305-453-4844; www.keylargocoffeehouse.com; MM 100,2 oceanside; Hauptgerichte 8–26 US$; ⏲ 8–22 Uhr) Endlich echtes Key-Gefühl: Tropenvegetation, Conch-Architektur und Gerichte mit Krebs- oder Muschelfleisch rücken das Festland schnell in weite Ferne.

Fish House SEAFOOD $$
(☎ 305-451-4665; www.fishhouse.com; MM 102.4 oceanside; Hauptgerichte 9–24 US$; ⏲ 11.30–22 Uhr; 👪) Der Name ist Programm: Hier gibt's Fisch, Fisch, und noch mehr Fisch, und frischer geht's nicht. Die wichtigste Entscheidung: gebraten, gekocht, geschwärzt, gegrillt oder *jerked* (mit jamaikanischer Sauce)?

Islamorada

Der Name Islamorada klingt nach einer einzigen Insel. In Wirklichkeit handelt es sich jedoch um mehrere Eilande, deren Zentrum das Upper Matecumbe Key ist. Genau hier weitet sich der Ausblick allmählich und lässt einen im Bewusstsein schwelgen, von Wasser umgeben zu sein. Mehrere leicht zugängliche Ministrände erlauben malerische Zwischenstopps. Lokalinformationen liefert die **Handelskammer** (Chamber of Commerce; ☎ 305-664-4503; www.islamoradachamber.com; MM 83,2 bayside; ⏲ Mo–Fr 9–17, Sa 9–16, So 9–15 Uhr) in einem alten roten Güterzug-Begleitwagen.

Sehenswertes & Aktivitäten

Das Anglerparadies Islamorada wird als „Welthauptstadt des Sportfischens" beworben. Und in der Tat sind die meisten hiesigen Highlights auf oder unter der Meeresoberfläche zu finden.

Indian Key Historic State Park INSEL
(☎ 305-664-2540; www.floridastateparks.org/indiankey; MM 78,5 oceanside; 2,50 US$/Pers.; ⏲ 8 Uhr–Sonnenuntergang) Ein paar Hundert Meter vor der Küste liegt diese friedvolle Insel mit den bröckelnden Ruinen einer Siedlung aus dem 19. Jh., die im Zweiten Seminolenkrieg von indigenen Amerikanern zerstört wurde. Das stimmungsvolle Areal ist nur per Kajak oder Boot (bei Robbie's Marina ausleihbar) zugänglich.

Lignumvitae Key Botanical State Park INSEL
(☎ 305-664-2540; www.floridastateparks.org/lignumvitaekey; Zugang/geführte Tour 2,50/2 US$2; ⏲ geführte Touren Fr–So 10 & 14 Uhr) In dem Inselpark am Buchtrand umgeben unberührte Tropenwälder das Matheson House von 1919. Man ist hier herrlich einsam wie ein Schiffbrüchiger – allein, bis auf Milliarden Moskitos. Robbie's Marina bietet Leihboote und geführte Touren an.

Florida Keys History of Diving Museum MUSEUM
(☎ 305-664-9737; www.divingmuseum.org; MM 83; Erw./Kind 12/6 US$; ⏲ 10–17) Diese Sammlung von Tauchzubehör aus aller Welt, darunter auch Tauch-„Anzüge" und technische Ausrüstung aus dem 19. Jh., sollte man nicht verpassen. Das charmant-exzentrische Museum ist ein typisches Beispiel für die Skurrilität der Keys.

Windley Key Fossil Reef Geological State Site PARK
(☎305-664-2540; www.floridastateparks.org/windleykey; MM 85,5 oceanside; Zugang/geführte Tour 2,50/2 US$; ⏲Do–Mo 8–17 Uhr, geführte Touren Fr–So 10 & 14 Uhr) Versteinerte Korallen bilden die rund 2,4 m hohen Steinbruchwände, deren viele Schichten die geologische Entstehung der Region zeigen.

Anne's Beach STRAND
(MM 73,5 oceanside) Dies ist der beste öffentliche Regionalstrand mit einem schmalen Sandstreifen und Picknicktischen im Schatten.

★**Robbie's Marina** JACHHAFEN
(☎305-664-8070; www.robbies.com; MM 77,5 bayside; Leihkanu & -kajak 40–75 US$/halber Tag; ⏲9–20 Uhr) Der an der Straßenseit gelegene Jachthafen ist eine Attraktion, die alles rund um das Thema Bootfahren zu bieten hat (u.a. Partyboote, Jetskis, Leihkajaks, Öko-, Schnorchel- und Angeltrips). Außerdem beginnen hier Touren zu den regionalen Inselparks. Zumindest sollte man die gruselig großen Tarpune vom Kai aus gefüttert haben (Futtereimer/Zuschauen 3/1 US$) und den Touristenshop mit Flohmarkt nach Küstenkitsch durchstöbern.

Theater of the Sea DELFINBEGEGNUNG
(☎305-664-2431; www.theaterofthesea.com; MM 84,7 bayside; Erw./Kind 3–10 Jahre 30/21 US$; ⏲9.30–17 Uhr) Hier zeigen sich zutrauliche Delfine und Seelöwen ganz aus der Nähe. Wer möchte, kann mit den Tieren auch schwimmen bzw. auf Tuchfühlung gehen (jeweils gegen Aufpreis).

Schlafen

Long Key State Recreation Area CAMPING $
(☎305-664-4815, 305-326-3521; www.floridastateparks.org/longkey; MM 67,5; Stellplatz f. Zelt od. Wohnmobil 38,50 US$) Die 60 Stellplätze dieses wunderbar schattigen Küstencampingplatzes (390 ha) sind stets heiß begehrt und sollten daher so früh wie möglich reserviert werden.

Lime Tree Bay Resort Motel MOTEL $$
(☎800-723-4519, 305-664-4740; www.limetreebayresort.com; MM 68,5 bayside; Zi. 135–175 US$, Suite 185–395 US$) Das Lime Tree Bay Resort Motel ist ein rund 1 ha großes Refugium am Meer, das dank zahlloser Hängematten und Gartenstühlen einen spektakulär guten Sonnenuntergangsgenuss quasi aus erster Reihe erlaubt.

Ragged Edge Resort RESORT $$
(☎305-852-5389; www.ragged-edge.com; 243 Treasure Harbor Rd; Apt. 69–259 US$; P ❄ ≋) Gäste des angenehm schlichten Resorts mit fröhlich-alkoholgeschwängerter Atmosphäre können direkt am Bootsanleger losschwimmen. Abseits von MM 86,5 gibt's hier zehn blitzblanke, beliebte Wohnstudios und Apartments.

Casa Morada HOTEL $$$
(☎888-881-3030, 305-664-0044; www.casamorada.com; 136 Madeira Rd abseits MM 82,2; Suite inkl. Frühstück 279–659 US$; P ❄ ≋) Hier trifft ein willkommener Schuss Raffinesse à la South Beach auf den relaxten Stil der Keys. Die schicke Bar direkt am Meer ist ein Garant für der Genuss herrlicher Sonnenuntergänge.

Essen

★**Midway Cafe** CAFÉ $
(☎305-664-2622; 80499 Overseas Hwy; Gerichte 2–11 US$; ⏲Do–Di 7–15, So 7–14 Uhr;) In diesem Café voller Kunstwerke lassen sich Key-Abenteuer z.B. mit Koffeingetränken oder Smoothies feiern. Die hausgemachten Köstlichkeiten im überquellenden Backwarenkorb sind schon ein Besuchsgrund für sich allein. Die reizenden Inhaber rösten auch ihre Kaffeebohnen selbst.

Hog Heaven BAR $$
(☎305-664-9669; MM 83 oceanside; Hauptgerichte 10–18 US$; ⏲11–4 Uhr) Ob Sandwiches, Salate, Chicken-Wings oder Steaks: Die vielfältige Karte rockt. Bei der Happy Hour (15–19 Uhr) gibt's günstige, große Drinks – ein nüchtern bleibender Chauffeur ist wärmstens zu empfehlen!

Morada Bay AMERIKANISCH $$$
(☎305-664-0604; www.moradabay-restaurant.com; MM 81,6 bayside; Hauptgerichte 14–33 US$; ⏲11.30–22 Uhr) Wunderbar zwanglos wie in der Karibik: An den Tischen unter den Palmen am weißen Sandstrand werden Drinks mit Rum zu frischem Seafood geschlürft. Nicht die monatliche Vollmondparty verpassen!

Grassy Key

Nach Grassy Key (gehört zu den Middle Keys) kommt man im Rahmen des herrlich abwechslungsreichen Insel-Hoppings. Der größte „Sprung" zum Schluss ist die **Seven Mile Bridge**, einer der längsten Dämme des Planeten.

Sehenswertes

Dolphin Research Center TIERRESERVAT
(☎305-289-1121; www.dolphins.org; MM 59 bayside; Erw./Senior 20/17.50 US$, Kind 4–12 Jahre/unter 4 Jahren 15 US$/frei, Schwimmprogramm 180–650 US$; ⌚9–16 Uhr) Die bei Weitem beliebteste Aktivität auf Grassy Key ist Planschen mit Flippers Verwandten. Das Zentrum hebt sich von allen anderen Key-Locations mit Delfinschwimmen ab: Die Tiere können das Areal jederzeit verlassen, und im Hintergrund wird jede Menge Meeresforschung betrieben. Die Angebote für Traveller sind dennoch recht kommerziell – man kann z. B. sein T-Shirt von einem Delfin bemalen lassen oder „Trainer für einen Tag" (650 US$) spielen.

Marathon

Marathon ist die größte Stadt zwischen Key Largo und Key West und liegt etwa auf halber Strecke; sie eignet sich prima als Basislager und ist ein wichtiges Zentrum für die kommerzielle Fischerei und Hummerboote. Informationen zur Region gibt's bei der **Touristeninformation** (☎305-743-5417; www.floridakeysmarathon.com; MM 53,5 bayside; ⌚9–17 Uhr).

Sehenswertes & Aktivitäten

Crane Point Museum MUSEUM
(www.cranepoint.net; MM 50,5 bayside; Erw./Kind 12,50/8,50 US$; ⌚Mo–Sa 9–17, So ab 12 Uhr; 👪) In diesem 25 ha großen Schutzgebiet kann man der Zivilisation entfliehen und sich voll und ganz auf das umfangreiche Netz aus Wanderwegen und Mangrovenwäldern, den erhöhten Holzsteg und das Haus im Bahamas-Stil des 20 Jhs. konzentrieren, das eine echte Rarität darstellt. Kindern werden die Piraten- und Wrackausstellungen gefallen, und auch der begehbare Korallenriff-Tunnel und das Vogelkrankenhaus sind überaus beliebt.

Pigeon Key National Historic District INSEL
(☎305-743-5999; www.pigeonkey.net; Tourstart bei MM 47 oceanside; Erw./Kind 12/9 US$, Kind unter 5 Jahren frei; ⌚geführte Touren 10, 12 & 14 Uhr) Beim Bau des Overseas Hwy in den 1930er-Jahren diente dieses Inselchen auf der Marathon-Seite der Seven Mile Bridge als Arbeitercamp. Besucher können die alten Gebäude besichtigen oder einfach nur am Strand sonnenbaden und schnorcheln. Hierher geht's mit einer Fähre (im Eintritt enthalten) oder per pedes bzw. Fahrrad über die **Old Seven Mile Bridge**. Diese ist für Kraftfahrzeuge gesperrt und fungiert als „World's Longest Fishing Bridge" (längste Angelbrücke der Welt).

Sombrero Beach STRAND
(Sombrero Beach Rd, abseits von MM 50 oceanside) Wunderschöner kleiner Strand mit weißem Sand, einem Kinderspielplatz, schattigen Picknickplätzen und großen, sauberen sanitären Anlagen.

Marathon Kayak KAJAKFAHREN
(☎305-395-0355; www.marathonkayak.com; 3-stündige Touren 60 US$) Verlässliche Firma mit Kajak-Kursen und tollen geführten Paddeltouren.

Schlafen & Essen

Siesta Motel MOTEL $
(☎305-743-5671; www.siestamotel.net; MM 51 oceanside; Zi. 75–105 US$; P ❄ 📶) Die freundliche Häusergruppe in Marathon zählt zu den günstigsten und saubersten Bleiben auf den Keys. Auch der Service ist hervorragend.

Seascape Motel & Marina MOTEL $$
(☎305-743-6212; www.seascapemotelandmarina.com; 1275 76th St Ocean E zw. MM 51 & 52; Zi. ab 99 US$; P ❄ 📶 🏊) Dieses Refugium am Meer vermietet neben neun feschen, sauberen Zimmern auch ein Apartment für sechs Personen. Pool am Ufer, Bootsanleger und Grillbereich sind ebenfalls vorhanden.

★ **Keys Fisheries** SEAFOOD $
(www.keysfisheries.com; 3502 Gulfview Ave; Hauptgerichte 7–16 US$; ⌚11–21 Uhr) Wer frisches Seafood auf der Terrasse des urigen Hafenlokals vertilgen will, muss eventuell erst mal die Möwen von seinem Picknicktisch verscheuchen. Das Reuben-Sandwich mit Hummer ist legendär.

Wooden Spoon AMERIKANISCH $
(7007 Overseas Hwy; Gerichte 2–10 US$; ⌚5.30–13.30 Uhr) Das beste Frühstück der Gegend servieren reizende, sehr fachkundige Südstaatlerinnen. Auf den Tisch kommen beispielsweise lockere Brötchen, Würstchen mit leckerer Sauce oder cremige Grütze mit viel Butter.

Hurricane AMERIKANISCH $$
(☎305-743-2200; MM 49,5 bayside; Hauptgerichte 9–19 US$; ⌚11–24 Uhr) Die beliebte Bar in Marathon kredenzt tolle, kreative Kost à la Süd-Florida – z. B. Schnapper mit Krebs-

fleisch-Füllung oder Muschel-Mini-Burger mit karibischen Gewürzen.

Island Fish Co SEAFOOD $$
(☎305-743-4191; www.islandfishco.com; MM 54 bayside; Hauptgerichte 8–22 US$; ⏲8–23 Uhr) Diese große, offene Tiki-Hütte punktet mit einer Seafood-Bar und vielen Fischspezialitäten. An den Tischen am Ufer kann man hier z. B. schüsselweise pikante Muschelsuppe genießen.

Lower Keys

Die Lower Keys (MM 44–0) stehen stolz für alle Facetten der Conch-Kultur. Die **Handelskammer** (Chamber of Commerce; ☎305-872-2411; www.lowerkeyschamber.com; MM 31 oceanside; ⏲Mo–Fr 9–17, Sa 9–15 Uhr) befindet sich auf Big Pine Key.

Zum 212 ha großen **Bahia Honda State Park** (☎305-872-3210; www.bahiahondapark.com; MM 36,8; Auto/Motorrad/Radfahrer 5/4/2 US$; ⏲8 Uhr–Sonnenuntergang; 👪) gehört einer von Floridas beliebtesten Stränden, der dank des warmen, flachen Wassers wohl der beste seiner Art auf den Keys ist. Hinzu kommen Naturpfade, von Rangern geleitete Aktivitäten, Wassersportgeräte zum Ausleihen und eines der schönsten Korallenriffe außerhalb von Key Largo.

Draußen vor **Looe Key** liegt ein Meeresschutzgebiet voller bunter Korallen und Tropenfische. Das **Looe Key Dive Center** (☎305-872-2215; www.diveflakeys.com; Schnorcheln/Tauchen 44/84 US$) auf Ramrod Key veranstaltet Tagestrips für Schnorchler und Taucher (inkl. Wracktauchen).

Wenn man von den Sandfliegen mal absieht, ist Camping im **Bahia Honda State Park** (☎305-872-2353; www.reserveamerica.com; MM 37, Bahia Honda Key; Stellplatz/Hütte 36/160 US$; Ⓟ) wirklich toll. Die Stellplätze werden durch sechs beliebte Uferhütten ergänzt (jeweils unbedingt rechtzeitig reservieren!). Für ein Erlebnis ganz anderer Art empfehlen sich die vier fabelhaften, gemütlichen Zimmer des **Deer Run Bed & Breakfast** (☎305-872-2015; www.deerrunfloridabb.com; 1997 Long Beach Dr, Big Pine Key, abseits von MM 33 oceanside; Zi. 235–355 US$; Ⓟ❄). Diese staatlich zertifizierte Öko-Lodge mit vegetarischer Küche hat äußerst hilfsbereite Eigentümer, die für allerlei schräge Annehmlichkeiten sorgen.

Der **No Name Pub** (☎305-872-9115; N Watson Blvd, Big Pine Key, abseits von MM 30,5 bayside; Hauptgerichte 7–18 US$; ⏲11–23 Uhr) auf Big Pine Key empfängt Gäste mit Pizza, Bier und Ambiente – falls man ihn denn findet. Der abgefahrene Schlupfwinkel steht direkt vor dem Verbindungsdamm nach **No Name Key**. Gäste können einen Eindollarschein an die Wand pinnen und so die „Tapete" (geschätzter Gesamtwert ca. 60 000 US$) der Kneipe vergrößern.

Key West

Die unkonventionelle, entspannte Atmosphäre von Key West zieht schon lange Künstler, Aussteiger und Freigeister an. Wie einst ein Einheimischer sagte: „Als ob man die USA geschüttelt hätte und all die Spinner ganz nach unten gefallen wären." Ein Teil des hiesigen Unabhängigkeitssinns fußt auf der geografischen Lage: Key West ist kaum mit dem Festland verbunden und Kuba näher als dem Rest der USA. Nur eine einzige Straße führt hierher und sonst nirgendwo mehr hin. Mit anderen Worten: Hier kann man prima sein eigenes Ding drehen.

Key West hieß ursprünglich Cayo Hueso (span. für „Knocheninsel"), da die ersten Entdecker überall am Strand Skelette gefunden hatten. Seitdem blickt das Eiland auf eine lange, ereignisreiche Geschichte zurück, in der Piraten, versunkene Schätze, Schriftstellerlegenden und jede Menge Geister eine Rolle spielen.

Heute strömen Besucher hierher, um in entspannter Atmosphäre Sonne zu tanken und den einen oder anderen Drink zu genießen. Zwischendurch lauschen sie alten Geschichten, schnorcheln im kristallklaren Wasser und stellen ihre inneren Uhren auf „Inselzeit" um.

⦿ Sehenswertes

Key West ist gut zu Fuß zu erkunden und sehr sehenswert: Hier warten zahlreiche historische Bauten und Stadtviertel (z. B. das farbenfrohe Bahama Village). Natürlich darf auch ein Schnappschuss vom aufdringlich angepriesenen **Southernmost Point Marker** nicht fehlen. Die große Betonboje ist aber nicht wirklich der südlichste Punkt des Landes: Dieser Titel gebührt einer Stelle, die rund 800 m weiter unten am Strand liegt und als Teil eines Marineflieger-Stützpunkts für Touristen gesperrt ist.

★Mallory Square PLATZ
Der Sonnenuntergang auf dem Mallory Sq am Ende der Duval St ist eine bizarre Attraktion erster Güte: Hier versammeln sich

FLORIDA SÜD-FLORIDA

all die verschiedenen Energien, Subkulturen und Eigenarten, die das Leben auf den Keys ausmachen – all die Hippies, traditionalistischen Südstaatler, Ausländer und Touristen – und treten in den Schein einer von Fackeln erhellten, verspielt-durchgeknallten (aber familientauglichen) Straßenparty. Jongleure, Feuerschlucker, tollkühne Akrobaten und Hunde auf dem Hochseil sind mit dabei – und nach Sonnenuntergang wird's erst richtig verrückt.

Duval Street STRASSE

Die Einwohner von Key West empfinden eine Art Hassliebe für die berühmteste Straße ihrer Insel. Die Duval, die Hauptschlagader von Old Town Key West, ist eine Vergnügungsmeile mit zahlreichen Bars, *Kitsch as Kitsch can* und wirklich unerhörtem Benehmen, die trotzdem noch jede Menge Spaß macht. Wenn die Nacht sich dem Ende neigt, hat man mit dem „Duval Crawl" eine der besten Kneipentouren des Landes erlebt.

Hemingway House HAUS

(305-294-1136; www.hemingwayhome.com; 907 Whitehead St; Erw./Kind 13/6 US$; 9–17 Uhr) Ernest Hemingway lebte von 1931 bis 1940 in diesem spanischen Kolonialhaus – hier schrieb, trank und angelte er, wenn auch nicht immer in dieser Reihenfolge. Touren beginnen alle halbe Stunde, und während man den ehrenamtlichen Führern lauscht, die Seemannsgarn über Papa spinnen, sieht man dessen Arbeitszimmer, seinen ungewöhnlichen Pool und die Nachkommen seiner sechszehigen Katzen, die in der Sonne, auf den Möbeln und auch überall sonst faulenzen.

Florida Keys Eco-Discovery Center MUSEUM

(305-809-4750; http://eco-discovery.com/ecokw.html; 35 East Quay Rd; Di–Sa 9–16 Uhr; P) GRATIS Dieses ausgezeichnete Naturzentrum vereint all die Pflanzen, Tiere und Lebensräume, die das einzigartige Ökosystem der Keys bilden, an einem Ort und präsentiert sie auf frische, zugängliche Weise. Ein toller Ort für Kinder und einen Blick aufs große Ganze!

Key West Cemetery FRIEDHOF

(Ecke Margaret & Angela St; 7–18 Uhr) Dieses dunkle, verlockende gotische Labyrinth liegt im Herzen der Stadt. Die Mausoleen werden von berühmten Grabinschriften aufgelockert, beispielsweise: „Ich hab dir doch gesagt, dass ich krank bin."

Key West Butterfly & Nature Conservatory TIERSCHUTZGEBIET

(305-296-2988; www.keywestbutterfly.com; 1316 Duval St; Erw./Kind 4–12 Jahre 12/8,50 US$; 9–17 Uhr) Auch wenn man sich eher marginal für Schmetterlinge interessiert, wird man garantiert über die schiere Menge an Tieren staunen, die hier herumflattern.

Museum of Art & History at the Custom House MUSEUM

(305-295-6616; www.kwahs.com/customhouse; 281 Front St; Erw./Kind 7/5 US$; 9.30–16.30 Uhr) Diese interessante Sammlung erzählt eine etwas entspanntere, weniger abenteuerliche Geschichte von Key West. Sie zeigt Volks- und internationale Kunst und historische Ausstellungen im beeindruckenden ehemaligen Zollhaus.

Fort East Martello Museum & Gardens MUSEUM

(305-296-3913; www.kwahs.com/martello.htm; 3501 S Roosevelt Blvd; Erw./Kind 7/5 US$; 9.30–16.30 Uhr) In dieser Festung sind interessante historische Artefakte und einige fabelhafte Volkskunstwerke von Maria Sanchez sowie „Müll"-Skulpturen von Stanley Papio zu sehen. Aber der berühmteste Bewohner des Martello ist „Robert the Doll" – eine echt unheimliche, angeblich von einem Geist besessene Puppe aus dem 19. Jh., die in einem Glaskasten aufbewahrt wird, damit sie kein Unheil anrichtet.

Aktivitäten

Angesichts der Insellage weit draußen im Meer zählen Aktivitäten im bzw. auf dem Wasser zu den örtlichen Highlights. Das Angebot von Bootsausflügen reicht von Angel- und Schnorcheltrips bis hin zu Tauchausflügen. Letztere führen z. B. zum 160 m langen Frachter **USS Vandenberg**, der vor der Küste versenkt wurde, um das zweitgrößte künstliche Riff der Welt zu schaffen.

Fort Zachary Taylor STRAND

(www.floridastateparks.org/forttaylor; 601 Howard England Way; Auto/Fußgänger 6/2 US$; 8 Uhr–Sonnenuntergang) Die drei Stadtstrände von Key West sind nichts Besonderes; die meisten Leute zieht es daher nach Bahia Honda. Nichtsdestotrotz hat Fort Zachary Taylor den besten Strand der Insel: Hier warten weißer Sand, anständige Bademöglichkeiten und ufernahe Schnorchelspots. Parallel kann man prima picknicken und den Sonnenuntergang bewundern.

Dive Key West TAUCHEN
(☎305-296-3823; www.divekeywest.com) Wracktaucherbedarf von der Ausrüstung bis hin zum Charterboot.

★ **Jolly Rover** BOOTSFAHRT
(☎305-304-2235; www.schoonerjollyrover.com; Ecke Greene & Elizabeth St, Schooner Wharf; Bootsfahrt 45 US$) Piratenmäßiger Schoner, der tagsüber und zu Sonnenuntergang lossegelt.

Reelax Charters KAJAKFAHREN
(☎305-304-1392; www.keyskayaking.com; MM 17 Sugarloaf Key Marina; Kajaktrips 240 US$) Geführte Kajaktouren ab dem benachbarten Sugarloaf Key.

Sunny Days Catamaran SCHNORCHELN
(☎866-878-2223; www.sunnydayskeywest.com; 201 Elizabeth St; Erw./Kind 35/22 US$) Unser Favorit für Schnorcheltrips, Wassersport und andere nasse Abenteuer.

Clearly Unique KAJAKFAHREN
(☎877-282-5327; www.clearlyuniquecharters.com) Verleiht Glasboden-Kajaks mit einzigartiger Sicht unter die Wasseroberfläche.

Geführte Touren

Touren mit dem **Conch Tour Train** (☎305-294-5161; www.conchtourtrain.com; Erw./Senior 29/26 US$, Kind unter 13 Jahren frei; ⏲9–16.30 Uhr; ♿) oder **Old Town Trolley** (☎305-296-6688; www.trolleytours.com/key-west; Erw./Senior 29/26 US$, Kind unter 13 Jahren frei; ⏲9–16.30 Uhr; ♿) starten Mallory Sq. Ersterer karrt einen kommentiert in luftigen, offenen Miniwaggons durch die Gegend (90 Min.). Trolley-Nutzer können dagegen an zwölf Stadthaltestellen beliebig zu- und aussteigen.

Original Ghost Tours GEISTERTOUR
(☎305-294-9255; www.hauntedtours.com; Erw./Kind 15/10 US$; ⏲20 & 21 Uhr) Spukt es in der eigenen Unterkunft? Wahrscheinlich. Und warum sollte man sich vor der verfluchten Puppe Robert im East Martello Tower fürchten? Das wird sich schon bald zeigen.

Feste & Events

Auf Key West findet jeden Tag bei Sonnenuntergang eine Party statt, aber die Einwohner brauchen ohnehin keine Ausrede, um richtig auszuflippen.

Conch Republic Independence Celebration KULTUR
(www.conchrepublic.com) Eine zehntägige Feier zur Unabhängigkeit der Conch Republic, die jeden April stattfindet. Man wetteifert dabei um eines der (erfundenen) öffentlichen Ämter und schaut sich ein Dragqueen-Rennen an.

Hemingway Days Festival KULTUR
(www.hemingwaydays.net) Fest inklusive Stierrennen, Speerfisch-Turnier und Doppelgänger-Wettbewerb sowie literarischen Veranstaltungen; Ende Juli.

Fantasy Fest KULTUR
(www.fantasyfest.net) Während dieses verrückten, zehntägigen Halloween-trifft-Karneval-Events Ende Oktober schießen die Zimmerpreise in astronomische Höhen.

Schlafen

Übernachten ist in Key West generell ziemlich teuer – besonders im Winter und ganz besonders während spezieller Events, wenn die Zimmerpreise um das Dreifache steigen können. Wer nicht vorab bucht, endet möglicherweise auch in dem langen Stau zurück aufs Festland.

In New Town finden sich mehrere Kettenmotels, aber man muss schon in Old Town absteigen, um das wahre Key West zu erleben. Bei der **Key West Innkeepers Association** (www.keywestinns.com) gibt's weitere Pensionen, und schwulenfreundlich sind eigentlich alle.

Caribbean House PENSION $
(☎305-296-0999; www.caribbeanhousekw.com; 226 Petronia St; Zi. Sommer 89 US$, Winter 119–139 US$; P ❄ @) Die Zimmer im Herzen des Bahama Village sind zwar winzig, aber auch sauber, gemütlich und fröhlich. Zusammen mit Gratisfrühstück und freundlichen Inhabern bilden sie eine Besonderheit auf Key West: ein echtes Schnäppchen.

★ **Key West Bed & Breakfast** B&B $$
(☎800-438-6155, 305-296-7274; www.keywestbandb.com; 415 William St; Zi. Sommer 79–155 US$, Winter 89–265 US$; ❄ 📶) Sonnig, luftig und stark künstlerisch geprägt: Handbemalte Keramiken hier, ein funktionierender Webstuhl da… Und das dort in der Ecke könnte der Masttopp eines Schiffs gewesen sein? Zimmer für jeden Geldbeutel sind ebenfalls vorhanden.

L'Habitation PENSION $$
(☎305-293-9203; www.lhabitation.com; 408 Eaton St; Zi. 119–189 US$; @ 📶) In diesem wunderschönen klassischen Keys-Cottage heißen die freundlichen, zweisprachigen Besitzer

ihre Gäste auf Englisch oder Französisch willkommen. Die hübschen Zimmer erstrahlen in hellen tropischen Farben, die Lampen sehen aus wie zeitgenössische Kunstwerke, und die Tagesdecken auf den Betten sind lustig farbenfroh.

Key Lime Inn HOTEL **$$**
(800-549-4430; www.historickeywestinns.com; 725 Truman Ave; Zi. 99–229 US$;) Diese gemütlichen Hütten stehen vor einer Hintergrundkulisse aus tropischen Hartholzbäumen. Die herrlich kühlen Zimmer im Inneren sind grüner als ein Jadebergwerk. Auch die Korbmöbel und die Mini-Flachbildschirme sorgen dafür, dass man gar nicht mehr weg will.

Mermaid & the Alligator PENSION **$$$**
(305-294-1894; www.kwmermaid.com; 729 Truman Ave; Zi. Sommer 168–228 US$, Winter 258–328 US$;) Weit im Voraus buchen: Wegen der nur neun Zimmer übersteigt der Charme dieses Hauses seine Kapazitäten bei Weitem. Es ist randvoll mit gesammelten Schätzen von den Reisen der Besitzer und versprüht ein kosmopolitisches Flair, das gleichzeitig europäisch und Zen ist.

Curry Mansion Inn HOTEL **$$$**
(305-294-5349; www.currymansion.com; 511 Caroline St; Zi. Sommer 195–285 US$, Winter 240–365 US$;) In einer Stadt voller stattlicher Häuser aus dem 19. Jh. wirkt das Curry Mansion mit seinem schmucken Mix aus amerikanischen „Adelselementen" besonders attraktiv. Highlight sind jedoch die hellen Himmelbettzimmer im Florida-Stil. Auf der Veranda warten Bougainvilleen und eine frische Brise.

Big Ruby's Guesthouse HOTEL **$$$**
(305-296-2323; www.bigrubys.com; 409 Appelrouth Lane; Zi. 179–499 US$;) Dieses Hotel richtet sich ausschließlich an eine schwule Klientel. Die Fassade verspricht den eleganten Charme einer klassischen Conch-Villa, aber die Zimmer erstrahlen in zeitgenössischer Eleganz. Das Sahnehäubchen ist der FKK-Lagunenpool, und Frühstück ist inklusive.

Essen

Theoretisch darf man die Insel erst wieder verlassen, wenn man die „Conch Fritters" (frittierte Muscheln) oder den Key Lime Pie – Key-Limetten, gezuckerte Kondensmilch, Eier und Zucker auf einem knusprigen Keksboden – probiert hat.

SCHWULEN- & LESBENSZENE AUF KEY WEST

Schwule und lesbische Besucher bekommen Infos beim **Gay & Lesbian Community Center** (305-292-3223; www.glcckeywest.org; 513 Truman Ave). Die ganze Insel ist ausgesprochen szenefreundlich. Mehrere Bars und Pensionen zielen speziell auf schwule Gäste ab. Seine Ankunft vor Ort kann man z. B. hier begießen:

801 Bourbon Bar (www.801bourbon.com; 801 Duval St) Für Schwule.

Aqua (305-294-0555; www.aquakeywest.com; 711 Duval St) Für Schwule und Lesben.

Pearl's Patio (305-292-1450; www.pearlsrainbow.com; 525 United St; So–Do 12–22, Fr & Sa 12–24 Uhr) Lesbenbar in Pearl's Guesthouse.

Help Yourself Organic Foods VEGETARISCH **$**
(315-296-7766; www.helpyourselfcafe.com; 829 Fleming St; Gerichte 5–12 US$; 8–18 Uhr) Das reizende, bunte Café punktet mit vielen vegetarischen, veganen und glutenfreien Gerichten. Die hippiemäßige Kost (u. a. Wraps, Salate, Smoothies) ist eine nette Alternative zu Bratfisch und Key Lime Pie.

Camille's FUSION **$$**
(305-296-4811; www.camilleskeywest.com; 1202 Simonton St; Gerichte morgens & mittags 4–13 US$, abends 15–25 US$; 8–15 & 18–22 Uhr;) Am besten die Duval St links liegen lassen und unter Einheimischen im zwanglosen Camille's speisen: Ortsansässige Familien schätzen das Nachbarschaftslokal wegen des leckeren und gesunden Essens. Die einfallsreiche Karte reicht von Armen Rittern mit Godiva-Likör bis hin zu schmackhaftem Hühnchensalat.

El Siboney KUBANISCH **$$**
(900 Catherine St; Hauptgerichte 8–16 US$; 11–21.30 Uhr) Key West liegt nur 145 km von Kuba entfernt – näher als in diesem unglaublichen, etwas raubeinigen Eckrestaurant kann man echtem kubanischem Essen in den ganzen USA im wahrsten Sinne des Wortes nicht kommen. Nur Barzahlung!

Mo's Restaurant KARIBISCH **$$**
(305-296-8955; 1116 White St; Hauptgerichte 6–17 US$; Mo–Sa 11–22 Uhr) Wem schon bei den Worten „karibische Hausmannskost"

das Wasser im Munde zusammenläuft, der sollte keine Zeit mehr verschwenden: Die Gerichte sind hauptsächlich haitianisch und einfach köstlich.

BO's Fish Wagon SEAFOOD **$$**
(☎305-294-9272; 801 Caroline St; Hauptgerichte 8–22 US$; ⊙11–21 Uhr) Dieses Restaurant erinnert im positiven Sinn an den Schuppen eines verrückten alten Fischers. Der Bratfisch, die frittierten Muschelbällchen, das kalte Bier und nicht zuletzt die tollen Preise werden sicher auch eventuelle Zweifler überzeugen.

★**Blue Heaven** AMERIKANISCH **$$$**
(☎305-296-8666; http://blueheavenkw.homestead.com; 729 Thomas St; Abendessen 17–35 US$; ⊙8–16 & 17–22.30 Uhr, So bis 14 Uhr) Eines der skurrilsten Restaurants der Insel (und das will schon was heißen!), in dem man in einem Innenhof unter freiem Himmel inmitten einer Hühnerschar speist. Im Blue Heaven warten die amüsierten Gäste gern auf die gut zubereiteten, à la Südstaaten zubereiteten Interpretationen der klassischen Keys-Küche.

★**Café Solé** FRANZÖSISCH **$$$**
(☎305-294-0230; www.cafesole.com; 1029 Southard St; Abendessen 20–34 US$, Abendessen 25–32 US$; ⊙17.30–22 Uhr) Muschel-Carpaccio mit Kapern? Gelbschwanzfisch-Filet und Foie gras? Ja, bitte! Dieses allseits gefeierte Restaurant ist für sein gemütliches Gartenterrassen-Ambiente und seine innovative Küche bekannt, die es seinem in Frankreich ausgebildeten Koch zu verdanken hat. Er experimentiert gekonnt mit den Zutaten, die auf der Insel gedeihen.

Ausgehen & Unterhaltung

Das Umherziehen – bzw. -schwanken – von einer Bar zur nächsten wird hier Duval Crawl (S. 539) genannt und ist in der Conch Republic ein sehr beliebter Zeitvertreib. Es gibt zahlreiche Optionen, sich einen hinter die Binde zu gießen.

★**Green Parrot** BAR
(www.greenparrot.com; 601 Whitehead St; ⊙10–4 Uhr) Diese raubeinige Kantine gibt's schon länger als jede andere Bar auf der Insel (seit 1890). Eine fantastische Kneipe, die eine lebendige Mischung aus Einheimischen und Touristen anlockt! Die seltsame Einrichtung wurde über 100 Jahre zusammengetragen. Männer sollten hier unbedingt mal auf die Toil gehen.

Captain Tony's Saloon BAR
(www.capttonyssaloon.com; 428 Greene St) Tony's Saloon war bereits ein Eishaus, ein Leichenschauhaus und eine Stammkneipe von Hemingway und wurde um den alten Galgenbaum der Stadt erbaut. Zur kunterbunten Einrichtung gehören auch abgelegte BHs und signierte Dollarscheine.

Porch BAR
(www.theporchkw.com; 429 Caroline St; ⊙Mo–Sa 10–2, So 12–2 Uhr) Den Studentenbars an der Duval St weicht man am besten aus, indem man ins Porch geht, wo kompetente Barkeeper handgebrautes Bier ausschenken. Das hört sich zivilisiert an und ist es für Key-West-Verhältnisse auch beinahe.

Garden of Eden BAR
(224 Duval St) In dieser FKK-Dachbar kann man es Adam und Eva gleichtun – und darf dabei sogar auf das kleine Feigenblatt verzichten.

Virgilio's JAZZ
(www.virgilioskeywest.com; 524 Duval St) Gott sei Dank für ein bisschen Abwechslung! Diese Stadt brauchte dringend eine dunkle, von Kerzen erleuchtete Martini-Bar, in der man bei gutem Jazz und Salsa entspannen kann. Eingang in der Appelrouth Lane.

La Te Da KABARETT
(www.lateda.com; 1125 Duval St) In der Außenbar plauschen Einheimische entspannt beim Bier. Drinnen im tollen Crystal Room (2. Stock) gibt's jedoch am Wochenende hochkarätige Travestieshows mit Stars aus dem ganzen Land zu sehen. In der Lounge darunter sind eher harmlose Kabarettnummern angesagt.

Praktische Informationen

Eine tolle Quelle zur Reiseplanung ist www.fla-keys.com/keywest. In der Stadt hält die **Key West Chamber of Commerce** (☎305-294-2587; www.keywestchamber.org; 510 Greene St; ⊙Mo–Sa 8.30–18.30, So bis 18 Uhr) Karten und Broschüren bereit.

Anreise & Unterwegs vor Ort

Key West und die Keys erreicht man am besten per Auto. Während der Hauptsaison im Winter herrscht aber mitunter ein mörderischer Verkehr auf der wichtigsten Zufahrtsroute (US 1). Ab Downtown Miami geht's mit **Greyhound** (☎305-296-9072; www.greyhound.com; 3535 S Roosevelt Blvd) entlang des US Hwy 1 raus zu den Keys.

ABSTECHER

TROCKENE SCHILDKRÖTEN

Der **Dry Tortugas National Park** (☎305-242-7700; www.nps.gov/drto; Erw./Kind bis 15 Jahre 5 US$/frei) liegt 113 km westlich der Keys mitten im Golf. Der am schlechtesten zugängliche US-Nationalpark ist nur per Boot oder Flieger erreichbar. Wer die Mühe auf sich nimmt, wird jedoch mit großartigen Möglichkeiten zum Schnorcheln, Tauchen, Vogelbeobachten und Sternegucken belohnt.

Nach den hier vorgefundenen Meeresschildkröten nannte Ponce de León das Gebiet „Tortugas" (tor-*tuh*-gas). Das „dry" (trocken) kam später hinzu, um vor dem örtlichen Süßwassermangel zu warnen. Doch dies ist mehr als nur eine hübsche Inselgruppe ohne Trinkwasser: Das niemals fertiggestellte **Fort Jefferson** aus der Bürgerkriegszeit hat einen eindrucksvollen sechseckigen Mittelbau aus rotem Backstein, der auf **Garden Key** aus dem smaragdgrünen Wasser emporragt. Somit heißt's neben genug Mineralwasser auch unbedingt eine Kamera mitbringen.

Hierher kommt man u. a. mit der Schnellfähre **Yankee Freedom** (☎800-634-0939, 305-294-7009; www.yankeefreedom.com; Historic Seaport), die am Nordende der Grinnell St in Key West ablegt. Der Preis beinhaltet ein Frühstück, ein Mittagspicknick, Schnorchelausrüstung und eine Führung durch das Fort. Alternativ sind Halb- oder Ganztagestrips mit Wasserflugzeugen von **Key West Seaplane** (☎305-293-9300; www.keywestseaplanecharters.com/; Halbtagestrip Erw./Kind 3–12 Jahre 280/224 US$) möglich. In beiden Fällen ist es ratsam, spätestens eine Woche vorher zu reservieren.

Für alle, die die Einsamkeit richtig genießen wollen, empfehlen sich die insgesamt 13 **Campingplätze** (3 US$/Pers.) auf Garden Key. Interessenten sollten rechtzeitig bei der Parkverwaltung buchen und dann unbedingt an alles Nötige denken: Nach der Abfahrt des Bootes ist man hier ganz auf sich allein gestellt.

Auf dem **Key West International Airport** (EYW; www.keywestinternationalairport.com) landen regelmäßig Flüge ab US-Großstädten (meist via Miami). **Key West Express** (☎888-539-2628; www.seakeywestexpress.com; Erw./Kind hin & zurück 146/81 US$, einfache Strecke 86/58 US$) erteilt Fahrplan- und Preisinfos zu Schnellkatamaranen ab Fort Myers oder Miami (Rabatt bei Buchung im Voraus).

Fahrräder sind innerhalb von Key West das bevorzugte Verkehrsmittel und entlang der Duval St ausleihbar (10–25 US$/Tag). **City Transit** (☎305-600-1455; www.kwtransit.com; Ticket 2 US$) schickt farblich markierte Busse durch die Innenstadt und hinaus zu den Lower Keys.

ATLANTIKKÜSTE

Floridas Atlantikküste steht nicht nur für Beachvolleyball, Surfen und Sonnenbaden. Sie ist ein bemerkenswert gutes Rundum-Erlebnis: Egal, ob man sich für Geschichte, Kunst oder Adrenalinkicks interessiert, hier ist für jeden etwas geboten.

Space Coast

In den 1960er-Jahren diente die Space Coast als Kulisse für die Kult-Fernsehserie *Bezaubernde Jeannie*. Abgesehen davon ist sie im realen Leben vor allem für das Kennedy Space Center und dessen gewaltiges Besucherzentrum berühmt. Der Cocoa Beach lockt Surfer mit Floridas besten Wellen an. Touristeninfos erteilt das **Florida's Space Coast Office of Tourism** (☎321-433-4470; www.visitspacecoast.com; 430 Brevard Ave, Cocoa Village; ⏱Mo–Sa 8–17 Uhr).

Sehenswertes

Kennedy Space Center Visitor Complex MUSEUM

(☎321-449-4444; www.kennedyspacecenter.com; Erw./Kind/Parken 50/40/10 US$; ⏱9–17 Uhr) Seit dem Ende des Spaceshuttle-Programms der NASA (2011) wird dieses einstmals aktive Raumfahrtzentrum langsam vom lebendigen Museum zur historischen Stätte. Den Großteil des Tages widmet man am besten dem **Spaceshuttle Atlantis** (neue Attraktion), den IMAX-Kinos und dem **Rocket Garden**, in dem Nachbauten klassischer Raketen den Komplex überragen. Pflicht ist auch der **Shuttle Launch Simulator**, der einen Raumfährenstart realistisch simuliert – inklusive der Spitzengeschwindigkeit von 28 000 km/h, aber ohne tränenreichen Abschied. Zuallererst empfiehlt sich jedoch die Bustour zu noch betriebenen NASA-

3–2–1... START!

Dank der Ortsvorwahl ☎321 gilt ein Countdown sogar bei Telefonaten entlang der Space Coast – kein Zufall: Zu Ehren der Raketenstarts von Cape Canaveral erstellten Einheimische 1999 unter der Leitung von Robert Osband eine Petition für diese Zahlenfolge.

Einrichtungen (10–14.45 Uhr alle 15 Min., beliebiges Zu- und Aussteigen).

An beliebten Zusatzoptionen (rechtzeitig reservieren!) herrscht kein Mangel – je nachdem, wie intensiv das Astronauten-Erlebnis ausfallen soll. Hungrige Weltraumfreaks können sich beim **Lunch with an Astronaut** (☎866-737-5235; Erw./Kind 30/16 US$) stärken. Und die **Astronaut Training Experience** (Ticket 145 US$) bereitet Teilnehmer auf ihren persönlichen Start ins All vor, falls dieser irgendwann mal möglich sein sollte.

★Merritt Island National Wildlife Refuge NATURSCHUTZGEBIET
(www.fws.gov/merrittisland.com; I-95 Ausfahrt 80; ⏲Park Sonnenaufgang–Sonnenuntergang; Visitor Center Mo–Fr 8–16.30, Sa & So 9–17 Uhr, April–Okt. So geschl.) Dieses unberührte, rund 560 km² große Schutzgebiet ist einer der besten Orte für die Vogelbeobachtung im Land, besonders von Oktober bis Mai (frühmorgens und nach 16 Uhr). Hier leben außerdem mehr bedrohte und gefährdete Tierarten in den Sümpfen, Marschen und Hartholzwäldern als irgendwo sonst in den kontinentalen USA. Am besten sieht man die Tiere vom Black Point Wildlife Dr aus.

Canaveral National Seashore PARK
(☎321-267-1110; www.nps.gov/cana; Auto/Fahrrad 5/1 US$; ⏲Sonnenaufgang–Sonnenuntergang) Zu diesen 39 unberührten, windumtosten Küstenkilometern gehört der längste unerschlossene Strandstreifen an Floridas Ostküste. Mit seiner sanften Brandung und endloser Einsamkeit ist der familienfreundliche **Apollo Beach** am Nordende eine Klasse für sich. Der **Playalinda Beach** am Südende lockt die meisten Surfer an. Der zwanglose **Klondike Beach** dazwischen steht bei Campern und Naturfreunden hoch im Kurs.

Den Westrand der Barriereinsel säumt die **Mosquito Lagoon** mit äußerst artenreichen Inseln und Mangroven. Kajaks können in Cocoa Beach ausgeliehen werden. Am Visitor Information Center starten Ponton-Boot-Trips unter der Leitung von Rangern (20 US$/Pers., meist So). Letztere begleiten auch abendliche Touren zu nistenden Meeresschildkröten (Erw./Kind 8–16 Jahre 14 US$/frei, Juni–Aug. tgl. 7–23.30 Uhr; Reservierung erforderlich).

Aktivitäten

Trotz all der sonnigen Küstenabschnitte ist nicht ganz Florida ein Surferparadies: Rund um Miami gibt's zumeist nur Flachwasser, und der Großteil der Golfküste ist für eine starke Brandung zu geschützt. Allerdings sind die 113 km Strand zwischen New Smyrna und dem Sebastian Inlet eine echte Hochburg des Wellenreitens. Der zehnfache Surfweltmeister Kelly Slater stammt aus Cocoa Beach, das bis heute das hiesige Epizentrum dieses Sports ist. Lokale Szeneinfos und Surfberichte gibt's z. B. bei **Florida Surfing** (www.floridasurfing.com) oder **Surf Guru** (www.surfguru.com).

Ron Jon's Surf Shop WASSERSPORT
(☎321-799-8888; 4151 N Atlantic Ave; ⏲24 Std.) Verleiht von Surfbrettern (30 US$/Tag) bis hin zu Strandfahrrädern mit dicken Reifen (15 US$/Tag) alle möglichen Geräte für Aktivitäten am bzw. auf dem Wasser.

Ron Jon Surf School SURFEN
(☎321-868-1980; www.cocoabeachsurfingschool.com; 150 E Columbia Lane, Cocoa Beach; 50–65 US$/Std.) Cocoa Beachs beste Surfschule für alle Altersklassen und Leistungsstufen ist auch die größte des Bundesstaats. Geleitet wird sie von Craig Carroll (Ex-Profisurfer und Kelly Slaters Trainer).

Cocoa Beach Jetski Rentals BOOTSFAHRT
(☎321-454-7661; http://cocoabeachjetskirentals.com; 1872 E 520 Causeway, Cocoa Beach; Leihgebühr Kajak/Jetski pro Std. 20/90 US$; ⏲8.45–17 Uhr) Verleiht Boote, Kajaks, Surfbretter und natürlich Jetskis; selbst lebendige Naturköder für Angler sind im Angebot.

Schlafen

Das charmante Cocoa Beach bietet die meisten Unterkünfte, aber auch die meisten Kettenhotels. Wer es lieber etwas ruhiger und individueller mag, ist in Vero Beach genau richtig.

Fawlty Towers MOTEL $
(☎321-784-3870; www.fawltytowersresort.com; 100 E Cocoa Beach Causeway, Cocoa Beach; Zi. 72–92 US$; ❄@🛜🏊) Hinter der auffälligen

knallrosa Fassade dieses Motels liegen relativ nüchterne Zimmer in unschlagbarer Nähe zum Strand; es gibt einen ruhigen Pool und eine Tiki-Bar.

South Beach Place MOTEL **$$**
(☎772-231-5366; www.southbeachplacevero.com; 1705 S Ocean Dr, Vero Beach; Suite pro Tag 125–175 US$, pro Woche 700–1100 US$;) Hier erlebt man Old Florida mit Facelifting: Dieses geschmackvolle, helle Motel mit zwei Stockwerken in Vero Beach befindet sich in einer besonders ruhigen Ecke gleich gegenüber vom Strand. Die Ein-Zimmer-Suiten sind mit einer kompletten Küche ausgestattet.

Beach Place Guesthouses APARTMENT **$$$**
(☎321-783-4045; www.beachplaceguesthouses.com; 1445 S Atlantic Ave, Cocoa Beach; Suite 195–395 US$;) Ein himmlisch entspannter Ort mitten in der wilden Partyszene am Strand von Cocoa Beach: Diese erholsame, zweistöckige Pension liegt in einer Wohngegend und bietet geräumige Suiten mit Hängematten und eine wunderschöne Terrasse – und das alles nur ein paar Schritte von Dünen und Strand entfernt

Essen

Simply Delicious CAFÉ **$**
(125 N Orlando Ave, Cocoa Beach; Hauptgerichte 6–12 US$; Di–Sa 8–15, So bis 14 Uhr) Dieses kleine gelbe Haus auf dem südlichen Abschnitt des A1A kann man nicht verpassen – es ist ein typisch amerikanisches, gemütliches Café: Hier gibt's keinen Schnickschnack, nichts Trendiges, einfach nur herrliche Köstlichkeiten.

Slow and Low Barbecue BBQ **$$**
(http://slowandlowbarbeque.com; 306 N Orlando Ave, Cocoa Beach; Hauptgerichte 7–15 US$; Mo–Sa 11–22 Uhr; So ab 12 Uhr) Nach einem Tag am Strand gibt's nichts Befriedigenderes als eine riesige Platte mit gegrillten Rippchen, gebratenen Okras, Rübstiel (Stiele und Blätter von Speiserüben) und gebratenen Süßkartoffeln. Happy Hour gibt's jeden Tag und von Donnerstag bis Sonntag auch Livemusik.

Fat Snook SEAFOOD **$$$**
(☎321-784-1190; http://thefatsnook.com; 2464 S Atlantic Ave, Cocoa Beach; Hauptgerichte 22–36 US$; 17.30–22 Uhr) Das winzige Fat Snook ist eine wahre Oase der feinen Küche, auch wenn es sich in einem eher uninspirierten Gebäude versteckt – die Einrichtung ist von minimalistischer Coolness. Ja, doch, in Sachen Essen herrscht hier schon ein gewisser Snobismus vor, aber weil es so wahnsinnig gut schmeckt, scheint das niemanden zu stören.

Maison Martinique FRANZÖSISCH **$$$**
(☎772-231-7299; Caribbean Court Hotel, 1603 S Ocean Dr, Vero Beach; Hauptgerichte 24–42 US$; Di–Sa 17–22 Uhr) Dieses Restaurant in Vero Beach serviert außergewöhnliche französische Küche mit erstklassigem Service in traulicher Umgebung. An warmen Abenden kann man neben dem kleinen Pool essen; wer es gerne etwas lässiger mag, kann auch in der Pianobar oben vorbeischauen.

An- & Weiterreise

Von Orlando über den Hwy 528, der später auf den Hwy A1A trifft, nach Osten fahren. **Greyhound** (www.greyhound.com) bietet Verbindungen von West Palm Beach und Orlando nach Titusville. **Vero Beach Shuttle** (☎772-200-7427; www.verobeachshuttle.com) unterhält einen Shuttle-Service vom Flughafen aus.

Daytona Beach

Mit der typischen Übertreibung à la Florida bewirbt sich Daytona Beach selbst als „berühmtester Strand der Welt". Doch dieser Anspruch beruht eher auf der Größe und weniger auf der Qualität der Springbreak-Partys auf dem breiten Sandstreifen. Gleichzeitig wären da noch die SpeedWeeks und die Motorradfestivals, bei denen bis zu 500 000 Biker mit ihren Maschinen in die Stadt donnern. Unumstritten ist jedoch Daytonas Titel als Geburtsort der NASCAR-Rennserie (1947 offiziell gegründet). Deren Wurzeln liegen im Jahr 1938, in dem hier das erste Beschleunigungsrennen auf dem harten Strandsand stattfand.

Das **Daytona Beach Convention & Visitors Bureau** (☎386-255-0415; www.daytonabeach.com; 126 E Orange Ave; Mo–Fr 9–17 Uhr) führt hervorragende Unterkunftsverzeichnisse. Schwule und lesbische Besucher finden Informationen unter www.gaydaytona.com.

Sehenswertes & Aktivitäten

Museum of Arts & Sciences MUSEUM
(www.moas.org; 1040 Museum Blvd; Erw./Student 13/7 US$; Di–Sa 9–17, So 11–17 Uhr) Wunderbar vielfältiger Mix von kubanischer Kunst und Coca-Cola-Devotionalien bis hin zum 4 m hohen Skelett eines Riesenfaultiers.

Ponce Inlet Lighthouse & Museum LEUCHTTURM
(www.ponceinlet.org; 4931 S Peninsula Dr; Erw./Kind 5/1,50 US$; ⏲ Winter 10–18 Uhr, Sommer 10–21 Uhr) Floridas höchster Leuchtturm (203 Stufen bis ganz nach oben) steht 6 Meilen (9,7 km) südlich von Daytona Beach.

Daytona Beach STRAND
(5 US$/Auto) Dieser Sandstreifen diente der Stadt einst als Rennstrecke. Auch heute kann man noch immer auf gewissen Abschnitten fahren, muss sich aber an das strenge Tempolimit von 10 mph (16 km/h) halten; man kann sich auch ein Quad, ein Strandfahrrad oder ein Liegerad ausleihen. Wer eher für Wassersport zu haben ist, findet ebenfalls zahlreiche Verleihe.

Daytona International Speedway RENNSTRECKE
(☎800-748-7467; www.daytonaintlspeedway.com; 1801 W International Speedway Blvd; Tickets ab 20 US$, Touren f. Erw. 16–23 US$, Kinder 6–12 Jahre 10–17 US$) Der Heilige Gral unter den Rennstrecken hat ein ziemlich vielfältiges Rennprogramm. Die Ticketpreise steigen bei den großen Rennen rapide an, allen voran das **Daytona 500** im Februar, aber wenn keine Rennen stattfinden, kann man kostenlos über die riesige Zuschauertribüne schlendern. Außerdem führen zwei **Tram-Touren** über die Rennstrecke, durch die Boxengasse und den Bereich hinter den Kulissen (wer rechtzeitig kommt, kriegt noch Tickets). Echte Fans können sich die **Richard Petty Driving Experience** (☎800-237-3889; www.drivepetty.com) gönnen und entweder als Beifahrer über die Strecke rasen (84–135 US$) oder sich an einem ganzen Tag zum Fahrer schulen lassen (550–3200 US$); das Programm gibt's online.

Schlafen

In Daytona existieren zahlreiche Unterkünfte in allen Preis- und Stilklassen. Während spezieller Events schnellen die Preise in die Höhe, und es kann dann nicht schaden, weit im Voraus zu buchen.

Shores RESORT $$
(☎386-767-7350; www.shoresresort.com; 2637 N Atlantic Ave; Zi. Ab 109 US$; ❄@📶🏊) Eine der elegantesten Optionen in Daytona: Die gestreiften Wände dieses schicken Boutiqueresorts am Strand sind handbemalt, und ein Spa mit Rundumservice und ein elegantes Farbkonzept gibt's auch noch.

★ **August Seven Inn** B&B $$
(☎386-248-8420; www.jpaugust.net; 1209 S Peninsula Dr; Zi. 140–225 US$; ❄@📶🏊) Die freundlichen Besitzer dieses hübschen B&Bs haben das ganze Haus mit Antiquitäten aus der Zeit der Jahrhundertwende und stilvollen Art-déco-Akzenten eingerichtet und so einen ruhigen Hafen abseits des in Daytona üblichen Nascar- und Spring-Break-Rummels geschaffen.

Tropical Manor RESORT $$
(☎386-252-4920; www.tropicalmanor.com; 2237 S Atlantic Ave; Zi. 80–315 US$; P❄📶🏊) Das Strandresort mit Motelzimmern, Wohnstudios und Hütten steht für das gute alte Florida. Alles ist mit vielen Wandbildern und in fröhlichen Pastelltönen dekoriert.

Sun Viking Lodge RESORT $$
(☎800-815-2846; www.sunviking.com; 2411 S Atlantic Ave; Zi. 79–259 US$; P❄📶🏊) Die meisten Zimmer haben Kochecken, könnten jedoch mal eine Renovierung vertragen. Daran sollte man sich aber nicht großartig stören, vor allem Familien profitieren hier: Mit zwei Pools, einer Wasserrutsche (18 m), Strandzugang, Shuffleboards, zahllosen Aktivitäten und Wikinger-Dekor (!) herrschen hier ideale Bedingungen für sie.

Essen & Ausgehen

Dancing Avocado Kitchen MEXIKANISCH $
(110 S Beach St; Hauptgerichte 6–10 US$; ⏲ Di–Sa 8–16 Uhr; 🌱) Frische, gesunde Mexiko-Kost (z. B. supergute Burritos und Quesadillas) prägt die Karte des vegetarisch orientierten Cafés. Highlight ist das Dancing Avocado Melt nach Art des Hauses.

Pasha NAHÖSTLICH $
(www.pashamideastcafe.com; 919 W International Speedway Blvd; Hauptgerichte 5–14 US$; ⏲ Mo–Sa 11–19.30 Uhr) Seit seiner Eröffnung in den 1970er-Jahren hat sich das Pasha kaum verändert. Es kombiniert eine orientalische Schatzhöhle voller nahöstlicher Import-Feinkost mit authentischer Küche in einem Café. Auf den Tisch kommen z. B. panierte Käsepastetchen à la Armenien und Fladenbrot nach dem Originalrezept der Großmutter des Inhabers.

Aunt Catfish's on the River SÜDSTAATENKÜCHE $$
(☎386-767-4768; www.auntcatfishontheriver.com; 4009 Halifax Dr, Port Orange; Hauptgerichte 8–25 US$; ⏲ Mo–Sa 11.30–21, So 9–21 Uhr) Südstaaten-Seafood mit viel Butter und Wels

mit Cajun-Gewürzen machen dieses Lokal ungemein populär.

The Cellar ITALIENISCH **$$$**
(☎386-258-0011; www.thecellarrestaurant.com; 220 Magnolia Ave; Hauptgerichte 19–37 US$; ⏲Di–So 17–22 Uhr) Die inzwischen angesagteste Adresse für besondere Dinner-Anlässe befindet sich in der früheren Sommervilla von Warren G. Harding (29. US-Präsident). In elegantem Ambiente gibt's hier italienische Klassiker der gehobenen Art. Reservierung ist ratsam.

Ausgehen & Unterhaltung

Daytonas Unterhaltungsangebot besteht in erster Linie aus rockigen Biker-Bars (vor allem entlang der Main St) und energetischen Diskos (im Bereich des Seabreeze Blvd).

Froggy's Saloon BAR
(www.froggyssaloon.net; 800 Main St) Im Fenster der abgewrackten Bar glänzt ein Knochenmesser. Drinnen fragt ein Schild *Ain't drinking fun?* („Macht Bechern nicht Spaß?") Und das ist todernst gemeint: Ab 7 Uhr morgens feiern hier Biker und alle anderen, die richtig auf den Putz hauen wollen. Zu sehen gibt's in dem Laden strippende Mädels, rauchgraue Bärte und mehr Leder als bei einer Afrika-Safari.

Razzles NACHTCLUB
(www.razzlesnightclub.com; 611 Seabreeze Blvd; ⏲20–3 Uhr) Daytonas permanent pulsierende Disko Nummer eins.

Anreise & Unterwegs vor Ort

Der **Daytona Beach International Airport** (☎386-248-8030; www.flydaytonafirst.com; 700 Catalina Dr) liegt gleich östlich des Speedway, und vom **Greyhound-Busbahnhof** (www.greyhound.com; 138 S Ridgewood Ave) gibt's Verbindungen zu Zielen in ganz Florida.

Daytona liegt in der Nähe der Kreuzung zweier für Florida wichtiger Interstates: Die I-95 ist die schnellste Route nach Jacksonville (90 Meilen; 145 km) und Miami (260 Meilen; 418 km), und über die I-4 erreicht man in einer Stunde Orlando.

Busse von **Votran** (www.votran.org; Fahrt 1,25 US$) fahren durch die ganze Stadt.

St. Augustine

Das erste dies, das älteste das… St. Augustine wurde 1565 von den Spaniern gegründet, was bedeutet, dass es randvoll mit altersbezogenen Superlativen ist. Touristen strömen in Scharen hierher, um durch die alten Straßen zu schlendern, und Pferdekutschen ziehen klappernd an den Einwohnern der Stadt vorbei, die in ihren Kostümen jenen alten Zeiten entsprungen zu sein scheinen und sich über den gesamten National Historic Landmark District verteilen – seines Zeichens die älteste dauerhaft bewohnte Siedlung der USA.

Manchmal schreit St. Augustine seinen Besuchern förmlich „Hey, guckt mal, wie uralt wir sind!" entgegen, da es wirklich stark an einen historischen Themenpark erinnert. Schließlich sind die Gebäude und Denkmäler nun einmal echt, und die schmalen Gassen mit ihren unzähligen Cafés sind wirklich charmant. Wenn man durch die Pflasterstraßen bummelt oder an jener Stelle steht, an der Juan Ponce de León 1513 landete, wird die historische Distanz mit einem Mal ganz klein, und gelegentlich jagen einem diese besonderen Momente sogar einen leichten Schauer über den Rücken.

Die größte **Touristeninformation** (☎904-825-1000; www.ci.st-augustine.fl.us; 10 Castillo Dr; ⏲8.30–17.30 Uhr) zeigt einen 45-minütigen Film zur Geschichte der Stadt.

Sehenswertes & Aktivitäten

Die beiden Henry-Flagler-Gebäude der Stadt sollte man nicht verpassen.

★**Lightner Museum** MUSEUM
(☎904-824-2874; www.lightnermuseum.org; 75 King St; Erw./Kind 10/5 US$; ⏲9–17 Uhr) Flaglers ehemaliges Hotel Alcazar ist heute das Zuhause dieses wunderbaren Museums, das von allem ein bisschen zeigt: von aufwendigen Möbeln aus dem Gilded Age (der Blütezeit der Wirtschaft in den USA) bis zu einer Murmelsammlung und einer Ausstellung von Zigarrenschachtel-Etiketten.

Hotel Ponce de León HISTORISCHES GEBÄUDE
(74 King St; Führung Erw./Kind 10/1 US$; ⏲Führungen Sommer 10–15 Uhr stündl., Schulzeit 10 & 14 Uhr) Das großartige ehemalige Hotel (erb. in den 1880er-Jahren) ist heute das tollste Studentenwohnheim der Welt und gehört zum Flagler College. Am besten an einer Führung teilnehmen oder zumindest einen Gratis-Blick in die Lobby werfen!

Colonial Quarter HISTORISCHES AREAL
(33 St George St; Erw./Kind 13/7 US$; ⏲9–18 Uhr) Dieser Nachbau des St. Augustine der spanischen Kolonialzeit zeigt, wie Handwerker im

18. Jh. arbeiteten – live vorgeführt u.a. von Hufschmieden oder Lederverarbeitern.

Pirate & Treasure Museum MUSEUM
(www.thepiratemuseum.com; 12 S Castillo Dr; Erw./Kind 13/7 US$; ⏲9–20 Uhr; 👪) Eine bunte Mischung aus Themenpark und Museum: Hier wird alles verehrt, was auch nur im Entferntesten mit Piraten zu tun hat, und es gibt echte historische Schätze (und echtes Gold), animatronische Piraten und donnernde Kanonen zu sehen bzw. zu hören – und eine Schatzsuche für die Kleinen.

Castillo de San Marcos National Monument FORT
(☎904-829-6506; www.nps.gov/casa; 1 S Castillo Dr, St Augustine; Erw./Kind unter 16 Jahren 7 US$/frei; ⏲8.45–17.15 Uhr; 👪) Das unglaublich fotogene Fort ist ein weiteres stimmungsvolles Monument der Dauerhaftigkeit. Es wurde 1695 von den Spaniern vollendet und ist die älteste gemauerte Festung der USA. Park-Ranger leiten hier stündlich Besucherprogramme und feuern an den meisten Wochenenden die Kanonen ab.

Fountain of Youth HISTORISCHE STÄTTE
(www.fountainofyouthflorida.com; 11 Magnolia Ave; Erw./Kind 6–12 Jahre 12/8 US$; ⏲9–17 Uhr) In diesem archäologischen Park erwartet Besucher ein säuerlicher Schluck ewige Jugend. Der Legende nach soll der spanische Entdecker Juan Ponce de León hier 1513 an Land gegangen sein und den Bach für den legendären Jungbrunnen (Fountain of Youth) gehalten haben.

Anastasia State Recreation Area PARK
(☎904-461-2033; www.floridastateparks.org; 1340 Hwy A1A; Auto/Fahrrad 8/2 US$; ⏲8 Uhr–Sonnenuntergang) Vor den Touristenscharen flüchten Einheimische in diesen Park mit einem super Strand, einem Campingplatz (Stellplatz 28 US$) und einem umfangreichen Wassersportverleih.

Geführte Touren

St. Augustine City Walks STADTSPAZIERGANG
(☎904-540-3476; www.staugustinecitywalks.com; Stadtspaziergänge 12–49 US$) Wirklich witzige Stadtspaziergänge aller Art (von ernsthaft und albern bis hin zu gruselig).

Old Town Trolley Tours BUSTOUR
(☎888-910-8687; www.trolleytours.com; Erw./Kind 6–12 Jahre 23/10 US$) Kommentierte Bustouren mit beliebig häufigem Zu- und Aussteigen.

St. Augustine Sightseeing Trains TOURISTENZUG
(☎904-829-6545; www.redtrains.com; 170 San Marco Ave; Erw./Kind 20/9 US$) Kommentierte Touristenzugtouren mit beliebigem Zu- und Aussteigen (u.a. an Bord des gruseligen Ghost Train).

Schlafen

St. Augustine ist ein beliebtes Wochenendziel; freitags und samstags können die Zimmerpreise um bis zu 30% steigen. Günstige Motels und Kettenhotels säumen die San Marco Ave in der Nähe der Kreuzung am US Hwy 1. Auf der Website www.staugustineinns.com sind über zwei Dutzend B&Bs verzeichnet.

Pirate Haus Inn HOSTEL $
(☎904-808-1999; www.piratehaus.com; 32 Treasury St; B 20 US$, Zi. 65–109 US$; P ❄ 📶) Wer nicht unbedingt eine superschicke Bleibe braucht, ist bei dem familienfreundlichen, europäisch angehauchten Mix aus Hostel und Pension richtig. In unschlagbarer Lage gibt's hier z.B. ein Piraten-Pfannkuchenfrühstück.

★ **At Journey's End** B&B $$
(☎904-829-0076; www.atjourneysend.com; 89 Cedar St; Zi. 149–199 US$; ❄ @ 📶) Dieses tier-, kinder- und schwulenfreundliche Haus verzichtet angenehmerweise auf die altbackene Einrichtung, die viele B&Bs in St. Augustine „ziert". Es ist mit einer schicken Mischung aus alten und modernen Möbeln ausgestattet und wird von einem freundlichen Team geführt. Frühstück inklusive.

Casa de Solana B&B $$
(☎877-824-3555; www.casadesolana.com; 21 Aviles St; Zi. 149–279 US$; ❄ 📶) Gleich neben der Fußgängerzone der Aviles St liegt im ältesten Teil der Stadt dieses unglaublich charmante kleine B&B, das seinem Dekor aus dem frühen 19. Jh. durchweg treu bleibt. Die Zimmer sind ein bisschen klein, aber Preis und Lage machen die Unterkunft zu einem echten Schnäppchen.

Casa Monica HISTORISCHES HOTEL $$$
(☎904-827-1888; www.casamonica.com; 95 Cordova St; Zi. 179–379 US$; ❄ @ 📶 🏊) 🌿 Dieses 1888 erbaute Haus ist das Luxushotel der Stadt: Türmchen und Springbrunnen unterstreichen die spanisch-maurische Burgatmosphäre. Die Zimmer sind üppig ausgestattet und bieten gusseiserne Betten und jede erdenkliche Annehmlichkeit.

Essen & Ausgehen

St. Augustine hat neben bemerkenswerten Restaurants auch viele überteuerte Touristenfallen.

★ Spanish Bakery BÄCKEREI $
(www.thespanishbakery.com; 42½ St George St; Hauptgerichte 3,50–5,50 US$; ⌚9.30–15 Uhr) Durch einen Torbogen geht's hier hinein in einen Innenhof voller Tische. In der winzigen Bäckerei mit Stuckelementen werden Empanadas, Würstchen im Teigmantel und andere Klassiker aus Konquistadorentagen serviert. Nicht zögern: Alles ist schnell ausverkauft!

★ Floridian MODERN-AMERIKANISCH $$
(☎904-829-0655; www.thefloridianstaug.com; 39 Cordova St; Hauptgerichte 12–20 US$; ⌚mittags Mi–Mo 11–15, abends Mo–Do 17–21, Fr & Sa 17–22 Uhr) Das neue Restaurant, in dem frische Zutaten vom Bauernhof verarbeitet werden, strahlt die Ernsthaftigkeit des hippen „Locavore"-Fanatismus. Allerdings spielt das keine Rolle, da der Laden wirklich großartig ist. In einem extrem coolen Speiseraum kredenzen die selbst kochenden Inhaber skurrile Kreationen der modernen amerikanischen Südstaatenküche.

Collage INTERNATIONAL $$$
(☎904-829-0055; www.collagestaug.com; 60 Hypolita St; Hauptgerichte 28–38 US$; ⌚ab 17.30 Uhr) In diesem teureren Restaurant fühlt man sich Welten vom geschäftig-touristischen Downtown entfernt. Die Karte wird von Meeresfrüchten geprägt und für ihren subtilen Touch globaler Aromen begeistert gefeiert.

Scarlett O'Hara's KNEIPE
(www.scarlettoharas.net; 70 Hypolita St; ⌚11–1 Uhr) Wer einen Schaukelstuhl ergattern kann, hat Glück: Die Veranda des Kiefernholzhauses ist jeden Tag durchgängig rappelvoll. Der Laden von 1879 serviert heute Standard-Kneipenessen, wirkt aber auf Gäste so anziehend wie spiritistische Sitzungen auf Geister. Hierfür sorgen eine geschäftige Happy Hour, allabendliche Live-Unterhaltung, eine unkonventionelle Bar und hart arbeitendes Personal.

★ Taberna del Gallo BAR
(35 St George St; ⌚So–Do 12–19, Fr & Sa 12–23 Uhr) Flackernde Kerzen sind die einzigen Lichtquellen in der steinernen Schenke von 1736. Am Wochenende singt man hier Seemannslieder.

A1A Ale Works KNEIPE
(www.a1aaleworks.com; 1 King St; ⌚So–Do 11–23.30, Fr & Sa 11–24 Uhr) Wer braucht historisches Ambiente, wenn handgebrautes Bier so gut schmeckt wie hier?

Anreise & Unterwegs vor Ort

Der **Greyhound-Busbahnhof** (☎904-829-6401; 52 San Marcos Ave) liegt nur ein paar Blocks hinter dem Visitor Center. In der Altstadt ist fast alles zu Fuß erreichbar.

Jacksonville

Sind wir schon da? Sind wir schon raus? Schwer zu sagen: Jacksonville erstreckt sich über sage und schreibe 2176 km², was es flächenmäßig zur größten Stadt der kontinentalen USA macht (einzig geschlagen von Anchorage, Alaska). Der Jacksonville Beach, vor Ort auch als „Jax Beach" bekannt, liegt 17 Meilen (27 km) östlich des Stadtzentrums: Hier findet man weißen Sand und den Großteil des Geschehens vor. Näheres gibt's unter www.visitjacksonville.com.

Sehenswertes & Aktivitäten

★ Cummer Museum of Art & Gardens MUSEUM
(www.cummer.org; 829 Riverside Ave; Erw./Student 10/6 US$; ⌚Di 10–21, Mi-Sa bis 16, So 12–16 Uhr) Dieses attraktive Museum ist Jacksonvilles wichtigste Kulturstätte und zeigt eine wirklich ausgezeichnete Sammlung von amerikanischen und europäischen Bildern, asiatischer dekorativer Kunst und Antiquitäten.

Museum of Science & History MUSEUM
(www.themosh.org; 1025 Museum Circle; Erw./Kind 10/8 US$; ⌚Mo–Do 10–17, Fr bis 20, Sa bis 18, So 12–17 Uhr; 👪) Kinder im Schlepptau? Dieses Museum bietet Dinosaurier, ein Planetarium und lehrreiche Ausstellungen zu Jacksonvilles Kultur- und Naturgeschichte.

Jacksonville Museum of Modern Art MUSEUM
(www.mocajacksonville.org; 333 N Laura St; Erw./Kind 8/5 US$; ⌚Di–Sa 11–17, Do bis 21, So 12–17 Uhr) Die Werke in diesem ultramodernen Haus gehen weit über die Malerei hinaus: Hier kann man sich zwischen zeitgenössischen Skulpturen, Drucken, Fotografien und Filmen verlaufen.

Jacksonville Landing PROMENADE
(www.jacksonvillelanding.com; 2 Independent Dr) Zu Füßen der Innenstadt-Hochhäuser liegt

diese bekannte Einkaufs- und Unterhaltungsmeile mit rund 40 zumeist touristischen Läden. Mittendrin befindet sich ein super Gastrobereich mit Freilufttischen und regelmäßiger kostenloser Live-Unterhaltung.

Anheuser-Busch Budweiser Brewery BRAUEREI
(www.budweisertours.com; 111 Busch Dr; ⌚Mo–Sa 10–16 Uhr) Gratisführungen mit kostenlosem Bier für Teilnehmer ab 21 Jahren.

Schlafen & Essen

Die billigsten Zimmer findet man entlang der I-95 und der I-10, wo die günstigeren Ketten versammelt sind. Die Preise für Strandunterkünfte steigen naturgemäß im Sommer oft an.

Riverdale Inn B&B **$$**
(☎904-354-5080; www.riverdaleinn.com; 1521 Riverside Ave; Zi. 110–190, Suite 200–220 US$; ❄@📶) Im frühen 20. Jh. war dies eines der etwa 50 Herrenhäuser an der Riverside. Nur zwei von ihnen sind erhalten geblieben, und in diesem hier sind die Gäste herzlich eingeladen, die hübschen Zimmer inklusive Frühstück zu genießen.

★ **Clark's Fish Camp** SÜDSTAATENKÜCHE **$$**
(☎904-268-3474; www.clarksfishcamp.com; 12903 Hood Landing Rd; Hauptgerichte 13–22 US$; ⌚Mo–Do 16.30–21.30, Fr 16.30–22, Sa 11.30–22, So 11.30–21.30 Uhr) Ein unvergesslicher Sumpfschuppen weit südlich von Jacksonvilles Zentrum: Inmitten von „Amerikas größter privater Tierpräparatssammlung" kommt hier die „Cracker"-Küche Süd-Floridas (u.a. Alligator, Schlange, Wels, Froschschenkel) auf den Tisch.

★ **Aix** MEDITERRAN **$$$**
(☎904-398-1949; www.bistrox.com; 1440 San Marco Blvd; Hauptgerichte 10–28 US$; ⌚Mo–Do 11–22, Fr bis 23, Sa 17–23, So 17–21 Uhr) Elegante kulinarische Experten genießen in diesem schönen Bistro mediterrane Fusion-Gerichte. Die Speisekarte quillt quasi über vor globalen Geschmacksexplosionen. Reservierungen empfohlen!

River City Brewing Company SEAFOOD **$$$**
(☎904-398-2299; www.rivercitybrew.com; 835 Museum Circle; Hauptgerichte 19–32 US$; ⌚Mo–Sa 11–16 & 17–22, So 10.30–14.30 Uhr) Der perfekte Ort für ein gemütliches heimisches Bier und edle Meeresfrüchte inklusive Blick aufs Wasser.

Unterhaltung

Freebird Live LIVEMUSIK
(☎904-246-2473; www.freebirdlive.com; 200 N 1st St; ⌚an Konzertabenden 20–2 Uhr) Der Liverock-Laden am Strand ist auch das Zuhause der Band Lynyrd Skynyrd.

Anreise & Unterwegs vor Ort

Am **Jacksonville International Airport** (JAX; ☎904-741-4902; www.flyjax.com) nördlich der Stadt bekommt man Leihwagen. **Greyhound** (www.greyhound.com; 10 N Pearl St) bedient diverse Großstädte, während Züge der **Amtrak** (☎904-766-5110; www.amtrak.com; 3570 Clifford Lane) aus Richtung Norden und Süden eintreffen. Die **Jacksonville Transportation Authority** (www.jtafla.com) betreibt Stadtbusse (Fahrt 1,50 US$) sowie den kosten- und fahrerlosen Skyway-Peoplemover.

Amelia Island & Umgebung

Einheimische werden einem sofort erzählen, dass Amelia Island genauso alt ist wie das angeberische St. Augustine – nur können sie das einfach nicht beweisen. Denn leider gilt: kein Ponce de León, keine Gedenktafel. Somit müssen sich die Hiesigen damit begnügen, auf einer hübschen kleinen Insel mit moosbärtigem Südstaatencharme zu leben. Die 40 Blocks des Krabbenfischerdorfs **Fernandina Beach** bestehen aus historischen Gebäuden und romantischen B&Bs. Beim **Visitor Center** (☎904-277-0717; www.ameliaisland.com/; 102 Centre St; ⌚10–16 Uhr) gibt's Infos und Karten für Stadtspaziergänge.

Old Towne Carriage Co (☎904-277-1555; www.ameliacarriagetours.com; 30 Min. Erw./Kind 15/7 US$) bietet Fahrten mit Pferdekutschen an. Wer stattdessen lieber direkt auf einem Ross sitzt und mindestens 13 Jahre alt ist, nimmt an den Strandritten von **Kelly's Seahorse Ranch** (☎904-491-5166; www.kellyranchinc.com; 1-stündige Ausritte 60 US$; ⌚10, 12, 14 & 16 Uhr) teil.

Sehenswertes & Aktivitäten

Fort Clinch State Park PARK
(2601 Atlantic Ave; Parkzugang Fußgänger/Auto 2/6 US$; ⌚Park 8 Uhr–Sonnenuntergang, Fort 9–17 Uhr) Spanisches Moos wuchert in diesem State Park am Nordzipfel der Insel. Zudem warten hier Strände, Campingplätze (26 US$), Radwege und ein imposantes Fort aus der Bürgerkriegszeit. Letzteres ist Schauplatz von nachgestellten Schlachten (jeweils am 1. Sa & So des Monats).

Amelia Island Museum of History MUSEUM
(www.ameliamuseum.org; 233 S 3rd St; Erw./Student 7/4 US$; ⏲Mo–Sa 10–16, So 13–16 Uhr) Das Museum informiert über die komplexe Geschichte der Insel, die seit der Erstbesetzung durch die Franzosen (1562) von insgesamt acht verschiedenen Nationen beherrscht wurde. Der Eintritt beinhaltet eine Führung (11 od. 14 Uhr).

Talbot Islands State Parks PARK
(☎904-251-2320; ⏲8 Uhr–Sonnenuntergang) Amelia Island gehört zu den Talbot Islands State Parks. Diese bestehen ansonsten aus der unberührten Küstenlinie von Little Talbot Island und dem „Friedhofsstrand“ des Big Talbot Island State Park, an dem silbern glänzende Baumskelette einen spektakulären Anblick bieten. Von Amelia Island aus führt der First Coast Hwy südwärts hinunter zu beiden Parkbereichen.

Schlafen

Florida House Inn HOTEL $$
(☎904-491-3322; www.floridahouseinn.com; 20 & 22 S 3rd St; Zi. 140–160 US$) Fernandina schlägt St. Augustine wenigstens in Sachen ältestes Hotel des Bundesstaats: Das bis heute moderne Florida House Inn punktet mit wunderschön restaurierten Zimmern, WLAN und dem Gratisgebrauch von flotten roten Motorrollern.

Hoyt House B&B $$$
(☎800-432-2085, 904-277-4300; www.hoythouse.com; 804 Atlantic Ave; Zi. 239–359 US$; ❄📶🏊) Das große viktorianische Haus am Innenstadtrand hat eine bezaubernde Gartenlaube, die nach Relaxen bei einem kühlen Drink schreit. Die zehn Zimmer sind jeweils individuell mit einem stilvollen Mix aus Antiquitäten und gefundenen Schätzen eingerichtet. Wer's richtig individuell mag, mietet sich zum Übernachten die Luxusjacht der Eigentümer.

★**Elizabeth Pointe Lodge** B&B $$$
(☎904-277-4851; www.elizabethpointelodge.com; 98 S Fletcher Ave; Zi. 225–335 US$, Suite 385–470 US$; ❄📶) Der Stil dieser Lodge erinnert an ein altes Kapitänswohnhaus in Nantucket. Die direkt am Meer gelegene Lodge hat umlaufende Veranden, freundlichen Service und wunderschön gestaltete Zimmer.

★**Fairbanks House** B&B $$$
(☎904-277-0500; www.fairbankshouse.com; 227 S 7th St; Zi. 185–240 US$, Suite 265–450 US$; ❄📶) Der mondäne Bau im Stil der viktorianischen Gotik strotzt vor Seidenteppichen, Krimskrams aus aller Welt und dicken Büchern mit Ledereinbänden. In den riesigen Zimmern herrscht Suiten-Feeling. Unser Favorit ist das Erdgeschossquartier in der umgebauten Originalküche aus den 1800er-Jahren.

Essen & Ausgehen

Café Karibo & Karibrew FUSION-KÜCHE, KNEIPE $$
(☎904-277-5269; www.cafekaribo.com; 27 N 3rd St; Hauptgerichte 7–22 US$; ⏲Di–Sa 11–21, So 11–20, Mo 11–15 Uhr) Das weitläufige, beliebte zweistöckige Lokal an einer Seitenstraße serviert eine große, vielfältige Auswahl in unkonventionellem Ambiente. Die benachbarte Brauereikneipe Karibrew hat eine eigene Karte mit Kneipenkost aus aller Welt.

★**29 South** SÜDSTAATENKÜCHE $$$
(☎904-277-7919; www.29southrestaurant.com; 29 S 3rd St; Hauptgerichte mittags 8–13 US$, abends 18–28 US$; ⏲mittags Mi–Sa 11.30–14.30, So 10–14 Uhr, abends tgl. 17.30–21.30 Uhr) In dem winzigen, stilvollen Gourmetbistro mit moderner Südstaatenküche werden kleine und große Gerichte serviert.

Merge MODERN-AMERIKANISCH $$$
(☎904-277-8797; www.mergerestaurant.com; 510 S 8th St; Gerichte 19–32 US$; ⏲So–Do 17–21, Fr & Sa 17–22 Uhr) Inhaber des neuen Bistros ist der frühere Küchenchef des örtlichen Ritz-Carlton Resort. Der Laden liegt am Rand der belebten 8th St, etwas ab vom Schuss. Einheimische Feinschmecker schwärmen von den hervorragenden Seafood-Gerichten aus regionalen Zutaten. Aufgetischt werden z. B. Jakobsmuscheln auf geschmortem Rhabarber oder mit Maismehl panierte Austern in weißer Cheddar-Sahne-Sauce.

★**Palace Saloon** BAR
(www.thepalacesaloon.com; 113–117 Centre St; ⏲tgl. 12–2 Uhr) Noch ein Superlativ für Fernandina: Floridas älteste Bar mit Schwingtüren, Samtvorhängen und dem tödlichen Pirate's Punch.

WESTKÜSTE

Mit seiner Eisenbahn legte Henry Flagler den Grundstein für das heutige Gesicht von Floridas Ostküste. Den übrigen Bundesstaat ignorierte er, was sich auf die Westküste auswirkte: Dank weniger Massentourismus geht's hier ruhiger zu, und Muschelstrände, Sumpf- und Schutzgebiete bieten mehr Raum für den Naturgenuss. Die Westküste punktet u.a. mit bestem Blick auf die feuerroten Sonnenuntergänge über dem Golf von Mexiko. Hinzu kommen hier haarsträubende Achterbahnen, handgerollte Zigarren und Meerjungfrauen als Synchronsprecherinnen.

Tampa

Von außen betrachtet wirkt Floridas drittgrößte Stadt furchtbar businessmäßig, fast so, als sei dies ihre wahre Natur. Aber Tampa überrascht: Seinem Flussufer wurde neues Leben eingehaucht, und heute ist es ein strahlend grüner Streifen, der mit interessanten kulturellen Einrichtungen überzogen ist, und der historische Stadtteil Ybor City hält tagsüber die kubanische Zigarrenindustrie der Stadt aufrecht, während er sich spätabends in die Nachtszene mit den heißesten Bars und Nachtclubs an der gesamten Golfküste verwandelt. Süd-Tampa unterdessen lockt mit einer modernen Restaurantszene, die sogar Gourmets aus Orlando und Miami anzieht.

 Sehenswertes

Downtown Tampa

Abgesehen vom Zoo sind sämtliche Attraktionen Tampas rund um seine attraktive Grünfläche, den **Riverwalk** (www.thetampariverwalk.com), zu finden.

★ Florida Aquarium AQUARIUM
(813-273-4000; www.flaquarium.org; 701 Channelside Dr; Erw./Kind 22/17 US$; 9.30–17 Uhr) Tampas ausgezeichnetes Aquarium gehört zu den besten des ganzen Bundesstaats. Der der Natur nachempfundene Sumpf ist wirklich clever angelegt, und man kann an Reihern und Ibissen vorbeispazieren, während sie durch die Mangrovenhaine streifen. Das bunte Programmangebot umfasst das Schwimmen mit Fischen (und sogar Haien) und eine Katamaran-Ökotour in die Tampa Bay.

★ Lowry Park Zoo ZOO
(813-935-8552; www.lowryparkzoo.com; 1101 W Sligh Ave; Erw./Kind 25/20 US$; 9.30–17 Uhr; P) Tampas Zoo liegt nördlich von Downtown. Hier kommt man den Tieren ganz nahe – näher geht's nicht: Er bietet mehrere Freiflugvolieren, Kamelreiten, Giraffenfütterungen, ein Wallaby-Gehege und eine Nilpferd-„Begegnung".

Tampa Museum of Art MUSEUM
(813-274-8130; www.tampamuseum.org; 120 W Gasparilla Plaza; Erw./Kind 10/5 US$; Mo–Do 11–19, Fr bis 20, Sa & So bis 17 Uhr) 2010 konnte das Museum sein neues, freitragendes Zuhause endlich beziehen. Die sechs Galerien bergen griechische und römische Antiquitäten, zeitgenössische Fotografien, neue Medien und großartige Wanderausstellungen.

STRÄNDE IN UND UM TAMPA BAY

Die Düneninseln der Gegend rund um Tampa Bay sind mit einigen der besten Strände in ganz Florida gesegnet, ganz egal, ob man „beste" als „wunderschön und unendlich einsam" oder als „Familienspaß und dröhnende Strandpartys" definiert. Nähere Informationen gibt's unter www.tampabaybeaches.com und www.visitstpeteclearwater.com. Hier ein paar der Highlights von Nord nach Süd:

➡ **Honeymoon & Caladesi Island** Zwei der schönsten Strände Floridas; das unberührte, selten besuchte Caladesi Island ist nur per Fähre erreichbar.

➡ **Clearwater Beach** In der Idylle des weißen Sandstrands finden wilde Spring-Break-Partys statt; riesige Resorts erfüllen sämtliche Wünsche der Besuchermassen.

➡ **St. Pete Beach** Dieser breite Strand ist das Epizentrum für Aktive jedes Alters; jede Menge Hotels, Bars und Restaurants.

➡ **Pass-a-Grille Beach** Bei Tagesausflüglern aus der Stadt am beliebtesten; extrem lang und mit zahlreichen Unterkünften (keine Resorts); in dem Bilderbuchdörfchen kann man essen gehen.

➡ **Fort Desoto Park & Beach** Der North Beach ist einer der schönsten weißen Sandstrände Floridas; ideal für Familien. Weitläufiger Park mit Fahrrad- und Kajakverleih, Angelpier und Café.

SEEKÜHE & MEERJUNGFRAUEN

Allem Anschein nach verwechselten Floridas spanische Entdecker Seekühe mit Meerjungfrauen, dabei ist es gar nicht so schwierig, sie auseinanderzuhalten. Meerjungfrauen sind die wunderschönen, langhaarigen Geschöpfe mit der hübschen Schwanzflosse im Unterwassertheater in **Weeki Wachee Springs** (☎352-592-5656; www.weekiwachee.com; 6131 Commercial Way, Spring Hill; Erw./Kind 6–12 Jahre 13/8 US$; ⏲9–17.30 Uhr). Ihre graziösen Adagios und die Show *The Little Mermaid* (3-mal tgl.) gehören zu Floridas wunderbar kitschigem Unterhaltungsprogramm (nur 45 Minuten nördlich von Tampa).

Die liebenswerten, 450 kg schweren Seekühe sind die, die in den kristallklaren Becken im **Homosassa Springs Wildlife State Park** (☎352-628-5343; www.floridastateparks.org/homosassasprings; 4150 S Suncoast Blvd; Erw./Kind 6–12 Jahre 13/5 US$; ⏲9–17.30, letzter Einlass 16 Uhr) an ihren Salatblättern knabbern; hier gibt's sogar einen Unterwasser-Aussichtspunkt (20 Minuten nördlich von Weeki Wachee).

Leider kann man mit den Meerjungfrauen nicht schwimmen, mit den Seekühen aber schon. Ein paar Meilen nördlich, in der King's Bay im **Crystal River National Wildlife Refuge** (www.fws.gov/crystalriver; 1502 SE Kings Bay Dr; ⏲Visitor Center Mo–Fr 8–16 Uhr), hält das Visitor Center eine Liste mit fast 40 Anbietern bereit, die den Spaniern viel Herzschmerz erspart hätten, hätte es sie damals schon gegeben.

Tampa Bay History Center MUSEUM

(☎813-228-0097; www.tampabayhistorycenter.org; 801 Old Water St; Erw./Kind 13/8 US$; ⏲10–17 Uhr) Dieses erstklassige Geschichtsmuseum erläutert die Geschichte der Seminolen-Völker und „Cracker“-Pioniere (die ersten weißen Siedler) der Region sowie die der kubanischen Gemeinde und Zigarrenindustrie Tampas. Die kartografische Sammlung begeistert.

Henry B. Plant Museum MUSEUM

(☎813-254-1891; www.plantmuseum.com; 401 W Kennedy Blvd; Erw./Kinder 4–12 Jahre 10/5 US$; ⏲Di–Sa 10–17, So ab 12 Uhr) Die silbernen Türme von Henry B. Plants Tampa Bay Hotel aus dem Jahr 1891 glänzen noch immer so majestätisch wie in alten Zeiten. Heute ist das Gebäude zwar ein Teil der University of Tampa, aber in einem Bereich wurde die luxuriös vergoldete, spätviktorianische Welt des Hotels originalgetreu nachempfunden.

Glazer Children's Museum MUSEUM

(☎813-443-3861; www.glazermuseum.org; 110 W Gasparilla Plaza; Erw./Kind unter 12 Jahren 15/9,50 US$; ⏲Mo–Fr 10–17, Sa bis 18, So 13–18 Uhr; 👪) Man findet nirgends bessere kreative Kinderspielplätze als in diesem einfallsreichen Museum, das aussieht, als sei es in einen Farbkasten gefallen. Das Personal ist ausgesprochen hilfsbereit, und es gibt jede Menge coolen Spaß zu erleben; der Curtis Hixon Park nebenan eignet sich hervorragend für ein Picknick und hat auch einen Spielplatz.

Ybor City

Das facettenreiche, jugendliche Ybor (ausgesprochen „*ih*-bohr“) City versprüht einen verwegenen heruntergekommenen Charme. Sein historischer Bezirk aus dem 19. Jh. wirkt wie das uneheliche Kind von Key West und Little Havana (Miami) – er ist ein wild-romantischer Mix aus Kopfsteinpflaster, schmiedeeisernen Balkongeländern, kugelförmigen Straßenlaternen, Einwanderergeschichte, ethnischer Küche, Zigarren und einem richtig hippen, energetischen Nachtleben.

Einen prima Überblick und Karten für Stadtspaziergänge bekommt man beim **Visitor Center** (☎813-241-8838; www.ybor.org; 1600 E 8th Ave; ⏲Mo–Sa 10–17, So 12–17 Uhr), das selbst ein tolles kleines Museum ist. Die Hauptmeile entlang der 7th Ave (La Septima zw. 14th & 21st St) wird von vielen Restaurants, Bars, Läden und Zigarrengeschäften gesäumt.

Ybor City Museum State Park MUSEUM

(☎813-247-6323; www.ybormuseum.org; 1818 E 9th Ave; Erw./Kind unter 5 Jahren 4 US$/frei; ⏲9–17 Uhr) Die **Führungen** (☎813-428-0854; Führung inkl. Museumseintritt 18 US$; ⏲nach Vereinbarung) über diese Anlage werden von einem Zigarrenhersteller mit Doktortitel geleitet. Das altmodische Geschichtsmuseum, das die vergangenen Zeiten mittels wunderbarer Fotos, eines coolen Ladens und der Wohnhäuser von Zigarrendrehern vor dem Vergessen bewahrt, ist durchaus einen Besuch wert.

Busch Gardens & Adventure Island

Tampas großer Themenpark namens **Busch Gardens** (☎813-987-5600; www.buschgardens.com; 10165 McKinley Dr; Erw./Kind 3–9 Jahre 85/77 US$, bei Onlinebuchung günstiger; ⏲wechselnde Öffnungszeiten je nach Tag & Saison) wirkt mottomäßig nicht ganz so verbissen wie Disney World oder Universal in Orlando. Nichtsdestotrotz ist er das Richtige für Adrenalinjunkies, denn hier gibt es großartige Achterbahnen und Wasserrutschen, die sich durch einen afrikanisch gestalteten Tierpark schlängeln. Musik, Vorführungen und interaktive 4D-Filme runden das Tagesprogramm ab. Die Website informiert über die saisonal wechselnden Öffnungszeiten.

Das angrenzende **Adventure Island** (☎813-987-5600; www.adventureisland.com; 10001 McKinley Dr; Erw./Kind 3–9 Jahre 46/42 US$; ⏲wechselnde Öffnungszeiten; Mitte–März–Aug. tgl., Sept. & Okt. nur Wochenende) ist ein riesiger Badepark mit zahllosen Rides und Rutschen. Kombitickets und vergünstigte Angebote sind online buchbar.

Schlafen

In der Fowler Ave und im Busch Blvd (Hwy 580) in der Nähe von Busch Gardens reiht sich ein Kettenhotel ans andere.

Gram's Place HOSTEL $
(☎813-221-0596; www.grams-inn-tampa.com; 3109 N Ola Ave; B 23 US$, Zi. 25–70 US$; @P) Das Gram's ist so charismatisch wie ein alternder Rockstar: Dieses winzige Hostel heißt seine internationalen Gäste, die Charme und Charakter perfekter Bettwäsche jederzeit vorziehen, herzlich willkommen. Der in den Boden eingelassene Whirlpool und die Jam-Sessions am Samstagabend sind einfach grandios.

Tahitian Inn HOTEL $$
(☎813-877-6721; www.tahitianinn.com; 601 S Dale Mabry Hwy; Zi. 79–139 US$, Suite 149–199 US$; P❄@) Der Name erinnert an ein tikimäßiges Motel. Das familiengeführte Hotel mit Rundumservice vermietet jedoch fesche Boutiquezimmer zu Mittelklassepreisen. Hinzu kommen ein netter Pool und Flughafen-Shuttles.

Don Vicente de Ybor Historic Inn HISTORISCHES HOTEL $$
(☎813-241-4545; www.donvicenteinn.com; 1915 Republica de Cuba; Zi. 139–219 US$; ❄@) Das Don Vicente aus dem Jahr 1895 ist schon ein wenig verwohnt und beschwört die goldenen Zeiten von Ybor City wieder herauf. Leider strahlen die Zimmer weniger Wärme und Dramatik aus als die stimmungsvollen Gemeinschaftsbereiche mit Alte-Welt-Charme. Frühstück inklusive.

Essen

Zur besten Essenszeit sollte man sich in Ybor City aufhalten, in Süd-Tampas SoHo (South Howard Ave) oder im aufstrebenden Seminole Heights.

Wright's Gourmet House SANDWICHES $
(1200 S Dale Mabry Hwy; Sandwiches & Salate 5–9 US$; ⏲Mo–Fr 7–18, Sa 8–16 Uhr) Weder außen noch innen sieht der Laden irgendwie besonders aus. Allerdings serviert er seit 1963 Sandwiches, die aufgrund einzigartiger Kombinationen und üppiger Dimensionen viele Fans haben.

★ **Ella's Americana Folk Art Cafe** AMERIKANISCH $$
(www.ellasfolkartcafe.com; 5119 N Nebraska Ave; Hauptgerichte 11–22 US$; ⏲Di–Do 17–23, Fr & Sa 17–24, So 11–20 Uhr) Das künstlerisch angehauchte Ella's liegt zehn Minuten außerhalb vom Zentrum in Seminole Heights. Es begeistert seine Gäste mit leckeren Aromen, unkonventioneller Folklorekunst, gelegentlicher Livemusik und dem Soul Food Sunday, bei dem Schweinerippchen und Bloody Marys serviert werden.

Datz & Datz Dough AMERIKANISCH $$
(www.datztampa.com; 2616 S MacDill Ave; Hauptgerichte 10–19 US$; ⏲Mo–Do 7–22, Fr 7–23, Sa 8.30–23, So 8.30–15 Uhr) Das große, brummende Lokal ist perfekt für ein zwangloses Mahl. Die Gerichte tragen humorvolle Namen wie Brie Bardot, Havana Hottie oder When Pigs Fly. Wer keinen Platz mehr bekommt, kann sich im benachbarten Datz Dough an Frühstück, Mittagessen, Backwaren und Eiscreme laben.

Refinery FUSION $$
(www.thetamparefinery.com; 5137 N Florida Ave; Hauptgerichte 12–18 US$; ⏲So–Do 17–22, Fr & Sa 17–23, So Brunch 11–15 Uhr;) In dem Gourmetrestaurant mit Arbeiterklassen-Ambiente isst man auch mal von angeschlagenen Tellern – keinerlei krampfhafte Ambitionen in Sicht! Für die leckeren, kreativen Gerichte aus fast ausschließlich einheimischen Zutaten wird nachhaltig gearbeitet. Eine gewisse Punk-Attitüde haben sie trotzdem.

★**Columbia Restaurant** SPANISCH $$$
(☎813-248-4961; www.columbiarestaurant.com; 2117 E 7th Ave; Hauptgerichte Mittagessen 9–15, Abendessen 18–29 US$; ⊙Mo–Do 11–22, Fr & Sa bis 23, So 12–21 Uhr) In diesem überschwänglichen Restaurant, das zweimal pro Abend Flamenco-Shows veranstaltet, sollte man auf jeden Fall vorab reservieren, wenn man die robuste, klassisch spanische Küche und die Mojitos und Sangria mit hoher Drehzahl genießen möchte. Wie eine Zeitmaschine ins altweltliche Iberien!

★**Bern's Steak House** STEAK $$$
(☎813-251-2421; www.bernssteakhouse.com; 1208 S Howard Ave; Hauptgerichte 25–60 US$; ⊙ab 17 Uhr) Dieses legendäre, landesweit bekannte Steakhaus ist nicht einfach nur ein Restaurant, sondern ein eigenes Event. Daheim macht man sich schick, hier bestellt man dann Kaviar und das im eigenen Hause trocken abgehangene Rind (Dry Aged Beef) und vergisst auch nicht, um eine Tour durch den Keller und die Küchen zu bitten. Und unter keinen Umständen das Dessert auslassen!

Ausgehen & Unterhaltung

Was das Nachtleben angeht, ist Ybor City die Partyhochburg schlechthin, aber auch SoHo und Seminole Heights sind absolut hip und angesagt. Tampa Bays alternative Wochenzeitung **Creative Loafing** (www.cltampa.com) listet alle Events und Bars auf. Ybor City ist darüber hinaus das Zentrum des homo-, bi- und transsexuellen Lebens in Tampa; Näheres gibt's bei **GaYBOR District Coalition** (www.gaybor.com) und **Tampa Bay Gay** (www.tampabaygay.com).

★**Skipper's Smokehouse** LIVEMUSIK
(☎813-971-0666; www.skipperssmokehouse.com; 910 Skipper Rd; Grundpreis 5–25 US$; ⊙Di–Fr 11–24, Sa 12–24, So 13–24 Uhr) Das beliebte, bodenständige Skipper's scheint der Wind von den Keys hierhergeweht zu haben. Rund 10 Meilen (16 km) nördlich der Innenstadt gibt's hier Blues, Folk, Reggae und Alligatorsumpf-Rockabilly unter freiem Himmel. Eine Wegbeschreibung findet sich auf der Website.

Straz Center for the Performing Arts DARSTELLENDE KÜNSTE
(☎813-229-7827; www.strazcenter.org; 1010 MacInnes Pl) Dieser riesige Komplex mit mehreren Veranstaltungsräumen bietet das komplette Spektrum darstellender Künste: Broadwayshows auf Tournee, Popkonzerte, Opern, Ballett, Theater und vieles mehr.

Praktische Informationen

MEDIEN

Im Großraum gibt's zwei große Tageszeitungen: **St. Petersburg Times** (www.tampabay.com) und **Tampa Tribune** (www.tampatrib.com).

TOURISTENINFORMATION

Tampa Bay Convention & Visitors Bureau (☎813-223-1111; www.visittampabay.com; 615 Channelside Dr; ⊙Mo–Sa 10–17.30, So 11–17 Uhr) Die Touristeninformation hält gute kostenlose Karten und jede Menge Informationen bereit. Über die Website kann man auch Hotels buchen.

Anreise & Unterwegs vor Ort

Am **Tampa International Airport** (TPA; www.tampaairport.com) sind Leihwagenfirmen ansässig. **Greyhound** (www.greyhound.com; 610 E Polk St) bietet zahlreiche Verbindungen an. Züge fahren vom **Amtrak-Bahnhof** (☎813-221-7600; www.amtrak.com; 601 Nebraska Ave) nach Miami im Süden und bis Jacksonville im Norden. **Hillsborough Area Regional Transit** (HART; ☎813-254-4278; www.gohart.org; 1211 N Marion St; Fahrpreis 2 US$) verbindet Downtown und Ybor City mit Bussen und altmodischen Straßenbahnen.

St. Petersburg

St. Petersburg ist Tampas künstlerischer und jünger wirkende Schwesterstadt im Bereich der Bucht. Der kompaktere Touristenbezirk am hübschen Hafen lässt sich zudem besser zu Fuß erkunden. Auch dies macht St. Pete zu einer super Wahl für Kulturfans, die großstädtisch, aber in der Nähe der hervorragenden Strände wohnen möchten.

Stadtpläne und Infos gibt's bei der **Handelskammer** (Chamber of Commerce; ☎727-821-4069; www.stpete.com; 100 2nd Ave N; ⊙Mo–Fr 9–17 Uhr). Bei der Besuchsplanung hilft die Website www.visitstpeteclearwater.com.

Sehenswertes

Die meiste Action konzentriert sich auf den Central-Ave-Bereich zwischen 8th Ave und Bayshore Dr. Letzterer säumt den Touristenpier am Hafen.

St. Petersburg Museum of Fine Arts MUSEUM
(☎727-896-2667; www.fine-arts.org; 255 Beach Dr NE; Erw./Kind 17/10 US$; ⊙Mo–Sa 10–17, Do

NICHT VERSÄUMEN

SALVADOR DALÍ MUSEUM

St. Petersburg war der logische Standort für ein Kunstmuseum, das Salvador Dalí gewidmet ist, dem exzentrischen Spanier, der schmelzende Uhren malte, einmal einen Rolls Royce mit Blumenkohl füllte und sich einen übertrieben spitzen Schnauzbart zulegte, um wie König Philipp IV. auszusehen. Und wirklich beherbergt **The Dalí Museum** (727-823-3767; www.thedali.org; 1 Dali Blvd; Erw./Kind 6–12 Jahre 21/7 US$, Do ab 17 Uhr 10 US$; Mo–Sa 10–17.30, Do 10–20, So 12–17-30 Uhr) die größte Dalí-Sammlung außerhalb Spaniens. Doch wie kam es dazu?

1942 legten A. Reynolds Morse und seine Frau Eleanor den Grundstein für das, was einmal die größte private Dalí-Sammlung der Welt werden sollte. Als es an der Zeit war, ein dauerhaftes Zuhause dafür zu finden, stellte das Ehepaar nur eine Bedingung: Die Bilder sollten nicht voneinander getrennt werden. Lediglich drei Städte waren mit dieser Forderung einverstanden; schließlich erhielt St. Pete den Zuschlag wegen seiner Lage am Meer.

Von der Bucht aus betrachtet wirkt das theatralische Äußere des brandneuen Museumsgebäudes wie ein geodätisches Atrium, das aus einer Schuhschachtel herausquillt. *Die* schmelzenden Uhren sind hier zwar nicht zu sehen, dafür aber *ein paar* schmelzende Uhren. Ansonsten umfasst die eindrucksvolle Gemäldesammlung auch Werke wie *The Ghost of Vermeer of Delft Which Can Be Used as a Table*.

10–20, So 12–17 Uhr) Die hiesige Sammlung ist so breit gefächert, wie die des Dalí Museum in die Tiefe geht. Sie zeigt Altes aus aller Welt und verfolgt die Entwicklung der Kunst über nahezu alle Epochen.

Florida Holocaust Museum MUSEUM
(727-820-0100; www.flholocaustmuseum.org; 55 5th St S; Erw./Kind 16/8 US$; 10–17 Uhr) Das schlicht gehaltene Holocaust-Museum zählt zu den größten der USA und porträtiert die furchtbaren Ereignisse in der Mitte des 20. Jhs. mit bewegender Direktheit.

Chihuly Collection KUNSTGALERIE
(727-896-4527; www.chihulycollectionstpete.com; 400 Beach Dr; Erw./Kind 15/11 US$; Mo–Sa 10–17, So 12–17 Uhr) Diese Ode an die Glaskunst Dale Chihulys zeigt dessen spektakuläre Installationen in speziell gestalteten Galerien.

Schlafen

★**Dickens House** B&B $$
(727-822-8622; www.dickenshouse.com; 335 8th Ave NE; Zi. 119–245 US$; P ❄ @ 🛜) Das liebevoll restaurierte Wohnhaus im Arts-&-Crafts-Stil empfängt seine Gäste mit fünf herrlich gestalteten Zimmern. Der gesellige, schwulenfreundliche Eigentümer tischt ein leckeres Frühstück auf.

Ponce de Leon BOUTIQUEHOTEL $$
(727-550-9300; www.poncedeleonhotel.com; 95 Central Ave; Zi. 99–119 US$, Suite 169 US$; P ❄ @ 🛜) Dieses Innenstadthotel punktet mit spanischem Flair, sensationellen Wandbildern, coolem Designer-Dekor und einer netten Restaurantbar. Minuspunkt: Es hat keine eigenen Parkplätze.

Renaissance Vinoy Resort LUXUSHOTEL $$$
(727-894-1000; www.vinoyrenaissanceresort.com; 501 5th Ave NE; Zi. 169–359 US$; P ❄ @ 🛜 ≋) St. Petes mondäne Grande Dame in Korallenrosa stammt aus dem Jahr 1925 und ist inzwischen frisch renoviert. Ein Besuch lohnt sich schon allein wegen des großartigen Pools. Die Nachsaisons- und Online-Angebote suchen ihresgleichen.

Essen & Ausgehen

Abends empfehlen sich der Hafenbereich sowie die Central Ave zwischen 2nd und 3rd St. In vielen Restaurants herrscht bis zu später Stunde lebhafter Barbetrieb.

AnnaStella Cajun Bistro CAJUN $
(727-498-8978; www.annastellacajunbistro.com; 300 Beach Dr N; Gerichte 6–16 US$; So–Do 8–22, Fr & Sa 8–23 Uhr; 🛜) Zum Hafenblick gibt's hier u.a. Frühstück und Mittagessen im Cajun-Stil. Serviert werden z.B. super Gumbo und frische Beignets (französische Donuts).

★**Ceviche** TAPAS $$
(727-209-2299; www.ceviche.com; 10 Beach Dr; Tapas 5–13 US$, Hauptgerichte 15–23 US$; 11–22 Uhr) Elan zählt – und davon hat das Ceviche eine ganze Menge: In peppigem spanischem Ambiente tischt es aromatische, kreative und üppig bemessene Tapas auf.

Der Abend endet idealerweise im geräumigen Untergeschoss, wo Live-Flamenco im sexy Flamenco Room angesagt ist (Do & Sa).

Bella Brava ITALIENISCH $$
(☎727-895-5515; www.bellabrava.com; 204 Beach Dr NE; Gerichte mittags 7–10 US$, abends 14–20 US$; ⊙Mo–Do 11.30–22, Fr & Sa 11.30–23, So 15–21 Uhr) Dieser Spezialist für moderne norditalienische Küche stellt seine Außentische an der hübschesten Kreuzung am Ufer auf.

Garden MEDITERRAN $$
(☎727-896-3800; www.thegardendtsp.com; 217 Central Ave; Gerichte mittags 7–12 US$, abends 15–24 US$; ⊙So–Do 11–22, Fr & Sa 11–23 Uhr) Versteckt in einem hübschen Innenhof stehen hier mediterrane Salate und Nudelgerichte im Mittelpunkt. Am Wochenende sorgen Livejazz und DJs für Unterhaltung.

☆ Unterhaltung

★ **Jannus Live** LIVEMUSIK
(☎727-565-0551; www.jannuslive.com; 16 2nd St N) Diese beliebte Freiluft-Konzertbühne befindet sich in einem gemütlichen Innenhof. Der Lärm der Bands aus heimischen Gefilden und dem ganzen Land dröhnt durch die gesamte Innenstadt.

ℹ Anreise & Unterwegs vor Ort

Der **St. Petersburg-Clearwater International Airport** (www.fly2pie.com; Kreuzung Roosevelt Blvd & Hwy 686, Clearwater) wird von mehreren großen Fluglinien bedient. **Greyhound** (☎727-898-1496; www.greyhound.com; 180 Dr. Martin Luther King Jr. St N) fährt u. a. nach Tampa.

Neben Buslinien in der ganzen Stadt betreibt die **Pinellas Suncoast Transit Authority** (PSTA; www.psta.net; 340 2nd Ave N; Einzelfahrt 2 US$; ⊙Mo–Sa 5–21, So 7–17 Uhr) auch den Suncoast Beach Trolley, der die Strände zwischen Clearwater und Pass-a-Grille miteinander verbindet.

Sarasota

Ob Schriftsteller, Musiker oder Entertainer: Künstlertypen zieht es seit den 1920er-Jahren nach Sarasota. Als Vorreiter fungierte John Ringling, indem er die Stadt 1911 zum Winterquartier seines berühmten Zirkus erkor. Heute ist der Ringling Museum Complex ein regionales Highlight, und vor Ort herrscht kein Mangel an Oper, Theater und Kunst. Bei der **Arts and Cultural Alliance** (www.sarasotaarts.org) gibt's entsprechende Kulturinfos. Die **Van Wezel Performing Arts Hall** (☎800-826-9303, 941-953-3368; www.vanwezel.org; 777 N Tamiami Trail; Tickets 25–80 US$) dient als universeller Veranstaltungsort für alle Arten von Aufführungen. Das **Asolo Repertory Theatre** (☎941-351-8000; www.asolorep.org; 5555 N Tamiami Trail; Tickets 15–50 US$; ⊙Nov.–Juli) ist ein gefeiertes Regionalensemble.

Einen weiteren wichtigen Beitrag zu Sarasotas Popularität leisten die herrlichen weißen Sandstrände. Der **Lido Beach** mit Gratisparkplätzen liegt der Stadt am nächsten. Das 5 Meilen (8 km) entfernte **Siesta Key** mit seinem Puderzuckersand zählt zu den besten und beliebtesten Strandrevieren Floridas; das dortige Siesta Village ist ein belebter, familienfreundlicher Urlaubsort.

Lust auf noch mehr Natur? Das **Mote Aquarium** (☎941-388-4441; www.mote.org; 1600 Ken Thompson Pkwy, City Island; Erw./Kind 17/14 US$; ⊙10–17 Uhr) ist ein führendes Haiforschungszentrum, in dem Besucher z. B. mit Haien, Seekühen, Meeresschildkröten und Rochen auf Tuchfühlung gehen können. Zudem veranstaltet es Bootstouren unter der Leitung von Meeresbiologen. Gleichermaßen entspannende wie faszinierende Begegnungen mit der Pflanzenwelt ermöglichen die **Marie Selby Botanical Gardens** (☎941-366-5731; www.selby.org; 811 S Palm Ave; Erw./Kind 6–11 Jahre 17/6 US$; ⊙10–17 Uhr), in denen die weltgrößte wissenschaftliche Orchideen- und Bromeliensammlung wächst. Rund eine halbe Stunde vom Stadtzentrum entfernt lädt der **Myakka River State Park** (www.myakkariver.org; 13208 State Road 72, Sarasota; Auto/Fahrrad 6/2 US$; ⊙8 Uhr–Sonnenuntergang) zu Propellerboot- und Kajaktrips zwischen zahllosen Alligatoren ein. Zudem bietet er die besten Wander- und Campingmöglichkeiten der Gegend (für Routenbeschreibungen und Tourtermine s. Website).

Beim **Visitor Information Center** (☎941-706-1253; www.sarasotafl.org; 701 N Tamiami Trail; ⊙Mo–Sa 10–17, So 11–14 Uhr; 📶) bekommt man Infos und Karten.

🛏 Schlafen & Essen

Nicht nur Downtown Sarasota und Siesta Village verfügen über ein lebendiges Nachtleben, auch der **St. Armands Circle** auf Lido Key hat jede Menge stilvolle Läden und Restaurants zu bieten.

★ **Hotel Ranola** BOUTIQUEHOTEL $$
(☎941-951-0111; www.hotelranola.com; 118 Indian Pl; Zi. 109–149, Suite 209 US$; ❄@P) In den neun Zimmern hat man das Gefühl, im

NICHT VERSÄUMEN

DER RINGLING MUSEUM COMPLEX

Wer liebt den Zirkus nicht? Vielleicht Menschen, die sich vor Clowns fürchten. Doch selbst bei gewissen Phobien spricht nichts gegen einen Besuch des **Ringling Museum Complex** (☎941-359-5700; www.ringling.org; 5401 Bay Shore Rd; Erw./Kind 6–17 Jahre 25/5 US$; ⏲Fr–Mi 10–17, Do 10–20 Uhr; 👪). Die drei separaten Museen (Besuch jeweils im Eintritt enthalten) auf dem 27 ha großen Gelände sind allesamt eigenständige Attraktionen. Als sich der Eisenbahn-, Immobilien- und Zirkusbaron John Ringling hier mit seiner Frau Mabel niederließ, erbauten die beiden am Meer das Herrenhaus **Ca d'Zan** im Stil der venezianischen Gotik. Besucher können das Erdgeschoss auf eigene Faust erkunden oder im Rahmen einer Führung (sehr empfehlenswert) auch die Schlafzimmer im oberen Stock besichtigen.

Ebenfalls zum Gelände gehört das **John & Mabel Museum of Art**, ein hervorragendes Kunstmuseum mit eindrucksvoll hoher Decke, furchterregend großen Gemälden und einem nachgebauten Raum der Astor-Villa. Ultimatives Highlight vor Ort ist jedoch das einzigartige **Museum of the Circus**: Mit Kostümen, Requisiten, Plakaten, alten Zirkuswagen und einem detaillierten Miniaturmodell lässt es die Faszination der großen Manegen-Ära wieder aufleben.

Designer-Apartment in einem Brownstone-Haus abgestiegen zu sein: unkonventionell und mühelos künstlerisch, aber mit echter, funktionstüchtiger Küche. Urban, trendig und in fußläufiger Entfernung zu Downtown Sarasota.

Sunsets on the Key APARTMENTS $$$
(☎941-312-9797; www.sunsetsonthekey.com; 5203 Avenida Navarre; Apt. HS 230–340 US$, NS 149–209 US$; P ❄ 📶 🏊) Die acht sehr gut gepflegten und blitzsauberen Ferienapartments im Siesta Village werden wie ein Hotel verwaltet.

★ **Broken Egg** FRÜHSTÜCK $
(www.thebrokenegg.com; 140 Avenida Messina; Hauptgerichte 7–14 US$; ⏲7.30–14.30 Uhr; 👪) Diese Frühstücksinstitution im Diner-Stil auf Siesta Key ist für ihre riesigen Pancakes und Cheddar-Pommes bekannt und allmorgendlich ein geselliger Treffpunkt.

★ **Owen's Fish Camp** SÜDSTAATENKÜCHE $$
(☎941-951-6936; www.owensfishcamp.com; 516 Burns Lane; Hauptgerichte 9–22 US$; ⏲ab 16 Uhr) Der paradoxerweise sehr angesagte Sumpfschuppen im Stadtzentrum serviert gehobene Versionen von Südstaatengerichten à la Florida. Der Schwerpunkt liegt dabei auf Seafood.

Fort Myers

Das bodenständige, weitläufige Fort Myers steht ein wenig im Schatten der wunderschönen Strände und teureren, kulturell besser aufgestellten Städte rundum. Dank des jüngsten Faceliftings erstrahlt der Bezirk am Flussufer (entlang der 1st St zw. Broadway & Lee St) jedoch in neuem Licht und lockt mit attraktiven Ziegelhäusern, in denen eine Reihe netter Restaurants und Bars warten. Näheres gibt's unter www.fortmyers.org.

Fort Myers' Aushängeschild sind die **Edison & Ford Winter Estates** (☎239-334-7419; www.edisonfordwinterestates.org; 2350 McGregor Blvd; Erw./Kind 20/11 US$; ⏲9–17.30 Uhr). Der berühmte Erfinder Thomas Edison erbaute im Jahr 1885 hier ein Winterhaus inklusive Labor, und der Automobilmagnat Henry Ford wurde 1916 sein Nachbar. Das ausgezeichnete Museum widmet sich vorwiegend dem überwältigenden Einfluss von Edisons Genie, und die Wohnhäuser der beiden sind herrlich friedliche Orte, vor allem die wunderbar angelegten Gärten.

Von November bis März ist ein Besuch im **Lee County Manatee Park** (☎239-690-5030; www.leeparks.org; 10901 State Rd 80; Parken pro Std./Tag 2/5 US$; ⏲tgl. 8 Uhr–Sonnenuntergang) GRATIS eine der einfachsten Möglichkeiten, überwinternde Seekühe zu sehen: Dieser Abwasserkanal eines Wasserkraftwerks ist heute ein Tierschutzgebiet. Der Park ist am Hwy 89 ausgeschildert und liegt 6,5 Meilen (10,5 km) von der Innenstadt entfernt.

Wer sich einen mühelosen Einblick in die Feuchtgebiete Süd-Floridas verschaffen möchte, kann über einen 2 km langen Holzsteg durch das Schutzgebiet **Six Mile Cypress Slough Preserve** (☎239-533-7550; www.leeparks.org/sixmile; 7791 Penzance Blvd; Parken pro Std./Tag 1/5 US$; ⏲Sonnenaufgang–Sonnenuntergang, Naturzentrum Di–Sa 10–16, So bis 14 Uhr) GRATIS schlendern.

Fort Myers Beach

Fort Myers Beach, 15 Meilen (24 km) südlich von Fort Myers, ist ein 7 Meilen (11 km) langer Küstenstreifen feinsten Pulversands, der sich auf Estero Island erstreckt, während eine der typisch aktiven, partyhungrigen Florida-Strandstädte über ihn wacht. Familien ziehen Fort Myers Beach oft vor, da es erschwinglicher ist als die benachbarten Küstenstädte, und Studenten mögen den Ort, weil es in den Bars hier lauter und wilder zugeht. Weitere Informationen rund um Fort Myers Beach gibt's unter www.fortmyersbeachchamber.org.

Die einzige Attraktion sind die Strände, und die sind wirklich klasse, aber im nahen **Lovers Key State Park** (239-463-4588; www.floridastateparks.org; 8700 Estero Blvd; per Auto/Fahrrad 8/2 US$; 8 Uhr–Sonnenuntergang) kann man obendrein hübsche Muscheln sammeln und auf ruhigen Inseln und Kanälen (die auch von Seekühen besucht werden) wandern bzw. Kajak fahren.

Das makellose, gut geführte **Edison Beach House** (239-463-1530; www.edisonbeachhouse.com; 830 Estero Blvd; Zi. 145–415 US$;) liegt perfekt in unmittelbarer Nähe zum Herzen des Geschehens (dem sogenannten Times-Square-Bezirk) und ist trotzdem sehr entspannt und echt gemütlich; und komplette Küchen gibt's auch. Etwas trendigeren Charme versprüht das unkonventionelle B&B **Mango Street Inn** (239-233-8542; www.mangostreetinn.com; 126 Mango St; Zi. 95–150 US$;) in ruhigerer Strandlage. Wer sich hier eines der sechs Zimmer sichert, kommt in den Genuss des grandiosen Frühstücks eines Kochs, der sein Handwerk unter Cajuns gelernt hat.

Sanibel & Captiva Island

Diese beiden schmalen Barriereinseln sehen zusammen aus wie ein Angelhaken, an dem Fort Myers anbeißen soll. Erreichbar sind sie über einen 2 Meilen (3,2 km) langen Damm. Die Eilande sind idyllische, ruhige Refugien und von eleganter Schlichtheit geprägt. Dank sorgsamen Managements wirken ihre Küsten bemerkenswert vegetationsreich und unerschlossen. Radeln ist hier die bevorzugte Fortbewegungsart. Die Möglichkeiten zum Muschelsuchen sind legendär und romantische Abendmahlzeiten nur eine Reservierung entfernt. Die **Sanibel & Captiva Islands Chamber of Commerce** (239-472-1080; www.sanibel-captiva.org; 1159 Causeway Rd, Sanibel; 9–17 Uhr;) zählt zu den hilfreichsten Touristeninformationen der Gegend und hilft auch bei der Unterkunftssuche.

Sanibel hat aber nicht nur großartige Strände: Das 25,5 km² große **J.N. „Ding" Darling National Wildlife Refuge** (239-472-1100; www.fws.gov/dingdarling; 1 Wildlife Drive; Auto/Radfahrer 5/1 US$; Wildlife Drive ab 7 Uhr, Fr geschl.; Visitor Center 9–17 Uhr) ist ein herrliches, artenreiches Naturschutzgebiet. Hier erwarten einen viele Meeresvögel, ein tolles Infozentrum, der 5 Meilen (8 km) lange Wildlife Drive, kommentierte Ausflüge mit einem Besucherzug und stressfreies Kajakfahren auf der Tarpon Bay. Geführte Touren und Leihboote gibt's bei **Tarpon Bay Explorers** (239-472-8900; www.tarponbayexplorers.com; 900 Tarpon Bay Rd, Sanibel; 8–18 Uhr).

Das **Bailey-Matthews Shell Museum** (239-395-2233; www.shellmuseum.org; 3075 Sanibel-Captiva Rd, Sanibel; Erw./Kind 5–16 Jahre 9/5 US$; 10–17 Uhr) sieht aus wie das Schmuckkästchen einer Meerjungfrau. Seine reizvollen Ausstellungen von Muschelschalen aus aller Welt erzählen ein Stück maritime Naturgeschichte. **Billy's Rentals** (239-472-5248; www.billysrentals.com; 1470 Periwinkle Way, Sanibel; Leihfahrrad 2 Std./Tag ab 5/15 US$; 8.30–17 Uhr) verleiht Fahrräder und andere Vehikel.

Das ruhige **'Tween Waters Inn** (239-472-5161; www.tween-waters.com; 15951 Captiva Dr, Captiva; Zi. 175–275 US$, Suite 265–390 US$, Hütte ab 245 US$;) auf Captiva überzeugt mit Rundumservice und diversen Quartieren, die ihr Geld wert sind (nach einem renovierten Zimmer fragen!). Zudem hat das Resort einen großen Pool, einen Wellnessbereich, Tennisplätze und einen eigenen Jachthafen, am dem Leihkajaks, geführte Touren und Bootsfahrten angeboten werden. Für ein etwas persönlicheres Erlebnis empfehlen sich die fünf Zimmer des netten **Tarpon Tale Inn** (239-472-0939; www.tarpontale.com; 367 Periwinkle Way, Sanibel; Zi. 80–219 US$;), das quasi einem charmanten B&B mit Hängematten entspricht, aber kein Frühstück serviert.

Der Tag beginnt am besten im geselligen **Over Easy Cafe** (www.overeasycafesanibel.com; 630 Tarpon Bay Rd am Periwinkle Way, Sanibel; Hauptgerichte 8–14 US$; tgl. 7–15 Uhr;), wo sich jedermann an Diner-Frühstück labt. Eine lange Karte und eine fröhliche Inneneinrichtung machen das **Island Cow** (☎239-472-0606; www.sanibelislandcow.com; 2163 Perwinkle Way; Hauptgerichte 8–19 US$; ⏲7–22 Uhr) zu jeder Tageszeit sehr besuchenswert. Für romantisch veranlagte Feinschmecker ist die kreative Raffinesse des entspannten **Sweet Melissa's Cafe** (☎239-472-1956; www.sweetmelissascafe.net; 1625 Periwinkle Way, Sanibel; Tapas 9–16 US$, Hauptgerichte 26–34 US$; ⏲Mo–Fr 11.30–14.30, Mo–Sa ab 17 Uhr) eine gute Wahl.

Naples

Die Golfküsten-Antwort auf Palm Beach: Erwachsenes Selbstbewusstsein und einer von Floridas am wenigsten erschlossenen, ruhigsten Stadtstränden zeichnen das reiche Naples aus. Die perfekt in Schuss gehaltene Stadt ist sicherlich familienfreundlich. In erster Linie lockt sie jedoch Romantiker mit einem Faible für schöne Künste, Spitzenküche, trendige Cocktails, tolle Sonnenuntergänge und modische Einkaufsmöglichkeiten an. Infos zur Region gibt's unter www.napleschamber.org.

Das kultivierte **Naples Museum of Art** (☎239-597-1900; www.thephil.org; 5833 Pelican Bay Blvd; Erw./Kind unter 17 Jahren 10 US$/frei; ⏲Di–Sa 10–16, So 12–16 Uhr) empfängt Besucher mit sehenswerter zeitgenössischer Kunst in clever gestalteten Ausstellungen. Das LEED-zertifizierte **Naples Nature Center** (☎239-262-0304; www.conservancy.org; 1450 Merrihue Dr; Erw./Kind 3–12 Jahre 13/9 US$; ⏲Mo–Sa 9.30–16.30 Uhr) mit großartigen Ausstellungen zählt zu Floridas besten Naturschutzzentren und Wildtierkliniken.

Im Zentrum des Innenstadtkorridors entlang der 5th Ave wartet das historische **Inn on 5th** (☎239-403-8777; www.innonfifth.com; 699 5th Ave S; Zi. 180–500 US$; ❄@📶🏊) mit elegantem, mediterran geprägtem Luxus auf. Das hübsche, helle **Lemon Tree Inn** (☎239-262-1414; www.lemontreeinn.com; 250 9th St S an der 3rd Ave S; Zi. 89–169 US$; ❄@📶🏊) punktet mit prima Lage und fairen Mittelklassepreisen.

An guten Restaurants herrscht hier kein Mangel. Eine der besten Adressen für eine besondere Mahlzeit ist das reizvolle, mehrstöckige **Cafe Lurcat** (☎239-213-3357; www.cafelurcat.com; 494 5th Ave; Gerichte abends 24–39 US$; ⏲17–22 Uhr, Bar tgl. bis 23 od. 24 Uhr) mit seiner belebten Bar. Im recht versteckten **IM Tapas** (☎239-403-8272; http://imtapas.com; 965 4th Ave N; Tapas 9–18 US$; ⏲Mo–Sa ab 17.30 Uhr) serviert ein Mutter-Tochter-Gespann spanische Tapas, die Madrids würdig wären.

ZENTRAL-FLORIDA

In der Zeit vor Disney („v. D." sozusagen) wollten die meisten Florida-Touristen zweier Dinge sehen: die weißen Sandstrände und die alligatorverseuchten Everglades. Doch mit der Eröffnung des Magic Kingdom durch Walt Disney (1971) änderte sich dies gewaltig. Heute ist Orlando die Welthauptstadt der Themenparks und die Walt Disney World der größte Besuchermagnet des Bundesstaats.

Orlando

Genau wie Las Vegas ist Orlando inzwischen beinahe eine reine Fantasiewelt, ein Ort, an den man kommt, wenn man sich vorstellen möchte, man sei woanders: in Hogwarts vielleicht oder in Cinderellas Märchenschloss, in der Welt des Dr. Seuss oder auf einer Safari in Afrika. Und genau wie die Casinos in Vegas arbeiten auch Orlandos Themenparks hart daran, den Adrenalinspiegel ihrer Besucher konstant hoch zu halten, denn deren Vergnügen ist das Einzige, was hier wirklich zählt. Aber auch außerhalb der Themenparks kann Orlando mit seiner Popkultur-Unterhaltung inklusive Cartoonfiguren und -kostümen genauso aufgedreht sein.

Trotz alledem gibt's hier aber auch eine echte Stadt zu entdecken – eine Stadt mit Schatten spendenden Bäumen in natürlichen Parks, mit Kunstmuseen, Orchestern und Restaurants, in denen man nicht ständig mit Goofy abklatschen muss. Und direkt außerhalb der Stadt können Floridas Natur und Tierwelt, besonders die kristallklaren Quellen, so eindrucksvoll und bizarr sein, dass selbst Ripley es sich nicht kurioser hätte erträumen können.

Sehenswertes & Aktivitäten

Downtown & Loch Haven Park

Das trendige Thornton Park verfügt über mehrere gute Restaurants und Bars, während Loch Haven Park eine Ansammlung kultureller Einrichtungen beherbergt.

★Orlando Museum of Art MUSEUM
(☎407-896-4231; www.omart.org; 2416 N Mills Ave; Erw./Kind 8/5 US$; ⌚Di–Fr 10–16, Sa & So ab 12 Uhr) Das Museum zeigt amerikanische und afrikanische Kunst sowie einzigartige Wanderausstellungen.

Mennello Museum of American Art MUSEUM
(☎407-246-4278; www.mennellomuseum.com; 900 E Princeton St; Erw./Kind 6–18 Jahre 5/1 US$; ⌚Di–Sa 10.30–16.30, So ab 12 Uhr) Präsentiert die bunte Volkskunst von Earl Cunningham sowie Wanderausstellungen.

Orlando Science Center MUSEUM
(☎407-514-2000; www.osc.org; 777 E Princeton St; Erw./Kind 3–11 Jahre 19/13 US$; ⌚Do–Di 10–17 Uhr) Niedrigschwellige, interaktive Wissenschaft für die ganze Familie.

Harry P. Leu Gardens PARK
(www.leugardens.org; 1920 N Forest Ave; Erw./Student 10/3 US$; ⌚9–17 Uhr) In diesem 20 ha großen, friedlichen Zufluchtsort, 1 Meile (1,6 km) östlich von Loch Haven Park, kann man dem grellen Hochglanz entfliehen.

International Drive

Der International Drive (I-Dr) ist schon beinahe ein eigener Vergnügungspark inmitten all des Ultraspaßes: Er liegt zwischen den großen Themen-, Wild- und Wasserparks und versucht, mit kleineren Attraktionen gegen die großen anzubrüllen, z. B. mit Ripley's Believe It or Not, dem auf dem Kopf stehenden WonderWorks oder einer Fallschirmsprungsimulation in einer Halle. Außerdem säumen Kettenrestaurants und -hotels diese lebendige Hauptschlagader.

★Universal Orlando Resort THEMENPARK
(☎407-363-8000; www.universalorlando.com; 1000 Universal Studios Plaza; Park/beide Parks 92/128 US$, Mehrtagesrabatte; Parken 16 US$; ⌚tgl., wechselnde Öffnungszeiten) Universal macht es Disney alles andere als leicht: Zu diesem Megakomplex gehören u. a. zwei Themenparks, zwischen denen die Unterhaltungsmeile Universal CityWalk verläuft. Hinzu kommen ein Wasserpark und drei Hotels. Während Disney World ganz auf Fröhlichkeit und Magie setzt, bringt Universal Orlando das Adrenalin mit Highspeed-Rides und unterhaltsamen Shows zum Wallen. Der erste der beiden Parks, die Universal Studios, bieten Hollywood-Studiofeeling, Simulationen und Rides, die Fernsehserien und Kinofilmen gewidmet sind (u. a. *Simpsons, Shrek, Twister, Die Mumie kehrt zurück*). Park Nummer zwei heißt Islands of Adventure und begeistert vor allem Achterbahnfans, hat mit Toon Lagoon und Seuss Landing aber auch viel für Kinder im Programm.

Absolutes Highlight ist jedoch die Wizarding World of Harry Potter: Orlandos heißeste Besucherattraktion seit Cinderella's Castle gehört zu den Islands of Adventure und gewinnt mit Leichtigkeit den Titel als Floridas märchenhafteste Themenpark-Erfahrung. Im Schatten der Hogwarts-Zauberschule sind Muggels (Nicht-Zauberer bzw. normale Menschen) u. a. dazu eingeladen, die Kopfsteinpflasterstraßen und unglaublich schiefen Gebäude von Hogsmeade zu erkunden, kühles Butterbier zu schlürfen oder Karten per Eulenpost zu verschicken. Ob kreischende Alraunen in Schaufenstern oder das Stöhnen der Maulenden Myrte in den Toiletten: Detailtreue und Authentizität beflügeln die Fantasie an jeder Ecke. Immer schön nach magischen Ereignissen Ausschau halten!

Die vielen verschiedenen Ticketoptionen sind online einsehbar und lassen sich mit Extras wie Express Plus (Warteschlangen-Umgehung) oder Restaurantreservierungen erweitern. Resortgäste erhalten zudem nette Sonderleistungen bzw. Rabatte auf den Parkeintritt.

SeaWorld VERGNÜGUNGSPARK
(☎407-351-3600; www.seaworld.com; 7007 SeaWorld Dr; Erw./Kind 3–9 Jahre 92/84 US$; ⌚ab 9 Uhr) SeaWorld ist ein eigentümlicher Mix aus Meerestiershows und kräftigen Adrenalinkicks durch spannende Rides. Hier findet man z. B. Shamu den Orca oder die bodenlose Achterbahn Kraken. Hauptattraktionen sind jedoch die nahen Begegnungen mit Meeresbewohnern (z. B. Mantarochen, Haie, Pinguine, Weißwale) und die super Delfin-, Seelöwen- oder Schwertwal-Shows. Die Website informiert über Ermäßigungen und Pauschalangebote. Unbedingt die Show- bzw. Fütterungszeiten rechtzeitig online ermitteln und den Tag sinnvoll planen!

Discovery Cove WASSERPARK
(☎877-557-7404; www.discoverycove.com; 6000 Discovery Cove Way; Eintritt 169–269 US$, inkl. Schwimmen mit Delfinen 229–379 US$; ⌚8–17.30 Uhr) Die begrenzte Besucherzahl stellt sicher, dass hier die Atmosphäre eines exklusiven Tropenresorts erhalten bleibt. Zum Gelän-

Großraum Orlando & Themenparks

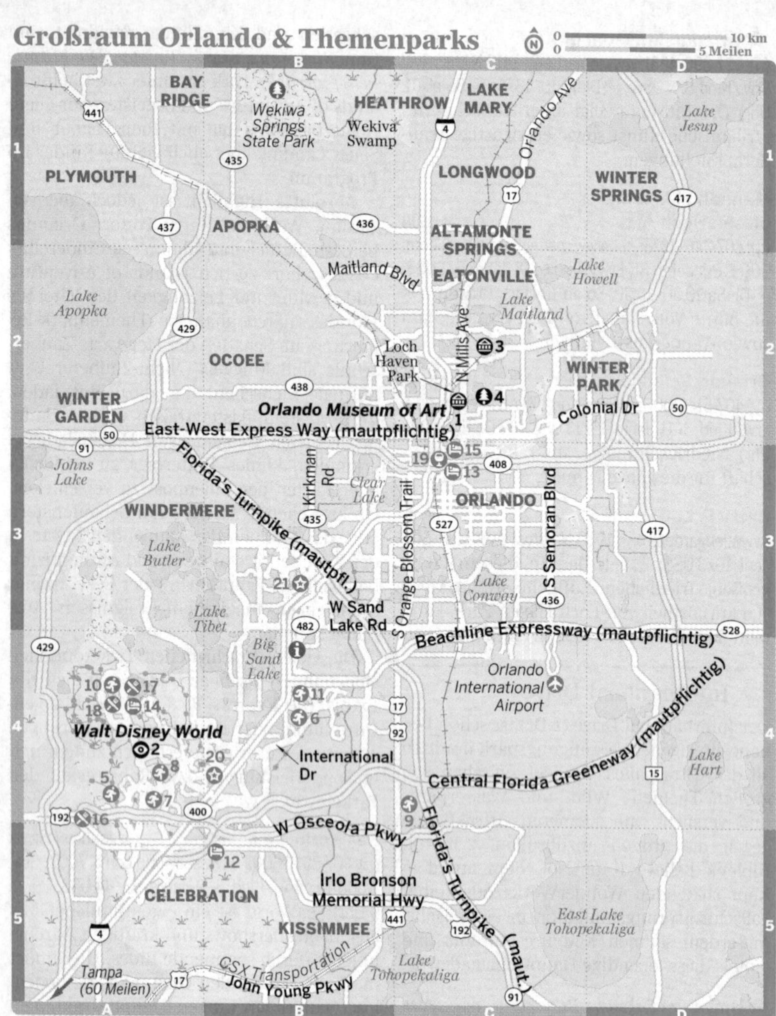

de gehören Strände, ein fischreiches Riff und eine Vogelvoliere. Statt rasanter Fahrgeschäfte und wildem Gekreisch sind hier einfach nur herrliche Erholung und – wenn man will – Schwimmen mit Delfinen angesagt. Der Preis ist saftig, beinhaltet aber ein Mittagsbuffet, Bier, Handtücher, das Parken und sogar einen Tagespass für SeaWorld.

Winter Park

Winter Park liegt am Nordrand von Orlando und ist eine freundliche Collegestadt mit einigen außergewöhnlichen Museen und einer entspannten Downtown.

Charles Hosmer Morse Museum of American Art MUSEUM
(www.morsemuseum.org; 445 N Park Ave; Erw./Kind 5 US$/frei; ⌚Di–Sa 9.30–16, So ab 13 Uhr) International bekannt, mit der umfassendsten Tiffany-Glas-Sammlung der Welt; atemberaubendes Herzstück ist das Innere einer Kapelle.

Scenic Boat Tour BOOTSFAHRT
(www.scenicboattours.com; 1 E Morse Blvd; Erw./Kind 12/6 US$; ⌚10–16 Uhr stündl.) Diese empfehlenswerten **Bootsfahrten** (1 Std.) führen durch ein 19 km langes Netz von tropischen Kanälen und Seen. Unterwegs erzählen die

Großraum Orlando & Themenparks

Highlights
1 Orlando Museum of Art C2
2 Walt Disney World A4

Sehenswertes
3 Charles Hosmer Morse Museum of American Art C2
4 Harry P. Leu Gardens C2
Mennello Museum of American Art .... (siehe 1)
Orlando Science Center .... (siehe 1)

Aktivitäten, Kurse & Touren
5 Animal Kingdom A4
6 Discovery Cove B4
7 Disney Hollywood Studios A4
8 Epcot A4
9 Gatorland C4
10 Magic Kingdom A4
Scenic Boat Tour .... (siehe 3)
11 SeaWorld B4

Schlafen
12 Barefoot'n in the Keys B5
13 Courtyard at Lake Lucerne C3
14 Disney's Wilderness Lodge A4
15 EO Inn & Spa C3

Essen
16 Boma A4
17 California Grill A4
18 O'Hana A4
Sci-Fi Dine-In Theater .... (siehe 7)
Victoria and Albert .... (siehe 18)

Ausgehen & Nachtleben
19 Latitudes C3
Wall Street Plaza .... (siehe 19)

Unterhaltung
20 Cirque du Soleil La Nouba B4
21 CityWalk B3
House of Blues .... (siehe 20)
The Social .... (siehe 19)

engagierten Guides z.B. etwas über das Rollins College oder die Villen am Ufer. Die kleinen Pontonboote fassen jeweils ca. zehn Personen.

Großraum Orlando

★ Gatorland VERGNÜGUNGSPARK
(www.gatorland.com; 14501 S Orange Blossom Trail/Hwy 17; Erw./Kind 25/17 US$; 10–18 Uhr) In diesem kleinen, albern-kitschigen Park reist man sozusagen nach Old Florida zurück: Hier dreht sich alles um Alligatoren, egal ob beim Alligatoren-Ringen, Alligatoren-Springen, Alligatoren-Füttern (mit Hotdogs) oder anderen grandiosen, zum Kreischen schönen Sensationen.

Schlafen

Auch außerhalb von Walt Disney World stehen in Orlando zahlreiche Unterkünfte zur Verfügung. Die meisten sind rund um den I-Dr, den US 192 in Kissimmee und die I-4 zu finden. **Reserve Orlando** (www.reserveorlando.com) ist eine zentrale Buchungsagentur, und im **Universal Orlando Resort** (407-363-8000; www.universalorlando.com; Zi. & Suite ab 270 US$) gibt's auch drei empfehlenswerte Hotels.

★ EO Inn & Spa BOUTIQUEHOTEL $$
(407-481-8485; www.eoinn.com; 227 N Eola Dr; Zi. 129–229 US$;) Dieses schicke, aber unaufdringliche Boutiquehotel in Downtown blickt nahe Thornton Park auf den Lake Eola. Die Zimmer in neutralen Farben überzeugen durch schlichte Eleganz.

Courtyard at Lake Lucerne B&B $$
(407-648-5188; www.orlandohistoricinn.com; 211 N Lucerne Circle E; Zi. 99–225 US$; P) Der reizende historische Inn punktet mit bezaubernden Gärten, vornehmem Frühstück, geräumigen Art-déco-Suiten und schmucken Antiquitäten im ganzen Haus. Nicht zuletzt entschädigen die Gratis-Cocktails für die Lage unter zwei Highwaybrücken.

Barefoot'n in the Keys MOTEL $$
(877-978-3314; www.barefootn.com; 2754 Florida Plaza Blvd; Suite 89–199 US$; @) Dieser gelbe sechsstöckige Bau beherbergt saubere, helle und geräumige Suiten. Dank Ruhe, Freundlichkeit und der Nähe zu Disney ist er eine super Alternative zu den üblichen Ketten.

Essen

Im Bereich des I-Dr gibt's zahllose Kettenlokale. Gehobenere Adressen bescheren einem ca. 800 m langen Abschnitt der Sand Lake Rd den Spitznamen „Restaurant Row" (Restaurantmeile).

Dandelion Communitea Café VEGETARISCH $
(http://dandelioncommunitea.com; 618 N Thornton Ave; Hauptgerichte 6–10 US$; Mo–Sa 11–22, So 11–17 Uhr;) Diese Säule des nachhaltigen Regionalzutatengenusses serviert 100% knackige, leckere, kreative Bio-Kost ohne

Fleisch. Zudem punktet sie mit viel Gemeinschaftsatmosphäre und diversen Events.

Graffiti Junktion American Burger Bar BURGER $
(www.graffitijunktion.com; 900 E Washington St, Thornton Park; Hauptgerichte 6–13 US$; ⌚11–2 Uhr) In dem belebten lokalen Treffpunkt voller neonfarbener Graffitis dreht sich alles um Riesen-Burger der Sonderklasse – sie können beispielsweise mit Spiegelei, Artischockenherzen, Chilis oder Avocados verfeinert werden.

Yellow Dog Eats BBQ $$
(☎407-296-0609; www.yellowdogeats.com; 1236 Hempel Ave, Windermere; Hauptgerichte 7–14 US$; ⌚11–21 Uhr; ✎) In einem alten Gemischtwarenladen mit Blechdach untergebracht und äußerst skurril – nicht gerade das typische Grillrestaurant. Die ausgezeichneten schwarzen Bohnen nach kubanischer Art und das „Florida Cracker" (langsam gegartes Schweinefleisch mit Gouda, Speck und gebratenen Zwiebeln) sollte man unbedingt probieren. Ziemlich weite Anfahrt; Wegbeschreibung online.

★ **Ravenous Pig** AMERIKANISCH $$$
(☎407-628-2333; www.theravenouspig.com; 1234 Orange Ave, Winter Park; Hauptgerichte 13–33 US$; ⌚Di–Sa 11.30–14 & 17.30–21.30 Uhr) Der brummende Laden zählt zu den Restaurants, die in Orlando am häufigsten im Gespräch sind. Neben Designer-Cocktails kommen hier auch kreative, leckere Versionen von Garnelen-Grütze (Shrimps & Grits) und Hummer-Tacos auf die Tische. Reservierung ist ratsam.

Ausgehen & Unterhaltung

Orlando Weekly (www.orlandoweekly.com) ist die beste Quelle für Unterhaltungstipps. In Downtown ist jede Menge los; der angesagte Bar-Distrikt liegt rund um die Orange Ave zwischen Church und Jefferson St.

Auf dem **CityWalk** (www.citywalkorlando.com) der Universal Studios findet man viele Kinos, Restaurants, Clubs und große Shows.

Latitudes BAR
(www.churchstreetbars.com; 33 W Church St; ⌚16.30–2 Uhr) Dachbar mit Insel-Feeling; unten warten zwei weitere Bars.

Wall Street Plaza BAR
(☎407-849-0471; www.wallstplaza.net; 25 Wall St Plaza) Acht Themenbars mit Livemusik an einem einzigen Platz.

The Social LIVEMUSIK
(☎407-246-1419; www.thesocial.org; 54 N Orange Ave) Super Livemusik.

Parliament House RESORT, SCHWULENCLUB
(www.parliamenthouse.com; 410 N Orange Blossom Trail; ⌚10.30–3 Uhr) Legendäres Schwulenresort mit Travestieshows und sechs Bars.

ℹ Praktische Informationen

Bei Orlandos **Official Visitor Center** (☎407-363-5872; www.visitorlando.com; 8723 International Dr; ⌚8.30–18 Uhr) gibt's Infos zur Stadt, vergünstigte Tickets für Attraktionen und gute mehrsprachige Führer bzw. Übersichtspläne. Schwule Besucher können bei http://orlando.gaycities.com vorbeisurfen. Details zu Themenparks finden sich unter www.themeparkinsider.com.

ℹ Anreise & Unterwegs vor Ort

Vom **Orlando International Airport** (MCO; www.orlandoairports.net) geht's per Bus oder Taxi zu den Haupttouristenzielen. **Mears Transportation** (☎407-423-5566; www.mearstransportation.com) bietet einen Shuttle-Service an (20–30 US$/Pers.). **Greyhound** (www.greyhound.com; 555 N John Young Pkwy) bedient zahlreiche Großstädte, während Züge der **Amtrak** (www.amtrak.com; 1400 Sligh Blvd) täglich südwärts nach Miami und nordwärts nach NYC rollen.

Lynx (☎Routeninfos 407-841-8240; www.golynx.com; Fahrt 2 US$, Tages-/Wochenkarte 4,50/16 US$, Umsteigen gratis) betreibt Orlandos Stadtbusse. Entlang des I-Dr verkehren Busse von **I-Ride Trolley** (www.iridetrolley.com; Fahrt Erw./Kind unter 12 Jahren 1,50 US$/gratis).

Selbstfahrer aufgepasst: Die I-4 ist zwar tatsächlich die Hauptverkehrsader von Norden nach Süden, verwirrenderweise aber mit „East" bzw. „West" (Osten bzw. Westen) beschildert. Gen Norden heißt's daher die I-4 East (Richtung Daytona) nehmen, nach Süden die I-4 West (Richtung Tampa). Als Hauptachsen in Ost-West-Richtung fungieren der Hwy 50 und der Hwy 528 (alias Bee Line Expwy), der zum Orlando International Airport führt.

Walt Disney World Resort

Walt Disney World (WDW; ☎407-939-5277; http://disneyworld.disney.go.com) erstreckt sich über 16 ha und ist das größte Themenpark-Resort der Welt. Es umfasst vier separate Themenparks, zwei Wasserparks, eine riesige Sportanlage, fünf Golfplätze, zwei Dutzend Hotels, 100 Restaurants und zwei

Shoppingmeilen mit Ausgehviertel – so klein ist die Welt dann wohl doch nicht. Manchmal fühlt sich das Ganze geradezu lächerlich überfüllt und kommerziell an, aber selbst ohne Kinder bleibt man nicht lange gegen Disneys hochansteckende Begeisterung und warmherzige Nostalgie immun. Natürlich sind die Erwartungen hoch, und auch der selbsterklärte „glücklichste Ort der Welt" kann seine Versprechen nicht immer einhalten. Trotzdem passiert es jedes Mal: Cinderella verzaubert die kleinen Prinzessinnen, der Jedi-Ritter der Familie bezwingt Darth Maul, und man selbst ist in der kitschigen Bahn durch unseren winzigen Planeten doch beinahe zu Tränen gerührt und plötzlich von all dem Zauber ganz hingerissen.

Sehenswertes & Aktivitäten

Magic Kingdom THEMENPARK

Bei der Walt Disney World (WDW) denken vor allem Kinder ausschließlich an das Magic Kingdom. Hier findet man alle Disney-Klassiker – z. B. das kultige Cinderella's Castle, Rides wie den Space Mountain oder die **Main Street, USA** mit Feuerwerk und Lichterumzug am Abend. Mehr Disney-Legende geht nicht!

Vom Cinderella's Castle in der Parkmitte führen Wege zu den verschiedenen „Ländern":

In **Tomorrowland** katapultiert einen der Space Mountain durch das dunkle All. Diese Indoor-Achterbahn ist das beliebteste Fahrgeschäft des Magic Kingdom. Daher unbedingt so früh wie möglich erscheinen und bei bereits zu langer Warteschlange einen FastPass holen!

Fantasyland ist das Highlight für alle maximal achtjährigen Disney-Besucher und beheimatet Mickey, Minnie, Goofy, Donald Duck, Schneewittchen, die sieben Zwerge und viele weitere Berühmtheiten.

Adventureland ist geprägt von Piraten, Urwäldern, fliegenden Teppichen, Baumhäusern und neckischen bis albernen Darstellungen von exotischen Orten, die man aus Märchenbüchern oder der eigenen Fantasie kennt.

Am **Liberty Square** steht das sehr beliebte Haunted Mansion, ein weitläufiges Herrenhaus im Stil des 19. Jhs. **Frontierland** ist Disneys Antwort auf den Wilden Westen.

Disney Hollywood Studios THEMENPARK

Unter allen Themenparks versprühen die ehemaligen Disney-MGM Studios den wenigsten Charme. Allerdings bieten sie zwei der aufregendsten Attraktion in WDW: den unberechenbaren Fahrstuhl im **Twilight Zone Tower of Terror** und den **Rock'n'Roller Coaster** mit Aerosmith-Motto. Möchtegernsänger können ihr Glück bei der American Idol Experience versuchen (die US-Version von *DSDS*), Kinder können sich in der Jedi Training Academy einschreiben, und darüber hinaus stellen einige Shows den Menschen Walt Disney vor und zeigen, wie seine Filme gemacht sind.

Epcot THEMENPARK

Epcot ist eine Abkürzung für „Experimental Prototype Community of Tomorrow" und spiegelte Disneys Vision einer Hightech-Stadt wider, als es 1982 eröffnete. Es ist in zwei Hälften unterteilt: **Future World** mit Fahrgeschäften und vom Konzern gesponserten interaktiven Ausstellungen und **World Showcase**, das einen interessanten Einblick in die Kultur von elf Ländern bietet. Epcot ist viel entspannter und unaufgeregter als die anderen Parks und bietet mit die besten Restaurants und Einkaufsmöglichkeiten. Auch ein paar der Fahrgeschäfte

HIGHLIGHTS DES MAGIC KINGDOM

Abgesehen vom Space Mountain, dem Splash Mountain und dem Grusel-Intro im Haunted Mansion eignen sich alle folgenden Attraktionen perfekt für Kinder.

Mickey's Philharmagic Perfektes 3D-Kino.

Space Mountain Indoor-Achterbahn im Dunklen.

Pirates of the Caribbean Bootstrips durch die Piratenwelt.

Haunted Mansion Langsame Fahrt zwischen fröhlichen Gespenstern.

Dumbo the Flying Elephant Kleinkinder-Favorit.

Mad Tea Party Disneytypisches Tassenwirbeln.

It's a Small World Bootsfahrt durch die Welt (das Lied dürfte bekannt sein)

Jungle Cruise Disney-Kitsch in Reinkultur.

Splash Mountain Klassische Wasserrutsche.

TICKETS & TIPPS

Tickets

Ideal sind Tickets, deren Gültigkeit die Anzahl der eigentlich geplanten Besuchstage überschreitet. Dies senkt die Kosten pro Tag und gibt einem die Freiheit, zwischendurch mal am Pool zu relaxen oder weniger angesagte Attraktionen außerhalb der Themenparkgrenzen zu besuchen.

Neben Tagestickets für die jeweiligen Parks gibt's auch Park-Hopper-Pässe, die für alle vier Anlagen gelten. Am besten schaut man online nach Pauschalangeboten und schlägt dann im Voraus zu, um langes Warten am Eingang zu vermeiden. Zwecks Ermäßigung empfehlen sich Websites wie www.mousesavers.com oder www.undercovertourist.com.

Reisezeit

Feiertage und Ferien (vor allem im Sommer) bescheren der WDW stets die meisten Besucher. Am wenigsten los ist Anfang Dezember, im Januar und Februar sowie von Mitte September bis Ende Oktober. Das beste Wetter herrscht meist im Spätherbst. Platzregen sind im heißen, feuchten Sommer keine Seltenheit.

Am eigentlichen Besuchstag sollte man frühzeitig starten, um vor dem Hauptansturm am Mittag so viel wie möglich vom Park sehen zu können. Wenn Hitze und Besucherandrang am größten sind (ca. ab 14 od. 15 Uhr), legt man am besten eine Erholungspause im Hotel ein. Dann ein paar Stunden später zurückkehren und bis zum Schluss bleiben!

Fast Pass

Bei den populärsten Attraktionen der WDW sichert der kostenlose FastPass (separates Papierticket) den Zugang zu einem Fahrgeschäft zu einer bestimmten Zeit. So lassen sich die mörderisch langen Warteschlangen (meist) umgehen. Wer einen FastPass haben möchte, zieht einfach den Magnetstreifen seiner Eintrittskarte durch den Schlitz im Ticketautomaten des betreffenden Rides und kehrt dann zur angezeigten Zeit zurück (normalerweise max. 15 Minuten später). Wo dies überall möglich ist, verrät die Übersichtskarte zum Park.

Der Haken dabei? Es ist jeweils nur ein einziger FastPass erhältlich (abhängig vom Besucherandrang höchstens noch ein zweiter) – ganz unten auf dem Papier steht, wann man sich den nächsten holen kann. FastPasses für die beliebtesten Attraktionen sind mitunter schon mittags ausgebucht. Wer wirklich viel erleben will, sollte seine Karte daher so früh wie möglich durchziehen.

hier gehören zu den WDW-Highlights, z. B. Soarin' und Mission: Space. Das interaktive Turtle Talk with Crush ist das reinste Vergnügen.

Animal Kingdom THEMENPARK

Diese manchmal etwas surreale Mischung aus afrikanischer Safari, Zoo, Fahrgeschäften, kostümierten Figuren, Shows und Dinosauriern hat ein ganz eigenes Flair. Am besten sind die Tierbegegnungen und die Shows, und das Herzstück ist das 45 ha große **Kilimanjaro Safaris**. Im legendären **Tree of Life** findet die lustige Show „It's Tough to Be a Bug!" statt, und **Expedition Everest** und **Kali River Rapids** sorgen für den größten Nervenkitzel.

Schlafen

Sicherlich ist es reizvoll, durch Übernachten außerhalb der Parks Bares sparen zu können. Der Mehrwert eines WDW-Resorts besteht jedoch in den angebotenen Annehmlichkeiten. Die insgesamt 24 familienfreundlichen Disney-Übernachtungsoptionen vor Ort reichen von Campingplätzen bis hin zu Luxushotels. Gäste genießen zudem tolle Extras wie verlängerte Besuchszeiten, Gratis-Shuttles, Fahrten zum Flughafen oder ermäßigte Restaurantbesuche mit Reservierung. Die detaillierte Disney-Website führt alle Unterkünfte jeweils inklusive Tarife und Zusatzleistungen auf. Zimmerqualität und Extras werden dem Preis nicht unbedingt immer gerecht: Hier bezahlt man für WDW-Komfort und nicht für Luxus à la Ritz.

Zu unseren favorisierten Luxusresorts zählt die **Wilderness Lodge** (☎407-824-3200; 901 Timberline Dr; Zi. ab 319 US$; P ❄ 📶 🏊) im Yosemite-Stil: Ausbrechende Geysire, ein seeartiger Poolbereich und Kinderstockbetten verbreiten hier „rustikale Opulenz". Nette Wildnis für kleinere Geldbeutel bietet das **Fort Wilderness Resort & Campground** (407-824-2900; Stellplatz 54–120 US$, Hütte ab 325 US$;) mit Zeltstellplätzen und Hütten für sechs Personen.

Am günstigsten (abgesehen vom Camping) sind die **Disney's Value Resorts** (https://disneyworld.disney.go.com; Zi. 90–150 US$) auf einfachem Kettenhotel-Niveau. Doch Vorsicht: Hier herrscht Schulklassen-Alarm!

Disney's Art of Animation Resort HOTEL
(407-938-7000; 1850 Animation Way;) Orientiert sich an Disney-Klassikern wie *König der Löwen*, *Cars*, *Findet Nemo* und *Arielle, die Meerjungfrau*.

Disney's All-Star Movies Resort HOTEL
(407-939-7000; 1991 Buena Vista Dr;) Kultige Charaktere aus Disney-Filmen wie *Toy Story* und *101 Dalmatiner*.

Disney's All-Star Music Resort HOTEL
(407-939-6000; 1801 W Buena Vista Dr;) Familiensuiten und Motelzimmer inmitten riesiger Musikinstrumente.

Disney's All-Star Sports Resort HOTEL
(407-939-5000; 1701 Buena Vista Dr;) Fünf dreistöckige Gebäudepaare, die thematisch nach verschiedenen Sportarten getrennt sind.

Disney's Pop Century Resort HOTEL
(407-938-4000; 1050 Century Dr;) Jeder Bereich ist einem anderen Jahrzehnt des späten 20. Jhs. gewidmet.

Essen

Das Essen in den Themenparks reicht von gut bis furchtbar; die interessantesten Gerichte werden in Epcots World Showcase serviert. Am besten ist das Essen in den Restaurants, aber man sollte immer reservieren, da es sonst unmöglich sein kann, einen Platz zu finden. Bei der **zentralen Reservierungsstelle** (407-939-3463) kann man bis zu 180 Tage im Voraus einen Platz fürs Abendessen reservieren.

Disney bietet drei Dinner-Shows (ein hawaiianisches Luau, ein Barbecue im Country-Stil und eine Varieté-Show) und etwa 15 unglaublich beliebte „Character Meals" an, bei denen man mit seiner Lieblingsfigur essen kann (Details gibt's auf der Website). Am besten bucht man sie sofort, wenn sich das 180-Tage-Fenster öffnet. Am gefragtesten ist **Cinderella's Royal Table** (Erw. 43–54 US$, Kind 28–33 US$) im Schloss des Magic Kingdom, bei dem man mit Disney-Prinzessinnen speist.

★ **Sci-Fi Dine-In Theater** AMERIKANISCH $$
(Hollywood Studios; Hauptgerichte 13–30 US$; 11–22.30 Uhr;) Gäste dinieren in Cadillacs und schauen dabei klassische Science-Fiction-Filme.

O'Hana HAWAIIANISCH $$$
(Polynesian Resort; Erw. 36–43 US$, Kind 18–20 US$; 7.30–11 & 17–22 Uhr) Tolle südpazifische Deko, Mitmachspiele im polynesischen Luau-Stil und Essen, so viel man will, für die ganze Familie.

California Grill AMERIKANISCH $$$
(Disney's Contemporary Resort; Hauptgerichte 32–49 US$; 17–22 Uhr;) Begehrte Plätze mit super Blick auf das Feuerwerk über dem Magic Kingdom.

Boma BUFFET $$$
(Animal Kingdom Lodge; Erw./Kind morgens 23/13 US$, abends 40/19 US$; 7.30–11 & 16.30–21.30 Uhr;) Restaurant mit nettem Afrika-Ambiente und überdurchschnittlich gutem Buffet.

Victoria and Albert AMERIKANISCH $$$
(Grand Floridian; Festpreismenüs 135 US$) Anzüge, Krawatten und Kristallkelche: Ein waschechtes Nobellokal für romantisch veranlagte Gourmets. Kein Herumgealber, und Kinder unter zehn Jahren werden hier auch nicht gern gesehen.

Unterhaltung

Neben den Themenpark-Events wie den Paraden und dem Feuerwerk im Magic Kingdom oder der Lichtershow im Epcot hat Disney noch zwei weitere Unterhaltungsbezirke zu bieten: Downtown Disney und Disney's Boardwalk. Hier locken Restaurants, Bars, Musik, Filmen, Läden und verschiedene Shows.

★ **Cirque du Soleil La Nouba** THEATER
(407-939-7600; www.cirquedusoleil.com; Downtown Disney's West Side; Erw. 61–144 US$, Kind 3–9 Jahre 49–117 US$; Di–Sa 18–21 Uhr) Atemberaubend akrobatisch und eine der besten Disney-Shows.

House of Blues LIVEMUSIK
(407-934-2583; www.houseofblues.com; 1490 E Buena Vista Dr) Mitunter spielen sogar echte Stars in dieser Filiale der US-Kette. Der Gospel Brunch am Sonntagvormittag rockt so richtig.

DisneyQuest SPIELHALLE
(Downtown Disney; Tagespass Erw./Kind 48/41 US$; ⏲ So–Do 11.30–22, Fr & Sa 11.30–23 Uhr) Virtual-Reality- und Videospiele auf fünf Stockwerken.

Anreise & Unterwegs vor Ort

Die meisten Hotels in Kissimmee und Orlando bieten Gratis-Shuttles zur Walt Disney World an – ebenso alle Disney-Resorts, deren Personal Gäste zudem kostenlos vom Flughafen abholt. Selbstfahrer erreichen alle vier Parks über die I-4 und können ihr Vehikel für 14 US$ abstellen. Vom riesigen Parkplatz des Magic Kingdom fahren Besucherzüge zum Eingang.

Ein komplexes Verkehrsnetz (Einspurbahnen, Busse, Boote) verbindet die einzelnen Parks, Resorts und Unterhaltungszonen der Walt Disney World intern miteinander. Übersichtskarten gibt's beim eigenen Resort oder beim Guest-Relations-Büro nahe dem gemeinsamen Haupteingang der vier Parks.

Rund um Orlando

Gleich nördlich von Orlando warten ein paar der besten Outdoor-Abenteuer Floridas – vor allem Schwimmen, Schnorcheln und Kajakfahren in bzw. auf kristallklaren Naturquellen mit einer Wassertemperatur von 22 °C. Am nächsten zur Stadt liegt der **Wekiwa Springs State Park** (☎ 407-884-2008; www.floridastateparks.org; 1800 Wekiwa Circle, Apopka; Stellplatz/Auto 24/6 US$; ⏲ 8 Uhr–Sonnenuntergang) mit einem 21 km langen Wanderwegnetz, einem quellgespeisten Badeloch, einem netten Campingplatz und der wilden, malerischen Idylle des Wekiva River. Leihkajaks gibt's bei **Nature Adventures** (☎ 407-884-4311; www.canoewekiva.com; 18 US$/2 Std.; ⏲ 8–20 Uhr).

Der **Blue Spring State Park** (www.floridastateparks.org; 2100 W French Ave; Auto/Fahrrad 6/2 US$; ⏲ 8 Uhr–Sonnenuntergang) ist das Überwinterungsrevier vieler Seekühe. Hier kann man zweistündige Bootsfahrten auf dem St. John's River unternehmen. Etwas nördlich von Deland beginnt der **De Leon Springs State Park** (www.floridastateparks.org; 601 Ponce de Leon Blvd, Ponce de Leon; Auto/Fahrrad 6/2 US$; ⏲ 8 Uhr–Sonnenuntergang) mit einem großen Badebereich, weiteren Kajakfahrmöglichkeiten und geführten Touren zu Juan Ponce de Leóns angeblichem Jungbrunnen.

Wer wirkliche Wildnis will, flüchtet in den **Ocala National Forest** (www.fs.usda.gov/ocala) mit 600 Seen, Dutzenden Campingplätzen und Hunderten Wanderwegekilometern. Die dortigen Möglichkeiten zum Wandern, Radfahren, Paddeln und Zelten zählen zu den besten des Bundesstaats (für Beschreibungen und Visitor Centers s. Website).

FLORIDA PANHANDLE

Wenn man all die großartigen Dinge nimmt, die den Deep South ausmachen – freundliche Menschen, gelassenes Schneckentempo, von Eichen gesäumte Landstraßen, Unmengen frittierter Köstlichkeiten – und dann noch Hunderte Kilometer schneeweißer Strände, Dutzende glasklarer natürlicher Quellen und all die frischen Austern dazunimmt, die man schlürfen kann, dann hat man ihn: den fantastischen, extrem unterschätzten Florida Panhandle.

Tallahassee

Zwischen Alleen und vor einer Kulisse aus sanft gewellten Hügeln breitet sich Floridas ruhige, würdevolle Hauptstadt aus. Tallahassee ist Atlanta in geografischer wie kultureller Hinsicht näher als Miami – und gleichzeitig weitaus südstaatenmäßiger als das übrige Florida. Trotz der beiden großen Universitäten (Florida State und Florida Agricultural and Mechanical University) und des Status als Staatsregierungssitz gibt's hier nicht viel, das Besucher länger als einen oder zwei Tage sinnvoll beschäftigt.

Das **Visitor Center** (☎ 800-628-2866, 850-606-2305; www.visittallahassee.com; 106 E Jefferson St; ⏲ Mo–Fr 8–17 Uhr) liefert Lokalinfos.

Sehenswertes & Aktivitäten

Mission San Luis HISTORISCHE STÄTTE
(☎ 850-245-6406; www.missionsanluis.org; 2100 W Tennessee St; Erw./Kind 5/2 US$; ⏲ Di–So 10–16 Uhr) Auf dem 24 ha großen Gelände stand im 17. Jh. eine Mission, die gemeinsam von Spaniern und indigenen Apalachee geführt wurde. Teile davon sind eindrucksvoll rekonstruiert (vor allem das mächtige Council House). Die guten Führungen (im Eintritt enthalten) vermitteln einen faszinierenden Eindruck vom Missionsleben vor 300 Jahren.

Museum of Florida History MUSEUM
(www.museumoffloridahistory.com; 500 S Bronough St; ⏲ Mo–Fr 9–16.30, Sa 10–16.30, So 12–

16.30 Uhr) GRATIS Hier wird die Geschichte des Bundesstaats mittels witzig-flotter Ausstellungen porträtiert. Das Themenspektrum reicht von Mastodon-Skeletten, Floridas Paläo-Indianern, spanischen Schiffswracks und dem Amerikanischen Bürgerkrieg bis hin zum *tin-can tourism* (Wohnwagentourismus).

Florida Capitol Buildings HISTORISCHE GEBÄUDE
GRATIS Alt und neu direkt nebeneinander: Das schlichtweg hässliche **Florida State Capitol** (Ecke Pensacola & Duval St; ⏲ Mo–Fr 8–17 Uhr) wird ganz oben von einer Aussichtsplattform mit Blick auf die Stadt gekrönt. Sein hübscher Vorgänger ist das benachbarte **Historic Capitol** (www.flhistoriccapitol.gov; 400 S Monroe St;) GRATIS von 1902. Das **Florida Legislative Research Center and Museum** (www.flrcm.gov; Eintritt frei; ⏲ Mo–Fr 9–16.30, Sa 10–16.30, So 12–16.30 Uhr) GRATIS im Inneren zeigt faszinierende Ausstellungen zu Kultur und Regierung (u.a. zur berühmt-berüchtigten US-Präsidentschaftswahl des Jahres 2000).

Schlafen & Essen

Die Häuser der großen Hotelketten konzentrieren sich auf die I-10-Ausfahrten sowie auf die Monroe St zwischen der I-10 und der Innenstadt.

Hotel Duval HOTEL $$
(☎ 850-224-6000; www.hotelduval.com; 415 N Monroe St; Zi. 109–179 US$;) Das neue Hotel mit 117 Zimmern und neomodernem Touch ist Tallahassees eleganteste Bleibe. Die Dachbar mit Lounge hat meist bis 2 Uhr geöffnet. Das schicke Ketten-Steakhaus Shula's grenzt an die Lobby.

Governor's Inn HOTEL $$
(☎ 850-681-6855; www.thegovinn.com; 209 S Adams St; Zi. 149–209 US$;) Das freundliche, einladende Hotel punktet mit super Innenstadtlage und einer Cocktailstunde. Von Einzelzimmern bis hin zu zweistöckigen Loft-Suiten vermietet es alle möglichen Quartiere.

Catfish Pad SEAFOOD $
(☎ 850-575-0053; www.catfishpad.com; 4229 W Pensacola St; Hauptgerichte 8–15 US$; ⏲ Mo–Fr 11–15 & 17–21, Sa 11–21 Uhr) Gäste des heimeligen Seafood-Lokals speisen ganz zweifellos im US-Süden: Am besten bestellt man Grütze zu Wels im Maismehlmantel und spült das Ganze mit einem Glas süßen Tees hinunter. Lecker!

NICHT VERSÄUMEN

WAKULLA SPRINGS

Nur 15 Meilen (24 km) südlich von Tallahassee liegt der **Edward Ball Wakulla Springs State Park** (☎ 850-561-7276; www.floridastateparks.org; 465 Wakulla Park Dr; Auto/Fahrrad 6/2 US$, Bootsfahrt Erw./Kind 8/5 US$; ⏲ 8 Uhr–Sonnenuntergang) mit der tiefsten Süßwasserquelle des Planeten. Diese entspringt einem echten Archäologentraum: einer riesigen Unterwasserhöhle mit versteinerten Knochen (u.a. einem um 1850 entdeckten Mastodon-Skelett). Heute kann man in den eiskalten Quellen baden und sie per Glasbodenboot bewundern. Weitere Bootstrips folgen dem artenreichen Wakulla River, der einst als Filmkulisse für diverse Tarzan-Streifen und den *Schrecken vom Amazonas* diente. Übernachten im Park ermöglicht die prachtvolle **Wakulla Springs Lodge** (☎ 850-926-0700; www.wakullasprings-lodge.com; 465 Wakulla Park Dr; Zi. 85–125 US$) von 1937. Hinter der Fassade im spanischen Stil wacht ein ausgestopfter, 3,35 m langer Alligator namens „Old Joe" über alles.

Reangthai THAI $$
(reangthai.com; 2740 Capital Circle NE; Mittagsgerichte 9–12 US$, Hauptgerichte 13–20 US$; ⏲ Di–Fr 11–14, Mo–Sa 17–22 Uhr) Trotz seiner Lage an einer Einkaufsmeile ist das authentische Reangthai recht elegant. Es serviert die Art von scharfen Köstlichkeiten mit Fischsauce, vor denen allzu viele US-Thairestaurants zurückschrecken.

Andrew's AMERIKANISCH $$
(☎ 850-222-3444; www.andrewsdowntown.com; 228 S Adams St; Hauptgerichte 9–36 US$; ⏲ 11.30–22 Uhr) Die angesagteste Innenstadtadresse, wenn es um Sehen und Gesehenwerden geht, besteht aus zwei Bereichen: Das zwanglose Grillrestaurant im Untergeschoss serviert Burger und Bier, während oben Nobleres im modern-toskanischen Stil auf den Tisch kommt.

☆ Unterhaltung

Bradfordville Blues Club LIVEMUSIK
(☎ 850-906-0766; www.bradfordvilleblues.com; 7152 Moses Lane abseits der Bradfordville Rd; Tickets 5–25 US$; ⏲ Fr & Sa 22, z.T. auch Do 20.30 Uhr; s. Website) Diese Spelunke versteckt sich

am Ende einer unbefestigten Straße, die von Tiki-Fackeln beleuchtet wird. Unter Eichen fällt hier der Schein des Lagerfeuers auf super Bluesbands aus den ganzen USA.

Anreise & Unterwegs vor Ort

Abseits des Hwy 263 liegt der **Tallahassee Regional Airport** (www.talgov.com/airport), etwa 5 Meilen (8 km) südwestlich vom Stadtzentrum, wo sich auch der **Greyhound-Busbahnhof** (www.greyhound.com; 112 W Tennessee St) befindet. Das Unternehmen **Star Metro** (www.talgov.com/starmetro; Fahrt 1,25 US$, unbegrenzte Fahrten Tag/Woche 3/10 US$) betreibt Lokalbusse.

APALACHICOLA & UMGEBUNG

Langsam, entspannt und perfekt erhalten: Apalachicola ist eines der unwiderstehlichsten, romantischsten Dörfer des Panhandle. Die im Schatten von Eichen gelegene Stadt schmiegt sich an den Rand einer breiten Bucht, die für ihre Austern berühmt ist. Auch dank ihrer jüngsten Welle frischer Bistros, Kunstgalerien, ausgefallener Boutiquen und historischer B&Bs stellt sie einen äußerst beliebten Zufluchtsort dar.

Nähere Informationen zur Stadt gibt's auf der Website www.apalachicolabay.org. Wer die Natur erleben möchte, begibt sich auf die unberührte **St. Vincent Island** (www.fws.gov/saintvincent) mit ihren schimmernden Dünen, Pinienwäldern und Feuchtgebieten, in denen es vor Wildtieren nur so wimmelt. Der benachbarte **St. George Island State Park** (850-927-2111; www.floridastateparks.org/stgeorgeisland; Fahrzeug 6 US$, Stellplatz 24 US$; 8 Uhr–Sonnenuntergang) bietet 9 Meilen (15 km) traumhafter, unbebauter Strände. In der Stadt kann man Angelcharter und Bootsfahrten durch die ungezähmte Natur buchen.

Bei einer Nacht im **Coombs House Inn** (850-653-9199; www.coombshouseinn.com; 80 6th St; Zi. 129–169, Suite 149–269 US$; @), einem eindrucksvollen viktorianischen Haus, das zu einem opulenten, luxuriösen B&B umgebaut wurde, ist Romantik garantiert. In **Papa Joe's Oyster Bar & Grill** (www.papajoesoysterbar.com; 301b Market St; Hauptgerichte 8–18 US$; Mo–Di 11–22, Do–Da 11–23 Uhr) kann man die berühmten Schalentiere der Stadt frisch geschält, gebacken oder gebraten genießen.

Panama City Beach

Es ist unmöglich, Panama City Beach für etwas anderes zu halten als für das, was es ist: eine typische, turbulente floridianische Strandstadt. Studenten beim Spring Break und Sommerurlauber strömen in Scharen an die wunderschönen weißen Sandstrände und genießen das kunterbunte Amüsement, während über Meilen hinweg eine Reihe Hotelhochhäuser nach der anderen darauf besteht, die Aussicht zu versauen. Näheres gibt's bei der **Touristeninformation** (800-722-3224, 850-233-5070; www.visitpanamacitybeach.com; 17001 Panama City Beach Parkway; 8–17 Uhr).

Das Gebiet rund um Panama City Beach ist bei Wracktauchern sehr bekannt und bietet Dutzende natürlicher, historischer und künstlicher Riffe. **Dive Locker** (850-230-8006; www.divelocker.net; 106 Thomas Dr; Mo–Sa 8–18 Uhr) veranstaltet Tauchgänge ab 90 US$, Ausrüstung inklusive.

Der **St. Andrews State Park** (www.floridastateparks.org/standrews; Auto 8 US$) ist ein friedlicher Zufluchtsort mit Wanderwegen, Badestränden, Tieren und Pflanzen. **Shell Island** liegt direkt vor der Küste und lockt mit fantastischen Schnorchelplätzen; im Sommer fährt alle 30 Minuten ein **Shuttle** (850-233-0504; www.shellislandshuttle.com; Erw./Kind 17/9 US$; 9–17 Uhr).

Schlafen

An den Stränden des Panhandle herrscht im Sommer der höchste Betrieb. Panama City hat viele Unterkünfte zur Auswahl; wer den feiernden Studenten aus dem Weg gehen will, achtet auf die Zauberformel *family-friendly* (familienfreundlich).

Beachbreak by the Sea MOTEL **$**
(850-234-6644; www.beachbreakbythesea.com; 15405 Front Beach Rd; DZ 79–169 US$; P) Mitten im Hochhausmeer ist dieses vierstöckige Motel eine angenehme Überraschung. In zentraler Strandlage gibt's einfache Zimmer und europäisches Frühstück.

Wisteria Inn MOTEL **$$**
(850-234-0557; www.wisteria-inn.com; 20404 Front Beach Rd; DZ 89–149 US$; P) Das reizende kleine Motel hat 15 Zimmer und ein fröhliches Dekor im karibischen Stil. Am Pool werden zeitweise Mimosas (Drinks mit Schampus und Orangensaft) ausgeschenkt. Um Studenten abzuschrecken, dürfen hier nur Erwachsene absteigen.

NICHT VERSÄUMEN

SCENIC DRIVE: EMERALD COAST

Entlang der Panhandle-Küste kann man den wichtigsten Highway (Hwy 98) zwischen Panama City Beach und Destin getrost verlassen und stattdessen auf eine der bezauberndsten Routen in ganz Florida ausweichen: den **Scenic Hwy 30A**. Dieser 18 Meilen (29 km) lange Straßenabschnitt schmiegt sich an einen Landstrich, der aufgrund seines beinahe fluoreszierenden, juwelengrünen Wassers, das an glitzernd weiße Strände mit feinstem Quarzsand brandet, auch Smaragdküste genannt wird.

Neben dem Scenic Hwy 30A warten hier auch ursprüngliche, wilde Parklandschaften wie der **Grayton Beach State Park** (www.floridastateparks.org/graytonbeach; 357 Main Park Rd; Auto 5 US$), der als einer der schönsten, am wenigsten berührten Strände Floridas gilt. Etwa 15 mehr oder weniger skurrile Gemeinden gibt es an der Küste, einige künstlerisch und unkonventionell, andere bis ins letzte Detail durchgeplante Urlaubsorte mit perfekt durchgestylter Architektur. Das interessanteste, surrealste unter ihnen ist das kleine Dörfchen **Seaside** (www.seasidefl.com), eine pastellfarbene Stadt, die in den 1980er-Jahren als Modellort des New Urbanism gefeiert wurde.

Seaside ist eine derart idealisierte Vision, dass der Ort 1998 völlig unverändert als Kulisse für den Film *Die Truman Show* diente, der von einem Mann erzählt, dessen „perfektes Leben" nichts weiter ist als eine Fernsehsendung. Variationen desselben Themas finden sich in WaterColor, Alys Beach und Rosemary Beach.

Gute Internetquellen sind www.30a.com und www.visitsouthwalton.com.

Essen & Ausgehen

Pineapple Willy's KARIBISCH $$

(www.pwillys.com; 9875 S Thomas Dr; Hauptgerichte 10–15 US$; ⌚11 Uhr–open end) Wer in luftiger Umgebung am Strand speisen möchte, sollte um einen der Tische auf dem Restaurant-Pier bitten. Das Pineapple Willy's ist berühmt für seine legendären Drinks und die Spezialität des Hauses: Jack Daniels Barbecue Ribs.

Firefly MODERN-AMERIKANISCH $$$

(☎850-249-3359; www.fireflypcb.com; 535 Richard Jackson Blvd; Hauptgerichte 23–42 US$; ⌚17–22 Uhr) Dieses edle Restaurant lockt mit kreativen Meeresfrüchten und der coolen Library Lounge. Immerhin gut genug für den Präsidenten – Obama hat 2010 hier gegessen!

Tootsie's Orchid Lounge HONKY TONK

(www.tootsies.net; 700 S Pier Park Dr; ⌚10 Uhr–open end) Ihm fehlt zwar der verstaubte Charme des Nashville-Originals, aber da die Country-Livemusik nie abreißt, ist für stetes Stiefelstampfen gesorgt.

Anreise & Unterwegs vor Ort

Der **Panama City International Airport** (PFN; www.iflybeaches.com) wird von ein paar großen Airlines angeflogen. Der **Greyhound-Busbahnhof** (www.greyhound.com; 917 Harrison Ave) befindet sich in Panama City, und der recht begrenzte **Bay Town Trolley** (baytowntrolley.org; Ticket 1,50 US$) verkehrt nur an Werktagen zwischen 6 und 20 Uhr.

Pensacola & Pensacola Beach

Pensacola und die zugehörige Strandstadt heißen Besucher willkommen, die von Westen her anreisen. Seine wunderschönen, schneeweißen Strände und seine Toleranz gegenüber den Spring-Break-Gelagen sichern Pensacola dauerhafte Beliebtheit. Außerdem verfügt die Stadt über eine lebendige Militärkultur und eine Innenstadt im spanischen Stil. An der **Touristeninformation** (☎800-874-1234, 850-434-1234; www.visitpensacola.com; 1401 E Gregory St; ⌚Mo–Fr 8–17, Sa 9–16, So 10–16 Uhr) gibt's Karten.

Die Region hatte in den letzten Jahren einige Wunden zu lecken: 2005 gab Hurrikan Ivan sein Bestes, um den Ort dem Erdboden gleichzumachen, und 2010 verschmutzte die durch die *Deepwater Horizon* verursachte Ölpest die Strände am Golf von Mexiko mit Teerklumpen. Heute sind jedoch alle Strände des Panhandle wieder vom Öl befreit und die Gebäude und Straßen in Pensacola repariert. Die Region freut sich darauf, neue Besucher zu begrüßen!

Sehenswertes & Aktivitäten

★ National Museum of Naval Aviation MUSEUM

(☎850-452-3604; www.navalaviationmuseum.org; 1750 Radford Blvd; Eintritt frei; ⌚Mo–Fr 9–17, Sa & So 10–17 Uhr; 👪) GRATIS Die Pensacola

AUF WIEDERSEHEN, MULLET!

Jeden April versammeln sich die Einheimischen entlang der Staatsgrenze zwischen Florida und Alabama auf Perdido Key, um einer altehrwürdigen Tradition nachzugehen: dem **Interstate Mullet Toss** (Interstaatlicher Meeräschen-Weitwurf). Außer um eine prima Ausrede für eine Party geht es darum, herauszufinden, wer seine (tote) Meeräsche am Weitesten nach Alabama rüberwerfen kann. Das Event wird von der **Flora-Bama Lounge, Package and Oyster Bar** (www.florabama.com; 17401 Perdido Key Dr; ⏲11–3 Uhr) veranstaltet, einer legendären Raststätte, die auch einen Besuch lohnt, wenn keine Fische fliegen.

Naval Air Station (NAS) beheimatet einerseits dieses äußerst sehenswerte Museum mit atemberaubenden Militärflugzeugen. Andererseits ist hier auch die Elite-Kunstflugstaffel **Blue Angels** (www.blueangels.navy.mil) stationiert.

Historic Pensacola Village HISTORISCHE GEBÄUDE
(www.historicpensacola.org; Zaragoza St, zw. Tarragona & Adams St; Erw./Kind 6/3 US$; ⏲Di–Sa 10–16, Touren 11, 13 & 14.30 Uhr) Mit diesem Dorf, einer autarken Enklave historischer Häuser und Museen, ruft Pensacola: „Nimm dies, St. Augustine!“ Die Eintrittskarte ist eine Woche lang gültig und schließt eine geführte Tour sowie den Besuch sämtlicher Gebäude ein.

T. T. Wentworth Museum MUSEUM
(330 S Jefferson St; Eintritt frei; ⏲10–16 Uhr) GRATIS Zwei der Stockwerke zeigen Exponate zur Geschichte Floridas (z. B. Überreste der Luna-Expedition). Auf einem dritten gibt's Wentworths Kuriositätensammlung zu sehen (u. a. seine berühmte versteinerte Katze).

Pensacola Museum of Art MUSEUM
(www.pensacolamuseumofart.org; 407 S Jefferson St; Erw./Student 5/3 US$; ⏲Di–Fr 10–17, Sa ab 12 Uhr) Im ehemaligen Gefängnis der Stadt (1908) ist heute ein hübsches Kunstmuseum untergebracht, das eine beeindruckende, stetig wachsende Sammlung von Werken großer Künstler des 20. und 21. Jhs. zeigt, die von Kubismus über Realismus und Pop-Art bis zu Volkskunst reicht.

Gulf Islands National Seashore PARK
(www.nps.gov/guis; 7 Tage Fußgänger & Radfahrer/Auto 3/8 US$; ⏲Sonnenaufgang–Sonnenuntergang) Wer die wunderschönen weißen Sandstrände der Gegend genießen möchte, kann dies im leicht erreichbaren Pensacola Beach oder an der benachbarten Gulf Islands National Seashore tun, die zu einem 150 Meilen (241 km) langen Streifen mit unbebauten Stränden gehört. Am besten macht man es sich am ruhigen, familienfreundlichen Strand im **Naval Live Oaks** gemütlich, und wer zum **Fort Pickens** (☎850-934-2600; www.nps.gov/guis; Fort Pickens Rd, Pensacola;) hinausfährt, kann die bröckelnen Ruinen dieser Festung aus dem 19. Jh. erkunden.

Schlafen

Noble Inn B&B $$
(☎850-434-9544; www.noblemanor.com; 110 W Strong St; Zi. 135–145 US$, Suite 160 US$;) Die hübschesten Quartiere der Stadt: Das „Bacall“-Zimmer wäre opulent genug für seine Namensgeberin.

New World Inn HOTEL $$
(☎850-432-4111; www.newworldlanding.com; 600 S Palafox St; Zi. ab 109 US$;) Wer einen Blick unters Dach dieser ehemaligen Kartonfabrik wirft, entdeckt überraschend hübsche Zimmer mit sensationellen Betten und echten Teppichen (ein absoluter Strandstadt-Luxus).

Paradise Inn MOTEL $$
(☎850-932-2319; www.paradiseinn-pb.com; 21 Via de Luna Dr; Zi. 80–200 US$;) Dieses zartgelbe Motel gegenüber vom Strand ist dank seiner beliebten Bar und seines Grills (wer es ruhig möchte, sollte nach einem der Zimmer am anderen Ende des Parkplatzes fragen!) eine äußerst lebendige, fröhliche Unterkunft. Die Zimmer sind klein, aber sauber, mit gefliesten Böden und hell gestrichenen Wänden.

Essen & Ausgehen

★ **Joe Patti's** FISCHGROSSHANDEL $
(www.joepattis.com; 534 South B St an der Main St; ⏲Mo–Sa 7.30–19, So 7.30–18 Uhr) Der sehr beliebte Fischgroßhändler verkauft fangfrische Flossenträger bzw. Meeresfrüchte, Sushi und fertig zubereiteten Picknickproviant.

Jerry's Drive-In AMERIKANISCH $
(2815 E Cervantes St; Hauptgerichte 7–12 US$; ⏲Mo–Fr 10–22, Sa ab 7 Uhr) Dies ist zwar kein

Drive-In mehr, und Jerry ist auch nicht mehr der Besitzer, aber dieses Fast-Food-Restaurant ist trotzdem immer proppenvoll – wahrscheinlich, weil man wohl nirgendwo billiger essen kann. Nur Barzahlung möglich!

Dharma Blue INTERNATIONAL **$$**
(☎850-433-1275; www.dharmablue.com; 300 S Alcaniz St; Hauptgerichte 10–30 US$; ⏱Mo–Sa 11–16 & 17–21.30 Uhr; 👪) Viele Einheimische halten das Dharma Blue für das beste Restaurant der Gegend. Auf der vielfältigen Karte steht alles Mögliche von gebratenen grünen Tomaten bis zu köstlichem Sushi.

Peg Leg Pete's SEAFOOD **$$**
(☎850-932-4139; 1010 Fort Pickens Rd; Hauptgerichte 8–20 US$; ⏱11–22 Uhr; 👪) Roh? Rockefeller? Casino? In diesem beliebten Strandlokal mit Livemusik und Piratendekor werden die Austern nach Wunsch zubereitet.

McGuire's Irish Pub PUB **$$**
(www.mcguiresirishpub.com; 600 E Gregory St; Hauptgerichte 11–30 US$; ⏱11 Uhr–open end) Diese scheunenartige Kneipe verspricht „Prasserei, Trinkgelage und Ausschweifungen" und sorgt für alle drei. Am besten hält man sich an die Steaks und Burger! An den Tierköpfen oder den mit Dollarnoten geschmückten Wänden darf man sich nicht stören. Wer bis tief in die Nacht bleibt, kann sich schon einmal seelisch und moralisch aufs Mitsingen einstellen.

★ **Seville Quarter** NACHTCLUB
(www.sevillequarter.com; 130 E Government St; ⏱7–2.30 Uhr) Der große Komplex mit sieben separaten Restaurants, Bars und Musikclubs nimmt einen ganzen Gebäudeblock ein. Vom Frühstück bis zur letzten Runde ist hier immer irgendwo was los.

ℹ Anreise & Unterwegs vor Ort

Der **Pensacola Regional Airport** (www.flypensacola.com; 2430 Airport Blvd) rund 5 Meilen (8 km) nordöstlich der Innenstadt wird von großen Fluglinien bedient. Der **Greyhound-Busbahnhof** (505 W Burgess Rd) liegt 9 Meilen (14,5 km) nördlich des Zentrums.

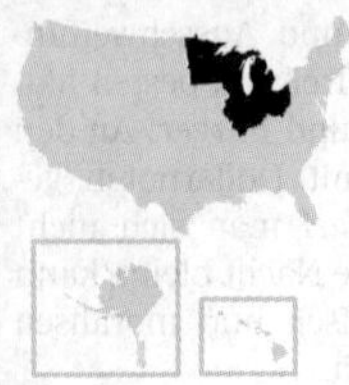

Die Großen Seen

Inhalt ➡

Gut essen

- Little Goat (S. 599)
- Tucker's (S. 633)
- The Old Fashioned (S. 659)
- Zingerman's Roadhouse (S. 643)
- Bryant-Lake Bowl (S. 671)

Schön übernachten

- Inn on Ferry Street (S. 639)
- Acme Hotel (S. 595)
- Brewhouse Inn & Suites (S. 656)
- Cleveland Hostel (S. 622)
- Lighthouse B&B (S. 680)

Auf zu den Großen Seen!

Man sollte sich nicht von den scheinbar endlosen Maisfeldern täuschen lassen – denn dahinter verstecken sich tolle Surfstrände und tibetische Tempel, autofreie Inseln und grün flackerndes Polarlicht. Der Mittlere Westen hat zwar den Ruf, in der langweiligen Mitte von nirgendwo zu sein, aber die Nationalparks, die fünfspurigen Straßen in den Städten und die Orte Hemingways, Dylans und Vonneguts sprechen eine andere Sprache.

Stadtcowboys fangen am besten mit Chicago und seiner Skyline an. Milwaukee steht für Bier und Harleys, während Minneapolis ein Leuchtfeuer der Jazzmusik über die Maisfelder schickt. Und Detroit? Detroit rockt!

Die Großen Seen wirken wie riesige Meere im Landesinneren. Sie punkten mit Stränden, Dünen und Badeorten. Milchfarmen und prall gefüllte Obstgärten durchziehen die Region und liefern die Zutaten für leckeren Kuchen und erstklassige Eiscreme.

Reisezeit

Chicago

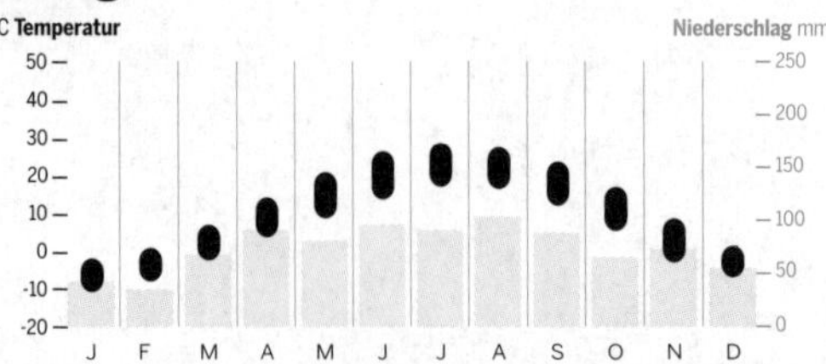

Jan. & Feb. Ski- und Schneemobilfahrer treffen sich auf den Pisten.

Juli & Aug. Endlich warm! Volle Biergärten, Highlife an den Stränden und jede Menge Feste.

Sept. & Okt. Angenehme Temperaturen, reiche Ernte und Zwischensaison-Schnäppchen.

Anreise & Unterwegs vor Ort

Chicagos O'Hare International Airport (ORD) ist der wichtigste Flughafen der Region. Auch in Detroit (DTW), Cleveland (CLE) und Minneapolis (MSP) gibt es große Flughäfen.

Am einfachsten lässt sich die Gegend mit dem Auto erkunden, besonders, wenn man die Route 66 entlangdüsen oder ein paar landschaftlich reizvolle Nebenstraße fahren möchte. Für die Mautstraßen sollte man immer ein paar Münzen und Dollarscheine dabei haben.

Greyhound (www.greyhound.com) bietet Verbindungen in viele Städte der Region an. Der Newcomer **Megabus** (www.megabus.com/us) ist eine gute Alternative, um zwischen den wichtigsten Städten an den Großen Seen zu reisen; er hat keine Busbahnhöfe (der Ein- und Ausstieg erfolgt an verschiedenen Straßenkreuzungen), und alle Fahrkarten muss man vorher online kaufen (beim Fahrer gibt es keine Tickets).

Chicago ist Knotenpunkt des Amtrak-Bahnnetzes. Züge nach San Francisco, Seattle, New York City, New Orleans und San Antonio fahren mindestens einmal täglich. Regionalzüge steuern Milwaukee (7-mal tägl.) und Detroit (3-mal tägl.) an.

Die Auto- und Passagierfähre **Lake Express** (www.lake-express.com) fährt von Milwaukee über den Lake Michigan nach Muskegon und zurück und bietet eine Abkürzung zwischen Wisconsin und Michigan.

BEVOR ES LOSGEHT

Einiges sollte man schon vor Reisebeginn wissen: Im Sommer ist es ratsam, Unterkünfte im Voraus zu buchen, besonders in Urlaubsorten wie Mackinac Island in Michigan oder North Shore in Minnesota. Das gilt auch für Städte mit vielen Festivals, etwa Milwaukee und Chicago.

Gourmets, die auf ein Abendessen in Spitzenrestaurants wie dem Alinea in Chicago oder dem Butcher & the Boar in Minneapolis Wert legen, sollten reservieren (fürs Alinea gut zwei Monate vorher im Internet schauen).

Wer mit einem schönen Campingplatz am Strand in einem der State Parks liebäugelt, sollte sich rechtzeitig um einen guten Stellplatz kümmern – meistens kann man für eine kleine Gebühr Plätze reservieren.

Insektenschutz mitbringen, besonders wenn es in die Northwoods geht. Die Kriebelmücken im Frühling und die Moskitos im Sommer können eine echte Plage sein.

Top 5: Aktivitäten

- **Boundary Waters** (S. 681) Beim Kanufahren Wölfe und Elche beobachten
- **Wisconsins Radwege** (S. 655) An Kühen vorbei über die Felder radeln
- **Apostle Islands** (S. 664) Kajaktouren durch Seehöhlen
- **New Buffalo** (S. 645) Im Harbor Country Surfen lernen
- **Isle Royale** (S. 652) Im unberührten Hinterland wandern und zelten

NICHT VERSÄUMEN!

Nur im Mittleren Westen kann man in Käsebruch (*cheese curds*, Wisconsin), Pfannenpizza (Chicago) und Zucker-Creme-Torte (Indiana) schwelgen.

Kurzinfos

- **Wichtigste Städte** Chicago (2,7 Mio. Ew.), Minneapolis (393 000 Ew.), Detroit (701 000 Ew.)
- **Zeitzonen** Eastern (IN, OH, MI), Central (IL, WI, MN)
- **Jährlich in Wisconsin produzierter Käse** 1,13 Mio. kg (25 % des amerikanischen Käses)

Schon gewusst?

Die Großen Seen enthalten 20 % des weltweiten und 95 % des amerikanischen Süßwasservorrats.

Infos im Internet

- **Chicago Reader** (www.chicagoreader.com) Kulturevents und Veranstaltungstermine.
- **Great Lakes Information Network** (www.great-lakes.net) Umweltneuigkeiten.
- **Midwest Microbrews** (www.midwestmicrobrews.com) Schaumige Fakten.

Highlights

1. In **Chicago** (S. 579) Wolkenkratzer, Museen, Festivals und Essen auf sich wirken lassen
2. Am **Western Shore** (S. 645) in Michigan am Strand liegen, Beeren essen und surfen
3. Für die klappernden Pferdekutschen im **Amish Country** (S. 619) langsamer fahren
4. An einem Freitagabend in **Milwaukee** (S. 653) Fisch grillen und Polka tanzen
5. Durch die **Boundary Waters** (S. 681) paddeln und unterm Sternenhimmel schlafen
6. Vor der Kulisse von **Detroit** (S. 635) am Fluss entlangradeln
7. Auf der **Route 66** (S. 607) im Schneckentempo durch Illinois zuckeln und superleckere Pasteten verputzen

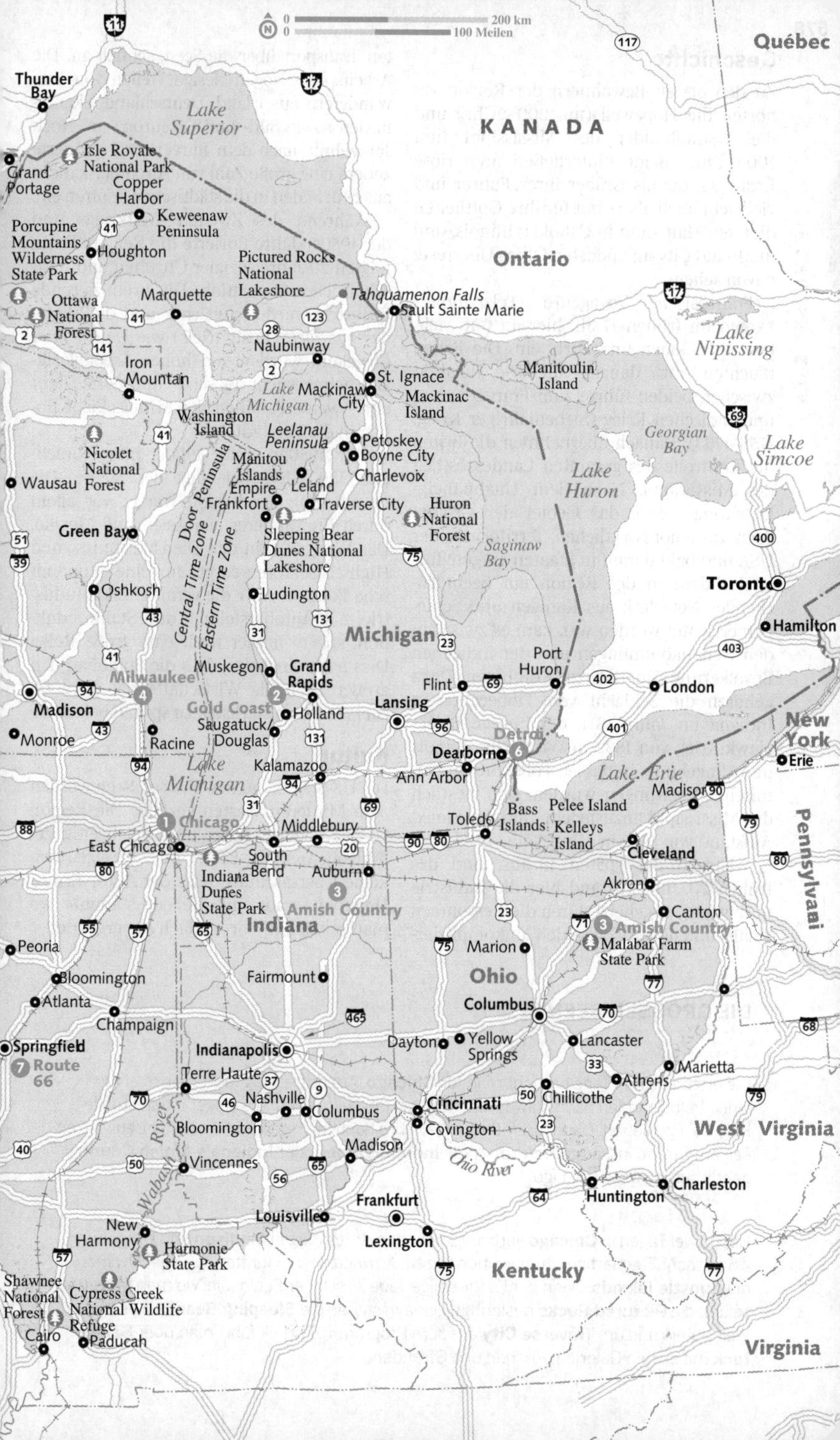

0 200 km
0 100 Meilen
KANADA
Québec
Ontario
Thunder Bay
Lake Superior
Isle Royale National Park
Grand Portage
Copper Harbor
Keweenaw Peninsula
Porcupine Mountains Wilderness State Park
Houghton
Pictured Rocks National Lakeshore
Tahquamenon Falls
Sault Sainte Marie
Marquette
Ottawa National Forest
Naubinway
Iron Mountain
St. Ignace
Lake Michigan
Mackinaw City
Mackinac Island
Manitoulin Island
Lake Nipissing
Georgian Bay
Lake Simcoe
Washington Island
Leelanau Peninsula
Petoskey
Boyne City
Charlevoix
Nicolet National Forest
Manitou Islands
Empire
Leland
Wausau
Frankfort
Traverse City
Huron National Forest
Lake Huron
Door Peninsula
Green Bay
Sleeping Bear Dunes National Lakeshore
Saginaw Bay
Central Time Zone
Eastern Time Zone
Oshkosh
Ludington
Toronto
Michigan
Hamilton
Muskegon
Grand Rapids
Port Huron
Milwaukee
Madison
Flint
London
Gold Coast
Holland
Lansing
Monroe
Racine
Saugatuck/Douglas
Detroit
Dearborn
New York
Erie
Lake Michigan
Kalamazoo
Ann Arbor
Lake Erie
Madison
Chicago
Middlebury
Toledo
Bass Islands
Pelee Island
Kelleys Island
Pennsylvania
East Chicago
South Bend
Cleveland
Indiana Dunes State Park
Auburn
Akron
Amish Country
Canton
Indiana
Amish Country
Malabar Farm State Park
Peoria
Marion
Ohio
Bloomington
Fairmount
Atlanta
Columbus
Champaign
Springfield
Route 66
Indianapolis
Dayton
Yellow Springs
Lancaster
Terre Haute
Marietta
Athens
Nashville
Columbus
Cincinnati
Chillicothe
Covington
West Virginia
Bloomington
Wabash River
Madison
Vincennes
Ohio River
Charleston
Huntington
Frankfurt
Louisville
New Harmony
Lexington
Harmonie State Park
Kentucky
Shawnee National Forest
Cypress Creek National Wildlife Refuge
Cairo
Paducah
Virginia

Geschichte

Zu den ersten Bewohnern der Region gehörten die Hopewell (um 200 v. Chr.) und die Moundbuilder des Mississippi (um 700 n. Chr.). Beide hinterließen mysteriöse Erdhügel, die als Gräber ihrer Führer und vielleicht auch als Tribut für ihre Gottheiten dienten. Man kann in Cahokia, Illinois, und in Mound City im Südosten Ohios Überreste davon sehen.

Französische Voyageure (Pelzhändler) kamen im frühen 17. Jh. hier an und richteten Missionen und Forts ein. Die Briten tauchten kurz danach auf. Die Rivalität zwischen beiden führte zum Französischen und Indischen Krieg (Siebenjähriger Krieg, 1756–1763). Danach übernahmen die Briten die Kontrolle des gesamten Landes östlich des Mississippi. Nach dem Unabhängigkeitskrieg wurde das Gebiet der Großen Seen zum nordwestlichen Territorium der USA und bald darauf in Staaten aufgeteilt.

Nachdem in der Region ein beeindruckendes Netzwerk aus Kanälen und Schienen errichtet worden war, kam es zwischen den Neuankömmlingen und der indigenen Bevölkerung Amerikas zu Konflikten. Dazu gehören die Schlacht von Tippecanoe in Indiana im Jahre 1811, der blutige Black-Hawk-Krieg von 1832 in Wisconsin, Illinois und Umgebung, in dessen Folge die Einheimischen gezwungen wurden, sich westlich des Mississippi anzusiedeln, und der Sioux-Aufstand von 1862 in Minnesota.

Während des späten 19. Jhs. und des frühen 20. Jhs. entstand hier die Industrie und wuchs, angeheizt durch die Ressourcen Kohle und Eisen sowie den unkomplizierten Transport über die Seen, schnell an. Die Arbeitsplätze zogen riesige Wellen von Einwanderern aus Irland, Deutschland, Skandinavien sowie Süd- und Osteuropa an. Noch Jahrzehnte nach dem Bürgerkrieg wanderte zudem eine große Zahl von Afroamerikanern aus dem Süden in die städtischen Zentren ein.

Während des Zweiten Weltkriegs und der 1950er-Jahre florierte die Region. Dann folgten 20 Jahre sozialer Unruhen und wirtschaftlicher Stagnation. Die produzierende Industrie wurde schwächer und die Städte des *rust belt* (Rostgürtels) wie Detroit und Cleveland wurden von hoher Arbeitslosigkeit heimgesucht. Es setzte der *white flight* ein – weiße Familien der Mittelschicht flohen in die Vorstädte.

Die 1980er- und 1990er-Jahre brachten eine Wiederbelebung der Städte. Die Bevölkerung der Region wuchs, vor allem durch Einwanderer aus Asien und Mexiko. Das Wachstum in den Dienstleistungs- und Hightechsektoren sorgte für eine ökonomische Balance. Aber die verarbeitende Industrie, z. B. Autoherstellung und Stahlproduktion, spielte immer noch eine große Rolle. Dies hatte zur Folge, dass die Städte an den großen Seen die Wirtschaftskrise ab 2008 zuerst und am stärksten zu spüren bekamen.

Kultur

Die US-Staaten an den Großen Seen werden zum Mittleren Westen gezählt. Die Region ist das bodenständige und gleichzeitig gefühlvolle Herz der USA. Und es ist eigentlich keine Überraschung, dass der Autor Ernest Hemingway aus einer Gegend stammte, wo man selten ein Wort einfach so vergeudet.

DIE GROSSEN SEEN IN...

... fünf Tagen

Die ersten beiden Tage braucht man für **Chicago**. Am dritten Tag fährt man in etwa eineinhalb Stunden nach Milwaukee, um dort intellektuelle und weniger intellektuelle Kultur zu genießen. Dann nimmt man die Fähre nach Michigan und verbringt den vierten Tag am Strand in **Saugatuck**. Über die **Indiana Dunes** oder **Indiana's Amish Country** geht's zurück nach Chicago.

... zehn Tagen

Nach zwei Tagen in **Chicago** verbringt man den dritten Tag in **Madison** und Umgebung, wo es recht Eigenartiges zu bewundern gibt. Am vierten und fünften Tag besucht man die **Apostle Islands**. Dann geht's für einige Tage zur Upper Peninsula, wo man **Marquette** und die **Pictured Rocks** besichtigt. Danach stehen die **Sleeping Bear Dunes** und die Weingüter rund um **Traverse City** auf dem Programm. Zurück fährt man über **Saugatuck** mit seinen Galerien, Kuchen und Stränden.

Hätte der Mittlere Westen ein Mantra, so wäre das: hart arbeiten, in die Kirche gehen und sich auf dem Pfad der Tugend halten... außer es findet gerade eine Sportveranstaltung statt. Dann ist es auch absolut in Ordnung, sich dick mit Körperfarbe zu beschmieren und sich die Haare knallrot zu färben (oder welche Farbe das Team auch immer vorschreibt). Baseball, Football, Basketball und Eishockey sind allesamt wahnsinnig beliebt. Die großen Städte haben für jede dieser Sportarten ein Profiteam.

Musik prägte schon immer die Kultur der Region. Der elektrische Blues von Muddy Waters und Chess Records wurde in Chicago geboren. Motown Records startete mit dem Soulsound in Detroit. Alternative Rock bringt beide Städte in Schwung (man denke an Wilco in Chicago, White Stripes in Detroit) und kommt genauso aus Minneapolis (Replacements, Hüsker Dü) und Dayton, Ohio (Guided By Voices, Breeders).

Die Region hat mehr Facetten zu bieten, als Außenstehende zunächst meinen könnten. Einwanderer aus Mexiko, Afrika, dem Nahen Osten und Asien haben im ganzen Mittleren Westen ihre Gemeinschaften etabliert, meist in den Städten, wo sie besonders die Restaurantszene bereichern.

KURZINFOS ILLINOIS

Spitznamen Prairie State, Land of Lincoln

Bevölkerung 12,9 Mio.

Fläche 149 960 km²

Hauptstadt Springfield (117 000 Ew.)

Weitere Städte Chicago (2,7 Mio. Ew.)

Verkaufssteuer 6,25 %

Geburtsort von Schriftsteller Ernest Hemingway (1899–1961), Filmproduzent Walt Disney (1901–1966), Jazzmusiker Miles Davis (1926–1991), Schauspieler Bill Murray (geb. 1950)

Heimat der Maisfelder, des Startpunkts der Route 66

Politische Ausrichtung Demokraten in Chicago, Republikaner im Süden

Berühmt für Wolkenkratzer, den Corn Dog, alles was mit Abraham Lincoln zu tun hat

Offizieller Snack Popcorn

Entfernungen Chicago–Milwaukee 92 Meilen (148 km), Chicago–Springfield 200 Meilen (321 km)

ILLINOIS

Chicago mit seiner in den Himmel ragenden Architektur und Museen der Superlative, mit seinen Restaurants und Musikclubs dominiert den ganzen Staat. Aber wenn man sich etwas weiter hinaus wagt, entdeckt man Hemingways Heimatstadt der „weiten Wiesen und beschränkten Gemüter", hier und da verstreute Schreine für Abe Lincoln, den Helden der Region, und an der Route 66 reihen sich Drive-in-Kinos sowie Verkaufsbuden für Corn Dogs und Kuchen aneinander. Außerdem haben in Illinois noch ein Zypressensumpf und eine prähistorische Stätte mit Welterbestatus einen Auftritt.

Praktische Informationen

Illinois Bureau of Tourism (www.enjoyillinois.com)

Verkehrsinformationen für Illinois (www.gettingaroundillinois.com)

Illinois State Park Information (www.dnr.illinois.gov) Der Eintritt in die State Parks ist frei. Einige Stellplätze (6–35 US$) kann man reservieren (www.reserveamerica.com; Gebühr 5 US$).

Chicago

Die Liebe zu Chicago ähnelt der „Liebe zu einer Frau mit gebrochener Nase: Man kann leicht einen hübscheren Liebling finden, aber nie einen aufrichtigeren." Der Schriftsteller Nelson Algren hätte es nicht besser sagen können in seinem Werk *Chicago: City on the Make*. Die Wolkenkratzer-Stadt hat etwas, das bezaubert. Nun ja, vielleicht nicht gerade während des sechs Monate dauernden Winters, wenn die „windige Stadt" unter eisigen Schneeböen leidet. Man sollte also besser im Mai kommen, wenn es warm ist und alle zu den Festen im Freien, den Baseballstadien, den Stränden am See und den Biergärten eilen – wow, dann ist Chicago einfach nicht zu toppen. Und das ist wörtlich gemeint, denn eines der höchsten Gebäude der Welt steht hier.

Neben beeindruckender Architektur gibt es in Chicago auch noch mexikanische, polnische, vietnamesische und andere Viertel verschiedener Kulturen, in denen man wunderbar bummeln kann. Jeden Abend

Metronetz Chicago

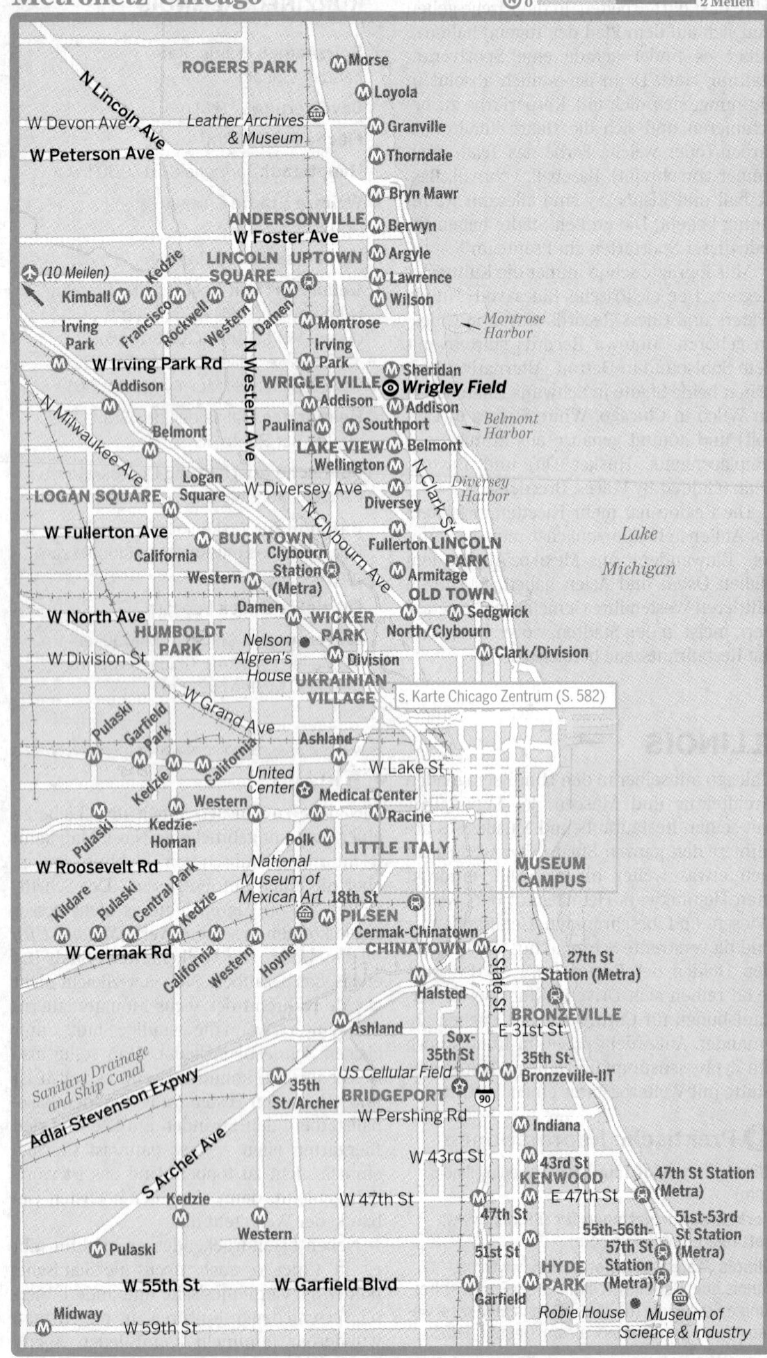

brummen die Blues-, Jazz- und Rockclubs. Und schließlich ist Chicago auch eine Stadt der Feinschmecker – die Schlangen vor den Hotdog-Buden sind genauso lang wie die vor nordamerikanischen Top-Restaurants.

Und sorry, es muss jetzt einfach mal gesagt werden: Die Windy City mit ihren kultivierten Ungeheuerlichkeiten versetzt einen immer wieder ins Staunen.

Geschichte

Im späten 17. Jh. gaben die Potawatomi der einst sumpfigen Gegend den Namen „Checagou" – wilde Zwiebel. Ein Tag von zentraler Bedeutung für die Stadt war der 8. Oktober 1871. An diesem Tag stieß einer Legende zufolge die Kuh einer gewissen Mrs. O'Leary eine Laterne um und entfachte so den großen Brand von Chicago. Das Feuer zerstörte die ganze Innenstadt und machte 90 000 Menschen obdachlos.

„Verdammt" sagten sich die Stadtplaner, „wir hätten nicht alles aus Holz bauen sollen! Es ist so leicht entzündbar." Also setzten sie beim Wiederaufbau Stahl ein und schufen Platz für gewagte, neue Konstruktionen, wie den ersten Wolkenkratzer der Welt, der ab 1885 in den Himmel ragte. Weitere sollten folgen.

In den 1920er-Jahren beherrschte Al Capones Gang mehr oder weniger die Stadt und korrumpierte das politische System. Seitdem hat die Stadtverwaltung immer wieder ähnliche Probleme gehabt und in den letzten 40 Jahren wanderten 31 Mitglieder des Stadtrats ins Gefängnis.

Sehenswertes

Chicagos wichtigste Attraktionen liegen fast alle im Stadtzentrum oder in Zentrumsnähe. Doch auch der Besuch von weiter außerhalb gelegenen Vierteln wie Pilsen und Hyde Park kann sich lohnen. Wer die Stadt noch genauer kennenlernen möchte, sollte sich den englischsprachigen Lonely Planet Reiseführer *Chicago* besorgen.

The Loop

Stadtzentrum und Bankenviertel sind nach den Schienen der Hochbahn benannt, die die Straßen wie eine Schlinge umgeben. Hier herrscht tagsüber ordentlich Betrieb, doch abends ist nur im Millennium Park und im Theater District, in der Nähe der Kreuzung von N State Street und W Randolph Street, etwas los.

★ Millennium Park PARK

(Karte S. 582; ☎ 312-742-1168; www.millenniumpark.org; 201 E Randolph St; ⌚ 6–23 Uhr; 🚻 Ⓜ Brown, Orange, Green, Purple o. Pink Line bis Randolph) GRATIS Das Vorzeigestück der Stadt wartet mit zahlreichen kostenlosen kulturellen Highlights auf. Dazu gehören der **Pritzker Pavilion** (Karte S. 582; 201 E Randolph St), Frank Gehrys geschwungene, silberne Konzertmuschel, in der im Sommer jeden Abend

CHICAGO IN …

… zwei Tagen

Am ersten Tag geht man auf eine **architektonische Entdeckungstour** und bewundert die Wolkenkratzer der Stadt. Vom **John Hancock Center** aus, einem der höchsten Gebäude der Welt, kann man die Aussicht genießen und die Reflektion der Skyline in „The Bean" betrachten. Im **Millennium Park** laden die menschlichen Wasserspeier zum Planschen ein. Zur Stärkung gibt's eine Pfannenpizza im **Giordano's**.

Der zweite Tag gehört der Kultur: Man besucht das **Art Institute of Chicago** oder das **Field Museum of Natural History**. Abends geht man im **West Loop** vornehm essen oder hört im **Buddy Guy's Legends** Blues.

… vier Tagen

An den ersten beiden Tagen folgt man dem Zwei-Tages-Programm. Am dritten Tag taucht man seine Zehen am **North Avenue Beach** in den Lake Michigan und flaniert durch den grünen **Lincoln Park**. Während der Baseball-Saison kann man sich im **Wrigley Field** ein Spiel der Cubs ansehen. Abends macht man im **Second City** einen drauf.

Am vierten Tag sucht man sich ein Stadtviertel aus: In **Wicker Park** locken Vintage-Boutiquen und Rock'n'Roll, in **Pilsen** Wandbilder und Mole-Saucen, in **Uptown** Pagoden und vietnamesische Sandwichs und in **Hyde Park** Interessantes zu Obama sowie die Skulptur Nuclear Energy.

Chicago Zentrum

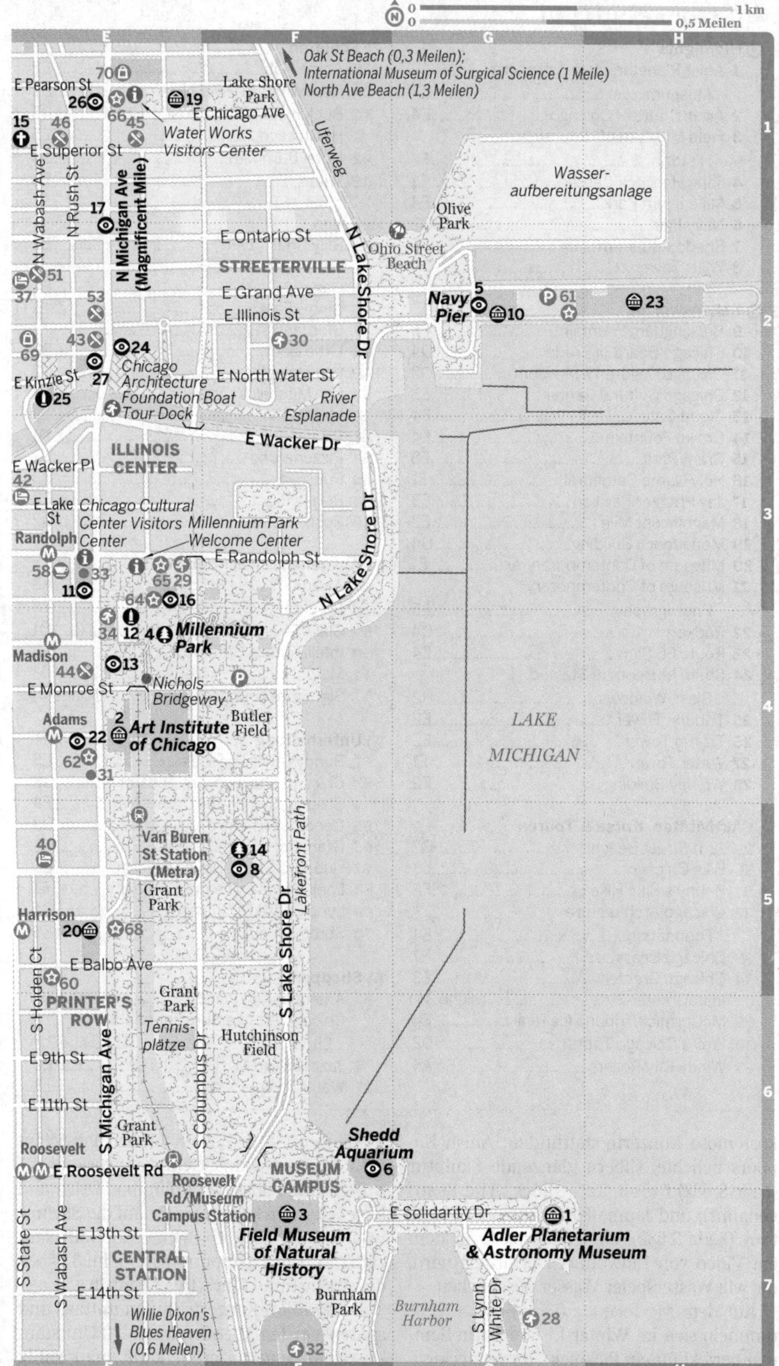
0 1 km
0 0,5 Meilen
Oak St Beach (0,3 Meilen);
International Museum of Surgical Science (1 Meile)
North Ave Beach (1,3 Meilen)
E Pearson St
Lake Shore Park
E Chicago Ave
Water Works Visitors Center
E Superior St
Uferweg
N Wabash Ave
N Rush St
N Michigan Ave (Magnificent Mile)
Wasser-aufbereitungsanlage
Olive Park
E Ontario St
Ohio Street Beach
STREETERVILLE
N Lake Shore Dr
E Grand Ave
E Illinois St
Navy Pier
Chicago Architecture Foundation Boat Tour Dock
E Kinzie St
E North Water St
River Esplanade
E Wacker Dr
E Wacker Pl
ILLINOIS CENTER
E Lake St
Chicago Cultural Center Visitors Center
Millennium Park Welcome Center
Randolph
E Randolph St
Millennium Park
Madison
E Monroe St
Nichols Bridgeway
Butler Field
Adams
Art Institute of Chicago
LAKE MICHIGAN
Van Buren St Station (Metra)
Grant Park
Lakefront Path
S Lake Shore Dr
Harrison
E Balbo Ave
S Holden Ct
PRINTER'S ROW
Tennis-plätze
Hutchinson Field
S Columbus Dr
E 9th St
E 11th St
S Michigan Ave
Roosevelt
E Roosevelt Rd
Shedd Aquarium
MUSEUM CAMPUS
Roosevelt Rd/Museum Campus Station
E Solidarity Dr
Field Museum of Natural History
Adler Planetarium & Astronomy Museum
S State St
S Wabash Ave
E 13th St
CENTRAL STATION
E 14th St
Willie Dixon's Blues Heaven (0,6 Meilen)
Burnham Park
Burnham Harbor
S Lynn White Dr

Chicago Zentrum

Highlights
1 Adler Planetarium & Astronomy Museum ... G7
2 Art Institute of Chicago ... E4
3 Field Museum of Natural History ... F7
4 John Hancock Center ... E1
5 Millennium Park ... E4
6 Navy Pier ... G2
7 Shedd Aquarium ... F6
8 Willis Tower ... C4

Sehenswertes
9 Buckingham Fountain ... F5
10 Chicago Board of Trade ... D4
11 Chicago Children's Museum ... G2
12 Chicago Cultural Center ... E3
13 Cloud Gate ... E4
14 Crown Fountain ... E4
15 Grant Park ... F5
16 Holy Name Cathedral ... E1
17 Jay Pritzker Pavilion ... E3
18 Magnificent Mile ... E2
19 Monadnock Building ... D4
20 Museum of Contemporary Art ... E1
21 Museum of Contemporary Photography ... E5
22 Rookery ... D4
23 Route 66 Sign ... E4
24 Smith Museum of Stained Glass Windows ... H2
25 Tribune Tower ... E2
26 Trump Tower ... E2
27 Water Tower ... E1
28 Wrigley Building ... E2

Aktivitäten, Kurse & Touren
29 12th Street Beach ... G7
30 Bike Chicago ... E3
31 Bobby's Bike Hike ... F2
32 Chicago Architecture Foundation ... E4
33 Chicago Bears ... F7
34 Chicago Greeter ... E3
InstaGreeter ... (siehe 34)
35 McCormick Tribune Ice Rink ... E4
36 Weird Chicago Tours ... D2
37 Windy City Rollers ... A5

Schlafen
38 Acme Hotel ... E2
39 Best Western River North ... D2
40 Buckingham Athletic Club Hotel ... D5
41 HI-Chicago ... E5
42 Hotel Burnham ... D4
43 Wit ... E3

Essen
44 Billy Goat Tavern ... E2
Cafecito ... (siehe 41)
45 Gage ... E4
46 Gino's East ... E1
47 Giordano's ... E1
48 Little Goat ... B3
49 Lou Malnati's ... D2
50 Lou Mitchell's ... C4
51 Mr Beef ... C1
52 Pizano's ... D1
53 Pizzeria Uno ... E2
54 Publican ... B3
55 Purple Pig ... E2
56 Xoco ... D2

Ausgehen & Nachtleben
57 Aviary ... A3
58 Berghoff ... D4
59 Clark Street Ale House ... D1
60 Intelligentsia Coffee ... E3
61 Matchbox ... A1
Signature Lounge ... (siehe 4)

Unterhaltung
62 Buddy Guy's Legends ... E5
63 Chicago Shakespeare Theater ... G2
64 Chicago Symphony Orchestra ... E4
65 Goodman Theatre ... D3
66 Grant Park Orchestra ... E3
67 Hubbard Street Dance Chicago ... E3
68 Lookingglass Theatre Company ... E1
69 Lyric Opera Of Chicago ... C4
70 SummerDance ... E5

Shoppen
American Girl Place ... (siehe 72)
Chicago Architecture Foundation Shop ... (siehe 32)
71 Jazz Record Mart ... E2
72 Water Tower Place ... E1

kostenlose Konzerte stattfinden; Anish Kapoors beliebte, silbern glänzende Skulptur (Karte S. 582) **Cloud Gate** (auch „The Bean" genannt); und Jaume Plensas **Crown Fountain** (Karte S. 582), ein Wasserpark, in dem ein Video von Einwohnern projiziert wird, die wie Wasserspeier Wasser ausspucken.

Auf dem **McCormick Tribune Ice Rink** tummeln sich im Winter Eisläufer (im Sommer perfekt für ein Picknick). Im versteckten, friedlichen **Lurie Garden** blühen Präriebluмен. Die von Frank Gehry entworfene **BP Bridge** führt über den Columbus Drive und bietet eine herrliche Aussicht auf die Skyline, während der **Nichols Bridgeway** vom Park zum modernen Skulpturengarten im 3. Stock des Art Institute führt (freier Eintritt).

Die Pavillon-Konzerte finden mittags und an den meisten Abenden um 18.30 Uhr statt. Zu den Abendkonzerten kann man ruhig etwas Essbares und eine Flasche Wein mitbringen. Montags erklingen Indie-Rock und New Music, donnerstags Jazz und an den meisten anderen Tagen Klassik. Jeden Samstagvormittag werden auf dem Great Lawn kostenlose Kurse veranstaltet: um 8 Uhr Yoga, um 9 Uhr Pilates und um 10 Uhr Tanz. Und das Family Fun Tent bietet täglich zwischen 10 und 15 Uhr kostenlose Aktivitäten für Kinder an. Täglich um 11.30 und 13 Uhr starten am Chicago Cultural Center Visitors Center, gegenüber vom Park auf der anderen Straßenseite, kostenlose Führungen.

★ **Art Institute of Chicago** MUSEUM

(Karte S. 582; ☎ 312-443-3600; www.artic.edu; 111 S Michigan Ave; Erw./Kind 23 US$/frei; ⏲ 10.30–17, Do bis 20 Uhr; 🚸) Das zweitgrößte Kunstmuseum der USA: Die Sammlung impressionistischer und postimpressionistischer Gemälde wird nur noch von den Sammlungen Frankreichs übertroffen, und die Zahl der surrealistischen Werke ist riesig. Für den Besuch des Museums kann man eine kostenlose Audioguide-App herunterladen, die 50 Touren enthält, von den Highlights (Grant Woods *American Gothic,* Edward Hoppers *Nighthawks*) bis zu einer Tour zur Aktmalerei.

Zwei Stunden sollte man für die wichtigsten Werke des Museums mindestens einplanen; Kunstinteressierte sollten deutlich mehr Zeit mitbringen. Der Haupteingang befindet sich in der Michigan Avenue, man kann das Museum aber auch durch den überwältigenden Modern Wing in der Monroe Street betreten. Der Skulpturengarten in de 3. Etage kostet übrigens keinen Eintritt und bietet eine herrliche Aussicht auf die Stadt. Man erreicht ihn über den Nichols Bridgeway, eine moderne Fußgängerbrücke, die zum Millennium Park führt.

★ **Willis Tower** WOLKENKRATZER

(Karte S. 582; ☎ 312-875-9696; www.the-skydeck.com; 233 S Wacker Dr; Erw./Kind 18/12 US$; ⏲ April–Sept. 9–22 Uhr, Okt.–März 10–20 Uhr; Ⓜ Brown, Orange, Purple, Pink Line bis Quincy) Dies ist das höchste Gebäude Chicagos. Im Skydeck in der 103. Etage befinden sich Besucher auf 443 m Höhe. Erst geht's in 70 Sekunden mit dem Fahrstuhl nach oben (was manche Ohren zum Sausen bringt), dann hinaus in einen gläsernen Vorbau mit durchsichtigem Boden, auf dem man hoch über der Stadt schwebt – der Blick direkt nach unten ist nichts für schwache Nerven! Der Eingang befindet sich am Jackson Boulevard.

An Tagen, an denen viel los ist (Spitzenzeit im Sommer ist Fr–So 11–16 Uhr), kann die Wartezeit in der Schlange auch mal eine Stunde betragen. Ein paar Häppchen Geschichte: Dieses Gebäude war als Sears Tower bekannt, bis das Versicherungsunternehmen Willis Group Holdings 2009 die Namensrechte erwarb. Und bis das One World Trade Center in New York im Jahr 2013

BERÜHMTE LOOP-ARCHITEKTUR

Seit jener Zeit, als Chicago der Welt den ersten Wolkenkratzer präsentierte, lebt die Stadt in puncto Architektur und modernem Design auf großem Fuß. Im Loop kann man fantastisch umherschlendern und die ambitionierten Umsetzungen bestaunen.

Die **Chicago Architecture Foundation** (Karte S. 593) organisiert geführte Spaziergänge u. a. zu den folgenden Gebäuden:

Chicago Board of Trade (Karte S. 582; 141 W Jackson Blvd; Ⓜ Brown, Orange, Green, Purple o. Pink Line bis LaSalle) Eine Art-déco-Perle von 1930. Im Inneren tauschen manische Händler Zukunft gegen Optionen. Draußen auf der Spitze des Gebäudes kann man die riesige Statue der Ceres, der Göttin der Landwirtschaft, bewundern.

Rookery (Karte S. 582; www.gowright.org/rookery; 209 S LaSalle St; ⏲ Mo–Fr 9.30–17.30 Uhr; Ⓜ Brown, Orange, Green, Purple o. Pink Line bis Quincy) Das Rookery aus dem Jahr 1888 sieht von außen wie eine Festung aus. Aber das Innere ist dank der Instandsetzung des Innenhofs durch Frank Lloyd Wright leicht und luftig. Touren (5–10 US$) werden unter der Woche mittags angeboten. Hier pflegten Tauben zu rasten, daher der Name.

Monadnock Building (Karte S. 582; www.monadnockbuilding.com 53 W Jackson Blvd; Ⓜ Blue Line nach Jackson) Architekturpilger bekommen beim Anblick des Monadnock Building bestimmt weiche Knie, denn eigentlich handelt es sich hier um zwei Gebäude in einem. Der nördliche Bau ist mit seinem traditionellen Design aus dem Jahre 1891 der ältere. Der südliche ist die neuere Hälfte und entstand zwei Jahre später. Wer sieht den Unterschied? Das Monadnock ist seinem ursprünglichen Zweck getreu ein Bürogebäude.

CHICAGO MIT KINDERN

Chicago ist eine durch und durch kinderfreundliche Stadt. Eine prima Infoquelle ist **Chicago Parent** (www.chicagoparent.com). Zu den besten Adressen, um Zeit mit dem Nachwuchs zu verbringen, gehören:

Chicago Children's Museum (Karte S. 582; ☎312-527-1000; www.chicagochildrensmuseum.org; 700 E Grand Ave; Eintritt 14 US$; ⊙So–Mi 10–18, Do–Sa 10–20 Uhr; 👪; Ⓜ Red Line bis Grand, dann Trolley) In diesem pädagogischen Spielland auf dem Navy Pier können die Kleinen klettern, graben und planschen; danach empfiehlt sich eine Expedition zum Pier selbst, der einem Rummel gleicht und mit einem Riesenrad sowie verschiedenen Karussells aufwartet.

Chicago Children's Theatre (☎773-227-0180; www.chicagochildrenstheatre.org) Dies ist eines der besten Kindertheaterensembles der USA. Die Vorstellungen finden an verschiedenen Orten in der ganzen Stadt statt.

American Girl Place (Karte S. 582; www.americangirl.com; 835 N Michigan Ave; ⊙Mo–Do 10–20, Fr & Sa 9–21, So 9–18 Uhr; 👪; Ⓜ Red Line bis Chicago) In dem mehrstöckigen Palast, in dem die Mädchen das Sagen haben, trinken junge Damen Tee und lassen ihre Puppen neu frisieren.

Chic-A-Go-Go (S. 588) Bei der Aufnahme dieser Kabelfernsehshow, einer Art Kinderversion von *Soul Train*, geht es richtig groovig zu. Termine und Orte stehen auf der Website.

Weitere kinderfreundliche Optionen:

- North Ave Beach (S. 592)
- Field Museum of Natural History (S. 587)
- Shedd Aquarium (S. 587)
- Lincoln Park Zoo (S. 589)
- Art Institute of Chicago (S. 585)
- Museum of Science & Industry (S. 591)

seine endgültige Höhe erreichte, war es das höchste Gebäude der USA.

Für einen Drink mit Aussicht ist man im Gold Coast's John Hancock Center richtig.

Chicago Cultural Center KULTURZENTRUM
(Karte S. 582; ☎312-744-6630; www.chicagoculturalcenter.org; 78 E Washington St; ⊙Mo–Do 8–19, Fr 8–18, Sa 9–18, So 10–18 Uhr; Ⓜ Brown, Orange, Green, Purple o. Pink Line bis Randolph) GRATIS Das einen Block lange Gebäude zeigt Ausstellungen und ausländische Filme und veranstaltet Mittagskonzerte (Mo–Fr 12.15 Uhr) mit Jazz, Klassik und elektronischer Musik. Außerdem hat es die größte Tiffany-Glaskuppel der Welt, die zentrale Touristeninformation der Stadt und das Aufnahmestudio von StoryCorps (wo jeder seine Songs aufnehmen, auf CD brennen und in der Library of Congress speichern lassen kann). Und das alles kostenlos!

Grant Park PARK
(Karte S. 582; Michigan Ave zw. 12th St & Randolph St; ⊙6–23 Uhr) Im Grant Park finden Mega-Events wie das Taste of Chicago, das Blues Fest und Lollapalooza statt. Die **Buckingham Fountain** (Karte S. 582; Ecke Congress Pkwy & S Columbus Dr; Ⓜ Red Line to Harrison) ist die viel beachtete Hauptattraktion im Grant Park. Mit einer Kapazität von knapp 6 Mio. l ist sie einer der größten Springbrunnen weltweit. Die Wasserfontänen schießen von Mitte April bis Mitte Oktober zwischen 9 und 23 Uhr jeweils zur vollen Stunde in die Höhe, und abends wird das Ganze noch durch farbige Lichter und Musik untermalt.

Route 66 Sign HISTORISCHE STÄTTE
(Karte S. 582; E Adams St zw. S Michigan & Wabash Aves; Ⓜ Brown, Orange, Green, Purple o. Pink Line bis Adams) Fans der Route 66 sollten sich einen Blick auf dieses Schild nicht entgehen lassen: Hier beginnt die „Mother Road", die Mutter aller Straßen! Auf der Fahrt nach Westen Richtung Wabash Avenue sieht man das Schild auf der Südseite der Adams Street.

South Loop

Der South Loop, der den unteren Teil des Zentrums und den Grant Park umfasst, glänzt mit seinem Museum Campus und den funkelnden neuen Apartmenthochhäusern.

★ Field Museum of Natural History
MUSEUM

(Karte S. 582; ☎ 312-922-9410; www.fieldmuseum.org; 1400 S Lake Shore Dr; Erw./Kind 15/10 US$; ⌚ 9–17 Uhr; 👪; 🚌 146, 130) In diesem Museum findet sich einfach alles: Käfer, Mumien, Edelsteine und Bushman, der ausgestopfte Affe. Der Superstar der Sammlung ist Sue, der größte Tyrannosaurus rex, der je gefunden wurde – sie hat sogar einen eigenen Souvenirladen. Sonderausstellungen und der 3-D-Film kosten extra.

★ Shedd Aquarium
AQUARIUM

(Karte S. 582; ☎ 312-939-2438; www.sheddaquarium.org; 1200 S Lake Shore Dr; Erw./Kind 29/20 US$; ⌚ Juni–Aug. 9–18 Uhr, Sept.–Mai 9–17 Uhr; 👪; 🚌 146, 130) Zu den Attraktionen des vor Kindern nur so wimmelnden Shedd Aquarium gehören das Oceanarium, in dem Weißwale und zwei Dutzend Delfine mit weißen Flanken schwimmen, und die Haiausstellung, in der die Besucher nur 12 cm Plexiglas von den grimmig dreinschauenden Raubfischen trennen. Das 4-D-Kino, die Streichelaquarien und die Wassershow kosten jeweils ca. 5 US$ extra.

★ Adler Planetarium & Astronomy Museum
MUSEUM

(Karte S. 582; ☎ 312-922-7827; www.adlerplanetarium.org; 1300 S Lake Shore Dr; Erw./Kind 12/8 US$; ⌚ Juni–Aug. 9.30–18 Uhr, Sept.–Mai 10–16 Uhr; 👪; 🚌 146, 130) Weltraumenthusiasten kommen im Adler voll auf ihre Kosten. Es gibt ein öffentliches Teleskop, um die Sterne zu beobachten, 3-D-Vorträge über spannende Themen wie Supernovas, und die Ausstellung Planet Explorers, in der die Kids eine Rakete „starten" können. Die faszinierenden digitalen Filme kosten extra. Von der Vordertreppe des Museums bietet sich ein grandioser Blick auf die Skyline von Chicago.

Northerly Island
PARK

(1400 S Lynn White Dr; 🚌 146 o. 130) In diesem grasbewachsenen Park gibt es mehrere Wanderwege, außerdem kann man hier angeln und Vögel beobachten; und auf der Open-Air-Bühne unter freiem Himmel treten große Stars auf (man hört sie auch vom 12th Street Beach aus).

Museum of Contemporary Photography
MUSEUM

(Karte S. 582; ☎ 312-663-5554; www.mocp.org; Columbia College, 600 S Michigan Ave; ⌚ Mo–Mi, Fr & Sa 10–17, Do 10–20, So 12–17 Uhr; Ⓜ Red Line bis Harrison) GRATIS Die interessanten Ausstellungen dieses kleinen Museums lohnen einen kurzen Besuch.

Near North

Im Loop werden Vermögen gemacht, und in Near North werden sie ausgegeben. Hier gibt's ein Riesenangebot an Geschäften, Restaurants und Unterhaltung.

★ Navy Pier
SEEUFER

(Karte S. 582; ☎ 312-595-7437; www.navypier.com; 600 E Grand Ave; ⌚ So–Do 10–22, Fr & Sa 10–24 Uhr; 👪; Ⓜ Red Line bis Grand, dann Trolley) GRATIS Der 800 m lange Navy Pier ist die meistbesuchte Attraktion der Stadt. Er wartet mit einem 45 m hohen Riesenrad und anderen Fahrgeschäften (Fahrt 5–6 US$), einem IMAX-Kino, einem Biergarten und kitschigen Kettenrestaurants auf. Die Einheimischen stöhnen über seine Kommerzialisierung, doch die Lage am See mit toller Aussicht und einem frischen Lüftchen ist unschlagbar. Ein weiteres Highlight sind die Feuerwerke, die im Sommer mittwochs (21.30 Uhr) und samstags (22.15 Uhr) stattfinden.

Auf dem Pier befinden sich auch das Chicago Children's Museum und das Smith Museum of Stained Glass Windows sowie mehrere Anbieter von Bootstouren. Eine vergnügliche Fahrt mit dem Shoreline Water Taxi führt zum Museum Campus (Erw./Kind 8/5 US$).

Smith Museum of Stained Glass Windows
MUSEUM

(Karte S. 582; ☎ 312-595-5024; 600 E Grand Ave; ⌚ So–Do 10–22, Fr & Sa bis 24 Uhr; Ⓜ Red Line bis Grand, dann Trolley) GRATIS Über 150 wunderschöne Fenster, darunter auch ein Michael Jordan aus Buntglas, verstecken sich entlang der unteren Terrassen der Festival Hall auf dem Navy Pier.

Magnificent Mile
STRASSE

(Karte S. 582; www.themagnificentmile.com; N Michigan Ave) Die Mag Mile, die viel gepriesene, exklusive Shoppingmeile Chicagos, erstreckt sich auf der Michigan Avenue zwischen Fluss und Oak Street. Hier kann man beispielsweise bei Bloomingdales, Neiman's und Saks seinen Geldbeutel um einiges erleichtern.

DAS ANDERE CHICAGO

Natürlich werden die Freunde zu Hause höflich zuhören, wenn man von der Fahrt hinauf auf den Willis Tower berichtet, doch wenn man dann noch erzählt, wie man mit den Roller Babes einen draufgemacht hat und dass man eine eiserne Lunge gesehen hat, wird ihnen das Gähnen garantiert vergehen. Chicago hat neben den bekannten Sehenswürdigkeiten nämlich eine tolle Auswahl an ungewöhnlichen Attraktionen und Aktivitäten zu bieten.

International Museum of Surgical Science (☎312-642-6502; www.imss.org; 1524 N Lake Shore Dr; Erw./Kind 15/7 US$, Di Eintritt frei; ⊙Di–Fr 10–16, Sa & So bis 17 Uhr; 🚌151) Zu den Exponaten dieses gespenstischen Museums gehören Amputiersägen, Wandbilder von Leichen und eine schöne Steinsammlung – allerdings handelt es sich um Nierensteine, Gallensteine und dergleichen. Das alte Chirurgenbesteck für akute Fälle von Hämorrhoiden ist eine gute Mahnung, mehr Ballaststoffe zu essen. Das Museum befindet sich in einer alten Villa an der Gold Coast, etwa 1,6 km nördlich der Gegend um den Water Tower.

Windy City Rollers (Karte S. 582; www.windycityrollers.com; 525 S Racine Ave; Tickets 20 US$; Ⓜ Blue Line bis Racine) Der derbe Sport des Roller Derby entstand 1935 in Chicago, und die kämpfenden Babes zeigen, wie es gespielt wird, mit blauen Flecken und allem Drum und Dran. Jeden Monat finden im UIC Pavilion, westlich des Loop, Kämpfe statt.

Leather Archives & Museum (☎773-761-9200; www.leatherarchives.org; 6418 N Greenview Ave; Eintritt 10 US$; ⊙Do & Fr 11–19, Sa & So bis 17 Uhr; 🚌22) Das schräge Museum zeigt Fetisch- und SM-Exponate aller Art, von der Red Spanking Bench bis hin zu Infos zu den berüchtigten Fußfetischisten. Es liegt 8 Meilen (13 km) nördlich vom Loop und 1,5 Meilen (2,5 km) nördlich von Andersonville.

Chic-A-Go-Go (www.roctober.com/chicagogo) Die über Kabel ausgestrahlte Live-Tanzshow ist nicht nur etwas für Kids: Auch Erwachsene können sich mit Miss Mia und Ratso auf der Tanzfläche versuchen.

Tribune Tower ARCHITEKTUR
(Karte S. 582; 435 N Michigan Ave; Ⓜ Red Line bis Grand) Im Vorbeischlendern lohnt sich ein genauer Blick auf den neogotischen Turm. In den unteren Wänden sind dem Taj Mahal, dem Parthenon und anderen berühmten Gebäuden nachempfunde Elemente eingearbeitet.

Trump Tower WOLKENKRATZER
(Karte S. 582; 401 N Wabash Ave; Ⓜ Red Line bis Grand) Donalds 414 m hoher Turm ist zwar Chicagos zweithöchstes Gebäude, Architekturkritiker mokieren sich aber über sein „zahnstocherähnliches" Aussehen.

Wrigley Building ARCHITEKTUR
(Karte S. 582; 400 N Michigan Ave; Ⓜ Red Line bis Grand) Die weiße Terrakottafassade des vom Kaugummihersteller errichteten Gebäudes strahlt so weiß wie die Zähne der Doublemint-Zwillinge.

Gold Coast

Die Gold Coast ist seit über 125 Jahren die Adresse der reichsten Chicagoer.

★ **John Hancock Center** ARCHITEKTUR
(☎888-875-8439; www.jhochicago.com; 875 N Michigan Ave; Erw./Kind 18/12 US$; ⊙9–23 Uhr; Ⓜ Red Line bis Chicago) Steil in die Höhe geht's im dritthöchsten Wolkenkratzer Chicagos, und die Aussicht übertrifft in vielerlei Hinsicht die vom Willis Tower. Vom Observatarium im 94. Stock können Mutige den „Skywalk" betreten, eine verglaste Veranda, auf der man den Wind spüren kann. Auf Infotafeln erfährt man etwas über die umliegenden Gebäude. Man kann die Bildung aber auch mal links liegen lassen und sich in die Signature Lounge im 96. Stock begeben; dort ist die Aussicht kostenlos, wenn man etwas zu trinken bestellt.

Museum of Contemporary Art MUSEUM
(Karte S. 582; ☎312-280-2660; www.mcachicago.org; 220 E Chicago Ave; Erw./Kind/Student 12/7 US$; ⊙Di 10–20, Mi–So bis 17 Uhr; Ⓜ Red Line bis Chicago) Dieses Museum kann man vielleicht als freches, rebellisches Geschwisterchen des Art Institute bezeichnen. Gezeigt werden Sammlungen minimalistischer und surrealistischer Kunst sowie Buchkunst-

sammlungen. Ständige Ausstellungen zeigen Werke von Franz Kline, René Magritte, Cindy Sherman und Andy Warhol.

Original Playboy Mansion GEBÄUDE
(1340 N State Pkwy; Ⓜ Red Line bis Clark/Division) Hugh Hefner begann hier damit, seine Ganztagespyjamas zu tragen, nachdem der Stress der Magazinherstellung und das heftige Partyfeiern ihn davon abhielten, sich umzuziehen. In dem Gebäude sind heute Eigentumswohnungen, aber nach einem Besuch kann man immer noch damit angeben: „Ich bin im Playboy Mansion gewesen." Wenn das nichts ist! In der Astor Street, einen Block weiter östlich, kann man zwischen den Blocks 1300 und 1500 noch mehr Herrenhäuser in Augenschein nehmen.

Water Tower HISTORISCHES BAUWERK
(Karte S. 582; 108 N Michigan Ave; Ⓜ Red Line bis Chicago) Der 47 m hohe Turm mit seinen Zinnen ist ein Wahrzeichen der Stadt: Er hat als einziges Bauwerk in der Innenstadt das große Feuer von 1871 überlebt.

Lincoln Park & Old Town

Der Lincoln Park ist Chicagos größte Grünfläche und mit knapp 500 ha am Seeufer eine städtische Oase. „Lincoln Park" heißt auch das angrenzende Stadtviertel. Hier wie dort ist Tag und Nacht jede Menge los: Die Leute joggen, führen Hunde aus, schieben Kinderwagen durch die Gegend und fahren auf der Suche nach einem Parkplatz mit ihren Autos im Kreis herum.

Die Old Town liegt am Südwestende des Lincoln Park. Die Kreuzung der North Avenue und der Wells Street bildet das Epizentrum. Von hier an breiten sich Restaurants, Bars und die Second City aus.

Lincoln Park Zoo ZOO
(☎ 312-742-2000; www.lpzoo.org; 2200 N Cannon Dr; ⏲ Nov.–März 10–16.30 Uhr, April–Okt. 10–17 Uhr, Juni–Aug. Sa & So 10–18.30 Uhr; 👪; 🚌 151) GRATIS Der Zoo mit seinen Gorillas, Löwen, Tigern und anderen exotischen Tieren ist bei Familien äußerst beliebt. Man sollte auf keinen Fall den Regenstein African Journey, das Ape House und den Nature Boardwalk verpassen.

Lincoln Park Conservatory GÄRTEN
(☎ 312-742-7736; www.lincolnparkconservancy.org; 2391 N Stockton Dr; ⏲ 9–17 Uhr; 🚌 151) GRATIS Das prächtige Gewächshaus aus dem Jahr 1891 in der Nähe des Nordeingangs des Zoos beherbergt Palmen, Farne und Orchideen, die hier bestens gedeihen. Im Winter herrscht hier eine wunderbare Temperatur von 24 °C – der ideale Ort, wenn draußen ein eisiger Wind tobt.

Chicago History Museum MUSEUM
(☎ 312-642-4600; www.chicagohistory.org; 1601 N Clark St; Erw./Kind 14 US$/frei; ⏲ Mo–Sa 9.30–16.30, So 12–17 Uhr; 👪; 🚌 22) Multimedia-Shows decken alle Meilensteine der Stadtgeschichte ab, vom Großen Feuer bis hin zur

DAS CHICAGO DER GANGSTER

Die Stadt möchte ihre Gangster-Vergangenheit eigentlich lieber nicht erwähnen, darum gibt es auch keine Broschüren oder Ausstellungen über die berühmt-berüchtigten Stätten. Wer die folgenden Orte besucht, benötigt also etwas Fantasie, denn kein Schild weist darauf hin, dass sie als Schauplätze von Gangster-Machenschaften dienten.

In der Nähe der **Holy Name Cathedral** (Karte S. 582; www.holynamecathedral.org; 735 N State St; ⏲ Mo–Sa 8.30–20.30, So bis 19 Uhr; Ⓜ Red Line bis Chicago) wurden zwei Morde verübt. 1924 wurde der Boss der North Side, Dion O'Banion, in seinem Blumenladen (738 N State St) niedergeschossen, nachdem er Al Capone verärgert hatte. O'Banions Nachfolger, Hymie Weiss, erging es auch nicht besser: 1926 wurde er auf dem Weg zur Kirche von Schüssen aus einem Fenster des Hauses 740 N State Street niedergestreckt.

An der **St. Valentine's Day Massacre Site** (2122 N Clark St; 🚌 22) stellten Capones Gorillas, die sich als Polizisten verkleidet hatten, sieben Mitglieder der Gang Bugs Moran an eine Garagenwand und durchsiebten sie mit Kugeln. Die Garage wurde 1967 abgerissen, heute befindet sich an ihrer Stelle ein Parkplatz.

1934 verriet die „Lady in Red" den „Staatsfeind Nr. 1", John Dillinger, im **Biograph Theater** (2433 N Lincoln Ave). Dillinger wurde in einer Gasse neben dem Theater vom FBI erschossen.

Die Flüsterkneipe im Keller der noblen Jazzbar Green Mill (S. 601) war eine der Lieblingskneipen von Capone.

INSIDERWISSEN

EINE BLUES-WALLFAHRT

Das unauffällige Gebäude 2120 S Michigan Avenue war von 1957 bis 1967 der Sitz des bahnbrechenden, produktiven Plattenlabels von Chess Records. Hier nahmen Muddy Waters, Howlin' Wolf und Bo Diddley ihre Alben auf und waren mit ihren *Sick Licks* und dem verstärkten Sound die Wegbereiter des Rock'n'Roll. Heute heißt das Studio **Willie Dixon's Blues Heaven** (☎312-808-1286; www.bluesheaven.com; 2120 S Michigan Ave; Führungen 5–10 US$; ⏲Mo–Fr 11–16, Sa 12–14 Uhr; 🚇1), benannt nach dem Bassisten, der die meisten Hits des Chess schrieb. Die Mitarbeiter führen Besucher durch die Räumlichkeiten, die ziemlich altersschwach sind: einige Originalstücke sind aber noch zu sehen. Und wenn Willies Enkel den vom vielen Gebrauch ganz abgenutzten Bass des Bluesmusikers hervorholt und Besucher ihn mal zupfen können, ist das schon ziemlich cool. Bei den kostenlosen Rockkonzerten, die im Sommer donnerstags um 18 Uhr im Garten stattfinden, geht die Post ab. Das Gebäude steht in der Nähe von Chinatown und etwa 1,5 km südlich vom Museum Campus.

Democratic Convention von 1968. (Während des Kongresses, bei dem der Präsidentschaftskandidat der Demokraten gekürt wurde, kam es zu gewalttätigen Auseinandersetzungen zwischen Antikriegsdemonstranten und der Polizei.) Auch Präsident Lincolns Sterbebett kann man sich hier anschauen und es gibt (im Kinderbereich) die Möglichkeit, ein *Chicago Hotdog* mit Garnitur zu „werden". Also Eltern, flugs die Kamera zücken.

Lake View & Wrigleyville

Wer diese Stadtviertel nördlich vom Lincoln Park besucht, macht am besten einen Bummel auf der Halsted Street, der Clark Street, der Belmont Avenue und der Southport Avenue, die von vielen Restaurants, Bars und Geschäften gesäumt sind. Die einzige echte Sehenswürdigkeit ist das mit Efeu bewachsene **Wrigley Field** (www.cubs.com; 1060 W Addison St), das nach dem Kaugummi- Hersteller benannt ist und die Spielstätte der heiß geliebten, aber permanent verlierenden Chicago Cubs ist. Das Stadion bietet 90-minütige Führungen (25 US$) zum berühmten Baseballfeld an. Die Gegend rund um das Stadion wird gerade modernisiert und soll mit neuen Besuchereinrichtungen ausgestattet werden.

Andersonville & Uptown

Die beiden Viertel im Norden eignen sich gut für einen kulinarisch inspirierten Bummel. Andersonville ist eine alte schwedische Enklave rund um die Clark Street, wo sich altmodische, europäisch angehauchte Geschäfte mit neuen Gourmetrestaurants, funky Boutiquen, Trödelläden und schwullesbischen Bars mischen. Hin kommt man, indem man mit der CTA Red Line bis zur Haltestelle Berwyn fährt und dann etwa sechs Blocks nach Westen geht.

In Uptown etwas weiter im Süden herrscht eine völlig andere Szenerie. Man muss mit der Red Line bis zur Haltestelle Argyle fahren und schon ist man mitten drin in „Little Saigon" mit den kleinen Restaurants, in denen vorwiegend Pho serviert wird.

Wicker Park, Bucktown & Ukrainian Village

Diese drei Viertel westlich von Lincoln Park – einst Wohnviertel für Menschen aus der Arbeiterklasse, Immigranten aus Mitteleuropa und alternative Schriftsteller – sind gerade extrem in. Modeboutiquen, hippe Plattenläden, Secondhand-Shops und Cocktaillounges sind wie Pilze aus dem Boden geschossen, besonders um die Kreuzung Milwaukee/North/Damen Avenue. Auch auf der Division Street wird gern gebummelt. Sie wurde früher „Polish Broadway" genannt, weil sie von Polka-Bars gesäumt war. Heute haben hier nette Cafés und clevere Geschäftsleute die Oberhand. Viel Sehenswertes gibt's nicht, wenn man mal vom **Nelson Algren's House** (1958 W Evergreen Ave; Ⓜ Blue Line to Damen) absieht, in dem der namensgebende Autor mehrere mutige Romane über das Leben in Chicago geschrieben hat. Das Wohnhaus ist in Privatbesitz, man kann es sich nur von außen anschauen.

Logan Square & Humboldt Park

Als die Künstler und hippen Typen durch überhöhte Immobilienpreise gezwungen waren, Wicker Park zu verlassen, zogen sie Richtung Westen in die Latino-Viertel Logan Square und Humboldt Park. Besucher finden hier kleine, coole Restaurants, Brauereikneipen und Musikclubs vor. Hin geht's mit der CTA Blue Line bis Logan Square oder California.

Near West Side & Pilsen

Direkt westlich des Loop liegt – nun ja – eben der **West Loop**. Mit den schicken Restaurants, Clubs und Galerien, die zwischen den Fleischverarbeitungsfabriken hervorlugen, ähnelt er dem Meatpacking District in New York City. Die W Randolph Street und der W Fulton Market sind hier die Hauptschlagadern. Ganz in der Nähe liegt, an der S Halsted Street beim W Jackson Boulevard, **Greektown**. Die Viertel etwa 2 km westlich des Loop sind am besten mit dem Taxi zu erreichen.

Im Südwesten befindet sich die Enklave **Pilsen** mit ihrem bunten Mix aus Kunstgalerien, mexikanischen Bäckereien, hippen Cafés und Wandgemälden an den Häusern. Man nimmt die CTA Pink Line bis zur 18th Street und schon ist man mittendrin.

National Museum of Mexican Art MUSEUM

(☎ 312-738-1503; www.nationalmuseumofmexicanart.org; 1852 W 19th St; ⌚ Di–So 10–17 Uhr; Ⓜ Pink Line to 18th St) GRATIS Das Museum ist das größte lateinamerikanische Kunstmuseum der USA. Die bunte Dauerausstellung zeigt klassische Gemälde, glänzende goldene Altäre, eine an Skeletten reiche Volkskunstabteilung und farbenfrohe Perlenarbeiten.

Pilsen Mural Tours STADTSPAZIERGANG

(☎ 773-342-4191; 1½-stündige Touren 125 US$/Gruppe) Der ortsansässige Künstler Jose Guerrero leitet die sehr empfehlenswerten Touren, bei denen man mehr über die traditionelle Kunstform der Wandmalerei erfährt. Man sollte vorher anrufen.

Chinatown

Chicagos kleines, aber geschäftiges Chinatown erreicht man vom Loop aus mit der Bahn in zehn Minuten. Man fährt mit der Red Line zur Haltestelle Cermak-Chinatown, die in der Mitte der beiden ganz unterschiedlichen Teile des Viertels liegt: Chinatown Square (ein riesiges, langgestrecktes zweigeschossiges Einkaufszentrum) zieht sich an der Archer Avenue entlang Richtung Norden; Old Chinatown mit seinen traditionellen Geschäften erstreckt sich entlang der Wentworth Avenue nach Süden. In beiden Teilen locken Bäckereien, Schüsseln mit dampfenden Nudeln und Geschäfte mit allerhand exotischen Dingen.

Hyde Park & South Side

South Side ist der Oberbegriff für die vielen Stadtviertel, die südlich der 25th Street liegen, darunter auch einige der ärmsten. Die Stars der South Side sind Hyde Park und das angrenzende Kenwood. Sie rückten durch Barack Obama, der hier lebte, über Nacht ins Rampenlicht. Man erreicht sie mit den Zügen der Metra Electric Line von der Millennium Station im Zentrum oder mit Bus Nr. 6 von der State Street im Loop. Auf mehreren geführten Fahrradtouren besucht man die Highlights der Gegend.

University of Chicago UNIVERSITÄT

(www.uchicago.edu; 5801 S Ellis Ave; 🚌 6, Ⓜ Metra bis 55th-56th-57th) Ein Spaziergang auf dem Campus mit seiner prächtigen gotischen Architektur und den kostenlosen Kunstmuseen lohnt sich. Hier begann außerdem das Nuklearzeitalter: Enrico Fermi und seine Mitarbeiter vom Manhattan Project bauten einen Reaktor und führten am 2. Dezember 1942 die erste kontrollierte nukleare Kettenreaktion aus. Die **Skulptur Nuclear Energy** (S Ellis Ave zw. E 56th & E 57th Sts) von Henry Moore steht an jener Stelle, wo dies stattfand.

Museum of Science & Industry MUSEUM

(☎ 773-684-1414; www.msichicago.org; 5700 S Lake Shore Dr; Erw./Kind 18/11 US$; ⌚ Juli–Aug. 9.30–17.30 Uhr, Sept.–Mai kürzer; 👪; 🚌 6, Ⓜ Metra bis 55th-56th-57th) Technikfreaks dürften angesichts des größten Museums für Naturwissenschaften und Technik der westlichen Welt in Ekstase geraten. Zu den Highlights gehören ein deutsches U-Boot aus dem Zweiten Weltkrieg, das in einer unterirdischen Ausstellung zu sehen ist (der Besuch des Boots kostet 8 US$ extra), und die Ausstellung „Science Storms“ mit einem künstlichen Tornado und Tsunami. Kindern werden von den Experimenten begeistert sein, die sie in mehreren Galerien durchführen können, etwa Dinge vom Balkon fallen lassen und Miniexplosionen auslösen.

Robie House ARCHITEKTUR

(☎ 312-994-4000; www.gowright.org; 5757 S Woodlawn Ave; Erw./Kind 15/12 US$; ⌚ Do–Mo 11–15 Uhr; 🚌 6, Ⓜ Metra bis 55th-56th-57th) Keines der zahlreichen Gebäude, die Frank Lloyd Wright rund um Chicago entwarf, ist so berühmt und einflussreich wie das Robie House. Die Verwandtschaft der horizontalen Linien mit der flachen Prärielandschaft des Mittleren Westens prägte den sogenannten Prärie-Stil. Im Inneren des Hauses befinden sich 174 Buntglasfenster und -türen, die Besucher bei der einstündigen Führung sehen können (Häufigkeit der Führungen hängt von der Jahreszeit ab).

Obamas Haus GEBÄUDE

(5046 S Greenwood Ave) Wegen der massiven Sicherheitsvorkehrungen kommt man nicht einmal in die Nähe des Hauses des Präsidenten; doch von der gegenüberliegende Straßenseite des Hyde Park Boulevard kann man über die Barrikaden einen Blick auf die rote Ziegelvilla im georgianischen Stil erhaschen.

Hyde Park Hair Salon GEBÄUDE

(5234 S Blackstone Ave; 6, Metra bis 51st-53rd) Im Salon von Obamas Frisör Zariff kann man den von Panzerglaswänden umgebenen Frisierstuhl des Präsidenten sehen. Die Mitarbeiter haben nichts gegen Besucher, die hereinkommen und sich kurz umschauen.

Aktivitäten

Zu den 580 Parks der Stadt gehören öffentliche Golfplätze, Eisbahnen, Swimmingpools und weitere Einrichtungen. Die Aktivitäten sind kostenlos oder sehr billig und die nötige Ausrüstung kann man in der Regel vor Ort ausleihen. Organisiert wird das Ganze vom **Chicago Park District** (www.chicagoparkdistrict.com).

Radfahren

Eine Radtour auf dem 18 Meilen (29 km) langen Weg am Seeufer ist eine großartige Möglichkeit, die Stadt zu entdecken. Die hier genannten Fahrradverleiher bieten auch zwei- bis vierstündige geführte Radtouren (35–65 US$, inkl. Fahrräder) zu Themen wie dem Seeufer, Bier und Pizza oder den Sehenswürdigkeiten der South Side (sehr empfehlenswert!) an. Wenn man online bucht, wird es günstiger. Auf der Seite der **Active Transportation Alliance** (www.activetrans.org) stehen die Termine für coole Radfahrer-Events.

Bike Chicago RADFAHREN

(Karte S. 582; 312-729-1000; www.bikechicago.com; 239 E Randolph St; Fahrräder pro Stunde/Tag ab 10/35 US$, geführte Tour Erw./Kind ab 39/25 US$; Mo–Fr 6.30–20, Sa & So ab 8 Uhr; Nov.–März Sa & So geschl.; Brown, Orange, Green, Purple o. Pink Line bis Randolph) Dieses Unternehmen hat mehrere Standorte. Die Hauptfiliale befindet sich im Millennium Park, eine weitere gibt es am Navy Pier.

Bobby's Bike Hike RADFAHREN

(Karte S. 582; 312-915-0995; www.bobbysbikehike.com; 465 N McClurg Ct; halber/ganzer Tag 23/32 US$; Juni–Aug. 8–20 Uhr, Sept.–Nov. & März–Mai 8.30–19 Uhr; Red Line bis Grand) Die Kunden schwärmen begeistert von Bobby's, das sich am Ogden Slip bei den River East Docks befindet.

Wassersport

Viele Besucher wissen gar nicht, das Chicago eine Strandstadt ist. Das verdankt sie dem riesigen Lake Michigan. Es gibt 24 offizielle Strände, an denen im Sommer Rettungsschwimmer patrouillieren. Sie sind zum Schwimmen sehr beliebt, wenngleich das Wasser verdammt kalt ist. Ehe man hineinspringt, sollte man sich auf der Website www.cpdbeaches.com über die Wasserqualität informieren.

North Ave Beach STRAND

(www.cpdbeaches.com; 1600 N Lake Shore Dr; ; 151) Chicagos beliebtester Strand bietet viele Besuchereinrichtungen und mit seinem weichen, hellen Sand eine schon fast kalifornische Atmosphäre. Hier kann man Kajaks, Jetskis, Stand-up-Paddle-Boards und Strandliegen ausleihen, und in den Strandhäusern, in denen Partystimmung herrscht, etwas essen und trinken. Er liegt 3 km nördlich des Loop.

Oak Street Beach STRAND

(www.cpdbeaches.com; 1000 N Lake Shore Dr; Red Line bis Chicago) Dicht an dicht liegen wohlgeformte Körper an diesem Strand am Rand des Zentrums.

12th Street Beach STRAND

(Karte S. 582; www.cpdbeaches.com; 1200 S Linn White Dr; 146, 130) Vom Adler Planetarium aus führt ein Pfad zu diesem abgeschiedenen, schönen und sichelförmigen Sandstrand.

Schlittschuhlaufen

Der **McCormick Tribune Ice Rink** (Karte S. 582; www.millenniumpark.org; 55 N Michigan Ave; Schlittschuhverleih 10 US$; Ende Nov.–Ende Feb.) im Millennium Park erwacht immer genau dann zum Leben, wenn die Temperaturen sinken.

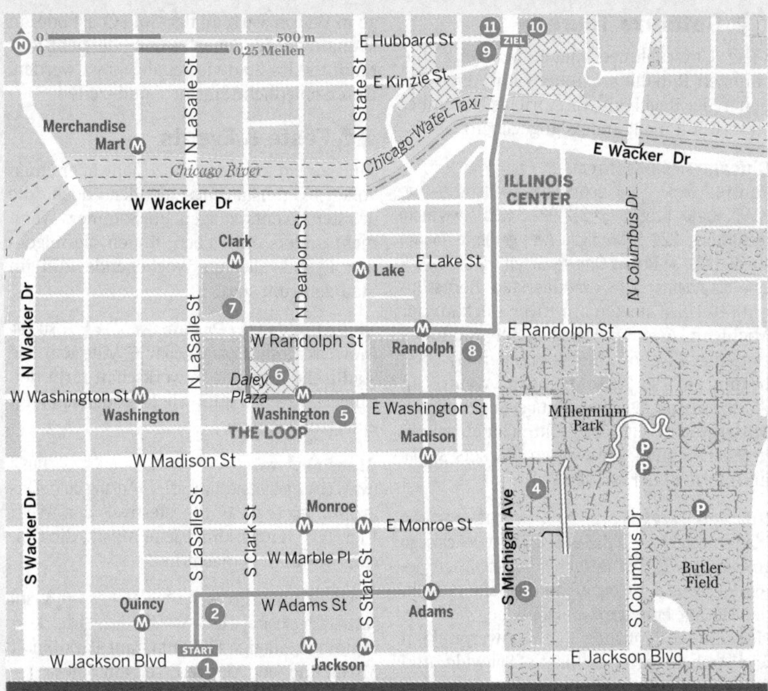

Stadtspaziergang **Loop**

START CHICAGO BOARD OF TRADE
ZIEL BILLY GOAT TAVERN
LÄNGE/DAUER 5 KM/CA. 2 STD.

Diese Tour führt mitten durch den Loop zu den Highlights der Chicagoer Kunst und Architektur – und zum Zahnarzt von Al Capone.

Start ist beim 1 **Chicago Board of Trade** (S. 585), wo Typen in knallbunten Jacketts in einem coolen Art-déco-Gebäude mit Getreide und dergleichen handeln. Im nahe gelegenen 2 **Rookery** (S. 585) kann man im Atrium Frank Lloyd Wrights Talent bewundern.

Weiter geht's in die Adams Street Richtung Osten zum 3 **Art Institute** (S. 585). Die Löwenstatuen am Eingang sind sehr fotogen. Ein paar Blocks weiter nördlich liegt der avantgardistische 4 **Millennium Park** (S. 581).

Vom Park geht man auf der Washington Street Richtung Westen zum 5 **Hotel Burnham** (S. 595). Es befindet sich im Reliance Building, einem architektonischen Vorläufer der modernen Wolkenkratzer; im heutigen Zimmer 809 bohrte einst Capones Zahnarzt. Gleich westlich davon steht in der Daley Plaza Picassos Skulptur 6 **Untitled**. Pavian, Hund oder Frau? Das darf jeder selbst entscheiden. Weiter auf der Clark Street Richtung Norden gelangt man zu Jean Dubuffets 7 **Monument with Standing Beast**, einer weiteren Skulptur, bei der man ins Grübeln kommt.

Die Randolph Street führt in östlicher Richtung durchs Theaterviertel. Im 8 **Chicago Cultural Center** (S. 586) kann man sich informieren, welche kostenlosen Ausstellungen und Konzerte auf dem Programm stehen. Dann geht's auf der Michigan Avenue weiter gen Norden und über die Brücke, vorbei am funkelnden weißen 9 **Wrigley Building** (S. 588), zum überwältigenden 10 **Tribune Tower** (S. 588).

Den Abschluss der Tour bildet ein Besuch der 11 **Billy Goat Tavern** (S. 597), einer alten Chicagoer Bar. Der Besitzer der Taverne, Billy Sianis, wollte das Wrigley Field einmal mit seiner Hausziege betreten. Doch der müffelnden Ziege wurde der Eintritt verweigert, und Sianis bedachte das Baseballteam der Cubs mit einem kräftigen Fluch – seitdem stinken die Spieler angeblich auch.

Geführte Touren

Viele Unternehmen bieten bei Onlinebuchungen Rabatte an. Touren im Freien finden in der Regel nur von April bis November statt (wenn nicht anders angegeben).

Chicago Architecture Foundation BOOTFAHREN, STADTSPAZIERGANG
(CAF; Karte S. 582; ☎312-922-3432; www.architecture.org; 224 S Michigan Ave; geführte Touren 10–40 US$; Ⓜ Brown, Orange, Green, Purple o. Pink Line bis Adams) Die erstklassigen Bootstouren (40 US$) starten am River Dock an der Michigan Avenue. Der beliebte Stadtspaziergang Rise of the Skyscraper (17 US$) beginnt in der 224 Michigan Avenue im Stadtzentrum. Die wochentags angebotenen Mittagstouren (10 US$) führen zu einzelnen herausragenden Bauwerken. Tickets gibt's im Internet oder bei der CAF.

Chicago Greeter STADTSPAZIERGANG
(Karte S. 582; ☎312-945-4231; www.chicagogreeter.com) GRATIS Besucher bekommen jemanden aus der Gegend an die Seite gestellt, der sie auf eine ganz persönliche, zwei- bis vierstündige Führung (zu Schwerpunkten wie Architektur, Geschichte, Schwule und Lesben etc.) oder in ein bestimmtes Stadtviertel mitnimmt. Man geht zu Fuß oder benutzt öffentliche Verkehrsmittel. Am besten zehn Werktage im Voraus reservieren.

InstaGreeter STADTSPAZIERGANG
(Karte S. 582; www.chicagogreeter.com/instagreeter; 77 E Randolph St; ⏲Fr–Sa 10–15 Uhr); Ⓜ Brown, Orange, Green, Purple o. Pink Line bis Randolph) GRATIS Bietet einstündige Touren durch den Loop ohne Anmeldung vom Besucherzentrum des Chicago Cultural Center aus.

Chicago History Museum RADFAHREN, STADTSPAZIERGANG
(☎312-642-4600; www.chicagohistory.org; geführte Touren 20–55 US$) Zur großen Palette an Führungen gehören Pub Crawls, El-Trips (Hochbahn), Radtouren und Friedhofsspaziergänge. Die Startorte und -zeiten variieren.

Weird Chicago Tours BUSTOUR
(Karte S. 582; ☎888-446-7859; www.weirdchicago.com; 600 N Clark St; 3-std. Touren 30 US$; ⏲Fr & Sa 19 Uhr, Sa 15 Uhr; Ⓜ Red Line bis Grand) Fährt zu Geister-, Gangster- und Rotlichtstätten. Abfahrt ist gegenüber vom Hard Rock Cafe.

Chicago Food Planet Tours STADTSPAZIERGANG
(☎212-209-3370; www.chicagofoodplanet.com; 3-std. Touren 47–60 US$) Geführte Spaziergänge in Wicker Park, an der Gold Coast oder in Chinatown, bei denen sieben oder acht Restaurants des Stadtviertel abgegrast werden. Unterschiedliche Startorte und -zeiten.

Feste & Events

Chicago hat zwar das ganze Jahr über einen vollen Veranstaltungskalender, doch die größten Events steigen im Sommer. Wenn nicht anders angegeben, finden die folgenden Events alle am Wochenende und im Stadtzentrum statt.

St. Patrick's Day Parade KULTUR
(www.chicagostpatsparade.com; ⏲Mitte Mai) Die städtische Klempnergewerkschaft färbt den Chicaco River so grün wie Klee, danach folgt eine große Parade.

Blues Festival MUSIK
(www.chicagobluesfestival.us; ⏲Anfang Juli) Das größte kostenlose Bluesfestival der Welt: Vier Tage lang erklingt jene Musik, die Chicago berühmt gemacht hat.

Taste of Chicago ESSEN
(www.tasteofchicago.us; ⏲Mitte Juli) Die kostenlose dreitägige Fete im Grant Park bietet Musik und jede Menge Essen am Spieß.

Pitchfork Music Festival MUSIK
(www.pitchforkmusicfestival.com; Tageskarte 50 US$; ⏲Mitte Juli) Im Union Park spielen drei Tage lang Indie-Bands.

Lollapalooza MUSIK
(www.lollapalooza.com; Tageskarte 95 US$; ⏲Anfang Aug.) Etwa 130 Bands auf acht Bühnen legen im Grant Park ein dreitägiges Megakonzert hin.

Jazz Festival MUSIK
(www.chicagojazzfestival.us; ⏲Anfang Sept.) Am Labor-Day-Wochenende treten die Großen der amerikanischen Jazzszene hier auf.

Schlafen

Übernachten in Chicago ist nicht gerade billig. Um die Reisekosten zu senken, bucht man sein Zimmer am besten über Websites wie Priceline oder Hotwire (als Location „River North" oder „Mag Mile" eingeben). Im Sommer oder wenn in der Stadt große Veranstaltungen stattfinden, ist die Auswahl an Unterkünften noch knapper – man sollte also besser im Voraus buchen, um unliebsame Überraschungen zu vermeiden. Die angegebenen Preise sind die normalen Zimmerpreise im Sommer, also zur Hauptsaison. Es kommen dann aber noch Steuern von 16,4 % hinzu.

B&B-Unterkünfte sind eine gute Alternative. Infos dazu gibt's bei der **Chicago Bed & Breakfast Association** (www.chicago-bed-breakfast.com; Zi. 125–250 US$), der 18 Häuser angeschlossen sind. Bei vielen B&Bs muss man mindestens zwei oder drei Nächte bleiben. Empfehlenswert ist es auch, sich zur Ferienzeit eine Wohnung zu mieten. Vermittler sind **Vacation Rental By Owner** (www.vrbo.com) und **AirBnB** (www.airbnb.com).

Die Hotels im Loop liegen sehr praktisch in der Nähe der Museen, Festivals und des Geschäftsviertels, doch nachts ist hier ziemlich tote Hose. Die Unterkünfte in den Vierteln Near North und Gold Coast sind beliebt, weil es von hier aus zu den Restaurants, Kneipen und Clubs, Läden und Unterhaltungslocations nicht weit ist. Die Zimmer in Lincoln Park, Lake View und Wicker Park sind interessant, weil sie oft billiger sind als diejenigen im Zentrum und nahe am pulsierenden Nachtleben liegen.

Wenn nichts anderes angegeben ist, ist WLAN kostenlos. Parkplätze kosten in Chicago ein Vermögen: pro Nacht etwa 50 US$ in der Stadt und 22 US$ etwas außerhalb.

Loop & Near North

HI-Chicago HOSTEL $

(Karte S. 582; ☎ 312-360-0300; www.hichicago.org; 24 E Congress Pkwy; B inkl. Frühstück 30–36 US$; P ❄ @ 📶; M Brown, Orange, Purple o. Pink Line bis Library) Das beste Hostel Chicagos ist makellos, liegt günstig im Loop und bietet Extras wie einen besetzten Informationsschalter, von Freiwilligen geleitete kostenlose Stadtführungen und Rabattkarten für Museen und Shows. In den einfachen Schlafsälen stehen sechs bis zwölf Betten; die meisten haben ein eigenes Bad.

Buckingham Athletic Club Hotel BOUTIQUEHOTEL $$

(Karte S. 582; ☎ 312-663-8910; www.bac-chicago.com; 440 S LaSalle St; Zi. inkl. Frühstück 169–209 US$; P ❄ 📶 🏊; M Brown, Orange, Purple o. Pink Line bis LaSalle) Das Hotel mit 21 Zimmern liegt im 40. Stock des Gebäudes des Chicago Stock Exchange und ist nicht leicht zu finden. Der Lohn für diejenigen, denen es gelingt: Die eleganten Zimmer sind so geräumig, dass sie anderswo als Suiten gelten würden, außerdem können Gäste kostenlos das gleichnamige Fitnesscenter mit großem Schwimmbecken besuchen.

Best Western River North HOTEL $$

(Karte S. 582; ☎ 800-780-7234, 312-467-0800; www.rivernorthhotel.com; 125 W Ohio St; Zi. 169–249 US$; P ❄ @ 📶 🏊; M Red Line bis Grand) Das Hotel hat gepflegte Zimmer mit Möbeln aus Ahornfurnier, kostenlose Parkplätze (!), einen Innenpool und eine Sonnenterrasse mit Ausblick – ein gutes Preis-Leistungs-Verhältnis für Near North.

★ **Acme Hotel** BOUTIQUEHOTEL $$$

(Karte S. 582; ☎ 312-894-0800; www.acmehotelcompany.com; 15 E Ohio St; Zi. 179–309 US$; P ❄ @ 📶; M Red Line bis Grand) Die urbane Bohème liebt den unkonventionellen, coolen Stil des Acme und seine (meistens) bezahlbaren Preise. In den 130 Zimmern sind industrielle Elemente mit Retrolampen, Möbeln aus der Mitte des 20. Jhs. und funkiger moderner Kunst kombiniert. Sie sind mit schicken TVs und guten Verbindungen zum Streamen von Songs und Filmen ausgestattet. Die Gemeinschaftsbereiche zieren Graffiti, Neonlicht und Lavalampen.

★ **Hotel Burnham** BOUTIQUEHOTEL $$$

(Karte S. 582; ☎ 312-782-1111; www.burnhamhotel.com; 1 W Washington St; Zi. 269–399 US$; P ❄ @ 📶 🐾; M Blue Line bis Washington) Die Besitzer werben damit, dass das Burnham die höchste Quote an Gästen hat, die wiederkommen. Es befindet sich in einem Wahrzeichen der Stadt, dem 1890 erbauten Reliance Building (einem Vorläufer der modernen Wolkenkratzer), und seine elegante Einrichtung haut selbst Architekturexperten um. Die hellen, zartgelben Zimmer sind mit Schreibtischen und Chaiselongues aus Mahagoni eingerichtet. Jeden Abend zur Happy Hour gibt's kostenlosen Wein.

Wit BOUTIQUEHOTEL $$$

(Karte S. 582; ☎ 312-467-0200; www.thewithotel.com; 201 N State St; Zi. 255–385 US$; P ❄ @ 📶; M Brown, Orange, Green, Purple o. Pink Line bis State/Lake) Zimmer mit fantastischer Aussicht, eine Dachbar und ein Kino im Haus locken sowohl Hipster als auch Geschäftsleute ins designbewusste Wit aus grünem Glas. In der Lobby gibt's WLAN gratis, für Zimmerservice wird allerdings eine Gebühr erhoben.

Lake View & Wicker Park/Bucktown

★ **Urban Holiday Lofts** HOSTEL $

(☎ 312-532-6949; www.urbanholidaylofts.com; 2014 W Wabansia Ave; B inkl. Frühstück 30–45 US$,

Zi. ab 100 US$; ❄@📶; Ⓜ Blue Line bis Damen) In den gemischten Schlafsälen (4–10 Betten) und Privatzimmern in diesem Gebäude mit umgebauten Loft-Eigentumswohnungen tummeln sich internationale Gäste. Unverputzte Mauerwände, Hartholzböden und Stockbetten mit dicken Bettdecken finden sich in allen 25 Zimmern. Es liegt in der Nähe der El (Hochbahn) und mittendrin im Nachtleben von Wicker Park.

Wrigley Hostel HOSTEL $

(☎773-598-4471; www.wrigleyhostel.com; 3512 N Sheffield Ave; B inkl. Frühstück 30 US$; P❄@📶; Ⓜ Red Line bis Addison) Das erst 2013 eröffnete Hostel befindet sich in einem Backsteinhaus mit drei Wohnungen ganz in der Nähe vom Wrigley Field und seiner wilden Barszene. In den gemütlichen blaugrünen Zimmern stehen im Durchschnitt vier Betten (nicht immer Stockbetten), und einige Bäder sind mit frei stehenden Badewannen ausgestattet.

Willows Hotel BOUTIQUEHOTEL $$

(☎773-528-8400; www.willowshotelchicago.com; 555 W Surf St; Zi. inkl. Frühstück 149–265 US$; P❄📶; 🚌22) Die Architektur des kleinen, stilvollen Willows ist preisverdächtig. Die schicke Lobby bietet ein nobles Refugium mit dicken Polstersesseln. Die 55 Zimmer, die in Pfirsich-, Creme- und sanften Grüntönen gestaltet sind, beschwören das Frankreich des 19. Jhs. herauf. Das Willows liegt einen Block nördlich vom Geschäftszentrum um die Kreuzung der Straßen Broadway, Clark und Diversey.

Wicker Park Inn B&B $$

(☎773-486-2743; www.wickerparkinn.com; 1329 N Wicker Park Ave; Zi. inkl. Frühstück 149–199 US$; ❄📶; Ⓜ Blue Line bis Damen) Von diesem Backsteinhaus aus ist es nur ein Katzensprung zu den angesagten Restaurants und dem pulsierenden Nachtleben der Gegend. Die sonnigen Zimmer sind zwar nicht gerade riesig, doch sie sind mit Parkettböden, kleinen Schreibtischen und in Pastellfarben eingerichtet. Auf der anderen Straßenseite befinden sich zwei Apartments mit Küche für Selbstversorger. Das B&B liegt etwa 800 m südöstlich der El-Haltestelle.

Longman & Eagle GASTHAUS $$

(☎773-276-7110; www.longmanandeagle.com; 2657 N Kedzie Ave; Zi. 85–200 US$; ❄📶; Ⓜ Blue Line bis Logan Square) Eingecheckt wird in dem mit einem Michelin-Stern ausgezeichneten Gastropub im Erdgeschoss, danach geht es zu den sechs Zimmern eine Etage höher, welche rustikal-altmodisch eingerichtet sind. Sie sind recht hellhörig, doch wer seine Whiskey-Gutscheine an der Bar eingelöst hat, wird sich daran wohl nicht mehr stören. Von der El-Haltestelle aus geht man die Kedzie Avenue einen Block Richtung Norden.

Days Inn Lincoln Park North HOTEL $$

(☎773-525-7010; www.daysinnchicago.net; 644 W Diversey Pkwy; Zi. inkl. Frühstück 125–185 US$; P❄@📶; 🚌22) Dieses sehr gepflegte Hotel in Lincoln Park gehört zu einer Hotelkette und ist sowohl bei Familien als auch bei Indie-Bands auf Tournee beliebt, denn der Service ist gut und es bietet Extras wie den kostenlosen Besuch eines Fitnesscenters. Zu den Parks und Stränden am See kann man locker zu Fuß gehen, ins Zentrum dauert es mit dem Bus 15 Minuten. Das Hotel liegt direkt an der geschäftigen Kreuzung der Straßen Broadway, Clark und Diversey.

Essen

Im letzten Jahrzehnt hat sich Chicago in ein Gourmetparadies verwandelt. Das Schöne ist, dass selbst die angesagtesten Restaurants für jedermann zugänglich sind: Sie sind visionär, aber traditionell, bleiben im Herzen lockere Treffs, und die Preise sind erschwinglich. Zudem gibt's in der Stadt ein großartiges Angebot an ethnischen Restaurants, besonders außerhalb des Stadtzentrums in Vierteln wie Pilsen und Uptown.

Wer sich nicht entscheiden kann, findet beim **LTH Forum** (www.lthforum.com) Infos.

Loop & South Loop

Viele Restaurants im Loop sind auf die vielen Angestellten eingestellt, die mittags kommen.

★ **Lou Mitchell's** FRÜHSTÜCK $

(Karte S. 582; www.loumitchellsrestaurant.com; 565 W Jackson Blvd; Hauptgerichte 6–11 US$; ⏲Mo–Sa 5.60–15, So 7–15 Uhr; 👪; Ⓜ Blue Line bis Clinton) Kellnerinnen der alten Schule servieren im Lou, einem Relikt der Route 66, Eier und dicke Scheiben Arme Ritter. Vor dem Restaurant, das gleich westlich vom Loop an der Union Station liegt, bildet sich meistens eine Schlange, doch die kostenlosen Donuts und Milk Duds versüßen das Warten.

Cafecito KUBANISCH $

(Karte S. 582; www.cafecitochicago.com; 26 E Congress Pkwy; Sandwichs 5–7 US$; ⏲Mo–Fr 9–21, Sa & So 10–18 Uhr; 📶; Ⓜ Brown, Orange, Purple

o. Pink Line bis Library) Das Cafecito, das zur Jugendherberge HI-Chicago gehört, ist genau das Richtige für hungrige Traveller mit kleinem Geldbeutel. Der starke Kaffee und die herzhaften Eiersandwichs sind ein gutes Frühstück.

Gage PUB $$$

(Karte S. 582; ☎312-372-4243; www.thegagechicago.com; 24 S Michigan Ave; Hauptgerichte 17–36 US$; ⏲11–23, Fr bis 24 Uhr; Ⓜ Brown, Orange, Green, Purple o. Pink Line bis Madison) Dieser Gastropub bringt irisch beeinflusste Gerichte mit einer besonderen Note auf den Tisch, etwa Fish'n'Chips in Guiness-Bierteig oder Pommes mit Currysauce. Auch die Drinks sind klasse, darunter eine gute Whiskey-Auswahl und Biere, die bestens zum guten Essen passen.

Near North

Near North ist die kulinarische Hauptschlagader Chicagos.

Billy Goat Tavern BURGER $

(Karte S. 582; www.billygoattavern.com; UG, 430 N Michigan Ave; Burgers 4–6 US$; ⏲Mo–Fr 6–2, Sa & So 10–2 Uhr; Ⓜ Red Line bis Grand) Die Reporter der *Tribune* und der *Sun-Times* futtern seit Jahrzehnten im Billy Goat. Einfach einen „Cheezborger" und ein Schlitz bestellen und sich dann die mit Zeitungen voll gekleisterten Wände anschauen und das Neueste über die Chicago Cubs Curse erfahren.

Mr. Beef SANDWICHS $

(Karte S. 582; www.mrbeefonorleans.com; 666 N Orleans St; Sandwichs 4–7 US$; ⏲Mo–Fr 9–17, Sa 10–15.30 Uhr, Fr & Sa auch 22.30–4 Uhr; Ⓜ Brown o. Purple Line bis Chicago) Das italienische Rindfleischsandwich, eine Chicagoer Spezialität, ist so aufgebaut: langsam gekochtes, dünn geschnittenes Rindfleisch wird in Bratensauce und eine *giardiniera* (pikantes eingelegtes Gemüse) getunkt und dann auf ein Riesenbrötchen gehäuft. Die besten gibt's im Mr. Beef an einfachen langen Tischen.

Xoco MEXIKANISCH $$

(Karte S. 582; www.rickbayless.com; 449 N Clark St; Hauptgerichte 9–13 US$; ⏲Di–Do 8–21, Fr & Sa bis 22 Uhr; Ⓜ Red Line bis Grand) Im mexikanischen Straßenlokal des gefeierten Kochs Rick Bayless gibt's zum Frühstück warme *churros* (spiralförmige Teigkrapfen), zum Mittagessen mit viel Fleisch belegte *tortas* (Sandwichs) und abends gehaltvolle *caldos*

CHICAGOS HEILIGE DREIFALTIGKEIT DER SPEZIALITÄTEN

Chicago hat drei heiß geliebte Spezialitäten. Ganz oben auf der Liste steht die Pfannenpizza: ein dicker Boden, der 5 bis 8 cm hoch ist und mit einem Berg geschmolzenen Belags bedeckt ist. Ein klebriges Stück Pizza bildet praktisch schon eine ganze Mahlzeit. In den folgenden Restaurants kostet eine große Pizza durchschnittlich 20 US$:

Pizzeria Uno (Karte S. 582; www.unos.com; 29 E Ohio St; kleine Pizza ab 13 US$; ⏲Mo–Fr 11–1, Sa bis 2, So bis 23 Uhr; Ⓜ Red Line bis Grand) Hier soll die Pfannenpizza im Jahre 1943 erfunden worden sein.

Gino's East (Karte S. 582; www.ginoseast.com; 162 E Superior St; kleine Pizza ab 15 US$; ⏲Mo–Sa 11–21.30, So ab 12 Uhr; Ⓜ Red Line bis Chicago) Beim Warten auf die Pizza kann man die Wände bekritzeln.

Lou Malnati's (Karte S. 582; www.loumalnatis.com; 439 N Wells St; kleine Pizza ab 7 US$; ⏲Mo–Do 11–23, Fr & Sa 11–24, So 12–23 Uhr; Ⓜ Brown o. Purple Line bis Merchandise Mart) Für seinen Butterteig berühmt.

Giordano's (Karte S. 582; www.giordanos.com; 730 N Rush St; kleine Pizza ab 15 US$; ⏲So–Do 11–22.30, Fr & Sa bis 23.30 Uhr; Ⓜ Red Line bis Chicago) Perfekt gewürzte Tomatensauce.

Pizano's (www.pizanoschicago.com; 864 N State St; 25-cm-Pizzas ab 14 US$; ⏲So–Fr 11–2 Uhr; Ⓜ Red Line bis Chicago) Oprah Winfreys Lieblingspizzeria.

Ebenso berühmt ist der Chicagoer Hotdog – ein Würstchen, das „durch den Garten gezogen wurde", d. h. mit Zwiebeln, Tomaten, Kopfsalat, Pfefferschoten und süßen Gewürzen (oder anderen Variationen, aber *niemals* Ketchup) belegt und in einem Mohnbrötchen serviert wird. Bei Hot Doug's (S. 599) sind die Hotdogs so, wie sie sein müssen.

Die Stadt ist außerdem für ihre pikanten, triefenden italienischen Rindfleischsandwichs bekannt, die es nur in Chicago gibt. Die besten gibt's bei Mr. Beef (S. 597).

FOOD TRUCKS: IMBISS AUF RÄDERN

Bis 2012 war es in Chicago verboten, auf einem Food Truck, einem LKW-Imbiss, Essen zuzubereiten. Doch heute fahren massenweise Food Trucks durch die Stadt. In der Mittagszeit steuern sie vor allem Gegenden mit vielen Büroangestellten an, etwa den Loop und Near North; gegen Abend fahren sie nach Wicker Park und Lake View. Die meisten Trucks twittern ihre Standorte, das *Chicago Magazine* (@ChicagoMag/chicago-food-trucks) veröffentlicht eine Übersicht. Unbedingt nach dem Tamale Spaceship Ausschau halten!

(Suppen). Seine gehobenen Restaurants Frontera Grill und Topolobampo befinden sich gleich nebenan, man benötigt aber eine Reservierung oder eine ganze Menge Geduld, um hineinzukommen.

Purple Pig MEDITERRAN $$

(Karte S. 582; ☎ 312-464-1744; www.thepurplepigchicago.com; 500 N Michigan Ave; kleine Teller 8–16 US$; ⏲ So–Do 11.30–24, Fr & Sa bis 1 Uhr; 🍷; Ⓜ Red Line bis Grand) Die tolle Lage, die vielfältige Palette an Fleisch und vegetarischen Gerichten, die große Liste bezahlbarer Weine und die lange Öffnungszeit der Küche am Abend machen das Pigs zu einem Publikumshit. Eine köstliche Spezialität des Hauses ist die in Milch geschmorte Schweineschulter.

Lincoln Park & Old Town

Die Hauptstraßen Halsted, Lincoln und Clark sind von Restaurants und Bars gesäumt.

Wiener's Circle AMERIKANISCH $

(☎ 773-477-7444; 2622 N Clark St; Hotdogs 3–6 US$; ⏲ So–Do 10.30–4, Fr & Sa bis 5 Uhr; Ⓜ Brown o. Purple Line bis Diversey) Das Wiener's Circle, das für sein wüstes, unflätiges Ambiente ebenso berühmt ist wie für seine Hotdogs und Cheddar-Pommes, ist der Ort, um spätabends und eventuell gar in alkoholisiertem Zustand noch etwas zu futtern.

★ Alinea MODERN-AMERIKANISCH $$$

(☎ 312-867-0110; www.alinearestaurant.com; 1723 N Halsted St; mehrgängiges Menü 210–265 US$; ⏲ Mi–So 17.30–21.30 Uhr; Ⓜ Red Line bis North/Clybourn) Das Alinea, das weithin als eines der besten Restaurants Nordamerikas gilt, präsentiert 20 Gänge seiner unglaublichen Molekular-Küche. Die Gerichte, etwa Ente mit einem „Kissen aus Lavendelluft", können aus einer Zentrifuge kommen oder aber in eine Kapsel gepresst sein. Reservierungen nimmt das Alinea nicht an, stattdessen verkauft es zwei bis drei Monate im Voraus Tickets. Wer sich auf der Website anmeldet, erfährt die Einzelheiten. Im Twitter-Feed (@Alinea) gibt's eventuell Last-Minute-Plätze.

Lake View & Wrigleyville

Clark, Halsted, Belmont und Southport sind die richtigen Straßen, um auf Restaurantsuche zu gehen.

★ Crisp ASIATISCH $

(www.crisponline.com; 2940 N Broadway; Hauptgerichte 7–12 US$; ⏲ 11.30–21 Uhr; Ⓜ Brown Line bis Wellington) In diesem freundlichen Café erklingt Musik aus der Stereoanlage und aus der Küche kommen preiswerte, köstliche koreanische Fusiongerichte. Die „Bad Boy Buddha"-Schüssel, eine Variante von *bi bim bop* (gemischtes Gemüse mit Reis) ist eines der besten günstigen Mittagessen der Stadt!

Mia Francesca ITALIENISCH $$

(☎ 773-281-3310; www.miafrancesca.com; 3311 N Clark St; Hauptgerichte 13–25 US$; ⏲ Mo–Do 17–22, Fr 17–23, Sa 10–23, So 10–22 Uhr; Ⓜ Red, Brown o. Purple Line bis Belmont) In der lokalen Restaurantkette Mia wimmelt es nur so vor Stammgästen. Sie kommen wegen der italienischen Standardgerichte wie Linguine mit Meeresfrüchten, Spinatravioli oder Kalbsmedaillons in Pilzsauce, die alle einfach, aber gut zubereitet sind.

Andersonville & Uptown

Nach „Little Saigon" geht's mit der CTA Red Line bis Argyle. Wer Lust auf die europäischen Cafés in Andersonville hat, fährt eine Station weiter bis Berwyn.

★ Hopleaf EUROPÄISCH $$

(☎ 773-334-9851; www.hopleaf.com; 5148 N Clark St; Hauptgerichte 11–26 US$; ⏲ Mo–Do 12–23, Fr & Sa bis 24, So bis 22 Uhr; Ⓜ Red Line bis Berwyn) Das Hopleaf, eine gemütliche Taverne im europäischen Stil, lockt mit seiner geräucherten Rinderbrust à la Montreal, Sandwichs mit Cashew-Butter und Feigenmaramelade sowie der Hausspezialität – Pommes Frites mit in Bier eingelegten Muscheln – ganze Heerscharen an. Außerdem schenkt es 200

Biersorten aus, darunter sind auch etliche belgische Biere.

Tank Noodle VIETNAMESISCH **$$**
(☎ 773-878-2253; www.tank-noodle.com; 4953 N Broadway; Hauptgerichte 8–14 US$; ⊙ Mo, Di & Do–Sa 8.30–22, So bis 21 Uhr; Ⓜ Red Line bis Argyle) Offiziell heißt das Restaurant Pho Xe Tang, doch jeder nennt es Tank Noodle. Die Gäste kommen in Scharen, um sich *banh mi*, das auf knusprigen frischen Baguette-Brötchen serviert wird, und das Pho, das als das beste der Stadt gilt, schmecken zu lassen.

Wicker Park, Bucktown & Ukrainian Village

In diesen Vierteln wird fast jeden Tag irgendein neues trendbewusstes Restaurant eröffnet.

Big Star Taqueria MEXIKANISCH **$**
(www.bigstarchicago.com; 1531 N Damen Ave; Tacos 3–4 US$; ⊙ 11.30–2 Uhr; Ⓜ Blue Line bis Damen) Dieser Honky-Tonk-Laden ist immer rappelvoll, doch die fantastischen Tacos belohnen den, der warten kann! Schweinbauch in Tomaten-*guajillo*-(Chili-)Sauce und Lammschulter mit *queso fresco* (Frischkäse) schmecken bestens zu den Whiskeyspezialitäten. Nur Barzahlung.

★ **Ruxbin** MODERN-AMERIKANISCH **$$$**
(☎ 312-624-8509; www.ruxbinchicago.com; 851 N Ashland Ave; Hauptgerichte 25–30 US$; ⊙ Di–Sa 17.30–22, So bis 21 Uhr; Ⓜ Blue Line bis Division) Die Leidenschaft des Bruder-Schwester-Teams, das das Ruxbin leitet, zeigt sich überall, ob in der schönen Dekoration aus Fundstücken oder im kunstvoll geschaffenen Geschmack der Gerichte wie Schweinebauchsalat mit Grapefruit oder Maisbrot und Blaukäse. Das kleine Restaurant hat nur 32 Plätze und erlaubt Gästen, ihren eigenen Wein mitzubringen (BYOB, „bring you own bottle").

Logan Square & Humboldt Park

Logan Square hat sich zu einem Mekka für innovative, schnörkellose Küche entwickelt. Rund um die Kreuzung Milwaukee, Logan und Kedzie finden sich viele Restaurants und Bars.

★ **Hot Doug's** AMERIKANISCH **$**
(☎ 773-279-9550; www.hotdougs.com; 3324 N California Ave; Hauptgerichte 3–9 US$; ⊙ Mo–Sa 10.30–16 Uhr; Ⓜ Blue Line bis California o. Bus 52) Dougs Würstchen sind die berühmtesten der Stadt, und das mit Recht. Er serviert die Hotdogs in vielen Varianten (polnisch, mit Bratwürsten, nach Chicagoer Art) und bereitet sie auf verschiedene Weise zu (auf dem Holzkohlegrill, gebraten, gedämpft). Noch Fragen? Er erklärt alles ganz genau. Außerdem bereitet er „Haute Dogs" für Feinschmecker zu, z.B. Schweinefleischwürstchen mit Blaukäse und einer Kirschsahnesauce. Weil alles so köstlich ist, gibt's hier immer eine Schlange. Nur Barzahlung.

★ **Longman & Eagle** AMERIKANISCH **$$$**
(☎ 773-276-7110; www.longmanandeagle.com; 2657 N Kedzie Ave; Hauptgerichte 17–29 US$; ⊙ 9–2 Uhr; Ⓜ Blue Line bis Logan Sq) Schwer zu sagen, ob man in dieser Taverne mit Shabby-Chic lieber etwas essen oder etwas trinken sollte. Immerhin erhielt sie einen Michelin-Stern für ihre wunderbar zubereitete Hausmannskost, etwa Französischer Toast mit Vanille-Brioche zum Frühstück, Sloppy Joes mit Wildschwein zum Mittagessen und in Ahornsirup geschmorte Schweineschenkel zum Abendessen – also gleich essen und trinken? Es gibt auch eine ganze Karte mit leckeren kleinen Portionen. Reservierungen sind nicht möglich.

Near West Side & Pilsen

Der West Loop boomt mit Restaurants von Spitzenköchen. Wer die Randolph Street und die Fulton Market Street entlangspaziert, hat die Qual der Wahl. Greektown erstreckt sich entlang der S Halsted Street (mit der Blue Line bis UIC-Halsted fahren). In der mexikanischen Enklave Pilsen gibt's rund um die W 18th Street zahlreiche Lokale.

Don Pedro Carnitas MEXIKANISCH **$**
(1113 W 18th St; Tacos 1,50–2 US$; ⊙ Mo–Fr 6–18, Sa 5–17, So 5–15 Uhr) In diesem einfachen Laden in Pilsen wird man von einem Mann mit Machete begrüßt. Er wartet auf den Befehl der Gäste, ein paar Stücke vom Schweinebraten abzuhacken, die er dann zusammen mit Zwiebeln und Koriander in eine frische Tortilla wickelt. Nur Barzahlung.

★ **Little Goat** DINER **$$**
(Karte S. 582; www.littlegoatchicago.com; 820 W Randolph St; Hauptgerichte 8–12 US$; ⊙ 7–2 Uhr; 📶 ✎; Ⓜ Green o. Pink Line bis Morgan) Stephanie Izard, Gewinnerin des amerikanischen Fernsehkochwettbewerbs *Top Chef* eröffnete dieses Restaurant für die hungrigen Massen

gegenüber von ihrem immer ausgebuchten Restaurant „Girl and the Goat". Man nimmt auf einem altmodischen Stuhl Platz und wählt etwas von der ganztägig gültigen Frühstückskarte, oder besser noch eins der beliebten Mittagsgerichte, z.B. Sloppy Joe mit Ziegenfleisch und Kartoffelmus-Tempura oder Schweinebauch auf Schalottenpfannkuchen.

Publican AMERIKANISCH **$$$**
(Karte S. 582; ☎ 312-733-9555; www.thepublicanrestaurant.com; 837 W Fulton Market; Hauptgerichte 19–25 US$; ⏲ Mo–Do 15.30–22.30, Fr 15.30–23.30, Sa & So 10–23.30 Uhr; Ⓜ Green o. Pink Line bis Morgan) Das Publican sieht aus wie eine elegante Bierhalle und ist auf Austern, Schinken und edle Getränke, die allesamt von Familienfarmen und Kleinbrauereien stammen, spezialisiert.

Ausgehen & Nachtleben

Während des langen Winters vertrauen die Chicagoer auf ihre Bars. Meist schließen sie um 2, einige sind aber auch bis 4 Uhr offen. Im Sommer locken viele Bars mit Biergärten.

Die Clubs in Near North und West Loop sind oft riesig und luxuriös (mit Kleiderordnung). In den Clubs in Wicker Park und Ukrainian Village geht es lockerer zu.

NICHT VERSÄUMEN

BIERE AUS DEM MITTLEREN WESTEN

Dank seines deutschen Erbes wartet der Mittlere Westen mit leckerem Gerstensaft auf. Ja, auch Budweiser und Miller sind hier zu Hause, doch um die geht es hier nicht. Viel interessanter sind die handwerklichen Brauereien der Region. Besucher sollten auf die Biere der folgenden Brauereien achten, die in der ganzen Gegend erhältlich sind:

- Bell's (Kalamazoo, MI)
- Capital (Madison, WI)
- Founder's (Grand Rapids, MI)
- Great Lakes (Cleveland, OH)
- Lakefront (Milwaukee, WI)
- New Holland (Holland, MI)
- Summit (St. Paul, MN)
- Surly (Minneapolis, MN)
- Three Floyds (Munster, IN)
- Two Brothers (Warrenville, IL)

The Loop & Near North

Restaurants wie das Gage, die Billy Goat Tavern und das Purple Pig (s. Essen) eignen sich auch wunderbar für einen Drink.

Signature Lounge LOUNGE
(www.signatureroom.com; 875 N Michigan Ave; Drinks 6–16 US$ ⏲ ab 11 Uhr; Ⓜ Red Line nach Chicago) Hier hat man einen Blick wie vom Hancock Observatory, aber ohne dessen Eintrittspreis zahlen zu müssen. Mit dem Fahrstuhl in den 95. Stock fahren, ein Getränk bestellen und den Blick über die Stadt genießen! Ladys aufgepasst: Auf keinen Fall den Blick aus der Damentoilette verpassen.

Berghoff BAR
(Karte S. 582; www.theberghoff.com; 17 W Adams St; ⏲ Mo–Sa 11–21 Uhr; Ⓜ Blue o. Red Line bis Jackson) Das Berghoff war die erste Bar der Stadt, die nach der Prohibition wieder legale Drinks servierte; Gäste können darum bitten, die Alkoholausschanklizenz mit dem Stempel „1" sehen zu dürfen. Seitdem hat sich an der kleinen, alten hölzernen Bar wenig verändert. Das Hausbier wird in eiskalten Krügen serviert und im angrenzenden Restaurant gibt's Sauerbraten.

★ **Clark Street Ale House** BAR
(Karte S. 582; www.clarkstreetalehouse.com; 742 N Clark St; ⏲ ab 16 Uhr; Ⓜ Red Line bis Chicago) Einfach das alte Werbeschild beherzigen: „Stop & Drink Liquor". Der große Magnet der Bar sind die Biere von Kleinbrauereien aus dem Mittleren Westen. Ein Probierset mit drei Bieren kostet 6 US$.

Intelligentsia Coffee CAFÉ
(Karte S. 582; www.intelligentsiacoffee.com; 53 E Randolph St; ⏲ Mo–Fr 6.30–20, Sa 7–21, So 7–19 Uhr; Ⓜ Brown, Orange, Green, Purple o. Pink Line bis Randolph) Die Filialen dieser lokalen Kette rösten ihre Bohnen selbst und brauen richtig starken Kaffee. Das Personal gewann vor Kurzem die US Barista Championship.

Old Town & Wrigleyville

★ **Old Town Ale House** BAR
(www.theoldtownalehouse.com; 219 W North Ave; ⏲ Mo–Fr 15–4, Sa & So ab 12 Uhr; Ⓜ Brown o. Purple Line bis Sedgwick) In der unprätentiösen, beliebten Bar mischen sich die Schönen und Reichen mit ergrauten Stammgästen unter „Aktbildern" von Politikern, um ein Bierchen zu trinken. Es liegt gegenüber vom Second City auf der anderen Straßenseite.

★Gingerman Tavern BAR
(3740 N Clark St; ⌚Mo–Fr ab 15, Sa & So ab 12 Uhr; Ⓜ Red Line bis Addison) Mit seinem Billardtisch, der guten Bierauswahl und den gepiercten und tätowierten Gästen hebt sich das Gingerman wohltuend von den Wrigleyville-Sportsbars in der Umgebung ab.

Smart Bar CLUB
(www.smartbarchicago.com; 3730 N Clark St; ⌚Mi–Sa 10–16 Uhr; Ⓜ Red Line bis Addison) Tanzwütige lieben den bewährten, schnörkellosen Club, der zum Rockclub Metro gehört.

Wicker Park, Bucktown & Ukrainian Village

Map Room BAR
(www.maproom.com; 1949 N Hoyne Ave; ⌚Mo–Fr ab 6.30, Sa ab 7.30, So ab 11 Uhr; 📶) In dieser mit Landkarten und Globen dekorierten „Traveller-Taverne" nippen künstlerisch angehauchte Typen tagsüber am Kaffee und trinken abends eine der 200 Biersorten.

Danny's BAR
(1951 W Dickens Ave; ⌚ab 19 Uhr; Ⓜ Blue Line bis Damen) Das angenehm schummrige, leicht abgewetzte Ambiente im Danny's lädt zu einem Schwatz bei einem Glas Bier ein. Zum künstlerisch-überkommenen Flair tragen auch gelegentliche Lesungen sowie DJs bei.

Matchbox COCKTAILBAR
(Karte S. 582; 770 N Milwaukee Ave; ⌚ab 16 Uhr; Ⓜ Blue Line bis Chicago) Ins Matchbox quetschen sich Anwälte, Künstler und Faulenzer, um Cocktails zu trinken. Es ist fast so klein wie eine Streichholzschachtel und hat nur etwa zehn Barhocker; alle anderen Gäste lehnen an der Wand. Das Matchbox liegt im einsamen Nordwesten des Zentrums.

Logan Square

Late Bar CLUB
(www.latebarchicago.com; 3534 W Belmont Ave; ⌚Di–Sa ab 22 Uhr; Ⓜ Blue Line bis Belmont) Das abgefahrene New-Wave-Ambiente der Bar, die ein paar DJs gehört, zieht Gäste aller Couleur an. Es liegt abseits ausgetretener Pfade in einer verlassenen Ecke von Logan Square, ist aber mit der Blue Line leicht erreichbar.

West Loop

Aviary COCKTAILBAR
(Karte S. 582; www.theaviary.com; 955 W Fulton Market; ⌚Di–Sa ab 18 Uhr; Ⓜ Green o. Pink Line bis Morgan) Das Aviary gewann den James Beard Award für die besten Cocktails der USA. Die göttlichen Drinks sind wirklich unvergleichlich! Einige werden mit Bunsenbrennern serviert, andere mit einer Schleuder, um das Eis zu brechen. Jedenfalls: Sie schmecken großartig, wie auch immer sie zustande kommen. Es ist ratsam, online zu reservieren.

INSIDERWISSEN

WIE MAN EINE ECHTE CHICAGOER BAR FINDET

Wir können leider nicht alle Kneipen der Stadt aufführen, wir können aber Tipps geben, wie man auf eigene Faust eine typische Kneipe mit Charakter findet. Man sollte auf folgende Erkennungszeichen achten:

- Ein „Old Style"-Bierschild vor der Tür
- Ein abgenutztes Dartbrett und/oder ein alter Billardtisch
- Stammkunden mit Baseballcaps der Cubs, White Sox oder Bears auf dem Kopf
- Bierflaschen, die in Eiskübeln serviert werden
- Sport im TV

✩ Unterhaltung

Im **Reader** (www.chicagoreader.com) stehen aktuelle Veranstaltungstermine.

Blues & Jazz

Der Blues und der Jazz haben in Chicago tiefe Wurzeln geschlagen.

★Green Mill JAZZ
(www.greenmilljazz.com; 4802 N Broadway; Grundgebühr 5–15 US$; ⌚Mo–Sa 12–4, So ab 11 Uhr; Ⓜ Red Line bis Lawrence) Das zeitlose Green Mill wurde als eine der Lieblings-Flüsterkneipen von Al Capone berühmt (die Tunnel, in denen er den Schnaps versteckte, befinden sich noch immer unter der Bar). Die geschwungenen Ledernischen machen Lust auf einen weiteren Martini. Jeden Abend treten Jazzmusiker aus der Region und aus dem ganzen Land auf; samstags findet im Green Mill der in den ganzen USA bekannte Poetry Slam statt.

★Buddy Guy's Legends BLUES
(Karte S. 582; www.buddyguys.com; 700 S Wabash Ave; Tickets So–Do 10 US$, Fr & Sa 20 US$; ⌚Mo &

Di ab 17, Mi–Fr ab 11, Sa & So ab 12 Uhr; M Red Line bis Harrison) Spitzenmusiker aus der Region und darüber hinaus spielen auf der Bühne der örtlichen Ikone Buddy Guy. Er selbst ist meistens bei einer Reihe von Konzerten im Juni zu hören. Von Mittwoch bis Sonntag geben Musiker aller Altersklassen zwischen 10 und 2 Uhr Akustikkonzerte.

Kingston Mines BLUES
(www.kingstonmines.com; 2548 N Halsted St; Tickets 12–15 US$; Mo–Do 20–4, Fr & Sa ab 19, So ab 18 Uhr; M Brown o. Purple, Red Line bis Fullerton) Zwei Bühnen sorgen an sieben Abenden in der Woche dafür, dass immer etwas los ist. Das Kingston Mines ist laut, heiß, verschwitzt und überfüllt und befindet sich in Lincoln Park.

BLUES BLUES
(www.chicagobluesbar.com; 2519 N Halsted St; Tickets 7–10 US$; ab 20 Uhr; M Brown, Purple o. Red Line bis Fullerton) In diesen bewährten Club kommt ein etwas gesetzteres Publikum, um jeden faszinierenden, elektrisierenden Moment zu genießen.

Rock & Weltmusik

★ Hideout LIVEMUSIK
(www.hideoutchicago.com; 1354 W Wabansia Ave; Di & Sa 19 Uhr–spät, Mi–Fr ab 16 Uhr, So & Mo variierende Öffnungszeiten; 72) Diese Zwei-Raum-Location, die hinter einer Fabrik am Rand von Bucktown versteckt liegt und Indie-Rock und alternativen Country auf die Bühne bringt, lohnt den Besuch. Die Besitzer pflegen eine alternative Underground-Atmosphäre, und so wirkt das Hideout wie Großmutters Partykeller. Jeden Abend gibt's Konzerte oder andere Events (Bingo, Lesungen etc.).

SummerDance MUSIK
(Karte S. 582; 312-742-4007; www.chicagosummerdance.org; 601 S Michigan Ave; Do–Sa 18 Uhr, Ende Juni–Mitte Sept. auch So 16 Uhr; M Red Line bis Harrison) GRATIS Beim Spirit of Music Garden im Grant Park sorgen multikulturelle lokale Bands für Stimmung. Sie spielen Rumba, Samba und andere internationale Rhythmen, danach folgen fröhliche Tanzkurse – und alles ist kostenlos.

Empty Bottle LIVEMUSIK
(www.emptybottle.com; 1035 N Western Ave; Mo–Do 17 Uhr–open end, Do & Fr ab 15, Sa & So ab 11 Uhr; 49) In diesem etwas heruntergekommenen In-Club erklingt Indie-Rock und Jazz, montags sind die Konzerte meist kostenlos (und das Pabst kostet nur 1,50 US$).

★ Metro LIVEMUSIK
(www.metrochicago.com; 3730 N Clark St; M Red Line bis Addison) Hier spielen lokale Bands auf dem Weg zum Ruhm sowie nationale Musiker, die gerne mal in einer „intimen" Atmosphäre auftreten wollen.

Whistler LIVEMUSIK
(773-227-3530; www.whistlerchicago.com; 2421 N Milwaukee Ave; Mo–Do ab 18, Fr–So ab 17 Uhr; M Blue Line bis California) GRATIS Indiebands und Jazztrios lassen in diesem kleinen, künstlerisch angehauchten Club in Logan Square ihren Weltschmerz heraus. Der Eintritt ist immer frei.

Theater

Chicago genießt den Ruf als Theaterstadt mit Recht. Viele Produktionen schaffen es auf den Broadway. Im Theater District in der State Street und der Randolph Street finden sich mehrere große, neonbeleuchtete Theater. Karten für die meisten von ihnen gibt es bei **Broadway in Chicago** (800-775-2000; www.broadwayinchicago.com).

Steppenwolf Theatre THEATER
(312-335-1650; www.steppenwolf.org; 1650 N Halsted St; M Red Line bis North/Clybourn) Das Theater, in dem Malkovich, Sinise und andere Hollywoodstars auftreten, liegt 3 km nördlich vom Loop in Lincoln Park.

Goodman Theatre THEATER
(Karte S. 582; 312-443-3800; www.goodmantheatre.org; 170 N Dearborn St; M Brown, Orange, Green, Purple, Pink o. Blue Line bis Clark/Lake) Das zweite herausragende Theater der Stadt ist für seine neuen und klassischen amerikanischen Stücke berühmt.

Chicago Shakespeare Theater THEATER
(Karte S. 582; 312-595-5600; www.chicagoshakes.com; 800 E Grand Ave; M Red Line bis Grand, danach Trolley) Die Komödien und Tragödien des großen Shakespeare am Navy Pier (und im Sommer kostenlos in den Parks der Stadt).

Lookingglass Theatre Company THEATER
(Karte S. 582; 312-337-0665; www.lookingglasstheatre.org; 821 N Michigan Ave; M Red Line bis Chicago) Das Theater im alten Wasserwerk führt magische literarische Werke auf.

Neo-Futurists THEATER
(773-275-5255; www.neofuturists.org; 5153 N Ashland Ave; M Red Line bis Berwyn) Präsentiert Originalstücke, die die Besucher zugleich nachdenklich stimmen und zum Lachen bringen.

Comedy

Impro-Comedy hat ihre Wurzeln in Chicago, und noch immer bringt die Stadt die Besten der Branche hervor.

Second City COMEDY
(☎ 312-337-3992; www.secondcity.com; 1616 N Wells St; Ⓜ Browno. Purple Line bis Sedgwick) Hier präsentiert sich die Crème de la Crème, z. B. Bill Murray, Stephen Colbert, Tina Fey. Tipp: Wer nach der letzten Abendshow kommt, kann die Comedians kostenlos bei einer Impro-Vorstellung erleben (außer freitags).

iO Theater COMEDY
(☎ 773-880-0199; www.ioimprov.com; 3541 N Clark St; Ⓜ Red Line bis Addison) Chicagos andere große Spielstätte für Impro-Comedy soll Ende 2014 in ein neues, größeres Quartier in 1501 N Kingsbury Street (in Lincoln Park) ziehen.

Sport

Chicago Cubs BASEBALL
(www.cubs.com; 1060 W Addison St; Ⓜ Red Line bis Addison) Die Cubs gewannen 1908 zum letzten Mal die World Series, doch das hält die Fans nicht davon ab, zu ihren Spielen zu kommen. Das liegt zum Teil auch am stimmungsvollen, efeuumrankten Wrigley Field, das aus dem Jahr 1914 stammt. Die beliebtesten Plätze sind die lärmigen Tribünensitze. Wer kein Ticket mehr bekommt, kann das Spiel durchs „knothole", eine Öffnung von der Größe einer Garagentür in der Sheffield Avenue, kostenlos sehen.

Chicago White Sox BASEBALL
(www.whitesox.com; 333 W 35th St; Tckets 20–70 US$; Ⓜ Red Line bis Sox-35th) Die Sox sind die South-Side-Rivalen der Cubs und spielen im moderneren „Cell", dem US Cellular Field. Die Tickets sind meistens billiger und leichter erhältlich als im Wrigley Field; montags kosten sie immer nur die Hälfte.

Chicago Bears FOOTBALL
(Karte S. 582; www.chicagobears.com; 1410 S Museum Campus Dr; 🚌 146, 130) Die Bears, Chicagos Team in der NFL, spielen im Soldier Field,

CHICAGO FÜR SCHWULE & LESBEN

In Chicago gibt es eine große Schwulen- und Lesbenszene. Grundlegende Infos zur Chicagoer Szene stehen in der **Windy City Times** (www.windycitymediagroup.com) und im **Pink Magazine** (www.pinkmag.com).

Die **Chicago Area Gay & Lesbian Chamber of Commerce** (www.glchamber.org) hat ein touristisches Onlineverzeichnis. Chicago Greeter (S. 594) bietet maßgeschneiderte Stadtführungen.

Am dichtesten konzentrieren sich Bars und Clubs auf der N Halsted Street in Wrigleyville zwischen Belmont Avenue und Grace Street; die Gegend wird auch Boystown genannt. Die andere Gegend für schwules und lesbisches Nachtleben ist Andernsonville – dort geht es entspannter und nicht so partymäßig zu. Unsere Tipps:

Big Chicks (www.bigchicks.com; 5024 N Sheridan Rd; ⏲ Mo–Fr ab 16, Sa ab 9, So ab 10 Uhr; 📶; Ⓜ Red Line bis Argyle) Ungeachtet des Namens kommen sowohl Männer als auch Frauen ins Big Chicks, in dem am Wochenende DJs auflegen und Kunstausstellungen stattfinden. Sein benachbartes Biorestaurant **Tweet** (www.tweet.biz; 5020 N Sheridan Rd; Hauptgerichte 7–12 US$; ⏲ 9–15 Uhr; 📶; Ⓜ Red Line bis Argyle) 🍃 platzt beim Brunch am Wochenende aus allen Nähten.

Sidetrack (www.sidetrackchicago.com; 3349 N Halsted St; ⏲ Mo–Fr ab 15, Sa & So ab 13 Uhr; Ⓜ Red, Brown o. Purple Line bis Belmont) Im riesigen Sidetrack hämmert Dancemusik, außerdem finden Shows statt – ein erstklassiger Ort, um Leute zu beobachten.

Hamburger Mary's (www.hamburgermarys.com/chicago; 5400 N Clark St; ⏲ Mo–Fr ab 11.30, Sa & So ab 10.30 Uhr; Ⓜ Red Line bis Berwyn) Cabaret, Karaoke, Burger und eine Terrasse, auf der das Bier in Strömen fließt, sorgen in dem angesagten Treff für Stimmung.

Chance's Dances (www.chancesdances.org) Organisiert schwule Tanzpartys in verschiedenen Clubs in der ganzen Stadt.

Pride Parade (http://chicagopride.gopride.com; ⏲ Ende Juni) Die Pride Parade führt durch Boystown und zieht über 800 000 Feierlustige an.

North Halsted Street Market Days (www.northalsted.com; ⏲ Anfang Aug.) Ein weiteres wildes Event in Boystown mit Straßenfest und schrägen Kostümen.

das man an seiner architektonischen Kombination aus klassischem Stil und fliegender Untertasse erkennt. Die Fans sind stets in Partystimmung und es gibt jede Menge Alkohol.

Chicago Bulls BASKETBALL

(www.nba.com/bulls; 1901 W Madison St; 🚌 19, 20) Ist Derrick Rose der neue Michael Jordan? Wer es wissen will, sollte sich ein Spiel der Bulls im United Center, ihrem Heimstadion, anschauen. Es liegt etwa 3 km westlich vom Loop. An Spieltagen setzt die CTA Sonderbusse (Nr. 19) ein. Zu Fuß sollte man besser nicht zum Stadion gehen.

Chicago Blackhawks EISHOCKEY

(www.chicagoblackhawks.com; 1901 W Madison St; 🚌 19, 20) Die Spiele der Gewinner des Stanley Cups der Jahre 2010 und 2013 sind immer gut besucht. Die Chicago Blackhawks teilen sich das United Center mit den Bulls.

Darstellende Künste

Grant Park Orchestra KLASSISCHE MUSIK

(Karte S. 582; ☎ 312-742-7638; www.grantparkmusicfestival.com; Pritzker Pavilion, Millennium Park; ⏲ Mitte Juni–Mitte Aug. Mi & Fr 18.30, Sa 19.30 Uhr; Ⓜ Brown, Orange, Green, Purpleo. Pink Line bis Randolph) GRATIS Das beliebte Orchester gibt den ganzen Sommer lang im Millennium Park kostenlose klassische Konzerte.

Chicago Symphony Orchestra KLASSISCHE MUSIK

(Karte S. 582; ☎ 312-294-3000; www.cso.org; 220 S Michigan Ave; Ⓜ Brown, Orange, Green, Purple o. Pink Line bis Adams) Das CSO ist eines der besten Sinfonieorchester Amerikas. Es spielt in der von Daniel Burnham entworfenen Orchestra Hall.

Lyric Opera Of Chicago OPER

(Karte S. 582; ☎ 312-332-2244; www.lyricopera.org; 20 N Wacker Dr; Ⓜ Brown, Orange, Purple o. Pink Line bis Washington) Die renommierte Lyric Opera lässt in einem von Kronleuchtern erhellten Saal ein paar Blocks westlich vom Loop wunderbare Musik erklingen.

Hubbard Street Dance Chicago TANZ

(Karte S. 582; ☎ 312-850-9744; www.hubbardstreetdance.com; 205 E Randolph St; Ⓜ Brown, Orange, Green, Purple o. Pink Line bis Randolph) Chicagos führendes Tanzensemble tritt im Harris Theater for Music and Dance auf.

> ### VERBILLIGTE TICKETS
>
> Die landesweit tätige Ticketagentur **Goldstar** (www.goldstar.com) verkauft Tickets für alle Arten von Veranstaltungen zum halben Preis, so auch für Theateraufführungen, Sportveranstaltungen und Konzerte. Am günstigsten kommt man weg, indem man sich mindestens drei Wochen im Voraus anmeldet: Goldstar gibt die Karten recht lange vor den jeweiligen Veranstaltungen heraus.
>
> Theaterkarten für den gleichen Tag bekommt man zum halben Preis bei **Hot Tix** (www.hottix.org). Man kann sie online oder an einem der drei Schalter im Zentrum kaufen. Anfang der Woche ist die Auswahl am größten.

Shoppen

Die N Michigan Avenue, die Magnificent Mile („prächtige Meile"), übt eine geradezu magische Anziehungskraft auf Shoppingfans aus. Eins der großen, ausgedehnten Einkaufszentren hier ist der **Water Tower Place** (Karte S. 582; www.shopwatertower.com; 835 N Michigan Ave; ⏲ Mo–Sa 10–21, So 11–18 Uhr; Ⓜ Red Line bis Chicago). Ein Stückchen weiter locken die vielen Boutiquen von Wicker Park/Bucktown (Indie und Vintage), Lincoln Park (nobel), Lake View (alternativ) und Andersonville (von allem etwas).

Chicago Architecture Foundation Shop SOUVENIRS

(Karte S. 582; www.architecture.org/shop; 224 S Michigan Ave; ⏲ 9.30–18 Uhr; Ⓜ Brown, Orange, Green, Purple o. Pink Line bis Adams) Poster mit der Skyline, Frank-Lloyd-Wright-Notizkarten, Modelle von Wolkenkratzern und anderes für Architekturfans.

Strange Cargo BEKLEIDUNG

(www.strangecargo.com; 3448 N Clark St; ⏲ Mo–Sa 11–18.45, So bis 17.30 Uhr; Ⓜ Red Line bis Addison) Dieser Retroladen hat kitschige T-Shirts, auf die die Gesichter von Ditka, Obama und anderen Berühmtheiten aufgebügelt wurden.

Jazz Record Mart MUSIK

(Karte S. 582; www.jazzmart.com; 27 E Illinois St; ⏲ Mo–Sa 10–20. So 12–17 Uhr; Ⓜ Red Line bis Grand) Hier gibt's Chicagoer Jazz und Blues, sowohl als CD als auch auf Vinyl gepresst.

Quimby's BÜCHER

(www.quimbys.com; 1854 W North Ave; ⏲ Mo–Do 12–21, Fr & Sa bis 22, So bis 19 Uhr; Ⓜ Blue Line bis Damen) Paradies für Comics, Zeitschriften und Underground-Kultur in Wicker Park.

ONLINE-TICKETS & DISCOUNT-KARTEN

Für die meisten Sehenswürdigkeiten, u. a. für das Art Institute von Chicago, das Shedd Aquarium und den Willis Tower, kann man die Eintrittskarte online kaufen. Der Vorteil ist, dass man mit Sicherheit reinkommt und vor allem die Schlangen an den Ticketschaltern umgeht. Der Nachteil ist, dass man eine Servicegebühr von 1,50 bis 4 US$ pro Ticket (manchmal auch pro Bestellung) zahlen muss und dass die Schlange vor dem Vorverkaufsschalter manchmal genauso lang ist wie die am normalen Schalter. Unsere Empfehlung: Im Sommer (vorrangig für das Shedd Aquarium) und für große Ausstellungen sollte man sich die Eintrittskarte online besorgen, ansonsten ist das nicht zwingend nötig.

In Chicago gibt's auch ein paar Ermäßigungskarten, mit denen man ebenfalls lange Schlangen umgehen kann:

➜ **Go Chicago Card** (www.gochicagocard.com) Man bezahlt einen einmaligen Betrag und hat dann freien Eintritt in unbegrenzt viele Sehenswürdigkeiten; es gibt Karten für einen, zwei, drei, fünf oder sieben aufeinanderfolgende Tage.

➜ **CityPass** (www.citypass.com) Mit dieser Karte kommt man an neun Tagen in fünf Top-Attraktionen der Stadt, z. B. das Shedd Aquarium und den Willis Tower. Diese Alternative ist für diejenigen interessant, die es gern etwas ruhiger angehen lassen.

Praktische Informationen

GELD

Im Zentrum herrscht wahrlich kein Mangel an Geldautomaten. Besonders viele befinden sich in der Nähe der Chicago Avenue und der Michigan Avenue. Wer Geld wechseln möchte, sollte es in Terminal 5 im O'Hare International Airport oder bei den folgenden Einrichtungen im Loop versuchen:

Travelex (☎312-807-4941; www.travelex.com; 19 S LaSalle St; ⏲Mo–Fr 8–18, Sa bis 13 Uhr; Ⓜ Blue Line bis Monroe)

World's Money Exchange (☎312-641-2151; www.wmeinc.com; 203 N LaSalle St; ⏲Mo–Fr 8.45–16.45 Uhr; Ⓜ Brown, Orange, Green, Purple, Pink o. Blue Line bis Clark/Lake)

INFOS IM INTERNET

Chicagoist (www.chicagoist.com) Eigenwillige Seite zu Restaurants, Kunst und Events.

Gapers Block (www.gapersblock.com) Seite mit News und Events im typischen Chicagoer Stil.

Huffington Post Chicago (www.huffingtonpost.com/chicago) Gesammelte News aus verschiedenen lokalen Quellen.

INTERNETZUGANG

In vielen Bars und Restaurants sowie im Chicago Cultural Center gibt es kostenloses WLAN.

Harold Washington Library Center (www.chipublib.org; 400 S State St; ⏲Mo–Do 9–21, Fr & Sa 9–17, So 13–17 Uhr) In dem prächtigen Gebäude voller Kunstwerke gibt's überall kostenloses WLAN, und in der 3. Etage findet man auch Internet-Terminals (Tagesausweise erhält man an der Theke).

Walgreens (☎312-664-8686; 757 N Michigan Ave; ⏲24 Std.; Ⓜ Red Line bis Chicago) Auf der Mag Mile.

MEDIEN

Chicago Reader (www.chicagoreader.com) Kostenlose alternative Tageszeitung mit umfangreichen Veranstaltungsterminen.

Chicago Sun-Times (www.suntimes.com) Täglich erscheinende Boulevardzeitung.

Chicago Tribune (www.chicagotribune.com) Die seriöse Tageszeitung; ihre jüngere, verschlankte Gratisversion heißt *RedEye*.

MEDIZINISCHE VERSORGUNG

Northwestern Memorial Hospital (☎312-926-5188; www.nmh.org; 251 E Erie St) Renommiertes Krankenhaus im Zentrum.

Stroger Cook County Hospital (☎312-864-1300; www.cchil.org; 1969 W Ogden Ave) Öffentliches Krankenhaus, das vor allem einkommensschwache Patienten versorgt; 4 km westlich vom Loop.

POST

Post (Karte S. 582; 540 N Dearborn St)

TOURISTENINFORMATION

Choose Chicago (www.choosechicago.com) ist die städtische Touristeninformation. Sie betreibt zwei Besucherzentren, die beide einen besetzten Infoschalter, einen CTA-Schalter mit Ticketverkauf sowie kostenloses WLAN anbieten.

Chicago Cultural Center Visitors Center (Karte S. 582; www.choosechicago.com; 77 E Randolph St; ⏲Mo–Do 9–19, Fr & Sa 10–18 Uhr; 📶; Ⓜ Brown, Orange, Green, Purple o. Pink Line bis Randolph) Hier starten auch die geführten Touren von InstaGreeter und die Führungen im Millennium Park.

Water Works Visitors Center (Karte S. 582; www.choosechicago.com; 163 E Pearson St; ⌚Mo–Do 9–19, Fr & Sa 9–18, So 10–18 Uhr; 📶; Ⓜ Red Line bis Chicago) Mit einem Ticketschalter von Hot Tix.

An- & Weiterreise

BUS

Greyhound (Karte S. 582; ☎312-408-5800; www.greyhound.com; 630 W Harrison St; Ⓜ Blue Line bis Clinton) Der Hauptbusbahnhof liegt zwei Blocks südwestlich von der nächsten CTA-Station. Die Busse fahren häufig nach Cleveland (7½ Std.), Detroit (7 Std.) und Minneapolis (9 Std.) sowie in diverse Kleinstädte in den gesamten USA.

Megabus (Karte S. 582; www.megabus.com/us; Canal St & Jackson Blvd; 📶; Ⓜ Blue Line bis Clinton) Fährt nur in größere Städte im Mittleren Westen. Auf diesen Strecken ist das Unternehmen aber oft günstiger und effizienter und bietet bessere Qualität als Greyhound. Die Bushaltestelle liegt neben der Union Station.

FLUGZEUG

Chicago Midway Airport (MDW; www.flychicago.com) Der kleinere Flughafen wird hauptsächlich von Inlandsfluggesellschaften wie Southwest benutzt. Die Flüge sind oft günstiger als die von O'Hare.

O'Hare International Airport (ORD; www.flychicago.com) Chicagos Hauptflughafen zählt zu den verkehrsreichsten der Welt. Hier befinden sich die Hauptniederlassung von United Airlines und der Knotenpunkt von American. Die meisten nichtamerikanischen Fluglinien und internationalen Flüge nutzen Terminal 5 (außer Lufthansa und Flüge aus Kanada).

ZUG

Chicagos zeitlose **Union Station** (www.chicagounionstation.com; 225 S Canal St) ist der Knotenpunkt für landesweite und regionale **Amtrak-Zugverbindungen** (☎800-872-7245; www.amtrak.com). Die Züge fahren u. a. nach:

Detroit (5½ Std., 3-mal tgl.)

Milwaukee (1½ Std., 7-mal tgl.)

Minneapolis/St. Paul (8 Std., 1-mal tgl.)

New York (20½ Std., 1-mal tgl.)

San Francisco (Emeryville) (53 Std., 1-mal tgl.)

St. Louis (5½ Std., 5-mal tgl.)

Unterwegs vor Ort

AUTO & MOTORRAD

Eine Warnung: Parken ist in Chicago teuer, sowohl an der Straße als auch in Parkhäusern und auf Parkplätzen. Wer es nicht vermeiden kann, sollte die **Millennium Park Garage** (www.millenniumgarages.com; 5 S Columbus Dr; pro 3/24 Std. 23/30 US$) ansteuern. Zur Stoßzeit herrscht in Chicago ein geradezu irrwitziger Verkehr.

FAHRRAD

Chicago ist eine fahrradbegeisterte Stadt mit insgesamt 200 Meilen (321 km) Fahrradwegen und einem Fahrradverleihprogramm namens **Divvy** (www.divvybikes.com). Beim **Department of Transportation** (www.chicagocompletestreets.org) erhält man kostenlose Karten. Es gibt jede Menge Fahrradstellplätze, der größte ist das **McDonalds Cycle Center** (www.chicagobikestation.com; 239 E Randolph St) im Millennium Park, das sogar Duschen hat.

VOM/ZUM FLUGHAFEN

Chicago Midway Airport 11 Meilen (17,7 km) südwestlich vom Loop. Zum Flughafen fahren etwa alle zehn Minuten Züge der CTA Orange Line (3 US$), bis ins Zentrum benötigen sie 30 Minuten. Shuttlebusse kosten 27 US$, Taxis 30 bis 40 US$.

O'Hare International Airport 17 Meilen (27 km) nordwestlich vom Loop. Die CTA Blue Line (5 US$) fährt täglich rund um die Uhr. Die Züge fahren etwa alle zehn Minuten und sind in 40 Minuten im Stadtzentrum. Airport-Express-Shuttlebusse kosten 32 US$, Taxis etwa 50 US$. Je nach Verkehrslage kann die Taxifahrt so lange wie die Zugfahrt dauern.

ÖFFENTLICHE VERKEHRSMITTEL

Die **Chicago Transit Authority** (CTA; www.transitchicago.com) betreibt die Stadtbusse sowie das Hoch- und U-Bahnnetz, auch El genannt.

- Zwei der acht farbig gekennzeichneten Linien – die Red Line sowie die Blue Line zum Flughafen O'Hare – fahren rund um die Uhr. Die anderen Linien sind täglich von 4 Uhr bis 1 Uhr in Betrieb. Tagsüber wartet man in der Regel höchsten 15 Minuten auf eine Bahn. Kostenlose Linienpläne gibt es an jedem Bahnhof.
- CTA-Busse fahren vom frühen Morgen bis zum späten Abend in alle Himmelsrichtungen.
- Das Standardticket für alle Züge kostet 3 US$ (einzige Ausnahme sind Züge vom O'Hare, die 5 US$ kosten) und erlaubt zweimaliges Umsteigen; Busfahrten kosten 2,25 US$.
- Im Zug benötigt man ein Ventra Ticket, das man an den Automaten in Bahnhöfen kaufen kann. Man kann in den Bahnhöfen auch eine Ventra Card kaufen, das ist eine wiederaufladbare Ticketkarte. Sie kostet einmalig eine Gebühr von 5 US$, die erstattet wird, sobald man die Karte registriert. Damit wird jede Fahrt 50 Cent billiger.
- In den Bussen kann man die Ventra Card benutzen oder beim Fahrer zahlen – aber nur passend!

➡ Außerdem gibt es verschiedene Pässe, die unbegrenzt viele Fahrten erlauben (Pass für 1/3 Tage 10/20 US$). Sie sind in Bahnhöfen und Drogerien erhältlich.

Metra-Pendlerzüge (www.metrarail.com; Fahrpreise 2,75–9,25 US$, Wochenendpass 7 US$) fahren auf zwölf Strecken ab vier Bahnhöfen rings um den Loop, die LaSalle Street Station, Millennium Station, Union Station und Richard B Ogilvie Transportation Center (ein paar Blocks nördlich der Union Station) in die Vororte.

PACE (www.pacebus.com) betreibt die Vorstadtbusse; die Fahrpläne sind am Stadtverkehr ausgerichtet.

TAXI

Im Loop sowie nördlich davon bis Andersonville und Richtung Nordwesten bis Wicker Park/ Bucktown gibt es zahlreiche Taxis. Der Grundpreis beträgt 3,25 US$, dazu kommen 1,80 US$ pro Meile und 1 US$ für jeden weiteren Passagier. Es wird ein Trinkgeld von ungefähr 15 % erwartet.

ROUTE 66: GET YOUR KICKS IN ILLINOIS

Amerikas „Mutter aller Straßen" beginnt in Chicago in der Adams Street, direkt westlich der Michigan Avenue. Bevor es los geht, sollte man im Lou Mitchell's (S. 596) in der Nähe der Union Station noch einmal auftanken. Schließlich sind es 300 Meilen (483 km) von hier bis zur Grenze von Missouri.

Leider wurde der größte Teil der Route 66 in Illinois durch die I-55 ersetzt, aber es sind vereinzelt noch Abschnitte der alten Straße vorhanden, die oft parallel zur Interstate verlaufen. Ausschau nach den braunen „Historic Route 66"-Schildern halten, sie halten einen auf Kurs.

Der erste Stopp ragt 60 Meilen (ca. 100 km) südlich bei Wilmington aus den Maisfeldern. Hier kann man einen fast 9 m großen Astronauten aus Glasfaser bewundern, der vor dem **Launching Pad Drive In** (810 E Baltimore St) Wache hält. Das Restaurant ist inzwischen geschlossen, aber die Statue gibt immer noch ein wunderbares Fotomotiv ab. Von der I-55 an der Joliet Road abfahren und dem Highway 53 in Richtung Süden bis in die Stadt folgen.

Nach weiteren 45 Meilen (72 km) erreicht man Pontiac und die **Route 66 Hall of Fame** (☎815-844-4566; 110 W Howard St; ⏲Mo–Fr 9–17, Sa & So 10–16 Uhr) GRATIS mit all ihrem Nippes und den alten Fotos. Dann fährt man 50 Meilen (80 km) weiter nach Shirley und zur **Funk's Grove** (☎309-874-3360; www.funksmaplesirup.com; ⏲Mo–Fr 9–17, Sa ab 10, So ab 12 Uhr), wo man auf der hübschen Ahornsirupfarm (Landschaftsschutzgebiet) aus dem 19. Jh. einen Zwischenstopp einlegt (Exit 154).

Nach weiteren 10 Meilen (16 km) erreicht man das Dörfchen Atlanta. Im **Palms Grill Cafe** (☎217-648-2233; www.thepalmsgrillcafe.com; 110 SW Arch St; Kuchen 3 US$; ⏲5–20 Uhr) lächeln einen aus einer Glasvitrine dicke Stachelbeertorten, Trauben-Sauerrahm-Torten und leckere Pies an. Auf der gegenüberliegenden Straßenseite kann man sich mit **Tall Paul**, einer himmelhohen Statue von Paul Bunyan mit einem Hotdog in der Hand, fotografieren lassen.

Springfield, die Hauptstadt des Bundesstaates, erreicht man nach 50 Meilen (80 km). Sie bietet drei Sehenswürdigkeiten: Das **Shea's Gas Station Museum** (S. 610), das **Cozy Dog Drive In** (S. 611) und das **Route 66 Drive In** (S. 610).

Ein großes Stück der alten Route 66 verläuft weiter südlich, parallel zur I-55, durch Litchfield, wo man im **Ariston Cafe** (www.ariston-cafe.com; S Old Rte 66; Hauptgerichte 7–15 US$; ⏲Di–Fr 11–21, Sa 16–22, So 11–20 Uhr) von 1924 ein paniertes Beefsteak verputzen und mit Einheimischen plaudern kann. Bevor man über die Grenze nach Missouri fährt, sollte man noch einen Umweg machen und bei Exit 3 von der I-270 abfahren. Dann folgt man dem Highway 3 (auch Lewis and Clark Boulevard genannt) nach Süden, biegt an der ersten Ampel rechts ab und fährt Richtung Westen zur **Chain of Rocks Bridge** (⏲9 Uhr–Sonnenuntergang) von 1929. Die 1,5 km lange Brücke über den Mississippi ist nur für Fußgänger und Radfahrer passierbar. Sie hat eine Krümmung von 22° (was der Grund für viele Unfälle und schließlich für ihre Sperrung für Autos war).

Mehr Infos erhält man bei der **Route 66 Association of Illinois** (www.il66assoc.org) oder beim **Illinois Route 66 Scenic Byway** (www.illinoisroute66.org). Detaillierte Streckenbeschreibungen gibt's unter www.historic66.com/illinois.

Flash Cab (☎773-561-1444; www.flashcab.com)

Yellow Cab (☎312-829-4222; www.yellowcabchicago.com)

Rund um Chicago

Oak Park

Oak Park liegt 10 Meilen (16 km) westlich des Loop und ist leicht mit einem CTA-Zug zu erreichen. Der Ort hat zwei berühmte „Söhne": den Schriftsteller Ernest Hemingway, der hier geboren wurde, und den Architekten Frank Lloyd Wright, der hier von 1889 bis 1909 lebte und arbeitete.

In jenen 20 Jahren, die Wright in Oak Park verbrachte, hat er viele Häuser entworfen. Beim **Visitor Center** (☎888-625-7275; www.visitoakpark.com; 1010 W Lake St; ⏲10–17 Uhr) kann man eine Karte (4,25 US$) kaufen, auf der die architektonischen Sehenswürdigkeiten verzeichnet sind. Um auch in eines der von Wright entworfenen Häuser einen Blick werfen zu können, muss man das **Frank Lloyd Wright Home & Studio** (☎312-994-4000; www.gowright.org; 951 Chicago Ave; Erw./Kind/Fotografieren 15/12/5 US$; ⏲11–16 Uhr) aufsuchen. Die Touren finden je nach Jahreszeit unterschiedlich oft statt, im Sommer alle 20 Minuten, im Winter einmal pro Stunde. Das Studio bietet auch Spaziergänge durch den Ort sowie Audio Guides an.

Obwohl Hemingway Oak Park als ein „Dorf mit weiten Wiesen und beschränkten Gemütern" bezeichnet hat, ehrt ihn die Stadt noch immer im **Ernest Hemingway Museum** (☎708-848-2222; www.ehfop.org; 200 N Oak Park Ave; Erw./Kind 10/8 US$; ⏲So–Fr 13–17, Sa ab 10 Uhr). Im Eintrittspreis ist auch der Besuch von **Hemingway's Birthplace** (339 N Oak Park Ave; ⏲So–Fr 13–17, Sa ab 10 Uhr) auf der gegenüberliegenden Straßenseite enthalten.

Von Chicagos Innenstadt fährt man mit der CTA Green Line bis zur Endhaltestelle Harlem, die etwa vier Blocks vom Visitor Center entfernt ist. Der Zug fährt durch ein paar trostlose Viertel und erreicht schließlich Oak Parks „weite Wiesen".

Evanstown & North Shore

Evanston liegt etwa 14 Meilen (22,5 km) nördlich des Loop und ist mit der CTA Purple Line zu erreichen. Der Ort hat einen kompakten Stadtkern mit alten Häusern. Hier befindet sich außerdem die Northwestern University.

Jenseits von Evanston liegen am nördlichen Seeufer Chicagos Vorstädte, die Ende des 19. Jhs. bei den Wohlhabenden in Mode kamen. Eine 30-Meilen-Fahrt (48 km) auf der Sheridan Road führt durch mehrere schmucke Städtchen bis zum sehr wohlhabenden Lake Forest. Zu den Attraktionen gehören hier das **Baha'i House of Worship** (www.bahai.us/bahai-temple; 100 Linden Ave, Eintritt frei; ⏲6–22 Uhr) GRATIS, eine strahlend weiße, architektonische Schönheit, und der **Chicago Botanic Garden** (☎847-835-5440; www.chicagobotanic.org; 1000 Lake Cook Rd, Glencoe; Eintritt frei; ⏲8 Uhr–Sonnenuntergang) GRATIS mit Wanderwegen, 255 hier beheimateten Vogelarten und Kochvorführungen (an den Wochenenden) von bekannten Chefköchen. Parken kostet 20 US$.

Etwas weiter landeinwärts befindet sich das **Illinois Holocaust Museum** (☎847-967-4800; www.ilholocaustmuseum.org; 9603 Woods Dr, Erw./Kind 12/6 US$; ⏲Mo–Fr 10–17, Do 10–20, Sa & So 11–16 Uhr). Neben ausgezeichneten Filmen über Überlebende des Zweiten Weltkriegs zeigt das Museum nachdenklich stimmende Kunstwerke über den Völkermord in Armenien, Ruanda, Kambodscha und anderen Ländern.

Galena & Nördliches Illinois

Das Highlight dieser Region ist der hügelige Nordwesten, und die Gegend um Galena prägen Pappeln, grasende Pferde und reizvolle Nebenstraßen.

In Union, das auf dem Weg nach Galena liegt, versetzt das **Illinois Railway Museum** (☎815-923-4000; www.irm.org; US 20 bis Union Rd; Erw. 10–14 US$, Kind 7–10 US$; ⏲April–Okt. variierende Öffnungszeiten) mit seinen 80 ha voller Lokomotiven Eisenbahnfreaks in Ekstase.

Galena

Das kleine Galena wird zwar wegen seiner auf Touristen ausgerichteten B&Bs, der Süßwarengeschäfte und Antiquitätenläden manchmal spöttisch als Ort für „frisch Verheiratete und fast Tote" bezeichnet, doch seine Schönheit lässt sich nicht leugnen. Der Ort erstreckt sich auf bewaldeten Anhöhen in der Nähe des Mississippi und ist von hügeligem Ackerland mit Scheunen umgeben. Die Straßen säumen Backsteinvillen im neoantiken, neogotischen und Queen-Anne-Stil – Hinterlassenschaften aus der Blütezeit der Stadt, die in der Mitte des 19. Jhs. durch die hiesigen Bleiminen reich wurde. Dazu kommen coole Kajaktouren, Ausritte zu Pferd und Fahrten über kurvige Nebenstraßen – also alles, was man sich für ein paar schöne, beschauliche Tage wünscht.

Sehenswertes & Aktivitäten

Ein guter Ausgangspunkt ist das **Besucherzentrum** (877-464-2536; www.galena.org; 101 Bouthillier St; 9–17 Uhr) in einem Bahndepot aus dem Jahr 1857 im Osten der Stadt. Hier kann man sich eine Karte holen, das Auto parken (5 US$/Tag) und zu Fuß losziehen.

Die elegante alte Main Street führt durch das historische Stadtzentrum. Eine der zahlreichen Sehenswürdigkeiten ist das **Ulysses S Grant Home** (815-777-3310; www.granthome.com; 500 Bouthillier St; Erw./Kind 5/3 US$; April–Okt. Mi–So 9–16.45 Uhr, Nov.–März kürzere Öffnungszeiten), ein Geschenk der örtlichen Republikaner an einen siegreichen General zum Ende des Bürgerkriegs. Grant lebte hier, bis er der 18. Präsident der USA wurde.

Outdoor-Enthusiasten sollten **Fever River Outfitters** (815-776-9425; www.feverriveroutfitters.com; 525 S Main St; 10–17 Uhr, Anfang Sept.–Ende Mai Di–Do geschl.) besuchen, wo man Kanus, Kajaks, Stand-up-Paddle-Boards, Fahrräder und Schneeschuhe ausleihen kann. Im **Shenandoah Riding Center** (815-777-2373; www.shenandoahridingcenter.com; 200 N Brodrecht Rd; 1 Std. Reiten 45 US$) können sie aufs Pferd steigen und an geführten Ausritten für Reiter aller Nivaus, auch Anfänger, teilnehmen. Die Ställe befinden sich 8 Meilen (13 km) außerhalb der Stadt.

Der **Stagecoach Trail**, eine 26 Meilen (42 km) lange, schmale, kurvige Straße Richtung Warren, lädt zu einer gemütlichen Autotour ein. Um zum Trail zu kommen, fährt man auf der Main Street Richtung Nordosten durchs Zentrum bis zum zweiten Stoppschild (dort befindet sich eine Markierung). Der Stagecoach Trail war tatsächlich ein Abschnitt der alten Postkutschenroute zwischen Galena und Chicago.

Schlafen & Essen

In Galena wimmelt es nur so von mit Quilten geschmückten B&Bs. Die meisten bieten Zimmer zwischen 100 und 200 US$ pro Nacht an und füllen sich am Wochenende schnell. Auf der Website der Besucherinformation stehen Kontaktdaten. Besucher mit Präsidentenallüren können es wie Grant und Lincoln machen und in einem der schön möblierten Zimmer des **DeSoto House Hotel** (815-777-0090; www.desotohouse.com; 230 S Main St; Zi. 128–200 US$;) aus dem Jahr 1855 übernachten. Das **Grant Hills Motel** (877-421-0924; www.granthills.com; 9372 US 20; Zi. 70–100 US$;) ist eine schnörkellose Unterkunft 1,5 Meilen (2,5 km) östlich der Stadt mit Blick ins Grüne und einem Platz zum Hufeisenwerfen.

Im **111 Main** (815-777-8030; www.oneelevenmain.com; 111 N Main St; Hauptgerichte 17–25 US$; Mo–Do 16–21, Fr & Sa 11–22, So 11–21 Uhr) gibt's Hackbraten, Schweinefleisch mit Kartoffelpüree und andere beliebte Gerichte aus dem Mittleren Westen mit Zutaten, die von Farmen in der Gegend stammen. Das gemütliche deutsch-französische Bistro **Fritz and Frites** (815-777-2004; www.fritzandfrites.com; 317 N Main St; Hauptgerichte 17–22 US$; Di & Mi 16–21, Do–Sa ab 11.30 Uhr) serviert Muscheln mit Champagnersauce, aber auch zarte Schnitzel. Die **VFW Hall** (100 S Main St; ab 16 Uhr) bietet eine tolle Gelegenheit, günstiges Bier zu trinken und zusammen mit alten Kriegsveteranen fernzusehen. Nur nicht schüchtern sein: Besucher sind willkommen, wie das Schild draußen schon sagt.

Quad Cities

Südlich von Galena erstreckt sich an einem schönen Abschnitt der **Great River Road** (www.greatriverroad-illinois.org) der malerische **Mississippi Palisades State Park** (815-273-2731), der von Kletterern, Wanderern und Campern gleichermaßen geschätzt wird. Infomaterial gibt's am Parkeingang.

Weiter flussabwärts liegen die **Quad Cities** (www.visitquadcities.com) – Moline und Rock Island in Illinois sowie Davenport und Bettendorf am anderen Flussufer in Iowa. Es lohnt sich, hier eine Pause einzulegen. Rock Island hat eine hübsche Innenstadt (rund um die 2nd Avenue und die 18th Street) mit ein paar Cafés und einer lebhaften Kneipen- und Musikszene. Am Stadtrand befindet sich die **Black Hawk State Historic Site** (www.blackhawkpark.org; 1510 46th Ave; Sonnenaufgang–22 Uhr), ein riesiger Park mit Wanderwegen am Rock River entlang. Das dazugehörige **Hauberg Indian Museum** (309-788-9536; Watch Tower Lodge; Mi–So 9–12 & 13–17 Uhr) GRATIS erzählt die tragische Geschichte des Sauk-Häuptlings Black Hawk und seines Volkes.

Auf **Rock Island**, einer Insel im Mississippi, befanden sich während des Bürgerkriegs ein Waffenlager und ein Kriegsgefangenenlager. Jetzt gibt es dort das beeindruckende **Rock Island Arsenal Museum** (Di–So 12–16 Uhr) GRATIS, einen Bürgerkriegsfriedhof und ein Visitor Center, von dem aus man einen guten Blick auf die Schiffe hat. Der Eintritt ist frei, man sollte aber seinen Pass mitnehmen, da die Insel noch immer eine aktive Militäreinrichtung ist.

Moline ist der Stammsitz von John Deere, dem international bedeutenden Landmaschinenhersteller. Im Zentrum gibt es außerdem den **John Deere Pavilion** (www.johndeerepavilion.com; 1400 River Dr; Mo–Fr 9–17, Sa 10–17, So 12–16 Uhr;) GRATIS mit einer bei Kindern sehr beliebten Ausstellung. Infos zu den Sehenswürdigkeiten am anderen Ufer in Iowa finden sich auf S. 707.

Springfield & Zentrales Illinois

Alle Sehenswürdigkeiten im zentralen Illinois haben mit Abraham Lincoln oder der Route 66 zu tun. Sie sind über die ganze Region verteilt, die ansonsten nur flaches Farmland ist. Arthur und Arcola östlich von Decatur sind Hochburgen der Amish.

Springfield

Die kleine Hauptstadt des Bundesstaates ist ziemlich besessen von Abraham Lincoln, der hier von 1837 bis 1861 als Anwalt tätig war. Viele der Attraktionen befinden sich in der Innenstadt, sind zu Fuß zu erreichen und kosten wenig oder nichts.

Sehenswertes & Aktivitäten

Lincoln Home & Visitor Center HISTORISCHE STÄTTE
(217-492-4150; www.nps.gov/liho; 426 S 7th St; 8.30–17 Uhr) GRATIS Zuerst muss man sich im Besucherzentrum des National Park Service eine Eintrittskarte besorgen. Lincolns Haus mit seinen zwölf Zimmern steht direkt gegenüber auf der anderen Straßenseite. Man kann durch das ganze Haus marschieren, in dem Abe und Mary Lincoln von 1844 bis zu ihrem Umzug ins Weiße Haus im Jahre 1861 lebten. Überall sind Ranger, die Hintergrundinfos geben und Fragen beantworten.

Lincoln Presidential Library & Museum MUSEUM
(217-558-8844; www.presidentlincoln.org; 212 N 6th St; Erw./Kind 12/6 US$; 9–17 Uhr;) Das Museum hat die umfangreichste Lincoln-Sammlung der Welt. Zu sehen sind hier sowohl echte alte Stücke, z. B. sein Rasierspiegel und seine Aktenmappe, als auch abgefahrene Ausstellungsstücke wie Hologramme, die Kinder recht spannend finden.

Lincoln's Tomb FRIEDHOF
(www.lincolntomb.org; 1441 Monument Ave; 9–17 Uhr, Sept.–Mai So & Mo geschl.) GRATIS Nach Lincolns Ermordung brachte man seinen Leichnam zurück nach Springfield und bestattete ihn in einem beeindruckenden Grab auf dem Oak Ridge Cemetry, 2,5 km nördlich vom Zentrum. Am Glanz der Nase, der durch die vielen leichten Berührungen der Besucher entstanden ist, lässt sich erahnen, wie viele Menschen ihm die Ehre erweisen. Im Sommer feuern Darsteller in Infanterie-Uniform Musketen ab und senken die Fahne.

Old State Capitol HISTORISCHE STÄTTE
(217-785-9363; Ecke 6th St & Adams St; 9–17 Uhr, Sept.–Mai So & Mo geschl.) Geschwätzige Dozenten führen die Besucher durch das Gebäude und erzählen Lincoln-Storys – beispielsweise wie er hier im Jahre 1858 seine berühmte „House Divided"-Rede hielt. Empfohlene Spende: 4 US$.

Shea's Gas Station Museum MUSEUM
(217-522-0475; 2075 Peoria Rd; nach Vereinbarung) Während dieses Buch entstand, hörte der 91-jährige Besitzer dieser berühmten Sammlung von Zapfsäulen und Schildern der Route 66 schließlich auf zu arbeiten. Seine Familie versucht aber, das Museum weiterzuführen. Wer es besuchen will, sollte telefonisch einen Termin vereinbaren.

Route 66 Drive In KINO
(217-698-0066; www.route66-drivein.com; 1700 Recreation Dr; Erw./Kind 7/4 US$; Juni–Aug. tgl., Mitte April–Mai & Sept. Sa & So) Zeigt aktuelle Filme unterm Sternenhimmel.

Schlafen & Essen

Statehouse Inn HOTEL $$
(217-528-5100; www.thestatehouseinn.com; 101 E Adams St; Zi. inkl. Frühstück 95–155 US$; P @) Die Betonfassade wirkt trist, doch innen ist das Statehouse recht elegant. Die Zimmer haben bequeme Betten und große Bäder. In der Lobby befindet sich eine im Retrostil eingerichtete Bar.

Inn at 835 B&B $$
(217-523-4466; www.innat835.com; 835 S 2nd St; Zi. inkl. Frühstück 130–200 US$; P) Die

historische, kunsthandwerklich und künstlerisch gestaltete Villa hat elf Zimmer, die mit Himmelbetten, frei stehenden Badewannen und dergleichen ausgestattet sind.

Cozy Dog Drive In AMERIKANISCH $
(www.cozydogdrivein.com; 2935 S 6th St; Hauptgerichte 2–4,50 US$; ⊙Mo–Sa 8–20 Uhr) Die legendäre Institution der Route 66, welche auch den Corn Dog erfunden haben soll, bietet neben dem frittierten Hauptgericht am Stiel auch verschiedene Erinnerungsstücke und Souvenirs an.

Norb Andy's Tabarin PUB $
(www.norbandys.com; 518 E Capitol Ave; Hauptgerichte 7–10 US$; ⊙Di–Sa ab 11 Uhr) Norbs urtümliches Restaurant mit Bar befindet sich im 1837 erbauten Hickox House im Zentrum und ist einer der beliebtesten Treffpunkte der Einheimischen. Es serviert Springfields besten „horseshoe" – gebratenes Fleisch auf getoastetem Brot mit einem Berg Pommes und geschmolzenem Käse.

ℹ Praktische Informationen

Springfield Convention & Visitors Bureau (www.visitspringfieldillinois.com) Hier ist ein praktischer Besucherführer erhältlich.

ℹ Anreise & Unterwegs vor Ort

Vom **Amtrak-Bahnhof** (☎217-753-2013; Ecke 3rd St & Washington St) im Stadtzentrum aus fahren täglich fünf Züge nach St. Louis (2 Std.) und Chicago (3½ Std.).

Petersburg

Als Lincoln 1831 nach Illinois kam, arbeitete er zunächst als Büroangestellter, Verkäufer und Postmeister im Grenzdorf New Salem, bevor sein Jurastudium begann und er nach Springfield zog. In Petersburg, 20 Meilen (32 km) nordwestlich von Springfield, liegt die **Lincoln's New Salem State Historic Site** (☎217-632-4000; www.lincolnsnewsalem.com; Hwy 97; empfohlene Spende Erw./Kind 4/2 US$; ⊙9–17 Uhr, Mitte Sept.–Mitte April Mo & Di geschl.), wo das Dorf mitsamt Gebäuden rekonstruiert wurde. Außerdem gibt's geschichtliche Ausstellungen und Vorführungen in historischen Kleidern. Das Ganze ist recht informativ und unterhaltsam.

Südliches Illinois

8 Meilen (13 km) östlich von St. Louis, in der Nähe von Collinsville, wartet eine Überraschung: die **Cahokia Mounds State Historic Site** (☎618-346-5160; www.cahokiamounds.org; Collinsville Rd; empfohlene Spende Erw./Kind 4/2 US$; ⊙Visitor Center 9–17 Uhr, Gelände 8 Uhr–Sonnenuntergang) steht als Unesco-Weltkulturerbe auf einer Stufe mit Stonehenge, der Athener Akropolis und den ägyptischen Pyramiden. Cahokia schützt die Reste der größten prähistorischen Stadt Nordamerikas (20 000 Ew. mit Vororten) aus dem Jahr 1200 v. Chr. Die 65 Erdhügel, einschließlich des Monk's Mound und des „Woodhenge"-Sonnenkalenders, bieten keinen übermäßig spektakulären Anblick, doch die Anlage als solche ist auf jeden Fall einen Besuch wert. Wer von Norden auf der I-255 kommt, nimmt Exit 24, wer auf der I-55/70 von St. Louis aus kommt, nimmt Exit 6.

Nördlich von St. Louis wartet der Highway 100 zwischen **Grafton** und **Alton** mit den vielleicht idyllischsten 15 Meilen (24 km) der ganzen Great River Road auf. Wenn man die windumtosten Klippen langfährt, sollte man unbedingt einen Abstecher ins klitzekleine **Elsah** (www.elsah.org) machen, ein Dörfchen mit Steinhäusern aus dem 19. Jh., Woods Buggy Shops und Bauernhäusern.

Eine Ausnahme vom üblichen flachen Farmland dieses US-Staats bildet die grüne Region im äußersten Süden, die vom hügeligen **Shawnee National Forest** (☎618-253-7114; www.fs.usda.gov/shawnee) und von Felsformationen durchzogen ist. In der Region gibt's zahlreiche State Parks und Erholungsgebiete, in denen man gut wandern, schwimmen, fischen und Kanu fahren kann, vor allem rund um **Little Grassy Lake** und **Devil's Kitchen**. Und wer käme auf die Idee, dass es hier Sümpfe wie in Florida gibt, mit kargen Zypressen und quakenden Ochsenfröschen? Aber im **Cypress Creek National Wildlife Refuge** (☎618-634-2231; www.fws.gov/midwest/cypresscreek) ist es so!

Union County in der Nähe der Südspitze des US-Staats hat Weingüter und Obstgärten zu bieten. Auf dem 35 Meilen (56,4 km) langen **Shawnee Hills Wine Trail** (www.shawneewinetrail.com), der zwölf Weingüter verbindet, kann man allerhand probieren.

INDIANA

Der Bundesstaat kommt beim Rennen Indy 500 so richtig auf Touren, ansonsten geht es in Indiana, dem Land der Maisstoppeln, eher gemächlich zu: Man isst Kuchen im

KURZINFOS INDIANA

Spitzname Hoosier State

Bevölkerung 6,5 Mio.

Fläche 94 327 km²

Hauptstadt Indianapolis (835 000 Ew.)

Verkaufssteuer 7 %

Geburtsort von Schriftsteller Kurt Vonnegut (1922–2007), Schauspieler James Dean (1931–1955), Talkmaster David Letterman (geb. 1947), Rocker John Mellencamp (geb. 1951), King of Pop Michael Jackson (1958–2009)

Heimat von Farmern, Mais

Politische Ausrichtung normalerweise republikanisch

Berühmt für das Autorennen Indy 500, Basketball-Fanatismus, Schweinefiletsandwichs

Offizieller Kuchen Sugar Cream Pie

Entfernungen Indianapolis–Chicago 185 Meilen (298 km), Indianapolis–Bloomington 53 Meilen (85 km)

Amish Country, meditiert in den tibetischen Tempeln in Bloomington und bewundert die großartige Architektur im kleinen Columbus. Nur fürs Protokoll: Die Einwohner Indianas werden seit den 1830er-Jahren „Hoosiers" genannt. Keiner weiß genau, wo der Spitzname eigentlich herkommt. Einer Theorie zufolge wurden die ersten Siedler, wenn sie an eine Tür klopften, mit der Frage „Who's here?" konfrontiert, woraus dann bald „Hoosier" wurde. Über dieses Thema sollte man aber am besten mit Einheimischen und bei einem traditionellen Schweinefleisch-Sandwich diskutieren.

Praktische Informationen

Verkehrsinformationen für Indiana (☎800-261-7623; www.trafficwise.in.gov)

Indiana State Park Information (☎800-622-4931; www.in.gov/dnr/parklake) Der Parkeintritt kostet pro Tag zu Fuß oder mit dem Fahrrad 2 US$, mit einem Fahrzeug 7 bis 10 US$. Campingstellplätze, die man übrigens auch im Voraus reservieren kann, schlagen mit 10 bis 40 US$ zu Buche (☎866-622-6746; www.camp.in.gov).

Indiana Tourism (☎888-365-6946; www.visitindiana.com)

Indianapolis

Das adrette Indy ist die Hauptstadt des Bundestaates und ein wunderbarer Ort, um sich Autorennen anzusehen oder selbst eine Runde auf der berühmten Rennstrecke zu drehen. Das Kunstmuseum und der White River State Park haben ebenfalls manches zu bieten, genauso wie die Viertel Mass Avenue und Broad Ripple, in denen man toll essen und ausgehen kann. Fans von Kurt Vonnegut kommen hier voll auf ihre Kosten.

Sehenswertes & Aktivitäten

Zentrum des Geschehens ist der Monument Circle. Der White River State Park mit seinen vielen Attraktionen befindet sich ca. 1 km weiter westlich.

Indianapolis Motor Speedway MUSEUM
(☎317-492-6784; www.indianapolismotorspeedway.com; 4790 W 16th St; Erw./Kind 3/5 US$; ⌚März–Okt. 9–17 Uhr, Nov.–Feb. 10–16 Uhr) Der Speedway, die Heimat der Indianapolis 500, ist Indys Top-Attraktion. Das **Hall of Fame Museum** beherbergt 75 Rennwagen (u. a. einige Siegerautos) sowie eine 500 Pfund schwere Tiffany-Trophäe und bietet eine Runde auf der Bahn (5 US$) an. Gut, man fährt mit dem Bus und verbrennt bei 60 km/h sicher kein Gummi – aber Spaß macht's trotzdem.

Das große Rennen selbst findet am letzten Sonntag im Mai (Memorial-Day-Wochenende) vor 450 000 durchgeknallten Fans statt. **Tickets** (☎800-822-4639; www.imstix.com; 30–150 US$) sind nur schwer zu bekommen. An Karten für die Qualifikation und das Training kommt man da schon eher, außerdem sind sie billiger. Die Rennstrecke liegt ca. 6 Meilen (10 km) nordwestlich des Stadtzentrums.

White River State Park PARK
(http://inwhiteriver.wrsp.in.gov) In diesem weitläufigen Park am Rande des Zentrums befinden sich mehrere lohnende Sehenswürdigkeiten. Der Lehmziegelbau des **Eiteljorg Museum of American Indians & Western Art** (☎317-636-9378; www.eiteljorg.org; 500 W Washington St; Erw./Kind 10/6 US$; ⌚Mo–Sa 10–17, So ab 12 Uhr) zeigt Korbarbeiten, Töpferei und Masken der Indianer sowie mehrere Gemälde von Frederic Remington und Georgia O'Keeffe. Weitere Highlights des Parks sind das stimmungsvolle **Minor-League-Baseballstadion**, ein **Zoo**, ein **Spazierweg am Kanal**, **Gärten** und ein **Wissenschaftsmuseum**.

Hier befindet sich auch die **NCAA Hall of Champions** (☎800-735-6222; www.ncaahallofchampions.org; 700 W Washington St; Erw./Kind 5/3 US$; ⌚Di–Sa 10–17, So ab 12 Uhr), die die Begeisterung des Landes für den College-Sport widerspiegelt. In interaktiven Ausstellungen können Besucher kostenlos Körbe werfen oder wie Michael Phelps auf einen Startblock steigen.

Indianapolis Museum of Art MUSEUM, GÄRTEN
(☎317-920-2660; www.imamuseum.org; 4000 Michigan Rd; ⌚Di–Sa 11–17, So & Fr 11–21, So 12–17 Uhr) GRATIS Das Museum beherbergt eine großartige Sammlung europäischer Kunst (besonders Turner und Postimpressionisten), afrikanischer Stammeskunst und Kunst aus dem Südpazifik sowie chinesische Werke. Zum Komplex gehören auch das **Oldfields – Lilly House & Gardens** des Pharmaunternehmens Lilly; Besucher können die Villa mit 22 Räumen und die Blumengärten besichtigen. Auch der **Fairbanks Art & Nature Park**, ein 40 ha großes Waldgelände mit faszinierenden modernen Skulpturen, gehört zum Museum.

Kurt Vonnegut Memorial Library MUSEUM
(www.vonnegutlibrary.org; 340 N Senate Ave; ⌚Do–Di 12–17 Uhr) GRATIS Der Schriftsteller Kurt Vonnegut ist in Indy geboren und aufgewachsen, und dieses kleine Museum erweist ihm die Ehre. Zu den Ausstellungsstücken zählen seine Pall-Mall-Zigaretten, eine Purple-Heart-Medaille und eine Kiste mit Ablehnungsschreiben von Verlegern. Im Museum befindet sich auch eine Rekonstruktion seines Arbeitszimmers mit dem Karoteppich, der roten Hahnen-Lampe und der blauen Schreibmaschine der Marke Coronamatic. Besucher dürfen sich an Vonneguts Schreibtisch setzen und ihm eine Nachricht tippen.

Rhythm! Discovery Center MUSEUM
(www.rhythmdiscoverycenter.org; 110 W Washington St; Erw./Kind 9/6 US$; ⌚Mo–Sa 10–17, So ab 12 Uhr) In diesem versteckten Juwel im Stadtzentrum können Besucher Trommeln, Gongs, Xylophone und exotische Schlaginstrumente aus der ganzen Welt ausprobieren. Kinder lieben die Trommelei, Erwachsene bewundern die Instrumente berühmter Schlagzeuger und das schalldichte Studio voller Trommeln, in dem jeder seinen inneren Rockmusiker rauslassen (und aufnehmen) kann.

Monument Circle DENKMAL, MUSEUM
(1 Monument Circle) Am Monument Circle im Stadtzentrum steht das beeindruckende, 87 m hohe **Soldiers & Sailors Monument**. Wer ein bizarres (etwas beengtes) Erlebnis haben will, nimmt den Aufzug (2 US$) bis ganz nach oben. Unter dem Denkmal befindet sich das **Civil War Museum** (⌚Mi–So 10.30–17.30 Uhr). Dort wird der Konflikt und Indianas Stellung bei der Abschaffung der Sklaverei feinsäuberlich dargestellt. Ein paar Blocks weiter nördlich steht das **World War Memorial** (Ecke Vermont St & Meridian St), ein klobiges, aber beeindruckendes Monument.

Sun King Brewing BRAUEREI
(www.sunkingbrewing.com; 135 N College Ave; ⌚Do 16–19, Fr 12–19, Sa 13–17 Uhr) GRATIS Im unverblümten Sun-King-Lagerhaus kann man sich zu den Jungen und Hippen von Indy gesellen und Bier verkosten. Man bekommt dann sechs Proben (insgesamt etwa ein Pint) in Plastikbechern, darunter ganzjährige Biere wie Osiris Pale Ale und Saisonbiere wie ein mit Pfeffer gewürztes Amber Ale.

Indiana Medical History Museum MUSEUM
(☎317-635-7329; www.imhm.org; 3045 W Vermont St; Erw./Kind 7/3 US$; ⌚Do–Sa 10–15 Uhr) Man stelle sich eine Irrenanstalt aus einem Horrorfilm vor – und genau so sieht dieses staatliche psychiatrische Krankenhaus aus, das mehrere Jahrhunderte alt ist. Führungen zeigen das frühere pathologische Labor, den frostigen Autopsieraum und den gespenstischen Probenraum mit Gehirnen in Gläsern. Es liegt ein paar Kilometer westlich vom White River State Park.

Bicycle Garage Indy FAHRRADVERLEIH
(www.bgindy.com; 222 E Market St; Verleih pro Std./Tag 15/40 US$) Fahrradfahren in der City wird immer beliebter. Gleich vor dem Laden verläuft der Cultural Trail, der schließlich zum Rad- und Wanderweg Monon Trail führt. Die Preise beinhalten auch die Miete für Helm, Schloss und Karte.

Feste & Events

Den ganzen Mai über feiert die Stadt mit dem **500 Festival** (www.500festival.com; Tickets ab 7 US$) das Autorennen Indy 500. Zu den Events gehören eine Parade der Rennfahrer und eine Party auf der Rennbahn.

Schlafen

Die Hotels sind in den Rennwochen im Mai, Juli und August teurer und meist ausgebucht. Zu den aufgeführten Preisen kommen noch 17% Steuer dazu. An der I-465, der Autobahn um Indianapolis, gibt's preiswerte Motels.

Indy Hostel HOSTEL $
(☎317-727-1696; www.indyhostel.us; 4903 Winthrop Ave; B/Zi. 29/58 US$; P ❄ @ 📶) Das kleine, freundliche Hostel hat vier Schlafsäle mit vier bis sechs Betten. Einer ist Frauen vorbehalten, die anderen sind gemischt. Es gibt auch ein paar Privatzimmer. Der Monon Trail (Wander-/Radweg) führt am Hostel vorbei. Es liegt in Broad Ripple, ist also ein ganzes Stück von der Innenstadt entfernt (Anfahrt mit Bus 17).

Hilton Garden Inn HOTEL $$
(☎317-955-9700; www.indianapolisdowntown.gardeninn.com; 10 E Market St; Zi. inkl. Frühstück 150–190 US$; ❄ @ 📶 🏊) Wer in einer Hotelkette übernachten will, trifft mit dem Hilton eine gute Wahl. Es punktet mit seiner jahrhundertealten neoklassischen Architektur, den bequemen Betten, dem üppigen kostenlosen Frühstück inklusive Omeletts und der Lage im Zentrum direkt am Monument Circle. Parken kostet 25 US$.

Stone Soup B&B $$
(☎866-639-9550; www.stonesoupinn.com; 1304 N Central Ave; Zi. inkl. Frühstück 85–145 US$; P ❄ 📶) Die neun Zimmer verteilen sich in einem großen, mit Antiquitäten geschmückten Haus. Es wirkt ein bisschen morsch, hat aber viel Charme. Die günstigeren Zimmer teilen sich ein Bad.

Alexander HOTEL $$$
(☎317-624-8200; www.thealexander.com; 333 S Delaware St; Zi. 160–280 US$) Im 2013 eröffneten Alexander mit 209 Zimmern steht die Kunst im Mittelpunkt. 40 Originalwerke zieren die Lobby, und das Indianapolis Museum of Art kuratiert die zeitgenössische Sammlung (Besucher können sich gern umschauen). Die modernen Zimmer sind mit dunklen Holzböden und natürlich cooler Kunst an den Wänden eingerichtet. Es liegt einen Block von der Basketballarena entfernt, und viele Gastteams übernachten hier. Parken kostet 27 US$.

> **INDIANA FOODWAYS**
>
> In welchen Restaurants gibt's Schweinefilet und Sugar Cream Pie? Wo finden Bauernmärkte und Spare-Ribs-Feste statt? Nach welchem Rezept macht man den besten Maispudding? Die **Indiana Foodways Alliance** (www.indianafoodways.com) weiß einfach alles in puncto Essen in Indianapolis.

Essen

Wenn der Magen knurrt, ist die **Massachusetts Avenue** (Mass Ave; www.discovermassave.com) im Zentrum genau das Richtige. Im 7 Meilen (11 km) nördlich gelegenen Stadtteil **Broad Ripple** (www.discoverbroadripplevillage.com) gibt's Kneipen, Cafés und Lokale unterschiedlichster Art.

Mug 'N' Bun AMERIKANISCH $
(www.mug-n-bun.com; 5211 W 10th St; Hauptgerichte 3–5 US$; ⊙So–Do 10–21, Fr & Sa 10–22 Uhr) Die geeisten Krüge sind mit leckerem selbstgebrautem Root Beer gefüllt, und die Brötchen mit Burgern, Chilidogs und saftigem Schweinefilet belegt. Auch die gebratenen Makkaroni mit Käse sind lecker. In diesem altmodischen Drive-in in der Nähe des Speedway wird man – wie könnte es auch anders sein – gleich im Auto bedient.

City Market MARKT $
(www.indycm.com; 222 E Market St; ⊙Mo–Fr 9–21, Sa ab 8 Uhr; 📶) Die alte Markthalle der Stadt aus dem Jahr 1886 füllen heute verschiedene Essensstände. Die Bar in der oberen Etage schenkt 16 regionale Biere aus. Die meisten Verkäufer schließen um 15 Uhr.

Bazbeaux PIZZERIA $$
(www.bazbeaux.com; 329 Massachusetts Ave; Hauptgerichte 9–12 US$; ⊙So–Do 11–22, Fr & Sa 11–23 Uhr) Das bei Einheimischen beliebte Lokal bietet eine bunte Auswahl an Pizza, beispielsweise die „Tchoupitoulas" mit Cajun-Shrimps und Innereienwurst. Auf der ungewöhnlichen Speisekarte stehen außerdem Muffaletta-Sandwich, Stromboli (gerollte Pizza) und belgisches Bier.

Shapiro's Deli FEINKOST $$
(☎317-631-4041; www.shapiros.com; 808 S Meridian St; Hauptgerichte 8–15 US$; ⊙6–20 Uhr; 📶) Hier kann man ein dickes Sandwich mit Corned Beef oder Pastrami, gefolgt von einem großen Stück Schokoladenkuchen oder Obstkuchen, verschlingen.

Ausgehen & Unterhaltung

Im Stadtzentrum und in der Mass Avenue gibt's gute Kneipen, ebenso in Broad Ripple.

Bars & Nachtclubs

Slippery Noodle Inn BAR
(www.slipperynoodle.com; 372 S Meridian St; ⊙Mo–Fr ab 11, Sa ab 12, So ab 16 Uhr) Das Noodle in der Innenstadt ist die älteste Bar des Bundesstaates und hat als Bordell, Schlachthaus, Gangsterhöhle und Underground-Station

schon so einiges erlebt. Derzeit ist es einer der besten Bluesclubs des Landes. Es gibt jeden Abend Livemusik und es ist preiswert.

Rathskeller BIERKNEIPE
(www.rathskeller.com; 401 E Michigan St; ⏲Mo–Fr ab 14, Sa & So ab 11 Uhr) Im Sommer kann man draußen im Biergarten deutsches und lokales Bier genießen, im Winter auch drinnen in der Bierhalle. Der Rathskeller befindet sich im historischen Athenaeum-Gebäude in der Nähe der Mass Avenue.

Plump's Last Shot BAR
(www.plumpslastshot.com; 6416 Cornell Ave; ⏲Mo–Fr ab 15 Uhr; Sa & So ab 12 Uhr; 🐾) Bobby Plump lieferte die Grundidee für den Kultfilm *Hoosiers*. Er war der Junge, der in letzter Sekunde punktete und so in den 1950er-Jahren seiner kleinen Schule den Sieg in der Basketballmeisterschaft des Staates über eine „Großstadt"-Schule verschaffte. Die Bar ist über und über mit Erinnerungsstücken rund um den Sport geschmückt. Plump's Last Shot befindet sich in einem großen Haus in Broad Ripple. Hier kann man super Leute beobachten und auf der hundefreundlichen Terrasse ein paar kühle Drinks genießen.

Zuschauersport

Autorennen sind nicht die einzigen begehrten Events. Die NFL-Football-Mannschaft der Colts spielt unter dem riesigen einklappbaren Dach des **Lucas Oil Stadium** (☎317-262-3389; www.colts.com; 500 S Capitol Ave). Die Pacers aus der NBA werfen ihre Körbe im **Bankers Life Fieldhouse** (☎317-917-2500; www.pacers.com; 125 S Pennsylvania St).

Shoppen

Ein typisches Indy-Souvenir ist eine Speedway-Flagge oder ein Trikot der Colts. In der **New Day Meadery** (www.newdaymeadery.com; 1102 E Prospect St; ⏲Di–Fr 14–21, Sa 12–21, So 12–18 Uhr) kann man sich bei Imkern eine Flasche Honigwein kaufen. Bevor man sich entscheidet, sollte man in der Probierstube Honigprodukte testen (6 Proben kosten 6 US$).

Praktische Informationen

Gay Indy (www.gayindy.org) Aktuelles für Schwule und Lesben, Veranstaltungskalender.

Indiana University Medical Center (☎317-274-4705; 550 N University Blvd)

Indianapolis Convention & Visitors Bureau (☎800-323-4639; www.visitindy.com) Über die Website kann man sich eine kostenlose App über die Stadt herunterladen und sich Gutscheine ausdrucken.

Indianapolis Star (www.indystar.com) Die Tageszeitung der Stadt.

Nuvo (www.nuvo.net) wöchentliche alternative Gratis-Zeitung mit Infos über Kunst und Musik.

ABSTECHER

GRAY BROTHERS CAFETERIA

Cafeterias haben in Indiana Tradition, doch mittlerweile sind die meisten von ihnen verschwunden – nicht aber das **Gray Brothers** (www.graybrotherscatering.com; 555 S Indiana St; Hauptgerichte 4–8 US$; ⏲Mo–Sa 11–20.30, So ab 10 Uhr). Im Gastraum scheint die Zeit stehen geblieben zu sein. Man nimmt sich ein blaues Tablett und begutachtet das Essen, das entlang eines schier unendlichen Korridors aufgereiht ist: Brathähnchen, Hackbraten, Cheeseburger und zuckersüße Cremetorte garantieren ein üppiges Mahl. Die Cafeteria befindet sich in Mooresville, etwa 18 Meilen (29 km) südlich vom Zentrum auf dem Weg Richtung Bloomington.

Anreise & Unterwegs vor Ort

Der moderne **Indianapolis International Airport** (IND; www.indianapolisairport.com; 7800 Col H Weir Cook Memorial Dr) liegt 16 Meilen (26 km) südwestlich der Stadt. Der Washington Bus (8) pendelt zwischen Airport und Innenstadt (1,75 US$, 50 Min.), der Go Green Line Airport Van ist aber schneller (10 US$, 20 Min.). Ein Taxi vom Flughafen ins Zentrum kostet ca. 35 US$.

Greyhound (☎317-267-3076; www.greyhound.com) teilt sich mit Amtrak die **Union Station** (350 S Illinois St). Es fahren oft Busse nach Cincinnati (2 Std.) und Chicago (3½ Std.). **Megabus** (www.megabus.com/us) hält an der 200 E Washington Street und ist oft preiswerter. Mit Amtrak braucht man für die gleiche Strecke fast die doppelte Zeit und zahlt auch noch mehr.

IndyGo (www.indygo.net; Fahrkarte 1,75 US$) unterhält Stadtbusse. Bus 17 fährt nach Broad Ripple. An den Wochenenden sind die Busse nur sehr vereinzelt unterwegs.

Wer ein Taxi braucht, ruft **Yellow Cab** (☎317-487-7777) an.

Bloomington & Zentrales Indiana

Bluegrass, architektonische Highlights, tibetische Tempel und James Dean hinterließen bzw. hinterlassen ihre Spuren in diese äckerreichen Gegend.

Fairmount

Die kleine Stadt, die man auf dem Highway 9 in Richtung Norden erreicht, ist die Geburtsstadt von James Dean, dem Inbegriff der Coolness. Fans des früh verstorbenen Schauspielers sollten sich direkt zum **Fairmount Historical Museum** (☎765-948-4555; www.jamesdeanartifacts.com; 203 E Washington St; ⏲Mo–Sa 10–17, So 12–17 Uhr, April–Okt. So ab 12 Uhr) GRATIS begeben, in dem man die Bongotrommeln von Dean sowie andere Exponate sehen kann. Hier bekommt man auch den kostenlosen Plan, der zu jenem Farmhaus führt, in dem Jimmy aufgewachsen ist, und zu seinem mit rotem Lippenstift bedeckten Grabstein. Im Museum werden Dean-Poster, Zippo-Feuerzeuge und andere Erinnerungstücke verkauft. Außerdem finanziert es das jährliche **James Dean Festival** (Ende Sept.) GRATIS. Dann strömen sage und schreibe 50 000 Fans für vier Tage voller Musik und Lustbarkeiten in die Stadt. Die ein paar Blocks entfernt liegende private **James Dean Gallery** (☎765-948-3326; www.jamesdeangallery.com; 425 N Main St; ⏲9–18 Uhr) GRATIS zeigt weitere Erinnerungsstücke.

Columbus

Wenn man an die architektonisch großartigen Städte der USA denkt – Chicago, New York, Washington, D.C. –, kommt einem danach nicht gerade Columbus, Indiana, in den Sinn. Das wäre aber durchaus angebracht, denn das von Indianapolis aus 40 Meilen (65 km) an der I-65 Richtung Süden gelegene Columbus ist geradezu ein Museum für technisches Design. Seit den 1940er-Jahren haben die Stadt und die führenden Unternehmen einige der weltbesten Architekten, darunter Eero Saarinen, Richard Meier und I.M. Pei, mit Entwürfen von öffentlichen und privaten Gebäuden beauftragt. Im **Visitor Center** (☎812-378-2622; www.columbus.in.us; 506 5th St; ⏲ganzjährig Mo–Sa 9–17 Uhr, März–Nov. So 12–17 Uhr, Dez.–Feb. So geschl.) bekommt man eine Karte für einen Stadtrundgang (3 US$). Wer will, kann auch eine Stadtrundfahrt machen (Erw./Student/Kind 12/7/3 US$). Sie beginnt montags bis freitags um 10 Uhr, samstags um 10 und um 14 Uhr und sonntags um 14.30 Uhr. Die mehr als 70 wirklich bemerkenswerten Gebäude sind zwar über eine ziemlich große Fläche verteilt (man braucht also ein Auto), in der Innenstadt können jedoch rund 15 verschiedene Werke auch zu Fuß besichtigt werden.

Das ebenfalls im Zentrum gelegene **Hotel Indigo** (☎812-375-9100; www.hotelindigo.com; 400 Brown St; Zi. 135–180 US$; ❄🏊📶🐾) hat die in einem Kettenhotel üblichen modernen hellen Zimmer und dazu einen weißen wolligen Hund, der als Empfangsbeauftragter fungiert (und sogar eine eigene E-Mail-Adresse hat).

Ein paar Blocks weiter kann man es sich im altehrwürdigen, mit Bleiglasfenstern versehenen **Zaharakos** (www.zaharakos.com; 329 Washington St; ⏲11–20 Uhr), einer Kneipe von 1909, auf einem Barhocker bequem machen, mit der Bedienung plauschen und einen oder gleich mehrere Drinks genießen.

Nashville

Wer von Columbus auf dem Highway 46 Richtung Westen fährt, kommt in dieses Städtchen aus dem 19. Jh., in dem es überall Antiquitäten gibt und das sich mittlerweile in ein lebendiges Touristenzentrum verwandelt hat. Im **Visitor Center** (☎800-753-3255; www.browncounty.com; 10 N Van Buren St; ⏲Mo–Do 9–18, Fr & Sa 9–17 Uhr, So 10–17 Uhr; 📶) bekommt man Karten und Online-Gutscheine.

Außer als Ort für Galerienbesichtigungen dient Nashville auch als Ausgangspunkt für den **Brown County State Park** (☎812-988-6406; Stellplätze 12–36 US$, Hütten ab 77 US$), einen 6350 ha großen Eichenwald mit Wanderwegen, die auch Mountainbikern und Reitern die Möglichkeit geben, die grüne hügelige Landschaft zu erkunden.

Von den B&Bs der Gegend ist das zentral gelegene **Artists Colony Inn** (☎812-988-0600; www.artistscolonyinn.com; 105 S Van Buren St; Zi. inkl. Frühstück 112–180 US$; 📶) wegen seiner schicken Zimmer zu erwähnen. Im **Speisesaal** (Hauptgerichte 8–15 US$; ⏲So–Do 7.30–20, Fr & Sa bis 21 Uhr) werden typische Gerichte aus der Region serviert, beispielsweise Wels oder Schweinelendchen.

Mit seinem Namensvetter in Tennessee teilt das Nashville in Indiana die Liebe zur Countrymusik. In vielen Locations treten regelmäßig Bands auf. Tanzen kann man in **Mike's Music & Dance Barn** (☎812-988-8636; www.mikesmusicbarn.com; 2277 Hwy 46; ⏲Do–Mo ab 18.30 Uhr). Das 5 km nördlich gelegene **Bill Monroe Museum** (☎812-988-6422; 5163 Rte 135 N, Erw./Kind 4 US$/frei; ⏲9–17 Uhr, Nov.–April Di–Mi geschl.) huldigt den Bluegrass-Helden.

Bloomington

Das lebhafte, liebenswerte Bloomington, 53 Meilen (85 km) südlich von Indianapolis am Highway 37 gelegen, ist der Sitz der Indiana University. Das Zentrum erstreckt sich rund um den Courthouse Square, der von Restaurants und Bars und der historischen Fassade der Fountain Square Mall gesäumt wird. Praktisch alles lässt sich zu Fuß erreichen. Das **Bloomington CVB** (www.visitbloomington.com) bietet einen Stadtführer zum Download.

Auf dem weitläufigen Campus der Universität befindet sich das von I. M. Pei entworfene **Art Museum** (☎812-855-5445; www.indiana.edu/~iuam; 1133 E 7th St; ⏲Di–Sa 10–17, So ab 12 Uhr) GRATIS, das eine hervorragende Sammlung afrikanischer Kunst sowie europäische und amerikanische Malerei zeigt.

Das farbenfrohe, mit Gebetsfahnen geschmückte **Tibetan Mongolian Buddhist Cultural Center** (☎812-336-6807; www.tmbcc.net; 3655 Snoddy Rd; ⏲Sonnenaufgang–Sonnenuntergang) GRATIS, das von einem Bruder des Dalai Lama gegründet wurde, und das **Dagom Gaden Tensung Ling Monastery** (☎812-339-0857; www.dgtlmonastery.org; 102 Clubhouse Dr; ⏲9–18 Uhr) GRATIS sind ein Beleg für die beträchtliche Zahl der Tibeter in Bloomington. Beide haben faszinierende Shops und bieten kostenlosen Unterricht und Meditationssitzungen an; die Wochenpläne stehen auf der Website.

Wer zufällig Mitte April in die Stadt kommt und sich wundert, was die 20 000 Besucher angelockt hat: Es ist das Radrennen **Little 500** (www.iusf.indiana.edu; Tickets 25 US$; ⏲Mitte April) – eines der coolsten Rennen, die es gibt. Dabei absolvieren Amateure auf Schwinn-Rädern mit nur einem Gang 200 Runden auf einem 400 m langen Kurs.

Preiswerte Unterkünfte finden sich in der N Walnut Street unweit vom Highway 46. Das **Grant Street Inn** (☎800-328-4350; www.grantstinn.com; 310 N Grant St; Zi. inkl. Frühstück 159–239 US$; @📶) bietet 24 Zimmer in einem viktorianischen Haus und einem Anbau in der Nähe des Campus.

Für eine Stadt dieser Größe wartet Bloomington mit einer überwältigenden Vielfalt ethnischer Restaurants auf: Von burmesisch über eritreisch bis hin zu mexikanisch ist alles vertreten. Am besten schaut man sich in der Kirkwood Avenue und der E 4th Street um. **Anyetsang's Little Tibet** (☎812-331-0122; www.anyetsangs.com; 415 E 4th St; Hauptgerichte 9–13 US$; ⏲Mi–Mo 11–21.30 Uhr) serviert Spezialitäten aus seinem Heimatland im Himalaja. Die Bars in der Kirkwood Avenue in der Nähe der Universität sind auf Studenten ausgerichtet. **Nick's English Hut** (www.nicksenglishhut.com; 423 E Kirkwood Ave; ⏲ab 11 Uhr) füllt nicht nur die Gläser von Studenten und Professoren, sondern zählte auch schon Kurt Vonnegut, Dylan Thomas und Barack Obama zu seinen Gästen.

Südliches Indiana

Der Süden Indianas ist wegen seiner schönen Hügel, Höhlen und Flüsse und seiner bewegten Geschichte völlig anders als der industrialisierte, flache Norden.

Ohio River

Jener Teil des 1580 km langen Ohio River, der sich in Indiana befindet, bildet die Südgrenze des Bundesstaates. Vom winzigen Dorf Aurora in der Südostecke des Staates aus winden sich die Highways 56, 156, 62 und 66, die zusammen als **Ohio River Scenic Route** bezeichnet werden, durch eine abwechslungsreiche Landschaft.

Wer aus Richtung Osten kommt, macht am besten im kleinen **Madison** Station. In der gut erhaltenen Mustersiedlung am Fluss aus der Mitte des 19. Jh. stehen zahlreiche architektonische Schönheiten vornehm am Straßenrand. Im **Visitor Center** (☎812-265-2956; www.visitmadison.org; 601 W First St; ⏲Mo–Fr 9–17, Sa 9–16, So 11–17 Uhr) gibt's eine Broschüre mit einem Stadtrundgang, der an sehenswerten Gebäuden vorbeiführt.

Rund um Madison gibt's Motels und mehrere B&Bs. In der Main Street wechseln sich Restaurants und Antiquitätengeschäfte ab. In dem großen, waldigen **Clifty Falls State Park** (☎812-273-8885; Stellplatz Zelt & Wohnmobil 12–36 US$) am Highway 56, ein paar Kilometer westlich der Stadt, gibt's Campingmöglichkeiten, Wanderwege, Aussichtspunkte und Wasserfälle.

Im **Falls of the Ohio State Park** (☎812-280-9970; www.fallsoftheohio.org; 201 W Riverside Dr) in Clarksville gibt's komischerweise überhaupt keine Wasserfälle, sondern nur Stromschnellen, dafür aber 386 Mio. Jahre alte Gesteinsschichten mit Fossilien. Im **Interpretive Center** (Erw./Kind 5/2 US$; ⏲Mo–Sa 9–17, So ab 13 Uhr) wird alles genau erklärt. Seinen Bierdurst löschen kann man in New Albany, Heimat der **New Albanian Brewing Company** (www.newalbanian.com; 3312 Plaza Dr;

⌚Mo–Sa 11–24 Uhr). Man kann auch über die Brücke nach Louisville, Kentucky, fahren, wo rauchiger Bourbon auf Kunden wartet.

Der landschaftlich schöne Highway 62 führt nach Westen in die Lincoln Hills und zu den Kalksteinhöhlen Südindianas. Der Besuch der **Marengo Cave** (☎812-365-2705; www.marengocave.com; ⌚Juni–Aug. 9–18 Uhr, Sept.–Mai 9–17 Uhr), am Highway 66 in Richtung Norden gelegen, ist ein echtes Highlight. Angeboten werden Führungen von 40 Minuten (Erw./Kind 14/8 US$) oder 70 Minuten (16/9 US$) Dauer sowie eine Kombi-Tour (24/13 US$); vorbei geht's an Stalagmiten und anderen alten Formationen. Derselbe Veranstalter betreibt im nahe gelegenen Milltown auch **Cave Country Canoes** (www.cavecountrycanoes.com; ⌚Mai–Okt.). Im Angebot sind dort Halbtagestouren (25 US$), Ganztagestouren (28 US$) und mehrtägige Ausflüge auf dem idyllischen Blue River. Daei nach Flussottern und den seltenen Schlammteufeln Ausschau halten!

4 Meilen (6,5 km) südlich von Dale befindet sich an der I-64 das **Lincoln Boyhood National Memorial** (☎812-937-4541; www.nps.gov/libo; Erw./Kind/Fam. 3 US$/frei/5 US$; ⌚8–17 Uhr), wo der junge Abe von seinem siebten bis zu seinem 21. Lebensjahr wohnte. Im Eintrittspreis enthalten ist auch der Besuch einer ziemlich abgelegenen, funktionstüchtigen **Pionierfarm** (⌚Ende Mai–Aug. 8–17 Uhr).

New Harmony

Im Südwesten bildet der Wabash River die Grenze zwischen Indiana und Illinois. Gleich daneben, etwas südlich der I-64, liegt das faszinierende **New Harmony**. Weil hier zwei der ersten alternativen Kommunen zu leben versuchten, lohnt sich ein Abstecher dorthin. Zu Beginn des 19. Jhs. schuf die deutsche Sekte der Harmonisten hier eine fortschrittliche Stadt, während sie auf das Jüngste Gericht wartete. Später kaufte sie der britische Utopist Robert Owen. Wer sich dafür interessiert, der erfährt im eckigen **Atheneum Visitors Center** (☎812-682-4474; www.usi.edu/hnh; 401 N Arthur St; Ecke North St & Arthur St; ⌚9.30–17 Uhr) Genaueres und kann dort auch eine Wanderkarte mitnehmen.

Noch heute verströmt New Harmony den Geist der Kontemplation – wenn nicht gar den Hauch einer „anderen Welt". Und das kann man auch an den neueren Attraktionen des Ortes erkennen: Da findet man z. B. die tempelartige Roofless Church und das Labyrinth, einen Irrgarten, der den Lebensweg des Menschen symbolisieren soll. In der Stadt gibt es ein paar Pensionen. Campen kann man im **Harmonie State Park** (☎812-682-4821; Stellplatz 12–29 US$). Im **Main Cafe** (508 Main St; Hauptgerichte 4–7 US$; ⌚Mo–Fr 5.30–13 Uhr) bekommt man ein gutes Mittagessen mit Schinken, Bohnen und Vollkornbrot. Unbedingt noch Platz für den Kokos-Sahne-Kuchen lassen!

Nördliches Indiana

Durch das nördliche Indiana führen die mautpflichtigen Interstates I-80/I-90, die immer voller LKWs sind. Auf der parallel verlaufenden US 20 geht's langsamer voran. Sie ist billiger, aber nicht wirklich schöner.

Indiana Dunes

Indiana Dunes National Lakeshore (☎219-395-8914; www.nps.gov/indu; Stellplätze 18 US$; ⌚April–Okt.), an warmen Sommertagen bei Sonnenbadern aus Chicago und South Bend überaus beliebt, erstreckt sich über 21 Meilen (34 km) entlang des Ufers des Lake Michigan. Das Gebiet ist nicht nur für seine Strände, sondern auch für die große Pflanzenvielfalt berühmt: Hier wächst so ziemlich alles, von Kakteen bis hin zu Kiefern. Durch die Dünen und Wälder ziehen sich zahlreiche Wanderwege, die an einem Torfmoor, einer immer noch bewirtschafteten Farm aus den 1870er-Jahren, einer Graureiher-Kolonie und anderen Sehenswürdigkeiten vorbeiführen. Merkwürdigerweise liegt diese üppige Naturlandschaft nur einen Katzensprung entfernt von Fabriken mit qualmenden Schornsteinen, die man von verschiedenen Orten aus sieht. Im **Dorothy Buell Visitor Center** (☎219-926-7561; Hwy 49; ⌚Juni–Aug. 8.30–18.30, Sept.–Mai bis 16.30 Uhr) erfahren Besucher mehr über die Strände und über das Programm der von Rangern geleiteten Wanderungen und Aktivitäten; außerdem gibt's hier Wander-, Rad- und Vogelbeobachtungskarten. Führer kann man auch im Voraus im **Porter County Convention & Visitors Bureau** (www.indianadunes.com) arrangieren. Der

Der **Indiana Dunes State Park** (☎219-926-1952; www.dnr.in.gov/parklake; Auto 10 US$), ein ca. 850 ha großes Küstengebiet, ist Teil von National Lakeshore. Er liegt am Ende des Highway 49 in der Nähe von Chesterton und bietet mehr Besuchereinrichtungen, ist aber auch stärker reglementiert und besser besucht (zumal Autos kostenlos hineinfahren können). Im Winter tummeln sich hier Skilangläufer, im Sommer Wanderer. Mehrere Wanderwege führen durch das Gebiet; der Trail 4 hinauf zum Mt. Tom belohnt mit einer Aussicht auf die Skyline von Chicago.

Außer einigen Snackbars am Strand gibt es im Park kaum etwas zu essen, darum legt man am besten beim **Great Lakes Cafe** (201 Mississippi St; Hauptgerichte 6–21 US$; ⌚ Mo–Fr 5–15, Sa 6–13 Uhr;), dem handfesten Restaurant der Stahlarbeiter am westlichen Rand der Dünen in Gary, eine Pause ein.

Die Dünen kann man von Chicago aus bequem mit einem Tagesausflug erreichen. Die Fahrt hierher dauert eine Stunde. Der **South Shore Metra Train** (www.nictd.com) fährt von der Millennium Station im Zentrum in etwa 1¼ Stunden zu den Bahnhöfen Dune Park und Beverly Shores (von beiden Bahnhöfen aus sind es ca. 2,5 km zum Strand). Wer gern übernachten möchte, kann hier auch **zelten** (National Lakeshore Zeltplatz 18 US$, State Park Zeltplatz & Wohnmobilstellplatz 19–36 US$).

Die Stahlstädte **Gary** und **East Chicago** in der Nähe von Illinois stellen eine der trostlosesten Stadtlandschaften weit und breit dar. Wer mit dem Zug (Amtrak oder South Shore Line) durch die Gegend fährt, erlebt die industrielle Schattenseite der Region aus nächster Nähe.

South Bend

In South Bend befindet sich die **University of Notre Dame**. In dieser Region hört man manchmal den Spruch „Football ist eine Religion“ – und damit ist die Notre Dame gemeint, wo ein riesiges Monument des „Touchdown Jesus“ über dem Stadion mit 80 000 Plätzen aufragt (eigentlich ist es ein Wandbild des auferstandenen Christus mit ausgebreiteten Armen, die Pose ähnelt aber erstaunlich der eines Schiedsrichters, der einen Touchdown anzeigt).

Im **Visitor Center** (www.nd.edu/visitors; 111 Eck Center) starten Führungen über den hübschen Campus mit zwei Seen, Gebäuden im gotischen Stil und dem berühmten Golden Dome (goldene Kuppel) des Hauptgebäudes. Das seltener aufgesuchte **Studebaker National Museum** (✆ 574-235-9714; www.studebakermuseum.org; 201 S Chapin St; Erw./Kind 8/5 US$; ⌚ Mo–Sa 10–17, So ab 12 Uhr) lohnt den Besuch aber durchaus: Hier kann man einen wunderbaren Packard aus dem Jahr 1956 und andere schöne Oldtimer bewundern, die früher in South Bend gebaut wurden.

Amish Country

Östlich von South Bend, bei **Shipshewana** und **Middlebury**, befindet sich die drittgrößte Amish-Gemeinde der USA. Man hört dort das Getrappel von Pferden, die Karren über die Straßen ziehen, und sieht, wie Männer mit langen Bärten die gepflegten Felder von Hand pflügen. Orientierung verschaffen die Karten vom **Elkhart County CVB** (✆ 800-517-9739; www.amishcountry.org). Noch besser ist es, wenn man sich einfach eine kleine Landstraße zwischen den beiden Orten aussucht und ihr folgt. Man sieht oft Familien, die auf ihren Veranden Kerzen aus Bienenwachs, Quilts oder frisches Obst und Gemüse verkaufen. Die Produkte sind sicher hochwertiger als diejenigen, die man in den Touristenshops und Restaurants an der Hauptstraße bekommt. Sonntags ist hier fast alles geschlossen.

Village Inn (✆ 574-825-2043; 105 S Main St; Hauptgerichte 3–7 US$; ⌚ Mo–Fr 5–20, Sa 6–14 Uhr;) in Middlebury verkauft richtig gute Pies. Frauen in pastellfarbenen Kleidern mit Häubchen fangen um 4.30 Uhr mit dem Backen der Blätterteigwaren an. Wer nach 12 Uhr kommt, sieht oft nur noch Krümel in den Auslagen.

Auburn

Fans von Oldtimern sollten – kurz vor der Grenze zu Ohio – auf der I-69 gen Süden nach Auburn fahren, wo die Cord Company in den 1920er- und 1930er-Jahren die beliebtesten Autos der USA baute. Das **Auburn Cord Duesenberg Museum** (✆ 260-925-1444; www.automobilemuseum.org; 1600 S Wayne St; Erw./Kind 12,5/7,5 US$; ⌚ 10–19, Sa & So bis 17 Uhr) zeigt in herrlichen Art-déco-Räumen eine fantastische Sammlung alter Roadsters. Nebenan im **National Automotive and Truck Museum** (✆ 260-925-9100; www.natmus.org; 1000 Gordon Buehrig Pl; Erw./Kind 7/4 US$; ⌚ 9–17 Uhr) kann man die altmodischen Anlagen bewundern.

OHIO

Also gut, Zeit für ein Ohio-Quiz: Was unternimmt man im Buckeye State? Man könnte erstens auf einer Farm den Amish bei der Butterherstellung zusehen, zweitens sich in einer der schnellsten Achterbahnen der Welt die Seele aus dem Leib schreien, drittens in

KURZINFOS OHIO

Spitzname Buckeye State

Bevölkerung 11,5 Mio.

Fläche 116 096 km²

Hauptstadt Columbus (810 000 Ew.)

Weitere Städte Cleveland (391 000 Ew.), Cincinnati (297 000 Ew.)

Verkaufssteuer 5,5 %

Geburtsort von Erfinder Thomas Edison (1847–1931), Schriftstellerin Toni Morrison (geb. 1931), Unternehmer Ted Turner (geb. 1938), Regisseur Steven Spielberg (geb. 1947)

Heimat von Kühen, Achterbahnen, den Flugpionieren Wright

Politische Ausrichtung Wechselwähler

Berühmt für das erste Flugzeug, das erste Profi-Baseball-Team, den Geburtsort von sieben amerikanischen Präsidenten

Rocksong des Bundesstaates Hang On Sloopy

Entfernungen Cleveland–Columbus 142 Meilen (229 km), Columbus–Cincinnati 108 Meilen (174 km)

einer Molkerei einen traumhaft cremigen Milkshake schlürfen oder viertens eine riesige, mysteriöse Schlangenskulptur untersuchen, die in die Erde gebaut wurde. Und die richtige Antwort lautet… Nummer eins bis vier! Die Einwohner hier sind verletzt, wenn man denkt, dass man in diesem Bundesstaat nur über Kühe stolpert. Man sollte Ohio eine Chance geben! Und außerdem kann man in Cincinnati ein *five-way* futtern und in Cleveland richtig abrocken.

Praktische Informationen

Ohio Division of Travel and Tourism (☎800-282-5393; www.discoverohio.com)

Verkehrsinformationen für Ohio (www.ohgo.org)

Ohio State Park Information (☎614-265-6561; http://parks.ohiodnr.gov) Der Eintritt in State Parks ist kostenlos, in einigen gibt's WLAN gratis. Zelt- und Wohnmobilstellplätze kosten zwischen 19 und 38 US$. Reservierungen sind möglich (☎866-644-6727; www.ohio.reserveworld.com; Gebühr 8,25 US$).

Cleveland

Geht in Cleveland nun die Post ab oder nicht? – Das ist hier die Frage. Wenn man bedenkt, dass Cleveland mal eine Industrie- und Arbeiterstadt war, hat sie wirklich hart daran gearbeitet, damit diese Frage mit ja beantwortet werden kann. Der erste Schritt war, die Sache mit dem städtischen Verfall bzw. dem brennenden Fluss unter Kontrolle zu kriegen – der Cuyahoga River war früher derart verschmutzt, dass er tatsächlich brannte. Erledigt! Im zweiten Schritt musste eine würdige Attraktion in die Stadt gebracht werden: die Rock and Roll Hall of Fame. Erledigt! Der dritte Schritt bestand darin, Essen in der Stadt zu servieren, das nicht nur aus Steaks und Kartoffeln bestand. Erledigt! Kann sich Cleveland jetzt den Schweiß von der Stirn wischen? Ja, mehr oder weniger schon. Aber einige Gegenden in der Innenstadt sind noch immer trostlos, obwohl es schon recht nette Ecken gibt.

Sehenswertes & Aktivitäten

Das Zentrum von Cleveland ist der Public Square, der vom auffälligen Terminal Tower dominiert wird. Dank des neuen Kasinos, in dem die Automaten fröhlich klingeln, herrscht hier viel Betrieb. Die meisten Sehenswürdigkeiten befinden sich im Zentrum am Flussufer oder am University Circle (der Gegend um die Case Western Reserve University, die Cleveland Clinic und einige andere Institutionen).

Downtown

Rock and Roll Hall of Fame & Museum MUSEUM
(☎216-781-7625; www.rockhall.com; 1 Key Plaza; Erw./Kind 22/13; ⌚ganzjährig 10–17.30, Mi 10–21 Uhr, Juni–Aug. Sa 10–21 Uhr) Clevelands Top-Attraktion wirkt wie ein vollgestopfter Dachboden mit erstaunlichen Fundstücken: Jimi Hendrix' Stratocaster, Keith Moons Plateauschuhe, John Lennons Sgt.-Pepper-Anzug und der Hassbrief eines Fidschianers an die Rolling Stones aus dem Jahr 1966. Multimediaausstellungen beschäftigen sich mit der Geschichte und dem sozialen Kontext der Rockmusik und der Musiker, die sie schufen.

Warum aber steht das Museum in Cleveland? Weil es die Heimatstadt von Alan Freed ist, dem Diskjockey, der den Begriff „Rock'n'Roll" in den frühen 1950er-Jahren populär machte – und weil die Stadt dafür hart gekämpft und teuer bezahlt hat. Hier herrscht oft viel Gedränge, besonders bis etwa 13 Uhr.

Great Lakes Science Center MUSEUM
(216-694-2000; www.glsc.org; 601 Erieside Ave; Erw./Kind 14/12 US$; 10–17 Uhr;) Das Great Lakes Science Center ist eins von zehn Museen des Landes, die zur NASA gehören. Es entführt Besucher mit seinen Raketen, Mondsteinen und der Apollo-Kapsel aus dem Jahr 1973 in die Tiefen des Alls, widmet sich aber auch den Umweltproblemen der Großen Seen.

William G Mather MUSEUM
(216-574-6262; www.glsc.org/mather_museum.php; 305 Mather Way; Erw./Kind 8/6 US$; Juni–Aug. Di–So 11–17 Uhr, Mai, Sept. & Okt. Fr–So 11–17 Uhr, Nov.–April geschl.) Den riesigen Frachter, der in ein Dampfschiffmuseum verwandelt wurde, kann man auf eigene Faust erkunden. Er liegt neben dem Great Lakes Science Center, das ihn unterhält.

USS Cod MUSEUM
(216-566-8770; www.usscod.org; 1089 E 9th St; Erw./Kind 10/6 US$; Mai–Sept. 10–17 Uhr) Das geschichtsträchtige U-Boot *USS Cod* war im Zweiten Weltkrieg im Einsatz. Während man sich Geschichten über das Leben an Bord anhört, kann man im Boot umherklettern und über Leitern die engen Räume erkunden.

The Flats UFER
(www.flatseast.com) Die Flats, ein altes Industriegebiet am Cuyahoga River, das in ein Zentrum des Nachtlebens verwandelt wurde, blicken auf eine wechselvolle Vergangenheit zurück. Nachdem sie jahrelang vernachlässigt wurden, sind nie nun wieder im Kommen. Bauunternehmer pumpten 500 Mio. US$ in die East Bank und errichteten eine Uferpromenade, Restaurants, Bars, ein Aloft-Hotel und einen Konzertpavillon. Alle Einrichtungen wurden 2013 eröffnet.

Ohio City & Tremont

West Side Market MARKT
(www.westsidemarket.org; Ecke W 25th St & Lorain Ave; Mo & Mi 7–16, Fr & Sa 7–18 Uhr) Auf dem Markt im europäischen Stil wimmelt es von Händlern mit Obst- und Gemüsepyramiden. Hier gibt es ungarische Wurst, mexikanisches Fladenbrot und polnische Piroggen.

Christmas Story House & Museum MUSEUM
(216-298-4919; www.achristmasstoryhouse.com; 3159 W 11th St; Erw./Kind 10/6 US$; Do–Sa 10–17, So ab 12 Uhr) Wer erinnert sich noch an den beliebten Film *Fröhliche Weihnachten* von 1983, in dem sich Ralphie eine Red Ryder BB Pistole wünscht? Das Originalhaus (komplett mit Beinlampe) befindet sich in Tremont. Dieser Ort ist nur etwas für echte Fans.

University Circle

Mehrere Museen und Sehenswürdigkeiten liegen relativ dicht beieinander am University Circle, 5 Meilen (8 km) östlich des Zentrums. Kein eigenes Auto? Dann kann man den Bus der HealthLine bis Adelbert nehmen.

Cleveland Museum of Art MUSEUM
(216-421-7340; www.clevelandart.org; 11150 East Blvd; Di–Sa 10–17, Mi & Fr bis 21 Uhr) GRATIS Das Kunstmuseum wurde gerade grandios erweitert und zeigt eine ausgezeichnete Sammlung europäischer Malerei sowie afrikanische, asiatische und amerikanische Kunst. Im 2. Stock sind die großen Stars des Impressionismus, Picasso und die Surrealisten zu sehen. Im gesamten Museen befinden sich interaktive Touchscreens, an denen Besucher auf vergnügliche Weise ihr Wissen vertiefen können. Außerdem gibt's eine recht gelungene App fürs iPad.

Cleveland Botanical Garden GÄRTEN
(216-721-1600; www.cbgarden.org; 11030 East Blvd; Erw./Kind 9,50/4 US$; Di–Sa 10–17, So bis 17, Mi bis 21 Uhr) In den Gärten befindet sich ein Stück Nebelwald wie in Costa Rica und ein Stück Wüstenlandschaft wie auf Madagaskar. Im Winter öffnet in der Nähe eine Eisbahn, Schlittschuhe kann man für 3 US$ leihen. Das Parken kostet 5 bis 10 US$ pro Tag; dafür hat man von hier aus Zugang zu allen Museen in der Gegend.

Museum of Contemporary Art Cleveland MUSEUM
(MOCA; Audiotour 216-453-3960; www.mocacleveland.org; 11400 Euclid Ave; Erw./Kind 8/5 US$; Di–So 11–17, Do bis 21 Uhr) Das glänzende Gebäude mit vier geometrischen Etagen aus schwarzem Stahl ist sehr beeindruckend, im Inneren ist aber nicht sehr viel zu sehen. In der 2. und 4. Etage befinden sich die Ausstellungen, die sich oft auf ein oder zwei Künstler konzentrieren und häufig wechseln. Wer sich für eine Audiotour zur Architektur und den Installationen interessiert, sollte vorher anrufen.

Lakeview Cemetery FRIEDHOF
(216-421-2665; www.lakeviewcemetery.com; 12316 Euclid Ave; 7.30–19.30 Uhr) Den Besuch

lohnt auch das kultige „Freiluftmuseum" jenseits des Circle weiter östlich. Hier ruhen Präsident Garfield und John Rockefeller sowie der Comicautor Harvey Pekar und der Verbrechensbekämpfer Eliot Ness.

Schlafen

Die angegebenen Preise beziehen sich auf den Sommer, also auf die Hauptsaison. Die Steuer von 16,25 % ist nicht enthalten. Schlichte Motels gibt's im Südwesten von Clevelands Zentrum in der Nähe des Flughafens. An der Ausfahrt W 150th der I-71 (Exit 240) befinden sich mehrere Unterkünfte für unter 100 US$.

Cleveland Hostel HOSTEL $
(☎216-394-0616; www.theclevelandhostel.com; 2090 W 25th St; B/Zi. ab 25/65 US$) Dieses neue Hostel in Ohio City, nur ein paar Schritte von einer RTA-Haltestelle und dem West Side Market entfernt, ist einfach fantastisch. Es hat 15 Zimmer – sowohl Mehrbettzimmer als auch kleinere Zimmer. Alle sind frisch in sanften Farben gestrichen und mit flauschigen Bettdecken und eleganter Dekoration ausgestattet. Wenn man dann noch die Dachterrasse, den kostenlosen Parkplatz und die günstigen Leihfahrräder (15 US$) hinzunimmt, überrascht es nicht, dass es hier immer rammelvoll ist.

Holiday Inn Express HOTEL $$
(☎216-443-1000; www.hiexpress.com; 629 Euclid Ave; Zi. inkl. Frühstück 130–190 US$; P ❄ @ ≈) Dies ist eigentlich ein echtes Boutiquehotel, das die typischen Hotelkettenhäuser weit hinter sich lässt. Die großen Zimmer sind schmuck dekoriert und bieten tolle Aussicht. Es befindet sich in einem alten Bankgebäude, das günstig in der Nähe der Unterhaltungsmeile E 4th Street liegt. Parken kostet 14 US$.

Brownstone Inn B&B $$
(☎216-426-1753; www.brownstoneinndowntown.com; 3649 Prospect Ave; Zi. inkl. Frühstück 89–139 US$; @ ≈ P ❄) Das B&B in diesem viktorianischen Stadthaus hat einen ganz besonderen Charakter. Alle fünf Zimmer haben ein eigenes Bad und Bademäntel zum Wohlfühlen. Außerdem bekommt man eine Einladung zum abendlichen Aperitif. Die Unterkunft liegt zwischen Innenstadt und University Circle – ein Niemandsland, wo man zu Fuß nichts unternehmen kann.

Hilton Garden Inn HOTEL $$
(☎216-658-6400; www.hiltongardeninn.com; 1100 Carnegie Ave; Zi. 110–169 US$; @ ≈ P ❄ ≋) Die Unterkunft ist zwar nicht besonders nobel, bietet aber ein gutes Preis-Leistungs-Verhältnis und bequeme Betten. Es gibt mit WLAN ausgerüstete Arbeitsplätze und Minikühlschränke. Der Baseball-Park befindet sich ganz in der Nähe. Parken kostet 16 US$.

Essen

Es gibt eine größere Restaurantauswahl als man es eigentlich in einer Rust-Belt-Stadt erwarten würde.

Downtown

Im Warehouse District, zwischen W 6th Street und W 9th Street, gibt's jede Menge angesagte Restaurants. Östlich des Zentrums und abseits der Touristenmeilen liegt die Asiatown (begrenzt von der Payne Avenue und der Clair Avenue sowie von der E 30th Street und der 40th Street). Hier findet man etliche chinesische, vietnamesische und koreanische Lokale.

Noodlecat NUDELN $$
(www.noodlecat.com; 234 Euclid Ave; Hauptgerichte 9–13 US$; ⏲11–23 Uhr) Coole Nudeln füllen in dieser japanisch-amerikanischen Kombination die Schüsseln, von Pilz-Udon über pikante Tintenfisch-Udon bis hin zu Rinderbrust- oder Brathähnchen-Ramen. Zudem gibt's viele Sakes, Biere und glutenfreie Speisen. Im West Side Market befindet sich eine weitere, kleinere Filiale.

Lola MODERN-AMERIKANISCH $$$
(☎216-621-5652; www.lolabistro.com; 2058 E 4th St; Hauptgerichte 22–31 US$; ⏲Mo–Fr 11.30–14.30, Mo–Do 17–22, Fr & Sa 17–23 Uhr) Michael Symon ist bekannt für seine Piercings, seine Fernsehauftritte im Food Channel und seine zahlreichen Auszeichnungen. Der Junge aus der Region hat Cleveland bei Feinschmeckern beliebt gemacht. Die günstigen Mittagsgerichte lohnen sich am meisten, z. B. das Muschelceviche mit Kokos und Limetten oder der Publikumshit: ein mit Ei und Käse überbackenes Bologna-Sandwich.

Pura Vida NEUAMERIKANISCH $$$
(☎216-987-0100; www.puravidabybrandt.com; 170 Euclid Ave; Hauptgerichte 23–29 US$; ⏲Mo–Sa 11.30–14 & 16–22 Uhr; ✎) Das Pura Vida serviert seine kreative Hausmannskost mit regionalen Zutaten in einem hellen, supermodernen Restaurant am Public Square. Der Forellen-Po'boy und das Entenkeulen-Confit mit Buttermilchwaffeln ernten viel Lob. Die kleinen Teller bieten die Gelegenheit, meh-

rere Gerichte zu probieren, man kann aber auch eine große Portion bestellen.

Ohio City & Tremont

In den Stadtvierteln Ohio City und Tremont, die südlich des Zentrums an der I-90 liegen, haben viele neue Restaurants aufgemacht.

West Side Market Cafe CAFÉ $
(☎216-579-6800; 1995 W 25th St; Hauptgerichte 6–9 US$; ⌚Mo–Do 7–15, Fr & Sa 6–18, So 9–15 Uhr) Wer gutes Frühstück und Mittagessen sowie preiswerte Fisch- und Hühnchengerichte schätzt, ist hier genau richtig. Das Café befindet sich im West Side Market, wo es jede Menge bereits zubereitete Gerichte gibt – einfach ideal für ein Picknick oder einen Ausflug mit dem Auto.

South Side AMERIKANISCH $$
(☎216-937-2288; www.southsidecleveland.com; 2207 W 11 St; Hauptgerichte 14–20 US$; ⌚11–2 Uhr; 📶) Sportler, Handwerker und eigentlich so ziemlich jeder quetscht sich in dieses schmale Lokal in Tremont, um an der geschwungenen Granitbar etwas zu trinken oder spätabends zu essen, etwa das Zackenbarsch-Sandwich oder den Schinken-Cheddar-Burger.

Little Italy & Coventry

Die beiden Viertel eignen sich perfekt zum Auftanken, wenn man im University Circle unterwegs ist. Little Italy liegt näher dran, es befindet sich an der Mayfield Road unweit des Lake View Cemetery (nach dem Rte-322-Schild Ausschau halten). Eine andere Möglichkeit ist das lockere Coventry Village etwas weiter östlich an der Mayfield Road.

Presti's Bakery BÄCKEREI $
(www.prestisbakery.com; 12101 Mayfield Rd; Snacks 2–6 US$; ⌚Mo–Do 6–21, Fr & Sa 6–22, So 6–16 Uhr) Hier sollte man die beliebten Sandwichs, Strombolis (gerollte Pizza) und göttlichen Backwaren probieren.

Tommy's INTERNATIONAL $
(☎216-321-7757; www.tommyscoventry.com; 1823 Coventry Rd; Hauptgerichte 7–11 US$; ⌚So–Do 9–21, Fr 9–22, Sa 7.30–22 Uhr; 📶🌶) Aus der Küche kommen vorwiegend Tofu, Seitan und andere vegetarische Verdächtige. Es stehen aber auch Gerichte mit Fleisch auf der Karte.

Ausgehen

Die Action im Zentrum konzentriert sich auf den jungen, testosterongesteuerten Warehouse District (etwa W 6th Street) und auf die Amüsierschuppen rund um die E 4th Street. Auch Tremont hat ein riesiges Angebot an schicken Bars. Die meisten Locations haben bis 2 Uhr geöffnet.

Great Lakes Brewing Company BRAUEREI
(www.greatlakesbrewing.com; 2516 Market Ave; ⌚Mo–Sa ab 11.30 Uhr) Great Lakes hat mit ihren selbstgebrauten Bieren schon viele Preise eingeheimst. Ein weiteres Schmankerl historischer Natur: Hier kam es zu einer Schießerei zwischen Eliot Ness und einigen Kriminellen. Der Barkeeper ist sicher gern bereit, einem die Einschusslöcher zu zeigen.

Market Garden Brewery BRAUEREI
(www.marketgardenbrewery.com; 1947 W 25th St; ⌚Mo–Do 16–2, Fr & Sa 11–2, So 10–15 Uhr) Seit der Eröffnung im Jahr 2011 hat diese Kleinbrauerei mit ihrem dunklen Bier für Aufsehen gesorgt – doch auch die anderen Biere vom Fass sind einfach ausgezeichnet. Drinnen kann man sie beim gedämpften Licht der Kronleuchter trinken, draußen im Biergarten an langen Biertischen. Die bekannte Brauerei produziert außerdem Whiskey und Rum in limitierten Auflagen und mixt Biercocktails.

Major Hooples BAR
(1930 Columbus Rd; ⌚Mo–Sa ab 15 Uhr) Hinter dem Tresen dieser freundlichen, bunt gemischten Bar bietet sich der beste Blick auf die Skyline von Cleveland. Filme und Sportereignisse werden auf den Brückenpfeiler draußen hinter der Bar projeziert.

☆ Unterhaltung

Gordon Square Arts District (www.gordonsquare.org) An der Detroit Avenue zwischen W 56th Street und W 69th Street, ein paar Kilometer westlich des Stadtzentrums, gibt's nette Theater, Livemusik-Locations und Cafés.

Livemusik

Was so alles in der Stadt los ist, steht im *Scene* (www.clevescene.com) und freitags im *Plain Dealer* (www.cleveland.com).

★Happy Dog LIVEMUSIK
(www.happydogcleveland.com; 5801 Detroit Ave; ⌚Mo–Do ab 16 Uhr; Fr–So ab 11 Uhr;) Fetzige Musik, Wiener Würstchen und 50 Toppings für die Würstchen – von gourmetmäßig (mit Trüffeln) bis … ähm … weniger gourmetmäßig (mit Erdnussbutter und Marmelade). Das Happy Dog befindet sich beim Gordon Square.

Grog Shop LIVEMUSIK
(☎ 216-321-5588; www.grogshop.gs; 2785 Euclid Hts Blvd) Aufstrebende Rocker greifen in dem Schuppen in Coventry in die Saiten.

Beachland Ballroom LIVEMUSIK
(www.beachlandballroom.com; 15711 Waterloo Rd) In der Location östlich der Innenstadt treten angesagte junge Bands auf.

Zuschauersport

Cleveland ist eine ernst zu nehmende Sportstadt mit drei modernen Anlagen im Zentrum.

Progressive Field BASEBALL
(www.indians.com; 2401 Ontario St) Hier spielen die Indians (alias „The Tribe"). Die gute Sicht macht das Stadion zu einer tollen Location, um sich ein Spiel anzuschauen.

Quicken Loans Arena BASKETBALL
(www.nba.com/cavaliers; 1 Center Ct) Die Cavaliers spielen in der „Q" Basketball. Sie fungiert auch als Veranstaltungsort für Events.

First Energy Stadium FOOTBALL
(www.clevelandbrowns.com; 1085 W 3rd St) Heimat des NFL-Teams der Browns.

Darstellende Künste

Severance Hall KLASSISCHE MUSIK
(☎ 216-231-1111; www.clevelandorchestra.com; 11001 Euclid Ave) Hier spielt das gefeierte Cleveland Symphony Orchestra (Aug.–Mai). Die Severance Hall befindet sich unweit der Museen am University Circle. Im Sommer tritt das Orchester im 22 Meilen (35 km) weiter südlich gelegenen Blossom Music Center im Cuyahoga Valley National Park auf.

Playhouse Square Center THEATER
(☎ 216-771-4444; www.playhousesquare.org; 1501 Euclid Ave) Hier werden Theateraufführungen, Opern und Ballet präsentiert. Online kommt man an die „Smart Seats" für 10 US$.

ℹ Prakische Informationen

INFOS IM INTERNET

Cool Cleveland (www.coolcleveland.com) Hippe kulturelle Veranstaltungen und Kunstevents.

Ohio City (www.ohiocity.org) Über Restaurants und Bars in den Stadtvierteln.

Tremont (www.tremontwest.org) Restaurants, Bars und Galerien.

INTERNETZUGANG

Viele öffentliche Plätze in Cleveland sind mit kostenlosem WLAN ausgerüstet, z. B. Tower City und der University Circle.

MEDIEN

Gay People's Chronicle (www.gaypeopleschronicle.com) Kostenlose Wochenzeitung mit Veranstaltungsterminen.

Plain Dealer (www.cleveland.com) Clevelands Tageszeitung.

Scene (www.clevescene.com) Eine wöchentliche Kulturzeitung.

MEDIZINISCHE VERSORGUNG

MetroHealth Medical Center (☎ 216-778-7800; 2500 MetroHealth Dr)

TOURISTENINFORMATION

Cleveland Convention & Visitors Bureau (www.positivelycleveland.com) Offizielle Website; der Twitter-Feed bietet täglich Sonderangebote.

Visitor Center (☎ 216-875-6680; 334 Euclid Ave; ⏲ Mo–Fr 8.30–18.30, Sa ab 10 Uhr) Hier gibt's Stadtpläne und Hilfe bei der Unterkunftsbuchung.

ℹ Anreise & Unterwegs vor Ort

Der **Cleveland Hopkins International Airport** (CLE; www.clevelandairport.com; 5300 Riverside Dr) liegt 11 Meilen (18 km) südwestlich des Stadtzentrums und ist mit dem Zug der Red Line (2,25 US$) zu erreichen. Ein Taxi in die Innenstadt kostet ca. 30 US$.

Vom Stadtzentrum aus fährt **Greyhound** (☎ 216-781-0520; 1465 Chester Ave) oft nach Chicago (7½ Std.) und New York City (13 Std.). **Megabus** (www.megabus.com/us) fährt ebenfalls nach Chicago und ist häufig preiswerter. Wo die Busse genau starten, erfährt man im Netz.

Amtrak (☎ 216-696-5115; 200 Cleveland Memorial Shoreway) fährt einmal täglich nach Chicago (7 Std.) und New York City (13 Std.).

Die **Regional Transit Authority** (RTA; www.riderta.com; Fahrkarte 2,25 US$) betreibt den Red-Line-Zug, der zum Flughafen und nach Ohio City fährt, sowie den Health-Line-Bus, der von der Innenstadt die Euclid Avenue entlang zum University Circle fährt. Die Tageskarte kostet 5 US$.

Um ein Taxi zu bekommen, sollte man **Americab** (☎ 216-429-1111) anrufen.

Rund um Cleveland

Canton, 60 Meilen (96 km) südlich von Cleveland, ist der Geburtsort der NFL und Heimat der **Pro Football Hall of Fame** (☎ 330-456-8207; www.profootballhof.com; 2121 George Halas Dr; Erw./Kind 22/16 US$; ⏲ 9–20 Uhr, Sept.–Mai 9–17 Uhr). Nach einer Erweiterung bietet der Schrein für den Football interaktive Ausstellungen. Der footballförmige Turm des Museums ist von der I-77 aus gut zu sehen.

Westlich von Cleveland liegt das attraktive **Oberlin**, eine altmodische Collegestadt mit bemerkenswerten Bauwerken von Cass Gilbert, Frank Lloyd Wright und Robert Venturi. Noch weiter westlich befindet sich direkt südlich von der I-90 die winzige Stadt **Milan**, in der Thomas Alva Edison geboren wurde. Sein Geburtshaus wurde restauriert und ähnelt nun wieder dem Originalzustand von 1847. Es beherbergt heute ein kleines **Museum** (☎419-499-2135; www.tomedison.org; 9 Edison Dr; Erw./Kind 7/4 US$; ⊙Di–Sa 10–17 Uhr, So ab 13 Uhr, im Winter kürzere Öffnungszeiten, Jan. geschl.), das sich seinen Erfindungen, z.B. Glühlampe und Fonograf, widmet.

Noch weiter Richtung Westen an der US 20 liegt – inmitten von Ackerland – **Clyde**, das sich als die berühmteste Kleinstadt der USA bezeichnet. Berühmt wurde es, als Sherwood Anderson, ein Sohn der Stadt, im Jahr 1919 *Winesburg, Ohio* veröffentlichte. Die Einwohner von Clyde brauchten natürlich nicht lange, um herauszufinden, welcher Ort der fiktiven Stadt Pate gestanden hatte. Das **Clyde Museum** (☎419-547-7946; www.clydeheritageleague.org; 124 W Buckeye St; ⊙April–Sept. Do 13–16 Uhr & nach Vereinbarung) GRATIS in der alten Kirche zeigt Exponate zu Anderson, ein paar Häuser weiter kann man die Bibliothek besuchen.

Erie Lakeshore & Islands

Im Sommer ist dieses herrliche Erholungsgebiet eine der beliebtesten – und teuersten – Gegenden von Ohio. Die Saison dauert von Mitte Mai bis Mitte September, danach macht alles dicht. Unterkünfte sollte man unbedingt im Voraus buchen.

Sandusky war lange ein Hafen und fungiert jetzt als Ausgangspunkt zu den Erie Islands und als Welthauptstadt der Achterbahnen. Im **Visitor Center** (☎419-625-2984; www.shoresandislands.com; 4424 Milan Rd; ⊙Mo–Fr 8–19, Sa 9–18, So 9–16 Uhr) gibt's Infos über Unterkünfte und Fährverbindungen. Die Straßen in die Stadt hinein sind von allerhand Kettenhotels gesäumt.

NICHT VERSÄUMEN

CEDAR POINTS RASANTE ACHTERBAHNEN

Der **Cedar Point Amusement Park** (☎419-627-2350; www.cedarpoint.com; Erw./Kind 55/30 US$; ⊙10–22 Uhr, Nov.–Mitte Mai geschl.) wird eigentlich jedes Jahr bei einer öffentlichen Wahl zum besten Vergnügungspark der Welt erkoren, denn die Besucher sind verrückt nach seinen 16 Achterbahnen, die einen Adrenalinrausch vom Feinsten verursachen. Eine der haarsträubendsten Fahrten ist die auf dem Top Thrill Dragster, einer der höchsten und schnellsten Achterbahnen der Welt. Sie klettert fast 130 m in die Höhe, ehe sie mit 190 km/h in die Tiefe schießt. Im flügelartigen GateKeeper dagegen rasen die Fahrgäste – oft kopfüber – durch Loops, Spiralen und die höchste Inversion der Welt hinab. Wer mit diesen 16 Achterbahnen nicht ausgelastet ist, findet in der Umgebung einen hübschen Strand, einen Wasserpark und etliche altmodische Attraktionen aus dem Zeitalter der Zuckerwatte. Der Park liegt ca. 6 Meilen (10 km) von Sandusky entfernt. Online sind Tickets günstiger. Parken kostet 15 US$.

Bass Islands

Im Jahr 1812 traf Admiral Perry in der Schlacht auf dem Eriesee in der Nähe der **South Bass Island** auf die feindliche englische Flotte. Sein Sieg sorgte dafür, dass das gesamte Land südlich der Großen Seen zu den USA kam und nicht zu Kanada. Aber an warmen Sommerwochenenden spielt Geschichte im überlaufenen Put In Bay eher die Nebenrolle. Die wichtigste Stadt der Insel mit all ihren Restaurants und Geschäften ist dann der Platz zum Feiern schlechthin. Etwas jenseits des Trubels findet man ein Weingut und Möglichkeiten zum Campen, Angeln, Kajakfahren und Schwimmen.

Eine einzigartige Attraktion ist die 107 m hohe dorische Säule, die auch als **Perry's Victory and International Peace Memorial** (www.nps.gov/pevi; Eintritt 3 US$; ⊙10–19 Uhr) bekannt ist. Man kann zur Aussichtsplattform hinaufklettern, von wo aus man das Schlachtfeld und an schönen Tagen sogar Kanada sehen kann.

Die **Chamber of Commerce** (☎419-285-2832; www.visitputinbay.com; 148 Delaware Ave; ⊙Mo–Fr 10–16, Sa & So 10–17 Uhr) hat Infos über Aktivitäten und Unterkünfte. Das **Ashley's Island House** (☎419-285-2844; www.ashleysislandhouse.com; 557 Catawba Ave; Zi. mit/ohne Bad ab 100/70 US$; ❄📶) ist ein B&B mit 13 Zimmern. Ende des 19. Jhs. haben hier Marineoffiziere übernachtet. Der **Beer Bar-**

rel Saloon (www.beerbarrelpib.com; Delaware Ave; 11–1 Uhr) hat jede Menge Platz – der Tresen ist 124 m lang.

Auf der Insel fahren Taxis und Tourbusse, aber Radfahren macht einfach mehr Spaß. Es gibt zwei Fährunternehmen, die regelmäßig zwischen dem Festland und den Inseln verkehren (20 Min.). Jet Express (800-245-1538; www.jet-express.com) schickt fast stündlich Personenfähren direkt von Port Clinton nach Put In Bay (einfache Fahrt Erw./Kind 15/2,50 US$). Sie starten auch in Sandusky (19,50/5,50 US$) und halten unterwegs auf Kelleys Island. Das Auto kann man auf den Parkplätzen an den Anlegern abstellen (10 US$/Tag). Die Autofähren von Miller Boatline (800-500-2421; www.millerferry.com) legen alle 30 Minuten in Catawba ab (einfach Fahrt Erw./Kind 7/1,50 US$, Auto 15 US$). Das ist die billigste Variante. Sie fahren auch zur Middle Bass Island und bieten so von South Bass einen schönen Tagesausflug an, auf dem man ausgiebig Natur und Ruhe genießen kann.

Kelleys Island

Die ruhige, grüne Kelleys Island ist ein besonders bei Familien beliebter Wochenenderholungsort. Hier gibt es schöne Gebäude aus dem 19. Jh., Zeichnungen, die Indianer hinterlassen haben, einen schönen Strand und eiszeitliche Gletscherriefen, die die Landschaft zerfurchen. Auch die alten Kalksteinbrüche sind hübsch anzuschauen!

Die Chamber of Commerce (419-746-2360; www.kelleysislandchamber.com; Seaway Marina Bldg; 9.30–16 Uhr) am Fähranleger informiert über Unterkünfte und Aktivitäten – besonders beliebt sind hier Wandern, Campen, Kajakfahren und Angeln. Im Village, dem kleinen Einkaufszentrum der Insel, kann man essen, trinken, shoppen und Fahrräder ausleihen. Ein Drahtesel ist perfekt, um die Insel zu erkunden.

Die Fähren von Kelleys Island Ferry (419-798-9763; www.kelleysislandferry.com) starten im winzigen Nest Marblehead (einfache Fahrt Erw./Kind 9,50/6 US$, Auto 15 US$). Die Überfahrt dauert etwa 20 Minuten, die Abfahrt erfolgt stündlich (im Sommer auch häufiger). Jet Express (800-245-1538; www.jet-express.com) legt in Sandusky ab (einfache Fahrt Erw./Kind 15/4,50 US$, keine Autos) und fährt weiter nach Put In Bay auf South Bass Island (Insel-Hopping einfache Fahrt 22/6,50 US$, keine Autos).

Pelee Island

Pelee, die größte der Erie Islands, gehört zu Kanada. Auf der traumhaft grünen, ruhigen Insel, auf der auch Wein angebaut wird, kann man wunderbar Vögel beobachten. Die Fähre von Pelee Island Transportation (800-661-2220; www.ontarioferries.com) fährt von Sandusky nach Pelee (einfache Fahrt Erw./Kind 13,75/6,75 US$, Auto 30 US$) und weiter zum Festland von Ontario. Infos zu Unterkünften und Reiseplanung gibt's unter www.pelee.org.

Amish Country

In den ländlichen Counties Wayne und Holmes, kaum 80 Meilen (130 km) südlich von Cleveland, ist die größte Amish-Gemeinde der USA beheimatet. Ein Besuch bei den Amish ist wie eine Reise mit der Zeitmaschine in eine vorindustrielle Zeit.

Als Nachkommen von konservativen deutsch-schweizerischen religiösen Splittergruppen, die im 18 Jh. nach Amerika auswanderten, halten sich die Amish immer noch mehr oder weniger an deren *Ordnung* (Lebensstil). Viele – wenn auch nicht alle – befolgen die Regeln, nach denen es verboten ist, Strom, Telefone und motorisierte Fahrzeuge zu benutzen. Sie tragen traditionelle Kleidung, bewirtschaften ihr Land mit Pflug und Maultieren und fahren mit Pferdekutschen zur Kirche.

Leider wird die ansonsten so friedliche Szenerie von einer Menge Reisebusse gestört. Viele Amish freuen sich aber über den Geldsegen. Das bedeutet jedoch nicht, dass man sie auch fotografieren darf – für Amish sind Fotos meist tabu. Die Straßen hier sind eng und kurvenreich, deshalb sollten Besucher vorsichtig und langsam fahren. Außerdem muss man hinter Kurven jederzeit mit einer langsam dahinzuckelnden Kutsche rechnen. Viele Geschäfte sind sonntags geschlossen.

Sehenswertes & Aktivitäten

Kidron an der Route 52 ist ein guter Ausgangspunkt. Etwas weiter südlich liegt Berlin, das Zentrum der Gegend mit unzähligen Krimskrams-Läden. Millersburg ist die größte Stadt der Region; hier gibt's fast mehr Antiquitätengeschäfte als Amish. Die US 62 verbindet die beiden „geschäftigen" Orte.

Weiter ab vom Schuss gelangt man auf der Route 557 oder der County Road 70 durch ländliche Gegenden ins winzige **Charm**, das ca. 5 Meilen (8 km) südlich von Berlin liegt.

Lehman's KAUFHAUS
(www.lehmans.com; 4779 Kidron Rd, Kidron; Mo–Sa 8–18 Uhr) GRATIS Lehman's muss man einfach gesehen haben. Der Hauptversorger der Amish-Gemeinde verkauft in einer fast 3000 m² großen Scheune modern aussehende Geräte, die ohne Strom funktionieren – Taschenlampen zum Aufziehen, Holzöfen und Fleischwölfe mit Handkurbel.

Kidron Auction MARKT
(www.kidronauction.com; 4885 Kidron Rd, Kidron; Do ab 10 Uhr) Wer donnerstags in der Gegend ist, sollte sich in die von Lehman's bis zum Viehstall reichende Schlange von Kutschen einreihen. Um 10 Uhr wird Heu versteigert, um 11 Uhr Kühe und um 13 Uhr Schweine. Rund um den Stall findet ein Flohmarkt statt, auf dem sich Leute tummeln, die keinen muhenden Kauf machen wollen. Ähnliche Auktionen gibt's in Sugarcreek (Mo & Fr), Farmerstown (Di) und Mt. Hope (Mi).

Heini's Cheese Chalet KÄSEREI
(800-253-6636; www.heinis.com; 6005 Hwy 77, Berlin; kostenlose Besichtigung; Mo–Sa 8–18 Uhr) Heini's produziert mehr als 70 Käsesorten. Hier bekommt man gezeigt, wie Amish-Farmer ihre Kühe mit der Hand melken und die Milch ganz ohne Maschinen kühlen, bevor sie sie ausliefern. Danach kann man die unterschiedlichen Käsesorten probieren und das kitschige Wandgemälde bewundern, das die „Geschichte der Käseherstellung" darstellt. Wer den Käser in Aktion sehen will, muss wochentags (außer Mi) vor 11 Uhr hier sein.

Hershberger's Farm & Bakery FARM
(330-674-6096; 5452 Hwy 557, Millersburg; Bäckerei ganzjährig Mo–Sa 8–17 Uhr, Farm Mitte April–Okt. ab 10 Uhr;) 25 verschiedene Pies, hausgemachte Eistüten und auf dem Markt frisches Obst und Gemüse! Wer will kann hier auch Tiere streicheln (umsonst) und auf Ponys reiten (3 US$).

Yoder's Amish Home FARM
(330-893-2541; www.yodersamishhome.com; 6050 Rte 515, Walnut Creek; Besichtigung Erw./Kind 12/8 US$; Mitte April–Ende Okt. Mo–Sa 10–17 Uhr;) In der für Besucher zugänglichen Amish-Farm kann man einen Blick in die Wohnräume und die Schule mit nur einem Klassenzimmer werfen sowie mit einer Pferdekutsche durch die Gegend fahren.

ABSTECHER

MALABAR FARM

Was haben Humphrey Bogart, Lauren Bacall und Johnny Appleseed gemeinsam? Sie alle haben schon Zeit im **Malabar Farm State Park** (www.malabarfarm.org) verbracht. Hier ist eine Menge los: Es gibt Wander- und Reitwege, Angelteiche (im Besucherzentrum nach kostenlosen Angeln fragen), Führungen durch das Wohnhaus des Pulitzer-Preisträgers Louis Bromfield (in dem Humphrey Bogart und Lauren Bacall heirateten), monatlichen Barn Dance, ein **Hostel** (www.hiusa.org/lucas) im Bauernhaus und ein gutes **Restaurant** (Di–So 11–20 Uhr), das regionale Zutaten verwendet. Malabar liegt 30 Meilen (48 km) westlich von Millersburg, man erreicht es über den Highway 39.

Schlafen & Essen

Hotel Millersburg HISTORISCHES HOTEL $$
(330-674-1457; www.hotelmillersburg.com; 35 W Jackson St, Millersburg; Zi. 79–149 US$;) Das 1847 als Postkutschenstation erbaute Haus bietet noch immer eine Übernachtungsmöglichkeit in 26 lässigen Zimmern, die sich über dem modernen Gastraum und der Taverne befinden (eines der wenigen Lokale im Amish Country, wo man Bier bekommt).

Guggisberg Swiss Inn HOTEL $$
(330-893-3600; www.guggisbergswissinn.com; 5025 Rte 557, Charm; Zi. inkl. Frühstück 110–160 US$;) Die 24 ordentlichen, hellen und kompakten Zimmer sind mit Quilts und Möbeln aus hellem Holz eingerichtet. Auf dem Gelände befinden sich auch eine Käserei und Pferdeställe.

Boyd & Wurthmann Restaurant AMERIKANISCH $
(330-893-3287; www.boydandwurthmann.com; Main St, Berlin; Hauptgerichte 6–11 US$; Mo–Sa 17.30–20 Uhr) Die Riesenpfannkuchen, die Pasteten in 23 Geschmacksvarianten, die dicken Sandwichs und die Spezialitäten der Amish (wie paniertes Steak) ziehen Einheimische und Touristen gleichermaßen an. Nur Barzahlung.

Praktische Informationen

Holmes County Chamber of Commerce
(www.visitamishcountry.com)

Columbus

Ohios Hauptstadt ist wie das Blind Date, das die eigene Mutter arrangiert hat – durchschnittlich, zurückhaltend, solide und nett. Vor allem aber ist die Stadt freundlich zur Brieftasche. Das ist dem Einfluss der 55 000 Studenten der Ohio State University (OSU), der zweitgrößten Hochschule der USA, zu verdanken. In den letzten Jahren ist auch die schwul-lesbische Gemeinde hier immer größer geworden.

Sehenswertes & Aktivitäten

German Village STADTVIERTEL
(www.germanvillage.com) Das erstaunlich große, ganz aus Backstein erbaute „deutsche Dorf" liegt 800 m südlich vom Zentrum. Das restaurierte Stadtviertel aus dem 19. Jh. wartet mit Bierhallen, Kopfsteinpflasterstraßen, Parks mit vielen Kunstwerken und Häusern im italienischen und im Queen-Anne-Stil auf.

Short North STADTVIERTEL
(www.shortnorth.org) Gleich nördlich vom Zentrum lohnt sich ein Spaziergang in Short North, einem sanierten Abschnitt der High Street mit Galerien für moderne Kunst und Jazzbars.

Wexner Center for the Arts KUNSTZENTRUM
(☎614-292-3535; www.wexarts.org; Ecke 15th & N High Sts; Eintritt 8 US$; ⌚Di & Mi 11–18, Do & Fr 11–20, Sa 12–19, So 12–16 Uhr) Das Kunstzentrum des Campus zeigt topaktuelle Kunstausstellungen, Filme und Vorstellungen.

Columbus Food Tours GEFÜHRTE TOUR
(www.columbusfoodadventures.com; Führungen 40–80 US$) Geführte kulinarische Touren durch Stadtviertel oder zu bestimmten Schwerpunkten wie Taco-Trucks, Desserts oder Kaffee; einige finden per pedes statt, andere mit dem Van.

Schlafen & Essen

Im German Village und in Short North gibt's gute Restaurants. Im **Arena District** (www.arenadistrict.com) findet man etliche Kettenhotels der Mittelklasse sowie Brauereikneipen. Rund um die Uni und in der N High Street ab der 15th Avenue hat man eine Riesenauswahl – von mexikanisch bis hin zu äthiopisch oder Sushi.

Marriott Residence Inn HOTEL $$
(☎614-222-2610; www.marriott.com; 36 E Gay St; Zi. inkl. Frühstück 129–199 US$; P ❄ @ ☎) Tolle Lage im Zentrum und in der Nähe von allem, was für Besucher interessant ist. Alle Zimmer sind mit einer kompletten Küche ausgestattet. Das nette Frühstücksbuffet wird morgens in einem alten Tresorraum serviert. WLAN gibt's gratis, Parken kostet 20 US$.

Short North B&B B&B $$
(☎614-299-5050; www.columbus-bed-breakfast.com; 50 E Lincoln St; Zi. inkl. Frühstück 129–149 US$; P ❄ ☎) Das B&B mit den sieben gepflegten Zimmern liegt nur wenige Schritte vom gleichnamigen Viertel entfernt.

North Market MARKT $
(www.northmarket.com; 59 Spruce St; ⌚Mo 9–17, Di–Fr 9–19, Sa 8–17, So 12–17 Uhr) Farmer aus der Region verkaufen ihre Erzeugnisse und fertiges Essen; das Eis von Jeni ist berühmt.

Schmidt's DEUTSCH $$
(☎614-444-6808; www.schmidthaus.com; 240 E Kossuth St; Hauptgerichte 8–15 US$; ⌚So & Mo 11–21, Di–Do 11–22, Fr & Sa 11–23 Uhr) In diesem Restaurant im German Village kann man gutes deutsches Essen wie Würstchen oder Schnitzel in sich reinschaufeln. Aber unbedingt noch etwas Platz für die riesigen Windbeutel lassen! Von Mittwoch bis Samstag gibt's Blasmusik live.

Skillet AMERIKANISCH $$
(☎614-443-2266; www.skilletruf.com; 410 E Whittier St; Hauptgerichte 12–16 US$; ⌚Mi–Fr 11–14.30 & 17.30–21, Sa & So 8–14 Uhr) Das winzige Restaurant im German Village serviert Hausmannskost mit regionalen Zutaten.

Unterhaltung

Die ganze Stadt ist sportbesessen.

Ohio Stadium FOOTBALL
(☎800-462-8257; www.ohiostatebuckeyes.com; 411 Woody Hayes Dr) Die Ohio State Buckeyes locken ein begeistertes Publikum in das legendäre, hufeisenförmige Ohio Stadium. Die Spiele finden normalerweise an den Samstagen im Herbst statt.

Nationwide Arena HOCKEY
(☎614-246-2000; www.bluejackets.com; 200 W Nationwide Blvd) Die Columbus Blue Jackets schlagen in diesem großen Stadion in der Innenstadt den Puck.

Crew Stadium FUSSBALL
(☎614-447-2739; www.thecrew.com) Das beliebte Profi-Fußballteam der Columbus Crew spielt von März bis Oktober in diesem Stadion nördlich der I-71 und 17th Avenue.

Praktische Informationen

Alive (www.columbusalive.com) Kostenlose Wochenzeitung mit Veranstaltungskalender.

Columbus Convention & Visitors Bureau (☎866-397-2657; www.experiencecolumbus.com) **Columbus Dispatch** (www.dispatch.com) Tageszeitung.

Outlook (www.outlookmedia.com) Monatlich erscheinende Zeitschrift für Schwule und Lesben.

An- & Weiterreise

Der **Port Columbus Airport** (CMH; www.flycolumbus.com) befindet sich 10 Meilen (16 km) östlich der Stadt. Ein Taxi in die Innenstadt kostet etwa 25 US$.

Die Busse von **Greyhound** (☎614-221-4642; www.greyhound.com; 111 E Town St) fahren mindestens sechsmal täglich nach Cincinnati (2 Std.) und Cleveland (2½ Std.). Der oft günstigere **Megabus** (www.megabus.com/us) rollt mehrmals täglich Richtung Cincinnati und Chicago. Genauere Infos findet man auf der Website.

Athens & Südöstliches Ohio

Charakteristisch für die Südostecke Ohios sind die Waldgebiete, die sanft geschwungenen Ausläufer der Appalachen und die verstreut liegenden Farmen.

Über die lieblichen Hügel südöstlich von Columbus und rund um Lancaster kommt man nach **Hocking County**. Die wunderschöne Gegend mit ihren Bächen und Wasserfällen, Sandsteinfelsen und höhlenartigen Formationen ist zu jeder Jahreszeit einen Besuch wert. Kilometerlange Wanderwege laden im **Hocking Hills State Park** (☎740-385-6165; 20160 Hwy 664; Stellplatz/Hütten ab 24/130 US$) zum Wandern, Flüsse dagegen zu Kanutouren ein. Zudem hat der Park jede Menge Campingplätze und Blockhütten. Die **Old Man's Cave** ist zum Wandern besonders schön. Mit **Hocking Valley Canoe Livery** (☎740-385-8685; www.hockinghillscanoeing.com; 31251 Chieftain Dr; 2-stündige geführte Touren 44 US$; ⌚April–Okt) in der Nähe von Logan kann man bei Mondlicht oder Fackelschein Kanu fahren. Mit geführten Kletter- und Abseiltouren sorgt **Earth-Water-Rock: Outdoor Adventures** (☎740-664-5220; www.ewroutdoors.com; Halbtages-Tour 85–110 US$) für Adrenalinschübe; Anfänger sind willkommen.

Athens (www.athensohio.com) an der Kreuzung von US 50 und US 33 ist ein hervorragender Ausgangspunkt, wenn man die Region erkunden will. Es liegt zwischen bewaldeten Hügeln und beherbergt die Ohio University, deren Campus die halbe Stadt ausmacht. Studentencafés und Kneipen säumen die Courts Street, die Hauptstraße von Athens. Die nahe **Village Bakery & Cafe** (www.dellazona.com; 268 E State St; Hauptgerichte 4–8 US$; ⌚Di–Sa 7.30–20, So 9–14 Uhr) verwendet für Pizza, Suppen und Sandwichs Biogemüse und -fleisch sowie Käse vom Bauernhof.

Südlich von Columbus lag einst das Siedlungsgebiet des faszinierenden alten Volkes der Hopewell, das zwischen 200 v. Chr. und 600 n. Chr. riesige geometrische Erdformationen und Grabhügel errichtet hat. Eine sehr gute Einführung bekommt man im **Hopewell Culture National Historical Park** (☎740-774-1126; www.nps.gov/hocu; Hwy 104 nördlich der I-35; ⌚Juni–Aug. 8.30–18 Uhr, Sept.–Mai bis 17 Uhr) GRATIS. Er befindet sich 5 km nördlich von Chillicothe. Nachdem man im Visitor Center vorbeigeschaut hat, erkundet man die unterschiedlich geformten Zeremonienhügel in der 5 ha großen mysteriösen Totenstadt namens **Mound City**. Der **Serpent Mound** (☎937-587-2796; www.ohiohistory.org; 3850 Hwy 73; 7 US$/Fahrzeug; ⌚Mo–Fr 10.30–16 Uhr; Sa & So ab 9.30 Uhr, im Winter kürzer) südwestlich von Chillicothe und 6,5 km nordwestlich von Locust Grove ist vielleicht die faszinierendste Stätte von allen. Die riesige, lang gestreckte Schlange misst über 400 m und ist die größte Erdskulptur der USA.

Dayton & Yellow Springs

In Dayton gibt's zwar Sehenswürdigkeiten zum Thema Luftfahrt, aber das kleine Yellow Springs (18 Meilen/29 km nordöstlich an der US 68) hat in puncto Unterkünfte und Restaurants sehr viel mehr zu bieten.

Sehenswertes & Aktivitäten

National Museum of the US Air Force MUSEUM
(☎937-255-3286; www.nationalmuseum.af.mil; 1100 Spaatz St, Dayton; ⌚9–17 Uhr) GRATIS In diesem riesengroßen Museum, das sich 6 Meilen (10 km) nordöstlich von Dayton auf der Wright-Patterson Air Force Base befindet, gibt es fast nichts, was es nicht gibt – von einem Fluggerät der Brüder Wright aus dem Jahr 1909 über einen Sopwith Camel (Doppeldeckerflugzeug aus dem Ersten Weltkrieg) bis hin zur Atombombe „Little Boy", die über Hiroshima abgeworfen wurde. In

den Hangars stehen endlose Reihen von Flugzeugen, Raketen und Luftfahrzeugen. Für den Besuch sollte man mindestens drei Stunden einplanen und sich vorher die Audiotour von der Website herunterladen.

Wright Cycle Company HISTORISCHE STÄTTE
(☎937-225-7705; www.nps.gov/daav; 16 S Williams St, Dayton; ⌚8.30–17 Uhr) GRATIS In dem Gebäude, in dem Wilbur und Orville Fahrräder und Flugtechnik entwickelten, werden verschiedene interessante Exponate gezeigt.

Huffman Prairie Flying Field HISTORISCHE STÄTTE
(Gate 16A off Rte 444, Dayton; ⌚Do–Di 8–18 Uhr) GRATIS Dieser friedliche, grasbewachsene Platz sieht noch ziemlich genau so aus wie 1904, als die Brüder Wright hier ihre Flugzeuge testeten. Ein 1,6 km langer Weg, an dem Infotafeln stehen, führt um den Platz. Vom Air-Force-Museum fährt man 15 Minuten hierher.

Carillon Historical Park HISTORISCHE STÄTTE
(☎937-293-2841; www.daytonhistory.org; 1000 Carillon Blvd, Dayton; Erw./Kind 8/5 US$; ⌚Mo–Sa 9.30–17, So ab 12 Uhr) Zu den vielen Attraktionen gehören ein Doppeldecker der Brüder Wright aus dem Jahr 1905 und ein Nachbau der Werkstatt der Wrights.

Schlafen & Essen

Die folgenden Unterkünfte befinden sich im kunstaffinen, alternativ geprägten Yellow Springs.

Morgan House B&B $$
(☎937-767-1761; www.arthurmorganhouse.com; 120 W Limestone St, Yellow Springs; Zi. inkl. Frühstück 105–125 US$; ❄📶) Die sechs komfortablen Zimmer sind mit superweicher Bettwäsche und eigenem Bad ausgestattet. Zum Frühstück gibt's Bioprodukte und das Hauptgeschäftszentrum kann man zu Fuß erreichen.

★ **Young's Jersey Dairy** AMERIKANISCH $$
(☎937-325-0629; www.youngsdairy.com; 6880 Springfield-Xenia Rd, Yellow Springs; 📶) Young's ist eine Milchfarm mit zwei Restaurants: Das **Golden Jersey Inn** (Hauptgerichte 9–15 US$; ⌚Mo–Do 11–20, Fr 11–21, Sa 8–21, So 8–20 Uhr) serviert so leckere Gerichte wie Hühnchen in Buttermilch, im **Dairy Store** (Sandwichs 3,50–6,50 US$; ⌚So–Do 7–23, Fr & Sa bis 24 Uhr) gibt's Sandwichs, traumhaftes Eis und die besten Milchshakes Ohios. Außerdem können Besucher Minigolf spielen, sich in Baseball-Schlagkäfigen versuchen, an einer Führung zum Thema Käseherstellung teilnehmen und beim Melken der Kühe zuschauen.

Winds Cafe AMERIKANISCH $$$
(☎937-767-1144; www.windscafe.com; 215 Xenia Ave, Yellow Springs; Hauptgerichte 18–25 US$; ⌚Di–Sa 11.30–14 & 17–22, So 10–15 Uhr) Vor mehr als 30 Jahren war das Winds noch eine Hippie-Kooperative. Inzwischen hat es sich zu einem niveauvollen Gourmetrestaurant gemausert, das saisonale Gerichte wie Crêpes mit Spargel und Feigensauce oder Rhabarber-Heilbutt serviert.

Cincinnati

Cincinnati liegt am Ufer des Ohio River. Die Stadt überrascht mit ihrer Schönheit, aber auch mit ihren Neonlichtern, den kurvigen Straßen hinauf auf den Mt. Adams und die unverhohlene Begeisterung der Einwohner für das *five-way*, eine kulinarische Spezialität. Angesichts des großen Angebots sollte man zumindest ein Baseball-Spiel anschauen, am Ufer spazieren gehen und das Bauchrednerpuppen-Museum besuchen.

Sehenswertes & Aktivitäten

Montags sind viele Sehenswürdigkeiten geschlossen.

Downtown

National Underground Railroad Freedom Center MUSEUM
(☎513-333-7500; www.freedomcenter.org; 50 E Freedom Way; Erw./Kind 12/8 US$; ⌚Di–So 11–17 Uhr) Cincinnati war eine wichtige Zwischenstation der Underground Railroad, eines Netzwerks, das Sklaven zur Flucht gen Norden verhalf, und damit ein Zentrum der Antisklaverei-Bewegung, die von Menschen wie Harriet Beecher Stowe angeführt wurde. Das Freedom Center erzählt ihre Geschichten. Anhand von Exponaten erfährt man, wie die Sklaven in den Norden fliehen konnten und wie moderne Sklaverei in der heutigen Zeit aussehen kann. Für die Besichtigung kann man sich eine kostenlose iPhone-App herunterladen.

Findlay Market MARKT
(www.findlaymarket.org; 1801 Race St; ⌚Di–Fr 9–18, Sa 8–18, So 10–16 Uhr) Der Findlay Market, der sowohl einen Innen- als auch einen Außenbereich hat, bringt Grün in die etwas verfallene Gegend am Nordrand der Innen-

stadt. Wer Obst und Gemüse, Fleisch, Käse oder Backwaren braucht, ist hier genau richtig. Die belgischen Waffeln sind himmlisch!

Rosenthal Center for Contemporary Arts MUSEUM
(☎513-721-0390; www.contemporaryartscenter.org; 44 E 6th St; Erw./Kind 7,50/5,50 US$, Mo abends Eintritt frei; ⏲Mo 10–21, Mi–Fr 10–18, Sa & So 11–18 Uhr) Das Zentrum präsentiert moderne Kunst in einem avantgardistischen Gebäude, das von der irakischen Architektin Zaha Hadid entworfen wurde. Sowohl das Äußere als auch die ausgestellten Kunstwerke sind für das traditionelle Cincy geradezu revolutionär.

Fountain Square PLATZ
(www.myfountainsquare.com; Ecke 5th & Vine Sts; 📶) Der Fountain Square ist das Herz der Stadt. Auf dem öffentlichen Platz gibt's kostenloses WLAN, im Winter eine Eisbahn, im Sommer Konzerte (Do bis Sa um 19 Uhr), einen Reds-Ticketkiosk und den guten alten Brunnen „Spirit of the Waters".

Roebling Suspension Bridge BRÜCKE
(www.roeblingbridge.org) Die elegante Brücke von 1876 war ein Vorläufer von John Roeblings berühmter Brooklyn Bridge in New York. Es ist cool, über die Brücke zu laufen und die Autos „singen" zu hören. Sie verbindet Cincinnati mit Covington, Kentucky.

Purple People Bridge BRÜCKE
(www.purplepeoplebridge.com) Diese Fußgängerbrücke führt vom Sawyer Point, einem nettem Park mit skurrilen Monumenten und fliegenden Schweinen, nach Newport, Kentucky.

Covington & Newport

Covington und Newport in Kentucky sind quasi Vororte von Cincinnati. Sie liegen direkt gegenüber der Innenstadt auf der anderen Flussseite. Newport im Osten ist für seinen Restaurant- und Shoppingkomplex **Newport on the Levee** (www.newportonthelevee.com) bekannt. Covington liegt im Westen. In dem Viertel **MainStrasse** (www.mainstrasse.org) mit seinen Backsteinreihenhäusern aus dem 19. Jh. gibt's viele tolle Restaurants und Bars. Herrenhäuser aus der Zeit vor dem Sezessionskrieg säumen den Riverside Drive und am Ufer liegen alte Raddampfer.

Newport Aquarium AQUARIUM
(☎859-491-3467; www.newportaquarium.com; 1 Aquarium Way; Erw./Kind 23/15 US$; ⏲Juni–Aug. 9–19 Uhr, Sept.–Mai 10–18 Uhr; 👪) In Newports großem, beliebtem Aquarium kann man watschelnde Pinguine, den Rundkopf-Geigenrochen Sweet Pea und viele Fische mit rasierklingenscharfen Zähnen bewundern.

ABSEITS DER ÜBLICHEN PFADE

DAS BAUCHREDNERMUSEUM VENT HAVEN

Mein lieber Scholli! Beim ersten Blick in die Räume voller glubschäugiger Holzfiguren, die stumm in die Ferne schauen, muss man sich zusammennehmen, um nicht schreiend zur Tür zu rennen. (Wer den Film *Magic – Eine unheimliche Liebesgeschichte* gesehen hat, weiß, wozu diese Puppen fähig sind!). William Shakespeare Berger, ein Einwohner von Cincinatti, gründete das **Vent Haven Museum** (☎859-341-0461; www.ventha venmuseum.com; 33 W Maple Ave; Eintritt 5 US$; ⏲Mai–Sept. nach Vereinbarung), nachdem er eine Sammlung von über 700 Bauchrednerpuppen zusammengetragen hatte. Heute sitzen Jacko, der rot gekleidete Affe, Woody DeForest mit seinem Rollkragenpullover und der Rest der Mannschaft schweigend in den drei Gebäuden.

Wer aber nun glaubt, die Bauchrednerei sei ein Unterhaltungsgenre, das der Vergangenheit angehört, sollte im Juli vorbeikommen, wenn die jährliche conVENTion stattfindet und sich 400 Bauchredner mit ihren geschwätzigen Kumpels aus Holz hier versammeln. Das Museum befindet sich in Fort Mitchell, Kentucky, etwa 4 Meilen (6,5 km) südwestlich von Covington nahe der I-71/75.

Mt. Adams

Es wirkt vielleicht etwas weit hergeholt, Mt. Adams, direkt östlich des Zentrums, mit Montmartre in Paris zu vergleichen. Die hügelige Enklave aus dem 19. Jh. mit ihren engen, gewundenen Gassen, viktorianischen Stadthäusern, Galerien, Bars und Restaurants ist aber zumindest eine angenehme Überraschung. Die meisten Besucher steigen nur auf den Hügel, um sich mal umzusehen und einen Drink zu nehmen.

Vom Zentrum aus nimmt man die E 7th Street bis zur Gilbert Avenue, geht nach Nordwesten zur Elsinore Avenue und dann den Berg rauf zu den Seen, Wegen und Kulturangeboten im Eden Park. Vom Hof der in der Nähe gelegenen **Immacula Church** (30 Guido St) hat man einem grandiosen Blick auf die Stadt.

Cincinnati Art Museum MUSEUM
(☎513-721-2787; www.cincinnatiartmuseum.org; 953 Eden Park Dr; ⊙Di–So 11–17 Uhr) GRATIS Die Sammlung deckt über 6000 Jahre ab; der Schwerpunkt liegt auf alter Kunst aus dem Nahen Osten und aus Europa. Ein Flügel ist Werken von Künstlern aus der Region gewidmet. Parken kostet 4 US$.

Krohn Conservatory GÄRTEN
(☎513-421-4086; www.cincinnatiparks.com/krohn; 1501 Eden Park Dr; Erw./Kind 3/2 US$; ⊙Di–So 10–17 Uhr) In dem Gewächshaus sprießen nicht nur ein Regenwald und diverse Wüstenpflanzen, es beherbergt auch prächtige saisonale Blumenausstellungen. Die Sonderausstellungen kosten extra.

West End

Cincinnati Museum Center MUSEUM
(☎513-287-7000; www.cincymuseum.org; 1301 Western Ave; Erw./Kind 12,50/8,50 US$; ⊙Mo–Sa 10–17, So 11–18 Uhr; 👪) Der Museumskomplex 2 Meilen (3,2 km) nordwestlich vom Zentrum befindet sich im Union Terminal von 1933, einem von Amtrak noch immer genutzten Art-déco-Juwel. Im Inneren kann man fantastische Wandbilder aus Rookwood-Fliesen bewundern. Das Museum of Natural History & Science richtet sich hauptsächlich an Kinder und hat u.a. eine Kalksteinhöhle mit echten Fledermäusen zu bieten. Ein historisches Museum, ein Kindermuseum und ein Omnimax-Kino runden das Angebot ab. Die Eintrittskarte ist für alles gültig. Parken kostet 6 US$.

American Sign Museum MUSEUM
(☎513-541-6366; www.signmuseum.org; 1330 Monmouth Ave; Erw./Kind 15/10 US$; ⊙Mi–Sa 10–16, So ab 12 Uhr) In diesem Museum in einer alten Fallschirmfabrik befindet sich ein überwältigender Schatz blinkender Leuchtreklamen. Wer die alten Neonschilder der Drive-Ins mit den gedrungenen Dschinns, dem Frisch's Big Boy und anderen nostalgischen Motiven betrachtet, dem gehen schier die Augen über. Führungen beginnen um 11 und 14 Uhr und besuchen auch die Werkstatt, in der Neonschilder hergestellt werden. Das Museum befindet sich im Viertel Camp Washington (in der Nähe von Northside); Autofahrer fahren bei Exit 3 von der I-75 ab.

Geführte Touren

American Legacy Tours STADTSPAZIERGANG
(www.americanlegacytours.com; 1218 Vine St; 90-minütige Stadtspaziergänge 20 US$; ⊙Fr–So) Bietet verschiedene historische Touren. Am besten ist die Queen City Underground Tour, die zu alten Lagerkellern tief unter dem Stadtviertel Over-the-Rhine führt.

Feste & Events

Bunbury Music Festival MUSIK
(www.bunburyfestival.com; ⊙Mitte Julie) Namhafte Indie-Bands rocken drei Tage lang am Flussufer; ein Tagespass kostet 55 US$.

Oktoberfest ESSEN
(www.oktoberfestzinzinnati.com; ⊙Mitte Sept.) Deutsches Bier, Würstchen und viel Trubel.

Schlafen

Mit 11,3 % ist die Hotelsteuer in Kentucky deutlich niedriger als in Cincinnati, wo man 17 % hinblättern muss. Die Steuer ist in den genannten Preisen nicht enthalten.

Am Flussufer in Kentucky gibt's einige Kettenhotels der Mittelklasse. Hier schont man zwar den Geldbeutel (niedrigere Steuer, kostenloses Parken), muss dafür aber entweder ein paar Kilometer laufen oder einige Stationen mit dem Bus fahren, wenn man ins Zentrum von Cincy will.

Das **Greater Cincinnati B&B Network** (www.cincinnatibb.com) stellt Links zu Unterkünften auf der anderen Flussseite in Kentucky auf seine Website.

Holiday Inn Express HOTEL $$
(☎859-957-2320; www.hiexpress.com; 109 Landmark Dr; Zi. inkl. Frühstück 125–180 US$; P ❄ @ 🛜 ≋) Eine gute Wahl unter den Hotelkettenhäusern am Ufer. Es liegt etwa 1 km östlich von Newport on the Levee.

Hotel 21c HOTEL $$$
(☎513-578-6600; www.21cmuseumhotels.com/cincinnati; 609 Walnut St; Zi. 189–299 US$; P ❄ @ 🛜) Die zweite Außenstelle des beliebten Arthotels in Louisville eröffnete 2013 neben dem Center for Contemporary Arts. Die modernen Zimmer sind mit Annehmlichkeiten wie Nespresso-Maschinen, kostenlosem WLAN, flauschigen Betten und darüber hinaus mit Kunstwerken ausgestattet. Die Lobby ist eine öffentliche Galerie, daher kann jeder ungeniert die psychedelischen Videos und Aktskulpturen betrachten. Das Restaurant und die Dachbar des Hotels ziehen Scharen von Gästen an. Parken kostet 28 US$.

Residence Inn Cincinnati Downtown HOTEL $$$

(513-651-1234; www.marriott.com; 506 E 4th St; Zi. inkl. Frühstück 199–299 US$;) Die funkelnden Zimmer sind allesamt Suiten mit kompletter Küche. Parken kostet 22 US$.

Essen

In der Vine Street, westlich der 12th Street (im Viertel Over-the-Rhine) befinden sich mehrere hippe neue Lokale. Auch am Flussufer und im Viertel Northside (nördlich der Kreuzung der I-74 und der I-75, 8 km nördlich vom Zentrum) gibt es viele Restaurants.

★Tucker's DINER

(1637 Vine St; Hauptgerichte 4-9; Di–Sa 9–15, So 10–14 Uhr;) Das Tucker's, das in einem Problemviertel liegt, kocht seit 1946 für die Leute aus dem Viertel – Schwarze, Weiße, Feinschmecker und Abgebrannte. Es ist ein typischer Diner, der Shrimp and Grits, Biscuits and Gravy sowie andere üppige Frühstücksgerichte serviert, aber auch überaus innovatives vegetarisches Essen (z. B. Beet Sliders) mit regionalen Zutaten vom Markt.

Der Sohn Joe Tucker kocht, und die über 90-jährige Mama Tucker putzt noch immer das Gemüse. Besonders gut ist die *goetta*, eine mit Kräutern gewürzte Frühstückswurst aus Schweinefleisch und Haferflocken, die es nur in Cincinatti gibt.

Graeter's Ice Cream EISCREME $

(www.graeters.com; 511 Walnut St; Kugeln 2,50–5 US$; Mo–Fr 6.30–21, Sa 7–21, So 11–19 Uhr) Eisige Köstlichkeiten mit riesigen Schokostückchen. Es gibt Filialen in der ganzen Stadt.

Terry's Turf Club BURGER $$

(513-533-4222; 4618 Eastern Ave; Hauptgerichte 10–15 US$; Mi & Do 11–23, Fr & Sa 11–24, So 11–21 Uhr) Nicht nur draußen, auch im Inneren dieses Bier-und-Burger-Lokals mit 15 Tischen funkelt die Neonreklame des Besitzers Terry Carter. Eine riesige „Aunt Jemima" bittet die Gäste herein. Drinnen leuchten so viele fluoreszierende Bier- und Donut-Schilder, dass keine Lampen nötig sind. Terry brät göttliche Burger mit einer Burgunder-Pilz-Sauce, aber auch edlere Varianten (z. B. Burger mit Rosmarin und Knoblauch sowie mit rotem Curry und Ingwer). Es liegt 7 Meilen (11 km) östlich vom Zentrum, man erreicht es über den Columbia Parkway.

Honey AMERIKANISCH $$

(513-541-4300; www.honeynorthside.com; 4034 Hamilton Ave; Hauptgerichte 15–23 US$; Di–Do 17–21, Fr & Sa 17–22, So 11–14 Uhr;) An den robusten Holztischen wird bei gedämpfter Beleuchtung saisonale Hausmannskost wie kreolischer Hackbraten oder Erbsen-Ravioli serviert. Der Brunch erfreut sich großer Beliebtheit. Das i-Tüpfelchen ist vegane *goetta*.

INSIDERWISSEN

CHILI FIVE-WAY

Keine Angst – bei diesem Erlebnis kann man seine Kleidung anbehalten, wenngleich man wahrscheinlich den Gürtel wird lockern müssen. Ein *five-way* hat in Cincinnati immer mit Chili zu tun, einer hiesigen Spezialität. Das Ganze besteht aus einer Fleischsauce (gewürzt mit Schokolade und Zimt), die über Spaghetti und Bohnen gegossen und dann mit Käse und Zwiebeln garniert wird. Man kann das Gericht zwar auch als *three-way* (ohne Zwiebeln und Bohnen) oder *four-way* (ohne Zwiebeln oder Bohnen) bekommen, aber man sollte sich auf das volle Programm konzentrieren – denn das Leben ist schließlich ein Abenteuer!

Skyline Chili (www.skylinechili.com; 643 Vine St; Gerichte 3,50–7,50 US$; Mo–Fr 10.30–20, Sa 11–16 Uhr) hat bei seinen Anhängern Kultstatus. Es gibt überall in der Stadt Filialen; diese hier ist im Zentrum beim Fountain Square.

Ausgehen

In Mt. Adams und Northside gibt's ein reges Nachtleben. In The Banks, dem Uferviertel zwischen dem Baseball- und dem Fußballstadion, liegen mehrere angesagte Treffs.

Moerlein Lager House BRAUEREI

(www.moerleinlagerhouse.com; 115 Joe Nuxall Way; ab 11 Uhr) In Kupferkesseln werden Hausbiere gebraut. Moerlein ist eine uralte Marke aus Cincinatti, die praktisch schon eingegangen war, bis die neue Brauerei sie wieder aufleben ließ. Von der Terrasse aus bietet sich ein wunderbarer Blick auf das Ufer und die Roebling Bridge. Vor und nach den Spielen der Reds ist hier immer viel Betrieb, denn es liegt direkt gegenüber vom Stadion.

Blind Lemon BAR

(www.theblindlemon.com; 936 Hatch St; Mo–Fr ab 17.30, Sa & So ab 15 Uhr) Ein Durchgang führt zu dieser stimmungsvollen alten Flüsterkneipe in Mt. Adams. Im Sommer kann man im Innenhof sitzen, im Winter wird dort immer eine Feuerstelle errichtet, und jeden Abend gibt es Livemusik.

Motr Pub BAR
(www.motrpub.com; 1345 Main St; ⏲Mo–Fr ab 17, Sa ab 14, So ab 10 Uhr) Im düsteren, mal mehr, mal weniger – derzeit wieder mehr – angesagten Viertel Over-the-Rhine am nördlichen Rand des Zentrums treffen sich die künstlerisch ambitionierten Typen im Motr auf ein Hudepohls (regionales Bier), um den Rockbands zuzuhören.

☆ Unterhaltung

Einen Veranstaltungskalender findet man in kostenlosen Zeitschriften wie *CityBeat*.

Sport

Great American Ballpark BASEBALL
(☎513-765-7000; www.cincinnatireds.com; 100 Main St) Cincinnati ist die Heimat des erstklassigen Baseball-Profiteams der Reds und dank des modernen Stadions am Fluss ein toller Platz, um sich ein Spiel anzuschauen.

Paul Brown Stadium FOOTBALL
(☎513-621-3550; www.bengals.com; 1 Paul Brown Stadium) Die Profi-Footballmannschaft der Bengals hat in diesem Stadion ein paar Blocks westlich des Ballpark ihre Heimat.

Darstellende Künste

Music Hall KLASSISCHE MUSIK
(☎513-721-8222; www.cincinnatiarts.org; 1241 Elm St) In der akustisch einmaligen Music Hall spielen das Sinfonie- und das Poporchester. Es finden hier auch Opern- und Ballettaufführungen statt. Allerdings ist die Gegend nicht die beste – also vorsichtig sein und möglichst nah am Gebäude parken!

Aronoff Center THEATER
(☎513-621-2787; www.cincinnatiarts.org; 650 Walnut St) Im modernen Aronoff treten diverse Ensembles auf.

ℹ Praktische Informationen

Cincinnati Enquirer (www.cincinnati.com) Tageszeitung.

Cincinnati USA Regional Tourism Network (☎800-344-3445; www.cincinnatiusa.com) Im Fountain Square befindet sich ein Besucherzentrum.

CityBeat (www.citybeat.com) Kostenlose alternative Wochenzeitung mit guten Tipps zu Veranstaltungsterminen.

Rainbow Cincinnati (www.gaycincinnati.com) News und Adressen für Schwule und Lesben.

ℹ Anreise & Unterwegs vor Ort

Der **Cincinnati/Northern Kentucky International Airport** (CVG; www.cvgairport.com) liegt in Kentucky, 13 Meilen (21 km) südlich. Ins Zentrum kommt man mit dem TANK-Bus (2 US$) ab Terminal 3. Ein Taxi kostet etwa 30 US$.

Die Busse von **Greyhound** (☎513-352-6012; www.greyhound.com; 1005 Gilbert Ave) fahren täglich nach Indianapolis (2½ Std.) und Columbus (2 Std.). Die Busse des oft preiswerteren und schnelleren Unternehmens **Megabus** (www.megabus.com/us) fahren die gleiche Strecke und überdies auch nach Chicago (6 Std.). Abfahrt im Zentrum von Cincy, Ecke 4th Street und Race Street.

Amtrak (☎513-651-3337; www.amtrak.com) fährt auf dem Weg nach Chicago (9½ Std.) und Washington, DC (14½ Std.) dreimal pro Woche in den **Union Terminal** (1301 Western Ave) ein. Die Züge starten mitten in der Nacht.

Metro (www.go-metro.com; Fahrkarte 1,75 US$) betreibt innerstädtische Busse und hat Anschluss an die Busse der **Transit Authority of Northern Kentucky** (TANK; www.tankbus.org; Fahrkarte 2 US$).

MICHIGAN

Mehr, mehr, mehr! Michigan ist der Bundesstaat der Superlative im Mittleren Westen. Hier gibt es mehr Strände als an der Atlantikküste. Mehr als die Hälfte des Staates ist von Wäldern bedeckt. Und in Michigan werden mehr Kirschen und Beeren in Torten geschaufelt als irgendwo sonst in den USA. Noch dazu ist Detroit die draufgängerischste Stadt im ganzen Mittleren Westen – und das ist in diesem Fall durchaus positiv zu verstehen.

Michigan hat erstklassigen Grundbesitz zu bieten und ist von vier der fünf Großen Seen (Lake Superior, Lake Michigan, Lake Huron und Lake Erie) umgeben. Inseln sprenkeln die Küste – Mackinac, Beaver und Isle Royale sind Spitzenziele für Besucher. Weitere Highlights sind die Surfstrände sowie farbige Sandsteinklippen und Sanddünen, auf denen man wandern kann.

Der Staat besteht aus zwei Hälften: die größere von ihnen ist Lower Peninsula, die wie ein Fausthandschuh geformt ist und die kleinere, weniger bevölkerte ist Upper Peninsula, die wie ein Schlappen aussieht. Beide sind durch die atemberaubende Mackinac Bridge miteinander verbunden, die die Straits of Mackinac (sprich: *meck-in-ao*) überspannt.

Praktische Informationen

Verkehrsinformationen für Michigan (800-381-8477; www.michigan.gov/mdot)

Michigan State Park Information (800-447-2757; www.michigan.gov/stateparks) Wer mit dem Auto in einen Park fahren will, benötigt eine Genehmigung (Tag/Jahr 9/31 US$). Stellplätze kosten 16 bis 33 US$; Reservierungen sind möglich (www.midnrreservations.com; Gebühr 8 US$). In einigen Parks gibt es WLAN.

Travel Michigan (800-644-2489; www.michigan.org)

Detroit

Jeder Amerikaner, dem man erzählt, dass man Detroit besuchen will, wird erstaunt die Augenbrauen hochziehen und fragen: „Warum?". Er wird einen warnen, dass die Stadt bankrott ist und eine extrem hohe Mordrate, 80 000 verlassene Gebäude und eine riesige Zahl von Zwangsräumungen aufweist, und erzählen, dass man hier ein Haus für 1 US$ kaufen kann: „Detroit ist ein Drecksloch. Dort wirst du ermordet."

In der Stadt herrscht zwar die apokalyptische Atmosphäre eines ausgebombten Ortes, doch gerade das befeuert auch eine urbane Energie, die es nirgendwo sonst gibt. Künstler, Unternehmer und junge Leute ziehen mit der Bereitschaft her, Dinge selbst in die Hand zu nehmen. Sie verwandeln leer stehende Grundstücke in Stadtfarmen und verlassene Gebäude in Hostels und Museen. Und außerdem können sie „in the D" klasse Gitarre spielen. Richtig klasse. Der Forschungsreisende Antoine de La Mothe Cadillac gründete Detroit im Jahre 1701. Doch das Glück kam in den 1920er-Jahren, als Henry Ford mit der Autoproduktion begann. Er hat das Auto nicht erfunden, auch wenn das mancher US-Amerikaner vielleicht meint, aber er hat die Arbeit am Montageband und die Massenproduktionstechniken perfektioniert. Das Resultat war das Model T, das erste Auto der USA, das sich die Mittelschicht leisten konnte.

Detroit wurde schnell die Welthauptstadt der Autoindustrie. General Motors (GM), Chrysler und Ford hatten und haben alle ihren Hauptsitz in der Nähe von Detroit. Die 1950er-Jahre waren die Blütezeit der Stadt, als die Einwohnerzahl die Zwei-Millionen-Grenze überschritt und Motown-Musik durch die Luft waberte. Doch 1967 wurden die Stadt und ihre Industrie von Rassenunruhen erschüttert und in den 1970er-Jahren schließlich durch die Konkurrenz der japanischen Autokonzerne. Detroit erlebte eine Ära des Niedergangs, in dessen Folge die Stadt zwei Drittel ihrer Einwohner verlor.

Im Juli 2013 meldete die Stadt Detroit die schwerwiegendste Insolvenz der US-Geschichte an. Man darf gespannt sein, wie die Geschichte weitergeht.

KURZINFOS MICHIGAN

Spitznamen Great Lakes State, Wolverine State

Bevölkerung 9,9 Mio.

Fläche 250 504 km^2

Hauptstadt Lansing (114 000 Ew.)

Weitere Stadt Detroit (701 000 Ew.)

Verkaufssteuer 6 %

Geburtsort von Unternehmer Henry Ford (1863–1947), Regisseur Francis Ford Coppola (geb. 1939), Musiker Stevie Wonder (geb. 1950), Sängerin Madonna (geb. 1958), Google-Mitbegründer Larry Page (geb. 1973)

Heimat von Autofabriken, Süßwasserstränden

Politische Ausrichtung vorwiegend demokratisch

Berühmt für Autos, Cornflakes, Sauerkirschen, Motown-Musik

Reptil des Bundesstaats Zierschildkröte

Entfernungen Detroit–Traverse City 255 Meilen (410 km), Detroit–Cleveland 168 Meilen (270 km)

Sehenswertes & Aktivitäten

Montags und dienstags sind die Sehenswürdigkeiten in der Regel geschlossen. Ach ja, das da drüben, auf der anderen Seite des Detroit River, ist tatsächlich Kanada (Windsor, Kanada, um genau zu sein).

Midtown & Cultural Center

★ **Detroit Institute of Arts** MUSEUM

(313-833-7900; www.dia.org; 5200 Woodward Ave; Erw./Kind 8/4 US$; Di–Do 9–16, Fr 9–22, Sa & So 10–17 Uhr) Das Glanzstück der Detroiter Museumslandschaft. Das Herzstück der Sammlung bildet Diego Riveras Wandbild *Detroit Industry*, das einen ganzen Raum

Detroit

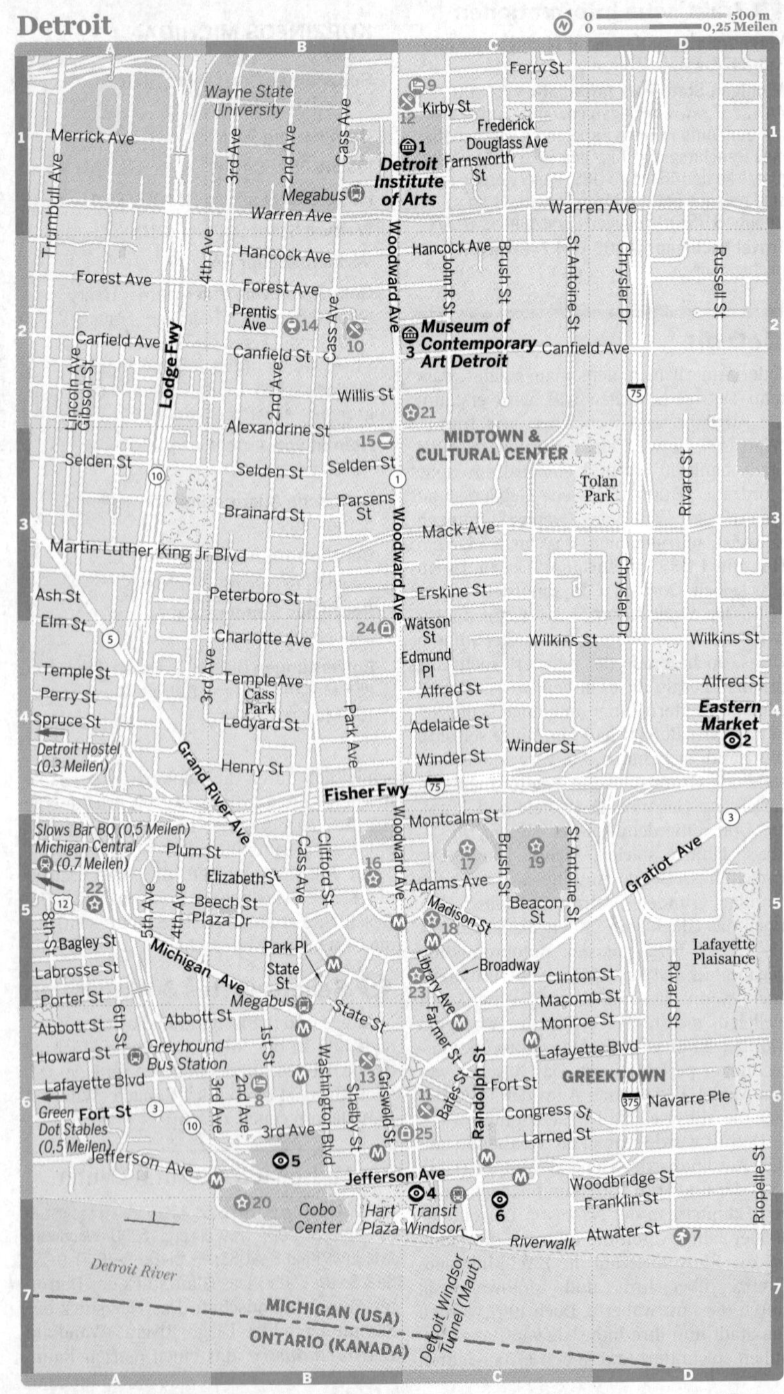
0 500 m
0 0,25 Meilen
Wayne State University
Ferry St
Kirby St
Frederick Douglass Ave
Farnsworth St
Merrick Ave
Trumbull Ave
3rd Ave
2nd Ave
Cass Ave
Detroit Institute of Arts
Megabus
Warren Ave
Hancock Ave
John R St
Brush St
St Antoine St
Chrysler Dr
Russell St
Forest Ave
4th Ave
Woodward Ave
Prentis Ave
Carfield Ave
Lincoln Ave
Gibson St
Lodge Fwy
Canfield St
Museum of Contemporary Art Detroit
Canfield Ave
Willis St
Alexandrine St
MIDTOWN & CULTURAL CENTER
Selden St
Tolan Park
Rivard St
Parsens St
Brainard St
Mack Ave
Martin Luther King Jr Blvd
Ash St
Elm St
Peterboro St
Erskine St
Charlotte Ave
Watson St
Edmund Pl
Wilkins St
Temple St
Perry St
Temple Ave
Cass Park
Ledyard St
Alfred St
Spruce St
Park Ave
Adelaide St
Eastern Market
Detroit Hostel (0,3 Meilen)
Grand River Ave
Henry St
Winder St
Fisher Fwy
Montcalm St
Slows Bar BQ (0,5 Meilen)
Michigan Central (0,7 Meilen)
Plum St
Clifford St
Elizabeth St
Adams Ave
Gratiot Ave
5th Ave
Beech St
Plaza Dr
Madison St
Beacon St
8th St
Bagley St
Michigan Ave
Park Pl
Lafayette Plaisance
Labrosse St
State St
Broadway
Library Ave
Clinton St
Porter St
Megabus
Macomb St
Abbott St
6th St
Farmer St
Monroe St
Howard St
Greyhound Bus Station
1st St
Washington Blvd
Lafayette Blvd
Shelby St
Griswold St
Bates St
Randolph St
Fort St
GREEKTOWN
Navarre Ple
Green Dot Stables (0,5 Meilen)
Congress St
Larned St
Jefferson Ave
Woodbridge St
Franklin St
Riopelle St
Cobo Center
Hart Plaza
Transit Windsor
Riverwalk
Atwater St
Detroit River
Detroit Windsor Tunnel (Maut)
MICHIGAN (USA)
ONTARIO (KANADA)

Detroit

Highlights

1 Detroit Institute of Arts ... C1
2 Eastern Market ... D4
3 Museum of Contemporary Art Detroit ... C2

Sehenswertes

4 Hart Plaza ... C6
5 People Mover ... B6
6 Renaissance Center ... C7

Aktivitäten, Kurse & Touren

7 Wheelhouse Bikes ... D7

Schlafen

8 Ft Shelby Doubletree Hotel ... B6
9 Inn on Ferry Street ... C1

Essen

10 Cass Cafe ... B2
11 Foran's Grand Trunk Pub ... C6
12 Good Girls Go to Paris Crepes ... C1
13 Lafayette Coney Island ... B6

Ausgehen & Nachtleben

14 Bronx ... B2
15 Great Lakes Coffee Bar ... B3

Unterhaltung

16 Cliff Bell's Jazz Club ... B5
17 Comerica Park ... C5
18 Detroit Opera House ... C5
19 Ford Field ... C5
20 Joe Louis Arena ... B7
21 Magic Stick & Majestic Theater ... C2
22 PJ's Lager House ... A5
23 Puppet ART/Detroit Puppet Theater ... C5

Shoppen

24 People's Records ... B4
25 Pure Detroit ... C6

füllt und die Geschichte der Industriearbeiter der Stadt reflektiert. Dahinter folgen Arbeiten von Picasso, Rüstungen, moderne afroamerikanische Malerei, Marionetten und viele andere Schätze.

★ Museum of Contemporary Art Detroit — MUSEUM

(MOCAD; ☎ 313-832-6622; www.mocadetroit.org; 4454 Woodward Ave; empfohlene Spende 5 US$; ⌚ Mi–So 11–17, Do & Fr bis 20 Uhr) Das MOCAD befindet sich in einem verlassenen, mit Graffiti übersäten Autohaus. Heizlampen baumeln an der Decke über den sehr speziellen Ausstellungen, die alle paar Monate wechseln. Regelmäßige finden Konzerte und Literaturveranstaltungen statt. Das Café verwandelt sich mittwochs zum Mittagessen und sonntags zum Brunch in ein Restaurant.

Motown Historical Museum — MUSEUM

(☎ 313-875-2264; www.motownmuseum.org; 2648 W Grand Blvd; Erw./Kind 10/8 US$; ⌚ Mo–Fr 10–20 Uhr, Juli & Aug. auch Sa 10–20 Uhr, Sept.–Juni Di–Sa 10–18 Uhr) Mit einem Kredit von 800 US$ gründete Berry Gordy 1959 in dieser unscheinbaren Häuserzeile Motown Records – und legte damit den Grundstein für die Karrieren von Stars wie Stevie Wonder, Diana Ross, Marvin Gaye und Michael Jackson. Das Label zog zwar 1972 nach Los Angeles um, doch man kann noch immer das bescheidene Studio A besuchen und sich anschauen, wo die Stars ihre ersten Hits aufgenommen haben. Die Besichtigungstour dauert etwa eineinhalb Stunden, wobei man hauptsächlich alte Fotos bestaunt und den Geschichten des Führers lauscht. Das Museum befindet sich 2 Meilen (3,2 km) nordwestlich von Midtown.

Model T Automotive Heritage Complex — MUSEUM

(☎ 313-872-8759; www.tplex.org; 461 Piquette Ave; Eintritt 10 US$; ⌚ April–Okt. Mi–Fr 10–16, Sa 9–16, So 12–16 Uhr) Henry Ford produzierte in dieser berühmten Fabrik das erste Model T. Im Eintritt enthalten sind eine ausführliche Führung mit enthusiastischen Dozenten sowie ein Blick auf jede Menge glänzender Oldtimer, der älteste davon aus dem Jahr 1904. Das Museum liegt etwa 1 Meile (1,6 km) nordöstlich vom Detroit Institute of Arts.

Downtown & Umgebung

Im belebten Greektown (rund um die Monroe St) gibt es Restaurants, Bäckereien und ein Kasino.

★ Eastern Market — MARKT

(www.detroiteasternmarket.com; Adelaide & Russell Sts) Samstags füllen sich die großen Hallen mit Verkaufsständen für Obst und Gemüse, Käse, Gewürze und Blumen. Von Montag bis Freitag kann man in der Russel Street und der Market Street, die den Markt flankieren, durch die Spezialitätengeschäfte (die Erdnussröster hier sind klasse) bummeln und sich in den Cafés, ethnischen Restaurants und bei den gelegentlich auftauchenden Food Trucks stärken.

Renaissance Center GEBÄUDE
(RenCen; www.gmrencen.com; 330 E Jefferson Ave) Das noble Hauptquartier von General Motors, das hoch in den Himmel ragt, bietet kostenloses WLAN und einstündige Gratis-Führungen (Mo–Fr um 12 und 14 Uhr); außerdem geht's von hier zur Uferpromenade.

Hart Plaza PLAZA
(Ecke Jefferson & Woodward Aves) Das ist der Schauplatz für viele kostenlose Festivals und Konzerte an den Sommerwochenenden. Und wenn man schonmal dort ist, sollte man sich auch die Skulptur von Joe Luis' mächtiger Faust anschauen.

People Mover EINSCHIENENBAHN
(www.thepeoplemover.com; fare 0,75 US$) Als Massenverkehrsmittel ist die auf einer 5 km langen Schleife fahrende Hochbahn rund um die Innenstadt ziemlich unpraktisch. Als Touristenattraktion sorgt sie aber für einen tollen Blick auf die Stadt und den Fluss.

Heidelberg Project KUNSTINSTALLATION
(www.heidelberg.org; 3600 Heidelberg St; ⌚Sonnenaufgang–Sonnenuntergang) GRATIS Gepunktete Straßen, mit knalligen Farbklecksen verzierte Häuser, seltsame Skulpturen in den Gärten – nein, das ist kein Drogentrip, sondern eine Nachbarschafts-Kunstinstallation, die sich über einen ganzen Block hinweg erstreckt. Geistiger Vater des Projekts ist der Künstlers Tyree Guyton, der seine heruntergekommene Gegend verschönern wollte. 2013 zerstörte ein Brand große Teile des Projekts, doch Guyton hat sich geschworen, es zu erhalten und alles, was nach dem Brand geblieben ist, wieder in Kunst zu verwandeln.

Zum Heidelberg Project nimmt man die Gratiot Avenue Richtung Nordwesten bis zur Heidelberg Street; es erstreckt sich von der Ellerey Street bis zur Mt. Elliott Street.

Riverwalk & Dequindre Cut STADTSPAZIERGANG, RADTOUR
(www.detroitriverfront.org) Dieser tolle, fast 5 km lange Weg erstreckt sich am Ufer des aufgewühlten Detroit River – von der Hart Plaza bis zur Mt. Elliott Street im Osten. Er führt vorbei an mehreren Parks, Freilufttheatern, Flussschiffen und Angelstellen und soll später einmal auf der **Belle Isle** mit ihren vielen Stränden enden (zurzeit muss man noch über die Jefferson Avenue gehen). In der Nähe der Orleans Street zweigt auf halber Strecke der 2,5 km lange Dequindre Cut Greenway gen Norden vom Riverwalk ab. Über ihn erreicht man den Eastern Market.

INSIDERWISSEN

DETROITS RUINEN

Mehr als 78 000 verlassene Gebäude verschandeln die Stadtlandschaft von Detroit. Unter Urban Explorers ist es beliebt geworden, nach den spektakulärsten Ruinen zu suchen. Natürlich kann man sie nicht betreten, doch sie bieten einzigartige Fotomotive. Ganz oben auf der Liste steht die **Michigan Central Station** (2405 W Vernor Hwy): Der einst grandiose Beaux-Arts-Kopfbahnhof zerfällt nun zu Staub – und das in Sichtweite der Hauptstraße von Corktown. Eine andere außergewöhnliche Ruine ist die **Packard Auto Plant** (E Grand Blvd an der Concord St). Der renommierte Architekt Albert Kahn entwarf die über 32 000 m² große Fabrik, die bei ihrer Eröffnung im Jahre 1903 ein prächtiges Bauwerk war. Heute sieht sie aus wie die Kulisse eines Zombie-Films. Es lohnt sich, sich über die aktuellen Entwicklungen zu informieren. Die Stadt würde die Gebäude gern abreißen, hat aber nicht das Geld dazu. Detroiturbex (www.detroiturbex.com) liefert Informationen zu diesen und anderen Ruinen in der Stadt.

Wheelhouse Bikes FAHRRADVERLEIH
(☎313-656-2453; www.wheelhousedetroit.com; 1340 E Atwater St; 2 Std. 15 US$; ⌚Juni–Aug. Mo–Sa 10–20, So 11–17 Uhr; Sept.–Mai verkürzte Öffnungszeiten) Die Stadt lässt sich wunderbar mit dem Fahrrad erkunden. Wheelhouse verleiht robuste Drahtesel (inkl. Helm und Schloss) an der Rivard Plaza am Riverwalk. An den Wochenenden gibt es geführte Touren (35 US$ inkl. Fahrrad) durch die Stadtviertel und zu architektonischen Highlights.

Geführte Touren

Preservation Detroit STADTSPAZIERGANG
(☎313-577-7674; www.preservationdetroit.org; 2½-stündige Tour 10–15 US$; ⌚Mai–Sept. Di 17.30 & Sa 10 Uhr) Stadtspaziergänge mit dem Schwerpunkt Architektur, die an unterschiedlichen Treffpunkten beginnen.

Feste & Events

North American International Auto Show AUTOS
(www.naias.com; Tickets 13 US$; ⌚Mitte Jan.) Im Cobo Center gibt's Mitte Januar zwei Wochen lang Autos en masse zu sehen.

Movement Electronic Music Festival MUSIK
(www.movement.us; Tageskarte 50 US$; ⌚ Ende Mai) Am Memorial-Day-Wochenende findet auf der Hart Plaza das weltweit größte Elektronic-Music-Festival statt.

Schlafen

Sofern nicht anders angegeben, kommen zu den genannten Preisen (je nach Größe und Standort der Unterkunft) noch 9 bis 15% Steuern hinzu.

In den Vororten von Detroit gibt's erschwingliche Motels zuhauf. Wenn man am Metro Airport ist, einfach beim Verlassen des Flughafens den Schildern zur Merriman Road folgen, wo man eine große Auswahl an Unterkünften hat.

Detroit Hostel HOSTEL $
(☎ 313-451-0333; www.hosteldetroit.com; 2700 Vermont St; B 27–30 US$, Zi. 40–60 US$; P @ 📶) Freiwillige renovierten dieses alte Gebäude und sammelten recyceltes Material sowie Spenden und eröffneten 2011 mit zusammengewürfelten Möbeln dieses Hostel. Es gibt einen Schlafsaal mit zehn Betten, einige kleinere Mehrbettzimmer und ein paar Privatzimmer; alle Zimmer teilen sich vier Bäder und drei Küchen. Onlinebuchungen sind möglich (und müssen mindestens 24 Std. im Voraus erfolgen).

Leihfahrräder kosten 10 US$ pro Tag. Das Hostel liegt in Corktown in einer verwahrlosten Straße, doch in der Nähe von mehreren guten Bars und Restaurants.

★ **Inn on Ferry Street** INN $$
(☎ 313-871-6000; www.innonferrystreet.com; 84 E Ferry St; Zi. inkl. Frühstück ab 159 US$; P ❄ @ 📶) Die 40 Zimmer befinden sich in einigen viktorianischen Villen direkt am Kunstmuseum. Die günstigeren Zimmer sind klein, aber mit wunderbar weichen Betten ausgestattet; in den teureren Zimmern stehen jede Menge antiker Holzmöbel. Nette Extras sind das gesunde warme Frühstück und das Shuttle ins Stadtzentrum.

Ft Shelby Doubletree Hotel HOTEL $$
(☎ 800-222-8733, 313-963-5600; http://doubletree1.hilton.com; 525 W Lafayette Blvd; Suite 126–189 US$; P ❄ @ 📶) In einem historischen Beaux-Arts-Gebäude im Zentrum befindet sich dieses recht neue Hotel. Bei allen Zimmern handelt es sich um Suiten, in denen sowohl der Wohnbereich als auch das Schlafzimmer mit HDTV und kostenlosem WLAN ausgestattet sind. Parken kostet 23 US$, außerdem bietet das Hotel ein kostenloses Shuttle durchs Zentrum.

Essen

In zwei nahegelegenen Vororten gibt's ebenfalls viele hippe Restaurants und Bars: Nämlich im zu Fuß erreichbaren, schwulenfreundlichen Ferndale an der 9 Mile Road und der Woodward Avenue sowie in Royal Oak, direkt nördlich von Ferndale zwischen der 12 Mile Road und der 13 Mile Road.

Midtown & Cultural Center

Good Girls Go to Paris Crepes CRÊPERIE $
(☎ 877-727-4727; www.goodgirlsgotopariscrepes.com; 15 E Kirby St; Hauptgerichte 6–9 US$; ⌚ Mo–Mi 9–16, Do 9–20, Fr & Sa 9–22, So 9–17 Uhr) Das französisch angehauchte Café mit roten Wänden serviert süße (Heath Bar und Ricotta) und herzhafte (Ziegenkäse und Feige) Crêpes.

Cass Cafe CAFÉ $$
(☎ 313-831-1400; www.casscafe.com; 4620 Cass Ave; Hauptgerichte 8–15 US$; ⌚ Mo–Do 11–23, Fr & Sa 11–1, So 17–22 Uhr; 📶 🌿) Das Cass ist eine alternative Kunstgalerie mit Bar und Restaurant, in dem Suppen, Sandwichs und vegetarische Köstlichkeiten wie Linsen-Walnuss-Burger aus der Küche kommen. Die Bedienung ist manchmal recht übellaunig.

Downtown

Lafayette Coney Island AMERIKANISCH $
(☎ 313-964-8198; 118 Lafayette Blvd; Snacks 2,50–4 US$; ⌚ 8–4 Uhr) Der „Coney" – ein Hotdog mit Chili und Zwiebeln – ist eine Detroiter Spezialität. Wenn die Gier zuschlägt (und das wird sie mit Sicherheit), dann ist man im Lafayette richtig. Außer dem Coney stehen auf der minimalistischen Speisekarte noch Burger, Fritten und Bier. Nur Barzahlung.

Foran's Grand Trunk Pub KNEIPE $$
(☎ 313-961-3043; www.grandtrunkpub.com; 612 Woodward Ave; Hauptgerichte 8–13 US$; ⌚ 11–24 Uhr) Die Kneipe mit der gewölbten Decke und dem langen, schmalen Speiseraum befindet sich in einem ehemaligen Bahnhof. Hier gibt's normales Kneipenessen (Sandwichs, Burger und Shepherd's Pie), das mit Zutaten aus der Gegend – beispielsweise e Avalon-Brot – sowie Obst und Gemüse vom Eastern Market zubereitet wird. Es gibt 18 Michigan-Biere vom Fass.

Corktown & Mexicantown

In Corktown, das ein Stück westlich vom Zentrum liegt, zeigt sich der Do-it-yourself-Geist der Stadt. Die Michigan Avenue säumen Hipster-Treffs, die Burger, Cocktails und Spezialkaffees anbieten. In Mexicantown an der Bagley Street, 3 Meilen (5 km) westlich vom Zentrum, gibt es einige preiswerte mexikanische Restaurants.

Green Dot Stables BURGER $
(www.greendotstables.com; 2200 W Lafayette Blvd; Hauptgerichte 2–3 US$; Mo–Mi 11–24, Do–Sa 11–1, So 12–22 Uhr) Das Lokal liegt zwar eher ungünstig zwischen Downtown, Corktown und Mexicantown, doch das hält die jungen urbanen Lebenskünstler nicht davon ab, scharenweise herzukommen, um sich die 19 verschiedenen Gourmetburger im Miniformat (z.B. Wasabi-Mayo-Tempeh oder Erdnussbutter-Kimchi) mit Poutine als Beilage schmecken zu lassen.

★ **Slows Bar BQ** BARBECUE $$
(313-962-9828; www.slowsbarbq.com; 2138 Michigan Ave; Hauptgerichte 10–19 US$; So & Mo 11–22, Di–Do 11–23, Fr & Sa 11–24 Uhr;) Hmm, hier gibt's langsam gegartes Barbecue im Stil der Südstaaten. Wer gern Fleisch isst, sollte den Kombiteller mit drei Fleischsorten (Rinderbrust, Pulled Pork und Hähnchen) bestellen. Die Optionen für Vegetarier reichen von frittierten Okraschoten bis hin zu einem Sandwich mit Hühnchenersatz. Außerdem sind 55 Qualitätsbiere vom Fass im Angebot.

Ausgehen

★ **Bronx** BAR
(4476 2nd Ave; ab 12 Uhr;) Außer einem Billardtisch, schummriger Beleuchtung und mehren Jukeboxen mit kräftigem Rock und Soul hat Detroits beste Kneipe nicht viel vorzuweisen. Doch genau so mögen die Hipster, Müßiggänger und Rocker (die White Stripes hingen hier früher oft ab) ihre Kneipen. Sie mögen auch die Burger mit viel Fleisch, die bis spät in die Nacht hinein serviert werden, und die gute Auswahl an billigem Bier.

Great Lakes Coffee Bar CAFÉ
(www.greatlakescoffee.com; 3965 Woodward Ave; Mo–Do 7–23, Fr & Sa 7–24, So 10–18 Uhr) Das Café röstet seine eigenen Bohnen und serviert ihn von Hand gebrüht. Außerdem gibt's regionale Biere, Weine, Käse und Wurst. Die hippen Möbel sind aus Holz von den zerstörten Häusern ringsum gezimmert.

☆ Unterhaltung

Livemusik

Der Eintrittspreis liegt oft zwischen 5 und 15 US$.

Magic Stick & Majestic Theater LIVEMUSIK
(www.majesticdetroit.com; 4120-4140 Woodward Ave) Im Magic Stick sind die White Stripes und die Von Bondies groß geworden. Im Majestic Theater nebenan gibt's größere Shows. Zum Komplex gehören eine Bowlingbahn, ein Billardcenter, eine Pizzeria und ein Café. Hier findet jeden Abend irgendein cooles Event statt.

PJ's Lager House LIVEMUSIK
(www.pjslagerhouse.com; 1254 Michigan Ave; ab 11 Uhr) Fast jeden Abend treten in diesem kleinen Club in Corktown Bands oder DJs auf. Tagsüber gibt es überraschend gutes Essen mit einem Hauch von New Orleans und einer veganen Note (z.B. den Tempeh-Po'boy auf glutenfreiem Brot).

Cliff Bell's Jazz Club LIVEMUSIK
(www.cliffbells.com; 2030 Park Ave) Mit dem dunklen Holz, dem Kerzenlicht und der

VON MOTOWN ZUR ROCK CITY

Motown Records und Soul haben Detroit in den 1960er-Jahren bekannt gemacht. Der hämmernde Punkrock der Stooges und von MC5 war in den 1970er-Jahren die Antwort auf glatten Sound. 1976 erhielt Detroit durch einen Song von Kiss den Beinamen „Rock City" (zu Detroits Glück wurde der Song allerdings von der Rückseite, *Beth*, in den Schatten gestellt). In jüngster Zeit hat härterer Rock – auch als Whiplash Rock'n'Roll bekannt – die Stadt an die vordere Front der Musikszene geführt. Zu den Stars aus Detroit gehören die White Stripes, die Von Bondies und die Dirtbombs. Rap (dank Eminem) und Techno sind weitere bekannte Musikrichtungen aus Detroit. Viele Musikfreaks glauben, dass die Trostlosigkeit der Stadt für die wunderbar wütende Soundexplosion verantwortlich ist. Und wer sollte das bestreiten? Was in der Stadt alles los ist, erfährt man in den kostenlosen Broschüren *Metro Times* und *Real Detroit Weekly* sowie in Blogs wie „Motor City Rocks" (www.motorcityrocks.com).

Art-déco-Einrichtung beschwört das Bell's die Eleganz der 1930er-Jahre herauf. Jeden Abend kommt ein bunt gemischtes Publikum zu den Konzerten der hiesigen Jazzbands und den Lyriklesungen.

Darstellende Künste

Puppet ART/Detroit Puppet Theater THEATER
(☎313-961-7777; www.puppetart.org; 25 E Grand River Ave; Erw./Kind 10/5 US$; 👪) In dem Theater mit 70 Plätzen präsentieren in der ehemaligen Sowjetunion ausgebildete Puppenspieler wunderschöne Shows. In einem kleinen Museum kann man Puppen aus diversen Kulturen bewundern. Die Shows finden normalerweise samstagnachmittags statt.

Detroit Opera House OPER
(☎313-237-7464; www.motopera.com; 1526 Broadway Ave) Grandioses Innendesign, erstklassige Ensembles und viele bekannte afrikanische Interpreten.

Zuschauersport

Comerica Park BASEBALL
(www.detroittigers.com; 2100 Woodward Ave; 👪) Im Comerica, einem der am besten ausgestatteten Stadien der Liga, spielen die Detroit Tigers Baseball. Der Park ist besonders kinderfreundlich, hat ein kleines Riesenrad und ein Karussell (2 US$/Fahrt).

Joe Louis Arena HOCKEY
(www.detroitredwings.com; 600 Civic Center Dr) Die beliebten Red Wings spielen in dieser Arena Profi-Eishockey. Wer während der Play-offs eine Karte ergattert, kann hier den seltsamen Brauch sehen, dass ein Oktopus auf das Spielfeld geworfen wird.

Ford Field FOOTBALL
(www.detroitlions.com; 2000 Brush St) In dem überdachten Stadion in der Nähe des Comerica Park kämpfen die Lions um den Sieg.

Palace of Auburn Hills BASKETBALL
(www.nba.com/pistons; 5 Championship Dr) Der Palace beherbergt die Pistons, ein Profi-Basketballteam. Er liegt etwa 30 Meilen (48 km) nordwestlich des Stadtzentrums. Hin kommt man über die I-75 bis Exit 81.

Shoppen

Pure Detroit SOUVENIRS
(www.puredetroit.com; 500 Griswold St; ⏲Mo–Sa 10.30–17.30 Uhr) Die von Künstlern für Pure Detroit gestalteten Produkte spiegeln die Kultur der Stadt wider, die von schnellen Autos und Rockmusik geprägt ist. Verkauft werden Handtaschen aus recycelten Sicherheitsgurten, coole Kapuzen-Shirts und Pewabic-Keramiken. Das Geschäft befindet sich im denkmalgeschützten und mit Mosaiken übersäten Guardian Building (das allein schon den Besuch lohnt).

People's Records MUSIK
(3161 Woodward Ave; ⏲Mo–Sa 10–18 Uhr) Der Laden, der einem DJ gehört, ist für Plattensammler der Vinyl-Himmel auf Erden. Das Spezialgebiet sind gebrauchte 45er-Schallplatten, wobei man zwischen mehr als 80 000 Jazz-, Soul- und R&B-Alben wählen kann.

Praktische Informationen

Die Gegend zwischen den Sportarenen im Norden bis zur Willis Road ist recht ausgestorben und sollte nach Einbruch der Dunkelheit gemieden werden.

INFOS IM INTERNET

DetroitYES (www.detroityes.com) Bilder und Texte offenbaren die Seele der Stadt.

Model D (www.modeldmedia.com) Das wöchentliche Onlinemagazin informiert über lokale Entwicklungen und hat einen nach Stadtteilen geordneten Restaurantführer und Veranstaltungskalender.

INTERNETZUGANG

In vielen Cafés und Bars sowie in der Lobby des Renaissance Center gibt's WLAN.

MEDIEN

Between the Lines (www.pridesource.com) Kostenlose Wochenzeitung für Schwule und Lesben.

Detroit Free Press (www.freep.com) Tageszeitung.

Detroit News (www.detnews.com) Tageszeitung.

Metro Times (www.metrotimes.com) Kostenlose, alternative Wochenzeitung mit dem besten Veranstaltungskalender.

NOTFALL & MEDIZINISCHE VERSORGUNG

Detroit Receiving Hospital (☎313-745-3000; 4201 St Antoine St)

TOURISTENINFORMATION

Detroit Convention & Visitors Bureau (☎800-338-7648; www.visitdetroit.com)

Anreise & Unterwegs vor Ort

Der **Detroit Metro Airport** (DTW; www.metroairport.com), ein Knotenpunkt von Delta Airlines, liegt ca. 20 Meilen (32 km) südwestlich von Detroit. Um vom Flughafen in die Stadt zu kommen, stehen nur wenige Möglichkeiten zur Verfügung. Man kann für ca. 45 US$ ein Taxi nehmen oder in den SMART-Bus 125 (2 US$) steigen, der aber eine bis anderthalb Stunden ins Zentrum braucht.

Greyhound (☎313-961-8005; 1001 Howard St) fährt in mehrere Städte in Michigan und darüber hinaus. **Megabus** (www.megabus.com/us) startet täglich ab/nach Chicago (5½ Std.); die Busse fahren im Zentrum (Ecke Cass Ave & Michigan Ave) und an der Wayne State University (Ecke Cass Ave & Warren Ave) los.

Amtrak (☎313-873-3442; 11 W Baltimore Ave) fährt dreimal täglich nach Chicago (5½ Std.). Man kann auch gen Osten aufbrechen – nach New York (16½ Std.) oder zu anderen Zielen an der Strecke –, muss aber zuerst mit dem Bus nach Toledo fahren.

Transit Windsor (☎519-944-4111; www.citywindsor.ca/transitwindsor) betreibt den Tunnel Bus nach Windsor, Kanada. Er kostet 4 $ (amerikanische oder kanadische Dollar). Los geht's an der Mariner's Church (Ecke Randolph St und Jefferson Ave) in der Nähe der Einfahrt in den Detroit-Windsor-Tunnel sowie an anderen Orten im Zentrum. Reisepass nicht vergessen!

Wer ein Taxi braucht, kann **Checker Cab** (☎313-963-7000) anrufen.

Rund um Detroit

In der unmittelbaren Umgebung von Detroit locken atemberaubende Americana sowie eine beachtliche Anzahl guter Restaurants.

Dearborn

Dearborn liegt 10 Meilen (16 km) westlich von Downtown Detroit und beherbergt einen der schönsten Museumskomplexe der USA. Das **Henry Ford Museum** (☎313-982-6001; www.thehenryford.org; 20900 Oakwood Blvd; Erw./Kind 5–12 Jahre 17/12,50$; ⏲9.30–17 Uhr) zeigt einen faszinierenden Reichtum an Gegenständen aus der US-Geschichte, etwa den Stuhl, auf dem Lincoln bei seiner Ermordung saß, die Limousine, in der Kennedy ermordet wurde, das wie ein Hot Dog aussehende Wienermobile von Oscar Mayer (die Gelegenheit zum Fotografieren nutzen!) und den Bus, in dem Rosa Parks sich weigerte, ihren Sitz abzutreten. Aber nur keine Sorge, man bekommt hier auch ganz „normale" Oldtimer zu sehen. Parken kostet 5 US$. Das angrenzende Freilichtmuseum **Greenfield Village** (Erw./Kind 25/17,50 US$; ⏲Mitte April–Okt. täglich 9.30–17 Uhr, Nov. & Dez. Fr–So 9.30–17 Uhr) zeigt historische Gebäude, die aus dem ganzen Land hierher gebracht, wiederaufgebaut und restauriert wurden, darunter Thomas Edisons Labor aus Menlo Park und eine Flugzeugwerkstatt der Gebrüder Wright. Man kann außerdem noch eine **Rouge Factory Tour** (Erw./Kind 15/11 US$; ⏲Mo–Sa 9.30–15 Uhr) dranhängen und dort, wo Henry Ford erstmals seine Massenproduktionstechniken perfektioniert hat, F-150 Trucks vom Band rollen sehen.

OLDTIMER IN MICHIGAN

Mehr noch als für Sanddünen, Strände und Mackinac Island Fudge steht Michigan für Autos. Dies hatte in den letzten Jahren zwar nicht gerade positive Folgen, aber dennoch hat der US-Staat seiner ruhmreichen Vergangenheit mit mehreren Automuseen Denkmäler gesetzt. Diese Sammlungen sind nur wenige Autostunden von der Motor City entfernt:

Henry Ford Museum (S. 642) Dieses Museum in Dearborn quillt förmlich über vor Oldtimern, unter denen auch das allererste Auto ist, das Henry Ford je gebaut hat. Im benachbarten Greenfield Village kann man in einem Model T von 1923 fahren.

Automotive Hall of Fame (☎313-240-4000; www.automotivehalloffame.org; 21400 Oakwood Blvd, Dearborn; Erw./Kind 8/4 US$; ⏲Mi–So 9–17 Uhr) Das interaktive Museum neben dem Henry Ford Museum konzentriert sich auf die Menschen hinter berühmten Autos – wie Ferdinand Porsche und Soichiro Honda.

Gilmore Car Museum (☎269-671-5089; www.gilmorecarmuseum.org; 6865 Hickory Rd; Erw./Kind 12/9 US$; ⏲Mo–Fr 9–17, Sa & So 9–18 Uhr) Der Museumskomplex nördlich von Kalamazoo am Highway 43 besteht aus 22 Scheunen, in denen 120 Oldtimer stehen, darunter 15 Rolls Royce, deren ältester ein Silver Ghost von 1910 ist.

RE Olds Transportation Museum (S. 644) (☎517-372-0529; www.reoldsmuseum.org; 240 Museum Dr, Lansing; Erw./Kind 5/3 US$; ⏲ganzjährig Di–Sa 10–17 Uhr, April–Okt. So 12–17 Uhr) 20 Oldtimer stehen hier, darunter das erste Oldsmobile, das 1897 gebaut wurde.

Die Sehenswürdigkeiten gehören nicht zusammen, aber man kann für das Henry Ford Museum und Greenfield Village ein Kombiticket (Erw./Kind 35/25,50 US$) kaufen. Für den Besuch des Museumskomplexes sollte man mindestens einen Tag einplanen.

Dearborn hat den höchsten Bevölkerungsanteil arabischstämmiger Einwohner im Land, darum ist es keine Überraschung, dass hier das **Arab American National Museum** (☎313-582-2266; www.arabamericanmuseum.org; 13624 Michigan Ave; Erw./Kind 8/4 US$; ⌚Mi–Sa 10–18, So 12–17 Uhr) steht. Es befindet sich in einem schönen Gebäude mit einer Fassade aus hellen Kacheln. Die Idee ist nobel, doch wirklich viel zu sehen gibt es hier nicht, es sei denn, man begeistert sich für das Script des Schauspielers Jamie Farr für die Fernsehserie *M*A*S*H*. Die nahe gelegene Warren Avenue säumen arabische Lokale, die ein Gefühl für die Kultur vermitteln. Das **Hamido** (www.hamidorestaurant.com; 13251 W Warren Ave; Hauptgerichte 5–12 US$; ⌚11–24 Uhr), das am türkisen Dach zu erkennen ist, serviert Humus, Hühnchen-Schawarma und andere typisch arabische Gerichte. Die vielen brutzelnden Hähnchen verraten, wie beliebt sie sind.

Ann Arbor

Das liberale, intellektuelle Ann Arbor, etwa 40 Meilen (64 km) von Detroit entfernt, ist Sitz der University of Michigan. In der Innenstadt, die an den Campus grenzt und sich gut zu Fuß erkunden lässt, wimmelt es von Coffeeshops, Buchläden und Brauereikneipen. Sie ist auch ein Mekka für Feinschmecker – und man kann einfach alles ansteuern, wo „Zingerman's" dransteht.

Sehenswertes & Aktivitäten

University of Michigan Museum of Art MUSEUM
(☎734-764-0395; www.umma.umich.edu; 525 S State St; ⌚Di–Sa 11–17, So ab 12 Uhr) GRATIS Das kühne Kunstmuseum des Campus beeindruckt mit seinen Sammlungen asiatischer Keramik, moderner abstrakter Werke und Tiffany-Glas.

Ann Arbor Farmers Market MARKT
(www.a2gov.org/market; 315 Detroit St; ⌚Mai–Dez. Mi & Sa 7–15 Uhr, Jan.–April nur Sa) Angesichts der vielen Obstgärten und Farmen in der Umgebung ist es kein Wunder, dass dieser Markt bis zum Bersten mit allem Erdenklichen – von Mixed Pickles bis hin zu Sets für die Pilzzucht – gefüllt ist. Er befindet sich im Zentrum in der Nähe von Zingerman's Deli. Sonntags findet hier ein Kunsthandwerksmarkt statt, auf dem Schmuck, Keramik und Textilien angeboten werden.

Zingerman's Bakehouse KOCHEN
(www.bakewithzing.com; 3723 Plaza Dr) Das Bakehous, das zum großen Zingerman's-Reich gehört, offeriert beliebte „bake-cations", von zweistündigen Cookie-Kursen bis hin zu einwöchigen Backkursen.

Essen & Ausgehen

Zingerman's Delicatessen FEINKOST $$
(☎734-663-3354; www.zingermansdeli.com; 422 Detroit St; Sandwichs 11–17 US$; ⌚7–22 Uhr; 👪) Das Z's, jenes Geschäft, das die Gourmetwelle hier ausgelöst hat, türmt regionale Bioprodukte und Spezialitäten zu hohen Sandwichs auf. Es befindet sich in einem weitläufigen Komplex im Zentrum, in dem es auch ein Café und eine Bäckerei gibt.

Frita Batidos KUBANISCH $$
(www.fritabatidos.com; 117 W Washington St; Hauptgerichte 8–13 US$; ⌚So–Mi 11–23, Do–Sa bis 24 Uhr) Die moderne Variante von kubanischem Straßenessen ist der letzte Schrei. Hier gibt's Burger mit tropischem und fruchtigem Belag sowie mit Alkohol gemixte Milchshakes.

★ **Zingerman's Roadhouse** AMERIKANISCH $$$
(☎734-663-3663; www.zingermansroadhouse.com; 2501 Jackson Ave; Hauptgerichte 17–27 US$; ⌚Mo–Do 7–22, Fr 7–23, Sa 9–23, So 9–21 Uhr) Ein Wort genügt: Donut-Eisbecher. Das Dessert mit einer Bourbon-Karamel-Sauce ist einfach genial, genau wie die traditionellen amerikanischen Gerichte wie Grütze nach Art von Carolina, Schweinekoteletts auf Iowa-Art und Austern à la Massachusetts. Alle werden mit Bioerzeugnissen zubereitet. Es liegt 2 Meilen (3,2 km) westlich vom Zentrum.

Jolly Pumpkin BRAUEREI
(www.jollypumpkin.com; 311 S Main St; ⌚Mo–Fr ab 11, Sa & So ab 10 Uhr) Jolly ist für seine hausgebrauten Sauerbiere (Tipp: das Bam Biere probieren), die Dachterrasse, die Pizza und die Trüffel-Pommes bekannt.

Unterhaltung

Wer zufällig an einem Wochenende im Herbst hier ankommt und sich fragt, aus welchem Grund 110 000 Menschen – was mehr oder weniger ziemlich genau der gesamten Bevölkerung von Ann Arbor entspricht – ins Stadion der Universität strömen, so lautet die Antwort: Football. Es ist so gut wie unmöglich, ein Ticket zu ergattern, besonders wenn gegen den Erzrivalen Ohio State gespielt wird. Man kann aber trotzdem beim **U of M Ticket Office** (☎734-764-0247; www.mgoblue.com/ticketoffice) sein Glück versuchen.

Blind Pig LIVEMUSIK
(www.blindpigmusic.com; 208 S 1st St) Auf dieser legendären Bühne rockten so ziemlich alle, von John Lennon über Nirvana bis hin zu den Circle Jerks.

Ark LIVEMUSIK
(www.a2ark.org; 316 S Main St) Im Ark werden Acoustic und Folk geboten.

ℹ Praktische Informationen

In Gehweite vom Zentrum befinden sich mehrere B & Bs. Hotels liegen meist etwa 5 Meilen (8 km) außerhalb, eine ganze Menge davon konzentriert sich südlich der Stadt an der State Street.

Ann Arbor Convention & Visitors Bureau (www.visitannarbor.org) Infos zu Unterkünften.

Lansing & Zentrales Michigan

Michigans Herzstück liegt im Zentrum der Lower Peninsula. Hier wechseln sich fruchtbare Farmen und von Schnellstraßen durchzogene städtische Gebiete ab.

Lansing

Das kleine Lansing ist die Hauptstadt des Bundesstaats. Einige Meilen weiter östlich liegt East Lansing, der Sitz der Michigan State University. Beim **Greater Lansing CVB** (www.lansing.org) gibt's Infos zu beiden Städten.

Zwischen dem Zentrum von Lansing und der Universität verläuft der 8 Meilen (13 km) lange **River Trail** (www.lansingrivertrail.org). Der befestigte Weg ist bei Radfahrern und Joggern beliebt und führt zu mehreren Attraktionen, beispielsweise einem Kindermusum, einem Zoo und einer Fischtreppe.

Das neue **Broad Museum of Art** (www.broadmuseum.msu.edu; 547 E Circle Dr; ⌚Di–Do & Sa–So 10–17, Fr 12–21 Uhr) GRATIS auf dem Campus ist ein absolutes Muss. Die renommierte Architektin Zaha Hadid entwarf das recht wild aussehende Parallelogramm aus rostfreiem Stahl und Glas. Die Museumssammlung umfasst allerhand zwischen griechischer Keramik und Gemälden von Salvador Dali. Das **RE Olds Transportation Museum** (☎517-372-0529; www.reoldsmuseum.org; 240 Museum Dr; Erw./Kind 6/4 US$; ⌚ganzjährig Di–Sa 10–17 Uhr, April–Okt. auch So 12–17 Uhr) wird Autofans gefallen.

Die Hotels im Zentrum von Lansing leben von Politikern und Lobbyisten und sind daher ziemlich teuer. Eine der besten Optionen ist das **Wild Goose Inn** (☎517-333-3334; www.wildgooseinn.com; 512 Albert St; Zi. inkl. Frühstück 139–159 US$; 📶) in East Lansing, ein B&B mit sechs Zimmern, das einen Block vom Campus der Michigan State University entfernt liegt. Alle Zimmer sind mit Kaminen und viele mit Whirlpools ausgestattet.

Das **Golden Harvest** (☎517-485-3663; 1625 Turner St; Hauptgerichte 7–9 US$; ⌚Mo–Fr 7–14.30, Sa & So ab 8 Uhr) ist ein lauter Diner irgendwo zwischen Punk, Rock und Hippiekultur, der Bubba-Sandwichs (Armer Ritter mit Würstchen) und herzhafte Omeletts serviert; nur Barzahlung. Im Norden des Universitätscampus wimmelt es nur so vor Restaurants, Kneipen und Nachtclubs.

Grand Rapids

Grand Rapids, die zweitgrößte Stadt Michigans, ist für ihre Büromöbelindustrie und in jüngerer Zeit auch für den Bier-Tourismus bekannt. In der Region gibt es zwanzig Kleinbrauereien. Das **Grand Rapids CVB** (www.experiencegr.com) bietet Karten und Online-Infos zu Touren auf eigene Faust.

Wer nur für den Besuch einer einzigen Brauerei Zeit hat, sollte die florierende **Founders Brewing Company** (www.foundersbrewing.com; 235 Grandville Ave SW; ⌚Mo–Sa 11–14, So 12–24 Uhr) auswählen. Das leicht rötliche Dirty Bastard Ale ist ein gutes Gebräu, dazu sind Delisandwichs mit viel Fleisch (oder Gemüse) im Angebot. Lust auf eine weitere Brauerei? Dann auf zur **Brewery Vivant** (www.breweryvivant.com; 925 Cherry St SE; ⌚Mo–Fr ab 15, Sa ab 11, So ab 12 Uhr), die sich auf Biere nach belgischer Art spezialisiert hat. Die stimmungsvolle Brauereikneipe befindet sich in einer alten Kapelle mit Buntglasfenstern und einer Gewölbedecke und serviert an den langen Gemeinschaftstischen auch Käseplatten und Burger mit regionalen Zutaten.

Eine faszinierende Sehenswürdigkeit (auch ohne Bier!) ist das **Gerald R Ford Museum** (☎616-254-0400; www.fordlibrarymuseum.gov; 303 Pearl St NW; Erw./Kind 7/3 US$;

9–17 Uhr) im Stadtzentrum, das dem einzigen amerikanischen Präsidenten aus Michigan gewidmet ist. Ford wurde Präsident, nachdem Richard Nixon und sein Vizepräsident Spiro Agnew vom Amt zurücktraten. Das Museum stellt diese spannende Periode der amerikanischen Geschichte ausgezeichnet dar und zeigt z. B. die Werkzeuge, die beim Watergate-Einbruch verwendet wurden. Ford und seine Frau Betty sind auf dem Gelände des Museums beigesetzt.

Die 48 ha großen **Frederik Meijer Gardens** (616-957-1580; www.meijergardens.org; 1000 E Beltline NE; Erw./Kind 12/6 US$; Mo–Sa 9–17, Di 9–19, Fr 11–17 Uhr) warten mit wunderschöner Blütenpracht und mit Skulpturen von Auguste Rodin, Henry Moore und anderen Künstlern auf. Sie liegen 5 Meilen (8 km) östlich vom Zentrum in der Nähe der I-196. Im Zentrum gibt es auch ein gutes Kunstmuseum.

Nachts kann man es sich im **CityFlats Hotel** (866-609-2489; www.cityflatshotel.com/grandrapids; 83 Monroe Center St NW; Zi. 169–239 US$;) im Zentrum unter Bambusbettwäsche gemütlich machen; es wurde vom Leed (Leadership in Energy and Environmental Design) mit der Qualitätsstufe Gold zertifiziert.

Lake Michigan

Das Ufer des Lake Michigan wird nicht umsonst Gold Coast genannt. Michigans 500 km lange Westküste bietet endlose Strände, Dünen, Weingüter, Obstgärten und kleine Städte mit B&Bs, die im Sommer boomen und im Winter im Schnee versinken. Gut zu wissen: Alle hier genannten State Parks akzeptieren **Reservierungen für Stellplätze** (800-447-2757; www.midnrreservations.com; Gebühr 8 US$) und verlangen, sofern nicht anders angegeben, eine Genehmigung für Fahrzeuge (Tag/Jahr 9/31 US$).

Harbor Country

Das Harbor Country besteht aus einer Gruppe von acht kleinen Städten am See, gleich hinter der Grenze zu Michigan (und eignet sich perfekt für einen Tagesausflug von Chicago aus). Logisch: Hier gibt's Strände, Weingüter und Antiquitätenläden. Aber das ist nicht alles, es gibt auch noch ein paar große Überraschungen. In der **Harbor Country Chamber of Commerce** (www.harborcountry.org) sind alle wichtigen Infos erhältlich.

Also, zunächst mal: Ja, wirklich, man kann auf dem Lake Michigan surfen! Und die in einem VW-Bus herumkurvenden Leute vom **Third Coast Surf Shop** (269-932-4575; www.thirdcoastsurfshop.com; 110-C N Whittaker S Smith St; Mitte Mai–Ende Sept. 10–18 Uhr) zeigen einem, wie das geht. Neoprenanzüge, Surfbretter, Skimboards und Paddle-Boards werden gestellt (die Leihgebühr beträgt pro Tag zwischen 20 und 35 US$). Anfänger können am öffentlichen Strand von Juni bis Mitte September an eineinhalbstündigen **Kursen** (inkl. Ausrüstung 55–75 US$) teilnehmen. Der Surfshop ist in New Buffalo, der größten Stadt im Harbor Country.

Three Oaks ist die einzige Gemeinde im Harbor Country, die im Landesinneren liegt (6 Meilen, bzw. 9,6 km, landeinwärts auf der US12). Hier trifft Green Acres auf Greenwich Village – eine coole Mischung aus Farmen und Kunst. Tagsüber sollte man sich bei der **Dewey Cannon Trading Company** (269-756-3361; www.applecidercentury.com; 3 Dewey Cannon Ave; Fahrrad 20 US$/Tag; So–Fr 9–17 Uhr) ein Fahrrad leihen und auf den wenig befahrenen Landstraßen vorbei an Obstgärten und Weingütern radeln. Abends kann man sich dann im Theater von Three Oaks eine provokante Aufführung oder einen Arthaus-Film im Kino anschauen.

Hungrig? Bei **Redamak's** (www.redamaks.com; 616 E Buffalo St; Burger 5–10 US$; März–Okt. 12–22.30 Uhr) in New Buffalo gibt's leckere in Wachspapier eingewickelte Cheeseburger, würzige Spiralpommes und kaltes Bier.

Saugatuck & Douglas

Saugatuck ist einer der beliebtesten Ferienorte an der Gold Coast. Er ist bekannt für eine große Künstlergemeinde, viele B&Bs und eine schwulenfreundliche Atmosphäre. Die Zwillingsstadt Douglas liegt etwa 2 km weiter südlich. Die beiden Städte gehen fast nahtlos ineinander über. Im **Saugatuck/Douglas CVB** (www.saugatuck.com) gibt's Karten und mehr.

WINE TRAIL

Zwischen New Buffalo und Saugatuck liegen dutzend Weingüter. Für den **Lake Michigan Shore Wine Trail** (www.lakemichiganshorewinetrail.com) gibt's eine Karte zum Download, in der die Weingüter verzeichnet sind. Sie sind auch meistens am Highway ausgeschildert.

Die beste Unternehmung in Saugatuck ist zugleich auch die preiswerteste. Man springt auf die **Saugatuck Chain Ferry** (am Ende der Mary St; einfache Fahrt 1 US$; ⌚ Ende Mai–Anfang Sept. 9–21 Uhr) und lässt sich über den Kalamazoo River schippern. Auf der anderen Seite angekommen, geht man am Dock nach rechts und erreicht schon bald den **Mt. Baldhead**, eine 60 m hohe Sanddüne. Wer die Treppen hinaufschnauft, bekommt eine grandiose Aussicht geboten und kann an der anderen Seite zum wunderschönen **Oval Beach** hinuntereilen.

In der Innenstadt gibt's rund um die Water Street und die Butler Street Galerien und Läden en masse. Antiquitäten und Trödel findet man auf dem Blue Star Highway, der von Saugatuck 20 Meilen (32 km) nach Süden führt. Einen tollen Zwischenstopp bieten die Farmen an diesem Straßenabschnitt – dort kann man selbst Heidelbeeren pflücken.

In den 100 Jahre alten viktorianischen Häusern von Saugatuck verstecken sich zahlreiche niedliche B&Bs, die meist zwischen 125 und 300 US$ pro Nacht kosten. Empfehlenswert ist das **Bayside Inn** (☎269-857-4321; www.baysideinn.net; 618 Water St; Zi. inkl. Frühstück 150–280 US$; 📶), ein ehemaliges Bootshaus am Wasser mit zehn Zimmern, oder die retro-coole **Pines Motorlodge** (☎269-857-5211; www.thepinesmotorlodge.com; 56 Blue Star Hwy; Zi. inkl. Frühstück 139–199 US$; 📶) in Douglas mit allerhand Tannen.

In puncto Essen verdient **Wicks Park Bar & Grill** (☎269-857-2888; www.wickspark.com; 449 Water St; Hauptgerichte 11–25 US$; ⌚11.30–21 Uhr) Erwähnung: Es liegt hübsch an der Kettenfähre und bietet Livemusik. Die Einheimischen treffen sich gern in der **Saugatuck Brewing Company** (www.saugatuckbrewing.com; 2948 Blue Star Hwy; ⌚So–Do 11–23, Fr & Sa 10–23 Uhr) auf ein vor Ort gebrautes Bier. Zum Nachtisch kann man in **Crane's Pie Pantry** (☎269-561-2297; www.cranespiepantry.com; 6054 124th Ave; Küchenstücke 4$ ⌚Mai–Okt. Mo–Sa 9–20, So 11–20 Uhr, Nov.–April verkürzte Öffnungszeiten) ein Riesenstück Torte verdrücken oder in den umliegenden Obstgärten Äpfel und Pfirsiche pflücken. Crane's findet man in Fennville: 3 Meilen (4,8 km) auf dem Blue Star Highway gen Süden fahren, dann 4 Meilen (6,4 km) auf dem Highway 89 ins Landesinnere.

Muskegon & Ludington

Die **Fähre Lake Express** (☎866-914-1010; www.lake-express.com; ⌚Mai–Okt.) verkehrt zwischen Muskegon und Milwaukee (einfache Fahrt Erw./Kind/Auto ab 83/26/87 US$, 2½ Std.) und bietet eine beträchtliche Abkürzung auf der Fahrt von Michigan nach Wisconsin. Die Stadt ist nicht sonderlich interessant, doch dafür ist im **Muskegon Luge & Sports Complex** (☎231-744-9629; www.msports.org; 442 Scenic Dr) wirklich was los: Er bietet eine tolle Rodelbahn (auch im Sommer nutzbar) sowie Langlaufloipen. Im Norden der Stadt am See liegt der **Ludington State Park** (☎231-843-8671; Zelt- & Wohnmobilstellplätze 16–29 US$, Hütten 45 US$), eines der größten und beliebtesten Freizeitgebiete Michigans. Hier gibt's ein erstklassiges Wegenetz, einen renovierten Leuchtturm, den man besuchen (und als ehrenamtlicher Leuchtturmwärter auch bewohnen) kann – und obendrein kilometerlange Strände.

Sleeping Bear Dunes National Lakeshore

Dieser Nationalpark beginnt nördlich von Frankfort und zieht sich bis fast nach Leland auf der Leelanau Peninsula. Im **Visitor Center** (☎231-326-5134; www.nps.gov/slbe; 9922 Front St; ⌚Juni–Aug. 8.30–18 Uhr, Sept.–Mai 8.30–16 Uhr) in Empire sollte man anhalten und sich Infos, Wanderkarten und Zufahrtsgenehmigungen für das Auto (Woche/Jahr 10/20 US$) besorgen.

Zu den Highlights des Parks gehören der berühmte **Dune Climb** am Highway 109, eine 61 m hohe Düne, die man zunächst hinaufklettert, nur um dann wieder runter

ABSTECHER

MANITOU ISLANDS

Wer das Abenteuer in der Wildnis sucht, fährt auf die Manitou Islands. Sie sind Teil der Sleeping Bear Dunes National Lakeshore. **Manitou Island Transit** (☎231-256-9061; www.manitoutransit.com) kann bei der Planung von Campingtrips auf North Manitou oder von Tagesausflügen nach South Manitou helfen. Kajakfahren und Wandern sind hier sehr beliebte Aktivitäten, besonders der 11 km lange Weg zum Valley of the Giants, einem geheimnisvollen Zedernhain auf South Manitou. **Fähren** (hin & zurück Erw./Kind 35/20 US$, 1½ Std.) starten in Leland zwischen Mai und Mitte Oktober siebenmal pro Woche.

zu rennen oder sogar zu rollen. Wer unbedingt seine Beinmuskeln quälen will, kann weiter bis zum Lake Michigan stapfen; die anstrengende Wanderung dauert pro Strecke 1½ Stunden – unbedingt Wasser mitnehmen! Der schöne, asphaltierte **Sleeping Bear Heritage Trail** (www.sleepingbeartrail.org), auf dem es vor Wanderern und Radfahrern nur so wimmelt, führt über 5 Meilen (8 km) von Glen Arbor zum Dune Climb. Im Sommer 2014 soll die Erweiterung bis Empire fertiggestellt sein. Wer weniger Zeit oder Kondition hat, befährt einfach den 7 Meilen (11 km) langen, einspurigen **Pierce Stocking Scenic Drive**, an dem viele Picknickplätze liegen und der die vielleicht beste Möglichkeit bietet, die großartige Aussicht auf den See zu genießen.

Nach dem Parkbesuch kann man ins kleine **Leland** (www.lelandmi.com) fahren, in einem Restaurant am Ufer im Stadtzentrum etwas essen und sich im stimmungsvollen Fishtown mit seinen verwitterten Buden und Geschäften umschauen. Von dort aus fahren Boote zu den Manitou Islands.

Auf der Weiterfahrt kommt man in der Nähe von Suttons Bay zu **Tandem Ciders** (www.tandemciders.com; 2055 Setterbo Rd; ⌚Mo–Sa 12–18, So bis 17 Uhr), das im Verkostungsraum der kleinen familiengeführten Farm köstliche Apfelweine ausschenkt.

Traverse City

Michigans „Hauptstadt der Kirschen" ist die größte Stadt der nördlichen Hälfte der Lower Peninsula. Ihr Stadtgebiet breitet sich zwar ziemlich weit aus, aber es ist eine schöne Basis, von der aus man die Sleeping Bear Dunes, die Weingüter der Mission Peninsula, die Obstgärten und weitere Sehenswürdigkeiten der Region erkunden kann.

Im **Visitor Center** (☎231-947-1120; www.traversecity.com; 101 W Grandview Pkwy; ⌚Mo–Sa 9–18, So 11–15 Uhr) im Zentrum gibt's Karten und eine Broschüre (auch online erhältlich; auf der Website „Things to Do" anklicken) für eine Gourmet-Tour auf eigene Faust.

Eine Autofahrt zu den Weingütern ist ein Muss! Von Traverse City aus geht's auf dem Highway 37 20 Meilen (32 km) nach Norden – bis zum Ende der mit Reben und Kirschbäumen bepflanzten Old Mission Peninsula. Dann hat man die Qual der Wahl: Das **Chateau Grand Traverse** (www.cgtwines.com; ⌚Mo–Sa 10–19, So 10–18 Uhr) und das **Chateau Chantal** (www.chateauchantal.com; ⌚Mo–Sa 11–20, So 11–18 Uhr) schenken wunderbaren Chardonnay und Pinot Noir aus. Die **Peninsula Cellars** (www.peninsulacellars.com; ⌚10–18 Uhr) in einem alten Schulhaus stellen gute Weißweine her; hier ist es nicht so überlaufen. Wer eine Flasche kauft, sollte sie am Strand vom Lighthouse Park öffnen und den Wein genießen, während die Wellen die Zehen umspielen. Die Weingüter sind ganzjährig geöffnet, haben im Winter aber verkürzte Öffnungszeiten.

Während des **Traverse City Film Festivals** (www.traversecityfilmfest.org; ⌚Ende Juli) geht's hier zu wie in Hollywood. Dann kommt nämlich der Gründer (und gebürtige Michiganer) Michael Moore in die Stadt und zeigt sechs Tage lang Dokus, internationale Streifen und „einfach nur tolle Filme".

Rund um Traverse City säumen etliche Strände, Resorts, Motels und Wassersportanbieter die US 31. An den Wochenenden sind die Unterkünfte oft voll und deutlich teurer. Auf der Website des Visitor Center sind die verschiedenen Übernachtungsmöglichkeiten aufgelistet. Die meisten Resorts mit Blick auf die Bucht kosten pro Nacht zwischen 150 und 250 US$. Die oben genannten Weingüter Chantal und Grand Traverse fungieren auch als B&Bs. Sie gehören der gleichen Preisklasse an.

Im **Park Shore Resort** (☎877-349-8898; www.parkshoreresort.com; 1401 US 31 N; Zi. inkl. Frühstück ab 199 US$; ❄📶🏊) können die Gäste Jetskis ausleihen und es sich allabendlich am Lagerfeuer gemütlich machen. Die Motels auf der anderen Seite der US 31 (und nicht am Wasser) haben moderate Preise, z. B. das **Mitchell Creek Inn** (☎231-947-9330; www.mitchellcreek.com; 894 Munson Ave; Zi./Cottage ab 60/125 US$; 📶) in der Nähe des Strands vom State Park.

Nach einem erlebnisreichen Tag in der Sonne kann man sich im beliebten **Folgarelli's** (☎231-941-7651; www.folgarellis.net; 424 W Front St; Sandwiches 7–11 US$; ⌚Mo–Fr 9.30–18.30, Sa 9.30–17.30, So 11–16 Uhr) mit einem Sandwich stärken und dann im **7 Monks Taproom** (www.7monkstap.com; 128 S Union St; ⌚12–24 Uhr) belgische und heimische Biere genießen.

Charlevoix & Petoskey

In diesen beiden Städten gibt's mehrere Hemingway-Sehenswürdigkeiten. Außerdem haben Michigans Wohlhabende hier ihre Sommerresidenzen. In beiden Innenstädten gibt's Gourmet-Restaurants und edle Shops. In den Häfen liegen unzählige Jachten.

KARTEN ZU WANDERWEGEN

Eine Wanderung durch die Wälder kann man wunderbar mit **Michigan Trail Maps** (www.michigantrailmaps.com), einer kostenlosen Website mit mehr als 100 Wegbeschreibungen, planen. Zunächst sucht man nach Gegend, Weglänge oder Aktivität (z.B. Vogelbeobachtung), dann lädt man sich das Gewünschte als PDF herunter und kann die ausgezeichneten Karten ausdrucken. Dies klappt zurzeit aber nur mit den Wegen auf der Lower Peninsula, die der Upper Peninsula sind noch in Arbeit.

In Petoskey kann man im schönen historischen **Stafford's Perry Hotel** (231-347-4000; www.staffords.com; Bay at Lewis St; Zi. 149–269 US$;) übernachten. Der **Petoskey State Park** (231-347-2311; 2475 Hwy 119; Stellplatz Zelt & Wohnmobil 27–29 US$) mit seinem herrlichen Strand liegt in Richtung Norden am Highway 119. Man sollte nach den Petoskey-Steinen Ausschau halten; sie haben ein wabenförmiges Muster und bestehen aus alten Korallen. Von dort aus geht's weiter auf dem Highway 119, der auch als **Tunnel of Trees Scenic Route** bekannt ist. Die Panoramastraße schlängelt sich auf ihrem Weg zu den Straits of Mackinac gen Norden durch dichte Wälder und an steilen Klippen entlang.

Straits of Mackinac

Das Gebiet zwischen den beiden Halbinseln Michigans blickt, was Befestigungsanlagen und Süßwaren anbetrifft, auf eine lange Tradition zurück. Die autofreie Insel Mackinac Island ist *der* Touristenmagnet Michigans.

Eine der spektakulärsten Sehenswürdigkeiten hier ist die 5 Meilen (8 km) lange **Mackinac Bridge** (auch „Big Mac" genannt), die die Straits of Mackinac überspannt. Die Mautgebühr von 4 US$ ist jeden Cent wert: Einen solch unglaublichen Blick auf zwei der Großen Seen, zwei Halbinseln und Hunderte von Inseln gibt es kein zweites Mal!

Zur Erinnerung: Obwohl es anders geschrieben wird, spricht man *meck-in-ao.*

Mackinaw City

Südlich der Mackinac Bridge an der I-75 liegt das Touristennest Mackinaw City. Es hat ein paar interessante Sehenswürdigkeiten zu bieten.

Direkt neben der Brücke (das Visitor Center ist unter der Brücke) befindet sich **Colonial Michilimackinac** (231-436-5564; www.mackinacparks.com; Erw./Kind 11/6,50 US$; Juni–Aug. 9.30–17 Uhr, Mai & Sept.–Mitte Okt. bis 17 Uhr) mit seinen rekonstruierten Befestigungsanlagen – ein *National Historic Landmark*, das die Franzosen 1715 errichteten. Etwa 3 Meilen (5 km) südöstlich der Stadt an der US 23 liegt **Historic Mill Creek** (231-436-4226; www.mackinacparks.com; Erw./Kind 8/4,75 US$; Juni–Aug. 9–17 Uhr, Mai & Sept.–Mitte Okt. bis 16 Uhr) mit einer Sägemühle aus dem 18. Jh., historischen Ausstellungsstücken und naturkundlichen Wanderwegen. Mit dem Kombiticket für beide Sehenswürdigkeiten und das Fort Mackinac wird's günstiger.

Wer kein Quartier auf Mackinac Island bekommt – was die erste Wahl sein sollte –, kann in einem der Motels an der I-75 bzw. der US 23 in Mackinaw City übernachten. Die meisten kosten über 100 US$ pro Nacht. Das **Days Inn** (231-436-8961; www.daysinn.com; 206 N Nicolet St; Zi. inkl. Frühstück 115–170 US$;) ist empfehlenswert.

St. Ignace

St. Ignace, die zweitälteste Siedlung Michigans, wurde im Jahre 1671 von Père Jacques Marquette als Mission gegründet. Es liegt am Nordende der Mackinac Bridge und ist eine weitere Ausgangsbasis für Mackinac Island. Sobald man die Brückenmaut gezahlt hat, kommt man am riesigen Visitor Center (906-643-6979; I-75N; Sommer tgl. 9–17.30 Uhr, übriges Jahr Do–Mo) vorbei, in dem es Regale voller Broschüren mit Infos über Michigan gibt.

Mackinac Island

Mackinac Island ist das touristische Juwel Michigans. Hin kommt man entweder ab Mackinaw City oder ab St. Ignace mit der Fähre. Die Lage der Insel am Übergang zwischen dem Lake Michigan und dem Lake Huron machte sie zum wertvollen Hafen für den nordamerikanischen Pelzhandel – und zu einem Ort, um den Briten und Amerikaner mehrmals gegeneinander kämpfen.

Das wichtigste Jahr in der Geschichte dieser 810 ha großen Insel war 1898 – jenes Jahr, in dem die Autos von der Insel verbannt wurden, um den Tourismus anzukurbeln. Heute werden alle Ausflüge mit Pferden oder dem Fahrrad gemacht; sogar die Polizei benutzt auf ihren Patrouillen durch die Stadt Drahtesel. Besonders an Sommerwochenenden fallen Horden von Touristen, die von den Insulanern Fudgies genannt werden, über die Insel her. Doch wenn am Abend die letzte Fähre ablegt und mit ihr auch die letzten Tagesausflügler verschwinden, offenbart sich der wahre Reiz der Insel und man driftet in eine andere, gemächlichere Welt.

Das **Visitor Center** (☎800-454-5227; www.mackinacisland.org; Main St; ⏲9–17 Uhr) am Arnold Line Ferry Dock hat Wander- und Fahrradkarten. 80 % der Insel stehen als State Park unter Schutz. Zwischen November und April hat so gut wie alles geschlossen.

Sehenswertes & Aktivitäten

Die Uferstraße der Insel, der Highway 185, ist der einzige Highway Michigans, auf dem keine Autos fahren dürfen. Am besten lässt sich die unglaubliche Kulisse der 13 km langen Straße genießen, wenn man mit dem Fahrrad unterwegs ist. Dazu bringt man entweder sein eigenes Fahrrad mit oder leiht sich für 8 US$ pro Stunde eins bei einem der vielen Geschäfte.

Die beiden schönsten Sehenswürdigkeiten sind kostenlos: Der **Arch Rock**, ein riesiger Kalksteinbogen, der 45 m über dem Lake Huron thront, und **Fort Holmes**, das zweite Fort der Insel. Wer will, macht einen Ausflug zum **Grand Hotel**, das sich seiner Veranda rühmt, die fast bis nach Detroit reicht. Wenn man nicht im Grand übernachtet (min. 240 US$/Nacht & Pers.), muss man 10 US$ berappen, um die Veranda betreten zu dürfen. Am besten bewundert man sie also aus der Ferne.

Fort Mackinac HISTORISCHE STÄTTE
(☎906-847-3328; www.mackinacparks.com; Erw./Kind 11/6,50 US$; ⏲Juni–Aug. 9.30–18 Uhr, Mai & Sept.–Mitte Okt. 9.30–16.30 Uhr; 👪) Fort Mackinac thront auf einem Kalksteinfelsen in der Nähe des Zentrums. Es wurde 1780 von den Briten errichtet und ist eines der am besten erhaltenen Forts des Landes. Kostümierte Darsteller sowie Kanonen- und Gewehrschüsse (alle 30 Min.) schinden vor allem bei den Kids mächtig Eindruck. Man sollte im Teezimmer einen Happen essen. Von den Tischen im Außenbereich hat man einen unvergleichlichen Blick auf die Innenstadt und die Straits of Mackinac.

Das Ticket für das Fort gilt auch für fünf weitere Museen der Stadt entlang der Market Street, z. B. für das Dr. Beaumont Museum (hier führte der Arzt seine berühmten Experimente am Verdauungstrakt durch) und für den Benjamin Blacksmith Shop. Das **Mackinac Art Museum** (Erw./Kind 5/3,50 US$), der Newcomer unter den hiesigen Museen, beherbergt indianische und andere Kunst.

AUF DEN SPUREN HEMINGWAYS

Mehrere Schriftsteller haben Verbindungen zu Michigans Nordwesten, aber keiner ist so berühmt wie Ernest Hemingway, der die Sommer seiner Jugend hier im Ferienhaus seiner Eltern am Walloon Lake verbrachte. Fans von Hemingway fahren oft durch die Gegend, um jene Orte zu besichtigen, die in seine Werke Eingang gefunden haben.

Die erste Station ist Horton Bay. Wenn man auf der US 31 nach Norden fährt, passiert man Charlevoix mit seinem Jachthafen und biegt dann gen Osten in die Boyne City Road ab. Weiter geht's am Lake Charlevoix bis zum **Horton Bay General Store** (☎231-582-7827; www.hortonbaygeneralstore.com; 05115 Boyne City Rd; ⏲MitteMai–Mitte Okt. 8–14 Uhr). Hemingway-Fans werden das Gebäude an der hohen, falschen Fassade aus der Kurzgeschichte *Oben in Michigan* erkennen. Wer in Hemingway-Büchern schmökern will oder auf der Suche nach einem Hemingway-Souvenir ist, sollte dem **Red Fox Inn Bookstore** (05156 Boyne City Rd; ⏲Ende Mai–Anfang Sept.) nebenan einen Besuch abstatten.

Im ebenfalls am Highway 31 gelegenen Petoskey kann man im **Little Traverse History Museum** (☎231-347-2620; www.petoskeymuseum.org; 100 Depot Ct; Erw./Kind 2/1 US$; ⏲Juni–Mitte Okt. Mo–Fr 10–16, Sa 13–16 Uhr) eine Hemingway-Sammlung bewundern, u. a. ein paar seltene Erstausgaben, die der Autor für einen Freund 1947 signiert hat. Danach kann man den **City Park Grill** (☎231-347-0101; www.cityparkgrill.com; 432 E Lake St; ⏲Mo–Fr 11.30–23, Sa & So 11.30–24 Uhr), Hemingways Stammlokal, besuchen.

Tour Hemingway's Michigan (www.mihemingwaytour.org) hat weitere Infos für Touren auf eigene Faust.

Schlafen

Für Sommerwochenenden sind die Unterkünfte lange im Voraus ausgebucht. Von Juli bis Mitte August ist Hauptsaison. Auf der Website des Visitor Centers gibt's eine Liste mit Unterkünften. Campen ist auf der ganzen Insel verboten.

Die meisten Hotels und B&Bs verlangen für zwei Personen 180 US$ aufwärts. Vom Zentrum aus zu Fuß erreichbare Ausnahmen sind beispielsweise:

Bogan Lane Inn B&B **$$**
(906-847-3439; www.boganlaneinn.com; Bogan Lane; Zi. inkl. Frühstück 90–130 US) Vier Zimmer, Gemeinschaftsbad.

Cloghaun B&B B&B **$$**
(906-847-3885; www.cloghaun.com; Market St; Zi. inkl. Frühstück 112–197 US$; Mitte Mai–Ende Okt.;) Elf Zimmer, davon einige mit Gemeinschaftsbad.

Hart's B&B B&B **$$**
(906-847-3854; www.hartsmackinac.com; Market St; Zi. inkl. Frühstück 150–190 US$; Mitte Mai–Ende Okt.;) Acht Zimmer, alle mit Bad.

Essen & Ausgehen

Die bekanntesten Lokale auf der Insel sind Fudge-Shops. Widerstand ist zwecklos – sie benutzen Ventilatoren, um damit den verlockenden Duft auf die Huron Street zu befördern. Hamburger- und Sandwichläden gibt's in der Innenstadt en masse.

JL Beanery Coffeehouse CAFÉ **$**
(906-847-6533; Huron St; Hauptgerichte 6–13 US$; 7–19 Uhr;) In dem Café am Wasser kann man Zeitung lesen, an einem dampfenden Kaffee nippen und dabei auf den See blicken. Leckeres Frühstück, tolle Sandwichs und Suppen.

Horn's Bar BURGER, MEXIKANISCH **$$**
(906-847-6154; www.hornsbar.com; Main St; Hauptgerichte 10–19 US$; 11–2 Uhr) Horn's Saloon serviert amerikanische Burger und mexikanische Gerichte bei allabendlicher Liveunterhaltung.

Cawthorne's Village Inn AMERIKANISCH **$$$**
(906-847-3542; www.grandhotel.com; Hoban St; Hauptgerichte 18–27 US$; 11–2 Uhr) In diesem ganzjährig geöffneten Treffpunkt der Einheimischen mit Bar und Sitzbereich im Freien gibt es gegrillten Weißfisch, in der Pfanne gebratenen Barsch und anderes Getier (frisch aus dem See) sowie tolle Fleisch- und Pastagerichte. Es wird vom Grand Hotel betrieben.

Anreise & Unterwegs vor Ort

Drei Fährgesellschaften – **Arnold Line** (800-542-8528; www.arnoldline.com), **Shepler's** (800-828-6157; www.sheplersferry.com) und **Star Line** (800-638-9892; www.mackinacferry.com) – verkehren sowohl von Mackinaw City als auch von St. Ignace aus. Alle berechnen denselben Preis: Hin & zurück zahlt man pro Erw./Kind/Fahrrad 25/13/8 US$. Wer online bucht, spart ein paar Dollar. Die Fähren fahren von Mai bis Oktober mehrmals täglich; die Arnold Line ist je nach Witterungsverhältnissen auch länger in Betrieb. Die Fahrt dauert ca. 15 Minuten. Wer erst einmal auf der Insel ist, kommt per Pferdekutsche voran. Man kann sich aber auch ein Fahrrad leihen.

Upper Peninsula

Die Upper Peninsula (UP) ist eines der Highlights im Mittleren Westen. Sie ist wild und einsam, 90 % des Landes sind von Laubwäldern bedeckt. Gerade einmal 45 Meilen (72 km) Fernstraße durchqueren die Wälder, auf die sich eine Hand voll Städte verteilen. Marquette ist mit 20 000 Einwohnern die größte unter ihnen. Zwischen den Orten befinden sich endlos lange Uferstreifen am Lake Huron, Lake Michigan und Lake Superior, malerische kleine Straßen und – Pasteten. Die Rezepte für die Pot Pies mit Fleisch und Gemüse wurden vor 150 Jahren von Bergarbeitern aus Cornwall mitgebracht.

Hier oben im Norden betritt man eine andere Welt. Die Bewohner der UP, die auch „Yoopers" genannt werden, sehen sich selbst eigentlich gar nicht so recht als Michiganer – sie haben in der Vergangenheit gar schon damit gedroht, sich unabhängig zu machen.

Sault Ste. Marie & Tahquamenon Falls

Sault Ste. Marie (Sault wird „suu" ausgesprochen) wurde 1668 gegründet und ist die älteste Stadt Michigans und die drittälteste Stadt der USA. Sie ist durch ihre Schleusen bekannt, die 300 m lange Frachter die verschiedenen Wasserniveaus der Seen hoch- und runterhieven. Das **Soo Locks Park & Visitors Center** (Mitte Mai–Mitte Okt. 9–21 Uhr) befindet sich in der Innenstadt in der Portage Avenue (I-75, Exit 394 und dann nach links). Dort gibt es Ausstellungen, Videovorführungen und Beobachtungsdecks, von denen aus man sehen kann, wie die Schiffe die rund 6,5 m Höhenunterschied zwischen dem Lake Superior und dem Lake Huron überwinden. Kneipen und Cafés säumen die Portage Avenue. Im **Sault CVB** (www.saultstemarie.com) sind Unmengen Infos und Broschüren erhältlich.

Die Top-Attraktion der östlichen UP liegt eine Autostunde westlich von Sault Ste. Marie und ist über die Highways 28 und 123 zu erreichen. Das Wasser der herrlichen **Tahquamenon Falls** hat eine Färbung, die an Tee erinnert. Die haben die Wasserfälle den Nadeln der flussaufwärts stehenden Hemlocktannen zu verdanken. Die Upper Falls im **Tahquamenon Falls State Park** (☎906-492-3415; 8 US$/Auto) sind 60 m breit und stürzen sich 15 m in die Tiefe. Sie begeistern so ziemlich jeden Schaulustigen, so auch Henry Wadsworth Longfellow, der sie in seinem Lied von *Hiawatha* erwähnte. Die Lower Falls sind eine Reihe von kleineren Wasserfällen, die man wunderbar in einem Ruderboot erkunden kann. In dem großen State Park gibt es tolle Camping- (Zelt & Wohnmobil 16–23 US$) und Wandermöglichkeiten – und als i-Tüpfelchen obendrauf eine Brauereikneipe unweit des Parkeingangs.

Nördlich des Parks, jenseits des kleinen Orts Paradise, befindet sich das faszinierende **Great Lakes Shipwreck Museum** (☎888-492-3747; www.shipwreckmuseum.com; 18335 N Whitefish Point Rd; Erw./Kind 13/9 US$; ⏲Mai–Okt. 10–18 Uhr), in dem man Gegenstände bewundern kann, die von gesunkenen Schiffen stammen. Dutzende Schiffe – darunter auch die *Edmund Fitzgerald*, über die Gordon Lightfoot sang – sind den übervollen Schifffahrtsstraßen und dem oft stürmischen Wetter zum Opfer gefallen, was der Gegend so nette Spitznamen wie „Schiffswrackküste“ und „Friedhof der Großen Seen“ einbrachte. Auf dem Gelände befinden sich außerdem ein Leuchtturm, den Präsident Lincoln persönlich in Auftrag gab, und ein Vogelobservatorium, an dem 300 Spezies vorbeiziehen. Wer den nebeligen Ort für sich allein haben möchte, kann im **Whitefish Point Light Station B&B** (☎888-492-3747; Zi. 150 US$; ⏲Mai–Okt.) übernachten. Hier gibt's fünf Zimmer im ehemaligen Quartier der Küstenwache.

Pictured Rocks National Lakeshore

Am wunderschönen Lake Superior liegt die **Pictured Rocks National Lakeshore** (www.nps.gov/piro), eine Reihe schroffer Klippen und Höhlen aus rotem und gelbem Sandstein, den blaue und grüne Mineralstoffe in ein gestreiftes Farbenmeer verwandelt haben. Die Route 58 (Alger County Road) führt 52 langsame Meilen (84 km) durch den Park – von **Grand Marais** im Osten nach **Munising** im Westen. Die Hauptsehenswürdigkeiten (von Osten nach Westen) sind: **Au Sable Point Lighthouse** (zu erreichen über einen 5 km langen Rundwanderweg, der an Schiffswracks vorbeiführt), der mit Achaten übersäte **Twelvemile Beach**, die **Chapel Falls** mit zahlreichen Wanderwegen und der **Miners Castle Overlook** mit seiner guten Aussicht.

Mehrere Boote starten in Munising. **Pictured Rock Cruises** (☎906-387-2379; www.picturedrocks.com; 100 W City Park Dr; 2½-stündige geführte Touren Erw./Kind 36/10 US$) legt am Pier in der Stadt ab und schippert an der Küste entlang zum Miners Castle. **Shipwreck Tours** (☎906-387-4477; www.shipwrecktours.com; 1204 Commercial St; 2-stündige geführte Touren Erw./Kind 32/12 US$; ⏲Ende Mai–Mitte Okt.) fährt in Glasbodenbooten zu gesunkenen Schonern.

Die **Grand Island** (www.grandislandmi.com) gehört zum Hiawatha National Forest und ist in null Komma nichts von Munising aus mit der **Grand Island Ferry** (☎906-387-3503; hin & zurück Erw./Kind 15/10 US$; ⏲Ende Mai–Mitte Okt.) zu erreichen. Die Insel erkundet man dann am besten mit einem geliehenen Mountainbike (30 US$/Tag). Es gibt auch ein Fähre-Bus-Pauschalangebot (22 US$). Der Fähranleger befindet sich am Highway 28, ca. 4 Meilen (6 km) westlich von Munising.

In Munising gibt's eine Vielzahl von Motels – z. B. das ordentliche **Alger Falls Motel** (☎906-387-3536; www.algerfallsmotel.com; E9427 Hwy 28; Zi. 60–90 US$; 📶❄). Im **Falling Rock Cafe & Bookstore** (☎906-387-3008; www.fallingrockcafe.com; 104 E Munising Ave; Hauptgerichte 5–9 US$; ⏲So–Fr 7–22 Uhr; 📶) bekommt man Sandwichs und Livemusik.

Empfehlenswert ist auch der Aufenthalt im winzigen Grand Marais am Ostrand des Parks. Nachdem man sich in der rustikalen **Lake Superior Brewing Company** (☎906-494-2337; N14283 Lake Ave; Hauptgerichte 7–13 US$; ⏲12–23 Uhr) mit einem Weißfisch-Sandwich und einem Bier für die kommenden Unternehmungen gestärkt hat, kann man es sich im **Hilltop Cabins and Motel** (☎906-494-2331; www.hilltopcabins.net; N14176 Ellen St; Zi. & Hütte 85–175 US$; 📶) gemütlich machen.

Marquette

Von Munising führt der Highway 28 Richtung Westen dicht am Lake Superior entlang. An diesem herrlichen Straßenabschnitt befinden sich viele Strände, Parkgelegenheiten und Rastplätze, an denen man die Landschaft genießen kann. Nach 45 Meilen (72 km) erreicht man die Kleinstadt Marquette – ein oft verschneites Freizeitmekka.

In einem Holzhaus an der Zufahrt zur Stadt befindet sich das **Visitor Center** (www.travelmarquettemichigan.com; 2201 US 41; ⌚9–17 Uhr), das Broschüren zu den hiesigen Wanderwegen und Wasserfällen hat.

Der einfache **Sugarloaf Mountain Trail** und der anstrengendere, wilde **Hogsback Mountain Trail** bieten schöne Panoramaaussichten. Zu beiden geht es über die County Road 550, gleich nördlich von Marquette. In der Stadt laden die hohen Klippen des **Presque Isle Park** dazu ein, den Sonnenuntergang zu beobachten. Das **Noquemanon Trail Network** (www.noquetrails.org) ist für Mountainbiker und Skilangläufer sehr empfehlenswert. In der Region kann man großartig Kajak fahren; die wichtigsten Infos dazu sowie zum Fliegenfischen, Eisklettern und anderen Abenteuern gibt's bei **Downwind Sports** (www.downwindsports.com; 514 N Third St; ⌚Mo–Fr 10–19, Sa 10–17, So 11–15 Uhr).

Marquette ist der perfekte Ort, um ein paar Tage zu bleiben und die zentrale Upper Peninsula, die Obere Halbinsel, zu erkunden. Traveller mit kleinem Budget können im **Value Host Motor Inn** (☎906-225-5000; www.valuehostmotorinn.com; 1101 US 41 W; Zi. inkl. Frühstück 55–70 US$; ❄📶) ein paar Kilometer westlich der Stadt absteigen. Das **Landmark Inn** (☎906-228-2580; www.thelandmarkinn.com; 230 N Front St; Zi. 139–229 US$; ❄📶) im Stadtzentrum befindet sich in einem historischen Gebäude am Seeufer, in dem es sogar spuken soll.

Hiesige Fleisch- und vegetarische Spezialitäten kann man bei **Jean Kay's Pasties & Subs** (www.jeankayspasties.com; 1635 Presque Isle Ave; Snacks 4–7,50 US$; ⌚Mo–Fr 11–21, Sa & So bis 20 Uhr) kosten. **Thill's Fish House** (☎906-226-9851; 250 E Main St; Snacks 4–9 US$; ⌚Mo–Fr 8–17.30, Sa bis 16 Uhr), das letzte kommerzielle Fischereiunternehmen der Stadt, befindet sich in einer Wellblechhütte an der Main Street. Es bringt jeden Tag frischen Fang ein; empfehlenswert ist auch die geräucherte Weißfischwurst. In der **Blackrocks Brewery** (www.blackrocksbrewery.com; 424 N Third St; ⌚ab 16 Uhr), in einem coolen renovierten Haus im Zentrum, treffen sich die Motorradfahrer und Mountainbiker.

NICHT VERSÄUMEN

DA YOOPERS TOURIST TRAP

Vorsicht vor Big Gus, der größten Kettensäge des Planeten, und vor Big Ernie, dem größten Gewehr der Welt: Im **Da Yoopers Tourist Trap and Museum** (☎800-628-9978; www.dayoopers.com; ⌚Mo–Fr 9–21, Sa 9–20, So 9–19 Uhr) GRATIS grassiert der Kitsch. Es liegt 15 Meilen (24 km) westlich von Marquette am Highway 28/41, hinter Ishpeming. Im Souvenirladen gibt's typische Geschenke aus der Region der Upper Pensinsula, z.B. Elchkrawatten aus Polyester oder Windspiele aus Bierdosen.

Isle Royale National Park

Im **Isle Royale National Park** (www.nps.gov/isro; pro Tag 4 US$; ⌚Mitte Mai–Okt.) gibt es weder Autos noch Straßen. So ist die 545 km² große Insel im Lake Superior mit Sicherheit der richtige Ort, wenn man auf der Suche nach Ruhe und Frieden ist. Hierher kommen im ganzen Jahr weniger Besucher als in den Yellowstone National Park an einem einzigen Tag. Das bedeutet, dass man die Elche und Wölfe, die durch den Wald schleichen, ganz für sich allein hat.

Durch die Insel zieht sich ein insgesamt 265 km langes Netz von Wanderwegen, die Dutzende von Campingplätzen am Superior und an den Seen im Inselinneren miteinander verbinden. Für dieses Abenteuer in der Wildnis muss man mit Zelt, Campingkocher, Schlafsäcken, Essen und einem Wasserfilter anrücken. Wenn nicht, dann ist man zwar ein Weichei, kann aber in der **Rock Harbor Lodge** (☎906-337-4993; www.isleroyaleresort.com; Zi & Cottage 237–271 US$; ⌚ Ende Mai–Anfang Sept.) übernachten.

Vom Anleger vor der **Hauptverwaltung des Parks** (800 E Lakeshore Dr) in Houghton startet die **Ranger III** (☎906-482-0984) dienstags und freitags um 9 Uhr für eine sechs Stunden lange Bootstour (hin & zurück Erw./Kind 126/46 US$) nach Rock Harbor am Ostende der Insel. Der **Royale Air Service** (☎877-359-4753; www.royaleairservice.com) hat einen schnelleren Trip im Angebot und fliegt in nur 30 Minuten vom Houghton County Airport nach Rock Harbor (hin & zurück 299 US$). Man kann auch die 50 Meilen (80 km) auf der Keweenaw Peninsula nach Copper Harbor hinauffahren (eine wunderschöne Fahrt) und dort an Bord der **Isle Royale Queen** (☎906-289-4437; www.isleroyale.com) gehen. Sie startet um 8 Uhr zu ihrer dreistündigen Überfahrt (hin & zurück Erw./Kind 130/65 US$). In der Hauptsaison von Ende Juli bis Mitte August fährt sie normalerweise täglich. Wer ein Kajak oder Kanu mit auf die Fähre nehmen will, muss dafür hin & zurück 50 US$ extra zahlen und die Überfahrt lange im Voraus buchen. Auch in Grand Portage, Minnesota, kann man die Isle Royale nehmen.

Porcupine Mountains Wilderness State Park

Durch den größten State Park Michigans ziehen sich insgesamt 145 km an Wanderwegen. Der Park gehört zu den Natur-Highlights der Upper Peninsula und ist viel leichter zu erreichen als der von Isle Royale. Die sogenannten „Porkies" sind so steil, dass die zu Beginn des 19. Jhs. vorbeiziehenden Holzfäller die Region weitestgehend verschont haben. Deshalb hat der Park das größte Stück unberührten Waldes zwischen den Rocky Mountains und den Adirondacks.

Von Silver City aus fährt man auf dem Highway 107 Richtung Westen zum **Porcupine Mountains Visitors Center** (☎906-885-5275; www.porcupinemountains.com; 412 S Boundary Rd; ⌚Mitte Mai–Mitte Okt. 10–18 Uhr). Hier bekommt man die Zufahrtserlaubnis (Tag/Jahr 9/31 US$) und die Genehmigungen für das Hinterland (1–4 Pers. 14 US$/Nacht). Wer auf dem Highway 107 bis ganz ans Ende fährt und dann zum 100 m hohen Aussichtspunkt hochkraxelt, hat einen atemberaubenden Blick auf den **Lake of the Clouds**.

Auch im Winter ist in den Porkies was los: Es gibt eine Skipiste (mit 240 m Höhenunterschied) und 42 km Loipen; nach den Bedingungen und den Preisen erkundigt man sich am besten direkt im **Skigebiet** (☎906-289-4105; www.skitheporkies.com).

Der Park vermietet **rustikale Hütten** (☎906-885-5275; www.mi.gov/porkies; Hütte 60 US$), die ideal für ein Abenteuer in der Wildnis sind, da man erst einmal 1,5 bis 6,5 km wandern, Wasser selbst erhitzen und ein Plumpsklo benutzen muss. **Sunshine Motel & Cabins** (☎906-884-2187; www.ontonagon.net/sunshinemotel; 24077 Hwy 64; Zi. 60 US$, Hütten 68–120 US$; 📶🐾), 3 Meilen (4,8 km) westlich von Ontonagon, ist auch eine gute Option.

WISCONSIN

Wisconsin is(s)t Käse und stolz darauf. Die Kühe des US-Staats geben Milch für knapp 1,2 Mrd. kg Cheddar, Gouda und ähnliche Köstlichkeiten – das ist ein Viertel aller Laibe, die in den USA entstehen. Auf den hiesigen Nummernschildern steht mit Würde „Dairy State" (Staat der Molkereien). Die Leute hier nennen sich sogar selbst „Käseköpfe" und betonen das noch, indem sie zu besonderen Gelegenheiten – vor allem bei den Footballspielen der Green Bay Packers – Schaumgummihüte in der Form von Käsestücken tragen.

An die Sache mit dem Käse muss man sich also gewöhnen, denn es kann ja gut sein, dass man länger bleibt. Wisconsin hat unendlich viel zu bieten: schroffe Klippen und die Leuchttürme von Door County, Kajaktouren durch die Brandungshöhlen im Apostle Islands National Lakeshore, das Cow Chip Throwing entlang der US 12 (S. 646) sowie viel Bier, Kunst und Feste in Milwaukee und Madison.

ℹ Praktische Informationen

Travel Green Wisconsin (www.travelgreenwisconsin.com) Bestätigt Unternehmen ihre Umweltfreundlichkeit. Eingestuft wird nach Abfallreduzierung, Energieeffizienz und sieben weiteren Kategorien.

Wisconsin B&B Association (www.wbba.org)

Wisconsin Department of Tourism (☎800-432-8747; www.travelwisconsin.com) Produziert eine Menge kostenloser Führer zu Themen wie Vogelbeobachtung, Radfahren, Golf oder Landstraßen. Eine kostenlose App gibt's auch.

Verkehrsinformationen für Wisconsin (☎511; www.511wi.gov)

Wisconsin Milk Marketing Board (www.eatwisconsincheese.com) In der kostenlosen Karte *A Traveler's Guide to America's Dairyland* sind alle Käsereien des Bundesstaats verzeichnet.

Wisconsin State Park Information (☎608-266-2181; www.wiparks.net) Für Parkbesuche benötigt man eine Fahrzeugerlaubnis (Tag/Jahr 10/35 US$). Stellplätze kosten zwischen 14 und 25 US$; **Reservierungen** (☎888-947-2757; www.wisconsinstateparks.reserveamerica.com; Gebühr 10 US$) sind möglich.

Milwaukee

Milwaukee ist cool, aber aus irgendeinem Grund will das keiner zugeben. Ja, der Ruf als Arbeiterstadt mit Brauereien, Bowlingbahnen und Polkahallen eilt ihr noch vor-

KURZINFOS WISCONSIN

Spitznamen Badger State, America's Dairyland

Bevölkerung 5,7 Mio.

Fläche 169 644 km²

Hauptstadt Madison (240 000 Ew.)

Weitere Stadt Milwaukee (599 000 Ew.)

Verkaufssteuer 5 %

Geburtsort von Schriftstellerin Laura Ingalls Wilder (1867–1957), Architekt Frank Lloyd Wright (1867–1959), Malerin Georgia O'Keeffe (1887–1986), Schauspieler Orson Welles (1915–85), Gitarrenbauer Les Paul (1915–2009)

Heimat der als „Cheeseheads" bekannten Packer-Fans, von Milchhöfen, Wasserparks

Politische Ausrichtung überwiegend demokratisch

Berühmt für Brauereien, traditionell hergestellten Käse, die landesweit erste Anerkennung von Schwulenrechten

Offizieller Tanz Polka

Entfernungen Milwaukee–Minneapolis 336 Meilen (541 km), Milwaukee–Madison 80 Meilen (129 km)

aus, doch Sehenswürdigkeiten wie das von Calatrava entworfene Kunstmuseum, das hammerharte Harley-Davidson Museum und die eleganten Restaurant- und Shoppingviertel haben aus der größten Stadt Wisconsins einen überraschend fetzigen Ort gemacht. Im Sommer sorgen fast jedes Wochenende Feste am See für Stimmung. Und wo sonst auf dieser Welt kann man schon rasende Würste sehen?

Geschichte

Deutsche waren in den 1840er-Jahren die ersten Siedler in Milwaukee. Viele von ihnen gründeten kleine Brauereien, doch erst ein paar Jahrzehnte später wurde der Gerstensaft durch die Einführung der Brautechnologie in großem Maßstab ein wichtiger Industriezweig der Stadt. In den 1880er-Jahren, als Schlitz, Blatz, Miller und 80 weitere Brauereien hier ihr Bier produzierten, bekam Milwaukee seine Spitznamen „Brew City" (Brauereistadt) und „Nation's Watering Hole" (Kneipe der Nation). Heute sind nur noch Miller und ein paar Kleinbrauereien übrig geblieben.

Sehenswertes & Aktivitäten

Der Lake Michigan liegt östlich der Stadt, sein Ufer ist von Parks gesäumt. Der Riverwalk führt an beiden Seiten des Milwaukee River in die Innenstadt.

Harley-Davidson Museum MUSEUM

(☎877-436-8738; www.h-dmuseum.com; 400 W Canal St; Erw./Kind 18/10 US$; ⏲Mai–Okt. Fr–Mi 9–18, Do bis 20 Uhr, Nov.–April kürzere Öffnungszeiten) Hunderte von Motorrädern, darunter die protzigen Maschinen von Elvis und Evel Knievel, zeigen die Entwicklung der Stile im Lauf der Jahrzehnte auf. Besucher können sich sogar selbst auf einige der Bikes setzen (im Erdgeschoss, hinter dem Design Lab) sowie eine Mini-Motorradfahrstunde nehmen (am Vordereingang). Selbst wer nicht Motorrad fährt, wird hier Spaß haben.

Alles begann 1903, als die Schulfreunde William Harley und Arthur Davidson aus Milwaukee ihr erstes Motorrad bauten und verkauften. Ein Jahrhundert später sind die Maschinen zum Symbol für den Stolz der amerikanischen Fabrikation geworden. Das Museum befindet sich in einem großen Industriegebäude gleich südlich vom Zentrum.

Harley-Davidson Plant FÜHRUNG

(☎877-883-1450; www.harley-davidson.com/experience; W156 N9000 Pilgrim Rd; 30-minütige Führungen frei; ⏲Mo 9–14 Uhr) Motorradfans können im Vorort Menomonee Falls jene Fabrik besuchen, in der die berühmten Maschinen gebaut werden. Neben der kostenlosen Führung am Montag finden mittwochs, donnerstags und freitags längere Touren statt, aber nur als Teil eines Komplettangebots, das man im Museum kaufen kann (32 US$ pro Person inkl. Führung, Museumseintritt und Fahrt zwischen Museum und Fabrik).

Milwaukee Art Museum MUSEUM

(☎414-224-3200; www.mam.org; 700 N Art Museum Dr; Erw./Kind 15/12 US$; ⏲Sept.–Mai Di, Mi & Fr–So 10–17, Do bis 20 Uhr) Auch wer nicht so gern ins Museum geht, wird von diesem Exemplar am See beeindruckt sein, dessen flügelartige Erweiterung von Santiago Calatrava sich jeden Tag um 10 und 12 Uhr sowie bei Museumsschluss öffnet – ein fantastischer Anblick. Innen zeigt das Museum Volkskunst, Werke von Kunstaußenseitern sowie eine Sammlung mit Gemälden von Georgia O'Keeffe.

Miller Brewing Company BRAUEREI
(☎414-931-2337; www.millercoors.com; 4251 W State St; ⏰Mo–Sa 10.30–15.30 Uhr, im Sommer bis 16.30 Uhr) Pabst und Schlitz sind längst weggezogen, aber Miller bewahrt Milwaukees Biererbe. Man sollte sich den Legionen von Bierfans anschließen, die für kostenlose Besichtigungstouren anstehen. Auch wenn das in Massen produzierte Bier vielleicht nicht jedermanns Lieblingssorte ist, beeindruckt die Fabrik doch allein durch ihre Größe. Man besichtigt das Verpackungswerk, wo pro Minute 2000 Dosen (!) abgefüllt werden, und das Lagerhaus, in dem 500 000 Kästen auf ihren Abtransport warten. Am Ende steht dann eine großzügige Verkostung in Form von drei Proben in voller Größe. Ausweis nicht vergessen!

Lakefront Brewery BRAUEREI
(☎414-372-8800; www.lakefrontbrewery.com; 1872 N Commerce St; 1-stündige Führungen 7 US$; ⏰Mo–Do 9–16.30, Fr 9–21, Sa 11–16.30, So 12–16.30 Uhr) Die beliebte Lakefront Brewery liegt gegenüber der Brady Street auf der anderen Flussseite und bietet nachmittags Führungen an. Doch die beste Zeit für einen Besuch ist der Freitagabend, denn dann gibt's ein „fish fry": 16 verschiedene Biersorten und eine Polkaband, die für Stimmung sorgt. Die Führungen beginnen je nach Wochentag zu unterschiedlichen Zeiten, um 14 und 15 Uhr findet aber eigentlich immer eine statt.

Discovery World at Pier Wisconsin MUSEUM
(☎414-765-9966; www.discoveryworld.org; 500 N Harbor Dr; Erw./Kind 17/13 US$; ⏰Di–Fr 9–16, Sa & So 10–17 Uhr; 👪) Das Wissenschafts- und Technikmuseum am Seeufer begeistert mit seinen Süß- und Salzwasseraquarien vor allem Kinder – man darf Haie und Störe berühren. Außerdem liegt hier im Hafen noch ein Dreimast-Schoner, den man erkunden kann (2 US$ extra). Erwachsenen werden die Gitarren und Soundanlagen des in Wisconsin geborenen Les Paul gefallen.

Lakefront Park PARK
Der an den Lake Michigan grenzende Park eignet sich toll zum Spazierengehen, Radfahren und Inlineskaten. Hier befindet sich auch der Bradford Beach, an dem man wunderbar schwimmen und faulenzen kann.

Feste & Events

Summerfest MUSIK
(www.summerfest.com; Tageskarte 17 US$; ⏰Ende Juni–Anfang Juli) Dieses Fest wird als das „größte Musikfest der Welt" bezeichnet. Und tatsächlich bevölkern an elf Tagen Hunderte von Rock-, Blues-, Jazz-, Country- und Alternativ-Bands die zehn Bühnen. Dann geht auf dem Festivalplatz am See die Post ab.

Weitere tolle Veranstaltungen, die an Sommerwochenenden im Zentrum stattfinden:

PrideFest
(www.pridefest.com; ⏰Mitte Juni)

Polish Fest
(www.polishfest.org; ⏰Ende Juni)

German Fest
(www.germanfest.com; ⏰Ende Juli)

Irish Fest
(www.irishfest.com; ⏰Mitte Aug.)

Schlafen

Die genannten Preise beziehen sich auf den Sommer, also die Hauptsaison, für die man im Voraus buchen sollte. Die Steuer (15,1%) ist in den angegebenen Zimmerpreisen nicht enthalten. Leute mit kleiner Reisekasse können in einem der preiswerten Kettenhotels weiter im Süden (in der Howell Avenue unweit des Flughafens) übernachten.

County Clare Irish Inn INN $$
(☎414-272-5273; www.countyclare-inn.com; 1234 N Astor St; Zi. inkl. Frühstück 129–179 US$; P❄📶) Ein echtes Juwel in der Nähe des Seeufers. In den Zimmern, die mit Himmelbetten, weiß getäfelten Wänden und Whirl-

AUF ZWEI RÄDERN DURCH WISCONSIN

Wisconsin hat unglaublich viele stillgelegte Bahnlinien in asphaltierte Radwege verwandelt. Sie führen über Hügel, durch alte Tunnel, über Brücken und an Wiesen vorbei. Wo auch immer man im US-Staat gerade ist, eine schöne Strecke ist bestimmt nicht weit. Infos dazu gibt's im **Travel Wisconsin Bike Path Directory** (www.travelwisconsin.com/things-to-do/outdoor-fun/biking-/traffic-free-paved). Der **400 State Trail** (www.400statetrail.org) und der **Elroy-Sparta Trail** (www.elroy-sparta-trail.com) sind toll!

Räder kann man in den Orten am Beginn der Strecken leihen, Streckennutzungsgenehmigungen (Tag/Jahr 4/20 US$) sind in den Geschäften der Region und an den Kästen an den Startpunkten der Strecken erhältlich.

pools ausgestattet sind, herrscht die gemütliche Atmosphäre eines irischen Cottages. Es gibt kostenlose Parkplätze und eine Kneipe, die natürlich Guinness ausschenkt.

Aloft HOTEL $$
(☎414-226-0122; www.aloftmilwaukeedowntown.com; 1230 Old World 3rd St; Zi. 129–179 US$; P❄📶) Das Milwaukee-Haus dieser Kette ist im typisch kompakten, industriell wirkenden Stil gebaut. Es befindet sich landeinwärts in der Nähe der lebhaften Bars der Old World 3rd Street und der Water Street (und ist darum nicht so ruhig). Parken kostet 23 US$.

Brewhouse Inn & Suites HOTEL $$$
(☎414-810-3350; www.brewhousesuites.com; 1215 N 10th St; Zi. inkl. Frühstück 189–229 US$; ❄@📶) 2013 eröffnete dieses Hotel mit 90 Zimmern, das sich im toll restaurierten Komplex der alten Pabst Brewery befindet. Die großen Zimmer sind im Steampunk-Stil eingerichtet und mit einer Miniküche und kostenlosem WLAN ausgestattet. Es liegt am westlichen Ende des Zentrums, etwa 800 m von der munteren Old World 3rd Street und gut 2 km vom Festivalgelände entfernt. Parken kostet 26 US$.

Iron Horse Hotel HOTEL $$$
(☎888-543-4766; www.theironhorsehotel.com; 500 W Florida St; Zi. 189–259 US$; P❄📶) Das Boutiquehotel in der Nähe des Harley Museums ist auf Motorradfreaks zugeschnitten. Für Bikes gibt's überdachte Parkplätze. In den meisten der loftartigen Zimmer sind die Pfosten-Riegel-Konstruktionen und das frei liegende Mauerwerk der ehemaligen Bettenfabrik sichtbar. Parken kostet 25 US$.

Essen

Gute Gegenden, um sich nach einem Restaurant umzuschauen, sind etwa die deutsch angehauchte Old World 3rd Street im Zentrum, die hippe, multikulturelle Brady Street an der Kreuzung mit der N Farwell Avenue sowie der Third Ward an der N Milwaukee Street südlich der I-94, in dem es viele Gastropubs gibt.

Milwaukee Public Market MARKT $
(www.milwaukeepublicmarket.org; 400 N Water St; ⏲Mo–Fr 10–20, Sa 8–19, So 10–18 Uhr; 📶) Befindet sich im Third Ward und offeriert überwiegend Käse, Schokolade, Bier, Tacos und Frozen Custard. Verzehren kann man alles oben, wo es Tische, kostenloses WLAN und Secondhandbücher für 1 US$ gibt.

Leon's EIS $
(www.leonsfrozencustard.us; 3131 S 27th St; Snacks 1,30–4 US$; ⏲11–24 Uhr) Der von Neonlicht erhellte Drive-in aus den 50er-Jahren spezialisiert sich auf Frozen Custard, eine örtliche Spezialität, die Eis ähnelt, aber feiner und gehaltvoller ist. Nur Barzahlung.

★**Comet Cafe** AMERIKANISCH $$
(www.thecometcafe.com; 1947 N Farwell Ave; Hauptgerichte 8–12 US$; ⏲Mo–Fr 10–22, Sa & So ab 9 Uhr) Studenten, junge Familien, ältere Paare und bärtige Typen mit Tätowierungen drängen sich ins angesagte Comet Cafe, um Hackbraten mit viel Sauce, Cheeseburger, veganes Gyros und Katerbrunch zu genießen. Auf einer Seite befindet sich eine Bar, die Bier ausschenkt, auf der anderen ein Diner im Retro-Stil mit Sitznischen. Unbedingt einen der riesigen Cupcakes als Dessert wählen!

Distil AMERIKANISCH $$
(☎414-220-9411; www.distilmilwaukee.com; 722 N Milwaukee St; Hauptgerichte 10–20 US$; ⏲Mo–Sa ab 17 Uhr) Im dunklen, kupferfarbenen Distil lautet die Devise „hausgemacht". Auf der Speisekarte stehen Käse, Wurstwaren und Burger – das Fleisch kommt von den Kühen des Betreibers. Dazu gibt's von Barkeepern geschüttelte Corpse Revivers und Sidecars.

Ausgehen & Unterhaltung

Bars

In Milwaukee gibt es nach New Orleans, das um Haaresbreite vorn liegt, landesweit die meisten Bars pro Einwohner. Viele befinden sich rund um die N Water Street und die E State Street im Zentrum sowie im Third Ward. Bars und Kneipen sind bis 2 Uhr offen.

Best Place BAR
(www.bestplacemilwaukee.com; 901 W Juneau Ave; ⏲Do–Sa 12–24, So bis 18 Uhr) In dieser kleinen Taverne im früheren Hauptsitz der Pabst Brewery kann man es den Einheimischen

NICHT VERSÄUMEN

DER BRONZE FONZ

Angeblich ist der **Bronze Fonz** (Ostseite des Riverwalk) gleich südlich der Wells Street im Zentrum die meistfotografierte Sehenswürdigkeit Milwaukees. Der Fonz, alias Arthur Fonzarelli, war in den 1970er-Jahren eine Figur in der Fernsehserie *Happy Days*, die in der Stadt spielt. Mal ehrlich: Hat seine Hose eher ein „Oh je!" oder ein „Wow!" verdient?

gleichtun und Bier oder große Whiskeys trinken. Ein Kamin erwärmt den gemütlichen Raum aus dunklem Holz, und die Wände zieren Bilder, die die Geschichte von Pabst darstellen. Die Mitarbeiter veranstalten täglich Führungen (8 US$, inkl. 0,5 l Pabst/Schlitz vom Fass) durch das Gebäude.

Uber Tap Room BAR
(www.ubertaproom.com; 1048 N Old 3rd St; ⌚ So–Mi 11–20, Do bis 22, Fr & Sa bis 23 Uhr) Es ist touristisch, liegt mitten in der Old World 3rd Street und grenzt an den Wisconsin Cheese Mart – doch es ist ein toller Ort, um Spezialitäten zu kosten, darunter 30 Biere vom Fass oder Käse aus den Molkereien des Bundesstaates. Thementeller (würziger Käse, stinkender Käse etc.) kosten 8 bis 12 US$.

Palm Tavern BAR
(2989 S Kinnickinnic Ave; ⌚ Mo–Sa ab 17, So ab 19 Uhr) Die gemütliche, jazzige Bar im jugendlichen Stadtteil Bay View serviert eine riesige Auswahl an Bier (darunter viele belgische Sorten) und schottischen Single-Malts.

Kochanski's Concertina Beer Hall BAR
(www.beer-hall.com; 1920 S 37th St; ⌚ Mi–Fr ab 18, Sa & So ab 13 Uhr; 📶) Polkabands beherrschen das kitschige Kochanski's, dessen Bierauswahl von Schlitz über polnische Fassbiere bis hin zu Bieren aus Wisconsin reicht. Es liegt 5 Meilen (8 km) südwestlich vom Zentrum.

Zuschauersport

Miller Park BASEBALL
(www.brewers.com; 1 Brewers Way) Im berühmten Miller Park spielen die Brewers Baseball. Das Stadion ist mit einem einziehbaren Dach, echtem Gras und einem „Wurstrennen" vor jedem Spiel den Besuch wert. Es befindet sich in der Nähe der S 46th Street.

Bradley Center BASKETBALL
(www.nba.com/bucks; 1001 N 4th St) Das NBA-Team Milwaukee Bucks versenkt hier die Bälle.

ℹ Praktische Informationen

Im Viertel East Side in der Nähe der University of Wisconsin-Milwaukee gibt es mehrere Cafés mit kostenlosem WLAN.

Froedtert Hospital (☎ 414-805-3000; 9200 W Wisconsin Ave)

Milwaukee Convention & Visitors Bureau (☎ 800-554-1448; www.visitmilwaukee.org) Touristeninformation.

Milwaukee Journal Sentinel (www.jsonline.com) Die Tageszeitung der Stadt.

NICHT VERSÄUMEN

RACING SAUSAGES – RENNWÜRSTE

Natürlich sieht man nach ein paar Bierchen im Stadion schon mal merkwürdige Dinge. Aber bildet man sich nun die kleine Gruppe riesiger Würste, die rund um den Miller Park sprintet, wirklich nur ein? Nein! Mitte des sechsten Innings laufen die berühmten „Rennenden Würste" (verkleidete Personen) auf das Feld, um den Fans einzuheizen. Wer sich mit Würstchen nicht auskennt – es sind eine Bratwurst, eine polnische und eine italienische Wurst, ein Hotdog und eine Chorizo, die hier um die Gunst des Publikums kämpfen.

On Milwaukee (www.onmilwaukee.com) Aktuelle Verkehrs- und Wetternachrichten sowie Restaurant- und Veranstaltungskritiken.

Quest (www.quest-online.com) Ein Veranstaltungsmagazin für Schwule und Lesben.

Shepherd Express (www.expressmilwaukee.com) Kostenlose alternative Wochenzeitung.

ℹ Anreise & Unterwegs vor Ort

Der **General Mitchell International Airport** (MKE; www.mitchellairport.com) liegt 8 Meilen (13 km) südlich des Stadtzentrums. Hin kommt man mit dem Bus 80 (2,25 US$) oder im Taxi (30 US$).

Die **Lake Express Fähre** (☎ 866-914-1010; www.lake-express.com) fährt von der Innenstadt – das Terminal befindet sich ein paar Kilometer südlich des Stadtzentrums – nach Muskegon, Michigan. So kommt man sehr bequem an die von Stränden gesäumte Gold Coast Michigans.

Die Busse von **Greyhound** (☎ 414-272-2156; 433 W St Paul Ave) fahren regelmäßig nach Chicago (2 Std.) und Minneapolis (7 Std.). **Badger Bus** (☎ 414-276-7490; www.badgerbus.com; 635 N James Lovell St) fährt nach Madison (19 US$, 2 Std.), **Megabus** (www.megabus.com/us; 446 N 4th St) schickt Expressbusse nach Chicago (2 Std.) und Minneapolis (6 Std.) und ist oft preiswerter als Greyhound.

Amtrak (☎ 414-271-0840; www.amatrakhiawatha.com; 433 W St Paul Ave) fährt siebenmal täglich mit dem *Hiawatha*-Zug ab/nach Chicago (24 US$, 1½ Std.); einsteigen kann man in der Innenstadt (Amtrak und Greyhound teilen sich übrigens einen Bahnhof) oder aber am Flughafen.

Das **Milwaukee County Transit System** (www.ridemcts.com; Fahrkarte 2,25 US$)

AMERIKAS BOWLING-HAUPTSTADT

Wer in Milwaukee ist, wird wahrscheinlich auch mal bowlen. In der Stadt gab es mal mehr als 200 Bowlingbahnen, von denen sich noch viele in alten Kneipen verstecken. **Landmark Lanes** (www.landmarklanes.com; 2220 N Farwell Ave; 2,50–3,50 US$/Spiel; ⌚Mo–Do 17–1.30, Fr–So 12–1.30 Uhr; 📶) hat 16 abgenutzte Bahnen im historischen Oriental Theater von 1927. Eine Spielhalle, drei Bars und billiges Bier runden das Ganze ab.

betreibt Regionalbusse. Bus 31 fährt zur Miller Brewery, Bus 90 zum Miller Park.

Wer ein Taxi braucht, wendet sich an **Yellow Cab** (☎414-271-1800).

Madison

Madison bekommt viel Lob zu hören – es ist eine Stadt, in der man super umherschlendern oder auf der Straße Rad fahren kann. Sie ist am vegetarier-, schwulen- und umweltfreundlichsten – und überhaupt: Sie ist die rundum freundlichste Stadt der USA. Sie versteckt sich auf einer schmalen Landenge zwischen dem Mendota Lake und dem Monona Lake und ist eine nette Mischung aus der kleinen, grünen Hauptstadt eines US-Staats und einer liberalen, gelehrten Unistadt. Seit Jahren schon gibt's hier eine beeindruckende Gourmet-/Locavorenszene.

Sehenswertes & Aktivitäten

Die State Street verläuft vom Capitol Richtung Westen zur University of Wisconsin. Die Fußgängerzone säumen Cafés, die Fair-Trade-Kaffee servieren, parkende Fahrräder und nach Weihrauch duftende Läden, in denen es Hacky Sacks und indische Röcke gibt.

Chazen Museum of Art MUSEUM
(www.chazen.wisc.edu; 750 University Ave; ⌚Di–Fr 9–17, Do 9–21, Sa & So 11–17 Uhr) GRATIS Das Kunstmuseum der Universität ist nicht nur einfach fabelhaft, sondern seit der jüngsten Erweiterung auch riesig und um ein paar Klassen besser als ein typisches Campus-Museum. Die größten Schätze der Sammlung, die viele Genres umfasst, befinden sich in der dritten Etage und reichen von niederländischen Alten Meistern bis hin zu Porzellanvasen der Qing-Dynastie, Skulpturen von Picasso und Pop-Art von Andy Warhol. Von September bis Mitte Mai finden sonntags kostenlose Konzerte und Kinovorführungen statt.

Monona Terrace ARCHITEKTUR
(www.mononaterrace.com; 1 John Nolen Dr; ⌚8–17 Uhr) Frank Lloyd Wright entwarf 1938 dieses coole halbrunde Bauwerk, es wurde jedoch erst 1997 fertiggestellt. Den Grund dafür erfahren Besucher bei den einstündigen Führungen, die täglich um 13 Uhr beginnen. Das Gebäude ist ein Stadtteilzentrum, das kostenlose Yogastunden und abendliche Konzerte veranstaltet; die Termine stehen auf der Website. Vom Garten und dem Café auf dem Dach bieten sich weite Blicke über den See.

Dane County Farmers Market MARKT
(www.dcfm.org; Capitol Sq; ⌚Ende April–Anfang Nov. Sa 6–14 Uhr) 🍃 Samstags verwandelt sich der Capitol Square in einen Lebensmittelbasar. Der Markt, einer der größten des Landes, ist für seine meisterlich hergestellten Käse- und Brotsorten berühmt. Im Winter zieht er in verschiedene andere Standorte um.

State Capitol GEBÄUDE
(☎608-266-0382; ⌚Mo–Fr 8–18, Sa & So bis 16 Uhr) GRATIS Das Capitol mit seinem x-förmigen Grundriss ist das größte außerhalb von Washington, DC und bildet das Herz der Stadt. An den meisten Tagen finden einstündige Führungen statt, man kann aber auch einfach hinauf auf die Aussichtsplattform gehen und das Panorama genießen.

Museum of Contemporary Art MUSEUM
(☎608-257-0158; www.mmoca.org; 227 State St; ⌚Di–Do 12–17, Fr 12–20, Sa 10–20, So 12–17 Uhr) GRATIS Es lohnt sich herauszukriegen, welche Ausstellungen in dem spitzwinkligen Glasgebäude gerade laufen. Diego Rivera? Claes Oldenburg? Die Ausstellungen wechseln etwa alle drei Monate. Das Museum ist mit dem **Overture Center for the Arts** (www.overturecenter.com; 201 State St) verbunden, das Jazz, Opern, Tanz und andere darstellende Künste auf die Bühne bringt.

Arboretum GÄRTEN
(☎608-263-7888; http://uwarboretum.org; 1207 Seminole Hwy; ⌚7–22 Uhr) GRATIS Das über 500 ha große Arboretum des Campus leuchtet in herrlichem Lila.

Machinery Row RADFAHREN
(☎608-442-5974; www.machineryrowbicycles.com; 601 Williamson St; Fahrradverleih 20 US$/Tag; ⌚Mo–Fr 9–21, Sa 9–19, So 10–19 Uhr) Es wäre eine Schande, die Stadt zu verlassen, ohne

die 120 Meilen (193 km) Fahrradwege in der Stadt genutzt zu haben. In diesem Laden, in dessen Nähe mehrere Radwege beginnen, bekommt man Räder und Karten.

Feste & Events

World's Largest Brat Fest ESSEN
(www.bratfest.com; late May) GRATIS Über 209 000 Bratwürste werden hier verputzt, dazu gibt's Rummel und Bands.

Great Taste of the Midwest Beer Festival BIER
(www.greattaste.org; Tickets 50 US$; Anfang Aug.) Dieses Festival, bei dem 120 Kleinbrauereien Bier ausschenken, ist schnell ausverkauft.

Schlafen

Verhältnismäßig günstige Hotels finden sich in der Nähe der I-90/I-94 (etwa 10 km außerhalb der Stadt), am Highway 12/18 sowie an der Washington Avenue.

HI Madison Hostel HOSTEL $
(608-441-0144; www.hiusa.org/madison; 141 S Butler St; B 25–27 US$, Zi. 57–114 US$; P @) Das bunte Backsteinhaus mit 33 Betten liegt in einer ruhigen Straße, nur einen kurzen Spaziergang vom State Capitol entfernt. Es gibt separate Schlafsäle für Männer und Frauen (die Bettwäsche ist im Preis enthalten), eine Küche und einen Aufenthaltsraum mit einigen DVDs. Parken kostet 7 US$.

★ **Arbor House** B&B $$
(608-238-2981; www.arbor-house.com; 3402 Monroe St; Zi. inkl. Frühstück 135–230 US$;) Das Arbor House war in der Mitte des 19. Jhs. eine Taverne – heute ist es ein B&B, das mit Windenergie und energiesparenden Geräten betrieben wird und vegetarisches Frühstück serviert. Es liegt etwa 3 Meilen (5 km) südwestlich vom State Capitol, ist aber gut mit öffentlichen Verkehrsmitteln zu erreichen. Außerdem verleihen die Besitzer Mountainbikes.

Essen & Ausgehen

Neben Lokalen mit Pizzas, Sandwichs und preiswertem Bier gibt es in der State Street ein Sammelsurium an Restaurants mit Gerichten aus aller Welt. Viele haben einladende Terrassen. Bei einem Spaziergang über die Williamson („Willy") Street entdeckt man Cafés, Knödelläden sowie laotische und thailändische Lokale. Die Bars sind bis 2 Uhr geöffnet. Die Zeitung **Isthmus** (www.thedailypage.com) mit Veranstaltungskalender gibt's kostenlos.

Food Trucks INTERNATIONAL $
(Hauptgerichte 1–8 US$;) Madisons Imbiss-Flotte ist sehr beeindruckend. Die traditionelleren Trucks stehen rings ums Capitol und servieren Barbecue, Burritos, Gerichte nach Art des Südwestens und chinesisches Essen. Die Trucks, die ungewöhnlichere – etwa ostafrikanische, jamaikanische, indonesische und vegane – Speisen anbieten, versammeln sich an der State Street beim Campus.

★ **The Old Fashioned** AMERIKANISCH $$
(608-310-4545; www.theoldfashioned.com; 23 N Pinckney St; Hauptgerichte 8–16 US$; Mo &

INSIDERWISSEN

FISH FRIES & SUPPER CLUBS

In Wisconsin gibt es zwei besondere gastronomische Traditionen, denen die Besucher einmal begegnen dürften:

Fish Fry Freitag ist der heilige Tag des „fish fry". Diese Mahlzeit aus Kabeljau in Bierteig, Pommes Frites und Krautsalat kam erst vor ein paar Jahren in Mode und ermöglicht es den Einheimischen, sich zu einem preiswerten Essen zu treffen und gemeinsam den Beginn des Wochenendes zu feiern. In vielen Bars und Restaurants, darunter in der Lakefront Brewery (S. 655) in Milwaukee, ist dieser Brauch stark verbreitet.

Supper Club Diese Art altmodischer Restaurants ist im oberen Mittleren Westen weit verbreitet. Die Supper Clubs entstanden in den 1930er-Jahren, und in den meisten herrscht noch heute Retro-Atmosphäre. Typische Merkmale sind die meist aus Holz gebauten Restaurants, die Tabletts mit Radieschen und Möhren auf den Tischen, die Fleisch- und Fischgerichte und die ellenlange Cocktailkarte. Mehr Infos findet man auf der Seite www.wisconsinsupperclub.com. The Old Fashioned (S. 659) in Madison ist eine moderne Version dieser Restaurants (es ist nach dem unverzichtbaren Supper-Club-Drink auf Brandy-Basis benannt).

Di 7.30–22.30, Mi–Fr 7.30–2, Sa 9–2, So 9–2 Uhr) Mit seiner dunklen Einrichtung aus Holz beschwört The Old Fashioned einen Supper Club herauf, einen traditionellen Restauranttyp, der in diesem Bundesstaat verbreitet ist. Auf der Karte stehen lauter Spezialitäten aus Wisconsin, darunter Zander, Käsesuppe und Würstchen. Die Entscheidung für eins der 150 Flaschenbiere, die aus Wisconsin kommen, ist nicht so leicht; am besten bestellt man stattdessen ein Probierset (vier bis acht Gläschen) der 30 Fassbiere aus Wisconsin. An Wochentagen serviert das Restaurant auch Frühstück (Pfannkuchen, Eier und Schinken etc.) für 5 US$.

Graze AMERIKANISCH $$

(608-251-2700; www.grazemadison.com; 1 S Pinckney St; Hauptgerichte 11–21 US$; Mo–Mi 7–22, Do–Sa 7–23, So 9.30–15 Uhr) Der coole, bioaffine Gastropub in einem Glasgebäude mit raumhohen Fenstern und Blick aufs Capitol serviert Hausmannskost wie Brathähnchen und Waffeln, Muscheln und *frites* oder Burger. Zum Frühstück gibt's frische Backwaren, und zum Mittagessen dicke Sandwichs mit in Wodkateig gebackenem Käsebruch.

Himal Chuli ASIATISCH $$

(608-251-9225; 318 State St; Hauptgerichte 8–15 US$; Mo–Do 11–21, Fr & Sa 11–22, So 12–20 Uhr;) Das heitere, gemütliche Himal Chuli serviert hausgemachte nepalesische Speisen, darunter viele vegetarische Gerichte.

L'Etoile NEU-AMERIKANISCH $$$

(608-251-0500; www.letoile-restaurant.com; 1 S Pinckney St; Hauptgerichte 36–44 US$; Mo–Fr ab 17.30, Sa ab 17 Uhr) Schon vor über drei Jahrzehnten begann das L'Etoile damit, Essen frisch vom Bauernhof auf den Tisch zu

ABSTECHER

DIE KURIOSE US 12

An der US 12 bündeln sich ungewöhnliche Sehenswürdigkeiten, die man alle im Rahmen eines Tagesausflugs von Madison in Richtung Norden besuchen kann.

Verlässt man die Stadt gen Westen (auf der University Ave), sollte man zunächst am **National Mustard Museum** (800-438-6878; www.mustardmuseum.com; 7477 Hubbard Ave; 10–17 Uhr) GRATIS im Vorort Middleton anhalten. Es ist der Leidenschaft eines einzigen Mannes zu verdanken, dass es in diesem Gebäude 5200 Senfsorten und verrückte, würzige Erinnerungsstücke gibt. Humor mit ironischem Unterton – vor allem wenn CMO (Chief Mustard Officer) Barry Levenson vor Ort ist und die Besucher bespaßt.

Nach etwa 20 weiteren Meilen (32 km) auf der US 12 erreicht man den Ort Prairie du Sac. Hier findet alljährlich das **Cow Chip Throw** (www.wiscowchip.com; Eintritt frei; 1. Wochenende im Sept.) GRATIS statt, bei dem 800 Sportsleute getrocknete Kuhfladen so weit wie möglich zu schleudern versuchen. Der Rekord liegt bei 75,6 m!

Nach weiteren 7 Meilen (11 km) kommt **Dr. Evermor's Sculpture Park** (www.worldofevermor.com; Do–Mo 11–17 Uhr) GRATIS. Der Doktor schweißt alte Rohre, Vergaser und andere Metallstücke zu einer surrealen Welt futuristischer Vögel, Drachen und anderer bizarrer Kreaturen zusammen. Das Prunkstück ist das riesige, mit einem Ei gekrönte Forevertron, das im *Guinness-Buch der Rekorde* einmal als größte Schrottskulptur der Welt geführt wurde. Der Eingang ist schwer zu finden. In der Nähe der Badger Army Ammunition Plant weist ein kleines Schild in eine Einfahrt auf der anderen Straßenseite.

Baraboo, ca. 45 Meilen (72 km) nordwestlich von Madison, war früher das Winterquartier des Ringling Brothers Circus. Das **Circus World Museum** (608-356-8341; circusworld.wisconsinhistory.org; 550 Water St; Erw./Kind Sommer 18/8 US$, Winter 9/3,50 US$; Sommer 9–18 Uhr, Winter verkürzte Öffnungszeiten;) zeigt eine nostalgische Sammlung von Wagen, Plakaten und Equipment aus der Blütezeit des Zirkus. Im Sommer beinhaltet der Eintritt auch Vorführungen von Clowns, Tieren und Akrobaten.

Noch einmal 12 Meilen (knapp 20 km) weiter kommt man zum **Wisconsin Dells** (800-223-3557; www.wisdells.com;), einem Megacenter mit kitschiger Unterhaltung: u.a. 21 Wasserparks, Wasserskivorführungen und Superminigolfplätze. Der Park bildet einen irrwitzigen Kontrast zur natürlichen Schönheit der Gegend mit den vom Wisconsin River geschaffenen Kalksteinformationen. Diese wirkliche Sehenswürdigkeit kann man am besten auf einer Bootsfahrt oder auf einer Wanderung im Mirror Lake State Park oder im Devil's Lake State Park genießen.

bringen, und heute ist es das beste Restaurant dieser Art. Es bietet kreative Fleisch-, Fisch- und Gemüsegerichte an, die alle aus regionalen Zutaten zubereitet werden und in einem eleganten Raum serviert werden. Man sollte reservieren. Der Küchenchef leitet auch das günstigere, auf Nachhaltigkeit bedachte Graze im selben Gebäude.

Memorial Union KNEIPE
(www.union.wisc.edu/venue-muterrace.htm; 800 Langdon St; Mo–Fr ab 7, Sa & So ab 8 Uhr;) Das Union auf dem Campus ist *der* Treffpunkt von Madison. Auf der fröhlichen Seeterrasse gibt's Bier, kostenlose Konzerte und montagabends Filme, während die Eisdiele drinnen Eis verkauft, das mit Milch aus der Molkerei der Universität hergestellt wird.

Shoppen

Fromagination ESSEN
(608-255-2430; www.fromagination.com; 12 S Carroll St; Mo–Fr 10–18, Sa 8–17, So 11–16 Uhr) Das beste Käsegeschäft des Bundesstaats ist auf seltene regionale Käse und Käsesorten, die in kleinen Mengen hergestellt werden, spezialisiert. In den Körben an der Kasse befinden sich kleine Stücke für 2 bis 5 US$. Es verkauft auch Sandwichs, Bier und Wein.

Praktische Informationen

Madison Convention & Visitors Bureau (www.visitmadison.com)

Anreise & Unterwegs vor Ort

Badger Bus (www.badgerbus.com) fährt vom Memorial Union nach Milwaukee (19 US$, 2 Std.), **Megabus** (www.megabus.com/us) nach Chicago (4 Std.) und Minneapolis (4½ Std.).

Taliesin & Südliches Wisconsin

In diesem Teil von Wisconsin gibt's einige der schönsten Landschaften, vor allem im hügeligen Südwesten. Architekturfans kommen in Taliesin, der Frank-Lloyd-Wright-Stätte schlechthin, auf ihre Kosten, aber auch in Racine, wo noch zwei seiner Arbeiten stehen. Die Molkereien in dieser Gegend produzieren ganz schön viel Käse ...

Racine

Racine ist eigentlich eine uninteressante Industriestadt 30 Meilen (48 km) südlich von Milwaukee. In der Stadt stehen jedoch zwei wichtige Bauwerke von Frank Lloyd Wright. Für beide gibt es Führungen, die im Voraus gebucht werden müssen. Das erste, das **Johnson Wax Company Administration Building** (262-260-2154; www.scjohnson.com/visit; 1525 Howe St; Fr & Sa) GRATIS stammt aus dem Jahr 1939 und ist ein prächtiges Gebäude mit hohen, trichterförmigen Säulen. Drei verschiedene Führungen von einer bis zu 3½ Stunden sind möglich, die auch zu unterschiedlichen Zeiten beginnen. Das zweite Bauwerk ist das **Wingspread** (262-681-3353; www.johnsonfdn.org; 33 E Four Mile Rd; Di–Fr 9.30–14.30 Uhr) GRATIS am See, das letzte und größte der Präriehäuser Wrights. Führungen dauern 45 Minuten.

Green County

In dieser ländlichen Region gibt's die höchste Konzentration von Käsereien in den USA – **Green County Tourism** (www.greencounty.org) stellt sie einem vor. Monroe ist ein schöner Ort, um mal mit dem Schnuppern anzufangen. Dann immer der Nase nach zu **Roth Käse** (657 2nd St; Mo–Fr 9–18, Sa & So 10–17 Uhr), einem Laden mit Fabrik, in der man von einem Beobachtungsdeck (nur unter der Woche vormittags) die Käser in Aktion erleben und in „Schnäppchenkisten" nach Käse stöbern kann. Im **Baumgartner's** (www.baumgartnercheese.com; 1023 16th Ave; Sandwiches 4–7 US$; 8–23 Uhr), einer alten Schweizer Taverne am Marktplatz, kann man in ein Sandwich mit frischem Limburger und rohen Zwiebeln beißen. Abends schaut man sich dann im Autokino einen Film an und klettert dann im **Inn Serendipity** (608-329-7056; www.innserendipity.com; 7843 County Rd P; Zi. inkl. Frühstück 110–125 US$) ins Bett. Das B&B mit zwei Zimmern wird mit Wind- und Sonnenenergie betrieben und steht auf einer 2 ha großen Biofarm in Browntown, etwa 10 Meilen (16 km) westlich von Monroe.

Mehr Infos über lokale Molkereien und Werksbesichtigungen stehen im **A Traveler's Guide to America's Dairyland** (www.eatwisconsincheese.com).

Spring Green

40 Meilen (64 km) westlich von Madison und 3 Meilen (5 km) südlich der kleinen Stadt Spring Green liegt **Taliesin**. Hier verbrachte Frank Lloyd Wright fast sein ganzes Leben und hier steht auch seine Schule für Architektur. Der Ort ist zu einem viel besuchten Pilgerziel für seine Anhänger ge-

worden. Das Haus wurde 1903, die Hillside Home School 1932 und das **Visitor Center** (☎ 608-588-7900; www.taliesinpreservation.org; Hwy 23; ⏲ Mai–Okt. 9–17.30 Uhr) 1953 erbaut. Diverse geführte Touren (16–80 US$) haben unterschiedliche Teile des Komplexes zum Thema. Für die längeren Touren sollte man sich vorher anmelden. Die einstündige Hillside Tour (16 US$) gibt eine gute Einführung in Wrights Werk.

Ein paar Kilometer weiter südlich von Taliesin befindet sich das **House on the Rock** (☎ 608-935-3639; www.thehouseontherock.com; 5754 Hwy 23; Erw./Kind 12,50/7,50 US$; ⏲ Mai–Aug. 9–18 Uhr, Aug–Mitte Nov. & Mitte März–May; 9–17 Uhr, Mitte Nov.–Mitte März geschl.), eine der meistbesuchten Attraktionen Wisconsins. Alex Jordan errichtete das Gebäude 1959 auf einem Felssporn (einige sagen, es zeige dem Nachbarn Frank Lloyd Wright den „Stinkefinger"). Das Haus wurde unglaublich fantasievoll ausstaffiert, u.a. mit dem weltgrößten Karussell, surrenden Musikautomaten, witzigen Puppen und durchgeknallter Volkskunst. Es ist in drei Bereiche unterteilt, mit jeweils eigenen Besichtigungstouren. Besucher mit Durchhaltevermögen können das ganze Haus erkunden (4 Std.; Erw./Kind 28,50/15,50 US$).

In Spring Green gibt es ein B&B im Zentrum und sechs Motels am Highway 14 nördlich der Stadt. Das kleine **Usonian Inn** (☎ 877-876-6426; www.usonianinn.com; E 5116 Hwy 14; Zi. 85–135 US$; ❄ 📶) wurde von einem Studenten Wrights entworfen. Mehr Optionen findet man unter www.springgreen.com.

Sandwichs oder kreative Tagesangebote wie Süßkartoffeleintopf gibt's im **Spring Green General Store** (www.springgreengeneralstore.com; 137 S Albany St; Hauptgerichte 5–8 US$; ⏲ Mo–Fr 9–18, Sa 8–18, So 8–16 Uhr).

Das **American Players Theatre** (☎ 608-588-2361; www.americanplayers.org) führt in einem Amphitheater am Wisconsin River klassische Stücke unter freiem Himmel auf.

Am Mississippi entlang

Der Mississippi bildet den größten Teil der Westgrenze Wisconsins. Die **Great River Road** (www.wigreatriverroad.org) verläuft parallel zum Fluss und hat einige absolut malerische Abschnitte – diese ausgeschilderte Route folgt dem Old Man River von Minnesota bis zum Golf von Mexiko.

Von Madison fährt man auf der US 18 gen Westen und trifft dann in **Prairie du Chien** auf die River Road (Highway 35). Nördlich des Orts liegt am Flussufer der Schauplatz der letzten Schlacht im blutigen Black-Hawk-Krieg. Auf Tafeln wird ein Teil der Geschichte erzählt, die mit der Schlacht von Bad Ax endete, bei der Indianer niedergemetzelt wurden, als sie versuchten, über den Mississippi zu fliehen.

Bei Genoa führt der Highway 56 20 Meilen (32 km) landeinwärts nach **Viroqua** (www.viroquatourism.com), dem Mekka des Forellenangelns. Das nette Städtchen ist umgeben von Biofarmen und Rundscheunen. Wer Landwirte kennenlernen und deren Produkte probieren möchte, ist in der **Viroqua Food Cooperative** (www.viroquafood.coop; 609 Main St; ⏲ 7–21 Uhr) genau richtig.

Wieder Richtung Mississippi und 18 Meilen (29 km) flussaufwärts liegt **La Crosse** (www.explorelacrosse.com). Im historischen Zentrum gibt's zahlreiche Restaurants und Kneipen. Vom Grandad Bluff aus bietet sich ein wunderbarer Blick auf den Fluss. Er liegt östlich der Stadt an der Main Street (die zur Bliss Road wird); man fährt die Bliss Road hinauf und biegt dann rechts in die Grandad Bluff Road ab. Das **größte Six-Pack der Welt** (3rd St S) befindet sich ebenfalls in diesem Ort: Die „Dosen" sind eigentlich Lagertanks der City Brewery und fassen genug Bier, um eine Person 3351 Jahre lang täglich mit einem Six-Pack zu versorgen (so oder so ähnlich steht es auf dem Schild).

Door County & Östliches Wisconsin

Das felsige, mit Leuchttürmen übersäte Door County zieht im Sommer die Massen an – und im verdammt frostigen Winter kommen die durchgeknallten Footballfans nach Green Bay.

Green Bay

Green Bay (www.greenbay.com) ist eine schlichte Industriestadt, die auch als sagenumwobene „gefrorene Tundra" bekannt ist und in der die Green Bay Packers Super Bowls gewinnen. Der Verein ist der einzige in der NFL, der nicht profitorientiert ist und einer Gemeinde gehört. Vielleicht ist es der Besitzerstolz, der die Fans so treu macht (und sie sogar Käseecken aus Schaumgummi auf dem Kopf tragen lässt).

Es ist zwar nahezu unmöglich, ein Ticket für ein Spiel zu ergattern, aber man bekommt eine Ahnung von der Stimmung, wenn man bei einer Parkplatzparty vor dem Spiel mitfeiert. Die Unmengen Alkohol, die hier im Spiel sind, haben Green Bay den Ruf als „Alkoholikerstadt mit einem Footballproblem" eingehandelt. An spielfreien Tagen lohnt sich der Besuch der **Green Bay Packer Hall of Fame** (☎920-569-7512; www.lambeaufield.com; Erw./Kind 10/5 US$; ⌚Mo–Sa 9–18, So 10–17 Uhr) beim Lambeau Field, die vollbepackt ist mit Memorabilia und Filmen, die einfach jeden Footballfan faszinieren.

Im **National Railroad Museum** (☎920-437-7623; www.nationalrrmuseum.org; 2285 S Broadway; Erw./Kind 9/6,50 US$; ⌚Mo–Sa 9–17, So 11–17 Uhr, Jan.–März Mo geschl.) stehen einige der größten Lokomotiven, die je in den riesigen Güterbahnhof von Green Bay eingefahren sind. Im Sommer werden auch Zugfahrten (2 US$) angeboten.

Das minimalistische **Bay Motel** (☎920-494-3441; www.baymotelgreenbay.com; 1301 S Military Ave; Zi. 52–75 US$; 🛜) ist 1 Meile (1,6 km) vom Lambeau Field entfernt. Im Gastropub **Hinterland** (☎920-438-8050; www.hinterlandbeer.com; 313 Dousman St; ⌚Mo–Sa ab 16 Uhr) kann man in rustikal-schicker Atmosphäre ein Bier trinken.

Door County

Man muss zugeben, dass das Door County mit seiner felsigen Küste, den malerischen Leuchttürmen, den Kirschgärten und den kleinen Dörfern aus dem 19. Jh. verdammt hübsch ist. Das County nimmt eine schmale Halbinsel ein, die beinahe 100 km weit in den Lake Michigan hineinragt. Die Halbinsel kann man auf zwei Highways umfahren. Der Highway 57 verläuft am Lake Michigan und führt durch Jacksonport und Baileys Harbor – dieser Teil gilt als die landschaftlich schönere, „ruhige Seite". Wer den Highway 42 nimmt, kommt an Green Bay vorbei und (von Süden nach Norden) durch Egg Harbor, Fish Creek, Ephraim und Sister Bay; diese Seite ist actionreicher. Es fahren keine öffentlichen Busse hierher und von November bis April hat die Hälfte der Geschäfte zu.

Sehenswertes & Aktivitäten

Das County ist mit State Parks und Naturschutzgebieten übersät. Am größten ist der **Peninsula State Park**, der an der Bucht liegt. Er hat Rad- und Wanderwege auf den Uferklippen sowie den Nicolet Beach zum Schwimmen, Kajakfahren und Segeln (Ausrüstung kann vor Ort ausgeliehen werden) zu bieten. Im Winter tummeln sich Skilangläufer und Schneeschuhwanderer auf den Wegen. Im abgeschiedenen **Newport State Park** am See können Besucher wandern, in der Wildnis zelten und die Einsamkeit erleben. Im **Whitefish Dunes State Park** gibt es Dünenlandschaften und einen breiten Strand (Vorsicht vor Brandungsrückströmungen!). Der angrenzende **Cave Point Park** ist für seine Seehöhlen und die guten Möglichkeiten für Kajakfahrten bekannt.

ABSTECHER

WASHINGTON ISLAND & ROCK ISLAND

Von der Spitze des Door County aus, in der Nähe von Gills Rock, fahren täglich alle halbe Stunde **Fähren** (☎920-847-2546; www.wisferry.com; Northport Pier) zur **Washington Island** (hin & zurück Erw./Kind/Zweirad/Auto 13/7/4/26 US$), auf der 700 Einwohner skandinavischer Abstammung leben. Außerdem gibt's dort ein paar Museen, Strände, Fahrradverleihe und ruhige Straßen zum Radfahren sowie Unterkünfte und Zeltmöglichkeiten. Ruhiger und abgelegener ist die wunderschöne **Rock Island**, ein State Park ganz ohne Motorfahrzeuge. Hier kann man wunderbar wandern, baden und zelten. Zur Insel geht's mit der **Karfi-Fähre** (www.wisferry.com), die in Jackson Harbor auf der Washington Island abfährt (hin & zurück Erw./Kind 11/5 US$).

Bay Shore Outfitters OUTDOORAKTIVITÄTEN
(☎920-854-9220; www.kayakdoorcounty.com; Sister Bay) Verleiht Kajaks, Stand-up-Paddle-Boards und Wintersportausrüstung. Außerdem werden geführte Touren, die in der Gegend von Sister Bay und Ephraim starten, veranstaltet.

Nor Door Sport & Cyclery OUTDOORAKTIVITÄTEN
(☎920-868-2275; www.nordoorsports.com; Fish Creek) Nor Door verleiht in der Nähe des Eingangs zum Peninsula State Park Fahrräder und Schneeschuhe.

Schlafen & Essen

Die meisten Unterkünfte liegen auf dieser Seite der Bucht. Die genannten Preise gelten für Juli und August. In vielen Unterkünften wird ein Mindestaufenthalt verlangt. Die örtlichen Restaurants servieren häufig eine „fish boil", eine regionale Spezialität, die von skandinavischen Holzfällern erfunden wurde und aus Weißfisch, Kartoffeln und Zwiebeln besteht, die in einem Kessel gekocht werden. Als Dessert gibt's den berühmten Kirschkuchen des Door County.

Julie's Park Cafe and Motel MOTEL **$**
(☎920-868-2999; www.juliesmotel.com; Fish Creek; Zi. 85–106 US$; ❄📶) Tolle Budgetunterkunft neben dem Peninsula State Park.

Peninsula State Park CAMPING **$**
(☎920-868-3258; Fish Creek; Zelt- & Wohnmobilstellplätze 15–17 US$) Fast 500 Stellplätze und viele nützliche Einrichtungen.

Egg Harbor Lodge INN **$$**
(☎920-868-3115; www.eggharborlodge.com; Egg Harbor; Zi. 160–200 US$; ❄📶) Alle Zimmer haben Seeblick, Gäste können die Fahrräder kostenlos benutzen.

Village Cafe AMERIKANISCH **$**
(☎920-868-3342; www.villagecafe-doorcounty.com; Egg Harbor; Hauptgerichte 7–10 US$; ⏰7–20 Uhr; 👪) Leckere Frühstücksgerichte, die den ganzen Tag über serviert werden, sowie Sandwichs und Burger.

Wild Tomato PIZZERIA **$$**
(☎920-868-3095; www.wildtomatopizza.com; Fish Creek; Hauptgerichte 8–15 US$; ⏰11–22 Uhr) Einfach in die Menge stürzen, die sich drinnen und draußen versammelt, um die Pizza aus dem Steinofen zu genießen. Zum Nachspülen gibt's allerhand Biersorten. Viele Gerichte sind glutenfrei.

ℹ Praktische Informationen

Door County Visitors Bureau (☎800-527-3529; www.doorcounty.com) Broschüren zu Themen wie Galerien, Radfahren und Leuchttürmen.

Apostle Islands & Nördliches Wisconsin

Der Norden ist eine dünn besiedelte Region mit Wäldern und Seen. Im Sommer kommen die Besucher zum Kajakfahren und Angeln, im Winter, um Ski und Snowmobil zu fahren. Das absolute Highlight sind jedoch die windumtosten Apostle Islands.

Northwoods & Lakelands

Der **Nicolet National Forest** ist ein riesiges bewaldetes Gebiet, das sich wunderbar für Aktivitäten im Freien eignet. Das winzige **Langlade** ist ein Zentrum des Wildwassersports. Das **Bear Paw Resort** (☎715-882-3502; www.bearpawoutdoors.com; Hütten 72–85 US$; 🐾) verleiht Mountainbikes und Kajaks und bietet ganztägigen Kajakunterricht einschließlich einer Fahrt auf dem Fluss (99 US$/Pers.) an. Es gibt gemütliche Hütten, in denen man sich trocknen und aufwärmen kann, um danach seine Erfolge in der dazugehörigen Bar zu feiern.

In Philipps am Highway 13 Richtung Norden liegt der außergewöhnliche **Concrete Park** (www.friendsoffredsmith.org; ⏰Sonnenaufgang–Sonnenuntergang) GRATIS des Künstlers und pensionierten Holzfällers Fred Smith

Weiter westlich, am Highway 70, bietet der **Chequamegon National Forest** außergewöhnliche Mountainbiketouren auf über 300 Meilen (480 km) Offroad-Trails. Die **Chequamegon Area Mountain Bike Association** (www.cambatrails.org) hat Fahrradkarten und Infos zu Mountainbikeverleihern. Den Höhepunkt der Saison bildet Mitte September das **Chequamegon Fat Tire Festival** (www.cheqfattire.com), auf dem 1700 Männer und Frauen mit kräftigen Waden 64 mörderische Kilometer durch die Wälder strampeln. Die Stadt **Hayward** (www.haywardareachamber.com) ist eine gute Ausgangsbasis.

Apostle Islands

Die 21 zerklüfteten Apostle Islands im Lake Superior an der Nordspitze von Wisconsin sind ein wirkliches Highlight des US-Staates. Auf die Inseln kommt man von **Bayfield** (www.bayfield.org) aus, einem belebten Urlaubsort mit auf und ab führenden Straßen,

SCENIC DRIVE: HIGHWAY 13

Hinter Bayfield folgt der Highway 13 einem schönen Abschnitt des Lake Superior. Er führt vorbei am Ojibwa-Ort **Red Cliff** und am Festlandteil der Apostle Islands, an dem es auch einen Strand gibt. Im winzigen **Cornucopia**, das ganz und gar wie ein Badeort wirkt, wirken die Sonnenuntergänge großartig. Die Straße verläuft weiter durch eine zeitlose Landschaft mit Wäldern und Farmen und stößt dann auf die US 2, die bei Superior in die Zivilisation zurückführt.

viktorianischen Häusern, Apfelplantagen und weit und breit keinem einzigen Fast-Food-Restaurant.

Im **Apostle Islands National Lakeshore Visitor Center** (☎715-779-3397; www.nps.gov/apis; 410 Washington Ave; ⏲Juni–Sept. tgl. 8–16.30 Uhr, Okt.–Mai Mo–Fr) gibt's Campinggenehmigungen (10 US$/Nacht) sowie Infos zu Paddel- und Wandertouren. Auf den bewaldeten Inseln gibt es keine Infrastruktur, man kann sie nur zu Fuß erkunden.

Mehrere Veranstalter bieten saisonabhängige Bootsausflüge rund um die Inseln an, und auch Kajakfahrten sind sehr beliebt. Für eine geführte Paddeltour durch Felsbögen und Höhlen ist **Living Adventure** (☎715-779-9503; www.livingadventure.com; Hwy 13; Halbtages-/Ganztagestour 59/99 US$; ⏲Juni–Sept.) zu empfehlen; Anfänger sind willkommen. Wer lieber einen Motor als seine Körperkraft einsetzen möchte, kann bei **Apostle Islands Cruises Service** (☎715-779-3925; www.apostleisland.com; ⏲Mitte Mai–Mitte Okt.) vorbeischauen. Die „große Tour" legt um 10 Uhr vom Bayfield's City Dock ab und schippert auf einer dreistündigen kommentierten Tour zu Höhlen und Leuchttürmen (Erw./Kind 40/24 US$). Ein Glasbodenboot fährt um 14 Uhr raus zu den Schiffwracks.

Die bewohnte **Madeline Island** (www.madelineisland.com) eignet sich für einen schönen Tagesausflug. Man erreicht sie in 20 Minuten mit der **Fähre** (☎715-747-2051; www.madferry.com) ab Bayfield (hin & zurück Erw./Kind/Fahrrad/Auto 13/7/7/24 US$). In dem gut zu Fuß zu erkundenden Ort La Pointe gibt es ein paar Quartiere mittlerer Preisklasse sowie Restaurants. Es werden Bustouren angeboten und man kann sich Fahrräder und Mopeds mieten – und alles befindet sich in der Nähe des Fähranlegers. Im **Big Bay State Park** (☎715-747-6425; Stellplatz Zelt & Wohnmobil 15–17 US$, Fahrzeug 10 US$) gibt es einen Strand und gute Wanderwege.

In Bayfield selbst findet man jede Menge B&Bs und Gasthäuser. Im Sommer sollte man seine Unterkunft aber rechtzeitig reservieren. Unter www.bayfield.org sind die Optionen aufgelistet. Die meisten Zimmer im schlichten **Seagull Bay Motel** (☎715-779-5558; www.seagullbay.com; 325 S 7th St; Zi. 75–105 US$; 📶) haben Sonnendecks – nach denen mit Seeblick fragen. Teurer wird's im **Pinehurst Inn** (☎877-499-7651; www.pinehurstinn.com; 83645 Hwy 13; Zi. inkl. Frühstück 139–229 US$; 📶), einem klimaneutralen B&B mit acht Zimmern und Solaranlage.

Das umweltbewußte **Big Water Cafe** (www.bigwatercoffee.com; 117 Rittenhouse Ave; Hauptgerichte 5–10 US$; ⏲Sommer 6.30–19 Uhr, Winter 8–16 Uhr) serviert Sandwichs, Käse direkt von Bauernhöfen aus der Region und Bier aus lokalen Brauereien. Das kitschige **Maggie's** (☎715-779-5641; www.maggies-bayfield.com; 257 Manypenny Ave; Hauptgerichte 7–16 US$; ⏲So–Do 11.30–21, Fr & Sa 11.30–22 Uhr) mit Flamingo-Thema ist genau der richtige Ort, um Seeforellen und Whitefish zu probieren. Pizza und Burger gibt's dort auch!

Die **Big Top Chautauqua** (☎888-244-8368; www.bigtop.org) mit Musicals und Konzerten bekannter Künstler ist das wichtigste Sommerevent der Region.

MINNESOTA

Ist Minnesota wirklich das Land der 10 000 Seen, mit denen es immer wirbt? Aber sicher doch! Tatsächlich aber hat sich der Bundesstaat in seiner typisch bescheidenen Art sogar noch unter Wert verkauft – es sind nämlich 11 842 Seen. Für Traveller ist das eine tolle Nachricht: Unerschrockene Outdoor-Freaks können ihre Paddel in die Boundary Waters tauchen; dort breitet die Nacht einen Teppich aus Sternen aus und als Wiegenlied erklingt das Heulen der Wölfe. Wer die ausgetretenen Pfade noch weiter hinter sich lassen will, kann zum Voyageurs National Park fahren, in dem es mehr Wasser als Straßen gibt. Und wem das alles zu weit weg ist, der kann sich an die Zwillingsstädte Minneapolis und St. Paul halten, wo man auf Schritt und Tritt auf etwas Cooles oder Kulturelles stößt. Und wer etwas aus der mittleren Schublade sucht – beispielsweise eine gute Mischung aus Großstadt und großen Wäldern – wird vom spektakulären, mit Frachtern gefüllten Hafen von Duluth begeistert sein.

ℹ Praktische Informationen

Verkehrsinformationen für Minnesota (☎511; www.511mn.org)

Minnesota Office of Tourism (☎888-868-7476; www.exploreminnesota.com)

Minnesota State Park Information (☎888-646-6367; www.dnr.state.mn.us) Wer mit einem Fahrzeug in die Parks einfahren will, benötigt dafür eine Genehmigung (Tag/Jahr 5/25 US$). Stellplätze kosten 12 bis 28 US$; **Reservierungen** (☎866-857-2757; www.stayatmnparks.com; Gebühr 8,50 US$) sind möglich.

KURZINFOS MINNESOTA

Spitznamen North Star State, Gopher State

Bevölkerung 5,4 Mio.

Fläche 225 174 km²

Hauptstadt St. Paul (291 000 Ew.)

Weitere Stadt Minneapolis (393 000 Ew.)

Verkaufssteuer 6,88 %

Geburtsort von Schriftsteller F. Scott Fitzgerald (1896–1940), Musiker Bob Dylan (geb. 1941), den Filmemachern Joel (geb. 1954) und Ethan Coen (geb. 1957)

Heimat der Holzfällerlegende Paul Bunyan, von Spam, Amerikanischem Zander, von Hmong- und Somali-Immigranten

Politische Ausrichtung überwiegend demokratisch

Berühmt für Nettigkeit, witzigen Akzent, Schnee, 10 000 Seen

Offizieller Muffin Blaubeere

Entfernungen Minneapolis–Duluth 153 Meilen (246 km), Minneapolis–Boundary Waters 245 Meilen (394 km)

Minneapolis

Minneapolis ist nicht nur die größte Stadt der Prärie, sondern auch diejenige mit dem besten Kulturangebot. Sie verfügt über alle Schikanen des modernen Wohlstands: protzige Kunstmuseen, wüste Rockclubs, bioaffine und ethnische Restaurants sowie trendige Theater. Doch dieser Überfluss kommt ganz ohne Allüren aus: Hier werden Obdachlose in den Cafés freundlich behandelt, die Busse sind blitzsauber und die Angestellten des öffentlichen Diensts wünschen jedem einen schönen Tag – auch bei schlechtem Wetter. Das ist eben „Minnesota Nice", wie es leibt und lebt.

Geschichte

Der Holzhandel bescherte der Stadt ihren ersten Boom. Mitte des 19. Jhs. entstanden wasserbetriebene Sägemühlen entlang des Mississippi. Auch der Weizen aus der Prärie musste verarbeitet werden und so sorgten schon bald Getreidemühlen für das nächste große Geschäft. Ende des 19. Jhs. wuchs die Bevölkerungszahl dank der unzähligen Einwanderer, die vor allem aus Skandinavien und Deutschland in die Stadt kamen. Das nordische Erbe von Minneapolis ist noch heute deutlich erkennbar, wobei die Zwillingsstadt St. Paul noch auffälliger deutsch und irisch-katholisch geprägt ist.

Sehenswertes & Aktivitäten

Der Mississippi verläuft nordöstlich der Innenstadt. Trotz des Namens liegt Uptown in Wirklichkeit südwestlich von Downtown mit der Hauptachse Hennepin Avenue. St. Paul, die Zwillingsstadt von Minneapolis, liegt nur 10 Meilen (16 km) östlich.

Die meisten Sehenswürdigkeiten sind montags geschlossen; viele haben donnerstags verlängerte Öffnungszeiten.

Downtown & Loring Park

Nicollet Mall STRASSE

Die Nicollet Mall ist der fußgängerfreundliche Abschnitt der Nicollet Avenue im Herzen des Zentrums. Hier reihen sich Läden, Bars und Restaurants aneinander. Sie ist vielleicht am berühmtesten dafür, dass Mary Tyler Moore (bekannt aus dem Fernsehen der 1970er-Jahre) hier in der Eröffnungssequenz ihrer Show ihren Hut in die Luft geworfen hat. Die kitschige **MTM-Statue** (7th St S & Nicollet Mall) zeigt die Dame, wie sie genau das tut. Von Mai bis November findet in der Mall jeden Donnerstag ein **Bauernmarkt** (www.mplsfarmersmarket.com; ⌚6–18 Uhr) statt.

Minneapolis Sculpture Garden GARTEN

(726 Vineland Pl; ⌚6–24 Uhr) In dem 4,5 ha großen Garten neben dem Walker Art Center sind unzählige zeitgenössische Werke zu finden, beispielsweise das viel fotografierte *Spoonbridge & Cherry* von Claes Oldenburg. Das Cowles Conservatory mit seinen interessanten exotischen Treibhauspflanzen befindet sich ebenfalls auf dem Gelände. Eine hübsche Fußgängerbrücke über die I-94 verbindet den Garten mit dem reizvollen Loring Park.

★**Walker Art Center** MUSEUM

(☎612-375-7622; www.walkerart.org; 725 Vineland Pl; Erw./Kind 12 US$/frei, Do abends & 1. Sa im Monat Eintritt frei; ⌚Di, Mi & Fr–So 11–17, Do 11–21 Uhr) Das erstklassige Walter Art Center hat eine tolle ständige Ausstellung mit Kunst und Fotografie des 20. Jhs., darunter die befinden sich auch Werke berühmter amerikanischer Maler und Pop-Art-Künstler.

Riverfront District

Der **St. Anthony Falls Heritage Trail** am Nordrand des Stadtzentrums bzw. am Ende der Portland Avenue ist ein empfehlenswerter, 3,2 km langer Weg, der neben seiner interessanten Geschichte (Hinweistafeln beachten) auch den besten Zugang zum Ufer des Mississippi bietet. Von der autofreien **Stone Arch Bridge** hat man einen tollen Blick auf die Kaskaden der **St. Anthony Falls**. In der Main Street SE am Nordufer des Flusses gibt es eine Reihe sanierter Gebäude mit Restaurants und Bars. Von hier aus geht's runter zum **Water Power Park**, wo man die schäumende Gischt auf der Haut spüren kann. Im Mill City Museum ist eine kostenlose Wegekarte erhältlich.

Auf keinen Fall sollte man sich das kobaltblaue Guthrie Theater (s. S. 673) nebenan entgehen lassen. Unbedingt auf dessen **Endless Bridge** gehen – ein im Nichts endender Fußweg mit Blick über den Fluss. Eine Theaterkarte braucht man dafür nicht, denn das Ganze ist als öffentlicher Platz gedacht. Doch der Besuch einer Vorstellung lohnt sich allemal, hat doch das Guthrie eines der besten Ensembles des Mittleren Westens. Nebenan befindet sich der **Gold Medal Park** mit seinem spiralförmigen Weg.

Mill City Museum MUSEUM

(☎ 612-341-7555; www.millcitymuseum.org; 704 2nd St S; Erw./Kind 11/6 US$; ⌚ Di–Sa 10–17, So 12–17 Uhr, Juli & Aug. tgl. geöffnet) Das Gebäude, in dem sich das Museum befindet, ist tatsächlich eine ehemalige Mühle. Zu den Highlights gehören eine Fahrt in einem acht Stockwerke hohen Getreideaufzug („Flour Tower"), Betty-Crocker-Ausstellungsstücke und eine Backstube. Das Ganze ist aber nicht ganz so spannend, wenn man nicht gerade brennend an der Geschichte des Getreidemahlens interessiert ist. Der **Mill City Farmer's Market** (www.millcityfarmersmarket.org; ⌚ Mitte Mai–Ende Okt. Sa 8–13 Uhr) findet in der zum Museum gehörenden Eisenbahnhalle statt. Kochvorführungen beginnen immer um 10 Uhr.

Northeast

Northeast, das wegen seiner Lage zum Fluss so heißt, ist das ehemalige osteuropäische Arbeiterviertel der Stadt. Heute leben und arbeiten hier vor allem Künstler. Diese schätzen die vielen Kneipen, in denen neben Pabst auch Biere aus Kleinbrauereien ausgeschenkt werden, aber ebenso die Boutiquen, die direkt neben den Wurstherstellern ihre Ökowaren verkaufen. Hunderte von Kunsthandwerkern und Galerien haben sich in den historischen Industriegebäuden niedergelassen. Sie laden jeden ersten Donnerstag im Monat zu einem Besuch ein – denn dann veranstaltet die **Northeast Minneapolis Arts Association** (www.nemaa.org) einen interessanten Spaziergang durch verschiedene Galerien. Die Zentren sind u.a. die 4th Street NE und die 13th Avenue NE.

MINNEAPOLIS FÜR KINDER

Viele der besten Attraktionen für Kids befinden sich in St. Paul, in der Mall of America und im Fort Snelling.

Minnesota Zoo (☎ 952-431-9500; www.mnzoo.org; 13000 Zoo Blvd; Erw./Kind 18/12 US$; ⌚ Sommer 9–18 Uhr, Winter 9–16 Uhr; 👪) Zum renommierten Zoo im vorstädtischen Apple Valley, das 20 Meilen (32 km) südlich der Stadt liegt, ist man schon ein Weilchen unterwegs. Aber hier leben über 400 Arten in naturnahen Gehegen, wobei der Schwerpunkt auf Tieren aus kälteren Klimazonen liegt. Parken kostet 7 US$.

Valleyfair (☎ 952-445-7600; www.valleyfair.com; 1 Valleyfair Dr; Erw./Kind 44/30 US$; ⌚ Mitte Mai–Aug. tgl. ab 10 Uhr, Sept. & Okt. nur Sa & So, unterschiedliche Schließzeiten; 👪) Wem die Mall of America nicht genügt, der kann zu diesem großen Vergnügungspark ins 25 Meilen (40 km) südwestlich gelegene Shakopee fahren. Der Dinosaurierpark mit animatronischen Effekten (5 US$ zusätzlich) ist ein Riesenhit. Wer die Tickets online kauft, kann viel Geld sparen. Parken kostet 12 US$.

Children's Theatre Company (☎ 612-874-0400; www.childrenstheatre.org; 2400 3rd Ave S; 👪) Es ist kein Wunder, dass es einen Tony Award für „herausragende regionale Theater" gewonnen hat.

Minneapolis

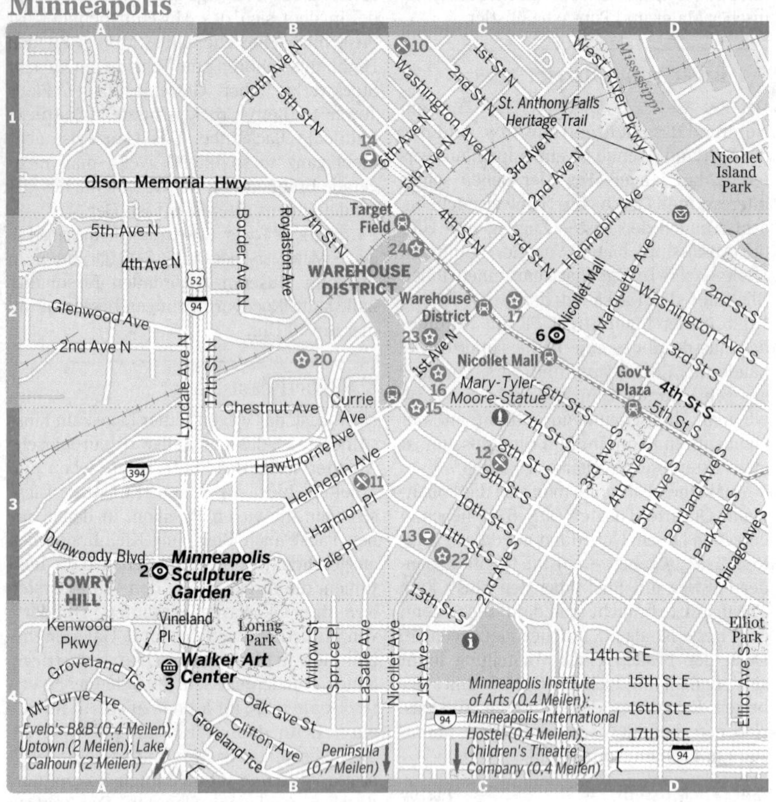

Minneapolis

Highlights
1 Endless Bridge ... E2
2 Minneapolis Sculpture Garden ... A3
3 Walker Art Center ... A4
4 Weisman Art Museum ... G3

Sehenswertes
5 Mill City Farmer's Market ... E2
Mill City Museum ... (siehe 5)
6 Nicollet Mall ... C2

Schlafen
7 Aloft ... E3
8 Wales House ... G2

Essen
9 Al's Breakfast ... G2
10 Bar La Grassa ... C1
11 Butcher & the Boar ... B3
12 Hell's Kitchen ... C3

Ausgehen & Nachtleben
13 Brit's Pub ... C3
14 Fulton Beer ... B1

Unterhaltung
15 Brave New Workshop Theatre ... C3
16 First Avenue & 7th St Entry ... C2
17 Gay Nineties ... C2
18 Guthrie Theater ... E2
19 Hubert H Humphrey Metrodome ... E3
20 Lee's Liquor Lounge ... B2
21 Nye's Polonaise Room ... E1
22 Orchestra Hall ... C3
23 Target Center ... C2
24 Target Field ... C2
25 Triple Rock Social Club ... F4

University Area

Die **University of Minnesota** liegt am Fluss südöstlich des Zentrums von Minneapolis. Mit über 50 000 Studenten ist sie eine der größten Unis der USA. Der größte Teil des Campus befindet sich im Bezirk **East Bank**.

In **Dinkytown** an der 14th Avenue SE und der 4th Street SE gibt es jede Menge Studentencafés und Buchläden. Ein kleiner Teil der Uni liegt auf der **West Bank** des Mississippi, in der Nähe der Kreuzung 4th Street S und Riverside Avenue. In dieser Gegend befinden sich ein paar Restaurants, einige Studentenkneipen und das Zuhause einer große Somali-Gemeinde.

★ **Weisman Art Museum** MUSEUM
(☎ 612-625-9494; www.weisman.umn.edu; 333 E River Rd; ⏲ Di–Fr 10–17, Mi 10–20, Sa & So 11–17 Uhr) GRATIS Das Weisman befindet sich in einem ungewöhnlich geformten Gebäude, das der Architekt Frank Gehry erdachte. Das Museum ist ein Highlight der Universität (und der Stadt). Kürzlich wurde es nach einer Erweiterung mit doppelt so viel Platz und fünf neuen, luftigen Galerien für amerikanische Kunst, Keramik und Arbeiten auf Papier wieder eröffnet.

Uptown, Lyn-Lake & Whittier

Diese drei Stadtviertel befinden sich südlich der Innenstadt.

Uptown ist die Gegend um die Kreuzung von Hennepin Avenue S und Lake Street. Hier, wo Punkläden und Restaurants aufeinandertreffen, ist bis spät in die Nacht was los. **Lyn-Lake** liegt östlich von Uptown und die Atmosphäre ist hier ähnlich urban und cool. Die Lyndale Street und die Lake Street bilden das Zentrum (womit dann auch der Name erklärt wäre, oder?).

Uptown ist ein guter Ausgangspunkt für die **Chain of Lakes**: Lake Calhoun, Lake of the Isles, Lake Harriet, Cedar Lake und

Brownie Lake. Radwege (die im Winter als Loipen dienen) schlängen sich um die Seen, auf denen man im Sommer Boot fahren und im Winter Schlittschuh laufen kann.

Der Lake Calhoun mit guter Infrastuktur liegt südlich der Lake Street. Etwas weiter um den Lake Calhoun herum befindet sich der Thomas Beach, ein beliebter Badestrand. Der legere Hidden Beach (East Cedar Beach) am Cedar Lake war einst ein FKK-Ziel, heute lassen die meisten Bikini oder Badehose allerdings an.

Minneapolis Institute of Arts MUSEUM
(☎ 612-870-3131; www.artsmia.org; 2400 3rd Ave S; ⏲ Di–Sa 10–17, Do 10–21, Sa 11–17 Uhr) Dieses Museum beherbergt einen wahrhaft beeindruckenden Querschnitt durch die Kunstgeschichte. Die moderne und zeitgenössische Sammlung sind umwerfend, aber auch die Prairie School und die asiatischen Galerien sind wirkliche Highlights. Die am Eingang erhältlichen Broschüren helfen dabei, dass man bei knapper Zeit wenigstens das Allerwichtigste sieht. Das Museum befindet sich 1 Meile (1,6 km) südlich des Convention Center und ist über die 3rd Avenue S zu erreichen.

Calhoun Rental RADFAHREN
(☎ 612-827-8231; www.calhounbikerental.com; 1622 W Lake St; halber/ganzer Tag 25/35 US$; ⏲ April–Okt. Mo–Fr 10–19, Sa 9–20, So 10–20 Uhr) Dieser Laden in Uptown, ein paar Blocks westlich des Lake Calhoun, verleiht Fahrräder (inkl. Helm, Schloss & Fahrradkarte). Man braucht eine Kreditkarte und einen Führerschein. Freitags bis sonntags werden zwei- bis vierstündige Radtouren (39–49 US$) am Wasser angeboten; man sollte dafür schon im Voraus reservieren.

Lake Calhoun Kiosk WASSERSPORT
(☎ 612-823-5765; Anfang der Lake St; 11–18 US$/Std.; ⏲ Ende Mai–Aug. tgl. 10–20 Uhr, Sept. & Okt. nur Sa & So) Der Kiosk am Anfang der Lake Street verleiht Kanus, Kajaks, Fahrräder und Tretboote. Hier ist immer viel los, denn es gibt auch ein Terrassenrestaurant und eine Segelschule.

SCHWULEN- & LESBENSZENE IN MINNEAPOLIS

Minneapolis hat eine der größten Schwulen-, Lesben-, Bisexuellen- und Transsexuellenszenen (GLBT) der USA, die hier besonders umfassende Rechte hat. Die umfassende Website der **Minneapolis Convention & Visitors Association** (www.glbtminneapolis.org) informiert über Events, Nachtleben, Neuigkeiten aus der Szene und Attraktionen. Auch das kostenlose, alle zwei Wochen erscheinende Magazin *Lavender* (www.lavendermagazine.com), das es in den Cafés der Stadt gibt, ist recht informativ.

Gay Nineties (www.gay90s.com; 408 Hennepin Ave S) versorgt Nachtschwärmer mit Infos über Tanz, Essen und Dragshows für Schwule und Heteros. Das **Wilde Roast Cafe** (www.wilderoastcafe.com; 65 Main St SE) am Fluss bietet tolle Backwaren und ein viktorianisches Ambiente à la Oscar Wilde – *Lavender* zeichnete es als „bestes Café" aus.

Zum **Pride Festival** (www.tcpride.com; ⏲ Ende Juni), einem der größten in den USA, kommen rund 400 000 Feierwütige.

Feste & Events

Art-A-Whirl MUSIK
(www.nemaa.org; ⏲ Mitte Mai) Mit einem tollen Galerie-Wochenende begrüßt Northeast jedes Jahr den Frühling.

Minneapolis Aquatennial KULTUR
(www.aquatennial.com; ⏲ Mitte Juli) Die Seen werden zehn Tage lang mit Paraden, Strandpartys und Feuerwerk gefeiert.

Holidazzle KULTUR
(www.holidazzle.com; ⏲ Dec) Im ganzen Dezember gibt's Paraden, bunte Lichter und jede Menge gute Laune.

Schlafen

B&Bs haben das beste Preis-Leistungs-Verhältnis der Stadt– sie sind günstig, bieten aber trotzdemm solide Mittelklassequalität. Auf die Preise werden noch 13,4% Steuern aufgeschlagen.

Wales House B&B $
(☎ 612-331-3931; www.waleshouse.com; 1115 5th St SE; Zi. inkl. Frühstück 80 US$, ohne Bad 70 US$; P ❄ 📶) Dieses freundliche B&B verfügt über zehn Gästezimmer und beherbergt nicht selten Wissenschaftler der nahe gelegenen University of Minnesota. Hier kann man es sich einfach mit einem Buch auf der Terrasse oder am Kamin gemütlich machen. Der Mindestaufenthalt beträgt allerdings zwei Nächte.

Evelo's B&B B&B $

(☎ 612-374-9656; 2301 Bryant Ave S; Zi. ohne Bad inkl. Frühstück 75–95 US$; 📶) Die drei Zimmer in einem viktorianischen Wohnhaus voller poliertem Holz knarzen zwar, aber irgendwie sind sie auch bezaubernd. Sie sind recht eng, doch dafür entschädigt die praktische Lage zwischen dem Walker Art Center und Uptown.

Minneapolis International Hostel HOSTEL $

(☎ 612-522-5000; www.minneapolishostel.com; 2400 Stevens Ave S; B 28–34 US$, Zi. ab 60 US$; ❄@📶) Das Hostel ist ein cooles altes Gebäude mit Antiquitäten, Holzböden und perfekter Lage neben dem Minneapolis Institute of Arts. Leider ist diese Unterkunft nicht sehr gepflegt. Die Zimmer sind sehr unterschiedlich und reichen von einem Männerschlafsaal mit 15 Betten bis hin zu Zimmern mit eigenem Bad.

Aloft HOTEL $$

(☎ 612-455-8400; www.alofthotels.com/minneapolis; 900 Washington Ave S; Zi. 139–189 US$; P❄@📶≋) Die kompakten Zimmer mit Industrieschick ziehen vor allem jüngere Gäste an. In der clubartigen Lobby gibt's Brettspiele, eine Cocktaillounge und rund um die Uhr Snacks. Das Aloft hat einen winzigen Pool und einen ordentlichen Fitnessraum. Parken kostet 15 US$.

Essen

In Minneapolis hat sich eine vielfältige Restaurantszene herausgebildet. Sie ist für ihre vielen Restaurants bekannt, die regionale Biozutaten verwenden.

Downtown & Northeast

In der Nicollet Mall gibt's eine ganze Menge Restaurants.

Hell's Kitchen AMERIKANISCH $$

(☎ 612-332-4700; www.hellskitcheninc.com; 80 9th St S; Hauptgerichte 10–20 US$; ⏲ Mo–Fr 6.30 bis 22, Sa & So ab 7.30 Uhr; 📶) Wer die Treppe hinunter ins teuflische Hell's steigt, wird von schwungvollen Kellnern empfangen, die ausgefallene Gerichte aus Minnesota servieren, beispielsweise Burger mit Zander, Schinken, Salat und Tomate, Bisonburger oder warme Zitronen-Ricotta-Pfannkuchen. Am Wochenende verwandelt es sich abends in einen Club, in dem DJs auflegen. Oben befinden sich eine ausgezeichnete Bäckerei und ein Café.

Butcher & the Boar AMERIKANISCH $$$

(☎ 612-238-8887; www.butcherandtheboar.com; 1121 Hennepin Ave; Hauptgerichte 25–32 US$; ⏲ 17–24 Uhr; 📶) Der in Kupfertönen gehaltene, von Kerzen erleuchtete Raum ist ein Paradies für Fleischfans. Unters Fleischmesser kommen Wildschweinschinken, Kaninchenpastete mit eingelegten Kirschen, Kalbswurst und viele andere hausgemachte Fleischgerichte. Am besten bestellt man gleich einen Probierteller. Aus den 30 Zapfhähnen fließen regionale Biere, außerdem gibt's eine lange Bourbon-Karte. Reservierung notwendig.

Bar La Grassa ITALIENISCH $$$

(☎ 612-333-3837; www.barlagrassa.com; 800 Washington Ave N; Pasta 12–24 US$, Hauptgerichte 16–35 US$; ⏲ Mo–Do 17–24, Fr & Sa bis 1, So bis 22 Uhr) Chefkoch Isaac Becker gewann 2011 den James Beard Award „Best in the Midwest" – man darf also Großes erwarten von den kleinen Tellern frischer Pasta, Bruschetta und *secondi*.

University Area

Viele preisgünstige Lokale gibt es in der Campusgegend bei der Washington Avenue und der Oak Street.

Al's Breakfast FRÜHSTÜCK $

(☎ 612-331-9991; 413 14th Ave SE; Hauptgerichte 4–8 US$; ⏲ Mo–Sa 6–13, So 9–13 Uhr) Das ultimative Minicafé: 14 Barhocker stehen an einer winzigen Theke. Immer wenn ein Kunde reinkommt, nehmen andere ihre Teller und machen Platz für den Neuankömmling. Die dicken Obstpfannkuchen sind der Renner. Nur Barzahlung.

Uptown, Lyn-Lake & Whittier

Vietnamesische, griechische, afrikanische und andere Restaurants mit internationaler Küche reihen sich an der Nicollet Avenue S zwischen der Franklin Avenue (in der Nähe des Minneapolis Institute of Arts) und der 28th Street – auch „Eat Street" genannt – aneinander. In der Lake Street in Uptown gibt's viele schicke Bars und Cafés.

★ **Bryant-Lake Bowl** AMERIKANISCH $$

(☎ 612-825-3737; www.bryantlakebowl.com; 810 W Lake St; Hauptgerichte 9–14 US$; ⏲ 8–0.30 Uhr; 📶🍸) Das BLB hat die Atmosphäre einer Bowlingbahn für Arbeiter, doch das Essen ist göttlich. Das Frühstück mit Biscuit and Gravy, die Platten mit Käsespezialitäten

TAP-ROOM-BOOM

Im Jahr 2011 verabschiedete Minnesota ein Gesetz, das es Brauereien gestattete, auf dem Gelände einen *tap room* (Schankraum) zu öffnen, und seitdem hat sich dieses Konzept explosionsartig in den Twin Cities verbreitet. Tolle Brauereien, in denen Besucher ein Bier frisch vom Produzenten trinken können:

Fulton Beer (www.fultonbeer.com; 414 6th Ave N; ⌚ Mi–Fr 15–22, Sa 12–22 Uhr) Hier sind in der Regel fantastische Pale Ales und Red Ales im Angebot. Die Gäste sitzen im Lagerhaus an langen Biertischen. Es liegt ein paar Blocks vom Baseballstadion entfernt und ist an Spieltagen gut besucht. Vor der Brauerei warten Food Trucks auf Kundschaft.

Dangerous Man Brewing (www.dangerousmanbrewing.com; 1300 2nd St NE; ⌚ Di–Do 16–22, Fr 15–24, Sa 12–24 Uhr) Schenkt starke Biere im europäischen Stil aus. Gäste dürfen ihr eigenes Essen mitbringen. Dies ist einer von vielen *tap rooms*, die sich im Viertel Northeast angesiedelt haben.

Surly Brewing (www.surlybrewing.com; Malcolm Ave & 5th St SE) Eine der größten Brauereien, und eine, die es ernst meint: Sie hat die beiden Architekten, die das Guthrie Theater entwarfen, mit dem Bau einer riesigen Brauerei und Bar im Stadtviertel Prospect Park im Südosten von Minneapolis beauftragt. 2014 soll eröffnet werden.

und das Zanderfilet im Maismehlmantel zerschmelzen geradezu auf der Zunge. Zum Nachspülen gibt es viele regionale Biere. Und im angeschlossenen Theater ist immer etwas Spannendes und Sonderbares los.

Peninsula ASIATISCH $$
(☎ 612-871-8282; www.peninsulamalaysiancuisine.com; 2608 Nicollet Ave S; Hauptgerichte 9–15 US$; ⌚ So–Do 11–22, Fr & Sa 11–23 Uhr; ☑) Malaysische Gerichte wie *achat* (scharfer Gemüsesalat mit Erdnussdressing), chinesisches Fondue mit rotem Curry, würzige Krabben oder Fisch im Bananenblatt verwöhnen in diesem tollen modernen Restaurant den Gaumen.

Ausgehen

Die Bars sind bis 2 Uhr geöffnet. Die Happy Hour dauert meistens von 15 bis 18 Uhr.

Brit's Pub KNEIPE
(www.britspub.com; 1110 Nicollet Mall; ⌚ ab 11 Uhr) Eine grasgrüne Bowlingbahn auf dem Dach und eine große Auswahl an Scotch, Portwein und Bier sorgen dafür, dass die Gäste beim Bowlen plötzlich ganz neue Fähigkeiten entwickeln.

Grumpy's BAR
(www.grumpys-bar.com/nordeast; 2200 4th St NE; ⌚ Mo–Fr ab 14 Uhr, Sa & So ab 11 Uhr) Das Grumpy's ist eine für Northeast typische Kneipe mit günstigem (aber gutem) Bier und einer Terrasse im Freien. Dienstags sollte man unbedingt das *hot dish* für 1 US$ probieren.

☆ Unterhaltung

Mit seinen vielen Studenten und einer blühenden Kunstszene hat Minneapolis ein lebhaftes Nachtleben zu bieten. Was aktuell los ist, besprechen *Vita.MN* und *City Pages*.

Livemusik

Minneapolis rockt – und irgendwie scheint hier jeder Mitglied einer Band zu sein. Prince und Post-Punk-Bands wie Hüsker Dü und die Replacements haben hier ihre ersten Erfahrungen gesammelt.

First Avenue & 7th St Entry LIVEMUSIK
(www.first-avenue.com; 701 1st Ave N) Hier wurde der Grundstein der Musikszene von Minneapolis gelegt und noch immer ziehen Topbands ein großes Publikum an. Draußen kann man sich die Sterne all der Bands ansehen, die hier schon auf der Bühne standen.

Nye's Polonaise Room LIVEMUSIK
(www.nyespolonaise.com; 112 E Hennepin Ave) Freitags und samstags sorgt die World's Most Dangerous Polka Band für Stimmung. Ein herrlicher Spaß, der noch größer ist, wenn man einen Oldie findet, der einen durch den Raum wirbelt.

Triple Rock Social Club LIVEMUSIK
(www.triplerocksocialclub.com; 629 Cedar Ave) Ein beliebter Punk-/Alternative-Club.

Lee's Liquor Lounge LIVEMUSIK
(www.leesliquorlounge.com; 101 Glenwood Ave) Rockabilly- und alternative Country-Bands hauen hier in die Saiten.

Dakota Jazz Club LIVEMUSIK
(www.dakotacooks.com; 1010 Nicollet Mall) Das Dakota ist eine klassische Location, in der Jazzgrößen auftreten.

Theater & Darstellende Künste

Die Theaterszene der Stadt ist überaus dynamisch. Der im Neonlicht glänzende Hennepin Theater District (www.hennepintheatretrust.org) in der Hennepin Avenue zwischen 6th Street und 10th Street besteht aus mehreren historischen Spielorten, wo auch bedeutende Gastspiele zur Vorführung kommen.

Guthrie Theater THEATER
(☎612-377-2224; www.guthrietheater.org; 818 2nd St S) Das absolute Spitzenensemble in Minneapolis mit – vielleicht als Beweis dafür – gigantischer Bühne. Die nicht verkauften *rush tickets* werden eine halbe Stunde vor der Vorstellung für 15 bis 35 US$ an den Mann gebracht – nur Barzahlung. Wer Lust hat, sich das unkonventionelle Gebäude einmal genauer anzusehen, der findet auf der Website einen Audioguide für Touren auf eigene Faust.

Brave New Workshop Theatre THEATER
(☎612-332-6620; www.bravenewworkshop.com; 824 Hennepin Ave) Das etablierte Theater zeigt Operetten, Revues und Satiren.

Orchestra Hall KLASSISCHE MUSIK
(☎612-371-5656; www.minnesotaorchestra.org; 1111 Nicollet Mall) Die Räumlichkeiten bieten eine sagenhafte Akustik für Konzerte des bejubelten Minnesota Symphony Orchestra.

Sport

Die Einwohner von Minnesota vergöttern ihre Teams. Achtung: Eishockey wird in St. Paul gespielt.

Target Field BASEBALL
(www.minnesotatwins.com; 3rd Ave N zw. 5th St N & 7th St N) Das neue Stadion für das Twins-Profibaseballteam ist wirklich überdurchschnittlich und legt besonders viel Wert auf Speisen und Getränke aus regionaler Produktion.

Hubert H. Humphrey Metrodome FOOTBALL
(www.vikings.com; 900 5th St S) Das Profifootballteam der Vikings spielt in dem an ein Marshmallow erinnernden Dome.

Target Center BASKETBALL
(www.nba.com/timberwolves; 600 1st Ave N) Hier spielen die Timberwolves Profibasketball.

ℹ Praktische Informationen

City Pages (www.citypages.com) Kostenlose wöchentliche Veranstaltungszeitschrift.

Fairview/University of Minnesota Medical Center (☎612-273-6402; 2450 Riverside Ave)

Minneapolis Convention & Visitors Association (www.minneapolis.org) Gutscheine, Karten, Führer und Infos zu Fahrradrouten im Internet.

Minneapolis Public Library (www.hclib.org; 300 Nicollet Mall; ⊙Di & Do 10–20, Mi, Fr & Sa 10–18, So 12–17 Uhr; 📶) Moderne Bibliothek mit kostenlosem Internet und WLAN (und einem tollen Secondhand-Buchladen).

Pioneer Press (www.twincities.com) Tageszeitung von St. Pauls.

Star Tribune (www.startribune.com) Tageszeitung von Minneapolis.

Vita.mn (www.vita.mn) Die kostenlose wöchentliche Veranstaltungszeitschrift der *Star Tribune*.

ℹ Anreise & Unterwegs vor Ort

BUS

Greyhound (☎612-371-3325; 950 Hawthorne Ave) fährt regelmäßig nach Milwaukee (7 Std.), Chicago (9 Std.) und Duluth (3 Std.).

Megabus (www.megabus.com/us) betreibt Expressbusse nach Milwaukee (6 Std.) und Chicago (8 Std.), die oft günstiger sind als Greyhound. Die Busse fahren sowohl vom Zentrum als auch von der Universität ab; die genauen Abfahrtsorte stehen auf der Website.

FAHRRAD

Minneapolis gehört zu den fahrradfreundlichsten Städten der USA. Das Fahrradverleihsystem **Nice Ride** (www.niceridemn.org; ⊙April–Okt.) hat in den Twin Cities 1500 Räder in 170 SB-Kiosken. Die Nutzer zahlen online oder im Kiosk einen Mitgliedsbeitrag (6/65 US$ pro Tag/Jahr) sowie eine geringe Nutzungsgebühr pro halbe Stunde (die erste halbe Stunde ist kostenlos). Die Räder können an jedem Kiosk zurückgegeben werden. Wer aber eine Radtour machen und nicht nur einen kurzen Weg zurücklegen möchte, ist mit traditionellen Fahrradverleihern besser beraten. Auf der Seite des **Minneapolis Bicycle Program** (www.ci.minneapolis.mn.us/bicycles) findet man Fahrradverleihe und Routenkarten.

FLUGZEUG

Der **Minneapolis-St. Paul International Airport** (MSP; www.mspairport.com) liegt zwischen beiden Städten in Richtung Süden. Er ist der Heimatflughafen von Delta Airlines, die verschiedene Direktflüge von/nach Europa anbieten.

Mit der Stadtbahn Blue Line (Fahrpreis normal/Hauptverkehrszeit 1,75/2,25 US$, 25 Min.) kommt man am günstigsten nach Minneapolis.

Bus 54 (Fahrpreis normal/Hauptverkehrszeit 1,75/2,25 US$, 25 Min.) fährt nach St. Paul. Taxis kosten etwa 45 US$.

ÖFFENTLICHE VERKEHRSMITTEL

Metro Transit (www.metrotransit.org; Fahrpreis normal/Hauptverkehrszeit 1,75/2,25 US$) betreibt die Blue Line der Stadtbahn, die zwischen dem Zentrum und der Mall of America verkehrt. Die neue Green Line soll noch 2014 in Betrieb gehen und das Zentrum von Minneapolis mit dem Zentrum von St. Paul verbinden. Bis dahin fährt der Expressbus 94 (Fahrpreis normal/Hauptverkehrszeit 2,25/3 US$) zwischen den beiden Städten; Abfahrt ist an der Südseite der 6th Street N direkt westlich der Hennepin Avenue. Tageskarten (6 US$) bekommt man an jedem Bahnhof und beim Busfahrer.

TAXI

Taxis kann man telefonisch bei **Yellow Cab** (☎ 612-824-4444) bestellen.

ZUG

Amtrak nutzt das frisch restaurierte **Union Depot** (www.uniondepot.org; 214 E 4th St; 📶) in St. Paul. Täglich fahren Züge nach Chicago (8 Std.) und Seattle (37 Std.).

St. Paul

St. Paul ist kleiner und ruhiger als seine Zwillingsstadt Minneapolis und hat sich außerdem mehr von seinem historischen Charakter bewahrt. Man kann das ehemalige Revier von Francis Scott Fitzgerald durchforsten, die Wege am mächtigen Mississippi erkunden oder eine laotische Suppe genießen.

Sehenswertes & Aktivitäten

Innenstadt und Cathedral Hill bieten die meiste Action. In Cathedral Hill gibt's ganz unterschiedliche Geschäfte, traumhafte viktorianische Herrenhäuser aus dem Gilded Age und natürlich die große Kirche, der diese Gegend ihren Namen zu verdanken hat. Die Museen befinden sich im Stadtzentrum. Und hier noch ein Insider-Tipp: Es gibt auch eine Abkürzung zwischen den beiden Vierteln, und zwar einen Fußweg, der an der Westseite des Hill House beginnt und im Stadtzentrum endet.

Das neu aufgelebte Viertel **Harriet Island** befindet sich südlich der Innenstadt an der Wabasha Street. Hier kann man herrlich herumschlendern. Es gibt einen Park, einen Uferweg, Konzertbühnen und einen Fischereihafen.

F. Scott Fitzgerald Sights & Summit Avenue STRASSE

F. Scott Fitzgerald, der Autor von *Der Große Gatsby*, ist St. Pauls berühmtester Sohn. Er ist in der Wohnung im Pullman-Stil mit der Adresse **481 Laurel Avenue** geboren. In **599 Summit Avenue**, einem Sandsteinhaus vier Blocks weiter, lebte Fitzgerald, als *Diesseits vom Paradies* veröffentlicht wurde. Beide Häuser befinden sich in Privatbesitz. Von hier aus schlendert man weiter entlang der Summit Avenue in Richtung Kathedrale und bewundert die viktorianischen Häuser, die diese Straße säumen. Literaturfreaks sollten sich im Visitor Center die Karte *Fitzgerald Homes and Haunts* besorgen.

Landmark Center MUSEUM

(www.landmarkcenter.org; 75 W 5th St; ⏲ Mo–Fr 8–17, Do 8–20, Sa 10–17 Uhr, So 12–17 Uhr) Das 1902 errichtete Landmark Center mit seinen Türmchen war früher das Gerichtsgebäude. Hier wurden Gangster wie Alvin „Creepy" Karpis verurteilt, und auf Schildern in den einzelnen Räumen steht, wem hier der Prozess gemacht wurde. Neben dem Visitor Center beherbergt das Gebäude auch noch mehrere kleine Museen. Im 1. Stock zeigt das **Schubert Club Museum** (☎ 651-292-3267; www.schubert.org; ⏲ So–Fr 12–16 Uhr) eine feine Sammlung alter Klaviere und Cembali – auf einigen haben schon Mozart, Beethoven und ähnliche Berühmtheiten musiziert. Ferner kann man alte Manuskripte und Briefe von berühmten Komponisten bewundern. Der Club veranstaltet von Oktober bis April donnerstags um 12 Uhr kostenlose Kammermusikkonzerte. Ein Drechselmuseum befindet sich ebenfalls in diesem Stockwerk (Eintritt frei).

Mississippi River Visitors Center INFORMATIONSZENTRUM

(☎ 651-293-0200; www.nps.gov/miss; ⏲ So–Do 9.330–17, Fr & Sa bis 21 Uhr) GRATIS Das Besucherzentrum des National Park Service befindet sich in einer Nische der Lobby des Wissenschaftsmuseums. Hier bekommt man Tourenkarten und kann sich informieren, welche kostenlosen Aktivitäten unter Leitung von Rangern gerade angeboten werden. Die meisten finden im Sommer mittwochs, donnerstags und samstags um 10 Uhr statt. Im Winter veranstaltet das Besucherzentrum Eisangeln und Schneeschuhwanderungen.

Science Museum of Minnesota MUSEUM

(☎ 651-221-9444; www.smm.org; 120 W Kellogg Blvd; Erw./Kind 13/10 US$; ⏲ 9.30–21.30 Uhr, im

Winter kürzere Öffnungszeiten) Hier gibt's die üblichen interaktiven Ausstellungen für Kinder und ein Omnimax-Kino (8 US$ extra). Erwachsene dürften die quacksalberischen „fragwürdigen medizinischen Geräte" in der 4. Etage amüsant finden.

Cathedral of St. Paul KIRCHE
(www.cathedralsaintpaul.org; 239 Selby Ave; ⏲So–Fr 7–19, Sa bis 21 Uhr) Diese schöne Kathedrale, die einst nach dem Vorbild des Petersdoms erbaut wurde, thront majestätisch auf einem Hügel über der Stadt. An Wochentagen finden um 13 Uhr Führungen (2 US$) statt.

James J. Hill House HISTORISCHES GEBÄUDE
(☎651-297-2555; www.mnhs.org/hillhouse; 240 Summit Ave; Frw./Kind 9/6 US$; ⏲Mi–Sa 10–15.30, So ab 13 Uhr) Die prunkvolle Steinvilla des Eisenbahnmagnaten Hill ist ein Prachtstück aus dem Gilded Age mit fünf Stockwerken und sage und schreibe 22 Kaminen!

St. Paul Curling Club WINTERPORT
(www.stpaulcurlingclub.org; 470 Selby Ave; ⏲Okt.–Mai ab 11 Uhr) Wer mit den Sitten nördlicher Gefilde nicht sonderlich vertraut ist, dem sei gesagt, dass Curling ein Wintersport ist, bei dem man einen radkappengroßen Granitstein über eine Eisfläche hinweg in ein Zielfeld schlittern muss. Die netten Leute hier haben nichts dagegen, wenn man mal dabei zuschauen möchte. Und vielleicht wird man oben in der Bar sogar noch zu einem Labatt's eingeladen.

Geführte Touren

Down In History Tours STADTSPAZIERGANG
(☎651-292-1220; www.wabashastreetcaves.com; 215 S Wabasha St; 45-minütige Touren 6 US$; ⏲Do 17, Sa & So 11 Uhr) Die Tour führt durch die unterirdischen Höhlen von St. Paul, die Gangster einst als einer Art Kneipe benutzten. Am witzigsten ist es donnerstagabends, wenn in den Höhlen eine Swingband spielt (Eintritt 7 US$).

Feste & Events

St. Paul Winter Carnival KULTUR
(www.winter-carnival.com; ⏲Ende Jan) Zehntägiges Fest mit Eisskulpturen, Eislaufen und Eisfischen.

Schlafen

Eine deutlich größere Auswahl an Unterkünften gibt's in Minneapolis.

Covington Inn B&B $$
(☎651-292-1411; www.covingtoninn.com; 100 Harriet Island Rd; Zi. inkl. Frühstück 150–235 US$; P ❄) Das B&B von Harriet Island befindet sich auf einem Schleppschiff auf dem Mississippi und hat vier Zimmer. Beim Frühstück kann man den Schiffsverkehr auf dem Fluss beobachten.

Holiday Inn HOTEL $$
(☎651-225-1515; www.holiday-inn.com/stpaulmn; 175 W 7th St; Zi. 99–169 US$; P ❄ 📶 🏊) Die Zimmer sind so, wie man es bei einem Holiday Inn erwartet; zu den besonderen Annehmlichkeiten zählen die Lage direkt am RiverCentre (Kongresszentrum), ein kleiner Pool und ein Irish Pub im Hotel. Parken kostet 15 US$.

Essen & Ausgehen

Ein Bummel auf der Grand Avenue zwischen Dale Street und Lexington Parkway lohnt sich, denn in dieser Gegend liegen viele Cafés, Feinkostläden und ethnische Restaurants. Einige unkonventionelle Lokalitäten gibt's auch in der Selby Avenue an der Kreuzung mit der Western Avenue N.

Mickey's Dining Car DINER $
(www.mickeysdiningcar.com; 36 W 7th St; Hauptgerichte 4–9 US$; ⏲24 Std.) Mickey's ist ein Klassiker in der Innenstadt. Es ist jene Art von Lokal, in dem die nette Kellnerin die Kunden „Honey" nennt und zufriedene Stammgäste am Tresen an ihrem Kaffee nippen und Zeitung lesen. Die Verköstigung erscheint ebenfalls zeitlos: Es gibt Burger, Malzbier und Apfelkuchen.

Hmongtown Marketplace ASIATISCH $
(www.hmongtownmarketplace.com; 217 Como Ave; Hauptgerichte 5–8 US$; ⏲8–20 Uhr) In den Twin Cities gibt es Amerikas größte Enklave von Hmong-Einwanderern. Im schlichten Food Court dieses Markts werden ihre vietnamesischen, laotischen und thailändischen Lieblingsgerichte serviert. Um hinzukommen das West Building suchen und dann in den hinteren Teil gehen, wo scharfer Papayasalat, Rinderrippchen, Klebreis und Nudelsuppe verkauft werden. Es bietet sich an, danach noch über den Markt zu schlendern, auf dem man beispielsweise Zahnprothesen reparieren lassen, aber auch einen Kakadu oder einen Messinggong kaufen kann.

WA Frost & Company AMERIKANISCH $$$
(☎651-224-5715; www.wafrost.com; 374 Selby Ave; Hauptgerichte 18–28 US$; ⏲Mo–Fr 11–15.30, Sa

& So 10.30–14, tgl. 17–22 Uhr) Die von Bäumen beschattete, efeuumrankte und mit funkelnden Lichtern geschmückte Terrasse des Frost könnte aus einem Roman von Scott Fitzgerald stammen und ist einfach der perfekte Ort, um ein gutes Glas Wein, ein kühles Bier oder einen Gin zu trinken. Für die Gerichte wie die Käsespezialitätenplatte, das nach marokkanischer Art gewürzte Brathähnchen oder die traditionelle Bohnen-Cassolette verwendet das Restaurant viele regionale Zutaten.

Happy Gnome KNEIPE
(www.thehappygnome.com; 498 Selby Ave; ⌚ab 11.30 Uhr; 📶) Siebzig Kleinbiere vom Fass gibt es hier; am besten schmecken sie wohl auf der Terrasse, die von einem Kamin erwärmt wird. Das Happy Gnome liegt hinter dem Parkplatz des St. Paul Curling Club.

☆ Unterhaltung

Fitzgerald Theater THEATER
(☎651-290-1221; www.fitzgeraldtheater.org; 10 E Exchange St) Hier nimmt Garrison Keillor seine bekannte Radioshow *A Prairie Home Companion* auf.

Ordway Center for Performing Arts KLASSISCHE MUSIK
(☎651-224-4222; www.ordway.org; 345 Washington St) Die wunderbaren Klänge von Kammermusik und der Minnesota Opera erfüllen hier den Saal.

Xcel Energy Center EISHOCKEY
(www.wild.com; 199 Kellogg Blvd) Das Profiteam Minnesota Wild spielt im Xcel Eishockey.

NICHT VERSÄUMEN

RIESENGARNKNÄUEL

Augen auf: In Darwin, 62 Meilen (100 km) westlich von Minneapolis an der US 12, befindet sich der **World's Largest Ball of Twine** (1st St; Eintritt frei; ⌚24 Std.) GRATIS. Um genau zu sein, ist es das „größte Garnknäuel, das von einer Person geschaffen wurde", nämlich von Francis A. Johnson, der im Lauf von 29 Jahren dieses 7892 kg schwere Monster-Knäuel auf seiner Farm aufwickelte. Noch besser ist das **Museum** (☎320-693-7544; ⌚nach Vereinbarung) daneben: Hier kann man im Souvenirgeschäft ein Garnknäuel-Starterset kaufen. Dann mal los!

Shoppen

Common Good Books BÜCHER
(www.commongoodbooks.com; 38 S Snelling Ave; ⌚Mo–Sa 9–19, So 10–19 Uhr) Garrison Keillor ist der Besitzer dieses hell erleuchteten Buchladens, in dem die Statuen großer Schriftsteller über die langen Regale wachen. Er liegt westlich vom Zentrum auf dem Campus des Macalester College.

ℹ Praktische Informationen

Visitor center (☎651-292-3225; www.visitsaintpaul.com; 75 W 5th St; ⌚Mo–Sa 10–16, So ab 12 Uhr) Im Landmark Center; eignet sich gut als erster Stopp, um Karten und Informataionen zu diversen Stadtspaziergängen auf eigene Faust zu besorgen.

ℹ Anreise & Unterwegs vor Ort

St. Paul gehört zum selben Verkehrsnetz wie Minneapolis. Einzelheiten stehen auf S. 673. Das Union Depot (S. 674) ist das Drehkreuz für alle Verkehrsmittel: Greyhound-Busse, Stadtbusse, die Stadtbahn Green Line und die Amtrak-Züge.

Rund um Minneapolis – St Paul

Sehenswertes

Mall of America EINKAUFSZENTRUM, VERGNÜGUNGSPARK
(www.mallofamerica.com; bei der I-494 an der 24th Ave; ⌚Mo–Sa 10–21.30, So 11–19 Uhr; 👪) Die Mall of America, die im vorstädtischen Bloomington in der Nähe des Flughafens liegt, ist das größte Einkaufszentrum der USA. Eigentlich ist es einfach nur ein Einkaufszentrum mit den üblichen Geschäften, Kinos und Restaurants. Doch in der Mall gibt es auch eine Hochzeitskapelle. Und einen **Mini-Golfplatz** (☎952-883-8777; 3. OG; Eintritt 8 US$) mit 18 Löchern. Und einen Vergnügungspark, das **Nickelodeon Universe** (☎952-883-8600; www.nickelodeonuniverse.com) mit 24 Rides, darunter mehrere atemberaubende Achterbahnen. Man kann hindurchspazieren, ohne Eintritt zu bezahlen. Eine Tageskarte für die Rides (in Form eines Armbands) kostet 30 US$, eine einzelne Fahrt zwischen 3 und 6 US$. Und das ist längst noch nicht alles: Auch das größte Aquarium des Bundesstaates, das **Minnesota Sea Life** (☎952-883-0202; www.visitsealife.com/minnesota; Erw./Kind 24/16 US$), in dem

Kinder Haie und Stachelrochen berühren können, befindet sich in der Mall. Es gibt Kombipässe, mit denen man Geld sparen kann. Die Stadtbahn Blue Line verkehrt zwischen der Mall of America und dem Stadtzentrum von Minneapolis. Vom Flughafen aus sind es zehn Fahrminuten.

Fort Snelling HISTORISCHE STÄTTE
(☎612-726-1171; www.historicfortsnelling.org; Ecke Hwy 5 & Hwy 55; Erw./Kind 11/6 US$; ⊙Juni–Aug. Di–Sa 10–17, So 12–17 Uhr, Sept. & Okt. nur Sa; 🚸) Östlich des Shoppingcenters befindet sich Fort Snelling, das älteste Gebäude des Bundesstaates. Es wurde 1820 als Außenposten im abgelegenen Northwest Territory an der Grenze errichtet. Führer in Kostümen wie in der damaligen Zeit zeigen restaurierte Gebäude und stellen das Leben der Pioniere nach.

Southern Minnesota

Einige Highlights des malerischen Südostens kann man in kurzen Fahrten von den Zwillingsstädten aus erreichen. Besser ist es aber, man plant einige Tage für einen solchen Trip ein. Dann folgt man den Flüssen und hält in einigen der historischen Städte und Nationalparks.

Östlich von St. Paul, am Highway 36, befindet sich das touristische **Stillwater** (www.discoverstillwater.com) am unteren St. Croix River. Die alte Holzfällerstadt bietet dem Besucher restaurierte Gebäude aus dem 19. Jh., Bootstouren auf dem Fluss und Antiquitätenläden. Außerdem ist es eine offizielle „Booktown" (Bücherstadt). Diese Ehre wurde weltweit nur wenigen kleinen Städten zuteil, die eine außergewöhnlich große Zahl von Antiquariaten und Buchläden beherbergen. Und dazu gibt's in der Stadt auch noch jede Menge historische B&Bs.

Das größere **Red Wing** liegt an der US 61 Richtung Süden. Es ist eine ähnlich gut restaurierte, aber nicht so interessante Stadt. Und das, obwohl es seine berühmten „Red-Wing-Schuhe" (eigentlich robuste Boots) und Töpferware mit Salzglasur zu bieten hat.

Der hübscheste Teil der Region von **Mississippi Valley** beginnt südlich von hier. Um das Tal abzufahren und das Beste zu sehen, muss man zwischen Minnesota und Wisconsin auf der Great River Road hin- und herpendeln.

Von Red Wing aus überquert man auf der US 63 den Fluss. Bevor es aber am Wasser weiter gen Süden geht, sollte man einen Abstecher des Käses wegen machen. Dazu fährt man 12 Meilen (19 km) auf der US 63 in Wisconsin gen Norden, bis man auf die US 10 trifft, wo man dann rechts abbiegt und nach ein paar Kilometern die „Cheese Curd Capital" Ellsworth erreicht. In der **Ellsworth Cooperative Creamery** (☎715-273-4311; www.ellsworthcheesecurds.com; 232 N Wallace St; ⊙Mo–Fr 8–18, Sa & So 9–17 Uhr) wird Käsebruch/Frischkäse für A&W und Dairy Queen produziert. Wer wirklich superfrische Erzeugnisse probieren will, sollte gegen 11 Uhr hier sein.

Wenn man wieder am Fluss auf dem Wisconsin Highway 35 ist, verläuft ein großer Teil der Straße an den Klippen rund um **Maiden Rock**, **Stockholm** und **Pepin**. Man sollte aber auch mal seiner Nase folgen und den hiesigen Bäckereien oder Cafés einen Besuch abstatten.

Weiter Richtung Süden geht's wieder über den Fluss nach **Wabasha** in Minnesota. Die Stadt hat ein historisches Zentrum und eine große Population von Weißkopfseeadlern, die sich hier im Winter versammelt. Wer mehr über diese Tiere wissen will, geht ins **National Eagle Center** (☎651-565-4989; www.nationaleaglecenter.org; 50 Pembroke Ave; Erw./Kind 8/5 US$; ⊙10–17 Uhr).

Noch weiter landeinwärts und gen Süden kommt man ins Bluff Country mit seinen Kalksteinklippen, der geologischen Hauptattraktion von Südost-Minnesota. Das schöne

NICHT VERSÄUMEN

SPAM MUSEUM

In Austin, in der Nähe der Kreuzung der I-35 und der I-90 in Southern Minnesota, steht, einsam und verlassen, das **Spam Museum** (☎800-588-7726; www.spam.com; 1101 N Main St; ⊙Mo–Sa 10–17, So ab 12 Uhr; 🚸) und widmet sich dem merkwürdigen konservierten Fleisch – eben dem Spam (von Spiced Ham, gewürzter Schinken). Hier erfährt man, wie die blauen Dosen ganze Armeen ernährten, hawaiianisches Grundnahrungsmittel wurden und ganze Legionen von Haiku-Dichtern inspirierten. Außerdem kann man hier mit dem Personal (auch „Spambassadors" genannt) plauschen, das Fleisch kostenlos probieren und sogar dabei helfen, das „süße Schweinewunder" in Dosen zu verpacken.

Lanesboro (www.lanesboro.com) fungiert als Zentrum für Fahrradtouren auf stillgelegten Bahntrassen und für Kanufahrten. 7 Meilen (11 km) westlich befindet sich an der County Road 8 (telefonisch um eine Anfahrtsbeschreibung bitten) das **Old Barn Resort** (☎ 507-467-2512; www.barnresort.com; B/Zi./Stellplatz Zelt/Wohnmobil 25/50/30/44 US$; ⏲ April–Mitte Nov.;). Das idyllische Hostel ist gleichzeitig Campingplatz, Restaurant und Ausrüster. Das sehr gastfreundliche **Harmony**, das Zentrum einer Amish-Gemeinde, liegt südlich von Lanesboro.

Duluth & Northern Minnesota

In den Norden Minnesotas kommt man, „um ein bisschen zu angeln und ein paar Gläschen zu kippen", wie es ein Einwohner ziemlich treffend zusammenfasste.

Duluth

Am äußersten westlichen Ende der Großen Seen liegt Duluth (mit seinem Nachbar Superior, Wisconsin). Der Ort besitzt einen der geschäftigsten Häfen des Landes. Die atemberaubende Lage der Stadt, die in einen Steilhang hineingebaut wurde, ist ausgezeichnet dafür geeignet, den sich ständig wandelnden Lake Superior in Aktion zu erleben. Das Wasser, die Wanderwege und die herrliche Natur haben die Gegend zu einem Hotspot für Outdoorfreaks gemacht.

INSIDERWISSEN

DYLAN IN DULUTH

Meistens werden Hibbing und die Iron Range mit Bob Dylan in Zusammenhang gebracht – was aber definitiv nichts daran ändert, dass er in Duluth geboren ist. In der Superior Street und der London Street gibt's braun-weiße Schilder mit der Aufschrift **Bob Dylan Way** (www.bobdylanway.com), die auf jene Orte hinweisen, die etwas mit der Songwriter-Legende zu tun haben (z. B. das Arsenal, wo er Buddy Holly live sah und beschloss, Musiker zu werden). **Dylans Geburtsort** (519 N 3rd Ave E) auf einem Hügel ein paar Blocks nordöstlich des Stadtzentrums muss man aber ohne Wegweiser ausfindig machen. Dylan lebte bis zu seinem sechsten Lebensjahr im obersten Stockwerk, danach zog die Familie nach Hibbing um. Es handelt sich um ein (nicht gekennzeichnetes) Privathaus, das man sich von der Straße aus ansehen kann.

Sehenswertes & Aktivitäten

Das Hafenviertel ist einzigartig. Am besten macht man einen Bummel auf dem Lakewalk und im Canal Park, wo sich auch die meisten Sehenswürdigkeiten befinden. Ausschau nach der Aerial Lift Bridge halten: Die hebt sich jährlich etwa 1000-mal, um Schiffe in den Hafen zu lassen.

Maritime Visitors Center MUSEUM
(☎ 218-720-5260; www.lsmma.com; 600 Lake Ave S; ⏲ Juni–Aug. 10–21 Uhr, Sept.–Mai kürzere Öffnungszeiten) GRATIS Auf den Computerbildschirmen im Inneren sieht man, wann die großen Schiffe durch den Hafen kommen werden. Das erstklassige Besucherzentrum zeigt auch Ausstellungen zur Schifffahrt auf den Großen Seen und zu Schiffswracks.

William A Irvin MUSEUM
(☎ 218-722-7876; www.williamairvin.com; 350 Harbor Dr; Erw./Kind 10/8 US$; ⏲ Juni–Aug. 9–18 Uhr, Mai, Sept. & Okt. 10–16 Uhr) Eine weitere Attraktion zum Thema Schifffahrt ist der Besuch dieses gewaltigen, 185 m langen Great-Lakes-Frachters.

Great Lakes Aquarium AQUARIUM
(☎ 218-740-3474; www.glaquarium.org; 353 Harbor Dr; Erw./Kind 16,50/10,50 US$; ⏲ 10–18 Uhr;) Dies ist eines der wenigen Süßwasseraquarien des Landes. Zu den Highlights gehören die tägliche Stachelrochenfütterung um 14 Uhr und die Otterbecken.

Leif Erikson Park PARK
(Ecke London Rd & 14th Ave E) Dieser Park ist ein nettes Plätzchen am Seeufer. Er punktet mit einem Rosengarten, einem Nachbau von Leifs Wikingerschiff und – freitagabends im Sommer – mit kostenlosem Kino unterm Sternenhimmel. Wer vom Canal Park aus dem Lakewalk (ca. 2,5 km) folgt, kann sich damit rühmen, den Superior Trail entlanggewandert zu sein, zu dem dieser Pfad gehört.

Enger Park PARK
(Skyline Pkwy) Wer einen spektakulären Blick auf die Stadt und den Hafen genießen will, klettert auf den Felsenturm im Enger Park, der sich ein paar Kilometer südwestlich des Golfplatzes befindet.

SCENIC DRIVE: HIGHWAY 61

Der Highway 61 beschwört unzählige Bilder herauf. Der aus dieser Region stammende Bob Dylan hat ihm im Jahr 1965 mit seinem wütenden Album *Highway 61 Revisited* ein Denkmal gesetzt. Es handelt sich um den berühmten „Blues Highway", der bis New Orleans am Mississippi entlangführt. Im Norden von Minnesota, wo er dem Ufer des Lake Superior folgt, verbindet man mit der Straße rote Klippen und von Wäldern gesäumte Strände.

Das ist aber nur die halbe Geschichte – es sind also noch ein paar Erklärungen notwendig: Der Blues Highway ist eigentlich die US 61, die unmittelbar nördlich der Twin Cities beginnt. Der Highway 61 ist eine landschaftlich schöne Staatsstraße, die in Duluth beginnt. Um die Sache noch komplizierter zu machen, gibt es zwischen Duluth und Two Harbors zwei weitere Straßen mit der Nummer 61: eine vierspurige Schnellstraße und den zweispurigen „Old Highway 61" (auch North Shore Scenic Drive genannt, der als London Road in Duluth beginnt). Wie dem auch sei, den Highway 61 sollte man nicht versäumen. Hinter Two Harbors verwandelt er sich in ein landschaftlich berauschende Route, die an der kanadischen Grenze endet (bzw. dort ihre Fortsetzung findet). Weitere Infos gibt's auf der Website www.superiorbyways.com unter North Shore Scenic Drive.

Vista Fleet BOOTSFAHRT

(☎218-722-6218; www.vistafleet.com; 323 Harbor Dr; Erw./Kind 20/10 US$; ⊙Mitte Mai–Okt.) Eine Bootsfahrt gefällt fast jedem! Eine der besten Touren von Vista ist die zweistündige Hafenrundfahrt, die in Canal Park am Anleger neben der *William A. Irvin* startet.

Spirit Mountain SKIFAHREN

(☎218-628-2891; www.spiritmt.com; 9500 Spirit Mountain Pl; Erw./Kind 35/28 US$ pro Tag; ⊙im Winter ab 9 Uhr, im Sommer ab 10 Uhr) Während der Wintermonate sind hier Skifahren und Snowboarden beliebte Freizeitvergnügen; im Sommer locken eine Zipline, eine Sommerrodelbahn und ein Minigolfplatz. Der Berg liegt etwa 10 Meilen (16 km) südlich von Duluth.

Schlafen

In Duluth gibt's zahlreiche B&Bs. Im Sommer kosten die Zimmer aber mindestens 125 US$. **Duluth Historic Inns** (www.duluthbandb.com) hat Zimmerverzeichnisse. Im Sommer sind die Unterkünfte schnell ausgebucht, dann muss man sein Glück jenseits der Grenze in Superior, Wisconsin, versuchen (wo es übrigens auch billiger ist).

Fitger's Inn HOTEL $$

(☎218-722-8826; www.fitgers.com; 600 E Superior St; Zi. inkl. Frühstück 149–239 US$; @ 📶) Die 62 großen Zimmer des Fitger's Inn, von denen jedes etwas anders gestaltet ist, befinden sich in den Räumlichkeiten einer ehemaligen Brauerei. Die Unterkunft liegt am Lakewalk, und die teureren Zimmer bieten auch einen wunderbaren Ausblick aufs Wasser. Das kostenlose Shuttle zu den örtlichen Sehenswürdigkeiten ist eine ziemlich praktische Sache.

Willard Munger Inn INN $$

(☎800-982-2453, 218-624-4814; www.mungerinn.com; 7408 Grand Ave; Zi. inkl. Frühstück 70–136 US$; @ 📶) Das Munger Inn ist in Familienbesitz und bietet eine gute Auswahl an Zimmern – von Budgetzimmern bis hin zu Suiten mit Whirlpool. Außerdem gibt's viele Extras für Outdoorfreunde, beispielsweise Wander- und Radwege direkt vor der Tür, kostenlose Leihfahrräder und -kanus sowie eine Feuerstelle. Es liegt in der Nähe des Spirit Mountain.

Essen & Ausgehen

Die meisten Restaurants und Bars verkürzen im Winter ihre Öffnungszeiten. Am Ufer in Canal Park befinden sich Restaurants aller Preisklassen.

Duluth Grill AMERIKANISCH $$

(www.duluthgrill.com; 118 S 27th Ave W; Hauptgerichte 8–16 US$; ⊙7–21 Uhr; 🚭 👪) Der Garten auf dem Parkplatz verrät gleich, dass dies ein umweltbewusstes Restaurant mit Hippie-Charakter sein muss. Die riesige Speisekarte ähnelt der eines Diners: Das Angebot reicht von Frühstück aus der Bratpfanne mit vielen Eiern über Polenta-Eintopf mit Curry bis hin zu Bisonfleischburgern. Im Abgebot sind auch viele vegane und glutenfreie Gerichte. Es liegt ein paar Kilometer südwestlich von Canal Park in der Nähe der Brücke, die nach Superior, Wisconsin, führt.

DeWitt-Seitz Marketplace ASIATISCH, AMERIKANISCH $$
(www.dewittseitz.com; 394 Lake Ave S) In diesem Gebäude in Canal Park befinden sich mehrere Restaurants, darunter das vegetarierfreundliche **Taste of Saigon** (So–Do 11–20.30, Fr & Sa bis 21.30 Uhr;), das Hippie-Café **Amazing Grace** (7–22 Uhr;) und das **Northern Waters Smokehaus** (Mo–Sa 10–20, So bis 18 Uhr), das nachhaltig gezüchteten Lachs und Weißfisch (bestens für ein Picknick geeignet!) serviert.

Pizza Luce PIZZERIA $$
(218-727-7400; www.pizzaluce.com; 11 E Superior St; Hauptgerichte 10–20 US$; So–Do 8–1.30, Fr & Sa bis 2.30 Uhr;) Bereitet Frühstück mit regionalen Zutaten und Gourmetpizza zu. Der Inhaber hat Kontakte zur Musikszene und lädt Bands ein. Volle Alkohollizenz.

★ **Thirsty Pagan** BRAUEREI
(www.thirstypaganbrewing.com; 1623 Broadway St; ab 11 Uhr) Die Brauerei liegt zwar ein Stück weiter, auf der anderen Seite der Brücke in Superior, Wisconsin (eine 10-minütige Fahrt), doch die kräftigen Biere und die ausgezeichnete Pizza belohnen den Weg.

Fitger's Brewhouse BRAUEREI
(www.fitgersbrewhouse.net; 600 E Superior St; ab 11 Uhr) Im Brewhouse, das in einem Hotelkomplex liegt, gibt's Livemusik und frisch gezapftes Bier. Am besten bestellt man ein Probierset mit sieben Bieren (sieben Gläschen 8 US$).

SUPERIOR HIKING TRAIL

Der 330 km lange **Superior Hiking Trail** (www.shta.org) verläuft entlang dem Seeufer über einen Bergrücken zwischen Duluth und der kanadischen Grenze. Dabei führt er an dramatischen Aussichtspunkten aus rotem Fels und gelegentlich an einem Elch oder Schwarzbär vorbei. Alle 8 bis 16 km gibt es einen Parkplatz mit Zugang zum Trail – einfach ideal für Tageswanderungen. Das **Superior Shuttle** (218-834-5511; www.superiorhikingshuttle.com; ab 15 US$; Mitte Mai–Mitte Okt. Fr–So) macht das Leben noch einfacher, sammelt er doch Wanderer an 17 Haltestellen entlang der Strecke auf. Wer mehrere Tage unterwegs ist, kann unter 81 Campingplätzen und mehreren Lodges wählen. Auf der Trail-Website findet man Infos dazu. Der ganze Weg ist kostenlos, Reservierungen oder Genehmigungen sind nicht erforderlich.

Shoppen

Electric Fetus MUSIK
(218-722-9970; www.electricfetus.com; 12 E Superior St; Mo–Fr 9–21, Sa 9–20, So 11–18 Uhr) Umwerfende Auswahl an CDs, Schallplatten sowie Kunst und Kunsthandwerk aus der Region, u.a. Dylan-Songs. Gegenüber von Pizza Luce.

Praktische Informationen

Duluth Visitors Center (800-438-5884; www.visitduluth.com; Harbor Dr; Sommer 9.30–19.30 Uhr) Saisonal geöffnete Touristeninformation gegenüber vom Vista Dock.

Anreise & Unterwegs vor Ort

Greyhound (218-722-5591; 4426 Grand Ave) fährt mehrmals täglich nach Minneapolis (3 Std.).

North Shore

Der Highway 61 ist die Hauptverkehrsader entlang der North Shore. Er führt dicht am Lake Superior entlang und passiert auf dem Weg nach Kanada zahlreiche State Parks, Wasserfälle, Wanderwege und kleine Städtchen. An den Wochenenden, im Sommer und im Herbst herrscht hier viel Betrieb, und dann sollte man Unterkünfte unbedingt vorher reservieren.

In **Two Harbors** (www.twoharborschamber.com) gibt es ein Museum, einen Leuchtturm und ein B&B. Das Besondere daran: Die letzteren beiden sind identisch. Das **Lighthouse B&B** (888-832-5606; www.lighthousebb.org; Zi. inkl. Frühstück 135–155 US$) ist eine einzigartige Unterkunft, aber man braucht ein wenig Glück, um eins der vier Zimmer zu ergattern. In der Nähe verkauft **Betty's Pies** (www.bettyspies.com; 1633 Hwy 61; Sandwichs 5–9 US$; 7–21 Uhr, Okt.–Mai kürzer) unzählige Sorten Kuchen, beispielsweise Schokoladentorte mit fünf Schichten.

Highlights auf der Fahrt von Two Harbors Richtung Norden sind der Wasserfall Gooseberry Falls, das Split Rock Lighthouse und die Felsklippe Palisade Head. Die kleine Künstlerstadt **Grand Marais** (www.grandmarais.com), die etwa 110 Meilen (177 km) von Duluth entfernt liegt, ist eine gute Ausgangsbasis, um die Boundary Waters und ihre Umgebung zu erkunden. Infos und Genehmigungen für die Boundary Waters bekommt man bei der **Gunflint Ranger Station** (☎218-387-1750; ⏲Mai–Sept. 8–16.30 Uhr) gleich südlich der Stadt.

Do-it-yourself-Fans können in der **North House Folk School** (☎218-387-9762; www.northhouse.org; 500 Hwy 61) lernen, wie man ein Boot baut, Angelköder befestigt oder Bier braut. Das Kursangebot ist phänomenal – genau wie die zweistündige Segeltour auf dem Wikingerschiff *Hjordis* (45 US$/Pers.). Man sollte im Voraus buchen.

In Grand Marais gibt es verschiedene Unterkünfte, darunter Campingplätze, Resorts und Motels, z. B. das **Harbor Inn** (☎218-387-1191; www.harborinnhotel.com; 207 Wisconsin St; Zi. 115–135 US$; 📶) in der Stadt, und die rustikale, von Wanderwegen umgebene **Naniboujou Lodge** (☎218-387-2688; www.naniboujou.com; 20 Naniboujou Trail; Zi. 95–115 US$; ⏲Ende Mai–Ende Okt.) 14 Meilen (22 km) nordöstlich der Stadt. Das **Sven and Ole's** (☎218-387-1713; www.svenandoles.com; 9 Wisconsin St; Sandwichs 6–9 US$; ⏲11–20, Do–Sa 11–21 Uhr) ist ein typisches Sandwich- und Pizzarestaurant, und im angrenzenden Pickled Herring Pub fließt das Bier in Strömen. Das umweltfreundliche **Angry Trout Cafe** (☎218-387-1265; www.angrytroutcafe.com; 416 Hwy 61; Hauptgerichte 20–27 US$; ⏲Mai–Mitte Okt. 11–20.30 Uhr) grillt in einer umgebauten Fischerhütte Fisch frisch aus dem See.

Der Highway 61 führt weiter zum **Grand Portage National Monument** (☎218-475-0123; www.nps.gov/grpo; ⏲Mitte Mai–Mitte Okt. 9–17 Uhr) GRATIS an der Grenze zu Kanada, wo die Kanus früher noch um die Stromschnellen des Pigeon River herumgetragen werden mussten. Dies war das Zentrum eines entlegenen Handelsimperiums, und der 1788 errichtete, rekonstruierte Handelsposten im Dorf Ojibwe ist überaus sehenswert. Zum **Isle Royale National Park** im Lake Superior verkehren von Mai bis Oktober täglich **Fähren** (☎218-475-0024; www.isleroyaleboats.com; Tagestour Erw./Kind 58/32 US$); den Park erreicht man auch von Michigan aus.

Boundary Waters

Von Two Harbors führt der Highway 2 in die legendäre **Boundary Waters Canoe Area Wilderness** (BWCAW). In dieser ursprünglichen Region gibt es über 1000 Seen und Flüsse, in die man das Paddel tauchen kann. Ein Tagesbesuch ist zwar möglich, doch die meisten Besucher entscheiden sich dafür, wenigstens eine Nacht hier zu zelten. Wenn man sich aufs Wasser begibt und eine Weile Kanu fährt, lässt man das Getümmel ganz schnell hinter sich. Das Campen ist eine wunderbar einsame Angelegenheit: nur man selbst, die heulenden Wölfe, der Elch, der am Zelt schnuppert und das grünliche Polarlicht am Nachthimmel. Auch Neulinge sind hier gern gesehen; alles was man benötigt, bekommt man bei den Lodges und Ausrüstungsgeschäften, sodass man einfach loslegen kann.

Zum **Campen** (☎877-550-6777; www.recreation.gov; Erw./Kind 16/8 US$, plus Reservierungsgebühr 6 US$) ist eine Übernachtungsgenehmigung erforderlich. Auch Tagesbesucher benötigen eine Genehmigung, die aber kostenlos ist; man bekommt sie an den Kiosken an den BWCAW-Eingängen und bei den Rangerstationen. Einzelheiten kann man telefonisch beim **Superior National Forest** (☎218-626-4300; www.fs.usda.gov/attmain/superior/specialplaces) erfragen; auf der Website stehen nützliche Tipps zur Planung des Aufenthalts. Am besten plant man seinen Besuch im Voraus, denn die Zahl der Genehmigungen ist begrenzt und manchmal sind alle schon vergeben.

Viele finden, dass der Zugang zum BWCAW über die nette Stadt **Ely** (www.ely.org) der beste ist. In der Stadt, die nordöstlich der Region Iron Range liegt, gibt's Unterkünfte, Restaurants und jede Menge Ausrüstungsgeschäfte. Das **International Wolf Center** (☎218-365-4695; www.wolf.org; 1369 Hwy 169; Erw./Kind 9,50/5,50 US$; ⏲Mitte Mai–Mitte Okt. tgl. 10–17 Uhr, Mitte Okt.–Mitte Mai nur Fr & Sa) bietet faszinierende Ausstellungen und organisiert Wolfbeobachtungstouren. Gegenüber vom Center liegt auf der anderen Straßenseite die **Kawishiwi Ranger Station** (☎218-365-7600; 1393 Hwy 169; ⏲Mai–Sept. 8–16.30 Uhr), die Expertentipps zum Campen und Kanufahren in der BWCAW gibt, Tourenvorschläge macht und Genehmigungen ausstellt.

Im Winter wird es in Ely glatt – es ist eine bekannte Hundeschlittenstadt. Ausrüster wie die **Wintergreen Dogsled Lodge** (☎218-365-6022; www.dogsledding.com; 4-stündige Tour 125 US$) bieten viele Tourpakete an.

Iron Range District

Der Iron Range District in Minnesota, ein Gebiet mit spärlich bewachsenen rötlichen Hügeln – Berge wäre etwas übertrieben –, besteht aus der Mesabi Range und der Vermilion Range. Etwa ab Grand Rapids bis ins nordöstlich gelegene Ely erstrecken sie sich nördlich und südlich des Highway 169. In den 1850er-Jahren wurde hier Eisen entdeckt, und zeitweilig kamen über drei Viertel des Eisens des gesamten Landes aus dem riesigen offenen Tagebau. Überall entlang des Highway 169 können Besucher aktuell noch betriebenen Tagebau sehen und die karge Schönheit der Gegend erleben.

Eine perfekte Einführung bietet der **Hill Annex Mine State Park** (218-247-7215; www.dnr.state.mn.us/hill_annex; 880 Gary St; Führungen Erw./Kind 10/6 US$; Fr & Sa 12.30 & 15 Uhr) in **Calumet**, der Führungen in einem Tagebau veranstaltet und ein Ausstellungszentrum unterhält. Die Führungen finden nur im Sommer am Freitag und Samstag statt; an beiden Tagen gibt's um 10 Uhr außerdem eine Fossilienführung.

Ein noch größerer Tagebau erstreckt sich in **Hibbing**, wo ein absolut sehenswerter **Aussichtspunkt** (Mitte Mai–Mitte Spet. 9–17 Uhr) GRATIS nördlich der Stadt den Blick über die fast 5 km lange Hull-Rust Mahoning Mine freigibt. Bob Dylan lebte als Kind und Teenager in der 2425 E 7th Avenue. Die **Hibbing Public Library** (218-362-5959; www.hibbing.lib.mn.us; 2020 E 5th Ave; Mo–Do 10–19, Fr bis 17 Uhr) zeigt eine sehr gute Dylan-Ausstellung und hat kostenlose Karten (auch online erhältlich) für einen Spaziergang zu verschiedenen Stätten, z. B. zu dem Ort, wo Bobby seine Bar-Mizwa erhielt. Bei **Zimmy's** (www.zimmys.com; 531 E Howard St; Hauptgerichte 14–20 US$; 11–1 Uhr) gibt es neben Drinks und Kneipenessen auch Dylan-Souvenirs. Wer übernachten möchte, sollte es im **Hibbing Park Hotel** (218-262-3481; www.hibbingparkhotel.com; 1402 E Howard St; Zi. 60–100 US$;) versuchen.

In **Soudan** befindet sich der einzige **Untertagebau** (www.dnr.state.mn.us/soudan; 1379 Stuntz Bay Rd; Führungen Erw./Kind 12/7 US$; Ende Mai–Anfang Sept. 10–16 Uhr) der Gegend – warme Kleidung ist ratsam.

Voyageurs National Park

Im 17. Jh. begannen franko-kanadische Pelzhändler, sogenannte Voyageure, die Großen Seen und die nördlichen Flüsse mit dem Kanu zu erforschen. Der **Voyageurs National Park** (www.nps.gov/voya) schützt einen Teil der Wasserstraßen, die sie benutzten und die zur Grenze zwischen den USA und Kanada wurden.

Hier oben dreht sich alles ums Wasser. Die meisten Gebiete des Parks sind nur zu Fuß oder mit dem Motorboot zu erreichen (die Gewässer sind meistens zu breit oder zu wild, um sie mit dem Kanu zu befahren, wenngleich Kajaks immer beliebter werden). Ein paar Zugangsstraßen führen zu Campingplätzen und Lodges an oder in der Nähe des Lake Superior, aber sie werden meistens von Menschen benutzt, die ihre eigenen Boote zu Wasser lassen.

Die Visitor Centers sind mit dem Auto zu erreichen und gute Startpunkte für einen Trip. 12 Meilen (19 km) östlich der International Falls am Highway 11 befindet sich das **Rainy Lake Visitor Center** (218-286-5258; Ende Mai–Sept. tgl. 9–17 Uhr, Sept.– Ende Mai Mi–So), das Hauptbüro des Parks. Hier führen einen die Ranger zu Fuß oder mit dem Boot. Nur in der Saison geöffnet sind die Visitor Centers am **Ash River** (218-374-3221; Juni–Sept. 9–17 Uhr) und am **Kabetogama Lake** (218-875-2111; Ende Mai–Sept. 9–17 Uhr). In diesen Gebieten gibt's Ausrüster, Verleiher und Dienstleistungen sowie kleinere Buchten zum Kanufahren.

Ziemlich beliebt hier sind **Hausboote**. Ausrüster wie **Ebel's** (888-883-2357; www.ebels.com; 10326 Ash River Trail) und **Voyagaire Houseboats** (800-882-6287; www.voyagaire.com; 7576 Gold Coast Rd) helfen einem weiter. Ein Boot kostet 275 bis 700 US$ pro Tag Miete, je nach Bootsgröße. Auch Anfänger sind willkommen, sie werden in die Geheimnisse der Hausboote eingewiesen.

Zum Übernachten stehen nur Campingplätze oder Resorts zur Auswahl. Das **Kettle Falls Hotel** (218-240-1724; www.kettlefallshotel.com; Zi./Cottage inkl. Frühstück 80–180 US$; Mai–Mitte Okt.) mit seinen zwölf Zimmern und Gemeinschaftsbad ist eine Ausnahme. Es liegt in der Mitte des Parks und ist nur mit dem Boot zu erreichen. Man kann mit den Besitzern vereinbaren, dass sie einen abholen (hin & zurück 45 US$/Pers.). Im **Nelson's Resort** (800-433-0743; www.nelsonsresort.com; 7632 Nelson Rd; Hütten ab 180 US$) in Crane Lake kann man wandern, angeln und unter dem blauen Himmel relaxen. Mit Sicherheit findet man hier eine abgelegene, raue Gegend vor. Wer aber wilde Pflanzen und Tiere in ihrer ganzen Schönheit sucht, Kanu fahren und im Wald zelten will, ist in den Boundary Waters besser dran.

Bemidji & Chippewa National Forest

Diese Gegend steht für Outdooraktivitäten und Sommerspaß. Hier gibt es eine ganze

Menge Campingplätze und Ferienhütten. Fast jeder hier ist leidenschaftlicher Angler.

Ein Highlight der Region ist der **Itasca State Park** (☎218-266-2100; www.dnr.state.mn.us/itasca; am Hwy 71 N; pro Fahrzeug 5 US$, Zelt- & Wohnmobilstellplätze 12–22 US$). Besucher können zwischen den winzigen Quellflüssen des mächtigen Mississippi umherspazieren, Kanus und Fahrräder ausleihen, auf markierten Wegen wandern oder zelten. Das Blockhaus des **HI Mississippi Headwaters Hostel** (☎218-266-3415; www.hiusa.org/parkrapids; B 24–27 US$, Zi. 80–130 US$; ❄📶) befindet sich ebenfalls im Park. Im Winter variieren die Öffnungszeiten, darum sollte man vorher anrufen. Wer sich ein bisschen mehr Luxus gönnen will, entscheidet sich einfach für die altehrwürdige **Douglas Lodge** (☎866-857-2757; Zi. 95–140 US$; 📶), die vom Park betrieben wird und mit Hütten und einem guten Restaurant aufwartet.

Am westlichen Rand des Chippewa National Forest, etwa 30 Meilen (knapp 50 km) von Itasca entfernt, liegt das winzige **Bemidji**, eine alte Holzfällerstadt mit einem gut erhaltenen Zentrum und der riesigen Statue des Holzfällers Paul Bunyan und seines treuen blauen Ochsen Babe. Zu den Ausstellungsstücken im **Visitor Center** (www.visitbemidji.com; 300 Bemidji Ave N; ⏲8–17 Uhr, Sept.–Mai Sa & So geschl.) gehört beispielsweise Pauls Zahnbürste.

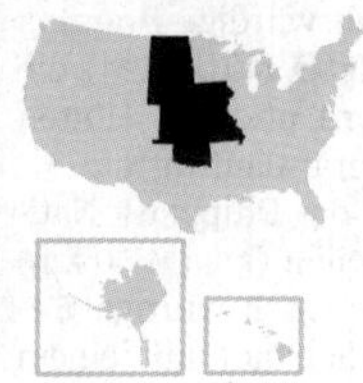

Great Plains

Inhalt ➡

Gut essen

➡ Oklahoma Joe's (S. 703)

➡ Rieger Hotel Grill & Exchange (S. 703)

➡ Ted Drewes (S. 695)

➡ Cattlemen's Steakhouse (S. 739)

Schön übernachten

➡ Hotel Fort Des Moines (S. 707)

➡ Magnolia Hotel (S. 728)

➡ Hotel Donaldson (S. 712)

➡ Hotel Alex Johnson (S. 721)

Auf in die Great Plains!

Um diese riesige, unterschätzte Region im Herzen der USA würdigen zu können, muss man den Namen zerlegen: Das „Great" („groß", „großartig") ist einfach, denn es gibt hier eine großartige Landschaft, große Tornados, großartiges Essen und großartige Menschen. Das Problem sind die „Plains", denn „Ebenen" klingt fade – und das stimmt nicht. Denn hier warten Überraschungen wie St. Louis und Kansas City, die Black Hills und das Erbe der Route 66.

Das größte Hindernis sind die gewaltigen Entfernungen in dieser Region, die Missouri, Iowa, North Dakota, South Dakota, Nebraska, Kansas und Oklahoma umfasst. Viele Sehenswürdigkeiten liegen nahe den Interstates und Landstraßen, aber es gibt auch viele nette entlegenere Orte und Panoramastrecken. Von langen Dünen bis zu Waldgebieten und von kleinen Orten bis zu Großstädten wartet in der Mitte des Kontinents ein majestätisches Gebiet auf seine Entdeckung.

Reisezeit

St. Louis

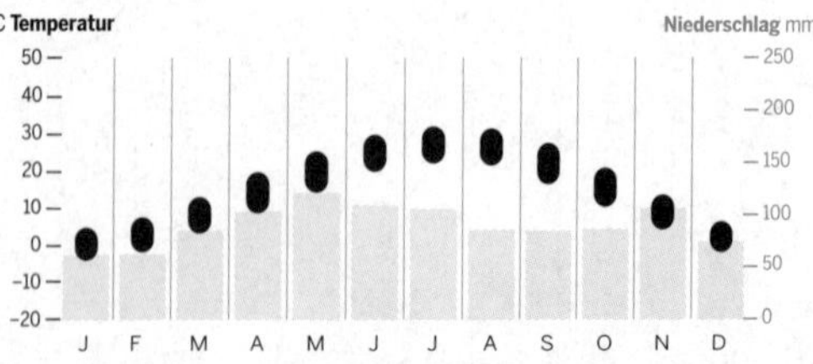

Nov.–März Sehenswürdigkeiten haben nur kurz oder gar nicht geöffnet. Schneestürme legen den Verkehr lahm.

April, Mai, Sept. & Okt. Durchschnittstemperatur 13 °C; wenig Touristen.

Juni–Aug. Unwetter und sogar Tornados; schwüle Tage und blühende Wildblumen.

Anreise & Unterwegs vor Ort

Der größte Flughafen ist der **Lambert-St. Louis International** (www.flystl.com), doch für Besucher aus dem Ausland ist es günstiger, nach Chicago, Denver oder Dallas zu fliegen und dann einen Anschlussflug zu einem der vielen Regionalflughäfen zu nehmen oder ins Auto zu steigen.

Busse von Greyhound bedienen nur einige Interstates, doch **Jefferson Lines** (www.jeffersonlines.com) und **Burlington Trailways** (www.burlingtontrailways.com) schaffen Abhilfe. Beide akzeptieren den Discovery Pass von Greyhound.

Die Linien von **Amtrak** (www.amtrak.com) über die Great Plains erleichtern die Anreise, sind aber ungünstig, um von Ort zu Ort zu gelangen. Die wichtigsten Zugverbindungen:

California Zephyr Chicago–San Francisco via Iowa (u. a. Osceola, südlich von Des Moines) und Nebraska (u. a. Omaha und Lincoln).

Empire Builder Chicago–Seattle via North Dakota.

Heartland Flyer Fort Worth–Oklahoma City.

Lincoln Service (Schnellzüge) Chicago–St. Louis.

Missouri River Runner St. Louis–Kansas City.

Southwest Chief Chicago–Los Angeles via Missouri (u. a. Kansas City) und Kansas (u. a. Topeka und Dodge City).

Texas Eagle Chicago–San Antonio via St. Louis.

GET YOUR KICKS ON ROUTE 66

Mehr als anderswo im Land bekommt man beim Fahren auf der Interstate ein Gefühl für diese Region. Das weite, offene Land scheint unendlich. Doch das wahre Vergnügen hier sind die vielen zweispurigen Straßen. Große Teile der Route 66 existieren noch, sie werden in den Abschnitten zu Missouri, Kansas und Oklahoma beschrieben. Auch andere Straßen wie der US 2, der US 20 und der US 50 sind eine Erkundung wert.

Top 5: Parks in den Great Plains

- **Theodore Roosevelt National Park** Büffel streifen zwischen den erstaunlichen Canyons umher.
- **Badlands National Park** Bizarre erodierte Felsen und Canyons bieten einen unvergesslichen Anblick.
- **Wind Cave National Park** Hier gibt's eine der größten Höhlen weltweit, außerdem Rotwild, Antilopen und Bisons.
- **Homestead National Monument** Farmland – ideal für Wanderungen zwischen Flüssen und Wildblumen.
- **Tallgrass Prairie National Preserve** Nur noch 1% des einst hohen Präriegrases ist erhalten geblieben.

NICHT VERSÄUMEN!

Diners und Cafés mit fantastischen selbst gekochtem Essen sind die Orte, an denen sich die Einheimischen treffen, um zu tratschen.

Kurzinfos

- **Großstädte** Kansas City (460 000 Ew.), Omaha (409 000 Ew.)
- **Zeitzonen** Central Standard Time (–1 Std. gegenüber N. Y. C.), Mountain Standard Time (–2 Std. gegenüber N. Y. C.)
- **Temperatur** Die milden Sommerabende genießen, wenn es bis nach 20 Uhr hell ist!
- **Autofahren** Im Winter Straßen- und Wetterberichte verfolgen, weil dann selbst die Interstates gesperrt sein können.

Schon gewusst?

Die Bevölkerungsdichte in North Dakota beträgt 3,6 Personen pro Quadratkilometer. In N.Y.C. sind es dagegen 10 560,8.

Infos im Internet

- **National Scenic Byways** (www.byways.org) Detaillierte Infos zu ausgewiesenen Panoramastraßen (Scenic Drives) in der Region.
- **National Park Service** (www.nps.gov) Listet wenig bekannte Stätten auf.
- **Tornado HQ** (www.tornadohq.com) Hat Karten und gibt aktuelle offizielle Warnungen aus.

Highlights

1 In **St. Louis** (S. 689), einer der großen alten Städte Amerikas, in den Rhythmus des Blues eintauchen

2 Von den hohen Bergen der **Black Hills** in die tiefen Täler des **Badlands National Park** (S. 717) hinabsteigen

3 Die zerklüftete, fremdartige Landschaft im **Theodore Roosevelt National Park** (S. 713) bestaunen

4 Sich in **Kansas City** (S. 700) bei unglaublichen Barbecues den Bauch vollschlagen

5 Im ruhigen, wunderschönen **Chase County** (S. 736), Kansas, den eigenen Rhythmus finden

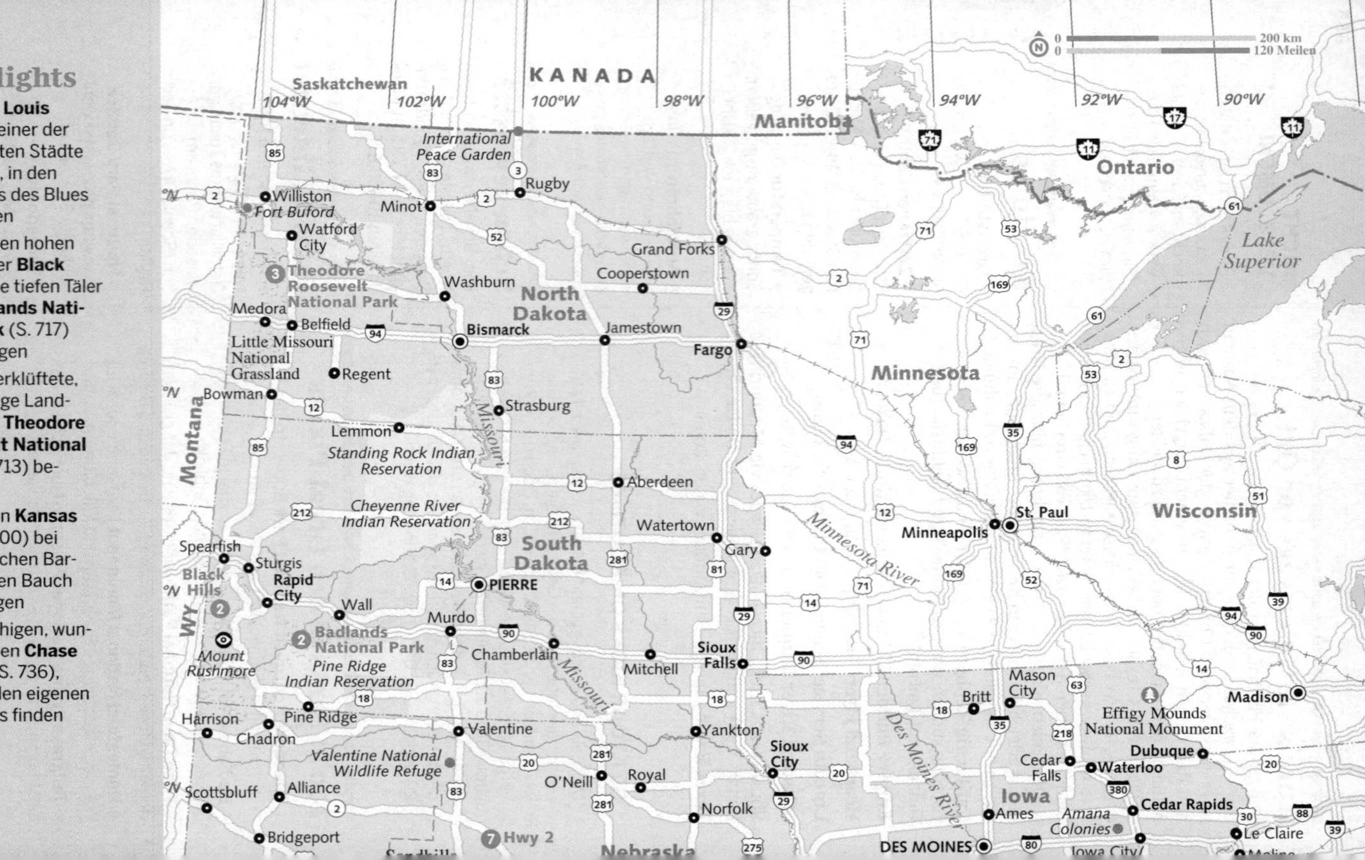

6 Die Interstates verlassen und auf alternativen Strecken wie der guten alten **Route 66** (S. 734, S. 740 & S. 698) durch Missouri, Kansas und Oklahoma fahren

7 Vollgas geben und mit offenen Augen auf Nebraskas **Hwy 2** (S. 731) durch die bezaubernde Hügel- und Dünenlandschaft kurven

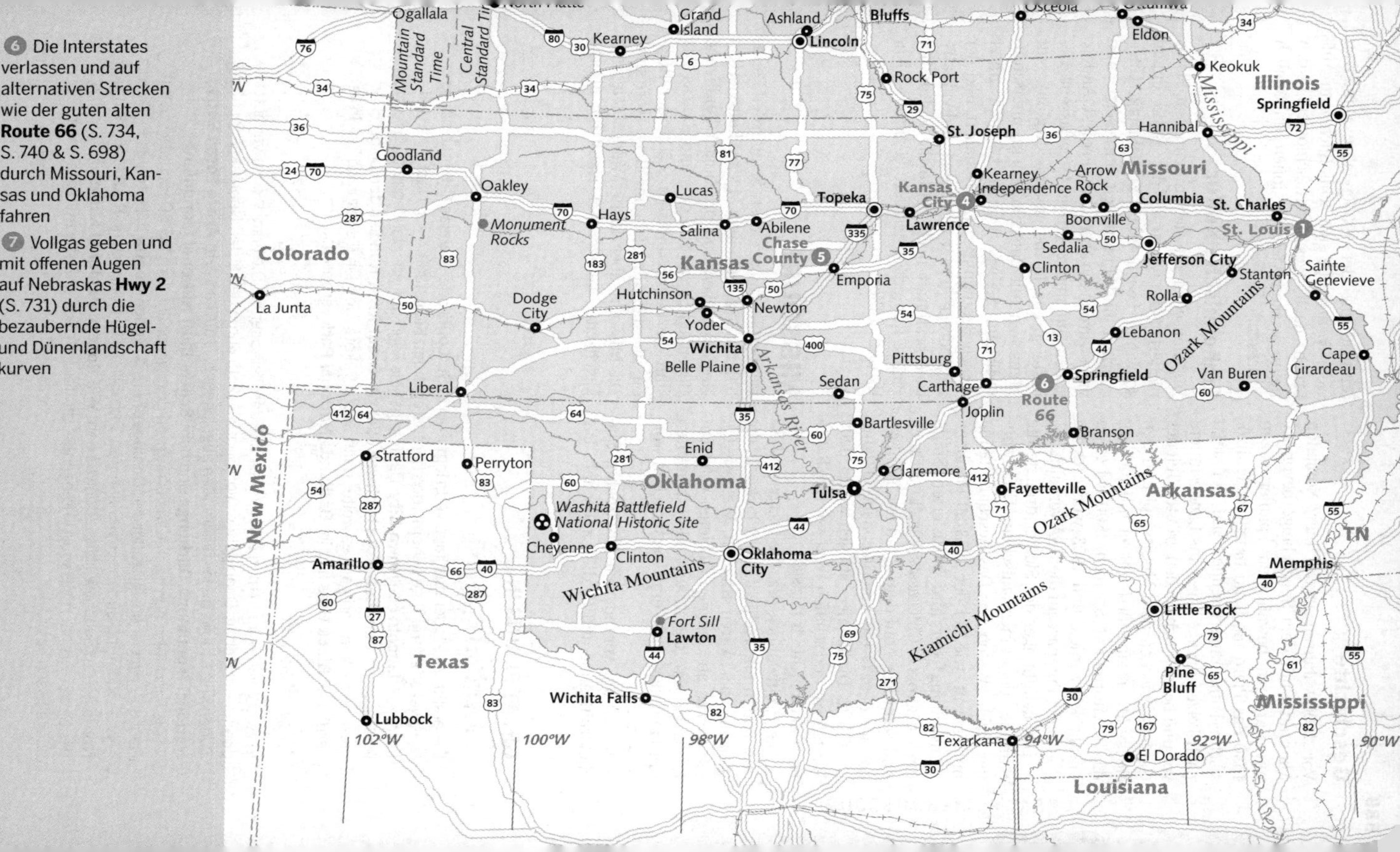

Geschichte

Vor 11000 Jahren jagten hier Nomaden Mammuts mit dem Speer, lange bevor die mit Kanonen bewaffneten Spanier gegen 1630 das Pferd ins Land brachten. Französische Forschungsreisende auf der Jagd nach Pelzen drangen weit ins Landesinnere vor und beanspruchten den größten Teil des Gebiets zwischen dem Mississippi und den Rocky Mountains für Frankreich. 1763 ging das Territorium an Spanien, 1800 fiel es an Frankreich zurück, und 1803 wurde es im Louisiana Purchase an die USA verkauft.

Der Landhunger der Siedler drängte die Stämme der amerikanischen Ureinwohner nach Westen ab. Das geschah häufig mit Gewalt, wie bei der 1838/39 erfolgten „Umsiedlung" der fünf zivilisierten Stämme – Cherokee, Chickasaw, Choctaw, Creek und Seminole – auf dem „Pfad der Tränen", der aus dem Osten Amerikas nach Oklahoma führte. Die Pioniere stießen weiter nach Westen vor und schufen Wege wie den Santa Fe Trail quer durch Kansas.

Die Ureinwohner, u.a. die Osage und Sioux, hatten unterschiedliche Schicksale, die meisten aber waren tragisch. Viele siedelten sich in abgelegenen Gebieten verstreut in der ganzen Region an, andere kämpften um Land, das ihnen einst versprochen worden war.

Im 20. Jh. veränderten Eisenbahn, Stacheldrahtzäune und Öl die Landschaft. Die Staubstürme der 1930er-Jahre ruinierten viele Farmer, die sich schließlich zum Aufbruch nach Westen entschlossen. Noch heute wirken viele Regionen unheimlich verlassen.

Einheimische Kultur

Die Menschen, die sich in den Great Plains niederließen, waren in der Regel einem schweren Leben voller Entbehrung, Unsicherheit und Einsamkeit ausgesetzt; und viele wurden darüber auch verrückt. Andere gaben auf und zogen fort (verlassene Gehöfte sprenkeln die gesamte Region). Nur Menschen mit entschlossenem, unerschütterlichem Selbstvertrauen konnten unter diesen Bedingungen Erfolg haben, und der angeborene und anerzogene Individualismus bestimmt noch heute die Kultur der Plains. Ruhige Zurückhaltung gilt als wichtig und höflich.

MISSOURI

Der bevölkerungsreichste Staat in den Plains hält für Besucher einen Mix aus kultiviertem Großstadtleben und prächtigen ländlichen Gegenden bereit. St. Louis und Kansas City sind die interessantesten Städte der Region, die allein für sich eine Reise wert sind. Da Missouri aber mehr Waldgebiete und gleichzeitig weniger Ackerland hat als die

GREAT PLAINS IN …

… einer Woche

Die ersten zwei oder drei Tage verbringt man in **St. Louis** oder **Kansas City**; die nächsten zwei oder drei Tage gehören den herausragenden Kleinstädten von Nebraska und Iowa, z. B. **Lincoln** oder **Iowa City**. Dann folgt eine Fahrt auf einer landschaftlich reizvollen Route wie dem **Nebraska Highway** oder der **Great River Road** an den beiden Rändern Iowas. Von dort geht es weiter nach South Dakota, wo man die restliche Zeit in den herrlichen **Black Hills** und im **Badlands National Park** verbringt.

… zwei Wochen

In zwei Wochen kann man eine große Ecke der Plains sehen. Die erste Woche verläuft wie oben beschrieben. Dann geht es von South Dakota durch den Osten Nebraskas Richtung Süden, mit Stopps an faszinierenden abgelegenen Orten wie dem **Agate Fossil Beds National Monument**, **Carhenge** und dem **Scotts Bluff National Monument**.

Die Fahrt führt nun nach Kansas und von dort weiter auf dem **US 50** Richtung Osten. Nächster Halt ist das erstaunliche **Cosmosphere & Space Centre** in Hutchinson. Dann geht es Richtung Süden nach Oklahoma und dort auf der historische **Route 66** Richtung Nordosten zu Sehenswürdigkeiten wie dem **Will Rogers Memorial Museum**. Man folgt der Straße bis nach Missouri und beendet die Tour in der Stadt, die man am Anfang ausgelassen hat.

Nachbarstaaten, finden sich hier auch viele unberührte Gebiete und weite, offene Landschaften, vor allem im Hügelland der Ozark Mountains, in denen verwinkelte Täler zu Erkundungstouren oder auch nur zum gemütlichen Herumzuckeln mit dem Auto einladen. Vielleicht erlebt man ja in diesem Bundesstaat ein Abenteuer, das eines Mark Twains würdig wäre? Der berühmte Schriftsteller stammte jedenfalls aus Hannibal.

Geschichte

Missouri wurde zwar schon 1682 von den Franzosen als Teil des Louisiana-Territoriums beansprucht, doch zu Beginn des 19. Jhs., als das Land in den Besitz der USA überging und Lewis und Clark ihre Forschungsreise den Missouri hinauf machten, gab es erst ein paar kleine Ortschaften am Fluss. Missouri wurde 1821 im Rahmen des Missouri-Kompromisses (der die Sklaverei in Missouri erlaubte, aber in allen anderen Teilen des Louisiana-Territoriums nördlich von 36° 30' nördlicher Breite untersagte) als Sklavenhalterstaat in die Union aufgenommen. Doch die Gegner der Sklaverei verloren ihr Ziel niemals aus den Augen, und im amerikanischen Bürgerkrieg entzündeten sich die Feindseligkeiten vor allem an der Grenze zwischen Missouri und Kansas.

Der Spitzname des Staates – „Show-Me" – wird auf den Kongressabgeordneten Willard Duncan Vandiver zurückgeführt, der 1899 in einer Rede sagte: „Ich komme aus einem Staat, der Mais und Baumwolle und Kletten und Demokraten hervorbringt. Schwammiges Gerede überzeugt mich nicht und stellt mich nicht zufrieden. Ich komme aus Missouri. Sie müssen mir das schon beweisen *(You have got to show me)*". Die Bezeichnung steht seitdem für einen entschlossenen, Charakter.

KURZINFOS MISSOURI

Spitzname Show-Me State

Bevölkerung 6 Mio.

Fläche 180 548 km²

Hauptstadt Jefferson City (43 000 Ew.)

Weitere Städte St. Louis (319 000 Ew.), Kansas City (460 000 Ew.)

Verkaufssteuer 4,23–8,98 %

Geburtsort des Schriftstellers Samuel Clemens (Mark Twain; 1835–1910), des Wissenschaftlers George Washington Carver (1864–1943), des Schriftstellers William S. Burroughs (1914–1997), der Autorin Maya Angelou (geb. 1928), der Sängerin Sheryl Crow (geb. 1962)

Heimat von Budweiser, Chuck Berry

Politische Ausrichtung teils Demokraten, teils Republikaner

Berühmt für den Gateway Arch, Branson

Offizieller Tanz Squaredance

Entfernungen St. Louis–Kansas City 250 Meilen (402 km), St. Louis–Chicago 300 Meilen (483 km)

Praktische Informationen

Bed & Breakfast Inns of Missouri (www.bbim.org)

Missouri Division of Tourism (www.visitmo.com)

Missouri State Parks (www.mostateparks.com) Der Besuch der State Parks ist kostenlos. Die Gebühren für Stellplätze liegen zwischen 12 und 26 US$, manche können im Voraus reserviert werden.

St. Louis

Wer nach St. Louis kommt, taucht ein in die einzigartige Atmosphäre der größten Stadt der Great Plains. Bier, Bowling und Baseball gehören zu den Hauptattraktionen, aber auch Geschichte und Kultur – viel davon steht mit dem Mississippi in Verbindung – sind ein wichtiger Teil des Ganzen. Und dann gibt es natürlich das Wahrzeichen, den Gateway Arch, den man auf Millionen von Bildern gesehen hat und der in der Realität noch viel imposanter ist. Viele Musiklegenden, darunter Scott Joplin, Chuck Berry, Tina Turner und Miles Davis begannen hier ihre Karrieren, und die munteren Livemusiktreffs halten das musikalische Feuer nach wie vor am Brennen.

Geschichte

Der Pelztierhändler Pierre Laclede erkannte die erstklassigen Möglichkeiten sofort und steckte 1764 an der Mündung des Missouri in den Mississippi seinen Claim ab. Der Andrang nahm zu, als 1848 in Kalifornien Gold entdeckt wurde: St. Louis wurde zum Ausgangspunkt (auch „Tor zum Westen" genannt) für alle, die vom schnellen Reichtum träumten.

Nach der Weltausstellung von 1904 wurde St. Louis als Innovationszentrum be-

Downtown St. Louis

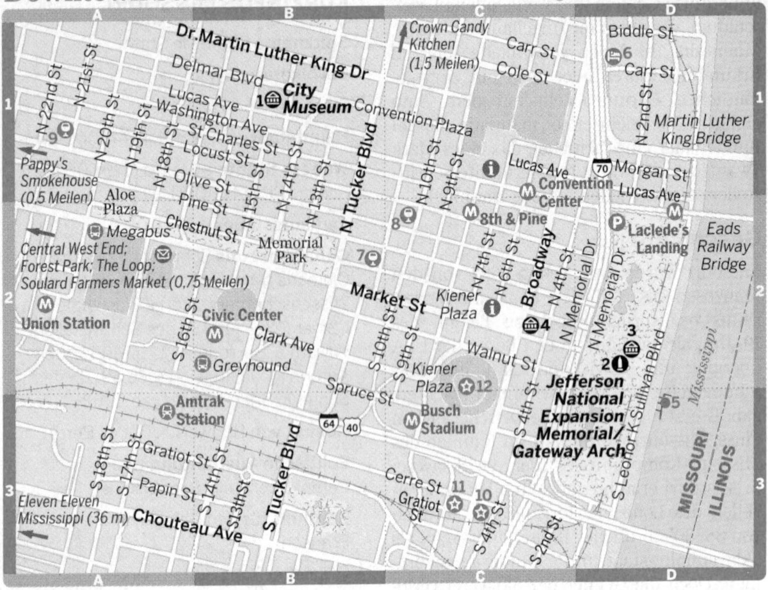

Downtown St. Louis

Highlights

1 City Museum B1
2 Jefferson National Expansion Memorial/Gateway Arch D2

Sehenswertes

3 Museum of Westward Expansion D2
4 Old Courthouse & Museum C2

Aktivitäten, Kurse & Touren

5 Gateway Arch Riverboats D3

Schlafen

6 America's Best Value Downtown St. Louis D1

Ausgehen & Nachtleben

7 Blueberry Hill B2
8 Bridge Tap House & Wine Bar C2
9 Schlafly Tap Room A1

Unterhaltung

10 BB's C3
11 Beale C3
12 Busch Stadium C2

kannt. Der Flugpionier Charles Lindbergh förderte diesen Ruf, als er 1927 den ersten Nonstopflug über den Atlantik mit der *Spirit of St. Louis* unternahm – benannt nach der zukunftsorientierten Stadt, die das Flugzeug finanziert hatte.

Sehenswertes

Der Gateway Arch, das Wahrzeichen der Stadt erhebt sich direkt neben dem Mississippi. Downtown erstreckt sich westlich des Gateway Arch. Die Stadtbesichtigung kann man gut hier beginnen und einen halben Tag umherspazieren, danach erkundet man den Rest der Stadt.

Die interessantesten Viertel treffen an diesem zentralen Punkt aufeinander. Dazu gehören:

Central West End Gleich östlich des Forest Park; ein nobles Zentrum des Nachtlebens und des Shoppens.

The Hill Ein italienisch-amerikanisches Viertel mit guten Feinkostläden und Restaurants.

Lafayette Square Historisch, gehoben und trendy.

The Loop Nordwestlich des Forest Park; am Delmar Blvd liegen abgefahrene Geschäfte und Locations zum Ausgehen.

Soulard Das älteste Stadtviertel; hier gibt es gute Cafés, Bars und viel Blues.

South Grand Unkonventionell und im Aufstieg begriffen; breitet sich rund um den schönen Tower Grove Park aus und hat eine Menge Restaurants mit Ethno-Küche.

Auf der anderen Seite des Flusses liegt die **Cahokia Mounds State Historic Site** (S. 611).

★ Jefferson National Expansion Memorial/Gateway Arch MONUMENT

(www.gatewayarch.com; Bahnfahrt Erw./Kind 10/5 US$; ⌚ Juni–Aug. 8–22 Uhr, Sept.–Mai 9–18 Uhr) Als Wahrzeichen der Stadt dürfte der Bogen alle Erwartungen, die seine Unterstützer bei der Eröffnung 1965 hatten, bei Weitem übertroffen haben. Der silbern schimmernde Gateway Arch, das Herzstück dieser vom National Park Service verwalteten Anlage, ist sozusagen der Eiffelturm der Great Plains. Er ragt 192 m in die Höhe und symbolisiert die historische Rolle von St. Louis als „Tor zum Westen". Die **Bahn** bringt Besucher bis zu dem engen Bereich ganz oben.

Das Gelände rund um den Bogen ist sehr idyllisch, bildet leider aber nur eine Art Insel. Denn gut begründete Ängste vor einer Überflutung sind der Grund dafür, dass der Bogen im Osten hoch auf einem mit Mauern verstärkten Deich ruht, während die Westseite von den scheußlichen Barrieren Memorial Dr und I-70 blockiert ist (2013 wurde bei einer Abstimmung zur Verbesserung der gesamten Gegend eine kleine Steuererhöhung beschlossen; Näheres dazu gibt's unter www.cityarchriver.org). Eine Karte mit Vorschlägen für Stadtspaziergänge findet man unter www.gatewayarch.com/visit/walking-tours.

Museum of Westward Expansion MUSEUM

(www.nps.gov/jeff; Filme Erw./Kind 7/2,50 US$; ⌚ Juni–Aug. 8–22, Sept.–Mai 9–18 Uhr) GRATIS Das unterirdische Museum unter dem Bogen zeichnet die Expeditionen von Lewis und Clark chronologisch nach. Zwei Kinos zeigen den ganzen Tag Filme.

Old Courthouse & Museum HISTORISCHES GEBÄUDE

(11 N 4th St; ⌚ 8–16.30 Uhr) GRATIS In diesem Gerichtsgebäude gegenüber vom Gateway Arch wurde der berühmte Sklavereiprozess von Dred Scott verhandelt. Die Galerie stellt die Geschichte des Prozesses und der Stadt dar.

★ City Museum MUSEUM

(www.citymuseum.org; 701 N 15th St; Eintritt 12 US$, Riesenrad 5 US$; ⌚ Mo–Do 9–17, Fr & Sa 9–1, So 11–17 Uhr; 👪) Das schräge, verrückte Museum in einer riesigen, alten Schuhfabrik ist das wohl skurrilste Highlight jedes Besuchs in St. Louis. Das Museum of Mirth, Mystery and Mayhem gibt die Stimmung vor. Hier kann man umherrennen, springen und Ausstellungen aller Art entdecken. Das nur im Sommer betriebene **Riesenrad** auf dem Dach gewährt einen großartigen Blick auf die Stadt.

Grant's Farm VERGNÜGUNGSPARK

(www.grantsfarm.com; 10501 Gravois Rd; ⌚ Mitte Mai–Mitte Aug. Di–Sa 9–15.30, Sa 9–16, So 9.30–16 Uhr, Frühling & Herbst kürzere Öffnungszeiten, Nov.–Mitte April geschl.; 👪) GRATIS Der kleine Themenpark befindet sich auf dem ländlichen Ferienanwesen der Bierbrauerfamilie Busch. Kinder sind von den Clydesdale-Pferden und den über 1000 anderen Tieren von sechs Kontinenten garantiert begeistert. Eine Straßenbahn fährt über das Gelände, auf dem die Tiere frei umherstreifen. Parken kostet 12 US$.

Missouri Botanical Garden GÄRTEN

(www.mobot.org; 4344 Shaw Ave; Erw./Kind 8 US$/frei; ⌚ 9–17 Uhr) Zu den 150 Jahre alten Gärten gehören ein 5,6 ha großer Japanischer Garten, ein Moor mit fleischfressenden Pflanzen und ein Heckenlabyrinth im viktorianischen Stil.

Museum of Transportation MUSEUM

(www.transportmuseumassociation.org; 3015 Barrett Station Rd, I-270, nahe Exit 8; Erw./Kind 8/5 US$; ⌚ 9–16 Uhr) Gewaltige Lokomotiven, historische Autos, die viel cooler sind als der eigene Mietwagen, und andere Fahrzeuge.

Pulitzer Foundation for the Arts MUSEUM

(www.pulitzerarts.org; 3716 Washington Blvd; ⌚ Mi 12–17 Uhr, Sa ab 10 Uhr) GRATIS Das Wahrzeichen des Grand Center hat Programme und Ausstellungen zu allen Disziplinen, u.a. auch zur Architektur.

Forest Park

New York City hat den Central Park, doch St. Louis punktet mit dem um 214 ha größeren **Forest Park** (www.stlouis.missouri.org/citygov/parks/forestpark; ⌚ 6–22 Uhr). Auf dem prächtigen, insgesamt 555 ha großen Gelände fand 1904 die Weltausstellung statt. Hier kann man dem Trubel der Stadt wunderbar entfliehen, und es gibt etliche Attraktionen, von denen viele kostenlos sind. In fußläufiger Entfernung liegen die zwei Stadtviertel The Loop und Central West End.

Das **Visitor & Education Center** (www.forestparkforever.org; 5595 Grand Dr; ⌚Mo–Fr 8.30–19, Sa & So 9–16 Uhr) ist in einem alten Straßenbahnpavillon untergebracht und verfügt auch über ein Café. Von hier starten kostenlose geführte Stadtspaziergänge. Außerdem kann man sich hier einen iPod-Audioguide ausleihen.

Missouri History Museum MUSEUM
(www.mohistory.org; 5700 Lindell Blvd; ⌚10–17, Di bis 20 Uhr) GRATIS Das Museum präsentiert die Geschichte von St. Louis mit Highlights wie der Weltausstellung, Charles Lindbergh (auf die Kaufquittung für sein erstes Flugzeug achten – er kaufte es in einem Gemischtwarenladen!) und zahlreichen Blues-Musikern. Bewegend sind die mündlichen Zeugnisse von jenen, die gegen die Rassentrennung kämpften.

St. Louis Art Museum MUSEUM
(www.slam.org; 1 Fine Arts Dr; ⌚Di–So 10–17, Fr bis 21 Uhr) GRATIS Der prachtvolle Beaux-Arts-Palast wurde ursprünglich für die Weltausstellung erbaut. Heute ist hier diese berühmte Institution mit Sammlungen aus vielen Epochen und Stilen untergebracht. Ein schöner neuer Flügel wurde 2013 eröffnet.

St. Louis Zoo ZOO
(www.stlzoo.org; 1 Government Dr; Eintritt für einige Ausstellungen; ⌚tgl. 8–17 Uhr, Juni–Aug. Fr–So bis 19 Uhr; 👪) GRATIS Der riesige Zoo ist in Themenbereiche unterteilt. So gibt es u. a. den faszinierenden Bereich River's Edge mit afrikanischen Tieren.

St. Louis Science Center MUSEUM
(www.slsc.org; 5050 Oakland Ave; ⌚Juni–Aug. Mo–Sa 9.30–17.30, So ab 11 Uhr, übriges Jahr bis 16.30 Uhr; 👪) GRATIS Live-Vorführungen, Dinosaurier, Planetarium und IMAX-Kino (Eintritt nicht inklusive).

Aktivitäten

Bei warmem Wetter kann man zum Forest Park gehen und sich für eine Ruderpartie über den Post-Dispatch Lake im **Boathouse** (www.boathouseforestpark.com; 6101 Government Dr; Bootsverleih 15 US$/Std.; ⌚10 Uhr–ca. 1 Std. vor Sonnenuntergang) ein Boot ausleihen. Im Winter bietet sich eine Runde Schlittschuhlaufen im **Steinberg Ice Skating Rink** (www.steinbergskatingrink.com; abseits des N Kingshighway Blvd; Eintritt 6 US$, Schlittschuhverleih 4 US$; ⌚Mitte Nov.–Feb. So–Do 10–21, Fr & Sa bis 24 Uhr) im Park an. **City Cycling Tours** (www.citycyclingtours.com; Tour 3 Std. 30 US$; ⌚ganzjährig tgl., Uhrzeiten telefon. erfragen) veranstaltet kommentierte Radtouren (inkl. Fahrrad und Helm) durch den Park; Start ist am Visitor Center, wo auch Fahrräder vermietet werden (1 Std./halber Tag 10/25 US$).

Gateway Arch Riverboats BOOTSFAHRT
(1-stündige Tour Erw./Kind 14/8 US$; ⌚10.30–18 Uhr) Auf nachgebauten Dampfschiffen aus dem 19. Jh. über den Big Muddy! Fahrten zur Mittagszeit sowie – je nach Verfügbarkeit – nach 15 Uhr werden von einem Park-Ranger geführt. Etliche Dinner- und Partytouren sind ebenfalls im Angebot. Es gibt verschiedene Kombi-Tickets.

Feste & Events

Big Muddy Blues Festival MUSIK
(www.bigmuddybluesfestival.com; ⌚Anfang Sept.) GRATIS Am Labor-Day-Wochenende wird auf fünf Bühnen in Laclede's Landing Blues gespielt.

Schlafen

Die meisten Kettenhotels der Mittel- und Spitzenklasse haben Ableger im Umkreis des Gateway Arch in Downtown. Unabhängige Budgetunterkünfte sind rar in den interessanteren Gebieten, aber man findet viele nahe am Flughafen, von wo aus man mit der MetroLink-Stadtbahn gut in die Stadt kommt. Mit der Bahn erreicht man auch das gehobene Clayton an der I-170 (Exit 1F), wo es ebenfalls ein paar Kettenhotels gibt.

Huckleberry Finn Hostel HOSTEL $
(☎314-241-0076; www.huckfinnhostel.com; 1908 S 12th St; B ab 25 US$; ❄) Das in zwei alten Stadthäusern untergebrachte unabhängige Hostel ist schlicht, aber freundlich und gesellig. Es hat eine Wohnküche mit Klavier und kostenlose Schließfächer. Ideal ist die Lage in Soulard. Unbedingt vorab reservieren!

America's Best Value Downtown St. Louis MOTEL $
(☎314-421-6556; www.americasbestvalueinn.com; 1100 N 3rd St; Zi. 60–100 US$; P❄📶🐾) Im Schlaf bekommt man zum Glück nicht mit, wie wenig charmant dieses Motel ist. Die Zimmer sind zwar wirklich kahl, aber sauber, und sowohl die Lage in Laclede's Landing, als auch die Preise sind gut.

Water Tower Inn HOTEL $
(☎314-977-7500; www.watertowerinnstl.com; 3545 Lafayette Ave, St. Louis University; Zi. 80–120 US$; P❄📶) Das Hotel mitten auf dem Gelände

BELGISCHES BUDWEISER

Die größte Bierfabrik der Welt, die historische **Anheuser-Busch Brewery** (www.budweisertours.com; Ecke 12th & Lynch Streets; ⌚ Juni–Aug. Mo–Sa 9–16, So 11.30–16 Uhr, Sept.–Mai ab 10 Uhr) GRATIS, veranstaltet die Sorte von Marketing-Tour, die von einem Unternehmen mit fast 50 % Anteil auf dem US-Markt zu erwarten ist: Besucher sehen die Abfüllanlage und die berühmten Clydesdale-Pferde. Noch ein Hinweis: Der Kauf dieser Ikone von St. Louis durch die belgische InBev im Jahr 2008 ist für die Einheimischen ein wunder Punkt. Und bitte nicht fragen: „Wie schaffen Sie es, das ganze Aroma loszuwerden?"

der St. Louis University und in der Nähe des interessanten Central West End bietet über sechs Etagen verteilt 62 Zimmer mit funktionaler Einrichtung (einige mit Blick auf den Arch). Es gibt auch eine Waschküche und kostenloses kontinentales Frühstück.

Parkway Hotel HOTEL **$$**
(☎ 314-256-7777; www.theparkwayhotel.com; 4550 Forest Park Ave; Zi. 105–270 US$; P ❄ @ ≋ 🐾) Das unabhängige Hotel mitten im teuren Vergnügen des Central West End befindet sich in einem prächtigen Kalksteingebäude und bietet 217 moderne Zimmer auf acht Stockwerken. Hohes Niveau, im Preis inbegriffenes warmes Frühstück und eine Top-Lage direkt gegenüber vom Forest Park.

Napoleon's Retreat B&B **$$**
(☎ 314-772-6979; www.napoleonsretreat.com; 1815 Lafayette Ave; Zi. 120–180 US$, Wochenende min. 2 Nächte; ❄ @ ≋) Am historischen, schön begrünten Lafayette Sq liegt dieses B&B in einem hübschen Wohnhaus im Second-Empire-Stil. Es bietet fünf schicke Zimmer, jeweils mit Bad und antiken Möbeln.

Moonrise Hotel BOUTIQUEHOTEL **$$**
(☎ 314-721-1111; www.moonrisehotel.com; 6177 Delmar Blvd; Zi. 120–280 US$; P ❄ @ ≋ 🐾) Das stilvolle achtstöckige Moonrise im energiegeladenen Viertel Loop ist sehr markant. Die 125 Zimmer mit Mondmotiven bieten irdischen Komfort.

Essen

In St. Louis gibt es die größte Speisenvielfalt in der ganzen Region. Die Zeitschrift und Internetseite **Sauce** (www.saucemagazine.com) veröffentlichet diverse Kritiken.

Downtown & Midtown

In Laclede's Landing am Flussufer neben der historischen Eads Railway Bridge gibt es mehrere Restaurants, hierher kommen die Leute aber eher wegen der Atmosphäre – kopfsteingepflasterte Straßen, umgebaute Backsteingebäude und reichlich Bier – als wegen des Essens.

★ **Crown Candy Kitchen** CAFÉ **$**
(1401 St. Louis Ave; Hauptgerichte 5–10 US$; ⌚ Mo–Sa 10.30–21, So bis 17 Uhr) Der authentische, familienbetriebene Soda Fountain macht seit 1913 Familien glücklich. Die Malz-Shakes (den Butterscotch probieren!) werden mit Löffeln serviert, die Floats fließen wirklich, und man bekommt hier die berühmten Sandwiches mit Schinken, Salat und Tomate. Doch die Krönung sind die hausgemachten Süßigkeiten. Eine Oase im Viertel North St. Louis, das ziemlich zu kämpfen hat.

Pappy's Smokehouse GRILL **$$**
(☎ 314-535-4340; www.pappyssmokehouse.com; 3106 Olive St; Hauptgerichte ab 9 US$; ⌚ Mo–Sa 11–20, So bis 16 Uhr) Das Pappy's gilt als eines der besten Grilllokale des Landes und serviert köstliche Rippchen, Pulled Pork, Rinderbrust und geräucherten Truthahn. Mit dem Ruhm kamen auch die Massen – man muss also mit langen Warteschlangen und überfüllten Tischen rechnen. Das Warten kann man sich ja damit versüßen, dass man schon mal von den Süßkartoffelfritten träumt.

Soulard & Lafayette Square

An den meisten Ecken in Soulard gibt es Restaurants und Pubs, in denen viel Livemusik gespielt wird, besonders Blues und irische Musik. Am historischen Lafayette Sq, 1 Meile (1,6 km) nordwestlich, findet man diverse schicke Lokale.

★ **Soulard Farmers Market** MARKT **$**
(www.soulardmarket.com; 7th St; ⌚ Mi–Sa 8–17 Uhr) Ein wahrer Schatz in der Stadt ist der schon seit 1779 bestehende Markt mit zahlreichen Händlern, die Obst und Gemüse aus der Region, Backwaren und fertig zubereitetes Essen verkaufen. Hier kann man sich auch gut für ein Picknick versorgen. Oder einfach nur naschen.

Bogart's Smoke House GRILL $$
(www.bogartssmokehouse.com; 1627 S 9th St; Hauptgerichte 7–15 US$; ⌚Di–Do 10.30–16, Fr & Sa bis 20 Uhr) Die Seele von Soulard? Das geräucherte Fleisch lockt jede Menge Leute an, die sich über Speisen und Spezialitäten wie Prime Rib hermachen. Extras wie die brennend scharfe Voodoo Sauce und die „Fire und Ice Pickles" sorgen für das kreative Etwas.

Joanie's Pizzeria PIZZERIA $$
(www.joanies.com; 2101 Menard St; Hauptgerichte 10–15 US$; ⌚11–23 Uhr) In der alteingesessenen bescheidenen Nachbarschaftskneipe treffen sich die Einheimischen gern vor den Spielen der Cardinals. Aus dem Grillofen kommt die beliebte St.-Louis-Pizza (allerdings ohne den ortstypischen Provel-Schmelzkäse). Die Sauce und die frittierten Ravioli verdienen Applaus. Am besten schnappt man sich einen Tisch in dem versteckten Hof.

Eleven Eleven Mississippi MODERN-AMERIKANISCH $$
(☎314-241-9999; www.1111-m.com; 1111 Mississippi Ave; Hauptgerichte 9–22 US$; ⌚Mo–Do 11–22, Fr & Sa bis 24 Uhr; ✎) In einer alten Schuhfabrik hat sich dieses beliebte Bistro mit Weinbar eingerichtet. Die besten Abendgerichte sind regionale Spezialitäten mit einer italienischen Note. Außerdem bietet die saisonale Karte Sandwiches, Pizzas, Steaks und viele Gerichte für Vegetarier. Die Weinbar ist hervorragend.

South Grand

In dem jungen Boheme-Viertel entlang des South Grand Blvd, nahe dem schönen Tower Grove Park, gibt es eine Reihe ausgezeichneter ethnischer Restaurants, viele mit Terrasse im Freien.

MoKaBe's Coffeehouse CAFÉ $
(www.mokabes.com; 3606 Arsenal St; Hauptgerichte 5–7 US$; ⌚8–24 Uhr; 📶✎) Das Tag und Nacht brummende Café mit Blick auf den Tower Grove Park ist ein beliebter Treff von Nachbarschaftsaktivisten, Hipstern und coolen Typen aller Art. Man holt sich einfach einen Kaffee, ein Stück Gebäck, Frühstück oder ein Sandwich und genießt die Aussicht.

★**Local Harvest Cafe** CAFÉ $$
(www.localharvestcafe.com; 3137 Morganford Rd; Hauptgerichte 8–16 US$; ⌚8–21, Mo bis 14 Uhr) Das kleine Ladencafé hat ein großes Herz und eine ständig wechselnde Karte, auf der frische, einfallsreiche Gerichte stehen, darunter auch viele vegane und vegetarische Speisen. Für Ausgewogenheit sorgen exzellente Hauptgerichte wie der Locavore's Dream Burger (Burger mit regionalen Zutaten). Es gibt auch eine tolle Getränkekarte mit Bieren aus Missouri.

The Hill

In dem italienischen Viertel voller tortellinikleiner Häuser gibt es unzählige Pastalokale. Beim Spaziergang durch die gepflegten Straßen laden italienische Cafés und Feinkostläden zu einem Kaffee ein.

Mama Toscano's ITALIENISCH $
(www.mamatoscano.com; 2201 Macklind Ave; Hauptgerichte 5–8 US$; ⌚Di–Sa 7–16 Uhr) Dieses legendäre Ecklokal im Hill ist eher ein Lebensmittelladen als ein Café. Es ist vor allem für seine frittierten Ravioli bekannt, die man draußen an den Picknicktischen genießen kann (drinnen gibt's keine Tische). Sehr gut sind auch die Sandwiches, besonders die mit Aubergine, die man sich am besten auf Knoblauchbrot packen lässt.

Adriana's ITALIENISCH $
(www.adrianasonthehill.com; 5101 Shaw Ave; Hauptgerichte 5–10 US$; ⌚Mo–Sa 10.30–15 Uhr) Der nach Kräutern duftende italienische Feinkostladen serviert mittags seinen hungrigen Kunden frische Salate und Sandwiches (empfehlenswert ist das Sandwich Hill Boy mit viel Fleisch). Es gibt auch gute Pizza und Pasta.

Milo's Bocce Garden ITALIENISCH $$
(www.milosboccegarden.com; 5201 Wilson Ave; Hauptgerichte 6–14 US$; ⌚Mo–Sa 11–1 Uhr) Die Sandwiches, Pizzas und Pasta kann man sich draußen im großen Hof oder drinnen in der europäischen Bar schmecken lassen. Die Boccia-Bahnen werden häufig von den Stammgästen genutzt, denen man sich auch anschließen kann.

Central West End & The Loop

Die Euclid Ave im schicken, trendigen alten Central West End wird von Straßencafés dominiert. The Loop erstreckt sich in der Nähe der Washington University entlang des Delmar Blvd (mit dem Walk of Fame von St. Louis) und besitzt viele Bars und ethnische Restaurants für ein ziemlich hippes Publikum.

ST. LOUIS: LOKALE SPEZIALITÄTEN

Folgende lokalen Spezialitäten sollte man probiert haben:

Frozen Custard Keinesfalls sollte man die Stadt verlassen, ohne sich ein super-cremiges Sahneeis im historischen **Ted Drewes** (6726 Chippewa St; Kugel 0,50–2,50 US$; ⌚ Feb.–Dez. 11–23 Uhr) westlich vom Stadtzentrum gegönnt zu haben. Im Sommer gibt's noch eine kleinere Filiale südlich vom Zentrum am 4224 S Grand Blvd. Reich und Arm lieben das „Concrete", eine leckere Mischung aus verschiedenen Sorten.

Toasted Ravioli Die mit Fleisch gefüllten Teigtaschen werden in Paniermehl gewendet und dann frittiert. Es gibt sie in praktisch jedem Restaurant im Hill; die besten hat Mama Toscano's (S. 694).

St.-Louis-Pizza Die in viereckigen Stücken servierte Pizza mit dünnem Boden macht echt süchtig! Als Belag kommt Provel-Schmelzkäse oben drauf, eine lokal beliebte, klebrige Mischung aus Cheddar, Schweizer Käse und Provolone. Die örtliche Kette **Imo's** (www.imospizza.com; große Spezialpizza 16 US$) mit mehr als 70 Filialen im Großraum St. Louis bäckt die besten.

Pickles Deli FEINKOST $
(www.picklesdelistl.com; 22 N Euclid Ave; Hauptgerichte 5–10 US$; ⌚ Mo–Fr 9–19, Sa 10–15 Uhr) Beste Zutaten unterscheiden diesen raffinierten Feinkostladen von den üblichen Sandwich-Kettenläden. So wird z. B. das French Dip Sandwich mit viel selbst gemachtem Roastbeef serviert. Zur Auswahl stehen auch Sandwiches mit ausgezeichnetem Avocado-Aufstrich u. v. m. Man kann hier drinnen essen oder macht ein Picknick im Forest Park.

Duff's AMERIKANISCH $$
(www.duffsrestaurant.com; 392 N Euclid Ave; Hauptgerichte 8–20 US$; ⌚ So–Do 11.30–22, Fr bis 23, Sa 10–23 Uhr) Die Hippies, die früher billigen Chablis hinunterkippten, genießen nun die vielen guten Weine von der langen Weinkarte. Das Duff's hat die Aufwertung des gesamten Viertels mitgemacht und bietet eine bunte Mischung aus Sandwiches, Salaten und ambitionierteren Gerichten. Am schönsten sind die Tische unter den Bäumen.

Ausgehen & Nachtleben

Schlafly, Civil Life und Urban Chestnut sind ausgezeichnete lokale Kleinbrauereien, die einen vergessen lassen, dass man in der Heimat des Budweiser ist. Der Führer **StL Hops** (www.stlhops.com) hat alle Infos über die örtlichen Biere und wo man sie bekommt.

Laclede's Landing, Soulard und The Loop sind voller Pubs und Bars, viele mit Livemusik. Die meisten Bars schließen um 1.30 Uhr, manche auch erst um 3 Uhr.

★ **Blueberry Hill** BAR
(www.blueberryhill.com; 6504 Delmar Blvd; ⌚ 11 Uhr–open end) Der aus St. Louis stammende Chuck Berry rockt noch heute die kleine Kellerbar mindestens an einem Mittwoch pro Monat. Die Tickets (35 US$) sind schnell ausverkauft. An anderen Abenden spielen hier Bands kleineren Kalibers. Außerdem gibt es gutes Kneipenessen, Spiele, Darts und mehr.

Bridge Tap House & Wine Bar BAR
(www.thebridgestl.com; 1004 Locust St; ⌚ 11–1 Uhr) In dieser romantischen Bar kann man sich auf ein Sofa sinken und die Ellenbogen auf den Tisch stützen und relaxen. Das Lokal bietet feine Weine, die besten Biere aus der Region und eine saisonale Karte, auf der exquisite kleine Happen stehen.

Schlafly Tap Room BRAUEREI
(www.schlafly.com; 2100 Locust St; ⌚ 11–22, Mi–Sa bis 1 Uhr) Die berühmteste örtliche Kleinbrauerei betreibt diese ausgezeichnete Kneipe gleich westlich von Downtown. Auf der Speisekarte stehen Kneipenklassiker wie Sandwiches und Fish & Chips, auf der Bierkarte viele der 50 Biere, die hier das Jahr über gebraut werden. Am besten setzt man sich in den Biergarten.

Unterhaltung

Aktuelle Infos zum Unterhaltungsangebot vor Ort stehen in der **Riverfront Times** (www.riverfronttimes.com). Tickets für die meisten Veranstaltungsorte bekommt man bei **MetroTix** (http://metrotix.com).

Das Grand Center, westlich von Downtown, ist das Zentrum der Theaterszene und Sitz des **St. Louis Symphony Orchestra** (www.stlsymphony.org; 718 N Grand Blvd), das für viele Konzerte 50 Freikarten vergibt (online).

Im Freilufttheater **Muny** (www.muny.com; Forest Park; ⌚Mitte Juni–Mitte Aug.) gibt's im Sommer jeden Abend Broadwaymusicals draußen im Forest Park; einige der 12000 Plätze sind kostenlos (auf der Website steht mehr dazu).

The Grove, der Abschnitt der Manchester Ave zwischen Kingshighway Blvd und S Vandeventer Ave, ist der Sammelpunkt der schwulen und lesbischen Gemeinde, aber auch in Soulard, dem Central West End und in South Grand gibt es Treffs. Mehr Anregungen stehen in **Vital Voice** (www.thevitalvoice.com).

Pageant LIVEMUSIK

(☎314-726-6161; www.thepageant.com; 6161 Delmar Blvd) Eine große Halle für Bands auf Tour.

BB's BLUES

(www.bbsjazzbluessoups.com; ⌚18–3 Uhr) An den meisten Abenden wird in diesem schicken zweistöckigen Laden, der teils Blues-Club, teils Blues-Museum ist, gute Musik gespielt. Außerdem gibt es gutes Kneipenessen, darunter die legendären Süßkartoffelpommes. Ein weiterer toller Blues-Treff ist das **Beale** (www.bealeonbroadway.com; 701 S Broadway; ⌚19–3 Uhr) gleich auf der anderen Straßenseite.

Just John's Club SCHWULE

(www.justjohnsclub.com; 4112 Manchester Ave; ⌚15–3 Uhr) Ein Anker der Szene im Grove: Das John's hat diverse Bars drinnen und draußen und verströmt stets eine einladende Atmosphäre.

Busch Stadium BASEBALL

(www.stlcardinals.com; Ecke Broadway & Clark Ave) In dem hübsch anzuschauenden, altmodisch aufgemachten Stadion, das 2006 eröffnet wurde, spielen die Cardinals. Das letzte Mal gewannen sie 2011 die World Series – mehr Titel haben bislang nur die New York Yankees geholt.

Shoppen

Die beste Mischung lokaler Läden findet sich in Loop und in der Euclid Ave im Central West End.

Cherokee Antique Row ANTIQUITÄTEN

(www.cherokeeantiquerow.com; Cherokee St, östl. der Jefferson Ave zur Indiana Ave) Die Cherokee Antique Row umfasst sechs Blocks voller Antiquitätenläden im angemessen historischen Viertel Cherokee-Lemp.

MISSOURI: ABSTECHER & EXTRAS

Das kleine, von Franzosen gegründete **Sainte Genevieve** liegt 65 Meilen (105 km) südlich von St. Louis am Ufer des Mississippi. Das kleine Städtchen verströmt historischen Charme. In vielen der restaurierten Gebäude aus dem 18. und 19. Jh. befinden sich heute B&Bs und Souvenirläden.

Das **George Washington Carver National Monument** (www.nps.gov/gwca; ⌚9–17 Uhr) GRATIS besteht aus dem Wohnhaus der Familie des afroamerikanischen Wissenschaftlers. Carvers Experimente mit Erdnüssen lernten Generationen von US-amerikanischen Schulkindern im Unterricht kennen, aber der Park macht deutlich, dass Carver wahrlich ein vielseitiger *uomo universale* war, der auf vielen Gebieten etwas leistete. Das Museum befindet sich in der Nähe von Joplin. Man nimmt den Exit 11A von der I-44, folgt dann 4,5 Meilen (7,2 km) dem US 71 Richtung Süden zum Hwy V und hält sich dann in Richtung Osten.

Left Bank Books BÜCHER

(www.left-bank.com; 399 N Euclid Ave; ⌚Mo–Sa 10–22, So 11–18 Uhr) Toller unabhängiger Buchladen mit neuen und gebrauchten Büchern. Es gibt hervorragende Empfehlungen für Bücher hiesiger Autoren und regelmäßige Lesungen.

Praktische Informationen

MEDIEN

KDHX FM 88.1 (www.kdhx.org) Der unabhängige, nichtkommerzielle Nachbarschaftsradiosender spielt Folk, Blues und diversen Rock und bringt Berichte zur lokalen Kunst.

Riverfront Times (www.riverfronttimes.com) Wöchentlich erscheinende alternative Zeitung.

St. Louis Post-Dispatch (www.stltoday.com) Die Tageszeitung von St. Louis.

POST

Post (1720 Market St; ⌚Mo–Fr 8–20, Sa 8–13 Uhr)

TOURISTENINFORMATION

Explore St. Louis (www.explorestlouis.com; Ecke 7th St & Washington Ave, America's Center; ⌚Mo–Sa 8.30–17, So 11–16 Uhr) Eine hervorragende Informationsquelle; Filialen gibt es auch an der Kiener Plaza (Ecke 6th & Chestnut) sowie am Flughafen.

Missouri Welcome Center (☎314-869-7100; www.visitmo.com; I-270 Ausfahrt 34; ⊙8–17 Uhr)

Anreise & Unterwegs vor Ort

Der **Lambert-St. Louis International Airport** (STL; www.flystl.com) ist der Verkehrsknoten der Great Plains; von hier gehen Flüge in viele US-amerikanische Städte. Der Flughafen liegt 12 Meilen (19,2 km) nordwestlich von Downtown und ist mit dem Viertel durch die MetroLink-Stadtbahn (4 US$), Taxis (ca. 40 US$) und die Shuttle-Busse von **Go Best Express** (☎314-222-5300; www.gobestexpress.com; einf. Fahrt ab 21 US$) verbunden, die Fahrgäste in den wichtigsten Stadtvierteln absetzen.

Amtrak (www.amtrak.com; 551 S 16th St) Der *Lincoln Service* fährt fünfmal täglich nach Chicago (ab 26 US$, 5½ Std.), der *Missouri River Runner* zweimal täglich von/nach Kansas City (ab 29 US$, 5½ Std.) und der *Texas Eagle* täglich nach Dallas (16 Std.; Preise auf der Website checken, denn die Unterschiede sind erheblich!).

Greyhound (430 S 15th St) Busse fahren mehrmals täglich nach Chicago (25 US$, 6–7 Std.), Memphis (25 US$, 6 Std.), Kansas City (25 US$, 4½ Std.) und in viele weitere Städte. Der Busbahnhof befindet sich nahe dem Amtrak-Bahnhof in Downtown.

Megabus (www.megabus.com) bietet Busverbindungen nach Chicago und Kansas City schon ab 15 US$ (einfache Strecke); die Busse halten nahe der Union Station an der 20th St.

Metro (www.metrostlouis.org; einfache Strecke/Tageskarte 2,25/7,50 US$) Betreibt städtische Busse und das Stadtbahnnetz der MetroLink (mit Verbindungen zum Flughafen, zum Loop, zum Central West End und zur Downtown). Die Busse 30 und 40 fahren von der Downtown nach Soulard.

St. Louis County Cabs (☎314-993-8294; www.countycab.com) Taxis bestellt man telefonisch oder per Textnachricht bei dieser Gesellschaft.

Rund um St. Louis

Mehrere attraktive historische Uferstädte nördlich und südlich von St. Louis am Mississippi sowie westlich der Stadt am Missouri sind am Wochenende beliebte Ausflugsziele, darunter die beiden altehrwürdigen Städtchen St. Charles und Hannibal. Wer allerdings meint, der Zusammenfluss des Mississippi mit dem Missouri müsste einen wunderbaren Anblick bieten, ist auf dem Holzweg. Die beiden Flüsse führen viel Schlamm, der am Vereinigungspunkt zusammenwirbelt. Darüber hinaus sind sie über Quadratkilometer von Überflutungsebenen umgeben, die oft – na, was wohl? – schlammig und unzugänglich sind.

St. Charles

Diese Uferstadt am Missouri, die 1769 von den Franzosen gegründet und 1820 erste Hauptstadt von Missouri wurde, liegt ganze 20 Meilen (32 km) nordwestlich von St. Louis. Die kopfsteingepflasterte Main St ist das Zentrum einer gut erhaltenen Innenstadt, in der man das **First State Capitol** (200 S Main St; Eintritt frei, Führungen Erw./Kind 4 US$/2,50; ⊙Mo–Sa 10–16, So 12–16 Uhr, Nov.–März Mo geschl.) besichtigen kann. Beim **Visitor Center** (☎800-366-2427; www.historicstcharles.com; 230 S Main St; ⊙Mo–Fr 8–17, Sa 10–17, So 12–17 Uhr) kann man sich nach den Touren erkundigen, die im nördlichen Stadtviertel **Frenchtown** an einigen seltenen Beispielen kolonialzeitlicher französischer Architektur vorbeiführen.

Lewis und Clark, die Erforscher des amerikanischen Westens, begannen ihre weite Reise zur Pazifikküste in St. Charles am 21. Mai 1804. Ihre Einschiffung wird alljährlich an diesem Termin nachgespielt. Das **Lewis & Clark Boathouse & Nature Center** (www.lewisandclarkcenter.org; 1050 Riverside Dr; Erw./Kind 5/2 US$; ⊙Mo–Sa 10–17, So 12–17 Uhr) hat Exponate über das Duo und Nachbauten ihrer Boote.

Hotels liegen an den vier Exits der I-70 in St. Charles. Im Ort gibt es auch mehrere historische B&Bs, darunter das **Boone's Colonial Inn** (☎888-377-0003; www.boonescolonialinn.com; 322 S Main St; Zi. Mo–Fr 165–370 US$; ❄📶) mit drei piekfeinen Zimmern in den Reihenhäusern aus Stein, die 1820 errichtet wurden.

Hannibal

Wenn die Luft schwül auf diesem alten Städtchen am Fluss lastet, glaubt man fast, das Tuten eines Schaufelraddampfers zu hören. Hannibal, in dem Mark Twain seine Kindheit verbrachte, liegt 100 Meilen (160 km) nordwestlich von St. Louis und besitzt einige authentische historische Viertel und viele Stätten, die an den Autor und seine Figuren Tom Sawyer und Huck Finn erinnern.

Das **Mark Twain Boyhood Home & Museum** (www.marktwainmuseum.org; 415 N Main

St; Erw./Kind 11/6 US$; ⌚9–17 Uhr, Winter verkürzte Öffnungszeiten) präsentiert acht Gebäude, darunter zwei Häuser, in denen Twain selbst wohnte, sowie das Haus von Laura Hawkins, dem realen Vorbild von Becky Thatcher. Nach der Besichtigung kann man mit dem **Mark Twain Riverboat** (www.marktwainriverboat.com; Center St; 1-stündige Ausflugsfahrt Erw./Kind 16/11 US$; ⌚April–Nov., verschiedene Abfahrtszeiten) den Mississippi hinuntergondeln. Im Rahmen des **National Tom Sawyer Days** (am www.hannibaljaycees.org; ⌚am Wochenende um den 4. Juli) gibt's Wettbewerbe im Frosch-Weitspringen und Zaunanstreichen und vieles mehr.

Viele der historischen Wohnhäuser Hannibals sind heute B&Bs. Das **Hannibal Visitors Bureau** (☎573-221-2477; www.visithannibal.com; 505 N 3rd St; ⌚9–17 Uhr) vermittelt den Kontakt zu allen Unterkünften. Das **Reagan's Queen Anne** (☎573-221-0774; www.reagansqueenanne.com; 313 N 5th St; Zi. 110–270 US$) ist ein üppig dekoriertes B&B in einem historischen Wohnhaus. Auf der Veranda kann man sich prima in ein Buch von Mark Twain vertiefen.

Entlang der I-70

Die Hauptverkehrsader zwischen St. Louis und Kansas City, die I-70, ist verstopft und öde (und hat erstaunliche viele Porno- und Sexläden); wann immer möglich, sollte man sie verlassen.

AUF DER ROUTE 66 IN MISSOURI

Durch den Show-Me State führt ein langes Stück der Mother Road. In **St. Louis**, wo **Ted Drewes** (S. 695) in der Chippewa St direkt an der Strecke schon Generationen von Fans der Straße mit Eis versorgt hat, kann man die Tour prima beginnen. Es gibt ein paar gut ausgeschilderte historische Touren durch die Stadt.

Auf der I-44 (die Autobahn wurde in Missouri zu großen Teilen auf der alten Strecke der Route 66 gebaut) geht es nach Westen zum **Route 66 State Park** (www.mostateparks.com/route66.htm; I-44 Exit 266; ⌚7 Uhr–30 Min. nach Sonnenuntergang) mit seinem Visitor Center und **Museum** (⌚März–Nov. 9–16.30 Uhr) GRATIS in einem Rasthaus von 1935. Die Ausstellung zeigt historische Szenen aus der Umgebung von St. Louis. Das eigentlich Interessante ist aber die Ortschaft Times Beach, die einst genau hier stand. Wegen einer Dioxin-Verseuchung ließ die Regierung in den 1980er-Jahren die gesamte Stadt evakuieren und anschließend dem Erdboden gleichmachen.

Weiter geht's auf der I-44 Richtung Südwesten nach Stanton und von dort der Ausschilderung nach zu den von Familien belagerten **Meramec Caverns** (www.americascave.com; I-44 Exit 230; Erw./Kind 20/10 US$; ⌚Sommer 8.30–19.30 Uhr, restl. Jahr kürzere Öffnungszeiten), die wegen ihrer Bürgerkriegsgeschichte und ihres kitschigen Charmes ebenso interessant sind wie wegen ihrer Stalaktiten, sowie zum **Jesse James Wax Museum** (www.jessejameswaxmuseum.com; Erw./Kind 7/3 US$; ⌚Juni–Aug. 9–18 Uhr, übriges Jahr kürzere Öffnungszeiten), das der Verschwörungstheorie frönt, James habe seinen Tod nur vorgetäuscht und sei in Wahrheit erst 1951 gestorben.

Das **Route 66 Museum & Research Center** (www.lebanon-laclede.lib.mo.us; 915 S Jefferson St; ⌚Mo–Do 8–20, Fr & Sa 8–17 Uhr) GRATIS in der Bibliothek von Lebanon zeigt Memorabilia aus Vergangenheit und Gegenwart. Wohnen kann man im **Munger Moss Motel** (☎417-532-3111; www.mungermoss.com; 1336 E Rte 66; Zi. ab 50 US$; ❄📶🏊) aus den 1940er-Jahren. Es besitzt eine große Neonreklame und hat Inhaber, die die Route 66 lieben.

Westlich von **Springfield** verlässt man die Interstate und nimmt den Hwy 96 nach **Carthage**. Der Ort war Schauplatz einer Schlacht im Amerikanischen Bürgerkrieg und besitzt einen historischen Stadtplatz sowie das **66 Drive-In Theatre** (www.66drivein.com; 17231 Old 66 Blvd; Erw./Kind 7/3 US$; ⌚April–Okt. Fr–So). In **Joplin**, das immer noch mit den Folgen eines schrecklichen Tornados von 2011 zu kämpfen hat, geht es auf den State Hwy 66 und vor der Grenze zu Kansas auf die alte Route 66 (die Streckenführung vor den 1940er-Jahren).

Die **Route 66 Association of Missouri** (www.missouri66.org) hat bergeweise Infos. Nicht auslassen sollte man auch das **Conway Welcome Center** (I-44 Mile 110, nahe Conway), das überkandidelt im Stil der Route 66 aufgemacht ist und Unmengen Infos über die historische Straße und generell über Missouri zu bieten hat.

Viel Interessantes findet sich am **US 50**, der weiter südlich parallel zur I-70 verläuft. Der **Hwy 94** folgt von Jefferson City dem Missouri nach Osten Richtung St. Louis und führt durch eine schöne Region voller Weingüter und Wälder.

Auch auf der I-70 selbst gibt es einige gute Gründe, mal abzufahren. **Columbia** ist die Heimat der vielgepriesenen University of Missouri. Downtown, eine attraktive Ansammlung alter Backsteingebäude mit belebten Cafés, Bars, Buchläden und mehr, lässt sich gut zu Fuß erkunden. Die **Uprise Bakery** (10 Hitt St; Mahlzeiten 3–10 US$; ⏲ Mo–Sa 7–20 Uhr) ist für ihre Bio-Mahlzeiten und Bio-Backwaren bekannt.

Ca. 30 Meilen (48 km) westlich von Columbia und 10 Meilen (16 km) nördlich der I-70 liegt die **Arrow Rock State Historic Site** (www.mostateparks.com/park/arrow-rock-state-historic-site; ⏲ Visitor Center März–Nov. tgl. 10–16 Uhr, Dez.–Feb. Fr–So), eine kleine restaurierte Stadt, in der sich seit den 1830er-Jahren, als die Stadt an der wichtigsten Postkutschenroute Richtung Westen lag, kaum etwas geändert zu haben scheint.

Ozark Mountains

Das Hügelland der Ozarks erstreckt sich über das südliche Missouri und dehnt sich bis ins nördliche Arkansas und östliche Oklahoma aus.

Im üppigen, großen **Johnson's Shut-Ins State Park** (www.mostateparks.com/jshutins.htm), 8 Meilen (12,9 km) nördlich von Lesterville am Hwy N, sprudelt der rasante Black River durch canyonartige Schluchten, die sogenannten *shut-ins*. Eine aufregendere Möglichkeit zum Baden als hier finden Traveller sonst höchstens noch in Wasserparks.

Nördlich des US 60 in der südlichen Zentralregion des Bundesstaats bieten die **Ozark National Scenic Riverways** (www.nps.gov/ozar) – das sind der Current River und der Jack's Fork River – 134 Meilen (216 km) Wasserwege voller wunderbarer Möglichkeiten zum Kanufahren und Tubing (Verleiher sind reichlich vorhanden). An den Wochenenden herrscht oft viel und turbulenter Betrieb. Die Verwaltung des Parks, Ausrüster und Motels befinden sich in **Van Buren**. Doch auch **Eminence** ist ein guter Ausgangsort. Entlang den Flüssen gibt es viele Campingplätze. Der kurvenreiche Hwy E ist ein landschaftliches Highlight.

Branson

Das kitschige Branson präsentiert sich ohne jede Zurückhaltung als ein Touristenort. Hauptattraktion sind die mehr als 50 Theater, in denen über 100 Countrymusik-, Zauber- und Comedyshows laufen. Der „76 Strip" (Hwy 76) mit seinen Neonlichtern hat auf mehreren Kilometern Motels, Restaurants, Wachsfigurenkabinette, Shoppingmalls, Vergnügungsparks und Theater zu bieten. Wie Bart Simpson mal sagte: „Es ist wie Vegas. Wenn es von Ned Flanders betrieben würde."

Im Sommer und dann wieder im November und Dezember quälen sich die vielen Geländewagen durch den Stau. Oft kommt man zu Fuß schneller voran als mit dem Auto – trotzdem scheinen nur wenige auf diesen Gedanken zu kommen.

Infos zum Ort und zu den Unterkünften bekommt man im **Branson Lakes Area Convention & Visitors Bureau** (☎ 800-296-0463; www.explorebranson.com; Kreuzung von Hwy 248 & US 65; ⏲ Mo–Sa 8–17, So 10–16 Uhr) gleich westlich der Kreuzung mit dem US 65. Die vielen „Visitor Information Centers" im Ort (auch die „offiziellen") sind Schaufenster von Ferienhausverkäufern. Andererseits: Wer hier eine Verkaufsveranstaltung über sich ergehen lässt, erhält als Belohnung Freikarten für eine Show.

Sehenswertes & Aktivitäten

Kitsch gibt's in Unmengen, aber Ironie ist Mangelware: An einer weithin angepriesenen *Titanic*-Attraktion fordert ein Schild die Besucher auf, hineinzukommen und „den Eheschwur zu erneuern". An den Hauptstraßen muss man auf allen möglichen Kram gefasst sein – sogar auf einen riesigen Ball aus Zwirn.

Tatsächlich aber besitzt Branson auch eine echte **Altstadt** mit authentischem Charme und schöner Lage am White River (mit hübschen Spazierwegen). Reinschauen kann man ins **Dick's 5 & 10** (www.dicksoldtime5and10.com; 103 West Main St; ⏲ 8.30–21 Uhr), in dem die Gänge vollgepackt sind mit altmodischen Süßigkeiten, Leckereien, Spielzeug, Haushaltswaren und dergleichen. „Das haben wir schon ewig nicht mehr gesehen!", ist hier der übliche Kommentar.

Silver Dollar City VERGNÜGUNGSPARK
(www.silverdollarcity.com; Erw./Kind 58/48 US$; ⏲ wechselnde Öffnungszeiten) Der riesige Vergnügungspark westlich vom Ort hat aufre-

gende Achterbahnen und Wasserrutschen und ist ein Original Bransons.

Schlafen & Essen

Am Rand des Hwy 76 liegen Dutzende unabhängiger und kettenzugehöriger Motels (ab 35 US$). Hübschere Unterkünfte finden sich in ruhigerer Lage. Der **Table Rock Lake**, der sich südlich der Stadt durch die Hügel schlängelt, ist ein zu Recht beliebtes Ausflugsziel zum Bootfahren, Angeln, Campen und für weitere Freizeitaktivitäten. Hier gibt es auch Unterkünfte mit gutem Preis-Leistungs-Verhältnis.

Bransons gastronomisches Angebot besteht überwiegend aus Fast Food, Junk Food und *All you can eat*-Buffets (meist 5–10 US$).

Branson Hotel B&B **$$**
(☎ 417-544-9814; www.thebransonhotel.com; 214 W Main St; Zi. 120–150 US$) Das 1903 gebaute edle B&B mitten in der Altstadt wurde zu einer schönen Boutiquelodge mit neun Zimmern umgestaltet. Es ist weit entfernt vom hektischen Kommerz an den Strips und von der Anonymität der Kettenmotels.

Indian Trails Resort RESORT **$$**
(☎ 417-338-2327; www.indiantrailsresort.com; Indian Point Rd; Hütte 95–190 US$; ❄ ≋) Die entspannte Anlage am Table Rock Lake, 9 Meilen (14,5 km) südlich von Branson, verfügt über gemütliche Hütten.

Billy Bob's Dairyland AMERIKANISCH **$**
(1901 W 76 Country Blvd; Hauptgerichte 4–9 US$; ⏲ 10.30–20 Uhr) Ausgezeichnete Shakes und saftige, schlichte Burger sind die Highlights in diesem immer gut besuchten Diner.

Unterhaltung

In den beliebten **Theatershows** treten Darsteller auf, von denen man gar nicht wusste, dass sie noch leben. Tatsächlich wurde Branson für viele junge und alte Entertainer, mit deren Karriere es abwärts ging, zu einem Rettungsanker. Patriotismus steht bei allen Shows hoch im Kurs, und auch christlich-fundamentalistische Themen spielen eine große Rolle. Eine einzelne Tänzerin trägt hier so viel Stoff, dass man in Las Vegas eine ganze Truppe damit einkleiden könnte.

Die Veranstaltungszeiten sind auf ein älteres Publikum ausgerichtet – einen *Red Skelton Tribute* kann man schon um 10 Uhr erleben (weitere Hommage-Shows gibt es für John Denver, Neil Diamond, Journey usw.), aber die meisten Shows gibt es am Nachmittag und frühen Abend. Die Preise liegen zwischen 25 und 50 US$ pro Kopf, aber man braucht fast nie den vollen Preis zu zahlen. Man schnappt sich einfach eines der Rabattbücher, die überall in der Stadt ausliegen oder wendet sich an ein Kartenbüro, das „Sonderangebote" verspricht.

Baldknobbers Jamboree VARIETÉ
(www.baldknobbers.com; 2835 W Hwy 76; Erw./Kind 30/15 US$) Die Show mit ländlicher Comedy und schmalziger Country-Musik brachte Branson 1959 zurück auf die Landkarte, und sie ist immer noch ein Renner.

An- & Weiterreise

Branson liegt versteckt in der malerischen südlichen Ecke des Bundesstaats und ist erstaunlich schlecht zu erreichen. Das hat aber den Vorteil, dass man bei der Anfahrt einige schöne Landstraßen in den Ozarks kennenlernt. Vom **Branson Airport** (BKG; www.flybranson.com) gibt es ein paar Flüge von Southwest Airlines und Frontier Airlines.

Kansas City

Weit offen und einladend: Kansas City (K.C.) ist berühmt für seine Barbecues (mehr als 100 Restaurants tischen Grillfleisch auf), seine Springbrunnen (mehr als 200 – so viele wie in Rom) und den Jazz. Attraktive Viertel buhlen um Aufmerksamkeit, und man kann hier leicht mehrere Tage abtauchen und die Stimmung genießen, die so hipp ist wie kaum irgendwo sonst in den Plains.

Geschichte

Kansas City entstand 1821 als ein Handelsposten, aber richtig lebendig wurde es hier erst, als der Aufbruch in den Westen begann. Der Oregon, der California und der Santa Fe Trail begannen alle hier, wo die Pioniere die Dampfboote verließen.

Der Jazz erlebte in K.C. seinen Höhepunkt in den frühen 1930er-Jahren während der Amtszeit von Bürgermeister Tom Pendergast, der trotz der Prohibition den Alkohol in Strömen fließen ließ. Auf dem Gipfel seiner Entwicklung hatte K.C. mehr als 100 Nachtclubs, Tanzhallen und Vaudevilles, wo man sich dem Rhythmus (und vor allem auch dem Schnaps) hingab. Die wilden Zeiten endeten, als Pendergast wegen Steuerhinterziehung angeklagt wurde (auf dieselbe Weise kriegten sie ja bekanntermaßen Capone), und Mitte der 1940er-Jahre war die Szene weitgehend verschwunden.

Sehenswertes & Aktivitäten

Die State Line Rd trennt K.C. Missouri und K.C. Kansas (ein konservativer Vorort, der Reisenden wenig zu bieten hat). In K.C. Missouri gibt es einige markante Gegenden, darunter Downtown mit vielen Art-déco-Bauwerken. In **Quality Hill**, rund um die W 10th St und den Broadway, stehen prächtige restaurierte Gebäude aus den 1920er-Jahren.

Interessante Stadtviertel sind u.a.:

39th St West K.C.s schrillstes Gebiet, manchmal auch Restaurant Row genannt, ist ein Straßenzug mit Hanfläden, Boutiquen und vielen Ethno-Restaurants.

Country Club Plaza Das Shopping-Viertel aus den 1920er-Jahren, oft mit „Plaza" abgekürzt, ist eine Attraktion für sich.

Crossroads Arts District Rund um die Baltimore St und 20th St; macht seinem Namen alle Ehre.

Crown Plaza Das Herz dieses Bauprojekts der 1970er-Jahre bilden mehrere große Hotels und das berühmte Grußkartenunternehmen Hallmark.

Historic Jazz District Dieses alte afroamerikanische Viertel an der 18th St und Vine St ist im Aufschwung begriffen.

River Market Historisch und immer noch Standort eines großen Farmers Market; direkt nördlich von Downtown.

Westport An der Westport Rd gleich westlich der Main St und voller verführerischer Restaurants und Bars von lokalen Betreibern.

★National WWI Museum MUSEUM
(www.theworldwar.org; 100 W 26th St; Erw./Kind 14/8 US$; ⌚10–17 Uhr, Sept.–Mai Mo geschl.) Den Eingang in dieses beeindruckende moderne Museum bildet ein gläserner Gang, der über ein Feld roter Mohnblumen führt, das Symbol der Schützengrabenkämpfe. Die ausführlichen und fesselnden Ausstellungen informieren Besucher über einen Krieg, den die meisten Amerikaner fast vergessen haben. Die einzige kleine Kritik ist, dass mehr Mühe auf die Technik und die Uniformen des Krieges verwendet wurde als auf die Darstellung der damals herrschenden entsetzlichen Bedingungen. Das Museum wird vom historischen **Liberty Memorial** gekrönt, das Ausblicke über die Stadt bietet.

Museen an der 18th St & Vine St MUSEUM
(1616 E 18th St; ein Museum Erw./Kind 10/6 US$, beide Museen 15/8 US$; ⌚Di–Sa 9–18, So 12–18 Uhr) Dieser Museumskomplex liegt im Herzen des afroamerikanischen Viertels von K.C. aus den 1920er-Jahren. Im interaktiven **American Jazz Museum** (www.americanjazzmuseum.com) erfahren Besucher alles über verschiedene Stile, Rhythmen, Instrumente und Musiker, u.a. über den hier geborenen Charlie Parker. Das **Negro Leagues Baseball Museum** (www.nlbm.com) befasst sich mit den afroamerikanischen Teams wie den KC Monarchs und den New York Black Yankees, die groß im Rennen waren, bis die Rassentrennung im Baseball endgültig überwunden war.

College Basketball Experience MUSEUM
(www.collegebasketballexperience.com; 1401 Grand Blvd; Erw./Kind 12/9 US$; ⌚Mi–So 10–18 Uhr) In dem mit lustigen Erinnerungsstücken angefüllten Museum – eigentlich nicht mehr als eine aufgemotzte Basketball-Hall of Fame – kann man Freiwürfe probieren oder so tun, als wäre man der Hallensprecher, der sie ausruft. Das Museum hängt mit dem schicken **Sprint Center** zusammen, einer weitläufigen Arena, die einen größeren Profisport-Partner sucht, der sie mieten will.

Country Club Plaza STADTVIERTEL
(www.countryclubplaza.com) Das in den 1920er-Jahren gebaute, vornehme kommerzielle Viertel (um Broadway St & 47th St) besticht durch prächtige, detailreiche spanische Architektur. Hier befinden sich zahlreiche öffentliche Kunstwerke und Skulpturen – man sollte die Stadtspaziergangbroschüre lesen und sich zumindest zwei Beispiele anschauen: das spanische Stierkämpferwandbild **Bullfighter Mural** (Central St) und den Brunnen **Fountain of Neptune** (47th St & Wornall Rd).

BÜCHER IM GROSSFORMAT

An großen Formaten wurde hier nicht gespart: Die **Kansas City Public Library** (112 W 10th St) ließ sich bei dem Bau ihres angrenzenden Parkhauses von dem inspirieren, was in ihren Regalen steht – die Fassade sieht aus, als bestünde sie aus 22, jeweils 7,60 m hohen Büchern. Zu den so verewigten Titeln zählen *Catch-22*, *Fahrenheit 451* und *Wer die Nachtigall stört*.

Nelson-Atkins Museum of Art MUSEUM
(www.nelson-atkins.org; 4525 Oak St; ⌚Mi & Sa 10–17, Do & Fr 10–21, So 10–17 Uhr) GRATIS Riesige Badmintonbälle umgeben dieses enzyklopädische Museum (welches das Netz darstellt). Es zeigt herausragende europäische Malerei und Fotografie sowie asiatische Kunstsammlungen. Das lumineszierende Bloch Building, das von Steven Holl entworfen wurde, hat glänzende Kritiken bekommen.

Arabia Steamboat Museum MUSEUM
(www.1856.com; 400 Grand Blvd; Erw./Kind 16/6 US$; ⌚Mo–Sa 10–17.30, So 12–17.30 Uhr, letzte Führung 90 Min. vor Schließung) Das Museum in River Market stellt 180 t geborgene „Schätze" aus einem 1856 gesunkenen Flussboot aus (eines von Hunderten, die der Fluss verschlang).

Kemper Museum of Contemporary Art MUSEUM
(☎816-753-5784; www.kemperart.org; 4420 Warwick Blvd; ⌚Di–Do 10–16, Fr & Sa 10–21, So 11–17 Uhr) GRATIS Das kleine, avantgardistische Museum liegt in der Nähe des Nelson-Atkins und der Country Club Plaza.

Toy & Miniature Museum of Kansas City MUSEUM
(www.toyandminiaturemuseum.org; 5235 Oak St; Erw./Kind 7/5 US$; ⌚Mi–Sa 10–16, So ab 13 Uhr; 👪) In 38 Sälen wird Spielzeug aus mehr als 100 Jahren ausgestellt.

Feste & Events

American Royal World Series of Barbecue ESSEN
(www.americanroyal.com; ⌚1. Wochenende im Okt.) Der größte Grillwettbewerb der Welt, bei dem mehr als 500 Mannschaften antreten, findet in den alten Schlachthöfen statt.

Schlafen

Gute Unterkünfte nicht weit vom Geschehen finden sich in Downtown, Westport und an der Plaza. Wer etwas Billiges haben will, muss sich etwas an den Interstates suchen: Viele Motelketten sind nördlich der Stadt an der I-35 und I-29 und östlich an der I-70 vertreten.

America's Best Value Inn MOTEL $
(☎816-531-9250; www.americasbestvalueinn.com; 3240 Broadway; Zi. 60–80 US$; P❄@📶🏊) Das ideal und praktisch gelegene Hotel hat 52 schlichte Zimmer, die über Innenkorridore zu erreichen sind, und einen Pool, der groß genug ist für eine kleine Familie.

★**Q Hotel** HOTEL $$
(☎816-931-0001; www.theqhotel.com; 560 Westport Rd; Zi. 110–140 US$; P❄@📶🐾) Das umweltbewusst geführte, eigenständige Hotel liegt zentral in Westport. Die 123 Zimmer sind in frühlingsfrischen Farben gestaltet. Im Preis inbegriffen sind das üppige Frühstück mit Fair-Trade-Kaffee, Shuttles in der Stadt und abendliche Drinks.

Southmoreland on the Plaza B&B $$
(☎816-531-7979; www.southmoreland.com; 116 E 46th St, Country Club Plaza; Zi. inkl. Frühstück 120–200 US$; P❄📶) Die zwölf Zimmer dieses vornehmen B&Bs sind wie die im Haus jener reichen Freunde aus dem Country Club eingerichtet. Die große, alte Villa steht zwischen den Kunstmuseen und der Plaza. Zu den Extras gehören u. a. Jacuzzis, Terrassen, Sherry und frische Blumen.

Aladdin BOUTIQUEHOTEL $$
(☎816-421-8888; www.hialaddin.com; 1215 Wyandotte St; Zi. 90–220 US$; P❄📶) Das 16-stöckige Hotel im italienisch-neoromanischen Stil gehört zur Holiday-Inn-Kette. Es wurde 1925 erbaut und prachtvoll restauriert. Die 193 Zimmer sind klein, aber ungeheuer stilvoll. Schon die Gangster der Prohibitionsära und Greta Garbo verkehrten hier.

Essen & Ausgehen

Westport und 39th St W sind die besten Gegenden zum Essen und Weggehen. Sie bieten eine Auswahl stimmungsvoller Bars und Restaurants, die Speisen aus lokaler Produktion servieren. Ehe man die Stadt verlässt, sollte man unbedingt mehrere Barbecue-Lokale besucht haben.

Das **Power & Light District** (www.powerandlightdistrict.com), um das viel Getöse gemacht wird, ist ein großes Stadtentwicklungsgebiet rund um den Grand Blvd und die W 12th St. Hier gibt es Dutzende Restaurantketten, typische Bars und Locations, an denen Livemusik gespielt wird. Wenn in der Stadt gerade kein Sportereignis und keine Tagung stattfinden, kann das Gebiet ziemlich trostlos wirken.

Auf jeden Fall sollte man das vor Ort gebraute Boulevard Beer probieren. Die Bars schließen zwischen 1.30 und 3 Uhr.

City Market MARKT
(www.thecitymarket.org; Ecke W 5th St & Grand Blvd; ⌚Öffnungszeiten variieren) Der City Market ist eine Oase für kleine lokale Unternehmen, die hier ein sehr eigenwilliges Angebot

NICHT VERSÄUMEN

BARBECUE-LOKALE IN KANSAS CITY

Herzhafte, über Hickoryholz gegrillte Bruststücke, Hähnchen oder Rippchen in einem der Barbecue-Restaurants der Stadt zu probieren, ist für jeden Besucher ein Muss. Der lokale Stil ist *pit-smoked* und mit viel Sauce auf Essigbasis. Die *burnt ends*, die knusprigen Enden von gegrillten Schweine- oder Rinderbrusttücken, sind Delikatessen, die einen schwärmen lassen. Einfach unglaublich!

★**Oklahoma Joe's** (www.oklahomajoesbbq.com; 3002 W 47th Ave; Hauptgerichte 6–15 US$; ⏲Mo–Do 11–20.30, Fr & Sa bis 21.30 Uhr) Dieses legendäre BBQ-Restaurant ist der beste Grund, die Grenze zu überqueren (liegt es gar nicht weit von der Plaza entfernt). Es befindet sich in einer hell erleuchteten alten Tankstelle. Hier kann man erwachsene Männer vor Begeisterung quietschen hören. Die Barbecue-Spezialität Pulled Pork ist ein Genuss; man muss dafür anstehen.

Arthur Bryant's (www.arthurbryantsbbq.com; 1727 Brooklyn Ave; Hauptgerichte 8–15 US$; ⏲Mo–Do 10–21.30, Fr & Sa bis 22, So 11–20 Uhr) Diese berühmte Institution in der Nähe des Jazz District serviert Berge hervorragenden Barbecue-Fleischs in einem ziemlich schicken Ambiente. Die Sauce ist seidig und feurig zugleich und der Service sehr gut.

LC's Bar-B-Q (5800 Blue Pkwy; Hauptgerichte 6–12 US$; ⏲Mo–Sa 11–21 Uhr) Liegt nur 4 Meilen 6 km östlich von der Plaza; in diesem schlichten Lokal lenkt nichts vom Essen ab.

von Nahrungsmitteln und anderen Dingen verkaufen. Es gibt jede Menge Stände mit Lebensmitteln aus aller Welt, und am Wochenende findet ein Farmers Market für regionale Erzeuger statt. Kleine Cafés und typische Fast-Food-Restaurants machen hier von morgens bis abends gute Geschäfte.

Winstead's Steakburger BURGER $
(www.winsteadssteakburger.com; 101 Emanuel Cleaver III Blvd; Hauptgerichte 4–6 US$; ⏲6–24 Uhr) Gut gelaunte Kellner tischen in dieser Institution an der Country Club Plaza Familien, verkaterten Hipstern und allen anderen ausgezeichnete frische Burger auf. Nicht auf die Zwiebelringe und das Chili verzichten!

Room 39 AMERIKANISCH $$
(☎816-753-3939; www.rm39.com; 1719 W 39th St; Hauptgerichte mittags 7–12 US$, abends 20–30 US$; ⏲Mo–Sa 7–15 & 17–22 Uhr; 🖉) Wo die Zutaten der Gerichte in diesem ausgezeichneten Restaurant genau herkommen, ist oben auf der Speisekarte angegeben. Zum Frühstück und Mittagessen präsentiert sich das Lokal zwanglos mit ausgezeichneten Eierspeisen, Burgern, Salaten und dergleichen. Abends werden weiße Tischtücher aufgelegt und saisonale Gerichte angeboten. Das Probiermenü für 39 US$ ist ein echtes Schnäppchen.

★**Rieger Hotel Grill & Exchange** AMERIKANISCH $$$
(☎816-471-2177; www.theriegerkc.com; 1924 Main St; Hauptgerichte 20–30 US$; ⏲Mo–Fr 11–14, Mo–Sa 17–22 Uhr) Eines der innovativsten Restaurants in K.C. residiert im Crossroads Arts District in einem früheren langweiligen historischen Hotel von 1915. Das Haus wurde aufgehübscht, sodass es jetzt eine passende Kulisse für Howard Hannas kreativ-saisonale Küche ist. (Eine Gedenktafel in den Toilettenräumen bezeichnet die Stelle, wo Al Capone sich einst erleichterte.)

★**Zoo Bar** BAR
(1220 McGee St; ⏲11–1.30 Uhr) Die Bar ist der kantige Gegenpol zu den gekünstelten Läden im nahe gelegenen Power & Light District. Hier kann man Billard spielen, groß die Klappe aufreißen und sich an den sehr unterhaltsamen Toilettenwänden mit mehr oder weniger geistreichen Bemerkungen verewigen.

McCoy's Public House BRAUEREI
(www.beerkc.com; 4057 Pennsylvania Ave; ⏲11–3, So bis 24 Uhr) Bei mildem Wetter ist der Hof dieses Brauhauses in Westport ein prima Plätzchen, an dem man ausgezeichnete Saisonbiere testen kann. Die einfachen Gerichte sind gut: In einer kalten Nacht kann man sich an Käsemakkaroni stärken.

Westport Coffeehouse CAFÉ
(www.westportcoffeehouse.com; 4010 Pennsylvania St; Hauptgerichte 6–7 US$; ⏲Mo–Do 7.30–23, Fr & Sa bis 24, So 10–22 Uhr; 📶) In diesem relaxten Café gibt es guten Kaffee und Spezialtees. Auf abendliche Livemusik, Comedy, Programmfilme und mehr achten!

Unterhaltung

Im kostenlosen, wöchentlich erscheinenden **Pitch** (www.pitch.com) findet sich der beste Kulturkalender. Die Veranstaltungsorte für Livemusik sind über die ganze Stadt verstreut.

★Mutual Musicians Foundation JAZZ
(www.thefoundationjamson.org; 1823 Highland Ave; Fr & Sa 24–6 Uhr) Im ehemaligen Saal der Gewerkschaft afroamerikanischer Musiker nahe der Kreuzung 18th und Vine im Historic Jazz District finden seit 1930 nächtliche Jam-Sessions statt. In dem freundlichen, gar nicht arroganten Laden musizieren berühmte Veteranen der Szene zusammen mit jungen Assen. In der kleinen Bar gibt's billige Drinks in Plastikbechern.

Blue Room BLUES, JAZZ
(www.americanjazzmuseum.com; 1616 E 18th St; Mo & Do Eintritt frei, Fr & Sa wechselnder Grundpreis; Mo & Do 17–23, Fr & Sa bis 1 Uhr) In dem schicken Club, der zum American Jazz Museum gehört, treten montags und donnerstags kostenlos lokale Talente auf. Am Wochenende gehört der Saal tourenden Bands.

Riot Room LIVEMUSIK
(www.theriotroom.com; 4048 Broadway; wechselnder Grundpreis; 17–3 Uhr) Teils Kneipe, teils topaktuelle Livemusikstätte: Im Riot Room ist immer was los, und es gibt viele gute Biere.

Kauffman Center for the Performing Arts DARSTELLENDE KUNST
(www.kauffmancenter.org; 1601 Broadway) In dem hinreißenden neuen Gebäude des Architekten Moshe Safdie gibt es zwei hochkarätige Spielstätten. Das ganze Jahr über stehen Theater, Oper, Ballett, Konzerte und andere Events auf dem Programm.

Truman Sports Complex STADION
(I-70 Ausfahrt 9) Hier jubeln die Einheimischen dem Major-League-Baseball-Team der **Royals** (www.kcroyals.com) und dem NFL-Team der **Chiefs** (www.kcchiefs.com) zu. Die beiden Mannschaften spielen in schicken, nebeneinander liegenden Stadien östlich der Stadt nahe Independence.

Shoppen

Die Historic Country Club Plaza ist die reizvollste Einkaufsmeile K.C.s (das prächtige Gebäude stammt von 1923 und ist Sevilla nachempfunden). Leider sind hier überwiegend nur nationale Luxusketten vertreten. In Westport gibt es buntere Läden, ebenso an der 39th St. Mehr als 60 Galerien sind im Crossroads Arts District zu Hause.

Halls KAUFHAUS
(www.halls.com; 211 Nichols Rd, Country Club Plaza; 10–18 Uhr, Fr–Sa bis 20 Uhr) Dieses schickere Warenhaus wurde 1913 von derselben Familie gegründet, die – man kann es bereits erahnen – hinter Hallmark steht. Es ist so elegant, dass man am liebsten Handschuhe tragen würde und quasi die Antwort von K.C. auf Nordstrom. Die Ware ist toll!

Prospero's Books BÜCHER
(www.prosperosbookstore.com; 1800 W 39th St; 10–21 Uhr) Abgefahrener Secondhand-Buchladen in einem coolen Teil der Stadt. Dort bekommt man tolle Leseempfehlungen, und es werden Veranstaltungen wie Live-Poetry und sogar ein paar Auftritte von Bands ausgerichtet.

Praktische Informationen

Greater Kansas City Visitor Center (800-767-7700; www.visitkc.com; Union Station, 30 W Pershing Rd; Di–So 9.30–16 Uhr) Viele Infos zur Stadt gibt's auch im National WWI Museum.

Missouri Welcome Center (816-889-3330; www.visitmo.com; I-70 Ausfahrt 9; 8–17 Uhr) Hält Informationen und Karten zum gesamten Bundesstaat bereit; nahe dem Truman Sports Complex.

Anreise & Unterwegs vor Ort

Der **KC International Airport** (MCI; www.flykci.com) ist eine verwirrende Ansammlung kreisrunder Terminals 16 Meilen (25,7 km) nordwestlich der Downtown. Ein Taxi zur Downtown/Plaza kostet rund 40/45 US$. Billiger ist der **Super Shuttle** (800-258-3826; www.supershuttle.com; Downtown/Plaza 18/20 US$).

Amtrak (www.amtrak.com) In der majestätischen Union Station von Kansas City startet zweimal täglich der Zug *Missouri River Runner* nach St. Louis (ab 29 US$, 5½ Std.). Einmal täglich hält hier außerdem der *Southwest Chief* auf der Fahrt zwischen Chicago und Los Angeles.

Greyhound (www.greyhound.com; 1101 Troost St) Vom unpraktisch östlich der Downtown gelegenen Busbahnhof fahren täglich Busse nach St. Louis (25 US$, 4½ Std.) und Denver (70 US$, 11 Std.).

Jefferson Lines (www.jeffersonlines.com) Betreibt Busse nach Omaha (45 US$, 3–5 Std.), über Des Moines nach Minneapolis (75 US$, 8–10 Std.) sowie über Tulsa nach Oklahoma City (75 US$, 7 Std.).

Megabus (www.megabus.com; Ecke 3rd St & Grand Blvd) Fährt für 15 US$ nach St. Louis und Chicago.

Metro (www.kcata.org; Erw./Kind 1,50/0,75 US$) Eine Tageskarte für unbegrenzt viele Fahrten erhält man im Bus für 3 US$. Bus 47 verkehrt regelmäßig zwischen Downtown, Westport und der Country Club Plaza.

Yellow Cab (☎888-471-6050; www.kansas-city-taxi.com)

Rund um Kansas City

Independence

Gleich östlich von Kansas City liegt die Bilderbuchstadt Independence, die perfekt dem Klischee einer Kleinstadt im Mittleren Westen entspricht. Hier lebte Harry S. Truman, der von 1945 bis 1953 als US-Präsident fungierte.

Sehenswertes & Aktivitäten

Ein Tag vergeht schnell beim Besuch der Attraktionen von Independence.

★Truman Home HISTORISCHES GEBÄUDE

(www.nps.gov/hstr; 219 N Delaware St; Führungen Erw./Kind 4 US$/frei; ⏲Di–Sa 9–16.30 Uhr) Besucher können hier erleben, wie einfach das Leben von Harry und Bess in diesem schlichten, aber charmanten Holzhaus war. Es ist mit Gegenständen aus ihrem Besitz eingerichtet; fast könnte man glauben, das Paar käme gleich heraus, um hallo zu sagen. Truman lebte hier von 1919 bis 1972. Im Ruhestand empfing er Würdenträger in dem langweilig eingerichteten Vorderzimmer – es heißt, er habe gehofft, keiner der Besucher würde länger als 30 Minuten bleiben.

Das **Visitor Center** (223 N Main St; ⏲Di–Sa 8.30–17 Uhr) verkauft die Tickets für die Führungen. Hier kann man auch den Weg zur **Truman-Family-Farm** erfragen, wo der spätere Präsident „seinen gesunden Menschenverstand erwarb".

Truman Presidential Museum & Library MUSEUM

(www.trumanlibrary.org; 500 W US 24; Erw./Kind 8/3 US$; ⏲Mo–Sa 9–17, So 12–17 Uhr) In diesem großen, modernen Gebäude sind Tausende Objekte des Mannes zu sehen, der die USA durch eine ihrer turbulentesten Zeiten führte. Darunter ist auch das berühmte Schild „The BUCK STOPS here!", was sinngemäß bedeutet: „Hier übernehme ich die Verantwortung."

National Frontier Trails Museum MUSEUM

(www.frontiertrailsmuseum.org; 318 W Pacific St; Erw./Kind 6/3 US$; Mo–Sa 9–16.30, So 12.30–16.30) Vermittelt einen Einblick in das Leben der Pioniere auf dem Santa Fe, California und Oregon Trail – viele begannen ihre Reise in Independence.

★Truman Historic Walking Trail STADTSPAZIERGANG

Die 4,3 km lange Strecke, die man auf eigene Faust erkunden muss, beginnt am Truman Home Visitor Center und führt zu Dutzenden Stätten, die mit dem ehemaligen US-Präsidenten zu tun hatten, so auch zu dem Gerichtsgebäude, in dem seine politische Laufbahn begann. Im Sommer gibt's samstags um 9 Uhr auch von Rangern geführte Spaziergänge.

Schlafen & Essen

Higher Ground Hotel HOTEL $

(☎816-836-0292; www.highergroundhotel.com; 200 N Delaware St; Zi. 75–100 US$; ❄📶) Gleich gegenüber vom Truman House steht dieses moderne Hotel, das wie eine Schule aussieht. Die 30 Zimmer sind geräumig und komfortabel.

Clinton's Soda Fountain EIS $

(www.clintonssodafountain.com; 100 W Maple Ave; Hauptgerichte 4–8 US$; ⏲Mo–Sa 11–20 Uhr) Seit der Zeit, als Truman hier seinen ersten Job bekam, hat sich in dem Laden kaum etwas verändert.

St. Joseph

Der erste Pony-Express machte sich 1860 auf, um Post von „St. Jo" ins 3200 km entfernte Kalifornien zu bringen. Der Transportdienst, der die weite Strecke in nur acht Tagen bewältigte, bestand lediglich 18 Monate, dann machten die fertiggestellten Telegrafenleitungen ihn überflüssig. Das **Pony Express National Museum** (www.ponyexpress.org; 914 Penn St; Erw./Kind 6/3 US$; ⏲Mo–Sa 9–17, So 11–17 Uhr) erzählt die Geschichte des Express und der Reiter, die aufgrund der Gefahren überwiegend Waisenkinder waren.

Das 50 Meilen (80 km) nördlich von Kansas City gelegene St. Joseph war auch die Heimatstadt des Gesetzlosen Jesse James. Das Haus, in dem er schließlich erschossen wurde, beherbergt heute das **Jesse James Home Museum** (www.ponyexpressjessejames.com; ☎816-232-8206; Ecke 12th & Penn St; Erw./

Kind 4/2 US$; ⏲ Mo–Sa 9–16, So 13–16 Uhr, Nov.–März nur Sa–So). Das Einschussloch der Kugel, die ihn ereilte, ist immer noch in der Wand zu sehen.

Im ehemaligen „staatlichen Irrenhaus Nr. 2" vermittelt das **Glore Psychiatric Museum** (www.stjosephmuseum.org; 3406 Frederick Ave; Erw./Kind 5/3 US$; ⏲ Mo–Sa 10–17, So 13–17 Uhr) einen furchterregenden und faszinierenden Einblick in Lobotomien, „Kaltwasserbäder" und andere inzwischen abgeschaffte, grauenvolle psychiatrische Behandlungsmethoden. Das Ticket gilt außerdem noch für mehrere andere Museen.

Infos über die vielen Museen der Stadt erhält man im **Visitor Center** (☎ 816-232-1839; www.stjomo.com; 502 N Woodbine Rd; ⏲ Öffnungszeiten variieren) in der Nähe des I-29-Exit 47. Hier befinden sich die meisten Hotels.

IOWA

In Iowa kommen nicht zwei Mädchen auf jeden Jungen, sondern acht Schweine auf jeden Einwohner. Doch keine Angst, man kann hier viel mehr machen, als sich im Schlamm zu wälzen! Die hoch aufragenden Felswände am Mississippi River und die hohen Loess Hills entlang des Missouri begrenzen den Staat an beiden Enden. Dazwischen liegen die Schriftsteller-Stadt Iowa City, die Kommunen der Amana-Kolonien und jede Menge Kleinstädte mit vielen verschiedenen Highlights.

Iowa ist in vielerlei Hinsicht wirklich eine Überraschung. Es kann über die Hoffnungen von Anwärtern auf das Präsidentenamt entscheiden: Der Iowa Caucus (die Vorwahlen von Iowa) eröffnet den Wahlkampf. Die Siege von George W. Bush im Jahr 2000 und von Barack Obama im Jahr 2008 überraschten viele Experten und waren der Auftakt ihres siegreichen Wahlkampfes.

Geschichte

Nachdem der Black-Hawk-Krieg von 1832 die amerikanischen Ureinwohner nach Westen abgedrängt hatte, strömten Einwanderer aus allen Teilen der Erde in diesen Bundesstaat und ließen sich hier als Farmer nieder. Einige gründeten experimentelle Gemeinschaften wie die Deutschen der Amana-Kolonien. Andere breiteten sich aus und rangen der Erde (95 % des Landes sind fruchtbar) so viel ab, dass Iowa heute der führende Produzent von Futtergetreide (mit zusätzlichem Rückenwind durch die Nutzung als Bio-Kraftstoff) sowie der führende US-Produzent von Schweinefleisch und Mais (ein großer Teil wird zu Sirup für die Junk-Food-Produktion verarbeitet) geworden ist.

KURZINFOS IOWA

Spitzname Hawkeye State

Bevölkerung 3,1 Mio.

Fläche 145 751 km²

Hauptstadt Des Moines (206 600 Ew.)

Verkaufssteuer 6–7 %

Geburtsort des Malers Grant Wood (1891–1942), des Schauspielers John Wayne (1907–1979), des Schriftstellers Bill Bryson (geb. 1951)

Heimat der Brücken von Madison County

Politische Ausrichtung Mitte-rechts mit liberalen Anklängen

Berühmt für den Iowa Caucus, der den Auftakt zur Wahl des Präsidentschaftskandidaten bildet

Offizielle Blume Wilde Rose

Entfernungen Dubuque–Chicago 180 Meilen (290 km), Des Moines–Rapid City 625 Meilen (1005 km)

ℹ Praktische Informationen

Iowa Bed & Breakfast Guild (☎ 800-743-4692; www.ia-bednbreakfast-inns.com)

Iowa State Parks (www.iowadnr.gov) Der Besuch der State Parks ist kostenlos. Die Hälfte der Stellplätze in den Parks kann reserviert werden; diese kosten 6 bis 20 US$ pro Nacht.

Iowa Wine & Beer (www.iowawineandbeer.com) Kleinbrauerein und Kleinwinzereien boomen in Iowa. Es gibt eine Handy-App.

Tourismusbehörde Iowa (www.traveliowa.com)

Des Moines

Des Moines bedeutet „von den Mönchen" und nicht etwa „im Mais", wie man angesichts der umliegenden Felder vermuten könnte. Iowas Hauptstadt ist verschlafen und recht langweilig, hat als Magnete aber ein prächtiges State Capitol und einen der besten State Fairs. Das war's. Aber dann bleibt ja noch das Umland.

Sehenswertes & Aktivitäten

Der Des Moines River fließt mitten durch Downtown. Der Court Ave Entertainment District befindet sich auf der Westseite. Im East Village, das zu Füßen des Kapitols und östlich vom Fluss liegt, gibt es verschiedene Galerien, Restaurants, Clubs und ein paar Schwulenbars.

State Capitol HISTORISCHES GEBÄUDE
(Ecke E 9th St & Grand Ave; Mo–Fr 8–16.30, Sa 9–16 Uhr) GRATIS Das reich dekorierte Kapitol (1886) muss das Lieblingsregierungsgebäude des Starpianisten Wlaziu Valentino Liberace gewesen sein. Jedes einzelne Detail, von der funkelnden goldenen Kuppel bis zu den Wendeltreppen und dem Buntglas in der Juristischen Bibliothek, scheint es darauf anzulegen, die anderen auszustechen. Bei einer kostenlosen Führung können Besucher die Kuppel bis zur halben Höhe erklimmen.

Feste & Events

★ **Iowa State Fair** FESTIVAL
(www.iowastatefair.org; Ecke E 30th St & E University Ave; Erw./Kind 11/5 US$; Mitte Aug. 9–24 Uhr;) Dieses zehntägige Festival, das über 1 Mio. Besucher anzieht, hat viel mehr als Country-Musik und Butterskulpturen zu bieten. Bewundernswert sind die preisgekrönten Farmtiere und zu genießen sämtliche erdenkliche Leckereien, die sich vom Spieß essen lassen. Die State Fair war der Schauplatz des Musicals *State Fair* von Rodgers und Hammerstein sowie seiner Verfilmung aus dem Jahr 1945.

Schlafen

Hotelketten aller Art konzentrieren sich an an den Exits 121, 124, 131 und 136 der I-80.

★ **Hotel Fort Des Moines** HOTEL $$
(515-243-1161; www.hotelfortdesmoines.com; 1000 Walnut St; Zi. 90–200 US$;) Von Mae West bis J. F. K. haben schon alle möglichen Leute mit Rang und Namen in diesem von Einheimischen betriebenen Hotel übernachtet. Das traditionsreiche Haus hat sich die Eleganz von 1917 bewahrt; die 204 über elf Stockwerke verteilten Zimmer sind gut ausgestattet.

Essen & Ausgehen

Für einen Restaurantbummel bieten sich die Court Ave in Downtown, die Ingersoll Ave im Westen und East Village (Grand Ave und Locust St) an.

B & B Grocery, Meat & Deli AMERIKANISCH $
(www.bbgrocerymeatdeli.com; 2001 SE 6th St; Hauptgerichte 4–9 US$; Mo–Fr 8.30–18, Sa bis 15 Uhr) „Wir halten Iowa seit 1922 an der Spitze der Nahrungskette!", verkündet dieses Ladenlokal gleich südlich von Downtown. Man stellt sich in die Schlange und bestellt sein fleischlastiges Sandwich, z. B. das Killer Pork Tenderloin, ein saftiges Brötchen mit Schweinefilet.

Court Avenue Brewing Co AMERIKANISCH $$
(www.courtavebrew.com; 309 Court Ave; Hauptgerichte 7–20 US$; Küche 11–23 Uhr, Bar bis 1 Uhr) In dem alten Backsteingebäude in Downtown gibt's gutes Bier aus der Kleinbrauerei und diverse für Iowa typische Gerichte wie große Burger, Steaks oder Schweinekoteletts.

House of Bricks BAR
(www.thehouseofbricks.com; 525 E Grand Ave; Gerichte 10–15 US$; 11 Uhr–open end) Die draufgängerische Livemusikstätte im East Village ist legendär. Sie hat eine Bar auf der Dachterrasse und serviert herzhaftes Essen zum Bier.

Madison County

Dieses malerische County, das etwa 30 Meilen (48 km) südwestlich von Des Moines liegt, döste ein halbes Jahrhundert vor sich hin, bis Robert James Wallers rührseliger Bestseller *Die Brücken am Fluss* und die gleichnamige Verfilmung mit Clint Eastwood und Meryl Streep aus dem Jahr 1995 Hunderte Fans herbrachte, die die überdachten Brücken sehen wollten, wo die Leidenschaft zwischen Robert und Francesca entbrannte. Eine Karte mit allen sechs noch existierenden Brücken und anderen Schauplätzen des Films gibt es bei der **Chamber of Commerce** (800-298-6119; www.madisoncounty.com; 73 Jefferson St; Mo–Fr 9–17, Sa 10–16, So 12–16 Uhr) in Winterset und im Internet zum Download.

Das bescheidene **Geburtshaus von John Wayne** (www.johnwaynebirthplace.org; 216 S 2nd St, Winterset; Erw./Kind 7/3 US$; 10–16.30 Uhr), der eigentlich Marion Robert Morrison hieß, ist heute ein kleines Museum.

Die Farmen und das offene Land in dieser Region sind so idyllisch wie ein Gemälde, und das gilt auch für die Städte. Neben Winterset mit seinem von einer silbernen Kuppel gekrönten Gerichtsgebäude hat auch **Adel**, das 20 Meilen (32 km) weiter nördlich

ABSTECHER

GRANT WOODS ELDON

Im winzigen Eldon, ca. 90 Meilen (145 km) südöstlich von Des Moines, kann man seine ganz individuelle Parodie des berühmten Gemäldes *American Gothic* (1930) – des Bildes mit der Mistgabel – von Grant Wood machen, indem man einfach mit irgendeinem „Werkzeug" aus dem Kofferraum posiert. Das Originalhaus gegenüber vom **American Gothic House Center** (www.americangothichouse.net; American Gothic St; ⌚Sommer Di–Sa 10–17, So & Mo 13–16 Uhr, übriges Jahr Di–Fr 10–16, Sa–Mo 13–16 Uhr) GRATIS, das Millionen Parodien inspiriert hat, leistet tolle Arbeit dabei, das Bild zu interpretieren. Das Original des Kunstwerks hängt im Art Institute of Chicago.

Wood verbrachte viel Zeit im winzigen **Stone City**, einer niedlichen, kleinen Stadt, die 14 Meilen (23 km) nördlich von Mt. Vernon abseits vom Hwy 1 am 68 Meilen (109 km) langen **Grant Wood Scenic Byway** (www.byways.org) liegt.

am US 169 liegt, einen schönen Hauptplatz mit Gericht, Geschäften und Cafés.

Entlang der I-80

Viele der Attraktionen Iowas liegen nur eine kurze Fahrt von der langweiligen I-80 entfernt, die mitten durch den Bundesstaat in Ost-West-Richtung verläuft. Interessantere Alternativrouten sind der US 20 und der US 30.

Quad Cities

Vier Städte liegen nahe der I-80 direkt am Mississippi: Davenport und Bettendorf in Iowa sowie Moline und Rock Island in Illinois. Infos zu den Städten in Illinois stehen auf S. 609. Das **Visitor Center** (www.visitquadcities.com; 102 S Harrison St, Davenport; ⌚Mo–Sa 9–17, So 12–17 Uhr) verleiht Fahrräder (10 US$/Std.) für eine Fahrt am Ufer des „Big Muddy".

Eine Fahrt auf dem prächtigen Mississippi kann man an Bord des altmodischen Flussschiffs **Twilight** (www.riverboattwilight.com; 380 US$/Pers. mit Hotel & Essen; ⌚Juni–Okt.) unternehmen, das zweimal täglich von Le Claire, östlich von Davenport, zu Rundfahrten nach Dubuque und zurück ablegt. Motels finden sich an der I-74 (Exit 2) und der I-780 (Exit 295A).

Iowa City

Die jugendlich-künstlerisch angehauchte Atmosphäre verdankt die Stadt dem **Campus der University of Iowa** (www.uiowa.edu), auf dem sich gute Kunst- und Naturkundemuseen befinden. Er erstreckt sich zu beiden Seiten des (mit schönen **Uferwegen** versehenen) Iowa River und geht im Osten in die charmante **Downtown** über. Im Sommer, wenn weniger Studenten da sind, wird es in der Stadt etwas ruhiger. Die Universität ist berühmt für ihren Literaturlehrplan und trug Iowa City 2008 den Titel der UNESCO-Literaturstadt ein. Eine scharfe Parodie auf die Stadt und die Universität lieferte Jane Smiley mit dem Roman *Moo*.

Das nette Gebäude mit der goldenen Kuppel auf dem Campus ist das **Old Capitol Museum** (www.uiowa.edu/oldcap; Ecke Clinton St & Iowa Ave; ⌚Di, Mi, Fr & Sa 10–17, Do bis 20, So 13–17 Uhr) GRATIS. Es wurde 1840 erbaut und war bis 1857, als Des Moines zur Hauptstadt wurde, der Parlamentssitz des Bundesstaats. Heute dient es als Museum mit Ausstellungssälen und Möbeln aus der Entstehungszeit.

Schlafen

Kettenmotels drängen sich an der 1st Ave in Coralville (I-80, Exit 242) wie Schweine am Trog. In der Downtown gibt's Bier und billiges Essen im Überfluss.

Brown Street Inn B&B $$
(☎319-338-0435; www.brownstreetinn.com; 430 Brown St; Zi. 95–165 US$; ❄@☈) Himmelbetten und andere Antiquitäten schmücken die sechs Zimmer dieses Hauses im Dutch Colonial Style (1913) unweit von Downtown.

Hotel Vetro HOTEL $$
(☎319-337-4961; www.hotelvetro.com; 201 S Lynn St; Zi. 120–300 US$; ❄☈≋) In den 56 Ein-Zimmer-Apartments, die sich über die sechs Stockwerke dieses Campus-Hotels verteilen, genießt man Komfort wie zu Hause. Während die Hosen in der Waschmaschine sind, springt man ins Hallenbad.

Essen & Ausgehen

Weil Iowa City eine Universitätsstadt ist, gibt es viele billige Lokale aus aller Herren Länder, und das Bier fließt in Strömen.

★ **Shorts Burger & Shine** BURGER $
(18 S Clinton St; Hauptgerichte 10 US$; Küche 11–22 Uhr, Bar bis 2 Uhr;) Das Lokal ist vor Ort eine Legende und serviert alle möglichen leckeren Burger, darunter auch viele vegetarische. Die Auswahl von Bieren aus der Region ist beeindruckend.

Dave's Foxhead Tavern BAR
(402 E Market St; Mo–Sa 17–2 Uhr) Die Leute vom Writer's Workshop kommen gern her, um sich in die Nischen zu lümmeln und zu debattieren. Auch Poolbillard wird in der winzigen Kneipe mit einer herrlich vielfältig bestückten Jukebox gern gespielt.

Shoppen

Prairie Lights BÜCHER
(www.prairielights.com; 15 S Dubuque St; Mo–Sa 9–21, So bis 18 Uhr) Der Buchladen, der einer Universität würdig ist, veranstaltet den berühmten Iowa Writers' Workshop.

Praktische Informationen

Das **Visitor Center** (800-283-6592; www.iowacitycoralville.org; 900 1st Ave, I-80 Ausfahrt 242; Mo–Fr 8–17 Uhr) befindet sich im benachbarten Coralville, einer Stadt, die von den ganzen Ketten und der städtischen Zersiedlung geprägt ist, die Iowa City zum Glück fehlen.

Amana-Kolonien

Diese **sieben Dörfer** liegen gleich nordwestlich von Iowa City an einer 17 Meilen (27 km) langen Schleife. Die Dörfer wurden zwischen 1855 und 1861 von deutschen pietistisch Inspirierten als religiöse Gemeinschaften gegründet, die bis zur Weltwirtschaftskrise ein utopisches Leben ohne Privateigentum und Lohnzahlungen lebten. Anders als die Amischen und die Mennoniten sind die Inspirierten der modernen Technik (und auch dem Tourismus) gegenüber aufgeschlossen.

Heute geben die sieben gut erhaltenen, zurückhaltend-geschmackvollen Dörfer einen Einblick in eine einzigartige Kultur, und kunsthandwerkliche Gegenstände, Käse, Backwaren und Weine werden zum Kauf angeboten. Dass die Dörfer gegen den Kommerzialisierungsdruck aber nicht immun sind, belegen Etablissements wie eine „Man Cave" oder Souvenirläden, die genau den Tand verkaufen, den die Erben der Inspirierten ablehnen.

Vier **Museen** liegen inmitten der Dörfer, darunter das aufschlussreiche **Amana Heritage Museum** (4310 220th Trail, Amana; April–Okt. Mo–Sa 10–17, So 12–16 Uhr, März & Nov.–Dez. nur Sa). Die anderen sind nur im Sommer geöffnet. Die Eintrittskarte (Erw./Kind 7 US$/frei) gilt für alle vier. Eine weitere beliebte Attraktion ist das private **Barn Museum** (413 P St, South Amana; Erw./Kind 3,50/1,25 US$; April–Okt. 9–17 Uhr) mit Miniatur-Nachbauten von Scheunen aus dem ganzen ländlichen Amerika.

In den Dörfern gibt es viele B&Bs und historische Gasthöfe mit gutem Preis-Leistungs-Verhältnis, darunter **Zuber's Homestead Hotel** (319-622-3911; www.zubershomesteadhotel.com; 2206 44 Ave, Amana; Zi. 85–120 US$;) mit 15 individuell gestalteten Zimmern in einem Backsteingebäude aus den 1890er-Jahren.

Eines der bedeutendsten Zugpferde der Dörfer ist die **deutsche Hausmannskost**, die in diversen bescheidenen Lokalen in großen Portionen aufgetischt wird. Alles für ein Picknick bekommt man im **Amana Meat Shop & Smokehouse** (4513 F St, Amana; Snacks ab 3 US$; 9–17 Uhr), das eigene Kühlräume besitzt. **Millstream Brewing** (835 48th Ave, Amana; Sommer 9–19 Uhr, übriges Jahr kürzere Öffnungszeiten) ist eine ausgezeichnete Kleinbrauerei, die in ihrem Laden und dem zugehörigen Biergarten nicht nur eigene Produkte, sondern auch Biere anderer Kleinproduzenten aus Iowa anbietet.

Die unverzichtbare Karte erhält man in dem wie ein Getreidespeicher wirkenden **Visitor Center** (800-579-2294; www.amanacolonies.com; 622 46th Ave, Amana; Mai–Okt. Mo–Sa 9–17, So 10–17 Uhr, übriges Jahr 9–15 Uhr). Hier kann man auch Fahrräder (15 US$/Tag) ausleihen – ideal, um die Gegend zu erkunden.

Entlang des US 30

Der US 30 schlängelt sich durch fruchtbare Felder, zwischen denen hie und da weiße Farmhäuser und rote Scheunen stehen. Er verläuft im Abstand von 20 bis 30 Meilen (32–48 km) parallel zur I-80 gen Norden, bis er dann in der Nähe von Omaha nach Nebraska abschwenkt.

Der wirkliche Reiz besteht hier in den kleinen, aufeinander folgenden Ortschaften. Der Bundesstaat hat viele hübsche Kleinstädte, aber **Mt. Vernon** gehört zu den schönsten. Es mag zwar nur zwei Blocks lang sein, hat aber viel zu bieten, vor allem im Bereich der Gastronomie. Das **Lincoln Cafe** (319-895-4041; www.foodisimportant.

IOWA: EXTRAS & ABSTECHER

Im **Effigy Mounds National Monument** (www.nps.gov/efmo; Sommer 8–18 Uhr, übriges Jahr bis 16.30 Uhr) GRATIS ganz im Nordosten Iowas befinden sich auf den Klippen hoch über dem Mississippi Hunderte Grabhügel der amerikanischen Ureinwohner.

Das **Hobo Museum** (641-843-9104; www.hobo.com; 51 Main Ave S, Eintritt 3 US$; Juni– Mitte Aug. 10–17 Uhr) im nördlichen Zentrum von Britt ist das einzige seiner Art. Hier findet am zweiten Augustwochenende die National Hobo Convention statt. Öffnungszeiten vorher erfragen!

Eine Route der **Great River Road** führt durch Iowa, am Mississippi entlang, durch grüne Agrarlandschaften und durch einige isolierte Städte (**Bellevue** ist ein kleines Juwel, das seinem Namen mit schönen Flussblicken alle Ehre macht). In **Burlington** gibt es ein hervorragendes Visitor Center, der Ort eignet sich prima für ein kleines Päuschen. Infos findet man auf www.byways.org und www.iowagreatriverroad.com.

com; 17 1st St W; Hauptgerichte 7–25 US$; Di–Sa 11–14 & 17–21, So 10–14 Uhr) ist bei Feinschmeckern sehr beliebt und setzt auf feine regionale Zutaten (empfehlenswert ist der Burger mit Maytag-Blauschimmelkäse).

Ames, 25 Meilen (40 km) nördlich von Des Moines, ist Sitz der Iowa State University und eine Stadt mit vielen guten Motels und Studentenkneipen.

Entlang des US 20

Der US 20, der von Dubuque am Mississippi bis nach Sioux City am Missouri führt, hat wie der US 30 Generationen von Travellern verführt, die auf der Suche nach einem neuen Leben, Abenteuern oder auch nur neuen Farmgerätschaften waren.

Dubuque

Wenn man von Illinois kommt, ist Dubuque ein toller Auftakt eines Iowa-Besuchs. Viktorianische Häuser aus dem 19. Jh. säumen die schmalen und belebten Straßen zwischen dem Mississippi und sieben steilen Kalksteinhügeln.

Der **4th Street Elevator** (www.dbq.com/fenplco; Ecke 4th St & Fenelon; Erw./Kind Hin- & Rückfahrt 3/1,50 US$; April–Nov. 8–22 Uhr), eine 1882 erbaute Standsteilbahn, erklimmt einen steilen Hügel, der großartige Aussichten gewährt. Zum Losfahren muss man die Klingel betätigen. Viel über das Leben am Mississippi in all seinen Formen erfahren Besucher im beeindruckenden **National Mississippi River Museum & Aquarium** (www.rivermuseum.com; 350 E 3rd St; Erw./Kind 15/10 US$; Sommer 9–18 Uhr, übriges Jahr 10–17 Uhr). Das nahe gelegene **Spirit of Dubuque** (563-583-8093; www.dubuqueriverrides.com; 3rd St, am Ice Harbor; Erw./Kind ab 22/15 US$; Mai–Okt.) bietet auf einem nachgebauten Raddampfer verschiedene Stadtbesichtigungs- und Dinnerfahrten auf dem Mississippi.

Das achtstöckige historische **Hotel Julien** (563-556-4200; www.hoteljuliendubuque.com; 200 Main St; Zi. 110–250 US$;) wurde 1914 gebaut und diente Al Capone als Unterschlupf. Eine aufwendige Restaurierung hat es in die obere Unterkunftskategorie befördert. Es ist ein richtiger Kontrast zu den typischen Kettenhotels.

In der Main St gibt es vornehme, aber auch einfache Restaurants.

Informationen erhält man im **Visitor Center** (800-798-4748; www.traveldubuque.com; 300 Main St; Mo–Do & Sa 9–17, Fr bis 18, So bis 15 Uhr).

Waterloo & Umgebung

Als Ort mit fünf **John-Deere-Traktorenfabriken** ist Waterloo genau das richtige Pflaster, um sich eine der beliebten grün-gelben Mützen zu kaufen, die überall in den mittleren Staaten der USA zu sehen sind. Bei den lustigen **Tractor Assembly Tours** (800-765-9588; 3500 E Donald St; Touren Mo–Fr 8, 10 & 13 Uhr) GRATIS erfährt man, natürlich auf dem Traktor, wie diese Maschinen hergestellt werden. Das Mindestalter beträgt 13 Jahre, Reservierung erforderlich.

NORTH DAKOTA

Magnificent desolation – großartige Trostlosigkeit. Mit diesen Worten beschrieb Buzz Aldrin den Mond, sie treffen aber auch auf North Dakota zu. Die Getreidefelder – im Frühjahr und Sommer grün, im Herbst gelbbraun, im Winter weiß – erstrecken sich weit bis zum Horizont. Abgesehen von den zerklüfteten „Badlands" im äußersten Westen ist das Land ziemlich flach. Meistens verstellen allenfalls die Ruinen eines alten, aufgegebenen Einödhofs den Blick zum Horizont.

Im abgelegenen Norden der USA ist North Dakota der Bundesstaat mit den wenigsten Besuchern. Das hat aber den Vorteil, dass man recht ungestört mit der zulässigen Höchstgeschwindigkeit von 75 mph (120 km/h) über die Fernstraßen brausen kann. Hier kann man sich wunderbar auf einsamen Landstraßen verlieren und die prachtvolle Einöde genießen.

Doch trotz der scheinbar endlosen Getreidefelder beruht die Wirtschaft des Staates heute vor allem auf den großen Ölvorkommen im Westen. Die steigenden Energiepreise haben einst dahinsiechende Ortschaften wie Williston und Watford City in Boomtowns mit Wohnwagensiedlungen für die Ölfelderarbeiter und mit von Schwerlastern verstopften und ramponierten Straßen verwandelt. Die meisten Menschen sind ziemlicht überrascht, wenn sie erfahren, dass North Dakota heute der US-Bundesstaat mit der höchsten Wachstumsrate ist.

Geschichte

Auf ihrer legendären Expedition verbrachten Lewis und Clark mehr Zeit im heutigen North Dakota als in jedem anderen Staat. Auf ihrem Weg nach Westen begegneten sie Sacagawea, einer Indianerin des Stammes der Shoshonen, die sie führte. Mitte des 19. Jhs. breiteten sich Pockenepidemien am Missouri stromaufwärts aus, dezimierten die Population der Stämme der Arikara, Mandan und Hidatsa, die sich zusammenschlossen und um 1845 das Like-a-Fishhook Village gründeten. In den 1870er-Jahren rollten die ersten Züge durch North Dakota. Tausende Siedler strömten ins Land, um die ihnen nach dem Homestead Act zugewiesenen Parzellen in Beschlag zu nehmen. Bis 1889 war die Bevölkerung des Bundesstaats auf mehr als 250 000 Menschen angewachsen. Die Hälfte der Einwohner war im Ausland geboren (jeder Achte kam aus Norwegen).

Der junge Theodore Roosevelt kam nach North Dakota, um sein Großstädter-Image loszuwerden. Als Präsident, inspiriert von seiner Zeit in North Dakota, erhielt er dann auch den Titel „Father of Conservation", da er die ersten Nationalwälder und -parks gründete.

MOUNTAIN TIME IN NORTH DAKOTA

Im südwestlichen Viertel von North Dakota einschließlich Medora gilt die Mountain Standard Time, dort ist es eine Stunde früher als im Rest des Bundesstaats.

KURZINFOS NORTH DAKOTA

Spitzname Peace Garden State

Bevölkerung 701 000

Fläche 183 125 km²

Hauptstadt Bismarck (63 000 Ew.)

Verlaufssteuer 5–8 %

Geburtsort der legendären Shoshonin Sacagawea (1788–1812), des Cream of Wheat (Fertiggrießbrei mit Geschmack, 1893), des Bandleaders Lawrence Welk (1903–1992), des Sängers und Westernautors Louis L'Amour (1908–1988)

Heimat der größten Bisons der Welt, von Schildkröten und Holstein-Figuren

Politische Ausrichtung konservative Republikaner

Berühmt für den Film *Fargo*

Offizieller Fisch Hecht

Entfernungen Fargo–Bismarck 193 Meilen (311 km)

Praktische Informationen

North Dakota Bed & Breakfast Association (☎ 888-271-3380; www.ndbba.com)

North Dakota State Parks (☎ 800-807-4723; www.parkrec.nd.gov) Der Besuch mit einem Fahrzeug kostet 5/25 US$ pro Tag/Jahr. Fast die Hälfte der Stellplätze auf Campingplätzen kann reserviert werden, pro Nacht kosten diese 10 bis 20 US$.

North Dakota Tourism Division (☎ 800-435-5663; www.ndtourism.com)

Entlang der I-94

Die I-94 verläuft quer durch North Dakota und ermöglicht den leichten Zugang zu den meisten Top-Attraktionen des Bundesstaats. Der US 2 ist allerdings landschaftlich reizvoller.

Fargo

Die größte Stadt North Dakotas, Fargo, wurde nach der Wells Fargo Bank benannt und war ein Handelsposten für Pelze, Pionierstadt, Hauptstadt für Schnellscheidungen und Zufluchtsort von Teilnehmern am staatlichen Zeugenschutzprogramm – und schließlich gibt es auch noch das Fargo aus dem gleichnamigen Film der Cohen-Brüder (der wurde aber auf der anderen Seite des Red River in Minnesota gedreht). Einen Akzent, der sehr an die unvergessliche, von Frances McDormand gespielte Filmfigur erinnert, hört man hier trotzdem ziemlich häufig. Vom Filmruhm mal abgesehen gibt es nicht viel in Fargo, was mehr als einen kurzen Abstecher vom Highway rechtfertigen würde.

Das moderne, ambitionierte **Plains Art Museum** (www.plainsart.org; 704 1st Ave N; Erw./Kind 5 US$/frei; ⌚Di–Sa 11–17, So 12–17, Di & Do bis 20 Uhr) zeigt in einem renovierten Lagerhaus anspruchsvolle Ausstellungen. Zur ständigen Sammlung gehören auch zeitgenössische Werke von amerikanischen Ureinwohnern.

Schlafen & Essen

Kettenmotels konzentrieren sich am Exit 64 der I-29 und am Exit 348 der I-94.

★**Hotel Donaldson** HOTEL $$$
(☎701-478-1000; www.hoteldonaldson.com; 101 Broadway; Zi. ab 190 US$; ❄@☜) Die stilvoll und schick aufgemöbelte ehemalige Absteige verfügt über 17 luxuriöse Suiten, die jeweils von einem einheimischen Künstler gestaltet wurden. Das mondänste Restaurant mit Dachbar (und Warmwasserbecken!) hat zwar in Fargo sowieso keine Konkurrenz, ist aber wirklich cool.

DIE FARGO-HÄCKSEL-MASCHINE

Wie Fargo mit dem gleichnamigen Film umgeht, ist im Visitor Center der Stadt zu sehen: Dort steht der Häcksler, der in der Szene benutzt wurde, in der Gaear die letzten Reste von Carls Leiche in den Schredder einführt und dabei von Marge entdeckt wird. Hier darf man die Szene nachspielen – mit passendem Hut und einer Beinattrappe (die beiden Requisiten werden gestellt).

Praktische Informationen

Das **Visitor Center** (☎800-235-7654; www.fargomoorhead.org; 2001 44th St; ⌚Sommer Mo–Fr 7.30–20, Sa & So 10–18 Uhr, übriges Jahr Mo–Fr 8–17, Sa 10–16 Uhr) hat die Form eines Getreidespeichers und liegt am Exit 348 der I-94.

Bismarck

Wie die umliegenden Getreidefelder hat auch North Dakotas Hauptstadt Bismarck einen kurzen, prächtigen Sommer. In der übrigen Zeit duckt sich die kleine Stadt vor dem langen Winter, in dem die Tiefsttemperaturen durchschnittlich bei –20 °C liegen.

Das nüchterne **State Capitol** (☎701-328-2480; N 7th St; ⌚Mo–Fr 8–16 Uhr, Führung stündl. außer 12 Uhr, im Sommer auch Sa 9–16 & So 13–16 Uhr) GRATIS aus den 1930er-Jahren wird oft als „Wolkenkratzer der Prärie" bezeichnet und sieht von außen aus wie ein stalinistisches Institut für Zahnheilkunde. Innen gibt es aber ein paar Anflüge von Art déco und im 18. Stock eine Aussichtsterrasse.

Im riesigen **North Dakota Heritage Center** (www.history.nd.gov; Capitol Hill; ⌚Mo–Fr 8–17, Sa & So 10–17 Uhr) GRATIS hinter der Sacagawea-Statue erfährt man Einzelheiten über alles Mögliche: von norwegischen Junggesellen-Farmern bis hin zu den Unmengen atomarer Sprengköpfe, die auf Raketen montiert überall im Staat in als Silos getarnten Abschussrampen gelagert sind.

Der **Fort Abraham Lincoln State Park** (www.parkrec.nd.gov; 5 US$/Fahrzeug, zzgl. Führung zu historischen Stätten Erw./Kind 6/4 US$; ⌚Park 9–17 Uhr, Führung Mai–Sept.), 7 Meilen (11,3 km) südlich von Mandan an der SR 1806, lohnt einen Abstecher. Im hiesigen **On-a-Slant Indian Village** erblickt man fünf Nachbildungen von Erdhütten der Mandan; das Fort, das aus mehreren nachgebauten Gebäuden besteht, war Custers letzte Station, ehe er in die Schlacht am Little Bighorn zog.

In Bismarck sammeln sich die Kettenmotels um den Exit 159 der I-94. Infos bekommt man im **Bismarck-Mandan Visitor Center** (☎800-767-3555; www.discoverbismarckmandan.com; 1600 Burnt Boat Dr; ⌚Sommer Mo–Fr 8–19, Sa 8–17, So 10–16 Uhr, übriges Jahr Mo–Fr 8–17 Uhr) am Exit 157 der I-94.

Westlich von Bismarck

Bei New Salem, westlich von Bismarck an der I-94, Exit 127, steht **Sue, die größte**

NORTH DAKOTA: ABSTECHER & EXTRAS

In North Dakota gibt es noch immer unterirdische Atomraketen, die auf den Startbefehl warten, obwohl die große Mehrheit aufgrund von Verträgen mit Russland schon deaktiviert wurden. Zur **Minuteman Missile Site** (www.history.nd.gov; Erw./Kind 10/3 US$; ⏲ Mitte Mai–Mitte Sept. 10–18 Uhr, übriges Jahr kürzere Öffnungszeiten) in der Nähe von Cooperstown an den Highways 45 und 200 gehört u. a. eine **unterirdische Kommandozentrale**, von der Raketen abgeschossen wurden. Besuchen kann man sie im Rahmen einer Führung. Der nahe gelegene **Raketensilo** ist aber viel gespenstischer. Oft ist kein Wärter da, und Besucher sind angesichts der Türen, hinter denen sich Raketen mit über 500 Kilotonnen nuklearer Sprengkraft verbargen, mit ihren Gedanken allein (die Bombe, die Hiroshima zerstörte, hatte 15 Kilotonnen). Ringsum liegt banales Agrarland mit ein paar Farmhäusern in der Ferne.

Der **International Peace Garden** (www.peacegarden.com; pro Fahrzeug 10 US$; ⏲ 10–17 Uhr) sorgt nach den Atombomben für Beruhigung: Etwa 150 000 Blumen und mehrere Denkmäler schmücken symbolisch diesen Park am US 281, der an Grenze zwischen North Dakota und dem kanadischen Manitoba liegt.

Am **Enchanted Highway** stehen große, skurrile Metallskulpturen, die Menschen und Tiere aus der Region darstellen. Geschaffen hat sie der örtliche Künstler Gary Greff. Vom Exit 72 der I-94 führt die Straße 32 Meilen (51,5 km) geradewegs Richtung Süden nach Regent. Wenn man dort ist, kann man auch gleich in Greffs lustigem neuen Motel übernachten, dem **Enchanted Castle** (www.enchanted-castle.net; 607 Main St; Zi. 90–125 US$; ❄ 📶), einer umgebauten alten Grundschule, die nun so aussieht, wie es der Name verspricht.

Holstein-Kuh der Welt. An Exit 72 lockt ein einzigartiger Abstecher Richtung Süden auf dem Enchanted Highway (S. 713). Eine Stunde westlich von Sue liegt Dickinson mit dem **Dakota Dinosaur Museum** (☎ 701-225-3466; www.dakotadino.com; I-94, Exit 61; Erw./Kind 8/5 US$; ⏲ Mai–Aug. 9–17 Uhr), das jede Menge Dinosaurierfossilien und -statuen zeigt; die meisten von Ersteren wurden in North Dakota gefunden.

Theodore Roosevelt National Park

Der **Theodore Roosevelt National Park** (www.nps.gov/thro; 7-Tages-Pass pro Fahrzeug 10 US$) ist das Natur-Highlight des Bundesstaats. Die Landschaft, die auch „Badlands" genannt wird und deren Farben sich mit den Launen der Natur zu ändern scheinen, ist Extremen ausgesetzt. Bizarre Felsformationen, die von einem Regenbogen aus roten, gelben, braunen, schwarzen und silbernen Mineralien durchsetzt sind, werden von der grünen Prärie umrahmt.

Roosevelt beschrieb dieses Gebiet als „Land der riesigen, schweigenden Flächen, der einsamen Flüsse und der Ebenen, in denen das Wild auf die vorbeiziehenden Reiter starrt", und auch heute könnte man es kaum besser beschreiben. Im Park wimmelt es nur so von Wildtieren: Es gibt Maultierhirsche, Wildpferde, Dickhornschafe, Elche, Bisons, etwa 200 Vogelarten und natürlich die Präriehunde mit ihren ausgedehnten unterirdischen Bauen.

Der Park ist in zwei Bereiche unterteilt:

South Unit Die meisten Besucher wählen diesen 36 Meilen (58 km) langen Scenic Drive, der in Medora beginnt, einer angenehmen Stadt gleich abseits der I-94. Eines der Highlights sind die Präriehunde.

North Unit Hierher kommen weniger Menschen, der Besuch lohnt sich aber wegen der 14 Meilen (23 km) langen Fahrt zum **Oxbow Overlook** mit seinen weiten Ausblicken in den riesigen, bunt gestreiften Flusscanyon. Die grüne Umgebung ist ein Schutzgebiet mit dem Namen **Little Missouri National Grassland**, und überall tummeln sich Bisons. Die North Unit liegt 68 Meilen (109 km) nördlich von der I-94 am US 85.

Im Park gibt es drei Visitor Centers, darunter das **South Unit Visitor Center** (Medora; ⏲ Sommer 8–18 Uhr, übriges Jahr 8–16.30 Uhr), hinter dem Theodore Roosevelts alte Hütte steht. Im Park gibt es zwei einfache **Campingplätze** (Stellplatz 10 US$), im Hinterland kann man kostenlos zelten (Genehmigung erforderlich).

ABSTECHER

LEWIS & CLARK IN NORTH DAKOTA

Nördlich von Bismarck, in der Nähe des Ortes, wo Lewis und Clark 1804/05 mit den Mandan überwinterten, befinden sich mehrere sehenswerte Attraktionen. Sie sorgen für einen plastischen Eindruck vom Leben der Ureinwohner und der Entdecker in einer Gegend, in der sich bis heute scheinbar kaum etwas geändert hat.

Das **North Dakota Lewis & Clark Interpretive Center** (www.fortmandan.com; Kreuzung von US 83 & ND Hwy 200A; Erw./Kind 7,50/5 US$; ganzjährig tgl. 9–17 Uhr, im Winter So ab 12 Uhr) ist ein vor Kurzem renoviertes Zentrum, das sich den gewaltigen Expeditionen der beiden Forscher und den amerikanischen Ureinwohnern widmet, die ihnen auf ihrer Reise halfen. Besonders schön sind die Zeichnungen aus dem Portfolio von George Catlin.

Dieselbe Eintrittskarte gilt auch für das 2,5 Meilen (4 km) weiter westlich liegende **Fort Mandan** (CR 17), einen Nachbau des Forts, das Lewis und Clark bauten. Es befindet sich 10 Meilen (16 km) flussabwärts von der gefluteten Stelle, wo das Original stand, an einem einsamen Uferstreifen des Missouri. Ein Denkmal erinnert an Seaman, den Expeditionshund. Im kleinen, aber lohnenden Informationsgebäude wird z. B. eine Ausstellung von Medikamenten der damaligen Zeit gezeigt, darunter die als „Thunderclappers", Donnerschläger, bekannten Pillen.

In der **Knife River Indian Villages National Historical Site** (www.nps.gov/knri; abseits des Hwy 200; 8–18 Uhr, Winter 8–16.30 Uhr) GRATIS sind noch die Hügel der drei Erddörfer der Hidatsa zu sehen. Sie lebten über 900 Jahre am Knife River, einem schmalen Nebenfluss des Missouri. Der National Park Service hat eine der Erdbehausungen nachgebaut. Ein Spaziergang durch die überwiegend weit offene und wilde Stätte führt zu dem Dorf, wo Lewis und Clark der Shoshonen-Indianerin Sacagawea begegneten. Die historische Stätte liegt gleich nördlich von Stanton (22 Meilen bzw. 35 km westlich von Washburn) am Hwy 200, der zwischen dem US 83 und dem US 85 für 110 Meilen (177 km) durch grüne, hüglige Prärie führt.

Wanderer können 187 km an Wegen im Hinterland erkunden. Ein schönes Abenteuer mit dem Rad oder zu Fuß ist der 154 km lange **Maah Daah Hey Trail** zwischen den beiden Bereichen des Parks. Mit dem Auto kann man auf dem US 85 Richtung Norden zum Fort Buford weiterfahren.

Medora

Medora (www.medora.com) ist eine teils restaurierte, teils nachgebaute Pionierstadt, die ansprechend und unkommerziell wirkt. Übernachten kann man in Motels und B&Bs.

Die stimmungsvollste Unterkunft ist das **Rough Riders Hotel** (701-623-4444; www.medora.com; 301 3rd Ave; Zi. 135–200 US$;) aus dem Jahr 1885. Durch die Renovierung sind die acht Originalzimmer richtig schön geworden, außerdem sind 68 neue hinzugekommen.

Entlang des US 2

Der US 2 ist die interessantere Alternative zur I-94. Der endlose Himmel erstreckt sich noch weiter als das goldene Getreidemeer. **Grand Forks** ist ein behäbiges Städtchen, **Devils Lake** hingegen eine der landesweiten ersten Adressen für Wasservogeljäger. Die gesamte Region wird immer wieder vom Red River überflutet.

Rugby

Rugby liegt ungefähr auf halber Strecke am Highway. Bedeutsamer ist allerdings, dass sich hier die **geografische Mitte Nordamerikas** befindet. Das **Prairie Village Museum** (www.prairievillagemuseum.com; 102 US 2 SE; Erw./Kind 7/3 US$; Mitte Mai–Mitte Sept. 8.30–17, So ab 12 Uhr) informiert über das Leben in den Great Plains im Verlauf der Jahrzehnte.

Minot

North Dakotas viertgrößte Stadt ist der Sitz eines US-Luftwaffen-Stützpunkts; darüber hinaus gibt es hier nicht viel. Alljährlich feiert die Stadt mit dem **Norsk Høstfest** (www.hostfest.com; Anfang Okt.), das als das „größte skandinavische Fest der Welt" angepriesen wird, ihre skandinavischen Wurzeln.

Minot besitzt zwar am US 2, am US 52 und am US 83 eine ganze Menge bescheidener Kettenmotels, doch wegen des Öl-Booms in North Dakota kann es schwierig sein, von Minot westwärts bis nach Montana ein Motelzimmer zu finden. Da kaum etwas frei ist, sind die Preise entsprechend hoch.

Richtung Westen nach Montana

Westlich von Minot ist das Land mit verloren wirkenden kleinen Siedlungen gespickt, die halb in der Prärie zu versinken scheinen. Der Horizont wird jedoch von den Flammen und hellen Lichtern Hunderter Ölbohrtürme erhellt. Der gigantische Boom wird von den gleichen hohen Preisen angeheizt, über die man sonst beim Tanken schimpft. Das Ergebnis ist, dass die Kleinstädte zwischen Minot und Montana mit Arbeitern geradezu überfüllt sind.

22 Meilen (35 km) südwestlich von Williston an der SR 1804 liegt **Fort Buford** (www.history.nd.gov; Erw./Kind 5/2,50 US$; ⌚Mitte Mai–Mitte Sept. 10–18 Uhr), der trostlose Außenposten, an dem sich der Indianerhäuptling Sitting Bull ergab. Im benachbarten **Missouri-Yellowstone Confluence Interpretive Center** (⌚Mitte Mai–Mitte Sept. 9–19 Uhr, übriges Jahr Mi–Sa 9–16, So 13–17 Uhr) befindet sich das Visitor Center des Forts.

Der reizvollere **Fort Union Trading Post** (www.nps.gov/fous; SR 1804; ⌚Sommer 8–18.30 Uhr Central Standard Time, übriges Jahr 9–17.30 Uhr) GRATIS, etwa 2 Meilen (3,2 km) weiter westlich an der Grenze zu Montana, ist eine Rekonstruktion eines Postens der American Fur Company, der 18128 gebaut worden war.

SOUTH DAKOTA

Sanft wellige Prärien und flache, fruchtbare Täler prägen den Großteil dieses schier endlosen, schönen Bundesstaats. Doch im Südwesten ist die Hölle los – natürlich nur im weiteren Sinne: Der Badlands National Park ist die geologische Entsprechung eines Feuerwerks. Die Black Hills sind ganz großes Kino – majestätisch, herausfordernd, geheimnisvoll und auch frustrierend. Als Sehenswürdigkeit kommt nur noch die New Yorker Freiheitsstatue dem Mt. Rushmore gleich. Im gesamten Bundesstaat finden sich wichtige Schauplätze der amerikanischen Ureinwohner sowie interessante kleinere und größere Städte.

ℹ Praktische Informationen

Bed & Breakfast Innkeepers of South Dakota (☎888-500-4667; www.southdakotabb.com)
South Dakota Department of Tourism (☎800-732-5682; www.travelsd.com)
South Dakota State Parks (☎800-710-2267; www.gfp.sd.gov) Der Preis für Fahrzeuge beträgt 6/30 US$ pro Tag/Jahr. Viele Stellplätze können reserviert werden, sie kosten 8 bis 25 US$ pro Nacht. Hütten gibt es ab 35 US$.

Sioux Falls

South Dakotas größte Stadt (154 000 Ew.) macht ihrem Namen im **Falls Park** gleich nördlich von Downtown alle Ehre: Der Big Sioux River stürzt hier über eine lange Reihe von Felsstufen zu Tal. Im Park gibt es ein ausgezeichnetes **Visitor Center** (☎605-367-7430; www.siouxfallscvb.com; 900 N Phillips Ave; ⌚April–Mitte Okt. tgl. 10–21 Uhr, übriges Jahr verkürzte Öffnungszeiten) mit Infos zur ganzen Stadt sowie einen Aussichtsturm.

Das aus rosa Quarzit erbaute, große **Old Courthouse Museum** (www.siouxlandmuseums.com; 200 W 6th St; ⌚Mo–Fr 8–17, Sa 9–17, So 12–17, Do bis 20 Uhr) GRATIS, ein restauriertes Gebäude aus den 1890er-Jahren, zeigt auf drei Etagen gute Ausstellungen zur Region.

KURZINFOS SOUTH DAKOTA

Spitzname Mt. Rushmore State

Bevölkerung 834 000

Fläche 199 753 km²

Hauptstadt Pierre (13 900 Ew.)

Verkaufssteuer 4–6 %

Geburtsort von Sitting Bull (ca. 1831–1890), Crazy Horse (ca. 1840–1877) und Black Elk (ca. 1863–1950), die alle bei der Schlacht am Little Bighorn zu Ruhm kamen, und des freundlichen Fernsehjournalisten Tom Brokaw (geb. 1940)

Heimat des Mt. Rushmore, der Sioux

Politische Ausrichtung zunehmend republikanisch

Berühmt für die HBO-Fernsehserie *Deadwood*, das Massaker von Wounded Knee

Offizielles Tier Kojote

Entfernungen Sioux Falls–Rapid City 341 Meilen (549 km), Sioux Falls–Des Moines 283 Meilen (455 km)

Motels gibt es an den Exits 77 bis 83 der I-29. In Sachen Diner-Kost hat man an der munteren S Phillips Ave in Downtown eine gute Auswahl. Zu empfehlen ist z.B. das noble, bei den Einheimischen beliebte **Minervas** (www.minervas.net; 301 S Phillips Ave; Hauptgerichte 10–25 US$; ⏲11–22 Uhr) mit guter Bar und Salatbar.

Entlang der I-90

Die I-90 quer durch South Dakota gehört sicherlich zu den landesweit langweiligsten Autobahnstrecken, doch einige lohnende Zwischenstopps liegen doch am Weg.

Mitchell

Jedes Jahr verlassen eine halbe Million Menschen die I-90 (Exit 332), um den ultimativen Höhepunkt aller Straßenrand-Attraktionen zu sehen: den aus Mais und Getreide geschaffenen **Corn Palace** (www.cornpalace.org; 604 N Main St; ⏲Sommer 8–21 Uhr, übriges Jahr kürzere Öffnungszeiten) GRATIS. Fast 300 000 Kornähren werden jedes Jahr benötigt, um die Tafeln mit Wandbildern an der Außenseite des Gebäudes anzufertigen. Wer die Bilder genau betrachtet, findet vielleicht ein Körnchen Wahrheit darin…

Chamberlain

Chamberlain (Exit 263) liegt pittoresk an der Stelle der I-90, wo diese den Missouri quert. Hier beherbergt die St. Joseph's Indian School das hervorragende **Akta Lakota Museum & Cultural Center** (www.aktalakota.org; 1301 N Main St; Eintritt gegen Spende 5 US$; ⏲Sommer Mo–Sa 8–18, So 9–17 Uhr, übriges Jahr Mo–Fr 8–17 Uhr). Es zeigt Ausstellungen der Lakota und zeitgenössische Kunst zahlreicher Stämme.

Geschichtsfans sollten die Raststätte zwischen den Exits 263 und 265 besuchen; hier gibt's im **Lewis & Clark Information Center** (⏲Mitte Mai–Sept. 8.30–16.30 Uhr) GRATIS Ausstellungen zu den Forschern.

Pierre

Pierre (ausgesprochen *„pier"*) ist einfach zu klein (14 100 Ew.) und zu alltäglich, um wie ein Machtzentrum zu wirken. Das imposante, 1910 erbaute **State Capitol** (500 E Capitol Ave; ⏲Mo–Fr 8–19, Sa & So bis 17 Uhr) GRATIS mit seiner schwarzen Kupferkuppel blickt auf kleinstädtische viktorianische Häuser herab.

Ein Abstecher von der I-90 lohnt sich vor allem wegen der Fahrt auf dem **Native American Scenic Byway** und des einsamen, schroffen **US 14** (mehr zu beiden s. S. 723).

Zu den Exponaten im **South Dakota Cultural Heritage Center** (www.history.sd.gov; 900 Governor's Dr; Erw./Kind 4 US$/frei; ⏲Sommer Mo–Sa 9–18.30, So 13–16.30 Uhr, übriges Jahr bis 16.30 Uhr) zählt ein blutiges Geistertanzhemd aus Wounded Knee.

Framboise Island liegt an einer Biegung des Missouri. Hier gibt es mehrere Wanderwege und viele Wildtiere. Die Insel liegt der Stelle gegenüber, an der die Expedition von Lewis und Clark vier Tage verbrachte und fast gescheitert wäre, weil sie unbeabsichtigt Mitglieder des örtlichen Brule-Stamms beleidigt hatte.

Die meisten Hotels liegen am US 83. Im niedlichen Zentrum von Pierre befindet sich der ausgezeichnete Buchladen **Prairie Pages** (321 S Pierre St; ⏲Mo–Sa 9–18 Uhr).

Minuteman Missile National Historic Site

In den 1960er- und 1970er-Jahren standen 450 Interkontinentalraketen vom Typ Minutemen II in unterirdischen Silos ständig bereit, ihre nur 30 Minuten entfernten Ziele in der Sowjetunion anzugreifen. Diese Raketen wurden mittlerweile abgebaut (aber modernere lauern immer noch in Silos an verschiedenen Stellen im Norden der Great Plains). Im ersten Nationalpark, der dem Kalten Krieg gewidmet ist, werden ein Silo und die unterirdischen Abschussvorrichtung gezeigt.

In der kleinen **Visitor Contact Station** (☎605-433-5552; www.nps.gov/mimi; I-90 Ausfahrt 131; ⏲8–16.30 Uhr) (ein richtiges Visitor Center muss noch gebaut werden) erhält man Tickets für die kostenlosen Führungen durch den nahe gelegenen Abschusskomplex, in dem ständig zwei Personen bereitstanden, um den Schlüssel zu drehen und damit den Abschuss der Raketen in diesem Teil South Dakotas auszulösen. Führungen finden täglich statt, eine Reservierung gibt es nicht.

Den **Silo** (I-90 Exit 116; ⏲8–16 Uhr) kann man auch ohne Führung durch eine Glaswand anschauen.

Wall

Eine Pause im **Wall Drug** (www.walldrug.com; 510 Main St; ⏲6.30–18 Uhr, im Sommer verlängerte Öffnungszeiten; 🚻), das schon Hunderte Kilometer vorher kräftig für sich wirbt, ist erstaunlich nett. Es gibt wirklich Kaffee für 0,05 US$, kostenloses Eiswasser, gute Donuts und genug Unterhaltung und Lockangebote, um das Herz jedes Liebhabers von Tand und Kram zu erwärmen. Und inmitten des ganzen Krempels gibt es in diesem nachgebauten Frontier-Komplex auch noch einen wundervollen Buchladen mit einer tollen Auswahl von Büchern zur Region. Draußen kann man den mythischen **Jackalope** (das amerikanische Pendant des Wolpertingers) reiten und historische Fotos bewundern.

Wall eignet sich auch gut für eine Übernachtung. Der Ort ist klein, gut zu Fuß zu durchqueren und besitzt nette, billige Cafés und Bars sowie mehrere gute eigenständige Motels, z.B. das **Sunshine Inn** (☎605-279-2178; www.sunshineinnatwallsd.com; 608 Main St; Zi. 50–80 US$; ❄📶🐾) mit einem geselligen Betreiber und 22 einfachen, blitzsauberen Zimmern.

Badlands National Park

Die schauerliche, nur durch das fantastische Farbenspiel milder wirkende Landschaft ist von nackten Felswänden und -spitzen geprägt, die in die trockene Luft ragen – kein Wunder, dass die amerikanischen Ureinwohner die Gegend *mako sica* (Badland) nannten! Blickt man von den verwitterten Wänden, die die Badlands umgeben, über die bizarren Formationen, wirken sie wie ein ausgedörrter Ozean.

Die meisten Besucher kommen in den Nordteil des Parks; die **Hwy 240 Badlands Loop Rd** ist von der I-90 (Exits 110 & 131) aus leicht zu erreichen und kann, wenn man es eilig hat (und nicht hinter einem Wohnmobil herzuckelt), gut in einer Stunde bewältigt werden. Unterwegs gibt's viele Aussichtspunkte.

Viel weniger besucht ist der Abschnitt westlich des Hwy 240, auf dem man sich auf der Schotterpiste der Sage Creek Rim Rd bewegt. Hier gibt's Haltepunkte an Erdhöhlenbauen der Präriehunde, und auch Wanderer und Camper bevorzugen dieses Gebiet. Es existieren hier aber praktisch kein Wasser und kein Schatten, weshalb man sich auf keinen Fall unvorbereitet in die Wildnis wagen sollte. Der weniger gut zugängliche Südteil des Parks liegt im Pine-Ridge-Indianerreservat und wird nur von wenigen Travellern besucht.

ℹ MOUNTAIN STANDARD TIME

Ungefähr das westliche Drittel von South Dakota – einschließlich der Black Hills und aller Gebiete westlich von Exit 177 der I-90, – verwenden die Mountain Standard Time; hier ist es eine Stunde früher als im Rest des Bundesstaates.

Im **Ben Reifel Visitor Center** (www.nps.gov/badl; Hwy 240; ⏲Sommer 7–19 Uhr, April–Mai & Sept.–Okt. 8–17 Uhr, übriges Jahr 8–16 Uhr) gibt's gute Ausstellungen und Tipps, wo man sein Auto stehen lassen kann, um sich die Naturwunder aus der Nähe anzusehen. Das **White River Visitor Center** (Hwy 27; ⏲Juni–Aug. 10–16 Uhr) ist klein. Das Ticket für den Park kostet 15 US$ pro Auto und 7 US$ pro Fahrradfahrer und ist sieben Tage gültige.

Weder der ausgebaute **Cedar Pass Campground** (Stellplatz 10–28 US$) noch der primitive **Sage Creek Campground** (Stellplatz kostenlos) nehmen Reservierungen an. Hotels finden sich an der I-90 in Kadoka und Wall, man kann aber auch in der **Cedar Pass Lodge** (☎605-433-5460; www.cedarpasslodge.com; Hwy 240; Hütte 130–140 US$; ⏲Mitte April–Mitte Okt.; @) eine gemütliche Hütte innerhalb des Parks zur Übernachtung wählen. Zur Lodge gehören auch ein Restaurant und Läden.

Der Nationalpark schützt zusammen mit dem umliegenden **Buffalo Gap National Grassland** das landesweit größte Präriegebiet, in dem verschiedene Säugetierarten der Plains (darunter Bisons und Schwarzfußiltisse), Präriefalken und viele Schlangen leben. Im **National Grasslands Visitors Center** (www.fs.fed.us/grasslands; 798 Main St, Wall; ⏲Mo–Fr 8–16.30 Uhr) gibt es gute Ausstellungen zum Lebensreichtum dieses komplexen, weithin unterschätzten Ökosystems. Ranger können einem Touren über Nebenstraßen zeigen, auf denen man eine Schleife durch den Badlands National Park und die Prärie zieht, ohne der I-90 zu begegnen. Der **Hwy 44** nach Rapid City ist ebenfalls eine gute Alternative zur Interstate.

Pine Ridge Indian Reservation

Die Heimat der Lakota Oglala-Sioux liegt südlich des Badlands National Park und ist einer der ärmsten Landstriche der USA:

UNSERE KLEINE FARM

Fans von *Unsere kleine Farm* sollten sich zu Laura Ingalls Wilders früherem Wohnort **De Smet** aufmachen. Die Schriftstellerin lebte hier von ihrem 12. Lebensjahr an, als ihr umtriebiger Papa sich schließlich häuslich niederließ. Ein großer Teil ihres Buches basiert auf ihrer Zeit in Independence, KS. De Smet liegt 40 Meilen (64 km) westlich von der I-29 (Exit 133) am US 14.

In dem ordentlichen und niedlichen Komplex mitten in der Stadt, in dem die **Laura Ingalls Wilder Memorial Society** (www.discoverlaura.org; 105 Olivet Ave; Erw./Kind 10/5 US$; Sommer Mo–Sa 9–17, So 11–17 Uhr, übriges Jahr kürzere Öffnungszeiten;) ihren Sitz hat, gibt es Führungen in zwei der Originalhäuser der Wilders; in einem verbrachten die Wilders 1879 hier ihren ersten Winter, das zweite baute Michael Landon, „Pa", später.

Gleich außerhalb der Stadt liegt an einer unbefestigten Straße die eigentliche Farm, **Ingalls Homestead** (www.ingallshomestead.com; 20812 Homestead Rd; Eintritt 10 US$; Sommer 9–19 Uhr;). Sie wurde ordentlich aufgepeppt und enthält Attraktionen aller Art, die mit dem Leben auf einer Farm in 19. Jh. und mit Laura selbst zu tun haben. Das ist gut gemacht und wirkt ganz authentisch.

Im schon lange existierenden **Laura Ingalls Wilder Pageant** (www.desmetpageant.org; Erw./Kind 10/7 US$; Juli-Wochenenden), einer Art Freilichttheater, das in der Nähe liegt, werden melodramatische Szenen aus Lauras Büchern nachgespielt. Die Rollen sind mit Leuten aus der Stadt besetzt, auch die eines sehr glücklichen Mädchens.

Weitere Infos zu den unzähligen Stätten überall in der Mitte der USA, die einen Bezug zu *Unsere kleine Farm* haben, finden sich unter www.liwfrontiergirl.com.

Mehr als die Hälfte der Bevölkerung lebt unterhalb der Armutsgrenze. Obwohl die Stätte manchmal ein bisschen viel verstörende Realität verströmt, sind Besucher hier herzlich willkommen.

Im Jahr 1890 verbreitete sich der neue Geistertanzkult wie ein Lauffeuer. Seine Anhänger unter den Lakota glaubten, die Ahnen würden zurückkehren und den weißen Mann vernichten. Bei den Soldaten und Siedlern in der Region kam Furcht auf, und die frenetischen Kreistänze wurden verboten. Die 7. US-Kavallerie umstellte eine Gruppe der Lakota unter Häuptling Big Foot und führte sie zu dem Dorf Wounded Knee. Am 29. Dezember löste sich (niemand weiß, wer dafür verantwortlich war) ein Schuss, als die Soldaten gerade begannen, die Ureinwohner auf Waffen zu durchsuchen. Es folgte ein Massaker, dem mehr als 250 Männer, Frauen und Kinder, überwiegend unbewaffnet, zum Opfer fielen: eine der schändlichen Untaten in der US-Geschichte. Auch 25 Soldaten wurden getötet.

Die schäbige **Stätte des Massakers von Wounded Knee** 16 Meilen (26 km) nordöstlich der Stadt Pine Ridge, wird durch den neuen zweispurigen Hwy 27 in zwei Teile geteilt und durch ein verblichenes Schild am Straßenrand angekündigt. Das Massengrab befindet sich oben auf dem Hügel in der Nähe einer Kirche und wird oft von Leuten angesteuert, die auf Almosen hoffen. Das Visitor Center in der Nähe hat nur wenig zu bieten. Der Hwy 27 führt nördlich der Stätte durch einige selten besuchte Gebiete der Badlands.

Das **Red Cloud Heritage Center** (www.redcloudschool.org; Hwy 18; Sommer Mo–Fr 9–19, Sa & So 11–17 Uhr, übriges Jahr Di–Fr 8–17, Sa 11–17 Uhr) GRATIS befindet sich 4 Meilen (6 km) nördlich der Stadt Pine Ridge in der Red Cloud Indian School. Das ausgezeichnete Kunstmuseum zeigt traditionelle und zeitgenössische Werke und hat ein Kunsthandwerksgeschäft. Beeindruckend sind die nach dem Massaker aufgenommenen Fotos der gefrorenen Leichen, auf deren Gesichtern der Schock noch zu sehen ist.

Wer auf dem Laufenden bleiben will, sollte KILI (90.1 FM), „die Stimme des Volkes der Lakota", einschalten. Der Sender berichtet über aktuelle Ereignisse der Lakota und spielt oft traditionelle Musik.

Black Hills

Diese atemberaubende Region an der Grenze zwischen Wyoming und South Dakota zieht mit ihren gewundenen Canyons und malerisch verwitterten, bis zu 2100 m hohen Gipfeln viele Besucher in ihren Bann. Der Name der Region, „schwarze Hügel", leitet sich von den düsteren, mit Ponderosa-

Kiefern bewachsenen Hängen ab und wurde von den Lakota-Sioux übernommen. Im Vertrag von Fort Laramie wurde den Ureinwohnern zugesichert, dass ihnen das Land für immer gehören sollte. Doch nach der Entdeckung von Gold hielt man sich nicht mehr an die Vereinbarung, und die Sioux wurden nur sechs Jahre später auf wertloses Land in der Ebene vertrieben. Der Film *Der mit dem Wolf tanzt* mit Kevin Costner behandelt einige Kapitel aus dieser Geschichte.

Zur Erkundung des Gebiets braucht man mehrere Tage. Überall finden sich idyllische Nebenstraßen, Höhlen, Bisonherden, Wälder, Denkmäler wie Mt. Rushmore oder das Crazy Horse Monument und Möglichkeiten zu Outdoor-Aktivitäten (Ballonfahren, Radfahren, Klettern, Bergsteigen, Bootfahren, Angeln, Wandern, Ski-Abfahrt oder Goldwaschen). Wie Katzengold lauern dazwischen in manchen Ecken grelle Touristenfallen, die das Ganze in Schwung halten.

Praktische Informationen

In den Black Hills gibt es Hunderte Hotels und Campingplätze. Trotzdem schießen die Zimmerpreise im Sommer durch die Decke, ohne Reservierung geht dann gar nichts. Während der Motorrad-Rally (Anfang August) sollte man nicht nach Sturgis kommen, dann sind die Straßen und Unterkünfte voller Biker. Zwischen Oktober und April bleibt vieles geschlossen.

Visitor Centers und Reservierungen:

Black Hills Central Reservations (866-601-5103; www.blackhillsvacations.com) Reservierung von Unterkünften und Last-Minute-Angebote.

Black Hills Visitor Center (605-355-3700; www.blackhillsbadlands.com; I-90 Exit 61; Sommer 8–20 Uhr, übriges Jahr bis 17 Uhr) Massenweise Infos und Apps fürs Handy.

Black Hills National Forest

Der größte Teil der Black Hills liegt innerhalb dieser 4856 km² großen Mischung aus geschütztem und gerodetem Wald, die an den meisten Straßen von Privatparzellen unterbrochen ist. Die Landschaft ist fantastisch, gleichgültig ob man auf den insgesamt 720 km langen Wanderwegen tief ins Innere eindringt oder einfach nur auf den Nebenstraßen und mit Schotter bedeckten „Feuerwehrtrassen" fährt.

Der 109 Meilen (174,4 km) lange **George S. Mickelson Trail** (www.mickelsontrail.com; 3/15 US$ Tag/Jahr) führt auf einer stillgelegten Bahntrasse durch einen großen Teil des Waldes von Deadwood über Hill City und Custer nach Edgemont. In verschiedenen Orten am Trail kann man Fahrräder ausleihen.

Die **Forstverwaltung** (605-673-9200; www.fs.fed.us/bhnf; 25041 US 16; Mo–Fr 9–17 Uhr) befindet sich in Custer, das moderne **Visitor Center** (605-343-8755; US 385, nahe dem Hwy 44; Mitte Mai–Mitte Sept. 8.30–17 Uhr) am Pactola Reservoir zwischen Hill City und Rapid City.

Gute Campingmöglichkeiten sind im Forest reichlich vorhanden. Es gibt 30 einfache **Campingplätze** (877-444-6777; www.recreation.gov; Stellplatz frei–25 US$) ohne Duschen und Strom. Während des Sommers sollte man reservieren. Freies Campen ist fast überall erlaubt (kostenlos; offenes Feuer verboten).

Rapid City

„Rapid" ist die würdige Hauptstadt der Region. Sie weist eine faszinierende, muntere Downtown auf, die sich prima zu Fuß erkunden lässt. Mit ihren gut erhaltenen Backsteingebäuden, in denen hochwertige Läden und solide Restaurants residieren, besitzt sie durchaus städtisches Flair.

Sehenswertes

Im Black Hills Visitor Center (S. 719) bekommt man eine Broschüre für einen Stadtspaziergang zu den historischen Gebäuden und den öffentlichen Kunstwerken in Rapid. Wasserspaß gibt es am **Main St Square**.

Familienfreundliche, nett-kitschige Attraktionen buhlen am Hwy 16 um die Dollars der Touristen, die auf dem Weg zum Mt. Rushmore sind; dazu gehören Bear Country USA und die Reptile Gardens.

★ Statues of Presidents DENKMAL

(www.cityofpresidents.com; 631 Main St; Infocenter Juni–Sept. Mo–Sa 12–21 Uhr) Von einem verschlagen blickenden Nixon in Ruhehaltung bis zu einem triumphierenden Harry Truman finden sich lebensgroße Statuen von 42 US-Präsidenten in verschiedenen Ecken des Stadtzentrums. Man kann sich den Spaß machen, alle 42 zu suchen.

Museum of Geology MUSEUM

(http://museum.sdsmt.edu; 501 E St Joseph St, O'Harra Bldg; Sommer Mo–Fr 9–17, Sa bis 18, So 12–17 Uhr, übriges Jahr Mo–Fr 9–16, Sa 10– 16 Uhr) GRATIS Das gewaltige Drama unter der Erde hat einige spektakuläre Steine geschaffen. Diese sowie Dinosaurierknochen und einige

Black Hills & Badlands National Park

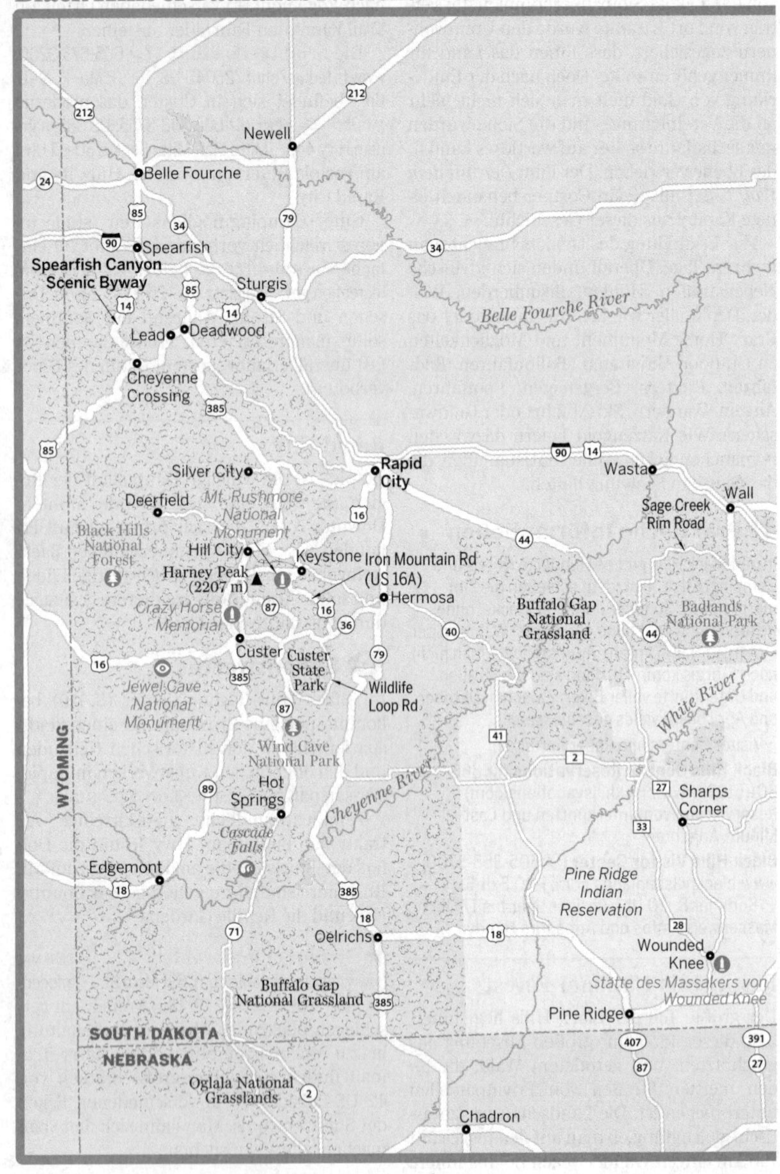

Fossilien aus dem All sind in diesem Museum in der South Dakota School of Mines & Technology zu sehen.

Bear Country USA WILDRESERVAT

(www.bearcountryusa.com; Hwy 16; Erw./Kind 16/10 US$; Sommer 8–18 Uhr, übriges Jahr kürzere Öffnungszeiten, im Winter geschl.;) Unmengen großer und kleiner Bären leben in diesem *Drive through*-Park und hoffen, dass die Besucher etwas Verbotenes tun, ihnen z. B. einen Big Mac oder die Hand reichen. Die Anlage befindet sich 8 Meilen (12,9 km) südlich von Rapid City.

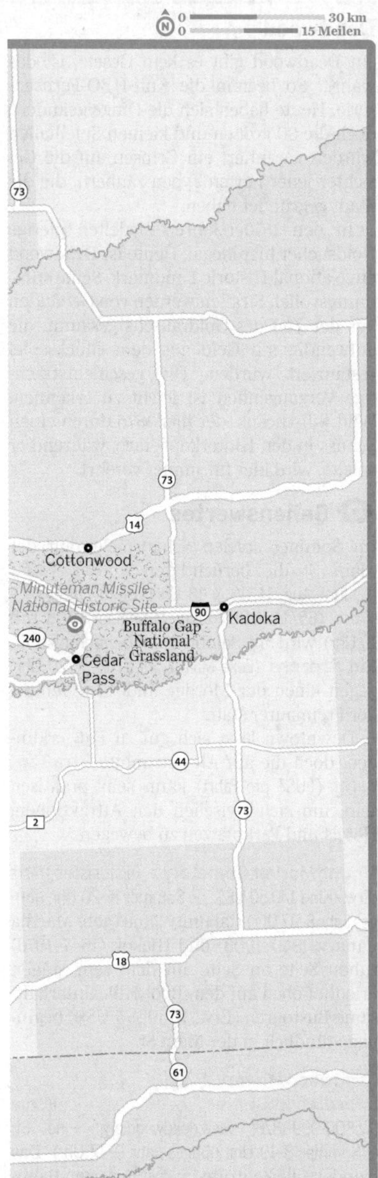

Reptile Gardens WILDRESERVAT

(www.reptilegardens.com; Hwy 16; Erw./Kind 16/11 US$; ⌚Sommer 8–18 Uhr, übriges Jahr kürzere Öffnungszeiten, im Winter geschl.; 🚸) Eidechsen, Schlangen, Riesenschildkröten und viele andere wechselwarme Kreaturen sorgen hier für Begeisterung.

Schlafen & Essen

Motels, darunter viele eigenständige, ballen sich um die Exits 57 und 60 der I-90, in Downtown sowie am US 16 südlich der Stadt. In Downtown gibt es unzählige Restaurants und Bars.

★Hotel Alex Johnson HOTEL $$

(☎605-342-1210; www.alexjohnson.com; 523 6th St; Zi. 60–200 US$; ❄@📶) Bei der Gestaltung dieses 1927 errichteten Hotels wurde auf verblüffende Weise Tudor-Architektur mit traditionellen Symbolen der Lakota kombiniert, etwa bei der bemalten Decke des Foyers oder beim aus Kriegsspeeren gefertigten Kronleuchter. Die 127 Zimmer sind modern und recht schick, aber besonders angenehm ist, dass das Haus trotzdem nicht in ein regelrechtes Boutiquehotel verwandelt wurde. Zu den zeitlosen Details gehört ein Porträt Al Capones – der hier Gast war – in der Nähe des Empfangs. Die Dachbar ist richtig cool.

Adoba Eco Hotel HOTEL $$

(☎605-348-8300; www.adobahotelrapidcity.com; 445 Mt. Rushmore Rd; Zi. 80–200 US$; ❄@📶🐾) 🍃 Das frühere Hochhaushotel der Radisson-Kette ist als ambitioniertes Downtown-Hotel mit Öko-Akzenten wiederauferstanden. Die Möbel bestehen aus Recycling-Material, aber am Komfort wurde nicht gespart. Der Marmorboden im Foyer ist ein echter Hingucker.

Tally's AMERIKANISCH $$

(530 6th St; Hauptgerichte 6–20 US$; ⌚Mo–Do 7–21, Fr & Sa bis 22 Uhr) Carter oder Reagan? Beide Statuen stehen draußen. Während man in dem stilvollen Café mit Bar gehobenes Diner-Essen genießt, kann man darüber nachdenken, wer einem mehr zusagt. Das Frühstück ist so gut wie eh und je. Abends gibt's kreativere regionale Gerichte.

Murphy's Pub & Grill AMERIKANISCH $$

(www.murphyspubandgrill.com; 510 9th St; Hauptgerichte 6–20 US$; ⌚Essen 11–22 Uhr, Bar bis 1 Uhr) Dank Kneipenessen mit kreativer Note ist diese brummende Bar in Downtown eine ausgezeichnete Wahl, wenn man etwas essen will. Saisonale Gerichte und Zutaten aus der Region bereichern die Tageskarte. Der Speisesaal und die Terrasse bieten viel Platz.

Ausgehen

★Independent Ale House KNEIPE

(www.independentalehouse.com; 625 St. Joseph St; ⌚15 Uhr–open end) In der altmodisch aufgemachten Bar hat man eine sagenhafte (und sich immer wieder ändernde) Auswahl unter den besten Kleinbrauereibieren der Region. Es gibt Stühle auf dem Bürgersteig und eine kurze Karte mit Snacks.

Sturgis

Fast Food, christliche Devotionalien und Reklametafeln für protzige Bikerbars mit aufgedonnerten Models, die man wohl kaum auf dem Rücksitz einer Harley findet, sind nur ein paar der Elemente, die die Kakofonie dieser kitschigen Kleinstadt an der I-90 (Exits 30 & 32) ausmachen. Noch geschmackloser wird's bei der jährlichen **Sturgis Motorcycle Rally** (www.sturgismotorcyclerally.com; ⌚ Anfang Aug.), wenn an die 500 000 Fahrer, Fans und Schaulustige die Stadt kapern. Behelfsmäßige Zeltplätze werden eingerichtet, und die Motels in der gesamten Region verlangen wirklich horrende Preise. Wo noch etwas frei ist, erfährt man auf der Website der Rally.

Das **Sturgis Motorcycle Museum** (www.sturgismuseum.com; 999 Main St; Erw./Kind 10 US$/frei; ⌚ Mo–Fr 10–16) zeigt Dutzende Bikes, darunter viele klassische Maschinen. Die Ausstellung „Freedom Fighters" ehrt jene, die sich für die Rechte der Biker eingesetzt haben.

Spearfish

Der **Spearfish Canyon Scenic Byway** (www.byways.org; US 14A) ist eine kurvenreiche, von Wasserfällen gesäumte Straße, die von Spearfish aus einen Keil mitten durch die Hügel treibt. Hinter jeder Kurve verbirgt sich Sehenswertes, das einen Zwischenstopp lohnt, und wer nur ein paar Minuten wartet, kann hören, wie die Biber hart arbeiten.

Die **Chamber of Commerce** (☎ 800-626-8013; www.spearfishchamber.org; 106 W Kansas St; ⌚ Mo–Fr 8–17 Uhr; Infos in der Lobby 24 Std.) hat eine individuelle Tour auf dem Byway auf Lager und Karten von Wanderwegen.

Kettenhotels drängen sich rund um die Exits 10 und 14 der I-90, alternde unabhängige Motels stehen im Zentrum. Die 13 Meilen (21 km) südlich von Spearfish gelegene **Spearfish Canyon Lodge** (☎ 605-584-3435; www.spfcanyon.com; US 14A; Zi. 90–220 US$; ❄ 📶 🐾) ist eine ländliche Oase in der Nähe von Wanderwegen und Flüssen. Die 55 modernen Zimmer in Kiefernholz sind gemütlich, und der große Kamin in der Lobby trägt zum Charme der Lodge bei.

Deadwood

„In Deadwood gibt es kein Gesetz, ist das wahr?" So begann die Kult-HBO-Fernsehserie. Heute haben sich die Dinge geändert, doch die 80 großen und kleinen Spielhallen würden garantiert ein Grinsen auf die Gesichter jener harten Typen zaubern, die die Stadt gegründet haben.

In den 1870er-Jahren siedelten gierige Goldsucher hier illegal. Heute ist Deadwood ein National Historic Landmark. Seine stimmungsvollen Straßen werden von Gebäuden aus der Zeit des Goldrauschs gesäumt, die aufwendig mit Geld aus dem Glücksspiel restauriert wurden. Die geschichtsträchtige Vergangenheit ist leicht zu erkennen. Wild Bill Hickok, der hier 1876 durch einen Schuss in den Hinterkopf starb, während er spielte, wird hier für immer verehrt.

◉ Sehenswertes

Im Sommer spielen Schauspieler auf der Main St die berüchtigten **Schießereien** (⌚ Juni–Aug. 14, 16 & 18 Uhr) nach. **Hickoks Mord** (657 Main St; ⌚ Juni–Mitte Sept. 13, 15, 17 & 19 Uhr) wird im Saloon No. 10 nachgestellt. Ein **Prozess** (Ecke Main & Pine Sts; ⌚ 20 Uhr) gegen einen der Mörder findet im Tempel der Freimaurer statt.

Downtown lässt sich gut zu Fuß erkunden, doch die auf Alt getrimmte **Straßenbahn** (1 US$ pro Fahrt) kann sehr praktisch sein, um sich zwischen den Attraktionen, Hotels und Parkplätzen zu bewegen.

Mount Moriah Cemetery HISTORISCHE STÄTTE
(Erw./Kind 1/0,50 US$; ⌚ Sommer 8–20 Uhr, übriges Jahr 8–17 Uhr) Calamity Jane (geb. Martha Canary, 1850–1903) und Hickok (1847–1876) ruhen Seite an Seite auf dem sehr steilen Friedhof oben auf dem Boot Hill. Unterhaltsame Bustouren (Erw./Kind 9/5 US$) beginnen stündlich in der Main St.

Deadwood History & Information Center MUSEUM
(☎ 800-999-1876; www.deadwood.org; Pine St; ⌚ Sommer 8–19 Uhr, übriges Jahr 9–17 Uhr) Das wundervolle Zentrum im restaurierten Bahndepot hat bergeweise Besucherinfos sowie Exponate und Fotos zur Stadtgeschichte.

Adams Museum MUSEUM
(www.deadwoodhistory.com; 54 Sherman St; Eintritt gegen Spende; ⌚ Sommer tgl. 9–17 Uhr, übriges Jahr Di–Sa 10–16 Uhr) Fängt die illustre Vergangenheit der Stadt ausgezeichnet ein.

Days of '76 Museum MUSEUM
(www.daysof76museum.com; 18 76 Dr; Erw./Kind 5,50/2,50 US$; ⌚9–17 Uhr, Sept.–April So geschl.) Das neuerdings erweiterte Museum dokumentiert hervorragend, wie das hiesige Leben rund um das Jahr 1876 verlief.

Schlafen

In den Kasinos stehen Hungrigen Buffets mit viel billigem Essen zur Verfügung. Es gibt Motels mitten im Zentrum, also nicht von den neueren verleiten lassen, die weit außerhalb liegen!

Deadwood Dick's HOTEL $$
(☎605-578-3224; www.deadwooddicks.com; 51 Sherman St; Zi. 60–160 US$; ❄📶) Die anheimelnden, eigenwilligen Zimmer (von kleinen DZ bis zu großen Suiten mit Küche) sind mit Möbeln aus dem Antiquitätengeschäft des Besitzers eingerichtet, das sich im Erdgeschoss befindet. Die stimmungsvolle Bar ist im Erdgeschoss neben dem Laden untergebracht.

Bullock Hotel HISTORISCHES HOTEL $$
(☎605-578-1745; www.historicbullock.com; 633 Main St; Zi. 75–160 US$; ❄📶) Fans der Fernsehserie werden sich an den hin und her gerissenen, aber aufrechten Sheriff Seth Bullock erinnern. Dieses Hotel wurde 1895 vom echten Bullock eröffnet. Die 28 Zimmer sind modern und komfortabel, haben sich aber den historischen Charme des Gebäudes bewahrt.

Essen & Ausgehen

Saloon No. 10 BAR
(www.saloon10.com; 657 Main St; Hauptgerichte 10–25 US$; ⌚Essen 12–22 Uhr, Bar 8–2 Uhr) Dunkle getäfelte Wände und Sägespäne auf dem Fußboden zeichnen diese sagenumwobene Bar aus. Die ursprüngliche Kneipe, in der Bill Hickok wirklich alles verlor, stand auf der anderen Straßenseite, doch das Gebäude brannte bis auf die Grundmauern nieder, und die Besitzer verlegten das Ganze dann hierher. Es gibt eine Dachbar und ordentliches, italienisch angehauchtes Essen.

Lead

Am Berg oberhalb von Deadwood liegt Lead (ausgesprochen *„lied"*) mit seinem unrestaurierten Charme und immer noch vielen Narben aus der Bergbauzeit. Ein Blick in die 381 m tiefe **Homestake Gold Mine** (☎605-584-3110; www.homestaketour.com; 160 W Main St; Aussichtsbereich frei, Führung Erw./Kind 7,50/6,50 US$; ⌚Führung Mai–Sept. 9–16 Uhr) verrät, was der Tagebau einem Berg antun kann. In der Nähe liegen die Schächte derselben Mine, die mehr als 2,4 km in die Tiefe führen und heute für physikalische Forschungen genutzt werden.

Das **Main Street Manor Hostel** (☎605-717-2044; www.mainstreetmanorhostel.com; 515 W Main St; Pers./B 25/50 US$; ⌚Dez. & Jan. geschl.; ❄📶) ist ein echtes Schmuckstück. Gäste können in dieser ausgesprochen freundlichen Unterkunft die Küche, den Garten und die Waschküche benutzen.

US 385

Der US 385, die malerische Achse der Black Hills, zieht sich 90 Meilen (145 km) von Deadwood nach Hot Springs und dahinter noch weiter. Zwischen schönen Wiesen und dunklen Nadelwäldern finden sich am Stra-

SOUTH DAKOTA: ABSTECHER & EXTRAS

Große Gebiete South Dakotas blieben unverändert, seit hier im 19. Jh. die amerikanischen Ureinwohner und die US-Armee zusammenstießen. Entlang des **Native American Scenic Byway** (www.byways.org) kann man das Land sehen, wie es damals war. Er beginnt in Chamberlain am Hwy 50 und folgt dem Hwy 1806 und dem Missouri in vielen Kurven 100 Meilen (161 km) Richtung Nordwesten nach Pierre. Die Fahrt führt durch raue, hügelige Landschaften und ist ein schöner Abstecher von der I-90.

Der **Highway 14** verläuft mitten durch den Staat; bei Brookings (Exit 133) kreuzt er die I-29 und führt dann nach Westen durch De Smet nach Pierre und weiter nach Wall. Der Highway schlängelt sich durch ein Meer aus Grasland einem weiten Horizont entgegen, der Himmel darüber leuchtet bei den langen Sonnenuntergängen in bunten Farben.

Ganz abgelegen in der Nordwestecke South Dakotas liegt der **Petrified Wood Park** (500 Main St; ⌚Park 24 Std., Museum Juni–Aug. 9–17 Uhr), eine Sammlung geologischer Kuriositäten aus den 1930er-Jahren, die im Zentrum der kleinen Stadt **Lemmon** einen ganz Block einnimmt.

ßenrand Attraktionen, zu denen Kängurus, Misteln und natürlich Elvis zählen.

Hill City

Hill City (www.hillcitysd.com) ist einer der ansprechendsten Orte in den Black Hills und weniger hektisch als z. B. Keystone. An der Hauptstraße gibt's Cafés und Galerien.

Der ★ **1880 Train** (www.1880train.com; 222 Railroad Ave; Erw./Kind hin & zurück 28/12 US$; ⏲ Anfang Mai–Mitte Okt.) ist ein klassischer Dampfzug, der durch die zerklüftete Landschaft von und nach Keystone fährt. Ein Eisenbahnmuseum befindet sich neben dem Bahnhof.

Direkt im Ortszentrum bietet das 1886 erbaute **Alpine Inn** (☎ 605-574-2749; www.alpineinnhillcity.com; 133 Main St; Zi. 80–160 US$) komfortable, ganz in Rot gehaltene Zimmer und herzhaftes deutsches Essen. Am Abend kann man im **Desperados** (301 Main St; Hauptgerichte 9–20 US$; ⏲ 11.30–21 Uhr) beim Essen (am besten nimmt man einen Burger) den Wildwestcharme auf sich wirken lassen.

Mount Rushmore

Auf den Straßen, die zu diesem unglaublich populären Denkmal führen, versetzt der Anblick von Washingtons Nase Touristen immer wieder in Erstaunen, doch ist das nur ein Vorgeschmack auf die volle Wirkung dieser aus dem Berghang gearbeiteten Skulpturen, wenn man sie aus der Nähe betrachtet (nachdem man den weniger eindrucksvollen Parkplatz und den Zugangsweg hinter sich gelassen hat). Denn nun sieht man die 18 m hohen Granitköpfe von George Washington, Thomas Jefferson, Abraham Lincoln und Theodore Roosevelt in voller Pracht in die Ferne glotzen.

Zum Glück kann man den Massen leicht entkommen und das ungeheuer populäre **Mount Rushmore National Memorial** (www.nps.gov/moru; abseits des Hwy 244; Parken 11 US$; ⏲ Sommer 8–22 Uhr, übriges Jahr 8–17 Uhr) in vollen Zügen genießen, die künstlerischen Fähigkeiten des Bildhauers Gutzon Borglum und die ungeheure Leistung der Arbeiter bestaunen, die das Denkmal zwischen 1927 und 1941 schufen.

Der **Presidential Trail** führt als Rundweg ganz nahe unter dem Monument vorbei, sodass man den Präsidenten in die Nase schauen kann. Außerdem liegt an ihm auch das faszinierende **Bildhaueratelier**. Wenn man dem Weg im Uhrzeigersinn folgt, steht man schon nach weniger als fünf Minuten direkt unter Washingtons Nase. Ein **Naturpfad** rechts neben dem Eingang verbindet den Aussichts- mit dem Parkplatzbereich und führt durch einen Kiefernwald. Auf diesem Weg kann man den Massen und der Kommerzialisierung gut entkommen.

Die offiziellen **Information Centers** des National Park Service haben ausgezeichnete Buchläden, deren Einnahmen dem Park zugutekommen. Den kitschigen Souvenirladen Xanterra und das scheußliche Carvers Cafe kann man getrost vergessen: Letzteres sah in dem Film *Der unsichtbare Dritte* als Schauplatz der vorgetäuschten Ermordung von Cary Grant weit besser aus. Das **Hauptmuseum** ist mittelprächtig, aber in dem faszinierenden Bildhaueratelier wird eindrucksvoll von der Entstehungsgeschichte des Denkmals berichtet.

MOUNT RUSHMORES FÜNFTER PRÄSIDENT

Nur vier Präsidenten am Mt. Rushmore, stimmt's? Vielleicht ja doch nicht, denn die Natur könnte einen fünften geschaffen haben. Man fährt vom Parkplatz-Eingang des Mt. Rushmore 1,3 Meilen (2,1 km) auf dem Hwy 244 (von Keystone weg) gen Nordwesten und achtet auf die steile Felswand, die die Rückseite des Mt. Rushmore bildet. Hier hält man an und sinniert darüber nach, zu welchem Präsidenten die etwas gruselige Form auf der Felswand wohl gehört. Das Ergebnis könnte etwas mit den eigenen politischen Ansichten zu tun haben …

Keystone

Die Mt. Rushmore am nächsten gelegenen Unterkünfte und Restaurants befinden sich in Keystone, einer einstigen Bergbausiedlung, die heute ganz von den Besuchern des Monuments lebt. Kitschige Motels und Billigläden buhlen hier um Kundschaft, doch immerhin bekommt man im **Teddy's Deli** (236 Winter St; Hauptgerichte ab 5 US$; ⏲ Sommer 9–21 Uhr, übriges Jahr kürzere Öffnungszeiten) großartige Sandwiches.

Sehenswertes

Crazy Horse Memorial DENKMAL
(www.crazyhorsememorial.org; US 385; Pers./Auto 10/27 US$; ⏲ Sommer 8 Uhr–Sonnenuntergang,

übriges Jahr bis 17 Uhr) Das mit 172 m Höhe weltgrößte Denkmal ist immer noch im Bau, und zu seiner Vollendung fehlt noch viel. Wenn es fertig ist, wird es den Sioux-Häuptling hoch zu Ross zeigen, wie er zum Horizont deutet und die Worte spricht: „Mein Land ist dort, wo meine Toten ruhen".

Die Stammesführer der Lakota-Sioux wollten ein Denkmal schaffen, das ein Gegengewicht zu den Präsidentenporträts am Mt. Rushmore werden sollte. Denkmalwürdig erschien ihnen Crazy Horse, ein Häuptling, der sich niemals fotografieren ließ und nie einen bedeutungslosen Vertrag unterzeichnete. 1948 begann der unermüdliche aus Boston stammende Bildhauer Korczak Ziolkowski mit den Sprengarbeiten an dem Granitfelsen. Seit seinem Tod im Jahr 1982 setzt seine Familie die Arbeit fort. Viele amerikanische Ureinwohner lehnen übrigens das Denkmal als eine Entweihung heiligen Bodens ab.

Niemand kann voraussagen, wann die Skulptur fertig werden wird – das Antlitz des Häuptlings wurde 1998 der Öffentlichkeit gezeigt. An Sommerabenden erzählt eine recht eindrucksvolle **Lasershow** die Geschichte und Geschichten rund um das Denkmal.

Zum Komplex des **Visitor Center** gehören ein Museum der amerikanischen Ureinwohner, ein Kulturzentrum, in dem man Kunsthandwerker bei der Arbeit beobachten kann, sowie Ziolkowskis Atelier. Ein Bus bringt Besucher an den Fuß des Berges.

Custer State Park

Der einzige Grund dafür, dass der 287 km² große **Custer State Park** (www.custerstatepark.info; 7-Tages-Pass 15 US$/Fahrzeug) kein Nationalpark ist, liegt darin, dass der Staat ihn sich zuerst „geschnappt" hat. Hier leben eine der größten freilaufenden Bisonherden der Welt (ca. 1500 Tiere), die berühmten *begging burros* (Esel, die Besucher anbetteln) und über 200 Vogelarten. Außerdem gibt es hier Elche, Gabelantilopen, Bergziegen, Dickhornschafe, Kojoten, Präriehunden, Berglöwen und Rotluchse.

Das **Peter Norbeck Visitor Center** (☎605-255-4464; www.custerstatepark.info; US 16A; ⏲Sommer 8–20 Uhr, übriges Jahr 9–17 Uhr) liegt im östlichen Teil des Parks. Das Zentrum zeigt gute Ausstellungen und bietet verschiedene Aktivitäten wie Vorführungen des Goldwaschens und geführte naturkundliche Wanderungen an. Im nahe gelegenen **Black Hills Playhouse** (www.blackhillsplayhouse.com; Karten Erw./Kind 32/15 US$; ⏲Juni–Mitte Aug. Spielplan variiert) finden im Sommer Theateraufführungen statt.

Durch den Park führen zwei großartige Autostrecken. Die eine ist die 29 Meilen (47 km) lange **Wildlife Loop Road**, die sich über ein paar furcheinflößende Steinbrücken und durch wunderbare Bergwiesen schlängelt, und die andere ist der unglaubliche, 14 Meilen (23 km) lange **Needles Highway** (SD 87). Der Highway hat auch an beiden Enden Anschluss an den US 385.

Das absolute Highlight jedoch ist die **Iron Mountain Road** (Hwy 16A). Der Abschnitt zwischen dem Westeingang zum Park und Keystone ist eine 16 Meilen (26 km) lange Achterbahnfahrt über hölzerne Brücken und durch enge Tunnel, mit scheinbaren Loopings und tollen Aussichten.

Eine Wanderung durch die mit Kiefern bewachsenen Hügel und das Prärie-Grasland (auf Klapperschlangen achten!) ist eine tolle Möglichkeit, sich Tiere und Felsformationen anzuschauen. Die **Trails** durch Sylvan Lake Shore, Sunday Gulch, Cathedral Spires und French Creek Natural Area sind alle sehr empfehlenswert.

Zelten kann man auf acht **Campingplätzen** (☎800-710-2267; www.campsd.com; Stellplatz f. Zelt 18–27 US$) im ganzen Park. Vier davon vermieten auch gut ausgestattete Hütten für 47 US$ pro Nacht. Im Sommer sollte man unbedingt reservieren.

Das **Zelten im Hinterland** (6 US$/Nacht & Pers.) ist in der French Creek Natural Area erlaubt. Im Park gibt es auch vier imposante **Resorts** (☎888-875-0001; www.custerresorts.com) mit einem Mix aus Zimmern und Hütten. Die Preise beginnen bei 95 US$ und werden noch viel höher. Es empfiehlt sich, lange im Voraus zu reservieren. In der Stadt **Custer**, dem Hauptzugang zum Park, gibt es zahlreiche Hotels und Restaurants.

Wind Cave National Park

Dieser Park, in dem 114 km² Grasland geschützt sind, liegt gleich südlich vom Custer State Park. Das wichtigste Highlight ist natürlich die Höhle, in der sich 212 km kartografierte Gänge befinden. Das herausragende Merkmal sind die kassettenartigen Kalzitformationen (95 % aller bekannten befinden sich hier), die wie Waben aussehen und 60 bis 100 Mio. Jahre alt sind. Die starken Windböen, die am Eingang, nicht aber in der Höhle selbst zu spüren sind, gaben der Höhle ihren Namen. Im **Visitor Center** (www.nps.gov/wica; ⌚Sommer 9–18 Uhr, übriges Jahr kürzere Öffnungszeiten) erfahren Besucher Genaueres zu den verschiedenen angebotenen **Touren** (☎Reservierung 605-745-4600; Erw. 7–23 US$, Kind 3,50–4,50 US$). Die vierstündige Wild Cave Tour ist geradezu eine Orgie für Höhlenforscher.

Wandern ist im Park sehr beliebt. In ihm verläuft das südliche Ende des 179 km langen **Centennial Trails** nach Sturgis. Auf dem **Campingplatz** (Stellplätze 12 US$) findet man normalerweise immer einen Platz. Auf einigen speziellen Gebieten ist das Zelten im Hinterland erlaubt (mit Genehmigung kostenlos).

Jewel Cave National Monument

Die Juwel Cave, eine weitere der vielen faszinierenden Höhlen in den Black Hills, liegt 13 Meilen (20,9 km) westlich von Custer am US 16. Sie erhielt ihren Namen nach den Kalzitkristallen, die fast alle ihre Wände bedecken. Bislang wurden 233 km kartografiert, womit sie die zweitlängste bekannte Höhle der Erde ist, doch wahrscheinlich ist sie tatsächlich die längste. Die **Führungen** (Erw. 4–27 US$, Kind frei–4 US$) unterscheiden sich nach Länge und Schwierigkeit; die Plätze werden ohne Reservierung im **Visitor Center** (www.nps.gov/jeca; ⌚Sommer 8–17.30 Uhr, übriges Jahr bis 16.30 Uhr) vergeben. Wer nur eine Höhle in den Black Hills besichtigen will, trifft mit dieser eine gute Wahl.

Hot Springs

Die erstaunlich hübsche Stadt, die südlich der Hauptrunde durch die Black Hills liegt, weist kunstvolle rote Sandsteingebäude aus den 1890er-Jahren auf und hat warme Mineralquellen, die in den Fall River fließen.

An den **Kidney Springs**, gleich südlich vom **Visitor Center** (☎800-325-6991; www.hotsprings-sd.com; 801 S 6th St; ⌚Sommer 9–19 Uhr) kann man seine Wasserflasche auffüllen. Die 11 Meilen (18 km) südlich am US 71 liegenden **Cascade Falls** mit einer ganzjährigen Wassertemperatur von 22 °C laden zum Baden ein. Im **Evans Plunge** (www.evansplunge.com; 1145 N River St; Erw./Kind 12/10 US$; ⌚Sommer 10–21 Uhr, übriges Jahr kürzere Öffnungszeiten), einem riesigen überdachten Wasserpark, der sein Wasser aus einer geothermischen Quelle erhält, beträgt die Wassertemperatur das ganze Jahr über warme 30,5 °C.

Die bemerkenswerte **Mammoth Site** (www.mammothsite.com; 1800 US 18 Bypass; Erw./Kind 9/7 US$; ⌚15. Mai–15. Aug. 8–20 Uhr, übriges Jahr kürzere Öffnungszeiten) ist die größte unverändert belassene Fossilienfundstätte des Landes. Hier verendeten vor ca. 26 000 Jahren Hunderte Tiere in einem Krater.

Das ★ **Red Rock River Resort** (☎605-745-4400; www.redrockriverresort.com; 603 N River St; Zi. 85–170 US$; ❄📶) bietet im Zentrum gemütliche und stilvolle Zimmer in einem schönen Gebäude von 1891 an, außerdem gibt es einen Wellnessbereich (Tageskarte für Nichtgäste 25 US$).

NEBRASKA

Wer Nebraska nur als 480 Meilen (768 km) Ödnis an der I-80 betrachtet, verpasst eine Menge. Der Cornhusker State (in dem tatsächlich viel Getreide wächst) besitzt wunderschöne Flusstäler und ist an vielen Stellen so karg und öde, dass es einen in Trance versetzen könnte. Die Spuren der Vergangenheit – große Fundstätten von Dinosaurierüberresten, Zeugnisse der Kultur der amerikanischen Ureinwohner und der harten Arbeit der Siedler – erzählen von einer dramatischen Geschichte. Neben vielen klei-

KURZINFOS NEBRASKA

Spitzname Cornhusker State

Bevölkerung 1,86 Mio.

Fläche 200 361 km²

Hauptstadt Lincoln (262 000 Ew.)

Weitere Städte Omaha (415 000 Ew.)

Verkaufssteuer 5,5–7 %

Geburtsort von Tänzer Fred Astaire (1899–1987), Schauspieler Marlon Brando (1924–2004), Schauspielerin Hilary Swank (geb. 1974), Bürgerrechtsführer Malcolm X (1925–1965)

Heimat der Generäle der Air Force

Politische Ausrichtung Republikaner durch und durch

Berühmt für Johnny Carson, Mais

Offizielles Getränk Milch

Entfernungen Omaha-Grenze nach Wyoming auf der I-80 480 Meilen (772 km), Omaha–Kansas City 186 Meilen (299 km)

nen Ortschaften im Land bieten die beiden Großstädte Omaha und Lincoln urbanes Leben und Kultur.

Wer dieses sich lang hinziehende, gleichförmige Land richtig kennenlernen will, der sollte die Nebenstraßen benutzen: nämlich den US 30 anstelle der I-80, den US 20 in die Black Hills oder den einsamen und prachtvollen US 2.

Praktische Informationen

Nebraska Association of Bed & Breakfasts (877-223-6222; www.nebraskabb.com)

Nebraska State Parks (Reservierungen 402-471-1414; www.outdoornebraska.ne.gov) Die Genehmigung für Autos kostet 5/21 US$ pro Tag/Jahr. Für einige Campingplätze in beliebten Parks sind Reservierungen möglich, Stellplätze kosten 7 bis 26 US$ pro Nacht.

Nebraska Tourism Commission (888-444-1867; www.visitnebraska.com)

Omaha

Vorsicht ist geboten, falls man nur einen kurzen Zwischenstopp in Omaha einlegen will. Angesichts des Kopfsteinpflasters und der Backsteingebäude um den Old Market in der Innenstadt, einer munteren Musikszene und mehrerer guter Museen kann aus einem Aufenthalt von ein paar Stunden leicht einer von mehreren Tagen werden. Zumindest lebt der Milliardär Warren Buffett hier – und der kann so falsch nicht liegen.

Omaha wurde als Verkehrsknotenpunkt groß. Seine Lage am Missouri und die Nähe zum Platte River machten den Ort zu einer wichtigen Zwischenstation auf dem Weg nach Oregon, Kalifornien und ins Mormonengebiet; später erstreckte sich die Union Pacific Railroad von hier aus nach Westen. Heute gehört Omaha landesweit zu den Top Ten, was die Anzahl der Milliardäre betrifft, und viele umsatzstarke Unternehmen haben hier ihren Sitz.

Sehenswertes & Aktivitäten

Es ist leicht, den Großteil des Omaha-Besuchs auf dem **Old Market** zu verbringen, der am Rand Downtowns am Fluss liegt. Dieses zu neuem Leben erweckte Lagerhallengebiet ist voller Nachtclubs, Restaurants und schicker Geschäfte, die sich nicht verstecken müssen, wenn es um Ästhetik, Energie und Eleganz geht. Die Parks in der Nähe locken mit Brunnen und Spazierwegen am Wasser.

★ Durham Museum — MUSEUM

(402-444-5071; www.durhammuseum.org; 801 S 10th St; Erw./Kind 9/6 US$; Di 10–20, Mi–Sa bis 17, So 13–17 Uhr) In der hoch aufragenden Union Station, einem Art-déco-Bauwerk, befindet sich ein bemerkenswertes Museum. Es widmet sich der regionalen Geschichte, von der Expedition von Lewis und Clark bis zu den Zügen, die hier einst hielten, und macht das Beste aus der schönen Räumlichkeit. Der Soda Fountain serviert noch immer Hotdogs und *phosphate soda.*

Das Museumspersonal bietet im Sommer an mehreren Tagen der Woche verschiedene thematische **historische Führungen** durch die Stadt Omaha und zu ihrer Geschichte (20 US$) an.

Flussufer — WAHRZEICHEN

(8th St & Riverfront Dr) Das Ufergelände des Missouri in Downtown wurde mächtig aufgepeppt. Zu den Highlights zählen die architektonisch bemerkenswerte **Bob Kerry Pedestrian Bridge**, die nach Iowa hinüberführt, der **Heartland of America Park** mit Springbrunnen und üppigen botanischen Anlagen und die **Lewis & Clark Landing**, wo die Entdecker 1804 an Land gingen. Am Ufer befindet sich auch das **Lewis & Clark National Historic Trail Visitor Center** (www.nps.gov/lecl; 601 Riverfront Dr; Sommer 9–17 Uhr, restl. Jahr nur Mo–Fr).

Joslyn Art Museum — MUSEUM

(www.joslyn.org; 2200 Dodge St; Di–Sa 10–16, So 12–16, Do bis 20 Uhr) GRATIS Das vielfach bewunderte, architektonisch imposante Museum besitzt eine großartige Sammlung europäischer und amerikanischer Kunst aus dem 19. und 20. Jh. Es gibt auch eine gute Auswahl von Werken, die Szenen aus dem amerikanischen Westen darstellen, und einen anregenden Skulpturengarten.

★ Union Pacific Railroad Museum — MUSEUM

(www.uprr.com; 200 Pearl St, Council Bluffs, IA; Di–Sa 10–16 Uhr) GRATIS Gleich jenseits des Flusses liegt im niedlichen kleinen Stadtzentrum von Council Bluffs, IA, dieses prächtige Museum, das die Geschichte der profitabelsten Eisenbahn der Welt erzählt, jenes Unternehmens, das in den 1860er Jahren von hier aus den Ausbau der Transkontinentalstrecke gen Westen vorantrieb. Lustig ist das Bild von Ronald Reagan mit seinem Schauspielerkumpel, dem Schimpansen Bonzo, bei einer Zugfahrt.

Schlafen

Eine gute Mischung aus Mittelklasse- und Budgethotels gibt es am US 275 nahe der 60th St, an den Exits 445 und 449 der I-80 sowie jenseits des Flusses in Council Bluffs, IA, am Exit 51 der I-29. In Old Market und Downtown finden sich mehrere Kettenhotels der Mittelklasse.

★ **Magnolia Hotel** HISTORISCHES HOTEL **$$**
(402-341-2500; www.magnoliahotelomaha.com; 1615 Howard St; Zi. 130–200 US$;) Das Boutiquehotel in einem restaurierten, 1923 im italienischen Stil erbauten Hochhaus findet sich in der Nähe von Old Market. Die 145 Zimmer sind modern und hell gestaltet. Im Preis inbegriffen sind das Frühstücksbuffet sowie Milch und Kekse vor dem Schlafengehen.

Essen & Ausgehen

Am besten schaut man sich in Old Market um und wählt selbst, was einem gefällt.

Ted & Wally's Ice Cream EIS **$**
(www.tedandwallys.com; 1120 Jackson St; Eis ab 3 US$; 11–22 Uhr) Das extra-sahnige Eis in unzähligen Geschmacksrichtungen wird täglich frisch zubereitet.

Upstream Brewing Company AMERIKANISCH **$$**
(402-344-0200; 514 S 11th St; Hauptgerichte 10–30 US$; 11–1 Uhr) In der großen, alten Feuerwache gibt es sehr würziges Bier, und der Caesar Salad enthält so viel Knoblauch, dass es einen glatt über den Missouri nach Iowa wehen könnte. Die Steaks sind dick und so, wie man das hier erwartet. Man sitzt an Tischen draußen, auf der Dachterrasse oder an der riesigen Theke.

Spencer's STEAKHAUS **$$$**
(402-280-8888; www.spencersforsteaksandchops.com; 102 S 10th St; Hauptgerichte 25–55 US$; 17–22 Uhr) Omaha ist berühmt für seine Steaks, und dieses Restaurant ist derzeit der Champion in Sachen gebratenes Fleisch. Im Preis zeigt sich, dass hier keine Kompromisse gemacht werden, aber an der zwangloseren Bar bekommt man ausgezeichnetes Essen zu einem Bruchteil des Preises (der Burger für 14 US$ ist exzellent).

Mister Toad's BAR
(1002 Howard St; 12–1 Uhr) Man nimmt draußen an den Bänken oder drinnen an einem Ecktisch Platz und studiert die Bier- und Cocktailkarte. Der Laden gibt sich bewusst rustikal und abgewetzt. Sonntagabends wird live Jazz gespielt.

ABSTECHER

AMERIKAS ERSTE SIEDLERHÖFE

Das **Homestead National Monument** (www.nps.gov/home; Hwy 4,; Heritage Center 9–17 Uhr) GRATIS liegt an der Stätte des ersten Homesteads (Siedlerhofs), das unter dem bahnbrechenden *Homestead Act of 1862* genehmigt wurde. Das Gesetz machte große Teile der heutigen USA für Siedler zugänglich, die kostenlos Land erhielten, wenn sie es bewirtschafteten. Die Pionierfamilie Freeman ist hier bestattet. Besucher können ihr rekonstruiertes Haus anschauen und hier wandern. Das Heritage Center ist ein markantes Gebäude und zeigt gute Ausstellungen. Die Stätte liegt 4 Meilen (6,4 km) westlich von Beatrice und 35 Meilen (56 km) südlich von Lincoln (über den Hwy 77). Sie befindet sich nahe dem Hwy 136, der als Scenic Byway den Namen „Heritage Highway" trägt und durch baufällige, aber faszinierende alte Städte wie Franklin führt.

Praktische Informationen

Reader (www.thereader.com) Hat einen guten Veranstaltungskalender.

Visitor Center (866-937-6624; www.visitomaha.com; 1001 Farnam St; Sommer Mo–Sa 9–18, So bis 16 Uhr, übriges Jahr kürzere Öffnungszeiten;) Nahe Old Market; hat eine gute Kaffeebar und vermietet Trek-Fahrräder (ab 10 US$/Std.).

An- & Weiterreise

Der *California Zephyr* von Amtrak hält auf der Fahrt von Nordkalifornien nach Chicago in Omaha.

Rund um Omaha

Die großen Militärflugzeuge, die man langsam über den Himmel ziehen sieht, sind wahrscheinlich auf dem Weg zu einem der großen Luftwaffenstützpunkte Omahas.

Sehenswertes

Strategic Air & Space Museum MUSEUM
(www.strategicairandspace.com; I-80 Exit 426; Erw./Kind 12/6 US$; 10–17 Uhr) Nach dem

Zweiten Weltkrieg war der Luftwaffenstützpunkt Offutt in Omaha der Sitz des Strategic Air Command der US-Luftwaffe, der mit Atombomben bestückten Staffel, die Stanley Kubrick in *Dr. Seltsam* ausführlich darstellt. Dieses Erbe wird in dem höhlenartigen Museum dokumentiert. Es hat eine riesige Sammlung von Bombern, von der B-17 bis zur B-52. Mit den Auswirkungen der Bomben beschäftigt sich das Museum allerdings nicht. Es liegt 30 Meilen (48 km) südwestlich von Omaha.

Lincoln

Lincoln bietet sich mit seinem historischen Haymarket District und der lebendigen Barszene, die dem riesigen Campus der University of Nebraska im Zentrum zu verdanken ist, für eine Übernachtungspause an. Die Hauptstadt Nebraskas ist ein guter Ort zum Leben, hier gibt es mehr Parks pro Kopf als in irgendeiner anderer amerikanischen Stadt dieser Größe.

Sehenswertes

Der Hauptcampus der **University of Nebraska** (www.unl.edu) liegt mitten im Stadtzentrum. Der Komplex ist schlicht und praktisch und bietet keine wirklichen Highlights, eignet sich aber für einen interessanten Spaziergang. Aufregung herrscht jedoch an den sechs Samstagen im Herbst, wenn das Cornhuskers-Footballteam seine Heimspiele austrägt – dann erhitzen sich die Gemüter, und die Spiele sind ausverkauft.

State Capitol WAHRZEICHEN
(www.capitol.org; 1445 K St; Führung kostenlos; Mo–Fr 8–17, Sa 10–17, So 13–17 Uhr, Führung stündl.) Von außen betrachtet stellt Nebraskas 122 m hohes, 1932 erbautes State Capitol einen bemerkenswerten Gipfel phallischer Architektur dar – wie viele andere hohe Gebäude in den Plains wird es oft als „Penis der Prärie“ bezeichnet. Das Innere ist dagegen reich an Symbolik und kombiniert seltsamerweise klassizistische mit Art-déco-Motiven. Von den Aussichtsterrassen im 14. Stock hat man einen herrlichen Blick.

Museum of Nebraska History MUSEUM
(www.nebraskahistory.org; 131 Centennial Mall N; Eintritt gegen Spende; Mo–Fr 9–16.30, Sa & So 13–16.30 Uhr) Das Museum erzählt die Geschichte des Cornhusker State, beispielsweise mit einem großen Saal über die Ureinwohner der Region.

Schlafen

Die meisten Hotels liegen nahe der I-80. Die meisten Mittelklasseoptionen konzentrieren sich um den Exit 403, viele Budgetmotels finden sich um den Exit 399. In Downtown finden sich einige Kettenhotels der Mittelklasse.

Rogers House B&B $$
(402-476-6961; www.rogershouseinn.com; 2145 B St; Zi. 90–170 US$;) Die elf Zimmer dieser Unterkunft nahe der Innenstadt verteilen sich auf zwei 100 Jahre alte Gebäude. Erfreulicherweise wurde hier beim Dekor auf den Kitsch verzichtet, den man in vielen B&Bs findet.

Essen & Ausgehen

In Lincolns **Haymarket District**, einem fußgängerfreundlichen, sechs Blocks umfassenden Lagerhausareal aus dem frühen 20. Jh., finden sich zahlreiche Cafés, Restaurants, Kaffeehäuser und Bars. Wer Lust auf Falafel, Bier und Body Shots hat, folgt den Studenten die O St hinunter bis zur 14th St.

★**Indigo Bridge** CAFÉ $
(701 P St; Hauptgerichte 0–5 US$; 8–22 Uhr;) Das nette Café in einem fantastischen Buchladen serviert den ganzen Tag hindurch Kaffee und Snacks. Montags, mittwochs und freitags gibt's zu Mittag herzhafte Bio-Suppe mit Brot, und die Gäste bezahlen nur so viel, wie sie sich leisten können.

Yia Yia's Pizza PIZZERIA $$
(1423 O St; Hauptgerichte 8–15 US$; Mo–Sa 11–13, So 11–21 Uhr) Schon mancher Kater wurde durch die klebrigen, käselastigen Pizzas dieses legendären Lokals kuriert. Die Pizzas sind hauchdünn – die Bierkarte ist dafür umso dicker. Man sitzt draußen an einem Tisch auf dem Bürgersteig oder drinnen inmitten ausgelassener Studenten.

Praktische Informationen

Das **Visitor Center** (800-423-8212; www.lincoln.org; 201 N 7th St; Mo–Do 9–18, Fr bis 20, Sa 8–14 Uhr, übriges Jahr kürzere Öffnungszeiten) befindet sich im Bahnhof Lincoln Station, wo der Amtrak-Zug *California Zephyr* hält.

Entlang der I-80

Kurz hinter Lincoln zieht sich die I-80 auf 83 Meilen (134 km) fast schnurgerade durch die Landschaft, ehe sie dann dem Verlauf des Platte River folgt. Mehrere Ortschaften an dieser Strecke nach Wyoming entschädigen für die oft monotone Fahrt. Wann immer möglich, sollte man auf den parallel verlaufenden US 30 ausweichen, auf dem man von einem interessanten Städtchen in das nächste kommt; **Gothenburg** am Exit 211 ist besonders attraktiv. Die Straße folgt die gesamte Zeit der vielbefahrenen Eisenbahnhauptstrecke der Union Pacific (UP).

Grand Island

Das ★**Stuhr Museum of the Prairie Pioneer** (www.stuhrmuseum.org; I-80 Exit 312, 3133 W Hwy 34; Erw./Kind 8/6 US$; ⌚Mo–Sa 9–17, So 12–17 Uhr) ist eine erstaunliche Kombination aus Museumsexponaten und riesigem Freilichtmuseum. Man erkennt hier, wie dramatisch sich, dank des Reichtums, den die Eisenbahn brachte, die Wohnsituation zwischen 1860 und 1890 verbesserte.

Stromaufwärts von Grand Island rasten am Platte River während des Vogelzugs im Frühjahr (Mitte Feb.–Anfang April) 500 000 Kanadakraniche (80 % der weltweiten Bestände) und 15 Mio. Wasservögel. Das **Nebraska Nature & Visitor Center** (www.nebraskanature.org; I-80 Exit 305; Eintritt frei, Tour 25 US$; ⌚ganzjährig Mo–Sa 9–17 Uhr, März tgl. 8–18 Uhr) ist ein guter Ort, um das Fernglas auszupacken.

Kearney

Das **Great Platte River Road Archway Monument** (www.archway.org; Erw./Kind 12/5 US$; ⌚Sommer 9–18 Uhr, übriges Jahr kürzere Öffnungszeiten) erstreckt sich östlich von Kearney nahe dem Exit 272 unerwartet über die I-80. Die Multimedia-Ausstellung erzählt eine spannende Geschichte von den Menschen, die diese Route schon benutzt haben – von jenen, die einst in Planwagen kamen, bis zu jenen, die heute die Interstate hinunterflitzen.

Wie in allen Ortschaften an der I-80 gibt es auch in Kearney keinen Mangel an Motels in der Nähe der Autobahn. Eine gute eigenständige Unterkunft ist das **Midtown Western Inn** (☎308-237-3153; www.midtownwesterninn.com; 1401 2nd Ave; Zi. 50–80 US$; ❄📶🏊) mit klassischem Motelflair und riesigen, sauberen Zimmern.

In der kompakten Innenstadt, nahe dem US 30 und der vielbefahrenen Hauptstrecke der Union Pacific, finden sich gute Cafés und Bars, darunter die **Thunderhead Brewing Co** (www.thunderheadbrewing.com; 18 E 21st St; Hauptgerichte 5–10 US$; ⌚12–1 Uhr), die ein feines dunkles Weizenbier herstellt und Pizza serviert.

North Platte

In North Platte, einem Mekka für Eisenbahnfans, befindet sich 2 Meilen (3,2 km) nördlich des US 30 der **Buffalo Bill Ranch State Historical Park** (www.outdoornebraska.ne.gov; 2921 Scouts Rest Ranch Rd; Haus Erw./Kind 2/1 US$, Auto 5 US$; ⌚Sommer tgl. 9–17 Uhr, Mitte März–Mai & Sept.–Mitte Okt. Mo–Fr bis 16 Uhr). Im einstigen Wohnhaus von Bill Cody, dem Vater des Rodeos und der berühmt-berüchtigten Wildwestshow, befindet sich ein vergnügliches Museum, das sein buntes Leben widerspiegelt.

Vom **Golden Spike Tower** (www.goldenspiketower.com; 1249 N Homestead Rd; Erw./Kind 7/5 US$; ⌚Sommer Mo–Sa 9–19, So ab 13 Uhr, übriges Jahr bis 17 Uhr), einem achtstöckigen Beobachtungsturm mit Aussichtsterrassen drinnen und draußen, bietet sich ein weiter Ausblick auf den **Bailey Yard** der Union Pacific, den größten Rangierbahnhof der Welt. Man erreicht den Turm über den Exit 177 von der I-80.

NEBRASKA: ABSTECHER & EXTRAS

Carhenge (www.carhenge.com) ist eine Nachbildung von Stonehenge aus 38 ausrangierten Autos, die jedes Jahr 80 000 DeSoto-Druiden anlockt. Die kunstvolle Reproduktion erhebt sich auf einem Feld und liegt 3 Meilen (4,8 km) nördlich von Alliance am Hwy 87, östlich des US 385, jener Straße zu den Black Hills.

Das **Scotts Bluff National Monument** ist seit Jahrhunderten ein Leuchtfeuer für Reisende. Es erhebt sich 244 m über die flachen Ebenen des westlichen Nebraskas und war in der Mitte des 19. Jhs. eine wichtige Station auf dem Oregon Trail. Noch heute sind im Park Wagenspuren zu sehen. Das **Visitor Center** (www.nps.gov/scbl; 5 US$/Fahrzeug; ⌚9–17 Uhr) zeigt Ausstellungen und hat Informationen zu Wanderungen und Autotouren. Es liegt südlich der Stadt Scottsbluff abseits des US 26.

Entlang des US 20

Je weiter man auf dem US 20 nach Westen fährt, desto größer werden die Abstände – und Sandhills – zwischen den Städten, Bäumen und Pick-up-Trucks. Das westliche Ende der Straße, das als **Bridges to Buttes Byway** bekannt ist, führt durch ein Nebraska, an dem die Zeit spurlos vorbeigegangen zu sein scheint. Es lohnt sich, auf die geologischen Besonderheiten zu achten, die sich inmitten der weiten, grünen Hügel auftun.

Royal

In den **Ashfall Fossil Beds** (www.ashfall.unl.edu; 86930 517th Ave; Eintritt 5 US$ zzgl. Fahrzeuggenehmigung 5 US$; ⏲ Mo–Sa 9–17, So 11–17 Uhr, Mai & Sept.–Mitte Okt. kürzere Öffnungszeiten), 8 Meilen (13 km) nordwestlich der Stadt, kann man Paläontologen bei der Arbeit beobachten. Hier sind die ausgegrabenen prähistorischen Skelette Hunderter Tiere zu sehen, u. a. von Nashörnern, die vor 12 Mio. Jahren im heutigen Idaho bei einer Explosion, die an die in Pompeji erinnert, unter Asche begraben wurden.

Valentine

Glücklicherweise versucht „America's Heart City" nicht, ihrem Namen alle Ehre zu machen und ihn auszuschlachten. Der Ort liegt am Rand der Sandhills und ist ein guter Ausgangspunkt, um die gewundenen Schluchten des staatlich geschützten **Niobrara National Scenic River** (www.nps.gov/niob) mit dem Kanu, dem Kajak oder in einem Reifenschlauch zu durchqueren. Der Fluss führt mitten durch das **Fort Niobrara National Wildlife Refuge** (www.fws.gov/fortniobrara; Hwy 12; ⏲ Visitor Center Juni–Aug. tgl. 8–16.30 Uhr, übriges Jahr Wochenende geschl.). Bei Touren im Auto begegnet man Bisons, Wapitis und anderen Tieren.

Im Sommer kommen viele Besucher, um sich flussabwärts treiben zu lassen. Die nackten Kalksteinklippen, üppigen Wälder und von Quellen gespeisten Wasserfälle an den Ufern strafen alle Klischees vom „flachen Nebraska" Lügen. Die meisten Floßfahrten beginnen in Valentine (www.visitvalentine.com).

Northern Panhandle

Einen Eindruck vom harten Leben der frühen Siedler vermittelt das **Museum of the Fur Trade** (www.furtrade.org; abseits des US 20; Erw./Kind 5 US$/frei; ⏲ Mai–Okt. 8–17 Uhr) 3 Meilen (4,8 km) östlich von Chadron. Zum Museum gehört der restaurierte Bordeaux Trading Post, ein Handelsposten mit einem Grasdach, in dem zwischen 1837 und 1876 Pelze gegen Gewehre, Decken und Whiskey eingetauscht wurden.

4 Meilen (6,4 km) westlich von Crawford liegt der **Fort Robinson State Park** (www.outdoornebraska.ne.gov; Hwy 20; 5 US$/Auto; ⏲ Sonnenaufgang–Sonnenuntergang). Es gibt ein Museum, Stellplätze und Hütten. Hier wurde der Indianer Crazy Horse 1877 ermordet, während er sich in Gefangenschaft befand.

Von Harrison aus führt ein 23 Meilen (36,8 km) langer Abstecher auf dem beschaulichen Hwy 29 nach Süden zum **Agate Fossil Beds National Monument** (☎ 308-668-2211; www.nps.gov/agfo; ⏲ Sommer 9–17 Uhr, übriges Jahr 8–16 Uhr) GRATIS, einer Fundstelle ungewöhnlicher, 20 Mio. Jahre alter Fossilien. Die Ausstellung von Artefakten der amerikanischen Ureinwohner ist klein, aber ausgezeichnet.

SCENIC DRIVE: DIE SANDHILLS VON NEBRASKA

Nebraskas **Hwy 2** zweigt bei Grand Island von der I-80 nach Nordwesten ab und führt 272 Meilen (438 km) durch Broken Bow bis nach Alliance im Panhandle. Er durchquert eines der abgelegensten Gebiete des Landes, die einsamen und zauberhaften **Sandhills** – 49 000 km² grasbedeckter Sanddünen. Das ist es, das wahre Reisen in den Great Plains: Der Wind pfeift in den Ohren, in der Ferne erklingt der Ruf eines Falken, und der Himmel ist einfach endlos.

KANSAS

Böse Hexen und gelbe Ziegelsteinwege, hitzige Auseinandersetzungen um die Sklaverei und Tornados, die so stark sind, dass sie ganze Städte in Schutt und Asche legen – das sind die fantasievolleren Vorstellungen, die man von Kansas haben kann. Doch die goldenen, sich in alle Himmelsrichtungen wiegenden Getreidefelder sind das typischste – und auch realistischste – Klischee.

KURZINFOS KANSAS

Spitzname Sunflower State

Bevölkerung 2,9 Mio.

Fläche 213109 km²

Hauptstadt Topeka (128200 Ew.)

Weitere Städte Wichita (385000 Ew.)

Verkaufssteuer 6,3–9,8 %

Geburtsort der Flugpionierin Amelia Earhart (1897–1937), der radikalen Abstinenzlerin Carrie Nation (1846–1911), des Fernsehmoderators Dr. Phil (geb. 1950), von Pizza Hut (gegründet 1958), der Singer-Songwriterin Melissa Etheridge (geb. 1961)

Heimat von Dorothy und Toto (berühmt aus dem *Zauberer von Oz*)

Politische Ausrichtung sehr konservativ

Berühmt für Weizen

Offizielles Lied *Home on the Range*

Entfernungen Wichita–Kansas City 200 Meilen (322 km), Dodge City–Abilene 188 Meilen (303 km)

Die grünen, welligen Hügel und der endlose Horizont sind von einer schlichten Schönheit. Orte wie Chase County begeistern diejenigen, die das Zurückhaltende schätzen. Besucher halten sich am besten an das Motto der Great Plaines: die Interstates links liegen zu lassen und stattdessen auf den zweispurigen Straßen eigene Entdeckungen zu machen. Die Website www.kansassampler.org ist eine hervorragende Informationsquelle, um die Highlights des Staates zu finden; das gilt auch für den Führer *8 Wonders of Kansas*.

Praktische Informationen

Kansas Bed & Breakfast Association (☎888-572-2632; www.kbba.com)

Kansas State Parks (www.kdwpt.state.ks.us) Fahrzeug pro Tag/Jahr 4,20/24,70 US$. Stellplätze kosten 7 bis 13 US$.

Kansas Travel & Tourism (☎785-296-2009; www.travelks.com)

Wichita

Die größte Stadt in Kansas war schon immer ein florierender Ort – von ihren frühen Tagen als Cowboystadt am Beginn des Chisholm Trails in den 1870er-Jahren bis zu ihrem heutigen Ruhm als Flugzeughauptstadt der Welt (denn rund die Hälfte aller normalen Flugzeuge, darunter Cessnas, werden hier gebaut). Wichita ist durchaus ein lohnender Zwischenstopp, der aber nicht auf Kosten der übrigen Teile des Bundesstaats gehen sollte.

Sehenswertes

Wichitas historische, ganz aus Ziegeln errichtete **Old Town** lädt zum Shoppen, Essen und Ausgehen ein und liegt im östlichen Teil von Downtown.

Im **Museums on the River District** befinden sich die ersten drei der hier aufgelisteten Sehenswürdigkeiten sowie ein botanischer Garten und ein auf Kinder ausgerichtetes Wissenschaftsmuseum. Das grüne Viertel füllt das Dreieck zwischen dem Big und dem Little Arkansas River westlich der Downtown aus.

★ Old Cowtown Museum MUSEUM

(www.oldcowtown.org; 1865 Museum Blvd; Erw./Kind 8/5,50 US$; ⌚Di–Sa 10–17 Uhr; 👪) Das Freilichtmuseum lässt den Wilden Westen wieder auferstehen (den aus dem Fernsehen). Für Kinder sind die Gebäude aus der Zeit der Pioniere, die nachgestellten Schießereien und die Führer in Cowboy-Kostümen ein riesengroßer Spaß. Die Spaziergänge hier am Fluss entlang können sehr idyllisch sein.

Mid-America All-Indian Center MUSEUM

(www.theindiancenter.org; 650 N Seneca St; Erw./Kind 7/3 US$; ⌚Di–Sa 10–16 Uhr) Die 13 m hohe Statue „Keeper of the Plains" des Künstlers Blackbear Bosin aus Wichita bewacht dieses Museum, das Kunstwerke und Artefakte der amerikanischen Ureinwohner und eine traditionelle Grashütte im Wichita-Stil präsentiert.

Exploration Place MUSEUM

(www.exploration.org; 300 N McLean Blvd; Erw./Kind ab 10/6 US$; ⌚Mo–Sa 10–17, So 12–17 Uhr; 👪) Direkt am Zusammenfluss der Flüsse steht dieses auffällige, moderne Museum mit unzähligen coolen Exponaten, darunter eine Tornadokammer, wo Besucher die 120 km/h schnellen Winde am eigenen Leib spüren können, und ein hervorragendes Erosionsmodel, das zeigt, wie Wasser ein neues kleines Kansas erschafft.

Museum of World Treasures MUSEUM
(www.worldtreasures.org; 835 E 1st St; Erw./Kind 9/7 US$; ⌚Mo–Sa 10–17, So 12–17 Uhr; 👪) Mit einem vollständigen *Tyrannosaurus Rex*, ägyptischen Mumien, Requisiten vom *Zauberer von Oz*, dem Gehstock von Abraham Lincoln, Militaria, einer „Hall of Fame" des Sports und vielem mehr hat dieses Museum für jeden etwas zu bieten.

Schlafen

Kettenmotels konzentrieren sich u.a. an der I-135, Exit 1AB, an der I-35, Exit 50, und am Hwy 96, Exits Rock Rd und Webb Rd. Am Broadway, nördlich vom Zentrum, liegen verschiedene unabhängige Budgetunterkünfte.

Hotel at Old Town HOTEL $$
(☎316-267-4800; www.hotelatoldtown.com; 830 1st St; Zi. 100–200 US$; P❄@📶) In einer 1906 erbauten Haushaltwarenfabrik der Firma Keen Kutter und mitten im Nachtleben der Old Town befindet sich dieses restaurierte Hotel. Die Zimmer haben hohe Decken und sind mit Kühlschränken und Mikrowellen ausgestattet. Außerdem gibt es ein gutes Frühstücksbuffet.

Hotel at Waterwalk HOTEL $$
(☎316-263-1061; www.hotelatwaterwalk.com; 711 S Main St; Zi. 110–180 US$; P❄📶🏊) Das moderne, geräumige Hotel liegt am südlichen Rand von Downtown. Die mit Küchen ausgestatteten Suiten haben ein oder zwei Schlafzimmer – das Haus ist also auch ideal für Familien oder zerstrittene Paare.

Essen & Ausgehen

Wichita ist der Ort, an dem Pizza Hut ins Leben gerufen wurde, aber das ist keineswegs der Gipfel der kulinarischen Genüsse der Stadt. Wer Lust auf echte mexikanische oder vietnamesische Küche hat, fährt auf dem Broadway nach Norden und sucht sich etwas aus. In Old Town gibt es einen vor Obst geradezu berstenden **Farmers Market** (www.oldtownfarmersmarket.com; 1st St & Mosley St; ⌚Mai–Okt. Sa 7–12 Uhr).

★**Doo-Dah Diner** DINER $
(www.doodahdiner.com; 206 E Kellogg Dr; Hauptgerichte 5–9 US$; ⌚Mi–So 7–14 Uhr) Ein Vorbild für alle Diner: Der brummende, bei Einheimischen sehr beliebte Laden hat erstklassiges Essen im Angebot, z.B. Corned-Beef-Hash, Arme Ritter aus Bananenbrot und Eggs Benedict.

Nu Way Cafe BURGER $
(1416 W Douglas Ave; Hauptgerichte 3–5 US$; ⌚11–21 Uhr) Die Gläser mit kaltem, hausgemachtem Root Beer (Wurzelbier) gehören zu den Highlights in der westlich von Downtown gelegenen Filiale dieser beliebten Kette aus Wichita. An altmodischen Respoal-Tischen lässt man sich die köstlichen Zwiebelringe und die Sandwiches mit zerkleinertem Fleisch schmecken.

Anchor AMERIKANISCH $$
(www.anchorwichita.com; 1109 E Douglas Ave; Hauptgerichte 7–12 US$; ⌚11 Uhr–open end) Am Rand von Old Town liegt diese alte Kneipe mit hoher Decke, gefliestem Boden, toller Bierauswahl und schmackhaftem Essen. Die Sandwiches und Burger sind fabelhaft, die Tagesgerichte himmlisch. Der Laden stellt die Ketten- und Themenbars in der Nähe vollkommen in den Schatten.

Entlang der I-70

Was der 420 Meilen (676 km) langen „Hauptstraße" von Kansas an Glamour fehlt, das macht sie durch Zweckmäßigkeit wieder wett – über sie kommt man in einem Rutsch von Kansas City bis an die Grenze zu Colorado. Die Landschaft ist eintönig, doch wie überall gibt es auch hier interessante Zwischenstopps. Westlich von Salina geht die Landschaft um die I-70 in weite, hügelige offene Ebenen mit kleinen, vom Wind gepeitschten Städten über. Zu jenen gehört Hays, das in vielen Szenen von *Paper Moon* als trostlose Kulisse zu sehen war. Verlockende Alternativrouten sind der US 50 und der US 56.

Lawrence

Lawrence liegt 40 Meilen (64 km) westlich von Kansas City und ist seit seinen Anfängen eine Insel fortschrittlicher Politik. Der Ort wurde 1854 von Gegnern der Sklaverei gegründet. Als wichtige Zwischenstation für die Underground Railroad stießen hier Sklavenhalter und Sklavenbefreier heftig aufeinander. 1863 stürmten die konföderierten Banden aus Missouri unter William Clarke Quantrill den Ort, ermordeten fast 200 Menschen und brannten nahezu alles bis auf die Grundmauern nieder. Die Stadt und ihr freisinniger Geist überlebten jedoch, sodass Erstere heute zu einem würdigen Sitz für die **University of Kansas** (KU; www.ku.edu) geworden ist.

ROUTE 66: GET YOUR KICKS IN KANSAS

Nur 13 Meilen (21 km) der Route 66 führen durch die südöstliche Ecke von Kansas, doch sie geben eine schöne Fahrt entlang dem Hwy 66 und dem US 69 ab.

Die erste Stadt hinter Joplin, **Galena**, befand sich schon im Niedergang, bevor die Blei- und Zinkgruben in den 1970er-Jahren geschlossen wurden.

3 Meilen (4, 8 km) dahinter liegt **Riverton**, von hier ist ein Schlenker von 20 Meilen (32 km) Richtung Norden nach Pittsburg möglich, um dort das berühmte Brathähnchen zu probieren (S. 736).

Die Route kreuzt nun den US 400 und führt auf der alten Route 66 zur 1923 erbauten **Marsh Rainbow Arch Bridge**, der letzten ihrer Art.

Von der Brücke sind es keine 3 Meilen (4,8 km) mehr zu den **Baxter Springs**, der Stätte eines Bürgerkriegsmassakers und zahlreicher Banküberfälle. Das vielschichtige **Baxter Springs Heritage Center** (www.baxterspringsmuseum.org; 740 East Ave; ⌚ April–Okt. Mo–Sa 10–16.30, So 13–16.30 Uhr, Nov.–März Mo–Mi geschl.) GRATIS hat dabei geholfen, eine Phillips-66-Tankstelle in das **Kansas Route 66 Visitor Center** (Ecke Military Ave & 10th St; ⌚ Mo–Sa 10–17 Uhr) zu verwandeln. Die Military Ave (US 69A) führt nach Oklahoma.

Sehenswertes

Um die hübsche **Massachusetts St**, die sich gut für einen Spaziergang eignet, liegt das ansprechende Zentrum. Dort tummeln sich Stadtbewohner und Studenten.

Spencer Museum of Art GALERIE
(www.spencerart.ku.edu; 1301 Mississippi St; ⌚ Di–Sa 10–16, So 12–16, Mi & Do bis 20 Uhr) GRATIS Die Sammlung dieses kleinen Museums umfasst Werke von „Western"-Künstler Frederic Remington und von europäischen Meistern.

Schlafen & Essen

Die Motels von Lawrence liegen in der Nähe der Kreuzung von US 40 und US 59 südlich der I-70. In der Innenstadt gibt es viele verschiedene Übernachtungsmöglichkeiten, sodass Lawrence der beste Ort im Staat für eine Übernachtungspause ist.

Halcyon House B&B B&B $$
(☎ 888-441-0314; www.thehalcyonhouse.com; 1000 Ohio St; Zi. 70–120 US$; P ❄ ☜) Die neun niedlichen Zimmer (einige mit Gemeinschaftsbad) werden vom Tageslicht gut ausgeleuchtet. Es gibt einen gepflegten Garten und zum Frühstück hausgebackene Leckereien. Zum Zentrum ist es von hier aus nur ein kurzer Spaziergang.

Eldridge Hotel HISTORISCHES HOTEL $$
(☎ 785-749-5011; www.eldridgehotel.com; 701 Massachusetts St; Zi. ab 140 US$; P ❄ @ ☜) Die 56 modernen Suiten mit zwei Zimmern in dem historischen, 1926 erbauten Hotel im Zentrum sind mit antikisierten Einrichtungsgegenständen ausgestattet. Die Bar und das Restaurant haben Stil, und spuken soll es hier auch (es sind jedenfalls viele Gerüchte im Umlauf).

★ **Free State Brewing** PUB $
(www.freestatebrewing.com; 636 Massachusetts St; Hauptgerichte 6–14 US$; ⌚ 11 Uhr–open end) Eines von vielen guten Lokalen an der Massachusetts St im Stadtzentrum. Dies war die erste Bar, die in Kansas eröffnet wurde, seit die Temperenzlerin Carrie Nation 1880 hier eine demoliert hatte. Die Kneipe ist etwas besser, als solche Brauhäuser das meist sind: Das Bier ist ausgezeichnet, und auf der Karte stehen kreative Tagesgerichte.

Unterhaltung

Bottleneck LIVEMUSIK
(www.bottlenecklive.com; 737 New Hampshire St) Die Musikszene der Stadt ist so, wie man das von einer Collegestadt erwartet, und in diesem Treff treten in der Regel die besten der neuesten Bands auf. Selbst Top-Stars lassen Kansas City oft links liegen und spielen lieber im Bottleneck.

Praktische Informationen

Visitor Information Center (☎ 785-865-4499; www.visitlawrence.com; 402 N 2nd St; ⌚ Mo–Sa 8.30–17, So 13–17 Uhr) Im restaurierten alten Depot der Union Pacific, durch das immer noch stetig Züge fahren.

Topeka

Die entscheidende Rolle, die Kansas beim Kampf um die Gleichberechtigung der Rassen gespielt hat, wird in Topeka, der ansonsten langweiligen Hauptstadt des Staates, deutlich.

Sehenswertes

★ Brown vs. Board of Education National Historic Site MUSEUM
(www.nps.gov/brvb; 1515 SE Monroe St; 9–17 Uhr) GRATIS In den 1950er-Jahren erforderte es sehr viel Mut, sich gegen die Rassentrennungsgesetze aufzulehnen. In diesem Museum werden die Geschichten solcher couragierter Menschen erzählt. Es befindet sich in der Monroe Elementary School, die eine der afroamerikanischen Schulen Topekas war, bis 1954 die bahnbrechende Entscheidung des Obersten Gerichtshof fiel, die die Rassentrennung an amerikanischen Schulen verbot. Die Ausstellung thematisiert die gesamte Bürgerrechtsbewegung.

State Capitol HISTORISCHES BAUWERK
(300 SW 10th St; kostenlose Führungen; tgl. 8–17 Uhr, Führungen Mo–Fr 9–15 Uhr) Unter der riesigen, grünen Kuppel befindet sich ein feuriges Wandbild von John Steuwart Curry, das John Brown, einen Gegner der Sklaverei, zeigt.

Kansas History Center MUSEUM
(www.kshs.org; 6425 SW 6th Ave; Erw./Kind 8/6 US$; Di–Sa 9–17, So 13–17 Uhr) Dieses faszinierende Zentrum ist vollgepackt mit Geschichten aus Kansas, von einem Kriegsspeer der Cheyenne bis zur Axt von Carrie Nation, mit der sie im Kampf gegen den Alkoholgenuss Salons zerstörte.

Essen

Porubsky's Grocery FEINKOST $
(508 NE Sardou Ave; Mo–Sa 10–19 Uhr) Der alteingesessene russische Feinkostladen unweit der alten Santa-Fe-Hauptlinie, in der Nähe von Downtown, serviert seit 1947 an der Resopaltheke einfache Sandwiches. Das Chili (nur Mo–Do) schmeckt mit einem Berg Cracker am besten. Die hausgemachten Pickles (Essiggemüse), die vor Meerrettich nur so strotzen, sollten Traveller unbedingt probieren.

Abilene

Im späten 19. Jh. war Abilene eine raue Cowboystadt am Ende des Chisholm Trail. Das kompakte Zentrum mit historischen Backsteingebäuden und gut erhaltenen Vierteln scheint genau der richtige Geburtsort für Dwight D. Eisenhower (1890–1969), Präsident und General im Zweiten Weltkrieg, zu sein.

Vor einem passenden Hintergrund aus Getreidesilos liegt das recht majestätische **Eisenhower Center** (www.eisenhower.archives.gov; 200 SE 4th St; Museum Erw./Kind 10/2 US$; Sommer 8–17.45 Uhr, übriges Jahr 9–16.45 Uhr). Es umfasst Ikes Kindheitshaus, ein Museum mit Bibliothek und sein Grab sowie das seiner Frau Mamie. Ausstellungen beschäftigen sich mit der Zeit seiner Präsidentschaft (1953–1961) und seiner Rolle als Oberbefehlshaber der Alliierten Streitkräfte im Zweiten Weltkrieg. Seine Leistung, die sich streitenden Alliierten zu einer Vereinbarung zu bewegen, wird allerdings nicht umfassend gewürdigt. Ein Highlight ist der Originaltext seiner Rede, in der er vor dem militärisch-industriellen Komplex warnt.

Das **Brookville Hotel** (www.brookvillehotel.com; 105 E Lafayette St; Mahlzeiten 15 US$; Mi–So 11–14 & 16–19.30 Uhr) serviert schon gebratene Hühnchen, seit Ike sein Studium an der Militärakademie in West Point abschloss (1915). Zu jeder Mahlzeit gibt es cremigen Mais, frische Kekse und mehr.

Lucas

„Outsider Art", Kunst, die außerhalb der Grenzen traditioneller Kultur steht, erlebt

AMERIKAS BESTES RAUMFAHRTMUSEUM

Die wohl überraschendste Sehenswürdigkeit in Kansas dürfte das erstaunliche **Cosmosphere & Space Center** (www.cosmo.org; 1100 N Plum St; Eintritt für alle Attraktionen Erw./Kind 18/16 US$, nur Museum 12/10 US$; Mo–Sa 9–21, So 12–21 Uhr;) sein. Es beschreibt das Wettrennen zum Mond besser als irgendein anderes Museum auf der Welt. Fesselnde Exponate wie die Kommandokapsel der Apollo 13 nehmen Besucher stundenlang gefangen. Das Museum wird regelmäßig damit beauftragt, Requisiten für Hollywood-Filme wie *Apollo 13* zu bauen, die den Wettlauf im All thematisieren.

Spaß beiseite: Der Standort des Museums in Hutchinson ist so abgelegen, dass es sich auch auf dem Mond befinden könnte – bei einem Tagesausflug ab Wichita oder einem Abstecher von der I-70 ist ein Besuch aber kein Problem.

KANSAS: ABSTECHER & EXTRAS

Nicodemus ist die einzige noch existierende Stadt im Westen, die nach dem Bürgerkrieg von befreiten Sklaven aus den Südstaaten aufgebaut wurde. Ein **Visitor Center** (www.nps.gov/nico; ⌚9–16.30 Uhr) GRATIS des National Park Service widmet sich der Geschichte der Stadt und den Erfahrungen der Afroamerikaner im Westen. Das Städtchen liegt am US 24 rund 35 Meilen (56 km) nördlich der I-70 und ist über den US 183 oder den US 283 zu erreichen.

Die Monument Rocks sind 24 m hohe, pyramidenförmige Kalkformationen, die wie ein Jawa-Treffpunkt aus *Krieg der Sterne* aussehen. Bei Oakley verlässt man die I-70 über die Ausfahrt 76 und fährt auf dem US 83 weitere 25 Meilen (40 km) Richtung Südosten.

Norton, ein Städtchen im Norden, ist Sitz der **They Also Ran Gallery** (☎785-877-3341; First State Bank, 105 W Main St; ⌚Öffnungszeiten tel. erfragen) GRATIS, die Personen gewidmet ist, die sich um die Präsidentschaft bewarben, aber verloren. Zu dieser großen Sammlung der Verlierer zählen auch Aaron Burr und Thomas Dewey.

Fort Scott (www.nps.gov/fosc; ⌚8–17 Uhr) GRATIS ist ein restauriertes, 1842 erbautes Fort nahe der Grenze zu Missouri. Der Appellplatz und die Gebäude in der gleichnamigen Stadt sind interessant, aber noch interessanter ist die Geschichte der Kämpfe, die hier vor dem Bürgerkrieg zwischen den Anhängern und den Gegnern der Sklaverei stattfanden.

Die legendären Grillhähnchen sind das Markenzeichen mehrerer Restaurants im Crawford County im äußersten Südosten des Bundesstaats. In Pittsburgh kann man sie bei **Chicken Mary's** (www.chickenmarys.us; 1133 E 600th Ave; Gerichte ab 6 US$; ⌚Di–Sa 16–20.30, So 11–20 Uhr) probieren, nicht weit von der Stelle, an der die Route 66 die Grenze nach Kansas überquert.

im winzigen Lucas eine gewaltige Blüte. Der Trend begann mit Samuel Dinsmoor, der 1907 seinen Garten mit riesigen Betonskulpturen füllte, um seiner exzentrischen Philosophie Gestalt zu geben. Sein **Garden of Eden** (www.garden-of-eden-lucas-kansas.com; 301 2nd St; Erw./Kind 6/1 US$; ⌚Mai–Okt. 10–17 Uhr, März & April 13–16 Uhr, Nov.–Feb. Sa & So 13–16 Uhr) ist vom Gehsteig aus einsehbar, doch wenn man den Eintritt bezahlt, bekommt man noch wunderbare Geschichten zu hören und kann sich die sterblichen Überreste des Meisters in einem Sarg mit Glasdeckel anschauen (!).

Im phänomenalen **Grassroots Art Center** (☎785-525-6118; www.grassrootsart.net; 213 S Main St; Erw./Kind 6/2 US$; ⌚Mai–Sept. Mo–Sa 10–17, So 13–17 Uhr, Okt.–April Mo & Do–Sa 10–16, So 13–16 Uhr) sind Werke und seltsame Maschinen aus Materialien wie Knöpfen, Stacheldraht oder Zugbändern von Künstlern aus Kansas zu bestaunen.

Am besten erreicht man Lucas über den **Post Rock Scenic Byway**, eine malerische, 18 Meilen (28,8 km) lange Nebenstraße, die am Wilson Lake vorbeiführt und bei der I-70, Exit 206 beginnt.

Entlang des US 50

Der berühmte US 50 zweigt bei Emporia von der I-35 ab und folgt der alten Eisenbahnhauptstrecke nach Santa Fe Richtung Westen durch für Kansas typische Landschaften.

Chase County

Diesen fast genau quadratischen Verwaltungsbezirk hat William Least Heat-Moon in seinem Bestseller *PrairyErth* Kilometer für Kilometer erkundet.

Hier liegen auch die schönen Flint Hills, in denen sich zwei Drittel der verbliebenen Hochgrasprärien der USA befinden. Das 4400 ha große **Tallgrass Prairie National Preserve** (www.nps.gov/tapr; Hwy 177; ⌚Gebäude 8.30–16.30 Uhr, Trails 24 Std.) GRATIS, 2 Meilen (3,2 km) nordwestlich von Strong City und dem US 50, ist ideal, um durch die Prärie zu wandern und sich an dem stets anderen Farbenspiel der Blumen zu erfreuen. Ranger veranstalten Führungen über die denkmalgeschützte Ranch und **Bustouren** (☎Tourinfo 620-273-8494; ⌚diverse Termine) in die Prärie, die an dem schönen neuen Visitor Center beginnen.

Die Ranger halten auch Karten für Scenic Drives auf reizvollen Nebenstraßen im Landkreis sowie zu den Stätten, die in Moons Buch erwähnt sind, bereit. Unbedingt sehenswert ist auch das **County Courthouse** in **Cottonwood Falls**, 2 Meilen (3,2 km) südlich von Strong City. Die

1873 fertiggestellte Architektenfantasie ist eine Hommage an die französische Renaissance.

Entlang des US 56

Der US 56 folgt dem alten Santa Fe Trail mitten durch den Kern des Landes nach Dodge City. Die meisten hier aufgeführten Sehenswürdigkeiten sind auch leicht vom US 50 aus zu erreichen.

Die großen Mennonitengemeinden rund um **Hillsboro** wurden von Einwanderern aus Russland begründet, die den „Turkey Red"-Weizen in die Plains brachten, wo er trotz der rauen Bedingungen gut gedieh.

Weitere 110 Meilen (176 km) westlich in **Larned** informiert das **Santa Fe Trail Center Museum** (www.santafetrailcenter.org; 1349 Hwy 156; Erw./Kind 4/1,5 US$; ⌚ Di–Sa 9–17 Uhr, Juni–Aug. auch So) detailliert über diese im 19. Jh. wichtige Handelsroute zwischen den USA und Mexiko. 6 Meilen (9,6 km) westlich der Ortschaft findet sich am Hwy 156 die **Fort Larned National Historic Site** (www.nps.gov/fols; ⌚ 8.30–16.30 Uhr) GRATIS, ein bemerkenswert gut erhaltenes Fort am Santa Fe Trail.

Dodge City

Dodge City, wo die berühmten Gesetzeshüter Bat Masterson und Wyatt Earp – gelegentlich auch mal erfolgreich – versuchten, Gesetz und Ordnung durchzusetzen, hatte in den 1870er- und 1880er-Jahren einen ausgesprochen schlechten Ruf. Die langlebige Fernsehserie *Rauchende Colts* (1955–1975) beflügelte den Tourismus, und seither stecken massenweise Leute ihre Nasen nach Dodge hinein. Die Möglichkeiten hier und der Trubel sind auf Familien ausgerichtet, dementsprechend spielt historische Authentizität hier eine kaum wahrnehmbare dritte Geige.

Rundfahrten (Erw./Kind 8/5 US$; ⌚ Sommer 9.30– 15 Uhr) mit als Straßenbahnen aufgemachten Bussen beginnen am **Visitor Center** (☎ 800-653-9378; www.visitdodgecity.org; 400 W Wyatt Earp Blvd; ⌚ Sommer 8–18.30 Uhr, Sept.–April Mo–Fr 8.30–17 Uhr). Bei den Touren hört man allerlei gut erfundene Geschichten. Mit Audioguide und kostenlosem Stadtplan kann man den Ort aber auch auf eigene Faust erkunden.

Das wie eine Filmkulisse wirkende **Boot Hill Museum** (www.boothill.org; 500 W Wyatt Earp Blvd; Erw./Kind ab 10/8 US$; ⌚ Juni–Aug. 8–20 Uhr, Sept.–Mai 9–17 Uhr, 👪) umfasst einen Friedhof, das Gefängnis und den Saloon. Hier liefern sich um 12 Uhr Revolverhelden Pistolenduelle, während Miss Kitty und ihre Girls Cancan tanzen.

Wer dem Kitsch mal entkommen will, findet rund 9 Meilen (14,4 km) westlich der Stadt am US 50 originale **Wagenspuren des Santa Fe Trail**. Die Stelle ist gut beschildert.

Selbständige und Kettenmotels säumen den Wyatt Earp Blvd.

OKLAHOMA

Oklahoma bedeutet in der Sprache der Choctaw „rote Menschen". Beim Blick auf die leuchtend rote Erde fragt man sich allerdings, ob damit wirklich eine ethnische Aussage beabsichtigt war. Trotzdem hat das Land große Bedeutung für die amerikanischen Ureinwohner, da hier nicht weniger

KURZINFOS OKLAHOMA

Spitzname Sooner State

Bevölkerung 3,8 Mio.

Fläche 181 040 km²

Hauptstadt Oklahoma City (592 000 Ew.)

Weitere Städte Tulsa (397 000 Ew.)

Verkaufssteuer 4,5–11 %

Geburtsort von Humorist Will Rogers (1879–1935), Sportler Jim Thorpe (1888–1953), Folkmusiker Woody Guthrie (1912–1967), Parkuhren (erfunden 1935), Schauspieler Brad Pitt (geb. 1963)

Heimat der Band The Flaming Lips

Politische Ausrichtung tief verwurzelt konservativ

Berühmt für die Sandstürme in der Dustbowl in den 1930er-Jahren, Carrie Underwood

Offizielle Gerichte Okra, Chicken Fried Steak (paniertes Rindersteak) und zehn weitere Gerichte

Entfernungen Oklahoma City–Tulsa 104 Meilen (167 km), Kansas–Texas auf der historischen Route 66 426 Meilen (686 km)

als 39 verschiedene Stämme leben. Entsprechend vielfältig sind die Museen und die Kultur.

Auch die andere Seite des Wilden Westens, die Cowboys, spielen im Sooner State eine große Rolle. Zwar haben Pick-ups die Pferde ersetzt, aber noch immer herrscht die offene Weite vor, nur unterbrochen von den Städten Oklahoma City und Tulsa. An Oklahomas Teil der Route 66 reihen sich die Highlights der „Road" aneinander, und man trifft auf unzählige stimmungsvolle alte Ortschaften. Und gerade wenn man meint, alles gehe endlos so weiter, setzen Berge im Süden und fernen Westen dem Blick ein Ziel.

Praktische Informationen

Oklahoma Bed & Breakfast Association (866-676-5522; www.okbba.com)

Oklahoma Department of Tourism (www.travelok.com)

Oklahoma State Parks (www.touroklahoma.com) Die Tagesnutzung der meisten State Parks ist kostenlos, Stellplätze kosten 12 bis 28 US$ pro Nacht; einige können reserviert werden.

Oklahoma City

Das oft als O.K.C. abgekürzte Oklahoma City liegt fast genau in der Mitte des Bundesstaats und ist das kulturelle und politische Zentrum Oklahomas. Die Stadt hat sich über die Jahre sehr angestrengt, um mehr zu werden als eine bloße Cowboystadt, auch wenn sie das Erbe der Cowboys in keiner Weise verleugnet. Oklahoma City eignet sich gut, um die Fahrt auf der Route 66 einmal zu unterbrechen.

Tragische Berühmtheit erlangte die Stadt durch das Bombenattentat auf das Alfred P. Murrah Federal Building; die Gedenkstätten, die diesem Verbrechen gewidmet sind, rühren an und sind auf jeden Fall einen Besuch wert.

Sehenswertes

In der **Stockyards City** (www.stockyardscity.org; Agnew Ave & Exchange Ave) südwestlich vom Zentrum stößt man auf ein paar richtige Cowboys, entweder in den Geschäften und Restaurants, wo sie sich versorgen, oder in den **Oklahoma National Stockyards** (www.onsy.com; Auktionen Mo–Di 8 Uhr), dem größten Viehhof der Welt für *stocker* (Kälber, die im Frühling gekauft und auf die Weide gebracht werden) und *feeder cattle* (Kälber, die im Herbst wieder verkauft werden).

★ Oklahoma City National Memorial Museum MUSEUM
(www.oklahomacitynationalmemorial.org; 620 N Harvey Ave; Erw./Student 12/10 US$; Mo–Sa 9–18, So 12–18 Uhr) Die Geschichte des schrecklichsten von Amerikanern verübten Terroranschlags in den USA wird in diesem ergreifenden Museum erzählt. Die Einrichtung drückt nicht auf die Tränendrüsen, sondern lässt die entsetzlichen Ereignisse für sich selbst sprechen. Das **Symbolic Memorial** im Freien besteht aus 168 leeren Stühlen für jeden Menschen, der bei dem Anschlag getötet wurde (die 19 kleineren Stühle sind für die Kinder, die in der Kindertagesstätte starben).

National Cowboy & Western Heritage Museum MUSEUM
(www.nationalcowboymuseum.org; 1700 NE 63rd St; Erw./Kind 12,50/6; 10–17 Uhr) Nur die Gerüche fehlen noch: Ansonsten widmet sich das Museum ganz der Kunst und der Geschichte des Wilden Westens. Auch wer sich nur für eines von beiden interessiert, wird vom Ganzen begeistert sein. Zur herausragenden Sammlung von Gemälden und Skulpturen zu Themen des Wilden Westens gehören viele Werke von Charles M. Russell und Frederic Remington.

Oklahoma History Center MUSEUM
(www.okhistorycenter.org; 2401 N Laird Ave; Erw./Kind 7/4 US$; Mo–Sa 10–17 Uhr) Das Oklahoma History Center erzählt die Geschichte des Sooner State; im Mittelpunkt stehen dabei die Menschen.

State Capitol WAHRZEICHEN
(2300 N Lincoln Blvd; Eintritt & Führung frei; Mo–Fr 8–17, Sa & So 9–16 Uhr, Führung Mo–Fr 9–15 Uhr) Das 1917 errichtete Gebäude erhielt erst 2002 seine Kuppel. Einen Blick lohnen auch die Ölfördertürme vor dem Haus.

American Indian Cultural Center & Museum MUSEUM
(www.theamericanindiancenter.org; Kreuzung I-40 & I-35) Wenn das faszinierend gestaltete American Indian Cultural Center & Museum einmal fertig ist, dürfte es eine der weltweit führenden Einrichtungen zur Kultur der amerikanischen Ureinwohner sein. Vorerst schleppt sich der Bau wegen Budgetkürzungen vonseiten des Bundesstaats nur langsam dahin.

Feste & Events

State Fair Park KULTUR
(www.okstatefairpark.com; I-44 & NW 10th St) Im State Fair Park finden regelmäßig Veranstaltungen mit Pferden und Rodeos statt (der Rummel selbst ist langweilig).

Schlafen

Viele ältere Motels liegen an der I-35 südlich der Stadt. Neuere Kettenmotels drängen sich an der I-44, dem NW Expwy/Hwy 3 sowie in Bricktown (wo man nicht weit vom Nachtleben entfernt ist).

Grandison Inn at Maney Park B&B $$
(☎405-232-8778; www.grandisoninn.com; 1200 N Shartel St; Zi. 110–190 US$; P ❄ ᯤ) In einem vornehmen Viertel von Oklahoma City, gleich nordwestlich von Downtown, begrüßt das elegante, klassische B&B von 1904 die Gäste seiner acht Zimmer mit historischem Charme und modernen Annehmlichkeiten wie DVD-Playern. Die Holzarbeiten im Haus – darunter als Glanzstück die Treppe – sind hervorragend.

Colcord Hotel BOUTIQUEHOTEL $$
(☎405-601-4300; www.colcordhotel.com; 15 N Robinson Ave; Zi. 150–200 US$; P ❄ @ ᯤ) Oklahoma Citys ältester, 1910 errichteter Wolkenkratzer ist heute ein zwölfstöckiges Luxushotel. Viele originale Elemente, darunter das marmorverkleidete Foyer, sind erhalten geblieben. Die 108 Zimmer sind hingegen stilvoll und topmodern. Das Hotel befindet sich in Gehweite von Bricktown.

Essen & Ausgehen

Viele Restaurants finden sich in Bricktown, an der Western Ave zwischen der 41st und 82nd St sowie im asiatischen Viertel (rund um die 23rd St und den Classen Blvd).

Tucker's Onion Burgers BURGER $
(www.tuckersonionburgers.com; 324 NW 23rd St; Hauptgerichte ab 4 US$; ⌚11–21 Uhr) Das Tuckers ist ein neuartiges, umweltbewusstes Burger-Lokal, hat aber das altmodische Route-66-Flair. Es bietet hochwertiges Essen (mit Zutaten aus der Region), darunter die klassischen Oklahoma-Zwiebel-Burger, frisch geschnittene Fritten und Shakes. Das Lokal hat einen schönen Patio.

★**Cattlemen's Steakhouse** STEAKHAUS $$
(www.cattlemensrestaurant.com; 1309 S Agnew Ave; Hauptgerichte 5–25 US$; ⌚So–Do 6–22, Fr & Sa bis 24 Uhr) O.K.C.s berühmtestes Res-

AUF DER JAGD NACH TORNADOS

Große Teile der Great Plains werden häufig von schweren Unwettern heimgesucht: von heftigen Wolkenbrüchen, Hagel mit tennisballgroßen Eisbrocken und spektakulären Gewittern. Doch die absoluten Stars dieser meteorologischen Alpträume sind die Tornados. Sie sind weit weniger freundlich als der Wirbelsturm, der Dorothy nach Oz davontrug; sie bringen Tod und Zerstörung von den Great Plains bis zu den zentralen Bundesstaaten weiter im Osten der USA. 2013 verwüsteten zwei Tornados innerhalb von elf Tagen das Gebiet um Oklahoma City. Mit Windgeschwindigkeiten von teilweise mehr als 480 km/h sind Tornados ehrfurchtgebietend und furchterregend zugleich. Dennoch kommen jedes Jahr, angelockt von Schaulust und dem Schauspiel der Elemente, viele Leute mit der Hoffnung in die Region, einen Wolkentrichter zu sehen.

Tourveranstalter nutzen Transporter voller Spezialausrüstung, um Stürme über mehrere Bundesstaaten zu „jagen". Eine Garantie, dass die Teilnehmer wirklich einen Sturm erleben werden, gibt es aber nicht. Die Kosten betragen durchschnittlich 200 bis 400 US$ pro Tag; zwischen April und Juli sind die Chancen am besten. Veranstalter sind u. a.:

Cloud 9 Tours (☎405-323-1145; www.cloud9tours.com)

Extreme Tornado Tours (www.extremetornadotours.com)

Silver Lining Tours (☎832-717-4712; www.silverliningtours.com)

Tempest Tours (☎817-274-9313; www.tempesttours.com)

Das Buch *Storm Kings: The Untold History of America's First Tornado Chasers* von Lee Sandlin ist ein ausgezeichneter Bericht voller Überraschungen über die Anfänge der Tornadoforschung. Lesenswert sind auch die Erinnerungen des Tornadojagd-Veteranen Roger Hill in *Hunting Nature's Fury*. Einen komplett übertriebenen Einblick in die Welt der Tornadojäger in bester Hollywoodtradition gibt der Film *Twister* (1996).

ROUTE 66: GET YOUR KICKS IN OKLAHOMA

Oklahoma ist eng mit Amerikas Hauptstraße verbunden: Der wichtigste Befürworter der Straße, Cyrus Avery, kam aus dem Sooner State. John Steinbecks Roman *Früchte des Zorns* erzählt von der Misere der Farmer aus Oklahoma, die während der großen Depression auf der Route 66 nach Westen flohen, und durch Oklahoma führt ein längerer Teil der ursprünglichen Strecke als durch jeden anderen Staat. Die **Oklahoma Route 66 Association** (www.oklahomaroute66.com) gibt eine hervorragende Infobroschüre heraus, die in den meisten Visitor Centers entlang der Route 66 erhältlich ist. Sie ist so unverzichtbar, weil viele der braun-weißen Schilder mit der Aufschrift „Historic Route 66" von Souvenirsammlern gestohlen wurde und die Originalstraße heute mit den Bezeichnungen der Straßen ausgeschildert ist, die auf ihrer Strecke verlaufen, darunter die OK 66, der US 69, der US 70 etc.

Kurz nachdem man von Kansas kommend auf dem US 69A Oklahoma erreicht hat, gelangt man nach **Miami**. Hier geht es auf der Main St Richtung Süden durch die Stadt, 2,5 Meilen (4,2 km) nach der Überquerung des Neosho River biegt man dann an der T-Kreuzung rechts ab. Dies führt zum ersten von zwei sehr unebenen, knapp 3 m breiten Originalstreckenabschnitten. Der zweite, die E 140 Rd (man muss nach Westen abbiegen), folgt bald nach dem ersten, kurz vor der I-44.

Ehe man **Vinita** erreicht, muss man die I-44 noch zweimal überqueren. Das **Clanton's** (www.clantonscafe.com; 319 E Illinois Ave; Hauptgerichte 4–10 US$; ⌚ Mo–Fr 6–20, Sa & So bis 14 Uhr) aus dem Jahr 1927 ist der perfekte Ort für paniertes Rindersteak und *calf fries* (lieber nicht fragen, was das ist!).

30 Meilen (48 km) weiter in **Foyil** lohnt sich ein 4 Meilen (6,4 km) langer Abstecher auf dem Hwy 28 A zu den großen, farbenfrohen Betonskulpturen im **Totem Pole Park** (www.rchs1.org; Hwy 28A) GRATIS. Nach weiteren 10 Meilen (16 km) kommt **Claremore**, die frühere Heimatstadt von Will Rogers, in Sicht. Die nächste Attraktion ist eines der meistfotografierten Wahrzeichen der Route 66, der 24 m lange **Blue Whale** (www.bluewhaleroute66.com; 2680 N Hwy 66) bei der Hafenstadt **Catoosa**, kurz vor Tulsa.

Die East 11th St führt nach und mitten durch **Tulsa** mit seinen vielen Art-déco-Bauwerken. Das berühmte, wunderbar restaurierte **Meadow-Gold-Neonschild** an der S Quaker Ave *muss* man einfach gesehen haben. Der Southwest Blvd führt über den Fluss und aus der Stadt heraus.

Die ländliche Route von Tulsa nach Oklahoma City ist eine der längsten noch existierenden ununterbrochenen Strecken der Mother Road (110 Meilen /176 km) und eine gute Alternative zur mautpflichtigen I-44. In **Chandler**, 60 Meilen (96 km) südwestlich von Tulsa, erzählt das **Route 66 Interpretive Center** (www.route66interpretivecenter.org; 400 E

taurant – eine Institution von Stockyards City – versorgt schon seit 1910 Großstadthelden mit Rindersteaks und *lamb's fries* (eine verschämte Umschreibung für Widderhoden). An der Theke (wo man das lange Warten auf einen Tisch vermeiden kann) sowie hinten in den luxuriösen Séparées werden auch heute noch wichtige Geschäfte abgeschlossen.

Ann's Chicken Fry House SÜDSTAATENKÜCHE **$$**
(4106 NW 39th St; Hauptgerichte 4–12 US$; ⌚ Di–Sa 11–20.30 Uhr) Teils echter Diner, teils Touristenattraktion: Das Ann's ist ein Veteran an der Route 66 und berühmt für sein – welche Überraschung – *chicken fried steak* (paniertes Rinderschnitzel). Es gibt auch Okra und *cream gravy*, und auch die Brathähnchen werden dem Ruf gerecht. Ein Muss: die Augenbohnen!

Cheever's Cafe CAFÉ **$$**
(www.cheeverscafe.com; 2409 N Hudson Ave; Hauptgerichte 10–25 US$; ⌚ So–Do 11–21, Fr 11–22.30, Sa 17–22.30 Uhr) Der ehemalige Art-déco-Blumenladen ist heute ein nobles Café mit ausgezeichneter mexikanisch und von den Südstaaten beeinflusster Küche. Die Karte ändert sich saisonal; die Zutaten werden aus der landwirtschaftlich sehr gut nutzbaren Region bezogen.

Bricktown Brewery BRAUEREI
(www.bricktownbrewery.com; 1 N Oklahoma Ave; ⌚ 11–1 Uhr) In der großen Kleinbrauerei in Bricktown verteilen sich die Gäste auf große Räume, spielen Billard und Dart oder

Rte 66; Erw./Kind 5/4 US$; ⌚Di–Sa 10–17, So 13–17 Uhr) vom Erlebnis der Fahrt auf der Route 66 im Lauf der Jahrzehnte. Es befindet sich in einer wunderbaren Waffenkammer, die 1936 eingerichtet wurde.

Die Route 66 folgt dem US 77 nach **Oklahoma City** hinein und ist dann nicht mehr ausgeschildert. Man nimmt die Kelley Ave Richtung Süden, fährt an der 50th St hinüber zum Lincoln Blvd und biegt dann beim Capitol an der NW 23rd St nach Westen ab. Man verlässt die Stadt, indem man an der May Ave nach Norden abbiegt und an der NW 39th St nach Westen fährt, vorbei am **Ann's Chicken Fry House** (S. 740). Von da an folgt die Route der Business I-40.

In El Reno, 20 Meilen (32 km) westlich von O. K. C., ist der Fried-Onion-Burger zu Hause, ein Klassiker unter den Straßensnacks. Rinderhackfleisch wird mit rohen Zwiebeln vermischt und dann auf dem Grill gegart und karamellisiert. Zwei von mehreren historischen Drive-Ins und Kneipen sind **Johnnie's Grill** (301 S Rock Island; ⌚9–19 Uhr) und **Sid's** (300 S Choctaw Ave; ⌚11–19 Uhr). Sid's hat Tische draußen, bei Johnnie's ist mehr Platz für Gäste, die essen wollen.

Etwa 17 Meilen (27 km) westlich von El Reno fährt man ein Stück auf dem US 281, der zwischen Exit 108 und 101 nördlich der I-40 verläuft. Dort, wo die Straße auf der 38 Bogen langen **Pony Bridge** den Canadian River überquert, hält man am westlichen Ende. Dies ist die Stelle, an der in der Verfilmung von *Früchte des Zorns* aus dem Jahr 1939 der Opa zurückgelassen wurde.

Wer die I-40 über den Exit 95 verlässt, folgt einem aus den 1930er-Jahren stammenden Abschnitt der 66, der auf der Nordseite parallel zur Interstate verläuft. Gleich westlich von **Hydro** und dem Hwy 58 erblickt man das **Lucille's**, die stimmungsvoll verfallenen Überreste einer legendären Raststätte. Rund 4 Meilen (6,4 km) weiter gelangt man vor der Ankunft in **Weatherford** zum modernen **Lucille's Roadhouse** (www.lucillesroadhouse.com; 1301 N Airport Rd, am I-40-Exit 84; Hauptgerichte 4–10 US$; ⌚6–22 Uhr), das mit ausgezeichnetem Essen und einer guten Bierkarte an dieses Erbe anknüpft.

In **Clinton** lädt das mittelgroße **Route 66 Museum** (www.route66.org; 2229 W Gary Blvd; Erw./Kind 5/1 US$; ⌚Sommer Mo–Sa 9–19, So 13–18 Uhr, übriges Jahr kürzere Öffnungszeiten) zu einem Spaziergang durch sechs Jahrzehnte voller Geschichte, Erinnerungsstücke und Musik ein. 30 Meilen (48 km) weiter westlich gibt es in **Elk City** im **National Route 66 Museum** (2717 W 3rd St/Hwy 66; Erw./Kind 5/4 US$; ⌚Sommer Mo–Sa 9–17, So 14–17 Uhr, übriges Jahr kürzere Öffnungszeiten) gleich drei Museen in einem: Neben alten Autos und Fotos finden sich hier eine nachgebaute Siedlung der Pioniere und ein Farmmuseum. In **Texola**, das fast schon eine Geisterstadt ist, führt die Route 66 nach Texas hinein.

schauen einfach nur zu. Die Bar ist jederzeit ordentlich besucht, und das Essen ist auch sehr solide.

☆ Unterhaltung

Veranstaltungshinweise stehen in der kostenlosen Wochenzeitung **Oklahoma Gazette** (www.okgazette.com). Man kann sich auch einfach zu den renovierten Lagerhäusern im **Bricktown District** aufmachen, in denen sich viele Bars befinden, darunter sowohl gute eigenständige, als auch solche, die zu einer Kette gehören.

Um den Abend im Bricktown District komplett zu machen, kann man sich ein Spiel der **Triple A Redhawks** (www.oklahomaredhawks.com; 2 Mickey Mantle Dr; Ticket 5–25 US$) im Bricktown Ballpark anschauen. Das NBA-Team **Oklahoma City Thunder** (www.nba.com/thunder; 100 W Reno Ave; Ticket ab 30 US$) spielt in der Nähe in der Chesapeake Energy Arena.

Shoppen

Der **Paseo Arts District** besteht eigentlich nur aus dem Paseo Dr, aber in den Gebäuden im spanischen Kolonialstil finden sich mehrere Kunstgalerien und Boutiquen. Interessante Läden gibt es auch im **16th St Plaza District**.

In **Stockyards City**, einem Eldorado für Cowboys, bekommt man Westernkleidung und -ausrüstung. Am besten beginnt man bei **Langston's** (www.langstons.com; 2224 Exchange Ave; ⌚Mo–Sa 10–18 Uhr), das eine riesige Auswahl hat.

Praktische Informationen

Oklahoma Welcome Center (☎ 405-478-4637; www.travelok.com; I-35 Exit 137; ⏲ 8.30–17 Uhr) Das Personal des Büros kann auch Auskünfte zur Stadt geben.

Anreise & Unterwegs vor Ort

Will Rogers World Airport (OKC; www.flyokc.com) Der Flughafen liegt 5 Meilen (8 km) südwestlich von Downtown; die Taxifahrt ins Zentrum kostet rund 25 US$.

Amtrak (www.amtrak.com; 100 S EK Gaylord Blvd) Der *Heartland Flyer* fährt von Oklahoma City nach Fort Worth (28 US$, 4¼ Std.). Die Fahrkarte kauft man im Zug.

Go Metro (www.gometro.org; einfache Strecke/Tageskarte 1,50/4 US$) Betreibt die städtischen Busse.

Greyhound (Union Bus Station, 427 W Sheridan Ave) Täglich fahren Busse u. a. nach Dallas (58 US$, 5 Std.), Wichita (46 US$, 2¾ Std.) und Tulsa (24 US$, 2 Std., 5-mal tgl.).

Westliches Oklahoma

Westlich von Oklahoma City Richtung Texas geht das Land in weite, offene Prärie über. Besonders schön ist sie in den Wichita Mountains, die gemeinsam mit einigen Attraktionen an der Route 66 und Stätten der amerikanischen Ureinwohner dafür sorgen, dass dies eine hervorragende Gegend für eine Autotour ist. Der US 281 führt durch eine wunderschöne Landschaft.

Washita Battlefield National Historic Site

Die **Washita Battlefield National Historic Site** (www.nps.gov/waba; Hwy 47A, 2 Meilen (3,2 km) westl. von Cheyenne; ⏲ Stätte Sonnenaufgang–Sonnenuntergang, Visitor Center 9–17 Uhr, Vorträge & Führung Juni–Aug. Sa & So 10–14 Uhr) GRATIS ist der Ort, an dem George Custers Truppen in der Morgendämmerung des 27. November 1868 das friedliche Dorf des Häuptlings Black Kettle angriffen. Bei dem Massaker wurden Männer, Frauen, Kinder und Haustiere abgeschlachtet – manche meinen, Custer habe sich damit das schlechte Karma zugezogen, dem er acht Jahre später zum Opfer fiel.

Wege, auf denen man sich ohne Führung umschauen kann, führen über die bemerkenswert unveränderte Stätte des Massakers. In dem 0,7 Meilen (1,1 km) entfernten neuen Visitor Center gibt es ein gutes **Museum**. Die saisonal angebotenen Führungen und Vorträge lohnen sich wirklich. Die Stätte befindet sich in der Nähe von Cheyenne, 30 Meilen (48 km) nördlich der I-40, zu erreichen über den US 283.

Tulsa

Tulsa, die selbst ernannte „Ölhauptstadt der Welt" hat sich an dem schwarzen Gold, das überall im Bundesstaat aus dem Boden quillt, nie wirklich die Hände schmutzig gemacht. Vielmehr haben hier viele Energieunternehmen ihren Sitz, die von dem Bohren nach Öl, dem Verkauf und dem Zuliefern existieren. Der daher rührende relativ stabile Wohlstand half einst mit, die vielen kunstvollen Art-déco-Gebäude im Zentrum der Stadt zu errichten. Heute ist Tulsa allerdings nicht unbedingt die charmanteste Stadt in den Great Plains. Durch die vorstädtische Zersiedlung hat sie viel von ihrem Reiz eingebüßt, auch wenn der Brady Arts District in Downtown hält, was er verspricht.

Sehenswertes & Aktivitäten

Im Zentrum von Tulsa gibt es so viel Art-déco-Architektur, dass die Stadt früher als „Terracotta City" bekannt war. Das **Philcade Building** (511 S Boston St) mit seiner herrlichen T-förmigen Lobby und die **Boston Avenue United Methodist Church** (1301 S Boston St; ⏲ Mo–Fr 8.30–17, So 8–17 Uhr, Führungen So 12 Uhr), die am Ende von Downtown in die Höhe ragt, sind zwei herausragende Beispiele. Einen kostenlosen Reiseführer für einen Spaziergang gibt es beim Visitor Center. Er weist den Weg zu weiteren Gebäuden.

★ **Woody Guthrie Center** MUSEUM
(www.woodyguthriecenter.org; 102 E Brady St; Erw./Kind 8/6 US$; ⏲ Di–So 10–18 Uhr) Woody Guthrie erlangte Ruhm mit seinen Folk-Balladen aus den 1930er-Jahren, in denen er Geschichten aus der Dust Bowl und von der Wirtschaftskrise erzählte. Sein Leben und seine Musik stehen im Mittelpunkt dieses eindrucksvollen neuen Museums, in dem man seine Musik hören und seinem Erbe in den Werken von Dylan und anderen nachspüren kann.

★ **Oklahoma Jazz Hall of Fame** MUSEUM
(www.okjazz.org; 111 E 1st St; Eintritt frei, Konzerte 5 US$; ⏲ Mo–Sa 11–17, So 13–19 Uhr, Konzerte So 17 Uhr) Tulsas wunderschöne Union Station

DER TULSA RACE RIOT

Am 30. Mai 1921, dem Memorial Day, fuhren ein Afroamerikaner und eine Weiße gemeinsam in einem Fahrstuhl in der Downtown von Tulsa. Plötzlich schrie die Frau. Das Wie und Warum wurde nie geklärt. Doch der Vorfall führte zu dreitägigen, rassistisch motivierten Unruhen, bei denen 35 Blocks des größten afroamerikanischen Viertels der Stadt von marodierenden Weißen zerstört wurden, die das Viertel sogar mit Flugzeugen bombardierten. Tausende wurden obdachlos, Hunderte verletzt, und mindestens 39 Personen verloren ihr Leben.

Nahe dem Brennpunkt der Gewalttaten erzählt der **John Hope Franklin Reconciliation Park** (www.jhfcenter.org; 415 N Detroit Ave; ⏲8–20 Uhr) die Geschichte dieses blutigen Krawalls.

ist wieder von Geräuschen erfüllt, allerdings nicht mehr von Verkehrslärm, sondern von Musik. In der ersten Hälfte des vorigen Jahrhunderts war Tulsa ein Knotenpunkt der amerikanischen Musik, wo heimische Talente mit Musikern zusammentrafen, die von weit her kamen. In den detailreichen Ausstellungen erfährt man viel über Größen wie Charlie Christian, Ernie Fields Senior oder Wallace Willis. In der großen Bahnhofshalle finden sonntags Jazzkonzerte statt.

Gilcrease Museum MUSEUM
(www.gilcrease.org; 1400 Gilcrease Museum Rd; Erw./Kind 8 US$/frei; ⏲Di–So 10–17 Uhr) Nordwestlich vom Zentrum, in der Nähe des Hwy 64, liegt dieses großartige Museum für amerikanische Kunst auf dem gepflegten Anwesen eines amerikanischen Ureinwohners, der auf seiner Parzelle Öl entdeckte.

Philbrook Museum of Art MUSEUM
(www.philbrook.org; 2727 S Rockford Rd, östl. der Peoria Ave; Erw./Kind 9 US$/frei; ⏲Di–So 10–17, Do bis 20 Uhr) Die umgebaute Villa eines anderen Ölmagnaten im italienischen Stil befindet sich im Süden der Stadt und ist ebenfalls von einem prachtvollen Park umgeben. Hier sind wunderschöne Werke von amerikanischen Ureinwohnern ausgestellt.

Schlafen

Viele Kettenmotels säumen den Hwy 244 und die I-44, dort vor allem das Gebiet um die Exits 229 und 232. In zwei restaurierten Rasthäusern kann man den Abenteuern der Route 66 nachspüren – jedoch ohne die Bettwanzen, mit denen man dort früher rechnen musste.

Desert Hills Motel MOTEL $
(☎918-834-3311; www.deserthillstulsa.com; 5220 E 11th St; Zi. ab 40 US$; ❄📶) Der leuchtende Neon-Kaktus lockt Besucher in diese liebevoll restaurierte Motelanlage aus den 1950er-Jahren. Die 50 Zimmer (mit Kühlschrank und Mikrowelle) sind diagonal um den Parkplatz verteilt. Das Motel liegt 5 Meilen (8 km) östlich der Downtown an der historischen Route 66.

Hotel Campbell HOTEL $$
(☎918-744-5500; www.thecampbellhotel.com; 2636 E 11th St; Zi. ab 140 US$; ❄📶) Das historische, 1927 errichtete Hotel östlich der Downtown erstrahlt seit seiner Restaurierung im Jahr 2011 wieder im Glanz der Route-66-Ära. Die 26 luxuriösen Zimmer sind mit Hartholzböden und eleganten Stilmöbeln ausgestattet. Nach einer Führung fragen!

Essen & Ausgehen

Restaurants finden sich an der Peoria Ave zwischen 31st und 51st St, an der historischen Cherry St (heute 15th St) gleich östlich der Peoria Ave sowie im Brady Arts District um die Brady und Main St unmittelbar nördlich von Downtown.

Ike's Chili House DINER $
(5941 E Admiral Pl; Hauptgerichte bis 7 US$; ⏲Mo–Fr 10–19, Sa bis 15 Uhr) Im Ike's wird schon seit über 100 Jahren Chili serviert, und vor allem die klassische Version ist sehr beliebt. Man bekommt es ohne irgendwelche Beilagen oder auf Fritos (Mais-Chips), auf einem Hotdog, auf Bohnen und sogar auf Spaghetti. Wer noch nicht genug hat, packt oben noch Paprikapulver, Zwiebeln, Jalapeños, Saltines (gesalzene Weizencracker) oder Cheddarkäse drauf.

Elmer's GRILL $
(www.elmersbbq.com; 4130 S Peoria Ave; Hauptgerichte 5–10 US$; ⏲Di–Sa 11–20 Uhr) Der Star auf der Karte des legendären Grills ist das potenziell gesundheitsgefährdende „Badwich", eine Kombination aus wunderbaren Räucherwürstchen, Schinken, Rindfleisch, Schweinefleisch und anderen Dingen, die das Brötchen geradezu sprengen. Der Speisesaal ist freundlich, und ein Klavier gibt Gästen den Blues.

Tavern AMERIKANISCH $$
(www.taverntulsa.com; 201 N Main St; Hauptgerichte 10–30 US$; ⌚11 Uhr–open end) Die schöne Kneipe mitten im Brady Arts District serviert ausgezeichnetes Essen. Die Hamburger sind legendär, es gibt aber auch Steaks, Salate und saisonale Spezialitäten. Die Barkeeper verstehen was von ihrem Fach.

☆ Unterhaltung

Auf dem Freiluftgelände **Guthrie Green** (www.guthriegreen.com; Boston Ave & Brady St) gibt es oft Veranstaltungen. Was los ist, steht im **Urban Tulsa Weekly** (www.urbantulsa.com).

★**Cain's Ballroom** LIVEMUSIK
(www.cainsballroom.com; 423 N Main St) Angehende Rockstars treten auf den Brettern auf, auf denen Bob Wills in den 1930er-Jahren Western Swing spielte und die Sex Pistols 1978 für Chaos sorgten (heute noch ist das Loch zu sehen, das Sid Vicious in die Wand schlug).

ℹ Praktische Informationen

Tulsa hat kein Visitor Center, aber eine nützliche offizielle Website (www.visittulsa.com).

ℹ Anreise & Unterwegs vor Ort

Greyhound (317 S Detroit Ave) Busse fahren u. a. nach Oklahoma City (24 US$, 2 Std., 5-mal tgl.) und St. Louis (100 US$, 8 Std.).

Tulsa Transit (www.tulsatransit.org; Tageskarte 3,25 US$) Die städtischen Busse starten 319 S Denver Ave in Downtown.

Green Country

Sanfte, bewaldete Hügel mit charakteristischer roter Erde und Seen dazwischen prägen die Landschaft in der nordöstlichen Ecke Oklahomas, dem Green Country (www.greencountryok.com), zu dem auch Tulsa gehört. Der Einfluss der amerikanischen Ureinwohner in dieser Gegend ist groß, denn hierher wurden in den 1820er- und 1830er-Jahren einige der „fünf Zivilisierten Stämme“ (die Cherokee, Chickasaw, Choctaw, Creek und Seminolen) umgesiedelt.

Bartlesville

Oklahomas erste kommerzielle Ölförderanlage wurde in Bartlesville, 50 Meilen (80 km) nördlich von Tulsa, in Betrieb genommen. Bald darauf kam Frank Phillips (1905), der durch die Phillips-66-Tankstellen berühmt wurde, und baute weitere. An diese wilden Tage erinnert das schnittig-schicke **Phillips Petroleum Company Museum** (www.phillips66museum.com; 410 S Keeler Ave; ⌚Mo–Sa 10–16 Uhr) GRATIS mitten in der Stadt.

Auf Phillips' 1927 entstandenem rustikal-luxuriösen Landgut **Woolaroc** (www.woolaroc.org; Rte 123, 12 Meilen (19 km) südwestl. von Bartlesville; Erw./Kind 10 US$/frei; ⌚Mi–So 10–17 Uhr, Sommer auch Di) befinden sich heute ein ausgezeichnetes Museum der Kunst und Kultur des amerikanischen Südwestens sowie ein Wildreservat, in dem Bisons leben.

Die kleine Downtown überragt der 67 m hohe **Price Tower**, der einzige Wolkenkratzer, den Frank Lloyd Wright jemals baute. Innen und außen wirkt das Gebäude wie eine von *Architectural Digest* preisgekrönte Kulisse für *Die Jetsons*. Wright ging mit seinem Entwurf 30 Jahre lang hausieren, ehe er den Kunden fand, der das Gebäude hier realisieren wollte. Im **Price Tower Arts Center** (www.pricetower.org; 510 Dewey Ave; Kunstgalerie Erw./Kind 6 US$/frei, Führung 12/10 US$; ⌚Di–Sa 10–17, So 12–17 Uhr, Uhrzei-

OKLAHOMA: ABSTECHER & EXTRAS

Die Fahrt auf der Route 66 durch Oklahoma kann ein tagelanger Abstecher voller Neuentdeckungen werden. Es gibt aber noch viele andere interessante Ecken in dem Bundesstaat.

Stein- und Ziegelhäuser säumen die Straßen in Oklahomas erster Hauptstadt **Guthrie**, 25 Meilen (40 km) nördlich von Oklahoma City. In der gut erhaltenen Downtown finden sich Läden, Museen, B&Bs sowie Restaurants.

Das **Pioneer Woman Museum** (www.pioneerwomanmuseum.com; 701 Monument Rd; Erw./Kind 4/1 US$; ⌚Di–Sa 10–17 Uhr) ehrt mit den Frauen diejenigen, die im Wilden Westen die eigentliche Arbeit machten. Die Männer warteten in den Städten ja nur auf Schießereien oder betranken sich in den Saloons (jedenfalls wenn man den Western-Filmen glaubt). Den Übergang in die moderne Zeit besorgt die Galerie, die sich Rockmusikerinnerin aus Oklahoma widmet. Das Museum liegt 15 Meilen (24 km) östlich der I-35 in Ponca City.

ten für Führungen tel. erfragen) sind Wechselausstellungen und originales Mobiliar aus dem Gebäude zu sehen. Bei den Führungen durch das Gebäude kann man die architektonischen Eigenwilligkeiten erkunden, für die Wright berühmt war. Im **Inn at Price Tower** (☎ 918-336-1000; www.pricetower.org; Zi. ab 135 US$; ❄ ☎) übernachtet man in einem der 19 von Wright inspirierten Zimmer. Von der **Copper Bar** (⊙ Di–Do 16–21, Fr & Sa bis 23 Uhr) im 15. Stock hat man einen weiten Blick auf die umliegenden Ölförderanlagen.

Claremore

Der Ort ist der Schauplatz des Stücks *Green Grow the Lilacs* (1931), das Vorlage des ungeheuer populären Musicals *Oklahoma!* war. Letzteres erzählt sehr frei von Ereignissen aus dem Jahr 1906.

1879 wurde in einer Holzhütte nördlich der Stadt Will Rogers geboren, ein Cowboy, schlagfertiger Alltagsphilosoph und Radio- und Filmstar, dessen Eltern der Cherokee Nation angehörten. Das 30 Meilen (48 km) nordöstlich von Tulsa abseits der Route 66 auf einem Hügel gelegene **Will Rogers Memorial Museum** (www.willrogers.com; 1720 W Will Rogers Blvd; ⊙ 8–17 Uhr) GRATIS ist eine unterhaltsame Hommage an einen Humoristen, der Sprüche zum Besten gab wie: „Wir sollten keinen Präsidenten wählen. Sondern einen Zauberkünstler" oder „Kein Mann ist groß, der sich dafür hält."

Trail of Tears Country

Das Gebiet südöstlich vom heutigen Tulsa war das Land der Creek und Cherokee und ist es bis zu einem gewissen Grad noch heute. Hier können sich Besucher hervorragend mit der Kultur der amerikanischen Einwohner vertraut machen, vor allem mit der aus der Zeit vor dem 19. Jh.

Muskogee, der Namensgeber von Merle Haggards Hit aus dem Jahr 1969 *Okie from Muskogee („where even squares can have a ball")*, liegt 49 Meilen (78 km) südöstlich von Tulsa. Hier befindet sich in einem Haus der Union Indian Agency aus dem Jahr 1875 das **Five Civilized Tribes Museum** (www.fivetribes.org; Honor Heights Dr, Agency Hill; Erw./Student 4/2 US$; ⊙ Mo–Fr 10–17, Sa bis 14 Uhr). Es erinnert an die Kultur jener amerikanischen Ureinwohner, die gewaltsam aus dem amerikanischen Südosten hierher umgesiedelt wurden.

20 Meilen (32 km) weiter östlich auf dem Hwy 62 liegt **Tahlequah** („tal-*ah*-kwoh"), seit 1839 die Hauptstadt der Cherokee. Das ausgezeichnete **Cherokee Heritage Center** (www.cherokeeheritage.org; 21192 Keeler Rd; Erw./Kind 8,50/5 US$; ⊙ Juni–Aug. 9–17 Uhr, übriges Jahr kürzere Öffnungszeiten) veranstaltet von Ureinwohnern geführte Touren durch den Nachbau eines Walddorfes aus der Zeit vor dem Kontakt mit den Europäern. Das Museum konzentriert sich auf den Trail of Tears.

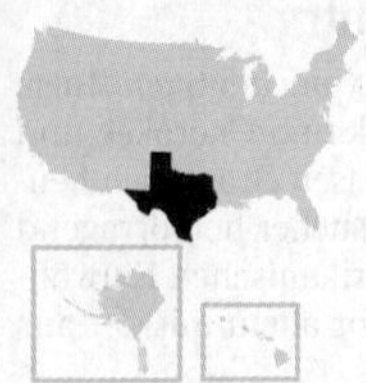

Texas

Inhalt ➡

Gut essen

- Cochineal (S. 799)
- Güero's Taco Bar (S. 756)
- Bread Winners (S. 786)
- Cove (S. 767)
- Hugo's (S. 774)

Schön übernachten

- Gage Hotel (S. 800)
- Hotel San José (S. 755)
- Hotel Belmont (S. 786)
- Hotel ZaZa (S. 772)
- Stockyards Hotel (S. 792)

Auf nach Texas!

Die Dallas-Titelmusik aufgedreht und los geht die Reise: Texas ist groß und weitläufig: Wäre es ein Land, läge es der Größe nach weltweit auf Platz 40! Und die Kreativität seiner Bewohner steht seiner geografischen Größe in nichts nach.

Rinderfarmen, Pickups, Cowboystiefel und der unverkennbare texanische Akzent – natürlich gehört all dies zur hiesigen Kultur. Aber Texas ist kein Wildwest-Themenpark. Bei einem Staat dieser Größe ist für jeden etwas dabei.

Die Besucher erwarten Strände, ja, auch Vergnügungsparks, Einkaufszentren im Format von Kleinstädten, ein pulsierendes Nachtleben, historische Monumente und eine dynamische Musikszene. Zudem machen die beinahe ganzjährig warmen Temperaturen Texas zum idealen Ziel für Outdoorfans, die zum Klettern, Radfahren, Wandern oder Rudern kommen. Man kann sich also aussuchen, welches Abenteuer einen am meisten reizt: Der Lone Star State ist zu allem bereit.

Reisezeit

Austin

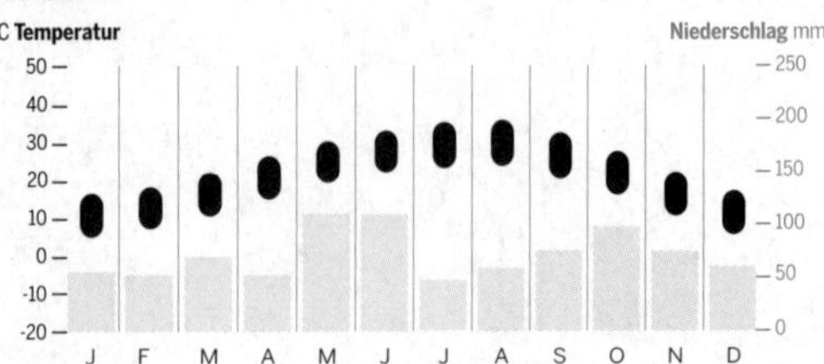

März Warmes Wetter lockt in den Osterferien Studenten und Familien mit Kindern an.

April–Mai Überall blühen Wildblumen, die Festival-Saison läuft und es ist noch nicht unerträglich heiß.

Okt. Die Massen sind weg, die Hitze ist vorbei, aber es ist noch warm genug für T-Shirt und kurze Hose.

Unterwegs vor Ort

Texas ist zwar groß, aber einfach zu bereisen. Am besten mietet man ein Auto, aber wer wenig Zeit hat, kann auch fliegen. Wer im Voraus bucht, kann mit dem Billigflieger Southwest Airlines (S. 1347) fliegen, der Kurzstreckenflüge innerhalb von Texas für nur 59 US$ anbietet.

Es gibt in Texas auch eine begrenzte Anzahl an Zugverbindungen. Die Linie Sunset Limited (Florida–Kalifornien) von Amtrak fährt durch Houston, San Antonio und El Paso, der Texas Eagle (San Antonio–Chicago) hält in Dallas-Fort Worth und Austin. Zu beachten ist, dass Züge oft spät in der Nacht in Texas ankommen oder abfahren.

Die Busse von Greyhound und seinem Partnerunternehmen **Kerrville Bus Lines** (☎ 800-231-2222; www.iridekbc.com) fahren, abgesehen von ganz winzigen Orten, jedes Ziel im Bundesstaat an. Oft muss man aber mehrere Male umsteigen und ist doppelt so lange unterwegs wie mit dem Auto.

DIE TEXANISCHEN PARKS: NATUR PUR

Ein Staat von dieser Größe bietet natürlich zahllose Möglichkeiten: Hier gibt es über 125 State Parks, historische Stätten und Naturareale. Es locken das einzigartige Ökosystem des sumpfigen Caddo Lake, der Anblick von Fledermäusen, die aus dem Devil's Sinkhole ins Freie flattern, oder der Abstieg in eine fast 200 km lange Schlucht im Palo Duro Canyon – um nur einige Optionen zu nennen. Manche der Parks sind abgelegen, andere originell. Mit dem kostenlosen Parkführer von **Texas Parks & Wildlife** (☎ 800-792-1112; www.tpwd.state.tx.us), der gedruckt oder als Onlineversion erhältlich ist, kann man seine persönlichen Abenteuer planen.

Barbecue-Knigge

Damit eins klar ist: Die Texaner sind besessen von Barbecue. Tageszeitungen und Zeitschriften – von regionalen Blättern bis hin zur nationalen *New York Times* – widmen diesem Thema zahllose Artikel. Das beliebte Monatsmagazin *Texas Monthly* veröffentlicht sogar regelmäßig eine Liste der mutmaßlich besten Barbecue-Restaurants in ganz Texas.

Einige der kleineren Städte in Zentral-Texas, wie Lockhart und Elgin, sind seit Ewigkeiten bekannt für ihre traditionellen Räucherkammern, zu denen Grillfans aus der ganzen Umgebung pilgern. Um das beste Barbecue zu finden, folgt man entweder dem Geruch des Grillfeuers oder begibt sich auf den **Texas Barbecue Trail** (www.texasbbqtrails.com), an dem einige der besten, familiengeführten Barbecue-Restaurants von Zentral-Texas liegen.

Egal, ob in dicken Scheiben auf dem Pappteller, mit scharfer Soße oder ohne alles direkt aus der Räucherei – nach dem Essen gehört es zum guten texanischen Ton, die ganz eigene, persönliche Art des Fleischgenusses bis aufs Blut zu verteidigen.

SCHON GEWUSST?

Texas ist in den USA einzigartig, da es als einziger Staat einst eine Republik war (1836–45). Und es droht heute noch damit, sich abzuspalten.

Kurzinfos

- **Wichtige Städte** Dallas (1,3 Mio. Ew.), Houston (2,1 Mio. Ew.)
- **Zeitzone** Central Standard Time (= MEZ–7 Std.) mit Ausnahme von El Paso, das in der Mountain Standard Time Zone (MEZ–8 Std.)liegt
- **Staatsblume** Bluebonnet, eine Lupinenart, die in ganz Texas zu finden ist

Die schönsten Kleinstädte

- Marfa (S. 798) – bietet minimalistische Kunst und mysteriöse Lichter.
- Fredericksburg (S. 761) – toll, wenn die Wildblumen blühen.
- Terlingua (S. 796) – eine Geisterstadt, in der ganz schön was los it.
- Denton (S. 790) – dieser oft unterschätzte Ort rockt!
- Gruene (S. 761) – hier gibt's die älteste Tanzhalle in Texas.

Infos im Internet

- Texas Tourism (www.traveltex.com)
- TX Department of Travel (www.txdot.gov/travel)
- State Parks (www.tpwd.state.tx.us)

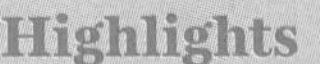

Highlights

1. In **Gruene** (S. 761) auf dem abgewetzten Holzfußboden des ältesten Tanzsaals von Texas mal wieder das Tanzbein schwingen
2. In der Festung **Alamo** (S. 765) in San Antonio an jene Männer denken, die einst für die Unabhängigkeit von Texas ihr Leben ließen
3. Im zauberhaften **Austin** (S. 751) jede Menge Livemusik genießen und witzige Food Trucks ausfindig machen
4. Im einzigartigen **Sixth Floor Museum** (S. 782) in Dallas über die diversen Verschwörungstheorien zum Mord an John F. Kennedy nachdenken
5. Im **Stockyards National Historic District** (S. 790) von Fort Worth alles über Leben und Kultur der Cowboys erfahren
6. Die schroffe Naturschönheit des **Big Bend National Park** (S. 794) entdecken
7. Bei der Sternenparty im **McDonald Observatory** (S. 797) einen faszinierenden Blick in den Nachthimmel werfen
8. In Houston die postmoderne Kunst der **Menil Collection** (S. 771) bewundern
9. Auf schattigen Wegen durch den duftenden Pinienwald des **Big Thicket National Preserve** (S. 779) wandern

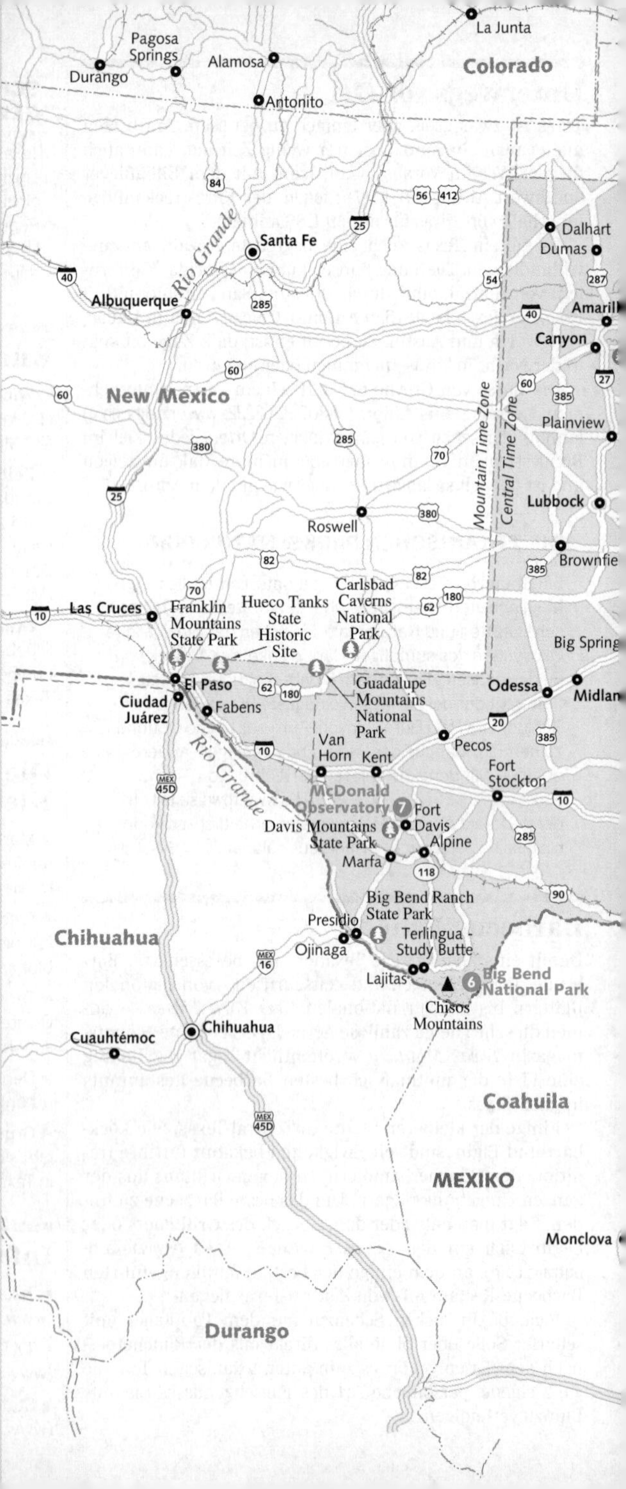

La Junta
Pagosa Springs
Alamosa
Durango
Colorado
Antonito
84
56
412
25
Rio Grande
Santa Fe
Dalhart
Dumas
40
54
287
Albuquerque
285
40
Amarill
Canyon
60
27
60
60
New Mexico
385
Mountain Time Zone
Central Time Zone
Plainview
285
380
70
25
Lubbock
380
Roswell
Brownfie
82
82
385
70
Carlsbad Caverns National Park
180
Hueco Tanks State Historic Site
10
Las Cruces
Franklin Mountains State Park
62
Big Spring
El Paso
Guadalupe Mountains National Park
Odessa
Midlan
Ciudad Juárez
62
180
Fabens
20
Pecos
385
Van Horn
Kent
Rio Grande
10
Fort Stockton
MEX 45D
McDonald Observatory
7
Fort Davis
10
Davis Mountains State Park
Alpine
285
Marfa
118
90
Big Bend Ranch State Park
Presidio
Chihuahua
Ojinaga
Terlingua - Study Butte
MEX 16
Lajitas
6
Big Bend National Park
Chisos Mountains
Chihuahua
Cuauhtémoc
Coahuila
MEX 45D
MEXIKO
Monclova
Durango

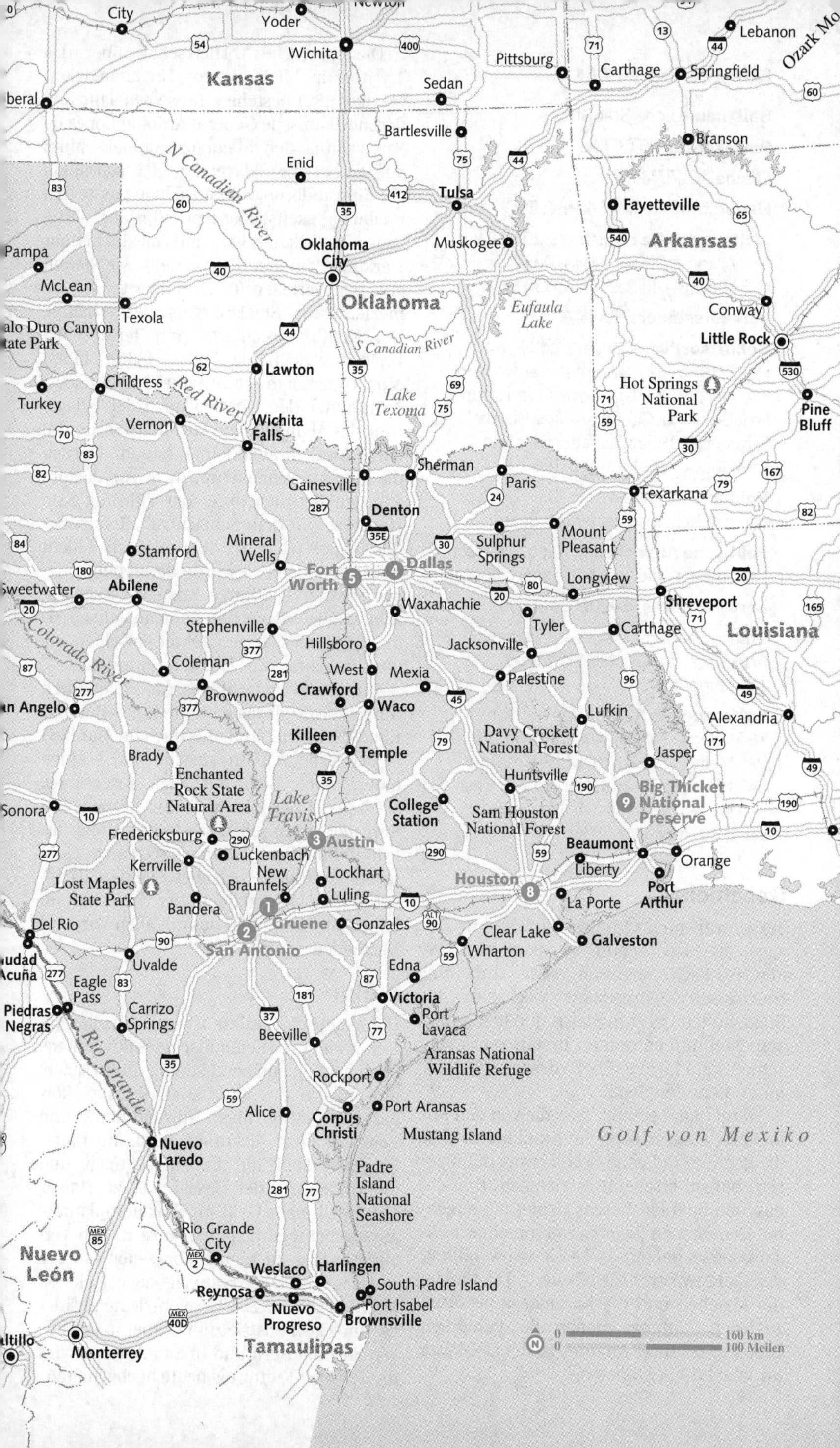

Newton
City
Yoder
Wichita
Kansas
Lebanon
Ozark Mo
Pittsburg
Carthage
Springfield
Sedan
beral
Bartlesville
Branson
N Canadian River
Enid
Tulsa
Fayetteville
Oklahoma City
Muskogee
Arkansas
Pampa
McLean
Texola
Oklahoma
Eufaula Lake
Conway
alo Duro Canyon
tate Park
S Canadian River
Little Rock
Lawton
Childress
Red River
Turkey
Vernon
Wichita Falls
Lake Texoma
Hot Springs
National
Park
Pine
Bluff
Sherman
Paris
Gainesville
Texarkana
Denton
Mineral
Wells
Sulphur
Springs
Mount
Pleasant
Stamford
Fort
Worth
Dallas
Longview
Sweetwater
Abilene
Waxahachie
Shreveport
Colorado River
Stephenville
Tyler
Carthage
Louisiana
Hillsboro
Jacksonville
Coleman
West
Mexia
Palestine
Brownwood
Crawford
Waco
an Angelo
Lufkin
Alexandria
Killeen
Temple
Davy Crockett
National Forest
Brady
Jasper
Enchanted
Rock State
Natural Area
Huntsville
Sonora
Lake
Travis
College
Station
Big Thicket
National
Preserve
Sam Houston
National Forest
Fredericksburg
Austin
Luckenbach
Beaumont
Kerrville
New
Braunfels
Lockhart
Liberty
Orange
Lost Maples
State Park
Luling
Houston
Port
Arthur
Bandera
La Porte
Del Rio
Gruene
Gonzales
San Antonio
Clear Lake
Galveston
udad
Acuña
Uvalde
Wharton
Eagle
Pass
Edna
Piedras
Negras
Victoria
Carrizo
Springs
Port
Lavaca
Beeville
Rio Grande
Aransas National
Wildlife Refuge
Rockport
Alice
Corpus
Christi
Port Aransas
Mustang Island
Golf von Mexiko
Nuevo
Laredo
Padre
Island
National
Seashore
Rio Grande
City
Nuevo
León
Weslaco
Harlingen
South Padre Island
Reynosa
Nuevo
Progreso
Port Isabel
Brownsville
altillo
Monterrey
Tamaulipas
0 160 km
0 100 Meilen

KURZINFOS TEXAS

Spitzname Lone Star State

Bevölkerung 26,06 Mio.

Fläche 261797 km²

Hauptstadt Austin (842592 Ew.)

Weitere Städte Houston (2,2 Mio. Ew.), San Antonio (1,4 Mio. Ew.), Dallas (1,3 Mio. Ew.), El Paso (672538 Ew.)

Verkaufssteuer 6,25 %

Geburtsort von Sänger Buddy Holly (1936–59), Unternehmer Howard Hughes (1905–76), Sängerin Janis Joplin (1943–70), Countrysänger George Strait (geb. 1952), Schauspieler Matthew McConaughey (geb. 1969)

Heimat von Shiner-Bock-Bier, Dr. Pepper, den beiden Präsidenten Bush

Politische Ausrichtung Republikanisch (was die Austiner aber nicht gern hören)

Berühmt für Barbecue, Cowboys

Souvenirs *Don't Mess with Texas*-Artikel, ganz egal, ob T-Shirt oder Toilettenpapier

Entfernungen Austin–San Antonio 78 Meilen (125 km), Austin–Dallas 196 Meilen (315 km), Dallas–Houston 242 Meilen (389 km), Houston–El Paso 745 Meilen (1200 km), El Paso–Big Bend 291 Meilen (468 km)

Geschichte

Texas war nicht immer einfach nur Texas – es war schon mexikanisch, US-amerikanisch, spanisch, aber auch mal französisch ... Insgesamt wechselte die Staatshoheit bis zum Status quo hier ganze acht Mal und es wehten bereits sechs verschiedene Flaggen über diesem wahrlich monumentalen Staat.

Wenn man bedenkt, dass die von den Kolonisten eingeschleppten Krankheiten fast die gesamte indigene Bevölkerung dahingerafft haben, erscheint es ziemlich ironisch, dass die Spanier diesem Gebiet ausgerechnet den Namen Tejas (ausgesprochen *tech-as*) gegeben haben – es ist eine Abwandlung des Caddo-Wortes für „Freund". Die Caddo, die Apachen und die Karankawa gehörten zu jenen Stämmen, denen die spanischen Eroberer bei ihrer Ankunft an der Golfküste im Jahr 1519 begegneten.

Die spanische Vorherrschaft über das Territorium blieb bis zur Unabhängigkeit Mexikos 1821 bestehen. Im selben Jahr hob der mexikanische General Antonio López de Santa Anna den Staatenzusammenschluss auf, verbot die Sklaverei und beschränkte die Einwanderung. Nichts davon passte den unabhängigkeitsliebenden „Texians" (Texaner amerikanischer und mexikanischer Herkunft) in den Kram, denn sie hatten günstige Darlehen für Grundbesitz und die mexikanische Staatsbürgerschaft erhalten. Der Konflikt eskalierte zum Texanischen Unabhängigkeitskrieg (1835–1836). Einen Monat nachdem die Streitkräfte von Santa Anna unter den Überlebenden der Belagerung des Alamo (einem Fort in San Antonio) ein Massaker angerichtet hatten, wurden die mexikanischen Truppen in San Jacinto von den Rebellen unter der Führung Sam Houstons mit dem Schlachtruf „Remember the Alamo!" (Gedenkt Alamos!) in die Flucht geschlagen. Und so wurde die Republik Texas geboren. Die kurze Existenz dieser Nation endete jedoch bereits neun Jahre später, als Texas sich per Dekret entschied, als 28. Bundesstaat der Union beizutreten.

Die letzte Schlacht des Amerikanischen Bürgerkriegs (Texas kämpfte auf Seiten der Konföderierten) fand angeblich im Mai 1865 in der Nähe von Brownsville statt – einen Monat nach dem offiziellen Kriegsende. Nach dem Krieg bildete die Rinderzucht den Kern der texanischen Wirtschaft. Doch als 1910 in Spindletop erstmals schwarzes Gold sprudelte, änderte sich alles. Seit damals bildet Erdöl das Fundament der Wirtschaft im Lone Star State – und das mit allen Vor- und Nachteilen.

Kultur

Die texanische Kultur ist ungefähr so einfach greifbar wie ein glitschiges Stück Seife. Grob verallgemeinert könnte man sagen, dass Austin das alternative Texas verkörpert, wo eifrig über Umweltschutz und Lebensqualität diskutiert wird. In Dallas hingegen sind die Einkaufswütigen und die Trendsetter der Gesellschaft zu Hause. Hier wird mehr Geld für Silikonimplantate ausgegeben als irgendwo sonst in den Vereinigten Staaten, einmal abgesehen von Los Angeles. Im konservativen, aber lockeren Houston treffen sich Geschäftsleute aus der Öl- und Gasindustrie zum Dinner in exklusiven Steakhäusern und in San Antonio wird die Tex-Mex-Kultur bis heute hochgehalten.

SÜDLICHES ZENTRAL-TEXAS

Berge, die weniger an Hochgebirge, sondern vielmehr an Maulwurfshügel erinnern, und ein paar Flüsse dazwischen prägen den Süden von Zentral-Texas. Im Norden liegt die Hauptstadt Austin, in der sich Tag und Nacht alles um Musik dreht. 80 Meilen (128 km) weiter südlich findet man in der Metropole San Antonio die legendäre Festung Alamo und den fröhlich-bunten Riverwalk. Zwischen den beiden Städten und westlich davon erstreckt sich das Hill Country, wo es tolle Barbecues, wilde Tänze auf alten Holzfußböden und kleine, typisch texanische Städtchen direkt am Flussufer gibt. Wer in möglichst kurzer Zeit das eigentliche Texas kennenlernen möchte, ist hier genau richtig.

Austin

Überall in der Stadt sticht einem auf Autoaufklebern und T-Shirts der Spruch „Keep Austin Weird“ (Austin soll ungewöhnlich bleiben) in die Augen. Und während die ältere Generation schimpft, Austin hätte seinen flippigen Charme verloren, hat die Stadt es doch geschafft, an ihrem unglaublich gelassenen Flair festzuhalten. Obwohl sich in der ehemaligen Universitätsstadt mit Hippie-Seele in letzter Zeit vermehrt Ingenieure und Filmstars niederlassen, ist Austin nach wie vor eine Stadt, in der Künstler tagsüber noch anderen Berufen nachgehen und in der die Bewohner eifrig an ihrer Musik oder ihrem Roman arbeiten und ihre Nachbarn mit verrückten Kunstwerken im Vorgarten nerven.

Am Freeway und in den Vororten schießen in besorgniserregendem Tempo riesige Einkaufszentren und Restaurantketten aus dem Boden. In den verschiedenen Stadtteilen hingegen ist das authentische Austin mit allen möglichen, von Einheimischen geführten Geschäften immer noch allgegenwärtig. Dazu gehören auch die Food Trucks, die für das genügsame Unternehmertum stehen, das für diese Stadt so typisch ist.

Austin ist auch eine äußerst musikalische Stadt! Das scheint irgendwie jeder zu wissen, selbst wenn er noch nie hier gewesen ist. Austin bezeichnet sich als „Hauptstadt der Livemusik“ – und wenngleich man vielleicht nicht aus vollem Halse zustimmt, widersprechen wird man diesem Anspruch aber auch nicht. Mittlerweile ist die Stadt Gastgeber von zwei wichtigen Musikfestivals: dem South by Southwest Festival und dem Austin City Limits Festival. Wer einen Einblick in die hiesige Musikszene bekommen möchte, muss sich allerdings nicht zwangsweise mit den Menschenmassen und den exorbitanten Preisen für Unterkünfte abfinden. Livemusik gibt's in Austin einfach überall und an jedem Abend zu hören.

TEXAS IN ...

... fünf Tagen

Einen Tag und einen Abend verbringt man in San Antonio damit, in den Cafés am **Riverwalk** Margaritas zu schlürfen und auf dem **Marktplatz** um billigen Schmuck aus Mexiko zu feilschen. Dann geht es in die 80 Meilen (130 km) nördlich gelegene Hauptstadt, wo man sich für zwei Nächte im abgefahrenen **Austin Motel** einmietet und z. B. im **Continental Club** versucht, so viel Livemusik wie nur irgend möglich abzubekommen. Oder darf's vielleicht eine Abkühlung im kalten Wasser der **Barton Springs Pool** sein? An Tag fünf und sechs werden die Shoppingmöglichkeiten und die kulinarische Seite von **Dallas** ausgekostet, bevor es nach Cowtown (passender Spitzname für **Fort Worth**) geht, wo den Besucher viel Western-Kunst und einige Sehenswürdigkeiten erwarten.

... zehn Tagen

Der fünftägigen Reiseroute in umgekehrter Richtung folgen und von San Antonio gen Westen nach West-Texas fahren – oder fliegen, da die Fahrt mit dem Auto den Großteil des Tages einnimmt. Die Nacht verbringt man im aus der Wildwest-Ära stammenden **Gage Hotel**, bevor am nächsten Morgen die tiefen Canyons und schroffen Gebirge des südlich gelegenen **Big Bend National Park** zum Wandern oder Raften locken. Außerdem lohnt auch ein Zwischenstopp in **Marfa**, wo avantgardistische Kunst bestaunt werden kann, oder im **McDonald Observatory** in Fort Davis, das zum Sterngucken einlädt.

Austin

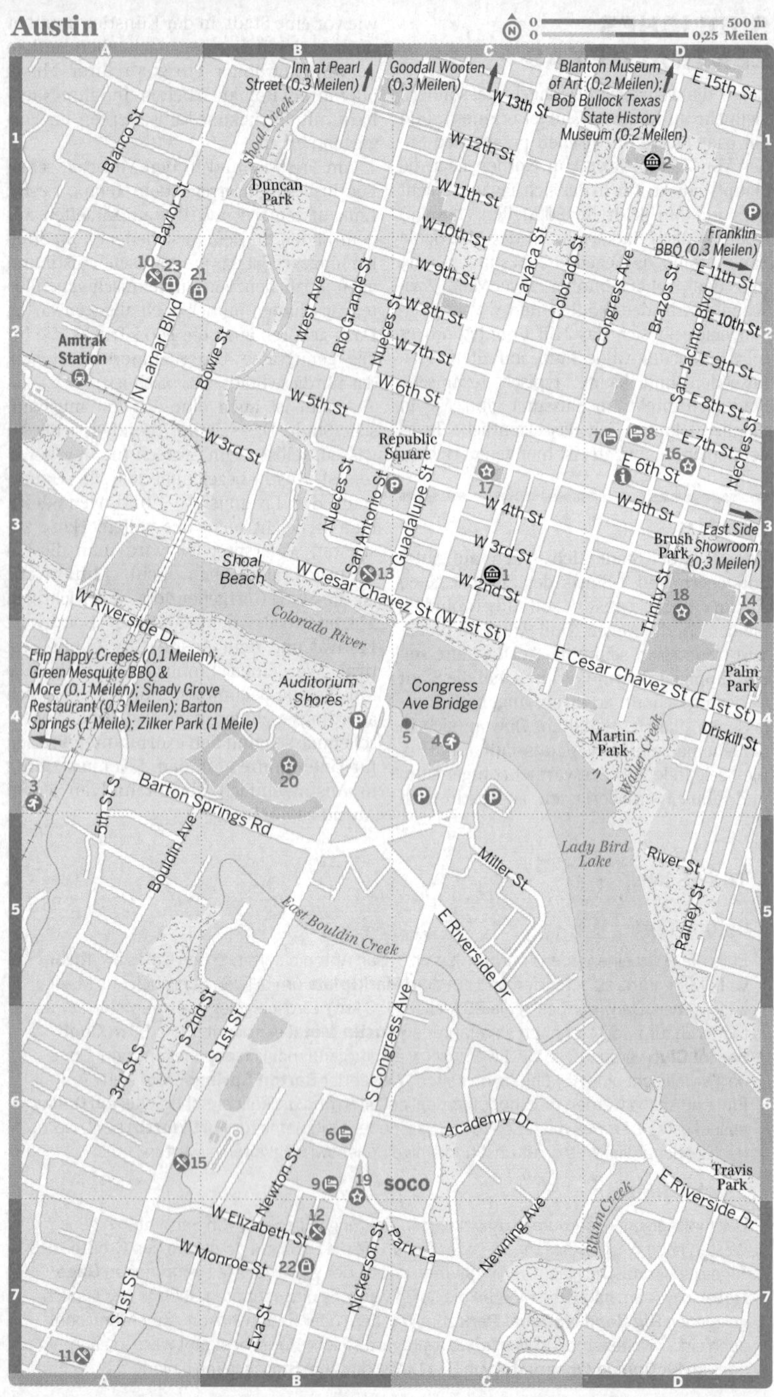

0 500 m
0 0,25 Meilen
Inn at Pearl Street (0,3 Meilen)
Goodall Wooten (0,3 Meilen)
Blanton Museum of Art (0,2 Meilen); Bob Bullock Texas State History Museum (0,2 Meilen)
E 15th St
W 13th St
W 12th St
W 11th St
W 10th St
W 9th St
W 8th St
W 7th St
W 6th St
W 5th St
W 4th St
W 3rd St
W 2nd St
Shoal Creek
Duncan Park
Blanco St
Baylor St
N Lamar Blvd
Bowie St
West Ave
Rio Grande St
Nueces St
San Antonio St
Guadalupe St
Lavaca St
Colorado St
Congress Ave
Brazos St
San Jacinto Blvd
Trinity St
Neches St
Franklin BBQ (0,3 Meilen)
E 11th St
E 10th St
E 9th St
E 8th St
E 7th St
E 6th St
W 5th St
Amtrak Station
Republic Square
Brush Park
East Side Showroom (0,3 Meilen)
Shoal Beach
W Cesar Chavez St (W 1st St)
E Cesar Chavez St (E 1st St)
Colorado River
W Riverside Dr
Flip Happy Crepes (0,1 Meilen); Green Mesquite BBQ & More (0,1 Meilen); Shady Grove Restaurant (0,3 Meilen); Barton Springs (1 Meile); Zilker Park (1 Meile)
Auditorium Shores
Congress Ave Bridge
Palm Park
Driskill St
Martin Park
Waller Creek
Barton Springs Rd
5th St S
Bouldin Ave
Miller St
Lady Bird Lake
River St
Rainey St
East Bouldin Creek
E Riverside Dr
S Congress Ave
S 2nd St
S 1st St
3rd St S
Academy Dr
Travis Park
E Riverside Dr
SOCO
Newton St
W Elizabeth St
W Monroe St
Park La
Nickerson St
Newning Ave
Blunn Creek
Eva St
S 1st St

Austin

Sehenswertes
1 Austin Children's Museum C3
2 Texas State Capitol D1

Aktivitäten, Kurse & Touren
3 Bicycle Sport Shop A4
4 Capital Cruises C4
5 Lone Star Riverboat C4

Schlafen
6 Austin Motel B6
7 Driskill Hotel D3
8 Firehouse Hostel D3
9 Hotel San José B6

Essen
10 Amy's Ice Cream A2
11 Bouldin Creek Coffee House A7
12 Güero's Taco Bar B7
13 Lambert's B3
14 Moonshine Patio Bar & Grill D3
15 South Austin Trailer Park & Eatery A6

Ausgehen & Nachtleben
Hotel San José .... (siehe 9)

Unterhaltung
16 Alamo Drafthouse Cinema D3
17 Antone's C3
18 Austin Convention Center D3
19 Continental Club B6
20 Long Center for the Performing Arts B4

Shoppen
21 Book People Inc A2
22 Uncommon Objects B7
23 Waterloo Records A2

Sehenswertes

Die echte Austin-Erfahrung dreht sich nicht nur um die Sehenswürdigkeiten – nein, es geht darum, die Stadt zu erleben. In Bars, Restaurants und sogar in Lebensmittelgeschäften und im Flughafen wird Livemusik gespielt. Neben der Ausübung zahlloser Outdooraktivitäten kann man die Tage zudem damit verbringen, flippige Vintage-Klamotten einzukaufen, eine Margarita in einem Innenhof-Café zu schlürfen oder am Ufer der Barton Springs auszuspannen. Wer bei jedem Urlaub auch mindestens einen Museumsbesuch braucht, für den stehen einige Museen zur Auswahl, die eine Stippvisite wert sind.

Downtown

Bob Bullock Texas State History Museum MUSEUM
(☎512-936-8746; www.thestoryoftexas.com; 1800 Congress Ave; Erw./Kind 4–17 Jahre 9/6 US$, Film Texas Spirit 5/4 US$; ⏲Mo–Sa 9–18, So 12–18 Uhr) Was sich nach verstaubtem, langweiligem Stadtmuseum anhört, ist in Wirklichkeit eine prachtvolle Ausstellung über die Geschichte des Lone Star State. Um all die interaktiven Hightech-Exponate und witzigen Spielszenen gebührend zu bewundern, sollte man sich schon ein paar Stunden Zeit nehmen.

Blanton Museum of Art MUSEUM
(☎512-471-5482; www.blantonmuseum.org; 200 E Martin Luther King Jr Blvd; Erw./Kind 9 US$/frei; ⏲Di–Fr 10–17, Sa 11–17, So 13–17 Uhr) Eine große Universität mit großen Sponsoren muss auch eine große Kunstsammlung haben, die endlich in einem angemessenen Gebäude untergebracht ist. In einer der besten universitären Kunstausstellungen der USA sind die verschiedensten Stilrichtungen zu bewundern. Zwar ist keine richtig ausführlich vertreten, dafür dürfte aber für jeden etwas Interessantes dabei sein.

Texas State Capitol HISTORISCHES GEBÄUDE
(☎512-305-8402; Ecke 11th St & Congress Ave; ⏲Mo–Fr 7–22, Sa & So 9–20 Uhr) GRATIS Das 1888 aus leuchtend rotem Granit erbaute Capitol ist das größte Parlamentsgebäude der USA – womit wieder einmal bewiesen wäre, dass in Texas alles immer etwas größer ist als anderswo. Man sollte zumindest einen Blick in die herrliche Rundhalle werfen und ausprobieren, ob das Flüstergewölbe funktioniert.

Austin Children's Museum MUSEUM
(☎512-472-2499; www.austinkids.org; 1830 Simond Ave; Eintritt 6,50 US$, Kind bis 1 Jahr frei; ⏲Di–Sa 10–17, Mi 10–20, So 12–17 Uhr; 👪) Hier können Kinder eine Ranch führen, im Global Diner speisen und wie die Fledermäuse kopfüber unter einer Brücke hängen. Erst kürzlich wurde die Ausstellungsfläche verdoppelt.

Aktivitäten

Barton Springs Pool SCHWIMMEN
(☎512-867-3080; 2201 Barton Springs Rd; Erw./Kind 3/2 US$; ⏲Mitte April–Sept. Fr–Mi 9–22 Uhr) Zu heiß? Nicht mehr lange! Bei Temperaturen bis zu 40 °C bietet dieses mit eiskaltem

IM „MONDENSCHEIN"

In Austin sollte man unbedingt Ausschau nach den sogenannten **moonlight towers** halten. Die gut 50 m hohen Straßenlaternen waren Ende des 19. Jhs. der letzte Schrei und erhellten ganze Straßenzüge mit ihrem mondähnlichen Licht. Austin ist die einzige Stadt, in der die historischen, dreieckigen Eisentürme mit einem Ring aus sechs riesigen Glühbirnen noch in Betrieb sind. Insgesamt 15 dieser Türme beleuchten Straßen in der ganzen Stadt.

Quellwasser gespeiste Naturschwimmbad eine willkommene Abkühlung. Der von bis zu 100 Jahre alten Pekannussbäumen beschattete Bereich rund um das Becken ist vor allem an heißen Sommertagen ein beliebter – und rappelvoller – Treffpunkt.

Lady Bird Lake KANUFAHREN
(☎512-459-0999; www.rowingdock.com; 2418 Stratford Dr; ⌚6:30–20 Uhr) Der nach der Präsidentengattin Lady Bird Johnson benannte See sieht eher wie ein Fluss aus. Kein Wunder: Hier wurde der Colorado aufgestaut, der die Stadt von West nach Ost durchströmt. Am Rowing Dock werden Kajaks, Kanus und Paddel-Boards für 10 bis 20 US$ pro Stunde vermietet, wobei die Bretter zum Stehpaddeln etwas teurer sind.

Zilker Park WANDERN & RADFAHREN
(☎512-974-6700; www.austintexas.gov/department/zilker-metropolitan-park; 2100 Barton Springs Rd) Der 142 ha große Park ist eine herrlich grüne Oase mitten in der Stadt und von Rad- und Wanderwegen durchzogen. In dem Park befindet sich auch das berühmte Naturschwimmbad Barton Springs und der Barton Creek Greenbelt. Weitere Attraktionen sind mehrere Bootsverleihe, eine Miniatureisenbahn und ein botanischer Garten. An Wochenenden im Sommer, an denen immer besonders viel los ist, muss man 5 US$ Einfahrtgebühr für das Auto bezahlen.

Bicycle Sport Shop FAHRRADVERLEIH
(☎512-477-3472; www.bicyclesportshop.com; 517 S Lamar Blvd; ab 16 US$ für 2 Std.; ⌚Mo–Fr 10–19, Sa 9–18, So 11–17 Uhr) Das beste an diesem Fahrradverleih ist seine Nähe zu den Radwegen im Zilker Park sowie rund um Barton Springs und den Lady Bird Lake – sie sind alle nur ein paar Radlängen entfernt. Die Preise reichen von 16 US$ für zwei Stunden auf einem normalen Fahrrad bis hin zu 62 US$ für einen ganzen Tag auf einem vorne und hinten gefederten Super-Mountainbike. Am Wochenende und an Feiertagen sollte man vorher reservieren.

Feste & Events

South by Southwest MUSIK & FILM
(SXSW; www.sxsw.com; eine Veranstaltung 625–1150 US$, Festivalpass 900–1600 US$; ⌚Mitte März) Eins der größten Events der amerikanischen Musikindustrie! Filme und interaktive Medien gehören auch zum Repertoire. Während des zweiwöchigen Festivals befindet sich die Stadt im Ausnahmezustand, und für Neubürger ist die überall gespielte Livemusik oft der erste Eindruck ihrer neuen Heimat.

Austin City Limits Music Festival MUSIK
(www.aclfestival.com; 3-Tages-Ticket 200–225 US$; ⌚Okt.) Obwohl es „nur" ein Musikfestival ist, macht es dem South by Southwest zunehmend Konkurrenz und erfreut sich größter Beliebtheit bei den Einheimischen. So sind die mehr als 100 tollen Veranstaltungen auf acht Bühnen im Zilker Park in der Regel schon Monate im Voraus ausverkauft.

Formel 1 AUTORENNEN
(www.formula1.com; ⌚Nov.) Dank der brandneuen Formel-1-Rennstrecke ist die Stadt an einem Wochenende im November fest in der Hand von Motorsport-Fans.

Schlafen

In South Congress (SoCo) gibt's die tollsten und schrägsten Unterkünfte, während es im Stadtzentrum gediegener und teurer zugeht. Ein Verzeichnis aller Unterkünfte der Stadt hält das Austin Visitor Information Center (S. 759) bereit.

Da die Preise während des SXSW-Festivals und am Formel-1-Wochenende in die Höhe schnellen, sollte man seinen Besuch entsprechend planen.

★ **Firehouse Hostel** HOSTEL $
(☎512-201-2522; www.firehousehostel.com; 605 Brazos St; B 29–32 US$, Zi. 70–90 US$, Suite 120–145 US$; ❄📶) Ein Hostel mitten im Zentrum von Austin? Aber natürlich! Und dazu ist das Firehouse auch noch ein richtig gutes. Die erst im Januar 2013 in einer ehemaligen Feuerwache eröffnete Jugendherberge riecht förmlich noch nach frischer Farbe und liegt, unschlagbar praktisch, direkt gegenüber dem historischen Driskill Hotel in der Innenstadt.

Goodall Wooten HOSTEL $
(☎512-472-1343; 2112 Guadalupe St; Zi. 35 US$; ❄@) Das private Studentenwohnheim in der Nähe der Universität steht Reisenden in der Regel von Mitte Mai bis Mitte August offen, teilweise aber auch zu anderen Zeiten. Da sich die Einrichtung auf das Wesentliche beschränkt, gibt's Bettwäsche und Toilettenpapier, aber keine Extras. Allerdings steht in jedem Zimmer ein kleiner Kühlschrank. Kreditkarten werden nicht akzeptiert.

★ **Hotel San José** BOUTIQUEHOTEL $$
(☎512-444-7322; www.sanjosehotel.com; 1316 S Congress Ave; Zi. ohne Bad 95–145 US$, mit Bad 165–285 US$; P❄☎≋) Hotelbesitzerin Liz Lambert hat das altmodische Motel aus den 1930er-Jahren in eine schicke SoCo-Unterkunft mit minimalistischen Zimmern in strahlend weißen Bungalows und original texanischem Garten verwandelt. Die für Austin typische Hotelbar im Innenhof ist für ihre prominenten Gäste bekannt. Zudem liegt das Hotel mitten in der Gegend um die South Congress Avenue, die sich zum Szenetreffpunkt der Stadt entwickelt hat.

★ **Austin Motel** MOTEL $$
(☎512-441-1157; www.austinmotel.com; 1220 S Congress Ave; Zi. 84–139 US$, Suite 163 US$; P❄☎≋) Das herlich abgefahrene Motel, dessen Einrichtung vom Sperrmüll zu stammen scheint, verkörpert voll und ganz den Geist der „Keep Austin Weird"-Bewegung. Jedes Zimmer ist individuell mit dem eingerichtet, was gerade zur Verfügung stand – was mal mehr, mal weniger gut aussieht.

Inn at Pearl Street B&B $$
(☎512-478-0051; www.innpearl.com; 1809 Pearl St; DZ 175–215 US$, Suite 225 US; P❄☎) Hier haben sich überzeugte Denkmalschützer ihren Traum erfüllt. Nicht nur, dass sie ein völlig heruntergekommenes Anwesen wieder bewohnbar gemacht haben – sie unterzogen es einer Komplettsanierung und machten es zu einem richtig noblen Hotel im guten alten europäischen Stil.

★ **Driskill Hotel** HISTORISCHES HOTEL $$$
(☎800-252-9367, 512-474-5911; www.driskillhotel.com; 604 Brazos St; Zi. 199–299 US$, Suite 300–900 US$; P❄☎) Das wunderbare historische Hotel aus Stein, das Ende des 19. Jhs. von einem wohlhabenden Rinderbaron gebaut wurde, ist das Schmuckstück der Stadt. Anstatt mit der üblichen Hoteleinrichtung ist es immer noch wie ein texanisches Wohnhaus der Oberschicht ausgestattet. Und auch wenn über den Ledersofas der Kopf eines Longhornrinds hängt – in den eleganten Zimmern finden sich garantiert keine ausgestopften Tiere!

Essen

Gutes und günstiges Essen ist in Austin nicht schwer zu finden. In South Congress gibt's zahlreiche Optionen, die allerdings oft überfüllt sind. Wer sich auskennt, geht stattdessen in die S 1st Street (zwischen Block 1400 und 2100), wo sich mexikanische Kräuterheiler, Tattoo-Studios, Food Trucks und Bio-Cafés aneinanderreihen. Auch in der Barton Springs Road (östlich des Lamar Blvd) gibt's einige interessante Lokale, und wer mit kleinem Budget unterwegs ist, findet in der Guadalupe Street nahe der Universität günstige Angebote. In der Umgebung gibt's tolles Barbecue (S. 760)!

Downtown

★ **Franklin BBQ** BARBECUE $
(☎512-653-1187; www.franklinbarbecue.com; 900 E 11th St; Hauptgerichte 6–13 US$; ⊙Di–So 11–14 Uhr) Hier gibt's nur Mittagessen – und das auch nur, bis es ausverkauft ist. Und das ist oft lange vor Geschäftsschluss um 14 Uhr. Man sollte nicht mit Heißhunger ankommen, denn die Gäste stehen meistens schon Schlange, bevor der Laden überhaupt aufmacht. Hat man es dann an einen der begehrten Tische geschafft, empfiehlt sich die Platte mit zweierlei Fleisch. Oder man lässt sich alles, was man bekommen kann, einpacken und genießt es später in Ruhe. Egal, wofür man sich entscheidet, es sollte schnell gehen, denn die anderen warten mit Kohldampf auf einen freien Platz.

★ **Amy's Ice Cream** EIS $
(☎512-480-0673; www.amysicecreams.com; 1012 W Sixth St; ⊙So–Do 11–24, Fr & Sa 11–1 Uhr) Nicht nur das Eis ist hier erste Sahne, sondern auch die Saucen und Garnierungen, die von den mit jeweils zwei Löffeln bewaffneten Mitarbeitern energisch, aber liebevoll verteilt werden. Amy betreibt weitere Filialen in der Guadalupe Street nördlich des Uni-Campus, in der South Congress Avenue inmitten der unzähligen Geschäfte und am Flughafen (für ein allerletztes Vergnügen vor der Abreise).

Moonshine Patio Bar & Grill AMERIKANISCH $$
(☎512-236-9599; www.moonshinegrill.com; 303 Red River St; Hauptgerichte 11–21 US$; ⊙Mo–Do

NICHT VERSÄUMEN

FOOD TRUCKS: ESSEN AUF RÄDERN

Hierzulande stehen Food Trucks immer am gleichen Ort, auch wenn sie jederzeit wegfahren können. Dennoch sind im Folgenden nicht die einzelnen Restaurants auf Rädern aufgeführt, sondern die Gegenden, in denen gleich mehrere von ihnen stehen. So kann man von einem zum anderen gehen, bis man das Richtige findet, oder aber alle nacheinander durchprobieren. Die meisten der typischen Airstream-Wohnmobile und Taco-Buden dürften an folgenden Orten zu finden sein:

South Austin Trailer Park & Eatery (1311 S 1st St) Das eingezäunte Gelände mit Picknicktischen sieht eher wie ein Platz für Dauercamper aus.

1503 S 1st St Unter den vielen Imbisswagen, die hier stehen, befindet sich auch oft derjenige von Gourdough, dessen Feinschmecker-Donuts zwar recht teuer sind, dafür aber ein komplettes Dessert für zwei Personen abgeben.

South Congress In diesem Abschnitt zwischen Elizabeth Street und Monroe Street steht der tolle Wagen von Mighty Cone nebst vielen anderen.

East Austin Zwischen all den Bars an der Ecke E 6th Street und Waller Street stehen auch ein paar Food Trucks.

Flip Happy Crepes (☎ 512-552-9034; Ecke Jessie St & Butler Rd; Crêpes 5–7 US$; ⏲ Mi–So 10–14, Sa auch 18:30–21 Uhr) Dieser Imbisswagen steht zwar allein auf weiter Flur, war jedoch einer der ersten, wenn nicht sogar *der* erste überhaupt, so dass er hier unbedingt erwähnt werden sollte.

11–22, Fr & Sa 11–23, So 9–14 & 17–22 Uhr) Das bemerkenswert gut erhaltene, historische Gebäude aus der Zeit um 1850 erinnert an die Anfänge von Austin. Umgeben von unverputzten Kalksteinmauern genießt man hier erstklassige Hausmannskost, Vorspeisen zum halben Preis während der Happy Hour oder einen üppigen Sonntagsbrunch (16,95 US$). Oder man setzt sich auf der schönen Terrasse einfach in den Schatten der Pekannussbäume.

★ Lambert's BARBECUE **$$$**
(☎ 512-494-1500; 401 W 2nd St; Hauptgerichte 14–42 US$; ⏲ 11–14 & 17.30–22 Uhr) Wer sich nicht zwischen Barbecue und feinem Abendessen entscheiden kann, kommt einfach hierher. In einem historischen Steinhaus bietet Küchenchef Lou Lambert raffiniert aktualisierte Klassiker amerikanischer Hausmannskost. Mancher tut dies allerdings als „aufgemotztes Barbecue" ab. Da Beilagen extra berechnet werden, kann es recht teuer werden. Oder man kommt etwas früher und isst sich in der Happy Hour (17–19 Uhr) mit Vorspeisen zum halben Preis satt.

Südliches Austin

Green Mesquite BBQ & More BARBECUE **$**
(☎ 512-479-0485; www.greenmesquite.net; 1400 Barton Springs Rd; Hauptgerichte 6–11 US$, Kinderteller 5 US$; ⏲ 11–22 Uhr) Wie auf den hauseigenen T-Shirts zu lesen ist, sind die „grünen Mesquiten" schon „seit 1988 der Albtraum aller Vegetarier". Das einfache, günstige Lokal bietet neben leckerem Fleisch auch Pekannusspastete, kaltes Bier und einen schönen, schattigen Außenbereich.

Bouldin Creek Coffee House VEGETARISCH **$**
(☎ 512-416-1601; 1900 S 1st St; Hauptgerichte 5–9 US$; ⏲ Mo–Fr 7–24, Sa & So 8–24 Uhr; 📶 ✐) In dem vegetarisch-veganen Restaurant gibt's den ganzen Tag über Rührei mit vegetarischer Chorizo-Wurst und Haferbrei aus Bio-Zutaten, und dazu werden leckere Äpfel serviert. Die flippige Atmosphäre ist typisch für den Süden der Stadt und man kann herrlich Leute beobachten, endlich seinen Roman beenden oder Mitglied einer Band werden.

★ Güero's Taco Bar TEX-MEX **$$**
(☎ 512-447-7688; 1412 S Congress Ave; Hauptgerichte 6–15 US$; ⏲ 11–22 Uhr) Oh Güero, wir lieben Dich doch so sehr! Aber warum lässt Du uns nur so lange warten? Nun, da stehen eben noch Hunderte von anderen Gästen an der Bar, die mit knurrendem Magen auf einen freien Tisch warten. Aber wir werden schön geduldig sein und die einmalige Atmosphäre der 100 Jahre alten, ehemaligen Samenhandlung genießen, weil wir alle absolut verrückt nach Deiner Hühnersuppe mit Tortilla sind.

Außerhalb der Stadt

Trudy's Texas Star TEX-MEX **$$**
(☎ 512-477-2935; www.trudys.com; 409 W 30th St; Hauptgerichte 7–12 US$; ⏲ Mo–Do 16–2, Fr ab 11, Sa & So ab 9 Uhr) Trudys Tex-Mex-Essen ist durchweg gut und oft auch wesentlich gesünder als üblich. Es könnte hier aber auch das schlechteste Essen der Welt geben, die Leute würden trotzdem Schlange stehen – und zwar wegen der Margaritas, die wohl die besten von ganz Austin sind.

Shady Grove Restaurant AMERIKANISCH **$$**
(☎ 512-474-9991; www.theshadygrove.com; 1624 Barton Springs Rd; Hauptgerichte 7–12 US$; ⏲ So–Do 11–22:30, Fr & Sa 11–23 Uhr) „Drinnen oder draußen?" Diese Frage stellt sich hier eigentlich gar nicht. Schließlich kommen alle wegen der schattigen Terrasse her, denn unter den herrlichen Pekannussbäumen schmecken Chili-Käse-Pommes und vegetarische Hippie-Sandwichs gleich nochmal so gut.

★ **Salt Lick Bar-B-Que** BARBECUE **$$**
(☎ 512-858-4959; www.saltlickbbq.com; 18300 FM 1826, Driftwood; Hauptgerichte 11–20 US$; ⏲ 11–22 Uhr; 👪) Das weitläufige Gartenlokal mit festen Grillstellen liegt zwar 20 Meilen (32 km) außerhalb der Stadt an der US 290, doch die Fahrt lohnt sich. Und man is(s)t auch garantiert nicht alleine, denn es ist vor allem bei Touristen äußerst beliebt. Alkohol muss selbst mitgebracht werden. Wer Hunger hat, entscheidet sich für die All-you-can-eat-Variante für die ganze Familie (Erw./Kind 19,95/6,95 US$).

Ausgehen

In Austin gibt es aberwitzig viele Bars, sodass im Folgenden nur eine kleine Auswahl vorgestellt werden kann. Die legendäre Barszene der 6th Street hat sich mittlerweile auf die umliegenden Durchgangsstraßen ausgeweitet, darunter vor allem auf die Red River Street.

Viele der neuen Locations in der 6th Street sind Bars, in denen es vorrangig Shots (kleine Gläser mit Hochprozentigem) gibt, und die auf partyerprobte Collegestudenten und Touristen ausgerichtet sind, während die Etablissements der Red River Street ein eher lokales Flair versprühen. In den Lounges rund um den Warehouse District (nahe der Kreuzung W 4th Street und Colorado Street) geht es etwas gehobener zu, in SoCo finden die unkonventionelleren Partygänger ihre Nische im vielseitigen Austin.

★ **Hotel San José** BAR
(☎ 512-444-7322; 1316 S Congress Ave; ⏲ Mo–Do 17–24, Fr–So ab 12 Uhr) Im Gegensatz zu den üblichen Hotelbars ist diese Zen-Bar mit Terrasse sehr lässig und immer gut besucht. Hier kommt man schnell ins Gespräch.

★ **East Side Showroom** BAR
(☎ 512-467-4280; 1100 E 6th St; ⏲ 17–2 Uhr) Mit der Atmosphäre einer Künstlerkneipe im Brooklyn des 19. Jhs. ist dieser Treffpunkt der aufstrebenden Szene im Osten der Stadt immer voller Trendsetter, die geniale Cocktails schlürfen.

★ **Ginny's Little Longhorn Saloon** BAR
(☎ 512-407-8557; 5434 Burnet Rd; ⏲ Di 17–24, Mi–Sa 17–1, So 14–20 Uhr) Die abgefahrene Bar in einem kleinen Bimssteinhaus ist eine für diese Stadt typische und von ihren Bewohnern heißgeliebte Kneipe. Das war sie auch schon, bevor sie wegen des *chicken-shit bingo* (in etwa „Hühnerschiss-Lotto") am Sonntagabend landesweite Berühmtheit erlangte.

Contigo BAR
(2027 Anchor Lane; ⏲ Mo–Do 17–23, Fr & Sa 17–24 Uhr) Riesige Bäume sorgen für Schatten auf der schönen Terrasse, die einer der besten Orte der Stadt ist, um entspannt einen Cocktail zu genießen.

Unterhaltung

Livemusik

An jedem Freitagabend spielen in den etwa 200 Veranstaltungsorten in Austin Hunder-

SCHWULEN- & LESBENSZENE IN AUSTIN

Mit einer wachsenden Schwulen- und Lesben-Community – und, nicht zu vergessen, mit einer ausgesprochen offenen Hetero-Bevölkerung – ist Austin die wohl schwulen- und lesbenfreundlichste Stadt in Texas. Die im Juni stattfindende Pride Parade und kleinere Events werden von der **Austin Gay & Lesbian Chamber of Commerce** (www.aglcc.org) unterstützt. Die **Austin Chronicle** (www.austinchronicle.com) hat in ihrem Anzeigenteil zu den wöchentlichen Events auch eine Rubrik speziell für Homosexuelle, und das Hochglanzmagazin **L Style/G Style** (www.lstylegstyle.com) richtet sich ausschließlich an Schwule und Lesben.

te von Bands, und selbst an relativ ruhigen Abenden (Mo & Di ist meist am wenigsten los) stehen immer noch über zwei Dutzend Auftritte auf dem Programm.

Um seinen Aufenthalt zu planen, informiert man sich am besten im wöchentlich erscheinenden *Austin Chronicle* oder im *Austin American-Statesman* (donnerstags) über aktuelle Live-Angebote.

★ Continental Club LIVEMUSIK
(☎ 512-441-0202; www.continentalclub.com; 1315 S Congress Ave; ⏲ 16–2 Uhr) Nur ein wenig mit den Füßen zur Musik wippen? Das kann man hier vergessen: Die Tanzfläche dieser Lounge aus den 1950er-Jahren wird regelmäßig von den besten einheimischen Bands und Musikern aufgemischt.

Broken Spoke LIVEMUSIK
(www.brokenspokeaustintx.com; 3201 S Lamar Blvd; ⏲ Di–Do 11–24, Fr & Sa bis 1 Uhr) Der Holzboden ist mit Sand bedeckt und unter den Kronleuchtern, die die Form von Wagenrädern haben, traten schon Stars wie der Countrysänger George Strait auf. Das Broken Spoke ist auf jeden Fall eines dieser authentischen texanischen Honky-Tonks.

Cactus Cafe LIVEMUSIK
(www.utexas.edu/universityunions; Texas Union, Ecke 24th St & Guadalupe St; ⏲ variiert je nach Show) In diesem Club auf dem Campus lauscht man in persönlicher Atmosphäre und aus nächster Nähe tollen Akustik-Klängen.

Antone's LIVEMUSIK
(www.antones.net; 213 W 5th St; Vorstellungsbeginn variiert, Infos auf der Website) In der Musikgeschichte Austins ist das Antone's eine wahre Schlüsselfigur. Seit 1975 treten hier die besten Blues-Acts und andere beliebte einheimische Bands und Musiker auf und man trifft auf Gäste aller Altersgruppen.

Emo's East LIVEMUSIK
(☎ 512-693-3667; www.emosaustin.com; 2015 E Riverside Dr; ⏲ wechselnde Aufführungszeiten, Infos auf der Website) Nachdem Emo's winzige Kneipe in der Red River Street fast 20 Jahre lang die allererste Adresse für Punk- und Indie-Musik war, wurde der Betrieb nun in eine schicke neue und wesentlich größere Lokalität am Riverside Drive verlagert.

MUSIKFESTIVALS

Mitte März strömen Hunderttausende von Musikern, Musikproduzenten, Journalisten und Fans nach Austin zum South by Southwest (S. 754). Bei diesem riesigen Musikspektakel sind auf insgesamt 90 Bühnen in der ganzen Stadt einige tausend Bands und Musiker aus der ganzen Welt zu hören.

Was ursprünglich als Präsentation unbekannter Bands und Sänger vor Vertretern der Plattenindustrie gedacht war, ist längst zum Schaufenster der Unterhaltungsindustrie mit bereits bekannten Bands geworden. Seit auch noch ein enorm populäres Festival für interaktive Medien und ein eher bescheidenes, aber dennoch gut besuchtes Filmfestival dazugekommen sind, reisen nun Scharen von Besuchern aus aller Welt an. Kein Wunder, dass viele Einheimische für diese beiden Wochen aus der Stadt flüchten.

Wem dieser Trubel im Frühjahr ebenfalls zu viel ist, kann im Oktober zum wesentlich kleineren und entspannteren Austin City Limits Music Festival (S. 754) kommen, das im Zilker Park unter freiem Himmel stattfindet.

Theater & Kino

Long Center for the Performing Arts THEATER
(☎ 512-474-5664; www.thelongcenter.org; 701 W Riverside Dr) Dieses sehr moderne Theater wurde Ende 2008 als Teil der neugestalteten Uferpromenade am Lady Bird Lake eröffnet. In dem Haus mit mehreren Sälen finden Schauspiel- und Tanzaufführungen, Konzerte und Comedyveranstaltungen statt.

Alamo Drafthouse Cinema KINO
(☎ 512-476-1320; www.drafthouse.com; 320 E 6th St; Eintritt 10 US$) Kino macht wohl selten so viel Spaß wie hier: Bei *Grease* wird lautstark mitgesungen, bei anderen Filmen der Text mitgesprochen und bei Erstaufführungen werden Getränke und Snacks direkt am Platz serviert. Weitere Kinos in der Stadt sind auf der Website aufgeführt.

Sport

TXRD Lonestar Rollergirls SPORTVERANSTALTUNG
(www.txrd.com) Aus der Bahn, die rasanten Rollschuhladies sind wieder unterwegs! Egal, ob die Hellcats oder die Cherry Bombs das Rennen für sich entscheiden, die Liga-Mannschaften der TXRD Lonestar Rollergirls bieten immer eine tolle Show. Ausgetragen werden die Rollschuhrennen zumeist

DAS GROSSE FLATTERN

Irgendwie sieht es aus wie ein Spezialeffekt aus einem zweitklassigen Film, wenn sich jeden Abend zwischen Ende März und Anfang November eine Trichterwolke aus bis zu 1,5 Mio. mexikanischen Bulldoggfledermäusen aus ihrem Unterschlupf unter der **Congress Avenue Bridge** herauswagt. Austin ist somit nicht nur die Hauptstadt der Livemusik, sondern auch Heimat der größten städtischen Fledermauspopulation Nordamerikas.

Die Bewohner von Austin haben sich mittlerweile an die flatternden Säuger gewöhnt und schauen sich den allabendlichen Exodus bei Sonnenuntergang auf ihrem Weg ins Restaurant sehr gern an. (Keine Angst: Die Tiere sind auf der Suche nach Insekten und so ist es sehr unwahrscheinlich, dass sie sich in den Haaren von Schaulustigen verfangen.)

Auf den Parkplätzen rund um die Brücke und auf der Congress Avenue Bridge selbst gibt es viele Stehplätze, wer aber auf ein etwas entspannteres Fledermaus-Watching aus ist, der kann sich einen Tisch im Restaurant TGI Friday's im Radisson Hotel am Lady Bird Lake reservieren oder sich einen Platz für eine Fledermaus-Beobachtungstour auf dem **Lone Star Riverboat** (☎512-327-1388; www.lonestarriverboat.com; Erw./Kind 2–12 Jahre/Senioren 10/7/8 US$) oder bei **Capital Cruises** (☎512-480-9264; www.capitalcruises.com; Erw./Kind/Senioren 10/5/8 US$) sichern.

im **Austin Convention Center** (☎512-404-4000; www.austinconventioncenter.com; 500 E Cesar Chavez St).

Shoppen

Austin ist nicht gerade ein Shoppingparadies, aber das Geschäft mit der Musik boomt und die Plattenläden der Stadt decken ein riesiges Spektrum ab. Vintage gehört hier zum Lifestyle und die besten Gegenden für Retro-Mode und -Einrichtungsgegenstände sind Süd-Austin und die Guadalupe Street in der Nähe der University of Texas. Einen Stadtplan mit einschlägigen Adressen gibt's auf www.vintagearoundtownguide.com.

Am ersten Donnerstag im Monat ist ein Besuch in der S Congress Avenue definitiv ein Muss, denn dann haben die Läden dort bis 22 Uhr geöffnet und überall wird Liveunterhaltung geboten. Was ansteht, erfährt man auf www.firstthursday.info.

★Uncommon Objects ANTIQUARISCHES
(☎512-912-1613; 1512 S Congress Ave; ⊙So–Do 11–19, Fr & Sa 11–20 Uhr) „Kurioses" steht an dem skurrilen Antiquitätenladen, der allen möglichen Schnickschnack verkauft und diesen sehr gekonnt präsentiert. Mehr als 20 Einkäufer sind in ganz Texas unterwegs, um für Nachschub zu sorgen.

Waterloo Records MUSIK
(☎512-474-2500; www.waterloorecords.com; 600 N Lamar Blvd; ⊙Mo–Sa 10–23, So ab 11 Uhr) Wer sich mit Musik eindecken möchte, ist hier genau richtig. Ganze Abteilungen sind Bands aus der Region gewidmet und an den Hörstationen gibt's Texas, Indie und alternativen Country auf die Ohren.

University Co-op SOUVENIRS
(☎512-476-7211; 2246 Guadalupe St; ⊙Mo–Fr 8:30–19:30, Sa 9:30–18, So 11–17 Uhr) Hier gibt's Souvenirs, die mit dem Longhorn-Logo der Universität von Texas verziert sind. Die Auswahl an Artikeln im traditionellen Orange und Weiß ist einfach umwerfend.

Book People Inc BÜCHER
(☎512-472-5050; 603 N Lamar Blvd; ⊙9–23 Uhr) Direkt gegenüber dem Plattenladen Waterloo Records befindet sich dieser Buchladen, in dem man mit einem Kaffee in der Hand die Regale nach Lesestoff durchstöbern kann.

Praktische Informationen

In Austin darf in geschlossenen Räumen (auch in Bars) nicht geraucht werden, und da gibt's auch nichts zu diskutieren. Die Innenstadt wird größtenteils von einem WLAN-Netzwerk abgedeckt; Infos zu weiteren Hotspots gibt's auf www.austinwirelesscity.org. In den Stadtbüchereien (www.ci.austin.tx.us) kommt man kostenlos ins Internet.

Austin American-Statesman (www.statesman.com) Tageszeitung.

Austin Chronicle (www.austinchronicle.com) Wochenzeitung, viele Infos zum Unterhaltungsangebot.

Austin Visitor Information Center (☎512-478-0098; www.austintexas.org; 209 E 6th St; ⊙9–17 Uhr) Hilfsbereite Angestellte, kostenlose Stadtpläne und umfangreiches Broschüren; es können auch einige für Austin typische Souvenirs erworben werden.

FedEx-Büro (327 Congress Ave; ⌚ Mo–Fr 7–23, Sa & So 9–21 Uhr) Internetzugang (0,30 US$/Min.).

KLRU TV (www.klru.org) Gehört zum öffentlichen Rundfunk und gestaltet ein lokales Fernsehprogramm, z. B. die beliebte Musikshow *Austin City Limits*.

ℹ Anreise & Unterwegs vor Ort

Der **Austin-Bergstrom International Airport** (AUS; www.austintexas.gov/airport) liegt am Highway 71, südöstlich des Zentrums. Der Airport Flyer (Bus 100, 1 US$) fährt etwa alle 40 Minuten in die Innenstadt (7th St & Congress Ave) und zur UT (Congress Ave & 18th St). Die Fahrt vom Flughafen in die Stadt kostet mit dem **SuperShuttle** (☎ 512-258-3826; www.supershuttle.com) um die 15 US$, für ein Taxi bezahlt man für diesen Weg zwischen 25 und 30 US$. Die meisten US-amerikanischen Autovermietungen sind am Flughafen vertreten.

Der *Texas Eagle*, der von Chicago nach Los Angeles fährt, hält am **Amtrak-Bahnhof** (☎ 512-476-5684; www.amtrak.com; 250 N Lamar Blvd) in Austins Zentrum. Die **Greyhound-Bushaltestelle** (www.greyhound.com; 916 E Koenig Lane) befindet sich im Norden der Stadt an der I-35. In die Innenstadt kommt man mit Bus 7 (Duval; 1 US$).

Austins praktischer öffentlicher Nahverkehr wird von **Capital Metro** (CapMetro; ☎ 512-474-1200; www.capmetro.org) betrieben. Verbindungen zu bestimmten Zielen kann man telefonisch erfragen oder man schaut im **Capital Metro Transit Store** (323 Congress Ave; ⌚ Mo–Fr 7.30–17 Uhr) in der Innenstadt vorbei.

Rund um Austin

Nordwestlich von Austin erstrecken sich entlang des Colorado die sechs Seen der Highland Lakes. Trotz mehrerer Dürreperioden in den vergangenen Jahren ist der rund 77 km² große **Lake Travis** am Highway 71 noch immer eins der populärsten Wassersportgebiete der Gegend. In dem kleinen Hafen werden Boote und Jetskis verliehen, und übernachten kann man im noblen **Lakeway Resort and Spa** (☎ 512-261-6600; www.lakewayresortandspa.com; 101 Lakeway Dr; Zi. ab 189 US$; ❄@📶🏊). Das **Lake Austin Spa Resort** (☎ 512-372-7300; www.lakeaustin.com; 1705 S Quinlan Park Rd, bei der FM 2222; 3 Übernachtungen ab 1720 US$/Pers.; ❄@🏊) ist das wohl beste Hotel in ganz Texas, um sich mal richtig verwöhnen zu lassen. Außerdem gibt's am Lake Travis den einzigen offiziellen Nacktbadestrand des Staates. Um zum **Hippie Hollow** (www.hippiehollow.com; 7000 Comanche Trail; Tagesticket Auto/Fahrrad 12/5 US$;

ABSTECHER

BARBECUE IN LOCKHART

Im Jahr 1999 ernannte das texanische Parlament das 33 Meilen (53 km) südlich von Austin gelegene Lockhart zur Barbecue-Hauptstadt des Bundesstaates. Damit ist das Städtchen natürlich auch die Barbecue-Hauptstadt der ganzen Welt. In folgenden Restaurants kann man für weniger als 10 US$ sehr gut essen:

Black's Barbecue (215 N Main St; Sandwich 4–6 US$, Rinderbrust 11 US$/Pfd.; ⌚ So–Do 10–20, Fr & Sa 10–20.30 Uhr) Die Wurst dieses überaus beliebten Restaurants, das es schon seit 1932 gibt, hat es schon bis ins Weiße Haus geschafft – nämlich als der damalige Besitzer eine Party von Präsident Lyndon Johnson bewirten durfte.

Kreuz Market (☎ 512-398-2361; 619 N Colorado St; Rinderbrust 11,90 US$/Pfd. ohne Beilagen; ⌚ Mo–Sa 10.30–20 Uhr) Von außen sieht das schon seit 1900 bestehende Grillrestaurant ein wenig aus wie eine Scheune. Das Fleisch wird hier „trocken gewürzt" serviert, eine Beleidigung also, wenn man nach Sauce fragt, denn die gibt's hier nicht – und man braucht sie auch nicht.

Chisholm Trail Bar-B-Q (☎ 512-398-6027; 1323 S Colorado St; Mittagstisch 6 US$, Rinderbrust 7,50 US$/Pfd.; ⌚ 8–20.30 Uhr) Genau wie Black's Barbecue und Kreuz Market wurde auch das Chisholm Trail von der Zeitschrift *Texas Monthly* zu einem der zehn besten Barbecue-Restaurants des Staats gekürt.

Smitty's Market (208 S Commerce St; Mittagstisch 6 US$, Rinderbrust 11,90 US$/Pfd.; ⌚ Mo–Fr 7–18, Sa 7–18.30, So 9–15 Uhr) Die rußgeschwärzte Grillküche und der gemütliche Speiseraum sind noch im rustikalen Originalzustand belassen (früher waren hier die Messer an die Tische gekettet). Wer nur mageres Fleisch mag, kann sich den Fettrand vom Bruststück abschneiden lassen.

⌚Sept.–Mai 9 Uhr–Sonnenuntergang, Juni–Aug. 8 Uhr–Sonnenuntergang) zu kommen, nimmt man die FM 2222 bis zur Abzweigung der Route 620. Auf dieser fährt man 1,5 Meilen (2,5 km) weit in Richtung Süden bis zum Comanche Trail und biegt dort rechts ab. Der Eingang zum Strand befindet sich 2 Meilen (3,2 km) weiter auf der linken Seite.

Hill Country

Was für New York die Hamptons und für San Francisco das Wine Country ist, das ist für Texas das Hill Country. Dessen natürliche Schönheit – gepaart mit einem unbekümmerten Lebensgefühl – haben schon viele Menschen dazu veranlasst, sich hier vorzeitig zur Ruhe zu setzen. Unbefestigte Straßen laden zu Erkundungstouren auf der Suche nach Wildblumen ein, es lockt ein Aufenthalt auf einer Ferienranch, auf dem Guadalupe River kann man sich prima treiben lassen und auf den Tanzflächen der alten Tanzhallen schwingt man das Tanzbein. Die meisten Kleinstädte in den sanften Hügeln und Tälern westlich von Austin und San Antonio sind bequem im Rahmen eines Tagesausflugs aus einer der beiden Städte zu erreichen.

Gruene

Die unechten Holzfassaden und alten deutschen Wohnhäuser machen Gruene (sprich *grien*) zum vollkommenen texanischen Städtchen auf dem Lande. Der ganze Ort ist im National Historic Register verzeichnet – und das wissen auch die Tagesausflügler. Man wird garantiert nicht alleine zwischen Läden mit Antiquitäten, Handwerk, Kunsthandwerk und allerlei Schnickschnack umherstreifen.

Sehenswertes

Gruene Hall TANZSAAL
(www.gruenehall.com; 1280 Gruene Rd; ⌚Mo–Fr 11–24, Sa 10–1, So 10–21 Uhr) Schon seit 1878 wird hier gern eine kesse Sohle aufs abgewetzte Parkett gelegt. Damit ist dies einer der ältesten Tanzsäle in Texas, und der älteste, der bis heute in Betrieb ist. Man kann ein Bier aus der Flasche trinken, einen flotten Twostepp tanzen oder draußen im Hof Hufeisen werfen.

Rockin' R River Rides WASSERSPORT
(☎830-629-9999; www.rockinr.com; 1405 Gruene Rd; Reifen 17 US$) Zum traditionellen Sommervergnügen in Texas gehört es, mit einem Reifen den Guadalupe hinunterzutreiben. Der Veranstalter bringt seine Gäste mit dem Bus flussaufwärts, so dass sie sich dann in drei bis vier Stunden zurück zur Ausgangsstation treiben lassen können. Packt man dann noch eine Kühltasche mit Getränken (keine Flaschen!) in einen weiteren Reifen mit verstärktem Boden ist der Tag perfekt.

Schlafen & Essen

Gruene Mansion Inn INN $$$
(☎830-629-2641; www.gruenemansioninn.com; 1275 Gruene Rd; DZ 195–250 US$) Diese Ansammlung von Gebäuden (ein Herrenhaus mit vielen Räumen, ein altes Kutschenhaus und die alten Scheunen) ist praktisch ein kleines Städtchen für sich. Die Zimmer sind in einem Stil gehalten, den die Besitzer „rustikale viktorianische Eleganz“ nennen, und sind mit Holz, Blumenmustern und Deckenplatten aus gepresstem Zinn ausgestattet.

Gristmill Restaurant AMERIKANISCH $$
(www.gristmillrestaurant.com; 1287 Gruene Rd; Hauptgerichte 7–20 US$; ⌚So–Do 11–21, Fr & Sa bis 22 Uhr) Hinter der Gruene Hall und direkt unter dem Wasserturm befindet sich dieses Restaurant zwischen den alten Backsteinmauern einer Getreidemühle aus längst vergangener Zeit. Im Innern sitzt man in einer ländlichen Atmosphäre, während man von den Tischen draußen aus einen schönen Blick auf den Fluss hat.

An- & Weiterreise

Gruene liegt unmittelbar an der I-10 und an der Route 46, 45 Meilen (72 km) südlich von Austin und 25 Meilen (40 km) nordöstlich von San Antonio.

Fredericksburg

Felder mit Wildblumen, Läden voller Antiquitäten und Straßen gesäumt von historischen Gebäuden und B&Bs: Das ist Fredericksburg, der Inbegriff alles Urigen. Es ist der älteste von Deutschen gegründete Ort (1870) der Region und die inoffizielle Hauptstadt des Hill Country. Fredricksburg ist eher schnuckelig als cool, aber es ist ein schöner Ort, um sich treiben zu lassen – vor allem, wenn die Wildblumen blühen. Auch wer die Umgebung erkunden möchte, hat hier eine gute Basis gefunden. Infos bekommt man im **Fredericksburg Visitor Information Center** (☎888-997-3600, 830-997-6523; www.visitfredericksburgtx.com; 302 E Austin St; ⌚Mo–Fr 8.30–17, Sa ab 9, So 11–15 Uhr).

Sehenswertes & Aktivitäten

Es lohnt sich, ein bis zwei Stunden durch die Altstadt zu streifen, denn trotz der überproportional vielen Touristenläden sieht es hier aus wie vor 125 Jahren (und irgendwie fühlt es sich auch noch so an).

Von Mitte Mai bis Ende Juni ist rund um die Stadt die Pfirsichernte in vollem Gange. Auf den Farmen kann man das frisch gepflückte Obst kaufen oder auch selbst ernten. Auf www.texaspeaches.com gibt's eine Liste mit über 20 lokalen **Pfirsichfarmen**.

Dank des ergiebigen Bodens macht sich das Gebiet so langsam auch mit seinen produktiven Weingütern einen Namen. Wer eine Weintour machen will, findet auf www.texaswinetrail.com und www.wineroad290.com eine Straßenkarte zum Ausdrucken.

National Museum of the Pacific War MUSEUM
(www.pacificwarmuseum.org; 340 E Main St; Erw./Kind 14/7 US$, Kind unter 5 Jahren frei; 9–17 Uhr) Im Museumskomplex sind gleich drei kriegerische Ausstellungen untergebracht: Das **Admiral Nimitz Museum** dokumentiert das private und berufliche Leben des berühmtesten Sohns von Fredericksburg, in der **George Bush Gallery of the Pacific War** sind große Flugzeuge, Schiffe und Artillerie zu sehen, und das Gelände der **Pacific Combat Zone** (3,6 ha) wurde in ein Schlachtfeld des Kriegs im Südpazifik verwandelt. Wer sich für Geschichte interessiert, kann hier einiges über den Zweiten Weltkrieg lernen (oder wieder auffrischen). Nicht nur Kinder werden angesichts der riesigen Fahrzeuge und Schiffe staunen.

PANORAMASTRASSE: WILDBLUMEN-PFADE

Wenn Autos am Straßenrand anhalten und Familien aussteigen, die das obligatorische Foto der lieben Kleinen in einem Feld aus Lupinen (den Staatsblumen von Texas) schießen, so ist dies ein sicheres Zeichen: Der Frühling ist da. Orangefarbene Castillejas, purpurfarbene Mohnmalven und verschiedenfarbige Lupinen stehen im Hill Country von März bis April in voller Blüte. Die weitläufigen, farbenprächtigen Felder mit kommerziell angebauten Blumen der **Wildseed Farms** (www.wildseedfarms.com; 100 Legacy Dr; 9.30–18.30 Uhr) GRATIS gibt es 7 Meilen (11 km) östlich von Fredericksburg am US 290 zu sehen. Für die etwas natürlichere Erfahrung ruft man bei der **Wildflower Hotline** (800-452-9292) von TXDOT an: Die wissen genau, was einem wann und wo blüht. Eine gute Strecke ist es meist, der Route 16 nördlich von Fredericksburg zu folgen und dann die FM 1323 gen Osten nach Willow City zu nehmen. Aber auch, wer sich einfach treiben lässt, wird entlang der meisten Nebenstraßen eine farbenfrohe Show geboten bekommen.

Enchanted Rock State Natural Area REGIONALPARK
(830-685-3636; www.tpwd.state.tx.us; 16710 Ranch Rd 965; Erw./Kind unter 12 Jahren 7 US$/frei; 8–22 Uhr) Knapp 30 km nördlich der Stadt erhebt sich ein 128 m hoher, kuppelförmig gewölbter Berg aus rosafarbenem Granit. Dieser magmatische Tiefengesteinskörper aus der Zeit des Proterozoikums ist einer der größten Batholite der USA. Wer ihn erklettern möchte, muss früh da sein, denn es ist nur eine bestimmte Anzahl von Besuchern pro Tag zugelassen.

Schlafen & Essen

Fredericksburg ist ein beliebtes Ziel für einen Wochenendausflug, und zwar vor allem im Frühjahr. Dann sind auch die Zimmerpreise am höchsten. Die beliebtesten Unterkünfte sind Pensionen und B&Bs mit Zimmern samt Blümchenmuster, aber es werden auch freistehende Kalksteinhäuschen aus dem 19. Jh. vermietet. Die örtlichen Vermittlungsdienste helfen gern bei der Zimmersuche.

Gästehaus Schmidt ZIMMERVERMITTLUNG
(830-997-5612, 866-427-8374; www.fbglodging.com; 231 W Main St) Fast 300 B&Bs gibt's in diesem County. Die Zimmervermittlung hat den Überblick.

Fredericksburg Inn & Suites MOTEL $$
(830-997-0202; www.fredericksburg-inn.com; 201 S Washington St; DZ 109–179 US$, Suite 139–209 US$;) Das beste Motel der mittleren Preisklasse wurde im gleichen Stil errichtet wie das historische Gebäude, hinter dem es steht – und ist bis heute noch wie vor ein Dauerbrenner. Der wunderbar einladende Swimmingpool mit Wasserrutsche, kostenlose Getränke tagsüber und moderne, saubere Zimmer sorgen für ein sehr gutes Preis-Leistungs-Verhältnis.

Mahaley's Cafe CAFÉ $

(830-997-4400; 341 E Main St; Gerichte 2–8 US$; Mo–Sa 6:30–15, So ab 7.30 Uhr;) Tacos zum Frühstück sind die Spezialität des kleinen Cafés in einer ehemaligen Tankstelle, aber die Muffins und verschiedenen Kaffeesorten sind ebenfalls hervorragend. Als großzügiges Extra gibt's noch kostenloses WLAN.

Hill Top Café AMERIKANISCH $$

(830-997-8922; Hauptgerichte 12–25 US$; Di–So 11–14 & 17–21 Uhr) Die gemütliche Raststätte in einer restaurierten Tankstelle aus den 1950er-Jahren befindet sich 10 Meilen (16 km) nördlich der Stadt und serviert ordentliche Mahlzeiten in der typischen Atmosphäre des Hill Country. Am Wochenende spielt Inhaber Johnny Nicholas persönlich den Blues – wie in seiner Vergangenheit als Mitglied der Swingband *Asleep at the Wheel* von der Westküste. Reservierung empfohlen.

An- & Weiterreise

Der Shuttle-Service von **Stagecoach Taxi and Shuttle** (830-385-7722; www.stagecoachtaxiandshuttle.com) verkehrt zwischen dem San Antonio Airport und der Stadt. Eine Fahrt kostet 95 US$ für bis zu vier Personen. Aber weil der Weg durch das Hill Country auch das Ziel ist, sollte man sich besser einen Mietwagen nehmen und selbst fahren.

Luckenbach

So klein Luckenbach auch ist (drei ständige Einwohner, wenn man die Katze nicht mitzählt), so groß ist der texanische Charme, den es versprüht. Nirgends geht es entspannter zu als hier: Die Hauptbeschäftigung im Ort besteht darin, mit einer Flasche Shiner Bock unter der alten Eiche zu sitzen und Gitarrenspielern zu lauschen. Im Hintergrund kräht nicht selten ein Hahn.

Zentrum des, ähm, Geschehens ist die alte Handelsstation, die 1849 eingerichtet wurde und in der mittlerweile der **Luckenbach General Store** (Mo–Sa 10–21, So 12–21 Uhr) untergebracht ist, der gleichzeitig als Post, Saloon und Gemeindehaus fungiert.

Unter www.luckenbachtexas.com erfährt man Genaueres zum **Musik-Fahrplan**. Das Gitarrenspiel beginnt manchmal um 13, mal aber auch erst um 17 Uhr; am Wochenende gibt's in der alten **Tanzhalle** – ein echter Texas-Klassiker – meist Aufführungen mit Livemusik. Am 4. Juli und am Labor-Day-Wochenende wird das kleine Luckenbach von Horden von Konzertbesuchern überrollt.

G-E-H-E-I-M-N-I-S-V-O-L-L-E S-T-R-A-S-S-E-N-N-A-M-E-N

Auf den ersten Blick verdanken die Straßen Fredericksburgs ihre Namen einer Mischung aus Bäumen, texanischen Städten und US-Präsidenten. In Wirklichkeit verbirgt sich hinter ihren Anfangsbuchstaben aber ein Geheimcode. Die Straßen, die die Main Street vom Courthouse Square nach Osten queren, heißen Adams, Llano, Lincoln, Washington, Elk, Lee, Columbus, Olive, Mesquite und Eagle. Die Straßen, die nach Westen abgehen, tragen die Namen Crockett, Orange, Milam, Edison, Bowie, Acorn, Cherry und Kay. Das heißt: Jeder ist willkommen und bis bald!

Berühmtheit erlangte der Ort durch ein Lied des Countrysängers Waylon Jennings.

Von Fredericksburg aus geht es auf dem US 290 gen Osten, dann nimmt man die FM 1376 in Richtung Süden und hat nach etwa 3 Meilen (5 km) sein Ziel erreicht.

Bandera

Selbst im Cowboyland Texas ist es heutzutage schwierig, auf echte Cowboys zu treffen. Nicht so in Bandera, das sich selbst als Welt-Cowboy-Haupstadt bezeichnet. Im Sommer finden praktisch jedes Wochenende mehrere Rodeos statt und jeden Samstagnachmittag gibt's das unterhaltsame Spektakel **Cowboys on Main**, wenn Revolverhelden und Cowboys in voller Montur durch die Straßen der Stadt reiten. Auf der Internetseite des **Bandera County Convention & Visitors Bureau** (CVB; 800-364-3833; www.banderacowboycapital.com; 126 Hwy 16; Mo–Fr 9–17, Sa 10–15 Uhr) sind die genauen Termine und Veranstaltungsorte zu finden.

Bereit zum Ausreiten? Die freundlichen Mitarbeiter der Touristeninformation kennen fast ein Dutzend Veranstalter im Ort und der Umgebung, auf deren Pferden man **ausreiten** kann. Wer nach dem Reiten hier übernachten möchte, kann sich auf einer der vielen **Ferienranches** einmieten. Gesamtpakete mit Unterkunft, Verpflegung und Ausritt sind für 130–160 US$ pro Nacht für Erwachsene bzw. 45–90 US$ für Kinder und Jugendliche zu haben.

Und welchen Grund gibt's noch, nach Bandera zu kommen? Natürlich kommt man auch, um in einer der vielen Cowboy-

Kneipen und urigen Honky-Tonk-Bars leckeres Bier zu trinken, zu guter Livemusik abzutanzen und in feuchtfröhlicher Runde mit den netten Einheimischen ins Gespräch zu kommen. Besonders gemütlich ist es auf der Terrasse der **11th Street Cowboy Bar** (www.11thstreetcowboybar.com; 307 11th St; ⏲Di–Fr 10–2, Sa ab 9, So ab 12 Uhr) oder im **Arky Blue's Silver Dollar Saloon** (308 Main St; ⏲10–2 Uhr). In beiden Kneipen treten freitags bis sonntags Countrysänger auf.

San Antonio

In den meisten Großstädten wimmelt es nur so vor Geschäftsleuten in Businesskleidung, die in ihre Mittagspause oder ins nächste Meeting hetzen. Nicht so in San Antonio. Stattdessen trifft man im Zentrum auf zahllose Touristen in Shorts, die in ihre Stadtpläne vertieft sind. Tatsächlich sind viele Besucher überrascht, dass sich zwei der populärsten Sehenswürdigkeiten des Bundesstaates – der Riverwalk und das Alamo – mitten in der Innenstadt, umgeben von historischen Hotels, Touristenattraktionen und Souvenirshops befinden. Die Anzahl der Besucher ist fast schon beängstigend (und ebenso die Menge des kommerziellen Schunds, der sich rund um das Alamo angesiedelt hat: Lust auf „Davy Crocketts wildes Fahrgeschäft"?!), die lebendige Tex-Mex-Kultur hier ist aber auf jeden Fall einen Besuch wert.

Sehenswertes & Aktivitäten

Die Kreuzung von Commerce Street und Losoya Street ist das Herz der Innenstadt und des Riverwalk, der u-förmig unterhalb der Straße verläuft. Die Zugangstreppen sind ausgeschildert, eine 3-D-Karte, die es im Infocenter zu kaufen gibt, ist aber die beste Orientierungshilfe. Das künstlerisch angehauchte Viertel **Southtown** und der **King William Historic District** liegen südlich davon am Fluss.

San Antonio

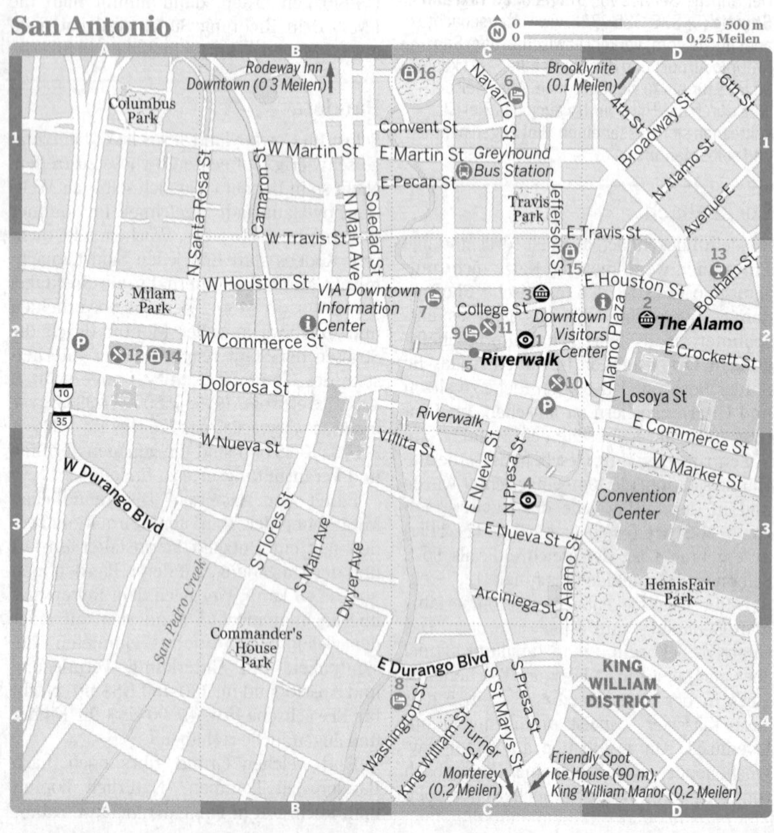

Stadtzentrum

★The Alamo HISTORISCHES GEBÄUDE

(☎ 210-225-1391; www.thealamo.org; 300 Alamo Plaza; ⏰ Mo–Sa 9–17.30, So ab 10 Uhr) GRATIS Hier erfährt man endlich, warum die Erwähnung von Alamo jedem Texaner sofort vor Stolz die Brust schwellen lässt. Für viele ist es auch weniger eine Touristenattraktion als vielmehr eine Pilger- und Gedenkstätte. So manche Besucher haben Tränen in den Augen, wenn sie hören, wie ein paar hundert Revolutionäre die Verteidigung des Forts gegen Tausende mexikanischer Soldaten mit ihrem Leben bezahlten.

★Riverwalk UFERPROMENADE

(www.thesanantonioriverwalk.com) Auf diesem kleinen Stück Europa im Zentrum von San Antonio erlebt man die Stadt erst so richtig. Denn dieser Weg am Kanal ist nicht nur eine Uferpromenade, sondern eine zauberhafte Fußgängerzone, die im Mittelpunkt der touristischen Entwicklung der Stadt steht.

Buckhorn Saloon & Museum MUSEUM

(☎ 210-247-4000; www.buckhornmuseum.com; 318 E Houston St; Erw./Kind 3–11 Jahre 19/15 US$; ⏰ 10–17 Uhr, im Sommer bis 20 Uhr) Mindestens ein völlig überteuertes Getränk muss man zu sich nehmen, um sich in dem Saloon aufhalten zu dürfen. An den Wänden hängt eine beeindruckende Vielzahl von Köpfen der verschiedensten Tiere mit Hörnern, aber auch einer Giraffe und eines Bären. Wem das noch nicht genügt, kann sich im dazugehörenden Museum – ebenfalls kostenpflichtig – kitschige Tierpräparate aus aller Welt sowie Kuriositäten (wie eine Kuh mit zwei Köpfen oder ein Lamm mit acht Beinen) ansehen.

Rio San Antonio Cruises BOOTSFAHRT

(☎ 800-417-4139, 210-244-5700; www.riosanantonio.com; Erw./Kind unter 5 Jahren 8,25/2 US$; ⏰ 9–21 Uhr) Eine der besten Möglichkeiten, den Riverwalk zu erkunden, ist diese 40-minütige, kommentierte Bootsfahrt, bei der man einen guten visuellen Eindruck erhält und etwas über die Geschichte der Stadt erfährt. Die Tickets werden übers Internet oder an einer der Bootsanlegestellen verkauft. Eine Reservierung ist nicht nötig. Die Boote legen alle 15 bis 20 Minuten ab.

San Antonio

Highlights
1 Riverwalk ... C2
2 The Alamo ... D2

Sehenswertes
3 Buckhorn Saloon & Museum ... C2
4 La Villita Historic Arts Village ... C3

Aktivitäten, Kurse & Touren
5 Rio San Antonio Cruises ... C2

Schlafen
6 Hotel Havana ... C1
7 Hotel Valencia ... C2
8 Ogé House ... C4
9 Omni La Mansion del Rio ... C2

Essen
10 Boudro's ... C2
11 Las Canarias ... C2
12 Mi Tierra Cafe & Bakery ... A2

Ausgehen & Nachtleben
13 Bonham Exchange ... D2

Shoppen
14 Market Square ... A2
15 Paris Hatters ... C2
16 Southwest School of Art & Craft ... C1

Sehenswertes in der Stadt

Brackenridge Park PARK

(3910 N St Mary's St; Miniatureisenbahn Erw./Kind 3,25/2,70 US$, Karussell Erw./Kind 2,50/2 US$; ⏰ 5–23 Uhr) Der 139 ha große Park bei der Trinity University im Norden der Stadt ist bestens für einen Familienausflug geeignet. Neben dem **San Antonio Zoo** (☎ 210-734-7184; www.sazoo-aq.org; 3903 N St Mary's St; Erw./Kind 3–11 Jahre 12/9,50 US$; ⏰ 9–17 Uhr) gibt's auf dem Gelände auch die **Miniatureisenbahn** *Brackenridge Eagle*, ein altmodisches **Karussell** und die **Japanese Tea Gardens**.

San Antonio Museum of Art MUSEUM

(SAMA; www.samuseum.org; 200 W Jones Ave; Erw./Kind 10 US$/frei, Di frei; ⏰ Di, Fr & Sa 10–21, Mi & Do 10–17, So 10–18 Uhr) Das Kunstmuseum befindet sich nördlich der Innenstadt in der Nähe der Broadway Street im ehemaligen Gebäude der Lone Star Brewery aus den 1880er-Jahren, das an sich schon ein Kunstwerk ist. Der starke Einfluss der Latinos auf die Stadt kommt in einer beeindruckenden Sammlung lateinamerikanischer Kunst zum Ausdruck. Mit Werken aus der spanischen Kolonialzeit, der mexikanischen und präkolumbischen Perioden ist sie eine der umfangreichsten Sammlungen der USA.

McNay Art Museum MUSEUM

(☎ 210-824-5368; www.mcnayart.org; 6000 N New Braunfels Ave; Erw./Kind unter 12 Jahren 10 US$/

frei, zusätzl. Eintritt für Sonderaustellungen; ⌚Di, Mi & Fr 10–16, Do 10–21, Sa 10–17, So 12–17 Uhr, Freigelände tgl. 7–18 Uhr) Mindestens ebenso interessant wie die Werke von Van Gogh, Picasso, Matisse, Renoir, O'Keeffe und Cézanne ist die spektakuläre, im spanischen Neokolonialstil gehaltene Villa selbst, in der einst Marion Koogler McNay lebte.

Mission Trail HISTORISCHE STÄTTE
(www.nps.gov/saan) Die Geschichte der spanischen Missionare lässt sich wohl am besten anhand der Ruinen der vier Missionsstationen im Süden der Stadt nachvollziehen: Die Stationen Concepción (1731), San José (1720), San Juan (1731) und Espada (1745–56) bilden heute zusammen den **San Antonio Missions National Historical Park**. Zuerst besucht man die **Mission San José** (6701 San José Dr; ⌚9–17 Uhr) GRATIS, in der sich auch das größte **Visitor Center** des Parks befindet. Die seinerzeit als „Königin der Missionsstationen" bekannte Mission ist zugleich die größte und wahrscheinlich auch schönste der vier.

Feste & Events

San Antonio Stock Show & Rodeo RODEO
(www.sarodeo.com; ⌚Mitte Feb.) Im Februar findet an 16 Abenden jeweils ein Rodeo und danach ein Konzert namhafter Musiker statt.

Fiesta San Antonio KULTUR
(www.fiesta-sa.org; ⌚Mitte April) Mitte April wird zehn Tage lang mit Festumzügen auf dem Fluss, karnevalistischem Treiben, Tejano-Musik, Tanz und natürlich jeder Menge leckerem Essen in den Straßen der Stadt gefeiert.

Schlafen

San Antonio hat geschätzte 10 Mio. Zimmer und so gibt es in der Innenstadt ein mannigfaltiges Angebot. Am Wochenende sind die Preise höher. Recht viele B&Bs bieten ein gutes Preis-Leistungs-Verhältnis und liegen in hübschen alten Wohnhäusern in den historischen Vierteln der Stadt versteckt.

Rodeway Inn Downtown MOTEL $
(☎210-223-2951; www.rodewayinnsa.com; 900 N Main Ave; DZ 39–79 US$; P❄📶🏊) Das Motel ist nur gut 1,5 km vom Fort Alamo und dem Riverwalk entfernt und die Stadtbusse halten direkt vor der Tür. Die Zimmer sind äußerst spartanisch, dafür aber preiswert. Zudem sind ein Parkplatz und das kontinentale Frühstück im Preis enthalten.

Hill Country Inn & Suites HOTEL $
(☎800-314-3424,210-599-4204;www.stayhci.com; 2383 NE Loop 410; DZ inkl. Frühstück 65–99 US$; P❄📶🏊) Das Hotel liegt zwar in der Nähe der Autobahn im Norden der Innenstadt, sieht aber eher wie ein altes Farmhaus im Hill Country aus. Mit Zimmern im Blockhüttenstil, Veranden wie im Wilden Westen, rustikalem Landhausmobiliar, Spielplatz und Picknicktischen ist es auch ideal für Familien.

★ **King William Manor** B&B $$
(☎800-405-0367, 210-222-0144; www.kingwilliammanor.com; 1037 S Alamo St; DZ inkl. Frühstück 129–175 US$; P❄📶🏊) Inmitten eines Stadtteils, in dem es von schönen alten Häusern und netten Pensionen nur so wimmelt, sticht diese prachtvolle Villa im neoklassizistischen Stil dennoch heraus. Das liegt wahrscheinlich an den vielen Säulen, dem

ABSTECHER

DIE HEIMAT DES SHINER BOCK

Absoluter Höhepunkt eines Ausflugs nach Shiner, der nach eigener Aussage „saubersten Kleinstadt in ganz Texas", ist die Besichtigung der **Spoetzl Brewery** (www.shiner.com; 603 E Brewery St; kostenlose Führungen; ⌚ganzjährig Mo–Fr 11 & 13:30 Uhr, Juni–Aug. auch 10 & 14.30 Uhr) GRATIS, wo Shiner Bock gebraut wird. Tschechische und deutsche Siedler gründeten die Brauerei vor 100 Jahren und stellten Kosmos Spoetzl als Braumeister ein. Nach dem gleichen Verfahren werden die verschiedenen Biere wie Bock, Blonde, Honey Wheat, Summer Stock und Winter Ale bis heute gebraut. Nach der Führung dürfen die Biere – ebenfalls kostenlos – in der kleinen Bar probiert werden.

Die Brauerei liegt 92 Meilen (147 km) oder 1½ Autostunden östlich von San Antonio. Um hinzukommen, fährt man auf der I-10 zunächst 57 Meilen (91 km) weit nach Osten und biegt in Gonzales auf die US-90 in Richtung Süden ab. Von Austin aus ist es etwa genauso weit. Hier fährt man zunächst auf der US-183 in Richtung Süden bis nach Gonzales und dann weiter wie oben.

gepflegten Rasen auf dem großen Eckgrundstück und den Veranden rund ums ganze Haus. Mit zurückhaltend eleganten Zimmern, die teilweise riesengroß sind, setzt sich die Pracht im Inneren nahtlos fort.

★**Hotel Havana** HOTEL **$$**
(☎210-222-2008; www.havanasanantonio.com; 1015 Navarro St; DZ 106–189 US$; P❄@📶🐾) Die texanische Hotelbesitzerin und Topdesignerin Liz Lambert könnte selbst einen Müllsack noch superschick aussehen lassen. Neben dem Havana hat sie noch ein paar andere Hotels saniert und ihnen das für sie typische, einfache, klare Design mit einigen Extravaganzen – wie einen altmodischen, rosafarbenen Kühlschrank – verpasst. Im Internet gibt's oft Preisnachlässe für Gäste mit Wohnsitz in Texas oder bei einer Buchung lange im Voraus.

Noble Inns B&B **$$**
(☎800-242-2770, 210-223-2353; www.nobleinns.com; DZ inkl. Frühstück ab 139 US$; P❄📶🏊) Die insgesamt drei Pensionen bieten für jeden Geschmack etwas, zumindest wenn man viktorianischen Stil und Antiquitäten mag. Am elegantesten ist das **Ogé House** (209 Washington St; DZ 179–349 US$) mit luxuriös eingerichteten Zimmern und erstklassiger Lage am südlichen Ende des Riverwalk.

Omni La Mansion del Rio HISTORISCHES HOTEL **$$$**
(☎210-518-1000; www.lamansion.com; 112 College St; DZ 199–399 US$; P❄@🏊🐾) Das herrliche Gebäude im Stil einer spanisch-mexikanischen Hazienda wurde im 19. Jh. als kirchliche Schule errichtet. Es steht in der Innenstadt an einem ruhigen Abschnitt des Riverwalk und wird von Stars und anderen Persönlichkeiten sehr geschätzt. Die Gäste können sich im großen Wellnessbereich verwöhnen lassen, im beheizten Außenschwimmbecken abtauchen oder die ausgezeichnete Küche des Restaurants **Las Canarias** (Frühstück 12–16 US$, Hauptgerichte 31–50 US$; ⏲Mo–Sa 6:30–14 & 17.30–22, So ab 10 Uhr) genießen.

Hotel Valencia BOUTIQUEHOTEL **$$$**
(☎210-227-9700; www.hotelvalencia-riverwalk.com; 150 E Houston St; DZ 159–459 US$; P❄📶) Decken aus Nerzimitat, Betonfertigteile, Lochblech – hier dreht sich einfach alles um Struktur und Oberfläche. Mit dieser minimalistischen Eleganz und den teilweise sehr kleinen Zimmern könnte das Hotel auch mitten in New York City stehen. Und ist damit eine tolle Alternative zu den vielen Ketten- und historischen Hotels.

WOHIN MIT DEM AUTO?

Bei der Höhe der Parkgebühren in San Antonio kommt schnell einiges an Kosten zusammen. Kostenloses Parken ermöglicht **VIA Ellis Alley Park & Ride** (zw. E Crockett St & Center St), das nur zwei Haltestellen vom Alamo entfernt liegt. Im Bus nach einem *parking-transfer*-Ticket fragen und damit bei der Ausfahrt aus dem Parkhaus „bezahlen".

Essen

Auf dem Riverwalk gibt's jede Menge Restaurants und Bars, die jedoch in erster Linie auf Touristen ausgerichtet und deshalb immer sehr voll sind. Viele gute Restaurants findet man auch in der South Street, Mary Street und S Alamo Street in Southtown und im King William District. Kleine mexikanische Lokale konzentrieren sich vor allem in der N Flores Street.

★**Cove** AMERIKANISCH **$**
(☎210-227-2683; www.thecove.us; 606 W Cypress St; Hauptgerichte 8–12 US$; ⏲Di–Do 11–22, Fr & Sa 11–23, So 12–18 Uhr; 👪) Das herrlich skurrile Etablissement nordwestlich der Innenstadt ist Restaurant, Bar, Waschsalon und Autowaschanlage in einem. So lässig das Restaurant auch ist, das Essen ist vom Feinsten und die Zutaten stammen aus biologischem Anbau und nachhaltiger Landwirtschaft. Natürlich gibt's nur Burger, Tacos und Nachos, aber diese werden mit viel Liebe zubereitet. Für die Kinder steht ein Spielplatz zur Verfügung, mit dessen Besuch man sie fürs fleißige Autowaschen belohnen kann.

Green Vegetarian Cuisine VEGETARISCH **$**
(☎210-320-5865; www.greensanantonio.com; 200 E Grayson St; Hauptgerichte 6–10 US$; ⏲Mo–Do 7–21, Fr 7–20, So 9–21 Uhr; 🖉) 🌿 Vegetarier können aufatmen: Das beste vegetarische Restaurant der Stadt ist in schicke, neue Räumlichkeiten im Gebäudekomplex der Pearl Brewery umgezogen. Mit leckeren Enchiladas, Auberginen in Parmesankäse und „Neatloaf" (fleischlosem Hackbraten) ist es trotzdem auch für Nichtvegetarier interessant. Zudem ist das Restaurant nicht nur rein vegetarisch, sondern zudem absolut koscher und alle Gerichte können auch vegan zubereitet werden.

★ **Monterey** AMERIKANISCH $$
(☎ 210-745-2581; www.themontereysa.com; 1127 S St. Marys St; Brunch 7–12 US$, Hauptgerichte 10–17 US$; ⏲ Di–Do 17–23, Fr & Sa 17–24, So 10–14 Uhr) Das Gasthaus mit der großen Terrasse in einer ehemaligen Tankstelle des King William District verdient jede Menge Extrapunkte in Sachen Stil. Trotz der recht kleinen Speisekarte dürfte für jeden etwas dabei sein. Umso größer ist dafür die Auswahl an Bier aus kleinen Brauereien und guten Weinen. Hier kann man es tagsüber wie abends gleichermaßen gut aushalten.

Paloma Blanca MEXIKANISCH $$
(☎ 210-822-6151; 5800 Broadway St; Mittagessen 8–10 US$, Hauptgerichte 10–18 US$; ⏲ Mo–Mi 11–21, Do & Fr 11–22, Sa 10–22, So 10–21 Uhr) Von den unzähligen, wirklich guten mexikanischen Restaurants der Stadt hebt sich dieses hier wohltuend ab. Der schicke, stilvolle Innenraum ist mit gedämpftem Licht, freiliegenden Backsteinmauern und riesigen Kunstwerken ausgestattet. Und das Essen ist mindestens so großartig wie die Einrichtung.

Mi Tierra Cafe & Bakery TEX-MEX $$
(☎ 210-225-1262; www.mitierracafe.com; 218 Produce Row; Hauptgerichte 12–16 US$; ⏲ 24 Std.) Der riesige Laden mit 500 Sitzplätzen verfügt über mehrere Speiseräume, in denen schon seit 1941 traditionelle mexikanische Küche serviert wird. Hier bekommt man auch nachts um 3 noch etwas zu essen, denn es ist rund um die Uhr geöffnet.

ABSTECHER

FLOORE'S COUNTRY STORE

Ein Freund von Willie Nelson eröffnete die grandiose alte Bar mit Tanzsaal im Jahr 1942 als Ladengeschäft. (Laut dem Schild an der Wand stand Willie Nelson selbst jeden Abend auf der Bühne.) Wer heute in **John T. Floore's Country Store** (www.liveatfloores.com; 14492 Bandera Rd; Eintritt 10–30 US$; ⏲ Fr & Sa 11–1, So 11–22 Uhr) kommt, hört waschechte Countrymusik aus Texas – und das entweder im Hof oder vor dem Kamin im rustikalen Innenraum. Freitag- und samstagabends gibt's Livemusik, sonntagabends ist Tanzen für die ganze Familie angesagt. Dann kostet es auch keinen Eintritt. Das Lokal befindet sich in der Bandera Road in der Nähe des Highway 16.

Boudro's TEX-MEX $$$
(☎ 210-224-8484; 421 E Commerce St, Riverwalk; Mittagessen 8–12 US$, Hauptgerichte 20–32 US$; ⏲ So–Do 11–23, Fr & Sa 11–24 Uhr) Im farbenfrohen Lieblingsrestaurant der Einheimischen wird die Guacamole frisch am Tisch zubereitet. Auf der Speisekarte stehen auch richtige Feinschmeckergerichte wie Schwarze Bohnensuppe mit Sherry und weißem Cheddar oder Hummerschwanz-Fajita mit Ananas-*pico de gallo* (einer Art Salsasauce). Die Weine kommen aus Texas und Kalifornien.

Ausgehen & Nachtleben

Bei den Hochglanz-Clubs am Riverwalk gleicht einer dem anderen. Deshalb sollte man der Verlockung widerstehen und sich für eine der klassischen Kneipen der Stadt entscheiden.

★ **Friendly Spot Ice House** BAR
(☎ 210-224-2337; 943 S Alamo St; ⏲ Mo–Fr 15–24, Sa & So ab 11 Uhr; 👪🐾) Was gibt es Schöneres, als in einem hübschen Hof auf bunten Metall-Gartenstühlen unter schattigen Pekannussbäumen zu sitzen? Väter, oft in Begleitung ihrer Hunde, lassen sich hier ein kühles Bierchen schmecken, während sich die Kinder auf dem Spielplatz amüsieren.

Brooklynite COCKTAILBAR
(☎ 212-444-0707; www.thebrooklynitesa.com; 516 Brooklyn Ave; ⏲ 17–2 Uhr) Bier und Wein gibt's in San Antonio an jeder Ecke, aber nur hier gibt's gut gemixte, kreative Cocktails. Altmodische Tapeten, gemütliche Ohrensessel und die gediegene Einrichtung im viktorianischen Stil sorgen für das passende Ambiente, um einen Boulvardier oder Witwenkuss zu schlürfen.

Cove BIERKNEIPE
(☎ 210-227-2683; www.thecove.us; 606 W Cypress St; ⏲ Di–Do 11–22, Fr & Sa 11–23, So 12–18 Uhr; 👪) Die Livemusik ist nur ein Grund, warum diese absolut entspannte Bierkneipe so beliebt ist. Tatsächlich ist der Laden eine einzigartige Mischung aus Imbissstand, Café, Waschsalon und Autowaschanlage. Und nicht zu vergessen, einem Spielplatz für die Kleinen.

Bonham Exchange BAR
(www.bonhamexchange.net; 411 Bonham St; ⏲ Mi–So 19–2 Uhr) Hier ist jedermann willkommen: Obwohl es in erster Linie eine Schwulenbar ist, tummelt sich in der riesigen Kneipe stets ein gemischtes Publikum, das einfach nur trinken, tanzen und Spaß haben will. Meh-

rere große Tanzflächen und insgesamt fünf Bars verteilen sich auf die drei Stockwerke des imposanten viktorianischen Gebäudes von 1892.

☆ Unterhaltung

Im kostenlosen Wochenmagazin **San Antonio Current** (www.sacurrent.com) sind alle Musik- und Kulturveranstaltungen der Stadt aufgeführt.

Die Basketballspiele des viermaligen NBA-Meisters **San Antonio Spurs** (www.nba.com/spurs) werden im **AT&T Center** (☎ Tickets unter 800-745-3000; www.attcenter.com; 1 AT&T Center Pkwy) bei der I-35 ausgetragen. Eintrittskarten gibt's auch bei **Ticketmaster** (☎ 210-525-1100; www.ticketmaster.com).

Shoppen

Zwischen all den Souvenir- und T-Shirt-Läden am Riverwalk sind auch ein paar Kunsthandwerksgeschäfte zu finden. In den historischen Gebäuden des ältesten Stadtviertels **La Villita Historic Arts Village** (☎ 210-207-8610; www.lavillita.com; 418 Villita St; ⌚ zumeist 10–18 Uhr) GRATIS ist eine Vielzahl von Galerien und Boutiquen untergebracht.

Pearl Complex EINKAUFSZENTRUM
(www.atpearl.com; 200 E Grayson St) Im Rahmen der Sanierung des Pearl Districts nördlich der Innenstadt wurde auch die frühere Pearl Brewery grundlegend renoviert und beherbergt nun Geschäfte, Cafés und Restaurants.

Market Square MARKT
(www.marketsquaresa.com; 514 W Commerce St; ⌚ Juni–Aug. 10–20 Uhr, Sept.–Mai bis 18 Uhr) Der Market Square ist ein kleines Stück Mexiko mitten in San Antonios Innenstadt und kommt einem Kurztrip auf die südliche Seite der Grenze schon sehr nahe. Hier gibt's mexikanisches Essen, Mariachi-Bands und unzählige Geschäfte mit Waren aus dem Nachbarland.

Paris Hatters ACCESSOIRES
(☎ 210-223-3453; www.parishatters.com; 119 Broadway St; ⌚ Mo–Sa 9.30–18.30, So 12–17 Uhr) Trotz des Namens verkauft dieser Laden keine noble Hutmode aus Paris, sondern typisch texanische Cowboyhüte – und das schon seit 1917. Dabei wird jeder Hut exakt dem Kopf des Kunden angepasst.

Southwest School of Art & Craft KUNSTHANDWERK
(☎ 210-224-1848; www.swschool.org; 300 Augusta St; ⌚ Mo–Sa 10–17 Uhr) Die Kunstgalerie präsentiert und verkauft Werke von Studenten der Kunsthandwerksschule, aber auch von anderen Künstlern, sodass hier eigentlich immer eine kunterbunte Mischung aus allen möglichen Stilen und Materialien zu bewundern ist.

ℹ Praktische Informationen

Die „Amigos" von der Touristeninformation (mit türkisfarbenen Hemden und Strohhüten) sind in der ganzen Innenstadt unterwegs, um Besuchern den richtigen Weg zu weisen.

Downtown Visitors Center (☎ 210-207-6875; www.visitsanantonio.com; 317 Alamo Plaza; ⌚ 9–17 Uhr, Juni–Aug. 9–18 Uhr) In der gut sortierten Touristeninformation gegenüber der Alamo-Festung gibt's jede Menge Karten, Stadtpläne und Broschüren. Nützliche Infos für die Reiseplanung findet man im Internet. Das Personal kann wirklich alle auftauchenden Fragen beantworten und verkauft auch Tickets für geführte Touren sowie Fahrscheine für VIA-Busse und die Straßenbahn.

San Antonio Express-News (www.mysanantonio.com) veröffentlicht täglich Nachrichten und Verkehrsinfos im Internet.

Die **San Antonio Public Library** (www.mysapl.org; 600 Soledad St; ⌚ Mo–Do 9–21, Fr & Sa 9–17, So 11–17 Uhr) bietet kostenlosen Internetzugang. Bei den anderen Zweigstellen der Bibliothek in der Stadt kann man ebenfalls kostenlos im Internet surfen.

ℹ An- & Weiterreise

Der **San Antonio International Airport** (SAT; ☎ 210-207-3433; www.sanantonio.gov/sat; 9800 Airport Blvd) liegt etwa 9 Meilen (14,5 km) nördlich der Innenstadt. Die Stadtbuslinie 2 der **VIA Metropolitan Transit** (☎ 210-362-2020; www.viainfo.net; Einzelfahrt/Tageskarte 1,20/4 US$) verkehrt zwischen dem Flughafen und der Innenstadt. Die Fahrt mit dem Taxi kostet etwa 25 US$. Am Flughafen sind alle großen Autovermietungen vertreten.

Mit dem **Greyhound-Bus** (www.greyhound.com; 500 N St Marys St) kommt man in alle größeren Städte des Staates (und in viele der kleineren). Die Züge *Sunset Limited* (Florida–Kalifornien) und *Texas Eagle* (San Antonio–Chicago) halten mehrmals in der Woche (zumeist spätabends) am **Amtrak-Bahnhof** (www.amtrak.com; 350 Hoefgen Ave).

Die äußerst touristenfreundlichen Oberleitungsbusse (einfache Fahrt 1,10 US$) sind das Mittel der Wahl, um entspannt die gesamte Innenstadt zu erkunden. Günstige Tageskarten (4 US$) bekommt man beim **VIA Downtown Information Center** (☎ 210-362-2020; www.viainfo.net; 211 W Commerce St; ⌚ Mo–Fr 7–18, Sa 9–14 Uhr).

Houston

Die hässlichen mehrspurigen Autobahnen können den ersten Eindruck von Houston ganz schön mies ausfallen lassen. Dabei hat die riesige Metropole, die größer als der gesamte US-Bundesstaat New Jersey ist, durchaus etwas zu bieten. Rund um die Innenstadt erstrecken sich hübsche Wohnviertel und über das gesamte Stadtgebiet verteilen sich Enklaven mit guten Restaurants und Geschäften.

Der grüne Museum District ist das kulturelle Zentrum der Stadt, in Upper Kirby und River Oaks findet man noble Restaurants und Geschäfte. Während Montrose bekannt ist für nette Einfamilienhäuschen, schräge Läden und Lokale, findet man in Midtown vor allem mehrstöckige Wohnblöcke und ein paar gute Restaurants. Das Nachtleben der Stadt konzentriert sich rund um die Washington Avenue, und in Heights gibt es historische Häuser und kleine Boutiquen zu entdecken.

Sehenswertes & Aktivitäten

Museumsliebhaber sollten sich auf die Gegend nördlich des Hermann Park konzentrieren. Eine Liste aller Museen und ihrer Stand-

Houston Zentrum

orte findet man auf der Internetseite des **Houston Museum District** (www.houstonmuseumdistrict.org).

Einige der Hauptattraktionen der Stadt, etwa das Space Center der NASA in Clear Lake oder Galveston Island, befinden sich außerhalb der Stadt und sind über die I-45 in ungefähr 45 Minuten zu erreichen.

★ Menil Collection MUSEUM

(www.menil.org; 1515 Sul Ross St; ⏲ Mi–So 11–19 Uhr) GRATIS Die mehr als 17 000 Gemälde, Zeichnungen, Skulpturen, archäologischen Fundstücke und sonstigen Kunstwerke, die das Philantropenpaar John und Dominique de Menil im Laufe seines Lebens zusammengetragen hat, sind nun in einem modernistischen Gebäude zu bewundern. Neben der Hauptausstellung, in der von 5000 Jahre alten Altertümern bis hin zur Kunst der Avantgarde alles zu sehen ist, finden auch Wechselausstellungen statt. Zum Museum gehören auch die Cy Twombly Gallery und Rothko Chapel, die man sich nicht entgehen lassen sollte.

Museum of Fine Arts Houston MUSEUM

(www.mfah.org; 1001 Bissonnet St; Erw./Kind 13/6 US$; ⏲ Di & Mi 10–17, Do 10–21, Fr & Sa 10–19, So 12.15–19 Uhr; Metro Rail Museum District) Im Mittelpunkt dieser landesweit anerkannten Kunstsammlung stehen die französischen Impressionisten sowie europäische und amerikanische Maler seit 1945, und es sind auch große Werke von Picasso und Rembrandt zu sehen. Im **Cullen Sculpture Garden** (Ecke Montrose Blvd & Bissonnet St; ⏲ Son-

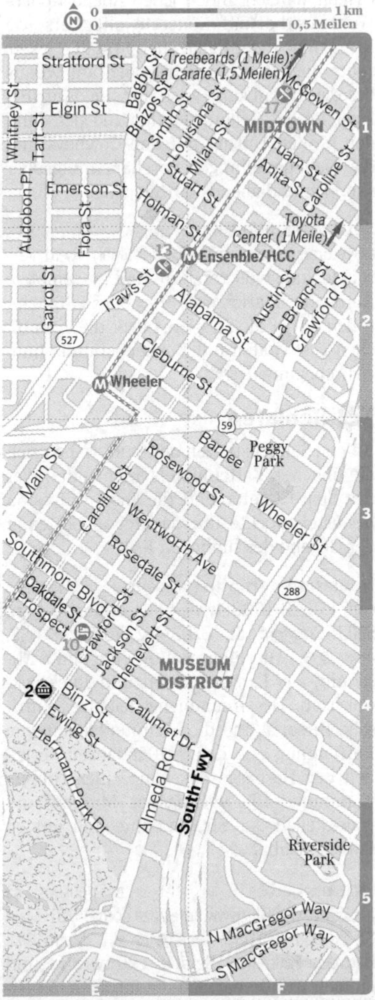

Houston Zentrum

Highlights

1 Menil Collection ... C2

Sehenswertes

2 Children's Museum of Houston ... E4
3 Cullen Sculpture Garden ... D3
4 Hermann Park ... D5
5 Houston Museum of Natural Science ... D4
6 Houston Zoo ... D5
7 Museum of Fine Arts Houston ... D4

Aktivitäten, Kurse & Touren

8 Hermann Park Miniature Train ... D5

Schlafen

9 Hotel ZaZa ... D4
10 Houston International Hostel ... E4
11 La Colombe d'Or Hotel ... D1
12 Modern B&B ... B2

Essen

13 Breakfast Klub ... E2
14 Eatsie Boys Cafe ... D2
15 Goode Co BBQ ... A3
16 Hugo's ... C1
17 Reef ... F1
Sparrow Bar & Cookshop ... (siehe 13)

Ausgehen & Nachtleben

18 Poison Girl ... C1
19 West Alabama Ice House ... B2

Unterhaltung

20 McGonigel's Mucky Duck ... A3
21 Miller Outdoor Theatre ... D4

NICHT VERSÄUMEN

HOUSTON, WIR HABEN EINE ATTRAKTION ...

Wer schon immer mal auf dem Mond spazieren gehen wollte, kommt der Verwirklichung dieses Traums wohl nirgends näher als im **Space Center Houston** (☎ 281-244-2100; http://spacecenter.org; 1601 NASA Pkwy 1; Audioguide Erw./Kind 23,50/19,50 US$; ⏲ 9–19 Uhr) – und das ganz ohne jahrelange Vorbereitung! Im offiziellen Besucherzentrum und interaktiven Museum des Johnson Space Center der NASA an der I-45 S kann man versuchen, einen Gegenstand im Weltall zu ergreifen oder mit einer Raumfähre zu landen. Gleich beim Eingang sollte man sich im Kino die Kurzfilme ansehen, denn nach der Besichtigung der diversen Apollo-Raumschiffe und anderen denkwürdigen Ausstellungsstücken kommt man nicht mehr zum Eingang zurück. Die kostenlose Tram-Tour führt zu den Trainingsanlagen für die Astronauten, den Labors für Tests in der Schwerelosigkeit und dem einstigen Kontrollzentrum, wo seinerzeit diese berühmten Worte empfangen wurden: „Houston, wir haben ein Problem."

nenaufgang–Sonnenuntergang) GRATIS direkt gegenüber sind Werke von Rodin, Matisse und anderen Meistern zu bewundern.

Art Car Museum MUSEUM
(www.artcarmuseum.com; 140 Heights Blvd; ⏲ Mi–So 11–18 Uhr) GRATIS Die hier ausgestellten Art Cars sind wirklich sehenswert, stammen doch manche direkt aus *Mad Max*. Tatsächlich dienen sie als Köder, um die Besucher in dieses Museum zu locken, wo wechselnde Ausstellungen mit so abgefahren-schrägen Themen wie „Müll auf den Straßen" oder „Knochenkunst" auf sie warten.

Houston Museum of Natural Science MUSEUM
(☎ 713-639-4629; www.hmns.org; 5555 Hermann Park Dr; Erw./Kind 20/15 US$, Schmetterlingshaus/Sonderausstellungen zusätzl. 5 US$/Pers.; ⏲ 9–18 Uhr; 👪 Metro Rail: Hermann Park/Rice) Zu den größten Attraktionen des hervorragenden Naturkundemuseums gehören die Wechselausstellungen von Weltklasseniveau, deren Spektrum von der Kultur der Maya bis zu den Schätzen der Medici reicht. Mit dem Anbau eines weiteren Flügels (Kostenpunkt: 30 Mio. US$) für die beeindruckende paleontologische Dinosaurier-Ausstellung und der Eröffnung der altägyptischen Halle wurde das Museum noch attraktiver – wenn das überhaupt noch möglich war.

Feste & Events

★ **Houston Livestock Show & Rodeo** RODEO
(www.hlsr.com; ⏲ Feb.–März) Von Ende Februar bis Anfang März grassiert drei Wochen lang das Rodeofieber in der Stadt, und alle holen die Western-Klamotten aus dem Schrank. Los geht's mit dem allseits beliebten Wett-Grillen, danach finden jeden Abend Rodeo-Wettbewerbe und Konzerte mit Stars wie Bruno Mars oder Blake Shelton statt. Tickets sollte man sich möglichst lange im Voraus besorgen. Man kann auch nur eine Eintrittskarte für das Gelände kaufen und sich dann den großen Umzug mit den Cowboys und die Viehausstellungen anschauen, tagsüber shoppen und abends tanzen gehen.

Art Car Parade & Festival UMZUG
(www.orangeshow.org; ⏲ 2. So im Mai) Total verrückte, kunstvoll verzierte und aufgemotzte Autos (der Marke *Mad Max* oder LSD-Trip) rollen durch die Straßen, bevor die eigentlichen Festivitäten mit Konzerten und ähnlichem beginnen.

Schlafen

An den Schnellstraßen der Stadt reihen sich die üblichen Kettenmotels aneinander. Wer das Space Center und die Insel Galveston besuchen möchte, übernachtet am besten in der Gegend der südlichen I-45.

Houston International Hostel HOSTEL $
(☎ 713-523-1009; www.houstonhostel.com; 5302 Crawford St; B/DZ/4BZ 16/50/110 US$; P ❄ @ 📶) Hier übernachtet eine bunte Mischung aus Langzeitgästen und Rucksacktouristen. Das freundliche, leicht exzentrische Personal und die heruntergekommene Einrichtung aus den 1970er-Jahren verleihen der Herberge das Flair einer Hippie-Kommune. Die wichtigsten Museen und Haltestellen der Straßenbahn sind gut zu Fuß erreichbar.

★ **Hotel ZaZa** BOUTIQUEHOTEL $$
(☎ 713-526-1991; www.hotelzaza.com; 5701 Main St; Zi. 205–270 US$; P ❄ @ 📶 🏊 Metro Rail: Hermann Park/Rice) Schick, extravagant und einfach wunderbar! Ob die farbigen, an ein

Bordell erinnernden Zimmerwände oder die Stühle mit Zebramuster, hier ist alles ein bisschen anders. Die besten Zimmer sind thematisch gestaltete Suiten, etwa die exzentrische „Asian Geisha" oder die orbitale „Houston We Have a Problem". Die Lage in der Nähe der Straßenbahn und mit Blick auf den Hermann Park im Museum District ist einfach unschlagbar.

Modern B&B B&B **$$**
(☎832-279-6367; http://modernbb.com; 4003 Hazard St; Zi. inkl. Frühstück 100–225 US$; P ❄ @) Die moderne, mit Solarenergie betriebene Pension mit luftigen Terrassen und lichten Wendeltreppen ist der Traum eines jeden Architekten. Die elf Zimmer sind mit Bio-Matratzen, eigenem Whirlpool, iPod-Dockingstation und Terrasse ausgestattet. Ganz in der Nähe werden auch zwei Apartments vermietet.

Sara's Inn on the Boulevard INN **$$**
(☎713-868-1130; www.saras.com; 941 Heights Blvd; Zi. inkl. Frühstück 115–180 US$; P ❄ @) Die viktorianische Villa im Queen-Anne-Stil steht inmitten anderer historischer Häuser von Heights. Die elf luftigen Zimmer entprechen zwar eher einem Boutiquehotel als einem heimeligen B&B, und die Pension hat auch die typische Südstaaten-Veranda, auf der bei kühler Zitronenlimonade so mancher Plausch gehalten wird.

La Colombe d'Or Hotel LUXUSHOTEL **$$$**
(☎713-524-7999; www.lacolombedor.com; 3410 Montrose Blvd; Suite 295–400 US$; P ❄) Jede der fünf luxuriösen Suiten ist in den Farben und Motiven eines berühmten Malers gestaltet, beispielsweise Cézanne, Van Gogh oder Renoir – passend zu den echten Gemälden und Antiquitäten, die die herrschaftliche Villa von 1923 schmücken. Die französische Küche des gemütlichen Hotelrestaurants entspricht dem hohen Standard des Hauses.

Essen

Die Restaurantszene der Stadt ist brandheiß – und das nicht nur wegen des mexikanischen Einflusses. Tatsächlich gehen die Bewohner von Houston öfter essen als alle anderen US-amerikanischen Städter. Über alles, was gerade in oder out ist, informiert der messerscharfe Restaurantführer **Fearless Critic** (www.fearlesscritic.com). Twitter-Nutzer können sich über @eatdrink houston informieren.

Zentrum

Treebeards SÜDSTAATEN **$**
(http://treebeards.com; 315 Travis St; Tagesessen 8–11 US$; ⌚Mo–Fr 11–14 Uhr) Zur Mittagszeit strömen die Einheimischen hierher, um hervorragende Cajun-Spezialitäten wie Gumbosuppe oder Jambalaya zu essen. Aber auch die ständig wechselnden Tagesgerichte wie scharf mariniertes Hühnchen oder gefüllte Schweinekoteletts sind nicht zu verachten.

Grove Restaurant & Bar AMERIKANISCH **$$**
(☎713-337-7321; http://thegrovehouston.com; 1611 Lamar St; Hauptgerichte Mittagessen & Brunch 13–21 US$, Abendessen 15–29 US$; ⌚So–Do 11–22, Fr & Sa 11–23 Uhr; Metro Rail: Main Street Sq) Ob Hühnchenpastete von freilaufenden Hühnern oder gebratener Schweinebauch – hier wird klassische amerikanische Hausmannskost lecker veredelt. Durch die wunderbaren Panoramafenster des modernen Restaurants blickt man direkt auf den Discovery Green Park.

Original Ninfas MEXIKANISCH **$$**
(www.ninfas.com; 2704 Navigation Blvd; Hauptgerichte 10–21 US$; ⌚Mo–Fr 11–22, Sa & So 10–22 Uhr) Seit Generationen, genauer gesagt seit den 1970er-Jahren, genießen Einheimische hier Shrimps in scharfer Tomatensauce, Tacos *al carbon* (auf Holzkohle gebraten) und mit Liebe zubereitete Tamale. Bleibt nur zu hoffen, dass die neuen Besitzer nicht allzuviel ändern.

DAS ETWAS ANDERE HOUSTON

Das politisch sehr konservative Houston hat auch eine recht eigenwillige, kreative Seite – wie man an seinen skurrilen Museen sieht. Nach einem Besuch des abgefahrenen Art Car Museum sollte man sich auch noch das **Orange Show Center for Visionary Art** (☎713-926-6368; www.orangeshow.org; 1 US$/Pers.) ansehen, wo ein Künstler ein chaotisches Sammelsurium von Schrottkunst den heißgeliebten Orangen gewidmet hat. Das „visionäre" Zentrum fördert auch die Volkskunst durch Kunstunterricht für Kinder und die Betreuung des mit 50 000 Bierdosen verzierten **Beer Can House** (www.beercanhouse.org; 222 Malone St, beim Memorial Dr; Eintritt 2 US$; ⌚Sa & So 12–17 Uhr).

HOUSTON MIT KINDERN

Wer mit Kindern unterwegs ist, sollte unbedingt den **Discovery Green Park** (www.discoverygreen.com; 1500 McKinney St; ⌚6–23 Uhr; Metro Rail: Main St Sq) besuchen. In diesem knapp 5 ha großen Park in der Innenstadt gibt's einen See, einen Spielplatz, Brunnen zum Planschen, eine Kunstausstellung im Freien, mehrere Restaurants und eine Bühne für Veranstaltungen. Das ganze Jahr über finden hier unterhaltsame Festivals und Aktionen statt, z. B. Kino im Grünen, Nachtflohmärkte oder Schlittschuhlaufen in der Weihnachtszeit. Die Termine dieser und weiterer Veranstaltungen findet man im Internet.

Ein anderer toller Park für Kinder ist der **Hermann Park** (www.hermannpark.org; Fannin St & Hermann Park Dr; ⌚6–23 Uhr). Der gut 180 ha große Park bietet gleich mehrere Spielplätze, einen See mit Tretbootverleih, den **Hermann Park Miniature Train** (☎713-529-5216; www.hermannpark.org/railroad.php; 6104 Hermann Park Dr, Kinder Station, Lake Plaza; 3 US$/Fahrt; ⌚Mo–Fr 10–17:30 Uhr, Sa & So 10–18 Uhr) und den **Houston Zoo** (www.houstonzoo.org; 6200 Hermann Park Dr; Erw./Kind 14/10 US$; ⌚9–18 Uhr).

Einen kurzen Spaziergang vom Hermann Park entfernt liegt das **Children's Museum of Houston** (www.cmhouston.org; 1500 Binz St; Eintritt 9 US$; ⌚Di–Sa 9–18, So 12–18 Uhr), das jede Menge Aktionen zum Mitmachen anbietet. So können die Kids in einem mexikanischen Dorf Tortillas backen oder in einem Freiluftatelier malen und zeichnen.

Midtown

Breakfast Klub SÜDSTAATEN $

(www.thebreakfastklub.com; 3711 Travis St; Gerichte 8–15 US$; ⌚Mo–Fr 7–14, Sa 8–14 Uhr; P) Wer hier zum Zug kommen will, muss früh aufstehen, denn die treuen Kunden stehen bis auf die Straße hinaus, um Hähnchen mit Waffeln fürs Frühstück zu Hause zu besorgen. Zur Mittagszeit ist in dem caféähnlichen Lokal kaum weniger los. Die aus Houston stammende Beyoncé kehrt ebenfalls gern hier ein. Der Kaffee ist klasse und WLAN gibt's auch.

Reef SEAFOOD $$

(☎713-526-8282; www.reefhouston.com; 2600 Travis St; Mittagessen 12–26 US$, Abendessen 20–29 US$; ⌚Mo–Fr 11–22, Sa 17–23 Uhr; Metro Rail: McGowen) In dem eleganten Restaurant mit Blick auf die Stadt werden rohe Meeresfrüchte aus dem Golf von Mexiko in der Theke präsentiert und dann sehr kreativ zubereitet. Küchenchef Bryan Caswell erhielt Unmengen an Auszeichnungen für seine Kochkunst und das Restaurant.

Sparrow Bar & Cookshop MODERN AMERIKANISCH $$$

(☎713-524-6922; http://sparrowhouston.com; 3701 Travis St; Hauptgerichte 16–32 US$; ⌚Di–Sa 11–15 & 17–22 Uhr) Die landesweit anerkannte Küchenchefin Monica Pope verarbeitet für die Gerichte ihrer modernen amerikanischen Küche nur erstklassige regionale Zutaten aus biologischem Anbau. So werden gemischte Platten mit Shiitake-Klößchen in Edelpilzkäsesoße oder köstliches Wildschwein serviert. Bei gutem Wetter wird auf der schönen Terrasse diniert.

Montrose

★ **Eatsie Boys Cafe** CAFÉ $

(http://eatsieboys.com; 4400 Montrose Blvd; Gerichte 6–12 US$; ⌚Mo–Sa 8–22, So Brunch 9–15 Uhr) Die Besatzung des intergalaktischen Imbiss-Raumschiffs betreibt nun aus Spaß an der Freude ein richtiges Café, womit allen gut gedient ist. Man bestellt Suppe mit Matzeknödel (wirklich lecker!) oder ein Baguette-Sandwich mit Shrimps aus dem Golf und scharfer Jalapeño-Remoulade, sucht sich dann einen Tisch im schattigen Garten und genießt. Die Jungs brauen auch ihr eigenes Bier. Herrlich!

Goode Co BBQ BARBECUE $$

(www.goodecompany.com; 5109 Kirby Dr; Gerichte 10–16 US$; ⌚11–22 Uhr) Gegrillte Rinderbrust, geräucherte Würste und literweise Eistee werden entweder in der großen Scheune oder auf Picknicktischen im Freien serviert.

★ **Hugo's** MEXIKANISCH $$$

(☎713-524-7744; http://hugosrestaurant.net; 1600 Westheimer Rd; Mittagessen & Brunch 14–19 US$, Abendessen 22–30 US$; ⌚Mo–Do 11–22, Fr & Sa 11–23, So 10–21 Uhr) Die von der zentralmexikanischen Küche inspirierten Gerichte von Küchenchef Hugo Ortega schmecken wie nirgends sonst in der Stadt. Unbedingt probieren sollte man die Crêpes mit Kürbisblüten und den Rotbarsch aus Veracruz mit Tomaten, Oliven und Kapern. Auch den Brunch sollte man sich nicht entgehen lassen. Auf jeden Fall vorher reservieren!

Ausgehen & Nachtleben

Die Bars und Clubs in der Washington Avenue sind auf das jüngere Publikum ausgerichtet und setzen den Maßstab für alles, was im Nachtleben der Stadt in und angesagt ist – wobei in letzter Zeit auch einiges in der Innenstadt los ist. Auch in der Gegend um den White Oak Drive und die Studemont Street in Heights gibt's ein paar kleine, witzige Bars, darunter ein Roadhouse, eine Hawaii-Bar und einen Club mit Livemusik in einem ehemaligen Wohnhaus.

★ Onion Creek Cafe CAFÉ
(3106 White Oak Dr; ⏲ So–Mi 7–24, Do–Sa 7–2 Uhr) Hier kann man morgens einen Kaffee und spätabends einen Cocktail trinken. Es ist kein Wunder, dass am Wochenende alle Tische auf der großartigen Terrasse der urigen Kneipe westlich der Studemont Street besetzt sind. Jeden Tag gibt's tolles Tagesessen, samstags ist vormittags Bauernmarkt.

La Carafe BAR
(813 Congress St; ⏲ 13–2 Uhr) Die gemütliche Kneipe in einem zentral gelegenen Gebäude aus dem Jahre 1860 bezeichnet sich selbst als „älteste Bar" von Houston. In der mit Holz vertäfelten und von Kerzen beleuchteten Bar wird offener Wein zu günstigen Preisen ausgeschenkt.

West Alabama Ice House BAR
(☎ 713-528-6874; 1919 W Alabama St; ⏲ Mo–Fr 10–24, Sa 10–1, So 12–24 Uhr) Im ältesten „Eishaus" von Texas besorgten sich die Leute früher wirklich ihre Eisblöcke zum Kühlen von Lebensmitteln. Heute ist die Freiluftbar in Montrose ein beliebter Treffpunkt für jedermann, ob Motorradfahrer oder Rechtsanwalt. Das liegt garantiert am preiswerten Bier und dem riesigen, hundefreundlichen Hof mit Picknicktischen.

Poison Girl BAR
(1641 Westheimer Rd; ⏲ 16–2 Uhr) Eine sagenhafte Terrasse hinter dem Haus, eine Statue der Comic-Figur Kool Aid Man und ein pseudokünstlerischer Innenraum mit nostalgischen Flipperautomaten machen die Bar zur heißesten Kneipe der Stadt. Das gemischte Publikum ist ebenfalls ziemlich schrill.

☆ Unterhaltung

Rund um die Haltestellen Preston und Main Street Square Metro Rail im Zentrum finden sich ein paar Optionen für Nachtschwärmer, und auch Montrose und Midtown haben einige Clubs zu bieten, die allerdings recht verstreut liegen. In der unabhängigen Wochenzeitung *Houston Press* (www.houstonpress.com) und in der Donnerstagsausgabe des *Houston Chronicle* (www.chron.com) sind jedes Mal einige interessante Locations aufgelistet.

ABSTECHER

ERINNERUNGEN AN SAN JACINTO

Am späten Nachmittag des 21. April 1836 traf General Sam Houston mit seiner texanischen Bauernarmee auf die mexikanischen Truppen unter General Antonio López de Santa Anna, die am Ufer des Flusses San Jacinto ihr Lager aufgeschlagen hatten. Nach einem erbitterten Kampf, der Houstons Männer an die Schlacht von Alamo und das Massaker von Goliad erinnerte, musste sich General Santa Anna relativ schnell geschlagen geben. An Opfern waren 630 tote und Hunderte von verletzten Mexikanern, aber nur neun tote Texaner zu beklagen. Es war ein überwältigender Sieg. Die mexikanischen Truppen mussten sich zurückziehen und Texas erlangte seine Unabhängigkeit.

Heute sind mehr als 445 ha des damaligen Schlachtfeldes als **San Jacinto Battleground State Historical Site** (www.tpwd.state.tx.us; 3523 Hwy 134; Eintritt in den Park frei, Attraktionen variieren; ⏲ 9–18 Uhr) ausgewiesen. Ein Museum wurde eingerichtet, in dem auch ein Film gezeigt wird, und vom Feldherrenhügel aus hat man immer noch den besten Blick aufs Schlachtfeld. Auf dem Gelände liegt auch das 1912 gebaute Schlachtschiff *USS Texas* im Trockendock, das seinerzeit eines der ersten mit Stahlplatten versehenen Schiffe war.

Der Museumspark liegt 22 Meilen (35 km) östlich der Innenstadt. Von Houston aus fährt man auf der I-10 E in Richtung Osten bis zur Ausfahrt Crosby-Lynchberg Road, biegt dann in Richtung Süden ab und setzt mit der kleinen Autofähre zum Parkgelände über.

Livemusik

Wenn's mal wieder Zeit wird, so richtig abzurocken, lässt man sich von der Website eines lokalen Musikmagazins (www.spacecityrock.com) inspirieren.

Rudyard's Pub LIVEMUSIK
(☎ 713-521-0521; www.rudyards.com; 2010 Waugh Dr; ⊙11.30–2 Uhr) Hier treten recht eigenwillige – und manchmal auch ziemlich durchgeknallte – Musiker auf, aber durchaus auch gute Bands aus der Region. Das hippe Publikum ist jedenfalls begeistert.

McGonigel's Mucky Duck LIVEMUSIK
(☎ 713-528-5999; www.mcgonigels.com; 2425 Norfolk St; ⊙Mo–Do 11–23, Fr & Sa 11–2, So 17.30–21 Uhr) In der pubähnlichen Kneipe treten jeden Abend irische, Folk-, Akustik- oder Country-Bands auf. Tickets sind nur an der Abendkasse erhältlich (Barzahlung). Wer vor der Show noch etwas essen möchte, muss früh da sein.

Last Concert Cafe LIVEMUSIK
(☎ 713-226-8563; www.lastconcert.com; 1403 Nance St; ⊙Di–Sa 11–2, So 10.30–21 Uhr) Die typisch texanische Dorfkneipe befindet sich im Warehouse District nordöstlich der Innenstadt. Sie hat kein Namensschild, dafür eine knallrote Tür, an der man klopfen muss, um eingelassen zu werden. Drinnen gibt's günstiges Bier und Tex-Mex-Essen sowie gelegentlich Livemusik.

Theater & Klassische Musik

Die Bühnen der Houston Grand Opera, der Society of the Performing Arts, des Houston Ballet, des Kammerorchesters Da Camera und des Symphonieorchesters befinden sich alle im **Theater District** (www.houstontheaterdistrict.org) in der Innenstadt. Auf der Website findet man alle Spielpläne und kann Tickets kaufen.

Miller Outdoor Theatre THEATER
(☎ 281-373-3386; www.milleroutdoortheatre.com; 6000 Hermann Park Dr) Das Freilufttheater im Hermann Park bringt im Sommer Schauspiele, Musicals und Konzerte auf die Bühne. Zuschauer müssen keinen Eintritt bezahlen, sondern nur eine Decke als Sitzgelegenheit mitbringen.

Alley Theatre THEATER
(☎ 713-220-5700; www.alleytheatre.org; 615 Texas Ave) Das beste Theater der Stadt ist landesweit eins der letzten, das über ein festes Ensemble verfügt. Und die hervorragende Besetzung kann von klassisch bis modern einfach alles spielen.

Sport

Auch wenn sich die Begeisterung für die Football- und Basketballmannschaften von Houston in Grenzen hält, ist in der Stadt doch einiges an Zuschauersport geboten.

Reliant Stadium FOOTBALL
Das Hightech-Stadion mit Schiebedach (www.reliantpark.com; 1 Reliant Park) ist das Heimstadion der **Houston Texans** (www.houstontexans.com).

Minute Maid Park BASEBALL
In diesem Stadion mitten in der Innenstadt (☎ 713-259-8000; 501 Crawford St) spielen die **Houston Astros** (http://houston.astros.mlb.com) professionell Baseball.

Toyota Center BASKETBALL
Hier (www.houstontoyotacenter.com; 1510 Polk St) tragen die **Houston Rockets** (www.nba.com/rockets/) ihre Heimspiele in der ersten Basketball-Liga aus.

Shoppen

Von Einheimischen geführte Läden mit großem Angebot finden sich in verschiedenen Vierteln. In den **Heights** (www.houstonheights.org) reihen sich in der 19th Street (zw. Yale Street und Shepherd Drive) einzigartige Antiquitätengeschäfte, pfiffige Kunsthandwerksläden und Cafés aneinander. Am ersten Samstag im Monat verwandelt sich die Straße in eine Art Jahrmarkt mit Ständen im Freien und Unterhaltungsprogramm.

Die **Westheimer Street** in Montrose ist ein Paradies für Mode- und Antiquitätenfans. Bester Ausgangspunkt ist die Dunlavy Road. Geht man von hier die Westheimer St reet hinunter, passiert man Secondhandläden und aktuelle Modegeschäfte, in denen einfach alles geboten wird, von Retro über Punk bis hin zu japanischer Streetware. Zudem finden sich hier abgefahrene alte Möbelstücke.

Modetechnisch etwas weniger rebellisch geht es in **Rice Village** zu. Die schicken Auslagen in den Schaufenstern verlocken bei so manchem Geschäft zum Hineingehen.

Galleria EINKAUFSZENTRUM
(www.simon.com; 5075 Westheimer Rd; ⊙10–21 Uhr) Das weitläufige Einkaufsparadies der Stadt ist das größte Einkaufszentrum in ganz Texas. Auf 223 000 m² verteilen sich 400 Geschäfte, 30 Restaurants, zwei Hotels und eine Eisbahn.

Neben Filialen von so ziemlich jedem US-amerikanischen Nobelkaufhaus und allen großen Ketten findet man hier auch exklusive Designerläden und Boutiquen. Der Konsumtempel ist so charakteristisch für Houston, dass mit „Galleria" mittlerweile gar das gesamte Stadtviertel bezeichnet wird, in dem es auch noch viel mehr Einkaufszentren mit Restaurants gibt.

Praktische Informationen

Die **Chase Bank** (www.chase.com; 712 Main St) wechselt Geld und hat einen Geldautomaten.

Das **Greater Houston Convention & Visitors Bureau** (713-437-5200; www.visithoustontexas.com; City Hall, 901 Bagby St; Mo–Sa 9–16 Uhr) ist sowohl Touristeninformation als auch gigantischer Souvenirladen. Allerdings ist das Büro samstags geschlossen, wenn Veranstaltungen in der Innenstadt (Feste, Marathonläufe etc.) stattfinden. Kostenlose Parkplätze gibt's in der Walker Street.

Houston Public Library (www.hpl.lib.tx.us; 500 McKinney St; Mo–Do 10–20, Fr & Sa 10–17, So 13–17 Uhr;) Kostenloser Internetzugang über WLAN oder öffentliche Computer.

Hauptpost (401 Franklin St; Mo–Fr 10–17 Uhr) Jede Menge Parkplätze am nördlichen Rand der Innenstadt.

An- & Weiterreise

Das **Houston Airport System** (www.fly2houston.com) besteht aus zwei Flughäfen: 22 Meilen (35 km) nördlich des Stadtzentrums liegt der internationale Flughafen **George Bush Intercontinental** (IAH; www.fly2houston.com/iah; Will Clayton Parkway or JFK Blvd, off I-59, Beltway 8 oder I-45), der Verbindungen in alle Welt bietet und Heimatflughafen von Continental Airlines ist. 12 Meilen (19 km) südöstlich der Stadt ist der **William P. Hobby Airport** (HOU; www.fly2houston.com/hobby; Airport Blvd, in der Nähe von Broadway St und Monroe St;) das Drehkreuz für Inlandsflüge mit Southwest Airlines. Da einige Fluglinien, z. B. Delta Airlines, beide Flughäfen anfliegen, sollte man sich das Flugticket sicherheitshalber ganz genau anschauen. Alle großen Autovermietungen sind an beiden Flughäfen vertreten.

Wer keinen Mietwagen zur Verfügung hat, fährt am bequemsten und günstigsten mit dem Shuttlebus in die Innenstadt. **SuperShuttle** (800-258-3826; www.supershuttle.com) verkehrt regelmäßig zwischen den Flughäfen Bush (25 US$) bzw. Hobby (20 US$) sowie den Hotels und anderen Adressen in der Stadt.

An beiden Flughäfen stehen auch Taxis bereit. Fahrten vom und zum Flughafen werden nach Zonen abgerechnet, das heißt man bezahlt entweder einen festen Zonenpreis oder aber nach der Anzeige des Taxameters – je nachdem, was günstiger ist. Die Fahrt in die Innenstadt kostet vom George Bush Intercontinental etwa 50 US$, vom William P. Hobby Airport 25 US$.

Zwischen dem George Bush Intercontinental und der Innenstadt verkehrt zwischen 5.30 und 20 Uhr Bus 102 der **Metropolitan Transit Authority** (METRO; 713-635-4000; www.ridemetro.org; einfache Fahrt 1,25 US$). Vom und zum Flughafen Hobby fährt Bus 88 täglich außer sonntags zwischen 6 und 23 Uhr.

Überlandbusse kommen am **Greyhound Bus Terminal** (www.greyhound.com; 2121 Main St) an, das sich zwischen der Innenstadt und dem Museum District befindet. Dreimal wöchentlich fährt der *Sunset Limited* im **Amtrak-Bahnhof** (800-872-7245; www.amtrak.com; 902 Washington Ave) ein.

Unterwegs vor Ort

Die **Metropolitan Transit Authority** ist für den öffentlichen Nahverkehr in Houston zuständig. An Werktagen sind die Fahrzeiten der Busse allerdings auf die Pendler abgestimmt. Dagegen sind die Straßenbahnen der Metro Rail ideal für Touristen. Es gibt nur eine einzige Linie, mit der jedoch die meisten Sehenswürdigkeiten und auch viele Restaurants in der Innenstadt, im Museum District und Reliant Park gut zu erreichen sind. Netzpläne gibt's im Internet und können auch aufs Smartphone heruntergeladen werden. Die Bahnen der Metro Rail fahren sonntags bis donnerstags von 5 bis 24 Uhr, freitags und samstags bis 2.20 Uhr.

Rund um Houston

Galveston

Galveston ist weitaus mehr als einfach nur ein Strandort. Eigentlich ist es eine historische Stadt, die zufällig auch noch ein paar Strände zu bieten hat und somit eigentlich absolut unwiderstehlich ist. Von Houston aus kann die Insel in einem entspannten Tagesausflug erkundet werden. Sie ist ein beliebter Hafen für Kreuzfahrtschiffe, was ihrer Wirtschaft einen ordentlichen Schub verpasst hat.

Hurrikan Ike fegte im Jahr 2008 direkt über Galveston hinweg und verwüstete auch viele der viktorianischen Häuser im Historic District. Die meisten von ihnen sind mittlerweile zwar wieder restauriert, das schützende Blätterdach der alten Bäume, das der Insel früher einen ganz besonderen Charme verlieh, ist allerdings deshalb verschwunden.

Sehenswertes & Aktivitäten

Eigentlich ist Galveston, das sich über 48 km erstreckt und gerade einmal 5 km breit ist, nicht mehr als eine sandige Barriereinsel. Zentrum des Geschehens auf der Insel ist der historische „Strand District“ (rund um die Kreuzung 22nd Street und Mechanic Street), dessen zahlreiche Attraktionen, Geschäfte, Restaurants und Bars am besten zu Fuß erkundet werden. Das **Galveston Island Visitors Center** (☎409-797-5145; www.galveston.com; Ashton Villa, 2328 Broadway; ⏲Mo–Sa 10–17, So 9–16 Uhr) hat noch mehr Restauranttipps und Infos zu Aktivitäten auf der Insel.

Für einen unkomplizierten Zugang zum Strand parkt man einfach irgendwo entlang der Ufermauer. Wer einen etwas größeren Strand bevorzugt, der macht sich auf zum **East Beach** (1923 Boddecker Dr, am Seawall Blvd, pro Fahrzeug 16 US$; ⏲März–Okt. Sonnenaufgang–Sonnenuntergang) am östlichen Ende der Insel.

Pier 21 Theatre THEATER
(☎409-763-8808; www.galveston.com/pier21theatre; Ecke Pier 21 & Harborside Dr; Erw./Kind 5/4 US$; ⏲So–Do 11–18, Fr & Sa 11–20 Uhr) Die 30-minütige Multimediaschau vermeidet allzu Rührseliges, wenn sie den Hurricane von 1900 anhand von Fotos, Animationen und Augenzeugenberichten als schlimmste Naturkatastrophe der US-amerikanischen Geschichte dokumentiert.

Texas Seaport Museum & Tallship Elissa MUSEUM
(www.galvestonhistory.org; Ecke Harborside Dr & 21st St; Erw./Kind 8/5 US$; ⏲10–16:30 Uhr) Das riesige Museum erläutert in aller Ausführlichkeit das Leben im und am Hafen von Galveston zu dessen Blütezeit im 19. Jh. Draußen kann man die *Elissa* besichtigen, den wunderschönen, schottischen Windjammer von 1877, der immer noch seetüchtig ist.

Moody Gardens VERGNÜGUNGSPARK
(www.moodygardens.com; 1 Hope Blvd; Tageskarte 50 US$; ⏲10–18 Uhr; 👪) Drei bunte Glaspyramiden stehen im Mittelpunkt dieses Unterhaltungskomplexes. In der **Aquarium Pyramid** sind Königspinguine, Nördliche Seebären und die weltweit größte Kolonie von Seepferdchen zu bewundern. In der **Rainforest Pyramid** erstreckt sich über zehn Stockwerke hinweg ein üppig-grüner tropischer Regenwald voller exotischer Pflanzen, Vögel, Schmetterlinge und einer herrlichen Sammlung von kriechenden und krabbelnden Insekten. In der **Discovery Pyramid** finden wechselnde Ausstellungen statt und es werden Stücke aus der Raumfahrt gezeigt, die aber nichts Besonderes sind.

Schlafen & Essen

Das Meer ist Nahrungsquelle Nummer Eins für Galveston, und so reiht sich auf den Piers der Bucht beim Strand District ein Fischrestaurant ans nächste, wobei es sich zumeist um Filialen der großen Ketten handelt.

Beachcomber Inn MOTEL $
(☎800-733-7133; www.galvestoninn.com; 2825 61st St; Zi. 35–120 US$; ❄📶🏊) Das einfache, zweistöckige Motel ist nur eine Straße vom Strand entfernt und hat hübsche, saubere Zimmer zum günstigen Preis. In jedem Zimmer steht ein Minikühlschrank und ein Mikrowellenherd.

Hotel Galvez LUXUSHOTEL $$$
(☎409-765-7721; www.galveston.com/galvez; 2024 Seawall Blvd; Zi. 160–400 US$; ❄📶🏊) Das historische Hotel von 1911 bietet den Luxus der spanischen Kolonialzeit unter Palmen. Die Annehmlichkeiten des Wellnessbereichs – z. B. entspannende Milchbäder oder figurformende Seetangpackungen – sind weithin bekannt und vom Swimmingpool hat man einen tollen Blick auf den Golf von Mexiko. Es gibt auch spezielle Wellnesspakete.

Shrimp N Stuff SEAFOOD $
(3901 Ave O; Hauptgerichte 6–12 US$; ⏲Mo–Do 10.30–20.30, Fr & Sa 10.30–20.30 Uhr) Wesentlich besser als die großen, teuren Meeresfrüchte-Tempel ist dieses einfache Lieblingslokal der Einheimischen mit lässiger Strandatmosphäre.

★**Farley Girls** AMERIKANISCH $$
(www.farleygirls.com; 901 Post Office St; Gerichte 9–13 US$; ⏲Mo–Fr 10.30–15.30, Sa & So ab 8.30 Uhr) Das historische Gebäude mit viel Farn zwischen den vornehmen Säulen und den hohen Holzdecken sieht zwar respekteinflößend elegant aus, doch das überaus freundliche Personal und die superleckere Hausmannskost sorgen dennoch für eine gemütliche, entspannte Atmosphäre. Das bunt gemischte Speisenangebot reicht vom scharf gewürzten Steak mit argentinischer Chimichurri-Soße und Salatbeilage bis hin zum typisch amerikanischen Standardgericht *mac 'n' cheese* (Makkaroni mit Käsesoße).

The Spot CAFÉ $$

(3204 Seawall Blvd; Hauptgerichte 11–21 US$; ⌚So–Do 11–22, Sa & So 11–23 Uhr) Über drei alte Häuser erstrecken sich ein Restaurant mit Hawaii-Bar und eine Eisdiele, die beide äußerst beliebt bei den Einheimischen sind – nicht zuletzt wegen der Terrasse mit dem absolut grandiosen Blick auf den Golf von Mexiko.

ℹ An- & Weiterreise

Von Houston aus fährt man 51 Meilen (81,5 km) auf der I-45 in Richtung Südosten.

Bis die von Hurricane Ike zerstörte Inselbahn – irgendwann in ferner Zukunft – wieder fahrtüchtig ist, bleibt für die Erkundung von Galveston nur das Auto als Verkehrsmittel übrig. Der Busverkehr auf der Insel ist auf die örtlichen Pendler abgestimmt und überhaupt nicht besucherfreundlich.

Piney Woods

In Piney Woods im Nordosten von Texas gibt es mehr Bäume von über 30 m Höhe als es Einwohner gibt. Auch wenn die Natur hier die Hauptattraktion ist, darf man keine atemberaubenden Ausblicke erwarten. Viel eher findet man hier ruhige Pfade und abwechslungsreiche Ökosysteme. Im **Big Thicket National Preserve** (www.nps.gov/bith) trifft Küstenflachland auf wüstenartige Sanddünenlandschaften und zypressenbewachsenes Sumpfland auf Laubwald. Wer auf dem 72 km langen Wanderweg ein Stück spazieren geht, sichtet mit etwas Glück eine der 20 wilden Orchideenarten. Der Park mit den acht unterschiedlichen Bereichen liegt 100 Meilen (160 km) nordwestlich von Houston.

SÜDLICHE GOLFKÜSTE

Abgesehen von wild feiernden Collegestudenten zu Spring Break ist die Golfküste für ihre glitzernden Buchten, die kleinen Häfen mit den Booten der Krabbenfischer und die über 95 km geschützten Strands bekannt. Einige Abschnitte der Golfküste – wie Port Arthur und Brazosport – haben dem Touristenrummel entsagt und widmen sich stattdessen lieber den kontinuierlichen Erträgen der Raffinerien und Bohrinseln. Die winzigen Küstenorte und die sich verlierenden kleinen Küstenstraßen sind aber trotzdem Grund genug für einen Besuch in dieser Gegend.

Aransas National Wildlife Refuge

Für Liebhaber der Vogelbeobachtung ist das 465 km² große **Aransas National Wildlife Refuge** (www.fws.gov/refuge/aransas; FM 2040; pro Pers./Auto inkl. Passagiere 3/5 US$; ⌚6 Uhr–Sonnenuntergang, Visitor Center 8.30–16.30 Uhr) die Top-Adresse der texanischen Küste. Schon die Landschaft alleine ist spektakulär, zudem wurden hier aber auch schon über 400 Vogelarten gesichtet.

Die berühmteste unter ihnen ist der äußerst seltene Schreikranich, der den Sommer in Kanada verbringt und hier im Schutzgebiet überwintert. Die bedrohten weißen Vögel – die größten Vögel Nordamerikas – werden bis zu 1,55 m groß und haben eine Spannweite von 2,15 m.

Vom Beobachtungsturm aus sind fast immer ein paar Tiere zu sehen. Einen noch besseren Blick auf die seltenen Vögel kann man bei einer der von November bis März angebotenen Bootstouren im Mündungsgebiet erhaschen. Captain Tommy von **Rockport Birding & Kayak Adventures** (☎877-892-4737; www.whoopingcranetours.com; 202 N Fulton Beach Rd, Fulton Habor; 3½-stündige Touren 50 US$; ⌚7.30 & 13 Uhr) hat ein recht kleines Boot, das auch in flachem Gewässer vorankommt und mit dem man in die Nebenbuchten gelangt, in die größere Boote nicht vordringen können.

Corpus Christi & Umgebung

Die salzige Meeresluft und die palmengesäumte Bucht machen den Ort zu einer wirklich schönen „Stadt am Meer". Doch abgesehen von der Strandpromenade in der Innenstadt und ein paar Museen hat der „Leib Christi" mit etwas mehr als 300 000 Einwohnern nicht viel zu bieten. Strände gibt's auf Padre Island und im National Seashore Park, doch ist das Meer hier eigentlich nie so blau wie im Bilderbuch. Nördlich von Corpus Christi befindet sich das geschäftige Fischerdorf Port Aransas mit seinen unzähligen Restaurants und Bootsvermietern.

Auch im Zentrum der Stadt gibt's einen kleinen Strand am Shoreline Drive, der in Richtung Süden zum Ocean Drive wird. Hier befinden sich Spielplätze und Parks sowie ein paar herrliche Villen, die direkt an der Bucht stehen. Das **Corpus Christi Con-**

vention & Visitors Bureau (☎800-766-2322; www.visitcorpuschristitx.org; 1823 N Chaparral St; ⏲Mo–Sa 10–16 Uhr, Sommer auch So 12–16 Uhr) bietet auf seiner Internetseite praktische Gutscheine zum Herunterladen.

Sehenswertes & Aktivitäten

★**USS Lexington Museum** MUSEUM
(www.usslexington.com; 2914 N Shoreline Blvd; Erw./Kind 14/9 US$; ⏲9–17 Uhr, Juni–Aug. 9–18 Uhr) Die nach der Bucht zweitgrößte Attraktion der Stadt ist der 274 m lange Flugzeugträger, der im Norden der Hafeneinfahrt vor Anker liegt. Das Schiff war im Zweiten Weltkrieg im Pazifik im Einsatz und wurde 1991 stillgelegt. Seitdem bietet es mit einer Hightech-Ausstellung einen guten Einblick in das Leben der Besatzung zu Kriegszeiten. Und wenn das Schiff abends in ein blaues Licht getaucht wird, weiß man auch, warum es im Krieg den Spitznamen „das blaue Gespenst“ erhielt.

Museum of Science & History MUSEUM
(www.ccmuseum.com; 1900 N Chaparral St; Erw./Kind 12,50/6 US$; ⏲Di–Sa 10–17, So 12–17 Uhr; 👪) In diesem unterhaltsamen Museum im Süden der Hafeneinfahrt kann man Schiffswracks erkunden und die vermoderten Überreste von zwei Nachbauten der Schiffe von Kolumbus bestaunen. Außerdem erfährt man, warum Texas dem französischen Entdecker Robert Cavelier de La Salle zum Verhängnis wurde.

Schlafen & Essen

Restaurants und Bars findet man vor allem in den Straßen der Innenstadt rund um die Chaparral Street und die Water Street. Ein paar Restaurants gibt's auch auf der Insel.

George Blucher House B&B $$
(☎361-884-4884; www.georgeblucherhouse.com; 211 N Carrizo St; Zi. 120–190 US$; ❄@) Die große Villa aus Holz und Backstein von 1904, die sich in der Nähe des Stadtzentrums befindet, hat sechs Zimmer mit eigenem Bad. Die Einrichtung entspricht noch dem noblen Stil der damaligen Zeit. Hier ist es so ruhig, dass man auf der überdachten Veranda die Pekannussbäume wachsen hört.

V Boutique Hotel BOUTIQUEHOTEL $$$
(☎361-883-9200; www.vhotelcc.com; 701 N Water St; Zi. 150–250 US$; ❄📶) Das von seinen Gästen heiß geliebte kleine Hotel mitten in der Innenstadt bietet Dienstleistungen der Extraklasse, wie etwa eine rund um die Uhr besetzte Rezeption. Die in acht unterschiedlichen Größen und Ausstattungen verfügbaren Zimmer reichen von kleinen Apartments bis hin zu Loftsuiten mit separatem Schlafzimmer.

Executive Surf Club SÜDSTAATEN $
(309 N Water St; Hauptgerichte 6–10 US$; ⏲So–Mi 11–23, Do–Sa 11–24 Uhr) In diesem Dauerbrenner, dessen Tische drinnen wie draußen die Form von Surfbrettern haben, gibt's leckere Baguette-Sandwichs mit Shrimps, und das Ganze wird garniert mit Livemusik. Das Lokal ist so urig, dass es eigentlich gar nicht in die Innenstadt passt.

Brewster Street Icehouse BURGER & SEAFOOD $$
(1724 N Tancahua St; Hauptgerichte 7–16 US$; ⏲11–2 Uhr; 👪) Im „Eishaus“ gibt's allerlei Gebratenes, kaltes Bier, Livemusik (donnerstag- bis samstagabends) und eine riesige Terrasse. Vor allem nach einem Baseball-Spiel im nahegelegenen Stadion Whataburger Field ist in dem ehemaligen Lagerhaus die Hölle los. Derweil können sich die Kinder auf dem Spielplatz austoben.

Padre Island National Seashore

Der 96 km lange südliche Teil der „nördlichen“ Padre Island, der vor dem Großraum Corpus Christi liegt, gehört zum Naturschutzgebiet des **Padre Island National Seashore** (www.nps.gov/pais; Park Rd 22; Wo-

ABSTECHER

PORT ARANSAS

Nördlich von Padre Island liegt die nur 32 km lange Insel Mustang Island, an deren Nordspitze wiederum **Port Aransas** (www.portaransas.org) liegt. Das quirlige Fischer- und Feriendorf ist unbedingt einen Abstecher wert, denn hier gibt's von der einfachen Kneipe bis hin zum noblen Gourmettempel jede Menge Meeresfrüchterestaurants. Oder man angelt sich seinen Fisch im Golf. **Fisherman's Wharf** (www.wharfcat.com; 900 N Tarpon St; 5-stündige Bootsfahrt 60/30 US$ pro Erw./Kind) bietet regelmäßig Bootsausflüge zum Tiefseeangeln und Fahrten zu den vorgelagerten Inseln an (Erw./Kind 12/6 US$).

chenkarte 10 US$/Fahrzeug; ⌚ Besucherzentrum 9–17 Uhr). Um den gesamten Nationalpark abfahren zu können, ist ein Fahrzeug mit Allradantrieb erforderlich. Oder man geht ab dem Besucherzentrum zu Fuß weiter und ist schon nach kurzer Zeit den Massen entronnen. Der stetig wehende Wind bewirkt nicht nur, dass die Sanddünen ständig wandern oder neue entstehen, sondern sorgt in dem der Küste zugewandten Bird Island Basin auch für optimale Bedingungen zum Kite- und Windsurfen.

Der einzige Campingplatz im Park ist der sehr ursprüngliche, aber gepflasterte **Malaquite Campground** (Stellpatz 8 US$). Und wer es noch einfacher mag, campt einfach kostenlos am Strand. Die Erlaubnis dazu ist in der Einfahrtgenehmigung zum Padre Island National Seashore enthalten.

An den Stränden des Parks legt die vom Aussterben bedrohte und unter besonderem Schutz stehende Atlantik-Bastardschildkröte ihre Eier ab. Wer im Spätsommer hierher kommt, kann vielleicht das Schlüpfen der Jungtiere miterleben. Genaue Infos gibt's bei der **Hatchling Hotline** (☎ 361-949-7163).

South Padre Island

Hauptsaison auf South Padre Island ist in den Semesterferien im Frühjahr, wenn die College-Studenten in Massen auf der Insel einfallen, um sich eine Woche oder länger dem ultimativen Urlaubsvergnügen zu widmen, dem nur durch Erschöpfung der Leber, Lenden und Geldvorräte Einhalt geboten wird. Für diesen Ansturm ist die Insel jedoch bestens gerüstet, denn es gibt jede Menge Hotel- und Apartmentanlagen, Bars und Strandaktivitäten.

Auf der Internetseite des **South Padre Island Convention & Visitors Bureau** (☎ 956-761-4412; www.spichamber.com; 600 Padre Blvd; ⌚ 9–17 Uhr) sind alle Minigolfanlagen, Partyrestaurants, Ferienwohnungen und Strandhotels der Insel aufgeführt. Eines davon ist das **Tiki Condominium Hotel** (☎ 800-551-8454, 956-761-2694; www.thetiki.com; 6608 Padre Blvd; Zi. 100–350 US$; ❄ 📶 🏊) im übertrieben kitschigen Hawaii-Stil, das Wohneinheiten mit ein bis drei Schlafzimmern vermietet.

Gut essen und trinken kann man in der **Padre Island Brewing Company** (☎ 956-761-9585; www.pibrewingcompany.com; 3400 Padre Blvd; Hauptgerichte ab 10 US$; ⌚ 11 Uhr–open end), die zu Burgern oder Meeresfrüchten selbst gebrautes Bier ausschenkt. Oder man deckt sich bei **Zeste Cafe & Market** (☎ 956-761-5555; 3508 Padre Blvd; Hauptgerichte ab 8 US$; ⌚ wechselnde Öffnungszeiten, in der Regel von 11–20 Uhr) für ein Picknick am Strand ein, das die Hotdogs mampfenden Massen garantiert vor Neid erblassen lässt.

Für lehrreiche Unterhaltung sorgen die alle 30 Minuten stattfindenden Führungen und Fütterungen der Organisation **Sea Turtle Inc** (www.seaturtleinc.com; 6617 Padre Blvd; empfohlene Spende 3/2 US pro Erw./Kind; ⌚ Di–So 10–16 Uhr), die sich dem Schutz der Meeresschildkröten verschrieben hat.

The Valley

Hier unten im Rio Grande Valley (meist einfach „The Valley" genannt) ist man nur einen Katzensprung von Mexiko entfernt. Zitrusplantagen weichen allmählich den neuen Trabantensiedlungen, aber es bleiben noch genügend Früchte übrig, um die Obststände zu versorgen, die am Straßenrand frische Grapefruits und Orangen aus der Gegend verkaufen (Erntezeit Nov.–Mai).

Vogelkundler strömen in die Parks des Valley, die zum **World Birding Center** (www.worldbirdingcenter.org) gehören. Zwischen März und April sowie zwischen September und Oktober durchqueren wahre Massen von Zugvögeln, darunter Tausende Falken, diesen natürlichen Korridor an der Hauptflugroute zwischen Nord- und Südamerika. Das etwa 20 Meilen (32 km) westlich von Weslaco liegende Visitor and Educational Center **Bentsen-Rio Grande Valley State Park** (www.tpwd.state .tx.us; 2800 S Bentsen Palm Dr; Erw./Kind 5 US$/frei; ⌚ Park 7–22 Uhr, Center 8–17 Uhr) ist ein Modell für zukunftsträchtige ökologische Architektur – inklusive Regenwasseraufbereitung. Die 2 Meilen (rund 3 km) durch den Park kann man entweder per Fahrrad (ab 5 US$/Tag) oder Bahn zurücklegen. Hier im Sumpf halten sich neben Vögeln übrigens auch Alligatoren auf. Und mit etwas Glück kann man auf dem Weg zum Falkenbeobachtungsturm auch ein Nabelschwein oder eine Wüstenkrötenechse erspähen.

27 Meilen (43 km) südwestlich von South Padre liegt **Brownsville** (www.brownsville.org), die südlichste Stadt von Texas. Das sehr ursprüngliche, etwas raue Städtchen ist ein lohnendes Ziel für einen schönen Tagesausflug. Als die Stadt im 19. Jh. ihre Blütezeit erlebte, wurden Unmengen von Häusern

TAGESAUSFLÜGE NACH MEXIKO: EINE GUTE IDEE?

Es gab Zeiten, in denen zu einem Besuch des Rio Grande Valley unbedingt auch ein Abstecher ins Nachbarland gehörte. Das gute und preiswerte mexikanische Essen (und der Tequila), Mariachi-Musik und billige Souvenirs waren nur einige der Gründe dafür. Natürlich war es auch sehr verlockend, mit der bloßen Überquerung einer Brücke eine völlig andere Welt kennenzulernen.

Doch nachdem die blutigen Drogenkriege in Mexiko jahrelang für dramatische Schlagzeilen sorgten, stellt sich die Frage, ob diese Tagesausflüge über die Grenze noch zu empfehlen sind. Während Mexikaner immer noch gerne nach Texas kommen, ist der Besucherstrom in die mexikanischen Grenzstädte aufgrund der Gewalt der Drogenkartelle praktisch zum Erliegen gekommen. Auch wenn sich Verbrechen nicht gezielt gegen Touristen richten, besteht doch die Gefahr, dass sie mit hineingezogen werden.

Soll man einen Besuch trotzdem wagen? Am besten erkundigt man sich vor Ort auf der texanischen Seite über den aktuellen Stand der Dinge. Auf keinen Fall sollte man über Nacht in Mexiko bleiben. Ob ein solcher Ausflug empfehlenswert ist oder nicht, kann auch das **US State Department** (http://travel.state.gov/travel) sagen. Generell rät das US-Außenministerium zu größter Vorsicht beim Besuch einer Grenzstadt in Mexiko. Und dem können wir uns nur anschließen.

gebaut, deren reich verzierte Backsteinkonstruktionen nach den architektonischen Vorbildern in Mexiko und New Orleans entstanden. Ihnen verdankt das heutige Brownsville seine einzigartige Atmosphäre.

DALLAS-FORT WORTH

Dallas und Fort Worth sind sich so ähnlich wie ein Yuppie im BMW und ein Viehzüchter im Pickup – „Großstädter trifft Landei". Die beiden Städte liegen 30 Meilen (48 km) voneinander entfernt und bilden zusammen eine 6 Mio. Einwohner zählende, gigantische Megalopolis, die als Metroplex bekannt ist. Nachdem man über die Ausmaße von Dallas gestaunt hat, sollte unbedingt ein Tagesausflug nach Fort Worth drin sein: Die dortigen Cowboy- und Wildwest-Attraktionen und Museen sind wohl das bestgehütete Geheimnis des Bundesstaates.

Dallas

Funkelnde Lichter, extravagante Frisuren, teure Autos… Das noble Dallas ist so etwas wie die Ballkönigin von Texas. Von J.R. Ewing und der Fernsehserie *Dallas* bis hin zum Football-Team der Dallas Cowboys und ihren Cheerleadern hat Dallas der Alltagskultur des ganzen Landes seinen Stempel aufgedrückt. Und das passt auch zu einer Stadt, die sehr um ihr Image besorgt ist und schon aus Prestigegründen einen äußerst aufwendigen Lebensstil pflegt.

Bei all dem Reichtum ist es kein Wunder, dass es hier sagenhafte Restaurants gibt. (Welches davon gerade das angesagteste ist, lässt sich an der Anzahl der Autos ablesen, die vom Chauffeur vorgefahren werden.) Mit mehr Einkaufsfläche pro Kopf als irgendwo sonst in den USA ist Shoppen eindeutig das sündigste Vergnügen in dieser Stadt.

Die Museen hier sind zwar nicht erstklassig, aber einzigartig. Für Geschichtsinteressierte sind die Gedenkstätten für den ermordeten Präsidenten John F. Kennedy ein absolutes Muss. Die beeindruckendste Bereicherung des kulturellen Angebots in den letzten Jahren war sicherlich der 28 ha große Arts District, der nun das größte Kunst- und Kulturviertel der USA ist.

Im Stadtteil Uptown, nördlich der Innenstadt, gibt's schicke Bars, Restaurants und Hotels: einfach der Harwood Street (oder der St. Paul Street, wenn man mit der Straßenbahn fährt) bis zur McKinney Avenue folgen. Jede Menge Bars findet man auch in der Greenville Avenue, nordöstlich der Innenstadt, in der Nähe der Ross Avenue. Das Viertel Deep Ellum am östlichen Ende der Elm Street ist etwas rauer, dafür aber das Epizentrum der kleinen Livemusik-Szene der Stadt.

Sehenswertes

Downtown

★ **Sixth Floor Museum** MUSEUM
(Karte S. 784; www.jfk.org; Book Depository, 411 Elm St; Erw./Kind 16/13 US$; ⌚ Di–So 10–18, Mo 12–18 Uhr; Light rail: West End) Eigentlich will

Dallas-Fort Worth

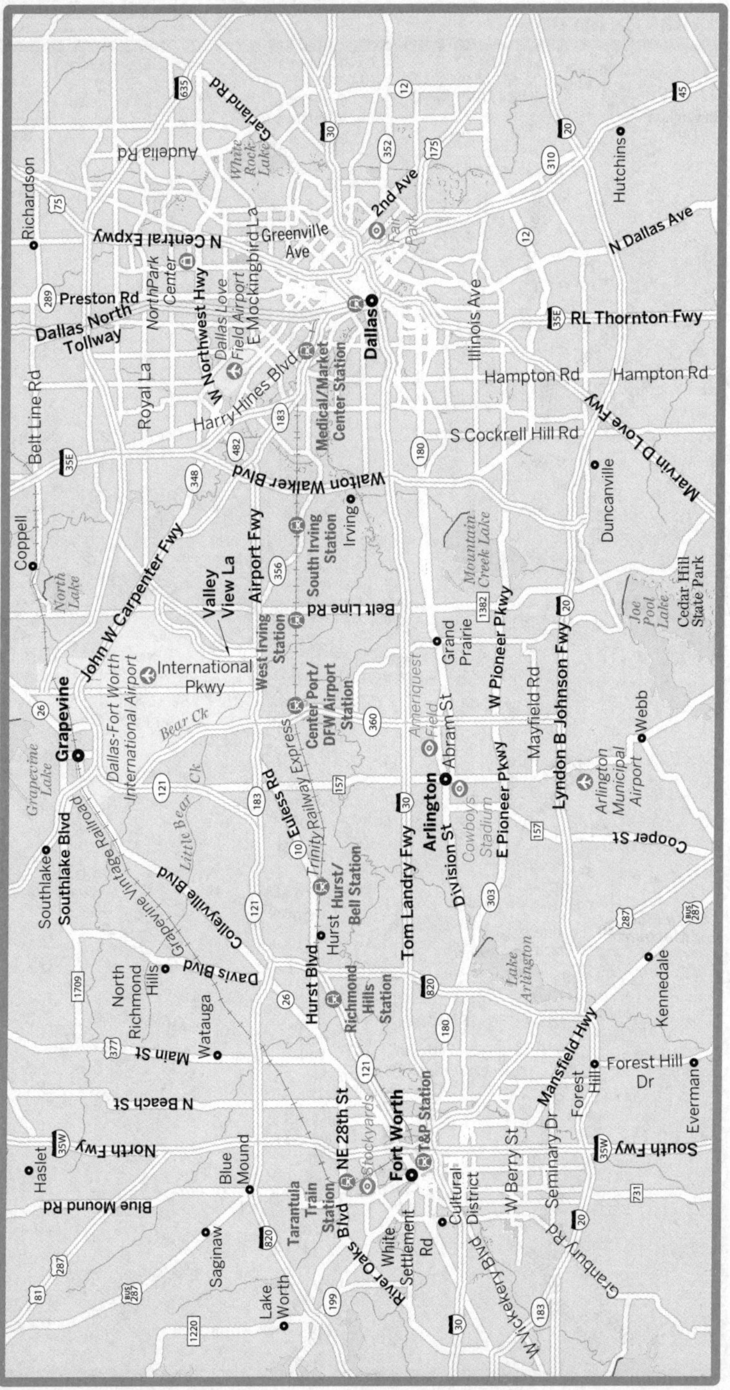

0 10 km
0 5 Meilen

Haslet
Blue Mound Rd
North Fwy
N Beach St
Main St
North Richmond Hills
Southlake
Southlake Blvd
Grapevine Lake
Grapevine
Coppell
North Lake
Belt Line Rd
Dallas North Tollway
Preston Rd
Richardson
Saginaw
Blue Mound
Lake Worth
Watauga
Davis Blvd
Grapevine Vintage Railroad
Colleyville Blvd
Little Bear Ck
Dallas-Fort Worth International Airport
Bear Ck
International Pkwy
John W Carpenter Fwy
Valley View La
Airport Fwy
Royal La
NorthPark Center
N Central Expwy
Audelia Rd
W Northwest Hwy
Dallas Love Field Airport
E Mockingbird La
Harry Hines Blvd
White Rock Lake
Garland Rd
Greenville Ave
Tarantula Train Station
NE 28th St
Stockyards
River Oaks Blvd
Hurst Blvd
Hurst
Euless Rd
Trinity Railway Express
Hurst/Bell Station
Richmond Hills Station
West Irving Station
Center Port/DFW Airport Station
Belt Line Rd
South Irving Station
Irving
Walton Walker Blvd
Medical/Market Center Station
Dallas
2nd Ave
Fair Park
White Settlement Rd
Fort Worth
T&P Station
Tom Landry Fwy
Arlington
Ameriquest Field
Division St
Abram St
Grand Prairie
Cowboys Stadium
Mountain Creek Lake
S Cockrell Hill Rd
Illinois Ave
Cultural District
W Vickekery Blvd
W Berry St
E Pioneer Pkwy
W Pioneer Pkwy
Lake Arlington
Mayfield Rd
Hampton Rd
Seminary Dr
Mansfield Hwy
Lyndon B Johnson Fwy
RL Thornton Fwy
Granbury Rd
Forest Hill
Arlington Municipal Airport
Duncanville
Marvin D Love Fwy
N Dallas Ave
Hutchins
South Fwy
Forest Hill Dr
Kennedale
Cooper St
Webb
Joe Pool Lake
Cedar Hill State Park
Everman

Dallas Zentrum

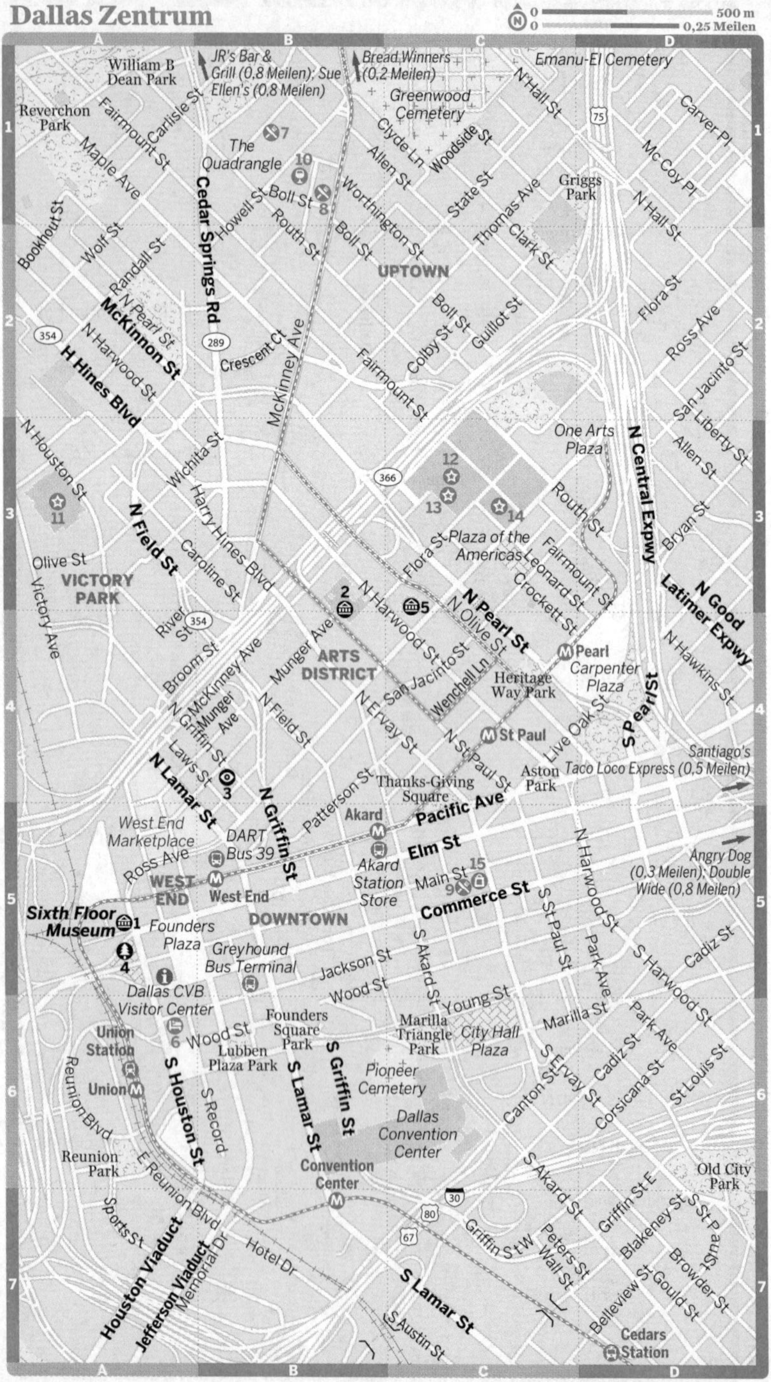

0 — 500 m
0 — 0,25 Meilen

JR's Bar & Grill (0,8 Meilen); Sue Ellen's (0,8 Meilen)
Bread Winners (0,2 Meilen)
William B Dean Park
Reverchon Park
Emanu-El Cemetery
Greenwood Cemetery
The Quadrangle
Griggs Park
UPTOWN
One Arts Plaza
Plaza of the Americas
VICTORY PARK
ARTS DISTRICT
Pearl
Carpenter Plaza
Heritage Way Park
St Paul
Thanks-Giving Square
Aston Park
Santiago's Taco Loco Express (0,5 Meilen)
West End Marketplace
DART Bus 39
Akard
Akard Station Store
WEST END
West End
Angry Dog (0,3 Meilen); Double Wide (0,8 Meilen)
Sixth Floor Museum
Founders Plaza
DOWNTOWN
Greyhound Bus Terminal
Dallas CVB Visitor Center
Union Station
Union
Founders Square Park
Lubben Plaza Park
Marilla Triangle Park
City Hall Plaza
Pioneer Cemetery
Dallas Convention Center
Convention Center
Reunion Park
Old City Park
Cedars Station

Carlisle St, Fairmount St, Maple Ave, Bookhout St, Wolf St, Randall St, N Pearl St, McKinnon St, N Harwood St, H Hines Blvd, Cedar Springs Rd, Howell St, Boll St, Routh St, Crescent Ct, McKinney Ave, Clyde Ln, Allen St, Woodside St, Worthington St, State St, Thomas Ave, Clark St, N Hall St, Carver Pl, Mc Coy Pl, Flora St, Ross Ave, San Jacinto St, Liberty St, Allen St, Colby St, Guillot St, N Central Expwy, Bryan St, N Good Latimer Expwy, N Hawkins St, N Houston St, Wichita St, Harry Hines Blvd, N Field St, Caroline St, Olive St, Victory Ave, River St, Broom St, Munger Ave, N Griffin St, Laws St, N Lamar St, N Ervay St, N Olive St, Wenchell Ln, Leonard St, Crockett St, Fairmount St, Routh St, Live Oak St, S Pearl St, N St Paul St, Patterson St, Pacific Ave, Elm St, Main St, Commerce St, N Griffin St, Jackson St, Wood St, S Akard St, Young St, S St Paul St, Park Ave, N Harwood St, S Harwood St, Cadiz St, Marilla St, S Ervay St, Canton St, Corsicana St, St Louis St, S Houston St, S Record, S Lamar St, S Griffin St, Reunion Blvd, E Reunion Blvd, Sports St, Houston Viaduct, Jefferson Viaduct, Memorial Dr, Hotel Dr, S Austin St, Griffin St W, Griffin St E, Peters St, Wall St, Blakeney St, S St Paul St, Browder St, Gould St, Belleview St

75, 289, 354, 366, 30, 80, 67

1 2 3 4 5 6 7 8 9 10 11 12 13 14 15

keine Stadt der USA als Ort des Attentats auf einen Präsidenten in die Geschichte eingehen – und schon gar nicht, wenn dieser Präsident John F. Kennedy heißt. Doch anstatt die erschütternden Ereignisse von 1963 verschämt unter den Teppich zu kehren, bietet Dallas seinen Besuchern die einmalige Chance, sich vor Ort in das Geschehen zu vertiefen. Und welcher Ort wäre dazu geeigneter als dieses faszinierende Museum im ehemaligen Schulbuchlager?

Dealey Plaza & the Grassy Knoll PARK
(Karte S. 784; Light rail: West End) Anhänger der Verschwörungstheorie, aufgepasst: Die Dealey Plaza wurde als Ort der Ermordung von Präsident Kennedy weltberühmt und der „Grashügel" ist im kollektiven Bewusstsein als jener Ort verankert, von dem nach Aussage von Augenzeugen die Schüsse abgefeuert wurden. (Der kleine Hügel erhebt sich zwischen der nördlichen Straßenseite der Elm Street und dem Ende des Lattenzauns.)

Dallas Museum of Art MUSEUM
(Karte S. 784; www.dallasmuseumofart.org; 1717 N Harwood St; Di–So 11–17, Do 11–21 Uhr; Light Rail: St Paul) GRATIS Das erstklassige Museum bietet einen Streifzug durch internationale Kunst und Bildhauerei. Zu den Glanzstücken gehören das rätselhafte Gemälde *Lighthouse Hill* von Edward Hopper und Rodins *Bildhauer und seine Muse*. Besonders interessant ist die Abteilung für spanische Kolonialkunst. Insgesamt besitzt das Museum mehr als 22 000 Werke aus fünf Jahrtausenden. Kinder (und ihre Eltern) werden von der Young Learners' Gallery und ihren unterhaltsamen Projekten begeistert sein.

Nasher Sculpture Center MUSEUM
(Karte S. 784; www.nashersculpturecenter.org; 2001 Flora St; Erw./Kind 10 US$/frei; Di–So 11–17 Uhr; Light Rail: St. Paul) Das wunderbare Museum aus Stahl und Glas ist voller moderner Kunstinstallationen. Zu der wohl größten privaten Skulpturensammlung der Welt gehören Werke von Calder, de Kooning, Rodin, Serra und Miró, und der herrliche Skulpturengarten ist einer der schönsten der USA.

Dallas World Aquarium AQUARIUM
(Karte S. 784; www.dwazoo.com; 1801 N Griffin St; Erw./Kind 21/13 US$; 9–17 Uhr;) Die Flora und Fauna von 14 Ländern ist hier versammelt. So tummeln sich auch Haie und Rochen hier.

Geführte Touren

John Nagle STADTSPAZIERGANG
(214-674-6295; www.jfktours.com; Führung 20 US$; Sa & So nach Vereinbarung) Recht theatralisch führt der Historiker und überzeugte Anhänger der Verschwörungstheorie die Besucher in 1¼ Stunden zu den Stationen des Attentats auf John F. Kennedy.

Feste & Events

State Fair of Texas VOLKSFEST
(www.bigtex.com; Fair Park, 1300 Cullum Blvd; Erw./Kind 17/13 US$; Ende Sept.–Okt.) Das riesige Volksfest ist für viele Texaner das Highlight im Herbst. Hier kann man in einem der größten Riesenräder Nordamerikas fahren, *corn dogs* futtern (angeblich wurden die Maismehl-Hotdogs hier erfunden) und die preisgekrönten Kühe, Schafe und Patchworkdecken bewundern.

Schlafen

Die Unterkünfte in Uptown liegen zwar in unmittelbarer Nähe von Restaurants und Nachtleben, sind aber eben auch recht teuer. Allgemein gilt: Je weiter man sich vom Stadtzentrum entfernt, desto günstiger werden auch die Motels der großen Ketten an den Schnellstraßen.

Dallas Zentrum

Highlights
1 Sixth Floor Museum A5

Sehenswertes
2 Dallas Museum of Art B3
3 Dallas World Aquarium B4
4 Dealey Plaza & the Grassy Knoll A5
5 Nasher Sculpture Center C3

Schlafen
6 Hotel Lawrence A6

Essen
7 Dream Cafe B1
8 S&D Oyster Company B1
9 Zodiac C5

Ausgehen & Nachtleben
10 Ginger Man B1

Unterhaltung
11 American Airlines Center A3
12 AT&T Performing Arts Center C3
13 Winspear Opera House C3
14 Wyly Theatre C3

Shoppen
15 Neiman Marcus C5

Abby Guest House PENSION $
(214-264-4804; www.abbyguesthouse.com; 5417 Goodwin Ave; Ferienhaus ab 65 US$;) Das helle, freundliche Häuschen mit Garten ist nur einen kurzen Spaziergang von den tollen Cafés und Bars der Upper Greenville Avenue entfernt. Mit der komplett ausgestatteten Küche und dem sonnigen Freisitz ist es ein echtes Schnäppchen, aber leider selten frei. Mindestaufenthaltsdauer sind zwei Nächte.

★**Hotel Belmont** BOUTIQUEHOTEL $$
(866-870-8010; www.belmontdallas.com; 901 Fort Worth Ave; Zi. 100–200 US$;) Die stilvollen Bungalows des Hotels aus den 1940er-Jahren stehen nur gut 3 km westlich der Innenstadt und bilden einen herrlich bescheidenen Gegenpol zu den anderen protzigen Unterkünften in Dallas. Die richtig gemütliche Einrichtung erinnert etwas an die 1950er-Jahre. Am besten sind die Zimmer zum Garten hin, die mit großen Badewannen, leuchtend blauen Fliesen und Kelimteppichen ausgestattet sind und teilweise einen tollen Blick auf die Stadt bieten.

Hotel Lawrence HOTEL $$
(Karte S. 784; 214-761-9090; www.hotellawrencedallas.com; 302 S Houston St; Zi. 90–180 US$;) Das Hotel in einem Gebäude von 1925 liegt sehr praktisch in der Innenstadt und ist eines der besten unabhängigen Hotels der mittleren Preisklasse. Im Preis inbegriffen ist ein tolles Frühstück vom Büfett.

Hotel Palomar HOTEL $$
(214-520-7969; www.hotelpalomar-dallas.com; 5300 E Mockingbird Lane; Zi. ab 169 US$;) Zur verführerisch guten Mixtur aus extravaganter Ausstattung – Bademäntel im Zebramuster, Infinitypool à la Hollywood, luxuriöser Wellnessbereich – und umweltbewusstem Management kommen noch jede Menge kostenloser Extras wie die abendliche Happy Hour mit Wein und Käse.

Rosewood Mansion on Turtle Creek LUXUSHOTEL $$$
(214-559-2100; www.rosewoodhotels.com; 2821 Turtle Creek Blvd; Zi. 275–600 US$;) Hier genießt man einen Hauch vom Leben der Reichen und Schönen: Je zwei Gäste werden von einem Mitarbeiter betreut. Dieses ultimative Fünf-Sterne-Hotel sollte man sich einfach mal gönnen. Die Zimmer sind mit frischen Blumen und handgeschnitzten Möbeln aus Europa geschmückt. Das Abendessen wird in der ursprünglichen, mit Marmor verkleideten Villa im italienischen Stil aus dem Jahre 1925 serviert.

Essen

In Deep Ellum östlich der Innenstadt gibt's die unterschiedlichsten Restaurants. Mindestens ebenso groß ist das Angebot in Uptown. In den interessanten Restaurants und Bars der Bishop Avenue verkehrt eine bunte Mischung aus schicken Trendsettern und flippigen Lebenskünstlern. Nach dem Essen kann man bei einem Verdauungsspaziergang das Angebot der vielen Edelboutiquen begutachten.

Uptown & Knox-Henderson

Highland Park Soda Shop AMERIKANISCH $
(214-521-2126; 3229 Knox St; Hauptgerichte 4–8 US$; Mo–Sa 7–18, So 10–17 Uhr;) Schon seit 1912 bringt das klassische Restaurant Starkbier und Hausmannskost (wie gegrillte Käsesandwichs) auf den Tisch. Wer sich nicht entscheiden kann, probiert einen *root-beer float* (eine Art Malzbier mit Vanilleeis).

★**Bread Winners** AMERIKANISCH $$
(www.breadwinnerscafe.com; 3301 McKinney Ave; Hauptgerichte 9–20 US$; 7–22 Uhr;) Ein fruchtiger Peach-Bellini-Cocktail im üppig grünen Innenhof „entschädigt" einen vielleicht für die Qual der Wahl beim Brunch. Die Auswahl bei Mittag- und Abendessen ist ähnlich umfangreich, wenn auch nicht ganz so überdimensioniert. Oder man holt sich einfach etwas Leckeres aus der Bäckerei.

Dream Cafe CAFÉ $$
(Karte S. 784; www.thedreamcafe.com; 2800 Routh St; Hauptgerichte 8–20 US$; So & Di–Do 7–21, Fr & Sa 7–22, Mo 7–15 Uhr;) Hier kann man den Tag mit einem fantastischen Frühstück beginnen und sich mittags mit einem herzhaften, gesunden Essen auf der schattigen Terrasse stärken. Für die Kleinen gibt's außerdem einen Spielplatz und für die Großen an manchen Abenden Livejazz.

S & D Oyster Company SEAFOOD $$
(Karte S. 784; www.sdoyster.com; 2701 McKinney Ave; Hauptgerichte 12–20 US$; Mo–Sa 11–22 Uhr) Dieses alteingesessene Nobelrestaurant im schlichten Golfküstenlook serviert hervorragend gebratene Meeresfrüchte, die besonders bei den schon etwas älteren Stammgästen mit Fliege sehr beliebt sind. Man sollte unbedingt die gegrillten Shrimps und zum Nachtisch den Brotpudding probieren.

GAUMENFREUDEN AUS TEXAS

Corn dogs Die auf einem Stab aufgespießten und mit Maismehlteig umhüllten Hotdogs wurden 1948 von Neil Fletcher für das große Volksfest State Fair of Texas erfunden. Dort verkauft er sie immer noch, nun aber auch mit scharfem Jalapeñoteig umhüllt.

Shiner Bock Das beliebteste Ale der Texaner wurde in Texas erstmals im Jahre 1914 von Kosmos Spoetzl nach bayrischer Brautradition hergestellt. Bis heute wird das mittlerweile im ganzen Land erhältliche, bernsteinfarbene Shiner Bock in der Spoetzl Brewery (S. 766) gebraut.

Chicken-fried bacon Das Panieren von Steaks und Hühnerfleisch ist nichts Neues, doch der Geschmack (und der Cholesteringehalt) erreichten nie gekannte Höhen, als **Sodolak's** im texanischen Somerville erstmals auch Schinkenspeck auf diese Art zubereitete.

Dr. Pepper Die aromatische Cola wurde in den 1880er-Jahren von einem Apotheker erfunden und erstmals in Waco, in einer Drogerie mit Getränkeladen, verkauft.

★Javier's MEXIKANISCH **$$$**

(☎214-521-4211; www.javiers.net; 4912 Cole Ave; Hauptgerichte 20–30 US$; ⏲Mo–Sa 17:30–22:30 Uhr) Dieses äußerst kultivierte Restaurant widerlegt alle Klischees der Tex-Mex-Küche und stößt mit der Veredelung traditionell mexikanischer Gerichte in neue Dimensionen vor. Die Einrichtung ist dunkel, unaufgeregt und lederlastig, das Essen stellt Fleisch in den Mittelpunkt und ist gut gewürzt. Mit den verschiedenen mexikanischen Gewürzmischungen verfeinert schmecken die Steaks nochmal so gut. All das genießt man am besten unter freiem Himmel.

Abacus AMERIKANISCH **$$$**

(☎214-559-3111; www.kentrathbun.com; 4511 McKinney Ave; Hauptgerichte 35–60 US$, Verkostungsmenü ab 65 US$; ⏲Mo–Sa 18–22 Uhr) Die meisten Steakhäuser in Dallas sind Filialen großer Ketten. Nicht so dieses Nobelrestaurant, das frischen Wind in die Steakhaus-Szene bringt. Als Vorspeise gibt's Sushi oder die allseits beliebten Hummerhäppchen, und danach eine Auswahl an kleinen, saisonalen Gerichten. Und schließlich ein Steak, wie es besser nicht sein könnte. Zum Restaurant gehört auch eine ausgzeichnete Bar.

Downtown & Deep Ellum

★Santiago's Taco Loco Express MEXIKANISCH **$**

(3014 Main St; Hauptgerichte 3–8 US$; ⏲Mo–Do 6–22, Fr & Sa 6–3 Uhr) Tacos und Tamales zum Frühstück können süchtig machen und verhelfen nicht nur den Einheimischen zu einem guten Start in den Tag. Mit ein paar Beilagen werden die Tacos zu einer richtigen Mahlzeit, die man außerdem bis spät in die Nacht hinein bekommt. Eigentlich ist es nur ein Straßenverkauf, doch es gibt auch ein paar Tische im Freien.

Angry Dog AMERIKANISCH **$**

(2726 Commerce St; Hauptgerichte 5–9 US$; ⏲Mo–Do 11–24, Fr & Sa 11–2, So 12–22 Uhr) Dicke, fettige Hamburger der guten alten Zeit locken die Gäste zu jeder Tages- und Nachtzeit in die typische Wildwest-Kneipe. Auch die anderen Kneipenklassiker, z. B. Hähnchenschlegel, sind echt gut. Und die Auswahl an Bieren ist einsame Spitze!

★Zodiac AMERIKANISCH **$$**

(Karte S. 784; ☎214-573-5800; Neiman Marcus, 1618 Main St; Hauptgerichte 14–24 US$; ⏲Mo–Sa 11–15; 👪) Das klassische Restaurant im Kaufhaus Neiman Marcus bietet seit mehr als 50 Jahren Mittagessen nach alter Schule von Dallas. Die aufmerksamen Bedienungen verwöhnen die Gäste mit heißer Hühnerbrühe, Eiermuffins mit Butter und Erdbeermarmelade oder ausgezeichneten Salaten.

Ausgehen

In Uptown gibt es in der McKinney Avenue (vor allem zwischen Block 2500 und 2800), aber auch auf der Knox Street nahe der Willis Avenue viele Kneipen mit Sitzgelegenheiten im Freien. Man muss wissen, dass sich die Bars und Clubs in Dallas (größtenteils) dem Rauchverbot in geschlossenen Räumen gebeugt haben.

★Ginger Man PUB

(Karte S. 784; ☎214-754-8771; www.dallas.gingermanpub.com; 2718 Boll St; ⏲12–2 Uhr) Die urige, immer gut besuchte Kneipe befindet sich passenderweise in einem in Gewürzfarben gestrichenen Haus. Vorne und hinten gibt's jeweils Veranden und Terrassen mit mehre-

SCHWULEN- & LESBENSZENE IN DALLAS

Ein toller Gag: Die beiden größten Schwulen- bzw. Lesbenbars in Dallas heißen JR's und Sue Ellen's, benannt nach den zwei (wahrscheinlich heterosexuellen) Hauptcharakteren in *Dallas*.

JR's Bar & Grill (www.jrsdallas.com; 3923 Cedar Springs Rd; ⏱11–2 Uhr) Eine der am besten besuchten Bars in Texas. Hier wird jeden Tag Mittagessen serviert und abends gibt's ein breites und kurzweiliges Unterhaltungsprogramm.

Sue Ellen's (www.sueellensdallas.com; 3014 Throckmorton St; ⏱16–2 Uhr) In Dallas' beliebtester Lesbenbar kann man gechillt in der „Lipstick-Lounge" abhängen oder die Tanzfläche stürmen.

ren Ebenen und drinnen außerdem mehrere Dartscheiben.

Old Monk Pub PUB
(☎214-821-1880; www.oldmonkdallas.com; 2847 N Henderson Ave; ⏱Mo–Fr 16–2, Sa & So 11–2 Uhr) Eine romantisch beleuchtete Terrasse unter dem Sternenhimmel, perfekt garnierte Käseteller, belgisches Bier und dazu erstklassiges Kneipenessen an Tischen im Freien: Am liebsten möchte man für immer hier bleiben.

Double Wide BAR
(☎214-887-6510; www.double-wide.com; 3510 Commerce St; ⏱18–2 Uhr) Sind das hier jetzt Hinterwäldler, die auf schicke Städter machen, oder schicke Städter, die auf Hinterwäldler machen? Zum Glück verhindert die Livemusik, dass man sich mit der Klärung dieser Frage den Abend verdirbt. Der Name bezieht sich übrigens auf die beiden Teile der Bar, zwischen denen sich ein schöner Innenhof befindet.

Reno's Chop Shop Saloon BAR
(☎214-742-7366; www.renoschopshop.com; 2210 N Crowdus St; ⏱Mo–Fr 18–2, Sa & So 14–2 Uhr) Etwas abseits der Elm Street, der Lebensader von Deep Ellum, treffen sich die wahrscheinlich freundlichsten Motorradfahrer der Stadt. Vor der Tür stehen die Maschinen in Reih und Glied, drinnen wird ausgelassen und fröhlich gefeiert. Auf der Terrasse hinter dem Haus, die voller Tische unter Sonnenschirmen steht, wird jeden Sonntag Livemusik geboten.

☆ Unterhaltung

Einen Veranstaltungskalender findet man in der alternativen Wochenzeitung *Dallas Observer* (www.dallasobserver.com) oder im *Guide Live* (www.guidelive.com), der Freitagsbeilage der *Dallas Morning News*.

Livemusik & Nightclubs

Um die Mittagszeit stürmen Büroangestellte die Bars und Restaurants von **Deep Ellum** (www.deepellumtexas.com) in der Innenstadt. Abends geht's hier definitiv etwas ruppiger zu, und dennoch ist dies Dallas' Zentrum der Livemusik. In den meisten Clubs bekommt man Hard Core zu hören, ab und zu findet man aber auch den einen oder anderen Jazz- oder Countryclub. Die Klientel der Bars und Clubs in der Lower Greenville Avenue (Block 1500 bis 2200) ist irgendwo zwischen Uptown-Yuppie und Downtown-Grunger angesiedelt.

Sport

Mesquite ProRodeo RODEO
(☎972-285-8777; www.mesquiterodeo.com; 1818 Rodeo Dr, Mesquite; ⏱Juni–Ende Aug. Fr & Sa 19:30 Uhr) Die hier ausgetragenen Rodeo-Wettbewerbe auf wilden Pferden und Bullen haben es wirklich in sich. Die hohen Preisgelder locken auch die Topstars der Szene an.

Dallas Cowboys Stadium FOOTBALL
(☎817-892-4467; http://stadium.dallascowboys.com; 1 Legends Way, an der I-30, Ausfahrten 28 & 29) Nach ihren großen Erfolgen (mit Cheerleadern und anderweitig) in den 1970er-Jahren bezeichneten sich die Dallas Cowboys selbst als „America's Team". Obwohl die Mannschaft mittlerweile längst nicht mehr so erfolgreich ist, treten sie immer noch wie Stars auf – was auch ihr riesiges, 2009 eröffnetes Stadion mit Schiebedach zeigt.

American Airlines Center STADION
(Karte S. 784; www.americanairlinescenter.com; 2500 Victory Ave) In diesem Stadion im Victory Park finden nicht nur die größten Konzerte statt, sondern auch die Heimspiele der Eishockeymannschaft der Dallas Stars und der Basketballer der Dallas Mavericks.

Theater & Kultur

AT&T Performing Arts Center THEATER
(Karte S. 784; www.attpac.org; 2403 Flora St) In dem Zentrum befinden sich insgesamt vier architektonisch bemerkenswerte Theater, darunter das **Winspear Opera House** (Karte S. 784; 2403 Flora St) der **Dallas Opera** (☎214-443-1000; www.dallasopera.org) mit 2000 Sitz-

plätzen, das **Wyly Theatre** (Karte S. 784; 2400 Flora St) mit 1500 Sitzplätzen und die Freilichtbühne des **Strauss Square**.

Shoppen

Im kleinen, abgefahrenen **Bishop Arts District** (www.bishopartsdistrict.com) gibt's interessante Geschäfte mit ausgefallenen Haushaltswaren und Wohnaccessoires wie altmodisches, knallbuntes Tafelgeschirr von Fiesta. Am nördlichen Ende von Uptown erstreckt sich rund um die Lemmon Avenue und die McKinney Avenue das **West Village** (www.westvil.com), in dem es eine große Zahl von Kettenfilialen und unabhängigen Boutiquen wie Cowboy Cool gibt.

Neiman Marcus KAUFHAUS
(Karte S. 784; ☎ 214-741-6911; www.neimanmarcus.com; 1618 Main St; ⏲ Mo–Sa 10–18, Do 10–20 Uhr; Light Rail: Akard) Das sechsstöckige Wahrzeichen der Innenstadt war das erste Geschäft der Kaufhauskette Neiman Marcus. Noch heute kann man hier herrlich zeitlos einkaufen.

★**NorthPark Center** EINKAUFSZENTRUM
(☎ 214-363-7441; www.northparkcenter.com; 8687 N Central Expwy; ⏲ Mo–Sa 10–21, So 12–18 Uhr) Auf knapp 186 000 m² sind alle großen Ketten wie Neiman Marcus, Nordstrom und Macy's vertreten. Dazu kommen noch Hunderte von Geschäften bekannter Nobelmarken. Trotz der enormen Größe ist es oft rappelvoll und besonders an Samstagnachmittagen erscheint die Suche nach einem Parkplatz fast aussichtslos.

Galleria EINKAUFSZENTRUM
(☎ 972-702-7100; www.galleriadallas.com; 13350 Dallas Pkwy; ⏲ Mo–Sa 10–21, So 12–18 Uhr) Die Galleria war das Sinnbild von Dallas und seinem protzigen Lebensstil in den 1980er- und 1990er-Jahren. Zu den Aushängeschildern gehören Nordstrom, Saks Fifth Ave und Macy's sowie eine Eisbahn. Es stellt sich allerdings die Frage, ob der Konsumtempel seinen Zenit nicht mittlerweile überschritten hat.

Praktische Informationen

Das **Dallas CVB Visitor Center** (Karte S. 784; ☎ 214-571-1000; www.visitdallas.com; Old Red Courthouse, 100 S Houston St; ⏲ 9–17 Uhr) hält Unmengen an Informationsmaterial bereit.

Dallas Morning News (www.dallasnews.com) ist die Tageszeitung der Stadt.

Polizeiwache (☎ 214-670-4413; 334 S Hall St)

Travelex (☎ 214-559-3564; www.travelex.com; 2911 Turtle Creek Blvd; ⏲ Mo–Fr 9–17 Uhr) wechselt Geld.

An- & Weiterreise

Hauptflughafen von American Airlines ist der **Dallas-Fort Worth International Airport** (DFW; www.dfwairport.com), 16 Meilen (25,5 km) nordwestlich der Stadt; über die I-35 E zu erreichen.

Southwest Airlines nutzt den kleineren Flughafen **Dallas Love Field** (DAL; www.dallaslovefield.com) im Nordwesten der Innenstadt.

Die Greyhound-Busse fahren vom **Greyhound Bus Terminal** (Karte S. 784; 205 S Lamar St) in die gesamte USA.

Der **Amtrak**-Zug (www.amtrak.com) *Texas Eagle* von San Antonio nach Chicago hält in der **Union Station** (401 S Houston St) in Downtown.

Unterwegs vor Ort

AUTO & MOTORRAD

Wer mit einem Mietwagen unterwegs ist, sollte daran denken, dass man im Berufsverkehr auf den Schnellstraßen oft im Stau steht und es in der Innenstadt kaum kostenlose Parkplätze gibt. Parken in Parkhäusern kostet mindestens 12 US$ pro Tag.

BUS & BAHN (LIGHT RAIL)

Die Busse und das gut ausgebaute Straßenbahnnetz von **Dallas Area Rapid Transit** (DART; ☎ 214-979-1111; www.dart.org; 2-Stunden-Karte 2,50 US$) verbinden die Innenstadt mit den Orten der Umgebung. Tageskarten (5 US$) sind im **Verkaufsbüro** (Karte S. 784; 1401 Pacific Ave; ⏲ Mo–Fr 7:30–17:30 Uhr) in der Akard Station erhältlich.

Mit der historischen Straßenbahn der **M-Line Trolley** (☎ 214-855-0006; www.mata.org; ⏲ Mo–Do 7–22, Fr 7–23, Sa 10–24, So 10–22 Uhr) kann man kostenlos von der Ecke Ross Avenue und St. Paul Street beim Dallas Museum of Art die McKinney Avenue entlang bis zur Blackburn Street fahren. Im Lauf des Jahres 2014 soll die Linie bis in die Innenstadt hinein verlängert werden.

VOM/ZUM FLUGHAFEN

Von Montag bis Samstag verkehrt der **Trinity Railway Express** (www.trinityrailwayexpress.org; einfache Fahrt 2,50 US$) zwischen der Union Station in der Innenstadt und der Haltestelle CenterPort/DFW Airport, die sich allerdings am Parkplatz befindet. Kostenlose Shuttle-Busse bringen die Fluggäste dann zu den Terminals. **DART Bus 39** (Karte S. 784; 800 Pacific Ave; einfache Fahrt 2,50 US$) verkehrt täglich zwischen der West End Transit Station in der Innenstadt und dem Dallas Love Field, am Wochenende aber seltener.

ABSTECHER

DENTON

Neben lässigem Studentenflair und namhafter Indie-Musik ist die Universitätsstadt auch für ihre großartige Musikszene bekannt. So beansprucht die schnell wachsende Stadt, in der sich die für ihre Kunstaktionen berühmte University of North Texas befindet, auch völlig zu Recht den Titel der musikalischsten Stadt der Region. In der Innenstadt rund um den **Courthouse Square** findet man jede Menge Lokalitäten mit Livemusik, Plattenläden und Instrumentenhändler.

Das **Courthouse on the Square Museum** (☎940-349-2850; 110 W Hickory St; ⌚Mo–Fr 10–16.40, Sa 11–15 Uhr) GRATIS informiert über die Geschichte der Stadt und zeigt eine faszinierende Sammlung von Kunstwerken aus dem Holz des Pekannussbaums. Vor dem Museum steht das 1918 errichtete **Confederate War Memorial** zu Ehren der Konföderierten im Amerikanischen Bürgerkrieg, das seitdem immer wieder Gegenstand von Rechtfertigungen ist. Ganz in der Nähe findet man bei **Recycled Books Records CDs** (☎940-566-5688; www.recycledbooks.com; 200 N Locust St; ⌚9–21 Uhr) Platten und CDs, die es sonst nirgends mehr gibt.

Die beste Musikkneipe der Stadt ist **Dan's Silver Leaf** (☎940-320-2000; www.dans silverleaf.com; 103 Industrial St; ⌚19–2 Uhr), deren beliebter Besitzer immer Spitzenbands bucht, die Kosten aber nicht auf die Getränkepreise umlegt. In der Gegend wimmelt es nur so von Clubs and Bar.

Im März findet in der Stadt das **35 Denton** (www.35denton.com; ⌚März) statt. Bei diesem Musikfestival wird von Rockmusik über Blues bis hin zu Jazz alles geboten.

In den meisten Fällen ist es einfacher, mit mehreren Leuten einen Shuttle-Bus zu mieten: **SuperShuttle** (☎817-329-2000; www.super shuttle.com; Fahrt ab 17 US$) fährt von beiden Flughäfen in die Innenstadt und zu den größeren Hotels in der Gegend. Eine Taxifahrt vom Flughafen in die Innenstadt kostet jeweils zwischen 40 und 60 US$.

Fort Worth

Fort Worth wird oft als „Ort, wo der Westen beginnt" und häufiger noch als „Cowtown" bezeichnet, und einige Bewohner kann man wirklich an ihrer nasalen Aussprache identifizieren.

Der Ort wurde während der großen Viehtriebe Ende des 19. Jhs. berühmt, als mehr als 10 Mio. Rinder auf dem Chisholm Trail durch die Stadt trampelten. Heutzutage gibt es morgens einen Mini-Viehtrieb zu sehen und samstagabends findet ein Rodeo statt.

Im Cultural District kann man das Cowgirl Museum und drei tolle Kunstsammlungen besichtigen. Nach einer meditativen Betrachtung des Themas Minimalismus locken die Restaurants und Bars des Sundance Square in die nachtaktive Innenstadt.

Fort Worth als den unbedeutenden Nachbarn von Dallas zu sehen, wäre ein riesiger Fehler. Die Stadt hat ihren eigenen, widerspenstigen Kopf und ist für Besucher übersichtlicher als Dallas, aber auch sauberer und grüner. Fazit? Hier gibt's viel zu sehen und zu erleben – ohne Show und Heuchelei.

Sehenswertes

Die Gegend rund um die Stockyards ist Cowboyland, im Cultural District befinden sich die meisten Museen.

Stockyards National Historic District

Klar gibt's hier auch ein paar Cowboys zu sehen, die auf ihren Pferden durch das historische Viertel reiten. Vorrangig wird man auf den staubigen Straßen der Stockyards aber auf ein buntes Durcheinander aus Familien, Radfahrern, neugierigen europäischen Touristen und abenteuerlustigen Collegestudenten treffen. An diesem Ort geht es um den Spaß an der Sache, der aus authentischer Geschichte und viel Gelegenheit zu Schnappschüssen besteht.

Stockyards HISTORISCHE STÄTTE
(www.fortworthstockyards.org; Exchange Ave) Die alten Gebäude der Stockyards stammen noch aus der Zeit des Wilden Westens und beherbergen heute Geschäfte mit Wildwest-Kleidung, Läden mit allerlei Schnickschnack, Saloons und Steakhäuser. Von der Stadt bezahlte Cowboys reiten auf Pferden durch den Bezirk, beantworten Fragen und posieren für Fotos.

Cultural District

Fünf große Museen, aber auch das Will Rogers Memorial Center sind im parkähnlichen **Cultural District** (www.fwculture.com) zu finden.

Kimbell Art Museum MUSEUM
(817-332-8451; www.kimbellart.org; 3333 Camp Bowie Blvd; Di–Do & Sa 10–17, Fr 12–20, So 12–17 Uhr) GRATIS Einige Kunstkenner halten es für das beste „kleine" Kunstmuseum der USA, anderen halten es sogar für eines der besten überhaupt. Auf jeden Fall sollte man sich viel Zeit für diese Galerie nehmen: Das Museum ist so gebaut, dass das einfallende Tageslicht die Gemälde von der Antike bis zum 20. Jh. dem Betrachter so präsentiert, wie die Künstler dies ursprünglich beabsichtigten.

National Cowgirl Museum MUSEUM
(817-336-4475; www.cowgirl.net; 1721 Gendy St; Erw./Kind 10/8 US$; Di–Sa 10–17, So 12–17 Uhr) Das luftige National Cowgirl Museum erläutert auf eindrucksvolle Art und Weise den Mythos und die Realität der weiblichen Cowboys in der amerikanischen Gesellschaft. Mit Glitzersteinen besetzte Kleidungsstücke und seltene Filmausschnitte sorgen für einen unterhaltsamen und lehrreichen Ritt durch die Geschichte, an dessen Ende man mit ziemlicher Sicherheit ein völlig neues Bild von diesen zähen, hart arbeitenden Frauen hat.

Amon Carter Museum of American Art MUSEUM
(www.cartermuseum.org; 3501 Camp Bowie Blvd; Di–Sa 10–17, Do 10–20, So 12–17 Uhr) GRATIS Im Mittelpunkt der Ausstellung dieses Museums steht die US-amerikanische Kunst bis 1945 – gezeigt werden Werke von John Singer Sargent, Winslow Homer, Alexander Calder und vielen anderen. Außerdem ist eine beeindruckende Sammlung der Werke von Frederic Remington und Charles M. Russell zu sehen, die sich dem Wilden Westen widmeten.

Modern Art Museum of Fort Worth MUSEUM
(www.themodern.org; 3200 Darnell St; Erw./Kind 10 US$/frei; Di–So 10–17, Do 10–20 Uhr) In immens hohen Räumen ist eine unglaubliche Vielzahl von provozierenden und nahezu bewusstseinserweiternden Werken der ganz Großen wie Mark Rothko und Picasso zu bewundern.

Downtown

Sundance Square STADTVIERTEL
(www.sundancesquare.com) Die 14 Häuserblocks des Sundance Square in der Nähe der Main Street und der 3rd Street sind bequem zu Fuß zu erkunden. Farbenfrohe Häuser, Kunstgalerien und jede Menge Bars und Restaurants prägen das Viertel, das man sich nicht entgehen lassen sollte. Im Jahr 2013 kamen noch ein großer Springbrunnen mit meterhoher Fontäne und einige mehrstöckige Wohnblöcke am Rand dazu.

Sid Richardson Collection of Western Art MUSEUM
(www.sidrichardsonmuseum.org; 309 Main St; Mo–Do 9–17, Fr & Sa 9–20, So 12–17 Uhr) GRATIS Wer auch nach einem Besuch der Stockyards noch immer nicht genug vom Wilden Westen hat, kann sich hier einige Kunstwerke zu diesem Thema ansehen. Das Museum ist vor allem bekannt für seine Sammlung der Gemälde und Bronzeplastiken von Frederic Remington.

Feste & Events

Fort Worth Stock Show & Rodeo RODEO
(www.fwssr.com; Jan.) Im Januar ist die ganze Stadt und mit ihr Tausende von Besuchern im Rodeofieber. Ort des Geschehens ist das **Will Rogers Memorial Center** (1 Amon Carter Sq) im Cultural District.

Schlafen

Von Dallas aus ist Fort Worth ein schönes Ziel für einen Tagesausflug. Wer länger bleiben will, übernachtet am besten in einer der folgenden Unterkünfte.

Miss Molly's Hotel B&B $
(817-626-1522; www.missmollyshotel.com; 109 W Exchange Ave; Zi. inkl. Frühstück 100–175 US$;) Die Pension mit acht Zimmern mitten in den Stockyards war früher ein Freudenhaus. Dass diese Atmosphäre immer noch spürbar ist, mögen die einen authentisch (so sieht es in Miss Josies Zimmer immer noch wie im Bordell aus), die anderen sogar etwas unheimlich finden (es soll hier spuken…). Wie auch immer, die Pension ist wirklich bezaubernd. An Wochentagen sind die Zimmer oft für weniger als 50 US$ zu haben.

Etta's Place INN $$
(817-255-5760; www.ettas-place.com; 200 W 3rd St; Zi. 150–240 US$;) Das gemütliche Gasthaus im Stadtviertel Sundance Square

NICHT VERSÄUMEN

DER GRÖSSTE HONKY-TONK-SCHUPPEN DER WELT

Das ist zumindest der Anspruch von **Billy Bob's Texas** (☎817-624-7117; www.billybobstexas.com; 2520 Rodeo Plaza; Eintritt So–Do 2-5 US$, Fr & Sa unterschiedl.; ⏲Mo–Sa 11–2 Uhr, So 12 –2 Uhr). Das 9300 m² große Gebäude war früher eine Scheune, in der während der Fort Worth Stock Show das preisgekrönte Vieh untergebracht war. Seit die Landwirtschaftsausstellung im Will Rogers Memorial Center stattfindet, wurde die Scheune zunächst in ein riesiges Kaufhaus umgewandelt, in dem die Verkäufer auf Rollschuhen durch die Regale flitzten.

In der heutigen Kneipe finden mehr als 6000 Gäste Platz, die an 40 Theken mit Nachschub versorgt werden. An einem einzigen Abend wurde einmal die Rekordzahl von 16 000 Flaschen Bier verkauft. Das war 1985 bei einem Konzert von Hank Williams Jr. Auf zwei Bühnen treten regelmäßig die Stars der Country- und Westernmusik sowie House-Bands auf, aber auch DJs legen auf. In der hauseigenen Arena werden freitag- und samstagabends Wettbewerbe im Bullenreiten ausgetragen. Mit Billardtischen und Spielautomaten will die Kneipe auch Familien ansprechen. Tatsächlich sind Minderjährige in Begleitung eines Elternteils willkommen.

punktet mit einem prachtvollen Klavier, einer netten Bibliothek und jeder Menge schöner Steppdecken. Das Frühstück wird auf der luftigen Terrasse serviert. Es gibt zehn große Zimmer und ein paar Suiten mit Küchenzeile.

Texas White House B&B $$
(☎817-923-3597; www.texaswhitehouse.com; 1417 Eighth Ave; Zi. 150–250 US$; ❄📶) Das große, historische Haus im modernen texanischen Stil ist nicht weit von der Innenstadt entfernt. Die fünf Zimmer sind sehr gut ausgestattet, die größeren Suiten haben Kühlschrank und Mikrowelle.

★Stockyards Hotel HISTORISCHES HOTEL $$$
(☎817-625-6427; www.stockyardshotel.com; 109 E Exchange Ave; Zi. 140–350 US$; ❄📶) Das 1907 eröffnete Hotel mit 52 Zimmern hat seine Cowboy-Vergangenheit bewahrt – und zwar in Form von Kunstwerken zum Wilden Westen, im Cowboy-Stil eingerichteten Zimmern und einer grandiosen Eingangshalle im Wildwest-Stil mit jeder Menge Leder. Im „Bonnie and Clyde“-Zimmer nächtigte tatsächlich Clyde Barrow während seines Aufenthalts in Fort Worth 1932 – die (allerding unechten) Einschusslöcher und Stiefelknechte sollen als Beweis dafür dienen.

Ashton Hotel BOUTIQUEHOTEL $$$
(☎866-327-4866; www.theashtonhotel.com; 610 Main St; Zi. 208–290 US$; ❄📶🐾) Die 39 Zimmer dieses Hotels verteilen sich auf sechs Stockwerke eines Gebäudes aus der Zeit der Jahrhundertwende, das ganz in der Nähe des Sundance Square steht. Es ist von zurückhaltender Eleganz geprägt und kommt ohne jeden Snobismus aus, hat aber einen Parkservice.

Essen

Rund um den Sundance Square und in den Stockyards gibt's jede Menge typisch texanischer Restaurants. Modernere Lokale findet man in der West 7th Street und der Magnolia Avenue. Auch viele Museen, etwa das Kimbell, verfügen über ein ausgezeichnetes Café. Zur Erinnerung: Das ist Fort Worth, hier wird Steak gegessen!

★Curly's Frozen Custard EIS $
(☎817-763-8700; www.curlysfrozencustard.com; 4017 Camp Bowie Blvd; Portion ab 2 US$; ⏲11–21 Uhr) Mit cremig gefrorener Vanillesauce werden alle möglichen Zutaten vermischt, bis die Masse beinahe so fest ist wie Beton. Das schmeckt bei allen Temperaturen über dem Gefrierpunkt!

★Kincaid's BURGER $
(☎817-732-2881; www.kincaidshamburgers.com; 4901 Camp Bowie Blvd; Hauptgerichte 4–7 US$; ⏲Mo–Sa 11–20, So 11–15 Uhr) In dieser Institution (deren Wände altersbedingt leider schon recht grünstichig sind) sitzt man an Picknicktischen inmitten von ausrangierten Lebensmittelregalen und isst die wohl besten Burger der ganzen Gegend. Die dicken, saftigen Burger sind über und über mit Gewürzen bedeckt.

Love Shack BURGER $
(110 E Exchange Ave; Hauptgerichte ab 6 US$; ⏲So–Do 11–22, Fr & Sa 11–1 Uhr) Miteigentümer des „Liebesnests“ ist der in Texas geborene Fernsehkoch Tim Love, der hier leckere

Feinschmecker-Burger wie den gut gewürzten Amore Caliente zaubert. Aber auch die hausgemachten Pommes und Parmesanchips sind hervorragend. Abends gibt's meistens Livemusik.

★Zio Carlo Magnolia Brew Pub PIZZERIA $$
(☎817-923-8000; www.gr8ale.com; 1001 Magnolia Ave; Hauptgerichte 12–16 US$; ⏲Mo–Fr 11:30–24, Sa 11.30–1, So 10.30–24 Uhr; 📶) Pizza mit Bier, das ist hier einfach perfekt, denn beides schmeckt in dieser Pizzeria ausgezeichnet. Die typisch italienische Pizza mit dünnem Boden gibt's in 17 Variationen. Die verschiedenen Sorten Bier sind ebenfalls wirklich hervorragend. Gegessen wird im rustikalen Innenraum mit Backsteinmauern oder draußen auf der Terrasse.

Esperanza's Bakery & Cafe MEXIKANISCH $$
(☎817-626-5770; 2122 N Main St; Hauptgerichte 7–15 US$; ⏲6.30–17.30 Uhr) Das Frühstück in dem immer gut besuchten Lieblingslokal der Einheimischen ist üppig, gut gewürzt und unheimlich lecker. Man kann den Tag aber auch an der gut bestückten Bar beginnen. Zum Mittagessen gibt's dann Tex-Mex-Küche der feinen Art. Die leckeren *campanchanas* (knusprige, süße Brötchen) der Bäckerei kann man für unterwegs mitnehmen oder sie gleich auf der sonnigen Terrasse genießen.

Joe T Garcia's MEXIKANISCH $$
(www.joets.com; 2201 N Commerce St; Hauptgerichte 8–14 US$; ⏲Mo–Do 11–14.30 & 17–22, Fr & Sa 11–23, So bis 22 Uhr) Das Garcia's wird schon in vierter Generation geführt. Es ist das berühmteste Restaurant von Fort Worth und nimmt einen ganzen Block in der Innenstadt ein. Ein Abendessen im von Kerzen erleuchteten, ummauerten Innenhof unter einem tropisch anmutenden Blätterdach ist einfach zauberhaft, und dazu plätschert das Wasser der mit mexikanischen Kacheln verzierten Brunnen. Am Wochenende reicht die Schlange oft um den ganzen Block (keine Reservierung möglich).

★Lonesome Dove Western Bistro SÜDSTAATEN $$$
(☎817-740-8810; www.lonesomedovebistro.com; 2406 N Main St; Hauptgerichte 20–40 US$; ⏲Di–Sa 11.30–14.30 & 17–22, Mo 17–22 Uhr) Im modernen Wildwest-Restaurant von Fernsehkoch Tim Love tragen selbst die Köche Cowboyhüte. Die traditionellen Gerichte der Region werden in dieser Südstaaten-Fusionküche auf vielerlei Arten abgewandelt. Die Weinkarte ist erstklassig und das Tagesessen für 9 US$ das mit Abstand beste und preiswerteste Mittagessen der Stadt.

🍷 Ausgehen

Die Restaurants in Sundance Square und der Umgebung haben allesamt auch beliebte Bars.

Usual Bar COCKTAILBAR
(☎817-810-0114; www.theusualbar.com; 1408 W Magnolia Ave; ⏲16–2 Uhr) Abend für Abend ist die Bar voller schicker Trendsetter, die die leckeren Cocktails mit Namen wie „Jimador's Revenge" oder „Taxation & Representation" schlürfen. Wer dem nichts abgewinnen kann, bekommt natürlich auch einen grundsoliden „Old Fashioned". Tolle Terrasse.

Flying Saucer Draught Emporium BAR
(☎817-336-7470; 111 E 3rd St; ⏲Mo–Do 11–1, Fr & Sa 11–2, So 12–24 Uhr) Hier ist garantiert für jeden etwas dabei: Mit 80 Bieren vom Fass ist diese Kneipe in der Innenstadt das Eldorado für Biertrinker. Und wer kann schon einer Bar widerstehen, deren immer volle Terrasse „Half-Acre Hell" (50 m² Hölle) heißt?

Lola's Saloon BAR
(☎817-877-0666; www.lolasfortworth.com; 2736 W 6th St; ⏲12–2 Uhr) In dieser gemütlichen kleinen Musikkneipe treten fast jeden Abend gute Bands auf. Wenn nicht, sind die netten, freundlichen Gäste mehr als gerne bereit, Fremden mitzuteilen, wo es an diesem Abend Livemusik in der Stadt gibt.

✩ Unterhaltung

Am Wochenende ist im Stockyards District gegen Abend mittlerweile immer mehr Countrymusik zu hören und rund um den Sundance Square treten zahlreiche Livebands auf. Was ansteht, erfährt man im *Fort Worth Weekly* (www.fwweekly.com).

Cowtown Coliseum Rodeo RODEO
(www.stockyardsrodeo.com; 121 E Exchange Ave; Erw./Kind Rodeo ab 15/10 US$, Wild West Show 12/8 US$; ⏲Fr & Sa 20 Uhr) Das ganze Jahr über kann man freitags- und samstagsabends um 20 Uhr bei einem echten Rodeo dabei sein. Von Juni bis August zeigen Pferde und Reiter in Pawnee Bill's Wild West Show (Sa & So 14.30 & 16.30 Uhr) ihr Können.

★Pearls Dance Hall LIVEMUSIK
(www.pearlsdancehall.com; 302 W Exchange Ave; ⏲19–2 Uhr) Am Rande der Stockyards steht

KOSTENLOS MITFAHREN

Das coolste Transportmittel in Fort Worth ist der kostenlose **Molly the Trolley** (☎817-215-8600; www.mollythetrolley.com; ⏲10–22 Uhr) GRATIS, eine altertümliche Stadtbahn, die durch die ganze Innenstadt tuckert.

dieses laute ehemalige Bordell, das einst Buffalo Bill Cody gehörte und das heute ein stimmungsvoller Ort samt traditioneller Countrymusik mit dem gewissen Etwas ist. Das Pearls ist bekannt dafür, dass hier auch ab und zu Texas-Koryphäen wie Dale Watson auftauchen.

White Elephant Saloon LIVEMUSIK
(www.whiteelephantsaloon.com; 106 E Exchange Ave; ⏲So–Do 12–24, Fr & Sa 12–2 Uhr) Schon seit 1887 strömen die Cowboys von Stockyards in diese Bar, die mittlerweile ebenfalls im Besitz von Fernsehkoch Tim Love ist. Regelmäßig treten hier Sänger und Liedermacher aus der Region auf.

Praktische Informationen

Central Library (500 W 3rd St; ⏲Mo, Mi, Fr & Sa 10–18, Di & Do 12–20, So 13–17 Uhr) Die Bibliothek bietet auch kostenlosen Internetzugang.

Fort Worth Convention & Visitors Bureau (www.fortworth.com) Die am besten organisierte und nützlichste Touristeninformation in ganz Texas hat gleich drei Büros in der Stadt: im Cultural District (☎817-882-8588; 3401 W Lancaster Ave; ⏲Mo–Sa 9–17 Uhr), in Downtown (☎800-433-5747; 415 Throckmorton St; ⏲Mo–Fr 8:30–17, Sa 10–16 Uhr) und in Stockyards (☎817-625-9715; www.stockyardsstation.com/information; 130 E Exchange Ave; ⏲Mo–Fr 8:30–18, Sa 9–18. So 11–17 Uhr). In allen dreien gibt's 3-D-Stadtpläne und -Karten.

An- & Weiterreise

Der Dallas–Fort Worth International Airport (S. 789) liegt 17 Meilen (27 km) östlich von Fort Worth.

Der **Amtrak-Zug** (www.amtrak.com; 1001 Jones St) *Texas Eagle* von San Antonio nach Chicago hält auch in Fort Worth, während der *Heartland Flyer* nach Oklahoma City fährt.

Von Montag bis Samstag verkehrt der **Trinity Railway Express** (TRE; ☎817-215-8600; www.trinityrailwayexpress.org; 1001 Jones St) zwischen den Innenstädten von Fort Worth und Dallas (5 US$, 1¼ Std., etwa alle 30 Min.).

Mehrmals täglich fährt auch ein **Greyhound-Bus** (www.greyhound.com; 1001 Jones St) von der Innenstadt nach Dallas (9 US$). Außerdem werden auch alle anderen größeren Städte in Texas angefahren.

Unterwegs vor Ort

Da Fort Worth recht übersichtlich ist, kommt man hier gut mit dem Auto zurecht: Die I-30 verläuft von Osten nach Westen durch die Innenstadt, die I-35 W führt nach Süden.

Die Busse der **Fort Worth Transit Authority** (The T; ☎817-215-8600; www.the-t.com; einfache Fahrt/Tageskarte 1,75/3,50 US$) verkehren auf der Linie 1N in den Stockyards und auf der Linie 2 im Cultural District. Beide Linien halten auch am Intermodal Transportation Center und verkehren bis spät abends.

WEST-TEXAS

Der Westen von Texas ist das Land der unendlichen Weiten. Entlang der I-10 gibt's meilenweit nicht viel mehr zu sehen als struppiges Gebüsch vor dem bis zum Horizont reichenden Himmel. Doch nur wenig südlich der Schnellstraße bieten sich Ausblicke, die so atemberaubend wie endlos sind. An manchen Stellen erinnert die zerklüftete Landschaft mit den urplötzlich aus der staubigen Wüste aufragenden Felsen an einen alten Western, an anderen sieht sie aus wie der Planet einer fremden Galaxie.

Und was gibt's hier sonst noch? Eine ganze Menge. Zunächst einmal einen riesigen Nationalpark, der fast so groß wie der US-Bundesstaat Rhode Island an der Ostküste ist. Und Orte, die mit minimalistischer Kunst, Planetenbeobachtung und faszinierenden Geisterstädten aufwarten. Und schließlich freundliche Einheimische, die sich immer gerne die Zeit für einen Schwatz nehmen. So passt man sich ganz automatisch der wohltuenden Langsamkeit von West-Texas an.

Big Bend National Park

Es ist allgemein bekannt, dass Texas einfach riesig ist. Die wirkliche Größe lässt sich aber erst bei einem Besuch dieses **Nationalparks** (www.nps.gov/bibe; Wochenkarte 20 US$/Fahrzeug) ermessen, der wirklich fast so groß wie der kleinste US-Bundesstaat (Rhode Island) ist. Dank geschickt angelegter Straßen und Wege kann man innerhalb von etwa zwei bis drei Tagen einen großen Teil des Parks erkunden.

Wie in den meisten populären Nationalparks der USA konzentrieren sich die Besucher- und Fahrzeugmassen auch hier überwiegend auf einen bestimmten Bereich, nämlich das Chisos Basin. Doch man sollte sich auch Zeit nehmen für die **Chihuahua-Wüste**, die von merkwürdigen Kreaturen und erstaunlich anpassungsfähigen Pflanzen belebt wird, und natürlich für den **Rio Grande**, den großartigen Grenzfluss zwischen den USA und Mexiko.

Mit Wanderwegen von insgesamt mehr als 320 km Länge ist der Big Bend das reinste Wanderparadies. Ausführliches Material zu den beliebtesten Wanderungen gibt's im **Panther Junction Visitors Center** (☎915-477-2251; ⌚8–18 Uhr), das sich an der Hauptstraße des Parks, 29 Meilen (46 km) südlich des Nordeingangs am Persimmon Gap und 26 Meilen (41,6 km) östlich des Maverick-Eingangs in Study Butte, befindet. Oder man besorgt sich die Broschüre *Hiker's Guide to Trails of Big Bend National Park*, die für 1,95 US$ bei allen Besucherzentren des Parks erhältlich ist.

Mitten im Park bietet die **Chisos Mountain Lodge** (☎877-386-4383, 432-477-2291; www.chisosmountainslodge.com; Zi. in Lodge & Motel 123–127 US$, Cottage 150 US$) Zimmer in den sehr gefragten Roosevelt Stone Cottages oder in zwei motelähnlichen Lodges an. Die Anlage verfügt auch über ein **Restaurant** (Lodge Dining Room; Chisos Mountain Lodge; Hauptgerichte 8–23 US$; ⌚7–10, 11–16 & 17–20 Uhr) sowie einen **Campingshop** (⌚9–21 Uhr) für die Versorgung mit dem Notwendigsten.

Wer zelten will oder mit einem kleinen Wohnmobil unterwegs ist und keinen Strom- und Wasseranschluss braucht, kann auf einem der drei großen Campingplätze übernachten. Manche Stellpätze können vorher reserviert werden, bei anderen gilt das Prinzip „Wer zuerst kommt, mahlt zuerst". Wenn alle Campingplätze voll sind, verweisen die Parkranger die Camper auf primitive Zeltplätze im Hinterland des Parks. Wegen des guten Gebirgsklimas ist der **Chisos Basin Campground** (☎877-444-6777; www.recreation.gov; Stellplatz 14 US$) am beliebtesten.

Westlich des Big Bend National Park

Kleinstädte, Geisterstädte, Städte, die eigentlich gar keine Städte sind. Dazu kommt eine Prise Staub und die sengende Sommerhitze, die den Besucherstrom auf ein winziges Rinnsal dezimiert. Nicht gerade der Inbegriff eines Traumurlaubs. Wer es allerdings dort draußen nicht schafft, abzuschalten und zu entspannen, der wird es gewiss nirgendwo sonst schaffen. Einfach die Alltagssorgen im Auto zurücklassen und zusehen, wie sie dahinschmelzen – wie übri-

ROUTE 66: GET YOUR KICKS IN TEXAS

Die Texas-Panhandle-Region ist nicht gerade ein Mekka für Touristen, dennoch kommen viele Besucher auf ihrer Pilgerfahrt zu Ehren der Mutter aller Straßen hier durch. Sollte man sich irgendwann in dieser Region wiederfinden, kommen hier einige Texas-Stopps, die sich lohnen (von Westen nach Osten):

Cadillac Ranch (I-40, zw. Exit 60 & 62) Diese Attraktion am Straßenrand hat Kultstatus und besteht aus zehn Cadillacs, die mit dem Kühler voran hier verbuddelt liegen.

Innenstadt von Amarillo Im San Jacinto District finden sich immer noch Läden, die aus der Blütezeit der Route 66 stammen. Die W 6th Street ist ein zwar kurzes, aber noch original erhaltenes Teilstück der Mother Road.

★**Big Texan Steak Ranch** (www.bigtexan.com; 7701 I-40 E, Ausfahrt 74; Hauptgerichte 10–40 US$; ⌚7–22.30 Uhr; 👪) Besucher dieses Steakhauses, einer weiteren Attraktion am Straßenrand, werden von einem riesigen winkenden Cowboy begrüßt. Und auch ein kostenloses 2-kg-Steak gibt's hier – wenn man es schafft, das gute Stück in weniger als einer Stunde zu verdrücken.

Bug Ranch (Hwy 207 Zufahrtsstraße) Als Antwort auf die Cadillac Ranch sprießen 18 Meilen (30 km) östlich von Amarillo fünf zerlegte VW-Käfer aus dem Boden.

Devil's Rope Museum (www.barbwiremuseum.com; 100 Kingsley St, McLean; ⌚Mo–Fr 9–17, Sa 10–16 Uhr) GRATIS Hier lernt man mehr über Stacheldraht als man es jemals für möglich gehalten hätte.

gens alles, was man dort deponiert. Apropos Auto: Was öffentliche Verkehrsmittel anbelangt, so ist diese Gegend ein weißer Fleck auf der Landkarte. Diesen Teil des Bundesstaats kann man nur mit einem fahrbaren Untersatz erkunden.

Terlingua

Die ehemalige Hochburg des Bergbaus erlebte Ende des 19. und Anfang des 20. Jhs. einen wahren Boom, ging aber in den 1940er-Jahren ein, als die alten Minen geschlossen wurden. Die Stadt trocknete aus und wurde sozusagen wie ein Büschel Steppengras davongeweht. Alles, was zurückblieb, zerfiel zu Ruinen und brachte Terlingua in der texanischen Folklore den Beinamen Geisterstadt ein. Langsam, aber sicher kehrt hier nun wieder Leben ein, was zum Großteil der geografischen Lage nur wenige Kilometer vor den Toren des Big Bend National Park zu verdanken ist. Man darf sich übrigens nicht wundern, wenn die Leute von Terlingua, Study Butte und Terlingua Ghost Town reden, als seien dies drei verschiedene Orte. Die einzige echte „Stadt" ist Terlingua; die anderen zwei Begriffe bezeichnen nur Gebiete innerhalb Terlinguas.

Schlafen & Essen

Chisos Mining Co Motel MOTEL $
(432-371-2254; www.cmcm.cc; 23280 FM 170; EZ/DZ 60/78 US$, Hütte ab 101 US$;) Das ungewöhnliche, kleine Motel westlich des Highway 118 ist schon von weitem an den überdimensionalen Ostereiern auf dem Dach zu erkennen. Die Zimmer sind sehr minimalistisch ausgestattet, aber so preisgünstig wie nirgends sonst.

★ **La Posada Milagro** INN $$
(432-371-3044; www.laposadamilagro.net; 100 Milagro Rd; DZ 185–210 US$;) Die über und in die Überreste der Lehmziegelhäuser einer alten Geisterstadt gebaute Pension hat stilvolle Zimmer, die hervorragend zur Umgebung passen. Die schicke Einrichtung ist im Stil des westlichen Texas gehalten und auf der hübschen Terrasse kann man die kühlen Abende genießen. Für sparsame Reisende steht ein einfacheres Zimmer mit vier Stockbetten für 145 US$ pro Nacht zur Verfügung.

Espresso ...Y Poco Mas CAFÉ $
(432-371-3044; 100 Milagro Rd; Essen 2,50–6,50 US$; 8–14 Uhr, Sommer 8–13 Uhr;) In der freundlichen, kleinen Cafeteria der Pension La Posada Milagro gibt's feines Gebäck, Burritos zum Frühstück, kleine Gerichte zum Mittagessen und den wohl besten Eiskaffee im Westen von Texas. Genau wie die *casitas* (Ferienhäuschen) ist auch die Caféteria in die Lehmziegelruinen der alten Geisterstadt hineingebaut, was vor allem auf der schattigen Terrasse gut zu erkennen ist. Ein äußerst stimmungsvoller Ort, an dem man nette Leute kennenlernen, sich stärken und im Internet surfen kann.

★ **Starlight Theater** AMERIKANISCH $$
(432-371-2326; www.thestarlighttheatre.com; 631 Ivey St; Hauptgerichte 9–25 US$; 17–24 Uhr) Wer glaubt, in einer Geisterstadt wäre abends nichts los, liegt völlig falsch. Nachdem auch noch das Dach des ehemaligen Kinos eingestürzt war (daher der Name), wurde es als Restaurant wieder aufgebaut. Montagabends gibt's zwei Burger zum Preis von einem.

Shoppen

Terlingua Trading Co SOUVENIRS
(432-371-2234; 100 Ivey St; 11–20 Uhr) Der Laden mitten in der Geisterstadt hat tolle Souvenirs – wie scharfe Würzsaucen und gute Weine – sowie eine beeindruckende Auswahl an Büchern. Außerdem gibt's hier eine Broschüre für einen Rundgang durch das historische Terlingua. Oder man kauft sich nur ein kühles Bier und genießt es zusammen mit den Einheimischen beim Sonnenuntergang auf der Veranda.

Von Lajitas nach Presidio

Etwa eine halbe Stunde westlich der Kreuzung von Terlingua kommt man von der bizarren und staubigen Wüstenlandschaft in die schicke und noble (aber immer noch staubige) Oase des **Lajitas Golf Resort & Spa** (432-424-5000; www.lajitasgolfresort.com; DZ ab 169 US$;). Die ehemals typisch texanische Kleinstadt wurde komplett aufgekauft und in ein feudales Feriendorf verwandelt. An die Stelle des alten Handelspostens trat ein nagelneues Kaufhaus. (Dabei lieferte dieser Handelsposten einst den Stoff für eine volkstümliche Legende, derzufolge dort ein Bier trinkender Ziegenbock zum Bürgermeister gewählt wurde – der aber mittlerweile nicht mehr im Amt ist.)

Ein Neunloch-Golfplatz, der sich einst über den Fluss hinweg bis nach Mexiko erstreckte, wurde zum Schutz vor Überflutung auf ein trockeneres Gelände verlegt, und

SCENIC DRIVE: RIVER ROAD

Westlich von Lajitas schmiegt sich die **Route 170** (auch River Road oder auf Spanisch *El Camino Del Rio* genannt) an den Rio Grande und verläuft durch eine der abgelegensten und spektakulärsten Landschaftsformen des Big Bend County. Nur wenige Besucher der Region machen sich zu diesem Abenteuer auf, obwohl die Straße von jedem Fahrzeug mit guten Bremsen befahren werden kann. Also anschnallen und festhalten: Auf der einen Seite der River Road liegt der Rio Grande und rund herum erheben sich fantastische geologische Formationen. An einer Stelle gilt es, ein Gefälle von 15 % zu bewältigen – mehr wäre auch nicht erlaubt. Sobald Presidio erreicht ist, biegt man nach Norden auf die US 67 nach Marfa ab. Wer denselben Weg zurückfahren will, sollte wenigstens bis zum Colorado Canyon (20 Meilen bzw. 32 km von Lajitas entfernt) durchhalten. Dort erwartet einen die schönste Landschaft.

heißt nun **Black Jack's Crossing** (18 Löcher). Der Reitstall **Lajitas Stables** (☎432-371-2212; www.lajitasstables.com; Rte 170; 2-stündiger Ausritt 70 US$) bietet kurze Ausritte in die Umgebung sowie ganztägige Reitausflüge zur Bergbaumine von Buena Suerte und in die Geisterstadt an.

In Lajitas befindet sich auch der östliche Eingang zum riesigen **Big Bend Ranch State Park** (☎432-358-4444; www.tpwd.state.tx.us; bei der Rte 170; Erw. Hauptsaison/Nebensaison 5/3 US$, Kind unter 12 Jahren frei). Mit 1121,5 km^2 ist er immerhin mehr als elfmal größer als der zweitgrößte State Park von Texas, der Franklin Mountains bei El Paso. Der Big Bend Ranch Park erstreckt sich nördlich des Rio Grande über fast die gesamte Wüste zwischen Lajitas und Presidio, die eine der wildesten und ursprünglichsten Landschaften in ganz Nordamerika ist. Die Gegend ist voller imposanter Felsformationen wie die der spektakulären Caldera des **Solitario**, die vor 36 Mio. Jahren bei einem gewaltigen Vulkanausbruch entstand. Der riesige Krater misst in der Ost-West-Ausrichtung knapp 13 km und in Nord-Süd-Richtung 14,5 km. So groß und beeindruckend das ehemalige Farmland ist, so geheim und verborgen liegt es.

Der Zugang zum Park ist beschränkt und erfordert eine offizielle Genehmigung, auch dann, wenn man nur durchfahren will. Wer aus Richtung Lajitas kommt, besorgt sich im **Barton Warnock Visitor Center** (☎432-424-3327; www.tpwd.state.tx.us; FM 170; ⏲tgl. 8–16.30 Uhr) einen Tagespass und die Erlaubnis zum Campen (Stellplatz auf einfachem Campingplatz 8 US$, im Hinterland 5 US$). Das Informationszentrum verfügt über äußerst kompetentes Personal, das sich bestens in der Gegend auskennt. Am westlichen Ende des Parks bekommt man die Einfahrgenehmigung bei der **Fort Leaton State Historic Site** (☎432-229-3613; FM 170; ⏲8–16:30 Uhr), einer restaurierten Lehmziegelfestung.

Zentrales West-Texas

Die Kleinstädte im westlichen Texas sind mittlerweile weit mehr als einfach nur Tore zum Big Bend National Park. Fort Davis, Marfa, Alpine und Marathon versprühen ein Flair der Gelassenheit und können Traveller auf der Durchreise problemlos bei Laune halten.

Fort Davis

Holzgebäude mit vorgebauten Fassaden, ein altes Fort und eine Sternwarte: Ein Stopp in der höchstgelegenen Stadt von Texas (1500 m) ist ein Muss. Die Vorzüge seiner Höhenlage machen es im Sommer zu einem beliebten Zufluchtsort für Westtexaner, die vor der sengenden Hitze in die Berge fliehen.

Sehenswertes & Aktivitäten

★**McDonald Observatory** STERNWARTE
(☎432-426-3640; www.mcdonaldobservatory.org; 3640 Dark Sky Dr; Tageskarte Erw./Kind 6–12 Jahre/unter 6 Jahren 8/7 US$/frei, Sternparty Erw./Kind 12/8 US$; ⏲Besucherzentrum 10–17.30 Uhr; 👪) Weit weg vom gleißenden Lichtermeer der großen Städte wölbt sich ein völlig dunkler, sternenklarer Nachthimmel über den mittleren Westen von Texas, der damit ein idealer Ort zur Beobachtung der Sterne ist. So stehen hier auch einige der weltweit größten Teleskope der Welt, die schon von weitem zu sehen sind – etwa auf dem 2070 m hohen Mt. Locke.

Fort Davis National Historic Site HISTORISCHE STÄTTE
(☎432-426-3224; www.nps.gov/foda; Hwy 17; Erw./Kind 3 US$/frei; ⏲8–17 Uhr) Vor einer be-

eindruckenden Kulisse steht am Fuße des Sleeping Lion Mountain der bemerkenswert gut erhaltene Militärgrenzposten Fort David. Er wurde 1854 errichtet und 1891 aufgegeben. Neben etwa 100 Ruinen sind 20 Gebäude noch erhalten, fünf von ihnen wurden restauriert und mit Möbeln aus der damaligen Zeit ausgestattet.

Davis Mountains State Park PARK
(☎432-426-3337; http://www.tpwd.state.tx.us; Hwy 118; Erw./Kind unter 12 Jahren 6 US$/frei) Die großen Attraktionen der am weitesten ausgedehnten Bergkette von Texas sind Wandern, Mountainbiken, Reiten (das Pferd muss man allerdings mitbringen), Vogel- und Sternbeobachtung.

Schlafen & Essen

Old Schoolhouse Bed & Breakfast B&B $
(☎432-426-2050; www.schoolhousebnb.com; 401 Front St; EZ. inkl. Frühstück 84–93 US$, DZ 96–105 US$; ❄📶) Dass dieses Haus früher einmal eine Schule war, ist heute nicht mehr zu erkennen. Dafür merkt man, dass die Besitzer alles geben, um gute Gastgeber zu sein – von den komfortablen Zimmern bis hin zum wunderbaren hausgemachten Frühstück.

★ **Indian Lodge** INN $$
(☎Lodge 432-426-3254, Reservierung unter 512-389-8982; Hwy 118; DZ 95–125 US$, Suite 135–150 US$; ❄📶🏊) Die historische Lodge mit 45 cm dicken Lehmziegelmauern befindet sich im Davis Mountains State Park. Die 39 Zimmer sind mit handgeschnitzten Zedernmöbeln und traditionellen Balkendecken aus Kiefernholz ausgestattet, womit die Lodge an ein texanisch-mexikanisches *pueblo* erinnert – allerdings mit Swimmingpool, Restaurant und Souvenirladen. Die gemütlichen, großzügigen Zimmer sind ein echtes Schnäppchen und sollten deshalb möglichst lange im Voraus gebucht werden.

Fort Davis Drug Store AMERIKANISCH $$
(☎432-426-3118; www.fortdavisdrugstore.net/; 113 N State St; Hauptgerichte 6–19 US$; ⏲7–21 Uhr; 📶👪) Zur einen Hälfte typisches Diner, zur anderen altmodischer Drugstore mit Limonadenverkauf – aber das alles ganz ohne nostalgische Nachahmung der 1950er-Jahre. Ganz im Gegenteil: Mit Wellblech, breiten Holzstühlen und jeder Menge Sättel als Dekoration ist das Ganze eine waschechte Westernkneipe. Das Frühstück ist im Country-Stil gehalten, Mittagessen gibt's wie im typisch amerikanischen Diner und das üppige Abendessen ist die Hauptmahlzeit des Tages. Aber egal, was und wann man isst, ein Bananensplit oder zumindest ein Milchshake zum Nachtisch muss sein!

Murphy's Pizzeria & Café PIZZERIA $$
(107 Musquiz Dr; Hauptgerichte 7–13 US$; ⏲Mo & Mi–Sa 11–21 Uhr) Jede Menge Auswahl an Pizza mit dünnem, knusprigem Boden, Sandwichs und Salate machen das lässige Café zum Renner.

NICHT VERSÄUMEN

EVENT MIT „STARS"

Jeden Dienstag-, Freitag- und Samstagabend präsentiert das **McDonald Observatory** im Rahmen seiner beliebten **Sternenpartys** etwa eine halbe Stunde nach Sonnenuntergang Besuchern seine Lieblingsplaneten, Lieblingsgalaxien und Lieblingskugelsternhaufen. Professionelle Astronomen führen in die wissenschaftliche Sterndeutung ein und geben mit leistungsfähigen Laserpointern eine Führung durch den Nachthimmel. Man darf sogar manche der Teleskope benutzen und wird so zum galaktischen Voyeur. Nachts ist es hier überraschend frisch, also warm anziehen und eine Decke mitbringen!

Marfa

Das in den 1880er-Jahren gegründete Marfa gelangte zum ersten Mal zu Ruhm, als Rock Hudson, Elizabeth Taylor und James Dean hier den 1956 veröffentlichten Warner-Brothers-Film *Giganten* drehten. Dank der weltweit größten Sammlung minimalistischer Kunst pilgern auch Kunstfans gerne hierher, wodurch auch eine überproportional große Anzahl an Galerien, schrulligen Unterkünften und interessanten Restaurants im Ort angesiedelt ist.

In Marfa ticken die Uhren anders: Einen Besuch hier sollte man am besten auf Donnerstag, Freitag oder das Wochenende legen, da zu Wochenbeginn der halbe Ort die Bordsteine hochklappt.

Sehenswertes & Aktivitäten

In Marfa können Werke aller möglichen Kunstrichtungen bewundert werden. Ein Verzeichnis der Museen und Galerien ist beim **Marfa Visitors Center** (☎432-729-4942; www.visitmarfa.com; 302 S Highland Ave;

⌚Mo–Fr 9–17 Uhr & bei Veranstaltungen am Wochenende) erhältlich.

Chinati Foundation Museum MUSEUM
(☎432-729-4362; www.chinati.org; 1 Calvary Row; Erw./Student 25/10 US$; ⌚nur mit Führung Mi–So 10 & 14 Uhr) Das ist es also. Deshalb die ganze Aufregung. Allein dem Minimalismuskünstler Donald Judd ist es zu verdanken, dass Marfa der internationalen Kunstwelt ein Begriff ist. In den verlassenen Gebäuden eines ehemaligen Militärgeländes richtete er eine der weltweit größten Dauerausstellungen minimalistischer Installationen ein.

Marfa Lights AUSSICHTSPUNKT
Irrlichter, magische Lichter… ganz egal wie man sie nennen mag: Das wahre Mysterium der bei Nacht am Horizont aufflackernden Lichter ist, wie viele der Sichtungen in Wirklichkeit einfach nur Autoscheinwerfer sind. Und da die Marfa-Lichter eine der Haupttouristenattraktionen im westlichen Texas sind, will sich darüber auch niemand wirklich Gedanken machen. In der **Marfa Lights Viewing Area**, ca. 8 Meilen (13 km) östlich der Stadt am Highway 90/67, kann man sich sein eigenes Bild davon machen.

Schlafen & Essen

★El Cosmico CAMPINGPLATZ **$$**
(☎432-729-1950; www.elcosmico.com; 802 S Highland Ave; Zeltplatz 12 US$/Pers., Safarizelt 65 US$, Indianerzelt 80 US$, Wohnwagen 110–180 US$; 📶) Auf einem der abgefahrensten Campingplätze in ganz Texas kann man in einem stilvoll umgebauten Wohnwagen, einem kleinen Indianer- oder einem großen Safarizelt übernachten. Das hört sich besser an als es ist, denn der Platz ist sandig und staubig, man muss schon mal im Freien duschen und es gibt keine Klimaanlagen – was aber kein allzu großer Nachteil ist, denn nachts ist es recht kühl. Und wann hat man schon mal die Möglichkeit, in einem uralten Hippie-Wohnwagen zu schlafen? Neben den ungewöhnlichen Schlafplätzen gibt's noch einen schönen Gemeinschaftsbereich mit einer bunten, lässigen Lounge und einem kleinen Wäldchen voller Hängematten.

Thunderbird BOUTIQUEHOTEL **$$**
(☎877-729-1984; www.thunderbirdmarfa.com; 601 W San Antonio St; DZ 120–150 US$; ❄📶🏊) Dieses klassische Motel aus den 1950er-Jahren wurde 2005 im schicken neuen Look als kleines Boutiquehotel wiedereröffnet. Die Zimmer sind absolut in und sehr minimalistisch, und das Gelände sowie die Gemeinschaftsbereiche sind so cool wie eine Nacht in der Wüste.

KUNST MITTEN IM NIRGENDWO

Man stelle sich vor, man fährt irgendwo im staubigen Westen von Texas auf einem zweispurigen Highway und aus heiterem Himmel taucht in der Ferne plötzlich ein kleines Gebäude auf, fast wie eine Fata Morgana. Im Vorbeifahren wirft man einen flüchtigen Blick darauf und es ist … ein Prada-Geschäft? Was unter dem Namen **Marfa Prada** bekannt ist, verkauft keine 1700 US$ teuren Handtaschen, sondern ist eine Kunstinstallation, die Aufmerksamkeit erregt und einen ironischen Seitenhieb auf die Konsumgier der Gesellschaft darstellen soll.

Hotel Paisano HOTEL **$$**
(☎432-729-3669; www.hotelpaisano.com; 207 N Highland Ave; DZ 99–149 US$, Suite 159–220 US$; ❄@📶🏊) Als der Hollywoodfilm *Giganten* in Marfa gedreht wurde, wohnten die Schauspieler in diesem historischen Hotel. Einige der Zimmer könnten mittlerweile eine Renovierung vertragen, aber insgesamt glänzt das berühmte Haus immer noch mit würdevollem Charme, einem schicken Hallenschwimmbad und genau der richtigen Anzahl ausgestopfter Tiere.

Food Shark IMBISSWAGEN **$**
(105 S Highland Ave; Hauptgerichte 5–8 US$; ⌚Do–Sa 12–15 Uhr) Der klapprige alte Imbisswagen unter einem Zeltdach ist fester Bestandteil des Bauernmarkts am Wochenende. Hier versorgen sich alle mit wirklich frisch zubereiteten Gerichten wie Tacos mit Geschnetzeltem oder der Spezialität „Marfalafel". Jeden Mittag gibt's ein anderes Tagesessen, das immer ausgezeichnet schmeckt und deshalb schnell ausverkauft ist.

★Cochineal AMERIKANISCH **$$$**
(☎432-729-3300; 107 W San Antonio St; Frühstück 4–10 US$, kleine Gerichte 5–15 US$, Abendessen 24–28 US$; ⌚Sa & So 9–13, Do–Di 18–22 Uhr) Die Speisekarte dieses wunderbaren Restaurants wechselt regelmäßig und orientiert sich am Angebot der Biobauern aus der Region. Die Portionen sind üppig, sodass man sich ruhig ein paar kleine Gerichte teilen

kann, anstatt ein komplettes Abendessen zu bestellen. Der Brunch am Wochenende ist ebenfalls ein Hochgenuss. Reservierung wird empfohlen.

 Ausgehen & Nachtleben

★Planet Marfa BAR

(☎432-386-5099; 200 S Abbott St; ⊙Fr–So 14–24 Uhr) Das Nachtleben von Marfa konzentriert sich im Wesentlichen auf diese schräge Freiluftbar. Praktisch jeden Abend gibt's Livemusik, wobei einige Zelte die Gäste vor eventuellem Regen schützen. Man muss allerdings Glück haben, um ein Plätzchen zu finden.

Alpine

Das kleine Universitätsstädtchen fungiert vorrangig als „Boxenstopp" und hat keine nennenswerten Attraktionen zu bieten. Aber es ist die größte Stadt in Big Bend (5700 Ew.) – und die einzige mit namhaften Motelketten, einer großen Auswahl an Restaurants, Lebensmittelgeschäften und mehr als einer Tankstelle.

Infos zur gesamten Region bekommt man bei der **Alpine Chamber of Commerce** (☎432-837-2326; www.alpinetexas.com; 106 N 3rd St; ⊙Mo–Fr 8–17, Sa bis 16 Uhr).

Schlafen & Essen

Antelope Lodge HÜTTEN $

(☎432-837-2451; www.antelopelodge.com; 2310 W Hwy 90; EZ 53–75 US$, DZ 58–80 US$, Suite 105–120 US$;) Die rustikalen, weiß getünchten Hütten mit roten Ziegeldächern und jeweils zwei Schlafzimmern verteilen sich auf einer schattigen Rasenfläche. Die ganze Anlage ist locker und freundlich und bietet mit Küchenzeilen in den Unterkünften ein tolles Preis-Leistungs-Verhältnis.

★Holland Hotel HISTORISCHES HOTEL $$

(☎800-535-8040, 432-837-3844; www.thehollandhoteltexas.com; 209 W Holland Ave; DZ 99–120 US$, Suite 120–220 US$;) Das 1928 erbaute und 2009 wunderbar renovierte Gebäude im Stil der spanischen Kolonialzeit ist wie eine elegant zurückhaltende Hazienda eingerichtet. Obwohl mit allen wichtigen modernen Annehmlichkeiten ausgestattet, versprüht es noch immer den Charme der 1930er-Jahre.

Maverick Inn MOTEL $$

(☎432-837-0628; www.themaverickinn.com; 1200 E Holland Ave; Zi. 96–117 US$;) Das nostalgische Motel ist ein richtiges Rasthaus der alten Schule, bietet jedoch sorgfältig renovierte Zimmer mit luxuriösen Betten sowie Flachbild-TVs. Von der Einrichtung im westtexanischen Stil über das schicke Neonschild bis hin zur Hauskatze ist hier alles einfach bezaubernd und liebenswert. Und nicht zu vergessen: Der herrlich erfrischende Swimmingpool nach einem heißen Tag auf der staubigen Straße ist super!

Alicia's Burrito Place MEXIKANISCH $

(☎432-837-2802; 708 E Ave G; Hauptgerichte 4–11 US$; ⊙Mo, Di & Do–Sa 8–20.30, Mi 8–15, So 8–16 Uhr) Alicia ist bekannt für ihre schnellen, heißen Burritos zum Frühstück, die – natürlich – typisch texanisch sind. Dafür werden Eier, Schinkenspeck und ähnliches zu einer Rolle gewickelt, die man im Gehen mit den Händen essen kann. Als Katerfrühstück bestens geeignet! Ebenfalls hervorragend sind die mexikanischen Cheeseburger.

★Reata STEAKS $$

(☎432-837-9232; www.reata.net; 203 N 5th St; Mittagessen 9–14 US$, Abendessen 10–25 US$; ⊙Mo–Sa 11.30–14 & 17–22, So 11.30–14 Uhr) Das nach der Rinderfarm in *Giganten* benannte Steakhaus hat wirklich den Charme einer feudalen Ranch – zumindest im vorderen Teil, wo sich eher die „seriösen" Gäste aufhalten. Weiter hinten befindet sich dagegen eine lebhafte Bar und eine schattige Terrasse, wo eine ganz andere Stimmung herrscht. Hier kann man sich kreuz und quer durch die Speisekarte futtern und dazu einen (oder auch zwei) Margaritas trinken.

Marathon

Das winzige Städtchen mit gerade einmal 455 Einwohnern besteht im Prinzip nur aus der Hauptstraße mit ein paar Cafés und einem historischen Hotel, ist jedoch aus zwei Gründen weithin bekannt: Zum einen ist es der letzte Ort vor dem nördlichen Eingang zum Big Bend National Park und damit die letzte Möglichkeit, den Tank und den Magen zu füllen. Und dann hat es mit dem **Gage Hotel** (☎432-386-4205; www.gagehotel.com; 102 NW 1st St/Hwy 90; DZ ohne Bad 97 US$, mit Bad 136–156 US$;) noch ein echtes texanisches Juwel zu bieten.

Das 1927 errichtete Hotel ist bis heute dem fantastischen Wildwest-Stil treu geblieben, der nur noch von der Präsenz der vielen ausgestopften Tiere übertroffen wird. Jedes Zimmer ist individuell und doch konsequent mit Indianerdecken, Cowboy-Accessoires und viel Leder eingerichtet. Im hoteleigenen Restaurant **12 Gage** (☎432-386-4205; 101 US 90 W; Abendessen 17–37 US$; ⊙So & Mo–Do 18–20.45, Fr & Sa 18–21.45 Uhr) werden texanische Klassiker zu Feinschmeckergerichten veredelt, während man in der **White Buffalo Bar** (☎432-386-4205; 101 US 90 W; ⊙17–24 Uhr) mit leckeren Cocktails den glasigen Blick des Namensgebers an der Wand besser ertragen kann.

Vor der Fahrt in den Big Bend kann man sich bei **French Co Grocer** (☎432-386-4522; www.frenchcogrocer.com; 206 N Ave D; ⊙Mo–Fr 7.30–21, Sa ab 8, So ab 9 Uhr) noch mit Köstlichkeiten fürs Picknick eindecken oder sie gleich vor Ort an einem Tisch des bezaubernden kleinen Tante-Emma-Ladens genießen. Dieser wurde übrigens 1900 von einem gewissen W.M. French als erstes Lebensmittelgeschäft der Stadt gegründet.

El Paso

Geschafft! Hier ist so ziemlich der westlichste Punkt von Texas erreicht. Und sieht man sich die Nachbarn an – New Mexico und Mexiko – scheint es, als hätte El Paso mit den Nicht-Texanern mehr gemeinsam als mit dem eigenen Bundesstaat.

Leider gab es in der Vergangenheit zwischen El Paso und seiner Partnerstadt Ciudad Juárez auf der anderen Seite des Flusses in Mexiko einige Zerwürfnisse. Früher waren die beiden Städte untrennbar miteinander verbunden und Touristenmassen strömten jeden Tag über die Good Neighbor International Bridge. Seit die Gewalt im Zusammenhang mit den Banden- und Drogenkriegen in Juárez immer mehr zugenommen hat, ist Juárez aber ein so gefährliches Pflaster geworden, dass es fast keinen Austausch zwischen den Städten mehr gibt.

Sehenswertes & Aktivitäten

★El Paso Museum of Art MUSEUM
(☎915-532-1707; www.elpasoartmuseum.org; 1 Arts Festival Plaza; Eintritt nur bei Sonderausstellungen; ⊙Di–Sa 9–17, Do 9–21, So 12–17 Uhr) GRATIS Dieses wirklich absolut empfehlenswerte Museum ist in einem ehemaligen Terminal der Greyhound-Busse untergebracht. Besonders stolz ist das Museum zwar auf seine *Madonna mit Kind* (um 1200), doch noch wesentlich beeindruckender ist die Kunst aus dem Südwesten, die durch großartige Werke moderner Künstler wunderbar ergänzt wird. Und das alles darf kostenlos bewundert werden? Reife Leistung von El Paso, alle Achtung!

DIE UHRZEIT, BITTE!

Bei der Zeitzone sind sich El Paso und New Mexico einig: Man hält sich nicht an die Central Time (wie der Rest von Texas), sondern an die Mountain Time. Verwirrend? Manchmal schon. Wer sich mit jemandem im benachbarten Van Horn oder in Fort Stockton treffen möchte, muss beim Festlegen der Uhrzeit daran denken, dass man beim Verlassen von El Paso eine Stunde verliert.

El Paso Holocaust Museum MUSEUM
(www.elpasoholocaustmuseum.org; 715 N Oregon St; ⊙Di–Fr 9–16, Sa & So 13–17 Uhr) GRATIS Von außen wie von innen hält das Museum manch Unerwartetes bereit. Durch die geschickte Präsentation der sorgfältig zusammengestellten, sehr berührenden Ausstellungsstücke wird eine überwältigende Wirkung erzielt.

Franklin Mountains State Park PARK
(www.tpwd.state.tx.us; Transmountain Rd; Erw./Kind 5 US$/frei; ⊙Mo–Fr 8–17, Sa & So 6:30–20 Uhr) Mit 96,65 km² ist dies der größte Stadtpark der USA. Obwohl er mitten in einer Großstadt liegt, leben hier seltene Katzenfrette, Kojoten sowie viele Kleintiere und Reptilien. Überragt wird der Park vom 2192 m hohen North Franklin Peak.

Wyler Aerial Tramway SEILBAHN
(☎915-566-6622; 1700 McKinley Ave; Erw./Kind 0–12 Jahre 8/4 US$; ⊙Fr & Sa 12–19, So 10–17 Uhr) Natürlich kann man sich sportlich betätigen und die Franklin Mountains zu Fuß erklimmen. Wesentlich bequemer ist es allerdings, in einer Gondel in nur vier Minuten nach oben zu schweben. Auf der nur 732 m langen Strecke werden 286,5 Höhenmeter überwunden, bis man von der Aussichtsplattform des Ranger Peak den spektakulären Blick auf Texas, New Mexico und Mexiko genießen kann.

Schlafen

Abgesehen von den folgenden netten Alternativen gibt's entlang der I-10 jede Menge langweiliger Motels ohne jeden Charme.

★El Paso Suites HOTEL $
(☎915-779-6222; www.elpasosuiteshotel.com; 6100 Gateway Blvd E; Suite 80–120 US$;

STIEFEL IST NICHT GLEICH STIEFEL

Das ultimative Mitbringsel aus dem Wilden Westen von Texas? Natürlich ein Paar waschechter, maßgefertigter Cowboystiefel. Schließlich hat **Rocketbuster Boots** (915-541-1300; www.rocketbuster.com; 115 S Anthony St; Verkaufsraum Mo–Fr 8–16 Uhr, Beratung nach Vereinbarung) schon Stars wie Julia Roberts, Dwight Yoakum, Emmylou Harris und Oprah Winfrey neue Stiefel verpasst. Das Muster ist manchmal ganz schön heftig – vom Wildblumendruck über Pin-up-Cowgirls aus den 1950er-Jahren bis hin zu Skeletten aus Zombiefilmen ist alles möglich.

Natürlich kann man sich auch in irgendeinem Schuhladen ein ganz normales Paar von der Stange kaufen. Doch auch wenn 850 bis 3500 US$ für ein Paar Stiefel schon eine ganze Menge Geld ist, hat man dafür etwas ganz Einzigartiges, sehr Persönliches, etwas, das es garantiert kein zweites Mal auf der Welt gibt. Und die Füße spüren den Unterschied auf jeden Fall. Abgesehen davon wird man jede Menge neidischer Blicke auf sich ziehen.

Inspirierende Ideen kann man sich im Verkaufsraum holen, wo die ganzen Herrlichkeiten weniger zum Verkauf als vielmehr zur Bewunderung ausgestellt sind. Wer von Designerin und Inhaberin Nevena Christi persönlich beraten werden möchte, sollte vorher anrufen. Ansonsten kann man einfach so vorbeikommen und sich die Stiefel und den skurrilen Laden voller Weltraumspielereien und Cowboyutensilien anschauen.

P ❄ ☎ ≋) Das einzige unabhängige Hotel der Stadt gehörte früher zu Embassy Suites, was an den Zimmern im typischen Einheitsstil der großen Ketten noch gut zu erkennen ist. Dennoch ist es ein echtes Schnäppchen, denn es gibt nur Suiten mit jeweils zwei Räumen. Außerdem gehen alle Suiten auf einen mit Tageslicht und schmiedeeisernen Balkonen hinaus, was die lieblose Ausstattung der Zimmer etwas wettmacht.

Coral Motel MOTEL **$**

(915-772-3263; Fax 915-779-6053; 6420 Montana Ave; EZ/DZ 45/55 US$; ❄) Dieses abgefahrene kleine Motel ist genau das Richtige für Fans der 1950er-Jahre. Allerdings ist es auch eine wilde Mischung ganz unterschiedlicher Stilrichtungen: Das Dach ist mit klassischen, spanischen Ziegeln gedeckt, das Schild ist mit amerikanischen Comicfiguren verziert und die Einrichtung ist bunt zusammengewürfelt.

Camino Real Hotel HOTEL **$$**

(915-534-3000, 800-769-4300; www.caminorealelpaso.com; 101 S El Paso St; DZ 72–109 US$, Suite ab 132 US$; ❄ @ ☎ ≋) Das historische Hotel, das es schon seit mehr als 100 Jahren gibt, ist die einzige US-Filiale einer gehobenen mexikanischen Hotelkette und nur einen Katzensprung vom Kongresszentrum und den Museen der Innenstadt entfernt. Es hat große, gemütliche Zimmer, eine grandiose Bar mit Glakuppel und freundliches Personal, das auch bei überfülltem Haus gut gelaunt bleibt.

Essen

In El Paso isst man mexikanisch, denn die Stadt ist bekannt für die besonders rote Chili-Tomatensauce, mit der die Enchiladas übergossen werden. Preiswertes Tex-Mex-Essen gibt's an jeder Ecke in der Stadt.

L&J Cafe MEXIKANISCH **$**

(915-566-8418; http://landjcafe.com; 3622 E Missouri Ave; Hauptgerichte 7–12 US$; 10–21 Uhr) Das kleine Restaurant beim Friedhof Concordia ist eine Institution und bestens geeignet, um den Kater vom Wochenende mit dem berühmten *menudo* (Innereieneintopf mit Chili) zu bekämpfen. Wenn es von außen etwas heruntergekommen aussieht, so liegt es nur daran, dass es das Lokal schon seit 1927 gibt. Drinnen sieht's wesentlich besser aus.

Chicos Tacos MEXIKANISCH **$**

(5305 Montana Ave; Tacos 1–4 US$; So–Do 9–1.30, Fr & Sa 9–3 Uhr) Chicos Tacos werden an mehreren Orten der Stadt verkauft – und enthalten immer Unmengen von Knoblauch. Besonders viel los ist zwischen 22 und 24 Uhr, wenn die Nachtschwärmer alle auf einmal vom Hunger gequält werden.

★ **Tabla** TAPAS **$$**

(115 Durango St; kleine Gerichte 6–15 US$; Mo–Do 11–22, Fr 11–24, Sa 17–24, So 9.30–15 Uhr) Hier ist alles ein bisschen anders – aber toll. Bei den kleinen Gerichten handelt es sich weniger um typisch spanische Tapas, sondern eher um die Möglichkeit, von allem etwas

zu probieren – wie an einem großen Büfett. Das stilvolle Lokal in einem ehemaligen Lagerhaus hat hohe Decken, eine offene Küche und das obligatorische Schweinemotiv an allen Wänden, das auch viele andere, trendige Restaurants der USA schmückt.

Crave AMERIKANISCH **$$**
(915-351-3677; www.cravekitchenandbar.com; 300 Cincinnati Ave; Hauptgerichte 9–30 US$ Mo–Sa 7–23, So 7–18 Uhr) Hier gibt's extra Stilpunkte für das tolle Schild und die Gabeln, die an der Decke baumeln. Darunter serviert das schicke, kleine Restaurant gute Hausmannskost und amerikanische Klassiker mit besonderer Note. Auch wenn ein einzelnes Gericht abends bis zu 30 US$ kosten kann, stehen doch genügend Essen für weniger als die Hälfte zur Auswahl. Eine weitere Filiale wurde kürzlich im **Osten der Stadt** (915-594-7971; 11990 Rojas Dr; 7–23 Mo–Sa 7–23, So 7–18 Uhr) eröffnet.

★ **Cattleman's Steakhouse** STEAKS **$$$**
(915-544-3200; Indian Cliffs Ranch; Hauptgerichte 16–38 US$; Mo–Fr 17–22, Sa 12.30–22, So 12.30–21 Uhr;) Das Restaurant liegt 20 Meilen (32 km) östlich der Stadt, doch die Leute würden wohl auch die zehnfache Strecke fahren, um hier zu essen. Das Essen ist wirklich gut, aber die Umgebung ist noch viel besser. Wem die Portionen zu riesig sind, legt noch 6 US$ drauf und bekommt ein Hauptgericht für zwei mit allen Beilagen, die man möchte.

Unterhaltung

Bars öffnen und schließen in El Paso andauernd. Am besten geht man einfach in das sehr übersichtliche Amüsierviertel rund um die Cincinnati Street zwischen Mesa Street und Stanton bei der University of Texas El Paso und schaut sich die Bars und Restaurants dort an. Infos zu Kultur- und Musikveranstaltungen findet man im kostenlosen Wochenmagazin **El Paso Scene** (www.epscene.com) und in der Freitagsbeilage „Tiempo" der **El Paso Times** (www.elpasotimes.com).

Shoppen

An der I-10 östlich der Stadt befinden sich einige im Prinzip wie Lagerhallen aussehende Geschäfte, in denen Keramik, Decken, Silberschmuck und eine Menge anderer mexikanischer Produkte zu ähnlich günstigen Preisen wie jenseits der Grenze verkauft werden.

El Paso Saddleblanket SOUVENIRS
(915-544-1000; www.saddleblanket.com; 6926 Gateway Blvd E; Mo–Sa 9–17 Uhr) „Unglaubliche 200 m² pures Einkaufsvergnügen" versprechen die Werbetafeln an der Straße. Und der Laden ist auch wirklich riesig und vollgestopft mit allen möglichen und unmöglichen Dingen aus dem Südwesten. Hier kann man sich mit Keramik, Decken, Türkisschmuck und selbst Sombreros eindecken. Nur mit dem Transport der auf Platten montierten Rinderhörner könnte es vielleicht einige Probleme geben ...

El Paso Connection WOHNACCESSOIRES
(915-852-0898; 14301 Gateway Blvd; Mo–So 9–17 Uhr) Das weitläufige Einkaufsparadies östlich der Stadt besteht aus mehreren Verkaufsräumen und Lagerhallen, die voller Antiquitäten und importierter Einrichtungsgegenstände sind: Wie wäre es beispielsweise mit einem tollen Lampenschirm aus Rindsleder oder Möbelstücken, die mit typischen Motiven des Südwestens verziert sind?

Praktische Informationen

Die **El Paso Public Library** (915-543-5433; www.elpasolibrary.org; 501 N Oregon St; Mo–Do 10–19, Fr 11–18, Sa 10–18, So 12–18 Uhr) bietet kostenlosen Internetzugang.

Beim **El Paso Visitors Center** (800-351-6024, 915-534-0600; www.visitelpaso.com; 1 Civic Center Plaza; Mo–Fr 8–17, Sa 10–15 Uhr) sind stapelweise Broschüren erhältlich und das Personal ist sehr hilfsbereit.

Anreise & Unterwegs vor Ort

Der **El Paso International Airport** (ELP; www.elpasointernationalairport.com) liegt 8 Meilen (12,8 km) nordöstlich der Innenstadt an der I-10. Von hier starten Flüge zu 16 US-amerikanischen und zwei mexikanischen Städten. Vor Ort gibt

EIN HEISSES EISEN: DIE GRENZE ZU MEXIKO

„Tex" und „Mex" haben immer gut miteinander harmoniert. Doch mittlerweile ist der Besucherstrom von El Paso in die mexikanischen Grenzstädte aufgrund der Gewalt der Drogenkartelle praktisch zum Erliegen gekommen. Auch das US-Außenministerium rät zu größter Vorsicht beim Besuch einer Grenzstadt in Mexiko. Und dem können wir uns nur anschließen.

es zahlreiche bekannte Autovermietungen (und ohne Auto geht hier nichts).

Der zwischen Florida und Kalifornien verkehrende *Sunset Limited* von Amtrak hält am **Union Depot** (www.amtrak.com; 700 San Francisco Ave). Der Busbahnhof von **Greyhound** (www.greyhound.com; 200 W San Antonio Ave) liegt vier Blocks vom Zentrum entfernt.

Hueco Tanks State Historical Park

Etwa 32 Meilen (51 km) östlich von El Paso liegt der knapp 350 ha große **Hueco Tanks State Historical Park** (☎ Parkverwaltung 915-857-1135, Reservierungen 512-389-8900; www.tpwd.state.tx.us; 6900 Hueco Tanks Rd/FM 2775; Erw./Kind 7 US$/frei; ⏲ 8–18 Uhr). Im Gebiet des bei Kletterern beliebten Parks lebten schon vor 10 000 Jahren Menschen. Die Parkverwaltung schätzt, dass es hier etwa 2000 Felszeichnungen gibt, die bis zu 5000 Jahre alt sind.

Um den Schaden für das empfindliche Ökosystem so gering wie möglich zu halten, ist die tägliche Besucherzahl limitiert. Deshalb sollte man mindestens 24 Stunden vorher reservieren, um auch wirklich hineinzukommen. Die Gegend um den North Mountain kann auf eigene Faust erkundet werden, doch Wanderungen in die zentralen Regionen des Parks, wo sich die interessanten Felszeichnungen befinden, sind nur im Rahmen einer gebuchten **Führung** mit Schwerpunkt Felsmalereien, Vogelbeoachtung oder Wandern möglich (☎ 915-857-1135; 2 US$/Pers.; ⏲ Termine auf telefonische Anfrage).

Guadalupe Mountains National Park

Ihn als geheimsten Geheimtipp von Texas zu bezeichnen, ist vielleicht etwas übertrieben, aber tatsächlich kennen nur wenige Texaner den **Guadalupe Mountains National Park** (☎ 915-828-3251; www.nps.gov/gumo; US Hwy 62/180; Wochenkarte Erw./Kind unter 16 Jahre 5 US$/frei). Der Park erstreckt sich entlang der Grenze zu New Mexico und liegt damit am äußersten Ende von Texas.

Trotz des geringen Bekanntheitsgrades ist er einer der heißesten Orte des Staates – und das im wörtlichen wie im übertragenen Sinne. Mit 2667 m ist der **Guadalupe Peak** auch die höchste Erhebung in ganz Texas. Das in allen Farben des Herbstes leuchtende Laub im **McKittrick Canyon** zählt zu den schönsten Anblicken im westlichen Texas. Da mehr als die Hälfte des Nationalparks von der US-Regierung als ursprünglich zu belassende Wildnis ausgewiesen wurde, hat die Nationale Parkverwaltung die weitere Erschließung bewusst eingestellt. So gibt es dort keine Restaurants und keine Unterkünfte in geschlossenen Räumen, sondern nur vereinzelte Service-Einrichtungen und Programmangebote. Ebenso vergeblich sucht man befestigte Straßen, sodass die Erkundung des Parks zum echten Abenteuer werden kann. Dafür befinden sich hier die wohl schönsten Wanderwege und Landschaften in ganz Texas, weshalb man diesem Park unbedingt einen Besuch abstatten sollte.

MARK NEWMAN / GETTY IMAGES ©

Die National-parks der USA

Die Nationalparks sind die großen Gärten der USA. Die Reiserouten quer durchs Land berücksichtigen in erster Linie die großen Städte und Metropolen und leider kaum die spektakulären Nationalparks mit ihrer unberührten Wildnis, ihren seltenen Tieren und Pflanzen sowie prähistorischen Landschaften. Und der Zeitpunkt für einen Besuch ist so günstig wie nie, denn 2016 feiert der National Park Service (NPS) sein hundertjähriges Bestehen.

Glacier National Park (S. 890)

Inhalt

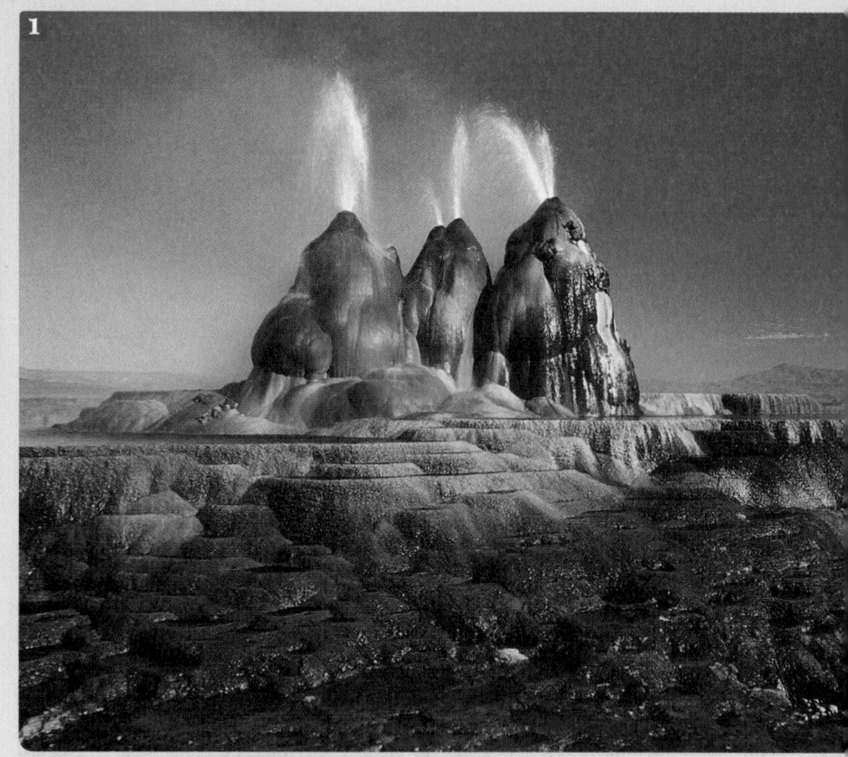

Die Entstehung der Parks

Die Landschaft in vielen Parks sieht noch so aus wie vor Jahrhunderten. Die Inseln vor der Atlantikküste, die Ebenen und Büffelherden der Great Plains, die Rocky Mountains, und die Mammutbäume, die an der Pazifikküste Wache stehen, sind Naturschönheiten, die einfach begeistern.

Go West!

Historisch gesehen hat der unersättliche Appetit der Nation nach Land und Naturschätzen nicht nur zur Doktrin der *Manifest Destiny* (der „offenkundigen Bestimmung" zur Expansion) geführt. Auch die Entstehung von Gründersiedlungen, Farmen, Viehzäunen, Dämmen, Straßen und Eisenbahngleisen ging damit einher. Diese künstliche Infrastruktur hat schnell große Teile der Wildnis verschluckt, von den Appalachen über den Mississippi bis in den Westen hinein. Das setzte sich so lange fort, bis ein Netz aus staatlich geschütztem öffentlichem Land entstand, angefangen mit den Nationalparks.

Stimmen in der Wildnis

Während einer Reise nach Dakota hatte der Maler und Autor George Catlin 1831 einen Traum. Als er sah, welchen Schaden die Ausweitung der USA nach Westen der Natur und den Indianervölkern zufügte, rief er zur Gründung eines „Nationalparks zum Schutz von Mensch und Tier in dieser wilden und erhabenen Schönheit der Natur" auf. 40 Jahre später richtete der Kongress den Yellowstone National Park als ersten Nationalpark der USA ein.

Als im späten 19. Jh. eine immer stärker werdende Naturschutzbewegung die Massen begeisterte, entstanden in rascher Folge der Yosemite, Sequoia, Mount

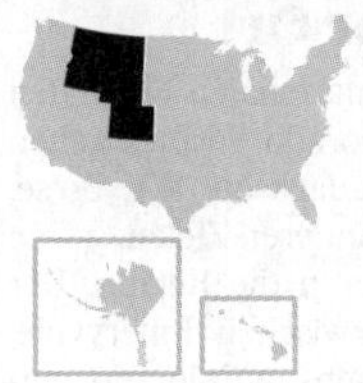

Rocky Mountains

Inhalt ➡

Gut essen

➡ Root Down (S. 833)
➡ Salt (S. 839)
➡ Rickshaw (S. 896)
➡ Pine Creek Cookhouse (S. 852)
➡ Silk Road (S. 888)

Schön übernachten

➡ Curtis (S. 831)
➡ Boise Guest House (S. 893)
➡ Chautauqua Lodge (S. 837)
➡ Alpine House (S. 880)
➡ Old Faithful Inn (S. 875)

Auf in die Rocky Mountains!

Als Rückgrat der „Lower 48" bieten die Rockies Natur pur: Verschneite Gipfel, Schluchten und Flüsse ziehen sich über den ganzen Westen der USA. Angesichts dieser Schönheit und Kraft verwundert es nicht, dass sich vor 100 Jahren Kranke mit letzter Hoffnung auf Genesung hierher schleppten.

Die Rocky Mountains haben ihre Heilkraft nicht verloren. Besucher haben die Wahl zwischen Idylle (z. B. in Wyoming, dem bevölkerungsärmsten US-Bundesstaat) und Adrenalinkicks (gemessen in Höhenmetern). Die Einheimischen stehen auf Schnee-, Wasser- oder Schlammabenteuer – und bei jeder Menge Möglichkeiten zum Klettern, Skifahren oder Paddeln fällt das Mitmachen leicht. Danach heißt's unter Sternen in Thermalquellen relaxen und Regionalbier schlürfen oder ein Festmahl aus frischen Zutaten genießen.

Auf keinen Fall die reizvollen Nationalparks Yellowstone, Rocky Mountain, Grand Teton und Glacier auslassen: Dort streifen die „Big Five" (Grizzlys, Elche, Bisons, Berglöwen und Wölfe) bis heute frei durch die Natur!

Reisezeit

Denver

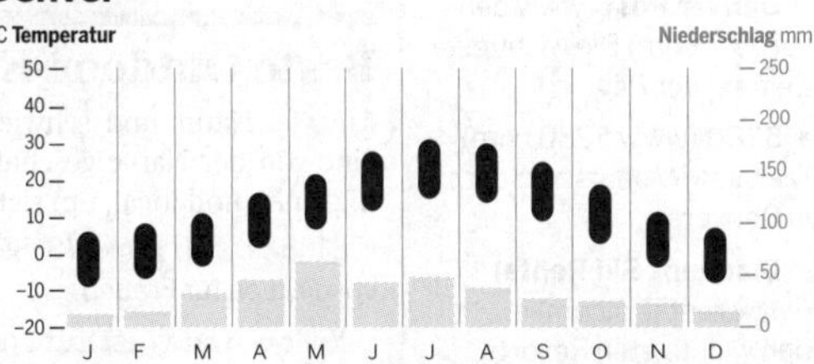

Juni–Aug. Lange Sonnentage eignen sich zum Radfahren, Wandern, für Märkte und Festivals.

Sept. & Okt. Das Herbstlaub und sagenhafte Unterkunftsangebote – perfekte Kombi.

Jan. & Feb. Mit Schnee bestäubte Berggipfel, Pulverschneeabfahrten und Après-Ski deluxe.

NICHT VERSÄUMEN!

Einen Cowboyhut aufsetzen und durch die mit Wüstenbeifuß bewachsene Wildnis von Wyoming oder Montana traben – Ferien-Ranches bieten unvergessliche Sommerritte durch die Rockies an.

Kurzinfos

- **Wichtigste Stadt** Denver (600 000 Ew.)
- **Berge** Innerhalb der Festlands-USA hat Colorado die meisten Gipfel über 4250 m
- **Zeitzone** Mountain Standard bzw. Daylight Time (MST/MDT; MEZ –8 Std.)

Schon gewusst?

Wenn man sein Zelt im Yellowstone National Park aufstellt, schläft man auf einem der größten Supervulkane der Welt. Er wird alle 640 000 Jahre aktiv: Ein Ausbruch steht demnächst an – plus/minus 10 000 Jahre.

Infos im Internet

- **Denver Post** (www.denverpost.com) Die wichtigste Zeitung der Region
- **5280** (www.5280.com) Die beste Monatszeitschrift in Denver
- **Discount Ski Rental** (www.rentskis.com) In den wichtigsten Resorts vertreten
- **14ers** (www.14ers.com) Ausrüster für Wanderer, die die höchsten Gipfel der Rockies erklimmen wollen

Anreise & Unterwegs vor Ort

Denver hat den einzigen großen internationalen Flughafen der Region. Von Denver und von Colorado Springs gehen Flüge mit kleineren Flugzeugen nach Jackson, WY, Boise, ID, Bozeman, MT, Aspen, CO, und zu anderen Zielen.

Zwei Linien von Amtrak durchqueren die Region. Der *California Zephyr* verkehrt täglich zwischen Emeryville, CA und Chicago, IL, und hat sechs Stopps in Colorado, einschließlich Denver, Fraser-Winter Park, Glenwood Springs und Grand Junction. Der *Empire Builder* verkehrt täglich von Seattle, WA, oder Portland, OR, nach Chicago, IL, mit zwölf Stopps in Montana (inkl. Whitefish und East und West Glacier) und einem Stopp in Idaho bei Sandpoint.

Greyhound bedient Teile der Rocky Mountains. Aber um wirklich auf Tour zu gehen, braucht man ein Auto.

NATIONALPARKS

In der Region liegen einige der größten Nationalparks der USA. In Colorado bietet der **Rocky Mountain National Park** sagenhafte Wandermöglichkeiten durch Hochgebirgswälder und Tundra. Außerdem finden sich hier das saharaartige Wunder des **Great Sand Dunes National Park** und der **Mesa Verde National Park**, ein archäologisches Reservat mit kunstvollen Grubenhäusern.

Wyoming beherbergt den **Grand Teton National Park** mit seinen aufregenden Berggipfeln und den **Yellowstone National Park**, den ältesten Nationalpark des Landes. Letzterer ist ein Wunderland voller Geysire, Thermalquellen und bewaldeter Berge. In Montana sieht man im **Glacier National Park** stark sedimentierende Berggipfel, Gletscher und jede Menge Wildtiere, etwa Grizzlybären. In Idaho liegt die **Hells Canyon National Recreation Area**. Hier formt der Snake River den tiefsten Canyon Nordamerikas. Der **National Park Service** (NPS; www.nps.gov) verwaltet außerdem über ein Dutzend weitere Historic Sites, Monuments, Natur Preserves und Recreationonal Areas in Idaho.

Beste Outdoor-Kurse

Mit viel Natur und schwierigem Gelände sind die Rockies eine von der Natur geschaffene Schule für alle Outdoor-Fähigkeiten und ideal, um sich nach draußen zu begeben.

- **Chicks with Picks** (S. 858) Tolle „Ice-Climbing Clinics" von Frauen für Frauen.
- **Yellowstone Institute** (www.yellowstoneassociation.org) Im Park mit Experten Wölfe, Ökologie und Kunst studieren.
- **Teton Science Schools Ecology** (S. 880) Am besten für Kids; hier können sie etwas über die Natur lernen und sie hautnah erleben.
- **Colorado Mountain School** (S. 842) Einen Berggipfel sicher erklettern und lernen, wie man sich sichert.

Geschichte

Vor dem späten 18. Jh., als französische Trapper und Spanier ins Land kamen, waren die Rocky Mountains ein von vielen Stämmen bewohntes Gebiet. Nez Percé, Schoschonen, Crow (Absarokee), Lakota und Ute lebten hier.

Meriwether Lewis und William Clark errangen unsterblichen Ruhm, nachdem die USA 1803 im Louisiana Purchase den Großteil der heutigen Bundesstaaten Montana, Wyoming und des östlichen Colorados erworben hatten. Die beiden Forscher machten sich auf, das Land zu vermessen und bewältigten in drei Jahren fast 15000 km. Ihr Erfolg ermutigte weitere Abenteurer, wodurch die Besiedlung in Bewegung kam. Bis ins 20. Jh. zogen Wagentrecks in die Ro-

DIE ROCKY MOUNTAINS IN ...

... zwei Wochen

Am besten beginnt man die Reise in der Gegend von **Denver**. Dort geht man zum Tubing, shoppt Vintage-Klamotten oder geht im outdoorverrückten, total künstlerischen **Boulder** Radfahren und nimmt dann in einem Straßencafé die liberale Atmosphäre in sich auf. Als nächstes genießt man die Aussicht im **Rocky Mountain National Park**, bevor man sich auf der I-70 Richtung Westen aufmacht, um sich in den Bergen rund um **Breckenridge** auszutoben. Hier gibt's auch die besten Anfängerhügel von Colorado. Bevor man die Grenze nach Wyoming überquert, sollte man sich unbedingt das Ski- und Mountainbike-Mekka von **Steamboat Springs** ansehen.

Der erste Stopp in diesem Staat sollte **Lander** sein – ein Bergsteigerparadies der Extraklasse. Von hier aus geht's weiter Richtung Norden zum schicken **Jackson** und dem sagenhaften **Grand Teton National Park** und dann mit dem **Yellowstone National Park** zu einem echten Wahrzeichen. Für dieses Wunderland voller Geysire sollte man mindestens drei Tage einplanen.

Dann überquert man die Grenze zum „Big Sky Country" und setzt den Weg langsam Richtung Nordwesten durch Montana fort. Im flippigen **Bozeman** und lebhaften **Missoula** legt man einen Stopp ein, bevor man den **Flathead Lake** besucht. Die Tour beendet man in Idaho. Im Sommer kann man auf dem Wildwasser der **Hells Canyon National Recreation Area** paddeln, bevor man ins aufstrebende **Boise** weiterfährt. Man beendet den Trip mit ein paar Tagen Skifahren im **Sun Valley** und Partyfeiern in **Ketchum**. Die Stadt und das Skiresort sind, obwohl sie *der* momentane Winterspielplatz für Hollywood sind, erfrischend schlicht und erschwinglich.

... einem Monat

Wer einen ganzen Monat zur Verfügung hat, kann so richtig in die Region eintauchen und all die Schätze abseits der ausgetretenen Pfade besichtigen. Zunächst kann man dem Fahrplan für zwei Wochen folgen, dann aber in Colorado Richtung Südwesten – in die aufstrebende Weinregion – abdrehen, bevor man Wyoming besucht. Dann geht's auf die nur für Autos mit Allradantrieb geeigneten Pfade rund um **Ouray**. Unbedingt einen Besuch wert sind die alten Grubenhäuser im **Mesa Verde National Park**.

In Montana bietet sich eine Rucksacktour im **Bob Marshall Wilderness Complex** an, und auch den **Glacier National Park** sollte man besuchen, bevor alle Gletscher verschwunden sind. In Idaho verbringt man dann mehr Zeit mit Herumstreifen in **Sun Valley** und sollte auf alle Fälle die Läden, Pubs und köstlichen Bio-Restaurants im herrlichen kleinen **Ketchum** erkunden. Auf einem Trip, der einen Monat dauert, hat man auch die Zeit, ein paar der fantastisch abgelegenen, malerischen Nebenstrecken von Idaho entlangzufahren. Auf jeden Fall sollte man dem Hwy 75 von Sun Valley Richtung Norden nach **Stanley** folgen. Dieses atemberaubende Bergdörfchen liegt an den weiten Ufern des Salmon River und ist vollkommen vom Gebiet des National Forest und von Natur umgeben. Aber ganz abgesehen von der Schönheit der Wildnis ist Stanley zudem mit der Möglichkeit zum Weltklasse-Forellenfischen und zahmem bis wildem Rafting gesegnet. Die malerische Fahrt auf dem Hwy 21 von Stanley nach Boise führt durch kilometerlange, dichte Ponderosa-Wälder und an ein paar ausgezeichneten, völlig einsamen Campingplätzen am Fluss vorbei – von denen einige über eigene natürliche Thermalquellen mit Becken verfügen.

Highlights

1. Im **Yellowstone National Park** (S. 870) Bären, Bisons und Geysire bestaunen
2. In den Hollywood-Cowboy-Vibe des feierwütigen Ferienorts **Aspen** (S. 850) eintauchen
3. In der schroffen Wildnis des **Grand Teton National Park** (S. 877) wandern und klettern
4. Auf dem mittleren Arm des **Salmon River** (S. 896) im Wildwasser paddeln
5. Im Outdoor-Mekka **Boulder** (S. 836) Spaß haben
6. Die malerischen Wildweststädte des San-Juan-Gebirges im **südlichen Colorado** (S. 846) erkunden
7. Die herrliche Ungezähmtheit des **Glacier National Park** (S. 890) bewundern

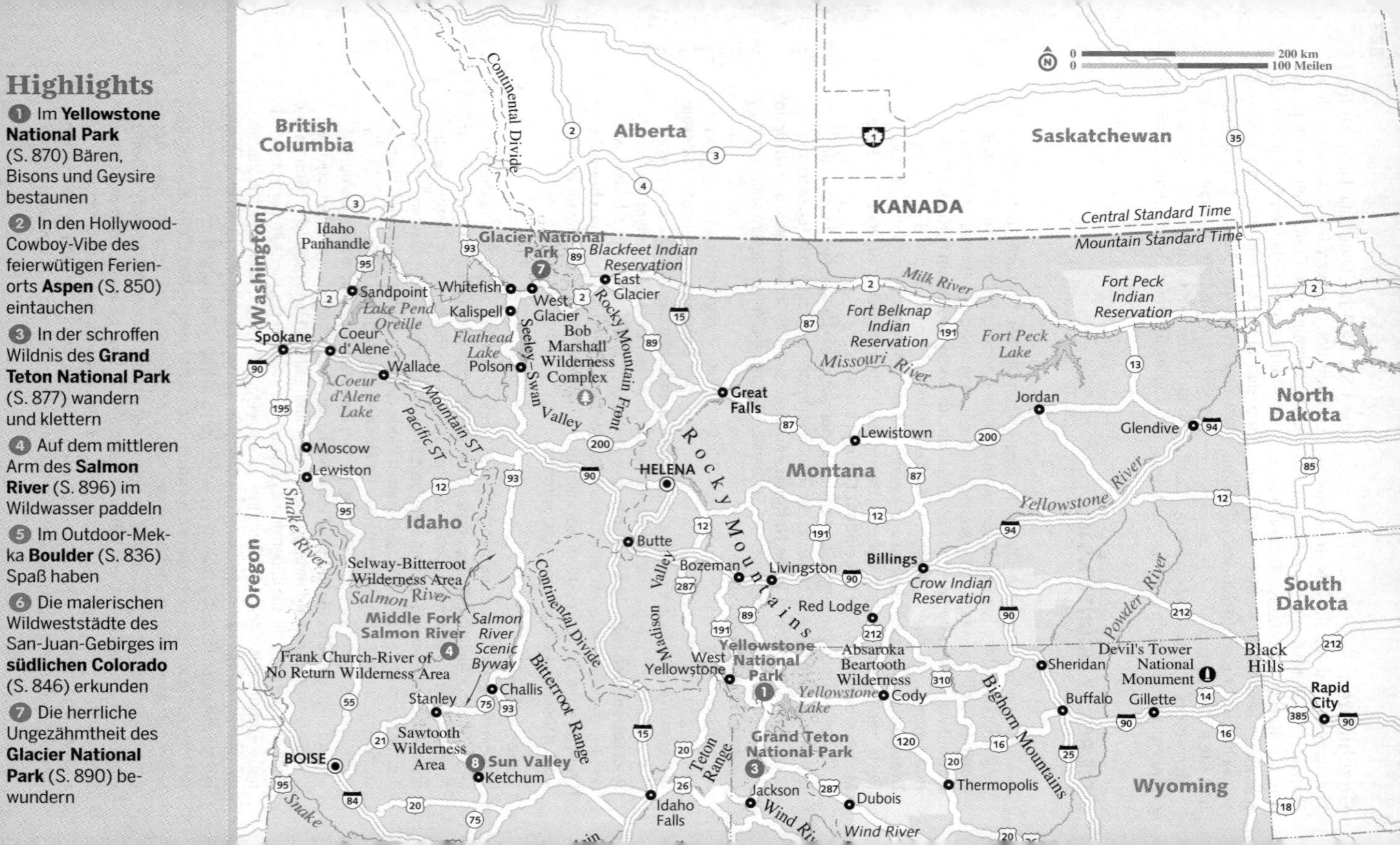

8 Im Skiort-Klassiker **Sun Valley** (S. 894) in der Sonne durch den Pulverschnee wedeln

9 Die Höhenzüge des majestätischen **Rocky Mountain National Park** (S. 840) erklimmen

10 Die hoch gelegene Wüstenlandschaft des **Great Sand Dunes National Park** (S. 866) durchstreifen

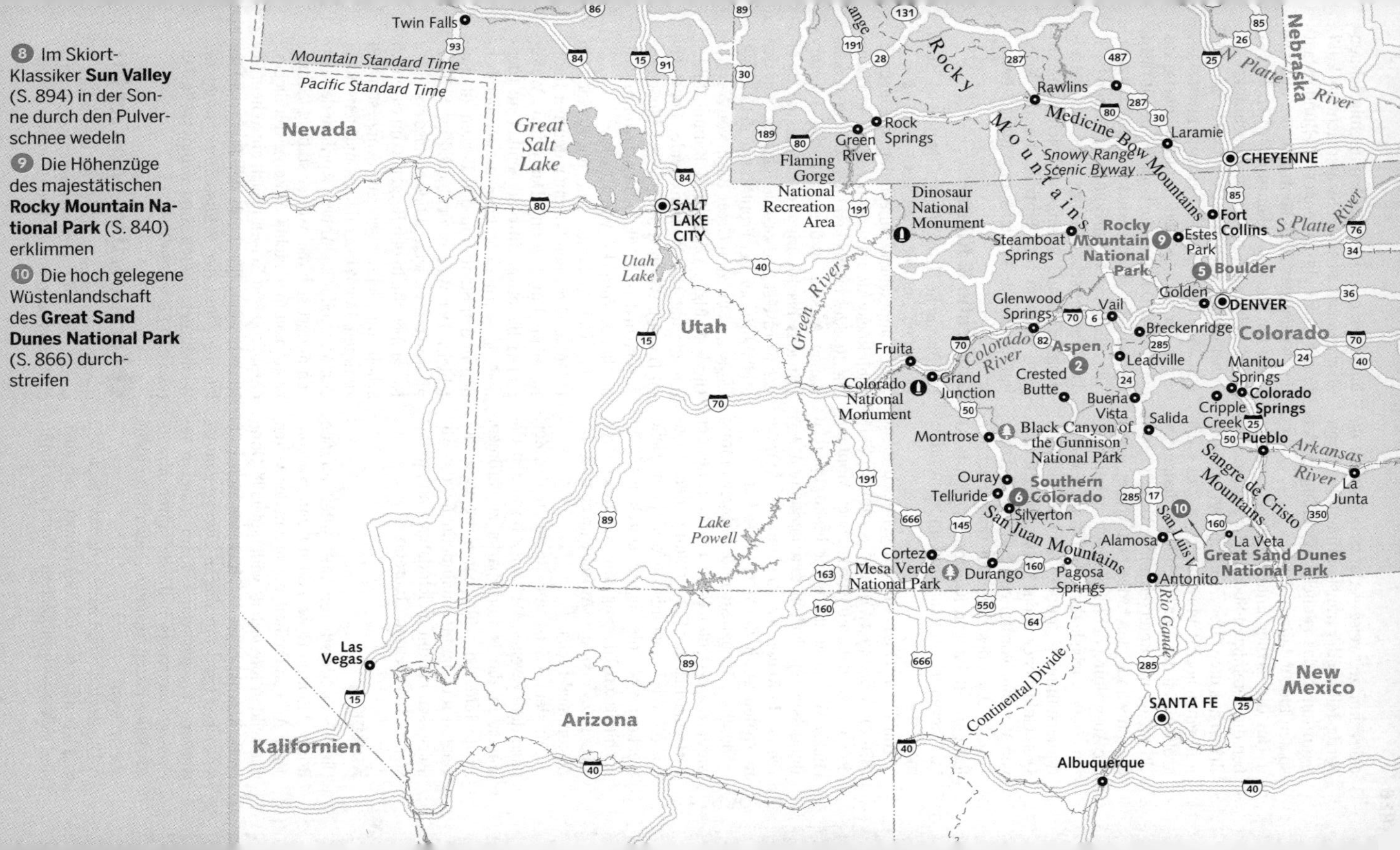

ckies, nur zeitweise verlangsamt durch die Fertigstellung der transkontinentalen Eisenbahn durch das südliche Wyoming in den späten 1860er-Jahren.

Um die Siedler unterzubringen, vertrieben die Vereinigten Staaten die Spanier und Briten aus dem Grenzland im Westen sowie – in einer höchst unrühmlichen Zeit – den größten Teil der hier lebenden Indianer. Die US-Regierung unterzeichnete Verträge, um die Einwände der indigenen Völker gegen die Ausweitung der Siedlungen zu entschärfen. Stets brach sie diese und drängte die Indianerstämme in immer kleinere Reservate. Dass Goldsucher in das Indianerterritorium von Montana vordrangen und die US-Armee Forts entlang des Bozeman Trail errichtete, löste eine Reihe von Kriegen mit den Lakota, Cheyenne, Arapaho und anderen Stämmen aus.

Auf einen Gold- und Silberrausch folgte 1876 die Erhebung Colorados zum US-Bundesstaat. Bald darauf wurden auch Montana (1889), Wyoming (1890) und Idaho (1890) zu Bundesstaaten. Neben den Bergleuten waren es die weißen Farmer und Rancher, die im späten 19. Jh. die Macht besaßen.

Bergbau, Viehzucht und Holzgewinnung waren die bedeutendsten Faktoren bei der wirtschaftlichen Entwicklung der Region, die das ökonomische und industrielle Wachstum beschleunigten. Durch den nicht nachhaltigen Umgang mit den Ressourcen folgten Zyklen des Aufschwungs und des Zusammenbruchs.

Mit dem Wirtschafts-Boom in der Zeit nach dem Zweiten Weltkrieg begannen Urlauber, in die Nationalparks zu strömen. Heute bildet der Tourismus in allen vier Staaten die Haupteinnahmequelle, das Militärwesen kommt gleich danach an zweiter Stelle – vor allem in Colorado.

Kultur

Die US-Bundesstaaten mit Anteil an den Rocky Mountains werben mit einer besonderen Art von Freiheit, die sich in der weiten und wilden Landschaft widerspiegelt. Ohne große Restriktionen darf hier jede Menge öffentliches Land für allerlei Zwecke genutzt werden. Beispielsweise kann man seine Grenzen vielerorts beim Skifahren abseits offizieller Pisten ausloten – aber bitte nicht übertreiben!

Die Region pflegt zudem das Motto „leben und leben lassen". Die Einwohner Colorados sind sich zwar bezüglich der Wahl von Republikanern oder Demokraten uneinig, lehnen aber zumeist allzu viel Staatsmacht ab. 2013 führte Colorado als erster US-Bundesstaat den legalen, staatlich kontrollierten und besteuerten Marihuanakonsum für Erholungszwecke ein (auf Erwachsene beschränkt).

Selbst die reichsten Urlaubsorte wie Aspen, Vail, Jackson oder Ketchum litten stark unter der Finanz- und Immobilienkrise im Jahr 2008. Doch wie im Großteil der übrigen Region geht es dort wieder kräftig bergauf. Alle Städte mit vielen Soldatenfamilien (z. B. das proletarische Billings oder das patriotische Colorado Springs) erholen sich nun auch langsam vom Blutzoll, den der Krieg im Irak und in Afghanistan gefordert hat.

Geografie & Klima

Die physische Geografie der Region ist zwar eigentlich komplex, sie lässt sich aber in zwei Hauptgebiete unterteilen: die eigentlichen Rocky Mountains und die Great Plains. Die Rockies erstrecken sich von der Brooks Range Alaskas und dem Yukon Territory Kanadas bis hinunter nach Mexiko in einer Nordwest-Südost-Ausrichtung, von den Steilabbrüchen der Front Range in Colorado westwärts bis zum Great Basin von Nevada. Die gewaltigen Gipfel und Kämme bilden die kontinentale Wasserscheide (Continental Divide): Westlich der Rockies fließen die Ströme in den Pazifik; östlich davon zum Atlantik und zum Golf von Mexiko.

Für viele Reisende sind die Rockies ein Urlaubsziel für den Sommer, der hier in der Regel im Juni beginnt. Das warme Wetter dauert bis etwa Mitte September an (dennoch ist warme Kleidung an Sommerabenden in den Städten in den Bergen zu empfehlen). Der Winter, der gewaltige Schneemassen bringt, setzt üblicherweise erst Ende November ein. In den Bergen kann es jedoch schon im September zu Schneestürmen kommen. Der Winter dauert meistens bis in den März oder bis Anfang April. In den Bergen ändert sich das Wetter ständig (Schnee ist im Sommer nichts Außergewöhnliches), darauf müssen Reisende sich einstellen. Der Herbst, wenn das Laub der Espen golden leuchtet, und der Frühsommer, wenn die Wildblumen blühen, sind wundervolle Jahreszeiten für einen Besuch.

ℹ Anreise & Unterwegs vor Ort

Hierher zu kommen, braucht Zeit. Die Rockies sind infrastrukturell schlecht erschlossen, und die Attraktionen verteilen sich über ein riesiges

Gebiet. Verbunden sind sie durch Straßen, die sich durch Berge und Canyons winden. Da es nur wenige öffentliche Verkehrsmittel gibt, ist ein eigenes Fahrzeug am besten. Und schließlich ist „Roadtripping" einer *der* Gründe, warum man diese malerische Gegend erforscht.

In den ländlichen Gebieten gibt es nur sehr wenige Tankstellen – die I-80 durch Wyoming ist hier besonders berüchtigt. Es ist durchaus nicht ungewöhnlich, dass zwischen zwei Tankstellen mehr als 150 km liegen. Wer sich nicht sicher ist, sollte lieber volltanken.

Der **Denver International Airport** (DIA; ☎ Information 303-342-2000; www.flydenver.com; 8500 Peña Blvd; ⏲ 24 Std.; 📶) ist der Hauptflughafen der Region. Plant man allerdings An- oder Weiterreise als Inlandsflug, sollte man auch mal nach dem **Colorado Springs Airport** (www.springsgov.com/airportindex.aspx) schauen. Die Preise sind oft geringer, die Anfahrt geht schneller als beim DIA, und er ist genauso praktisch. Sowohl Denver als auch Colorado Springs bieten Flüge in kleineren Maschinen zu den wichtigeren Städten und Erholungsorten der Gegend – Jackson, WY, Boise, ID, Bozeman, MT, und Aspen, CO, sind nur einige der Möglichkeiten. Salt Lake City, UT, hat auch Verbindung zu Zielen in allen vier Staaten.

Greyhound (☎ 800-231-2222; www.greyhound.com) hat feste Routen durch die Rockies und bietet den umfassendsten Busservice.

Diese Züge der Amtrak (S. 835) fahren Ziele in und um die Region herum an:

California Zephyr Täglich zwischen Emeryville, CA (in der San Francisco Bay Area), und Chicago, IL, mit sechs Stopps in Colorado, darunter Denver, Fraser-Winter Park, Glenwood Springs und Grand Junction.

Empire Builder Fährt täglich von Seattle, WA, oder Portland, OR, nach Chicago, IL, mit zwölf Stopps in Montana (darunter Whitefish sowie East und West Glacier) und einem Halt in Idaho in Sandpoint.

COLORADO

Von starken Espressos bis hin zu Extremskipisten mit doppeltem Diamantsymbol – Colorado steht für Vitalität. Zudem ist dies der amerikanische Bundesstaat mit den meisten Gipfeln über 4267 m (bzw. 14000 Fuß, daher auch „14ers" genannt). Doch nicht alles dreht sich hier nur um Outdoor-Abenteuer: Universitäten und High-Tech zeigen die fleißige Seite Colorados. Allerdings feiern wohl selbst manche Workaholics krank, sobald vor Ort der erste Schnee fällt.

Es ist kein Wunder, dass der sonnige Bundesstaat so viele Kalifornier und Ostküstenbewohner anzieht. Auch Latinos sind dem Ruf nach Unterstützung des gewaltigen regionalen Tourismussektors schon gefolgt. Und obwohl Colorado größtenteils als ziemlich konservativ gilt, teilen die Einheimischen allesamt eine fanatische Liebe zur Wildnis in der Region und eine sehr freundliche, erfrischende Einstellung, dass alles möglich ist, wenn man es nur versucht.

ℹ Praktische Informationen

Colorado Road Conditions (☎ 877-315-7623; www.state.co.us) Bietet Informationen zu den Highways.

Colorado State Parks (☎ 303-470-1144; www.parks.state.co.us) Stellplätze fürs Zelt oder den Wohnwagen kosten zwischen 10 und 24 US$ die Nacht, je nach Einrichtungen. Einfache

KURZINFOS COLORADO

Spitzname Centennial State

Bevölkerung 5 Mio.

Fläche 269601 km²

Hauptstadt Denver (566974 Ew.)

Andere Städte Boulder (91500 Ew.), Colorado Springs (372400 Ew.)

Verkaufssteuer 2,9 % staatliche Steuer plus unterschiedliche Steuern je nach Stadt

Geburtsort von Ute-Stammesführer Chief Ouray (1833–1880), South-Park-Schöpfer Trey Parker (geb. 1969), Schauspielerin Amy Adams (geb. 1974), dem in *127 Hours* porträtierten Aron Ralston (geb. 1975), Bergsteiger Tommy Caldwell (geb. 1978)

Heimat von der Naropa University (einst von den Beat-Dichtern gegründet), Abfahrten mit Pulverschnee, Boutique-Bier

Politische Ausrichtung Wechselnde politische Ausrichtung

Berühmt für Sonnentage (300 im Jahr), die höchstgelegenen Weinberge und längste Ski-Abfahrt in den kontinentalen USA

Kitschigstes Souvenir Flaschenöffner aus Wildhufen

Entfernungen Denver–Vail 100 Meilen (160 km), Boulder–Rocky Mountain National Park 38 Meilen (61 km)

Hütten und Jurten sind in einigen Parks auch zu haben, welche mit Holzöfen das ganze Jahr über. Bei bestimmten Campingplätzen kann man im Voraus reservieren, muss aber eine Buchungsgebühr von 10 US$ bezahlen, die nicht zurückerstattet wird. Die Reservierung zu ändern, kostet 6 US$.

Colorado Travel & Tourism Authority (☎800-265-6723; www.colorado.com) Dies ist die Touristeninformation, die für den ganzen Bundesstaat zuständig ist.

Denver Post (www.denverpost.com) Die *Dever Post* ist die bedeutendste Tageszeitung vor Ort.

Denver

Denvers extrem starke Anziehungskraft erfasst alles und jeden in den westlichen Rockies. Hierfür sorgen z.B. glitzernde Wolkenkratzer im Stadtzentrum, bierselige Brauereikneipen, Ausgabestellen für Cannabis, Wanderwege und wettergegerbte Gipfelkrieger. Zudem prägt nun eine Art internationale Verrücktheit dieses frühere Kuhkaff – dank eines wachsenden Weltbürgertums im Gewand des amerikanischen Westens, das die Hipness der sich entwickelnden Kunst-, Bar- und Restaurantszene nährt.

Der stärkste Touristentrubel konzentriert sich auf die Bezirke von Downtown und Lower Downtown (LoDo). Besucher mit Durchblick bevorzugen jedoch Viertel wie Highlands, Washington Park, Cherry Creek, Five Points, South Santa Fe oder River North (RiNo), um weiter draußen ins lebhafte Herz von Denvers ständig wachsender Kulturszene einzutauchen.

Gekrönt wird das Ganze von der unmittelbaren Nähe zu den Rockies, einem der besten Mountainbike-Trailnetze der USA und vielen Parks, Freiflächen und Flussufern mit sonnigen Sitzplätzen – ideal, wenn man sich psychedelischen Höhenflügen hingeben möchte.

Sehenswertes & Aktivitäten

★ Denver Art Museum — MUSEUM

(DAM; ☎Ticket-Hotline 720-865-5000; www.denverartmuseum.org; 100 W 14th Ave; Erw./Kind/Student 13/5/10 US$, am 1. Sa des Monats Eintritt frei; ⏲Di–Do & Sa–So 10–17, Fr 10–20 Uhr; P ♿; 🚌9, 16, 52, 83L RTD) Das DAM besitzt eine der größten Sammlungen indigener Kunst in den USA und präsentiert auch avantgardistische Multimedia-Sonderausstellungen. Die Abteilung Western American Art, die zur ständigen Sammlung gehört, ist zu Recht berühmt. Das keinesfalls konservative Museum steht auch bei Kindern hoch im Kurs – am allerbesten sind die interaktiven Exponate.

Das markant verwinkelte Hamilton Building für 110 Mio. US$ (benannt nach Frederic C. Hamilton, entworfen von Daniel Libeskind) ist schlicht umwerfend. Egal, ob

Denver

Highlights
1 Denver Art Museum ... C5

Sehenswertes
2 Clyfford Still Museum ... C5
3 History Colorado Center ... C5
4 Museum of Contemporary Art ... A2

Schlafen
5 11th Avenue Hotel ... C6
6 Brown Palace Hotel ... C4
7 Curtis ... B4
8 Denver International Youth Hostel ... D4
9 Hotel Monaco ... B3
10 Patterson Historic Inn ... D6
11 Queen Anne Bed & Breakfast Inn ... C3

Essen
12 Buenos Aires Pizzeria ... B2
13 City O' City ... C5
14 Rioja ... A3
15 Root Down ... A1
16 Snooze ... C2
17 Steuben's Food Service ... D4

Ausgehen & Nachtleben
18 Ace ... D4
19 Bar Standard ... C6
20 Denver Wrangler ... C4
21 Great Divide Brewing Company ... C2
22 Matchbox ... C1
23 The Church ... C5

Unterhaltung
24 Cinco de Mayo ... C5
25 Comedy Works ... B3
26 Coors Field ... B2
27 Denver Performing Arts Complex ... B4
28 El Chapultepec ... B2
29 Great American Beer Festival ... B4
30 Lannie's Clocktower Cabaret ... B3
31 Ogden Theatre ... D4
32 Taste of Colorado ... C5

Shoppen
33 Tattered Cover Bookstore ... A3
34 Wax Trax Records ... D5

man es nun als wachsende Kristalle, Bergensemble oder einfach nur als architektonische Schwelgerei interpretiert – dies ist ein modernes Meisterstück. Wer das Äußere für abgefahren hält, sollte einen Blick ins Innere werfen: Wegen des Designes und der Verwendung von Tageslicht-Effekten verändern sich die Raumformen dort mit jedem Perspektivenwechsel.

Clyfford Still Museum MUSEUM

(☎720-354-4880; www.clyffordstillmuseum.org; 1250 Bannock St; Erw./Kind 10/3 US$; ⊙So–Do 10–17, Fr 10–20 Uhr) Das faszinierende Muse-

Denver

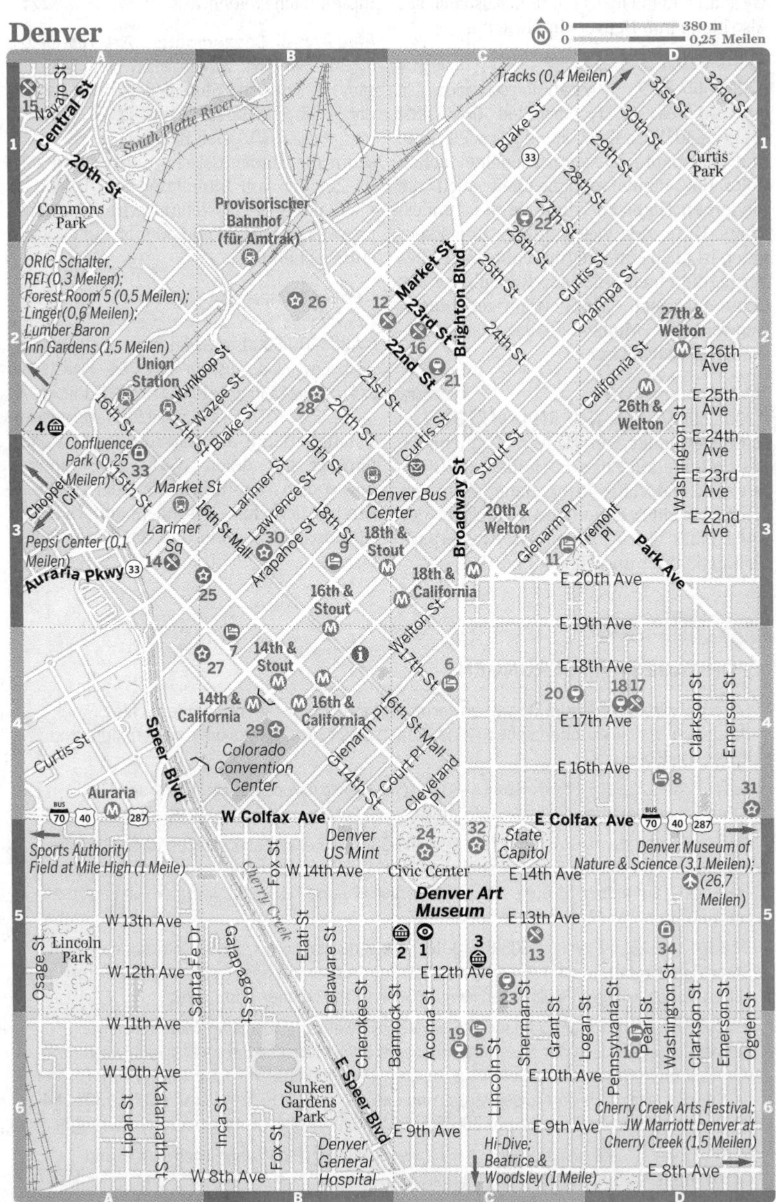

um ist ausschließlich dem Werk und Erbe von Clyfford Still, einem Vertreter des amerikanischen abstrakten Expressionismus, gewidmet. Die Sammlung umfasst über 2400 ausdrucksstarke Werke dieses narzisstischen Meisters des Kühnen. Bei seinem Tod (1980) hatte Still testamentarisch verfügt, dass sein Werk an einem einzigen Ort auszustellen sei. Also baute ihm Denver ein Museum.

History Colorado Center MUSEUM

(☎303-447-8679; www.historycoloradocenter.org; 1200 Broadway; Erw./Kind/Stud. 10/8/8 US$; ⏲Mo–Sa 10–17, So 12–17 Uhr; P) Das elegante und charmante Museum beleuchtet neben Colorados Pioniervergangenheit auch die modernen Hightech-Triumphe des Bundesstaats. Unter den vielen interaktiven Exponaten ist auch eine „Zeitmaschine" à la Jules Verne, die einen auf einer Riesenkarte des Centennial State (Hundertjährigen Staats) wegweisende Momente aus dessen Geschichte erleben lässt.

★Confluence Park PARK

(2200 15th St; 👪; 🚌10 RTD) GRATIS Der Haupttreffpunkt von Denvers Sonnenfans, das Gelände am Zusammenfluss von Cherry Creek und Platte River, eignet sich auch prima für ein Nachmittagspicknick. In der Nähe gibt's einen kleinen Wildwasserpark für Kajakfahrer und Tubing-Sportler.

Von hier aus führt der Cherry Creek Trail südwärts bis zum Cherry Creek Shopping Center und dann noch weiter zum Cherry Creek Reservoir. Wer dem Platte Trail gen Südwesten folgt, erreicht schließlich das Chatfield Reservoir. In Richtung Norden gelangt man zum Clear Creek Trail und über diesen nach Golden.

Museum of Contemporary Art KUNSTGALERIE

(☎303-298-7554; www.mcadenver.org; 1485 Delgany St; Erw./Kind/Student 8/1/5 US$, nach 17 Uhr 5 US$; ⏲Di–Do 12–19, Fr 12–20, Sa & So 10–19 Uhr; P; 🚌6 RTD) Der Bau von Denvers Museum für zeitgenössische Kunst stand stets im Zeichen von Interaktion und Dialog. Je nach aktueller Ausstellung wirkt das Ganze provokativ, entzückend oder ist ein bisschen enttäuschend.

Denver Museum of Nature & Science MUSEUM

(☎303-370-6000; www.dmns.org; 2001 Colorado Blvd; Erw./Kind Museum 13/8 US$, Planetarium 5/4 US$, IMAX-Kino 8–10 US$; ⏲9–17 Uhr; P 👪; 🚌20, 32, 40 RTD) Das klassische Naturwissenschaftsmuseum am Ostrand des City Park punktet mit tollen Wechselausstellungen und coolen Panoramen, die jeder schon als Kind geliebt hat. Besonders unterhaltsam sind das IMAX-Kino und das Gates Planetarium.

ABSTECHER

TOP-TAGESWANDERUNGEN

Maximal eine Stunde von Denver entfernt beginnen buchstäblich Hunderte Tageswanderungen. Viele Besucher zieht es hinauf nach Colorado Springs oder zu den Mountain Parks von Boulder.

Jefferson County Open Space Parks (www.jeffco.us/openspace; 👪) Zu den Highlights zählen Matthews Winters, Mount Falcon, Elk Meadow und Lair o' the Bear.

Golden Gate Canyon State Park (☎303-582-3707; www.parks.state.us/parks; 92 Crawford Gulch Road, Golden; Eintritt/Camping 7/24 US$; ⏲5–22 Uhr) Dieser riesige State Park (48,6 km²) auf halber Strecke zwischen Nederland und Denvers Downtown ist von Letzterer aus in ca. 45 Minuten erreichbar.

Staunton State Park (☎303-816-0912; www.parks.state.co.us/parks) Colorados neuester State Park liegt 40 Meilen (64 km) westlich von Denver auf dem Gelände einer historischen Ranch. Hin geht's über den Hwy 285 zwischen Conifer und Bailey.

Waterton Canyon (☎303-634-3745; www.denverwater.org/recreation/watertoncanyon; Kassler Center) Südlich der Stadt erstreckt sich diese hübsche Schlucht gleich westlich vom Chatfield Reservoir. Ein leicht zu meisternder Pfad (10,5 km) führt darin zum Strontia Springs Dam. Von dort aus gelangt man entlang des **Colorado Trail** (CTF; ☎303-384-3729; www.coloradotrail.org; PO Box 260876; ⏲Mo–Fr 9–17 Uhr) bis hinüber nach Durango!

Buffalo Creek Mountain Bike Area (www.frmbp.org; Pine Valley Ranch Park) Rund 64 km Trails für Singletrack-Mountainbiker.

Feste & Events

Cinco de Mayo KULTUR
(www.cincodemayodenver.com; Mai;) GRATIS Eines der größten Cinco-de-Mayo-Feste des Landes mit Salsamusik und Margaritas findet am ersten Maiwochenende statt.

Cherry Creek Arts Festival KUNST
(www.cherryarts.org; Ecke Clayton St & E 3rd Ave;) Weitläufiges Nachbarschaftsfest, bei dem 250 000 Besucher in bildender, darstellender und kulinarischer Kunst schwelgen.

Taste of Colorado ESSEN
(303-295-6330; www.atasteofcolorado.com; Civic Center Park;) Festival am Labor Day. Mit dabei sind Imbissstände von über 50 Restaurants, viele alkoholische Getränke, Livemusik und Kunsthandwerkshändler.

Great American Beer Festival BIER
(303-447-0816; www.greatamericanbeerfestival.com; 700 14th St; Eintritt 75 US$; Anfang Sept.; ; 101 D-Line, 101 H-Line, 1, 8, 30, 30L, 31, 48 RTD) Colorado hat mehr Kleinbrauereien als jeder andere US-Bundesstaat. Karten für dieses äußerst beliebte Event sind meist im Voraus ausverkauft.

Schlafen

Abgesehen von den hier aufgelisteten Optionen gibt's in ganz Denver auch Ketten- und Privatmotels (Zi. ab 75 US$) – über Online-Buchungsportale lässt sich kräftig Bares sparen. Die Hostels der Stadt zielen eher auf Durchreisende als auf Backpacker ab.

Denver International Youth Hostel HOSTEL $
(303-832-9996; www.youthhostels.com/denver; 630 E 16th Ave; B 19 US$; ; 15, 15L, 20 RTD) Wenn ein günstiger Preis wirklich wichtig ist, könnte dieses einfache, leicht chaotische und charmant schäbige Hostel in super Zentrumslage die richtige Wahl sein: Alle Schlafsäle haben eigene Bäder. Der Gemeinschaftsbereich im Keller punktet mit Großbild-TV, Bibliothek und Gäste-PCs.

11th Avenue Hotel HOTEL $
(303-894-0529; www.11thavenuehotel.com; 1112 Broadway; B 19–22 US$, Zi. mit/ohne Bad 45/39 US$;) Eine anständige Adresse für Budgetreisende: Das Billighotel eignet sich für Kunstfans und wartet mit guten Sicherheitsmaßnahmen und prima Lage im Bezirk Golden Triangle auf. Die Lobby erinnert irgendwie an einen Jim-Jarmusch-Film. Die Zimmer im Obergeschoss (z.T. mit eigenen Bädern) sind spartanisch, aber sauber.

★ Curtis BOUTIQUEHOTEL $$
(303-571-0300; www.thecurtis.com; 1405 Curtis St; DZ 159–279 US$; ; 15 RTD) Dieser postmoderne Popkultur-Tempel ist vor Ort absolut einzigartig und scheint Gäste in ein verrücktes Wunderland à la Warhol zu versetzen. Ob beim Service oder beim Zimmerdekor: Überall regiert Detailverliebtheit.

Jedes der insgesamt 13 Stockwerke steht unter einem eigenen Motto, das jeweils ein anderes Genre der US-Popkultur repräsentiert. Die geräumigen, sehr modernen Zimmer sind für eine entspannte Nachtruhe nicht zu abgefahren. Dennoch könnte der erfrischend andere Ansatz des Hotels für manche Gäste zu kitschig sein (man kann sich z.B. von Elvis per Telefon wecken lassen). Wer aber eine tolle Alternative zu den üblichen langweiligen internationalen Ketten sucht, findet sie eventuell hier im Herzen Downtowns.

★ Queen Anne Bed & Breakfast Inn B&B $$
(303-296-6666; www.queenannebnb.com; 2147 Tremont Pl; Zi. inkl. Frühstück 135–215 US$;) Dieses umweltbewusste B&B befindet sich in zwei viktorianischen Wohnhäusern aus den späten 1800er-Jahren. Sanft wabernde Kammermusik in den Gemeinschaftsbereichen, frische Blumen, gepflegte Gärten und abendliche Weinproben verleihen ihm eine romantische Atmosphäre. Dank der viktorianischen Antiquitäten, einem Whirlpool und exquisiten Wandbildern hat jedes Zimmer einen individuellen Charakter.

Den hiesigen Sinn für Nachhaltigkeit demonstrieren z.B. umweltfreundlich hergestellte Textilien, leckeres Bio-Frühstück oder Grüntee-Matratzen mit recycelten Sprungfedern. Produkte und Essenszutaten werden möglichst bei örtlichen Händlern gekauft. Für Gäste gibt's sogar kostenlose Leihfahrräder.

Patterson Historic Inn HISTORISCHES HOTEL $$
(303-955-5142; www.pattersoninn.com; 420 E 11th Ave; Zi. inkl. Frühstück ab 169 US$;) Das prächtige Château (erb. 1891) mit kleinem Gartengelände war einst das Wohnhaus eines Senators. Als eines von Denvers besten historischen B&Bs überzeugt es heute u.a. mit viktorianischem Charme und üppigem Frühstück. In den neun gut gepflegten Zimmern warten moderne Annehmlichkeiten wie Daunendecken, Flachbildfernseher und Bademäntel aus Seide.

Lumber Baron Inn Gardens B&B $$

(303-477-8205; www.lumberbaron.com; 2555 W 37th Ave; Zi. 149–239 US$; ; 38 RTD) Krimidinner und romantische Suiten heben das schräge, aber elegante B&B im entspannten Viertel Highlands von seiner Konkurrenz ab – sogar einheimische Übernachtungsgäste spielen hier gerne Wochenenddetektiv! Die fünf verschiedenen Suiten verfügen alle über Whirlpools und riesige Plasmafernseher.

Brown Palace Hotel HISTORISCHES HOTEL $$$

(303-297-3111; www.brownpalace.com; 321 17th St; Zi. ab 299 US$;) Wer staunend unter dem Buntglasdach des Atriums steht, wird begreifen, warum dieser Palast zur engeren Auswahl der besten historischen Hotels Amerikas zählt. Hierfür sorgen auch dekorative Kunst, importierter Marmor, ein Vier-Sterne-Spa und Personal, das diskret durch die Korridore schwebt.

Seit den Tagen Teddy Roosevelts haben die Zimmer diverse Präsidenten beherbergt. Sie verbreiten die einzigartige Eleganz früherer Zeiten, wirken aber nach heutigem Standard etwas beengt.

JW Marriott Denver at Cherry Creek HOTEL $$$

(303-316-2700; www.jwmarriottdenver.com; 150 Clayton Ln; DZ ab 245 US$; ; 1, 2, 3, 46 RTD) Wie die Lobbys werden die geräumigen Zimmer von lokaler Kunst und bunten Glasbläsereien geziert. Die Quartiere warten mit sehr hochwertiger Bettwäsche und dick gepolsterten Betten auf – ebenso mit Marmorbädern, in denen man Nobelseifen und -shampoos findet. An der gleichermaßen sehr coolen Hotelbar lassen sich eventuell sogar Teammitglieder der Denver Broncos blicken.

Hotel Monaco BOUTIQUEHOTEL $$$

(303-296-1717, 800-990-1303; www.monaco-denver.com; 1717 Champa St; Zi. ab 127 US$; ; 0, 6, 30, 30L, 31, 36, 48, 52 RTD) Dieses ultrastilvolle Boutiquehotel steht bei Promis hoch im Kurs. In den modernen, in kräftigen Farben gehaltenen Zimmern im französischen Stil mit Art-déco-Elementen stehen gute europäische Betten. Auf keinen Fall die abendliche „Altitude Adjustment Hour" („Höhengewöhnungsstunde") verpassen, bei der Erwachsene mit Gratiswein und fünfminütigen Massagen verwöhnt werden! Das Monaco ist 100 % haustierfreundlich – wer möchte, bekommt sogar einen Goldfisch (mit Namen) aufs Zimmer gebracht.

Essen

Die größte Vielfalt und Raffinesse weisen die Restaurants in Downtown auf. Insider zieht es jedoch in Viertel wie Highlands, Cherry Creek, South Pearl Street, Uptown, Five Points, Washington Park oder Old Town Littleton: Dort lassen sich kleine Geschäftsmeilen (jeweils ca. fünf Blocks) mit ein paar der besten örtlichen Lokale zu Fuß abklappern. Über Neueröffnungen informieren Websites wie www.5280.com oder www.diningout.com/denver.

Snooze FRÜHSTÜCK $

(303-297-0700; www.snoozeeatery.com; 2262 Larimer St; Hauptgerichte 6–12 US$; Mo–Fr 6.30–14.30, Sa & So 7–14.30 Uhr;) Das fröhliche Frühstücks- und Brunch-Lokal zählt zu den angesagtesten After-Party-Versorgungsstationen der Stadt. Es serviert z. B. spektakuläre Morgen-Burritos und super Eggs Benedict mit Lachs. Dazu gibt's stets guten Kaffee oder alternativ eine frühe Bloody Mary. Am Wochenende kann die Wartezeit bis zu einer Stunde betragen.

City O' City VEGETARISCH, VEGAN $

(303-831-6443; www.cityocitydenver.com; 206 E 13th Ave; Hauptgerichte 8–15 US$; Mo–Fr 7–2, Sa 8–2, So 8–24 Uhr; ; 2, 9, 52 RTD) Das beliebte Restaurant mit vegetarischer bzw. veganer Küche verfolgt bezüglich Gemüse, Getreide, Fleischersatz und Müsli einen innovativen Ansatz. Heraus kommen u. a. Tapas-Platten, üppige Salate, ein paar internationale Nudelgerichte und Denvers beste vegane Pizza.

Buenos Aires Pizzeria ARGENTINISCH $

(303-296-6710; www.bapizza.com; 1307 22nd St; Empanadas 2,50 US$, Hauptgerichte 6–10 US$; Di–Sa 11.30–22, So 12–20 Uhr) Echte argentinische Aromen im Herzen des ländlichen Colorado: Diese weitläufige Pizzeria punktet mit authentischem Look und Ambiente. Am besten genehmigt man sich zwei bis drei Empanadas (gefüllte Teigtaschen) oder eines der leckeren Sandwiches. Alternativ sind hier Pizza und Pasta überdurchschnittlich gut. Steaks kommen hier leider nicht auf den Tisch.

★ **Beatrice & Woodsley** TAPAS $$

(303-777-3505; www.beatriceandwoodsley.com; 38 S Broadway; kleine Teller 9–13 US$; Mo–Fr 17–23, Sa & So 10–14 & 17–22 Uhr; 0 RTD) Das am kunstvollsten eingerichtete Restaurant der Stadt: In die Wände eingelassene Kettensägen dienen als Regalstützen, und hinten wächst eine Amerikanische Espe durch den Raum. Das Ambiente entspricht dem einer Berghütte, die auf elegante Weise von der Natur zurückerobert wird. Das Angebot von verspielten, kleinen Gerichten ist europäisch angehaucht.

★Steuben's Food Service AMERIKANISCH **$$**
(☎303-803-1001; www.steubens.com; 523 E 17th Ave; Hauptgerichte 8–21 US$; ⏱So–Do 11–23, Fr & Sa 11–24 Uhr; 👪) 🍃 Das Steuben's ist zwar im Stil eines Drive-in-Diners aus den 1950er-Jahren gestaltet, beweist aber clever einen Sinn fürs Zeitgemäße – zu erkennen an der Solarstromküche und dem raffinierten Umgang mit Hausmannskost (u.a. Käsemakkaroni, Brathähnchen, Hummerbrötchen). Im Sommer sorgen offene Garagentore zur Straße hin für eine luftige Atmosphäre. Ab 22 Uhr gibt's das ultimative Sonderangebot der ganzen Gegend: einen Burger, ein Bier und handgeschnittene Pommes für zusammen 5 US$.

★Root Down MODERN-AMERIKANISCH **$$$**
(☎303-993-4200; www.rootdowndenver.com; 1600 W 33rd Ave; kleine Portionen 7–17, Hauptgerichte 18–28 US$; ⏱So–Do 17–22, Fr & Sa 17–23 Uhr, Brunch Sa & So 10–14.30 Uhr; 🖉) 🍃 In einer umgebauten Tankstelle hat der Küchenchef Justin Cucci einen der ehrgeizigsten kulinarischen Pläne in die Tat umgesetzt. Er hat seine Angewohnheit, nachhaltig angebaute Produkte direkt vom Bauern zu verarbeiten, mit höchst anspruchsvoller Fusion-Küche und einem sanften, energieeffizienten Ethos verbunden. Die Speisekarte wechselt je nach Jahreszeit, aber man kann sich auf jeden Fall glücklich schätzen, wenn gerade Falafel aus Süßkartoffeln oder Hoisin-Ente-Confit-Slider drauf stehen.

★Rioja MODERN-AMERIKANISCH **$$$**
(☎303-820-2282; www.riojadenver.com; 1431 Larimer St; Hauptgerichte 18–29 US$; ⏱Mi–Fr 11.30–14.30, Sa & So 10–14.30, Mo–So 17–22 Uhr; ❄🖉; 🚌2, 12, 15, 16th St Shuttle) Eines von Denvers innovativsten Restaurant ist wie Colorado: fesch, nobel und geschäftig, zugleich aber entspannt und zwanglos. Die Küche mit traditionell italienischen und spanischen Einflüssen wird durch moderne kulinarische Ansätze verfeinert.

Ausgehen

Zu den besten Ausgehzonen zählen Uptown (Schwulenbars, junge Yuppies), LoDo (lärmige Sportsbars, hier wird getrunken und getanzt), River North (Hipster), Lower Highlands (bunter Mix, reizende Sonnenterrassen) oder Cherry Creek (Leute ab 35 Jahren). Broadway und Colfax stehen jeweils für Oldschool-Möchtegerns.

★Forest Room 5 BAR
(☎303-433-7001; www.forestroom5.com; 2532 15th St; ⏱16–2 Uhr) Dieser Moloch in LoHi (Lower Highlands) zählt definitiv zu Denvers besten Bars. Hierfür sorgen u.a. eine Freiluftterrasse mit Feuerstellen (dort darf geraucht werden!), mehrere Bäche und ein abgefahrener Airstream-Wohnwagen.

Linger LOUNGE
(☎303-993-3120; www.lingerdenver.com; 2030 W 30th Ave; Hauptgerichte 8–14 US$; ⏱Di–Sa 11.30–14.40 & 16–2, So 10–14.30 Uhr) Dieser weitläufige LoHi-Komplex befindet sich im früheren Bestattungsinstitut Olinger (das „O" auf dem originalen Namensschild wird abends ausgeblendet). Zur taghell erleuchteten Dachbar gehört ein Nachbau des berühmten Wohnmobils aus dem Bill-Murray-Filmhit *Ich glaub', mich knutscht ein Elch!*

Bar Standard NACHTCLUB
(☎303-534-0222; www.coclubs.com; 1037 Broadway; ⏱Fr & Sa 20–2 Uhr; 🚌0 RTD) Dieser Laden ist supercool, ohne arrogant zu wirken. Wenn der richtige DJ an den Tellern steht, wird er zu einem von Denvers besten Tanztempeln.

Die dazugehörige Milk Bar orientiert sich am Romanklassiker *Uhrwerk Orange* von Anthony Burgess.

Tracks SCHWULENCLUB
(☎303-863-7326; www.tracksdenver.com; 3500 Walnut St; ⏱Fr & Sa 21–2 Uhr, So–Do wechselnde Öffnungszeiten) In Denvers bestem Schwulen-Tanzclub darf man ab 18 Jahren (Do) tanzen, sich Travestieshows (Fr) ansehen und den Lesben-Abenden (nur 1-mal pro Monat) beiwohnen.

Denver Wrangler SCHWULENBAR
(☎303-837-1075; www.denverwrangler.com; 1700 Logan St; ⏱11–2 Uhr; 🚌101 RTD) Denvers führende „Bären-Bar" liegt sehr zentral und zieht nach Feierabend ein sympathisches Publikum aus schwulen Yuppies an.

Great Divide Brewing Company BRAUEREIKNEIPE
(www.greatdivide.com; 2201 Arapahoe St; ⏱Mo & Di 14–20, Mi–Sa 14–22 Uhr) Die hervorragende Lokalbrauerei tut gut daran, statt schicker

Quartiere und der üblichen Burger ihre Stärke in den Mittelpunkt zu stellen: spitzenmäßiges Bier.

Ace BAR
(☎303-800-7705; www.acedenver.com; 501 E 17th Ave; ⏲Mo–Fr 11–24, Sa & So 14–24 Uhr) In Denvers bester Tischtennisbar wird nach Straßenregeln gespielt.

Matchbox BAR
(www.matchboxdenver.com; 2625 Larimer St; ⏲Mo–Fr 16–2, Sa & So 12–2 Uhr) Diese Minibar im Künstlerviertel RiNo (River North) zieht Bluejeans-Träger mit fetten Brillen an.

The Church NACHTCLUB
(www.coclubs.com; 1160 Lincoln St) Hier warten Akrobaten, drei Tanzflächen, ein paar Lounges und sogar eine Sushibar!

☆ Unterhaltung

Das Gratismagazin **Westword** (www.westword.com) informiert über aktuelle Veranstaltungen im Bereich der darstellenden Künste (u.a. Musik, Theater).

★ Denver Performing Arts Complex THEATER
(☎720-865-4220; www.artscomplex.com; Ecke 14th & Champa St) Dieser Riesenkomplex ist einer der größten seiner Art. In insgesamt vier Gebäudeblocks beherbergt er mehrere große Theater wie das historische Ellie Caulkins Opera House oder den Seawell Grand Ballroom. Das Colorado Ballet, das Denver Center for the Performing Arts, die Opera Colorado und das Colorado Symphony Orchestra sind ebenfalls hier zu Hause.

★ El Chapultepec LIVEMUSIK
(☎303-295-9126; www.thepeclodo.com; 1962 Market St; ⏲7–2 Uhr, Musik ab 21 Uhr) Der verrauchte Oldschool-Jazzschuppen mit buntem Besuchermix wurde 1951 eröffnet. Seitdem sind hier Frank Sinatra, Tony Bennett, Ella Fitzgerald, Jagger und Richards aufgetreten.

Red Rocks Amphitheatre FREILUFTBÜHNE
(☎303-640-2637; www.redrocksonline.com; 18300 W Alameda Pkwy; ⏲5–23 Uhr; 👪) Rund 15 Meilen (24 km) südwestlich von Denver liegt diese Freiluftbühne inmitten 122 m hoher Sandsteinfelsen. Die Akustik ist so gut, dass hier viele Künstler schon Live-Alben aufgenommen haben.

Hi-Dive LIVEMUSIK
(☎303-733-0230; www.hi-dive.com; 7 S Broadway) Das Hi-Dive liegt im Zentrum von Denvers Livemusikszene. Auf seiner Bühne stehen sowohl lokale Rockhelden als auch tourende Indie-Bands.

Grizzly Rose LIVEMUSIK
(☎303-295-1330; www.grizzlyrose.com; 5450 N Valley Hwy; ⏲Di–So ab 18 Uhr; 👪) Mit heißer Livemusik auf 3716 m² lockt diese super Spelunke echte Cowboys an, die teilweise sogar aus dem weit entfernten Cheyenne kommen.

Bluebird Theater LIVEMUSIK
(☎303-377-1666; www.bluebirdtheater.net; 3317 E Colfax Ave; 👪; 🚌15, 15L RTD) In diesem mittelgroße Laden hat man freien Zugang zu den Stehplätzen. Zudem punktet das Bluebird mit großartiger Akustik und ungehindertem Blick von der Galerie.

Ogden Theatre LIVEMUSIK
(☎303-832-1874; www.ogdentheatre.net; 935 E Colfax Ave; 👪; 🚌15 RTD) Einer von Denvers besten Livemusik-Clubs.

Comedy Works COMEDY
(☎303-595-3637; www.comedyworks.com; 1226 15th St; 🚌6, 9, 10, 15L, 20, 28, 32, 44, 44L RTD) Denvers bester Comedy-Club befindet sich in einem Kellergeschoss am Larimer Sq. Hinunter geht's über eine Treppe an der Ecke Larimer und 15th St.

Lannie's Clocktower Cabaret KABARETT
(☎303-293-0075; www.lannies.com; 1601 Arapahoe St; Tickets 25–40 US$; ⏲Di 13–17, Mi & Do 13–23, Fr & Sa 13–1.30 Uhr; 🚌Arapahoe) Schlüpfrig, frech und seltsam romantisch: Dieses Kabarett ist eine wilde Ausnahme unter den ansonsten recht braven bzw. zumindest heteromäßig geprägten Nightspots von LoDo.

Coors Field BASEBALL
(☎800-388-7625; www.mlb.com/col/ballpark/; 2001 Blake St; 👪) Die Colorado Rockies spielen Baseball auf dem sehr geschätzten Coors Field. Tickets für das Nebenfeld (The Rockpile) kosten günstige 4 US$.

Sports Authority Field at Mile High STADION
(☎720-258-3000; www.sportsauthorityfieldatmilehigh.com; 1701 S Bryant St; 👪) Die gefeierten Denver Broncos (Football) und die Denver Outlaws (Lacrosse) treten 1 Meile (1,6 km) westlich der Innenstadt im Mile High Stadium an.

Pepsi Center STADION
(☎303-405-1111; www.pepsicenter.com; 1000 Chopper Circle) Dieser Gigant beheimatet die

Denver Nuggets (Basketball), die Colorado Mammoth (National Lacrosse League) und die Colorado Avalanche (Eishockey).

Shoppen

Wer im Zentrum shoppen will, begibt sich nach LoDo oder zur Einkaufsmeile an der 16th St. Cherry Creek, Highlands Square und South Broadway sind weitere Top-Jagdreviere.

★Tattered Cover Bookstore BÜCHER
(www.tatteredcover.com; 1628 16th St; Mo–Fr 6.30–21, Sa 9–21, So 10–18 Uhr) Denvers beliebter Independent-Buchladen ist in der Stadt gleich zweimal vertreten. Viele gemütliche Ecken laden hier zum Schmökern ein.

★REI OUTDOOR-AUSRÜSTUNG
(Recreational Equipment Incorporated; 303-756-3100; www.rei.com; 1416 Platte St;) Neben hochwertiger Outdoor-Ausrüstung gibt's hier auch Karten, einen Verleihservice und eine Kletterwand.

Wax Trax Records MUSIK
(303-831-7246; www.waxtraxrecords.com; 638 E 13th Ave; 2, 10, 15, 15L RTD) Beste Adresse für Schallplattenfans.

Praktische Informationen

Visitors & Convention Bureau Information Center (303-892-1112; www.denver.org; 1600 California St; ; California)

ORIC-Schalter (Outdoor Recreation Information Center; REI-Zentrale 303-756-3100; www.oriconline.org; 1416 Platte St;) Für Outdoortrips empfiehlt sich dieser Schalter im REI-Laden.

Polizeihauptquartier (720-913-2000; 1331 Cherokee St)

Hauptpost (www.usps.com; 951 20th St; Mo–Fr 8–18.30, Sa 9–18.30 Uhr)

University of Colorado Hospital (720-848-0000; www.uch.edu; 12605 E 16th Ave, Aurora; 24 Std.) Mit Notaufnahme.

An- & Weiterreise

Greyhound-Busse halten am **Denver Bus Center** (303-293-6555; 1055 19th St), wo u. a. Verbindung nach Boise (ab 151 US$, 19 Std.) und Los Angeles (ab 125 US$, 22 Std.) besteht.

Der Denver International Airport (DIA; S. 827) wird von ca. 20 Airlines angesteuert und bietet Anschluss zu fast allen Großstädten in den USA. Er liegt 24 Meilen (38,6 km) östlich der Innenstadt und ist über den 12 Meilen (19,3 km) langen Peña Blvd mit der I-70 (Exit 238) verbunden. Touristen- und Flughafeninfos liefert ein **Schalter** (303-342-2000) in der zentralen Halle des Terminals.

Mit dem **Colorado Mountain Express** (CME; 800-525-6363; www.coloradomountainexpress.com;) geht's ab DIA, Stadtzentrum und Morrison zum Summit County, wo z. B. Breckenridge und Keystone (35–49 US$, 2,5 Std.) oder Vail (45–82 US$, 3 Std.) bedient werden.

Zwischen Chicago und San Francisco hält der *California Zephyr* der Amtrak in Denver. Bis zum für 2014 geplanten Abschluss der Stadtbahnsanierung in der **Union Station** (Amtrak 303-534-2812; www.denverunionstation.org; Ecke 17th & Wynkoop St; 31X, 40X, 80X, 86X, 120X RTD) benutzen alle Züge den **provisorischen Bahnhof** (Temporary Station; 1800 21st St) hinter dem Coors Field. Bei der **Amtrak** (800-872-7245; www.amtrak.com) kann man auch Zugtickets reservieren und Fahrplaninfos einholen.

Unterwegs vor Ort

AUTO & MOTORRAD

An der Straße einen Parkplatz zu finden, kann eine langwierige Qual sein, aber es gibt eine Menge kostenpflichtiger Parkhäuser in Downtown und LoDo. Beinahe alle wichtigen Autovermieter haben am DIA einen Schalter, manche haben auch Büros in Downtown.

FAHRRAD

BikeDenver.org (www.bikedenver.org) und die **Stadtverwaltung** (City of Denver; www.denvergov.org) haben Radkarten zum Download.

Denver B-Cycle (denver.bcycle.com) heißt das erste großstadtweite Bikesharing-Programm der USA. Die Website informiert über die jeweilige Lage der über 80 Verleihstationen in ganz Denver. Schutzhelme sind in der Gebühr nicht enthalten, vor Ort aber auch nicht vorgeschrieben. 30 Radelminuten gibt's gratis.

VOM/ZUM FLUGHAFEN

Alle Schalter der Verkehrsbetriebe liegen in der Nähe der Gepäckausgabe. Stadtbusse des **Regional Transit District** (RTD; 303-299-6000; www.rtd-denver.com) fahren stündlich auf der SkyRide-Linie vom Flughafen nach Downtwon (9–13 US$, 1 Std.). RTD fährt auch von der **Market Street** (Ecke 16th St & Market St) nach Boulder (13 US$, 1½ Std.). **Shuttle King Limo** (303-363-8000; www.shuttlekinglimo.com) berechnet für Fahrten vom DIA zu Zielen in und um Denver 65 US$. **SuperShuttle** (303-370-1300; www.supershuttle.com) hat Kleinbusse (ab 22 US$), die in der ganzen Region von Denver bis zum Flughafen verkehren.

ÖFFENTLICHE VERKEHRSMITTEL

Der RTD (Regional Transportation District) betreibt Nahverkehrsmittel im gesamten Bereich von Denver und Boulder. Kostenlose Shuttle-Busse verkehren entlang der 16th St Mall. Die RTD-Stadtbahnen bedienen insgesamt 46 Stationen an sechs Linien (1–2 Stationen/3 Zonen/alle Zonen 2,25/4/5 US$).

TAXI

Einen Taxiservice rund um die Uhr bieten:

Metro Taxi (303-333-3333; www.metrotaxidenver.com)

Yellow Cab (303-777-7777; www.denveryellowcab.com)

Boulder

In reizender Lage schmiegt sich dieses idyllische Städtchen an die schroffen, fast senkrechten Felswände der Flatirons. Sein spürbarer Idealismus wirkt auf Unternehmer, Sportler, Hippies und Hartgesottene wie ein Magnet. Außerdem sind hier die University of Colorado und die während der Beat-Periode gegründete Naropa University mit buddhistischem Touch zu Hause.

Boulders fanatische Liebe zur Natur wurde 1967 gesetzlich untermauert, als die Stadt als erste in den USA eine spezielle Steuer für den Freiflächenschutz erhob. Dank dieser Voraussicht flitzen heute ganze Rudel von Radlern den Boulder Creek Corridor entlang, der Boulder mit den Regionalparks verbindet, welche vom Steuergeld gekauft wurden. Die verkehrsberuhigte, belebte Pearl Street Mall eignet sich perfekt zum Umherspazieren – vor allem abends, wenn sich dort bis in die Puppen Einheimische tummeln.

In vielerlei Hinsicht ist Boulder die regionale Drehscheibe (und nicht etwa Denver). Die Stadt liegt etwa gleich weit vom Denver International Airport entfernt. Besucher genießen zudem eine vergleichsweise größere Nähe zu örtlichen Wanderrouten in den Gebirgsausläufern – ebenso zum Rocky Mountain National Park und zu den großen Skiorten, welche die I-70 gen Westen säumen.

Sehenswertes & Aktivitäten

In Sachen Sehen und Gesehenwerden in Boulder konzentriert sich die Action vor allem auf zwei Bereiche abseits des Broadways: auf die Pearl Street Mall im Zentrum und auf den Bezirk University Hill neben dem Unigelände. In „The Hill" treibt sich aber kaum jemand über 25 Jahren herum. Im Westen wird die Stadt von den markanten Felsformationen der Flatirons überragt.

★ Chautauqua Park PARK

(www.chautauqua.com; 900 Baseline Rd; Eintritt frei; HOP 2) GRATIS Dieses historische Wahrzeichen ist das Tor zu Boulders herrlichster Freifläche (den Flatirons). Die weiten, saftigen Parkwiesen locken viele Picknicker an. Hinzu kommen scharenweise Wanderer, Kletterer und Jogger. Jeden Sommer spielen Weltklassemusiker im Konzertsaal. Die örtliche Dining Hall beherbergt ein gutes Restaurant.

Boulder Creek Bike Path RADFAHREN

(Eintritt frei; 24 Std.;) GRATIS Der meistgenutzte Radweg für Pendler in der Stadt ist fabelhaft: Der flache und größtenteils gerade, befestigte Weg am Bach folgt dem Boulder Creek vom Foothill Parkway den ganzen Weg, bis westlich der Innenstadt der Four Mile Canyon Dr vom Boulder Canyon Dr abzweigt. Das ergibt eine Strecke von 8 km. Vom Pfad hat man auch Zugang zu Fahrradwegen in die Stadt, die dort überall hinführen.

Eldorado Canyon State Park OUTDOOR-AKTIVITÄTEN

(303-494-3943; Visitor Center 9–17 Uhr) Eine der beliebtesten Gegenden des Landes zum Felsklettern bietet Touren der Klassen I (5.5) bis IX (5.12) und ein paar schöne Wanderwege. Der Eingang zum Park liegt am Eldorado Springs Dr, westlich vom Hwy 93. Infos bekommt man im Boulder Rock Club.

University Bicycles RADFAHREN

(www.ubikes.com; 839 Pearl St; 4 Std. Leihgebühr 15 US$; Mo–Sa 10–18, So 10–17 Uhr) Wer radeln will, findet jede Menge Anbieter vor, die Räder verleihen. U Bike hat aber die größte Auswahl und hilfsbereites Personal.

Boulder Rock Club KLETTERN

(303-447-2804; http://boulderrockclub.com; 2829 Mapleton Ave; Tagespass Erw./Kind 17/10 US$; Mo 8–22, Di–Do 6–23, Fr 8–23, Sa & So 10–20 Uhr;) In dieser riesigen Lagerhalle voller künstlicher Felswände mit Vorsprüngen und Routen kann man drinnen klettern. Das Selbstsicherungssystem gibt auch einzelnen Kletterern eine Verankerung. Das Personal ist eine super Quelle zu Kletterrouten in der Region und hat immer Tipps auf Lager.

Feste & Events

Boulder Creek Festival MUSIK, ESSEN

(303-449-3137; www.bceproductions.com; Canyon Blvd, Central Park; Mai; ; 206, JUMP) GRATIS Angekündigt wird es als der Sommer-

DIE JAHRTAUSENDFLUT

Am 12. September 2013 folgten nach dem schlimmsten Großbrand in Colorados Geschichte erst eine Dürre und dann das nächste Desaster: Die Bewohner der Front Range wurden von Hochwasser in den Canyons aus dem Schlaf gerissen. Die Überflutungen schnitten Berggemeinden von der Außenwelt ab, kosteten acht Menschen das Leben und machten Tausende obdachlos. Eine Katastrophe dieser Größenordnung wird als Jahrtausendflut betrachtet (Eintrittswahrscheinlichkeit von 0,1%). Mit 432 mm übertraf die Regenmenge den ansonsten im September üblichen Niederschlagsdurchschnitt um das Zehnfache. Das Ereignis verursachte einen geschätzten Gesamtschaden von 2 Mrd. US$ und gilt nach dem Hurrikan Katrina als zweitgrößte Naturkatastrophe der US-Geschichte. Das betroffene Gebiet (etwa so groß wie Connecticut) wird Jahre brauchen, um sich wieder zu erholen.

anfang und gekrönt vom fabelhaften Bolder Boulder. Dieses große Festival am Wochenende des Memorial Day (Mai) bietet zehn Eventbühnen mit über 30 Liveunterhaltern und 500 Verkäufern. Es gibt Essen und Getränke, Musik und Sonne. Was braucht man noch mehr?

Bolder Boulder LEICHTATHLETIK
(☎303-444-7223; www.bolderboulder.com; Erw. 44–48 US$) In dieser selbstbewusst hyperathletischen Stadt ist dies das größte Wettrennen innerhalb der Stadtgrenzen. Es nimmt sich selbst nicht allzu ernst – die Zuschauer brüllen, die Läufer sind verkleidet, und an der ganzen Strecke spielt Livemusik. Es findet am Memorial Day (Mai) statt.

Schlafen

In Boulder gibt es Dutzende Übernachtungsoptionen – einfach den Broadway oder den Hwy 36 hinunterfahren und eine auswählen! Wenn man online bucht, erhält man in der Regel die besten Rabatte.

Boulder Outlook HOTEL $
(☎303-443-3322, 800-542-0304; www.boulderoutlook.com; 800 28th St; DZ inkl. Frühstück 89–99 US$; P ❄ ☎ 🏊 🐾) Von Denver aus leicht erreichbar. Boulders erstes Hotel mit Komplettrecycling steht gleich abseits vom Highway am südlichen Stadtrand. In haustierfreundlicher, ökologisch geprägter Atmosphäre erwarten einen hier fröhliche Farben, eine Kletterwand, ein schummriges Hallenbad und eine Restaurantbar mit häufiger Bluesband-Beschallung.

Seltsamerweise sind die Motelzimmer mit Zugang zum Grünen günstiger als ihre Pendants im Hauptgebäude.

Chautauqua Lodge HISTORISCHES HOTEL $$
(☎303-442-3282; www.chautauqua.com; 900 Baseline Rd; Zi. ab 73 US$, Cottage 125–183 US$; P ❄ ☎; HOP 2) Mit ihrer Lage direkt an den Wegen zu den Flatirons ist diese schattige Anlage mit ihren Cottages eine Top-Wahl. Es gibt historisch eingerichtete Zimmer und Cottages mit ein bis drei Schlafzimmern, Terrassen und Betten mit Patchwork-Quilts. Das Ganze eignet sich perfekt für Familien mit Haustieren. Alle Unterkünfte haben voll ausgestattete Küchen, auch wenn die rundum verlaufende Veranda der Chautauqua Dining Hall bei allen hier zum Frühstück sehr beliebt ist.

Hotel Boulderado BOUTIQUEHOTEL $$$
(☎303-442-4344; www.boulderado.com; 2115 13th St; Zi. ab 264 US$; P ❄ ☎; HOP, SKIP) Dieses charmante, denkmalgeschützte Romantikrefugium ist seit über 100 Jahren im Geschäft. Es empfängt Gäste mit viktorianischer Eleganz, Zimmern voller Antiquitäten und Buntglas über dem Atrium. In der Lobby mit Gletscherwasserspringbrunnen dudelt normalerweise Jazz.

St. Julien Hotel & Spa HOTEL $$$
(☎720-406-9696, Reservierungen 877-303-0900; www.stjulien.com; 900 Walnut St; Zi. ab 309 US$; P ❄ @ ☎ 🏊) Das schönste Vier-Sterne-Hotel von Boulder liegt im Herzen von Downtown. Es ist modern und edel mit Fotografien der Landschaft der Umgebung und Korkwänden, die für ein warmes Ambiente im Zimmer sorgen. Auf der Terrasse nach hinten mit sagenhafter Aussicht auf die Flatirons werden Livekonzerte mit Weltmusik, Jazz oder wilde Salsapartys veranstaltet. Die Zimmer sind vornehm und die Bademäntel ebenfalls.

Essen

Boulder bietet jede Menge tolle Möglichkeiten, zu Abend zu essen. Die meisten liegen im Zentrum in der Pearl Street Mall. Schnäppchen findet man dagegen eher in

Hill. Zwischen 15.30 und 18.30 Uhr veranstaltet beinahe jedes Restaurant in Downtown eine Happy Hour mit irgendeinem erstaunlichen speziellen Angebot zum Essen oder Trinken. Das ist eine super Gelegenheit, gutes Essen zu günstigen Preisen zu probieren – auf den Websites stehen Details.

Spruce Confections BÄCKEREI **$**
(☎303-449-6773; 767 Pearl St; Backwaren ab 3,25 US$; ⊙Mo–Fr 6.30–18, Sa & So 7–18 Uhr; 👪; 🚌206) Boulders beste Bäckerei punktet morgens mit verführerischen Scones und Lattes. Mittags gibt's gute, selbst gemachte Suppen und Salate.

Dish SANDWICHES **$**
(☎720-565-5933; www.dishgourmet.com; 1918 Pearl St; Hauptgerichte 10 US$; ⊙Mo–Fr 9–18, Sa 11–16 Uhr; 👪; 🚌204, HOP) Mittags wird dieser Deli von Korbmöbeln flankiert. Die Sandwiches für 10 US$ sind nicht gerade günstig, aber qualitativ hochwertig. Als Belag stehen z.B. gebratene Truthahnstücke, Gänseleberpastete oder Bio-Rindfleisch (u.a. als langsam gegartes Bruststück) zur Auswahl. Hinzu kommen Butter-Baguettes mit erstklassigen Käsesorten.

Zoe Ma Ma CHINESISCH **$**
(2010 10th St; Hauptgerichte 5–13 US$; ⊙So–Do 11–22, Fr & Sa 11–23 Uhr; 🚌206, SKIP, HOP) 🌿 In Boulders angesagtester Nudelbar kann man frisch zubereitete Snacks an einer langen Freilufttheke vertilgen. Die taiwanesische Matriarchin Mama trägt Kroko-Sandalen und plaudert beim Kochen mit ihrer Kundschaft. Die Bio-Nudeln und die zarten Jiaozi (Teigtaschen) mit Knoblauch-Aroma sind komplett hausgemacht.

The Sink KNEIPE **$**
(www.thesink.com; 1165 13th St; Hauptgerichte 5–12 US$; ⊙11–2 Uhr, Küche bis 22 Uhr; 🐾; 🚌203, 204, 225, DASH, SKIP) In diesem schummrigen, geräumigen Hill-Klassiker (gegr. 1923) mit vielen bunten Wandbildern arbeitete einst Robert Redford. Schon die Inneneinrichtung allein ist fast einen Besuch wert. Fast. Wer den legendären Sink-Burger mit Regionalbier hinuntergespült hat, wird froh sein, vorbeigeschaut zu haben.

Alfalfa's SELBSTVERSORGER **$**
(www.alfalfas.com; 1651 Broadway St; ⊙7.30–22 Uhr; 🚌AB, B, JUMP, SKIP) Die wunderbaren Fertiggerichte (1–16 US$) des kleinen, gemeindeorientierten Bio-Markts können mitgenommen oder bei Bedarf gleich drinnen oder draußen in einladenden Essbereichen genossen werden.

ROCKY MOUNTAINS KULINARISCH

Man beginnt am besten damit, online die Regionalausgaben der *Edible*-Zeitschriften (www.ediblecommunities.com) zu durchforsten – eine tolle Informationsquelle für Bauernmärkte und innovative Lokale. Es gibt Ausgaben für die Front Range und Aspen.

Seit Boulder laut *Bon Appetit* „America's Foodiest Small Town" ist, lohnt sich hier ein Stopp. Im **Kitchen** (S. 839) ist montags Gemeinschaftsabend. Dann sitzt man zusammen an den Tischen und genießt ein Fünf-Gänge-Menü aus selbst angebauten Zutaten und in familiärer Atmosphäre. 20 % der Einnahmen kommen wohltätigen Zwecken zugute. Mit **Local Table Tours** (☎303-909-5747; www.localtabletours.com; Touren 25–70 US$) schaut man hinter die Kulissen. Auf der Tour erhält man einen kleinen Einblick in die hiesige Küche und Insider-Wissen zu Essen und Wein oder Kaffee und Gebäck. Die Cocktail-Tour ist der Hit!

Als elegantes Abendessen in einem Lagerhaus oder einem Flugzeughangar veranstaltet Denvers **Hush** (www.hushdenver.com) lustige Dinner mit den besten Küchenchefs der Region, aber nur auf Einladung – Kontakt nimmt man online auf.

Cafe Aion SPANISCH **$$**
(☎303-993-8131; www.cafeaion.com; 1235 Pennsylvania Ave; Tapas 5–13 US$; ⊙Di–Fr 11–22, Sa & So 9–15 Uhr; 🚌203, 204, 225, DASH, SKIP) Das authentische, bodenständige Café an einer Seitenstraße imitiert Spaniens entspannten Rhythmus und serviert frische Tapas und leckere, selbst gemachte Sangria. Die Papas Bravas punkten mit perfekter Knusprigkeit, und die gegrillten Lauchzwiebeln und die Dolmas sind so frisch wie der Frühling. Am ganzen Dienstagabend ist Happy Hour.

Lucile's CAJUN **$$**
(☎303-442-4743; www.luciles.com; 2142 14th St; Hauptgerichte 8–14 US$; ⊙Mo–Fr 7–14, Sa & So 8–14 Uhr; 👪; 🚌205, 206, HOP) 🌿 Dieser Diner à la New Orleans serviert perfektes Frühstück. Unter den Highlights sind Eiergerich-

te im Kreol-Stil (z. B. auf perfekt schwarzgebratener Forelle oder zu cremigem Spinat und Käse-Mais-Grütze). Am besten beginnt man mit einem Zichorienkaffee und einer Ladung Beignets. Die hausgemachte Marmelade passt perfekt zu den noch ofenwarmen Brötchen.

★ **Salt** MODERN-AMERIKANISCH $$$
(☎303-444-7258; www.saltboulderbistro.com; 1047 Pearl St; Hauptgerichte 14–28 US$; ⏲Mo–Mi 11–22, Do–Sa 11–23, So 10–22 Uhr; 👪; 🚌208, HOP, SKIP) Frische Zutaten vom Bauernhof sind in Boulder allgegenwärtig. Dieses Lokal übertifft jedoch alle Erwartungen: Die Gartenerbsen-Ravioli mit französischer Zitronen-Butter-Sauce und gehobeltem Rettich sind eine grandiose Köstlichkeit. Das Salt kennt sich aber auch mit Fleisch vom einheimischen Freilandrind aus – zuerst wird es mit Fett übergossen, dann geschmort und langsam bis zur Perfektion gegart. Bei eventuellen Fragen einfach an die kompetenten Kellner wenden!

Die Happy Hour mit günstigen Häppchen zählt zu den besten der Stadt. Der hauseigene Barkeeper hat mehrfach die lokale Mix-Meisterschaft gewonnen.

Kitchen MODERN-AMERIKANISCH $$$
(☎303-544-5973; www.thekitchencafe.com; 1039 Pearl St; Hauptgerichte 18–32 US$; 📶; 🚌206, HOP) 🍃 Klare Linien und Frisches vom Bauernmarkt sind die Säulen von Boulders beliebtestem Restaurant. Serviert werden z. B. dünn geschnittener Prosciutto, Tapas mit geröstetem Wurzelgemüse oder in Wein und Sahne gedünstete Miesmuscheln. Die Sandwiches mit Pulled Pork rocken ebenfalls. Unbedingt noch Platz im Magen für den klebrigen Karamellpudding reservieren!

Vergleichsweise jüngere Gäste bevölkern die zwanglosere Bar im Obergeschoss und das günstigere Kitchen Next Door (Hauptgerichte 10 US$).

🍷 Ausgehen & Unterhaltung

Der *Playboy* hat die CU nicht umsonst zur besten Party-Schule gewählt – die Blocks rund um die Pearl St Mall und Hill sind Garanten für puren Spaß. Viele Lokale sind gleichzeitig Bars, oder sie verwandeln sich nach 22 Uhr gleich ganz in Tanzclubs.

Mountain Sun Pub & Brewery KLEINBRAUEREI
(1535 Pearl St; ⏲11–1 Uhr; 👪; 🚌HOP, 205, 206) Die beliebteste Brauerei von Boulder serviert eine ganze Palette Bier, von schokoladig bis fruchtig, und ist voller unterschiedlichster Gäste von Yuppies bis zu Hippies und allem dazwischen. An den Wänden hängen Wandteppiche, es gibt lustige Brettspiele und die Kneipengerichte (vor allem die Burger) sind köstlich. Sonntags- und montagabends wird normalerweise Livemusik wie Bluegrass gespielt, oder irgendeine Band jammt. Zweiter Standort: 627 S Broadway.

Bitter Bar COCKTAILBAR
(☎303-442-3050; www.thebitterbar.com; 835 Walnut St; Cocktails 9–15 US$; ⏲Mo–Do 17–0, Fr & Sa 17–2 Uhr; 🚌HOP) Killermäßige Cocktails (z. B. der fabelhafte Blue Velvet mit Lavendel-Aroma) vernebeln den Abend in dieser schicken Bar auf angenehme Weise. Auf der Veranda kann man prima plaudern. Die Teilnehmer der Cocktail-Seminare (1-mal monatl.) lernen jeweils das Mixen von zwei Drinks, die einen „Mad Man" vor Wonne zum Weinen bringen würden. Donnerstags gibt's ab 21 Uhr Livemusik.

Boulder Dushanbe Teahouse TEESALON
(☎303-442-4993; 1770 13th St; Hauptgerichte 8–19 US$; ⏲8–22 Uhr; 🚌203, 204, 205, 206, 208, 225, DASH, JUMP, SKIP) Dieses unglaubliche Kunstwerk ist ein Geschenk von Boulders Partnerstadt Duschanbe in Tadschikistan.

ABSTECHER

NACHHALTIG GEBRAUT

New Belgium Brewing Co (☎800-622-4044; www.newbelgium.com; 500 Lined St; ⏲geführte Touren Di–Sa 10–18 Uhr) GRATIS befriedigt Bierkenner mit seinem herzhaften Fat Tier Amber Ale und anderen Schöpfungen, etwa 1554, Trippell und Sunshine Wheat. Die Brauerei ist anerkanntermaßen eine der umweltbewusstesten der Welt und wird von einer 100 000-kW-Turbine mit Windkraft angetrieben. Sie bietet auch coole Events wie Bike-in-Kino und Schnitzeljagden in den Skiresorts. Sie befindet sich in der Collegestadt Fort Collins (die Heimat der Colorado State University). Die 46 Meilen (74 km) lange Fahrt von Boulder auf der I-25 nach Norden lohnt sich, vor allem wenn man in Richtung Wyoming unterwegs ist. Am besten vorher online Tickets reservieren – bei den beliebten Touren dürfen auch die berühmtesten Sorten und andere spezielle Brau-Ergebnisse probiert werden.

Höchste Handwerkskunst und akkurate Malereien prägen die kunterbunte Inneneinrichtung. Die internationale Küche ist leider weitaus weniger bemerkenswert. Dennoch perfekt für ein Teechen in Ehren!

Boulder Theater KINO, MUSIK

(☎ 303-786-7030; www.bouldertheatre.com; 2032 14th St) Dieser historische Treffpunkt, der früher ein Kino war, wartet mit nicht ganz so bekannten Acts wie der Jazzgröße Charlie Hunter, den verrückten Rockern von Gogol Bordello und den westafrikanischen Diven Les Nubians auf. Es werden aber auch Filmklassiker und Kurzfilm-Festivals auf die Leinwand gebracht. Ein Bier dazu – wunderbar!

Shoppen

In Boulder kann man super shoppen und in Galerien stöbern. Das Open-Air-Einkaufszentrum 29th St Mall mit einem Kino gleich an der 28th St zwischen Canyon und Pearl St ist eine eher neuere Ergänzung.

Pearl Street Mall MALL

Die Hauptattraktion in der Innenstadt von Boulder ist die Pearl Street Mall, eine lebhafte Fußgängerzone voller Kletterfelsen für Kinder und mit einem Springbrunnen, Bars, Galerien und Restaurants.

Momentum KUNSTHANDWERK

(www.ourmomentum.com; 1625 Pearl St; ⏲ Di–Sa 10–19, So 11–18 Uhr) Hier sind einzigartige Geschenkartikel aus aller Welt zu finden – Drahtkörbe der Zulu, sagenhafte Schals aus Indien, Nepal und Ecuador –, alle handgemacht und zu einem fairen Preis bei benachteiligten Künstlern gekauft. Jedes gekaufte Stück trägt also ganz direkt zum wirtschaftlichen Unterhalt des Künstlers bei.

Common Threads KLEIDUNG

(www.commonthreadsboulder.com; 2707 Spruce St; ⏲ Mo–Sa 10–18, So 12–17 Uhr) Bestes Shoppingerlebnis in Sachen Haute Couture – hier findet man Secondhand-Taschen von Choos und Prada und kann toll stöbern. Die Kleidung ist nach Farbe und Stil auf Ständern sortiert wie in einer Großstadtboutique. Bietet auch Kleidernähkurse an.

Boulder Bookstore BÜCHER

(www.boulderbookstore.indiebound.com; 1107 Pearl St; 📶 👪) Boulders beliebtester Indie-Buchladen hat im unteren Stockwerk eine riesige Abteilung zum Thema Reisen. Außerdem gibt's Lesungen und Workshops.

Praktische Informationen

Boulder Visitor Center (☎ 303-442-2911; www.bouldercoloradousa.com; 2440 Pearl St; ⏲ Mo–Do 8.30–17, Fr 8.30–16 Uhr) Bietet Informationen und Internetzugang.

Anreise & Unterwegs vor Ort

Boulder hat sagenhaft gute öffentliche Verkehrsmittel, mit Linien, die bis nach Denver und zu dessen Flughafen reichen. Umweltfreundliche Busse werden von **RTD** (☎ 303-299-6000; www.rtd-denver.com; 2–4,50 US$/Fahrt; 👪) unterhalten. Linienpläne bekommt man beispielsweise an der **Boulder Station** (Ecke 14th & Walnut Sts). RTD-Busse (Route B) pendeln zwischen Boulder Station und Denvers Haltestelle Market St (5 US$, 55 Min.). RTDs SkyRide-Bus (Route AB) fährt zum Denver International Airport (13 US$, 1 Std., stündl.). **SuperShuttle** (☎ 303-444-0808; www.supershuttle.com; einfache Strecke etwa 27 US$) bietet Shuttles vom Flughafen zu den Hotels (27 US$) oder von Tür zu Tür (34 US$).

Wer auf zwei Rädern unterwegs sein möchte, findet beim **Boulder B-Cycle** (boulder.bcycle.com; 24-Std. Leihgebühr 7 US$) das neue stadtweite Programm mit Fahrrädern an strategisch günstigen Orten. Fahrer müssen sich aber vorher online registrieren!

Northern Mountains

Auf beiden Seiten der kontinentalen Wasserscheide erstrecken sich die Granit-Giganten von Colorados Northern Mountains in alle Richtungen. Unter dem weiten, blauen Himmel ermöglichen sie abgeschiedene Alpin-Abenteuer, entspannte Skifahrten und tolle Wander- oder Radtouren. Außerdem laden viele Flüsse zum Raften, Angeln und Bootfahren ein.

Rocky Mountain National Park

Der Rocky Mountain National Park weist klassische Hochgebirgslandschaft mit Wildblumenwiesen und ruhigen Bergseen unterhalb der schneebedeckten Berggipfel auf. Jährlich kommen über 4 Mio. Besucher hierher, aber viele bleiben auf den ausgetretenen Pfaden. Wer ein paar Kilometer weiterwandert, kann dagegen unglaubliche Einsamkeit genießen. Der Rothirsch ist *das* Säugetier des Parks – man sieht ihn sogar auf den Wiesen der Hotels grasen. Man sollte aber auch nach Dickhornschafen, Elchen, Murmeltieren und Schwarzbären Ausschau halten.

Sehenswertes & Aktivitäten

Der Park eignet sich für Wanderer aller Leistungsstufen. Hierfür sorgt ein über 483 km langes Wegenetz, das alle Facetten des vielfältigen Terrains zeigt.

Für Besucher mit Kindern empfehlen sich die leichten Routen, die im Wild Basin zu den Calypso Falls oder im Bereich des Lumpy Ridge zu den Gem Lakes führen; eine weitere Alternative ist der Marsch zum Twin Sisters Peak südlich vom Estes Park. Extrem Ehrgeizige mit starken Beinen und ausreichend Erfahrung werden dagegen den anspruchsvollen Aufstieg zum Gipfel des Longs Peak meistern wollen.

Doch egal bei welcher Route: Vor dem Start ist es stets ratsam, zwecks Akklimatisierung mindestens einmal in 2134 bis 2438 m Höhe (7000–8000 Fuß) zu übernachten. Vor Juli sind viele Pfade noch verschneit, und starker (Schmelz-)Wasserablauf kann das Vorankommen erschweren.

Achtung: Im Winter besteht stets Lawinengefahr!

★ Moraine Park Museum MUSEUM
(☎970-586-1206; Bear Lake Rd; ⏲Juni–Okt. 9–16.30 Uhr) Das Gebäude wurde 1923 vom Civilian Conservation Corps errichtet und vor ein paar Jahren renoviert. Einst diente es als Besucher-Lodge des Parks. Heute sind darin Ausstellungen zu Geologie, Gletschern, Flora und Fauna zu sehen.

Schlafen & Essen

Die einzigen Übernachtungsmöglichkeiten im Park sind Campingplätze. Restaurants und die Mehrzahl der Motel- und Hotelunterkünfte liegen rund um Estes Park oder Grand Lake auf der anderen Seite des Trail Ridge Road Passes (geöffnet Ende Mai–Okt.).

Wer außerhalb der erschlossenen Campingplätze des Parks zelten möchte, braucht eine Backcountry-Genehmigung. Auf keinem der Campingplätze gibt es Duschen, aber im Sommer Toiletten mit Wasserspülung und im Winter Möglichkeiten im Freien. Zu einem Stellplatz gehört eine Feuerstelle, ein Picknicktisch und ein Parkplatz.

Olive Ridge Campground CAMPING $
(☎303-541-2500; Stellplatz 19 US$; ⏲Mitte Mai–Nov.) Der gepflegte USFS-Campingplatz bietet Zugang zu vier Trailheads (St. Vrain Mountain, Wild Basin, Longs Peak und Twin Sisters). Im Sommer ist er manchmal voll belegt. Die meisten Stellplätze können nicht reserviert werden.

Longs Peak Campground CAMPING $
(☎970-586-1206; MM 9, State Hwy 7; Stellplatz 20 US$; Ⓟ) Dieses Campinggelände ist das bevorzugte Basislager von Frühaufstehern, die den Longs Peak erklimmen wollen. Wer Letzteres in Angriff nehmen möchte, sollte schon am Vortag möglichst früh erscheinen, um übernachten zu dürfen: Reservierungen sind nicht möglich.

Moraine Park Campground CAMPING $
(☎877-444-6777; www.recreation.gov; abseits der Bear Lake Rd; Stellplatz im Sommer 20 US$) Abseits der Bear Lake Rd, inmitten eines Goldkiefernhains, liegt der größte Campingplatz des Parks.

Von Ende Mai bis Ende September sind Reservierungen möglich und auch ratsam. Im übrigen Jahr gilt: Wer zuerst kommt, mahlt zuerst. An Sommerabenden leiten Ranger zahlreiche Gästeprogramme im Amphitheater.

Aspenglen Campground CAMPING $
(☎877-444-6777; www.recreation.gov; State Hwy 34; Stellplatz im Sommer 20 US$) Der kleinste örtliche Campingplatz mit Reservierungsmöglichkeit hat lediglich 54 Stellplätze – viele davon nur für Zelte und z. T. nur zu Fuß erreichbar.

Timber Creek Campground CAMPING $
(Trail Ridge Rd, US Hwy 34; Stellplatz 20 US$) Dieser Campingplatz hat 100 Plätze und ist den ganzen Winter über geöffnet. Reservierungen werden nicht akzeptiert. Es ist der einzige ausgewiesene Campingplatz auf der Westseite des Parks, und er liegt 7 Meilen (11 km) nördlich von Grand Lake.

Glacier Basin Campground CAMPING $
(☎877-444-6777; www.recreation.gov; abseits der Bear Lake Rd; Stellplatz im Sommer 20 US$) Dieser Campingplatz mit Einrichtungen hat einen großen Gruppenbereich und ist auch auf Wohnmobile eingestellt. Den ganzen Sommer lang fahren Shuttle-Busse auf der Bear Lake Rd hierher. Über die Website kann reserviert werden.

Praktische Informationen

Der Parkzugang für Privatfahrzeuge (7 Tage gültig) kostet 20 US$. Wer einzeln zu Fuß, per Fahrrad, Motorrad oder Bus anreist, bezahlt 10 US$ pro Person. Alle Parkbesucher bekommen eine kostenlose Infobroschüre (auf Englisch,

Deutsch, Französisch, Spanisch und Japanisch erhältlich) mit einer guten Übersichtskarte.

Das Übernachten auf den 260 ausgewiesenen Wildnis-Campingplätzen des Parks bedingt eine entsprechende Genehmigung (Backcountry Permit; 20 US$ für Gruppen bis max. 12 Pers., 7 Tage gültig; 1. Nov.–30. April gratis). Telefonische Reservierung ist nur vom 1. März bis zum 15. Mai möglich. Im übrigen Jahr akzeptiert das **Backcountry Office** (☎970-586-1242; www.nps.gov/romo) persönliche und postalische Buchungen.

Das Übernachten in der Wildnis erfordert einen Bärencontainer für den Proviant. An häufig genutzten Stellplätzen sind solche Behältnisse bereits vorhanden. Ansonsten sind sie für ca. 3 bis 5 US$ pro Tag bei REI (S. 835) oder dem **Estes Park Mountain Shop** (☎970-586-6548; www.estesparkmountainshop.com; 2050 Big Thompson Ave; 2-Pers.-Zelt/Bärencontainer pro Nacht 10/3 US$; ⏲8–21 Uhr) ausleihbar.

Alpine Visitor Center (www.nps.gov/romo; Fall River Pass; ⏲Ende Mai–Mitte Juni 10.30–16.30 Uhr, Ende Juni–Anfang Sept. 9–17 Uhr, Anfang Sept.–Mitte Okt. 10.30–16.30 Uhr; 🚻) Beliebtes Visitor Center mitten im Park, das auf 3595 m Höhe mit herrlicher Aussicht und einem Souvenirshop aufwartet.

Beaver Meadows Visitor Center (☎970-586-1206; www.nps.gov/romo; US Hwy 36; ⏲Ende Juni–Ende Aug. 8–21 Uhr, übriges Jahr 8–16.30 od. 17 Uhr; 🚻) Fungiert bei Anreise aus Richtung Estes Park als Haupt-Visitor-Center und beste Quelle für Parkinfos.

Kawuneeche Visitor Center (☎970-627-3471; 16018 US Hwy 34; ⏲letzte Maiwoche–Labor Day 8–18 Uhr, Labor Day–Sept. 8–17 Uhr, Okt.–Mai 8–16.30 Uhr; 🚻) Größtes Visitor Center im Westen des Parks; zeigt ein Info-Video zur örtlichen Natur und bietet Backcountry Permits an. Hinzu kommen Familienaktivitäten, Wanderungen und Gesprächsrunden unter der Leitung von Rangern.

An- & Weiterreise

Die Trail Ridge Rd (US 34) ist die einzige Ost-West-Route durch den Park und im Winter geschlossen. Die direkteste Route von Boulder aus folgt der US 36 durch Lyons zu den östlichen Zufahrten.

Auf der Ostseite gibt es zwei Zufahrtsmöglichkeiten: Fall River (US 34) und Beaver Meadows (US 36). Die Grand Lake Station (ebenfalls US 34) ist der einzige Zugang auf der Westseite. Durch das Kawuneeche Valley entlang der Oberläufe des Colorado River kommt man das ganze Jahr über zum Timber Creek Campground. Die wichtigsten Zentren für Aktivitäten auf der Ostseite des Parks sind das Alpine Visitor Center, das hoch an der Trail Ridge Rd und der Bear Lake Rd gelegen ist, die zu den Campingplätzen, Wanderwegen und dem Moraine Park Museum führen.

Nördlich vom Estes Park führt die Devils Gulch Rd zu mehreren Wanderwegen. Weiter auf der Devils Gulch Rd kommt man durch das Dorf Glen Haven. Von hier erreicht man den Startpunkt der Wanderwege und den Eingang zum Park entlang des North Folk, des Nebenflusses des Big Thompson River.

Unterwegs vor Ort

Im Sommer fährt mehrmals täglich ein kostenloser Shuttle-Bus vom Estes Park Visitor Center zu einem Park-and-Ride-Platz, wo Wanderer Anschluss an weitere Shuttles haben. Der Parkplatz am Glacier Basin Richtung Bear Lake, in den tiefer gelegenen Gebieten des Parks, ist das ganze Jahr über zugänglich. Während der Hauptsaison im Sommer verkehrt ein zweites Shuttle zwischen dem Moraine-Park-Campingplatz und dem Glacier-Basin-Parkplatz. Die Shuttles sind an den Wochenenden und nur von Mitte August bis Ende September im Einsatz.

Estes Park

Eigentlich schon ziemlich ironisch: Das Tor zu einem der am wenigsten berührten Wildnisgebiete der USA hat sich in eine Naturfan-Hochburg und damit in eine Art Outdoor-Disneyland verwandelt. So findet man hier jede Menge T-Shirt-Shops und Alpinkitsch. Nichtsdestotrotz strömt ein hübscher Fluss durch den Ort, der auch mit coolen Parks, anständigen Restaurants und einem Spukhotel aufwarten kann.

Aktivitäten

★**Colorado Mountain School** KLETTERN
(☎800-836-4008; www.totalclimbing.com; 341 Moraine Ave; geführte Halbtages-Klettertouren ab 125 US$/Pers.) Colorados beste Anlaufstelle für Kletterer offeriert z. B. Einführungskurse (wie „Into to Rock Climbing"), bei denen auch Anfänger die Rockies wunderbar intensiv kennenlernen können. Erfahrenere Kraxler können gemeinsam mit Guides ein paar der mörderisch steilen Gipfel der Umgebung erklimmen. Hauseigene Schlafsäle sind ebenfalls vorhanden.

Schlafen

Die zahlreichen Hotels von Estes Park sind im Sommer schnell ausgebucht. Trotz ein paar annehmbarer Budgetoptionen sind die vielen schönen Campingplätze der Gegend die beste Wahl. Achtung: Viele Unterkünfte haben im Winter geschlossen!

Bei der Quartiersuche hilft das **Estes Park Visitor Center** (☎970-577-9900; www.estesparkresortcvb.com; 500 Big Thompson Ave; ⌚Juni–Aug. tgl. 9–20 Uhr, Sept.–Mai Mo–Fr 8–17, Sa 9–17, So 10–16 Uhr) gleich östlich der Kreuzung mit der US 36.

Total Climbing Lodge HOSTEL $
(☎303-447-2804; www.totalclimbing.com; 341 Moraine Ave; B 25 US$; P ⊖ @ ≈) Der belebte Klettertreff mit entspanntem Vibe ist in puncto Schlafsäle die beste Adresse vor Ort. Vorhanden sind u.a. eine Tischtennisplatte und einfache Stockbetten aus Kiefernholz.

Estes Park Hostel HOSTEL $
(☎970-237-0152; www.estesparkhostel.com; 211 Cleave St; B/EZ/DZ 26/38/52 US$; ≈) Dieses Hostel mit ein paar Schlafsälen und schlichten Privatzimmern wird nicht unbedingt als vornehmstes seiner Art in die Geschichte eingehen. Dafür punktet es mit einer Küche, erschwinglichen Preisen und einem hilfsbereiten Inhaber namens Terri.

★ **YMCA of the Rockies – Estes Park Center** RESORT $$
(☎970-586-3341; www.ymcarockies.org; 2515 Tunnel Rd; EZ & DZ ab 109 US$, Hütte ab 129 US$; P ⊖ ❄ ≈ 🐾) Keine typische YMCA-Herberge, sondern ein sehr beliebtes Feriendomizil: Auf einem Riesengelände im Hochgebirge warten noble Hütten und Zimmer im Motelstil. Reservierung ist ratsam.

Riversong BOUTIQUEHOTEL $$
(☎970 586 4666; www.romanticriversong.com; 1766 Lower Broadview Dr; DZ ab 165 US$; P ⊖) Dieses Herrenhaus im Arts-and-Crafts-Stil steht am Ende einer unbefestigten Sackgassenstraße. Die neun romantischen Zimmer (Mindestaufenthalt 2 Nächte) haben eigene Bäder und bieten Aussicht auf den Big Thompson River. Die Preise variieren je nach Einrichtungsstandard. Anreise: Der Moraine Ave westlich des Orts folgen, in die Mary's Lake Rd einbiegen und dann die erste Abfahrt zur Rechten nehmen!

Stanley Hotel HOTEL $$$
(☎970-577-4000; www.stanleyhotel.com; 333 Wonderview Ave; Zi. ab 199 US$; P ≈ ≋) Das weiße Hotel im Stil des Georgian Colonial Revival steht in herrlichem Kontrast zu den hoch aufragenden Gipfeln des Rocky Mountain National Park am Horizont. Es ist ein beliebtes Luxusrefugium der Einheimischen und inspirierte einst Stephen King zu seinem berühmten Kultroman *Shining*. Die Zimmereinrichtung sorgt für etwas altmodische Wildwest-Atmosphäre, aber ansonsten sind alle modernen Annehmlichkeiten vorhanden.

Essen

Estes Park Brewery BRAUEREI
(www.epbrewery.com; 470 Prospect Village Dr; ⌚Mo–So 11–2 Uhr) In der Kneipe der Kleinbrauerei werden in einem großen, schachtelartigen Raum, der wie eine Mischung aus Klassenzimmer und Landhausküche wirkt, Pizza, Burger und Chicken Wings serviert – und mindestens acht verschiedene Biersorten des Hauses. Billardtische und Plätze im Freien sorgen dafür, dass hier bis spät in die Nacht was los ist.

Ed's Cantina & Grill MEXIKANISCH $$
(☎970-586-2919; www.edscantina.com; 390 E Elkhorn Ave; Hauptgerichte 9–13 US$; ⌚tgl. 11–open end, Sa & So ab 8–22 Uhr; 👪) Mit einer Terrasse direkt am Fluss ist das Ed's ein toller Ort, um sich bei einer Margarita und einem der täglichen Blue-Plate-Sepcials für 3 US$ (etwa gebackene, gerollte Tortillas mit Schweinehackfleisch und Guacamole) zu entspannen. Es werden mexikanische und amerikanische Grundnahrungsmittel serviert. Das Restaurant macht durch Nischen mit Lederbänken und einem gewagten Primärfarbenschema auf retro. Die Bar befindet sich in einem extra Raum mit Barhockern aus Leichtholz und bequemen hohen Rückenlehnen.

An- & Weiterreise

Vom Denver International Airport fährt das **Estes Park Shuttle** (☎970-586-5151; www.estesparkshuttle.com) viermal täglich nach Estes Park (einfache Strecke/hin & zurück 45/85 US$).

Steamboat Springs

Mit Skifahroptionen abseits der Piste, super Wegen zum Mountainbiken und einem lässigen Western-Feeling schlägt Steamboat andere Skistädte sowohl in Sachen Ambiente als auch beim Angebot. Die Altstadt ist cool zum Bummeln, die Thermalquellen runden einen harten, actionreichen Tag perfekt ab, und die Einheimischen könnten nicht freundlicher sein.

Sehenswertes & Aktivitäten

Steamboat Mountain Resort WINTERSPORT
(☎Ticketverkauf 970-871-5252; www.steamboat.com; Liftticket Erw./Kind 94/59 US$; ⌚Ticket-

verkauf 8–17 Uhr) Mit seinen um 1100 m abfallenden Hängen, dem ausgezeichneten Pulverschnee und den Abfahrten in allen Schwierigkeitsgraden ist dieses Skigebiet für Besucher im Winter der Hauptanziehungspunkt. Überhaupt ist es landesweit einer der besten Orte zum Skifahren. Im Skigebiet findet man Unmengen (überteuertes) Essen und Ausrüstungsverkäufer.

Strawberry Park Hot Springs THERMALQUELLE
(☎ 970-870-1517; www.strawberryhotsprings.com; 44200 County Rd; pro Tag Erw./Kind 10/5 US$; ⏲ So–Do 10–22.30, Fr & Sa bis 24 Uhr; 👪) Die beliebtesten Thermalquellen von Steamboat liegen schon außerhalb der Stadtgrenze. Aber sie bieten herrliche Zurück-zur-Natur-Entspannung. In den geschmackvollen Steinbecken, die durch fallende Tropfen geformt wurden, hat das Wasser 40 °C. Wer übernachten möchte, kann zwischen Camping und einfachen Hütten wählen. Es gibt keinen Strom (man kann Gaslaternen bekommen), und man muss seine Bettwäsche selbst mitbringen.

Eine Reservierung ist auf alle Fälle notwendig. Wer übers Wochenende hierher kommen will, muss mindestens zwei Nächte bleiben. Und es ist gut zu wissen, dass nach Einbruch der Dunkelheit in den Thermalbecken nicht unbedingt Kleidung getragen werden muss.

Orange Peel Bikes FAHRRADVERLEIH
(☎ 970-879-2957; www.orangepeelbikes.com; 1136 Yampa St; Leihfahrrad 20–65 US$/Tag; ⏲ Mo–Fr 10–18, Sa 10–17 Uhr; 👪) Der coolste örtliche Fahrradladen bietet u. a. Cruiser-Bikes und Highend-Mountainbikes an. Hinzu kommen super Radkarten und viele Infos zu den besten Revieren (z. B. Spring Creek, Mad Creek, Red Dirt oder Emerald Mountain gleich westlich des Orts). Mit gemieteten Cruisern können Familien dem 11,3 km langen Pfad entlang dem nahen Yampa River folgen.

Bucking Rainbow Outfitters RAFTING, ANGELN
(☎ 970-879-8747; www.buckingrainbow.com; 730 Lincoln Ave; Luftschlauch 17 US$, Rafting 43–100 US$, Angeln 150–340 US$; ⏲ tgl.) Dieser hervorragende Ausrüster veranstaltet u. a. Rafting-Trips auf dem Yampa, Platte, Eagle und Elk River (Stromschnellen der Kategorie II–IV). Das große übrige Angebot beinhaltet z. B. angeln (ganzjährig) oder Luftschlauch-Touren (inkl. Shuttles) auf dem relativ flachen Yampa-Abschnitt im eigentlichen Ort.

Old Town Hot Springs THERMALBAD
(☎ 970-879-1828; www.oldtownhotsprings.org; 136 Lincoln Ave; Erw./Kind 16/9 US$, Wasserrutsche 6 US$; ⏲ Mo–Fr 5.30–22, Sa 7–21, So 8–21 Uhr; 👪) Hier, mitten in der Stadt, ist das Mineralwasser wärmer als im Großteil der übrigen Region. Seit der kürzlich erfolgten Renovierung für 5 Mio. US$ punktet der Komplex mit einem neuen Schwimmbecken, zwei Wasserrutschen (jeweils 70 m lang) und – wohl am obercoolsten – mit einer Wasser-Kletterwand. Kinder werden jubeln!

Schlafen & Essen

Es gibt jede Menge Übernachtungsmöglichkeiten; wegen Apartments und anderer Angebote in der Nähe des Skigebiets **Steamboat Central Reservations** (☎ 877-783-2628, www.steamboat.com; Mt. Werner Circle, abseits des Gondola Sq) kontaktieren!

Hotel Bristol HOTEL $$
(☎ 970-879-3083; www.steamboathotelbristol.com; 917 Lincoln Ave; DZ 129–149 US$; 🚭 📶) Das elegante Hotel Bristol hat kleine, aber gehobene Western-Zimmer mit dunklem Holz und Messingmöbeln und Pendleton-Wolldecken auf den Betten. Es gibt ein Ski-Shuttle, einen Whirlpool (drinnen) und ein gemütliches Restaurant.

The Boathouse MODERN-AMERIKANISCH $$
(☎ 970-879-4797; 609 Yampa; Gerichte 12–20 US$; ⏲ Restaurant 11–22, Bar 11–1 Uhr) Der Blick von der Flussterrasse ist unschlagbar – vor allem, wenn er nachmittags auf vorbeiziehende Wolken fällt. Mit innovativen Gerichten wie der pikanten Schweinskotelett-Wasabi-Kreation „When Pigs Fly" („Wenn Schweine fliegen") schickt der kreative Koch den Gaumen quasi auf Weltreise.

Carl's Tavern AMERIKANISCH $$
(☎ 970-761-2060; www.carlstavern.com; 700 Yampa Ave; Gerichte 14–31 US$) Dieser Lokalfavorit beflügelt das Herz mit super Kneipenessen, einer belebten Veranda, Livemusik, coolen Kellnern und fröhlich-lauter Atmosphäre.

Praktische Informationen

Steamboat Springs Visitor Center (☎ 970-879-0880; www.steamboat-chamber.com; 125 Anglers Drive; ⏲ Mo–Fr 8–17, Sa 10–15 Uhr)

An- & Weiterreise

Die Busse von Denver nach Salt Lake City halten am **Greyhound Terminal** (☎ 800-231-2222; www.greyhound.com; 1505 Lincoln Ave), etwa

600 m westlich der Stadt. **Steamboat Springs Transit** (☎970-879-3717, zum Abholen in der Mountain Area 970-846-1279; http://steamboatsprings.net) bietet das ganze Jahr über kostenlose Busse, die zwischen der Altstadt und dem Skiresort verkehren. Steamboat liegt über die US 40 166 Meilen (267 km) nordwestlich von Denver.

Zentrales Colorado

Colorados zentrale Berge sind für zahlreiche Weltklasseskiorte, Höhenwanderrouten und Schmelzwasserflüsse berühmt. Im Südosten prägen Colorado Springs und der Pikes Peak die südliche Front Range.

Winter Park

Der bodenständige Skiort Winter Park liegt weniger als zwei Autostunden von Denver entfernt und ist bei den Front-Range-Einwohnern sehr beliebt. Die kommen jedes Wochenende sogar aus dem fernen Colorado Springs hierher, um auf frisch präparierten Pisten talwärts zu fahren. Anfänger freuen sich dabei über viele Pulverschnee-Kilometer, während Erfahrene ihre Fähigkeiten auf den erstklassigen Geländewellen von Mary Jane testen. Das **Visitor Center** (☎970-726-4118; www.winterpark-info.com; 78841 Hwy 40; ⏱tgl. 9–17 Uhr) und die meisten anderen Einrichtungen befinden sich an der Hauptstraße (US 40).

Zum **Winter Park Resort** (☎970-726-1564; www.winterparkresort.com; Hwy 40; Liftpass Erw./Kind 104/62 US$; 🚸) südlich der Stadt gehören fünf Berge mit einer totalen Höhendifferenz von über 793 m. Dieses Gebiet ist bei Skiprofis beliebt, da mehr als 50 % der Pisten ausschließlich auf extrem erfahrene Wintersportler abzielen. Die Lifte bieten auch Zugang zu einem 72 km langen Netz von **Mountainbike-Trails** (www.trestlebikepark.com; Tagespass Erw./Kind 39/29 US$; ⏱Mitte Juni–Mitte Sept.), das wiederum an die insgesamt 966 Wanderweg-Kilometer des Tals grenzt.

Die ★**Devil's Thumb Ranch** (☎800-933-4339; www.devilsthumbranch.com; 3530 County Rd 83; Zi. in Schlafbaracke 100–180 US$, Zi. in Lodge 240–425 US$, Hütte ab 365 US$; ❄📶🏊🐾) 🍃 ist ein ungemein romantisches Refugium für aktiv Veranlagte. An einem 105 km langen Wegenetz findet man hier u.a. Hütten und eine Lodge im schicken Wildwest-Stil. Mit Erdwärme, Recyclingholz und emissionsreduzierten Feuerstellen zeigt die Ranch ihr Ökobewusstsein. Zudem eignet sie sich ideal zum **Skilanglaufen** und **Reiten** (☎970-726-5632; www.devilsthumbranch.com; 3530 County Rd 83; Loipenpass Erw./Kind 20/8 US$, Ausritte 95–175 US$; 🚸) im der Höhe.

Das beste Preis-Leistungs-Verhältnis vor Ort hat das freundliche **Rocky Mountain Chalet** (☎970-726-8256; www.therockymountainchalet.com; 15 Co Rd 72; B 30 US$, Zi. Sommer/Winter 89/149 US$; P❄📶) mit einer funkelnden Küche, Schlafsälen und vornehmen, komfortablen Doppelzimmern.

Für ein tolles Mahl empfiehlt sich die **Tabernash Tavern** (☎970-726-4430; www.tabernashtavern.com; 72287 US Hwy 40; Hauptge-

DIE ROCKIES FÜR PULVERSCHNEE-FEXE

Crested Butte ist die vierstündige Fahrt von Denver mehr als wert. Es verspricht tiefen Pulverschnee und eine herrliche, weite Landschaft gleich neben einem Bergbauaußenposten, der sich zu einer der coolsten Kleinstädte von Colorado gemausert hat.

Wer nur wenig Zeit hat, sollte sich direkt nach Summit County aufmachen. Man benutzt **Breckenridge** als Basis und geht fünf Regionen mit einem Kombi-Skipass an. Dazu gehören auch das Mastadon-Resort **Vail**, unser Liebling in Sachen abgelegenes Back-Bowl-Terrain, und die lässige **Arapahoe Basin Ski Area**. Das A-Basin ist bis in den Juni geöffnet. Dann bedeutet Skifahren im Frühjahr auch Autopartys mit Bier und Barbecue zwischen den Abfahrten.

Von Crested Butte aus kann man ein Stück weiter südlich die Hänge bei **Telluride** hinunterfahren; von Summit County und Vail ist **Aspen** nicht weit entfernt. Beides sind echte alte Goldgräberstädte. Man sollte mindestens ein paar Stunden lang die glitzernden Läden von Aspen und die bodenständigen Bars von Telluride erforschen, um ein Feeling für die historische Wildwest-Umgebung zu bekommen.

Von Aspen nimmt man einen Regionalflug zum **Jackson Hole Mountain Resort**. Hier kann man in den Grand Tetons mal so richtig vertikal die Pulverschneehänge hinunterschießen.

richte 20–34 US$; ⌚Di–Sa 17–21 Uhr) nördlich des Ortes: Sie regt den Appetit z.B. mit Wildbret-Burgern oder Ragout von der Bisonrippe an. Reservierung ist ratsam!

Breckenridge & Umgebung

In einer Höhe von 2926 m, am Fuß einer Reihe herrlicher baumloser Bergspitzen liegt „Breck", eine niedliche, noch immer existierende Goldgräberstadt mit einer wunderschönen Altstadt. Die Stadt mit ihrer bodenständigen Anmut hat familienfreundliche Skihänge zu bieten, die niemanden enttäuschen und immer ein leichtlebiges Publikum anziehen. Wer trotzdem einmal rastlos werden sollte, findet keine Stunde entfernt fünf tolle Skiresorts und ein Outlet zum Shoppen.

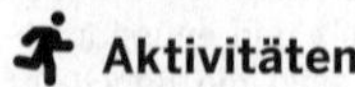

Aktivitäten

Breckenridge Ski Area WINTERSPORT
(☎800-789-7669; www.breckenridge.com; Liftticket Erw./Kind 115/68 US$; ⌚Lifte 8.30–16 Uhr, Nov.–Mitte April;) Das Skigebiet umfasst fünf Berge und hat einige der besten Hänge für Anfänger und Fortgeschrittene im Bundesstaat (die grünen Abfahrten sind flacher als die meisten anderen in Colorado) und zudem auch mörderische Steilhänge und Rutschen für Profis sowie einen berühmten Snowboard-Park.

Arapahoe Basin Ski Area WINTERSPORT
(☎970-468-0718; www.arapahoebasin.com; Hwy 6; Lift Erw./Kind/6–14 Jahre 79/40 US$; ⌚Mo–Fr 9–16, Sa & So ab 8.30 Uhr) Das am höchsten gelegene Resort Nordamerikas liegt etwa 12 Meilen (19 km) von Breck entfernt, ist kleiner, weniger kommerziell und in der Regel bis Mitte Juni geöffnet. Es gibt jede Menge Steilhänge, Wände und Gelände für Skitouren. Dieses Resort ist bei den Einheimischen besonders beliebt, weil es nicht Herden von Pauschaltouristen anzieht.

Peak 8 Fun Park VERGNÜGUNGSPARK
(☎800-789-7669; www.breckenridge.com; Peak 8; Tagespass Kind 3–7 Jahre 34 US$, Kind ab 8 Jahren 68 US$; ⌚Mitte Juni–Mitte Sept. 9.30–17.30 Uhr;) Die hiesige Palette an Nervenkitzeln umfasst z.B. ein großes Luftkissen-Trampolin, eine Kletterwand und einen Mountainbike-Park (Leihfahrrad halber/ganzerTag 49/59 US$). Die gefeierte SuperSlide ist eine Art Rodelbahn, auf der man per Schlitten talwärts flitzt. Wer sich den Tagespass holt, kann die gebotenen Aktivitäten der Reihe nach genießen oder einfach nur eine malerische Bergfahrt mit dem Sessellift unternehmen (ohne/mit Fahrrad 10/17 US$).

Feste & Events

Ullr Fest KULTUR
(www.gobreck.com; ⌚Anfang–Mitte Jan.) Das viertägige Ullr Fest feiert den altnordischen Wintergott mit einem lebhaften Straßenumzug, einer Eislaufparty, einem Freudenfeuer und einer schrägen Version der Kuppelshow „Herzblatt".

International Snow Sculpture Championship KUNST
(www.gobreck.com; ⌚Mitte Jan.;) Zwei Wochen lang tummeln sich Bildhauer aus aller

ABSTECHER

VAGABOND RANCH

Auf der abgelegenen **Vagabond Ranch** (☎303-242-5338; www.vagabondranch.com; 50 US$/Pers.;) gibt es mehr Elche als Menschen. Es ist ein herrlicher Fleck im Hinterland von Colorados idyllischer Never Summer Range. Mit Hinterland ist eine 3 Meilen (4,8 km) lange unbefestigte Zugangsstraße gemeint – im Sommer kann man sie benutzen, aber im Winter muss man das Auto abstellen und mit Skiern oder dem Schneemobil den Winterspaß suchen gehen.

Umgeben von hohen Berggipfeln und Ponderosa-Wäldern bietet diese frühere Postkutschenstation eine Ansammlung komfortabler Hütten – von rustikal bis elegant – in 2743 m Höhe. Zu den Annehmlichkeiten gehören eine Küche, die einem Chefkoch alle Ehre macht, Feuerholz, ein angenehmer Whirlpool, Solarenergie und Komposttoiletten. Wie bei allen Skihütten,sind die Unterkünfte zum Teil für mehrere bestimmt, aber Paare und Gruppen können auch eigene Zimmer buchen (wir empfehlen für Paare das herrliche „Parkview" im Retro-Stil). Bestimmte Wege werden im Winter für Langlauf und Schneemobile präpariert. Außerdem gibt's Rückzugsorte für Yoga und Meditation.

Die Ranch liegt 22 Meilen (35 km) von Granby entfernt (in der Nähe von Winter Park).

NICHT VERSÄUMEN

DEN ERSTEN VIERTAUSENDER ERKLETTERN

Der **Quandary Peak** (www.f14ers.com; County Rd 851) gilt als der einfachste Viertausender Colorados. Er befindet sich in der Nähe von Breckenridge und liegt mit seiner Höhe von 4350 m im Staat an 15. Stelle. Auch wenn man hier jede Menge Hunde und Kinder sieht, ist „einfachster" irreführend – der Gipfel ist zermürbende 4,5 km vom Ende des Wanderweges entfernt. Am besten kommt man zwischen Juni und September hierher.

Der Weg steigt Richtung Westen an. Nach etwa zehn Minuten gemäßigten Anstiegs folgt man der rechten Gabelung bis zu einer Wegkreuzung. Hier geht es dann nach links. Damit umgeht man die Straße und hat fast sofort den ersten Ausblick auf den Mt. Helen und den Quandary (wenn der Gipfel auch noch nicht zu sehen ist).

Kurz unterhalb der Baumgrenze trifft man auf den Pfad von Monte Cristo Gulch. Die Stelle sollte man sich gut einprägen, damit man auf dem Weg nach unten nicht die falsche Abzweigung nimmt. Von hier ist es ein steiler Anstieg bis zur Spitze. Man sollte früh aufbrechen und gegen Mittag umkehren. Im Sommer sind nachmittags Gewitter möglich. Hin und zurück sind es etwa 9,5 km, für die man zwischen sieben und acht Stunden benötigt. Die Colorado 9 und die County Rd 850 führen hierher. Dann geht es rechts und noch einmal rechts auf die 851. Von dort sind es 1,1 Meilen (1,8 km) bis zum nicht ausgeschilderten Anfang des Weges. Hier kann man parallel zur Feuerschneise parken.

Welt in Breck, um meisterhafte Schneeskulpturen am Riverwalk zu erschaffen.

Schlafen

Great Western Lodging (☎888-453-1001; www.gwlodging.com; 322 N Main St; Ferienwohnung Sommer/Winter ab 125/275 US$; P ❄ 📶) vermittelt Nobelquartiere am Pistenrand. Außerhalb des Ortes gibt's diverse **USFS-Campingplätze** (☎877-444-6777; www.recreation.gov).

Fireside Inn B&B, HOSTEL $
(☎970-453-6456; www.firesideinn.com; 114 N French St; B Sommer/Winter 30/41 US$, DZ Sommer/Winter 101/140 US$; P ❄ @ 📶) Eine echte Entdeckung: Dieser gesellige Mix aus Hostel und B&B ist die beste Budgetoption im Summit County. Alle Gäste können sich am verschmusten Haushund und dem chlorfreien Whirlpool (in einem Fass) erfreuen. Die reizenden und sehr hilfsbereiten Eigentümer aus Großbritannien haben viele Infos zur Region. In Skistiefeln braucht man zehn Minuten bis zur Seilbahn.

★**Abbet Placer Inn** B&B $$
(☎970-453-6489; www.abbettplacer.com; 205 S French St; Zi. Sommer 99–179 US$, Winter 119–229 US$; P ❄ @ 📶) Die fünf großen Zimmer des violetten, äußerst bodenständigen Hauses warten mit Holztäfelung, iPod-Anschlüssen und flauschigen Bademänteln auf. Die Dachstube punktet zudem mit gigantischem Gipfelblick vom Balkon. Die (gast-)freundlichen Inhaber servieren üppiges amerikanisches Frühstück. Vorhanden sind auch eine Gemeinschaftsküche und eine nette Freiluftterrasse mit Whirlpool. Von 16 bis 19 Uhr kann eingecheckt werden.

Essen & Ausgehen

Clint's Bakery & Coffee House CAFÉ $
(131 S Main St; Sandwiches 4,95–7,25 US$; ⊙7–20 Uhr; 📶 👪) Kompetente Baristas brauen hier alle möglichen Latte- und Espresso-Varianten. An der Tafel stehen aber auch viele Teesorten mit Kreide angeschrieben. Wer Hunger hat, besucht die Bagel-Bäckerei (geöffnet bis 15 Uhr) im Untergeschoss: Neben leckeren Frühstücks-Bagels (z. B. mit Ei und Schinken, Räucherlachs, Würstchen oder Käse) gibt's dort auch üppige Sandwiches.

Hearthstone MODERN-AMERIKANISCH $$$
(☎970-453-1148; hearthstonerestaurant.biz; 130 S Ridge St; Hauptgerichte 26–44 US$; ⊙16 Uhr–open end; 🖉) 🍃 Das restaurierte viktorianische Haus von 1886 zählt zu Brecks beliebtesten Lokalen. Auf den Tisch kommt kreative Gebirgskost wie Wapitihirsch mit Brombeeren oder geschmorte Bisonrippe mit Tomatillos, Polenta und gerösteten Chilischoten. Das leckere und frisch zubereitete Essen ist immer einen (teuren) Besuch wert – ebenso die Happy Hour (16–18 Uhr), bei der man Gerichte für 5 US$ mit passendem Wein bekommt. Am besten reservieren!

Downstairs at Eric's BAR
(www.downstairsaterics.com; 111 S Main St; ⊙11–24 Uhr; 👪) Diese Breckenridge-Institution in einem Untergeschoss erinnert stilmäßig an

eine Spielhalle. Viele Einheimische schwelgen hier in Burgern, leckerem Kartoffelpüree und über 100 Biersorten (20 vom Fass).

Shoppen

Outlets at Silverthorne BEKLEIDUNG
(www.outletsatsilverthorne.com; Mo–Sa 10–20, So 10–18 Uhr) Rund 15 Minuten hinter Breckenridge liegen gleich abseits der I-70 drei „Einkaufsdörfer", in denen Designer-Outlets vergünstigte Klamotten anbieten (u.a. von Calvin Klein, Nike, Levi's und Gap).

Praktische Informationen

Visitor Center (877-864-0868; www.gobreck.com; 203 S Main St; 9–21 Uhr;) Zum Teil in einer Blockhütte aus dem 19. Jh. untergebracht; liefert viele Infos und umfasst auch ein kleines, aber interessantes Museum.

Anreise & Unterwegs vor Ort

Rund 80 Meilen (129 km) hinter Denver liegt Breckenridge, etwa 9 Meilen (14,5 km) südlich der I-70 am Hwy 9.

Colorado Mountain Express (800-525-6363; www.coloradomountainexpress.com; Erw./Kind 70/36 US$;) bietet einen Shuttle-Service zwischen Breckenridge und dem Denver International Airport an.

Gratisbusse (www.townofbreckenridge.com; 8–23.45 Uhr) verkehren auf vier Routen im gesamten Ort.

Busse von **Summit Stage** (970-668-0999; www.summitstage.com; 150 Watson Ave) pendeln kostenlos zwischen Breckenridge, Keystone und Frisco. Nach Vail geht's mit dem Shuttle-Service von **Fresh Tracks** (970-453-4052; www.freshtrackstransportation.com; einfache Strecke 20 US$).

Vail

Dieser Lieblingsort der Reichen und (teilweise) Berühmten ist wie ein riesiger Vergnügungspark für Erwachsene. Vom Golfrasen bis hin zu den Indoor-Wasserfällen ist hier alles von Menschenhand gemacht. Der kompakte Ort ist gut zu Fuß zu erkunden. Aufgrund seiner Lage an der I-70 lässt er jedoch die dramatische Natur, die sich rund um andere Orte in den Rocky Mountains ausbreitet, vermissen. Dennoch bezweifelt kein ernsthafter Brettsportler Vails Status als Colorados bester Skiort: Auf dem obercoolen Terrain warten u.a. pulverige Back Bowls (Tal- bzw. Tiefschneeschüsseln) und Chutes (Geländerinnen).

Sehenswertes & Aktivitäten

Colorado Ski Museum MUSEUM
(www.skimuseum.net; 3. Stock, 10–17 Uhr;) GRATIS Das schlichte, aber informative Museum an der Parkhausausfahrt des Vail Village führt seine Besucher zurück in die Zeit der Anfänge des Skifahrens und bis hin zu den Strapazen der 10th Mountain Division. Diese hochdekorierte Gebirgsjägereinheit des Zweiten Weltkriegs trainierte einst in den hiesigen Bergen. Zu sehen gibt's außerdem witzige Vintage-Klamotten und die noch kleine Colorado Ski and Snowboard Hall of Fame.

★ **Vail Mountain** WINTERSPORT
(970-754-8245; www.vail.com; Liftpass Erw./Kind 129/89 US$; Dez.–Mitte April 9–16 Uhr;) Rund 21,4 km² Pistenfläche, 193 Wanderwege und drei Wintersportparks machen Vail Mountain zu unserem Lieblingsskigebiet in Colorado. Allerdings zählen die Liftpasspreise landesweit zu den höchsten. Für alle, die zum ersten Mal in Colorado Ski fahren, lohnt sich der vergleichsweise teure Einstieg vor Ort aber – besonders an Sonnentagen mit blauem Himmel und frischem Pulverschnee. Die Mehrtagespässe gelten für vier weitere Skigebiete. Auf der Adventure Ridge oben auf dem Berg gibt' kinderfreundliche Winter- und Sommersportoptionen. Im Sommer 2015 soll sie Teil der deutlich größeren Epic Discovery (www.epicdiscovery.com) werden.

Holy Cross Wilderness WANDERN & TREKKEN
(970-827-5715; www.fs.usda.gov/whiteriver; 24747 US Hwy 24, Minturn; Mo–Fr 9–16 Uhr) Der anstrengende Notch Mountain Trail bietet eine super Aussicht auf den Mt. of the Holy Cross (4269 m). Letzterer kann von sehr erfahrenen Wanderern auch selbst über den Half Moon Pass Trail bestiegen werden (Schwierigkeitsgrad II). Vor dem Aufbruch am besten immer Tipps bei den Rangern einholen!

Vail to Breckenridge Bike Path RADFAHREN
(www.fs.usda.gov) Über 14 km erstreckt sich dieser befestigte, autofreie Radweg von East Vail zum höchsten Punkt des Vail Pass (Höhenunterschied 558 m). Von dort aus führt er über 22,5 km hinunter nach Frisco. Nach Breckenridge sind es dann noch einmal 14,5 km. Wer nur bergab rollen möchte, nimmt einen Shuttle-Bus des **Fahrradverleihs** (970-476-5385; www.bikevalet.net; 520 E Lionshead Cir; Leihfahrrad ab 30 US$/Tag; 10–17 Uhr;) und genießt dann die Rückfahrt per Rad nach Vail.

Schlafen

Vail hat die höchsten Preise Colorados. Die Qualität der Unterkünfte (zumeist privat vermietete Ferienwohnungen) variiert jedoch sehr stark.

Gore Creek Campground CAMPING $

(☎877-444-6777; www.recreation.gov; Bighorn Rd; Stellplatz 18 US$; ⏲Mitte Mai–Sept.; 🐾) Am Ende der Bighorn Rd versteckt sich dieser reservierungsfreie Campingplatz zwischen den Bäumen am Ufer des Gore Creek. Die 25 Stellplätze mit Picknicktischen und Plumpsklos liegen 6 Meilen (9,6 km) östlich des Vail Village. Hin geht's über die I-70 (Exit 180 in Richtung East Vail).

★**Minturn Inn** B&B $$

(☎970-827-9647; www.minturninn.com; 442 Main St; Zi. Sommer/Winter ab 100/150 US$; P📶; 🚌ECO) Wer nicht unbedingt mitten im Geschehen wohnen muss, ist in diesem rustikalen B&B richtig. Das gemütliche Blockhaus von 1915 steht 8 Meilen (12,9 km) hinter Vail in Minturn. Mit handgezimmerten Baumstamm-Betten, Geweihdekor und offenen Kaminen aus Flussgestein versprüht es den Charme der Berge. Whirlpoolfans reservieren eines der Zimmer in der neueren River Lodge.

★**The Sebastian** HOTEL $$$

(☎800-354-6908; www.thesebastianvail.com; 16 Vail Rd; Zi. Sommer/Winter ab 230/500 US$; P❄📶🏊🐾) Das moderne, raffinierte Luxushotel punktet mit geschmackvoller zeitgenössischer Kunst und einer eindrucksvollen Liste von Annehmlichkeiten. Diese reicht vom Skiservice am Berghang bis hin zu einer spektakulären Poollandschaft, deren Whirlpools wie Schampus (über-)schäumen. Angesichts der Tarife in Vail bietet das Sebastian am meisten fürs Geld. Um die besten Preise zu bekommen, muss man jedoch Monate im Voraus reservieren.

Essen & Ausgehen

★**Yellowbelly** SÜDSTAATENKÜCHE $

(www.yellowbellychicken.com; Unit 14, 2161 N. Frontage Rd; Teller 10 US$; ⏲11–20.30 Uhr; P📶👪; 🚌Vail Transit) Das Yellowbelly versteckt sich zwar in einem Einkaufszentrum in West Vail, serviert aber gigantisch gutes Hühnchen. Der gesundheitsbewusste Ansatz (mit Grünzeug gefüttertes, gentechnikfreies Freilandgeflügel) ist definitiv ein Pluspunkt. Das Highlight ist jedoch der großartige glutenfreie Backteig. Zu den würzig-zarten Hühnchenstücken gibt's jeweils drei Beilagenoptionen (Rosenkohlsalat, Zitronen-Quinoa, Käsemakkaroni) und ein Getränk. Alternativ kann man auch einen ganzen Gemeinschaftsgummiadler ordern.

★**bōl** MODERN-AMERIKANISCH $$

(☎970-476-5300; www.bolvail.com; 141 E Meadow Dr; Hauptgerichte 14–28 US$; ⏲Sommer 17–1 Uhr, Winter 14–1 Uhr; 📶✍👪) Vails definitiv abgefahrenster Treffpunkt ist halb hippes Restaurant, halb Space-Age-Bowlinghalle: Im hinteren Bereich kann der Nachwuchs die Kegel umlegen (50 US$/Std.). Hauptmagnet ist jedoch die überraschend vielfältige Karte: Das Angebot reicht vom üppigen Salat mit Hühner-Paillard und Gnocchi bis hin zu Garnelen mit Maisgrütze und Grapefruit. Für Vail ist das Essen relativ erschwinglich. Reservieren!

Matsuhisa JAPANISCH $$$

(☎970-476-6628; www.matsuhisavail.com; 141 E Meadow Dr; Hauptgerichte 29–39 US$, 2 Sushirollen 8–12 US$; ⏲18–22 Uhr) Mit seinem modernen, luftigen Lokal im Herzen des Solaris-Komplexes hat der legendäre Küchenchef Nobu Matsuhisa den örtlichen Gastro-Standard erhöht. Er eröffnete sein erstes Restaurant einst in Peru, und das prägt seine Küche bis heute südamerikanisch. Sein modernes Sashimi nach eigenem Rezept wird durch traditionelles Sushi und Tempura ergänzt. Unter den Highlights sind Kohlenfisch mit Miso und Jakobsmuscheln mit Jalapeño-Salsa. Reservieren!

Los Amigos BAR

(400 Bridge St; ⏲11.30–21 Uhr) Lust auf Aussicht, Tequila und Rock'n'Roll beim Après-Ski? Dann auf ins Los Amigos! Das mexikanische Essen ist allenfalls anständig. Für das kulinarische Defizit entschädigen die Happy-Hour-Preise und die Sitzgelegenheiten am Hang jedoch mehr als genug.

Praktische Informationen

Vail Visitor Center (☎970-479-1385; www.visitvailvalley.com; 241 S Frontage Rd; ⏲Winter 8.30–17.30, Sommer 8.30–20 Uhr; 📶) Auch im Lionshead Village vertreten.

Anreise & Unterwegs vor Ort

Am **Eagle County Airport** (☎970-328-2680; www.flyvail.com; 219 Eldon Wilson Drive) besteht Verbindung zu Zielen in den ganzen USA (oft über Denver). Rund 35 Meilen (56,3 km) westlich von Vail sind hier auch Autovermieter vertreten.

Shuttles von **Colorado Mountain Express** (☎800-525-6363; www.coloradomountainexpress.com;) verbinden Vail mit dem Denver International Airport (92 US$) und dem Eagle County Airport (51 US$). Auf dem Weg nach Denver (33 US$, 2½ Std.) oder Grand Junction (28 US$, 3 Std.) halten Greyhound-Busse am **Vail Transportation Center** (☎970-476-5137; 241 S Frontage Rd).

Vails **kostenlose Busse** (www.vailgov.com; ⏲6.30–1.50 Uhr) pendeln zwischen West Vail und dem Lionshead bzw. Vail Village; sie sind meist mit Skiständern ausgestattet. **Regionalbusse** (ECO; www.eaglecounty.us; Fahrt 4 US$, nach Leadville 7 US$) fahren auch nach Beaver Creek, Minturn und Leadville. Zu den Ferienorten des Summit County (z. B. nach Breckenridge) empfiehlt sich der Shuttle-Service von Fresh Tracks (S. 848).

Das übersichtliche Vail Village mit vielen teuren Restaurants, Bars und Boutiquen ist komplett autofrei: Vor dem Betreten der Fußgängerzone nahe den Sesselliften müssen Kraftfahrer im öffentlichen Parkhaus parken (Winter 25 US$/Tag, Sommer gratis). Etwa eine halbe Meile (800 m) weiter westlich liegt mit dem meist ruhigeren Lionshead eine zweite Ausgangsbasis. Auch dort gibt's ein Parkhaus (identische Preise) und direkten Liftzugang.

Aspen

Das unbescheiden schicke Aspen ist der glamouröseste Ferienort Colorados. Hierher kommen einige der reichsten Skifahrer der Welt. Die hübsche historische Innenstadt aus rotem Backstein ist ebenso anziehend wie die schimmernden Pisten, aber das allerschönste an Aspen ist die sagenhafte Landschaft. Die atemberaubende Hochgebirgslandschaft – vor allem Ende September und im Oktober, wenn die Bäume von Aspen ein spektakuläres Farbenspiel bieten – fügt dem ohnehin süßen Kuchen noch den Zuckerguss hinzu.*

Sehenswertes & Aktivitäten

★ Aspen Center for Environmental Studies NATURSCHUTZGEBIET
(ACES; ☎970-925-5756; www.aspennature.org; Hallam Lake, 100 Puppy Smith St; ⏲Mo–Fr 9–17 Uhr; P) GRATIS Am Roaring Fork River unterhält das Aspen Center for Environmental Studies dieses 10 ha große Naturschutzgebiet. Filialen des Zentrums sind ansonsten noch dreimal in der Region zu finden. Ganzjährig bietet es geführte Wanderungen, Vogelbeobachtungen und Schneeschuhtouren an. Super für Familien!

NICHT VERSÄUMEN

RADELN ZU DEN MAROON BELLS

Lokalen Radel-Gurus zufolge führt Aspens kultigste Straßenstrecke zu den atemberaubenden Maroon Bells. Der Anstieg über 11 lungenquälende Meilen (18 km) endet am Fuß eines der malerischsten Wildnisareale in den ganzen Rockies. Wer auf muskelverkaterte Waden steht, mietet seinen Drahtesel bei **Aspen Bike Tours** (☎970-925-9169; www.aspenbikerentals.com; 430 S Spring St; Erw. halber/ganzer Tag ab 33/40 US$, Kind 22/29 US$; ⏲9–18 Uhr;).

Aspen Art Museum MUSEUM
(☎970-925-8050; www.aspenartmuseum.org; Ecke East Hyman Ave & Spring St; ⏲Di–Sa 10–18, Do 10–19, So 12–18 Uhr) GRATIS Statt einer ständigen Sammlung gibt's hier nur kühn-innovative Wechselausstellungen mit zeitgenössischer Kunst. Zum Zeitpunkt der Drucklegung befand sich das neue Museumsgebäude mit Traumaussicht vom Dach gerade noch im Bau. Nach der geplanten Eröffnung (Sommer 2014) wird es Kunstfans bestimmt nicht enttäuschen.

★ Aspen Mountain WINTERSPORT
(☎800-525-6200; www.aspensnowmass.com; Liftpass Erw./Kind 117/82 US$; ⏲Dez.–Mitte April 9–16 Uhr;) Die Aspen Skiing Company betreibt die vier Skigebiete der Gegend: Aspen (für Fortgeschrittene/Erfahrene), Snowmass (größte Höhendifferenz in den USA), Buttermilk (für Anfänger; mit Schneeparks) und Highlands (für Erfahrene). Diese verteilen sich über das ganze Tal und sind per Gratis-Shuttle miteinander verbunden. Aspen und Snowmass haben auch im Sommer (Liftpass Erw./Kind 28/11 US$) zwecks Sightseeing, Mountainbiken oder Aktivitäten mit Kindern geöffnet.

Maroon Bells WILDNIS
Wer sich nur einen Tag lang an einem Stück Ursprünglichkeit erfreuen kann oder will, tut dies am besten im Schatten von Colorados kultigsten Gipfeln. Die örtlichen Wanderungen reichen vom beliebten Crater Lake Trail (2,9 km) bis hin zu größeren Herausforderungen wie dem Buckskin Pass (3798 m). Um das Areal zu erreichen, muss man einen **Shuttle** (Aspen Highlands; Erw./Kind 6/4 US$; ⏲15. Juni–Aug. tgl. 9–16.30 Uhr, Sept.–6. Okt. Fr–So) ab den Highlands nehmen.

Die Zugangsstraße (Benutzungsgebühr 10 US$) ist nur von 17 bis 9 Uhr für Fahrzeuge geöffnet und wird im Winter nicht geräumt. Achtung: Die Maroon Bells sind z.T. furchtbar überlaufen. Wer eher auf Einsamkeit steht, nimmt sich daher besser die Hunter-Fryingpan Wilderness bei Basalt vor.

Ashcroft Ski Touring WINTERSPORT
(☎970-925-1971; www.pinecreekcookhouse.com/tours; 11399 Castle Creek Rd; Erw./Kind 15/10 US$;) Vor traumhafter Hintergrundkulisse warten hier gepflegte Langlauf-Loipen (Gesamtlänge ca. 32 km) auf 2,4 subalpinen Quadratkilometern. Besucher können Ausrüstung ausleihen und diverse Kurse oder geführte Touren buchen. Shuttles nach/ab Aspen (35 US$) sind ebenfalls im Angebot.

Feste & Events

Aspen Music Festival MUSIK
(☎970-925-9042; www.aspenmusicfestival.com; Juli & Aug.) Jeden Sommer kommen Klassikmusiker aus aller Welt nach Aspen, um aufzutreten und von den Meistern ihrer Zunft zu lernen.

Schlafen

Aspen ist ganzjährig beliebt, was bedeutet, dass man rechtzeitig reservieren muss. Der **Aspen Ranger District** (☎970-925-3445; www.fs.usda.gov/whiteriver; 806 W Hallam St; Mo–Fr 8–16.30 Uhr) betreibt insgesamt ca. 20 **Campingplätze** (☎877-444-6777; www.recreation.gov; Stellplatz 15–21 US$) in den Wildnisgebieten Maroon Bells, Independence Pass und Hunter-Fryingpan.

St. Moritz Lodge HOSTEL $
(☎970-925-3220; www.stmoritzlodge.com; 334 W Hyman Ave; B Sommer/Winter 60/66 US$, DZ Sommer 130–269 US$, Winter 155–299 US$;) Aspens beste Budget-Bleibe punktet mit Extras wie einem beheizten Freiluftpool und einem Grillbereich, von dem aus man auf den Aspen Mountain schaut. Hinzu kommt eine Lobby mit Büchern, Gesellschaftsspielen und einem Klavier. Das große Zimmerspektrum der europäisch gestalteten Lodge reicht von ruhigen Schlafsälen bis hin zu Ferienwohnungen mit zwei Schlafzimmern. Die günstigsten Quartiere teilen sich Gemeinschaftsbäder. Im Untergeschoss gibt's eine Gästeküche.

Annabelle Inn HOTEL $$
(☎877-266-2466; www.annabelleinn.com; 232 W Main St; Zi. inkl. Frühstück Sommer/Winter ab 169/199 US$;) Das reizende, schräge Annabelle Inn in zentraler Lage ähnelt einer freundlichen, bodenständigen, europäischen Skihütte. Die gemütlichen Zimmer verfügen über Flachbildfernseher und warme Daunendecken. Vom Whirlpool auf dem oberen Balkon (das Hotel hat noch einen zweiten Whirlpool) kann man abends Skivideos anschauen.

★ **Limelight Hotel** HOTEL $$$
(☎800-433-0832; www.limelighthotel.com; 355 S Monarch St; Zi. Sommer/Winter ab 245/395 US$;) Die moderne Eleganz des trendigen Limelight aus Backstein und Glas reflektiert Aspens ungezwungenen Bergwelt-Chic. Die geräumigen Zimmer überzeugen mit Extras wie gasbefeuerten Kaminen, lederbezogenem Mobiliar und Bergblick von den Balkonen bzw. Dachterrassen. Zusätzlich zum Ski- und Shuttle-Service kann man im italienischen Lobby-Restaurant an den meisten Winterabenden Livemusik genießen. Preise inklusive Frühstück.

ABSTECHER

SCENIC DRIVE: INDEPENDENCE PASS

Der Independence Pass (3686 m) am **Highway 82** (geöffnet Ende Mai–Okt.) zählt zu den höher gelegenen Pässen an der kontinentalen Wasserscheide. Die Aussicht entlang der schmalen Straße reicht von hübsch und atemberaubend bis hin zu schlichtweg umwerfend. Und sobald der Blick auf die Sommer-Schneefelder gleich unterhalb der messerscharf gezackten Gipfel fällt, erlebt man seinen eigenen IMAX-Film. Auf dem Weg nach oben empfiehlt sich ein Zwischenstopp in der Geisterstadt **Independence** (www.aspenhistorysociety.com; empfohlene Spende 3 US$; Mitte Juni–Aug. 10–18 Uhr) GRATIS.

Essen & Ausgehen

★ **Justice Snow's** KNEIPE $$
(☎970-429-8192; www.justicesnows.com; 328 E Hyman Ave; Hauptgerichte 10–22 Uhr; 11–2 Uhr;) In dem umgebauten alten Saloon im historischen Wheeler Opera House wurden Antikmöbel mit einem raffinierten modernen Touch verwendet. Der Laden ist offiziell eine Bar – die Billigcocktails geben ihm seine Seele. Allerdings kommen

einheimische Stammgäste auch wegen des erschwinglichen Essens (10 US$ für einen leckeren Burger! In Aspen!) aus regionalen Zutaten hierher.

The Meatball Shack ITALIENISCH $$$
(☎970-925-1349; www.themeatballshack.com; 312 S Mill Rd; Gerichte mittags 13 US$, abends 21–28 US$; ⌚11.30–23.30 Uhr; 👪) 🍃 Das Shack wird vom Florentiner Küchenchef Eddie Baida und Michael Gurtman aus New York City geleitet. Spezialität des Hauses sind natürlich Fettuccine mit Fleischbällchen (*nonnas* aus Huhn oder Kalb). Abends herrscht hier ordentlich Betrieb. Doch das sollte man einfach ausblenden und sich aufs Essen konzentrieren: Die italienische Küche ist eine der besten in den Rockies.

★ **Pine Creek Cookhouse** AMERIKANISCH $$$
(☎970-925-1044; www.pinecreekcookhouse.com; 12700 Castle Creek Rd; Hauptgerichte mittags & Sommer abends 13–41 US$, Winter Festpreis-Abendmenü inkl. Skitour/Schlittenfahrt 90/110 US$; ⌚tgl. 11.30–14.30 Uhr, Juni–Sept. Mi–So 14.30–20.30 Uhr, Bestuhlung tgl. 12 & 13.30 Uhr, Dez.–März auch Mi–So 19 Uhr; 🍸👪) 🍃 Das Blockhütten-Restaurant mit der schönsten Lage der ganzen Gegend steht rund 30 Minuten außerhalb von Aspen und 1,5 Meilen (2,4 km) hinter der Geisterstadt Ashcroft. Im Sommer sind hier Wanderungen möglich; zur Winterzeit gleitet man dagegen per Langlaufski oder Pferdeschlitten durch die Landschaft im Schatten der herrlich verschneiten Gipfel. Auf den Tisch kommen alpine Köstlichkeiten wie selbst geräucherte Forelle, Wapitihirsch-Bratwurst oder Tenderloin vom Bison.

★ **Aspen Brewing Co** BRAUEREI
(www.aspenbrewingcompany.com; 304 E Hopkins Ave; ⌚tgl. 12 Uhr–open end; 📶) Sechs eigene Biersorten und ein sonniger Balkon mit Bergblick machen den zwanglosen Laden zur besten Entspannungsadresse nach einem langen Outdoor-Tag. Das Bierspektrum reicht von aromatischem This Year's Blonde, starkem Independence Pass Ale (ein India Pale Ale; IPA) und lieblicherem Conundrum Red Ale bis hin zum schokoladigen Pyramid Peak Porter.

Woody Creek Tavern KNEIPE
(☎970-923-4585; www.woodycreektavern.com; 2 Woody Creek Plaza, 2858 Upper River Rd; ⌚11–22 Uhr) Die abgefahrene Schenke war früher ein Favorit von Hunter S. Thompson und lohnt die Anfahrt ab Aspen (8 Meilen/13 km) auf jeden Fall: Auf der Karte stehen Bio-Salate, fettreduzierte (aber saftige) Burger und mexikanische Klassiker (u. a. gute Guacamole). Jede Menge Alkohol entschädigt für die weniger einfallsreiche Abendkarte – 42 ausgeschenkte Liter Margarita pro Tag sagen alles.

ℹ Praktische Informationen

Aspen Visitor Center (☎970-925-1940; www.aspenchamber.org; 425 Rio Grande Pl; ⌚Mo–Fr 8.30–17 Uhr)

ℹ Anreise & Unterwegs vor Ort

Der **Aspen-Pitkin County Airport** (☎970-920-5380; www.aspenairport.com; 233 E Airport Rd; 📶) liegt 4 Meilen (6,4 km) nördlich von Aspen am Hwy 82 und bietet Direktverbindung nach Denver, L. A., Dallas oder Chicago. Die Shuttles von **Colorado Mountain Express** (☎800-525-6363; www.coloradomountainexpress.com; Erw./Kind 118/61 US$; 📶) pendeln regelmäßig zwischen Aspen und dem Denver International Airport (118 US$, 3 Std.).

Busse der Roaring Fork Transit Agency (www.rfta.com) verbinden Aspen gratis mit allen vier Skigebieten und dem Aspen-Pitkin County Airport.

Selbstfahrer parken am besten im Parkhaus (15 US$/Tag) neben dem Aspen Visitor Center am Rio Grande Pl.

Salida

Das charmante Salida weist einen der größten historischen Stadtkerne Colorados auf und lädt zu Erkundungstouren ein. Hinzu kommt die unschlagbare Lage zwischen dem Arkansas River auf der einen Seite und dem Treffpunkt zweier mächtiger Bergketten auf der anderen. Hier kann man tagsüber raften, radeln oder wandern. Nach der Rückkehr gibt's dann ein stärkendes Abendessen mit gegrillten Bisonrippchen und kaltem India Pale Ale.

Aktivitäten

Die meisten Raftingveranstalter sind gleich südlich von Buena Vista ansässig (25 Meilen bzw. 40 km nördlich von Salida). In der Nähe zweigen die Hwys 24 und 285 voneinander ab.

Buffalo Joe's Whitewater Rafting RAFTING
(☎866-283-3563; www.buffalojoe.com; 113 N Railroad St; halber/ganzer Tag Erw. 64/98 US$, Kind 54/78 US$; ⌚Mai–Sept.; 👪) Einer der besten Rafting-Veranstalter; im Zentrum von Buena Vista zu finden.

River Runners RAFTING
(☎800-723-8987; www.riverrunnersltd.com; 24070 Co Rd 301; halber/ganzer Tag Erw. 60/98 US$, Kind 50/88 US$; ⏲Mai–Sept.; 👪) Ein weiteres empfehlenswertes Rafting-Unternehmen; in Buena Vista und an der Royal Gorge vertreten.

Absolute Bikes FAHRRADVERLEIH
(☎719-539-9295; www.absolutebikes.com; 330 W Sackett Rd; Leihfahrräder 40–80 US$, geführte Touren ab 90 US$; ⏲9–19 Uhr; 👪) Leihfahrräder, Karten, Ausrüstung, Tipps und geführte Touren (z. B. auf dem Monarch Crest und Rainbow Trail oder drüben am anderen Flussufer).

Schlafen

Am Fluss betreibt die Arkansas Headwaters Recreation Area insgesamt sechs Campingplätze (Trinkwasser selbst mitbringen!). Der schönste davon heißt **Hecla Junction** (☎800-678-2267; http://coloradostateparks.reserveamerica.com; Hwy 285, MM135; Stellplatz 16 US$; 🐾) und liegt nördlich von Salida. Im Sommer unbedingt reservieren!

★ **Simple Lodge & Hostel** HOSTEL $
(☎719-650-7381; www.simplelodge.com; 224 E 1st St; B/DZ/4BZ 24/55/76 US$; P 📶 🐾) Wenn Colorado bloß mehr Bleiben dieser Art hätte! Das einfache, aber stilvolle Hostel mit voll ausgestatteter Küche wird von einem super freundlichen Ehepaar (Jon und Julia) geleitet. Im behaglichen Gemeinschaftsbereich fühlt man sich wie zu Hause. Hier steigen gerne Rad-Traveller ab, die dem Hwy 50 von Küste zu Küste folgen.

Essen & Ausgehen

★ **Amícas** PIZZERIA, KLEINBRAUEREI $$
(www.amicassalida.com; 136 E 2nd St; Pizzas & Panini 8,10–11,55 US$; ⏲11.30–21 Uhr; 🌿 👪) Holzofenpizzas mit dünnem Boden plus sechs selbst gebraute Fassbiersorten gefällig? Dieser entspannte Treff mit hoher Decke (früher ein Bestattungsinstitut) ist ein echter Volltreffer – perfekt, um all die verbrannten Kalorien wieder aufzufüllen! Am besten genießt man eine Pizza Michelangelo (Pesto, Wurst, Ziegenkäse) oder eine Vesuvio (Artischockenherzen, sonnengetrocknete Tomaten, geröstete Paprika) zu einem kühlen Glas Headwaters India Pale Ale.

Fritz TAPAS $$
(☎719-539-0364; http://thefritzdowntown.com; 113 East Sackett St; Tapas 4–8 US$, Hauptgerichte 9–14 US$; ⏲11–2 Uhr; 📶) Die witzige, abgefahrene Schenke am Flussufer serviert clever zubereitete Tapas à la USA. Aufgetischt werden z. B. Makkaroni mit drei Käsesorten und Speck, Pommes mit Trüffel-Aioli, Garnelencurry oder sogar Rindermark mit roter Zwiebelkonfitüre. Mittags gibt's Sandwiches und spitzenmäßige Burger mit Fleisch vom Freilandrind. Gute Fassbierauswahl.

Praktische Informationen

USFS Ranger Office (☎719-539-3591; www.fs.usda.gov; 5575 Cleora Rd; ⏲Mo–Fr 8–16.30 Uhr) Am Hwy 50 östlich des Ortes bekommt man Wander- und Campinginfos zu den Collegiates oder zur nördlichen Sangre de Cristo Range.

An- & Weiterreise

Westlich von Cañon City bzw. südlich von Leadville kreuzen sich die Highways 285 und 50 bei Salida. Die Anreise bedingt ein eigenes Fahrzeug.

Colorado Springs

Als einer der führenden Urlaubsorte der USA liegt Colorado Springs am Fuß des

ABSTECHER

RAFTING AUF DEM ARKANSAS RIVER

Ein Spektrum von extremen Stromschnellen bis hin zu ruhigem Flachwasser macht den Oberlauf des Arkansas River zu Colorados beliebtestem Rafting- und Kajakrevier. Die meisten Rafter befahren den Fluss von Leadville bis zur Royal Gorge. Am populärsten sind jedoch Trips entlang des 35,4 km langen Brown's Canyon mit Stromschnellen der Kategorie III/IV. Wer kleine Kinder dabeihat oder es etwas ruhiger mag, ist mit dem Bighorn Sheep Canyon gut bedient. Adrenalin-Junkies können sich flussaufwärts zu den Numbers oder flussabwärts zur Royal Gorge begeben (jeweils Kategorie IV/V).

Der Pegel variiert saisonal. Wer Lust auf einen wilderen Ritt hat, sollte Anfang Juni kommen – bereits Anfang August ist der Pegel oft ziemlich niedrig. Wichtig: Beim Rafting mit Kindern sind Mindestalter (6 Jahre) und -körpergewicht (50 lb/22,7 kg) zu beachten.

majestätischen Pikes Peak. Die Stadt ist von vier Militärstützpunkten geprägt und hatte kürzlich unter einer Reihe verheerender Waldbrände zu leiden. Mit der seltsamen, weitläufigen Verteilung der Viertel kommen Besucher am besten klar, indem sie das Ganze gedanklich in drei Bereiche splitten: Der Downtown-Bereich ist ein merkwürdiger Mix aus toller Kunst, Olympiaträumen und sozialer Verzweiflung und säumt den Hwy 24 in Ost-West-Richtung. Old Colorado City birgt historische Wildwest-Saloons und -Bordelle, die heute Restaurants und Läden beherbergen. Manitou Springs ist esoterisch bzw. hippiemäßig angehaucht und dank seiner Hanglage am besucherfreundlichsten.

Sehenswertes & Aktivitäten

★Pikes Peak — BERG

(☎719-385-7325; www.springsgov.com; Highway-Benutzung Erw./Kind 12/5 US$; ⊙Juni–Aug. 7.30–20 Uhr, Sept. 7.30–17 Uhr, Okt.–Mai 9–15 Uhr; 👪) Der Pikes Peak (4300 m) ragt fast senkrecht aus der Ebene empor (Höhendifferenz 2255 m) und hieß bei den indigenen Ute einst „Sonnenberg". Er mag nicht zu den höchsten von Colorados 54 Bergen über 14 000 Fuß (4267 m) zählen, ist aber sicherlich am berühmtesten. Vielleicht, weil nur hier eine Zahnradbahn bis hinauf zum Gipfel fährt? Oder weil die Aussicht von Letzterem Katherine Bates dazu inspirierte, 1893 *America the Beautiful* zu texten?

Höchstwahrscheinlich hat die Lage als östlichster „14er" stark zum Bekanntheitsgrad des Berges beigetragen. Heute pilgern mehr als 500 000 Besucher pro Jahr hinauf zur Spitze. Die **Zahnradbahn** (☎719-685-5401; www.cograilway.com; 515 Ruxton Ave; hin & zurück Erw./Kind 35/19 US$; ⊙Mai–Okt. 8–17.20 Uhr, übriges Jahr kürzere Betriebszeiten; 👪) startet in Manitou Springs (hin & zurück ca. 3 Std. 10 Min.). Vom Hwy 24 westlich der Stadt führt zudem der 19 Meilen (30,6 km) lange Pikes Peak Highway hinauf zum Gipfel (hin & zurück ca. 5 Std.). Für ein Erlebnis der ganz anderen Art empfiehlt sich jedoch eine Bergwanderung (s. rechte Spalte).

Garden of the Gods — PARK

(www.gardenofgods.com; 1805 N 30th St; ⊙Mai–Okt. 5–23 Uhr, Nov.–April 5–21 Uhr; P 👪) GRATIS Diese herrliche Ader aus rotem Sandstein (ca. 290 Mio. Jahre alt) tritt auch anderswo entlang von Colorados Front Range zutage. Die hiesige Hintergrundkulisse aus wunderschön schlanken Felsnadeln ist jedoch besonders herrlich. Parkbesucher können auf befestigten oder unbefestigten Wegen wandeln, ein Picknick genießen und Kletterer beobachten, die ihre Fähigkeiten am teilweise bröckeligen Fels testen.

Im Sommer öffnet die **Rock Ledge Ranch** (www.rockledgeranch.com; Erw./Kind 8/4 US$; ⊙Juni–Mitte Aug. Mi–Sa 10–17 Uhr; 👪) als lebendiges Geschichtsmuseum nahe dem Parkeingang. Ein Besuch lohnt sich für alle, die sich für das regionale Leben der indigenen Amerikaner und Farmer im 19. Jh. interessieren.

★Colorado Springs Fine Arts Center — MUSEUM

(FAC; ☎719-634-5583; www.csfineartscenter.org; 30 W Dale St; Erw./Student 10/8,50 US$; ⊙Di–So 10–17 Uhr; P) Eines von Colorados besten Museen für schöne Künste: Die anspruchsvolle Sammlung umfasst z. B. Blockdrucke, tolle lateinamerikanische Stücke, mexikanische Tonfiguren, Abstraktes von einheimischen Künstlern sowie Korbwaren und Decken der indigenen Amerikaner.

US Air Force Academy — MILITÄRAKADEMIE

(☎719-333-2025; www.usafa.af.mil; I-25/Exit 156B; ⊙Besucherzentrum 9–17 Uhr; P) GRATIS Eine der berühmtesten US-Militärakademien: Campusbesucher erhalten einen begrenzten, aber faszinierenden Einblick in das Leben einer Gruppe von Elite-Kadetten. Das Besucherzentrum hat allgemeine Infos zur Akademie. Anschließend kann man hinüber zur spektakulären Kapelle von 1963 laufen oder an einer Autotour über das Gelände teilnehmen. Der Zugang erfolgt über das Nordtor (North Gate), das 14 Meilen (22,5 km) nördlich von Colorado Springs liegt.

Barr Trail — WANDERN & TREKKEN

(www.barrcamp.com; Hydro Dr) Über eine knackige Höhendifferenz von 2255 m führt der anstrengende Barr Trail (20,1 km) zum Gipfel des Pikes Peak. Die meisten Wanderer verteilen den Trip auf zwei Tage und übernachten auf halber Strecke im Barr Camp. Wer nur einen Tagestrek machen möchte, kann zum Camp eine Einzelfahrt mit der Zahnradbahn buchen (22 US$; nur erste oder letzte Fahrt des Tages). Kurz oberhalb von deren Depot in Manitou Springs befindet sich der Trailhead. Das Parken kostet 5 US$.

Feste & Events

Colorado Balloon Classic — BALLONFAHREN

(☎719-471-4833; www.balloonclassic.com; 1605 E Pikes Peak Ave; ⊙Labor-Day-Wochende; 👪) In den letzten 40 Jahren haben jedes Jahr direkt nach Sonnenaufgang Amateure und Profis bunte Ballons gestartet. Das Fest findet an drei aufeinanderfolgenden Tagen über das Wochenende vom Labour Day statt. Um alles zu sehen, muss man mit den Hähnen aufstehen, aber es lohnt sich.

Schlafen

Barr Camp CAMPING $

(www.barrcamp.com; Zeltplatz 12 US$, Anbau 17 US$, Hütte B 28 US$; 🐾) Auf halbem Weg auf dem Barr Trail, etwa 10,5 km von der Spitze des Pikes Peak entfernt, kann man ein Zelt aufschlagen, in einem Anbau nächtigen oder sich eine sehr einfache Hütte reservieren. Es gibt Trinkwasser und Duschen; mittwochs bis sonntags kann man Abendessen bekommen (8 US$). Reservierungen sind unbedingt notwendig und müssen im Voraus online vorgenommen werden. Das Camp ist das ganze Jahr über geöffnet und auch im Winter voll ausgebucht.

Mining Exchange HOTEL $$

(☎719-323-2000; www.wyndham.com; 8 S Nevada Ave; Zi. 135–200 US$; P❄📶) Das stilvollste örtliche Hotel (eröffnet 2012) befindet sich in der historischen Bank, in der Cripple-Creek-Goldsucher ihre Funde um die vorletzte Jahrhundertwende herum zu Bargeld machten. Hiervon zeugt bis heute die Tresorraumtür in der Lobby. Rund 3,65 m hohe Decken, freiliegende Backsteinwände und lederbezogenes Mobiliar sorgen für einladendes, modernes Flair. Der Innenstadtlage mangelt es am Charme von Manitou Springs. Dafür ist das Preis-Leistungs-Verhältnis top.

Two Sisters Inn B&B $$

(☎719-685-9684; www.twosisinn.com; 10 Otoe Pl; Manitou Springs; Zi. ohne Bad 79–94 US$, mit Bad 135–155 US$; P❄📶) Dieses Haus ist schon lange ein Liebling der B&B-Fans. Es hat fünf Zimmer (einschließlich dem Honeymoon-Cottage im hinteren Bereich). Das Two Sisters Inn ist ein rosafarbenes viktorianisches Haus, das 1919 von zwei Schwestern gebaut worden war. Ursprünglich war es eine Pension für Lehrer und ist nun seit 1990 ein Gasthaus. Die traumhafte Eingangstür ist aus buntem Glas, und im Salon steht ein Klavier von 1896; für seine Frühstücksrezepte hat es Preise gewonnen.

Broadmoor RESORT $$$

(☎855-634-7711; www.broadmoor.com; 1 Lake Ave; Zi. ab 280–500 US$; P❄📶🏊🐾) Das rundum exquisite Broadmoor mit 744 Zimmern zählt zu den führenden Fünf-Sterne-Resorts der USA und erfreut sich einer Bilderbuchlage vor den blau-grünen Hängen des Cheyenne Mountain. Zu dem großen, grünen Gelände gehören ein See, ein schimmernder Pool, ein erstklassiger Golfplatz, ein unglaubliches Spa und zahllose Bars bzw. Restaurants. Das Design der ultrakomfortablen Zimmer wirkt jedoch etwas „großmütterlich".

Es hat schon seinen Grund, warum hier bereits Hunderte Hollywoodstars, Top-Profisportler und fast alle US-Präsidenten seit Franklin D. Roosevelt zu Gast waren.

Essen & Ausgehen

Shugas CAFE $

(www.shugas.com; 702 S Cascade St; Gerichte 8–9 US$; ⊙11–24 Uhr; 👪) Wer bisher dachte, dass Colorado Springs nicht hip sein kann, der wird im Shugas eines Besseren belehrt. Das Personal des Cafés im Südstaaten-Stil hat ein Händchen für leckere Espressogetränke und heiße Cocktails. Das kleine weiße Haus mit Papierkranichen und roten Vinylstühlen ist unglaublich niedlich ausgestattet. Man kann auch auf der Terrasse sitzen. Das Essen – BLT-Sandwich (Schinken, Salat, Tomate) mit Brie auf Rosmarintoast oder brasilianische Kokos-Shrimp-Suppe – ist klasse. Auf keinen Fall die Oldie-Filmnacht am Samstag versäumen!

★**Marigold** FRANZÖSISCH $$

(☎719-599-4776; www.marigoldcafeandbakery.com; 4605 Centennial Blvd; Gerichte mittags 8,25–11 US$, abends 9–19 US$; ⊙Bistro Mo–Sa 11–14.30 & 17–21 Uhr, Bäckerei 8–21 Uhr) Dieses brummende Bäckerei-Bistro à la Frankreich liegt weit draußen beim Garden of the Gods. Das leckere Essen schmeichelt gleichermaßen dem Gaumen und dem Geldbeutel. Serviert werden neben super Salaten und Pizzas z. B. auch Marseillaise mit Schnapper oder Knoblauch-Brathähnchen mit Rosmarin. Unbedingt Platz im Magen für die Zitronentörtchen und den Schokoladenkuchen mit Doppel- oder Dreifach-Mousse (!) reservieren!

Adam's Mountain Cafe MODERN-AMERIKANISCH $$

(☎719-685-1430; www.adamsmountain.com; 934 Manitou Ave; Hauptgerichte 9–19 US$; ⊙tgl. 8–15, Di–Sa 17–21 Uhr; 📶🌿👪) Dieses Slowfood-Café in Manitou Springs empfiehlt sich für einen netten Zwischenstopp. Zum Frühstück gibt's u. a. *huevos rancheros* (Eier und Bohnen auf einer Tortilla) oder Arme Ritter mit Mandeln

ABSTECHER

DIE KASINOS VON CRIPPLE CREEK

Nur eine Stunde und doch gefühlte Lichtjahre von Colorado Springs entfernt versetzt einen Cripple Creek zurück in den legendären Wilden Westen. Bis 1952 wurden in dieser einst vom Glück gesegneten Stadt unglaubliche 413 Mio. US$ in Gold gefördert.

Auch heute wird hier noch intensiv gebechert und gezockt. Die alten Saloons und Bordelle sind aber inzwischen moderne Spielkasinos. Wer sich mehr für Regionalgeschichte interessiert oder einfach eine Pause von den einarmigen Banditen braucht, sollte das **Heritage Center** (www.visitcripplecreek.com; 9283 Hwy 67; ⌚8–19 Uhr; 👪) besuchen. Nett sind auch die beliebte **Goldminentour** (www.goldminetours.com; 9388 Hwy 67; Erw./Kind 18/10 US$; ⌚Mitte Mai–Okt. 8.45–18 Uhr; 👪) und die **Schmalspurbahn** (http://cripplecreekrailroad.com; Bennet Ave; Erw./Kind 13/8 US$; ⌚Mitte Mai–Mitte Okt. 10–17 Uhr; 👪🐾) zum historischen Victor.

Cripple Creek liegt 50 Meilen (80,5 km) südwestlich von Colorado Springs am malerischen Hwy 67. Für einen noch eindrucksvolleren Trip empfiehlt es sich, bei der Rückfahrt ab Victor die alte Gold Camp Rd (Hwy 336; ca. 90 Min.) zu nehmen: Diese Straße ist schmal und unbefestigt, punktet aber mit toller Aussicht. Alternativ fährt die Busfirma **Ramblin' Express** (☎719-590-8687; www.ramblinexpress.com; hin & zurück 25 US$; ⌚Abfahrt Mi–So 7–24 Uhr) vom 8th Street Depot in Colorado Springs nach Cripple Creek.

und Orange. Gerichte wie marokkanisches Hühnchen, Pasta Gremolata oder Wassermelonen-Grillsalat machen das Mittag- bzw. Abendessen wunderbar vielfältig. Marmorböden und freiliegende Deckenbalken prägen das luftige, hübsche Innere. Hinzu kommen Innenhoftische und gelegentlich Livemusik.

Jake & Telly's GRIECHISCH $$
(☎719-633-0406; www.greekdining.com; 2616 W Colorado Ave; Gerichte mittags 9–12 US$, abends 16–24,50 US$; ⌚tgl. 11.30–21 Uhr; 📶👪) Dieses Lokal zählt zu den besten Adressen in Old Colorado City, wirkt aber mit vielen Wandbildern von griechischen Bauwerken und landestypischer Hintergrundmusik recht touristisch. Nichtsdestotrotz ist das Essen hervorragend. Serviert werden prima Sandwiches mit hellenischem Touch und Traditionelles wie Souvlaki, Dolmas oder Spanakopita. All das gibt's im 2. Stock auf einem Balkon oberhalb eines Zauberladens.

★**Swirl** WEINBAR
(www.swirlwineemporium.com; 717 Manitou Ave; ⌚So–Do 12–22, Fr & Sa 12–24 Uhr) Diese verwinkelte Bar hinter einem stilvollen Spirituosenladen in Manitou Springs wirkt gleichsam cool und traulich. Die Gartenveranda zieren baumelnde Lampen und Weinreben, während drinnen Antiksessel und ein offener Kamin warten. Für Hungrige gibt's Tapas und selbst gemachte Pasta.

Bristol Brewing Co BRAUEREI
(www.bristolbrewing.com; 1604 S Cascade Ave; ⌚11–22 Uhr; 📶) Diese Brauerei war 2013 die erste Pächter-Partei des neuen Gemeindezentrums in der früheren Ivywild Elementary School. Im südlichen Colorado Springs liegt sie zwar etwas abseits vom Schuss, ist aber wegen ihres Laughing-Lab-Ales und des Kneipenessens mit Blue-Star-Touch durchaus sehr besuchenswert. Unter den anderen „Schulrückkehrern" sind eine Bäckerei, ein Feinkostladen, ein Café, eine Kunstgalerie und ein Kino in der alten Turnhalle.

ℹ Praktische Informationen

Colorado Springs Convention and Visitors Bureau (☎719-635-7506; www.visitcos.com; 515 S Cascade Ave; ⌚8.30–17 Uhr; 📶)

ℹ Anreise & Unterwegs vor Ort

Der **Colorado Springs Municipal Airport** (☎719-550-1900; www.springsgov.com; 7770 Milton E Proby Parkway; 📶) ist eine brauchbare Alternative zum Flughafen von Denver. Taxis des Unternehmens **Yellow Cab** (☎719-777-7777) verbinden ihn für 30 US$ mit dem Stadtzentrum.

Zwischen Cheyenne (Wyoming) und Pueblo (Colorado) halten Busse täglich am **Greyhound-Terminal** (☎719-635-1505; 120 S Weber St). Die **Mountain Metropolitan Transit** (www.springsgov.com; Einzelfahrt/Tageskarte 1,75/4 US$) liefert Fahrplan- und Routeninfos zu allen Lokalbussen (für detailliertere Informationen s. Website).

Da es hier nur Straßenparkplätze mit Parkuhren gibt, brauchen Selbstfahrer jede Menge Vierteldollarmünzen.

Südliches Colorado

Colorados untere Hälfte mit den Bergketten San Juan und Sangre de Cristo ist genauso schön wie der Norden des Bundesstaats. Zudem gibt es hier viele Aktivitäten und Sehenswürdigkeiten, aber vergleichsweise wenige Menschen.

Crested Butte

Crested Butte ist absolut schneesicher und hat sich seinen ländlichen Charakter besser erhalten als die meisten Skiresorts in Colorado. Es liegt weit ab vom Schuss und wird von drei Wildnisgebieten umgeben. Deshalb wird das ehemalige Bergbaudorf zu den besten Skiresorts in Colorado gerechnet (einige sagen, es sei *das* beste). Das Zentrum in der Altstadt besteht aus herrlich erhaltenen Gebäuden aus der viktorianischen Zeit, in denen heute Läden und Geschäften untergebracht sind. Der gemütliche Verkehr mit den Zweirädern passt zur lässigen, fröhlichen Atmosphäre.

Fast alles, was in der Stadt von Bedeutung ist, befindet sich in der Elk Ave, auch das **Visitor Center** (☎970-349-6438; www.crestedbuttechamber.com; 601 Elk Ave; ⏲9–17 Uhr).

Das **Crested Butte Mountain Resort** (☎970-349-2222; www.skicb.com; 12 Snowmass Rd; Lift-Tticket Erw./Kind 98/54 US$; 👪) liegt 2 Meilen (3,2 km) nördlich der Stadt am Fuß des beeindruckenden Berges gleichen Namens und ist von Wäldern, zerklüfteten Berggipfeln und den West Elk, Raggeds und Maroon Bells-Snowmass Wilderness Areas umgeben. Die Landschaft ist atemberaubend schön. Hier sind in der Regel fortgeschrittene und erfahrene Skifahrer zugange.

Crested Butte ist auch ein Mekka der **Mountainbiker** mit zahlreichen herrlichen, schmalen Wegen in großer Höhe. Bei **Alpineer** (☎970-349-5210; www.alpineer.com; 419 6th St; Leihfahrrad 20–50 US$/Tag; 👪) bekommt man Karten, Informationen und kann Mountainbikes ausleihen.

Das **Crested Butte International Hostel** (☎970-349-0588, gebührenfrei 888-389-0588; www.crestedbuttehostel.com; 615 Teocalli Ave; B 35 US$, DZ mit Gemeinschaftsbad 65–110 US$, Zi. 99–109 US$; 📶) ist eines der schönsten Hostels Colorados. Die besten Privatzimmer haben ein eigenes Bad. Die Kojen in den Schlafsälen sind mit Leselampen und verschließbaren Schubladen versehen. Der Gemeinschaftsraum bietet ländliche Bergstimmung mit Steinkaminen und bequemen Sofas. Die Preise sind je nach Saison sehr unterschiedlich. Im Herbst ist es am günstigsten.

Einheimische schätzen das zwanglos-abgefahrene **Secret Stash** (☎970-349-6245; www.thesecretstash.com; 303 Elk Ave; Hauptgerichte 8–20 US$; ⏲8 Uhr–open end; 🖉👪) für authentische Cocktails und großartiges Essen. Spezialität des Hauses ist Pizza: Die Notorious Fig (Prosciutto, frische Feigen, Trüffelöl) hat bereits die Pizza-Weltmeisterschaft gewonnen. Zwecks Frühstück empfiehlt sich das **Izzy's** (218 Maroon Ave; Hauptgerichte 7–9 US$; ⏲Mi–Mo 7–13 Uhr), das an stets stark besetzten Picknicktischen frische Bagels, Eier und Kartoffelpuffer serviert.

Vor Ort findet man auch die gefeierte originale **Montanya-Destillerie** (130 Elk; Snacks 3–12 US$; ⏲11–21 Uhr). Deren Basiltini (Rum mit Basilikum-Aroma, frischer Grapefruit- und Limettensaft) lässt einen förmlich abheben. In puncto Musik zählt der belebte **Eldo Brewpub** (☎970-349-6125; www.eldobrewpub.com; 215 Elk Ave; wechselnde Grundpreise; ⏲15 Uhr–open end, Musik ab 22.30 Uhr; 👪) zu den beliebtesten lokalen Kleinbrauereien. Der Laden hat eine tolle Terrasse und lässt auch die meisten auswärtigen Bands auftreten.

Rund 28 Meilen (45 km) weiter südlich sorgt der **Gunnison County Airport** (☎970-641-2304) für Anbindung an die Außenwelt. Ansonsten fährt auch **Alpine Express** (☎970-641-5074; www.alpineexpressshuttle.com; 34 US$/Pers.) nach Crested Butte – im Sommer rechtzeitig reservieren!

Mit **The Mountain Express** (☎970-349-7318; www.mtnexp.org) geht's gratis von Crested Butte zum Mt. Crested Butte (Winter alle 15 Min., übriges Jahr weniger häufig). Fahrplandetails hängen an Bushaltestellen aus.

Ouray

Selbst für Colorado ist Ouray ein besonderes Naturparadies: Herrliche Eiswasserfälle zieren die Sackgassenschlucht, und den Talboden sprenkeln herrliche Themalquellen. Mit seinem rauen und mitunter atemberaubenden Charme begeistert dieses Top-Ziel für Eiskletterer auch Wanderer und Geländewagenfans. Der eigentliche Ort (Gesamtlänge ungefähr 400 m) ist ein gut erhaltenes Bergbaustädtchen zwischen den imposanten Gipfeln.

Die befestigte US 550 zwischen Silverton und Ouray zählt zu Colorados schönsten Autorouten. Bei Regen oder Schnee wird die

Fahrt aber ganz schön gruselig – daher immer Vorsicht walten lassen!

Aktivitäten

Das Visitor Center im Thermalbad verteilt Broschüren zu seinen hervorragenden Stadtspaziergängen. Im Rahmen dieser besichtigt man zwei Dutzend Häuser, die einst zwischen 1880 und 1904 entstanden.

Ouray Ice Park EISKLETTERN
(☎970-325-4061; www.ourayicepark.com; Hwy 361; ⏲Mitte Dez.–März 7–17 Uhr; 👪) Fans aus aller Welt kommen in den weltweit ersten öffentlichen Eispark, um hier zu klettern. Er umfasst einen 3,2 km langen Abschnitt der Uncompahgre Gorge. Diese aufregende (wenn auch etwas frostige) Erfahrung ist mit verschiedenen Schwierigkeitsgraden möglich.

★ **Chicks with Picks** KLETTERN, EISKLETTERN
(☎Handy 970-316-1403, Büro 970-626-4424; www.chickswithpicks.net; 163 County Rd 12, Ridgway; Preise variieren) Diese Gruppe berühmter weiblicher Athleten bewaffnet Frauen mit Eiswerkzeug und Klettereisen und gibt allen, die kommen (auch Anfängern), im Felsklettern, Bouldering und Eisklettern Unterricht. Das Programm ist lustig und wechselt regelmäßig. Es gibt mehrtägige Ausflüge oder Kurse, die in der Stadt durchgeführt werden. Mit den Climbing Clinics sind die Lehrerinnen in den ganzen USA unterwegs.

Ouray Hot Springs THERMALQUELLE
(☎970-325-7073; www.ourayhotsprings.com; 1220 Main St; Erw./Kind 12/8 US$; ⏲Juni–Aug. 10–22 Uhr, Mo–Fr 12–21 Uhr & Sa–So 11–21 Uhr; 👪) Ein heilendes Bad gefällig? Dann bieten sich die historischen Ouray Hot Springs an. Das kristallklare natürliche Quellwasser ist frei von dem Schwefelgeruch, mit dem andere Thermalquellen in der Gegend geschlagen sind. Der riesige Pool gewährt eine Reihe von Bademöglichkeiten mit Temperaturen von 35 bis 41 °C. In dem Komplex gibt es auch ein Fitnesscenter und Massagen.

San Juan Mountain Guides KLETTERN, SKIFAHREN
(☎800-642-5389, 970-325-4925; www.ouray climbing.com; 725 Main St; 👪) Ourays eigener Verband von Profi-Guides und -kletterern hat ein offizielles Zertifikat der International Federation of Mountain Guides Association (IFMGA). Er ist auf Eis- bzw. Felsklettern und Skifahren in der Wildnis spezialisiert.

Feste & Events

Ouray Ice Festival EISKLETTERN
(☎970-325-4288; www.ourayicefestival.com; Abendevents Eintritt gegen Spende; ⏲Jan.; 👪) Das Ouray Ice Festival bietet im Januar vier Tage lang Kletterwettbewerbe, Abendessen, Diavorträge und Beratung. Es gibt sogar eine Kletterwand für die Kids. Das Zuschauen

NICHT VERSÄUMEN

SCENIC DRIVE: SAN JUAN MOUNTAIN PASSES

Mit den zerklüfteten Bergen und tiefen, steilen Canyons ist die Schönheit der San Juan Mountain Range kaum zu schlagen. Der **Million Dollar Highway** (US 550) eignet sich für alle Fahrzeuge und trägt seinen Namen wegen des wertvollen Erzes im Straßenbett. Aber auch die Umgebung ist golden – die befestigte Straße schmiegt sich an die bröckelnden Berge und führt an alten Minenzugängen und grandioser Hochgebirgsszenerie vorbei.

Eine anspruchsvolle, aber fantastische Strecke ist der 65 Meilen (105 km) lange **Alpine Loop Backcountry Byway** (www.alpineloop.com). Er beginnt in **Ouray** und führt östlich nach **Lake City** – ein Besuch in dem traumhaften Gebirgsdorf lohnt sich wirklich –, bevor er in einer Schleife zum Ausgangspunkt zurückführt. Auf dem Weg passiert man zwei 3360 m hohe Pässe und tauscht Straßenbelag und Menschenmengen gegen Einsamkeit, sagenhafte Aussicht und verlassene Bergbauschlupfwinkel. Man benötigt ein höhergelegtes Fahrzeug mit Allradantrieb und etwas Erfahrung darin, abseits der Straße zu fahren, um diese Strecke zu bewältigen; sechs Stunden einplanen!

Vor allem im Herbst wegen der Schönheit der gelben Pappeln ist der **Ophir Pass** spektakulär. Er verbinden Ouray mit Telluride über eine frühere Planwagenstraße. Die moderate Strecke für Allradfahrzeuge führt an ehemaligen Minen vorbei und steigt langsam auf 3593 m an. Von Ouray verläuft der Hwy 550 18,1 Meilen (29,1 km) lang Richtung Süden bis zur Abzweigung nach rechts zum National Forest Access und Ophir Pass.

Wie bei allen Strecken für Allradfahrzeuge und Gebirgspässe sollte man sich vorher erkundigen, ob sie auch geöffnet sind.

bei den Wettbewerben ist kostenlos, aber wer bei den verschiedenen Abendveranstaltungen dabei sein möchte, muss eine Spende für den Eispark leisten. Wenn man mal dabei ist, bekommt man Freibier von der beliebten Colorado-Kleinbrauerei New Belgium.

Schlafen & Essen

Amphitheater Forest Service Campground CAMPING $
(☎877-444-6777; www.recreation.gov; US Hwy 550; Stellplatz 16 US$; ⏲Juni–Aug.) Mit seinen tollen Zeltplätzen unter den Bäumen ist dieser Hochgebirgscampingplatz ein Volltreffer. An den Wochenenden in den Ferien muss man mindestens drei Nächte bleiben. Südlich der Stadt, am Hwy 550, nimmt man einen ausgeschilderten Weg nach links.

★**Wiesbaden** HOTEL $$
(☎970-325-4347; www.wiesbadenhotsprings.com; 625 5th St; Zi. 132–347 US$;) Nur wenige Hotels können sich einer eigenen natürlichen Dampfhöhle (in diesem Fall einst von Häuptling Ouray benutzt) unter ihrem Dach rühmen. Ansonsten punktet diese schräge New-Age-Bleibe mit gesteppten Tagesdecken, kostenlosem Bio-Kaffee und einem großen Thermalwasserpool im Freien. Gäste können den Aveda-Salon aufsuchen oder ihre eigene Wasserfallwanne buchen (mit FKK-Option; 35 US$/Std.).

Box Canyon Lodge & Hot Springs LODGE $$
(☎970-325-4981, 800-327-5080; www.boxcanyonouray.com; 45 3rd Ave; Zi. 110–165 US$, Apt. 278–319 US$;) Geothermalwärme macht die geräumigen Zimmer mit Kiefernholzböden wohlig warm. Romantisches Baden unterm Sternenzelt ermöglicht eine Reihe fassförmiger, quellgespeister Freiluft-Whirlpools. Unbedingt rechtzeitig reservieren!

Buen Tiempo Mexican Restaurant & Cantina MEXIKANISCH $$
(☎970-325-4544; 515 Main St; Hauptgerichte 7–20 US$; ⏲6–22 Uhr;) Das Buen Tiempo liefert alles – von mit Chili eingeriebenem Filet bis zur Posole (herzhaften Maismehlsuppe) mit warmen Tortillas. Man startet mit einer der einzigartigen Margaritas, die mit Chips und hausgemachter scharfer Salsa serviert werden.

Praktische Informationen

Visitor Center (☎970-325-4746; www.ouraycolorado.com; 1220 Main St; ⏲9–17 Uhr)

An- & Weiterreise

Ouray liegt 24 Meilen (38,5 km) nördlich von Silverton an der US 550 und ist am besten mit dem eigenen Fahrzeug zu erreichen.

Telluride

Auf drei Seiten ist das exklusive Telluride von riesigen Berggipfeln umgeben. So fühlt es sich an, als wäre man hier von der Hektik der Außenwelt völlig abgeschnitten, und meistens ist das auch so. Früher war der Ort eine raue Bergbaustadt. Heute findet man hier ein Loser-trifft-Diva-Ambiente, wo sich die wenigen, die sich die Immobilien hier leisten können, mit denen mischen, die gerade so über die Runden kommen. Im Stadtzentrum ist immer noch der Charme der alten Zeiten spürbar, und die Umgebung ist einfach traumhaft.

In der Colorado Ave, auch als Main St bekannt, befinden sich die meisten Geschäfte. Von der Innenstadt kann man die Skihänge mit zwei Liften oder dem Gondellift erreichen. Letzterer verbindet auch Telluride mit dem Mountain Village, der eigentlichen Basis für die Telluride Ski Area. Mountain Village ist über den Hwy 145 7 Meilen (11 km) von Telluride und damit eine Fahrt von 20 Minuten Richtung Osten entfernt, mit der Gondel allerdings nur zwölf Minuten (für Fußgänger kostenl.).

Sehenswertes & Aktivitäten

Telluride Ski Resort WINTERSPORT
(☎970-728-7533, 888-288-7360; www.tellurideskiresort.com; 565 Mountain Village Blvd; LiftTickets 98 US$) Das Telluride Ski Resort umfasst drei eigenständige Gebiete und wird von 16 Liften bedient. Die meisten Pisten eignen sich für erfahrene und fortgeschrittene Skifahrer, aber es gibt auch genug Auswahl für Anfänger.

Feste & Events

Mountainfilm FILM
(www.mountainfilm.org, ⏲Memorial-Day-Wochenende, Mai) Am Wochenende des Memorial Day (Mai) werden vier Tage lang Natur- und Abenteuerfilme gezeigt.

Telluride Bluegrass Festival MUSIK
(☎800-624-2422; www.planetbluegrass.com; 4-Tage-Pass 195 US$; ⏲Ende Juni) Das ausgelassene Fest wird im Juni abgehalten. Den ganzen Tag und Abend gibt's Musik, Imbissstände und Bier aus den Kleinbrauereien der Regi-

on. Camping ist während des Festivals sehr beliebt. Auf der Website findet man Infos zu den Plätzen, Shuttle-Services und Kombitickets für Eintrittskarten und Camping in einem – es ist alles gut organisiert!

Telluride Film Festival FILM
(☎603-433-9202; www.telluridefilmfestival.com) Anfang September werden in der ganzen Stadt nationale und internationale Filme uraufgeführt. Das Event zieht auch die ganz großen Stars an. Infos zum recht komplizierten Preissystem findet am auf der Website des Filmfestivals.

Schlafen

Die Unterkünfte in Telluride können schnell voll sein. Die besten Preise bekommt man, wenn man online bucht. Wer nicht gerade zum Campen herkommt, darf aber keine Budgetpreise erwarten. Die Aktionen und Festivals von Telluride sorgen dafür, dass hier das ganze Jahr über etwas los ist. Wer eine Ferienwohnung mieten will, wendet sich an die angesehene Agentur **Telluride Alpine Lodging** (☎888-893-0158; www.telluridelodging.com; 324 W Colorado Ave).

Telluride Town Park Campground CAMPING $
(☎970-728-2173; 500 E Colorado Ave; Stellplatz mit/ohne Parkplatzfläche 23/15 US$; ⊙Mitte Mai–Mitte Okt.; 📶) Diese 20 Stellplätze im Ortszentrum bieten Zugang zu Duschen, Schwimmbecken und Tennisplätzen. Zu manchen Stellplätzen gehört keine zusätzliche Parkplatzfläche; man kann sein Fahrzeug aber direkt neben dem Gelände abstellen. In der Hauptsaison ist hier alles schnell ausgebucht. Das Visitor Center informiert über weitere Campingplätze im Umkreis von 10 Meilen (16 km).

Victorian Inn LODGE $$
(☎970-728-6601; www.victorianinntelluride.com; 401 W Pacific Ave; Zi. inkl. Frühstück ab 124 US$; 🚭❄📶) In unschlagbarer Zentrumslage begrüßt eine von Tellurides besseren Bleiben ihre Gäste mit dem Duft frischer Zimtschnecken. Ansonsten warten hier komfortable Zimmer (z. T. mit Kochgelegenheit), freundliches Personal und Rabatte auf Liftpässe. Im netten Gartenbereich gibt's einen Whirlpool und eine Trockensauna. Kinder bis zwölf Jahre übernachten gratis.

Hotel Columbia HOTEL $$$
(☎970-728-0660, gebührenfrei 800-201-9505; www.columbiatelluride.com; 300 W San Juan Ave; DZ/Suite ab 175/305 US$; P🚭❄📶🏋) Das stilvolle Columbia mit hohem Verwöhnfaktor und einheimischen Eigentümern bzw. Betreibern liegt genau gegenüber der Seilbahn. So lässt man seine Skiausrüstung am besten im entsprechenden Aufbewahrungsraum zurück und begibt sich direkt zu einem der Zimmer. Dort sind jeweils beheizte Fliesenböden, eine Espressomaschine und ein offener Kamin vorhanden. Shampoo-Spender und Recycling-Maßnahmen machen das Hotel recht umweltfreundlich. Weitere Highlights sind ein Fitnessraum und ein Whirlpool auf dem Dach.

ABSTECHER

VON HÜTTE ZU HÜTTE DURCH COLORADO

Die **San Juan Hut Systems** (☎970-626-3033; www.sanjuanhuts.com; 30 US$/Pers.) bieten eine einzigartige Möglichkeit, im Sommer Hunderte Kilometer schmaler Straßen oder im Winter weite Strecken jungfräulichen Schnees genießen zu können. Sie führen mit fünf abgeschieden liegenden Berghütten die europäische Tradition fort, von Hütte zu Hütte zu ziehen. Man muss nur sein Essen, eine Taschenlampe (Fackel) und einen Schlafsack mitbringen: Zur Ausstattung gehören jeweils gepolsterte Kojen, Propangasherde, Holzhöfen zum Heizen und Feuerholz.

Die Mountainbike-Routen gehen von Durango oder Telluride nach Moab und winden sich durch das Hochgebirge und durch Wüstenregionen. Man kann sich auch eine Hütte als Basis für eine paar Tage aussuchen, um von hier aus Langlauf zu betreiben oder zu reiten. Es ist Gelände aller Schwierigkeitsgrade vorhanden, aber Skifahrer sollten sich vorher nach der Schnee- und Lawinensituation erkundigen. Wer sich nicht auskennt, sollte einen Führer anheuern.

Auf der Website stehen hilfreiche Tipps und Informationen zu Ski- und Fahrradvermietung sowie (optional) Führern, die man in Redgway oder Ouray findet.

Essen & Ausgehen

Am günstigsten sind die Imbisskarren, die entlang der Colorado Ave mediterrane Speisen, Hotdogs, Tacos und Kaffee feilbieten.

★ La Cocina de Luz MEXIKANISCH, BIODYNAMISCH $$
(www.lacocinatelluride.com; 123 E Colorado Ave; Hauptgerichte 9–19 US$; ⏲9–21 Uhr; 📶) 🍃 Der gesundheitsbewusste Taco-Schuppen tischt mexikanisches Essen aus Bio-Zutaten auf (in Colorado sehr gefragt). Kein Wunder, dass die Warteschlange mittags sehr lang ist! Zu den leckeren Gerichten zählen selbst gemachte Tortillas, eine Chips- und Salsabar sowie Margaritas mit Bio-Limette und Agavennektar. Vegane und glutenfreie Optionen sind ebenfalls bestellbar.

The Butcher & The Baker CAFÉ $$
(☎970-728-3334; 217 E Colorado Ave; Hauptgerichte 10–14 US$; ⏲Mo–Sa 7–19, So 8–14 Uhr; 👪) 🍃 Zwei Veteranen der lokalen Nobel-Restaurantszene betreiben dieses zauberhafte Café, das in puncto Frühstück unschlagbar ist. Bio-Zutaten und Fleisch aus einheimischer Produktion heben den Laden von seiner Konkurrenz ab. Als köstlicher Wanderproviant eignen sich am besten die Sandwiches zum Mitnehmen.

Brown Dog Pizza PIZZERIA $$
(☎970-728-8046; www.browndogpizza.net; 10 E Colorado Ave; Pizzas 10–22 US$; ⏲11–22 Uhr) Die dünnbödigen Pizzas mit gutem Preis-Leistungs-Verhältnis zählen zu den günstigsten Gerichten am Strip. Allerdings ist das Publikum der Hauptgrund für einen Besuch: Wer sich bei Pizza und einem günstigen Humpen Pabst an den Tresen setzt, ist nach zehn Minuten ein echter Experte in Sachen Lokaltratsch.

New Sheridan Bar BAR
(☎970-728-3911; www.newsheridan.com; 231 W Colorado Ave; ⏲17–2 Uhr) Die historische Bar vereint echten Lokalkolorit mit Sehen und Gesehenwerden. Der Großteil der Einrichtung hat den Niedergang des Bergbaus überdauert – obwohl das angrenzende Hotel einst Kronleuchter verkaufen musste, um seine Rechnungen bezahlen zu können. Man beachte die Einschusslöcher in den Wänden!

There COCKTAILBAR
(☎970-728-1213; http://therebars.com; 627 W Pacific Ave; Hauptgerichte 4 US$; ⏲Mo–Fr 17–24, Sa & So 10–15 Uhr) In dieser hippen Bar trifft man sich zu Cocktails und Häppchen oder zum Wochenend-Brunch. Bei größerem Hunger helfen teilbare Hauptgerichte à la „Osten trifft Westen“ (u.a. leckere Kopfsalat-Wraps, Ramen mit Ente oder Sashimi-Tostadas).

NICHT VERSÄUMEN

TELLURIDES TOLLE OUTDOOR-MÖGLICHKEITEN

Die Festivals sind toll, aber ein Sommer in Telluride hat noch viel mehr zu bieten.

Mountainbiken

Man folgt vom Town Park gut 3 km weit dem River Trail bis zum Hwy 145. Westlich der Texaco-Tankstelle nimmt man den **Mill Creek Trail**. Er führt bergauf, folgt der Form der Berge und endet am Jud Wiebe Trail (nur für Wanderer).

Wandern

Auf etwas über 3 km steigt der **Bear Creek Trail** 320 m zu einem schönen Kaskadenwasserfall an. Von hier hat man Zugang zum anstrengenden **Wasatch Trail**, einer knapp 20 km langen Schleife, die Richtung Westen über die Berge zu den **Bridal Veil Falls** führt – den beeindruckendsten Wasserfällen vor Ort. Der Ausgangspunkt des Bear Creek Trail befindet sich am Südende der Pine St, gegenüber vom San Miguel River.

Radfahren

Auf einem 50 km langen Trip (einfache Strecke) bietet der **Lizard Head Pass** ein erstaunliches Bergpanorama.

Dazu gibt's authentische, von Hand gemixte Drinks – einer unserer Favoriten war der Jalapeño Kiss.

☆ Unterhaltung

Fly Me to the Moon Saloon LIVEMUSIK
(☎970-728-6666; 132 E Colorado Ave; ⏲15–2 Uhr) Haare aufmachen und losschwofen: Dieser Salon ist Tellurides beste Adresse, um zur Musik von Livebands abzutanzen.

Sheridan Opera House THEATER
(☎970-728-4539; www.sheridanoperahouse.com; 110 N Oak St; 👪) Der historische Bau mit burleskem Charme ist stets das Zentrum von Tellurides Kulturleben.

ℹ Praktische Informationen

Visitor Center (☎888-353-5473, 970-728-3041; www.telluride.com; 398 W Colorado Ave; ⏲9–17 Uhr)

ℹ Anreise & Unterwegs vor Ort

Pendlerflugzeuge bedienen den **Telluride Airport** (☎970-778-5051; www.tellurideairport.

com; Last Dollar Rd) auf dem Hochplateau, 5 Meilen (8 km) östlich der Stadt. Wenn das Wetter zu schlecht ist, kann es passieren, dass die Flüge nach Montrose, 65 Meilen (104 km) nördlich, umgeleitet werden. Wer ein Auto mieten möchte, findet am Flughafen Zweigstellen von National und Budget.

Während der Skisaison bietet der Montrose Regional Airport 66 Meilen (106 km) nördlich Direktflüge von und nach Denver (mit United), Houston, Phoenix und zu ein paar Städten an der Ostküste.

Gemeinschafts-Shuttles von **Telluride Express** (☎ 970-728-6000; www.tellurideexpress.com) fahren für 15 US$ vom Telluride Airport in die Stadt oder nach Mountain Village. Shuttles von/zum Montrose Airport und Telluride kosten 50 US$.

Mesa Verde National Park

Der Mesa Verde Nationalpark hüllt sich in Mysterien. Die Erkundung des Nationalparks mit seinen Felsbehausungen und den grünen Talscheiden ist faszinierend, aber auch etwas unheimlich. Gerade hier scheint die Zivilisation der Pueblobewohner um 1300 n.Chr. verschwunden zu sein. Sie hinterließen eine komplexe Zivilisation aus Klippenwohnungen, die zum Teil nur kletternd erreicht werden können. Mesa Verde ist in seinem Bemühen, die kulturellen Relikte dieser Zivilisation zu erhalten, einzigartig. So können sich auch kommende Generationen weiterhin über diese verwirrende Siedlung den Kopf zerbrechen und darüber, warum sie aufgegeben und die Gegend verlassen wurde.

Mesa Verde belohnt alle Traveller, die sich einen oder mehrere Tage Zeit nehmen, um eine von Rangern geführte Tour durch den Cliff Palace und das Balcony House zu machen, die Wetherill Mesa zu erforschen oder an einem der schönen Lagerfeuerfeste teilzunehmen. Wer aber nur für einen kurzen Besuch Zeit hat, sollte sich auf jeden Fall das Chapin Mesa Museum ansehen und durch das Spruce Tree House gehen. Dort kann man eine Holzleiter in die kühle Kammer einer Kiva (Zeremonialraum, meist teilweise unterirdisch) hinunterklettern.

Sehenswertes & Aktivitäten

Chapin Mesa Museum MUSEUM

(☎ 970-529-4475; www.nps.gov/meve; Chapin Mesa Rd; Eintritt im Parkeintritt enthalten; ⌚ April–Mitte Okt. 8–18.30 Uhr, Mitte Okt.–April 8–17 Uhr; P 🚻) Mit detaillierten Dioramen und Ausstellungen zum Park ist das Museum eine gute erste Anlaufstelle. Es fungiert auch als Visitor Center, wenn die Parkverwaltung am Wochenende geschlossen hat.

Chapin Mesa ARCHÄOLOGISCHE STÄTTE

Die größte Ansammlung von archäologischen Stätten der Pueblobewohner befindet sich bei Chapin Mesa. Dort sind die dicht gedrängte **Far View Site** und das große **Spruce Tree House** zu sehen. Sie sind am besten zugänglich und mit einem befestigten, 600 m langen Rundweg ausgestattet.

Wer den **Cliff Palace** oder das **Balcony House** sehen möchte, muss eine einstündige Führung mit einem Ranger machen, die im Voraus beim Visitor Center gebucht werden muss (3 US$). Diese Touren sind beliebt; am besten kommt man zum Buchen früh am Morgen oder einen Tag vorher. Im Balcony House muss man zwei 9,75 und 18,2 m lange Leitern besteigen – wer gesundheitliche Probleme hat, sollte das ausfallen lassen.

Wetherill Mesa ARCHÄOLOGISCHE STÄTTE

Dies ist die zweitgrößte Siedlung. Besucher können gesicherte Stätten auf der Hochebene und zwei Klippenbehausungen betreten. Auch das **Long House**, geöffnet von Ende Mai bis Ende August, gehört dazu. Südlich vom Hauptquartier des Parks verbindet die 9,5 km lange **Mesa Top Road** die auf dem Berg ausgegrabenen Stätten, zugängliche Klippenbehausungen und Aussichtspunkte miteinander, an denen man vom Rand des Tafelberges aus die unzugänglichen Behausungen sehen kann.

Aramark Mesa Verde WANDERN

(☎ 970-529-4421; www.visitmesaverde.com; Erw. 42–48 US$) Diese Rangertouren durchs Hinterland werden sehr empfohlen. Der Konzessionsinhaber des Parks führt sie durch. Die Wanderungen sind schnell ausgebucht, da man auf ihnen ausführlichen Zugang zum **Square House** (nach einer 1,2 km langen Wanderung ohne Schatten) und zum **Spring House** (eine achtstündige Tour über 12,8 km) erhält. Alle Touren finden zwischen Mai und Mitte Oktober täglich statt. Es sind sehr persönliche Trips zu ausgegrabenen Tiefenwohnungen, Klippenbehausungen und dem **Spruce Tree House** dabei. Tickets gibt es nur online.

Schlafen & Essen

In den nahe gelegenen Städten Cortez und Mancos findet man jede Menge Mittelklassehotels; im Park gibt's Campingmöglichkeiten und eine Lodge.

Morefield Campground CAMPING $
(☎970-529-4465; www.visitmesaverde.com; North Rim Rd; Stellplatz 20 US$, Zelt/Wohnmobil 29/37 US$; ⌚Mai–Anfang Okt.; 🐾) Luxuscamper werden die großen, mit zwei Liegen und einer Laterne ausgestatteten Zelte mögen. Der Campingplatz des Parks befindet sich 4 Meilen (6,5 km) vom Eingangstor entfernt und bietet außerdem 445 reguläre Zeltplätze auf grasbewachsenem Boden. Sie liegen günstig in der Nähe von Morefield Village. Hier findet man einen Gemischtwarenladen, eine Tankstelle, ein Restaurant, kostenlose Duschen und eine Wäscherei.

Zwischen Memorial Day (Mai) und Labor Day (September) finden im Amphitheater des Morefield Campground jeden Abend kostenlose bunte Programme am Lagerfeuer statt.

Far View Lodge LODGE $$
(☎970-529-4421, gebührenfrei 800-499-2288; www.visitmesaverde.com; North Rim Rd; Zi. 115–184 US$; ⌚Mitte April–Okt.; P ⊖ ❄) Diese geschmackvolle Lodge im Pueblo-Stil thront auf der Hochebene 15 Meilen (24 km) vom Parkeingang entfernt. Sie bietet 150 Zimmer, einige davon mit Kiva-Feuerstellen. Die Standardzimmer haben keine Klimaanlage (und keinen Fernseher), und im Sommer kann es tagsüber heiß werden. Die Kiva-Zimmer im Stil des Südwestens sind ein lohnendes Upgrade. Sie bieten Balkone, gehämmerte Kupferwaschbecken und bunt gemusterte Decken. Für 10 US$ extra pro Nacht kann man sogar seinen Hund mitbringen.

Far View Terrace Café CAFÉ $
(☎970-529-4421, gebührenfrei 800-449-2288; www.visitmesaverde.com; North Rim Rd; Gerichte ab 5 US$; ⌚Mai–Mitte Okt. 7–10, 11–15 & 17–20 Uhr; 🥂 👪) Günstiges SB-Lokal in der Far View Lodge. Unbedingt den Navajo-Taco (Spezialität des Hauses) probieren!

Metate Room MODERN-AMERIKANISCH $$$
(☎800-449-2288; www.visitmesaverde.com; North Rim Rd; Hauptgerichte 15–28 US$; ⌚ganzjährig 17–19.30 Uhr, April–Mitte Okt. auch 7–10 Uhr; 🥂 👪) 🍃 Im Lokal der Far View Lodge wartet Regionales mit innovativem Touch (z. B. Chili-Schweinefleisch mit Zimt, Shepherd's Pie mit Wapitihirsch-Hack oder Forelle in Pinienkern-Kruste). Dazu gibt's eine schöne Aussicht und einheimische Biere aus Colorado.

ℹ Praktische Informationen

Der Parkeingang liegt abseits der US 160 auf halbem Weg zwischen Cortez und Mancos.

Das 2012 eröffnete **Mesa Verde Visitor and Research Center** (☎800-305-6053, 970-529-5034; www.nps.gov/meve; North Rim Rd; ⌚Juni–Anfang Sept. tgl. 8–19 Uhr, Anfang Sept.–Mitte Okt. 8–17 Uhr, Mitte Okt.–Mai geschl.; 👪) in der Nähe liefert Infos und Aktuelles zu Sperrzeiten (viele Parkbereiche sind im Winter geschlossen). Es verkauft auch Tickets für **geführte Touren** (3 US$) zum herrlichen Cliff Palace oder Balcony House.

Durango

Durango ist der Archetyp einer alten Bergbaustadt in Colorado. Sie ist der Liebling der Region und einfach nur wunderbar. Die eleganten Hotels, die Soloons aus der viktorianischen Zeit und die von Bäumen gesäumten Straßen und verschlafenen Bungalows laden dazu ein, herumzuradeln und dieses gute Gefühl aufzusaugen. Es gibt jede Menge draußen zu tun. Stilmäßig ist Durango hin und her gerissen zwischen seiner Ragtime-Vergangenheit und der coolen, innovativen Zukunft, in der Townie Bikes, Koffein und Bauernmärkte das Bild beherrschen.

Das historische Zentrum der Stadt beherbergt Boutiquen, Bars, Restaurants und Theater. Feinschmecker werden die innovativen Gerichte aus biologisch angebauten Zutaten aus der Region genießen. Sie sind dafür verantwortlich, dass man hier im ganzen Bundesstaat am besten essen kann. Aber auch die interessanten Galerien und die Livemusik machen Durango zu einem herrlichen Ort für einen Besuch – vor allem wenn man die entspannten und sympathischen Einwohner berücksichtigt.

Mountainbiken MOUNTAINBIKEN
Von steilen, schmalen Strecken bis zu malerischen Straßenrouten: Durango ist das Mountainbike-Zentrum des Landes. Der leichte **Old Railroad Grade Trail** verläuft auf einer fast 20 km langen Schleife, die sowohl den US Hwy 160 als auch eine nicht asphaltierte Straße einbezieht, die den Schienen der früheren Eisenbahnstrecke folgt. Von Durango aus nimmt man Hwy 160 durch die Stadt Hesperus hindurch. Dann biegt man rechts in die Cherry Creek Picnic Area ab, wo der Trail beginnt. Wer etwas mehr gefordert werden will, kann den **Dry Fork Loop** versuchen. Er ist über den Lightner Creek gleich westlich der Stadt zu erreichen. Hier gibt es ein paar tolle Abfahrten, unübersichtliche Kurven und schöne Pflanzen. Die Fahrradläden in der Main oder Second Ave verleihen Mountainbikes.

Durango & Silverton Narrow Gauge Railroad ZUGFAHRT

(☎970-247-2733, gebührenfrei 977-872-4607, www.durangotrain.com; 479 Main Ave; Erw./Kind hin & zurück ab 85/51 US$; ⊙Abfahrten 8, 8.45, 9.30 Uhr; 👪) Eine Fahrt mit der Durango & Silverton Narrow Gauge Railroad ist in Durango ein Muss! Die Oldtimer-Dampflokomotiven fahren seit über 125 Jahren die malerische, 72 km lange Strecke Richtung Norden nach Silverton (einfache Strecke 3½ Std.). Auf der umwerfenden Tour hat man zwei Stunden Zeit, um Silverton zu erforschen. Dieser Trip ist allerdings nur zwischen Mai und Oktober im Angebot. Die Abfahrtszeiten für den Winter findet man online.

Durango Mountain Resort WINTERSPORT

(☎970-247-9000; www.durangomountainresort.com; 1 Skier Pl; Lift-Tickets Erw./Kind ab 75/45 US$; ⊙Mitte Nov.–März; 👪) Dieses Resort ist auch als Purgatory bekannt und liegt 25 Meilen (40 km) nördlich an der US 550. Es bietet ein Skigebiet von 486 ha Größe mit verschiedenen Schwierigkeitsgraden und kann sich mit 6,6 m Neuschnees pro Jahr rühmen. Zwei Geländeparks bieten Snowboardern jede Menge Möglichkeiten, frische Luft zu schnappen. Günstige Angebote und Doppelpässe bekommt man auch in den Lebensmittelläden der Gegend oder über die Zeitungen.

Schlafen

Hometown Hostel HOSTEL $

(☎970-385-4115; www.durangohometownhostel.com; 736 Goeglein Gulch Rd; B 28 US$; ⊙Rezeption 15.30–20 Uhr; P @ 📶) Das tollste aller Hostels befindet sich in einem Haus im Vorortstil an der gewundenen Straße, die zum College hinaufführt, gleich neben einem praktischen Radweg. Es ist ideal für Backpacker mit höheren Ansprüchen. Alles ist inklusive, auch Bettwäsche, Handtücher, Schließfächer und WLAN. Es gibt zwei nach Geschlechtern getrennte Schlafsäle und einen größeren gemischten, außerdem eine super Gemeinschaftsküche und eine Lounge. Je länger man bleibt, desto günstiger wird es.

Adobe Inn MOTEL $

(☎970-247-2743; www.durangohotels.com; 2178 Main Ave; DZ 84 US$; ⊖ ❄ @ 📶) Einheimischen zufolge bietet dieses sympathische Motel vor Ort am meisten fürs Geld. Hierfür sorgen freundlicher Service und saubere, anständige Zimmer. Wer spätabends ankommt, kann bisweilen sogar den niedrigsten möglichen Preis herausholen. Interessant ist auch die Infobroschüre zu Durango.

Rochester House HOTEL $$

(☎970-385-1920, gebührenfrei 800-664; www.rochesterhotel.com; 721 E 2nd Ave; DZ 169–229 US$; ⊖ ❄ 📶) Das Rochester ist von alten Western inspiriert (mit Filmpostern und Marquee Lights in den Gängen) und wirkt ein bisschen wie altes Hollywood im modernen Westen. Es gehört zu dem kleineren Hotel auf der anderen Straßenseite, dem Leland House, wo alle Gäste einchecken. Die Zimmer sind in beiden Häusern geräumig, aber etwas abgewohnt. Einige haben Kitchenettes. Unschlagbar sind die coolen Townie Bikes, die Gäste für eine Runde durch die Stadt nehmen können. Zimmer für Gäste mit Haustier haben direkten Zugang nach draußen.

Strater Hotel HOTEL $$

(☎970-247-4431; www.strater.com; 699 Main Ave; DZ 197–257 US$; ⊖ ❄ @ 📶) In diesem historischen Durango-Hotel wird die Vergangenheit durch Antiquitäten aus Walnussholz, von Hand mit Schablonen bemalte Tapeten und Relikte wie einer Stradivari-Geige und einer vergoldeten Winchester wieder lebendig. Und wir wollen auch das freundliche Personal loben, das keine Mühen scheut, um die Fragen der Gäste zu beantworten. Die Zimmer sind recht romantisch, und die komfortablen Betten stehen zwischen Antiquitäten, Kristall und Spitzen. Der Whirlpool ist ein romantisches Plus (kann stundenweise reserviert werden), genauso wie das im Sommer vom Hotel aufgeführte Theaterstück. Im Winter fallen die Preise bis zu 50 % – das grenzt schon fast an Diebstahl. Im Internet nachschauen!

Essen & Ausgehen

Durangos hervorragende Lokale überzeugen vor allem mit regionalen Bio-Zutaten. Örtliche Restaurantführer (bei den meisten Hotels und beim Visitor Center erhältlich) informieren über alle Optionen. Auch ein paar Brauereien sind hier zu Hause.

Homeslice PIZZERIA $

(☎970-259-5551; http://homeslicedelivers.com; 441 E College Ave; Pizzastück 4 US$; ⊙11–22 Uhr) Üppige Pies mit Sriracha-Chilisauce und Blasen werfender Kruste (auf Wunsch glutenfrei) locken scharenweise Einheimische in die schlichte Pizzeria. Terrassentische und Salate gibt's ebenfalls.

Durango Diner DINER $
(☎970-247-9889; www.durangodiner.com; 957 Main Ave; Hauptgerichte 7–18 US$; ⌚Mo–Sa 6–14, So 6–13 Uhr;) In dieser herrlichen Kneipe genießt man den Blick direkt aufs Backblech und die riesigen Portionen Eier, gefüllte Burritos oder Arme Ritter. Eine lokale Institution!

Jean Pierre Bakery FRANZÖSISCH, BÄCKEREI $$
(☎970-247-7700; www.jeanpierrebakery.com; 601 Main Ave; Hauptgerichte 9–22 US$; ⌚8–21 Uhr;) Diese französische Patisserie verkauft verlockende, durch und durch selbst gemachte Köstlichkeiten. Die Preise sind heftig, aber das Mittags-Special aus Suppe und Sandwich plus üppigem gefülltem Gebäck (wir empfehlen die klebrigen Pekannuss-Brötchen) für 15 US$ ist ein Schnäppchen.

East by Southwest FUSION, SUSHI $$
(☎970-247-5533; http://eastbysouthwest.com; 160 E College Dr; Sushi 4–13 US$, Hauptgerichte 12–24 US$; ⌚Mo–Sa 11.30–15 & 17–22, So 17–22 Uhr;) Der schummrige, aber belebte Laden ist zu Recht ein Lokalfavorit. Am besten lässt man die Standardgerichte links liegen und widmet sich den Spezialitäten des Hauses (z. B. Sashimi mit Jalapeños oder Mango-Röllchen mit Wasabi-Honig). Der Fisch ist frisch und stammt aus nachhaltigem Fang. Das umfangreiche Fusion-Menü umfasst auch thailändische, vietnamesische und indonesische Optionen. Die kreativen Martinis und Sake-Cocktails sind eine prima Ergänzung. Für Sparfüchse empfehlen sich die Happy-Hour-Gerichte (17–18.30 Uhr).

Steamworks Brewing KLEINBRAUERREI
(☎970-259-9200; www.steamworksbrewing.com; 801 E 2nd Ave; Hauptgerichte 10–15 US$; ⌚Mo–Do 11–24, Fr– So 11–2 Uhr) DJs und Livemusik sorgen in dieser industriellen Kleinbrauerei mit hohen, schrägen Dachbalken und Metallröhren für die Lautstärke. College-Kids bevölkern die große Bar. Aber es gibt auch einen eigenen Speiseraum mit einer von Cajun inspirierten Speisekarte.

Diamond Belle Saloon BAR
(☎970-376-7150; www.strater.com; 699 Main Ave; ⌚11 Uhr–open end;) Die elegante, altmodische Bar nimmt eine lärmige Ecke des historischen Strater Hotels ein. Die Kellnerinnen tragen Netzstrümpfe zu ihrer Vintage-Kluft im viktorianischen Stil. Der live gespielte Ragtime lockt stets viele auswärtige Besucher an – während der Happy Hour (tgl. 16–18 Uhr) sind nur noch Stehplätze vorhanden. Das Essen ist allerdings unterdurchschnittlich.

Praktische Informationen

Visitor Center (☎800-525-8855; www.durango.org; 111 S Camino del Rio) Südlich der Stadt an der US-550-Ausfahrt Santa Rita.

Anreise & Unterwegs vor Ort

Der **Durango-La Plata County Airport** (DRO; ☎970-247-8143; www.flydurango.com; 1000 Airport Rd) liegt 18 Meilen (29 km) südwestlich von Durango (Anfahrt über US 160 & Hwy 172). Vom **Durango Bus Center** (☎970 259 2755; 275 E 8th Ave) fährt Greyhound täglich nordwärts nach Grand Junction und südwärts nach Albuquerque (New Mexico).

Nahverkehrsinfos gibt's bei der **Durango Transit** (☎970-259-5438; www.getaround durango.com). Alle Stadtbusse verfügen über Fahrradständer. Entlang der Main St pendelt der kostenlose rote „T"-Shuttlebus.

Durango liegt an der Kreuzung von US 160 und US 550 – 42 Meilen (67,5 km) östlich von Cortez, 49 Meilen (79 km) westlich von Pagosa Springs und 190 Meilen (306 km) nördlich von Albuquerque.

Silverton

Silverton ist umringt von schneebedeckten Berggipfeln und eingetaucht in die rußigen Geschichten einer kitschigen Bergbaustadt. So scheint es eigentlich eher nach Alaska als in die „Lower 48" zu gehören. Aber hier ist es nun mal. Egal, was man möchte – Motorschlittenfahrten, Skifahren im Pulverschnee, Fliegenfischen, Bier vom Fass oder einfach nur in der Hochgebirgssonne baden: Silverton liefert alles.

Es gibt hier zwei Straßen, aber nur eine ist asphaltiert. In der Hauptstraße, der Greene St, finden sich die meisten Geschäfte. Die berüchtigte Blair St, die immer noch unbefestigt ist, verläuft parallel zur Greene und bietet eine Begegnung mit der Vergangenheit. Während des Silberrauschs gab es in der Blair St florierende Bordelle und Saufkneipen.

Aktivitäten

Im Sommer findet man in Silverton einige der besten Wege für Fahrzeuge mit Vierradantrieb im ganzen Westen. Bei **San Juan Backcountry** (☎970-387-5565, gebührenfrei 800-494-8687; www.sanjuanbackcountry.com; 1119 Greene St; 2 Std.-Tour Erw./Kind 60/40 US$; ⌚Mai–Okt.;) reist man in umgebauten

Chevy Suburbans ohne Dach. Sowohl Touren als auch Mietjeeps sind im Angebot.

Schlafen & Essen

Red Mountain Motel & RV Park MOTEL, CAMPING $$
(☎970-382-5512, gebührenfrei 800-970-5512; www.redmtmotelrvpk.com; 664 Greene St; Motelzi. ab 110 US$, Hütte ab 120 US$, Stellplatz f. Zelt/Wohnmobil 22/38 US$; ganzjährig;) Ist haustierfreundlich und hat ganzjährig geöffnet.

Inn of the Rockies at the Historic Alma House B&B $$
(☎970-387-5336, gebührenfrei 800-267-5336; www.innoftherockies.com; 220 E 10th St; Zi. inkl. Frühstück 109–173 US$;) Romantisches Schwelgen mit Freiluft-Whirlpool und Frühstück à la New Orleans.

Stellar ITALIENISCH $$
(☎970-387-9940; 1260 Blair St; Hauptgerichte 8–20 US$; 16–21.30 Uhr;) Die stimmungsvolle Pizzeria mit voll ausgestatteter Bar und Fassbier ist die beste Wahl für eine Mahlzeit im Sitzen. Möglichst die Lasagne bestellen (falls noch nicht ausverkauft)!

Ausgehen

★**Montanya Distillers** BAR
(www.montanyadistillers.com; 1309 Greene St; Hauptgerichte 6–13 US$; 12–22 Uhr) Vor Ort findet man diverse Saloons im Wildweststil. Diese fesche Bar ist jedoch etwas Besonderes: Neben einer Sommerterrasse auf dem Dach gibt's hier auch exotische Cocktails mit selbst gemachtem Sirup und preisgekröntem Rum. Hinzu kommt leckeres Essen (z. B. Bio-Tamales).

An- & Weiterreise

Silverton liegt abseits der US 550, rund 50 Meilen (80,5 km) nördlich von Durango und 24 Meilen (39 km) südlich von Ouray.

Great Sand Dunes National Park

Im wandernden Sanddünenmeer des **Great Sand Dunes National Park** (☎719-378-6399; www.nps.gov/grsa; 11999 Hwy 150; Erw./Kind 3 US$/frei; Visitor Center Sommer 8.30–18.30 Uhr, übriges Jahr kürzere Öffnungszeiten) prallen Landschaften aufeinander – man meint, per Raumschiff in einer anderen Welt gelandet zu sein. Der höchste Sandgipfel ragt 213 m über dem Talboden empor. Das 142 km² große Gebiet erstreckt sich zwischen dem trockenen, flachen Buschland des San Luis Valley und zwei schroffen Bergketten mit über 14 000 Fuß (4267 m) Höhe: den Sangre de Cristo und den San Juan Mountains.

Der Park hat ein super Preis-Leistungs-Verhältnis (3 US$ Eintritt sind spottbillig) und wird am besten bei Vollmond besucht. Da heißt es Vorräte besorgen (inkl. ausreichend Trinkwasser!), beim Visitor Center gratis eine Genehmigung fürs Wildnis-Camping holen und dann die surreale Landschaft durchwandern, um mitten im Nirgendwo zu zelten – Enttäuschungen sind so gut wie ausgeschlossen.

Unter den vielen **Wanderrouten** ist z. B. der coole Marsch zu den **Zapata Falls** (800 m; BLM Road 5415), der durch eine schmale Klamm führt (rutschfeste Schuhe tragen – es muss manchmal gewatet werden!). Zudem ist stets **Sandboarden** (Snowboarden auf Dünensand) möglich; dies empfiehlt sich aber eher nur für Leute, die bereits Snowboard-Erfahrung haben.

Im Juni, dem beliebtesten Monat für einen Besuch, führt der Medano Creek Wasser und bereitet hineinwatenden Kindern eine natürliche Erfrischung. Achtung: Unbedingt genügend Trinkwasser mitbringen! Laufen im lockeren Sand ist anstrengend, und die Temperaturen in den Dünen können im Sommer über 54 °C erreichen.

Schlafen

Pinyon Flats Campground CAMPING $
(☎888-448-1474; www.recreation.gov; Great Sand Dunes National Park; Stellplatz 20 US$;) Im Nationalpark gibt's hier 88 Stellplätze und ganzjährig Trinkwasser.

Zapata Falls Campground CAMPING $
(www.fs.usda.gov; BLM Road 5415; Stellplatz 11 US$; ganzjährig;) Etwas abgeschiedener liegt dieser Campingplatz mit tollem Talpanorama rund 7 Meilen (11 km) weiter südlich am Ende einer steilen, unbefestigten Zufahrtspiste (3,6 Meilen bzw. 5,8 km). Trinkwasser ist selbst mitzubringen.

Zapata Ranch RANCH $$$
(☎719-378-2356; www.zranch.org; 5303 Hwy 150; DZ inkl. Vollpension 300 US$) Die exklusive Rinder- und Bison-Ranch inmitten von Schwarzpappel-Hainen ist ideal für alle, die gerne reiten. Eigentümer und Bewirtschafter des Ganzen ist die Nature Conservancy. Als Hauptgebäude dient ein restauriertes Blockhaus (erb. im 19. Jh.) mit Blick auf die fernen Sanddünen.

An- & Weiterreise

Der Nationalpark ist nicht mit öffentlichen Verkehrsmitteln erreichbar. Er liegt ca. 35 Meilen (56 km) nordöstlich von Alamosa und 250 Meilen (402 km) südlich von Denver. Ab Letzterem folgt man der I-25 südwärts bis zum Hwy 160, fährt diesen westwärts entlang und nimmt dann den Hwy 150 gen Norden.

WYOMING

Mit Wind, wogenden Graslandschaften und dem weiten blauen Himmel bietet der am dünnsten besiedelte Bundesstaat jede Menge Einsamkeit. Die Autorin Annie Proulx hat ihn „Bunchgrass end of the World" („das Grasbüschel am Ende der Welt") genannt. Wyoming mag geborgen im Schoß von Amerika liegen, aber gerade die Leere prägt diesen Staat entscheidend.

Obwohl die Ranch-Kultur hier groß geschrieben wird – man muss sich nur die Ansammlung von Stetsons bei der hiesigen Genossenschaftsbank ansehen –, steht Wyoming bei der Kohleproduktion der USA an Stelle Nummer eins und hat außerdem jede Menge Erdgas, Rohöl und Diamanten. Da man hier extrem konservativ ist, hat die Hinwendung zur Industrie dazu geführt, dass das Land hier nicht immer gut pflegt wird.

Aber die Natur könnte Wyomings größtes Pfand sein. In der Nordwestecke liegen die sagenhaften Nationalparks Yellowstone und Grand Teton. Das schicke Jackson und das progressive Lander sind super Ausgangspunkte für lange Wander-, Kletter- und Skitouren. Wer wirklich vom Western-Leben kosten möchte, sollte sich die einfachen Präriestädte Laramie und Cheyenne ansehen.

Praktische Informationen

Sogar über die Highways sind die Entfernungen sehr groß und die Abstände zwischen den wenigen Tankstellen weit. Zu den Gefahren während der Fahrt gehören häufige, sehr böige Winde und rasante Schneestürme, aus denen sich blendende Blizzard-Verhältnisse entwickeln können. Wenn das Wetter zu rau wird, sperrt die Autobahnpolizei die gesamte Autobahn, bis es wieder aufklart.

Wyoming Road Conditions (☎307-772-0824, 888-996-7623; www.wyoroad.info)

Wyoming State Parks & Historic Sites (☎307-777-6323; www.wyo-park.com; Eintritt 6 US$, historische Stätte 4 US$, Stellplatz 17 US$/Pers.) Wyoming hat zwölf State Parks.

KURZINFOS WYOMING

Spitzname Equality State

Bevölkerung 576 000

Fläche 253 336 km²

Hauptstadt Cheyenne (60 100 Ew.)

Verkaufssteuer 4 %

Geburtsort von Künstler Jackson Pollock (1912–1956)

Heimat des Frauenwahlrechts, Kohleabbaus, von Geysiren und Wölfen

Politische Ausrichtung Konservativ bis ins Mark

Berühmt für Rodeo, Ranches, den früheren Vizepräsidenten Dick Cheney

Kitschigstes Souvenir ein Fellsuspensorium aus einer der Boutiquen in Jackson

Entfernungen Cheyenne–Jackson 440 Meilen (708 km)

Reservierungen zum Camping lassen sich online oder per Telefon vornehmen.

Wyoming Travel & Tourism (☎800-225-5996; www.wyomingtourism.org; 1520 Etchepare Circle, Cheyenne)

Cheyenne

So manche Cowboymelodie wurde schon über die Hauptstadt und größte Stadt Wyomings geschrieben. Cheyenne ähnelt jedoch eher einer Stadt aus einem Hollywood-Western, *bevor* die Schießerei anfängt. Allerdings nur bis zum Frontier Day Festival im Juli. Dann wird der Cowboy-Spaß lärmend gefeiert. Da Chayenne an der Kreuzung der I-25 und der I-80 liegt, eignet es sich gut als Boxenstopp.

Sehenswertes & Aktivitäten

Cheyenne Gunslingers WILDWEST-SHOW
(☎800-426-5009; www.cheyennegunslingers.com; Ecke W 15th & Pioneer Ave; ⌚Juni Sa 12 & Do–Fr 18 Uhr, Juli Sa 12 & Mo–Fr 18 Uhr; 👪) GRATIS Von Beinahe-Hinrichtungen am Galgen bis hin zu gewagten Gefängnisausbrüchen inszeniert diese nichtkommerzielle Schauspielertruppe eine lebhafte (wenn auch nicht historisch exakte) Wildwest-Show. Unter den Stars sind korrupte Richter, lächelnde Helden und natürlich richtig böse Banditen.

Frontier Days Old West Museum MUSEUM
(☎307-778-7290; www.oldwestmuseum.org; 4601 N Carey Ave; Erw./Kind 10/5 US$; ⌚Sommer Mo–Fr 8–18, Sa & So 9–17 Uhr, Winter Mo–Fr 9–17, Sa & So 10–17 Uhr) Das lebhafte Museum an der I-25-Ausfahrt 12 gibt Einblicke in die Pioniergeschichte. Seine große Rodeo-Sammlung reicht von Sätteln bis hin zu Pokalen. Wer eine Audio-Tour machen möchte, wählt ☎307-316-0071.

Feste & Events

★ **Cheyenne Frontier Days** RODEO
(☎1-800-227-6336; www.cfdrodeo.com; 4501 N Carey Ave; Eintritt frei–32 US$; ⌚Ende Juli; 👪) Wer noch nie einen Stierringer in Aktion gesehen hat, bekommt bei Wyomings größtem Festival garantiert einen Eindruck von diesem Geschehen. Das zehntägige Event im typischen Stil des US-Westens wartet mit Rodeos, Konzerten, Tanzveranstaltungen, Flugshows, Chili-Kochwettbewerben, einem Kunstmarkt und einem „Indianerdorf" auf. Gratis sind u.a. das Pfannkuchenfrühstück, die Paraden und die Rodeo-Qualifikationsrunden *(slacks)* am Morgen.

Schlafen & Essen

Während der Frontier Days ist Reservierung Pflicht: Dann verdoppeln sich die Preise, und im Umkreis von 50 Meilen (80,5 km) ist alles ausgebucht. Verfügbarkeits-Checks sind unter www.cheyenne.org/availability möglich. Die günstigsten Motels säumen den lärmigen Lincolnway (Exit 9 der I-25).

Nagle Warren Mansion Bed & Breakfast B&B $$
(☎307-637-3333; www.naglewarrenmansion.com; 222 E 17th St; Zi. inkl. Frühstück ab 155 US$; ❄📶🐾) Dieses weitläufige, opulente B&B ist eine großartige Entdeckung: Das historische Herrenhaus (erb. 1888) in einem schnell trendiger werdenden Viertel ist mit regionalen Antiquitäten aus dem späten 19. Jh. eingerichtet. Der geräumige, elegante Bau punktet mit einem Whirlpool, einem Lese-Erker und Schwinn-Leihfahrrädern im klassischen Stil von 1954. Eigentümer Jim unterhält Gäste mit seinem tiefgehenden Wissen über die Lokalgeschichte.

Auch die hervorragende Kunstgalerie nebenan ist einen Besuch wert.

Tortilla Factory MEXIKANISCH $
(715 S Greeley Hwy; Hauptgerichte 3–10 US$; ⌚Mo–Sa 6–20, So 8–17 Uhr) Das mexikanische Billiglokal serviert neben leckeren selbst gemachten Tamales (1,50 US$) auch authentische Klassiker wie *huevos rancheros* oder Tacos mit Rinderhack.

Shadows Pub & Grill BRAUEREI $
(Depot Station; Hauptgerichte 8–15 US$; ⌚Mo–Do 11–23, Fr & Sa 11–1, So 11–21 Uhr) Das Ambiente dieser Brauereikneipe im Union-Pacific-Depot aus den 1860er-Jahren ist kaum zu toppen. Für das standardmäßige Essen entschädigt der attraktive Backsteinbau mit einer breiten Sonnenterrasse und guten Hausbieren vom Fass.

Shoppen

Boot Barn BEKLEIDUNG, SOUVENIRS
(1518 Capitol Ave; ⌚Mo–Sa 9–21, So 9–18 Uhr) Lust auf einen Stetson, eine strassbesetzte Gürtelschnalle oder echte Cowboystiefel? Dann ist dies hier die richtige Adresse: In diesem Wildwest-Bekleidungszentrum warten zahllose Schätze.

Praktische Informationen

Cheyenne Visitor Center (☎307-778-3133; www.cheyenne.org; 1 Depot Sq; ⌚Mo–Fr 8–17, Sa 9–17, So 11–17 Uhr, Winter Wochenenden geschl.) Eine tolle Informationsquelle.

Anreise & Unterwegs vor Ort

Vom **Cheyenne Airport** (CYS; ☎307-634-7071; www.cheyenneairport.com; 200 E 8th Ave) gehen täglich Flüge nach Denver. Die Greyhound-Busse fahren täglich am **Black Hills Stage Lines** (☎307-635-1327; www.blackhillsstagelines.com; 5401 Walker Rd) nach Billings, MT (84 US$, 9½ Std.) und Denver, CO, (31 US$, 2¾ Std.) sowie zu weiteren Zielen.

Werktags unterhält das **Cheyenne Transit Program** (☎307-637-6253; Erw. 1 US$, 6–18 Jahre 0,75 US$; ⌚Service Mo–Fr 6–19, Sa 10–17 Uhr) sechs Buslinien in der Stadt. Außerdem fährt der **Cheyenne Street Railway Trolley** (☎800-426-5009; 121 W 15th St; Erw./Kind 10/5 US$; ⌚Mai–Sept.) Besucher auf Touren durch die Innenstadt.

Laramie

Der Standort der einzigen Vier-Jahres-Universität des Bundesstaats kann zugleich hip und ungestüm sein – ein Flair, das die meisten Präriestädte Wyomings vermissen lassen. Erkundenswert ist das kleine historische Zentrum: Über fünf belebte Straßenzüge hinweg säumen dort attraktive, zweistöckige Backsteinbauten mit handgemalten Schildern und Wandbildern die Bahngleise.

Für eine Dosis Kultur empfehlen sich die Museen auf dem Campus der University of Wyoming (UW): Das frisch renovierte **Geological Museum** (307-766-2646; www.uwyo.edu/geomuseum; Kreuzung Hwy 287 & I-80; Di–Fr 10–16, Sa & So 10–15 Uhr) GRATIS zeigt eine eindrucksvolle Sammlung von Dinosaurierknochen (u.a. vom *Tyrannosaurus rex*). Große und kleine Kinder erfreuen sich am abgefahrenen **Wyoming Frontier Prison** (307-745-616; www.wyomingfrontierprison.org; 975 Snowy Range Rd; Erw./Kind 7/6 US$; 8–17 Uhr;), dem ältesten und inzwischen renovierten Staatsgefängnis Wyomings (heute ein Museum).

Viele günstige Unterkünfte säumen die I-80-Ausfahrt 313. Gärten, tolles selbst gemachtes Müsli und drei gemütliche Zimmer lassen das **Mad Carpenter Inn** (307-742-0870; madcarpenter.com; 353 N 8th St; Zi. inkl. Frühstück 95–125 US$;) sehr sympathisch wirken. Hierzu trägt auch der umfangreich ausgestattete Spieleraum mit Billard und Tischtennis bei. Das haustierfreundliche **Gas Lite Motel** (307-742-6616; 960 N 3rd St; Zi. 61 US$;) im Zentrum setzt beim Anpreisen seiner günstigen Quartiere auf grausigen Kitsch (z.B. Plastikpferde, Cowboy-Pappaufsteller).

Das moderne, stilvolle **Coal Creek Coffee Co** (110 E Grand Ave; Hauptgerichte 3–6 US$; 6–22 Uhr;) punktet mit grandiosem Fair-Trade-Kaffee zu leckeren Sandwiches (z.B. Panini mit Blauschimmelkäse und Portobello-Pilzen). Das **Sweet Melissa's** (213 S 1st St; Hauptgerichte 8–10 US$; Mo–Sa 11–21 Uhr;) serviert zweifellos das gesündeste Essen im weiten Umkreis. Seine gute vegetarische Hausmannskost sorgt mittags stets für Hochbetrieb.

Die beliebte **Old Buckhorn Bar** (307-742-3554; 114 Ivinson St; So–Mi 9–24, Do–Sa 9–2 Uhr) empfiehlt sich für billiges Bier und live gespielte Countrymusik. Sie ist Laramies älteste historische Schenke und hat eine Toilette, in der ein alter Kondomautomat und viele Kritzeleien zu bewundern sind.

Der **Laramie Regional Airport** (307-742-4164) mit täglicher Flugverbindung nach Denver (einfache Strecke 98 US$) liegt westlich der Stadt (4 Meilen/6,4 km; Anfahrt über I-80/Exit 311). **Greyhound** (307-742-5188) hält an der **Diamond-Shamrock-Tankstelle** (1952 Banner Road). Am besten Tank und Magen in Laramie auffüllen: Auf den nächsten 75 Meilen (121 km) gen Westen gibt's an der I-80 keinerlei Einrichtungen.

Lander

Wyoming hat viele Nester mit nur einer einzigen Straße – und Lander ist vielleicht das coolste davon. Das freundliche, bodenständige Kletterer- und Bergsteiger-Mekka liegt nur einen Steinwurf von der Wind River Reservation entfernt. Hier, in den Ausläufern der Rockies, ist auch die **NOLS** (National Outdoor Leadership School; www.nols.edu; 284 Lincoln St.) zu Hause. Diese renommierte Outdoor-Schule bietet geführte Trips in der örtlichen Wind River Range und anderswo auf der Welt an.

Das **Lander Visitor Center** (307-332-3892; www.landerchamber.org; 160 N 1st St; Mo–Fr 9–17 Uhr) ist eine gute Quelle für allgemeine Infos. Wanderer, Kletterer und Camper schauen am besten beim Sportgeschäft **Wild Iris Mountain Sports** (307-332-4541; 166 Main St) vorbei, das Kletterausrüstung und Schneeschuhe verleiht. Zudem gibt's dort prima Tipps und einen Flyer mit Lokalinfos. Wer die schmalen Singletrails außerhalb des Orts ausprobieren möchte, sollte sich an **Gannett Peak Sports** (351B Main Street; Mo–Fr 10–18, Sa 9–17 Uhr) wenden.

Rund 6 Meilen (9,7 km) südlich von Lander liegt der wunderschöne **Sinks Canyon State Park** (307-332-3077; 3079 Sinks Canyon Rd; Eintritt 6 US$; Visitor Center Juni–Aug. 9–18 Uhr) mit einem merkwürdigen unterirdischen Fluss: Der mittlere Arm des Popo Agie River strömt hier durch eine schmale Schlucht und verschwindet dann durch die sogenannten Sinks im porösen Madison-Kalkstein. Rund 400 m flussabwärts tritt er dann in einem Becken namens The Rise wieder zutage – allerdings mit höherer Temperatur. Die malerischen **Campingplätze** (Stellplatz 17 US$) werden von Einheimischen wärmstens empfohlen.

Eine günstige Alternative zu den Kettenhotels an der Main St ist die **Holiday Lodge** (307-332-2511; www.holidaylodgelander.com; 210 McFarlane Dr; Camping 10 US$/Pers., Zi. inkl. Frühstück ab 50 US$;) in einheimischem Besitz. Sie mag zwar nach 1961 aussehen, ist aber blitzblank und freundlich. Unter den nützlichen Extras sind Bügeleisen, Make-up-Entferner und Nähsets. Die empfehlenswerten Stellplätze am Fluss gibt's inklusive Frühstück und Duschenbenutzung.

Mit seinem Hinterhof verspricht der **Gannett Grill** (307-332-8227; 128 Main St; Hauptgerichte 6–9 US$; 11–21 Uhr) Erholung von langen Reisestrecken oder Abenteuern. Gäste dieser örtlichen Institution holen sich ein Regionalbier in der benachbarten **Lander Bar** (☎ 307-332-8228; 126 Main St; Hauptgerichte 6–9 US$; ⏲ 11 Uhr–open end) und laufen dann zurück zu ihrem Picknicktisch im Schatten. Dort werden dann Steinofenpizzas, Pommes und Burger aus einheimischem Rindfleisch vertilgt. Wenn's etwas anspruchsvoller bzw. gehobener sein darf, empfiehlt sich abends das ebenfalls benachbarte **Cowfish** unter derselben Leitung. An vielen Abenden erklingt zudem Livemusik.

Seine Dosis Koffein holt man sich am besten im **Old Town Coffee** (300 Main St; ⏲ 7–19 Uhr; 📶) das jede Tasse auf Bestellung und so stark wie gewünscht braut.

Die Busse der **Wind River Transportation Authority** (☎ 307-856-7118; www.wrtabuslines.com) bedienen u.a. Jackson (160 US$); Fahrplandetails stehen auf der Website.

Cody

Das laute Cody pflegt eifrig sein Wild-West-Image (es ist benannt nach dem legendären Showman William „Buffalo Bill" Cody). Mit einer Reihe gekonnt inszenierter „Jeehaws" spinnt die Stadt fröhlich ihr Seemansgarn über ihre Vergangenheit (nicht die ganze Vergangenheit, das muss man dazusagen). Der Sommer ist Hauptsaison. Dann veranstaltet Cody eine ordentliche Wildwest-Show für die Besucherscharen auf dem Weg zum Yellowstone National Park, der 52 Meilen (83,5 km) weiter westlich liegt. Von Cody aus ist die Fahrt ins Geysirland durch das Wapiti Valley gelinde gesagt aufregend. Präsident Teddy Roosevelt hat einmal gesagt, dass dieses Stück Asphalt die „50 malerischten Meilen der Welt" seien.

Das **Visitor Center** (☎ 307-587-2777; www.codychamber.org; 836 Sheridan Ave; ⏲ Juni–Aug. Mo–Sa 8–18, So 10–15 Uhr, Sept.–Mai Mo–Fr 8–17 Uhr) ist der logische Ausgangspunkt.

Codys Hauptattraktion für Touristen ist das fantastische **Buffalo Bill Historical Center** (www.bbhc.org; 720 Sheridan Ave; Erw./Kind 18/10 US$; ⏲ Mai–Okt. 8–18 Uhr, Nov., März & April 10–17 Uhr, Dez.–Feb. Do–So 10–17 Uhr). Der weitläufige Komplex aus fünf Museen zeigt alles, was mit Western zu tun hat: von Postern, unscharfen Filmen und anderen Sagen, die etwas über Buffalo Bills berühmte Wildwest-Shows mitteilen, bis hin zu Ausstellungen mit Kunstwerken aus den Grenzgebieten und einem Museum, das den Ureinwohnern Amerikas gewidmet ist. Das Draper Museum of Natural History ist eine tolle Einführung in das Ökosystem von Yellowstone, es hat Informationen zu allem von Wölfen bis zu Grizzlys.

Beliebt ist auch das **Cody Nite Rodeo** (www.codystampederodeo.com; 519 West Yellowstone Ave; Erw./Kind 7–12 Jahre 18/8 US$), das von Juni bis August jeden Abend stattfindet.

Der reizende **Chamberlin Inn** (☎ 307-587-0202; 1032 12th St.; DZ/Suite 185/325 US$) ist ein elegantes Refugium im Zentrum. Das **Irma Hotel** (☎ 307-587-4221; www.irmahotel.com; 1192 Sheridan Ave; Hauptgerichte 8–23 US$; ❄) wurde 1902 vom guten alten Bill selbst erbaut. Heute ist es eher für sein Restaurant bekannt: Die prächtige Einrichtung aus Kirschholz war einst ein Geschenk der britischen Königin Victoria. Von Juni bis Ende September brechen vor dem Hotel nachgestellte Schießereien aus (tgl. 18 Uhr).

Die historische **Silver Dollar Bar** (1313 Sheridan Ave; Hauptgerichte 7–12 US$; ⏲ 11–24 Uhr) empfängt Gäste mit Pooltischen, tollen Burgern und allabendlicher Livemusik auf der Freiluftterrasse.

Rund 1 Meile (1,6 km) östlich von Cody besteht am **Yellowstone Regional Airport** (COD; www.flyyra.com) täglich Flugverbindung nach Salt Lake City und Denver.

Yellowstone National Park

Tiere und Geysire sind in Yellowstone die großen Themen schlechthin. Der Yellowstone National Park ist der älteste Nationalpark Amerikas und die Vorzeigeattraktion von Wyoming. Von zottigen Grizzlys bis zu übergroßen Bisons und prachtvollen Wolfsrudeln kann der Park sich der sagenhaftesten Ansammlung von Wildtieren der gesamten „Lower 48" rühmen. Dazu kommen noch die Hälfte aller Geysire der Welt, der größte Hochgebirgssee des Landes und eine Fülle von blauen Flüssen und Wasserfällen, die alle malerisch auf einem gigantischen Supervulkan gelegen sind. Da merkt man schnell, dass man über eine der märchenhaftesten Schöpfungen von Mutter Natur gestolpert ist!

Als John Colter die Region 1807 als erster weißer Mann besuchte, waren die einzigen Bewohner hier die Tukadikas (alias Schafesser), die zu den Shoshonen-Bannock-Stämmen gehörten und hier die Dickhornschafe jagten. Colters Berichte über seine Erforschung von Geysiren und brodelnden Schlammlöchern (zunächst als Lügengeschichten verlacht) zogen schnell weitere Expeditionen an, und das Interesse des Tourismus wurde geweckt und zusätzlich durch die Eisenbahn angeheizt. Der Park wurde 1872 eingerichtet (als weltweit erster), um die spektakuläre Landschaft von Yellowstone zu erhalten: die geothermischen Phänomene, die fossilen Wälder und den Yellowstone Lake.

Der 8987 km² große Park ist in fünf Regionen eingeteilt (im Uhrzeigersinn von Norden nach Süden): Mammoth, Roosevelt, Canyon, Lake und Geyser Countries.

Von den fünf Eingängen zum Park ist nur der North Entrance in der Nähe von Gardiner, MT, das ganze Jahr über geöffnet. Die anderen sind in der Regel von Mai bis Oktober offen und bieten Zugang von Nordosten (Cooke City, MT), Osten (Cody, WY), Süden (Grand Teton National Park) und Westen (West Yellowstone, MT). Die Hauptstraße durch den Park ist die malerische Strecke über die 142 Meilen (228,5 km) lange Grand Loop Rd.

Sehenswertes & Aktivitäten

Einfach nur auf der Terrasse des Old Faithful Inn zu sitzen und mit einem Cocktail in der Hand darauf zu warten, dass der Old-Faithful-Geysir ausbricht, kann man schon als ausfüllende Beschäftigung ansehen. Aber es gibt hier natürlich noch viel anderes zu tun, etwa wandern und trekken oder Kajak fahren und fliegenfischen. Die meisten Wege durch den Park werden nicht gepflegt, aber auf den ungeräumten Straßen und Wegen kann man Langlauf betreiben.

Yellowstone ist in fünf unterschiedliche Regionen aufgeteilt, und jede hat einzigartige Attraktionen zu bieten. Wenn man den Nationalpark betritt, erhält man eine einfache Karte und die Zeitung des Parks. Hier findet man Infos über die ausgezeichneten von Rangern gehaltenen Vorträge und geführten Wanderungen (die sich wirklich lohnen). An den Auskunftsschaltern aller Visitor Center stehen Parkranger zur Verfügung und helfen Travellern dabei, sich eine Wanderung nach eigenem Geschmack zurechtzuschneidern, z.B. mit tollen Plätzen zum Fotografieren oder Orten, wo man die besten Chancen hat, Bären zu sichten.

Geyser Country GEYSIRE, WANDERN & TREKKEN

Das Upper Geyser Basin umfasst die dichteste Konzentration geothermischer Besonderheiten der Region und 180 der 250 und mehr Geysire des Parks. Der berühmteste ist der **Old Faithful**, der etwa alle anderthalb Stunden 14 000 bis 32 000 l Wasser zwischen 30 und 55 m hoch in die Luft speit. Wer eine einfache Tour machen möchte, erkundigt sich beim brandneuen Visitor Center nach den voraussichtlichen Eruptionszeiten und folgt dann dem einfachen Bohlenweg auf dem Upper Geyser Loop. Die schönste thermische Besonderheit des Parks ist die **Grand Prismatic Spring** im Midway Geyser Basin. Am Firehole und den Madison Rivers kann man super fliegenfischen und Wildtiere beobachten.

Mammoth Country QUELLEN, WANDERN & TREKKEN

Mammoth Country ist vor allem berühmt für seine geothermischen Gebiete und Elchherden im historischen **Mammoth** sowie die Thermalquellen im **Norris Geyser Basin**. Mammoth Country ist die unruhigste und älteste bekannte thermische Gegend Nordamerikas, die ununterbrochen aktiv war. Richtung Nordwesten erheben sich die

DEN MASSEN ENTGEHEN

Das Wunderland von Yellowstone zieht im Juli und August täglich 30 000 Besucher und im ganzen Jahr über 3 Mio. Eindringlinge an. Wenn man sich an die folgenden Ratschlägen hält, kann man dem Schlimmsten entgehen:

- Am besten im Mai, September oder Oktober kommen – dann ist das Wetter ordentlich, und es sind nur wenige andere Besucher da. Der Winter ist auch eine Möglichkeit.
- 95 % der Massen kann man hinter sich lassen, wenn man auf einem Weg im Hinterland unterwegs ist. 99 % verschwinden, wenn an einer Stelle im Hinterland die Nacht verbringt (Genehmigung erforderlich!).
- Die Wildtiere machen's vor: Die goldenen Stunden nach der Morgen- und kurz vor der Abenddämmerung sind die besten Zeiten.
- Zum Mittagessen etwas mitnehmen und auf einem der malerischen Picknickplätze des Parks essen! In den Lodges isst man am besten spät (nach 21 Uhr) zu Abend.
- Reservierungen für die Lodges im Park sollte man Monate und die Genehmigungen für die Campingplätze *mindestens* einen Tag im Voraus buchen.

Yellowstone & Grand Teton National Parks

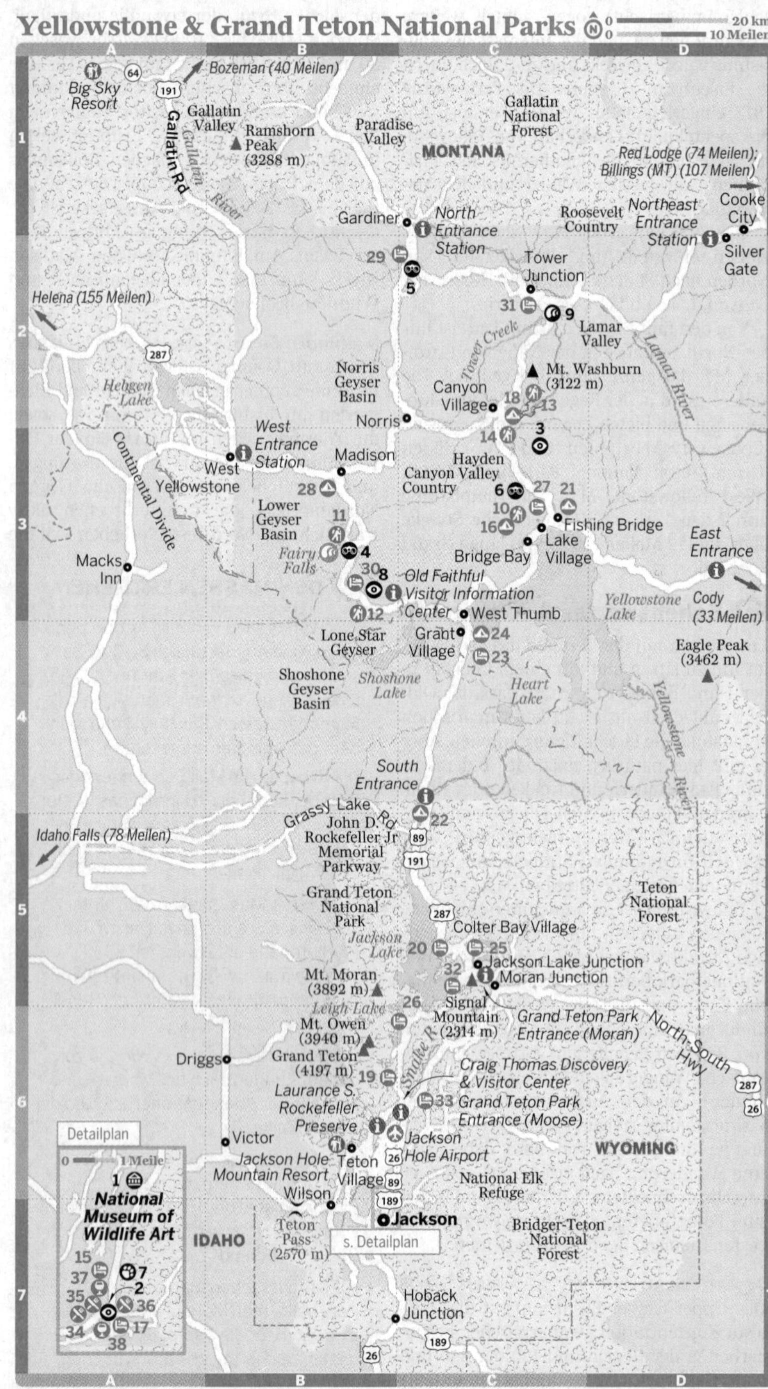

Yellowstone & Grand Teton National Parks

Highlights
1 National Museum of Wildlife Art A6

Sehenswertes
2 Center for the Arts A7
3 Grand Canyon of the Yellowstone C3
4 Grand Prismatic Spring B3
5 Mammoth Hot Springs C2
6 Mud Volcano C3
7 National Elk Refuge A7
8 Old Faithful B3
9 Tower Falls C2

Aktivitäten, Kurse & Touren
10 Elephant Back Trailhead C3
11 Fairy Falls Hiking Trail B3
12 Lone Star Geyser Trailhead B3
13 Mt. Washburn Trail C2
14 South Rim Trail C3

Schlafen
15 Alpine House A7
16 Bridge Bay Campground C3
17 Buckrail Lodge A7
18 Canyon Campground C2
Canyon Lodge & Cabins .... (siehe 18)
19 Climbers' Ranch B6
20 Colter Bay Village C5
21 Fishing Bridge RV Park C3
22 Flagg Ranch Resorts C5
23 Grant Village C4
24 Grant Village Campground C4
25 Jackson Lake Lodge C5
26 Jenny Lake Lodge C6
Lake Lodge Cabins .... (siehe 27)
27 Lake Yellowstone Hotel C3
28 Madison Campground B3
29 Mammoth Hot Springs Hotel & Cabins C2
30 Old Faithful Inn B3
Old Faithful Lodge Cabins .... (siehe 30)
Old Faithful Snow Lodge .... (siehe 30)
31 Roosevelt Lodge Cabins C2
32 Signal Mountain Lodge C5
33 Spur Ranch Log Cabins C6

Essen
34 Bubba's Bar-B-Que A7
35 Coco Love A7
Lake Yellowstone Hotel Dining Room .... (siehe 27)
Mural Room .... (siehe 25)
Old Faithful Inn Dining Room .... (siehe 30)
Peaks .... (siehe 32)
Pioneer Grill .... (siehe 25)
36 Snake River Grill A7

Ausgehen & Nachtleben
37 Million Dollar Cowboy Bar A7
38 Snake River Brewing Co A7

Gipfel der Gallatin Range. Sie überragen die Seen, Creeks und zahlreichen Wanderwege der Region.

Roosevelt Country WILDTIERE, WANDERN & TREKKEN

Fossile Wälder, das eindrucksvolle **Lamar River Valley** und seine Zuflüsse voller Forellen, die **Tower Falls** und die zerklüfteten Gipfel der Absaroka Mountains sind die Highlights von Roosevelt Country, der abgelegensten, malerischsten und am wenigsten erschlossenen Region des Parks. In der Nähe der **Tower Junction** beginnen mehrere gute Wanderwege.

Canyon Country AUSSICHTSPUNKTE, WANDERN & TREKKEN

Eine Reihe traumhafter Ausguckmöglichkeiten, verbunden durch Wanderwege, sind das Highlight der farbenfrohen Schönheit und Herrlichkeit des Grand Canyon im Yellowstone National Park und seiner beeindruckenden **Lower Falls**. Der South Rim Dr führt zum spektakulärsten Ausblick des Canyons beim Artist Point. **Mud Volcano** ist die wichtigste geothermische Region von Canyon Country.

Lake Country SEEN, BOOTFAHREN

Der **Yellowstone Lake**, einer der größten Gebirgsseen der Welt, bildet den Mittelpunkt von Lake Country. Vulkanische Strände säumen die Gewässer des Gebiets. Am besten erkundet man sie mit dem Boot oder dem Seekajak. Die raue und mit Schnee bedeckte Absaroka Range erhebt sich von den Seen Richtung Osten und Südosten und verbirgt die wildeste Landschaft der „Lower 48“. Sie eignet sich perfekt für herrliches Backpacking und für Ausritte.

Wanderwege WANDERN & TREKKEN

Wanderer können das Hinterland des Yellowstone National Park von mehr als 92 Trailheads aus erforschen. Sie bieten Zugang zu insgesamt 1770 km an Wegen. Um in der Wildnis zu übernachten, braucht man eine kostenlose Backcountry-Permit (Genehmigung). Man erhält sie in allen Visitor Centers und Ranger-Stationen. Backcountry-Camping ist an 300 ausgewiesenen Stellen erlaubt. Davon kann man 60 % per Mail im Voraus reservieren; alle Buchungen, die mehr als drei Tage im Voraus getätigt werden, kosten eine Gebühr von 25 US$.

Nach zahlreichen hitzigen Diskussionen und nachdem wir eine Prügelei gerade noch verhindern konnten, haben wir uns auf die folgenden besten fünf Tageswanderungen im Park geeinigt:

➡ **Lone Star Geyser Trail**

Der für eine Wanderung mit der Familie und für Radfahrer gut geeignete Weg führt über eine frühere Zufahrtsstraße zu einem Geysir, der alle drei Stunden ausbricht. Los geht es am Parkplatz der Kepler Cascades, südöstlich des Old Faithful Areals (8 km, einfach).

➡ **South Rim Trail**

Ein Netz miteinander verbundener Wege verläuft am Rand des spektakulären Yellowstone Canyon entlang, vorbei an den Lower Falls bis zum malerischen Artists Point und zum Lily Pad Lake. Dann kommt man an thermisch aktiven Gebieten und dem Clear Lake vorbei und zurück zum Ausgangspunkt eines Wanderwegs bei Uncle Tom (5,5 km, einfach).

➡ **Mt. Washburn**

Die recht anstrengende Wanderung führt vom Startpunkt eines Wanderwegs am Dunraven Pass zu einem Fire Tower auf dem Berggipfel. Von dort hat man eine wunderbare Panoramaaussicht über den ganzen Park und auf die Dickhornschafe (10,3 km, mittelschwer).

➡ **Elephant Back Mountain**

Dies ist ein 240 m Höhenmeter überwindender Anstieg vom nahen Lake Hotel zu einem Panoramaaussichtspunkt mit Blick über den Yellowstone Lake (5,6 km, mittelschwer).

➡ **Fairy Falls**

Abseits der Wege klettert man zum Aussichtspunkt über der spektakulären Grand Prismatic Spring. Dann wandert man durch Murraykieferwälder zu den Wasserfällen und weiter zum schönen Imperial Geyser (9,7 km, einfach).

Radfahren RADFAHREN

Radfahrer dürfen die öffentlichen Straßen und ein paar ausgewiesene Zugangsstraßen benutzen, jedoch nicht die Wege im Hinterland. Die beste Zeit, um im Yellowstone National Park auf Radtour zu gehen, liegt zwischen April und Oktober. Dann sind die Straßen in der Regel schneefrei. Von Mitte März bis Mitte April ist die Strecke zwischen Mammoth und dem West Yellowstone Park für Autos gesperrt, aber für Radfahrer geöffnet. Dann kann man eine lange, aber stressfreie Strecke fahren.

Yellowstone Raft Company ABENTEUERTOUR

(☎800-858-7781; www.yellowstoneraft.com; halber Tag Erw./Kind 40/30 US$) Auf dem Yellowstone River gleich nördlich der Parkgrenze

WO BÄREN UND BISONS UMHERSTREIFEN

Neben Großsäugern (Grizzlys, Schwarzbären, Elche, Bisons) beheimatet der Yellowstone National Park auch Wapitihirsche, Gabelböcke und Dickhornschafe. Seit ihrer Auswilderung (1996) bevölkern Wölfe den Nationalpark ebenfalls wieder; außerhalb von dessen Grenzen werden sie aber heute legal bejagt. Wölfe und Bisons waren schon immer hier heimisch, am Ende des letzten Jahrhunderts aber jeweils durch Bejagung und das Vordringen des Menschen fast ausgestorben. Die Bestände beider Arten haben sich inzwischen erholt und sind daher von der Roten Liste gestrichen worden. Somit darf ihnen außerhalb des Parks nachgestellt werden.

Das **Hayden Valley** zwischen Yellowstone Lake und Canyon Village ist das beste Revier, um alle möglichen Tiere im Herzen des Parks zu beobachten. Die Sichtungschancen sind am höchsten, wenn man in der Morgen- oder Abenddämmerung eine beliebige Abzweigung der Grand Loop Rd observiert. Genügend Geduld und ein Fernglas mitbringen: Eventuell trottet einem ein Grizzly oder ein brünftiger Wapitihirsch vor die Linse! Vielleicht erklingt auch das Röhren eines einsamen Elchs, den es zum Trinken an den Fluss zieht.

Wölfe wurden erstmals im **Lamar Valley** (Nordosten) wieder ausgewildert und sind dort auch am besten zu beobachten. Optimalerweise fragt man die Parkranger nach den Aufenthaltsorten der aktivsten Rudel oder nimmt an einer Wolfsbeobachtung (bzw. anderen Exkursion) des empfehlenswerten **Yellowstone Institute** (www.yellowstoneassociation.org) teil. Es wirkt magisch und urweltlich zugleich, wenn das Tal in der Abenddämmerung vom Geheul widerhallt.

in Montana durch den Yankee Jim Canyon sind die Strömungen zum Raften geeignet. Die Raft Company bietet von Gardiner aus eine Reihe begleiteter Abenteuertouren an. Sie beginnen Ende Mai.

Schlafen

Im Park sind Campingplätze – vom NPS oder privat betrieben –, Hütten, Lodges und Hotels zu finden. Im Sommer muss man unbedingt reservieren. Um ein Plätzchen auf einem Campingplatz, in einer Hütte oder Lodge zu buchen, kontaktiert man am besten **Xanterra** (307-344-5395; www.yellowstonenationalparklodges.com), den Konzessionshalter des Parks.

An den Zufahrten Cody, Gardiner und West Yellowstone findet man ebenfalls jede Menge Unterkünfte.

Die günstigsten Möglichkeiten sind die sieben vom National Park Service geführten Campingplätze (Stellplatz ab 15–20 US$) in **Mammoth** (Zeltplatz 14 US$; ganzjährig), **Tower Fall**, **Indian Creek**, **Pebble Creek**, **Slough Creek**, **Norris** und **Lewis Lake**. Grundsätzlich gilt: Wer zuerst kommt, mahlt zuerst. Xanterra unterhält weitere fünf Campingplätze (hier aufgeführt; Reservierungen werden akzeptiert, 45 US$/Nacht). Sie bieten alle Bäder mit kaltem Wasser, Toiletten mit Wasserspülung sowie Trinkwasser. Stellplätze für Wohnwagen mit entsprechenden Anschlüssen findet man in Fishing Bridge.

Von Xanterra geführte Hütten, Hotels und Lodges sind im ganzen Park verteilt und von Mai oder Juni bis Oktober geöffnet. Die Ausnahmen sind das Mammoth Hot Springs Hotel und die Old Faithfull Snow Lodge. Sie sind auch von Mitte Dezember bis Ende März offen. Das Rauchen ist in allen diesen Quartieren verboten, und es gibt keine Klimaanlagen oder gar Fernseher. Wo es Internetverbindungen gibt, sind diese kostenpflichtig.

Bridge Bay Campground CAMPING **$**
(Stellplatz 21 US$) Der Bridge Bay Campground liegt nahe dem Westufer des Yellowstone Lake und ist bei Bootfahrern beliebt; er hat 425 Stellplätze für Zelte und Wohnmobile.

Canyon Campground CAMPING **$**
(Stellplatz 25,50 US$) Münzduschen und -waschmaschinen (dicht beieinander) plus 250 zentral gelegene Stellplätze für Zelte oder Wohnmobile.

Fishing Bridge RV Park CAMPING **$**
(Stellplatz 45 US$) Strom- und Wasseranschlüsse nur für Wohnmobile mit fester Karosserie (37 US$), Münzduschen bzw. -waschmaschinen sowie 325 Stellplätze.

Grant Village Campground CAMPING **$**
(Stellplatz 25,50 US$) Am Südwestufer des Yellowstone Lake; 400 Wohnmobil- oder Zeltstellplätze, Münzduschen und -waschmaschinen gibt's ganz in der Nähe.

Madison Campground CAMPING **$**
(307-344-7311; www.yellowstonenationalparklodges.com; Stellplatz 21 US$; Anfang Mai–Ende Okt.) Liegt dem Old Faithful am nächsten und hat 250 Stellplätze für Zelte oder Wohnmobile.

Old Faithful Lodge Cabins HÜTTEN **$**
(Hütte 69–115 US$) Einfache, rustikale Hütten mit Blick auf den Old Faithful.

Roosevelt Lodge Cabins HÜTTEN **$$**
(866-439-7375; www.yellowstonenationalparklodges.com; Hütte 69–115 US$;) Die familienfreundliche Hüttenanlage mit Cowboy-Vibe veranstaltet jeden Abend ein „Old West Dinner Cookout". Dabei begeben sich Gäste per Pferd oder Planwagen zu einer großen Wiese, um ca. 5 km von der Lodge entfernt ein Buffet im Freien zu genießen (Reservierung ratsam).

Lake Lodge Cabins HÜTTEN **$$**
(Hütte 75–188 US$) Zum Haupthaus gehören eine große Veranda mit See- bzw. Bergblick und ein gemütlicher Raum mit zwei offenen Kaminen. Gemietet werden können rustikale Holzhütten aus den 1920er-Jahren oder modernere Wohneinheiten im Motelstil.

Old Faithful Snow Lodge HOTEL **$$**
(Hütte 99–155 US$, Zi. ab 229 US$;) Stilvolles und modernes Hotel im Blockhaus-Stil, das zeitgemäße Einrichtungen mit Nationalpark-Motiven paart.

★ **Old Faithful Inn** HOTEL **$$**
(866-439-7375; www.yellowstonenationalparklodges.com; Altbau-DZ mit Gemeinschaftsbad/eigenem Bad ab 103/140 US$, Standardzi. ab 164 US$; Anfang Mai–Anfang Okt.) Der prächtige, denkmalgeschützte Inn neben dem namengebenden Geysir ist die gefragteste Unterkunft des Parks. Die riesige Lobby aus Holz hat riesige offene Steinkamine und sehr hohe Decken aus Astloch-Kiefer. Die Zimmer decken alle Preisbereiche ab. Viele der interessantesten historischen Quartiere tei-

len sich Gemeinschaftsbäder. Die Gemeinschaftsbereiche sind ebenfalls sehr hübsch.

Am besten plant man hier zwei Übernachtungen ein, um die Atmosphäre richtig genießen zu können.

Lake Yellowstone Hotel HOTEL **$$**
(☎866-439-7375; www.yellowstonenationalparklodges.com; Hütte 130 US$, Zi. 149–299 US$; ⏲Mitte Mai–Sept.) Das vornehme historische Romantikhotel versprüht das mondäne Ambiente des US-Westens der 1920er-Jahre. Es besitzt Yellowstones herrlichste Lounge, die zum Tagträumen wie gemacht ist. Hierfür sorgen große Panoramafenster mit Seeblick, viel Tageslicht und ein Streichquartett, das live im Hintergrund spielt. Die Hütten sind etwas rustikaler als die gut ausgestatteten Zimmer.

Canyon Lodge & Cabins HÜTTEN **$$**
(Hütte 99–188 US$, Zi. 185 US$) Sauber, ordentlich und zentral gelegen.

Mammoth Hot Springs Hotel & Cabins HOTEL **$$**
(Hütte 86–229 US$, Zi. mit/ohne Bad 123/87 US$; 📶) Großes Unterkunftsspektrum; auf dem Rasen vorn grasen oft Wapitihirsche.

Grant Village HOTEL **$$**
(Zi. 155 US$) Nahe dem südlichen Parkrand gibt's hier komfortable, wenn auch langweilige Zimmer im Motelstil. Zwei benachbarte Restaurants punkten mit super Seeblick.

Essen

Snackbars, Feinkostläden, Burgertheken und Lebensmittelläden sind überall im Park verteilt. Zusätzlich bieten die meisten Lodges ein Frühstücksbuffet, Salatbars und Mittag- und Abendessen in formellen Speisesälen an. Das Essen ist nicht immer herausragend, aber wenn man bedenkt, für wie viele Leute der Küchenchef kocht, recht gut – und in Anbetracht der sagenhaften Aussicht nicht überteuert.

★ Lake Yellowstone Hotel Dining Room AMERIKANISCH **$$$**
(☎307-344-7311; Hauptgerichte 13–33 US$; ⏲6.30–10, 11.30–14.30 & 17–22 Uhr; 🖉) Bitte ein Outfit knitterfrei halten: Das Restaurant des Lake Yellowstone Hotel ist das beste des Parks und ermöglicht eine stilvolle Mahlzeit. Mittags kommen z. B. tolle Salate, Bison-Burger oder Mini-Burger mit Hack vom Montana-Lamm auf den Tisch, ergänzt durch Regionaltypisches und glutenfreie Optionen. Das Abendessen (Reservierung wärmstens empfohlen) ist vergleichsweise gehaltvoller.

Old Faithful Inn Dining Room AMERIKANISCH **$$$**
(☎307-545-4999; Hauptgerichte abends 13–29 US$; ⏲6.30–10.30, 11.30–14.30 & 17–22 Uhr; 🖉) Die hiesigen Buffets maximieren die verfügbare Zeit fürs Geysir-Gucken. Die Kost à la carte (z. B. Wapitihirsch-Burger, Bison-Schmorfleisch oder das stets beliebte Ossobuco) ist jedoch einfallsreicher. Glutenfreie Gerichte sind ebenfalls bestellbar. Reservierung ist ratsam.

ℹ Praktische Informationen

Eigentlich ist der Park das ganze Jahr über geöffnet, aber viele Straßen sind im Winter gesperrt. Die Eintrittskarten (Fußgänger/Fahrzeug 12/25 US$) gelten für sieben Tage und berechtigen zum Besuch des Yellowstone und des Grand Teton National Park. Die Visitor Center sind nur im Sommer geöffnet und gleichmäßig im Abstand von 20 bis 30 Meilen (32–48 km) an der Grand Loop Rd verteilt.

Albright Visitors Center (☎307-344-2263; www.nps.gov/yell; ⏲Juni–Sept. 8–19 Uhr, Okt.–Mai 9–17 Uhr) Dient als Hauptquartier des Parks. Die Website des Parks ist eine tolle Informationsquelle.

ℹ An- & Weiterreise

Die am nächsten gelegenen Flughäfen, die das ganze Jahr über in Betrieb sind, sind: Yellow-

ABSTECHER

SCENIC DRIVE: DAS DACH DER ROCKIES

Die malerischste Zugangsstraße zu Yellowstone ist der 68 Meilen (109 km) lange **Beartooth Highway** (US 212; www.beartoothhighway.com; ⏲Juni–Mitte Okt.) zwischen Red Lodge, Cooke City und dem Nordeingang des Parks. Die unglaubliche Fahrt passiert 3353 m hohe Gipfel und alpine Tundra voller Wildblumen. Sie ist schon als Amerikas schönste Autoroute und als Motorradstrecke Nummer eins bezeichnet worden. Entlang des Highways liegen zahlreiche USFS-Campingplätze (Reservierungen teilweise unter www.recreation.gov möglich) – vier davon maximal 12 Meilen (19,3 km) von Red Lodge entfernt.

stone Regional Airport (COD) in Cody (52 Meilen, 84 km), Jackson Hole Airport (JAC) in Jackson (56 Meilen, 90 km), Gallatin Field Airport (BZN) in Bozeman, MT (65 Meilen, 105 km) und Idaho Falls Regional Airport (IDA) in Idaho Falls, ID (107 Meilen, 172 km). Der Flughafen (WYS) in West Yellowstone, MT, ist in der Regel von Juni bis September geöffnet. Es kann sich auch lohnen, nach Billings, MT (170 Meilen, 274 km), Salt Lake City, UT (390 Meilen, 628 km) oder Denver, CO (563 Meilen, 906 km), zu fliegen und ein Auto zu mieten.

Zum oder innerhalb des Yellowstone National Park gibt's keine öffentlichen Verkehrsmittel.

Grand Teton National Park

Mit seinen gezackten, felsigen Berggipfeln, kühlen Gebirgsseen und duftenden Wäldern zählt der Grand Teton National Park zum Schönsten, was Amerika an Landschaft zu bieten hat. Er liegt direkt südlich vom Yellowstone National Park und besitzt zwölf von Gletschern geformte Berge. Sie umrahmen den einzigartigen Grand Teton (4197 m). Für Bergfans ist das großartige und verrückte Gelände aufregend. Der Teton ist weniger überlaufen als der Yellowstone National Park und bietet ebenso jede Menge Ruhe und Wildtiere wie Bären, Elche, Raufußhühner und Murmeltiere.

Es gibt zwei Eingänge zum Park: Moose (im Süden) an der Teton Park Rd westlich von Moose Junctio und Moran (im Osten), an der US 89/191/287 nördlich von Moran Junction. Der Park ist das ganze Jahr über geöffnet, allerdings werden einige Straßen und Eingänge ab November bis zum 1. Mai geschlossen, einschließlich Teile der Moose-Wilson Rd. Damit wird der Zugang zum Park von Teton Village aus eingeschränkt.

Aktivitäten

Angesichts eines 322 km langen Netzes von **Wanderwegen** kann man wirklich nichts falsch machen. Beim Visitor Center gibt's Infos, Wanderkarten und die obligatorischen Gratis-Genehmigungen fürs Übernachten in der Wildnis. Die Tetons sind auch für tolle kurze **Kletterrouten** bekannt – ebenso für längere Klassiker, die beispielsweise zu den Gipfeln des Grant Teton, des Mt. Moran oder des Mt. Owen führen.

Angeln ist eine weitere Attraktion: In den örtlichen Flüssen bzw. Seen gedeihen z. B. Cutthroat-Forellen, Seeforellen oder -saiblinge und diverse Maränenarten. Genehmigungen bekommt man bei der Signal Mountain Lodge, an der Colter Bay Marina und im Dorfladen des Moose Village.

Skilanglauf und **Schneeschuhwandern** sind die besten Methoden, um den Winter im Park zu genießen. Das Craig Thomas Discovery & Visitor Center verteilt eine Broschüre mit detaillierten Routeninfos.

Jenny Lake Ranger Station KLETTERN
(☎ 307-739-3343; ⏲ Juni–Aug. 8–18 Uhr) Kletterinfos.

Exum Mountain Guides KLETTERN
(☎ 307-733-2297; www.exumguides.com) Kletterkurse und geführte Touren.

Schlafen

Drei verschiedene Konzessionshalter führen die sechs Campingplätze im Park. Von Anfang August bis zum Labor Day ist der Andrang groß. Die meisten Campingplätze sind ab 11 Uhr voll (Jenny Lake sogar viel früher, Gros Ventre meist gar nicht). Colter Bay und Jenny Lake haben nur Plätze für Zelte, die für Backpacker und Radfahrer reserviert sind.

Climbers' Ranch HÜTTEN $
(☎ 307-733-7271; www.americanalpineclub.org; Teton Park Rd; B 25 US$; ⏲ Juni–Sept.) Diese rustikalen Blockhütten des American Alpine Club dienten ursprünglich als Refugium für ernsthafte Kletterer. Heute stehen sie auch Wanderern offen, die genauso von der spektakulären Lage im Park profitieren. Vorhanden sind ein Sanitärhäuschen mit Duschen und ein geschützter Kochbereich mit abschließbaren Kühlfächern. Schlafsack und Kopfkissen müssen selbst mitgebracht werden (die Stockbetten sind ohne Bettzeug, aber dafür spottbillig).

Flagg Ranch Resorts CAMPING $
(www.flaggranch.com; Stellplatz für 2 Pers. 35 US$) Akzeptiert Online-Reservierungen für den Flagg-Ranch-Campingplatz und hat auch Hütten. Forever Resorts verwaltet die Campingplätze Signal Mountain und Lizard Creek innerhalb des Parks.

Grand Teton Lodge Company UNTERKUNFTSSERVICE $
(☎ 307-543-2811; www.gtlc.com; Stellplatz 21 US$) Betreibt neben den meisten privaten Lodges bzw. Hütten des Parks auch die Campingplätze Colter Bay, Jenny Lake und Gros Ventre. Per Telefon lässt sich ermitteln, ob aktuell etwas wegen einer Stornierung in letzter Minute frei geworden ist. Dennoch

empfiehlt sich rechtzeitige Reservierung, da bis Anfang Juni fast alle Unterkünfte komplett ausgebucht sind. Jede Lodge hat einen Schalter für Aktivitäten.

Colter Bay Village HÜTTEN $$
(307-543-2811; www.gtlc.com; Zelthütte 57 US$, Blockhütte mit Bad 135–239 US$, Blockhütte ohne Bad 73 US$; Juni–Sept.) Eine halbe Meile (800 m) westlich der Colter Bay Junction warten hier zwei Arten von Bleiben: Die spartanischen Zelthütten (verfügbar Juni–Anfang Sept.) haben Stockbetten ohne Bettzeug und teilen sich Gemeinschaftsbäder in einem separaten Gebäude. Angesichts ihres Preises ist man aber als Camper besser dran. Die deutlich komfortableren und z.T. originalen Blockhütten (verfügbar Ende Mai–Ende Sept.) haben da ein besseres Preis-Leistungs-Verhältnis.

Signal Mountain Lodge LODGE, CAMPING $$
(307-543-2831; www.signalmtnlodge.com; Stellplatz 21 US$, Zi. 194–230 US$, Hütte 156–185 US$; Mai–Mitte Okt.) Die spektakulär gelegene Lodge am Rand des Jackson Lake vermietet gemütliche und gut ausgestattete Hütten. Hinzu kommen außerdem recht vornehme Zimmer mit hervorragendem See- und Bergblick.

★ **Jenny Lake Lodge** LODGE $$$
(307-733-4647; www.gtlc.com; Jenny Lake; Hütte inkl. HP 655 US$; Juni–Sept.) Abgenutztes Holz, Daunendecken und farbenfrohe Steppdecken verleihen dieser eleganten Option abseits der Teton Park Rd ein gemütliches Ambiente. Der nicht gerade günstige Preis beinhaltet das Frühstück, ein fünfgängiges Abendessen, die Leihfahrradbenutzung und geführte Ausritte. Regentage kann man mit einem Gesellschaftsspiel oder einem Buch am offenen Kamin des Haupthauses verbringen. Die Blockhütten haben jeweils eine Terrasse, aber kein TV oder Radio (Telefon auf Anfrage).

Jackson Lake Lodge LODGE $$$
(307-543-2811; www.gtlc.com; Zi. & Hütte 249–335 US$; Juni–Sept.;) Weiche Bettwäsche, ein beheizter Pool, gewundene Pfade, die perfekt sind für lange Spaziergänge, und riesige Panoramafenster mit Blick auf die glitzernden Gipfel machen diese haustierfreundliche Lodge zur idealen Unterkunft für Frischverliebte. Dennoch könnte man die 348 Hütten aus Schlackenbetonblöcken im Großen und Ganzen als überteuert bezeichnen.

Spur Ranch Log Cabins HÜTTEN $$$
(307-733-2522; www.dornans.com; Hütte 185–265 US$; ganzjährig) Die ruhigen Doppelhütten am Snake River in Moose stehen auf einer großen Wildblumenwiese und sind über Kieswege miteinander verbunden. Mobiliar aus Murraykiefer, Daunenbettzeug und Design à la US-Westen verleihen ihnen Behaglichkeit. Größter Pluspunkt ist jedoch die Aussicht.

Essen

Signal Mountain, Moose Junction, das Colter Bay Village und die Jackson Lake Lodge haben jeweils mehrere Cafés, die Frühstück und Schnellgerichte zu erschwinglichen Preisen servieren.

Pioneer Grill DINER $$
(307-543-1911; Jackson Lake Lodge; Hauptgerichte 9–23 US$; 6–22.30 Uhr;) Dieser zwanglose Klassiker mit seinen vielen Kunstlederstühlen kredenzt Wraps, Burger und Salate. Kinder freuen sich über die Eisbecher mit Fondantkaramell- und Schokoladensauce. Am Take-away-Fenster bekommt man Lunchboxen (am Vortag bestellen!) und kann Pizza aufs Zimmer bestellen (17–21 Uhr), wenn man vom Wandern zu erschöpft zum Essengehen ist.

Mural Room MODERN-AMERIKANISCH $$$
(307-543-1911; Jackson Lake Lodge; Hauptgerichte 22–40 US$; 7–21 Uhr) Man hat von hier eine atemberaubende Sicht auf die Tetons – und eine Feinschmeckerauswahl von Wildgerichten und einfallsreichen Kreationen wie in Sushi-Reis verpackte Forelle mit Sesam. Das Frühstück ist gut; zum Abendessen empfiehlt es sich, eine Reservierung vorzunehmen.

Peaks AMERIKANISCH $$$
(307-543-2831; Signal Mountain Lodge; Mahlzeiten 18–28 US$) Man wählt aus einer Auswahl von Käse und Obst, Rindfleisch von Rindern aus der Gegend und Bio-Polentakuchen seine Favoriten aus. Kleine Snacks wie Wild-Burger sind ebenfalls erhältlich. Drinnen ist das Ambiente eher langweilig. Aber auf der Terrasse, wo der Sonnenuntergang über dem Jackson Lake und die sagenhaften Heidelbeer-Margaritas die Hauptrolle spielen, ist schnell kein Tisch mehr zu haben.

Praktische Informationen

Die Eintrittskarten (Wanderer/Fahrzeug 12/25 US$) sind sieben Tage lang gültig und berechtigen zum Besuch des Yellowstone und des Grand Teton National Park. Es ist als ohne Weiteres möglich, in einem Park zu übernachten und den anderen von dort aus zu besuchen.

Craig Thomas Discovery & Visitor Center (☎ 307-739-3399, Backcountry Permits 307-739-3309; Teton Park Rd; ⌚ Juni–Aug. 8–19 Uhr, übriges Jahr 8–17 Uhr) Befindet sich in Moose.

Laurance S Rockefeller Preserve Center (☎ 307-739-3654; Moose-Wilson Rd; ⌚ Juni–Aug. 8–18 Uhr, übriges Jahr 9–17 Uhr) Dieses kürzlich eröffnete Center hat Informationen über das neue und sehr empfehlenswerte Rockefeller Preserve. Diese weniger überlaufene Wandermöglichkeit liegt 4 Meilen (6,5 km) südlich von Moose.

Park Headquarters (☎ 307-739-3600; www.nps.gov/grte; ⌚ Juni–Aug. 8–19 Uhr, übriges Jahr 8–17 Uhr) Befindet sich im gleichen Gebäude wie das Craig Thomas Center.

Jackson

Dies ist tatsächlich Wyoming, auch wenn es schwer zu glauben ist. Mit einem Bevölkerungsdurchschnittsalter von 32 Jahren hat sich diese Western-Stadt in ein Mekka für Bergliebhaber, Extrem-Bergsteiger und Skifahrer verwandelt, was man leicht an den sonnengebräunten Baristas erkennen kann. Was dazu antreibt, schick und beliebt zu sein? In Jackson brummt das Leben: Es gibt Unmengen Wanderwege und Outdoor-Möglichkeiten. Täglich wird frisches Sushi eingeflogen, und die Großzügigen, bei denen das Geld locker sitzt, sorgen für ein blühendes Kulturleben. Die Souvenirs sollte man links liegen lassen und sich daran erinnern, warum man eigentlich nach Jackson gekommen ist: um den traumhaften Hinterhof des Ortes zu besuchen, den Grand Teton National Park.

Sehenswertes

In der Innenstadt von Jackson steht eine Handvoll historischer Gebäude.

National Museum of Wildlife Art MUSEUM
(☎ 307-733-5771; www.wildlifeart.org; 2820 Rungius Rd; Erw./Kind 12/6 US$; ⌚ 9–17 Uhr) Wenn man nur ein Museum in dieser Gegend besuchen möchte, sollte es dieses sein. Die Hauptwerke von Bierstadt, Rungius, Remington und Russell jagen einem Schauer über den Rücken. In der Discovery Gallery findet man ein Atelier für Kinder. Sie können dort zeichnen und Drucke anfertigen – Mama und Papa werden neidisch sein! Auf der Website stehen die Filmangebote für den Sommer und auch, welche Kunstkurse vor Ort angeboten werden.

Center for the Arts KUNSTZENTRUM
(☎ 307-733-4900; www.jhcenterforthearts.org; 240 S Glenwood S) Hier gibt es alles von Kultur, Star-Konzerten und Theateraufführungen, Kursen und Kunstausstellungen bis zu speziellen Events. Das Programm steht auf der Homepage.

Jenny Lake Lodge Dining Room MODERN-AMERIKANISCH $$$
(☎ 307-543-3352; Frühstück 24 US$, Hauptgerichte mittags 12–15 US$, Festpreis-Abendmenü 85 US$; ⌚ 7–21 Uhr) Gäste des teuren Lokals genießen eventuell das einzige Fünf-Gänge-Wildnismenü ihres Lebens. Doch der Laden ist sein Geld vollauf wert: Die Eggs Benedict mit Krabbenküchlein zum Frühstück sind perfekt zubereitet. Die Forelle mit Polenta und knackigem Spinat stärkt hungrige Wanderer. Zudem ist die heimelige Atmosphäre mitten in den Tetons unschlagbar. Abends (Reservierung erforderlich) schick in Schale werfen!

National Elk Refuge NATURSCHUTZGEBIET
(☎ 307-733-9212; www.fws.gov/nationalelkrefuge; Hwy 89; Pferdeschlittenfahrt Erw./Kind 18/14 US$; ⌚ Sept.–Mai 8–17 Uhr, Juni–Aug. 8–19 Uhr, Pferdeschlittenfahrten Mitte Dez.–März 10–16 Uhr) GRATIS Das Refugium schützt Tausende wandernder Wapitihirsche zwischen November und März. Die angebotenen **Pferdeschlittenfahrten** sind die größte Besucherattraktion im Winter.

Town Square Shootout WILDWESTSHOW
(⌚ Sommer Mo–Sa 18.15 Uhr; 👪) GRATIS Kitschiger Touristenmagnet.

Aktivitäten

★ Jackson Hole Mountain Resort WINTERSPORT
(☎ 307-733-2292; www.jacksonhole.com; Liftpass Erw./Kind 99/59 US$) Das Jackson Hole Mountain Resort zählt zu den führenden Skigebieten in den USA und weist die größte durchgängige Höhendifferenz des Landes auf. Diese erstreckt sich zwischen dem Teton Village (1924 m) und dem Gipfel des Rendezvous Mountain (3185 m). Das größtenteils recht anspruchsvolle Terrain punktet mit viel lockerem Pulverschnee und Felskanten, die zu Sprüngen einladen. Bei Onlinebuchung sind die Liftpässe etwas günstiger.

Nach der Schneeschmelze bietet das Resort zahllose Sommeraktivitäten an (für Details s. Website).

Kurse

Teton Science Schools Ecology BILDUNG
(☎307-733-1313; www.tetonscience.org) In puncto empirische Bildung mit viel Spaß ist diese nichtkommerzielle Einrichtung unschlagbar. Die Programme reichen von GPS-Schnitzeljagden bis hin zu Öko-Expeditionen. Anfragen sind über die Website möglich.

Schlafen

Jacksons zahlreiche Unterkünfte verteilen sich auf den eigentlichen Ort und die Umgebung des Skibergs. Im Sommer wie im Winter sind Reservierungen unbedingt erforderlich.

Hostel HOSTEL $
(☎307-733-3415; www.thehostel.us; 3315 Village Dr; B/DZ 34/99 US$; ⏲während der Zwischensaison im Frühjahr und Herbst geschl.; @) Die alte Skilodge ist die einzige Budgetbleibe im Teton Village. Neben privaten Doppelzimmern vermietet sie auch Schlafsäle (max. 4 Pers.) mit Stockbetten und renovierten Duschen. Die geräumige Lounge mit offenem Kamin eignet sich ideal zum Filmegucken oder für Scrabble-Turniere. Gäste können einen Mikrowellenofen, einen Freiluftgrill und Münzwaschmaschinen benutzen. Zudem gibt's ein Spielzimmer für Kinder und einen Bereich zum Wachsen der Ski.

Buckrail Lodge MOTEL $
(☎307-733-2079; www.buckraillodge.com; 110 E Karnes Ave; Zi. ab 93 US$; ❄📶) Dieses zentral gelegene Schnäppchen besitzt charmante und geräumige Zimmer im Blockhüttenstil. Auf dem weitläufigen Gelände gibt's auch einen Whirlpool im Freien.

Golden Eagle Motor Inn MOTEL $$
(☎307-733-2042; 325 E Broadway; Zi. 148 US$; 🏊) Superfreundlich und gerade weit genug vom Rummel entfernt. Das neu eingerichtete Motel mit freundlichen Gastgebern ist eine solide Wahl im Zentrum.

Alpine House B&B $$$
(☎307-739-1570; www.alpinehouse.com; 285 N Glenwood St; DZ/Cottage 25/450 US$; @) Zwei frühere Olympiateilnehmer im Skifahren haben dieses Heim in der Innenstadt mit sonnigem skandinavischem Stil und persönlichen Kleinigkeiten, beispielsweise tollem Service und einer gemütlichen Bergsteigerbibliothek, ausgestattet. Zu den Annehmlichkeiten vor Ort gehören vornehme Bademäntel, Daunendecken, eine finnische Gemeinschaftssauna und ein Whirlpool im Freien. Für das kreative Frühstück sollte man Hunger mitbringen. Es gibt am Morgen z. B. pochierte Eier über Ricotta mit Spargel oder Mehrkorn-Arme-Ritter.

Essen & Ausgehen

Jackson wartet mit Wyomings raffiniertesten und exotischsten Gerichten auf. Viele Restaurants sind gleichzeitig Bars und während ihrer Happy Hours am günstigsten.

★Coco Love DESSERTS $
(☎307-733-3253; 55 N Glenwood Dr; Desserts 5–8 US$; ⏲9–20 Uhr) Dessertmeister Oscar Ortega beweist seine französische Ausbildung anhand von vielen kunstvollen Süßspeisen. Auch seine gleichsam exquisiten und von Hand hergestellten Schokoladensorten jagen einem eine erwartungsfreudige Gänsehaut über den Rücken. Auf geht's – lecker!

Pica's Mexican Taqueria MEXIKANISCH $$
(1160 Alpine Lane; Hauptgerichte 7–15 US$; ⏲Mo–Fr 11.30–21, Sa & So 11–16 Uhr; 👪) Günstig und mehr als nur zufriedenstellend: Es gibt z. B. Baja Tacos, die in hausgemachte Maistortillas gewickelt sind, oder *cochinita pibil* (in Chili mariniertes Schweinefleisch), serviert mit Mexican Soda. Die Einheimischen lieben es – die Taqueria hat das beste Angebot in der Gegend.

Pizzeria Caldera PIZZERIA $$
(☎307-201-1472; 20 West Broadway; Pizzas 12–16 US$; ⏲11–21.30 Uhr; 👪) 🍃 Die fröhliche, schlichte Pizzeria in einem Obergeschoss setzt auf Böden der dünneren Art – idealerweise belegt mit Kalamata-Salzoliven oder duftender Bison-Salbei-Wurst. Dazu passt perfekt eines der Fassbiere. Für die Salate werden Rucola und Rote Bete aus einheimischer Produktion verwendet.

Bubba's Bar-B-Que BBQ $$
(☎307-733-2288; 100 Flat Creek Dr; Hauptgerichte 6–20 US$; ⏲7–22 Uhr; 👪) In diesem freundlichen und vitalen Bring-your-own-Bottle-Imbiss (BYOB bedeutet, dass man den Alkohol selbst mitbringen kann) bekommt man die größten und luftigsten Cookies im Umkreis von Meilen zum Frühstück. Für später gibt es eine ordentliche Salatbar und eine Reihe Grillfleischgerichte.

★Snake River Grill MODERN-AMERIKANISCH $$$
(☎307-733-0557; 84 E Broadway; Hauptgerichte 21–52 US$; ⏲ab 17.30 Uhr) Das Grillrestaurant mit langer Weinkarte, feschen weißen Tischtüchern und einem bollernden offenen Kamin aus Stein serviert bemerkenswerte US-Spitzenküche. Für den Anfang empfiehlt sich das Brechbohnen-Tempura mit scharfem Sriracha-Dip. Das knusprige Schweinefleisch fällt quasi von selbst vom Knochen, während die gegrillten Wapiti-Koteletts für köstliche Rustikalität stehen. Die opulenten Desserts (z. B. Crème brûlée oder selbst gemachte Eiscreme) reichen locker für zwei Personen.

Stagecoach Bar BAR
(☎307-733-4407; 5755 W Hwy 22, Wilson) In Wyoming gibt es keinen besseren Ort, um ein bisschen mit dem Hintern zu wackeln. Montags wird Reggae gespielt, Dienstag ist Diskonacht, und jeden Sonntag singt die Hausband schmachtend bis 22 Uhr Country-&-Western-Schlager. Da lohnt sich die kurze Fahrt nach Wilson (gleich jenseits der Teton Village Abzweigung)!

Snake River Brewing Co KLEINBRAUEREI
(☎307-739-2337; 265 S Millward St; ⏲11.30–24 Uhr) Bei einem Arsenal von 22 hier hergestellten Biersorten – einige davon preisgekrönt – wundert es nicht, dass die Brauereikneipe ein beliebter Treffpunkt ist. Zum Essen gibt es Holzofenpizza und Pasta (Hauptgerichte 6–18 US$). Die Happy Hour geht von 16 bis 18 Uhr.

Million Dollar Cowboy Bar BAR
(25 N Cache Dr) Die dunkle Schenke ist touristisch bis zum Anschlag, aber nichtsdestotrotz verführerisch und eine Pflichtstation bei Trips durch den US-Westen. Gäste können ihre vier Buchstaben auf Sattelhockern platzieren. Am Wochenende dröhnt Karaoke, und auf der Tanzfläche zucken die Tänzer.

ℹ Praktische Informationen

Jackson Hole Wyoming (www.jacksonholenet.com) Gute Website mit Regionalinfos.

Valley Bookstore (125 N Cache St) Verkauft Regionalkarten.

Visitor Center (☎307-733-3316; www.jacksonholechamber.com; 532 N Cache Dr; ⏲9–17 Uhr)

ℹ Anreise & Unterwegs vor Ort

Der **Jackson Hole Airport** (JAC; ☎307-733-7682) liegt 7 Meilen (11,3 km) nördlich von Jackson im Grand Teton National Park, abseits der US 26/89/189/191. Es besteht täglich Flugverbindung nach Denver, Salt Lake City, Dallas und Houston; am Wochenende geht's per Flieger auch nach Chicago.

Busse von **Alltrans' Jackson Hole Express** (☎307-733-3135; www.jacksonholebus.com) fahren zum Flughafen (16 US$) und zum Grand Teton National Park (14 US$/Tag). Zudem bre-

WER NOCH EIN PAAR TAGE ZEIT HAT ...

Wyoming ist voller Orte, an denen man hängenbleiben kann. Leider sind es zu viele, um sie alle in diesem Band zu behandeln – aber hier sind ein paar Appetithappen:

Mit weiten Wiesenflächen, einem Meer aus Wildblumen und friedlichen Koniferenwäldern sind die **Bighorn Mountains** im nördlich-zentralen Wyoming einfach atemberaubend. Dazu kommen noch rauschende Wasserfälle und eine Unmenge Wildtiere. Das ergibt dann einen umwerfenden Spielplatz in der Natur mit Hunderten Kilometern ausgeschilderter Wanderwege.

Der fast senkreche Monolith, das **Devil's Tower National Monument**, ragt sagenhafte 386 m über dem Belle Fourche River in die Höhe und ist ein unglaublicher Anblick. Bei einigen der mehr als 20 Indianerstämme, für die er ein Heiligtum ist, ist er als Bears Lodge bekannt. Wer zwischen den Black Hills (an der Grenze zwischen Wyoming und South Dakota), dem Tetons und Yellowstone unterwegs ist, darf diesen Berg keinesfalls verpassen!

Westlich von Laramie erstreckt sich der hoch gelegene National Forest auf den **Medicine Bow Mountains** und der **Snowy Range**. Das ist eine wilde und schroffe Gegend, ideal für mehrtägige Wander- und Campingtouren.

Sheridan schmiegt sich in den Schatten der Bighorn Mountains und bietet 100 Jahre alte Häuser, die einst die Heimstätten der Rinderbarone von Wyoming waren. Heute ist das Örtchen bei den Abenteuerfans beliebt, die hierher kommen, um sich in den Bighorns auszutoben.

chen sie am Maverik County Store (Ecke Hwy 89 S und S Park Loop Rd) gen Salt Lake City auf (70 US$, 5½ Std., tgl. 6.30 Uhr).

MONTANA

Vielleicht resultiert Montanas Motto „Leben und leben lassen" aus dem Pioniergeist des Bundesstaats – eigenständig, wild, frei und typisch amerikanisch. Der Himmel erscheint hier höher und blauer, außerdem liegt Kieferndruft in der frischen Luft. Ob sanft gewelltes Weideland unter steilen Berghängen, planschende zottelige Grizzlys an eisblauen Gletscherseen oder Brauereien aus Backstein: Das herrliche Montana lässt einen ganz euphorisch werden. Und es bleibt einem noch lange nach der Abreise im Gedächtnis.

Praktische Informationen

Montana Fish, Wildlife & Parks (☎406-444-2535; http://fwp.mt.us) Auf einem der 24 Campingplätze in Montanas State Parks zu zelten kostet etwa 15/23 US$ pro Nacht für Anwohner/Nichtanwohner. Plätze mit Anschlüssen für Wohnmobile (wenn vorhanden) kosten nochmal 5 US$. Man kann über ☎1-855-922-6768 oder http://montanastateparks.reserveamerica.com reservieren.

Montana Road Conditions (☎800-226-7623, innerhalb von Montana 511; www.mdt.mt.gov/travinfo)

Travel Montana (☎800-847-4868; www.visitmt.com)

KURZINFOS MONTANA

Spitzname Treasure State, Big Sky Country

Einwohner 1005 000

Fläche 380 838 km²

Hauptstadt Helena (28 600 Ew.)

andere Städte Billings (105 600 Ew.), Missoula (67 300 Ew.), Bozeman (38 000 Ew.)

Verkaufssteuer Es gibt keine staatliche Verkaufssteuer

Geburtsort von Filmstar Gary Cooper (1901–1961), dem legendären Motorradteufelskerl Evel Knievel (1938–2007), der Schauspielerin Michelle Williams (1980)

Heimat der Absarokee- (Crow-), Blackfoot- und Flathead-Indianer

Politische Ausrichtung Republikanische Rancher und Ölmagnaten übertreffen zahlenmäßig meist die demokratischen Studenten und Progressiven des linksgerichteten Bozeman und von Missoula

Berühmt für Fliegenfischen, Cowboys und Grizzly-Bären

Randbemerkung Auf einigen Highways von Montana gab es bis in die 1990er-Jahre keinerlei Tempolimit

Entfernungen Bozeman–Denver 695 Meilen (1118 km), Missoula–Whitefish 136 Meilen (219 km)

Bozeman

Inmitten von sanften grünen Hügeln, Kiefernwäldern und verschneiten Gipfeln verteidigt Bozeman seinen Titel als Montanas coolste Stadt. Backsteinbauten mit Brauereien und Boutiquen säumen die historische Main St. Hier mischen sich Künstlerstil, Cowboy-Coolness und Triathlon-Leidenschaft. Die großartige Lage zwischen den Bridger und Gallatin Mountains macht Bozeman außerdem zu einem der allerbesten Outdoor-Reviere im Westen der USA.

Sehenswertes & Aktivitäten

Museum of the Rockies MUSEUM
(☎406-994-2251; www.museumoftherockies.org; 600 W Kagy Blvd; Erw./Kind 14/10 US$; ⏰8–20 Uhr; 👪) Das Museum der Montana State University (MSU) ist eines der besten in Montana, und man sollte es auf keinen Fall auslassen. Es gibt Abteilungen über Astronomie, über Dinosaurier, über die Kunst der frühen Ureinwohner Amerikas und Laser-Planetarium-Shows.

Bridger Bowl Ski Area WINTERSPORT
(☎406-587-2111; www.bridgerbowl.com; 15795 Bridger Canyon Rd; Tages-Liftticket Erw./Kind unter 12 Jahren 49/16 US$; ⏰Mitte Dez.–März) Nur in Bozeman ist ein nicht auf möglichst viel Profit ausgerichtetes Ski-Resort zu finden. Diese ausgezeichnete Einrichtung, die sich im Besitz der Gemeinde befindet, liegt 16 Meilen (25,5 km) nördlich von Bozeman. Sie ist für ihren lockeren, leichten Pulverschnee und die wirklich unschlagbaren Preise berühmt – vor allem für Kinder unter zwölf Jahren.

Schlafen

Die volle Bandbreite von Kettenmotels ist nördlich der Innenstadt in der 7th Ave zu finden, nahe der I-90. Östlich der Innenstadt, in der Main St, gibt's noch mehr Budgetunterkünfte mit Zimmern ab 50 US$, je nach Saison.

Bear Canyon Campground CAMPING $

(800-438-1575; www.bearcanyoncampground.com; Stellplatz Zelt 20 US$, Stellplatz Wohnmobil 28–33 US$; Mai–Mitte Okt.;) 3 Meilen (8,4 km) östlich von Bozeman, an der I-90 Exit 313, liegt der Bear Canyon Campground auf der Spitze eines Hügels mit herrlicher Aussicht in das Tal rundherum. Es gibt sogar einen Pool.

Howlers Inn B&B $$

(406-586-0304; www.howlersinn.com; 3185 Jackson Creek Rd; DZ inkl. Frühstück 110–150 US$, Hütte f. 2 Pers. 195 US$;) Dieses B&B wird Wolfsfans begeistern: Rund 15 Minuten außerhalb von Bozeman finanziert es ein eingezäuntes Reservat (1,6 ha) für gerettete „Haustierwölfe" (in Gefangenschaft geboren). So werden Gäste mit etwas Glück angenehm in den Schlaf geheult. Eine Hütte mit zwei Schlafzimmern ergänzt die drei geräumigen Haupthauszimmer im Stil des US-Westens. Exit 319 der I-90 nehmen!

Lewis & Clark Motel MOTEL $$

(800-332-7666; www.lewisandclarkmotelbozeman.com; 824 W Main St; Zi. werktags/Wochenende 99/159 US$;) Das schrille Motel in einheimischem Besitz ist ein Stück Las Vegas in Montana. Die großen Zimmer haben vorn deckenhohe Fenster, und die dudelnde 1950er-Musik trägt zum altmodischen Rat-Pack-Vibe bei. Mit Whirlpool und Dampfsauna.

Essen & Ausgehen

Da Bozeman eine Collegestadt ist, gibt es keinen Mangel an auf Studenten eingestellten günstigen Imbissen und natürlich genügend Kneipen, um den Durst eines College-Footballteams zu löschen. Fast alle sind in der Main St.

La Tinga MEXIKANISCH $

(12 E Main St; Hauptgerichte 1,50-7 US$; 8.30–14.30 Uhr) Einfach, günstig und authentisch: Das La Tinga bietet schlichtes, unglaublich leckeres Essen an. In der winzigen Taco-Kneipe bestellt man an der Theke und bekommt die köstliche Version des mexikanischen Schweinfleischgerichts, nach dem der Laden benannt wurde, und jede Menge frisch gemachte Tacos für nur 1,50 US$ aufwärts. Man kann auch das tägliche Kombiangebot zum Mittagessen für weniger als 7 US$ wählen.

Community Co-Op SUPERMARKT $

(www.bozo.coop; 908 W Main; Hauptgerichte 5–10 US$; Mo–Sa 7–22, So 8–22 Uhr;) Dieser Lokalfavorit ist die beste Adresse, um sich mit Bio-Produkten und Lebensmitteln aus Massenproduktion einzudecken. Zudem können Suppen, Salate und warme Gerichte vor Ort vertilgt oder auch mitgenommen werden. Zur Filiale an der W Main St gehört außerdem ein tolles Bio-Café im Obergeschoss.

Plonk WEINLOKAL $$

(www.plonkwine.com; 29 E Main St; abends Hauptgerichte 13–32 US$; 11.30–24 Uhr) Wo geht man hin, wenn man ein ausgiebiges Mittagessen mit einem Schwatz und drei Martinis genießen möchte? Das Plonk hat eine umfassende Speisekarte, auf der leichte Snacks genauso stehen wie volle Mahlzeiten, von denen die meisten aus Bio-Produkten der Region hergestellt werden. Im Sommer wird die gesamte Front des Plonk geöffnet. Dann strömt ein kühles Lüftchen durch das ganze lange Gebäude. Außerdem gibt's eine Shotgun-Bar, und die Decke ist aus gepresstem Blech.

John Bozeman's Bistro AMERIKANISCH $$$

(406-587-4100; www.johnbozemansbistro.com; 125 W Main St; Hauptgerichte 14–34 US$; Di–Sa 11.30–14.30, 17–21.30 Uhr) Das beste Restaurant von Bozeman bietet thailändische, kreolische oder panasiatische Anklänge. Wie wär's mit Cowboysteak zum Dinner? Und dazu eine Vorspeise wie Hummersuppe? Wöchentlich wechselt das „Superfood"-Special mit besonders nahrhaften vegetarischen Gerichten je nach Saison.

Molly Brown BAR

(www.mollybrownbozeman.com; 703 W Babcock) Diese laute Kneipe ist vor allem bei den Studenten der MSU beliebt. Es gibt 20 Biersorten vom Fass und acht Billardtische, an denen man ein Spielchen wagen kann.

Zebra Cocktail Lounge LOUNGE

(406-585-8851; 15 N Rouse St; 8–2 Uhr) Dieser Ort im Bozeman Hotel ist das Epizentrum der Livemusik, vor allem in Sachen Club und Hip-Hop.

NICHT VERSÄUMEN

FLIEGENFISCHEN UNTER WEITEM HIMMEL

Seit Robert Redford und Brad Pitt in dem Klassiker *In der Mitte entspringt ein Fluss* von 1992 dafür gesorgt haben, dass es sexy aussieht, ist Montana eng mit der Coolness des Fliegenfischens verbunden. Gleichgültig, ob man noch am Lernen oder ein Weltklasse-Forellenangler ist, die weiten, schnell fließenden Flüsse sind immer traumhaft schön und voller Fische. Für Filmfans: Auch wenn der Film – und das Buch, auf dem er basiert – in Missoula und dem nahen Blackfoot River spielt, wurde der Film selbst tatsächlich rund um Livingston, im Yellowstone National Park und am Gallatin Rivers gedreht. Das ist auch die Region, auf die wir uns hier konzentrieren.

Zum Do-it-Yourself-Fischen bietet der Gallatin River, 8 Meilen (13 km) südwestlich von Bozeman am Hwy 191, die Stellen, die am besten zugänglich und zuverlässig voller Fische sind, dicht gefolgt vom schönen Yellowstone River, 25 Meilen (40 km) östlich von Bozeman, im Paradise Valley.

Einen Exklusivbericht über den Unterschied zwischen einer Regenbogen-, See- oder Cutthroat-Forelle sowie Fliegen, Angelruten und eine Angelerlaubnis für Montana bekommt man im **Bozeman Angler** (☎406-587-9111; www.bozemanangler.com; 23 E Main St, Bozeman; ⏲Mo–Sa 9.30–17.30, So 10–15 Uhr). Der Laden in der Innenstadt ist seit über 15 Jahren im Besitz eines Paares aus der Gegend und bietet zwischen Mai und September an jedem zweiten Samstag im Monat einen tollen Einführungskurs ins Fliegenfischen (125 US$/Pers., Casting-Kurse 40 US$/Std.) an.

ℹ Praktische Informationen

Visitor Center (☎406-586-5421; www.bozemanchamber.com; 1003 N 7th Ave; ⏲Mo–Fr 8–17 Uhr) Infos zu regionalen Unterkünften und Sehenswürdigkeiten.

ℹ An- & Weiterreise

Der **Gallatin Field Airport** (BZN; ☎406-388-8321; www.bozemanairport.com) liegt 8 Meilen (13 km) nordwestlich der Innenstadt. Die Busse von **Karst Stage** (☎406-556-3540; www.karststage.com) fahren von Dezember bis April täglich vom Flughafen nach Big Sky (51 US$, 1 Std.) und West Yellowstone (102 US$, 2 Std.); im Sommer muss man reservieren.

Die Busse von Rimrock Stages starten am **Busdepot** (☎406-587-3110; www.rimrocktrailways.com; 1205 E Main St), eine halbe Meile (600 m) von der Innenstadt entfernt. Sie bedienen alle Städte in Montana, die an der I-90 liegen.

Gallatin Valley & Paradise Valley

Outdoor-Fans könnten tagelang die weitläufige Schönheit rund um das Gallatin und das Paradise Valley erforschen. Das **Big Sky Resort** (☎800-548-4486; www.bigskyresort.com; Lift-Ticket Erw. 89 US$) mit seinen zahlreichen Bergen, 10 m Neuschnee jährlich und dem längsten Gefälle in ganz Montana (1325 m) ist eines der beliebtesten Ziele in Sachen Abfahrt- und Langlaufski, vor allem seit es sich mit dem benachbarten Moonlight Basin zusammengeschlossen hat. Die Schlangen an den Liften sind in den Rockies die kürzesten, und wer mit Kindern reist, sollte sich das Big Sky auf keinen Fall entgehen lassen – Kinder und zehn Jahren dürfen dort kostenlos Skifahren, und sogar bei den Teenagern spart man 20 US$ im Gegensatz zum Preis für den Erwachsenenpass. Im Sommer kann man mit dem Gondellift zum Wandern und Mountainbiken hinauffahren.

Zum Backpacking und Skitourengehen macht man sich zum Spanish Peaks Gebiet in der **Lee Metcalf Wilderness** auf. Es umfasst 1008 km² des Gallatin National Forest und Beaverhead National Forest westlich der US 191. Auf der Ostseite der US 191 schmiegen sich zahlreiche malerische USFS-Campingplätze an die Gallatin Range.

20 Meilen (32 km) südlich von Livingston, an der US 89 auf dem Weg zum Yellowstone National Park, haben die bescheidenen **Chico Hot Springs** (☎406-333-4933; www.chicohotsprings.com; 2-Pers. Cabin 225 US$, Hauptlodge Zi. 93 US$; ⏲8–23 Uhr; 👪) in den vergangenen paar Jahren eine richtige Fangemeinde gewonnen. Sie ziehen sogar berühmte Bewohner aus Hollywood an. Einige kommen her, um in den Becken mit warmem Wasser unter freiem Himmel zu baden, die die Größe von Swimmingpools haben (Eintritt für diejenigen, die hier nicht wohnen 7,50 US$). Andere kommen wegen der lebhaften Bar, in der

am Wochenende schwungvolle Country-&-Western-Tanzbands auftreten. Das Restaurant auf dem Gelände (Hauptgerichte 20–32 US$) ist für seine tollen Steaks und Meeresfrüchte berühmt. Man hier auch übernachten. Nicht umsonst nennt man die Gegend hier Paradise Valley.

Absaroka Beartooth Wilderness

Die fabelhafte Absaroka Beartooth Wilderness mit ihren zahlreichen schönen Ausblicken umfasst mehr als 3817 km^2 und eignet sich perfekt für ein einsames Abenteuer. In dieser Wildnis findet man alles Mögliche vor, von dichten Wäldern bis zu zerklüfteten Bergen und sagenhaften einsamen Gebieten mit Gebirgstundra. Sie liegt zwischen dem Paradise Valley im Westen und dem Yellowstone National Park im Süden. Die dicht bewaldete Absaroka Range beherrscht die westliche Hälfte der Region und ist am besten vom Paradise Valley aus oder über den Boulder River Corridor zu erreichen. Die Hochebene der Beartooth Range und die Gebirgsseen erreicht man am leichtesten vom Beartooth Hwy südlich von Red Lodge. Wegen seiner Nähe zum Yellowstone National Park fließen durch die Beartooth Region zwei Drittel des Verkehrs in diesem Gebiet.

Red Lodge ist eine malerische alte Bergbaustadt mit fröhlichen Bars und Restaurants und einer guten Auswahl von Übernachtungsmöglichkeiten. Außerdem kann man von hier tolle Tageswanderungen unternehmen, mit dem Rucksack wandern und im Winter gleich in der Nähe der Stadt Ski fahren. Das **Red Lodge Visitor Center** (☎406-446-1718; www.redlodge.com; 601 N Broadway Ave; ⏲Mo–Fr 8–18, Sa & So 9–17 Uhr) hat Infos zu den Übernachtungsmöglichkeiten.

Billings

Kaum zu glauben: Das ruhige kleine Billings ist Montanas größte Stadt. Das freundliche Öl- und Viehzuchtzentrum zählt nicht gerade zu den Pflichtattraktionen, eignet sich aber gut, wenn man einmal übernachten will oder muss. Die historische Innenstadt wirkt kaum kosmopolitisch, hat jedoch ihren eigenen rauen Charme.

Müde Traveller werden sich über die nette **Dude Rancher Lodge** (☎800-221-3302; www.duderancherlodge.com; 415 N 29th St; DZ ab 89 US$; @📶) im Zentrum freuen: Das freundliche Motel wartet mit Western-Dekor, Flachbild-TV, Kaffee auf den Zimmern und coolen Eichenmöbeln aus den 1940er-Jahren auf.

Das vornehme **Harper & Madison** (☎406-281-8550; 3115 10th Av N; Hauptgerichte 4–10 US$; ⏲Mo–Fr 7–18, Sa 7–13 Uhr) ist sehr gut im Geschäft. Kein Wunder: Hier bekommt man klasse Kaffee, selbst gemachte Quiches und leckere Grillsandwiches – mit einer kräftigen Dosis Martha Stewart. Wer schnell weiterfahren will, nimmt sich am besten ein paar französische Backwaren mit.

Das gehobene **Walkers Grill** (www.walkersgrill.com; 2700 1st Ave N; Tapas 8–14 US$, Hauptgerichte 17–33 US$; ⏲17–22 Uhr) hat eine Bar mit raffiniertem Western-Dekor, die gute Grillgerichte und prima Tapas serviert. Für klassisches Kneipen-Ambiente empfiehlt sich das **Angry Hank's** (☎(406) 252-3370; 2405 1st Ave N; ⏲Mo–Sa 16–20 Uhr) in einer früheren Autowerkstatt, die nun eine beliebte Brauereikneipe ist.

Der **Logan International Airport** (BIL; www.flybillings.com) mit Direktflügen nach Salt Lake City, Denver, Minneapolis, Seattle, Phoenix und zu Zielen innerhalb Montanas liegt 2 Meilen (3,2 km) nördlich der Innenstadt. Ab dem **Busbahnhof** (☎406-245-5116; 2502 1st Ave N; ⏲24 Std.) besteht Verbindung nach Bozeman (30 US$, 3 Std.) und Missoula (61 US$, 8 Std.).

Helena

Als eine der kleinsten US-Staatshauptstädte ist das winzige Helena (28 000 Ew.) einerseits tief in der Cowboy-Legende verwurzelt – hier wurde Gary Cooper geboren. Andererseits steht es für die hippere, weniger stereotype Idylle des heutigen Montana. Politiker in weißen Hemden erlassen hier Gesetze, während wagemutige Abenteurer in die Ausläufer der Rockies hasten, um Montanas anderer typischer Leidenschaft zu frönen.

Zurück in der Stadt findet man zwischen den Outdoor-Läden mit Gore-Tex-Klamotten etwas Unerwartetes: eine neugotische Kathedrale mit französischen Einflüssen. Eine weitere nette Überraschung ist das komplett verkehrsberuhigte, künstlerisch angehauchte Einkaufsviertel.

Sehenswertes & Aktivitäten

Bei vielen Stätten in Helena hat man kostenlosen Eintritt, auch in die eleganten alten

ABSTECHER

CUSTERS LETZTES GEFECHT

Der schönste Abstecher von Billings aus führt zum **Little Bighorn Battlefield National Monument** (☎ 406-638-3224; www.nps.gov/libi; Eintritt 10 US$/Auto; ⏲ 8–21 Uhr). Es befindet sich 65 Meilen (105 km) außerhalb der Stadt in der trockenen Ebene des Absarokee-(Crow-)Reservats. Hier stößt man auf eines der bekanntesten Indianerschlachtfelder. Darauf stellte sich General George Custer zu seinem berühmten „letzten Gefecht". Custer und 272 Soldaten hatten sich einmal zu viel mit den Ureinwohnern angelegt (einschließlich Crazy Horse von den Lakota Sioux). Diese überwältigten die Truppe in einem (oft im Bild dargestellten) Massaker. In einem Visitor Center wird die Geschichte erzählt. Besser ist es, über **Apsalooke Tours** (☎ 406-638-3897; apsaalooketourism@gmail.com; ⏲ Memorial Day–Labor Day) eine der fünftägigen Touren mit einem Crow-Guide zu machen. Der Eingang liegt 1 Meile (1,6 km) östlich der I-90 an der US 212. Wer am letzten Juniwochenende hier ist, kann das jährliche Geheule beim **Custer's Last Stand Re-Enactment** (www.custerslaststand.org; Erw./Kind US$20/10), 6 Meilen (9,5 km) westlich von Hardin, miterleben.

Gebäude entlang der Last Chance Gulch (Helenas Fußgänger-Shoppingmeile) und in die hier aufgelisteten Sehenswürdigkeiten.

State Capitol WAHRZEICHEN
(Ecke Montana Ave & 6th St; ⏲ Mo–Fr 8–18 Uhr) Dieses stattliche neoklassizistische Gebäude wurde 1902 fertiggestellt und ist für seine leuchtfeuerähnliche Kuppel bekannt. Sie ist innen mit goldgerahmten Gemälden verziert.

Cathedral of St. Helena KIRCHE
(530 N Ewing St) Diese neugotische Kathedrale erhebt sich wie eine Erscheinung aus Europa über der Stadt und wurde 1914 fertiggestellt. Zu den Highlights gehören das Baptisterium, die Orgel und die aufwendigen bunten Glasfenster.

Holter Museum of Art MUSEUM
(www.holtermuseum.org; 12 E Lawrence St; ⏲ Di–Sa 10–17.30, So 12–16 Uhr) Stellt moderne Werke von Künstlern aus Montana aus.

Mt. Helena City Park OUTDOOR-AKTIVITÄTEN
Durch den Mt. Helena City Park winden sich neun Wander- und Mountainbikewege. Einer davon führt auf den 1664 m hohen Gipfel des Mt. Helena.

Schlafen & Essen

Östlich der Innenstadt, nahe der I-15, befindet sich die übliche Reihe von Kettenhotels. Die meisten Zimmer kosten zwischen 70 und 95 US$ und beinhalten kostenloses kontinentales Frühstück, einen Pool und Whirlpool.

Sanders B&B **$$**
(☎ 406-442-3309; www.sandersbb.com; 328 N Ewing St; Zi. inkl. Frühstück 130–145 US$; ❄) Das historische B&B hat ein wunderschönes altes Wohnzimmer, vorn eine luftige Veranda und sieben elegante Gästezimmer mit individueller, sehr geschmackvoller Einrichtung. Der Inhaber ist mit der Betreiberfamilie des Ringling Brothers Circus verwandt – daher auch die entsprechenden Erinnerungsstücke.

Fire Tower Coffee House CAFÉ, FRÜHSTÜCK **$**
(www.firetowercoffee.com; 422 Last Chance Gulch; Frühstück 4–9 US$; ⏲ Mo–Fr 6.30–18, Sa 8–15 Uhr; 📶) Dies ist die beste örtliche Adresse für Kaffee, kleine Gerichte und Livemusik (Fr abends). Zum Frühstück gibt's Müsli und Burritos, während mittags eine interessante Auswahl von gesunden Sandwiches serviert wird.

Praktische Informationen

Helena Visitor Center (5 406-442-4120; www.helenachamber.com; 225 Cruse Ave; ⏲ Mo–Fr 8–17 Uhr)

Anreise & Unterwegs vor Ort

Der **Helena Regional Airport** (HNL; www.helenaairport.com) liegt 2 Meilen (3,2 km) nördlich der Innenstadt und bietet Flüge zu den meisten anderen Flughäfen in Montana sowie nach Salt Lake City, Seattle und Minneapolis. Rimrock Trailways startet in Helenas **Transit Center** (630 N Last Chance Gulch; ⏲ 2–16, 20–21 Uhr). Von hier fahren mindestens einmal täglich Busse nach Missoula (25 US$, 2¼ Std.), Billings (52 US$, 4¾ Std.) und Bozeman (22 US$, 2 Std.).

Missoula

Während der ersten 30 Minuten in Missoula fragen sich die meisten Fremden, ob sie wohl falsch abgebogen und nun vielleicht in

Austin (Texas), Portland (Oregon) oder sogar in Kanada gelandet sind. Die Verwirrung ist verständlich: Der Stadt mangelt es an den üblichen Montana-Klischees. Hier gibt's keine Wildwest-Saloons und schon gar keine umherziehenden Cowboys. Stattdessen ist Missoula eine kultivierte Universitätsstadt mit weitläufigen Grünflächen und großem Lokalpatriotismus.

Es überrascht nicht, dass diese Metro-West-mäßige Freigiebigkeit wie ein Magnet wirkt und Missoula zu einer der am schnellsten wachsenden Städte der USA macht. Dank intelligenter Planung wirkt Missoula dennoch ziemlich ruhig. Das kleine, verkehrsberuhigte Zentrum birgt eine interessante Reihe historischer Gebäude. Zudem steht Radfahren hier stets hoch im Kurs.

Sehenswertes

Missoula eignet sich einfach super zum Herumlaufen, vor allem im Frühling und Sommer. Dann strömen so viele Leute auf die Straße, dass man sich schon wie in einer Großstadt fühlt.

Smokejumper Visitor Center MUSEUM
(W Broadway; Juni–Aug. 10–16 Uhr) 7 Meilen (11 km) westlich der Innenstadt befindet sich diese aktive Basis jener heroischen Männer und Frauen, die mit dem Fallschirm in Wälder abspringen, um dort Waldbrände zu bekämpfen. Das Visitor Center zeigt in Ton und Bild Ausstellungen, die zum Nachdenken anregen und auf tolle Weise das Leben eines Feuerwehrmanns im Westen illustrieren.

Missoula Art Museum MUSEUM
(www.missoulaartmuseum.org; 335 North Pattee; Mo–Do 10–17, Fr–So 10–15 Uhr) Alle bejubeln eine Stadt, die frei denkende Künstler nicht nur ermutigt, sondern die Werke dieser in einem schicken, neuen Gebäude ausstellt, das sich nahtlos als schnittiger, zeitgenössischer Anbau an ein 100 Jahre altes Gebäude anschließt.

Aktivitäten

Clark Fork River Trail System RADFAHREN, WANDERN
Missoula liegt am Ufer des Clark Fork River und ist mit einem Netz hübscher Wege am Fluss gesegnet, das auch noch durch zahlreiche Parks unterstützt wird. Der **Caras Park** liegt zentral und ist die lebhafteste Grünanlage. Hier finden jährlich über ein Dutzend Festivals statt. Außerdem gibt es ein einzigartiges **Karussell** mit holzgeschnitzten Figuren.

Mt. Sentinel WANDERN & TREKKEN
Der steile Serpentinenpfad hinter dem Footballstadion führt zu einem geweißten „M" aus Beton (das man noch in kilometerweiter Entfernung sehen kann) am Gipfel des 1572 m hohen Mt. Sentinel. Am besten nimmt man den Berg an einem warmen Sommerabend in Angriff. Dann hat man nämlich einen traumhaften Blick über diese so tolle Stadt und ihre spektakuläre Umgebung.

★ **Adventure Cycling HQ** RADFAHREN
(www.adventurecycling.org; 150 E Pine St; Mo–Fr 8–17 Uhr, Juni–Aug. auch Sa) Die Zentrale von Amerikas führender nichtkommerzieller Radreisen-Organisation ist eine Art Wallfahrtsort für Biker, die quer über den Kontinent strampeln: Viele davon planen Missoula in ihre Route ein. Das freundliche Personal hat jede Menge Informationen für Radler auf Lager.

Fliegenfischen ANGELN
Aus der Mitte entspringt ein Fluss (in Wirklichkeit außerhalb von Bozeman gedreht) spielt hier. Auf Fliegenfischer warten ein paar der tollsten Angelreviere des Bundesstaats. Ganzjährig am besten ist der **Rock Creek**, ein staatlich prämierter Forellenbach, der sich 21 Meilen (34 km) weiter östlich erstreckt.

Schlafen

Mountain Valley Inn MOTEL $
(800-249-9174; www.mountainvalleyinnmissoula.com; 420 W Broadway; DZ ab 79 US$; P) Für seine Innenstadtlage hat das Mountain Valley ein ziemlich gutes Preis-Leistungs-Verhältnis. Es bietet zwar wenig Überraschendes, punktet aber mit Relevantem: sauberen Zimmern und einem freundlichen Empfang.

Goldsmith's Bed & Breakfast B&B $$
(406-728-1585; www.missoulabedandbreakfast.com; 809 E Front St; Zi. 124–169 US$; @) Die umlaufende Veranda des reizenden B&Bs am Flussufer ist ideal, um mit einem guten Buch inmitten der anderen Gäste zu relaxen. Die gemütlichen Zimmer im viktorianischen Stil sind einfach entzückend. Manche davon verfügen über Privatterrassen, offene Kamine, Leseecken und Aussicht auf den Fluss.

Essen & Ausgehen

Liquid Planet CAFÉ $
(www.liquidplanet.com; 223 N Higgins; Hauptgerichte 4–9 US$) Dieser Mix aus Bio-Café und Weinladen wurde 2003 von einem Universitätsprofessor eröffnet. Zu allen Flaschen gibt's handschriftliche Empfehlungen. Auch die Kaffeesorten werden clever erklärt. Bei Tee, Gebäck und Frucht-Shakes sind Gäste jedoch auf sich allein gestellt.

★ **Silk Road** INTERNATIONAL $$
(www.silkroadcatering.com; 515 S Higgins; Tapas 4–12 US$; 17–22 Uhr) Das Silk Road widmet sich weniger bekannten Küchen aus aller Welt und setzt diese zumeist auch authentisch um. Auf der Karte stehen Gerichte von der Elfenbeinküste genauso wie solche aus dem Piedmont. Die Gerichte im Tapas-Format erlauben individuelle Kombinationen. Der Empfang ist herzlich; Kissen, Kerzenlicht und Wandteppiche prägen das Ambiente.

Caffe Dolce MODERN-AMERIKANISCH $$
(406-830-3055; www.caffedolcemissoula.com; Ecke Brooks & Beckwith; Hauptgerichte 11–30 US$; Mo–Do 7–21, Fr 7–22, Sa 8–21, So 8–15 Uhr) Diese schicke Neueröffnung in einem stattlichen Steingebäude verköstigt viele gut gekleidete Einheimische mit Eiscreme, Gebäck, Wein und super Salaten. Die exotischen Pizzas (z. B. mit gesalzenen Feigen und Prosciutto) sind eine leichtere, günstigere Alternative zu den mitunter teuren Abendgerichten. Kaffee wird hier ernst genommen und stammt von Montanas besten Röstereien. Das Lokal hat auch Terrassentische und liegt jenseits der Brücke nördlich vom Stadtzentrum.

Iron Horse Brewpub KLEINBRAUEREI $
(www.ironhorsebrewpub.com; 501 N Higgins St; 11.30–open end) Für die Kneipe einer Kleinbrauerei ist das Brewpub recht protzig. Zum Iron Horse gehört auch eine schicke Bar im oberen Stock, komplett mit Salzwasser-Aquarium. Es ist bei Studenten wegen seiner Biersorten und der traditionellen amerikanischen Kneipenkost beliebt.

Praktische Informationen

Visitor Center (406-532-3250; www.missoulacvb.org; 101 E Main St; Mo–Fr 8–17 Uhr)

Anreise & Unterwegs vor Ort

Der **Missoula County International Airport** (MSO; www.flymissoula.com) liegt 5 Meilen (8 km) westlich von Missoula an der US 12 W.

Greyhound-Busse bedienen fast den ganzen Bundesstaat und halten am **Depot** (1660 W Broadway) 1 Meile (1,6 km) westlich der Stadt. Die Busse von **Rimrock Trailways** (www.rimrocktrailways.com) mit Anschluss nach Kalispell, Whitefish, Helena und Bozeman halten ebenfalls hier.

Flathead Lake

Der größte natürliche Süßwassersee westlich des Mississippi liegt keine Autostunde vom Glacier National Park entfernt und setzt den schon umwerfenden Attraktionen der Natur im Westen Montanas die Krone auf. Das Nordufer des Sees wird von der nichtssagenden Stadt Kalispell beherrscht; das Südufer ist sehr viel interessanter. Hier liegt die kleine, blitzblanke Siedlung **Polson**. Sie befindet sich am Rand der Flathead Indian Reservation. Hier gibt es ein **Visitor Center** (www.polsonchamber.com; 418 Main St; Mo–Fr 9–17 Uhr) und eine Handvoll Unterkünfte, z. B. das am Ufer gelegene **Kwataqnuk Resort** (406-883-3636; www.kwataqnuk.com; 49708 US 93; Zi. ab 130 US$; P). Es ist ein überdurchschnittliches Best Western mit einem Bootsanleger, einem Frei- und einem Hallenbad und einem recht harmlosen Spielezimmer. Direkt gegenüber liefert das schreiend pinke **Betty's Diner** (49779 US 93; Mahlzeiten 10–15 US$) bodenständiges amerikanisches Essen mit dem üblichen Charme von Montana. Von der Stadt aus kann man für gut 3 km einen Weg nach Süden laufen, der an der 7th Ave E beginnt und zum verblüffenden **Miracle of America Museum** (www.miracleofamericamuseum.org; 58176 Hwy 93; Eintritt 5 US$; 8–20 Uhr) führt. Halb wahllos, halb faszinierend besteht es aus einem 2 ha großen Gelände voller Überbleibsel der amerikanischen Geschichte. Man wandert an merkwürdigen Ausstellungsstücken vorbei, etwa dem größten (jetzt ausgestopften) je in Montana dokumentierten Büffel.

Das Ostufer des Flathead Lake wird von den geheimnisvollen Mission Mountains geküsst. Der Westen dagegen umfasst eher ländliche Gebiete mit Apfelplantagen und mit Gras bewachsenen Hügeln. Den besten Rundumblick hat man vom Wasser aus. Solisten können mit dem Kajak oder Kanu dem **Flathead Lake Marine Trail** folgen. Er verbindet mehrere Parks des Bundesstaates und **Campingplätze** (406-751-4577; Stellplatz ab 10 US$) rund um den See miteinander. Am nächsten an Polson liegt Finley Point: übers Wasser 9 km.

Rundfahrten über den See (www.kwataqnuk.com) werden vom Kwataqnuk Resort in Polson durchgeführt. Die eineinhalbstündige Bay Cruise beginnt täglich um 10.30 Uhr und kostet 15 US$. Die Dinner-Fahrten im Sommer starten um 16 Uhr mittwochs und samstags (30 US$/Pers.)

Bob Marshall Wilderness Complex

Fernab der Pazifikküste beherbergt der Nordwesten der USA einige der am dünnsten bevölkerten Regionen in den „Lower 48". Der Grund: der Bob Marshall Wilderness Complex, ein erstaunliches 6000 km² großes Gebiet, das von 5150 km an Wegen durchzogen ist. Manche Gegenden sind eine über 60 km lange Schinderei von der nächsten Straße entfernt. Wer hat gleich gedacht, die USA seien autobesessen und niemand ginge hier zu Fuß?

Das Gebiet erstreckt sich etwa von der Südgrenze des Glacier National Park im Norden bis zum Rogers Pass (am Hwy 200) im Süden. Es gibt innerhalb des Geländes drei ausgewiesene Naturregionen: Great Bear, Bob Marshall und Scapegoat. State Forests umgeben den Komplex und bieten Campingplätze, Zufahrtswege zu Wanderstrecken und ruhigere Gegenden, wenn im Herbst die Jäger „Bob" (wie die Einheimischen und Parkranger das Gebiet nennen) unsicher machen.

Der wichtigste Zufahrtsweg zum Bob von Süden aus führt über den Hwy 200 an der **Monture Guard Station Cabin** (Hütten 60 US$) an der Grenze des Gebietes vorbei. Um dorthin zu kommen, muss man zunächst 7 Meilen (11 km) von Ovando nach Norden fahren und dann mit den Schnee- oder Wanderschuhen die letzte Meile zu den privaten Domizilen am Rand der traumhaften Lewis and Clark Range zurücklegen. Für Reservierungen kann man USFS kontaktieren.

Andere Zugangspunkte zum Bob sind das Seeley-Swan Valley im Westen, das Hungry Horse Reservoir im Norden und die Rocky Mountain Front im Osten. Die einfachste (und belebteste) Zugangsroute beginnt am Benchmark Trailhead und dem Gibson Reservoir Trailhead in der Rocky Mountain Front.

Die Wanderwege sind in der Regel zu Beginn sehr steil und erreichen nach etwa gut 10 km den Rand der Wildnisregion. Um wirklich ins Herz von Bob zu kommen, muss man noch weitere 16 km zurücklegen. Von allen Seiten aus kann man schöne Tageswanderungen unternehmen. Zwei Distrikte des USFS sind für Bob zuständig: **Flathead National Forest Headquarters** (☎ 406-758-5208; www.fs.fed.us/r1/flathead; 650 Wolfpack Way; ⏲ Mo–Fr 8–16.30 Uhr) und **Lewis & Clark National Forest Supervisors** (☎ 406-791-7700; www.fs.fed.us/r1/lewis-clark; 1101 15th St N; ⏲ Mo–Fr 8–16.30 Uhr).

Whitefish

Das winzige Whitefish (8000 Ew.) mit einer Fläche von 2,6 km² zieht Besucher mit dem rustikalen Chic des modernen Westens der USA schnell in seinen Bann. Das charismatische Städtchen wurde einst als Haupttor zum grandiosen Glacier National Park (max. einen Radfahrtag entfernt) beworben. Heute ist es ein eigenständiges Ziel, das die lange Anfahrt lohnt: Neben vielen Cafés findet man hier auch attraktive Restaurants und einen historischen Bahnhof, der gleichzeitig ein **Museum** (www.stumptownhistoricalsociety.org; 500 Depot St; ⏲ Mo–Sa 10–16 Uhr) GRATIS ist. Hinzu kommt das unterbewertete **Whitefish Mountain Resort** (☎ 406-862-2900; www.bigmtn.com), das bis 2008 noch Big Mountain hieß. Auf seinen 12 km² Fläche mit unterschiedlichen Pisten kann am Wochenende auch nachts gewedelt werden. Im Sommer gibt's dagegen Seilrutschen und Mountainbiken mit Lift-Support.

Weitere Infos zu Aktivitäten liefert das **Whitefish Visitor Center** (www.whitefishvisit.com; 307 Spokane Ave; ⏲ Mo–Fr 9–17 Uhr).

Südlich von Whitefish säumen Kettenmotels die US 93. Wer Bescheid weiß, wählt jedoch das fröhliche **Downtowner Inn** (☎ 406-862-2535; www.downtownermotel.cc; 224 Spokane Ave; DZ 123 US$; ❄📶), das in der Stadt mit einem Fitnessraum, einem Whirlpool und einer morgendlichen Bagel-Bar aufwartet. Die luxuriösere **Pine Lodge** (☎ 406-862-7600; www.thepinelodge.com; 920 Spokane Ave; DZ 145 US$; P❄📶🏊) gewährt außerhalb der Spitzenzeiten kräftige Rabatte. An anständigen Restaurants und Bars herrscht vor Ort kein Mangel. Die meisten Einheimischen empfehlen einem aber das **Buffalo Café** (www.buffalocafewhitefish.com; 514 3rd St E; Frühstück 7–10 US$), ein beliebtes Frühstücks- und Mittagslokal. Zwecks Brauereiführung mit Bierprobe bietet sich später ein Abstecher zu **The Great Northern Brewing Co** (☎ 406-

863-1000; www.greatnorthernbrewing.com; 2 Central Ave; ⏲Führungen Mo–Do 13 & 15 Uhr) an.

Auf dem Weg nach West Glacier (7 US$, 30 Min.) und East Glacier (15 US$, 2 Std.) halten Amtrak-Züge täglich an Whitefishs **Bahnhof** (☎406-862-2268; 500 Depot St; ⏲6–13.30 & 16.30–24 Uhr). Von dort aus schickt **Rimrock Trailways** (www.rimrocktrailways.com) jeden Tag Busse nach Kalispell und Missoula.

Glacier National Park

Nur wenige Naturwunder der Welt können mit den Nationalparks der USA mithalten, und nur wenige Nationalparks sind so grandios und ursprünglich wie der Glacier. Er wurde 1910 während der ersten Blüte der Naturschützer-Bewegung in den USA eingerichtet. Er gehört zu den Klassikern der Nationalparks wie Yellowstone, Yosemite und Grand Canyon und ist für seine „Parkitecture"-Lodges, die spektakuläre Hauptverkehrsstraße (die Going-to-the-Sun Road) und das intakte präkolumbische Ökosystem berühmt. Dies hier ist der einzige Ort in den Bundesstaaten der „Lower 48", wo immer noch Grizzlys in großer Zahl unterwegs sind und das clevere Parkmanagement den Ort zugänglich und gleichzeitig authentisch wild gestaltet hat (wie in Banff oder Jasper gibt es keine besiedelten Städte). Neben einer Reihe von Outdoor-Attraktionen ist der Park besonders für seine Möglichkeiten zum Wandern, Wildtierebeobachten und glitzernde Seen berühmt, die sich perfekt zum Bootfahren und Fischen eignen.

Auch wenn die Touristenzahlen im Glacier relativ hoch liegen (2 Mio./Jahr), verlassen nur wenige Besucher die Going-to-the-Sun Road. Und die meisten kommen zwischen Juni und September. Wer den richtigen Moment wählt, findet sagenhafte Einsamkeit. Der Park ist das ganze Jahr über geöffnet; die meisten Dienstleistungen sind allerdings nur von Mitte Mai bis September verfügbar.

Die 4045 km² des Glacier sind in fünf Regionen unterteilt, jede mit einer Ranger-Station in ihrem Zentrum: Polebridge (Nordwesten), Lake McDonald (Südwesten) einschließlich des West Entrance und Apgar Village, Two Medicine (Südosten), St. Mary (Osten) und Many Glacier (Nordosten). Die 50 Meilen (80 km) lange Going-to-the-Sun Road ist die einzige befestigte Straße, die den Park durchquert.

Sehenswertes & Aktivitäten

Going-to-the-Sun Road OUTDOOR-AKTIVITÄTEN
(⏲Mitte Juni–Ende Sept.) Die denkmalgeschützte Going-to-the-Sun Road (53 Meilen bzw. 85 km) mit ihrem Bergpass ist ein heißer Anwärter auf den Titel als Amerikas spektakulärste Straße. Sie wird von Wanderwegen gesäumt und von einem Gratis-Shuttle angesteuert.

Die Straße führt nahe am schimmernden Lake McDonald vorbei und vollführt dann einen scharfen Knick in Richtung Garden Wall (Hauptgrenze zwischen westlichem und östlichem Parkteil). Vom Logan Pass aus kann man zum Hidden Lake Overlook spazieren (2,4 km); sportlichere Wanderer wählen den 12 km langen Highline Trail. Am westlichen Straßenrand halten die Shuttle-Busse dort, wo die leichte Wanderung zum Avalanche Lake (hin & zurück 6,4 km) beginnt. Viele tröpfelnde Wasserfälle machen diesen herrlichen See in einem Bergkessel noch schöner.

Many Glacier WANDERN
Dieses malerische Tal auf der Ostseite des Parks hat sein Zentrum bei der historischen Many Glacier Lodge von 1915 und ist mit mehr Seen gesprenkelt als mit Gletschern. Es ermöglicht einige sagenhafte Wanderungen, die zum Teil Verbindung zur Going-to-the-Sun Road haben. Ein Favorit ist der gut 15 km lange **Iceberg Lake Trail** (hin & zurück), ein stiller, aber lohnender Ausflug durch Blumenwiesen und Kiefernwälder zu einem von Eisschollen bedeckten See.

Glacier Park Boat Co. BOOTFAHREN, WANDERN & TREKKEN
(☎406-257-2426; www.glacierparkboats.com; Bootsfahrt auf dem St. Mary Lake Erw./Kind 25/12 US$) Leihkanus bzw. -kajaks, geführte Wanderungen und beliebte Bootsfahrten ab fünf Stellen im Glacier National Park.

Schlafen

Im Park gibt es 13 **NPS-Campingplätze** (☎406-888-7800; http://reservations.nps.gov; Stellplatz f. Zelt & Wohnmobil 10–23 US$) und sieben historische Lodges, die von Mitte Mai bis Ende September in Betrieb sind. Von den Plätzen kann man nur bei Fish Creek und St. Mary im Voraus reservieren (bis zu fünf Monate). Vor allem im Juli und August sind sie ab dem Vormittag voll.

Im Glacier findet man auch sieben historische Lodges, die vom Anfang des 20. Jhs. stammen.

Many Glacier Hotel HOTEL $$
(☎ 406-732-4411; www.glacierparkinc.com; Zi. 163–250 US$; ⌚ Mitte Juni–Mitte Sept.; 📶) Dieses nationale Wahrzeichen am Swiftcurrent Lake wurde nach dem Vorbild eines Schweizer Chalets gestaltet und ist das größte Hotel im Park. Die 208 Zimmer bieten Panoramablick. Abendunterhaltung, eine Lounge und ein tolles Lokal, das sich auf Fondue spezialisiert hat, tragen zum Reiz des Hotels bei.

Lake McDonald Lodge HOTEL $$
(☎ 406-888-5431; www.glacierparkinc.com; Hütte/Lodge Zi. Ab 137/79 US$; ⌚ Mai–Sept.; 📶) Diese alte Jagdlodge wurde 1913 gebaut, ist mit ausgestopften Tiertrophäen ausgestattet und strahlt Entspannung aus. Die 100 Zimmer sind im Stil einer Lodge, eines Chalets oder eines Motels gestaltet. Abendliche Vorträge von Park-Rangern und Ausfahrten auf dem See tragen zum ländlichen Ambiente bei. Es gibt ein Restaurant und eine Pizzeria.

Glacier Park Lodge HOTEL $$
(☎ 406-226-5600; www.glacierparkinc.com; Zi. ab 152–235 US$; ⌚ Ende Mai–Sept.) Die Vorzeige-Lodge des Parks ist ein anmutiges, elegantes Gebäude mit Balkonen, die von Säulen aus Douglasienholz getragen werden, und einem riesigen Steinkamin in der Lobby. Es ist ein ästhetisch ansprechender, historisch verzaubernder und sehr komfortabler Platz zum Schlafen. Und dazu gibt's noch neun Golfbahnen zum Einlochen und Lese-Ecken.

Rising Sun Motor Inn MOTEL $$
(☎ 406-732-5523; www.glacierparkinc.com; Zi. 134–142 US$; ⌚ Ende Mai–Anfang Sept.) Das Rising Sun ist eines von zwei klassischen Holzmotels aus den 1940er-Jahren. Es liegt am Nordufer des St. Mary Lake innerhalb eines kleinen Komplexes, zu dem auch ein Laden, ein Lokal und ein Bootsanleger gehören. Die rustikalen Zimmer und Hütten bieten alles, was sich erschöpfte Wanderer nur wünschen können.

Essen

Im Sommer findet man in Apgar, in der Lake Mcdonald Lodge, beim Rising Sun und dem Swiftcurrent Motor Lebensmittelläden mit ein wenig Campingausstattung. In den meisten Lodges gibt es ein Restaurant. Die Essensoptionen in West Glacier und St. Mary bestehen vor allem in Herzhaftem für Wanderer.

Polebridge Mercantile BÄCKEREI, SUPERMARKT $
(Polebridge Loop Rd, North Fork Valley; Snacks 4 US$; ⌚ Mai–Nov. 8–18 Uhr; 📶) Die Zimtschnecken sind bekannt dafür, müden Wandererbeinen wieder für einige Stunden Kraft zu geben.

Park Café AMERIKANISCH $
(www.parkcafe.us; US 89, St. Mary; Frühstück 7–12 US$; ⌚ Juni–Sept. 7–22 Uhr) Serviert herzhaftes Frühstück und empfiehlt sich auch für selbst gemachte Pies, die mit Schlagsahne oder Eiscreme garniert sind.

Ptarmigan Dining Room INTERNATIONAL $$$
(Many Glacier Lodge; Hauptgerichte 15–32 US$; ⌚ Mitte Juni–Anfang Sept. 6.30–21.30 Uhr) Das nobelste der Lodge-Restaurants punktet mit Seeblick, Wein und Regionalbieren.

Praktische Informationen

Die Visitor Centers und Ranger-Stationen im Park verkaufen Führer und stellen Karten zur Verfügung. Die Stationen in Apgar und St. Mary sind von Mai bis Oktober täglich geöffnet; das Visitor Center am Logan Pass hat dann offen, wenn auch die Going-to-the-Sun Road zugänglich ist. Die Ranger-Stationen von Many Glacier, Two Medicine und Polebridge schließen Ende September. Das **Park Headquarters** (☎ 406-888-7800; www.nps.gov/glac; ⌚ Mo–Fr 8–16.30 Uhr) in West Glavier zwischen der US 2 und Apgar ist das ganze Jahr über geöffnet.

Die Eintrittskarten für den Park (Fußgänger/Fahrzeug 12/25 US$) sind sieben Tage gültig. Wer nur einen Tag hier wandert, benötigt keine Erlaubnis, Backpacker, die über Nacht bleiben wollen (nur Mai–Okt.), schon. Die Hälfte des Kontingents wird nach dem Motto „wer zuerst kommt, mahlt zuerst" vom **Apgar Backcountry Permit Center** (Genehmigung pro Pers. & Tag 4 US$; ⌚ 1. Mai–31. Okt.), dem St. Mary Visitor Center und den Ranger-Stationen von Many Glacier, Two Medicine und Polebridge ausgegeben.

Die zweite Hälfte des Kontingents kann im Apgar Backcountry Permit Center, in den Visitor Centers St. Mary und Many Glacier sowie bei den Ranger-Stationen Two Medicine und Polebridge reserviert werden.

Anreise & Unterwegs vor Ort

Der *Empire Builder* von Amtrak hält täglich auf der Strecke zwischen Seattle und Chicago in West Glacier (das ganze Jahr über) und East Glacier (April–Okt.). Im **Glacier National Park** (www.nps.gov/glac) gibt es Shuttles (Erw./Kind 10/5 US$) auf der Going-to-the-Sun Road von Apgar Village nach St. Mary. Die *East Side Shuttles* (Erw./Kind 10/5 US$) von **Glacier Park, Inc** (www.glacierparkinc.com) auf der Ostseite des Parks kosten etwas und bieten täglich Verbindungen nach Waterton (Kanada), Many Glacier, St. Mary, Two Medicines und East Glacier.

IDAHO

Der 43. US-Bundesstaat ist berühmt dafür, nicht sonderlich berühmt zu sein. Seine unberührte Wildnis im Alaska-Format wird vom Durchgangsverkehr gen Seattle (Westen) oder Montana (Osten) einfach ignoriert. Tatsächlich hat sich diese wenig besuchte Region seit den Tagen von Lewis und Clark kaum verändert – so auch das 15 000 km² große „Loch" in der Mitte, in dem es keinerlei Zivilisationsspuren wie Straßen oder Siedlungen gibt.

Der flachere und trockenere Süden Idahos wird vom Snake River geprägt, der den frühen Siedlern als wichtiger Transportweg entlang des Oregon Trails diente und heute parallel zum verkehrsreichen Hwy 84 verläuft. Doch abseits dieses schmalen, bevölkerten Streifens ist Idahos Landschaft erfrischend frei von den seelenlosen Einkaufsmeilen und Fast-Food-Ketten, die im Rest der USA so allgegenwärtig sind.

KURZINFOS IDAHO

Spitzname Gem State

Bevölkerung 1 596 000

Fläche 216 445 km²

Hauptstadt Boise (210 100 Ew.)

Andere Städte Idaho Falls (57 600 Ew.)

Verkaufssteuer 6 %

Geburtsort von der Führerin von Lewis und Clark, Sacagawea (1788–1812); Politikerin Sarah Palin (geb. 1964); Dichter Ezra Pound (1885–1972)

Heimat von Sterngranaten (Edelsteinen), Sun Valley (Skiort)

Politische Ausrichtung Zumeist republikanisch mit kleinen demokratischen Enklaven (z. B. Sun Valley)

Berühmt für Kartoffeln, Wildnis, den ersten Sessellift der Welt

Nordamerikas tiefste Flussschlucht Idahos Hells Canyon (2,4 km)

Entfernungen Boise–Idaho Falls 280 Meilen (450 km), Lewiston–Coeur d'Alene 116 Meilen (187 km)

Boise

Unterschätzt und unterbewertet: Außerhalb des Nordwestens der USA ist Idahos Staatshauptstadt (und größte Stadt) nur wenig bekannt. Im hübschen Zentrum erwartet engstirnige Auswärtige ein gewisses bescheidenes Außenseiterflair. Ebenso überraschend sind die baskische Lokalkultur, Idahos grandioses Staatskapitol oder die recht große Anzahl teurer Bars und Bistros im Pariser Stil. Zudem hat Boise einen Universitätscampus und trägt den Spitznamen „Stadt der Bäume" nicht nur als Werbeslogan. So hinterlässt es einen tiefen und bleibenden Eindruck – vor allem, weil damit kaum jemand rechnet.

Sehenswertes & Aktivitäten

Der Hauptgeschäftsbezirk wird von State, Grove, 4th und 9th St begrenzt und ist eine Erkundung wert.

★ Basque Block STADTVIERTEL

(www.thebasqueblock.com) Vielen dürfte nicht bekannt sein, dass Boise eine der größten baskischen Gemeinden außerhalb Spaniens beheimatet. Die ersten europäischen Auswanderer kamen in den 1910er-Jahren nach Idaho, um als Schafhirten zu arbeiten. Elemente ihrer charakteristischen Kultur sind entlang der Grove St zwischen 6th St und Capitol Blvd zu sehen.

Das **Basque Museum & Cultural Center** (www.basquemuseum.com; 611 Grove St; Erw./Senior & Student 5/4 US$; ⏲ Di–Fr 10–16, Sa 11–15 Uhr) quetscht sich zwischen all die ethnischen Kneipen, Restaurants und Bars. Es steht für die löbliche Bemühung, die Komplexität der baskischen Kultur und deren Weg westwärts gen Idaho (9565 km) zu porträtieren. Vor Ort finden Kurse in Euskara (Europas ältester Sprache) statt. Zum benachbarten **Anduiza Fronton Building** (619 Grove St) gehört ein baskischer Handballplatz, auf dem leidenschaftlich der Traditionssport Pelota ausgeübt wird.

Idaho State Capitol WAHRZEICHEN

Das Tolle an US-Staatskapitolen ist, dass deren Besucher ein paar der schönsten Bauten des Landes gratis bewundern können. Die hiesige Variante aus einheimischem Sandstein zelebriert den neoklassizistischen Stil, der zum Errichtungszeitpunkt in den 1920er-Jahren gerade angesagt war. Der Komplex erlebte 2010 eine umfassende Renovierung und wird heute mit geothermischem Warmwasser geheizt.

Boise River & Greenbelt PARK, MUSEUM

Der grüne Uferstreifen am Boise River (angelegt in den 1960er-Jahren) verkörpert

Boises Ruf als „Stadt der Bäume". Entlang des 48 km langen Netzes von autofreien Wegen warten Parks, Museen und Wasserspaß.

Floßfahren und Tubing auf dem Fluss sind ungemein beliebt. Startpunkt ist jeweils der **Barber Park** (Eckert Rd; Leihschlauch 12 US$) rund 6 Meilen (9,7 km) östlich vom Zentrum. Unterwegs kann an vier Uferstellen eine Pause eingelegt werden. Die Fahrt endet dann 8 km stromabwärts im Ann Morrison Park, wo auch Shuttle-Busse (3 US$) warten.

Der am zentralsten gelegene und belebteste Teil des Greenbelt ist der Julia Davis Park (36 ha) mit seinem hübschen Rosengarten. Zudem findet man dort das **Boise Art Museum** (www.boiseartmuseum.org; 670 N Julia Davis Dr; Erw./Senior & Student 6/3 US$; ⏲ Di–Sa 10–17, So 12–17 Uhr) sowie das **Idaho State Historical Museum** (610 N Julia Davis Dr; Erw./Kind 5/3 US$; ⏲ Di–Fr 9–17, Sa 11–17 Uhr) mit clever in Szene gesetzten Ausstellungen zu Lewis und Clark.

Ridge to Rivers Trail System WANDERN
(www.ridgetorivers.org) Die mit Gestrüpp und Gebüsch bedeckten Hügel oberhalb der Stadt sind schroffer als der Greenbelt und bieten 120 km lange Pfade für malerische, manchmal auch anstrengende Wander- und Mountainbike-Touren. Der kürzeste Zugang von der Innenstadt führt über den Fort Boise Park an der E Fort St, fünf Blocks südöstlich des State Capitol Building.

Schlafen

Hier gibt's drei echte Juwelen.

Leku Ona HOTEL $
(☎ 208-345-6665; www.lekuonaid.com; 117 S 6th St; Zi. 65–85 US$; 📶) Ein baskischstämmiger Einwanderer ist Inhaber dieses leicht verwohnt wirkenden Hotels in zentraler Lage. Die zweifellos günstigen Preise entschädigen für den mitunter großen Umgebungslärm am Wochenende. Das benachbarte Restaurant serviert leckere *pintxos* (baskische Tapas).

★ **Boise Guest House** PENSION $$
(☎ 208-761-6798; boiseguesthouse.com; 614 North 5th St; Suite 89–119 US$; 📶🐾) Es gibt wohl kaum ein schöneres Zuhause auf Reisen: Diese Pension in Besitz eines Künstlers hat eine Handvoll stilvoller Suiten mit Küchen und Wohnbereichen. Alles ist skurril, aber geschmackvoll gestaltet. Die reizende Einrichtung umfasst hübsche Lokalkunst und ein Regal mit guten Büchern. Die gratis ausleihbaren Cruiser-Bikes mit Lenkerpuscheln (wow!) laden zu weiteren Erkundungen ein.

Modern Hotel BOUTIQUEMOTEL $$
(☎ 208-424-8244; www.themodernhotel.com; 1314 W Grove St; DZ ink. Frühstück ab 99 US$; P❄📶) Das Modern Hotel macht aus einem Widerspruch in sich (ein Boutiquemotel!?) ein Modestatement. Es bietet inmitten der Innenstadt retro-trendige minimalistische Zimmer mit einer angesagten Bar. Die Powerduschen sind riesig, und der Service wird einem Fünf-Sterne-Hotel gerecht.

Essen & Ausgehen

Restaurants und Nachtclubs findet man in der Innenstadt an der von Backsteinhäusern gesäumten und verkehrsberuhigten Grove-Plaza und im aufgewerteten Stadtviertel zwischen der 8th St und der Idaho Ave. Man kann sich auf einige aufregende baskische Spezialitäten, auf eine Vielzahl authentischer französischer Bistros und auf einige außergewöhnliche Lokale freuen.

★ **Fork** MODERN-AMERIKANISCH $$
(☎ 207-287-1700; www.boisefork.com; 199 North 8th St; Hauptgerichte 8–29 US$; ⏲ 11–22 Uhr; ✎) 🍃 Vor 20 Jahren wäre diese Art von grünzeuglastigem Nobelmenü in Idaho als Ketzerei betrachtet worden. Heute nicht mehr. Als Einstieg in die hiesige Hausmannkost empfiehlt sich das Brathuhn aus der Gusseisenpfanne, zu dem Waffeln und Balsamico-Ahornsirup gereicht werden. Parallel gibt's üppige Salate, geschmortes Gemüse und einheimisches Fleisch. Auch viele der anderen Zutaten stammen aus der Region. Unbedingt die Pommes mit Parmesan und Rosmarin probieren! Der stets starke Betrieb verlangsamt mitunter den Service.

Vietnam Pho Nouveau VIETNAMESISCH $$
(☎ 208-367-1111; www.phonouveau.com; 780 West Idaho St; Hauptgerichte 9–15 US$; ⏲ Mo–Do 11–21.30, Sa 11–22.30, So 12–20.30 Uhr) Das fesche, kleine Café mit viel coolem Understatement ist Boises Hochburg des asiatischen Soulfood. Es serviert z. B. Crêpes à la Saigon, Lilienblüten-Salat mit zartem Schweinehack oder *bun* (große Schüssel Nudeln mit Grillfleisch und viel Gemüse).

Grape Escape WEINBAR $$
(800 W Idaho St; Vorspeisen 7–11 US$, Hauptgerichte 11–18 US$; ⏲ 11 Uhr–open end) Im Freien schlürft man hier seinen Pinot Noir zu leichten Abendgerichten (Bruschetta, Salate,

höchst kreative Pizzas). Dabei fällt der Blick auf zahllose Innenstadtradler, heimliche Intellektuelle und junge Schöne beim Genuss von frühabendlichen Aperitifs. Die Weinkarte ist fast so gut wie die Möglichkeit zum Leutegucken. Sonntags gibt's Jazz.

Bittercreek Ale House & Red Feather Lounge MODERN-AMERIKANISCH **$$**
(www.justeatlocal.com; 246 N 8th St; Hauptgerichte 7–15 US$; ⌚11.30 Uhr–open end) Diese direkt benachbarten und sehr charaktervollen Restaurants haben jeweils ein lebhaftes, trauliches Ambiente. Beide servieren gesunde Kost mit Schwerpunkt auf Zutaten aus nachhaltiger (und zumeist einheimischer) Produktion. Auf der modern-amerikanischen Karte steht auch eine gute Auswahl vegetarischer Optionen. Das etwas noblere Red Feather tischt zudem leckere Holzofenpizzas auf.

Idealerweise probiert man einen der Whiskey-Cocktails nach alten Rezepten aus den Jahren vor der Prohibition.

Bar Gernika KNEIPE
(www.bargernkia.com; 202 S Capitol Blvd; Gerichte mittags 8–10 US$; ⌚Mo–Do 11–24, Fr & Sa 11–1 Uhr) Sowas gibt's nur in Boise: *Ongi etorri* (willkommen) in einer sympathischsten Schenken des baskischen Viertels. Der Menüschwerpunkt liegt auf Klassikern aus dem Mutterland – darunter Lammkebab, Chorizo und Rinderzunge (nur Sa). Dazu passt prima ein Regionalbier oder ein großes Guinness (0,6 l).

Bardenay KNEIPE
(www.bardenay.com; 610 Grove St; Hauptgerichte 8–18 US$; ⌚11 Uhr–open end) Die einst allererste „Destilleriekneipe" der USA ist bis heute eine einzigartige Adresse und erntet beständig gute Kritiken. Ausgeschenkt werden selbst gebrannter Wodka, Rum und Gin in zwanglosem, luftigem Ambiente.

Praktische Informationen

Visitor Center (☎208-344-7777; www.boise.org; 250 S. 5th St, Ste. 300; ⌚Juni–Aug. Mo–Fr 10–17, Sa 10–14Uhr, Sept.–Mai Mo–Fr 9–16 Uhr) Einen Besuch wert.

Anreise & Unterwegs vor Ort

Am **Boise Municipal Airport** (BOI; I-84, Exit 53) besteht täglich Flugverbindung nach Denver, Las Vegas, Phoenix, Portland, Salt Lake City, Seattle und Spokane. Ab dem **Busbahnhof** (1212 W Bannock St) fährt Greyhound nach Spokane, Pendleton, Portland, Twin Falls und Salt Lake City.

Ketchum & Sun Valley

In einer von Idahos schönsten Naturlandschaften liegt ein Stück Skigeschichte: Sun Valley war einst das erste gezielt angelegte Skigebiet der USA. In den 1930er-Jahren wurde es nach intensiver Suche selbst und sorgfältig von William Averell Harriman (Sohn des Union-Pacific-Railroad-Eisenbahnmoguls E. H. Harriman) ausgewählt; Promis wie Ernest Hemingway, Clark Gable und Gary Cooper rührten die Werbetrommel. Bei seiner Eröffnung (1936) protzte Sun Valley mit dem weltersten Skilift und seinem Prunkstück: der „Parkitektur"-Lodge, die bis heute das führende Resort vor Ort ist.

Sun Valley hat seine vornehmen Gäste aus Hollywood behalten und sich zudem um den legendären Bald Mountain erweitert. Dennoch wirkt es immer noch hübsch und kultiviert – Fast-Food-Ketten oder wuchernde Apartmentblocks gibt's hier nicht. Das Skigebiet wird landesweit sehr für seine verlässlich guten Schneeverhältnisse, die große Höhendifferenz und das fast windstille Wetter geschätzt. Das Nachbardorf Ketchum (1 Meile bzw. 1,6 km entfernt) hat sich seine rustikale Schönheit trotz der „Ski-Invasion" bewahrt. Hemingways früheres Jagd- und Angelrevier Nummer eins ist heute im Sommer von breiten Reifen geprägt.

Aktivitäten

In der Main St zwischen der 1st und der 5th St findet man fast alle Geschäfte. Sun Valley und seine Lodge liegen 1 Meile (1,6 km) Richtung Norden und sind zu Fuß gut erreichbar. 12 Meilen (19 km) südlich von Ketchum, auch am Hwy 75, liegt Hailey, eine weitere herrliche Kleinstadt mit mehreren Bars.

Wood River Trail WANDERN & TREKKEN, RADFAHREN
Rund um Ketchum und Sun Valley gibt es zahlreiche Wander- und Mountainbikewege sowie ausgezeichnete Plätze zum Angeln. Der Wood River Trail ist die alles miteinander verbindende Arterie. Sie verknüpft Sun Valley mit Ketchum und führt 32 idyllische Meilen (51,5 km) nach Süden über Hailey bis Bellevue. Fahrräder kann man sich bei **Pete Lane's** (35 US$/Tag) im Einkaufszentrum gleich neben der Sun Valley Lodge ausleihen.

Sun Valley Resort WINTERSPORT
(www.sunvalley.com; Erw./Kind Bald Mountain 95/54 US$, Dollar Mountain 54/39 US$) Das zweiteilige Skigebiet ist für Promis und locker-leichten Pulverschnee bekannt. Es besteht aus dem anspruchsvolleren **Bald Mountain** und dem harmloseren **Dollar Mountain**, zu dem auch ein **Tubing-Hügel** gehört. Im Sommer kann man per Sessellift zu beiden Gipfeln hinauffahren (Erw./Kind 15/10 US$) und dann jeweils hinunterwandern oder -radeln. Die Einrichtungen sind erwartungsgemäß nobel.

Schlafen

Im Sommer ist sehr kostenloses Camping auf einem Gelände des Bureau of Land Management (BLM), also sehr nahe am Ort, möglich. Infos liefert das Visitor Center.

Lift Tower Lodge MOTEL $
(☎208-726-5163; 703 S Main St; Zi. 89–109 US$; P) Nach ihrem Treff mit Millionären können sich Normalsterbliche in dieses freundliche, günstige, kleine Motel zurückziehen. Hier, am höchsten Punkt von Ketchum, warten u.a. feste Betten mit Steppdecken. Abends fällt Flutlicht auf einen markanten Museumssessellift (erb. 1939).

Tamarack Lodge HOTEL $$
(☎208-726-3344; www.tamaracksunvalley.com; 500 E Sun Valley Rd; Zi. 149–169 US$;) Die gut gepflegte Lodge vermietet geschmackvolle Zimmer mit Balkon, offenem Kamin und vielen Extras. Vorzüge sind auch der Whirlpool, das Hallenbad und der tadellose Service. Unter der Woche und in der Nachsaison gibt's oft Ermäßigungen.

Sun Valley Lodge HOTEL $$$
(☎208-622-2001; www.sunvalley.com; 1 Sun Valley Rd; Zi. 287–405 US$; @) In dieser eleganten Schönheit aus dem 1930er-Jahren vollendete Hemingway seinen Roman *Wem die Stunde schlägt*. Seitdem hat das Hotel nur wenig von seinem luxuriösen Vorkriegsglanz verloren. Die komfortablen Zimmer locken mit altmodischer Eleganz, sind aber nach heutigem Standard z.T. klein. Unter den Annehmlichkeiten sind ein Fitnessraum, ein Spielezimmer, eine Bowlingbahn, eine Sauna, ein Ski-Shuttle und ein Kinderprogramm.

Essen & Ausgehen

Despo's MEXIKANISCH $
(☎208-726-3068; 211 4th St; Hauptgerichte 7–14 US$; ⊙Mo–Sa 11.30–22 Uhr) Der gesundheitsbewusste Mexikaner ist nicht sonderlich authentisch, wird aber von Einheimischen durchaus geschätzt. Das stets frisch zubereitete Essen wird durch üppige Salate sowie selbst gemachte, leckere Salsa-Saucen (scharf und immer noch dampfend heiß) ergänzt.

HEMINGWAYS LETZTE TAGE

Obwohl Ernest Miller Hemingway diese Gegend nie direkt in seinem Werk erwähnte, hegte der weltenbummelnde Schriftsteller eine tiefe Leidenschaft für Sun Valley und Ketchum. Nach der Erschließung des Skigebiets in den späten 1930er-Jahren zog es ihn regelmäßig hierher. Angeblich vollendete er sein Meisterwerk über den Spanischen Bürgerkrieg *(Wem die Stunde schlägt)* in Zimmer 206 der Sun Valley Lodge. Zwischendurch soll er Jagd- und Angelausflüge mit Freunden wie Gary Cooper oder Clark Gable unternommen haben.

In den 1940er- und 1950er-Jahren folgte Hemingway dem Ruf des Südens nach Key West und Kuba. Nach der kubanischen Revolution (1959) und der Enteignung seines Hauses in Havana kehrte er jedoch dauerhaft nach Idaho zurück. Unter zunehmendem Verfolgungswahn und körperlichem wie psychischem Verfall leidend, lud der Schriftsteller am 2. Juli 1961 sein Lieblingsgewehr. Dann nahm er es mit hinaus auf die Veranda seines Hauses abseits der Warm Springs Rd und schoss sich mit 61 Jahren in den Kopf.

Überraschender- und glücklicherweise wird um Hemingway in Ketchum nicht viel Aufhebens gemacht. Nur mit Mühe findet man am Hwy 75 den kleinen schmucken **Friedhof**, auf dem er eine halbe Meile (800 m) nördlich vom Zentrum neben seiner Enkelin Margaux ruht. Pennys, Zigarren und gelegentlich auch Schnapsflaschen zieren sein schlichtes Grab. Hemingways Haus ist für die Öffentlichkeit gesperrt. Rund 1 Meile (1,6 km) hinter der Sun Valley Lodge ehrt ihn jedoch ein **Denkmal** nahe dem Trail Creek. Seine Lieblingskneipen in Ketchum waren der Casino Club (S. 896) und der Alpine Club, der heute **Whiskey Jacques** (☎208-726-5297; 251 Main St; Grundpreis max. 5 US$; ⊙16–2 Uhr) heißt.

★ **Rickshaw** ASIATISCH $$
(www.eat-at-rickshaw.com; 460 Washington Ave N; kleine Gerichte & Hauptgerichte 4–15 US$; ⏲Di–Sa 17.30–22.30, So 17.30–21.30 Uhr) Klein und krumm wie eine echte Rikscha, einladend und lebendig wie eine geschäftige Durchgangsstraße: Dieses brandheiße Fusion-Lokal serviert Spitzenversionen von Straßengerichten aus Vietnam, Thailand, Korea und Indonesien. Die zarten Short Ribs mit Jalapeno-Koriander-Glasur sind ein echter Kracher. Vom grünen Curry bis hin zum Wokgericht mit Cashewnüssen ist scharf hier Standard. Unbedingt hingehen!

Glow VEGAN $$
(380 Washington 105; Hauptgerichte 7–12 US$; ⏲Mo–Fr 10–18, Sa 10–17 Uhr; ✎) Dieses Paradies für Veganer und Rohkostfans könnte auch Allesesser begeistern. Hierfür sorgen Smoothies, Bio-Salate, cremige Suppen, Chia-Pudding zum Frühstück und (zum Glück) handgemachte Schokolade. Das Publikum: makellose Sun-Valley-Typen in Yogahosen.

Pioneer Saloon STEAK $$$
(www.pioneersaloon.com; 320 N Main St; Hauptgerichte 9–29 US$; ⏲17.30–22 Uhr) Das Pio ist seit den 1950er-Jahren in Betrieb und war ursprünglich eine illegale Spielhölle. Sein unverhohlenes Western-Dekor besteht aus Hirschköpfen, alten Schusswaffen und Schaukästen mit Munition. Nicht zu vergessen: Gutes Essen gibt's hier auch – sofern man Rindfleisch und Forelle mag.

Casino Club BAR
(220 N Main St) In einem Skiort mit nicht einmal 75 Jahren auf dem Buckel ist diese Kaschemme der älteste Überrest aus der guten alten Zeit. Ob Schlägereien am Spieltisch, psychedelische Hippies, der Aufstieg und Fall des Ernest Hemingway oder Tätowierte, die auf Harleys durch die Eingangstür brettern: Der Laden hat schon alles Erdenkliche erlebt.

ℹ Praktische Informationen

Sun Valley/Ketchum Visitors Center (☎208-726-3423; www.visitsunvalley.com; 491 Sun Valley Rd; ⏲6–19 Uhr) Das Zentrum ist nur von 9 bis 18 Uhr besetzt. Doch auch außerhalb dieser Zeit kann man sich hier Karten und Broschüren holen. Zudem fungiert das Ganze dann netterweise als Starbucks-Café.

ℹ Anreise & Unterwegs vor Ort

Der Regionalflughafen namens **Friedman Memorial Airport** (www.flyfma.com) liegt 12 Meilen (19 km) südlich von Ketchum in Hailey. Hin und zurück geht's mit **A-1 Taxi** (☎208-726-9351; www.a1sunvalley.com).

Ein Shuttle von **Sun Valley Express** (www.sunvalleyexpress.com) pendelt täglich zwischen Sun Valley und dem Boise Airport (einfache Strecke 65 US$).

Stanley

Vor den schroffen Sawtooths liegt Stanley (100 Ew.) inmitten von National Forests und geschützter Wildnis. Mit seinen Schotterstraßen, Blockhäusern und verrosteten Blechschuppen könnte es das malerischste Dorf der USA sein. Von diesem entlegenen Außenposten an einer Biegung des Salmon River sind es Kilometer bis zu jeglicher Zivilisation. Im Hochsommer wird es hier erst nach 22 Uhr ganz dunkel, während einen das Rauschen des Flusses in den Schlaf wiegt.

Aktivitäten

Middle Fork des Salmon RAFTING
Stanley ist der Ausgangspunkt, um auf dem legendären Middle Fork des Salmon zu raften. Beworben als „der letzte Wildfluss", ist er Teil des längsten Flusssystems ohne Staustufen außerhalb von Alaska. Vollständige Touren dauern sechs Tage und ermöglichen es, über 170 km und durch an die 300 Stromschnellen (Klasse I–IV) des 9712 km² großen Gebietes von Frank Church bis zur River of No Return Wilderness entlangzugleiten. Hier ist man Meilen von jeder Zivilisation entfernt.

Hauptarm des Salmon River RAFTING
(👪) Die Wildwasser-Action auf dem Hauptarm (Main Fork) des Salmon River ist nicht so spektakulär wie die auf dem Mittelarm (Middle Fork) – allerdings vergleichsweise erschwinglicher, wenn man per aufblasbarem Floß oder Kajak einen Trip auf eigene Faust unternimmt. Die ruhige, 13 km lange Strecke beginnt in Stanley. Unterwegs offenbaren sich Ausblicke auf die Sawtooth Mountains, die von der Straße aus nicht möglich sind. Angelausrüstung mitbringen!

Fliegenfischen ANGELN
(⏲März–Nov.) Von März bis November bieten der Salmon River und die umliegenden Bergseen sensationelle Möglichkeiten zum Forellenangeln. Zwischen Ende Juni und Anfang Oktober funktionieren Trockenfliegen am besten. Zu den acht örtlichen Forel-

lenarten zählen die legendären Steelheads (Stahlkopfforellen), die bis zu 1 m lang werden können. Diese Wanderform der Regenbogenforelle zieht am Winterende über 1448 km vom Pazifik hierher und erreicht die Gegend um Stanley im März bzw. April.

Geführte Touren

White Otter RAFTING

(☎ 208-788-5005; www.whiteotter.com; 100 Yankee Fork Road & Hwy 75, Sunbeam, ID; halber Tag Erw../Kind 75/55 US$) Die einzige Raftingfirma unter einheimischer Leitung empfiehlt sich für witzige Tagestrips auf Stromschnellen der Kategorie III. Im Angebot sind auch Touren mit aufblasbaren Kajaks.

Solitude River Trips RAFTING

(☎ 800-396-1776; www.rivertrips.com; 6-tägige Trips 2185 US$; ⏱ Juni–Aug.) Bei den hervorragenden Mehrtagestrips auf dem berühmten Mittelarm des Salmon River wird am Ufer gecampt. Die Guides sind spitzenmäßige Köche.

Silver Creek Outfitters ANGELN

(☎ 207-622-5282; www.silver-creek.com; 1 Sun Valley Rd) Wird von Sun Valley aus geleitet und veranstaltet Individualtrips, die den Salmon River und entlegene Flussreviere (nur per treibendem Boot oder Belly-Boat erreichbar) zum Ziel haben.

Schlafen & Essen

Stanley hat ein halbes Dutzend Hotels im traditionellen, pioniermäßigen Blockhüttenstil. Während der kurzen Sommersaison öffnen auch ein paar Restaurants.

Sawtooth Hotel HOTEL $

(☎ 208-721-2459; www.sawtoothhotel.com; 755 Ace of Diamonds St; DZ mit/ohne Bad 100/70 US$; 📶) Das nostalgische Blockhaus-Motel von 1931

NICHT VERSÄUMEN

NATIONAL SCENIC BYWAYS IN ZENTRALIDAHO

Auf Wiedersehen, ihr Einkaufszentren der Vorstadt, hallo du makellose Natur! Alle drei Straßen in den abgelegenen Außenposten Stanley in Idaho sind als National Scenic Byways ausgewiesen (Stanley ist der einzige Ort in den USA, wo das der Fall ist). Wenn man bedenkt, dass es im Land nur 125 solcher Straßen gibt, bedeutet das, dass 2,4 % der schönsten Straßen von Amerika durch das idyllische Stanley verlaufen.

Sawtooth Scenic Byway

Diese 60 Meilen (96,5 km) lange Strecke folgt dem Hwy 75 am Salmon River entlang von Ketchum Richtung Norden bis Stanley. Die traumhafte Straße windet sich durch neblige, dichte Ponderosa-Kiefernwälder – wo die Luft klar und frisch ist und nach Regen und Nüssen duftet –, bevor sie bis zum 2652 m hohen **Galena Summit** ansteigt. Vom Aussichtspunkt am Gipfel hat man einen Ausblick auf die von Gletschern geformten Sawtooth Mountains.

Ponderosa Pine Scenic Byway

Der Hwy 21 zwischen Stanley und Boise ist so schön, dass es schwer wird, am Ziel anzukommen, so oft möchte man anhalten. Ab Stanley werden die Bäume immer dichter, bis man von einem süß duftenden Mantel aus Kiefern umhüllt ist – eine Umgebung, die mehr an den pazifischen Nordwesten erinnert als an die klassischen Rockies. Die schnell ziehenden Wolken bringen häufig Regenschauer, und die Straße kann sich gefährlich anfühlen. Selbst Ende Mai reichen die Schneefelder bis an den Highway heran. Zu den vielen Highlights auf dem Weg gehören einmal die **Kikham Creek Hot Springs** (Self-Pay-Stellplatz 16 US$) 6 Meilen (9,5 km) östlich von Lowman. Auf dem primitiven Campingplatz blubbern die natürlichen Thermalquellen direkt aus dem Creek hervor. Ein anderes Highlight ist **Idaho Falls**, eine alte, renovierte Stadt aus der Zeit des Goldrausches.

Salmon River Scenic Byway

Nordöstlich von Stanley führt über den Hwy 75 und die US 93 eine weitere malerische, 161 Meilen (259 km) lange Strecke am Salmon River entlang bis zum historischen **Lost Trail Pass** an der Grenze nach Montana. An diesem Punkt überquerten Lewis und Clark 1805 zum ersten Mal die kontinentale Wasserscheide. Die Landschaft in der Umgebung hat sich in den letzten 200 Jahren nur wenig verändert.

bringt den spärlichen Komfort vergangener Zeiten auf den neuesten Stand, punktet aber weiterhin mit Stanleys typischer, überschwänglicher Gastfreundlichkeit. Die sechs Zimmer (zwei davon mit eigenen Bädern) sind im altmodischen Country-Stil gestaltet; Nr. 9 ist am besten. TV und Zimmertelefon gibt's hier nicht – dafür aber super Hausmannskost.

★ **Stanley Baking Co** BÄCKEREI, FRÜHSTÜCK **$** (www.stanleybakingco.com; 250 Wall St; Gerichte morgens & mittags 3–10 US$; ⏲ Mai–Okt. 7–14 Uhr) Nach einer Reise durch eine Welt voller ungesunder Köstlichkeiten ist dieser Mix aus Bäckerei und Brunch-Lokal ein wahrer Segen. Die kleine Blockhütte mitten im Nirgendwo hat nur fünf Monate pro Jahr geöffnet und ist in Stanley wohl die einzige Einrichtung mit Warteschlangen-Wahrscheinlichkeit. Der Grund dafür: galaktisch gute, selbst gemachte Backwaren und Hafermehl-Pfannkuchen.

Idaho Panhandle

Nach einem Gebietsstreit mit Montana in den 1880er-Jahren riss sich Idaho den langen, schmalen „Pfannenstiel" an der Grenze zu Kanada unter den Nagel. Doch in puncto Erscheinung und Gesinnung hat das Gebiet mehr mit dem pazifischen Nordwesten als mit den Rockies zu tun. Regionalzentrum ist Spokane, das ein paar Kilometer gen Westen in Washington liegt. Im Großteil des Panhandle gilt die Pacific Standard Time.

Das schnell wachsende **Coeur d'Alene** (44 000 Ew.) nahe der Grenze zu Washington ist eine Erweiterung des Großraums Spokane. Die größte Stadt des Panhandle hat eine ziemlich kitschige Uferpromenade sowie eines der US-typischen Golf- und Wellnessresorts. Der angrenzende See eignet sich ideal für Wassersportarten (z. B. Stehpaddeln). Das **Coeur d'Alene Visitors Bureau** (☎ 877-782-9232; www.coeurdalene.org; 105 N 1st; ⏲ Di–Sa 10–17 Uhr) liefert weitere Infos. Eine gute Bleibe ist das schräge **Flamingo Motel** (☎ 208-664-2159; www.flamingomotelidaho.com; 718 Sherman Ave; DZ/Suite 100/170 US$; ❄), das Gäste mit retromäßigen Themenzimmern (z. B. English Garden, Americana) hinter rosafarbenen Türen zurück in die 1950er-Jahre versetzt. Das **Java on Sherman** (324 Sherman, Coeur d'Alene; Hauptgerichte 4–9 US$; ⏲ 6–19 Uhr) serviert neben prima Frühstück und Sandwiches auch den besten Kaffee der Stadt.

Am Lake Pend Oreille liegt **Sandpoint** inmitten einer herrlichen Umgebung aus Wildnis und Bergen. Das schönste Städtchen des Panhandle hat auch Idahos einzigen brauchbaren **Amtrak-Bahnhof**. An dem schmucken historischen Gebäude von 1916 hält täglich der *Empire Builder* (Seattle/Portland–Chicago).

Entlang seines Nordufers lässt sich Idahos größter See vom **Pend Oreille Scenic Byway** (US 200) aus bewundern. Rund 11 Meilen (18 km) nordwestlich der Stadt wird das **Schweitzer Mountain Resort** (www.schweitzer.com; Liftpass Erw./Kind 68/50 US$) u. a. sehr zum Skifahren zwischen Bäumen und sommerlichen Mountainbiken geschätzt.

Das beste Unterkunftsschnäppchen im weiten Umkreis ist der saubere, freundliche und familiengeführte **Country Inn** (☎ 208-263-3333; www.countryinnsandpoint.com; 470700 Hwy 95; EZ/DZ 64/80 US$; 📶🐾) rund 3 Meilen (4,8 km) südlich von Sandpoint.

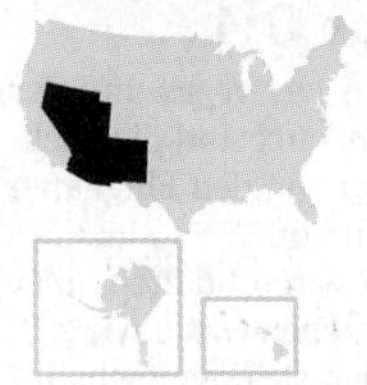

Der Südwesten

Gut essen

- Elote Cafe (S. 941)
- Hell's Backbone (S. 978)
- Love Apple (S. 1001)
- Cafe Roka (S. 960)
- Raku (S. 914)

Schön übernachten

- Ellis Store Country Inn (S. 1009)
- El Tovar Hotel (S. 946)
- Motor Lodge (S. 942)
- St. Regis Deer Valley (S. 969)
- Vdara (S. 911)

Auf in den Südwesten!

Der Südwesten ist das ungezähmte Hinterland der USA, geprägt von roten Felsen, hohen Gipfeln, glitzernden Seen und Wüsten mit Riesenkakteen. Die Landschaft ist gespickt mit Zeugen der bewegten Vergangenheit der Region, von sonderbaren Piktogrammen und verlassenen Felsbehausungen bis zu zerfallenden Missionen und alten Bergbaustädten. Doch auch heute wird auf dynamische Weise Geschichte geschrieben: Astronomen und Raketenbauer erobern den Sternenhimmel, während urbane Zentren und verschrobene Bergorte Künstler und Unternehmer anziehen.

Highlight für Besucher ist das großartige Netz malerischer Straßen, die die schönsten und bedeutendsten Attraktionen verbinden. Dabei sind es nicht nur epische Landschaften, die eine Reise durch den Südwesten zu einem unvergesslichen Erlebnis machen. Ein genauerer Blick auf einen Saguaro, ein Gespräch mit einem Hopi-Kunsthandwerker oder das Aroma eines Eintopfs mit grünem Chili – es sind vor allem diese authentischen Momente, die in Erinnerung bleiben.

Reisezeit

Las Vegas

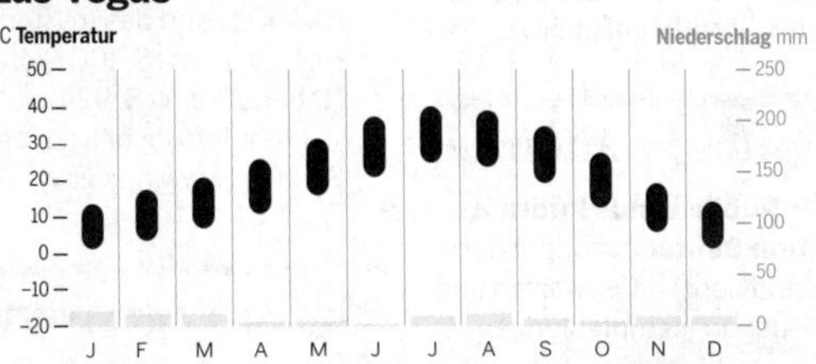

Jan. Skifahren bei Taos und Flagstaff. In Park City locken Pisten und das Sundance Film Festival.

Juni–Aug. Die beste Zeit für einen Besuch der Nationalparks in New Mexico, Utah und Nord-Arizona.

Sept.–Nov. In den Grand Canyon klettern oder die bunten Blätter im Norden von New Mexico bestaunen.

NICHT VERSÄUMEN!

Eine Wüstenwanderung. Wo? Z. B. in der Sonora- oder Chihuahua-Wüste oder in der Great Basin Desert.

Kurzinfos

➡ **Größte Städte** Las Vegas (596 400 Ew.), Phoenix (1,4 Mio. Ew.), Salt Lake City (189 314 Ew.)

➡ **Las Vegas–South Rim des Grand Canyon** 280 Meilen (450 km)

➡ **Los Angeles–Albuquerque** 670 Meilen (1080 km)

➡ **Zeitzonen** Nevada: Pacific Standard Time (MEZ –9 Std.); Utah, Arizona (keine Sommerzeit), New Mexico: Mountain Standard Time (MEZ –8 Std.)

Schon gewusst?

Mitte Juli bis Anfang September kann es plötzlich Überflutungen geben. Dann nicht auf sandigen Flächen oder in Schluchten zelten und überflutete Straßen nicht mit dem Wagen befahren. Wer zu Fuß unterwegs ist, muss bei steigendem Wasser sofort höher gelegenes Terrain aufsuchen.

Infos im Internet

➡ **Public Lands Information Center** (www.publiclands.org) Infos, Karten und Buchungsempfehlungen

➡ **Grand Canyon Association** (www.grandcanyon.org) Online-Buchhandel

➡ **Recreation.gov** (www.recreation.gov) U. a. Reservierungen von staatlichen Zeltplätzen

Anreise & Unterwegs vor Ort

Der McCarran International Airport in Las Vegas und der Sky Harbor International Airport in Phoenix sind die wichtigsten Flughäfen in der Region, gefolgt von den Flughäfen von Salt Lake City, Albuquerque und Tucson.

Greyhound-Busse halten in den größeren Städten, aber nicht in allen Nationalparks oder entlegenen Orten wie z. B. Moab. In den größeren Städten befinden sich die Busbahnhöfe manchmal in weniger netten Vierteln. (Miet-)Autos sind oft die einzigen Transportmittel, mit denen man zu entlegenen Orten gelangen kann.

Die Verbindungen mit Amtrak-Zügen sind eingeschränkter als die mit Bussen, allerdings sind viele große Städte ans Schienennetz angeschlossen, und andere Orte (z. B. Santa Fe und Phoenix) können mit Amtrak-Bussen erreicht werden. Der *California Zephyr* durchquert Utah und Nevada, der *Southwest Chief* hält in Arizona und New Mexico, und der *Sunset Limited* fährt durch Süd-Arizona und New Mexico.

NATIONALPARKS & STATE PARKS

Der Südwesten wartet mit 50 Nationalparks und National Monuments auf und ist damit ein kultureller Jackpot. Hinzu kommen mehrere beeindruckende State Parks.

Einer der populärsten Nationalparks ist der Grand Canyon National Park (S. 942) in Arizona. In diesem Bundesstaat findet man auch den Monument Valley Navajo Tribal Park (S. 952), das Canyon de Chelly National Monument (S. 951) mit seinen alten Felsbehausungen, den Petrified Forest National Park (S. 952) mit der ungewöhnlichen Kombination aus Painted Desert und versteinerten Baumstämmen und den Saguaro National Park (S. 954), eine Wüste mit riesigen Kakteen.

Das südliche Canyon Country in Utah mit seinen roten Felsen umfasst fünf Nationalparks: Arches (S. 975), Canyonlands (S. 975), Zion (S. 981), Bryce Canyon (S. 979) und Capitol Reef (S. 977), ein herrlich einsames Wildnisareal. Das Grand Staircase-Escalante National Monument (S. 979) ist eine unberührte Wüste. New Mexico ist Heimat des Carlsbad Caverns National Park (S. 1009) und des mysteriösen Chaco Culture National Historic Park (S. 1003). In Nevada liegt der Great Basin National Park (S. 924).

Mehr Infos gibt's auf der Website des National Park Service (www.nps.gov).

Top 5: Tageswanderungen

➡ **Angels Landing** Zion National Park, UT

➡ **Winsor Trail** Santa Fe, NM

➡ **Navajo Loop** Bryce Canyon National Park, UT

➡ **South Kaibab Trail bis zur Cedar Ridge** (S. 943) South Rim, Grand Canyon, AZ

➡ **Cape Final** North Rim, Grand Canyon, AZ

Geschichte

Um 100 n. Chr. hatten sich drei vorherrschende Kulturen herausgebildet: die Hohokam im Südwesten, die Mogollon und die Anasazi. Letzteres bedeutet aus der Sprache der Navajo übersetzt „die alten Feinde", weshalb die Angehörigen dieser Kultur in den USA nun als *Ancestral Puebloans* (frühe Pueblo-Indianer) bezeichnet werden.

Die Blütezeit der Hohokam-Kultur in den Wüsten Arizonas war zwischen 300 v. Chr. und 1450 n. Chr. Die Hohokam schufen ein unglaubliches System von Bewässerungskanälen, errichteten Erdpyramiden und hinterließen ein reiches Erbe an Töpferwaren. Archäologische Funde weisen darauf hin, dass es Mitte des 15. Jhs. einen Einbruch in der Hohokam-Kultur gab, der besonders im Schwund größerer Siedlungen sichtbar wurde. Der Grund dafür ist unklar, jedoch legt die mündliche Überlieferung nahe, dass einige Hohokam-Stämme und ihre Nachfahren in der Region ansässig blieben. Zwischen 200 v. Chr. und 1450 n. Chr. lebte das Volk der Mogollon in den zentralen Bergen und Tälern des Südwestens. Die Mogollon bauten Felssiedlungen, deren Überreste heute die Gila Cliff Dwellings bilden.

Die Anasazi hinterließen ein reiches Erbe archäologischer Stätten, etwa jene im Chaco Culture National Historic Park. Ihre Nachkommen sind in der Gruppe der heutigen Pueblo-Indianer (auch Pueblos genannt) zu finden, die über ganz New Mexico verstreut leben. Auch die Hopi sind Nachfahren dieser Kultur, und ihr Dorf Old Oraibi könnte durchaus die älteste durchgehend bewohnte Siedlung Nordamerikas sein.

Im Jahr 1540 zog Francisco Vásquez de Coronado mit einer Expedition aus Mexico City in den Südwesten hinauf. Statt der erhofften Reichtümer fanden sie nur amerikanische Ureinwohner vor, von denen sie viele töteten oder verschleppten. Mehr als 50 Jahre später gründete Juan de Oñate die erste Hauptstadt New Mexicos bei San Gabriel. Viel Blut wurde vergossen, als Oñate versuchte, die Pueblos zu unterwerfen. 1608 musste er geschlagen wieder abziehen. Santa Fe wurde als die neue Hauptstadt um 1610 gegründet.

Im 19. Jh. ging die Erschließung des Südwestens massiv voran. Das war der Eisenbahn und der geologischen Kartierung zu verdanken. Als die USA nach Westen expandierten, vertrieb die Armee gewaltsam ganze Völker amerikanischer Ureinwohner. Gold- und Silberminen zogen Glücksritter an und praktisch über Nacht schossen die gesetzlosen Goldgräberstädte des Wilden Westens aus dem Boden. Die Santa Fe Railroad profitierte von der Erschließung und brachte Scharen von Touristen in den Westen.

Die moderne Besiedlung hängt eng mit der Nutzung des Wassers zusammen. Nach dem Reclamation Act von 1902 finanzierte die Bundesregierung die Errichtung von Staudämmen, um die Flüsse zu regulieren, die Wüste zu bewässern und die Erschließung voranzutreiben. Erbitterte Debatten und Streitigkeiten über Wasserrechte dauern noch immer an, gerade angesichts des gewaltigen Booms im Wohnungsbau. Andere wichtige Themen in der heutigen Zeit sind illegale Einwanderer und fehlende Steuereinnahmen.

Einheimische Kultur

Der Südwesten ist eine der multikulturellsten Regionen des Landes, die Bevölkerung setzt sich aus Indianern, Hispaniern und Angloamerikanern zusammen. Alle diese Gruppen haben die regionale Küche, die Architektur und die Kunst beeinflusst, und die riesigen Indianerreservate des Südwestens bieten außergewöhnliche Möglichkeiten, etwas über indigene Kultur und Geschichte zu erfahren. Visuelle Kunst ist ebenfalls von großer Bedeutung: Da gibt es Künstlerkolonien in ganz New Mexico und überall Kitsch am Straßenrand, der vor allem in Kleinstädten allgegenwärtig ist.

NEVADA

Nevada steht für eine sorglose Ausgelassenheit, die regelrecht berauschend und manchmal etwas exzentrisch wirkt. Glitzernde Repliken des Eiffelturms, der Freiheitsstatue und einer ägyptischen Pyramide ragen aus der Wüste auf, Cowboys rezitieren Gedichte, Künstler errichten eine provisorische Stadt an einem windgepeitschten Strand, ein Stützpunkt der Air Force inspiriert zu Alien-Verschwörungstheorien, und mittendrin steht ein einsamer Baum, der von neckischen Ausflüglern mit Turnschuhen geschmückt wurde.

Auf der Karte präsentiert sich der Bundesstaat als weite überwiegend leere Wüstenfläche, gespickt mit ehemaligen Bergbaustädten, in denen längst Spielautomaten die Spitzhacken abgelöst haben. Hedonis-

Highlights

1. Den Rim Trail im **Grand Canyon National Park** (S. 942) erkunden
2. Sich im **Monument Valley** (S. 952) im Nordosten Arizonas wie John Wayne fühlen
3. Im staubigen **Tombstone** (S. 959) seine Cowboy-Qualitäten unter Beweis stellen
4. Galerien und Schmuckläden in den eleganten Straßen von **Santa Fe** (S. 990) besuchen
5. Beim **White Sands National Monument** (S. 1007) eine schimmernde Sanddüne hinunterrodeln
6. Im **Carlsbad Caverns National Park** (S. 1009) durch eine Traumlandschaft aus Stalaktiten spazieren
7. In das wilde Leben auf dem **Strip** (S. 908) von Las Vegas eintauchen
8. Im **Valley of Fire State Park** (S. 919) durch glühend rote Sandsteinformationen fahren
9. In **Park City** (S. 967) tolle Skipisten entdecken und das exklusive Nachtleben genießen
10. Im **Zion National Park** (S. 981) einen majestätischen Canyon durchqueren und Angels Landing erklimmen

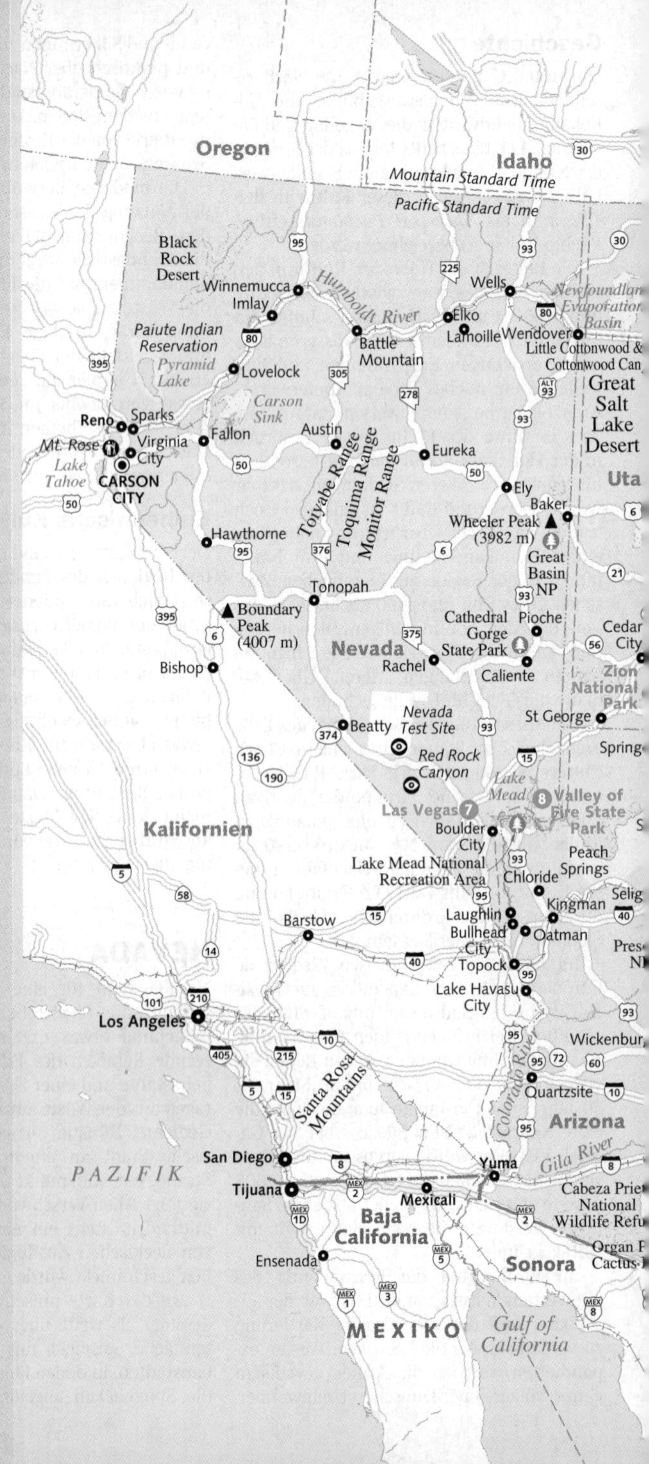

Nebraska
Wyoming
Snowville
Logan
Great Salt Lake
Brigham City
Ogden
SALT LAKE CITY
Flaming Gorge Reservoir
Flaming Gorge National Recreation Area
CHEYENNE
Wasatch-Cache NF
Manila
Dutch John
Park City
Kamas
Heber City
Roosevelt
Vernal
Dinosaur NM
Fort Collins
Boulder
DENVER
Utah Lake
Provo
Wasatch-Cache NF
Uinta NF
Price
Green River
Manti-La Sal NF
Glen Canyon National Recreation Area
Grand Junction
Colorado
Colorado Springs
Green River
Richfield
Capitol Reef NP
Arches National Park
Moab
Dead Horse Point SP
Manti-La Sal NF
Circleville
Torrey
Canyonlands NP
Granada
Bryce Canyon NP
Boulder
Monticello
Colorado River
Escalante
Blanding
Kodachrome Basin SP
Natural Bridges NM
Hovenweep NM
Mesa Verde NP
Lake Powell
Capulin Volcano NM
Grand Staircase-Escalante NM
Bluff
Mexican Hat
Four Corners Navajo Tribal Park
Raton
Kanab
Page
Chama
Wheeler Peak (4011 m)
Lees Ferry
Kayenta
Monument Valley Navajo Tribal Park
Shiprock
Bloomfield
Taos Box
Cimarron
Clayton
Oklahoma
Grand Canyon National Park
Farmington
Taos
Ojo Caliente
Springer
Hopi Reservation
Chinle
Canyon de Chelly NM
Santa Fe NF
Abiquiu
Española
Grand Canyon Village
Third Mesa
Chaco Culture NHP
Cuba
Los Alamos
Bandelier NM
Sapello
Oraibi
Second Mesa
First Mesa
Window Rock
Santa Fe NF
Kaibab NF
Old Oraibi
Gallup
San Ysidro
Santa Fe
Central Standard Time
Mountain Standard Time
Williams
Petrified Forest NP
Tucumcari
Flagstaff
Winslow
Grants
Albuquerque
Oak Creek Canyon
Sedona
Holbrook
Zuni Pueblo
Acoma Pueblo
Cibola NF
Santa Rosa
Jerome
Coconino NF
El Morro NM
El Malpais NM
Fort Sumner
Clovis
Prescott
Strawberry
New Mexico
Cibola NF
Cibola NF
Payson
Magdalena
Springerville
Lincoln NF
Prescott NF
Socorro
Roosevelt Dam
Gila Cliff Dwellings National Monument
Cibola NF
San Antonio
Capitan
Texas
PHOENIX
Scottsdale
Mogollon Mountains
Bosque del Apache National Wildlife Refuge
Lincoln
Roswell
Tempe
Mesa
Globe
Gila NF
Ruidoso
Truth or Consequences
Cloudcroft
Lovington
Safford
Alamogordo
Biosphere 2
Hatch
Silver City
City of Rocks SP
White Sands National Monument
Hobbs
Lordsburg
Las Cruces
Carlsbad
Saguaro NP
Lincoln NF
Carlsbad Caverns National Park
Tucson
Willcox
Mesilla
Deming
Sells
Benson
Chiricahua NM
Guadalupe Mountains NP
Coronado NF
Coronado NF
El Paso
Tombstone
Tubac
Chihuahua
Nogales
Bisbee
Kartchner Caverns SP
Douglas
MEXIKO

DER SÜDWESTEN IN …

… einer Woche

Museen und eine aufkeimende Kunstszene verleihen **Phoenix** ein inspirierendes Flair – der optimale Ausgangspunkt für die Tour. Morgens folgt man der Camelback Rd nach **Scottsdale**, um in der Old Town zu shoppen und sich die Galerien anzusehen. In **Sedona** weiter nördlich kann man seine spirituellen Batterien aufladen, bevor man sich von den Dimensionen des **Grand Canyon** den Atem rauben lässt. Danach hat man die Wahl zwischen Glitzern und Natur: Wer das Glitzern vorzieht, nimmt die **Route 66**, überquert die neue Brücke neben dem **Hoover Dam** und taucht dann in die Traumwelt von **Las Vegas** ein. Wer sich für die Natur entscheidet, fährt vom Grand Canyon aus nach Osten ins Navajo-Gebiet, lässt sich von den gewaltigen Steinformationen im **Monument Valley Navajo Tribal Park** ins Staunen versetzen und tritt dann im **Canyon de Chelly National Monument** eine Reise in die Vergangenheit an.

… zwei Wochen

Los geht's im schillernden **Las Vegas**, bevor man sich in **Flagstaff** entspannt und anschließend in die gähnenden Schluchten des **Grand Canyon National Park** blickt. Man könnte sich das studentische **Tucson** anschauen oder im **Saguaro National Park** zwischen riesigen Kakteen wandeln. Dann heißt es die Revolverhelden in **Tombstone** bestaunen, bevor man sich das viktorianische **Bisbee** anschaut.

Nun bitte die Sonnenbrille aufsetzen: Die Dünen im **White Sands National Monument**, New Mexico, sind strahlend weiß. **Santa Fe** lockt alle Arten von Kunstliebhabern. Man könnte ein Pueblo in **Taos** besuchen und den Sonnenaufgang im traumhaften **Monument Valley Navajo Tribal Park** beobachten. Dann geht's nach Utah, in die Nationalparks **Canyonlands** und **Arches** mit ihren roten Felsformationen. Der **Bryce Canyon** ist die richtige Kulisse für Hoodoo-„Rituale", bevor man den **Zion Canyon** besucht.

tisches Zentrum ist das schrille Las Vegas, in dem noch immer Goldfieber herrscht. Im Westen wissen Abenteuersportveranstalter neue Schätze zu nutzen, dafür sorgen die Berge der Sierra Nevada mit großartigen Landschaften und Outdoor-Aktivitäten.

In Nevada, dem ersten Bundestaat, der das Glücksspiel legalisierte, klingen die Automaten in Tankstellen, Supermärkten und Hotellobbys. Es gibt keine offizielle Sperrstunde für Bars und in ländlichen Gebieten koexistieren legale Bordelle und winzige Kasinos mit Mormonen und Cowboy-Kultur.

Unser Rat? Nichts hinterfragen, sondern einfach die unbekümmerte Lebensfreude des Bundesstaats genießen!

ℹ Praktische Informationen

Im Clark County (d. h. auch in Las Vegas) und im Washoe County (inkl. Reno) ist Prostitution illegal, in vielen kleineren Countys gibt es allerdings legale Bordelle.

In Nevada gilt die Pacific Standard Time (PST), und es gibt zwei Vorwahlen: Las Vegas und Umgebung haben die ☎702, der Rest des Bundesstaats hat die ☎775.

Nevada Commission on Tourism (☎800-638-2328; www.travelnevada.com) Verschickt kostenlose Bücher, Karten und Infos zu Unterkünften, Campingplätzen und Events.

Nevada Department of Transportation (☎im Staat 511, 877-687-6237; www.nvroads.com) Alles zu den aktuellen Straßenbedingungen.

Nevada Division of State Parks (☎775-684-2770; www.parks.nv.gov; 901 S Stewart St, 5. Stock, Carson City; ⏲Mo–Fr 8–17 Uhr) Stellplätze in staatlichen Parks (10–15 US$/Nacht) werden nach dem Prinzip „wer zuerst kommt, mahlt zuerst" vergeben. Hier bekommt man Karten und Broschüren.

Las Vegas

Ach ja, das schrille blinkende Vegas. Hier kann man in einem dreistöckigen Kronleuchter Champagner schlürfen oder in einem Tag die Welt bereisen, ein Abstecher zu Venedigs Kanälen, dem Eiffelturm und der Brooklyn Bridge inklusive. Mitten in der Wüste entwickelte sich hier einer der hedonistischsten Orte der Welt, voller Illusionen und alles getreu dem Motto ganz oder gar nicht.

Las Vegas hat viele Gesichter und hat sich seit glamourösen Frank-Sinatra-Zeiten immer wieder neu erfunden. Auf der Suche nach Aufmerksamkeit und zahlungskräftigen Besuchern zeigt sich die alte Diva stets offen für Neues. Einst berühmte Neonschilder setzen Staub an, während über den Strip Baustellenlärm schallt – ständiger Wandel ist das Gebot der Stunde. In den Kasinos hingegen scheint die Zeit still zu stehen, dafür sorgen klimatisierte Luft, endlose Buffets und jede Menge Drinks.

Sin City zieht ein bunt gemischtes Publikum an. Hollywood-Größen treffen sich in exklusiven Lounges, College Kids sind auf der Suche nach möglichst viel Spaß für wenig Geld und ihre Großeltern füttern eifrig Spielautomaten. Zudem locken Designer-Martinis, erstklassige Restaurants und natürlich Kasinos, durch die man mit einem 1 m hohen Cocktailglas um den Hals schlendern kann.

Geschichte

Entgegen der landläufigen Meinung war Vegas sehr viel mehr als eine staubige Straßenkreuzung mit Spielhalle und ein paar Steppenläufern, als der Gangster Ben „Bugsy" Siegel in der Stadt eintraf und unter der gleisenden Sonne das glamouröse Kasino Flamingo im tropischen Stil eröffnete.

Die Fertigstellung einer Eisenbahnverbindung zwischen Salt Lake City und Los Angeles 1902 katapultierte Las Vegas in die Moderne, und in den 1920er-Jahren erlebte die Stadt dank staatlich geförderter Bauprojekte einen Boom. Die Legalisierung des Glücksspiels 1931 half Vegas durch die Große Depression. Der Zweite Weltkrieg brachte einen riesigen Luftwaffenstützpunkt und Raumfahrtdollars in die Region, zudem wurde eine asphaltierte Autobahn nach Los Angeles gebaut. Kurz danach entstand im Rahmen des Kalten Kriegs die Nevada Test Site. Das atomare Testgelände erwies sich als Paradebeispiel für das Motto „Jede Werbung ist gute Werbung": Während die monatlichen Atomtests die Fenster der Kasinos im Zentrum zerspringen ließen, machte Miss Mushroom Cloud im Namen der Stadt offiziell in Tourismuskampagnen Werbung für Nuklearkraft.

Mächtige Baumagnate folgten dem Beispiel des Flamingo, das 1946 eröffnet wurde, und zogen an jeder Ecke glamouröse Etablissements in die Höhe. Showgrößen wie Frank Sinatra, Liberace und Sammy Davis Jr. eroberten die Bühnen, ebenso wie spärlich bekleidete Revuegirls.

Der medienwirksame Verkauf des Desert Inn 1966 an den exzentrischen Milliardär Howard Hughes befreite die Glücksspielindustrie von ihrem Gangster-Image, und die Eröffnung des MGM Grand 1993 läutete die Ära der Megaresorts ein.

Bis heute befriedigt Sin City, eine Oase inmitten unwirtlichen Wüstenlands, vor allem die Bedürfnisse seiner vielen Besucher. Pro Jahr kommen ungefähr 39,7 Mio. Menschen, und lange galt Las Vegas als Motor von Nordamerikas am schnellsten wachsendem Ballungsraum. Die Immobilienkrise traf die Bewohner besonders hart, doch inzwischen entstehen am Strip wieder neue Bauten, und das Downtown Project haucht der Gegend rund um die Fremont St neues Leben ein.

KURZINFOS NEVADA

Spitzname Silver State

Bevölkerung 2,76 Mio.

Fläche 286 351 km²

Hauptstadt Carson City (54 800 Ew.)

Weitere Städte Las Vegas (596 400 Ew.), Reno (227 000 Ew.)

Verkaufssteuer 6,85 %

Heimat von Patricia Nixon (1912–1993), Andre Agassi (geb. 1970), Greg LeMond (geb. 1961)

Geburtsort des Spielautomaten und Burning-Man-Festivals

Politische Ausrichtung Nevada hat sechs Wahlmänner. Bei den Präsidentschaftswahlen 2012 machte Obama das Rennen, in Washington ist der Bundesstaat aber von beiden Parteien zu gleichen Teilen vertreten. Der bekannteste Politiker Nevadas ist der Demokrat Harry Reid, Majority Leader im US-Senat.

Berühmt für die Comstock Lode von 1859 (das Bergwerk mit den größten Silbervorkommen des Landes), legales Glücksspiel und legale Prostitution (mit Ausnahme einiger Countys) sowie liberale Alkoholgesetze (Bars dürfen rund um die Uhr geöffnet sein)

Bestes Las-Vegas-T-Shirt *I saw nothing at the Mob Museum* („Ich habe im Mob Museum nichts gesehen")

Entfernungen Las Vegas–Reno 452 Meilen (727 km), Great Basin National Park–Las Vegas 313 Meilen (504 km)

Las Vegas

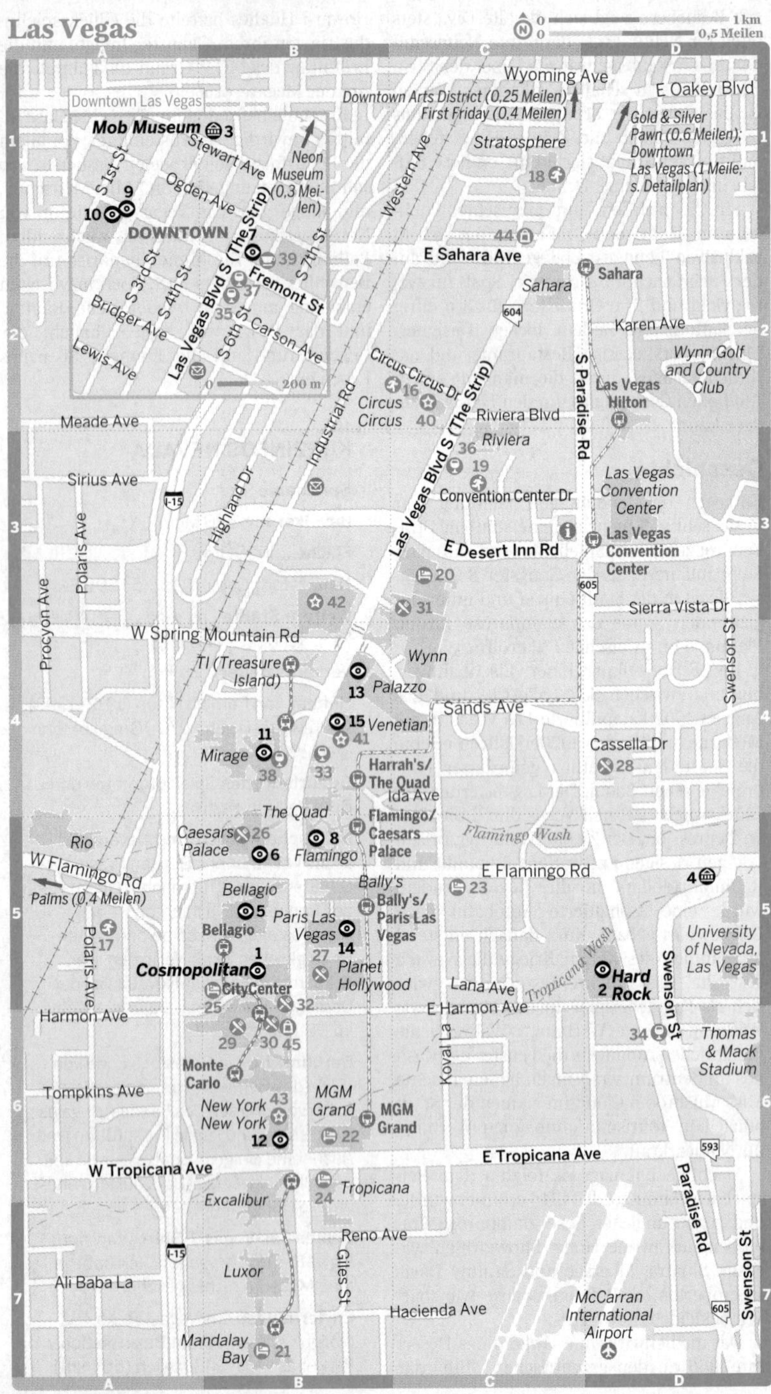

Downtown Las Vegas
Mob Museum 3
Stewart Ave
Neon Museum (0,3 Meilen)
S 1st St
Ogden Ave
DOWNTOWN
Fremont St
S 3rd St
S 4th St
S 6th St
S 7th St
Las Vegas Blvd S (The Strip)
Bridger Ave
Carson Ave
Lewis Ave
Wyoming Ave
E Oakey Blvd
Downtown Arts District (0,25 Meilen)
First Friday (0,4 Meilen)
Gold & Silver Pawn (0,6 Meilen); Downtown Las Vegas (1 Meile; s. Detailplan)
Stratosphere
Western Ave
E Sahara Ave
Sahara
Karen Ave
S Paradise Rd
Wynn Golf and Country Club
Circus Circus Dr
Circus Circus
Las Vegas Hilton
Riviera Blvd
Riviera
Industrial Rd
Meade Ave
Sirius Ave
Highland Dr
Convention Center Dr
Las Vegas Convention Center
E Desert Inn Rd
Polaris Ave
Procyon Ave
Sierra Vista Dr
W Spring Mountain Rd
TI (Treasure Island)
Wynn
Palazzo
Sands Ave
Swenson St
Venetian
Cassella Dr
Mirage
Harrah's/ The Quad
Ida Ave
The Quad
Flamingo/ Caesars Palace
Flamingo Wash
Caesars Palace
Rio
Flamingo
W Flamingo Rd
Palms (0,4 Meilen)
E Flamingo Rd
Bally's
Bellagio
Bally's/ Paris Las Vegas
Paris Las Vegas
University of Nevada, Las Vegas
Cosmopolitan
CityCenter
Planet Hollywood
Lana Ave
Tropicana Wash
Hard Rock
E Harmon Ave
Harmon Ave
Koval La
Thomas & Mack Stadium
Monte Carlo
Tompkins Ave
New York New York
MGM Grand
E Tropicana Ave
W Tropicana Ave
Tropicana
Excalibur
Reno Ave
Luxor
Giles St
Paradise Rd
Ali Baba La
Hacienda Ave
McCarran International Airport
Mandalay Bay
1 km
0,5 Meilen
200 m

Las Vegas

Highlights
1 Cosmopolitan B5
2 Hard Rock D5
3 Mob Museum B1

Sehenswertes
4 Atomic Testing Museum D5
5 Bellagio B5
Bellagio Conservatory & Botanical Gardens ...... (siehe 5)
Bellagio Gallery of Fine Art ...... (siehe 5)
6 Caesars Palace B5
7 Emergency Arts B2
8 Flamingo B5
9 Fremont Street Experience A1
10 Golden Nugget A1
11 Mirage B4
12 New York-New York B6
13 Palazzo B4
14 Paris-Las Vegas B5
15 Venetian B4
Wildlife Habitat ...... (siehe 8)

Aktivitäten, Kurse & Touren
16 Adventuredome C2
17 Fast Lap A5
Qua Baths & Spa ...... (siehe 6)
18 Stratosphere Tower C1
19 Vegas Indoor Skydiving C3

Schlafen
Caesars Palace ...... (siehe 6)
Cosmopolitan ...... (siehe 1)
20 Encore C3
Hard Rock ...... (siehe 2)
21 Mandalay Bay B7
22 MGM Grand B6
23 Platinum Hotel C5
24 Tropicana B6
25 Vdara B5

Essen
26 Bacchanal Buffet B5
DOCG Enoteca ...... (siehe 1)
27 Earl of Sandwich B5
28 Firefly D4
Gordon Ramsay Steak ...... (siehe 14)
Joël Robuchon ...... (siehe 22)
L'Atelier de Joël Robuchon ...... (siehe 22)
Pink Taco ...... (siehe 2)
29 Sage B6
Secret Pizza ...... (siehe 1)
30 Social House B6
31 Society Café C3
32 Todd English PUB B5
Wicked Spoon Buffet ...... (siehe 1)

Ausgehen & Nachtleben
33 Carnaval Court B4
Chandelier Bar ...... (siehe 1)
34 Double Down Saloon D6
35 Downtown Cocktail Room B2
36 Fireside Lounge C3
37 Griffin B2
Mix ...... (siehe 21)
Parasol Up – Parasol Down ...... (siehe 31)
38 Rhumbar B4
39 The Beat Coffeehouse B2

Unterhaltung
40 Circus Circus C2
House of Blues ...... (siehe 21)
La Rêve ...... (siehe 31)
LOVE ...... (siehe 11)
Marquee ...... (siehe 1)
41 Tao B4
42 Ticketmaster B3
Tix 4 Tonight ...... (siehe 8)
XS ...... (siehe 20)
43 Zumanity B6

Shoppen
44 Bonanza Gift Shop C2
Fashion Show Mall ...... (siehe 42)
Forum Shops ...... (siehe 6)
Grand Canal Shoppes ...... (siehe 15)
Shoppes at the Palazzo ...... (siehe 13)
45 The Shops at Crystals B6

Sehenswertes

Der Strip, auch als Las Vegas Blvd bekannt, ist ca. 4 Meilen (6 km) lang und das Herz von Sin City. Circus Circus Las Vegas steht am nördlichen Ende dieser Straße, Mandalay Bay unweit des Flughafens markiert das Südende. Ob man nun zu Fuß unterwegs ist oder fährt, auf dem Strip verliert man leicht das Gespür für Distanzen. Bis zu einem Kasino, das ganz nah zu sein scheint, läuft man normalerweise länger als erwartet.

Downtown Las Vegas ist das ursprüngliche Stadtzentrum. Dort befinden sich die ältesten Hotels und Kasinos: Das Ganze wirkt sehr retro, Getränke sind billiger und die Mindesteinsätze geringer als anderswo. Die wichtigste Straße hier ist die Fremont St. In der vier Häuserblocks langen überdachten Fußgängerzone findet jeden Abend eine kitschige Lightshow statt.

Die Haupttouristengegenden sind sicher. Der Abschnitt des Las Vegas Blvd zwischen Downtown und dem Strip ist hingegen recht heruntergekommen, und die Fremont St östlich des Zentrums wirkt ebenfalls zwielichtig, auch wenn sich das dank neuer Bars und Restaurants allmählich ändert.

Zum Zeitpunkt der Recherche hatte die schrittweise Eröffnung des 550 Mio. US$ teuren Einkaufs- und Unterhaltungskomplexes LINQ auf dem zentralen Strip begonnen. Hauptattraktion ist der High Roller, der mit knapp 170 m Durchmesser als das größte Riesenrad der Welt gilt. Am südlichen Ende des Strips gegenüber des Mandalay Bay entsteht Skyvue, ein über 150 m hohes Riesenrad mit elektronischer Reklametafel; die Bauarbeiten sind aber ins Stocken geraten und es kursieren Gerüchte über finanzielle Probleme.

Die Modernisierung des Viertels Fremont East geht dagegen weiter. Der riesige Onlineshop Zappos verlegte seinen Hauptsitz hierher und Firmenchef Tony Hsieh investierte im Rahmen seiner Initiative Downtown Project Hunderte Mio. Dollar in Gemeindeprojekte zur Wiederbelebung des Stadtteils.

The Strip

★ Cosmopolitan KASINO

(www.cosmopolitanlasvegas.com; 3708 Las Vegas Blvd S; 24 Std.) Der funkelnde dreistöckige Kerzenleuchter in diesem schicken Komplex am Strip ist keineswegs nur ein modernes Kunstwerk, das von außen bewundert werden kann. Tatsächlich kann man sich im Inneren einen exklusiven Cocktail schmecken und dabei das wahrhaft märchenhafte Ambiente auf sich wirken lassen. Auf moderne Aschenputtel wartet außerdem ein Schnappschuss in einem übergroßen von Roark Gourley entworfenen Schuh. Zuviel? Eigentlich nicht; das Gesamtkonzept macht Spaß und wirkt nicht überambitioniert, auch wenn überall kitschige Unterhaltung wartet – man denke an Art-o-Matics (altmodische Zigarettenautomaten, die lokale Kunst ausspucken) und das versteckte Secret Pizza.

★ Hard Rock KASINO

(www.hardrockhotel.com; 4455 Paradise Rd; 24 Std.) Das Kasinohotel erinnert an Mick Jagger – trotz seines fortgeschrittenen Alters erobert es schmolllippig und wild jede Bühne. 750 Mio. US$ wurden in zwei neue Gebäude investiert und noch immer lockt das hippe Hard Rock mit Konzerten, Flair und einer eindrucksvollen Sammlung von Rock'n' Roll-Sammlerstücken jede Menge Besucher an. Zu den Highlights gehören der von Jim Morrisons handgeschriebene Text zu einem der bekanntesten Doors-Hits und Lederjacken verschiedener Rockgrößen. Die Konzerthalle Joint, der Vanity Nightclub und die „Rehab"-Poolpartys im Sommer am Paradise Beach erfreuen sich bei der herausgeputzten flirtbereiten Promi-Klientel großer Beliebtheit.

Bellagio KASINO

(www.bellagio.com; 3600 Las Vegas Blvd S; 24 Std.) Das Bellagio besticht durch toskanische Architektur und einen gewaltigen künstlichen See inklusive tanzender Wasserfontänen mit Musikbegleitung (unbedingt ansehen!). Beim Betreten der Lobby sollte man nach oben schauen: Die Decke ziert eine von hinten beleuchtete Glasskulptur mit 2000 mundgeblasenen Blumen des bekannten Künstlers Dale Chihuly. Die **Bel-**

LAS VEGAS MIT KINDERN

Die Stadt richtet sich mittlerweile vor allem an erwachsene Besucher – das unterstreicht das kultige Motto „What happens in Vegas stays in Vegas" (Was in Vegas passiert, bleibt auch dort) – und ist deswegen keine gute Wahl für Familienurlauber. Wer noch nicht 21 ist, kann auf dem Weg zu Läden, Shows und Restaurants durch die meisten Kasinos gehen, darf jedoch nicht anhalten. Manche Häuser schreiben vor, dass Personen unter 21 von einem Erwachsenen begleitet werden müssen, wobei kleinere Kinder aus Sicherheitsgründen immer von einem Erwachsenen beaufsichtigt werden sollten. In einem Teil der Kasinos haben Besucher unter 21 keinen Zutritt.

Wer Sin City mit Kindern im Schlepptau besucht, sollte dennoch nicht verzweifeln. Das **Circus Circus** (www.circuscircus.com; 2880 Las Vegas Blvd S; 24 Std.;) hat sich ganz dem Vergnügen der lieben Kleinen verschrieben, während der 2 ha große überdachte Vergnügungspark **Adventuredome** (www.adventuredome.com; Tagespass über/unter 1,20 cm 28/17 US$, 5–8 US$/Fahrgeschäft; unterschiedl.;) Kletterwände, Autoscooter und seit Ende 2013 El Loco, eine neue 110 km/h schnelle Achterbahn, bietet. Im **Midway** (11–24 Uhr;) GRATIS wiederum gibt es Shows mit Tieren, Akrobaten und Zauberern.

Überschüssige Energie können Kids auf den Trampolinen in der **Skyzone** (www.skyzone.com/LasVegas; 4915 Steptoe St; 30/60 Min. 9/12 US$; Mo–Do 14–20, Fr 14–22, Sa 10–21, So 11–20 Uhr) loswerden.

lagio Gallery of Fine Art (Erw./Schüler/Kind 16/11 US$/frei; ⌚10–20 Uhr) zeigt Wechselausstellungen mit Werken berühmter Künstler. Auch im **Bellagio Conservatory & Botanical Gardens** (⌚24 Std.) GRATIS finden das ganze Jahr über Wechselausstellungen statt.

Caesars Palace KASINO

(www.caesarspalace.com; 3570 Las Vegas Blvd S; ⌚24 Std.) Caesar? In der weitläufigen labyrinthähnlichen griechisch-römischen Fantasiewelt denkt man eher an König Minos! Die Orientierung wird durch zu wenige und unübersichtliche Pläne erschwert, dennoch fasziniert der Komplex mit Marmorimitationen klassischer Statuen wie dem 4 t schweren Brahma-Schrein nahe dem Vordereingang. Hohe Springbrunnen, als Göttinnen aufgemachte Kellnerinnen und die schicken exklusiven **Forum Shops** machen das glamouröse Gesamtpaket perfekt. Den Part des Minotauros übernimmt übrigens das neue **Bacchanal Buffet** – der Versuch, dieses zu erlegen, ist aber zum Scheitern verurteilt.

Venetian KASINO

(www.venetian.com; 3355 Las Vegas Blvd S; Gondelfahrt Erw./privat 19/76 US$; ⌚24 Std.) Handgemalte Deckenfresken, umherspazierende Darsteller, Gondelfahrten und lebensechte Nachbauten berühmter venezianischer Sehenswürdigkeiten sind die Markenzeichen des romantischen Venetian. Auch das luxuriöse **Palazzo** (www.palazzo.com; 3325 Las Vegas Blvd S) nebenan präsentiert sich als kleines Italien, wirkt jeder weniger interessant.

Mirage KASINO

(www.mirage.com; 3400 Las Vegas Blvd S; ⌚24 Std.) Das kuppelförmige Atrium voller Dschungelpflanzen und erfrischender Wasserfälle erschafft die Illusion einer tropischen Fantasiewelt. Gesäumt wird es von einem weitläufigen Kasino mit polynesischem Dekor. Die Spieltische befinden sich in mehreren abgetrennten Bereichen, wodurch eine vertraulichere Atmosphäre entsteht. Beliebt ist z.B. das luxuriöse Pokerzimmer. Ein Hingucker ist das mit 75 000 l Salzwasser gefüllte Aquarium mit 60 Tierarten aus den unterschiedlichsten Regionen der Welt, von Fidschi bis zum Roten Meer. Vor dem Gebäude, in der Lagune, bricht nach Sonnenuntergang bis Mitternacht stündlich ein künstlicher Vulkan aus.

Paris-Las Vegas KASINO

(www.parislv.com; 3655 Las Vegas Blvd S; ⌚24 Std.) Das Kasino versucht durch Nachbauten von Pariser Wahrzeichen das Flair und die Fröhlichkeit der Stadt der Lichter einzufangen. Edle Repliken der Opéra Garnier, des Triumphbogens, der Champs-Élysées, des hoch aufragenden Eiffelturms und sogar der Seine verteilen sich in der Anlage.

Flamingo KASINO

(www.flamingolasvegas.com; 3555 Las Vegas Blvd S; ⌚24 Std.) Das Flamingo ist ein echter Vegas-Klassiker. Wer sich durch die Spielautomaten gekämpft hat, kann im **Wildlife Habitat** (3555 S Las Vegas Blvd; ⌚8 Uhr–Sonnenuntergang) GRATIS die chilenischen Flamingos bewundern, die auf dem 6 ha großen, tropisch gestalteten Gelände leben.

New York-New York KASINO

(www.newyorknewyork.com; 3790 Las Vegas Blvd S; ⌚24 Std.) Die Metropole im Miniformat wartet mit kleinen Repliken des Empire State Building, der Freiheitsstatue, des 9/11 Memorial und der Brooklyn Bridge auf. Zudem gibt's eine klassische Achterbahn mit einer 44 m hohen Abfahrt (Tickets 14 US$).

Downtown & Abseits des Strips

★ **Mob Museum** MUSEUM

(☎702-229-2734; www.themobmuseum.org; 300 Stewart Ave; Erw./Kind 20/14 US$; ⌚So–Do 10–19, Fr & Sa bis 20 Uhr) Bugs, Lucky oder Whitey – im neuen Mob Museum im Zentrum geben sich die großen Gangsterbosse in einem alten Bundesgebäude ein Stelldichein. Auf drei Stockwerken erläutern faszinierende, oft schockierende Ausstellungsstücke die Entwicklung des organisierten Verbrechens in den USA und dessen Verbindungen mit Las Vegas. Hier können sich Besucher über Geldwäsche informieren, Gespräche mittels Wanzen abhören, ein eigenes Fahndungsbild erstellen und die durchlöcherte mit Blut bespritzte Wand bestaunen, vor der die Opfer des Valentinstags-Massakers von 1929 erschossen wurden.

Für einen Besuch sollte man mehrere Stunden einplanen. Das Museum ist nicht für Kinder geeignet.

★ **Neon Museum** MUSEUM

(☎702-387-6366; www.neonmuseum.org; 770 Las Vegas Blvd N; Führung tagsüber Erw./Kind 18/12 US$, Führung abends 25/22 US$; ⌚Juni–Aug. 9–10 & 19.30–21 Uhr sowie zusätzliche Führungen tagsüber, ansonsten ab 10 Uhr) Ein Abstecher zu dem Friedhof ausrangierter Reklametafeln gibt unterhaltsame Einblicke in die Neon-Vergangenheit von Sin City. Die Guides erzählen von den ehemaligen hohen Tieren der Stadt, während sie an grellen Schildern vorbeilaufen, die einst deren Kasinos, sei es das Binion's oder das Stardust, zierten. Das neue Visitor Center ist in der Lobby des La Concha Motel untergebracht; der eindrucksvolle moderne Mid-City-Bau wurde 2005 hierher verlegt und so vor dem Abriss gerettet. Die Führungen sind obligatorisch und schnell ausgebucht, deshalb sollte man im Voraus online reservieren. Zum Zeitpunkt der Recherche veranstaltete das Museum auch Touren am Abend, dann ist ein Teil der Schilder beleuchtet. Aufgrund der Hitze finden im Sommer nachmittags keine statt. Die Führungen starten je nach Jahreszeit zu unterschiedlichen Zeiten, deswegen sollte man sich im Vorfeld telefonisch informieren.

Das Museum zeigt auch ausgelagerte Exponate in Form restaurierter alter Schilder, die sich in Downtown Las Vegas verteilen. Diese „urbane Galerie" wirkt abends mit entsprechender Beleuchtung am eindrucksvollsten. Die meisten Neontafeln befinden sich am Las Vegas Blvd zwischen Fremont St und Washington Ave.

Atomic Testing Museum MUSEUM

(www.atomictestingmuseum.org; 755 E Flamingo Rd; Erw./Kind 14/11 US$; ⏲ Mo–Sa 10–17, So 12–17 Uhr) Dieses von der Smithsonian Institution betriebene Museum erinnert an eine Zeit, als das Wort „atomar" noch gleichbedeutend war mit Fortschritt und Mysterium. Damals wurde die fantastische und zerstörerische Kraft atomarer Energie vor den Toren von Las Vegas getestet. Unbedingt anschauen sollte man sich das Ground Zero Theater, das einem Testbunker aus Beton nachempfunden ist.

Fremont Street Experience STRASSE

(www.vegasexperience.com; Fremont St, zw. Main St & Las Vegas Blvd; ⏲ 19–24 Uhr stdl.) Die vier Häuserblocks lange Fußgängerzone zwischen Main St und Las Vegas Blvd, die von einem gewölbten Stahldach mit computergesteuerter Lightshow überspannt wird, bildet die Fremont Street Experience. Die Attraktion hat Downtown Las Vegas neues Leben eingehaucht. Abend für Abend verwandelt sich das Dach in eine sechsminütige Light-and-Sound-Show mit 550 000 Watt starken Rundum-Sound, zudem spielen Bands auf mehreren Bühnen, und vom Slotzilla aus, einem zwölfstöckigen Spielautomaten, dessen Eröffnung zum Zeitpuntk der Recherche kurz bevorstand, kann man an zwei Ziplines durch die Luft düsen.

Golden Nugget KASINO

(www.goldennugget.com; 129 E Fremont St; ⏲ 24 Std.) Seit seiner Eröffnung 1946 ist dieses Kasinohotel in puncto Extravaganz im Downtown-Bezirk das Maß aller Dinge. Die aktuelle Hauptattraktion ist eine dreistöckige Wasserrutsche, die durch ein rund 760 000 l Wasser fassendes Haibecken nach unten führt. Im schicken ansprechenden Kasino wurde nicht an Messing und geschliffenem Glas gespart. Bekannt ist es vor allem für das Nichtraucher-Pokerzimmer und die RUSH Lounge, in der lokale Bands auftreten. Von der Hotellobby aus um die Ecke thront die riesige über 27 kg schwere „Hand of Faith", der größte Goldklumpen der Welt.

Downtown Arts District KUNSTZENTRUM

Am **ersten Freitag** (www.firstfridaylasvegas.com; ⏲ 17–23 Uhr) jedes Monats locken Galerieeröffnungen, Performance Art, Livebands und Tattoo-Künstler Zehntausende Kunstliebhaber, Hipster, Independent-Musiker und Schaulustige in das Künstlerviertel in Downtown Las Vegas. Das Geschehen konzentriert sich auf den S Casino Center Blvd zwischen Colorado Ave und California Ave nordwestlich des Stratosphere, wobei mittlerweile bis nach Fremont East Programm geboten wird.

Aktivitäten

Über Spazier- und Radwege der Gegend informiert Neon to Nature unter www.gethealthyclarkcountry.org.

Qua Baths & Spa SPA

(☎ 866-782-0655; www.harrahs.com/qua-caesars-palace; 3570 Las Vegas Blvd S, Caesars Palace; ⏲ 6–20 Uhr) In der Tee-Lounge, dem Kräuterdampfbad und dem (arktisch kalten) Eisraum, in dem es Trockeneisschneeflocken schneit, kommt man schnell mit anderen Spa-Gängern ins Gespräch.

Desert Adventures KAJAKFAHREN, WANDERN

(☎ 702-293-5026; www.kayaklasvegas.com; 1647 Nevada Hwy, Suite A, Boulder City; Touren ab 149 US$$) Nur 30 Minuten entfernt locken der Lake Mead und der Hoover Dam. Flussbegeisterte sollten sich das Angebot von Desert Adventures mit Wanderungen, Ausritten und geführten halb-, ein- und mehrtägigen Kajaktouren anschauen.

LAS VEGAS FÜR ADRENALINJUNKIES

Autorennen Das **Richard Petty Driving Experience** (☎800-237-3889; www.drivepetty.com; 6975 Speedway Blvd, Las Vegas Motor Speedway, I-15 Exit 54; als Beifahrer ab 99 US$; als Fahrer ab 449 US$; ⏲Öffnungszeiten unterschiedlich) bietet Fahrten in Rennwagen, alternativ gibt's bei **Fast Lap** (☎702-736-8113; www.fastlaplv.com; 4288 S Polaris; 25 US$/Rennen; ⏲Mo–Sa 10–23, So 10–22 Uhr) die eine oder andere Runde im frisierten Go-Kart.

Indoor-Fallschirmspringen Keine Zeit für einen Sprung unter freiem Himmel? Bei **Vegas Indoor Skydiving** (☎702-731-4768; www.vegasindoorskydiving; 200 Convention Center Dr; Fallschirmsprung 85 US$; ⏲9.45–20 Uhr) lässt sich der Adrenalinstoß in einer Halle erleben.

Schießen Wer immer schon einmal eine Maschinenpistole abfeuern oder eine Glock in seinen verschwitzten kleinen Händen halten wollte, ist im **Gun Store** (☎702-454-1110; www.thegunstorelasvegas.com; 2900 E Tropicana Ave; ab 99 US$; ⏲9–18.30 Uhr; 🚌201) samt videogestütztem Schießstand richtig.

Stratosphere Auf dem 110-stöckigen **Kasino** (☎702-380-7777; www.stratospherehotel.com; Stratosphere, 2000 Las Vegas Blvd S; Fahrstuhl Erw./erm. 18/15 US$, inkl. 3 Achterbahnfahrten 33 US$, Tagespass 34 US$, SkyJump ab 110 US$; U-Bahn Sahara) können Adrenalinjunkies Achterbahn fahren, mit dem Big Shot 16 Stockwerke abwärts sausen, sich in luftiger Höhe herumwirbeln lassen oder sich 32 m in die Tiefe stürzen.

Ziplining Auf den vier Zipline-Routen von **Flightlinez** (☎702-293-6885; www.flightlinezbootleg.com; 1152 Industrial Rd, Boulder City; Erw./Kind 159/99 US$; ⏲7–17 Uhr) saust man über den Bootleg Canyon hinweg. Vom zwölfstöckigen Slotzilla aus, der bald an der Fremont St öffnet, geht's über die Menschenmassen elf Etagen in die Tiefe.

Escape Adventures MOUNTAINBIKEN
(☎800-596-2953; www.escapeadventures.com; 10575 Discovery Dr; Touren inkl. Mountainbike ab 129 US$) Die richtige Adresse für geführte Mountainbiketouren im Red Rock Canyon State Park.

Schlafen

Die Übernachtungspreise schwanken sehr stark. Auf den Websites mancher Hotels gibt's Kalender mit den entsprechenden saisonalen Tarifen. Die meisten Hotels auf dem Strip erheben mittlerweile täglich eine zusätzliche Resortgebühr, die im Folgenden angegeben ist.

The Strip

★Vdara HOTEL $$
(☎702-590-2767; www.vdara.com; 2600 W Harmon Ave; Zi. 159–196 US$; P 📶 🏊) Kühle Raffinesse und herzliche Gastfreundschaft gehen im Vdara, einem Suite-Hotel ohne Kasino im neuen CityCenter-Komplex, problemlos Hand in Hand. Mit ihren erdfarbenen Wänden, schokoladenbraunen Möbeln und moosgrünen Kissen versprühen die Zimmer erholsames Naturflair, wie es für eine LEED-zertifizierte Anlage typisch ist. Wer sich geschickt anstellt, ergattert vielleicht ein Zimmer mit Blick auf die Wasserspiele des Bellagio. In der Nähe befindet sich die Haltestelle Bellagio der Monorail. Resortgebühr: 28 US$.

Tropicana KASINOHOTEL $$
(☎702-739-2222; www.troplv.com; 3801 Las Vegas Blvd S; Zi. ab 129 US$, Suite ab 229 US$; P ❄ @ 📶 🏊) Nach millionenschweren Renovierungsmaßnahmen ist das Retro-Kasino, das seit 1953 Tropenflair auf dem Strip versprüht, wieder angesagt. Das Ambiente ist fast ein bisschen zu hip, mit seinen hellen Farben, den grünen erholsamen Gärten, den erdfarbenen luftigen Zimmern und Suiten mit zwei Ebenen weiß das Tropicana aber zweifellos zu überzeugen. Resortgebühr: 20 US$.

MGM Grand KASINOHOTEL $$
(☎702-891-7777, 800-929-1111; www.mgmgrand.com; 3799 Las Vegas Blvd S; Zi. ab 122 US$, Suite ab 150 US$; P ❄ @ 📶 🏊) Mit über 5000 Zimmern zählt der grüne Riese zu den größten Hotels der Welt, doch ist größer auch besser? Das ist Ansichtssache, wobei erstklassige Restaurants, ein weitläufiger Poolkomplex und eine Monorail-Haltestelle positiv ins Gewicht fallen – sofern man sein Zimmer findet. Die Standardzimmer sind wenig ansprechend eingerichtet, deswegen ist der minimalistisch-moderne West Wing vorzu-

ziehen. Die Signature Suites bieten mehr Platz, geschmackvollere Einrichtung und eine Küchenzeile. Resortgebühr: 28 US$.

Caesars Palace KASINOHOTEL **$$**
(☎866-227-5938; www.caesarspalace.com; 3570 Las Vegas Blvd S; Zi. ab 197 US$; P ❄ @ ≋) Hinfort mit den Zenturien und hinein in diese stilvolle Bleibe: Das Caesars bietet die wohl edelsten Standardzimmer der Stadt. Resortgebühr: 25 US$.

Cosmopolitan KASINOHOTEL **$$$**
(☎702-698-7000; www.cosmopolitanlasvegas.com; 3708 Las Vegas Blvd S; Zi./Suite ab 320/ 470 US$; P ❄ @ ≋) Das labyrinthartige Hotel erinnert an eine ausgesprochen hippe Version von Hogwarts und verzaubert seine Gäste mit eindrucksvollen Details und unterhaltsamen Überraschungen. Die wundersame Reise beginnt schon in der Lobby, wo digitale Säulen eindrucksvolle Kulissen abbilden. Die Zimmer überzeugen mit ihrem modernen Design, doch das eigentliche Highlight ist, dass man morgens um 1 Uhr noch eine Runde Billard in den Lobbys oben spielen kann, bevor man sich auf die Suche nach dem versteckten Pizzalokal macht. Resortgebühr: 25 US$.

Mandalay Bay KASINOHOTEL **$$$**
(☎702-632-7777, 877-632-7800; www.mandalaybay.com; 3950 Las Vegas Blvd S; Zi. 141–291 US$; P ❄ @ ≋) Die aufwendig verzierten Zimmer versprühen Südsee-Flair und bieten Annehmlichkeiten wie Panoramafenster und luxuriöse Bäder. Wasserratten wird die Poolanlage samt Strand zum Sonnen und Surfen begeistern. Resortgebühr: 28 US$.

Encore KASINOHOTEL **$$$**
(☎702-770-8000; www.encorelasvegas.com; 3121 Las Vegas Blvd S; Zi./Suite ab 303/449 US$; P ❄ @ ≋) Edel-verspielt statt übertrieben-opulent präsentiert sich das Encore. Selbst die Zuschauer am Roulettetisch scheinen ein wenig distinguierter zu klatschen. Die Zimmer sind Musterbeispiele für dezenten Luxus. Resortgebühr: 28 US$.

Downtown & Abseits des Strips

Die Hotels in der Downtown sind generell günstiger als die am Strip.

Main Street Station KASINOHOTEL **$**
(☎800-713-8933, 702-387-1896; www.mainstreetcasino.com; 200 N Main St; Zi. ab 50 US$; P ❄) Das 17-stöckige Hotel im Zentrum mit Marmorboden in den Lobbys und viktorianischen Wandleuchtern auf den Gängen ist eine der günstigsten Optionen der Gegend. Die klassisch eingerichteten Zimmer sind nichts Besonderes, verfügen jedoch über Holzjalousien und gemütliche Betten. Das Mob Museum und die Fremont St sind zu Fuß zu erreichen, und es gibt eine hauseigene Mikrobrauerei.

Golden Nugget KASINOHOTEL **$$**
(☎800-846-5336, 702-385-7111; www.goldennugget.com; 129 E Fremont St; Zi. 99–239 US$, Suite 179–269 US$; P ❄ @ ≋) Die Zimmer im Gold und Rush Tower wirken eleganter, doch auch die im traditioneller gestalteten Carson Tower können sich sehen lassen. Draußen locken eine hübsche Poollandschaft und eine dreistöckige Wasserrutsche, die durch ein Haibecken führt.

Platinum Hotel BOUTIQUEHOTEL **$$**
(☎702-365-5000, 877-211-9211; www.theplatinumhotel.com; 211 E Flamingo Rd; Zi. ab 152 US$; P ❄ @ ≋) Nur ein kurzes Stück vom Strip entfernt bietet das Platinum ansprechende moderne Zimmer in einer komfortablen, weitläufigen und glücksspielfreien Anlage. Hinzu kommen tolle Extras wie Küchen, Whirlpools und teilweise auch Kamine. Der Strip ist zehn bis 15 Gehminuten entfernt. Für Haustiere muss eine einmalige Gebühr von 75 US$ entrichtet werden.

Hard Rock KASINOHOTEL **$$$**
(☎800-473-7625, 702-693-5000; www.hardrockhotel.com; 4455 Paradise Rd; Zi. 122–399 US$; P ❄ @ ≋) In diesem Boutiquehotel riecht es förmlich nach Ruhm. Die Fenstertüren gewähren einen grandiosen Blick auf die Skyline und jede Menge Palmen, und die in kräftigen Farben gehaltenen, minimalistischen Zimmer warten mit genialen Stereoanlagen und Plasma-TVs auf. Wir lieben die Jukeboxen im HRH All-Suite Tower, doch die Standardzimmer sind fast genauso cool. Im opulenten Beach Club ist Party angesagt.

Red Rock Resort RESORT **$$$**
(☎702-797-7777; www.redrock.sclv.com; 11011 W Charleston Blvd; Zi. 140–380 US$; P ❄ @ ≋) Wer eine Wanderung im Red Rock Canyon plant, kann in diesem paradiesisch-stilvollen Resort, 15 Meilen (24 km) westlich des Strips, die nötige Energie dafür tanken. Die Zimmer in ruhigen Grün- und dunklen Brauntönen mit vielen Kissen sind gemütlich, geräumig und gut eingerichtet. Zur Anlage gehören

eine Bowlingbahn und ein Kino, zudem gibt es einen kostenlosen Transportservice zum Strip und zum Flughafen.

Essen

Die Stadt der Sünde wartet mit unvergleichlichen Gaumenfreuden auf. In den schickeren Restaurants geht nichts ohne vorherige Reservierung.

The Strip

Auf dem eigentlichen Strip gibt es, abgesehen von den Fast-Food-Ketten, kaum preiswertes Essen.

Secret Pizza PIZZA **$**
(3708 Las Vegas Blvd S, Cosmopolitan; Stück 5 US$, Pizza 25 US$; ⌚11.30–3 Uhr) Irgendwo im Cosmopolitan versteckt sich diese unbeschilderte Pizzeria. Wo genau, verraten wir nicht, wo bliebe denn da der Spaß? Wen es jedoch spätabends nach einem Stück New Yorker Pizza gelüstet, der macht sich auf den Weg in den 3. Stock und hält nach einem schmalen Gang zwischen den anderen Lokalen Ausschau oder stellt sich einfach mit den anderen Nachtschwärmern in die Schlange.

Earl of Sandwich SANDWICHES **$**
(www.earlofsandwichusa.com; 3667 Las Vegas Blvd S, Planet Hollywood; Hauptgerichte bis 7 US$; ⌚24 Std.) Ja ja, schon gut, das Earls of Sandwich ist eine Kette, doch die Sandwiches sind lecker, die Preise niedrig und die Lage mitten auf dem Strip günstig. Und jeder scheint's zu mögen!

Todd English PUB PUB **$$**
(www.toddenglishpub.com; 3720 Las Vegas Blvd S, Crystals; Hauptgerichte 16–24 US$; ⌚Mo–Fr 11–2, Sa & So 9.30–2 Uhr) Das unterhaltsame PUB unter der Leitung des Bostoners Todd English ist eine witzige Kreuzung aus britischem Pub und Verbindungsparty. Neben kreativen Burgern und über 80 Biersorten, zu denen auch englische Klassiker gehören, gibt's ein interessantes Angebot: Wer sein Bier in weniger als sieben Sekunden herunterkippt, muss nichts dafür bezahlen.

Society Café CAFÉ **$$**
(www.wynnlasvegas.com; 3121 Las Vegas Blvd S, Encore; Frühstück 14–22 US$, Abendessen 15–39 US$; ⌚So–Do 7–23, Fr & Sa 7–23.30 Uhr) Gaumenfreuden zu erschwinglichen Preisen inmitten des schönen Ambientes des Encore. Das einfache Café hat den Standard eines Nobelrestaurants. Es gibt eine kleine Auswahl veganer Gerichte bei allen Menüs.

Social House JAPANISCH **$$**
(☎702-736-1122; www.socialhouselv.com; 3720 Las Vegas Blvd S, Crystals Mall, CityCenter; Mittagsmenü 20 US$, Sushi 6–24 US$, Hauptgerichte 22–38 US$; ⌚Mo–Do 17–22, Fr & Sa 12–23, So 12–22 Uhr) In einem der fröhlichsten, wenn auch heißesten Speisesäle am Strip kann man sich über kreative Gerichte hermachen, die an japanisches Fast Food angelehnt sind. Schriftrollen mit Wasserzeichen, Holztrennwände und jede Menge rote und schwarze Visionen des Japanischen Kaiserreichs prägen das Dekor – das Sushi und die Steaks sind aber durch und durch modern.

Joël Robuchon FRANZÖSISCH **$$$**
(☎702-891-7925; www.mgmgrand.com; 3799 Las Vegas Blvd S, MGM Grand; Hauptgerichte 135–175 US$, Menü 120–420 US$/Pers.; ⌚So–Do 17.30–22, Fr & Sa bis 22.30 Uhr) Ein einmaliges kulinarisches Erlebnis, für das man sich gut und gern drei Stunden Zeit nehmen sollte. Die mehrgängigen saisonal wechselnden Menüs bringen einem die traditionelle französische Küche näher. Im **L'Atelier de Joël Robuchon** (☎702-891-7358; www.mgmgrand.com; 3799 Las Vegas Blvd S, MGM Grand; Hauptgerichte 41–97 US$; ⌚17–23 Uhr) nebenan gibt's etwas preiswertere, aber immer noch köstliche Gerichte.

Picasso FRANZÖSISCH **$$$**
(☎702-693-8865; www.bellagio.com; 3600 Las Vegas Blvd S, Bellagio; Menü 115 US$; ⌚Mi–Mo 17.30–21.30 Uhr) Hier kann man sich inmitten der

FÜR GENIESSER: DIE BESTEN BUFFETS

Extravagante All-you-can-eat-Buffets haben in Sin City Tradition. Zu den besten gehören:

Bacchanal Buffet (www.caesarspalace.com; 3570 Las Vegas Blvd S, Caesars Palace; morgens 20 US$, mittags 30 US$, abends 40 US$)

Wicked Spoon Buffet (www.cosmopolitanlasvegas.com; 2708 Las Vegas Blvd S, Cosmopolitan; Brunch 33 US$, abends 41 US$)

Buffet Bellagio (☎702-693-7111; www.bellagio.com; Bellagio, 3600 Las Vegas Blvd S; morgens 18 US$, mittags 22 US$, abends 33 US$)

Werke des großen Meisters stärken. Diese sind jedoch nicht das einzig Meisterhafte in diesem schicken französischen Restaurant unter der Leitung des Küchenchefs Julian Serrano: Die Gerichte des Vier-Gänge-Menüs sind für sich genommen kleine Kunstwerke. Die Portionen sind klein, nach mehreren Gängen ist man in der Regel dennoch satt. Die Desserts sind spektakulär.

Gordon Ramsay Steak STEAK **$$$**
(☎877-346-4642; www.parislasvegas.com; 3655 Las Vegas Blvd S, Paris; Hauptgerichte 32–63 US$; ⏲16.30–22.30 Uhr, Bar Fr & Sa bis 24 Uhr) Wer Lust auf ein erstklassiges Steak hat, lässt Paris und den Eiffelturm hinter sich und betritt über den „Eurotunnel" Gordon Ramsays neues Steakhaus. Das in Rottönen gehaltene Restaurant wird von einer Kuppel mit dem Union Jack bekrönt und zählt zu den besten der Stadt. Wer nicht reserviert hat, kann sich an der Bar von den fachkundigen Barkeepern die Fleischspezialitäten und ihre Zubereitung erklären lassen. Das Beilagenbrot ist lecker, und das Angebot runden Fisch, Koteletts und ein einsames Hühnchengericht ab.

Sage AMERIKANISCH **$$$**
(☎702-590-8690; www.arialasvegas.com; 3730 Las Vegas Blvd S, Aria; Hauptgerichte 35–54 US$; ⏲Mo–Sa 17–23 Uhr) Der renommierte Koch Shawn McClain kombiniert saisonale regionale Zutaten mit internationalen Einflüssen und serviert das Ganze in einem der eindrucksvollsten Speiseräume von Las Vegas. Unbedingt probieren sollte man die saisonalen Cocktails mit hausgemachten Likören, französischem Absinth und Fruchtmark.

DOCG Enoteca ITALIENISCH **$$$**
(☎877-893-2003; www.cosmopolitanlasvegas.com; 3708 Las Vegas Blvd S, Cosmopolitan; Hauptgerichte 22–45 US$; ⏲18–23 Uhr) In einem geschmackvollem Raum im Stil einer *enoteca* (Weinbar), die das Flair einer festlichen Dinner-Party versprüht, kommen köstliche frische Pasta und Holzofenpizzas auf den Tisch, während das sexy **Scarpetta** (☎877-893-2003; www.cosmopolitalasvegas.com; 3708 Las Vegas Blvd S; Hauptgerichte 24–55 US$; ⏲18–23 Uhr) nebenan intimere gehobenere kulinarische Erlebnisse verspricht. Beide stehen unter der Leitung des fantastischen Scott Conant.

Downtown & Abseits des Strips

Feinschmecker kommen abseits des Strips richtig auf ihre Kosten. Die Restaurants in Downtown bieten ein besseres Preis-Leistungs-Verhältnis als die am Strip, und rund um die E Fremont St entstehen neue Lokale.

Die asiatischen Restaurants in der Spring Mountain Rd in Chinatown sind gute Budgetoptionen und servieren viele vegetarische Gerichte.

★**Raku** JAPANISCH **$$**
(☎702-367-3511; www.raku-grill.com; 5030 W Spring Mountain Rd; kleine Gerichte 2–18 US$, Hauptgerichte 8–19 US$; ⏲Mo–Sa 18–3 Uhr) Der japanische Besitzer und Küchenchef Mitsuo Edo zaubert kleine Gerichte voll feiner exquisiter Aromen. Hier kann man gar nicht aufhören zu bestellen, wobei gegrilltes Fleisch, hausgemachter Tofu und saisonales Gemüse zur Wahl stehen. Empfehlenswert sind die Tofuvariationen und das Kobe-Rind mit Wasabi. Das Raku liegt eine 15-minütige Taxifahrt vom Strip entfernt. Wer nicht reserviert hat, muss mit einem Platz an der kleinen Bar vorlieb nehmen.

★**Lotus of Siam** THAILÄNDISCH **$$**
(☎702-735-3033; www.saipinchutima.com; 953 E Sahara Ave; Hauptgerichte 9–30 US$; ⏲Mo–Fr 11.30–14.30, Buffet bis 14, tgl. 17.30–22 Uhr) Wenn man dem *Gourmet Magazine* Glauben schenken darf, speist man hier im besten thailändischen Restaurant der USA. Ein einziger Happen vom Pad Thai oder von den anderen exotischen nordthailändischen Gerichten wirkt durchaus überzeugend.

Firefly TAPAS **$$**
(www.fireflylv.com; 3824 Paradise Rd; kleine Gerichte 4–10 US$, Hauptgerichte 12–20 US$; ⏲So–Do 11.30–2 Uhr) Ein Essen im Firefly ist oft doppelt so spaßig und halb so teuer wie in einem der überzogenen Restaurants auf dem Strip, was wohl seine große Beliebtheit erklärt. Während sich Gäste traditionelle spanische Tapas schmecken lassen, schenkt der Barkeeper Sangria aus und mixt Mojitos mit verschiedenen Geschmacksrichtungen.

Eat FRÜHSTÜCK, AMERIKANISCH **$$**
(☎702-534-1515;www.facebook.com/eatdowntownlv; 707 Carson Ave; Frühstück 8–20 US$, Mittagessen 9–25 US$; ⏲Mo–Fr 8–15, Sa & So bis 14 Uhr) Was den Neuzugang so besonders macht, sind vor allem die gesellige Atmosphäre und die bodenständige Küche. Tatsächlich ist man versucht, in das begeisterte Raunen der anderen Gäste miteinzustimmen, wenn am Nachbartisch ein riesiges Hühnchenschnitzel serviert wird. Zwischen Betonboden und sparsamem Dekor kann's recht laut werden,

das macht jedoch einen Teil des Charmes aus und stört beim Verdrücken von Beignets, getrüffelten Eiersandwiches oder Shrimps mit Maisgrütze überhaupt nicht.

Das Restaurant ist ein Gemeinschaftsprojekt der Köchin Natalie Young, einer Veteranin der Gastronomieszene von Las Vegas, und dem Downtown Project unter der Leitung des Zappo-Chefs Tony Hsieh.

Pink Taco MEXIKANISCH **$$**
(www.hardrockhotel.com; 4455 Paradise Rd, Hard Rock; Hauptgerichte 14–21 US$; ⏲ So–Do 11–22 Uhr, Fr & Sa open end) Die Happy Hour (Margaritas für 5 US$), die grüne Terrasse am Pool und das nette Rock'n'Roll-Publikum sorgen im Pink Taco stets für einladende Partystimmung.

Hugo's Cellar STEAK, SEAFOOD **$$$**
(Four Queens; ☎ 702-385-4011; www.hugoscellar.com; 702 Fremont St; Hauptgerichte 37–60 US$; ⏲ 17.30–22.30 Uhr) Hier zeigt sich Vegas von seiner altmodischen Seite, was in diesem Fall positiv gemeint ist. In den dunklen clubartigen Räumlichkeiten unter dem Four Queens wird noch immer sehr viel Wert auf Service gelegt: Die Damen erhalten eine Rose, Salate werden neben dem Tisch angemacht und die Mitarbeiter sind aufmerksam und zuvorkommend. Für edles Vintage-Flair sorgen zudem Gerichte wie Veal Oscar, Filet Wellington und Kirschdesserts.

Ausgehen

In der E Fremont St öffnen viele neue interessante Bars. Ein Zipline-Flug den Slotzilla hinunter mit anschließendem Spaziergang lohnt sich in jedem Fall.

The Strip

★ **Chandelier Bar** BAR
(www.cosmopolitanlasvegas.com; 3708 Las Vegas Blvd S, Cosmopolitan; ⏲ vom Stockwerk abhängig, 1. OG 24 Std.) In einer Stadt voller opulenter Hotellobbys zieht das Chandelier sämtliche Register. Hier sitzen die Cosmopolitan-Hipster und genießen das seltsam aufregende Gefühl, sich in einem gewaltigen Kristallkronleuchter zu betrinken.

Mix LOUNGE
(www.mandalaybay.com; 3950 Las Vegas Blvd S, 64. OG, THEhotel at Mandalay Bay; Eintritt nach 22 Uhr 20–25 US$; ⏲ So–Mi 17–1, Do bis 2, Fr & Sa bis 3 Uhr) Die Adresse für einen Cocktail bei Sonnenuntergang. Bereits im gläsernen Aufzug hat man eine geniale Aussicht. Das Mix bietet modernste Innenarchitektur und einen Balkon in luftiger Höhe.

> **EMERGENCY ARTS**
>
> Café, Kunstgalerie, Ateliers und eine Art Gemeindezentrum unter einem Dach, und das mitten in Downtown Las Vegas? Das **Emergency Arts** (www.emergencyartslv.com; 520 Fremont St) mit dem **Beat Coffeehouse** (www.thebeatlasvegas.com; Sandwiches 6–8 US$; ⏲ Mo–Fr 7–24, Sa 9–24, So 9–17 Uhr; 📶) ist eine Bastion entspannter Coolness. Es gibt starken Kaffee, und auf alten Mischpulten werden Vintage-Platten abgespielt. Wer ein paar findige Einheimische treffen will, um Insidertipps abzustauben, ist hier genau richtig.

Rhumbar COCKTAILBAR
(☎ 702 792-7615; www.mirage.com; 3400 Las Vegas Blvd S, Mirage; ⏲ So–Do 13–24, Fr & Sa 13–2 Uhr) Die minzigen Mojitos und Frozen Daiquiris in der karibisch anmutenden Rhumbar mit Zigarren-Lounge in praktischer Nähe zum Südeingang des Mirage zeugen von größter Cocktailkunst. Die gemütlichen Tische auf der Terrasse mit Blick auf den Strip und luftigem Strandflair laden zum Entspannen ein.

Parasol Up – Parasol Down BAR, CAFÉ
(www.wynnlasvegas.com; 3131 Las Vegas Blvd S, Wynn; ⏲ 11–2 Uhr, Parasol Up Fr & Sa bis 4 Uhr) Hier können Gäste mit einem Mojito mit frischen Früchten an einem beruhigend plätschernden Wasserfall im Wynn entspannen und eine der erfolgreichsten Versionen des Paradieses in Las Vegas erleben.

Carnaval Court BAR
(☎ 702-369-5000; www.harrahslasvegas.com; 3475 Las Vegas Blvd S, vor dem Harrah's; Eintritt unterschiedlich; ⏲ 11–3 Uhr) In der Freiluftbar jonglieren Barkeeper vor lärmend-geselliger Kundschaft mit Feuer. Jeden Abend sorgen Pop- und Rock-Coverbands auf der Bühne für Stimmung, die Aufmerksamkeit gehört allerdings den attraktiven Mädels an der Bar. Partystimmung pur!

Downtown & Abseits des Strips

Wer sich zusammen mit den Einheimischen vergnügen möchte, ist in einer ihrer Lieblingsadressen genau richtig. Neue Bars und

Cafés öffnen an der E Fremont St, der besten Alternative zum Strip.

Griffin BAR
(☎702-382-0577; 511 E Fremont St; Eintritt 5–10 US$; ⊙Mo–Fr 17–3, Sa 19–3, So 20–2 Uhr) Wer dem Kasino-Hype entkommen möchte, ist in dieser Indie-Bar, einen kurzen Fußmarsch die weniger beleuchtete Fremont St entlang, richtig. Knisternde Kamine, Ledernischen und eine fast zu coole Jukebox machen das dunkle, gemütliche Griffin bei Rebellen, jungen Hipstern und sicherlich auch dem einen oder anderen Vampir beliebt.

Commonwealth COCKTAILBAR
(www.commonwealthlv.com; 525 E Fremont St; ⊙Mi–Fr 18–2, Sa & So 20–2 Uhr) Die neue Cocktailbar mit Saloon-Flair ist vielleicht etwas zu hip für die entspannte E Fremont St, die Einrichtung im Steampunk-Stil ist jedoch zweifellos einen Blick wert. Sanft flackernde Kerzenleuchter und viktorianischer Schnickschnack bilden die perfekte Kulisse für einen Drink, zudem gibt's eine Dachbar und angeblich auch eine geheime Bar.

Downtown Cocktail Room LOUNGE
(☎702-880-3696; www.downtownlv.net; 111 Las Vegas Blvd S; Eintritt frei–10 US$; ⊙Mo–Fr 16–2, Sa 19–2 Uhr) Die Kneipe mit ernstzunehmenden Retro-Cocktails, Satinkissen und Wildledersofas wirkt im Vergleich zu den mit Teppich ausgelegten klassischen Bars der Fremont St wie aus der Zeit gefallen. In echter Prohibitions-Manier ist der Eingang getarnt.

Fireside Lounge COCKTAILBAR
(www.peppermilllasvegas.com; 2985 Las Vegas Blvd S, Peppermill; ⊙24 Std.) Dieses altmodische Café ist ein völlig unerwartetes, romantisches Schlupfloch in der Nähe des Strips. Pärchen lieben die gedämpfte Beleuchtung, die in den Boden eingelassene Feuerstelle und die gemütlichen Sitznischen, in denen man einen Cocktail zu zweit trinken kann.

Double Down Saloon BAR
(www.doubledownsaloon.com; 4640 Paradise Rd; Eintritt frei; ⊙24 Std.) Der Spezialdrink in diesem Schuppen ist säuerlich und blutrot und heißt „Ass Juice" (Arschsaft) – mehr Punk-Rock-Feeling geht nicht. In der Happy Hour (12–17 Uhr) kosten alle Drinks nur 2 US$. Phänomenale Jukebox, Bezahlung nur in bar.

☆ Unterhaltung

Das allabendliche Unterhaltungsangebot in Las Vegas ist riesig. Karten für fast alle Veranstaltungen verkauft **Ticketmaster** (☎800-745-3000; www.ticketmaster.com). **Tix 4 Tonight** (☎877-849-4868; www.tix4tonight.com; 3200 Las Vegas Blvd S, Fashion Show; ⊙10–20 Uhr) bietet Tickets zum halben Preis für eine begrenzte Auswahl von Vorstellungen am selben Tag sowie kleine Rabatte auf Shows, die „ständig ausverkauft" sind.

Nachtclubs & Livemusik

2012 waren sieben der zehn bestverdienenden Nachtclubs der USA in Vegas ansässig, wobei XS und Marquee jeweils über 80 Mio. US$ einnehmen. Die Eintrittspreise in den Clubs schwanken stark; es kommt immer auf die Laune des Personals am Einlass an, auf das Verhältnis zwischen Frauen und Männern und natürlich darauf, wie voll es ist. Wer im Voraus beim VIP Host des jeweiligen Clubs reserviert, erspart sich die Warteschlange; die meisten größeren Läden beschäftigen am späten Nachmittag und frühen Abend solches Türpersonal. In der Regel haben Hotel-Concierges zudem kostenlose Eintrittskarten für die Clubs oder nehmen Reservierungen vor. Eine Option ist zudem der „Bottle Service"; dabei erspart man sich gegen den Erwerb einer ganzen Flasche in der Regel Eintrittsgeld und Wartezeiten.

XS CLUB
(www.xslasvegas.com; 3131 Las Vegas Blvd S, Encore; Eintritt 20–50 US$; ⊙Fr & Sa 21.30–4, So & Mo 22.30–4 Uhr) Das beliebte XS ist der einzige Club, in dem wir Gäste gesehen haben, die zum Tanzen in den Pool gesprungen sind (und nicht von den Türstehern rausgeworfen wurden). Es zeichnet sich durch ein gemischteres Publikum aus (sprich: Mit über 30 fühlt man sich nicht fehl am Platz). Ohne schickes Outfit kommt man nicht rein.

Marquee CLUB
(www.cosmopolitanlasvegas.com; 3708 Las Vegas Blvd, Cosmopolitan) Wenn jemand fragt, welcher Club der Coolste von Vegas ist, liegt man mit der Antwort „Marquee" ohne Zweifel richtig. Er wartet mit Berühmtheiten (wir haben Macy Gray im Vorbeitanzen gesichtet), einem Beach Club unter freiem Himmel, angesagten DJs und dem *je ne sais quoi* – dem gewissen Etwas – auf, das die Warteschlange rechtfertigt.

Tao CLUB
(www.taolasvegas.com; 3355 Las Vegas Blvd S, Venetian; ⊙Lounge So–Do 17–24, Do–Sa bis 1 Uhr, Nachtclub 22–5 Uhr) Manch erfahrener Clubgänger glaubt, dass sich das Tao überlebt

hat. Unvoreingenommene hingegen bestaunen noch immer die dekadenten Details und das lüsterne Ambiente, für das u.a. ein riesiger goldener Buddha und halbnackte Go-Go-Girls, die sich aufreizend in Badewannen voller Rosenblätter rekeln, sorgen.

Stoney's Rockin' Country LIVEMUSIK
(www.stoneysrockincountry.com; 6611 Las Vegas Blvd S; Eintritt frei–20 US$; ⌚ So–Mi 19–2, Do–Sa bis 3 Uhr) Die lustige Country-Western-Bar ist kürzlich näher an den Strip gezogen. Jeden Abend werden Tanzkurse angeboten, u.a. Two-Step dienstags um 19.30 Uhr. Freitags zahlen weibliche Gäste in Hot Pants und Cowboy-Stiefeln keinen Eintritt, samstags gilt All-you-can-drink für 15 US$.

Shows

Bei Hunderten Shows hat man in Vegas die Qual der Wahl. Die Auftritte des Cirque du Soleil sind generell unvergesslich.

★LOVE DARSTELLENDE KÜNSTE
(☎800-963-9634, 702-792-7777; www.cirquedusoleil.com; Tickets 99–150 US$; ⌚ Do–Mo 19 & 21.30 Uhr; 👪) Die Einheimischen, die schon viele Cirque-de-Soleil-Produktionen haben kommen und gehen sehen, sind der Meinung, dies sei die Beste. Die beliebte Show findet im Mirage statt.

Zumanity DARSTELLENDE KÜNSTE
(☎702-740-6815; www.cirquedusoleil.com; Tickets 76–138 US$) Eine sinnliche Show nur für Erwachsene im New York-New York.

La Rêve AKROBATIK
(☎888-320-7110; www.wynnlasvegas.com; 3131 Las Vegas Blvd S, Wynn; Tickets ab 105 US$; ⌚ Fr–Di 19 & 21.30 Uhr) Bei La Rêve („der Traum") steht Wasserakrobatik im Zentrum. In dem Theater mit einem ca. 3800000 l Wasser fassenden Becken treten nur Künstler mit Tauchzertifikat auf. Achtung: Die preiswerteren Plätze liegen in der „Splash Zone".

House of Blues LIVEMUSIK
(☎702-632-7600; www.hob.com; 3950 Las Vegas Blvd S, Mandalay Bay) In der vom Mississippi-Delta inspirierten Musikbar gibt's modernen Rock, Pop und Soul.

Shoppen

Bonanza Gift Shop SOUVENIRS
(www.worldslargestgiftshop.com; 2440 Las Vegas Blvd S; ⌚ 8–24 Uhr) Über 3700 m² voller Krimskrams. Die beste Adresse für kitschige Mitbringsel, die es nur in Las Vegas gibt.

Gold & Silver Pawn SCHMUCK
(☎702-385-7912; http://gspawn.com; 713 Las Vegas Blvd S; ⌚ Geschäft 9–21 Uhr, Nachtschalter 21–9 Uhr) Hinter der einfachen Ladenfront, bekannt aus der beliebten US-Serie *Die Drei vom Pfandhaus*, verbergen sich faszinierende Schätze, von Schrotflinten aus dem Wilden Westen und restaurierten Oldtimern aus den 1950er-Jahren bis hin zu Fanartikeln mit Autogrammen. Einfach an dem roten Absperrseil aus Samt anstellen!

Fashion Show Mall EINKAUFSZENTRUM
(www.thefashionshow.com; 3200 Las Vegas Blvd S; ⌚ Mo–Sa 10–21, So 11–19 Uhr) Nevadas größte und eleganteste Mall.

Forum Shops EINKAUFSZENTRUM
(www.caesarspalace.com; 3570 Las Vegas Blvd S, Caesars Palace; ⌚ So–Do 10–23, Fr & Sa bis 24 Uhr) Hochpreisige Geschäfte in einer klimatisierten Version des Alten Rom.

The Shops at Crystals EINKAUFSZENTRUM
(www.crystalsatcitycenter.com; 3720 Las Vegas Blvd S; ⌚ So–Do 10–23, Fr & Sa bis 24 Uhr) Das schicke neue Einkaufszentrum neben dem Aria wartet mit über 40 Luxusläden auf, von Assouline bis zu Versace.

Grand Canal Shoppes EINKAUFSZENTRUM
(www.thegrandcanalshoppes.com; 3355 Las Vegas Blvd S, Venetian; ⌚ 10–23 Uhr) Italienisch anmutende Luxus-Mall inklusive Gondeln.

Shoppes at the Palazzo EINKAUFSZENTRUM
(www.theshoppesatthepalazzo.com; 3327 Las Vegas Blvd S, Palazzo; ⌚ So–Do 10–23, Fr & Sa bis 24 Uhr) 60 internationale Designer unter einem Dach.

Praktische Informationen

GELD

Geldautomaten findet man in allen Hotelkasinos und Banken sowie in den meisten Lebensmittelläden. Im Großteil der Kasinos liegt die Gebühr für die Geldautomatennutzung bei rund 5 US$. Unser Tipp: Am besten eine Bank abseits des Strips suchen!

Travelex Currency Services (☎702-369-2219; 3200 Las Vegas Blvd S, Fashion Show; ⌚ Mo–Sa 10–21, So 11–19 Uhr) Geldwechselstube in der Fashion Show Mall.

INTERNETZUGANG & MEDIEN

In den meisten Hotelzimmern ist WLAN (ca. 10–25 US$/Tag, manchmal in der Resortgebühr inbegriffen) verfügbar, und in den Hotellobbys gibt es häufig auch Internetkioske inklusive Druckern.

Eater Vegas (www.vegas.eater.com) Infos über die Küchenchefs und neuesten Restaurants von Sin City sowie eine regelmäßig aktualisierte Liste der 38 besten Lokale der Stadt.

Las Vegas Review-Journal (www.lvrj.com) Tageszeitung, freitags inklusive des Wochenend-Guides *Neon*.

Las Vegas Weekly (www.lasvegasweekly.com) Kostenlose Wochenzeitung mit gutem Veranstaltungskalender und Restaurantkritiken.

Vegas Chatter (www.vegaschatter.com) Aktuelle Infos über das Angebot in Vegas, von Restauranteröffnungen bis hin zu den hippsten Pools.

NOTFALL & MEDIZINISCHE VERSORGUNG

Gamblers Anonymous (☎855-222-5542; www.gamblersanonymous.com) Die „Anonymen Spieler" bieten Spielsüchtigen Unterstützung.

Polizei (☎702-828-3111; www.lvmpd.com)

Sunrise Hospital & Medical Center (☎702-731-8000; www.sunrisehospital.com; 3186 S Maryland Pkwy) Kinderkrankenhaus und rund um die Uhr besetzte Notfallaufnahme.

University Medical Center (☎702-383-2000, Notfälle 702-383-2661; www.umcsn.com; 1800 W Charleston Blvd; ⏲24 Std.) Nevadas bestes Traumazentrum; die Notfallaufnahme ist rund um die Uhr besetzt.

POST

Post (www.usps.com; 201 Las Vegas Blvd S; ⏲Mo–Fr 9–17 Uhr) Downtown.

TOURISTENINFORMATION

Las Vegas Tourism (www.onlyinvegas.com) Offizielle Website der Tourismusbehörde.

Las Vegas Visitor Information Center (LVCVA | Las Vegas Convention & Visitors Authority; ☎702-892-7575, 877-847-4858; www.visitlasvegas.com; 3150 Paradise Rd; ⏲Mo–Fr 8–17.30 Uhr) Kostenlose Ortsgespräche, Internetzugang und jede Menge Karten.

Las Vegas.com (www.lasvegas.com) Besucherinfos.

Vegas.com (www.vegas.com) Besucherinfos, Buchungsservice sowie eine Liste mit kinderfreundlichen Attraktionen.

ℹ Anreise & Unterwegs vor Ort

Der **McCarran International Airport** (LAS; ☎702-261-5211; www.mccarran.com; 5757 Wayne Newton Blvd; 📶) befindet sich unmittelbar südlich der großen Kasinos des Strips und ist von der I-15 aus einfach zu erreichen. Hier kommen Direktflüge aus den meisten Städten der USA und einige aus Kanada und Europa an. Die meisten Inlandflüge werden am Terminal 1 abgewickelt, internationale Flüge am neuen Terminal 3. **Bell Trans** (☎702-739-7990; www.bell-trans.com) bietet einen Shuttle-Service (7 US$) zwischen Flughafen und Strip. Die Fahrt ins Zentrum ist etwas teurer. Der Schalter von Bell Trans befindet sich beim Flughafen am Ausgang 9 nahe der Gepäckausgabe.

Die meisten Sehenswürdigkeiten in Vegas bieten gebührenfreie Parkplätze oder einen Parkservice (Trinkgeld 2 US$). Die schnelle, unterhaltsame und auch für Rollstuhlfahrer geeignete **Monorail** (www.lvmonorail.com; einfache Strecke 5 US$, Ticket für 24/72 Std. 12/28 US$, Kind unter 6 Jahren frei; ⏲Mo 7–24, Di–Do bis 2, Fr–So bis 3 Uhr) verbindet die Sahara Station (die Haltestelle ist dem Circus Circus am nächsten) mit dem MGM Grand und hält unterwegs an den wichtigsten Mega-Resorts des Strip. Der **Deuce** (☎702-228-7433; www.rtcsouthernnevada.com; Ticket für 2/24 Std. 6/8 US$), ein Doppeldecker-Bus, pendelt rund um die Uhr regelmäßig zwischen dem Strip und Downtown.

Rund um Las Vegas

Red Rock Canyon National Conservation Area — PARK

(☎702-515-5350; www.redrockcanyonlv.org; Auto/Fahrrad pro Tag 7/3 US$; ⏲Rundweg April–Sept. 6–20 Uhr, Okt.–März früher, Visitor Center 8–16.30 Uhr) Der eindrucksvolle Park ist das perfekte Kontrastprogramm zur grellen Künstlichkeit von Las Vegas. Der Canyon liegt 20 Meilen (32 km) westlich des Strips und ist tatsächlich eher ein Tal als eine Schlucht. An der Westkante ragt eine ca. 900 m hohe Klippe aus rotem Stein auf. Eine Touristenstraße (13 Meilen bzw. 21 km lang) mit Zugang zu verschiedenen Wanderwegen führt durch den Park. 2 Meilen (3 km) östlich des Visitor Center kann man von September bis Mai **campen**; eine Reservierung der Stellplätze ist nicht möglich. Der 2,5 Meilen (4 km) lange Rundwanderweg zu den Calico Tanks führt durch die roten Felsen und endet mit einer tollen Aussicht auf Las Vegas.

Lake Mead & Hoover Dam — SEE, HISTORISCHE STÄTTE

Der Lake Mead und der Hoover Dam sind die meistbesuchten Attraktionen der **Lake Mead National Recreation Area** (☎Infoschalter 702-293-8906, Visitor Center 702-293-8990; www.nps.gov/lake; Auto/Fahrrad 10/5 US$; ⏲24 Std., Visitor Center Mi–So 9–16.30 Uhr). Zu dem Erholungsgebiet gehören neben dem 110 Meilen (177 km) langen Lake Mead der 67 Meilen (108 km) lange Lake Mohave sowie die riesigen Wüstengebiete rund um die Seen. Das großartige **Alan Bible Visitor**

Center (☎702-293-8990; www.nps.gov/lake; Lakeshore Scenic Dr, beim US Hwy 93; ⏲9–16.30 Uhr) am Hwy 93 auf halber Strecke zwischen Boulder City und dem Hoover Dam liefert Infos zu Freizeitaktivitäten und der Wüste. Zudem gibt's dort eine Karte des River Mountains Loop Trail (www.rivermountainstrail.com), eines 32 Meilen (51 km) langen Wander- und Radwegs rund um den See. Vom Visitor Center schlängeln sich die North Shore Rd und die Lakeshore Rd um den See, eine wirklich malerische Route. Die Lakeshore Rd verläuft bis zum Valley of Fire Hwy, der zum eindrucksvollen Valley of Fire State Park führt.

Der weich geschwungene 220 m hohe **Hoover Dam** (☎866-730-9097, 702-494-2517; www.usbr.gov/lc/hooverdam; Hwy 93; Visitor Center 8 US$, inkl. Kraftwerk-Führung Erw./Kind 11/9 US$, komplette Führung 30 US$; ⏲9–18 Uhr, Ticketverkauf bis 17.15 Uhr), ein Bauwerk im Art-déco-Stil, überspannt die Grenze zwischen Arizona und Nevada und schafft einen großartigen Kontrast zur kargen Landschaft. Sehr lohnend ist ein Abstecher zur neuen **Mike O'Callaghan-Pat Tillman Memorial Bridge**. Die Brücke hat auch einen Fußgängerweg und gewährt einen wunderschönen Blick auf den Fluss und den Hoover Dam – für Menschen mit Höhenangst ist sie aber ungeeignet. Parkplätze für Besucher befinden sich beim Hwy 172 an der Hoover Dam Access Rd. Besucher können sich der 30-minütigen **Führung durchs Kraftwerk** (Erw./Kind 11/9 US$) oder der detaillierteren einstündigen **Hoover-Dam-Tour** (nicht für Kinder unter 8 Jahren; Führung 30 US$) anschließen. Wer sich für Geschichte und Architektur interessiert, sollte sich für die längere Variante entscheiden.

Tickets für beide Führungen sind beim **Visitor Center** erhältlich. Karten für die Kraftwerkführung gibt's auch online.

Im nahen Boulder City lebten die Männer und Frauen, die den Damm bauten. Heute bietet sich das einladende Zentrum der Stadt für eine Stärkung oder Übernachtung an. Beliebtester Treffpunkt ist das **Milo's** (www.miloswinebar.com; 538 Nevada Hwy; Hauptgerichte 9–13 US$; ⏲So–Do 11–22, Fr & Sa bis 24 Uhr), das an Straßentischen vor der Weinbar frische Sandwiches, Salate und Gourmet-Käseplatten serviert. Direkt um die Ecke liegt das hübsche **Boulder Dam Hotel** (☎702-293-3510; www.boulderdamhotel.com; 1305 Arizona St; Zi. inkl. Frühstück 72–89 US$, Suite 99 US$; ❄@📶); im Preis inbegriffen sind nach Gästewunsch zusammengestelltes Frühstück und der Eintritt für das hauseigene Museum zu Boulder City und dem Hoover Dam.

VALLEY OF FIRE STATE PARK

In diesem 55 Meilen (88 km) von Vegas entfernten **Park** (☎702-397-2088; www.parks.nv.gov/parks/valley-of-fire-state-park; 10 US$/Auto; ⏲Visitor Center 8.30–16.30 Uhr) findet man eine traumhafte Wüstenszenerie voller psychedelisch anmutender Sandsteinformationen. Der Hwy 169 führt direkt am Visitor Center vorbei; dort erhält man Infos zu Wanderungen und **Camping-Möglichkeiten** (Stellplatz Zelt/Wohnmobil 20/30 US$), zudem gibt's tolle Ausstellungen zum Lebensraum Wüste.

West-Nevada

Der westliche Teil des Staates ist eine weitläufige, größtenteils unberührte Steppe mit Wüstenbeifuß, durchzogen von Bergketten und ausgetrockneten Tälern. In dieser Gegend wurde das moderne Nevada geboren, u.a. durch die Entdeckung der berühmten Comstock-Silbermine bei Virginia City. Heute sind Outdoor-Abenteuer in Form von Wandern, Fahrrad- und Skifahren die Hauptanziehungspunkte für Besucher. Es ist ein Ort der Kontraste; sie sind ähnlich extrem wie beim Wetter: In einem Moment fährt man durch ein niedliches altes Städtchen voller stattlicher Villen, die von den Silberbaronen erbaut wurden, und im nächsten Augenblick beobachtet man, wie eine Kugel Buschgras an einer heimeligen Bar vorüberweht, von der man später erfährt, dass es sich tatsächlich um das hiesige (legale) Bordell handelt.

Reno

In Renos Downtown können Besucher morgens in einem der zwei Dutzend Kasinos spielen, dann die Straße hinunterlaufen und die Stromschnellen im Truckee River Whitewater Park in Angriff nehmen. Genau diese Kontraste machen den Reiz der „größten Kleinstadt der Welt" aus, die sowohl ihre Glücksspiel-Wurzeln hochhält als auch als erstklassige Ausgangsbasis für Outdoor-Abenteuer bekannt ist. Die Sierra Nevada und der Lake Tahoe sind nicht einmal eine

Autostunde entfernt, und die Region wartet mit jeder Menge Seen, Wanderwegen und Skigebieten auf.

Sehenswertes

Der Riverwalk District (www.renoriver.org) im Zentrum erstreckt sich entlang des Truckee River. Im Wildwasserpark, der ostwärts vom Wingfield Park zur Virginia St verläuft, kann man Fahrten mit dem Kajak und im Gummischlauch unternehmen.

National Automobile Museum MUSEUM
(☎775-333-9300; www.automuseum.org; 10 S Lake St; Erw./Kind 10/4 US$; ⌚Mo–Sa 9.30–17.30, So 10–16 Uhr; 👪) Stilisierte Straßenszenen illustrieren ein Jahrhundert Automobilgeschichte in diesem fesselnden Museum. Die riesige eindrucksvolle Sammlung umfasst einzigartige Fahrzeuge wie ein Ford Modell A von 1928, das Douglas Fairbanks Mary Pickford schenkte, und ein 1935er Dusenburg von Sammy Davis Jr. Wechselausstellungen zeigen viele weitere frisierte und wunderbar altmodische Gefährte.

Nevada Museum of Art MUSEUM
(☎775-329-3333; www.nevadaart.org; 160 W Liberty St; Erw./Kind 10/1 US$; ⌚Mi–So 10–17, Do 10–20 Uhr) In einem prachtvollen Gebäude, dessen Design von den Steinformationen im Black Rock Desert nördlich der Stadt inspiriert ist, führt eine Treppe zu den Galerien, in denen Wechselausstellungen und Bilder mit Bezug zum Westen der USA gezeigt werden. Vom Dach des Gebäudes hat man einen tollen Blick auf die Sierra Nevada. Das Café ist super, um die Batterien nach dem Kultur-Boost wieder aufzuladen.

Virginia Street

In Downtown Reno, zwischen der I-80 und dem Truckee River, verläuft die N Virginia St, Renos Kasinomeile. Südlich des Flusses heißt diese Straße S Virginia St. Alle im Folgenden genannten Hotelkasinos sind rund um die Uhr geöffnet.

Circus Circus KASINO
(www.circusreno.com; 500 N Sierra St; 👪) Das familienfreundlichste Kasino in der Gegend wartet mit kostenlosen Zirkuseinlagen in einem riesigen, buntgestreiften Zelt für die Kleinen auf. Dort findet man allerdings auch zahlreiche Videospiele.

Silver Legacy KASINO
(www.silverlegacyreno.com; 407 N Virginia St) Ein viktorianisch anmutendes Kasino, das anhand der auffälligen weißen Kuppel leicht zu erkennen ist. Hin und wieder ist der riesige nachgebaute Förderturm die Bühne für eine bescheidene Sound-and-Light-Show.

Eldorado KASINO
(www.eldoradoreno.com; 345 N Virginia St) Angesichts des kitschigen Glücksbrunnens würde sich der große italienische Bildhauer Bernini wahrscheinlich im Grabe herumdrehen.

Harrah's KASINO
(www.harrahsreno.com; 219 N Center St) Nevadas Glücksspiel-Pionier William Harrah gründete dieses Kasino 1946. Es ist nach wie vor eins der größten und beliebtesten der Stadt.

Aktivitäten

Von Reno aus fährt man nur 30 bis 60 Minuten bis zu den Skigebieten beim Lake Tahoe. In vielen Hotels und Kasinos gibt's Pauschalangebote für Übernachtungen plus Skifahren.

Truckee River Whitewater Park WASSERSPORT
(www.reno.gov) In diesem Park, der nur wenige Schritte von den Kasinos entfernt liegt, sind die Stromschnellen der Kategorien II und III sowohl für Kinder zur Fahrt mit einem Gummischlauch (Tubing) als auch für

ABSTECHER

BURNING MAN

Ende August macht das Festival **Burning Man** (www.burningman.com; Eintritt 380 US$) eine Woche lang die sonnenverbrannte Black Rock Desert unsicher. Dann entsteht in Nevada vorübergehend ein drittes großes Ballungsgebiet: Black Rock City. Burning Man ist ein Feuerwerk experimenteller Kunst mit Motto-Camps wie von einem anderen Stern und staubüberzogenen Fahrrädern. Überall finden bizarre Tauschgeschäfte statt, Nacktheit wird mittels Kostümen dürftig kaschiert, und Hemmungen werden bereitwillig über Bord geworfen. Höhepunkt ist die Verbrennung einer überdimensionalen menschlichen Figur – des Burning Man.

ambitioniertere Kajakfahrer geeignet. Zwei Parcours führen um Wingfield Park herum, eine kleine Flussinsel, auf der kostenlose Konzerte stattfinden. **Tahoe Whitewater Tours** (☎775-787-5000; www.gowhitewater.com) und **Wild Sierra Adventures** (☎866-323-8928; www.wildsierra.com) bieten Kajakausflüge und -kurse an.

Historic Reno Preservation Society STADTSPAZIERGANG
(☎775-747-4478; www.historicreno.org; Führung 10 US$) Der Veranstalter bietet Führungen und Radtouren zu verschiedenen Themen wie Architektur, Politik und Literaturgeschichte an.

Schlafen

Die Hauptfaktoren für die extrem schwankenden Übernachtungspreise sind der jeweilige Wochentag und lokale Events. Sonntags bis donnerstags kommt man gewöhnlich am günstigsten davon, die Freitage sind teurer, und an Samstagen zahlt man manchmal dreimal so viel wie werktags.

Im Sommer lädt der **Mt. Rose** (☎877-444-6777; www.recreation.gov; Hwy 431; Wohnmobile & Stellplatz für Zelte 17–50 US$) zum Zelten in luftigen Höhen ein. Traumhaft!

Sands Regency KASINOHOTEL $
(☎775-348-2200; www.sandsregency.com; 345 N Arlington Ave; Zi. So–Do ab 29 US$, Fr & Sa 69 US$; P ❄ 📶 🏊 🐾) Die Fassade ist nicht mehr ganz frisch, dafür überzeugen die Zimmer in tropischen Farbtönen wie Blau, Rot und Grün. Die beste Wahl sind die Empress-Tower-Zimmer. Gutes Preis-Leistungs-Verhältnis.

Wildflower Village MOTEL, B&B $
(☎775-747-8848; www.wildflowervillage.com; 4395 W 4th St; Hostel 30 US$, Motel 55 US$, B&B 125 US$; P ❄ @ 📶) Die recht baufällig wirkende Künstlerkolonie an den westlichen Ausläufern der Stadt ist dennoch einladendend und versprüht kreatives Flair. Wandbilder zieren das Äußere der einzelnen Zimmer, und man kann die Frachtzüge vorbeirumpeln hören. Gäste können zwischen Hostel-, Motel- und B&B-Unterkünften wählen.

★**Peppermill** KASINOHOTEL $$
(☎866-821-9996, 775-826-2121; www.peppermillreno.com; 2707 S Virginia St; Zi./Suite So–Do ab 70/130 US$, Fr & Sa ab 170/200 US$; P ❄ @ 📶 🏊) Das beliebte Peppermill präsentiert sich heute in einer Üppigkeit, die hervorragend nach Vegas passen würde. Im neuesten Turm befinden sich 600 Zimmer mit toskanischem Dekor, und die Renovierung der älteren Räumlichkeiten ist fast abgeschlossen. Die drei glitzernden Pools (einer davon ist überdacht) sind traumhaft, und es gibt ein Spa mit Rundum-Programm. Geheizt wird mit geothermischer Energie.

Essen

Renos Restaurantszene geht weit über die typischen Kasinobuffets hinaus.

Peg's Glorified Ham & Eggs IMBISS $
(www.eatatpegs.com; 420 S Sierra St; Frühstück 9–14 US$, Mittagessen 8–12 US$; ⏲6.30–14 Uhr; 👪) Hier bekommt man den Einheimischen zufolge das beste Frühstück der Stadt. Die gegrillten Speisen sind lecker, aber nicht zu fettig. Einfach nach der mintgrün-weißgestreiften Markise Ausschau halten.

★**Old Granite Street Eatery** AMERIKANISCH $$
(☎775-622-3222; www.oldgranitestreeteatery.com; 243 S Sierra St; Mittagessen 9–14 US$, Abendessen 11–26 US$; ⏲Mo–Do 11–23, Fr 11–24, Sa 10–24, So 10–16 Uhr) Ein schönes Restaurant voller Antiquitäten, in dem Wohlfühlgerichte aus lokalen Bio-Zutaten, altmodische Cocktails und, je nach Saison, selbst gebraute Biere serviert werden. Die Gäste lieben die stattliche Holzbar, die umfangreiche Speisekarte und den Umstand, dass das Wasser in alten Likörflaschen kredenzt wird. Keine Reservierung? Dann kann man sich die schrägen Wandbilder ansehen und an einem Gemeinschaftstisch (bestehend aus einer umgebauten Stalltür) auf einen eigenen Tisch warten.

Silver Peak Restaurant & Brewery PUB $$
(124 Wonder St; Hauptgerichte mittags 8,25–11 US$, abends 9,25–22 US$; ⏲Restaurant So–Do 11–22, Sa

(RAD-)WANDERWEGE RUND UM RENO

Wer umfassende Infos zu Wander- und Radwegen in der Region sucht, z. B. zum Mt. Rose Summit Trail oder zum Tahoe Pyramid Bikeway, kann den **Truckee Meadows Trails Guide** (www.reno.gov/Index.aspx?page=291) herunterladen. Der Wanderführer ist außerdem beim **Galena Creek Visitor Center** (www.galenacreekvisitorcenter.org; 18250 Mt Rose Hwy; ⏲Di–So 9–18 Uhr) im Galena Creek Regional Park erhältlich, wo man drei der beschriebenen Routen findet.

& So bis 23 Uhr, Pub öffnet 1 Std. später) Entspannt und unprätentiös wirkt dieser Pub, der vom Geplapper Einheimischer erfüllt ist, denen der Sinn nach leckerem Bier und gutem Essen wie Pizza mit Pesto-Schrimps, Spinat-Ricotta-Ravioli und Filet Mignon steht. Im Herzen des Riverwalk District im Zentrum.

Ausgehen

Great Basin Brewing Co BRAUEREI **$$**
(www.greatbasinbrewingco.com; 5525 S Virginia St; Hauptgerichte 8–19 US$; ⌚So–Do 11–24, Fr & Sa 11–1.30 Uhr) In der Stadt wird heiß diskutiert, ob nun Great Basin oder Silver Peak das beste Bier braut. Wir bleiben neutral, allerdings erhält das Great Basin Extrapunkte für das Natur-Ambiente, für das u.a. die Berglandschaft an der Wand sorgt. Serviert werden fünf Klassiker des Hauses, 13 saisonale Sorten sowie eine nette Auswahl belgischer Ales. Die Brauerei liegt 3 Meilen (5 km) südlich von Downtown an der Virginia St.

Imperial Bar & Lounge BAR
(150 N Arlington Ave; ⌚Fr & Sa 11–2, So–Do bis 22 Uhr) Stilvolle Bar in einem Relikt aus vergangenen Zeiten: Dies war früher eine Bank. Die zementierte Stelle im Holzboden bezeichnet den früheren Standort des Tresors. Sandwiches, Pizzas, 16 Fassbiere und eine lebendige Atmosphäre an den Wochenenden zeichnen das Imperial aus.

Jungle Java & Jungle Vino CAFÉ, WEINBAR
(www.javajunglevino.com; 246 W 1st St; ⌚Kaffee 6–24 Uhr, Wein Mo–Fr 15–24, Sa & So 12–24 Uhr; 📶) Café/Weinbar mit hübschem Mosaikboden und Internetcafé in einem.

☆ Unterhaltung

Die beste Infoquelle zu Veranstaltungen & Co. ist das wöchentlich erscheinende, kostenlose Magazin **Reno News & Review** (www.newsreview.com).

Edge CLUB
(www.edgeofreno.com; 2707 S Virginia St, Peppermill; Eintritt 10–20 US$; ⌚Do & So ab 21 Uhr, Fr ab 19 Uhr) Das Peppermill lockt die Nachteulen mit seinem großen, schillernden Nachtclub an. Die Go-Go-Tänzerinnen, Nebelmaschinen und Laser sorgen eventuell für akute Reizüberflutung. Dann kann man auf die Terrasse hinaustreten und vor den gemütlichen Feuerstellen „wieder runterkommen".

Knitting Factory LIVEMUSIK
(☎775-323-5648; http://re.knittingfactory.com; 211 N Virginia St) Dieser mittelgroße Schuppen wurde 2010 eröffnet und füllt eine zuvor bestehende Lücke in der lokalen Musikszene: Hier stehen Mainstream und Indie-Hits im Vordergrund.

ℹ Praktische Informationen

Neben der Gepäckausgabe des Reno-Tahoe International Airport befindet sich ein Information Center mit kostenlosem WLAN.

Reno-Sparks Convention & Visitors Authority Visitor Center (☎775-682-3800; www.visitrenotahoe.com; 135 N Sierra St; ⌚9–18 Uhr) Im RENO eNVy Store im Riverwalk District. Bietet Broschüren, Karten und kostenlose Kundenparkplätze. Auch am Flughafen.

ℹ An- & Weiterreise

Der **Reno-Tahoe International Airport** (RNO; www.renoairport.com; 📶), 5 Meilen (8 km) südöstlich von Downtown Reno, wird von den meisten großen Airlines angeflogen.

North Lake Tahoe Express (☎866-216-5222; www.northlaketahoeexpress.com) betreibt ein Shuttle (einfache Strecke 45 US$, ca. 6–8-mal tgl., 3.30–24 Uhr), das zwischen dem Flughafen und zahlreichen Orten am Nordufer des Lake Tahoe verkehrt, z.B. Truckee, Squaw Valley und Incline Village. Im Voraus reservieren!

Um den südlichen Teil des Lake Tahoe zu erreichen (nur wochentags), nimmt man den **RTC Intercity-Bus** (inkl. WLAN; www.rtcwashoe.com) bis zur Nevada DOT-Haltestelle in Carson City (4 US$, 1 Std., an Werktagen 6-mal tgl.) und dann den 21X-Bus von **BlueGo** (www.bluego.org) zum Stateline Transit Center (2 US$ mit RTC Intercity-Transfer, 1 Std., 5–6-mal tgl.).

Greyhound (☎775-322-2970; www.greyhound.com; 155 Stevenson St) bietet tägliche Verbindungen nach Truckee, Sacramento und San Francisco (11–41 US$, 5–7 Std.), genauso wie die *California Zephyr*-Zuglinie von **Amtrak** (☎800-872-7245, 775-329-8638; 280 N Center St); sie fährt einmal täglich. Der Zug ist langsamer und teurer, aber auch bequemer, und die Strecke ist schöner. Ab Emeryville geht ein Bus nach San Francisco (60 US$, 8 Std.).

ℹ Unterwegs vor Ort

Zum Service der Kasinohotels für die Übernachtungsgäste gehören kostenlose, regelmäßige Shuttle-Fahrten zum Flughafen.

Die Nahverkehrsbusse von **RTC Ride** (☎775-348-7433; www.rtcwashoe.com; 2 US$/Fahrt, Tageskarte Vorverkauf/im Bus 4/5 US$) decken das ganze Stadtgebiet ab; die meisten Linien steuern die RTC 4th St Station in Downtown an. Praktisch sind die RTC-Rapid-Linie zur Center St und S Virginia St, die Nr. 11 nach Sparks und die Nr. 19 zum Flughafen. Der kostenlose Sierra-

Spirit-Bus (mit WLAN) fährt alle Attraktionen in Downtown Reno an, auch die Kasinos und die Universität (von 7–19 Uhr alle 15 Min.).

Carson City

Die unterschätzte Stadt ist von Reno oder dem Lake Tahoe aus bequem mit dem Auto zu erreichen und eignet sich bestens für ein Mittagessen und einen Spaziergang durch das ruhige altmodische Zentrum.

Der **Kit Carson Blue Line Trail** führt durch hübsche baumbestandene Straßen mit charmanten historischen Häusern. Karten zu dem Weg gibt's im **Visitor Center** (☎800-638-2321, 775-687-7410; www.visitcarsoncity.com; 1900 S Carson St; ⏲Mo–Fr 8–17, Sa & So 9–17 Uhr), 1 Meile (1,6 km) südlich des Zentrums, sowie auf dessen Website als Download.

Mitten in der Innenstadt steht das **Nevada State Capitol von 1870** (Ecke Musser & Carson; ⏲Mo–Fr 8–17 Uhr) GRATIS, wo man gelegentlich den Gouverneur höchstpersönlich im Gespräch mit ein paar Bürgern antrifft. Im 2. Stock zeigt ein kleines Museum verschiedene Ausstellungsstücke, z. B. einen Stuhl mit Elchgeweih. Eisenbahnfans sind im **Nevada State Railroad Museum** (☎775-687-6953; http://museums.nevadaculture.org; 2180 S Carson St; Erw./Kind 6 US$/frei; ⏲Fr–Mo 9–17 Uhr) richtig, in dem rund 65 Waggons und Lokomotiven aus dem 19. bis frühen 20. Jh. ausgestellt sind.

Im einladenden **Comma Coffee** (www.commacoffee.com; 312 S Carson St; Frühstück 6–8 US$, Mittagessen 8–10 US$; ⏲Mo & Mi–Do 7–20, Di, Fr & Sa bis 22 Uhr; 📶🌶👪) kann man sich mittags stärken und den Politikern an den Nachbartischen lauschen. Am Abend lockt die lokale Mikrobrauerei **High Sierra Brewing Company** (www.highsierrabrewco.com; 302 N Carson St; Hauptgerichte 9–17 US$; ⏲11–22 So–Do, Fr & Sa bis 2 Uhr) mit tollem Bier und Burgern.

Der Highway 395 bzw. die Carson St ist die Hauptstraße. Informationen zu Wanderungen und Campingmöglichkeiten in der Gegend liefert das **Carson-Ranger-Bezirksbüro** (☎775-882-2766; 1536 S Carson St; ⏲Mo–Fr 8–16.30 Uhr) des United States Forest Service (USFS).

Virginia City

Die Entdeckung der legendären Comstock Lode 1859 löste in den Bergen 25 Meilen (40 km) südlich von Reno ein regelrechtes Silberfieber aus. Während des Goldrauschs in den 1860er-Jahren war Virginia City eine florierende Boom-Stadt im Wilden Westen. Zu ihrer Blütezeit verbrachte der Journalist Samuel Clemens alias Mark Twain einige Zeit in dem rauen Ort. Jahre später wurden seine Augenzeugenberichte vom Alltag in einer Minenstadt in dem Buch *Durch dick und dünn* veröffentlicht.

Die hochgelegene Stadt ist ein National Historic Landmark (NHL). Viktorianische Gebäude und ein paar kitschige, aber unterhaltsame Museen säumen die Hauptstraße mit hölzernen Gehwegen. Wer sehen möchte, wie die Minenbesitzer lebten, sollte die **Mackay Mansion** (☎775-847-0173; 129 South D St; Erw./Kind 5 US$/frei; ⏲Sommer 10–17 Uhr, im Winter unterschiedlich) und das **Castle** (B St) besuchen. Im alten Zeitungsgebäude zeigt das **Mark Twain Museum at The Territorial Enterprise** (53 South C St; Erw./Kind 4/3 US$; ⏲10–17 Uhr) eine willkürlich zusammengestellte Sammlung von Artefakten wie den Schreibtisch und die Toilette von Mark Twain. Das Kellergeschoss überstand den verheerenden Brand, der 1878 in der Stadt tobte.

Die Einheimischen sind sich einig: Das beste Essen in Virginia City gibt's im **Cafe del Rio** (www.cafedelriovc.com; 394 S C St; Abendessen 19–15 US$, Brunch 9,25–14 US$; ⏲Mi–Sa 11–20, So 10–19 Uhr), das eine gute Mischung aus *nuevo*-mexikanischen und leckeren kleinen Gerichten (auch Frühstück) serviert. Gegen den Durst hilft der alteingesessene Familienbetrieb **Bucket of Blood Saloon** (www.bucketofbloodsaloonvc.com; 1 S C St; ⏲So–Do 9–19, Fr & Sa bis 21 Uhr). Neben Bier erwarten Gäste in der alten hölzernen Bar klassische Bar-Weisheiten („Wenn der Barkeeper nicht lacht, bist du nicht lustig").

Die Hauptstraße ist die C St. Dort befindet sich auch das **Visitor Center** (☎800-718-7587, 775-847-7500; www.visitvirginiacitynv.com; 86 S C St; ⏲10–17 Uhr).

Great Basin, Nevada

Eine Tour durch das Great Basin ist ein tolles Erlebnis, das einen nicht mehr loslassen wird. All jene, die von einem echten „Road Trip" träumen, werden die faszinierenden alten Städte und ungewöhnlichen Sehenswürdigkeiten an den einsamen Wüstenhighways lieben.

An der I-80

Wenn man Reno in östliche Richtung verlässt, ist **Winnemucca**, 150 Meilen (241 km)

DER CATHEDRAL GORGE STATE PARK

Wow! Wer den **Cathedral Gorge State Park** (☎775-728-4460; www.parks.nv.gov/parks/cathedral-gorge; Hwy 93; Eintritt 7 US$, Stellplatz f. Zelt & Wohnmobil 17 US$; ⊙Visitor Center 9–16.30 Uhr) betritt, hat das Gefühl, in einer traumhaften Kathedrale mit vielen Türmen zu stehen, wobei der Himmel das Dach ist. Wer möchte, kann hier unter dem Sternenzelt schlafen – inmitten von tief zerfurchten Felsklippen gibt es ein einige Stellplätze für Zelte und Wohnmobile (17 US$; keine Reservierung möglich).

nordöstlich, der erste sehenswerte Ort. Die altmodische Innenstadt und ein paar baskische Restaurants sowie das jährlich stattfindende baskische Festival sind die Hauptattraktionen. Weitere Informationen hält das **Winnemucca Visitor Center** (☎775-623-5071, 800 962 2638; www.winnemucca.com; 30 W Winnemucca Blvd; ⊙Mo–Fr 8–17 Uhr) bereit. Ein Abstecher in die dortige *buckaroo*-(Cowboy-)Ruhmeshalle und das Großwild-Museum lohnt sich. Ebenfalls sehenswert ist das **Griddle** (www.thegriddle.com; 460 W Winnemucca Blvd; Hauptgerichte 10–15 US$; ⊙6–14 Uhr), eines der besten Retro-Cafés in Nevada. Seit 1948 werden dort leckeres Frühstück, klassische Dinergerichte und hausgemachte Desserts serviert.

Der Geist des Amerikanischen Westens wird nirgendwo fleißiger kultiviert als in **Elko**. Möchtegern-Cowboys und -girls sollten das **Western Folklife Center** (www.westernfolklife.org; 501 Railroad St; Erw./Kind 5/1 US$; ⊙Mo–Fr 10–17.30, Sa 10–17 Uhr) aufsuchen. Das Zentrum beherbergt Kunst- und Geschichtsausstellungen, zudem finden Jamsessions, Tanzabende und im Januar das beliebte **Cowboy Poetry Gathering** statt. Elko richtet auch das **National Basque Festival** am 4. Juli mit Spielen, traditionellen Tänzen und dem „Bullenrennen" aus. Wer noch nie baskische Küche gekostet hat, ist im **Star Hotel** (www.elkostarhotel.com; 246 Silver St; Mittagessen 6–12 US$, Abendessen 15–32 US$; ⊙Mo–Fr 11–14 & 17–21, Sa 16.30–21.30 Uhr) gut aufgehoben. Der Restaurant-Club mit familiärer Atmosphäre ist in einer ehemaligen Pension für baskische Schafhirten von 1910 untergebracht.

Am Hwy 50

Nevadas transkontinentaler Hwy 50 wird als „Loneliest Road in America" (Einsamste Straße Amerikas) bezeichnet. Er führt durch das Herz des Bundesstaats und verbindet Carson City im Westen mit dem Great Basin National Park im Osten. Früher gehörte er zum Lincoln Hwy und folgt der Route des Overland Stagecoach, des Pony Express und der ersten transkontinentalen Telegrafenlinie. Man trifft nur auf wenige Orte, und die Geräuschkulisse beschränkt sich auf das Brummen des Motors und das Rauschen des Windes.

Etwa 25 Meilen (40 km) südöstlich von Fallon lohnt die **Sand Mountain Recreation Area** (☎775-885-6000; www.blm.gov/nv; bei Kurzbesuch ohne Auto Eintritt frei; ⊙24 Std.) GRATIS mit ihrer über 180 m langen Sanddüne und den Ruinen einer Station des Pony Express einen Besuch. Östlich davon kann man sich in der **Middlegate Station** (42500 Austin Hwy), einer ehemaligen Postkutschenstation, mit einem saftigen Burger stärken und dann den kurz danach folgenden neuen **Shoe Tree** an der Nordseite des Hwy 50 (der alte wurde gefällt) mit alten Turnschuhen schmücken.

Wer den Hwy 50 „überlebt" hat, wird mit dem großartigen einsamen **Great Basin National Park** (☎775-234-7331; www.nps.gov/grba; ⊙24 Std.) GRATIS belohnt. Er liegt nahe der Grenze zwischen Nevada und Utah und umfasst den 3982 m hohen Wheeler Peak, der urplötzlich über der Wüstenlandschaft aufragt. Die Wanderwege in Gipfelnähe bieten traumhafte Blicke auf die umgebende Landschaft mit Gletscherseen, alten Borstenkiefern und sogar einem permanenten Eisfeld. Im Sommer liefert das **Great Basin Visitor Center** (☎775-234-7331; www.nps.gov/grba; ⊙Juni–Aug. 8–16.30 Uhr) direkt nördlich der Stadt **Baker** weitere Informationen.

Wer eine 60- oder 90-minütige Führung durch die Höhlen mit vielen seltenen Kalksteinformationen unternehmen möchte, wendet sich an das ganzjährig geöffnete **Lehman Caves Visitor Center** (☎775-234-7331, Tourreservierungen 775-234-7517; www.nps.gov/grba; Erw. 8–10 US$, Kind 4–5 US$; ⊙8–16.30 Uhr, Führungen 8.30–16 Uhr), 5 Meilen (8 km) außerhalb von Baker; eine Reservierung ist empfehlenswert. In den wärmeren Monaten lohnt sich die 12 Meilen (19 km) lange malerische Fahrt zum Gipfel des Wheeler Peak. Die **Campingplätze** (☎775-234-7331; www.

nps.gove/grba; einfaches Campen frei, Stellplatz f. Zelt & Wohnmobil 12 US$) im Park können nicht reserviert werden.

Am Hwy 95

Der Highway 95 verläuft von Norden nach Süden durch den westlichen Teil Nevadas. Der malerische südliche Abschnitt führt an der Nevada Test Site vorbei, wo in den 1950er-Jahren über 720 Nuklearwaffen gezündet wurden.

An den Hwys 375 & 93

Der Hwy 375 wird auch der „extraterrestrische Highway" genannt, einerseits wegen der vielen Ufos, die an der Strecke gesichtet wurden, andererseits weil er den Hwy 93 in der Nähe der streng geheimen **Area 51**, eines Teils des Luftwaffenstützpunkts Nellis, kreuzt. Angeblich werden hier erbeutete Ufos versteckt. Manche halten den Hwy 375 für noch nervtötender als die Loneliest Road; auf dem einsamen asphaltierten Straßenabschnitt kommen einem kaum Autos entgegen. In dem winzigen Ort **Rachel** am Hwy 375 heißt das **Little A'Le'Inn** (☎775-729-2515; www.littlealeinn.com; 1 Old Mill Rd, Alamo; Wohnmobilstellplatz mit Strom 15 US$, Zi. 35–150 US$; ⏲Restaurant 8–21 Uhr; ❄📶🐾) Erdlinge und Aliens gleichermaßen willkommen und verkauft außerirdische Souvenirs; Reisen ins Weltall sind im Preis aber nicht enthalten.

ARIZONA

Der sechstgrößte Bundesstaat der USA wartet mit großartigen Naturattraktionen auf, darunter der Grand Canyon, das Monument Valley, die Chiricahua Mountains und die roten Steine von Sedona. Im Schatten dieser Kultstätten versuchten unerschrockene Siedler und Entdecker Arizonas Wildnis zu zähmen. Sie errichteten Bewässerungskanäle in trockener Buschlandlandschaft, kartografierten das Labyrinth an Canyons und erschlossen die unterirdischen Schätze des Staates. Wunderschöne Nebenstraßen verbinden diese Naturdenkmäler und historischen Stätten miteinander und machen Arizona zum idealen Terrain für einen Roadtrip.

Der Großraum Phoenix ist von Bergen umgeben, gehört zu den größten Ballungsgebieten im Südwesten und bietet genau die Restaurants, Sehenswürdigkeiten und großartigen Wellnesszentren, die man an einem Ort erwartet, der sich Erholung und Erneuerung auf die Fahnen geschrieben hat. Das künstlerisch angehauchte Tucson ist das Tor zu den astronomischen und historischen Highlights im Süden Arizonas. Die Stadt ist nur 60 Meilen (96 km) von der mexikanischen Grenze entfernt und stolz auf ihr länder- und kulturenübergreifendes Erbe.

Geschichte

Arizona war das letzte Gebiet der Lower 48 (die kontinentalen Bundesstaaten der USA ohne Alaska), das zum Bundesstaat erklärt wurde – es feierte 2012 sein hundertjähriges Bestehen. Warum wurde das kupfer- und ackerlandreiche Gebiet erst so spät Teil des Bundes? Nun, die Regierung betrachtete die Einwohner Arizonas als unbequeme Zeitgenossen, und viele Jahre lang schien die Aussicht auf die reichen Ressourcen den potenziellen Ärger, mit dem man zu rechnen hatte, nicht aufzuwiegen.

Zyniker behaupten, dass Arizonas Bevölkerung noch immer Ärger macht. 2010 wur-

KURZINFOS ARIZONA

Spitzname Grand Canyon State

Bevölkerung 6,5 Mio.

Fläche 295 254 km²

Hauptstadt Phoenix (1,48 Mio. Ew.)

Weitere Städte Tucson (524 000 Ew.), Flagstaff (67 400 Ew.), Sedona (10 000 Ew.)

Verkaufssteuer 6,6 %

Geburtsort von Apachen-Häuptling Geronimo (1829–1909), Aktivist Cesar Chavez (1927–93), Sängerin Linda Ronstadt (geb. 1946)

Heimat der Sedona-New-Age-Bewegung, von in Künstlerkolonien umgewandelten Minenstädte

Politische Ausrichtung mehrheitlich republikanisch

Berühmt für den Grand Canyon, Saguaro-Kakteen *(Carnegiea gigantea)*

Bestes Souvenir Pinkfarbene, wie ein Kaktus geformte Neonlampe, erstanden an einem Straßenstand

Entfernungen Phoenix–Grand Canyon Village 235 Meilen (378 km), Tucson–Sedona 230 Meilen (370 km)

de hier das strengste Anti-Einwanderungsgesetz des Landes, bekannt als SB 1070, verabschiedet. Das umstrittene Gesetz wurde kurz nach dem Tod eines beliebten Ranchbesitzers, der unter mysteriösen Umständen nahe der mexikanischen Grenze erschossen worden war, auf den Weg gebracht.

Kürzlich kippte der Supreme Court der USA mehrere Punkte des strittigen Gesetzes. Polizeibeamte dürfen jedoch noch immer den Einwanderungsstatus einer Person erfragen, wenn sie den begründeten Verdacht haben, dass sich diese illegal hier aufhält. Aktuell gibt es jedoch juristischen Widerstand gegen die Umsetzung der Bestimmung.

2011 erschütterte der Anschlag auf die demokratische Kongressabgeordnete Gabrielle Giffords bei einem öffentlichen Auftritt den ganzen Staat. Sie wurde schwer verletzt, zudem kamen sechs Zuschauer und Mitglieder ihres Stabs ums Leben.

Die anhaltende Haushaltskrise im Land bedeutet für die staatlichen Parks drastische finanzielle Einschnitte. Viele sind deswegen zu gemeinsamen Spendenaktionen mit gemeinnützigen Organisationen und lokalen Regierungseinrichtungen gezwungen.

Praktische Informationen

In Arizona gilt die Mountain Standard Time (MST). Es ist der einzige Staat im Westen ohne Sommerzeit. Die Ausnahme von der Ausnahme bildet das Navajo-Reservat: Dort werden die Uhren umgestellt.

Im Allgemeinen bezahlt man im Winter und Frühling – der Hauptsaison – im Süden von Arizona (inkl. Phoenix, Tucson und Yuma) in den Unterkünften viel mehr als in den übrigen Jahreszeiten. In den heißesten Gegenden kann man im Hochsommer tolle Schnäppchen machen.

Arizona Department of Transportation (☎ im Staat 511, 888-411-7623; www.az511.com) Aktuelles zu Straßenbedingungen und dem Verkehr im Staat mit Links zu Wetter- und Sicherheitsinfos.

Arizona Office of Tourism (☎ 602-364-3700; www.arizonaguide.com) Kostenlose Infos.

Arizona Public Lands Information Center (☎ 602-417-9200; www.publiclands.org) Informiert über den USFS, den NPS, das Bureau of Land Management (BLM) und staatliche Gebiete und Parks.

Arizona State Parks (☎ 602-542-4174; www.azstateparks.com) 15 State Parks verfügen über Campingplätze, die gegen eine Gebühr von 5 US$ online reserviert werden können (Stellplätze 15–50 US$, Hütten & Jurten 35–75 US$).

Phoenix

Trotz der Hitze versprüht Phoenix eine gewisse frühlingshafte Leichtigkeit. Die Stadt richtet 2015 den Super Bowl aus und lockt Besucher mit seinem neuen Restaurant- und Unterhaltungsbezirk Cityscape im Zentrum an. Der SkyTrain, eine Bahnlinie zwischen Stadt und Flughafen, wurde früher als geplant eröffnet.

Mehrere „Städte" bilden die Region, die als Greater Phoenix bekannt ist; der größte städtische Raum im Südwesten: Die eigentliche Stadt Phoenix ist der Patriarch all der Städte. In Downtown ragen Hochhäuser auf, und es gibt ein paar erstklassige Museen. Scottsdale ist die stilbewusste große Schwester, die reich geheiratet hat, Tempe ist der gutmütige, aber zuweilen etwas rüpelige Student, und Mesa der Bruder, der ein ruhiges Vorstadtleben anstrebt. Und was ist mit Mama? Die ist im Juni nach Flagstaff gefahren, weil es in Phoenix einfach viel zu heiß war!

Wie heiß genau? Im Sommer klettert das Quecksilber auf über 43 °C. In dieser Zeit sinken die Preise in den Resorts erheblich (super für Budgetreisende!), aber die beste Zeit für einen Besuch sind Winter und Frühling. Dann ist das Klima angenehm.

Sehenswertes

Greater Phoenix, auch bekannt als Valley of the Sun („Sonnental"), ist von Bergen umgeben, die zwischen 750 und über 2000 m hoch sind. Die Central Ave führt von Norden nach Süden durch die Stadt und ist die Grenze zwischen den westlichen und östlichen Adressen; die Washington St verläuft von West nach Ost und ist der Übergang von den Nord- zu den Süd-Adressen.

Scottsdale, Tempe und Mesa liegen östlich vom Flughafen. Die Scottsdale Rd erstreckt sich von Norden nach Süden zwischen Scottsdale und Tempe. Der Flughafen befindet sich 3 Meilen (ca. 5 km) südöstlich von Downtown.

Phoenix

★ Heard Museum MUSEUM

(☎ 602-252-8848; www.heard.org; 2301 N Central Ave; Erw./Kind 6–12 Jahre & Stud./Senior 18/7,50/13,50 US$; ⌚ Mo–Sa 9.30–17, So 11–17 Uhr; 👪) Das Privatmuseum öffnete 1929, als Dwight und Maie Bartlett Heard beschlossen, ihre umfangreichen Sammlungen indigener Artefakte zu vereinen. Heute zeigen zehn

Galerien Kunst, Textilien und Keramik der amerikanischen Ureinwohner und erläutern deren Geschichte und Traditionen. Der Fokus liegt auf Stämmen aus dem Südwesten.

Besonders interessant sind die Sammlung der *kachinas* (Figuren, die Hopi-Geister symbolisieren) und die Ausstellung „Boarding School Experience", die einen bewegenden Blick auf das umstrittene bundesstaatliche Programm wirft, bei dem Kinder amerikanischer Ureinwohner aus ihren Familien herausgerissen und in weit entfernte Internate geschickt wurden, um sie zu „amerikanisieren".

Musical Instrument Museum MUSEUM

(☎480-478-6000; www.themim.org; 4725 E Mayo Blvd; Erw. 18 US$, Jugendlicher 13–19 Jahre 14 US$, Kind 10 US$; ⊙Mo–Sa 9–17, So 10–17, 1. Fr im Monat bis 21 Uhr) Ob ugandische Daumenklaviere, hawaiianische Ukulelen oder indonesische Gongs: Das neue Museum zeigt Musikinstrumente aus der ganzen Welt. In den fünf Galerien sind über 200 Länder und Regionen vertreten. Stoppt ein Besucher neben einem der Exponate, werden automatisch Musik- und Videovorführungen gestartet.

Die Nutzung der kostenlosen kabellosen Headsets ist obligatorisch, wobei diese leicht zu handhaben sind. Man sollte aber nicht zu schnell von der Alice-Cooper-Ausstellung zu den Fife & Drums in der United-States-Galerie gehen, sonst dröhnt einem der Kopf! Um vom Zentrum zum Museum zu kommen, folgt man dem Hwy 51 nordwärts zum Hwy 101 im Osten. Diesen verlässt man bei Exit 31. Nun biegt man rechts auf den N Tatum Blvd ab und hält sich erneut rechts.

★Desert Botanical Garden BOTANISCHER GARTEN

(☎480-941-1225; www.dbg.org; 1201 N Galvin Pkwy; Erw./Kind/Student/Senior 18/8/10/15 US$; ⊙Okt.–April 8–20 Uhr, Mai–Sept. 7–20 Uhr) Der knapp 60 ha große inspirierende Garten bietet ein erholsames Naturerlebnis und eine tolle Einführung in die Pflanzenwelt der Wüste. Rundwege wie der Wüstenwildblumenpfad und der Sonora-Wüsten-Rundweg führen an einer eindrucksvollen Vielfalt von Wüstenbewohnern vorbei, die thematisch geordnet sind. Je nach Saison gibt es besondere Events wie Führungen mit der Taschenlampe im Sommer (Juni–Aug. Di & Sa 19 Uhr).

★Phoenix Art Museum MUSEUM

(☎602-257-1222; www.phxart.org; 1625 N Central Ave; Erw./Kind 6–17 Jahre/Student/Senior 15/6/10/12 US$, Mi 15–21 & 1. Fr im Monat Fr 18–22 Uhr Eintritt frei; ⊙Mi 10–21, Do–Sa 10–17, So 12–17 Uhr; 👪) Das Phoenix Art Museum ist Arizonas erste Adresse für die Schönen Künste. Zu sehen sind u.a. Werke von Claude Monet, Diego Rivera und Georgia O'Keeffe. Die Landschaftsbilder in der Galerie über den amerikanischen Westen bringen Besucher in Abenteuerlaune.

Scottsdale

Scottsdales Hauptattraktion sind die beliebten Einkaufsbezirke, zu denen die Old Town, bekannt für Gebäude aus dem frühen 20. Jh. (und auf alt gemachte Bauten) sowie der Arts District in der Nähe gehören. In den Vierteln gibt's jede Menge Kunstgalerien, Modeläden für das moderne Cowgirl und einige der besten Restaurants und Bars im Valley of the Sun.

Taliesin West ARCHITEKTUR

(☎480-860-2700; www.franklloydwright.org; 12621 Frank Lloyd Wright Blvd; ⊙9–16 Uhr, Juli & Aug. Di & Mi geschl.) Taliesin West war das Wüstenhaus und Atelier von Frank Lloyd Wright und entstand zwischen 1938 und 1940. Das Gebäude beherbergt eine Architekturschule, kann im Rahmen von Führungen besucht werden und ist mit seinen Elementen und Strukturen, die auch in der umliegenden Natur zu finden sind, ein erstklassiges Beispiel für organische Architektur. Das Haus und die Anlage sind nur im Rahmen einer Führung zu besichtigen. Die 90-minütige **Insights Tour** (Erw./4–12 Jahre/Student & Senior 32/17/28 US$; ⊙Nov.–Mitte April 9–16 Uhr halbstündl., Mitte April–Okt. 9–16 Uhr stündl.) ist informativ und kurzweilig. Daneben gibt es noch kürzere

DAS FRÜHJAHRSTRAINING DER „KAKTUSLIGA"

Vor Beginn der Baseballsaison verbringen die Mannschaften den März in Arizona (Cactus League) und Florida (Grapefruit League), präsentieren neue Spieler, trainieren und führen Testspiele durch. Die Tickets sind günstiger (ca. 8–10 US$, je nach Veranstaltungsort), die Sitzplätze besser und die Spiele entspannter. Das Programm und Links zu Ticketanbietern gibt's unter www.cactusleague.com; www.visitphoenix.com informiert ebenfalls über Eintrittskarten sowie über die verschiedenen Teams.

Phoenix

und längere Touren; über Preise und Termine informiert die Website.

Tempe

Die **Arizona State University** (ASU; www.asu.edu) wurde 1885 gegründet, hat rund 58 000 Studenten und ist das Herz und die Seele von Tempe. Das **Gammage Auditorium** (Kartenverkauf 480-965-3434, Führungen 480-965-6912; www.asugammage.com; Ecke Mill Ave & Apache Blvd; Karten ab 20 US$; Okt.–Mai Mo–Fr 13–16 Uhr) war Frank Lloyd Wrights letztes großes Werk.

Tempes wichtigste Straße, die **Mill Avenue**, ist von Downtown Phoenix aus problemlos mit der Straßenbahn zu erreichen. Sie wird von Restaurantketten, Mottobars und Studentenkneipen gesäumt. Wenn man schon einmal da ist, lohnt sich ein Abstecher zum künstlichen **Tempe Town Lake** (www.tempe.gov/lake), auf dem man Boot fahren kann. Die Wege am Ufer laden zu einem Spaziergang und einer Radtour ein. Kinder werden die riesigen Wassersprinkler auf dem **Cox Splash Playground** (April–Sept. 10–19 Uhr;) im Strandpark lieben.

Mesa

Das bescheidene Mesa wurde 1877 von Mormonen gegründet und ist eine der am schnellsten wachsenden Städte des Landes. Mit 452 000 Einwohnern ist sie zudem die drittgrößte Stadt Arizonas.

Arizona Museum of Natural History MUSEUM

(480-644-2230; www.azmnh.org; 53 N MacDonald St; Erw./Kind 3–12 Jahre/Student/Senior 10/6/8/9 US$; Di–Fr 10–17, Sa 11–17, So 13–17 Uhr;) Ein Besuch lohnt sich, wenn man Kinder hat, die auf Dinosaurier stehen. Neben dem mehrstöckigen Dinosaur Mountain wird man viele lebensgroße Gipsfiguren der gigantischen Viecher und den Oberschen-

kelknochen eines Apatosaurus (den man auch anfassen darf) zu sehen bekommen. Weitere Ausstellungsstücke (darunter ein prähistorisches Hohokam-Dorf und ein Gefängnis mit 8 Zellen) illustrieren Arizonas bewegte Vergangenheit.

Aktivitäten

Informationen über Wege zum Piestewa Peak, im South Mountain Park, im Camelback Park und in anderen Gegenden gibt's unter http://phoenix.gov/recreation/rec/parks/preserves/index.html.

Piestewa Peak/Dreamy Draw Recreation Area WANDERN & TREKKEN
(☎602-261-8318; www.phoenix.gov/parks; Squaw Peak Dr, Phoenix; ⏲Wanderungen 5–19 Uhr, letzter Einlass 18.59 Uhr) Dieser leicht zugängliche Aussichtspunkt war früher als Squaw Peak bekannt. Später wurde er nach der einheimischen Soldatin Lori Piestewa, einer Indianerin, benannt, die 2003 im Irak fiel. Sehr viele Leute machen die Wanderung auf den 795 m hohen Gipfel. An Winterwochenenden kann es in dem von Saguaro-Kakteen bestandenen Park voll werden. Auf ein paar Wegen sind Hunde erlaubt.

South Mountain Park WANDERN & TREKKEN
(☎602-262-7393; 10919 S Central Ave, Phoenix; ⏲5–23, letzter Einlass 18.59 Uhr) Das über 80 km lange Netz aus Wanderwegen (Hunde an der Leine erlaubt) durchzieht Schluchten und grasbewachsene Hügel, führt an Granitwänden vorbei und gewährt Ausblicke auf die Stadt und Zugang zu indianischen Petroglyphen.

Cactus Adventures RADFAHREN
(☎480-688-4743; www.cactusadventures.com; Halbtagesmiete ab 45 US$; ⏲unterschiedlich) Cactus Adventures verleiht Fahrräder, organisiert geführte Wanderungen sowie Radtouren und transportiert Räder zu Ausgangspunkten von Wegen im South Mountain Park oder zum Arizona Grand Resort. Ist beim Abholen der Räder flexibel.

Ponderosa Stables REITEN
(☎602-268-1261; www.arizona-horses.com; 10215 S Central Ave, Phoenix; ½-stündiger Ausritt 33/55 US$; ⏲Juni–Sept. 6–17 Uhr, übriges Jahr 8–17 Uhr) Veranstaltet Ausritte durch den South Mountain Park. Die meisten Touren müssen vorher reserviert werden.

Geführte Touren

Arizona Detours SIGHTSEEING
(☎866-438-6877; www.detoursaz.com) Arizona Detours veranstaltet Tagestouren zu weit entfernten Zielen wie Tombstone (Erw./Kind 145/75 US$) und dem Grand Canyon (Erw./Kind 155/90 US$) sowie Halbtagestouren nach Phoenix/Scottsdale (Erw./Kind 80/45 US$).

Arizona Outback Adventures WANDERN & TREKKEN
(☎480-945-2881; www.aoa-adventures.com; 16447 N 91st St, Scottsdale) Halbtageswanderungen (95 US$, min. 2 Pers.), Mountainbikefahren (115 US$, min. 2 Pers.) und Kajakfahren am Salt River (150 US$, min. 2 Pers.).

Feste & Events

Tostitos Fiesta Bowl SPORT
(☎480-350-0911; www.fiestabowl.org) Diesem Footballspiel Anfang Januar im Stadion der University of Phoenix in Glendale geht eine riesige Party mit jeder Menge bunter Paraden voraus.

Phoenix

Schlafen

Der Großraum Phoenix ist mit Hotels und Resorts gut bestückt, B&Bs und gemütliche Gästehäuser sind hingegen spärlich gesät. Im brütend heißen Sommer fallen die Preise deutlich. Dann stürzen sich die Valley-Bewohner auf ihre Lieblingsresorts.

Phoenix

HI Phoenix Hostel HOSTEL $

(☎602-254-9803; www.phxhostel.org; 1026 N 9th St; B ab 20 US$, EZ/DZ 37/47 US$; ❄@📶) Das einladende Hostel mit 14 Betten steht in einem Arbeiterviertel und bietet einige lauschige Plätzchen. Die Besitzer sind sympathisch und kennen ihre Stadt gut. Check-in ist zwischen 8 und 10 bzw. freitags und samstags bis 12 Uhr sowie um 17 und 22 Uhr. Im Juli und August geschlossen. Kreditkartenzahlung ist nicht möglich.

Budget Lodge Downtown MOTEL $

(☎602-254-7247; www.blphx.com; 402 W Van Buren St; Zi. inkl. Frühstück 60–67 US$; P❄📶) Das einfache zweistöckige Motel im Herzen der Innenstadt ist eine saubere, günstige Option mit solider Ausstattung. Jedes Zimmer bietet Mikrowelle und Kühlschrank, zudem ist das Frühstück im Preis inbegriffen.

Aloft Phoenix-Airport HOTEL $$

(☎602-275-6300; www.aloftphoenixairport.com; 4450 E Washington St; Zi. 109–149 US$; P@📶🏊🐾) Die Zimmer vereinen Pop-Art-Elemente mit scharfkantig-klarem, modernem Design. Das Hotel nahe Tempe liegt gegenüber vom Pueblo Grand Museum. Für Haustiere fällt keine Extra-Gebühr an.

Palomar Phoenix HOTEL $$$

(☎877-488-1908, 602-253-6633; www.hotelpalomar-phoenix.com; 2 E Jefferson St; Zi. 349–359 US$; P❄📶🏊🐾) Zottelige Kissen, Lampen in Geweihform und Porträts blauer Kühe: Uns gefallen die Eigenarten des neuen 242 Zimmer fassenden Palomar. Die Unterkünfte sind überdurchschnittlich groß, modern eingerichtet und mit Yogamatte und Bademänteln mit Tiermotiven ausgestattet. Für stilvolle Entspannung sorgt der Außenpool im dritten Stock mit Lounge und hübschem Blick auf das Zentrum. In direkter Nachbarschaft liegt der Restaurant- und Unterhaltungsdistrikt CityScape. Am Wochenende sind die Preise etwas niedriger.

Royal Palms Resort & Spa RESORT $$$

(☎602-840-3610; www.royalpalmsresortandspa.com; 5200 E Camelback Rd; Zi. 333–423 US$, Suite ab 342–519 US$; P❄@📶🏊🐾) Das noble Boutiqueresort am Fuß des Camelback

Mountain ist eine dezente, elegante Anlage mit Villen im spanischen Kolonialstil, mit blumengesäumten Wegen und aus Ägypten importierten Palmen. Für vierbeinige Gäste gibt's weiche Betten, persönliche Leckerlis und Gassi-Service. Pro Tag wird eine Resortgebühr von 34 US$ erhoben.

Scottsdale

Sleep Inn HOTEL $$
(☎480-998-9211; www.sleepinnscottsdale.com; 16630 N Scottsdale Rd; Zi. inkl. Frühstück 139–159 US$;) Dieser Außenposten der landesweiten Hotelkette in North Scottsdale sahnt Extrapunkte für das opulente Frühstück, die netten Angestellten und die Nähe zum Taliesin West ab. Die Zimmer haben Mikrowelle und Kühlschrank.

Saguaro Inn HOTEL $$
(☎480-308-1100; www.jdvhotels.com; 4000 N Drinkwater Blvd; Zi. 189 US$;) In dem grell-bunten Refugium mit schräger junger Atmosphäre neben der Old Town kommen Hipster auf ihre Kosten. Es fehlt etwas an der Liebe zum Detail, dafür überzeugen die Lage, der von Palmen gesäumte Pool und die im Vergleich zur umliegenden Konkurrenz niedrigen Preise.

★ **Hotel Valley Ho** BOUTIQUEHOTEL $$$
(☎480-248-2000; www.hotelvalleyho.com; 6850 E Main St; Zi. 249–299 US$, Suite 399–509 US$;) Im Valley Ho ist alles in Butter. In dem tollen Hotel haben schon Größen wie Bing Crosby, Natalie Wood und Janet Leigh ihr müdes Haupt gebettet. Heutzutage wird das Flair der Rat-Pack-Ära mit Bebop-Musik, gut gelauntem Personal und einem „Eiskamin" wieder aufgegriffen. Auch die Zimmer (mit Balkon) verkörpern diesen Stil. Haustiere dürfen hier umsonst „übernachten", WLAN ist 12 Stunden pro Tag gratis.

Bespoke Inn, Cafe & Bicycles B&B $$$
(☎480-664-0730; www.bespokeinn.com; 3701 N Marshall Way; Zi. ab 299 US$;) Oh là là: Sind wir hier in Frankreich auf dem Land oder in Downtown Scottsdale? In dem luftigen neuen B&B können Gäste im schicken Café einen Kaffee trinken, sich im Infinity Pool räkeln oder mit dem Pashley-Rad das Viertel erkunden. Die eleganten Zimmer bieten ansprechende Details wie handgearbeitete Möbel und Badarmaturen aus Nickel. Das Gourmet-Frühstück wird an einer rustikalen gemeinschaftlichen Tafel serviert. Im Sommer ab 199 US$.

SCENIC DRIVES: PANORAMASTRECKEN IN ARIZONA

Oak Creek Canyon Auf dem Hwy 89A zwischen Flagstaff und Sedona geht's an Badelöchern, Felsstürzen und purpurfarbenen Steinwänden vorbei.

Hwy 89/89A Wickenburg-Sedona Der „Alte Westen" trifft den „Neuen" – eine entspannte Tour, vorbei an Viehfarmen, Minenstädten, Kunstgalerien und schicken Weingütern.

Patagonia–Sonoita Scenic Road Die richtige Route für Vogelfans führt durch die Weinregion im südlichen Arizona (Hwys 82 & 83).

Kayenta–Monument Valley Man fühlt sich wie der Hauptdarsteller in seinem eigenen Western, wenn man die filmreifen roten Felsen im Navajo-Land gleich neben dem Hwy 163 passiert.

Vermilion Cliffs Scenic Road Der Hwy 89A ist eine einsame Straße, die „Condor Country", den North Rim des Grand Canyon und Mormonensiedlungen miteinander verbindet.

Boulders RESORT $$$
(☎480-488-9009; www.theboulders.com; 34631 N Tom Darlington Dr, Carefree; Casitas (Häuschen) 319–369 US$, Villen 599–1149 US$;) Die Wüstenoase fügt sich nahezu perfekt in die natürlichen Felsformationen der Umgebung ein und ist luxuriös und entspannt zugleich. Gästen wird ein Maximum an Erholung geboten, so hilft ein Besuch des äußerst noblen Spas gegen ein gestresstes Gemüt. Die Resortgebühr beträgt 30 US$ pro Tag, und im Sommer fallen die Preise am Wochenende auf bis zu 125 US$.

Tempe

Best Western Inn of Tempe HOTEL $
(☎480-784-2233; www.innoftempe.com; 670 N Scottsdale Rd; Zi. inkl. Frühstück 89–99 US$;) Das gepflegte Hotel mit hilfsbereitem Personal liegt in Gehweite zum Tempe Town Lake in der Nähe der ASU und der lebendigen Mill Ave. Es gibt ein 24-Stunden-Flughafen-Shuttle.

★ **Sheraton Wild Horse Pass Resort & Spa** RESORT $$$
(☎602-225-0100; www.wildhorsepassresort.com; 5594 W Wild Horse Pass Blvd, Chandler; Zi. 209–

279 US$, Suite 284–520 US$, Hauptgerichte 44–54 US$; P ❄ @ ☰ ≋) Von der eindrucksvollen Anlage aus sind am Horizont manchmal die namensgebenden Wildpferde zu entdecken. Sie wurde von der indigenen Gemeinschaft des Gila River als Luxuskomplex gestaltet, der Gästen Heilkunde und Wissen der Indianer nahebringen soll. Geboten werden komfortable Zimmer, geräumige Aufenthaltsbereiche, zwei 18-Loch-Golfplätze, ein Reitzentrum, Tennisplätze, ein Spa und eine Wasserrutsche, die den Hohokam-Ruinen nachempfunden ist.

Essen

In Phoenix-Scottsdale gibt es die größte Konzentration von Restaurants im Südwesten. Wer verschiedene für Arizona typische Leckereien probieren möchte, steuert den **Food Truck Friday** (www.phxstreetfood.org; 721 N Central Ave, Phoenix Public Market, Downtown; ⏲ Fr 11–13.30 Uhr) beim Phoenix Public Market im Zentrum an.

PHOENIX MIT KINDERN

Der Wasserpark **Wet 'n' Wild Phoenix** (☎ 623-201-2000; www.wetnwildphoenix.com; 4243 W Pinnacle Peak Rd, Glendale; über/unter 106 cm 39/30 US$, Senior 30 US$; ⏲ So–Mi 10–18, Do–Sa 10–22 Uhr, Mai, Aug. & Sept. unterschiedlich; 👪) bietet Swimmingpools, Wasserrutschen, Wellenbecken und Rafting-Anlagen. Er liegt in Glendale, 2 Meilen (3 km) westlich der I-17 am Exit 217.

In der nachgebauten Grenzstadt **Rawhide Western Town & Steakhouse** (☎ 480-502-5600; www.rawhide.com; 5700 W N Loop Rd, Chandler; Eintritt frei, 5 US$/Attraktion oder Show, Tagesticket 15 US$; ⏲ Mi–So 17–22 Uhr, saisonabhängig; 👪) aus den 1880er-Jahren, die rund 20 Meilen (32 km) südlich von Mesa zu finden ist, gibt's jede Menge kitschigen, aber witzigen Hokuspokus für Kinder. Wer mal etwas anderes probieren möchte: Das Steakhaus serviert Klapperschlange.

Das **Arizona Science Center** (☎ 602-716-2000; www.azscience.org; 600 E Washington St; Erw./Kind 3–17 Jahre/Senior 15/11/13 US$; ⏲ 10–17 Uhr; 👪) ist ein High-Tech-Tempel für Entdecker mit über 300 Exponaten zum Anfassen sowie einem Planetarium.

★ Matt's Big Breakfast FRÜHSTÜCK $
(☎ 602-254-1074; www.mattsbigbreakfast.com; 825 N 1st St, bei der Garfield St; Frühstück 5–10 US$, Mittagessen 7–10 US$; ⏲ 6.30–14.30 Uhr) Auch nach der Wiedereröffnung von Matts legendärem Frühstücksladen in größeren Räumlichkeiten den Häuserblock hinunter, warten Gäste noch immer auf dem Gehsteig auf einen Tisch. Die Gerichte von der Karte sind toll, besonders lecker sind allerdings die Tagesangebote wie himmlisch gewürztes fluffiges Rührei mit Paprika und Chorizo auf einem Bett aus knusprigen Pommes.

Tee Pee Mexican Food MEXIKANISCH $
(☎ 602-956-0178; www.teepeemexicanfood.com; 4144 E Indian School Rd; Hauptgerichte 5–14 US$; ⏲ Mo–Sa 11–22, So bis 21 Uhr) Wer brutzelnd heiße mexikanische Gerichte unter einem Berg Käse mag, die auf eine etwas chaotische amerikanische Weise zubereitet wurden, sollte sich eine Nische in diesem 40 Jahre alten beliebten Restaurant suchen. George W. Bush verspeiste hier 2004 zwei Enchiladas, Reis und Bohnen – seither heißt das Gericht Presidential Special.

La Grande Orange Grocery CAFÉ $
(www.lagrandeorangegrocery.com; 4410 N 40th St; Frühstück bis 8 US$, Mittagessen 7–9 US$, Pizza 12–15 US$; ⏲ Café 6.30–22, Pizzeria Mo–Do ab 16 Uhr, Fr & Sa ab 11 Uhr) Wie wär's mit einem Kaffee und einem Muffin zum Mitnehmen zum Frühstück, einem Sandwich mit Speck, Salat, Tomate und Avocado zum Mittagessen und einer Pizza Margherita am Abend? Der betriebsame Feinkostmarkt mit Bäckerei, Café und Pizza befindet sich an der Ecke 40th St und E Campbell Ave.

★ Dick's Hideaway MODERN-MEXIKANISCH $$
(☎ 602-241-1881; http://richardsonsnm.com; 6008 N 16th St; Frühstück 5–20 US$, Mittagessen 12–16 US$, Abendessen 12–35 US$; ⏲ So–Mi 7–24, Do–Sa bis 1 Uhr) Einen Tisch an der Bar suchen oder sich an den Gemeinschaftstisch im Nebenzimmer setzen und schon geht's los: Dick's Spezialität sind herzhafte Enchiladas mit reichlich Chili und Tamales sowie andere Gerichte aus New Mexico. Wir lieben das „Hideaway" zum Frühstück, zu dem die Bloody Marys mit einem Schuss Bier verfeinert werden. Der unbeschilderte Eingang liegt zwischen den hohen Büschen.

Pizzeria Bianco PIZZERIA $$
(☎ 602-258-8300; www.pizzeriabianco.com; 623 E Adams St; Pizza 12–16 US$; ⏲ Mo 11–21, Di–Sa 11–22 Uhr) Der Speiseraum ist klein und die

Karte übersichtlich, Geschmack wird in dem berühmten Lokal unter Leitung des James-Beard-Gewinners Chris Bianco jedoch groß geschrieben. Die knusprig dünnen Holzofenpizzas gibt's z. B. als „Rosa" mit roten Zwiebeln, Parmesan, Rosmarin und Pistazien aus Arizona oder als „Wiseguy" mit über Holz gerösteten Zwiebeln, hausgeräuchertem Mozzarella und Fenchelwurst.

Beckett's Table MODERN-AMERIKANISCH $$
(☎ 602-954-1700; www.beckettstable.com; 3717 E Indian School Rd; Hauptgerichte 13–21 US$; ⏲ Di–Sa 17–22, So 17–21 Uhr) In der schicksten Scheune im Dorf wird inmitten von Betonböden, Fachwerk und Holzelementen ländliche Küche kredenzt. Das urbane Farm-Konzept geht auf, dafür sorgen die Gerichte aus lokalen Zutaten des Kochs Justin Beckett wie zartes *osso bucco* vom Schwein oder Short Ribs mit Kartoffelbrei. Sehr zu empfehlen sind die Speck-Cheddar-Plätzchen mit karamellisierter Jalapeño-Apfel-Butter. Wer allein kommt, findet am Gemeinschaftstisch aus dunklem Walnussholz Gesellschaft.

Durant's STEAK $$$
(☎ 602-264-5967; 2611 N Central Ave; Mittagessen 10–30 US$, Abendessen 20–50 US$; ⏲ Mo–Fr 11–16 Uhr, tgl. abends) Lust auf große saftige Steaks mit Kartoffelbeilage? Dann ist dieses dunkel-maskuline, wunderbar altmodische Steakhaus genau das Richtige. Auch das Ambiente überzeugt: In den gemütlichen Sitznischen mit rotem Samt hat man das Gefühl, dass das Rat Pack jederzeit hier auftaucht.

Scottsdale

Sugar Bowl EISCREME $
(☎ 480-946-0051; www.sugarbowlscottsdale.com; 4005 N Scottsdale Rd; Eiscreme 2,25–9 US$, Hauptgerichte 6–12 US$; ⏲ So–Do 11–22, Fr & Sa 11–24 Uhr; 👪) Die rosa-weiße „Zuckerdose" ist eine echte Institution im Valley. Seit den 1950er-Jahren gibt's hier Eiscreme. Wer Hunger auf etwas Herzhaftes hat, kann Sandwiches oder Salate bestellen.

The Mission MEXIKANISCH $$
(☎ 480-636-5005; www.themissionaz.com; 3815 N Brown Ave; Mittagessen 9–12 US$, Abendessen 12–32 US$; ⏲ So–Do 11–15 & 17–22, Fr & Sa bis 23 Uhr) Mit dem dunklen Innenraum, den leuchtenden Kerzen und religiösen Figuren erinnert das Mission im *nuevo*-Latino-Stil ans 15. Jh., wobei die sonnigen Terrassen mit orangefarbenen Schirmen für Leichtigkeit sorgen. Gegen den Hunger helfen mittags Steak-Tacos samt Salsa mit grünen Chilis, Avocado und in Tecate mariniertem Rindfleisch. Die Guacamole wird neben dem Tisch zubereitet, und Margaritas und Mojitos runden das ansprechende Gesamtpaket ab.

Herb Box AMERIKANISCH $$
(☎ 480-289-6160; www.theherbbox.com; 7134 E Stetson Dr; Mittagessen 10–19 US$, Abendessen 15–28 US$; ⏲ tgl. mittags, Di–Sa abends) Das extravagante Bistro hat mehr zu bieten als nur den äußeren Schein und flüchtige Luftküsschen: Hier gibt's frische regionale Zutaten, toll angerichtete Speisen und aufmerksamen Service.

Tempe

★ **Essence** CAFÉ $
(☎ 480-966-2745; 825 W University Dr; Frühstück 5–9 US$, Mittagessen 7,25–9 US$; ⏲ Mo–Sa 7–15 Uhr; 🖉) Das luftig-kleine kulinarische Paradies serviert zum Frühstück Eierspeisen und Arme Ritter sowie mittags Salate, Gourmet-Sandwiches und ein paar mediterrane Spezialitäten. Der geeiste Karamellkaffee und die Makronen versüßen jeden Nachmittag.

★ **Kai Restaurant** INDIANISCH $$$
(☎ 602-225-0100; www.wildhorsepassresort.com; 5594 W Wild Horse Pass Blvd, Chandler; Hauptgerichte 44–54 US$, Degustationsmenü 135–225 US$; ⏲ Di–Do 17–21, Fr & Sa bis 21.30 Uhr) Einfache Zutaten, in erster Linie von indianischen Farmen, werden hier in etwas ganz Außergewöhnliches verwandelt. Zum Abendessen gibt's z. B. Colorado-Lamm in einer Pekannusskruste mit Mole. Die Gerichte schaffen genau das richtige Maß zwischen Abenteuer und Wohlfühl-Genuss. Es herrscht eine Kleiderordnung (keine kurzen Hosen oder Hüte). Das Kai ist im Sheraton Wild Horse Pass Resort & Spa im Gila-River-Indianerreservat. Im August geschlossen!

Ausgehen

Scottsdale hat die größte Konzentration von angesagten Bars und Clubs zu bieten, Tempe hingegen ist vor allem bei Studenten beliebt.

★ **Postino Winecafé Arcadia** WEINBAR
(www.postinowinecafe.com; 3939 E Campbell Ave, bei der 40th St, Phoenix; ⏲ Mo–Do 11–23, Fr 11–24, Sa 9–24, So 11–22 Uhr) Die gesellige Indoor-Outdoor-Weinbar ist genau das Richtige für ein Treffen mit ein paar Freunden. Wer allein kommt, wird sich aber ebenfalls wohlfühlen. Toll sind die Terrasse, die zum

Schwärmen anregende Bruschetta und die Weine, für die man zwischen 11 und 17 Uhr nur 5 US$ pro Glas zahlt.

Edge Bar BAR

(5700 E McDonald Dr, Sanctuary on Camelback Mountain, Paradise Valley) In der stylishen Cocktailbar „Edge" am Hang des Camelback Mountain im Sanctuary Resort ist der Sonnenuntergang einfach fantastisch. Keinen Platz draußen gefunden? Die ähnlich schicke Jade Bar mit den großen Fenstern ist eine prima Alternative.

Four Peaks Brewing Company BRAUEREI

(480-303-9967; www.fourpeaks.com; 1340 E 8th St, Tempe; Mo–Sa 11–2, So 10–2 Uhr) Die allseits beliebte Brauerei-Kneipe in einem hübschen Gebäude im Missionsstil ist der Treffpunkt schlechthin und die perfekte Anlaufstelle für Bierliebhaber.

Rusty Spur Saloon BAR

(480-425-7787; www.rustyspursaloon.com; 7245 E Main St, Scottsdale; So–Do 10–1, Fr & Sa bis 2 Uhr) Der witzigen, immer gut gefüllten Country-Bar ist aufgesetztes Getue fern, stattdessen lockt sie mit günstigen Getränken und lauten Country-Bands in die Jahre gekommene Budweiser-Liebhaber an; über das aktuelle Musikprogramm informiert die Website. Der Saloon ist in einem alten Bankgebäude untergebracht, das während der Weltwirtschaftskrise schließen musste.

Unterhaltung

Das **Phoenix Symphony Orchestra** (Verwaltung 602-495-1117, Kartenverkauf 602-495-1999; www.phoenixsymphony.org; 75 N 2nd St, Kartenschalter 1 N 1st St, 75 N 2nd St) tritt in der **Symphony Hall** (75 N 2nd St) auf. Im Jahr 2013 zog die **Arizona Opera** (602-266-7464; www.azopera.com; 1636 N Central Ave) in ein neues Opernhaus gegenüber dem Phoenix Art Museum.

Das Basketballteam der Männer, die **Phoenix Suns** (602-379-7900; www.nba.com/suns; 201 E Jefferson St, Phoenix), und die Basketballdamen, die **Phoenix Mercury** (602-252-9622; www.wnba.com/mercury; 201 E Jefferson St, Phoenix), spielen im US Airways Center. Das Heimstadion des Footballteams **Arizona Cardinals** (602-379-0101; www.azcardinals.com; 1 Cardinals Dr, Glendale) ist das neue University of Phoenix Stadium in Glendale, wo der Super Bowl 2015 stattfinden wird. Die Baseballmannschaft **Arizona Diamondbacks** (602-462-6500; www.arizona.diamondbacks.mlb.com; 401 E Jefferson St, Phoenix) spielt im Chase Field Stadium.

Rhythm Room LIVEMUSIK

(602-265-4842; www.rhythmroom.com; 1019 E Indian School Rd, Phoenix; normalerweise ab 19.30 Uhr geöffnet) Einige der besten Livebands aus dem Valley treten in diesem kleinen Schuppen auf. Im Rhythm Room hat man bei jedem Konzert das Gefühl, in der ersten Reihe zu stehen! Wie gesagt, das Ganze ist eher lokal-regional geprägt – richtig große Namen sind eher ungewöhnlich, aber das ist uns gerade recht.

Char's Has the Blues BLUES

(602-230-0205; www.charshastheblues.com; 4631 N 7th Ave, Phoenix; Mo–Mi Eintritt frei, Do & So 3 US$, Fr & Sa 7 US$; So–Mi 20–1, Do–Sa 19.30–1 Uhr) In dem dunklen intimen und sehr einladenden Laden stehen an den meisten Abenden Blues und R&B auf dem Programm. Solide Bands ziehen jede Menge Gäste an, dennoch wirkt das Ganze wie ein gut gehütetes Geheimnis.

BS West SCHWULENCLUB

(480-945-9028; www.bswest.com; 7125 E 5th Ave, Scottsdale; 14–2 Uhr) In dem stimmungsgeladenen Videobar/Tanzclub für Schwule in der Old Town von Scottsdale gibt's Gogo-Tänzer und Karaoke am Sonntag.

Shoppen

Im Valley befinden sich mehrere gute Einkaufszentren. Hochpreisige Läden findet man im **Scottsdale Fashion Square** (www.fashionsquare.com; 7014 E Camelback, bei der Scottsdale Rd, Scottsdale; Mo–Sa 10–21, So 11–18 Uhr), noch exklusiver geht's im **Biltmore Fashion Park** (www.shopbiltmore.com; 2502 E Camelback Rd, bei der 24th St, Phoenix; Mo–Sa 10–20, So 12–18 Uhr) zu. Im Norden von Scottsdale lockt das **Kierland Commons** (www.kierlandcommons.com; 15205 N Kierland Blvd, Scottsdale; Mo–Do 10–20, Sa 10–21, So 12–18 Uhr) unter freiem Himmel jede Menge Kunden an.

Heard Museum Shop & Bookstore KUNSTHANDWERK

(www.heardmuseumshop.com; 2301 N Central Ave, Phoenix; Geschäft 9.30–17, So ab 11 Uhr, Buchladen Mo–Sa 9.30–17.30, So bis 17 Uhr) Verschiedene Bücher über die amerikanischen Ureinwohner sowie eine umfassende und verlässliche Auswahl indianischen Kunsthandwerks, beispielsweise Schmuck und Kachina-Puppen.

Praktische Informationen

Infos im Internet & Medien

Arizona Republic (www.azcentral.com) Die auflagenstärkste Zeitung Arizonas; jeden Donnerstag erscheint der kostenlose Veranstaltungsführer *Calendar*.

Burton Barr Central Library (☎602-262-4636; www.phoenixpubliclibrary.org; 1221 N Central Ave, Phoenix; ⊙Mo, Fr & Sa 9–17, Di–Do 9–21, So 13–17 Uhr; 📶) Kostenloser Internetzugang.

KJZZ 91,5 FM (http://kjzz.org) Öffentlich-rechtliches Radio (National Public Radio; NPR).

Phoenix New Times (www.phoenixnewtimes.com) Die größte kostenlose Wochenzeitung mit jeder Menge Infos zu Veranstaltungen und Restaurants.

NOTFALL & MEDIZINISCHE VERSORGUNG

Banner Good Samaritan Medical Center (☎602-839-2000; www.bannerhealth.com; 1111 E McDowell Rd, Phoenix) Rund um die Uhr besetzte Notfallaufnahme.

Polizei (☎602-262-6151; http://phoenix.gov/police; 620 W Washington St, Phoenix)

POST

Postfiliale Downtown (☎602-253-9648; 522 N Central Ave, Phoenix; ⊙Mo–Fr 9–17 Uhr)

TOURISTENINFORMATION

Downtown Phoenix Visitor Information Center (☎877-225-5749; www.visitphoenix.com; 125 N 2nd St, Suite 120; ⊙Mo–Fr 8–17 Uhr) Die beste Infoquelle für Reisende im Valley.

Mesa Convention & Visitors Bureau (☎800-283-6372, 480-827-4700; www.visitmesa.com; 120 N Center St, Mesa; ⊙Mo–Fr 8–17 Uhr)

Scottsdale Convention & Visitors Bureau (☎800-782-1117, 480-421-1004; www.experiencescottsdale.com; 4343 N Scottsdale Rd, Suite 170; ⊙Mo–Fr 8–17 Uhr) Im Galleria Corporate Center. Das Personal ist sehr hilfsbereit, und der kostenlose Desert Discovery Guide umfasst eine umfangreiche Liste mit Routen in der Region.

Tempe Convention & Visitors Bureau (☎866-914-1052, 480-894-8158; www.tempetourism.com; 51 W 3rd St, Suite 105; ⊙Mo–Fr 8.30–17 Uhr)

Anreise & Unterwegs vor Ort

Der **Sky Harbor International Airport** (☎602-273-3300; http://skyharbor.com; 3400 E Sky Harbor Blvd; 📶) liegt 3 Meilen (ca. 5 km) südöstlich des Zentrums von Phoenix und wird von 17 Fluggesellschaften angeflogen, darunter United, American, Delta und British Airways. Zwischen den drei Terminals 2, 3 und 4 (Terminal 1 wurde 1990 abgerissen) und dem Parkplatz fährt rund um die Uhr ein kostenloser Shuttlebus. Der gebührenfreie **Phoenix Sky Train** nahm 2013 den Betrieb auf und fährt aktuell zwischen dem Parkplatz für die Economy Class, dem Terminal 4 und der METRO-Station an der Ecke 44th St/E Washington St.

VERDE-VALLEY-WEINPFAD

Am Hwy 89A und an der I-17 haben ein paar Weingüter und Probierstuben ihre Tore geöffnet. Sie bringen frischen Wind und einen Hauch von Stil nach Cottonwood, Jerome und Cornville.

In Cottonwood kann man die an den Verde River angrenzenden **Alcantara Vineyards** (www.alcantaravineyard.com; 3445 S Grapevine Way) besuchen und anschließend bei einem Bummel durch die Stadt in den zwei neuen Probierstuben **Arizona Stronghold** (www.azstronghold.com; 1023 N Main St; Weinprobe 9 US$; ⊙So–Do 12–19, Fr & Sa bis 21 Uhr) und **Pillsbury Wine Company** (www.pillsburywine.com; 1012 N Main St; ⊙So–Do 11–18, Fr 11–20 Uhr) vorbeischauen. Sie liegen in der Main St einander gegenüber. In Jerome werden Kunst, schöne Ausblicke und leckere Weine geboten; überall findet man Probierstuben wie den **Cellar 433** (www.bittercreekwinery.com; 240 Hull Ave; ⊙Mo–Mi 11–17, Do–So 11–18 Uhr) nahe dem Visitor Center der Handelskammer. Von dort geht's hinauf zu den **Caduceus Cellars** (www.caduceus.org; 158 Main St; ⊙So–Do 11–18, So bis 20 Uhr) und anschließend noch ein Stück weiter hangaufwärts zur **Jerome Winery** (☎928-639-9067; 403 Clark St; ⊙Mo–Do 11–17, Sa 11–20 Uhr, Juni–Aug. So 11–16 Uhr, Sept.–Mai kürzer) mit einer einladenden Terrasse.

An einem kurzen Abschnitt der Page Springs Rd östlich von Cornville findet man drei Weingüter inklusive Probierstuben: die **Page Springs Cellars** (www.pagespringscellars.com; 1500 N Page Springs Rd; Weinprobe 10 US$; ⊙Mo–Mi 11–19, Do–So bis 21 Uhr) mit Bistro, die einladenden **Oak Creek Vineyards** (www.oakcreekvineyards.net; 1555 N Page Springs Rd; Weinprobe 5 US$; ⊙10–18 Uhr) und den **Javelina Leap Vineyard** (www.javelinaleapwinery.com; 1565 Page Springs Rd; Weinprobe 8 US$; ⊙11–17 Uhr) mit sanfter Rockmusik.

Greyhound (☎ 602-389-4200; www.greyhound.com; 2115 E Buckeye Rd) bietet Verbindungen nach Tucson (21–23 US$, 2 Std., 8-mal tgl.), Flagstaff (38 US$, 3 Std., 5-mal tgl.), Albuquerque (78–85 US$, 10–12½ Std., 7-mal tgl.) und Los Angeles (38 US$, 7–8 Std., 8-mal tgl.). Die Linie 13 von Valley Metro pendelt zwischen dem Flughafen und dem Greyhound-Busbahnhof.

Valley Metro (☎ 602-253-5000; www.valleymetro.org; Tickets 2 US$) betreibt Busverbindungen im gesamten Valley sowie die Straßenbahn (mit einem 32 km langen Schienennetz) zwischen dem Norden und Downtown Phoenix, Tempe/ASU und Downtown Mesa. Die Straßenbahn und der Bus kosten 2 US$ pro Fahrt (ohne Umsteigen), das Tagesticket ist für 4 US$ zu haben. Die Busse fahren täglich, jedoch nur sporadisch. **FLASH-Busse** (www.tempe.gov) sind täglich rund um die ASU und in Downtown Tempe unterwegs, wohingegen der **Scottsdale Trolley** (www.scottsdaleaz.gov/trolley; ⌚ Fr–Mi 11–18, während des Artwalk Do bis 21 Uhr) durch Downtown Scottsdale fährt. Beide sind kostenlos.

Flagstaff

Flagstaffs entspannter Charme basiert auf mehreren Komponenten, z. B. der fußgängerfreundlichen historischen Innenstadt voller Bauwerke im lokaltypischen Stil und alten Neonreklamen sowie Aktivitäten in luftiger Höhe, z. B. Skifahren oder Wandern. Der typische Einwohner von Flagstaff ist glücklich, athletisch und knabbert eher an einem Müsliriegel, als dass er sich mit Cowboys duelliert. Die Northern Arizona University (NAU) sorgt für eine studentische Atmosphäre, und auch die Eisenbahngeschichte spielt unverändert eine wichtige Rolle für die Identität der Stadt. Außerdem schätzt man gutes Bier, frisch geröstete Kaffeebohnen und Spaß. Voilà, Flagstaff ist die Sorte Stadt, in der man länger verweilen und das Leben genießen möchte.

Sehenswertes

Flagstaff punktet mit kulturellen Stätten, dem historischen Zentrum und Outdoor-Aktivitäten im Umland. Im Visitor Center gibt's Karten für Stadtspaziergänge zur Route 66 und zu Spukhäusern.

Museum of Northern Arizona — MUSEUM

(☎ 928-774-5213; www.musnaz.org; 3101 N Fort Valley Rd; Erw./Kind/Senior 10/6/9 US$; ⌚ 9–17 Uhr) 3 Meilen (5 km) nördlich des Zentrums liefert das Museum eine informative Einführung in die Region. Der Schwerpunkt liegt auf lokaler Geologie, Biologie, Kunst und indigener Anthropologie, und es gibt Ausstellungsstücke zu Archäologie, Geschichte und Gebräuchen der örtlichen Stämme zu sehen.

Lowell Observatory — OBSERVATORIUM

(☎ 928-233-3212; www.lowell.edu; 1400 W Mars Hill Rd; Erw./Kind 12/5 US$; ⌚ Juni–Aug. 9–22 Uhr, Sept.–Mai kürzer) In diesem Observatorium erhaschte man 1920 zum ersten Mal einen Blick auf Pluto. Wenn es das Wetter zulässt, kann man hier allabendlich Sterne gucken, wobei Flagstaff die erste International-Dark-Sky-Stadt (Organisation gegen Lichtverschmutzung) der Welt ist. Tagsüber von 13 bis 16 Uhr werden Touren angeboten.

Walnut Canyon National Monument — CANYON

(☎ 928-526-3367; www.nps.gov/waca; 7 Tage gültiger Eintritt Erw./Kind 5 US$/frei; ⌚ Mai–Okt. 8–17, Nov.–April 9–17 Uhr) Sinagua-Felsbehausungen befinden sich in den beinahe vertikal aufragenden Wänden eines kleinen Kalksteinbergs inmitten eines bewaldeten Canyons. Ein kurzer Wanderweg führt an vielen Felsenkammern vorbei. Das National Monument liegt 11 Meilen (18 km) südöstlich von Flagstaff (Exit 204 von der I-40 nutzen!).

Aktivitäten

Alpine Pedaler — RADFAHREN

(☎ 928-213-9233; www.alpinepedaler.com; 25 US$/Pers.) Hier geht's in einem Gefährt, das einem Gemeinschaftsfahrrad ähnelt, in die Bars im Zentrum. In dem 15-Sitzer ist eine Kneipentour ein Klacks! Die Touren dauern zwei Stunden.

Humphreys Peak — WANDERN & TREKKEN

Die Besteigung des höchsten Berges des Staats (3851 m) ist unkompliziert, aber anstrengend und kann nur im Sommer in Angriff genommen werden. Der Weg, der im Skigebiet Arizona Snowbowl beginnt, windet sich durch den Wald, bis man die Baumgrenze erreicht. Eine Strecke ist 7 km lang; für den Hin- und Rückweg sollte man sechs bis acht Stunden einplanen.

Arizona Snowbowl — SKIFAHREN

(☎ 928-779-1951; www.arizonasnowbowl.com; Hwy 180 & Snowbowl Rd; Skipass Erw./Kind 55/15 US$; ⌚ 9–16 Uhr) Sechs Skilifte bedienen 30 Pisten und einen Snowboard-Park in Höhen zwischen 2800 und 3500 m. Der Sessellift ist auch im Sommer in Betrieb (Erw./Kind 12/8 US$).

Schlafen

Flagstaff hat das vielseitigste Unterkunftsangebot in der Region. Anders als im Süden Arizonas ist hier der Sommer die Hauptsaison.

Grand Canyon International Hostel HOSTEL $
(☎ 928-779-9421; www.grandcanyonhostel.com; 19½ S San Francisco St; B 22–24 US$, Zi. ohne Bad 44–56 US$, beide inkl. Frühstück; ❄@📶) Das historische Anwesen ist eine von Flagstaffs Stationen auf dem Stadtspaziergang zum Thema Route 66 und beherbergt heute ein Hostel. Die Betreiber sind freundlich, die Schlafsäle sauber und klein. Zum Angebot gehören eine Küche, Waschmaschinen und Touren zum Grand Canyon sowie nach Sedona. Das Hostel liegt einen Block von der Amtrak-Haltestelle entfernt, und Gäste werden kostenlos von der Greyhound-Station abgeholt. Hier ist mehr Betrieb als im Schwesterunternehmen Dubeau Hostel.

Dubeau Hostel HOSTEL $
(☎ 928-774-6731; www.grandcanyonhostel.com; 19 W Phoenix St; B 22–24 US$, Zi. 48–68 US$, beide inkl. Frühstück; P❄@📶) Hat dieselben Betreiber wie das Grand Canyon International Hostel. Die Privatzimmer mit Kühlschrank und Bad sind wie einfache Hotelzimmer gestaltet, allerdings nur halb so teuer. Das ruhigere der zwei Hostels.

Hotel Monte Vista HOTEL $$
(☎ 928-779-6971; www.hotelmontevista.com; 100 N San Francisco St; DZ 65–110 US$, Suite 120–140 US$; 📶) Federbesetzte Lampenschirme, alte Möbel, kräftige Farben und altmodisches Design – die 50 Zimmer und Suiten versprühen historisch-verspieltes Flair und sind nach den Filmstars benannt, die dort genächtigt haben. Wen die Livemusik stört, die gelegentlich aus der Monte Vista Lounge dringt, der fragt am besten nach einem ruhigen Zimmer. Wer sich für Übernatürliches interessiert, findet an der Rezeption ein Infoblatt zu Geistern.

Drury Inn & Suites HOTEL $$
(☎ 928-773-4900; www.druryhotels.com; 300 S Milton Rd; Zi. inkl. Frühstück 155–165 US$, Suite 200 US$; P❄@📶🏊🐾) Die steinernen Säulen in der Lobby sorgen in dem sechsstöckigen LEED-zertifizierten Hotel für ein gewisses Abenteuerflair, eigentliches Highlight ist jedoch die Kickback-Happy-Hour mit Bier, Wein (begrenzte Menge) und herzhaften Aperitifs. Im Preis inbegriffen ist zudem ein sättigendes Frühstück. Alle Zimmer bieten Mikrowelle und Kühlschrank, und für Haustiere wird pro Tag eine Gebühr von 10 US$ fällig.

Essen

Bei einem Spaziergang durch das Zentrum stößt man auf jede Menge Restaurants.

Diablo Burger BURGER $
(www.diabloburger.com; 120 N Leroux St; Hauptgerichte 10–13,25 US$; ⏲ Mo–Mi 11–21, Do–Sa 11–22 Uhr) Der Blake-Burger mit Cheddar-Käse, Hatch-Chili-Mayo und gebratenen grünen Chilis erinnert an New Mexico, ansonsten punktet der Gourmet-Burgerimbiss mit lokalem antibiotikafreiem Rindfleisch und frisch geschnittenen frittierten Pommes Frites mit Dip. Der winzige Laden umfasst nur vier Tische und ein paar Hocker an der Bar (dort gibt's Wein und Bier), deshalb sollte man früh kommen.

Beaver Street Brewery KNEIPE $$
(www.beaverstreetbrewery.com; 11 S Beaver St; Mittagessen 8–13 US$, Abendessen 10–20 US$; ⏲ So–Do 11–23, Fr & Sa bis 24 Uhr; 👪) Die betriebsame Brauereikneipe bietet gutes Bar-Essen wie leckere Pizzas, Burger und Salate. Meist gibt's außerdem fünf selbst gebraute Biere und ein paar saisonale Sorten. Überraschenderweise sehr familienfreundlich.

Criollo Latin Kitchen FUSION $$
(☎ 928-774-0541; www.criollolatinkitchen.com; 16 N San Francisco St; Mittagessen 8–17 US$, Abendessen 10–22 US, Brunch 8–10 US; ⏲ Mo–Do 11–21, Fr 11–22, Sa 9–22, So 9–21 Uhr) Latino-Fusion in einem Ambiente mit Industrieromantik-Flair – der richtige Ort für ein Date mit Cocktails. Auch zu vorgerückter Stunde kann man noch leckere, kleine Gerichte bestellen. Die Blaubeerpfannkuchen aus blauem Maismehl sind ein schlagkräftiges Argument dafür, zum Sonntags-Brunch vorbeizuschauen. Das Essen wird mit Zutaten aus der Umgebung zubereitet, und man legt viel Wert auf Nachhaltigkeit.

Ausgehen & Unterhaltung

Der 1 Meile (1,6 km) lange Flagstaff Ale Trail (www.flagstaffaletrail.com) führt an Mikrobrauereien und der einen oder anderen Kneipe im Zentrum vorbei.

★ **Museum Club** BAR
(☎ 928-526-9434; www.themuseumclub.com; 3404 E Rte 66; ⏲ 11–2 Uhr) In der rustikalen Rast-

stätte wird seit 1936 das Tanzbein geschwungen. Mit ihrer großen Tanzfläche aus Holz, Tieren an den Wänden und der gut bestückten Mahagoni-Bar erinnert sie an eine riesige Blockhütte. Der Name geht übrigens darauf zurück, dass hier 1931 ein Tierpräparationsmuseum untergebracht war.

Macy's CAFÉ
(www.macyscoffee.net; 14 S Beaver St; Hauptgerichte unter 8 US$; ⌚6–20 Uhr; 📶) Der köstliche Kaffee aus eigener Röstung bringt Flagstaff schon seit mehr als 30 Jahren zum Schwärmen. Auf der tollen vegetarischen Speisekarte stehen viele vegane Gerichte und typische Café-Snacks.

Cuvee 928 WEINBAR
(☎928-214-9463; www.cuvee928winebar.com; 6 E Aspen Ave; ⌚Mo–Do 11.30–21, Fr & Sa bis 22, So 10–15 Uhr) Das nette Cuvee liegt zentral am Heritage Square und bietet Sitzplätze auf der Terrasse – ideal zum Leutebeobachten!

Charly's Pub & Grill LIVEMUSIK
(☎928-779-1919; www.weatherfordhotel.com; 23 N Leroux St; ⌚8–22 Uhr) Im Restaurant des Weatherford Hotel wird am Wochenende Livemusik gespielt. Der Kamin und die Ziegelsteinwände bilden eine nette Kulisse für Blues-, Jazz- und Folkklänge. Im zweiten Obergeschoss kann man eine Runde auf der Veranda des beliebten Zane Grey Ballroom drehen.

ℹ Praktische Informationen

Visitor Center (☎800-842-7293, 928-774-9541; www.flagstaffarizona.org; 1 E Rte 66; ⌚Mo–Sa 8–17, So 9–16 Uhr) Im historischen Amtrak-Bahnhof.

ℹ Anreise & Unterwegs vor Ort

Der Flughafen Flagstaff Pulliam, 4 Meilen (6 km) südlich der Stadt, ist über die I-17 zu erreichen. **US Airways** (☎800-428-4322; www.usairways.com) fliegt mehrmals täglich zwischen dem Pulliam Airport und dem Phoenix Sky Harbor International Airport hin und her. **Greyhound** (☎800-231-2222, 928-774-4573; www.greyhound.com; 880 E Butler Ave) hält auf dem Weg ab/nach Albuquerque, Las Vegas, Los Angeles und Phoenix in Flagstaff. **Arizona Shuttle** (☎800-888-2749, 928-226-8060; www.arizonashuttle.com) bietet Shuttles zum Grand Canyon (einfache Strecke 29 US$), nach Sedona (einfache Strecke 25 US$) und zum Phoenix Sky Harbor Airport (einfache Strecke 45 US$).

Der Southwest Chief von **Amtrak** (☎800-872-7245, 928-774-8679; www.amtrak.com; 1 E Rte 66; ⌚3–22.45 Uhr) hält auf der täglichen Fahrt von Chicago nach Los Angeles in Flagstaff.

Zentral-Arizona

Dieser Teil von Arizona bietet das ganze Jahr über Outdoor-Spaß. Im Sommer flüchten viele Leute vor der Hitze in die kühlere Region. Hinter Phoenix steigt das Gelände an, und die weitläufige Wüste weicht zerklüfteten Hügeln, auf denen struppige Bäume wachsen. Noch weiter nördlich ragen Berge zwischen dichten Kiefernwäldern auf.

Williams

Das freundliche Williams liegt 60 Meilen (96 km) südlich von Grand Canyon Village und 35 Meilen (56 km) westlich von Flagstaff und ist eine charmante „Tor-Stadt" zum Canyon. Klassische Motels und Imbissbuden reihen sich entlang der Route 66 aneinander, und das alte Schulgebäude sowie der ehemalige Bahnhof erinnern an rustikalere Zeiten.

Die meisten Besucher lockt eine Fahrt mit der **Grand Canyon Railway** (☎800-843-8724, 928-635-4253; www.thetrain.com; Railway Depot, 233 N Grand Canyon Blvd; Rundfahrt Erw./Kind ab 75/45 US$; 👪) aus der Zeit um 1900 zum South Rim hierher; die Hinfahrt erfolgt um 9.30 Uhr, die Rückfahrt um 17.45 Uhr. Auch wer kein ausgesprochener Eisenbahnfan ist, wird die malerische entspannte Fahrt zum Grand Canyon genießen. Schauspieler in historischen Kostümen geben Einblicke in die regionale Geschichte, dazu wird Folkmusik auf dem Banjo gespielt. Von November bis Anfang Januar gibt es zudem den äußerst beliebten Polar-Express-Service (Erw./Kind ab 32/18 US$), der Kinder im Schlafanzug zum Weihnachtsmann am „Nordpol" bringt. Kids bis zum Teenager-Alter wird zudem **Bearizona** (☎928-635-2289; www.bearizona.com; 1500 E Rte 66; Erw./Kind/unter 4 Jahre 20/10 US$/frei; ⌚Juni–Mitte Aug. 8–18 Uhr, restliches Jahr unterschiedl.) begeistern. Durch den Tierpark mit dem kreativen Namen fahren Besucher vorbei an Wölfen, Bisons, Dickhornschafen und Schwarzbären. Wer am Fußgängerbereich beim Fort Bearizona einen Stopp einlegt, kann einen genaueren Blick auf den Bärennachwuchs werfen.

Das B&B **Red Garter Bed & Bakery** (☎928-635-1484; www.redgarter.com; 137 W Railroad Ave; DZ 135–160 US$; ❄📶) ist in einem ehemaligen Bordell von 1897 untergebracht, aus dessen Fenstern die Damen herauszuschauen pflegten, um Kundschaft anzulocken. Die vier Zimmer versprühen historisches Flair, und die Bäckerei im Erdgeschoss serviert guten Kaffee. Das unkonventionelle kleine **Grand Canyon Hotel** (☎928-635-1419; www.thegrandcanyonhotel.com; 145 W Rte 66; B 40 US$, Zi. ohne Bad 67 US$, Zi. mit Bad 74–125 US$; ⏰März–Nov.;) verfügt über kleine, nach verschiedenen Themen gestaltete Zimmer und einen Schlafsaal mit sechs Betten; TVs gibt es nicht. Alternativ bietet der **Canyon Motel & RV Park** (☎928-635-9371; www.thecanyonmotel.com; 1900 E Rodeo Rd, Williams; Stellplatz Wohnmobil 35–38 US$, Cottage 74–78 US$, Bahnwaggon 78–160 US$;) unmittelbar östlich des Zentrums Übernachtungsmöglichkeiten in einem Santa-Fe-Güterzugbegleitwagen von 1929 und einem Pullman-Waggon.

ARIZONAS SKURRILSTE UNTERKÜNFTE

- **Wigwam Motel** (S. 940) Beton-Tipi.
- **Bisbee Grand Hotel** (S. 960) Überdachte Kutsche.
- **Red Garter Bed & Bakery** (S. 938) Bordell von 1897.
- **Jerome Grand Hotel** (S. 941) Früheres Krankenhaus für Bergarbeiter.
- **Shady Dell RV Park** (S. 959) Airstream-Wohnwagen im Retro-Stil.
- **Canyon Motel & RV Park** (s. linke Spalte) Santa-Fe-Güterzugbegleitwagen.
- **Grand Canyon Caverns** (S. 940) Höhle.

Sedona

Zwischen majestätischen Felsformationen aus rotem Sandstein am südlichen Ende des Oak Creek Canyon gelegen, übt Sedona eine magische Anziehungskraft auf Künstler, Spiritualität-Suchende, Wanderer und Radfahrer aus. Man wird aber auch viele Tagesausflügler aus Phoenix antreffen, die der erdrückenden Hitze entkommen wollen. Viele New-Age-Anhänger sind davon überzeugt, dass es in der Gegend zahlreiche Vortexe gibt – Sammelpunkte für elektromagnetische Energie. Die Mischung aus traumhafter Szenerie und Mystizismus sorgt ganzjährig für hohe Besucherzahlen. Die Downtown ist im Griff von New-Age-Unternehmen, Galerien und Gourmetrestaurants, und die umliegenden Schluchten laden zum Wandern und Mountainbiken ein.

Im Stadtzentrum befindet sich das „Y", die auffällige Kreuzung, an der die Hwys 89A und 179 aufeinandertreffen. Beide Straßen sind von Geschäften gesäumt.

Sehenswertes & Aktivitäten

New-Age-Anhänger sind davon überzeugt, dass die Steine, Felsklippen und Flüsse von Sedona die Glückseligkeit von Mutter Erde bündeln. Hier befinden sich ihrer Ansicht nach die vier bekanntesten Vortexe der Welt: **Bell Rock** in der Nähe des Village of Oak Creek (östlich des Hwy 179), **Cathedral Rock** nahe Red Rock Crossing, **Airport Mesa** in der Airport Rd und **Boynton Canyon**. Die Airport Rd ist ein genialer Ort, wenn man die traumhaft vielfarbigen Sonnenuntergänge beobachten möchte.

Coconino National Forest PARK

(Red Rock Visitor Contact Center; ☎928-203-7500; www.redrockcountry.org/recreation; 8375 Hwy 179; ⏰8–17 Uhr) Am besten lässt sich die Gegend wandernd, per Rad oder auf dem Pferderücken erkunden. Viele Rast- und Parkplätze dürfen nur mit einem Red Rock Pass (5/15 US$ pro Tag/Woche) genutzt werden; diesen erhält man in den meisten Läden und Unterkünften der Gegend sowie an Selbstbedienungskiosken an touristischen Orten.

Wer eine Karte für die Wege der Gegend sucht, wird unter www.redrockcountry.org/maps/index.shtml fündig, wo man die Red Rock Country Map herunterladen kann; zudem gibt es diese kostenlos beim USFS Visitor Center südlich von Village of Oak Creek.

Die malerischsten Fleckchen findet man am Hwy 89A nördlich von Sedona, der dem Verlauf des Oak Creek durch den stark überlaufenen **Oak Creek Canyon** folgt, sowie an der Strecke zwischen Sedona und Village of Oak Creek im Süden.

Chapel of the Holy Cross KIRCHE

(☎928-282-4069; www.chapeloftheholycross.com; 780 Chapel Rd; ⏰Mo–Sa 9–17, So 10–17 Uhr) F Zwischen wie Skulpturen wirkenden Säulen aus rotem Stein erhebt sich 3 Meilen (5 km) südlich der Stadt diese moderne, konfessionsungebundene Kapelle. Sie wurde 1956 von Marguerite Brunwig Staude in der Tradition Frank Lloyd Wrights gebaut.

Slide Rock State Park PARK

(☎928-282-3034; www.azstateparks.com/Parks/SLRO; 6871 N Hwy 89A; Memorial Day–Labor Day

SEHENSWÜRDIGKEITEN AN DER ROUTE 66

Route-66-Fans dürfen sich auf 400 Meilen (644 km) Asphalt quer durch Arizona freuen, darunter das längste ununterbrochene Stück, das von der alten Straße noch existiert (zwischen Seligman und Topock). Die sogenannte **Mother Road** (www.azrt66.com) verbindet die Revolverheldenstadt Oatman, die Minenarbeitersiedlungen von Kingman, die Downtown von Williams aus den 1940er-Jahren und das vom Wind verwehte Winslow miteinander. Unterwegs werden jede Menge kitschige Attraktionen geboten; im Folgenden sind sie von Westen nach Osten aufgelistet.

Wild Burros of Oatman Die „wilden Esel von Oatman" betteln mitten auf der Straße um Leckerli.

Grand Canyon Caverns & Inn (☎928-422-3223; www.gccaverns.com; Route 66, Mile 115; 1-stündige Führung Erw./Kind 19/13 US$, Zi. 85 US$, Stellplatz 15–30 US$; ⊙Mai–Sept. 8–18 Uhr, Okt.–April 10–16 Uhr) Eine Führung 21 Etagen unter der Erdoberfläche, vorbei an mumifizierten Rotluchsen, Zivilverteidigungsutensilien und einem Motelzimmer (800 US$).

Burma-Shave-Schilder Rot-weiße Werbeschilder für die berühmte amerikanische Rasiercreme aus längst vergangenen Tagen – zu finden zwischen den Grand Canyon Caverns und Seligman.

Seligman's Snow-Cap Drive In Burger- und Eiscremeladen mit einer Prise Selbstironie, in Betrieb seit 1953.

Meteor Crater (☎928-289-5898; www.meteorcrater.com; Erw./Kind/Senior 16/8/15 US$; ⊙Juni–Mitte Sept. 7–19 Uhr, Mitte Sept.–Mai 8–17 Uhr) 170 m tiefe „Wunde", rund 1,5 km im Durchmesser, bei Flagstaff.

Wigwam Motel (☎928-524-3048; www.galerie-kokopelli.com/wigwam; 811 W Hopi Dr, Holbrook; Zi. 56–62 US$; ❄) Beton-Wigwams mit Möbeln aus Hickory-Holzpfählen in Holbrook.

20 US$/Wagen, Sept.–Mai 10 US$; ⊙Memorial Day–Labor Day 8–19, Sept.–Mai 8–17 Uhr) Die Hauptattraktion im Oak Creek Canyon. Über große Felsen kann man ins kühle Wasser rutschen. Außerdem gibt's viele Wanderwege.

Pink Jeep Tours JEEPTOUR
(☎928-282-5000; www.pinkjeeptours.com; 204 N Hwy 89A) Zwar organisieren viele Unternehmen Jeeptouren, aber Pink Jeep Tours hat einen besonders guten Ruf und ein sehr großes Angebot.

Sedona Bike & Bean MOUNTAINBIKEN
(☎928-284-0210; www.bike-bean.com; 75 Bell Rock Plaza; 2 Std./halber/ganzer Tag ab 30/40/50 US$) Mountainbikeverleih in der Nähe von Wegen für Radtouren, Wanderungen und Vortex-Ausflüge. Es gibt hier auch Kaffee.

Schlafen

Sedona wartet mit vielen schönen B&Bs, Hütten am Oak Creek, Motels und Resorts mit Rundum-Service auf.

Im Red Rock Canyon ist wildcampen verboten. Der **USFS** (☎877-444-6777; www.recreation.gov; Stellplatz 18 US$) unterhält Campingplätze ohne Stromanschlüsse am Hwy Alt 89 im Oak Creek Canyon. Sie liegen in den Wäldern unweit der Straße. Die Stellplätze kosten 18 US$, und man benötigt keinen Red Rock Pass. Man kann reservieren (Ausnahme: Pine Flat East). 6 Meilen (10 km) nördlich der Stadt bietet **Manzanita** 19 Stellplätze sowie Duschen; der Platz ist ganzjährig geöffnet; 11,5 Meilen (18 km) nördlich liegt **Cave Springs** mit 78 Plätzen und Duschen; **Pine Flat East** und **Pine Flat West**, 12,5 Meilen (20 km) nördlich, haben zusammen 58 Plätze (18 davon können im Voraus gebucht werden).

Star Motel MOTEL $
(☎928-282-3641; www.starmotelsedona.com; 295 Jordan Rd; Zi. 80–100 US$) Niedrige Preise, herzliche Gastfreundschaft und eine erstklassige Lage in einem vornehmen Viertel sind die Highlights des Star Motel im Retro-Stil. Eine Aufmerksamkeit des Hauses auf dem Kissen sucht man vergeblich, dafür gibt's saubere Betten, Duschen mit ordentlichem Wasserdruck und Kühlschränke für ein entspanntes Bier bei Sonnenuntergang.

Cozy Cactus B&B $$$
(☎928-284-0082; www.cozycactus.com; 80 Canyon Circle Dr; Zi. inkl. Frühstück 190–290 US$;

❄@📶) Das erst kürzlich renovierte B&B mit vier Zimmern richtet sich vor allem an abenteuerlustige Naturliebhaber. Das Anwesen im für den Südwesten typischen Stil grenzt direkt an einen National Forest Trail, und der radfahrerfreundliche Bell-Rock-Pfad ist gleich um die Ecke.

Essen & Ausgehen

Coffee Pot Restaurant FRÜHSTÜCK $

(☎928-282-6626; www.coffeepotsedona.com; 2050 W Hwy Alt 89; Hauptgerichte 6–14 US$; ⏲6–14 Uhr; 👪) Seit Jahrzehnten *die* Adresse für Frühstück und Mittagessen; hier ist immer der Teufel los. Die Preise sind vernünftig, und die Auswahl ist riesig: Es gibt 101 verschiedene Omeletts, und das ist nur der Anfang!

Sedona Memories FAST FOOD $

(☎928-282-0032; 321 Jordan Rd; Sandwiches unter 7 US$; ⏲Mo–Fr 10–14 Uhr) Winziger Laden, in dem aus riesigen Scheiben Brot (selbst gebacken) Sandwiches gezaubert werden. Es gibt verschiedene vegetarische Optionen. Ausschließlich Barzahlung.

★ **Elote Cafe** MEXIKANISCH $$$

(☎928-203-0105; www.elotecafe.com; 771 Hwy 179, King's Ransom Hotel; Hauptgerichte 17–26 US$; ⏲Di–Sa 17 Uhr–open end) Die mexikanische Küche hier gehört zur besten und authentischsten der Region. Die außergewöhnlichen Varianten traditioneller Gerichte findet man nirgends sonst – so gehören über dem Feuer gerösteter Mais mit Limone und Cotija-Käse oder zarte geräucherte Schweinebäckchen zur Auswahl. Reservierungen sind nicht möglich, deshalb sollte man möglichst früh kommen.

Oak Creek Brewery & Grill PUB

(☎928-282-3300; www.oakcreekpub.com; 336 Hwy 179; Bier 5,75 US$; ⏲11.30–20.30 Uhr; 📶) Für eine Outdoor-Stadt bietet Sedona erstaunlich wenige Kleinbrauereien. Glücklicherweise befriedigt diese geräumige Brauereikneipe die Lust auf ein erfrischendes Bier nach einer langen Wanderung. Zudem gibt's anspruchsvollere Kneipenkost. Das Oak Creek betreibt auch eine kleine **Brauerei** (☎928-204-1300; www.oakcreekbrew.com; 2050 Yavapai Dr; ⏲Mo–Do 16–22, Fr–So 12–24 Uhr) in West Sedona; diese ist länger geöffnet und bietet regelmäßig Livemusik.

Praktische Informationen

Sedona Chamber of Commerce Visitor Center (☎800-288-7336, 928-282-7722; www.visitsedona.com; 331 Forest Rd, Uptown Sedona; ⏲Mo–Sa 8.30–17, So 9–15 Uhr) Touristeninformation und Last-Minute-Hotelbuchungen.

Anreise & Unterwegs vor Ort

Das **Sedona-Phoenix Shuttle** (☎800-448-7988, 928-282-2066; www.sedona-phoenix-shuttle.com; einfache Strecke/hin & zurück 50/90 US$) pendelt achtmal täglich zwischen dem Phoenix Sky Harbor International Airport und Sedona. **Barlow Jeep Rentals** (☎800-928-5337, 928-282-8700; www.barlowjeeprentals.com; 3009 W Hwy 89A; ⏲Sommer 8–18 Uhr, Winter 9–17 Uhr) verleiht Jeeps.

Jerome

Wenn man die Treppen in der historischen Minenstadt hinauf- und hinuntersteigt, wird man an das Leiterspiel aus Kindertagen erinnert. Jerome liegt am Hang des Cleopatra Hill – das verfallene Sliding Jail zeigt, welche architektonischen Risiken diese Lage birgt. Die schäbig-schicke wiederbelebte Geisterstadt war während des Bergbau-Booms im späten 19. Jh. als „Wickedest Town in the West" (etwa: gefährlichste Stadt im Westen) bekannt, heute beherbergen die historischen sorgfältig restaurierten Gebäude aber Galerien, Restaurants, B&Bs und Weinprobierstuben.

Unerschrockene können auf der Glasplattform im **Audrey Headframe Park** (55 Douglas Rd; ⏲8–17 Uhr) GRATIS stehend den 580 m tiefen Minenschacht, der das Empire State Building um 198 m übertrifft, bewundern. Direkt dahinter erstreckt sich der großartige **Jerome State Historic Park** (☎928-634-5381; www.azstateparks.com; Erw./Kind 5/2 US$; ⏲8.30–17 Uhr) mit der Villa des Bergbaumagnaten Jimmy „Rawhide" Douglas von 1916 und Informationen zur Minenvergangenheit der Stadt.

Krankenhausinventar in den Fluren erinnert daran, dass das **Jerome Grand Hotel** (☎928-634-8200; www.jeromegrandhotel.com; 200 Hill St; Zi. 120–205 US$, Suite 270–460 US$; ❄📶) zu Bergbauzeiten als Gemeindehospital diente. Kindern wird die unterhaltsame „Geistertour" gefallen. WLAN ist nur in der Lobby verfügbar. Das angrenzende **Asylum Restaurant** (☎928-639-3197; www.theasylum.biz; 200 Hill St; Mittagessen 10–16 US$, Abendessen 20–32 US$; ⏲11–21 Uhr) mit Blick aufs Tal und die roten Felsen ringsum ist die perfekte Kulisse für ein leckeres Essen und ein Glas Wein. Die beliebte **Spirit Room Bar** (☎928-634-8809; www.spiritroom.com; 166 Main

St; ⏲10.30–1 Uhr) im Zentrum ist die betriebsamte der Stadt. Für Weinliebhaber gibt's drei Probierstuben in direkter Nähe.

Das **Flatiron Café** (☎928-634-2733; www.theflatironjerome.com; 416 Main St; Frühstück 3–11 US$, Mittagessen 8–10 US$; ⏲Mi–Mo 8–16 Uhr) an der Y-Kreuzung lockt mit herzhaftem Gourmetfrühstück und Mittagessen sowie köstlichen speziellen Kaffeekreationen.

Die **Chamber of Commerce** (☎928-634-2900; www.jeromechamber.com; Hull Ave, hinter der Kreuzung am Flatiron Café auf dem Hwy 89A gen Norden; ⏲10–15 Uhr) residiert in einem kleinen Anhänger und liefert Informationen zu den hiesigen Attraktionen und zur Kunstszene.

Prescott

Ein historisches viktorianisches Zentrum und eine faszinierende Wild-West-Vergangenheit: In Prescott trifft der mittlere Westen auf das Land der Cowboys. Hier wohnt eine bunte Mischung aus Rentnern, Künstlern und Familien, die auf der Suche nach der schönen heilen Welt vergangener Tage sind. Über 500 Gebäude stehen auf der Liste des National Register of Historic Places, gelten also als schützenswert. Außerdem findet hier das älteste Rodeo der Welt statt. An der Plaza erstreckt sich die **Whiskey Row**, eine berüchtigte Saloon-Meile, wo immer noch jede Menge Alkohol fließt.

Gleich südlich des Zentrums bietet die **Motor Lodge** (☎928-717-0157; www.themotorlodge.com; 503 S Montezuma St; Zi. 99–119 US$, Suite 149 US$, Apt. 159 US$; ❄📶) mit ihren zwölf schicken Bungalows, die die zentrale Auffahrt säumen, ausgefallene Unterkünfte mit hohem Standard.

Gegen den morgendlichen Hunger hilft das einladende **Lone Spur Café** (☎928-445-8202; www.thelonespur.com; 106 W Gurley St; Frühstück & Mittagessen 8–17 US$, Abendessen 14–24 US$; ⏲tgl. 8–14, Fr 16.30–20 Uhr), in dem das Frühstück mit einem Keks und einem Teller *sausage gravy* (sämige Bratensauce) serviert wird. Die Portionen sind riesig, und auf jedem Tisch stehen drei Flaschen mit scharfer Sauce. Cajun- und Südwest-Spezialitäten bringen die nötige Würze ins einladende **Iron Springs Cafe** (☎928-443-8848; www.ironspringscafe.com; 1501 Iron Springs Rd; Brunch 10–13 US$, Mittagessen 10–15 US$, Abendessen 10–21 US$; ⏲Mi–Sa 8–20, So 9–14 Uhr). Dieses ist in einem alten Bahnhof, 3 Meilen (5 km) nordwestlich der Innenstadt, untergebracht.

Das **Palace** (☎928-541-1996; www.historicpalace.com; 120 S Montezuma St; Mittagessen 9–12 US$, Abendessen 16–27 US$; ⏲mittags & abends, Bar ab 11 Uhr) gehört zur Whiskey Row und ist ein stimmungsvoller Ort für einen Drink. Hinter der Schwingtür verbirgt sich ein großer Raum mit einer Brunswick-Bar, die 1900 vor einem Feuer gerettet werden konnte.

Die **Chamber of Commerce** (☎800-266-7534, 928-445-2000; www.visit-prescott.com; 117 W Goodwin St; ⏲Mo–Fr 9–17, Sa & So 10–14 Uhr) hält Besucherinfos bereit, z. B. eine praktische Broschüre mit einem Spaziergang durch das historische Prescott für 1 US$.

Die **Prescott Transit Authority** (☎928-445-5470; www.prescotttransit.com; 820 E Sheldon St) bietet Busverbindungen zum Phoenix Airport (einfache Strecke Erw./Kind 30/17 US$, 2 Std., 8-mal tgl.) sowie einen lokalen Taxiservice.

Grand Canyon National Park

Am Mather Point nahe des Südeingangs des Parks tummeln sich meist jede Menge mit Kameras bewaffnete Besucher. Trotz der Menschenmassen geht es angesichts der eindrucksvollen Kulisse aber recht gesittet zu. Zunächst ziehen den Beobachter die unglaublichen Ausmaße des Canyons in ihren Bann. Gleichermaßen eindrucksvoll sind die dramatischen Felsschichten, die einen genaueren Blick lohnen, sowie die kunstvollen Details in Form von zerklüfteten Plateaus, bröckeligen Steintürmen und weinroten Felsgraten, die das Spiel von Licht und Schatten angemessen in Szene setzt.

Auf dem Grund der gewaltigen Schlucht windet sich der Colorado River (genau genommen 446 km des Flusses). Er hat den Canyon in den letzten 6 Mio. Jahren geformt und Steine freigelegt, die bis zu 2 Mrd. Jahre alt sind – halb so alt wie die Erde!

North Rim und South Rim (die Nord- bzw. Südkante der Schlucht) bieten zwei recht unterschiedliche Erfahrungen. Sie sind mit dem Auto mehr als 200 Meilen (über 300 km) voneinander entfernt, und nur wenige Reisende besuchen beide Orte im Rahmen von ein und derselben Tour. Die meisten Besucher geben dem South Rim den Vorzug, weil er leicht zu erreichen ist und mit vielen Service-Einrichtungen und herrlichen Aussichten aufwartet. Der ruhigere North Rim wiederum liegt auf 2500 m (300 m höher als der South Rim). In seinem kühleren Klima wachsen Wildblumen auf den Wiesen und hohe, dichte Espen- und Fichtengehölzer.

Der Juni ist der trockenste Monat, im Juli und August regnet es am meisten. Im Januar liegt die durchschnittliche Nachttemperatur bei -11 bis -7 °C und die Tageshöchsttemperatur bei etwa 4 °C. Im Sommer herrschen im Canyon regelmäßig mehr als 38 °C. Der South Rim ist das ganze Jahr über zugänglich, aber die meisten Besucher werden zwischen Ende Mai und Anfang September gezählt. Der North Rim ist von Mitte Mai bis Mitte Oktober zugänglich.

Praktische Informationen

Der Ort mit der besten Infrastruktur im **Grand Canyon National Park** (☎ 928-638-7888; www.nps.gov/grca; Eintritt Auto/Fahrrad & Fußgänger 25/12 US$) ist Grand Canyon Village, 6 Meilen (10 km) nördlich der South Rim Entrance Station. Der einzige Eingang zum North Rim liegt 30 Meilen (48 km) südlich von Jacob Lake am Hwy 67; der eigentliche North Rim liegt weitere 14 Meilen (23 km) in Richtung Süden. North Rim und South Rim trennen 215 Meilen (346 km) mit dem Wagen, zu Fuß quer durch den Canyon sind es 21 Meilen (34 km), per Luftlinie 10 Meilen (16 km).

Das Parkticket ist sieben Tage lang für North und South Rim gültig.

Wer eine Wanderung mit Übernachtung unternehmen und auf dem Parkgelände campen möchte, braucht eine Genehmigung. Das **Backcountry Information Center** (☎ Fax 928-638-2125 928-638-7875; ⏲ 8–12 & 13–17 Uhr, Telefon Mo–Fr 13–17 Uhr) nimmt Anträge für Wandergenehmigungen (10 US$, zzgl. 5 US$/Pers. & Nacht) nur für den laufenden und die darauf folgenden vier Monate an. Die Chancen stehen recht gut, wenn man sich früh darum kümmert (4 Monate im Voraus für Wanderungen im Frühling und Herbst) und Alternativrouten angibt. Reservierungen können persönlich, per Mail oder Fax vorgenommen werden. Weitere Infos gibt's unter www.nps.gov/grca/planyourvisit/backcountry-permit.htm.

Wer ohne Genehmigung im Park ankommt, muss sich zum Büro neben der Maswik Lodge begeben und auf die Warteliste setzen lassen.

Aus Gründen des Umweltschutzes werden im Park keine Wasserflaschen mehr verkauft. Stattdessen können Besucher ihre mitgebrachten Behältnisse an Wasserstationen entlang des Canyonrands und am Canyon View Marketplace auffüllen. Wasserflaschen machten früher 20 % des im Park produzierten Mülls aus.

VISITOR CENTERS

Neben den im Folgenden genannten Visitor Centers liefern im Park auch das **Yavapai Museum of Geology** (⏲ März–Nov. 8–19 Uhr, Dez.–Feb. bis 18 Uhr), das **Verkamp's Visitor Center** (⏲ März–Nov. 8–19 Uhr, Dez.–Feb. bis 18 Uhr), das **Kolb Studio** (☎ 928-638-2771; Grand Canyon Village; ⏲ März–Nov. 8–19 Uhr, Dez.–Feb. bis 18 Uhr), das **Tusayan Ruin & Museum** (☎ 928-638-2305; ⏲ 9–17 Uhr) und das **Desert View Information Center** (☎ 928-638-7893; ⏲ 9–17 Uhr) Informationen.

Rund 300 m hinter dem Mather Point stößt man auf eine große Plaza mit dem **Grand Canyon Visitor Center** (www.nps.gov/grca; South Rim; ⏲ März–Nov. 8–17 Uhr, Dez.–Feb. ab 9 Uhr) sowie dem Books & More Store. Dort informieren Schwarze Bretter über Wanderwege, Touren, Ranger-Programme und das Wetter. Das helle und geräumige Visitor Center verfügt außerdem noch über einen Informationsschalter, an dem Ranger Auskünfte geben, über ein Kino und einen Hörsaal, in dem täglich Vorträge stattfinden.

Das **National Geographic Visitor Center** (☎ 928-638-2468; www.explorethecanyon.com; 450 Hwy 64, Tusayan; Erw./Kind 14/11 US$; ⏲ März–Okt. 8–22 Uhr, Nov.–Feb. 10–20 Uhr) befindet sich in Tusayan, 7 Meilen (11 km) südlich des Grand Canyon Village. Wer hier das Eintrittsgeld von 25 US$ pro Wagen zahlt, erspart sich die (vor allem im Sommer) eventuell lange Wartezeit am Parkeingang. Im IMAX-Kino wird der großartige 34-minütige Film *Grand Canyon – The Hidden Secrets* gezeigt.

Das North Rim Visitor Center (S. 949) neben der Grand Canyon Lodge hat Karten, Bücher, Wanderführer und Infos zu den aktuellen Bedingungen auf Lager.

South Rim

Keine Lust auf Menschenmassen? Dann sollte man im Herbst oder Winter herkommen (am besten an einem Wochentag). Etwas Luft kann man sich auch verschaffen, indem man sich ein Stück von den Aussichtspunkten am Rim Trail entfernt oder sich in die eigentliche Schlucht aufmacht.

Sehenswertes & Aktivitäten

Autofahren & Wandern

Eine **malerische Route** führt westlich von Grand Canyon Village, auf der Hermit Rd, am Rand der Schlucht entlang. Von März bis November darf die 11 km lange Straße nicht mit Privatwagen befahren werden; stattdessen nimmt man einfach den kostenlosen Shuttle-Bus. Die Strecke kann auch gut mit dem Fahrrad befahren werden, da nur relativ wenig Verkehr herrscht. Unterwegs hat man traumhafte Aussichten. Schilder liefern Infos zum Canyon.

Grand Canyon National Park

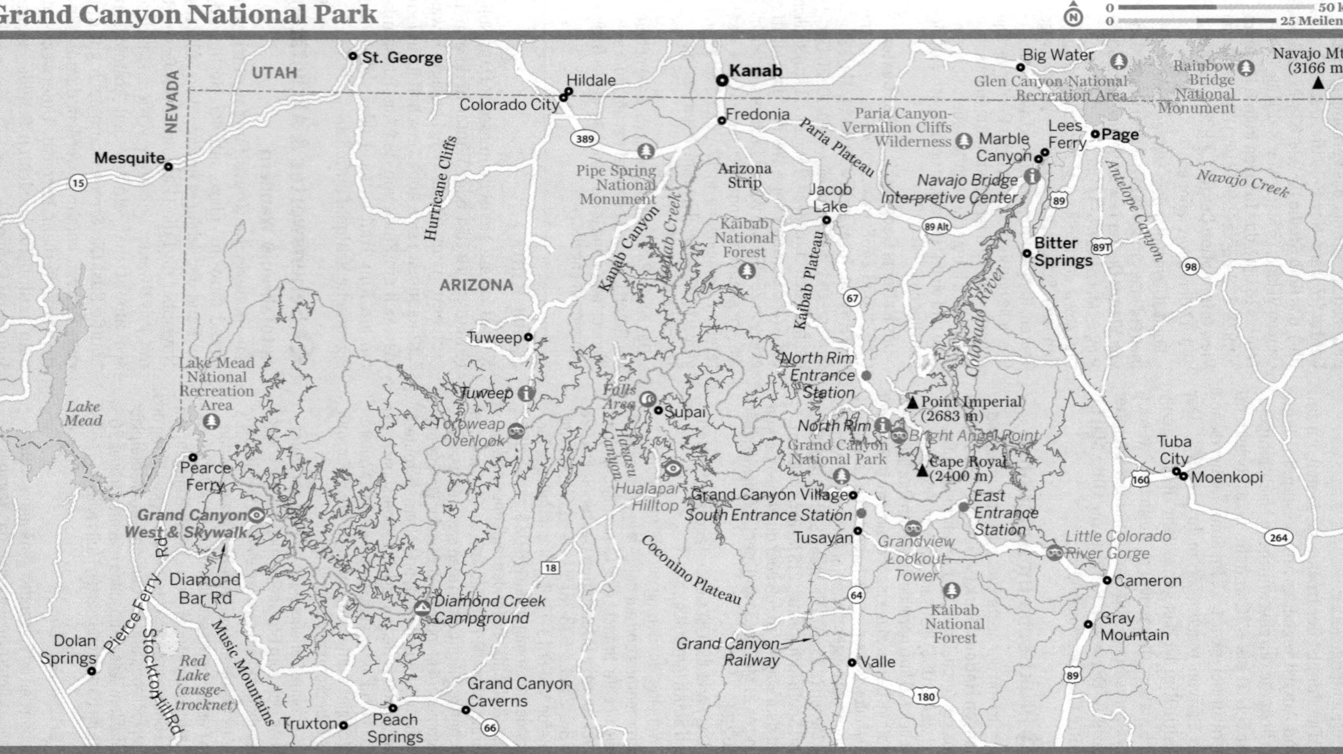

Wanderungen entlang des South Rim stehen bei den Parkbesuchern besonders hoch im Kurs. Es ist etwas für jeden Fitnessgrad dabei. Der beliebteste (und einfachste) Wanderweg ist der **Rim Trail**. Er taucht in die struppigen Kiefernbestände des Kaibab National Forest ein und verbindet auf einer Strecke von 21 km einige Aussichtspunkte und historische Stätten miteinander. Manche Abschnitte sind asphaltiert, und sämtliche Aussichtspunkte können mit einer der drei Shuttle-Buslinien erreicht werden. Die neue Ausstellung **Trail of Time** grenzt gleich westlich vom Yavapai Geology Museum an den Rim Trail. Jeder Meter des Trails repräsentiert 1 Mio. Jahre Erdgeschichte. Die Ausstellung liefert Hintergrundinformationen dazu.

Der **Desert View Drive** beginnt östlich vom Grand Canyon Village und folgt der Schluchtkante 26 Meilen (42 km) lang bis zum Desert View (dem Osteingang des Parks). Parkbuchten gewähren fantastische Aussichten, und Schilder widmen sich verschiedenen Aspekten des Canyons und seiner Geologie.

Der beliebteste Corridor Trail ist der wunderschöne **Bright Angel Trail**. Entlang des malerischen, aber steilen 8 Meilen (13 km) langen Abstiegs zum Colorado River gibt es vier günstige Umkehrpunkte. Im Sommer kann die Hitze mörderisch sein; wer eine Tageswanderung unternimmt, könnte an einem der beiden Rasthäuser umdrehen (hin & zurück 5 bzw. 10 km) oder sich bei Sonnenaufgang auf den Weg machen, um die längeren Wanderungen zum Indian Garden oder Plateau Point (hin & zurück 15 bzw. 20 km) zu bewältigen. Man sollte nicht versuchen, innerhalb eines Tages zum Fluss zu laufen. 2013 wurde der Bright Angel Trailhead westlich der Bright Angel Lodge mit einer schattigen Plaza, neuen Toiletten und einem Markierungsstein am Startpunkt versehen.

Zu den schönsten Wegen im Park gehört der **South Kaibab Trail**, eine Kombination aus eindrucksvoller Landschaft und unverstellten Rundumblicken. Im Sommer raten die Ranger von dem steilen, rauen und ungeschützten Aufstieg ab, dann sind nur kurze Strecken sinnvoll. Zu anderen Zeiten muss man sich auf zermürbende 10 km (hin & zurück) einstellen. Umkehren sollte man am Aussichtspunkt **Cedar Ridge** (ca. 5 km hin & zurück). Dies ist die wahrscheinlich schönste Kurzstreckenwanderung im Park.

Einzelpersonen oder Reisegruppen, die tolle Canyon-Momente mit sozialem Engagement kombinieren möchten, sind bei **Grand Canyon Volunteers** (☎ 928-774-7488; www.gcvolunteers.org) richtig. Im Rahmen mehrtägiger Regionalprogramme können Freiwillige z. B. Lebensräume und Tiere kontrollieren oder sich um die Pflanzenwelt kümmern.

Radfahren

Bright Angel Bicycles FAHRRADVERLEIH
(☎ 928-638-3055; www.bikegrandcanyon.com; 10 S Entrance Rd, Grand Canyon Visitor Center; ganzer Tag Erw./Kind 40/30 US$; ⏲ Mai–Okt. 8–18 Uhr, Nov, März–April & Okt. 10–16 Uhr) Verleiht „Komforträder": Das freundliche Personal stellt die Räder individuell auf die Nutzer ein. Ein Helm ist im Preis enthalten, zudem werden auch Rollstühle (10 US$/Tag) vermietet.

Geführte Touren

Xanterra
(☎ 303-297-2757, 888-297-2757; www.grandcanyonlodges.com) Xanterra veranstaltet Touren im Park und hat Infoschalter in den Lodges Bright Angel (S. 946), Maswik (S. 946) und Yavapai (S. 946). Zum Angebot gehören verschiedene Bustouren (tgl.; Tickets ab 22 US$).

Wegen der Erosionsgefahr werden halbtägige Maultiertouren vom South Rim in den Canyon hinein nicht mehr angeboten. Dafür veranstaltet der NPS eine begrenzte Zahl von Muli-Ritten innerhalb des Canyons für jene, die bis zur Phantom Ranch gehen wollen. Angeboten werden nun dreistündige Ausritte (123 US$) an der Schluchtkante entlang, durch Wacholder, Gold- und Pinyon-Kieferwälder zum Aussichtspunkt Abyss. Muli-Touren mit einer Übernachtung (1/2 Pers. 507/895 US$, ganzjährig) bzw. zwei Übernachtungen (1/2 Pers. 714/1192 US$, Nov.–März) folgen dem Bright Angel Trail zum Fluss, dann geht's Richtung Osten auf dem River Trail und über die Kaibab Suspension Bridge zum anderen Ufer. Teilnehmer übernachten auf der Phantom Ranch.

Wer im Park ankommt und gleich am folgenden Tag mit dem Muli losreiten möchte, sollte sich in der Bright Angel Lodge nach freien Plätzen erkundigen.

Schlafen

Die sechs Lodges am South Rim werden von **Xanterra** (☎ 888-297-2757, 303-297-2757; www.grandcanyonlodges.com) betrieben. Unter der angegebenen Nummer kann man für jede der im Folgenden genannten Unterkünfte vorab reservieren (dringend zu empfehlen!); bei der Phantom Ranch ruft man aber am besten direkt an. Für Reservierungen für den gleichen Tag oder wenn man einen Gast erreichen möchte beim **South Rim Switchboard** (☎928-638-2631) anrufen! Sind keine Unterkünfte im Park mehr frei, sollte man es in Tusayan (am Südeingang), Valle (31 Meilen bzw. 49,5 km südlich), Cameron (53 Meilen bzw. 85 km östlich) oder Williams (ca. 60 Meilen bzw. 100 km südlich) probieren.

Phantom Ranch HÜTTEN $

(☎Reservierungen 888-297-2727; B 46 US$, Hütte 148 US$; ⏲ganzjährig; ❄) Es ist nicht das Four Seasons, doch der an ein Sommerferienlager erinnernde Komplex hat zweifellos Charme. Die Ranch steht neben dem Phantom Creek auf dem Grund der Schlucht und verfügt über einfache Hütten für vier bis zehn Personen sowie separate Schlafsäle. Interessierte rufen am 1. des Monats für Reservierungen 13 Monate im Voraus an. Im gemeinschaftlichen Essraum werden familiäre Mahlzeiten (Frühstück ab 21 US$, Abendessen 29–44 US$) serviert. Wer nicht reserviert hat, lässt sich beim Transportschalter der Bright Angel Lodge auf die Warteliste setzen und muss am nächsten Morgen um 6.30 Uhr erneut auf der Matte stehen und auf eine Buchungsstornierung hoffen.

Desert View Campground CAMPING $

(Stellplatz 12 US$; ⏲Mai–Mitte Okt.) Der Campingplatz erstreckt sich nahe der East Entrance Station, 26 Meilen (42 km) östlich des Grand Canyon Village, und ist ruhiger als der Mather Campground. Reservierungen sind nicht möglich. Eine kleine Cafeteria mit Snackshop serviert warme Gerichte.

Mather Campground CAMPING $

(☎877-444-6777; www.recreation.gov; Grand Canyon Village; Stellplatz 18 US$; ⏲ganzjährig) Verstreut liegende Stellplätze mit recht idyllischer Atmosphäre inmitten von Pinyon-Kiefern und Wacholder. In der Nähe gibt's Münzduschen und Waschmaschinen, Trinkwasser, Toiletten, Grills und einen kleinen Gemischtwarenladen. In den Wintermonaten ist keine Reservierung möglich.

Trailer Village CAMPING $

(☎888-297-2757, Reservierungen für denselben Tag 928-638-2631; www.xanterra.com; Grand Canyon Village; Stellplatz 35 US$; ⏲ganzjährig) Eine Alternative, wenn anderswo kein Platz ist. Reservierungen sind sowohl weit im Voraus als auch am Tag der Übernachtung möglich. Wird von Xanterra betrieben.

Bright Angel Lodge LODGE $$

(www.grandcanyonlodges.com; Grand Canyon Village; Zi. ohne/mit Bad 83/94 US$, Suite 185–362 US$, Hütte 120–340 US$; ⏲ganzjährig; ❄@📶) Die Lodge aus Holz und Stein bietet historischen Charme und renovierte Zimmer. Die günstigsten haben Gemeinschaftsbäder. TVs sucht man in den sehr schlichten Unterkünften im Stil eines Studentenwohnheims vergeblich, dafür entschädigt jedoch der Ausblick von den „Rim-Hütten".

Maswik Lodge LODGE $$

(Grand Canyon Village; Zi. South/North 92/176 US$, Hütte 94 US$; ⏲ganzjährig; ❄@📶) Ein Stück abseits der Schluchtkante stehen die 16 modernen zweistöckigen Gebäude der Maswik Lodge. Die Zimmer im Maswik North bieten Privatterrassen, Klimaanlagen, Kabel-TVs und Blicke auf den Wald, die im Maswik South sind kleiner und haben weniger Extras sowie eine weniger schöne Aussicht. Hütten sind nur im Sommer verfügbar.

Kachina & Thunderbird Lodges LODGE $$

(Grand Canyon Village; Zi. zur Straße/mit Canyonblick 180/191 US$; ⏲ganzjährig; ❄) Anständige Zimmer im Motel-Stil in zentraler Lage und teilweise mit Blick in den Canyon.

Yavapai Lodge LODGE $$

(Grand Canyon Village; Zi. West/East 125/166 US$; ⏲April–Okt.; ❄📶) Einfache Bleibe umgeben von Pinyon-Kiefern und Wacholder. Im Yavapai West gibt's keine Klimaanlage.

★El Tovar Hotel LODGE $$$

(Grand Canyon Village; Zi. 183–281 US$, Suite 348–440 US$; ❄📶) Die Lodge aus dunklem Holz öffnete bereits 1905 und inspiriert auch dann zum Verweilen, wenn man hier nicht übernachtet. Hübsche Veranden säumen das weitläufige Gebäude und in der Lobby laden viele gemütliche Sitze zum Bewundern der eindrucksvollen Sammlung ausgestopfter Tiere ein. Die Aufenthaltsbereiche spiegeln die edle Eleganz wider, die für die Blütezeit des Parks typisch war. Die Standardzimmer sind klein, aber erstklassig eingerichtet, und die Suiten sind fantastisch.

Essen & Ausgehen

Maswik Cafeteria CAFETERIA $

(Maswik Lodge; Hauptgerichte 7–15 US$; ⏲6–22 Uhr) Cafeteria-Essen.

Yavapai Cafeteria CAFETERIA $
(Yavapai Lodge; Frühstück 6–10 US$, Mittag- & Abendessen 5–11 US$; ⏲6.30–20 Uhr) Essen, Service und Sitzgelegenheiten im Cafeteria-Stil.

Canyon Village Marketplace MARKT $
(Market Plaza; ⏲8–19 Uhr) Lebensmittel und Delikatessen (8–18 Uhr).

★**El Tovar Dining Room** INTERNATIONAL $$$
(El Tovar; ☎928-638-2631, Durchwahl 6432; Frühstück 9–13 US$, Mittagessen 10,25–16 US$, Abendessen 17,25–33; ⏲6.30–10.45, 11.15–14 & 16.30–22 Uhr) Nur einen Steinwurf vom Abgrund entfernt. Dieses Restaurant hat eine der tollsten Aussichten im Staat, vielleicht sogar im ganzen Land. Die Fahrt hierher lohnt sich: Der stattliche Speisesaal aus Stein und dunklem Eichenholz ist Balsam für die Seele, und das Essen ist klasse, vor allem die Steaks. Wer nicht direkt am Fenster sitzt, sollte sich anschließend zur Veranda der El Tovar Lounge begeben, um dort den Blick auf den Grand Canyon genießen zu können.

Arizona Room AMERIKANISCH $$$
(Bright Angel Lodge; Mittagessen 8–12 US$, Abendessen 8–28 US$; ⏲März-Okt. 11.30–15 & März–Dez. 16.30–22 Uhr) Geweih-Kronleuchter baumeln von der Decke, und durch die Panoramafenster blickt man auf den Canyon. Als Hauptgericht wählt man Steak, Huhn oder Fisch. Reservierungen sind nicht möglich; oft muss man auf einen freien Tisch warten.

Bright Angel Bar BAR
(Bright Angel Lodge; Hauptgerichte 4–9 US$; ⏲11.30–22 Uhr) Hier locken nach einer Wanderung Bier, Burger und entspannt-gesellige Stimmung, auch wenn es keine Fenster gibt und die Einrichtung recht dunkel ist. An manchen Abenden wird Musik gespielt. Die Bar befindet sich neben dem wenig ansprechenden Bright Angel Restaurant.

ℹ Anreise & Unterwegs vor Ort

Die meisten Leute erkunden den Canyon mit einem eigenen (Miet-)Wagen oder als Mitglied einer Reisegruppe. Einen Parkplatz in Grand Canyon Village zu finden, ist nicht immer einfach. Das Park-n-Ride-Programm ermöglicht Besuchern im Sommer, ihren Wagen nach dem Bezahlen des Parkscheins im **National Geographic Visitor Center** auf einem Parkplatz abzustellen und dann mit dem kostenlosen **Shuttle-Bus** (⏲Mitte Mai-Anfang Sept. 8–21.30 Uhr) zu fahren, der der Tusayan Route zum Grand Canyon Visitor Center auf dem Parkgelände folgt. Parkpässe sind für diese Variante ebenfalls gültig. Die Fahrt dauert 20 Minuten, und der erste Bus fährt um 8 Uhr in Tusayan los. Der letzte Bus verlässt den Park um 21.30 Uhr.

Auf dem Parkgelände bedienen kostenlose **Shuttles** drei Routen (rund um Grand Canyon Village, Richtung Westen auf der Hermits Rest Route und Richtung Osten auf der Kaibab Trail Route). Die Busse fahren mindestens zweimal stündlich (ab einer Stunde vor Sonnenuntergang bis eine Stunde danach).

Während der Sommermonate fährt an der Bright Angel Lodge das kostenlose Shuttle **Hiker's Express** (⏲Juni–Aug. 4, 5 & 6 Uhr, Mai & Sept. 5, 6 & 7 Uhr) ab. Es hält am Backcountry Information Center und am Grand Canyon Visitor Center und fährt dann zum Startpunkt des South Kaibab Trail.

RAFTING AUF DEM COLORADO RIVER

Eine Bootsfahrt auf dem Colorado ist ein geradezu episches Abenteuer. An einer Stelle stürzen die Lava Falls auf einer Strecke von nur 275 m ganze 11 m hinab. Eigentliches Highlight ist jedoch der Blick auf den Grand Canyon von unten und nicht – wie sonst üblich – von oben. Ruinen, Wracks und Felsmalereien zeugen von Entdeckungsreisen in der Vergangenheit. Die organisierten Touren dauern drei Tage bis drei Wochen, wobei verschiedene Boote zum Einsatz kommen. Die Nächte werden in Zelten an Sandstränden verbracht (Ausrüstung wird gestellt). Für die gesamte Länge des Flusses durch den Canyon von 277 Meilen (446 km) braucht man zwei bis drei Wochen. Kürzere Abschnitte von ca. 100 Meilen (160 km) sind in vier bis neun Tagen zu bewältigen. Das Angebot ist begrenzt, und die Touren sind beliebt, daher sollte man so früh wie möglich buchen, es sei denn, man entdeckt mit ein wenig Glück ein Last-Minute-Schnäppchen auf der Facebook-Seite eines Anbieters.

Arizona Raft Adventures (☎800-786-7238, 928-526-8200; www.azraft.com; 6-tägige Hybrid-/Paddeltour oberer Canyon 2025/2125 US$, 10-tägige motorisierte Tour gesamter Canyon 2965 US$)

Arizona River Runners (☎800-477-7238, 602-867-4866; www.raftarizona.com; 6-tägige Ruderboottour oberer Canyon 1925 US$, 8-tägige motorisierte Tour gesamter Canyon 2650 US$)

North Rim

Der North Rim bietet wohltuende Einsamkeit. Von den 4,4 Mio. Besuchern, die jährlich den Park besuchen, machen nur 400 000 die Tour zum North Rim. Die Wiesen liegen unter einem dicken Wildblumenteppich, und man wird dichte Espen- und Fichtenbestände entdecken, die Luft ist häufig frisch und der Himmel weit und klar.

Die touristischen Einrichtungen sind von Mitte Oktober bis Mitte Mai geschlossen, man kann aber auf dem Campingplatz übernachten, bis der erste Schnee die Straße von Jacob Lake unbefahrbar macht.

Am besten ruft man beim **North Rim Switchboard** (☎928-638-2612) an, wenn man mit Einrichtungen am North Rim verbunden werden möchte.

Sehenswertes & Aktivitäten

Der kurze, einfache Weg (800 m) zum **Bright Angel Point** ist ein Muss. Er beginnt an der Rückseite der Grand Canyon Lodge und führt zu einem schmalen Felsausläufer, der einen genialen Ausblick gewährt.

Der **North Kaibab Trail** ist der einzige Wanderweg vom North Rim zum Fluss, der regelmäßig überprüft wird. Über ihn können Wege zum South Rim erreicht werden. Die ersten 8 km sind am steilsten. Es geht über 900 m hinunter bis **Roaring Springs**. Dies ist eine beliebte Tageswanderung. Wer eine kürzere Strecke bevorzugt, kann ca. 1 km bis zum **Coconino Overlook** oder 3 km bis zum **Supai Tunnel** laufen. So erhält man ein Gespür für das steile, anstrengende Terrain in der Schlucht. Der 45 km lange Rundweg zum Colorado River dauert mehrere Tage. Eine kurzere Wanderung (von den Rangern empfohlen), besonders geeignet für Familien, ist der 6 km lange **Cape Final** Wanderweg, der durch Gelb-Kiefer-Wälder zu beeindruckenden Aussichtspunkten am östlichen Grand Canyon führt.

Canyon Trail Rides (☎435-679-8665; www.canyonrides.com; Grand Canyon Lodge; ⊙Mitte Mai–Mitte Okt.) bietet einstündige (40 US$) und halbtägige (75 US$, Mindestalter 10 Jahre) Muli-Ausritte. Einer der halbtägigen Ausritte verläuft entlang der Schluchtkante, der andere führt auf dem North Kaibab Trail in den Canyon hinein.

Schlafen

Die Übernachtungsmöglichkeiten sind auf eine Lodge und einen Campingplatz beschränkt. Wenn dort kein Platz ist, muss man sein Glück 80 Meilen (128 km) nördlich in Kanab (Utah) oder 84 Meilen (135 km) nordöstlich in Lees Ferry versuchen. Weitere Campingplätze findet man auch im Kaibab National Forest, nördlich des Parks.

North Rim Campground CAMPING $
(☎928-638-7814, 877-444-6777; www.recreation.gov; Stellplatz f. Zelt 6–18 US$, Wohnmobil 18–25 US$; ⊙Mitte Mai–Okt.; 🐾) Dieser Campingplatz, 1,5 Meilen (2,4 km) nördlich der Grand Canyon Lodge, hat nette Stellplätze auf ebenem Boden, der mit Kiefernnadeln bedeckt ist. Es gibt Wasser, einen Laden, eine Snackbar und münzbetriebene Duschen und Waschmaschinen, aber keine Stromanschlüsse. Wanderer und Skilangläufer können den Platz mit gültiger Zeltgenehmigung auch im Winter nutzen. Reservierung möglich.

Grand Canyon Lodge LODGE $$
(☎877-386-4383 bei Vorabreservierungen, 480-337-1320 bei Reservierungen außerhalb der USA, 928-638-2611 bei Reservierungen für denselben Tag; www.grandcanyonlodgenorth.com; Zi. 124 US$, Hütte f. 2 Pers. 124–192 US$, zusätzlicher Gast über 15 Jahre 10 US$; ⊙Mitte Mai–Mitte Okt.; 📶) Die Lodge aus Holz, Stein und Glas wartet mit einer luftigen Lage am Rand des Canyons auf. Zur Wahl stehen in erster Linie rustikale, aber moderne Hütten. Die teuersten bieten zwei Zimmer, eine Veranda und herrliche Aussicht. Der Canyon-Blick im Sun Room ist atemberaubend, die Lobby geradezu königlich. Weit im Voraus reservieren!

Essen & Ausgehen

Wer unterwegs picknicken möchte, kann sich in der Lodge Proviantpakete (12 US$) schnüren lassen, die ab 5.30 Uhr abgeholt werden können und am Vortag bestellt werden müssen. Das **Deli in the Pines** (Hauptgerichte 4–8 US$; ⊙Mitte Mai–Mitte Okt. 7–21 Uhr), ebenfalls in der Lodge, serviert Sandwiches, Pizzas und Frühstücks-Burritos.

★ **Grand Canyon Lodge Dining Room** AMERIKANISCH $$
(☎928-638-2611, 928-645-6865 bei Reservierungen für die nächste Saison, die zw. 1. Jan. und 15. April vorgenommen werden müssen; www.grandcanyonlodgenorth.com; Frühstück 7–12 US$, Mittag- & Abendessen 12–30 US$; ⊙Mitte Mai–Mitte Okt. 6.30–10, 11.30–14.30 & 16.45–21.45 Uhr) Die Fenster sind so groß, dass man von jedem Tisch einen tollen Ausblick hat. Auf der Speisekarte findet man u.a. Regenbogenforelle, Bi-

sonsteak, verschiedene vegetarische Gerichte und Bier von Mikrobrauereien in Arizona. Abends ist eine Reservierung erforderlich. Nebenan befindet sich der atmosphärische **Rough Rider Saloon** (Snacks 2–5 US$; ⌚ Frühstück 5.30–10.30, Getränke & Snacks 11.30–22.30 Uhr) mit jeder Menge Andenken an den abenteuerlustigsten Präsidenten Amerikas, Theodore Roosevelt. Morgens gibt's hier Kaffee, Gebäck sowie Frühstücks-Burritos und später am Tag Drinks.

Grand Canyon Cookout Experience AMERIKANISCH **$$**
(Erw./Kind/Kinder unter 6 Jahren 30/15 US$/frei; ⌚ Juni–Sept. 18.15 Uhr; 👪) Abenteuer in einem *chuck wagon* (Verpflegungswagen) unter freiem Himmel mit Gegrilltem und Maisbrot. Hier zählt vor allem das Event – Kids werden begeistert sein! In der Grand Canyon Lodge nachfragen.

ℹ Praktische Informationen

North Rim Visitor Center (☎ 928-638-7864; www.nps.gov/grca; North Rim; ⌚ Mitte Mai–Mitte Okt. 8–18 Uhr, 16.–31. Okt. 9–16 Uhr) Das Zentrum neben der Grand Canyon Lodge bietet Infos zum Park. Außerdem ist es *der* Treffpunkt für Naturführungen unter der Leitung von Rangern sowie für Abendprogramme.

ℹ Anreise & Unterwegs vor Ort

Das **Transcanyon Shuttle** (☎ 877-638-2820, 928-638-2820; www.trans-canyonshuttle.com; einfache Strecke/hin & zurück 85/160 US$; ⌚ 15. Mai–31. Okt.) nimmt täglich von der Grand Canyon Lodge aus Kurs auf den South Rim (5 Std.) – prima für Wanderer, die von einer Seite des Canyon zur anderen laufen wollen. Mindestens ein oder zwei Wochen im Voraus reservieren! Ebenfalls an der Grand Canyon Lodge fährt um 5.45 und 7.10 Uhr ein kostenloses **Shuttle für Wanderer** zum North Kaibab Trail ab. Man muss sich in der Lodge für die Fahrt anmelden (24 Std. vor der Fahrt); steht niemand auf der Liste, wird das Shuttle am Folgetag nicht fahren.

Rund um den Grand Canyon

Havasu Canyon

Der Canyon versteckt sich in einem Tal mit eindrucksvollen, von Quellen gespeisten Wasserfällen und azurblauen Badestellen und gehört zu den schönsten Flecken in der Region. Er ist nicht leicht zu erreichen, doch die Wanderung hin und zurück macht das Erlebnis unvergesslich und auch ein bisschen abenteuerlich.

Der Havasu Canyon liegt in der Havasupai Indian Reservation, etwa 195 Meilen (314 km) westlich des South Rim. Die vier Wasserfälle befinden sich an einer 10 Meilen (16 km) langen Strecke unterhalb der Schluchtkante. Zugang hat man über einen mittelschweren Wanderweg; Interessierte müssen eine Übernachtung im nahe gelegenen Dorf Supai einplanen.

In **Supai** gibt es zwei Unterkünfte; um die Buchung muss man sich kümmern, bevor man aufbricht. Wer über Nacht bleibt, muss eine Eintrittsgebühr in Höhe von 35 US$ entrichten. Die sehr einfachen Stellplätze des **Havasupai Campground** (☎ 928-448-2180, 928-448-2141, 928-448-2121; www.havasupai.nsn.gov.tourism.html; Havasupai Tourist Enterprise, PO Box 160, Supai, AZ 86435; 17 US$/Nacht & Pers.), 2 Meilen (3 km) nördlich von Supai, säumen einen Bach. Zusätzlich muss jeder Camper eine Umweltgebühr von 5 US$ zahlen. Die **Havasupai Lodge** (☎ 928-448-2111; www.havasupai-nsn.gov/tourism.html; PO Box 159, Supai, AZ 86435; Zi. 145 US$; ❄) verfügt über Motelzimmer mit Blick auf die Schlucht, aber ohne Telefon und TV. Check-in ist bis 17 Uhr möglich, dann schließt die Lobby. Das Dorfcafé serviert warme Küche und akzeptiert Kreditkarten.

Durch den Havasu Canyon geht's zu den Wasserfällen und blaugrünen Badelöchern. Wer nicht nach Supai laufen möchte, sollte in der Lodge oder auf dem Campingplatz anrufen, um sich ein Muli oder Pferd zu organisieren (hin & zurück zur Lodge/zum Campingplatz 135/197 US$). Losgeritten wird am Hualapai Hilltop (dort beginnt der Wanderweg). Die Straße nach Hualapai Hilltop befindet sich 7 Meilen (11 km) östlich von Peach Springs; sie zweigt von der Route *66* ab. Die Abzweigung ist ausgeschildert; nach dem Abbiegen folgt man der Straße 62 Meilen (100 km).

Grand Canyon West

Grand Canyon West gehört nicht zum Grand Canyon National Park; der Nationalpark liegt ca. 215 Automeilen (346 km) weiter östlich. Die entlegene Stätte wird von den Hualapai geführt. Sie liegt 70 Meilen (113 km) nordöstlich von Kingman, und die letzten 9 Meilen (14 km) sind nicht gepflastert – Achtung: Wohnmobile schaffen diese Strecke nicht!

Grand Canyon Skywalk PARK
(☎928-769-2636; www.grandcanyonwest.com; 88 US$/Pers.; ⊙April–Sept. 7–19, Okt.-März 8–17 Uhr) Ein schmales, durchsichtiges Glashufeisen schwebt mehr als 1200 m über dem Abgrund des Grand Canyon. Wer es sehen will, muss eine Tour buchen. Ein Shuttle fährt den Rundweg ab und hält an schönen Aussichtspunkten (man kann nach Belieben zu- oder aussteigen). Manche Touren umfassen ein Mittagessen, eine Planwagenfahrt oder Vorführungen von Ureinwohnern.

Nordost-Arizona

Zwischen den imposanten Tafelbergen des Monument Valley, dem blauen Wasser des Lake Powell und den versteinerten Bäumen im Petrified Forest National Park erstrecken sich wunderschöne Landschaften mit einer uralten Geschichte. Dieses Gebiet wird schon seit Jahrhunderten von Indianern bewohnt und besteht größtenteils aus dem Reservat Navajo Nation; es erstreckt sich bis in die angrenzenden Staaten. Hier befindet sich zudem ein Hopi-Reservat, das komplett vom Land der Navajo umschlossen ist.

HOPI NATION

Die Hopi sind Nachfahren der frühen Pueblo-Indianer und einer der urtümlichsten Indianerstämme in den USA. Ihr Dorf **Old Oraibi** ist möglicherweise die älteste kontinuierlich bewohnte Siedlung in Nordamerika.

Das Land der Hopi ist vom Navajo-Nation-Reservat eingeschlossen. Der Hwy 264 führt an den drei Mesas (Tafelbergen) First, Second und Third Mesa vorbei, die das Kernstück des Hopi-Reservats bilden. Auf der Second Mesa, rund 10 Meilen (16 km) westlich der First Mesa, steht das **Hopi Cultural Center Restaurant & Inn** (☎928-734-2401; www.hopiculturalcenter.com; Hwy 264; Zi. 95–110 US$, Frühstück 5–15 US$, Mittagessen 8–20 US$, Abendessen 13–20 US$; ⊙morgens, mittags, abends), die touristenfreundlichste Einrichtung im Hopi-Reservat. Hier gibt es etwas zu essen, Unterkünfte und ein kleines **Hopi-Museum** (☎928-734-6650; Erw./Kind 3/1 US$; ⊙Mo–Fr 8–17, Sa 9–15 Uhr) mit vielen historischen Fotos und kulturellen Ausstellungen.

Hier darf man nicht fotografieren. Ebenso dürfen keine Skizzen oder Video-/Audioaufnahmen gemacht werden.

Lake Powell

Das zweitgrößte künstliche Wasserreservoir des Landes gehört zur **Glen Canyon National Recreation Area** (☎928-608-6200; www.nps.gov/glca; 7-Tages-Pass 15 US$/Auto) und erstreckt sich zwischen Utah und Arizona. Der Lake Powell, umgeben von auffälligen roten Steinformationen, einer scharfkantigen Canyon-Landschaft und einer dramatischen Wüstenszenerie, ist ein Mekka für Wassersportler.

Südlich des Sees mit Blick auf einen wunderschönen Abschnitt des Colorado River liegt **Lee's Ferry** (www.nps.gov/glca; Stellplatz f. Zelt & Wohnmobil 12 US$). Eine Reservierung der malerisch gelegenen Stellplätze ist nicht möglich.

Im Zentrum der Region liegt die Stadt **Page**. Der Hwy 89 (s. Kasten S. 951) bildet die Hauptstraße. Das **Carl Hayden Visitor Center** (☎928-608-6404; www.nps.gov/glca; Hwy 89; ⊙Juni–Aug. 8–18 Uhr, übriges Jahr kürzer) findet man am Glen Canyon Dam, 2,5 Meilen (4 km) nördlich von Page. Bei den **Führungen** (☎928-608-6072; www.glencanyonnha.org; Erw./Kind 5/2,50 US$), organisiert von der Glen Canyon Natural History Association, sieht man sich die Staumauer von innen an.

Wer den traumhaft schönen **Antelope Canyon** (www.navajonationparks.org/htm/antelopecanyon.htm) fotografieren möchte, einen schmalen Sandstein-Canyon mit zwei Hauptabschnitten, muss sich einer Tour anschließen. Im **Upper Antelope Canyon** kann man sich einfacher fortbewegen, er ist aber auch entsprechend touristischer. Mehrere Agenturen veranstalten Touren durch den oberen Antelope Canyon, u.a. **Roger Ekis's Antelope Canyon Tours** (☎928-645-9102; www.antelopecanyon.com; 22 S Lake Powell Blvd; Erw./Kind 5–12 Jahre ab 35/25 US$); Teilnehmer erwarten eine recht holprige Fahrt und viele andere Touristen. Sehr viel weniger Besucher gibt's am **Lower Antelope Canyon**.

Die 1,5 Meilen (2,5 km) lange Rundwanderung zum **Horseshoe Bend**, wo sich der Colorado hufeisenförmig um einen dramatischen Felsen windet, ist zu Recht beliebt. Der Ausgangspunkt des Weges befindet sich südlich von Page beim Hwy 89 gegenüber der Meilenmarkierung 541.

Hotelketten säumen den Hwy 89 in Page. In der 8th Ave stehen ein paar unabhängige

Pensionen. Das renovierte **Lake Powell Motel** (928-645-3919; www.powellmotel.com; 750 S Navajo Dr; Zi. 69–159 US$; April–Okt.;), das ehemalige Bashful Bob's, diente ursprünglich als Herberge für die Arbeiter, die den Glen Canyon Dam errichteten. Vier der Unterkünfte haben Küchen und sind schnell ausgebucht. Ein fünftes kleineres Zimmer wird meist für spontane Gäste freigehalten.

Lust auf Frühstück? Das **Ranch House Grille** (www.ranchhousegrille.com; 819 N Navajo Dr; Hauptgerichte 7–16 US$; 6–15 Uhr) in Page punktet mit gutem Essen, riesigen Portionen und schnellem Service. Das **Bonkers** (www.bonkerspagaz.com; 810 N Navajo Dr; Hauptgerichte 9–22 US$; Mo–Sa ab 16 Uhr) serviert inmitten eindrucksvoller Wandmalereien, die lokale Landschaften zeigen, sättigende Steaks, Meeresfrüchte, Pasta sowie ein paar Burger und Sandwiches.

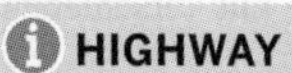

HIGHWAY 89

Achtung: Der 24 Meilen (39 km) lange Abschnitt des Hwy 89 zwischen Page und Bitter Springs unmittelbar südlich von Lees Ferry ist nach einem Erdrutsch seit Februar 2013 gesperrt. Seit August 2013 werden Autofahrer auf die Navajo Route 20 umgeleitet, die asphaltiert und in 89T umbenannt wurde. Bis der 89A wieder befahrbar ist, handelt es sich dabei um die direkteste Route.

Navajo Nation

Die Wunden heilen, aber es bleiben Narben im Navajo Land in Arizona zurück, die an die erzwungene Umsiedlung von Tausenden Indianern in Reservate erinnern.

Mitten in der Abgeschiedenheit liegen einige der spektakulärsten Landschaften Nordamerikas, u. a. das Monument Valley und der Canyon de Chelly. Der Stolz auf die Kultur ist bei den Menschen immer noch sehr ausgeprägt, viele sprechen sogar Navajo als Muttersprache. Die Navajo sind auf den Tourismus angewiesen, um zu überleben; man kann ihnen bei der Bewahrung ihres kulturellen Erbes helfen, indem man sich dafür entscheidet, innerhalb von Reservaten zu übernachten oder ihre berühmte Handwerkskunst zu kaufen. Ein Halt an einem der Verkaufsstände an der Straße ist eine gute Möglichkeit, direkt bei den einheimischen Kunsthandwerkern etwas zu erwerben und so sicherzugehen, dass das bezahlte Geld auch tatsächlich bei ihnen landet.

Anders als das restliche Arizona hat die Navajo Nation die Sommerzeit. Im Sommer ist das Reservat dem Staat Arizona also eine Stunde voraus.

Unter www.navajo-nationparks.org findet man Infos zum Wandern, Campen und die erforderlichen Genehmigungen.

CAMERON

Cameron ist das Tor zum Osteingang des Grand Canyon South Rim, Besucher kommen aber auch wegen der historischen Siedlung **Cameron Trading Post** (www.camerontradingpost.com) gleich nördlich der Abzweigung zum Grand Canyon am Hwy 64 her. Hier gibt es Essen, Schlafgelegenheiten, einen Souvenirshop und eine Postfiliale. Es ist einer der wenigen sehenswerten Orte am Hwy 89 zwischen Flagstaff und Page.

CANYON DE CHELLY NATIONAL MONUMENT

Dieser vielfingerige Canyon (*du-schei* ausgesprochen) umfasst ein paar schöne Stätten der frühen Pueblo-Indianer, die von Bedeutung für die Geschichte der Navajo sind, u. a. sehr alte Felsbehausungen. Nach wie vor bestellen Familien das Land. Sie überwintern am Rand der Schlucht und verbringen den Frühling und Sommer in Hogans auf dem Grund des Canyons. Der Canyon gehört den Navajo; der NPS verwaltet das Land. Hogans dürfen nur mit einem Touristenführer betreten werden, und bevor man Fotos von Menschen macht, immer erst um Erlaubnis bitten.

Die **Sacred Canyon Lodge** (800-679-2473; www.sacredcanyonlodge.com; Zi. 122–129 US$, Suite 178 US$, Cafeteria Hauptgerichte 5–17 US$; morgens, mittags & abends;), die ehemalige Thunderbird Lodge, ist die einzige Unterkunft im Park. Sie bietet gemütliche Zimmer und eine günstige Cafeteria, die Navajo- und amerikanische Küche serviert. Der von Navajo-Angehörigen betriebene Campingplatz in der Nähe verfügt über rund 90 Stellplätze (10 US$) mit Wasser, jedoch ohne Duschen; Reservierungen sind nicht möglich.

Das **Visitor Center** (928-674-5500; www.nps.gov/cach; 8–17 Uhr) des Canyon de Chelly befindet sich 3 Meilen (5 km) von der Rte 191 entfernt im kleinen Dorf Chinle. Zwei malerische Straßen verlaufen entlang den Rändern des Canyons. Wer eine Tour in die Schlucht unternehmen möchte, findet beim Visitor Center oder auf der Website des Parks eine Liste mit verschiedenen Anbietern.

FOUR CORNERS NAVAJO TRIBAL PARK

Nur nicht schüchtern sein und die Arme ausbreiten für ein Foto an der **Four-Corners-Markierung** (☎928-871-6647; www.navajo-nationparks.org; Eintritt 3 US$; ⏱Mai–Sept. 8–19, Okt.–April. 8–17 Uhr), jenem „Wahrzeichen" im Nirgendwo! Seit der Renovierung 2010 sieht der zentrale Platz richtig schick aus. Dies ist der einzige Ort in den USA, an dem man gleichzeitig in vier Staaten stehen kann (Arizona, New Mexico, Colorado und Utah) - ein nettes Fotomotiv, wenn auch nicht 100%ig korrekt, denn Landvermesser der Regierung sind der Auffassung, dass sich die Markierung ca. 600 m zu weit östlich befindet (dennoch ist dies hier der gesetzlich anerkannte Grenzpunkt).

MONUMENT VALLEY NAVAJO TRIBAL PARK

Glühend rote Tafelberge und unfassbar schlanke Felssäulen, die den Himmel kitzeln wollen, sind die Markenzeichen des Monument Valley abseits des Hwy 163. Es hat schon in zahllosen Hollywood-Streifen als Kulisse gedient und steht bei vielen Reisenden auf der To-do-Liste.

Wer sich die Steinformationen genauer ansehen will, muss den **Monument Valley Navajo Tribal Park** (☎435-727-5874; www.navajonationparks.org/htm/monumentvalley.htm; Erw./Kind 5 US$/frei; ⏱Zufahrt Mai–Sept. 6–20.30 Uhr, Okt.–April 8–16.30 Uhr, Visitor Center Mai–Sept. 6–20 Uhr, Okt.–April 8–17 Uhr) besuchen. Dort verläuft ein unbefestigter Scenic Drive (17 Meilen/27 km) mit traumhaften Aussichtspunkten. Man kann ihn mit dem eigenen Wagen abfahren oder sich einer Tour anschließen (75 US$, 1½; 95 US$, 2½ Std.). Die Tourgruppen gelangen auch in Bereiche, die den übrigen Besuchern verborgen bleiben. Einfach bei einem der Stände am Parkplatz nachfragen!

Auf dem Parkgelände befindet sich das **View Hotel at Monument Valley** (☎435-727-5555; www.monumentvalleyview.com; Hwy 163; Zi. 209–265 US$, Suite 299–329 US$; ❄@📶). Das sandsteinfarbene Gebäude fügt sich harmonisch in die umliegende Landschaft ein und beherbergt 96 Zimmer, die größtenteils private Balkone mit Blick auf die Tafelberge haben. Die Navajo-Spezialitäten im angrenzenden Restaurant (Hauptgerichte 10–30 US$, kein Alkohol) sind mittelmäßig, dafür ist das Panorama aus roten Felsen großartig. In der Lobby ist WLAN verfügbar, und zur Hotelanlage gehören ein Souvenirladen und ein kleines Museum. Zum Zeitpunkt der Recherche war der Campingplatz wegen Umbaus geschlossen.

Die historische **Goulding's Lodge** (☎435-727-3231; www.gouldings.com; Zi. 205–242 US$, Stellplatz f. Zelt 26 US$, Wohnmobil 5 US$, Hütte 92 US$; ❄📶🏊🐾) kurz hinter der Staatsgrenze in Utah bietet Zimmer, Stellplätze für Zelte und kleine Hütten. Im Sommer sollte man früh buchen. In Kayenta, 20 Meilen (32 km) südlich, gibt's ein paar recht akzeptable Hotels. Wenn es im Monument Valley keine freien Zimmer mehr gibt, ist das **Wetherill Inn** (☎928-697-3231; www.wetherill-inn.com; 1000 Main St/Hwy 63; Zi. inkl. Frühstück 136 US$; ❄@📶🏊) eine Alternative.

Winslow

Standing on a corner in Winslow, Arizona, such a fine sight to see ... Diese Textzeile hat man doch schon mal irgendwo ...? Dem Eagles-Song *Take it Easy* aus den 1970er-Jahren verdankt das unspektakuläre Winslow sein Plätzchen im Pop-Kultur-Himmel. Der kleine **Park** (www.standinonthecorner.com; 2nd St) an der Route 66 (Ecke Kinsley Ave) ist eine Hommage an die berühmte Band.

Gerade mal 50 Meilen (80 km) östlich des Petrified Forest National Park bietet sich Winslow als Basis für Ausflüge in die Umgebung an. Die Route 66 ist von alten Motels gesäumt und in Downtown findet man zahlreiche Restaurants. Die einladende **La Posada** (☎928-289-4366; www.laposada.org; 303 E 2nd St; Zi. 119–169 US$; ❄📶🐾), eine restaurierte Hacienda (erb. 1929), wurde von der damaligen Stararchitektin Mary Jane Colter geschaffen. Fein gearbeitete Fliesen, Kronleuchter aus Glas und Zinn, Navajo-Teppiche und andere Dekoelemente unterstreichen die palastartige Western-Eleganz. Das hochgelobte hauseigene Restaurant **Turquoise Room** (www.theturquoiseroom.net; La Posada; Frühstück 8–12 US$, Mittagessen 9–13 US$, Abendessen 19–40 US$; ⏱7–21 Uhr) bietet die beste Küche *(new Southwestern)* zwischen Flagstaff und Albuquerque.

Petrified Forest National Park

Die farbenprächtige Painted Desert ist hier übersät mit versteinerten Holzstücken, die noch aus einer Zeit vor jener der Dinosaurier stammen. Dieser **Nationalpark** (☎928-524-6228; www.nps.gov/pefo; Auto/zu Fuß, Fahrrad

& Motorrad 10/5 US$/; Juni & Juli 7–20 Uhr, Aug.–Mai kürzere Öffnungszeiten) ist ein absolut außergewöhnlicher Ort. Das unentbehrliche **Visitor Center** liegt nur 800 m nördlich der I-40 und hält Kartenmaterial sowie Informationen zu geführten Touren und Fachbücher bereit.

Der Park grenzt an die I-40 (Exit 311), 25 Meilen (40 km) östlich von Holbrook. Von dieser Ausfahrt aus gibt eine 28 Meilen (45 km) lange, geteerte Parkstraße einen fantastischen **Scenic Drive** ab. Es existieren keine Campingplätze, sondern nur kurze, höchstens 2 oder 3 km lange Pfade, die aber durch Ansammlungen wunderschöner versteinerter Holzfragmente und vorbei an ehemaligen Felsbehausungen der hiesigen Ureinwohner führen. Wer in dem wilden Hinterland campen will, muss sich dafür am Visitor Center eine kostenlose Genehmigung besorgen.

West-Arizona

In Lake Havasu City tummeln sich Sonnenanbeter an den Ufern des Colorado River. Die Route 66 bietet bei Kingman gut erhaltene, klassische Highway-Abschnitte. Südlich der I-10 erstreckt sich wildes, leeres Land, eines der kärgsten Gebiete im Westen. Wenn man sowieso in der Gegend ist, gibt es ein paar sehenswerte Anlaufpunkte, wirkliche Attraktionen fehlen jedoch – es sei denn, man ist ein erklärter Route-66- oder Bootsliebhaber.

Kingman & Umgebung

In die Jahre gekommene Motels und Tankstellen en masse säumen die Hauptstraße von Kingman, es sind aber auch ein paar Gebäude aus der Zeit um 1800 erhalten. Ein kurzer Bummel lohnt sich für diejenigen, die der Route 66 folgen (hier auch als Andy Devine Ave bekannt) oder nach einer günstigen Unterkunft suchen.

Karten und Broschüren gibt's im historischen **Powerhouse Visitor Center** (☎866-427-7866, 928-753-6106; www.gokingman.com; 120 W Andy Devine Ave; ⊙8–17 Uhr) mit dem kleinen, aber faszinierenden **Route 66 Museum** (☎928-753-9889; www.kingmantourism.org; 120 W Andy Devine Ave; Erw./Kind/Senior 4 US$/frei/3; ⊙9–17 Uhr).

Ein schickes Neonschild lockt Autofahrer ins **Hilltop Motel** (☎928-753-2198; www.hilltopmotelaz.com; 1901 E Andy Devine Ave; Zi. 44 US$; ❄@📶🏊🐾) an der Route 66. Die Zimmer sind etwas enttäuschend, aber gepflegt, und die Aussicht ist großartig. Für Hunde (keine anderen Haustiere erlaubt) wird eine Gebühr von 5 US$ fällig. Echte Rednecks kommen im **Redneck's Southern Pit BBQ** (www.redneckssouthernpitbbq.com; 420 E Beale St; Hauptgerichte 5–22 US$; ⊙Di–Sa 11–20 Uhr; 👪) auf ihre Kosten; neben leckerem Schweinefleisch gibt's „Sammiches" (Sandwiches) und „Big Ole Tater" (Kartoffelgerichte).

Lake Havasu City

Ende der 1960er-Jahre versteigerte die Stadt London ihre Brücke von 1831. Der Unternehmer Robert McCulloch schlug zu, ließ sie auseinandernehmen und nach Lake Havasu City transportieren, wo sie wieder zusammengesetzt wurde und nun an einem abgedämmten Abschnitt des Colorado River steht. In den Frühjahrsferien und an den Wochenenden wimmelt es hier von jungen Leuten, die sich ins Wasser stürzen und auf Party aus sind. Rings um die Brücke erstreckt sich ein „englisches Dorf" mit pseudobritischen Pubs und Souvenirläden. Dort findet man auch das **Visitor Center** (☎928-855-5655; www.golakehavasu.com; 422 English Village; ⊙9–17 Uhr; 📶) mit Touristeninfos und Internetzugang.

Das hippste Hotel der Stadt ist das **Heat** (☎928-854-2833; www.heathotel.com; 1420 N McCulloch Blvd; Zi. 209–299 US$, Suite 249–439 US$; ❄📶). In dem schicken Boutique-Komplex fungiert die Rezeption gleichzeitig als Bar. Die modernen Zimmer haben meistens eigene Terrassen mit Blick auf die London Bridge. Wen es nach einem herzhaften Frühstück unter freiem Himmel gelüstet, der ist im beliebten **Red Onion** (☎928-505-0302; www.redonionhavasu.com; 2013 N McCulloch Blvd; Hauptgerichte 7–12 US$; ⊙7–14 Uhr) richtig, das jede Menge Omeletts und kalorienreiche Kost serviert. Bei **Barley Brothers** (☎928-505-7837; www.barleybrothers.com; 1425 N McCulloch Blvd; Hauptgerichte 9–24 US$; ⊙So–Do 11–21, Fr & Sa bis 22 Uhr) erwarten Gäste Bier von Kleinbrauereien, gute Kneipenküche und tolle Ausblicke auf den See.

Tucson

Die zweitgrößte Stadt Arizonas liegt in der Sonora-Wüste, deren Markenzeichen unendliche sandige Hügel und Ansammlungen von Kakteen sind. Im Vergleich zum schillernden, ausgedehnten Phoenix wirkt Tucson gemütlich und etwas marode, aber auf eine coole Art. An der University of Arizona (kurz U of A) sind 40000 Studenten eingeschrieben. Tucson (das „c" wird nicht gesprochen) war bereits alternativ, als es noch nicht „in" war, alternativ zu sein. Trockener Boden hin oder her, hier schlagen vielseitige Geschäfte und jede Menge ausgefallene Restaurants und Bars Wurzeln. Apropos Wurzeln: Mehr als 35% der Einwohner von Tuscon sind mexikanischer oder mittelamerikanischer Abstammung, und die Bevölkerung ist stolz auf die geografische und kulturelle Nähe zu Mexiko (die Grenze verläuft nur 65 Highway-Meilen (105 km) weiter südlich).

Sehenswertes & Aktivitäten

Downtown Tucson und das historische Viertel liegen östlich des I-10-Exit 258. Etwa 1 Meile (1,6 km) nordöstlich von Downtown erstreckt sich der U-of-A-Campus; die Hauptstraße dort ist die 4th Ave. Sie bietet jede Menge Cafés, Bars und interessante Geschäfte. Im Visitor Center (S. 957) bekommt man die Presidio-Trail-Wanderkarte mit den historischen Highlights von Downtown Tucson.

Saguaro National Park PARK

(☎ Tucson Mountain District 520-733-5158, Zentrale 520-733-5100; www.nps.gov/sagu; 2700 N Kinney Rd, Western District; 7-Tages-Pass pro Auto/Fahrrad 10/5 US$; ⏲ Auto Sonnenaufgang–Sonnenuntergang, Fußgänger & Radfahrer 24 Std.) Ein 30 Meilen (48 km) langes Stück Freeway und verschiedene Farmen teilen dieses Meer aus grünen Kakteen und Wüstengestrüpp in zwei Hälften. Beide Abschnitte erstrecken sich am Rande von Tucson, gehören aber offiziell zum Stadtgebiet.

Sehenswert sind beide, aber wer ein komplettes Tagesprogramm absolvieren will, sollte **Saguaro West** (Tucson Mountain District) besuchen; dort werden verschiedene Aktivitäten angeboten. Für Karten und Führungen mit Rangern ist das **Red Hills Visitor Center** (☎ 520-733-5158; 2700 N Kinney Rd; ⏲ 9–17 Uhr) die richtige Anlaufstelle. Dort beginnt zudem der **Cactus Garden Trail**, ein kurzer, auch für Rollstuhlfahrer geeigneter Pfad mit Erklärungen zu vielen Kakteen im Park. Ein nicht asphaltierter, 6 Meilen (10 km) langer Rundweg, der **Bajada Loop Drive**, beginnt 1,5 Meilen (2,4 km) westlich vom Visitor Center. Er führt vorbei an Kakteen-Wäldern, einigen Picknickplätzen und Startpunkten verschiedener Wanderwege.

Saguaro East liegt 15 Meilen (24 km) östlich von Downtown Tuscon. Das **Visitor Center** (☎ 520-733-5153; 3693 S Old Spanish Trail; ⏲ 9–17 Uhr) informiert über Tageswanderungen, Ausritte und Zelten im Hinterland. Wer im Hinterland *(backcountry)* campen möchte, braucht eine spezielle Genehmigung (6 US$/Stellplatz & Tag). Sie muss bis 12 Uhr mittags desselben Tages beantragt werden. Dieser Parkabschnitt trumpft mit einem insgesamt 210 km langen Netz aus Wanderwegen und 9 km für Mountainbikes auf. Der 8 Meilen (13 km) lange **Cactus Forest Scenic Loop Drive**, eine geteerte Straße für Autos und Fahrräder, schlängelt sich vorbei an Picknickplätzen, Aussichtspunkten und den Startpunkten von Wanderwegen.

★ Arizona-Sonora Desert Museum MUSEUM

(☎ 520-883-2702; www.desertmuseum.org; 2021 N Kinney Rd; Erw./Kind Sept.–Mai 14,50/5 US$, Juni–Aug. 12/4 US$; ⏲ Okt.–Feb. 8.30–17 Uhr, März–Mai 7.30–17 Uhr, Juni–Aug. So–Fr 7.30–17, Sa 7.30–22 Uhr, Sept. 7.30–17 Uhr) Eine Hommage an die Sonora-Wüste, die einen Zoo, einen botanischen Garten und ein Museum umfasst. Diese Mischung wird Alt und Jung problemlos einen halben Tag lang fesseln. Alle Arten von Wüstenbewohnern, von Nasenbären bis hin zu verspielten Präriehunden, tummeln sich in „natürlichen" Käfigen hinter unsichtbaren Zäunen. Das Gelände ist mit Wüstenpflanzen überwuchert. Fachleute stehen Rede und Antwort. Man kann Kinderwagen und Rollstühle ausleihen. Weitere Einrichtungen: ein Souvenirshop, eine Galerie, ein Restaurant und ein Café. Die Öffnungszeiten sind saisonal unterschiedlich.

Old Tucson Studios FILMKULISSE

(☎ 520-883-0100; www.oldtucson.com; 201 S Kinney Rd; Erw./Kind 17/11 US$; ⏲ unterschiedlich; 👪) Die Old Tucson Studios, ein paar Meilen südöstlich vom Arizona-Sonora Desert Museum, dienten früher als Western-Kulisse. Mittlerweile wurde das Gelände in einen Western-Mottopark mit Schießeisen und Postkutschenfahrten umgewandelt. Die Öffnungszeiten erfährt man telefonisch oder auf der Website.

Pima Air & Space Museum MUSEUM

(☎ 520-574-0462; www.pimaair.org; 6000 E Valencia Rd; Erw./Kind/Senior & Militärmitarbeiter 16/9/13 US$; ⏲ 9–17, letzter Einlass 16 Uhr; 🐾) Die SR-71-Blackbird-Aufklärer und JFKs Air Force One sind die Highlights dieses privaten Flugzeugmuseums mit über 300 Maschinen. Echte Fans sollten vorab die 90-minütige Bustour zum nahen 309. **Aerospace Maintenance & Regeneration Center** (AMARG; Erw./Kind 7/4 US$; ⏲ Mo–Fr, Abfahrtszeiten saisonal unterschiedlich) buchen. Das Gelände ist auch als „Friedhof" bekannt, da hier fast 4000 Flugzeuge eingemottet wurden. Reservierungen nimmt das Pima Air & Space Museum vor.

Feste & Events

Fiesta de los Vaqueros RODEO
(Rodeo Week; ☎ 520-741-2233; www.tucsonrodeo.com; ⏲ letzte Woche im Feb.) Der riesige nichtmotorisierte Umzug mit Wild-West-Wagen ist ein regional bekanntes Spektakel.

Schlafen

Die Preise schwanken stark, wobei man im Sommer und Herbst am billigsten davonkommt. Wer unterm Sternenhimmel zwischen Kakteen nächtigen möchte, steuert den **Gilbert Ray Campground** (☎ 520-877-6000; www.pima.gov/nrpr/camping; Kinney Rd; Stellplatz f. Zelt/Wohnmobil 10/20 US$) nahe dem westlichen Abschnitt des Saguaro National Park an.

Roadrunner Hostel & Inn HOSTEL $
(☎ 520-940-7280; www.roadrunnerhostelinn.com; 346 E 12th St; B/Zi. inkl. Frühstück 22/45 US$; ❄ @ 📶) Das gemütliche Hostel liegt in Gehweite zum Künstlerviertel und bietet eine große Küche, kostenlosen Kaffee und Waffeln am Morgen sowie einen großen TV zum Filmegucken. Die Mehrbettzimmer werden zwischen 12 und 15 Uhr gereinigt und dürfen in dieser Zeit nicht betreten werden. Bezahlung in bar oder mit Reiseschecks.

Quality Inn Flamingo Hotel MOTEL $
(☎ 520-770-1910; www.flamingohoteltucson.com; 1300 N Stone Ave; Zi. inkl. Frühstück 65–80 US$; ❄ @ 📶 🏊 🐾) Das Motel ist zwar nicht mehr so schick wie früher, hat sich jedoch seinen 1950er-Jahre Glamour bewahrt. Zudem hat hier sogar Elvis übernachtet! Die Zimmer haben stilvolle gestreifte Bettwäsche, gemütliche Betten und Flachbild-TVs. Für Haustiere werden pro Tag 20 US$ fällig.

★ **Catalina Park Inn** B&B $$
(☎ 520-792-4541; www.catalinaparkinn.com; 309 E 1st St; Zi. 140–170 US$; ⏲ Juli & Aug. geschl.; ❄ @ 📶) Stil, Gastfreundlichkeit und Komfort verschmelzen in diesem einladenden B&B westlich der Universität zu einem charmanten Ganzen. Die Besitzer, Mark Hall und Paul Richard, haben die Villa im mediterranen Stil (erb. 1927) liebevoll restauriert. Das Resultat kann man in den sechs Zimmern bewundern, z. B. im riesigen, überladenen Catalina Room, der in Pfauenblau und Gold gehalten ist, oder im weißen, ordentlichen East Room mit eisernem Himmelbett.

Hotel Congress HISTORISCHES HOTEL $$
(☎ 520-622-8848; www.hotelcongress.com; 311 E Congress St; Zi. 89–129 US$; P ❄ @ 📶 🐾) Ein wenig Coolness, ein wenig Historie und jede Menge Spaß: Im Congress ist immer etwas los, dafür sorgen vor allem die beliebte Bar, das Restaurant und der Nachtclub. Hier wurden 1934 der berüchtigte Bankräuber John Dillinger und seine Bande gefasst; die Wand mit Fotos und Artikeln neben der Lobby zeugt von dem Ereignis. Viele Zimmer sind mit alten Möbeln, Telefonen mit Wählscheiben und hölzernen Radios ausgestattet, Fernseher gibt es allerdings nicht. Wer geräuschempfindlich ist, sollte nach einem Zimmer am hinteren Ende des Hotels fragen. Für Haustiere wird pro Nacht eine Gebühr von 10 US$ fällig.

NICHT VERSÄUMEN

MINI TIME MACHINE MUSEUM OF MINIATURES

„Leg' dich nicht mit Drachen an, denn du bist knusprig und schmeckst lecker mit Gewürzen" steht auf dem Schild neben den Pocket Dragons, die zu den magischen Kreaturen in der Galerie „Enchanted Realm" (Verzaubertes Reich) des unterhaltsamen **Museums** (www.theminitimemachine.org; 4455 E Camp Lowell Rd; Erw./Kind 9/6 US$; ⏲ Di–Sa 9–16, So 12–16 Uhr; 👪) gehören. Besucher können durch ein Weihnachtsdorf mit Schneekugel-Flair spazieren, eindrucksvolle Minihäuser aus dem 17. und 16. Jh. bewundern und nach den winzigen Bewohnern eines verzauberten Baums suchen. Ein tolles Museum für Familien und jung gebliebene Erwachsene!

Um vom Zentrum hierher zu gelangen, folgt man dem E Broadway Blvd ostwärts 3,5 Meilen (5,5 km), biegt links in den N Alvernon Way und fährt 3 Meilen (5 km) lang bis zur E Fort Lowell Rd, die zum Camp Lowell führt. Nun biegt man rechts ab und folgt der Straße rund 1 Meile (1,6 km).

Windmill Inn at St. Philips Plaza HOTEL $$
(☎ 520-577-0007; www.windmillinns.com; 4250 N Campbell Ave; Zi. inkl. Frühstück 120–134 US$;) Das moderne, freundliche Hotel punktet mit geräumigen Zwei-Zimmer-Suiten (Kinder unter 18 Jahren zahlen nichts), Leihbücherei, beheiztem Pool und kostenlosen Fahrrädern. Das kontinentale Frühstück ist im Preis enthalten, und Haustiere kosten nichts extra.

Arizona Inn RESORT $$$
(☎ 800-933-1093, 520-325-1541; www.arizonainn.com; 2200 E Elm St; Zi. 329–399 US$, Suite 459–579 US$;) Der grüne Garten und die altmodische Eleganz bilden ein wunderbares Gegengewicht zum urbanen Alltag und zum Tempo des 21. Jhs. Die Veranda lädt zu einem Kaffee ein, die Bücherei zum High Tea und der kleine Pool zum Entspannen. Wer möchte, kann eine Partie Krocket spielen und sich dann auf sein mit Antiquitäten ausgestattetes Zimmer zurückziehen. Das hauseigene Spa ist für uns das beste der Stadt.

Essen

Die beste Anlaufstelle für leckeres Essen ist die 4th Ave. Im Folgenden sind ein paar herausragende Adressen in Tucson aufgelistet.

Mi Nidito MEXIKANISCH $
(☎ 520-622-5081; www.minidito.net; 1813 S 4th Ave; Hauptgerichte 6–13 US$; ⌚ Mi–So mittags & abends) Im „Mein kleines Nest" lohnt sich die Wartezeit. Bill Clintons Bestellung wurde zum Aushängeschild des betriebsamen Lokals: Der „Präsidententeller" besteht aus einem Berg Tacos, Tostadas, Burritos, Enchiladas usw., begraben unter geschmolzenem Käse. Ebenfalls zu empfehlen sind das scharfe Kaktusfeigen-Chili oder die *birria* (würziger Hackfleischeintopf).

DER HOT DOG MIT DEM GEWISSEN ETWAS

Tucsons „Spezialität" ist der Sonoran Hot Dog, ein tolles Beispiel dafür, was passiert, wenn amerikanisches Formfleisch und mexikanische Zutaten erfolgreich gepaart werden. Die Zutaten? Ein in Speck gewickelter Hot Dog mit Tomatillo-Salsa, Pintobohnen, geriebenem Käse, Mayo, Ketchup oder Senf oder allem, gehackten Tomaten und Zwiebeln. Uns haben z. B. die Hot Dogs im **El Guero Canelo** (www.elguerocanelo.com; 5201 S 12th Ave; Sonoran-Hot-Dog 3 US$) sehr gut geschmeckt.

★ **Cafe Poca Cosa** SÜDAMERIKANISCH $$
(☎ 520-622-6400; www.cafepocacosatucson.com; 110 E Pennington St; Mittagessen 12–15 US$, Abendessen 18–26 US$; ⌚ Di–Do 11–21, Fr & Sa bis 22 Uhr) In dem preisgekrönten neumexikanischen Bistro wird die Speisekarte mit Kreide auf eine Tafel geschrieben, da sich das Angebot zweimal täglich ändert. Alle Gerichte werden frisch zubereitet, sind innovativ und schön angerichtet. Mit dem Plato Poca Cosa kann man nichts falsch machen – dann entscheidet Köchin Suzana D'avila, was auf den Teller kommt. Auch die Margaritas sind lecker.

Cup Cafe AMERIKANISCH, INTERNATIONAL $$
(☎ 520-798-1618; www.hotelcongress.com/food; 311 E Congress St; Frühstück 7–12 US$, Mittagessen 10–12 US$, Abendessen 13–23 US$; ⌚ So–Do 7–22, Fr & Sa bis 23 Uhr;) Kerzenleuchter aus Weinflaschen, mit Münzen gefliester Boden und 1970er-Jahre Musik – hier lässt es sich aushalten! Morgens gibt's z. B. ein kreolisches Gericht mit Andouille-Wurst, Eiern und Kartoffeln oder Spiegeleier mit Gruyere in der gusseisernen Pfanne, mittags und abends einen bunten Mix internationaler Speisen sowie eine anständige Auswahl vegetarischer Hauptgerichte. Der Kaffee ist exzellent.

Lovin' Spoonfuls VEGAN $$
(☎ 520-325-7766; 2990 N Campbell Ave; Frühstück 7–9 US$, Mittagessen 6–8 US$, Abendessen 8–12 US$; ⌚ Mo–Sa 9.30–21, So 10–15 Uhr;) Burger, Brathähnchen, BLT-Sandwich, Salate – die Speisekarte wirkt wie in einem typischen Café, es gibt jedoch einen großen Unterschied: Tierische Produkte kommen hier nicht auf den Tisch.

Hub Restaurant & Creamery AMERIKANISCH $$
(☎ 520-207-8201; www.hubdowntown.com; 266 E Congress Ave; Mittagessen 9–16 US$, Abendessen 10–21 US$ ⌚ So–Mi 11–24, Do–Sa bis 2 Uhr) Nobles Wohlfühlessen ist das Zauberwort – das und ein paar Sandwiches und Salate. Wer keine komplette Mahlzeit essen will, kann auf eine Kugel Gourmet-Eiscreme vorbeikommen (wie wär's mit Bacon Scotch?).

El Charro Café MEXIKANISCH $$
(☎ 520-622-1922; www.elcharrocafe.com; 311 N Court Ave; Mittagessen 6–10 US$, Abendessen

7–18 US$; mittags & abends) Seit 1922 bereitet die Familie Flin in dieser gut besuchten Hacienda innovative mexikanische Küche zu. Sie ist berühmt für *carne seca,* sonnengetrocknetes, mageres Rind, das zerkleinert und mit grünen Chilis und Zwiebeln gegrillt wird.

Ausgehen & Unterhaltung

Die 4th Ave in Downtown, nahe der 6th St, ist eine gute Anlaufstelle für eine Kneipentour. In der Congress St (ebenfalls Downtown) sind ein paar Nachtclubs angesiedelt.

Che's Lounge BAR
(520-623-2088; 350 N 4th Ave; 12–2 Uhr) Leicht verlotterte, aber sehr beliebte kleine Bar, in der jeden Samstagabend Livemusik gespielt wird. Eintritt wird nicht verlangt.

Thunder Canyon Brewery KLEINBRAUEREI
(www.thundercanyonbrewery.com; 220 E Broadway Blvd; So–Mi 11–23, Do–Sa bis 2 Uhr) Die verwinkelte neue Kleinbrauerei in Gehweite zum Hotel Congress kredenzt eigene Brauerzeugnisse sowie Biere der Konkurrenz. Zur Auswahl stehen 40 Sorten vom Fass.

Chocolate Iguana CAFÉ
(www.chocolateiguanaon4th.com; 500 N 4th Ave; Mo–Do 7–20, Fr 7–22, Sa 8–22, So 9–18 Uhr) Die Adresse für Kaffeeliebhaber und Schokoladensüchtige.

Club Congress LIVEMUSIK
(520-622-8848; www.hotelcongress.com; 311 E Congress St; Eintritt frei–24 US$) Livemusik und DJs bietet dieses extrem beliebte Lokal, das sich manchmal als Rocker-Schuppen und manchmal als Tanzclub präsentiert. Das Publikum ist entsprechend immer anders, aber normalerweise herrscht gute Stimmung.

Praktische Informationen

INTERNETZUGANG

Joel D Valdez Main Library (520-594-5500; 101 N Stone Ave; Mo–Mi 9–20, Do 9–18, Fr 9–17, Sa 10–17, So 13–17 Uhr;) Kostenloses Internet, auch WLAN.

MEDIEN

Arizona Daily Star (http://azstarnet.com) Tucsons regionale Tageszeitung.

Tucson Weekly (www.tucsonweekly.com) Kostenlose Wochenzeitung mit Veranstaltungskalender und Infos zu Restaurants.

NOTFALL & MEDIZINISCHE VERSORGUNG

Polizei (520-791-4444; http://cms3.tucsonaz.gov; 270 S Stone Ave)

Tucson Medical Center (520-327-5461; www.tmcaz.com/TucsonMedicalCenter; 5301 E Grant Rd) Die Notaufnahme ist rund um die Uhr besetzt.

POST

Post (520-629-9268; 825 E University Blvd, Suite 111; Mo–Fr 8–17, Sa 9–12.30 Uhr)

TOURISTENINFORMATION

Tucson Convention & Visitors Bureau (800-638-8350, 520-624-1817; www.visittucson.org; 100 S Church Ave; Mo–Fr 9–17, Sa & So bis 16 Uhr) Nach dem kostenlosen *Official Destination Guide* fragen.

Anreise & Unterwegs vor Ort

Der **Tucson International Airport** (520-573-8100; www.flytucson.com; 7250 S Tucson Blvd) liegt 15 Meilen (24 km) südlich des Zentrums. **Arizona Stagecoach** (520-889-1000; www.azstagecoach.com) betreibt Sammeltransporter zwischen Downtown und Flughafen (ca. 25 US$). **Greyhound** (520-792-3475; www.greyhound.com; 471 W Congress St) bietet u. a. Verbindungen nach Phoenix (21–23 US$, 2 Std., tgl.). Das Greyhound-Terminal befindet sich am westlichen Ende der Congress St, 3 Meilen (5 km) von Downtown entfernt. **Amtrak** (800-872-7245, 520-623-4442; www.amtrak.com; 400 E Toole Ave), gegenüber vom Hotel Congress, hat eine Zugverbindung nach Los Angeles (ab 56 US$, 10 Std., 3-mal wöchentl.), den *Sunset Limited*.

Das **Ronstadt Transit Center** (215 E Congress St, Ecke Congress St & 6th Ave) ist der größte Verkehrsknotenpunkt im Zentrum. Von dort aus machen sich die Busse von **Sun Tran** (520-792-9222; www.suntran.com) auf den Weg quer durch Tucson (Tagesticket 3,50 US$).

Rund um Tucson

Die im Folgenden genannten Ziele sind weniger als eineinhalb Stunden Fahrt von der Stadt entfernt und geben hervorragende Tagesausflüge ab.

Westlich von Tucson

Wer die Einsamkeit sucht, folgt dem Hwy 86 von Tucson aus nach Westen in die Teile der Sonora-Wüste, die am dünnsten besiedelt sind. Man wird jedoch allenthalben den grün-weißen Trucks der Grenzpatrouillen begegnen.

Das **Kitt Peak National Observatory** (520-318-8726; www.noao.edu/kpno; Hwy 86; Visitor Center Spende erbeten; 9–16 Uhr) westlich von Sells beherbergt die größte Sammlung optischer Teleskope der Welt. Die Führungen (Erw./Kind Nov.–Mai 9,75/4,25 US$, Juni–Okt. 7,75/3,25 US$, um 10, 11.30 & 13.30 Uhr) dauern etwa eine Stunde. Die allabendlichen Demonstrationen lohnen sich; zwei bis vier Wochen im Voraus buchen (Erw./Kind 49/45 US$; kein Programm von Mitte Juli–Aug.: Regenzeit) – trockene, klare Nächte ermöglichen einen ehrfurchtgebietenden Blick ins All. Tipps: warm anziehen, in Tucson volltanken (die dem Observatorium am nächsten gelegene Tankstelle ist 30 Meilen, 48 km, entfernt) und Kinder unter acht Jahren zu Hause lassen (sie haben aus Sicherheitsgründen keinen Zutritt bei den abendlichen Führungen). Der Picknickplatz ist nachts ein beliebter Treffpunkt von Hobby-Astronomen. Die Fahrt von Tucson aus dauert etwa 75 Minuten.

Wer einfach mal alles hinter sich lassen will, sollte das riesige, exotische **Organ Pipe Cactus National Monument** (☎ 520-387-6849; www.nps.gov/orpi; Hwy 85; 8 US$ pro Wagen; ⏲ Visitor Center 8.30–16.30 Uhr) an der mexikanischen Grenze besuchen. Das traumhaft schöne, unwirtliche Terrain bietet einer erstaunlich großen Zahl von Tieren und Pflanzen einen Lebensraum, darunter 28 Kaktusarten. Am wichtigsten ist natürlich der namensgebende Orgelpfeifenkaktus. Der große Säulenkaktus unterscheidet sich durch die von der Basis ausgehenden Zweige von dem häufiger vorkommenden Saguaro. Der 21 Meilen (34 km) lange **Ajo Mountain Drive** führt durch eine spektakuläre Landschaft aus steilen, zerklüfteten Felswänden und feuerroten Steinen. Der **Twin Peaks Campground** (www.nps.gov/orpi; Stellplatz für Zelt/Wohnmobil 12 US$) nahe dem Visitor Center hat 208 Stellplätze (wer zuerst kommt, ...).

Südlich von Tucson

Südlich von Tucson ist die I-19 die Hauptroute nach Nogales und Mexiko. Unterwegs locken einige nette Sehenswürdigkeiten.

Die eindrucksvolle **Mission San Xavier del Bac** (☎ 520-294-2624; www.patronatosanxavier.org; 1950 W San Xavier Rd; Spenden erbeten; ⏲ Museum 8.30–17 Uhr, Kirche 7–17 Uhr), 9 Meilen (14 km) südlich von Downtown Tucson, ist das älteste europäische Gebäude in Arizona. Die elegante Fassade ist eine Mischung aus maurischer und byzantinischer Architektur sowie Elementen der mexikanischen Spätrenaissance, das Innere der Mission ist überraschend kunstvoll geschmückt.

Am Exit 69, 16 Meilen (26 km) südlich der Mission, wartet das **Titan Missile Museum** (☎ 520-625-7736; www.titanmissilemuseum.org; 1580 W Duval Mine Rd, Sahuarita; Erw./Kind/Senior 9,50/6/8,50 US$; ⏲ 8.45–17 Uhr) mit einer unterirdischen Abschussrampe für Interkontinentalraketen aus der Zeit des Kalten Krieges auf. Die informativen Führungen lassen einem Schauer über den Rücken laufen.

Wer sich für Geschichte oder Kunsthandwerk interessiert, wird **Tubac** (www.tubacaz.com) lieben. Das kleine Dorf 48 Meilen (77 km) südlich von Tucson hat über 100 Galerien, Ateliers und Geschäfte.

Patagonia & Mountain Empire

Das wunderschöne Ufergebiet zwischen der Grenze zu Mexiko, den Santa Rita Mountains und den Patagonia Mountains gehört zu den schönsten Landschaften Arizonas. Die idyllische Gegend lockt Vogelbeobachter und Weinfans gleichermaßen an.

Die schönen Pfade des Schutzgebiets **Patagonia-Sonoita Creek Preserve** (☎ 520-394-2400; www.nature.org/arizona; 150 Blue Heaven Rd; Eintritt 6 US$; ⏲ April–Sept. Mi–So 6.30–16 Uhr, Okt.–März Mi–So 7.30–16 Uhr) sind bei Vogel- und Naturliebhabern beliebt. Die zauberhaften Weiden- und Baumwollwälder an Bächen werden von der Naturschutzorganisation Nature Conservancy verwaltet. Die Hauptzugvogelsaison dauert von April bis Mai bzw. Ende August bis September. Wer einen entspannten Nachmittag lang Weine probieren möchte, sollte die Dörfer **Sonoita** und **Elgin** nördlich von Patagonia ansteuern (s. www.arizonavinesandwines.com). Die Aussicht unter dem weiten Himmel ist traumhaft.

Wer bis zum Abendessen bleibt, sollte sich die fantastischen Gourmetpizzas bei **Velvet Elvis** (☎ 520-394-2102; www.velvetelvispizza.com; 292 Naugle Ave, Patagonia; Hauptgerichte 10–26 US$; ⏲ Do–Sa 11.30–20.30, So bis 19.30 Uhr) nicht entgehen lassen. Im **Stage Stop Inn** (☎ 520-394-2211; www.stagestophotelpatagonia.com; 303 McKeown, Patagonia; EZ 79 US$, DZ 89–99 US$, Suite 109 US$; 📶🏊🐾) erwarten Gäste der einfache Charme des alten Westens und Zimmer, die um einen zentralen Garten mit Pool angeordnet sind. Einst hielt hier die Postkutsche auf ihrem Weg entlang des Butterfield Trail.

Mariposa Books & More in Patagonia beherbergt ein kleines **Visitor Center** (☎ 888-794-0060; www.patagoniaaz.com; 307 McKeown Ave, Patagonia; ⏲ Mo–Do & Sa 10–17, Fr 11–16 Uhr).

Südost-Arizona

Im Süden Arizonas gibt es zahlreiche Stätten, die in der Geschichte des Wilden Westens eine wichtige Rolle gespielt haben. Dazu gehören die wunderbar erhaltene Minenstadt Bisbee, der OK Corral in Tombstone und das Chiricahua National Monument mit seiner Traumlandschaft aus bizarren Steinsäulen.

Kartchner Caverns State Park

Im **Kartchner Caverns State Park** (☎ Informationen 520-586-4100, Reservierungen 520-586-2283; http://azstateparks.com; Hwy 90; Parkgebühr 6/3 US$ pro Auto/Fahrrad, Rotunda Tour Erw./Kind 23/13 US$, Big Room Tour Mitte Okt.–Mitte April 23/13 US$; ⏲ Juni–Sept. 8–17 Uhr, Okt.–Mai 7–18 Uhr), einer 4 km langen Vision aus nassem Kalkstein, steht der pädagogische Aspekt im Vordergrund. Zwei Führungen konzentrieren sich auf unterschiedliche Bereiche der Höhlen, die 1974 „entdeckt" wurden. Die Rotunda/Throne Room Tour findet ganzjährig statt, die Big Room Tour wird ab Mitte April fünf Monate lang ausgesetzt; in dieser Zeit wird das Gelände von Fledermäusen in Beschlag genommen. Der Park liegt 9 Meilen (14 km) südlich von Benson und ist über die I-10 zu erreichen (Exit 302). Wer vorab Tickets für eine Führung reserviert hat, muss die 6 US$ Parkgebühr nicht bezahlen.

Chiricahua National Monument

Die hoch aufragenden Felssäulen des abgeschiedenen **Chiricahua National Monument** (☎ 520-824-3560; www.nps.gov/chir; Hwy 181; Erw./Kind 5 US$/frei) in den Chiricahua Mountains sind teilweise Hunderte Fuß hoch und sehen oft aus, als wollten sie jeden Moment umkippen. Der 8 Meilen (13 km) lange **Bonita Canyon Scenic Drive** führt zum Massai Point (fast 2100 m). Dort stehen Tausende Steinsäulen an den Hängen wie eine versteinerte Armee. Es gibt zahlreiche Wanderwege; wer nur wenig Zeit hat, sollte mindestens eine halbe Meile auf dem **Echo Canyon Trail** bleiben, um sich die Grottoes anzusehen, eine umwerfende „Kathedrale" aus gigantischen Felsbrocken. Dort kann man sich eine Weile still hinlegen und dem sachten Rauschen des Windes lauschen. Das National Monument befindet sich 36 Meilen (58 km) südöstlich von Willcox, abseits des Hwy 186/181.

Tombstone

Zu Tombstones Blütezeit als pulsierende Minenstadt im 19. Jh. floss der Whisky in Strömen, und bei Auseinandersetzungen wurde schnell mal der Revolver gezogen. Besonders berühmt ist die Schießerei im OK Corral. Heute ist dieser Ort eine National Historic Landmark und eine Touristenattraktion mit alten Western-Gebäuden, Postkutschenfahrten und nachgestellten Schießereien.

Ohne Zweifel, den **OK Corral** (☎ 520-457-3456; www.ok-corral.com; Allen St, zw. 3rd St & 4th St; Eintritt 10 US$, ohne Duell 6 US$; ⏲ 9–17 Uhr) muss man einfach gesehen haben: den Platz, an dem am 26. Oktober 1881 die legendäre Schießerei zwischen den Earp-Brüdern und Doc Holliday auf der einen und den McLaury-Brüdern und Billy Clanton auf der anderen Seite ausgetragen wurde. Die McLaury-Brüdern und Clanton ruhen jetzt auf dem **The Boot Hill Graveyard** am Hwy 80 nördlich der Stadt. Ebenfalls einen Abstecher wert ist das verstaubte **Bird Cage Theater** (☎ 520-457-3421; 517 E Allen St; Erw./Kind/Senior 10/8/9 US$; ⏲ 9–18 Uhr). Der frühere Saloon, in dem auch getanzt wurde, ist heute mit historischen Gegenständen vollgestopft – und mit einem Nix (genau – dem männlichen Gegenstück zu einer Meerjungfrau).

Das **Visitor & Information Center** (☎ 520-457-3929; www.tombstonechamber.com; Ecke 395 E Allen St & 4th St; ⏲ 9–17 Uhr) hat Wanderkarten und Tipps parat.

Bisbee

Die frühere Kupferminenstadt Bisbee hat ein altmodisches Flair, das von alternden Bohemiens, eleganten Gebäuden, tollen Restaurants und netten Hotels geprägt ist. Die meisten Geschäfte haben sich im Historic District (Old Bisbee) angesiedelt, in der Subway St und der Main St.

Wer möchte, kann den pensionierten Arbeitern, die früher in der Mine tätig waren, bei der **Queen Mine Tour** (☎ 520-432-2071; www.queenminetour.com; 478 Dart Rd, abseits Hwy 80; Erw./Kind 13/5,50 US$; ⏲ Touren 9–15.30 Uhr; 🚸) unter die Erde folgen. Die **Lavender Pit** außerhalb der Stadt ist ein hässliches, aber beeindruckendes Andenken an den Tagebau.

Übernachten kann man im **Shady Dell RV Park** (☎ 520-432-3567; www.theshadydell.com; 1 Douglas Rd; 87–145 US$, Anfang Juli–Mitte Sept. geschl.; ❄), einem kitschigen Wohnwagenpark par excellence in witziger Retro-Aufmachung. Für kalte Luft sorgen Verdampfungskühler. Im skurrilen, aber unterhaltsamen **Bisbee Grand Hotel** (☎520-432-5900; www.bisbeegrandhotel.com; 61 Main St, Bisbee; Zi. inkl. Frühstück 89–175 US$; ❄📶) können Gäste in einer überdachten Kutsche nächtigen. Viktorianisches Dekor und ein Cowboy-Saloon sorgen für Wild-West-Ambiente.

Leckeres Essen bieten die Restaurants der Main St. Gute amerikanische Küche gibt's im stilvollen **Cafe Roka** (☎520-432-5153; www.caferoka.com; 35 Main St; Abendessen 17–24 US$; ⏲Do–Sa 17–21 Uhr). Die Vier-Gänge-Menüs umfassen Salat, Suppe, Sorbet und wechselnde Hauptgerichte. Weiter die Main St hinauf lockt **Screaming Banshee Pizza** (☎520-432-1300; 200 Tombstone Canyon Rd; Pizzas 7–15 US$; ⏲Di & Mi 16–21, Do–Sa 11–22, So 11–21 Uhr) im Punk-Rock-Stil mit Holzofenpizzas. Bars findet man vor allem im Brewery Gulch am Südende der Main St.

Das **Visitor Center** (☎520-432-3554; www.discoverbisbee.com; 478 Dart Rd; ⏲Mo–Fr 8–17, Sa & So 10–16 Uhr) im Queen Mine Tour Building südlich des Zentrums versorgt Besucher mit wichtigen Basisinfos.

UTAH

Psssst... nicht weitersagen! Es muss ja nicht gleich jeder wissen, dass dieser oft übersehene Staat tatsächlich eine der traumhaftesten Spielwiesen von Mutter Natur ist. Utahs raues Terrain ist wie gemacht zum Wandern, Radfahren, Raften, Abseilen, Klettern, Skifahren und Snowboarden, Reiten und Jeepfahren. Reicht das für den Anfang?

Mehr als 65 % der Fläche sind öffentlich zugänglich, dazu gehören die zwölf Nationalparks und National Monuments mit ihrer atemberaubenden Topografie – vielen Besuchern bleibt sprichwörtlich die Spucke weg! Das Red Rock Country (Land der roten Steine) im Süden Utahs prägen Felsklippen, -türme und -säulen in kräftigen Farbschattierungen und eine schier endlose Wüste voller Sandsteinskulpturen. Den Norden Utahs kennzeichnen derweil die bis zu 3600 m hohen Gipfel der Wasatch Mountains, die von Wäldern und Schnee bedeckt sind.

In ganz Utah stößt man auf gut strukturierte Kleinstädte voller Bauten aus jener Zeit, als die ersten Mormonen sich hier niedergelassen haben; noch immer gehören mehr als 50 % der angenehm höflichen Bevölkerung dieser Kirche an. Die Städte auf dem Land sind teilweise ruhig und konservativ, doch die raue Schönheit der Umgebung hat auch viele Outdoor-Fans und Querdenker angelockt. Salt Lake City und Park City haben ein besonders lebendiges Nachtleben und eine tolle Restaurantszene.

Unterwegs kann man das Kaleidoskop unterschiedlichster Landschaften am Autofenster vorbeiziehen sehen, man kann wandern gehen, wo noch nie zuvor jemand einen Fuß hingesetzt hat, oder eines jener feinen Bierchen aus einer der vielen Kleinbrauereien genießen. Auf jeden Fall wollen wir um Diskretion bitten – schließlich soll Utah unser Geheimnis bleiben.

Geschichte

Die frühen Pueblo-Indianer („Anasazi") und die Fremont-Indianer waren die ersten Bewohner in der Gegend. Sie haben Spuren in Form von Felsbildern und Ruinen hinterlassen. Als die europäischstämmigen Siedler Utah in großen Scharen erreichten, lebten hier aber bereits moderne Völker: die Ute, Paiute und Navajo. In den späten 1840er-Jahren kamen die ersten Mormonen, religiöse Flüchtlinge, in die Region. Angeführt wurden sie vom zweiten Präsidenten der „Kirche Jesu Christi der Heiligen der Letzten Tage", Brigham Young. Sie versuchten noch das letzte Fleckchen Erde in ihrem neuen Staat zu besiedeln, wie ungastlich es auch sein mochte, was unweigerlich zu Scharmützeln mit den Ureinwohnern führte – und in mehr als nur einer Geisterstadt resultierte.

In den fast 50 Jahren, nachdem die USA das Territorium von Mexiko bekommen hatten, scheiterten mehrere Versuche Utahs, als Bundesstaat anerkannt zu werden, weil die Mormonen Polygamie praktizierten (sprich: Männer hatten mehrere Ehefrauen). Diese war illegal in den Vereinigten Staaten. Die Situation verschärfte sich bis 1890, als der Mormonenanführer Wilford Woodruff eine göttliche Offenbarung hatte, woraufhin die Kirche die „Vielweiberei" offiziell aufgab. 1896 wurde Utah der 45. Staat der USA. Die moderne Mormonenkirche, die Church of Jesus Christ of Latter Day Saints (LDS), hat unverändert großen Einfluss im Staat.

ℹ Praktische Informationen

Außerhalb von Salt Lake City wird man möglicherweise Schwierigkeiten haben, Geld zu wechseln, aber man findet auf jeden Fall ein paar Geldautomaten.

Utah Office of Tourism (☎800-200-1160; www.utah.com) Gibt den kostenlosen *Utah*

Travel Guide heraus und betreibt mehrere Visitor Centers in Utah.

Utah State Parks & Recreation Department (☎ 801-538-7220; www.stateparks.utah.gov) Produziert einen umfassenden Guide zu den mehr als 40 State Parks, der online und in Visitor Centers erhältlich ist.

An- & Weiterreise

In Salt Lake City (SLC) befindet sich der einzige internationale Flughafen im Bundesstaat. Eventuell ist es preiswerter, nach Las Vegas zu fliegen (425 Meilen, d. h. 684 km, südlich); dort mietet man dann einfach einen Wagen.

Unterwegs vor Ort

Wer sich außerhalb von SLC und Park City bewegen will, braucht einen eigenen fahrbaren Untersatz. Die meisten Städte in Utah sind in einem schachbrettartigen Gitternetz gestaltet, und die Straßen verlaufen von Norden nach Süden und von Osten nach Westen. Im Zentrum befindet sich ein „neutraler Punkt" an der Kreuzung zwischen zwei Hauptverkehrsadern (oft heißen sie Main St und Center St). An diesem Punkt orientieren sich die Straßennamen und Hausnummern, wobei jeder Häuserblock einem 100er-Schritt entspricht. D. h., dass sich 500 South 400 East fünf Häuserblocks südlich und vier Häuserblocks östlich des neutralen Punkts befindet. Das System ist nicht so leicht zu erklären, hat sich in der Praxis aber als recht anwenderfreundlich bewährt.

KURZINFOS UTAH

Spitzname Beehive State

Bevölkerung 2,85 Mio.

Fläche 212 817 km²

Hauptstadt Salt Lake City (189 314 Ew.), Großraum SLC (1,2 Mio.)

Weitere Städte St. George (75 561 Ew.)

Verkaufssteuer 5,95 %

Geburtsort von den beiden Entertainern Donny (geb. 1957) und Marie (geb. 1959) Osmond sowie dem geliebten Banditen Butch Cassidy (1866–1908)

Ausrichter der Olympischen Winterspiele 2002

Politische Ausrichtung überwiegend konservativ

Bekannt für Mormonen, Canyons aus rotem Fels, Polygamie

Bestes Souvenir T-Shirt der Wasatch Brewery mit der Aufschrift: *Polygamy Porter* (eine Biersorte) – *Why Have Just One?* (sinngemäß: „Warum nur eines nehmen, wenn man mehrere haben kann?")

Salt Lake City

Salt Lake City liegt zu Füßen der hohen Wasatch Mountains. Die eher kleine Stadt hat gerade eben genug Ecken und Kanten, um auch Großstädter glücklich zu machen. Ja, in gewisser Weise ist sie so eine Art Vatikanstaat für Mormonen, Utahs Hauptstadt ist allerdings recht modern. Das neu aufgemachte Zentrum und die tolle Restaurantszene bügeln andere – durchaus charmante – anachronistische Makel wieder aus.

Sehenswertes & Aktivitäten

Die LDS-Attraktionen findet man in der Nähe des „Neutralen Punkts" für Straßen und Adressen in Downtown: Ecke S Temple (Ost-West-Achse) und Main St (Nord-Süd-Achse). Die breiten Straßen (40 m) wurden so konzipiert, dass ein von vier Ochsen gezogener Wagen problemlos auf ihnen wenden konnte. Gerade mal 45 Minuten Fahrtzeit entfernt locken die Wasatch Mountains mit hervorragenden Wander-, Kletter- und Wintersportmöglichkeiten (S. 967).

Rund um den Temple Square

Temple Square PLATZ
(www.visittemplesquare.com; Ecke S Temple St & N State St; ⏲Gelände 24 Std., Visitor Centers 9–21 Uhr) GRATIS Die berühmteste Sehenswürdigkeit der Stadt ist dieser 4 ha große Platz mit vielen erstaunlichen LDS-Anlagen, Blumengärten und Springbrunnen – bombastisch! Entwaffnend liebenswerte LDS-„Schwestern" und -„Brüder", alles Freiwillige, beantworten Fragen und nehmen Besucher auf 30-minütige Führungen mit. Sie starten an den Visitor Centers (jeweils in den Straßen S und N Temple).

Das beeindruckendste Bauwerk am Platz ist der 64 m hohe **Salt Lake Temple**. Am „himmlischsten" wirkt er bei nächtlicher Beleuchtung. Den höchsten Turm ziert eine Statue des Engels Moroni, der dem ersten Mormonen-Propheten Joseph Smith erschien und ihn zum Buch Mormon führte. Der Tempel und die Zeremonien sind nicht öffentlich; einzig LDS-Mitglieder haben Zutritt. Abgesehen von den genannten Sehenswürdigkeiten findet man an dem Platz

SALT LAKE CITY MIT KINDERN

Den University-Foothill District lieben Jung und Alt, es gibt aber auch ein paar Sehenswürdigkeiten ganz speziell für Kinder.

Discovery Gateway (www.childmuseum.org; 444 W 100 South; Eintritt 8,50 US$; Mo–Do 10–18, Fr & Sa 10–20, So 12–18 Uhr;) ist ein Kindermuseum mit Exponaten zum Anfassen. Das nachgebaute Nachrichtenstudio ist ideal für den Reporternachwuchs.

Mehr als 800 Tiere leben u. a. in dem Bereich „Asiatisches Hochland" des 17 ha großen **Hogle Zoo** (www.hoglezoo.org; 2600 E Sunnyside Ave; Erw./Kind 13/10 US$; 9–17 Uhr;). Bei den täglichen Vorführungen können Kinder mehr über die Tiere erfahren.

auch ein Museum zur Kirchengeschichte, ein Joseph-Smith-Theater und Restaurants.

Tabernacle RELIGIÖSES BAUWERK
(http://mormontabernaclechoir.org; Temple Sq; 9–21 Uhr) GRATIS Das Auditorium mit Kuppeldach von 1867 beherbergt eine riesige Orgel mit 11000 Pfeifen. Die Akustik ist unglaublich. Würde man vorn eine Nadel fallenlassen, könnte man den „Aufprall" noch im hinteren Teil, fast 60 m entfernt, hören. Montags bis samstags finden um 12 Uhr kostenlose Orgelkonzerte statt. Infos zu den berühmten Chor-Auftritten stehen unter „Unterhaltung".

Beehive House GEBÄUDE
(801-240-2671; www.visittemplesquare.com; 67 E South Temple St; Mo–Sa 9–20.30 Uhr) GRATIS Das Beehive House war Brigham Youngs Hauptwohnsitz während seiner Amtszeit als Gouverneur und Kirchenpräsident in Utah. Die obligatorischen Führungen beginnen bei Ankunft und variieren in Gewichtung des Inhalts von Guide zu Guide – manchmal überwiegen die historischen Infos, manchmal die religiöse „Erziehung".

Family History Library BIBLIOTHEK
(www.churchhistory.org; 35 N West Temple St; Mo 8–17, Di–Fr 8–21, Sa 9–17 Uhr) GRATIS Auf der Suche nach den eigenen Vorfahren? Dann wäre dies ein guter Ausgangspunkt. Diese unglaubliche Bücherei beherbergt mehr als 3,5 Mio. Mikrofilme, Mikroplanfilme, Bücher und andere Aufzeichnungen zum Thema Genealogie, die aus mehr als 110 Ländern stammen.

Downtown

Utah State Capitol HISTORISCHES GEBÄUDE
(www.utahstatecapitol.utah.gov; 350 N State St; Gebäude Mo–Fr 7–20, Sa & So 8–18 Uhr, Visitor Center Mo–Fr 8.30–17 Uhr) GRATIS Im State Capitol von 1916 können bunte Wandbilder der Works Progress Administration (WPA) von Pionieren, Trappern und Missionaren bewundert werden. Sie zieren die Kuppel. Stündlich (Mo–Fr 9–17 Uhr) starten am Visitor Center im 1. Stock kostenlose Führungen. Audiotouren gibt's auch.

City Creek PLATZ
(www.shopcitycreekcenter.com; Social Hall Ave, zw. Regent St & Richards St) Der 8 ha große Platz mit vielen netten Brunnen, Grillstellen, mehreren Restaurants und einer teilweise überdachten Shopping Mall liegt genau in der Mitte der Stadt.

University-Foothill District & Umgebung

★ **Natural History Museum of Utah** MUSEUM
(http://umnh.utah.edu; 301 Wakara Way; Erw./Kind 11/6 US$; Do–Di 10–17, Mi 10–20 Uhr) Die atemberaubende Architektur des Rio Tinto Centers zeigt sich insbesondere in einem mehrstöckigen „Canyon" im Inneren, in dem die Exponate ihre ganze Wirkung entfalten können. Schicht um Schicht kann man so die geschichtliche Entwicklung der Natur wie auch die der indigenen Völker erkunden. Am eindruckvollsten ist die Ausstellung *The Past Worlds*, die einem unglaubliche – und höchst unterschiedliche! – Perspektiven auf eine riesige Dinosaurier-Fossilien-Sammlung gestattet.

This Is the Place Heritage Park HISTORISCHE STÄTTE
(www.thisistheplace.org; 2601 E Sunnyside Ave; Erw./Kind 10/7 US$; Mo–Fr 9–17, Sa 10–17 Uhr;) In diesem 180 ha großen Park stieß Brigham Young die bedeutungsvollen Worte „Dies ist der Ort!" hervor. Im Mittelpunkt steht ein „historisches Dorf", in dem von Juni bis August kostümierte Darsteller das Leben Mitte des 19. Jhs. nachstellen. Das Eintrittsgeld umfasst die Fahrt mit dem Touristenzug und andere Aktivitäten. In der

Nebensaison können Besucher das Dorf zu reduzierten Preisen besichtigen.

Red Butte Garden GARTEN
(www.redbuttegarden.org; 300 Wakara Way; Erw./Kind 10/6 US$; ⌚9–19.30 Uhr) An den Ausläufern der Wasatch Mountains erstreckt sich das wunderschöne 60 ha große Areal mit wilden und gepflegten Gärten, die durch Wege erschlossen sind. Online kann man nachschauen, wer bei der beliebten Open-Air-Konzertreihe im Sommer dabei ist.

Church Fork Trail WANDERN
(Millcreek Canyon, abseits des Wasatch Blvd; Tagesnutzung 3 US$) Auf der Suche nach der am nächsten gelegenen sportlichen Herausforderung mit toller Aussicht? Dann bietet sich der Wanderweg zum Gipfel des Grandeur Peak (2530 m) an. Hin und zurück sind es (10 km), und der Hund darf auch mit. Der Millcreek Canyon liegt 13,5 Meilen (22 km) südwestlich von Downtown Salt Lake.

Geführte Touren

Utah Heritage Foundation STADTSPAZIERGANG
(☎801-533-0858; www.utahheritagefoundation.com; Führung 5–20 US$/Person) Der örtliche Heimatverein bietet Führungen durch diverse Stadtteile an, sowie „Thirst Fursday"-Kneipentouren. Ausführliche Broschüren der Utah Heritage Foundation für Stadtspaziergänge im Alleingang gibt's online oder im Visitor Center.

Schlafen

Die Preise in Downtown schwanken enorm je nach besonderen Events oder Auslastung. Billigere Kettenhotels findet man an der I-80 beim Flughafen und im Süden, im Vorort Midvale. Außerhalb der Skisaison sind die Unterkünfte in den Skiorten in den Wasatch Mountains, ca. 45 Minuten von Downtown entfernt, viel günstiger.

Crystal Inn & Suites MOTEL $
(☎800-366-4466, 801-328-4466; www.crystalinnsaltlake.com; 230 W 500 South; Zi. inkl. Frühstück 78–120 US$; P❄@🛜🏊) Staatliches, mehrstöckiges Hotel mit supernettem Personal und jeder Menge kostenlosen Extras (z. B. ein großes, warmes Frühstücksbuffet).

Avenues Hostel HOSTEL $
(☎801-539-8888, 801-359-3855; www.saltlakehostel.com; 107 F St; B 18 US$, EZ/DZ ohne Bad 40/46 US$, mit Bad 56/60 US$; ❄@🛜) Abgerocktes Hostel; wirkt ein bisschen wie eine WG, weil einige Gäste schon lange hier wohnen, aber die Lage ist günstig.

★ **Inn on the Hill** INN $$
(☎801-328-1466; www.inn-on-the-hill.com; 225 N State St; Zi. inkl. Frühstück 135–220 US$; P❄@🛜) Exquisite Holzarbeiten und Maxfield-Parrish-Tiffany-Glas sind nur einige der hübschen Auffälligkeiten dieses weitläufigen 1906 im Neorenaissance-Stil erbauten Herrenhauses. Die Zimmer sind klassisch-komfortabel und in keiner Weise muffig. Gemütlich machen kann man es sich zudem auf zwei Terrassen, im Billardzimmer, der Bibliothek und dem Speisesaal. Wie der Name sagt, ist man hier auf einem Hügel, hoch über dem Temple Sq, was zur tollen Aussicht beiträgt – und eine kleine Bergtour auf dem Weg zurück von der Stadt erforderlich macht.

Peery Hotel HOTEL $$
(☎801-521-4300, 800-331-0073; www.peeryhotel.com; 110 W 300 South; Zi. 90–130 US$; P❄@🛜) Dieses prächtige historische Hotel von 1910 erhebt sich mitten im Broadway-Ave-Unterhaltungsviertel. Restaurants, Bars und Theater sind nur einen kurzen Fußmarsch entfernt. Zu den noblen Extras zählen Bademäntel aus ägyptischer Baumwolle, iPod-Ladestationen und Tempur-Pedic-Matratzen.

SVEA B&B $$
(☎801-832-0970; www.svea.us; 720 Ashton Ave; Zi. inkl. Frühstück 155–165 US$; P❄🛜) Zu-

POLYGAMIE HEUTE

Die Mormonenkirche distanzierte sich zwar 1890 von der „Vielweiberei", aber es gibt nach wie vor sektenartige Ableger, die die Polygamie als eine göttlich verfügte Praktik betrachten. Die meisten der etwa 7000 Bewohner in Hilldale-Colorado City an der Grenze zwischen Utah und Arizona sind Anhänger der Fundamentalist Church of Jesus Christ of Latter-Day Saints (FLDS) und leben als solche polygam. Wenn man in Washington oder Hurricane in einem Walmart mehreren Frauen begegnet, die pastellfarbene Kleider im Prärie-Stil tragen und lange Zöpfe bzw. aufwendige Hochsteckfrisuren haben, handelt es sich wahrscheinlich um Ehefrauen von ein und demselben Mann. Im südlichen Teil des Staates gibt es aber noch andere Sekten, in denen die Polygamie weniger auffällig ist.

gleich elegant und eklektisch, wartet das viktorianische B&B aus den 1890er-Jahren mit allerlei merkwürdigen Winkeln und Raumkonfigurationen auf. Das kontinentale Frühstück bekommt man allmorgentlich in einem Korb an die Tür geliefert.

Grand America HOTEL $$$
(800-621-4505; www.grandamerica.com; 555 S Main St; Zi. 199–289 US$;) SLCs einzige wahre Luxusunterkunft. Die Bäder sind mit italienischem Marmor ausgestattet, die Zimmer warten mit englischen Wollteppichen, Damaststoffen mit Quasten und anderen bequemen Extras auf. Außerdem gibt's nachmittags High Tea und einen opulenten Sonntags-Brunch.

Essen

Salt Lake City bietet ein Potpourri aus internationalen und umweltbewussten Kochstilen. Viele Lokale drängen sich in Downtown. Ein paar weitere interessante Möglichkeiten finden sich zudem an der 9th und 9th (Ecke 900 East St und 900 South St): darunter ein Spezialist für Leckeres aus dem Mittleren Osten, ein Nudel-Lokal, gehobene neu-amerikanische Küche, ein Café...

Lion House Pantry Restaurant AMERIKANISCH $
(www.templesquarehospitality.com; 63 E South Temple St; Hauptgerichte 7–13 US$; Mo–Sa 11–20 Uhr) Bodenständige, kohlenhydratreiche Cafeteria-Küche, so ganz nach mormonischer Großmutterart. Übrigens: mehrere der Frauen von Brigham Young lebten in diesem historischen Gebäude (darunter auch die Ur-Ur-Uroma des Autors).

Ekamai Thai THAI $
(http://ekamaithai.com/; 336 W 300 South; Gerichte 6–9 US$; Mo–Sa 11–21 Uhr) Bei schönem Wetter kann man das leckere Thai-Curry an den Tischen im Freien auf der Terrasse genießen.

★ **Tin Angel** MODERN-AMERIKANISCH $$
(http://thetinangel.com; 365 W 400 South; kleine Gerichte & Sandwiches 10–16 US$, Hauptgerichte abends 19–25 US$; Mo–Sa 11–15 & 17–22 Uhr) Unter Verwendung von Zutaten lokaler Erzeuger zaubert der Küchenchef aus unterschiedlichsten Stilen neue, frische amerikanische Esserlebnisse, z.B. Wildschweinrippchen mit Gorgonzola-Gnocchi. Altes Porzellan und einheimische Kunst an den Wänden unterstreichen den eklektischen Vibe dieses großen kleinen Lokals zusätzlich.

Red Iguana MEXIKANISCH $$
(www.rediguana.com; 736 W North Temple; Hauptgerichte 8–16 US$; 11–22 Uhr) Am besten fragt man nach einem Probierteller, wenn man sich nicht für eine der sieben Saucen auf Chili- und Schokoladenbasis entscheiden kann – dabei kann man in diesem familienbetriebenen Restaurant mit den liebevoll zubereiteten Gerichten gar nicht falsch liegen. Der Laden ist immer proppenvoll!

Squatters Pub Brewery AMERIKANISCH $$
(www.squatters.com; 147 W Broadway; Gerichte 10–22 US$; So–Do 11–24, Fr & Sa bis 1 Uhr) Auf ein Emigration Pale Ale vorbeischauen und sich dann noch einen Buntbarsch-Salat gönnen! Die lebendige Pub-Atmosphäre hier ist immer ein Vergnügen.

Copper Onion INTERNATIONAL $$$
(801-355-3282; www.thecopperonion.com; 111 E Broadway Ave; Brunch & kleinere Gerichte 7–15 US$, Hauptgerichte abends 22–29 US$; 11–15 & 17–22 Uhr) Die Einheimischen halten das Copper Onion beim Mittagessen auf Trab, beim Abendessen, beim Wochenend-Brunch, bei der Happy Hour an der Bar...eigentlich immer. Und das aus gutem Grund: Kleine Gerichte wie Tartar vom Wagyu-Rind und Pasta Carbonara verlangen geradezu danach, mit Freunden geteilt zu werden. Die design-orientierte, rustikale Einrichtung sorgt für den passenden gastlichen Rahmen.

Takashi JAPANISCH $$$
(801-519-9595; 18 W Market St; Reisrollen 10–18 US$, Hauptgerichte 18–30 US$; Mo–Sa 11.30–14 & 17.30–22Uhr) Die Nr. 1 einer ganzen Reihe überraschend guter Sushi-Restaurants in SLC; sogar Gourmets aus L.A. schwärmen von den leckeren Reisrollen im schicken Takashi.

Ausgehen & Nachtleben

Epic Brewing Company CAFÉ
(www.epicbrewing.com; 825 S State St; Mo–Do 11–21, Fr & Sa 10–23, So 11–19 Uhr) Utah erste richtige Starkbierbrauerei. An der kleinen Probierstation muss man zunächst etwas Kleines zum Essen bestellen (das ist in Utah Gesetz), doch dann legt das Personal los und schenkt Proben in kleinen Gläsern aus (0,40–1 US$) – oder füllt große mit einem der 30 Ales, darunter IPAs (Indian Pale Ale), Lagerbiere und Stouts.

Gracie's BAR
(326 S West Temple; 11–2 Uhr) Gehobenes Lokal, das sich über zwei Ebenen mit vier

KANN MAN IN UTAH EINEN TRINKEN GEHEN?

Auf jeden Fall! Es gelten zwar nach wie vor ein paar ungewöhnliche Alkoholgesetze, aber in den letzten Jahren sind die Bestimmungen lockerer geworden. Private Clubmitgliedschaften gibt's nicht mehr, heute ist eine Bar wirklich eine Bar (Zutritt für Minderjährige verboten!) – und dort muss man nicht länger etwas zu essen bestellen, um Alkohol konsumieren zu dürfen. Bars gibt's aber nicht allzu viele. Die meisten Einrichtungen, auch Brauereigaststätten, sind, in welcher Form auch immer, „Restaurants", in denen man eine Kleinigkeit zum Essen bestellen muss, um an Alkohol zu gelangen. Nur wenige Restaurants haben eine vollständige Ausschanklizenz; oft gibt's dann aber nur Bier und Wein.

Folgende Regeln müssen weiterhin beachtet werden:

➡ In einem Restaurant mit umfassender Ausschanklizenz bekommt man Alkohol wirklich nur in Verbindung mit einer Mahlzeit.

➡ Mixgetränke und Wein gibt's erst nach 12 Uhr. In Bars und Restaurants darf ab 10 Uhr Bier ausgeschenkt werden.

➡ Hochprozentiges darf nur in staatlich betriebenen Liquor Stores verkauft werden (So geschl.). In Lebensmittelläden bekommt man Bier.

➡ Die meisten Biere, die man hier erhält, haben einen Alkoholgehalt von nicht mehr als 3,2 % (ein typisches Budweiser hat 5 %).

Bars erstreckt und trotzdem regelmäßig aus allen Nähten platzt. Die besten Orte zum entspannten Zusammensein sind die zwei riesigen Terrassen. Fast jeden Abend sorgen Livebands oder DJs für Unterhaltung.

Beerhive Pub PUB

(128 S Main St; ⌚12–1 Uhr) Mehr als 200 verschiedene Biere, darunter auch viele aus Utah, gibt's in dieser kleinen Innenstadt-Bar.

Coffee Garden CAFÉ

(895 E 900 South; ⌚So–Do 6–23, Fr & Sa 6–24 Uhr; 📶) Tolle Location mit viel Flair, köstlichem Kaffee und Backwaren.

☆ Unterhaltung

Musik

Eine Übersicht über die lokale Musikszene findet man unter www.cityweekly.net. Zeiten für Orchester, Orgel, Chor und andere Aufführungen mit LDS-Bezug sind unter www.mormontabernaclechoir.org gelistet.

Mormon Tabernacle Choir LIVEMUSIK

(☎801-570-0080; www.mormontabernaclechoir.org) GRATIS Einen Auftritt des weltbekannten Mormon Tabernacle Choir zu erleben ist ein absolutes Muss bei einem Besuch in Salt Lake City. Jeden Sonntag um 9.30 Uhr wird von hier eine Liveshow gesendet. Einlass ist um 8.30 Uhr und kostenlos. Bis 9.15 Uhr muss man Platz genommen haben.

Von September bis November und Januar bis Mai kann man im Tabernacle live dabei sein. Von Juni bis August und im Dezember, wenn die meisten Besucher kommen, tritt der Chor im LDS Conference Center (Ecke N Temple St & Main St) mit 21 000 Sitzplätzen auf. Öffentliche Proben finden jeden Donnerstag (20–21 Uhr) im Tabernacle statt.

Theater

Die Website des Salt Lake City Arts Council liefert einen Kulturkalender (www.slcgov.com/city-life/ec). Veranstaltungsorte sind z. B. die **Abravanel Hall** (www.slccfa.org; 123 W South Temple St), das **Capitol Theater** (http://theatresaltlakecity.com; 50 W 200 South) und das **Rose Wagner Performing Arts Center** (www.slccfa.org; 138 W 300 South). Reservieren kann man über **ArtTix** (☎888-451-2787, 801-355-2787; www.arttix.org).

Sport

Energy Solutions Arena STADION

(☎801-355-7328; www.energysolutionsarena.com; 301 W South Temple St) Utah Jazz, das Profi-Basketball-Team der Männer, spielt in Downtown SLC – wie auch die Hallenfussball-Liga. Konzerte finden hier ebenfalls statt.

Maverik Center STADION

(☎Tickets 800-745-3000; www.maverikcenter.com; 3200 S Decker Lake Dr, West Valley City) Die Utah Grizzlies spielen in der International Hockey League und haben ihre Heimat 8,5 Meilen (ca. 14 km) außerhalb der Stadt.

🔒 Shoppen

City Creek (S. 962), die teilweise überdachte Shopping Mall, ist erste Wahl in Downtown, wenn es um große Markennamen geht. Eine kleine, aber feine Auswahl interessanter Boutiquen, Antiquariate und Cafés säumen die **Broadway Avenue** (300 South) zwischen 100 und 300 East. Kunsthandwerk und Galerien findet man im 300er-Block der **W Pierpont Avenue**.

Praktische Informationen

GELD

Wells Fargo (www.wellsfargo.com; 79 S Main St; ⌚ Mo–Fr 9–18, Sa 9–15 Uhr) Geldwechsel.

INFOS IM INTERNET

Downtown SLC (www.downtownslc.org) Kunst und Unterhaltung sowie Infos zu Unternehmen in Downtown.

INTERNETZUGANG

Main Library (www.slcpl.org; 210 E 400 South; ⌚ Mo–Do 9–21, Fr & Sa 9–18, So 13–17 Uhr; 📶) Kostenloser Internetzugang (auch WLAN).

MEDIEN

City Weekly (www.cityweekly.net) Kostenlose alternative Wochenzeitung mit gutem Restaurant- und Unterhaltungsteil.

Salt Lake Tribune (www.sltrib.com) Utahs auflagenstärkste Zeitung; eine Liste mit Restaurants und Events gibt's unter „Entertainment".

NOTFALL & MEDIZINISCHE VERSORGUNG

Salt Lake Regional Medical Center (☎ 801-350-4111; www.saltlakeregional.com; 1050 E South Temple; ⌚ 24 Std.; Notaufnahme)

THE BOOK OF MORMON, DAS MUSICAL

Schon seit 2011 lassen singende und tanzende Mormonenmissionare den Broadway erstrahlen. Gerüchte besagen, dass das Musical *The Book of Mormon* in Salt Lake City aufgeführt werden soll, noch bevor die ursprünglich vorgesehene Frist von 10 Jahren verstrichen ist. Die heitere Satire über Brüder und Schwestern auf ihrer Missionsreise durch Uganda entstammt den selben Köpfen, die zuvor das Musical *Avenue Q* und die TV-Serie *South Park* erdachten. Kein Wunder, dass es die Show zu neun Tony Awards gebracht hat. Die offizielle Antwort der LDS-Kirche? Ausgewogen, wobei allerdings Wert darauf gelegt wurde, festzuhalten, dass das Musical unterhalten, die Heilige Schrift der LDS aber das Leben eines Menschen verändern kann.

TOURISTENINFORMATION

Public Lands Information Center (☎ 801-466-6411; www.publiclands.org; REI Store, 3285 E 3300 South; ⌚ Mo–Fr 10.30–17.30, Sa 9–13 Uhr) Im REI-Geschäft. Infos zu Freizeitmöglichkeiten im Wasatch-Cache National Forest.

Visit Salt Lake (☎ 801-534-4900; www.visitsaltlake.com; Visitor Center 90 S West Temple, Salt Palace Convention Center; ⌚ Mo–Fr 9–18, Sa & So 9–17 Uhr) Großes Büro mit jeder Menge Infos und angeschlossenem Andenkenladen.

An- & Weiterreise

BUS

Greyhound (☎ 800-231-2222; www.greyhound.com; 300 S 600 West) bietet Verbindungen zwischen SLC und Städten im Südwesten wie Las Vegas, NV, (86 US$, 8 Std.) oder Denver, CO, (114 US$, 10 Std.).

FLUGZEUG

Ein neues Terminal befindet sich in Planung. Momentan bietet der **Salt Lake City International Airport** (SLC; www.slcairport.com; 776 N Terminal Dr), 5 Meilen (8 km) nordwestlich von Downtown SLC, neben einigen Non-Stop-Flügen nach Kanada und Mexiko in erster Linie Inlandsverbindungen. **Delta** (☎ 800-221-1212; www.delta.com) ist die wichtigste Fluggesellschaft in SLC.

ZUG

Amtraks (☎ 800-872-7245; www.amtrak.com) Der *California Zephyr* pendelt zwischen Chicago und Oakland/Emeryville und hält täglich am **Union Pacific Rail Depot** (340 S 600 West). Ziele im Südwesten sind u. a. Denver, CO, (150 US$, 15 Std.) und Reno, NV, (68 US$, 10 Std.). Manchmal kommt es zu erheblichen Verspätungen. Gewöhnungsbedürftige Abfahrtszeiten.

Unterwegs vor Ort

VOM/ZUM FLUGHAFEN

2013 stellte die **Utah Transit Authority** (UTA; www.rideuta.com; one-way $2) ein 6 Meilen (9,5 km) Teilstück seiner TRAX-Straßenbahn fertig, womit der Flughafen mit der Haltestelle „Energy Solutions Arena" (Green Line) verbunden wurde. Mit dem Bus Nr. 453 gelangt man ebenfalls vom Flughafen nach Downtown SLC.

Express Shuttle (☎ 800-397-0773; www.xpressshuttleutah.com) Sammeltransporter; ca. 16 US$ bis Downtown SLC; Taxis um die 25 US$.

ÖFFENTLICHER NAHVERKEHR

Die Utah Transit Authority (s. oben) erweitert weiterhin ihr TRAX-Straßenbahnnetz. Die sieben

ABSTECHER

DER GREAT SALT LAKE

Der Große Salzsee, einst Teil des prähistorischen Lake Bonneville, hat aktuell eine Fläche von 5180 km² und einen weit höheren Salzgehalt als das Meer – so hoch, dass man an der Oberfläche treibt. Der hübsche, 15 Meilen (24 km) lange **Antelope Island State Park** (☎801-773-2941; http://stateparks.utah.gov; Antelope Dr; 9 US$/Auto/Tag; ⊙Juli–Sept. 7–22 Uhr, Okt.–Juni 7–19 Uhr), 40 Meilen (64 km) nordwestlich von SLC, bietet Wanderwege und die schönsten Strände für einen Hüpfer in den See (manchmal riecht es allerdings etwas streng!). Hier streift eine der größten Büffelherden des Landes umher. Der einfache **Campingplatz** (Stellplatz f. Zelt & Wohnmobil 13 US$) ist ganzjährig geöffnet. Sechs Plätze werden nach dem „Wer zuerst kommt, mahlt zuerst"-Prinzip vergeben, die restlichen 20 können reserviert werden.

Haltestellen in Downtown SLC gehören zur Kostenlos-Zone und werden von allen drei (farblich unterschiedlich codierten) Linien angefahren. Im Winter steuern die UTA-Busse die lokalen Skigebiete an (einfache Strecke 4,50 US$).

Park City & Wasatch Mountains

Utah ist das Paradies für Skifahrer und Snowboarder. Hier findet man mit die besten Pisten Nordamerikas. Jedes Jahr fallen zwischen 0,75 bis 1,30 m lockerer, trockener Schnee, und man hat Tausende Hektar hochalpines Terrain zum Austoben – Utah war Gastgeber der Olympischen Winterspiele 2002. In den Wasatch Mountains, die hinter SLC aufragen, liegen viele Skiorte, man kann wandern, zelten und mountainbiken. Und dann wäre da natürlich noch das mondäne Park City mit seiner luxuriösen Infrastruktur und dem berühmten Filmfestival.

Skiresorts bei Salt Lake City

40 Minuten von SLC entfernt, in den Canyons Little Cottonwood und Big Cottonwood an der Westseite der Wasatch Mountains, liegen vier tolle Skigebiete, die Unterkünfte und Restaurants bieten. Mit dem für ein bis zehn Tage erhältlichen **Super Pass** (www.visitsaltlakecity.com/ski/superpass; 3-Tages-Pass Erw./Kind 219/114 US$) hat man freien Zugang zu allen Resorts (eines pro Tag). Auch der Transport (ab SLC & zurück) ist inklusive.

Eine vollständige Liste aller Sommer-Wander- und Fahrradwege findet man unter www.utah.com/saltlake/hiking.htm.

BIG COTTONWOOD CANYON

Solitude WINTERSPORT
(☎801-534-1400; www.skisolitude.com; 12000 Big Cottonwood Canyon Rd; Tagespass Skilift Erw./Kind 72/46 US$) Exklusives Dorf im europäischen Stil, umgeben von hervorragenden Pisten. Das Nordic Center bietet Langlaufen im Winter und Naturpfade für die Sommermonate.

Brighton Resort WINTERSPORT
(☎800-873-5512; www.brightonresort.com; 12601 Big Cottonwood Canyon Rd; Tagespass Skilift Erw./Kind 57/31 US$) Kleine, aber sehr feine Abfahrten. Hier hat ganz SLC das Skifahren gelernt; altmodisches Resort, unverändert beliebt bei Familien und Anfängern.

LITTLE COTTONWOOD CANYON

Snowbird WINTERSPORT
(☎800-232-9542; www.snowbird.com; Hwy 210, Little Cottonwood Canyon; Tagespass Skilift Erw./Kind 65/42 US$) Das größte Skiresort mit den meisten Besuchern. Hervorragende Bedingungen für alle Ansprüche, auch steile Pisten und Tiefschnee. Außerdem: zahlreiche Wanderwege für den Sommer (Zugang per Lift), und die Seilbahn ist das ganze Jahr über in Betrieb.

Alta Ski Area SKIFAHREN
(☎800-258-2716; www.alta.com; Highway 210, Little Cottonwood Canyon; Tagespass Skilift Erw./Kind 65/42 US$) Entspanntes Gebiet exklusiv für Skifahrer. Ja, tatsächlich: Dies ist eine snowboardfreie Zone. Im Sommer kann man wunderbar zwischen Hunderten Wildblumen durch das Albion Basin wandern.

Park City

Auf der I-80 sind es gerade mal 35 Meilen (56 km) von SLC nach Park City (2134 m). Die Stadt wurde 2002 als Austragungsort der olympischen Winterspiele erstmals international bekannt. Nach wie vor trainiert die Ski-Nationalmannschaft der USA in dem beliebtesten Skigebiet im Südwesten. Während der Sommermonate tauschen die 7873 Einwohner die Skier gegen Wanderschuhe bzw. schwingen sich aufs Mountainbike, um das Gelände zwischen den Gipfeln zu erkunden.

Die Stadt selbst war im 19. Jh. eine Silbermine. Die nette Hauptstraße wird von teuren Galerien, Geschäften, Hotels, Restaurants und Bars gesäumt. Mit Ausnahme der Fertighäuser im Tal ist die Szenerie nach wie vor ganz hübsch. Die Hauptsaison ist der Winter (ca. Ende Dez.–März), den Rest des Jahres bleiben die Geschäfte teilweise an verschiedenen Tagen geschlossen, und die Dienstleistungen in den Resorts sind eingeschränkt.

Sehenswertes

Park City Museum MUSEUM
(www.parkcityhistory.org; 528 Main St; Erw./Kind 10/4 US$; Mo–Sa 10–19, So 12–18 Uhr) Das gut aufgemachte, interaktive Museum zeigt die Höhepunkte der Geschichte der Stadt – Bergbau-Boom, Hippie-Zeit und die Gegenwart als Top-Skigebiet.

Utah Olympic Park ABENTEUERSPORT
(435-658-4200; http://utaholympiclegacy.com; 3419 Olympic Pkwy; Führungen Erw./Kind 10/7 US$; 10–18 Uhr, Führungen 11–16 Uhr) GRATIS Hier kann man die olympischen Einrichtungen von 2002 besuchen (z.B. die Skisprung-Anlagen und die Bobbahn), das Skimuseum anschauen und mit etwas Glück sogar beim Training der Profis während einer Freestyle-Show zusehen (Sommer & Winter; 10 US$). Weitere angebotene Aktivitäten (15–200 US$/Fahrt): Winter-/Sommerrodeln, Rodelbahn, Seilrutschen und ein Sessellift.

Aktivitäten

Abgesehen von den Wintersportmöglichkeiten bieten die Resorts elegante Schlafmöglichkeiten nahe der Pisten, Restaurants und verschiedene Sommeraktivitäten wie Mountainbikeverleih oder Wanderungen (Zugang zu den Wegen mit dem Lift). In den Bergen ringsum verläuft ein fast 500 km langes Netz aus Wander-/Fahrradwegen; Karten gibt's im Visitor Center oder online unter http://mountaintrails.org. Zwei der neueren Strecken, **Armstrong** (4 Meilen, 6,4 km; Start: Park City Mountain Resort) und **Pinecone Ridge** (4 Meilen, 6,4 km) lassen sich für einen exzellenten Mountainbike-Ausflug miteinander kombinieren.

Park City Mountain Resort ABENTEUERSPORT
(435-649-8111; www.parkcitymountainresort.com; 1310 Lowell Ave; Tagespass Lift Erw./Kind 80/50 US$) Familienfreundlich und sehr zentral wartet dieses Resort mit zahlreichen Aktivitäten auf: mehr als 1330 ha Skipisten, Snowtubing (hierbei geht's in einem Reifen den Hang hinunter), Rodelbahnen, ein ganzjährig geöffneter Lift in der Nähe und eine Zipline für die Sommermonate.

Deer Valley ABENTEUERSPORT
(800-424-3337; www.deervalley.com; Deer Valley Dr; Tagespass Lift Erw./Kind 100/64 US$) Das exklusivste Resort der Gegend ist bekannt für seine tollen Restaurants, die Luxushotels, darunter das St. Regis, die supergepflegten Pisten und den Ski-Service. Achtung: Snowboarden ist verboten!

Canyons ABENTEUERSPORT
(888-226-9667; www.thecanyons.com; 4000 Canyons Resort Dr; Tagespass Lift Erw./Kind 80/60 US$) Das größte Wintersportgebiet in Utah mit ganzjährigem Gondelbetrieb umfasst neun Berggipfel und drei Geländeparks. Im Sommer gibt's zusätzlich zu den Zipline-Touren geführte Wanderungen und Mountainbike-Ausflüge.

Feste & Events

Sundance Film Festival FILMFESTIVAL
(888-285-7790; www.sundance.org/festival) Independent-Streifen, ihre Macher, Filmstars und Fans lassen die Stadt Ende Januar zehn Tage lang aus allen Nähten platzen. Pässe, Festival-Pauschalangebote und die wenigen Einzeltickets sind schon weit im Voraus ausgebucht und ausverkauft. Lange vorher planen!

Schlafen

Park City wartet mit mehr als 100 Wohnungen, Hotels und Resorts auf. Eine vollständige Übersicht findet man unter www.visitparkcity.com. Hier sind die Winterpreise (Hauptsaison) aufgeführt; manchmal wird ein Mindestaufenthalt verlangt; in der Nebensaison sind die Unterkünfte nur halb so teuer (oder noch billiger!). Günstiger kommt man in den Kettenhotels in SLC und an der Kreuzung der I-40 und dem Hwy 248 weg.

Chateau Apres Lodge HOSTEL $
(800-357-3556, 435-649-9372; www.chateauapres.com; 1299 Norfolk Ave; B 40 US$, DZ/4BZ 125/175 US$;) Die einzige Budgetunter-

kunft im Ort ist diese einfache Lodge von 1963 in der Nähe des Skilifts. Im 1. Stock gibt's sogar ein Mehrbettzimmer. Im Voraus reservieren.

★ **Old Town Guest House** B&B $$
(☎ 800-290-6423, 435-649-2642; www.oldtownguesthouse.com; 1011 Empire Ave; Zi. inkl. Frühstück 169–199 US$; ❄@📶) Rein in den Flanell-Bademantel, Taschenbuch aus dem Regal gefischt und dann ab unter die kuschelige Decke auf dem rusikalen Bett aus Kiefer-stämmen! Man kann aber auch im Whirlpool auf der großen Terrasse entspannen. Der Gastgeber dieses bequemen, zentral gelegenen B&Bs bietet ein Plätzchen für die Ausrüstung seiner Gäste und teilt gern sein Wissen über die vielen Outdoor-Möglichkeiten der Gegend mit ihnen.

Park City Peaks HOTEL $$
(☎ 800-333-3333, 435-649-5000; www.parkcitypeaks.com; 2121 Park Ave; Zi. 149–249 US$; ❄@📶🏊) In diesem Hotel zwischen Downtown und Olympiapark trifft man auf die Mitglieder des Junior-Teams der Bobfahrer und andere US-Sportler. Von Dezember bis April gibt's die bequemen, modernen Zimmer inklusive Frühstück.

Sky Lodge LUXUSHOTEL $$$
(☎ 888-876-2525; 435-658-2500; www.theskylodge.com; 201 Heber Ave; Suite 400–1000 US$; ❄@📶🏊) Die urbane Architektur im Loft-Stil mit den schicken Sky-Lodge-Suiten stellt einen interessanten Kontrast zu den drei historischen Gebäuden dar, in denen die zur Anlage gehörenden Sterne-Restaurants untergebracht sind. Stilvoller und zentraler geht es nicht!

St. Regis Deer Valley LUXUSHOTEL $$$
(☎ 866-932-7059, 435-940-5700; www.stregisdeervalley.com; 2300 Deer Valley Dr E; Zi. 700–1300 US$; ❄@📶🏊) Mit der privaten Seilbahn geht's hinauf ins St. Regis. Entsprechend der Lage gibt's also immer eine grandiose Aussicht zu bestaunen – egal, ob vom Liegestuhl neben einem knisternden Feuerchen im Freien, beim Essen auf der weitläufigen Terrasse, oder vom Balkon des Zimmers aus. Das zurückhaltend-elegante rustikale Hotel ist wortwörtlich der Höhepunkt unter den Luxusunterkünften von Deer Valley.

Essen

Park City ist bestens bekannt für extrem feines Essen; eine bodenständige, günstige Mahlzeit ist schwieriger zu finden. In Deer Valley gibt's einige der besten Resort-Restaurants. Im entsprechenden Guide des Park City Magazine (www.parkcitymagazine.com) findet man aktuelle Empfehlungen. Nicht vergessen: Von April bis November sind die Öffnungszeiten teilweise verkürzt, und manchmal wird z. B. länger Mittagspause gemacht. Reservierung ist in allen Top-Restaurants ($$$) geboten.

Java Cow Coffee & Ice Cream CAFÉ $
(402 Main St; Gerichte 3–8 US$; ⏲ 7–22 Uhr; 📶) Zum Ibis-Kaffee passt eine Kugel hausgemachtes Eis, z. B. Mooana (mit Bio-Bananen-Stückchen). Sandwiches und Crêpes gibt's in dem gut besuchten Café ebenfalls.

Uptown Fare CAFÉ $
(227 Main St; Sandwiches 6–11 US$; ⏲ 11–15 Uhr) In dem gemütlichen Café unterhalb des Treasure Mountain Inn erwarten einen leckere gebratene Truthahn-Sandwiches und hausgemachte Suppen.

★ **Silver Star Cafe** MODERN-AMERIKANISCH $$
(www.thesilverstarcafe.com; 1825 Three Kings Dr; Frühstück & kleine Gerichte 9–14 US$, Hauptgerichte abends 15–20 US$; ⏲ 8–21 Uhr) Schwer zu sagen, ob es die einfallsreichen, herzhaften Western-Gerichte sind oder es die perfekte Lage ist, die das Silver Star zu einem derart wunderbaren Ort machen. So oder so, die sonnige Terrasse ist für entspanntes Aprés-Ski, mit oder ohne Auftritt eines Singer-Songwriters, ein Traum.

Good Karma FUSION $$
(www.goodkarmarestaurants.com; 1782 Prospector Ave; Frühstück 7–12 US$, Hauptgerichte 12–22 US$;

SCENIC DRIVE: MIRROR LAKE HIGHWAY

Diese Höhenstraße, auch als Hwy 150 bekannt, beginnt ca. 12 Meilen (19 km) östlich von Park City in Kamas und klettert auf der 65 Meilen (105 km) langen Strecke nach Wyoming auf mehr als 3000 m. Unterwegs eröffnen sich atemberaubende Bergpanoramen, man passiert viele Seen, Campingplätze und Startpunkte von Wanderwegen durch den **Uinta-Wasatch-Cache National Forest** (www.fs.usda.gov/uwcnf). Achtung: Wegen starker Schneefälle sind Abschnitte der Straße manchmal bis in die Frühlingsmonate hinein gesperrt; online informieren!

NICHT VERSÄUMEN

ROBERT REDFORDS SUNDANCE RESORT

Hat man sich auf dem schmalen, Haken schlagenden Hwy 92 bergauf vorgearbeitet, darf man sich auf etwas ganz Besonderes freuen: Robert Redfords **Sundance Resort** (☎800-892-1600, 801-225-4107; www.sundanceresort.com; 9521 Alpine Loop Rd, Provo; Zi. 199–500 US$; 📶) 🍃. Wer sich die Übernachtung in der elegant-rustikalen, umweltbewussten Wildnisoase nicht leisten kann, könnte sich zumindest ein tolles Essen im Treehouse Restaurant oder Deli gönnen, eine Vorführung im Amphitheater unter freiem Himmel mitverfolgen oder beim Töpfern in der „Kunsthütte" zusehen (die Tonwaren stehen auch zum Verkauf). Weitere Aktivitäten vor Ort: skilaufen, wandern und Wellnessbehandlungen. Auch einfach in der Anlage herumzulaufen, ist ein Erlebnis. Das Resort liegt 30 Meilen (38 km) südlich von Park City und 50 Meilen (80 km) südöstlich von SLC.

⌚7–22 Uhr) 🍃 Soweit möglich werden lokale Bio-Zutaten für die indisch-persischen Gerichte mit asiatischem Touch verwendet. Das Good Karma ist anhand der tibetischen Gebetsflaggen, die draußen vor sich hinflattern, leicht auszumachen.

Vinto ITALIENISCH $$
(www.vinto.com; 900 Main St, Summit Watch Plaza; Gerichte 8–17 US$; ⌚Mo–Sa 11–22, So 16–21 Uhr) Die minimalistische Aufmachung entspricht der Lage in der Main St. Überraschenderweise treiben einen die Holzofenpizza und die leichten, frischen italienischen Gerichte dennoch nicht in den Ruin.

Riverhorse on Main MODERN-AMERIKANISCH $$$
(☎435-649-3536; http://riverhorseparkcity.com; 540 Main St; Brunch 25–35 US$, Hauptgerichte abends 35–45 US$; ⌚Mo–Do 17–22, Fr & Sa 17–23, So 11–14.30 & 17–22 Uhr) Immer unter den Top-Adressen der Stadt gelistet, ausgezeichnet mit unzähligen Preisen für seine anspruchsvolle, amerikanische Küche – wie Utah-Forelle mit Pistazien. Im Winter gibt's abends Livemusik.

Wahso ASIATISCH $$$
(☎435-615-0300; www.billwhiterestaurantgroup.com/wahso.html; 577 Main St; Hauptgerichte 30–50 US$; ⌚Mi–So 17.30–22 Uhr) Einnehmend exotisches Fusion-Restaurant mit anspruchsvollen indochinesischen Kreationen und einem Publikum, das sehen und gesehen werden will.

Ausgehen & Unterhaltung

Die Main St ist die Anlaufstelle mit mehr als einem halben Dutzend Bars, Clubs und Pubs. Im Winter geht jeden Abend die Post ab, selbst in den Restaurants gibt's dann Musik, in der Nebensaison ist am ehesten an den Wochenenden etwas los. Einen Veranstaltungskalender findet man unter www.thisweekinparkcity.com.

High West Distillery & Saloon BAR
(703 Park St; ⌚11–22 Uhr, Führungen 15 & 16 Uhr) In einer früheren Werkstatt aus der Ära von Livrees und Ford-A-Mobilen ist heute Park Citys kleine Destillerie untergebracht. Es gibt Führungen und hausgemachten Roggenwhiskey (mit oder ohne Limonade). Warum nicht gleich zum Abendessen bleiben? Eben.

No Name Saloon & Grill BAR
(447 Main St; ⌚11–1 Uhr) Ein Motorrad hängt von der Decke, aus den Boxen erklingt Johnny Cashs „Jackson", und die Kellnerin schwindelt vielleicht, wenn es um die Geschichte dieser mit Nostalgie-Krimskrams gefüllten Bar geht.

Praktische Informationen

Library (☎435-615-5600; http://parkcitylibrary.org; 1255 Park Ave; ⌚Mo–Do 10–21, Fr & Sa 10–18, So 13–17 Uhr; 📶) Kostenloser Internetzugang und WLAN.

Main Street Visitor Center (☎435-649-7457; 528 Main St; ⌚Mo–Sa 10–19, So 12–18 Uhr) Kleines Büro im geschäftigen Park City Museum.

Visitor Information Center (☎800-453-1360, 435-649-6100; www.visitparkcity.com; 1794 Olympic Pkwy; ⌚9–18 Uhr; 📶) Große Touristeninformation mit Kaffee-Bar, Terrasse und einem unglaublichen Blick auf die Berge in der Nähe des Olympiaparks. Besucher-Guides online verfügbar.

Anreise & Unterwegs vor Ort

Park City Transportation (☎800-637-3803, 435-649-8567; www.parkcitytransportation.com) und **Canyon Transportation** (☎800-255-1841; www.canyontransport.com) betreiben Sammel- (40 US$/Strecke) und private Transporter (ab 100 US$ für 1–3 Pers.) vom/zum Salt Lake City Airport. Beide Unternehmen bieten zudem Shuttles (ab 50 US$), die von Park City aus Kurs auf die Resorts bei Salt Lake City nehmen.

Mit PC-SLC Connect (Bus 902) kommt man aus der Innenstadt von SLC zum **Park City Transit Center** (www.parkcity.org; 558 Swede Alley). Das hervorragende öffentliche Nahverkehrssystem deckt den Großteil der Stadt ab, darunter auch die historische Altstadt, Kimbell Junction und die drei Skiresorts, und macht einen eigenen Wagen überflüssig. Die kostenlosen Elektrobusse fahren von 8 bis 23 Uhr ein- bis sechsmal stündlich (im Sommer seltener). Online gibt's einen Fahrplan.

Nordost-Utah

Die meisten Touristen fahren wegen des Dinosaur National Monument in den Nordosten des Staates, diese ländliche, ölreiche Gegend hat aber noch mehr fesselnde Wildnis zu bieten. Sämtliche Städte liegen 1 Meile über dem Meeresspiegel.

Vernal

Es ist nicht wirklich überraschend, dass Vernal als das dem Dinosaur National Monument nächstgelegenes Städtchen seine Besucher mit einer riesigen rosafarbenen Dino-Figur empfängt. Seit die Öl-und Gasförderung in der Region ausgeweitet wurde und das Monument nach vielen Jahren, in denen nicht viel vorwärts ging, inzwischen wieder voll zugänglich ist, tut sich auch in der Stadt laufend was.

Der informative Film im **Utah Field House of Natural History State Park Museum** (http://stateparks.utah.gov; 496 E Main St; ⏲ Mo–Sa 9–17 Uhr; 👪) liefert eine umfassende Einführung zum Thema Dinosaurier in Utah. Die interaktiven Ausstellungen, Videos und natürlich die riesigen Fossilien stehen in direktem Bezug zur Region.

Don Hatch River Expeditions (☎ 435-789-4316, 800-342-8243; www.donhatchrivertrips.com; 221 N 400 East; Tagesausflug Erw./Kind 99/76 US$) organisiert Rafting und Bootsfahrten auf dem Green River und dem Yampa River.

Entlang der Main St gibt's viele Kettenhotels. Da diese allerdings durch hier arbeitende Pendler stark nachgefragt werden, sollte man keine Sonderangebote erwarten. **Holiday Inn Express & Suites** (☎ 435-789-4654; www.vernalhotel.com; 1515 W Hwy 40; Zi. inkl. Frühstück 100–170 US$, Suite 130–200 US$; ❄📶🏊) hat die meisten Annehmlichkeiten. Die **Econo Lodge** (☎ 435-789-2000; www.econolodge.com; 311 E Main St; Zi. 69–99 US$) bietet sich an, wenn man sein Budget im Auge behalten will/muss. Wer etwas anderes ausprobieren möchte, sollte das **Landmark Inn & Suites** (☎ 888-738-1800, 435-781-1800; www.landmark-inn.com; 301 E 100 S; Motel Zi. inkl. Frühstück 129–169 US$, B&B 80–100 US$; 📶) ansteuern, wo man die Wahl hat zwischen einem edlen Motel und einem nahe gelegenen Gästehaus.

Bei **Backdoor Grille** (87 W Main St; Hauptgerichte 5–8 US$; ⏲ Mo–Sa 11–18 Uhr) gibt's frische Sandwiches und Cookies – ideal für ein Picknick. Im angeschlossenen Buchladen findet man Wanderführer. Abends bietet sich das **Porch** (www.facebook.com/theporchvernal; 251 E Main St; Mittagessen 8–12 US$, Abendessen 14–22 US$; ⏲ Mo–Sa 11–14 & 17–21, Sa 17–21 Uhr) an, das mit seiner Südstaaten-Küche punktet. Das **Don Pedro's Mexican Family Restaurant** (http://klcyads.com/don-pedros; 3340 N Vernal Ave; Gerichte 8–15 US$; ⏲ 11–14 & 17–22 Uhr) nördlich der Stadt serviert opulente Gerichte von südlich der Grenze.

Informationen über die gesamte Region erhält man im **Vernal Chamber of Commerce** (☎ 800-477-5558; www.dinoland.com; 134 W Main; ⏲ Mo–Fr 9–17 Uhr), darunter auch jede Menge Broschüren über die hiesige Felsenmalereien und die Dinosaurierspuren.

Dinosaur National Monument

Im **Dinosaur National Monument** (www.nps.gov/dino; abseits Hwy 40; 7-Tages-Pass 10 US$/Wagen; ⏲ 24 Std.), beiderseits der Grenze zwischen Utah und Colorado gelegen, wurde 1909 eines der größten Felder mit Dinosaurierfossilien in Nordamerika entdeckt. Auch wenn die jeweiligen Abschnitte beider Bundesstaaten wunderschön sind, ist es doch Utah, das mit den Knochen aufwarten kann – denn das Highlight dieses National Monuments ist eine Art überdachter **Steinbruch** (Quarry Exhibit; 9–16 Uhr) mit Hunderten Knochen, die zwar teilweise freigelegt, aber nicht aus dem Stein entfernt wurden. Ein bemerkenswerter Anblick!

Im Sommer muss man ein Shuttle benutzen, um zum Steinbruch zu gelangen. Möglicherweise ist dann auch etwas länger geöffnet. Außerhalb der Saison kann es vorkommen, dass man in einem von Rangern geführten Konvoi mitfahren muss.

Um ein paar riesige Oberschenkel und ähnliches aus dem Felsen ragen sehen zu können, folgt man dem Fossil Discovery Trail (hin & zurück 3,5 km). Los geht's unterhalb des Steinbruch-Parkplatzes. Die erklärenden Wanderungen, die die Ranger anbieten, sind sehr zu empfehlen. Außerdem gibt's auf der Utah-Seite des Monuments auch noch einfach zugängliche indigene Felsmalereien.

Der Canyon-Abschnitt auf der Colorado-Seite liegt höher, was einige atemberaubende Aussichtspunkte zur Folge hat, dafür ist dieser Teil oft wegen Schnee bis ins späte Frühjahr geschlossen. In beiden Abschnitten gibt's zahlreiche Wanderwege, informative Fahrtouren (Broschüren können gekauft werden), Zugang zum Green und dem Yampa River sowie Campingplätze (Stellplatz f. Zelt/Wohnmobil 8–15 US$).

Der zu Utah gehörende Teil umfasst sämtliche Fossilien und liegt ca. 15 Meilen (24 km) östlich von Vernal, am Hwy 149. Der Canyon-Abschnitt liegt rund 30 Meilen (48 km) weiter östlich, außerhalb von Dinosaur, CO.

Es gibt zwei Visitor Centers: das **Quarry Visitor Center** (Mitte Mai–Ende Sept. 8–18 Uhr, Ende Sep.–Mitte Mai 9–17 Uhr) und, in Colorado, das **Canyon Area Visitor Center** (970-374-3000; www.nps.gov/dino; Dinosaur, CO; Juni–Anfang Sept. 9–17 Uhr, Mitte April–Mai nur Sa & So 10–16 Uhr).

Flaming Gorge National Recreation Area

Die Flaming Gorge National Recreation Area ist nach dem glühendroten Sandstein benannt. Das Ufer des Wasserreservoirs ist über 600 km lang und Teil des Green-River-Systems. Die **Red Canyon Lodge** (435-889-3759; www.redcanyonlodge.com; 790 Red Canyon Rd, Dutch John; Hütte 115–145 US$) bietet Aktivitäten wie Angeln, Rudern, Rafting und Reiten an. Die angenehm rustikalen Hütten sind garantiert fernseherfrei! Das **Flaming Gorge Resort** (435-889-3773; www.flaminggorgeresort.com; 155 Greendale/Hwy 191, Dutch John; Zi. 90–120 US$, Suite 120–160 US$) hat ähnliche Wasseraktivitäten und vermietet Motelzimmer und Suiten. Beide Unterkünfte besitzen vernünftige Restaurants.

Allgemeines Infos gibt's unter www.flaminggorgecountry.com, übers Campen informieren die **USFS Flaming Gorge Headquarters** (435-784-3445; www.fs.fed.us/r4/ashley; 25 W Hwy 43, Manila; Mo–Fr 8–17 Uhr). Die Lage des Sees auf 1840 m verspricht angenehm warme, aber nicht zu heiße Sommer; die Tageshöchsttemperaturen liegen bei etwa 27 °C.

Moab & Südost-Utah

Die schneebedeckten Gipfel in der Ferne bilden einen starken Kontrast zu den roten Canyons, dem Markenzeichen dieser rauen Ecke des Colorado Plateaus. 65 Mio. Jahre lang haben sich der Colorado und der Green River in gewundenen Serpentinen durch den Stein gefressen und Schluchten mit steil aufragenden Felswänden geschaffen. Diese bilden heute die Grenzen des weitläufigen Canyonlands National Park (S. 975). Im nahen Arches National Park (S. 975) sind durch Erosionsvorgänge Tausende Steinbogen und andere Felsformationen entstanden. Am besten sucht man sich eine Unterkunft zwischen den Parks, etwa in Moab, einem Mekka für alle Arten von Aktivitäten von Mountainbiken über Rafting bis zu Jeeptouren. In den entlegenen Wildnisgebieten und Parks ganz im Südosten des Staates liegen verstreut Stätten der frühen Pueblo-Indianer. Am bekanntesten ist ohne Zweifel das Monument Valley, das sich bis nach Arizona erstreckt.

Green River

Die „Wassermelonenhauptstadt der Welt", Green River ist eine gute Basis für Raftingabenteuer auf dem gleichnamigen Fluss und auf dem Colorado. Der legendäre einarmige Bürgerkriegsveteran, Geologe und Ethnologe John Wesley Powell nahm die beiden Flüsse 1869 und 1871 als Erster in Augenschein. Im **John Wesley Powell River History Museum** (www.jwprhm.com; 885 E Main St; Erw./Kind 3/1 US$; April–Okt. 8–19 Uhr, Nov.–März 8–16 Uhr) kann man mehr über seine fantastischen Reisen erfahren. Darüber hinaus beherbergt das Museum Exponate zu den Fremont-Indianern, zur Geologie sowie zur örtlichen Geschichte und dient als Vistor Center.

Die Tourenveranstalter **Holiday Expeditions** (800-624-6323, 435-564-3273; www.holidayexpeditions.com; 10 Holiday River St; Erw./Kind 195/175 US$/Tag) und **Moki Mac River Expeditions** (800-284-7280, 435-564-3361; www.mokimac.com; 160 US$/Tag) organisieren ganztägige Raftingtouren im Westwater Canyon sowie mehrtägige Touren.

Das saubere **Robbers Roost Motel** (435-564-3452; www.rrmotel.com; 325 W Main St; EZ/DZ 35/45 US$;), ein Familienbetrieb, ist eine nette, kleine Budgetunterkunft. Darüber hinaus gibt's dort, wo die W Main St (Business 70) auf die I-70 trifft, unzählige Kettenhotels. **Ray's Tavern** (25 S Broadway; Hauptgerichte 8–26 US$; ⌚11–22 Uhr), die örtliche Kneipe, ist bei Einheimischen und Touristen gleichermaßen beliebt. Was wahrscheinlich an den besten Hamburgern in ganz Südost-Utah (und den selbst gemachten, frischen Pommes) liegt.

In Südost-Utah ist der Bahnhof von Green River der einzige, an dem der *California Zephyr* von **Amtrak** (☎800-872-7245; www.amtrak.com; 250 S Broadway) auf der täglichen Fahrt nach Denver, CO, hält (90 US$, 10¾ Std.). Green River liegt 182 Meilen (293 km) südöstlich von Salt Lake City und 52 Meilen (84 km) nordwestlich von Moab.

Moab

Die größte Stadt im Südosten von Utah hat 5093 Einwohner und bezeichnet sich selbst als „Freizeithauptstadt" … Junge, Junge, wie sie diesem Titel gerecht wird! Jede Menge Anbieter von Rafting-, Mountainbike-, Reit- und Jeepabenteuern haben sich hier niedergelassen und führen Besucher in die umliegenden Parks. Wer den Ort zu seiner Basisstation macht, kann tagsüber durch den Arches oder den Canyonlands National Park streifen und sich abends auf ein gemütliches Bett, einen Whirlpool und jede Menge erstaunlich guter Restaurants freuen. Man muss sich allerdings im Klaren darüber sein, dass dieser Abenteuerspielplatz unter freiem Himmel längst kein Geheimtipp mehr ist: Die Stadt ist total überlaufen, vor allem anlässlich der Feste im Frühling und Herbst. Immerhin: Wenn einen der Verkehr einmal allzu sehr nerven sollte, kann man sich jederzeit in die weitläufige Wüste ringsum verkrümeln.

Aktivitäten

Das Moab Visitor Center gibt verschiedene Broschüren zu nahe gelegenen Stätten mit Felszeichnungen, zu Wanderwegen, malerischen Autorouten usw. aus. Hier bekommt man auch eine Liste der lokalen Veranstalter, die halb- bis mehrtägige Ausflüge im Angebot haben (von rund 60 US$ für eine Sonnenuntergangstour mit Jeep bis zu 170 US$ für einen Rafting-Tag; oft inklusive des Transports und manchmal auch der Mahlzeiten). Vorab buchen!

Veranstalter

Sheri Griffith Expeditions RAFTEN
(☎800-332-2439; www.griffithexp.com; 2231 S Hwy 191; Tagestour 170 US$) Angesehener Rafting-Anbieter, der noch weitere Sportarten im Programm hat.

Poison Spider Bicycles MOUNTAINBIKEN
(☎800-635-1792, 435-259-7882; www.poisonspiderbicycles.com; 497 N Main St; Leihgeb./Tag 45–70 US$) Mountainbike- und City-Bike-Verleih sowie Touren; gute Infos, toller Service.

Farabee's Jeep Rental & Outlaw Tours ABENTEUERSPORT
(☎877-970-5337; www.farabeesjeeprentals.com; 1125 S Highway 191; Leihgebühr Jeep/Tag 150–225 US$) Jeepverleih und Geländetouren auf eigene Faust oder mit Guide.

Moab Desert Adventures ABENTEUERSPORT
(☎877-765-6622, 435-260-2404; www.moabdesertadventures.com; 415 N Main St; halber/ganzer Tag 165/285 US$) Erstklassige Klettertouren auf Felstürme und -wände. Canyoning- und Multisport-Kombinationen werden ebenfals angeboten.

Red Cliffs Lodge REITEN
(☎866-812-2002, 435-259-2002; www.redcliffslodge.com; Mile 14, Hwy 128; halber Tag 80 US$) Täglich Ausritte (halber Tag). Auch im Reit-Angebot: Querfeldeintouren.

Schlafen

Die meisten Unterkünfte haben Abstellgelegenheiten für Fahrräder und einen Whirlpool, in dem man überstrapazierte Muskeln einweichen kann. Obwohl es Motels wie Sand am Meer gibt, ist die Stadt manchmal komplett ausgebucht; von März bis Oktober sollte man unbedingt reservieren! Außerhalb der Hauptsaison wird's hier deutlich günstiger!

Auf den **BLM Campsites** (www.blm.gov/utah/moab; Stellplatz f. Zelt & Wohnmobil 10–12 US$; ⌚ganzjährig) werden die Plätze nach dem „Wer zuerst kommt, mahlt zuerst"-Prinzip vergeben. In der Hauptsaison kann man im Moab Information Center nachfragen, welche Campingplätze belegt sind.

Adventure Inn MOTEL $
(☎866-662-2466, 435-259-6122; www.adventureinnmoab.com; 512 N Main St; Zi. inkl. Frühstück 80–105 US$; ⌚Nov.–Feb. geschl.; ❄📶) Ein großartiges kleines Indie-Motel mit makellosen Zimmern (einige mit Kühlschrank), anständiger Bettwäsche und einer Wäscherei.

Cali Cochitta B&B $$
(☎888-429-8112, 435-259-4961; www.moabdreaminn.com; 110 S 200 East; Hütte inkl. Frühstück

135–170 US$;) In den gemütlichen Backsteinhäuschen, einen kurzen Spaziergang vom Zentrum Moabs entfernt, fühlt man sich wie zu Hause. Der lange Holztisch auf der Terrasse lädt zum Frühstücken in großer Runde ein.

Sunflower Hill INN $$

(800-662-2786, 435-259-2974; www.sunflowerhill.com; 185 N 300 East; Zi. inkl. Frühstück 165–225 US$;) Inmitten der gepflegten Gärten des weitläufigen, 100 Jahre alten Bauernhauses aus dem frühen 20. Jh. lässt es sich wunderbar entspannen. Alle zwölf Zimmer verströmen Country-Flair.

Gonzo Inn MOTEL $$

(800-791-4044, 435-259-2515; www.gonzoinn.com; 100 W 200 South; Zi. inkl. Frühstück April–Okt. 160–180 US$;) Dieses wüstenfarbene Motel hat sich mit gebürstetem Metall, hölzernen Kopfteilen, Duschkabinen aus Waschbeton und bunten Retro-Gartenmöbeln herausgeputzt.

Sorrel River Ranch LODGE $$$

(877-359-2715, 435-259-4642; www.sorrelriver.com; Mile 17, Hwy 128; Zi. 420–530 US$;) Das einzige Luxusresort mit Restaurant und allen weiteren „Schikanen" im Südosten von Utah (erb. 1803) diente ursprünglich als Wohnhaus. Die Lodge und die Blockhütten stehen auf einem ca. 100 ha großen Gelände am Colorado River. Hier werden jede Menge Aktivitäten angeboten.

Essen

In Moab gibt's jede Menge Orte für einen Boxenstopp, von Backpacker-Cafés bis zu Nobelrestaurants für Gourmets. In den Unterkünften liegt normalerweise der *Moab Menu Guide* (www.moabmenuguide.com) aus. Manche Restaurants schließen von Dezember bis März früher bzw. bleiben an einigen Tagen komplett geschlossen.

Love Muffin CAFÉ $

(www.lovemuffincafe.com; 139 N Main St; Hauptgerichte 6–8 US$; 7–14 Uhr;) Das quirlige Café bietet originelle Sandwiches, Frühstücks-Burritos und kreative Eiergerichte wie „Verde" mit Rinderbrust und Salsa. Es werden vor allem Bio-Zutaten verwendet.

Milt's BURGER $

(356 Mill Creek Dr; Hauptgerichte 5–10 US$; Mo–Sa 11–20 Uhr) Ein klassischer Burgerstand von 1954: frisch geschnittene Pommes und dickflüssige Milchshakes…soooo lecker!

Miguel's Baja Grill MEXIKANISCH $$

(www.miguelsbajagrill.com; 51 N Main St; Gerichte 14–24 US$; 17–22 Uhr) Fisch-Tacos, Fajitas und Margaritas auf der luftigen Terrasse mit bunter Wand.

Cowboy Grill AMERIKANISCH $$

(435-259-2002; http://redcliffslodge.com; Meile 14, Hwy 128, Red Cliffs Lodge; morgens & mittags 10–16 US$, abends 14–28 US$; 6.30–10, 11.30–14 & 17–22 Uhr) Durch die riesigen Panoramafenster oder von der Terrasse aus lassen sich unfassbare Sonnenuntergänge über dem Colorado River bestaunen. Die herzhaften Fleisch-und Fischgerichte sind auch nicht von schlechten Eltern.

★ **Sabuku Sushi** FUSION $$$

(435-259-4455; http://sabakusushi.com; 90 E Center St; Reisrollen 12–18 US$, kleine Gerichte 14–19 US$; Di–So 17–22 Uhr) Besonders beeindruckend ist, derart frisches Sushi mitten in der Wüste aufgetischt zu bekommen. Empfehlenswert: die leckeren Reisrollen und kleinere Gerichte wie Elch-*tataki* (wie Carpaccio – mit einem asiatischen Twist).

Desert Bistro SOUTHWEST $$$

(435-259-0756; http://desertbistro.com; 36 S 100 West; Hauptgerichte 20–50 US$; März–Nov 17.30–22 Uhr) Die edle Zubereitung von Wild und Meeresfrüchten ist die Spezialität dieses gehobenen Restaurants, das noch dazu eine großartige Weinkarte bietet.

Shoppen

Nahe der Kreuzung von Center St und Main St sollte man die Augen offenhalten nach Kunst- und Fotogalerien sowie Souvenir-T-Shirts und indianischem Nippes.

Arches Book Company & Back of Beyond BÜCHER

(83 N Main St; 9–20 Uhr;) Hervorragende Indie-Buchläden direkt nebeneinander mit einer tollen Auswahl regionaler Titel, Reiseführer und Karten.

Praktische Informationen

Die meisten Geschäfte und Dienstleister, Tankstellen und Geldautomaten findet man am Hwy 191, der im Zentrum Main St heißt.

BLM (Bureau of Land Management; 435-259-2100; www.blm.gov/utah/moab) Unterstützung bei Fragen zu den öffentlichen Ländereien (u. a. Nationalparks, Canyons, usw.) aber nur per Telefon oder E-Mail.

Grand County Public Library (www.moablibrary.org; 257 E Center St; kostenlos; Mo–

Fr 9–20, Sa bis 17 Uhr) 15 Minuten ohne Anmeldung, für längere Sitzungen muss man sich registrieren.

Moab Information Center (www.discovermoab.com; Ecke Main St & Center St; ⏲ Mo–Sa 8–19, So 9–18 Uhr) Exzellente Infoquelle (deckt die Parks, Wanderwege, Aktivitäten, Campingplätze und das Wetter ab). Gut sortierter Buchladen. Kostenloses Infomaterial auch online erhältlich.

ℹ Anreise & Unterwegs vor Ort

Great Lakes Airlines (☎ 800-554-5111; www.flygreatlakes.com) fliegt regelmäßig vom **Canyonlands Airport** (CNY; www.moabairport.com; via Hwy 191), 16 Meilen (26 km) nördlich der Stadt (via Hwy 191), nach Denver, CO, und Prescott, AZ.

Transporter von **Moab Luxury Coach** (☎ 435-940-4212; www.moabluxurycoach.com) fahren regelmäßig ab/nach SLC (einfache Strecke 160 US$, 4¾ Std.) und Grand Junction (einfache Strecke 90 US$, 3¾ Std.). **Roadrunner Shuttle** (☎ 435-259-9402; www.roadrunnershuttle.com) und **Coyote Shuttle** (☎ 435-260-2097; www.coyoteshuttle.com) bieten bei Bedarf Shuttles für Radfahrer und Wanderer zum Fluss und zum Flughafen an.

Moab liegt 235 Meilen (378 km) südöstlich von Salt Lake City und 150 Meilen (241 km) nordöstlich vom Capital Reef National Park.

Arches National Park

Arches (☎ 435-719-2299; www.nps.gov/arch; Hwy 191; 7-Tages-Pass 10 US$/Wagen; ⏲ 24 Std., Visitor Center März–Okt. 7.30–18.30, Nov.–Feb. 9–16 Uhr), einer der schönsten Parks im Südwesten, wartet mit der größten Konzentration an Sandsteinbogen weltweit auf. Bei der letzten Zählung waren es mehr als 2000 Stück, die zwischen 1 bis 100 m hoch sind. Fast 1 Mio. Besucher pilgern Jahr für Jahr in diesen Nationalpark, der nur 5 Meilen (8 km) nördlich von Moab liegt. Viele besonders schöne Formationen sind über asphaltierte Straßen und relativ kurze Spazierwege zu erreichen, und der Großteil des Parks kann problemlos an einem Tag besichtigt werden. Keine Lust auf Menschenmassen? Dann sollte man eine Exkursion bei Mondschein in Betracht ziehen; dann ist es zudem kühler, und die Felsen verbreiten eine beinahe gespenstische Stimmung.

Zu den Highlights gehören **Balanced Rock**, der **Delicate Arch**, ein sehr beliebtes Fotomotiv (die schönsten Bilder entstehen am späten Nachmittag), der lang gestreckte **Landscape Arch** und die populären **Windows Arches**. Für die beiden täglichen Ranger-Führungen durch die schmalen Schluchten des **Fiery Furnace** sollte man mindestens zwei Tage im Voraus reservieren, entweder persönlich oder online unter www.recreation.gov.

Wegen der Wasserknappheit und der Hitze sieht man nur wenige Wanderer, längere Wanderungen sind aber erlaubt (mit kostenloser Genehmigung, erhältlich im Visitor Center). Der malerische **Devils Garden Campground** (☎ 877-444-6777; www.recreation.gov; Stellplatz Zelt & Wohnmobil 20 US$), 18 Meilen (29 km) von Visitor Center entfernt, ist von März bis Oktober heiß begehrt, eine rechtzeitige Reservierung also dringend empfohlen. Keine Duschen, keine Anschlüsse.

Canyonlands National Park

Lamellen, Brücken, spitze Nadeln, Türmchen, Krater, Tafelberge und kleine Hügel aus rotem Stein – **Canyonlands** (www.nps.gov/cany; 7-Tages-Pass 19 US$/Wagen, Stellplatz f. Zelt & Wohnmobil 10–15 US$, ohne Anschlüsse; ⏲ 24 Std.) ist eine Vision der Alten Welt, eine verfallende, schwindende Schönheit. Straßen und Flüsse bahnen sich ihren Weg durch diese Wildnis, eine Hochwüste mit einer Fläche von 1365 km² – doch die Landschaft ist größtenteils unberührt. Besucher können wandern, raften (der **Cataract Canyon** bietet so ziemlich die gewaltigsten Stromschnellen im Westen) oder Jeeptouren unternehmen. Wichtig ist, dass man ausreichend Benzin, Proviant und Wasser dabei hat! Ausrüster gibt's in Moab und in Green River.

Die Schluchten des Colorado und des Green River unterteilen den Park in drei Abschnitte. **Island in the Sky** ist am einfachsten zu erreichen und gewährt fantastische Ausblicke. Das **Visitor Center** (☎ 435-259-4712; Hwy 313, Canyonlands National Park; ⏲ März–Okt. 8–18 Uhr, Nov.–Feb. 9–16 Uhr) liegt 32 Meilen (51 km) nordwestlich von Moab. Unsere liebste Kurzwanderung ist der 800 m lange Rundweg zum viel fotografierten **Mesa Arch**, einer schlanken Brücke zwischen den Felsen, die den perfekten „Bilderrahmen" für den Washer Woman Arch und den Buck Canyon liefert. Eine kurze Fahrt bringt einen weiter zum Ausgangspunkt des Wanderwegs, zum **Grand View Overlook**. Der Weg führt an der Schluchtkante entlang und endet an einem halsbrecherischen Abgrund. **Needles**, der zweite Parkabschnitt, ist wilder und abgeschiedener – ideal für

NICHT VERSÄUMEN

NEWSPAPER ROCK RECREATION AREA

Dieses winzige, kostenlose Erholungsgebiet trumpft mit einer riesigen Sandsteinwand voller **Petroglyphen** auf (mehr als 300 Stück!), die den Ute und den frühen Pueblo-Indianern zugeschrieben werden. Die ältesten Zeichnungen haben 2000 Jahre auf dem Buckel. Viele Reisende machen auf dem Weg zum 8 Meilen (13 km) weiter gelegenen Needles-Abschnitt des Canyonlands National Park einen kurzen Abstecher zum Newspaper Rock; vom Hwy 191 kommend, muss man dem Hwy 211 12 Meilen (19 km) weit folgen.

eine längere Wandertour mit dem Rucksack. Zum **Visitor Center** (☎435-259-4711; Hwy 211; ⊙März–Okt. 8–18 Uhr, Nov.–Feb. 9–16.30 Uhr) geht's auf dem Hwy 191 Richtung Süden und dann über den Hwy 211 nach Westen. In beiden Parkabschnitten gibt's jeweils einen einfachen, kleinen Campingplatz (ohne Duschen), wo nach dem „Der frühe Vogel fängt den Wurm"-Prinzip verfahren wird. Also rechtzeitig auf den Weg machen!

Neben den üblichen Parkgebühren muss man auch für Genehmigungen zahlen (10–30 US$), um im Hinterland campen, bzw. Jeep- oder Flusstouren machen zu dürfen. Weitere Infos erhält man im **Backcountry Reservations Office** (☎435-259-4351; http://www.nps.gov/cany/planyourvisit/backcountrypermits.htm; Canyonlands National Park).

Dead Horse Point State Park

Der kleine, wunderschöne **Dead Horse Point State Park** (www.stateparks.utah.gov; Hwy 313; Parkeintritt Tagespass 10 US$/Auto, Stellplatz f. Zelt & Wohnmobil 20 US$; ⊙Park 6–22 Uhr, Visitor Center März–Okt. 8–18 Uhr, Nov.–Feb. 9–16 Uhr) hat schon in mehreren Filmen als Kulisse gedient, z. B. in der Anfangsszene von *Mission Impossible II* und beim großen Finale von *Thelma & Louise*. Der Park liegt gleich neben dem Hwy 313 (dem Canyonlands-Highway) und bietet atemberaubende Aussichtspunkte an Schluchten aus rotem Stein, eingefasst von weißen Felsen, mit Blick auf den Colorado River, den Canyonlands National Park und die La Sal Mountains in der Ferne. Der Campingplatz hat 21 Stellplätze. Wasser ist nur in begrenzter Menge vorhanden (eigenen Vorrat mitbringen!), Duschen gibt's keine, ebensowenig Anschlüsse. Rechtzeitig reservieren!

Bluff

Dieser kleine Ort (258 Ew.), umgeben von roten Felsen, eignet sich gut als entspannte Basis für Ausflüge in den einsamen Südosten Utahs. Er liegt am San Juan River, an der Kreuzung zwischen Hwy 191 und Hwy 162, 100 Meilen (161 km) südlich von Moab. Bluff wurde 1880 von Mormonen-Pionieren gegründet. Abgesehen von ein paar Gebäuden, wo man etwas zu essen bekommt oder übernachten kann, gibt's hier aber nicht viel.

Wer sich für Felskunst und -behausungen interessiert, sollte **Far Out Expeditions** (☎435-672-2294; www.faroutexpeditions.com; Halbtagestour ab 125 US$) als Führer für eine ein- oder mehrtägige Wanderung in die abgelegene Region anheuern. Wer mit **Wild Rivers Expeditions** (☎800-422-7654; www.riversandruins.com; 101 Main St; Tagesausflug Erw./Kind 175/133 US$) raften geht, wird auch einige historische Stätten besuchen; diesem Anbieter liegen Geschichte und Geologie besonders am Herzen.

Eine rustikale, gemütliche Unterkunft, in der Gästen ein herzlicher Empfang bereitet wird, ist die **Recapture Lodge** (☎435-672-2281; www.recapturelodge.com; Hwy 191; Zi. inkl. Frühstück 70–90 US$; ❄@🛜🏊). Bei den Besitzern, die die Gegend wie ihre Westentasche kennen, kann man Karten kaufen. Von der Lodge aus führen Wanderwege zum Fluss. Ebenfalls nett sind die geräumigen holzverkleideten Zimmer im **Desert Rose Inn** (☎888-475-7673, 435-672-2303; www.desertroseinn.com; Hwy 191; Zi 105–119 US$, Hütte 139–179 US$; ❄@🛜).

Das künstlerisch-angehauchte **Comb Ridge Coffee** (www.combridgecoffee.com; 680 S Hwy 191; Gerichte 3–7 US$; ⊙Di–So 7–17 Uhr, Nov.–Feb. unterschiedlich; 🖉) verwöhnt in einem Gebäude aus Adobe und Holz seine Gäste mit Espresso, Muffins und Sandwiches. Mittags und abends ist die nachhaltige **San Juan River Kitchen** (www.sanjuanriverkitchen.com; 75 E Main St; Hauptgerichte 14–20 US$; ⊙Di–Sa 17.30–22 Uhr) eine gute Adresse für ausgefallene mexikanisch-amerikanische Gerichte aus regionalen Zutaten.

Hovenweep National Monument

Markenzeichen des traumhaften, aber untouristischen **Hovenweep National Monu-**

ment (www.nps.gov/hove; Hwy 262; 7-Tage-Pass für den Park 6 US$/Wagen, Stellplatz f. Zelt & Wohnmobil 10 US$; ⌚Sonnenaufgang–Sonnenuntergang, Visitor Center Juni–Sept. 8–18 Uhr, Okt.–Mai 9–17 Uhr) sind die prähistorischen Türme und Kornspeicher der frühen Pueblo-Indianer („Anazasi"). Der Name des Gebiets bedeutet „verlassenes Tal" in der Sprache der Ute. Die Bauten der Square Tower Group befinden sich in der Nähe des Visitor Centers, zu den übrigen Stätten muss man lange Wanderungen unternehmen. Der Campingplatz bietet 31 einfache Stellplätze (wer zuerst kommt, mahlt zuerst), aber keine Duschen und auch keine Anschlüsse. Der Hauptzugangspunkt befindet sich östlich des Hwy 191 auf dem Hwy 262 (via Hatch Trading Post), rund 40 Meilen (64 km) nordöstlich von Bluff.

Monument Valley

25 Meilen (40 km) westlich von Bluff, hinter dem Dorf **Mexican Hat** (es ist nach einem leicht auszumachenden Felsen in Form eines Sombreros benannt), führt der Hwy 163 nach Südwesten auf das Gebiet der Navajo-Indianer. 30 Meilen (48 km) weiter südlich erheben sich die unglaublichen Tafelberge und Hügel des **Monument Valley**. Der Großteil dieses Gebiets, darunter auch der Tribal Park mit einem 17 Meilen (27 km) langen, unbefestigten Rundweg, gehört zu Arizona (S. 952).

Natural Bridges National Monument

55 Meilen (88 km) nordwestlich von Bluff und 40 Meilen (64 km) westlich von Blanding befindet sich dieses wirklich abgeschiedene **National Monument** (www.nps.gov/nabr; Hwy 275; 7-Tage-Pass für den Park 6 US$/Auto, Stellplatz f. Zelt & Wohnmobil 10 US$; ⌚24 Std., Visitor Center Mai–Sept. 8–18 Uhr, Okt.–April 9–17 Uhr) mit seinem Canyon aus weißem Sandstein (jawohl, weiß, nicht rot!), in dem drei imposante und leicht zugängliche natürliche Brücken zu bestaunen sind. Die älteste, die Owachomo Bridge, ist 55 m lang, aber nur 3 m breit. Auf einer ebenen, 9 Meilen (14 km) langen Panoramastraße kann man sich einen Überblick verschaffen. 13 einfache Stellplätze für Zelt & Wohnmobil (10 US$; keine Duschen, keine Anschlüsse) werden nach dem „Wer zuerst kommt, mahlt zuerst"-Prinzip vergeben; es gibt genug Platz für zusätzliche Zelte, aber keine sonstigen Dienstleistungen (also: kein Essen, kein Benzin und keine Geschäfte) vor Blanding (40 Meilen/64 km östlich).

Zion & Südwest-Utah

Die Einheimischen sprechen vom „Color Country", dem Land der Farben, doch selbst diese Bezeichnung wird einer Landschaft, die von innen heraus zu strahlen scheint, nicht gerecht. Zu nennen sind die karmesinroten Schluchten des Zion Canyon, die zierlichen rosa- und orangefarbenen Minarette des Bryce Canyon und die gelbweißen Kuppeln von Capitol Reef. Diese umwerfende Region beherbergt drei Nationalparks und das gigantische Grand Staircase-Escalante National Monument (GSENM).

Capitol Reef National Park

Nicht so überlaufen wie die übrigen Nationalparks und dabei nicht minder schön ist der **Capitol Reef National Park** (☎435-425-3791, Durchwahl 4111; www.nps.gov/care; Ecke Hwy 24 & Scenic Dr; Eintritt frei, 7-Tage-Pass für Scenic Drive 5 US$/Auto, Stellplatz f. Zelt- & Wohnmobil 10 US$; ⌚24 Std., Visitor Center & Scenic Drive April–Okt. 8–18 Uhr, Nov.–März bis 16.30 Uhr). Innerhalb seiner Grenzen verläuft der Großteil des 100 Meilen (161 km) langen Waterpocket Fold, einer Erdfalte, die vor 65 Mio. Jahren entstanden ist. Die freigelegten Gesteinsschichten liefern eine Art Querschnitt durch die Erdgeschichte und sind von einer geradezu künstlerischen Farbintensität. Der Hwy 24 führt quer durch den Park, aber man sollte auf jeden Fall auf dem **Scenic Drive** nach Süden fahren, um sich die Obstgärten anzusehen, ein Vermächtnis der Mormonensiedler. Je nach Jahreszeit kann man Kirschen, Pfirsiche und Äpfel pflücken und zudem das historische **Gifford Farmhouse** besichtigen, einen alten Bauernhof. Dort werden Mini-Obstpasteten verkauft. Von Frühling bis Herbst sind die schattigen, grasbewachsenen **Stellplätze für Zelte & Wohnwagen** (10 US$) schnell belegt (keine Duschen, keine Anschlüsse; wer zuerst kommt, mahlt zuerst).

Torrey

Nur 15 Meilen (24 km) westlich von Capital Reef entfernt dient die kleine Pionierstadt Torrey den meisten Besuchern als Basis für Entdeckungstouren in die Umgebung. Neben ein paar Gebäuden aus der Zeit des

DIE HÖHE IST ENTSCHEIDEND

Es stimmt schon, dass es im Süden Utahs im Allgemeinen wärmer ist als im Norden. Bevor man allerdings anfängt, Vermutungen über das Wetter anzustellen, sollte man vor allem einen Blick auf die Höhenmeter werfen. Orte, die dicht beieinander liegen, können durchaus einen Temperaturunterschied von 6 °C oder mehr aufweisen, weil sie unterschiedlich hoch liegen.

- St. George (900 m)
- Zion National Park – Springdale Eingang (1200 m)
- Cedar Breaks National Monument (3050 m)
- Bryce National Park Lodge (2470 m)
- Moab (1227 m)
- Salt Lake City (1288 m)
- Park City (2134 m)

alten Westens gibt's hier rund ein Dutzend Restaurants und Motels.

Das **Austin's Chuckwagon Motel** (435-425-3335; www.austinschuckwagonmotel.com; 12 W Main St; Zi 75–85 US$, Hütte 135 US$; März–Okt.;) mit Western-Flair bietet saubere, einfache und geräumige Motelzimmer. Sie sind mit robusten Möbeln eingerichtet. Im Gemischtwarenladen im Untergeschoss kann man sich mit Proviant oder Sandwiches eindecken.

Das **Torrey Schoolhouse** (435-633-4643; www.torreyschoolhouse.com; 150 N Center St; Zi. inkl. Frühstück 118–148 US$; April–Okt.;) von 1914 dient jetzt als B&B. Die Zimmer haben hohe Decken und verströmen eine dezente Country-Eleganz. Butch Cassidy soll hier mal an einem Tanz teilgenommen haben. Nach dem Gourmetfrühstück kann man sich im Garten oder einer der großen Lounges im 1. Stock entspannen, bevor man sich aufmacht, die Umgebung zu erkunden.

Sofern möglich verwendet das **Capitol Reef Cafe** (435-425-3271; www.capitolreefinn.com; 360 W Main St; Frühstück & Mittagessen 6–12 US$, Abendessen 16–22 US$; April–Okt. 7–21 Uhr) lokale Bio-Zutaten für seine Gerichte. Die hausgemachten Kuchen sind der Hit. Aber auch eher gesündere Speisen wie Forelle sind nicht von schlechten Eltern. Zum Zeitpunkt der Recherche stand dem angesehenen **Cafe Diablo** (435-425-3070; http://cafediablo.net; 599 W Main St; Mittagessen 10–14 US$, Abendessen 22–40 US$; Mitte April–Okt. 11.30–22 Uhr;) ein Besitzerwechsel bevor.

Das **Wayne County Travel Council** (800-858-7951, 435-425-3365; www.capitolreef.org; Ecke Hwy 24 & Hwy 12; April–Okt. 12–19 Uhr) liefert eine Fülle von Infos, z. B. zu Reiseveranstaltern in der Gegend.

Boulder

Boulder (www.boulderutah.com), ein winziger Ort (227 Ew.), liegt nur 32 Meilen (51 km) südlich von Torrey. Um dorthin zu gelangen, muss man allerdings den Boulder Mountain überqueren. Das Terrain ist rau und einsam, und der geteerte Hwy 12 führt erst seit 1985 bis Boulder. Von hier aus geht's auf dem hübschen Burr Trail nach Osten durch die nordöstliche Ecke des Grand Staircase-Escalante National Monument. Zuletzt landet man auf einem Schotterweg, der zur Waterpocket Fold im Capital Reef National Park und noch weiter zur Bullfrog Marina am Lake Powell führt.

Wer sich die Schluchten und Felsbilder in der Region ansehen will, kann eine Tageswanderung (auch für Kinder geeignet) mit **Earth Tours** (435-691-1241; www.earth-tours.com; Ausflüge ab 150 US$/Person; März–Okt.;) buchen. Das kleine, aber exzellente **Anasazi State Park Museum** (www.stateparks.utah.gov; Main St/Hwy 12; Eintritt 5 US$; März–Okt. 8–18, Nov.–April 9–17 Uhr) umfasst allerlei Artefakte und eine indianische Stätte, die von 1130 bis 1175 bewohnt war. Infos zu den öffentlichen Ländereien in der Gegend erhält man im Museum am GSENM Interagency Desk.

Die vornehmen Zimmer in der **Boulder Mountain Lodge** (435-335-7460; www.boulder-utah.com; 20 N Hwy 12; Zi. 110–175 US$;) sind nicht schlecht, aber der eigentliche Kracher ist das 16 ha große Tierschutzgebiet ringsum. Der Whirlpool im Freien mit Blick auf die Berge ist genau die richtige Art Belohnung nach einem anstrengenden Wandertag. Vielleicht wird man auch ein paar Vögel erspähen. Der zur Lodge gehörende **Hell's Backbone Grill** (435-335-7464; http://hellsbackbonegrill.com; 20 N Hwy 12, Boulder Mountain Lodge; Frühstück 8–12 US$, Mittagessen 12–18 US$, Abendessen 18–27 US$; März–Nov. 7.30–14.30 & 17–21.30 Uhr) ist ein Muss. Das Essen hat Seele; die bodenständigen, lokaltypischen Gerichte bestehen aus regionalen Zutaten. Reservieren!

Das bekanntere Restaurant nebenan, **Burr Trail Grill & Outpost** (http://burrtrailgrill.com; Ecke Hwy 12 & Burr Trail Rd; Gerichte 8–18 US$; ⌚März–Okt. Grill: 11–14.30 & 17–21.30 Uhr, Outpost: 7.30–20 Uhr; 📶), ist mit seinen Bio-Gemüsekuchen, Burgern und hausgemachten Desserts eine ernstzunehmende Konkurrenz. Zum Geschäft gehören ein Café und eine Galerie.

Grand Staircase-Escalante National Monument

Das **Grand Staircase-Escalante National Monument** (GSENM; www.ut.blm.gov/monument; ⌚24 Std.) GRATIS ist mit 6879 km² fast doppelt so groß wie Mallorca. Es erstreckt sich zwischen dem Capitol Reef National Park, der Glen Canyon National Recreation Area und dem Bryce Canyon National Park. Die nächstgelegenen Einrichtungen für Besucher und die GSENM-Visitor Centers befinden sich in Boulder und Escalante am Hwy 12 im Norden bzw. Kanab am US 89 im Süden. Davon abgesehen ist die Infrastruktur minimal. Was bleibt, ist ein weitläufiges, unbewohntes Canyon-Land voller Jeep-Pisten, die abenteuerlustige Reisende mit genug Zeit und der richtigen Ausrüstung jauchzen lassen. Um sich ein Bild davon machen zu können, wie absolut trocken und unwirtlich die Gegend ist, folgende Info: Sie war die letzte der kontinentalen USA, die kartografiert wurde.

Der 10 km lange Wanderweg (hin & zurück) zu den **Lower Calf Creek Falls** (Meile 75, Hwy 12; Tagespass 2 US$; ⌚Tagespass Sonnenaufgang–Sonnenuntergang) zwischen Boulder und Escalante ist der am besten zugängliche und entsprechend auch am meisten genutzte. Die 13 **Stellplätze für Zelte & Wohnmobile** (7 US$; keine Duschen, keine Anschlüsse) am Creek sind schnell belegt (sie können nicht reserviert werden).

Escalante

Der Ort mit seinen 792 Einwohnern ist die größte Siedlung im Umkreis von vielen, vielen Meilen. Sie eignet sich gut als Basis für Ausflüge oder aber, um Vorräte zu kaufen und Infos einzuholen, bevor man ins angrenzende GSENM aufbricht. Das **Escalante Interagency Office** (☎435-826-5499; www.ut.blm.gov/monument; 775 W Main St; ⌚April–Sept. tgl. 8–16.30 Uhr, Okt.–März Mo–Fr) ist eine geniale, umfassende Informationsquelle. Es deckt das National Monument sowie die umliegenden Wälder ab. Escalante ist 65 Meilen (105 km) von Torrey, nahe dem Capital Reef National Park, und 30 (langsame und windige) Meilen (48 km) von Boulder entfernt.

Escalante Outfitters & Cafe (☎435-826-4266; www.escalanteoutfitters.com; 310 W Main St; ⌚8–21 Uhr) ist eine Oase für Traveller. Hier werden Karten, Bücher, Campingausrüstung, Alkohol (!), Espresso, Frühstück und hausgemachte Pizzas und Salate verkauft. Außerdem kann man winzige, rustikale Hütten (45 US$) und Mountainbikes (ab 35 US$/Tag) mieten. Der alteingesessene Ausrüster **Excursions of Escalante** (☎800-839-7567; www.excursionsofescalante.com; 125 E Main St; ganztägige Touren ab 145 US$; ⌚8–18 Uhr) organisiert Canyoning- und Kletterabenteuer sowie Fotowanderungen. Zudem gibt's hier ein Café.

In Escalante gibt's eine ganze Reihe recht anständiger Unterkünfte, darunter das **Canyons Bed & Breakfast** (☎866-526-9667, 435-826-4747; www.canyonsbnb.com; 120 E Main St; Zi. inkl. Frühstück 135–165 US$; ❄📶) mit seinen gediegenen Zimmern im Hüttenstil, die um eine schattige Terrasse liegen, sowie das etwas betagtere, aber modernisierte **Circle D Motel** (☎435-826-4297; www.escalantecircledmotel.com; 475 W Main St; Zi. 65–75 US$; ❄📶🐾) mit Restaurant (und einem netten Besitzer).

Kodachrome Basin State Park

Dutzende roter, rosafarbener und weißer Sandsteinkamine sind die Markenzeichen dieses farbenprächtigen **State Parks** (☎435-679-8562; www.stateparks.utah.gov; via Cottonwood Canyon Rd; Tagespass 6 US$/Auto, Stellplatz f. Zelt & Wohnmobil mit/ohne Anschlüsse 25/16 US$; ⌚Tagespass gültig von 6–22 Uhr), der seinen Namen von der National Geographic Society bekommen hat. Einige der Stellplätze auf dem Campingplatz (Duschen vorhanden) können online vorab reserviert werden. Reit- und Hüttengenehmigungen gibt's ebenfalls vor Ort.

Bryce Canyon National Park

Die Grand Staircase, die große Treppe, ist eine Reihe von stufenähnlich aufgeworfenen Gesteinsschichten, die nördlich des Grand Canyon aufsteigen. Ihren Höhenpunkt bilden die Pink Cliffs in diesem verdientermaßen beliebten **Nationalpark** (☎435-834-5322;

SCENIC DRIVE: HWY 12

Der **Hwy 12 Scenic Byway** (http://scenicbyway12.com) ist angeblich die abwechslungsreichste und schönste Autostrecke in Utah. Er beginnt westlich des Bryce Canyon und windet sich dann 124 Meilen (200 km) lang durch das zerklüftete Canyon-Land fast bis zum Capitol Reef National Park. Das Stück zwischen Escalante und Torrey ist eine Mondlandschaft aus *slickrock*-Sandstein, und die Straße führt über schmale Grate und einen 3350 m hohen Berg.

www.stateparks.utah.gov; Hwy 63; 7-Tages-Pass 25 US$/Auto, Stellplatz f. Zelt & Wohnmobil ohne Anschlüsse 15 US$; ⏲24 Std.; Visitor Center Mai–Sept. 8–20 Uhr, Okt.–April bis 16.30 Uhr). Er ist eine Schatzkiste voller Säulen und Türmchen, Zinnen und Nadeln und an Totempfahle erinnernde Hoodoos (vom Wind geformte Kalksteingebilde). Der Canyon ist gleichsam ein Amphitheater aus erodierten Felsen. Vom Hwy 12 aus geht's auf den Hwy 63 nach Süden. Der Park liegt 50 Meilen (80 km) südwestlich von Escalante.

Der **Rim Road Scenic Drive** auf 2400 m ist 18 Meilen (29 km) lang. Er folgt (grob) der Schluchtkante – vorbei am Visitor Center, der Lodge, atemberaubenden Aussichtspunkten (**Inspiration Point** ist ein Muss!) sowie den Startpunkten von Wanderwegen und endet am **Rainbow Point** (2800 m). Von Anfang Mai bis Anfang Oktober fährt ein kostenloses Shuttle (8–mind. 17.30 Uhr) von einem Sammelpunkt nördlich des Parks bis zum **Bryce Amphitheater** im Süden.

Im Park gibt's zwei Campingplätze. Für beide lässt sich eine begrenzte Anzahl Stellplätze über die Webseite des Parks reservieren. Der **Sunset Campground** hat etwas mehr Bäume, ist aber nicht das ganze Jahr über geöffnet. Wer Wäsche waschen, duschen und Lebensmittel kaufen will, muss zum **North Campground** fahren. Im Sommer sind die Campingplätze gewöhnlich schon vor Mittag belegt.

Die **Bryce Canyon Lodge** (☎877-386-4383, 435-834-8700; www.brycecanyonforever.com; Hwy 63, Bryce Canyon National Park; Zi. & Hütte 175–200 US$; ⏲April–Okt.; @) aus den 1920er-Jahren verströmt ein rustikal-alpines Flair. Zur Auswahl stehen Zimmer wie im Hotel mit modernen Möbeln oder in dünnwandigen Doppelhütten mit Gaskaminen und Veranden. Keine TVs. Das Lodge-**Restaurant** (☎435-834-8700; Bryce Canyon National Park; morgens 6–12 US$, mittags & abends 18–40 US$; ⏲April–Okt. 7–10.30, 11.30–15 & 17.30–22 Uhr) ist hervorragend, aber teuer.

Nördlich der Parkgrenze befindet sich **Ruby's Inn** (☎435-834-5341; www.rubysinn.com; 1000 S Hwy 63; Zi. 115–170 US$, Stellplatz f. Zelt 26–55 US$, f. Wohnmobil mit Anschlüssen 35–60 US$; ❄@📶🏊), fast so etwas wie eine kleine Stadt: Es gibt mehrere Motel-Unterkunftsoptionen sowie einen Campingplatz. Der Motelkomplex bietet Hubschrauberflüge, Rodeos, einen Wäscheservice und mehrere Restaurants. Man kann Western-Kunst bestaunen, Lebensmittel kaufen, tanken und eine Postkarte abschicken, auf der man über all das berichtet.

Noch mehr Essen und Unterkünfte findet man 11 Meilen (18 km) östlich (via Hwy 12) in der kleinen Stadt **Tropic** (www.brycecanyoncountry.com/tropic.html).

Kanab

Am südlichen Ende des Grand Staircase-Escalante National Monument liegt Kanab (3564 Ew.), umgeben von einer riesigen rauen Wüste. Von den 1920er- bis 1970er-Jahren wurden hier Dutzende Western gedreht, und die Stadt hat nach wie vor den altmodischen Charme einer Wild-West-Kulisse.

Im **Kanab GSENM Visitor Center** (☎435-644-1300; www.ut.blm.gov/monument; 745 E Hwy 89; ⏲8–16.30 Uhr) bekommt man Informationen zum National Monument, das **Kane County Office of Tourism** (☎800-733-5263, 435-644-5033; www.kaneutah.com; 78 S 100 East; ⏲Mo–Fr 9–19, Sa bis 17 Uhr) konzentriert sich auf die Stadt und die Filmdrehorte. John Wayne, Maureen O'Hara und Gregory Peck sind ein paar der Hollywood-Größen, die in der etwas aus der Mode gekommenen **Parry Lodge** (☎888-289-1722, 435-644-2601; www.parrylodge.com; 89 E Center St; Zi. 70–125 US$; ❄📶🏊🐾) übernachtet haben.

Ein bunter, retro-cooler Stil zieht sich durch alle 13 Zimmer der **Quail Park Lodge** (☎435-215-1447; www.quailparklodge.com; 125 N 300 W; Zi. 115–159 US$; ❄@📶🏊🐾), eines renovierten Motels von 1963, in dem man gut übernachten kann. Zum Essen geht's dann ins **Rocking V Cafe** (www.rockingvcafe.com; 97 W Center St; Mittagessen 9–14 US$, Abendessen 15–29 US$; ⏲11.30–22 Uhr; 🖉). Büffelfilet, Curry-Quinoa & Co. bestehen aus frischen Zutaten.

Zion National Park

Wenn man sich dem **Zion National Park** (www.nps.gov/zion; Hwy 9; 7-Tages-Pass 25 US$/Wagen; ⌚24 Std.; Zion Canyon Visitor Center Juni–Aug. 8–19.30 Uhr, kürzere Öffnungszeiten während der übrigen Monate) auf dem Hwy 9 von Osten her nähert, passiert man gelbe Sandsteinformationen und die **Checkerboard Mesa**, bevor man einen beeindruckenden Tunnel mit diversen „Galerien" und einen 3,5 Meilen (ca. 6 km) langen Serpentinenabschnitt erreicht, der sich in einen Raum aus rotem Stein hinabwindet. Das Netz aus Wanderwegen hat eine Gesamtlänge von über 160 km und bietet alle Möglichkeiten – vom gemütlichen Spaziergang bis zu längeren Wildniswanderungen mit Zelt.

Wer nur Zeit für eine einzige Aktivität hat, sollte dem 6 Meilen (10 km) langen **Scenic Drive** den Vorzug geben, der in das Herz des Zion Canyon vorstößt. Von April bis Oktober muss man das kostenlose Shuttle am Visitor Center nehmen, aber man kann nach Belieben an den Aussichtspunkten und den Startpunkten der Wanderwege aus- und wieder zusteigen. Der berühmte **Angels Landing Trail** ist ein anstrengender, 9 km langer Wanderweg; man überwindet 430 Höhenmeter und passiert steil abfallende Hänge – nichts für Leute mit Höhenangst! –, aber der Blick auf den Zion Canyon ist phänomenal. Hin und zurück braucht man etwa vier Stunden.

Für die 16 Meilen (26 km) lange Wanderung durch die **Narrows** (nur Juni–Sept.) benötigt man ein Hiker-Shuttle (Buchung bei Zion Adventure Company, s. rechte Spalte) und eine Backcountry-Genehmigung des Visitor Centers. Um sie zu bekommen, muss man sich normalerweise, zumal während der Saison, vorab auf der Website des Parks anmelden. Wer nur einen Teil der Strecke zurücklegen möchte, läuft vom **Riverside Walk** 5 Meilen (8 km) hinauf zu den **Big Springs**. Dort wird der Canyon schmaler; dies ist der Umkehrpunkt für Tagesausflügler. Nicht vergessen: Egal, in welche Richtung man läuft, man watet die meiste Zeit über durch den Virgin River.

Auf dem von Kanadischen Pappeln bestandenen **Watchman Campground** (☎Reservierung 877-444-6777; www.recreation.gov; Hwy 9, Zion National Park; Stellplatz f. Zelt 16 US$, f. Wohnmobil mit Anschlüssen 18–20 US$) am Canyon sollte man weit im Voraus reservieren und um einen Stellplatz am Fluss bitten. Für den angrenzenden **South Campground** (Hwy 9, Zion National Park; Stellplatz f. Zelt & Wohnmobil ohne Anschlüsse 16 US$; ⌚Anfang März–Okt.) kann nicht reserviert werden. Die beiden Campingplätze bieten Raum für fast 300 Zelte und Wohnmobile.

Direkt am Scenic Drive steht die rustikale **Zion Lodge** (☎435-772-7700, 888-297-2757; www.zionlodge.com; Zion Canyon Scenic Dr; Zi. 185 US$, Hütte 195 US$, Suite 225 US$; ❄@📶) mit 81 gut ausgestatteten Motelzimmern und 40 Hütten mit Gaskaminen. TVs gibt's zwar keine im Zimmer, dafür aber Holzveranden mit genialem Ausblick auf die roten Felsen. Das angeschlossene Restaurant, der **Red Rock Grill** (☎435-772-7760; Zion Canyon Scenic Dr, Zion Lodge; Frühstück & Sandwiches 8–14 US$, Abendessen 18–30 US$; ⌚März–Okt. 6.30–10.30, 11.30–15 & 17–22 Uhr, Nov.–Feb. unterschiedlich), gewährt eine ähnlich umwerfende Aussicht. Gleich außerhalb des Parks gelegen, bietet die Stadt Springdale sehr viel mehr Infrastruktur.

Achtung: Um den Hwy 9 durch den Park nehmen zu dürfen, muss man die Parkgebühr zahlen – selbst wenn man nur auf der Durchreise ist. Wohnmobilbesitzer müssen zudem 15 US$ für die „Eskorte" durch den 1,1 Meilen (knapp 2 km) langen Zion-Mt.-Carmel-Tunnel am Osteingang bezahlen.

Springdale

Da es in der Nähe des südlichen Haupteingangs zum Zion National Park liegt, eignet sich Springdale hervorragend als Basislager für Ausflüge in den Park. Rote Felsen bilden eine traumhafte Kulisse für die diversen Cafés, Bio-Restaurants, Kunstgalerien und unabhängigen Motels und B&Bs.

Abgesehen von Wanderungen im Nationalpark kann man auch geführte Kletter-, Canyoning-, Mountainbike und Geländewagen-Touren (ab 140 US$ für einen halben Tag) auf dem angrenzenden BLM-Land unternehmen. Alle Ausflüge mit den erstklassigen **Rock & Mountain Guides** (☎435-772-3303; www.zionrockguides.com; 1458 Zion Park Blvd; ⌚März–Okt. 8–20 Uhr, Nov.–Feb. verschiedene Öffnungszeiten) sind privat organisiert, auch Familienausflüge. Alleinreisende können Geld sparen, indem sie sich in der **Zion Adventure Company** (☎435-772-1001; www.zionadventures.com; 36 Lion Blvd; ⌚März–Okt. 8–20 Uhr, Nov.–Feb. 9–12 & 16–19 Uhr) einer bestehenden Gruppe anschließen. Das Unternehmen bietet im Sommer Tubing auf dem Fluss an. Beide Veranstalter haben

Narrows-Ausflüge im Angebot und betreiben Shuttles für Wanderer und Radfahrer.

Springdale hat ein umfassendes Angebot von guten Restaurants und netten Unterkünften. Die modernisierten Zimmer des **Canyon Ranch Motel** (☎866-946-6276, 435-772-3357; www.canyonranchmotel.com; 668 Zion Park Blvd; Zi. 99–119 US$, Apt. 120–140 US$; ❄📶🏊) umgeben einen schattigen Rasen mit Picknicktischen und Schaukeln. Das mit Blumen übersäte, 2 ha große Grundstück der **Cliffrose Lodge** (☎800-243-8824, 435-772-3234; www.cliffroselodge.com; 281 Zion Park Blvd; Zi. 159–189 US$; ❄📶🏊) erstreckt sich bis zum Virgin River.

Unter den B&Bs in der Gegend ist das **Zion Canyon B&B** (☎435-772-9466; www.zioncanyonbandb.com; 101 Kokopelli Circle; Zi. inkl. Frühstück 135–185 US$; ❄📶) das tradionenellste. Das **Red Rock Inn** (☎435-772-3139; www.redrockinn.com; 998 Zion Park Blvd; Cottage inkl. Frühstück 127–132 US$; ❄📶) überzeugt mit seinen gehoben ausgestatteten Cottages und den perfekten Leckereien, die einem aufs Zimmer gebracht werden.

Jede Ecke des Bungalows aus den 1930er-Jahren, der das **Under the Eaves Inn** (☎435-772-3457; www.undertheeaves.com; 980 Zion Park Blvd; Zi. inkl. Frühstück 110–160, Suite 185 US$; ❄📶) bildet, wurde von den Eigentümern des Gästehauses auffällig dekoriert. Das Frühstück kommt in Form eines Gutscheins für eines der örtlichen Restaurants daher.

Wegen seines Kaffees und der *trés bonnes* Crêpes – süß oder salzig – sollte man das **Meme's Cafe** (www.facebook.com/memescafezion#!; 975 Zion Park Blvd; Gerichte 6–10 US$; ⏲7–21 Uhr) morgens zu seiner ersten Anlaufstelle machen. Hier gibt's auch Paninis und Waffeln und, während der Saison, Livemusik und BBQs auf der Terrasse. Die beliebsten Treffpunkte der Einheimischen zum gemütlichen abendlichen Beisammensein und zum Essen und Trinken sind **Oscar's Cafe** (www.cafeoscars.com; 948 Zion Park Blvd; Frühstück & Burger 10–15 US$, Hauptgerichte Abendessen 16–30 US$; ⏲8–22 Uhr), inklusive Terrasse mit mexikanischen Kacheln und Lichterketten, sowie der rustikale **Bit & Spur Restaurant & Saloon** (www.bitandspur.com; 1212 Zion Park Blvd; Hauptgerichte 16–28 US$; ⏲März–Okt. 5–22 Uhr, Nov.–Feb. Do–Sa 17–22 Uhr).

Das **Zion Canyon Visitors Bureau** (☎888-518-7070; www.zionpark.com) kann nicht wirklich mit einem Büro aufwarten. Informationen gibt's nur per E-Mail und auf der Website. Jeden Frühling erscheint ein Restaurantguide; er ist in den Unterkünften erhältlich.

WER NOCH EIN PAAR TAGE ZEIT HAT: CEDAR CITY & BREAKS

Die Straße zum **Cedar Breaks National Monument** (☎435-586-0787; www.nps.gov/cebr; Hwy 148; 7 Tage 4 US$/Pers.; ⏲24 Std., Visitor Center Mitte Juni–Mitte Okt. 9–18 Uhr) liegt auf 3050 m und ist nur im Sommer passierbar. Sie ist eine der letzten, die nach den Schneefällen im Winter wieder geöffnet wird. Das lange Warten lohnt sich aber, denn der Blick auf das hiesige „Amphitheater" ist ähnlich fantastisch wie der im Bryce Canyon. Das nahe gelegene **Cedar City** (www.scenicsouthernutah.com) ist für das vier Monate dauernde Shakespeare Festival und ein Übermaß an B&Bs bekannt. Die Stadt liegt an der I-15, 52 Meilen (84 km) nördlich von St. George und 90 Meilen (145 km) westlich des Bryce Canyon; das National Monument befindet sich 22 Meilen (35 km) nordöstlich der Stadt.

St. George

Das warme Klima und die Lage im Süden haben dem beliebten Rentnerdomizil St. George (75 561 Ew.) den Spitznamen „Dixie" eingetragen. Die weitläufige Mormomenstadt mit dem auffälligen Tempel und den Pionierwohnhäusern eignet sich gut für einen Zwischenstopp auf dem Weg von Las Vegas (120 Meilen, 193 km) nach Salt Lake City (304 Meilen, 489 km) bzw. auf dem Weg in den Zion National Park. Die lohnende **Dinosaur Discovery Site** (www.dinotrax.com; 2200 E Riverside Dr; Erw./Kind 6/3 US$; ⏲Mo–Sa 10–18 Uhr) umfasst ein 1350 m² großes Gelände mit Dinosaurierspuren und Exponaten.

In St. George sind fast alle Hotelketten vertreten. Hier wird sicher fündig werden, wer nach einer Unterkunft sucht, die günstiger ist, als das, was 40 Meilen (64 km) östlich, in Springdale, im Angebot ist. Vom **Best Western Coral Hills** (☎800-542-7733, 435-673-4844; www.coralhills.com; 125 E St George Blvd; Zi. inkl. Frühstück 80–139 US$; ❄@📶🏊) ist es ein kurzer Spaziergang bis zu den Restaurants und historischen Bauten im Zentrum. Das charmante B&B **Seven Wives**

Inn (☎800-600-3737, 435-628-3737; www.sevenwivesinn.com; 217 N 100 West; Zi. & Suite inkl. Frühstück 99–185 US$;), das mit einem kleinem Pool aufwartet, erstreckt sich über zwei schöne Gebäude aus dem späten 19. Jh.

Das **Utah Welcome Center** (☎435-673-4542; http://travel.utah.gov; 1835 S Convention Center Dr, Dixie Convention Center; ⊙8.30–17.30 Uhr) abseits der I-15 bearbeitet Anfragen zum gesamten Staat.

NEW MEXICO

Der Spitzname *Land of Enchantment*, Land der Verzauberung, kommt nicht von ungefähr. Das Sonnenlicht malt Muster auf die mit Wacholder bestandenen Hügel, die Bergdörfer im lateinamerikanischen Stil zieren alte Lehmziegelbauten mit Spitzdächern aus Blech, die 4000 m hohen Sangre de Cristo Mountains beeindrucken mit ihrer stillen Erhabenheit, Vulkane, Canyons und unendliche Wüstenplateaus erstrecken sich unter einem weiten Himmel – die Schönheit der Landschaft lässt den Betrachter nicht mehr los, wenn sie ihn einmal zu fassen bekommen hat. Auch kulturell ist New Mexico ein magischer Ort: Kreuze stehen auf den Dächern historischer Kirchen aus Lehmziegeln, man kann antike und intakte indianische Pueblos besuchen, in Chilisauce „ertränkte" Enchiladas verspeisen, „echte" Cowboys beobachten und dieses ausgeprägte Gefühl von Andersartigkeit genießen: Fast hat man den Eindruck, nicht mehr in den USA zu sein.

An nahezu jeder Straßenecke wird man an Billy the Kid, den legendären Gesetzlosen, erinnert, die Kunde von Wunderheilungen lockt scharenweise gläubige Pilger nach Chimayo, Fledermäuse beanspruchen die bildschönen Carlsbad Caverns für sich, und in der Nähe von Roswell sind angeblich Außerirdische gelandet…

Den unbeschreiblichen Charme dieses Staats hat wohl niemand besser ausdrücken können als Georgia O'Keeffe mit ihren zauberhaften Bildern. Sie verbrachte viele Jahre in New Mexico. Bei ihrem ersten Besuch rief sie aus: „Das ist wundervoll! Keiner hat mir gesagt, dass es so sein würde."

Aber mal ernsthaft: Wie auch?

Geschichte

Schon um 10 500 v. Chr. durchstreiften Menschen diesen Landstrich; als Coronado im 16. Jh. in die Gegend kam, dominierten hier *pueblos* (Dörfer der amerikanischen Ureinwohner). Santa Fe wurde 1610 zur Kolonialhauptstadt gekrönt, danach strömten spanische Siedler und Bauern ins nördliche New Mexico, und die Missionare begannen mit ihren oft gewalttätigen Versuchen, die in der Region lebenden Pueblo-Indianer zum Katholizismus zu bekehren. Nach einem erfolgreichen Aufstand 1680 hielten die Ureinwohner Santa Fe bis 1692 besetzt, dann eroberte Diego de Vargas die Stadt zurück.

1851 wurde New Mexico ein Territorium der USA. Die Indianerkriege, die Besiedlung durch Cowboys und Goldgräber und die Ausbreitung des Handels über den Santa Fe Trail veränderten die Region weiter. Schließlich sorgte der Bau der Eisenbahn in den 1870er-Jahren für einen Wirtschafts-Boom.

Maler und Schriftsteller gründeten im frühen 20. Jh. Künstlerkolonien in Santa Fe und Taos. 1943 ließen sich Wissenschaftler in Los Alamos nieder und entwickelten dort die Atombombe. Seit einigen Jahren wird der Bundesstaat von einer starken Dürre geplagt.

ℹ Praktische Informationen

Dort, wo saisonale Öffnungszeiten angegeben sind (nicht bei Monatsangaben!), sollte man vorab anrufen und sich nach den aktuellen Zeiten erkundigen, da die sich schnell ändern können, sei's wegen des Wetters, des Budgets, oder einfach so.

New Mexico Route 66 Association (www.rt66nm.org) Infos zum berühmten Highway.

New Mexico State Parks Division (☎888-667-2757; www.emnrd.state.nm.us/SPD) Infos zu State Parks und ein Link für Campingplatz-Reservierungen.

Public Lands Information Center (☎877-851-8946; www.publiclands.org) Alles zum Thema Campen und Freizeitangebote.

Albuquerque

Dieser lebendige Knotenpunkt besitzt einen eher verborgenen Charme, den er mehr den Einheimischen verdankt als irgendwelchem Großstadtglanz. Die Bewohner Albuquerques sind stolz auf ihre Stadt und sie schätzen sich glücklich, ein Teil ihrer Geschichte zu sein, ihre Highlights zu bewundern und in den Genuss ihrer vorzüglichen Restaurants zu kommen. Dadurch ist die einwohnerstärkste Stadt New Mexicos mehr als nur ein weiterer Punkt am Verlauf der Route 66 von Los Angeles nach Chicago.

KURZINFOS NEW MEXICO

Spitzname Land of Enchantment

Bevölkerung 2 Mio.

Fläche 314 940 km²

Hauptstadt Santa Fe (68 700 Ew.)

Weitere Städte Albuquerque (553 000 Ew.), Las Cruces (99 700 Ew.)

Verkaufssteuer 5–8 %

Geburtsort von John Denver (1943–1997), Smokey Bear (1950–1976)

Heimat des International UFO Museum & Research Center (Roswell) und von Julia Roberts

Politische Ausrichtung ein „violetter Staat" (auch Swing State) mit eher demokratischem Norden (blau) und eher republikanischem Süden (rot)

Berühmt für alte Pueblos, die erste Atombombe (1945) und Bugs Bunnys Spruch: „Ich wusste es, ich hätte in Albuquerque links abbiegen sollen."

Typische Frage „Rot oder grün?" (Es geht um Chilisaucen)

Höchster/niedrigster Punkt Wheeler Peak (4011 m)/Red Bluff Reservior (866 m)

Entfernungen Albuquerque–Santa Fe 50 Meilen (80 km), Santa Fe–Taos 71 Meilen (114 km)

Jahrhundertealte Lehmziegelgebäude säumen die lebhafte Old Town, und die Geschäfte, Restaurants und Bars im angesagten Viertel Nob Hill liegen alle in angenehmer Gehweite voneinander. Auf den Felsen außerhalb der Stadt sind noch uralte Felszeichnungen zu sehen, während die modernen Museen der Innenstadt Ausstellungen zu kosmischer und nuklearer Energie zu bieten haben. Der Alltag ist geprägt von der pulsierenden Mischung aus Studenten, Indianern, Hispaniern, Schwulen und Lesben. Albuquerque ist eine Stadt, in der man Square-Dance- und Yoga-Kurse belegen kann und in der Rancharbeiter und Immobilienmakler in Taco-Bars oder altmodischen Cafés Seite an Seite sitzen.

Albuquerques wichtigste Begrenzungen sind der Paseo del Norte Dr im Norden, die Central Ave im Süden, der Rio Grande Blvd im Westen und der Tramway Blvd im Osten. Die Hauptader der Stadt, die Central Ave, ist die alte Route 66. Sie durchquert Old Town, Downtown, das Unigelände und Nob Hill. Die Stadt ist in vier Planquadrate unterteilt (NW, NE, SW & SE), den Mittelpunkt bildet die Kreuzung der Central Ave mit den Bahngleisen östlich von Downtown.

Sehenswertes

Old Town

Die Plaza war von der Fertigstellung 1706 bis zur Ankunft der Eisenbahn 1880 Albuquerques Dreh- und Angelpunkt; heute ist die Old Town das touristische Zentrum.

Ebenfalls in der Altstadt befinden sich die **San Felipe de Neri Church** (www.sanfelipedeneri.org; Old Town Plaza; ⏲7–17.30 Uhr, Museum: Mo–Sa 9.30–16.30 Uhr) aus dem Jahre 1793, ¡Explora! (S. 985) und das **New Mexico Museum of Natural History & Science** (www.nmnaturalhistory.org; 1801 Mountain Rd NW; Erw./Kind 7/4 US$; ⏲9–17 Uhr; 👪).

★ American International Rattlesnake Museum MUSEUM
(www.rattlesnakes.com; 202 San Felipe St NW; Erw./Kind 5/3 US$; ⏲Mai–Sept. Mo–Sa 10–18, So 13–17 Uhr, Sept.–Mai Mo–Fr 11.30–17.30, Sa 10–18, So 13–17 Uhr) Nirgendwo auf der Welt wird man mehr Klapperschlangenarten auf einem Fleck finden, darunter Diamant-, aber auch die seltenen Tigerklapperschlangen. Wenn man die erste Angst- und Panikattacke überstanden hat, wird man verblüfft sein angesichts der schönen Zeichnungen der Tiere, der Arten- und Farbvielfalt. Hoffentlich wird man ihnen in freier Wildbahn niemals so nahe kommen wie hier! Im Sommer sind die Öffnungszeiten wochentags ein wenig länger.

Albuquerque Museum of Art & History MUSEUM
(www.cabq.gov/museum; 2000 Mountain Rd NW; Erw./Kind 4/1 US$; ⏲Di–So 9–17 Uhr) Die Rüstungen und Waffen von Konquistadoren sind die Highlights der Sammlung. Die Besucher können der multikulturellen Vergangenheit der Stadt (indianisch, hispanisch, englisch) auf den Grund gehen. Ebenfalls interessant: die Arbeiten von Künstlern aus New Mexico.

Im Stadtgebiet

Die Gegend um die University of New Mexico (UNM) wimmelt von guten Restaurants, lockeren Bars, unkonventionellen Läden und hippen Studententreffpunkten. Die wichtigste Straße ist der Central-Ave-Abschnitt zwischen University Blvd und Carlisle Blvd. Östlich befindet sich das angesagte Nob Hill, ein fußgängerfreundliches Viertel mit Cafés, Boutiquen und von Terrassen eingefassten Restaurants.

★ Indian Pueblo Cultural Center MUSEUM
(IPCC; ☎505-843-7270; www.indianpueblo.org; 2401 12th St NW; Erw./Kind 6/3 US$; ⏲9–17 Uhr) Wird von den 19 Pueblos in New Mexico betrieben. Das Zentrum ist ein Muss, wenn man die Zusammenhänge in der Geschichte Nord-New-Mexicos verstehen möchte. Ansprechende Darstellungen zeichnen die Entwicklung der Pueblo-Kulturen nach und erklären verschiedene Bräuche. Außerdem wird Kunsthandwerk gezeigt, und es finden Wechselausstellungen statt.

National Museum of Nuclear Science & History MUSEUM
(www.nuclearmuseum.org; 601 Eubank Blvd SE; Erw./Kind & Senior 8/7 US$; ⏲9–17 Uhr; 👪) Die Ausstellungsstücke beschäftigen sich mit dem Manhattan-Projekt (Atombombenprojekt im Zweiten Weltkrieg), der Geschichte der Waffenkontrolle und der Nutzung von Kernkraft als Energiequelle. Die Guides sind pensionierte Militärangehörige und echte Experten.

Petroglyph National Monument ARCHÄOLOGISCHE STÄTTE
(www.nps.gov/petr; ⏲Visitor Center 8–17 Uhr) 🍃 Das National Monument nordwestlich der Stadt wartet mit mehr als 20 000 Felszeichnungen auf. Am besten lässt man sich im Visitor Center (am Western Trail beim Unser Blvd) beraten, welcher der drei Wanderwege durch unterschiedliche Abschnitte des Parks am besten zu den eigenen Interessen passt. Wer wandern und einen schönen Ausblick genießen will, sollte den Volcanoes Trail ablaufen (dort gibt's aber keine Petroglyphen zu sehen). Achtung: Auf ein paar Parkplätzen an Startpunkten von Wanderwegen sind Autoeinbrüche gemeldet worden; keine Wertgegenstände im Wagen lassen! Auf der I-40 nach Westen über den Rio Grande fahren und dann Exit 154 North nehmen.

Sandia Peak Tramway SEILBAHN
(www.sandiapeak.com; Tramway Blvd; Wagen 1 US$, Erw./Jugendl. 13–20 Jahre/Kind 20/17/12 US$; ⏲Sept.–Mai Mi–Mo 9–20, Di ab 17 Uhr, Juni–Aug. 9–21 Uhr) Die 4 km lange Seilbahnstrecke der Sandia Peak Tramway beginnt im Wüstenreich der Cholla-Kakteen und endet da, wo die Kiefern wachsen: auf dem 3163 m hohen Sandia Peak. In 15 Minuten ist man oben. Die Aussicht ist gigantisch – und genauso sind die Preise im Restaurant vor Ort.

Aktivitäten

Die Sandia Mountains und die weniger überlaufenen Manzano Mountains sind optimales Terrain für eine Fülle von Outdoor-Aktivitäten, darunter Wandern, Skifahren (alpin oder Langlauf), Mountainbiken, Klettern und Zelten. Infos und Karten sind im **Cibola National Forest Office** (☎505-346-3900; 2113 Osuna Rd NE; ⏲Mo–Fr 8–16.45 Uhr) oder in der **Sandia Ranger Station** (☎505-281-3304; 11776 Hwy 337, Tijeras; ⏲Mo–

ALBUQUERQUE MIT KINDERN

Das ambitionierte **¡Explora! Children's Museum** (www.explora.us; 1701 Mountain Rd NW; Erw./Kind 8/4 US$; ⏲Mo–Sa 10–18, So 12–18 Uhr; 👪) wird Kinder stundenlang beschäftigen. Ein Hochseilrad, Wasser, eine Werkstatt für Kunsthandwerk … Für jedes Kind ist etwas dabei (unbedingt den Aufzug benutzen!). Und wenn man gar nicht mit Kindern unterwegs ist? Dann sollte man auf der Website nachsehen, wann die beliebte „Adult Night" (Nacht für Erwachsene) stattfindet, eine der coolsten Veranstaltungen in der Stadt. Normalerweise ist der Gastgeber ein bekannter lokaler Künstler.

Das auch für Jugendliche interessante **New Mexico Museum of Natural History & Science** (S. 984) beherbergt einen Evolator (kurz für *evolution elevator*, Evolutionsaufzug), der die Besucher durch 38 Mio. Jahre Erd- und Evolutionsgeschichte New Mexicos führt. Die neue Ausstellung Space Frontiers zeigt, welchen Beitrag der Staat zur Erforschung des Weltalls geleistet hat, angefangen mit uralten Chaco-Observatorien bis zu einer beeindruckenden, maßstabsgetreuen Mars-Rover-Imitation. Im Museum sind außerdem ein **Planetarium** (Erw./Kind 7/4 US$) und das mit einer 3D-IMAX-Leinwand ausgestattete **DynaTheater** (Erw./Kind 10/6 US$) untergebracht.

Fr 8–16.30 Uhr) erhältlich. Exit 175 South der I-40 nehmen (ca. 15 Meilen, 24 km, östlich von Albuquerque)!

Sandia Crest National Scenic Byway AUTOFAHREN, WANDERN & TREKKEN
(I-40 Exit 175 North) Auf dem schönen Sandia Crest National Scenic Byway kommt man über den Osthang zum höchsten Punkt der Sandias. Unterwegs hat man Zugang zu vielen Wanderwegen. Alternativ nimmt man die Sandia Peak Tramway oder den Hwy 165 ab Placitas (I-25-Exit 242), eine unbefestigte Straße durch den Las Huertas Canyon, die an einer prähistorischen Felsbehausung vorbeiführt, der **Sandia Man Cave**.

Sandia Peak Ski Park SKIFAHREN, RADFAHREN
(☎505-242-9052; www.sandiapeak.com; Skipass Erw./Kind 50/40 US$; ⏲Dez.–März & Juni–Sept. 9–16 Uhr) Manchmal ist der Schnee prima, manchmal weniger gut. Am besten vorher nach den aktuellen Bedingungen fragen! Im Sommer (Juni–Sept.) ist das Skigebiet an Wochenenden und in den Ferien für Mountainbikefahrer geöffnet. Man kann ein Rad an der Basisstation leihen (58 US$ plus 650 US$ Kaution) oder mit dem Sessellift und dem eigenen Rad zum Gipfel hochfahren (14 US$). Dem Scenic Byway 536 folgen oder die Sandia Peak Tramway nehmen (in der Seilbahn sind Skier, aber keine Fahrräder erlaubt)!

Discover Balloons BALLONFAHREN
(☎505-842-1111; www.discoverballoons.com; 205c San Felipe NW; Erw./unter 12 J. 160/125 US$) Es gibt verschiedene Anbieter für Ballonfahrten über der Stadt und dem Rio Grande, darunter Discover Balloons. Man ist etwa eine Stunde in der Luft. Es geht oft schon früh am Morgen los, um vom Sonnenaufgang und den besten Windbedingungen zu profitieren.

Geführte Touren

Von Mitte März bis Mitte Dezember werden im Albuquerque Museum of Art & History (S. 984) informative **Führungen durch die Old Town** (⏲März–Dez. Di–So 11 Uhr) veranstaltet. Sie dauern 45 Minuten bis eine Stunde und sind für Museumsbesucher kostenlos.

Feste & Events

Gathering of Nations Powwow KULTUR
(www.gatheringofnations.com; ⏲April) Der größte indianische Powwow der Welt, mit traditioneller Musik, Tanz, Essen, Kunsthandwerk und der Krönung der Miss Indian World findet jedes Jahr im April statt.

International Balloon Fiesta BALLONFAHREN
(www.balloonfiesta.com; ⏲Anfang Okt.) Dieses einwöchige Spektakel lockt bis zu 800 000 Zuschauer an. Das Highlight ist der Massenstart: Dann heben mehr als 500 Heißluftballons beinahe zeitgleich ab.

Schlafen

Route 66 Hostel HOSTEL $
(☎505-247-1813; www.rt66hostel.com; 1012 Central Ave SW; B 20 US$, Zi. ab 25 US$; P ❄ 📶) Saubere, günstige und schlichte Unterkunft mit fröhlicher Atmosphäre. Sie hat echtes Backpacker-Flair. Für die Gäste stehen eine Küche, eine Bücherei und eine offene Terrasse zur Verfügung.

Hotel Blue HOTEL $
(☎877-878-4868; www.thehotelblue.com; 717 Central Ave NW; Zi. inkl. Frühstück 60–99 US$; P ❄ @ 📶 🏊) In günstiger Lage neben einem Park im Zentrum kann man in einem der 134 Art-déco-Zimmer mit Tempur-Pedic-Matratzen übernachten. Das Flughafen-Shuttle ist kostenlos. Weitere Pluspunkte gibt's für den ordentlich großen Pool und die 40-Zoll-Flachbild-TVs.

★ **Andaluz** BOUTIQUEHOTEL $$
(☎505-242-9090; www.hotelandaluz.com; 125 2nd St NW; Zi. 160–290 US$; P ❄ @ 📶) Albuquerques bestes Hotel haut einen förmlich um, so stilvoll und detailverliebt ist es: In der Lobby laden sechs gemütliche Alkoven mit Tischen und Sofas zum Zusammensitzen bei einem Drink ein, und auf den Zimmern erwartet einen italienische Allergikerbettwäsche. Das Restaurant ist eines der besten der Stadt, die Gästebücherei ist wunderschön, und auf dem Dach befindet sich eine Bar. Das Andaluz ist ein „grünes" Hotel: Man kann die Solarheizungsanlage besichtigen, die größte im ganzen Staat. Wenn man online bucht, sind die Tarife viel günstiger.

Mauger Estate B&B B&B $$
(☎800-719-9189; 505-242-8755; www.maugerbb.com; 701 Roma Ave NW, Ecke 7th St NW; Zi. inkl. Frühstück 99–195 US$, Suite 160–205 US$, Stadthaus 129–195 US$; P 📶 🐾) Das restaurierte Herrenhaus im Queen-Anne-Stil (Mauger wird wie *major* ausgesprochen) hat komfortable Zimmer mit Daunendecken, Kühlschränken und frischen Schnittblumen. Das B&B ist kinder- und tierfreundlich; es gibt ein

Zimmer extra für Gäste mit Hund inklusive Wild-West-Dekor und kleinem Hof (20 US$ zusätzlich).

Böttger Mansion B&B $$
(505-243-3639, 800-758-3639; www.bottger.com; 110 San Felipe St NW; Zi. inkl. Frühstück 104–179 US$;) Durch den netten, ortskundigen Besitzer hebt sich das gut ausgestattete viktorianische Gebäude von der Konkurrenz ab. Die Villa (erb. 1912) mit acht Schlafzimmern steht in der Nähe der Old Town Plaza, toller Museen und einiger guter Restaurants mit New Mexico-Küche. Der mit Geißblatt bewachsene Hof ist beliebt bei Vogelfans. Zu den illustren Gästen zählten Elvis, Janis Joplin und Machine Gun Kelly.

Essen

★ **Frontier** NEW MEXICO $
(www.frontierrestaurant.com; 2400 Central Ave SE; Hauptgerichte 3–11 US$; 5–1 Uhr;) Das Frontier ist ein echter Traditionsladen. Die Zimtschnecken hier sind riesig, der Eintopf mit grünen Chilischoten macht süchtig, und die *huevos rancheros* sind unschlagbar. Außerdem kann man hier wunderbar Leute beobachten, und die Studenten lieben die günstigen Preise für Frühstück, Burger und mexikanisches Essen.

Flying Star Café AMERIKANISCH $
(www.flyingstarcafe.com; 3416 Central Ave SE; Hauptgerichte 6–12 US$; So–Do 6–23, Fr & Sa bis 24 Uhr;) **Juan Tabo Blvd** (4501 Juan Tabo Blvd NE; So–Do 6–22, Fr & Sa bis 23 Uhr;) Die beste Anlaufstelle, wenn man kreative Gerichte aus regionalen Zutaten mag, z. B. hausgemachte Suppen, Sandwiches und Pfannengerührtes als Hauptgericht oder leckere Desserts. Für jeden ist etwas dabei – deshalb platzen die sieben Filialen wohl auch ständig aus allen Nähten.

Golden Crown Panaderia BÄCKEREI $
(505-243-2424; www.goldencrown.biz; 1103 Mountain Rd NW; Hauptgerichte 5–20 US$; Di–Sa 7–20, So 10–20 Uhr) Wer liebt sie nicht, die netten Bäckereien an der Ecke? Und zwar insbesondere, wenn das Personal so nett ist und Brot und Pizza frisch aus dem Ofen sowie mit Obst gefüllte Empanadas und leckeren Kaffee verkauft. Hin und wieder gibt's auch mal einen Keks umsonst. Das Chili-Brot ist ruckzuck ausverkauft – am besten anrufen und eines reservieren! Auf der Website kann man einen Blick auf das Sortiment werfen.

Annapurna INDISCH $$
(www.chaishoppe.com; 2201 Silver Ave SE; Hauptgerichte 7–12 US$; Mo–Fr 7–21, Sa 8–21, So 10–20 Uhr;) Mit das frischste, leckerste und gesündeste Essen der Stadt gibt's in diesem mit Wandmalereien übersäten Restaurant. Die mild gewürzten, ayurvedischen Gerichte sind vegetarisch oder vegan und so gut, dass auch Fleischliebhaber problemlos etwas finden werden.

Artichoke Café MODERN-AMERIKANISCH $$$
(505-243-0200; www.artichokecafe.com; 424 Central Ave SE; Mittagessen 10–16 US$, Abendessen 19–30 US$; Mo–Fr 11–14.30, tgl. 17–21, Fr & Sa bis 22 Uhr) Dieses Café nennen viele ihr Lieblingsrestaurant in Albuquerque. Hier nimmt das Personal einfach das Beste, was die italienische, französische und amerikanische Küche zu bieten haben, und serviert es den Gästen mit einem Hauch von Eleganz.

Ausgehen & Unterhaltung

Die **Popejoy Hall** (www.popejoypresents.com; Central Ave, an Cornell St SE) und das historische **KiMo Theatre** (www.cabq.gov/kimo; 423 Central Ave NW, Downtown) sind die Top-Veranstaltungsorte. Dort treten bekannte Bands, Opern- und Theaterensembles und Symphonieorchester auf. Was wann und wo los ist, steht in der wöchentlich erscheinenden Zeitschrift *Alibi* (www.alibi.com). Die meisten der in Albuquerque angesagten Cafés und Bars liegen in den Nob Hill-/UNM-Bezirken, obwohl's auch im Zentrum ein paar gute gibt.

Satellite Coffee CAFÉ
(2300 Central Ave SE; 6–23 Uhr;) Von der hippen spacigen Optik sollte man sich nicht abschrecken lassen. Die Angestellten sind nett und das Publikum besteht aus lauter Leuten mit Laptop und Lattes. Acht Filialen sind übers Stadtgebiet verteilt. Nett ist auch die in Nob Hill (3513 Central Ave NE, Nob Hill).

Anodyne BAR
(409 Central Ave NW; Mo–Fr 16–1.30, Sa 19–1.30, So 19–23.30 Uhr) Das Anodyne ist ein riesiger, aber gemütlicher Ort mit zehn roten Billardtischen, Holzdecken, ausreichend gepolsterten Stühlen – und mehr als 100 verschiedenen Sorten Flaschenbier. Hier findet sich ein vielfältiges Publikum, wo jeder dazugehört.

Kelly's Brewery BRAUEREI
(www.kellysbrewpub.com; 3222 Central Ave SE; So–Do 8–22.30, Fr & Sa bis 24 Uhr) An einem

der großen Gemeinschaftstische darf man sich auf einen geselligen Abend mit viel Bier freuen und Leute beobachten. Früher war dies ein Ford-Autohaus mit Tankstelle. An warmen Frühlingsabenden scheint sich ganz Albuquerque auf der riesigen Terrasse zu tummeln.

Launch Pad LIVEMUSIK
(www.launchpadrocks.com; 618 Central Ave SW, Downtown) Indie-, Reggae-, Punk- und Country-Bands rocken den Laden fast jeden Abend. Nach dem Raumschiff auf der Central Ave Ausschau halten! Gleich nebenan ist das **El Rey Theater** (www.elreytheater.com; 620 Central Ave SW, Downtown), ein weiterer heißer Tipp für Livemusik.

Shoppen

Alle Arten von Souvenirs erhält man in Nob Hill östlich der Universität. Boutiquen und ausgefallene Geschäfte laden zum Bummeln ein. Parken kann man in der Central Ave SE oder in einer der Seitenstraßen mit den College-Namen.

Palms Trading Post KUNSTHANDWERK
(1504 Lomas Blvd NW; ⌚Mo–Dr 9–17.30, Sa 10–17.30 Uhr) Wer indianisches Kunsthandwerk kaufen und von Experten beraten werden will, sollte im Palms Trading Post vorbeischauen.

Silver Sun SCHMUCK
(116 San Felipe St NW; ⌚10–16.30 Uhr) Gleich südlich der Plaza befindet sich dieser Juwelier, der für seine Türkise und Silber bekannt ist. Manchmal kann man beim Schmieden zuschauen.

Mariposa Gallery KUNSTHANDWERK
(www.mariposa-gallery.com; 3500 Central Ave SE, Nob Hill) Wunderschöne, ausgefallene Kunst, Handwerk und Schmuck, vor allem von Künstlern aus der Region.

Praktische Informationen

INFOS IM INTERNET

Albuquerque.com (www.albuquerque.com) Attraktionen, Hotels und Restaurants.

City of Albuquerque (www.cabq.gov) Informationen zum öffentlichen Nahverkehr, zu lokalen Sehenswürdigkeiten und mehr.

INTERNETZUGANG

Viele Restaurants und Cafés bieten WLAN.

Main Library (☎505-768-5141; 501 Copper Ave NW; ⌚Mo & Do–Sa 10–18, Di & Mi 10–19 Uhr; 📶) Nach dem Kauf einer SmartCard für 3 US$ ist der Internetzugang kostenlos. WLAN ist gratis, man benötigt aber eine Zugangskarte.

NOTFALL & MEDIZINISCHE VERSORGUNG

Polizei (☎505-764-1600; 400 Roma Ave NW)

Presbyterian Hospital (☎505-841-1234, Notfall 505-841-1111; 1100 Central Ave SE; ⌚24 Std. Notaufnahme)

UNM Hospital (☎505-272-2411; 2211 Lomas Blvd NE; ⌚24 Std. Notaufnahme) Wer keine Versicherung hat, sollte hierhin kommen.

POST

Post (201 5th St SW; ⌚Mo–Fr 9–16.30 Uhr)

TOURISTENINFORMATION

Albuquerque Convention & Visitors Bureau (www.itsatrip.org; Albuquerque International Airport; ⌚So–Fr 9.30–20, Sa bis 16.30 Uhr) An der Gepäckausgabe auf der unteren Ebene.

Old Town Information Center (☎505-243-3215; www.itsatrip.org; 303 Romero Ave NW; ⌚Okt.–Mai 10–17 Uhr, Juni–Sept. bis 18 Uhr)

Anreise & Unterwegs vor Ort

BUS

Das **Alvarado Transportation Center** (100 1st St SW, cnr Central Ave) ist Sitz von **ABQ RIDE** (☎505-243-7433; www.cabq.gov/transit; 100 1st St SW; Erw./Kind 1/0,35 US$; Tagesticket 2 US$), dem öffentlichen Busbetrieb. Er deckt montags bis freitags den Großteil von Albuquerque ab und nimmt täglich Kurs auf die wichtigsten Sehenswürdigkeiten. Die meisten Linien fahren bis 18 Uhr. Die ABQ-RIDE-Linie 50 verbindet den Flughafen und Downtown (Mo–Fr letzter Bus um 20 Uhr, Sa eingeschränkter Dienst). Auf der Website findet man Karten und Fahrpläne. Bus Nr. 36 hält nahe der Old Town und dem Indian Pueblo Cultural Center.

Greyhound (☎800-231-2222, 505-243-4435; www.greyhound.com; 320 1st St SW) fährt Ziele in ganz New Mexico an. **Sandia Shuttle** (☎888-775-5696; www.sandiashuttle.com; einfache Strecke/hin & zurück 28/48 US$; ⌚8.45–23.45 Uhr) bietet tägliche Shuttle-Verbindungen von Albuquerque zu vielen Hotels in Santa Fe. **Twin Hearts Express** (☎575-751-1201; www.twinheartsexpresstransportation.com) betreibt einen Shuttle-Service vom Flughafen zu Zielen im Norden von New Mexico wie Taos.

FLUGZEUG

Albuquerque International Sunport (☎505-244-7700; www.cabq.gov/airport; 2200 Sunport Blvd SE) ist der wichtigste Flughafen von New Mexico. Er wird von fast allen großen US-amerikanischen Fluggesellschaften angeflogen. Ein Taxi nach Downtown kostet 20 bis 25 US$; ein Anbieter ist z. B. **Albuquerque Cab** (☎505-883-4888; www.albuquerquecab.com).

ZUG

Täglich hält der *Southwest Chief* auf dem Weg nach Chicago (173 US$, 26 Std.) oder in die andere Richtung, via Flagstaff, AZ, (91 US$, 5 Std.) nach Los Angeles, CA, (ab 114 US$, 16½ Std.) am **Amtrak Bahnhof** (☎800-872-7245, 505-842-9650; 320 1st St SW; ⏲10–17 Uhr).

Am selben Bahnhof hält auch der **New Mexico Rail Runner Express** (www.nmrailrunner.com), ein Pendlerzug. Werktags geht's achtmal täglich nach Santa Fe (einfache Strecke/Tagesticket 8/9 US$), samstags vier- und sonntags dreimal, es ist aber wahrscheinlich, dass die Wochenendverbindungen eingestellt werden. Die Fahrt dauert etwa eineinhalb Stunden.

An der I-40

Zwar kann man theoretisch in weniger als fünf Stunden von Albuquerque nach Flagstaff, AZ, fahren, doch die National Monuments und die Pueblos an der Strecke sind einen Besuch wert. Wer eine landschaftlich schöne Tour machen möchte, nimmt ab Grants den Hwy 53 nach Südwesten, der zu allen im Folgenden genannten Sehenswürdigkeiten (außer nach Acoma) führt. Der Hwy 602 verläuft gen Norden nach Gallup.

Acoma Pueblo

Die „Himmelsstadt" thront auf einer Mesa 2133 m über dem Meeresspiegel und 112 m über dem umliegenden Plateau. Dieses Dorf ist eine der ältesten durchgehend bewohnten Siedlungen Nordamerikas. Seit der zweiten Hälfte des 11. Jhs. leben hier Menschen, die Töpferwaren herstellen. **Geführte Touren** (Erw./Senior/Kind 23/20/15 US$; ⏲April–Anfang Nov. 9.30–15.30 Uhr stündl.; Zeiten im Winter telefonisch od. online erfragen) beginnen am **Visitor Center** (☎800-747-0181; www.acomaskycity.org; ⏲April–Anfang Nov. 9–17 Uhr; Zeiten im Winter telefonisch od. online erfragen) am Fuß der Mesa und dauern zwei Stunden oder eine Stunde, wenn man nur die historische Tour bucht. Von der I-40 nimmt man Exit 102, etwa 60 Meilen (96 km) westlich von Albuquerque, und fährt 12 Meilen (19 km) nach Süden.

El Morro National Monument

Der 60 m hohe Sandsteinvorsprung an diesem **National Monument** (www.nps.gov/elmo; Eintritt frei; ⏲9–17 Uhr; letzter Einlass 16 Uhr) GRATIS, auch bekannt als der „Felsen der Inschriften", ist seit Jahrhunderten ein Reiseziel. Mehr als 2000 eingeritzte Zeichen – von Petroglyphen der Pueblo-Indianer (um 1275) an der Spitze bis zu Inschriften spanischer Eroberer und englischer Pioniere – bieten eine einzigartige Möglichkeit, sich auf die Spuren der Geschichte zu begeben. El Morro liegt ca. 38 Meilen (61 km) südwestlich von Grants und ist über den Hwy 53 erreichbar.

Zuni Pueblo

Die Zuni sind weltweit für ihre feinen Silberintarsien bekannt. Sie verkaufen sie in

SCENIC DRIVES: PANORAMASTRECKEN IN NEW MEXICO

Billy the Kid National Scenic Byway Diese Berg-und-Tal-Strecke (www.billybyway.com) im Südosten von New Mexico führt durch Billy the Kids Revier, vorbei an Smokey Bears Grab und durch das von Obstgärten gesäumte Hondo Valley. Von Roswell aus nimmt man den Hwy 380 nach Westen.

High Road nach Taos Auf der Nebenstraße zwischen Santa Fe und Taos fährt man durch eine Wüste mit Sandsteinskulpturen, erfrischende Kiefernwälder und ländliche Dörfer mit alten Kirchen aus Lehmziegeln und Pferdekoppeln. Die 4000 m hohen Truchas Peaks dominieren die Szenerie. Von Santa Fe aus nimmt man den Hwy 84/285 bis zum Hwy 513 und folgt dann der Beschilderung.

NM Highway 96 Auf dieser kleinen Straße zwischen Abiquiu und Cuba lernt man im Schatten des auffälligen Cerro Pedernal das Herz von Georgia O'Keeffes New Mexico kennen. Dann geht's vorbei an marsroten Tafelbergen und Sandsteinfelsen in Purpur-, Gelb- und Elfenbeintönen.

NM Highway 52 Von der Kleinstadt Truth or Consequences fährt man nach Westen in die spektakulären Ausläufer der Black Range hinein, durch die alten Bergarbeitersiedlungen Winston und Chloride. Weiter Richtung Norden kommt man an der Monticello Box vorbei – wo Geronimo schlussendlich aufgab – und dann zu den weiten Plains of San Augustin, bevor man das bizarre Very Large Array erreicht.

Geschäften am Hwy 53. Im **Visitor Center** (☎505-782-7238; www.zunitourism.com; 1239 Hwy 53; Führungen 10 US$; ⏲Mo–Fr 8.30–17.30, Sa 10.30–16, So 12–16 Uhr) erhält man Infos und Fotogenehmigungen und kann Touren durch das Pueblo buchen. Vorbei an den Steinhäusern und wie Bienenkörbe geformten Lehmziegelöfen geht's zur **Our Lady of Guadalupe Mission**. Die Kachina-Wandbilder sind beeindruckend. Im **Ashiwi Awan Museum & Heritage Center** (www.ashiwi-museum.org; Ojo Caliente Rd; Eintritt gegen Spende; ⏲Mo–Fr 9–17 Uhr) sind alte Fotos und Stammesartefakte ausgestellt.

Das nette **Inn at Halona** (☎800-752-3278, 505-782-4547; www.halona.com; Halona Plaza; Zi. ab 79 US$; P ᯤ) zieren Zuni-Kunst und -Handwerk. Es hat acht Zimmer und ist die einzige Unterkunft im Pueblo. Das Frühstück gehört mit zum Besten, was man in New Mexico in einem B&B bekommen kann.

Gallup

Gallup ist eine typische Route-66-Stadt – und das wichtigste Handelszentrum der Navajo und Zuni. Deshalb befinden sich zahlreiche *trading posts*, Pfandleiher, Schmuckgeschäfte und Handwerksgalerien im historischen Bezirk. Dies ist die wohl beste Adresse in New Mexico für qualitativ hochwertige Waren zu fairen Preisen.

Die schönste Schlafgelegenheit ist **El Rancho** (☎505-863-9311; www.elranchohotel.com; 1000 E Hwy 66; Zi. ab 85 US$; P ❄ ᯤ ≋). Viele berühmte Schauspieler der 1940er- und 1950er-Jahre haben hier übernachtet. Der Stil der tollen Lobby ist typisch für den Südwesten, es gibt ein Restaurant, eine Bar und verschiedene einfache Zimmer. In der Lobby hat man WLAN-Empfang. Die meisten Kettenhotels befinden sich entlang der Route 66, westlich des Stadzentrums.

Santa Fe

Santa Fe hat ohne Zweifel ein zeitloses, erdiges Flair – das merkt man spätestens, wenn man durch die historischen Viertel mit den Adobe-Bauten geht, aber auch auf der Plaza, auf der sich die Touristen tummeln. Santa Fe, gegründet 1610, ist die zweitälteste Stadt der USA und die älteste Landeshauptstadt. Hier steht das älteste öffentliche Gebäude des Landes und hier steigt die älteste jährliche Party der USA (Fiesta). Davon abgesehen ist Santa Fe ein Synonym für modernen Stil, die Stadt trumpft mit dem zweitgrößten Kunstmarkt der Vereinigten Staaten auf und bietet neben Gourmetrestaurants, erstklassigen Museen und Spas auch noch eine hochkarätige Oper.

Santa Fe ist auch die höchstgelegene Landeshauptstadt der USA (auf über 2100 m). Sie befindet sich am Fuß der Sangre de Cristo Mountains und ist ein idealer Ausgangspunkt für Wanderungen, Mountainbiketouren oder Skiausflüge.

Die Cerrillos Rd (I-25-Exit 278), eine 6 Meilen (10 km) lange Straße voller Hotels und Fast-Food-Restaurants, führt von Süden her in die Stadt. Der Paseo de Peralta beschreibt einen Kreis durch das Zentrum, der St. Francis Drive (I-25-Ausfahrt 282) bildet die westliche Grenze von Downtown Santa Fe und geht in den Hwy 285 über, der nach Norden führt, Richtung Los Alamos und Taos. Die meisten Restaurants, Galerien, Museen und Sehenswürdigkeiten in Downtown können von der Plaza, dem historischen Kern der Stadt, aus zu Fuß erreicht werden.

Sehenswertes

Kunstfans, die ein Wochenende in Santa Fe verbringen wollen, sollten darüber nachdenken, halbwegs früh am Freitag anzureisen – in vielen Museen ist der Eintritt freitagabends kostenlos.

★ **Georgia O'Keeffe Museum** MUSEUM
(☎505-946-1000; www.okeeffemuseum.org; 217 Johnson St; Erw./Kind 12/frei; ⏲10–17, Fr bis 20 Uhr) Dieses Museum besitzt die größte Georgia-O'Keeffe-Sammlung der Welt. Es zeigt Gemälde mit den bekannten Blumen- und Schädelmotiven sowie Adobe-Architektur. Führungen durch das Haus der Künstlerin in Abiquiu müssen vorab reserviert werden.

Canyon Rd GALERIEN
(www.canyonroadarts.com) Das Epizentrum der Edel-Kunstszene der Stadt. Mehr als 100 Galerien, Ateliers, Geschäfte und Restaurants säumen die schmale historische Straße. Man kann Meisterwerke der Santa Fe School, seltene indianische Antiquitäten und zügellose moderne Kunst betrachten. Bei den Vernissagen am frühen Freitagabend und vor allem an Heiligabend geht es in dem Viertel besonders lebendig zu.

Wheelwright Museum of the American Indian MUSEUM
(www.wheelwright.org; 704 Camino Lejo; ⏲Mo–Sa 10–17, So 13–17 Uhr) GRATIS 1937 ließ Mary Cabot

NICHT VERSÄUMEN

MUSEUM OF NEW MEXICO

Das Museum of New Mexico verwaltet vier (oder fünf, je nachdem wie man sie zählt) einzigartige und hervorragende Museen in der Stadt. Der Eintritt ist für Jugendliche und Kinder bis 16 Jahre kostenlos. Erwachsene können einen Vier-Tages-Pass mit Eintritt zu allen vier (oder fünf) Museen für 20 US$ kaufen. Zwei (oder drei) liegen an der Plaza, zwei auf dem Museums Hill.

Museum of International Folk Art (www.internationalfolkart.org; 706 Camino Lejo; Erw./Kind 9 US$/frei, im Sommer Fr 17–20 Uhr freier Eintritt; ⏲10–17 Uhr, Sept.–Mai Mo geschl.) Auf dem Museum Hill warten gleichermaßen skurrile wie überwältigende Galerien mit der weltweit größten Sammlung traditioneller Volkskunst auf. Wenn es zeitlich passt, sollte man seinen Besuch in diesem Museum auf den Juli legen. Dann findet hier ein fantastischer Volkskunstmarkt statt.

Museum of Indian Arts & Culture (www.indianartsandculture.org; 710 Camino Lejo; Erw./Kind 9 US$/frei, im Sommer Fr 17–20 Uhr freier Eintritt; ⏲10–17 Uhr, Sept.–Mai Mo geschl.) Auf dem Museum Hill kann man eine der umfassendsten Sammlungen indianischer (Handwerks-)Kunst bestaunen – thematisch passt ein Besuch des nahe gelegenen Wheelwright Museum.

Palace of the Governors (☎505-476-5100; www.palaceofthegovernors.org; 105 W Palace Ave; Erw./Kind 9 US$/frei; ⏲10–17 Uhr, Okt.–Mai Mo geschl.) Das 400 Jahre alte Bauwerk an der Plaza war einst Sitz der spanischen Kolonialregierung. Zu sehen sind Relikte aus der Region, die meisten Exponate befinden sich aber inzwischen im angrenzenden **New Mexico History Museum** (113 Lincoln Ave), einer 8640 m² großen, schicken Erweiterung. Das Ticket gilt für Palast und Museum.

New Mexico Museum of Art (www.nmartmuseum.org; 107 W Palace Ave; Erw./Kind 9 US$/frei; ⏲Sept.–Mai 10–17 Uhr, Mo geschl.) Etwas abseits der Plaza zeigt dieses Museum mehr als 20 000 Kunstwerke. Der Großteil der Künstler stammt aus dem Südwesten.

das Wheelwright Museum of the American Indian – es gehört zum Museum Hill – einrichten, um die zeremonielle Kunst der Navajo auszustellen. Das Highlight sind unverändert die Navajo-Exponate, mittlerweile umfasst die Sammlung aber auch moderne indianische Kunst und historische Artefakte.

St. Francis Cathedral KIRCHE
(www.cbsfa.org; 131 Cathedral Pl; ⏲8.30–17 Uhr) Beherbergt die älteste Madonna-Statue Nordamerikas.

Shidoni Foundry GÄRTEN, GALERIE
(www.shidoni.com; 1508 Bishop's Lodge Rd, Tesuque; ⏲Mo–Sa 9–17 Uhr; 👪) Skulpturengarten (Sonnenaufgang–17 Uhr), Galerie und ein Glasbläseratelier, 5 Meilen (8 km) nördlich der Plaza. Samstags kann man Künstlern beim Gießen riesiger Bronzegegenstände zusehen (5 US$).

Loretto Chapel KIRCHE
(www.lorettochapel.com; 207 Old Santa Fe Trail; Eintritt 3 US$; ⏲Mo–Sa 9–17, So 10.30–17 Uhr) Die Kirche ist berühmt für ihre „magische" Wendeltreppe, die ohne sichtbare Abstützung errichtet wurde.

Aktivitäten

Die **Pecos Wilderness** und der **Santa Fe National Forest** östlich der Stadt bieten ein über 1600 km langes Wanderwegenetz. Manche Wege führen auf über 3600 m hohe Gipfel hinauf. Der beliebte und hübsche **Winsor Trail** beginnt am Santa Fe Ski Basin. Gewitter sind im Sommer keine Seltenheit; vor dem Losmarschieren die Wettervorhersage anschauen! Karten und Infos liefert das Public Lands Information Center. Wer gern Mountainbike fährt, kann bei **Mellow Velo** (☎505-995-8356; www.mellowvelo.com; 132 E Marcy St; Leihgebühr ab 35 US$/Tag; ⏲Mo–Sa 9–17.30 Uhr) vorbeischauen. Dort werden Räder verliehen und man bekommt Infos zu den Radwegen in der Gegend.

Rafting auf dem Rio Grande und dem Rio Chama ist sehr beliebt (Tagesausflüge, aber auch mehrtägige Touren), und Besucher werden busweise herangekarrt. Ein guter Anbieter ist **Santa Fe Rafting Co** (☎505-988-4914; www.santaferafting.com; ⏲April–Sept.). Man kann die Rio Grande Gorge erforschen (halber Tag/ganzer Tag 65/99 US$), die wilde Taos Box bezwingen (ganzer Tag 110 US$)

Santa Fe

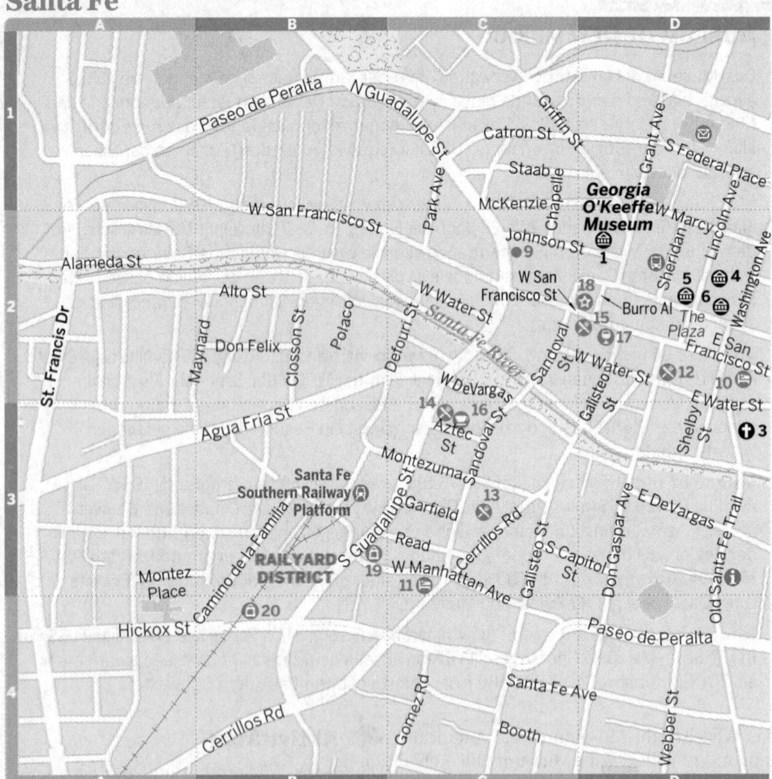

oder die Rio Chama Wilderness erkunden (3 Tage 595 US$).

Ski Santa Fe SKIFAHREN

(☎ 505-982-4429, Schneeinformationen 505-983-9155; www.skisantafe.com; Skipass Erw./Kind 66/46 US$; ⏲ Ende Nov.–April 9–16 Uhr) Fährt man von der Plaza aus den Hwy 475 hinauf, erreicht man nach nur einer halben Stunde das am zweithöchsten gelegene Skigebiet der USA. Wenn frischer Pulverschnee liegt und die Sonne scheint, ist das hier das Paradies für Wintersportler.

Ten Thousand Waves SPA

(☎ 505-982-9304; www.tenthousandwaves.com; 3451 Hyde Park Rd; Gemeinschaftsbecken 24 US$, private Becken 31–51 US$/Pers.; ⏲ Juli–Okt. Di 12–22.30, Mi–Mo 9–22.30 Uhr, Nov.–Juni unterschiedliche Öffnungszeiten) Das 10 000 Waves wurde im japanischen Stil entworfen. Auf dem künstlich angelegten Gelände verstecken sich acht hübsche Zen-Becken. Wasserfälle, Eiswasserbecken, Massagen und Aufgusssowie Trockensaunen vervollständigen die Anlage. Wer ein Becken für sich allein haben will, muss telefonisch reservieren.

Kurse

Santa Fe School of Cooking KOCHEN

(☎ 505-983-4511; www.santafeschoolofcooking.com; 125 N Guadalupe St; Kurse 75–98 US$; ⏲ Mo–Fr 9.30–17.30, Sa 9.30–17 Uhr, So 12–16 Uhr) Wer seine Liebe zur Küche New Mexicos entdeckt hat, kann Kochunterricht nehmen. Die Einheiten dauern meistens zwischen eineinhalb und drei Stunden, grüne und rote Chilis spielen dabei auch eine Rolle.

Feste & Events

★ **Spanish Market** KULTUR

(www.spanishcolonial.org; ⏲ Ende Juli) Kulturelles Fest der Extraklasse mit traditioneller spanischer Kolonialkunst. Man kann *retablos* (Malereien auf Holztafeln) und *bultos* (religiöse Holzfiguren), handgefertigte Mö-

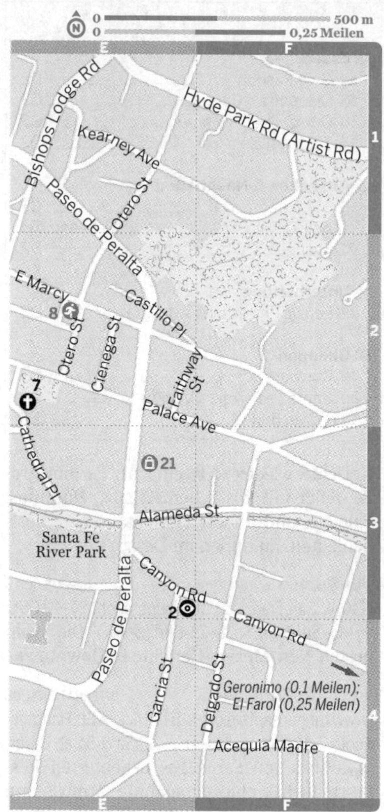

bel und Metallarbeiten bewundern. Eine Jury bewertet die Werke.

★ Santa Fe Indian Market KULTUR
(www.swaia.org) Findet typischerweise am Wochenende nach dem dritten Donnerstag im August statt und lockt die besten indianischen Kunsthandwerker des Landes auf die Plaza – und mit ihnen Zehntausende Besucher.

★ Santa Fe Fiesta KULTUR
(www.santafefiesta.org; Anfang Sept.) Zwei Wochen vollgepackt mit Veranstaltungen, darunter Konzerte, Tänze, Umzüge und die Verbrennung von Zozobra (dem Old Man Gloom, etwa „Alter-Mann-Trübsinn"), einer riesigen Marionette.

Schlafen

Motelketten und unabhängige Unterkünfte säumen die Cerrillos Rd. Sowohl im Santa Fe National Forest als auch im Hyde State Park am Hwy 475, der Straße zum Ski Basin, kann man auf ausgebauten Plätzen campen. Weitere Informationen gibt's beim Public Lands Information Center (S. 983).

Silver Saddle Motel MOTEL $
(505-471-7663; www.santafesilversaddlemotel.com; 2810 Cerrillos Rd; Zi. Winter/Sommer ab 45/62 US$;) Schattige Holzarkaden draußen und ein rustikales Cowboy-Dekor drinnen sind die Markenzeichen dieses Motels. Ein paar Zimmer haben hübsch gekachelte Küchenzeilen. Lust auf ein bisschen Kitsch? Dann einfach nach dem Kenny-Rogers- oder dem Wyatt-Earp-Zimmer fragen! Das Preis-Leistungs-Verhältnis ist wirklich hervorragend.

Rancheros de Santa Fe Campground CAMPING $
(505-466-3482; www.rancheros.com; 736 Old Las Vegas Hwy; Stellplatz Zelt/Wohnmobil 25/41 US$, Hütten 49 US$; März–Okt.;) Ein bewaldeter Campingplatz 7 Meilen (11 km) südöstlich der Stadt. Supernette Atmosphäre. Außerdem: Warmwasserduschen, günstiger Kaffee und Filmvorführungen am Abend.

Santa Fe Motel & Inn MOTEL $$
(505-982-1039; www.santafemotel.com; 510 Cerrillos Rd; Zi. 89–155 US$, Casitas 129–169 US$;) Das Motel unweit vom Zentrum hat in puncto Ästhetik und Technik einiges zu bieten: Kacheln in kräftigen Farben, Lehmwände mit Sunburst-Lackierung, LCD-TVs und die Willkommens-Chilischote auf den Handtüchern sind nur ein paar der netten Details. Und wie wär's mit einem warmen Frühstück auf der Terrasse?

El Rey Inn HOTEL $$
(505-982-1931; www.elreyinnsantafe.com; 1862 Cerrillos Rd; Zi. inkl. Frühstück 105–165 US$, Suite ab 150 US$;) Ein sehr empfehlenswertes klassisches Hotel mit Innenhof, tollen Zimmern, einem schönen Schwimmbecken, Whirlpool und sogar einem Kinderspielplatz auf einem ca. 2 ha großen Grundstück. Auf dem Gelände wird recycelt und verantwortungsbewusst mit den Ressourcen umgegangen. Die meisten Zimmer sind klimatisiert.

★ La Fonda HISTORISCHES HOTEL $$$
(800-523-5002; www.lafondasantafe.com; 100 E San Francisco St; Zi./Suite ab 140/260 US$;) Der Eigenwerbung zufolge ist dies das „Original Inn am Ende des Santa Fe

Santa Fe

Highlights
1 Georgia O'Keeffe Museum ... D2

Sehenswertes
2 Canyon Rd ... E3
3 Loretto Chapel ... D3
4 New Mexico History Museum ... D2
5 New Mexico Museum of Art ... D2
6 Palace of the Governors ... D2
7 St. Francis Cathedral ... E2

Aktivitäten, Kurse & Touren
8 Mellow Velo ... E2
9 Santa Fe School of Cooking ... C2

Schlafen
10 La Fonda ... D2
11 Santa Fe Motel & Inn ... C3

Essen
12 Cafe Pasqual's ... D2
13 Cleopatra's Cafe ... C3
14 Cowgirl Hall of Fame ... C3
15 Tia Sophia's ... D2

Ausgehen & Nachtleben
16 317 Aztec ... C3
Bell Tower Bar ... (siehe 10)
17 Evangelo's ... D2

Unterhaltung
18 Lensic Performing Arts Theater ... D2

Shoppen
19 Kowboyz ... B3
20 Santa Fe Farmers Market ... B4
21 Travel Bug ... E3

Trail". In der einen oder anderen Form steht das 2013 frisch renovierte Hotel hier schon seit 1610! Seit jeher ist La Fonda eine der besten Unterkünfte der Stadt, ein Ausbund an authentischem, qualitativ hochwertigem Santa-Fe-Stil. Hier verschmelzen moderner Luxus und Volkskunst-Elemente.

Essen

★ San Marcos Café NEW MEXICO $

(505-471-9298; www.sanmarcosfeed.com; 3877 Hwy 14; Hauptgerichte 7–10 US$; 8–2 Uhr;) Die zehnminütige Fahrt hierher lohnt sich (auf dem Hwy 14 nach Süden). Abgesehen vom bodenständigen Flair und dem besten Red Chili, das einem je untergekommen ist, muss man das authentische Western-Feeling dieses Restaurants einfach lieben – draußen stolzieren Truthähne und Pfauen umher, und es gibt einen Tierfutterladen. Heißhunger auf etwas Süßes? Den kann man mit Gebäck und Desserts stillen, insbesondere mit dem Bourbon-Apfelkuchen. An den Wochenenden reservieren!

Horseman's Haven NEW MEXICO $

(4354 Cerrillos Rd; Hauptgerichte 8–12 US$; Mo–Sa 8–20, So 8.30–14 Uhr;) Ohne Frage: Hier gibt's das schärfste Green Chili der Stadt! Vorsichtshalber lieber als Beilage bestellen! Der Service ist nett und flink, und der gigantische Burrito reicht unter Umständen für den kompletten Tag.

Cleopatra's Cafe ORIENTALISCH $

(www.cleopatrasantafe.com; 418 Cerrillos Rd, Design Center; Hauptgerichte 6–14 US$; Mo–Sa 11–20 Uhr;) Das eher unspektakuläre Ambiente wird durch Geschmack und Preis der Gerichte wieder wettgemacht: Es gibt große Teller mit köstlichen Kebabs, Hummus, Falafeln und anderen orientalischen Köstlichkeiten. Zu finden im Design Center.

Tia Sophia's NEW MEXICO $

(210 W San Francisco St; Hauptgerichte 7–10 US$; Mo–Sa 7–14, So 8–13 Uhr;) Die wohl besten New-Mexico-Gerichte in Downtown.

Tune-Up Café INTERNATIONAL $$

(www.tuneupsantafe.com; 1115 Hickox St; Hauptgerichte 7–14 US$; Mo–Fr 7–22, Sa & So ab 8 Uhr;) Eines von Santa Fes beliebtesten Restaurants hat eine entspannte Atmosphäre und ist immer gut besucht, denn das Essen ist super. Der Koch kommt aus El Salvador und verpasst den klassisch amerikanischen und New-Mexico-Gerichten eine besondere Note, es gibt aber auch salvadorianische *pupusas* (gefüllte Maistortillas), *huevos* (Eier) und andere Spezialitäten. Besonders lecker schmecken die Fisch-Tacos und die *mole colorado enchiladas* (mit rotem Chili und einem Hauch Schokolade) – wenn das Wetter o.k. ist, raus auf die Terrasse!

Cowgirl Hall of Fame GRILL $$

(www.cowgirlsantafe.com; 319 S Guadalupe St; Hauptgerichte 8–18 US$; So–Do 11–23, Fr & Sa bis 24 Uhr;) Im Hof mit dem Kopfsteinpflaster kann man sich über Lachs-Tacos, *butternut-squash*-(Kürbis-)Auflauf oder eine Grillplatte hermachen, serviert mit einem Hauch Feminismus im Western-Stil. Dies ist ein kinderfreundlicher Laden mit einem Spielplatz draußen und Eimern voller Buntstifte, mit denen man die lange Kinderkarte bemalen kann. Auch die Bar (oft mit

Livemusik) und die angeschlossene Billardhalle sind total beliebt.

★ Cafe Pasqual's INTERNATIONAL $$$
(505-983-9340; www.pasquals.com; 121 Don Gaspar Ave; Hauptgerichte morgens & mittags 9–17 US$, Hauptgerichte abends 16–30 US$; 7–15 & 17.30–21 Uhr;) Die berühmteste Frühstücksadresse in Sante Fe – berechtigterweise.

Geronimo MODERN-AMERIKANISCH $$$
(505-982-1500; www.geronimorestaurant.com; 724 Canyon Rd; Hauptgerichte 30–45 US$; Mo–Do 5.45–22, Fr & Sa bis 23 Uhr) Eines der edelsten und romantischsten Restaurants der Stadt ist in einem Lehmziegelbau von 1756 untergebracht. Auf der kurzen, aber abwechslungsreichen Karte stehen z. B. gegrillte Garnelen mit Honig-Marinade und Elchfilet mit über Apfelholz geräuchertem Speck.

Ausgehen & Unterhaltung

Livemusik und eine gute Atmosphäre für ein paar Drinks bietet auch die Cowgirl Hall of Fame (S. 994) fast jeden Abend.

★ 317 Aztec CAFÉ
(317 Aztec St; Mo–Sa 8–22 Uhr;) Auch unter den neuen Eigentümern bleibt das ehemalige Aztec Café mit seiner Kunstpräsentation und der Terrasse unsere erste Wahl wenn's um ein Café oder eine Saft-/Smoothie-Bar geht. Das Essen ist großartig (und auch noch gesund)!

Evangelo's BAR
(200 W San Francisco St; Mo–Sa 12–1.30, So bis 24 Uhr) Jeden Abend gibt's Livemusik zum Im-Takt-Mitwippen. Bereits auf der Straße hört man die Klänge von Rock, Blues, Jazz und Latino-Combos.

Bell Tower Bar BAR
(100 E San Francisco St; Mai–Okt. Mo–Do 15 Uhr–Sonnenuntergang, Fr–So 14 Uhr–Sonnenuntergang, übriges Jahr geschl.) Im Hotel La Fonda geht's fünf Stockwerke hinauf in die soeben renovierte Bell Tower Bar. Dort kann man die legendären New-Mexico-Sonnenuntergänge bewundern.

★ El Farol TANZ, LIVEMUSIK
(www.elfarolsf.com; 808 Canyon Rd; Mo–Sa 11–24, So 11–23 Uhr) Santa Fes älteste *cantina* ist Restaurant und Bar in einem. Die hiesigen Spezialitäten sind Tapas (8 US$), Livemusik, Flamenco auf Weltklasseniveau – und natürlich das Ambiente.

★ Santa Fe Opera OPER
(505-986-5900; www.santafeopera.org; Hwy 84/285, Tesuque; Backstage-Führungen Erw./Kind 5 US$/frei; Ende Juni–Ende Aug., Juni–Aug. Mo–Fr Backstage-Führungen 9 Uhr) Hier kann man im feinen Zwirn auflaufen, Cowboystiefel und Jeans sind aber auch o.k. Echte Fans, aber auch Leute, die noch nie in ihrem Leben eine Oper gesehen haben, kommen allein wegen der Architektur des Bauwerks nach Santa Fe. Vom Opernhaus hat man einen Blick auf die vom Wind geformte Sandsteinwildnis und traumhafte Sonnenunter- bzw. Mondaufgänge – und auf der Bühne geben sich international bekannte Sänger ein Stelldichein.

Lensic Performing Arts Theater DARSTELLENDE KUNST
(505-984-1370; www.lensic.com; 211 W San Francisco St) Lust auf darstellende Kunst oder einen Film? Dann sollte man sich das Programm des Lensic Performing Arts Center anschauen. Das liebevoll restaurierte Kino aus den 1930er-Jahren ist der Hauptveranstaltungsort für darstellende Kunst in Santa Fe. Es ist seiner Geschichte als Lichtspielhaus treu geblieben: Klassische Filmvorführungen kosten 5 US$.

Shoppen

Geschnitzte heulende Kojoten, Türkisschmuck und hochwertige Kunstwerke – Santa Fe hat Mitbringsel für jedes Budget zu bieten. Auf dem Bürgersteig vor dem Palace of the Governors kann man indianischen Schmuck direkt von den Künstlern kaufen.

★ Santa Fe Farmers Market MARKT
(505-983-4098; 50 m westlich der Guadalupe St, Paseo de Peralta; April–Nov. Sa & Di 7–12 Uhr;) Den Markt auf dem neu gestalteten Eisenbahnbetriebshof sollte man sich unbedingt ansehen. Kostenlose Probierhäppchen und die festliche Stimmung versprechen einen netten Morgen.

Pueblo of Tesuque Flea Market FLOHMARKT
(Hwy 84/285; März-Nov. Fr–So 8–16 Uhr) Der Markt unter freiem Himmel ist ein paar Autominuten von Santa Fe entfernt (nach Norden fahren!) im Tesuque Pueblo. Dort werden hochwertige Teppiche, Schmuck, Kunst und Kleidung zu günstigen Preisen feilgeboten.

Kowboyz KLEIDUNG
(www.kowboyz.com; 345 W Manhattan Ave) Dieser Secondhand-Laden hat alles, was

man braucht, um sich in einen Cowboy zu verwandeln. Shirts für 10 US$ sind ein Schnäppchen, anders dagegen die irre Auswahl an Stiefeln – für die muss man sich von mehr als nur einer Handvoll Dollar trennen. Filmleute, die auf der Suche nach authentischer Westernkleidung sind, gehören zu den Stammkunden.

Travel Bug KARTEN
(www.mapsofnewmexico.com; 839 Paseo de Peralta; ⌚Mo–Sa 7.30–17.30, So 11–16 Uhr; 📶) Hat eine große Auswahl von Reiseführern, Karten und Reiseausrüstung auf Lager. Samstags finden Diavorträge statt.

ℹ Praktische Informationen

INTERNETZUGANG

Santa Fe Public Library (☎505-955-6781; 145 Washington Ave) Man kann bis zu einer Stunde Internetzugang reservieren (kostenlos).

Travel Bug (☎505-992-0418; 839 Paseo de Peralta; 📶) Kostenloses WLAN und Internetzugang an den Computern vor Ort.

NOTFALL & MEDIZINISCHE VERSORGUNG

Polizei (☎505-955-5000; 2515 Camino Entrada)

St. Vincent's Hospital (☎505-983-3361; 455 St. Michael's Dr) 24-Stunden-Notaufnahme.

POST

Post (120 S Federal Pl)

TOURISTENINFORMATION

New Mexico Tourism Bureau (☎505-827-7440; www.newmexico.org; 491 Old Santa Fe Trail; ⌚8–17 Uhr) Broschüren plus eine Hotelbuchungsnummer. Kaffee sowie Internetzugang sind gratis.

Public Lands Information Center (☎505-438-7542; www.publiclands.org; 301 Dinosaur Trail; ⌚Mo–Fr 8.30–16 Uhr) Jede Menge Karten und Infos zu New Mexicos Staatsforsten, Parks, National Monuments, Naturschutzgebieten und anderen öffentlichen Ländereien. Gleich südlich der Kreuzung zwischen der Cerillos Rd und der I-25.

INFOS IM INTERNET

New Mexican (www.santafenewmexican.com) Tageszeitung mit den aktuellsten Schlagzeilen.

SantaFe.com (www.santafe.com) Verzeichnisse mit anstehenden Konzerten, Vorträgen und Neueröffnungen im Norden von New Mexico.

Santa Fe Information (www.santafe.org) Offizielle Tourismuswebsite.

Santa Fe Reporter (www.sfreporter.com) Kostenloses alternatives Wochenblatt. Im Kulturteil ist genau beschrieben, was wann und wo los ist.

ℹ Anreise & Unterwegs vor Ort

Einige Fluglinien bieten tägliche Verbindungen zwischen Dallas, Denver, Los Angeles, Phoenix und dem **Santa Fe Municipal Airport** (SAF; ☎505-955-2900; wwwsantafenm.gov; 121 Aviation Dr). In der Vergangenheit wurden diese Flüge allerdings häufig gestrichen (und dann wieder eingeführt). Man sollte sich also entsprechend vorab über den aktuellen Stand der Dinge informieren. Von Albuquerque (mit dem Auto 1 Std. südlich von Santa Fe) aus gibt's sehr viel mehr Flugverbindungen.

Sandia Shuttle Express (☎888-775-5696; www.sandiashuttle.com) pendelt zwischen Santa Fe und dem Albuquerque Sunport (28 US$).

North Central Regional Transit (www.ncrtd.org) bietet einen kostenlosen Shuttle-Bus nach Espanola; dort fahren Shuttles nach Taos, Los Alamos, Ojo Caliente und zu anderen Zielen im

NICHT VERSÄUMEN

CHIMAYO

28 Meilen (45 km) nördlich von Santa Fe liegt das so genannte „Lourdes Amerikas“: **El Santuario de Chimayo** (www.elsantuariodechimayo.us; ⌚Okt.–April 9–17 Uhr, Mai–Sept. bis 18 Uhr) ist eine der wichtigsten kulturellen Stätten in New Mexico. 1816 wurde die zweistöckige Adobe-Kapelle an einer Stelle errichtet, an der die Erde angeblich wundersame Heilkräfte besaß. Noch heute kommen die Gläubigen her, um die *tierra bendita* – die heilige Erde – aus dem kleinen Loch im Boden zu nehmen und auf schmerzenden Körperteilen zu verreiben. Manche trinken die Erde mit etwas Wasser vermischt sogar. In der Karwoche wandern ca. 30 000 Pilger von Santa Fe, Albuquerque und noch weiter entfernt nach Chimayo. Es ist die größte katholische Wallfahrt in den Vereinigten Staaten. Allein schon die Kunstwerke im *santuario* sind die Fahrt hierhin wert. Anschließend könnte man zum Mittag- oder Abendessen in der **Rancho de Chimayo** (☎505-984-2100; www.ranchodechimayo.com; County Rd 98; Hauptgerichte 8–18 US$; ⌚Sa & So 8.30–10.30, tgl. 11.30–21 Uhr, Nov.–April Mo geschl.) einkehren.

Norden ab. Abfahrt bzw. Ankunft in Downtown Santa Fe ist in der Sheridan St, einen Häuserblock nordwestlich der Plaza.

Der Pendlerzug **Rail Runner** (www.nmrailrunner.com) nimmt mehrfach täglich Kurs auf Albuquerque, mit Umsteigeverbindungen zum Flughafen und zum Zoo. Die Fahrt dauert ca. eineinhalb Stunden. Die Wochenendfahrten werden eventuell eingestellt. **Amtrak** (☎ 800-872-7245; www.amtrak.com) hält in Lamy; die letzten 17 Meilen (27 km) bis Santa Fe legt man mit dem Bus zurück.

Santa Fe Trails (☎ 505-955-2001; www.santafenm.gov; Erw./Kind 1 US$/frei, Tagespass 2 US$) stellt die Nahverkehrsbusse. Ein lokales Taxiunternehmen ist **Capital City Cab** (☎ 505-438-0000; www.capitalcitycab.com).

Wer die Strecke Santa Fe–Albuquerque zurücklegt, sollte möglichst den Hwy 14 nehmen, den Turquoise Trail. Er führt durch die alte Minenstadt Madrid, die heute eine Künstlerkommune voller Galerien 28 Meilen (45 km) südlich von Santa Fe ist.

Rund um Santa Fe

Pueblos

Nördlich von Santa Fe erricht man das Herz des Pueblo-Landes. **Eight Northern Indian Pueblos** (www.enipc.org) gibt den hervorragenden Leitfaden *Eight Northern Indian Pueblos Visitors Guide* heraus, der in den Visitor Centers der Region erhältlich ist (kostenlos). Die jährliche Kunst-und-Handwerks-Show findet im Juli statt; das genaue Datum und der Veranstaltungsort sind auf der ENIPC-Website nachzulesen.

Folgt man dem Hwy 502 von Pojoaque aus 8 Meilen (13 km) nach Westen, gelangt man in das sehr alte **San Ildefonso Pueblo** (☎ 505-455-3549; 10 US$/Auto, Genehmigung f. Foto/Video/Zeichnungen 10/20/25 US$; ⏲ 8–17 Uhr), den Geburtsort von Maria Martinez. Sie hauchte 1919 einem speziellen traditionellen Schwarz-Weiß-Töpferstil neues Leben ein. In dem Pueblo arbeiten ein paar herausragende Töpfer, darunter auch Nachfahren von Maria; verkauft werden die Waren z. B. im **Maria Poveka Martinez Museum** (⏲ Mo–Fr 8–16 Uhr) GRATIS.

Gleich nördlich von San Ildefonso, am Hwy 30, liegt **Santa Clara Pueblo**. Dort können **Puye-Felsbehausungen** (☎ 888-320-5008; www.puyecliffs.com; Führungen Erw./Kind 20/18 US$; ⏲ stündl. Mai–Sept. 9–17 Uhr, Okt.–April 10–14 Uhr) an schroff abfallenden Felsen und auf Mesas bestaunt werden.

Las Vegas

Nicht zu verwechseln mit dem schillernden Paradiesvogel und Namensvetter in Nevada ist dieses Vegas eine der niedlichsten Städte New Mexicos und zugleich eine der größten und ältesten östlich der Sangre de Cristo Mountains. Die Innenstadt ist ideales Bummel-Terrain, vor allem dank ihrer hübschen Old Town Plaza und den rund 900 historischen Bauten, die im National Register of Historic Places aufgeführt sind. Die Architektur ist ein Mix aus Southwestern- und viktorianischem Stil.

Das 1882 erbaute und ein Jahrhundert später liebevoll restaurierte elegante **Plaza Hotel** (☎ 800-328-1882, 505-425-3591; www.plazahotel-nm.com; 230 Old Town Plaza; Zi. inkl. Frühstück ab 89 US$; P ❄ @ 📶 🐾) ist die historischste und gefeiertste Unterkunft der Stadt. Man hat die Wahl zwischen den viktorianischen Räumen voller Antiquitäten im Originalgebäude oder hellen, modernen Zimmern im neuen Flügel.

Direkt an der Plaza kann man im **El Encanto Restaurant** (1816 Plaza; Hauptgerichte 5–9 US$; ⏲ 6–14 Uhr) seinen Chili-Gelüsten fröhnen, im **World Treasures Travelers Cafe** (1814 Plaza St; Snacks 3–6 US$; ⏲ Mo–Sa 7.30–16. 30 Uhr; 📶) den Koffeinspiegel anheben und sich schließlich im **Plaza Drug** (178 Bridge St; ⏲ Mo–Sa 8–18 Uhr) ein leckeres Eis gönnen.

Von der Plaza führt der Hot Springs Blvd 5 Meilen (8 km) nördlich in den Gallinas Canyon und zum gewaltigen **Montezuma Castle**; das ehemalige Hotel beherbergt heute das United World College of the West. An der Straße kann man in einem der natürlichen **Thermalquellenpools** entspannen. Deshalb: Badeutensilien mitbringen, aber immer erst den großen Zeh ins Wasser halten – manche Quellen sind kochend heiß! Nicht verpassen sollte man das **Dwan Light Sanctuary** (Eintritt frei; ⏲ 6–22 Uhr) GRATIS auf dem College-Campus. Prismen in den Wänden des Meditationsraums zaubern Regenbogen herbei.

Im **Visitor Center** (☎ 800-832-5947; www.lasvegasnewmexico.com; 500 Railroad Ave; ⏲ 9–17 Uhr) sind Broschüren mit Spazierwegen erhältlich.

Los Alamos

Das streng geheime Manhattan-Projekt nahm 1943 in Los Alamos seinen Anfang und verwandelte das verschlafene Nest auf einem Mesa-Plateau in ein geschäftiges Labor, in dem Superhirne vor sich hintüftelten. Hier, in der „Stadt, die nicht existierte", wurde die erste Atombombe entwickelt, und so gut wie niemand wusste davon. Heutzutage versprüht Los Alamos einen faszinierenden, energiegeladenen Charme. In einem Shop werden neben Büchern zur Pueblo-Geschichte oder zum Wandern in der Wildnis T-Shirts mit aufgedrucktem Atompilz und „La Bomba"-Wein verkauft.

Das **Los Alamos National Laboratory** ist nicht öffentlich zugänglich; dort laufen auch heute noch bahnbrechende Forschungsprojekte. Aber man kann das gut aufgemachte, interaktive **Bradbury Science Museum** (www.lanl.gov/museum; 1350 Central Ave; ⏲ Di–Sa 10–17, So & Mo 13–17 Uhr) GRATIS besuchen, das sich mit der Geschichte der Atombombe beschäftigt sowie Exponate zum Thema Sicherheitstechnologie zeigt. Ein kurzer Film berichtet von Los Alamos' Rolle während der Kriegszeit und lüftet ein paar faszinierende Geheimnisse. Das kleine, interessante **Los Alamos Historical Museum** (www.losalamoshistory.org; 1050 Bathtub Row; ⏲ Mo–Fr 10–16, Sa ab 11, So ab 13 Uhr) GRATIS befindet sich auf dem nahe gelegenen Grundstück der früheren Los Alamos Ranch School; die reine Jungenschule wurde geschlossen, als die Wissenschaftler auf der Bühne auftauchten.

Im **Coffee House Café** (www.thecoffeebooth.com; 723 Central Ave; Hauptgerichte 6–12 US$, Pizzas 21–30 US$; ⏲ Di–Fr 6–20, Sa 7–15, So 8–15, Mo 6–15 Uhr) gegenüber von Smith's Supermarket kann man gemeinsam mit lokalen Intelligenzbestien seinen Hunger stillen.

Bandelier National Monument

Frühe Pueblo-Indianer lebten in den Felsen des wunderschönen Frijoles Canyon, der heute als Teil des **Bandelier National Monuments** (www.nps.gov/band; 12 US$/Fahrzeug; ⏲ Visitor Center 9–16.30 Uhr, Park bis Anbruch der Abenddämmerung; 👪) geschützt ist. Entdeckertypen können Leitern hochklettern, um zu den uralten Höhlen und Kivas zu gelangen, die bis Mitte des 16. Jhs. genutzt wurden. Hier erstrecken sich auf einer Fläche von fast 130 km² der Canyon, Mesas (Tafelberge) und wunderschöne Wanderwege. Außerdem kann man auf dem **Juniper Campground** (Camping 12 US$) zwischen den Kiefern zelten, ganz in der Nähe des Parkeingangs. Achtung! Von Ende Mai bis Mitte Oktober muss man in der Zeit zwischen 9 und 15 Uhr zum Bandelier einen Shuttle-Bus (über den Hwy 4) vom White Rock Visitor Center nehmen!

Abiquiu

Die winzige Gemeinde Abiquiu (ja, klingt tatsächlich fast wie „Barbeque") am Hwy 84 nordwestlich von Santa Fe (mit dem Auto ca. 45 Min.) ist berühmt, weil die Künstlerin Georgia O'Keeffe hier von 1949 an bis zu ihrem Tode 1986 lebte und malte. Die wunderschöne Umgebung – der Chama River windet sich an Ackerland und spektakulären Felsformationen vorbei – zieht nach wie vor viele Künstler an, von denen viele auch in Abiquiu leben und arbeiten. O'Keeffe's Lehmziegelhaus ist eingeschränkt zugänglich; das Georgia O'Keeffe Museum organisiert von März bis November immer dienstags, donnerstags und freitags und dienstags bis samstags von Juni bis Oktober einstündige **Führungen** (☎ 505-685-4539; www.okeeffemuseum.org; Führung 35–45 US$), die häufig schon Monate im Voraus ausgebucht sind.

Die **Ghost Ranch** (☎ 505-685-4333; www.ghostranch.org; US Hwy 84; empfohlene Spende 3 US$; 👪) ist ein Rückzugsort auf einem 84 km² großen Gelände. Ganz offensichtlich inspirierten die vielen kräftigen Farben O'Keeffe bei ihrer Arbeit. Außerdem wurde hier der Film *City Slickers* mit Billy Crystal gedreht. Es gibt Wanderwege, ein **Dinosauriermuseum** (empfohlene Spende 2 US$; ⏲ Mo–Sa 9–17, So 13–17 Uhr), und man kann Ausritte machen (ab 50 US$) bzw. Reitunterricht für die Kleinen (ab 4 Jahren; 30 US$) buchen. Darüber hinaus werden hier einfache **Schlafgelegenheiten** (Stellplatz f. Zelt 19 US$, Stellplatz f. Wohnmobil 22–29 US$, B inkl. Frühstück 50 US$, Zi. ohne/mit Bad inkl. Frühstück ab 70/80 US$) angeboten.

Das hübsche **Abiquiú Inn** (☎ 888-735-2902, 505-685-4378; www.abiquiuinn.com; US Hwy 84; Stellplatz f. Wohnmobil 18 US$, Zi. 110–150 US$, Casita ab 179 US$; P 📶) besteht aus großzügig verteilten, schattigen (Möchtergern-) Lehmziegelbauten; die geräumigen Casitas haben Küchenzeilen. In der Lobby und im hauseigenen Restaurant, dem **Cafe Abiquiú** (Hauptgerichte morgens unter 10 US$, Hauptgerichte mittags & abends 10–20 US$; ⏲ 7–21 Uhr), hat man WLAN-Empfang. Auf der Mittags- und Abendkarte stehen zahlreiche Fischgerichte (Lachs mit Chipotle-Honig-Glasur, Forellen-Tacos etc.).

Ojo Caliente

Das 140 Jahre alte **Ojo Caliente Mineral Springs Resort & Spa** (☎800-222-9162; 505-583-2233; www.ojospa.com; 50 Los Baños Rd; Zi. 139–169 US$, Cottage 179–209 US$, Suite 229–349 US$; ❄📶) ist eines der ältesten Wellness-Resorts im Land. Die Pueblo-Indianer nutzten die Quellen schon lange vor dieser Zeit. Das kürzlich restaurierte Resort liegt 50 Meilen (80 km) nördlich von Santa Fe am Hwy 285 und bietet zehn Becken mit verschiedenen Mineralienkombinationen (gemeinschaftlich/privat ab 18/40 US$). Zusätzlich zu den netten, wenn auch nicht total ausgefallenen historischen Hotelzimmern wartet das Resort mit zwölf eleganten Suiten in grellen Farben auf, mit Kiva-Feuerstellen und privaten Wasserbecken sowie elf Cottages im New Mexico-Stil. In der Lobby hat man WLAN-Empfang. Im zugehörigen **Artesian Restaurant** (Frühstück 5–10 US$, Mittagessen 9–12 US$, Abendessen 16–28 US$; ⏲So–Do 7.30–11, 11.30–14.30 & 17–20.30, Fr & Sa bis 21 Uhr) weiß man mit den lokalen Bio-Zutaten umzugehen.

Taos

Taos ist vor allem von der Schönheit der Landschaft ringsum geprägt: Über 3700 m hohe, schneebedeckte Berge ragen hinter der Stadt auf, ein mit Salbei gesprenkeltes Plateau erstreckt sich gen Westen, bevor es plötzlich 250 m steil abfällt – voilà: die Rio Grande Gorge! Manchmal ist der Himmel saphirblau und die Luft trocken, manchmal bauschen sich die Gewitterwolken turmhoch auf, sodass die Berge daneben zwergenhaft klein wirken. Und dann sind da diese traumhaften Sonnenuntergänge!

Taos Pueblo soll die älteste kontinuierlich bewohnte Siedlung der Vereinigten Staaten sein. Die lange Stadtgeschichte ist eng verwoben mit einem reichen Kulturerbe, mit Konquistadoren, Katholiken und Cowboys. Im 20. Jh. strömten Künstler, Schriftsteller und kreative Köpfe herbei, darunter D.H. Lawrence und Dennis Hopper. Taos ist nach wie vor ein relaxter, exzentrischer Ort mit klassischer Lehmziegel-Architektur, edlen Kunstgalerien, ausgefallenen Cafés und hervorragenden Restaurants. Die Bevölkerung (5000 Ew.) setzt sich aus Künstlern, Anhängern alternativer Energien und alteingesessenen hispanischen Familien zusammen. Taos ist ländlich und irgendwie auch ein bisschen weltfremd.

Sehenswertes

Die Museum Association of Taos verkauft einen 5-Museen-Pass (25 US$), mit dem man Zutritt zu folgenden Museen hat: Harwood Museum of Art, Taos Historic Museums, Millicent Rogers Museum und dem Taos Art Museum & Fechin Institute.

★ **Millicent Rogers Museum** MUSEUM
(www.millicentrogers.org; 1504 Millicent Rogers Rd; Erw./Kind 10/2 US$; ⏲Nov.–März 10–17 Uhr, Mo geschl.) Eine der besten Sammlungen indianischer und spanischer Kolonialkunst in den USA. Zu sehen gibt es Tonwaren, Schmuck, Körbe und Textilien.

Harwood Foundation Museum MUSEUM
(www.harwoodmuseum.org; 238 Ledoux St; Erw./Kind 10 US$/frei; ⏲Di–Sa 10–17, So 12–17 Uhr) Das Harwood Museum ist in einem historischen Adobe-Komplex (erb. Mitte 19. Jh.) untergebracht. Zu den Ausstellungstücken gehören Gemälde, Drucke, Skulpturen und Fotografien von früheren und modernen Künstlern aus dem Norden New Mexicos.

Taos Historic Museums MUSEUM
(www.taoshistoricmuseums.org; je Museum Erw./Kind 8/4 US$; ⏲Mo–Sa 10–17, So 12–17 Uhr) Vor Ort gibt es zwei Museen: Das **Blumenschein Home** (222 Ledoux St) ist eine kleine Schatzkiste mit Kunstwerken aus den 1920er-Jahren der Taos Society of Artists, die **Martínez Hacienda** (708 Hacienda Way, abseits der Lower Ranchitos Rd) ist das ehemalige Wohnhaus eines Händlers aus der Kolonialzeit. Es wurde 1804 erbaut und hat 21 Zimmer.

Taos Art Museum & Fechin Institute MUSEUM
(www.taosartmuseum.org; 227 Paseo del Pueblo Norte; Erw./Kind 8 US$/frei; ⏲Di–So 10–17 Uhr, im Winter kürzere Öffnungszeiten) Allein das Gebäude ist sehenswert – der in Russland geborene Künstler Nicolai Fechinust lebte viele Jahre hier – und die Sammlung aus Gemälden, Zeichnungen und Skulpturen natürlich auch.

San Francisco de Asís Church KIRCHE
(St. Francis Plaza; ⏲Mo–Fr 9–16 Uhr) 4 Meilen (6 km) südlich von Taos in Ranchos de Taos steht die Kirche San Francisco de Asís, die für die Winkel und Kurven ihrer Lehmziegelwände berühmt ist. Sie stammt aus der Mitte des 18. Jhs., wurde aber erst 1815 eröffnet. Georgia O'Keeffe hat sie auf die Leinwand gebannt, Ansel Adams auf Fotopapier. Die angegebenen Öffnungszeiten sind nicht

NICHT VERSÄUMEN

TAOS PUEBLO

Das an einem Fluss gelegene **Taos Pueblo** (☎505-758-1028; www.taospueblo.com; Taos Pueblo Rd; Erw./Kind 10 US$/frei, Genehmigung Foto/Video 6 US$; ⊙8–16.30 Uhr) wurde um 1450 errichtet und ist seither ununterbrochen bewohnt gewesen. Es ist das größte mehrstöckige Pueblo im Land und eines der besten Beispiele für traditionelle Adobe (Lehmziegel)-Architektur. Während des Powwow (im Juli) und am San Geronimo Day (Sept.) sind die Tänze im Pueblo für die Öffentlichkeit zu sehen. Die genauen Daten erfährt man über einen Anruf oder auf der Webseite. Zwischen Februar und März ist das Pueblo für zehn Wochen geschlossen.

wirklich fix, die Kirche kann auch mal samstags geöffnet sein. Sonntagmorgens werden drei Messen gelesen, eine davon auf Spanisch.

Rio Grande Gorge Bridge BRÜCKE, CANYON
Die stählerne Rio Grande Gorge Bridge spannt sich in einer Höhe von 200 m über den Fluss und ist damit die zweithöchste Hängebrücke der USA. Der Blick in die Tiefe ist ehrfurchtgebietend! Wer ein tolles Foto von der Brücke selbst machen möchte, hält am besten an dem Rastplatz am Westende der Gorge Bridge.

Earthships ARCHITEKTUR
(www.earthship.com; US Hwy 64; Audiotouren 7 US$; ⊙10–16 Uhr) Nur 1,5 Meilen (2,4 km) westlich der Brücke befindet sich die faszinierende Gemeinde Earthships mit den clever konzipierten Passivhäusern, die aus Recyclingmaterialien bestehen. Wer mag, kann in einem davon übernachten.

Aktivitäten

Im Sommer ist **Rafting** ein beliebter Zeitvertreib in der **Taos Box**, jenen steilen Felswänden, die den Rio Grande einrahmen. Tagestouren kosten mindestens 100 US$ pro Person; im Visitor Center erfährt man mehr über lokale Anbieter. Dort gibt's auch gute Infos zu **Wander-** und **Mountainbikewegen**.

Taos Ski Valley SKIFAHREN
(www.skitaos.org; Skipass halb-/ganztägig 64/77 US$) Die höchste Erhebung liegt auf über 3600 m, und es gibt einen Abhang mit 800 m Höhenunterschied – kein Zweifel, das Taos Ski Valley bietet ein paar der anspruchsvollsten Pisten des Landes, hat sich aber trotzdem ein entspanntes Flair bewahrt. Mittlerweile dürfen auch Snowboarder die Pisten nutzen.

Schlafen

Sun God Lodge MOTEL $
(☎575-758-3162; www.sungodlodge.com; 919 Paseo del Pueblo Sur; Zi. ab 55 US$; P ❄ ≋ 🐾) Die gastfreundlichen Betreiber dieses gut geführten zweistöckigen Motels informieren gern über die lokale Geschichte und die verrückteste Bar im Ort. Die Zimmer sind sauber, wenn auch etwas dunkel, und haben ein dezentes Southwestern-Flair. Das Sun God ist eine tolle Budgetunterkunft, 1,5 Meilen (2,4 km) südlich der Plaza.

Abominable Snowmansion HOSTEL $
(☎575-776-8298; www.snowmansion.com; 476 Hwy 150, Arroyo Seco; Stellplatz f. Zelt 22 US$, B 27 US$, Zi. ohne/mit Bad 50/55 US$, Tipi 55 US$; P @ ≋ 🐾) Ca. 9 Meilen (14 km) nordöstlich von Taos stellt dieses einladende Hostel eine gemütliche Alternative zu Unterkünften im Stadtzentrum dar. Am großen, runden Kamin können sich die Gäste im Winter aufwärmen, und im Sommer stehen kitschige Tipis zum Übernachten zur Verfügung.

★ **Earthship Rentals** BOUTIQUEHOTEL $$
(☎505-751-0462; www.earthship.com; US Hwy 64; Earthship 145–305 US$; ≋ 🐾) Weitab vom Schuss liegt diese schicke, solarzellenbetriebene Unterkunft im Boutiquestil. Die umweltfreundlichen Gebäude sind eine Mischung aus organischer Architektur à la Gaudí und einer Raumzeitalterfantasie – sie sind zusammengeschustert aus wiederverwerteten Reifen, Aluminiumdosen und Sand. Die Betreiber sammeln Regenwasser, und es gibt ein Abwasser-Recycling-System. Die Häuser sind halb vergraben in einem Tal umringt von Bergen und *könnten* auch halbherzig getarnte Raumschiffe sein. Man weiß ja nie.

Historic Taos Inn HISTORISCHES HOTEL $$
(☎575-758-2233; www.taosinn.com; 125 Paseo del Pueblo Norte; Zi. 75–275 US$; P ❄ ≋) Vielleicht nicht der eleganteste Ort in der Stadt, aber mit der gemütlichen Lobby, einem tollen Restaurant, schweren Holzmöbeln, einem in den Boden eingelassenen Kamin und jeder Menge Livemusik in der berühmten Adobe

Bar dennoch eine großartige Anlaufstelle. Teile dieses historischen Wahrzeichens stammen noch aus dem 19. Jh. Die älteren Zimmer sind am schönsten.

Essen

Michael's Kitchen NEW MEXICO $
(www.michaelskitchen.com; 304c Paseo del Pueblo Norte; Hauptgerichte 7–16 US$; ⌚ Mo–Do 7–14.30, Fr–So bis 20 Uhr; 👪) Tolles Frühstück, frische Backwaren und leckere New-Mexico-Küche. Empfehlenswert: gefüllte Sopaipilla! Bemerkenswert: sich anschließend einen Spaziergang zuzutrauen …

El Gamal ORIENTALISCH $
(www.elgamaltaos.com; 12 Doña Luz St; Hauptgerichte 7–12 US$; ⌚ So–Mi 9–17, Do–Sa bis 21 Uhr; 📶🥗👪) Vegetarier frohlocket! Hier gibt's ein fantastisches orientalisches Angebot ohne Fleisch. Hinten befindet sich ein großes Spielzimmer für Kinder, es gibt einen Billardtisch und außerdem kostenloses WLAN.

Taos Pizza Out Back PIZZA $
(www.taospizzaoutback.com; 712 Paseo del Pueblo Norte; Stück Pizza 4–8 US$, komplette Pizza-Pies 13–29 US$; ⌚ Mai–Sept. 11–22 Uhr, Okt.–April bis 21 Uhr; 🥗👪) Achtung: Diese Pizzas haben Suchtpotenzial. Es werden Bio-Zutaten verwendet und epikureische Leckereien wie Portabella Pie mit sonnengetrockneten Tomaten und Gorgonzola serviert. Die Pizzastücke haben in etwa die Größe eines kleinen Staates.

Taos Diner DINER $
(www.taosdiner.com; 908 Paseo del Pueblo Norte; Hauptgerichte 4–14 US$; ⌚ 7–14.30 Uhr; 👪) Ein bisschen widerwillig berichten wir von der Existenz dieses fantastischen Diners mit den holzvertäfelten Wänden, tätowierten Kellnerinnen, frisch gebackenen Keksen und Kaffeetassen, die immer mindestens halbvoll sind. Na gut, jetzt ist es kein Geheimnis mehr. Hier gibt's feinste Imbissküche, zubereitet mit der Finesse des Südwestens und Bio-Zutaten. Hier geben sich Trappertypen, Muskelmänner, einsame Hungrige und glückliche Touristen die Klinke in die Hand – einfach jeder ist willkommen. Gut geschmeckt haben uns die Copper-John's-Eier mit grüner Chilisauce als Beilage. Eine weitere Filiale gibt es südlich der Plaza.

★ Love Apple BIO $$
(☎ 575-751-0050; www.theloveapple.net; 803 Paseo del Pueblo Norte; Hauptgerichte 13–22 US$; ⌚ Di–So 5–21 Uhr) Das Love Apple befindet sich in der Lehmziegel-Kapelle Placitas Chapel (erb. im 19. Jh.). Die dezente, rustikale Atmosphäre macht dieses einzigartige Restaurant ebenso aus wie das Essen. Von der Gemüselasagne bis zur gegrillten Antilope mit Couscous: Sämtliche Gerichte werden aus Bio-Zutaten oder Produkten aus der Region hergestellt. Reservierung empfohlen!

★ Trading Post Cafe INTERNATIONAL $$$
(☎ 575-758-5089; www.tradingpostcafe com; Hwy 68, Ranchos de Taos; Hauptgerichte mittags 8–14 US$, abends 15–32 US$; ⌚ Di–Sa 11–21 Uhr) Das alteingesessene Trading Post bietet die perfekte Mischung aus entspannter und gediegener Atmosphäre. Das Essen, von Paella bis zu Schweinekoteletts, ist verlässlich gut. Manchmal sind die Portionen so riesig, dass man sich ein Hauptgericht mit einer zweiten Person teilen könnte. Wer gut und günstig essen möchte, kann einen kleinen Salat und eine kleine Suppe bestellen, das reicht auf jeden Fall!

Ausgehen & Unterhaltung

Adobe Bar BAR
(125 Paseo del Pueblo Norte, Historic Taos Inn; ⌚ 11–23 Uhr) Willkommen in „Taos' Wohnzimmer". Die Stühle, die Geschichte des Taos Inn, die lockere Atmosphäre, der Tequila – das alles hat was. Im Sommer werden auf der gut besuchten Terrasse an der Straße erstklassige Margaritas serviert, im Winter kann man sich drinnen am Feuer wärmen – und das ganze Jahr über spielen tolle Livebands.

KTAO Solar Center LIVEMUSIK
(www.ktao.com; 9 Ski Valley Rd; ⌚ Bar ab 16 Uhr) In der Bar Solar Center kann man den DJs in der „leistungsfähigsten Solarradiostation der Welt" zusehen und dabei die Happy Hour voll auskosten. Hier befindet sich die Top-Konzertbühne der Stadt; wer Glück hat, wird eine lokale oder sogar eine richtig bekannte Band zu sehen bekommen. Für die Kleinen gibt's einen Spielbereich im Garten.

Alley Cantina LIVEMUSIK
(121 Terracina Lane; ⌚ 11.30–23 Uhr) Fast ein bisschen zu cool, aber das ist vielleicht einfach unvermeidbar, wenn man das älteste Gebäude der Stadt einnimmt. Fast jeden Abend gibt's Livemusik: Rock, Blues, HipHop oder Jazz.

Shoppen

Taos ist seit jeher ein Mekka für Künstler, was man schon allein an der großen Zahl von Galerien und Ateliers in und rund um die Stadt sieht. Unabhängige Geschäfte und Galerien säumen die Fußgängerzone **John Dunn Shops** (www.johndunnshops.com) zwischen der Bent St und der Taos Plaza. Dort findet man z.B. den gut sortierten **Moby Dickens Bookshop** (www.mobydickens.com; 124A Bent Street; ⌚10–18 Uhr) und den winzigen Laden **G Robinson Old Prints & Maps** (124D Bent St; ⌚11–17 Uhr) – ein Mekka für Freunde der Kartographie.

Auf der Suche nach klassischen Western-Memorabilien kann man gleich östlich der Plaza in der **El Rincón Trading Post** (114 Kit Carson Rd; ⌚10–17 Uhr) und bei **Horse Feathers** (109 Kit Carson Rd; ⌚10.30–17.30 Uhr) vorbeischauen.

Praktische Informationen

Taos.org (www.taos.org) Hervorragende Informationsquelle mit vielen anwenderfreundlichen Links.

Taos Visitor Center (☎575-758-3873; Paseo del Pueblo Sur, Paseo del Cañon; ⌚9–17 Uhr; 📶)

Wired? (705 Felicidad Lane; ⌚Mo–Fr 8–18, Sa & So 8.30–18 Uhr, im Winter kürzere Öffnungszeiten) Funkiges Café mit Computern (7 US$/Std.). Für Kunden ist die WLAN-Nutzung kostenlos.

An- & Weiterreise

Von Santa Fe aus folgt man entweder der malerischen „High Road" (Höhenstraße) – den Hwys 76 und 518 –, die von Galerien, Dörfern und anderen sehenswerten Attraktionen gesäumt ist, oder man nimmt den Hwy 68 durch die hübsche Flusslandschaft des Rio Grande.

North Central Regional Transit (www.ncrtd.org) hat einen kostenlosen Shuttle-Bus-Service nach Espanola; von dort aus kann man weiter nach Santa Fe und in andere Städte gelangen.

Twin Hearts Express (www.twinhearts-expresstransportation.com; ☎800-654-9456) bringt Passagiere nach Santa Fe (40 US$) und zum Flughafen von Albuquerque (50 US$).

Nordwestliches New Mexico

Diese Gegend heißt nicht umsonst „Indian Country" (Indianerland): Der Großteil des Landes gehört den Apachen, den Navajo-, Pueblo-, Zuni- und Laguna-Indianern. In dieser Ecke New Mexicos liegen uralte Stätten der Ureinwohner gleich neben abgeschlossenen indianischen Siedlungen und farbenfrohen geologischen Badlands.

Farmington & Umgebung

Farmington ist die größte Stadt in diesem Teil New Mexicos und macht sich deshalb gut als Basis für Entdeckungstouren ins Four-Corners-Gebiet (Vierländereck). Das **Visitors Bureau** (☎505-326-7602; www.farmingtonnm.org; 3041 E Main St, Farmington Museum at Gateway Park; ⌚Mo–Fr 8–17 Uhr) hat genauere Infos.

Shiprock, ein 518 m hoher Vulkanschlot, ragt düster über der Landschaft im Westen aus. Er ist den Navajo heilig und diente den angelsächsischen Pionieren als Orientierungspunkt.

Der **Salmon Ruin & Heritage Park** (www.salmonruins.com; Erw./Kind 3/1 US$; ⌚Mo–Fr 8–17, Sa & So 9–17 Uhr; Nov.–April So ab 12 Uhr) umfasst ein großes Dorf, das Anfang des 12. Jhs. von den Chaco-Indianern erbaut wurde. Die Stätte wurde verlassen, dann von Ureinwohnern aus Mesa Verde übernommen und noch vor 1300 erneut verlassen. Vor Ort können die Überreste eines Gehöfts, Petroglyphen, ein Navajo-Hogan und ein Wickiup (eine einfache Hütte aus Unterholz) besichtigt werden. Einfach dem Hwy 64 11 Meilen (18 km) nach Osten (Richtung Bloomfield) folgen!

14 Meilen (23 km) nordöstlich von Farmington wartet das ca. 11 ha große **Aztec Ruins National Monument** (www.nps.gov/azru; Erw./Kind 5 US$/frei; ⌚Sept.–Mai 8–17 Uhr, Juni–Aug. bis 18 Uhr) mit der größten nachgebauten Kiva (Zeremonien- und Versammlungsraum der Pueblo-Kulturen) des Landes auf; sie hat einen Innendurchmesser von annähernd 15 m. Ein paar Schritte entfernt kann man seine Fantasie schweifen lassen, wenn man unter niedrigen Türrahmen hindurchschlüpft und die dunklen Räume der West Ruin durchwandert. Im Sommer referieren Ranger am frühen Nachmittag über antike Architektur, Handelsrouten und Astronomie.

Etwa 35 Meilen (56 km) südlich von Farmington (über den Hwy 371) kann man die unberührte **Bisti Badlands & De-Na-Zin Wilderness** entdecken, eine surreale Landschaft voller eigentümlicher, bunter Steinformationen, die in den Stunden vor Sonnenuntergang besonders schön anzusehen sind. Wüstenfans sollten sich das nicht entgehen lassen! Infos erhält man beim **BLM Office** (☎505-564-7600; www.nm.blm.gov; 6251 College Blvd; ⌚Mo–Fr 7.45–16.30 Uhr) in Farmington.

Das nette **Silver River Adobe Inn B&B** (☎800-382-9251, 575-325-8219; www.silveradobe.com; 3151 W Main St, Farmington; Zi. 115–175 US$; ❄📶) mit drei Zimmern ist eine Oase der Ruhe und zwischen Bäumen entlang des San Juan River gelegen.

Das **Three Rivers Eatery & Brewhouse** (www.threeriversbrewery.com; 101 E Main St, Farmington; Hauptgerichte 8–26 US$; ⏱11–21 Uhr; 👪) schafft es irgendwie, trendy und kinderfreundlich zu sein und bietet neben Bieren aus eigener Herstellung leckere Steaks und typische Kneipen-Gerichte. Mit Abstand das beste Restaurant der Stadt!

Chaco Culture National Historic Park

Dieser faszinierende **Park** (www.nps.gov/chcu; pro Auto/Fahrrad 8/4 US$; ⏱7 Uhr–Sonnenuntergang) besticht durch riesige Bauten der frühen Pueblo-Indianer („Anazasi“) in einer isolierten Hochwüstenumgebung und liefert Beweise für eine 5000-jährige Besiedlungsgeschichte. Zu ihrer Blütezeit war die Gemeinde im Chaco Canyon ein bedeutendes Handels- und Zeremonialzentrum, und die Stadt, die die Pueblo-Indianer hier gründeten, war hoch entwickelt, was Grundriss und Design betrifft. Das Pueblo Bonito umfasst vier Ebenen und hatte wohl zwischen 600 und 800 Räume. Die Rundstrecke durch den Park kann man auf eigene Faust abfahren. Außerdem gibt's mehrere **Wanderwege durchs Hinterland**. Wer die Sterne liebt, sollte sich das **Night-Skies**-Programm genauer anschauen. Es wird von April bis Oktober immer dienstags, freitags und samstags angeboten.

Der Park liegt in einer abgeschiedenen Gegend, ca. 80 Meilen (129 km) südlich von Farmington. Der **Gallo Campground** (Stellplatz 10 US$) befindet sich 1 Meile (1,6 km) östlich des Visitor Center (keine Anschlüsse für Wohnwagen!).

Chama

9 Meilen (14 km) südlich der Grenze zu Colorado stößt man auf die **Cumbres & Toltec Scenic Railway** (☎575-756-2151; www.cumbrestoltec.com; Erw./Kind ab 89/49 US$; ⏱Ende Mai–Mitte Okt.) in Chama, die längste (64 Meilen/103 km) und höchste Eisenbahnstrecke für eine authentische Schmalspur-Dampflokomotive (sie führt über den 3053 m hohen Cumbres Pass) in den USA. Die Fahrt durch die Berge, Canyons und die Hochwüste ist wunderschön, vor allem im September und Oktober, wenn sich das Laub verfärbt. Das Mittagessen ist im Preis enthalten, und viele Ausflüge sind für Kinder kostenlos. Näheres zu den Ausflugsoptionen findet man auf der Website.

Nordöstliches New Mexico

Östlich von Santa Fe weichen die Sangre de Cristo Mountains ausgedehnten Ebenen. Staubige Grasflächen erstrecken sich bis zum Horizont und noch weiter, bis nach Texas. Das platte Land wird von Vulkankegeln unterbrochen, und allenthalben stößt man auf Rinder- und Dinosaurierspuren. Die Viehzucht ist eine der wichtigsten Säulen der lokalen Wirtschaft, und auf vielen Straßen sieht man mehr Kühe als Autos.

Der Santa Fe Trail, dem die Pioniere mit ihren Planwagenzügen folgten, verlief von New Mexico nach Missouri. An manchen Stellen abseits der I-25 zwischen Santa Fe und Raton kann man noch die Spurrillen erkennen. Wer den Wilden Westen erleben will, und das ganz ohne die Patina des Konsums, ist hier genau richtig.

Cimarron

Cimarron gehörte einst zu den gefährlichsten Pflastern im Wilden Westen; der spanische Name bedeutet zu deutsch „wild“. Es heißt, dass Mord in den 1870er-Jahren an der Tagesordnung war und es eine Schlagzeile wert war, wenn mal zur Abwechslung nichts geschehen war. Eine Zeitung titelte z. B.: „Alles ruhig in Cimarron. Seit drei Tagen wurde niemand ermordet.“

Heute ist die Stadt ruhig und lockt vor allem Naturliebhaber und Outdoor-Fans an. Wer von Taos aus nach Cimarron fährt, passiert den wunderschönen **Cimarron Canyon State Park**, eine Schlucht mit steil aufragenden Wänden und verschiedenen Wanderwegen, tollen Angelmöglichkeiten und einem Campingplatz.

Übernachten (und essen; Hauptgerichte 7–20 US$) kann man aber auch im **St. James** (☎888-376-2664; www.exstjames.com; 617 Collison St; Zi. 85–135 US$; ❄📶). In dem Hotel von 1872 spukt es; ein Zimmer ist so verwunschen, dass es nie vermietet wird! Viele Legenden des Westens gehörten zu den Gästen, z. B. Buffalo Bill, Annie Oakley, Wyatt Earp und Jesse James, und an der Rezeption gibt's eine lange Liste, die darüber informiert, wer wen in der renovierten Hotelbar erschossen hat. Die Zimmer mit den authentischen zeitgenössischen Möbeln tragen dazu bei, dass das St. James eines der geschichtsträchtigsten Hotels in ganz New Mexico ist.

Capulin Volcano National Monument

Von den diversen Vulkanen in der Gegend ist der 400 m über der Hochebene aufragende **Capulin** (www.nps.gov/cavo; Eintritt 5 US$/Wagen; ⌚8–16 Uhr) der am einfachsten zugängliche. Vom Visitor Center schlängelt sich eine 2 Meilen (3 km) lange Straße bergauf zu einem Parkplatz am Kraterrand (2494 m); Wanderwege führen am Rand entlang und in den Krater hinein. Der Eingang befindet sich 3 Meilen (5 km) nördlich vom Dorf Capulin, das 30 Meilen (48 km) östlich von Raton liegt (den Hwy 87 nehmen!).

Südwestliches New Mexico

Das Rio Grande Valley erstreckt sich von Albuquerque bis zu den blubbernd heißen Thermalquellen von Truth or Consequences und darüber hinaus. Bevor der Fluss die Grenze nach Texas erreicht, versorgt er einen der größten landwirtschaftlichen Schätze New Mexicos mit Wasser: Hatch, die „Chili-Hauptstadt der Welt". Die erste Atomwaffe detonierte an der Trinity Site, in der knochentrockenen Wüste östlich des Rio Grande, die seit der Zeit der spanischen Konquistadoren als Jornada del Muerto bekannt ist: die Reise des Todes.

Im Westen erstreckt sich der zerklüftete Gila National Forest, ein wildes Terrain für Rucksackwanderungen und Angelabenteuer. Die südlichen Hänge der Berge laufen in der Chihuahua-Wüste aus. Dort liegt Las Cruces, die zweitgrößte Stadt von New Mexico.

Truth or Consequences & Umgebung

Die kleine Stadt Truth or Consequences verströmt eine unkonventionelle Lebensfreude. Sie wurde in den 1880er-Jahren an ein paar natürlichen Thermalquellen errichtet. Ein wenig skurril ist, dass die Stadt 1950 umgetauft wurde und seither nicht mehr Hot Springs heißt, sondern den Namen einer beliebten Radioquizshow trägt (Truth or Consequences oder kurz „T or C"). Heutzutage sorgen der Vorstandsvorsitzende von Virgin Galactic, Richard Branson, und andere Weltraum-Visionäre für Schlagzeilen: Sie treiben die Entwicklung des nahe gelegenen **Spaceport America** voran; von dort aus sollen bald wohlhabende Weltraumtouristen in den Orbit um die Erde fliegen. **Spaceport-Führungen** (☎575-740-6894; www.ftstours.com; Erw./unter 12 Jahren 59/29 US$; ⌚Fr & Sa 9 & 13, So 9 Uhr) gewähren einen Blick auf die Startbahn und Kontrollstation.

Ca. 60 Meilen (97 km) nördlich der Stadt überwintern Kanadakraniche und Schneegänse auf den Feldern und Marschen des 233 km² großen **Bosque del Apache National Wildlife Refuge** (www.fws.gov/southwest/refuges/newmex/bosque; 5 US/Auto; ⌚Sonnenaufgang–Sonnenuntergang). Es gibt ein Visitor Center, und man kann eine Autofahrt durch den Park machen. Das Festival of the Cranes (Kranichfest) findet Mitte November statt.

Schlafen & Essen

Viele Motels dienen gleichzeitig als Spas.

★Blackstone Hotsprings BOUTIQUEHOTEL $
(☎575-894-0894; www.blackstonehotsprings.com; 410 Austin St; Zi. 75–135 US$; P ❄ 📶) Das Blackstone hat eine edle Note und zollt dem T-or-C-Geist Respekt: Die sieben Zimmer sind im Stil verschiedener Fernsehserien dekoriert (mit dabei sind die *Jetsons*, die *Golden Girls* und *I Love Lucy*). Und das Beste daran? Jeder Raum wartet mit einer Thermalwanne oder einem Wasserfall auf. Und der Haken? Nachts wird es nicht ganz dunkel in den Zimmern: Das Licht aus dem Hof kriecht herein.

Riverbend Hot Springs BOUTIQUEHOTEL $
(☎575-894-7625; www.riverbendhotsprings.com; 100 Austin St; Zi. ab 70 US$; ❄ 📶) Das frühere Hostel Riverbend Hot Springs bietet mittlerweile Schlafgelegenheiten im Motel-Stil – Tipis gibt's nicht mehr. Die Lage am Rio Grande ist fantastisch. Die Zimmer verströmen einen fröhlichen, schrulligen Charme, und manche Apartments sind gut für Gruppen geeignet. Private Thermalwannen können stundenweise gemietet werden (Gäste/Nicht-Gäste 10/15 US$), man kann sich aber auch in den öffentlichen Thermalpool stürzen (für Gäste kostenlos/Nichtgäste 10 US$).

Happy Belly Deli DELI $

(313 N Broadway; Hauptgerichte 2–8 US$; ⌚ Mo–Fr 7–15, Sa 8–15, So 8–12 Uhr) Das Happy Bell ist morgens ziemlich voll. Grund dafür sind die frischen Frühstücks-Burritos.

★ **Café Bellaluca** ITALIENISCH $$

(www.cafebellaluca.com; 303 Jones St; Hauptgerichte mittags 8–15 US$, Hauptgerichte abends 13–38 US$; ⌚ Mo, Mi & Do 11–21, Fr & Sa bis 22, So bis 20 Uhr) Bekommt viel Lob für seine italienischen Spezialitäten. Die Pizzas sind grandios.

Las Cruces & Umgebung

In der zweitgrößten Stadt New Mexicos befindet sich die New Mexico State University (NMSU), aber es gibt nur überraschend wenig Sehenswertes für Besucher.

Sehenswertes

Für viele ist der Besuch des benachbarten **Mesilla** (auch als Old Mesilla bekannt) das Highlight eines Aufenthalts in Las Cruces. Wenn man sich ein paar Querstraßen von der Plaza in Old Mesilla entfernt, kann man sich einen Eindruck von der Essenz einer typischen Stadt im Südwesten aus dem 19. Jh. mit hispanischer Tradition verschaffen.

★ **New Mexico Farm & Ranch Heritage Museum** MUSEUM

(www.nmfarmandranchmuseum.org; 4100 Dripping Springs Rd, Erw./Kind 5/2 US$; ⌚ Mo–Sa 9–17, So 12–17 Uhr; 👪) Dieses fantastische Museum in Las Cruces hat mehr zu bieten als ein paar Darstellungen zur landwirtschaftlichen Geschichte des Staates: lebendes Milchvieh! Jeden Tag wird vor den Zuschauern gemolken, und gelegentlich gibt's eine „Rassenparade" mit verschiedenen Rindern. Davon abgesehen leben auf dem Hof auch Pferde, Esel, Schafe und Ziegen. Es sind noch mehr Aktivitäten möglich: Freitags und sonntags ist der Schmied zugange, mittwochs wird gesponnen und gewebt, und dann wird noch traditionell gekocht (anrufen und nach den genauen Zeiten fragen!).

White Sands Missile Test Center Museum MUSEUM

(www.wsmr-history.org; Bldg. 200, Headquarters Ave; ⌚ Mo–Fr 8–16, Sa 10–15 Uhr) GRATIS Dieses Gelände, ca. 25 Meilen (40 km) östlich von Las Cruces am Hwy 70 (nach dem Schild „White Sands Missile Range Headquarters" Ausschau halten!), ist seit 1945 eine wichtige Versuchseinrichtung des Militärs und diente als alternativer Landeplatz für Spaceshuttles. Der Raketenpark unter freiem Himmel ist ziemlich abgefahren. Da dies Teil einer Militärbasis ist, müssen Besucher über 18 ihren Ausweis zeigen, und jeder Fahrer muss die Papiere und Versicherungspolice für den Wagen vorlegen können.

ABSTECHER

INS ALL LAUSCHEN

Hinter der Stadt Magdalena am Hwy 60 befindet sich die Radioteleskopanlage **Very Large Array** (VLA; www.nrao.edu; abseits des Hwy 52; ⌚ 8.30 Uhr–Sonnenuntergang) GRATIS, ein Komplex aus 27 riesigen Satellitenschüsseln, die auf der Hochebene wie gigantische Pilze aus dem Boden „sprießen". Im Visitor Center kann man einen Kurzfilm anschauen und einen Spaziergang in Eigenregie unternehmen, bei dem man auch einen Blick durchs Fenster des Kontrollgebäudes werfen kann. Das VLA liegt 4 Meilen (6 km) südlich des Hwy 60 abseits des Hwy 52.

Schlafen

★ **Lundeen Inn of the Arts** B&B $$

(☎ 505-526-3326; www.innofthearts.com; 618 S Alameda Blvd, Las Cruces; Zi. inkl. Frühstück 80–125 US$, Suite 99–155 US$; P ❄ 📶) Das große Gästehaus im mexikanischen Territorialstil in Las Cruces ist über 100 Jahre alt und vermietet sieben ganz unterschiedliche Zimmer. Es gibt außerdem ein luftiges Wohnzimmer mit hoher Decke (aus gepresstem Blech) und serviert ein beeindruckendes, frisches Frühstück. Die Besitzer sind sehr freundlich.

Essen

Nellie's Café NEW MEXICO $

(1226 W Hadley Ave; Hauptgerichte 5–8 US$; ⌚ Di–So 8–14 Uhr) Ein beliebtes Restaurant mit lokaltypischer Küche. Hervorragendes Frühstück und Mittagessen. Ausschließlich Barzahlung!

La Posta NEW MEXICO $$

(www.laposta-de-mesilla.com; 2410 Calle de San Albino; Hauptgerichte 8–15 US$; ⌚ 11–21 Uhr) Das bekannteste Restaurant von Old Mesilla ist in einem 200 Jahre alten Lehmziegelgebäude untergebracht. Das Dekor und die touristische Atmosphäre wirken vielleicht zunächst abschreckend, doch die typischen

New-Mexico-Gerichte sind zuverlässig gut, die Portionen groß, und der Service ist flott.

Praktische Informationen

Las Cruces Visitors Bureau (575-541-2444; www.lascrucescvb.org; 211 N Water St; Mo–Fr 8–17 Uhr)

An & Weiterreise

Die Busse von **Greyhound** (575-524-8518; www.greyhound.com; 800 E Thorpe Rd, Chucky's Convenience Store) nehmen die beiden Interstate-Routen I-10 und I-25 und fahren täglich nach Albuquerque (29 US$, 3½ Std.), Roswell (52 US$, 4 Std.) und El Paso (12,60 US$, 1 Std.).

Silver City & Umgebung

Hier ist der Geist des Wilden Westens noch lebendig, und es würde einen nicht groß wundern, wenn plötzlich Billy the Kid höchstpersönlich (er lebte früher einmal hier) vorbeispazieren würde. Die Zeiten haben sich aber dennoch geändert: Das Cowboy- und Trapper-Flair wird mehr und mehr von den Kunstgalerien, Cafés und Eisdielen überlagert. Ein kleiner Tipp: Beim Bummel durch Downtown Silver City sollte man vorsichtig sein, wenn man den Bürgersteig verlässt. Wegen starker Regenfälle im Sommer wurden die Bordsteinkanten extra hoch gebaut, um die viktorianischen Bauten und die Häuser aus Ziegel und Gusseisen vor dem schnell steigenden Wasser zu schützen.

Silver City ist das Tor zum **Gila National Forest**, dessen urtümlich-wildes Terrain sich für allerlei Outdoor-Aktivitäten wie Skilanglauf, Wandern, Campen, Angeln usw. anbietet.

Fährt man auf einer 42 Meilen (68 km) langen Straße von Silver City aus nach Norden (ca. 2 Std.), gelangt man zum **Gila Cliff Dwellings National Monument** (www.nps.gov/gicl; Eintritt 3 US$; Rundweg 9–16 Uhr, Visitor Center bis 16.30 Uhr), das im 13. Jh. von den Mogollon bewohnt wurde. Die rätselhaften und relativ abgeschieden gelegenen Felsbehausungen sind über einen 1,5 km langen Rundweg zu erreichen und sehen noch genauso aus wie zur Wende des 1. Jts. Wer sich für **Piktogramme** interessiert, sollte am Lower Scorpion Campground für einen Moment anhalten und dem kurzen markierten Pfad folgen.

Eigentümlich abgerundete Monolithen sind die Stars im **City of Rocks State Park** (www.nmparks.com; Hwy 61; 5 US$ Tagesgebühr, Stellplatz f. Zelt/Wohnmobil 8/10 US$). Zwischen den Gesteinsformationen kann man erstklassig zelten (Tische und Feuerstellen sind vorhanden). Besonders tolle Felsen stehen am Stellplatz 43 („The Lynx" – der Luchs). Um hierher zu kommen folgt man zuerst dem Hwy 180 ab Deming 24 Meilen (39 km) nach Nordwesten, dann fährt man auf dem Hwy 61 nach Nordosten (3 Meilen bzw. 5 km).

Wer einen Einblick in Silver Citys Architekturgeschichte bekommen will, sollte in einem der 22 Zimmer des **Palace Hotel** (575-388-1811; www.silvercitypalacehotel.com; 106 W Broadway; Zi. ab 51 US$;) übernachten. Das Palace (um 1900 erbaut) hat einen unaufdringlichen Charme und verkörpert das Flair alter Zeiten (keine Klimaanlage, ältere Ausstattung) – genau richtig, wenn man keine Lust mehr auf Motelketten-Einheitsbrei hat. An einer Ecke steht das vornehme **Javalina** (201 N Bullard St; Gebäck ab 2 US$; Mo–Do 6–21, Fr & Sa bis 22, So bis 19 Uhr;). Dort gibt's Kaffee, Snacks und WLAN in einer gemütlichen Sei-wie-du-bist-Atmosphäre.

Im Zentrum befinden sich verschiedene Restaurants, z.B. das berechtigterweise beliebte **Diane's Restaurant & Bakery** (575-538-8722; www.dianesrestaurant.com; 510 N Bullard St; Mittagessen 8–10 US$, Abendessen 15–30 US$; Di–Sa 11–14 & 17.30–21, So 11–14 Uhr) und die **Peace Meal Cooperative** (www.peacemealcoop.com; 601 N Bullard St; Hauptgerichte 6–10 US$; Mi–Mo 11–19 Uhr;), in dem man sich Burritos zusammenbauen kann, ganz wie's einem beliebt. Lust auf ein echtes Stück Lokalkultur? 7 Meilen (11 km) weiter nördlich, in Pinos Altos, befindet sich der **Buckhorn Saloon** (575-538-9911; www.buckhornsaloonandoperahouse.com; Main St, Pinos Altos; Hauptgerichte 10–39 US$; Mo–Sa 17–21 Uhr). Die Spezialität ist Steak, und an den meisten Abenden wird Livemusik gespielt. Reservierungen per Telefon.

Praktische Informationen

Infos zur Umgebung erhält man im **Visitor Center** (575-538-3785; www.silvercity.org; 201 N Hudson St; Mo–Fr 9–17, Sa & So 10–14 Uhr) und in der **Gila National Forest Ranger Station** (575-388-8201; www.fs.fed.us/r3/gila; 3005 E Camino Del Bosque; Mo–Fr 8–16.30 Uhr). Wer sich für die umstrittene Bergbaugeschichte der Stadt interessiert, sollte sich den Film *Das Salz der Erde* von 1954 ansehen, der auf der schwarzen Liste stand.

Südöstliches New Mexico

Zwei der größten Naturwunder New Mexicos – das faszinierende White Sands National Monument und der Carlsbad Caverns National Park – befinden sich in diesem Teil des Staates, einer trockenen Gegend. Sie hat aber noch weit mehr zu bieten: Legenden vom Feinsten nämlich. Zu nennen wären beispielsweise die Aliens in Roswell, Billy the Kid in Lincoln und Smokey Bear in Capitan. Der Großteil des Tieflands ist von der heißen, rauen Chihuahua-Wüste geprägt. Wer der sengenden Hitze entfliehen will, kann ein paar Höhenmeter überwinden, um das kühlere Klima der von Wald umgebenen Ferienorte wie Cloudcroft und Ruidoso zu genießen.

White Sands National Monument

Hier kann man zwischen fantastischen, hoch aufragenden weißen Sandhügeln umherrutschen, -rollen und -schlittern. 16 Meilen (26 km) südwestlich von Alamogordo (15 Meilen/24 km südwestlich des Hwy 82/70) bedeckt Kalziumsulfat – Gips – ein mehr als 710 km² großes Gebiet und schafft so eine faszinierende, hell leuchtende Mondlandschaft: das **White Sands National Monument** (www.nps.gov/whsa; Erw./unter 16 Jahren 3 US$/frei; ⏲ Juni–Aug. 7–21 Uhr, Sept.–Mai bis Sonnenuntergang). Die windverwehten Dünen sind eine der Top-Sehenswürdigkeiten in New Mexico. Auf keinen Fall die Sonnenbrille vergessen: Der Sand ist blendend weiß wie Schnee!

Für 17 US$ kann man eine Plastikpfanne im Andenkenladen des Visitor Center kaufen, auf der man dann die Dünenhänge hinunterrutschen kann. Das macht einen Riesenspaß, und anschließend verkauft man die Pfanne für 5 US$ wieder (um Haftungsfälle auszuschließen, gibt es keinen Verleih). Im Park-Kalender kann man nachlesen, wann Sonnenuntergangsspaziergänge und Vollmond-Radtouren (Erw./Kind unter 16 Jahren 5/2,50 US$) stattfinden; man muss sie weit im Voraus reservieren! Im Hinterland, 1 Meile (1,6 km) vom Scenic Drive entfernt, kann man zelten (kein Wasser, keine Toiletten). Die wenigen Genehmigungen (3 US$; wer zuerst kommt, mahlt zuerst) müssen persönlich im Visitor Center gekauft werden, und zwar spätestens eine Stunde vor Sonnenuntergang.

Alamogordo & Umgebung

Alamogordo ist das Zentrum eines der historisch bedeutendsten Weltraum- und Nuklear-Forschungsprogramme des Landes. Das vierstöckige **New Mexico Museum of Space History** (www.nmspacemuseum.org; Hwy 2001; Erw./Kind 6/4 US$; ⏲ 9–17 Uhr; 👪) beherbergt sehenswerte Darstellungen zu Weltraum-Forschung und -flügen. Im **Tombaugh IMAX Theater & Planetarium** (Erw./Kind 6/4,50 US$; 👪) werden gute wissenschaftliche Filme auf einer Panoramaleinwand gezeigt.

Den White Sands Blvd säumen zahlreiche Motels, u. a. das **Best Western Desert Aire Hotel** (☎575-437-2110; www.bestwestern.com; 1021 S White Sands Blvd; Zi. ab 78 US$; ❄@📶🏊) mit 08/15-Zimmern und Suiten (manche mit Küchenzeilen) und einer Sauna. Wer lieber campt, ist im **Oliver Lee State Park** (www.nmparks.com; 409 Dog Canyon Rd; Stellplatz f. Zelt & Wohnmobil 8/14 US$), 12 Meilen (19 km) südlich von Alamogordo, gut aufgehoben. Pizza, Pasta, große Salate und Bier vom Fass gibt's im netten **Pizza Patio & Pub** (2203 E 1st St; Hauptgerichte 7–15 US$; ⏲ Mo–Do & Sa 11–20, Fr bis 21 Uhr; 👪).

Cloudcroft

Das hübsche Cloudcroft wartet mit 100 Jahre alten Gebäuden und vielen Outdoor-Aktivitäten auf. Es ist eine nette Basis für Ausflüge mit unaufgeregtem Flair. Während in der Ebene im Osten Hitze angesagt ist, herrscht in der kleinen Stadt in den Bergen ein angenehmes Klima. Gute Infos zu Wanderwegen, kostenlose Pläne mit Waldstraßen sowie topografische Karten gibt's in der **Lincoln National Forest Ranger Station** (4 Lost Lodge Rd; ⏲ Mo–Fr 7.30–16.30 Uhr). **High Altitude** (☎575-682-1229; www.highaltitude.org; 310 Burro Ave; ⏲ Mo–Do 10–17.30, Fr & Sa bis 18, So bis 17 Uhr) verleiht Mountainbikes und hat Karten mit Mountainbikerouten in der Umgebung.

Das **Lodge Resort & Spa** (☎888-395-6343; www.thelodgeresort.com; 601 Corona Pl; Zi. ab 125 US$; @📶🏊) ist eines der besten historischen Hotels im Südwesten. Die Zimmer im Haupthotel im bayerischen Stil sind mit alten und viktorianischen Möbeln eingerichtet. Das Restaurant in der Lodge, **Rebecca's** (☎575-682-3131; Lodge Resort & Spa, 601 Corona Pl; Hauptgerichte 8–36 US$; ⏲ 7–10, 11.30–14 & 17.30–21 Uhr), ist nach dem Hausgeist benannt und bietet das mit Abstand beste Essen in der Stadt.

Ruidoso

Ruidoso (das spanische Wort für „laut") hat das Flair eines Ferienorts und platzt im Sommer förmlich aus allen Nähten. Es ist beliebt bei Pferderenn-Fans und hat dank der Waldlage nahe der Sierra Blanca (ca. 3700 m) ein angenehmes Klima. Der Ort erstreckt sich am Hwy 48 (bekannt als Mechem Dr bzw. Sudderth Dr).

Sehenswertes & Aktivitäten

Wer sich die Beine vertreten möchte, könnte die einfach zugänglichen **Waldwege** an der Cedar Creek Rd westlich der **Smokey Bear Ranger Station** (575-257-4095; 901 Mechem Dr; ganzjährig Mo–Fr 7.30–16.30 Uhr & zusätzlich im Sommer Sa) ablaufen, z.B. den USFS Fitness Trail oder die mäandernden Wege der Cedar Creek Picnic Area. Zu kurz? Für längere Tages- oder mehrtägige Touren bieten sich die zahlreichen Treks in der White Mountain Wilderness nördlich der Stadt an. In dieser Gegend muss man immer auf dem Laufenden sein, was die Bestimmungen zu offenen Feuern betrifft. Wenn es sehr trocken ist, wird der Wald manchmal gesperrt.

Ski Apache SKIFAHREN
(www.skiapache.com; Skipass Erw./Kind 51/33 US$) Das beste Skigebiet südlich von Albuquerque, 18 Meilen (29 km) nordwestlich von Ruidoso an den Hängen des wunderschönen Sierra Blanca Peak (3652 m). Es ist über den Hwy 48 zu erreichen (Exit 532).

Ruidoso Downs Racetrack PFERDERENNEN
(www.raceruidoso.com; Hwy 70; Sitzplatz Tribüne kostenl.; Ende Mai–Anfang Sept. Fr–Mo) Pferderennen, wie sich's gehört.

Hubbard Museum of the American West MUSEUM
(www.hubbardmuseum.org; 26301 Hwy 70; Erw./Kind 6/2 US$; 10–16.30 Uhr;) Hier stehen alte Postkutschen, indianische Artefakte und alles rund ums Pferd im Mittelpunkt.

Schlafen & Essen

Viele Motels, Hotels und niedliche kleine Hüttenkomplexe säumen die Straßen. Entlang der Waldstraßen zum Skigebiet findet man jede Menge einfache Campingplätze.

Sitzmark Chalet HOTEL $
(800-658-9694; www.sitzmark-chalet.com; 627 Sudderth Dr; Zi. ab 60 US$;) Aufgemacht wie eine Skihütte, mit 17 einfachen, netten Zimmern. Willkommene Extras sind die Picknicktische, Grills und der Whirlpool für acht Personen.

Upper Canyon Inn LODGE $$
(575-257-3005; www.uppercanyoninn.com; 215 Main Rd; Zi./Hütten ab 79/119 US$;) Die Zimmer und Hütten decken das gesamte Spektrum von einfach und preiswert bis zu rustikal-schickem Luxus ab.

Cornerstone Bakery FRÜHSTÜCK $
(www.cornerstonebakerycafe.com; 359 Sudderth Dr; Hauptgerichte unter 10 US$; 7–14 Uhr;) Wer lang genug in der Gegend bleibt, wird hier wahrscheinlich Stammgast. Alles auf der Karte, von den Omeletts bis zu den belegten Croissants, ist lecker, und der Kaffee mit Pinyon-Geschmack ein Gedicht.

Café Rio PIZZERIA $
(2547 Sudderth Dr; Hauptgerichte 8–25 US$, nur Barzahlung; 11.30–20 Uhr, außerhalb der Saison Mi geschl.;) Zuvorkommender Service ist vielleicht nicht der erste Gedanke, der einem beim Besuch dieser Pizzabude in den Sinn kommt, aber wenn man den ersten Haps abgebissen hat, hat man alles auch schon wieder vergeben und vergessen.

Unterhaltung

Flying J Ranch WILD-WEST-SHOW
(888-458-3595; www.flyingjranch.com; 1028 Hwy 48; Erw./Kind 27/15 US$; Ende Mai–Anfang Sept. Mo–Sa ab 17.30 Uhr, Sa nur bis Mitte Okt.;) 1,5 Meilen (2,4 km) nördlich von Alto gibt's was zu essen, aber auch Schießereien im Western-Dorf und Planwagenfahrten.

Praktische Informationen

Infos für Reisende stellt die **Chamber of Commerce** (575-257-7395; www.ruidoso.net; 720 Sudderth Dr; Mo–Fr 8–16.30, Sa 9–15 Uhr) bereit.

Lincoln & Capitan

Western-Fans werden das kleine Lincoln unbedingt sehen wollen. Hier, 12 Meilen (19 km) östlich von Capitan, fand die Schießerei statt, die Billy the Kid unsterblich machte. Man muss dem **Billy the Kid National Scenic Byway** (www.billybyway.com) folgen. Die komplette Stadt ist sehr schön erhalten (sie sieht noch fast genauso aus wie damals) und die Hauptstraße wurde zum **Lincoln State Monument** (www.nmmonuments.org/lincoln; Erw./Kind 5 US$/frei; 8.30–

16.30 Uhr) erklärt. „Moderne Einflüsse" wie Neonschilder, Souvenirläden, Fast-Food-Imbisse und Co. sind verboten.

Eintrittskarten für die ältesten Gebäude gibt's im **Anderson-Freeman Museum**. Dort kann man sich Ausstellungsstücke zu den Buffalo Soldiers, Apachen und zum Lincoln County War ansehen. Das faszinierende **Courthouse Museum** sollte der letzte Halt sein; hier legte Billy seine wagemutigste und gewalttätigste Flucht hin. Eine Tafel hängt an der Stelle, an der eine seiner Kugeln in die Wand eingeschlagen ist.

Wer über Nacht bleiben will, kann eines der drei mit Antiquitäten ausgestatteten Zimmer im Haupthaus des **Ellis Store Country Inn** (☎800-653-6460; www.ellisstore.com; Hwy 380; Zi. inkl. Frühstück 89–129 US$) beziehen (inkl. Holzofen); fünf weitere Räume befinden sich in einer alten Mühle auf dem Gelände. Von Mittwoch bis Samstag gibt's abends ein geniales Sechs-Gänge-Menü (75 US$/Pers.), das im hübschen Speisesaal serviert wird. Ideal für besondere Anlässe! Man sollte besser reservieren.

Ein paar Meilen westlich an der Straße nach Capitan liegt die **Laughing Sheep Farm and Ranch** (☎575-653-4041; www.laughingsheepfarm.com; Hwy 380; Hauptgerichte 10–35 US$; ⏲Do–Sa 17–21 Uhr; 👪). Dort werden Schafe, Kühe und Bisons gezüchtet und Obst und Gemüse angebaut. Die Erzeugnisse landen dann mittags oder abends auf dem Teller. Der Speisesaal ist komfortabel, und es geht locker zu. Abends ist Livemusik zu hören, und es gibt eine Spielecke für Kinder. Gemütliche Hütten mit Whirlpool kosten 130 US$ pro Nacht.

Ähnlich wie Lincoln ist auch das gemütliche Capitan von den wunderschönen Bergen des **Lincoln National Forest** umgeben. Der Hauptgrund für einen Besuch ist der **Smokey Bear Historical State Park** (118 W Smokey Bear Blvd; Erw./Kind 2/1 US$; ⏲9–17 Uhr), in erster Linie natürlich für die Kleinen. Dort wurde Smokey begraben (ja, es gab einen echten Smokey Bear!).

Roswell

Wenn man à la *Akte X* daran glaubt, dass „die Wahrheit irgendwo da draußen ist", hat man unter Garantie schon vom Roswell Incident, dem Roswell-Zwischenfall, gehört. 1947 stürzte ein mysteriöses Objekt bei einer Ranch in der Umgebung ab. Das hätte niemanden groß interessiert, wenn nicht das Militär eine riesige Vertuschungsaktion angeleiert hätte. Für viele war das der Beweis: Die Außerirdischen waren gelandet! Das internationale Interesse (und lokale Erfindungsgabe) haben die Stadt in eine schräge extraterrestrische Zone verwandelt. Weiße Köpfe, geformt wie aufgeblasene Ballons, zieren Straßenlaternen, und Touristen werden busweise herangekarrt, um seltsame Souvenirs zu kaufen.

Suchende, Glaubende und Kitschfans müssen sich unbedingt das **International**

NICHT VERSÄUMEN

CARLSBAD CAVERNS NATIONAL PARK

Unmengen erstaunlicher Höhlen verstecken sich unter den Hügeln dieses einzigartigen **Nationalparks** (☎575-785-2232, Fledermaus-Hotline 505-785-3012; www.nps.gov/cave; 3225 National Parks Hwy; Erw./Kind 6 US$/frei; ⏲Höhlen Ende Mai–Anfang Sept. 8.30–17 Uhr, Anfang Sept.–Ende Mai 8.30–15.30 Uhr; 👪) mit einer Fläche von 190 km². In den Höhlen verbirgt sich ein Wunderland aus Stalaktiten und fantastischen geologischen Formationen. Am **Visitor Center** (⏲8–17 Uhr, Ende Mai–Anfang Sept. bis 19 Uhr) kann man den Aufzug nehmen, der ca. 380 m (die Höhe des Empire State Buildings) in unter einer Minute zurücklegt, oder aber man folgt einem 3 km langen unterirdischen Weg vom Höhleneingang zum Big Room, einer 550 m langen und 80 m hohen Kammer, die mehr als 240 m unter der Erdoberfläche liegt. Unterwegs mit kleinen Kindern? Oder einfach nur gern albern drauf? Im Andenkenladen werden Plastikhelme mit Lampen verkauft.

Geführte Touren (☎877-444-6777; www.recreation.gov; Erw. 7–20 US$, Kind 3,50–10 US$) durch weitere Höhlen sollten weit im Voraus reserviert werden. Langärmelige T-Shirts und geschlossene Schuhe anziehen – hier unten ist's kalt!

Die Höhlen sind auch für eine riesige Fledermauskolonie mit mehr als 300 000 Tieren der Gattung *Tadarida brasiliensis* bekannt, die hier von Mitte Mai bis Mitte Oktober rasten. Wenn man bei Sonnenuntergang hier ist, kann man dabei zusehen, wie sie die Höhle verlassen, um auf nächtlichen Insektenfang zu gehen.

UFO Museum & Research Center (www.roswellufomuseum.com; 114 N Main St; Erw./Kind 5/2 US$; ⌚9–17 Uhr) ansehen. Dort sind Dokumente ausgestellt, die im Zusammenhang mit der Verschleierung stehen, sowie ungewöhnliche Kunstwerke. Das jährliche **Roswell UFO Festival** (www.roswellufofestival.com) findet Anfang Juli statt und umfasst eine außerirdische Kostümparade, Vorträge, Workshops und Konzerte.

Hotelketten haben sich in der N Main St angesiedelt. Etwa 36 Meilen (58 km) südlich von Roswell bietet das **Heritage Inn** (☎575-748-2552; www.artesiaheritageinn.com; 209 W Main St, Artesia; Zi. inkl. Frühstück ab 119 US$; ❄@📶🐾) in Artesia elf Zimmer im Wild-West-Stil – die netteste Schlafgelegenheit in der Gegend!

Einfache, aber verlässlich gute mexikanische Küche bekommt man in **Martin's Capitol Cafe** (110 W 4th St; Hauptgerichte 7–15 US$; ⌚Mo–Sa 6–20.30 Uhr); wem der Sinn nach amerikanischen Klassikern steht, der kommt im **Big D's Downtown Dive** (www.bigdsdowntowndive.com; 505 N Main St; Hauptgerichte 7–10 US$; ⌚11–21 Uhr) auf seine Kosten: Hier gibt's die besten Salate, Sandwiches und Burger der Stadt.

Informationen (und Erinnerungsfotos mit Aliens!) erhält man im **Visitors Bureau** (☎575-624-6860; www.seeroswell.com; 912 N Main St; ⌚Mo–Fr 8.30–17.30, Sa & So 10–15 Uhr; 📶).

Am **Greyhound Bus Depot** (☎575-622-2510; www.greyhound.com; 1100 N Virginia Ave) fahren Busse nach Carlsbad (30 US$, 1½ Std.) und El Paso, TX, via Las Cruces (52 US$, 5 Std.) ab.

Carlsbad

Reisende nutzen Carlsbad als Basis für Ausflüge in den nahe gelegenen Carlsbad Caverns National Park und die Guadalupe Mountains. Das **Park Service Office** (☎575-885-8884; 3225 National Parks Hwy; ⌚Mo–Fr 8–16.30 Uhr) am südlichen Ende der Stadt liefert Informationen zu den beiden Attraktionen.

An den nordwestlichen Ausläufern der Stadt, abseits des Hwy 285, erstreckt sich der **Living Desert State Park** (www.nmparks.com; 1504 Miehls Dr, abseits Hwy 285; Erw./Kind 5/3 US$; ⌚Juni–Aug. 8–17 Uhr, Sept.–Mai 9–17 Uhr), ein toller Ort, wenn man mehr über die Wüstenflora und -fauna lernen möchte. Auf einem netten, ca. 2 km langen Pfad werden verschiedene Lebensräume der Chihuahua-Wüste erläutert, mit lebenden Antilopen, Wölfen, Rennkuckucken und mehr.

Die meisten Unterkünfte in Carlsbad gehören zu Motelketten. Sie sind in der S Canal St oder am National Parks Hwy zu finden. Jeden Dollar wert ist das **Stagecoach Inn** (☎575-887-1148; 1819 S Canal St; Zi. ab 50 US$; ❄📶🏊). Seine Zimmer sind sauber, es gibt einen Pool und einen netten Kinderspielplatz. Die beste Bleibe im Ort ist das neue, luxuriöse **Trinity Hotel** (☎575-234-9891; www.thetrinityhotel.com; 201 S Canal St; Zi. ab 169–219 US$; ❄📶), ein historisches Gebäude, das ursprünglich Sitz der First National Bank war. Das Wohnzimmer in einer Suite war früher mal der Tresorraum! Auch das zugehörige Restaurant hat mehr Klasse als die übrigen Lokale in Carlsbad.

Den besten Kaffee in dieser Ecke New Mexicos bekommt man im **Blue House Bakery & Cafe** (609 N Canyon St; Hauptgerichte 4–8 US$; ⌚Mo–Sa 6–12 Uhr), zu dessen Spezialitäten Frühstück und Gebäck gehören. Für ein Dinner im Country-Style gibt's kaum etwas Besseres als das **Red Chimney Pit Barbecue** (www.redchimneypitbarbecue.com; 817 N Canal St; Hauptgerichte 7–15 US$; ⌚Mo–Fr 11–14 & 16.30–20.30 Uhr), in dem man ganz sicher auf seine Kosten kommen wird.

Insidertipps und mehr erhält man bei der **Chamber of Commerce** (☎575-887-6516; www.carlsbadchamber.com; 302 S Canal St; ⌚Mo 9–17, Di–Fr 8–17 Uhr).

Die Busse von **Greyhound** (☎575-628-0768; www.greyhound.com; 3102 National Parks Hwy) fahren von der Shamrock-Tankstelle im Food Jet South ab. Die beiden Reiseziele sind El Paso (52 US$, 3 Std.) und Lubbock, TX (52 US$, 4 Std.).

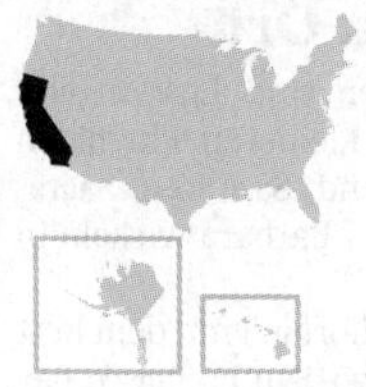

Kalifornien

Inhalt ➡

Gut essen

➡ Benu (S. 1102)
➡ Chez Panisse (S. 1114)
➡ French Laundry (S. 1117)
➡ George's at the Cove (S. 1056)
➡ Bazaar (S. 1036)

Schön wandern

➡ Yosemite National Park (S. 1132)
➡ Sequoia & Kings Canyon National Park (S. 1136)
➡ Marin County (S. 1111)
➡ Redwood National & State Park (S. 1123)

Auf nach Kalifornien!

Boheme und Hightech, dazu die Freude am genussvollen Leben – Kalifornien übertrifft die Erwartungen, die Hollywood weckt, noch um Längen. Ob man sich eine gute Flasche Zinfandel genehmigen, einen 4000 m hohen Gipfel besteigen oder im Pazifik surfen möchte – alles ist möglich!

Vor allem aber ist Kalifornien Kult. Hier setzte Mitte des 19. Jh. der große Goldrausch ein, hier sang der Naturforscher John Muir sein Loblied auf die Sierra Nevada, und hier definierten Jack Kerouac und die Beat Generation, was Unterwegssein wirklich bedeutet.

Kaliforniens multikultureller Schmelztiegel köchelt seit Spanien und Mexiko dieses reiche, verheißungsvolle Land für sich beanspruchten. Und auch heute noch strömen Einwanderer aus aller Welt herbei, um an den palmengesäumten Pazifikstränden ihren amerikanischen Traum zu leben.

In Kalifornien können Besucher darüber staunen, wie Zukunft gemacht wird – und danach geht's an den Strand.

Reisezeit

Los Angeles

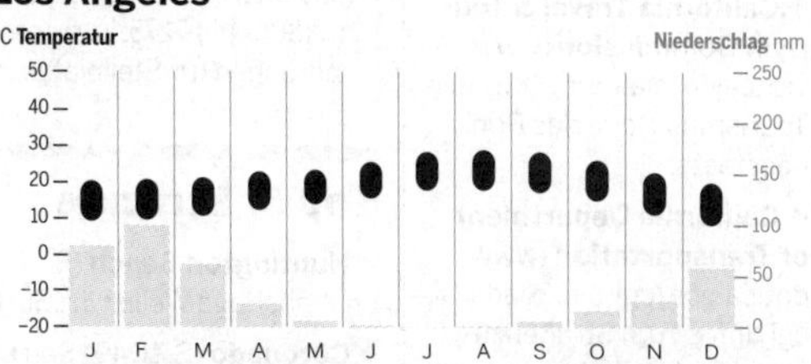

Juni–Aug. Es ist meist sonnig. Ab und zu gibt's Küstennebel. In den Ferien strömen die Massen herbei.

April–Mai & Sept.–Okt. Es ist meist wolkenlos, nachts aber kühler. Zeit für Schnäppchen!

Nov.–März In den Skigebieten sowie in den warmen Wüstenregionen Südkaliforniens ist Hauptsaison.

NICHT VERSÄUMEN!

Einen Baum umarmen gehört in Kalifornien zum Pflichtprogramm. Wie wäre es mit einem Küstenmammutbaum? Die können 2000 Jahre alt und 114 m hoch werden.

Kurzinfos

- **Größte Städte** Los Angeles (3819702 Ew.), San Francisco (812826 Ew.)
- **Fahrtzeit** Los Angeles–San Francisco (5½ Std. über die Fwys I-5 & I-580 im Binnenland, 8½ Std. über die Hwys 101 & 1 längs der Küste)
- **Zeitzone** Pacific Standard Time (MEZ –9 Std.)

Schon gewusst?

In Kalifornien wurden u.a. das Internet und das iPad, Poweryoga und Reality-TV, das Space Shuttle und Mickey Maus, der Cobb Salad und der Glückskeks erfunden.

Infos im Internet

- **California Travel & Tourism Commission** (www.visitcalifornia.com) Offizielle Tourismus-Seite des Bundesstaats.
- **California Department of Transportation** (www.dot.ca.gov/cgi-bin/roads.cgi) Infos zum Straßenzustand und zu Sperrungen von Highways.
- **USGS Earthquake Hazards** (http://quake.usgs.gov/recenteqs/latest.htm) Echtzeit-Karten zur Erdbebengefahr.

Anreise & Unterwegs vor Ort

Die größten internationalen Flughäfen sind Los Angeles (LAX) und San Francisco (SFO). Die kleineren Flughäfen von San Diego, Orange County, Oakland, San Jose, Sacramento, Burbank, Long Beach und Santa Barbara wickeln in erster Linie Inlandsflüge ab.

Vier Amtrak-Fernzüge verbinden Kalifornien mit dem Rest der USA: der *California Zephyr* (Chicago–San Francisco Bay Area), der *Coast Starlight* (Seattle–L.A.), der *Southwest Chief* (Chicago–L.A.) und der *Sunset Limited* (New Orleans–L.A.). Innerhalb des Bundesstaats betreibt Amtrak u.a. den *Pacific Surfliner* (San Diego–L.A.–Santa Barbara–San Luis Obispo), den *Capitol Corridor* (San Jose–Oakland–Berkeley–Sacramento) sowie den *San Joaquin* (Bakersfield–Oakland oder Sacramento, mit Bussen ins Yosemite Valley ab Merced).

Die Greyhound-Busse erreichen viele Ecken im Bundesstaat. Wer Kalifornien aber gründlich erkunden will, ist – vor allem abseits der Küste – auf das Auto angewiesen.

NATIONALPARKS & STATE PARKS

1890 wurden Yosemite und Sequoia Kaliforniens erste Nationalparks. Inzwischen sind sieben weitere hinzugekommen: Kings Canyon, Death Valley, Joshua Tree, Channel Islands, Redwood, Lassen Volcanic und Pinnacles. Der **National Park Service** (www.nps.gov) verwaltet zudem rund 20 historische Stätten, Denkmäler und Naturschutzgebiete. In manchen ist der Eintritt frei, in anderen kostet er für sieben Tage bis zu 25 US$ pro Fahrzeug; ein Stellplatz kostet bis zu 20 US$ pro Nacht. **Recreation.gov** (☎877-444-6777, 518-885-3639; www.recreation.gov) reserviert Stellplätze in den bundesstaatlichen Gebieten.

Kaliforniens 280 **State Parks** (☎800-777-0369, 916-653-6995; www.parks.ca.gov) umfassen Meeresschutzgebiete, Wälder und ein Drittel der Küste. Das Netz an Wander-, Rad- und Reitwegen ist rund 4800 km groß. Wegen Haushaltskürzungen können einige Parks geschlossen sein, daher vorher nachfragen. Die Gebühren für den Parkeintritt liegen zwischen 4 und 15 US$, Stellplätze kosten 5 bis 75 US$ pro Nacht. **ReserveAmerica** (☎800-444-7275; www.reserveamerica.com) nimmt Reservierungen für Stellplätze in den State Parks vor.

Top 5: Strände

- **Huntington Beach** (S. 1046) Lagerfeuer, Beachvolleyball und mächtige Wellen in „Surf City USA".
- **Coronado** (S. 1049) San Diegos endloser Silver Strand.
- **Zuma** (S. 1028) Klares blaues Wasser, schäumende Brandung und gelbbrauner Sand in der Nähe von Malibu.
- **Santa Cruz** (S. 1078) An der Strandpromenade des Surferparadieses herrscht Volksfeststimmung rund um die Uhr.
- **Point Reyes** (S. 1113) An den wilden und windigen Stränden kann man wandern und den Sonnenuntergang bestaunen.

Geschichte

Bei der Ankunft der ersten europäischen Siedler im 16. Jh. hatte Kalifornien um die 300 000 Ureinwohner. Die spanischen Konquistadoren nannten es „Alta California" (Oberes Kalifornien). Nachdem sie Letzteres vergeblich nach einer sagenhaften „Goldstadt" durchsucht hatten, überließen sie das Gebiet praktisch sich selbst. Erst während der Missionsperiode (1769–1833) unternahm Spanien dort ernsthafte Besiedlungsversuche: Insgesamt 21 katholische Missionsstationen wurden größtenteils von dem franziskanischen Pater Junípero Serra gegründet, um die Ureinwohner zu bekehren. Parallel entstanden Militärforts (*presidios*), um Briten und Russen fernzuhalten.

1821 erlangte Mexiko seine Unabhängigkeit von Spanien und herrschte kurz über Kalifornien, nur um es im Mexikanisch Krieg (1846–1848) an die noch jungen USA zu verlieren. Nur 10 Tage vor Unterzeichnung des Abtretungsvertrags von Guadalupe Hidalgo wurde das erste Gold gefunden. Die Bevölkerungszahl der nicht einheimischen Bewohnern verfünffachte sich 1850 in Kalifornien auf 92 000, während es im selben Jahr zum 31. Bundesstaat der USA wurde. Die transkontinentale Eisenbahn wurde 1869 mithilfe Tausender chinesischer Fremdarbeiter fertiggestellt. Sie erschloss neue Märkte und verstärkte die Einwanderung in den Golden State.

Das Erdbeben von San Francisco (1906) war quasi nur ein Schluckauf, während Kalifornien weiterhin an Ausdehnung, Vielfalt und Bedeutung zulegte. Mexikanische Immigranten kamen zu Zeiten der Mexikanischen Revolution (1910–1920) ins Land und milderten später den Arbeitskräftemangel im Zweiten Weltkrieg. Letzterer machte Kalifornien zu einem Standort der Militärindustrie, während viele japanischstämmige Amerikaner wegen antiasiatischer Ressentiments illegal in Lagern (z. B. in Manzanar in der östlichen Sierra) interniert wurden.

Dank großer Fläche, gebündeltem Reichtum, vielen verschiedenen Einwanderern und technischer Innovation war Kalifornien seit jeher gesellschaftlich avantgardistisch: Hollywood hypnotisiert die Welt seit Anfang des 20. Jh. mit seiner cineastischen Traumwelt. Auf die banale Selbstgefälligkeit seiner Nachkriegsvororte reagierte San Francisco mit Beat-Poesie in den 1950er-, freier Hippieliebe in den 1960er- und Gay Pride in den 1970er-Jahren. Die Hightech-Visionäre des Silicon Valley traten die Internetrevolution

KURZINFOS KALIFORNIEN

Spitzname Golden State

Staatsmotto Eureka („Heureka")

Bevölkerung 38 Mio.

Fläche 403 932 km²

Hauptstadt Sacramento (472 178 Ew.)

Weitere Städte Los Angeles (3 819 702 Ew.), San Diego (1 326 179 Ew.), San Francisco (812 826 Ew.)

Verkaufssteuer 7,5 %

Geburtsort von Schriftsteller John Steinbeck (1902–1968), Fotograf Ansel Adams (1902–1984), US-Präsident Richard Nixon (1913–1994), Popkultur-Ikone Marilyn Monroe (1926–1962)

Heimat des höchsten (Mt. Whitney) und des tiefsten Punktes (Death Valley) der US-Kernstaaten, der weltweit ältesten, höchsten und mächtigsten Bäume (Langlebige Kiefern, Küsten- bzw. Riesenmammutbäume)

Politische Ausrichtung Mehrheitlich Demokraten (multiethnisch), Minderheit Republikaner (überwiegend Weiße), jeder fünfte kalifornische Wähler wählt unabhängig

Berühmt für Disneyland, Erdbeben, Hollywood, Hippies, Silicon Valley, Surfen

Kitschigstes Souvenir „Mystery Spot"-Autoaufkleber

Entfernungen Los Angeles–San Francisco 380 Meilen (611 km), San Francisco–Yosemite Valley 200 Meilen (322 km)

Highlights

1 Die Wasserfälle und Granitgipfel im **Yosemite National Park** (S. 1132) bewundern

2 In **Los Angeles** (S. 1017) die multikulturellen Viertel und das glamouröse Nachtleben Hollywoods bestaunen

3 Auf dem Hwy 1 über ausgewaschenen Meeresklippen längs der felsigen Küste von **Big Sur** (S. 1073) fahren

4 Im Ferry Building in **San Francisco** (S. 1081) frische Lebensmittel vom Bauernhof genießen

5 In **Calistoga** (S. 1115) nahe den berühmten Weingütern des Napa Valley ein Schlammbad nehmen

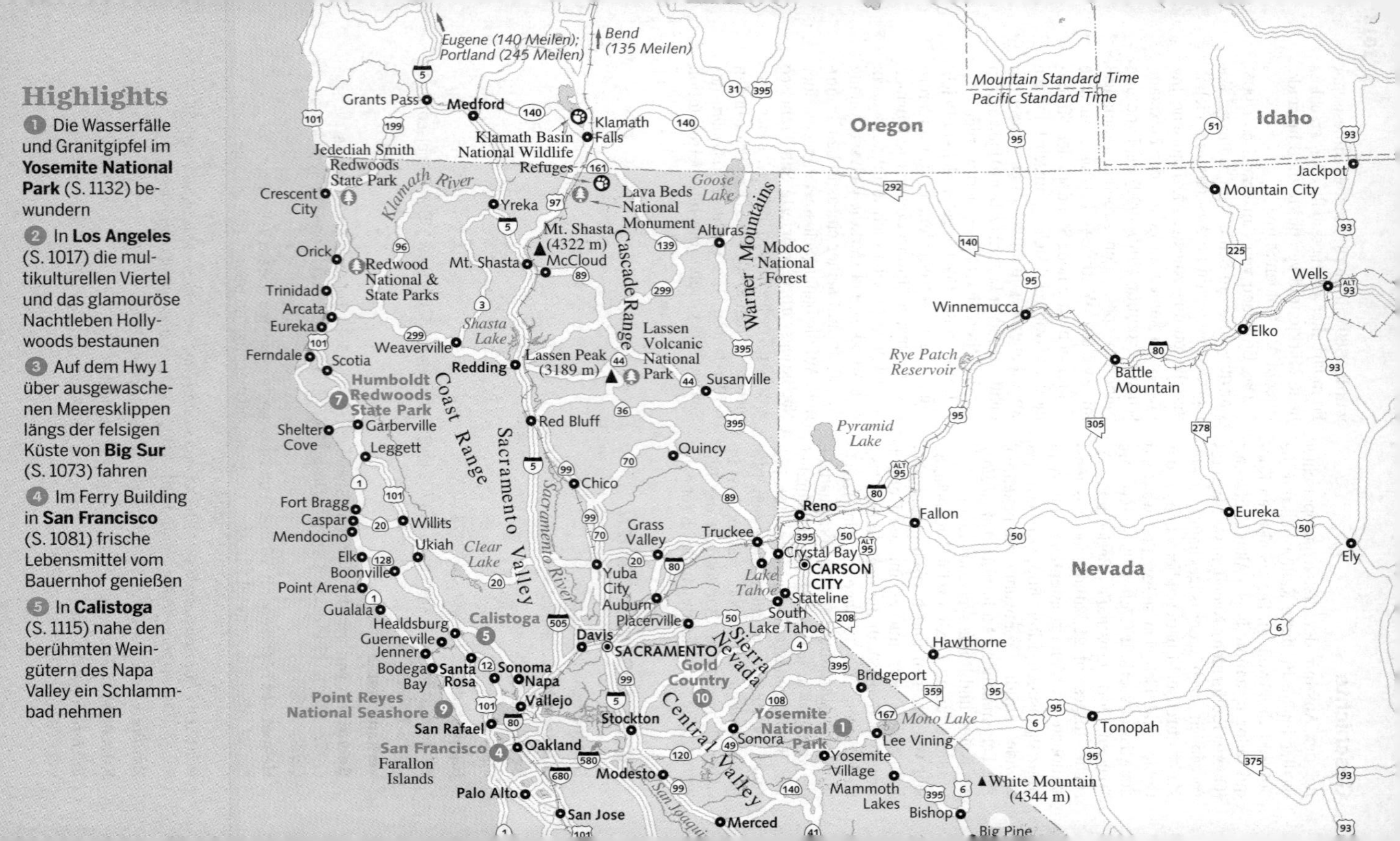

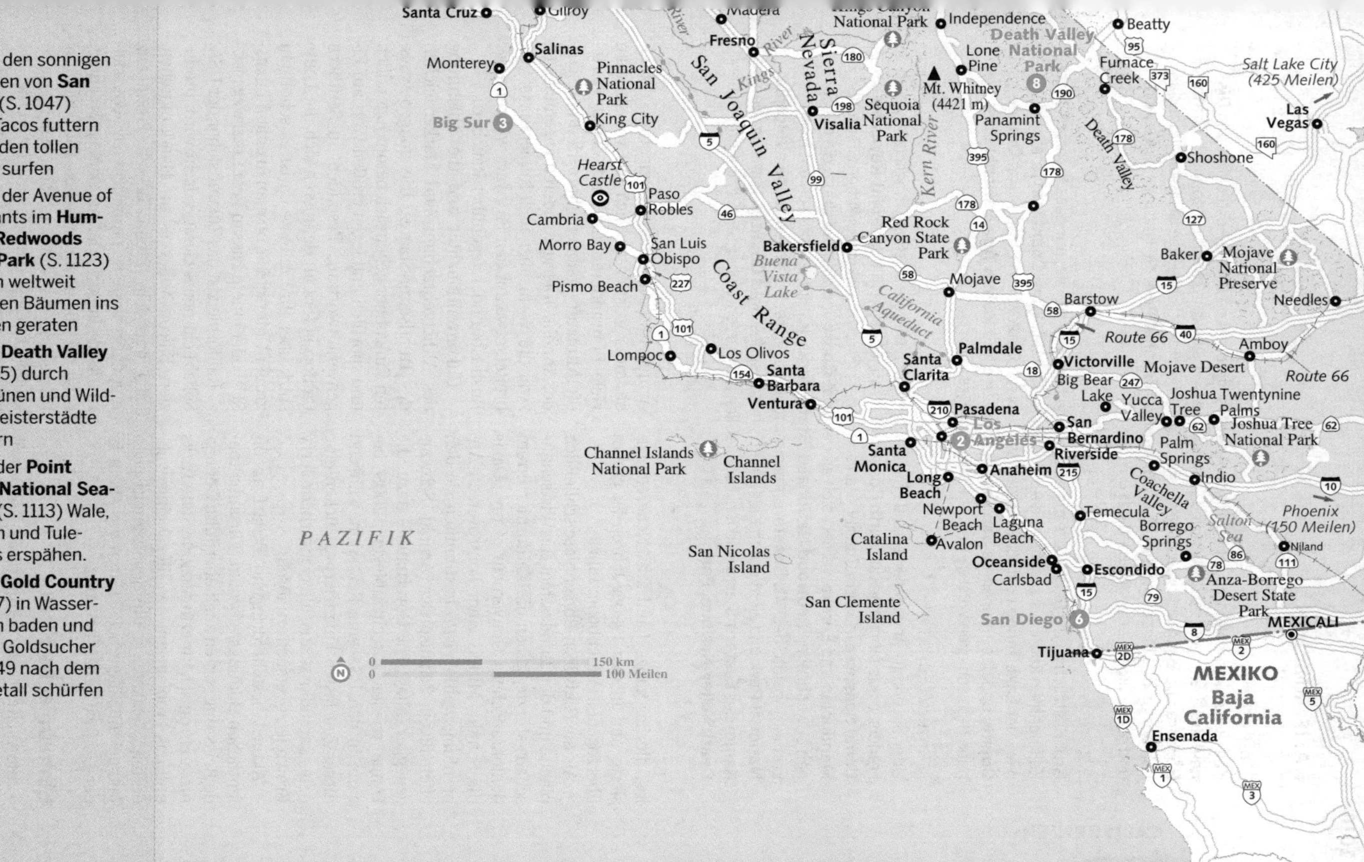

6 An den sonnigen Stränden von **San Diego** (S. 1047) Fisch-Tacos futtern und in den tollen Wellen surfen

7 An der Avenue of the Giants im **Humboldt Redwoods State Park** (S. 1123) vor den weltweit höchsten Bäumen ins Staunen geraten

8 Im **Death Valley** (S. 1065) durch Sanddünen und Wildwest-Geisterstädte wandern

9 In der **Point Reyes National Seashore** (S. 1113) Wale, Robben und Tule-Wapitis erspähen.

10 Im **Gold Country** (S. 1127) in Wasserlöchern baden und wie ein Goldsucher von 1849 nach dem Edelmetall schürfen

KALIFORNIEN IN...

...einer Woche

Kalifornien kompakt: Los geht's in **Los Angeles**, gefolgt von einem Abstecher nach **Disneyland**. Dann geht es die windige Central Coast hinauf, mit Zwischenstopps in **Santa Barbara** und **Big Sur**. In **San Francisco** steht eine ordentliche Prise Großstadtkultur an. Von dort geht's landeinwärts, um im **Yosemite National Park** die Natur zu bestaunen, und schließlich wieder zurück nach L.A.

...zwei Wochen

Grundsätzlich ist die Reiseroute die gleiche wie bei einer Woche, nur dass man sich mehr Zeit nehmen kann. Als zusätzliche Abstecher locken das **Wine Country** in Nordkalifornien, der **Lake Tahoe** hoch oben in der Sierra Nevada, die tollen Strände von **Orange County** und das entspannte **San Diego**, aber auch der **Joshua Tree National Park** nahe dem schicken Wüsten-Resort **Palm Springs**.

...einem Monat

Über die bereits angegebenen Ziele hinaus sind noch weitere Ausflüge möglich. Von San Francisco aus fährt man die North Coast hinauf, angefangen mit der **Point Reyes National Seashore** in Marin County. Man schlendert durch die viktorianischen Städtchen **Mendocino** und **Eureka**, verliert sich an der **Lost Coast** und wandert durch die mit Farnen bewachsenen **Redwood National & State Parks**. Im Binnenland schießt man ein Erinnerungsfoto des **Mt. Shasta**, unternimmt einen Abstecher in den **Lassen Volcanic National Park** und zieht durch Kaliforniens historisches **Gold Country**. Man folgt dem Kamm der **Eastern Sierra** und fährt schließlich auf kurvenreicher Straße hinunter in den **Death Valley National Park**.

los, die das ganze Land aufs Neue elektrisierte und in den 1990er-Jahren zu einem überzogenen Aktienboom führte.

Als die High-Tech-Börsenblase schließlich platzte und den Bundesstaat ins Wirtschaftschaos stürzte, gaben die Kalifornier ihrem demokratischen Gouverneur Gray Davis die Schuld. Mittels einer kontroversen Abberufungswahl *(recall)* bestimmten sie den ehemaligen Schauspieler Arnold Schwarzenegger (alias „The Governator") dazu, die Dinge wieder zurechtzubiegen. 2008 begann in den USA eine Rezession, während dieser Zeit lösten Finanzierungslücken eine neue Kapitalkrise aus, die Gouverneur Jerry Brown jetzt versucht zu lösen.

Aktuell besteht dringend Bedarf an öffentlichen Bildungsreformen. Für anhaltende Belastung sorgen auch überfüllte Gefängnisse, chronisch unterfinanzierte State Parks und das Problem mit den illegal eingewanderten Mexikanern, die den dramatischen Mangel an Billigarbeitskräften vor allem in der Landwirtschaft beheben.

Einheimische Kultur

Kalifornien ist die neuntgrößte Volkswirtschaft der Erde und ein Staat voller Extreme, wo in den Ballungsgebieten bittere Armut und sagenhafter Reichtum nebeneinander existieren. Nach wie vor strömen viele Einwanderer ins Land, deren Viertel oft Miniaturversionen ihrer Herkunftsländer ähneln. Toleranz anderen gegenüber ist zwar die Norm, aber auch Intoleranz ist verbreitet, etwa auf den Freeways während der Rush Hour oder gegenüber Rauchern.

Unkonventionalität und die Ablehnung des Althergebrachten sind Markenzeichen des Trendsetter-Staates. Die imagebewussten Einwohner geben sich betont jugendlich und sportlich und legen großen Wert auf Eigenverantwortung. Besonders in Southern California (SoCal) definieren sich die Leute stark über ihre Autos – da ist es schon ein großer Unterschied, ob man in einem Luxus-SUV oder einem Nissan Leaf unterwegs ist.

Kalifornien ist das Zukunftslabor der USA. Sobald ein neues Gerät erdacht wird, produziert Silicon Valley es im Handumdrehen. Falls irgendein Promi, dessen Prominenz nur darin besteht, prominent zu sein, sich zur Mode äußert oder im Gefängnis landet, sorgt das überall für Aufsehen. Die Popkultur keines anderen Bundesstaates hat einen so großen Einfluss darauf, wie in Amerika gearbeitet, gegessen, geliebt und konsumiert, ja sogar darauf, wie Abfall verwertet wird.

LOS ANGELES

Los Angeles County – der bevölkerungsreichste Landkreis der USA – spiegelt die Nation in all ihren Extremen wider. Seine Menschen gehören zu den reichsten und ärmsten im Land. Viele leben seit Generationen hier, andere sind frisch angekommen. Hier leben Elegante und Ungehobelte, Schöne und Aufgeschönte, Gebildete und Schwachköpfe. Und sogar die Landschaft präsentiert sich als ein Mikrokosmos der USA mit ihren filmreifen Stränden und schneebedeckten Bergen, Wolkenkratzern, Vorstadtsiedlungen und einsamer Wildnis, durch die Pumas streifen.

Wer glaubt, dass er Los Angeles durchschaut hat, und die Stadt auf Promiluder, Smog, Staus, Bikini-Girls und Popsternchen reduzieren will, sollte noch einmal genauer hinschauen. Die Stadt ist unbestritten ein Zentrum der Unterhaltungsindustrie, aber ihren wahren Charakter gibt sie keinesfalls auf der Kinoleinwand oder in Realityshows preis, sondern nur Stück für Stück im normalen Alltag. Die Einwohner verbindet, dass sie Suchende – oder die Nachkommen von Suchenden – sind, die der Traum von Ruhm, Reichtum oder Wiedergeburt hierher lockte.

Momentan ist genau der richtige Zeitpunkt für einen Trip nach Los Angeles: Hollywood und die Downtown erleben eine Renaissance, und Kunst, Musik, Mode und Gastronomie blühen. Und je genauer man „La-La Land" erkundet, umso mehr wird man es lieben.

Geschichte

Das Jäger-und-Sammler-Leben der indigenen Tongva (Gabrieleño) und Chumash endete mit der Ankunft spanischer Missionare und Pioniere im späten 18. Jh. Die erste zivile Siedlung der Spanier, das 1781 gegründete El Pueblo de Nuestra Señora la Reina de Los Ángeles, blieb noch Jahrzehnte lang nicht mehr als ein abgelegenes Bauerndorf. Erst 1850 erhielt Los Angeles das Stadtrecht.

Der Zusammenbruch des kalifornischen Goldrauschs, der Bau der transkontinentalen Eisenbahn, das Aufblühen des Zitrusfrüchteanbaus, die Entdeckung von Öl, die Schaffung des Hafens, die Entstehung der Filmindustrie und der Bau des California Aqueduct waren Faktoren, die die Stadt rapide wachsen ließen. Nach dem Zweiten Weltkrieg verdoppelte sich die Bevölkerung von knapp 2 Mio. im Jahr 1950 auf heute annähernd 4 Mio.

Das Wachstum von L.A. brachte Probleme mit sich, u.a. Zersiedelung und Luftverschmutzung. Dank streng durchgesetzter Umweltgesetze geht die Smogbelastung aber seit dem Beginn der Aufzeichnungen kontinuierlich zurück. Ernsthafte Probleme bleiben das Verkehrschaos, ein fluktuierender Grundstücksmarkt und gelegentlich Erdbeben und Waldbrände. Dank der vielfältigen

LOS ANGELES IN ...

Die Entfernungen in Los Angeles sind gigantisch. Angesichts des dichten Verkehrs sollte man sich für den einzelnen Tag nicht zu viel vornehmen.

... einem Tag

Nach dem Frühstück im **Griddle Cafe** kann man auf dem **Hollywood Walk of Fame** am Hollywood Blvd die Sterne der Stars suchen. Echte Promis sieht man vielleicht in den trendigen Boutiquen am paparazziverseuchten **Robertston Blvd**, wenn man nicht eine Prise Natur im **Griffith Park** vorzieht. Anschließend führt die Fahrt nach Westen zum wundervollen **Getty Center** oder hinaus zum **Venice Boardwalk**, um den Rummel am Ufer zu erleben. Zum Abschluss des Tages sieht man in **Santa Monica** zu, wie die Sonne im Pazifik versinkt.

... zwei Tagen

Am zweiten Tag erkundet man die sich rapide entwickelnde Downtown. Im **El Pueblo de Los Angeles** geht man den Spuren der Anfänge nach und katapultiert sich dann mit dem Anblick der spektakulären **Walt Disney Concert Hall** und dem gesamten **Cultural Corridor** direkt in die Zukunft. Nach dem Mittagessen vertritt man sich zwischen den historischen Gebäuden der Downtown und den Kunstgalerien des nahe gelegenen **Little Tokyo** etwas die Beine. Im **LA Live**, dem schicken Entertainment-Center von South Park, durchstöbert man das multimediale **Grammy Museum** und entdeckt dann echte Prominente, die im **Staples Center** nebenan den LA Lakers zujubeln.

Wirtschaft und einer sinkenden Kriminalitätsrate behauptet sich L.A. aber bestens.

Sehenswertes

Die rund 12 Meilen (ca. 20 km) vom Pazifik entfernte Downtown bietet Geschichte und intellektuelle Kunst und Kultur. Nordwestlich von Downtown erwartet einen das wieder angesagte Hollywood, während urbaner Designerschick und eine schwul-lesbische Szene West Hollywood prägen. Südlich von West Hollywood ist die Museum Row der Hauptanziehungspunkt von Mid-City. Weiter westlich liegen das noble Beverly Hills,

Großraum Los Angeles

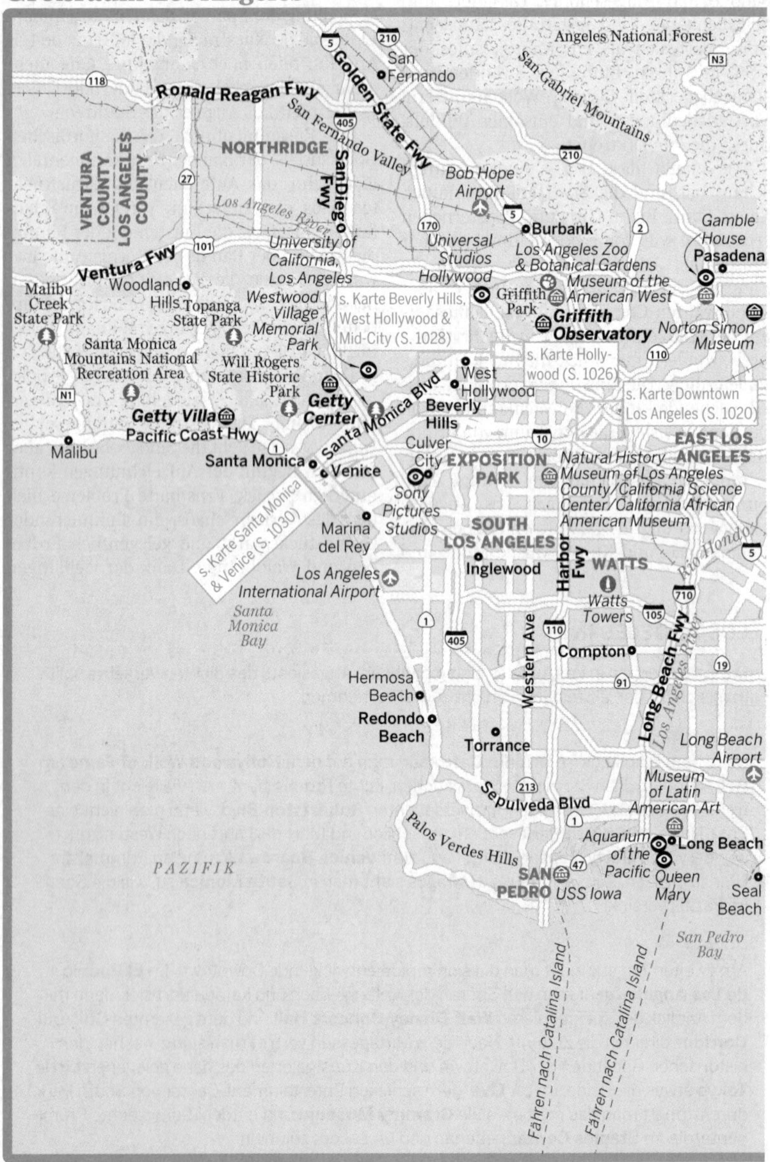

Westwood (nahe dem Campus der UCLA) und West L.A. Zu den Strandorten gehören das kinderfreundliche Santa Monica, Venice mit seinem Boheme-Flair, Malibu mit seinen Stars und das pulsierende Long Beach. Nordöstlich von Downtown liegt das elegante Pasadena.

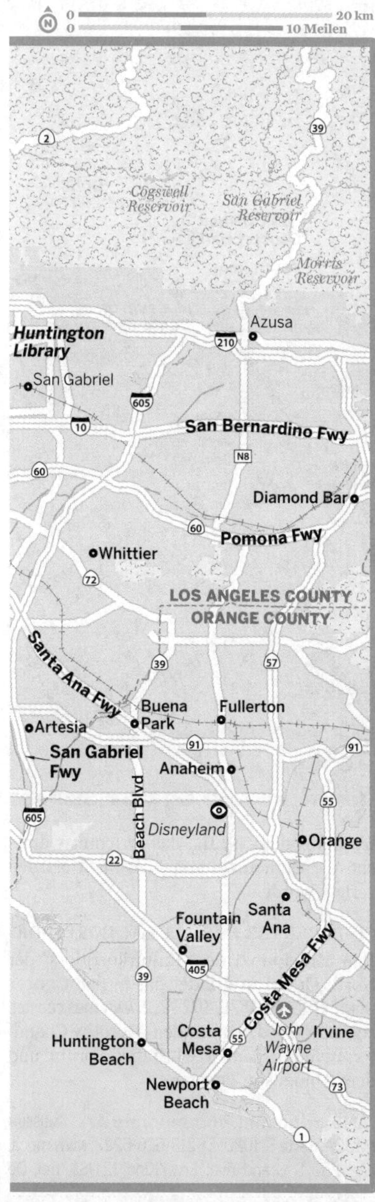

Downtown

Jahrzehntelang war Downtown, das historische Zentrum der Stadt und ihr wichtigstes Geschäfts- und Verwaltungsviertel, nachts und an den Wochenenden leer und verlassen. Heute aber strömen die Massen zu den Veranstaltungsorten und in die Unterhaltungsstätten. Yuppies und Künstler beziehen neue Lofts, und Bars, Restaurants und Kunstgalerien folgen auf dem Fuße. Ein zweites Manhattan darf man zwar hier nicht erwarten, aber abenteuerlustige Großstädter kommen in Downtown allemal auf ihre Kosten.

Am leichtesten lässt sich das Viertel zu Fuß, verbunden mit ein paar kurzen U-Bahn- und DASH-Minibus-Fahrten erkunden. Die billigsten Parkplätze (ab 6 US$/Tag) findet man rund um Little Tokyo und Chinatown.

EL PUEBLO DE LOS ANGELES & UMGEBUNG

Das kompakte, bunte und autofreie historische Viertel führt einen zurück in die spanisch-mexikanische Vergangenheit der Stadt. Sein Rückgrat bildet die fröhlich-kitschige **Olvera St**, in der man sich mit handgefertigtem Folklore-Schnickschnack eindecken, Tacos futtern und mit Zucker bestreute Churros verschlingen kann.

Rund 800 m nördlich liegt um Broadway und Hill St „New" Chinatown mit jeder Menge Dim-Sum-Restaurants, Heilkräuterhandlungen, Trödelläden und avantgardistischen Kunstgalerien in der Chung King Rd.

La Plaza de Cultura y Artes MUSEUM
(Karte S. 1020; ☎213-542-6200; www.lapca.org; 501 N Main St; ⌚Mi–Mo 12–19 Uhr) GRATIS Das 2010 eröffnete Museum zeichnet das Leben der mexikanischstämmigen Einwohner von Los Angeles seit den Tagen der Zoot Suit Riots bis zum Chicano Movement und dem Aufkommen der Latino-Kunst nach. Gleich daneben steht die 1822 erbaute Kirche **La Placita** (Karte S. 1020; www.laplacita.org; 535 N Main St).

Avila Adobe MUSEUM
(Karte S. 1020; ☎213-628-1274; http://elpueblo.lacity.org; Olvera St; ⌚9–16 Uhr) GRATIS Das Viehzüchterhaus von 1818 soll das älteste Gebäude in Los Angeles sein und ist mit Möbeln aus der Entstehungszeit eingerichtet. Ein Video informiert über seine Geschichte und die Highlights im Viertel.

Downtown Los Angeles

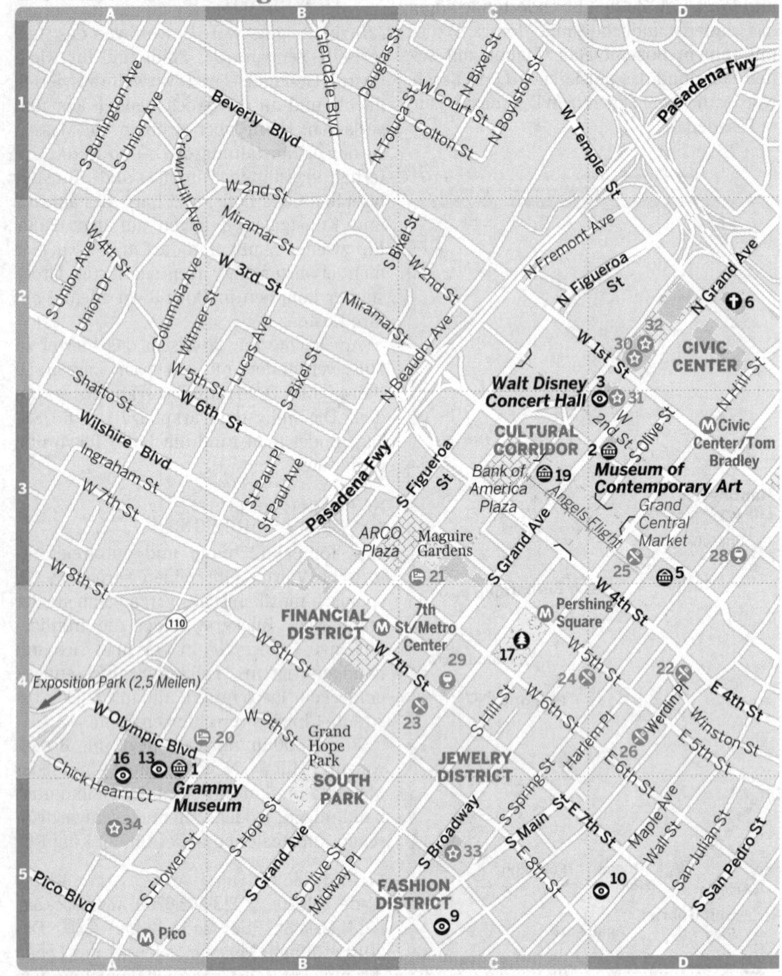

Union Station WAHRZEICHEN
(Karte S. 1020; 800 N Alameda St; P) Das glamouröse Art-déco-Interieur der Union Station, des letzten majestätischen Bahnhofsgebäudes der USA (1939), war schon in vielen Filmen und TV-Serien zu sehen, z. B. in *Blade Runner, 24* und *Speed*. Ein Parkplatz kostet ab 2 US$ für 20 Minuten (ganzer Tag 6 US$).

Chinese American Museum MUSEUM
(Karte S. 1020; ☎ 213-485-8567; www.camla.org; Garnier Bldg, 425 N Los Angeles St; Erw./Kind 3/2 US$; ⏲ Di–So 10–15 Uhr) Das kleine, aber schöne Museum residiert in einem chinesischen Ladengebäude und Gemeindezentrum aus dem 19. Jh., das errichtet wurde, ehe die Chinatown von L.A. nach Norden verlegt wurde.

CIVIC CENTER & CULTURAL CORRIDOR

Den Mittelpunkt des „Kulturkorridors" der North Grand Ave bildet das **Music Center** (Karte S. 1020; ☎ 213-972-7211; www.musiccenter.org; 135 N Grand Ave) mit dem Dorothy Chandler Pavilion, dem Mark Taper Forum und dem Ahmanson Theater.

★ **Museum of Contemporary Art** MUSEUM
(MOCA; Karte S. 1020; ☎ 213-626-6222; www.moca.org; 250 S Grand Ave; Erw./Kind 12 US$/frei, Do

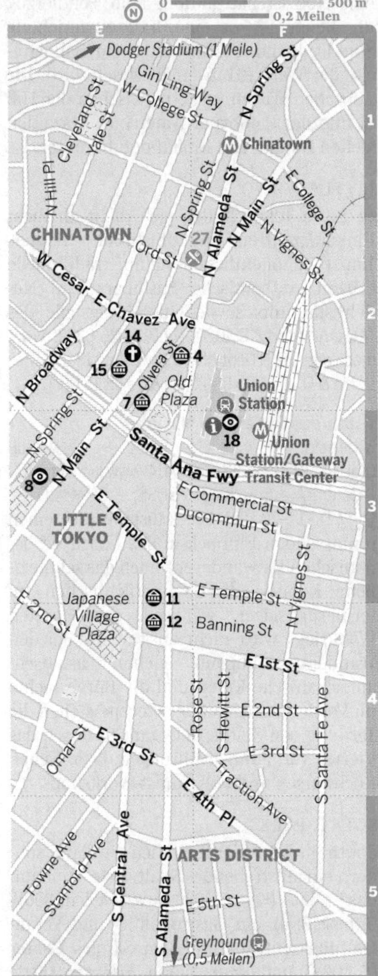

17–20 Uhr frei; ⌚Mo & Fr 11–17, Do bis 20, Sa & So bis 18 Uhr) In dem von Arata Isozaki entworfenen Gebäude des MOCA Grand Ave werden regelmäßig schlagzeilenträchtige Sonderausstellungen gezeigt. Die ständige Sammlung des Museums präsentiert Werke von Schwergewichten der Kunstszene, die von der Nachkriegszeit bis zur Gegenwart reichen. Ein Parkplatz an der Walt Disney Concert Hall kostet ab 9 US$ (nur Barzahlung möglich). Das Museum of Contemporary Art besitzt auch noch zwei Ableger: das Geffen Contemporary in Little Tokyo und das Pacific Design Center in West Hollywood.

Downtown Los Angeles

Highlights

1 Grammy Museum A4
2 Museum of Contemporary Art D3
3 Walt Disney Concert Hall D3

Sehenswertes

4 Avila Adobe E2
5 Bradbury Building D3
6 Cathedral of Our Lady of the Angels D2
7 Chinese American Museum E2
8 City Hall E3
9 Fashion District C5
10 Flower Market D5
11 Geffen Contemporary at MOCA E3
12 Japanese American National Museum E4
13 LA Live A4
14 La Placita E2
15 La Plaza de Cultura y Artes E2
16 Nokia Theatre A4
17 Pershing Square C4
18 Union Station F3
19 Wells Fargo History Museum C3

Schlafen

20 Figueroa Hotel A4
21 Standard Downtown LA C3

Essen

22 Bäco Mercat D4
23 Bottega Louie C4
24 Gorbals C4
25 Grand Central Market D3
26 Nickel Diner D4
27 Philippe the Original F2

Ausgehen & Nachtleben

28 Edison D3
29 Seven Grand C4

Unterhaltung

30 Los Angeles Opera D2
31 Los Angeles Philharmonic D3
32 Music Center of LA County D2
33 Orpheum Theatre C5
34 Staples Center A5

★Walt Disney Concert Hall

KULTURZENTRUM

(Karte S. 1020; ☎Infos 213-972-7211, Tickets 323-850-2000; www.laphil.org; 111 S Grand Ave; ⌚Führungen in der Regel Di–Sa 10.30 & 12.30 Uhr; P) GRATIS Das 2003 errichtete Gebäude des Architekten Frank Gehry ist zu einem Wahrzeichen geworden: eine der Schwerkraft trotzende Raumskulptur mit gebogenen, schwingenden Wänden aus Edelstahl, in dem das Los Angeles Philharmonic (S. 1038) seine Spielstätte hat. Laufgänge umgeben das labyrinthische Dach und die Fassade des Gebäudes. Kostenlose Führungen werden angeboten, sofern der Spielplan das zulässt. Selbstgeführte Audioführungen sind in der Regel täglich zwischen 10 und 14 Uhr möglich. Alle Führungen müssen vorab reserviert werden. Ein Parkplatz kostet ab 9 US$ (nur Barzahlung).

Cathedral of Our Lady of the Angels KIRCHE
(Karte S. 1020; ☎ 213-680-5200; www.olacathedral.org; 555 W Temple St; ⌚ Mo–Fr 6.30–18, Sa ab 9, So ab 7 Uhr; P) GRATIS In der 2002 errichteten, mit vielen Kunstwerken geschmückten Bischofskirche des Erzbistums von Los Angeles verband der Architekt José Rafael Moneo gotische Proportionen mit einer kühnen, hochmodernen Formensprache. Das weiche Licht, das durch die Alabasterfenster dringt, lässt den Raum heiter und feierlich wirken. Die beliebten Führungen (Mo–Fr 13 Uhr) und Orgelkonzerte (Mi 12.45 Uhr) sind kostenlos.

Werktags kosten Parkplätze ab4 US$ (15 Min.; max. 18 US$/Tag); an Wochenenden und Feiertagen gilt ein Einheitspreis von 5 US$.

City Hall WAHRZEICHEN
(Karte S. 1020; ☎ 213-978-1995; www.lacity.org; 200 N Spring St; ⌚ Mo–Fr 9–17 Uhr) GRATIS Bis in die Mitte der 1960er-Jahre war die 1928 erbaute City Hall das höchste Gebäude der Stadt. Seine zikkuratförmige Spitze war u.a. schon in den Fernsehserien *Superman* und *Polizeibericht* sowie in dem Science-Fiction-Klassiker *Kampf der Welten* (1953) zu sehen. Von der Aussichtsterrasse hat man einen wundervollen Blick auf die Stadt und die Berge. Die Führungen (vormittags an Werktagen) sind kostenlos; man muss sich aber vorab anmelden.

Wells Fargo History Museum MUSEUM
(Karte S. 1020; ☎ 213-253-7166; www.wellsfargohistory.com; 333 S Grand Ave; ⌚ Mo–Fr 9–17 Uhr) GRATIS Mit einer originalen Concord-Postkutsche, einem ca. 2,8 kg schweren Goldnugget und vielen anderen historischen Artefakten zeichnet das kleine, aber interessante Museum, das von der in Kalifornien ansässigen Wells Fargo Bank finanziert wird, die Geschichte des Goldrauschs nach.

ANGELS FLIGHT

Der **Angels Flight** (☎ 213-626-1901; http://angelsflight.org/; zw. 351 S Hill St & 350 S Grand Ave; einfache Strecke 0,50 US$; ⌚ 6.45–22 Uhr), halb Touristenattraktion, halb Pendlerzug für Bequeme, ist eine 1901 eingerichtete Standseilbahn, die als „kürzeste Bahnstrecke der Welt" (91 m) angepriesen wird. Die hübschen Wagen tuckern zwischen der Hill St und der California Watercourt Plaza den steilen Bunker Hill hinauf und hinunter.

LITTLE TOKYO

In Little Tokyo finden sich dicht an dicht Einkaufszentren, buddhistische Tempel, Kunst im öffentlichen Raum, traditionelle Gärten, authentische Sushibars und Nudelrestaurants sowie eine Zweigstelle des **MOCA** (Karte S. 1020; ☎ 213-626-6222; www.moca.org; 152 N Central Ave; Erw./Kind 12 US$/frei; ⌚ Mo & Fr 11–17, Do bis 20, Sa & So bis 18 Uhr).

Japanese American National Museum MUSEUM
(Karte S. 1020; ☎ 213-625-0414; www.janm.org; 100 N Central Ave; Erw./Kind 9/5 US$; ⌚ Di–Mi & Fr–So 11–17, Do 12–20 Uhr) Das Museum gibt einen umfassenden Einblick in das Leben der japanischen Einwanderer – auch das schmerzliche Kapitel der US-amerikanischen Internierungslager während des Zweiten Weltkriegs wird nicht ausgespart. Bei den Wanderausstellungen stehen asiatisch-amerikanische Kunst und die Bürgerrechte im Vordergrund. Auf der Website stehen die Termine von Stadtspaziergängen durch das Viertel, von Filmvorführungen, japanischen Kochkursen und Volkskunst-Workshops.

SOUTH PARK

South Park ist nicht wirklich ein Park, sondern ein aufstrebendes Stadtviertel rund um das **LA Live** (Karte S. 1020; www.lalive.com; 800 W Olympic Blvd), ein Gastronomie- und Veranstaltungszentrum mit dem Staples Center (S. 1038) und dem **Nokia Theatre** (Karte S. 1020; ☎ 213-763-6030; www.nokiatheatrelive.com; 777 Chick Hearn Court), in dem die MTV Music Awards und die Finals von *American Idol* stattfinden. Parkplätze am LA Live oder auf privaten Plätzen in der Nähe sind teuer; der Einheitspreis liegt zwischen 10 und 30 US$.

★ **Grammy Museum** MUSEUM
(Karte S. 1020; www.grammymuseum.org; 800 W Olympic Blvd; Erw./Kind 13/11 US$, nach 18 Uhr 8 US$; ⌚ Mo–Fr 11.30–19.30, Sa & So ab 10 Uhr; 👪) Musikfans aller Richtungen sind von der bewusstseinserweiternden interaktiven Ausstellung zur Geschichte der amerikanischen Musik begeistert. In den Sound-

DIE HISTORISCHE DOWNTOWN VON L.A.

Das Zentrum des historischen Bereichs von Downtown bildet der **Pershing Square** (Karte S. 1020; www.laparks.org/pershingsquare; 532 S Olive St), der heute von Hochhäusern umgebene, vielfach modernisierte älteste öffentliche Park (1866) von Los Angeles. Öffentliche Kunst, Sommerkonzerte und Freiluftkino machen ihn zu einem beliebten Ziel.

In der Nähe befinden sich einige original erhaltene Gebäude aus der Zeit um 1900. Einen Blick lohnt das 1893 errichtete **Bradbury Building** (Karte S. 1020; www.laconservancy.org; 304 S Broadway; ⌚ Lobby in der Regel 9–17 Uhr), dessen prächtiges, mit Galerien versehenes Atrium in mehreren Filmen, z. B. *Blade Runner, (500) Days of Summer* und *The Artist*, zu sehen war.

Im frühen 20. Jh. war der Broadway eine glamouröse Einkaufs- und Kinomeile, wo Megastars wie Charlie Chaplin ihren Limousinen entstiegen, um in den prächtigen Filmpalästen Premieren beizuwohnen. Einige, darunter das 1926 erbaute **Orpheum Theater** (Karte S. 1020; www.laorpheum.com; 842 S Broadway), wurden restauriert und sind heute wieder Schauplätze von Filmvorführungen und Veranstaltungen. Ansonsten kommt man in sie am besten bei einem Stadtspaziergang der Los Angeles Conservancy (S. 1032) hinein (Wochenende; Reservierung empfohlen).

Kapseln kann man Pop- und Rockhits neu mixen und mit den Stars singen und rappen.

EXPOSITION PARK & UMGEBUNG

Gleich südlich des Campus der University of Southern California (USC) bietet dieser Park so viele kinderfreundliche Museen, dass man hier gut einen ganzen Tag verbringen kann. Zu den besonderen Sehenswürdigkeiten gehören der **Rose Garden** (www.laparks.org; 701 State Dr; Eintritt frei; ⌚ 15. März–31. Dez. 9 Uhr–Sonnenuntergang) und das 1923 errichtete **Los Angeles Memorial Coliseum,** die Austragungsstätte der Olympischen Sommerspiele von 1932 und 1984. Ein Parkplatz kostet ab 8 US$. Von der Downtown aus die Metro Expo Line oder den DASH-Minibus F nehmen.

★ Natural History Museum of Los Angeles — MUSEUM

(☎ 213-763-3466; www.nhm.org; 900 Exposition Blvd; Erw./Kind 12/5 US$; ⌚ 9.30–17 Uhr; 👪) Von Dinos bis zu Diamanten, von Bären über Käfer bis hin zu einem extrem seltenen Riesenmaulhai – ein Besuch in diesem Museum führt einen rund um den Globus und Millionen Jahre zurück in die Vergangenheit. Kinder buddeln im Discovery Center begeistert nach Fossilien und staunen in der kürzlich wiedereröffneten **Dinosaur Hall** über die riesigen Skelette.

California Science Center — MUSEUM

(☎ Filmprogramm 213-744-2109, Infos 323-724-3623; www.californiasciencecenter.org; 700 Exposition Park Dr; ⌚ 10–17 Uhr; 👪) GRATIS Der Erdbebensimulator, der Kükenbrutkasten und Tess, die riesige Techno-Puppe, lassen in diesem großartigen, interaktiven Museum jeden wieder zum Kind werden. Hier hat auch das außer Dienst gestellte Space Shuttle *Endeavour* seine neue Heimat gefunden (Besichtigung nur mit Reservierung). Die Filme im IMAX-Kino (Erw./Kind 8,25/5 US$) sind ein guter Ausklang für einen erlebnisreichen Tag.

California African American Museum — MUSEUM

(☎ 213-744-7432; www.caamuseum.org; 600 State Dr; ⌚ Di–Sa 10–17, So ab 11 Uhr) GRATIS Das Museum zeigt eine schöne Ausstellung zur afroamerikanischen Kunst, Kultur und Geschichte mit dem Schwerpunkt auf Kalifornien und dem Westen der USA.

Watts Towers — DENKMAL

(www.wattstowers.org; 1727 E 107th St; Erw./Kind 7 US$/frei; ⌚ Art Center Mi–Sa 10–16, So ab 12 Uhr; P) Stolz und Freude von South Los Angeles sind die weltberühmten Watts Towers, eine riesige, fantastische abstrakte Skulptur, die der naive Künstler Simon Rodia aus Fundstücken wie 7-Up-Flaschen, Muscheln und Tonscherben geschaffen hat. Die Besichtigung ist nur im Rahmen einer Führung möglich (alle 30 Min.; Do, Fr & Sa 10.30–15, So ab 12.30 Uhr).

Hollywood

Genau wie manch alternder Filmstar hat sich auch Hollywood liften lassen. Zwar ist der Glanz seines goldenen Zeitalters (Mitte des vergangenen Jhs.) noch nicht zurück-

ABSTECHER

EIN BESUCH IN DEN STUDIOS

Für Hollywood-Besucher besteht die Hälfte des Vergnügens in der Hoffnung, den einen oder anderen Star zu Gesicht zu bekommen. Als Zuschauer bei der Aufzeichnung einer Sitcom oder Spielshow, die in der Regel zwischen August und März aufgezeichnet werden, hat man bessere Chancen dazu. Kostenlose Tickets gibt's bei **Audiences Unlimited** (☎818-260-0041; www.tvtickets.com).

Einen echten Blick hinter die Kulissen ermöglichen die Kleingruppentouren im Shuttle, die die **Warner Bros. Studios** (☎877-492-8687, 818-972-8687; www.wbstudiotour.com; 3400 W Riverside Dr, Burbank; Führung ab 49 US$; ⌚Mo–Sa 8.15–16 Uhr, So wechselnde Zeiten) und **Paramount Pictures** (☎323-956-1777; www.paramount.com; 5555 Melrose Ave; Führung ab 48 US$; ⌚Führungen Mo–Fr 9.30–14 Uhr, Sa & So wechselnde Zeiten) anbieten, genauso wie die geführten Rundgänge durch die **Sony Pictures Studios** (☎310-244-8687; www.sonypicturesstudiostours.com; 10202 W Washington Blvd; Führung 35 US$; ⌚Führungen normalerweise Mo–Fr 9.30–14.30 Uhr). Bei all diesen Touren besucht man die Studiohallen und Außenkulissen, außerdem auch Bereiche wie Garderobe oder Maske. Reservierung (es gilt ein Mindestalter) und die Vorlage eines Lichtbildausweises sind erforderlich.

gekehrt, aber so schäbig wie vor einigen Jahren ist die Gegend nicht mehr. Der **Hollywood Walk of Fame** (Karte S. 1026; www.walkoffame.com; Hollywood Blvd) ehrt mehr als 2000 Berühmtheiten mit Sternen im Bürgersteig.

Die Metro Red Line hält unter dem **Hollywood & Highland** (Karte S. 1026; ☎323-467-6412; www.hollywoodandhighland.com; 6801 Hollywood Blvd), einem mehrstöckigen Einkaufszentrum mit schönem Blick auf den Hügel mit dem **Hollywood Sign**, das 1923 als Werbung für eine neue Wohnsiedlung namens Hollywoodland angebracht wurde. Ein Parkplatz im Zentrum kostet (mit Einkauf in bestimmten Shops) 2 US$ (2 Std.; max. 13 US$/Tag).

TCL Chinese Theatre KINO

(Karte S. 1026; ☎Infos zu Führungen 323-461-3331; 6925 Hollywood Blvd) Selbst den abgebrühtesten Besuchern dürfte im Hof des Grauman's Chinese Theatre, wo sich Generationen von Leinwandlegenden in Zement verewigt haben, ein Schauer den Rücken hinunterlaufen. Neben den Abdrücken von Füßen, Händen, Dreadlocks (Whoopi Goldberg) u. a. sieht man hier auch die Abdrücke der Zauberstäbe der jungen Stars der *Harry Potter*-Filme. Als Superman, Marilyn Monroe usw. zurechtgemachte Darsteller posieren (gegen ein Trinkgeld) für Erinnerungsfotos, und außerdem werden hier oft Gratistickets für Fernsehshows angeboten.

Dolby Theatre KINO

(Karte S. 1026; ☎323-308-6300; www.dolbytheatre.com; Führung Erw./Kind 17/12 US$; ⌚Führungen in der Regel 10.30–16 Uhr) Echte Promis stolzieren während der Oscar-Verleihungen über den roten Teppich des Theaters; die Titel preisgekrönter Filme sind in die Säulen am Eingang eingraviert. Bei den kostspieligen 30-minütigen Führungen besichtigt man den Zuschauerraum, die VIP-Lounge und bekommt eine echte Oscar-Trophäe zu sehen.

Hollywood Forever Cemetery FRIEDHOF

(☎323-469-1181; www.hollywoodforever.com; 6000 Santa Monica Blvd; ⌚8–17 Uhr; P) Rock'n'Roll-Fans strömen auf diesem historischen Friedhof zum Denkmal von Johnny Ramone. Zu den weiteren Berühmtheiten, die hier begraben liegen, gehören Rudolph Valentino, Cecil B. DeMille und Bugsy Siegel. Ein Online-Kalender informiert über hier (ja, wirklich!) stattfindende Filmvorführungen und Konzerte.

Hollywood Museum MUSEUM

(Karte S. 1026; www.thehollywoodmuseum.com; 1660 N Highland Ave; Erw./Kind 15/5 US$; ⌚Mi–So 10–17 Uhr) Im vom Art déco geprägten Max Factor Building zeigt das leicht muffige Museum als Hommage an die Filmstars auf mehr als 3200 m² Kitsch, Kostüme, Schnickschnack und Kulissen von Marilyn Monroe bis *Glee*.

Griffith Park

Amerikas größter **Stadtpark** (☎323-913-4688; www.laparks.org/dos/parks/griffithpk; 4730 Crystal Springs Dr; ⌚5–22.30 Uhr, Wanderwege Sonnenaufgang–Sonnenuntergang; P 👪) GRATIS ist fünfmal so groß wie der New Yorker Central Park. Man findet hier ein Freiluftkino, einen Zoo, ein Observatorium, ein Museum, ein Karussell, alte Kleinbahnen, Kinderspielplätze, Golf- und Tennisanlagen und mehr als 80 km an Wanderwegen, die auch zu der originalen Höhle aus der Fernsehserie *Batman* führen.

★ **Griffith Observatory** MUSEUM
(☎213-473-0800; www.griffithobservatory.org; 2800 E Observatory Rd; Eintritt frei, Planetarium Erw./Kind 7/3 US$; ⊙Di–Fr 12–22, Sa & So ab 10 Uhr; P ♿) GRATIS Unter den drei charakteristischen Kuppeln dieses 1935 im Griffith Park errichteten Observatoriums befinden sich ein hochmodernes Planetarium und das Leonard Nimoy Event Horizon Multimedia Theater. In klaren Nächten hat man oft Gelegenheit, Himmelskörper durch die Teleskope zu beobachten.

Los Angeles Zoo & Botanical Gardens ZOO
(☎323-644-4200; www.lazoo.org; 5333 Zoo Dr; Erw./Kind 17/12 US$; ⊙10–17 Uhr; P ♿) In diesem auf Naturschutz eingestellten Zoo kann man mit 1100 Flossen, Federn oder Pelz tragenden Tieren Bekanntschaft schließen. Besondere Attraktionen sind das Campo Gorilla Reserve und die Sea Life Cliffs, ein originalgetreuer Nachbau der kalifornischen Küste, der von Seehunden bewohnt wird.

Museum of the American West MUSEUM
(☎323-667-2000; www.autrynationalcenter.org; 4700 Western Heritage Way; Erw./Kind 10/4 US$, am 2. Di im Monat Eintritt frei; ⊙Di–Fr 10–16, Sa & So bis 17 Uhr; P) Auch, wer sich gar nicht für Cowboys interessiert, wird von den Ausstellungsstücken, die zeigen, was die Ausbreitung der Neuamerikaner nach Westen an Großartigem, Schlimmem und Scheußlichem mit sich brachte, gefesselt sein. Zu den Highlights gehören die große Colt-Sammlung, ein prächtig verzierter Saloon, Artefakte indianischer Völker und Relikte des kalifornischen Goldrauschs.

West Hollywood

Über dem Santa Monica Blvd wehen stolz die Regenbogenfahnen, und Promis beglücken die Klatschreporter mit Eskapaden in den Clubs am sagenhaften **Sunset Strip**. Willkommen in West Hollywood (WeHo). Die Boutiquen am Robertson Blvd und an der Melrose Ave versorgen Hollywoodgrößen mit gewagtem Schick. Darüber hinaus ist WeHo ein Nährboden für avantgardistisches Wohndesign, vor allem im Bereich der **Avenues of Art, Fashion & Design** (www.avenueswh.com).

Pacific Design Center GEBÄUDE
(PDC; Karte S. 1028; www.pacificdesigncenter.com; 8687 Melrose Ave; ⊙Mo–Fr 9–17 Uhr) Rund 120 Galerien und Ausstellungsräume füllen die

NICHT VERSÄUMEN

UNIVERSAL STUDIOS HOLLYWOOD

Die **Universal Studios Hollywood** (www.universalstudioshollywood.com; 100 Universal City Plaza; Eintritt ab 80 US$, Kind unter 3 Jahren frei; ⊙tgl., wechselnde Zeiten; P ♿) wurden 1915 der Öffentlichkeit zugänglich gemacht, als Studiochef Carl Laemmle Besucher einlud, für 0,25 US$ bei den Dreharbeiten von Stummfilmen zuzuschauen – ein Lunchpaket gab's auch noch mit dazu. Fast 100 Jahre später gehört Universal immer noch zu den weltgrößten Filmstudios.

Im heutigen Themenpark stehen die Chancen, einen echten Dreh mitzuerleben, nahezu bei null, aber Generationen von Besuchern haben sich hier prächtig amüsiert. Zu Anfang empfiehlt sich die kommentierte **Studiotour** (45 Min.) an Bord einer riesigen Bahn. Auf der Fahrt kommt man an benutzten Studiohallen, Freiluftsets und an **King Kong 360** vorbei, dem größten 3-D-Erlebnis weltweit. Zudem muss man einen Haiangriff wie in *Der weiße Hai* überstehen. Das Ganze ist kitschig, aber lustig.

Zu den Dutzenden weiterer Attraktionen gehören Rides wie der **Simpsons Ride**, ein computeranimierter Spaß, die Sturzfahrt hinunter zu den Dinos des **Jurassic Park** und der Kampf gegen die Decepticons in **Transformers: The Ride 3-D**. Auf der **Special-Effects-Bühne** erfährt man ein bisschen etwas über Filmtricks. **Waterworld** war als Film zwar ein Flop, aber die darauf basierende Liveshow ist ein Actionhit mit Elementen wie riesigen Feuerbällen und einem notlandenden Wasserflugzeug.

Die Studios sind mit dem Auto (Parkplatz 15 US$, nach 15 Uhr 10 US$) oder der Metro Red Line erreichbar.

Hollywood

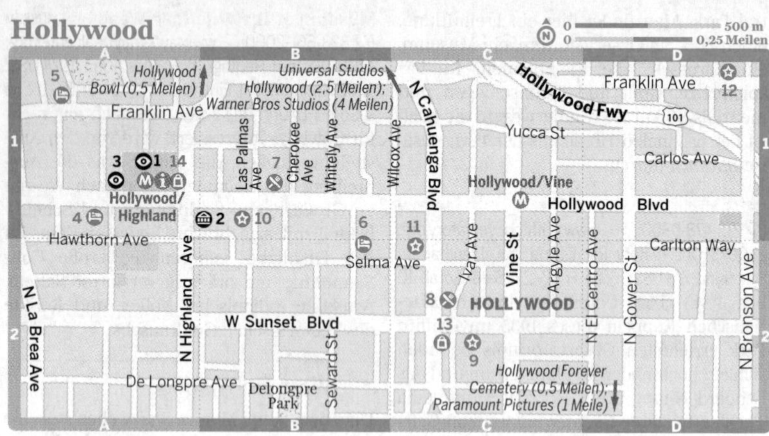

Hollywood

Sehenswertes
- 1 Dolby Theatre ... A1
- 2 Hollywood Museum ... B1
- 3 TCL Chinese Theatre ... A1

Schlafen
- 4 Hollywood Roosevelt Hotel ... A1
- 5 Magic Castle Hotel ... A1
- 6 USA Hostels Hollywood ... B2

Essen
- 7 Musso & Frank Grill ... B1
- 8 Umami Urban ... C2

Unterhaltung
- 9 Arclight Cinemas ... C2
- 10 Egyptian Theater ... B1
- 11 Hotel Cafe ... C2
- 12 Upright Citizens Brigade Theatre ... D1

Shoppen
- 13 Amoeba Music ... C2
- 14 Hollywood & Highland ... A1

monolithischen blauen, grünen und roten „Wale" des von Cesar Pelli entworfenen Gebäudes, in dem auch eine Filiale des **MOCA** (Karte S. 1028; ☎213-621-1741; www.moca.org; ⏲Di–Fr 11–17, Sa & So bis 18 Uhr) GRATIS ist. Besucher können sich in den Galerien umschauen, die meisten verkaufen aber nur an Händler. Parken kostet ab 6 US$ (max. 13 US$/Tag).

Mid-City

Einige der besten Museen der Stadt säumen die „Museum Row", einen kurzen Abschnitt des Wilshire Blvd östlich der Fairfax Ave.

★Los Angeles County Museum of Art MUSEUM

(LACMA; Karte S. 1028; ☎323-857-6000; www.lacma.org; 5905 Wilshire Blvd; Erw./Kind 15 US$/frei; ⏲Mo–Di & Do 11–17, Fr bis 21, Sa & So 10–19 Uhr; P) Das LACMA ist eines der wichtigsten Kunstmuseen des Landes und das größte im Westen der USA. In den sieben Gebäuden des Museums sind unzählige Gemälde, Skulpturen und kunstgewerbliche Arbeiten zu sehen. Man findet Gemälde von Rembrandt, Cézanne und Magritte, antike Töpferwaren aus China, der Türkei und dem Iran, Fotografien von Ansel Adams und ein Schmuckkästchen voller japanischer Skulpturen und bemalter Wandschirme.

In dem von Renzo Piano entworfenen **Broad Contemporary Art Museum** des LACMA finden sich bahnbrechende Arbeiten von Jasper Johns, Cindy Sherman und Ed Ruscha sowie zwei gigantische Plastiken Richard Serras aus verrostetem Stahl. Darüber hinaus zeigt das LACMA häufig noch schlagzeilenträchtige Sonderausstellungen.

La Brea Tar Pits ARCHÄOLOGISCHE STÄTTE

(Karte S. 1028) Zwischen 40 000 und 11 000 v. Chr. versanken Säbelzahntiger, Mammute und andere heute ausgestorbene Tiere der Eiszeit hier in der teerartigen, blubbernden Erdölmasse. Ihre fossilen Überreste werden dort immer noch gefunden und im **Page Museum** (Karte S. 1028; ☎323-934-7243; www.tarpits.org; 5801 Wilshire Blvd; Erw./Kind 12/5 US$, 1. Di im Monat von Sept–Juni Eintritt frei; ⏲9.30–17 Uhr; P) ausgestellt. Durch Glasfenster kann man Paläontologen bei ihrer Grabungstätigkeit zusehen. Ein Parkplatz kostet 7–9 US$ (nur Barzahlung möglich).

Petersen Automotive Museum MUSEUM
(Karte S. 1028; www.petersen.org; 6060 Wilshire Blvd; Erw./Kind 12/3 US$; Di–So 10–18 Uhr; P) Das vierstöckige Museum – eine Ode an das Automobil – zeigt jede Menge schicker Oldtimer und eine lustige Straßenlandschaft, die verdeutlicht, wie sehr das Auto zum Anwachsen der Stadt beigetragen hat. Ein Parkplatz kostet ab 2 US$ (max. 12 US$).

Beverly Hills & Umgebung

Beim Begriff Beverly Hills fallen einem unwillkürlich Maseratis, sorgfältig gepflegte Villen und superreiche Millionäre ein. Und tatsächlich ist das modische und elegante Viertel eine Anlaufstelle für Gutbetuchte und Berühmte. Es gibt sogar eine spezielle Busrundfahrt, bei der die Teilnehmer einen Blick auf die Häuser von diversen Stars werfen können.

Obwohl teuer und protzig, gehört der **Rodeo Drive** doch zum absoluten Pflichtprogramm. Entlang dieser drei Blocks durchforsten weibliche Mode-Klone die Designer-Boutiquen nach Fummeln von internationalen Designern von Armani bis Zegna. Wer angesichts der Preise hyperventiliert, findet am Beverly Dr einen Block weiter östlich günstigere Boutiquen.

In vielen städtischen Parkhäusern und auf den Parkplätzen kann man zwei Stunden lang kostenlos parken.

Paley Center for Media RUNDFUNK- UND FERNSEHMUSEUM
(Karte S. 1028; 310-756-1000; www.paleycenter.org; 465 N Beverly Dr; empfohlene Spende Erw./Kind 10/5 US$; Mi–So 12–17 Uhr; P) Fernseh- und Radiofans können ihre Passion in diesem hinreißenden Museum ausleben, das Rundfunk- und Fernsehsendungen von 1918 bis ins Internetzeitalter archiviert. Man sucht sich aus, was einen interessiert, und schaut sich die Sendung auf einem eigenen Monitor an. Darüber hinaus gibt's Vorträge und Filmvorführungen.

Annenberg Space for Photography MUSEUM
(www.annenbergspaceforphotography.org; 2000 Ave of the Stars; Mi–Fr 11–18, Sa 11–19.30, So 11–18 Uhr; P) GRATIS Im kameraförmigen Innenraum dieses Museums inmitten der Wolkenkratzer der Century City gleich westlich von Beverly Hills sind interessante und provokante Wechselausstellungen zu sehen. Ein Parkplatz mit Parkschein kostet mittwochs bis freitags 3,50 US$ (1 US$ nach 16.30 Uhr) und am Wochenende 1 US$.

West LA

★ **Getty Center** MUSEUM
(310-440-7300; www.getty.edu; 1200 Getty Center Dr, abseits des I-405 Fwy; Di–So 10–17.30, Sa bis 21 Uhr; P) GRATIS Ein dreifaches Vergnügen bieten die traumhafte Kunstsammlung mit Werken von Renaissance-Meistern bis zu David Hockney, das sagenhafte Gebäude von Richard Meier und der sich ständig verändernde Park von Robert Irwin. An klaren Tagen kommt noch der tolle Blick auf die Stadt und den Ozean hinzu. Am späten Nachmittag wird der Andrang geringer. Ein Parkplatz kostet 15 US$ (nach 17 Uhr 10 US$).

University of California, Los Angeles UNIVERSITÄT
(UCLA; www.ucla.edu; P) Westwood wird von dem weitläufigen Campus der angesehenen UCLA mit seinen eindrucksvollen botanischen und Skulpturengärten dominiert. Das ausgezeichnete, universitätseigene **Hammer Museum** (http://hammer.ucla.edu; 10899 Wilshire Blvd; Erw./Kind 10 US$/frei, Do frei; Di–Fr 11–20, Sa & So bis 17 Uhr) zeigt avantgardistische zeitgenössische Kunst. Ein Parkplatz mit Parkschein kostet 3 US$.

Westwood Village Memorial Park FRIEDHOF
(www.dignitymemorial.com; 1218 Glendon Ave; 8 Uhr–Sonnenuntergang) Versteckt inmitten der Hochhäuser von Westwood finden sich auf dem winzigen Friedhof die Grabstätten solcher Berühmtheiten wie Marilyn Monroe oder Dean Martin. Das Eingangstor liegt südlich vom Wilshire Blvd, einen Block östlich des Westwood Blvd.

Malibu

Malibu erstreckt sich auf 43 spektakulären Kilometern längs dem Pacific Coast Hwy und ist seit langem ein Synonym für Surfen und Hollywood-Stars. Tatsächlich aber wirkt der Stadtteil weit weniger schick, als die Hochglanzmagazine einen glauben machen wollen. Trotzdem geben sich hier seit den 1930er-Jahren Promis die Klinke in die Hand. Steven Spielberg, Barbra Streisand, Dustin Hoffman und andere Berühmtheiten wohnen hier und können manchmal beim Einkaufen im **Malibu Country Mart** (www.malibucountrymart.com; 3835 Cross Creek Rd) oder dem schlichteren **Malibu Colony Plaza** (www.malibucolonyplaza.com; 23841 W Malibu Rd) gesichtet werden.

Beverly Hills, West Hollywood & Mid-City

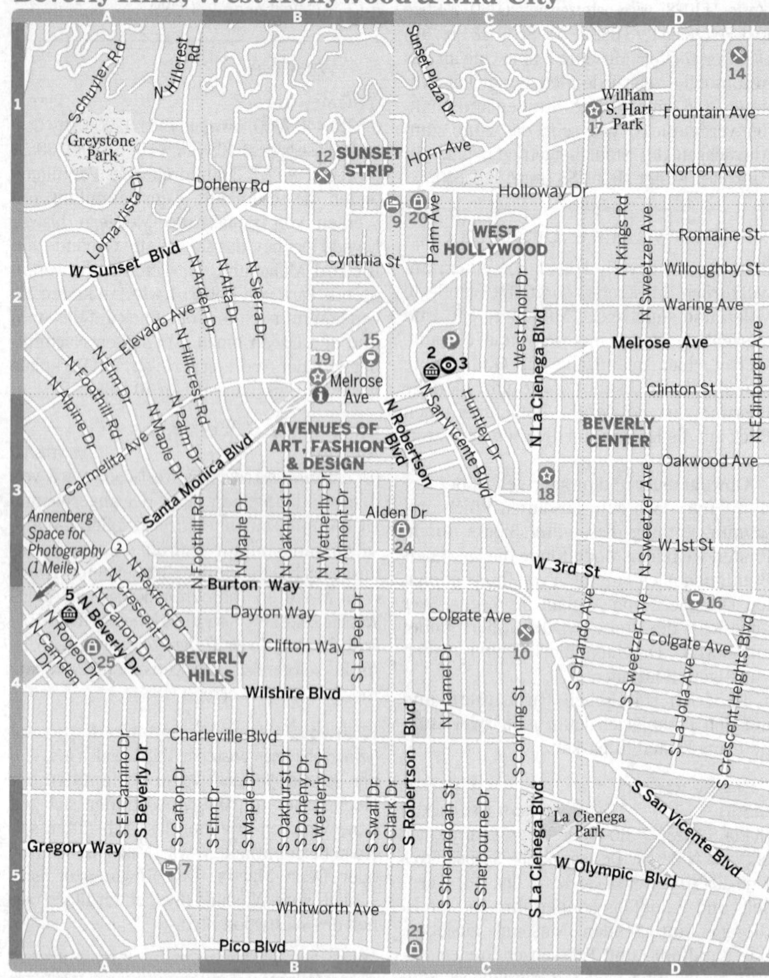

Daneben punktet Malibu mit zwei Naturattraktionen: dem bergigen **Malibu Creek State Park** (☎818-880-0367; www.malibucreekstatepark.org; ⏲Sonnenaufgang–Sonnenuntergang), einem beliebten Drehort für Film und TV mit vielen Wanderwegen (Parkplatz 12 US$), sowie seinen Stränden, darunter dem treffend benannten **Surfrider** westlich vom Malibu Pier, dem wilderen **Point Dume State Beach** und dem familienfreundlichen **Zuma Beach** (Parken am Strand 10 US$).

★ **Getty Villa** MUSEUM

(☎310-430-7300; www.getty.edu; 17985 Pacific Coast Hwy; ⏲Mi–Mo 10–17 Uhr; P) GRATIS Malibus Kulturhighlight ist dieser Nachbau einer von Kolonnaden und Kräutergärten eingefassten römischen Villa, die eine fantastische Kulisse für die ausgestellten griechischen, römischen und etruskischen Altertümer bildet. Die Besichtigung ist nur mit Tickets mit genauer Terminvorgabe möglich (keine Spontanbesuche, Reservierung erforderlich). Ein Parkplatz kostet 15 US$.

Santa Monica

Der schöne Strandort verbindet urbane Coolness mit relaxter Atmosphäre. Touristen, Teenager und Straßenkünstler sorgen in

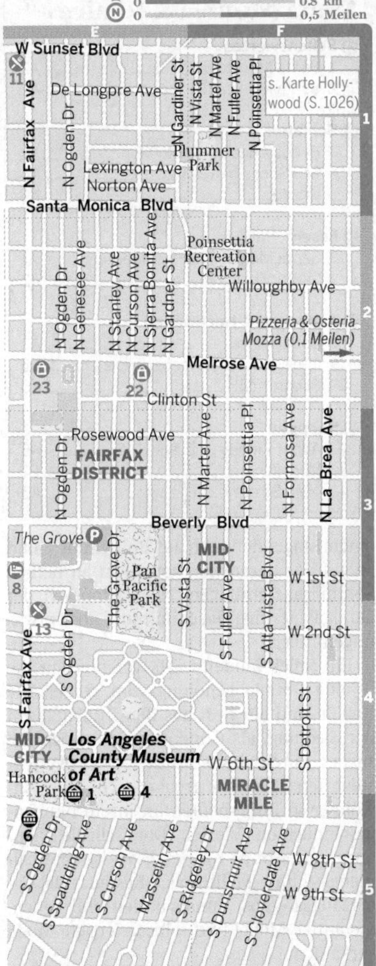

Beverly Hills, West Hollywood & Mid-City

Highlights

1 Los Angeles County Museum of Art .. E4

Sehenswertes

La Brea Tar Pits .... (siehe 4)
2 MOCA Pacific Design Center C2
3 Pacific Design Center C2
4 Page Museum E4
5 Paley Center for Media A4
6 Petersen Automotive Museum E5

Schlafen

7 Avalon Hotel A5
8 Farmer's Daughter Hotel E3
9 London West Hollywood B2

Essen

10 Bazaar C4
11 Griddle Café E1
12 Night + Market B1
13 Original Farmers Market E4
14 Veggie Grill D1

Ausgehen & Nachtleben

15 Abbey B2
16 El Carmen D4

Unterhaltung

17 House of Blues D1
18 Largo at the Coronet C3
19 Troubadour B2

Shoppen

20 Book Soup C1
21 It's a Wrap C5
22 Melrose Avenue E2
23 Melrose Trading Post E2
24 Robertson Boulevard C3
25 Rodeo Drive A4

der autofreien, von Ladenketten gesäumten **Third Street Promenade** für Trubel. Mehr Lokalkolorit bieten die bei Promis beliebte **Montana Avenue** und die bodenständigere **Main Street**, das Zentrum des Viertels, das als Geburtsstätte des Skateboardens früher den Spitznamen „Dogtown" trug.

In den meisten öffentlichen Parkhäusern im Zentrum kann man 90 Minuten kostenlos parken.

Santa Monica Pier VERGNÜGUNGSPARK

(Karte S. 1030; http://santamonicapier.org; Tageskarte für die Rides 13–20 US$; P) GRATIS Kinder lieben den altehrwürdigen Pier, zu dessen Attraktionen ein altmodisches Karussell und ein mit Solarstrom betriebenes Riesenrad gehören. Im winzigen **Aquarium** (Karte S. 1030; 310-393-6149; www.healthebay.org; 1600 Ocean Front Walk; Erw./Kind 5 US$/frei; Di–Fr 14–17, Sa & So 12.30–17 Uhr) kann man sehen, was sich unter dem Pier tut. Die Preise für einen Parkplatz variieren saisonal.

Bergamot Station Arts Center KUNSTZENTRUM

(www.bergamotstation.com; 2525 Michigan Ave; Di–Fr 10–18, Sa 11–17.30 Uhr; P) Kunstfreunde zieht es landeinwärts zu diesem avantgardistischen Kunstzentrum, einer ehemaligen Straßenbahnstation, in der heute 35 Avantgarde-Galerien und das progressive **Santa Monica Museum of Art** (www.smmoa.org; 2525 Michigan Ave; empfohlene Spende

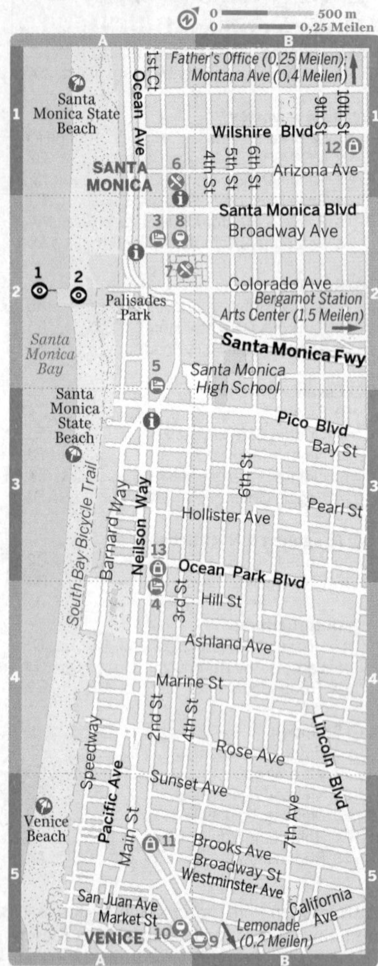

Santa Monica & Venice

Sehenswertes
- 1 Santa Monica Pier A2
- 2 Santa Monica Pier Aquarium A2

Schlafen
- 3 HI Los Angeles-Santa Monica A2
- 4 Sea Shore Motel A4
- 5 Viceroy A2

Essen
- 6 Santa Monica Farmers Markets A1
- 7 Santa Monica Place A2

Ausgehen & Nachtleben
- 8 Copa d'Oro A2
- 9 Intelligentsia Coffeebar B5
- 10 Roosterfish A5

Shoppen
- 11 Abbot Kinney Boulevard A5
- 12 Magellan B1
- 13 Main Street A3

Erw./Kind 5/3 US$; ⌚Di–Sa 11–18 Uhr) untergebracht sind.

Venice

Freakshow, Menschenzoo und irrer Karneval: der **Venice Boardwalk** (Ocean Front Walk) ist eine weitere Pflichtstation bei jeder echten L.A.-Reise. In diesem Hexenkessel der Gegenkultur kann man sich Zöpfe flechten lassen, sich eine Qi-Gong-Rückenmassage gönnen, billige Sonnenbrillen oder gewebte Armbänder kaufen. Begegnungen mit Bodybuildern, Spinnern, einem Schlangenbeschwörer in knapper Badehose oder einem singenden Sikh auf Rollschuhen sind so gut wie garantiert, vor allem an heißen Sommernachmittagen. Nach Einbruch der Dunkelheit wird die Stimmung aber etwas ungemütlich.

Ein Stück landeinwärts versprechen die **Venice Canals** Erholung vom Trubel. Die Kanäle sind ein Rest aus den frühen Tagen der Siedlung, als Gondoliere hier noch Besucher durch das künstliche Kanalsystem steuerten. Heute erfreuen sich hier Anwohner in Ruderbooten an ihrem blumengeschmückten Viertel. Der schrille, aber angesagte **Abbot Kinney Blvd** ist eine palmengesäumte Meile voller Restaurants, Cafés, Yogastudios, Kunstgalerien und Läden, die antike Möbel und selbstgefertigte Mode verkaufen.

Nahe dem Abbot Kinney Blvd gibt's Straßenparkplätze, das Parken am Strand kostet 5 bis 15 US$.

Long Beach

Long Beach nimmt die südliche Seite des L.A. County ein. Hier befindet sich der nach Singapur und Hongkong drittgrößte Containerhafen der Welt. In der belebten Downtown – in der **Pine Ave** gibt's viele Restaurants und Bars – und an der aufgemöbelten Uferpromenade ist davon allerdings wenig zu spüren.

Die Metro Blue Line verbindet Long Beach mit Downtown L.A. (ca. 1 Std.); mit den kostenlosen Minibussen von **Passport** (www.lbtransit.com) kann man bequem die wichtigsten Sehenswürdigkeiten abklappern (sonstige Fahrten im Ort 1,25 US$).

Queen Mary SCHIFF
(www.queenmary.com; 1126 Queens Hwy; Tour Erw./Kind ab 14/7 US$; ⏲10–18.30 Uhr; P) Long Beachs „Flaggschiff" ist dieser hier dauerhaft vertäute britische Kreuzfahrtriese, auf dem es spuken soll. Noch größer und schicker als die *Titanic,* transportierte der Oceanliner bei seinen 1001 Atlantiküberquerungen zwischen 1936 und 1964 Blaublütige, Würdenträger, Einwanderer und Soldaten. Ein Parkplatz kostet 12 US$.

Aquarium of the Pacific AQUARIUM
(☎Tickets 562-590-3100; www.aquariumofpacific.org; 100 Aquarium Way; Erw./Kind 26/15 US$; ⏲9–18 Uhr; 👪) Kinder amüsieren sich bei einem Hightech-Streifzug durch die Unterwasserwelt mit pfeilschnellen Haien, tanzenden Quallen und spielenden Seelöwen. Kombitickets einschließlich des Besuchs der *Queen Mary* oder des Los Angeles Zoo gibt's online noch billiger. Parkplätze mit Parkschein kosten zwischen 8 und 15 US$.

USS Iowa MUSEUM, GEDENKSTÄTTE
(☎877-446-9261; www.pacificbattleship.com; 250 S Harbor Blvd, Berth 87; Erw./Kind 18/10 US$; ⏲10–17 Uhr, Juni–Aug. ab 9 Uhr; P) Nahe dem Hafen von San Pedro kann man das Fallreep des ausgemusterten Pazifik-Schlachtschiffs betreten und eine selbstgeführte Audiotour machen. Während des Zweiten Weltkriegs transportierte es Franklin D. Roosevelt und General MacArthur, und auch während des Kalten Kriegs war es noch im Einsatz. Ein Parkplatz kostet ab 1 US$.

Museum of Latin American Art MUSEUM
(www.molaa.org; 628 Alamitos Ave; Erw./Kind 9 US$/frei, So frei; ⏲Mi–So 11–17, Do bis 21 Uhr; P) Das Museum ist zwar klein, aber das einzige im Westen der USA, das sich ganz auf die zeitgenössische Kunst Lateinamerikas spezialisiert hat. Spiritualität und Landschaften sind Schwerpunkte der Dauerausstellung, hinzu kommen farbenfrohe Sonderausstellungen und ein Skulpturengarten hinter dem Gebäude.

Pasadena

Reich und vornehm erstreckt sich Pasadena unterhalb der hohen San Gabriel Mountains. Das urbane Los Angeles wirkt hier weltenweit entfernt. Pasadena ist berühmt für seine schönen Arts-and-Crafts-Bauten vom Anfang des 20. Jhs. und die Tournament of Roses Parade am Neujahrstag.

Man kann zwischen den Läden, Cafés, Bars und Restaurants der **Old Town Pasadena** am Colorado Blvd östlich der Pasadena Ave herumschlendern. Die Züge der Metro Gold Line verbinden Pasadena mit Downtown L.A. (30 Min.).

★Huntington Library MUSEUM, GARTEN
(☎626-405-2100; www.huntington.org; 1151 Oxford Rd, San Marino; Erw. werktags/Wochenende & Feiertage 20/23 US$, Kind 8 US$, 1. Do im Monat Eintritt frei; ⏲Juni–Aug. Mi–Mo 10.30–16.30 Uhr, Sept.–Mai Mo & Mi–Fr 12–16. 30, Sa, So & Feiertage ab 10.30 Uhr; P) Der Name dieser Einrichtung ist eigentlich eine große Untertreibung, denn in dieser Bibliothek werden zwar kostbare Bücher aufbewahrt, darunter eine Gutenbergbibel, aber darüber hinaus besitzt die „Bibliothek" auch noch eine großartige Sammlung europäischer Kunst und wunderschöne Gärten: Im Rose Garden blühen mehr als 1200 Rosenarten, und der Desert Garden lässt einen an Dr. Seuss denken. Für den kostenlosen Eintritt am ersten Donnerstag jedes Monats muss man sein Ticket vorab bestellen.

Gamble House ARCHITEKTUR
(☎Info 626-793-3334, Tickets 800-979-3370; www.gamblehouse.org; 4 Westmoreland Pl; Führung Erw./Kind ab 12,50 US$/frei; ⏲Führungen Do–So 12–15 Uhr, Souvenirshop Di–Sa 10–17, So 11.30–17 Uhr; P) Mit dem Gamble House von 1908 schufen Charles und Henry Greene ein Meisterwerk der kalifornischen Arts-and-Crafts-Architektur. Im Film *Zurück in die Zukunft* „spielte" es das Haus von Doc Brown. Das Haus ist nur im Rahmen einer Führung zu besichtigen (Reservierung empfohlen).

Norton Simon Museum MUSEUM
(www.nortonsimon.org; 411 W Colorado Blvd; Erw./Kind 10 US$/frei; ⏲Mi–Mo 12–18, Fr bis 21 Uhr; P) Westlich der Old Town erblickt man Rodins *Denker,* der aber nur die Ouvertüre zu der reichen Sammlung europäischer, asiatischer, moderner und zeitgenössischer Kunst in diesem bescheidenen Museum bildet. Auch kostbare Druckgrafiken und Fotografien sind zu bewundern.

Aktivitäten

Radfahren & Inlineskaten

Radfahren oder skaten auf dem asphaltierten **South Bay Bicycle Trail**, der auf der

35 km langen Strecke zwischen Santa Monica und Pacific Palisades meist parallel zum Strand verläuft, stärkt die Kondition in reizvoller Umgebung. In den Strandorten gibt's jede Menge Läden, die Räder und Skates vermieten. Aber Achtung: An den Wochenenden ist der Trail überlaufen!

Schwimmen & Surfen

Prima Badestrände sind der **Zuma Beach** in Malibu, der **Santa Monica State Beach** und der **Hermosa Beach** von South Bay. Der **Surfrider Beach** in Malibu ist ein legendärer Surfspot. Der Preis für einen Parkplatz variiert saisonal.

Bezogen auf die Wassertemperaturen ist der „nie endende Sommer" leider nur ein Mythos. Die meiste Zeit im Jahr sollte man sich nur mit Neoprenanzug in den Pazifik wagen. Ab Juni ist die Temperatur erträglich und erreicht mit rund 21 °C im August und September ihren Höchstwert. Die Wasserqualität ist unterschiedlich; Infos findet man auf der „Beach Report Card" unter www.healthebay.org.

Wandern

Wer mitten zwischen den gestählten Körpern im **Runyon Canyon Park** oberhalb von Hollywood wandern geht, sollte unbedingt seinen Promi-Radar aktivieren. Auch im **Griffith Park** gibt's diverse Wanderwege. Wer längere Ausflüge unternehmen möchte, macht sich auf in die Santa Monica Mountains, wo der **Will Rogers State Historic Park**, der **Topanga State Park** und der **Malibu Creek State Park** ausgezeichnete Ausgangspunkte zum Wandern in schöner Natur sind (Parkplatz 8–12 US$).

Geführte Touren

★ Esotouric BUSTOUR
(☎ 323-223-2767; www.esotouric.com; Tour 58 US$) Angesagte, abgedrehte, interessante und unterhaltsame Touren mit Themen wie „Orte berühmter Verbrechen" („Fall der schwarzen Dahlie"), „Gefeierte Autoren" (von Chandler bis Bukowski) oder „Historische Stadtviertel".

Los Angeles Conservancy STADTSPAZIERGANG
(☎ Info 213-430-4219, Reservierungen 213-623-2489; www.laconservancy.org; Tour Erw./Kind 10/5 US$) Thematisch ausgerichtete Stadtspaziergänge, meist in Downtown L.A. mit dem Schwerpunkt auf Architektur und Geschichte. Vorschläge für selbstgeführte Audiotouren finden sich auf der Website.

Museum of Neon Art BUSTOUR
(☎ 213-489-9918; http://neonmona.org; Tour 55 US$; ⊙ Juni–Sept. Sa) Nächtliche geführte Bustour durch den Neondschungel der Stadt. Los geht's in Downtown L.A.

Melting Pot Tours STADTSPAZIEGANG
(☎ 800-979-3370; www.meltingpottours.com; Tour Erw./Kind ab 53/28 US$) Bei diesen Touren kann man sich über den Original Farmers Market, durch die Thai Town oder die lateinamerikanische Küche von East L.A. schlemmen.

Dearly Departed BUSTOUR
(☎ 800-979-3370; www.dearlydepartedtours.com; Tour 45–75 US$) Die manchmal gruseligen, manchmal tragikomischen Geschichtstouren führen zu Orten, wo berühmte Stars den Löffel abgaben.

Feste & Events

Zu den monatlichen Straßenfesten mit geöffneten Galerien und Läden sowie vielen Imbisswagen gehören der **Downtown L.A. Art Walk** (www.downtownartwalk.com; ⊙ 2. Do im Monat) und die **First Fridays in Venice** (⊙ 1. Fr im Monat).

Tournament of Roses UMZUG, SPORT
(www.tournamentofroses.com) Neujahrsumzug mit blumengeschmückten Wagen auf Pasadenas Colorado Blvd, gefolgt von einem College-Footballspiel in der Rose Bowl.

Fiesta Broadway STRASSENFEST
(http://fiestabroadway.la) Bei dem mexikanisch aufgemachten Straßenfest in Downtown L.A. treten am letzten Aprilsonntag Latinostars auf.

Watts Towers Day of the Drum & Jazz Festivals KUNST, MUSIK
(http://wattstowers.org) Ende September gibt's in South L.A. zwei Tage lang Trommel-Sessions, Jazz-Jams und einen Kunstgewerbe-Markt.

West Hollywood Halloween Carnaval STRASSENFEST
(www.visitwesthollywood.com) Am 31. Oktober füllen exzentrische, oft nicht jugendfreie Kostüme, Livebands und DJs den Santa Monica Blvd.

Schlafen

Wer das Strandleben genießen will, sollte in Santa Monica, Venice oder Long Beach absteigen. Coole Partylöwen werden sich in Hollywood oder West Hollywood am wohlsten fühlen, Kulturfans hingegen in Downtown L.A. Auf die Zimmerpreise werden noch 12 bis 14% Übernachtungssteuer aufgeschlagen.

Downtown

Figueroa Hotel HISTORISCHES HOTEL **$$**
(Karte S. 1020; ☎213-627-8971, 800-421-9092; www.figueroahotel.com; 939 S Figueroa St; Zi. 148–194 US$, Suite 225–265 US$; P❄@📶🏊🐾) Die weitläufige Oase aus den 1920er-Jahren gegenüber dem LA Live begrüßt ihre Gäste mit einer üppig gefliesten Lobby im spanischen Stil, an die sich ein funkelnder Pool anschließt. Die in diversen Stilen (beispielsweise marokkanisch, mexikanisch, Zen) eingerichteten Zimmer unterscheiden sich in Größe und Ausstattung. Parkplätze kosten 12 US$.

Standard Downtown LA BOUTIQUEHOTEL **$$$**
(Karte S. 1020; ☎213-892-8080; http://standardhotels.com/downtown-la; 550 S Flower St; Zi. 245–525 US$; Suite 1150–1300 US$; P❄@📶🏊🐾) Das designverliebte Hotel in einem früheren Bürogebäude zielt vor allem auf junge, hippe und balzfreudige Gäste ab, und in der Dachterrassenbar geht die Party richtig ab. Wer eine ruhige Nacht verbringen will, ist hier also fehl am Platz. Die modernen, minimalistischen Zimmer sind mit hochbeinigen Bettgestellen und durchsichtigen Duschkabinen ausgestattet. Parkplätze kosten ab 33 US$.

Hollywood & West Hollywood

USA Hostels Hollywood HOSTEL **$**
(Karte S. 1026; ☎800-524-6783, 323-462-3777; www.usahostels.com; 1624 Schrader Blvd; B 28–41 US$, Zi. ohne Bad 81–104 US$; ❄@📶) Das energiegeladene Hostel im Herzen von Hollywoods Partymeile ist sicher nichts für Introvertierte. Bei den Grill- und Comedyabenden, Stadttouren sowie dem Frühstück in der Gästeküche mit Obst und Pfannkuchen schließt man schnell neue Bekanntschaften.

★ Magic Castle Hotel HOTEL **$$**
(Karte S. 1026; ☎323-851-0800; http://magiccastlehotel.com; 7025 Franklin Ave; Zi. mit Frühstück ab 175 US$; P❄@📶🏊👪) Die renovierten Apartments in diesem Gebäude mit Innenhof haben zwar dünne Wände, bieten aber moderne Möbel und hübsche Kunstwerke, die Suiten haben zudem ein separates Wohnzimmer. Man bekommt kostenlose Snacks und Zugang zu einem Privatclub für Zauberer. Parkplätze kosten 10 US$.

Hollywood Roosevelt Hotel BOUTIQUEHOTEL **$$$**
(Karte S. 1026; ☎323-466-7000, 800-950-7667; www.hollywoodroosevelt.com; 7000 Hollywood Blvd; Zi. ab 330 US$; P❄@📶🏊) Seit der ersten Oscar-Verleihung im Jahr 1929 sind schon viele Topschauspieler in dem altehrwürdigen Hotel abgestiegen. Es kombiniert eine prächtige spanische Lobby mit schicken modern-asiatischen Zimmern, einer glamourösen Poolszene und tollen Restaurants und Bars. Parkplätze kosten 33 US$.

London West Hollywood LUXUSHOTEL **$$$**
(Karte S. 1028; ☎866-282-4560; www.thelondonwesthollywood.com; 1020 N San Vicente Blvd; Suite mit Frühstück ab 279 US$; P❄@📶🏊🐾) Das wie Harry-Winston-Diamanten funkelnde London prunkt gleich südlich vom Sunset Strip mit schickem Design, einem noblen Restaurant von *Hell's Kitchen*-Chefkoch Gordon Ramsay und einem Pool auf dem Dach, von dem aus man einen Panoramablick auf die Hollywood Hills genießt. Parkplätze kosten 30 US$.

LOS ANGELES MIT KINDERN

Kinder bei Laune zu halten, ist in Los Angeles kinderleicht. Der weitläufige Los Angeles Zoo (S. 1025) im familienfreundlichen Griffith Park (S. 1024) ist da eine sichere Bank. Dinofans sind von den La Brea Tar Pits (S. 1026) und dem Natural History Museum (S. 1023) begeistert, während angehende Naturforscher vom California Science Center (S. 1023) magisch angezogen werden. Mit Meereslebewesen lockt das Aquarium of the Pacific (S. 1031), und Teenager könnten ihren Spaß bei den Geistertouren auf der *Queen Mary* (S. 1031) haben. Der Vergnügungspark am Santa Monica Pier (S. 1029) bietet Spaß für Kinder aller Altersstufen. Eher etwas für Teens und Twens sind die Universal Studios in Hollywood (S. 1025). Im benachbarten Orange County finden sich die stets beliebten Themenparks Disneyland (S. 1043) und Knott's Berry Farm (S. 1044).

Mid-City & Beverly Hills

StayOn Beverly HOSTEL $

(www.stayonbeverly.com; 4619 Beverly Blvd; Zi. ohne Bad 50–55 US$;) Das von einem dänischen Fotografen geführte schlichte Hostel in Koreatown ist eine solide und sichere Bleibe für Back- und Flashpacker. Die zehn einfachen Zimmer sind alle mit einem kleinen Kühlschrank ausgestattet; in der gemeinsamen Kaffeestube teilt man sich eine Mikrowelle. Es gibt eine begrenzte Zahl kostenloser Parkplätze.

Farmer's Daughter Hotel MOTEL $$

(Karte S. 1028; 323-937-3930, 800-334-1658; www.farmersdaughterhotel.com; 115 S Fairfax Ave; Zi. ab 185 US$;) Die schon seit langem beliebte Unterkunft gegenüber dem Original Farmers Market und den CBS Studios punktet mit ihrem kecken „Stadtcowboy"-Look. Abenteuerlustige Turteltäubchen buchen den No Tell Room. Parkplätze kosten 18 US$.

Avalon Hotel HOTEL $$$

(Karte S. 1028; 310-277-5221, 800-670-6183; www.viceroyhotelgroup.com/avalon; 9400 W Olympic Blvd; Zi. ab 210 US$;) In diesem bei Modebewussten beliebten Hotel erhält der Modernismus der 1950er-Jahre einen zeitgenössischen Dreh. Seinerzeit, als das Gebäude noch ein Apartmenthaus war, hatte Marilyn Monroe hier ihre Bleibe. Heute lassen es die Schönen, Reichen und Metrosexuellen in der schicken Restaurantbar über dem stundenglasförmigen Pool mächtig krachen. Parkplätze kosten 30 US$.

Santa Monica

★HI Los Angeles-Santa Monica HOSTEL $

(Karte S. 1030; 310-393-9913; www.hilosangeles.org; 1436 2nd St; B 38–49 US$, Zi. ohne Bad 99–159 US$;) Wesentlich schickere Hotels beneiden das Hostel um seine Lage nahe dem Strand und der Third Street Promenade. Die 260 Betten in nach Geschlechtern getrennten Schlafsälen und die winzigen Doppelzimmer mit Gemeinschaftsbad sind sauber und sicher, und es gibt viele tolle öffentliche Bereiche zum Abhängen und Surfen im Internet. Alle Zimmer haben Gemeinschaftsbäder.

Sea Shore Motel MOTEL $$

(Karte S. 1030; 310-392-2787; www.seashoremotel.com; 2637 Main St; Zi. ab 110 US$;) Die sichere, freundliche, von einer Familie geführte Unterkunft liegt zwei Blocks abseits vom Strand direkt an der angesagten Main St – man muss also eine gewisse Geräuschkulisse in Kauf nehmen. Die spanisch gefliesten Zimmer sind einfach, aber hübsch; die Suiten mit Küche bieten genug Platz für Familien.

★Viceroy BOUTIQUEHOTEL $$$

(Karte S. 1030; 310-260-7500, 800-622-8711; www.viceroysantamonica.com; 1819 Ocean Ave; Zi. ab 350 US$;) Am besten ignoriert man einfach die hässliche Hochhausfassade und schwelgt im kitschigen „Hollywood Regency"-Dekor der *Top-Design*-Jurorin Kelly Wearstler, das in der Farbpalette delfingrau bis mambagrün gehalten ist. Ansonsten gibt's hier Cabanas am Pool, italienische Designerbettwäsche und ein schickes Barrestaurant. Parkplätze kosten 35 US$.

Long Beach

Hotel Varden BOUTIQUEHOTEL $$

(562-432-8950, 877-382-7336; www.thevardenhotel.com; 335 Pacific Ave; Zi. mit kontinentalem Frühstück ab 119 US$;) Bei der modernistischen Renovierung der 35 winzigen Zimmer in diesem zwei Blocks westlich der munteren Pine Ave gelegenen Hotel von 1929 hatten die Innenarchitekten gewiss einen Riesenspaß: Hier gibt's winzige Schreibtische, winzige Waschbecken, jede Menge rechte Winkel, kuschelige Betten und das alles in Weiß, Weiß und noch mehr Weiß. Parkplätze kosten 11 US$.

Pasadena

Saga Motor Hotel MOTEL $

(626-795-0431, 800-793-7242; www.thesagamotorhotel.com; 1633 E Colorado Blvd; Zi. mit Frühstück 79–99 US$;) Das an der historischen Route 66 gelegene, modernistische Motel aus den 1950er-Jahren bietet makellose Zimmer, die aber gewiss keinen neuen Stiltrend schaffen. Auf den Stühlen rund um den beheizten Pool genießt man den Sonnenschein Südkaliforniens.

Essen

Die kulinarische Szene von L. A. ist die lebendigste und facettenreichste Kaliforniens. Hier zaubern berühmte Köche Gerichte aus Lebensmitteln von Bauernmärkten, und Restaurants aus aller Welt bieten bodenständig authentische, globale Küche. Angesichts der rund 140 Nationalitäten, die in Los Angeles vertreten sind, gibt's für Gourmets viele ethnische Viertel zu erkunden, darunter **Little Tokyo** und **Chinatown** in Downtown, **Koreatown** in Mid-City, die **Thai Town** östlich von Hollywood, das mexikanisch geprägte **Boyle Heights** in East L.A., die japanischen Restaurants in **Torrance** an der South Bay und schließlich die Dim-Sum-Lokale und die Restaurants mit regionaler chinesischer Küche in **Monterey Park** und **Alhambra**, östlich von Pasadena.

Downtown

Für einen preiswerten Happen zwischendurch schaut man sich an den internationalen Imbissständen des historischen **Grand Central Market** (Karte S. 1020; www.grandcentralsquare.com; 317 S Broadway; ⌚ 9–18 Uhr) um.

Philippe the Original DINER $
(Karte S. 1020; ☎ 213-628-3781; www.philippes.com; 1001 N Alameda St; Hauptgerichte 4–10 US$; ⌚ 6–22 Uhr; P 👪) LAPD-Männer, gestresste Anwälte und Urlauber aus dem Mittleren Westen strömen in das legendäre „Heim des französischen Dip-Sandwichs", das es schon seit 1908 gibt. Man bekommt sein Fleisch auf einem knusprigen, in Bratensaft getauchten Brötchen und pflanzt sich an einen der Gemeinschaftstische auf dem mit Sägemehl bestreuten Boden. Nur Barzahlung.

Gorbals OSTEUROPÄISCH $$
(Karte S. 1020; ☎ 213-488-3408; www.thegorbalsla.com; 501 S Spring St; Gerichte 6–43 US$; ⌚ mittags & abends) *Top Chef*-Preisträger Ilan Hall bietet traditionelle jüdische Speisen: mit Speck umwickelte Matzeknödel, Kartoffelpuffer mit geräuchertem Apfelmus, *gribenes* (knusprig gebratene Hühnchenhaut) mit Salat und Tomate. Das Lokal versteckt sich hinten in der Lobby des Alexandria Hotel.

Nickel Diner DINER $$
(Karte S. 1020; ☎ 213-623-8301; http://nickeldiner.com; 524 S Main St; Hauptgerichte 7–14 US$; ⌚ Di–So 8–15.30, Di–Sa 18–22.30 Uhr) Im historischen Theaterviertel in Downtown wirkt dieser Diner mit roten Vinylsitzen, als sei er direkt den 1920er-Jahren entsprungen. Die Speisen allerdings sind topaktuell: Avocados, gefüllt mit Quinoa-Salat, Chili-Burger und wunderbare Donuts. Lange Warteschlangen sind die Regel.

Bäco Mercat TAPAS $$$
(Karte S. 1020; ☎ 213-687-8808; http://bacomercat.com; 408 S Main St; kleine Speisen 8–19 US$; ⌚ Mo–Do 11.30–14 & 17.30–23, Fr & Sa 11.30–15 & 17.30–24, So 11.30–15 & 17–22 Uhr) Das elegante Downtown-Lokal serviert an den Tischen auf der Terrasse kühn-kreative asiatische und kalifornische Abwandlungen traditioneller spanischer Tapas. Die Spezialität sind *bäco* (Fladenbrot-Sandwiches), gefüllt mit allem Möglichen von Ochsenschwanz-Hack bis zu Schweine-Carnitas.

Bottega Louie ITALIENISCH $$$
(Karte S. 1020; ☎ 213-802-1470; www.bottegalouie.com; 700 S Grand Ave; Hauptgerichte 8–35 US$; ⌚ Mo–Do 8–23, Fr 8–24, Sa 9–24, So 9–23 Uhr) Die große Marmorbar zieht kunstbegeisterte Loftbewohner und Büroangestellte gleichermaßen an. Die weiß gekleidete Küchencrew grillt in der offenen Küche im ganz in Weiß gehaltenen, riesigen Speisesaal hausgemachte Würstchen und schiebt Pizzas mit dünnem Boden in den Holzofen. Hier ist immer viel los.

Hollywood

Griddle Café FRÜHSTÜCK $$
(Karte S. 1028; ☎ 323-874-0377; www.thegriddlecafe.com; 7916 W Sunset Blvd; Hauptgerichte 10–18 US$; ⌚ Mo–Fr 7–16, Sa & So ab 8 Uhr) Wegen der „Zuckerbomben"-Pfannkuchen, den riesigen Rührei-Portionen und dem Kaffee aus der Presskanne sind die Holztische und die U-förmige Theke dieses bei Hollywoods Jungen und Zerzausten beliebten Cafés den ganzen Tag lang gut ausgelastet. An den Wochenenden kämpfen die Massen draußen mit ihrem Kater.

Umami Urban BURGER $$
(Karte S. 1026; ☎ 323-469-3100; www.umami.com; 1520 N Cahuenga Blvd; Hauptgerichte 10–15 US$; ⌚ So–Do 11–23, Fr & Sa bis 24 Uhr) Im hippen Einkaufszentrum Space 15 Twenty bietet das Umami Gourmetburger u. a. mit grünen Hatch-Chilis und geräucherten Zwiebelringen. Dazu bestellt man Poutines (Fritten mit Käse), Bier aus Kleinbrauereien oder Pfefferminz-Limonade. Weitere Filialen gibt's in Los Feliz, Santa Monica, Westwood und Mid-City.

★ **Pizzeria & Osteria Mozza** ITALIENISCH $$$
(☎ 323-297-0100; www.mozza-la.com; 6602 Melrose Ave; Pizza 11–20 US$, Hauptgerichte abends 27–38 US$; ⌚ Pizzeria tgl. 12–24 Uhr, Osteria Mo–Fr 17.30–23, Sa 17–23, So 17–22 Uhr) Im angesagtesten italienischen Restaurant von L.A., das die berühmten Chefköche Mario Batali und Nancy Silverton führen, muss man Wo-

chen im Voraus reservieren. In dem Gebäude gibt es gleich zwei Lokale: In der Osteria bekommt man traditionelle italienische Gerichte, in der Pizzeria kundig zubereitete Pizzas und pikante Antipasti.

Musso & Frank Grill AMERIKANISCH $$$
(Karte S. 1026; ☎323-467-7788; www.mussoandfrank.com; 6667 Hollywood Blvd; Hauptgerichte 9–45 US$; ⊙Di–Sa 11–23 Uhr) Das älteste Lokal am Boulevard strotzt nur so vor Hollywood-Geschichte. Die Kellner balancieren Platten voller Steaks, Koteletts, gebratener Leber und anderer Gerichten aus der Zeit, als noch niemand wusste, was Cholesterin ist. Der Service ist gut – genau wie die Martinis.

West Hollywood, Mid-City & Beverly Hills

Veggie Grill VEGETARISCH $
(Karte S. 1028; ☎323-822-7575; www.veggiegrill.com; 8000 W Sunset Blvd; Hauptgerichte 7–10 US$; ⊙11–23 Uhr) Wem Crispy Chickin' Wings oder Carne-asada-Sandwiches nicht gerade vegetarisch vorkommen, irrt in diesem Fall, denn die leckere lokale Restaurantkette setzt auf fermentierte pflanzliche Proteine (hauptsächlich Tempeh). Es gibt hier auch nuss- oder glutenfreie Angebote. Filialen sind in Hollywood, Mid-City, Westwood, Santa Monica und Long Beach.

Original Farmers Market MARKT $
(Karte S. 1028; www.farmersmarketla.com; 6333 W 3rd St; Hauptgerichte meist 6–12 US$; ⊙Mo–Fr 9–21, Sa bis 20, So 10–19 Uhr; P) In dem inzwischen stark kommerzialisierten Markt gibt's immer noch ein paar lohnende, preisgünstige Restaurants, die das Essen größtenteils unter freiem Himmel servieren. Besonders zu empfehlen sind der klassische Diner Du-par's, die Cajun-Küche des Gumbo Pot und der mexikanische Grill ¡Loteria! Mit Parkschein kann man zwei Stunden kostenlos parken.

★ **Night + Market** THAILÄNDISCH $$
(Karte S. 1028; ☎310-275-9724; www.nightmarketla.com; 9041 W Sunset Blvd; Hauptgerichte 10–19 US$; ⊙Di–So 18–22.30 Uhr, letzte Bestellung 21.45 Uhr) Lust auf scharfe Thai-Gerichte? Dann ist man in dem winzigen Lokal am Sunset Strip genau richtig. Hier gibt's Imbiss-Essen wie Fisch in Salzkruste, Enten-Laap und gegrilltes Schweinefleisch. Um hierher zu kommen, geht man durch das Restaurant Talesai und dann den roten Vorhang neben der Theke.

★ **Bazaar** SPANISCH $$$
(Karte S. 1028; ☎310-246-5555; www.thebazaar.com; SLS Hotel, 465 S La Cienega Blvd; kleine Gerichte 8–42 US$; ⊙So–Mi 18–22.30, Do–Sa bis 23.30 Uhr) Das Bazaar im SLS Hotel glänzt mit dem Topdesign von Philippe Starck und den „Molekulargastronomie"-Tapas von José Andrés. Die gefüllten Piquillo-Paprika und die Seeigel-Sandwiches sind eine echte Gaumenfreude. Ebenfalls superb sind die superzarte Gänseleberpastete und das Philly-Käsesteak auf luftigem Brot mit Fleisch vom Wagyu-Rind.

Malibu

Malibu Seafood SEAFOOD $$
(☎310-456-3430; www.malibuseafood.com; 25653 Pacific Coast Hwy; Hauptgerichte meist 8–15 US$; ⊙11–20 Uhr; P) Der bei den Einheimischen beliebte Meeresfrüchtemarkt am Straßenrand brät schmackhafte, einfach zubereitete Fischfilets und bietet körbeweise gebratene Meeresfrüchte, Sandwiches und Salate. Sehr zu empfehlen sind die hausgemachte Tartar-Sauce und der Muscheleintopf.

Paradise Cove Beach Cafe AMERIKANISCH $$$
(☎310-457-2503; www.paradisecovemalibu.com; 28128 Pacific Coast Hwy; Hauptgerichte 11–36 US$; ⊙8–22 Uhr; P) Südkalifornien wie aus dem Bilderbuch: In der zwanglosen Institution an dem Privatstrand, an dem einst der Strandparty-Streifen *Beach Blanket Bingo* gedreht wurde, streckt man die Füße in den Sand, schlürft Piña Coladas und futtert Fischtacos. Ein Parkplatz mit Parkschein kostet 6 US$ (4 Std.).

Santa Monica & Venice

★ **Santa Monica Farmers Markets** MARKT $
(Karte S. 1030; www.smgov.net/portals/farmersmarket; Arizona Ave, zw. 2nd & 3rd St; ⊙Mi 8.30–13.30, Sa bis 13 Uhr) Selbst Starköche stöbern auf dem zweimal die Woche stattfindenden Bauernmarkt in der Downtown von Santa Monica in den frischen, häufig ökologisch produzierten Lebensmitteln, und örtliche Restaurants bauen ihre Stände im Imbisszelt auf. Der Markt am Samstagvormittag in der Main St ist hingegen mehr ein kommunales Straßenfest.

Lemonade KALIFORNISCH $$
(http://lemonadela.com; 1661 Abbot Kinney Blvd; kleine Gerichte 5–11 US$; ⊙11–21 Uhr) Das Lokal hat ein einfallsreiches saisonales Angebot

an Salaten wie Kopfsalat mit Grapefruit, dazu Meeresfrüchtegerichte wie gebratenen Thunfisch mit Wassermelonentunke, Jerk-Hühnchen mit Ananas, nach Kundenwunsch zubereitete Sauerteig-Sandwiches und eine Riesenauswahl an Limonade – selbst in der Geschmacksrichtung Blaubeer-Minze. Weitere Filiale finden sich in Downtown L.A., in Mid-City, in Pasadena und am Flughafen von Los Angeles.

Santa Monica Place EINKAUFSZENTRUM **$$**
(Karte S. 1030; www.santamonicaplace.com; 395 Santa Monica Pl; Restaurants tgl., wechselnde Öffnungszeiten;) Wir würden normalerweise eigentlich nicht in einem Einkaufszentrum essen, aber dieses punktet mit der latino-asiatischen Fusionküche im Zengo, der Holzofenpizza im Antica und der veganischen Cuisine des M.A.K.E. Die meisten Restaurants im 3. Stock haben Sitzbereiche mit Blick auf die Dächer der Umgebung – einige bieten auch einen Ausblick auf den Ozean. Stände bieten alles von *salumi* bis zu Soufflés. In der True Food Kitchen im Erdgeschoss gibt's gesunde Kost, darunter auch vegetarische und glutenfreie Angebote.

Father's Office PUB **$$**
(310-736-2224; www.fathersoffice.com; 1018 Montana Ave; Gerichte 5–15 US$; Mo–Mi 17–22, Do 17–23, Fr 16–23, Sa 12–23, So 12–22 Uhr) In diesem munteren, immer rappelvollen Pub schließt man schnell Bekanntschaften, und die Barkeeper geben Auskunft über die Dutzende von Fassbieren. An den dekadenten Burgern sollte man nicht herummäkeln. Die Bar ist täglich bis Mitternacht oder auch noch länger geöffnet. Eine zweite Filiale gibt's in Culver City.

Long Beach

George's Greek Café GRIECHISCH **$$**
(562-437-1184; www.georgesgreekcafe.com; 135 Pine Ave; Hauptgerichte 9–26 US$; So–Do 10–22, Fr & Sa bis 23 Uhr) Auf der großen Eingangsterrasse im Herzen der Pine-Ave-Restaurantmeile begrüßt George seine Gäste manchmal persönlich. Die Einheimischen sind süchtig nach dem *saganaki* (flambiertem Käse), dem frischen Pita und den Lammkoteletts

Pasadena

Ración SPANISCH **$$**
(626-396-3090; http://racionrestaurant.com; 119 W Green St; Teller für 2 Pers. 5–27 US$; Di–Do 18–22, Fr 18–23, Sa 11–14 & 17.30–23, So 11–14 & 17.30–22 Uhr) Zwei Blocks südlich der Old Town Pasadena kann man in dieser freundlichen Tapasbar baskisch inspirierte Gerichte probieren. Es gibt selbst produzierte Wurstwaren, importierten Käse und saisonal geräuchertes Gemüse.

Ausgehen

Hollywood ist schon seit der Zeit noch vor dem Rat Pack eine legendäre Ausgehmeile und der brummende Sunset Strip ist fast noch genauso sehr eine Partyzone wie in den 1960er-Jahren. Kreative Cocktails sind das Highlight der neugestalteten Pubs in Downtown L.A. und in den raueren Vierteln. An den Stränden findet man die ganze Palette von Surferkneipen und nicht besonders authentischen Irish Pubs bis hin zu Cocktail-Lounges mit Kerzenlicht.

★ **Edison** BAR
(Karte S. 1020; 213-613-0000; www.edisondowntown.com; 108 W 2nd St, abseits der Harlem Pl; Mi–Fr 17–2, Sa ab 19 Uhr) In dieser Kellerkneipe im Industrieschick trifft *Metropolis* auf *Blade Runner*. Man trinkt seinen kunstvoll gemixten Cocktail inmitten von Turbinen und anderen Maschinen aus der Zeit, als der Keller noch ein Kesselraum war. Heute stehen hier hübsche schokofarbene Ledersofas. Es gibt drei große Bars. Achtung: Dresscode!

Copa d'Oro BAR
(Karte S. 1030; www.copadoro.com; 217 Broadway, Santa Monica; Mo–Mi 17.30–24, Do–Sa bis 2 Uhr) Ein ruhiges, vom Lampen erhelltes Ambiente erwartet Gäste in diesem Refugium in Santa Monica. Die kunstvollen Cocktails werden aus erstklassigen Spirituosen und frischen Kräutern, Früchten und sogar Gemüse vom Bauernmarkt gemixt. Abstinenzler halten sich an frisch gepresste Bio-Säfte und die hausgemachten Limonaden.

Seven Grand BAR
(Karte S. 1020; 213-614-0737; http://sevengrandbars.com; 2. Stock, 515 W 7th St; Mo–Mi 17–2, Do & Fr ab 16, Sa ab 19 Uhr) Hier sieht's aus, als ob Hipster die Jagdhütte ihrer Eltern – mit Karo-Teppichen und Hirschgeweihen an den Wänden – besetzt hätten. Whiskey spielt die Hauptrolle: es gibt mehr als 100 Sorten aus Tennessee, Schottland, Irland und Japan. Streng durchgesetzter Dresscode.

El Carmen BAR
(Karte S. 1028; 8138 W 3rd St; Mo–Fr 17–2, Sa & So ab 19 Uhr) Stierköpfe und Masken vom *lucha*

libre (mexikanisches Wrestling) schaffen eine Stimmung à la Tijuana-Nord. Da lässt sich das vor allem der Unterhaltungsindustrie entstammende Publikum nicht lange bitten. In der Kneipe gibt's zur Happy Hour Margaritas und außerdem mehr als hundert Sorten Tequila und Mezcal.

Intelligentsia Coffeebar CAFÉ
(Karte S. 1030; www.intelligentsiacoffee.com; 1331 Abbot Kinney Blvd; ⏲Mo–Mi 6–20, Do & Fr bis 23, Sa 7–23, So 7–20 Uhr; 📶) In dem hippen, minimalistischen Kaffeetempel in Venice versorgen einen kundige Baristas mit Koffein und Milchschaum; die direkt bezogenen Bohnen werden kunstvoll geröstet. Weitere Filialen finden sich in Silver Lake und Pasadena.

☆ Unterhaltung

LA Weekly (www.laweekly.com) und die *Los Angeles Times* (www.latimes.com) enthalten Veranstaltungskalender. Tickets gibt's online, an den Abendkassen oder bei **Ticketmaster** (☎213-480-3232; www.ticketmaster.com). Tickets mit Rabatt oder zum halben Preis für Bühne, Konzerte, Comedy und Sportveranstaltungen bekommt man bei **Goldstar** (www.goldstar.com) und **ScoreBig** (www.scorebig.com), Theaterfans versuchen es bei **LAStage Alliance** (www.lastagealliance.com) oder **Plays 411** (www.plays411.com).

Um alle Vorurteile über L.A. bestätigt zu finden, muss man nur einen glamourösen Nachtclub in Hollywood besuchen – vorausgesetzt, man kommt heiß aufgemacht und mit dicker Brieftasche an den Türstehern vorbei. Die Clubs sind generell donnerstags bis sonntags von 21.30 bis 2 Uhr geöffnet, der Grundpreis beträgt durchschnittlich20 US$ - Ausweis mit Lichtbild nicht vergessen!

★ **Hollywood Bowl** LIVEMUSIK
(☎323-850-2000; www.hollywoodbowl.com; 2301 N Highland Ave; ⏲Juni–Sept.; 👪) Das historische Freiluft-Amphitheater ist die Sommerheimat des L.A. Phil und zudem ein toller Ort, um Rock-, Jazz-, Blues- oder Popgrößen zuzuhören. Da heißt es früh kommen und ein Picknick vor der Show genießen (Alkohol erlaubt).

Staples Center SPORT, LIVEMUSIK
(Karte S. 1020; ☎213-742-7340; www.staplescenter.com; 1111 S Figueroa St; 👪) In der an eine fliegende Untertasse erinnernden Halle spielen die drei Basketballteams – die Lakers, die Clippers und die Sparks – sowie das Eishockeyteam Kings. Hier treten aber auch Popstars wie Bruno Mars oder Justin Bieber auf.

Los Angeles Philharmonic ORCHESTER
(Karte S. 1020; ☎323-850-2000; www.laphil.org; 111 S Grand Ave) In der Walt Disney Concert

SCHWULEN- & LESBENSZENE IN LOS ANGELES

„Boystown", der Santa Monica Blvd in West Hollywood (WeHo), ist das Zentrum der Schwulenszene. Dort gibt's Dutzende dynamische Bars, Cafés, Restaurants, Fitnessstudios und Nachtclubs, die vor allem von homosexuellen Männern besucht werden. Silver Lake, die erste Schwulenenklave von L.A., zieht heute neben Leder- und Jeansträgern auch multiethnische Trendsetter an. Die schwule Community in Long Beach gibt sich entspannter.

Out & About (www.outandabout-tours.com) veranstaltet an den Wochenenden Spaziergänge zu den Wahrzeichen der schwul-lesbischen Kultur in der Stadt. Zum **L.A. Pride** (www.lapride.org) strömen Mitte Juni Hunderttausende schwul-lesbische Einheimische und Zugereiste, um nonstop zu feiern und am Umzug auf dem Santa Monica Blvd teilzunehmen.

Abbey (Karte S. 1028; www.abbeyfoodandbar.com; 692 N Robertson Blvd; Hauptgerichte 9–13 US$; ⏲8–2 Uhr) Das wichtigste schwule Barrestaurant in WeHo. Das Spektrum an Orten zum Abhängen oder Feiern reicht von einem grünen Patio über die Tanzfläche bis zur schicken Lounge. Die Gäste laben sich an Martinis und gehobenem Kneipenessen. Ein Dutzend weitere Bars und Nachtclubs liegen in Gehweite.

Akbar (www.akbarsilverlake.com; 4356 W Sunset Blvd) Die beste Jukebox der Stadt und ein Publikum, das nahezu stündlich wechselt: Schwule, Heteros und Hipster, die aber nicht so hip sind, dass es nervt. An manchen Abenden wird der hintere Raum zum Dancefloor.

Roosterfish (Karte S. 1030; www.roosterfishbar.com; 1302 Abbot Kinney Blvd; ⏲11–2 Uhr) Seit über 30 Jahren steht die älteste Schwulenbar von Venice im Dienst der Boys. Der Laden ist dunkel und hat Kneipenflair, ist aber cool. Es gibt einen Pooltisch und hinten eine Terrasse.

Hall (S. 1021) präsentieren L.A.s Weltklasse-Philharmoniker Klassiker und topaktuelle Stücke unter Leitung des venezolanischen Dirigenten-Phänomens Gustavo Dudamel.

★Upright Citizens Brigade Theatre COMEDY
(Karte S. 1026; ☎323-908-8702; http://losangeles.ucbtheatre.com; 5919 Franklin Ave; Tickets 5–10 US$) Der in New York-City von *Saturday Night Live*-Zögling Amy Poehler und anderen gegründete Club für Sketche und Improvisationskomik wird gern von Hollywood-Drehbuchschreibern und jungen Fernsehstars besucht.

★Egyptian Theater KINO
(Karte S. 1026; ☎323-466-3456; www.americancinematheque.com; 6712 Hollywood Blvd) Der exotische Filmpalast von 1922 ist Sitz der American Cinematheque, die hier anspruchsvolle Retrospektiven und Fragestunden mit Regisseuren, Drehbuchautoren und Schauspielern veranstaltet.

Actors' Gang Theater THEATER
(www.theactorsgang.com; 9070 Venice Blvd, Culver City) Die von Tim Robbins mitbegründete sozialkritische Truppe hat für kühn-innovative Inszenierungen klassischer und neuer, aus Ensemble-Workshops hervorgegangener Stücke schon viele Preise gewonnen.

Arclight Cinemas KINO
(Karte S. 1026; ☎323-464-1478; www.arclightcinemas.com; 6360 W Sunset Blvd; Ticket 14–16 US$) In diesem hochmodernen Cineplex im Cinerama Dome ist die Chance, Stars zu sehen, besonders gut. Die Plätze müssen vorab reserviert werden, kein Nacheinlass.

House of Blues LIVEMUSIK
(Karte S. 1028; ☎323-848-5100; www.hob.com; 8430 W Sunset Blvd) Von außen sieht der Laden am Sunset Strip zwar wie ein Mississippi-Blues-Schuppen im Disney-Stil aus, aber drinnen treten gute und manchmal schräge Rock-, Hip-Hop-, Jazz- und Bluesmusiker auf.

Center Theatre Group THEATER
(☎213-628-2772; www.centertheatregroup.org) Das Programm aus neuen Stücken, Klassikern und Musicals (z. B. tourende Broadway-Produktionen) wird auf drei Bühnen in der Downtown und in Culver City dargeboten.

Largo at the Coronet LIVEMUSIK, DARSTELLENDE KUNST
(Karte S. 1028; ☎310-855-0530; www.largo-la.com; 366 N La Cienega Blvd) Dieses Labor der Popkultur bringt schrille Comedy (Sarah Silverman), neue Hörspiele (*Thrilling Adventure Hour*) und Indie-Bands auf die Bühne des historischen Theaters in Mid-City.

Hotel Cafe LIVEMUSIK
(Karte S. 1026; ☎323-461-2040; www.hotelcafe.com; 1623½ N Cahuenga Blvd; Tickets 10–20 US$) *Der* angesagte Laden für selbstgeschriebene Musik ist ein Startpunkt für engagierte Nachwuchs-Liedermacher. Früh kommen und den Eingang an der Gasse benutzen.

Troubadour LIVEMUSIK
(Karte S. 1028; ☎Tickets 877-435-8949; www.troubadour.com; 9081 Santa Monica Blvd) Auch Jahrzehnte, nachdem Joni Mitchell und Tom Waits hier zu Stars wurden, kann man im Troubadour immer noch die Stars von morgen erleben.

Los Angeles Opera OPER
(Karte S. 1020; ☎213-972-8001; www.laopera.com; 135 N Grand Ave, Dorothy Chandler Pavilion) Das renommierte Opernensemble um Plácido Domingo setzt auf Klassiker wie *Tosca*.

Will Geer's Theatricum Botanicum THEATER
(☎310-455-3723; www.theatricum.com; 1419 N Topanga Canyon Blvd, Topanga; 👪) Zauberhaftes Sommertheater im Wald mit Shakespeare- und familienfreundlichen Stücken.

Dodger Stadium BASEBALL
(☎866-363-4377; www.dodgers.com; 1000 Elysian Park Ave; ⏲April–Sept.) Das Major-League-Baseballteam von L.A. spielt in diesem Stadion in der Nähe von Downtown.

Shoppen

Der Rodeo Drive ist die berühmteste Einkaufsmeile in L.A., aber die Stadt hat Shoppingsüchtigen noch viel mehr zu bieten. Neben den unten genannten Orten sind auch die **Main Street** (Karte S. 1030; zw. Bay & Marine St) in Santa Monica, der **Abbot Kinney Boulevard** (Karte S. 1030) in Venice und die **Vermont Avenue** (zw. Franklin & Prospect Ave) in Los Feliz Einkaufsmeilen ohne Ladenketten.

Rodeo Drive EINKAUFSSTRASSE
(Karte S. 1028; zw. Wilshire Blvd & Santa Monica Blvd) Die berühmteste Einkaufsmeile von L.A.; in Beverly Hills.

Robertson Boulevard EINKAUFSSTRASSE
(Karte S. 1028; zw. Beverly Blvd & 3rd St) Hier in Mid-City sammeln sich Modebewusste und Paparazzi.

NICHT VERSÄUMEN

KLEIDER MACHEN LEUTE

Einmal wie ein Filmstar aussehen – in Originalklamotten? Von Trägerhemd bis zum Smoking verkauft **It's a Wrap** (Karte S. 1028; ☎310-246-9727; www.itsawraphollywood.com; 1164 S Robertson Blvd; ⊙Mo–Fr 10–20, Sa & So 11–18 Uhr) zahllose ausgediente Schauspieler- und Statistenkostüme aus Fernseh- und Filmproduktionen. Codierte Etiketten ermöglichen es, herauszufinden, wo die Sachen früher zum Einsatz kamen. Das Stammhaus befindet sich in Burbank.

Montana Avenue EINKAUFSSTRASSE
(zw. Lincoln Blvd & 20th St) Die schickste Einkaufsstraße in Santa Monica.

Melrose Avenue EINKAUFSSTRASSE
(Karte S. 1028; zw. San Vicente Blvd & La Brea Ave) In West Hollywood ist die Melrose Ave bei männlichen Trendsettern immer noch beliebt – vor allem auch der wöchentliche Flohmarkt im **Melrose Trading Post** (Karte S. 1028; http://melrosetradingpost.org; Fairfax High School, 7850 Melrose Ave; Eintritt 2 US$; ⊙So 9–17 Uhr). Promis lassen sich oft im **Book Soup** (Karte S. 1028; ☎310-659-3110; www.booksoup.com; 8818 W Sunset Blvd; ⊙Mo–Sa 9–22, So bis 19 Uhr) am Sunset Strip blicken.

Amoeba Music MUSIK
(Karte S. 1026; ☎323-245-6400; www.amoeba.com; 6400 W Sunset Blvd; ⊙Mo–Sa 10.30–23, So 11–21 Uhr) Groovige Platten gibt's in Hollywood in diesem Laden, dessen Stammsitz in San Francisco ist.

Sunset Junction EINKAUFSSTRASSE
(Sunset Blvd, zw. Santa Monica Blvd & Griffith Park Blvd) In Silver Lake östlich von Hollywood findet man coolen Kitsch, Sammlerstücke und aufstrebende Designer aus L.A., vor allem an diesem Abschnitt des Sunset Blvd.

Retro Row EINKAUFSSTRASSE
(E 4th St, zw. Cherry Ave & Junipero Ave) In Long Beach gibt's in der Retro Row jede Menge Läden, die Vintage-Klamotten und Möbel der 1950er-Jahre zu Preisen zwischen annehmbar und deftig verkaufen.

Distant Lands BÜCHER
(☎626-449-3220; www.distantlands.com; 20 S Raymond Ave; ⊙Mo–Do 10.30–20, Fr & Sa bis 21, So 11–18 Uhr) Der Buchladen in Pasadena ist eine Schatztruhe voller Reiseliteratur und Gadgets.

Rose Bowl Flea Market MARKT
(www.rgcshows.com; 1001 Rose Bowl Dr, Pasadena; Eintritt ab 8 US$; ⊙2. So im Monat 9–16.30 Uhr, letzter Einlass 15 Uhr) Hier schlagen jeden Monat mehr als 2500 Verkäufer und 15000 Kauflustige auf.

Fashion District MODE
(Karte S. 1020; www.fashiondistrict.org) Schnäppchenjäger mit einer Vorliebe für Couture sind auf den Märkten in Downtown genau richtig. Der 100 Blocks umfassende Fashion District bietet eine faszinierende Auswahl an Probe- und Ausverkaufsstücken sowie Originalentwürfen zu deutlich reduzierten Preisen – Feilschen ist hier die Regel. Ganz in der Nähe sind Gold und Diamanten die Hauptthemen im **Jewelry District** an der Hill St.

Flower Market MARKT
(Karte S. 1020; www.laflowerdistrict.com; Wall St; Eintritt Mo–Fr 2 US$, Sa 1 US$; ⊙Mo, Mi & Fr 8–12, Di, Do & Sa 6–12 Uhr) Der Blumenmarkt in Downtown L.A. ist der größte in den USA; es gibt ihn schon seit 1919.

ℹ Praktische Informationen

GEFAHREN & ÄRGERNISSE

Am niedrigsten sind die Verbrechensraten in West L. A., in Beverly Hills, in den Strandorten (mit Ausnahme von Venice und Long Beach) sowie in Pasadena. Allein und nach Einbruch der Dunkelheit sollte man die „Skid Row" in Downtown – ungefähr das Gebiet zwischen 3rd, Alameda, 7th und Main St – meiden.

GELD

TravelEx (☎310-659-6093; www.travelex.com; US Bank, 8901 Santa Monica Blvd, West Hollywood; ⊙Mo–Do 9.30–17, Fr 9–18, Sa 9–13 Uhr) Die weiteren Filialen in Hollywood, Mid-City und Santa Monica sind nur werktags geöffnet.

INFOS IM INTERNET

Daily Candy LA (www.dailycandy.com/los-angeles/) Appetithappen aus dem stylischen L. A.

Discover Los Angeles (http://discoverlosangeles.com) Offizielle Website der Touristeninformation.

Experience LA (www.experiencela.com) Umfassender Kulturveranstaltungskalender.

LAist (http://laist.com) Tratsch zu Kunst, Unterhaltung, Gastronomie, Events und Popkultur.

LA Observed (www.laobserved.com) Nachrichtenblog, der den etablierten Medien oft um eine Nasenlänge voraus ist.

INTERNETZUGANG

Cafés bieten oft WLAN-Zugang für Gäste an (manchmal kostenlos).

Los Angeles Public Library (☎213-228-7000; www.lapl.org; 630 W 5th St; ⏲Mo–Do 10–20, Fr & Sa bis 17.30 Uhr; @ 📶) Kostenloses WLAN und Computer mit Internetverbindung. Standorte der Zweigstellen und deren Öffnungszeiten der Website entnehmen oder telefonisch erfragen.

Santa Monica Public Library (☎310-458-8600; www.smpl.org; 601 Santa Monica Blvd, Santa Monica; ⏲Mo–Do 10–21, Fr & Sa bis 17.30, So 13–17 Uhr; @ 📶) Kostenloses WLAN und Computer mit Internetverbindung.

MEDIEN

KCRW 89.9 FM (www.kcrw.org) Der Sender des National Public Radio (NPR) bringt avantgardistische Musik, Nachrichten und Berichte zum Zeitgeschehen.

KPCC 89.3 FM (www.kpcc.org) Dieser NPR-Sender bringt BBC-Beiträge und anspruchsvolle örtliche Talkshows.

LA Weekly (www.laweekly.com) Kostenloses alternatives Wochenmagazin mit Nachrichten, Berichten zu Kunst und Unterhaltung sowie einem aktuellen Veranstaltungskalender.

Los Angeles Magazine (www.lamag.com) Monatlich erscheinendes Lifestyle-Magazin mit nützlichem Restaurantführer.

Los Angeles Times (www.latimes.com) Mit Pulitzer-Preisen ausgezeichnete Tageszeitung, die auch eine informative Website bietet.

MEDIZINISCHE VERSORGUNG

Cedars-Sinai Medical Center (☎310-423-3277; http://cedars-sinai.edu; 8700 Beverly Blvd, West Hollywood) Mit rund um die Uhr geöffneter Notaufnahme.

TELEFON

Für L. A. County gelten diverse Ortsvorwahlen. Bei allen Telefonaten müssen vor der siebenstelligen Anschlussnummer die ☎1 und die jeweilige Ortsvorwahl gewählt werden.

TOURISTENINFORMATION

Beverly Hills Visitor Center (Karte S. 1028; ☎310-248-1015; www.lovebeverlyhills.com; 9400 S Santa Monica Blvd, Beverly Hills; ⏲Mo–Fr 9–17, Sa & So ab 10 Uhr)

Downtown L. A. Visitor Information Center (Karte S. 1020; http://discoverlosangeles.com; 800 N Alameda St, Union Station; ⏲Mo–Fr 9–17 Uhr)

Hollywood Visitor Information Center (Karte S. 1026; ☎323-467-6412; http://discoverlosangeles.com; Hollywood & Highland Complex, 6801 Hollywood Blvd; ⏲Mo–Sa 10–22, So bis 19 Uhr)

Santa Monica Visitor Center (Karte S. 1030; ☎800-544-5319, 310-393-7593; www.santamonica.com; 1920 Main St, Santa Monica; ⏲Mo–Fr 9–17.30, Sa & So bis 17 Uhr) Weitere Informationsstände gibt's am Santa Monica Pier, im Palisades Park und an der Third St Promenade.

ℹ An- & Weiterreise

AUTO

Die üblichen internationalen Autovermieter sind mit Filialen am Flughafen und überall in Los Angeles vertreten.

BUS

Der **Greyhound-Hauptbusbahnhof** (☎213-629-8401; www.greyhound.com; 1716 E 7th St) liegt in einer zwielichtigen Ecke in Downtown; man sollte besser nicht nach Einbruch der Dunkelheit hier ankommen. Wenn es sich nicht vermeiden lässt, innerhalb des Busbahnhof ein Taxi rufen.

FLUGZEUG

Das Hauptzugangstor nach L. A. ist der **Los Angeles International Airport** (LAX; ☎310-646-5252; www.lawa.org/lax; 1 World Way; 📶), der zweitgrößte Flughafen der USA. Der kostenlose Shuttlebus A verbindet die neun Terminals jeweils auf der unteren Ebene (Ankunft). Auch die Shuttles von Hotels und Autovermietern halten dort.

Der **Long Beach Airport** und der **Bob Hope Airport** (BUR; ☎818-840-8840; www.burbankairport.com; 2627 N Hollywood Way) in Burbank wickeln hauptsächlich Inlandsflüge ab.

ZUG

Die Fernverkehrszüge der Amtrak nutzen die historische **Union Station** (☎800-872-7245; www.amtrak.com; 800 N Alameda St) in Downtown. Der Regionalzug *Pacific Surfliner* fährt südwärts nach San Diego (37 US$, 2¾ Std.) und nordwärts nach Santa Barbara (25–30 US$, 3 Std.) und San Luis Obispo (40 US$, 5½ Std.).

ℹ Unterwegs vor Ort

AUTO & MOTORRAD

Autofahren muss in der Stadt nicht mühsam sein (GPS ist hilfreich), allerdings gilt es werktags in der Rushhour (ungefähr 7.30–9 und 16–18.30 Uhr) eine der grässlichsten Verkehrssituationen im Land zu meistern.

Motels haben in der Regel kostenlose Parkplätze, in Hotels zahlt man zwischen 10 und 35 US$. Restaurants, Hotels und Veranstaltungsorte bieten meist einen Parkservice (durchschnittlich 3–10 US$).

VOM/ZUM FLUGHAFEN

Die Tür-zu-Tür-Shuttlebusse von **Prime Time** (☎800-733-8267; www.primetimeshuttle.

com) und **Super Shuttle** (☎800-258-3826; www.supershuttle.com) fahren von der unteren Ebene der Terminals aus ab; ausgewählte Preise: Santa Monica (19 US$), Hollywood (25 US$), Downtown (16 US$). Der **Disneyland Express** (☎714-978-8855; http://graylineanaheim.com; einfache Strecke/hin & zurück 22/32 US$; ⏲7.30–22.30 Uhr) verkehrt mindestens stündlich zwischen dem LAX und den Hotels auf dem Disneyland-Gelände; eine Familienkarte kostet 99 US$ (hin & zurück).

Fahrzeugabfertiger am Straßenrand besorgen einem am LAX ein **Taxi**. Für die Fahrt nach Downtown (46,50 US$) und Santa Monica (30–35 US$) gilt ein Pauschaltarif. Ansonsten gelten die üblichen Fahrpreise (zzgl. 4 US$ Flughafen-Aufschlag), sodass sich für Fahrten nach Hollywood ein Preis von ca. 45 bis 55 US$ und nach Disneyland ein Preis von bis zu 95 US$ (ohne Trinkgeld) ergibt.

Die **LAX FlyAway Buses** (☎866-435-9529; www.lawa.org; einfache Strecke 7 US$) fahren von den LAX-Terminals jede halbe Stunde nach Westwood (10 US$, 25–45 Min., tgl. 6–23 Uhr) und zur Union Station in Downtown (7 US$, 30–50 Min., 24 Std.).

Andere öffentliche Verkehrsmittel sind langsamer und unbequemer, dafür aber billiger. Vor der unteren Ebene aller LAX-Terminals fährt der kostenlose Shuttlebus C zum Metro Bus Center, einem Knotenpunkt zu Bussen in alle Gebiete von L. A. Alternativ fährt Shuttlebus G zur Aviation Station, an der die Metro-Green-Line-Stadtbahn hält. An der Willowbrook Station steigt man in die Blue Line um, mit der man in die Downtown von L. A. oder nach Long Beach gelangt.

ÖFFENTLICHE VERKEHRSMITTEL

Wenn man nicht gerade in Eile ist, kommt man in den Touristengebieten von L. A. durchaus mit öffentlichen Verkehrsmitteln aus – das gilt aber nicht unbedingt für die Fahrt vom einen Viertel zum anderen.

Lokale **DASH-Minibusse** (☎323-808-2273, 213-808-2273; www.ladottransit.com; Fahrpreis 0,50 US$; ⏲6–19 Uhr) fahren in Downtown, in Hollywood und in Los Feliz. Von Santa Monica aus bedient **Big Blue Bus** (☎310-451-5444; www.bigbluebus.com; Fahrpreis ab 1 US$) einen großen Teil von West L. A., darunter Westwood, Venice und den Flughafen (LAX); der Rapid 10 Freeway Express dieses Unternehmens verbindet Santa Monica mit Downtown (2 US$, 1 Std.).

Bei der Reiseplanung hilft **Metro** (☎323-466-3876; www.metro.net); das Unternehmen betreibt neben 200 Buslinien auch die folgenden sechs U-Bahn- bzw. Straßenbahnstrecken:

Blue Line Von Downtown (7th St/Metro Center) nach Long Beach

Expo Line Von Downtown (7th St/Metro Center) über Exposition Park nach Culver City

Gold Line Von der Union Station nach Pasadena und East L. A.

Green Line Von Norwalk nach Redondo Beach

Purple Line Von Downtown nach Koreatown

Red Line Von Downtown (Union Station) über Hollywood und Universal City nach North Hollywood

Der Fahrschein für Metro-Busse und -Züge kostet 1,50 US$. Bei Bussen passend zahlen und dem Fahrer Bescheid sagen, wenn man einen Umsteigefahrschein braucht. Die Umsteigetickets gelten nicht für den Wechsel von Zug zu Bus und umgekehrt, aber mit der „TAP Card" (pro Tag/Woche/Monat 5/20/75 US$) kann man unbegrenzt fahren. Zugtickets und TAP Cards gibt's an den Automaten in den Bahnhöfen, weitere Verkaufsstellen sind unter www.metro.net zu finden.

INSIDERWISSEN

FUSSGÄNGER IN L. A.

„In L. A. geht niemand zu Fuß", sang die Band Missing Persons in den 1980er-Jahren. Und so war das damals wirklich. Genervt von Staus, Smog und hohen Benzinpreisen entwickelt die Stadt, die der Inbegriff der Autokultur war, nun aber doch eine Fußgängerkultur. Die Angelenos ziehen in dichter besiedelte Stadtviertel, in denen man sich besser zu Fuß, mit dem Fahrrad oder mit öffentlichen Verkehrsmitteln bewegen kann.

Die U-Bahnstrecke Metro Red Line verbindet Downtown L. A. mit Koreatown, Hollywood und den Universal Studios. Wenn man in der Nähe einer der kunstvoll gestalteten Bahnhöfe absteigt, braucht man kein Auto. Die Tagestickets sind mit 5 US$ sehr günstig, und außerdem ist man angesichts der legendären Verkehrsstaus in L. A. unterirdisch oft auch noch schneller am Ziel.

Die „U-Bahn ans Meer" ist jedoch noch ein Fernziel – nach Mid-City, Beverly Hills, Westwood und Santa Monica ist man derzeit noch auf Busse angewiesen. Von der Red Line (Bhf. Wilshire/Vermont) oder der Purple Line (Bhf. Wilshire/Western) nimmt man die Schnellbuslinie Rapid 720; dieser Bus hält an einigen Haltestellen am Wilshire Blvd. Weitere Infos finden sich unter www.metro.net.

TAXI

Taxis warten vor den Flughäfen, Bahnhöfen, Busbahnhöfen und größeren Hotels direkt auf Passagiere, ansonsten bestellt man sie am besten telefonisch. Die Taxis fahren mit Taxameter, der Fahrpreis beträgt 2,85 US$ Grundgebühr plus 2,70 US$ pro Meile. Die Fahrer akzeptieren Kreditkarten, wenn auch zuweilen widerwillig.

Checker (☎800-300-5007; http://ineedtaxi.com)

Independent (☎800-521-8294; http://taxi4u.com)

KALIFORNISCHE SÜDKÜSTE

Disneyland & Anaheim

Als Mutter aller Themenparks der Westküste und angeblich „glücklichster Ort auf Erden" bildet Disneyland eine zugleich blitzsaubere, bezaubernde und irrwitzige Parallelwelt. Disneys erster Themenpark ist kleiner und irgendwie bescheidener als Disneyworld in Florida. Er träumte seinen berühmten Traum von einem „magischen Park", in dem Kinder und ihre Eltern gemeinsam Spaß haben sollten. Trotz seiner Visionen von Wasserfällen, Schlössern und gigantischen Teetassen war Disney aber auch ein praktisch denkender Geschäftsmann. Und so beschloss er, seinen fantastischen Park dort zu errichten, wo er vom Großraum Los Angeles aus leicht zu erreichen war.

Der Park wurde 1955 mit großem Tamtam eröffnet, und das prosaische Anaheim wuchs drum herum; heute umfasst das Disneyland Resort den ursprünglichen Park und den neueren California Adventure Park. Abgesehen von dem Disney-Giganten hat Anaheim kaum Attraktionen zu bieten.

Sehenswertes & Aktivitäten

Man kann beide **Themenparks** (☎714-781-4636; www.disneyland.com; 1313 Harbor Blvd; Tageskarte Erw./Kind 3–9 Jahre 92/86 US$, 2-Tages-Pass für beide Parks 210/197 US$; ⏲tgl., saisonal wechselnde Öffnungszeiten) an einem Tag besuchen. Wer aber alle Rides („Fahrgeschäfte") erleben will, braucht mindestens zwei Tage, da die Wartezeiten bei Top-Attraktionen eine Stunde und mehr betragen können. Um die Wartezeit, vor allem im Sommer, zu reduzieren, sollte man werktags noch vor der Öffnung kommen, sein Ticket online kaufen und ausdrucken und das Fastpass-System nutzen, das einem für ausgewählte Rides und Attraktionen einen festen Zeitpunkt zugeteilt. Die saisonalen Öffnungszeiten und die Termine von Paraden, Shows und Feuerwerk stehen auf der Website. Die Eintrittspreise, Kontaktdaten und Öffnungszeiten sind bei beiden Parks gleich, allerdings muss man das teurere „Park-Hopper Ticket" kaufen, wenn man zwischen den Parks hin und her wechseln will.

Disneyland Park THEMENPARK

(👪) Das makellose, saubere Disneyland entspricht immer noch Walts ursprünglichen Plänen. Die **Main Street USA**, eine Fußgängerstraße mit altmodischen Eisdielen und Läden, bildet den Zugang. Am Ende der Straße steht das **Sleeping Beauty Castle**, ein unverzichtbares Fotomotiv und zentrales Wahrzeichen, dessen blaue Turmspitzen von vielen Bereichen des Parks aus zu sehen sind.

Die einzelnen, mit Rides und Attraktionen gespickten Themenbereiche des Parks verteilen sich um das Sleeping Beauty Castle wie die Speichen eines Rades. Während Kids meist schnurstracks zu den Rides wollen, werden Erwachsene an den alten Fotos und historischen Exponaten der **Disneyland Story** gleich hinter dem Haupteingang ihren Spaß haben.

Fantasyland bietet die beste Chance, Prinzessinnen und anderen kostümierten Figuren zu begegnen; hier befinden sich auch die rotierenden Teetassen der Mad Tea Party, Peter Pan's Flight und It's a Small World. Mehr Tempo hat die aufregende Achterbahn Space Mountain in **Tomorrowland** zu bieten, wo außerdem noch die Finding Nemo Submarine Voyage und die Star Wars' Jedi Training Academy warten.

Das immer beliebte Indiana Jones Adventure ist die Hauptattraktion in **Adventureland**. In der Nähe bietet der **New Orleans Square** gleich mehrere Attraktionen: das Haunted Mansion (für ältere Kinder nicht zu gruselig), den Ride Pirates of the Caribbean, wo mit Kanonen über das Wasser geschossen wird, Mädchen versteigert werden und der mechanische Jack Sparrow gruselig lebensecht wirkt. Eine weitere beliebte Achterbahn ist die Big Thunder Mountain Railroad im Widwestteil, dem **Frontierland**.

Wer kleine Kinder im Schlepptau hat, wird auch einige Zeit in **Mickey's Toontown** und im **Critter Country** zubringen, wo sich Familien bei der Wildwasserfahrt Splash Mountain abkühlen können.

Disney's California Adventure THEMENPARK
(DCA;) Der größere und weniger überlaufene Disney-Park feiert die Natur und die Pop-Kultur des Golden State, hat aber nicht so viele Attraktionen wie Disneyland und bleibt auch in Sachen Fantasie dahinter zurück. Die besten Rides sind die virtuellen Drachenflüge bei Soarin' Over California, der berühmte Twilight Zone Tower of Terror, in dem man in einem Fahrstuhl in die Tiefe saust und die Grizzly River Run Attraktion, eine Wildwasserbahn.

Die jüngeren Besucher lieben A Bug's Land und die Radiator Springs Racers, eine Slotcar-Achterbahn, die der Route 66 aus dem Film *Cars* nachempfunden ist. Nach Einbruch der Dunkelheit sollte man sich am Paradise Bay die World of Color Light Show (der Sound und die Special Effects sind spektakulär) ansehen.

Schlafen

Im angrenzenden Anaheim sind jede Menge Motel- und Hotelketten vertreten.

HI Fullerton HOSTEL $
(714-738-3721; www.hiusa.org; 1700 N Harbor Blvd, Fullerton; B 24–27 US$; Mitte Juni–Anf. Sept.;) Knapp 10 km nördlich von Disneyland bietet die zweistöckige Hazienda einer alten Milchfarm 20 Betten in gemischten und in nach Geschlechtern getrennten Schlafsälen. Ein kontinentales Frühstück ist im Preis inbegriffen. In der Nähe halten auch öffentliche Busse.

Hotel Menage HOTEL $$
(714-758-0900; www.hotelmenage.com; 1221 S Harbor Blvd; Zi. 100–200 US$;) Abseits des Fwy I-5 verströmt das stilvolle moderne Hotel mit lederüberzogenen Kopfbrettern, Plasma-TV und einigen Schlafsofas städtisches Flair. Die Tiki-Bar am Pool verspricht Erholung nach einem langen Tag in Disneys Mäuseburg.

Alpine Inn MOTEL $$
(714-772-4422; www.alpineinnanaheim.com; 715 W Katella Ave; Zi. mit Frühstück 79–149 US$;) Freunde von Kitsch werden von dieser Berghütte, die bis zur Spitze der Nurdach-Konstruktion mit künstlichem Schnee und Eiszapfen bedeckt ist, hell begeistert sein. Die kompakten Zimmer bieten modernen Komfort, aber eigentlich zählt nur die praktische Lage direkt vor dem Haupteingang zum Disneyland Resort.

Paradise Pier Hotel HOTEL $$$
(Info 714-999-0990, Reservierung 714-956-6425; http://disneyland.disney.go.com/paradise-pier-hotel; 1717 S Disneyland Dr; DZ ab 240 US$;) Alles ist eine große Surfer-Safari im sonnigen Paradise Pier Hotel, dem buntesten und glücklichsten der drei Hotels des Disneyland Resort. Hier gibt's peppige Farben, Beach-Boys-Musik, fröhliches Personal und eine Dachterrasse mit Pool und Wasserrutsche. Abends kann man von der Terrasse aus das Feuerwerk sehen. Vom Hotel sind es zehn Gehminuten bis Downtown Disney.

Essen & Ausgehen

Es gibt Dutzende Möglichkeiten, sich innerhalb der Themenparks zu verpflegen – es gehört einfach mit dazu, sich an den Ständen mit riesigen Truthahnkeulen oder mit Zucker bestäubten Churros vollzustopfen.

Bei **Disney Dining** (714-781-3463; http://disneyland.disney.go.com/dining) kann man Plätze in den Lokalen im Disneyland Resort reservieren und sich über sie informieren.

ABSTECHER

KNOTT'S BERRY FARM

War Disney nicht genug? Noch mehr Rides und Zuckerwatte bietet der Wildwest-Vergnügungspark **Knott's Berry Farm** (714-220-5200; www.knotts.com; 8039 Beach Blvd, Buena Park; Erw./Kind 60/31 US$; tgl. ab 10 Uhr, saisonal unterschiedliche Schließzeit zw. 18 & 23 Uhr;). Hier kühlen jugendliche Tempofanatiker ihr Mütchen mit einer Reihe ziemlich heftiger Rides. Für Unbehagen im Magen sorgen z. B. der furchterregende Boomerang, der hölzerne GhostRider und der Xcelerator im Stil der 1950er-Jahre. Kleine Kinder erfreut deutlich zahmere Unterhaltung im Camp Snoopy. Von Ende September bis Ende Oktober verwandelt sich der Park, Halloween geschuldet, in „Knott's Scary Farm".

Abkühlung in der Sommerhitze verspricht gleich nebenan der Wasserpark **Soak City OC** (714-220-5200; www.soakcityoc.com; 8039 Beach Blvd, Buena Park; Erw./Kind 3–11 Jahre 35/25 US$; Mitte Mai–Mitte Sept. 10–17, 18 oder 19 Uhr). Zeit und Geld spart, wer die Tickets für beide Parks zu Hause online kauft und ausdruckt. Ein Parkplatz kostet 15 US$.

Im Disneyland Park ist Alkohol verboten, nicht aber im DCA und in Downtown Disney. Kostenbewusste Besucher und Familien mit Kindern verstauen ihre Speisen und Getränke (keine Gläser) in den Schließfächern (7–15 US$), die sich an der Main Street USA in Disneyland, an der Buena Vista Street im DCA sowie vor dem Haupteingang beider Parks befinden.

In der Freiluftmall **Downtown Disney** (http://disneyland.disney.go.com/downtown-disney/; ⏲tgl., saisonal unterschiedliche Öffnungszeiten) neben den Parks gibt's durchschnittliche, aber familienfreundliche Restaurantketten; gleiches gilt für den **Anaheim GardenWalk** (www.anaheimgardenwalk.com; 321 W Katella Ave; ⏲11–21 Uhr, einige Restaurants öffnen später), die Freiluftmall gleich östlich der Parks. Wer Abstand zu Mickey gewinnen will, hält sich ans altmodisch aufgemachte **Old Towne Orange** (11 km südöstlich), ans **Little Arabia** (5 km westlich) oder ans **Little Saigon** (19 km südwestlich).

Earl of Sandwich DELI **$**
(www.earlofsandwichusa.com; Downtown Disney; Gerichte 2–8 US$; ⏲So–Do 8–23, Fr & Sa bis 24 Uhr; 👪) Hier bilden sich lange Schlangen – aber hier gibt es auch das beste günstige Essen in Downtown Disney: kalte und warme Sandwiches, Wraps, Salate und Suppen sowie warme, ofenfrische Kekse und all das zu Preisen, die man sich leisten kann.

Café Orleans CAJUN, KREOLISCH **$$**
(Disneyland Park; Hauptgerichte 15–20 US$; ⏲saisonal unterschiedliche Öffnungszeiten; 👪) In Disneylands New Orleans Sq tischt diese Südstaaten-Cafeteria Schüsseln mit Jambalaya und Gumbo auf, serviert in der Pfanne gebratene Monte-Cristo-Sandwiches und mixt alkoholfreie Mint-Juleps. Reservierungen möglich.

Napa Rose KALIFORNISCH **$$$**
(Grand Californian Hotel; Hauptgerichte 38–45 US$, 4-Gänge-Festpreismenü ab 90 US$; ⏲17.30–22 Uhr; 👪) Das Spitzenrestaurant bei Disney! Der hohe Speisesaal im amerikanischen Craftsman-Stil besitzt bleiverglaste Fenster. Zu dem Verkostungsmenü mit saisonalen Zutaten gibt es passende kalifornische Weine. Reservierung erforderlich.

Catal Restaurant & Uva Bar MEDITERRAN **$$$**
(☎714-774-4442; www.patinagroup.com/catal; Downtown Disney; Hauptgerichte morgens 10–15 US$, abends 23–41 US$; ⏲8–22 Uhr; 👪) Eine etwas raffiniertere, aber trotzdem schnörkellose Küche bietet dieses Restaurant in Downtown Disney mit seinen mediterran beeinflussten Tapas und Grillspeisen. Dazu gibt's Cocktails und Bier aus Kleinbrauereien. Reservierung empfohlen, insbesondere für einen Tisch auf dem Balkon.

ℹ Praktische Informationen

Vor dem Haupteingang der Parks kann man Kinderwagen (15 US$/Tag) mieten und sein Haustier abgeben (20 US$/Tag).

Anaheim/Orange County Visitor & Convention Bureau (www.anaheimoc.org) Kostenlose Website und Smartphone-App zur Reiseplanung.

Disneyland City Hall (☎714-781-4565; Main Street USA) Eines von mehreren Besucherinformationszentren in den Themenparks. Hier kann man auch ausländisches Geld tauschen.

MousePlanet (www.mouseplanet.com) Internetadresse mit Nachrichten, aktuellen Informationen, Tipps zur Reiseplanung und Diskussionsforen.

MouseWait (www.mousewait.com) Die kostenlose App gibt minütlich Updates zu den Wartezeiten und Infos zu sonstigen Events in den Parks.

Touring Plans (http://touringplans.com) Kostenlose App mit Lageplänen der Parks, Speisekarten der Restaurants und Infos zu Besucherzahlen und Wartezeiten.

ℹ Anreise & Unterwegs vor Ort

Das Disneyland Resort liegt gleich abseits der I-5 (Santa Ana Fwy), rund 30 Meilen (48 km) südöstlich von Downtown L. A. Wenn man sich dem Disneygelände nähert, verraten über der Straße angebrachte Schilder, welche Abfahrt man zu den Themenparks, den Hotels oder zu den Straßen von Anaheim zu nehmen hat.

Fast stündlich halten Amtrak-Züge auf der Fahrt von der Union Station in L. A. (14 US$, 40 Min.) nach San Diego (28 US$, 2 Std.) in Anaheim. Der **Bahnhof** (☎714-385-1448; 2150 E Katella Ave) neben dem Angel Stadium liegt nur eine kurze Bus- oder Taxifahrt östlich von Disneyland. Die Pendlerzüge von **Metrolink** (☎800-371-5465; www.metrolinktrains.com), die von der Union Station in Los Angeles starten (8,75 US$, 45 Min.), halten am gleichen Bahnhof.

Anaheim Resort Transit (ART; ☎714-563-5287; www.rideart.org; Tageskarte Erw./Kind 5/2 US$) bietet häufige Busverbindungen zwischen dem Disneyland Resort und vielen Hotels und Motels in der Gegend.

Eine kostenlose Tram fährt vom Hauptparkplatz (15–20 US$/Tag) des Disneyland Resort nach Downtown Disney. Von dort ist es nur ein kurzer Fußmarsch zu den Themenparks.

Strände des Orange County

Viele, die *O.C., California* oder *Real Housewives* gesehen haben, glauben zu wissen, was sie von der riesigen Vorstadtansammlung zwischen L.A. und San Diego mit 68 km an prächtigen Stränden zu erwarten haben. Tatsächlich aber hat jeder Strandort des Orange County sein eigenes Flair. Gut gebaute Typen im Hummer und Botox-Schönheiten leben hier Seite an Seite mit entspannten Surfern und herumgammelnden Künstlern.

Das altmodische **Seal Beach**, gleich hinter der Grenze zwischen dem L.A. County und O.C., ist ein erfrischend unkommerzielles Städtchen mit einem netten, zu Fuß erkundbaren Zentrum. 9 Meilen (14,5 km) den Pacific Coast Hwy (Hwy 1) weiter nach Süden folgt **Huntington Beach** (alias Surf City, USA), der Inbegriff des kalifornischen Surfer-Lebensstils. In den Bars und Cafés an der Main St gibt's Fischtacos und Happy-Hour-Sonderangebote zuhauf und ganz in der Nähe ist auch das winzige **Surfing Museum** (☎714-960-3483; www.surfingmuseum.org; 411 Olive Ave; Eintritt gegen Spende; ⌚So & Mo 12–17, Di bis 21, Mi–Fr bis 19, Sa 11–19 Uhr).

Als nächstes folgt die schickste der Strandgemeinden von O.C.: **Newport Beach** mit seinen Jachten. Familien und Teens zieht es zur Balboa Peninsula mit ihren Stränden, dem alten Holzpier und dem idyllischen Vergnügungszentrum. Nahe dem 1906 errichteten Balboa Pavilion bringt die **Balboa Island Ferry** (www.balboaislandferry.com; 410 S Bay Front; Erw./Kind 1/0,50 US$, Auto & Fahrer 2 US$; ⌚So–Do 6.30–24, Fr & Sa bis 2 Uhr) Passagiere über die Bay zur Balboa Island, wo man historische Strandhäuser bewundert und die Boutiquen an der Marine Ave inspiziert.

Auf der Fahrt weiter nach Süden führt der Hwy 1 an den wilden Stränden des **Crystal Cove State Park** (☎949-494-3539; www.parks.ca.gov; 8471 N Coast Hwy; 15 US$/Auto, Stellplatz 25–75 US$) vorbei und schließlich hinunter nach **Laguna Beach**, dem charmantesten und kultiviertesten Strandort im Orange County. Hier schaffen abgeschiedene Strände, niedrige Wellen und mit Eukalytusbäumen bewachsene Hügel eine echte Riviera-Atmosphäre. Kunstgalerien säumen die engen Straßen des „Dorfs" und den Coastal Highway, wo das auf einer Klippe stehende **Laguna Art Museum** (☎949-494-8971; www.lagunaartmuseum.org; 307 Cliff Dr; Erw./Kind 7 US$/frei; ⌚in der Regel Fr–Di 11–17, Do bis 21 Uhr) moderne und zeitgenössische Kunst aus Kalifornien zeigt. Mitten im Ortszentrum kann man am **Main Beach** in die Schönheit der Natur eintauchen.

Weitere 10 Meilen (16 km) südlich liegt im Binnenland die **Mission San Juan Capistrano** (☎949-234-1300; www.missionsjc.com; 26801 Ortega Hwy, San Juan Capistrano; Erw./Kind 9/6 US$; ⌚9–17 Uhr), eine der am schönsten restaurierten Missionen Kaliforniens mit Blumengärten, einem Hof mit Springbrunnen und der bezaubernden, 1778 erbauten Serra Chapel.

Schlafen & Essen

Die auf der Meeresseite des PCH (Hwy 1) liegenden Motels und Hotels sind erstaunlich teuer, vor allem an den Wochenenden im Sommer. Günstiger sind die Unterkünfte nahe den Freeways im Binnenland.

★**Crystal Cove Beach Cottages** HÜTTEN **$$**
(☎Reservierung 800-444-7275; www.crystalcovebeachcottages.com; 35 Crystal Cove, Newport Beach; Zi. ohne Bad 42–127 US$, Cottage 162–249 US$; ⌚Check-In 16–21 Uhr;) Um eine der historischen, aus der Mitte des vorigen Jahrhunderts stammenden Strandhütten im Crystal Cove State Park zu ergattern, muss man sieben Monate vor dem geplanten Aufenthalt am ersten Tag des Monats buchen – oder darauf hoffen, dass irgendwer im letzten Moment absagt.

Shorebreak Hotel BOUTIQUEHOTEL **$$$**
(☎714-861-4470; www.shorebreakhotel.com; 500 Pacific Coast Hwy, Huntington Beach; Zi. 189–495 US$; @) Das modisch-hippe Hotel sorgt mit einem Surf-Concierge, Sitzsäcken in der Lobby und geometrisch gemusterten Zimmern für Laune. Den Cocktail zum Sonnenuntergang nimmt man auf der Terrasse im Obergeschoss. Ein Parkplatz kostet 27 US$.

Zinc Cafe & Market VEGETARISCH **$**
(www.zinccafe.com; 350 Ocean Ave, Laguna Beach; Hauptgerichte 6–11 US$; ⌚Markt 7–18 Uhr, Café bis 16 Uhr;) Vielleicht sind die fröhlichen tomatenfarbenen Wände oder der offene Hof der Grund, weshalb die Jungen und Schönen kommen. Auf der Speisekarte des vegetarischen Cafés stehen Quiches zum Frühstück und mittags kleine Pizzas, gartenfrische Salate und Deli-Sandwiches.

Bear Flag Fish Company SEAFOOD **$$**
(☎949-673-3434; www.bearflagfishco.com; 407 31st St, Newport Beach; Gerichte 8–15 US$; ⌚Di-

Sa 11–21, Mo & So bis 20 Uhr;) Der Meeresfrüchtemarkt bietet knackfrische Austern, Fischtacos, hawaiianisches *poke* und vieles mehr. Man wählt die Ware aus der eisgekühlten Theke. Lange Warteschlangen sind die Regel. Nur Barzahlung.

San Diego

Gleichermaßen schamlos und zärtlich bezeichnen die Einwohner San Diegos ihre Heimat als „tollste Stadt der Welt". Selbstgefällig? Vielleicht, aber einfach zu verstehen: Das Küstenklima mit Temperaturen, die das ganze Jahr um 20 °C schwanken, sorgt für perfektes Wetter und die Strände sind selten mehr als zehn Autominuten entfernt. Obwohl San Diego mit 1,3 Mio. Menschen die achtgrößte US-Stadt und nach L.A. die zweitgrößte Kaliforniens ist, gibt's wohl kaum eine entspanntere Metropole.

Diese dümpelte bis zum Zweiten Weltkrieg noch relativ verschlafen vor sich hin. Der japanische Angriff auf Pearl Harbor veranlasste die US-Marine jedoch, ihre Pazifikflotte von Hawaii in den natürlichen Hafen San Diegos zu verlegen. Militär, Tourismus, Bildungs- und Forschungseinrichtungen (vor allem im Bereich Medizin und Ozeanografie) sowie Hightech-Unternehmen in landeinwärts gelegenen Tälern formten das Bild der Stadt. All dies macht San Diego trotz der Nähe zu Mexiko irgendwie typisch amerikanisch.

Sehenswertes

Mittelpunkt der kompakten Innenstadt von San Diego ist das historische Gaslamp Quarter, in dem abends viel los ist. In südwestlicher Richtung führt eine beeindruckende Brücke nach Coronado. Balboa Park mit seinen Museen (und dem San Diego Zoo) liegt nördlich der Downtown. Im Nordwesten grenzt Hillcrest an den Park, das Zentrum der schwul-lesbischen Gemeinde der Stadt, in dessen Restaurants, Cafés, Bars und Läden alle willkommen sind. Weiter westlich liegen das touristische Old Town und der Wasserspielplatz Mission Bay.

Entlang der Küste in nördlicher Richtung versprühen Ocean Beach, Mission Beach und Pacific Beach den relaxten SoCal-Vibe, das hübsche La Jolla liegt dagegen etwas privilegierter. Weiter nördlich befinden sich die bunt gemischten Strandorte des North County: das schicke Del Mar, das designverliebte Solana Beach, das esoterische Encinitas und das blumengeschmückte Carlsbad, die Heimat von Legoland. Der Freeway I-5 führt von Nord nach Süd durch die Region.

NICHT VERSÄUMEN

LAGUNAS FESTIVAL OF ARTS

Nanu, hat sich das Bild gerade bewegt? Willkommen beim **Pageant of the Masters** (800-487-3378; Tickets ab 15 US$; Mitte Juli–Aug. tgl. 20.30 Uhr). Auf der Freiluftbühne werden berühmte Gemälde penibel von kostümierten Schauspielern nachgestellt. Als Beiwerk zu Laguna Beachs **Festival of the Arts** (www.foapom.com; Eintritt 7–10 US$; in der Regel Juli & Aug. 10–23.30 Uhr) fand dieses Schauspiel erstmals 1933 statt und ist seither ein echter Publikumsmagnet. Wir beobachten am liebsten, wenn sich die Gemälde wieder auflösen.

Downtown & Embarcadero

Alonzo Hortons geschickte Grundstücksspekulationen führten in den 1860er-Jahren zur Entstehung der sogenannten „New Town", der heutigen Downtown San Diegos. Die 5th Ave, früher unter dem Namen Stingaree eine berüchtigte Meile aus Saloons, Spielhöllen und Bordellen, ist die Hauptstraße der Downtown. Sie wurde schön restauriert und ist heute das pulsierende Zentrum des **Gaslamp Quarter**, einer Spielwiese von Restaurants, Bars, Clubs, Läden und Galerien.

Am Nordrand der Downtown hat sich **Little Italy** (www.littleitalysd.com) zu einem zu einem der angesagtesten Viertel zum Wohnen, Ausgehen und Shoppen entwickelt. Die Hauptgeschäftsstraße des Viertels ist die **India St**.

★**USS Midway Museum** MUSEUM
(Karte S. 1048; 619-544-9600; www.midway.org; 910 N Harbor Dr; Erw./Kind 19/10 US$; 10–17 Uhr, letzter Einlass 16 Uhr; P) Hier kann man im Rahmen einer selbstgeführten Audiotour den dienstältesten Flugzeugträger der US-Marine (1945–1991) besichtigen. Zu sehen gibt's die Mannschaftsquartiere, die Kombüse, das Lazarett und natürlich das Flugdeck mit restaurierten Maschinen, darunter einer F-14 Tomcat. Die Benutzung des Flugsimulators kostet extra. Parkplätze kosten 5 bis 20 US$.

★**Maritime Museum** MUSEUM
(Karte S. 1048; 619-234-9153; www.sdmaritime.org; 1492 N Harbor Dr; Erw./Kind 16/8 US$; Ende

Großraum San Diego

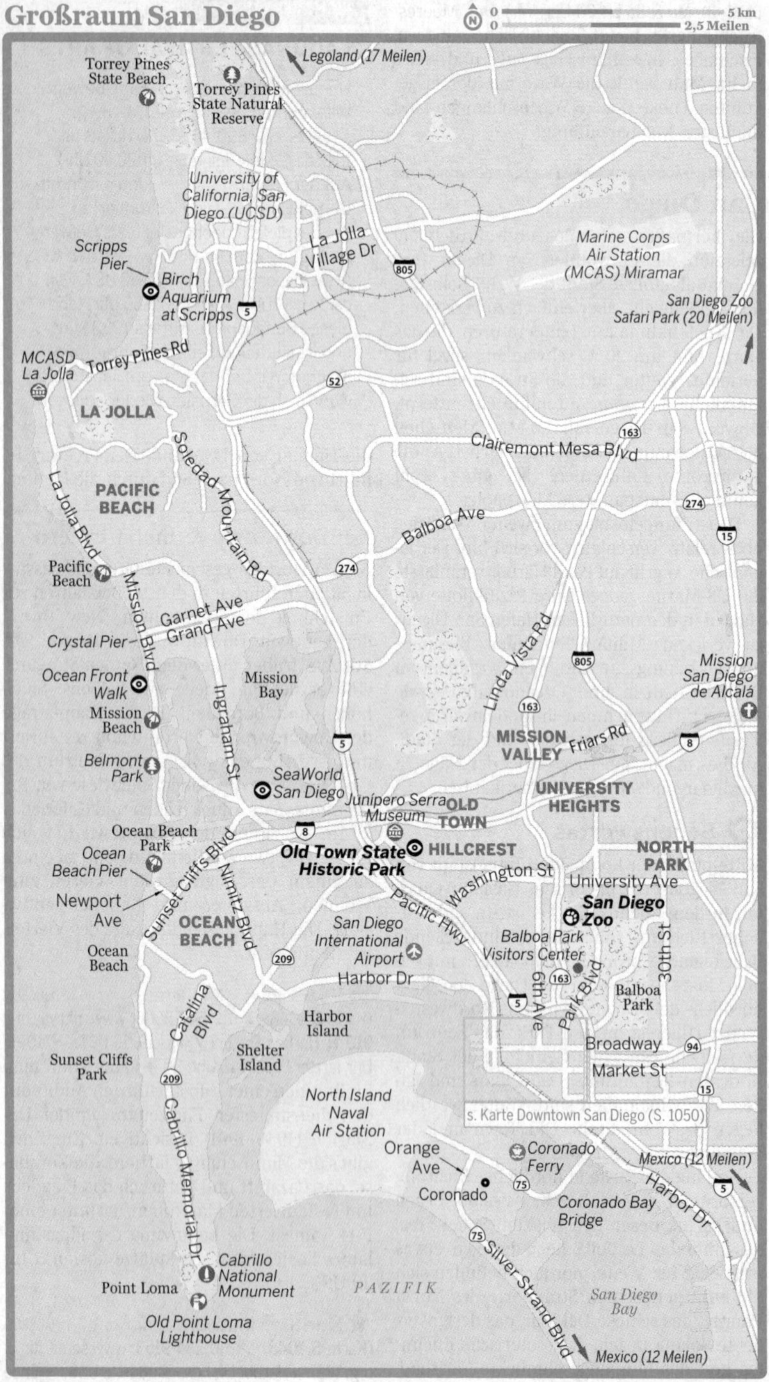

0 5 km
0 2,5 Meilen

Legoland (17 Meilen)
Torrey Pines State Beach
Torrey Pines State Natural Reserve
University of California, San Diego (UCSD)
La Jolla Village Dr
Marine Corps Air Station (MCAS) Miramar
Scripps Pier
Birch Aquarium at Scripps
San Diego Zoo Safari Park (20 Meilen)
MCASD La Jolla
Torrey Pines Rd
LA JOLLA
Soledad Mountain Rd
Clairemont Mesa Blvd
PACIFIC BEACH
La Jolla Blvd
Balboa Ave
Pacific Beach
Mission Blvd
Garnet Ave
Grand Ave
Crystal Pier
Ocean Front Walk
Mission Bay
Ingraham St
Linda Vista Rd
Mission San Diego de Alcalá
Mission Beach
Belmont Park
MISSION VALLEY
Friars Rd
SeaWorld San Diego
Junípero Serra Museum
OLD TOWN
UNIVERSITY HEIGHTS
Ocean Beach Park
Ocean Beach Pier
Sunset Cliffs Blvd
Old Town State Historic Park
HILLCREST
NORTH PARK
Washington St
University Ave
Newport Ave
Nimitz Blvd
Pacific Hwy
San Diego Zoo
OCEAN BEACH
San Diego International Airport
Balboa Park Visitors Center
30th St
Ocean Beach
Harbor Dr
6th Ave
Park Blvd
Balboa Park
Catalina Blvd
Harbor Island
Broadway
Shelter Island
Sunset Cliffs Park
Market St
North Island Naval Air Station
s. Karte Downtown San Diego (S. 1050)
Orange Ave
Coronado Ferry
Mexico (12 Meilen)
Cabrillo Memorial Dr
Coronado
Coronado Bay Bridge
Harbor Dr
Silver Strand Blvd
Cabrillo National Monument
Point Loma
PAZIFIK
San Diego Bay
Old Point Loma Lighthouse
Mexico (12 Meilen)

Mai–Anfang Sept. 9–21 Uhr, ansonsten bis 20 Uhr;) Die *Star of India* von 1863 ist eines von sieben historischen Segelschiffen, die man hier besichtigen kann. Sehenswert ist auch das U-Boot B-39 der sowjetischen Kriegsmarine. Die 45-minütige historische Kreuzfahrt durch die Bucht kostet nur 5 US$ zusätzlich.

Museum of Contemporary Art MUSEUM
(MCASD Downtown; Karte S. 1048; 858-454-3541; www.mcasd.org; 1001 Kettner Blvd; Erw./Kind 10 US$/frei, 3. Do im Monat 17–19 Uhr Eintritt frei; Do–Di 11–17 Uhr, 3. Do im Monat bis 19 Uhr) Das Museum legt seinen Schwerpunkt auf Minimalismus, Pop Art, Konzeptkunst und grenzüberschreitende Kunst. Das 1100 Kettner Bldg befindet sich im historischen Santa Fe Depot. Das Museum hat noch eine Zweigstelle in La Jolla (S. 1052). Das sieben Tage gültige Ticket gilt für alle drei Stätten.

Gaslamp Museum MUSEUM
(Karte S. 1048; 619-233-4692; www.gaslampquarter.org; 410 Island Ave; Erw./Kind 5/4 US$; Di–Sa 10–17, So 12–16 Uhr) Das mit historischen Exponaten gespickte viktorianische Haus mit dem sich einseitig herunterziehendem Dach war früher das Heim von William Heath Davis, dem Gründer von „New Town". Geführte historische Spaziergänge durch das Viertel starten in der Regel samstags um 11 Uhr (Erw./Kind 15 US$/frei).

Petco Park STADION
(Karte S. 1048; 619-795-5011; www.padres.com; 100 Park Blvd; Führungen Erw./Kind/Senioren 11/7/8 US$) In der südöstlichen Ecke des Gaslamp Quarter befindet sich das Heimstadion des Major-League-Baseballteams San Diego Padres. Bei den ganzjährig angebotenen Führungen blickt man hinter die Kulissen; die Termine der Führungen telefonisch erfragen.

Coronado

Coronado Island ist eigentlich nur eine Halbinsel und mit dem Festland über eine hoch aufragende, bumerangförmige Brücke verbunden. Die Hauptattraktion ist das Hotel del Coronado (S. 1054), das für seine viktorianische Architektur und sein illustres Gästebuch bekannt ist, in das sich u. a. Thomas Edison, Brad Pitt und Marilyn Monroe eingetragen haben (im Filmklassiker *Manche mögen's heiß* war es als ein Hotel zu sehen, das angeblich in Miami steht).

Die **Coronado Ferry** (Karte S. 1048; 619-234-4111; www.sdhe.com; einfache Strecke 4,25 US$; 9–22 Uhr) legt stündlich am Broadway Pier des Embarcadero (990 N Harbor Dr) sowie am San Diego Convention Center in Downtown ab. Alle Fähren legen in Coronado am Fuß der 1st St an. Dort vermietet **Bikes & Beyond** (619-435-7180; http://hollandsbicycles.com; 1201 1st St, Coronado; Rad ab 7/25 US$ pro Std./Tag; 9 Uhr–Sonnenuntergang) Fahrräder und Tandems, die ideal sind, um Coronados Strände zu erkunden, die sich südwärts längs des **Silver Strand** erstrecken.

Balboa Park

Der Balboa Park ist eine städtische Oase mit mehr als einem Dutzend Museen, prächtigen Parks, schönen Bauten, Veranstaltungsstätten und dem Zoo. Die Plazas an der von Osten nach Westen verlaufenden Promenade El Pardo säumen Gebäude im Beaux-Arts- und im spanischen Kolonialstil aus dem frühen 20. Jh. – Überbleibsel von Weltausstellungen. Karten, Infos zu Events und Rabattkarten für Attraktionen erhält man im Balboa Park Visitors Center (S. 1057). Die kostenlosen Parkplätze abseits des Park Blvd sind an den Wochenenden schnell besetzt. Balboa Park ist von der Downtown aus mit dem MTS-Bus 7 (2,25 US$, 20 Min.) zu erreichen. Eine kostenlose Tram fährt die Besucher auf dem Gelände herum, aber besser schlendert man zu Fuß durch den botanischen Garten, vorbei am **Spreckels Organ Pavilion**, den Läden und Galerien des **Spanish Village Art Center** und den international gestalteten Ausstellungspavillons am **United Nations Building**.

★ **San Diego Zoo** ZOO
(619-231-1515; www.sandiegozoo.org; 2920 Zoo Dr; Erw./Kind 44/34 US$; Mitte Juni–Anfang Sept. 9–21 Uhr, sonst bis 17 oder 18 Uhr; P) Fast alles, was gleitet, kriecht, stampft, schwimmt, springt oder fliegt, ist in diesem berühmten Zoo zu finden. Auf den wunderschön gestalteten Anlagen (z. B. austalisches Outback, Panda Canyon) leben mehr als 4000 Tiere, die zu mehr als 800 Arten gehören. Im Eintritt ist eine 35-minütige kommentierte Rundfahrt mit einem Doppeldeckerbus enthalten. Wer wilde Tiere in freierer Wildbahn erleben möchte, sollte mit einem Kombiticket auch den San Diego Zoo Safari Park (S. 1058) in Escondido besuchen.

Museum of Man MUSEUM
(619-239-2001; www.museumofman.org; Plaza de California, 1350 El Prado; Erw./Kind 12,50/5 US$;

Downtown San Diego

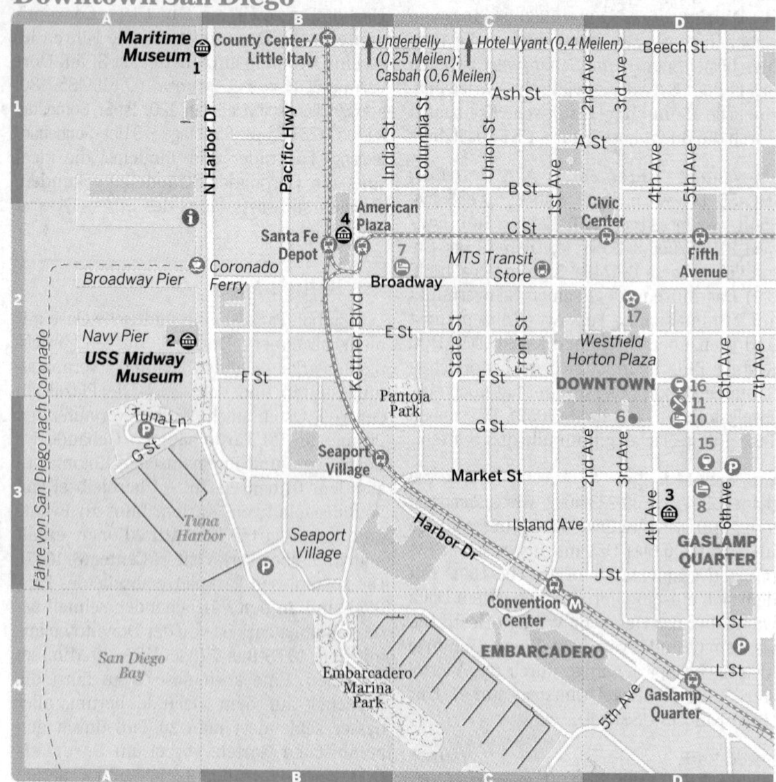

⏲10–16.30 Uhr) In dem von einer prächtigen, blaugelb gefliesten Kuppel bekrönten, im Stil des Churriguerismus erbauten **California Building** ist das Museum of Man, das Töpferwaren, Schmuck, Körbe und anthropologische Artefakte aus Nord- und Südamerika zeigt. Hinter dem Museum liegen die **Old Globe Theaters**, ein historischer Theaterkomplex mit drei Bühnen, wo jedes Jahr ein Shakespeare-Sommerfestival stattfindet.

San Diego Air & Space Museum MUSEUM

(☎619-234-8291; www.sandiegoairandspace.org; 2001 Pan American Plaza; Erw./Kind 18/7 US$; ⏲Juni–Aug. 10–17.30 Uhr, Sept.–Mai bis 16.30 Uhr; 👪) Zu den Highlights zählen die originale Apollo 9-Kommandokapsel und ein Nachbau von Charles Lindberghs *Spirit of St. Louis*. Die Flugsimulatoren kosten extra.

San Diego Natural History Museum MUSEUM

(☎619-232-3821; www.sdnhm.org; 1788 El Prado; Erw./Kind 17/11 US$; ⏲10–17 Uhr; 👪) Das Naturkundemuseum lockt Familien mit Dinosaurierskeletten, Skorpionen, die im Dunklen leuchten, sowie Naturfilmen, die in einem gigantischen 3D-Kino gezeigt werden.

Timken Museum of Art MUSEUM

(☎619-239-5548; www.timkenmuseum.org; 1500 El Prado; ⏲Di–Sa 10–16.30, So ab 13.30 Uhr) GRATIS Das kleine, aber feine Museum zeigt Meisterwerke europäischer und amerikanischer Meister von Rembrandt bis Cézanne sowie westliche Landschaftsmalerei.

San Diego Museum of Art MUSEUM

(☎619-232-7931; www.sdmart.org; 1450 El Prado; Erw./Kind 12/4,50 US$; ⏲Mo–Di & Do–Sa 10–17, So ab 12 Uhr, Juni–Sept. Do auch 17–21 Uhr) Das Museum ist bekannt für seine Kollektion europäischer alter Meister sowie gut präsentierte amerikanische und asiatische Kunst.

Mingei International Museum MUSEUM

(☎619-239-0003; www.mingei.org; 1439 El Prado; Erw./Kind 8/5 US$; ⏲Di–So 10–16 Uhr; 👪) Das

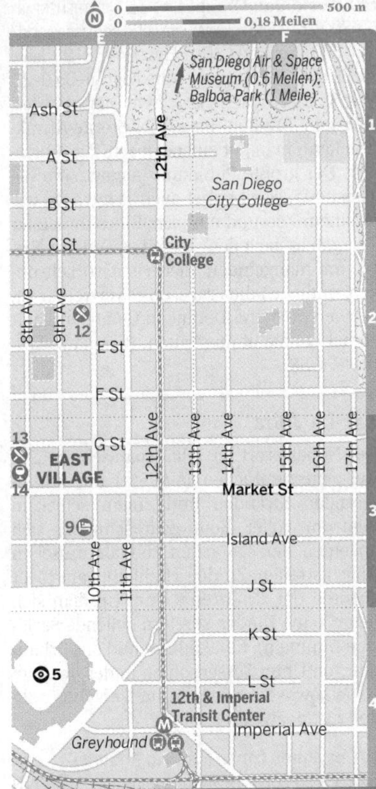

Downtown San Diego

Highlights
1 Maritime Museum A1
2 USS Midway Museum A2

Sehenswertes
3 Gaslamp Museum D3
4 Museum of Contemporary Art B2
5 Petco Park E4

Aktivitäten, Kurse & Touren
6 Another Side of San Diego D3

Schlafen
7 500 West Hotel C2
8 HI San Diego Downtown Hostel D3
9 Hotel Indigo E3
10 USA Hostels San Diego D3

Essen
11 Cafe 21 .... D3
12 Hodad's E2
13 Neighborhood E3

Ausgehen & Nachtleben
14 Noble Experiment E3
15 Prohibition D3
16 Tipsy Crow D2

Unterhaltung
17 Arts Tix D2

Museum zeigt eindrucksvolle Volkskunst aus aller Welt und hat einen schönen Museumsshop.

Reuben H. Fleet Science Center MUSEUM
(☎619-238-1233; www.rhfleet.org; 1875 El Prado; Erw./Kind 12/10 US$, inkl. IMAX-Film 16/13 US$; ⏲Mo–Do 10–17, Fr bis 20, Sa bis 19, So bis 18 Uhr; 👪) Das familienfreundliche, interaktive Technikmuseum mit IMAX-Kino liegt nahe beim Springbrunnen.

San Diego Model Railroad Museum MUSEUM
(☎619-696-0199; www.sdmrm.org; Casa de Balboa, 1649 El Prado; Erw./Kind 8 US$/frei; ⏲Di–Fr 11–16, Sa & So bis 17 Uhr; 👪) Das Modelleisenbahnmuseum ist das größte seiner Art und zeigt schön gestaltete „Zuglandschaften".

Old Town & Mission Valley

1769 gründete ein Trupp von spanischen Soldaten und Missionaren unter Führung des Franziskanerpaters Junípero Serra die erste der 21 kalifornischen Missionen auf San Diegos Presidio Hill; drum herum entstand ein kleines Dorf (*pueblo*). Die Stelle erwies sich aber schnell als ungünstig, und so wurde die Mission 1774 rund 11 km flussaufwärts verlegt, näher an beständige Wasservorkommen und fruchtbare Böden heran.

★ **Old Town State Historic Park** HISTORISCHE STÄTTE
(☎619-220-5422; www.parks.ca.gov; 4002 Wallace St; ⏲Visitor Center & Museen Okt.–April 10–16 Uhr, Mai–Sept. bis 17 Uhr; P) GRATIS In dem Park stehen fünf originale Adobegebäude und mehrere Nachbauten aus dem ersten Pueblo, u.a. ein Schulhaus und ein Zeitungsgebäude. In den meisten Bauten sind heute Museen, Läden oder Restaurants untergebracht. Das Visitor Center veranstaltet kostenlose Führungen (tgl. 11 & 14 Uhr).

Mission Basilica San Diego de Alcalá KIRCHE
(☎619-281-8449; www.missionsandiego.com; 10818 San Diego Mission Rd; Erw./Kind 3/1 US$; ⏲9–16.45 Uhr; P) Abgeschieden in einer Ecke des heutigen Mission Valley liegen ver-

steckt inmitten von Bougainvilleen-Gärten die wunderschön restaurierten Gebäude von Kaliforniens „Mutter der Missionen“. Von hier aus hat man einen schönen Blick über das Tal bis zum Ozean.

Junípero Serra Museum MUSEUM
(☎619-232-6203; www.sandiegohistory.org; 2727 Presidio Dr; Erw./Kind 6/3 US$; ⏲Mitte Sept.–Mai Sa & So 10–16 Uhr, Juni–Mitte Sept. Fr–So 10–17 Uhr; P 👪) Auf dem Presidio Hill erinnert das in einem hübschen Spanish-Revival-Gebäude aus den 1920er-Jahren untergebrachte Museum mit multikulturellen historischen Exponaten an das Leben in den stürmischen Anfangstagen der Stadt.

Point Loma

Die Halbinsel legt sich um den Eingang der sichelförmigen San Diego Bay.

Cabrillo National Monument MONUMENT
(☎619-557-5450; www.nps.gov/cabr; 1800 Cabrillo Memorial Dr; 5 US$/Auto; ⏲9–17 Uhr, letzter Einlass 16.30 Uhr; P) Von dem Denkmal aus, das dem Führer der ersten spanischen Entdeckungsreise an der Westküste (1542) gewidmet ist, hat man einen atemberaubenden Panoramablick. Man kann hier auch wandern oder in Gezeitenbecken baden. Das nahegelegene **Old Point Loma Lighthouse** von 1854 ist heute ein kleines Museum.

Mission Bay & Strände

An San Diegos drei Strandorten blüht der Hedonismus: Armeen gebräunter, straffer Körper tummeln sich im Sand.

Westlich der amöbenförmigen Mission Bay sind der surferfreundliche **Mission Beach** und sein nördlicher Nachbar **Pacific Beach** (PB) durch den autofreien **Ocean Front Walk** verbunden, der von Skatern, Joggern und Radfahrern wimmelt. Der kleine **Belmont Park** (☎858-458-1549; www.belmontpark.com; 3146 Mission Blvd; 2–6 US$/Ride, Tageskarte Erw./Kind 27/16 US$; ⏲tgl. ab 11 Uhr, unterschiedliche Schließzeiten; P) in Mission Beach lockt mit einer historischen Holzachterbahn, Wellensimulatoren und einem Hallenbad.

Soüdlich von Mission Bay gibt's im bohemehaften **Ocean Beach** (OB) ein Angelpier, Beachvolleyballfelder und gute Surfbedingungen. An der Hauptstraße, der **Newport Ave**, finden sich jede Menge gammelige Bars, lässige Restaurants, Tattoo-Shops und Läden, die Surfausrüstung, alte Klamotten und Trödel verkaufen.

SeaWorld San Diego THEMENPARK
(☎800-257-4268; www.seaworld.com/seaworld/ca; 500 SeaWorld Dr; Erw./Kind 3–9 Jahre 70/62 US$; ⏲Mitte Juni–Mitte Aug. So–Do 9–22, Fr & Sa bis 23 Uhr, sonst kürzere Öffnungszeiten; P 👪) In Mission Bays Vier-Sterne-Attraktion kann man gut einen ganzen Tag zubringen. Der größte Publikumsmagnet sind die Tiershows, es gibt aber auch Tiergehege wie in einem Zoo und ein paar Rides. In letzter Zeit gab es nach dem Tod eines Trainers Kritik an mangelnden Sicherheitsvorkehrungen, und auch die Frage, ob es vertretbar ist, Schwertwale und Delfine in Gefangenschaft zu halten, bleibt umstritten. Parkplätze kosten 15 US$.

La Jolla

Der Nobelvorort La Jolla (spanisch für „Juwel“; ausgesprochen la-*hoi*-ja) mit schimmernden Stränden und einem schickem Zentrum voller Boutiquen schmiegt sich an einen der schönsten südkalifornischen Küstenstreifen. Zu den Highlights am Meer gehören der **Children's Pool** (in dem sich heute keine Kinder, sondern bellende Seelöwen tummeln), Kajakfahren und das Erkunden von Unterwasserhöhlen in der **La Jolla Cove** sowie Schnorcheln im **San Diego-La Jolla Underwater Park**.

Torrey Pines State Natural Reserve PARK
(☎858-755-2063; www.torreypine.org; 12600 N Torrey Pines Rd, La Jolla; 10 US$/Auto; ⏲7.15 Uhr–Sonnenuntergang, Visitor Center Okt.–April 10–16 Uhr, Mai–Sept. 9–18 Uhr; P) Weiter die Küste hinauf nahe Del Mar schützt dieses Reservat gefährdete Torrey-Kiefern und bietet sich für entspannte Spaziergänge am Meeresstrand sowie Vogelbeobachtungen an.

Birch Aquarium at Scripps AQUARIUM
(☎858-534-3474; http://aquarium.ucsd.edu; 2300 Exhibition Way, La Jolla; Erw./Kind 14/9,50 US$; ⏲9–17 Uhr; P 👪) In dem von der Universität betriebenen Aquarium am Meer können Kinder Gezeitenbecken, Tangwälder, schwimmende Seepferdchen und ein Riff mit Haien entdecken.

MCASD La Jolla MUSEUM
(☎858-454-3541; www.mcasd.org; 700 Prospect St, La Jolla; Erw./Kind 10 US$/frei, 3. Do im Monat 17–19 Uhr Eintritt frei; ⏲Do–Di 11–17 Uhr, 3. Do im Monat bis 19 Uhr) Eine Filiale des Museums in der Downtown; das Ticket gilt für beide Stätten (einzulösen innerhalb von 7 Tagen).

San Diego bietet hervorragende Möglichkeiten zum Surfen und Windsurfen (Surfinfos: ☎619-221-8824); leider nerven in einigen Gebieten einheimische Platzhirsche.

Pacific Beach Surf School SURFEN
(☎858-373-1138; www.pbsurfshop.com; 4150 Mission Blvd; ⊙Laden 9–19 Uhr, Surfunterricht stündl. bis 16 Uhr) In der Surfschule lernt man spektakuläre Brettmanöver (Privatstunde 85 US$) oder mietet einfach Brett und Neoprenanzug (ab 35 US$/halber Tag) in San Diegos ältestem Surfshop.

Surf Diva SURFEN
(☎858-454-8273; www.surfdiva.com; 2160 Avenida de la Playa; ⊙Laden 9–17.30 Uhr) In La Jolla bringen Surflehrerinnen ihren Schülerinnen im Einzelunterricht (Privatstunde ab 75 US$) und in Wochenendkursen bei, die Wellen zu bezwingen.

OEX Dive & Kayak WASSERSPORT
(☎858-454-6195; www.oexcalifornia.com; 2243 Avenida de la Playa; ⊙Mo–Fr 9–18, Sa & So ab 8 Uhr) Der Laden in La Jolla vermietet Kajaks sowie Ausrüstung fürs Schnorcheln, Tauchen und Stehpaddeln; er bietet auch geführte Touren an. Eine weitere Filiale befindet sich in **Mission Bay** (☎619-866-6129; www.oexcalifornia.com; 1010 Santa Clara Pl; ⊙Mo–Fr 8–18, Sa & So 9–17 Uhr).

Hike, Bike, Kayak San Diego ABENTEUERSPORT
(☎858-551-9510; www.hikebikekayak.com; 2216 Avenida de la Playa) Wie der Name schon sagt, veranstaltet das Unternehmen mit Sitz in La Jolla Wander-, Rad- und Kajaktouren. Darüber hinaus vermietet es Wassersportausrüstung sowie Fahrräder und gibt Unterricht im Stehpaddeln.

Geführte Touren

Another Side of San Diego GEFÜHRTE TOUR
(Karte S. 1048; ☎619-239-2111; www.anothersideofsandiegotours.com; 308 G St; Tour ab 30 US$) Der Veranstalter bietet Segway-Touren im gesamten Stadtgebiet sowie kulinarische und historische Stadtspaziergänge durch das Gaslamp Quarter.

Old Town Trolley Tours TOUR
(☎888-910-8687; www.trolleytours.com; Erw./Kind 36/18 US$) Die kommentierte Trolleytour mit beliebigem Ein- und Aussteigen zieht eine Schleife um die touristischen Hauptattraktionen der Stadt.

Schlafen

Im Sommer explodieren die Preise, vor allem in den Unterkünften an den Stränden. Zu Ketten gehörende Hotels und Motels ballen sich im Binnenland an den größeren Freeways und im Mission Valley. Überwiegend wird eine Übernachtungssteuer von 10,5 % erhoben.

Downtown

HI San Diego Downtown Hostel HOSTEL $
(Karte S. 1048; ☎619-525-1531; www.sandiegohostels.org; 521 Market St; B/DZ mit Gemeinschaftsbad & Frühstück ab 31/75 US$; ❄@📶) Das gut geführte Hostel in einem Hotel des 19. Jhs. bietet viel Platz für Geselligkeit. Die Schlafsäle sind trist, aber sauber. Ein Pfannkuchenfrühstück ist im Preis enthalten. Eine weitere, ruhigere Filiale ist in **Point Loma** (☎619-223-4778; www.sandiegohostels.org; 3790 Udall St; B/Zi. mit Gemeinschaftsbad & Frühstück 25/54 US$; P@📶).

★**USA Hostels San Diego** HOSTEL $
(Karte S. 1048; ☎800-438-8622, 619-232-3100; www.usahostels.com; 726 5th Ave; B/Zi. mit Gemeinschaftsbad & Frühstück ab 30/71 US$; @📶) In einem umgebauten Bordell aus viktorianischer Zeit im Gaslamp Quarter bietet das Hostel freundliche Zimmer, eine Gemeinschaftsküche und eine einladende Lounge. Im Preis inbegriffen ist das Pfannkuchenfrühstück. Preisgünstig sind das Taco-Abendessen und die Touren nach Tijuana.

500 West Hotel HOSTEL $
(Karte S. 1048; ☎Info 619-234-5252; Reservierung 619-231-4092; www.500westhotelsd.com; 500 W Broadway; EZ/DZ mit Gemeinschaftsbad ab 59/79 US$; @📶) Die Zimmer in dieser renovierten YMCA-Herberge aus den 1920er-Jahren sind winzig, und die Bäder befinden sich am Ende des Korridors. Trendbewussten Reisenden mit kleinem Budget gefallen jedoch das bunte Dekor, die Gemeinschaftsküche und das Fitnessstudio (5 US$).

★**Hotel Indigo** BOUTIQUEHOTEL $$
(Karte S. 1048; ☎619-727-4000; www.hotelinsd.com; 509 9th Ave; Zi ab 149 US$; P❄@📶🏊🐾) 🌿 Das erste Hotel mit LEED-Zertifikat (Leadership in Energy and Environmental Design) in San Diego ist ein schick gestaltetes Boutiquehotel. Die Innenarchitektur ist modern und farbenfroh; die Gästezimmer haben wandhohe Fenster, Regenduschen und Hartholzböden. Parkplätze kosten

38 US$. Eine weitere Filiale befindet sich im Küstenort Del Mar.

Hotel Vyant B&B $$
(☎800-518-9930; www.hotelvyant.com; 505 W Grape St; Zi. mit/ohne Bad ab 149/109 US$;) Das hübsche und charmante B & B in Little Italy hat zwei Dutzend Zimmer mit einladenden Betten und flauschigen Bademänteln. Die Deluxe-Zimmer bieten zusätzlich eine Whirlpool-Wanne oder eine Kochnische. Wer eine komplett ausgestattete Küche möchte, zahlt den Aufpreis für ein städtisch-schick eingerichtetes Apartment.

Strände

Pearl MOTEL $$
(☎619-226-6100, 877-732-7574; www.thepearlsd.com; 1410 Rosecrans St; Zi. ab 130 US$; P) Die swingende Mischung aus Boutiquehotel und einem Motel der 1960er-Jahre lockt coole Gäste an. In jedem der kecken Zimmer gibt es einen Goldfisch, und noch das kleinste hat einen Spiegel an der Decke. Filmabende am Pool und eine Cocktailbar sorgen für Laune. Parkplätze gibt's in begrenzter Zahl für 10 US$ (kein Parkservice).

Best Western Island Palms MOTEL $$
(☎800-922-2336, 619-222-0561; www.islandpalms.com; 2051 Shelter Island Dr; Zi. ab 149 US$; P@) In dem polynesisch angehauchten Motel auf Shelter Island – von Downtown aus gleich auf der anderen Seite der Bucht – blickt man auf die schaukelnden Boote im Jachthafen. Die frischen Zimmer im Tropeninsel-Stil haben Balkone, auf denen man die Meeresbrise genießt.

Ocean Beach Hotel HOTEL $$
(☎619-223-7191; www.obhotel.com; 5080 Newport Ave; Zi. ab 100 US$;) Das umgestaltete Hotel im Surferstädtchen OB ist vom Strand nur durch die Straße getrennt. Die blitzblanken Gästezimmer sind recht klein und der französische Landhausstil wirkt ein bisschen altmodisch, aber alle Zimmer bieten einen kleinen Kühlschrank und eine Mikrowelle.

★**Hotel del Coronado** LUXUSHOTEL $$$
(☎619-435-6611, 800-468-3533; www.hoteldel.com; 1500 Orange Ave; Zi. ab 325 US$; P@) San Diegos Hotelikone mit mehr als hundertjähriger Geschichte prunkt mit Tennisplätzen, einem Spa, Läden, schicken Restaurants, gepflegten Anlagen und einem weißen Sandstrand. Im viktorianischen Altbau hat man allerdings keinen Blick aufs Meer. Parkplätze kosten 30 US$.

Crystal Pier Hotel & Cottages COTTAGE $$$
(☎800-748-5894, 619-483-6983; www.crystalpier.com; 4500 Ocean Blvd; DZ ab 175 US$; P) Die weißen Schindelhäuschen mit blauen Fensterläden – einige stammen noch aus den 1930er-Jahren und alle haben Einbauküchen – stehen direkt über dem Crystal Pier in Pacific Beach. Von den privaten Terrassen bietet sich ein einmaliger Blick auf den Ozean. Bis zu elf Monate im Voraus buchen.

Tower23 BOUTIQUEHOTEL $$$
(☎866-869-3723; www.t23hotel.com; 723 Felspar St; Zi. ab 249 US$; @) Blaugrüne Töne und ein gewisser Humor zeichnen dieses kastenartige, schneeweiße Hotel aus, das eine modernistische Kulisse für einen coolen Strandaufenthalt bietet. In der Cocktailbar und auf der Dachterrasse kann man den Sonnenuntergang genießen. Parkplätze kosten 20 US$.

Inn at Sunset Cliffs HOTEL $$$
(☎866-786-2453, 619-222-7901; www.innatsunsetcliffs.com; 1370 Sunset Cliffs Blvd; Zi./Suite ab 175/289 US$; P@) In diesem luftigen, charmanten Hotel aus den 1960er-Jahren mit einem blumengeschmückten Innenhof hört man, wie die Brandung gegen die Felsküste donnert. Die kürzlich renovierten Zimmer sind lichtdurchflutet, wenn auch etwas klein; einige Suiten bieten eine Küche.

Essen

San Diegos dynamische Gastronomie ist auf jeden Geschmack und jeden Geldbeutel eingerichtet. Generell finden sich feine Steakhäuser und Meeresfrüchtetempel vor allem am Ufer von Downtown, ausgelassene Gastropubs im Gaslamp Quarter, zwanglose Meeresfrüchte- und Burgerlokale an den Stränden, angesagte Restaurants in den Vierteln rund um den Balboa Park – und Tacos und Margaritas gibt's praktisch überall.

Downtown & Embarcadero

Neighborhood PUB $$
(Karte S. 1048; www.neighborhoodsd.com; 777 G St; Hauptgerichte 7–14 US$; ⏲12–24 Uhr) Das Ecklokal ist bodenständiger als andere angesagte Gastropubs und versorgt seine Gäste mit beliebten Speisen wie Chipotle-Burgern, leckeren Jalapeño-Käsemakkaroni oder Hotdogs mit geschmortem Schweinefleisch und Spiegelei. Dazu gibt's Bier aus Kleinbrau-

ereien – je nach Wunsch hopfig, fruchtig, malzig oder sauer.

Underbelly ASIATISCH, FUSION $$
(☎619-269-4626; 750 W Fir St; Gerichte 5–12 US$; ⏲11.30–24 Uhr) Abseits des munteren Streifens mit Pizzerien und Weinbars tischt dieser schnittige Nudelladen in Little Italy dampfende Schüsseln von Ramen mit Ochsenschwanz-Bällchen, Rippchen mit Hoisin-Sauce und geräucherte Rinderbrust mit Speck auf. Es gibt auch vegetarische Angebote und außerdem zwei Dutzend Biere vom Fass aus Kleinbrauereien.

Cafe 21 FRÜHSTÜCK $$
(Karte S. 1048; ☎619-795-0721; www.cafe-21.com; 750 5th Ave; Hauptgerichte morgens 9–15 US$; ⏲So–Do 8–22, Fr & Sa bis 23 Uhr; 👪) Das beliebte Brunch-Lokal im Gaslamp Quarter serviert Arme Ritter mit Frischkäse und Agavensirup, mit Früchten belegte Pfannkuchen und Frittata aus farmfrischen Eiern in kleinen Eisenpfannen. Die hausgemachte Sangria ist der Renner.

Island Prime SEAFOOD, STEAKHAUS $$$
(☎619-298-6802; www.islandprime.com; 880 Harbor Island Dr; Hauptgerichte Restaurant 25–52 US$, Lounge 15–30 US$; ⏲Restaurant So–Do 17–21, Fr & Sa bis 22 Uhr, Lounge tgl. ab 11.30 Uhr) In dem eleganten Meeresfrüchterestaurant auf Harbor Island (westlich von Downtown) hat man eine weite Aussicht auf die Bucht. Zu den allzeit beliebten Gerichten gehören das Hummer-Sandwich mit Salat und Tomate, das gebratene Thunfischsteak und Garnelen mit Maisgrütze. Werktags gibt's zur Happy Hour in der Lounge (C Level) „Happen, Bier und Trankopfer" für 5 US$.

Balboa Park & Umgebung

★Carnitas' Snack Shack KALIFORNISCH, MEXIKANISCH $
(http://carnitassnackshack.com; 2632 University Ave; Hauptgerichte 7–9 US$; ⏲Mi–Mo 12–24 Uhr; 👪) Wie ein Imbisswagen, der auf einem Platz im angesagten North Park Station bezogen hat, bietet diese schlichte Bude eine täglich wechselnde Karte mit Gerichten vom Schwein: Carnitas-Tacos, Schweinefleischburger mit Verhackertem, Schweineschnitzel-Sandwiches, Pulled-Pork-Poutine mit Schinkenwürfeln usw.

Bread & Cie BÄCKEREI, CAFÉ $
(www.breadandcie.com; 350 University Ave; Hauptgerichte 5–11 US$; ⏲Mo–Fr 7–19, Sa bis 18, So 8–18 Uhr; Ⓟ) Knusprige Sandwiches, Salate, französische Quiches und dekadentes Gebäck (z. B. das schon lächerlich riesige *pain au chocolat*) machen diese geschäftige Bäckerei mit Café zu einer Institution in Hillcrest. Auf dem Grundstück hinten gibt's kostenlose Parkplätze.

★Buona Forchetta ITALIENISCH $$
(www.buonaforchettasd.com; 3001 Beech St; Pizza 7–15 US$, kleine Gerichte 5–13 US$; ⏲So & Di–Do 17–22, Fr & Sa bis 23 Uhr; 🐾) Aus dem golden angemalten, mit Holz befeuerten Ziegelofen, der eigens aus Italien beschafft wurde, wandern die authentisch neapolitanischen Pizzas direkt auf die lustig zusammengerückten Tische dieser Trattoria in South Park, die eine hundefreundliche Terrasse besitzt. Auch die grünen Salate, hausgemachten Pasta und *dolci* (süße Nachspeisen) lassen nichts zu wünschen übrig. Keine Reservierung.

Hash House a Go Go AMERIKANISCH $$
(☎619-298-4646; www.hashhouseagogo.com; 3628 5th Ave; Hauptgerichte morgens 9–18 US$, abends 15–29 US$; ⏲Mo–Fr 7.30–14, Sa & So bis 14.30 Uhr, Abendessen Di–Do 17.30–21, Fr–So bis 21.30 Uhr; 👪) In diesem Bungalow in Hillcrest gibt's große Teller mit „abgewandelten Bauerngerichten": Pies mit Würstchensaft, riesige Sandwiches mit Hackfleisch, Pfannkuchen von der Größe eines Traktorrads und sieben Versionen Bratkartoffeln. Zum Brunch sollte man viel Hunger mitbringen.

★Prado KALIFORNISCH $$$
(☎619-557-9441; www.pradobalboa.com; House of Hospitality, 1549 El Prado; Hauptgerichte mittags 12–21 US$, abends 22–35 US$; ⏲Mo–Fr 11.30–15, Sa & So ab 11 Uhr, So & Di–Do 17–21, Fr & Sa bis 22 Uhr) Das beliebte Restaurant im Balboa Park serviert frische kalifornisch-mediterrane Küche mit lateinamerikanischem und asiatischem Einschlag, z. B. Meeresfrüchte-Paella, Chorizo-Burger und gehackte Salate. Die luftigen Plätze draußen sind genauso einladend wie der bunt geflieste Innenraum. Zur Happy Hour gibt's Speisen und Getränke zum Schnäppchenpreis.

Strände

South Beach Bar & Grille SEAFOOD, MEXIKANISCH $
(www.southbeachob.com; 5059 Newport Ave, Ocean Beach; Gerichte meist 3–12 US$; ⏲11–2 Uhr) Vielleicht liegt es an den kurz gebratenen Goldmakrelen und Wahoos. Oder an der peppigen weißen Sauce. Oder auch an den

Schichten frischen Kohls und der scharfen Tomaten-Salsa. Was auch immer das Geheimnis sein mag: Die Fischtacos in dieser rauen Strandbar sind wundervoll (und dienstags noch billiger).

Hodad's BURGER **$**

(www.hodadies.com; 5010 Newport Ave, Ocean Beach; Gerichte 3–10 US$; ⏲ So–Do 11–21, Fr & Sa bis 22 Uhr) OB's legendärer Burgerladen bietet köstliche Shakes, bergeweise Zwiebelringe und in Papier eingewickelte Hamburger. Die Wände zieren Nummernschilder, und der bärtige, tätowierte Kellner macht es sich beim Aufnehmen der Bestellung schon mal neben den Gästen auf der Bank bequem. Ein weitere Filiale gibt's in **Downtown** (Karte S. 1048; 945 Broadway Ave; ⏲ So–Do 11–21, Fr & Sa bis 22 Uhr).

Point Loma Seafoods SEAFOOD **$$**

(http://pointlomaseafoods.com; 2805 Emerson St; Gerichte 3–16 US$, Hauptgerichte 9–13 US$; ⏲ Mo–Sa 9–19, So ab 10 Uhr; P 👪) Einfach hineingehen und in diesem Fischmarkt mit Grill, Deli und Sushibar direkt an der Theke bestellen – fast alles hier kommt frisch vom Boot. Der Laden ist in Sachen Meeresfrüchte eine Institution in San Diego. Essen kann man draußen an den Picknicktischen.

★ **George's at the Cove** KALIFORNISCH **$$$**

(☎ 858-454-4244; www.georgesatthecove.com; 1250 Prospect St, La Jolla; Hauptgerichte 18–50 US$; ⏲ Mo–Do 11–22, Fr–So bis 23 Uhr) Trey Foshees europäisch-kalifornische Küche ist so spektakulär wie die Lage des Restaurants am Ozean. Das George's hat schon auf so ziemlich jeder Liste von Spitzenrestaurants in Kalifornien gestanden. Hier gibt's drei Lokalitäten in unterschiedlichen Preiskategorien: **George's Bar** (Hauptgerichte mittags 10–18 US$), **Ocean Terrace** (Hauptgerichte abends 18–35 US$) und **California Modern** (Hauptgerichte abends 30–50 US$). In die Bar kommt man auch ohne Reservierung (Happy Hour werktags 15.30–18.30 Uhr).

🍷 Ausgehen & Unterhaltung

Im Gaslamp Quarter befinden sich die ausgelassensten Bars und heißesten Nachtclubs. Welche aktuellen Events gerade in der Stadt anstehen, erfährt man im *San Diego Reader* (www.sandiegoreader.com) oder bei *U-T San Diego* (www.utsandiego.com). **Arts Tix** (Karte S. 1048; ☎ 858-381-5595; www.sdartstix.com; Lyceum Theatre, 79 Horton Plaza; ⏲ unterschiedliche Öffnungszeiten) verkauft Karten mit Rabatt oder zum halben Preis für Theater, Comedy, Konzerte und vieles mehr.

Prohibition LOUNGE

(Karte S. 1048; www.prohibitionsd.com; 548 5th Ave; ⏲ Mi–Sa 19–2 Uhr) In der eleganten Bar im Stil der 1930er-Jahre werden Musik und Cocktails ernst genommen. Die Hausordnung ist durchaus kein Scherz: Handys an der Theke werden nicht geduldet und der Dresscode wird durchgesetzt. Nach 21 Uhr gibt's live Jazz, Blues, Soul oder Musik aus der Südsee.

NICHT VERSÄUMEN

KLEINBRAUEREIEN IN SAN DIEGO

Die Einwohner San Diegos nehmen Bier sehr ernst – selbst in der raubeinigsten Kneipe sprechen Einheimische oft kennerhaft von Hopfen- und Fässerqualität. Größere und winzige Kleinbrauereien haben sich auf alle möglichen Biere spezialisiert. Lohnend sind u. a.:

Stone Brewing Company (☎ 760-471-4999; www.stonebrew.com; 1999 Citracado Pkwy, Escondido; ⏲ Führungen tgl. 12–18 Uhr) Nach der Führung (3 US$) folgt die Verkostung von „Oaked Arrogant Bastard Ale" und „Old Guardian Barley Wine".

Lost Abbey (☎ 800-918-6816; www.lostabbey.com; Suite 104, 155 Mata Way, San Marcos; ⏲ Mo & Di 13–18, Mi & Fr bis 21, Do bis 20, Sa 11.30–20, So 12–19 Uhr) Im Probierstübchen gibt's mehr als 20 Biere (1 US$/Probe) vom Fass – darunter die nach belgischer Art gebrauten Ales „Judgment Day" und „Red Barn".

Green Flash (☎ 858-622-0085; www.greenflashbrew.com; 6550 Mira Mesa Blvd; ⏲ Di–Do 15–21, Fr bis 22, Sa 12–21, So 12–18 Uhr) In dem Freiluft-Biergarten gibt's amerikanische und belgische Ales (1 US$/Probe); Führungen vorab online buchen (5 US$).

AleSmith (☎ 858-549-9888; www.alesmith.com; 9366 Cabot Dr; ⏲ Di–Do 14–20, Fr bis 21, Sa 11–20, So 11–18 Uhr) Die besten Biere hier sind das schottische Ale „Wee Heavy", das zitronige „Horny Devil" und das „Speedway Stout" (1–2 US$/Probe).

Noble Experiment BAR

(Karte S. 1048; ☎ 619-888-4713; http://nobleexperimentsd.com; 777 G St; ⏲ Di–So 19–2 Uhr) Man klopft an die versteckte Tür dieser modernen Flüsterkneipe, deren Wände mit goldenen Totenschädeln geschmückt sind und auf deren Karte 400 Cocktails stehen. Zum Reservieren eine Woche vorab eine Nachricht schicken, dann erhält man eine kryptische Wegbeschreibung.

Hamilton's Tavern BAR

(http://hamiltonstavern.com; 1521 30th St; ⏲ Mo–Fr 15–2, Sa & So ab 13 Uhr; 🐾) Ein Abstecher nach South Park führt einen zu diesem entspannten Treff mit Shuffleboard, Billardtischen und erstklassigem Kneipenessen. Auf dem Barhocker kann man die unglaublich vielfältige Bierkarte studieren.

Tipsy Crow BAR

(Karte S. 1048; ☎ 619-338-9300; http://thetipsycrow.com; 770 5th Ave; ⏲ Mo–Fr 15–2, Sa & So ab 12 Uhr) Die stimmungsvolle Bar in einem historischen Gebäude im Gaslamp Quarter bietet das an eine Lounge erinnernde „Nest" (wo sich früher ein Bordell befunden haben soll) und den mit Ziegelmauern versehenen „Underground" mit Dancefloor, Livemusik und Comedy.

Casbah LIVEMUSIK

(☎ 619-232-4355; www.casbahmusic.com; 2501 Kettner Blvd; Karten 5–45 US$) Im funkigen Casbah haben schon MGMT, Liz Phair und die Smashing Pumpkins auf ihrem Weg in die Charts gerockt; lokale Bands und Indie-Rockstars erlebt man hier und im legendären **Belly Up** (☎ 858-481-8140; www.bellyup.com; 143 S Cedros Ave, Solana Beach; Karten 10–45 US$) in Solana Beach.

La Jolla Playhouse THEATER

(☎ 858-550-1010; www.lajollaplayhouse.org; 2910 La Jolla Village Dr; Karten 15–70 US$) Preisgekrönte Stücke und Weltpremieren von Musicals, die es manchmal später auf den Broadway schaffen, bilden das Programm dieses Theaterzentrums mit mehreren Bühnen.

ℹ Praktische Informationen

GELD

TravelEx (www.travelex.com) Tauscht ausländische Devisen. Standorte: am Flughafen (s. rechte Spalte), in Downtown (☎ 619-235-0901; www.travelex.com; 177 Horton Plaza; ⏲ Mo–Fr 10–19, Sa bis 18, So 11–16 Uhr), Fashion Valley (☎ 619-542-1173; www.travelex.com; 7007 Friars Rd; ⏲ Mo–Sa 10–21, So 11–19 Uhr) und La Jolla (☎ 858-457-2412; www.travelex.com; University Town Centre, 4417 La Jolla Village Dr; ⏲ Mo–Fr 10–19, Sa bis 18, So 11–16 Uhr).

INFOS IM INTERNET

Gaslamp Quarter Association (http://gaslamp.org) Alles Wissenswerte zum Gaslamp Quarter, auch über versteckte Parkplätze.

San Diego Convention & Visitors Bureau (www.sandiego.org) Offizielle Seite der Touristeninformation.

INTERNETZUGANG

Cafés bieten Internetzugang (manchmal kostenlos), wenn man etwas bestellt.

San Diego Public Library (☎ 619-236-5800; www.sandiego.gov/public-library; 820 E St; ⏲ Mo & Mi 12–20, Di 6 Do–Fr 9.30–17.30, Sa 9.30–14.30, So 13–17 Uhr; @ 📶) Kostenloses WLAN und öffentliche Computer. Weitere Filialen sind telefonisch oder über die Website zu ermitteln.

MEDIEN

San Diego Magazine (www.sandiegomagazine.com) Monatliches Hochglanzmagazin.

San Diego Reader (www.sandiegoreader.com) Kostenloses alternatives Wochenblatt.

U-T San Diego (www.utsandiego.com) Die größte Tageszeitung der Stadt.

MEDIZINISCHE VERSORGUNG

Scripps Mercy Hospital (☎ 619-294-8111; www.scripps.org; 4077 5th Ave) Hat eine rund um die Uhr geöffnete Notaufnahme.

TOURISTENINFORMATION

Balboa Park Visitors Center (☎ 619-239-0512; www.balboapark.org; House of Hospitality, 1549 El Prado; ⏲ 9.30–16.30 Uhr) Verkauft ermäßigte Tageskarten (39 US$) und sieben Tage gültige Pässe (Erw./Kind 39/27 US$, mit Zoo 85/49 US$) für die Museen im Park.

San Diego Visitor Information Centers (☎ 619-236-1212; www.sandiego.org) Downtown (Karte S. 1048; 1140 N Harbor Dr; ⏲ Juni–Sept. 9–17 Uhr, Okt.–Mai bis 16 Uhr) La Jolla (☎ 858-454-5718; www.sandiego.org; 7966 Herschel Ave; ⏲ Juni–Sept. 11–18 Uhr, Okt.–Mai bis 16 Uhr) Die am Ufer gelegene Downtown-Filiale verkauft ermäßigte Tickets für Attraktionen und Touren.

ℹ An- & Weiterreise

Auf dem **San Diego International Airport** (SAN; ☎ 619-400-2404; www.san.org; 3325 N Harbor Dr). 3 Meilen (4,8 km) nordwestlich von Downtown, starten und landen vor allem Inlandsflüge sowie Flüge von/nach Mexiko.

Busse von **Greyhound** (Karte S. 1048; ☎ 619-515-1100; www.greyhound.com; 1313 National

Ave) fahren stündlich direkt nach Los Angeles (19 US$, 2–3 Std.).

Der *Pacific Surfliner* von **Amtrak** (☎800-872-7245; www.amtrak.com) fährt vom historischen **Santa Fe Depot** (1055 Kettner Blvd, Downtown) mehrmals täglich nach Los Angeles (37 US$, 2¾ Std.) und Santa Barbara (41 US$, 5¾ Std.).

Alle großen Autovermieter haben Schalter am Flughafen. Das kleinere, selbständige Unternehmen **West Coast Rent a Car** (☎619-544-0606; http://sandiegoautos.org; 834 W Grape St; ⏲Mo–Sa 9–18, So bis 17 Uhr) vermietet auch an Menschen unter 25 Jahre und holt Kunden kostenlos vom Flughafen ab.

Unterwegs vor Ort

Das **Metropolitan Transit System** (MTS; ☎619-557-4555; www.sdmts.com) betreibt die städtischen Busse (2,25–2,50 US$) und Trolleys (2,25 US$), darunter auch Strecken Richtung Süden bis zur mexikanischen Grenze. Im **Transit Store** (Karte S. 1048; ☎619-234-1060; 102 Broadway; ⏲Mo–Fr 9–17 Uhr) von MTS gibt's regionale Fahrkarten (1/2/3/4 Tage 5/9/12/15 US$); Tageskarten erhält man auch direkt beim Busfahrer.

Der MTS-Bus 992 (2,25 US$) fährt täglich zwischen 5 und 23 Uhr alle 15 bis 30 Minuten vom Flughafen ins Zentrum. Flughafenshuttles wie **Super Shuttle** (☎800-258-3826; www.supershuttle.com) nehmen 8 bis 10 US$ für die Fahrt nach Downtown. Ein Taxi vom Flughafen nach Downtown kostet zwischen 10 und 15 US$, zuzüglich Trinkgeld.

Bei Taxis mit Taxameter beträgt der Grundpreis 2,80 US$, die Meile kostet 3 US$.

Rund um San Diego

San Diego Zoo Safari Park

Ein Gefühl von Wildnis vermittelt dieser rund 728 ha große **Zoo** (☎760-747-8702; www.sdzsafaripark.org; 15500 San Pasqual Valley Rd; Erw./Kind ab 44/34 US$, 2-Tage-Ticket inkl. San Diego Zoo 79/61 US$; ⏲Ende Juni–Mitte Aug. 9–19 Uhr, sonst bis 17 oder 18 Uhr; 🅿👪), in dem sich Giraffen, Löwen und Nashörner mehr oder weniger frei in einem Tal tummeln. Bei der Afrika-Tramtour kommt Safaristimmung auf; man durchquert dabei den zweitgrößten Kontinent der Erde in gerade einmal 25 Minuten.

Der Park liegt in Escondido, rund 35 Meilen (56 km) nordöstlich der Downtown von San Diego. Um hinzukommen, den I-15 Fwy an der Ausfahrt zum Via Rancho Pkwy verlassen und der Ausschilderung folgen. Parkplätze kosten 10 US$.

Legoland

Die Rides, Shows und Attraktionen dieses lustigen **Themenparks** (☎760-918-5346; http://california.legoland.com; 1 Legoland Dr, Carlsbad; Erw./Kind ab 78/68 US$; ⏲Mitte März–Aug. tgl., Sept.–Mitte März nur Mi–So, saisonal unterschiedliche Öffnungszeiten; 🅿) zielen vor allem auf kleinere Kinder ab. Der Nachwuchs kann hier „Dinoknochen" ausbuddeln, „Hubschrauber fliegen" und seinen „Führerschein" machen. Familien mit kleinen Kindern können in dem brandneuen, farbenfrohen Lego-Themenhotel übernachten. Legoland liegt rund 33 Meilen (53 km) nördlich vom Zentrum San Diegos; den I-5 Fwy nordwärts bis zur Ausfahrt Cannon Rd in Carlsbad nehmen.

PALM SPRINGS & WÜSTEN

Das einsame Wüstengebiet zwischen dem mondänen Palm Springs und dem faszinierendem Death Valley nimmt 25 % der Fläche Kaliforniens ein. Obwohl auf den ersten Blick vielleicht nur grauenhaft öde, offenbart die Wüste bald eine perfekte Schönheit: Verwitterte Vulkangipfel, sinnliche Sanddünen, violett getönte Berge, Kaktusgärten, unzählige Sterne am Nachthimmel, umherflitzende Eidechsen unter Felskolossen und winzige Wildblumen, die im Frühling aus dem steinharten Boden sprießen. Die Ruhe, Spiritualität und Eleganz der kalifornischen Wüsten üben auf Künstlertypen, Filmstars, Kletterer und Allrad-Abenteurer gleichermaßen einen unwiderstehlichen Reiz aus.

Palm Springs

Das Rat Pack ist wieder da – jedenfalls sein Lieblingstreff. In den 1950er- und 1960er-Jahren war das rund 100 Meilen (160 km) östlich von L.A. gelegene Palm Springs (45 573 Ew.) die swingende Sommerfrische von Sinatra, Elvis und anderen großen Stars. Danach allerdings eroberten Rentner in Golfklamotten den Ort. Erst seit kurzem begeistert sich eine neue Generation für den altmodisch schicken Charme der nierenförmigen Pools, der Bungalows von Stararchitekten, der klassisch-modernistischen Boutiquehotels und Bars mit perfekt gemixten Martinis. So vereint Palm Springs heute hippe Typen, Senioren und eine große schwullesbische Gemeinde.

Sehenswertes & Aktivitäten

Palm Springs ist das Zentrum im Coachella Valley, in dem sich mehrere Wüstenstädte am Hwy 111 reihen. Durch Palm Springs' kompakte Downtown läuft der Palm Canyon Dr als Einbahnstraße nach Süden und der Indian Canyon Dr parallel dazu nach Norden.

★Palm Springs Aerial Tramway SEILBAHN
(☎888-515-8726; www.pstramway.com; 1 Tram Way; Erw./Kind 24/17 US$; ⏲Mo–Fr 10–20, Sa & So ab 8 Uhr, letzte Talfahrt 21.45 Uhr) Die 4 km lange Gondelbahn mit tollem Ausblick trägt Passagiere aus der sonnenverbrannten Wüste hinauf auf dem Gipfel des Mt. San Jacinto, in ein alpines Wunderland voller duftender Kiefern. Oben kann es kalt werden – eine Jacke mitnehmen! Wanderwege führen durch die umliegende Wildnis. Schneeschuhe und Langlaufski vermietet das Mountain Station's **Winter Adventure Center** (Schneeschuhe/Skier 18/21 US$ pro Tag; ⏲Do–Fr & Mo 10–16, Sa & So ab 9 Uhr, letzte Ausleihe 14.30 Uhr) an der Bergstation.

Living Desert Zoo & Gardens ZOO
(☎760-346-5694; www.livingdesert.org; 47900 Portola Ave, Palm Desert, abseits des Hwy 111; Erw./Kind 17,25/8,75 US$; ⏲Okt.–Mai 9–17 Uhr, Juni–Sept. 8–13.30 Uhr) In diesem entzückenden Zoo abseits des Hwy 111 können Kinder nordamerikanische und afrikanische Wildtiere erleben, eine Runde auf dem Karussell der bedrohten Arten drehen und das Tierkrankenhaus besuchen. Der Park ist die halbstündige Fahrt hinunter ins Tal wirklich wert.

Palm Springs Art Museum MUSEUM
(☎760-322-4800; www.psmuseum.org; 101 Museum Dr; Erw./Kind 12,50 US$/frei, Do 16–20 Uhr Eintritt frei; ⏲Di–Mi & Fr–So 10–17, Do 12–20 Uhr) Der künstlerische Mittelpunkt der Downtown gibt einen guten Überblick über die Entwicklung der amerikanischen Malerei, Bildhauerei, Fotografie und Architektur in den letzten hundert Jahren. Eine zweite Filiale ist in Palm Desert.

Palm Springs Air Museum MUSEUM
(☎760-778-6262; www.air-museum.org; 745 N Gene Autry Trail; Erw./Kind 15/8 US$; ⏲10–17 Uhr) Nahe dem Flughafen zeigt das Museum eine außergewöhnliche Sammlung von Maschinen aus dem Zweiten Weltkrieg und von Erinnerungsstücken und Fotos zur Luftfahrt.

Tahquitz Canyon WANDERN
(☎760-416-7044; www.tahquitzcanyon.com; 500 W Mesquite Ave; Erw./Kind 12,50/6 US$; ⏲Okt.–Juni 7.30–17 Uhr, Juli–Sept. nur Fr–So) Der Canyon ist bekannt für uralte Felszeichnungen und seinen saisonalen Wasserfall; 1937 diente er Frank Capra als Kulisse für den Film *In den Fesseln von Shangri-La*. Man kann den Canyon auf eigene Faust erkunden oder sich einer von Rangern geführten Wanderung anschließen.

Indian Canyons WANDERN
(☎760-323-6018; www.indian-canyons.com; abseits des S Palm Canyon Dr; Erw./Kind 9/5 US$, 90-minütige geführte Wanderung 3/2 US$; ⏲Okt.–Juni 8–17 Uhr, Juli–Sept. nur Fr–So) Das angestammte Territorium der indigenen Cahuilla verspricht herrliche Wüstenwanderungen im Schatten von Fächerpalmen und hochragenden Felswänden – besonders im Frühling, wenn die Wildblumen blühen.

Knott's Soak City SCHWIMMEN
(☎760-327-0499; www.soakcityps.com; 1500 S Gene Autry Trail; Erw./Kind 35/25 US$; ⏲Mitte April–Anfang Okt., unterschiedliche Öffnungszeiten) Ein riesiger Wellenpool, hohe Wasser- und Reifenrutschen sorgen für Abkühlung an heißen Tagen. Verbilligte Tickets gibt's online. Parkplätze kosten 12 US$.

Schlafen

Angegeben sind die Preise der winterlichen Hauptsaison; günstiger sind die Zimmer werktags und im Sommer. Motelketten finden sich am Hwy 111 südöstlich der Downtown. Es empfiehlt sich, im Voraus zu buchen.

Caliente Tropics MOTEL **$**
(☎800-658-6034, 760-327-1391; www.calientetropics.com; 411 E Palm Canyon Dr; Zi. ab 60 US$;) Im Pool der polynesisch angehauchten Motorlodge hat schon Elvis geplanscht. Die Unterkunft hat erstaunlich geräumige Zimmer mit komfortablen Betten.

★Orbit In BOUTIQUEHOTEL **$$**
(☎877-966-7248, 760-323-3585; www.orbitin.com; 562 W Arenas Rd; Zi. mit Frühstück ab 149 US$;) In diesem Anwesen im typischen 1950er-Jahre-Stil rund um einen Meerwasserpool und einen Whirlpool fühlt man sich in die Zeit des Rat Packs zurückversetzt. Die Zimmer sind mit Designermöbeln (Eames, Noguchi usw.) ausgestattet, als kostenlose Extras gibt's eine Cocktailstunde, einen Fahrradverleih und tagsüber Limos und Snacks.

Del Marcos Hotel BOUTIQUEHOTEL **$$**
(☎800-676-1214, 760-325-6902; www.delmarcoshotel.com; 225 W Baristo Rd; Zi. mit Frühstück 139–

WORLD'S BIGGEST DINOSAURS

Westlich von Palm Springs wird man nahe den Outlet-Malls von Cabazon seinen Augen kaum trauen, wenn man die **World's Biggest Dinosaurs** (951-922-0076; www.cabazondinosaurs.com; 50770 Seminole Dr, Cabazon; Erw./Kind 8/7 US$; Mo–Fr 10–17.30, Sa & So 9.30–18.30 Uhr) entdeckt. Claude K. Bell, ein Bildhauer der Knott's Berry Farm (S. 1044), verbrachte mehr als zehn Jahre mit der Anfertigung dieser Betonriesen. Heute gehören sie christlichen Kreationisten. Im Souvenirladen findet man daher neben dem in Naturkundemuseen üblichen Dino-Kram auch allerlei Traktate über die angeblichen Schwindeleien und Irrtümer der Evolution und des Darwinismus. Um hinzukommen, vom I-10 Fwy die Ausfahrt zur Main St in Cabazon nehmen.

189 US$;) In dem 1947 von William F. Cody entworfenem architektonischen Schmuckstück lockt coole Musik zum Meerwasserpool und den unglaublich schicken Zimmern (teils mit Einbauküche), die nach berühmten modernistischen Architekten der Mitte des vorigen Jahrhunderts benannt sind. Gäste können kostenlos Fahrräder ausleihen. Kinder sind unerwünscht.

Ace Hotel & Swim Club HOTEL $$
(760-325-9900; www.acehotel.com/palmsprings; 701 E Palm Canyon Dr; Zi. ab 100 US$; @) Keck, aber nicht arrogant: Mit diesem Hipster-Hotel geht Palm Springs auf Hollywood zu. Die Zimmer (viele mit Terrasse) muten wie prächtige Zelthütten an und bieten alles für den gehobenen digitalen Lebensstil. Abends gibt's ulkiges Karaoke, Quiz und Bingo, DJs und Livebands.

El Morocco Inn & Spa BOUTIQUEHOTEL $$$
(760-288-2527, 888-288-9905; www.elmoroccoinn.com; 66814 4th St, Desert Hot Springs; Zi. mit Frühstück 179–219 US$;) Die Kasbah lässt grüßen! In diesem Refugium mit zehn Zimmern rund um eine Poolterrasse kommen Gäste in den Genuss von Extras wie einem Spa, einem von natürlichen Quellen gespeisten Pool sowie hausgemachtem Pfefferminztee und „Morocco-tinis". Das Hotel befindet sich 20 Autominuten nördlich von Palm Springs.

Essen

Manche Restaurants haben im Sommer kürzere Öffnungszeiten oder bleiben sogar ein paar Wochen geschlossen.

Tyler's Burgers BURGER $
(http://tylersburgers.com; 149 S Indian Canyon Dr; Gerichte 2–9 US$; Mo–Sa 11–16 Uhr;) Die besten Burger vor Ort. Damit ist alles gesagt. Warteschlangen sind die Regel.

Native Foods VEGAN $
(760-416-0070; www.nativefoods.com; Smoke Tree Village, 1775 E Palm Canyon Dr; Hauptgerichte 8–11 US$; Mo–Sa 11–21.30 Uhr;) Frisch zubereitete Salate, Wraps und Obstschalen. Alles Bio, kein Fleisch, und in Sachen Geschmack ist alles top!

★ **Cheeky's** KALIFORNISCH $$
(760-327-7595; www.cheekysps.com; 622 N Palm Canyon Dr; Hauptgerichte 8–13 US$; Mi–Mo 8–14 Uhr, letzte Bestellung 13.30 Uhr) Von den oft langen Warteschlangen sollte man sich nicht abschrecken lassen, denn die Gerichte sind einfallsreich und die Zutaten kommen von der Farm direkt auf den Tisch. Die Speisekarte wechselt wöchentlich, aber immer wieder stehen Tomatillo-Chilaquiles, Speckstreifen und Granatapfel-Cocktails darauf.

Sherman's FEINKOST, BÄCKEREI $$
(760-325-1199; www.shermansdeli.com; 401 E Tahquitz Canyon Way; Hauptgerichte 8–18 US$; 7–21 Uhr;) Das jüdische Deli aus den 1950er-Jahren hat eine Terrasse an der Straße und lockt mit 40 Sandwichvarianten (toll ist das scharfe Pastrami-Sandwich), leckeren Grillhähnchen und exquisiten Pies jede Menge Kunden aller Altersstufen an. Auch in **Palm Desert** (760-568-1350; www.shermansdeli.com; 73–161 County Club Dr; Hauptgerichte 8–18 US$; 7–21 Uhr;).

Trio KALIFORNISCH $$$
(760-864-8746; www.triopalmsprings.com; 707 N Palm Canyon Dr; Hauptgerichte 13–29 US$; 11–22 Uhr) Das Erfolgsgeheimnis des modernistischen Restaurants aus den 1960er-Jahren: aufpolierte typisch US-Gerichte (Yankee-Schmorbraten und Käse-Makkaroni), schöne Kunstwerke und Panoramafenster. Vor 18 Uhr gibt's ein Drei-Gänge-Menü zum Festpreis von 19 US$.

Copley's AMERIKANISCH $$$
(760-327-9555; www.copleyspalmsprings.com; 621 N Palm Canyon Dr; Hauptgerichte 19–39 US$; Ende Aug.–Mitte Juni tgl. ab 17.30 Uhr, Mitte

Juni–Anf. Juli nur Di–So, Anfang Juli–Aug. geschl.) Erstklassiges amerikanisches Essen auf dem früheren Anwesen von Cary Grant. Der „Oh My Lobster Pot Pie" wird wohl nie aus der Mode kommen. Seine Liebste bzw. seinen Liebsten einladen und die Platinkarte von American Express nicht vergessen!

Ausgehen & Unterhaltung

Die Arenas Rd östlich des Indian Canyon Dr bildet das Zentrum des schwul-lesbischen Nachtlebens.

Koffi CAFÉ
(www.kofficoffee.com; 1700 S Camino Real; ⏲5.30–19 Uhr) Das minimalistische Kaffee versorgt Feinschmecker mit Backwaren, Bio-Kaffee und kunstvoll gebrautem Espresso. Eine zweite Filiale ist in der Downtown (515 N Palm Canyon Dr).

Birba BAR
(www.birbaps.com; 622 N Palm Canyon Dr; ⏲So & Mi–Do 17–23, Fr & Sa bis 24 Uhr) Wandhohe Glas-Schiebetüren öffnen sich in dieser verführerischen Cocktailbar zu der mit Hecken eingefriedeten Terrasse, in die Feuerstellen eingelassen sind.

Shanghai Red's BAR
(www.fishermans.com; 235 S Indian Canyon Dr; ⏲Mo–Sa 16 Uhr–Open End, So ab 12 Uhr) Hinter einem zwanglosen Fischrestaurant liegt die Terrasse dieser Bar mit Sonderangeboten zur Happy Hour. Am Freitag- und Samstagabend gibt's Live-Blues.

Shoppen

Kunstgalerien, Läden für modernes Design und Modeboutiquen, darunter das sagenhafte **Trina Turk** (☎760-416-2856; www.trinaturk.com; 891 N Palm Canyon Dr; ⏲Mo–Fr 10–17, Sa bis 18, So 12–17 Uhr), finden sich „uptown" am North Palm Canyon Dr. Retro-Fans können sich in den Secondhand- und Kommissionsläden im Zentrum und am Hwy 111 umsehen. Die örtliche Version des Rodeo Dr ist **El Paseo** in Palm Desert.

ℹ Praktische Informationen

Desert Regional Medical Center (☎760-323-6511; www.desertregional.com; 1150 N Indian Canyon Dr) Hat eine rund um die Uhr geöffnete Notaufnahme.

Palm Springs Library (www.palmspringsca.gov; 300 S Sunrise Way; ⏲Mi–Sa 10–17, Di bis 19 Uhr; @📶) Kostenloses WLAN und öffentliche Computer mit Internetzugang.

Palm Springs Official Visitors Center (☎760-778-8418; www.visitpalmsprings.com; 2901 N Palm Canyon Dr; ⏲9–17 Uhr) Das Visitor Center ist einer 1965 von Albert Frey entworfenen Tankstelle an der Abzweigung zur Seilbahn, 3 Meilen (4,8 km) nordwestlich der Downtown.

ℹ Anreise & Unterwegs vor Ort

Der **Palm Springs International Airport** (PSP; ☎760-323-8299; www.palmspringsairport.com; 3400 E Tahquitz Canyon Way) liegt ca. 3 Meilen (4,8 km) östlich der Downtown und wird von inländischen und kanadischen Fluglinien benutzt. Größere Autovermieter haben hier Filialen.

Dreimal wöchentlich halten Amtrak-Züge von/nach Los Angeles (40 US$, 2¾ Std.) an der personalfreien, etwas gruseligen North Palm Springs Station, die sich 6 Meilen (9,6 km) nördlich der Downtown befindet. Mehrmals täglich halten hier auch Greyhound-Busse auf dem Weg von/nach Los Angeles (26 US$, 3 Std.).

SunLine (www.sunline.org; Einzelfahrschein/Tageskarte 1/3 US$) betreibt die langsamen Regionalbusse im Tal.

Joshua Tree National Park

Wie Erfindungen aus einem Buch von Dr. Seuss heißen die seltsamen Josua-Palmlilien (eigentlich baumhohe Yuccapalmen) die Besucher in dem Naturpark an der Grenze zwischen der Sonora- und der Mojave-Wüste willkommen. Die meisten Attraktionen, darunter auch alle Josua-Palmlilien, befinden sich in der Nordhälfte. Der Nationalpark ist beliebt, weil man hier Klettertouren und Tageswanderungen machen kann. Vor allem im Frühling, wenn die Josua-Palmlilien cremefarbene Blüten treiben. Viele Künstler ließen sich schon von der mystischen Atmosphäre der kahlen Felslandschaft inspirieren; das berühmteste Beispiel ist die Band U2.

Sehenswertes & Aktivitäten

Das sagenhafte **Wonderland of Rocks**, ein Mekka für Kletterer, dominiert den Norden des **Parks** (☎760-367-5500; www.nps.gov/jotr; 7-Tage-Eintritt 15 US$/Auto). Der Blick von **Keys View** reicht an klaren Tagen über die San-Andreas-Verwerfung hinweg bis nach Mexiko und ist bei Sonnenuntergang am schönsten. Fans der Wildwest-Geschichte besuchen die **Keys Ranch** (☎Reservierungen 760-367-5555; www.nps.gov/jotr; Erw./Kind 5/2,50 US$; ⏲Ende Sept.–Anf. April 10 & 13 Uhr). Wanderer können Oasen mit endemischen Petticoat-Palmen wie die **49 Palms Oasis** (hin & zurück 4,8 km) oder die **Lost Palms**

ABSTECHER

PIONEERTOWN

Rund 4,5 Meilen (7,2 km) nördlich von Yucca Valley wurde 1946 **Pioneertown** als Wildwest-Filmkulisse für Hollywood errichtet. Seither hat sich hier wenig verändert. Auf der Mane St finden nachgestellte Schießereien statt (April–Okt. Sa 14.30 Uhr). **Pappy & Harriet's Pioneertown Palace** (☎760-365-5956; www.pappyandharriets.com; 53688 Pioneertown Rd; Hauptgerichte 8–29 US$; ⏲Do–So 11–2, Mo ab 17 Uhr) wartet mit Gegrilltem, billigem Bier und Livemusik in Spelunken-Atmosphäre auf. Übernachten kann man im **Pioneertown Motel** (☎760-365-7001; www.pioneertown-motel.com; 5040 Curtis Rd; Zi. 70–120 US$; ❄📶🐾). Die schlichten Zimmer, in denen früher Filmstars abstiegen, sind voller Western-Andenken.

Oasis (hin & zurück 11,5 km) erkunden. Zu den kinderfreundlichen Naturwanderungen zählen **Barker Dam** (Rundweg 1,8 km), auf der man an Petroglyphen der Ureinwohner vorbeikommt, **Skull Rock** (Rundkurs 2,7 km) und **Cholla Cactus Garden** (Rundkurs 0,4 km). Die holperige, 18 Meilen (29 km) lange **Geology Tour Road** ist eine malerische Strecke für Geländewagen und steht auch Mountainbikern offen.

Schlafen

Im Nationalpark gibt's nur Campingplätze, am Hwy 62 liegen aber viele Motels (die teils selbständig sind, teils zu Ketten gehören).

Campingplätze im Joshua Tree National Park CAMPING $
(www.nps.gov/jotr; Stellplatz für Zelt & Wohnmobil 10–15 US$; 👪🐾) Von den neun Campingplätzen im Park haben nur Cottonwood und Black Rock Trinkwasser und Toiletten mit Wasserspülung. Indian Cove und Black Rock nehmen für Oktober bis Mai **Reservierungen** (☎518-885-3639, 877-444-6777; www.recreation.gov) an, bei den anderen gilt das Prinzip „wer zuerst kommt, mahlt zuerst" – im Frühjahr sind bis 10 Uhr oft alle Plätze belegt. **Joshua Tree Outfitters** (☎760-366-1848; www.joshuatreeoutfitters.com; 61707 Hwy 62) vermietet Campingausrüstung.

Harmony Motel MOTEL $
(☎760-367-3351; www.harmonymotel.com; 71161 Hwy 62; Zi. 65–90 US$; ❄@📶≋) Das minimalistische Motel, in dem U2 ihr Album *The Joshua Tree* schrieben, gibt sich mit seinen stilistisch bunt gestalteten, übergroßen Zimmern und Hütten ein bisschen designverliebt. Es gibt eine Gemeinschaftsküche und eine Bibliothek.

★ **Kate's Lazy Desert** INN $$
(☎845-688-7200; www.lazymeadow.com; 58380 Botkin Rd, Landers; DZ 175–200 US$; ❄📶≋👪) In dem um einen kleinen Pool liegenden Wüstencamp, das Kate Pierson von den B-52s gehört, stehen sechs Airstream-Wohnwagen mit Einbauküche, die im Pop-Design (von Südseeromantik bis Holzhüttenkitsch) ausstaffiert sind. Die Anlage liegt 30 Autominuten nördlich von Yucca Valley, nahe dem durchgeknallten **Integratron** (☎760-364-3126; www.integratron.com; 2477 Belfield Boulevard, Landers; „Sound-Bath" 20–80 US$).

Spin & Margie's Desert Hide-a-Way INN $$
(☎760-366-9124; www.deserthideaway.com; 64491 Hwy 62; Suite 135–175 US$; ❄📶) Der als Hazienda aufgemachte Gasthof in der Nähe des Parks hat fünf, mit Einbauküchen ausgestattete Suiten in bunten Farben und auffälliger Deko in Form von Wellblech, alten Nummernschildern und Cartoons. Mindestaufenthalt zwei Nächte.

Essen & Ausgehen

Natural Sisters Cafe VEGETARISCH $
(☎760-366-3600; 61695 Hwy 62, Joshua Tree; Gerichte 4–8 US$; ⏲7–19 Uhr; 📶🖉) Das beliebte Café in Joshua Tree bietet Frucht-Smoothies, frische Salate, Tofu-Wraps, vegane Currys und hausgemachtes Kombucha.

★ **Palm Kabob House** NAHÖSTLICH $$
(☎760-362-8583; 6341 Adobe Rd, Twentynine Palms; Hauptgerichte 6–14 US$; ⏲11–21 Uhr; 🖉👪) Nahe dem Stützpunkt der Marines in Twentynine Palms bietet dieses Lokal hausgemachte Pita, Schawarma mit Lamm oder Hühnchen, erfrischen kühle Auberginen-Dips und Gemüsesalate.

Pie for the People PIZZERIA $$
(http://pieforthepeople.com; 61740 Hwy 62, Joshua Tree; Pizzas 13–25 US$; ⏲Mo–Do 11–21, Fr & Sa bis 22, So bis 20 Uhr; 👪) Gleich außerhalb des Parks bekommt man hier Pizzas New Yorker Art mit dünnem Boden, Calzone und andere sättigende italoamerikanische Gerichte.

Ma Rouge CAFÉ
(www.marouge.net; 55844 Hwy 62, Yucca Valley; ⏲7–18 Uhr) Das Nachbarschaftscafé bietet

seinen Gästen Bio-Kaffee, Espresso und Backwaren.

Praktische Informationen

Infos zum Parks gibt's in den NPS Visitor Centers in **Joshua Tree** (6554 Park Blvd; ⏲8–17 Uhr), **Oasis** (74485 National Park Dr; ⏲8–17 Uhr) und **Cottonwood** (Cottonwood Springs, 8 Meilen – 12,9 km – nördlich des I-10 Fwy; ⏲9–15 Uhr) sowie im **Black Rock Nature Center** (9800 Black Rock Canyon Rd; ⏲Okt.–Mai Sa–Do 8–16, Fr 12–20 Uhr; 🚻). Außer Toiletten gibt's im Park keine Einrichtungen, doch kann man sich in den drei durch den Twentynine Palm Hwy (Hwy 62) verbundenen Wüstengemeinden an der Nordgrenze des Parks mit Benzin und Lebensmitteln versorgen. Das bodenständige Yucca Valley ist die Gemeinde mit den meisten Einrichtungen (Banken, Supermärkte, Postamt, öffentliche Bibliothek mit Computern und kostenlosem WLAN usw.), während sich im lässigen Joshua Tree die Outdoor-Ausrüster ballen. In Twentynine Palms ist der größte US-Stützpunkt der Marines.

Anza-Borrego Desert State Park

Der von einem Urmeer und tektonischen Kräften geformte Anza-Borrego Desert State Park ist der größte US-amerikanische State Park außerhalb Alaskas. Um das einzige Geschäftszentrum der Gegend, das winzige Borrego Springs (3429 Ew.) liegt ein 243 000 ha großes Gelände aus Bergen, Canyons und Ödland. Man findet hier eine ungeheure Vielfalt an Tieren und Pflanzen sowie interessante historische Relikte von indigenen Völkern, spanischen Entdeckern und Pionieren aus der Zeit des Goldrauschs. Hauptsaison ist die Zeit, wenn die Wildblumen blühen (meist Ende Feb.–Ende April; aktuelle Infos unter ☎760-767-4684); danach sind Erkundungstouren bei Tag aufgrund der höllischen Hitze gefährlich.

Sehenswertes & Aktivitäten

Das **Visitor Center** (☎760-767-4205; www.parks.ca.gov; 200 Palm Canyon Dr; ⏲Okt.–Mai 9–17 Uhr, Juni–Sept. nur Sa & So) des Parks mit naturkundlichen Exponaten, Infomaterial und aktuellen Informationen zum Straßenzustand liegt 2 Meilen (3,2 km) westlich von Borrego Springs. Die Fahrt durch den Park ist kostenlos. Wer campen, wandern oder picknicken will, muss eine Tagesgebühr (5–8 US$/Auto) entrichten. Die rund 800 unbefestigten Pistenkilometer in der Wildnis sind nur mit Geländewagen befahrbar.

ABSEITS DER ÜBLICHEN PFADE

SALTON SEA & SALVATION MOUNTAIN

Östlich des Anza-Borrego Desert State Park und südlich des Joshua Tree National Park erwartet einen ein höchst überraschender Anblick: der **Salton Sea** (http://saltonsea.ca.gov), Kaliforniens größter Binnensee, der mitten in der größten Wüste des Bundesstaats liegt. 1905 trat der Colorado River über seine Ufer; 1500 Arbeiter mussten fast eine halbe Million t Gestein bewegen, um ihn wieder in sein Flussbett zu bringen. Der Wasserspiegel des künstlichen Sees, der keinen natürlichen Abfluss hat, liegt 67 m unter dem Meeresspiegel, und sein Wasser ist um 30 % salzhaltiger als der Pazifik – ein ökologischer Alptraum, für den keine einfache Lösung in Sicht ist.

Ein noch seltsamerer Anblick ist der **Salvation Mountain** (www.salvationmountain.us) nahe dem Ostufer des Sees. Die Vision des Volkskünstlers Leonard Knight ist ein 15 m hoher, bunt mit Acrylfarbe bemalter und mit Fundstücken und christlichen Botschaften verzierter Hügel aus von Hand angerührtem Lehm. Das Projekt befindet sich in Niland, rund 3 Meilen (4,8 km) östlich des Hwy 111, zu erreichen über die Main St und die Beal Rd.

Bei Wander- oder Mountainbiketouren ausreichend Trinkwasser mitnehmen!

Zu den Highlights im Park gehören: der **Fonts Point** mit Blick in die Wüste, Vogelbeobachtungen am **Clark Dry Lake**, der **Elephant Tree Discovery Trail** nahe den Wind Caves am Split Mountain sowie das **Blair Valley** mit Felsbildern und *morteros* (Mahlsteinen) amerikanischer Ureinwohner. Weiter südlich gibt's Thermalquellen im **Agua Caliente County Park** (☎760-765-1188; www.sdcounty.ca.gov/parks/; 39555 Rte S2; Eintritt 5 US$/Auto; ⏲Sept.–Mai 9.30–17 Uhr).

Schlafen & Essen

Freies Campen auf offenem Gelände ist abseits der Straßen überall ohne Genehmigung erlaubt, sofern ein Mindestabstand von 100 Fuß (30 m) zu Gewässern und Straßen eingehalten wird. Lagerfeuer und das Sammeln von Pflanzen sind ausdrücklich verboten.

30 Meilen (48 km) südwestlich von Borrego Springs lockt die Goldgräbersiedlung **Ju-**

lian (www.julianca.com) mit B&Bs im Country-Stil und ihrem berühmten Apfelkuchen.

Campingplätze im Anza-Borrego Desert State Park CAMPING $
(☎ Reservierungen 800-444-7275; www.reserveamerica.com; Stellplatz für Zelt/Wohnmobil 25/35 US$;) Die Stellplätze auf dem gut besuchten Borrego Palm Canyon Campground, 3 Meilen (4,8 km) nordwestlich von Borrego Springs, sollte man vorab reservieren. Gleiches gilt für das kleinere, aber schattigere Gelände Tamarisk Grove 12 Meilen (19,3 km) weiter südlich nahe dem Hwy 78. Auf diesem Platz gibt es kein Trinkwasser.

Borrego Springs Motel MOTEL $
(☎ 760-767-4339; www.borregospringsmotel.com; 2376 Borrego Springs Rd; Zi. 75–95 US$; ⏲ Ende Sept.–Anfang Juni;) Im Ort gleich nördlich vom Christmas Circle bietet das renovierte (und jetzt mit Solarstrom versorgte) Motel aus den 1940er-Jahren acht pieksaubere, spartanisch eingerichtete Zimmer mit erstklassigen Matratzen. An der Feuerstelle draußen kann man den Sternenhimmel bestaunen.

Borrego Valley Inn INN $$$
(☎ 800-333-5810, 760-767-0311; www.borregovalleyinn.com; 405 Palm Canyon Dr; Zi. mit Frühstück 180–280 US$;) Das intime Spa-Resort hat elegante 15 Adobe-Zimmer im südwestamerikanischen Dekor (einige davon mit Einbauküchen), zwei Pools (einer davon auch FKK) und ein Heißwasserbecken. Kinder sind unerwünscht.

Carlee's Place AMERIKANISCH $$
(660 Palm Canyon Dr; Hauptgerichte mittags 7–14 US$, abends 12–23 US$; ⏲ 11–21 Uhr) Hier gibt's ordentliches Kneipenessen und Grillgerichte, Billardtische und abgefahrene Karaoke-Abende.

ℹ Praktische Informationen

Am Palm Canyon Dr in Borrego Springs gibt's Banken mit Geldautomaten, Tankstellen, ein Postamt, einen Supermarkt und eine Bibliothek mit kostenlosem Internetzugang und WLAN.

Mojave National Preserve

Wer auf der Suche nach der „Mitte von Nirgendwo" ist, liegt mit der Wildnis des **Mojave National Preserve** (☎ 760-252-6100; www.nps.gov/moja) GRATIS sicher nicht falsch. Die rund 5600 km² große Einöde aus Sanddünen, Josua-Palmlilien und Schlackekegeln vulkanischen Ursprungs ist Lebensraum von Wüstenschildkröten, Präriehasen und Kojoten. Tankstellen gibt's hier nicht.

Südöstlich von Baker und dem I-15 Fwy führt die Kelbaker Rd durch eine gespenstische Landschaft aus Schlackekegeln, ehe sie das **Kelso Depot** erreicht, einen Bahnhof aus den 1920er-Jahren im Mission-Revival-Stil. Drinnen befinden sich heute die Hauptstelle des **Visitor Center** (☎ 760-252-6108; ⏲ Fr–Di 9–17 Uhr) (☎ 760-252-6108; ⏲ 9–17 Uhr) des Parks mit ausgezeichneten naturkundlichen und kulturgeschichtlichen Exponaten sowie ein altmodischer Mittagsimbiss. Weitere 11 Meilen (17,7 km) Richtung Südwesten liegen die „singenden" **Kelso Dunes**. Bei günstigen Bedingungen erzeugt der wandernde Sand ein tiefes Dröhnen. Dieses lässt sich manchmal auch spontan auslösen, wenn man die Dünenflanken hinabrennt.

Am Kelso Depot zweigt die Kelso–Cima Rd nach Nordosten ab. Nach 19 Meilen (30,6 km) führt die Cima Rd zurück zur I-15 und rund um den **Cima Dome**, einen 460 m hohen Granitfelsen mit krustigen Lava-Vorsprüngen. An seinen Hängen wächst der weltweit größte **Josua-Palmlilien-Wald**. Rund 6 Meilen (9,7 km) nordwestlich von Cima beginnt der Weg zum **Teutonia Peak** (hin & zurück 4,8 km), von dem aus man die gesamte Gegend betrachten kann.

Weiter östlich ist die Mojave Rd ein Schleichweg zu den beiden mit Trinkwasser versehenen **Campingplätzen** (Stellplatz 12 US$; keine Reservierung) Mid Hills (keine Wohnmobile) and Hole-in-the-Wall. Sie liegen an der holperigen, 12 Meilen (19,2 km) langen **Wild Horse Canyon Rd**, die sich für Panoramafahrten anbietet und nahe dem **Visitor Center** (☎ 760-252-6104; ⏲ Okt.–April Mi–So 9–16 Uhr, Mai–Sept. Sa 10–16 Uhr) von Hole-in-the-Wall und dem durch einen schmalen Canyon führenden **Rings Loop Trail** endet. Beide Straßen sind unbefestigt, doch in der Regel auch für normale Autos befahrbar.

Schlafen & Essen

Campen auf freiem Gelände und am Straßenrand ist im Park an allen Stellen erlaubt, die bereits für diesen Zweck genutzt wurden. Wo diese sich befinden, erfährt man im Visitor Center oder in der kostenlosen Parkzeitung.

Historisches Ambiente bietet das **Hotel Nipton** (☎ 760-856-2335; http://nipton.com; 107355 Nipton Rd; Hütte/Zi. mit Gemeinschaftsbad ab 65/80 US$; ⌚Rezeption 8–18 Uhr; 📶); die Anlage in einem einsamen Eisenbahnvorposten nordöstlich vom Schutzgebiet umfasst eine hundert Jahre alte Adobe-Villa mit rustikalen Zimmern sowie Zelthütten. Eingecheckt wird in dem Laden neben dem mexikanisch-amerikanischen Café **Oasis** (Gerichte 7–10 US$; ⌚üblicherweise So–Fr 11–18, Sa bis 20 Uhr).

Abseits der I-15 ist Baker (35 Meilen – 56 km – nordwestlich von Kelso) die nächstgelegene Ortschaft mit schlichten Motels und Fastfood-Restaurants. Das 50 Meilen (80 km) nordöstlich, direkt hinter der Grenze gelegene Primm, Nevada, hat abgewohnte Hotelcasinos und Restaurants an einer Outlet-Mall.

Death Valley National Park

Allein schon der Name beschwört Höllenbilder einer gnadenlosen, kahlen und lebensfeindlichen Einöde alttestamentarischen Ausmaßes herauf. Bei näherer Betrachtung entpuppt sich das Death Valley aber als eine Landschaft voller vom Wasser geformten Canyons, vom Wind verwehter Sanddünen, zerklüfteter Berge und einer vielfältigen Tier- und Pflanzenwelt. Der Park ist eine Region der Superlative – hier gibt es die landesweit höchsten Temperaturen (57°C), dem tiefsten Punkt (Badwater, 86 m unter dem Meeresspiegel) und dem größten US-amerikanischen Nationalpark außerhalb Alaskas (über 12949 m²). Die meisten Besucher kommen im Frühling, wenn die Wildblumen blühen.

Sehenswertes & Aktivitäten

Von **Furnace Creek**, der zentralen Anlaufstelle des **Parks** (☎760-786-3200; www.nps.gov/deva; 7-Tage-Eintritt 20 US$/Auto) führt die Fahrt südostwärts zum **Zabriskie Point**, von dem aus sich bei Sonnenuntergang ein spektakulärer Blick über das Tal und auf die spektakulären Wellen, Falten und Schluchten einer goldenen, erodierten Einöde bietet. Rund 20 Meilen (32 km) weiter südlich kann man von **Dante's View** zugleich den höchsten (Mt. Whitney, 4421 m) und den tiefsten Punkt (Badwater) der kontinentalen USA außerhalb Alaskas sehen.

Die zeitlose, von zerrissenen Salzwüsten geprägte Landschaft von **Badwater** liegt 17 Meilen (27,4 km) südlich von Furnace Creek. Unterwegs lassen sich der **Golden Canyon** und die **Natural Bridge** bei kurzen, leichten Wanderungen von Parkplätzen aus erkunden, die am Straßenrand liegen. Der 9 Meilen (14,5 km) lange Abstecher **Artists Drive** ist besonders schön am späten Nachmittag, wenn die erodierten Hügel in einem Farbenmeer erstrahlen.

Nördlich von Furnace Creek kann man in der Nähe von Stovepipe Wells Village an den Marmorwänden des **Mosaic Canyon** klettern und die an die Sahara erinnernden **Mesquite-Flat-Sanddünen** hinunterrollen – bei Vollmond ein magisches Erlebnis.

Rund 35 Meilen (56,3 km) nördlich von Furnace Creek liegt das skurrile **Scotty's Castle** (☎Reservierungen 877-444-6777; www.recreation.gov; Führung Erw./Kind ab 15/7,50 US$; ⌚Gelände 7–17.30 Uhr, Führungstermine variieren), in dem kostümierte Führer die seltsame Geschichten des Gauners „Death Valley Scotty" nacherzählen (Reservierung empfohlen). 5 Meilen (8 km) westlich des Knotenpunkts Grapevine kann man den vulkanischen **Ubehebe Crater** und den zweiten, jüngeren Krater umrunden.

Im Sommer sollten nur befestigte Straßen benutzt werden, da Fahrzeuge auf unbefestigten Pisten schnell überhitzen. Außerdem ist es besser, Überanstrengungen zu vermeiden und höher gelegenes Terrain zu besuchen. 8 Meilen (12,9 km) westlich von Stovepipe Wells beginnt z.B. die malerische Straße in den **Emigrant Canyon**, von der Abzweigungen zu Geisterstädten abgehen. Die Straße endet mit einem 3 Meilen (4,8 km) langen, unbefestigten Abschnitt, der hinauf zu den historischen, an Bienenkörbe erinnernden **Charcoal Kilns** führt. Ganz in der Nähe beginnt der 13,5 km lange Rundweg auf den **Wildrose Peak** (2755 m). Am Westrand des Parks wartet das abgelegene **Panamint Springs** mit einem weiten Rundumblick und einem 3,2 km langen Rundweg zu den kleinen Darwin Falls.

Zu den Aktivitäten, die auf der Ranch at Furnace Creek angeboten werden, gehören Ausritte, Golf, Mountainbiketouren und das Baden in Thermalquellen.

Schlafen & Essen

Die Unterkünfte im Park sind im Frühling häufig ausgebucht. Dann sind oft sogar die Campingplätze schon am Vormittag belegt, vor allem an den Wochenenden. Campen im freien Gelände (kein Lagerfeuer) ist auf bereits dafür genutztem Gelände 2 Meilen (3,2 km) abseits befestigter Straßen und abseits erschlossener und genutzter Gebiete erlaubt, wobei ein Mindestabstand von 100

ABSTECHER

RHYOLITE

4 Meilen (6,4 km) westlich von Beatty, Nevada, befindet sich die Abzweigung zur Geisterstadt **Rhyolite** (www.rhyolitesite.com; abseits Hwy 374; ⌚Sonnenaufgang–Sonnenuntergang) GRATIS, die den turbulenten Aufstieg und Niedergang so vieler Städte im Westen aus der Goldrauschzeit widerspiegelt. Sehenswert sind z. B. das „Flaschenhaus" von 1906 und die Überreste der dreistöckigen Bank. Das bizarre **Goldwell Open Air Museum** (www.goldwellmuseum.org; abseits Hwy 374; ⌚24 Std.) GRATIS nebenan ist eine schräge Kunstinstallation, die 1984 von dem belgischen Künstler Albert Szukalski begonnen wurde.

Yards (91,44 m) zu allen Wasserstellen eingehalten werden muss; kostenlose Genehmigungen gibt's im Visitor Center.

Der nächstgelegene Ort mit preiswerteren Unterkünften ist Beatty in Nevada (40 Meilen, 64,3 km, nordöstlich von Furnace Creek), die Auswahl in Las Vegas (120 Meilen, 193 km, südöstlich) und Ridgecrest, Kalifornien (120 Meilen, 193 km, südwestlich) ist allerdings größer.

Campingplätze im Death Valley National Park CAMPING $
(www.nps.gov/deva; Stellplatz frei–30 US$;) Von den neun Campingplätzen im Park nimmt nur Furnace Creek von Mitte Oktober bis Mitte April **Reservierungen** (☎518-885-3639, 877-444-6777; www.recreation.gov) an. Im Sommer heißt es auch dort „wer zuerst kommt, mahlt zuerst" – und außerdem sind von den anderen Plätzen dann nur noch Mesquite Spring nahe Scotty's Castle und die Plätze an der Emigrant Canyon Rd geöffnet. Einige Plätze sind nur für Fahrzeuge mit hohem Radstand erreichbar. Andere Campingplätze im Tal – z. B. die auf Wohnmobile ausgerichteten Stovepipe Wells und Sunset sowie der schattigere, für Zelter geeignete Texas Springs – sind von Oktober bis April geöffnet.

Ranch at Furnace Creek MOTEL, HÜTTEN $$
(☎760-786-2345, 800-236-7916; www.furnacecreekresort.com; Hwy 190; DZ 139–219 US$;) Das auf Familien zugeschnittene weitläufige Resort bietet Lodge-Zimmer in Wüstenfarben mit Fenstertüren, die sich zu Veranden oder Terrassen öffnen, und außerdem Duplex-Hütten. Auf dem Gelände gibt es einen von einer Quelle gespeisten Pool, eine Golfanlage und Tennisplätze. Das **49'er Cafe** (Hauptgerichte 10–25 US$) liefert ordentliche, typisch amerikanische Gerichte. Bier und Pizza gibt's im **Corkscrew Saloon**.

Cynthia's HOSTEL, GASTHOF $$
(☎760-852-4580; www.discovercynthias.com; 2001 Old Spanish Trail Hwy, Tecopa; B 22–25 US$, Zi. 75–140 US$, Tipi 165 US$; ⌚Einchecken 15–20 Uhr;) Die Unterkunft bietet etwas für jeden Geldbeutel: Private Zimmer mit bunt zusammengewürfelter Einrichtung und Betten in alten Wohnwagen mit Gemeinschaftsküchen sowie draußen auf der China Ranch indianisch anmutende Tipis mit dicken Decken, einer Feuerstelle und großen Betten. Reservierung erforderlich. Die Unterkunft befindet sich in der für ihre natürlichen Thermalquellen bekannten Ortschaft Tecopa, 70 Meilen (112,6 km) südöstlich von Furnace Creek.

Stovepipe Wells Village MOTEL $$
(☎760-786-2387; www.escapetodeathvalley.com; Hwy 190; Stellplatz für Wohnmobile 33 US$, Zi. 95–160 US$;) Die frisch aufgemöbelten Zimmer sind mit hochwertiger Bettwäsche und bunten Bettdecken im Stil der amerikanischen Ureinwohner ausgestattet. Der kleine Pool bringt Abkühlung und das Restaurant im Westernstil (Hauptgerichte 6–23 US$) liefert drei anständige, aber sonst kaum erwähnenswerte Mahlzeiten pro Tag.

Inn at Furnace Creek HOTEL $$$
(☎800-236-7916, 760-786-2345; www.furnacecreekresort.com; Hwy 190; Zi./Suite ab 345/450 US$; ⌚Mitte Okt.–Mitte Mai;) In diesem minimalistischen, 1927 erbauten Hotel im Missionsstil kann man vom von einer Quelle gespeisten Pool oder beim Blick aus den Fenstern die idyllische Aussicht ins Tal genießen. Das elegante Restaurant (abends herrscht Dresscode) ist nur zum sonntäglichen Brunch-Büffet (25 US$) zu empfehlen. Bei Sonnenuntergang kann man auf der Terrasse einen Cocktail schlürfen.

ℹ Praktische Informationen

Die Eintrittskarten in den Park (20 US$/Auto) sind sieben Tage gültig und an SB-Zahlstationen überall im Park erhältlich. Das **Visitor Center** (☎760-786-3200; www.nps.gov/deva; ⌚8–17 Uhr) in Furnace Creek verteilt gegen Vorlage der Quittung kostenlos eine Karte plus Zeitung. Hier gibt's auch einen Gemischtwarenladen, eine Tankstelle, ein Postamt, einen Geldautomaten, einen Waschsalon und Duschen. Stovepipe Wells Village, 30 Autominuten nordwestlich, hat einen Gemischtwarenladen, eine Tankstelle, einen Geldautomaten und Duschen. In Panamint Springs am Westrand des Parks gibt's einen Geldautomaten, Benzin, WLAN, Snacks und Getränke. Die Netzabdeckung im Park ist schlecht bis gar nicht vorhanden.

CENTRAL COAST

Keine Reise durch Kalifornien wäre komplett ohne die surreale Schönheit der Central Coast, die sich entlang einer der legendärsten US-Straßen erschließt: Der Hwy 1 passiert – oft in Sichtweite des Pazifiks – das vornehme Santa Barbara, das altmodische Pismo Beach, das studentische San Luis Obispo, das fantastische Hearst Castle, den faszinierenden Big Sur, das kitschige Carmel, das bodenständige Monterey und den Hippietreff Santa Cruz. Achtung: Wie ihre Weine will diese idyllische Küstengegend ganz langsam genossen werden!

Santa Barbara

Im Küstenort Santa Barbara ist das Leben süß. Dieses von perlweißen Stränden umgebene Shangri-La duftet nach Zitrusfrüchten und Jasmin, und an seinen weißgetünchten Gebäuden mit spanischen, roten Ziegeldächern blühen Bougainvilleen. Die hässlichen Ölfördertürme draußen im Meer einfach ignorieren! Lebensader der Downtown ist die **State St** mit vielen Bars, Cafés, Theatern und Boutiquen.

Sehenswertes

Mission Santa Barbara KIRCHE
(www.santabarbaramission.org; 2201 Laguna St; Erw./Kind 5/1 US$; 9–16.15 Uhr) Die 1786 gegründete, auf einem Hügel thronende „Königin der Missionen“ war die einzige in Kalifornien, die unter mexikanischer Herrschaft der Säkularisierung entkam. Im Innern der eingewölbten Kirche finden sich Kunstwerke der Chumash. Ungewöhnlich sind die zwei Glockentürme, die das Gebäude bekrönen. Hinter der Kirche liegt ein stimmungsvoller Friedhof.

Santa Barbara Museum of Art MUSEUM
(www.sbma.net; 1130 State St; Erw./Kind 10/6 US$, Do 17–20 Uhr Eintritt frei; Di–Mi & Fr–So 11–17, Do bis 20 Uhr) Die Galerien in der Downtown zeigen eine eindrucksvolle, gut ausgewählte Sammlung zeitgenössischer kalifornischer Kunst, Werke moderner Meister wie Matisse und Chagall, Fotografien des 20. Jhs. und asiatische Kunst. Außerdem gibt's spannende Sonderausstellungen.

County Courthouse HISTORISCHES GEBÄUDE
(805-962-6464; www.sbcourts.org; 1100 Anacapa St; Mo–Fr 8–16.45, Sa & So ab 10 Uhr) GRATIS Das im spanisch-maurischen Stil erbaute Gebäude ist ein absurd schöner Ort für Gerichtsprozesse. Man bestaunt die bemalten Decken und feinen Wandmalereien und erklimmt dann den schwindelerregenden Uhrenturm, von dem aus sich ein Panoramablick bietet. Kostenlose Führungen (tgl., Termine telefonisch erfragen).

Santa Barbara Historical Museum MUSEUM
(www.santabarbaramuseum.com; 136 E De La Guerra St; Spende erbeten; Di–Sa 10–17, So ab 12 Uhr) GRATIS In dem an einem romantischen Hof mit Kreuzgängen gelegenen Museum findet sich ein faszinierender Mix von Artefakten, darunter auch Flechtkörbe der Chumash. Man erfährt verblüffende historische Details, z. B. über die Mitwirkung der Stadt am Sturz der letzten chinesischen Kaiserdynastie.

Santa Barbara Maritime Museum MUSEUM
(www.sbmm.org; 113 Harbor Way; Erw./Kind 7/4 US$, 3. Do im Monat Eintritt frei; 10–17 Uhr, Ende Mai–Anfang Sept. bis 18 Uhr;) Am Hafen ehrt dieses zweistöckige Museum die Seefahrergeschichte der Stadt mit historischen Fundstücken, Exponaten zum Anfassen, Virtual-Reality-Elementen und Dokumentarfilmen.

Santa Barbara Botanic Garden GARTEN
(www.sbbg.org; 1212 Mission Canyon Rd; Erw./Kind 8/4 US$; 9–18 Uhr, Nov.–Feb. bis 17 Uhr;) Oberhalb der Mission widmet sich dieser Garten der kalifornischen Pflanzenwelt. Sanft auf und ab führende Wege schlängeln sich zwischen den Kakteen und Wildblumen hindurch. In der Nähe gibt's ein Naturkundemuseum für Kinder.

Aktivitäten

Inmitten der gut besuchten städtischen Strände liegt der **Stearns Wharf** von 1872, der von allen Holzpiers im amerikanischen Westen am längsten nonstop in Betrieb ist. Heute säumen ihn Restaurants und Touristenläden. Außerhalb der Stadt am Hwy 101 locken die größeren, palmengesäumten **State Beaches** (www.parks.ca.gov; 10 US$/Auto; 8 Uhr–Sonnenuntergang) von Carpinte-

ABSEITS DER ÜBLICHEN PFADE

WER NOCH EIN PAAR TAGE ZEIT HAT

Der abgelegene, raue **Channel Islands National Park** (www.nps.gov/chis) wird wegen seiner einmaligen Tier- und Pflanzenwelt auch „Kaliforniens Galápagos" genannt. Die Inseln bieten fulminante Möglichkeiten zum Schnorcheln, Tauchen und Kajakfahren im Meer. Besonders schön ist hier der Frühling, wenn die Wildblumen blühen, während auf den oft knochentrockenen Sommer und Herbst ein manchmal stürmischer Winter folgt.

Das nur eine einstündige Bootsfahrt vom Festland entfernte Anacapa ist mit seinen leichten Wanderstrecken und unvergesslicher Aussicht für Tagesausflügler am besten geeignet. Santa Cruz ist die größte Insel und bietet sich für Ausflüge mit Übernachtung an. Hier kann man campen, wandern und Kajak fahren. Für andere Inseln weiter draußen muss man mehrere Tage einplanen, und die Überfahrt dauert länger: San Miguel ist oft nebelverhangen; das winzige Santa Barbara ein Tummelplatz von Meeresvögeln und Robben – genau wie Santa Rosa, wo es überdies noch archäologische Stätten der Chumash gibt.

Die Boote legen in Ventura Harbor abseits des Hwy 101 ab. Das dortige **Visitor Center** (☎805-658-5730; 1901 Spinnaker Dr, Ventura; ⊙8.30–17 Uhr) des Parks bietet Infos und Karten. Größter Anbieter von Bootstouren ist **Island Packers** (☎805-642-1393; www.islandpackers.com; 1691 Spinnaker Dr; Bootstour Erw./Kind ab 36/26 US$); im Voraus buchen! Stellplätze auf den sehr einfachen Campingplätzen der Inseln müssen vorab über Recreation.gov (S. 1012) gebucht und Verpflegung und Wasser mitgebracht werden.

ria, 12 Meilen (19,3 km) östlich, sowie von El Capitan und Refugio, die mehr als 20 Meilen (32 km) westlich der Stadt liegen.

Santa Barbara Sailing Center WASSERSPORT
(☎800-350-9090, 805-962-2826; www.sbsail.com; abseits des Harbor Way; Kajak-/Stehpaddelvermietung ab 10/15 US$, Fahrt/Tour ab 25/50 US$) Vermietet Kajaks, gibt Segelunterricht und veranstaltet Cocktailfahrten in den Sonnenuntergang, Walbeobachtungsfahrten sowie geführte Paddeltouren.

Channel Islands Outfitters WASSERSPORT
(☎Vermietung 805-617-3425, Touren 805-899-4925; www.channelislandso.com; 117b Harbor Way; Surfbrett-/Kajak-/Stehpaddelvermietung ab 10/25/40 US$) Das freundliche Unternehmen vermietet Kajaks, Surfbretter und Stehpaddel-Ausrüstung und veranstaltet geführte Kajaktouren entlang der Küste.

Wheel Fun RADFAHREN
(www.wheelfunrentalssb.com; 22 State St & 23 E Cabrillo Blvd; Fahrradvermietung ab 9/24 US$ pro 1 Std./halber Tag; ⊙8–20 Uhr, Nov.–Feb. bis 18 Uhr) Mit dem Rad kann man auf dem asphaltierten Freizeitweg fahren, der kilometerweit an den schönen Stränden entlangführt.

Santa Barbara Adventure Co WASSERSPORT, RADFAHREN
(☎877-885-9283, 805-884-9283; www.sbadventureco.com; 720 Bond Ave; geführte Tour/Unterricht ab 49/109 US$) Geführte Kajak- und Radtouren sowie Surf- und Stehpaddelunterricht.

Schlafen

Der Preisschock ist vorprogrammiert: selbst einfache Motelzimmer kosten im Sommer über 200 US$. Günstigere Motels gibt's am oberen Abschnitt der State St nördlich der Downtown und am Hwy 101. Stellplätze auf den Campingplätzen im State Park außerhalb der Stadt können **reserviert** (☎800-444-7275; www.reserveamerica.com; Stellplatz 10–70 US$; 🚻🐾) werden.

Santa Barbara Auto Camp CAMPING $$
(☎888-405-7553; http://sbautocamp.com; 2717 De La Vina St; Wohnwagen 4BZ 139–199 US$; ❄📶🚻🐾) 🍃 Hier schläft man in einem alten Airstream-Wohnwagen, dekoriert in minimalistisch-modernem Dekor. Die Anlage legt Wert auf Nachhaltigkeit. Es gibt eine komplett ausgestattete Küche, eine Holzterrasse und einen Grillplatz im Freien. Weit im Voraus buchen (Mindestaufenthalt 2 Nächte).

Agave Inn MOTEL $$
(☎805-687-6009; http://agaveinnsb.com; 3222 State St; Zi. ab 119 US$; ❄📶) Das günstige Motel-Schmuckstück legt sich stilistisch mit einer Mischung aus mexikanischem Pop und Modernismus mächtig ins Zeug. Die Zimmer haben Einbauküchen und sind groß genug für Familien. Nachteile: dünne Wände und nur wenige Parkplätze.

Marina Beach Motel MOTEL $$
(☎877-627-4621, 805-963-9311; www.marinabeachmotel.com; 21 Bath St; Zi. mit Frühstück 15–210 US$;

(❄📶🐾) Die altmodische, einstöckige Motelanlage liegt in kurzer Gehentfernung vom Strand. Die Zimmer sind mit frischer Bettwäsche und Jalousien ausgestattet, manche haben auch eine Einbauküche. Kostenloser Fahrradverleih.

El Capitan Canyon HÜTTEN, CAMPING **$$$**
(☎866-352-2729, 805-685-3887; www.elcapitancanyon.com; 11560 Calle Real, abseits des Hwy 101; Safarizelt 155 US$, Hütte ab 225 US$; 📶🏊👪) 🍃 Diese autofreie Zone nahe dem El Capitan State Beach, von der Stadt aus in einer halbstündigen Autofahrt über den Hwy 101 Richtung Westen zu erreichen, steht für Luxuscamping. Die Safarizelte sind rustikal, die an einem Bach stehenden Zedernholzhütten bieten wundervolle Betten und Feuerstellen vor dem Haus.

Spanish Garden Inn BOUTIQUEHOTEL **$$$**
(☎805-564-4700; www.spanishgardeninn.com; 915 Garden St; DZ mit Frühstück ab 319 US$; ❄@📶🏊) Das elegante Hotel in der Downtown im spanischen Kolonialstil bietet zwei Dutzend romantische Luxuszimmer und -suiten mit Blick auf einen schönen Hof mit einem Springbrunnen. Sehr guter Portiersservice!

Essen

Silvergreens KALIFORNISCH **$**
(www.silvergreens.com; 791 Chapala St; Gerichte 4–10 US$; ⏲Mo–Fr 7–22, Sa & So ab 8 Uhr; 👪) 🍃 Warum sollte Fast Food nicht frisch und schmackhaft sein? Getreu dem Grundsatz „smart essen, gut leben" liefert dieses sonnenverwöhnte Café ernährungsphysiologisch gute Salate, Suppen, Sandwiches, Burger, Frühstücks-Burritos und vieles mehr.

Lilly's Taquería MEXIKANISCH **$**
(http://lillystacos.com; 310 Chapala St; ab 1,75 US$/Stück; ⏲So–Mo & Mi–Do 10.30–21, Fr & Sa bis 22 Uhr) Hier bildet sich fast immer eine Schlange – also schnell die Bestellung aufgeben! Die Einheimischen sind mächtig versessen auf die authentischen Tacos mit *adobada* (mariniertem Schweinefleisch) oder *lengua* (Rinderzunge).

Olio Pizzeria ITALIENISCH **$$**
(☎805-899-2699; www.oliopizzeria.com; 11 W Victoria St; Hauptgerichte 9–18 US$; ⏲So–Do 11.30–21, Fr & Sa bis 22 Uhr) Die gemütliche Pizzeria mit hohen Decken und munterer Weinbar bietet eine verführerische Auswahl an knusprigen Pizzas, importiertem Käse und Wurstwaren sowie traditionellen Antipasti und *dolci* (Desserts).

Santa Barbara Shellfish Company SEAFOOD **$$**
(www.sbfishhouse.com; 230 Stearns Wharf; Gerichte 3–16 US$; ⏲11–21 Uhr) „Vom Meer über die Pfanne direkt auf den Teller", lautet das Motto dieser an gleicher Stelle schon seit 30 Jahren bestehenden Krabbenbude (eher eine Imbisstheke) am Ende des Piers, die mit wundervollen Crab Cakes und dem Blick aufs Meer punktet.

Ausgehen & Unterhaltung

Das Zentrum des Nachtlebens ist die untere State St. Längs des **Urban Wine Trail** (www.urbanwinetrailsb.com) liegen ein Dutzend Weinprobierstuben. Einen Veranstaltungskalender findet man im kostenlosen alternativen Wochenblatt *Santa Barbara Independent* (www.independent.com).

Brewhouse BRAUEREI
(www.brewhousesb.com; 229 W Montecito St; ⏲So–Do 11–23, Fr & Sa bis 24 Uhr; 📶) Das raubeinige Brauhaus unten bei den Gleisen braut eigene Biere in kleinen Chargen. Von Mittwoch bis Samstag gibt's abends Livemusik.

Soho LIVEMUSIK
(☎805-962-7776; www.sohosb.com; Suite 205, 1221 State St; Tickets 5–30 US$) In dem schlichten Backsteinsaal im Obergeschoss hinter einer McDonald's-Filiale treten fast jeden Abend Livebands auf, die Indie-Rock, Funk, Folk, Weltmusik, Jazz oder Blues spielen.

Praktische Informationen

Santa Barbara Car Free (www.santabarbaracarfree.org) Tipps zum umweltbewussten Reisen und über lohnende Rabatte.

Santa Barbara Visitors Center (☎805-965-3021; www.santabarbaraca.com; 1 Garden St; ⏲Mo–Sa 9–17, So ab 10 Uhr, Nov.–Jan. bis 16 Uhr) Das Visitor Center nahe dem Ufer bietet Karten und Broschüren zu Touren auf eigene Faust.

Anreise & Unterwegs vor Ort

Vom **Bahnhof** (209 State St) südlich von Downtown fahren Amtrak-Züge nach Los Angeles (25–30 US$, 3 Std.) und San Luis Obispo (28–34 US$, 2¾ Std.). Vom **Busbahnhof** (☎805-965-7551; 224 Chapala St) in Downtown fahren täglich ein paar Greyhound-Busse nach L. A. (19 US$, 2–3 Std.) sowie über San Luis Obispo (28 US$, 2 Std.) nach Santa Cruz (53 US$, 6 Std.) und San Francisco (57 US$, 9 Std.).

Metropolitan Transit District (MTD; ☎805-963-3366; www.sbmtd.gov) betreibt Busse (1,75 US$) im gesamten Stadtgebiet sowie elektrische Shuttles (0,50 US$) von der State St in Downtown zum Stearns Wharf und am Strand längs dem Cabrillo Blvd.

Von Santa Barbara nach San Luis Obispo

Über den Hwy 101 kann man in nur zwei Stunden nach San Luis Obispo brausen – man kann aber auch einen ganzen Tag damit zubringen, Abstecher zu Weingütern, historischen Missionen und versteckten Stränden zu machen.

Nördlich von Santa Barbara führt der Hwy 154 als malerische Nebenstrecke durchs Hinterland zu den guten Tropfen im **Wine Country** (www.sbcountywines.com) des Santa Ynez und des Santa Maria Valley. Wer umweltbewusste Weingüter besichtigen will, macht eine Tour mit **Sustainable Vine** (☎805-698-3911; www.sustainablevine.com; ganztägige Tour 125 US$) oder folgt dem **Foxen Canyon Wine Trail** (www.foxencanyonwinetrail.com) nach Norden zu den angesagten Weingütern. In dem Städtchen **Los Olivos** gibt's neben zwei Dutzend anderen Weinprobierstuben das **Los Olivos Cafe & Wine Merchant** (☎805-688-7265; www.losolivoscafe.com; 2879 Grand Ave; Hauptgerichte 12–29 US$; ⏲11.30–20.30 Uhr), ein charmantes kalifornisch-mediterranes Bistro mit einer Weinbar.

Weiter südlich begeistert das von dänischen Einwanderern gegründete Dorf **Solvang** (www.solvangusa.com) Kitschliebhaber mit schmucken Windmühlen und Bäckereien wie aus dem Märchenbuch. Im **Succulent Cafe & Trading Company** (☎805-691-9235; www.succulentcafe.com; 1555 Mission Dr; Hauptgerichte morgens & mittags 8–12 US$; ⏲Mi–So 9–11 & 13–15, Do–Sa 17.30–21 Uhr) kann man sich an Frühstücksbrötchen mit Buffalo-Chicken-Wings, Schweinebauch-Sandwiches mit Zimt und Kreuzkümmel und an thailändischen Bio-Salaten laben. Der **El Rancho Marketplace** (www.elranchomarket.com; 2886 Mission Dr; ⏲6–22 Uhr) verkauft Vorräte für Mittagspicknicke und Gegrilltes zum Mitnehmen. Er liegt östlich von Solvangs aus dem 19. Jh. stammender spanischer **Mission** (☎805-688-4815; www.missionsantaines.org; 1760 Mission Dr; Erw./Kind 5 US$/frei; ⏲9–16.30 Uhr). Westlich vom Hwy 101 in Bullelton hängen Einheimische gern in der Weinbar **Avant** (www.avantwines.com; 35 Industrial Way; ⏲11–21 Uhr) sowie bei der **Figueroa Mountain Brewing Co** (www.figmtnbrew.com; 45 Industrial Way; ⏲Mo–Do 16–21, Fr–So ab 11 Uhr) ab.

Vom Hwy 101 führt der Hwy 246 auf ca. 15 Meilen (24 km) westwärts zum **La Purísima Mission State Historic Park** (www.lapurisimamission.org; 2295 Purisima Rd; 6 US$/Auto; ⏲9–17 Uhr, Führung 13 Uhr). Die exquisit restaurierte Mission gehört zu den stimmungsvollsten kalifornischen Missionen aus der spanischen Kolonialzeit mit blühenden Gärten, Viehpferchen und Adobegebäuden. Südlich von Lompoc windet sich abseits des Hwy 1 die Jalama Rd auf 14 Meilen (22,5 km) zum abgelegenen **Jalama Beach County Park** (☎805-736-3616; www.sbparks.org; 9999 Jalama Rd; 10 US$/Auto). Für die recht neuen, mit Einbauküchen ausgestatteten Holzhütten des irrwitzig beliebten **Campingplatzes** (http://sbparks.org/reservations; Stellplatz Zelt/Wohnmobil 28/43 US$, Hütte 110–210 US$) muss man vorab reservieren.

Wer auf dem Hwy 1 weiter nach Norden fährt, kommt in das raue **Guadalupe**, das Tor zu den größten Küstendünen Nordamerikas. Im Sand vergraben liegt hier die **Lost City of DeMille** (www.lostcitydemille.com), die Kulisse für den Monumentalfilm *Die zehn Gebote* von 1923. Auch Szenen von *Hidalgo – 3000 Meilen zum Ruhm* (2004) und *Fluch der Karibik – Am Ende der Welt* (2007) wurden hier gedreht. Den besten Zugang zu den Dünen hat man westlich vom Ort über den Hwy 166.

Pismo Beach an der Einmündung des Hwy 1 in den Hwy 101 hat einen schönen langen Sandstrand und einen **Schmetterlingshain** (www.monarchbutterfly.org), in dessen Eukalyptusbäumen die wandernden Monarchfalter von Ende Oktober bis Februar rasten. In der Nähe liegt der **North Beach Campground** (☎800-444-7275; www.reserveamerica.com; Hwy 1; Stellplatz 35 US$;), mit Strandzugang und Warmwasserduschen. Dutzende von Motels und Hotels stehen am Strand und am Hwy 101, aber besonders an Wochenenden sind schnell alle Zimmer ausgebucht. Die **Pismo Lighthouse Suites** (☎805-773-2411, 800-245-2411; www.pismolighthousesuites.com; 2411 Price St; Suite mit Frühstück ab 219 US$; P ❄ @) bieten alles, was Urlauberfamilien brauchen, von Einbauküchen bis hin zu einem riesigen Gartenschachbrett im Freien – in der Nebensaison nach Rabatt fragen! Nahe dem Pier von Pismo versorgt einen die Bäckerei **Old West Cinnamon Rolls** (www.oldwestcinnamon.com; 861 Dolliver St; Stück 3–5 US$; ⏲6.30–17.30 Uhr) mit süßen Leckereien. Hügelauf im **Cracked Crab** (www.crackedcrab.com; 751 Price

St; Hauptgerichte 9–53 US$; ⌚So–Do 11–21, Fr & Sa bis 22 Uhr; 👪) muss man sich schnell ein Plastiklätzchen umbinden, ehe die frischen Meeresfrüchte eimerweise auf dem mit Fleischerpapier belegten Tisch landen.

Der nahe Ort Avila Beach hat eine sonnige Uferpromenade, ein aus Holz gezimmertes stimmungsvolles, knarrendes altes Angelpier und einen historischen **Leuchtturm** (☎Wanderinfos 805-541-8735, Trolleytour 855-533-7843; www.sanluislighthouse.org; Eintritt 5 US$/Wanderer, Trolleytour 20 US$; ⌚nur Sa, Reservierung erforderlich). Wieder zurück am Hwy 101 kann man am Stand der **Avila Valley Barn** (http://avilavalleybarn.com; 560 Avila Beach Dr; ⌚9–18 Uhr) Beeren pflücken und Ziegen füttern und dann in den **Sycamore Mineral Springs** (☎805-595-7302; www.sycamoresprings.com; 1215 Avila Beach Dr; 1 Std. 13,50–17,50 US$/Pers.; ⌚8–24 Uhr, letzte Reservierung 22.45 Uhr) von einer mit heißem Wasser gefüllten Wanne aus in die Sterne gucken.

San Luis Obispo

Auf halbem Wege zwischen L.A. und San Francisco liegt das entspannte San Luis Obispo. Die Studenten der California Polytechnic State University sorgen für gut gelaunten Betrieb in den Straßen, Kneipen und Cafés. Munter ist es vor allem während des wöchentlichen **Farmers Market** (⌚Do 18–21 Uhr; 👪), wenn sich die Higuera St im Zentrum in eine Partyzone mit Livemusik und Grillen auf dem Bürgersteig verwandelt. Wie mehrere andere kalifornische Städte wuchs auch San Luis Obispo (SLO) rund um eine katholische **Mission** (☎805-543-6850; www.missionsanluisobispo.org; 751 Palm St; Spende 2 US$; ⌚9–17 Uhr, Anfang Nov.–Mitte März bis 16 Uhr) der Spanier; gegründet wurde sie 1772 von Junípero Serra. Nahe SLO florieren heute die **Weingüter des Edna Valley** (www.slowine.com), die für fruchtigen Chardonnay und samtigen Pinot Noir bekannt sind.

Schlafen

Nördlich des Zentrums von SLO reihen sich Motels an der Monterey St aneinander. Motelketten finden sich am Hwy 101.

HI Hostel Obispo HOSTEL $

(☎805-544-4678; www.hostelobispo.com; 1617 Santa Rosa St; B 25–28 US$, Zi. ab 55 US$; ⌚Check-in 16.30–22 Uhr; @📶) 🌿 Das gemütliche, mit Solarstrom versorgte Ökohostel befindet sich in einem viktorianischen Gebäude nahe dem Bahnhof. An Einrichtungen gibt's u.a. eine Gemeinschaftsküche und einen Fahrradverleih (ab 10 US$/Tag). Keine Kreditkarten, keine Sperrstunde, eigene Handtücher mitbringen! Alle Zimmer haben Gemeinschaftsbäder.

Peach Tree Inn MOTEL $$

(☎805-543-3170, 800-227-6396; www.peachtreeinn.com; 2001 Monterey St; Zi. mit Frühstück 70–175 US$; ❄@📶👪) Die schlichten Motelzimmer im Folk-Stil wirken entspannend, vor allem die am Bachufer und jene, in denen man vom Schaukelstuhl aus auf den Rosengarten blickt. Zum Frühstück gibt's selbstgebackenes Brot.

Madonna Inn HOTEL $$$

(☎805-543-3000; www.madonnainn.com; 100 Madonna Rd; Zi. 189–309 US$; ❄@📶🏊) Vom Hwy 101 fällt der Blick auf die durchgeknallt-kitschige Hotelpraline. Touristen aus Übersee, Urlauber aus dem Mittleren Westen und Trash liebende Hipster sind von den 110 Themenzimmern begeistert, z.B. dem „Caveman" mit Felswänden oder dem knallrosa „Floral Fantasy" (Fotos gibt's online).

Essen & Ausgehen

Im Zentrum finden sich eine Menge Cafés, Restaurants, Weinstuben und Bierschenken sowie das erste mit Solarenergie versorgte Kino der USA, das **Palm Theatre** (☎805-541-5161; www.thepalmtheatre.com; 817 Palm St; Tickets 5–8 US$) 🌿, das Indie-Filme zeigt.

Firestone Grill GRILL $

(www.firestonegrill.com; 1001 Higuera St; Gerichte 4–10 US$; ⌚So–Mi 11–22, Do–Sa bis 23 Uhr; 👪) Hier kann man sich an authentischen Santa Maria-Steaksandwiches auf getoastetem Knoblauchbrot und an Cobb Salad mit Steak laben.

Sidecar KALIFORNISCH $$

(☎805-540-5340; http://sidecarslo.com; 1127 Broad St; Hauptgerichte 7–22 US$; ⌚Mo–Fr 11–23, Sa & So ab 10 Uhr) 🌿 Man setzt sich in eine Essnische wie aus den 1950er-Jahren und widmet sich den kreativen, saisonalen Gerichten mit Zutaten von regionalen Farmen und Ranches. Der Wochenend-Brunch ist eine gesellige Angelegenheit; auf der Karte stehen Weine aus der Region.

Big Sky Café KALIFORNISCH $$

(www.bigskycafe.com; 1121 Broad St; Hauptgerichte 9–20 US$; ⌚Mo–Do 7–21, Fr bis 22, Sa 8–22,

ABSTECHER

PINNACLES NATIONAL PARK

Der **Pinnacles National Park** (☎831-389-4485; www.nps.gov/pinn; 5000 Hwy 146, Paicines; 5 US$/Auto) ist mit seinen zerklüfteten Monolithen, Canyons mit nackten Felswänden und den Überbleibseln uralter Vulkane geologisch besonders dramatisch. Benannt ist er nach den Felsnadeln, die schroff inmitten der mit Chapparal (Gebüschvegetation) bedeckten Hügel in den Himmel ragen. Neben Wanderungen und Kletterpartien sind die Talus-Höhlen und die seltenen Kalifornischen Kondore die besonderen Highlights im Park. Besuchen sollte man den Park im Frühjahr oder Herbst – im Sommer herrscht große Hitze bei extremer Trockenheit. Ein **Campingplatz** (☎877-444-6777; www.recreation.gov; Stellplatz Zelt/Wohnmobil 23/36 US$;) für Familien befindet sich nahe dem Osteingang des Parks abseits des Hwy 25 nordwestlich von King City, zwei Autostunden nördlich von San Luis Obispo.

So 8–21 Uhr;) „Analoges Essen für die digitale Welt" lautet das Motto des lässigen, umweltbewussten Cafés, das für seine marktfrischen Frühstücksgerichte (tgl. bis 13 Uhr), die großen Portionen gesunder Gerichte zum Abendessen, die hausgemachten Suppen und das Maisbrot Spitzenbewertungen erntet.

Praktische Informationen

San Luis Obispo Car Free (http://slocarfree.org) Tipps zum umweltbewussten Reisen und zu Sonderangeboten.

Visitor Center (☎805-781-2777; www.visitslo.com; 895 Monterey St; ⊙So–Mi 10–17, Do–Sa bis 19 Uhr) Im Zentrum nahe der Higuera St.

Anreise & Unterwegs vor Ort

Die Amtrak-Züge aus Santa Barbara (28–34 US$, 2¾ Std.) und Los Angeles (40 US$, 5½ Std.) halten am **Bahnhof** (1011 Railroad Ave), der rund 1 km südöstlich der Downtown von SLO liegt. Der Busbahnhof befindet sich unbequeme 2,5 Meilen (4 km) südöstlich der Downtown abseits des Hwy 101. Von dort fahren ein paar Busse von **Greyhound** (1460 Calle Joaquin) täglich nach Santa Barbara (28 US$, 2 Std.), Los Angeles (40 US$, 5 Std.), Santa Cruz (42 US$, 4 Std.) und San Francisco (53 US$, 7 Std.).

Die im gesamten County verkehrenden Busse der **SLO Regional Transit Authority** (☎805-541-2228; www.slorta.org; Ticket 1,50–3 US$, Tageskarte 5 US$) fahren am Wochenende nur eingeschränkt. Knotenpunkt ist das **Transit Center** (Ecke Palm & Osos St) in der Innenstadt.

Von Morro Bay zum Hearst Castle

Rund 12 Meilen (19 km) nordwestlich von San Luis Obispo kommt **Morro Bay** am Hwy 1 in Sicht, ein Fischerstädtchen, in dem der **Morro Rock**, ein aus dem Meer emporragender Vulkangipfel, einen ersten Vorgeschmack auf die sich anschließende dramatische Küstenlandschaft liefert – unschön sind nur die Kraftwerksschlote im Hintergrund. Am Embarcadero kann man eine Bootstour starten und Kajaks mieten. Hier sind viele Touristenläden, Cafés und Bars zu finden. Das **Giovanni's** (www.giovannisfishmarket.com; 1001 Front St; Hauptgerichte 6–17 US$; ⊙11–18 Uhr;) ist ein klassisch-kalifornischer Seafood-Laden, in dem tolle Knoblauchfritten und Fish & Chips serviert werden. Mitteklassemotels ballen sich weiter oben rund um die Harbor und Main St sowie am Hwy 1.

In der Nähe verlocken fantastische State Parks zu Küstenwanderungen und zum **Campen** (☎800-444-7275; www.reserveamerica.com; Stellplatz 5–50 US$;). Südlich des Embarcadero liegt der **Morro Bay State Park** ☎805-772-2694; www.parks.ca.gov; Eintritt frei, Museum Erw./Kind 2 US$/frei) mit einem Naturkundemuseum und einer Reiherkolonie. Weiter südlich in Los Osos, westlich des Hwy 1, warten im wilderen **Montaña de Oro State Park** (www.parks.ca.gov; Pecho Valley Rd) GRATIS Küstenklippen, Gezeitenbecken, Sanddünen, Gipfelwanderungen und Mountainbikestrecken. Der spanische Name („Goldberg") rührt vom heimischen Mohn her, der im Frühling die Hänge bedeckt.

Nördlich des Zentrums von Morro Bay passiert der Hwy 1 zwei bei Surfern beliebte Lokale: Der kalifornisch-mexikanische **Taco Temple** (2680 Main St; Hauptgerichte 8–15 US$; ⊙Mo & Mi–Sa 11–21, So bis 20.30 Uhr) akzeptiert nur Barzahlung; **Ruddell's Smokehouse** (www.smokerjim.com; 101 D St; Gerichte 4–16 US$; ⊙11–18 Uhr) serviert seine Räucherfischtacos am Strand von Cayucos. Altmodische Motels säumen die Ocean Ave in Cayucos, darunter das nette, familiengeführte **Seaside Motel** (☎805-995-3809; www.seasidemotel.com; 42 S

Ocean Ave; DZ 80–160 US$;), das Zimmer mit Kochnischen hat. In dem historischen Haus eines Schiffskapitäns vermietet das **Cass House Inn** (805-995-3669; http://casshouseinn.com; 222 N Ocean Ave; Zi. mit Frühstück 175–365 US$;) schicke Zimmer. Einige davon sind mit Badewannen und alten Kaminen ausgestattet, die den kalten Küstennebel auf Abstand halten. Im Erdgeschoss bietet ein elegantes **Restaurant** (4-Gänge-Festpreismenü 68 US$; Do–Mo 17.30–19.30 Uhr) saisonale französisch-kalifornische Gerichte.

Nördlich von Harmony (Bevölkerung: gerade einmal 18 Seelen) führt der Hwy 46 nach Osten zu den Weingütern des **Paso Robles Wine Country** (www.pasowine.com). Weiter nordwärts auf dem Hwy 1 gibt's im idyllischen **Cambria** Unterkünfte am unglaublich schönen Moonstone Beach. Das **Blue Dolphin Inn** (805-927-3300, 800-222-9157; www.cambriainns.com; 6470 Moonstone Beach Dr; Zi. mit Frühstück ab 179 US$;) hat frische, moderne Zimmer mit romantischen Kaminen. Weiter landeinwärts bietet das **HI Cambria Bridge Street Inn** (805-927-7653; www.bridgestreetinncambria.com; 4314 Bridge St; B 25–28 US$, Zi. 49–75 US$, alle mit Gemeinschaftsbad; Check-in 17–21 Uhr;) Hostelbetten im Ambiente eines großmütterlichen B&B. Das altmodische **Cambria Pines Motel** (866-489-4485, 805-927-4485; www.cambriapalmsmotel.com; 2662 Main St; Zi. 89–139 US$; Check-in 15–21 Uhr;) hat gut geschnittene Zimmer, von denen einige über eine Einbauküche verfügen. Der Käse- und Weinladen **Indigo Moon** (805-927-2911; www.indigomooncafe.com; 1980 Main St; Hauptgerichte mittags 9–14 US$, abends 14–35 US$; 10–21 Uhr) serviert mittags an den luftigen Bistrotischen Salate und Sandwiches mit frischen Zutaten vom Markt. Das **Linn's Easy as Pie Cafe** (www.linnsfruitbin.com; 4251 Bridge St; Hauptgerichte 7–12 US$; 10–18 Uhr;) hat eine sonnige Terrasse und einen Take-Away-Schalter. Der Laden ist bekannt für seinen Olalliebeeren-Pie.

Rund 10 Meilen (16 km) nördlich von Cambria steht auf einem Hügel das **Hearst Castle** (Reservierungen 800-444-4445; www.hearstcastle.org; 750 Hearst Castle Rd; Führung Erw./Kind ab 25/12 US$; üblicherweise 9 Uhr–Sonnenuntergang), Kaliforniens berühmtestes Denkmal für Reichtum und Ehrgeiz. Der Zeitungstycoon William Randolph Hearst bewirtete auf seinem fantastischen Anwesen voller europäischer Antiquitäten, schimmernder Teiche und blühender Gärten Hollywoodstars und gekrönte Häupter. Man sollte versuchen, Führungen vorab zu reservieren, ganz besonders gilt das für die abendlichen Living-History-Programme in den Weihnachtsferien.

Auf der anderen Seite des Hwy 1 verkauft der **Sebastian's Store** (442 Slo San Simeon Rd; Hauptgerichte 6–12 US$; Mi–So 11–17 Uhr, Deli bis 16 Uhr) über einem historischen Walfang-Pier Hearst-Ranch-Rindfleischburger und gigantische Sandwiches für ein improvisiertes Strandpicknick. Auf der Fahrt nach Süden auf dem Hwy 1 passiert man zunächst Budget- und Mittelklassemotels in San Simeon, die man getrost vergessen kann, und erreicht nach 5 Meilen (8 km) den **San Simeon State Park** (800-444-7275; www.reserveamerica.com; Stellplatz 20–35 US$;), in dem sehr einfache und erschlossene Stellplätze am Ufer eines Bachs angeboten werden.

Weiter nördlich lebt am Strand von Point Piedras Blancas eine riesige **Kolonie von Seeelefanten**, die sich dort fortpflanzen, dösen, schlafen, vergnügen und gelegentlich auch bekriegen. Unbedingt ausreichend Abstand zu diesen wilden Tieren wahren, die sich auf dem Sand schneller bewegen können als jeder Mensch! Der wichtigste Beobachtungspunkt (mit Erklärungstafeln) befindet sich 4,5 Meilen (7,2 km) nördlich vom Hearst Castle. Die Tiere leben hier zwar das ganze Jahr, aber der Valentinstag ist der Höhepunkt der besonders spannenden Brunft- und Wurfzeit (Jan.–März). Die nahegelegene **Piedras Blancas Light Station** (805-927-7361; www.piedrasblancas.org; Führung Erw./Kind 10/5 US$; Führungen üblicherweise Mitte Juni–Aug. Mo–Sa 9.45 Uhr, Sept.–Mitte Juni Di, Do & Sa) von 1875 bietet einen besonders malerischen Anblick; die Termine und den Treffpunkt der Führungen vorab telefonisch erfragen!

Big Sur

Schon viele haben die raue Schönheit und Energie der 100 Meilen (160 km) langen, zerklüfteten Küste beschrieben, die sich südlich von Monterey Bay erstreckt. Big Sur, eine Region ohne Ampeln, Banken und Einkaufszonen, ist eher ein Geisteszustand als eine geografische Fläche auf der Landkarte. Wenn die Sonne untergegangen ist, sorgen nur der Mond und die Sterne für Licht – vorausgesetzt, der Sommernebel verdunkelt sie nicht.

Zimmer, Verpflegung und Benzin sind hier rar und entsprechend teuer. Da die

Zimmernachfrage das ganze Jahr über vor allem an den Wochenenden hoch ist, empfiehlt es sich, vorab zu buchen. Unterwegs ist überall die sehr informative Gratis-Zeitung *Big Sur Guide* (www.bigsurcalifornia.org) erhältlich. Die Parkgebühr von 10 US$ gilt für alle regionalen State Parks, die man am gleichen Tag besucht.

Etwa 25 Meilen (40 km) vom Hearst Castle entfernt liegt das winzige Nest Gorda mit dem **Treebones Resort** (☎877-424-4787, 805-927-2390; www.treebonesresort.com; 71895 Hwy 1; DZ mit Gemeinschaftsbad & Frühstück ab 199 US$;). Es bietet naturnahe Jurten an der Steilküste und ein **Restaurant** (Hauptgerichte abends 24–33 US$; ⏲12–14 & 17.30–20 Uhr) mit regionalen Gerichten und Sushibar. Einfache **USFS-Campingplätze** (☎877-444-6777, 518-885-3639; www.recreation.gov; Stellplatz 22 US$;) gibt's gleich abseits vom Hwy 1 bei Plaskett Creek und Kirk Creek.

10 Meilen (16 km) nördlich von Lucia bietet das esoterische **Esalen Institute** (☎831-667-3047; www.esalen.org; 55000 Hwy 1) New-Age-Workshops und Thermalwasserpools mit Meerblick. Mit Reservierung kann man in den Pools von 1 bis 3 Uhr nackt baden (25 US$, nur Kreditkarten) – sehr surreal!

3 Meilen (4,8 km) weiter nördlich erstreckt sich der **Julia Pfeiffer Burns State Park** mit Kaliforniens einzigem Küstenwasserfall. Die 24,4 m hohen McWay Falls sind auf einem leichten Spazierweg (rund 400 m) erreichbar. 2 Meilen (3,2 km) weiter nördlich beginnt ein unbefestigter Steilpfad an einer Haarnadelkurve des Hwy 1. Er führt hinunter zur atemberaubend wilden **Partington Cove**, wo salzige Gischt die Haut benetzt. Die Stelle ist zwar unbeschreiblich malerisch, aber zum Schwimmen absolut ungeeignet.

Nach weiteren 7 Meilen (11,3 km) Richtung Norden kommt zwischen Küstenmammutbäumen und Glyzinien das idyllische **Deetjen's Restaurant** (☎831-667-2378; www.deetjens.com; Deetjen's Big Sur Inn, 48865 Hwy 1; Hauptgerichte abends 24–38 US$; ⏲Mo–Fr 8–12, Sa & So bis 12.30, tgl. 18–21 Uhr) in Sicht, dessen Restaurant ländliche Hausmannskost serviert. Gleich nördlich davon fungiert die unkonventionelle **Henry Miller Memorial Library** (☎831-667-2574; www.henrymiller.org; 48603 Hwy 1; ⏲Mi–Mo 11–18 Uhr) als künstlerisches Zentrum der Big-Sur-Boheme. Dazu gehören ein übervoller Buchladen, Musik live und von DJs, Open-Mike-Abende und Filmvorführungen im Freien. Gegenüber spielt das Essen angesichts des fulminanten Meerblick im hoch auf der Klippe thronenden **Nepenthe** (☎831-667-2345; www.nepenthebigsur.com; 48510 Hwy 1; Hauptgerichte 15–42 US$; ⏲11.30–16.30 & 17–22 Uhr) nur die Nebenrolle, obwohl der Ambrosia-Burger dieser „Insel ohne Sorgen" (so die Übersetzung von „Nepenthe") auch recht bekannt ist.

Weiter nördlich informiert die **Big Sur Station** (☎831-667-2315; www.fs.usda.gov/lpnf/; ⏲8–16 Uhr, Okt.–April Mo & Di geschl.) über die örtlichen Wander- und Campingoptionen. Die Ranger verteilen Parkscheine (5 US$) und Lagerfeuergenehmigungen (kostenlos) für die Ventana Wilderness, in der Wanderer u.a. gern zu den Sykes Hot Springs trekken (einfache Strecke 16 km). Gleich südlich zweigt auf der anderen Seite des Hwy 1 die nur undeutlich markierte, schmale und kurvenreiche Sycamore Canyon Rd ab, die in 2 Meilen (3,2 km) zum halbmondförmigen **Pfeiffer Beach** (5 US$/Auto; ⏲9–20 Uhr) hinunterführt, vor dem ein hoher Felsbogen aus dem Meer ragt. Zum Schwimmen ist es hier wegen starker Strömungen zu gefährlich, aber man kann sich prima in dem violetten (!) Sand niederlassen.

Als nächstes folgt der **Pfeiffer Big Sur State Park** mit sonnigen Wanderwegen durch Redwoodwälder, zu denen auch der 2,2 km lange Rundweg zu den Pfeiffer Falls gehört, die nur saisonal Wasser führen. Parkbesucher können Stellplätze auf **Campingplätzen** reservieren (☎800-444-7275; www.reserveamerica.com; Stellplatz 35–50 US$;) oder in der weitläufigen, altmodi-

DIE FAHRT AUF DEM HWY 1

Die Fahrt auf dem schmalen, zweispurigen Highway durch Big Sur kann ziemlich langsam verlaufen. Für die Fahrt ohne Zwischenstopp zwischen dem Hearst Castle und der Monterey Bay muss man mindestens 2½ Stunden einplanen – und wesentlich mehr, wenn man unterwegs anhalten und die Gegend erkunden will. Nach Einbruch der Dunkelheit ist die Fahrt auf der Strecke riskant und außerdem sinnlos, weil einem dann die Schönheit der Landschaft entgeht. Auf Radfahrer achten und die ausgeschilderten Ausweichstellen nutzen, um schnellere Fahrzeuge passieren zu lassen! Aktuelle Infos zum Straßenzustand erhält man telefonisch unter ☎800-427-7623.

schen **Big Sur Lodge** (☎800-424-4787, 831-667-3100; www.bigsurlodge.com; 47225 Hwy 1; DZ 205–365 US$;) absteigen. Hier gibt es rustikale Reihenbungalows (teilweise mit Küche und Kaminen mit Holzfeuerung), einen gut bestückten Gemischtwarenladen und ein einfaches **Restaurant** (Hauptgerichte 10–27 US$; ⏲8–11.30 & 12–22 Uhr).

Mit Läden, Tankstellen, privaten Campingplätzen, rustikalen Hütten, Motels und Restaurants ist das Gebiet gleich nördlich am Hwy 1 das kommerzielle Zentrum des Big Sur. Das **Glen Oaks Motel** (☎831-667-2105; www.glenoaksbigsur.com; 47080 Hwy 1; DZ ab 225 US$;), eine umgestaltete 1950er-Jahre-Motorlodge aus Redwood und Lehmziegeln, vermietet gemütliche Zimmer und Holzhütten mit Gaskaminen. Burritos und Frucht-Smoothies bekommt man hinten an der Theke des **General Store** (http://bigsur riverinn.com; 46840 Hwy 1; Hauptgerichte 6–9 US$; ⏲11–19 Uhr) im Big Sur River Inn. Das nahe **Maiden Publick House** (☎831-667-2355; Hwy 1; ⏲Mo–Fr 15–2, Sa & So ab 12 Uhr) punktet mit ellenlanger Bierkarte und Jamsessions. Weiter südlich nahe dem Postamt bekommt man im **Big Sur Deli** (http://bigsurdeli.com; 47520 Hwy 1; Gerichte 1,50–7 US$; ⏲7–20 Uhr) Sandwichs. Der Laden gehört zum entspannten **Big Sur Taphouse** (www.bigsurtaphouse.com; 47520 Hwy 1; ⏲Mo–Do 12–22, Fr & Sa bis 24, So 10–22 Uhr;), einem Bierhaus mit Kneipenessen, Brettspielen und Sportfernsehen.

Bei der Weiterfahrt nach Norden übersehen viele Traveller den **Andrew Molera State Park**, der mit einer wundervollen Mischung aus Wanderwegen, grasbewachsenen Wiesen, Wasserfällen, Ozeanklippen und rauen Stränden aufwarten kann. Im **Discovery Center** (☎831-624-1202; www.ventanaws.org; ⏲Ende Mai–Anfang Sept. Sa & So 10–16 Uhr;) GRATIS des Parks erfährt man alles über den bedrohten Kalifornischen Kondor; die beliebten Vogelbeobachtungstouren (50 US$) im Voraus reservieren! Vom Parkplatz führt ein 650 m langer Weg zu einem sehr einfachen **Campingplatz** (www.parks.ca.gov; Stellplatz Zelt 25 US$; keine Reservierung).

6 Meilen (9,7 km) vor der berühmten Bixby Creek Bridge lohnt sich eine Führung durch die 1889 erbauten **Point Sur Lightstation** (☎831-625-4419; www.pointsur.org; Erw./Kind ab 12/5 US$). Die Termine der Führungen – darunter saisonal auch Mondscheinwanderungen – und die Wegbeschreibung zum Treffpunkt erfährt man telefonisch oder online. Unbedingt früh kommen, weil die Teilnehmerzahl begrenzt und keine Reservierungen möglich ist!

Carmel

Der frühere Künstlertreff am Meer, das idyllische Carmel-by-the-Sea, hat heute das Flair eines gepflegten Countryclubs. Von jedem Café an der Ocean Ave, der ruhigen Hauptstraße des Ortes, kann man beobachten, wie Hut tragende Damen mit Einkaufstüten schicker Labels und adrette Herren in offenen Cabrios unterwegs sind.

Sehenswertes & Aktivitäten

Der oft nebelverhangene, städtische **Carmel Beach** ist ein prächtiger, halbmondförmiger weißer Sandstrand, an dem die lieben Vierbeiner ohne Leine laufen dürfen.

★Point Lobos State Natural Reserve PARK
(www.pointlobos.org; Hwy 1; 10 US$/Auto; ⏲8 Uhr–19 Uhr, schließt von Anfang Nov.–Mitte März 30 Min. nach Sonnenuntergang) Die brüllenden, bellenden, badenden und drollig anzuschauenden Seelöwen sind die Stars in diesem Park 4 Meilen (6,4 km) südlich der Stadt, wo die spektakulär felsige Küste ausgezeichnete Möglichkeiten zur Erkundung von Gezeitenbecken eröffnet. Die gesamte Rundwanderung umfasst 9,7 km, aber auch bei kürzeren Wanderungen kommt man an Bird Island, Piney Woods und der Whalers Cabin vorbei. An Wochenenden früh kommen, denn die Zahl der Parkplätze ist begrenzt!

San Carlos Borroméo de Carmelo Mission KIRCHE
(www.carmelmission.org; 3080 Rio Rd; Erw./Kind 6,50/2 US$; ⏲Mo–Sa 9.30–17, So ab 10.30 Uhr) Eine Oase der Ruhe und Feierlichkeit: Diese prächtige Mission liegt, umgeben von Blumengärten, etwa 1 Meile (1,6 km) südlich vom Zentrum Carmels. In der aus Stein errichteten Basilika finden sich originale Kunstwerke; in einer separate Kapelle steht das Grabmal Junípero Serras, des Gründers der peripatetischen Missionen Kaliforniens.

Tor House HISTORISCHES GEBÄUDE
(☎831-624-1813; www.torhouse.org; 26304 Ocean View Ave; Erw./Kind 10/5 US$; ⏲Fr & Sa 10–15 Uhr) Das Haus mit dem keltisch anmutenden Hank Tower wurde von Robinson Jeffers eigenhändig erbaut. Auch wer von diesem Dichter des 20 Jhs. noch nie etwas gehört hat, bekommt hier einen faszinierenden

Einblick in die Künstlerszene des alten Carmel. Die Besichtigung ist nur mit einer Führung möglich (Reservierung erforderlich).

Essen & Ausgehen

Bruno's Market & Deli FEINKOST, MARKT $
(www.brunosmarket.com; Ecke 6th & Junípero Ave; Sandwichs 6–9 US$; 7–20 Uhr) Hier kann man sich ein saftiges Steaksandwich gönnen und bekommt alles für ein Strandpicknick.

Mundaka SPANISCH $$
(831-624-7400; www.mundakacarmel.com; San Carlos St, zw. Ocean Ave & 7th Ave; kleine Gerichte 7–20 US$; So–Mi 17.30–22, Do–Sa bis 23 Uhr) Der Hof dieses Lokals ist ein prima Versteck vor der Menge der steifen Frischverheiraten oder „Fast-Toten". Man futtert spanische Tapas, trinkt hausgemachten Sangria zur Musik von DJs oder Flamencogitarristen.

Katy's Place AMERIKANISCH $$
(http://katysplacecarmel.com; Mission St, zw. 5th & 6th Ave; Hauptgerichte 11–21 US$; 7–14 Uhr;) In einem niedlichen Landhaus tischt dieses beliebte Frühstückslokal sechzehn Versionen von Eggs Benedict auf (z.B. mit Krabbenfleisch oder auf Cajun-Art), darüber hinaus gibt's ebenso sättigende Omelettes, mit Obst belegte Pfannkuchen, Chef's Salads und Clubsandwiches.

Monterey

In Monterey dreht sich alles ums Meer. Die Arbeiterstadt lockt Besucher mit einem tollen Aquarium an, das der Unterwasserwelt der Bucht angemessen huldigt. Die Monterey Bay ist seit 1992 ein staatliches Meeresschutzgebiet und schreit geradezu danach, im Rahmen eines Kajak-, Boots-, Tauch- oder Schnorcheltrips erkundet zu werden. Dsd historische Zentrumsbezirk bewahrt Kaliforniens Wurzeln mit restaurierten Gebäuden aus spanisch-mexikanischen Tagen. Zeitraubende Touristenfallen sind dagegen Fisherman's Wharf und Cannery Row. Letztere verewigte John Steinbeck einst in Romanform – zu einer Zeit, als das Viertel noch hektisches und stinkendes Zentrum der Sardinenkonservenindustrie war, die Monterey bis in die 1950er-Jahre ernährte.

Sehenswertes

★ **Monterey Bay Aquarium** AQUARIUM
(Infos 831-648-4800, Tickets 866-963-9645; www.montereybayaquarium.org; 886 Cannery Row; Erw./Kind 35/22 US$; Juni–Aug. Mo–Fr 9.30–18, Sa & So bis 20 Uhr, Sept.–Mai tgl. 10–17 oder 18 Uhr;) In diesem Museum, für dessen Besuch man mindestens einen halben Tag einplanen sollte, kann man Haien und Sardinen beim Versteckspiel in den Seetangwäldern zusehen, possierliche Otter beobachten, über fragile Quallen meditieren oder auf Tuchfühlung mit Seegurken, Kalifornischen Adlerrochen und anderen Tieren gehen, die in Gezeitenbecken existieren. Für Beobachtungen am besten geeignet sind die Fütterungszeiten, gerade auch bei den Pinguinen. Um dem größten Massenandrang zu entgehen, kauft man sein Ticket besser vorab und kommt, wenn das Aquarium öffnet.

Monterey State Historic Park HISTORISCHE STÄTTE
(Audiotour 831-998-9458; www.parks.ca.gov) In Old Monterey (Downtown) stehen ein paar liebevoll restaurierte Backstein- und Lehmziegelbauten aus dem 19. Jh., darunter die Pension, in der der Romancier Robert Louis Stevenson wohnte, und das Cooper-Molera Adobe, das einst ein Kapitän zur See baute. Der Eintritt in die Parkanlagen ist frei, die Eintrittspreise sowie die Öffnungs- und Führungszeiten der einzelnen Gebäude variieren. Infos zu den aktuellen Terminen und einen Lageplan für Spaziergänge erhält man im **Pacific House** (831-649-7118; www.parks.ca.gov; 20 Custom House Plaza; Eintritt 3 US$, inkl. Führung 5 US$; Fr–Mo 10–16 Uhr), einem multikulturellen Geschichtsmuseum.

Museum of Monterey MUSEUM
(831-372-2608; http://museumofmonterey.org; 5 Custom House Plaza; Eintritt 5 US$; Ende Mai–Anfang Sept. Di–Sa 10–19 & So 12–17 Uhr, Anfang Sept.–Ende Mai Mi–Sa 10–17 & So 12–17 Uhr) Nahe dem Ufer informiert diese große, moderne Ausstellungshalle über Montereys wild bewegte Vergangenheit: Von der Kolonialzeit als spanische Missionssiedlung bis hin zum achterbahnartigen Aufstieg und Niedergang der Ölsardinenindustrie, durch welche die Cannery Row entstand. Zu den Highlights gehören eine Sammlung von Buddelschiffen und die alten Fresnel-Linsen der Point Sur Lightstation.

Point Pinos Lighthouse LEUCHTTURM
(831-648-3176; www.pointpinos.org; 90 Asilomar Ave, Pacific Grove; Erw./Kind 2/1 US$; Do–Mo 13–16 Uhr) Der älteste ununterbrochen betriebene Leuchtturm an der Westküste warnt Schiffe schon seit 1855 vor diesem gefährlichen Punkt an der Halbinsel. Drinnen

finden sich Exponate zur Geschichte des Leuchtturms und Fundstücke aus Schiffen, die hier trotzdem scheiterten.

Monarch Grove Sanctuary Park PARK
(www.ci.pg.ca.us; abseits der Ridge Rd, Pacific Grove; Sonnenaufgang–Sonnenuntergang) GRATIS Zwischen Oktober und Februar sammeln sich mehr als 25 000 wandernde Monarchfalter im Eukalyptusdickicht abseits der Lighthouse Ave.

Aktivitäten

Tauchen und Schnorcheln stehen an erster Stelle, obwohl das Wasser selbst im Sommer recht kalt ist. Das ganze Jahr über starten am Fisherman's Wharf Walbeobachtungstouren. Beliebt ist auch das Wandern oder Radfahren auf dem asphaltierten **Monterey Peninsula Recreation Trail**, der an der Cannery Row vorbei die Küste entlangführt und bei Lovers Point in Pacific Grove endet. Der hochgejubelte **17-Mile Drive** (www.pebblebeach.com; 10 US$/Auto; Fahrrad frei) ist eine Mautstraße, die Monterey und Pacific Grove mit Carmel-by-the-Sea verbindet.

Adventures by the Sea WASSERSPORT, RADFAHREN
(831-372-1807; http://adventuresbythesea.com; 299 Cannery Row; Kajak oder Fahrrad 30 US$/Tag, Stehpaddelausrüstung 50 US$) Das Unternehmen vermietet Fahrräder und Wassersportgeräte, erteilt Stehpaddel-Unterricht (60 US$) und veranstaltet Kajaktouren (ab 60 US$). Eine zweite Filiale befindet sich in der Downtown (210 Alvarado St).

Monterey Bay Kayaks KAJAKFAHREN
(800-649-5357; www.montereybaykayaks.com; 693 Del Monte Ave; Kajak oder Stehpaddelausrüstung ab 30 US$/Tag) Vermietet Kajaks und Stehpaddelausrüstung, bietet Paddelunterricht (ab 50 US$) und veranstaltet geführte Touren (ab 50 US$) in der Monterey Bay und Elkhorn Slough, darunter auch Touren bei Sonnenaufgang und bei Vollmond.

Sanctuary Cruises WALBEOBACHTUNG
(831-917-1042; www.sanctuarycruises.com; Erw./Kind 50/40 US$) Von Moss Landing, mehr als 20 Meilen (32 km) nördlich von Monterey, startet das mit Biodiesel betriebene Boot ganzjährig zu Walbeobachtungstouren (Reservierung erforderlich).

Seven Seas Scuba TAUCHEN
(831-717-4546; http://sevenseasscuba.com; 225 Cannery Row; Schnorchel-/Tauchausrüstung 35/65 US$ pro Tag) Wer Tauchgeräte mieten oder an geführten Tauchgängen an der Bucht (50–100 US$), u.a. bei Point Lobos, teilnehmen will, ruft vorher an.

Schlafen

Wer auf Extras verzichtet, kann mit den Motels an der Munras Ave südlich vom Zentrum sowie an der N Fremont St östlich vom Hwy 1 eine Menge sparen. Camper fahren weiter nach Süden bis Big Sur.

HI Monterey Hostel HOSTEL $
(831-649-0375; www.montereyhostel.org; 778 Hawthorne St; B 27–35 US$, Zi. Ab 99 US$; Check-in 16–22 Uhr;) Das einfache, saubere Hostel, vier Blocks von der Cannery Row entfernt, ist die beste Option für Backpacker mit begrenzten Mitteln (Reservierung dringend empfohlen!). Von der Transit Plaza im Zentrum den MST-Bus 1 nehmen! Alle Zimmer sind mit Gemeinschaftsbad.

Asilomar Conference Grounds LODGE $$
(888-635-5310, 831-372-8016; www.visitasilomar.com; 800 Asilomar Ave; Zi. mit Frühstück 115–175 US$;) Die Gebäude der küstennahen State-Park-Lodge stammen von Julia Morgan, der Architektin des Hearst Castle. Die historischen Zimmer sind klein und haben dünne Wände, wirken aber gleichwohl charmant. Im Freizeitraum der Lodge mit Kamin gibt's Billardtische. Vor Ort befindet sich auch ein Fahrradverleih.

Monterey Hotel HISTORISCHES HOTEL $$
(800-966-6490, 831-375-3184; www.montereyhotel.com; 406 Alvarado St; Zi. 80–195 US$;) Direkt im Zentrum werden in dem anheimelnden Gebäude von 1904 kleine, nicht ganz lärmgeschützte, aber frisch renovierte Zimmer mit Reproduktionen viktorianischer Möbel vermietet. Kein Fahrstuhl. Parkplätze kosten 17 US$.

InterContinental–Clement HOTEL $$$
(866-781-2406, 831-375-4500; www.ictheclementmonterey.com; 750 Cannery Row; Zi. ab 220 US$;) Wie die exklusive Version eines Schindelhauses am Meer residiert dieses Resort oberhalb der Cannery Row. Wer richtig luxuriös wohnen möchte, bucht eine Suite mit Meerblick, eigenem Balkon und Kamin. Parkplätze kosten 21 US$.

Essen & Ausgehen

Restaurants, Bars und Livemusiktreffs gibt's an der Cannery Row und an der Alvarado St im Zentrum.

First Awakenings DINER $$
(www.firstawakenings.net; American Tin Cannery, 125 Oceanview Blvd; Hauptgerichte 6–13 US$; ⌚Mo–Fr 7–14, Sa & So bis 14.30 Uhr; 🚸) Das in einer Mall nahe dem Aquarium versteckte Café ist dank seiner kreativen Frühstücks- und Mittagsgerichte (süß oder herzhaft), der riesigen Becher mit Kaffee und einer Terrasse immer einen Besuch wert.

Cannery Row Brewing Co PUB $$
(☎831-643-2722; www.canneryrowbrewingcompany.com; 95 Prescott Ave; Hauptgerichte 8–18 US$; ⌚11.30–23 Uhr, Bar So–Do bis 24, Fr & Sa bis 2 Uhr) Dutzende Biere von Kleinbrauereien aus aller Welt locken ein feuchtfröhliches Publikum in diese Bar/dieses Grilllokal mit knisternden Feuerstellen auf der Terrasse hinter dem Haus. Zu essen gibt's ordentliche Burger, Grillspeisen, Salate und Knoblauchfritten.

★ **Passionfish** SEAFOOD $$$
(☎831-655-3311; www.passionfish.net; 701 Lighthouse Ave; Hauptgerichte 16–26 US$; ⌚So–Do 17–21, Fr & Sa bis 22 Uhr) Hier ist es nun endlich: das perfekte Meeresfrüchterestaurant! Es gibt frischen Fisch aus ökologischem Fang, gut zubereitete, schmackhafte Gerichten und erschwingliche Weine. Unbedingt reservieren!

East Village Coffee Lounge CAFÉ
(www.eastvillagecoffeelounge.com; 498 Washington St; ⌚Mo–Fr 6 Uhr–open end, Sa & So ab 7 Uhr) Schickes Kaffeehaus mit Schanklizenz, Livemusik, DJ- und Open-Mike-Abenden.

ℹ Praktische Information

Monterey Visitors Center (☎877-666-8373, 831-657-6400; www.seemonterey.com; 401 Camino El Estero; ⌚Mo–Sa 9–18, So bis 17 Uhr, Nov.–März Mo–Sa bis 17, So bis 16 Uhr) Nach der kostenlosen *Monterey County Literary & Film Map* fragen.

ℹ Anreise & Unterwegs vor Ort

Die Linien der Regional- und Nahverkehrsbusse von **Monterey-Salinas Transit** (MST; ☎888-678-2871; www.mst.org; Ticket 1,50–3 US$, Tageskarte 10 US$) treffen an der **Transit Plaza** (Ecke Pearl St & Alvarado St) im Zentrum zusammen. Von dort fahren die Busse u. a. nach Pacific Grove, Carmel, Big Sur (nur im Sommer) und Salinas (dort besteht Anschluss zu Greyhound-Bussen und Amtrak-Zügen). Im Sommer fahren kostenlose Trolleys zwischen der Downtown von Monterey und der Cannery Row sowie rund um Pacific Grove.

Santa Cruz

In Santa Cruz trifft südkalifornische Strand- auf nordkalifornische Gegenkultur. Dank der Studenten der University of California wird die altgediente Revoluzzerhochburg jugendlicher, hipper und linksgerichteter. Manche fürchten, dass der Verrücktheitsgrad in Santa Cruz abnehmen könnte, aber wenn man sich die Freakshow (und der Begriff ist freundlich gemeint) auf der Pacific Ave anschaut, braucht man deshalb nicht weiter beunruhigt zu sein.

Sehenswertes & Aktivitäten

Die meiste Action konzentriert sich auf den **Main Beach**, eine Meile (1,6 km) südlich vom Zentrum. Die Einheimischen bevorzugen die weniger überlaufenen Strände abseits des E Cliff Dr.

Santa Cruz Beach Boardwalk VERGNÜGUNGSPARK
(☎831-423-5590; www.beachboardwalk.com; 400 Beach St; Rides 3–6 US$, Tageskarte 32 US$; ⌚Ende Mai–Anfang Sept. tgl., Nebensaison wechselnde Öffnungszeiten; 🚸) In Gehentfernung vom städtischen Kai liegt dieser echt amerikanische Vergnügungspark, der älteste an einem Strand der Westküste. Zu den Attraktionen zählen die Achterbahn „Giant Dipper" von 1924 und das Looff-Karussell von 1911. Im Sommer gibt's kostenlose Konzerte und Freiluftkino.

Santa Cruz State Parks PARK
(www.thatsmypark.org; 8–10 US$/Auto; ⌚Sonnenaufgang–Sonnenuntergang) Wanderwege an Bächen, die durch Mammutbaumwälder führen, erwarten Besucher im Henry Cowell Redwoods State Park, im Big Basin Redwoods State Park abseits des Hwy 9 nördlich der Stadt in den Santa Cruz Mountains sowie im Forest of Nisene Marks State Park südlich der Stadt bei Aptos abseits vom Hwy 1. Mountainbikefahrer erkunden den Wilder Ranch State Park weiter nördlich abseits des Hwy 1.

Santa Cruz Surfing Museum MUSEUM
(www.santacruzsurfingmuseum.org; 701 W Cliff Dr; Eintritt gegen Spende; ⌚4. Juli–Anfang Sept. Mi–Mo 10–17 Uhr, Anfang Sept.–3. Juli Do–Mo 12–16 Uhr) Rund 1 Meile (1,6 km) südwestlich des Kais steht ein alter Leuchtturm voller Surf-Memorabilien, zu denen auch alte Surfbretter aus Redwood gehören. Vom Museum fällt der Blick auf zwei beliebte Breaks: die

Steamers Lane für erfahrene Surfer und den für Anfänger geeigneten **Cowells**.

Natural Bridges State Beach STRAND
(www.parks.ca.gov; 2531 W Cliff Dr; 10 US$/Auto; ⏲8 Uhr–Sonnenuntergang) Der malerische Küstenradweg endet rund 3 Meilen (4,8 km) südwestlich vom Kai an diesem hübschen Strand mit Gezeitenbecken und Laubbäumen, in denen von Oktober bis Februar Monarchfalter überwintern.

Seymour Marine Discovery Center MUSEUM
(☎831-459-3800; http://seymourcenter.ucsc.edu; Ende der Delaware Ave; Erw./Kind 6/4 US$; ⏲Di–Sa 10–17, So ab 12 Uhr; 👪) Das universitätseigene Long Marine Lab hat eine coole interaktive Naturkundeausstellung für Kinder. Drinnen gibt's Streichelbecken, draußen ist das weltweit größte Blauwalskelett zu sehen.

Sanctuary Exploration Center MUSEUM
(☎831-421-9993; http://montereybay.noaa.gov; 35 Pacific St; ⏲Mi–So 10–17 Uhr; 👪) GRATIS In diesem lehrreichen Mini-Museum am Kai kann man eine virtuelle Reise in die Kelpwälder und zu den Unterwasserschluchten des Monterey Bay National Marine Sanctuary unternehmen.

Venture Quest KAJAKFAHREN
(☎831-425-8445, 831-427-2267; www.kayaksantacruz.com; Municipal Wharf; Kajakverleih ab 30 US$) Man erkundet die schroffe Küstenlinie bei geführten Kajaktouren (Erw./Kind ab 60/35 US$), bei denen man Meereshöhlen erkundet oder Tiere beobachtet. Auch Touren nach Elkhorn Slough und Paddeltrips bei Mondschein sind im Angebot.

Roaring Camp Railroads ZUGFAHRT
(☎831-335-4484; www.roaringcamp.com; Erw./Kind ab 26/19 US$; 👪) Ein Spaß für die ganze Familie ist eine Fahrt mit den Schmalspur-Dampfzügen hinauf in die Mammutbaumwälder oder eine Tour mit der Normalspurbahn, die an der Uferpromenade startet.

O'Neill Surf Shop SURFEN
(☎831-475-4151; www.oneill.com; 1115 41st Ave; Neoprenanzug/Surfbrett 10/20 US$; ⏲Mo–Fr 9–20, Sa & So ab 8 Uhr) Der international renommierte Surfbretthersteller hat sein Hauptgeschäft weiter östlich in Capitola, ist aber auch mit einer kleineren Filiale in der Downtown vertreten (110 Cooper St).

Santa Cruz Surf School SURFEN
(☎831-426-7072; www.santacruzsurfschool.com; 131 Center St; Gruppen-/Einzelunterricht ab 90/120 US$; 👪) Die freundlichen Leute bringen einem bei, auf den Wellen zu reiten (Surfbrett und Neoprenanzug für den Unterricht sind im Kurspreis enthalten).

Schlafen

Gute Adressen für Motelzimmer sind die Ocean St nahe der Downtown, die Mission St am Unicampus und der Hwy 1 Richtung Süden. Stellplätze auf State-Park-**Campingplätzen** (☎800-444-7275; www.reserveamerica.com; Stellplatz 35–65 US$; 👪🐾) an den Stränden abseits des Hwy 1 und in den Wäldern abseits des Hwy 9 können reserviert werden.

HI Santa Cruz Hostel HOSTEL $
(☎831-423-8304; www.hi-santacruz.org; 321 Main St; B 26–29 US$, Zi. 60–110 US$; ⏲Check-in 17–22 Uhr; @) Das reizende Hostel bei den Carmelita Cottages ist der Liebling aller Budget-Traveller. Inmitten von Blumengärten steht es nur zwei Blocks vom Strand entfernt. Reservierung empfohlen. Nur Gemeinschaftsbäder. Parkplätze kosten 2 US$.

Adobe on Green B&B B&B $$
(☎831-469-9866; www.adobeongreen.com; 103 Green St; Zi. inkl. Frühstück 149–219 US$; 📶) Hier herrschen Ruhe und Frieden: Die Eigentümer beweisen überall Umsicht – bei den exquisiten Einrichtungen mit den geräumigen, mit Solarstrom versorgten Zimmern genauso wie beim Frühstück mit Zutaten aus dem hauseigenen Bio-Garten. Und trotzdem sind sie quasi unsichtbar.

Pelican Point Inn APARTMENT $$
(☎831-475-3381; www.pelicanpointinn-santacruz.com; 21345 E Cliff Dr; Suite 109–199 US$; 📶👪🐾) Die geräumigen, an Apartments erinnernden Unterkünfte nahe dem kinderfreundlichen Twin Lakes Beach sind für Familien ideal. Sie sind mit allem ausgestattet, was man für einen entspannten Strandurlaub braucht, auch mit Einbauküchen. Es kann etwas lauter werden.

Dream Inn HOTEL $$$
(☎866-774-7735, 831-426-4330; www.dreaminnsantacruz.com; 175 W Cliff Dr; Zi. 200–380 US$; ❄@📶🏊) Von seinem Standort an einem Hügel blickt dieses retro-schicke Boutiquehotel – das stilvollste in Santa Cruz – hinunter auf die Anlegestelle. Die Zimmer bieten alle modernen Annehmlichkeiten, und der Strand ist nur ein paar Schritte entfernt. In der Bar des Restaurants Aquarius lässt sich bei Meerblick die Happy Hour genießen. Parkplätze kosten 24 US$.

Essen

Im Zentrum gibt's viele recht mittelmäßige Cafés. Günstige Takeaways und ethnische Lokale befinden sich in der Mission St nahe dem Campus der Universität sowie an der 41st Ave im benachbarten Capitola.

Picnic Basket FEINKOST, BÄCKEREI $
(http://thepicnicbasketsc.com; 125 Beach St; 3–8 US$/Stück; ⏲7–21 Uhr, Nebensaison kürzere Öffnungszeiten; 👪) Das Lokal auf der dem Ufer abgewandten Seite der Strandpromenade liefert kreative Sandwiches, Suppen, Obstsäfte und Backwaren aus Zutaten lokaler Anbieter.

Penny Ice Creamery DESSERTS $
(http://thepennyicecreamery.com; 913 Cedar St; 2–4 US$/Portion; ⏲12–23 Uhr) 🍃 Die Eisdiele bietet interessante Kreationen aus lokalen, oft ökologisch produzierten Zutaten wie Avocado, Meyer-Zitronen (eine Kreuzung aus Zitrone und Mandarine oder Orange) und Wildblütenhonig.

Hula's Island Grill FUSION $$
(☎831-426-4852; www.hulastiki.com; 221 Cathcart St; Hauptgerichte abends 11–20 US$; ⏲So & Di–Do 11.30–21.30, Fr & Sa bis 23, Mo 16.30–21.30 Uhr) In der als Grashütte aufgemachten und mit Laternen beleuchteten Tiki-Bar nimmt man einen tropischen Cocktail und fühlt sich bei Fischtacos, *ahi* (Thunfisch) mit Macadamia-Kruste oder Schweinebraten wie bei einem hawaiianischen Luau.

Laili AFGHANISCH $$$
(☎831-423-4545; www.lailirestaurant.com; 101 Cooper St; Hauptgerichte abends 13–26 US$; ⏲11.30–15 & 17–22 Uhr) In dem schicken Speisesaal mit hoher Decke gibt's delikate Gerichte von der Seidenstraße: Aubergine mit Grantapfelsirup, Lamm-Kebap, Linsensuppe mit Joghurt und würziges Fladenbrot.

Soif BISTRO $$$
(☎831-423-2020; www.soifwine.com; 105 Walnut Ave; kleine Gerichte 5–17 US$, Hauptgerichte 19–26 US$; ⏲So–Do 17–21, Fr & Sa bis 22 Uhr) Bonvivants kommen in Scharen in diesen Weinladen (hat auch einen Lieferservice) im Zentrum, der eine berauschende Auswahl von 45 internationalen Tischweinen und eine raffinierte europäisch-kalifornische Speisekarte zu bieten hat.

Ausgehen & Unterhaltung

Im Zentrum gibt's viele Bars, Livemusiktreffs, entspannte Nachtclubs und Kaffeehäuser. Eine Übersicht über die Orte und aktuelle Events ist im kostenlosen *Santa Cruz Weekly* (www.santacruzweekly.com) zu finden.

Santa Cruz Mountain Brewing BRAUEREI
(www.scmbrew.com; 402 Ingalls St; ⏲12–22 Uhr) Hier bekommt man starke Öko-Biere. Die Brauerei liegt westlich vom Zentrum und abseits der Mission St zwischen mehreren Weinstuben, in denen man Tropfen aus den Kellereien der Santa Cruz Mountains probieren kann.

Caffe Pergolesi CAFÉ
(www.theperg.com; 418 Cedar St; ⏲7–23 Uhr; 📶) Auf einer begrünten Terrasse am Straßenrand kann man bei starkem Kaffee, Bio-Säften oder einem Bier über Kunst oder Verschwörungstheorien diskutieren.

Surf City Billiards & Café BAR
(http://surfcitybilliardscafe.com; 931 Pacific Ave; ⏲So–Do 17–24, Fr & Sa bis 2 Uhr) Billardtische, Dartboards, Großbild-TVs und verdammt gutes Kneipenessen.

Catalyst LIVEMUSIK
(☎831-423-1338; www.catalystclub.com; 1011 Pacific Ave) Im Lauf der Jahre sind in der kultigen Konzertstätte im Zentrum schon viele landesweit bekannte Bands (von Nirvana bis zu den Cold War Kids) aufgetreten.

Praktische Informationen

KPIG 107.5 FM Der Sender sorgt für den klassischen Santa-Cruz-Soundtrack (Bob Marley, Janis Joplin, Willie Nelson etc.).

Santa Cruz Visitor Center (☎800-833-3494, 831-425-1234; www.santacruzca.org; 303 Water St; ⏲Mo–Fr 9–16, Sa & So 10–15 Uhr; 📶)

An- & Weiterreise

Die Linien der Regionalbusse von **Santa Cruz Metro** (☎831-425-8600; www.scmtd.com; Ticket/Tageskarte 2/6 US$) laufen am **Metro Center** (920 Pacific Ave) in der Downtown zusammen. Von dort fahren täglich Greyhound-Busse nach San Francisco (16 US$, 3 Std.), San Luis Obispo (42 US$, 4 Std.), Santa Barbara (53 US$, 6 Std.) und Los Angeles (59 US$, 9 Std.). Der Trolley (0,25 US$) zwischen der Downtown und dem Kai verkehrt im Sommer täglich und im Herbst an den Wochenenden.

Von Santa Cruz nach San Francisco

Der kurvige, 70 Meilen (113 km) lange Abschnitt des Hwy 1 ist malerischer als jeder

Freeway. Er passiert wilde Strände, Verkaufsstände von Bio-Bauern und Küstendörfer, die wie verstreute Diamanten in rauer Landschaft wirken.

Der **Año Nuevo State Park** (☎Tourreservierung 800-444-4445; www.parks.ca.gov; 10 US$/Auto, Tour 7 US$/Pers.; ⊙April–Aug. 8.30–17 Uhr, letzter Einlass 15.30 Uhr, Sept.–Nov. bis 16 Uhr, letzter Einlass 15 Uhr, Touren nur Mitte Dez.–März) rund 20 Meilen (32 km) nordwestlich von Santa Cruz ist die Heimat der weltweit größten Kolonie Nördlicher Seeelefanten auf dem Festland. Wer hier während der geräuschvollen Brunft- und Wurfzeit im Winter an den geführten Wanderungen (2½ Std., 4,8 km) teilnehmen möchte, muss vorab telefonisch reservieren.

Weiter nördlich thront das öko-zertifizierte **HI Pigeon Point Lighthouse Hostel** (☎650-879-0633; www.norcalhostels.org/pigeon; 210 Pigeon Point Rd; B 26–30 US$, Zi. 75–180 US$, alle mit Gemeinschaftsbad; ⊙Check-in 15.30–22.30 Uhr; @📶👪) 🍃 ruhig über der windumtosten Küste. Das Hostel in den historischen Wohnhäusern der Leuchtturmwärter ist beliebt, darum vorab reservieren! Komfortabler nächtigt man in den Zeltbungalows oder den gemütlichen Hütten mit Kamin im **Costanoa** (☎877-262-7848, 650-879-1100; www.costanoa.com; 2001 Rossi Rd; Zelt/Hütte mit Gemeinschaftsbad ab 89/179 US$; 📶👪).

5 Meilen (8 km) nördlich von Pigeon Point lockt der **Pescadero State Beach** (www.parks.ca.gov; 8 US$/Auto; ⊙8 Uhr–Sonnenuntergang) Strandgutsammler und Vogelbeobachter in sein nahegelegenes sumpfiges Naturschutzgebiet. Ein Stück landeinwärts bekommt man im Dorf Pescadero im Bäckerei-Deli der **Arcangeli Grocery Co** (www.normsmarket.com; 287 Stage Rd; ⊙10–18 Uhr) Vorräte für ein Strandpicknick. Ganz in der Nähe bietet das Personal des familiengeführten **Harley Farms Cheese Shop** (☎650-879-0480; www.harleyfarms.com; 250 North St; ⊙Do–So 10–17 Uhr; 👪) 🍃 am Wochenende auch Führungen durch die Ziegenfarm an (Reservierung erforderlich).

15 Meilen (24 km) weiter nördlich liegt an der belebten Half Moon Bay der hübsche, 6,4 km lange **Half Moon Bay State Beach** (www.parks.ca.gov; 10 US$; 👪) mit malerischen **Campingplätzen** (☎800-444-7275; www.reserveamerica.com; Stellplatz 35–50 US$). Aufs Wasser kommt man mit **Half Moon Bay Kayak** (☎650-773-6101; www.hmbkayak.com; Pillar Point Harbor; Kajakvermietung/Kajaktour ab 25/75 US$). Luxus am Meer findet man in den geräumigen, romantischen Zimmern des **Inn at Mavericks** (☎650-728-1572; www.innatmavericks.com; 364 Princeton Ave; Zi. ab 209 US$; 📶🐾). Vom Gasthof blickt man hinunter auf den Pillar Point Harbor, wo es ein ordentliches Brauhaus mit einer Terrasse zum Genießen des Sonnenuntergangs gibt. Weiter südlich säumen im idyllischen Zentrum von Half Moon Bay, landseitig gleich hinter dem Hwy 1, Cafés, Restaurants und bunte Läden die Main St. Der Meeresfrüchte-Imbiss mit den leckersten Sachen ist der **Flying Fish Grill** (☎650-712-1125; www.flyingfishgrill.net; 211 San Mateo Rd; Gerichte 5–17 US$; ⊙Mi–Mo 11–20.30; 👪).

Nördlich vom Hafen weisen Schilder den Weg vom Hwy 1 zur **Moss Beach Distillery** (www.mossbeachdistillery.com; 140 Beach Way; ⊙So–Do 12–20.30, Fr & Sa bis 21 Uhr), einem historischen Schwarzbrennertreff mit hundefreundlicher Terrasse, von der aus man bei einem Drink aufs Meer blicken und den Sonnenuntergang genießen kann. Gleich nördlich davon findet man im **Fitzgerald Marine Reserve** (www.fitzgeraldreserve.org; Ende der California Ave; ⊙8 Uhr–Sonnenuntergang; 👪) GRATIS Gezeitenbecken mit einer bunten Meeresfauna – den Besuch auf die Ebbe abstimmen! 1 Meile (1,6 km) weiter nördlich steht das umweltfreundliche **HI Point Montara Lighthouse Hostel** (☎650-728-7177; www.norcalhostels.org/montara; 16th St & Hwy 1; B 27–30 US$, Zi. 74–110 US$, alle mit Gemeinschaftsbad; ⊙Check-in 15.30–22.30 Uhr; @📶👪) 🍃 mit seinem kleinen Privatstrand (Reservierung erforderlich). Von dort sind es über den Pacifica Tunnel und den Devil's Slide Tunnel keine 20 Meilen (32 km) mehr bis nach San Francisco.

SAN FRANCISCO & BAY AREA

San Francisco

Wer sich schon immer gefragt hat, was passiert, wenn Grenzen überschritten werden, findet hier die Antwort: Bewusstseinsverändernde Drogen, neueste Technologien, die Schwulenbewegung, grüne Unternehmen, Redefreiheit und kulinarische Experimente sind in San Francisco schon seit Langem eine Selbstverständlichkeit. Nach 160 Jahren voller Booms und Pleiten ist es hier zu einem beliebten Zeitvertreib geworden, sich auszuziehen, ob nun beim Bay-to-Breakers-Lauf

(Kleidung optional), bei der Pride Parade oder an warmen Sonntagen am Baker Beach. In San Francisco fallen die Hemmungen!

Geschichte

Ehe das Gold alles veränderte, war San Francisco eine glücklose spanische Mission, die von indigenen Zwangsarbeitern aus den Gemeinden der Ohlone und Miwok errichtet wurde. Da sie keine Immunabwehr gegen von Europäern eingeschleppte Krankheiten besaßen, erkrankten rund 5000 der indigenen Arbeiter und starben; sie sind neben der Mission Dolores aus dem 18. Jh. beerdigt, die ihren Namen „Mission der Leiden" völlig zu Recht trägt.

Der Goldrausch von 1849 verwandelte das Dorf mit seinen 800 Seelen in eine Hafenstadt mit 100 000 Menschen – Goldsuchern, Betrügern, Prostituierten und anständigen Leuten. Panik breitete sich aus, als Australien 1854 den Markt mit Gold überschwemmte – der Zorn der Bergleute richtete sich irrationalerweise gegen die chinesische Gemeinde der Stadt, die von 1877 bis 1943 durch rassistische Gesetze gezwungen wurde, nur in Chinatown leben und arbeiten zu dürfen. Von den 1860er- bis in die 1890er-Jahre hatten chinesische Arbeitskräfte kaum andere Möglichkeiten, als sich beim Eisenbahnbau zu verdingen – für die Gangsterkönige der Stadt, die sich ihren Weg durch den Goldenen Westen sprengten, gruben und rodeten und prächtige Villen auf dem Nob Hill oberhalb von Chinatown errichteten.

Die hochfliegenden Träume der Stadt stürzten zusammen, als 1906 das Erdbeben und die anschließenden Brände den größten Teil der Stadt in Trümmer legten. Aber die Einwohner bauten San Francisco in erstaunlichem Tempo (15 Gebäude wurden pro Tag fertiggestellt) wieder auf, und schon 1915 konnte man die Panama-Pacific International Expo in großem Stil feiern.

Während des Zweiten Weltkriegs wurden in San Francisco Soldaten unter dem Vorwurf der Homosexualität und Insubordination unehrenhaft entlassen und blieben vor Ort, was den Ruf der Stadt als Zentrum der Gegenkultur begründete. Der Summer of Love brachte freie Liebe, freies Essen und freie Musik ins Haight, und in den 1970er-Jahren schufen wagemutige schwule Aktivisten die offene, stolze Schwulengemeinde in Castro.

Die unkonventionelle Denkweise der Einwohner beflügelte Mitte der 1990er-Jahre das Internet und steht auch hinter dem heutigen Boom der Sozialen Netzwerke, Apps und Biotechnologie. Traveller sind also genau zur richtigen Zeit hier – der nächste wilde Ritt beginnt!

Sehenswertes

San Franciscos 43 Hügel und über 80 Kunstmuseen und -galerien halten Beine und Phantasie gleichermaßen auf Trab. Unter-

SAN FRANCISCO IN ...

... einem Tag

Seit dem Goldrausch beginnen alle großen San-Francisco-Abenteuer in **Chinatown**, wo sich immer noch das Glück finden lässt – jedenfalls in den Glückskeksen. Anschließend kann man im **City Lights Bookstore** in Beatpoesie schwelgen. An der **Transamerica Pyramid** vorbei begibt man sich zum **City View** zum Klößeessen. Nach den **Galerien** der Downtown steht ein Besuch im **Asian Art Museum** an, dessen Kunstwerke einen auf eine Reise durch die Jahrhunderte und über den Ozean mitnehmen. Abends steht die gruselige Besichtigung von **Alcatraz** auf dem Programm. Glücklich der Gefängnisinsel entkommen, speist man im **Ferry Building** zu Abend und stürzt sich anschließend in den Clubs von **SoMa** auf die Tanzfläche.

... zwei Tagen

Der Tag beginnt mit den Wandbildern auf den Garagentoren an der **Balmy Alley**, dann folgen das Stöbern im Piratenkram des **826 Valencia** und fischige Späße im Fish Theater. Nach einer Pause bei Burritos geht's nach Haight, wo man in Secondhand-Boutiquen Flashbacks erlebt und sich den Schauplatz des Summer of Love anschaut: den **Golden Gate Park**. Vom Dach des **MH de Young Museum** genießt man den Blick auf die Golden Gate Bridge, ehe man in der **California Academy of Sciences** durch die Wildnis spaziert. Bei kalifornisch-marokkanischen Bio-Gerichten im **Aziza** klingt der Abend aus.

San Francisco & Bay Area

0 20 km
0 10 Meilen

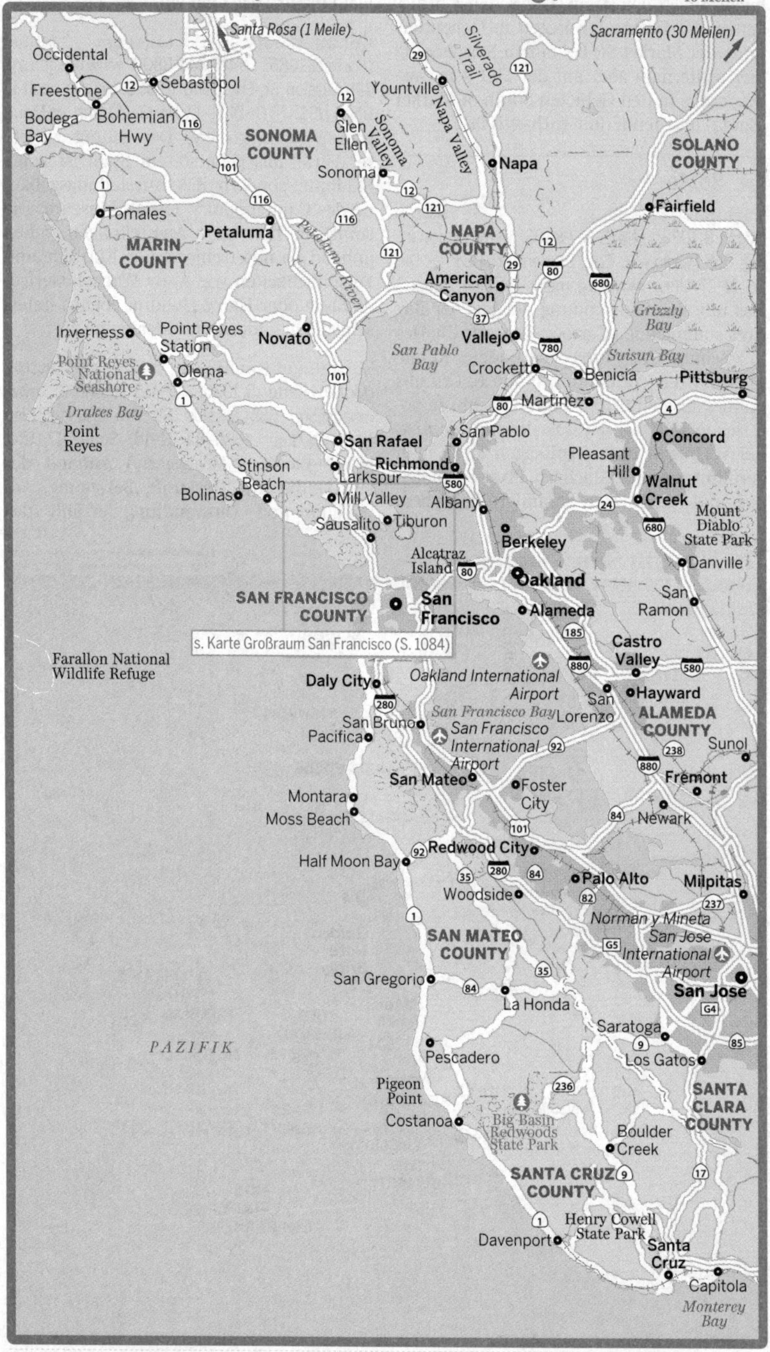

Santa Rosa (1 Meile)
Sacramento (30 Meilen)
Silverado Trail
Occidental
Sebastopol
Freestone
Bohemian Hwy
Bodega Bay
Yountville
Napa Valley
Glen Ellen
Sonoma Valley
SONOMA COUNTY
Sonoma
Napa
SOLANO COUNTY
Fairfield
Tomales
Petaluma
Petaluma River
MARIN COUNTY
NAPA COUNTY
American Canyon
Grizzly Bay
Suisun Bay
Inverness
Point Reyes Station
Novato
Vallejo
San Pablo Bay
Point Reyes National Seashore
Olema
Crockett
Benicia
Pittsburg
Drakes Bay
Point Reyes
Martinez
San Rafael
San Pablo
Concord
Stinson Beach
Richmond
Pleasant Hill
Larkspur
Walnut Creek
Bolinas
Mill Valley
Albany
Mount Diablo State Park
Sausalito
Tiburon
Berkeley
Alcatraz Island
Danville
Oakland
SAN FRANCISCO COUNTY
San Francisco
Alameda
San Ramon
s. Karte Großraum San Francisco (S. 1084)
Castro Valley
Farallon National Wildlife Refuge
Oakland International Airport
Daly City
San Lorenzo
Hayward
San Francisco Bay
ALAMEDA COUNTY
San Bruno
San Francisco International Airport
Pacifica
Sunol
San Mateo
Foster City
Fremont
Montara
Moss Beach
Newark
Redwood City
Half Moon Bay
Palo Alto
Milpitas
Woodside
Norman y Mineta San Jose International Airport
SAN MATEO COUNTY
San Gregorio
San Jose
La Honda
Saratoga
PAZIFIK
Los Gatos
Pescadero
Pigeon Point
SANTA CLARA COUNTY
Costanoa
Big Basin Redwoods State Park
Boulder Creek
SANTA CRUZ COUNTY
Henry Cowell State Park
Davenport
Santa Cruz
Capitola
Monterey Bay

wegs raubt einem die Aussicht teilweise buchstäblich den Atem. Die Sehenswürdigkeiten der Downtown liegen in Gehentfernung der Market St; bei einem Spaziergang hier sollte man aber auf der Hut sein, insbesondere in den Gebieten South of Market (SoMa) und Tenderloin (5th–9th St).

SoMa

Cartoon Art Museum MUSEUM

(Karte S. 1086; ☎415-227-8666; www.cartoonart.org; 655 Mission St; Erw./Student 7/5 US$; ⊙Di–So 11–17 Uhr; Ⓜ Montgomery, Ⓑ Montgomery) Das mit einer Zuwendung der aus der Bay Area stammenden Cartoon-Legende Charles M. Schultz (*Peanuts*) gegründete kühne Museum zeigt Zeichnungen von R. Crumbs Comics aus den 1970er-Jahren bis hin zu politischen Karikaturen aus dem *Economist*. Bei Vorträgen und Vernissagen kann man berühmten Comic-Machern, Pixar-Studioleitern und begeisterten Sammlern begegnen.

Am ersten Dienstag im Monat zahlt man so viel Eintritt, „wie man will".

Contemporary Jewish Museum MUSEUM

(Karte S. 1086; ☎415-344-8800; www.thecjm.org; 736 Mission St; Erw./Kind 10 US$/frei, Do nach 17 Uhr 5 US$; ⊙Fr–Di 11–17, Do 13–20 Uhr; Ⓜ Montgomery, Ⓑ Montgomery) Der schräg gestellte Würfel aus gebürstetem Stahl ist keine Skulptur, sondern das Ausstellungsgebäude des Contemporary Jewish Museum. Die sorgfältig betreuten Ausstellungen gehen anhand so unterschiedlicher Künstler und Persönlichkeiten wie Andy Warhol, Gertrude Stein oder Harry Houdini ebenso unterschiedlichen Ideen und Idealen nach.

Museum of the African Diaspora MUSEUM

(MoAD; Karte S. 1086; ☎415-358-7200; www.moadsf.org; 685 Mission St; Erw./Student/Kind 10/5 US$/frei; ⊙Mi–Sa 11–18, So 12–17 Uhr; Ⓜ Montgomery, Ⓑ Montgomery) Anhand der vier Leitbegriffe Herkunft, Bewegung, Anpassung und Umwandlung erzählt das

Großraum San Francisco

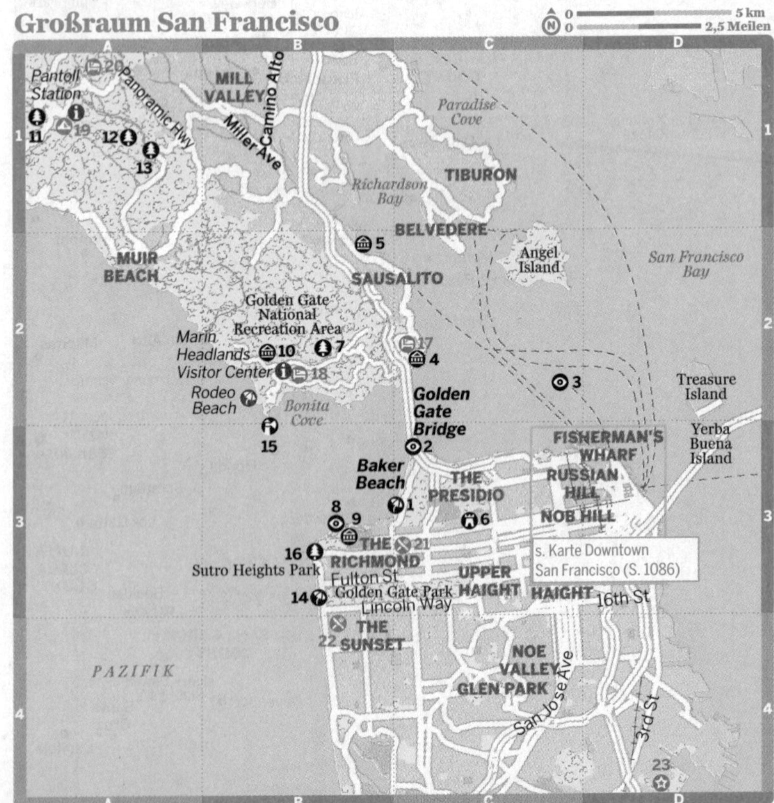

MoAD die lange Geschichte der Diaspora. Sehenswert ist das bewegende Video mit den Erzählungen von Sklaven, die Maya Angelou vorträgt.

Union Square

Der von Luxuswarenhäusern umgebene Union Sq (an der Kreuzung von Geary St, Powell St, Post St & Stockton St) trägt seinen Namen wegen der Demonstrationen, die vor 150 Jahren – zur Zeit des amerikanischen Bürgerkriegs – hier zugunsten der Union stattfanden. Vom Emporio Rulli aus kann man bei einem Espresso Leute beobachten. Theaterkarten zum halben Preis bekommt man am Schalter von TIX Bay Area.

Powell St Cable Car Turnaround WAHRZEICHEN
(Karte S. 1086; Ecke Powell St & Market St; M Powell, B Powell) Die Cable Cars können nicht rückwärts fahren, daher werden die Wagen am Endbahnhof Powell St von Hand mithilfe einer Drehscheibe gewendet. Mit der Strecke Powell-Mason gelangt man am schnellsten zu den Anlegestellen, auf der Strecke Powell-Hyde sieht man aber mehr, weil mehr Hügel zu überwinden sind.

Civic Center

Asian Art Museum MUSEUM
(Karte S. 1086; ☎ 415-581-3500; www.asianart.org; 200 Larkin St; Erw./Student/Kind 12/8 US$/frei, 1. So im Monat Eintritt frei; ⏲ Feb.–Sept. Di–So 10–17, Do bis 21 Uhr; M Civic Center, B Civic Center) Auf drei Stockwerken, die 6000 Jahre asiatischer Kunst umspannen, geht die Fantasie auf eine Reise, die von mittelalterlichen persischen Miniaturen bis zu aktueller japanischer Mode führt. Mit 18 000 Stücken ist die Sammlung die größte ihrer Art außerhalb Asiens. Es bietet darüber hinaus ausgezeichnete Veranstaltungen – von Schattenspiel-Vorführungen bis zu multikulturellen Events mit DJs.

City Hall HISTORISCHES GEBÄUDE
(Karte S. 1086; ☎ Infos zu Kunstausstellungen 415-554-6080, zu Führungen 415-554-6023; www.ci.sf.ca.us/cityhall; 400 Van Ness Ave; ⏲ Mo–Fr 8–20 Uhr, Führungen 10, 12 & 14 Uhr; ♿; M Civic Center, B Civic Center) GRATIS Die mächtige Beaux-Arts-Kuppel wacht über San Franciscos kühnste Hoffnungen und den Nonkonformismus der Stadt. Die 1915 errichtete Rotunde sollte Paris und die Kuppel des Capitols in Washington übertreffen, blieb aber statisch instabil. Erst nach dem Erdbeben von 1989 wurde die Situation durch den Einbau von Schwingungsdämpfern im Fundament entschärft.

Financial District

Im „FiDi" bestimmen Schlipsträger das Bild, es gibt aber noch ein paar lohnende Kuriositäten: Über den Wracks alter Walfängerschiffen unter der raketenförmigen **Transamerica Pyramid** (Karte S. 1086; www.thepyramidcenter.com; 600 Montgomery St; ⏲ Mo–Fr 9–18 Uhr; M Embarcadero, B Embarcadero) hat sich ein Mammutbaumwäldchen angesiedelt, und exzentrische Kunstsammler flattern von ihren Villen auf den Hügeln hinunter zu den First-Thursday-Galerieeröffnungen in der **14 Geary**, **49 Geary** und **77 Geary**, die alle von der **San Francisco Art Dealers Asso-**

Großraum San Francisco

Highlights
1 Baker Beach ... C3
2 Golden Gate Bridge ... C3

Sehenswertes
3 Alcatraz ... C2
4 Bay Area Discovery Museum ... C2
5 Bay Model Visitor Center ... B2
6 California Palace of the Legion of Honor ... C3
7 Golden Gate National Recreation Area ... B2
8 Lands End ... B3
9 Legion of Honor ... B3
10 Marine Mammal Center ... B2
11 Mt. Tamalpais State Park ... A1
12 Muir Woods ... A1
13 Muir Woods National Monument ... A1
14 Ocean Beach ... B3
15 Point Bonita Lighthouse ... B3
16 Sutro Baths ... B3

Schlafen
17 Cavallo Point ... C2
18 HI Marin Headlands Hostel ... B2
19 Pantoll Campground ... A1
20 West Point Inn ... A1

Essen
21 Aziza ... C3
22 Outerlands ... B4

Unterhaltung
23 San Francisco 49ers ... D4

Downtown San Francisco

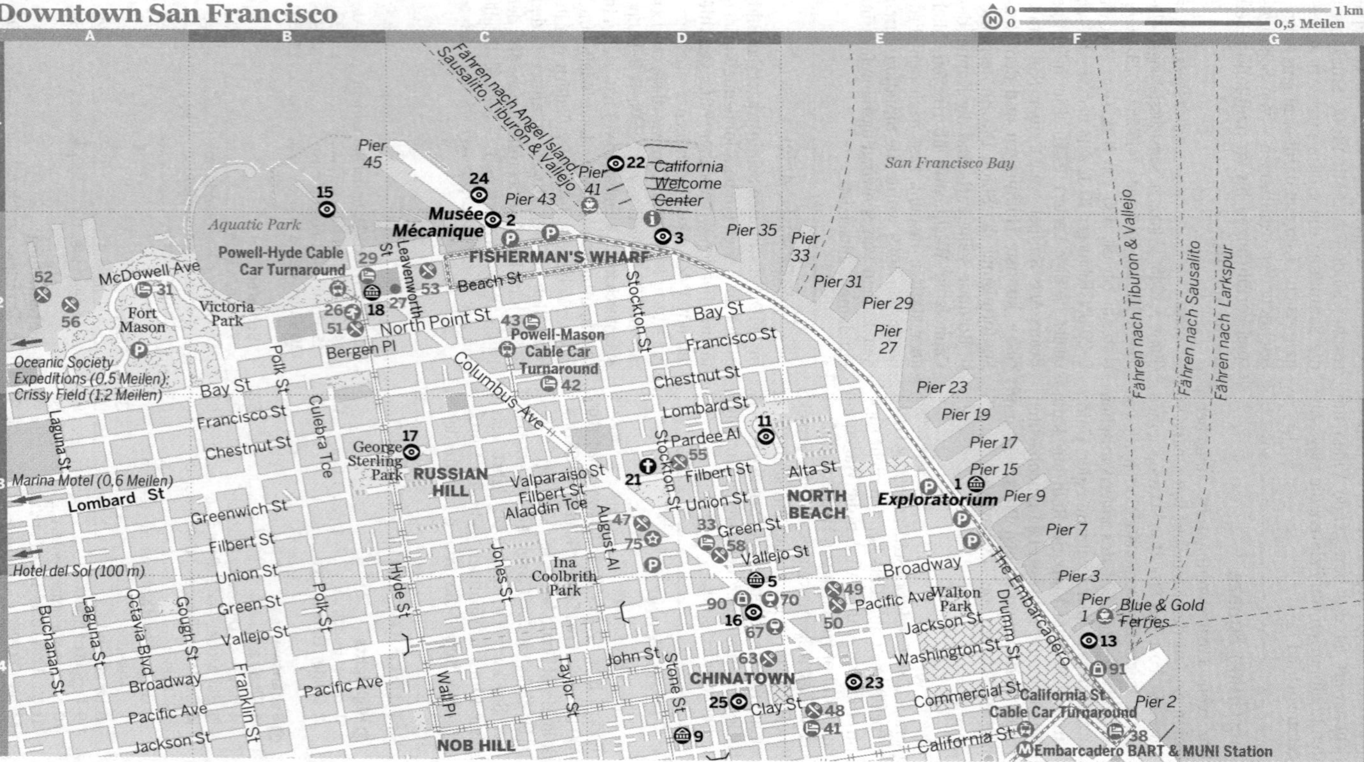

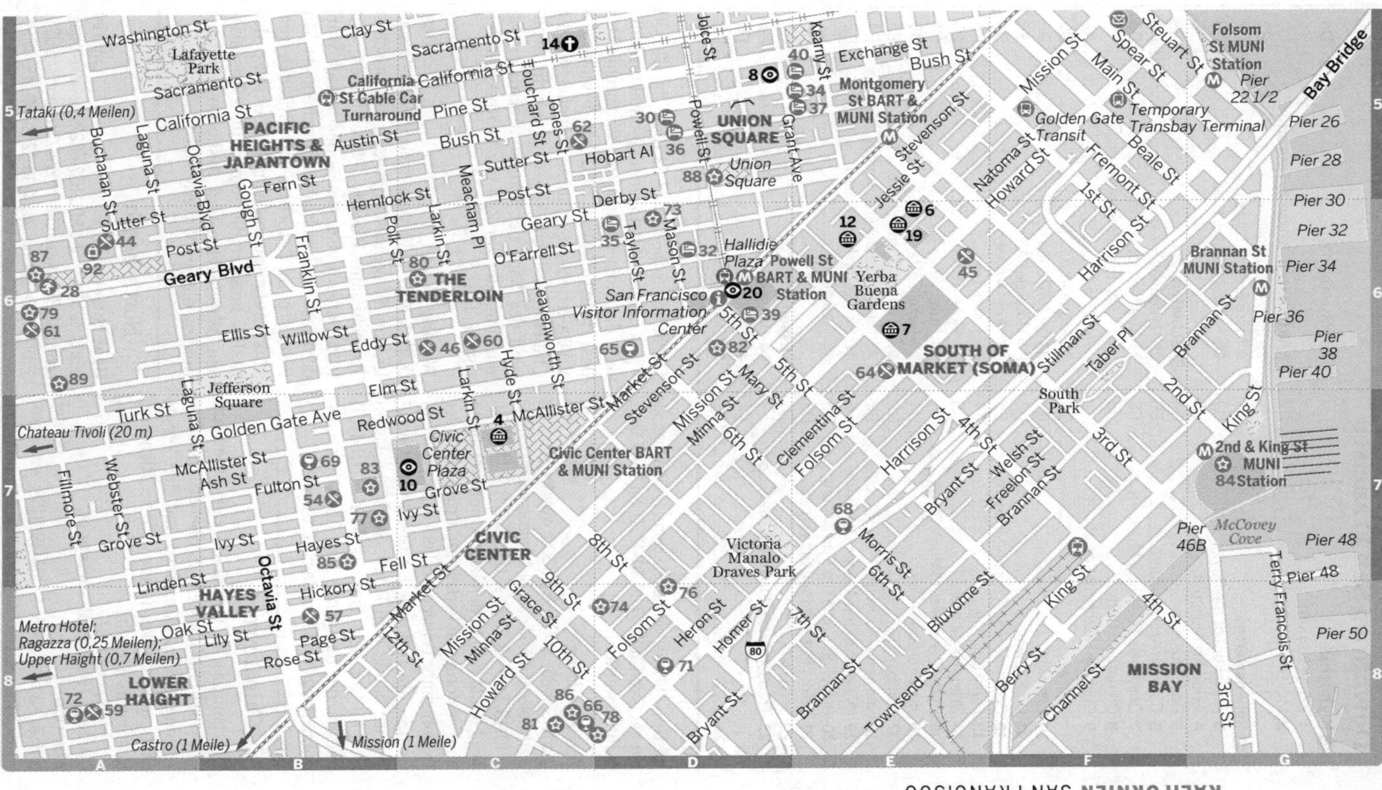
Washington St
Lafayette Park
Sacramento St
California St
Clay St
Sacramento St
California St
California St Cable Car Turnaround
Pine St
Austin St
Bush St
Tataki (0,4 Meilen)
PACIFIC HEIGHTS & JAPANTOWN
Buchanan St
Laguna St
Octavia Blvd
Gough St
Fern St
Franklin St
Sutter St
Post St
Geary Blvd
Hemlock St
Polk St
Larkin St
Meacham Pl
THE TENDERLOIN
Touchard St
Jones St
Sutter St
Post St
Geary St
O'Farrell St
Leavenworth St
Hobart Al
Derby St
Taylor St
Mason St
Joice St
Powell St
UNION SQUARE
Union Square
Grant Ave
Kearny St
Exchange St
Bush St
Montgomery St BART & MUNI Station
Hallidie Plaza
Powell St BART & MUNI Station
San Francisco Visitor Information Center
Yerba Buena Gardens
Ellis St
Willow St
Eddy St
Hyde St
Jefferson Square
Turk St
Laguna St
Golden Gate Ave
Elm St
Redwood St
Larkin St
McAllister St
Civic Center Plaza
Chateau Tivoli (20 m)
McAllister St
Ash St
Fulton St
Grove St
Ivy St
Civic Center BART & MUNI Station
Fillmore St
Webster St
Grove St
Ivy St
Hayes St
Fell St
CIVIC CENTER
Linden St
HAYES VALLEY
Octavia St
Hickory St
Oak St
Lily St
Page St
Rose St
Market St
Metro Hotel; Ragazza (0,25 Meilen); Upper Haight (0,7 Meilen)
LOWER HAIGHT
Castro (1 Meile)
Mission (1 Meile)
12th St
Mission St
Minna St
Grace St
9th St
10th St
Howard St
8th St
Folsom St
Heron St
Homer St
Bryant St
Victoria Manalo Draves Park
7th St
Brannan St
Townsend St
Morris St
6th St
Bluxome St
King St
Berry St
Channel St
MISSION BAY
3rd St
4th St
Market St
Stevenson St
Mission St
Minna St
Mary St
6th St
5th St
5th St
Clementina St
Folsom St
Harrison St
4th St
Bryant St
Welsh St
Freelon St
Brannan St
3rd St
SOUTH OF MARKET (SOMA)
Stillman St
Taber Pl
South Park
2nd St
Brannan St
King St
Jessie St
Stevenson St
Natoma St
Howard St
Mission St
Golden Gate Transit
Main St
Spear St
Steuart St
Temporary Transbay Terminal
Beale St
Fremont St
1st St
Harrison St
Folsom St MUNI Station
Pier 22 1/2
Bay Bridge
Pier 26
Pier 28
Pier 30
Pier 32
Brannan St MUNI Station
Pier 34
Pier 36
Pier 38
Pier 40
2nd & King St MUNI Station
Pier 46B
McCovey Cove
Pier 48
Pier 48
Terry Francois St
Pier 50

Downtown San Francisco

Highlights
1 Exploratorium E3
2 Musée Mécanique C2

Sehenswertes
3 Aquarium of the Bay D2
4 Asian Art Museum C7
5 Beat Museum D4
6 Cartoon Art Museum E6
7 Children's Creativity Museum E6
8 Chinatown Gate D5
9 Chinese Historical Society of America D4
10 City Hall C7
11 Coit Tower D3
12 Contemporary Jewish Museum E6
13 Ferry Building F4
14 Grace Cathedral C5
15 Hyde Street Pier Historic Ships B1
16 Jack Kerouac Alley D4
17 Lombard St C3
18 Maritime Museum B2
19 Museum of the African Diaspora E6
20 Powell St Cable Car Turnaround D6
21 Saints Peter & Paul Church D3
22 Sea Lions at Pier 39 .... D1
23 Transamerica Pyramid & Redwood Park E4
24 USS Pampanito C1
25 Waverly Place D4

Aktivitäten, Kurse & Touren
26 Blazing Saddles B2
27 Fire Engine Tours C2
28 Kabuki Springs & Spa A6

Schlafen
29 Argonaut Hotel B2
30 Golden Gate Hotel D5
31 HI San Francisco Fisherman's Wharf A2
32 Hotel Abri D6
33 Hotel Bohème D3
34 Hotel des Arts E5
35 Hotel Monaco D6
36 Hotel Rex D5
37 Hotel Triton E5
38 Hotel Vitale F4
39 Hotel Zetta D6
40 Orchard Garden Hotel E5
41 Pacific Tradewinds Hostel E4
42 San Remo Hotel C2
43 Tuscan Inn C2

Essen
44 Benkyodo A6
45 Benu E6
46 Brenda's French Soul Food C6

ciation (SFADA; www.sfada.com; Öffnungszeiten der Galerien Di–Fr 10.30–17.30, Sa 11–17 Uhr). geführt werden.

Ferry Building WAHRZEICHEN
(Karte S. 1086; 415-983-8000; www.ferrybuildingmarketplace.com; Market St & Embarcadero; Mo–Fr 10–18, Sa 9–18, So 11–17 Uhr; 2, 6, 9, 14, 21, 31, M F, J, K, L, M, N, T) In dem zum Gourmetwarenhaus gewordenen Verkehrszentrum blüht der Hedonismus: Feinschmecker verpassen beim Genuss von regionalen Austern und Champagner häufig ihre Fähre. Starköche lassen sich oft auf dem Farmers Market (S. 1101) blicken, der das ganze Jahr über dienstags, donnerstags und samstags stattfindet.

Chinatown

Die chinesische Gemeinde der Stadt hat seit 1848 Aufständen, Erdbeben, Alkohol schmuggelnden Gangstern und den Versuchen von Politikern getrotzt, sie Richtung Küste umzusiedeln.

Chinese Historical Society of America MUSEUM
(CHSA; Karte S. 1086; 415-391-1188; www.chsa.org; 965 Clay St; Erw./Kind 5/2 US$, 1. Do im Monat Eintritt frei; Di–Fr 12–17, Sa 11–16 Uhr; 1, 30, 45, California St) In dem Architekturdenkmal, das Julia Morgan (die Chefarchitektin des Hearst Castle) 1932 als Chinatowns YWCA errichtete, erfahren Besucher, wie die Chinesen während des Goldrauschs, während des Baus der transkontinentalen Eisenbahn oder zur Zeit der Beatniks in den USA lebten.

Waverly Place STRASSE
(Karte S. 1086; 30, California St, Powell-Mason) In den flaggengeschmückten historischen Tempeln am Waverly Place finden seit 1852 Gottesdienste statt – der Betrieb wurde selbst 1906 nicht unterbrochen, als San Francisco in Erdbeben und Bränden versank. Aufgrund rassistischer Gesetze des 19. Jhs. mussten die Tempel über Friseurläden, Wäschereien und Restaurants gebaut werden, die den Waverly Place säumten.

North Beach

Beat Museum MUSEUM
(Karte S. 1086; 1-800-537-6822; www.kerouac.com; 540 Broadway; Eintritt Erw./Student 8/5 US$; Di–So 10–19 Uhr; ; 10, 12, 30, 41, 45, Po-

47 Cinecittà ... D3
48 City View ... E4
49 Coi ... E4
50 Cotogna ... E4
51 Gary Danko ... B2
Gott's Roadside ... (siehe 13)
52 Greens ... A2
Hog Island Oyster Company ... (siehe 13)
53 In-N-Out Burger ... C2
54 Jardinière ... B7
55 Liguria Bakery ... D3
Mijita ... (siehe 13)
56 Off the Grid ... A2
57 Rich Table ... B8
58 Ristorante Ideale ... D3
59 Rosamunde Sausage Grill ... A8
60 Saigon Sandwich Shop ... C6
Slanted Door ... (siehe 13)
61 State Bird Provisions ... A6
62 Sweet Woodruff ... C5
63 Z & Y ... D4
64 Zero Zero ... E6

Ausgehen & Nachtleben
65 Aunt Charlie's ... D6
66 Bar Agricole ... C8
67 Comstock Saloon ... D4
68 EndUp ... E7
69 Smuggler's Cove ... B7
70 Specs Museum Cafe ... D4
71 Stud ... D8
72 Toronado ... A8

Unterhaltung
73 American Conservatory Theater ... D6
74 AsiaSF ... D8
75 Beach Blanket Babylon ... D3
76 Cat Club ... D8
77 Davies Symphony Hall ... B7
78 DNA Lounge ... D8
79 Fillmore Auditorium ... A6
80 Great American Music Hall ... C6
81 Honey Soundsystem ... C8
82 Mezzanine ... D6
83 San Francisco Ballet ... B7
84 San Francisco Giants ... G7
San Francisco Opera ... (siehe 83)
85 SFJAZZ Center ... B7
86 Slim's ... C8
87 Sundance Kabuki Cinema ... A6
88 TIX Bay Area ... D5
89 Yoshi's ... A6

Shoppen
90 City Lights ... D4
91 Ferry Plaza Farmers Market ... F4
92 New People ... A6

well-Hyde, Powell-Mason) In dieser obsessiven Sammlung mit Zeugnissen zur Literaturszene in San Francisco zwischen 1950 und 1969 lebt der Geist der Beatniks weiter. Die verbotene Ausgabe von Allen Ginsbergs *Howl* ist die entscheidende Trophäe im Kampf für die Redefreiheit, aber bei den Wackelkopfpuppen von Jack Kerouac kann man nur mit dem Kopf schütteln.

Jack Kerouac Alley STRASSE
(Karte S. 1086; zw. Grant & Columbus Ave; 1, 10, 12, 30, 45, Powell-Hyde, Powell-Mason) „Die Luft war sanft, die Sterne schön, jede Kopfsteingasse versprach so viel ..." Diese Ode von Jack Kerouac, dem Autor von *Unterwegs* passt genau auf die nach ihm benannte Gasse, eine angemessen poetische und leicht schmuddelige Abkürzung zwischen den Bars von Chinatown über den Buchladen City Lights nach North Beach.

Russian Hill & Nob Hill

Grace Cathedral KIRCHE
(Karte S. 1086; 415-749-6300; www.gracecathedral.org; 1100 California St; Spende Erw./Kind 3/2 US$, So freier Eintritt zum Gottesdienst; 8–18 Uhr, Gottesdienste So 8.30 & 11 Uhr; 1, California St) Dieses Gotteshaus der Episkopalkirche wurde seit dem Goldrausch dreimal neu gebaut. Die heutige neugotische, Beton-Kathedrale schmücken Buntglasfenster, die den menschlichen Forschungsgeist preisen, darunter eines, das Albert Einstein in einem Wirbel von Elementarteilchen zeigt.

Lombard St STRASSE
(Karte S. 1086; 900er-Block der Lombard St; Powell-Hyde) Wahrscheinlich hat man die von Blumen gesäumten Spitzkehren der Lombard Street schon einmal gesehen: Berühmt wurden sie durch Hitchcock's *Vertigo* und bekannt sind sie auch aus Tony Hawks Pro-Skater-Videospielen. In den 1920er-Jahren war das natürliche Gefälle der Lombard St mit 27% zu steil für Autos – die Grundstücksbesitzer ließen daher extra acht zusätzliche Kurven in die mit Ziegeln gepflasterte Straße einbauen.

Fisherman's Wharf

★ **Exploratorium** MUSEUM
(Karte S. 1086; 415-528-4444; www.exploratorium.edu; Pier 15; Erw./Kind 25/19 US$, Do abends

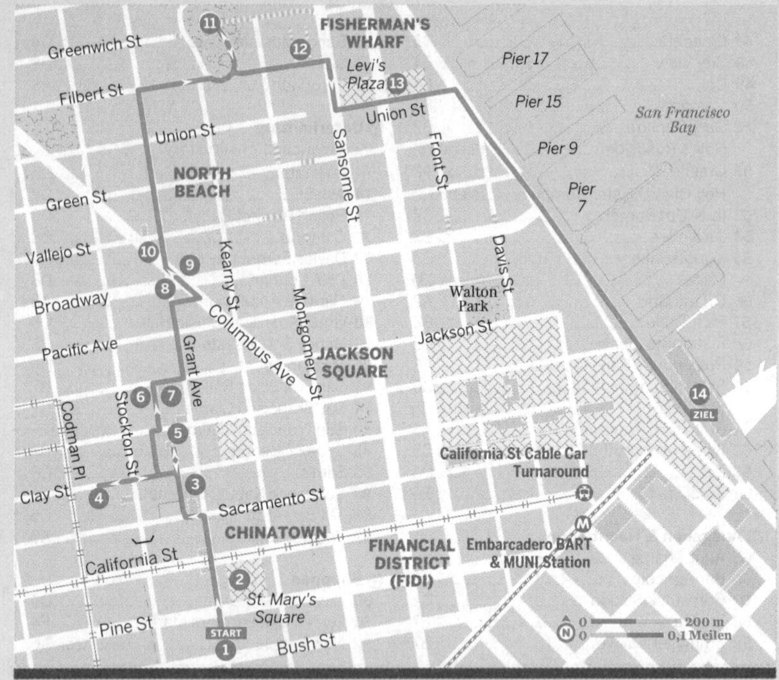

Stadtspaziergang
Von Chinatown zum Hafen

START DRAGON GATE IN CHINATOWN
ZIEL FERRY BUILDING
LÄNGE/DAUER 2,9 KM; 4½ STD.

Bei diesem Spaziergang folgt man der Spur revolutionärer Umtriebe, begegnet umstrittenen Büchern und speist unter den Augen Gandhis. Los geht's am 1 **Dragon Gate in Chinatown** und dann vorbei an den Drachenlaternen der Grant St zum 2 **Old St. Mary's Square**, wo vor den Bränden von 1906 ein Bordell stand. An den wimpelgeschmückten Tempelbalkonen am 3 **Waverly Place** vorbei führt der Weg zum Museum der 4 **Chinese Historical Society of America** (S. 1088).

In der 5 **Spofford Alley** klappern die Mahjong-Steine, chinesische Orchester spielen und Kosmetikerinnen schwatzen. In der Prohibitionszeit lieferten sich hier Alkoholschmuggler Revierkämpfe und Dr. Sun Yat-Sen 1911 plante im Haus Nr. 36 den Sturz der letzten chinesischen Kaiserdynastie. Die einst von Bordellen wimmelnde 6 **Ross Alley** kam in *Karate Kid II* und *Indiana Jones und der Tempel des Todes* zu Filmruhm. Im Haus Nr. 56 kann man in der 7 **Golden Gate Fortune Cookie Factory** zuschauen, wie der Glücksspruch in den Keks gepackt wird.

Zurück in der Grant St nimmt man eine Abkürzung durch die 8 **Jack Kerouac Alley** (S. 1089), wo der trinkfreudige Autor von *Unterwegs* oft um die Häuser zog. Ein Zwischenstopp führt in den Buchladen 9 **City Lights** (S. 1109) in der Columbus Ave, der sich für Beat-Poesie und das Recht auf freie Meinungsäußerung einsetzte. Freie Verse und Espresso gibt's im 10 **Caffe Trieste** (601 Vallejo St), in dem Francis Ford Coppola das Drehbuch zu *Der Pate* schrieb.

Nun geht's zum 11 **Coit Tower** (S. 1092), um den Blick von der Aussichtsplattform zu genießen. Über die 12 **Filbert St Steps** führt der Weg nun an wilden Papageien und versteckten Landhäusern vorbei hinunter zu der nach dem Jeans-Erfinder benannten 13 **Levi's Plaza.** Rechts den Embarcadero hinunter erreicht man das 14 **Ferry Building** (S. 1088), um hier am Meer im Schatten einer Statue Gandhis zu Mittag zu essen.

15 US$; ⏱Di–So 10–17, Mi bis 22, Do (nur Erw. über 18 Jahre) 18–22 Uhr; 👪; Ⓜ F) 🌿 Anhand interaktiver Exponate von MacArthur Genius-Stipendiaten können Besucher hier das Salz singen hören, feststellen, wie Farben den Appetit anregen und herausfinden, was Kühe sehen. Der durch die Beteiligung am Manhattan Project bekannte Atomwissenschaftler Frank Oppenheimer begründete das Exploratorium im Jahr 1969, das sich der Naturwissenschaft und der menschlichen Wahrnehmung widmet. Wenn man sich durch den „Tactile Dome" tastet, kann man Flashbacks der 1960er-Jahre erleben.

★ Musée Mécanique VERGNÜGUNGSPARK

(Karte S. 1086; www.museemechanique.org; Pier 45, Shed A; ⏱10–19 Uhr; 👪; 🚌47, 🚋Powell-Mason, Powell-Hyde, Ⓜ F) Wo sonst kann man einen Mann für einen Vierteldollar guillotinieren? Gruselige Automatenspiele des 19. Jh. wie die makabre „French Execution" konkurrieren hier mit der diabolischen Ms. Pac-Man ums Kleingeld der Besucher.

Maritime Museum MUSEUM

(Aquatic Park Bathhouse; Karte S. 1086; www.maritime.org; 900 Beach St; ⏱10–16 Uhr; 👪; 🚌19, 30, 47, 🚋Powell-Hyde) GRATIS Ein unübersehbarer Hinweis an Seeleute, die dringend ein Bad brauchen: Das 1939 erbaute schiffsförmige und schnittig-moderne Aquatic Park Bathhouse ist mit einer spielerischen Robbenskulptur von Beniamino Bufano, Unterwasser-Wandbildern von Hilaire Hiler, Reliefs von Richard Ayer sowie mit Verandamosaiken und einem Schiefervordach des avantgardistischen afroamerikanischen Künstlers Sargent Johnson geschmückt.

USS Pampanito HISTORISCHE STÄTTE

(Karte S. 1086; ☎415-775-1943; www.maritime.org/pamphome.htm; Pier 45; Erw./Kind 12/6 US$; ⏱Do–Di 9–20, Mi bis 18 Uhr; 👪; 🚌19, 30, 47, 🚋Powell-Hyde, Ⓜ F) Hier steht ein restauriertes U-Boot aus dem Zweiten Weltkrieg, das sechs Kampfeinsätze überstand, zur Erkundung bereit. In der fesselnden Audio-Führung (2 US$) berichten Seeleute von Schleichfahrten und plötzlichen Angriffen. Da fühlt man sich erleichtert, wenn man wieder an Land ist.

Hyde Street Pier Historic Ships HISTORISCHE STÄTTE

(Karte S. 1086; ☎415-447-5000; www.nps.gov/safr; 499 Jefferson St, Höhe Hyde St; Erw./Kind 5 US$/frei; ⏱9–17 Uhr; Ⓜ F, 🚋Powell-Hyde) An diesem Pier, der zum Maritime National Historical Park gehört, laden vertäute Schiffe aus dem 19. Jh. zur Besichtigung ein, darunter der Dreimaster **Balclutha** von 1886 und das Dampfschiff **Eureka** von 1890. Im Sommer werden auch Segeltouren an Bord des eleganten, 1891 gebauten Schoners **Alma** (⏱Juni–Nov.; Erw./Kind 40/20 US$) angeboten.

Seelöwen an Pier 39 NATUR

(Karte S. 1086; ☎981-1280; www.pier39.com; Beach St & Embarcadero, Pier 39; ⏱Jan.–Juli; 🚌15, 37, 49, F) Da die kalifornischen Gesetze verlangen, dass Boote Meeressäugern zu weichen haben, überlassen die Jachtbesitzer Hunderten von Seelöwen wertvollen Platz. Die Tiere besetzen die Docks von Januar bis Juli und auch sonst, wenn sie mal ein Sonnenbad nehmen wollen.

The Marina & Presidio

★ Crissy Field PARK

(www.crissyfield.org; 1199 East Beach; Ⓟ 🚌30, PresidioGo Shuttle) Vom Asphalt befreit, dient Presidios Armeeflugplatz heute als Anlaufstelle für Küstenvögel, Drachenflieger und Windsurfer, die den beeindruckenden Blick auf die Golden Gate Bridge genießen.

★ Baker Beach STRAND

(Karte S. 1084; ⏱Sonnenaufgang–Sonnenuntergang; Ⓟ; 🚌29, PresidiGo Shuttle) An diesem früheren Armee-Brückenkopf kann man zwar nicht baden, aber wegen des unschlagbaren Blicks auf die Golden Gate Bridge legen sich die Leute hier gern in die Sonne, vor allem am Nordende, wo FKK erlaubt ist. Der Nachmittagsnebel macht dem Spaß dann ein Ende.

The Mission

★ Balmy Alley STRASSENKUNST

(☎415-285-2287; www.precitaeyes.org; zw. 24th & 25th St; 🚌10, 12, 27, 33, 48, Ⓑ 24th St Mission) Angeregt von Diego Riveras Wandbildern in San Francisco aus den 1930er-Jahren und erbost von der US-amerikanischen Mittelamerikapolitik machten sich Künstler in den 1970er-Jahren daran, die politische Landschaft zu verändern, indem sie ein Garagentor nach dem anderen mit Wandbildern bedeckten.

Dolores Park PARK

(www.doloresparkworks.org; Dolores St, zw. 18th & 20th St; 👪🐾; 🚌14, 33, 49, Ⓑ 16th St Mission, Ⓜ J) Fast schon professionelles Sonnenbaden, Taco-Picknicks und alle Ostern ein Je-

COIT TOWER

Als Ausrufungszeichen in der Landschaft von San Francisco gewährt der **Coit Tower** (Karte S. 1086; ☎415-362-0808; http://sfrecpark.org/destination/telegraph-hill-pioneer-park/coit-tower; Telegraph Hill Blvd; Fahrstuhlfahrt Erw./Kind 7/5 US$; ⌚März–Sept. 10–17.30 Uhr, Okt.–Feb. 9–16.30 Uhr; 🚌39) einen tollen Ausblick – vor allem, wenn man zuvor die schwindelerregend steile Treppe von der **Filbert St** hinaufgelaufen ist. Von der Aussichtsplattform des Turms hat man einen Panoramablick auf die Stadt. Die Wandmalereien aus den 1930er-Jahre, die die Lobby schmücken, preisen die Arbeiter San Franciscos – einst wurden diese Bilder als kommunistisch verteufelt, heute sind sie eine geschätzte Sehenswürdigkeit. Will man auch die Malereien sehen, die sich im Treppenhaus des Coit Tower versteckten, sollte man einer kostenlosen Führung unter fachkundiger Leitung teilnehmen (Sa 11 Uhr).

sus-Schönheitswettbewerb: Im Dolores Park zeigt sich San Francisco von seiner sonnigen Seite. Hier gibt's für jeden etwas, von Tennis über politische Demonstrationen bis hin zu einem Spielplatz mit Maya-Pyramide.

★826 Valencia KULTURSTÄTTE
(☎415-642-5905; www.826valencia.org; 826 Valencia St; ⌚12–18 Uhr; 👪; 🚌14, 33, 49, Ⓑ16th St Mission, ⓂJ) Der exzentrische Pirate Supply Store verkauft Augenklappen, Schmalz aus einem echten Schmalzfass und McSweeneys Literaturzeitschriften, um Schreibworkshops für Jugendliche und das Fish Theater zu finanzieren. Der Laden ist viel mehr als ein Geschäft. Es gibt sogar einen Bottich, in dem Kinder nach vergrabenen „Piratenschätzen" wühlen können.

Mission Dolores KIRCHE
(Misión San Francisco de Asís; ☎415-621-8203; www.missiondolores.org; 3321 16th St; Erw./Kind 5/3 US$; ⌚Nov.–April 9–16 Uhr, Mai–Okt. bis 16.30 Uhr; 🚌22, 33, Ⓑ16th St Mission, ⓂJ) Dem ältesten Gebäude verdankt die Stadt ihren Namen: der weiß getünchten, aus Lehmziegeln erbauten Misión San Francisco de Asís. Die Mission wurde 1776 gegründet und 1782 von zwangsverpflichteten Ohlone und Miwok neu gebaut – die Decke zeigt die Muster von Flechtkörben der indigenen Amerikaner.

The Castro

GLBT History Museum MUSEUM
(☎415-777-5455; www.glbthistory.org/museum; 4127 18th St; Eintritt 5 US$; ⌚Mo–Sa 11–19, So 12–17 Uhr; ⓂCastro) Amerikas erstes Museum der Geschichte der Schwulen zeigt u. a. Harvey Milks Wahlkampfbroschüren, Filminterviews mit Gore Vidal, Zündholzheftchen aus lange verschwundenen Badehäusern und Seiten aus einem Strafgesetzbuch der 1950er-Jahre mit Strafandrohungen gegen Homosexualität.

The Haight

Alamo Square Park PARK
(Hayes & Scott St; 🐾; 🚌5, 21, 22, 24) GRATIS Vom Alamo Sq blickt man über windzerzauste Kiefern und die Giebeldächer viktorianischer Häuser hinunter auf das Zentrum. Die pastellfarben angestrichenen „Painted Ladies" – die viktorianischen Villen entlang der **Postcard Row** an der Ostseite – verblassen aber im Vergleich zu den bunten Nachbarn, z. B. dem golden-grünen Westerfield House von 1889, zu dessen Bewohnern zaristische Schmuggler und Hippie-Kommunen gehörten und in dem Church-of-Satan-Gründer Anton LaVey Rituale abhielt.

Haight & Ashbury WAHRZEICHEN
(🚌6, 33, 37, 43, 71) Die legendäre psychedelische Kreuzung der 1960er-Jahre blieb ein Magnet der Gegenkultur, wo man Petitionen der Grünen Partei unterschreiben, Gedichte in Auftrag geben, Hare Krishna auf dem Keyboard und Bob Dylan auf dem Banjo hören kann. Die oben angebrachte Uhr zeigt immer 4.20 Uhr – die „International Bong-Hit Time" der Haschischraucher.

Golden Gate Park & Umgebung

1865 war San Francisco seiner Zeit weit voraus, als die Stadt beschloss, aus 412 ha Sanddünen die weltweit größte städtische Grünzone zu schaffen, den **Golden Gate Park**. Der hartnäckige Parkarchitekt William Hammond Hall enteignete Hotels und Casinos, um das Naturgebiet anzulegen. Der Park endet am **Ocean Beach** (Karte S. 1084; ☎415-561-4323; www.parksconservancy.org; Great Hwy; ⌚Sonnenaufgang–Sonnenuntergang; 🚌5, 18, 31, ⓂN), wo das Restaurant **Cliff House** über der prächtigen Ruine der **Sutro Baths** (Karte S. 1084; www.nps.gov/goga/historyculture/

sutro-baths.htm; Point Lobos Ave; Sonnenaufgang–Sonnenuntergang; Visitor Center 9–17 Uhr; P; 5, 31, 38) GRATIS thront. Ein teilweise asphaltierter Weg führt um **Lands End** herum, von wo aus man Schiffswrack sehen und den wundervollen Blick auf die Golden Gate Bridge genießen kann.

California Academy of Sciences MUSEUM
(415-379-8000; www.calacademy.org; 55 Music Concourse Dr; Erw./Kind 35/25 US$, mit Muni-Ticket 3 US$Rabatt; Mo–Sa 9.30–17, So 11–17 Uhr; ; 5, 6, 31, 33, 44, 71, N) Das grüne, mit LEED-Zertifikat ausgezeichnete Gebäude des Architekten Renzo Piano (2008) beherbergt unter einem „lebenden Dach" aus kalifornischen Wildblumen einen vierstöckigen Regenwald und ein Aquarium mit 38 000 sonderbaren und wundervollen Tieren. Wenn die Pinguine schlafen, setzt bei den „Academy Sleepovers" (nur für Kinder) und den „NightLife Thursdays" (nur für Menschen über 21 Jahre) ein wildes Treiben ein.

MH de Young Museum MUSEUM
(415-750-3600; www.famsf.org/deyoung; 50 Hagiwara Tea Garden Dr; Erw./Kind 10/6 US$, mit Muni-Ticket 2 US$ Rabatt, 1. Di im Monat Eintritt frei, Online-Buchungsgebühr 1 US$/Ticket; Di–So 9.30–17.15, Mitte Jan.–Nov. Fr bis 20.45 Uhr; 5, 44, 71, N) Folgt man der künstlichen Verwerfungslinie im Bürgersteig – ein Werk des Bildhauers Andy Goldsworthy –, gelangt man zu dem eleganten Museumsgebäude von Herzog & de Meuron mit seiner grün oxidierten Kupferverkleidung. Die Ausstellungen drinnen erweitern mit Zeremonialmasken aus Ozeanien oder den aus Gewehrkugeln gebauten Kathedralen des Bildhauers Al Farrow den künstlerischen Horizont.

Legion of Honor MUSEUM
(Karte S. 1084; 415-750-3600; http://legionofhonor.famsf.org; 100 34th Ave; Erw./Kind 10/6 US$, mit Muni-Ticket 2 US$ Rabatt, 1. Di im Monat Eintritt frei; Di–So 9.30–17.15 Uhr; ; 1, 18, 38) Das Museum ist so exzentrisch und interessant wie die Stadt. Zu der bunt zusammengewürfelten Kunstsammlung gehören Seerosenbilder von Monet, Klanglandschaften von John Cage, antike Elfenbeinschnitzereien aus dem Irak und Comics von R. Crumb.

Conservatory of Flowers GARTEN
(Info 415-831-2090; www.conservatoryofflowers.org; 100 John F. Kennedy Dr; Erw./Kind 7/5 US$; Di–So 10–16.30 Uhr; 71, N) Das kürzlich renovierte viktorianische Gewächshaus von

SAN FRANCISCO: STADTVIERTEL IM ÜBERBLICK

North Beach Dichter und Papageien, Straßencafés, italienische Restaurants.

Fisherman's Wharf Lustige Seelöwen, alte Videospiele, Fähren nach Alcatraz.

Downtown & Financial District Protzige Vorzeigeläden, Bistros von Spitzenköchen, Vernissagen, Räumungsverkäufe.

Chinatown Pagodendächer, Dim Sum, historische Gassen, in denen Vermögen gemacht und wieder verloren wurden.

Hayes Valley & Civic Center Prächtige Gebäude und großartige Vorstellungen, Gourmettempel und lokales Design.

Tenderloin Theaterviertel, Skid Row, Kneipen und Nudelläden.

SoMa High Tech sowie hohe Kunst, und auf dem Dancefloor lebt man sich richtig aus.

Mission Mit einem Buch in der einen und einem Burrito in der anderen Hand, sieht man sich von Wandmalereien umzingelt.

Castro Offen und stolz: mit Samba-Pfeifen, Regenbogenflaggen und politischen Grundsatzerklärungen.

Haight Flashbacks der 1960er-Jahre, alternative Mode, freie Musik und teure Skateboards.

Japantown & Fillmore Sushi, shoppen und Rock im Fillmore.

Marina & Presidio Boutiquen, Öko-Gastronomie, Natur und FKK auf einem früheren Armeestützpunkt.

Golden Gate Park & Umgebung San Franciscos kilometerlanger wilder Streifen, garniert mit Gourmet-Surfertreffs.

Alcatraz

Mit der Fähre von Pier 33 fährt man 2,4 km durch die Bucht, um das berüchtigtste ehemalige Gefängnis der USA zu erreichen. Sobald man am **Ferry Dock & Pier** 1 gelandet ist, beginnt der 528 m lange Marsch zur Spitze der Insel und zum Gefängnis. Wer nicht laufen will, wartet auf die Tram, die zweimal stündlich fährt.

Beim Aufstieg zum **Wachgebäude** 2 zeigt sich, wie steil die Insel ist: Ehe Alcatraz als Gefängnis diente, war es eine Festung. In den 1850er-Jahren trug das Militär die felsige Küste zu nahezu vertikalen Klippen ab. Schiffe konnten danach nur in einem einzigen Hafenbecken anlegen, das von den Hauptgebäuden durch eine Schleuse getrennt war. Drinnen kann man durch den Bodenrost einen Blick auf das ursprüngliche Gefängnis werfen.

Ehrenamtliche Helfer pflegen die **Officer's Row Gardens** 3 – ein Kontrast zu den überwachsenen Rosenbüschen um die ausgebrannte Hülle des **Hauses des Direktors** 4. Auf dem Hügel, beim Eingangstor zum **Hauptzellenblock** 5, blitzt immer wieder Schönes auf, z. B. **der Blick auf die Golden Gate Bridge** 6. **Historische Zeichen und Graffiti** 7 sind über dem Haupttor des Verwaltungsgebäudes zu bemerken. Nun geht es hinein in das Gefängnis, um die **ehemalige Zelle von Frank Morris** 8 dem berühmtesten Ausbrecher aus Alcatraz, zu besichtigen.

TOP-TIPPS

➡ Einen Besuch ohne Führer am Tag mindestens zwei Wochen im Voraus buchen, eine Ranger geführte Abendtour noch früher. Infos zu Führungen durch die Gartenanlagen: www.alcatrazgardens.org.

➡ Auf der Insel muss man viel laufen. Mindestens 2–3 Stunden für den Besuch einplanen. Für die Rückfahrt muss man nicht reservieren, man kann jede Fähre nehmen.

➡ Auf der Insel gibt es keine Verpflegung (nur Wasser), man kann aber nahe der Anlegestelle picknicken. Das Wetter ändert sich schnell – entsprechende Kleidung mitnehmen.

Historische Zeichen & Graffiti

Die amerikanischen Ureinwohner, die die Insel von 1969–1971 besetzt hielten, versahen den Wasserturm mit dem Graffiti „Home of the Free Indian Land". Über dem Tor zum Zellenblock kann man sehen, wie sie bei dem Wappen mit Adler und Fahne die roten und weißen Streifen veränderten, um damit das Wort „Free" zu schreiben.

Haus des Direktors

Während der Besetzung durch die Ureinwohner wurden das Haus des Direktors und weitere Gebäude durch Brände zerstört. Die Regierung beschuldigte die Besetzer, diese wiederum gaben Agents Provocateurs die Schuld, die die Nixon-Regierung eingeschleust hätte, um die öffentliche Sympathie für die Besetzer zu untergraben.

Paradeplatz

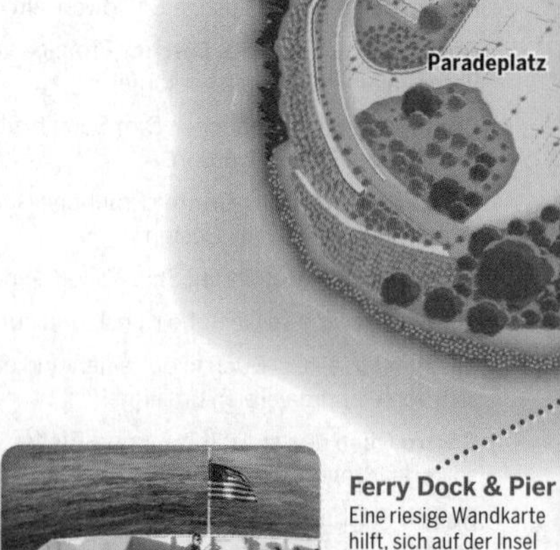

Ferry Dock & Pier

Eine riesige Wandkarte hilft, sich auf der Insel zurechtzufinden. Im nahegelegenen Bldg 64 informieren Kurzfilme und Ausstellungen über die Geschichte des Gefängnisses und über Einzelheiten der Besetzung der Insel durch amerikanische Ureinwohner.

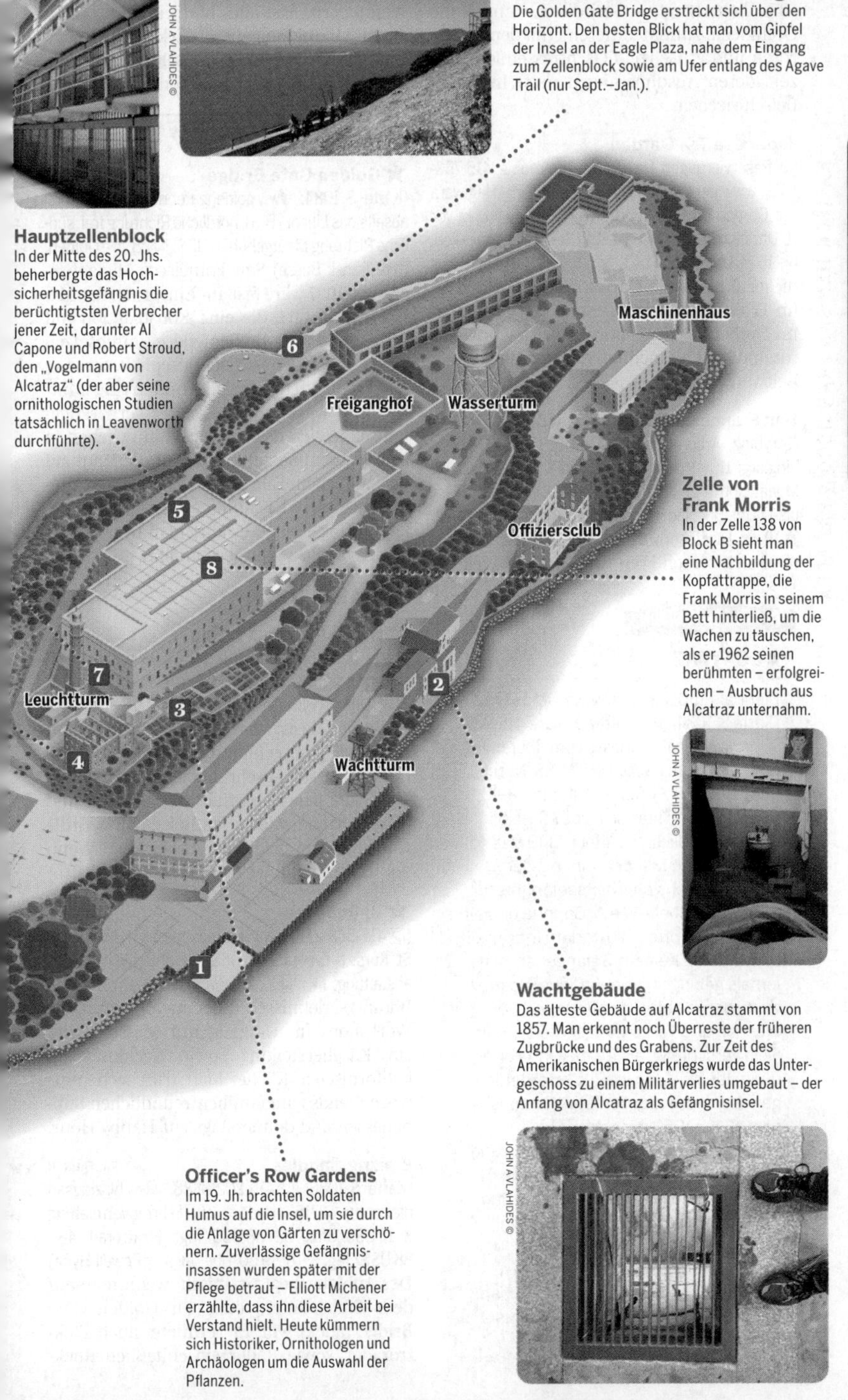

Blick auf die Golden Gate Bridge

Die Golden Gate Bridge erstreckt sich über den Horizont. Den besten Blick hat man vom Gipfel der Insel an der Eagle Plaza, nahe dem Eingang zum Zellenblock sowie am Ufer entlang des Agave Trail (nur Sept.–Jan.).

Hauptzellenblock

In der Mitte des 20. Jhs. beherbergte das Hochsicherheitsgefängnis die berüchtigtsten Verbrecher jener Zeit, darunter Al Capone und Robert Stroud, den „Vogelmann von Alcatraz" (der aber seine ornithologischen Studien tatsächlich in Leavenworth durchführte).

Zelle von Frank Morris

In der Zelle 138 von Block B sieht man eine Nachbildung der Kopfattrappe, die Frank Morris in seinem Bett hinterließ, um die Wachen zu täuschen, als er 1962 seinen berühmten – erfolgreichen – Ausbruch aus Alcatraz unternahm.

Wachtgebäude

Das älteste Gebäude auf Alcatraz stammt von 1857. Man erkennt noch Überreste der früheren Zugbrücke und des Grabens. Zur Zeit des Amerikanischen Bürgerkriegs wurde das Untergeschoss zu einem Militärverlies umgebaut – der Anfang von Alcatraz als Gefängnisinsel.

Officer's Row Gardens

Im 19. Jh. brachten Soldaten Humus auf die Insel, um sie durch die Anlage von Gärten zu verschönern. Zuverlässige Gefängnisinsassen wurden später mit der Pflege betraut – Elliott Michener erzählte, dass ihn diese Arbeit bei Verstand hielt. Heute kümmern sich Historiker, Ornithologen und Archäologen um die Auswahl der Pflanzen.

1878 beherbergt außerirdisch anmutende Orchideen, zum Meditieren einladende Seerosen und gruselige, fleischfressende Pflanzen, deren Ausdünstungen nach Insektenfleisch riechen.

Japanese Tea Garden GARTEN

(☎ Reservierungen für die Teezeremonie 415-752-1171; www.japaneseteagardensf.com; 75 Hagiwara Tea Garden Dr; Erw./Kind 7/5 US$, Mo, Mi & Fr vor 10 Uhr Eintritt frei; ⏲ März–Okt. 9–18 Uhr, Nov.–Feb. bis 16.45 Uhr; 🚌 5, 44, 71, Ⓜ N) Seit 1894 erblüht dieser 2 ha große Garten und Bonsai-Hain im Frühling mit der Kirschblüte, färbt sich im Herbst mit den Ahornblättern leuchtend rot und lässt im meditativen Zen-Garten alle Zeit vergessen.

San Francisco Botanical Garden GARTEN

(Strybing Arboretum; ☎ 415-661-1316; www.strybing.org; 1199 9th Ave; Erw./Kind 7/5 US$, 2. Di im Monat Eintritt frei; ⏲ April–Okt. 9–18 Uhr, Nov.–März bis 17 Uhr, Buchladen 10–16 Uhr; 👪; 🚌 6, 43, 44, 71, Ⓜ N) 🍃 In diesem 22 ha großen Garten kann man sich seinen Weg rund um die Welt erschnuppern. Fast alles blüht in dem besonderen Mikroklima dieser Ecke des Golden Gate Park, von südafrikanischen Savannengräsern bis hin zu japanischen Magnolien.

NICHT VERSÄUMEN

ALCATRAZ

Mehr als 150 Jahre lang war **Alcatraz** (Karte S. 1084; ☎ Alcatraz Cruises 415-981-7625; www.alcatrazcruises.com; Touren Tag Erw./Kind/Familie 30/18/92 US$, Nacht Erw./Kind 37/22 US$; ⏲ Callcenter 8–19 Uhr, Start der Fähren an Pier 33 9–15.55 Uhr halbstündlich, Nachttour 18.10 & 18.45 Uhr) das erste Militärgefängnis der USA, ein Hochsicherheitsgefängnis für Schwerkriminelle wie Al Capone und ein heiß umkämpftes Territorium indigener Amerikaner. Keinem Gefangenen ist es jemals gelungen, (lebend) aus Alcatraz zu fliehen, da aber der Transport von Wachen und Versorgungsgütern mehr Geld verschlang, als für die Unterbringung der Insassen im Ritz erforderlich gewesen wäre, wurde das Gefängnis schließlich 1963 geschlossen.

Tagestouren beinhalten die Hin- und Rückfahrt sowie eine faszinierende Audio-Führung, in der Gefangene und Wärter vom Leben auf dem „Felsen" (The Rock) erzählen. Die nächtlichen Führungen werden von einem Parkranger geleitet; für sie muss man mindestens zwei Wochen im Voraus reservieren.

San Francisco Bay

★ Golden Gate Bridge BRÜCKE

(Karte S. 1084; www.goldengatebridge.org/visitors; abseits des Lincoln Blvd; nördliche Richtung frei, südliche Richtung Mautgebühr 6 US$; 🚌 28, alle Golden-Gate-Transit-Busse) San Franciscos Hängebrücke von 1937 wäre fast am Einspruch der Marine gescheitert, die eine Konstruktion mit gelb gestreiften Betonpfeilern durchsetzen wollte. Aber der Statiker Joseph B. Strauss, die Architekten Gertrude und Irving Murrow und wagemutige Arbeiter verwirklichten schließlich das Art-déco-Wahrzeichen in leuchtendem Singalorange. Für die Maut auf der südlichen Fahrbahn werden die Nummernschilder der Autos elektronisch abgelesen; Einzelheiten erfährt man unter www.goldengate.org/tolls/german.php.

Aktivitäten

★ Kabuki Springs & Spa SPA

(Karte S. 1086; ☎ 415-922-6000; www.kabukisprings.com; 1750 Geary Blvd; Eintritt 25 US$; ⏲ 10–21.45 Uhr, Di beide Geschlechter, Mi, Fr & So nur Frauen, Mo, Do & Sa nur Männer; 🚌 22, 38) Hier kann man sich im gemeinschaftlichen Dampfraum mit Salz abschrubben, im Warmwasserbecken liegen, im Kaltbad abkühlen und in der Sauna wieder aufheizen. Die Stille sorgt für eine meditative Stimmung: Wenn der Gong ertönt, herrscht Schweigepflicht.

★ 18 Reasons KOCHEN

(☎ 415-568-2710; www.18reasons.org; 3674 18th St; Kurse & Events 5–35 US$; ⏲ variiert je nach Veranstaltung; 👪; 🚌 22, 33, Ⓜ J) 🍃 Kulinarische Bildungserlebnisse: Shochu-Verkostungen, Workshops im Umgang mit Messern und zur Käseherstellung sowie Kochkurse in kalifornischer Küche. Man trifft sich mittwochabends zum familienfreundlichen Suppenessen und donnerstags zur Happy Hour.

Blazing Saddles RADFAHREN

(Karte S. 1086; ☎ 415-202-8888; www.blazingsaddles.com; 2715 Hyde St; Fahrradvermietung 8–15 US$/Std., 32–88 US$/Tag; Elektrorad 48–88 US$/Tag; ⏲ 8–19.30 Uhr; 👪; 🚋 Powell-Hyde) Der Anbieter liegt praktisch, wenn man auf dem Embarcadero oder zur Golden Gate Bridge radeln will. Er vermietet auch Elektroräder, sowie Räder einschließlich Rucksack und Gepäckspanner. Die Rückgabe ist rund um die Uhr möglich.

Geführte Touren

★Precita Eyes Mission Mural Tours STADTSPAZIERGANG

(☎415-285-2287; www.precitaeyes.org; Erw./Kind 15–20/5 US$; ⏲Termine stehen auf der Website; 👪) Einheimische Künstler führen zweistündige Spaziergänge oder Radtouren zu 60 bis 70 Wandmalereien in einem Umkreis von sechs bis zehn Blocks um die mit Wandmalereien bedeckte Balmy Alley; die Erlöse der gemeinnützigen Organisation wandern in die Erhaltung der Malereien.

Chinatown Alleyway Tours STADTSPAZIERGANG

(☎415-984-1478; www.chinatownalleywaytours.org; Erw./Student 18/12 US$; ⏲Sa & So 11 Uhr; 👪) Jugendliche aus dem Viertel geben den Teilnehmern bei den zweistündigen Führungen der gemeinnützigen Organisation intensive und persönliche Einblicke in Chinatowns Vergangenheit (wenn das Wetter mitspielt). Fünf Tage im Voraus buchen; samstags kann man auch spontan teilnehmen, zahlt dann aber das Doppelte. Nur Barzahlung.

Oceanic Society Expeditions TOUR

(☎415-474-3385; www.oceanicsociety.org; 3950 Scott St; Walbeobachtungstour 120–125 US$/Pers.; ⏲Büro Mo–Fr 8.30–17 Uhr, Touren Sa & So; 🚌30) Die von Naturkundlern geführten Tagesausflüge per Boot starten am Yacht Harbor. Die Teilnehmer müssen mindestens zehn Jahre alt sein. Reservierung erforderlich.

Public Library City Guides STADTSPAZIERGANG

(www.sfcityguides.org; Spende/Trinkgeld willkommen) GRATIS Ehrenamtliche Lokalhistoriker leiten nach Vierteln und Themen unterteilte Spaziergänge. Angeboten werden beispielsweise: „Gold Rush Downtown", „Secrets of Fisherman's Wharf" und „Telegraph Hill Stairway Hike".

Feste & Events

Chinese New Year Parade KULTUR

(www.chineseparade.com) Mit den anderen Zuschauern den 61 m langen Drachen jagen. Löwentänzer und Kung-Fu-Kids ziehen durch Chinatown.

SF International Film Festival FILM

(www.sffs.org; ⏲April) Beim ältesten Filmfestival der USA marschieren im April Stars auf und Regisseure feiern Premieren.

> **NICHT VERSÄUMEN**
>
> **JAPANTOWN & PACIFIC HEIGHTS**
>
> Auf jeder Sushitheke in Japantown hebt eine Porzellankatze (*maneki neko)* die Pfote zum Dauergruß. Das Viertel lädt Besucher zum Shoppen im New People (S. 1109), zu Shiatsu-Massagen im Kabuki Hot Springs & Spa (S. 1096), zu Öko-Entertainment im Sundance Kabuki Cinema (S. 1109), zu Weltklassejazz im Yoshi's (S. 1107) oder zu fulminantem Rock im Fillmore (S. 1107) ein.

Bay to Breakers SPORT

(www.baytobreakers.com; Startgeld 58–90 US$; ⏲Mai) Am dritten Sonntag im Mai rennen kostümierte Läufer vom Embarcadero zum Ocean Beach, während als Lachse verkleidete Jogger „stromaufwärts" ziehen.

Carnaval KULTUR

(www.carnavalsf.com; ⏲Mai) Echt brasilianisch oder nur mit Wachs und Kunstbräune gefaked? Ganz egal, im Mission District werden am letzten Maiwochenende die Federn geschüttelt.

SF Pride Celebration KULTUR

(⏲Juni) Ein Tag reicht bei Weitem nicht aus, wenn die Szene in San Francisco feiert: Der Juni beginnt mit dem **International LGBT Film Festival** (www.frameline.org) und endet stilvoll am letzten Wochenende mit dem **Dyke March** (www.dykemarch.org) am „Pinks Saturday" und einer Million ausgelassener Besucher bei der **Pride Parade** (www.sfpride.org).

Folsom Street Fair STRASSENFEST

(www.folsomstreetfair.com; ⏲Sept.) Am letzten Septemberwochenende in Leder schlüpfen und öffentliche Züchtigungen genießen (nur für Erwachsene) – für einen guten Zweck.

Hardly Strictly Bluegrass MUSIK

(www.strictlybluegrass.com ⏲Okt.) Anfang Oktober feiert San Francisco seine Western-Wurzeln drei Tage lang mit kostenlosen Konzerten im Golden Gate Park und Auftritten von Stars wie Elvis Costello oder Gillian Welch.

Litquake LITERATUR

(www.litquake.com; ⏲Sept.) Hier kann man signierte Bücher ergattern und nach den Lesungen bei einem Drink mit Autoren ins Gespräch kommen.

Green Festival KULTUR
(www.greenfestivals.org; Mitte Nov.) Mitte November stehen drei Tage lang grüne Gastronomie, Technologie, Mode und Alkoholika im Mittelpunkt.

Schlafen

San Francisco ist die Geburtsstätte des Boutiquehotels, die stilvolle Zimmer teuer anbietet: Für ein Mittelklassezimmer zahlt man 120 bis 200 US$, und hinzu kommen noch 15,5% Hotelsteuer (außer bei Hostels) und Parkplatzgebühren (35–50 US$/Nacht). Infos zu freien Zimmern und zu Sonderangeboten gibt's bei der Reservierungshotline des San Francisco Visitor Information Center (S. 1110), bei **Bed & Breakfast San Francisco** (415-899-0060; www.bbsf.com) und bei **Lonely Planet** (http://hotels.lonelyplanet.com).

Union Square & Civic Center

★**Orchard Garden Hotel** BOUTIQUEHOTEL $$
(Karte S. 1086; 888-717-2881, 415-399-9807; www.theorchardgardenhotel.com; 466 Bush St; Zi. 189–259 US$; ; 2, 3, 30, 45, B Montgomery) San Franciscos erstes Ökohotel verwendet nachhaltig erzeugtes Holz, chemiefreie Reinigungsmittel und wiederverwertete Luxusstoffe in seinen angenehm ruhigen Zimmern. Nicht entgehen lassen sollte man sich die sonnige Dachterrasse.

Hotel Rex BOUTIQUEHOTEL $$
(Karte S. 1086; 415-433-4434, 800-433-4434; www.jdvhotels.com; 562 Sutter St; Zi. 159–229 US$; ; Powell-Hyde, Powell-Mason, M Powell, B Powell) Französische Grammofonmusik in der Lobby beschwört die Atmosphäre des New Yorker Algonquin Hotel der 1920er-Jahre herauf. In den hübschen Gästezimmern finden sich von Hand bemalte Lampenschirme, Kunstwerke aus der Region und luxuriöse Betten mit gestärkter Bettwäsche und Daunenkissen. Die Zimmer zur Straße sind hell, aber der Lärm dringt hinein. Ein Zimmer mit Klimaanlage verlangen.

Hotel Triton BOUTIQUEHOTEL $$
(Karte S. 1086; 800-800-1299, 415-394-0500; www.hoteltriton.com; 342 Grant Ave; Zi. 175–275 US$, Suite 350 US$; ; M Montgomery, B Montgomery) Hinter der farbenfrohen Lobby, die aus einem Comic stammen könnte, verbergen sich schicke Zimmer mit San-Francisco-typischen Motiven – z. B. eine Wandtapete mit Kerouacs *Unterwegs* –, umweltfreundlichen Einrichtungen, luxuriösen Betten und Eiscreme ohne Ende. Nicht versäumen sollte man das Tarotkartenlegen und die Sesselmassagen während der Weinstunde am Abend.

Hotel Zetta HOTEL $$
(Karte S. 1086; 855-212-4187, 415-543-8555; www.hotelzetta.com; 55 5th St; Zi. 189–249 US$; ; B Powell St, M Powell St) Das 2013 eröffnete, umweltbewusste Hotel in der Downtown ist auf spieleverliebte Technikfans eingestellt: Es gibt Billardtische, ein Shuffleboard und eine Plinko-Wand über dem mit Kunstwerken geschmückten Foyer.

SAN FRANCISCO MIT KINDERN

Zwar kommen auf San Franciscos Einwohner pro Kopf weniger Kinder als in jeder anderen US-amerikanischen Großstadt, und nach einer aktuellen SPCA-Studie gibt es hier rund 32 000 Hunde mehr als Einwohner unter 18 Jahren, aber trotzdem bietet San Francisco jede Menge für Kinder, z. B. den Golden Gate Park, das Exploratorium, die California Academy of Sciences, das Cartoon Art Museum und das Museé Mechanique. Die Babysitter von **American Child Care** (415-285-2300; www.americanchildcare.com; 580 California St, Suite 1600) berechnen 20 US$ pro Stunde plus Trinkgeld (mind. 4 Std.).

Im **Children's Creativity Museum** (Karte S. 1086; 415-820-3320; www.zeum.org; 221 4th St; Eintritt 11 US$; Sept.–Mai Mi–So 10–16 Uhr, Juni–Aug. Di–So; ; M Powell, B Powell) gibt's Technologie, die für Schulen zu cool ist: Roboter, Videospiele mit Live-Action, selbstgemachte Musikvideos und Workshops zur 3D-Animation mit Silicon-Valley-Experten.

Im **Aquarium of the Bay** (Karte S. 1086; www.aquariumofthebay.com; Pier 39; Erw./Kind/Familie 18/10/50 US$; Sommer 9–20 Uhr, Winter 10–18 Uhr; ; 49, Powell-Mason, M F) können Kids unter Wasser auf Transportbändern durch Glasröhren gleiten, während Haie darüber ihre Kreise ziehen.

Eine heiße Sache sind die **Fire Engine Tours** (Karte S. 1086; 415-333-7077; www.fireenginetours.com; Abfahrt Beach St, an der Cannery; Erw./Kind 50/30 US$; Tour 9, 11, 13, 15 Uhr), bei denen man die Golden Gate Bridge in einem alten Feuerwehrwagen überquert.

Die überdurchschnittlich großen Zimmer bieten niedrige Plattformbetten mit gepolsterten, mit Leder überzogenen Kopfstücken und internettaugliche Flachbild-TVs.

Golden Gate Hotel HOTEL **$$**
(Karte S. 1086; ☎800-835-1118, 415-392-3702; www.goldengatehotel.com; 775 Bush St; Zi. mit/ohne Bad 175/115 US$; @📶; 🚌2, 3, 🚋Powell-Hyde, Powell-Mason) Das edwardianische Hotel von 1913 wirkt mit seinen freundlichen Eigentümern und den bequemen, zusammengewürfelten Möbeln wie eine altmodische Pension. Die Zimmer sind klein, aber komfortabel; die meisten haben ein eigenes Bad. Hausgemachte Kekse und eine Hauskatze sorgen nach dem Sightseeing für Gemütlichkeit.

Hotel Abri HOTEL **$$**
(Karte S. 1086; ☎415-392-8800, 888-229-0677; www.hotelabrisf.com; 127 Ellis St; Zi. 169–249 US$; ❄@📶🐾; Ⓜ Powell, Ⓑ Powell) Das zeitgemäß schicke Hotel im Schwarz und Hellbraun bietet Polsterbetten mit Federkissen, iPod-Anschlüsse, Flachbild-TVs und große Arbeitsflächen. Nur wenige Badezimmer haben Badewannen, aber die Duschkabinen mit Deckendüsen sind ein guter Ersatz.

Hotel des Arts KUNSTHOTEL **$$**
(Karte S. 1086; ☎800-956-4322, 415-956-3232; www.sfhoteldesarts.com; 447 Bush St; Zi. mit Bad 119–159 US$, ohne Bad 79–99 US$; 📶; Ⓜ Montgomery, Ⓑ Montgomery) Ein Budgethotel für Kunstfreaks mit tollen Wandmalereien von Underground-Künstlern. Nachteile: dünne Bettwäsche und kaum Lärmschutz, sodass man vielleicht Ohrstöpsel braucht. Bei den Zimmern mit eigenem Bad gilt zudem ein Übernachtungsminimum von sieben Tagen.

★**Hotel Monaco** BOUTIQUEHOTEL **$$**
(Karte S. 1086; ☎415-292-0100, 866-622-5284; www.monaco-sf.com; 501 Geary St; Zi. 179–269 US$; ❄@📶🐾; 🚌38, 🚋Powell-Hyde, Powell-Mason) 🍃 Im flotten Monaco stimmen die Details: Die farbenfrohen Gästezimmer sind mit hochwertiger Bettwäsche, ergonomischen Arbeitstischen und viel Schrankfläche ausgestattet. Zu den Extras gehören ein Spa mit Whirlpool, ein Fitnesseraum, Wein am Abend und Fahrräder zum Ausleihen.

Financial District & North Beach

San Remo Hotel HOTEL **$**
(Karte S. 1086; ☎800-352-7366, 415-776-8688; www.sanremohotel.com; 2237 Mason St; DZ mit Gemeinschaftsbad 79–129 US$; @📶🐾; 🚌30, 47, 🚋Powell-Mason) Zu den Hotels mit den besten Preis-Leistungs-Verhältnissen gehört dieser charmant-altmodische, mit Antiquitäten möblierte Gasthof von 1906. Die preiswertesten Zimmer öffnen sich zum Korridor, in den Familiensuiten haben fünf Personen Platz. Kein Fahrstuhl.

Pacific Tradewinds Hostel HOSTEL **$**
(Karte S. 1086; ☎888-734-6783, 415-433-7970; www.sanfranciscohostel.org; 680 Sacramento St; B 30 US$; @📶; 🚌1, 🚋California St, Ⓑ Montgomery) San Franciscos attraktivstes Hostel ohne Privatzimmer bietet blauweißes Seefahrtsdekor, eine komplett ausgestattete Küche, blitzblanke Duschen aus Glasbausteinen, keine Sperrstunde und tollen Service. Das Hostel liegt im dritten Stock, einen Fahrstuhl gibt es nicht.

★**Hotel Bohème** BOUTIQUEHOTEL **$$**
(Karte S. 1086; ☎415-433-9111; www.hotelboheme.com; 444 Columbus Ave; Zi. 174–224 US$; @📶; 🚌10, 12, 30, 41, 45) Dieses Hotel ist eine Ode an die Beat-Ära von North Beach, mit seinen alten Fotos, Zimmern in Goldorange, Schwarz und Graugrün im Stil der 1950er-Jahre und von Sonnenschirmen abgemilderten Deckenleuchten. Die Zimmer sind relativ klein, und einige liegen zur lauten Columbus Ave hin, aber dafür wohnt man mitten im munteren North Beach.

Hotel Vitale BOUTIQUEHOTEL **$$$**
(Karte S. 1086; ☎888-890-8688, 415-278-3700; www.hotelvitale.com; 8 Mission St; Zi. ab 255 US$; ❄@📶🐾; Ⓜ Embarcadero, Ⓑ Embarcadero) Hinter dem getönten Glas verbirgt sich ein modebewusstes Hotel mit topaktuellen Extras wie Luxusbettwäsche und einem hauseigenen Spa mit heißen Wannen auf der Dachterrasse. Von einigen Zimmern hat man zudem einen spektakulären Blick auf die Brücke.

Fisherman's Wharf & The Marina

★**HI San Francisco Fisherman's Wharf** HOSTEL **$**
(Karte S. 1086; ☎415-771-7277; www.sfhostels.com; Bldg 240, Fort Mason; B mit Frühstück 30–40 US$, Zi. 65–100 US$; Ⓟ@📶; 🚌28, 30, 47, 49) In dem Gebäude eines ehemaligen Armeehospitals finden sich preisgünstige Privatzimmer und Schlafsäle (einige nicht nach Geschlechtern getrennt) mit 4 bis 22 Betten sowie eine rie-

sige Gästeküche. Es gibt keine Sperrstunde, aber tagsüber auch keine Heizung – warme Kleidung mitbringen! Die Zahl der kostenlosen Parkplätze ist begrenzt.

Hotel del Sol MOTEL $$
(☎415-921-5520, 877-433-5765; www.thehoteldelsol.com; 3100 Webster St; DZ 189–269 US$; P ❄ @ 📶 ≋ 👪 🐾; 🚌22, 28, 30, 43) 🍃 Das schicke, kinderfreundliche Motel aus den 1950er-Jahren gibt sich tropisch. Der zentrale Hof ist von Palmen gesäumt, und es gibt einen beheizten Außenpool. In den Familiensuiten gibt's Ausziehbetten und Brettspiele. Die Parkplätze sind kostenlos.

Tuscan Inn BOUTIQUEHOTEL $$
(Karte S. 1086; ☎800-648-4626, 415-561-1100; www.tuscaninn.com; 425 North Point St; Zi. 169–299 US$; ❄ @ 📶 👪 🐾; 🚌47, 🚋Powell-Mason, Ⓜ F) 🍃 Die geräumigen, in glitzernden Farbtönen gehaltenen Zimmer dieses Hotels der modebewussten Kette Kimpton bieten mehr Ambiente als die meisten anderen Kettenhotels. Kids lieben die Nintendo-Videospielkonsolen in den Zimmern und Eltern die Weinstunden am Nachmittag.

Marina Motel MOTEL $$
(☎800-346-6118, 415-921-9406; www.marinamotel.com; 2576 Lombard St; Zi. 139–199 US$; P 📶 🐾; 🚌28, 30, 41, 43, 45) Das Marina von 1939 wirkt mit seinem von Bougainvilleen gesäumten Hof spanisch-mediterran. Die Zimmer sind gemütlich und gepflegt, einige haben eine komplett ausgestattete Küche (zzgl. 10–20 US$).

★ **Argonaut Hotel** BOUTIQUEHOTEL $$$
(Karte S. 1086; ☎866-415-0704, 415-563-0800; www.argonauthotel.com; 495 Jefferson St; Zi. 205–325 US$, mit Ausblick 305–550 US$; ❄ 📶 👪 🐾; 🚌19, 47, 49, 🚋Powell-Hyde) 🍃 Die beste Unterkunft in Fisherman's Wharf residiert in einer Konservenfabrik von 1908. Freiliegende Holzbalken, unverputzte Ziegelwände und nautisches Dekor bis hin zu Spiegeln in Bullaugenform prägen das Bild. Ultrakomfortable Betten und iPod-Anschlüsse sind Standard, einige Zimmer sind aber winzig und bekommen kaum Sonnenlicht ab. Wer es sich leisten kann, zahlt den Aufpreis für ein Zimmer mit tollem Blick auf die Bucht.

The Mission

Inn San Francisco B&B $$
(☎415-641-0188, 800-359-0913; www.innsf.com; 943 S Van Ness Ave; Zi. mit Frühstück 185–295 US$, mit Gemeinschaftsbad 135–185 US$, Cottage 325–385 US$; P @ 📶; 🚌14, 49) 🍃 Die makellos gepflegte und mit Antiquitäten vollgestopfte, 1872 erbaute viktorianische Villa im italienischen Stil prunkt mit einem Redwood-Badebecken im englischen Garten und Gästezimmern mit flauschigen Federbetten, frischen Schnittblumen und teilweise auch Whirlpools. Die Zahl der Parkplätze ist begrenzt; vorab reservieren! Kein Fahrstuhl.

The Castro

Parker Guest House B&B $$
(☎888-520-7275, 415-621-3222; www.parkerguesthouse.com; 520 Church St; Zi. mit Frühstück 159–269 US$; @ 📶; 🚌33, Ⓜ J) Das stattlichste Schwulen-B&B im Castro belegt zwei nebeneinander stehende edwardianische Villen, die sich den Garten und das Dampfbad teilen. Die Zimmer bieten superkomfortable Betten mit Daunendecken, die Badarmaturen glänzen. Kein Fahrstuhl.

The Haight

Metro Hotel HOTEL $
(☎415-861-5364; www.metrohotelsf.com; 319 Divisadero St; Zi. 88–138 US$; @ 📶; 🚌6, 24, 71) Das zentral in Haight gelegene Hotel bietet preiswerte, saubere Zimmer mit eigenem Bad und Gartenhof. Im Erdgeschoss befindet sich die Pizzeria Ragazza (S. 1104). Kein Fahrstuhl.

Red Victorian Bed, Breakfast & Art B&B $
(☎415-864-1978; www.redvic.net; 1665 Haight St; Zi. mit Frühstück 159–189 US$, ohne Bad 99–139 US$; 📶; 🚌33, 43, 71) 🍃 In den nach Themen wie „Sunshine", „Flower Children" oder „Summer of Love" gestalteten Zimmern des 1904 erbauten Hotels leben die ausgeflippten 1960er-Jahre weiter. Nur vier der 18 Zimmer haben ein eigenes Bad. Im Preis inbegriffen ist das Bio-Frühstück im Peace Café im Erdgeschoss.

Chateau Tivoli B&B $$
(☎800-228-1647, 415-776-5462; www.chateautivoli.com; 1057 Steiner St; Zi. mit Frühstück 170–215 US$, ohne Bad 115–135 US$, Suite 275–300 US$; 📶; 🚌5, 22) In dem prächtigen Chateau abseits des Alamo Sq wohnten einst Isadora Duncan und Mark Twain. Mit seinen Türmchen, Simsen und Holzverzierungen bietet es viel Ambiente. Angeblich soll hier auch der Geist einer Operndiva aus viktorianischer Zeit spuken. Kein Fahrstuhl, kein TV.

Essen

Hunger sollte man schon mitbringen, denn in San Francisco gibt's zehnmal mehr Restaurants pro Kopf als in jeder anderen Stadt der USA. Die meisten Spitzenrestaurants der Stadt aber sind recht klein, also gleich reservieren! Günstige Happen bekommt man in den Taquerias im Mission District, in den Dim-Sum-Lokalen von Chinatown sowie in den Delis von North Beach.

SOMA, Union Square & Civic Center

Saigon Sandwich Shop VIETNAMESISCH $

(Karte S. 1086; ☎415-474-5698; saigon-sandwich.com; 560 Larkin St; Sandwichs 3,50 US$; ⏲7–17 Uhr; 🚌19, 31) In einer recht zwielichtigen Straße wartet man auf sein vietnamesisches Baguette, das je nach Wunsch mit gegrilltem Schweinefleisch, Hähnchen, Gänseleberpastete, Fleischbällchen und/oder Tofu belegt und mit eingelegten Karotten, Jalapeño, Zwiebeln und Koriander gewürzt ist.

Brenda's French Soul Food KREOLISCH, SÜDSTAATENKÜCHE $$

(Karte S. 1086; ☎415-345-8100; www.frenchsoulfood.com; 652 Polk St; Hauptgerichte mittags 9–13 US$, abends 11–17 US$; ⏲Mo & Di 8–15, Mi–Sa bis 22, So bis 20 Uhr; 🚌19, 31, 38, 47, 49) Die Köchin und Besitzerin Brenda Buenviaje serviert kalifornisch-kreolische Klassiker wie „Hangtown-Fry" (Eier mit Speck und gebratenen Austern), mit Shrimps gefüllten Po'boys, gebratene Hähnchen mit Gemüsekohl und scharfer Würze sowie mit Wassermelone gewürzten gesüßten Eistee.

★**Rich Table** KALIFORNISCH $$$

(Karte S. 1086; ☎415-355-9085; http://richtablesf.com; 199 Gough St; Gerichte 30–40 US$; ⏲So–Do 17.30–22, Fr–Sa bis 22.30 Uhr; 🚌5, 6, 21, 47, 49, 71, Ⓜ Van Ness) 🍃 Nach dem Genuss der Aprikosensuppe mit Pancetta und der Kaninchen-Canneloni mit Brunnenkresse-Creme wird man seinen Teller ablecken wollen. Das Koch- und Eigentümerpaar Sarah und Evan Rich kreiert spielerische kalifornische Gerichte wie „Dirty Hippie": liebliche Pannacotta mit Ziegenbuttermilch und Hanfsamen. Zwei bis vier Wochen im Voraus reservieren (nur direkt telefonisch beim Restaurant)!

Sweet Woodruff CAFÉ, KALIFORNISCH $$

(Karte S. 1086; ☎415-292-9090; www.sweetwoodruffsf.com; 798 Sutter St; Gerichte 8–13 US$; ⏲11–21.45 Uhr; 🚌2, 3, 27) 🍃 Das Ladencafé ist die kleine Schwester des mit Michelinsternen ausgezeichneten Sons & Daughters. Aus saisonalen und regionalen Zutaten werden kleine Gerichte wie gebratene Pimientos de Padrón mit Frischkäse oder Seeigel mit Backkartoffeln und Schinken gezaubert. Es

FÜNF LECKERE GRÜNDE, DIE FÄHRE ZU VERPASSEN

Wer sich die Köstlichkeiten im Ferry Building entgehen lässt, verpasst viel mehr als nur eine Fähre.

➡ Der Fang des Tages kommt bei der **Hog Island Oyster Company** (Karte S. 1086; ☎415-391-7117; www.hogislandoysters.com; 1 Ferry Bldg; Austern 16–20 US$/6 Stück; ⏲Mo–Fr 11.30–20, Sa & So 11–18 Uhr; Ⓜ Embarcadero, Ⓑ Embarcadero) 🍃 auf den Tisch, zur Happy Hour kosten die Austern nur 1 US$ pro Stück.

➡ Alles für ein Gourmetpicknick liefert der **Farmers Market** (Karte S. 1086; ☎415-291-3276; www.cuesa.org; ⏲Di & Do 10–14, Sa ab 8 Uhr) – besonders zu empfehlen sind die 4505 Fleisch- und Wurstspezialitäten, Donnas Tamales und Namu Gajis koreanische Tacos.

➡ Lecker sind die neuen mexikanischen Straßensnacks von Iron-Chef-Köchin Traci des Jardins im **Mijita** (Karte S. 1086; ☎415-399-0814; www.mijitasf.com; 1 Ferry Bldg; Gerichte 4–8 US$; ⏲Mo–Do 10–19, Fr & Sa bis 20, So 8.30–15 Uhr; 🖉 👪; Ⓜ Embarcadero, Ⓑ Embarcadero).

➡ Burger mit Öko-Rindfleisch und Süßkartoffelfritten gibt's bei **Gott's Roadside** (Karte S. 1086; www.gotts.com; 1 Ferry Bldg; Burger 8–11 US$; ⏲10.30–22 Uhr; 👪; Ⓜ Embarcadero, Ⓑ Embarcadero) 🍃

➡ Kaliformisch-vietnamesische Glasnudeln mit Kalifornischen Taschenkebsen locken im **Slanted Door** (Karte S. 1086; ☎415-861-8032; www.slanteddoor.com; 1 Ferry Bldg; Hauptgerichte mittags 15–28 US$, abends 19–42 US$; ⏲Mo–Sa 11–14.30 & 17.30–22, So 11.30–15 & 17.30–22 Uhr; Ⓜ Embarcadero, Ⓑ Embarcadero), das Charles Phan mit seiner Familie betreibt.

gibt keine Kellner und keinen Küchenherd, sondern nur einen Backofen, eine Kochplatte und die Fantasie.

Zero Zero PIZZERIA **$$**

(Karte S. 1086; ☎ 415-348-8800; www.zerozerosf.com; 826 Folsom St; Pizza 10–19 US$; ⏲ Mo–Do 11.30–14.30 & 17.30–22, Fr bis 23, Sa 11.30–23, So 11.30–22 Uhr; Ⓜ Powell, Ⓑ Powell) Für den locker-knusprigen Teig wird Weichweizenmehl Typ 00 verwendet, wie das für Neapel typisch ist. Der Belag verweist jedoch auf San Francisco: So gibt es die städteübergreifende, multikulturelle „Geary" mit Venusmuscheln, Schinken und Chilischoten und die allseits beliebte „Castro" mit hausgemachten Würstchen.

★ **Benu** KALIFORNISCH, FUSION **$$$**

(Karte S. 1086; ☎ 415-685-4860; www.benusf.com; 22 Hawthorne St; Hauptgerichte 26–42 US$; ⏲ Di–Sa 17.30–22 Uhr; 🚌 10, 12, 14, 30, 45) San Francisco besitzt schon seit mehr als 150 Jahren eine raffinierte Fusion-Küche, aber niemand zelebriert sie so wie Chefkoch Corey Lee (er war früher Koch im French Laundry in Napa), der ortstypische feine Biogerichte mit pazifischem Aroma mixt und sie mit der Finesse eines DJs aus SoMa serviert. Die Kalifornischen Taschenkrebse mit schwarzer Trüffelcreme machen die falsche Haifischflossensuppe so „echt", dass man glaubt, der weiße Hai schwämme darin.

★ **Jardinière** KALIFORNISCH **$$$**

(Karte S. 1086; ☎ 415-861-5555; www.jardiniere.com; 300 Grove St; Hauptgerichte 19–37 US$; ⏲ Di–Sa 17–22.30, So & Mo bis 22 Uhr; 🚌 5, 21, 47, 49, Ⓜ Van Ness) 🌿 „Iron Chef"-, „Top Chef Master"- und „James Beard Award"-Preisträgerin Traci Des Jardins liebt kalifornisches Bio-Gemüse, Fleisch aus Freilandzucht und umweltverträglich geerntete Meeresfrüchte. So werden z. B. hausgemachte Tagliatelle mit Markknochen und samtige Jakobsmuscheln mit seidigen Seeigeln serviert. Montags gibt's ein dekadentes Drei-Gänge-Menü mit passendem Wein schon für 49 US$.

Financial District, Chinatown & North Beach

★ **Liguria Bakery** BÄCKEREI **$**

(Karte S. 1086; ☎ 415-421-3786; 1700 Stockton St; Focaccia 4–5 US$; ⏲ Mo–Fr 8–13, Sa ab 7 Uhr; 🖉 👪; 🚌 8X, 30, 39, 41, 45, 🚋 Powell-Mason) Übernächtigte Kunststudenten und italienische Großmütter stehen um 8 Uhr für die Focaccia mit Zimt und Rosinen an, die warm aus dem 100 Jahre alten Ofen kommt. Herumtrödlern bleibt um 9 Uhr dann nur noch die Wahl zwischen Tomate und klassisch mit Rosmarin und Knoblauch, während Nachzügler, die um 11 Uhr kommen, ganz leer ausgehen. Nur Barzahlung.

City View CHINESISCH **$**

(Karte S. 1086; ☎ 415-398-2838; 662 Commercial St; Gerichte 3–8 US$; ⏲ Mo–Fr 11–14.30, Sa & So ab 10 Uhr; 🚌 8X, 10, 12, 30, 45, 🚋 California St) Im sonnigen Speisesaal wählt man von den Karren, auf denen köstliche Klößchen aus Krabben und Lauch, gebratener Kai-lan mit Knoblauch, scharfe Spareribs, mit Kokos bestäubte Puddingtörtchen und andere leckere Dim-Sum-Speisen stehen.

Cinecittà PIZZERIA **$**

(Karte S. 1086; ☎ 415-291-8830; www.cinecittarestaurant.com; 663 Union St; Pizza 12–15 US$; ⏲ So–Do 12–22, Fr & Sa bis 23 Uhr; 🖉 👪; 🚌 8X, 30, 39, 41, 45, 🚋 Powell-Mason) In diesem Lokal mit nur 22 Plätzen duftet es nach römischer Pizza (mit dünnem Boden), z. B. der klassischen Travestere (mit frischem Mozzarella, Rucola und Prosciutto) oder der neapolitanischen O Sole Mio (mit Kapern, Oliven, Mozzarella und Sardellen). Örtliche Biere gibt's vom Fass, der Hauswein kostet zwischen 15 und 19 Uhr 5 US$, und das hausgemachte Tiramisu ist das beste In San Francisco.

★ **Cotogna** ITALIENISCH **$$**

(Karte S. 1086; ☎ 415-775-8508; www.cotognasf.com; 470 Pacific Ave; Hauptgerichte 14–26 US$; ⏲ Mo–Sa 11.30–23.30, So 11.30–14.30 & 17–21 Uhr; 🖉; 🚌 10, 12) Seit Chefkoch und Besitzer Michael Tusk den James Beard Award als bester Koch gewonnen hat, sind Reservierungen im rustikal-italienischen Cotogna (und dem schickeren Schwesterrestaurant Quince) begehrt. Geboten werden klassische Pastagerichte, leckere Holzofenpizzas und am Drehspieß karamellisiertes Fleisch.

Z & Y CHINESISCH **$$**

(Karte S. 1086; ☎ 415-981-8988; www.zandyrestaurant.com; 655 Jackson St; Hauptgerichte 9–18 US$; ⏲ Mo–Do 11–22, Fr–So bis 23 Uhr; 🚌 8X, 🚋 Powell-Mason, Powell-Hyde) Das Restaurant bietet sensationelle Sichuan-Gerichte wie würzige Schweinefleischbällchen, heiße grüne Bohnen, hausgemachte Dandan-Nudeln mit Erdnuss-Chili-Sauce oder in scharfem Chiliöl gedünsteten Fisch unter roten Chilischoten. Früh kommen und darauf eingestellt sein, warten zu müssen!

Ristorante Ideale ITALIAN $$

(Karte S. 1086; ☎415-391-4129; www.idealerestaurant.com; 1315 Grant Ave; Pasta 15–18 US$; ⏰Mo–Do 17.30–22.30, Fr–Sa bis 23, So 17–22 Uhr; 🚌8X, 10, 12, 30, 41, 45, 🚋Powell-Mason) Der römische Chefkoch Maurizio Bruschi serviert authentische *bucatini ammatriciana* (Makkaroni mit Tomaten-Pecorino-Sauce und im Haus geräuchertem Pancetta) sowie Ravioli und Gnocchi, die hausgemacht und handgerollt sind. Die toskanischen Kellner können preisgünstige Weine empfehlen, und alle gehen glücklich nach Hause.

★**Coi** KALIFORNISCH $$$

(Karte S. 1086; ☎415-393-9000; www.coirestaurant.com; 373 Broadway; Menü 175 US$; ⏰Mi–Sa 17.30–22 Uhr; P; 🚌8X, 30, 41, 45, 🚋Powell-Mason) 🍃 Beim einfallsreichen Acht-Gänge-Verkostungsmenü von Chefkoch und Eigentümer Daniel Patterson genießt man ein Stück kalifornischer Küste: Bei warmer Entenzunge mit rosa Eisblumenblüten und frischem Monterey-Bay-Seeohr mit Erbsensprossen macht der Golden State einen glücklich.

Fisherman's Wharf & The Marina

Off the Grid IMBISSWAGEN $

(Karte S. 1086; www.offthegridsf.com; Gerichte 5–10 US$; ⏰Fr 17–22 Uhr; 🚌22, 28) Dreißig Imbisstrucks bilden bei Fort Mason eine Wagenburg und laden zum Schlemmen ein. Vor 18.30 Uhr kommen oder eine 20-minütige Wartezeit für Chairman Baos Muschelbrötchen mit Ente und Mango, Roli Rotis mit Kräutern gebratene Hähnchen und die Desserts des Crème Brûlée Man in Kauf nehmen. Nur Barzahlung.

In-N-Out Burger BURGER $

(Karte S. 1086; ☎800-786-1000; www.in-n-out.com; 333 Jefferson St; Gerichte unter 10 US$; ⏰So–Do 10.30–1, Fr & Sa bis 1.30 Uhr; 👪; 🚌30, 47, 🚋Powell-Hyde) Der Rinderkamm wird direkt vor dem Verarbeiten durchgedreht, dazu gibt's Fritten und Shakes, deren Inhalt identifizierbar ist, und das Ganze wird von Angestellten serviert, die von ihrem Gehalt leben können. Unbedingt den Burger „animal style" nehmen (mit Senf und gebratenen Zwiebeln)!

★**Greens** VEGETARISCH, KALIFORNISCH $$

(Karte S. 1086; ☎415-771-6222; www.greensrestaurant.com; Bldg A, Fort Mason Center, Ecke Marina Blvd & Laguna St; Hauptgerichte mittags 15–17 US$, abends 17–24 US$; ⏰Di–Fr 11.45–14.30 & 17.30–21, Sa ab 11, So 10.30–14 & 17.30–21, Mo 17.30–21 Uhr; 🖉; 🚌28) 🍃 Fleischfans werden nicht merken, dass in dem herzhaften Chili mit schwarzen Bohnen, Crème fraîche und eingelegten Jalapeños und in den Panini mit gebratenen Auberginen und Zutaten, die überwiegend von einer Zen-Farm stammen, kein totes Tier enthalten ist. Einfach das Essen mitnehmen und auf einer Bank am Kai genießen. Fürs Abendessen am Wochenende oder dem Sonntagsbrunch vorab reservieren!

★**Gary Danko** KALIFORNISCH $$$

(Karte S. 1086; ☎415-749-2060; www.garydanko.com; 800 North Point St; 3-/5-Gänge-Menü 73/107 US$; ⏰17.30–22 Uhr; 🚌19, 30, 47, 🚋Powell-Hyde) Nur die Milchglasfenster verhindern, dass Passanten beim Anblick der mit dem James Beard Award ausgezeichneten Kreationen das Wasser im Mund zusammenläuft: Da gibt es gebratenen Hummer mit Totentrompeten, Entenbrust mit Rhabarberkompott, viel Käse und drei Arten von Crème brûlée. Reservierung erforderlich.

The Mission

★**La Taqueria** MEXIKANISCH $

(☎415-285-7117; 2889 Mission St; Burritos 6–8 US$; ⏰Mo–Sa 11–21, So bis 20 Uhr; 🖉 🚌12, 14, 48, 49, B24th St Mission) Der beste Burrito im La Taqueria verzichtet auf fragwürdigen Safranreis, Spinattortillas oder Mango-Salsa und beschränkt sich auf eine Mehltortilla mit perfekt gegrilltem Fleisch, langsam gegarten Bohnen und klassischer *tomatillo*- oder *mesquite*-Salsa. Herzhafte Pickles und *crema* (mexikanischer Sauerrahm) komplettieren den Burrito-Genuss.

★**Namu Gaji** KOREANISCH, KALIFORNISCH $$

(☎415-431-6268; www.namusf.com; 499 Dolores St; kleine Gerichte 8–22 US$; ⏰Di–Do 11.30–22, Fr & Sa bis 23 Uhr; 🚌22, 33, MJ, B16th St Mission) 🍃 Die koreanisch inspirierten Gerichte dieses Lokals sind ein gutes Beispiel für San Franciscos kulinarische Standortvorteile: vor Ort erzeugte Bio-Zutaten, pazifische Wurzeln und Silicon-Valley-Erfindergeist. Zu den herausragenden Speisen gehören pikante Klößchen aus Shiitake-Pilzen, zarte marinierte Rinderzunge und Steaks von Freilandrindern der Marin Sun Farms, die in einem Steintopf auf dampfendem Reis serviert werden.

★**Commonwealth** KALIFORNISCH $$$

(☎415-355-1500; www.commonwealthsf.com; 2224 Mission St; kleine Gerichte 11–16 US$; ⏰So–

KULINARISCHES ZUM MITNEHMEN

Bi-Rite (☎415-241-9760; www.biritemarket.com; 3639 18th St; Sandwiches 7–10 US$; ⌚9–21 Uhr; ; 🚌14, 22, 33, 49, Ⓑ16th St Mission) Als ernsthafte Konkurrenz billiger Lebensmittelläden und Gourmetoase liefert Bi-Rite im Mission District selbst hergestellte Pralinen, nachhaltige produzierte, gepökelte Fleischwaren, wundervolles Bio-Obst und dazu eine große Auswahl kalifornischer Weine und Käsesorten. Einfach ein Gourmet-Sandwich holen und im Dolores Park genießen!

Do 17.30–22, Fr & Sa bis 23 Uhr; ; 🚌14, 22, 33, 49, Ⓑ16th St Mission) Kaliforniens einfallsreichste Bauerngerichte gibt es nicht in einer urigen Scheune, sondern in einer umgebauten Kneipe aus Betonziegeln im Mission District. Chefkoch Jason Fox serviert grüne Erdbeeren und Schwarzrettich mit Fenchelsamen und gedünstete Austern auf wilden Sukkulenten und Rhabarbereis. Das leckere Festpreismenü kostet 75 US$, wovon 10 US$ für wohltätige Zwecke gespendet werden.

The Castro

Chilango MEXIKANISCH **$$**
(☎415-552-5700; www.chilangorestaurantsf.com; 235 Church St; Gerichte 8–12 US$; ⌚11–22 Uhr; ⓂChurch) Besser als ein Taqueria-Imbiss: die Filet-Mignon-Tacos, saftigen *carnitas* (Schweinebraten) und das sensationelle Hühnchen mit *mole* (Kakaosauce) werden in diesem zwanglosen mexikanischen Lokal ausschließlich aus Bio-Zutaten zubereitet.

Starbelly KALIFORNISCH, PIZZERIA **$$**
(☎415-252-7500; www.starbellysf.com; 3583 16th St; Gerichte 6–19 US$; ⌚So–Do 11.30–23, Fr & Sa bis 24 Uhr; ⓂCastro) Auf der beheizten Garten-Terrasse werden *salumi* (italienische Wurstwaren), marktfrische Salate, leckere Pasteten, gebratene Muscheln mit hausgemachten Würstchen und Pizzas mit dünnem Boden serviert.

★**Frances** KALIFORNISCH **$$$**
(☎415-621-3870; www.frances-sf.com; 3870 17th St; Hauptgerichte 27–28 US$; ⌚Di–So 17–22.30 Uhr; ⓂCastro) Die saisonalen Gerichte von Chefköchin und Besitzerin Melissa Perello bieten Luxuriös-Aromatisches wie samtweiche Gnocchi mit Schafsmilch-Ricotta, knusprigen Croutons und Broccolini oder gegrillte Calamari mit eingelegten Meyer-Zitronen. Dazu gibt's offene Weine aus dem Sonoma Valley.

The Haight

★**Rosamunde Sausage Grill** FASTFOOD **$**
(Karte S. 1086; ☎415-437-6851; http://rosamundesausagegrill.com; 545 Haight St; Würstchen 4–6 US$; ⌚11.30–22 Uhr; 🚌6, 22, 71, ⓂN) Wer gut und günstig zu Abend essen will, packt hier Bratwürste (klassisch oder z. B. aus Ente und Feigen) mit gedünsteter Paprika, gebratenen Zwiebeln, Senfkörnern und Mango-Chutney als kostenlosen Beilagen auf seinen Teller und genießt das Ganze kombiniert mit einer von hundert Bierspezialitäten in der Bier-Bar Toronado nebenan.

Ragazza PIZZERIA **$$**
(☎415-255-1133; www.ragazzasf.com; 311 Divisadero St; Pizza 13–18 US$; ⌚Mo–Do 17–22, Fr & Sa bis 22.30 Uhr; ; 🚌6, 21, 24, 71) Lecker sind die Pizzen mit Kartoffeln und Lauch. Bei vielen Pizzas dieses Restaurants stehen aber selbstgemachte *salumi* im Mittelpunkt, so bei der Amatriciana mit Pecorino, Speck und Eiern bis hin zur Pizza mit Schweinebauch, kalabrischen Chilis und Rübengemüse. Wer einen Tisch auf der Gartenterrasse ergattern will, sollte früh kommen.

Magnolia Brewpub AMERIKANISCH **$$**
(Karte S. 1078; ☎415-864-7468; www.magnoliapub.com; 1398 Haight St; Hauptgerichte 11–20 US$; ⌚Mo–Do 11–24, Fr bis 1, Sa 10–1, So bis 24 Uhr; 🚌6, 33, 43, 71) Kneipenkost aus Bio-Zutaten und Hausbierproben halten die Gespräche an den Gemeinschaftstischen in Gang. Gleichzeitig stillen Prather-Ranch-Burger mit Fleisch von mit Gras gefütterten Rindern auch den heftigsten Heißhunger; sie werden in den Sitznischen serviert. Der Summer of Love scheint wieder überall da zu sein – nur mit besserem Essen!

Japantown & Pacific Heights

Benkyodo JAPANISCH **$**
(Karte S. 1086; ☎415-922-1244; www.benkyodocompany.com; 1747 Buchanan St; Gerichte 1–10 US$; ⌚Mo–Sa 8–17 Uhr; 🚌2, 3, 22, 38) Die nette Mittagstheke im Retro-Look serviert ein Eiersalat-Sandwich alter Schule oder Pastrami für 5 US$, aber das eigentliche Highlight sind die Mochi (gefüllte japanische Reiskuchen) für 1,25 US$, die täglich im Haus zubereitet

werden. Früh kommen, wenn man beliebte Varianten (mit grünem Tee oder mit Erdbeeren und Schokolade) probieren will. Nur Barzahlung.

Tataki JAPANISCH, SUSHI **$$**
(☎415-931-1182; www.tatakisushibar.com; 2815 California St; Gerichte 12–20 US$; ⌚Mo–Do 11.30–14 & 17.30–22.30, Fr bis 23.30, Sa 17–23.30, So 17–21.30 Uhr; 🚌1, 24) Die wagemutigen Sushi-Köche Kin Lui und Raymond Ho retten Dinner-Verabredungen (und den Ozean) mit ökologisch vertretbaren Leckereien: Zarter Seesaibling mit Yuzu-Saft ersetzt hier den Lachs aus zweifelhafter Quelle. Ein hiesiger Favorit ist die „Golden State Roll" aus pikanten, handgeernteten Jakobsmuscheln, Pazifischem Thun, Bio-Apfelstücken und essbarem, 24-karätigem Gold.

State Bird Provisions KALIFORNISCH **$$**
(Karte S. 1086; ☎415-795-1272; statebirdsf.com; 1529 Fillmore St; ⌚Mo–Do 17.30–22, Fr & Sa bis 23 Uhr; 🚌22, 38) Kentucky Fried Chicken hat hier keine Chance: San Francisco bevorzugt sein Geflügel kreativ zubereitet, lokal gezüchtet und in Dim-Sum-Portionen serviert. Kürbissamen und Semmelbrösel geben dem Vogel des Golden State (der Wachtel) die richtige Note. Das Gericht ist das Markenzeichen dieses ambitionierten, aber entspannten kalifornischen Restaurants, das 2013 mit dem James Beard Award als bestes neues Restaurant der USA ausgezeichnet wurde. Man muss vorher reservieren, wenn man sich nicht einfach um 17 Uhr an die Theke setzen will.

The Richmond

★**Outerlands** KALIFORNISCH **$$**
(Karte S. 1084; ☎415-661-6140; www.outerlandssf.com; 4001 Judah St; Sandwiches & kleine Gerichte 8–9 US$, Hauptgerichte 12–27 US$; ⌚Di–Fr 11–15 & 18–22, Sa & So 10–15 & 17.30–22 Uhr; 👪; 🚌18, Ⓜ N) Wenn einen der windige Ocean Beach melancholisch macht, kann man in diesem Strandbistro vor Anker gehen und sich mit leckeren kalifornischen Bio-Gerichten verwöhnen. Zum Brunch gibt's holländische Pfannkuchen in der Eisenpfanne mit hausgemachtem Ricotta, zum Mittagessen gegrillte Käsesorten mit einer Suppe aus Zutaten von der Farm (12 US$) und zum Abendessen langsam gegarte Lammschulter auf Fladenbrot. Im Voraus reservieren!

★**Aziza** MAROKKANISCH, KALIFORNISCH **$$$**
(Karte S. 1084; ☎415-752-2222; www.aziza-sf.com; 5800 Geary Blvd; Hauptgerichte 16–29 US$; ⌚Mi–Mo 17.30–22.30 Uhr; 🚌1, 29, 31, 38) Mourad Lahlou kombiniert marokkanische Küche und kalifornische Bio-Produkte zu überirdischen Gerichten wie Confit von der Sonoma-Ente mit glasierten Zwiebeln in lockerem *bastiya-Teig* oder langsam gegartes Lamm von örtlichen Farmen mit Gerste und Safran.

Ausgehen & Nachtleben

Die besten Adressen für einen Kneipenbummel sind die Saloons in North Beach oder die Bars im Mission District rund um die Valencia und die 16th St. In der Downtown servieren Spitzenkönner kunstvolle Cocktails, im Hayes Valley gibt's Weinbars und im Tenderloin Bars und raue Kneipen. Historische Schwulenbars finden sich im Castro, Lederbars in SoMa, während die Bars in Marina adrett und hetero sind und jene in Haight ein gemischtes, alternatives Publikum anlocken.

★**Bar Agricole** BAR
(Karte S. 1086; ☎415-355-9400; www.baragricole.com; 355 11th St; ⌚So–Mi 18–22, Do–Sa open end; 🚌9, 12, 27, 47) Die hervorragende Cocktail-Recherche hätte eine akademische Auszeichnung verdient: Bellamy Scotch Sour mit Eigelb besteht die Prüfung, aber Tequila Fix mit Zitronen- und Ananassaft sowie Hellfire Bitter erhalten den Preis. Für das moderne Design aus natürlichen Materialien und die schnittige Terrasse bekam die Bar einen James Beard Award.

★**Smuggler's Cove** BAR
(Karte S. 1086; ☎415-869-1900; www.smugglerscovesf.com; 650 Gough St; ⌚17–1.15 Uhr; 🚌5, 21, 49, Ⓜ Van Ness) Jo-ho-ho und 'ne Buddel voll Rum – vielleicht probiert man aber auch einen „Dead Reckoning" mit Angostura, Rum aus Nicaragua, Portwein und Vanillelikör oder teilt mit jemandem die flambierte „Scorpion Bowl". Angesichts von 400 Rumsorten und 70 Cocktails aus aller Welt liegt man hier wahrlich nicht im Trockendock.

★**Comstock Saloon** BAR
(Karte S. 1086; ☎415-617-0071; www.comstocksaloon.com; 155 Columbus Ave; ⌚Sa–Do 16–2, Fr ab 12 Uhr; 🚌8X, 10, 12, 30, 45, 🚋Powell-Mason) Willkommen in Barbary Coast: Die Cocktails in diesem viktorianischen Saloon atmen Geschichte: der Pisco Punch wird mit Ananassaft zubereitet, der Martini-Vorläufer Martinez besteht aus Gin, Wermut, Magenbitter und Maraschino-Likör. Wenn man

eine Sitznische haben oder in dem mit Samt ausgeschlagenen Salon sitzen will, sollte man vorab anrufen.

★Toronado PUB

(Karte S. 1086; ☎415-863-2276; www.toronado.com; 547 Haight St; ⏲11.30–2 Uhr; 🚌6, 22, 71, Ⓜ N) Bierfans können jubeln: Hier gibt's mehr als 50 Spezialbiere kleiner Brauereien und Hunderte weitere in Flaschen, darunter spektakuläre, nur saisonal erhältliche Sorten! Nur Barzahlung. Zu dem von Trappistenmönchen gebrauten Ale bestellt man sich am besten Würstchen aus dem Rosamunde nebenan.

★Specs Museum Cafe BAR

(Karte S. 1086; ☎415-421-4112; 12 William Saroyan Pl; ⏲17–2 Uhr; 🚌8X, 10, 12, 30, 41, 45, 🚋 Powell-Mason) Die Wände sind mit Andenken an Schiffer der Handelsmarine gepflastert, und man selbst würde sturzbetrunken sein, wenn man versuchte, mit den alten Teernacken mitzuhalten, die hinten Hof halten. Die Bestellung liegt auf der Hand: einen Humpen „Anchor Steam", der kommt sofort!

★Elixir BAR

(☎415-522-1633; www.elixirsf.com; 3200 16th St; ⏲Mo–Fr 15–2, Sa & So 12–2 Uhr; Ⓑ 16th St Mission) 🍃 Mit gutem Gewissen trinken: Das Elixir in einem Wildwest-Saloon von 1858 ist San Franciscos erste Bar mit Umweltzertifikat. Serviert werden wundervolle Cocktails aus farmfrischen Bio-Säften und Schnäpse aus kleinen Chargen, bei denen man zur tollen Jukebox Luftgitarre spielt.

SCHWULEN-, LESBEN-, BI- & TRANSSEXUELLENSZENE IN SAN FRANCISCO

Gleichgültig, woher man kommt und wen man liebt – Schwule fühlen sich hier alle sofort zu Hause. Das Castro ist das Zentrum der schwulen Barszene, doch pulsierende Clubs gibt's in South of Market (SoMa). The Mission ist das bevorzugte Viertel von Transsexuellen aller Art. Der *Bay Area Reporter* (alias BAR; www.ebar.com) liefert Community-News und Verzeichnisse; die *San Francisco Bay Times* (www.sfbaytimes.com) enthält prima Infos für Transsexuelle, und das kostenlose *Gloss Magazine* (www.glossmagazine.net) gibt Infos zum Nachtleben. Um zu erfahren, wo die Party steigt, kann man auf die Websites von **Honey Soundsystem** (Karte S. 1086; www.honeysoundsystem.com), **Juanita More** (www.juanitamore.com) und **Sisters of Perpetual Indulgence** (www.thesisters.org) schauen. San Francisco bietet Top-Stätten für Schwule, Lesben, Bi- und Transsexuelle.

Stud (Karte S. 1086; ☎415-252-7883; www.studsf.com; 399 9th St; Eintritt 5–8 US$; ⏲17–3 Uhr; 🚌12, 19, 27, 47) Partys gibt es hier schon seit 1966: am „Meow Mix Tuesday" Travestieshows, am Mittwoch derbe Comedy und freitags gemischte Partys mit Mitternachtstravestie, Billard und Tanzrhythmen.

Aunt Charlie's (Karte S. 1086; ☎415-441-2922; www.auntcharlieslounge.com; 133 Turk St; Eintritt 5 US$; Ⓜ Powell, Ⓑ Powell) Im Kneipenambiente des Aunt Charlie's erwachen alte Groschenheft-Cover zum Leben: freitags und samstags bei den Travestieshows des Hot Boxxx Girls (telefonisch reservieren) und donnerstags mit der Tubesteak Connection (5 US$), bei der alte Pornos und 1980er-Jahre-Disco auf dem Programm stehen.

EndUp (Karte S. 1086; www.theendup.com; 401 6th St; Eintritt 5–20 US$; ⏲Mo–Do 22–4, Fr 23–11, Sa 22–Mo 4 Uhr; 🚌12, 27, 47) Jeder, der nach 2 Uhr an den Wochenenden unterwegs ist, fühlt sich magnetisch von den Dance-Marathons im EndUp und den schwulen „Tea Dances" am Sonntag angezogen, die schon seit 1973 brummen.

Lexington Club (☎415-863-2052; www.lexingtonclub.com; 3464 19th St; ⏲15–2 Uhr; 🚌14, 33, 49, Ⓑ 16th St Mission) San Franciscos Bar nur für harte Girls kann cliquenhaft sein. Am besten macht frau irgendeiner Frau ein Kompliment für ihr Hemd (selbstentworfen) oder ihr Tattoo (dito) und erwähnt, frau sei im Flippern, Billard oder Fingerhakeln ungeschlagen. Falls die andere gewinnt (weil sie hier zu Hause ist), einen Flunsch ziehen: vielleicht spendiert sie ein Bier (4 US$).

Cafe Flore (☎415-621-8579; www.cafeflore.com; 2298 Market St; ⏲So–Do 7–24, Fr & Sa bis 2 Uhr; 📶; Ⓜ Castro) Wer auf dem sonnigen Patio des Flore noch nicht abgehangen hat, kennt das Castro nicht. Zur Happy Hour gibt's tolle Drinks zum Sonderpreis, z. B. zwei Margaritas zum Preis von einem. WLAN gibt's nur werktags, keine Elektro-Anschlüsse vorhanden.

Zeitgeist BAR
(☎415-255-7505; www.zeitgeistsf.com; 199 Valencia St; ⌚9–2 Uhr; 🚌22, 49, Ⓑ16th St Mission) Man hat exakt zwei Sekunden, um eines der 40 Biere vom Fass bei den derben Barfrauen zu bestellen, die daran gewöhnt sind, Macho-Biker zur Räson zu bringen. Stammgäste marschieren direkt in den großen, kiesbestreuten Biergarten, um an den langen Picknicktischen eine zu rauchen. Bargeld mitbringen – das braucht man für die Bar und für die Essensverkäufer, die spät abends mit ihrer Ware von Tisch zu Tisch gehen.

Trick Dog BAR
(☎415-471-2999; www.trickdogbar.com; 3010 20th St; ⌚15–2 Uhr; 🚌12, 14, 49) Die Drinks sind hier nach dem Pantone-Farbsystem benannt: Hinter „Razzle Dazzle Red" verbirgt sich der örtliche Wodka Hangar One mit Kräuterlikör, Erdbeeren und Limonensaft, hinter „Gypsy Tan" Rittenhouse-Whiskey mit Fernet, Limonen-Ginger und Muskat.

El Rio CLUB
(☎415-282-3325; www.elriosf.com; 3158 Mission St; Eintritt 3–8 US$; ⌚13–2 Uhr; 🚌12, 14, 27, 49, Ⓑ24th St Mission) Der DJ-Mix im El Rio entspricht der Kundschaft: eklektisch, unerschrocken, funky und sexy, ohne Rücksicht auf die sexuelle Orientierung. Starke Margaritas sorgen dafür, dass die Leute zum Disco-Postpunk-Mashup tanzen und schamlos im Garten hinten flirten. Nur Barzahlung.

☆ Unterhaltung

TIX Bay Area (Karte S. 1086; www.tixbayarea.org) verkauft Last-Minute-Theaterkarten zum halben Preis. Veranstaltungskalender finden sich in den Zeitschriften *7x7 magazine* (www.7x7.com), *SF Bay Guardian* (www.sfbg.com), *SF Weekly* (www.sfweekly.com) sowie im Blog **Squid List** (www.squidlist.com/events).

Livemusik

★SFJAZZ Center JAZZ
(Karte S. 1086; ☎866-920-5299; www.sfjazz.org; 201 Franklin St; ⌚unterschiedliche Veranstaltungszeiten; 🚌5, 7, 21, ⓂVan Ness) Jazzgrößen aus dem ganzen Land sowie aus aller Welt treten in dem neuesten, größten, umweltzertifizierten Jazzcenter der USA auf die Bühne. Im Juli findet hier das San Francisco Jazz Festival statt, aber das ganze Jahr über lassen sich hier Legenden wie McCoy Tyner, Regina Carter, Bela Flek oder Tony Bennett (*I Left My Heart in San Francisco* war schließlich einer seiner größten Hits) hier hören. Die billigen Plätze im oberen Rang sind zwar eher Hocker, bieten aber freie Sicht auf die Bühne.

Fillmore Auditorium LIVEMUSIK
(Karte S. 1086; ☎415-346-6000; http://thefillmore.com; 1805 Geary Blvd; Eintritt 15–50 US$; ⌚Kartenschalter So 10–16, an Veranstaltungsabenden 19.30–22 Uhr; 🚌22, 38) Jimi Hendrix, Janis Joplin, the Doors – sie alle sind schon im Fillmore aufgetreten. Heute kann man in der historischen, 1250 Stehplätze umfassenden Arena die Indigo Girls, Duran Duran oder Tracy Chapman bewundern. Unbedingt anschauen sollte man sich die psychedelischen Poster der 1960er-Jahre im Foyer oben.

Slim's LIVEMUSIK
(Karte S. 1086; ☎415-255-0333; www.slims-sf.com; 333 11th St; Tickets 12–30 US$; ⌚17–2 Uhr; 🚌9, 12, 27, 47) Für tolle Stimmung sorgen Gogol Bordello, Tenacious D und die Expendables in diesem mittelgroßen Club, der dem R&B-Star Boz Skaggs gehört. Für die Shows gibt's keine Altersbegrenzung, kleine Kinder werden aber kaum etwas sehen, sobald die Leute zu tanzen beginnen. Für ein Abendessen (25 US$) und manche Plätze auf dem kleinen Balkon muss man reservieren.

Mezzanine LIVEMUSIK
(Karte S. 1086; ☎415-625-8880; www.mezzaninesf.com; 444 Jessie St; Eintritt 10–40 US$; ⓂPowell, ⒷPowell) An großen Abenden geht es laut zu, denn das Mezzanine hat eine der besten Soundanlagen in der Stadt. Alternativ-Bands, kommende Hip-Hop-Größen und R&B-Stars wie Wyclef Jean, Quest Love, Method Man, Nas und Snoop Dogg bringen das Publikum in Rage.

Great American Music Hall LIVEMUSIK
(Karte S. 1086; ☎415-885-0750; www.gamh.com; 859 O'Farrell St; Eintritt 12–35 US$; ⌚Kartenschalter Mo–Fr 10.30–18 Uhr & und an Veranstaltungsabenden; 🚌19, 38, 47, 49) Die im Rokokostil gestaltete Great American Music Hall war früher ein Bordell. Sie hat einen Balkon mit Tischplätzen, eine erstklassige Soundanlage und ordentliches Essen und Trinken. Die Musik reicht von Alternativrock und Metal bis zu Jazz und Bluegrass.

Yoshi's JAZZ, LIVEMUSIK
(Karte S. 1086; ☎415-655-5600; www.yoshis.com; 1300 Fillmore St; ⌚Veranstaltungen Di–So 20 und/oder 22 Uhr, Di–So abends; 🚌22, 31) San Franciscos wichtigster Jazzclub lockt Spitzenmusi-

ker aus aller Welt an und erlebt Gastauftritte von Künstlern wie Leon Redbone und Nancy Wilson. Gelegentlich gibt es auch klassische Konzerte oder Gospel. Studenten sollten nach Tickets zum halben Preis fragen.

Cafe du Nord/Swedish American Hall LIVEMUSIK
(☎415-861-5016; www.cafedunord.com; 2170 Market St; Grundpreis variiert; Ⓜ Church) Rocker, Chanteusen, Comedians, Geschichtenerzähler und Travestiekünstler treten in dieser ehemaligen Kellerkneipe mit Bar und Veranstaltungssaal auf, die immer noch so aussieht wie in den 1930er-Jahren.

Travestie

Cat Club TRAVESTIE
(Karte S. 1086; www.sfcatclub.com; 1190 Folsom St; Eintritt nach 22 Uhr 5 US$; ⏲Di–So 21–3 Uhr; Ⓜ Civic Center, Ⓑ Civic Center) Man kennt seine Freunde nicht wirklich, solange man sie nicht hier *Take on Me* von A-ha bei der Retro-Danceparty am Donnerstagabend laut mitsingen hören hat. Dienstags steht Karaoke, mittwochs Bondage-a-Go-Go, freitags Goth und samstags Powerpop der 1990er-Jahre auf dem Programm (online überprüfen, damit man nicht im falschen Outfit erscheint)!

DNA Lounge TRAVESTIE
(Karte S. 1086; www.dnalounge.com; 375 11th St; Eintritt 3–25 US$; ⏲Fr & Sa 21–3 Uhr, andere Abende unterschiedliche Öffnungszeiten; 🚌12, 27, 47) In einem der letzten Megaclubs von San Francisco treten Livebands auf. Weiter gibt's hier die Mashup-Danceparty Bootie, Travestie bei Trannyshack und montags für Leute über 18 Jahre die Goth Death Guild. Wer früh kommt, kann die Grillen hören.

AsiaSF TRAVESTIE, CABARET
(Karte S. 1086; ☎415-255-2742; www.asiasf.com; 201 9th St; ab 39 US$/Pers.; ⏲Mi & Do 19–23, Fr 19–2, Sa 17–2, So 19–22 Uhr, Reservierungen 13–20 Uhr; Ⓜ Civic Center, Ⓑ Civic Center) Cocktails und asiatisch inspirierte Gerichte werden hier mit Pfiff und einem Geheimnis serviert: Die Kellnerinnen sind Travestiekünstler. Jede Stunde tanzen sie auf der Theke, während die Mädels kreischen und errötende heterosexuelle Geschäftsleute mitmachen. Sobald die Inspiration und die Drinks wirken, mischt sich alles auf der Tanzfläche im Erdgeschoss.

Klassische Musik & Oper

★ Davies Symphony Hall KLASSISCHE MUSIK
(Karte S. 1086; ☎415-864-6000; www.sfsymphony.org; 201 Van Ness Ave; Ⓜ Van Ness, Ⓑ Civic Center) Die Spielstätte des neunmal mit dem Grammy ausgezeichneten San Francisco Symphony unter seinem dynamischen Musikdirektor Michael Tilson Thomas. Die Spielzeit dauert jeweils von September bis Juli.

★ San Francisco Opera OPER
(Karte S. 1086; ☎415-864-3330; www.sfopera.com; War Memorial Opera House, 301 Van Ness Ave; Karten 10–350 US$; Ⓑ Civic Center, Ⓜ Van Ness) San Francisco ist seit den Tagen des Goldrauschs opernbegeistert, und die Oper bleibt von Juli bis Dezember ein Hauptvergnügen. Dienstags kommen die örtlichen Prominenten, wo man dann sagenhafte Kostüme und Smokings zu sehen bekommt. Nach 10 Uhr werden an der Kasse 150 Stehplätze (10 US$; nur Barzahlung) verkauft; nach der Pause ergattert man wahrscheinlich schon einen freien Sitzplatz.

San Francisco Ballet BALLETT
(Karte S. 1086; ☎415-861-5600, Tickets 415-865-2000; www.sfballet.org; War Memorial Opera House, 301 Van Ness Ave; Karten 10–120 US$; Ⓜ Van Ness) Das San Francisco Ballet ist die älteste Ballettkompanie der USA und die erste, die den *Nussknacker* tanzte. Sie tritt regelmäßig im War Memorial Opera House auf.

Theater

★ American Conservatory Theater THEATER
(ACT; Karte S. 1086; ☎415-749-2228; www.act-sf.org; 415 Geary St; 🚌38, 🚋Powell-Mason, Powell-Hyde) Bahnbrechende Aufführungen zeigt das ACT im aus der Zeit um 1900 stammenden Geary Theater. Hier erlebten Tony Kushners *Angels in America* und Robert Wilsons *Black Rider* mit dem Libretto von William S. Burroughs und der Musik von Tom Waits, der aus der Bay Area stammt, ihre Premieren. Ende 2014 soll das **Strand Theater** (1127 Market St) als neue Spielstätte des ACT eröffnet werden.

Beach Blanket Babylon CABARET
(BBB; Karte S. 1086; ☎415-421-4222; www.beachblanketbabylon.com; 678 Green St; Eintritt 25–100 US$; ⏲Shows Mi, Do & Fr 20, Sa 18.30 & 21.30, So 14 & 17 Uhr; 🚌8X, 🚋Powell-Mason) Schneewittchen sucht in San Francisco nach ihrem Prince Charming: Was kann da schiefgehen? Disney-wird hier schon seit 1974 zum Travestie-Musical-Comedy-Cabaret, doch aktuelle Witze und Perücken so groß wie Umzugswagen sorgen immer noch für Entzücken.

Kinos

★Castro Theatre KINO
(☎415-621-6120; www.castrotheatre.com; 429 Castro St; Erw./Kind 11/8,50 US$; ⊙Di–So; Ⓜ Castro) Vor Beginn der Abendveranstaltungen tönt die Mighty Wurlitzer-Orgel aus dem Orchestergraben dieses Art-déco-Filmpalasts. Der Abend endet mit (alle mitsingen): „San Francisco open your Golden Gate/You let no stranger wait outside your door…"

★Roxie Cinema KINO
(☎415-863-1087; www.roxie.com; 3117 16th St; reguläre Filmvorführung/Matinee 10/7 US$; 🚌14, 22, 33, 49, Ⓑ16th St Mission) Das kleine, gemeinnützige Nachbarschaftskino hat eine bedeutende internationale Reputation, weil es unabhängig produzierte und umstrittene Filme sowie Dokumentationen zeigt, die anderswo verboten sind. Keine Werbung, zu jedem Film gibt's einen Einführungsvortrag.

Sundance Kabuki Cinema KINO
(Karte S. 1086; ☎415-929-4650; www.sundancecinemas.com; 1881 Post St; Erw. 9,50–15 US$, Kind 9 US$; 🚌2, 3, 22, 38) Das Multiplex entstand auf Initiative von Robert Redfords Sundance Institute. Gezeigt werden Filme mit großen Namen, auch Festivals finden hier statt. Zu den Veranstaltungen gibt's Pralinen und Alkoholika aus der Region. Die Sitze des umweltbewussten Kinos bestehen aus Recycling-Material.

Sport

San Francisco Giants BASEBALL
(Karte S. 1086; http://sanfrancisco.giants.mlb.com; AT&T Park; Tickets 5–135 US$) Hier erfährt man, wie es bei der World Series zugeht – inklusive wilder Bärte, Frauenunterwäsche und allem Drum und Dran.

San Francisco 49ers FOOTBALL
(Karte S. 1084; ☎415-656-4900; www.sf49ers.com; ab 2014 im Levi's Stadium; Tickets 25–100 US$ bei www.ticketmaster.com; ⓂT) Die 49ers waren von 1981 bis 1994 das Dreamteam der National Football League: Sie gewannen fünf Mal den Superbowl. Nach Jahrzehnten von Zitterspielen und einer Niederlage im Finale des Superbowl im Jahr 2012 beziehen die 49ers 2014 ein neues Domizil: das brandneue Levi's Stadium in Santa Clara.

Shoppen

★City Lights BÜCHER
(Karte S. 1086; ☎415-362-8193; www.citylights.com; 261 Columbus Ave; ⊙10–24 Uhr; 🚌8X, 10, 12, 30, 41, 45, 🚋Powell-Mason, Powell-Hyde) „Ihr, die ihr eintretet, lasst alle Verzweiflung fahren", fordert das Schild an der Tür dieses Buchladens, der von San Franciscos Dichterfürsten Lawrence Ferlinghetti gegründet wurde. Dieser Aufforderung lässt sich oben in dem sonnigen **Poetry Room** mit dem **Poet's Chair** gut folgen, während man frisch veröffentlichte Verse liest und den Blick auf die Jack Kerouac Alley genießt.

★New People KLEIDUNG, GESCHENKE
(Karte S. 1086; www.newpeopleworld.com; 1746 Post St; ⊙Mo–Sa 12–19, So bis 18 Uhr; 🚌2, 3, 22, 38) Ein Haus voller *kawaii* (Niedlichkeit): japanische T-shirts mit Anime-Motiven, von *Alice im Wunderland* inspirierte Lolita-Mode im **Baby the Stars Shine Bright** im zweiten Stock, Ninja-Schuhe mit zeitgenössischer Grafik im **Sou-Sou**, zeitgenössische Kunst in der **Superfrog Gallery** sowie Teegebäck im **Crown & Crumpet**.

★Betabrand KLEIDUNG
(☎800-694-9491; www.betabrand.com; 780 Valencia St; ⊙Mo–Do 11–18, Fr–Sa bis 19, So 12–18 Uhr; 🚌14, 22, 33, 49, Ⓑ16th St Mission) Bei Beta-

DIE BESTEN EINKAUFSGEBIETE

San Francisco hat rustikal-schicke Läden, gut bestückte Gewürzgeschäfte und sagenhafte Boutiquen – je nachdem, was man sucht, muss man in verschiedene Ecken. Hier eine kurze Übersicht, wo was zu finden ist:

Hayes Valley Lokale und selbständige Designer, Einrichtungsdesign, Süßwaren, Schuhe.

Valencia St Buchläden, lokale Design-Kooperativen, Kunstgalerien, Antiquitäten und Trödel aller Art.

Haight St Hanfläden, Musik, Antiquitäten, Sportzubehör fürs Skaten, Skifahren und Surfen.

Upper Fillmore & Union St Modeläden, Accessoires für Mädels, Wein und Designobjekte.

Powell & Market St Warenhäuser, Megamarken, Discounter, Apple-Store.

Grant St Souvenirs in Chinatown, exzentrische Boutiquen in North Beach.

Ferry Building Örtliche Lebensmittel, Wein & Haushaltswaren.

brand vertraut man bei Modeentscheidungen der Schwarmintelligenz: Experimentelle Entwürfe werden online zur Abstimmung gestellt und die siegreichen dann in kleinen Serien produziert – Socken mit Würstchenmuster, wendbare Hausjacken, Discokugel-Windjacken und Hosen mit reflektierenden Streifen, die man beim Radfahren und der Arbeit tragen kann.

Praktische Informationen

GELD

Bank of America (www.bankamerica.com; 1 Market Plaza; Mo–Fr 9–18 Uhr)

INFOS IM INTERNET

Die globalen sozialen Medienplattformen **Craigslist** (http://sfbay.craigslist.org), **Twitter** (www.twitter.com) und **Yelp** (www.yelp.com) wurden alle in San Francisco erfunden und sind Institutionen in der Stadt; hier findet man Infos zu neuen Läden und kostenlosen Shows, Bewertungen von Bars und Restaurants und viele andere Informationen.

INTERNETZUGANG

Überall in San Francisco finden sich kostenlose WLAN-Hotspots – wo einer in der Nähe ist, erfährt man unter www. openwifispots.com. Kostenlosen Zugang hat man beispielsweise am Union Sq und in den meisten Cafés und Hotellobbys.

Apple Store (www.apple.com/retail/sanfrancisco; 1 Stockton St; Mo–Sa 9–21, So 10–20 Uhr; @ ; M Powell St) Gratisnutzung von WLAN und Internetterminals.

San Francisco Main Library (www.sfpl.org; 100 Larkin St; Mo & Sa 10–18, Di–Do 9–20, Fr & So 12–17 Uhr; @ ; M Civic Center) 15 Minuten Gratiszugang zu Internetterminals; unzuverlässiger WLAN-Zugang.

MEDIEN

KALW 91.7 FM (www.kalw.org) Örtlicher Ableger von National Public Radio (NPR).

KPFA 94.1 FM (www.kpfa.org) Alternative Nachrichten und Musik.

KPOO 89.5 FM (www.kpoo.com) Lokaler Sender mit Jazz, R & B, Blues und Reggae.

KQED 88.5 FM (www.kqed.org) Ein Ableger von NPR und Public Broadcasting (PBS) mit Podcasts und Videostreams.

San Francisco Bay Guardian (www.sfbg.com) San Franciscos kostenloses und alternatives Wochenblatt mit politischen Artikeln sowie einem Eventkalender (Theater, Musik, Kunst & Kino).

San Francisco Chronicle (www.sfgate.com) Größte Tageszeitung mit Nachrichten, Unterhaltungs- und Veranstaltungstipps.

NOTFALL & MEDIZINISCHE VERSORGUNG

American College of Traditional Chinese Medicine (415-282-9603; www.actcm.edu; 450 Connecticut St; Mo–Do 8.30–21, Fr & Sa 9–17.30 Uhr; 10, 19, 22) Akupunktur, Kräutermedizin und weitere traditionelle chinesische Heilverfahren zu geringen Kosten.

Haight Ashbury Free Clinic (415-762-3700; www.healthright360.org; 558 Clayton St; nach Vereinbarung; 6, 33, 37, 43, 71, M N) Die Klinik, die nur nach Vereinbarung aufgesucht werden kann, bietet Hilfe bei Drogenmissbrauch und psychischen Problemen.

Polizei, Feuerwehr & Ambulanz (Notfall 911, sonst 311)

San Francisco General Hospital (Notfall 415-206-8111, Zentrale 415-206-8000; www.sfdph.org; 1001 Potrero Ave; 24 Std.; 9, 10, 33, 48) Hilft unversicherten Patienten, auch psychiatrischer Dienst. Keine Dokumente außer einem Identitätsnachweis erforderlich.

Trauma Recovery & Rape Treatment Center (415-437-3000; www.traumarecoverycenter.org) 24-Std.-Hotline.

Walgreens (415-861-3136; www.walgreens.com; 498 Castro St, Ecke 18th St; 24 Std.; 24, 33, 35, M F, K, L, M) Apotheke mit Dutzenden Filialen in der Stadt; auch rezeptfreie Arzneimittel.

POST

Rincon Center Post Office (Karte S. 1086; 800-275-8777; www.usps.gov; 180 Steuart St; Mo–Fr 8–18, Sa 9–14 Uhr; M Embarcadero, B Embarcadero) Postdienstleistungen; im historischen Flügel sehenswerte Wandmalereien.

TOURISTENINFORMATION

San Francisco Visitor Information Center (Karte S. 1086; 415-391-2000, Event-Hotline 415-391-2001; www.onlyinsanfrancisco.com; Market & Powell St, untere Ebene, Hallidie Plaza; Mo–Fr 9–17, Sa & So bis 15 Uhr; Powell-Mason, Powell-Hyde, M Powell St, B Powell St) Praktische Touristen-Infos. Publiziert Hochglanzbroschüren für Besucher der Stadt und betreibt eine rund um die Uhr erreichbare Event-Hotline.

An- & Weiterreise

BUS

Bis 2017 bleibt das **Temporary Transbay Terminal** (Karte S. 1086; Howard St & Main St) als Hauptbusbahnhof in Betrieb. Von hier aus fahren Busse von **AC Transit** (511; www.actransit.org) zur East Bay, von **Golden Gate Transit** (Karte S. 1086; www.goldengatetransit.org) nordwärts ins Marin und ins Sonoma County und Busse von SamTrans südwärts nach Palo Alto und zur Pazifikküste. **Greyhound** (800-231-2222; www.greyhound.com) bietet täglich

Busse nach Los Angeles (59 US$, 8–12 Std.), Truckee (nahe Lake Tahoe; 31 US$, 5½ Std.) und zu weiteren Zielen.

FLUGZEUG

Der **San Francisco International Airport** (SFO; www.flysfo.com) liegt 14 Meilen (22,6 km) südlich der Downtown abseits des Hwy 101 und ist mit Bay Area Rapid Transit (BART) erreichbar. Der **Oakland International Airport** (OAK; ☎ 510-563-3300; www.oaklandairport.com) bedient vor allem Inlandsflüge. Er liegt von San Francisco aus jenseits der Bucht, zu erreichen in einer rund 50-minütigen Autofahrt oder mit dem BART.

ZUG

Amtrak (☎ 800-872-7245; www.amtrakcalifornia.com) bietet Zeitkarten, mit denen man in einem Zeitraum von 21 Tagen sieben Tage lang in Kalifornien fahren kann (ab 159 US$). Bei der 35 Stunden dauernden, spektakulären Fahrt des *Coast Starlight* von Los Angeles nach Seattle wird ein Halt in Oakland eingelegt, und der *California Zephyr* braucht 51 Stunden für die Fahrt von Chicago nach Oakland. Beide Züge haben Schlaf- und Speise- bzw. Loungewagen mit Panoramafenstern. Kostenlose Amtrak-Shuttlebusse fahren zum Ferry Building und zur CalTrain Station.

CalTrain (www.caltrain.com; Ecke 4th & King St) verbindet San Francisco mit den Zentren im Silicon Valley und mit San Jose.

ℹ Unterwegs vor Ort

Fahrplan- und Transitinfos zur gesamten Bay Area gibt's online unter www.511.org oder telefonisch unter ☎ 511.

AUTO

In San Francisco sollte man aufs Autofahren besser verzichten: Straßenparkplätze sind hier selten, und die Parkuhren kennen keine Gnade. Abstellmöglichkeiten in der Downtown gibt's am Embarcadero Center, in der 5th und der Mission St, am Union Sq und in der Sutter St und der Stockton St. Die großen US-Autovermieter haben Büros am Flughafen und in der Downtown.

VOM/ZUM SAN FRANCISCO INTERNATIONAL AIRPORT

Die Taxifahrt ins Zentrum von San Francisco kostet 35 bis 50 US$.

BART (Bay Area Rapid Transit; www.bart.gov; einfache Strecke 8,25 US$) Schnelle, 30-minütige Verbindung zwischen der SFO BART Station des Internationalen Terminals und der Downtown von San Francisco.

SamTrans (www.samtrans.com; einfache Strecke 5 US$) Der Expressbus KX fährt zum Temporary Transbay Terminal (rund 30 Min.).

SuperShuttle (☎ 800-258-3826; www.supershuttle.com) fährt mit Kleinbussen in die Downtown von San Francisco (17 US$).

VOM/ZUM OAKLAND INTERNATIONAL AIRPORT

Vom Oakland International Airport fährt der AirBART-Shuttle (3 US$) zur Haltestelle Coliseum mit BART-Anschluss zur Downtown von San Francisco (3,85 US$). Alternativ bietet SuperShuttle Kleinbusse zur Downtown (27–35 US$). Die Taxifahrt zu einem Ziel in San Francisco kostet zwischen 55 und 70 US$.

ÖFFENTLICHE VERKEHRSMITTEL

MUNI (Municipal Transit Agency; ☎ 511; www.sfmta.com) betreibt Busse, Straßenbahnen und die Cable-Car-Linien. Die detaillierte *MUNI Street & Transit Map* ist online kostenlos erhältlich. Ein einfacher Fahrschein für Bus oder Straßenbahn kostet 2 US$, für die Cable-Cars 6 US$. Mit dem **MUNI Passport** (1/3/7 Tage 14/22/28 US$) kann man im Gültigkeitszeitraum alle MUNI-Verkehrsmittel nutzen, auch die Cable-Cars; die Zeitkarten gibt's in San Franciscos Visitor Information Center und beim TIX-Bay-Area-Kiosk am Union Sq. Der **City Pass** (Erw./Kind 84/59 US$) umfasst die Nutzung der MUNI-Verkehrsmittel und den Eintritt zu vier Sehenswürdigkeiten.

Die Züge von BART verbinden San Francisco mit der East Bay. Sie fahren unterhalb der Market St, die Mission St entlang und südwärts in Richtung SFO und Millbrae, wo Anschluss zum CalTrain besteht.

SCHIFF/FÄHRE

Blue & Gold Ferries (Karte S. 1086; www.blueandgoldfleet.com) betreibt von Pier 41 und dem Ferry Building aus die Alameda–Oakland-Fähre Die **Golden Gate Ferry** (www.goldengateferry.org) fährt vom Ferry Building nach Sausalito und Larkspur im Marin County.

TAXI

Der Grundpreis beträgt 3,50 US$, jede Meile kostet ungefähr 2,75 US$.

DeSoto Cab (☎ 415-970-1300)

Green Cab (☎ 415-626-4733; www.626green.com) Treibstoffsparende Hybridfahrzeuge; Fahrergenossenschaft.

Luxor (☎ 415-282-4141)

Yellow Cab (☎ 415-333-3333)

Marin County

Im wohlhabenden und entspannten **Marin County** (www.visitmarin.org) gleich jenseits der Golden Gate Bridge thronen majestätische Mammutbäume auf den Hügeln an der Küste. Seine südlichste Siedlung ist das reizende Touristenstädtchen **Sausalito** direkt an der Bucht – ein nettes Ziel für Radtouren über die Brücke (nach San Francisco zurück geht's mit der Fähre). Das coole, hydraulische **San Francisco Bay-Delta Model** (Karte S. 1084; ☎ 415-332-3871; www.spn.usace.army.mil; 2100 Bridgeway Blvd, Sausalito; Eintritt gegen Spende; ⏰ Ende Mai–Anfang Sept. Di–Fr 9–16, Sa & So 10–17 Uhr, Anfang Sept.–Ende Mai Di–Sa 9–16 Uhr; 👪) am Hafen stellt die ganze Bucht plus Delta dar.

Marin Headlands

Von den vielen Wanderwegen in den schroffen, windumtosten Headlands hat man einen unglaublichen Blick auf San Francisco und die Golden Gate Bridge. Zum **Visitor Center** (Karte S. 1084; ☎ 415-331-1540; www.nps.gov/goga/marin-headlands.htm; Fort Barry, Bldg 948; ⏰ April–Sept. Sa–Mo 9.30–16.30 Uhr) nimmt man nördlich der Golden Gate Bridge die Ausfahrt Alexander Ave, biegt unter dem Freeway links in die Bunker Rd ab und folgt der Ausschilderung.

Zu den Highlights in der Gegend gehören das **Point Bonita Lighthouse** (Karte S. 1084; www.nps.gov/goga/pobo.htm; abseits der Field Rd; ⏰ Sa–Mo 12.30–15.30 Uhr) GRATIS, der **Rodeo Beach** und das lehrreiche **Marine Mammal Center** (Karte S. 1084; ☎ 415-289-7325; www.tmmc.org; 2000 Bunker Rd; Eintritt gegen Spende; ⏰ 10–17 Uhr; 👪) 🍃 in Fort Cronkite. Das interaktive **Bay Area Discovery Museum** (Karte S. 1084; ☎ 415-339-3900; www.baykidsmuseum.org; 557 McReynolds Rd, Sausalito; Eintritt 11 US$, 1. Mi im Monat Eintritt frei; ⏰ Di–So 9–17 Uhr; 👪), östlich des Hwy 101 in Fort Baker, ist ein tolles Ziel für Kinder.

Auf einem bewaldeten Hügel nahe dem Visitor Center belegt das umweltbewusste **HI Marin Headlands Hostel** (Karte S. 1084; ☎ 415-331-2777; www.norcalhostels.org/marin; Fort Barry, Bldg 941; B 26–30 US$, Zi. ohne Bad 72–92 US$; @) 🍃 zwei historische Gebäude von 1907. Die Privatzimmer im früheren Offiziershaus sind hübsch. Luxus mit Geschichte bieten die Kaminzimmer mit Blick auf die Bucht in der umweltzertifizierten Lodge **Cavallo Point** (Karte S. 1084; ☎ 415-339-4700, 888-651-2003; www.cavallopoint.com; 601 Murray Circle; Zi. ab 379 US$; ❄ 📶 🏊 👪 🐾) 🍃 in Fort Baker.

Mt. Tamalpais State Park

Der majestätische „Mt. Tam" (784 m) ist hervorragend zum Wandern und Mountainbikefahren geeignet. Der **Mt. Tamalpais State Park** (Karte S. 1084; ☎ 415-388-2070; www.friendsofmttam.org; 8 US$/Auto) umfasst 2550 ha Parkland mit mehr als 320 km an Wanderwegen. Unbedingt besuchen sollte man den Aussichtspunkt am East Peak Summit. Vom Hwy 1 führt der Panoramic Hwy durch den Park zum idyllischen Küstenstädtchen **Stinson Beach** mit seinem halbmondförmigen Sandstrand.

An der **Pantoll Station** (Karte S. 1084; ☎ 415-388-2070; 801 Panoramic Hwy, Mill Valley; ⏰ Fr–So 8–19 Uhr, Winter kürzere Öffnungszeiten; 📶), dem Sitz der Parkverwaltung, starten viele Wanderwege, und hier gibt's auch einen bewaldeten **Campingplatz** (Karte S. 1084; Stellplatz 25 US$, keine Reservierung). Weit im Voraus muss man buchen, wenn man eine rustikale Hütte (ohne Strom und fließendes Wasser) oder einen Stellplatz im nur zu Fuß erreichbaren **Steep Ravine** (☎ 800-444-7275; www.reserveamerica.com; Stellplatz 25 US$, Hütte 100 US$) abseits vom Hwy 1 südlich von Stinson Beach haben will. Eine weitere Option ist das ganz abgelegene **West Point Inn** (Karte S. 1084; ☎ Info 415-388-9955, Reservierungen 415-646-0702; www.westpointinn.com; 100 Old Railroad Grade Fire Rd, Mill Valley; Zi. 50/25 US$ pro Erw./Kind). Proviant, Bettzeug und Handtücher muss man selbst mitbringen; Reservierung erforderlich.

Muir Woods National Monument

10 Meilen (16 km) nordwestlich der Golden Gate Bridge befindet sich das 210 ha große **Muir Woods National Monument** (Karte S. 1084; ☎ 415-388-2595; www.nps.gov/muwo; Muir Woods Rd, Mill Valley; Erw./Kind 7 US$/frei; ⏰ 8–19.30 Uhr, Mitte Sept.–Mitte März kürzere Öffnungszeiten). Hier wandern Traveller durch einen uralten Bestand der höchsten Bäume der Welt. Einfache Wanderwege führen zunächst an den 1000 Jahre alten Mammutbäumen des Cathedral Grove vorbei. Am Eingang serviert ein **Café** kleine Mittagsgerichte und Getränke. Wer den Menschenmassen entgehen will, kommt werktags, frühmorgens oder am späten Nachmittag. Anfahrt: Dem Hwy 101 bis zur Ausfahrt zum Hwy 1 und dann der Ausschilderung folgen.

Zwischen Anfang Mai und Ende Oktober fährt an Wochenenden und Feiertagen der **Muir Woods Shuttle** (Marin Transit Bus 66; ☎ 415-455-2000; www.goldengatetransit.org; hin & zurück Erw./Kind 5 US$/frei) alle 10 bis 20 Minuten ab Marin City (mit schlechtem Anschluss an die Fähre in Sausalito).

Point Reyes National Seashore

Die auf einer anderen tektonischen Platte liegende, windumtoste **Point Reyes National Seashore** (www.nps.gov/pore) ragt als Halbinsel rund 16 km weit ins Meer. Über ihre 285 km² verteilen sich Strände, Lagunen und bewaldete Hügel. Im **Bear Valley Visitors Center** (☎415-464-5100; www.nps.gov/pore; ⌚Mo–Fr 10–17, Sa & So ab 9 Uhr), 1,6 km westlich von Olema, gibt's Wanderkarten, Infos und naturkundliche Ausstellungen. Der knapp 1 km lange **Earthquake Trail,** der die San-Andreas-Verwerfung überquert, beginnt in der Nähe.

Das **Point Reyes Lighthouse** (Ende des Sir Francis Drake Blvd; ⌚Do–Mo 14.30–16 Uhr, wetterabhängig) GRATIS thront auf dem westlichsten Punkt der Halbinsel und ist ideal für Walbeobachtungen im Winter. Abseits der Pierce Point Rd beginnt der **Tomales Point Trail** (hin & zurück 15,3 km), der auf windumtosten Klippen zur Nordspitze der Halbinsel führt – unterwegs kann man Herden von Tule-Wapitis beobachten. Beim Paddeln in der Tomales Bay kommt man Meeresvögeln und Robben ganz nahe; **Blue Waters Kayaking** (☎415-669-2600; www.bwkayak.com; Kajak/geführte Tour ab 50/70 US$; 👪) veranstaltet Touren ab Inverness und Marshall (vorab reservieren!).

Naturfans steigen in der einzigen Unterkunft im Park ab, dem **HI Point Reyes Hostel** (☎415-663-8811; www.norcalhostels.org/reyes; 1390 Limantour Spit Rd; B 24 US$, Zi. ohne Bad 82–120 US$; ⌚Check-in 14.30–22 Uhr; @👪) 🍃, das sich 8 Meilen (12,9 km) vom Visitor Center entfernt im Binnenland befindet. In der Nähe des Marschlands bietet das **Motel Inverness** (☎866-453-3839, 415-236-1967; www.motelinverness.com; 12718 Sir Francis Drake Blvd; Zi. 99–190 US$; 📶) schicke Zimmer und eine Lounge mit offenem Kamin und Billardtischen. Infos über freie Zimmer in gemütlichen Gästehäusern, Cottages und B&Bs erhält man bei der **West Marin Chamber of Commerce** (☎415-663-9232; www.pointreyes.org).

2 Meilen (3,2 km) nördlich von Olema finden sich in der winzigen Ortschaft **Point Reyes Station** anheimelnde Bäckereien, Cafés und Restaurants. Leckere Sachen für ein Mittagspicknick bekommt man bei der **Tomales Bay Foods & Cowgirl Creamery** (www.cowgirlcreamery.com; 80 4th St; Sandwiches 6–12 US$; ⌚Mi–So 10–18 Uhr; 🖉) 🍃 und köstliche saisonale kalifornisch-italienische Gerichte gibt's in der **Osteria Stellina** (☎415-663-9988; http://osteriastellina.com; 11285 Hwy 1; Hauptgerichte 14–24 US$; ⌚11.30–14.30 & 17–21 Uhr; 🖉) 🍃.

Berkeley

Seit den Demos gegen den Vietnamkrieg in den 1960er-Jahren hat sich in Berkeley kaum etwas verändert: die Autoaufkleber fordern heute „No Blood for Oil" statt „Make Love Not War". Nackt auf dem Campus herumlaufen ist heute nicht mehr angesagt, doch „Berserkeley" ist immer noch das radikale Zentrum der Bay Area, bevölkert von zahllosen Studenten, respektlosen Skatern und alternden Birkenstock tragenden Hippies.

Sehenswertes & Aktivitäten

Die zum Südtor des Campus führende **Telegraph Avenue** ist mit ihren vielen Cafés, Billiglokalen, Buch- und Plattenläden so jugendlich und draufgängerisch wie die Haight St in San Francisco.

University of California, Berkeley UNIVERSITÄT
(www.berkeley.edu) Die „Cal" ist eine der Spitzenuniversitäten des Landes und wird von mehr als 35 000 sehr unterschiedlichen, aber politisch bewussten Studenten besucht. Das **Visitor Services Center** (☎510-642-5215; http://visitors.berkeley.edu; 101 Sproul Hall; ⌚Führungen üblicherweise Mo–Sa 10 Uhr, So 13 Uhr) veranstaltet kostenlose Campusführungen (Reservierung erforderlich). Mit dem Fahrstuhl kommt man auf die Spitze des 1914 errichteten **Campanile** (Sather Tower; Erw./Kind 2/1 US$; ⌚Mo–Fr 10–15.45, Sa bis 16.45 Uhr, So 10–13.30 & 15–16.45 Uhr; 👪), der das Wahrzeichen der Uni ist. In der **Bancroft Library** ist das kleine Goldnugget ausgestellt, mit dem 1848 der kalifornische Goldrausch begann.

UC Berkeley Art Museum MUSEUM
(☎510-642-0808; www.bampfa.berkeley.edu; 2626 Bancroft Way; Erw./Kind 10/7 US$; ⌚Mi–So 11–17 Uhr) Die Ausstellungen in den elf Sälen des Museums decken ein weites Spektrum vom chinesischen Altertum bis hin zu topaktueller Kunst ab. Gegenüber laufen im **Pacific Film Archive** (PFA; ☎510-642-5249; www.bampfa.berkeley.edu; 2575 Bancroft Way; Erw./Kind 9,50/6,50 US$) Independent- und Avantgardefilme. Beide Institutionen sollen demnächst in ein neues Zuhause in der Oxford St zwischen Center und Addison St umziehen.

Tilden Regional Park PARK
(www.ebparks.org/parks/tilden) Der Park in den Berkeley Hills bietet 64 km an Wander- und Radwegen, einen botanischen Garten, Badestellen am Lake Anza und Spaß für Kinder, z. B. ein Karussell und einen Dampfzug.

Schlafen

Motels säumen die University Ave westlich vom Campus.

YMCA HOSTEL $
(☎510-848-6800; www.ymca-cba.org/downtown-berkeley; 2001 Allston Way; EZ/DZ ohne Bad ab 49/81 US$;) Das kürzlich umgestaltete, 100 Jahre alte YMCA im Zentrum ist die beste Budgetoption vor Ort. Im Preis für die spartanischen Privatzimmer ist die Nutzung von Pool, Fitnessraum und der Kücheneinrichtungen inbegriffen.

Downtown Berkeley Inn MOTEL $$
(☎510-843-4043; www.downtownberkeleyinn.com; 2001 Bancroft Way; Zi. ab 109 US$;) Das Motel mit 27 ordentlich großen Zimmern und moderner Ausstattung hat Elemente eines Boutiquehotels. Kostenlose Parkplätze.

Hotel Durant BOUTIQUEHOTEL $$$
(☎510-845-8981; www.hoteldurant.com; 2600 Durant Ave; Zi. 195–309 US$;) Einen Block vom Campus entfernt, unterstreicht die Lobby dieses Hotels von 1928 die Verbindung zur Uni ironisch mit peinlichen Jahrbuch-Fotos. In den kleinen Zimmern dienen umfunktionierte Bongs als Nachttischlampen. Ein Parkplatz kostet 16 US$ (Hybrid-Autos frei).

Essen

Cream DESSERTS $
(www.creamnation.com; 2399 Telegraph Ave; 2-4 US$/Stück; Mo–Mi 12–24, Do–Fr bis 2, Sa 11–2, So 11–23 Uhr) Bei den verrückt-kreativen Eiscreme-Sandwiches kann man diverse Geschmacksrichtungen kombinieren. Wie wär's mit gesalzenem Karamell und Zimtplätzchen? Nur Barzahlung.

Cheese Board Pizza PIZZERIA $
(http://cheeseboardcollective.coop; 1512 Shattuck Ave; Stück/halbe Pizza 2,50/10 US$; Di–Sa 11.30–15 & 16.30–20 Uhr;) In dieser genossenschaftlichen Pizzeria gibt's jeden Tag nur eine sagenhaft knusprige, vegetarische Pizzakreation und zudem abends oft Livemusik.

Bette's Oceanview Diner DINER $$
(www.bettesdiner.com; 1807 4th St; Hauptgerichte 6–13 US$; Mo–Fr 6.30–14.30, Sa & So bis 16 Uhr) In dem munteren Frühstückslokal nahe der I-80 muss man manchmal lange auf einen Tisch warten, aber die perfekt zubereiten Pfannkuchen zergehen auf der Zunge.

★**Chez Panisse** KALIFORNISCH $$$
(☎Café 510-548-5049, Restaurant 510-548-5525; 1517 Shattuck Ave; Café Hauptgerichte 18–29 US$, Restaurant Festpreismenü 65–100 US$; Café Mo–Do 11.30–14.45 & 17–22.30, Fr & Sa bis 15 & bis 23.30 Uhr; Restaurant Platzierung 18–18.30 & 20.30–21.15 Uhr) Hut ab für die Geburtsstätte der kalifornischen Küche! Der Gourmettempel von Alice Waters steht weiter an der Spitze der kulinarischen Szene in der Bay Area. Für die saisonal inspirierten Menüs zum Festpreis (keine Auswahl) muss man einen Monat im Voraus buchen; man kann auch für das Café im Obergeschoss reservieren, wo es Essen von der Karte gibt.

Ausgehen & Unterhaltung

Caffe Strada CAFÉ
(2300 College Ave; 6–24 Uhr;) Auf der großen Terrasse holen sich Universitätsstudenten ihren Koffeinkick, lernen, diskutieren angeregt philosophische Fragen oder machen einander schöne Augen.

Freight & Salvage Coffeehouse LIVEMUSIK
(☎510-644-2020; http://thefreight.org; 2020 Addison St; Tickets 5–30 US$) Der legendäre Club aus den radikalen 1960er Jahren bringt für alle Altersgruppen Folk und Weltmusik auf die Bühne.

Berkeley Repertory Theatre THEATER
(☎510-647-2949; www.berkeleyrep.org; 2025 Addison St; Tickets 35–100 US$) Seit 1968 zeigt die angesehene Truppe spannende Inszenierungen klassischer und moderner Stücke.

Anreise & Unterwegs vor Ort

AC Transit (S. 1110) betreibt Stadtbusse rund um Berkeley (2,10) sowie Busse nach Oakland (2,10 US$) und San Francisco (4,20 US$).

BART-Züge (☎511, 510-465-2278; www.bart.gov) fahren von der Downtown Berkeleys, die nur einen kurzen Spaziergang vom Campus entfernt ist, nach Oakland (1,75 US$) und San Francisco (3,70 US$).

NORD-KALIFORNIEN

Im nördlichen Kalifornien (Northern California) präsentiert sich der Golden State mit riesigen Redwoods, die sich aus dem

Küstennebel recken, den Weingütern des Wine Country und Schlammbad-Gruben von seiner wilden Seite. Der dramatischen Kulisse aus Land und Meer entspricht die unglaubliche Verschiedenheit der Einwohner: Man findet hier Holzbarone und Bäume umarmende Hippies, Rastafaris mit Dreadlocks und Bio-Rancher, Cannabis-Farmer und politische Radikale jeder Richtung. Neben der Landschaft locken Spitzenweine, Restaurants mit frischen, regionalen Zutaten, Nacktbaden in Thermalquellen und ausufernde Gespräche, die mit einem „Hey, Dude" beginnen, zum Besuch der Region.

Wine Country

Ein Flickenteppich aus Weingütern erstreckt sich vom sonnigen Napa im Binnenland bis ins windige Sonoma an der Küste und bildet die wichtigste Weinbauregion der USA. In Napa findet man Probierstuben voller Kunstwerke von berühmten Architekten und entsprechende Preise, im bodenständigen Sonoma schlürft man dagegen in Schuppen und lernt wahrscheinlich den Hund des Winzers kennen. Von San Francisco aus dauert die Fahrt über den Hwy 101 oder die I-80 Richtung Norden ins Wine Country mindestens eine Stunde.

Napa Valley

Mehr als 200 Weingüter drängen sich im 48 km langen Napa Valley entlang dreier Routen: Am Hwy 29 stehen die berühmtesten Weingüter, hier ist es an den Wochenenden richtig voll. Schneller kommt man auf dem parallel verlaufenden Silverado Trail voran. Hier gibt es Boutiquewinzereien, bizarre Architektur und kultverdächtige Cabernet Sauvignons. Die berühmten Weingüter des Hwy 121 (Carneros Hwy), der nach Westen, Richtung Sonoma, führt, sind auf Schaumweine und Pinot Noir spezialisiert.

Am Südende des Tals liegt **Napa**, das prosaische Zentrum des Tals. Der Ort ist nicht rustikal, bietet aber im Zentrum trendige Restaurants und Probierstuben. Im **Napa Valley Welcome Center** (☎855-333-6272, 707-251-5895; www.visitnapavalley.com; 600 Main St; ⏲Sept.–April 9–17 Uhr, Mai–Okt. Mo–Do 9–17, Fr–So bis 18 Uhr) erhalten Besucher Pässe für Weinproben und Lagepläne der Weingüter.

Auf dem Weg nach Norden auf dem Hwy 29 findet man im winzigen **Yountville**, einer ehemaligen Postkutschenstation, pro Kopf mehr mit Michelin-Sternen ausgezeichnete Restaurants als irgendwo sonst in den USA. Weitere 10 Meilen (16 km) nördlich stockt der Verkehr im bezaubernden **St. Helena** – dem Beverly Hills des Napa Valley. Hier kann man prima bummeln und shoppen, wenn man denn einen Parkplatz findet.

Am nördlichen Ende des Tals gibt's im rustikalen **Calistoga** – der am wenigsten aufgemotzten Siedlung im Tal – Thermal- und Schlammbäder, die vulkanische Asche vom nahen Mt. St. Helena nutzen.

Sehenswertes & Aktivitäten

Bei den meisten Weingütern im Napa Valley muss man reservieren. Am besten macht man einen Termin aus und organisiert seinen Tag drum herum. Mehr als ein paar Weingüter an einem Tag sollte man sich nicht vornehmen.

★ **Hess Collection** WEINGUT, GALERIE
(☎707-255-8584; www.hesscollection.com; 4411 Redwood Rd, Napa; Weinprobe 10 US$; ⏲10–17 Uhr) Nordwestlich vom Zentrum gibt's hier nicht nur tolle Cabernets, sondern auch moderne Kunst, u. a. von Robert Rauschenberg. Besser reservieren!

★ **di Rosa Art + Nature Preserve** GALERIE, GARTEN
(☎707-226-5991; www.dirosaart.org; 5200 Hwy 121, Napa; Eintritt 5 US$, Führung 12–15 US$; ⏲Mi–So 10–16 Uhr April–Okt. Mi–So bis 18 Uhr) Entdeckt man bei der Fahrt auf dem Carneros Hwy an den Weinbergen grasende Schafe aus Alteisen, hat man eine der besten Sammlungen nordkalifornischer Kunst erreicht. Wer an einer Führung teilnehmen will, sollte reservieren.

Frog's Leap WEINGUT
(☎707-963-4704; www.frogsleap.com; 8815 Conn Creek Rd, Rutherford; Weinprobe 15 US$, inkl. Führung 20 US$; ⏲10–16 Uhr;) In diesem Weingut mit LEED-Zertifikat, das für seinen Sauvignon Blanc und Cabernet bekannt ist, schlängeln sich Spazierwege durch zauberhafte Gärten rund um eine 1884 errichtete Scheune. Führungen vorab buchen!

Pride Mountain WEINGUT
(☎707-963-4949; www.pridewines.com; 3000 Summit Trail, St. Helena; Weinprobe 10 US$, inkl. Führung 15–75 US$; ⏲nach Vereinbarung) Das kultige Weingut liegt an der Grenze zwischen Sonoma und Napa und produziert erstklassigen Cabernet, Merlot, Chardonnay und Viognier. Auf dem entspannten Wein-

gut auf einem Hügel kann man hervorragend picknicken.

Casa Nuestra WEINGUT
(☎ 866-844-9463; www.casanuestra.com; 3451 Silverado Trail, St. Helena; Weinprobe 10 US$; ⏲ nach Vereinbarung) Eine Friedensflagge und ein Elvis-Porträt begrüßen die Gäste in dem kleinen, mit Solarstrom betriebenen Weingut, das für seine ungewöhnlichen Sorten bekannt ist. Neben dem Picknickgelände tollen Ziegen herum.

Castello di Amorosa WEINGUT, BURG
(☎ 707-967-6272; www.castellodiamorosa.com; 4045 Hwy 29, Calistoga; Eintritt & Weinprobe 18–28 US$, inkl. Führung 33–69 US$; ⏲ 9.30–18 Uhr, Nov.–Feb. bis 17 Uhr) Hier lockt der Nachbau einer toskanischen Burg aus dem 13. Jh. zur Besichtigung. Die Probierstube im Verlies ist mit italienischen Tropfen bestückt.

Indian Springs Spa SPA
(☎ 707-942-4913; www.indianspringscalistoga.com; 1712 Lincoln Ave, Calistoga; ⏲ nach Vereinbarung 9–20 Uhr) Vorab reservieren, wenn man ein Schlammbad mit Vulkanasche in Calistogas originalem Thermalquellenresort aus dem 19. Jh. nehmen will; in den Anwendungen ist der Zugang zu dem von Thermalquellen gespeisten Pool mit enthalten.

Schlafen

Das beste Preis-Leistungs-Verhältnis im Napa Valley bieten werktags die nicht gerade berauschenden Motels.

Bothe-Napa Valley State Park Campground CAMPING $
(☎ 800-444-7275; www.reserveamerica.com; 3801 Hwy 128, Calistoga; Stellplatz Zelt & Wohnmobil 35 US$;) Stellplätze am Hang mit Münz-Warmwasserduschen, einem Pool (nur im Sommer) und Wanderwegen unter moosbewachsenen Eichen.

Chablis Inn MOTEL $$
(☎ 707-257-1944; www.chablisinn.com; 3360 Solano Ave, Napa; Zi. 105–179 US$;) Bei den frischen, modernen und geräumigen Zimmern im Vorortgürtel von Napa wurde nicht gespart – in manchen gibt es sogar Whirlpool-Wannen für Paare.

EuroSpa & Inn MOTEL $$
(☎ 707-942-6829; www.eurospa.com; 1202 Pine St, Calistoga; Zi. mit Frühstück 145–195 US$;) Das makellose, einstöckige Motel an einer ruhigen Nebenstraße bietet nur 13 Zimmer mit Whirlpool-Wannen für zwei und Gaskaminen. Das Wellnessbad im Haus lohnt den Besuch nicht.

★ **Indian Springs Resort** RESORT $$$
(☎ 707-942-4913; www.indianspringscalistoga.com; 1712 Lincoln Ave, Calistoga; Zi./Cottage ab 199/229 US$;) Das ansprechendste Thermalbad-Resort in Calistoga bietet nette Bungalows (teils mit Küche) vor einer großen Rasenfläche mit im Wind rauschenden Palmen, Shuffleboard- und Boccia-Anlagen, Hängematten und Grills. Gäste, die sich hier verwöhnen lassen, können kostenlos Fahrräder ausleihen.

Essen

Viele Restaurants im Wine Country haben im Winter und Frühjahr verkürzte Öffnungszeiten.

Oxbow Public Market MARKT $
(☎ 707-226-6529; www.oxbowpublicmarket.com; 644 1st St, Napa; Gerichte ab 3 US$; ⏲ Mo–Sa 9–19, So 10–17 Uhr) In diesem Food-Court bieten mehr als 20 verschiedene Händler nachhaltig produzierte Spezialitäten an. Sehr zu empfehlen sind die Austern von Hog Island, die Muffins der Model Bakery, die knusprigen Pizzas von Ca' Momi's und das Eis mit Ökosiegel von Three Twins.

Gott's Roadside AMERIKANISCH $$
(☎ 707-963-3486; http://gotts.com; 933 Main St, St. Helena; Gerichte 3–14 US$; ⏲ 7–21 Uhr, Mai–Sept. bis 22 Uhr;) Der Drive-in-Diner aus den 1950er-Jahren arbeitet umweltbewusst, wie es sich im 21. Jh. gehört: Für die Burger werden Öko-Rindfleisch, Bio-Hähnchen oder Thun in Sushi-Qualität verwendet, dazu gibt's als Beilage z. B. mit Chili gewürzte Süßkartoffelfritten und außerdem selbstgemachte Milchshakes.

Oakville Grocery FEINKOST, MARKT $$
(☎ 707-944-8802; www.oakvillegrocery.com; 7856 Hwy 29, Oakville; Sandwiches 9–14 US$; ⏲ 6.30–17 Uhr) Neben Zutaten für ein Picknick bekommt man hier Gourmetgerichte zum Mitnehmen, z. B. Feinschmeckersandwiches aus regionalen Zutaten und leckere Desserts. Eine zweite Filiale findet man im Zentrum von Healdsburg.

Wine Spectator Greystone Restaurant KALIFORNISCH $$$
(☎ 707-967-1010; www.ciarestaurants.com; 2555 Main St, St. Helena; Hauptgerichte abends 22–34 US$; ⏲ Mo–Fr 11.30–14.30 & 17–21, Sa 11.30–21,

So 12–19.15 Uhr;) In einem 1889 aus Stein errichteten Landhaus residieren das elegante Restaurant, die Bäckerei mit Café und der vollgestopfte Laden des Culinary Institute of America. Für die Kochdemonstrationen am Wochenende und die Kurse in Weinverkostung vorab reservieren!

Ad Hoc KALIFORNISCH $$$
(707-944-2487; www.adhocrestaurant.com; 6476 Washington St, Yountville; Festpreismenü ab 52 US$; Mi–So 17–22, So zus. 10–13 Uhr) In Thomas Kellers schlichter „Experimentierküche" gibt es keine Speisekarte, denn hier kommt täglich ein anderes Vier-Gänge-Menü auf den Tisch. Gäste haben keine Wahlmöglichkeit (außer bei diätbedingten Einschränkungen), aber das ist nicht schlimm, denn alle Gerichte sind ausgezeichnet, frisch und lecker.

★ **French Laundry** KALIFORNISCH $$$
(707-944-2380; www.frenchlaundry.com; 6640 Washington St, Yountville; Festpreismenü 270 US$; Fr–So 11–13 & tgl. 17.30–21.15 Uhr) Das mit drei Michelin-Sternen prunkende French Laundry bietet ein hochkarätiges kulinarisches Erlebnis voller Fantasie und Witz. Man bucht exakt zwei Monate im Voraus. Dazu um Punkt 10 Uhr anrufen (oder es um 24 Uhr unter OpenTable.com versuchen). Wer keinen Tisch ergattern konnte, kann sich nebenan in Chefkoch Thomas Kellers perfekter französischer Brasserie **Bouchon** oder mit Gebäck aus der **Bouchon Bakery** trösten.

Sonoma Valley

Das Sonoma Valley mit seinen mehr als 70 Weingütern rund um den Hwy 12 wirkt lockerer und weniger kommerziell als Napa und, anders als in Napa, hat man hier auch meist nichts gegen ein mitgebrachtes Picknick. „Sonoma" bezeichnet übrigens sowohl den Ort, als auch das Tal und das County.

Sehenswertes & Aktivitäten

Sonoma war früher die Hauptstadt der kurzlebigen Republik Kalifornien. Heute finden sich an der **Sonoma Plaza** – dem größten Stadtplatz im Bundesstaat – schicke Boutiquen, historische Gebäude und das **Visitor Center** (866-996-1090, 707-996-1090; www.sonomavalley.com; 453 1st St E; Mo–Sa 9–17, So ab 10 Uhr).

Jack London State Historic Park PARK
(707-938-5216; www.jacklondonpark.com; 2400 London Ranch Rd, Glen Ellen; 8 US$/Auto, Führung Erw./Kind 4/2 US$; Do–Mo 9.30–17 Uhr) Dort, wo der Abenteuerschriftsteller Jack London sein Traumhaus erbaute – das 1913 am Vorabend der Fertigstellung niederbrannte – kann man heute dem Ruf der Wildnis folgen. Man kann das Cottage des Autors besichtigen und sich in dem kleinen Museum, das in einem Redwood-Wäldchen steht, Erinnerungsstücke ansehen. 20 km an Wander- und Mountainbikewegen schlängeln sich durch das 567 ha große hügelige Parkgelände.

★ **Bartholomew Park Winery** WEINGUT
(707-939-3024; www.bartpark.com; 1000 Vineyard Lane, Sonoma; Weinprobe 10 US$, inkl. Führung 20 US$; 11–16.30 Uhr) In einem 162 ha großen Naturschutzgebiet, in dem man prima picknicken kann, existiert das einer Familie gehörende Weingut schon seit 1857. Heute hat das Gut ein Umweltzertifikat und produziert fruchtig-sonnigen Sauvignon Blanc und rauchig-dunklen Merlot.

Gundlach-Bundschu Winery WEINGUT
(707-939-3015; www.gunbun.com; 2000 Denmark St, Sonoma; Weinprobe 10 US$, inkl. Führung 20–50 US$; 11–16.30 Uhr, Juni–Mitte Okt. bis 17.30 Uhr) Das nachhaltig bewirtschaftete Weingut westlich das Zentrums wurde 1858 gegründet, sieht aus wie ein Märchenschloss und produziert einen legendären Tempranillo sowie einen unverkennbaren Gewürztraminer.

Kunde WEINGUT
(707-833-5501; www.kunde.com; 9825 Hwy 12, Kenwood; Weinprobe & Führung 10–40 US$; 10.30–17 Uhr) Für eine Führung durch das nachhaltig bewirtschaftete Weingut, eine geführte Wanderung und eine Weinprobe oben auf dem Berg muss man reservieren. Produziert werden hier Cabernet, Zinfandel und Sauvignon Blanc.

Kaz Winery WEINGUT
(707-833-2536; www.kazwinery.com; 233 Adobe Canyon Rd, Kenwood; Weinprobe 5 US$; Fr–Mo 11–17 Uhr, Di–Do nach Vereinbarung;) Nahe bei Kenwood geht's vom Hwy 12 weg zu diesem Weingut, in dessen Scheune auf einer Theke aus Fässern ausgefallen-kultige Öko-Weine kredenzt werden.

Ravenswood Winery WEINGUT
(707-933-2332; www.ravenswoodwinery.com; 18701 Gehricke Rd, Sonoma; Weinprobe 10 US$, inkl. Führung 15 US$; 10–16.30 Uhr) Unter dem Motto: „keine schwächlichen Weine" wird in

der munteren Weinstube kräftiger Zinfandel ausgeschenkt. Uneingeweihte sind ebenfalls willkommen.

Cornerstone Sonoma GARTEN
(☎707-933-3010; www.corenerstonegardens.com; 23570 Arnold Dr, Sonoma; ⏲10–16 Uhr) GRATIS 5 Meilen (8 km) südlich von Sonomas Zentrum können Besucher hier avantgardistische Landschaftsgestaltung fern aller Tradition entdecken.

Schlafen

In Santa Rosa am nördlichen Ende des Tals gibt's günstige Motels und Hotels.

Sugarloaf Ridge State Park CAMPING $
(☎800-444-7275; www.reserveamerica.com; 2605 Adobe Canyon Rd, Kenwood; Stellplatz Zelt & Wohnmobil 35 US$;) Die Stellplätze befinden sich auf einer Hangwiese mit einem Bach in der Nähe der Weingüter in der Mitte des Tals. Wanderwege führen durch die Wälder. Auf dem Platz gibt's Münz-Warmwasserduschen.

Sonoma Hotel HISTORISCHES HOTEL $$
(☎800-468-6016, 707-996-2996; www.sonomahotel.com; 110 W Spain St, Sonoma; Zi. mit Frühstück 115–240 US$) In dem aus dem 19. Jh. stammenden Baudenkmal an der Plaza drängen sich altmodische Zimmer. Es gibt keinen Fahrstuhl und keine Parkplätze. An den meisten Wochenenden muss man mindestens zwei Übernachtungen buchen.

Beltane Ranch B&B $$$
(☎707-996-6501; www.beltaneranch.com; 11775 Hwy 12, Glen Ellen; DZ mit Frühstück 150–265 US$;) Das schöne, zitronengelbe Ranchhaus von 1890, das doppelte Veranden voller Schaukelstühle und weißer Korbmöbel besitzt, ist von Weideland umgeben. Es gibt weder Telefon noch TV.

Gaige House Inn B&B $$$
(☎800-935-0237, 707-935-0237; www.gaige.com; 13540 Arnold Dr, Glen Ellen; DZ mit Frühstück ab 275 US$;) Dieses historische, nahe bei Weinbergen gelegene Wohnhaus bietet schicke Zimmer mit asiatischem Touch und Suiten mit Kaminen. Draußen am Pool gibt's mit Kieseln bestreute Plätze zum Meditieren. Weitere Filialen der Kette befinden sich in Sonoma, Healdsburg und Yountville.

Essen

Fremont Diner AMERIKANISCH $$
(☎707-938-7370; http://thefremontdiner.com; 2698 Fremont Dr, Sonoma; Hauptgerichte morgens & mittags 6–14 US$; ⏲Mo–Mi 8–15, Do–So bis 21 Uhr;) Dieser Diner mit Picknicktischen vor der Tür bietet von den Südstaaten inspirierte frische Farmkost. Wer nicht lang anstehen will, kommt besser frühzeitig.

Fig Cafe & Winebar FRANZÖSISCH $$
(☎707-938-2130; www.thefigcafe.com; 13690 Arnold Dr, Glen Ellen; Hauptgerichte 10–20 US$; ⏲Sa & So 10–15, tgl. 17.30–21 Uhr) In dem gemütlichen Schankraum mit eingewölbter Holzdecke gibt's französisch inspirierte Gerichte wie gedünstete Muscheln oder Enten-Cassoulet. Erfreulich: Man braucht nicht zu reservieren, und für mitgebrachte Weine wird kein Korkengeld verlangt.

Red Grape ITALIENISCH $$
(☎707-996-4103; http://theredgrape.com; 529 1st St W, Sonoma; Hauptgerichte 10–20 US$; ⏲11.30–22 Uhr;) Zu den dünnen, mit Käse aus der Region belegten Pizzas, den Panini-Sandwiches und Pastagerichten gibt's in dieser sonnigen Pizzeria Weine von kleinen Produzenten aus Sonoma.

★**Cafe La Haye** KALIFORNISCH $$$
(☎707-935-5994; www.cafelahaye.com; 140 E Napa St, Sonoma; Hauptgerichte 20–30 US$; ⏲Di–Sa 17.30–21 Uhr) Das winzige Bistro mit offener Küche und dicht gestellten Tischen zaubert rustikale, modern-amerikanische Gerichte aus Zutaten, die aus einem Umkreis von 100 km stammen. Reservierung empfohlen!

Russian River Valley

Mammutbäume ragen über die kleinen Weingüter im Russian River Valley, das rund 75 Meilen (120 km) nordwestlich von San Francisco (Anfahrt über die Hwys 101 und 116) im westlichen **Sonoma County** liegt.

Das für seine Apfelplantagen und Farmtouren bekannte **Sebastopol** wirkt mit seinen Buchläden, Kunstgalerien und Boutiquen im Zentrum und Antiquitätenläden weiter südlich esoterisch angehaucht. Im Biergarten der **Hopmonk Tavern** (☎707-829-9300; www.hopmonk.com; 230 Petaluma Ave; Hauptgerichte 12–23 US$; ⏲So–Mi 11.30–21, Do–Sa bis 21.30, Bar bis 1.30 Uhr;) gibt's Kneipenessen und Bier sowie abends Weltmusik. 4 Meilen (6,4 km) nordwestlich bietet das **Willow Wood Market Cafe** (☎707-823-0233; www.willowwoodgraton.com; 9020 Graton Rd, Graton; Hauptgerichte meist 7–17 US$; ⏲Mo–Sa 8–21, So bis 15 Uhr;) leckere Frühstücksgerichte und mittags warme Gourmetsandwiches.

Guerneville ist die wichtigste Siedlung am Fluss mit vielen brummenden Harleys und schwulenfreundlichen Kneipen. Alte Mammutbäume kann man im **Armstrong Redwoods State Reserve** (☎707-869-2015; www.parks.ca.gov; 17 000 Armstrong Woods Rd; 8 US$/Auto; ⌚8 Uhr–Sonnenuntergang; 👪) bewundern. Gleich daneben befindet sich der **Bullfrog Pond Campground** (www.stewardsofthecoastandredwoods.org; Stellplatz 25 US$; 👪 🐾), für den keine Reservierung erforderlich ist. Mit **Burke's Canoe Trips** (☎707-887-1222; www.burkescanoetrips.com; 8600 River Rd, Forestville; Kanuvermietung inkl. Shuttle 60 US$) paddelt man zwischen Fischreihern und Ottern hindurch flussabwärts. Weiter südöstlich kann man unter freiem Himmel in der auf einem Hügel gelegenen Probierbar der **Iron Horse Vineyards** (☎707-887-1507; www.ironhorsevineyards.com; 9786 Ross Station Rd, Sebastopol; Weinprobe 15 US$, inkl. Führung 20 US$; ⌚10–16.30 Uhr) Schaumweine schlürfen. Längs der ländlichen Westside Rd, die dem Flusslauf nach Healdsburg folgt, sind noch weitere ausgezeichnete Weingüter zu entdecken. Das **Visitor Center** (☎877-644-9001, 707-869-9000; www.russianriver.com; 16209 1st St; ⌚10–17 Uhr) in Guerneville versorgt Traveller mit Lageplänen der Weingüter und mit Infos zu Unterkünften. Guernevilles bestes Restaurant ist das kalifornisch-smarte **Boon Eat + Drink** (☎707-869-0780; http://eatatboon.com; 16248 Main St; Hauptgerichte abends 15–26 US$; ⌚Mo–Di & Do–Fr 11–15, Mo–Fr 17–21, Sa & So 10–15 & 17–22 Uhr), das auch das **Boon Hotel + Spa** (☎707-869-2721; www.boonhotels.com; 14711 Armstrong Woods Rd; Zi. 165–275 US$; 📶🏊🐾) 🍃 betreibt, eine minimalistische grüne Oase mit Salzwasserpool.

Südlich des Flusses gelangt man über den 10 Meilen (16 km) langen, passend benannten Bohemian Hwy ins winzige **Occidental**, wo das **Howard Station Cafe** (www.howardstationcafe.com; 3811 Bohemian Hwy; Hauptgerichte 6–11 US$; ⌚Mo–Fr 7–14.30, Sa & So bis 15 Uhr; 👪🐾) herzhafte Frühstücksgerichte, z. B. Blaubeerpfannkuchen aus Maismehl, serviert (nur Barzahlung) und die **Barley & Hops Tavern** (☎707-874-9037; www.barleynhops.com; 3688 Bohemian Hwy; ⌚Mo–Mi 16–21.30, Do & So 11–21.30, Fr & Sa bis 22 Uhr) Biere aus Kleinbrauereien ausschenkt. Nach weiteren 3 Meilen (4,8 km) Richtung Süden ist **Freestone** erreicht. Hier befinden sich die sagenhafte Bäckerei **Wild Flour Bread** (www.wildflourbread.com; 140 Bohemian Hwy; ab 3 US$/Stück; ⌚Fr–Mo 8.30–18 Uhr) und das Wellnessbad **Osmosis** (☎707-823-8231; www.osmosis.com; 209 Bohemian Hwy; ⌚nach Vereinbarung), wo man sich ein Bad mit Kiefern-Enzymen gönnen kann.

Von Healdsburg nach Boonville

Mehr als 100 Weingüter liegen in einem Umkreis von 36 km in den Tälern rund um **Healdsburg**, wo gehobene Restaurants, Probierstuben und stilvolle Hotels die spanisch anmutende Plaza umgeben. Weinprobenpässe und Karten erhält man im **Visitor Center** (☎800-648-9922, 707-433-6935; www.healdsburg.org; 217 Healdsburg Ave; ⌚Mo–Fr 9–17, Sa bis 15, So 10–14 Uhr). Auf dem grünen Patio des **Barndiva** (☎707-431-0100; www.barndiva.com; 231 Center St; Hauptgerichte abends 25–36 US$; ⌚Mi–Sa 12–14, So 11–14 & Mi–So 17.30–21.30, Fr & Sa bis 22 Uhr) werden Gäste mit kalifornischen Gerichten aus lokalen Zutaten verwöhnt. Nahe den Weingütern des Alexander Valley gibt's ländliche Mittagsgerichte im **Jimtown Store** (☎707-433-1212; www.jimtown.com; 6706 Hwy 128; Sandwiches 6–14 US$; ⌚Mo–Do 7.30–16, Fr–So bis 17 Uhr). Übernachten kann man im altmodischen **L&M Motel** (☎707-433-6528; www.landmmotel.com; 70 Healdsburg Ave; Zi. 85–165 US$; ❄📶🏊 👪🐾) oder in den romantisch eingerichteten **Healdsburg Modern Cottages** (☎866-964-0110; www.healdsburgcottages.com; 425 Foss St; DZ ab 250 US$; ❄📶🏊).

Im **Dry Creek Valley**, vom Zentrum Healdsburgs aus gesehen jenseits des Hwy 101, warten bilderbuchschöne Weingüter auf Farmen darauf, entdeckt zu werden. Einfach ein Fahrrad mieten, und los geht's zur Zinfandel-Verkostung bei **Truett Hurst Vineyards** (☎707-433-9545; www.truetthurst.com; 5610 Dry Creek Rd; Weinprobe 5–10 US$; ⌚10–17 Uhr) 🍃 und bei **Bella Vineyards & Wine Caves** (☎707-473-9171; www.bellawinery.com; 9711 West Dry Creek Rd; Weinprobe 10 US$; ⌚11–16.30 Uhr). Mit dem Auto kann man auch Richtung Russian River fahren und im Öko-Weingut **Porter Creek Vineyards** (☎707-433-6321; www.portercreekvineyards.com; 8735 Westside Rd; Weinprobe 10 US$; ⌚10.30–16.30 Uhr) 🍃 an einer Theke, die aus einer alten Bowlingbahn gezimmert wurde, Pinot Noir und Viognier verkosten.

Nördlich von Healdsburg führt der Hwy 128 durch das **Anderson Valley**, das für seine Obstplantagen und für hervorragende Weingüter wie **Navarro** (☎707-895-3686; www.navarrowine.com; 5601 Hwy 128, Philo; ⌚9–17 Uhr, Mai–Sept. bis 18 Uhr) oder **Husch** (☎800-

554-8724; www.huschvineyards.com; 4400 Hwy 128, Philo; ⏲10–17 Uhr) bekannt ist. Außerhalb von **Boonville**, einem Ort mit Straßencafés, Bäckereien, Delis und Eisdielen, bietet sich eine Rast bei Frisbeegolf und Bier in der mit Solarenergie versorgten **Anderson Valley Brewing Company** (☎707-895-2337; www.avbc.com; 17 700 Hwy 253; ⏲Sa–Do 11–18, Fr bis 19 Uhr, Führungen tgl. 13.30 & 15.30 Uhr, Jan.–März Di & Mi geschl.) an.

Anreise & Unterwegs vor Ort

Die Anreise ins Wine Country mit öffentlichen Verkehrsmitteln dauert lang, ist aber gerade noch möglich; gleiches gilt für Rundreisen vor Ort.

Nach Napa nimmt man vom Ferry Building in San Francisco (13 US$, 1 Std.) die **Vallejo Baylink Ferry** (☎877-643-3779; www.baylinkferry.com). In Vallejo hat man Anschluss an Napa Valleys **Vine-Transit-Busse** (☎707-251-2800; www.ridethevine.com) nach Napa (1,50–3,25 US$, 40–55 Min.); einige wenige fahren auch weiter nach Yountville, St. Helena und Calistoga. Alternativ kann man mit dem BART-Zug bis zum Bahnhof El Cerrito del Norte fahren. Werktags besteht dort Anschluss zum Vine-Transit-Bus 29 nach Napa (3,25 US$, 1¼ Std.), an den Wochenenden steigt man in den Bus 80 von **SolTrans** (☎707-648-4666; www.soltransride.com) nach Vallejo (1,75 US$, 25 Min.) und dort schließlich in den Vine-Transit-Bus 11 nach Napa (1,50 US$, 55 Min.) um.

Um nach Sonoma zu kommen, nimmt man einen **Greyhound-Bus** (☎800-231-2222; www.greyhound.com) von San Francisco nach Santa Rosa (24 US$, 1¾ Std.). Auch **Golden Gate Transit** (☎415-455-2000, 511; http://goldengate.org) verbindet San Francisco mit Santa Rosa (10,75 US$, 2–3 Std.). Von Santa Rosa aus fahren Busse von **Sonoma County Transit** (☎800-345-7433, 707-576-7433; www.sctransit.com) über die Ortschaften im Sonoma Valley bis nach Sonoma (3,05 US$, 70 Min.).

Fahrräder (30–85 US$/Tag) vermieten **Napa River Vélo** (☎707-258-8729; www.napariverve lo.com; 680 Main St, Napa), **Wine Country Cyclery** (☎707-966-6800; www.winecountrycycle ry.com; 262 W Napa St, Sonoma), der **Calistoga Bike Shop** (☎707-942-9687; www.calistogabike shop.com; 1318 Lincoln Ave, Calistoga) oder **Spoke Folk Cyclery** (☎707-433-7171; www.spokefolk.com; 201 Center St, Healdsburg).

Nordküste

Die Metropole San Francisco liegt zwar nur ein paar Stunden entfernt, aber an der schäumenden, zerrissenen und kühlen Pazifikküste, an der nur ab und zu ein paar winzige Ortschaften liegen, fühlt man sich von ihr Lichtjahre entfernt. Täler voller Mammutbäume grenzen an das düster donnernde Meer. Neben Farmen finden sich an Kaliforniens Nordküste Hippies, Kleinbrauereien und – wofür die Region vor allem bekannt ist, die höchsten Bäume der Erde. Die anstrengende Fahrt auf dem kurvenreichen, schmalen Highway wird mit jedem Kilometer prachtvoller Landschaft lohnender.

Von Bodega Bay nach Fort Bragg

Verglichen mit der berühmten Küste des Big Sur wirkt der kurvenreiche Abschnitt des Hwy 1 an der Nordküste anspruchsvoller, einsamer und echter: Sie führt an Farmen, Fischerdörfern und versteckten Stränden vorbei. Von Haltebuchten aus kann man den diesigen Horizont über dem Pazifik nach wandernden Walen absuchen und erblickt eine Küste, deren Felsformationen ständig in einer heftigen Brandung liegen. Ohne Pausen dauert die Fahrt von Bodega Bay nach Fort Bragg (110 Meilen/177 km) bei Tageslicht mindestens drei Stunden. Bei Nacht, wenn der Nebel aufzieht, braucht man stahlharte Nerven und wesentlich länger.

Bodega Bay ist die erste Perle in der Kette der verschlafenen Fischerstädtchen und der Schauplatz von Hitchcocks Horror-Klassiker *Die Vögel* (1963). Die Möwen sind zwar nicht wirklich blutrünstig, aber seinen Picknickkorb sollte man schon im Auge behalten, während man die Felsbögen, versteckten Buchten und mit Wildblumen bedeckten Klippen im **Sonoma Coast State Park** (www.parks.ca.gov; 8 US$/Auto) erkundet, dessen Strände über das 10 Meilen (16 km) nördlich gelegene Jenner hinausreichen. **Bodega Bay Charters** (☎707-875-3495; http://bodegacharters.com; Eastshore Rd) veranstaltet im Winter Walbeobachtungstouren (Erw./Kind 50/35 US$). **Bodega Bay Surf Shack** (☎707-875-3944; http://bodegabaysurf.com; 1400 N Hwy 1; Surfbrett/Neoprenanzug/Kajak ab 17/17/45 US$) vermietet Surfbretter, Neoprenanzüge und Kajaks. Wer lieber an Land bleibt, wandert nach Bodega Head oder unternimmt mit **Chanslor Riding Stables** (☎707-785-8849; www.chanslorranch.com; 2660 N Hwy 1; Ausritt ab 40 US$) einen Ausritt.

Jenner ist nicht viel mehr als eine Ansammlung von Läden und Restaurants auf den Küstenhügeln, dort, wo der breite, träge Russian River in den Pazifik mündet. Ehrenamtliche Helfer schützen die an der Flussmündung lebende Seehundkolonie und informieren Touristen während der Aufzuchtzeit (März–Aug.).

Im **Fort Ross State Historic Park** (☎707-847-3286; www.fortrossstatepark.org; 19005 Hwy 1; 8 US$/Auto; ⏲Sa & So 10–16 Uhr, Ende Mai–Anfang Sept. auch Fr 10–16 Uhr), 12 Meilen (19,3 km) nördlich von Jenner, finden sich die vom Salz zerfressenen Gebäude eines 1812 eingerichteten Handelspostens und einer russisch-orthodoxen Kirche. Der ruhige Ort hat eine fesselnde Geschichte: Dies war einst der südlichste befestigte Punkt der Handelsunternehmungen des russischen Zarenreichs in Nordamerika. Das kleine, nach Holz duftende Museum bietet historische Exponate und Zuflucht vor den Winden an den Klippen.

7 Meilen (11,3 km) weiter nördlich folgt der **Salt Point State Park** (☎707-847-3321; 8 US$/Auto; ⏲Visitor Center April–Okt. Sa & So 10–15 Uhr) mit vielen Wanderwegen, Gezeitenbecken und zwei **Campingplätzen** (☎800-444-7275; www.reserveamerica.com; Stellplatz 35 US$, Zeltstellplatz für Wanderer 25 US$; 👪🐾). Im benachbarten **Kruse Rhododendron State Reserve** leuchten im Frühjahr rosa Blumen durch das dunstige Waldesdunkel. Kühe grasen auf den felsübersäten Wiesen hoch auf den Klippen, die sich nordwärts bis **Sea Ranch** erstrecken, wo öffentlich zugängliche Wanderwege von den Parkplätzen an der Straße hinunter zu versteckten Stränden führen.

2 Meilen (3,2 km) nördlich des Orts Point Arena führt eine Nebenstraße zum 1908 erbauten, von Stürmen umtosten **Point Arena Lighthouse** (☎707-882-2777; www.pointarenalighthouse.com; 45500 Lighthouse Rd; Erw./Kind 7,50/1 US$; ⏲10–15.30 Uhr, Ende Mai–Anf. Sept. bis 16.30 Uhr). Wer die 145 Stufen hinaufsteigt, kann die Fresnel-Linse in Augenschein nehmen und den atemberaubenden Blick auf die Küste genießen. 8 Meilen (12,9 km) nördlich der Stelle, an der der Hwy 128 den Little River überquert, folgt der **Van Damme State Park** (☎707-937-5804; www.parks.ca.gov; 8 US$/Auto). Dort führt der beliebte **Fern Canyon Trail** (hin & zurück 8 km) durch einen üppigen Flusscanyon mit jungen Mammutbäumen sowie davor und dahinter je 1,5 km durch niedrigen Wald. Auf dem **Campingplatz** (☎800-444-7275; www.reserveamerica.com; Stellplätze für Wanderer/Autofahrer 25/35 US$; 👪🐾) des Parks stehen Münz-Warmwasserduschen zur Verfügung.

Auf einer prächtigen Landspitze thront das historische Dorf **Mendocino**. Für die Besucher im mittleren Alter wirken die B&Bs in den neuenglisch anmutenden Giebelhäusern mit heruntergezogenem Dach auf der Rückseite, die urigen Läden und Kunstgalerien fast paradiesisch. Wilde Wege führen im **Mendocino Headlands State Park** (www.parks.ca.gov) GRATIS vorbei an Brombeersträuchern, Wildblumen und Zypressen, die über den Felsklippen und der tosenden Brandung Wache stehen. Im **Ford House Museum & Visitor Center** (☎707-537-5397; http://mendoparks.org; 735 Main St; ⏲11–16 Uhr) kann man sich nach geführten Naturwanderungen erkundigen, die an Wochenenden angeboten werden. Gleich südlich des Ortes kann man mit **Catch a Canoe & Bicycles Too!** (☎707-937-0273; www.catchacanoe.com; Stanford Inn, 44850 Comptche-Ukiah Rd; Kajak & Kanuverleih Erw./Kind ab 28/14 US$; ⏲9–17 Uhr) die Mündung des Big River hinauf paddeln.

Medocinos raue Nachbarstadt **Fort Bragg** bemüht sich, einige der gut betuchten Wochenendausflügler 10 Meilen (16 km) weiter nach Norden zu locken, hat damit aber noch so recht keinen Erfolg. Hier findet man billiges Benzin und den historischen **Skunk Train** (☎707-964-6371; www.skunktrain.com; Fuß der Laurel St; Erw./Kind ab 20/10 US$; 👪🐾), mit dessen Diesel- und Dampfloks unterhaltsame halbtägige Ausflüge in die Wälder angeboten werden.

Schlafen

In Mendocino scheint jedes zweite Gebäude ein B&B zu sein – man hat die Auswahl unter Dutzenden, sollte aber trotzdem immer vorab reservieren. Im 10 Meilen (16 km) nördlich gelegenen Fort Bragg gibt es viele Motels.

Gualala Point Regional Park CAMPING **$**
(http://parks.sonomacounty.ca.gov; 42401 Highway 1, Gualala; Stellplatz Zelt & Wohnmobil 30–45 US$; 👪) Ein kurzer Weg verbindet den an einem Bach im Schatten von Mammutbäumen und duftendem Gewürzlorbeer liegenden Campingplatz mit dem windumtosten Strand. Einige Stellplätze sind mit dem Auto erreichbar, andere liegen abgeschieden und sind nur zu Fuß zugänglich. Vor Ort gibt's Münz-Warmwasserduschen.

Andiorn HÜTTEN **$$**
(☎800-955-6478, 707-937-1543; http://theandiorn.com; 6051 N Hwy 1, Little River; Hütten meist 109–199 US$; 📶👪🐾) 🌿 Die Hütten dieser Anlage aus den 1950er-Jahren liegen am Rand der Straße und wirken nach steifen,

von Zentifolien und Spitzendecken geprägten Ästhetik in Mendocino erfrischend spielerisch. Jede Hütte bietet zwei Zimmer mit sich ergänzenden. lustigen Themen; einige haben Einbauküchen und Kamine.

★ **Mar Vista Cottages** HÜTTEN **$$$**
(☎877-855-3522, 707-884-3522; www.marvistamendocino.com; 35101 S Hwy 1, Gualala; Cottages 175–295 US$;) Die renovierten Cottages (mit Küchen) aus den 1930er-Jahren sind ein erholsames Domizil am Meer an der Anchor Bay. Die Bettwäsche wird über Lavendel auf der Leine getrocknet, die Gäste ernten ihr eigenes Abendessen in dem ökologisch bewirtschafteten Gemüsegarten, und das Frühstücksei stammt von den Hühnern, die auf dem Gelände herumlaufen. Mindestaufenthalt zwei Nächte.

Brewery Gulch Inn B&B **$$$**
(☎800-578-4454, 707-937-4752; www.brewerygulchinn.com; 9401 N Hwy 1, Mendocino; DZ mit Frühstück 245–495 US$;) Gleich südlich von Mendocino überzeugt dieses umweltbewusste B&B mit modernen Luxuszimmern mit offenen Kaminen sowie Gastgebern, die zur Weinstunde kräftig ausschenken und abends für den kleinen Hunger Süßigkeiten bereitstellen. Das nach Gästewunsch zubereitete Frühstück wird in einem kleinen Speisesaal mit Blick aufs ferne Meer serviert.

Essen & Ausgehen

Selbst in kleinen Küstenorten gibt's in der Regel eine Bäckerei, einen Feinkost- sowie einen Naturkostladen und ein paar Straßencafés und Restaurants.

Spud Point Crab Company MEERESFRÜCHTE **$**
(www.spudpointcrab.com; 1910 Westshore Rd, Bodega Bay; Gerichte 4–11 US$; 9–17 Uhr;) In der Tradition der klassischen Krabbenlokale am Hafen serviert das Spud Point salzig-süße Krabben-Sandwiches und authentischen Muscheleintopf an seinen Picknicktischen mit Blick auf den Jachthafen.

Franny's Cup & Saucer BÄCKEREI **$**
(www.frannyscupandsaucer.com; 213 Main St, Point Arena; ab 2 US$/Stück; Mi–Sa 8–16 Uhr) Die märchenhafte Patisserie stellt in ihren niedlichen Schaufenstern farbenfrohe frische Beerentorten, hausgemachte Kekse und üppige Pralinenkompositionen aus.

GoodLife Cafe CAFÉ **$**
(http://goodlifecafemendo.com; 10485 Lansing St, Mendocino; 3–10 US$/Stück; 8–16 Uhr) Starker Bio-Espresso, butterige Backwaren, herzhafte Empanadas, frische Suppen, Salate und Säfte machen müde Gäste munter.

Piaci Pub & Pizzeria ITALIENISCH **$$**
(www.piacipizza.com; 120 W Redwood Ave, Fort Bragg; Hauptgerichte 8–18 US$; Mo–Do 11–21.30, Fr & Sa bis 22, So 16–21.30 Uhr) Diese Pizzeria ist der richtige Ort, um mit Einheimischen ins Gespräch zu kommen und sich mit Spezialbieren und fantastischen, in einem Ziegelofen mit Holzfeuerung gebackenen Pizzas, Calzones und Focaccia mit Belägen wie Pesto-Ziegenkäse oder Prosciutto und Kartoffeln zu stärken. Das Lokal ist klein, laut und lustig.

Café Beaujolais KALIFORNISCH **$$$**
(☎707-937-5614; www.cafebeaujolais.com; 961 Ukiah St, Mendocino; Hauptgerichte abends 23–35 US$; Mi–So 11.30–14.30 Uhr, Abendessen tgl. ab 17.30 Uhr) Das sehr geschätzte Restaurant mit ländlicher, kalifornisch-französischer Küche residiert in einem Bauernhaus von 1893, das zu einem schicken Speisesaal umgebaut wurde, in dem man prima bei Kerzenschein Händchen halten kann. Die raffinierte und inspirierte Küche setzt auf regionale Zutaten und Gerichte der Saison.

North Coast Brewing Co BRAUEREI
(☎707-964-3400; www.northcoastbrewing.com; 444 N Main St, Fort Bragg; Mi–Do & So 16–21.30, Fr & Sa bis 22 Uhr) Die überteuerten Fish and Chips und die Knoblauchfritten können qualitativ nicht mit den wundervollen, selbstgebrauten Bieren, z. B. dem Red Seal Ale oder dem „Brother Thelonious" nach belgischer Art, mithalten, die im Schankraum vom Fass ausgeschenkt werden.

Anreise & Unterwegs vor Ort

Die Orte am Hwy 1 werden weder von Greyhound, noch von Amtrak angefahren. Der Bus 65 der **Mendocino Transit Authority** (MTA; ☎800-696-4682; www.mendocinotransit.org) fährt täglich von Fort Bragg über Ukiah nach Santa Rosa (21 US$, 2½ Std.); in Santa Rosa fährt stündlich der Bus 101 von **Golden Gate Transit** (☎415-455-2000; http://goldengate.org) nach San Francisco (10,75 US$, 2¾ Std.). Werktags pendelt der Bus 60 der MTA mehrmals täglich zwischen Fort Bragg und Mendocino (1,25 US$, 1 Std.), einer der Busse fährt weiter nach Point Arena und Gualala.

Von Ukiah nach Garberville

Die Küstenroute des Hwy 1 ist ideal zum gemächlichen Reisen, aber ein großer Teil derjenigen, die auf der Binnenlandroute des Hwy 101 unterwegs sind, fährt direkt zu den abgelegeneren Regionen hinter dem *Redwood Curtain*. Es gibt aber durchaus ein paar lohnende Abstecher, z.B. zu den bodenständigen Weingütern um Ukiah, den großen Mammutbaumwäldern nördlich von Leggett und zur verlassenen Wildnis der Lost Coast.

Ukiah ist zwar hauptsächlich nur ein Ort, um das Auto aufzutanken oder einen Happen zu essen, doch in der Nähe lockt das **Vichy Springs Resort** (☎707-462-9515; www.vichysprings.com; 2605 Vichy Springs Rd; 2 Std./Tageskarte 30/50 US$), Nordamerikas einziges Mineralbad mit natürlicher Kohlensäure (Badeanzug erforderlich).

Gleich nördlich des winzigen **Leggett** am Hwy 101 kann man in der **Standish-Hickey State Recreation Area** (☎707-925-6482; www.parks.ca.gov; 69350 Hwy 101; 8 US$/Auto;) im Eel River baden oder angeln und auf insgesamt 14,5 km an Wegen durch ursprüngliche und nachgewachsene Mammutbaumwälder wandern (dabei nach dem 68 m hohen Miles-Standish-Tree Ausschau halten!). 7 Meilen (11,3 km) südlich von **Garberville** folgt am Hwy 101 der **Richardson Grove State Park** (☎707-247-3318; www.parks.ca.gov; 8 US$/Auto), ein 567 ha großes Schutzgebiet mit ursprünglichen Mammutbaumwäldern. In beiden Parks gibt es erschlossene **Campingplätze** (☎800-444-7275; www.reserveamerica.com; Stellplatz 35–45 US$;).

Die **Lost Coast** ist ein echtes Wanderparadies und bietet die urtümlichsten Campingmöglichkeiten an einer rauen Küste in Kalifornien. „Verloren" ging die Küste, als der Highway um die Berge des King Range herumgeführt wurde, die wenige Kilometer vom Ozean 1200 m hoch aufragen. So blieb die Region weithin unerschlossen. Von Garberville führt eine schlechte Straße auf 23 Meilen (37 km) nach **Shelter Cove**, dem wichtigsten Versorgungszentrum der Region, das aber kaum mehr ist als ein kleiner Flecken am Meer mit einem Gemischtwarenladen, Cafés und Motels. Unbedingt die „Betreten verboten!"-Schilder beachten, wenn man querfeldein unterwegs ist: Man könnte auf Farmer treffen, die ihr illegal angebautes Marihuana entschieden verteidigen.

Der 207 km² große **Humboldt Redwoods State Park** (www.humboldtredwoods.org) GRATIS am Hwy 101 schützt einige der weltweit ältesten Mammutbäume. In dem Park stehen 80 % der 137 höchsten Bäume des Planeten. Die prächtigen Baumgruppen können mit denen im viel weiter nördlich gelegenen Redwood National Park durchaus mithalten. Wer keine Zeit für eine Wanderung hat, sollte auf jeden Fall eine Fahrt auf der fulminanten **Avenue of the Giants** machen. Diese 32 Meilen (51,5 km) lange, zweispurige Straße verläuft parallel zum Hwy 101. Die **Stellplätze** (☎800-444-7275; www.reserveamerica.com; Stellplatz 20–35 US$;) vor Ort vorab reservieren! Wanderinfos und Karten gibt's im **Visitor Center** (☎707-946-2263; ⊙April–Okt. 9–17 Uhr, Nov.–März 10–16 Uhr).

Schlafen & Essen

Campingplätze und Wohnmobilparks gibt es am Hwy 101 zuhauf, und noch der kleinste Ort hat zumindest einen Lebensmittelladen mit Deli, einen Espressoausschank, ein von Hippies geführtes Café und ein paar Motels. Die rustikalen Hüttenanlagen und ältlichen Motels an der Avenue of the Giants sind überwiegend bestenfalls mittelmäßig.

Benbow Inn HISTORISCHES HOTEL **$$$**
(☎707-923-2124, 800-355-3301; www.benbowinn.com; 445 Lake Benbow Dr, Garberville; Zi./Cottage ab 180/230 US$;) Zwar wirkt das elegante Dekor fast schon komisch überzogen, gleichwohl ist das 1926 erbaute Herrenhaus im Tudorstil ein denkwürdiges Refugium. Für die Gäste gibt's nachmittags kostenlos Tee und gratis Sherry in den Zimmern. Das Restaurant mit weißen Tischtüchern und die holzvertäfelte Bar sind an nebligen Abenden besonders einladend.

Ardella's DINER **$**
(77 S Main St, Willits; Hauptgerichte 6–11 US$; ⊙Mi–Sa 7–14.45, So 8–14 Uhr;) In dem Diner am Hwy 101 streichen sich Hippie-Tramper, Trucker und Reisende die Bäuche, nachdem sie die riesigen Omelettes, den Kartoffelbrei, die Gourmet-Salate oder hausgemachte Suppen (z.B. Karotten-Ingwer-Suppe mit Curry) verputzt haben. Nur Barzahlung.

Anreise & Unterwegs vor Ort

Täglich fahren Greyhound-Busse von San Francisco nach Ukiah (43 US$, 3 Std.), Willitts (43 US$, 3½ Std.) und Garberville (58 US$, 5½ Std.). Werktags fahren ein paar Busse von **Redwood Transit System** (☎707-443-0826; www.hta.org;) zwischen Garberville und Eureka (5 US$, 1¾ Std.).

Von Eureka nach Crescent City

Wer die ausufernden Einkaufszentren am Rand von **Eureka** passiert, gelangt in die

Old Town mit schönen viktorianischen Gebäuden, Antiquitätenläden und Restaurants. An Bord der blauweißen **Madaket** (☎707-445-1910; www.humboldtbaymaritimemuseum.com; Tour ab 10 US$; ⊙Juni–Anfang Okt.) von 1910 kann man eine Hafenrundfahrt machen. Das Boot legt am Fuß der F St ab, bei der Cocktailfahrt zu Sonnenuntergang bekommt man seinen Drink an der kleinsten lizenzierten Bar Kaliforniens ausgeschenkt. Das **Visitor Center** (☎800-356-6381, 707-442-3738; www.eurekachamber.com; 2112 Broadway; ⊙Mo–Fr 8.30–17 Uhr; @📶) befindet sich am Hwy 101, südlich der Downtown.

Nördlich der Humboldt Bay liegt **Arcata**, eine Hippie-Hochburg linker Politik mit vielen Patchulisträuchern. Die Trucks fahren mit Biodiesel zum wöchentlichen **Farmers Market** (www.humfarm.org; Arcata Plaza; ⊙Mitte April–Mitte Okt. 9–14 Uhr; 👪) 🍃 auf der zentralen Plaza, an der sich Kunstgalerien, Läden, Cafés und Bars befinden. Für ein Bad in den **Finnish Country Sauna & Tubs** (☎707-822-2228; http://cafemokkaarcata.com; Ecke 5th & J St; 30-minütiges Bad Erw./Kind 10/2 US$; ⊙So–Do 12–23, Fr & Sa bis 1 Uhr) vorher reservieren! Nordöstlich des Zentrums liegt der hübsche Campus der **Humboldt State University** (www.humboldt.edu).

16 Meilen (25,7 km) nördlich von Arcata sitzt das prosaische Fischereistädtchen **Trinidad** auf einer Klippe über einem atemberaubend schönen Hafen. Nach dem Besuch bei dem Gezeitenbeckenbewohnern im **HSU Telonicher Marine Laboratory** (☎707-826-3671; www.humboldt.edu/marinelab; 570 Ewing St; Spende 1 US$; ⊙Mo–Fr 9–16.30 Uhr, Mitte Sept.–Mitte Mai zusätzlich Sa & So 12–16 Uhr; 👪) kann man auf den Sandstränden schlendern oder kurze Wanderungen um Trinidad Head herum unternehmen. Bewaldete Campingplätze, Hütten und Lodges finden sich am Patrick's Point Dr nördlich der Stadt. Im **Patrick's Point State Park** (☎707-677-3570; www.parks.ca.gov; 4150 Patrick's Point Dr; 8 US$/Auto) gibt's eindrucksvolle felsige Landzungen, Strände, an denen man Treibgut sammeln kann und darüber hinaus die Möglichkeit, Tiere zu beobachten. Zudem kann man sich die authentische Nachbildung eines Dorfs der Yurok ansehen. Auf den **Campingplätzen** (☎800-444-7275; www.reserveamerica.com; Stellplatz 35–45 US$; 👪🐾) im Park gibt es Münz-Warmwasserduschen.

Auf dem Weg nach Norden führt der Hwy 101 am **Thomas H. Kuchel Visitor Center** (☎707-465-7765; www.nps.gov/redw; Hwy 101, Orick; ⊙9–17 Uhr, Nov.–März bis 16 Uhr; 👪) des Redwood National Park vorbei. Der Redwood National Park bildet zusammen mit den drei State Parks Prairie Creek, Del Norte und Jedediah Smith eine UNESCO-Weltnaturerbestätte; sie umfasst mehr als 40 % aller noch existierenden Mammutbaum-Urwälder Kaliforniens. Der Besuch des Nationalparks ist kostenlos; in den State Parks gilt in manchen Gebieten eine Tagesnutzungsgebühr von 8 US$, und dort befinden sich auch erschlossene **Campingplätze** (☎800-444-7275; www.reserveamerica.com; Stellplätze 35 US$; 👪🐾).

Das kombinierte Parkgelände erstreckt sich nordwärts bis zur Grenze von Oregon, und mehrere Ortschaften liegen mittendrin. Im Süden gelangt man zunächst in den **Redwood National Park**, in dem sich ein 1,6 km langer Naturpfad durch den Lady Bird Johnson Grove windet. Für den Besuch des Tall Trees Grove, in dem mehrere der höchsten Bäume des Planeten stehen, braucht man eine Genehmigung, die man im Thomas H. Kuchel Visitor Center kostenlos nach dem Prinzip „wer zuerst kommt, mahlt zuerst" erhält.

6 Meilen (9,6 km) nördlich von Orick führt der 10 Meilen (16 km) lange Newton B. Drury Scenic Parkway parallel zum Hwy 101 durch den **Prairie Creek Redwoods State Park**. Roosevelt-Wapitis grasen auf der ländlichen Wiese vor dem **Visitor Center** (☎707-488-2039; www.parks.ca.gov; ⊙Mai–Okt. 9–17 Uhr, Nov.–April 10–16 Uhr), an dem mehrere sonnengesprenkelte Wanderwege beginnen. 3 Meilen (4,8 km) weiter südlich führt die unbefestigte Davison Rd nach Nordwesten zum Gold Bluffs Beach und endet am üppig bewachsenen Fern Canyon, der in *Vergessene Welt: Jurassic Park* zu sehen war.

Nördlich des winzigen Klamath passiert der Hwy 101 das **Trees of Mystery** (☎800-638-3389; www.treesofmystery.net; 15500 Hwy 101; Erw./Kind 15/8 US$; ⊙Juni–Aug. 8–18.30 Uhr, Sept.–Mai 9.30–16.30 Uhr; 👪🐾), eine kitschige Touristenattraktion mit einer durch die Baumwipfel führenden Seilbahn. Als nächstes bietet der **Del Norte Coast Redwoods State Park** alte Mammutbaumhaine und 13 km unberührte Küste. Der Damnation Creek Trail (hin & Zurück 8 km) führt an hochragenden Mammutbäumen vorbei 330 m hinunter zu einem versteckten, felsigen Strand, den man am besten bei Ebbe besucht. Der Ausgangspunkt befindet sich an einem Parkplatz des Hwy 101, nahe Meile16.

Über eine halbmondförmige Bucht erstreckt sich Crescent City, eine eintönige Kleinstadt, die aber die einzige nennenswerte Küstensiedlung nördlich von Arcata ist. Eine Flutwelle zerstörte 1964 mehr als die Hälfte der Stadt, die danach mit hässlichen Zweckbauten wieder errichtet wurde. Das 1856 erbaute **Battery Point Lighthouse** (707-467-3089; www.delnortehistory.org; Erw./Kind 3/1 US$; April–Okt. Mi–So 10–16 Uhr) am Südende der A St ist nur bei Ebbe zugänglich.

Der **Jedediah Smith Redwoods State Park** ist der nördlichste der zusammenhängenden Parks; er liegt 5 Meilen (8 km) jenseits von Crescent City. Die Mammutbäume stehen hier so dicht, dass es vergleichsweise wenig Wanderwege gibt. Einige leichte Wege beginnen in der Nähe von Schwimmstellen am Fluss am Hwy 199 sowie an der rauen, unbefestigten Howland Hill Rd, einer 11 Meilen (17,6 km) langen Panoramastraße. Im **Visitor Center** (707-458-3496; www.parks.ca.gov; Hwy 199, Hiouchi; Mitte Mai–Mitte Sept. 9–17 Uhr) gibt's Karten und Infos.

Schlafen & Essen

Motels unterschiedlicher Qualität liegen am Hwy 101, u. a. in Eureka, Arcata und Crescent City. In Arcata gibt's die größte Restaurantauswahl – von Bio-Saftbars und veganischen Cafés bis hin zu Bistros mit kalifornischer und internationaler Fusionküche.

Requa Inn B&B $$

(707-482-1425; www.requainn.com; 451 Requa Rd, Klamath; Zi. 119–199 US$;) Der einfache historische Gasthof von 1914 ist auf Wanderer eingestellt, die hier ein großes Frühstück und altmodische Zimmer mit Blick auf den Fluss finden. Keine TVs und kein Telefon.

Carter House Inns B&B $$$

(800-404-1390, 707-444-8062; http://carterhouse.com; 301 L St, Eureka; Zi. mit Frühstück 189–385 US$;) Der Komplex aus liebevoll gepflegten viktorianischen Gebäuden ist die gemütlichste Unterkunft nahe der Old Town von Eureka. Viele Zimmer und Suiten haben romantische Kamine. Abends gibt's für Gäste kostenlos Wein, Vorspeisen und Milch mit Keksen. Das nobelste Lokal in der Gegend ist das hauseigene **Restaurant 301** (Hauptgerichte abends 20–30 US$; 18–21 Uhr) mit saisonalen kalifornisch-französischen Gerichten.

Wildberries Marketplace MARKT, FEINKOST $

(www.wildberries.com; 747 13th St, Arcata; Sandwiches 4–10 US$; 6–24 Uhr;) Der beste Naturkostladen an der North Coast hat eine gesundheitsbewusste Feinkosttheke und eine Saftbar mit Fruchtsmoothies. Eine gute Gelegenheit, sich Snacks und Getränke für ein Strandpicknick oder eine Mittagspause beim Wandern zu holen.

Samoa Cookhouse AMERIKANISCH $$

(707-442-1659; www.samoacookhouse.net; 908 Vance Ave, Samoa; All-You-Can-Eat 11–16 US$; 7–21 Uhr;) Das beliebte Lokal auf der Samoa Peninsula der Humboldt Bay war in den 1890er-Jahren ursprünglich eine Kantine für ein Holzfällerlager. Heute drängen sich Traveller und Hippies an den langen, mit rot kariertem Wachstuch bedeckten Tischen. Kinder essen zum halben Preis.

Lost Coast Brewery BRAUEREI $$

(707-445-4480; www.lostcoast.com; 617 4th St, Eureka; Hauptgerichte 9–15 US$; So–Do 11–22, Fr & Sa bis 23 Uhr;) In dieser legendären North-Coast-Brauerei lohnen das Downtown Brown und das Great White allemal einen Stopp, aber die Chicken Wings, Nachos und anderen Kneipengerichte sind nur mittelmäßig. Echte Bierfans sollten sich die Bio-Brauerei Eel River Brewing in Fortuna, Arcatas Redwood Curtain Brewing, die Six Rivers Brewery in McKinleyville und die Mad River Brewing Company in Blue Lake nicht entgehen lassen.

Anreise & Unterwegs vor Ort

Von Arcatas **Greyhound-Busdepot** (925 E St) starten täglich Busse über Eureka, Garberville, Willits und Ukiah nach San Francisco (57 US$, 7 Std.). Mehrmals täglich halten Busse von **Redwood Transit System** (707-443-0826; www.hta.org) auf der Strecke Trinidad–Scotia (2,75 US$, 2½ Std.) in Eureka und Arcata.

Sacramento

Kaliforniens älteste nicht von Missionaren gegründete Siedlung wurde als erste in der Goldrauschära aus dem Boden gestampft. Die Hauptstadt des Bundesstaats liegt in einer Ebene und ist damit zwar ungewöhnlich, ansonsten aber mit Schatten spendenden Bäumen, glutheißen Sommern und verstopften Highways recht uninteressant.

1839 errichtete der exzentrische Schweizer Einwanderer John Sutter hier ein Fort. Als 1848 in den nahen Ausläufern der Sierra Gold entdeckt wurde, explodierten die Bevölkerungszahlen. Nach viel parlamentarischem Hin und Her wurde Sacramento schließlich 1854 zur Hauptstadt Kaliforniens erkoren.

Old Sacramento zieht bis heute die meisten Besucher an. Mit seinen hölzernen Bürgersteigen am Flussufer macht das Viertel den Eindruck einer typischen Touristenfalle. Interessantere Restaurants und Kultureinrichtungen verbergen sich in den in einem regelmäßigen Muster angelegten Straßen von Downtown und in Midtown, wo eine aufstrebende Kunstszene daran arbeitet, dass die Stadt ihren Ruf als Kuhkaff verliert.

Sehenswertes

California Museum MUSEUM
(www.californiamuseum.org; 1020 O St; Erw./Kind 8,50/6 US$; Mo–Sa 10–17, So ab 12 Uhr) In dem modernen Museum befindet sich die California Hall Of Fame – wohl der einzige Ort, wo man gleichzeitig Cesar Chavez, Mark Zuckerburg und Amelia Earhart begegnen kann. Die Ausstellung *California Indians: Making A Difference* wirft einen Blick auf die Kultur und Traditionen der Ureinwohner in Geschichte und Gegenwart.

California State Capitol HISTORISCHES GEBÄUDE
(916-324-0333; http://capitolmuseum.ca.gov; 1315 10th St; Mo–Fr 8–17, Sa & So ab 9 Uhr, Führungen stündl. 9–16 Uhr) GRATIS Das aus dem 19. Jh. stammende State Capitol an der 10th St ragt als brillantes, weißes Juwel aus der gepflegten Capitol Mall heraus. Drinnen finden sich Ausstellungen zur kalifornischen Kunst und Geschichte und historisch möblierte Sitzungssäle. Die beiden Kammern des kalifornischen Parlaments (Assembly und Senat) sind für die Öffentlichkeit zugänglich.

California State Railroad Museum MUSEUM
(916-445-6645; www.californiastaterailroadmuseum.org; 125 I St; Erw./Kind 10/5 US$, inkl. Zugfahrt 20/10 US$; 10–17 Uhr, Zugfahrten April–Sept. stündl.;) In **Old Sacramento** (www.oldsacramento.com), einem Viertel am Fluss mit historischen Gebäuden und kleinen Museen, kann man hier in Dutzende sorgsam restaurierte Dampf- und Dieselloks klettern.

Sutter's Fort State Historic Park HISTORISCHE STÄTTE
(916-445-4422; www.parks.ca.gov; 2701 L St; Erw./Kind 5/3 US$; 10–17 Uhr) Mit der originalen Kanone und dem hämmernden Schmied fühlt man sich in den Mauern dieses restaurierten Forts in die 1850er-Jahre zurückversetzt. Gleich nebenan befindet sich das kleine, aber faszinierende **California State Indian Museum** (916-324-0971; www.parks.ca.gov; 2618 K St; Erw./Kind 3/2 US$; Mi–So 10–17 Uhr).

Crocker Art Museum MUSEUM
(916-264-5423; www.crockerartmuseum.org; 216 O St; Erw./Kind 10/5 US$; Di–Mi & Fr–So 10–17, Do bis 21 Uhr) Neben der schönen Villa eines Richters am Obersten Kalifornischen Gericht aus dem 19. Jh. sind in modernen Galerien Werke älterer und zeitgenössischer kalifornischer Kunst zu bewundern.

Schlafen & Essen

Sacramentos Hotels sind auf Geschäftsreisende eingestellt, dementsprechend gibt es am Wochenende Preisnachlässe. An den Freeways und in den Vorstädten rund ums Zentrum finden sich viele Kettenhotels. Restaurants und Bars konzentrieren sich in Midtown, insbesondere in der J St östlich der 16th St.

HI Sacramento Hostel HOSTEL $
(916-443-1691; http://norcalhostels.org/sac; 925 H St; B 30–36 US$, Zi. mit/ohne Bad ab 76/58 US$; Check-in 14–22 Uhr;) Die öffentlichen Bereiche in der restaurierten viktorianischen Villa nahe dem Capitol haben nahezu B&B-Qualität, die Schlafsäle sind geräumig, und das Personal weiß über das örtliche Nachtleben Bescheid.

Delta King B&B $$
(800-825-5464, 916-444-5464; www.deltaking.com; 100 Front St; DZ mit Frühstück ab 139 US$;) Die kleinen Zimmer an Bord des *Delta King*, eines Schaufelraddampfers von 1927, der in Old Sacramento vor Anker liegt, sind richtig kuschelig. Auf dem Schiff gibt's ein nautisch gestaltetes Restaurant mit Bar. Parkplätze kosten 18 US$.

Citizen Hotel BOUTIQUEHOTEL $$$
(Info 916-447-2700, Reservierungen 916-492-4460; www.jdvhotels.com; 926 J St; Zi. 139–269 US$;) Die eleganten Zimmer in diesem Bürogebäude aus den 1920er-Jahren in Downtown bieten Luxusbettwäsche, kräftig gemusterte Stoffe und iPod-Anschlüsse. Auch die kleinen Details können sich sehen lassen: alte politische Karikaturen zieren die Wände, und Gäste können politische Filme ausleihen. Das Restaurant **Grange** (916-492-4450; www.grangesacramento.com; 926 J St; Hauptgerichte abends 19–39 US$; Mo–Fr 6.30–10.30 & 11.30–14, Sa & So 8–14, So–Do 17.30–22, Fr & Sa bis 23 Uhr;) bietet im Erdgeschoss ka-

lifornische Gerichte mit Zutaten frisch von der Farm. Hotelparkplätze kosten 25 US$.

La Bonne Soupe Cafe FEINKOST $
(☎916-492-9506; 920 8th St; Gerichte 4–8 US$; ⊙Mo–Fr 11–15 Uhr) Die von einem ausgebildeten Koch liebevoll gemachten Schlemmer-Sandwiches und die frisch zubereiteten Suppen sorgen dafür, dass die Büroangestellten der Downtown hier Schlange stehen.

Tower Cafe CAFÉ $$
(☎916-441-0222; www.towercafe.com; 1518 Broadway; Hauptgerichte 7–18 US$; ⊙So–Do 8–22, Fr & Sa bis 23 Uhr) Dieses Café in einem Art-déco-Kino von 1938 ist die beste Option für ein ausgiebiges Frühstück – z. B. Arme Ritter mit Puddingcreme und Früchten oder Chorizo mit Eiern.

Mulvaney's B & L KALIFORNISCH $$$
(☎916-441-6022; www.mulvaneysbl.com; 1215 19th St; Hauptgerichte abends 26–38 US$; ⊙Di–Fr 11.30–14.30, Di–Sa 17–22 Uhr) Das Restaurant mit der meisten Klasse in Sacramento bietet in einer Feuerwache aus den 1890er-Jahren eine saisonale, europäisch angehauchte Karte, die sich jeden Tag ändert.

Ausgehen & Unterhaltung

Temple Coffee CAFÉ
(www.templecoffee.com; 1010 9th St; ⊙6–23 Uhr; 📶) 🌿 An Holzbänken wird hier nachhaltig angebauter, frisch gerösteter Kaffee ausgeschenkt.

Rubicon Brewing Company BRAUEREI
(☎916-448-7032; www.rubiconbrewing.com; 2004 Capitol Ave; ⊙Mo–Do 11–23.30, Fr & Sa bis 0.30, So bis 22 Uhr) Das Brauhaus lockt mit preisgekrönten Ales, Chicken Wings und Käsefritten mit Chili.

Sacramento River Cats SPORT
(www.milb.com; Raley Field, 400 Ballpark Dr; Tickets 5–65 US$; ⊙April–Sept.) Das Minor-League-Baseballteam spielt im Raley Field mit tollem Blick auf die Tower Bridge.

Anreise & Unterwegs vor Ort

Der **Sacramento International Airport** (☎919-929-5411; www.sacairports.org; 6900 Airport Blvd) liegt rund 11 Meilen (17,6 km) nordwestlich der Downtown abseits der I-5 und fertigt vor allem Inlandsflüge ab.

Vom **Bahnhof** (☎877-974-3322; www.capitolcorridor.org; 401 I St) in der Downtown fahren Amtrak-Züge: der häufige *Capitol Corridor* von der/zur San Francisco Bay Area (28–38 US$, 90 Min.–3 Std.), der zweimal täglich verkehrende *San Joaquin* mit Anschlussbus zum Yosemite Valley (37 US$, 5 Std.) sowie einmal täglich die Fernzüge *Coast Starlight* und *California Zephyr*. **Greyhound-Busse** (420 Richards Blvd) fahren mehrmals täglich nach San Francisco (27 US$, 2 Std.) und Los Angeles (78 US$, 7½–9 Std.).

Sacramento Regional Transit (www.sacrt.com; einfache Strecke/Tageskarte 2,25/6 US$) betreibt den städtischen Bus- und Straßenbahnverkehr.

Gold Country

Kaum zu glauben, dass hier alles anfing: Die ruhigen Hügelstädtchen und schläfrigen, von Eichen gesäumten Nebenstraßen des Gold Country verraten nichts von der wilden, chaotischen und oft gewalttätigen Gründung Kaliforniens. Kurz nachdem James Marshall 1848 im Sutters Creek das erste Gold erblickt hatte, setzte der Massenansturm von 300 000 „49ers" in die Ausläufer der Sierra ein. Die Goldgier nahm auf die strengen Moralvorstellungen der viktorianischen Zeit keine Rücksicht. Auch heute sind noch Spuren von den Umweltzerstörungen und den gesetzlosen Boomtowns zu entdecken.

Für Geschichtsfans ist eine Reise in die Gegend so spannend wie eine Geisterbahnfahrt, denn verblassende Hinweistafeln erzählen von Blutdurst und Banditenwesen. Friedlicher gestimmte Traveller können hier in Schwimmlöchern baden, auf Mountainbikepisten Berge hinuntersausen oder Wildwasserfahrten auf den eisigen Fluten der Flüsse American River, Stanislaus River und Tuolumne River unternehmen. Der im Central Valley ansässige Veranstalter **All-Outdoors California Whitewater Rafting** (☎800-247-2387; www.aorafting.com) bietet vom Frühjahr bis in den Herbst Rafting-Tagestouren und Touren mit Übernachtung für Interessierte aller Leistungsklassen an.

Der Hwy 50 trennt die Northern und Southern Mines voneinander. Kurviges Bindeglied ist der Hwy 49 mit vielen Haltebuchten und Ausblicken auf die umliegenden Hügel. Anregungen für Touren in der Region gibt's bei der **Gold Country Visitors Association** (www.calgold.org).

Northern Mines

Nevada City, die „Königin der Northern Mines" hat schmale Straßen mit liebevoll restaurierten Gebäuden, kleinen Theatern,

Kunstgalerien, Cafés und Läden. Im **Visitor Center** (☎530-265-2692; www.nevadacitychamber.com; 132 Main St; ⏲Mo–Fr 9–17, Sa 11–16, So 11–15 Uhr) gibt's Infos und Karten für Spaziergänge auf eigene Faust. Infos zum Campen, Wandern und Mountainbikefahren sowie die nötigen Genehmigungen erhält man am Hwy 49 in den **Tahoe National Forest Headquarters** (☎530-265-4531; www.fs.usda.gov/tahoe; 631 Coyote St; ⏲Mo–Fr 8–16.30 Uhr).

In Nevada Citys zweckmäßiger Schwesterstadt **Grass Valley**, 4 Meilen (6,4 km) südlich, lassen Künstler, Hippies und Rancher ihr Öl wechseln. Etwas mehr als eine Meile (1,6 km) östlich vom Hwy 49 bezeichnet der **Empire Mine State Historic Park** (☎530-273-8522; www.empiremine.org; 10791 E Empire St; Erw./Kind 7/3 US$; ⏲10–17 Uhr) die Stätte einer der ergiebigsten Goldminen des Staates: Zwischen 1850 und 1956 wurden hier 164,4 t des Edelmetalls mit einem heutigen Marktwert von 5 Mrd. US$ gefördert.

Bei glühender Hitze weisen Reihen parkender Autos am Rand des Hwy 49 höchstwahrscheinlich auf Schwimmlöcher hin. Eine der besten Stellen zum Abkühlen liegt dort, wo sich der Nord- und Südarm des American River vereinigen, ein paar Meilen östlich von **Auburn**, einem Zwischenstopp an der I-80 rund 25 Meilen (40 km) südlich von Grass Valley.

In **Coloma** nahm der Goldrausch seinen Anfang. Der am Fluss gelegene **Marshall Gold Discovery State Historic Park** (☎530-622-3470; www.parks.ca.gov; 6/8 US$ pro Pers./Auto; ⏲Park 8–17 Uhr, Ende Mai–Anfang Sept. bis 19 Uhr, Museum 10–15 Uhr, März–Nov. bis 16 Uhr; 👪) ist eine Hommage an James Marshalls aufsehenerregenden Erstfund – inklusive Möglichkeiten zum Goldwaschen, restaurierten Gebäuden und einem Nachbau der Sutter's Mill. Sutter selbst ist auf einem Hügel als Statue vertreten. Auch in seinem Fall war der Goldrausch mit tragischer Ironie verbunden: Er starb mittellos als Mündel des Bundesstaats.

Schlafen & Essen

Nevada City hat das größte Angebot an Restaurants und historischen B&Bs. Motels säumen den Hwy 49 in Grass Valley und die I-80 in Auburn.

Broad Street Inn GÄSTEHAUS **$$**
(☎530-265-2239; www.broadstreetinn.com; 517 E Broad St, Nevada City; Zi. 110–120 US$; ❄📶🐾) Anders als Dutzende von plüschigen B&Bs im Gold Country sind die sechs sonnigen Zimmer dieses Gästehauses mit ihrer modernen, farbenfrohen Einrichtung erfrischend schlicht.

Outside Inn MOTEL, HÜTTEN **$$**
(☎530-265-2233; www.outsideinn.com; 575 E Broad St, Nevada City; Zi. 79–155 US$, Cottage 200 US$; ❄📶🏊👪🐾) Diese Anlage mit kiefernholzgetäfelten Zimmern (manche mit Einbauküchen), Grillstellen und freundlichen, naturbegeisterten Eigentümer ist netter als die durchschnittlichen Kettenmotels.

Treats DESSERTS **$**
(http://treatsnevadacity.com; 110 York St, Nevada City; 2–5 US$/Portion; ⏲So–Do 12–21, Fr & Sa bis 22 Uhr, Winter kürzere Öffnungszeiten; 👪) Hausgemachtes Eis, oft aus Bio-Zutaten, Sorbets der Saison und weitere kalte Köstlichkeiten.

Ikedas MARKT **$**
(www.ikedas.com; 13500 Lincoln Way, Auburn; ab 3 US$/Stück; ⏲8–19, Sa & So bis 20 Uhr) Traveller nach Lake Tahoe decken sich hier, an der I-80 nördlich der Downtown von Auburn, mit frischem Obst, hausgemachten Pies und Sachen für ein Picknick ein.

Ike's Quarter Cafe KREOLISCH, KALIFORNISCH **$$**
(☎530-265-6138; www.ikesquartercafe.com; 401 Commercial St, Nevada City; Hauptgerichte 7–15 US$; ⏲Mi–Mo 8–15 Uhr; 👪) Auf der Terrasse dieses Cafés gibt's mächtige Frühstücksgerichte wie das „Hangtown Fry" (ein Berg aus Austern und Schinken mit Maismehlkruste) oder Muffulettas à la New Orleans. Nur Barzahlung.

Southern Mines

In den Siedlungen der Southern Mines zwischen Placerville und Sonora ist nur wenig los. Ihre staubigen Straßen riechen immer noch nach Wildem Westen – auch dank des heutigen kunterbunten Einwohnermixes aus Harleyfahrern, Goldsuchern (tatsächlich!) und alternativen Weinbauern. Einige der Orte, z. B. **Plymouth** (Ole Pokerville) oder **Mokelumne Hill**, sind praktisch Geisterstädte, die langsam und fotogen vor sich hin verwittern. Andere Orte wie **Sutter Creek**, **Murphys** und **Angels Camp** sind als Zeugen des viktorianischen Amerika herausgeputzt. Hier können sich Besucher prima abseits ausgetretener Pfade bewegen und familiengeführte Weingüter und Höhlen entdecken, deren geologische Wunder für die darüberliegenden Touri-Geschenkläden entschädigen.

Ein kurzer Abstecher vom Hwy 49 führt zum **Columbia State Historic Park** (209-588-9128; www.parks.ca.gov; 11255 Jackson St, Columbia; Museum April–Okt. 9–16.30 Uhr, Nov.–März ab 10 Uhr;) GRATIS. In den vier quadratischen Blocks mit Originalgebäuden aus den 1850er-Jahren trifft man heute auf historisch kostümierte Ladenbesitzer und Straßenmusikanten, während Schulkinder wie verrückt nach Gold schürfen. In der Nähe von Sonora befindet sich auch der **Railtown 1897 State Historic Park** (209-984-3953; www.railtown1897.org; 18115 5th Ave, Jamestown; Museum Erw./Kind 5/3 US$, inkl. Zugfahrt 15/8 US$; April–Okt. 9.30–16.30 Uhr, Nov.–März 10–15 Uhr, Zugfahrten April–Okt. Sa & So 11–15 Uhr;), in dem Ausflugsfahrten mit dem Zug durch die umliegenden Hügel angeboten werden, in denen Hollywood-Western wie *Zwölf Uhr mittags* gedreht wurden.

Schlafen & Essen

Plüschige B&Bs, Cafés und Eisdielen gibt es in fast jeder Ortschaft. Die meisten Motels finden sich im geschäftigen Sonora, das nur etwas mehr als eine Autostunde vom Yosemite National Park entfernt ist, sowie in Placerville.

Indian Grinding Rock State Historic Park Campground CAMPING $
(www.parks.ca.gov; 14881 Pine Grove-Volcano Rd, Pine Grove; Stellplatz Zelt & Wohnmobil 30 US$; Mitte März–Sept.;) Rund 10 Meilen (16 km) nordöstlich von Sutter Creek bietet dieser idyllische Campingplatz 22 Stellplätze unter Bäumen (keine Reservierung) und Münz-Warmwasserduschen.

Gunn House Hotel HISTORISCHES HOTEL $$
(209-532-3421; www.gunnhousehotel.com; 286 S Washington St, Sonora; Zi. mit Frühstück 79–115 US$;) In Sachen Niedlichkeit läuft dieses historische Hotel den darauf ausgerichteten Ketten den Rang ab. Die netten Zimmer sind im Stil der Zeit eingerichtet. An Sommerabenden entspannt man sich auf den Schaukelstühlen, die auf der Veranda vorne stehen.

City & Fallon Hotels HISTORISCHES HOTEL $$
(800-532-1479; www.briggshospitalityllc.com; 22768 Main St, Columbia; Zi. mit Frühstück ohne Bad 105–175 US$;) Die beiden zusammengehörenden historischen Hotels in der historischen Ortschaft Columbia sind mit Möbeln von musealer Qualität ausstaffiert. Abends kann man sich einen Whiskey im What Cheer Saloon genehmigen oder sich im Repertoiretheater des Fallon ein Stück ansehen.

Volcano Union Inn HISTORISCHES HOTEL $$
(209-296-7711; www.volcanounion.com; 21375 Consolation St, Volcano; Zi. mit Frühstück 119–149 US$;) Das historische Hotel hat vier liebevoll aufgemöbelte Zimmer mit knarrenden Böden, von denen zwei einen Balkon zur Straße besitzen. Der **Union Pub** (Hauptgerichte 10–19 US$; Do & Mo 17–20, Fr 15–21, Sa 12–21, So 10–20 Uhr) im Erdgeschoss bietet gutes Kneipenessen, Billard, Shuffleboard und Dart.

Cozmic Café & Pub CAFÉ $
(www.ourcoz.com; 594 Main St, Placerville; Gerichte 4–10 US$; Di & Mi 7–18, Do–So bis 20 Uhr;) Placervilles schrilles Bio-Café hat seine Tische in einem historischen Bergwerkstunnel aufgestellt. Es gibt Bier aus Kleinbrauereien vom Fass und an den Wochenenden Livemusik.

Magnolia Cafe CAFÉ $$
(209-728-2186; www.magnoliacafemurphys.com; 64 Mitchler St, Murphys; Hauptgerichte 7–13 US$; Mi–So 8–15 Uhr) Chefkoch Devon bietet zum Frühstück z. B. *tortas* mit Chorizo und Eiern oder Arme Ritter mit Vanilleschoten und mittags asiatisch gewürzte Pulled-Pork-Burritos und klassische Steaksandwiches mit Senf-Aioli.

★ **Taste** KALIFORNISCH $$$
(209-245-3463; www.restauranttaste.com; 9402 Main St, Plymouth; Hauptgerichte abends 27–43 US$; Sa & So 11.30–14, Do & Fr ab 17, Sa & So ab 16.30 Uhr) Statt Burger, wie sonst im Gold Country üblich, serviert das Taste europäisch beeinflusste kunstvolle, frische saisonale Gerichte mit passenden Weinen von Weingütern des Amador County.

Anreise & Unterwegs vor Ort

Ein paar Busse fahren gelegentlich einige der Orte an. Im Bereich der Northern Mines verbinden die Busse von **Gold Country Stage** (888-660-7433, 530-477-0103; www.mynevadacounty.com; Ticket 1,50–3 US$) Nevada City, Grass Valley und Auburn, die Busse von **Placer County Transit** (530-885-2877; www.placer.ca.gov/transit; Ticket 1,25 US$) fahren von Auburn nach Sacramento. Im Bereich der Southern Mines fahren (nur werktags) Busse von **Amador Transit** (209-267-9395; http://amadortransit.com; Ticket 1–2 US$) zwischen Sutter Creek und Sacramento, Jackson und Plymouth. Die Busse von **Calaveras Transit** (209-754-4450; http://transit.calaverasgov.us; Ticket 2 US$)

bedienen Angels Camp, Jackson und Murphys. Die Busse und Trolleys von **Tuolumne County Transit** (☎209-532-0404; www.tuolumnecountytransit.com; Ticket 1,50 US$) kurven zwischen Sonora, Columbia und Jamestown herum.

Northern Mountains

Die entlegenen, einsamen und unglaublich schönen Northern Mountains gehören zu den am wenigsten besuchten Ecken Kaliforniens und bieten eine scheinbar endlose Parade an Landschaftswundern, Bergseen, Flüssen und Wüsten. Die höchsten Gipfel – Lassen Peak, Mt. Shasta und die Trinity Alps – haben in geologischer Hinsicht praktisch nichts gemeinsam, aber überall kann man hier unter den funkelnden Sternen in der Wildnis zelten. Die einsamen Orte in der Region sind durchweg nicht schön, aber geeignet, um sich für einen Ausflug in die Wildnis zu verproviantieren.

Von Redding nach Yreka

Nördlich von Redding schauen Autofahrer die meiste Zeit auf den **Mt. Shasta**, einen 4317 m hohen, schneebedeckten Goliath am Südende der vulkanischen Cascades Range. Der Anblick des dramatisch aufragenden Berges weckt die Vorfreude der Outdoorfans, die Abenteuer an seinen Hängen suchen. Eine nützliche Zwischenstation gleich abseits der I-5 ist das **California Welcome Center** (☎800-474-2784, 530-365-1180; www.shastacascade.com; 1699 Hwy 273, Anderson; ⊙Mo–Sa 9–17, So 10–16 Uhr) 12 Meilen (19,2 km) südlich von Redding in der Shasta Outlets Mall.

Nicht auf die Touristenbroschüren hereinfallen: **Redding**, die größte Ortschaft in der Region, ist ziemlich langweilig. Der beste Grund für einen Abstecher von der I-5 ist die **Sundial Bridge**, eine Fußgängerbrücke mit Glasboden des spanischen Architekten Santiago Calatrava. Die Brücke führt über den Sacramento River hinüber zum **Turtle Bay Exploration Park** (☎800-887-8532; www.turtlebay.org; 844 Sundial Bridge Dr; Erw./Kind 14/10 US$, nach 15.30 Uhr 9/5 US$; ⊙Mo–Sa 9–17, So 10–17 Uhr, Okt.–März bis 16 Uhr; 👪), einem kinderfreundlichen Wissenschaftspark mit einem botanischen Garten.

Rund 6 Meilen (9,6 km) westlich von Redding kann man am Hwy 299 im **Shasta State Historical Park** (☎520-243-8194; www.parks.ca.gov; Museum Erw./Kind 3/2 US$; ⊙Fr–So 10–17 Uhr) eine echte Stadt aus der Zeit des Goldrauschs erkunden. 2 Meilen (3,2 km) weiter westlich folgt die **Whiskeytown National Recreation Area** (☎530-246-1225; www.nps.gov/whis; 5 US$/Auto; ⊙Visitor Center Ende Mai–Anfang Sept. 9–17 Uhr, Anfang Sept.–Ende Mai 10–16 Uhr) GRATIS mit dem Whiskeytown Lake, an dem es Sandstrände, Wanderwege zu Wasserfällen, Wassersportmöglichkeiten und Campingplätze gibt.

In **Weaverville**, 35 Meilen (56 km) westlich von Whiskeytown, schützt der **Joss House State Historic Park** (☎530-623-5284; www.parks.ca.gov; Ecke Hwy 299 & Oregon St; Führung Erw./Kind 4/2 US$; ⊙Do–So 10–17 Uhr, Führungen stündl. bis 16 Uhr) einen 1874 erbauten Tempel chinesischer Einwanderer. Die **Weaverville Ranger Station** (☎530-623-2121; www.fs.usda.gov/stnf; 360 Main St; ⊙Mo–Fr 8–16.30 Uhr) stellt Wandergenehmigungen für das umliegende, fast unberührte Wildnisgebiet der **Trinity Alps** aus.

Nördlich von Redding überquert die I-5 den tiefblauen **Shasta Lake**, Kaliforniens größten Stausee, der infolge des hoch aufragenden **Shasta Dam** (☎530-275-4463; www.usbr.gov/mp/ncao/shasta/; 16349 Shasta Dam Blvd; ⊙Visitor Center 8–17 Uhr, Führungen 9–15 Uhr) GRATIS entstanden ist. Um ihn herum gibt es Uferwanderwege und Wohnmobilparks. Hoch in den Kalksteinmegalithen am Nordufer des Sees liegen die prähistorischen **Lake Shasta Caverns** (☎800-795-2283, 530-238-2341; http://lakeshastacaverns.com; 20359 Shasta Caverns Rd; Erw./Kind 24/14 US$; ⊙Führungen Ende Mai–Anfang Sept. 9–16 Uhr, April–Ende Mai & Sept. bis 15 Uhr, Okt.–März 10–14 Uhr; 👪). Bei den Höhlenführungen fährt man auch mit einem Katamaran.

Weitere 35 Meilen (56 km) nördlich folgt an der I-5, **Dunsmuir**, eine winzige historische Eisenbahnsiedlung mit einer idyllischen Downtown, in der es muntere Cafés und Kunstgalerien gibt. Anhalten sollte man schon deshalb, um seine Wasserflasche an den öffentlichen Brunnen aufzufüllen, denn der Ort behauptet stolz, hier gäbe es das beste Wasser auf Erden. Gleich südlich der I-5 bietet der **Castle Crags State Park** (☎530-235-2684; www.parks.ca.gov; 8 US$/Auto) **Stellplätze** (☎800-444-7275; www.reserveamerica.com; Stellplätze 15–30 US$; 👪🐾) im Wald. Vom höchsten Punkt des **Crags Trail**, eines 8,7 km langen Rundwegs, hat man eine atemberaubende Sicht auf den Mt. Shasta.

10 Meilen (16 km) nördlich von Dunsmuir lockt die Ortschaft **Mt. Shasta** Kletterer, esoterische Aussteiger und Naturfreunde an, die alle dem majestätisch aufragenden

Berg huldigen. Der **Everitt Memorial Hwy** führt auf den Berg hinauf – bis zu einem Aussichtspunkt in etwa 2400 m Höhe, wo man prima den Sonnenuntergang genießen kann. Vom Ort aus fährt man dazu einfach auf der Lake St nach Osten und dann noch 14 Meilen (22,5 km) weiter. Für Aufstiege in über 3000 m Höhe (nur geeignet für erfahrene Bergsteiger!) benötigt man einen Summit Pass (20 US$), der in der **Mt. Shasta Ranger Station** (☎530-926-4511; www.fs.usda.gov/stnf; 204 W Alma St; ⏲Mo–Fr 8–16.30 Uhr) erhältlich ist; dort gibt es auch topografische Karten und Infos zur Wetterlage. Ausrüstung vermietet der Outdoor-Laden **Fifth Season** (☎530-926-3606; http://thefifthseason.com; 300 N Mt. Shasta Blvd) im Ortszentrum. **Shasta Mountain Guides** (☎530-926-3117; http://shastaguides.com) veranstaltet mehrtägige Bergwanderungen (ab 500 US$).

Schlafen & Essen

Motels am Straßenrand gibt's überall, außer im abgelegenen Nordosten der Region. Die meisten Kettenmotels und -hotels finden sich in Redding in der Nähe der größeren Highways. Campingplätze sind zahlreich, vor allem auf öffentlichem Land.

McCloud River Mercantile Hotel INN $$
(☎530-964-2330; www.mccloudmercantile.com; 241 Main St, McCloud; Zi. 139–250 US$; 📶) Die Gäste werden mit frischen Blumen begrüßt und können nach einem Bad in einer Wanne mit Klauenfüßen gemütlich in Federbetten schlafen. Freiliegende Backsteinwände und Antiquitäten sorgen für eine ideale Mischung aus Denkmalschutz und modernem Schwung. Im Restaurant im Erdgeschoss gibt's einen Getränkespender aus den 1930er-Jahren und ländliche Gerichte (Hauptgerichte morgens & mittags 6–10 US$). Das Hotel liegt rund 10 Meilen (16 km) östlich vom Ort Mt. Shasta abseits des Hwy 89.

Railroad Park Resort INN, CAMPING $$
(☎530-235-4440, 800-974-7245; www.rrpark.com; 100 Railroad Park Rd, Dunsmuir; Stellplatz Zelt/Wohnmobil ab 29/37 US$, DZ 115–150 US$; ❄📶🏊👪🐾) Die attraktivste Übernachtungsmöglichkeit sind die holzgetäfelten Eisenbahnwagons, die abseits der I-5 gleich südlich von Dunsmuir stehen.

Sengthongs THAILÄNDISCH, VIETNAMESISCH $$
(☎530-235-4770; http://sengthongs.com; 5855 Dunsmuir Ave, Dunsmuir; Hauptgerichte 11–20 US$; ⏲üblicherweise Do–So 17–20.30 Uhr) Das lange bestehende südostasiatische Restaurant ist beliebt. Im zugehörigen Blue Sky Room, ein paar Häuser weiter, wird Livemusik gespielt.

Café Maddalena BISTRO $$$
(☎530-235-2725; www.cafemaddalena.com; 5801 Sacramento Ave, Dunsmuir; Hauptgerichte 14–25 US$; ⏲Feb.–Nov. Do–So 17–22 Uhr) Chefkoch und Besitzer Bret LaMott sorgt mit mediterranen Spezialitäten und einer gut bestückten Weinbar dafür, dass der ausgezeichnete Ruf seines gemütlichen Uferrestaurants erhalten bleibt. Reservierung empfohlen!

Anreise & Unterwegs vor Ort

Die Amtrak-Züge des *Coast Starlight* halten in Redding und Dunsmuir, allerdings unpraktischerweise mitten in der Nacht. Greyhound-Busse fahren nach Redding und Weed. Die Busse von **Siskyou County STAGE** (☎800-247-8243, 530-842-8295; www.co.siskiyou.ca.us/GS/stage.aspx; Ticket 2,50–4 US$) fahren mehrmals täglich die I-5 hinauf und hinunter und verbinden Dunsmuir, Mt. Shasta und Weed.

Northeast Corner

Das **Lava Beds National Monument** (☎530-667-8113; www.nps.gov/labe; 7 Tage gültiger Eintritt 10 US$/Auto) war die Stätte eines der letzten großen Indianerkriege in Kalifornien und von vulkanischen Zerstörungen, die sich über ca. 500 000 Jahre hinzogen. Heute ist es ein ruhiger Zeuge für Jahrhunderte der Umbrüche. Mit Lavaströmen, Kratern, Asche- und Lavakegeln sowie mehr als 500 Lavaröhren zeigt der Park das volle Vulkan-Programm. Wo einst der Modoc-Krieg tobte, sind die indigenen Amerikaner heute noch mit Felsbildern an den Höhlenwänden präsent. Infos, Karten und Taschenlampen (zur Höhlenerkundung) bekommt man im **Visitor Center** (☎530-667-8113; 1 Indian Well, Tulelake; ⏲Ende Mai–Anfang Sept. 8–18 Uhr, Mitte Sept.–Mitte Mai 8.30–17 Uhr). In der Nähe befindet sich der **Campingplatz** (Stellplatz 10 US$) des Parks. Die einfachen Stellplätze (ohne Duschen) eignen sich für Zelte und kleine Wohnwagen; Trinkwasser ist vorhanden.

Der **Klamath Basin National Wildlife Refuges Complex** (www.fws.gov/klamathbasinrefuges) gleich nördlich besteht aus sechs separaten Schutzzonen. Sie sind eine wichtige Zwischenstation für Zugvögel auf der Pazifikroute und ein bedeutendes Winterquartier für Weißkopfseeadler. Das **Visitor Center** (☎530-667-2231; 4009 Hill Rd, Tulelake; ⏲Mo–Fr 8–16.30, Sa & So 9–16 Uhr) liegt abseits des Hwy 161 rund 4 Meilen (6,4 km) südlich der Grenze zu Oregon. Bei den 16 km langen Autotouren durch die Schutzgebiete Lower Klamath und Tule Lake hat man ausgezeichnete Möglichkeiten zu Vogelbeobachtungen. Benzin, Essen und Unterkunft bekommt man in Klamath Falls, Oregon.

Der **Modoc National Forest** (☎530-233-5811; www.fs.usda.gov/modoc) bedeckt über 7770 km² des nordöstlichen Kalifornien. Die Campingplätze sind kostenlos und nehmen keine Reservierungen an, für das Entfachen von Lagerfeuern braucht man eine Genehmigung. Der **Medicine Lake**, etwa eine Autostunde südwestlich des Lava Beds National Monument ist ein urweltlicher blauer Kratersee, umgeben von Kiefernwald, gewaltigen vulkanischen Formationen und kühlen, einsamen Campingplätzen. Weiter östlich liegt das Naturdenkmal des **Glass Mountain**, wo die indigenen Amerikaner glänzend schwarzen Obsidian förderten. Östlich von Cedarville, zu erreichen über den Hwy 299, liegt nahe der Grenze zu Nevada die Hochlandwüste des **Surprise Valley**, das Tor zu den wilden **Warner Mountains**, dem vielleicht unberührtesten Gebirgszug Kaliforniens.

Hydrothermale Schwefelteiche und brodelnde Schlammtöpfe, die man vom **Bumpass Hell Boardwalk** aus beobachten kann, finden sich im eindrucksvollen **Lassen Volcanic National Park** (☎530-595-4444; www.nps.gov/lavo; 7 Tage gültiger Eintritt 10 US$/Auto). Mit 3189 m ist der **Lassen Peak** der weltweit höchste Lavadom. Der Park hat zwei Zugänge: Der eine befindet sich eine Autostunde östlich von Redding abseits des Hwy 44 nahe dem beliebten **Manzanita Lake Campground** (☎877-444-6777; www.recreation.gov; Stellplätze 10–18 US$, Hütten 59–84 US$), der zweite nordwestlich vom Lake Almanor abseits des Hwy 89 am **Kohm Yah-ma-nee Visitor Center** (☎530-595-4480; www.nps.gov/lavo; ⌚9–17 Uhr, Nov.–März Di & Mi geschl.). Der meist schneefreie Hwy 89 führt durch den Park und ist für Autos von Mai oder Juni bis Oktober oder November geöffnet – im Winter kann man sich auf ihm mit Schneeschuhen und Langlaufskis tummeln.

SIERRA NEVADA

Die mächtige Sierra Nevada, die der Naturforscher John Muir als „Range of Light" (Gebirge des Lichts) bezeichnete, bildet das Rückgrat Kaliforniens. Die 644 km lange Phalanx aus zerklüfteten, von Gletschern und Erosion geformten Gipfeln lockt Outdoorfans an und fordert sie heraus. Mit ihren drei Nationalparks (Yosemite, Sequoia und Kings Canyon) ist die Sierra ein faszinierendes, wildes Wunderland der Superlative: Hier finden sich der höchste Gipfel der kontinentalen USA (ohne Alaska), der Mt. Whitney, der mächtigste Wasserfall Nordamerikas (Yosemite Falls) sowie die ältesten und höchsten Bäume (alte Grannen-Kiefern und Riesenmammutbäume) der Welt.

Yosemite National Park

Dieser Nationalpark ist nicht umsonst so berühmt: Zwischen seinen schwindelerregend hohen Granitgipfeln donnern diesige Wasserfälle zu Tal, und Wildblumen tauchen die Wiesen in ein buntes Farbenmeer. Zudem wirken die majestätischen Silhouetten von El Capitan und Half Dome vor dem hellblauen Himmel fast schon furchteinflößend. Hier sind wir winzig kleinen Menschen rundum von einer Traumlandschaft umgeben.

Doch leider macht das Kreischen und Dröhnen eines weiteren voll besetzten Touristenbusses urplötzlich alle Magie zunichte. So geht man den unvermeidlichen Menschenmassen möglichst gut aus dem Weg:

➡ Der Sommer ist keine gute Zeit, um herzukommen: Am schönsten wirkt der Park im Frühling – vor allem, wenn die Wasserfälle im Mai anschwellen. Der Herbst ist herrlich ruhig, und auch verschneite Wintertage können ihren Reiz haben.

➡ Das Auto stehen lassen: Schon wenn man nur eine kurze Strecke auf irgendeinem Weg geht, lässt man die autoabhängigen Horden hinter sich.

➡ Den Jetlag ignorieren: Entweder sehr früh aufstehen oder Mond und Sterne bei Nachtwanderungen bewundern!

Sehenswertes

Die Haupteingänge zum **Park** (☎209-372-0200; www.nps.gov/yose; 7 Tage gültiger Eintritt 20 US$/Auto) sind in Arch Rock (Hwy 140), Wawona (Hwy 41) und Big Oak Flat (Hwy 120 West). Der Tioga Pass (Hwy 120 Ost) ist saisonal gesperrt.

Yosemite Valley

Dieses dramatische Tal wurde vom gewundenen Merced River gegraben. Wer von seinem Boden nach oben blickt, dem ist nach Singen zumute: wegen des wogenden Wiesengrüns, der stattlichen Kiefern, der tosenden Wasserfälle und der stillen, kühlen Wasserflächen, in denen sich gewaltige Granitmonolithen spiegeln. Im oft überlaufenen und im Verkehr erstickenden **Yosemite Village** befinden sich das größte Visitor Center (S. 1136) des Parks, ein Museum, eine Fotoausstellung, ein Gemischtwarenladen und weitere Dienstleistungen. **Curry Village** ist ein weiteres Zentrum. Hier gibt's öffentliche Duschen und Läden, die Outdoor- und Campingausrüstung vermieten und verkaufen.

Während der Schneeschmelze im Frühling werden die berühmten Wasserfälle des Tals zu donnernden Katarakten. Im Spätsommer sind die meisten hingegen nicht viel mehr als zahme Rinnsale. Als Nordamerikas höchste Wasserfälle stürzen die **Yosemite Falls** (740 m) über drei Stufen in die Tiefe. Zu ihrer Basis führt ein rollstuhlgerechter Weg. Mehr Einsamkeit und ein ganz neuer Blickwinkel belohnen für den strapaziösen Aufstieg über den Serpentinenweg bis zum oberen Rand (hin & zurück 11 km). Andere Wasserfälle im Tal sind ähnlich eindrucksvoll. Nach dem anstrengenden Erklimmen der Granitstufen am **Vernal Fall** erreicht man keuchend dessen obere Fallkante. Dort schweift der Blick über Regenbögen im Gischtnebel hinunter in die Tiefe.

Der gigantische **El Capitan** (2307 m) ist ein nicht zu übersehendes Paradies für Sportkletterer. Der prächtige **Half Dome** (2693 m) thront als Yosemites spirituelles Herz über dem Tal. Beliebteste Fotolocation ist der **Tunnel View** oben am Hwy 41 bei der Einfahrt ins Tal. Ganz früh oder spät am Tag lohnt es sich, im Frühjahr oder Frühsommer vom östlichen Talboden zum **Mirror Lake** hinaufsteigen (hin & zurück 3,2 km), um das sich ständig verändernde Spiegelbild des Half Dome auf dem stillen Wasser einzufangen.

Glacier Point

Der dramatische **Glacier Point** (2200 m) überragt die Talsole um 975 m. Hier oben befindet man sich praktisch auf Augenhöhe mit dem Half Dome. Vom Yosemite Valley aus ist diese Stelle in einer Autofahrt (ca. 1 Std.) auf der Glacier Point Rd erreichbar, die vom Hwy 41 abzweigt und normalerweise von Ende Mai bis November befahrbar ist. Wer lieber wandert, absolviert den strapaziösen **Four-Mile Trail** (einfache Strecke tatsächlich 7,7 km) oder den weniger frequentierten **Panorama Trail** (einfache Strecke 13,7 km) mit vielen Wasserfällen. Wer nur vom Glacier Point bergab laufen will, reserviert einen Platz im Shuttlebus (S. 1136).

DER UNÜBERWINDLICHE TIOGA PASS

Der Hwy 120 ist die einzige Straßenverbindung zwischen dem Yosemite National Park und der Eastern Sierra und führt über den Tioga Pass (3031 m). Auf den meisten Karten wird diese Straße als „im Winter gesperrt" bezeichnet, was zwar richtig, aber auch irreführend ist: In der Regel bleibt die Tioga Rd vom ersten starken Schneefall im Oktober oder November bis in den Mai oder Juni geschlossen. Wer also im Frühjahr über den Tioga Pass fahren will, dürfte Pech haben. Aktuelle Infos zum Straßenzustand gibt's telefonisch unter ☎ 209-372-0200 oder online unter www.nps.gov/yose/planyourvisit/conditions.htm.

Wawona

Wawona liegt fast eine Fahrtstunde südlich des Yosemite Valley. Dort befindet sich das **Pioneer Yosemite History Center** mit einer überdachter Brücke, Pionierhütten und einem historischen Büro von Wells Fargo. Weiter südlich ermöglicht der **Mariposa Grove** tolle Wanderungen unter riesigen Sequoias wie dem 1800 Jahre alten Grizzly Giant. Vom Frühjahr bis in den Herbst fahren von Wawona aus Shuttlebusse zum Mariposa Grove; im Winter ist die Zufahrtsstraße für Autos meist gesperrt, dann kann man dort mit Schneeschuhen wandern.

Tuolumne Meadows

Nach 90 Minuten Autofahrt vom Yosemite Valley aus kommen die **Tuolumne Meadows** (2621 m; ausgesprochen *two*-lu-mi), die größte subalpine Wiese der Sierra Nevada, in Sicht, die Wanderer, Backpacker und Kletterer in die nördliche Wildnis des Parks locken. Mit Wildblumenfeldern, azurblauem Wasser, schroffen Granitgipfeln und blanken Felskuppeln sowie vergleichsweise niedrigeren Temperaturen bildet sie einen starken Gegenpol zum Tal. Die Seen dieses vielfältigen Wander- und Kletterparadieses sind beliebte Reviere zum Baden oder Pick-

NICHT VERSÄUMEN

DIE WÄLDER DER RIESEN

In Kalifornien kann man unter den ältesten (langlebige Grannen-Kiefern) und unter den höchsten Bäumen (Küstenmammutbäume) stehen, aber die voluminösesten Bäume der Erde gehören zu den Riesenmammutbäumen *(Sequoiadendron giganteum)*. Diese Bäume wachsen nur an den westlichen Hängen der Sierra Nevada und sind am häufigsten in den Nationalparks Sequoia, Kings Canyon und Yosemite zu finden. John Muir nannte sie die „Meisterstücke der Natur in den Wäldern", und jeder, der sich einmal den Nacken verrenkt hat, um ihre Größe zu ermessen, wird eine gewisse Ehrfurcht empfunden haben. Diese Bäume können eine Höhe von über 90 m und einen Umfang von 30 m erreichen; geschützt durch eine bis zu 60 cm dicke Rinde. Eine Ausstellung zu der faszinierenden Ökologie der Baumriesen zeigt das Giant Forest Museum (S. 1137) im Sequoia National Park.

nicken. Hierher führt die malerische, nur saisonal befahrbare Tioga Rd (Hwy 120; s. S. 1133), die einer Pferdewagenstrecke aus dem 19. Jh. und einem älteren indianischen Handelsweg folgt. Westlich von Wiese und **Tenaya Lake** liegt der **Olmsted Point** mit weitem Panoramablick auf den Half Dome.

Hetch Hetchy

Hier befindet sich der wohl umstrittenste Staudamm der US-amerikanischen Geschichte. Obwohl das Tal in seinem Ursprungszustand nicht mehr existiert, ist es schön und selten überlaufen. Es liegt 64 km nordwestlich des Yosemite Valley. Auf einem 9 km langen Rundweg gelangt man jenseits des Dammes durch einen Tunnel zum Becken des **Wapama Falls**. Dort steht man aufregend nah an einer Wasserwand, die in den glitzernden Stausee stürzt und einen im Frühjahr völlig durchnässt.

Aktivitäten

Angesichts von rund 1300 km unterschiedlichster Wanderwege hat man hier die Qual der Wahl. Die leichten Wege auf dem Talboden sind eventuell stark überlaufen, aber weiter oben entgeht man den Massen. Die ultimative Wanderung zum Gipfel des **Half Dome** (hin & zurück 22,5 km) ist sehr anstrengend und man muss sich vorab (selbst für Tageswanderungen) eine **Genehmigung** (www.nps.gov/yose/planyourvisit/hdpermits.htm; ab 12,50 US$) besorgen. Es lohnt sich aber auch, über den **Mist Trail** nur bis zur Oberkante des Vernal Fall (hin & zurück 4,8 km) oder des Nevada Fall (hin & zurück 9,3 km) zu wandern. Eine längere Alternativroute zum Half Dome führt über einen vergleichsweise leichteren Abschnitt des endlosen **John Muir Trail**.

Fürs Übernachten in der Wildnis braucht man ganzjährig eine **Genehmingung** (☎209-372-0826; www.nps.gov/yose/planyourvisit/wildpermits.htm; ab 10 US$) – ein Quotensystem begrenzt die Zahl der Wanderer, die an den verschiedenen Ausgangspunkten starten. Reservierungen sind bis zu 24 Wochen im Voraus möglich. Ansonsten kann man sein Glück noch ab 11 Uhr am Vortag der geplanten Wanderung beim Yosemite Valley Wilderness Center oder einer der anderen Stellen versuchen, die Genehmigungen ausstellen.

Yosemite Mountaineering School KLETTERN
(☎209-372-8344; www.yosemitemountaineering.com; Curry Village; ⊙April–Okt.) Nackte Felsnadeln, glatte Kuppeln und himmelhohe Monolithe machen Yosemite zu einem Kletterparadies. Die YMS bietet erstklassige Kletterkurse für Anfänger und Fortgeschrittene, Leihausrüstung und geführte Klettertouren. Während der Hauptsaison im Sommer ist der Anbieter auch auf den Tuolumne Meadows vertreten.

Badger Pass SKIFAHREN, SNOWBOARDFAHREN
(☎209-372-8430; www.badgerpass.com; Liftpass Erw./Kind 42/23 US$; ⊙Mitte Dez.–März 9–16 Uhr) Die sanften Hänge sind ideal für Ski- und Snowboard-Anfänger. Langläufer freuen sich über 40 präparierte Loipenkilometer und 140 km an markierten Skiwanderwegen, die auch tollen Schneeschuhspaß versprechen. Vor Ort findet man Ausrüstung und Unterricht für alle Altersgruppen.

Schlafen & Essen

Die **DNC** (☎801-559-4884; www.yosemitepark.com) hat die einzige Konzession für Kost und Logis im Park; das Ergebnis sind mittelmäßige Food-Courts und Snackbars. In der Spitzensaison (Mai–Sept.) muss man Unterkünfte unbedingt reservieren (bis zu 366 Tage im Voraus). Im Sommer errichtet die DNC einfache Zelthütten im **Housekeeping**

CAMPEN IM YOSEMITE NATIONAL PARK

Von März bis Oktober braucht man für viele Campingplätze im Park eine **Reservierung** (518-885-3639, 877-444-6777; www.recreation.gov). Die Vergabe startet fünf Monate im Voraus, und regelmäßig sind alle Stellplätze dann innerhalb von Minuten online gebucht. Auf allen Campingplätzen gibt's bärensichere Schließfächer und eingefasste Feuerstellen, auf den meisten auch Trinkwasser.

Im Sommer sind die meisten Plätze laut und völlig überlaufen, ganz besonders **North Pines** (Stellplätze 20 US$; April–Okt.;), **Lower Pines** (Stellplätze 20 US$; April–Okt.;) und der ganzjährig geöffnete **Upper Pines** (Stellplätze $20;) im Yosemite Valley. Dasselbe gilt für **Tuolumne Meadows** (Stellplätze 20 US$; Mitte Juli–Ende Sept.;) abseits der Tioga Rd 90 Fahrtminuten entfernt vom Tal und schließlich auch für den am Flussufer gelegenen Campingplatz in **Wawona** (Stellplätze 20 US$;), der weniger als eine Fahrtstunde vom Tal entfernt ist.

Das ganzjährig geöffnete **Camp 4** (Gemeinschaftsstellplatz 5 US$/Pers.) – ein im Tal gelegener Treff von Kletterern –, **Bridalveil Creek** (Stellplätze 14 US$; Mitte Juli–Anfang Sept.) – 45 Autominuten vom Tal abseits der Glacier Point Rd – und **White Wolf** (Stellplätze 14 US$; Juli–Mitte Sept.;) – eine Autostunde vom Tal abseits der Tioga Rd –, sind alles Plätze ohne Reservierung, die, besonders an Wochenenden, oft schon um 12 Uhr voll sind.

Wer eine ruhigere und urtümlichere Alternative sucht, kann sich an kleinere und primitivere Plätze (ohne Trinkwasser) wie **Tamarack Flat** (Stellplatz Zelt 10 US$; Juli–Sept.), **Yosemite Creek** (Stellplatz Zelt 10 US$; Juli–Mitte Sept.;) oder **Porcupine Flat** (Stellplätze 10 US$; Juli–Sept.;) abseits der Tioga Rd halten. Bei allen diesen Plätzen gilt das Prinzip: Wer zuerst kommt, mahlt zuerst.

Camp (DZ ab 95 US$) am Flussufer, rund um die geschäftige, vom Tal 90 Fahrtminuten entfernte **Tuolumne Meadows Lodge** (DZ ab 120 US$) und um die ruhigere, eine Fahrtstunde vom Tal entfernte **White Wolf Lodge** (DZ ab 120 US$) abseits der Tioga Rd.

Curry Village HÜTTEN **$$**
(DZ ohne Bad ab 95 US$;) Die Hunderte, kunterbunt zusammengewürfelten Unterkünfte des Curry Village stehen unter hohen Nadelbäumen und bieten eine nostalgische Sommerlager-Atmosphäre. Die Zelthütten ähneln mit ihren kratzigen Wolldecken Armeebaracken aus dem amerikanischen Bürgerkrieg, die Holzhütten sind kleiner, aber gemütlich.

Wawona Hotel HISTORISCHES HOTEL **$$**
(Zi. mit /ohne Bad mit Frühstück ab 225/155 US$;) Das viktorianische Hotel mit breiten Veranden, gepflegten Rasenflächen, Tennisplätzen und einem Golfplatz hat viel Flair. Die Hälfte der hellhörigen Zimmer teilen sich Gemeinschaftsbäder. Im Speisesaal werden täglich drei sehr mittelmäßige Mahlzeiten serviert (Hauptgerichte abends 19–34 US$). Wawona liegt rund 45 Autominuten südlich des Tals.

Ahwahnee Hotel HISTORISCHES HOTEL **$$$**
(Zi. ab 470 US$;) Schon Steve Jobbs, Eleanor Roosevelt und John F. Kennedy haben in diesem nationalen historischen Wahrzeichen von 1927 übernachtet. Unter hohen Balken aus Zuckerkiefern sitzt man gemütlich am prasselnden Kamin. Statt den eleganten Speisesaal mit seinen überteuerten kalifornischen Gerichten (Hauptgerichte abends 26–46 US$) zu besuchen, trinkt man besser einen Cocktail in der Bar in der Lobby.

Yosemite Lodge at the Falls LODGE **$$$**
(Zi. ab 220 US$;) Von den Terrassen oder Balkonen der geräumigen, umweltfreundlich renovierten Motelzimmer blickt man auf die Yosemite Falls, Wiesen oder den Parkplatz. Im abends geöffneten Restaurant Mountain Room (keine Reservierung; Hauptgerichte 18–35 US$) kann man sich an Bachforellen aus ökologisch vertretbarem Fang oder an Bio-Gemüse laben. Die Lounge gleich nebenan hat einen gemütlichen Kamin, an dem man ein Bier oder einen kleinen Happen genießen kann.

Degnan's Deli & Loft FEINKOST, PIZZERIA **$$**
(Hauptgerichte 8–12 US$; Deli ganzjährig 7–17 Uhr, Pizzeria üblicherweise April–Sept. 17–21 Uhr;) Unten schnappt man sich ein nach Wunsch belegtes Deli-Sandwich und eine Tüte Chips, ehe man sich auf den Weg macht. Abends locken kaltes Bier und knusprige Pizza ins Obergeschoss.

Außerhalb des Yosemite National Park

Zu den umliegenden Ortschaften, in denen es ein gemischtes Angebot an Motels, Hotels, Lodges und B&Bs gibt, gehören Fish Camp, Oakhurst, El Portal, Midpines, Mariposa, Groveland und Lee Vining.

★ Yosemite Bug Rustic Mountain Resort HOSTEL, HÜTTEN $
(☎866-826-7108, 209-966-6666; www.yosemitebug.com; 6979 Hwy 140, Midpines; B 23–26 US$, Zelthütten 45–75 US$, Zi. mit/ohne Bad ab 75/65 US$; ⊙Café 7–16 & 18–20.30 Uhr; @ 📶 👪) Versteckt in einem Wald rund 30 Meilen (48 km) westlich des Yosemite Valley punktet dieser Berggasthof bei Globetrottern mit sauberen Zimmern und einem entspannten Spa. Gäste dürfen die Gemeinschaftsküche und die Waschküche benutzen. Das frisch zubereitete, vegetarierfreundliche Bio-Essen des Cafés (Hauptgerichte 5–18 US$) bekommt begeisterte Kritiken.

★ Evergreen Lodge Resort HÜTTEN, CAMPING $$$
(☎209-379-2606; www.evergreenlodge.com; 33160 Evergreen Rd, Groveland; Zelt 80–120 US$, Hütten 210–380 US$; @ 📶 🏊 👪) Das rustikale Resort aus den 1920er-Jahren nahe dem Hetch Hetchy Valley begrüßt Familien und Paare mit komplett eingerichteten Zelten und luxuriösen Berghütten. Es gibt viele Outdooraktivitäten, für die auch Ausrüstung vermietet wird. Abends werden im Gemeinschaftsraum Marshmallows geröstet. Vor Ort befinden sich ein Gemischtwarenladen, eine Schenke mit Billardtisch und ein ländliches Restaurant (Hauptgerichte abends 18–30 US$), das täglich drei herzhafte Mahlzeiten serviert.

Praktische Informationen

Die Läden in Yosemite Village, Curry Village und Wawona haben alle Geldautomaten. Autofahrer sollten außerhalb des Parks tanken – möglich ist Tanken aber auch (zu heftigen Preisen) ganzjährig in Wawona oder Crane Flat und im Sommer zudem in Tuolumne Meadows. Der Handyempfang ist im Park lückenhaft. Unzuverlässige Prepaid-Internetkiosks gibt's neben dem Degnan's Deli sowie in der Yosemite Lodge, in der man auch gebührenpflichtigen, langsamen WLAN-Zugang hat.

Wawona Branch Library (www.mariposalibrary.org; Chilnualna Falls Rd; ⊙Ende Mai–Anfang Sept. Mo–Fr 13–18, Sa 10–15 Uhr, Anfang Sept.–Ende Mai Mo, Mi & Fr 12–17, Sa 10–15 Uhr; @) Kostenlos nutzbare Internetterminals.

Yosemite Medical Clinic (☎209-372-4637; 9000 Ahwahnee Dr; ⊙Ende Mai–Ende Sept. tgl. 9–19 Uhr, Ende Sept.–Ende Mai Mo–Fr 9–17 Uhr) Notfallversorgung im Yosemite Valley.

Yosemite Valley Branch Library (www.mariposalibrary.org; Girls Club Bldg, 9000 Cedar Ct; ⊙Mo 9–12, Di 8.30–12.30, Mi 15–19 & Do 16–19 Uhr; @) Kostenlos nutzbare Internetterminals.

Yosemite Valley Visitor Center (☎209-372-0200; www.nps.gov/yose; ⊙9–18 Uhr, Winter bis 17 Uhr) Die kleineren Filialen in Wawona, Tuolumne Meadows und Big Oak Flat sind saisonal geöffnet.

Yosemite Valley Wilderness Center (☎209-372-0826; www.nps.gov/yose; ⊙Mai–Okt. 8–17 Uhr, Juli & Aug. 7.30–17 Uhr) Wandergenehmigungen und Vermietung bärensicherer Behälter. Saisonal auch in Wawona, Tuolumne Meadows und Big Oak Flat.

Anreise & Unterwegs vor Ort

Der nächstgelegene Haltepunkt von Greyhound und Amtrak befindet sich in Merced. Busse von **YARTS** (☎877-989-2787; www.yarts.com) fahren ganzjährig von Merced über den Hwy 140 zum Yosemite Valley und halten in den Ortschaften an der Strecke. Im Sommer fahren Busse von YARTS auch aus dem Tal über Tuolumne Meadows auf dem Hwy 120 nach Mammoth Lakes. Die einfache Strecke inklusive Parkeintritt kostet ab Merced 12,50 US$ und ab Mammoth Lakes 18 US$.

Im Yosemite Valley sind kostenlose Shuttlebusse unterwegs, im Sommer auch im Bereich von Tuolumne Meadows und Wawona/Mariposa Grove. Wandererbusse von **DNC** (☎209-372-4386; www.yosemitepark.com) verbinden das Tal mit Tuolumne Meadows (einfache Strecke/hin & zurück 15/23 US$) und Glacier Point (einfache Strecke/hin & zurück 25/41 US$). Fahrräder (pro Std./Tag 10/28 US$) kann man saisonal in der Yosemite Lodge und im Curry Village mieten.

Im Winter werden die Straßen zu den Parks offen gehalten (mit Ausnahme der Tioga Rd/Hwy 120, s. S. 1133), dennoch braucht man eventuell Schneeketten. In der Skisaison fahren zweimal täglich kostenlose Shuttlebusse vom Yosemite Valley zum Badger Pass.

Sequoia & Kings Canyon National Parks

In diesen benachbarten Nationalparks sind die Riesenmammutbäume höher (bis zu 30 Stockwerke!) und zahlreicher als sonst irgendwo in der Sierra Nevada. Die zähen und oft vom Feuer leicht verkohlten Bäume werden locker so breit wie zwei Freewayspuren. Gigantisch sind hier auch die Berge – beispielsweise der Mt. Whitney (4421 m), der höchste Berg der USA außerhalb Alaskas. Und schließlich ist da auch noch der gewaltige Kings Canyon, den Gletschereis und ein kraftvoller Fluss in den Granit geschnitten haben. Wer Ruhe und Einsamkeit sucht und Tiere (z. B. Schwarzbären) aus der Nähe beobachten will, kann sich beim Wandern hier schnell in der Wildnis verlieren.

Sehenswertes

Sequoia wurde 1890 als Nationalpark ausgewiesen, Kings Canyon 1940. Obwohl es verschiedene **Parks** (☎ 559-565-3341; www.nps.gov/seki; 7 Tage gültiger Eintritt 20 US$/Auto) sind, werden sie als eine Einheit verwaltet. Für beide gilt eine gemeinsame Eintrittsgebühr. Von Süden führt der Hwy 198 gleich hinter dem Ort Three Rivers bei Ash Mountain in den Sequoia National Park, von wo aus er als kurvenreicher Generals Hwy hinauf zum Giant Forest läuft. Von Westen führt der Hwy 180 nahe dem Grant Grove in den Kings Canyon National Park und dann die Schlucht hinunter nach Cedar Grove.

Sequoia National Park

Im ca. 7,8 km² großen **Giant Forest** ist man genau richtig, um Bäume zu umarmen: Hier stehen die gewaltigsten Baumriesen des Parks, darunter mit dem **General Sherman Tree** der größte Baum der Welt. Mit lahmen Armen und harzigen Fingern kann man sich anschließend auf einem der vielen Waldwege von den Menschenmassen entfernen – Wanderkarte nicht vergessen!

Giant Forest Museum MUSEUM
(☎ 559-565-4480; Generals Hwy; ⌚ Mitte Mai–Mitte Okt. 9–16.30 oder 18 Uhr; 👪) Eine kurze Auto- oder Shuttlefahrt südlich von Lodgepole Village zeigt das kleine Museum Ausstellungen zur Ökologie der Riesenmammutbäume und zum Naturschutz. Nahebei an der Crescent Meadow Rd führen steile Stufen (ca. 400 m) hinauf auf den **Moro Rock**, von dem aus man einen fantastischen Rundumblick hat.

Crystal Cave HÖHLE
(☎ Info 559-565-3759; www.sequoiahistory.org; Crystal Cave Rd; Führung Erw./Kind ab 15/8 US$; ⌚ Mitte Mai–Nov.; 👪) Die Höhle wurde 1918 entdeckt; ihre Marmorformationen sind schätzungsweise 10 000 Jahre alt. Tickets (ohne Reservierung) für die Standardführung (45 Min.) gibt's nur direkt in den Visitor Centers Lodgepole und Foothills, aber nicht an der Höhle. Eine Jacke mitbringen.

Mineral King HISTORISCHE STÄTTE
(Mineral King Rd) Einen Abstecher lohnt Mineral King (2286 m), ein Goldgräber- und Holzfällercamp aus dem späten 19. Jh., das von zerklüfteten Gipfeln und Bergseen umgeben ist. Die 25 Meilen (40,2 km) lange malerische Zufahrt (einspurig) führt durch fast 700 halsbrecherische Kurven und ist in der Regel von Mitte Mai bis Ende Oktober offen.

Kings Canyon National Park & Scenic Byway

Nördlich von Grant Grove Village strotzt der **General Grant Grove** nur so vor majestätischen Giganten. Jenseits davon windet sich der Hwy 180 auf 30 Meilen (48 km) hinunter in den **Kings Canyon**, vorbei an kantigen Felswänden mit Wasserfällen. Die Straße trifft auf den Kings River, dessen Donnern von den über 2400 m hohen Granit-Steilwänden des Canyons widerhallt, der zu den tiefsten Schluchten Nordamerikas gehört. Die malerische Nebenstraße vorbei am Hume Lake nach Cedar Grove Village ist in der Regel von Mitte November bis Mitte April gesperrt.

Cedar Grove NATUR
Cedar Grove Village ist der letzte Vorposten der Zivilisation vor der rauen, grandiosen Wildnis der Sierra Nevada. Ein Wanderweg führt von **Roads End**, wo es am Fluss einen Strand und im Sommer Badestellen gibt, hinauf zu den tosenden **Mist Falls** (hin & zurück 13,5 km). Bei Vogelbeobachtern beliebt ist der leichte Naturpfad (Rundweg 2,4 km) rund um die **Zumwalt Meadow** gleich westlich von Roads End.

Boyden Cavern HÖHLE
(www.boydencavern.com; Hwy 180; Führung Erw./Kind ab 13/8 US$; ⌚ Mai–Mitte Nov.; 👪) Die Höhle ist zwar kleiner und nicht so eindrucksvoll wie die Crystal Cave im Sequoia National Park, dafür braucht man aber kein vorab besorgtes Ticket, um ihre schönen, spielerisch wirkenden Felsformationen zu bestaunen.

Aktivitäten

Über 1250 ausgeschilderte Kilometer an Wanderwegen beweisen: Hierher kommt

NICHT VERSÄUMEN

PANORAMASTRASSEN IN DER SIERRA NEVADA

Tioga Road (Hwy 120) Das Dach der Welt im Yosemite National Park

Generals Highway (Hwy 198) Historische Nebenstraße im Reich der Baumriesen

Kings Canyon Scenic Byway (Hwy 180) Eine Fahrt durch einen der tiefsten Canyons in Nordamerika

Mineral King Rd Fahrt in ein Sierra-Hochtal

Eastern Sierra Scenic Byway (US 395) Schneebedeckte Gipfel werfen ihren Schatten auf die Wüste

man zum Wandern. Cedar Grove und Mineral King sind die besten Zugänge zur Natur. Während die Wege normalerweise gegen Sommeranfang geöffnet werden, kann in der Umgebung von Foothills ganzjährig gewandert werden. Für Wildnistouren mit Übernachtung braucht man eine **Genehmigung** (☎559-565-3766; www.nps.gov/seki/planyourvisit/backpacking.htm; 15 US$/Trip), die von Ende Mai bis Ende September nach einem Quotensystem vergeben wird, also vorab reservieren!

Im Sommer kann man sich im **Hume Lake** – er befindet sich im National Forest abseits des Hwy 180 – und in beiden Parks in Schwimmlöchern am Flussufer abkühlen. Im Winter sind Skilanglauf- oder Schneeschuhtouren unter den verschneiten Sequoias möglich. Leihausrüstung gibt's im Grant Grove Village und bei der Wuksachi Lodge. Präparierte Langlaufloipen und andere Wintersportmöglichkeiten bietet die altmodische **Montecito Sequoia Lodge** abseits des Generals Hwy zwischen den beiden Parks.

Schlafen & Essen

Campingreservierungen (☎518-885-3639, 877- 477-6777; www.recreation.gov) sind nur im Sommer bei den Plätzen Lodgepole und Dorst im Sequoia National Park möglich. Bei den zwölf weiteren erschlossenen Plätzen (Stellplätze 10–20 US$) in den Parks gilt: Wer zuerst kommt, mahlt zuerst. Die Campingplätze Lodgepole, Azalea, Potwisha und South Fork sind ganzjährig geöffnet. Bei Komplettbelegung können Camper in den umliegenden Sequoia National Forest ausweichen.

Die Märkte in Grant Grove, Lodgepole und Cedar Grove haben ein begrenztes Angebot an Lebensmitteln, in den beiden letztgenannten Orten gibt's auch Snackbars, die einfache, kostengünstige Gerichte anbieten, in Grant Grove sind ein einfaches Restaurant, eine saisonal geöffnete Pizzeria und ein Espressoausschank zu finden.

Vor dem Südeingang des Sequoia National Park säumen meist recht abgewohnte eigenständige Motels, Kettenmotels, rustikale Hütten und schlichte Lokale den Hwy 198 in der Ortschaft Three Rivers.

John Muir Lodge & Grant Grove Cabins LODGE, HÜTTEN **$$**
(☎559-335-5500, 866-522-6966; www.sequoia-kingscanyon.com; Hwy 180; Hütte ohne Bad 65–95 US$, Zi. 120–190 US$;) Die aus Holz erbaute Lodge in Grant Grove Village hat geräumige, wenn auch langweilige Zimmer und eine gemütliche Lobby mit Steinkamin und Brettspielen. Das kunterbunte Hüttenspektrum reicht von dünnwandigen Zelthütten bis zu historischen Cottages.

Cedar Grove Lodge LODGE **$$**
(☎559-335-5500, 866-522-6966; www.sequoia-kingscanyon.com; Hwy 180; Zi. 129–135 US$; Mitte Mai–Anfang Okt.;) Die fast zwei Dutzend motelartigen Zimmer haben Gemeinschaftsveranden mit Blick auf den Kings River. Die Zimmer sind einfach und abgewohnt, aber immer noch die beste Option im Canyon.

Montecito Sequoia Lodge LODGE **$$**
(☎559-565-3388, 800-227-9900; www.mslodge.com; 63410 Generals Hwy; Hütte mit/ohne Bad ab 159/79 US$, Zi. 99–249 US$;) Den ganzen Sommer über sorgen Familiencamps für Krach und Turbulenz. Im Winter stehen Schlittschuhlaufen und Reifenrodeln auf dem Programm. Die einfachen Zimmer in der Lodge und die rustikalen Hütten liegen auf halbem Weg zwischen beiden Parks. Im Preis sind die Mahlzeiten enthalten.

Wuksachi Lodge LODGE **$$$**
(☎559-565-4070, 866-807-3598; www.visitsequoia.com; 64740 Wuksachi Way, abseits des Generals Hwy; Zi. ab 225 US$;) Das prachtvolle Foyer kann nicht darüber hinwegtäuschen, dass die Zimmer zwar groß, aber ansonsten motelartig sind. Das Essen im noblen **Peaks Restaurant** (☎559-565-4070; www.visitsequoia.com; Hauptgerichte abends 17–32 US$; tgl. früh, mittags & abends, saisonal unterschiedliche Öffnungszeiten) ist mal so, mal so, und fürs

Abendessen muss man reservieren. Wer die nötige Kondition hat, kann 18,5 km (einfache Strecke) bis zum **Bearpaw High Sierra Camp** (☎866-807-3598, 801-559-4930; www.visitsequoia.com; Zelthütte inkl. alle Mahlzeiten Ez/DZ 175/225 US$; ⊙Mitte Juni–Mitte Sept.) laufen. Das Campg gehört zur Lodge und ist immer weit im Voraus ausgebucht.

Praktische Informationen

Lodgepole Village bzw. Grant Grove Village sind die wichtigsten Anlaufstellen in den Parks. In beiden gibt es Visitor Centers, Postämter, Märkte, Geldautomaten, Waschsalons und öffentliche Duschen (nur im Sommery).

Das **Lodgepole Visitor Center** (☎559-565-4436; ⊙tgl. 9–16.30 oder 18 Uhr, Winter kürzere Öffnungszeiten) in Lodgepole Village, das **Foothills Visitor Center** (☎559-565-4212; ⊙8–16.30 Uhr) in Ash Mountain und das **Kings Canyon Visitor Center** (☎559-565-4307; ⊙8 oder 9–16.30 oder 17 Uhr, Winter kürzere Öffnungszeiten) in Grant Grove sind das ganze Jahr geöffnet. Saisonal geöffnet sind das **Cedar Grove Visitor Center** (☎559-565-4307; ⊙Ende Mai–Anfang Sept. 8 oder 9–16.30 oder 17 Uhr) im Kings Canyon und die **Mineral King Ranger Station** (☎559-565-3768; ⊙Ende Mai–Anfang Sept. 8–16 Uhr) im Sequoia National Park. Die kostenlose Parkzeitung informiert über weitere Serviceeinrichtungen für Besucher.

Benzin gibt's zu stolzen Preisen außerhalb der Parkgrenzen auf dem Gelände des National Forest in Hume Lake (ganzjährig) und in Stony Creek (nur im Sommer).

Anreise & Unterwegs vor Ort

Von Ende Mai bis Anfang September kurven kostenlose Shuttlebusse durch die Gegend um den Giant Forest und um Lodgepole Village im Sequoia National Park, während der **Sequoia Shuttle** (☎877-287-4453; www.sequoiashuttle.com) den Park mit Three Rivers und Visalia (hin & zurück inkl. Parkeintritt 15 US$, Reservierung erforderlich) verbindet, wo Anschluss an die Züge der Amtrak besteht; Reservierung erforderlich. Zum Kings Canyon National Park fahren keine öffentlichen Verkehrsmittel.

Eastern Sierra

In den leeren, majestätischen Weiten der Eastern Sierra grenzen gezackte Gipfel an die Great Basin Desert – ein dramatischer Gegensatz, der für eine spektakuläre Landschaft sorgt. Der Hwy 395 folgt dem gesamten Verlauf der Sierra Nevada; entlang der Strecke führen Abzweigungen zu Kiefernwäldern, Wiesen voller Wildblumen, idyllischen Seen, heißen Quellen und von Gletschern ausgehöhlten Schluchten. Wanderer, Backpacker, Mountainbiker, Angler und Skifahrer ziehen sich gern in diese Ecke zurück. Die wichtigsten Touristenzentren sind Mammoth Lakes und Bishop.

Im **Bodie State Historic Park** (☎760-647-6445; www.bodiefoundation.org; Hwy 270; Erw./Kind 7/5 US$; ⊙Mitte Mai–Okt. 9–18 Uhr, Nov.–Mitte Mai bis 15 Uhr) wird eine Geisterstadt aus der Zeit des Goldrausches im Zustand des „angehaltenen Verfalls" bewahrt. Wie aus der Zeit gefallen, stehen die verwitterten Gebäude in der staubigen, windigen Ebene. Um hinzukommen, nimmt man etwa 7 Meilen (11,3 km) südlich von Bridgeport den Hwy 270 und folgt diesem 13 Meilen (20,9 km) nach Osten; die letzten 3 Meilen (4,8 km) sind unbefestigt. Im Winter ist die Zufahrtstraße wegen Schnee gesperrt.

Weiter südlich liegt der **Mono Lake** (www.monolake.org) mit seinen außerirdisch wirkenden Tuffsteintürmen, die wie hingetupfte Sandburgen aus dem alkalischen Wasser ragen. Abseits vom Hwy 395 zeigt das **Mono Basin Scenic Area Visitor Center** (☎760-647-3044; ⊙April–Nov. 8–17 Uhr) ausgezeichnete Ausstellungen und informiert über die Termine von geführten Wanderungen und Vorträgen. Die besten Fotomotive findet man im **South Tufa Reserve** (Erw./Kind 3 US$/frei) am Südufer. Vom nahegelegenen Lee Vining führt der Hwy 120 westwärts über den nur saisonal geöffneten Tioga Pass (S. 1133) in den Yosemite National Park.

Auf dem weiteren Weg nach Süden ist ein Abstecher vom Hwy 395 auf den malerischen, 16 Meilen (25,7 km) langen **June Lake Loop** möglich, wenn man nicht gleich direkt bis **Mammoth Lakes** fahren will. Das ganzjährig beliebte Resort liegt im Schatten des 3368 m hohen **Mammoth Mountain** (☎800-626-6684; www.mammothmountain.com; 10001 Minaret Rd) mit seinen erstklassigen Skihängen, die sich im Sommer in einen Park für Mountainbiker verwandeln, während Camper, Angler und Tageswanderer die Umgebung des Mammoth Lakes Basin und von Reds Meadow bevölkern. Ganz in der Nähe stehen die fast senkrechten, 18 m hohen Basaltsäulen des **Devils Postpile National Monument** (☎760-934-2289; www.nps.gov/depo; Shuttle-Tageskarte Erw./Kind 7/4 US$; ⊙Ende Mai–Okt.), die vulkanischen Ursprungs sind. Fans von Thermalquellen können südlich der Ortschaft abseits der Benton Crossing Rd in einfachen Becken baden oder ein

Stück weiter südlich das dampfende Wasser der **Hot Creek Geological Site** (www.fs.usda.gov/inyo; Hot Creek Hatchery Rd; ⌚Sonnenaufgang–Sonnenuntergang) GRATIS bestaunen. Hilfreiche Karten und Infos erhält man im Ort in der **Mammoth Lakes Welcome Center & Ranger Station** (☎866-466-2666; www.visitmammoth.com; 2510 Main St; ⌚8–17 Uhr).

Weiter südlich führt der Hwy *395* ins Owens Valley hinab und erreicht schon bald **Bishop**, eine kleine Stadt mit Wildwest-Flair. Zu den kleineren Attraktionen vor Ort gehören Kunstgalerien und ein historisches **Eisenbahnmuseum** (☎760-873-5950; www.lawsmuseum.org; Silver Canyon Rd; Spende 5 US$; ⌚10–16 Uhr; 👪). Von Bishop aus kommt man zu den besten Angelgründen und Kletterrevieren in der Eastern Sierra, und hier ist auch der Hauptausgangspunkt für Treks mit Packpferden.

Um einige der ältesten Lebewesen der Erde zu besuchen, sollte man einen halben Tag für den faszinierenden Ausflug zum **Ancient Bristlecone Pine Forest** (☎760-873-2500; www.fs.usda.gov/inyo; 6 US$/Auto; ⌚in der Regel Mitte Mai–Nov.) einplanen. Die knorrigen, außerirdisch wirkenden Langlebigen Grannen-Kiefern stehen in über 3000 m Höhe an den Hängen der White Mountains – erstaunlich, dass dort überhaupt etwas wächst. Der älteste Baum, genannt „Methusalem", soll es auf 4700 Jahre bringen. Die Zufahrtsstraße (im Winter und Frühjahr wegen Schnee gesperrt) ist bis zum Visitor Center bei Schulman Grove asphaltiert. Von dort gehen Wanderwege aus. Vom Hwy *395* in Big Pine aus den Hwy *168* 13 Meilen (20,9 km) nach Osten nehmen und dann von der markierten Abzweigung aus 10 weitere Meilen (16 km) auf der White Mountain Rd bergauf fahren.

Richtung Süden passiert der Hwy *395* nun Independence und die **Manzanar National Historic Site** (☎760-878-2194; www.nps.gov/manz; 5001 Hwy 395, Independence; ⌚Sonnenaufgang–Sonnenuntergang, Visitor Center 9–16.30 Uhrpm) GRATIS, die an das Internierungslager erinnert, in das während des Zweiten Weltkriegs nach dem Angriff auf Pearl Harbor ungerechtfertigterweise an die 10 000 japanischstämmige Amerikaner gesperrt wurden. Informative Ausstellungen und ein kurzer Film zeichnen das Leben im Lager, das man bei einer kurzen Autotour auf eigene Faust erkunden kann, auf bewegende Weise nach.

Noch weiter südlich kann man in Lone Pine schließlich einen Blick auf den **Mt. Whitney** (www.fs.usda.gov/inyo) werfen, den mit 4421 m höchsten Berg in den USA außerhalb Alaskas. Die 12 Meilen (19,2 km) lange Fahrt über die malerische **Whitney Portal Road** (im Winter geschl.) ist haarsträubend spektakulär. **Genehmigungen** (www.recreation.gov; 15 US$/Pers.) für den äußerst beliebten Aufstieg zum Gipfel werden nur nach dem Lotterieprinzip vergeben. Die bizarren Felsen der **Alabama Hills** westlich von Lone Pine dienten Hollywood bereits als Kulisse für Westernklassiker. Alte Erinnerungsstücke und Filmplakate sind im **Museum of Lone Pine Film History** (☎760-876-9909; www.lonepinefilmhistorymuseum.org; 701 S Main St; Erw./Kind 5 US$/frei; ⌚Mo–Mi 10–18, Do–Sa bis 19, So bis 16 Uhr) zu bewundern. Südlich der Stadt stellt das **Eastern Sierra InterAgency Visitor Center** (☎760-876-6222; www.fs.fed.us/r5/inyo; Hwys 395 & 136; ⌚8–17 Uhr) Wandergenehmigungen aus, gibt Infos zu den Outdooraktivitäten und verkauft Bücher und Landkarten.

NICHT VERSÄUMEN

TOP-STÄTTEN DER EASTERN SIERRA

Bodie State Historic Park (S. 1139) Eine echte Geisterstadt aus der Zeit des Goldrausches.

Mono Lake (S. 1139) Geheimnisvolle Mineralformationen wie aus einer anderen Welt.

Mammoth Mountain (S. 1139) Wintersport und Mountainbiken oben auf dem Berg.

Ancient Bristlecone Pine Forest (s. oben) Die ältesten lebenden Bäume auf Erden.

Manzanar National Historic Site (s. rechte Spalte) Ein ungeschönter Einblick in die Internierungslager des Zweiten Weltkriegs.

Schlafen

Campingplätze gibt's in der Eastern Sierra en masse. Fürs Campen in der Natur braucht man eine Genehmigung, die vorab reserviert werden kann, aber auch in den Rangerstationen zu erhalten ist. Die meisten Motels finden sich in Bishop, Lone Pine und Bridgeport. Mammoth Lakes hat ein paar

Motels und Dutzende Gästehäuser, B&Bs, Apartments und Ferienwohnungen. Überall sollte man im Sommer unbedingt vorab reservieren.

El Mono Motel MOTEL $
(☎760-647-6310; www.elmonomotel.com; 51 Hwy 395, Lee Vining; Zi. mit/ohne Bad ab 89/69 US$; ⊙Mitte Mai–Okt.;) Die netten Motelzimmer neben einem Café nahe dem Mono Lake sind nur eine kurze Fahrt vom Tioga-Pass-Eingang des Yosemite National Park entfernt.

Whitney Portal Hostel HOSTEL $
(☎760-876-0030; www.whitneyportalstore.com; 238 S Main St, Lone Pine; B/4BZ 25/84 US$;) Die mit Teppichboden ausgelegten Schlafräume mit Stockbetten in diesem sehr schlichten Hostel sind bei Wanderern, die den Gipfel des Mt. Whitney stürmen wollen, beliebt. Es gibt auch öffentliche Duschen (5 US$).

★**Tamarack Lodge** LODGE, HÜTTEN $$
(☎800-626-6684, 760-934-2442; www.tamaracklodge.com; 163 Twin Lakes Rd, Mammoth Lakes; Zi. mit/ohne Bad ab 149/99 US$, Hütten ab 169 US$;) Das freundliche, seit 1924 bestehende Resort am See vermietet Zimmer in der aus Holz erbauten Lodge und Hütten mit Küche – von sehr einfach bis luxuriös. Manche Hütten sind sogar mit einem Holzofen ausgestattet.

Dow Hotel & Dow Villa Motel HOTEL, MOTEL $$
(☎800-824-9317, 760-876-5521; www.dowvillamotel.com; 310 S Main St, Lone Pine; Zi. 85–150 US$, ohne Bad 70 US$;) John Wayne und Errol Flynn waren unter den Filmstars, die in diesem 1922 erbauten und mit rustikalem Charme restaurierten Hotel übernachtet haben. Die modernen Motelzimmer sind ein bisschen komfortabler.

Essen & Ausgehen

Good Life Café AMERIKANISCH $
(http://mammothgoodlifecafe.com; 126 Old Mammoth Rd, Mammoth Lakes; Hauptgerichte 7–10 US$; ⊙6.30–15 Uhr) Üppiges Frühstück, gesunde vegetarische Wraps, mächtige Burger, kalifornisch-mexikanische Burritos und große Schüsseln mit Salat sorgen dafür, dass dieses Lokal mit seinem sonnigen Hof immer gut besucht ist.

Raymond's Deli DELI $
(http://raymondsdeli.com; 206 N Main St, Bishop; 5–9 US$/Stück; ⊙10–17.30 Uhr;) Die kecke Fundgrube voller Kitsch und Flipperautomaten serviert mächtige Sandwiches mit so einfallsreichen Namen wie „When Pigs Fly" oder „Flaming Farm". Dazu kann man sich bei einem Bier aus kalifornischen Kleinbrauereien entspannen.

★**Whoa Nellie Deli** KALIFORNISCH $$
(☎760-647-1088; Tioga Gas Mart, 22 Vista Point Rd, abseits des Hwy 120, Lee Vining; Hauptgerichte 7–20 US$; ⊙Ende April–Anf. Nov. 7–21 Uhr;) Tolles Essen an der Tanke? Warum nicht – aus Matt Toomeys wunderbarer Küche kommen jedenfalls leckere Fischtacos, Hackbraten vom Wildbüffel und Grillrippchen.

Skadi EUROPÄISCH $$$
(☎760-934-3902; http://skadirestaurant.com; 587 Old Mammoth Rd, Mammoth Lakes; Hauptgerichte 24–32 US$; ⊙17.30–21.30 Uhr) Beim Blick in die traumhafte Berglandschaft lässt man sich skandinavische Gebirgsküche schmecken – z. B. knusprig gebratener Lachs und mit Wacholderbeeren gewürzter Entenbrust mit Preiselbeeren – und trinkt dazu einen erstklassigen Wein.

Mammoth Brewing Company Tasting Room BRAUEREI
(www.mammothbrewingco.com; 94 Berner St, Mammoth Lakes; ⊙10–18 Uhr) Hier kann man kostenlos ein Dutzend Biere vom Fass probieren, und kauft sich dann ein IPA 395 oder ein Double Nut Brown zum Mitnehmen.

Looney Bean Coffee CAFÉ
(www.looneybean.com; 399 N Main St, Bishop; ⊙Mo–Sa 6–18, So 7–17 Uhr;) Einheimische treffen sich hier bei frisch geröstetem Kaffee, Fruchtsmoothies und Backwaren. Eine weitere Filiale ist in Mammoth Lakes.

Lake Tahoe

Der in unzähligen Grün- und Blautönen schimmernde Lake Tahoe ist der zweittiefste See in den USA. Die Fahrt auf der 72 Meilen (116 km) langen malerischen Uferstraße ist faszinierend, aber auch ganz schön anstrengend. Das ruhige Nordufer wirkt nobel, das zerklüftete Westufer eher altmodisch. Das Ostufer ist unerschlossen, und das Südufer wirkt mit seinen aufgedonnerten Casinos und den vielen Familien hektisch. Die spitzen Gipfel rund um den See (1897 m), der direkt auf der Grenze zwischen Kalifornien und Nevada liegt, dienen das ganze Jahr über als Abenteuerspielplatz.

Im Sommer, sowie an Feiertagen und Winterwochenenden ist es hier voll; dann sollte man unbedingt reservieren. Die **Lake Tahoe Visitors Authority** (☎800-288-2463; www.tahoesouth.com) und die **North Lake Tahoe Visitors' Bureaus** (☎888-434-1262; www.gotahoenorth.com) betreiben diverse Visitor Centers. Es gibt Campingplätze in **State Parks** (☎800-444-7275; www.reserveamerica.com; Stellplätze 35–50 US$; 👪🐾) sowie auf Land des **USFS** (☎877-444-6777, 518-885-3639; www.recreation.gov; Stellplätze 20–40 US$; 👪🐾).

South Lake Tahoe & Westufer

Die altmodischen Motels und Restaurants am stark befahrenen Hwy 50 in South Lake Tahoe sind immer gut besucht. Das Glücksspiel in den Casinohotels von Stateline gleich hinter der Grenze zu Nevada lockt Tausende an, ebenso das erstklassige Skiresort **Heavenly** (☎775-586-7000; www.skiheavenly.com; 3860 Saddle Rd; 👪). Im Sommer hat man bei einer Fahrt mit Heavenlys **Seilbahn** (Erw./Kind 38/20 US$) einen großartigen Blick auf den See und die **Desolation Wilderness**. Diese kahle, wunderschöne Landschaft mit nackten Granitgipfeln, Gletschertälern und Bergseen ist bei Wanderern sehr beliebt. Karten, Infos und **Wandergenehmigungen** (☎877-444-6777; www.recreation.gov; 5–10 US$/Erw.) erhält man beim **USFS Taylor Creek Visitor Center** (☎530-543-2674; www.fs.usda.gov/ltbmu; Hwy 89; 🕐Ende Mai–Okt. tgl., unterschiedliche Öffnungszeiten), das sich 3 Meilen (4,8 km) nördlich der Y-förmigen Kreuzung der Hwys 50 und 89 in der **Tallac Historic Site** (Tallac Rd; Eintritt frei, Führung Erw./Kind 5/3 US$; 🕐Mitte Juni–Sept. 10–16.30 Uhr, Ende Mai–Mitte Juni nur Fr & Sa; 🐾) befindet, einer geschützten Ferienanlage aus dem frühen 20. Jh.

Von der sandigen, zum Baden geeigneten **Zephyr Cove** hinter der Grenze zu Nevada oder von der Ski Run Marina im Ort pflügt **Lake Tahoe Cruises** (☎800-238-2463; www.zephyrcove.com; Erw./Kind ab 47/10 US$) ganzjährig übers „Große Blau". Zu den schicken Boutiquemotels am Ufer gehören das **Alder Inn** (☎530-544-4485; www.thealderinn.com; 1072 Ski Run Blvd; Zi. 85–229 US$; 📶🏊) und das hippe **Basecamp Hotel** (☎530-208-0180; http://basecamphotels.com; 4143 Cedar Ave; Zi. mit Frühstück 115–239 US$; 📶🐾), das einen Whirlpool auf dem Dach und gemeinschaftliche Feuerstellen besitzt. Zum Auftanken bieten sich die Bio-Gerichte im vegetarierfreundlichen Café **Sprouts** (3123 Harrison Ave; Hauptgerichte 6–10 US$; 🕐8–21 Uhr; 🌿) oder ein Burger mit Erdnussbutter und Knoblauchfritten in der **Burger Lounge** (☎530-542-2010; www.burgerloungeintahoe.com; 717 Emerald Bay Rd; 4–9 US$/Stück; 🕐10–20 Uhr, Okt.–Mai kürzere Öffnungszeiten; 👪) an.

Der Hwy 89 schlängelt sich nordwestwärts am dicht bewaldeten Westufer entlang zum **Emerald Bay State Park** (☎530-541-6498; www.parks.ca.gov; 8–10 US$/Auto; 🕐Ende Mai–Sept. tgl.), wo Granitfelsen und Kiefern eine fjordartige Bucht mit leuchtend grünem Wasser umrahmen. Ein steiler, 1,6 km langer Weg führt hinunter zum **Vikingsholm Castle** (Führungen Erw./Kind 10/8 US$; 🕐Ende Mai–Sept. tgl. 10.30 oder 11–16 Uhr). Von dieser skandinavischen Villa aus den 1920er-Jahren führt der 7,2 km lange **Rubicon Trail** nordwärts am Seeufer entlang und vorbei an kleinen Buchten zum **DL Bliss State Park** (☎530-525-7277; www.parks.ca.gov; 10 US$/Auto; 🕐normalerweise Ende Mai–Sept.; 👪) mit seinen Sandstränden. Weiter nördlich vermietet **Tahoma Meadows B&B Cottages** (☎866-525-1533, 530-525-1553; www.tahomameadows.com; 6821 W Lake Blvd, Homewood; Cottage mit Frühstück 109–199 US$; 📶👪🐾) reizende Hütten im ländlichen Stil.

Nord- & Ostufer

Als Geschäftszentrum am Nordufer ist **Tahoe City** ideal, um Vorräte zu besorgen und Outdoor-Ausrüstung zu mieten. Von hier aus ist es nicht weit nach **Squaw Valley USA** (☎800-403-0206; www.squaw.com; 1960 Squaw Valley Rd, Olympic Valley; 👪), dem übergroßen Skiresort, in dem 1960 die Olympischen Winterspiele stattfanden. Zum Après-Ski geht's wieder nach Tahoe in die holzvertäfelte **Bridgetender Tavern** (www.tahoebridgetender.com; 65 W Lake Blvd; Hauptgerichte 8–12 US$; 🕐11–23 Uhr, Fr & Sa bis 24 Uhr). Morgens kann man sich im heimeligen **Fire Sign Cafe** (www.firesigncafe.com; 1785 W Lake Blvd, Sunnyside; Hauptgerichte 7–11 US$; 🕐7–15 Uhr; 👪), 2 Meilen (3,2 km) weiter südlich am Ufer, mit Eggs Benedict und frisch geräuchertem Lachs verwöhnen.

Im Sommer kann man in **Tahoe Vista** oder **Kings Beach** schwimmen oder Kajak fahren. Übernachten kann man in der **Franciscan Lakeside Lodge** (☎800-564-6754, 530-546-6300; http://franciscanlodge.com; 6944 N Lake Blvd, Tahoe Vista; DZ 95–285 US$; 📶🏊👪), die einfache Hütten, Cottages und Suiten mit Einbauküchen bietet, oder in dem gut geführten, kompakten **Hostel Tahoe** (☎530-

546-3266; http://hosteltahoe.com; 8931 N Lake Blvd, Kings Beach; B 32 US$, Zi. 65–80 US$; ⏲Check-in 16–19 Uhr; @📶). Östlich von Kings Beach mit seinen zwanglosen Uferlokalen führt der Hwy 28 hinüber nach Nevada. Im **Crystal Bay Club Casino** (☎775-833-6333; www.crystalbaycasino.com; 14 Hwy 28, Crystal Bay) kann man sich eine Livemusikshow ansehen. Wer Bars und Bistros sucht, in denen mehr los ist, fährt weiter nach **Incline Village**.

Mit unberührten Stränden, Seen und kilometerlangen Mehrzweckwegen ist der **Lake Tahoe-Nevada State Park** (http://parks.nv.gov; 7–12 US$/Auto) der Hauptbesuchermagnet am Ostufer. Im Sommer planschen die Massen im türkisblauen Wasser von **Sand Harbor**. Der 21,7 km lange **Flume Trail**, eine Traumroute für Mountainbikefahrer, endet weiter südlich bei **Spooner Lake**. In Incline Village vermietet **Flume Trail Bikes** (☎775-298-2501; www.flumetrailtahoe.com; 1115 Tunnel Creek Rd; Fahrradvermietung 35–90 US$/Tag, Shuttle 10–15 US$) Fahrräder und bietet einen Shuttledienst zum Startpunkt des Trails.

Truckee & Umgebung

Nördlich vom Lake Tahoe und abseits der I-80 ist Truckee nicht etwa ein Rastplatz für Trucker, sondern ein blühendes Bergstädtchen mit einem historischen Viertel voller Cafés, trendiger Boutiquen und Restaurants. Skihasen können in der Gegend aus mehreren Resorts wählen. Dazu gehören z.B. das glamouröse **Northstar-at-Tahoe** (☎800-466-6784; www.northstarattahoe.com; 5001 Northstar Dr; 👪), das von Walt Disney mitbegründete kinderfreundliche **Sugar Bowl** (☎530-426-9000; www.sugarbowl.com; 629 Sugar Bowl Rd, Norden; 👪) und das Langläuferparadies **Royal Gorge** (☎530-426-3871; www.royalgorge.com; 9411 Pahatsi Rd, Soda Springs; 👪).

Westlich des Hwy 89 befindet sich der Donner Summit, wo die berühmt-berüchtigte Donner-Party im harten Winter 1846/47 steckenblieb. Weniger als die Hälfte von ihnen überlebten – einige nur, weil sie das Fleisch der Toten aßen. Die schauerliche Geschichte wird im Museum innerhalb des **Donner Memorial State Park** (www.parks.ca.gov; Donner Pass Rd; 8 US$/Auto; ⏲Museum 10–17 Uhr, Sept.–Mai Di & Mi geschl.) nacherzählt. Im Park ist der **Donner Lake** ein beliebtes Ziel von Badelustigen und Paddlern.

Selbständige Wanderer und Skifahrer, die kleinere Arbeiten im Haushalt nicht scheuen, steigen in der roh gezimmerten **Clair Tappan Lodge** (☎800-679-6775, 530-426-3632; www.sierraclub.org/outings/lodges/ctl; 19940 Donner Pass Rd, Norden; B inkl. Mahlzeiten Erw./Kind ab 60/30 US$; 👪) 🍃 des Sierra Club außerhalb der Ortschaft ab. Am Stadtrand von Truckee bietet das mit Ökozertifikat versehene **Cedar House Sport Hotel** (☎866-582-5655, 530-582-5655; www.cedarhousesporthotel.com; 10918 Brockway Rd; Zi. mit Frühstück 170–290 US$; 📶🐾) 🍃 stilvolle schicke Zimmer und einen Whirlpool im Freien. Ein großes Glas Donner Party Porter kann man in der **Fifty Fifty Brewing Co** (www.fiftyfiftybrewing.com; 11197 Brockway Rd; ⏲11–21 Uhr, Fr & Sa bis 21.30 Uhr) 🍃 hinunterstürzen.

ℹ Anreise & Unterwegs vor Ort

South Tahoe Express (☎866-898-2463, 775-325-8944; www.southtahoeexpress.com; einfache Strecke/hin & zurück 30/53 US$) betreibt mehrmals täglich Shuttlebusse vom Reno-Tahoe International Airport in Nevada nach Stateline. Der **North Lake Tahoe Express** (☎866-216-5222, 775-786-3706; www.northlaketahoeexpress.com; einfache Strecke /hin & zurück 45/85 US$) verbindet den Flughafen von Reno mit Truckee, Northstar, Squaw Valley und den Ortschaften am Nordufer.

Vom **Amtrak-Bahnhof** (10065 Donner Pass Rd) in Truckee fahren täglich Züge nach Sacramento (50 US$, 4½ Std.) und Reno (16 US$, 1½ Std.) sowie zweimal täglich Greyhound-Busse nach Reno (18 US$, 1 Std.), Sacramento (45 US$, 2½ Std.) und San Francisco (41 US$, 6 Std.). Amtrak-Busse verbinden Sacramento mit South Lake Tahoe (34 US$, 2½ Std.).

Die Regionalbusse von **Tahoe Area Regional Transit** (TART; ☎800-736-6365, 530-550-1212; www.placer.ca.gov/tart; einfache Fahrt/Tageskarte 1,75/3,50 US$) steuern Truckee und Ziele am Nord- und Westufer an. South Lake Tahoe wird von **BlueGO** (☎530-541-7149; www.bluego.org; einfache Fahrt/Tageskarte ab 2/5 US$) angefahren. Im Sommer betreibt das Unternehmen auch den Nifty 50-Trolley, der am Westufer entlang nach Tahoma rollt, wo Anschluss zur TART besteht.

Im Winter braucht man häufig Schneeketten auf der I-80, der US 50 und anderen Highways in den Bergen; manche oder alle diese Straßen können während oder nach Schneestürmen gesperrt sein.

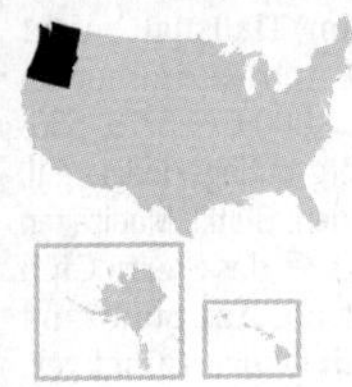

Der Nordwesten

Inhalt ➡

Gut essen

➡ Cascina Spinasse (S. 1161)

➡ Saffron Mediterranean Kitchen (S. 1180)

➡ Ox (S. 1188)

➡ New Sammy's Cowboy Bistro (S. 1204)

Schön übernachten

➡ Sun Mountain Lodge (S. 1175)

➡ Kennedy School (S. 1187)

➡ Oxford Hotel (S. 1200)

➡ Hotel Five (S. 1158)

Auf in den Nordwesten!

Der Nordwesten der USA ist Ausdruck einer besonderen Geisteshaltung. Wo schneebedeckte Vulkane von immergrünen Bäumen umrahmt werden, gedeihen Subkulturen und entstehen neue Trends. Aus zündenden Ideen, hastig auf Servietten gekritzelt, werden die erfolgreichen Unternehmen von morgen. Historisch hat diese Region nicht viel zu bieten, dafür kann man in hochdynamischen Städten wie Seattle und Portland einen Blick in die Zukunft werfen. Bekannt sind diese beiden Städte auch für Food Carts und Straßenbahnen, Kleinbrauereien und Kaffeekultur, grüne Lungen am Stadtrand und Skulpturen in den Straßen.

Der Nordwesten lockt mit seiner unglaublich sauberen Luft, die man am liebsten in Flaschen mit nach Hause nehmen möchte, und mit der Küste am Westende des Kontinents, an der man die kraftvolle Weite des größten Ozeans der Welt erlebt und es Bäume gibt, die älter sind als die Renaissancepaläste in Italien.

Reisezeit

Seattle

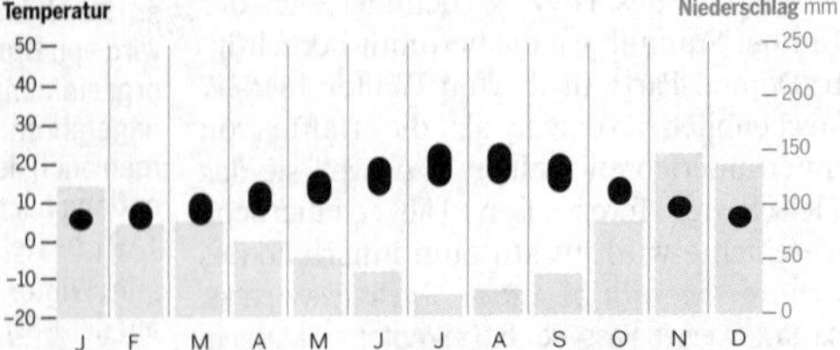

Jan.–März Schneesicherste Zeit zum Skifahren in den Cascades und deren Umgebung.

Mai Festival-Saison: Portland Rose, Seattle International Film Festival, Oregon Shakespeare.

Juli–Sept. Top zum Wandern: zwischen der Schneeschmelze und den ersten Herbststürmen.

Grunge & andere Subkulturen

Wie der Blitz schlug der Grunge in den 1990er-Jahren in Seattle ein. Die Mischung aus Wut und Angst der Generation X, gepaart mit einer fragwürdigen Einstellung zur Körperhygiene, gärte schon seit Jahren. Ende der 1970er entstand in Portland der Hardcore-Punk, mit dem sich heimische Bands wie die Wipers gegen den kommerziellen Rock absetzten. Ein anderer Stil entwickelte sich in Olympia, wo die DIY-Musiker von Beat Happening sich mit gespielter Unschuld über das Establishment lustig machten. Als Sammelbecken einer unzufriedenen Jugend wurde Seattle zur Hochburg des Grunge, in der Bands wie Pearl Jam, Soundgarden oder Alice in Chains Erfolg hatten. Weltweit bekannt wurde das Genre 1991, als Nirvana mit ihrem Album *Nevermind* tatsächlich Michael Jackson von Platz eins der Charts verdrängten. Da diese Musikrichtung aber gar nicht erfolgreich sein sollte, verschwand sie aufgrund des plötzlichen Ansehens schnell wieder in der Versenkung. Seit Mitte der 1990er-Jahren beschränken sich diese und andere Subkulturen daher auf den Nordwesten der USA, wobei die Musik nicht weniger überzeugend ist.

KLEINBRAUEREIEN

Im ganzen Land sind Bierfans auf den Geschmack des Besonderen gekommen. Der Feldzug für mehr Würze in der langweiligen, kommerziell ausgerichteten Braukunst begann in den 1980er-Jahren im Nordwesten der USA.

Eine der ersten Kleinbrauereien Amerikas war die kurzlebige Cartwright Brewing Company, die 1980 in Portland gegründet wurde. Als erstes offizielles Brauhaus eröffnete das auch nicht mehr existierende Grant's in Yakima 1982 in Washington. Mit der Eröffnung der Bridgeport Brewing Company 1984 ebenfalls in Portland breitete sich der Trend aus. Ein Jahr später legten zwei Braumeister der alten Schule, Mike und Brian McMenamin, den Grundstein zu einem einzigartigen Bierimperium, das bis heute die handwerkliche Bierbrauerei dieser Region verkörpert wie kaum ein anderes Unternehmen.

Heute gibt es in Washington und Oregon ca. 300 Kleinbrauereien (in Portland mehr als 50). Sie brauen aus Hopfen, Malz und Hefe Erstklassiges in kleinen Mengen.

Schönste State Parks

- **Moran State Park** Orcas Island
- **Ecola State Park** Cannon Beach
- **Deception Pass State Park** Whidbey Island
- **Fort Worden State Park** Port Townsend
- **Lime Kiln Point State Park** San Juan Island
- **Cape Perpetua State Park** nahe Yachats
- **Smith Rock State Park** nahe Bend

NICHT VERSÄUMEN!

In Washington und Oregon liegen vier der spektakulärsten Nationalparks der USA: Mount Rainier (1899 eingerichtet), Crater Lake (1902), Olympic (1938) und North Cascades (1968).

Kurzinfos

- **Großstädte** Seattle (621000 Ew.), Portland (594000 Ew.)
- **Entfernungen von Seattle** Portland (277 km), Vancouver BC (225 km)
- **Zeitzone** Pacific Standard Time (PST; MEZ –9 Std.)

Schon gewusst?

Im Winter 1998/99 fiel im Skigebiet Mt. Baker im Nordwesten von Washington die Rekordmenge von 29 m Schnee – in nur einer Saison! Das war die größte jemals verzeichnete Schneemenge eines Jahres.

Infos im Internet

- **Washington State Parks & Recreation Commission** (www.parks.wa.gov)
- **Oregon State Parks & Recreation Department** (www.oregonstateparks.org)
- **Washington State Tourism Office** (www.tourism.wa.gov)
- **Oregon Tourism Commission** (www.traveloregon.com)

Highlights

1 In den ruhigeren Ecken der **San Juan Islands** (S. 1171) Rad- und Kajakfahren

2 Vom malerischen Astoria bis zum entzückenden Port Orford die traumhafte **Oregon Coast** (S. 1207) erkunden

3 In Washingtons **Olympic National Park** (S. 1167) Bäume bewundern, die älter sind als die Renaissanceschlösser Europas

4 Der tollsten Outdoor-Show des pazifischen Nordwestens auf dem theatralischen **Pike Place Market** (S. 1151) in Seattle beiwohnen

5 Gestärkt mit Bier, Kaffee und Imbiss-Leckereien durch die grünen und ruhigen Viertel von **Portland** (S. 1181) schlendern

6 Die unglaublich tiefblauen Gewässer und das Panorama des **Crater Lake National Park** (S. 1201) bewundern

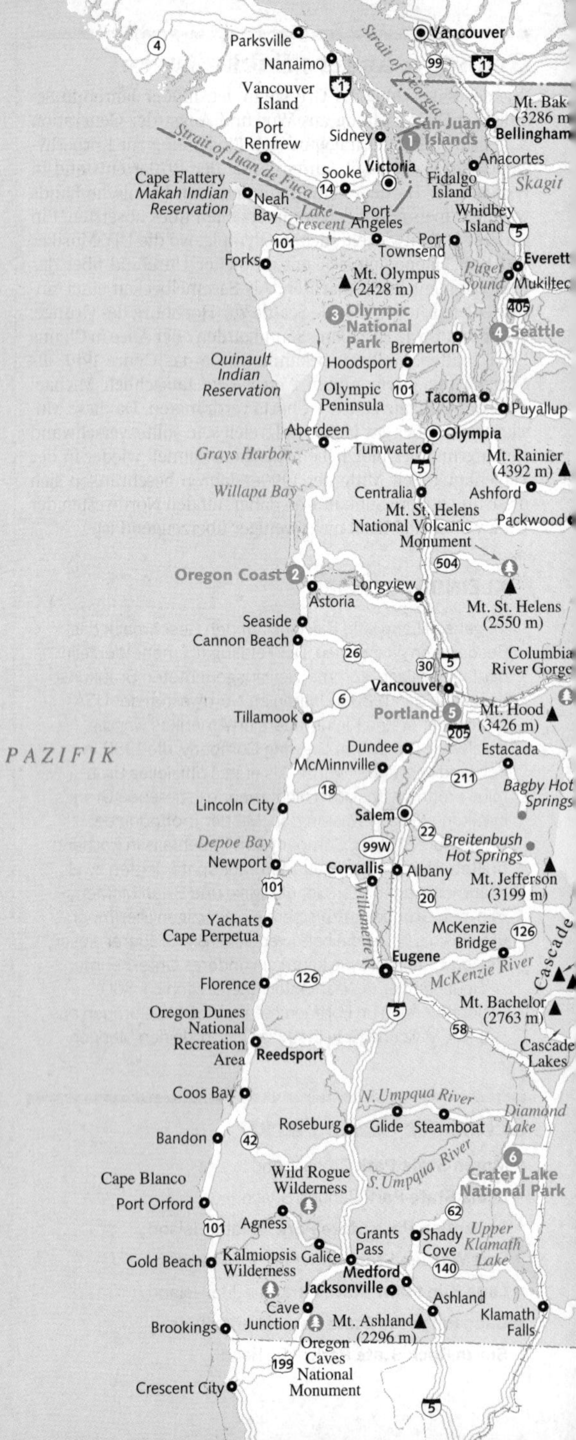

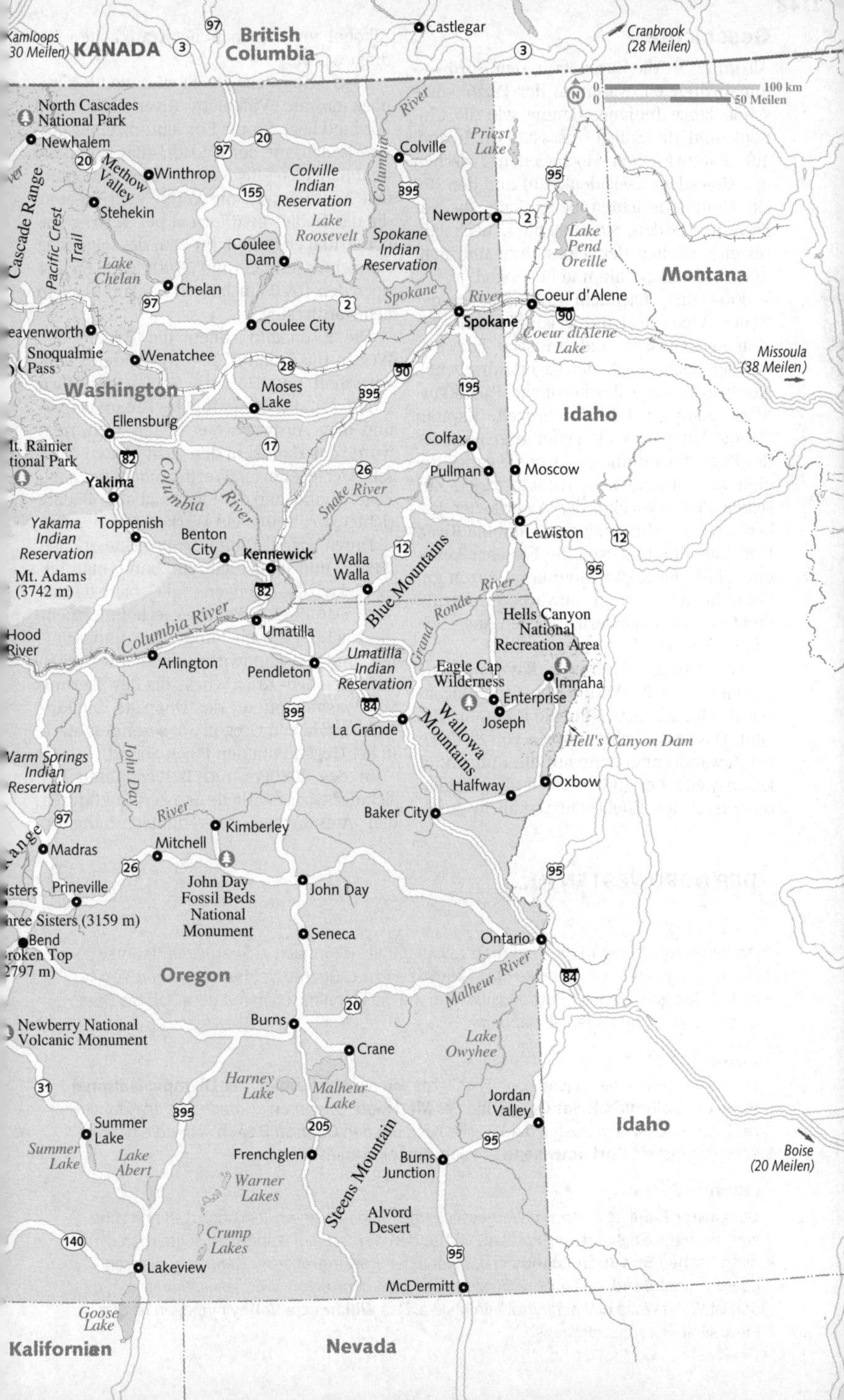

Kamloops (130 Meilen)
KANADA
British Columbia
Castlegar
Cranbrook (28 Meilen)
100 km
50 Meilen
North Cascades National Park
Newhalem
Methow Valley
Winthrop
Stehekin
Cascade Range
Pacific Crest Trail
Colville Indian Reservation
Colville
Columbia River
Priest Lake
Newport
Lake Roosevelt
Spokane Indian Reservation
Coulee Dam
Lake Chelan
Chelan
Lake Pend Oreille
Montana
Spokane River
Spokane
Coeur d'Alene
Coeur dìAlene Lake
Leavenworth
Coulee City
Snoqualmie Pass
Wenatchee
Missoula (38 Meilen)
Washington
Moses Lake
Idaho
Ellensburg
Colfax
Mt. Rainier National Park
Pullman
Moscow
Yakima
Columbia River
Snake River
Yakama Indian Reservation
Toppenish
Benton City
Kennewick
Lewiston
Walla Walla
Blue Mountains
Mt. Adams (3742 m)
Grande Ronde River
Hells Canyon National Recreation Area
Hood River
Columbia River
Umatilla
Arlington
Pendleton
Umatilla Indian Reservation
Eagle Cap Wilderness
Imnaha
Enterprise
Joseph
La Grande
Wallowa Mountains
Hell's Canyon Dam
Warm Springs Indian Reservation
John Day River
Halfway
Oxbow
Baker City
Kimberley
Cascade Range
Madras
Mitchell
John Day Fossil Beds National Monument
John Day
Sisters
Prineville
Three Sisters (3159 m)
Bend
Broken Top (2797 m)
Seneca
Ontario
Oregon
Malheur River
Newberry National Volcanic Monument
Burns
Crane
Lake Owyhee
Harney Lake
Malheur Lake
Jordan Valley
Idaho
Summer Lake
Summer Lake
Lake Abert
Frenchglen
Steens Mountain
Burns Junction
Boise (20 Meilen)
Warner Lakes
Alvord Desert
Crump Lakes
Lakeview
McDermitt
Goose Lake
Kalifornien
Nevada

Geschichte

Als im 18. Jh. die Europäer in den Nordwesten vordrangen, waren an der Pazifikküste schon lange Indianerstämme wie die Chinook und die Salish ansässig. Im Inland, auf den trockenen Hochebenen zwischen den Cascades (Kaskadenkette) und den Rocky Mountains, lebten die Spokane, die Nez Percé und andere Stämme, die je nach Jahreszeit zwischen den Flusstälern und dem milden Hochland hin und her zogen.

300 Jahre, nachdem Kolumbus in der Neuen Welt an Land gegangen war, begannen spanische und britische Forscher, auf der Suche nach der sagenumwobenen Nordwestpassage die nördliche Pazifikküste zu erkunden. 1792 durchsegelte Kapitän George Vancouver als erster die Gewässer des Puget Sound und erklärte die ganze Region zu britischem Herrschaftsgebiet. Zur selben Zeit entdeckte der Amerikaner Robert Gray die Mündung des Columbia River. Und 1805 durchquerten die Forscher Lewis und Clark die Rocky Mountains, zogen am Columbia River entlang abwärts zum Pazifik und festigten den amerikanischen Anspruch auf die Region.

Die britische Hudson's Bay Company gründete 1824 in Washington Fort Vancouver als Hauptquartier für die Columbia-Region. Das ermöglichte Massen von Siedlern die Zuwanderung, hatte auf die Kultur und Lebensweise der Indianer allerdings einen zerstörerischen Effekt, der vor allem durch Alkohol und europäische Krankheiten bedingt wurde.

1843 stimmten die Siedler von Champoeg, das am Willamette River südlich von Portland liegt, für die Einrichtung einer provisorischen, von der Hudson's Bay Company unabhängigen Regierung. Das bedeutete den Anschluss an die Vereinigten Staaten, die das Gebiet 1846 formal per Vertrag von den Briten erwarben. Im Lauf des folgenden Jahrzehnts kamen rund 53 000 neue Siedler über den 3220 km langen Oregon Trail in den Nordwesten.

Die Eisenbahn ebnete der Region den Weg in die Zukunft. Bis 1914 waren Landwirtschaft und Holz die Säulen der Wirtschaft. Mit der Eröffnung des Panamakanals und dem Ausbruch des Ersten Weltkriegs wurde der Handel in den Pazifikhäfen dann sehr viel lebendiger. Werften entstanden am Puget Sound, und der Flugzeugbauer Boeing richtete bei Seattle ein Werk ein.

Durch große Dammbauprojekte in den 1930er- und 1940er-Jahren konnte man billig Elektrizität erzeugen und Gebiete bewässern. Der Zweite Weltkrieg erhöhte erneut die Nachfrage nach Flugzeugen und Schiffen, und die Landwirtschaft blühte weiter auf. Nach dem Krieg wuchs die Bevölkerung von Washington auf das Doppelte der Einwohnerzahl von Oregon an, besonders stark in der Gegend um den Puget Sound.

In den 1980er- und 1990er-Jahren hat sich der wirtschaftliche Schwerpunkt durch den Aufschwung der Hightech-Industrie

DER NORDWESTEN IN ...

... vier Tagen

An den ersten beiden Tagen hat man vollauf damit zu tun, sich in Seattle die Hauptsehenswürdigkeiten wie den Pike Place Market und das Seattle Center anzusehen. Am dritten Tag geht es nach Portland, wo man wie die Einheimischen mit dem Rad die Bars, Cafés, Lokale und Läden abklappert.

... einer Woche

In eine ganze Woche passen noch Highlights wie der **Mt. Rainier**, der **Olympic National Park**, die **Columbia River Gorge** und der **Mt. Hood**. Oder man erkundet die spektakuläre Oregon Coast (am besten die Gegend rund um den **Cannon Beach**) oder die historische Hafenstadt **Port Townsend** auf der Olympic Peninsula.

... zwei Wochen

Der **Crater Lake** ist einfach unvergesslich und kann mit einem Trip nach Ashland (und zum dortigen Shakespeare-Festival) verbunden werden. Auf keinen Fall sollte man die himmlischen **San Juan Islands** in der Nähe der Wassergrenze zu Kanada auslassen, ebenso nicht **Bend**, das größte Outdoor-Zentrum der Region. Wer gerne Wein trinkt, für den ist Walla Walla in Washington ein Mekka. Das **Willamette Valley** hingegen ist das Pinot-Noir-Paradies Oregons.

verlagert, verkörpert durch Microsoft in Seattle und Intel in Portland.

Produktion mit Wasserkraft und riesige Bewässerungsanlagen entlang des Columbia River haben jedoch in den letzten paar Jahrzehnten das Ökosystem des Flusses bedroht, und auch die Holzgewinnung hat ihre Spuren hinterlassen. Die Region hat ihren Beitrag zum Umweltschutz allerdings wieder aufgenommen, indem sie ein paar der umweltfreundlichsten Firmen des Landes angelockt hat – und die großen Städte gehören zu den grünsten der USA. In Sachen Umweltschutz gehört der Nordwesten zu den zu den engagiertesten Regionen der USA.

Einheimische Kultur

Das stereotype Bild gibt den Bewohner des amerikanischen Nordwestens als locker gekleideten, Café Latte schlürfenden Städter wieder, der einen Hybridwagen fährt, die Demokraten wählt und mit einem iPod rumläuft, aus dem unermüdlich Indie-Rock à la Nirvana dudelt. Aber wie bei den meisten kurzlebigen Verallgemeinerungen ist die Wirklichkeit viel komplexer.

Seattle und Portland, die zentralen Städte des Nordwestens, sind für ihre feine Kaffeekultur und die unzähligen Kneipen mit kleinen Hausbrauereien bekannt. Weiter im Osten im Landesinneren ist es trocken und weit weniger grün, und das Leben verläuft viel traditioneller als in den Städten an der Küste. Im Südosten Washingtons finden in den Kleinstädten im Columbia River Valley und in den Steppen wilde Rodeos statt, die Touristenzentren werben mit Cowboy-Kultur, und ein Pott Kaffee ist einfach nur ein Pott Kaffee, der nichts mit dem neumodischen Chai Latte oder den eisigen Frappés aus Seattle zu tun hat.

Im Kontrast zu Amerikas Ostküste ist das Leben im Westen sehr viel lockerer und weniger hektisch als in Städten wie New York oder Boston. Die Leute arbeiten hier, um zu leben – und nicht umgekehrt. Nach einem verregneten Winter nutzen die Bewohner des pazifischen Nordwestens jeden noch so kleinen Sonnenstrahl, um aus der Job-Tretmühle auszubrechen und einige Stunden (oder auch ganze Tage) im Freien zu verbringen. Ende Mai und Anfang Juni lösen die ersten Sommertage eine regelrechte Völkerwanderung aus. Wanderer und Radler strömen dann in die berühmten Nationalparks und in die Wildnis, für die diese Region so bekannt ist.

Kreativität ist eine weitere starke Eigenschaft der Bewohner des Nordwestens, sei es die Neudefinition der modernen Rockmusik oder die Umgestaltung des neuesten Computerprogramms von Microsoft. Der Nordwesten gibt sich nicht länger damit zufrieden, im Schatten von Kalifornien oder Hongkong zu stehen, und hat sich in den letzten Jahrzehnten durch gefeierte Fernsehserien (z.B. *Frasier* und *Portlandia*), weltbekannte Persönlichkeiten (Bill Gates) und eine innovative Musikszene, die alles vom Grunge-Rock bis hin zum Riot-Grrrl-Feminismus überspannt, international neu positioniert.

Die Gesellschaft in dieser Region ist sehr tolerant, z.B. was den Konsum leichter Drogen, die Rechte von Homosexuellen und Sterbehilfe angeht. Die Bevölkerung, die bei Präsidentschaftswahlen üblicherweise den Demokraten wählt, ist auch mit Feuer und Flamme dabei, einen „grüneren" Lebensstil in Form von umfassenden Recyclingprogrammen, nachhaltigen Restaurants und Biodiesel-Whale-Watching-Touren voranzutreiben. Greg Nickels, der ehemalige Bürgermeister von Seattle, war ein früher Vertreter von umweltfreundlichen Praktiken und ist mittlerweile ein führender Experte in Sachen Klimawandel. Das fortschrittliche Portland wird regelmäßig zu einer der nachhaltigsten und radfahrerfreundlichsten Städte Amerikas erkoren.

ℹ Anreise & Unterwegs vor Ort

AUTO

Am bequemsten kommt man mit dem Auto durch den Nordwesten. In der ganzen Region gibt es größere und kleinere Autovermietungen. Die I-5 ist die größte Nord-Süd-Verbindung. In Washington führt die I-90 von Seattle in östliche Richtung nach Spokane und Idaho. In Oregon zweigt die I-84 von Portland an der Columbia River Gorge in östliche Richtung ab und führt nach Boise in Idaho.

BUS

Greyhound-Busse (www.greyhound.com) fahren entlang der I-5 von Bellingham im Norden Washingtons runter nach Medford im Süden Oregons. Es gibt auch Verbindungen zwischen den Staaten und Kanada. Ost-West-Verbindungen führen nach Spokane, Yakima, Tri-Cities (Kennewick, Pasco und Richland in Washington), Walla Walla und Pullman in Washington, und nach Hood River und Pendleton in Oregon. Private Busunternehmen fahren die meisten kleineren Dörfer und Städte in der Region an, oftmals mit Verbindungen zu Greyhound oder Amtrak.

FLUGZEUG

Der Seattle-Tacoma International Airport (S. 1165), kurz „Sea-Tac“ genannt, und der Portland International Airport (S. 1193) sind die größten Flughäfen der Gegend und bedienen viele nordamerikanische und einige internationale Reiseziele.

SCHIFF/FÄHRE

Die Washington State Ferries (WSF; S. 1165) verbinden Seattle mit Bainbridge und den Vashon Islands. Weitere WSF-Routen führen von Whidbey Island nach Port Townsend auf der Olympic Peninsula und von Anacortes über die San Juan Islands nach Sidney, BC. Victoria Clipper (S. 1165) bietet Verbindungen von Seattle nach Victoria, BC, und auch von Port Angeles fahren Fähren nach Victoria. Fähren von **Alaska Marine Highway** (AMHS; ☎800-642-0066; www.ferryalaska.com) schippern von Bellingham, WA nach Alaska.

ZUG

Amtrak (www.amtrak.com) bietet Verbindungen nach Vancouver, BC, im Norden und nach Kalifornien im Süden an und verbindet dabei Seattle, Portland und weitere große Stadtzentren mit den Cascades und den Coast-Starlight-Routen. Der berühmte *Empire Builder* fährt von Seattle und Portland (wird in Spokane zusammengeführt) Richtung Osten nach Chicago.

WASHINGTON

Die Cascade Mountains (kurz auch Cascades genannt) ziehen sich wie ein Rückgrat durch Washington und teilen den Staat der Gegensätze in zwei Welten. Die Küste im Westen mit Seattle als Zentrum ist feucht, urban, liberal und berühmt für ihre üppigen immergrünen Wälder. Die sich zwischen den weniger bekannten Städten Spokane und Yakima im Osten erstreckenden Ebenen sind trocken, ländlich, konservativ und mit endlosen Steppen übersät.

Von den beiden Hälften ist es der Westen, der die wichtigsten Sehenswürdigkeiten Washingtons bietet. Der abgeschiedenere Osten hingegen ist unbekannter, unterschätzt und voller Überraschungen.

KURZINFOS WASHINGTON

Spitzname Evergreen State

Bevölkerung 6 897 000

Fläche 184 775 km²

Hauptstadt Olympia (47 266 Ew.)

Weitere Städte Seattle (620 778 Ew.), Spokane (210 103 Ew.), Yakima (92 512 Ew.), Bellingham (81 862 Ew.), Walla Walla (32 148 Ew.)

Verkaufssteuer 6,5 %

Geburtsort von Sänger und Schauspieler Bing Crosby (1903–1977), Gitarrist Jimi Hendrix (1942–1970), Unternehmer Bill Gates (geb. 1955), Politikkommentator Glen Beck (geb. 1964), Musikikone Kurt Cobain (1967–1994)

Heimat des Mt. St. Helens, von Microsoft, Starbucks, Nordstrom und dem Evergreen State College

Politische Ausrichtung Demokratischer Gouverneur, demokratische Senatoren; seit 1988 bei Wahlen demokratisch

Berühmt für Grunge, Kaffee, *Grey's Anatomy*, *Twilight*, Vulkane, Äpfel, Wein, Niederschlag

Staatsgemüse Süßzwiebeln aus Walla Walla

Entfernungen Seattle–Portland 280 km, Spokane–Port Angeles 587 km

Seattle

Man nehme die Intelligenz von Portland in OR und paare sie mit der Schönheit von Vancouver in British Columbia – das Ergebnis dürfte in etwa so aussehen wie Seattle. Es ist kaum zu glauben, dass die größte Metropole des Nordwestens bis in die 1980er-Jahre nur als „zweitklassige“ US-Stadt galt. Seitdem hat sie die Mischung aus wagemutiger Innovationsfreude und unerschrockenem Individualismus zu einem der größten Trendsetter des Dotcom-Zeitalters gemacht, dessen Speerspitze aus dem unglaublichen Bündnis aus Café Latte schlürfenden Computerfreaks und selbstverliebten Musikern besteht. Sich ständig neu zu erfinden, ist die moderne Zauberformel dieser Stadt, in der der Grunge Eingang in die Geschichtsbücher gefunden hat und flotte, unabhängige Kaffeeröstereien mit dem Weltkonzern Starbucks um Marktanteile konkurrieren.

Das mancherorts überraschend elegante, andernorts hypertrendige Seattle ist bekannt für den starken Zusammenhalt in den einzelnen Stadtvierteln, die erstklassige Universität, monströses Verkehrschaos und proaktive Bürgermeister, die sich als grüne Umweltpolitiker verdient machen. Auch wenn die Stadt in jüngster Zeit eine eigene Popkultur hervorgebracht hat, fehlt ihr noch der Mythos einer Metropole wie New York oder Paris. Immerhin hat es den „Berg". Das besser unter dem Namen Mt. Rainier bekannte, alles und alle vereinende Symbol Seattles ist ein 4392 m hohes Massiv aus Fels und Eis, das die Einwohner der Stadt permanent daran erinnert, dass die raue Wildnis und ein möglicherweise ausbrechender Vulkan direkt vor der Haustür liegen.

Sehenswertes

Downtown

★ **Pike Place Market** MARKT
(www.pikeplacemarket.org; zw. Virginia St & Union St & 1st Ave & Western Ave; Mo–Sa 9–18, So bis 17 Uhr; Westlake) Man nehme einen Haufen Kleinunternehmer und verteile sie beliebig auf einem räumlich begrenzten Streifen am Ufer inmitten einer Menge Künstler des alten Schlags, New-Wave-Gastronomen, Umweltschützer, frecher Studenten, Maler, Straßenmusikanten und Handwerker. Heraus kommt der Pike Place Market, eine bunte Kakophonie aus Lärm, Gerüchen, Persönlichkeiten, Geplänkel und städtischem Theater, die in Sachen Weltoffenheit fast London Konkurrenz macht. Der seit 1907 existierende Pike Place ist ganz Seattle in einem – ihn zu erkunden, ist eine wunderbar „lokale" Erfahrung. Man sieht die Stadt so, wie sie wirklich ist: allumfassend, vielseitig und absolut einzigartig.

Seattle Art Museum MUSEUM
(SAM; www.seattleartmuseum.org; 1300 1st Ave; Erw./Kind 17/11 US$; Di, Mi, Sa & So 10–17, Do & Fr bis 21 Uhr; University St) Man kann es zwar nicht mit den berühmten Museen in New York und Chicago vergleichen, aber das Se-

ABSTECHER

PIONEER SQUARE

Der Pioneer Square ist der älteste Stadtteil Seattles, für europäische Verhältnisse ist er aber nicht wirklich alt. Die meisten Gebäude stammen aus der Zeit nach dem Brand von 1889, dem 25 Blocks und das Geschäftsviertel zum Opfer fielen. Die Backsteinhäuser wurden im sogenannten Richardson-Romanesque-Stil errichtet, einen von der Romanik inspirierten Architekturstil, der damals groß in Mode war. In den Anfangsjahren, als das Viertel dank des Wirtschaftsbooms florierte, wurde aus der Hauptstraße, dem Yesler Way, die erste *skid row* – in Anspielung auf die Holzstämme, die wie auf einer Rutsche zur Sägemühle von Henry Yesler gerollt wurden, die sich unten am Pier befand. Als es mit der Holzindustrie bergab ging, wurde die Straße zur Heimat der Obdachlosen. Seitdem steht der Ausdruck *skid row* für die heruntergekommene, von Armut geprägte Gegend einer Stadt.

Dem engagierten Einsatz der Öffentlichkeit ist es zu verdanken, dass das Viertel in den 1960er-Jahren nicht der Abrissbirne zum Opfer fiel und nun als Pioneer Square–Skid Road Historic District unter Denkmalschutz steht.

Heute ist der Stadtteil sowohl historisch als auch heruntergekommen, hat aber viele Kunstgalerien, Cafés und ein reges Nachtleben zu bieten. Das Wahrzeichen des alten Stadtkerns ist der 42-stöckige **Smith Tower** (Ecke 2nd Ave S & Yesler Way; Aussichtsplattform Erw./Kind 7,50/5 US$; 10 Uhr–Sonnenuntergang), der 1914 errichtet wurde und bis 1931 das höchste Gebäude westlich des Mississippis war. Weitere Highlights sind die **Pergola** von 1909, ein schmucker, schmiedeeiserner Unterstand, der an den Eingang einer Pariser Metrostation erinnert, und der **Occidental Park** mit den vom Künstler Duane Pasco, einem Angehörigen des Chinook-Stammes, geschnitzten Totempfählen.

Klondike Gold Rush National Historical Park (www.nps.gov/klse; 117 S Main St; 9–17 Uhr; International District/Chinatown) ist ein gutes Museum, das vom National Park Service geführt wird. Es zeigt Gerätschaften, Fotos und Zeitungsausschnitte aus der Zeit des Goldrauschs am Klondike River. Seit 1897 dort das erste Gold gefunden wurde, deckten sich die Schürfer aus aller Welt im boomenden Seattle mit Vorräten ein, bevor sie ins Yukon Territory aufbrachen. Überall sonst würde so ein Museum 10 US$ Eintritt kosten, hier darf man gratis rein!

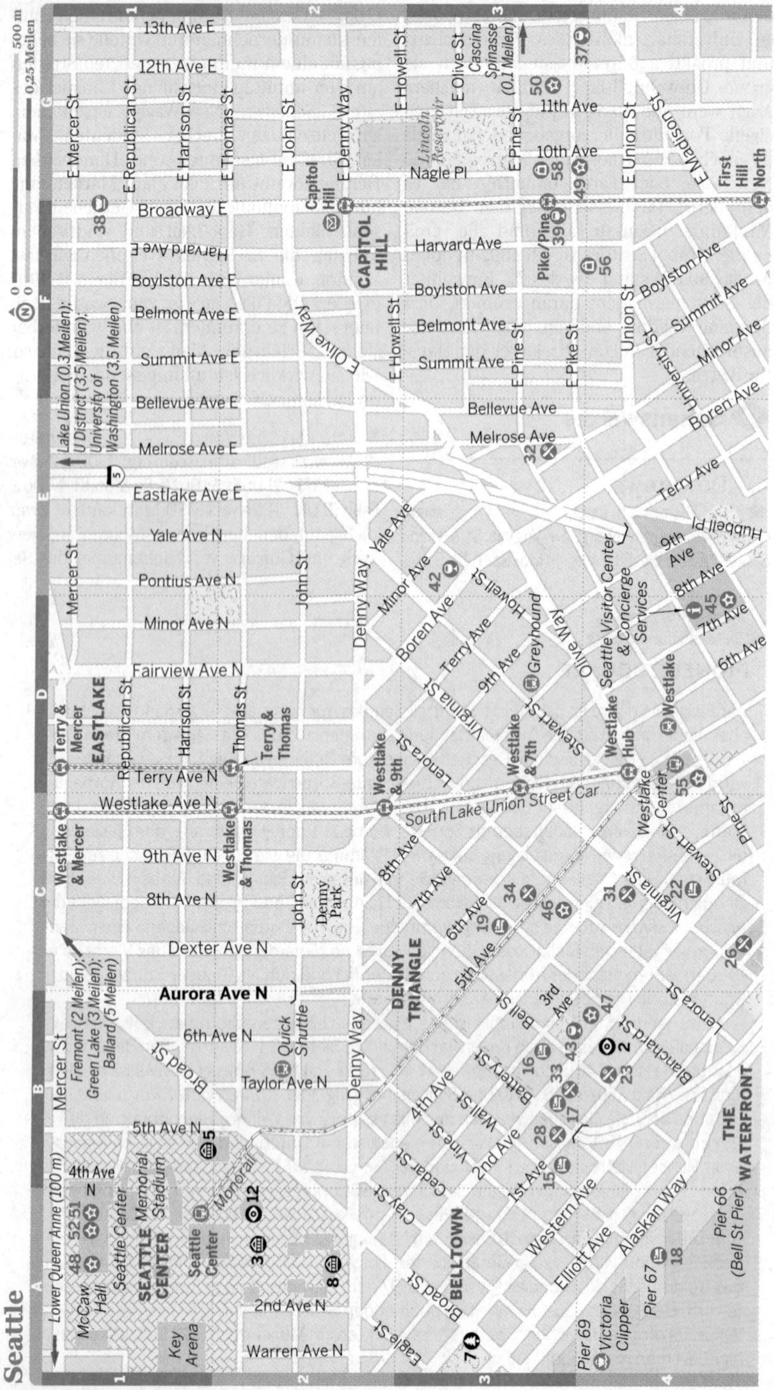

Seattle

0 500 m
0 0,25 Meilen

Lower Queen Anne (100 m)
Fremont (2 Meilen); Green Lake (3 Meilen); Ballard (5 Meilen)
Lake Union (0,3 Meilen); U District (3,5 Meilen); University of Washington (3,5 Meilen)
Cascina Spinasse (0,1 Meilen)

SEATTLE CENTER
EASTLAKE
CAPITOL HILL
DENNY TRIANGLE
BELLTOWN
THE WATERFRONT

McCaw Hall
Key Arena
Seattle Center
Memorial Stadium
Monorail
Denny Park
Lincoln Reservoir
Quick Shuttle
Greyhound
Westlake Center
Seattle Visitor Center & Concierge Services
South Lake Union Street Car
Pier 66 (Bell St Pier)
Pier 67
Pier 69
Victoria Clipper

Westlake & Mercer
Terry & Mercer
Westlake & Thomas
Terry & Thomas
Westlake & 9th
Westlake & 7th
Westlake Hub
Westlake
Capitol Hill
Pike/Pine
First Hill North

Mercer St
E Mercer St
Republican St
E Republican St
Harrison St
E Harrison St
Thomas St
E Thomas St
John St
E John St
Denny Way
E Denny Way
E Howell St
Howell St
E Olive St
E Olive Way
Olive Way
Nagle Pl
E Pine St
Pine St
E Pike St
Union St
E Union St
E Madison St
University St
Virginia St
Stewart St
Lenora St
Blanchard St
Bell St
Battery St
Wall St
Vine St
Cedar St
Clay St
Broad St
Eagle St
Hubbell Pl

4th Ave N
5th Ave N
6th Ave N
2nd Ave N
Warren Ave N
Taylor Ave N
Aurora Ave N
Dexter Ave N
8th Ave N
9th Ave N
Westlake Ave N
Terry Ave N
Fairview Ave N
Minor Ave N
Pontius Ave N
Yale Ave N
Eastlake Ave E
Melrose Ave E
Bellevue Ave E
Summit Ave E
Belmont Ave E
Boylston Ave E
Harvard Ave E
Broadway E
12th Ave E
13th Ave E
Melrose Ave
Bellevue Ave
Summit Ave
Belmont Ave
Boylston Ave
Harvard Ave
10th Ave
11th Ave
Yale Ave
Minor Ave
Boren Ave
Terry Ave
9th Ave
8th Ave
7th Ave
6th Ave
5th Ave
4th Ave
3rd Ave
2nd Ave
1st Ave
Western Ave
Elliott Ave
Alaskan Way

2 3 5 7 8 12 15 16 17 18 19 22 23 26 28 31 32 33 34 37 38 39 42 43 45 46 47 48 49 50 51 52 55 56 58

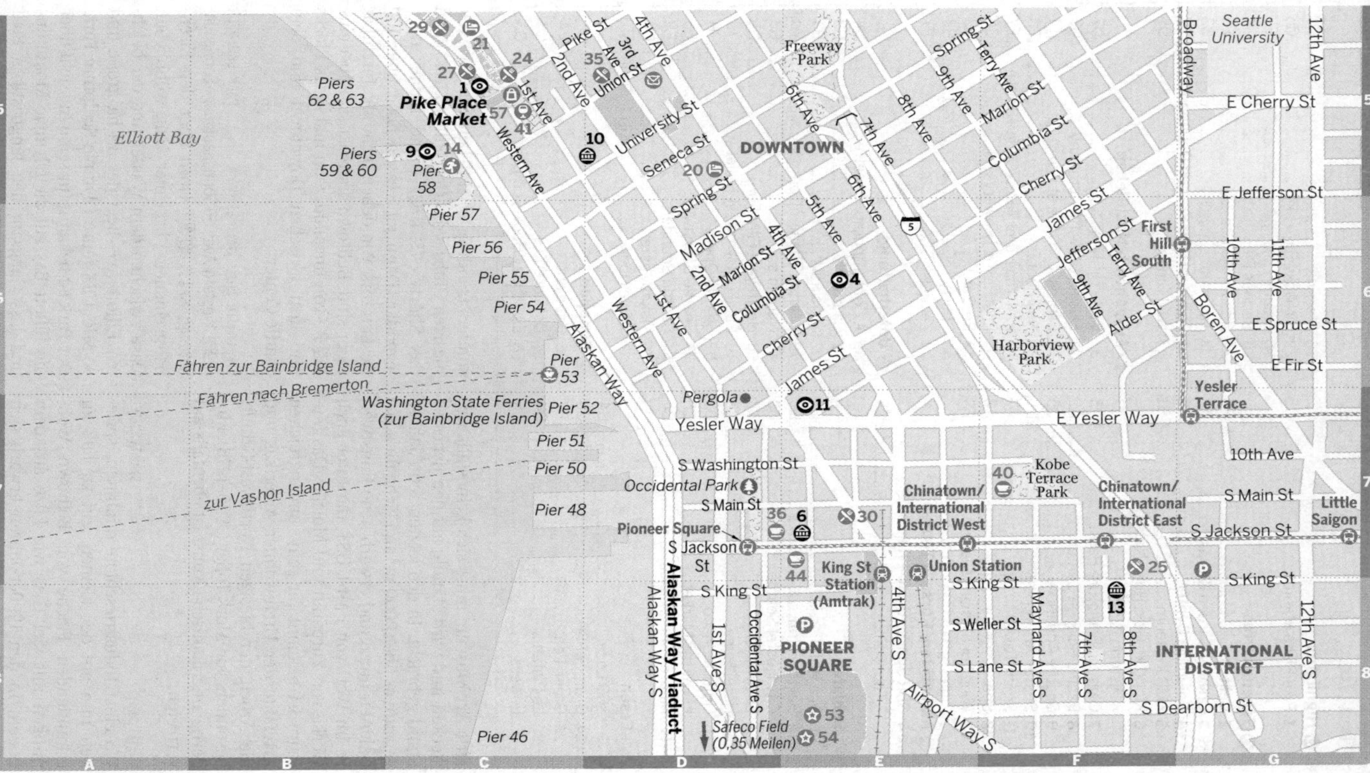
Elliott Bay
Piers 62 & 63
Pike Place Market
Piers 59 & 60
Pier 58
Pier 57
Pier 56
Pier 55
Pier 54
Pier 53
Fähren zur Bainbridge Island
Fähren nach Bremerton
Washington State Ferries (zur Bainbridge Island)
Pier 52
Pier 51
Pier 50
zur Vashon Island
Pier 48
Pier 46
Alaskan Way
Alaskan Way Viaduct
Alaskan Way S
Western Ave
1st Ave
2nd Ave
3rd Ave
4th Ave
5th Ave
6th Ave
7th Ave
8th Ave
9th Ave
10th Ave
11th Ave
12th Ave
Terry Ave
Pike St
Union St
University St
Seneca St
Spring St
Madison St
Marion St
Columbia St
Cherry St
James St
Jefferson St
Alder St
DOWNTOWN
Freeway Park
Harborview Park
Seattle University
Broadway
E Cherry St
E Jefferson St
E Spruce St
E Fir St
Boren Ave
First Hill South
Yesler Terrace
Pergola
Yesler Way
E Yesler Way
S Washington St
Occidental Park
S Main St
Pioneer Square
S Jackson St
S King St
S Weller St
S Lane St
S Dearborn St
1st Ave S
Occidental Ave S
4th Ave S
Maynard Ave S
7th Ave S
8th Ave S
12th Ave S
Airport Way S
King St Station (Amtrak)
Union Station
Chinatown/ International District West
Chinatown/ International District East
Kobe Terrace Park
Little Saigon
PIONEER SQUARE
INTERNATIONAL DISTRICT
Safeco Field (0,35 Meilen)
A
B
C
D
E
F
G
5
6
7
8
1
4
6
9
10
11
13
14
20
21
24
25
27
29
30
35
36
40
41
44
53
54
57

Seattle

Highlights
1 Pike Place Market C5

Sehenswertes
2 Belltown B4
3 Chihuly Garden & Glass A2
4 Columbia Center E6
5 EMP Museum B1
6 Klondike Gold Rush National Historical Park E7
7 Olympic Sculpture Park A3
8 Pacific Science Center A2
9 Seattle Aquarium C5
10 Seattle Art Museum D5
11 Smith Tower E7
12 Space Needle A2
13 Wing Luke Asian Museum F8

Aktivitäten, Kurse & Touren
14 SBR Seattle Bicycle Rental & Tours C5

Schlafen
15 Ace Hotel B3
16 Belltown Inn B3
17 City Hostel Seattle B3
18 Edgewater A4
19 Hotel Five C3
20 Hotel Monaco D5
21 Inn at the Market C5
22 Moore Hotel C4

Essen
23 360 Local B4
24 Crumpet Shop C5
25 Green Leaf F7
26 Le Pichet C4
27 Lowells C5
28 Macrina B3
29 Piroshky Piroshky C5
30 Salumi E7
31 Serious Pie C4
32 Sitka & Spruce E3
33 Tavolàta B3
34 Top Pot Hand-Forged Doughnuts C3
35 Wild Ginger D5

Ausgehen & Nachtleben
36 Caffè Umbria D7
37 Elysian Brewing Company G3
38 Espresso Vivace at Brix F1
39 Neighbours F3
40 Panama Hotel Tea & Coffee House F7
41 Pike Pub & Brewery C5
42 Re-Bar E3
43 Shorty's B3
44 Zeitgeist E7

Unterhaltung
45 A Contemporary Theatre D4
46 Cinerama C3
47 Crocodile B4
48 Intiman Theater Company A1
49 Neumo's G3
50 Northwest Film Forum G3
51 Pacific Northwest Ballet A1
52 Seattle Opera A1
53 Seattle Seahawks E8
54 Seattle Sounders E8
55 TicketMaster D4
Triple Door .... (siehe 35)

Shoppen
56 Babeland F4
57 DeLaurenti's C5
58 Elliott Bay Book Company G3

attle Art Museum muss sich keinesfalls verstecken und wird ständig auf den neuesten Stand gebracht. In den letzten zehn Jahren gewann es über 9000 m² an Fläche für seine Galerien hinzu und erwarb neue Kunstwerke im Wert von 1 Mrd. US$, darunter auch Werke von Zurbarán und Murillo. Das Museum ist bekannt für seine umfangreichen Artefakte der Ureinwohner Amerikas und die Arbeit der hiesigen Northwest-Schule, besonders von Mark Tobey (1890–1976). Moderne amerikanische Kunst ist ebenfalls gut vertreten.

Belltown STADTVIERTEL
Wo einst Industrieschlote qualmten, sprießen nun auf der kleinen, gut zu Fuß zu erkundenden Fläche von Belltown Wohnungen mit viel Glas wie Pilze aus dem Boden. In den 1990er-Jahren erwarb sich das Viertel einen gewissen Ruf für sein besonders trendiges Nachtleben, und zwei der hiesigen Clubs – das Crocodile (S. 1163) und das Shorty's (S. 1162) – sind immer noch legendär. Dann gibt es da noch über 100 Restaurants, von denen nicht alle furchtbar teuer sind. Belltown erstreckt sich über eine Fläche von ungefähr zehn mal sechs Blocks und liegt zwischen Downtown und dem Seattle Center.

Olympic Sculpture Park PARK, SKULPTUR
(2901 Western Ave; Sonnenaufgang–Sonnenuntergang; 13) GRATIS Hoch über den Eisenbahnschienen, in einer ungewöhnlichen Oase zwischen dem Wasser und der belebten Elliott Ave, liegt der 3,4 ha große und 85 Mio. US$ teure Olympic Sculpture Park. Der Park ist bekannt für seine Aussicht über die Elliott Bay auf die Olympic Mountains und lässt langsam den langfristigen Plan Wirklichkeit werden, eine alte Industrie-

brache mit belebender Kunst und viel Grün zu füllen.

International District

„International" bedeutet hier „asiatisch", denn die Geschäfte und Restaurants östlich des Pioneer Square sind überwiegend im Besitz von Chinesen, Vietnamesen und Philippinos.

Wing Luke Asian Museum MUSEUM
(www.wingluke.org; 719 S King St; Erw./Kind 12,95/8,95 US$; ⌚Di–So 10–17 Uhr; Chinatown/International District E) Das Museum, das sich seit der Renovierung 2008 am jetzigen Standort befindet, dokumentiert die Geschichte und Kultur der Einwanderer aus Asien und dem Pazifikraum. Dabei liegt der Schwerpunkt auf so heiklen Themen wie der Ansiedelung chinesischer Einwanderer in den 1880er-Jahren und der Internierung von japanischstämmigen Amerikanern im Zweiten Weltkrieg. Gezeigt werden auch Kunstwerke und die Originalwohnung einer Einwandererfamilie. Die angebotenen Führungen durch das Museum sind unbedingt zu empfehlen.

Seattle Center

Seit nunmehr 50 Jahren können die Überbleibsel der futuristischen Weltausstellung, die 1962 als „Ausstellung des 21. Jhs." (Century 21 Exposition) in Seattle stattfand, im Seattle Center bestaunt werden. Und was für Überbleibsel das sind! Die Ausstellung, die von 10 Mio. Menschen besucht wurde, war ein voller Erfolg – auch in finanzieller Hinsicht, was damals eher die Ausnahme war. Außerdem inspirierte sie Hollywood zu dem unter die Haut gehenden, sehr kitschigen Elvis-Film *Ob blond – ob braun* von 1963.

Space Needle WAHRZEICHEN
(www.spaceneedle.com; 400 Broad St; Erw./Kind 19/12 US$; ⌚So–Do 9.30–23, Fr & Sa 9–23.30, So 9–23 Uhr; Ⓜ Seattle Center) Ob man aus Hamburg oder Timbuktu stammt – wohl jeder verbindet Seattle mit der Space Needle, einem windschnittigen, hypermodernen Turm, der für die World's Fair von 1962 errichtet wurde und der seit über 50 Jahren das Wahrzeichen der Stadt ist. Die Space Needle überragt die Stätte der World's Fair, die heute Seattle Center heißt, und zieht trotz der hohen Eintrittsgebühr jedes Jahr über 1 Mio. Besucher an, die auf die einer fliegenden Untertasse ähnelnden Aussichtsplattform hinauf wollen.

INSIDERWISSEN

HÖHER ALS DIE SPACE NEEDLE

Jeder macht einen großen Aufriss um die Space Needle, dabei ist sie weder der höchste noch der billigste von Seattles wundervollen Aussichtspunkten. Diese Ehre gebührt dem geschmeidigen **Columbia Center** (701 5th Ave; Erw./erm. 9/6 US$; ⌚Mo–Fr 8.30–16.30 Uhr) mit getönten Scheiben, das 1985 erbaut wurde. Mit 284 m Höhe ist es das höchste Gebäude im Nordwesten der USA. Von der vornehmen Aussichtsplattform im 73. Stock hat man eine grandiose Aussicht über Fähren, Autos, Inseln, Dächer und – hihi, jawohl – die Space Needle!

EMP Museum MUSEUM
(www.empsfm.org; 325 5th Ave N; Erw./Kind 20/14 US$; ⌚Juni–Mitte Sept. 10–19 Uhr, Mitte Sept.–Mai bis 17 Uhr; Ⓜ Seattle Center) Dieser dramatische, supermoderne Bau, der die Geschichte des Rock'n'Roll nachzeichnet, wurde im Jahr 2000 als das Experience Music Project (EMP) eröffnet und erst kürzlich in das EMP-Museum verwandelt. Es wurde von Paul Allen, einem Mitgestalter von Microsoft, gegründet und ist von der Musik des in Seattle geborenen Kultgitarristen Jimi Hendrix inspiriert. Ursprünglich war es als Tribut für Hendrix allein gedacht, aber mittlerweile deckt die Sammlung auch andere einheimische Musiker ab.

Chihuly Garden & Glass MUSEUM
(☎206-753-3527; www.chihulygardenandglass.com; 305 W Harrison St; Erw./Kind 19/12 US$; ⌚So–Do 11–19, Fr & Sa bis 20 Uhr; Ⓜ Seattle Center) Es geschieht nicht jedes Jahr, dass eine Stadt von der Größe Seattles ein so hochwertiges Museum zu seiner Liste der städtischen Attraktionen hinzufügen kann. Beim ersten Besuch dieser ausgezeichneten Ausstellung über das Leben und die Arbeit des tatkräftigen hier heimischen Glasbildhauers Dale Chihuly stockt einem beinahe der Atem. Das Museum verfestigt die Position der Metropole als das Venedig Nordamerika. Es wurde im Mai 2012 eröffnet und ist seitdem schnell zu einem Wahrzeichen der Stadt geworden, das sogar der Space Needle Konkurrenz macht.

Capitol Hill

Millionäre und Punk-Musiker – das wohlhabende, liberale, ganz und gar unkonventionelle Capitol Hill ist zu Recht bekannt für alternative Musik, experimentelles Theater, unabhängige Cafés und eine sehr lebendige Schwulen- und Lesbenszene. Hier kann man seinem Hund ein Kräuterbad spendieren, auf dem Broadway ethnisches Kunsthandwerk erstehen und sich im kunterbunten Pike-Pine Corridor unter junge Punks und alte Hippies mischen (oder auch nicht). Der Straßenzug zwischen Broadway und E John St ist das Epizentrum des Stadtteils, um das sich unzählige Restaurants, Brauhäuser, Boutiquen und schummrige, aber nicht schmuddelige Kneipen drängen.

Fremont

In Fremont mischen sich in einem ungewöhnlichen städtischen Bündnis junge Hipster unter alte Hippies. Die Gegend konkurriert mit Capitol Hill um den Titel als Seattles respektlosestes Viertel. Sie ist voller Ramschläden und städtischer Skulpturen und hat einen gesunden Sinn für die eigene Aberwitzigkeit.

Kunst im öffentlichen Raum SKULPTUREN

Kunst im öffentlichen Raum war in Fremont schon immer provokanter als anderswo. Ein gutes Beispiel dafür ist **Waiting for the Interurban** (Ecke N 34th St & Fremont Ave N), eine Figurengruppe aus Aluminiumguss, die auf einen Zug wartet. Der wird aber niemals kommen, denn der Betrieb der Interurban-Bahn, die einst zwischen Seattle und Everett verkehrte, wurde bereits in den 1930er-Jahren eingestellt. Seit 2001 fährt die Bahn zwar wieder, kommt hier aber nicht mehr vorbei. Das sehr menschliche Antlitz des Hundes trägt die Gesichtszüge von Armen Stepanian, dem ehemaligen Bürgermeister von Fremont, der es gewagt hatte, die Skulptur abzulehnen. Ebenso beeindruckend ist der **Fremont Troll** (Ecke N 36th St & Troll Ave), ein furchterregend dreinschauender, 5,5 m großer Riese, der in seiner linken Hand einen VW Käfer zerquetscht. Dagegen ist die **Fremont Rocket** (Ecke Evanston Ave & N 35th St) eine echte Rakete, die 1993 in Belltown vor dem Verschrotten bewahrt wurde und seitdem in einem Haus steckt. Na ja, interessant… Das am heftigsten umstrittene Kunstwerk in Fremont ist die **Lenin-Statue** (Ecke N 36th & St & Fremont Pl N), die nach der Wende 1989 in der Slowakei demontiert und hier wieder aufgestellt wurde. Selbst strikte Gegner des Kommunismus sind beeindruckt von diesem Kunstwerk – und der Unverfrorenheit, es aufzustellen.

Der U-District

Im U-dub, einem Viertel voller junger, lernbegieriger Auswärtiger, ist der wunderschöne, grüne Campus der University of Washington direkt neben der schäbigeren „Ave" platziert, einer ungewöhnlichen Straße mit billigen Boutiquen, Spelunken und urwüchsigen Restaurants.

University of Washington UNIVERSITÄT

(www.washington.edu; 🚌70) Die 1861 gegründete Universität von Seattle ist fast so alt wie die Stadt selbst und weltweit hoch angesehen (in dem repräsentativen Magazin *Times Higher Education* kam sie 2013 auf Platz 24 der besten Unis der Welt). Der heutige 2,8 km^2 große Campus liegt am Ufer des Lake Union etwa 3 Meilen (4,8 km) nordöstlich von Downtown. Er ist gesprenkelt mit stattlichen Bäumen und wunderschöner Architektur und bietet einen tollen Ausblick auf den Mt. Rainier umrahmt von Springbrunnen und Laubwerk.

Burke Museum MUSEUM

(www.burkemuseum.org; Ecke 17th Ave NE & NE 45th St; Erw./Kind 10/7,50 US$; ⌚10–17 Uhr; 🚌70) Von den beiden Museen der University of Washington ist das Burke das bessere. Die Hauptsammlung beinhaltet eine beeindruckende Menge Fossilien, darunter ein 20 000 Jahre alter Säbelzahntiger. Genauso fesselnd ist das Schwerpunktthema: 17 verschiedene Kulturen der Ureinwohner Amerikas.

Ballard

Ballard ist eine ehemalige Seefahrergemeinde mit spürbarem skandinavischem Erbe. Hier fühlt man sich immer noch wie in einer kleinen Stadt, die von einer größeren umschlossen wird. Das Viertel ist traditionell rau, nüchtern und unkommerziell, und obwohl hier langsam immer mehr moderne Wohnungen gebaut werden, ist es immer noch ein guter Ort, um ein handgebrautes Bier zu trinken oder sich eine Liveband anzusehen.

Hiram M. Chittenden Locks GÄRTEN

(3015 NW 54th St; ⌚Schleusen 24 Std., Treppe & Gärten 7–21 Uhr, Visitor Center Mai–Sept. 10–18 Uhr;

NICHT VERSÄUMEN

DISCOVERY PARK

Der **Discovery Park** (www.seattle.gov/parks/environment/discovery.htm; 🚌33) ist eine ehemalige Militäranlage, die in einen rauen Küstenpark umgewandelt wurde, der das Stadtbild noch nicht allzu lange prägt – offiziell wurde er 1973 eröffnet, und erst 2012 zog sich das amerikanische Militär daraus zurück. Der Park umfasst mit 2,2 km² die größte Grünfläche der Stadt und ist durchsetzt mit Klippen, Wiesen, Sanddünen, Wald und Stränden. Hier haben die Bewohner Seattles einen willkommenen Platz zum Atmen – und er ist Lebensraum für Flora und Fauna. Im **Discovery Park Environmental Learning Center** (☎206-386-4236; 3801 W Government Way; ⏲8.30–17 Uhr) in der Nähe des Government-Way-Eingangs gibt es Straßen- und Wegekarten des Parks. Der Park liegt 5 Meilen (8 km) nordwestlich von Downtown Seattle im Viertel Magnolia. Um hierher zu kommen, nimmt man Bus 33 ab der Haltestelle 3rd Ave & Union St in Downtown.

🚌62) An sonnigen Tagen schimmert Seattle rund um die Hiram M. Chittenden Locks wie ein impressionistisches Gemälde. Hier stürzt das Süßwasser des Lake Washington und des Lake Union, das durch den fast 13 km langen Lake Washington Ship Canal fließt, fast 7 m hinunter ins Salzwasser des Puget Sound. Auf der Südseite der Schleusen sieht man aus verglasten Unterwassertanks eine Fischtreppe. Die angrenzenden Carl English Jr. Botanical Gardens auf der Nordseite umfassen ein kleines Museum und ein Visitor Center, das die Geschichte der Schleusen dokumentiert.

Aktivitäten

Radfahren

Der 16,5 Meilen (30 km) lange **Burke-Gilman Trail** ist ein sehr beliebter Radweg, der von Ballard zum Log Boom Park in Kenmore in Seattles Eastside führt. Dort geht er in den 11 Meilen (20 km) langen **Sammamish River Trail** über, der am Weingut Chateau Ste Michelle in Woodinville vorbeiführt, bevor er am Marymoor Park in Redmond endet.

Auf dem beliebten Rundweg um den **Green Lake**, der gleich nördlich von Fremont und 5 Meilen (9 km) nördlich vom Stadtzentrum liegt, treten noch mehr Radler in die Pedalen. Der 2, 5 Meilen (4,6 km) lange **Elliott Bay Trail** führt von Belltown am Wasser entlang nach Smith Cove.

Im Internet oder in Fahrradläden ist die *Seattle Bicycling Guide Map* erhältlich, die vom **Transportation Bicycle & Pedestrian Program** (www.cityofseattle.net/transportation/bikemaps.htm) der Stadt von Seattle herausgegeben wird.

Fahrradverleih und Touren bietet **Recycled Cycles** (www.recycledcycles.com; 1007 NE Boat St; Fahrradverleih pro 6/24 Std. 20/40 US$; ⏲Mo–Fr 10–20, Sa & So bis 18 Uhr; 👪; 🚌66), ein netter Laden im U-District, der auch Anhänger und Fahrradausstattung für Kinder hat. Oder man geht zu **SBR Seattle Bicycle Rental & Tours** (☎800-349-0343; www.seattlebicyclerentals.com; Pier 58; Fahrradverleih pro Std./Tag 10/40 US$; ⏲Mi–Mo 11–19 Uhr; 🚇University St), wo es gute Preise und Tagestouren gibt (online buchen!).

Wassersport

Seattle hat nicht nur ein dichtes Radwegenetz – das an Venedig erinnernde Zentrum ist von einer Vielzahl Wasserwege durchzogen, auf denen man prima paddeln kann. So verbindet der **Lakes to Locks Water Trail** den Lake Sammamish nicht nur mit dem Lake Washington und dem Lake Union, sondern auch über die Hiram-M.-Chittenden-Schleuse mit dem Puget Sound. Landkarten und Infos zu den Einstiegstellen gibt's auf der Website der **Washington Water Trails Association** (www.wwta.org).

Northwest Outdoor Center Inc (www.nwoc.com; 2100 Westlake Ave N; Kajak 14–22 US$/Std.) Der Veranstalter am Lake Union verleiht nicht nur Kajaks, sondern bietet auch Touren und Kurse im Meer- und Wildwasserkajakfahren an.

Geführte Touren

Seattle Free Walking Tours STADTSPAZIERGANG (www.seattlefreewalkingtours.org) Dieses gemeinnützige Unternehmen wurde 2012 von Weltenbummlern und Einwohnern Seattles gegründet. Die persönlichen zweistündigen Touren beginnen täglich um 11 Uhr an der Ecke Western Ave und Virginia St. Wem es gefallen hat (sehr wahrscheinlich), der wird um eine Spende von 15 US$ gebeten.

Seattle by Foot STADTSPAZIERGANG (☎206-508-7017; www.seattlebyfoot.com; geführte Touren 20–25 US$) Dieses Unternehmen organisiert Führungen wie den quasi unum-

SEATTLE MIT KINDERN

Mit Kindern sollte man schnurstracks – und vorzugsweise mit der Monorail – zum Seattle Center fahren. Hier lassen Imbissstände, Straßenkünstler, Springbrunnen und Grünflächen den Tag im Nu vergehen. Ein absolutes Muss ist das **Pacific Science Center** (www.pacsci.org; 200 2nd Ave N; Erw./Kind nur Ausstellungen 18/13 US$, inkl. IMAX 22/17 US$; Mo–Fr 10–17, Sa & So bis 18 Uhr; Seattle Center), das mit virtuellen realitätsnahen Ausstellungen, Lasershows, Hologrammen, einem IMAX-Kino und einem Planetarium nicht nur unterhält, sondern auch bildet. Auch für Erwachsene sehr interessant!

In Downtown am Pier 59 befindet sich das **Seattle Aquarium** (www.seattleaquarium.org; 1483 Alaskan Way, Pier 59; Erw./Kind 19/12 US$; 9.30–17 Uhr; ; University St), eine coole Möglichkeit, mehr über die Natur des Nordwestens zu erfahren. Noch besser ist der **Woodland Park Zoo** (206-684-4800; www.zoo.org; 5500 Phinney Ave N; Erw./Kind Okt.–April 12,50/8,75 US$, Mai–Sept. 18,75/11,75 US$; Okt.–April 9.30–16 Uhr, Mai–Sept. bis 18 Uhr; ; 5) im Viertel Green Lake, eine der größten Touristenattraktionen Seattles. Der Zoo schafft es immer wieder unter die zehn besten des Landes.

gänglichen Coffee Crawl, bei dem einem das Koffein förmlich aufgedrängt wird, während man die Nuancen der Latte-Kunst erklärt bekommt und in die Geheimnisse des Aufstiegs von Starbucks eingeweiht wird. Die Führung kostet 25 US$ inklusive Kostproben. Anmeldung ist von Donnerstag bis Sonntag um 9.50 Uhr vor dem Seattle Art Museum.

Savor Seattle FEINSCHMECKERTOUR
(206-209-5485; www.savorseattletours.com; geführte Touren 59,99 US$) Dieser Anbieter organisiert eine Handvoll gastronomischer Touren, von denen die beste die zweistündige Booze-n-Bites-Tour ist, die täglich um 16 Uhr an der Ecke Western Ave & Virginia St beginnt.

Feste & Events

Seattle International Film Festival FILM
(SIFF; www.siff.net; Tickets 13–30 US$; Mitte Mai) Das größte Filmfestival der Stadt nimmt ein halbes Dutzend Kinos in Beschlag und verfügt zusätzlich über ein eigenes, extra hierfür reserviertes Kino in der McCaw Hall's Nesholm Family Lecture Hall.

Seafair WASSER
(www.seafair.com; Juli/Aug.) Zu diesem Festival auf dem Wasser kommen jede Menge Menschen. Mit dabei sind Gleitbootrennen, ein Fackelumzug, eine Luft-Show, Musik und ein Jahrmarkt.

Bumbershoot MUSIK, LITERATUR
(www.bumbershoot.com; Sept.) Ein großes Kunst- und Kulturereignis im Seattle Center am Labor Day-Wochenende im September. Es gibt Livemusik, Autorenlesungen und jede Menge unbeschreiblichen Spaß.

Schlafen

Von Mitte November bis Ende März bieten die meisten Hotels im Stadtzentrum sogenannte Seattle Super Saver Packages – normalerweise Rabatte von 50 % plus Gutscheine für Lokale, Läden und Attraktionen. Reservieren kann man online unter www.seattlesupersaver.com.

★ **Moore Hotel** HOTEL $
(206-448-4851; www.moorehotel.com; 1926 2nd Ave; EZ/DZ mit Gemeinschaftsbad 68/80 US$, mit eigenem Bad 85/97 US$; ; Westlake) Das Moore ist zwar altertümlich – und angeblich spukt es hier –, aber nichtsdestotrotz hat es freundliches Personal an der Rezeption und eine erstklassige Lage. Wen das nicht überzeugt, der sollte sich die Preise anschauen. Auf dem Anwesen befinden sich auch ein nettes, kleines Café und die alternative Nitelite Lounge nebenan. Von hier aus ist es nur ein Katzensprung zum Pike Place Market.

City Hostel Seattle HOSTEL $
(206-706-3255; www.hostelseattle.com; 2327 2nd Ave; 6BZ/4BZ 28/32 US$, DZ 73 US$, alle inkl. Frühstück; @; Rapid Ride D-Line) Mitten in Belltown für fast nichts in einer Kunstgalerie übernachten – das wird in diesem neuen „Kunsthostel" zur Realität. Da kommen einem die Hostels zu Mamas und Papas Zeiten vergleichsweise spartanisch vor. Abgesehen von kunstvollen Schlafsälen gibt es hier einen Gemeinschaftsraum, einen Whirlpool, ein hauseigenes Kino (mit kostenlosen DVDs) und *All you can eat*-Frühstück.

★ **Hotel Five** BOUTIQUEHOTEL $$
(206-441-9785; www.hotelfiveseattle.com; 2200 5th Ave; Zi. ab 165 US$; P; 13) Diese

wundervolle Reinkarnation des alten Ramada Inn in der Fifth Ave in Belltown verbindet Möbel aus den 1970er-Jahren mit leuchtenden Farbakzenten und fabriziert so etwas umwerfend Modernes. Zudem ist es sehr zweckmäßig. Die superbequemen Betten könnten zur Behandlung gegen Schlaflosigkeit eingesetzt werden, und der große Rezeptionsbereich lädt zum Verweilen ein, besonders wenn am Spätnachmittag Cupcakes und Kaffee gratis angeboten werden.

★Maxwell Hotel BOUTIQUEHOTEL **$$**
(206-286-0629; www.themaxwellhotel.com; 300 Roy St; Zi. ab 179 US$; P ❄ @ ≋; Rapid Ride D-Line) Ein traumhaftes Boutiquehotel im Viertel Lower Queen Anne: Die riesige Designer-Lobby des Maxwell allein reicht schon aus, um jedem die Kreditkarte aus der Tasche zu ziehen. Online gibt es oft Angebote.

Ace Hotel HOTEL **$$**
(206-448-4721; www.acehotel.com; 2423 1st Ave; Zi. mit Gemeinschaftsbad/eigenem Bad 109/199 US$; P; 13) Das Ace eifert seinem hippen Cousin in Portland nach. Es verfügt über minimalistische, futuristische Einrichtung (alles ist weiß oder aus Edelstahl, sogar der TV), französische Armeedecken, Kondome statt Süßigkeiten auf dem Kopfkissen und eine Ausgabe des *Kamasutra* anstelle der Bibel. Parken kostet 15 US$.

Belltown Inn HOTEL **$$**
(206-529-3700; www.belltown-inn.com; 2301 3rd Ave; EZ/DZ 159/164 US$; P ❄ @; Rapid Ride D-Line) Das kann fast nicht wahr sein! Das Belltown Inn ist so ein Schnäppchen in einer dermaßen erstklassigen Lage, dass man glauben könnte, es wurde aus Versehen aus einer kleineren, preislich viel günstigeren Stadt hierher versetzt. Aber nein: saubere, zweckmäßige Zimmer, praktische Küchenzeilen, eine Dachterrasse, kostenlose Fahrräder und – sehr wichtig! – Regenschirme zum Ausleihen kosten hier nicht mehr als ein schickes Abendessen.

Mediterranean Inn HOTEL **$$**
(206-428-4700; www.mediterranean-inn.com; 425 Queen Anne Ave N; Zi. ab 159 US$; P ❄ @; Rapid Ride D-Line) Irgendetwas verleiht dem erstaunlich „unmediterranen" Mediterranean Inn das gewisse Etwas. Nur was? Die Nähe zu Belltown, das reundliche Personal, die Küchenzeile in jedem Zimmer, der kleine Fitnessraum im Untergeschoss oder die fast schon sterile Sauberkeit der Zimmer? Egal – man sollte es einfach nur genießen!

★Edgewater HOTEL **$$$**
(206-728-7000; www.edgewaterhotel.com; Pier 67, 2411 Alaskan Way; Zi. 420–750; P ❄ @; 13) Das Edgewater ist berühmt und berüchtigt zugleich. Das Hotel über dem Wasser auf einem Pier war einst die erste Wahl für jede wichtige Rockband, darunter die Beatles, die Rolling Stones und Led Zeppelin, die den Werbeslogan „Hier können sie aus dem Zimmerfenster angeln" zu ernst nahmen und sich Haie in ihre Suite holten.

Hotel Monaco BOUTIQUEHOTEL **$$$**
(206-621-1770; www.monaco-seattle.com; 1101 4th Ave; DZ/Suite 339/399 US$; P @; University St) Das wunderliche Downtown-Hotel Monaco mit einem Hauch europäischer Eleganz ist alle seine vier glänzenden Sterne wert. Hier wohnen Gäste zwischen gestreiften Tapeten und schweren Vorhängen.

Inn at the Market BOUTIQUEHOTEL **$$$**
(206-443-3600; www.innatthemarket.com; 86 Pine St; Zi. mit/ohne Blick aufs Wasser 370/255 US$; P ❄; Westlake) Das elegante Boutiquehotel ist die einzige Unterkunft am ehrwürdigen Pike Place Market. Es hat 70 große Zimmer, viele davon mit einem tollen Blick auf das Marktgeschehen und den Puget Sound. Ein Parkplatz kostet 20 US$.

Essen

Am besten und preiswertesten isst man auf dem Pike Place Market. Selbstversorger finden dort die frischesten Zutaten, leckere Backwaren und Feinkost aller Art sowie Essen aus aller Welt zum Mitnehmen.

★Top Pot Hand-Forged Doughnuts CAFÉ **$**
(www.toppotdoughnuts.com; 2124 5th Ave; Donuts ab 1,50 US$; 6–19 Uhr; 13) Das Top Pot verhält sich zu Donuts wie Champagner zu Wein: Das ist einfach eine andere Klasse. Und die Cafés – vor allem dieses hier in einem alten Ausstellungsraum für Autos mit deckenhohen Bücherregalen und Art-déco-Beschilderung – sind alle legendär. Der Kaffee ist auch ziemlich stark.

★Piroshky Piroshky BÄCKEREI **$**
(www.piroshkybakery.com; 1908 Pike Pl; Snacks 2–7 US$; Okt.–April 8–18.30 Uhr, Mai–Sept. ab 7.30 Uhr; Westlake) Dies ist der Beweis, dass nicht alle total beliebten Läden vom Pike Place die Welt erobern (à la Starbucks). Das Piroshky serviert seinen köstlichen Mix aus süßen und herzhaften russischen Kuchen

und Gebäck immer noch in einem Laden, in dem man sich kaum umdrehen kann. Einfach ins Getümmel stürzen und was zum Mitnehmen bestellen!

★Salumi SANDWICHES **$**

(www.salumicuredmeats.com; 309 3rd Ave S; Sandwiches 7–10 US$; ⌚Di–Fr 11–16 Uhr; Ⓡ International District/Chinatown) Die Schlange vor dem Salumi gehört hier schon seit Langem zum Straßenbild. Dieser Laden hat mittlerweile schon seine eigene Gemeinde aus Chat-Besuchern, Food-Bloggern, Twitter-Nutzern und Liebhabern von Gourmet-Sandwiches, die alle ihre Einträge vergleichen. Wahrscheinlich trägt dazu auch die Tatsache bei, dass das Salumi dem Vater des berühmten Kochs Mario Batali gehört.

★Pie PIES **$**

(☎206-436-8590; www.sweetandsavorypie.com; 3515 Fremont Ave N; Pies 5,95 US$; ⌚Mo–Do 9–21, Fr & Sa bis 14, So 10–18 Uhr; Ⓑ26) 🍃 Einfacher als im Pie geht es nicht: Man backe jeden Tag frische Pies, fülle sie mit Hausgemachtem (süß und herzhaft) und serviere sie in einem coolen, farbenfrohen Café in Fremont. Die Pies sind ideal als kleines Mittagessen – oder man kauft sich noch einen süßen als Nachspeise hinterher.

★Green Leaf VIETNAMESISCH **$**

(☎206-340-1388; www.greenleaftaste.com; 418 8th Ave S; Pho 7,95 US$, Angebote 11,95 US$; ⌚11–22 Uhr; Ⓑ Chinatown/International District E) So eng wie ein Zugwaggon und so überfüllt wie ein Pub voller Fans der Seattle Sounders: Im Green Leaf kommt das Essen blitzschnell aus der winzigen Küche auf die schwarz schimmernden Tische. Die Gäste schreien sich hier über den riesigen Schüsseln mit traditioneller oder vegetarischer Pho (Nudelsuppe) oder einer atemberaubenden Version von *bahn xeo* – einer Art Mischung aus Pfannkuchen und Omelette – regelrecht an.

Crumpet Shop TEEKUCHEN **$**

(1503 1st Ave; Teekuchen 3–6 US$; ⌚7–17 Uhr; Ⓡ Westlake) Man nehme eine begehrte britische Erfindung (den Teekuchen) und gebe ihr einen gewissen amerikanischen Touch (viel zu verschwenderische Garnierung): Heraus kommt ein weiterer Grund, sein Frühstück oder Mittagessen im Pike Place Market einzunehmen.

Macrina BÄCKEREI **$**

(☎206-448-4032; 2408 1st Ave; Gebäck 2–3,75 US$; ⌚7–19 Uhr; Ⓑ13) Die Schlange vor dieser Bäckerei hat ihren Grund: verdammt gutes selbst gemachtes Brot (man kann durch ein Fenster den Profis beim Teigrollen zuschauen). Im Macrina gibt es zwei Möglichkeiten und zwei Schlangen. Eine ist die fantastische Theke mit Leckerbissen zum Mitnehmen (vielleicht die beste in Seattle), die andere das Café mit den Sandwiches, die so gut sind, als kämen sie aus Paris, mit Suppen und anderen Snacks. Einfach unter die anderen Fans mischen!

Lowells DINER **$**

(www.eatatlowells.com; 1519 Pike Pl; Hauptgerichte 6–9 US$; ⌚7–18 Uhr; Ⓡ Westlake) Fish & Chips ist ein einfaches und oft schlecht zubereitetes Essen. Hier nicht. Vorn am Eingang bestellt man eine Portion mit Alaska-Kabeljau, geht dann einen Stock höher und genießt den Fisch bei herrlichem Blick auf den Puget Sound. Außerdem gibt's gehacktes Cornedbeef und einen ausgezeichneten Venusmuschel-Eintopf.

★Serious Pie PIZZA **$$**

(www.tomdouglas.com; 316 Virginia St; Pizza 16–18 US$; ⌚11–23 Uhr; Ⓡ Westlake) Es ist ein kühner Versuch, eine bodenständige italienische Pizza mit Feinschmecker-Touch zu pimpen, aber das einheimische, kulinarische Phänomen Tom Douglas zieht das mit lockerer Gelassenheit durch. Im beengten Raum des Serious Pie können die Gäste wunderbar fluffige Pizzaböden mit so unkonventionellen Belägen wie Muscheln, Grünkohl, Kartoffeln, Äpfeln, Pistazien etc. genießen. Das schmeckt wirklich gut!

★Wild Ginger ASIATISCH **$$**

(www.wildginger.net; 1401 3rd Ave; Hauptgerichte 15–28 US$; ⌚Mo–Sa 11–15 & 17–23, So 16–21 Uhr; Ⓡ University St) In diesem sehr beliebten Fusion-Restaurant in Downtown gibt es vor allem Speisen aus der Pacific-Rim-Region: aus China, Indonesien, Malaysia, Vietnam und – natürlich – Seattle. Die typische lecker duftende Ente spült man am besten mit einem Glas Riesling runter. Das Restaurant versorgt auch den schicken Club **Triple Door** (☎206-838-4333; www.thetripledoor.net; 216 Union St; Ⓡ University St) im Untergeschoss mit Essbarem.

★Toulouse Petit CAJUN **$$**

(☎206-432-9069; 601 Queen Anne Ave N; Hauptgerichte 13–17 US$; ⌚8–2 Uhr; Ⓑ13) Das Toulouse Petit ist ein Phänomen in Seattle. Wegen seiner großzügigen Happy Hours, den günstigen Brunches und der ausgelassenen

Atmosphäre ist es überaus beliebt und immer voll und laut. Irgendwo hinter dieser Kakophonie versteckt sich sehr spezielles Essen, das dem des Big Easy (New Orleans) große Konkurrenz macht.

360 Local NORDWEST-KÜCHE $$
(206-441-9360; www.local360.org; Ecke 1st Ave & Bell St; Hauptgerichte 16–26 US$; Mo–Fr 11 Uhr–open end, Sa & So 8 Uhr–open end; 13) Dieses neue Restaurant bezieht 90 % seiner Zutaten aus einem Radius von 360 Meilen (580 km) und hält sich damit streng an seine ambitionierten Ökogrundsätze. Auf der Tageskarte sind die Farmen angegeben, von denen das Fleisch kommt, und die hölzerne Inneneinrichtung verleiht dem Lokal den Look einer rustikalen Scheune. Bei so einem ertragreichen Umfeld muss das Essen etwas Besonderes sein! Das Kaninchen, die Austern und den Kichererbsenkuchen probieren!

Le Pichet FRANZÖSISCH $$
(www.lepichetseattle.com; 1933 1st Ave; Mittagessen/Hauptgerichte 9/18 US$; 8–24 Uhr; Westlake) *Bienvenue* im Le Pichet in der Nähe des Pike Place Market, einem sehr französischen Bistro, in dem man Pasteten, Käse, Wein und Schokolade in edlem Pariser Flair genießen kann. Eine günstige Möglichkeit, sein Date zu beeindrucken!

★Cascina Spinasse ITALIENISCH $$$
(206-251-7673; www.spinasse.com; 1531 14th Ave; 2-Gänge-Menü 40 US$; So–Do 17–22, Fr & Sa bis 23 Uhr; 11) Hinter den eher betulichen Spitzenvorhängen verbirgt sich das wahrscheinlich beste neue Restaurant Seattles. Das Spinasse hat sich auf die Küche der Piedmont-Region im Norden Italiens spezialisiert. Das heißt: köstlich zubereitete Ravioli, buttrige Risottos (mit Brennnesseln verfeinert – oho!), Fleischbällchen vom Kaninchen und geröstete Artischocken.

★Sitka & Spruce NORDWEST-KÜCHE $$$
(206-324-0662; www.sitkaandspruce.com; 1531 Melrose Ave E; kleine Teller 8–24 US$; 11.30–14 & 17.30–22 Uhr; 10) Das nette Lokal ist nach Capitol Hill umgezogen und serviert dort kleine Gerichte. Es löst wegen seiner lockeren Atmosphäre, der ständig wechselnden Speisekarte, einer guten Weinauswahl und des engagierten Besitzers und Kochs (er bringt das Brot selbst an den Tisch) große Begeisterung aus. Alle Zutaten kommen von regionalen Erzeugern, und die Idee ist es, dass sich die Gäste aus verschiedenen kleinen Tellern ein Gericht zusammenstellen.

Tavolàta ITALIENISCH $$$
(206-838-8008; 2323 2nd Ave; Gerichte 40–75 US$; 17–23 Uhr; 13) An einem riesigen Gemeinschaftstisch zu essen war etwas, dass man früher nur widerstrebend in Jugendherbergen gemacht hat. Aber seit Neuestem ist das wieder richtig hip und wird in coolen Restaurants in Belltown regelmäßig praktiziert. So auch im Tavolàta, das dem aus Seattle stammenden Spitzenkoch Ethan Stowell gehört. Die Einrichtung passt ins industrielle Belltown, aber die Speisekarte erinnert eher an eine italienische Trattoria (selbst gemachte Pasta) mit einigen Einflüssen aus dem Nordwesten (Brennnesseln).

Ausgehen & Nachtleben

Wenn es um Kaffeekultur geht, ist Starbucks nur die Spitze des Eisbergs. In der Stadt gibt es noch jede Menge kleinere unabhängige Ketten, von denen viele ihre eigene Rösterei haben. Ausschau nach Uptown Espresso, Caffe Ladro und Espresso Vivace halten!

Auf dem Capitol Hill gibt es Cocktailbars, Tanzclubs und Livemusik. An der Hauptstraße in Ballard reihen sich alte und neue Backsteintavernen aneinander, in denen tagsüber eine ältere, trinkfeste Klientel und abends Indie-Rocker hocken. Belltown hat sich von schmuddelig zu schäbig-schick hochgearbeitet und bietet den Vorteil, dass sich hier viele Kneipen aneinanderreihen.

Zeitgeist CAFÉ
(www.zeitgeistcoffee.com; 171 S Jackson St; Mo–Fr 6–19, Sa & So ab 8 Uhr; ; Pioneer Sq) Einfach zuhören und sich vom beruhigenden Brummen der Konversation einlullen lassen: In den offenen Backsteinräumen des Zeitgeist reden die Leute tatsächlich miteinander – und sind nicht nur auf ihre Laptops fixiert. Mithilfe des die Zunge lockernden Koffeins kann man sich zu ihnen gesellen und über die herrlich glatte Oberfläche seines *doppio macchiato* oder die süße Intensität des Mandelcroissants diskutieren.

★Pike Pub & Brewery BRAUEREI
(www.pikebrewing.com; 1415 1st Ave; 11–24 Uhr; University St) Diese Brauereikneipe führte die Revolution der Kleinbrauereien an und eröffnete schon 1989 unterhalb des Pike Place Market. Auch heute noch werden hier raffinierte Kneipenkost und hopfiges Bier auf mehreren neo-industriellen Ebenen serviert: das Paradies für jeden Biertrinker. Die Brauerei veranstaltet jeden Tag um 14 Uhr kostenlose Führungen.

★Espresso Vivace at Brix CAFÉ
(www.espressovivace.com; 532 Broadway E; ⌚6–23 Uhr; 🚌60) Das Vivace wird sowohl für seinen nüchternen Verkaufsstand am Broadway als auch für dieses neuere Café (ein großer Retro-Raum mit einer wunderbar stromlinienförmigen modernen Theke) verehrt und ist dafür bekannt, sozusagen die Picassos der Latte-Kunst herzustellen. Aber hier gibt es nicht nur hübschen Milchschaum. Für viele Kaffeeexperten Seattles sind die Espressi die besten in der Stadt.

★Fremont Brewing BRAUEREI
(www.fremontbrewing.com; 3409 Woodland Park Ave N; ⌚Mo–Mi 11–19, Do–Sa bis 20, So bis 18 Uhr; 🚌26) Diese 2008 eröffnete Brauerei ist keine normale Bar (immerhin sind wir hier in Fremont!). Sie hat nämlich einen sogenannten städtischen Biergarten! Das heißt, die Leute sitzen in der Brauerei an ein paar langen Biertischen zusammen und genießen verschiedene Biere, die als einige der besten der Stadt bejubelt werden.

★Shorty's BAR
(www.shortydog.com; 2222 2nd Ave; ⌚12–2 Uhr; 🚌13) Im Shorty's dreht sich alles um Bier, Flippern und Musik – meistens Punk und Metal. Dieses Überbleibsel aus Belltowns schäbigeren Tagen wehrt sich dagegen, ein Anachronismus zu werden und hält das Licht schummrig (um den Schmutz zu verstecken?) und die Musik laut. In jeden Tisch ist ein Flipperautomat eingebaut, und es gibt ein paar sehr einfache Snacks (Hot Dogs, Nachos), die das Bier aufsaugen.

★Noble Fir BAR
(☎206-420-7425; www.thenoblefir.com; 5316 Ballard Ave NW; ⌚Mo–Mi 16–23, Do–Sa bis 1, So 12–23 Uhr; 🚌17) Das Noble Fir ist wahrscheinlich die erste Bar, die sich thematisch ganz und gar dem Wandern in der Wildnis verschrieben hat. Sie ist neu in Ballard und ein helles, schickes Plätzchen mit einer Wahnsinnsbierkarte, die einen schnell die eigentlich geplanten Ausflüge im Freien vergessen lässt. Wenn der Tatendrang zu schwinden droht, sollte man sich schnell in die hintere Ecke verziehen, wo es eine kleine Bücherei mit Outdoor-Führern und Karten gibt, die einen frisch inspirieren.

Elysian Brewing Company BRAUEREI
(www.elysianbrewing.com; 1221 E Pike St; ⌚11.30–2 Uhr; 🚌Pike-Pine) Durch die riesigen Fenster des Elysian kann man wunderbar Leute beobachten – oder beobachtet werden. Es ist eine der besten Brauereikneipen Seattles und vor allem wegen seiner würzigen Kürbisbiere beliebt. Die Besitzer betreiben auch das Tangletown Pub nahe dem Green Lake.

Panama Hotel Tea & Coffee House CAFÉ
(607 S Main St; ⌚Mo–Sa 8–19, So ab 9 Uhr; 🚌Chinatown/International District W) Das Panama, ein historisches Gebäude aus dem Jahr 1910, beherbergt das einzige verbliebene japanische Bad in Amerika und dient gleichzeitig als Gedenkstätte für die japanischen Bewohner der Nachbarschaft, die während des Zweiten Weltkriegs ins Internierungslager geschickt wurden. Das wunderbar entspannte Café hat eine große Teeauswahl und ist einer der wenigen Orte in Seattle, wo italienischer Lavazza-Kaffee verkauft wird.

Caffè Umbria CAFÉ
(www.caffeumbria.com; 320 Occidental Ave S; ⌚Mo–Fr 6–18, Sa ab 7, So 8–17 Uhr; 🚌Pioneer Sq) Das Umbria verströmt mit seinen großen Cappuccinos, der redseligen Klientel, hübschen, italienischen Fliesen und Baguettes, die so frisch sind, dass sie direkt aus Mailand hergebeamt worden sein müssen, ein europäisches Flair. Perfekt für Italien-Liebhaber und Starbucks-Hasser!

Blue Moon BAR
(712 NE 45th St; ⌚14 Uhr–open end; 🚌66) Das Blue Moon ist eine legendäre Gegenkultur-Bar nahe der Uni, die erstmals 1934 öffnete, um die Aufhebung der Prohibitionsgesetze zu feiern. Die Bar hält viel auf ihre literarischen Gäste: Dylan Thomas, Allen Ginsberg und Tom Robbins werden hier oft erwähnt.

Re-Bar SCHWULENBAR
(www.rebarseattle.com; 1114 Howell St; 🚌70) Dieser sagenumwobene Club, in dem schon viele wichtige Kultur-Events Seattles stattfanden (z. B. Album-Releases von Nirvana), heißt Schwule, Heteros, Bisexuelle und unentschlossene Nachtschwärmer gleichermaßen auf seiner belebten Tanzfläche willkommen. Er befindet sich im Denny Triangle.

Neighbours SCHWULENBAR
(www.neighboursnightclub.com; 1509 Broadway Ave E; 🚌Pike-Pine) In diese immer volle Tanzfabrik der Schwulenszene strömen auch glamouröse Hetero-Mädels.

☆ Unterhaltung

Im *Stranger,* in der *Seattle Weekly* und in den Tageszeitungen finden sich Veranstaltungstipps. Tickets für große Events gibt es bei **TicketMaster** (www.ticketmaster.com). Die Karten können in Filialen der Fred-Meyer-Elektronikläden abgeholt werden. Die Adressen stehen auf der Website.

Livemusik

★Crocodile LIVEMUSIK
(www.thecrocodile.com; 2200 2nd Ave; 13) Das Crocodile ist fast alt genug, um als Institution von Seattle bezeichnet zu werden. Diese lärmige Musikhalle mit Platz für 560 Leute eröffnete 1991 – gerade rechtzeitig, um die Grunge-Welle mitzunehmen. Seitdem hat hier schon jeder Musiker aus der Alternative-Szene Seattles gespielt, der etwas auf sich hält – 1992 traten hier z.B. Nirvana unangekündigt als Vorband von Mudhoney auf.

Neumo's LIVEMUSIK
(www.neumos.com; 925 E Pike St; Pike-Pine) Das Neumo's (früher mal bekannt als Moe's), in dem Punk, Hip-Hop und Alternative-Musik gespielt wird, kann Radiohead und Bill Clinton (nicht zusammen) zu seinen ehemaligen Gästen zählen und tritt somit in die großen Fußstapfen seines ursprünglichen Namenspatrons. Ja, hier kann es heiß werden. Und ja, mitten im Konzert ist es ein langer Weg zu den Toiletten – aber hey, that's Rock'n' Roll.

Tractor Tavern LIVEMUSIK
(206-789-3599; www.tractortavern.com; 5213 Ballard Ave NW; 17) Die elegante Tractor Tavern in Ballard ist die erste Adresse für Folk- und akustische Musik. Hier spielen auch einheimische Songwriter und regionale Bands wie Richmond Fontaine sowie tourende Musiker wie John Doe und Wayne Hancock. Die Halle ist traumhaft und der Sound normalerweise in Top-Qualität.

Kino

Northwest Film Forum KINO
(www.nwfilmforum.org; 1515 12th Ave; Pike-Pine) Eine Filmkunstorganisation, in deren Kino (mit zwei Sälen) ein super Programm gezeigt wird: von erneuerten Klassikern bis hin zu topaktuellen Independent- und internationalen Filmen. Das Kino liegt natürlich in Capitol Hill!

Cinerama KINO
(www.cinerama.com; 2100 4th Ave; 13) Das Cinerama ist vielleicht das beliebteste Kino in Seattle und eines von nur noch drei existierenden seiner Sorte auf der ganzen Welt (mit einer riesigen gewölbten Three-Panel-Leinwand). Regelmäßige Renovierungen – die letzte 2010 – halten das Kino modern. Hier wird eine gute Mischung aus neuen Filmen und Klassikern auf 70mm-Rollen gezeigt.

Theater

★A Contemporary Theatre THEATER
(ACT; www.acttheatre.org; 700 Union St; University St) Das ACT ist eine von drei großen Kompanien in der Stadt. Die 30 Mio. US$ teuren Räumlichkeiten am Kreielsheimer Place werden für Vorführungen mit Seattles besten Schauspielern und gelegentlich für Shows von weltbekannten Theatergrößen genutzt. Die Sitzplätze verteilen sich terrassenförmig rund um die Bühne, und der Innenraum ist mit wunderschönen architektonischen Verzierungen geschmückt.

Intiman Theater Company THEATER
(206-269-1900; www.intiman.org; 201 Mercer St; Ticketschalter Di–So 12–17 Uhr; M Seattle Center) In einer schockierenden Aktion wurde das Intiman Theatre, das schon einen Tony Award gewonnen hat, im April 2011 plötzlich geschlossen – als Opfer der Finanzkrise. Aber Ikonen der Stadt dürfen nicht sterben. Das Theater hat die nötigen 1 Mio. US$ aufgebracht und ist 2012 spektakulär wiedereröffnet worden. Jetzt zeigt es wieder das, wofür es bekannt ist: großartige Stücke von Shakespeare und Ibsen.

Seattle Opera KLASSISCHE MUSIK
(www.seattleopera.org; M Seattle Center) Zeigt jede Saison ein Programm aus vier oder fünf großen Opern in der McCaw Hall des Seattle Center, u.a. mit Wagners Nibelungenzyklus, der im Sommer immer ausverkauft ist.

On the Boards THEATER
(206-217-9888; www.ontheboards.org; 100 W Roy St; 13) Das gemeinnützige On the Boards ist im kuscheligen Behnke Center for Contemporary Performance im Viertel Lower Queen Anne untergebracht. Gezeigt werden innovative und manchmal auch verrückte Tanz- und Musikshows.

Pacific Northwest Ballet TANZ
(www.pnb.org; M Seattle Center) Das Top-Ensemble des Nordwestens tanzt in einer Saison von September bis Juni mehr als 100 Shows in der McCaw Hall des Seattle Center.

Sport

Seattle Mariners BASEBALL
(www.mariners.org; Tickets 7–60 US$) Die Mariners wurden 1977 gegründet, müssen es aber

erst noch in die World Series schaffen. Sie spielen auf dem Safeco Field.

Seattle Seahawks FOOTBALL
(www.seahawks.com; Tickets 42–95 US$) Die Seahawks unterlagen beim Super Bowl von 2006 den Pittsburgh Steelers und spielen auf dem CenturyLink Field.

Seattle Sounders FUSSBALL
(☎206-622-3415; www.seattlesounders.net; Tickets ab 37 US$) Teilen sich das CenturyLink mit den Seahawks. Die Sounders sind mit durchschnittlich 43 000 Besuchern das Team mit den meisten Fans in der Major League Soccer.

Shoppen

Die wichtigsten Einkaufsmeilen befinden sich in Downtown zwischen der 3rd und der 6th Ave sowie zwischen University und Stewart St. Im Labyrinth des Pike Place Market gibt's neben Galerien und kleinen Geschäften auch jede Menge Stände, an denen Kunst und Kunsthandwerk verkauft wird. Rund um den Pioneer Square und in Capitol Hill befinden sich kleine Souvenir- und Secondhandläden. Die folgenden Geschäfte findet man wirklich nur in Seattle:

Elliott Bay Book Company BÜCHER
(www.elliottbaybook.com; 1521 10th Ave; ⊙Mo–Fr 10–22, Sa 10–23, So 11–21 Uhr; Pike-Pine) Der Himmel bewahre uns vor dem Tag, an dem E-Books die Buchläden überflüssig machen. Wohin geht man dann samstagnachmittags, wenn es zwischen den 150 000 Büchern bei Elliott Bay keine Autorenlesungen, Diskussionsrunden, Besprechungen und stundenlanges Schmökern mehr gibt?

★**DeLaurenti's** ESSEN
(☎206-622-0141; Ecke 1st Ave & Pike Pl; ⊙Mo–Sa 9–18, So 10–17 Uhr; University St) DeLaurenti's ist ein Muss für jeden italienischen Koch oder Liebhaber von kontinentalem Essen. Hier gibt es nicht nur eine erstaunliche Auswahl von Käse, Wurst, Schinken und Pasta, sondern auch das größte Sortiment von Kapern, Olivenöl und Anchovis, das man außerhalb Genuas finden kann.

★**Bop Street Records** MUSIK
(www.bopstreetrecords.com; 2220 NW Market St; ⊙Di–Mi 12–20, Do–Sa bis 22, So bis 17 Uhr; 17) Das, was man in den vollen Regalen von Bop Street Records im nördlichen Stadtviertel Ballard zu sehen bekommt, ist wahrscheinlich die eindrucksvollste Vinylsammlung, die einem je untergekommen ist. Die mehr als 500 000 Platten stammen aus jedem Genre – es gibt sogar Klassiker von 1978.

Babeland SEXSHOP
(www.babeland.com; 707 E Pike St; ⊙Mo–Sa 11–22, So 12–19 Uhr; Pike-Pine) Wie war das mit den rosa Plüschhandschellen oder dem Glasdildo, nach dem man schon überall gesucht hat? Die Suche hat ein Ende.

Praktische Informationen

GELD

Travelex-Thomas Cook-Currency Services Flughafen (⊙6–20 Uhr); Westlake Center (400 Pine St, Level 3; ⊙Mo–Sa 9.30–18, So 11–17 Uhr) Die Wechselstube im Hauptterminal des Flughafens befindet sich hinter dem Schalter von Delta Airlines.

American Express (Amex; 600 Stewart St; ⊙Mo–Fr 8.30–17-30 Uhr)

MEDIEN

KEXP 90.3 FM Legendärer Lokalsender mit Independent-Musik.

Seattle Times (www.seattletimes.com) Die größte Tageszeitung des Bundesstaats.

The Stranger (www.thestranger.com) Respektloses Wochenblatt, herausgegeben von Dan Savage vom berühmten „Savage Love".

NOTFALL & MEDIZINISCHE VERSORGUNG

45th St Community Clinic (☎206-633-3350; 1629 N 45th St) Medizinische und zahnärztliche Versorgung.

Harborview Medical Center (☎206-731-3000; 325 9th Ave) Komplette medizinische Versorgung mit Notaufnahme.

Polizei (☎206-625-5011)

Washington State Patrol (☎425-649-4370) Die örtliche Verkehrspolizei.

POST

Post (301 Union St; ⊙Mo–Fr 8.30–17.30 Uhr)

TOURISTENINFORMATION

Seattle Visitor Center & Concierge Services (☎206-461-5840; www.visitseattle.org; Washington State Convention Center, E Pike St & 7th Ave; ⊙9–17 Uhr)

An- & Weiterreise

BUS

Mehrere Intercity-Busse halten an verschiedenen Stellen in Seattle.

Greyhound (www.greyhound.com; 811 Stewart St; ⊙6–24 Uhr) verbindet Seattle mit Städten im ganzen Land, z. B. Chicago (228 US$ einfache Strecke, 2 Tage, 2-mal tgl.), Spokane

(51 US$, 8 Std., 3-mal tgl.), San Francisco (129 US$, 20 Std., 3-mal tgl.) und Vancouver, BC (32 US$, 4 Std., 5-mal tgl.). Das Unternehmen hat seinen eigenen Busbahnhof im Denny Triangle, der von Downtown zu Fuß zu erreichen ist.

Der schnelle, effiziente **Quick Shuttle** (www.quickcoach.com;) fährt fünf- bis sechsmal täglich nach Vancouver (43 US$). Abfahrt ist am Best Western Executive Inn in der Taylor Ave N in der Nähe des Seattle Center. Die Monorail nehmen oder zu Fuß nach Downtown laufen! Im Bus gibt es kostenloses WLAN.

Der **Bellair Airporter Shuttle** (www.airporter.com) betreibt Busse nach Yakima, Bellingham und Anacortes und hält am King-Street-Bahnhof (nach Yakima) und am Convention Center in Downtown (nach Bellingham und Anacortes).

FLUGZEUG

Vom **Seattle-Tacoma International Airport** (Sea-Tac; ☎ 206-787-5388; www.portseattle.org/sea-tac; 17801 International Blvd), 21 km südlich von Seattle an der I-5, fliegen täglich Flugzeuge nach Europa, Asien, Mexiko und in verschiedene Städte in den USA und in Kanada, z. B. regelmäßig Flüge nach und von Portland, OR, und Vancouver, BC.

SCHIFF/FÄHRE

Victoria Clipper (www.clippervacations.com) betreibt mehrere Hochgeschwindigkeitsfähren nach Victoria, BC, und zu den San Juan Islands. Über die Website können auch im Voraus Touren gebucht werden. Der Victoria Clipper fährt bis zu sechsmal täglich von Seattle nach Victoria (hin & zurück Erw./Kind 149/74,50 US$).

Auf der Website der **Washington State Ferries** (WSF; www.wsdot.wa.gov/ferries) finden sich Karten, Preise, Zeiten, Routenplaner und Wettervorhersagen – sogar die voraussichtlichen Wartezeiten für beliebte Strecken sind angegeben. Die Preise sind abhängig von der Strecke, der Größe der Fähre und der Dauer der Fahrt. Je nachdem von welchem Terminal man abfährt, wird entweder für die einfache Strecke oder für Hin- und Rückfahrt gezahlt.

ZUG

Amtrak (www.amtrak.com) hält in Seattle an der **King Street Station** (303 S Jackson St; ⏲6–22.30 Uhr, Ticketschalter 6.15–20 Uhr). Drei große Züge fahren durch die Stadt: der *Amtrak Cascades* (verbindet Vancouver, Seattle, Portland und Eugene), der *Coast Starlight* (verbindet Seattle, Oakland und Los Angeles miteinander) und der *Empire Builder* (ein Langstreckenzug nach Chicago).

Chicago, IL (ab 227 US$, 46 Std., tgl.)
Oakland, CA (131 US$, 23 Std., tgl.)
Portland, OR (25 US$, 3–4 Std., 5-mal tgl.)
Vancouver, BC (30 US$, 3–4 Std., 5-mal tgl.)

Unterwegs vor Ort

AUTO & MOTORRAD

Seattle liegt auf einem schmalen Streifen zwischen den Bergen und dem Meer und ist ein schlimmer Verkehrsengpass. Die fürchterlichen Staus von Seattle sind regelrecht berühmt. Auf der I-5 gibt es eine Schnellspur für Fahrzeuge mit zwei oder mehr Personen. Ansonsten sollte man die langwierigen Rush Hours vermeiden.

VOM/ZUM FLUGHAFEN

Es gibt verschiedene Möglichkeiten, die 21 km lange Strecke vom Flughafen nach Downtown Seattle zu bewältigen. Die beste ist die neue Stadtbahn von Sound Transit (S. 1165).

Der **Shuttle Express** (☎ 800-487-7433; www.shuttleexpress.com) hält im 2. Stock des Flughafenparkhauses, kostet um die 18 US$ und ist vor allem bequem, wenn man viel Gepäck hat.

Taxis stehen im 3. Stock des Parkhauses ebenfalls bereit. Eine Fahrt in die Innenstadt kostet durchschnittlich 42 US$.

ÖFFENTLICHE VERKEHRSMITTEL

Die Busse werden von **Metro Transit** (www.metro.kingcounty.gov), Teil des King County Department of Transportation, betrieben. Die Fahrten kosten schlappe 2,50 US$ (Nebensaison 2,25 US$).

Die **Seattle Street Car** (www.seattlestreetcar.org) fährt auf einer 2,6 Meilen (4,2 km) langen Strecke vom Westlake Center zum Lake Union. An elf Haltestellen kann man in Busse umsteigen. 2014 wird eine zweite Strecke vom Pioneer Square über First Hill nach Capitol Hill eröffnet.

Seattles Link Light Rail (Stadtbahn) von **Sound Transit** (www.soundtransit.org) verkehrt von 5 bis 24 Uhr alle 15 Minuten zwischen dem Sea-Tac Airport und Downtown (Westlake Center). Die Fahrt dauert 36 Minuten und kostet 3 US$. Es gibt weitere Haltestellen am Pioneer Sq und im International District.

TAXI

Alle Taxis in Seattle verlangen die Preise, die vom King County vorgegeben werden: 2,50 US$ für die Anfahrt und dann 2,70 US$ pro Meile.

Orange Cab Co (☎ 206-444-0409; www.orangecab.net)

Yellow Cab (☎ 206-622-6500; www.yellowtaxi.net)

Rund um Seattle

Olympia

Klein, aber oho: Olympia, die Hauptstadt des Bundesstaats, hat musikalisch, politisch und outdoormäßig viel zu bieten. Das sieht man schon an den Straßenkünstlern auf der 4th Ave, die akustische Grunge-Klänge schmettern, an den elegant gekleideten Büro-Typen, die über den Rasen der Staatslegislative marschieren, und an den in Gore-Tex gehüllten Outdoor-Fans, die hier übernachten, bevor es in die Olympic Mountains geht. Das fortschrittliche Evergreen State College hat der Stadt lange einen künstlerischen Touch verliehen (Matt Groening, der Erfinder der *Simpsons*, hat hier studiert), während die Bars und Second-Hand-Gitarrenläden ein Sprungbrett für die Riot-Grrrl-Musik und den Grunge darstellten.

Sehenswertes & Aktivitäten

Washington State Capitol WAHRZEICHEN
(8–16.30 Uhr) GRATIS Die Anlage des Capitols sieht wie ein griechischer Tempel aus und liegt in einem 12 ha großen Park mit Blick auf den Capitol Lake. Dieses Wahrzeichen dominiert die Stadt. Das Highlight des Komplexes ist das prächtige **Legislative Building** (1927), das von einer 87 m hohen Kuppel gekrönt wird, die nur ein bisschen kleiner ist als ihr Namensvetter in Washington, DC. Kostenlose Führungen werden angeboten.

State Capital Museum MUSEUM
(211 W 21st Ave; Eintritt 2 US$; Di–Fr 10–16, Sa ab 12 Uhr) Erläutert die Geschichte des Staates Washington, vom Stamm der Nisqually bis zum heutigen Tag.

Olympia Farmers Market MARKT
(700 Capitol Way N; April–Okt. Do–So 10–15 Uhr, Nov.–Dez. Sa & So) Einer der besten Märkte des Bundesstaats am nördlichen Ende des Capitol Way mit frischen regionalen Produkten, Kunsthandwerk und Livemusik.

Schlafen & Essen

Phoenix Inn Suites HOTEL $$
(360-570-0555; www.phoenixinn.com; 415 Capitol Way N; Zi. 139–179 US$;) Die vornehmsten Unterkünfte der Stadt sind schick, zweckmäßig und auf die Ansprüche von anspruchsvollen Beamten der Staatsregierung eingestellt.

Traditions Cafe & World Folk Art AMERIKANISCH $
(www.traditionsfairtrade.com; 300 5th Ave SW; Sandwiches 8,25 US$; Mo–Fr 9–18, Sa & So 10–17 Uhr;) Eine Fair-Trade-Hippie-Enklave mit leckeren Salaten, Sandwiches (mit Fleisch, vegetarisch und vegan), ein paar mexikanischen und italienischen Gerichten, Kaffee und einer Auswahl Kräutertees. Unbedingt den zugehörigen vielseitigen Volkskunstladen besuchen.

Ausgehen & Nachtleben

Die unermüdliche Musikszene der Stadt ist besonders auf der 4th Ave aktiv: in der nachgerüsteten **4th Avenue Tavern** (210 4th Ave E) oder in dem mit Graffitis verzierten **Le Voyeur** (404 4th Ave E), einer anarchistischen, veganerfreundlichen Spelunke mit einem Straßenmusiker, der ständig die Tür bewacht. Den bekanntesten hier gebrauten Kaffee gibt es im **Batdorf & Bronson** (Capitol Way S; Mo–Fr 6–17, Sa & So 7–18 Uhr).

Fish Tale Brew Pub BRAUEREI
(515 Jefferson St) Fish Brewing hat eine edle Auswahl Bio-Biere, starker Ciders und India Pale Ales, welche die Brauerei zu einer der bekanntesten Washingtons machen.

Burial Grounds CAFÉ
(406 Washington St SE; Spezial-Latte 3,50 US$; Mo–Sa 10–24, So bis 22 Uhr) Hier gibt es fantastische Kaffeevariationen wie den Zombie Attacker Latte (mit Muskat und Mandel), in dessen Milchschaum ein Totenkopf gezeichnet ist. Die Gothic-Einrichtung wirkt wie dem Schlafzimmer eines von Horrorfilmen besessenen Teenagers entnommen.

Praktische Informationen

Das **State Capitol Visitor Center** (Ecke 14th Ave & Capitol Way; Okt.–April 10–14 Uhr, Mai–Sept. bis 16 Uhr) bietet Infos über den Capitol-Komplex, die Gegend rund um Olympia und den Staat.

Olympic Peninsula

Die abgelegene, an drei Seiten vom Meer umspülte Olympic Peninsula ähnelt eher einer ausgewachsenen Insel als einer Halbinsel. Sie ist so „wildwestlich", wie Amerika nur sein kann. Dass es hier keine Cowboys gibt, wird durch eine seltene, vom Aussterben bedrohte Tier- und Pflanzenwelt und dichten Urwald wettgemacht. Etwa die Hälfte der Halbinsel gehört zum bekanntermaßen feuchten Olympic National Park. Die Küstengebiete befinden sich größtenteils in den Händen der Holzindustrie und der amerikanischen Ureinwohner. Hier gibt's ein paar vereinzelte kleine, aber interessante Siedlungen wie Port Townsend zu sehen. Im Westen, dem abgeschiedenen Ende der „Lower 48", treffen der tosende Ozean und der Nebelwald mit seinen uralten Bäumen in feuchter Harmonie aufeinander.

Olympic National Park

1909 wurde der 3600 km² große **Olympic National Park** (www.nps.gov/olym) zum Naturschutzgebiet, 1938 zum Nationalpark erklärt. Er umfasst einen einzigartigen gemäßigten Regenwald und einen fast 92 km langen, rauen Küstenstreifen, der erst 1953 eingegliedert wurde. Die Möglichkeiten, die Gegend auf eigene Faust zu entdecken, sind nahezu unbegrenzt. Und natürlich steht auch sportliche Betätigung hoch im Kurs: Man kann wandern, angeln, Kajak fahren und Ski laufen.

ÖSTLICHE ZUGÄNGE

Die unbefestigte Dosewallips River Rd folgt ab der US 101 (Abzweigung 1 km bzw. 0,6 Meilen nördlich des Dosewallips State Park) über 15 Meilen (24 km) dem Lauf des Flusses bis zur **Dosewallips Ranger Station**, an der die Wanderwege beginnen; Infos über den Straßenzustand gibt's unter ☎360-565-3130. Auch wenn man nur eine kurze Tour auf einem der beiden langen Wanderwege plant, lohnt sich ein Ausflug ins Tal, nicht zuletzt wegen der eindrucksvollen Sicht auf die Gletscher des **Mt. Anderson**. Ein weiterer Parkzugang für Wanderer im Osten ist die **Staircase Ranger Station** (☎360-877-5569; ⏲Mai–Sept.) am Rand des Nationalparks. Von Hoodsport aus sind es 15 Meilen (24 km) auf der US 101 dorthin. Bei Campern sehr beliebt sind die beiden State Parks am Ostrand des Nationalparks: der **Dosewallips State Park** (☎888-226-7688; Stellplatz Zelt/Wohnmobil 23/32 US$) und der **Lake Cushman State Park** (☎888-226-7688; Stellplatz Zelt/Wohnmobil 22/28 US$). Beide bieten fließendes Wasser, Toiletten und ein paar Stromanschlüsse. Reservierung ist möglich.

NÖRDLICHE ZUGÄNGE

Der am leichtesten zu erreichende und folglich beliebteste Eingang findet sich beim **Hurricane Ridge** 18 Meilen (29 km) südlich von Port Angeles. Am Straßenende steht ein Infozentrum, von dem aus man den Mt. Olympus (2427 m) und Dutzende anderer Berggipfel erspähen kann. In einer Höhe von 1585 m muss man auf schlechtes Wetter und (wie der Name schon sagt) starken Wind gefasst sein. Im Sommer bieten sich zahlreiche Trekking- und Wandermöglichkeiten. In den USA gibt's nur zwei Nationalparks, in denen man Ski fahren kann. Einer von ihnen ist dieser hier. Die Anlagen werden von dem kleinen, familienfreundlichen Unternehmen **Hurricane Ridge Ski & Snowboard Area** (www.hurricaneridge.com; 👪) betrieben.

Beliebt bei Bootsbesitzern und Anglern ist der **Lake Crescent**, an dem auch die älteste **Lodge** (☎360-928-3211; www.olympicnationalparks.com; 416 Lake Crescent Rd; Zi. Lodge 153 US$, Cottage 162–300 US$; ⏲Mai–Okt.; P ❄ @) steht. Die Preise sind recht annehmbar. In dem umweltbewusst geführten Restaurant der Lodge werden opulente, köstliche Gerichte serviert. Von der **Storm King Information Station** (☎360-928-3380; ⏲Mai–Sept.) am Südufer des Sees windet sich ein 1,6 km langer Wanderweg durch uralten Wald zu den Marymere Falls hinauf.

Am Sol Duc River findet sich das **Sol Duc Hot Springs Resort** (☎360-327-3583; www.northolympic.com/solduc; 12076 Sol Duc Hot Springs Rd, Port Angeles; Stellplatz Wohnmobil 36 US$, Zi. 172–210 US$; ⏲Ende März–Okt.; ❄ ≋), das Kost und Logis, Massagen und natürlich ein Thermalbad (Erw./Kind 10/7,50 US$) anbietet. Von hier aus kann man wunderschöne Tagesausflüge unternehmen.

WESTLICHE ZUGÄNGE

Die pazifische Seite der Olympic Mountains ist durch ihre Entfernung sehr isoliert und weist eines der regenreichsten Mikroklimata des Landes auf. Außerdem ist sie die rauere. Zu den bekannten gemäßigten Regenwäldern und der wilden Küstenlinie gelangt man nur über die US 101. Der **Hoh River Rainforest** am Ende der 19 Meilen (30 km) langen Hoh River Rd ist ein Labyrinth aus tropfenden Farnen und moosbewachsenen Bäumen à la Tolkien. Das **Hoh Visitor Cent-**

> **ℹ WASHINGTON STATE DISCOVER PASS**
>
> Um auf den Hunderttausenden Hektar Fläche der Erholungsgebiete von Washington (von State Parks bis hin zu Ausgangspunkten von Wanderwegen) parken zu dürfen, braucht man einen Discover Pass (Tages-/Jahrespass 10/30 US$). Die Pässe gibt es an Automaten bei vielen größeren Parkplätzen, die zu den Gebieten gehören, und beim Hauptquartier der State Parks, „wenn Personal zur Verfügung steht". Online zahlt man eine Bearbeitungsgebühr von 10 % (www.fishhunt.dfw.wa.gov).

er und der Campingplatz (☎360-374-6925; Stellplatz 12 US$; ⌚Juli–Aug. 9–18 Uhr, Sept.–Juni bis 16.30 Uhr) haben Informationen zu Führungen und längeren Wanderungen im Hinterland. Hier gibt es keinen Strom und keine Duschen; wer zuerst kommt, mahlt zuerst.

Etwas weiter südlich liegt der **Lake Quinault**, ein schöner Gletschersee, der von bewaldeten Gipfeln umgeben ist. Er ist sehr beliebt zum Angeln, Bootfahren und Schwimmen und wird von einigen der ältesten Bäume des Landes umrahmt. Die **Lake Quinault Lodge** (☎360-288-2900; www.olympicnationalparks.com; 345 S Shore Rd; Zi. 202–305 US$; ❄📶🏊), eine luxuriöse Unterkunft aus der Zeit der „Parkitektur" in den 1920er-Jahren, verfügt über einen beheizten Pool, eine Sauna, einen lodernden Kamin und einen unvergesslichen Speisesaal. Wer eine günstigere Unterkunft in der Nähe sucht, sollte das superfreundliche **Quinault River Inn** (☎360-288-2237; www.quinaultriverinn.com; 8 River Dr; Zi. 79–119 US$; ❄📶) in Amanda Park ausprobieren, das bei Anglern beliebt ist.

Direkt vor der Lake Quinault Lodge beginnen ein paar kurze Wanderwege. Oder man versucht sich am längeren **Enchanted Valley Trail**, einer mittelschweren, 21 km langen Wanderung, die bei der Graves Creek Ranger-Station am Ende der South Shore Rd beginnt und bis zu einer Wiese mit Wildblumen und zu Erlenwäldchen hinaufführt.

Praktische Informationen

Das Ticket kostet 5/15 US$ pro Person/Fahrzeug, ist eine Woche gültig und kann an den Parkeingängen bezahlt werden. Viele Visitor Centers der Parks sind Ranger-Stationen des United States Forestry Service (USFS), an denen es Genehmigungen zum Campen gibt (5 US$/Gruppe, 14 Tage gültig, zzgl. 2 US$ pro Pers. & Nacht).

Forks Visitor Information Center (1411 S Forks Ave; ⌚10–16 Uhr) Routenvorschläge und Infos für jede Jahreszeit.

Olympic National Park Visitor Center (3002 Mt. Angeles Rd, Port Angeles; ⌚9–17 Uhr) Das beste Visitor Center liegt am Hurricane-Ridge-Zugang, 1 Meile (1,6 km) vom Hwy 101 entfernt.

Wilderness Information Center (3002 Mt Angeles Rd, Port Angeles; ⌚Mai–Sept. So–Do 7.30–18, Fr & Sa bis 20 Uhr, Okt.–April tgl. 8–16.30 Uhr) Hier gibt's Karten, Genehmigungen und Infos.

Port Townsend

Historisch Interessantes ist im Nordwesten kaum zu finden. Umso faszinierender ist daher das Städtchen Port Townsend, in dem die Zeit stehengeblieben zu sein scheint. Der kleine, nostalgische Ort mit der lebendigen Kulturszene ist ein Musterbeispiel der viktorianischen Architektur der 1890er-Jahre, das „New York des Wilden Westens, das es niemals gab". Die früher boomende Stadt war Anfang des 20. Jhs. pleite und wurde erst 70 Jahre später von einer Gruppe vorausschauender Einheimischer wieder zum Leben erweckt. Heute ist Port Townsend eine dynamische Mischung aus innovativen Restaurants, eleganten Hotels im Stil des Fin de siècle und schrägen Festivals.

Sehenswertes

Jefferson County Historical Society Museum MUSEUM
(210 Madison St; Erw./Kind unter 12 Jahren 4/1 US$; ⌚März–Dez. 11–16 Uhr) Das gepflegte, von der historischen Gesellschaft der Stadt unterhaltene Museum erläutert ausführlich den Aufstieg, Fall und zweiten Anlauf der bezaubernden Hafenstadt. Zu sehen sind auch die originalgetreuen Nachbildungen eines Gerichtssaals und einer Zelle des 19. Jhs.

Fort Worden State Park PARK
(www.parks.wa.gov/fortworden; 200 Battery Way) In dem interessanten Park, der sich im Stadtgebiet von Port Townsend befindet, sind die Überreste einer großen Befestigungsanlage aus den 1890er-Jahren zu sehen. Das weitläufige Gelände und die verschiedenen historischen Gebäude wurden in den vergangenen Jahren in einen Natur- und Geschichtspark mit Wohnungen und Hotels umgewandelt. Das herrschaftliche **Commanding Officer's Quarters** (Eintritt 4 US$; ⌚Juni–Aug. tgl. 10–17 Uhr, März–Mai & Sept.–Okt. Sa & So 13–16 Uhr), ein Wohnhaus mit zwölf Schlafzimmern, kann im Rahmen einer Führung besichtigt werden. In einer ehemaligen Kaserne ist heute das **Puget Sound Coast Artillery Museum** (Eintritt 2US$; ⌚Di–So 11–16 Uhr) untergebracht, das die Geschichte der Befestigungsanlagen an der Pazifikküste erläutert.

Rund um die Landspitze kann man zum Leuchtturm der **Point Wilson Lighthouse Station** und den wundervollen, windgepeitschten Stränden wandern.

Schlafen

Palace Hotel HISTORISCHES HOTEL $
(☎360-385-0773; www.palacehotelpt.com; 1004 Water St; Zi. 59–109 US$; ❄📶) Dieses wunder-

schöne viktorianische Gebäude wurde 1889 erbaut und war früher ein Bordell, das von der hier berüchtigten Madame Marie geleitet wurde, die ihre Geschäfte im Eckzimmer im 1. Stock erledigte. Es wurde in ein hübsches, historisches Hotel mit Antiquitäten und freistehenden Badewannen verwandelt.

Waterstreet Hotel HOTEL **$**
(☎360-385-5467; www.waterstreethotelporttownsend.com; 635 Water St; Zi. 60–160 US$;) Von den alten Hafenhotels in Port Townsend ist das günstige Waterstreet das beste Schnäppchen der Stadt. Die vielen Zimmer bieten Platz für zwei bis sechs Personen. Einige teilen sich ein Gemeinschaftsbad.

Essen

Waterfront Pizza PIZZERIA **$$**
(951 Water St; große Pizzas 11–21 US$) In dieser bei Einheimischen beliebten Pizzeria kann man auch Pizzastücke kaufen. Hier werden sogar die verwöhntesten Großstadtgaumen zufrieden sein. Ist das Geheimnis der knusprige Sauerteigboden oder der kreative, nicht zu üppige Belag? Wer weiß …

★**Sweet Laurette Cafe & Bistro** FRANZÖSISCH **$$**
(1029 Lawrence St; Hauptgerichte 12–28 US$; Mi & Do 8–17, Fr & Sa bis 21, So bis 15 Uhr) Das wunderbare französische Café mit schäbiger Eleganz serviert Frühstück, Mittag- und Abendessen im Bistro und zwischen den Essenszeiten köstlichen Kaffee und leckeres Gebäck.

Praktische Informationen

Im **Visitor Center** (www.ptchamber.org; 2437 E Sims Way; Mo–Fr 9–17, Sa & So bis 16 Uhr) erfährt man alle Fakten über die Geschichte dieser Stadt, die Hochs und Tiefs wie auf einer Achterbahn durchgestanden hat.

An- & Weiterreise

Von Seattle aus gelangt man mit der Fähre und dem Bus nach Port Townsend: am Colman Dock in Seattle die Fähre rüber nach Bainbridge Island nehmen, von dort Bus 90 nach Poulsbo und dann Bus 7 nach Port Townsend! Die **Washington State Ferries** (☎206-464-6400; www.wsdot.wa.gov/ferries) fahren nach und von Coupeville auf Whidbey Island (Fahrer mit Auto 10,25 US$; Fußgänger 3,10 US$, 35 Min.).

Port Angeles

Abgesehen vom Namen hat Port Angeles nichts Spanisches oder gar Engelhaftes an sich. Der Ort wurde wegen der Holzindustrie errichtet und hat die steile Seite der Olympic Mountains als Kulisse. Besucher kommen meist nicht hierher, um die Stadt selbst zu besichtigen, sondern eher um die Fähre nach Victoria, BC, zu nehmen oder einen Ausflug in den nahe gelegenen Olympic National Park zu machen. Das **Visitor Center** (www.portangeles.org; 121 E Railroad Ave; Mitte Mai–Mitte Okt. 8–20 Uhr, Mitte Okt.–Mitte Mai 10–16 Uhr) befindet sich direkt am Fährterminal. Infos über den Nationalpark gibt's im Olympic National Park Visitor Center (S. 1168) gleich außerhalb der Stadt.

Der **Olympic Discovery Trail** (www.olympicdiscoverytrail.com) ist eine 48 km lange Wander- und Radstrecke zwischen Port Angeles und Sequim. Sie beginnt am Ende der **Ediz Hook**, der Sandbank rund um die Bucht. Mieträder gibt's bei **Sound Bikes & Kayaks** (www.soundbikekayaks.com; 120 Front St; Leihfahrrad pro Std./Tag 9/30 US$).

Die komfortabelste Unterkunft in Port Angeles ist die **Olympic Lodge** (☎360-452-2993; www.olympiclodge.com; 140 Del Guzzi Drive; Zi. ab 119 US$;) mit Pool, Bistro, sauberen, wie neu erscheinenden Zimmern und Gratiskeksen und -milch. Backpacker können ihr Glück im neuen, gut geführten, geselligen **Toadlily House** (☎360-797-3797; www.toadlilyhouse.com; 105 E 5th St; 25 US$/Pers.;) versuchen.

★Das **Bella Italia** (118 E 1st St; Hauptgerichte 12–20 US$; ab 16 Uhr) gibt es schon viel länger als Bella, die Heldin der *Twilight*-Saga, aber die Erwähnung des Restaurants in dem Buch als der Ort, an dem Bella und Edward ihr erstes Date hatten, hat das ohnehin beliebte Lokal kultig werden lassen. Unbedingt Muschel-Linguine, Chicken-Marsala oder die geräucherte Entenbrust probieren!

Die **Coho Vehicle Ferry** (www.cohoferry.com; Passagier/Auto 15,50/55 US$) fährt in eineinhalb Stunden von und nach Victoria, BC. **Olympic Bus Lines** (www.olympicbuslines.com) fahren zweimal täglich vom öffentlichen Busbahnhof an der Ecke Oak St und Front St nach Seattle (39 US$). Die Busse von **Clallam Transit** (www.clallamtransit.com) fahren nach Forks und Sequim, wo es Umsteigemöglichkeiten in andere Nahverkehrsbusse gibt. Das ermöglicht einem die komplette Umrundung der Olympic Peninsula.

Nordwestliche Halbinsel

Verschiedene Reservate der amerikanischen Ureinwohner befinden sich ganz im Nord-

DIE TWILIGHT-ZONE

Der kleine Holzfällerort Forks am Hwy 101 war nicht viel mehr als ein Fleck auf der Landkarte, als Stephenie Meyer hier 2003 ihre berühmten *Twilight*-Vampirromane spielen ließ. Als 2008 die Vermarktung der *Twilight*-Filme begann, verzeichnete die Tourismusbranche von Forks einen Anstieg um 600 %. Jetzt, wo die Bücher- und Filmreihe abgeschlossen ist, sinken diese Zahlen allerdings wieder. Viele der Besucher sind unter 15-Jährige mit weit aufgerissenen Augen, die mehr als überrascht sind, wenn sie herausfinden, was Forks wirklich ist: erschreckend normal (und nass).

Vampirfans kommen im Fantasy-Forks in ein paar *Twilight*-Shops oder bei täglichen **Twilight Tours** (Erw./Kind 39/25 US$; ⌚8, 11.30, 15 & 18 Uhr), bei denen die meisten in Meyers Büchern erwähnten Orte besucht werden, auf ihre Kosten.

Weitere Orte, die in den Büchern und Filmen vorkommen, sind Port Angeles, der Ecola State Park, der Silver Falls State Park und die Werwolfhöhle von La Push (eigentlich eine Quileute Indian Reservation, in der einer lokalen Legende zufolge die Bewohner von Wölfen in Menschen verwandelt wurden).

westen des Kontinents und heißen Besucher willkommen. Die kleine, sturmerprobte Siedlung **Neah Bay** am Hwy 112 ist die Stätte der Makah Indian Reservation, in deren **Makah Museum** (www.makah.com; 1880 Bayview Ave; Eintritt 5 US$; ⌚10–17 Uhr) Artefakte aus einem der bedeutendsten archäologischen Funde im 500 Jahre alten Makah-Dorf von Ozette ausgestellt sind. Ein paar Meilen hinter dem Museum führt ein kurzer Fußweg zum atemberaubenden **Cape Flattery**, einem 91 m hohen Felssporn, der den nordwestlichsten Punkt der unteren 48 Staaten markiert.

Nicht weit weg vom Hoh River Rainforest und der Küstenlinie liegt **Forks**, ein kleines Holzfällerdorf, das wegen des *Twilight*-Hypes berühmt ist. Der Ort ist ein Ausgangspunkt für Ausflüge in den Olympic National Park. Das **Miller Tree Inn** (☎360-374-6806; www.millertreeinn.com; 654 E Division St; Zi. 115–230 US$; 📶🐾) ist eine gute Unterkunft.

Nordwest-Washington

Der Nordwesten Washingtons liegt zwischen Seattle, den Cascades und Kanada und wird somit von drei Seiten beeinflusst. Das Zentrum ist das akademische Bellingham, das Outdoor-Highlight bilden die ländlichen San Juan Islands, ein großer Archipel, der wirkt wie ein sepiafarbener Schnappschuss aus einer anderen Zeit. Anacortes ist der Hauptausgangspunkt für Fähren zu den San Juan Islands und nach Victoria, BC.

Whidbey Island

Whidbey Island ist zwar nicht ganz so abgeschirmt (eine Brücke verbindet die Insel mit dem angrenzenden Fidalgo Island am nördlichsten Punkt) oder so nonkonformistisch wie die San Juans, aber das Leben hier ist fast genauso langsam, ruhig und ländlich. Zu den Highlights zählen auf jeden Fall sechs State Parks, jede Menge B&Bs, zwei historische Fischerdörfer (Langley und Coupeville), bekanntermaßen gute Muscheln und eine florierende Künstlergemeinde.

Der **Deception Pass State Park** (☎360-675-2417; 41229 N State Hwy 20) erstreckt sich beiderseits der gleichnamigen Wasserkluft, die zwischen Whidbey und Fidalgo Island liegt, und umfasst Seen, Inseln, Campingplätze und insgesamt 43 km Wanderwege.

Das **Ebey's Landing National Historical Reserve** (www.nps.gov/ebla; ⌚Mitte Okt.–März 8–17 Uhr, April–Mitte Okt. 6.30–22 Uhr) GRATIS umschließt 70 km² Land mit bewirtschafteten Höfen, geschützten Stränden, zwei State Parks und dem Ort **Coupeville**. Diese kleine Siedlung ist eine der ältesten Städte Washingtons mit einer hübschen Uferpromenade, alten Läden und vielen Gasthäusern. Das **Coupville Inn** (☎800-247-6162; www.thecoupevilleinn.com; 200 Coveland St; Zi. mit/ohne Balkon inkl. Frühstück 150/110 US$; ❄📶) z. B. preist sich selbst als Motel im französischen Stil an (wenn das mal kein Widerspruch in sich ist!), mit schicken Möbeln und üppigem Frühstück. Die berühmten frischen Muscheln gibt's u. a. bei **Christopher's** (☎360-678-5480; www.christophersonwhidbey.com; 103 NW Coveland St; Hauptgerichte 15–23 US$; ⌚Mo–Fr 11.30–14, Sa & So 12–14.30, tgl. ab 17 Uhr).

Die **Washington State Ferries** (WSF; www.wsdot.wa.gov/ferries) verbinden Clinton mit Mukilteo (Auto & Fahrer 8 US$, Fußgänger frei, 20 Min., alle 30 Min.) und

Coupeville mit Port Townsend (Auto & Fahrer 10,25 US$, Fußgänger 3,10 US$, 35 Min., alle 45 Min.). Täglich außer sonntags fahren stündlich kostenlose **Island Transit-Busse** (www.islandtransit.org) vom Fährterminal in Clinton über ganz Whidbey.

Bellingham

Willkommen in einer politisch grünen, liberalen, herrlichen Stadt, in der sich die freiheitliche, alles tolerierende Einstellung von Oregons „Stadt der Rosen" mit einem ganz besonderen Washingtoner Einschlag verbindet. Die „Stadt der gedämpften Begeisterung", wie sie einer ihrer Bürgermeister einmal nannte, hat nicht nur ein mildes Klima, sondern auch eine milde Erscheinung. Hier lebt eine unglaubliche Mischung aus Espresso trinkenden Studenten, ehrwürdigen Ruheständlern, Wind-und-Wetter-Triathleten und Transparente schwingenden Friedensaktivisten. In Zeitschriften wie dem *Outside Magazine* wird Bellingham ständig für das vielfältige Angebot von Outdoor-Aktivitäten gelobt.

Aktivitäten

Bellingham bietet Outdoor-Optionen in Hülle und Fülle. Der **Whatcom Falls Park** ist eine ursprüngliche Wildnis, die die östlichen Vororte von Bellingham in zwei Teile teilt. Auf unterschiedlichen Höhen befinden sich vier Wasserfälle, darunter die **Whirlpool Falls**, die im Sommer ein beliebtes Badebecken bieten. Die recht langen innerstädtischen Wanderwege führen im Süden bis zum beliebten Larabee State Park, der sich über 4 km entlang der postindustriellen Uferpromenade von Bellingham erstreckt. **Fairhaven Bike & Mountain Sports** (www.fairhavenbike.com; 1103 11th St) verleiht Fahrräder ab 40 US$ pro Tag und hat Infos und Karten zu Radwegen in der Gegend.

Die Boote von **Victoria/San Juan Cruises** (www.whales.com; 355 Harris Ave) zur Walbeobachtung fahren zu den San Juan Islands. Los geht's beim Bellingham Cruise Terminal in Fairhaven.

Schlafen

Guesthouse Inn MOTEL $
(☎360-671-9600; www.bellinghamvaluinn.com; 805 Lakeway Dr; Zi. ab 95 US$;) Das saubere, persönliche Guesthouse Inn liegt gleich neben der I-5 und zu Fuß nur 15 Minuten vom Zentrum Bellinghams entfernt. Hier hält auch der Vancouver–Seattle Bellair Airporter Shuttle (S. 1165), was vor allem für diejenigen praktisch ist, die die Gegend rund um Bellingham erkunden wollen.

★**Hotel Bellwether** BOUTIQUEHOTEL $$$
(☎360-392-3100; www.hotelbellwether.com; 1 Bellwether Way; Zi. 165–284 US$, Leuchtturm ab 398 US$;) Bellinghams schönstes und charismatischstes Hotel liegt direkt am Ufer mit Blick auf den walrückenartigen Buckel von Lummi Island. Das absolute Highlight ist die 84 m² große Leuchtturmwohnung, ein dreistöckiger ehemaliger Leuchtturm mit einer tollen privaten Aussichtsplattform.

Essen

Old Town Cafe CAFÉ $
(316 W Holly St; Hauptgerichte 6–9 US$; 6.30–15 Uhr) Dies ist ein klassisches, unkonventionelles Frühstückslokal, in dem man bei frischem Gebäck, Espresso und ausgezeichneten *huevos rancheros* die Einheimischen kennenlernen kann. Manchmal schauen tourende Musiker hier vorbei, um die unbeschwerte Atmosphäre noch aufzupeppen.

★**Pepper Sisters** MODERN AMERIKANISCH $$
(www.peppersisters.com; 1055 N State St; Hauptgerichte 9–16 US$; Di–So ab 17 Uhr;) Die Leute kommen von nah und fern, um dieses Kultrestaurant mit seinen helltürkisfarbenen Nischen zu besuchen. Unbedingt die Koriander-Pesto-Quesadillas, die Maisbrei-*rellenos* (gefüllte Paprika) oder die Kartoffel-Knoblauch-Burritos probieren.

Praktische Informationen

Die beste Touristeninformation im Zentrum ist die **Visitor Info Station** (www.downtownbellingham.com; 1304 Cornwall St; 9–18 Uhr).

An- & Weiterreise

Fähren von **Alaska Marine Highway** (AMHS; www.dot.state.ak.us/amhs; 355 Harris Ave) fahren nach Juneau (60 Std.) und zu anderen Häfen im Südosten Alaskas (ab 326 US$ ohne Auto). Der Bellair Airporter Shuttle (S. 1165) fährt zum Sea-Tac Airport (34 US$) mit Verbindungen nach Anacortes und Whidbey Island.

San Juan Islands

Wer mit der Fähre von Anacortes in Richtung Westen fährt, wird sich schnell wie am Ende der Welt fühlen. Gefühlte 1000 Meilen entfernt von der städtischen Hektik am Puget Sound, zaubert die in Nebel gehüllte

Inselgruppe der San Juans die Proust'sche Atmosphäre einer längst verlorenen Zeit herbei, die sich so amerikanisch – pardon, kanadisch (die Inseln werden schließlich an zwei Seiten von Kanada begrenzt) – anfühlt.

Der riesige Archipel besteht aus 172 Inselchen. Wer es sich aber nicht leisten kann, eine Jacht oder ein Wasserflugzeug zu chartern, der wird nur in den Genuss der vier großen Inseln – San Juan, Orcas, Shaw und Lopez – kommen, die täglich von den Washington State Ferries angesteuert werden. Die Inseln sind bekannt für ihre Ruhe, die Möglichkeit, Wale zu beobachten oder im Kajak über die Gewässer zu gleiten, und für ihren rebellischen Nonkonformismus.

Eine tolle Möglichkeit, die San Juan Islands zu erkunden, ist es, mit dem Seekajak oder dem Fahrrad unterwegs zu sein. Eine geführte Halbtagestour kostet zwischen 45 und 65 US$. Die flache, ländliche Insel Lopez eignet sich ebenso wie San Juan gut für einen Tagesausflug mit dem Rad. Wesentlich anspruchsvoller ist das hügelige Gelände der Orcas mit dem 8 km langen, steilen Anstieg auf den Mt. Constitution.

Anreise & Unterwegs vor Ort

Die San Juan Islands werden u. a. von **San Juan Airlines** (www.sanjuanairlines.com) und **Kenmore Air** (www.kenmoreair.com) angeflogen.

Die Fähren von **Washington State Ferries** (WSF; www.wsdot.wa.gov/ferries) fahren von Anacortes zu den San Juans, einige auch weiter bis nach Sidney in der Nähe von Victoria in British Columbia. Angelegt wird auf Lopez Island (45 Min.), in Orcas Landing (60 Min.) und Friday Harbor auf San Juan (75 Min.). Der Fahrpreis richtet sich nach der Saison. Hin- und Rückfahrkarten werden nur auf den Fähren in Richtung Westen verkauft, mit Ausnahme der Fähren, die von Sidney in British Columbia zurück in die USA schippern. Wer alle Inseln des Archipels besuchen will, startet am besten in Friday Harbor und hüpft dann von Insel zu Insel zurück zum Ausgangspunkt – das ist auch am preiswertesten.

In den Sommermonaten verkehren Shuttle-Busse auf den Inseln Orcas und San Juan.

San Juan Island

San Juan Island ist die inoffizielle Hauptinsel des Archipels: eine harmonische Mischung aus niedrigen, bewaldeten Hügeln und kleinen, ländlichen Farmen, die reich sind an spektakulärer und ungewöhnlicher Geschichte aus dem 19. Jh. Die einzige wirkliche Siedlung hier ist Friday Harbor. Hier hat die **Handelskammer** (www.sanjuanisland.org; 135 Spring St; ⌚Mo–Fr 10–17, Sa & So bis 16 Uhr), die auch die Touristeninformation beherbergt, in einer kleinen Mall abseits der Hauptstraße ihren Sitz.

Sehenswertes & Aktivitäten

San Juan Island National Historical Park HISTORISCHE STÄTTE
(www.nps.gov/sajh; ⌚8.30–16 Uhr, Touristeninformation Do–So 8.30–16.30, Juni–Sept. tgl.) GRATIS San Juan Island war Schauplatz eines der seltsamsten politischen Konflikte des 19. Jhs.: des sogenannten Schweinekonflikts zwischen den USA und Großbritannien. Dieser seltsamen Pattsituation des Kalten Krieges wird in zwei historischen Parks jeweils am Ende der Insel gedacht, wo sich einst die gegnerischen amerikanischen und britischen Militärlager befanden. Am Südende der Insel liegt das **American Camp** mit einem kleinen **Visitor Center**, den Überresten eines Forts, abgeschiedenen Stränden und mehreren Lehrpfaden. Am anderen Ende der Insel befindet sich 9 Meilen (14,5 km) nordwestlich von Friday Harbor das **English Camp** mit den Überresten britischer Militäreinrichtungen aus den 1860er-Jahren.

Lime Kiln Point State Park PARK
(⌚Mitte Okt.–März 8–17 Uhr, April–Mitte Okt. 6.30–22 Uhr) Dieser schöne Park an der felsigen Westküste von San Juan Island überblickt die tiefe Haro Strait und ist – angeblich – einer der besten Plätze der Welt, um von der Küste aus Wale zu beobachten.

Schlafen & Essen

Auf der ganzen Insel liegen Hotels, B&Bs und Resorts verstreut, aber in Friday Harbor befinden sich die meisten.

Wayfarer's Rest HOSTEL $
(☎360-378-6428; 35 Malcolm St; B 35 US$, Zi. 65–80 US$;) Das einzige Backpacker-Hostel der Insel liegt nur einen kurzen Fußmarsch von der Fähranlegestelle entfernt. Sparsame Traveller werden die bequemen Schlafsäle und die günstigen Privatzimmer lieben, aber Vorsicht: Es kann voll werden!

Roche Harbor Resort RESORT $$
(☎800-451-8910; www.rocheharbor.com; Roche Harbor; Zi. mit Gemeinschaftsbad 149 US$, Apt. mit 1–3 Schlafzi. 275–450 US$, Stadthaus mit 2 Schlafzi. 499 US$;) Dieser Küstenurlaubsort liegt an der Stelle der ehemaligen Kalkbrennerei und des Anwesens von Kalksteinkönig John McMillin und ist ein toller Zufluchts-

ort. Das Herzstück bildet das alte Hotel de Haro, dessen enge Zimmer dadurch aufgewertet werden, dass sich John Wayne hier einst die Zähne geputzt hat.

Juniper Lane Guest House INN $$
(☎360-378-7761; www.juniperlaneguesthouse.com; 1312 Beaverton Valley Rd; Zi. 85–135 US$;) Die paar holzgetäfelten Zimmer hier sind mit einer bunten und vielseitigen Mischung aus sanierten oder wiederaufbereiteten Kunstwerken und Möbeln dekoriert. Das Ergebnis ist eine unglaublich gemütliche und wohnliche Kombination aus gehobenem Backpacker-Hostel und Gasthaus.

Market Chef DELI $
(225 A St; 10–18 Uhr) Hunderte Einheimischer können doch nicht irren, oder? Die Spezialität des „Chefs“ sind überaus originelle Sandwiches, die vor den Augen der in langen Schlangen anstehenden Kundschaft mit frischen Zutaten aus der Region zubereitet werden.

Orcas Island

Die schöne, unberührte Insel Orcas mit ihrer wild zerklüfteten Steilküste ist das grüne Schmuckstück der San Juan Islands. Hier kann man nicht nur herrlich wandern, sondern seit Neuestem auch bestens schlemmen. Der Fähranleger befindet sich in Orcas Landing, 8 Meilen (12,8 km) südlich des Hauptortes Eastsound.

Auf dem östlichen Zipfel der Insel erstreckt sich der **Moran State Park** (April–Sept. 6.30 Uhr–Sonnenuntergang, Okt.–März 8 Uhr–Sonnenuntergang), der vom 734 m hohen Mt. Constitution überragt wird. Von dort hat man einen fantastischen Rundumblick auf weitere Berge und das ganze Naturschutzgebiet. Dieses durchziehen Wanderwege in einer Gesamtlänge von fast 65 km.

Im ruhigen Küstengewässer kann man prima Kajak fahren. Boote und Infos hat **Shearwater** (www.shearwaterkayaks.com; 138 North Beach Rd, Eastsound), das auch dreistündige geführte Touren ab 75 US$ anbietet.

Schlafen

Doe Bay Village Resort & Retreat HOSTEL, RESORT $
(☎360-376-2291; www.doebay.com; B 55 US$, DZ Hütte ab 90 US$, Jurte ab 120 US$;) In Doe Bay herrscht eine Atmosphäre à la Künstlerkommune gemischt mit Hippie-Enklave. Zu den Übernachtungsmöglichkeiten gehören Stellplätze mit Meerblick, ein kleines Hostel mit Schlafsaal und Privatzimmern sowie verschiedene Hütten und Jurten, von denen die meisten Blick aufs Wasser bieten.

Golden Tree Hostel HOSTEL $
(☎360-317-8693; www.goldentreehostel.com; 1159 North Beach Rd, Eastsound; B/DZ mit Gemeinschaftsbad 38/88 US$;) Ein denkmalgeschütztes Herrenhaus aus den 1890er-Jahren, das mit Whirlpool und Sauna im Freien cool aufgewertet wurde. Es gibt makellose, nach Geschlechtern getrennte Schlafsäle mit sechs Betten sowie helle Privatzimmer.

Outlook Inn HOTEL $
(☎360-376-2200; www.outlookinn.com; 171 Main St, Eastsound; Zi. mit Gemeinschaftsbad/eigenem Bad ab 79/119 US$;) Das Outlook Inn (1888) ist eine Institution auf der Insel, die es geschafft hat, mit der Zeit zu gehen, indem sie sich in eine majestätisch weiße (aber trotzdem recht kleine) Ferienanlage am Meer verwandelt hat. Vor Ort befindet sich auch das schicke New Leaf Cafe.

Essen & Ausgehen

★ **Mijita's** MEXIKANISCH $$
(310 A St, Eastsound; Hauptgerichte 13–22 US$; Mi–So 16–21 Uhr) Ein Hoch auf die Familienrezepte des mexikanischen Kochs, z.B. langsam geschmorte Rinderrippchen mit Brombeer-Mole oder die vegetarischen Quinoa-Kuchen mit Pilzen, Ziegenmilchkäse, Mandeln und *pipian* (pikante Sauce)!

Island Hoppin' Brewery BRAUEREI
(www.islandhoppinbrewery.com; 33 Hope Lane, Eastsound; Di–So 16–21 Uhr) Das ist der perfekte Ort für sechs verschiedene Biere vom Fass, während man Kontakt zu den Bierfans unter den Inselbewohnern aufnimmt. Am Wochenende gibt's hier oft Livemusik.

Lopez Island

Wer nach Lopez – oder „Slow-pez“, wie die Einheimischen es gern nennen – kommt, sollte die Insel mit dem Rad erkunden. Mit dem hügeligen Gelände und den grußfreudigen Einwohnern (die bekannt sind für ihr Winken mit drei Fingern) ist Lopez die ideale Insel für Radfahrer. Eine gemütliche Spritztour durch die Landschaft kann an einem Tag bewältigt werden. Neben dem Jachthafen bietet das **Lopez Islander Resort** (☎800-736-3434; www.lopezfun.com; Fisherman Bay Rd; Zi. ab 139 US$;) gute Übernachtungsmöglichkeiten mit Restaurant, Fitnessstudio, Pool und kostenlosen Parkplätzen in Anacortes (ein weiterer Anreiz, das Auto stehen zu lassen). Wer kein eigenes Rad hat, wendet sich an **Village Cycles** (☎ 360-468-4013; www.villagecycles.net; 9 Old Post Rd; Fahrradverleih pro Std./Tag ab 7/30 US$; ⏲ Mi–So 10–16 Uhr), die einem ein Fahrrad zur Fähranlegestelle bringen können.

North Cascades

Zerklüftete Gipfel, Hunderte Gletscher und zahlreiche Schichtvulkane unterschiedlichster Beschaffenheit prägen die North Cascade Mountains, die sich in geologischer Hinsicht deutlich von der südlichen Kaskadenkette unterscheiden. Da der Gebirgszug praktisch unüberwindbar ist, stellte er bis vor gar nicht so langer Zeit ein ungelöstes Rätsel der Menschheit dar. Die erste Straße durch die North Cascades wurde 1972 gebaut, und so ist diese Region bis heute einer der abgelegensten Außenposten des Nordwestens.

Mt. Baker

Wie ein dämonischer Wächter der Geisterwelt erhebt sich der schneebedeckte Mt. Baker über dem glitzernden Wasser des oberen Puget Sound und zieht seit Jahrhunderten Besucher des Nordwestens in seinen Bann. Seit dem letzten Ausbruch in den 1850ern ruht der 3286 m hohe Vulkan, der von zwölf Gletschern umgeben ist. 1999 fiel hier die Rekordmenge von 29 m Schnee in einer Saison.

Der als „Mt. Baker Scenic Byway" bekannte, gut ausgebaute Hwy 542 windet sich zum 1550 m hoch gelegenen **Artist Point** hinauf, der 56 Meilen (90 km) entfernt von Bellingham liegt. Ganz in der Nähe befindet sich das **Heather Meadows Visitor Center** (Mile 56, Mt. Baker Hwy; ⏲ Mai–Sept. 8–16.30 Uhr), wo zahlreiche Wanderwege beginnen. So führt der 12 km lange Chain Lakes Loop rund um mehrere eisige Seen, die von Wiesen voller Heidelbeersträucher gesäumt sind.

In der **Mt. Baker Ski Area** (www.mtbakerskiarea.com) gibt es jährlich mehr Schnee als in jedem anderen Skigebiet in Nordamerika. Geboten sind 38 Pisten, acht Lifte und ein Höhenunterschied von über 450 m. Das Gebiet hat unter Snowboardern Kultstatus: Seit 1985 kommen sie jeden Januar zum Legendary Baker Banked Slalom hierher.

An den etwa 100 Tagen im Jahr, an denen der Mt. Baker durch die Wolken ragt, ist die Aussicht von der Sonnenterrasse des **Inn at Mt. Baker** (☎ 360-599-1359; www.theinnatmtbaker.com; 8174 Mt Baker Hwy; Zi. 155–165 US$; 📶) 7 Meilen (11 km) östlich von Maple Falls besonders überwältigend. Auf dem Weg den Berg hinauf sollte man auf einen Happen im **Graham's** (9989 Mt. Baker Hwy; Hauptgerichte 4–14 US$; ⏲ Mo–So abends, Sa & So morgens & mittags; wechselnde Öffnungszeiten) vorbeischauen, einem Restaurant mit authentischer Spelunke. Oder man holt sich bei **Wake & Bakery** (6903 Forest St, Glacier; Snacks ab 4 US$; ⏲ 7.30–17 Uhr) etwas für unterwegs. Beide befinden sich im Ort Glacier.

Leavenworth

Das gibt's doch nicht – ein Alpendorf mitten im amerikanischen Nordwesten? Tatsächlich wurde dem ehemaligen Holzfällerort Leavenworth in den 1960er-Jahren ein bayerisches Facelifting verpasst, um den drohenden Ruin nach der Verlegung der transkontinentalen Eisenbahnlinie zu verhindern. Das Holzgeschäft wurde kurzerhand durch den Tourismus ersetzt, und Leavenworth hat sich sehr erfolgreich in ein typisches Alpendorf verwandelt. Überall gibt's Bier und Schnitzel, und die Einwohner, von denen ein Viertel Deutsche sind, tragen Lederhosen und Dirndl. Zum Erfolg beigetragen haben natürlich das tolle Bergpanorama und die Tatsache, dass Leavenworth ein günstiges Basislager für Ausflüge in die nahe gelegene Alpine Lakes Wilderness darstellt.

Auskunft über die Outdoor-Angebote in der Gegend erteilt die **Leavenworth Ranger Station** (600 Sherbourne St; ⏲ Mitte Juni–Mitte Okt. tgl. 7.30–16.30 Uhr, Mitte Okt.–Mitte Juni Mo–Fr 7.45–16.30 Uhr). Zu den Highlights dieser Aktivitäten gehört der beste Klettersteig in ganz Washington, der sich am **Castle Rock** im Tumwater Canyon befindet, etwa 3 Meilen (4,8 km) nordwestlich an der US 2.

Der Devil's Gulch ist eine beliebte Mountainbike-Strecke durchs Gelände (40 km, 4–6 Std.). Der einheimische Ausstatter **Der Sportsmann** (☎ 509-548-5623; www.dersportsmann.com; 837 Front St; Fahrrad-/Langlaufskiverleih pro Tag ab 25/14 US$; ⏲ 9–18 Uhr) verleiht Mountainbikes ab 25 US$ pro Tag.

Schlafen & Essen

Hotel Pension Anna HOTEL **$$**
(☎ 509-548-6273; www.pensionanna.com; 926 Commercial St; Zi. inkl. Frühstück 155–250 US$, Kapellen-Suite 240–360 US$) Das „alpenländischste" Hotel der Stadt: Jedes Zimmer ist

mit importierter österreichischer Einrichtung ausgestattet, und das Frühstück im europäischen Stil entlockt so manchem den einen oder anderen frohen Jodler. Die angrenzende St.-Josefs-Kapelle (welche die Besitzer 1992 gerettet und mit hierher genommen haben) eignet sich perfekt für Familien.

Enzian Inn HOTEL **$$**
(509-548-5269; www.enzianinn.com; 590 Hwy 2; DZ 110–205 US$, Suite 215–375 US$;) Noch mehr Alpenromantik geht kaum: Zum Frühstück, das im sonnigen Frühstücksraum serviert wird, tritt der Besitzer in Lederhosen persönlich als Alphornbläser auf. Danach können die Gäste Golf auf dem 18-Loch-Platz oder Racquetball, eine Art Squash, spielen.

München Haus DEUTSCH **$**
(www.munchenhaus.com; 709 Front St; Snacks ab 6 US$; Mai–Okt. 11–23 Uhr, Nov.–April Mo–Fr geschl.) In dem Biergarten gibt's die besten auf Holzkohle gegrillten bayerischen Würstchen jenseits des Atlantik.

Lake Chelan

Der lange, schmale Lake Chelan ist der Wasserspielplatz Zentral-Washingtons. Der **Lake Chelan State Park** (509-687-3710; S Lakeshore Rd; Stellplatz f. Zelt/Wohnmobil 23/32 US$) verfügt über 144 Stellplätze, von denen ein paar am See nur mit dem Boot zu erreichen sind. Wer lieber in einem richtigen Bett schläft, sollte sich im günstigen **Midtowner Motel** (509-682-4051; www.midtowner.com; 721 E Woodin Ave; Zi. 65–120 US$;) in der Stadt einquartieren. Der Ort **Chelan** an der südöstlichsten Spitze des Sees ist der erste Anlaufpunkt für Unterkünfte und Dienstleistungen. Hier befindet sich auch eine **USFS-Ranger-Station** (428 Woodin Ave). In der Gegend haben auch mehrere Weingüter eröffnet, und viele von ihnen verfügen über ausgezeichnete Restaurants. Ein guter Tipp ist **Tsillan Cellars** (www.tsillancellars.com; 3875 Hwy 97A; So–Do 12–17, Fr & Sa bis 18 Uhr).

Busse von **Link Transit** (www.linktransit.com) verbinden Chelan mit Wenatchee und Leavenworth (1 US$).

Der hübsche Ort **Stehekin** am Nordende des Lake Chelan kann nur mit dem **Boot** (www.ladyofthelake.com; hin & zurück ab Chelan 39 US$), dem **Wasserflugzeug** (www.chelanairways.com; hin & zurück ab Chelan 159 US$) oder durch eine lange Wanderung über den Cascade Pass, 45 km vom See entfernt, erreicht werden. Unter www.stehekin.com findet man jede Menge Infos zu den Themen Wandern, Campingplätze und Miethütten. Die meisten Einrichtungen haben von Mitte Juni bis Mitte September geöffnet.

Methow Valley

Die Kombination aus Pulverschnee im Winter und jeder Menge Sonnenschein im Sommer hat das Methow Valley zu einer der beliebtesten Urlaubsregionen Washingtons gemacht. Hier kann man im Sommer Rad fahren, wandern und angeln und im Winter mit den Langlaufskiern das zweitgrößte Loipensystem der USA erkunden.

Die insgesamt 200 km langen Strecken werden von der gemeinnützigen Organisation **Methow Valley Sport Trails Association** (MVSTA; www.mvsta.com; 209 Castle Ave, Winthrop) gepflegt, die im Winter auch das größte zusammenhängende Netzwerk von Skirouten von Hütte zu Hütte (und Hotel zu Hotel) in ganz Nordamerika bietet. Das Gute daran ist, dass anscheinend nicht viele Leute davon wissen. Klassische Unterkünfte und einen guten Ausgangspunkt für Ski-, Wander- und Mountainbike-Touren bietet die exquisite **Sun Mountain Lodge** (509-996-2211; www.sunmountainlodge.com; Box 1000, Winthrop; Zi. 175–375 US$, Hütte 150–750 US$; 21. Okt.–7. Dez. geschl.;), 10 Meilen (16 km) westlich der Stadt Winthrop. Die Zimmer sind im gemütlichen Hüttenstil gehalten (inklusive vieler ausgestopfter Tiere). Es sind eher die Aussicht von hier oben und die vielen Wander- und Langlaufstrecken rund ums Resort, die es so besonders machen.

North Cascades National Park

Sogar die Namen der leicht ausgetretenen und spektakulären Berge im **North Cascades National Park** (www.nps.gov/noca) klingen wild und ungezähmt: Desolation Peak, Jagged Ridge, Mt. Despair und Mt. Terror. Es überrascht nicht, dass die Gegend einige der besten Outdoor-Abenteuer außerhalb Alaskas bietet.

Erste Anlaufstelle für Besucher ist das **North Cascades Visitor Center** (502 Newhalem St; Mitte April–Okt. 9–16.30 Uhr, Nov.–März Mo–Fr geschl.) in dem kleinen Ort Newhalem am Hwy 20. Die Mitarbeiter sind erfahrene Ranger, die gern ausführlich über die Highlights des Parks informieren.

Übernachten kann man in der außergewöhnlichsten Unterkunft des Staates Washington, dem **Ross Lake Resort** (206-386-

4437; www.rosslakeresort.com; Hütte 155–315 US$; ⌚Mitte Juni–Okt.) am westlichen Ufer des gleichnamigen Sees. Die auf Stegen im Wasser stehenden Blockhütten wurden in den 1930er-Jahren für die Holzfäller errichtet, die beim Bau des Ross Dam mitarbeiteten, durch den bald darauf das ganze Tal im Wasser versank. Da zu dem Resort keine Straße führt, müssen Gäste entweder die 3,2 km vom Hwy 20 zu Fuß gehen oder das Auto auf dem Parkplatz beim Diablo Dam abstellen und das Shuttle-Boot des Hotels nutzen.

Nordost-Washington

Spokane

Nach der baumlosen Einöde des östlichen Columbia Plateau ist die zweitgrößte Metropole in Washington eine willkommene Abwechslung – und immer für eine Überraschung gut. Die unaufdringliche, aber selbstbewusste Stadt liegt im Zentrum des sogenannten „Inland Empire" des Nordwestens. Sie erstreckt sich zu beiden Seiten des Spokane River, an dem britische Pelzhändler 1810 für kurze Zeit einen Handelsposten errichteten. Auch wenn Spokane kaum eine touristische Destination an sich ist, hat es doch einiges zu bieten: Der alljährlich im Mai stattfindende Bloomsday Run ist die weltweit größte Laufveranstaltung für Breitensportler.

Sehenswertes & Aktivitäten

Riverfront Park PARK
(www.spokaneriverfrontpark.com) Die grüne Lunge mitten in der Stadt befindet sich auf dem Gelände der Weltausstellung von 1974. In den letzten Jahren wurde der Park um einen **Skulpturenpfad** mit 17 Stationen und eine Vielzahl von Brücken und Wegen erweitert, um die Bedürfnisse der großen Läufergemeinde der Stadt zu befriedigen. Prunkstück des Parks sind die **Spokane Falls**, eine spektakuläre Folge malerischer Wasserfälle und schäumender Stromschnellen. Den rauschenden Fluss kann man von zahlreichen Aussichtspunkten bewundern oder aus einer Gondel der kleinen **Seilbahn** (⌚April–Sept. So–Do 11–18, Fr & Sa 11–22 Uhr), die direkt über den Wasserfällen schwebt. Spaziergänger und Jogger tummeln sich auf dem **Spokane River Centennial Trail** (www.spokanecentennialtrail.org), der mitten durch die Stadt und über fast 60 km weiter bis nach Idaho führt. Der Park hat auch eine Eisbahn, ein IMAX-Kino und ein Karussell; auf der Website finden sich weitere Infos.

Northwest Museum of Arts & Culture MUSEUM
(www.northwestmuseum.org; 2316 W 1st Ave; Erw./Kind 7/5 US$; ⌚Mi–So 10–17 Uhr) Das Museum in einem eindrucksvollen, sehr modernen Gebäude im Nobelviertel Browne's Addition hat – so heißt es – eine der besten Sammlungen von Kunsthandwerk und Gebrauchsgegenständen der Ureinwohner des Nordwestens.

Schlafen & Essen

Hotel Ruby BOUTIQUEMOTEL $
(☎509-747-1041; www.hotelrubyspokane.com; 901 W 1st Ave; Zi. 68–110 US$; ❄📶🐾) Dieses einfache Motel in schicken rot-schwarzen Farbtönen besticht durch seine unschlagbar zentrale Lage gegenüber vom Davenport.

★**Davenport Hotel** HISTORISCHES HOTEL $$
(☎509-455-8888; www.thedavenporthotel.com; 10 S Post St; Davenport Hotel/Davenport Tower-Zi. ab 130/120 US$; ❄📶🏊) Das historische Wahrzeichen von Spokane (1914 eröffnet) soll eines der besten Hotels der USA sein. Wer sich kein Zimmer leisten kann, sollte wenigstens mal in der exquisiten Lobby abhängen. Der angrenzende Davenport Tower ist die moderne Version des ganzen Glamours mit überraschend raffiniertem Safari-Motto.

★**Mizuna** FUSION-KÜCHE $$
(☎509-747-2004; 214 N Howard St; Hauptgerichte mittags/abends 10/28 US$; ⌚Mo–Sa 11–22, So 16–22 Uhr; 🖉) Ein gut beleuchtetes, altes Backsteingebäude mit einfachen Holzmöbeln und frischen Blumen auf den Tischen. Zu den Gerichten wie grünem Zitronengras-Curry mit Jakobs- und Venusmuscheln oder den ähnlich guten vegetarischen Spezialitäten gibt es ausgezeichneten Wein. Einfach himmlisch!

Ausgehen & Unterhaltung

Die Studenten der Gonzaga University in Spokane sorgen für eine lebendige Kneipen- und Nachtclubszene.

Northern Lights Brewing Company BRAUEREI
(www.northernlightsbrewing.com; 1003 E Trent Ave) Die beste Kleinbrauerei der Stadt befindet sich in der Nähe der Universität.

ABSTECHER

DER GRAND COULEE DAM

Während den berühmteren Hoover Dam (günstig gelegen zwischen Las Vegas und dem Grand Canyon) jährlich rund 1,6 Mio. Menschen besuchen, bekommt der viermal größere und wohl bedeutendere Grand Coulee Dam (weitab von allem) nicht viel Aufmerksamkeit. Er ist der größte Betonbau der USA und auch der größte Stromlieferant des Landes.

Das **Grand Coulee Visitor Arrival Center** (☎509-633-9265; ⏰9–17 Uhr) beschreibt die Geschichte des Dammes und der umliegenden Gegend mit Filmen, Fotos und interaktiven Ausstellungen. Von Mai bis September werden zur vollen Stunde zwischen 10 und 17 Uhr kostenlose **Führungen** durch die Anlage angeboten, bei denen Besucher u. a. in einem gläsernen Aufzug 142 m in die Tiefe zur Third Power Plant (Drittes Kraftwerk) hinunterfahren und sich von einer Plattform die Spitzen der Generatoren ansehen können.

Fast genauso spektakulär ist die abendliche **Lasershow** (⏰Mai–Sept. nach Einbruch der Dunkelheit) – angeblich die größte der Welt –, die die Geschichte des Columbia River und seiner zahlreichen Dämme vor einer herrlich lebendigen Kulisse veranschaulicht.

Bing Crosby Theater THEATER
(www.mettheater.com; 901 W Sprague Ave) Im früheren Met, das nach dem Sohn der Stadt Bing Crosby umbenannt wurde, finden Konzerte, Theateraufführungen, Filmfestivals und Vorstellungen der Spokane Opera in recht intimer Atmosphäre statt.

ℹ Praktische Informationen

Das **Spokane Area Visitor Information Center** (www.visitspokane.com; 201 W Main Ave at Browne St; ⏰Mo–Fr 8.30–17, Sa & So 9–18 Uhr) hält für Interessierte eine Fülle von Informationsmaterial bereit.

ℹ An- & Weiterreise

Busse und Züge fahren an der **Spokane Intermodal Transportation Station** (221 W 1st Ave) ab. **Amtrak** (www.amtrak.com) fährt mit dem berühmten *Empire Builder* einmal täglich nach Seattle (53 US$, 7½ Std.), Portland (53 US$, 9½ Std.) und Chicago (163 US$, 45 Std.).

South Cascades

Die South Cascades sind größer und ausgedehnter als ihre nördlichen Pendants. Sie erstrecken sich vom Snoqualmie Pass östlich von Seattle bis hinunter zum mächtigen Columbia River an der Grenze zu Oregon. Höhepunkt im wahrsten Sinne des Wortes ist der 4392 m hohe Mt. Rainier. Auch der Mt. St. Helens (2549 m), der sich noch immer von seinem verheerenden Ausbruch im Jahr 1980 erholt, hat seinen Reiz – wenn auch aus anderen Gründen. Sobald der kurze, intensive Sommer beginnt, sind die Bergwiesen des weniger bekannten Mt. Adams (3742 m) übersät mit Heidelbeersträuchern und Wildblumen.

Mt. Rainier National Park

Der vierthöchste Berg der USA (außerhalb Alaskas) ist zugleich einer der verführerischsten. Der majestätische Mt. Rainier liegt in einem 953 km² großen Nationalpark (bei seiner Eröffnung 1899 der fünfte Nationalpark der Welt), und auf dem schneebedeckten Gipfel und in den bewaldeten Ausläufern des Berges gibt es zahlreiche Wanderwege, riesige blumenbedeckte Wiesen und eine verlockende, kegelförmige Spitze, die eine ausgezeichnete Herausforderung für ehrgeizige Kletterer darstellt.

Der **Mt. Rainier National Park** (www.nps.gov/mora; Eintritt pro Fußgänger/Auto 5/15 US$) verfügt über vier Zugänge. Infos zu den Straßenverhältnissen gibt's unter ☎800-695-7623. Die Website des National Park Service (NPS) bietet Karten und Beschreibungen von 50 Wegen im Park zum Downloaden. Die bekannteste Strecke ist der knallharte, 150 km lange Wonderland Trail, der den Mt. Rainier komplett umrundet und etwa zehn bis zwölf Tage in Anspruch nimmt.

Wer im Park übernachten will, braucht eine kostenlose Campinggenehmigung von den Ranger-Stationen oder den Visitor Centers. Die sechs Campingplätze verfügen über fließendes Wasser und Toiletten, haben aber keine Stromanschlüsse. In den Sommermonaten ist es dringend empfohlen, für die **Park-Campingplätze** (☎800-365-2267; www.mount.rainier.national-park.com/camping.htm; reservierter Stellplatz 12–15 US$) zu reservieren. Dies kann bis zu zwei Monate im Voraus per Telefon oder online geschehen.

Evergreen Escapes (www.evergreenescapes.com; 10-stündige Tour 195 US$) bietet geführte Deluxe- und Öko-Busfahrten ab Seattle.

NISQUALLY-ZUGANG

Der Nisqually-Zugang ist das beliebteste und praktischste Tor zum Mt. Rainier National Park und liegt am Hwy 706 (über Ashford) in der Nähe der südwestlichen Ecke des Parks. Er ist ganzjährig geöffnet. In Longmire, 7 Meilen (11 km) hinter dem Nisqually-Zugang, gibt es ein **Museum mit Information Center** (Juni–Sept. 9–18 Uhr, Okt.–Mai bis 17 Uhr) GRATIS, einige wichtige Ausgangspunkte für Wanderungen und das rustikale **National Park Inn** (360-569-2275; www.guestservices.com/rainier; Zi. mit Gemeinschaftsbad/eigenem Bad 116/164 US$, Wohneinheit 244 US$; P ❄) mit einem ausgezeichneten Restaurant. 12 Meilen (19 km) weiter östlich beim vornehmeren Paradise, das vom Personal des informativen **Henry M. Jackson Visitor Center** (360-569-2211, Durchwahl 2328; Paradise; Juni–Okt. tgl. 10–19 Uhr, Okt.–Dez. Sa & So 10–17 Uhr) betrieben wird, und beim traditionellen **Paradise Inn** (360-569-2275; www.mtrainierguestservices.com; Zi. mit Gemeinschaftsbad/eigenem Bad ab 69/114 US$; Mai–Okt.), einem historischen „Parkitektur"-Gasthaus aus dem Jahre 1916 und langjährigem Bestandteil des Nationalparkgefüges, gibt es weitere Wanderwege und Lehrpfade. Vom Gasthaus führen Kletterpfade zum Gipfel des Mt. Rainier. Ausgezeichnete viertägige Besteigungen werden von **Rainier Mountaineering Inc** (www.rmiguides.com; 30027 SR706 E, Ashford; 4-tägige Besteigung 991 US$) geleitet.

WEITERE ZUGÄNGE

Die drei anderen Zugänge zum Mt. Rainier National Park sind die folgenden: **Ohanapecosh** am Hwy 123 ist über den Ort Packwood erreichbar, wo es auch Unterkünfte gibt; über **White River** abseits des Hwy 410 kommt man auf der Höhenstraße (1950 m) zum wunderschönen Aussichtspunkt bei der **Sunrise Lodge Cafeteria** (360-569-2425; Snacks 5–7 US$; 30. Juni–16. Sept. 10–19 Uhr); und vom abgeschiedenen Zugang **Carbon River** in der nordwestlichen Ecke aus kommt man zum Regenwald im Innern des Parks.

National Volcanic Monument Mt. St. Helens

Was dem Mt. St. Helens an Höhe fehlt, macht er durch Verrufenheit wieder wett: 57 Menschen starben am Berg, als er am 18. Mai 1980 mit der Wucht von 1500 Atombomben ausbrach. Die Katastrophe begann mit einem Erdbeben der Stärke 5,1 auf der Richterskala, das den größten Erdrutsch der vom Menschen aufgezeichneten Geschichte auslöste und fast 600 km² Waldfläche unter Millionen Tonnen Vulkangestein und Asche begrub. Heute findet sich hier eine faszinierende Landschaft mit sich erholenden Wäldern, neuen Flusstälern und aschebedeckten Hängen. Der Eintritt zur Gedenkstätte kostet 8 US$.

Wer kein Auto hat, kann den Mt. St. Helens im Rahmen einer eintägigen Bustour von Portland aus mit **Eco Tours of Oregon** (www.ecotours-of-orgeon.com; 3127 SE 23rd Ave, Portland; 59,50 US$) besichtigen. Und wer auf eigene Faust unterwegs ist, kann sich zwischen drei Zugängen zum Berg entscheiden. Es gibt jede Menge kurze und lange Wanderstrecken. Von Mitte Juni bis September ist der Hwy 25 geöffnet, der den östlichen und den südöstlichen Eingang miteinander verbindet.

NORDÖSTLICHER ZUGANG

Vom Haupteingang im Nordosten am Hwy 504 ist der erste Stopp das **Silver Lake Visitor Center** (3029 Spirit Lake Hwy; Eintritt 3 US$; 9–17 Uhr), das Filme, Ausstellungen und kostenlose Infos über den Berg (darunter auch Wanderkarten) bietet. Einen besseren Eindruck von der zerstörerischen Gewalt der Natur bekommt man im **Johnston Ridge Observatory** (Mitte Mai–Ende Okt. 10–18 Uhr) am Ende des Hwy 504, von wo aus man direkt in den Krater blicken kann.

In einer Gegend, die nur wenige Unterkünfte bietet, ist das **Eco Park Resort** (360-274-6542; www.ecoparkresort.com; 14000 Spirit Lake Hwy; Stellplatz 20 US$, Jurte 75 US$, Hütte 100–110 US$) eine willkommene Anlaufstelle. Es bietet sieben Zimmer in einem großen Haus gegenüber dem Silver Lake Visitor Center.

SÜDÖSTLICHER & ÖSTLICHER ZUGANG

Wer über den Südost-Zugang beim Städtchen **Cougar** am Hwy 503 kommt, kann sich echten Lavaboden anschauen – u.a. die 3,6 km lange Lavaröhre **Ape Cave**, die ganzjährig zugänglich ist. Allerdings herrschen hier immer nur frostige 5 °C. Jeder Erwachsene sollte zwei Lichtquellen mitbringen oder sich bei **Apes' Headquarters** (8303 Forest Rd; Juni–Sept. 10.30–17 Uhr) für jeweils 5 US$ Laternen ausleihen.

Der östliche Eingang ist der abgelegenste, aber der schwer zugängliche Aussichtspunkt **Windy Ridge** vermittelt hier einen greifbaren und zugleich unheimlichen

Eindruck von der Zerstörung durch den Ausbruch – er ist oft bis Juni geschlossen. Ein paar Meilen weiter kann man auf dem 1,6 km langen **Harmony Trail** (Wanderweg 224) 183 m zum Spirit Lake hinuntersteigen.

Zentral- & Südost-Washington

Die sonnigen, trockenen Teile in der Mitte und im Südosten Washingtons erinnern an Kalifornien und verfügen über eine nicht ganz so geheime Geheimwaffe: Wein. Das fruchtbare Land, das an die Flusstäler des Yakima und des Columbia River (welche wiederum an den Nil erinnern) grenzt, wird von geschäftstüchtigen neuen Weingütern überflutet, deren hervorragende Trauben mittlerweile mit denen aus dem Napa und dem Sonoma Valley um nationale Anerkennung konkurrieren. Bisher waren Yakima und das noch attraktivere Ellensburg sehr angesagt, aber heute heißt der echte Star Walla Walla: Talentierte Gastronomen und ein sehr aktiver Gemeinderat machen aus der Stadt ein ausgezeichnetes Ziel für Weinkenner.

Yakima & Ellensburg

Die Stadt Yakima liegt im gleichnamigen Flusstal und ist ein eher trostloses Handelszentrum, das seiner touristischen Bezeichnung „Palm Springs von Washington" nicht wirklich gerecht wird. Der Hauptgrund für einen Zwischenstopp in dem Ort ist der Besuch eines der zahlreichen Weingüter zwischen Yakima und Benton City; Karten gibt's im **Yakima Valley Visitors & Convention Bureau** (www.visityakima.com; 10 N 8th St; ⏲ Mo–Sa 9–17, So 10–16 Uhr).

Ein besserer Aufenthaltsort ist Ellensburg, eine winzige Siedlung 36 Meilen (58 km) nordwestlich von Yakima. Hier findet jedes Jahr am Labor Day das größte Rodeo des Bundesstaates statt, und im Ortszentrum gibt es (angeblich) mehr Cafés pro Kopf als irgendwo anders auf der Welt. Am besten beim einheimischen Kaffeeröster **D&M Coffee** (www.dmcoffee.com; 301 N Pine St; ⏲ 7–17 Uhr) einen Latte bestellen und im zentral gelegenen und bezaubernden viktorianischen **Guesthouse Ellensburg** (☎ 509-962-3706; www.guesthouseellensburg.com; 606 Main St; Zi. 145 US$) übernachten, welches auch das ausgezeichnete **Yellow Church Cafe** (www.yellowchurchcafe.com; 111 S Pearl St; Brunch 8–10 US$, Abendessen 13–23 US$; ⏲ Mo–Fr 11–20, Sa & So 8–20 Uhr) betreibt!

Greyhound (www.greyhound.com) lässt Busse von beiden Orten nach Seattle, Spokane und zu Zielen dazwischen fahren.

Walla Walla

In den letzten zehn Jahren hat sich Walla Walla von einem unbedeutenden, landwirtschaftlich geprägten Provinznest, das nur für seine Süßzwiebeln und das größte Gefängnis des Staates bekannt war, in ein

NICHT VERSÄUMEN

YAKIMA-VALLEY-WEINTOUR

Wer zwischen Ellensburg und Walla Walla unterwegs ist, sollte sich selbst den Gefallen tun und auf dem Weg an einer richtigen Weinprobe mit Spülen und Spucken teilnehmen. Das hört sich zwar unappetitlich an, aber genauso machen es die Kenner – und man ist auf der sicheren Seite. Die Yakima Valley AVA (Amerikanische Weinbaugegend) ist die älteste, größte und vielseitigste des Bundesstaates. Die Website www.wineyakimavalley.org ist eine gute Hilfe bei der Suche nach hervorragenden Weingütern.

Bonair Winery (www.bonairwine.com; 500 S Bonair Rd, Zillah; ⏲ 10–17 Uhr) In den Rattlesnake Hills in der Nähe von Zillah; hübsche Gärten und ein entspanntes Plätzchen, um köstliche Rotweine zu probieren.

Terra Blanca (www.terrablanca.com; 34715 N DeMoss Rd, Benton City; ⏲ 11–18 Uhr) Eines der schicksten Weingüter in majestätischer Lage auf dem Red Mountain mit Ausblick über das ganze Tal; perfekt für die Verköstigung von süßen Dessertweinen auf der Veranda.

Maison Bleue (☎ 509-378-6527; www.mbwines.com; 357 Port Ave, Studio D, Prosser; ⏲ nach Vereinbarung) Die gepriesenen Weine im Rhone-Stil können nach Vereinbarung im Vinter's Village in Prosser verköstigt werden. Das Dorf ist zwar nicht gerade hübsch, aber die Weine sind köstlich.

anerkanntes Weinanbaugebiet außerhalb von Kalifornien verwandelt. Das ehrwürdige Marcus Whitman College ist das kulturelle Wahrzeichen der Stadt, in der es neben schicken Weinprobierstuben auch skurrile Cafés, herrliche Gebäude im Queen-Anne-Stil und einen der besten und lebhaftesten Bauernmärkte in Washington gibt.

Sehenswertes & Aktivitäten

Man muss nicht weinselig sein, um das historische und kulturelle Erbe von Walla Walla schätzen zu können. Die geschichtsträchtige Hauptstraße erhält immer wieder Auszeichnungen und Preise. Bei den interessanten Stadtführungen, die die **Chamber of Commerce** (www.wallawalla.org; 29 E Sumach St; ⌚Mai–Sept. Mo–Fr 8.30–17, Sa & So 9–16 Uhr) zusätzlich zu Broschüren und Stadtplänen anbietet, wird die Vergangenheit lebendig. Infos zum Weinanbau in der Region gibt's auf der Website der **Walla Walla Wine News** (www.wallawallawinenews.com).

Fort Walla Walla Museum MUSEUM
(755 Myra Rd; Erw./Kind 7/3 US$; ⌚10–17 Uhr; 👪) Das eigentliche „Museum" in dem Dorf mit 17 historischen Gebäuden aus der Pionierzeit befindet sich in den ehemaligen Stallungen der Kavallerie. Die Ausstellung enthält eine Sammlung landwirtschaftlicher Geräte, Utensilien aus der Viehwirtschaft und das größte Plastik-Maultiergespann der Welt.

Waterbrook Wine WEINGUT
(www.waterbrook.com; 10518 W US 12; ⌚Mo–Do 11–18, Fr & Sa bis 20 Uhr) Auf der Veranda dieses riesigen Weinguts etwa 10 Meilen (16 km) westlich der Stadt kann man sich an warmen Tagen am Seeufer wunderbar verschiedene Weine einverleiben. Freitags und samstags werden überragend gute Tacos (2 Stück 6 US$) serviert.

Amavi Cellars WEINGUT
(3796 Peppers Bridge Rd; ⌚10–16 Uhr) Südlich von Walla Walla, inmitten hübscher Weinberge und Apfelgärten kann man einige der bekanntesten Weine des Tals probieren (unbedingt den Syrah und den Cabernet Sauvignon kosten!). Die elegante, aber trotzdem gemütliche Veranda im Freien bietet Blick auf die Blue Mountains.

Schlafen & Essen

Colonial Motel MOTEL $
(☎509-529-1220; www.colonial-motel.com; 2279 Isaacs Ave; Zi. ab 70 US$; ❄📶) Das Colonial ist ein einfaches, radfahrerfreundliches und einladendes Motel im Familienbetrieb auf halbem Weg zum Flughafen. Hier gibt es sichere Abstellmöglichkeiten für die Räder und jede Menge Karten von der Umgebung.

Marcus Whitman Hotel HOTEL $$
(☎509-525-2200; www.marcuswhitmanhotel.com; 6 W Rose St; Zi. 119–325 US$; ❄📶🐾) Um das Image der gut erhaltenen Siedlung aufrecht zu erhalten, wurde dieses wunderschöne Ziegelhaus aus dem Jahr 1928 sehr elegant renoviert: Die vielen Zimmer sind in Rost- und Brauntönen gehalten und mit Möbeln im italienischen Stil eingerichtet.

Graze CAFÉ $
(5 S Colville St; Sandwiches ab 8 US$; ⌚Mo–Sa 10–19.30, So bis 15.30 Uhr; 🖉) Die wunderbaren Sandwiches kann man sich entweder für ein Picknick einpacken lassen oder direkt in dem einfachen Café essen. Unbedingt das Moschus-Kürbis-Panino mit Mozzarella, geröstetem Knoblauch, Salbei und Provolone oder die Flankensteak-Torta mit eingelegten Jalapenos, Avocado, Tomate, Koriander und Chipotle-Dressing probieren!

★**Saffron Mediterranean Kitchen** MEDITERRAN $$$
(☎509-525-2112; www.saffronmediterraneankitchen com; 125 W Alder St; Hauptgerichte 15–27 US$; ⌚14–22 Uhr, Winter bis 21 Uhr) Der Koch des Saffron nimmt saisonale, regionale Zutaten und verwandelt sie in pures Gold. Auf der mediterran inspirierten Speisekarte stehen Gerichte wie Fasan, Ricotta-Gnocchi, köstliche Fladenbrote und verrückte Joghurt-Gurken-Suppen, die es mit allem, was es in Seattle gibt, aufnehmen könnten.

An- & Weiterreise

Alaska Airlines bedient den **Walla Walla Regional Airport** (www.wallawallaairport.com) mit vier täglichen Flügen nach Seattle.

Greyhound-Busse (www.greyhound.com) fahren einmal täglich über Yakima und Ellensburg nach Seattle. Wer nach Spokane und weiter nach Osten will, muss in Pasco in einen anderen Bus umsteigen.

OREGON

Es ist schwer, die Geografie und die Menschen Oregons mit wenigen Worten zu beschreiben. Die Landschaft hat alles Mögliche zu bieten, von zerklüfteten Küstenstrei-

KURZINFOS OREGON

Spitzname Beaver State

Bevölkerung 3 900 000

Fläche 248 633 km²

Hauptstadt Salem (157 000 Ew.)

Weitere Städte Portland (594 000 Ew.), Eugene (157 000 Ew.), Bend (78 000 Ew.)

Verkaufssteuer keine

Geburtsort von Präsident Herbert Hoover (1874–1964), Autor und Spaßvogel Ken Kesey (1935–2001), Schauspielerin und Tänzerin Ginger Rogers (1911–1995), *Simpsons*-Erfinder Matt Groening (geb. 1954), Regisseur Gus Van Sant (geb. 1952)

Heimat des Oregon Shakespeare Festival, von Nike und dem Crater Lake

Politische Ausrichtung demokratischer Gouverneur, demokratische Mehrheit im Kongress, seit 1984 bei Wahlen demokratisch

Berühmt für Wälder, Regen, Bier, Kaffee, Death with Dignity Act (Gesetz des Staates Oregon über Sterben in Würde)

Staatsgetränk Milch (die Molkerei wird hier großgeschrieben)

Entfernungen Portland–Eugene (110 Meilen) 177 km, Portland–Astoria (96 Meilen) 155 km; in Oregon kann man nicht selbst tanken

fen und üppigen, immergrünen Wäldern bis hin zu öden, mit Fossilien übersäten Wüsten, Vulkanen und Gletschern. Was die Einwohner betrifft – auch hier gibt es alles von konservativen Holzfällern bis hin zu liberalen Umweltschützern. Aber etwas haben sie alle gemeinsam: den unabhängigen Geist, die Liebe zur Natur und die leidenschaftliche Hingabe an ihren Wohnort.

Portland

Wie auch immer man es nennen mag – PDX, Stumptown, Stadt der Rosen, Bridge City, Beervana oder Portlandia – Portland ist einfach genial. Es ist eine Stadt mit lebhaftem Zentrum, hübschen Wohnvierteln, sehr ökologischer Ausrichtung und verrückten Charakteren. Hier gibt es mehr liberale Idealisten als konservative Sturköpfe, in edlen Restaurants sind auch GoreTex-Jacken erlaubt, und alle mögen die zahllosen Kneipen, Cafés, Hausfrauenbunde, lesbischen Dinnerpartys und vielseitigen Buchclubs. Portland ist eine aufstrebende Stadt, die es endlich geschafft hat. Wer im Nordwesten unterwegs ist, sollte dieses attraktive Reiseziel nicht versäumen.

Sehenswertes

Downtown

★Tom McCall Waterfront Park PARK

Dieser gewundene, 3,6 km lange Park am Westufer des Willamette River ist das inoffizielle Trainingsgelände für Mittagspausenjogger und die Pendelstrecke für die eifrigen Radfahrer der Stadt. Er ist auch tollfür ein Picknick und Schauplatz vieler Sommerfeste.

★Pioneer Courthouse Square WAHRZEICHEN

Dieser menschenfreundliche Backsteinplatz ist Portlands Stadtzentrum und lockt Touristen, Sonnenanbeter, Büroangestellte in der Mittagspause, Straßenkünstler und den einen oder anderen politischen Aktivisten an. Der Platz war früher ein Parkplatz, davor stand darauf ein schickes Hotel, und heute finden hier Konzerte, Feste, Kundgebungen und Bauernmärkte statt. Auf der anderen Seite der 6th Ave steht das protzige **Pioneer Courthouse**, das älteste Staatsgebäude im Nordwesten.

Portland Building WAHRZEICHEN

(Ecke SW 5th Ave & SW Main St) In der Innenstadt, in der es keine hohen Wolkenkratzer gibt, erhebt sich das Wahrzeichen der Stadt. Das 1980 von Michael Graves entworfene Portland Building ist für die einen ein Meisterwerk der Postmoderne, für die anderen einfach ein unpraktischer Klotz. Die **Portlandia-Statue** mit Dreizack, die die Göttin des Handels darstellt (nach der Freiheitsstatue die zweitgrößte aus Kupfer gefertigte Statue der USA), ziert das 15-stöckige Gebäude.

Oregon Historical Society MUSEUM

(☎503-222-1741; www.ohs.org; 1200 SW Park Ave; Erw./Kind 6–18 Jahre 11/5 US$; ⏲Mo–Sa 10–17, So 12–17 Uhr) An der von Bäumen beschatteten Grünfläche der South Park Blocks erstreckt sich das bedeutendste historische Museum von Oregon. Die Ausstellungen widmen sich vor allem der Geschichte Oregons und den Pionieren und Siedlern, die diesen Staat schufen. In weiteren Abteilungen werden

Portland

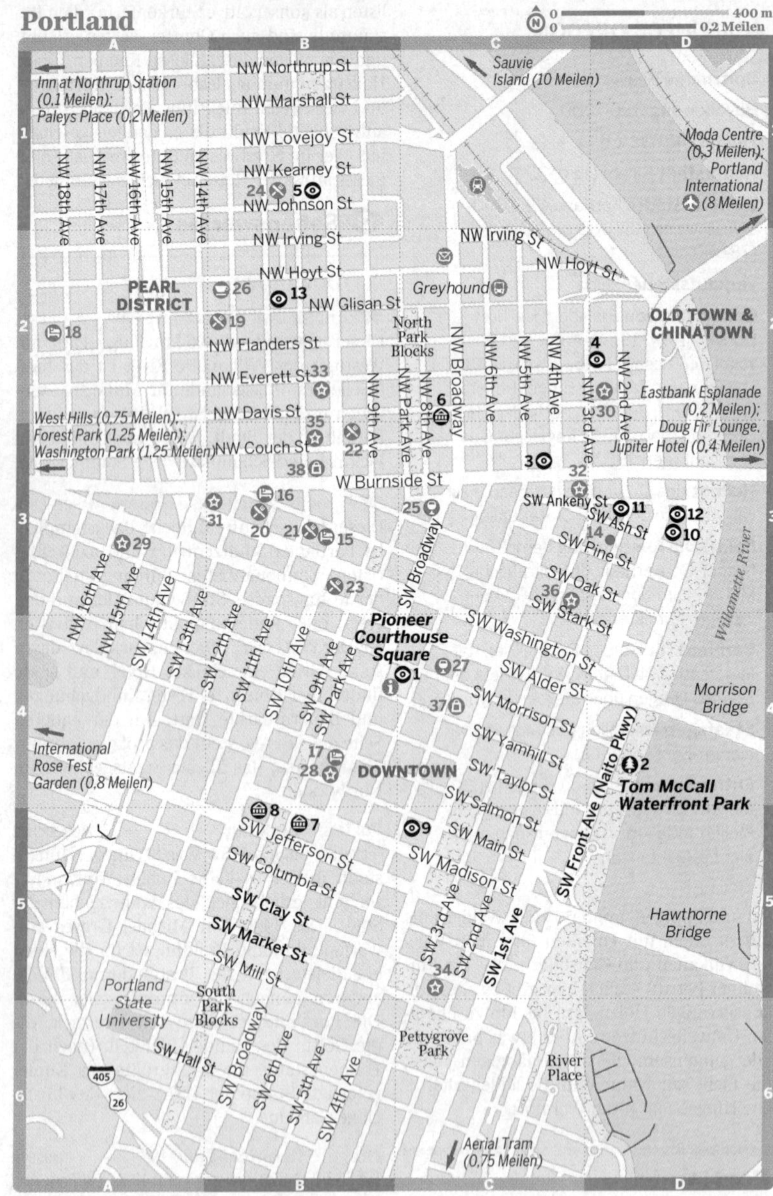

interessante Exponate der amerikanischen Indianerstämme gezeigt, und es wird von den Strapazen des Oregon Trail erzählt.

Portland Art Museum MUSEUM

(☎503-226-2811; www.portlandartmuseum.org; 1219 SW Park Ave; Erw./Kind 15 US$/frei; ⏲Di, Mi & Sa 10–17, Do & Fr 10–20, So 12–17 Uhr) Das Kunstmuseum gleich an den South Park Blocks verfügt über ausgezeichnete Exponate: Schnitzereien der amerikanischen Ureinwohner, asiatische und amerikanische Kunst, englisches Silber und vieles mehr. Außerdem beherbergt das Museum mit dem

Portland

Highlights
1 Pioneer Courthouse Square ... C4
2 Tom McCall Waterfront Park ... D4

Sehenswertes
3 Chinatown Gates ... C3
4 Classical Chinese Gardens ... D2
5 Jamison Square Fountain ... B1
6 Museum of Contemporary Craft ... C2
7 Oregon Historical Society ... B5
8 Portland Art Museum ... B5
9 Portland Building ... C5
10 Saturday Market ... D3
11 Shanghai Tunnels ... D3
12 Skidmore Fountain ... D3
13 Pearl District ... B2

Aktivitäten, Kurse & Touren
14 Pedal Bike Tours ... D3

Schlafen
15 Ace Hotel ... B3
16 Crystal Hotel ... B3
17 Heathman Hotel ... B4
18 Northwest Portland Hostel ... A2

Essen
19 Andina ... B2
20 Jake's Famous Crawfish ... B3
21 Kenny & Zuke's ... B3
22 Little Big Burger ... B3
23 Nong's Khao Man Gai ... B3
24 Piazza Italia ... B1

Ausgehen & Nachtleben
25 Bailey's Taproom ... C3
26 Barista ... B2
27 Departure Lounge ... C4

Unterhaltung
28 Arlene Schnitzer Concert Hall ... B4
29 Artists Repertory Theatre ... A3
30 CC Slaughters ... D2
31 Crystal Ballroom ... B3
32 Dante's ... C3
Darcelle XV ... (siehe 30)
33 Jimmy Mak's ... B2
34 Keller Auditorium ... C5
35 Portland Center Stage ... B3
36 Silverado ... C3

Shoppen
37 Pioneer Place ... C4
38 Powell's City of Books ... B3

Whitsell Auditorium ein erstklassiges Kino, in dem regelmäßig internationale und seltene Filme gezeigt werden.

Aerial Tram SEILBAHN
(www.gobytram.com; 3303 SW Bond Ave; Hin- und Rückfahrt 4 US$; ⌚Mo–Fr 5.30–21.30, Sa 9–17 Uhr) Die Seilbahn schwebt von einer Straßenbahnhaltestelle im Süden des Waterfront Parks auf den Marquam Hill hinauf. Dabei überwindet sie auf der gut 1 km langen Strecke einen Höhenunterschied von 150 m. Die Fahrt dauert drei Minuten. Als die Seilbahn 2007 in Betrieb ging, war sie wesentlich teurer als geplant und in der Öffentlichkeit heftig umstritten.

Altstadt & Chinatown

Im Zentrum des wilden Portland aus den 1890er-Jahren – der einst berüchtigten Altstadt – trieben sich damals widerliche Typen herum. Heute gibt es hier mehr Disko-Queens als Drogendealer. Nach Einbruch der Dunkelheit ist es einer der lebhafteren Orte in der Stadt, denn dann öffnen die Clubs und Bars ihre Türen und die Hipster kriechen aus ihren Löchern.

Shanghai Tunnels HISTORISCHE STÄTTE
(www.shanghaitunnels.info; Erw./Kind 13/8 US$) Unter den Straßen der Old Town erstreckt sich ein Netz aus unterirdischen Gängen, durch die skrupellose Menschenhändler in den 1850er-Jahren betrunkene Männer verschleppten oder „schanghaiten", um sie an Schiffskapitäne zu verkaufen, die immer billige Arbeitskräfte brauchten. Die Führungen durch das Tunnelsystem, die freitags und samstags jeweils um 18.30 und 20 Uhr starten, müssen per Internet gebucht werden.

Chinatown STADTVIERTEL
Die verzierten **Chinatown Gates** (Ecke W Burnside St & NW 4th Ave) bilden die südliche Grenze von Portlands Chinatown, in der es ein paar chinesische Restaurants gibt (die meisten in der 82nd Ave im östlichen Teil). Die Hauptattraktion ist der **Classical Chinese Garden** (☎503-228-8131; www.lansugarden.org; 239 NW Everett St; Erw./Kind 8/7 US$; ⌚10–18 Uhr), eine wunderbar ruhige Anlage mit spiegelnden Teichen und gepflegtem Grün.

Saturday Market MARKT
(☎503-222-6072; www.portlandsaturdaymarket.com; SW Ankeny St & Naito Pkwy; ⌚März–Dez. Sa

10–17, So 11–16.30 Uhr) Die beste Zeit für einen Spaziergang am Fluss ist das Wochenende. Dann wird hier dieser berühmte Markt mit Handwerkskunst, Straßenkünstlern und Imbissständen abgehalten.

Skidmore Fountain BRUNNEN
(SW 1st Ave & Ankeny St) Der aus der viktorianischen Ära stammende Skidmore Fountain (1888) unterhalb der Burnside Bridge wurde idealistisch mit drei „Trink-Etagen" entworfen: die oberste für Menschen, die mittlere für Pferde und die unterste für Hunde.

Pearl District & Nordwesten

Pearl District STADTVIERTEL
(www.explorethepearl.com) Nordwestlich von Downtown liegt der Pearl District, ein altes Industrieviertel, das seine einst schäbigen Lagerhallen in teure Lofts, gehobene Boutiquen und kreative Restaurants umgewandelt hat. Am ersten Donnerstag im Monat verlängern die zahlreichen **Kunstgalerien** im Viertel ihre Öffnungszeiten, wodurch sich eine Art schicke Straßenparty entwickelt. Der **Jamison Square Fountain** (810 NW 11th Ave) ist einer der hübscheren Flecken der Stadt. Auf keinen Fall sollte man das **Museum of Contemporary Craft** (☎503-223-2654; www.museumofcontemporarycraft.org; 724 NW Davis St; Eintritt 4 US$; ⊙Di–Sa 11–18, 1. Do im Monat bis 20 Uhr) verpassen, in dem jede Menge schöne Keramik ausgestellt ist.

Northwest 23rd Ave STADTVIERTEL
Die NW 23rd Ave („Trendy-third") ist eine edle Einkaufsstraße nahe den West Hills, die überquillt vor Klamottenboutiquen, Einrichtungsläden und Cafés. Die Restaurants in dieser Gegend – u. a. einige der besten Portlands – liegen entlang der parallel verlaufenden NW 21st Ave. Diese Straße eignet sich hervorragend für Spaziergänge, Schaufensterbummel, Kaffeepausen und einen Blick auf schöne Arts-&-Crafts-Häuser.

West Hills

Hinter Downtown liegt das Viertel West Hills, das bekannt ist für seine exklusiven Wohnhäuser, die riesigen Parks und eine astreine Aussicht auf bis zu fünf Vulkane der Cascades – wenn man Glück hat.

★**Forest Park** PARK
(www.forestparkconservancy.org) Nicht viele Städte haben über 2000 ha gemäßigten Regenwalds innerhalb ihrer Grenzen zu bieten – aber es gibt ja auch nicht viele Städte wie Portland. An den gepflegten Washington Park im Westen grenzt der sehr viel wildere Forest Park, dessen üppiges Blattwerk Tieren und begeisterten Wanderern gleichermaßen Platz bietet. Die **Portland Audubon Society** (☎503-292-6855; www.audubonportland.org; 5151 NW Cornell Rd; ⊙9–17 Uhr, Naturladen Mo–Sa 10–18, So bis 17 Uhr) betreibt einen Buchladen sowie ein Wildtierzentrum und pflegt 6,4 km Wanderwege innerhalb des Forest-Park-Naturschutzgebiets.

Die Hauptattraktion im Park ist die **Pittock Mansion** (☎503-823-3623; www.pittockmansion.org; 3229 NW Pittock Dr; Erw./Kind 6–18 Jahre 8,50/5,50 US$, Eintritt aufs Gelände kostenlos; ⊙11–16 Uhr), eine Villa, die 1914 von Henry Pittock erbaut wurde, der die in Portland beheimatete Zeitung von Oregon wiederbelebte. Allein das Gelände ist einen Besuch wert. Hier kann man bei einem Picknick die atemberaubende Aussicht genießen.

Washington Park PARK
(www.washingtonparkpdx.org) Westlich vom Forest Park liegt der weitläufige Washington Park mit mehreren Attraktionen auf seinen 162 ha großen Grünflächen. Das **Hoyt Arboretum** (☎503-865-8733; www.hoytarboretum.org; 4000 Fairview Blvd; ⊙Wanderwege 6–20 Uhr, Touristeninformation Mo–Fr 9–16, Sa & So 11–15 Uhr) GRATIS zeigt über 1000 Arten einheimischer und exotischer Bäume und wird von einem fast 20 km großen Netz aus Wanderwegen durchzogen. Im Herbst ist es hier am schönsten. Die **International Rose Test Gardens** (☎503-823-3636; www.rosegardenstore.org/rose-gardens.cfm; 400 SW Kingston Ave; ⊙7.30–21 Uhr) GRATIS bieten eine schöne Aussicht auf die Stadt und bilden das Herzstück von Portlands berühmter Rosenblüte. Hier gibt es über 500 verschiedene Rosenarten zu sehen. Weiter bergauf liegt der **Japanese Garden** (☎503-223-1321; www.japanesegarden.com; 611 SW Kingston Ave; Erw./Kind 6–17 Jahre 9,50/6,75 US$; ⊙Mo 12–19, Di–Fr & So 9–19, Sa 9–21 Uhr), eine weitere Oase der Ruhe.

Nordosten & Südosten

Von Downtown aus auf der anderen Seite des Willamette River liegt das **Lloyd Center**, Oregons größte Shopping-Mall mit der Eislaufbahn, auf der die berüchtigte Eis-Königin Tonya Harding ihre ersten Runden gedreht hat. Ein paar Straßen weiter südwestlich stehen die unübersehbaren Glastürme des **Oregon Convention Center**, und ganz in der Nähe befindet sich das **Moda Center** (ehemals bekannt als Rose Garden Arena), wo das Profi-Basketballteam Trailblazers seine Spiele austrägt.

Ein Stückchen weiter den Willamette River hinauf liegt die **N Mississippi Avenue**, die früher von heruntergekommenen Gebäuden gesäumt war, in der es heute aber jede Menge angesagte Läden und Lokale gibt. Im Nordosten liegt die künstlerische **NE Alberta Street**, ein langer Streifen mit Kunstgalerien, Boutiquen und Cafés (am letzten Donnerstag im Monat findet hier das Last-Thursday-Straßenkunst-Event statt). Den **SE Hawthorne Boulevard** (nahe der SE 39th Ave) haben die Hippies voll im Griff: mit Souvenirläden, Cafés, Coffee-Shops und zwei Filialen von Powell's Buchgeschäften. Eine begrünte Meile weiter südlich hat sich die **SE Division Street** in ein Paradies für Feinschmecker verwandelt. Hier gibt es jede Menge ausgezeichnete Restaurants, Bars und Kneipen. Das Gleiche gilt für die Ecke **E Burnside und NE 28th Avenue**, nur dass hier alles ein bisschen komprimierter und gehobener ausfällt.

Aktivitäten

Wandern & Trekken

Die besten Wandermöglichkeiten bietet der Forest Park (S. 1184) mit seinem Netz aus unglaublichen 129 km Wanderwege. Hier kommt man sich eher vor wie in den Ausläufern des Mt. Hood als wie am Stadtrand von Portland! Der **Wildwood Trail** beginnt am Hoyt Arboretum und schlängelt sich auf 48 km durch grüne Wälder. Die vielen Abzweigungen eignen sich gut für Rundwanderungen. Weitere Ausgangspunkte in den Forest Park liegen jeweils am westlichen Ende der NW Thurman St und der NW Upshur St.

Radfahren

Portland wurde von Medien wie CNN Travel, NBC News und *Bicycling Magazine* schon mehrmals zur radlerfreundlichsten Stadt der USA erkoren. Viele Straßen eignen sich gut zum Radeln, und die Autofahrer sind es gewohnt, auf Radler achtzugeben. Wer am Fluss entlang durch Downtown radelt, bekommt einen tollen Eindruck von der Stadt.

Der **Springwater Corridor** im Osten beginnt in der Nähe des Oregon Museum of Science & Industry (als Verlängerung der Eastbank Esplanade) und führt den ganzen Weg bis zum 21 Meilen (34 km) entfernten Vorort Boring. Im Nordwesten befindet sich der **Leif Erikson Drive**, eine alte Holzfällerstraße, die knapp 11 Meilen (18 km) in den Forest Park hineinführt und ein paar schöne Ausblicke auf die Stadt gewährt.

Malerisches Farmland gibt's auf **Sauvie Island**, 10 Meilen (16 km) nordwestlich von Downtown. Die Insel ist wie geschaffen für Radler – sie ist flach, hat relativ wenig Verkehr, und der Großteil ist Naturschutzgebiet.

Leihräder gibt's bei **Waterfront Bicycle Rentals** (☎503-227-1719; www.waterfrontbikes.com; 10 SW Ash St; 40 US$/Tag). Im Visitor Center und jedem Radgeschäft bekommt man gute Fahrradkarten.

Kajakfahren

Da Portland in der Nähe des Zusammenflusses des Columbia und des Willamette River liegt, verfügt es über viele befahrbare Kanäle. Die **Portland Kayak Company** (☎503-459-4050; www.portlandkayak.com; 6600 SW Macadam Ave) verleiht Kajaks, gibt Einführungen und bietet geführte Touren wie die dreistündige Umrundung von Ross Island im Willamette River an. Verleih, Einführung und Touren rund um Sauvie Island bietet **Scappoose Bay Kayaking** (☎503-397-2161; www.scappoosebaykayaking.com; 57420 Old Portland Rd) in Scappoose, 20 Meilen (32 km) nordwestlich von Portland.

Geführte Touren

Pedal Bike Tours FAHRRADTOUR
(☎503-243-2453; www.pedalbiketours.com; 133 SW 2nd Ave) Radtouren mit verschiedenen Schwerpunkten: Geschichte, Essen, Bier. Man kann an die Küste oder zur Schlucht fahren.

Portland Walking Tours STADTSPAZIERGANG
(☎503-774-4522; www.portlandwalkingtours.com) Führungen zu Themen wie Essen, Schokolade – und Geister.

Forktown FEINSCHMECKERTOUR
(☎503-234-3663; www.forktown.com) Hier werden die Lokale von Stumptown besichtigt.

Pubs of Portland Tours BIERTOUR
(☎512-917-2464; www.pubsofportlandtours.com) Führungen durch verschiedene Brauereien und Kneipen mit Informationen über die Bierbrauerei und verschiedene Biersorten und natürlich mit Verköstigung.

Feste & Events

Portland Rose Festival ROSENFEST
(www.rosefestival.org; ⌚Ende Mai–Mitte Juni) Rosenbedeckte Flöße, Drachenbootrennen,

Feuerwerk, Seemänner und die Krönung einer Rosenkönigin machen dieses Fest zum größten in Portland.

Oregon Brewers Festival BIERFEST
(www.oregonbrewfest.com; ⌚ Juli & Dez.) Selbst gebrautes Bier im Tom McCall Waterfront Park im Sommer (Ende Juli) und am Pioneer Courthouse Sq im Winter (Anfang Dez.).

Bite of Oregon FEINSCHMECKERFEST
(www.biteoforegon.com; ⌚ Anfang Aug.) Jegliches Essen (und Bier), das man sich nur vorstellen kann: Vieles kommt aus den ausgezeichneten einheimischen Restaurants und manches auch von den mittlerweile berühmten Imbisswagen. Hier gibt es auch gutes, selbst gebrautes Bier. Bite of Oregon sponsert die Special Olympics Oregon.

Art in the Pearl KUNSTFEST
(www.artinthepearl.com; ⌚ 1. Mo im Sept. & das Wochenende davor) Am Labor-Day-Wochenende kommen über 100 sorgfältig ausgewählte Künstler zusammen, um hier ihre schönen Arbeiten zu zeigen und zu verkaufen. Es gibt auch jede Menge Essen und Livemusik.

Schlafen

Für den Sommer schon im Voraus buchen!

Hawthorne Portland Hostel HOSTEL $
(☎ 503-236-3380; www.portlandhostel.org; 3031 SE Hawthorne Blvd; B 28 US$, DZ mit Gemeinschaftsbad 60 US$;) Dieses umweltfreundliche Hostel verfügt über eine gute Atmosphäre und eine tolle Lage in Hawthorne. Die Privatzimmer sind ordentlich und die Schlafsäle geräumig. Im grasbewachsenen Hinterhof werden im Sommer Open-Mike-Nights veranstaltet. Fahrräder können ausgeliehen werden. Das Hawthorne ist sehr umweltbewusst: Hier wird kompostiert, recycelt, Regenwasser für die Toilettenspülung verwendet, und es gibt eine hübsche Dachbegrünung. Rabatt für Radfahrer; Nicht-HI-Mitglieder zahlen 3 US$ extra.

Northwest Portland Hostel HOSTEL $
(☎ 503-241-2783; www.nwportlandhostel.com; 425 NW 18th Ave; B 20–29 US$, DZ mit Gemeinschaftsbad 65 US$;) Dieses freundliche und saubere Hostel in perfekter Lage zwischen dem Pearl District, der NW 21st Ave und der 23rd Ave und besteht aus vier Gebäuden mit vielen Gemeinschaftsbereichen (und einer kleinen Sonnenterrasse) und Fahrradverleih. Die Schlafsäle sind geräumig, und die Privatzimmer sind fast so hübsch wie Hotelzimmer – obwohl sie alle nur Gemeinschaftsbäder haben. Nicht-HI-Mitglieder zahlen 3 US$ zusätzlich.

★ **Ace Hotel** BOUTIQUEHOTEL $$
(☎ 503-228-2277; www.acehotel.com; 1022 SW Stark St; DZ mit Gemeinschaftsbad/eigenem Bad ab 135/185 US$;) Portlands angesagteste Unterkunft ist dieses einzigartige Hotel, das klassischen, Industrial-, minimalistischen und Retro-Stil vereint. Vom Passfotoautomaten und der Sofaecke in der Lobby bis hin zu den recycelten Stoffen und Möbeln in den Zimmern: Im Ace funktioniert das Lagerhaus-Feeling einfach. Ein Stumptown-Coffeeshop auf dem Gelände sorgt für noch mehr Bequemlichkeit. Parken kostet 25 US$.

Crystal Hotel HOTEL $$
(☎ 503-972-2670; www.mcmenamins.com/Crystal Hotel; 303 SW 12th Ave; Zi. 85–165 US$;) Zimmereinrichtungen, die von Grateful Dead inspirierte psychedelische Kunst mit dem Innern eines viktorianischen Boudoirs vereinen, können nur eines bedeuten: Willkommen im neuesten McMenamins-Hotel mit 51 Gästezimmern (das billigste mit Bad am anderen Ende des Ganges), von denen jedes durch einen Song inspiriert wurde! Im Untergeschoss befindet sich ein wundersames Salzwasserschwitzbad.

Jupiter Hotel BOUTIQUEMOTEL $$
(☎ 503-230-9200; www.jupiterhotel.com; 800 E Burnside; DZ ab 159 US$;) Dieses raffinierte umgestaltete Motel ist das angesagteste Hotel in der Stadt. Es ist von Downtown aus zu Fuß erreichbar und steht direkt neben der Doug Fir Lounge (S. 1191), einem spitzenmäßigen Veranstaltungsort für Livemusik. Die Standardzimmer sind winzig. Die bessere Wahl ist ein Metropolitan-Zimmer, und da sollte man nach einem fragen, das weit genug von der Bambusveranda entfernt liegt, wenn man lieber schläft als lange aufbleibt. Auch Kitchenettes und Leihfahrräder sind verfügbar; wer nach Mitternacht ankommt, bekommt Rabatt.

Clinton St Guesthouse PENSION $$
(☎ 503-234-8752; www.clintonstreetguesthouse.com; 4220 SE Clinton St; DZ 100–145 US$;) Dieses Arts-&-Crafts-Haus in einem Wohnviertel bietet vier einfache, hübsche Zimmer (zwei mit Gemeinschaftsbad). Die Möbel sind elegant, die Bettwäsche luxuriös und die Gastgeber nett. Die Pension liegt in einer schönen Wohngegend mit vielen Lokalen.

★ McMenamins Edgefield HOTEL $$

(☎503-669-8610; www.mcmenamins.com/54-edgefield-home; 2126 SW Halsey St, Troutdale; B 30 US$, DZ mit Gemeinschaftsbad 70–115 US$, mit eigenem Bad 120–155 US$;) Diese ehemalige „Armenfarm" wurde von den McMenamin-Brüdern restauriert und ist jetzt ein einzigartiger, 15 ha großer Hotelkomplex mit einer schwindelerregenden Vielfalt von Dienstleistungen. Hier können die Gäste Wein und selbst gebrautes Bier kosten, Golf spielen, Filme schauen, im Souvenirladen einkaufen, Livemusik hören, in den weitläufigen Gärten spazieren gehen und in einem der Restaurants essen. Die Anlage liegt eine etwa 20-minütige Autofahrt von Downtown entfernt.

★ Kennedy School HOTEL $$

(☎503-249-3983; www.mcmenamins.com; 5736 NE 33rd Ave; DZ 115–155 US$;) Diese Institution von Portland ist eine ehemalige Grundschule, die heute ein Hotel (ja, die Zimmer waren einst Klassenzimmer), ein Lokal, mehrere Bars, eine Hausbrauerei und ein Kino beherbergt. Außerdem gibt es ein Schwitzbad. Die Schule ist mit Mosaiken, Gemälden und historischen Fotos verziert.

Inn at Northrup Station BOUTIQUEHOTEL $$

(☎503-224-0543; www.northrupstation.com; 2025 NW Northrup St; DZ ab 174 US$;) Mit seinen hellen Farben und dem schrillen Dekor ist dieses superangesagte Hotel fast ein bisschen *too much*. Viele der riesigen künstlerischen Suiten verfügen über Terrasse oder Balkon, und alle haben eine Küchenzeile oder komplette Küche. Es gibt eine tolle Dachterrasse mit Pflanzen, und im Preis sind Straßenbahntickets enthalten (die Straßenbahn fährt direkt vor der Haustür).

Heathman Hotel LUXUSHOTEL $$$

(☎503-241-4100; www.heathmanhotel.com; 1001 SW Broadway; DZ ab 249 US$;) Das Heathman ist eine Institution in Portland mit erstklassigem Service und einem der besten Restaurants der Stadt. Die Zimmer sind elegant, stilvoll und luxuriös – und zentral gelegen ist das Ganze auch noch. Am Nachmittag wird hier Tee angeboten, abends gibt es Jazzmusik, und in der Bibliothek stehen Bücher, die von den Autoren signiert worden sind, die hier schon übernachtet haben. Parken kostet 32 US$.

Essen

Portlands schnell wachsende Restaurantszene hat das Regelwerk schon vor Jahren missachtet und sich in unzählige Genres und Subgenres aufgeteilt. Weit verbreitet sind vegetarisches Essen, Brunch, asiatische Fusion-Küche und das eher lockere Konzept der Küche des Nordwestens. Dann gibt es noch die berühmten Imbisswagen der Stadt, bei denen es verschiedenste Speisen und eigenartige Feinschmeckerkreationen gibt.

Little Big Burger BURGER $

(☎503-274-9008; www.littlebigburger.com; 122 NW 10th Ave; Burger 4 US$; ⏱11–22 Uhr) Eine einfache Speisekarte mit nur sechs Punkten – die Mini-Burger aus erstklassigen Zutaten heben Fast Food auf die nächste Stufe. Unbedingt den Beef Burger mit Cheddar, Schweizer Käse, Ziegenmilchkäse oder Blauschimmelkäse mit getrüffelten Pommes probieren! Das Ganze spült man am besten mit einem leckeren Rootbeer runter. Es gibt mehrere Filialen; die Website checken!

Pok Pok THAI $$

(☎503-232-1387; www.pokpokpdx.com; 3226 SE Division St; Hauptgerichte 11–16 US$; ⏱11.30–22 Uhr) Würzige thailändische Straßensnacks locken jede Menge Feinschmecker in dieses bekannte Lokal. Auf keinen Fall die berühmten Chicken Wings auslassen! Um die unvermeidlich lange Schlange besser zu ertragen, kann man in der Bar des Restaurants, der Whiskey Soda Lounge, einen Trinkessig probieren, der besser schmeckt, als es sich anhört. In der 1469 NE Prescott St gibt es noch eine zweite Filiale.

Navarre EUROPÄISCH $$

(☎503-232-3555; www.navarreportland.blogspot.com; 10 NE 28th Ave; kleine Teller 4–8 US$, große Teller 10–18 US$; ⏱Mo–Do 16.30–22.30, Fr bis 23.30, Sa 9.30–23.30, So bis 22.30 Uhr) Auf der Karte dieses industriell-eleganten Restaurants stehen verschiedene kleine Gerichte (auf keinen Fall Tapas nennen!), die täglich wechseln. Ein paar beliebte Klassiker bleiben aber immer gleich. Hier erwarten die Gäste einfache, aber köstliche Krabbenküchlein, Lamm und geröstetes Gemüse. Der Brunch am Wochenende ist genauso gut.

Piazza Italia ITALIENISCH $$

(☎503-478-0619; www.piazzaportland.com; 1129 NW Johnson St; Pasta 13–17 US$; ⏱Mo–Do 11.30–15 & 17–21, Fr–So bis 22 Uhr) Wer denkt nicht mit Wehmut an das großartige *ragù* (Fleischsauce) zurück, das es in Bologna gab? Oder an diese unvergesslichen *vongole* (Muscheln) von Sizilien? Nun, all das findet man hier in diesem sehr authentischen Res-

PORTLANDS IMBISSWAGEN

Eine coole Art und Weise, die Küche von Portland kennenzulernen, sind die Imbisswagen. Diese „Küchen auf Rädern“ stehen auf Parkplätzen in der ganzen Stadt, meist sind es gleich mehrere. Oft verfügen sie über ihre eigenen Gemeinschaftstische, Geldautomaten und Dixi-Klos. Da viele der Besitzer Immigranten sind (die sich eine teure Restauranteröffnung nicht leisten können), ähneln die Stände einem internationalen Buffet.

Die Imbisswagen stehen an mehreren Orten, aber die bedeutendste Ansammlung befindet sich an der Ecke SW Alder St und SW 9th Ave. Eine aktuelle Liste und etwas Hintergrundinformationen gibt es unter www.foodcartsportland.com. Die Highlights der stark konkurrierenden Szene sind:

Nong's Khao Man Gai (✆971-255-3480; www.khaomangai.com; SW 10th & SW Alder St; Hauptgerichte 7 US$; ⊙Mo–Fr 10–16 Uhr) Weich pochiertes Hähnchen mit Reis. Das war's – und es ist genug. Steht auch in der 411 SW College St und in der 609 SE Ankeny St.

Viking Soul Food (www.vikingsoulfood.com; 4262 SE Belmont Ave; Hauptgerichte 5–6 US$; ⊙Di–Do 12–20, Fr & Sa 11.30–21.30, So 11.30–20.30 Uhr) Köstliche süße und herzhafte Wraps.

Rip City Grill (www.ripcitygrill.com; Ecke SW Moody & Abernathy, Südufer; Sandwiches 5–7 US$; ⊙Mo–Fr 10–14 Uhr) Das dreieckige Steaksandwich ist der Brüller.

Thrive Pacific NW (www.thrivepacificnw.com; Hauptgerichte 5–8 US$) Exotische Gerichte, mit Bio- bzw. Freiland-Zutaten; auch glutenfrei möglich. Auf der Website finden sich die wechselnden Standorte und Öffnungszeiten.

Pepper Box (www.pepperboxpdx.com; 2737 NE Martin Luther King Jr. Blvd; Tacos & Quesadillas 3,50–4 US$; ⊙Di–Fr 9–14, Sa bis 13 Uhr) Hervorragende Frühstücks-Tacos und raffinierte Quesadillas.

taurant, dem gelingt, woran so viele scheitern: den wahren Kern des italienischen Essens hier in Nordamerika zu erfassen.

Pambiche KUBANISCH **$$**

(✆503-233-0511; www.pambiche.com; 2811 NE Glisan St; Hauptgerichte 12–17 US$; ⊙Mo–Do 11–22, Fr bis 24, Sa 9–24, So bis 22 Uhr) Das beste kubanische Essen Portlands wird in aufrührerisch farbenfroher Atmosphäre serviert. Hier gibt es die klassischen Lieblingsgerichte aus Kuba, z. B. *ropa vieja* (Rinderhack in Tomatensauce), und auch für den Nachtisch sollte man Platz im Magen lassen. Ein guter Tipp ist auch die Happy Hour (Mo–Fr 14–18, Fr & Sa 10–24 Uhr). Aufs Abendessen muss man ein bisschen warten.

Kenny & Zuke's FEINKOST **$$**

(✆503-222-3354; www.kennyandzukes.com; 1038 SW Stark St; Sandwiches 10–15 US$; ⊙Mo–Do 7–20, Fr bis 22, Sa 8–22, So bis 20 Uhr) Der einzige Ort der Stadt, an dem es richtige jüdische Delikatessen gibt: Bagels, eingelegten Hering, hausgemachte Essiggurken und Latkes. Aber das Beste ist die Haus-Pastrami, nach Wunsch geschnitten und mit Liebe in eines der besten Reuben-Sandwiches gelegt, die man je gegessen hat. Lohnt sich auch fürs Frühstück (Filiale in North Portland).

★**Ox** STEAK **$$$**

(✆503-284-3366; www.oxpdx.com; 2225 Martin Luther King Jr. Blvd; Hauptgerichte 19–38 US$; ⊙Di–So 17–22 Uhr) Dieses gehobene Steakhouse ist momentan das beliebteste Lokal Portlands (wer hat behauptet, in Portland würde nur vegetarisch gegessen?). Eine gute Wahl ist „Gusto“ (Rib-Eye vom grasgefütterten Rind für 38 US$). Für zwei Personen eignet sich das *asado*, wenn man verschiedene Fleischsorten probieren will (60 US$). Reservieren und den Geldbeutel nicht vergessen!

Paley's Place FRANZÖSISCH, FUSION-KÜCHE **$$$**

(✆503-243-2403; www.paleysplace.net; 1204 NW 21st Ave; Hauptgerichte 23–36 US$; ⊙Mo–Do 17.30–22, Fr & Sa bis 23, So 17–22 Uhr) Gegründet von Vitaly und Kimberly Paley und eines der führenden Restaurants Portlands. Geboten wird eine kreative Mischung aus französischer Küche und der Küche des Nordwestens. Ob man sich für sautierten Alaska-Heilbutt oder Kalbbries mit Puffbohnenpüree entscheidet: Hier genießt man stets Frisches und ausgezeichneten Service.

Andina PERUANISCH **$$$**

(✆503-228-9535; www.andinarestaurant.com; 1314 NW Glisan St; Hauptgerichte mittags 14–

17 US$, abends 22–30 US$; ⌚So–Do 11.30–14.30 & 17–21.30, Fr & Sa bi 22.30 Uhr) Hier wird traditionelles peruanisches Essen mit modernem Einschlag serviert. Zu den leckeren Hauptgerichten gehören Jakobsmuscheln in Quinoa-Kruste gebettet auf Blattspinat oder langsam gegarte Lammkeule in Koriander-Dunkelbier-Sauce. An der Bar gibt es leichtere Gerichte wie Tapas, großartige Cocktails und lateinamerikanische Livemusik.

Jake's Famous Crawfish SEAFOOD **$$$**
(☎503-226-1419; 401 SW 12th Ave; Hauptgerichte Mittagessen 10–16 US$, Abendessen 19–39 US$; ⌚Mo–Do 11.30–22, Fr & Sa bis 24, So 15 –22 Uhr) In altmodisch-eleganter Atmosphäre gibt es hier einige der besten Seafood-Gerichte Portlands. Die Austern sind göttlich, die Krabbenküchlein eine Offenbarung, und der Wildheilbutt in Macadamiakruste ist die Eintrittskarte ins Paradies. Zur Happy Hour sind die Köstlichkeiten erschwinglicher.

Ausgehen & Nachtleben

Portland ist bekannt für seinen Kaffee und kann sich über 50 Brauereien innerhalb der Stadtgrenzen rühmen – mehr als jede andere Stadt der Welt. Außerdem gibt es hier eine große Bandbreite ausgezeichneter Bars, von Spelunken über Hipster-Lokale und Kneipen bis hin zu ultramodernen Lounges. Hier muss keiner durstig bleiben.

★**Barista** CAFÉ
(☎503-274-1211; www.baristapdx.com; 539 NW 13th Ave; ⌚Mo–Fr 6–18, Sa & So 7–18 Uhr) Einer der besten Coffee-Shops Portlands gehört dem preisgekrönten Barista Billy Wilson und ist bekannt für seine Lattes. Die Bohnen kommen aus speziellen Kaffeeröstereien. Weitere Filialen gibt's in der 529 SW 3rd Ave und in der 1725 NE Alberta St.

Amnesia Brewing BRAUEREI
(☎503-281-7708; www.amnesiabrews.com; 832 N Beech St; ⌚Mo 15–24, Di–So 12–24 Uhr) Dieses Brauerei in der angesagten Mississippi St (die offizielle Adresse lautet Beech St) hat Picknicktische im Freien und eine sehr lockere Atmosphäre. Zu den ausgezeichneten (und trotz des Namens unvergesslichen) Biersorten zählen Desolation IPA, Amnesia Brown oder Wonka Porter. Auf einem Grill im Freien liegen Burger und Würstchen, und am Wochenende wird Livemusik geboten.

Horse Brass Pub KNEIPE
(☎503-232-2202; www.horsebrass.com; 4534 SE Belmont St; ⌚11–14.30 Uhr) Portlands glaubwürdigstes English Pub wird wegen seines urig-dunklen Flairs, der ausgezeichneten Fish & Chips und ungefähr vier Dutzend Bieren vom Fass geschätzt. Hier können Gäste Dart spielen, Fußball gucken oder einfach nur relaxen.

Coava Coffee CAFÉ
(☎503-894-8134; www.coavacoffee.com; 1300 SE Grand Ave; ⌚Mo–Fr 6–18, Sa 7–18, So 8–18 Uhr) Die Deko schöpft das Konzept des Neo-Industrial-Stils bis ins Extrem aus, aber die meisten Leute lieben das – und das Coava erfüllt eben alle Wünsche. Man bekommt handgebrühten Java, und auch der Espresso ist außergewöhnlich.

Bailey's Taproom BRAUEREI
(☎503-295-1004; www.baileystaproom.com; 213 SW Broadway; ⌚14–24 Uhr) Die einzigartige und beliebte Bierkneipe bietet eine wechselnde Auswahl von 20 unterschiedlichen Bieren aus Oregon und Umgebung an. Auf der coolen digitalen Speisekarte steht alles über Bier und wie viel von den jeweiligen Sorten noch übrig ist. Hier wird kein Essen serviert, man kann sich aber was mitbringen.

Belmont Station BRAUEREI
(☎503-232-8538; www.belmont-station.com; 4500 SE Stark St; ⌚12–23 Uhr) Mehr als 20 wechselnde ausgezeichnete Fassbiere in einem einfachen „Biercafé" mit Tischen auf dem Gehsteig. Liegt neben einem der besten Alkoholläden der Stadt, der über 1200 Biersorten verkauft und jedem Kunden, der bar zahlt, einen kleinen Rabatt gewährt.

Departure Lounge BAR
(☎503-802-5370; www.departureportland.com; 525 SW Morrison St; ⌚So–Do 16–24, Fr & Sa bis 1 Uhr) Dieses Bar-Restaurant auf der Dachterrasse des Nines Hotel (im 15. Stock) stillt eine tiefe Sehnsucht der Städter: Sie wollen eine coole Bar mit unvergesslicher Aussicht. Die Atmosphäre ist eindeutig die eines Raumschiffs (moderne Sofas, schicke Beleuchtung). Wer mal etwas anderes probieren möchte, sollte sich den ungewöhnlichen Tasho-Macho-Cocktail bestellen.

Ristretto Roasters CAFÉ
(☎503-288-8667; www.ristrettoroasters.com; 3808 N Williams Ave; ⌚Mo–Sa 6.30–18, So 7–18 Uhr) Medium geröstete, klein gemahlene und sortenreine Kaffees ergeben eine Tasse milden und feinen Java-Kaffee. Freitags um 13 Uhr finden kostenlose Kaffeeproben statt. Weitere Filialen in der 555 NE Couch St und

SCHWULEN- & LESBENSZENE IN PORTLAND

Aktuelles findet man in Portlands kostenloser, zweiwöchentlich erscheinender Schwulenzeitschrift *Just Out*. In der Stark St rund um die SW 10th St gibt es einige trendige Schwulenbars.

CC Slaughters (☎503-248-9135; www.ccslaughterspdx.com; 219 NW Davis St) Beliebter und alteingesessener Nachtclub mit großer, lauter Tanzfläche, Laser-Show und DJs. Sonntagabends finden Drag-Shows statt, und es gibt Motto-Nächte. In der entspannten Lounge kann man sich gut unterhalten.

Darcelle XV (☎503-222-5338; www.darcellexv.com; 208 NW 3rd Ave; ⌚Shows Mi–Sa) Portlands Kabarettshow im Las-Vegas-Stil: schillernde Drag Queens mit großen Perücken, falschem Schmuck und vollgestopften BHs. Freitags und samstags treten um Mitternacht männliche Stripper auf.

Silverado (☎503-224-4493; www.silveradopdx.com; 318 SW 3rd Ave) Fast jeden Abend Stripshows für Männer (Mo Karaoke). Gemischtes Publikum, billige Getränke und eventuell fummelnde, muskelbepackte Tänzer – man sollte viele Dollar-Scheine mitbringen und sich auf einen wilden Abend gefasst machen.

in der 2181 NW Nicolai St (in einem coolen Gebäude von Schoolhouse Electric).

Breakside Brewery BRAUEREI
(☎503-719-6475; www.breakside.com; 820 NE Dekum St; ⌚Mo–Do 15–22, Fr & Sa 12–23, So 12–22 Uhr) Hier gibt es mehr als 20 Biersorten vom Fass – die verrücktesten und leckersten, die man je getrunken hat. Sie werden mit Obst, Gemüse und Gewürzen verfeinert. Zu den neuesten Kreationen gehören ein Meyer-Lemon-Kölsch, ein Mango-India-Pale-Ale und ein Rübenbier mit Ingwer. Wenn man Glück hat, gibt es als Nachtisch das gesalzene, karamellisierte Milch-Starkbier. Außerdem bietet die Brauerei auch gutes Essen und schöne Sitzgelegenheiten im Freien.

Stumptown Coffee Roasters CAFÉ
(☎503-230-7702; www.stumptowncoffee.com; 4525 SE Division St; ⌚Mo–Fr 6–19, Sa & So 7–19 Uhr) Die erste Kleinrösterei, die Portland zu einer Nummer in der Kaffeeszene hat werden lassen, und immer noch der bekannteste Coffee-Shop der Stadt. Bei Stumptown ist man stolz darauf, direkt mit den Kaffeepflückern zu verhandeln und somit qualitativ hochwertige Bohnen zu bekommen. Auf der Website stehen noch andere Filialen in Portland und den USA.

Green Dragon BRAUEREI
(☎503-517-0660; www.pdxgreendragon.com; 928 SE 9th Ave; ⌚So–Mi 11–23, Do–Sa bis 1 Uhr) Obwohl es sich im Besitz der Rogue Breweries befindet, serviert das Green Dragon unglaubliche 62 verschiedene Biersorten vom Fass – eine absolut vielseitige Mischung. Dazu gibt es anständige Kneipenkost. Die Brauerei befindet sich in einer großen Lagerhalle der Eastside, und an warmen Tagen kann man auf der Veranda sitzen.

Rontoms BAR
(☎503-236-4536; 600 E Burnside St; ⌚16.30–2.30 Uhr) Zuerst der Nachteil dieser Bar im industriellen Schick: Das Essen ist nur o.k., der Service kann sehr mittelmäßig sein, und wenn man kein Hipster ist, fühlt man sich hier vielleicht fehl am Platz. Aber an schönen Tagen ist die große Veranda auf der Rückseite *das* Plätzchen schlechthin. Die Bar liegt an der Ecke E Burnside und 6th (sie ist zu cool für ein Schild).

Hopworks Urban Brewery BRAUEREI
(☎503-232-4677; www.hopworksbeer.com; 2944 SE Powell Blvd; ⌚So–Do 11–23, Fr & Sa bis 24 Uhr) Bio-Biere aus Zutaten der Region werden in einem umweltfreundlichen Bau mit Fahrradrahmen über der Bar serviert. Gute Speisenauswahl in familienfreundlicher Atmosphäre; an warmen Tagen ist die Sonnenterrasse auf der Rückseite Gold wert. Es gibt noch eine Filiale in der 3947 N Williams Ave.

Sterling Coffee Roasters CAFÉ
(www.sterlingcoffeeroasters.com; 417 NW 21st Ave; ⌚Mo–Fr 7–16, Sa & So 8–16 Uhr) Sehr kleiner, aber eleganter Coffee-Shop, der komplexe, aromatische Röstungen herstellt. Einfache Speisekarte, großartiger Cappuccino und Espresso sowie sachkundige Baristas. Ein weiterer Ableger befindet sich in der 1951 W Burnside (hier heißt es Coffeehouse Northwest).

☆ Unterhaltung

Der beste Guide in Sachen Unterhaltungs ist die kostenlose *Willamette Week* (www.wweek.com), die jeden Mittwoch erscheint und Theater, Musik, Clubs, Kino und Events im Stadtgebiet auflistet. Der *Portland Mercury* (www.portlandmercury.com) ist auch sehr informativ.

Bezüglich Open-Air-Konzerten im Sommer sollte man checken, was im Oregon Zoo los ist.

Livemusik

Doug Fir Lounge LIVEMUSIK
(☎ 503-231-9663; www.dougfirlounge.com; 830 E Burnside St) An diesem ultra-trendigen Veranstaltungsort treffen Paul Bunyan und die Jetsons aufeinander. Die Doug Fir Lounge bucht angesagte, umschwärmte Talente und zieht damit von tätowierten Jugendlichen bis hin zu spießigen Yuppies jede Menge Publikum an. Das nette Restaurant neben dem bei Rockstars beliebten Jupiter Hotel hat lange Öffnungszeiten.

Dante's LIVEMUSIK
(☎ 503-345-7892; www.danteslive.com; 350 W Burnside St) In dieser dampfigen, roten Bar treten nationale Bands wie die Dandy Warhols und Concrete Blonde auf, und es wird Varieté geboten. Sonntagabends steht das vielseitige Sinferno Cabaret auf dem Programm.

Crystal Ballroom LIVEMUSIK
(☎ 503-225-0047; www.mcmenamins.com; 1332 W Burnside St) In dieser riesigen historischen Konzerthalle haben schon Größen wie Grateful Dead, James Brown und Jimi Hendrix gespielt. Die bewegliche Tanzfläche macht das Tanzen zu einem Balanceakt. Wer auf die 1980er steht, sollte freitags runter in den Lola's Room gehen.

Mississippi Studios LIVEMUSIK
(☎ 503-288-3895; www.mississippistudios.com; 3939 N Mississippi Ave) Traulicher Veranstaltungsort für angehende Akustik-Stars und bekanntere Alternative-Bands. Hervorragendes Sound System. Nebenan gibt es ein gutes Bar-Restaurant mit Terrasse.

Jimmy Mak's LIVEMUSIK
(☎ 503-295-6542; www.jimmymaks.com; 221 NW 10th Ave; ⏲ Musik ab 20 Uhr) Stumptowns führende Jazz-Kneipe, in deren schickem Speisesaal auch ausgezeichnete mediterrane Küche serviert wird. Im Untergeschoss gibt es eine gemütliche Bar mit Billardtischen und Dartscheiben.

Kino

Kennedy School KINO
(☎ 503-249-3983; www.mcmenamins.com; 5736 NE 33rd Ave) McMenamins' führendes Kino in Portland zeigt 3-US$-Filme in der alten Turnhalle.

Bagdad Theater KINO
(☎ 503-249-7474; www.mcmenamins.com; 3702 SE Hawthorne Blvd) Ein tolles McMenamins-Kino, in dem man günstig Filme gucken kann.

Laurelhurst Theater KINO
(☎ 503-232-5511; www.laurelhursttheater.com; 2735 E Burnside St) Tolles Kino, in dem es leckere Pizza und eine Kleinbrauerei gibt; in der Nähe der nächtlichen Action.

Cinema 21 KINO
(www.cinema21.com; 616 NW 21st Ave) Im besten Programmkino Portlands werden auch ausländische Filme gezeigt.

Theater & Klassische Musik

Portland Center Stage THEATER
(☎ 503-445-3700; www.pcs.org; 128 NW 11th Ave) Das beste Ensemble der Stadt spielt in der Portland Armory, dem frisch renovierten Wahrzeichen im Pearl District, das mit der neuesten Bühnentechnik ausgestattet ist.

Arlene Schnitzer Concert Hall KLASSISCHE MUSIK
(☎ 503-228-1353; www.pcpa.com/schnitzer; 1037 SW Broadway) In dieser schönen, wenn auch akustisch nicht ganz so tollen Konzerthalle im Zentrum Portlands ist Oregons Symphonieorchester zu Hause.

Artists Repertory Theatre THEATER
(☎ 503-241-1278; www.artistsrep.org; 1515 SW Morrison St) In zwei kleinen Theatersälen werden einige der besten Stücke Portlands aufgeführt, darunter auch regionale Premieren.

Keller Auditorium THEATER
(☎ 503-248-4335; www.pcpa.com/keller; 222 SW Clay St) Hier treten die Portland Opera und das Oregon Ballet Theatre auf. Außerdem werden einige Broadway-Stücke gezeigt.

Sport

Portlands Trailblazers spielen im **Moda Center** (☎ 503-235-8771; www.rosequarter.com; 300 N Winning Way). Die städtischen Fußballteams der A-Liga sind die **Timbers** (www.portlandtimbers.com), die zusammen mit ihren weiblichen Kolleginnen, den **Thorns** (www.portlandtimbers.com/thornsfc) auf dem Jeld-Wen Field spielen. Die Frauenmannschaft gewann 2013 im ersten Jahr in der Liga gleich die Meisterschaft. Weitere wichtige Sportmannschaften sind die **Winter Hawks** (www.winterhawks.com), die im Moda Center

Eishockey spielen, und die **Rose City Rollers** (www.rosecityrollers.com), ein Roller-Derby-Team, das im Hangar im Oaks Amusement Park Wettkämpfe austrägt.

Shoppen

Portlands Shoppingzone in Downtown erstreckt sich vom Pioneer Courthouse Sq aus über zwei Blocks und beherbergt die üblichen Verdächtigen. Die schicke Mall **Pioneer Place** (☎503-228-5800; www.pioneerplace.com; 700 SW 5th Ave; ⌚Mo–Sa 10–20, So 11–18 Uhr) liegt östlich des Platzes. Im Pearl District wimmelt es von teuren Galerien, Boutiquen und Inneneinrichtungsläden. Am Wochenende sollte man dem Saturday Market (S. 1183) am Skidmore Fountain einen Besuch abstatten. Eine sehr angenehme und vornehme Einkaufsstraße ist die NW 23rd Ave.

In Eastside gibt es viele angesagte Einkaufsstraßen, in denen auch Restaurants und Cafés ansässig sind. Der SE Hawthorne Blvd ist die größte, die N Mississippi Ave ist die neueste, und die NE Alberta St ist die künstlerischste und flippigste der Shoppingmeilen. Weiter im Süden ist Sellwood bekannt für seine Antiquitätenläden.

Praktische Informationen

GELD

Travelex (⌚5.30–16.30 Uhr) Downtown (900 SW 6th Ave); Portland International Airport (☎503-281-3045; ⌚5.30–16.30 Uhr) Geldwechsel.

NICHT VERSÄUMEN

POWELL'S CITY OF BOOKS

Kann sich noch jemand an Buchläden erinnern? Nein, sie sind nicht alle ausgestorben. Willkommen in **Powell's City of Books** (☎503-228-4651; www.powells.com; 1005 W Burnside St; ⌚9–23 Uhr), einem Bücherparadies, das auf mehreren Stockwerken einen ganzen Straßenblock einnimmt und das einst der „größte unabhängige Buchladen der Welt" war. Wer in Portland ist, sollte diese lokale Institution und Touristenattraktion auf keinen Fall verpassen. Es lohnt sich, hier ein paar Stunden zu verbringen – und die braucht man durchaus für den ganzen Laden. In der Stadt verteilt und am Flughafen gibt es noch weitere Filialen, aber keine ist so groß wie diese hier.

INFOS IM INTERNET

Oregon Live (www.oregonlive.com) Die Website des *Oregonian* mit Nachrichten, Sport und Unterhaltung.

Portland Food & Drink (www.portlandfoodanddrink.com) Unvoreingenommene Kritiken über Portlands Restaurants mit Fachartikeln.

Portland Monthly (www.portlandmonthlymag.com) Auf der Website der Zeitschrift *Portland Monthly* gibt's interessante lokale Themen.

Travel Portland (www.travelportland.com) Was man unbedingt tun muss, wohin man gehen sollte und wie man sparen kann.

INTERNETZUGANG

Backspace (☎503-248-2900; www.backspace.bz; 115 NW 5th Ave; ⌚Mo–Fr 7–24, Sa & So 10–24 Uhr) Treffpunkt für Jugendliche; Spielautomaten, Kaffee, lange Öffnungszeiten und sogar Livemusik.

Central Library (☎503-988-5123; www.multcolib.org; 801 SW 10th Ave) In Downtown; weitere Filialen finden sich auf der Website.

MEDIEN

KBOO 90.7 FM (www.kboo.fm) Progressiver Lokalsender von Freiwilligen; alternative Nachrichten und Ansichten.

Portland Mercury (www.portlandmercury.com) Kostenloses Pendant zu Seattles *Stranger*.

Willamette Week (www.wweek.com) Kostenlose Wochenzeitung mit lokalen Nachrichten und Kultur.

NOTFALL & MEDIZINISCHE VERSORGUNG

Legacy Good Samaritan Medical Center (☎503-413-7711; www.legacyhealth.org; 1015 NW 22nd Ave)

Polizei (☎503-823-0000; www.portlandoregon.gov/police; 1111 SW 2nd Ave)

POST

Post (☎503-525-5398; www.usps.com; 715 NW Hoyt St; ⌚Mo–Fr 8–18.30, Sa 8.30–17 Uhr) Dies ist die Hauptfiliale, aber es gibt noch viele weitere in ganz Portland.

TOURISTENINFORMATION

Portland Oregon Visitors Association (www.travelportland.com; 701 SW 6th Ave; ⌚Mo–Fr 8.30–17.30, Sa 10–16, So bis 14 Uhr) Am Pioneer Courthouse Sq. Hier gibt es ein kleines Kino mit einem zwölfminütigen Film über die Stadt sowie Ticketschalter für den Tri-Met-Bus und die Stadtbahn.

An- & Weiterreise

BUS

Greyhound (☎503-243-2361; www.greyhound.com; 550 NW 6th Ave) Greyhound-Busse verbinden Portland mit den Städten an der I-5 und der I-84. Ziele sind u. a. Chicago, Boise, Denver, San Francisco, Seattle und Vancouver, BC.

Bolt Bus (☎ 877-265-8287; www.boltbus.com) Wer zwischen Portland, Seattle und Vancouver, BC, hin- und herreist, sollte den Bolt Bus nehmen. Große Busse mit WLAN und Steckdosen.

FLUGZEUG

Portland International Airport (PDX; ☎ 503-460-4234; www.flypdx.com; 7000 NE Airport Way) Vom Portland International Airport gehen täglich Flüge in die ganzen USA und zu mehreren internationalen Reisezielen. Der Flughafen liegt östlich der I-5 am Ufer des Columbia River (eine 20-minütige Fahrt von Downtown über die Steel Bridge in nordöstliche Richtung). Hier gibt es Wechselstuben, Restaurants, Buchläden (darunter auch drei Filialen von Powell's) und Service-Einrichtungen für Geschäftsreisende wie kostenloses WLAN.

ZUG

Amtrak (☎ 503-273-4865; www.amtrak.com; 800 NW 6th Ave) Amtrak-Züge fahren die Westküste rauf und runter. Der *Empire Builder* fährt nach Chicago, der *Cascades* nach Vancouver, BC, und der *Coast Starlight* verkehrt zwischen Seattle und L. A.

ℹ Unterwegs vor Ort

AUTO

Die meisten großen Autovermietungen haben sowohl Büros in Downtown als auch am Portland International Airport (PDX). Viele von den Agenturen haben Hybrid-Fahrzeuge in ihre Flotte aufgenommen. **Zipcar** (www.zipcar.com) ist eine beliebte Car-Sharing-Firma von vielen. Infos zu günstigen Parkplätzen in der Innenstadt gibt es unter www.portlandoregon.gov/transportation/35272.

CHARTER-SERVICE

Für Bus- oder Van-Chartertouren ist **EcoShuttle** (☎ 503-548-4480; www.ecoshuttle.net) zuständig. Die Fahrzeuge laufen zu 100 % mit Bio-Diesel.

FAHRRAD

In Portland, der Stadt, die mehrmals zur radfahrerfreundlichsten Stadt Amerikas gewählt wurde, macht es richtig Spaß, Rad zu fahren.

Zu den Fahrradverleihen zählen u. a. **Clever Cycles** (☎ 503-334-1560; www.clevercycles.com/rentals; 900 SE Hawthorne Blvd) und Waterfront Bicycle Rentals (S. 1185).

VOM/ZUM FLUGHAFEN

Der Portland International Airport (PDX) liegt etwa 10 Meilen (16 km) nordöstlich von Downtown am Columbia River. Die Stadtbahn MAX von Tri-Met braucht ungefähr 40 Minuten von der Innenstadt zum Flughafen. Wer lieber mit dem Bus fährt, sollte den Shuttle-Bus von **Blue Star** (☎ 503-249-1837; www.bluestarbus.com) wählen; er verkehrt vom Flughafen zu mehreren Haltestellen in Downtown.

Taxifahrer verlangen um die 34 US$ für die Fahrt vom Flughafen nach Downtown (Trinkgeld nicht inbegriffen).

ÖFFENTLICHE VERKEHRSMITTEL

Portland verfügt über ein gutes öffentliches Nahverkehrsnetz, das aus Stadtbussen, Straßenbahnen und der Stadtbahn MAX besteht. Alle werden von **TriMet** (☎ 503-238-7433; www.trimet.org; 701 SW 6th Ave) betrieben; am Pioneer Courthouse Sq gibt es einen Infoschalter.

Die Fahrkarten sind in allen öffentlichen Verkehrsmitteln für zwei Stunden nach dem Kauf gültig. Bustickets kauft man beim Einsteigen an den Automaten, Straßenbahntickets gibt es entweder an den Haltestellen oder direkt in der Straßenbahn. Tickets für die MAX müssen vor dem Einsteigen an Ticketschaltern der MAX-Stationen gekauft werden – in der Bahn gibt es keinen Fahrer oder Fahrscheinautomaten (aber Kontrolleure!).

Nachteulen sei gesagt, dass nachts nicht mehr so viele Busse und Bahnen fahren. Nach 1 Uhr verkehren nur noch sehr wenige. Details zu den einzelnen Nachtlinien gibt es auf der Website.

PEDICAB

Als umweltfreundliche Alternative gibt es mehrere Rikscha-Anbieter in der Stadt, darunter **PDX Pedicab**. (☎ 503-828-9888; www.pdxpedicab.com) Die Fahrradrikschas sind in der ganzen Innenstadt unterwegs.

TAXI

Taxis können telefonisch rund um die Uhr bestellt werden. In Zentrum muss man sie oft nur anhalten. Gute Tipps sind **Broadway Cab** (☎ 503-333-3333; www.broadwaycab.com) und **Radio Cab** (☎ 503-227-1212; www.radiocab.net).

Willamette Valley

Das fruchtbare, 96 km breite Willamette Valley war für die Pioniere, die vor mehr als 150 Jahren auf dem Oregon Trail gen Westen zogen, der Heilige Gral. Für die Menschen von heute ist es der Gemüsegarten, in dem mehr als 100 verschiedene Produkte geerntet werden – u.a. gedeiht hier auch ein Pinot Noir (s. S. 1194). Salem, die Hauptstadt Oregons, liegt ungefähr eine Autostunde von Portland entfernt am nördlichen Ende des Willamette Valley. Die meisten anderen

WEINBAUREGION WILLAMETTE VALLEY

Nur eine einstündige Autofahrt von Portland entfernt liegt das Willamette Valley, wo sich Hunderte Weingüter angesiedelt haben, auf denen die edelsten Tropfen hergestellt werden – vor allem Pinot Noir. In McMinnville, Newberg und Dundee gibt es die meisten Einrichtungen der Gegend, darunter einige sehr gute Restaurants, Läden, B&Bs und Verkostungsstuben. Mehr Infos über die Weingüter der Gegend lassen sich unter www.willamettewines.com einholen.

Durch üppig grüne Hügel auf kurvigen Landstraßen von einem Weingut zum anderen zu fahren, ist eine wunderbare Möglichkeit, den Nachmittag zu verbringen – man sollte vorher nur einen Fahrer bestimmen. Wer lieber eine Tour mitmachen möchte, sollte sich an **Grape Escape** (503-283-3380; www.grapeescapetours.com) wenden. Und wer gerne Rad fährt, kann bei Pedal Bike Tours (S. 1185) in Portland fünfstündige Touren buchen.

Intellektueller geht es im **Evergreen Aviation Museum** (503-434-4180; www.evergreenmuseum.org; 500 NE Captain Michael King Smith Way; Erw./Kind 5–16 Jahre 25/23 US$ (inkl. 3-D-Film); 9–17 Uhr;) von McMinnville zu. Hier steht Howard Hughes' **Spruce Goose**, das größte Holzflugzeug der Welt. Außerdem gibt es noch eine Nachbildung vom *Flyer* der Gebrüder Wright zu sehen, ein 3-D-Kino und – seltsamerweise – einen tollen Wasserpark.

Eine interessante Übernachtungsmöglichkeit bietet sich im **McMenamins Hotel Oregon** (503-472-8427; www.mcmenamins.com; 310 NE Evans St, McMinnville; DZ 75–145 US$;), einem älteren Gebäude, das in ein charmantes Hotel umgewandelt wurde. Es verfügt über eine wunderbare Dachterrassenbar. Wer auf der Suche nach einem außergewöhnlichen Restaurant ist, der sollte ins **Joel Palmer House** (503-864-2995; www.joelpalmerhouse.com; 600 Ferry St, McMinnville; Menü 49–80 US$; Di–Sa 16.30–21.30 Uhr) gehen. Die Gerichte sind mit Wildpilzen aufgepeppt, die die Köche persönlich in der Gegend sammeln.

Sehenswürdigkeiten sind ebenfalls im Rahmen eines Tagesausflugs zu erreichen. Weiter im Süden liegt Eugene, eine dynamische Universitätsstadt, in der man sich gut und gerne einige Tage aufhalten kann.

Salem

Oregons Hauptstadt (nicht das Salem mit den Hexen – das liegt in Massachusetts) ist bekannt für ihre Kirschbäume, das Art-déco-Kapitol und die Willamette University.

Im **Hallie Ford Museum of Art** (900 State St; Erw./ unter 12 Jahren Eintritt 3 US$/frei; Di–Sa 10–17, So ab 13 Uhr) der Willamette University ist die beste Sammlung von Kunst aus dem Nordwesten zu besichtigen, darunter eine beeindruckende Galerie der amerikanischen Ureinwohner.

Das **Oregon State Capitol** (900 Court St NE) GRATIS aus dem Jahr 1938 wirkt wie eine Kulisse aus einem opulenten Film von Cecil B. DeMille. Es werden kostenlose Führungen angeboten. Das weitläufige **Bush House** (503-363-4714; www.salemart.org; 600 Mission St SE; Erw./Kind 6–15 Jahre 6/3 US$; Mi–So 13–16 Uhr, Jan. & Feb. geschl.) aus dem 19. Jh. ist ein Herrenhaus im italienischen Stil, das heute ein Museum mit historischen Akzenten wie Originaltapeten und Marmorkaminen beherbergt.

Das **Visitors Information Center** (www.travelsalem.com; 181 High St NE; Mo–Fr 8.30–17, Sa 10–16 Uhr) ist eine gute Orientierungshilfe.

Salem wird täglich von **Greyhound-Bussen** (503-362-2428; www.greyhound.com; 500 13th St SE) und **Amtrak-Zügen** (503-588-1551; www.amtrak.com; 500 13th St SE) angesteuert.

Eugene

Das vielschichtige Eugene – auch bekannt als „Tracktown" – ist von jugendlicher Energie und liberaler Politik geprägt. Die Stadt ist bekannt für ihre Leichtathletik-Champions (immerhin stammt auch das Unternehmen Nike von hier). Die meisten Bewohner sind Arbeiter in der Holz- und Fertigungsbranche, aber es leben auch einige unkonventionelle Leute hier – von Ex-Hippie-Aktivisten über anarchistische Umweltschützer bis hin zu vornehmen Unternehmern und Führungsposten der Hightech-Industrie.

Eugene hat eine großartige Kunstszene, außergewöhnlich gute Restaurants, ausgelassene Festivals, kilometerlange Uferpfade und einige hübschen Parks zu bieten. Es ist eine wunderbare Stadt – sowohl für dynamische Traveller als auch für die Glücklichen, die hier wohnen dürfen.

Sehenswertes

Alton Baker Park PARK
(100 Day Island Rd) Dieser beliebte, 1,6 km² große Park am Fluss ist ein Paradies für Radfahrer und Jogger. Er bietet Zugang zum **Ruth Bascom Riverbank Trail System**, einem 12 Meilen (19 km) langen Radweg, der sich auf beiden Seiten des Willamette River erstreckt. Der Park ist ungefähr zur Hälfte unterteilt in wilde und gepflegte Flächen. Der an den Fluss grenzende Park ist über drei Fußgängerbrücken mit Eugenes weiterem Wanderwegenetz verbunden. Gleich nordwestlich des Alton Baker Park auf der anderen Seite des Flusses liegt der Hügel **Skinner Butte** (208 m), ein Wahrzeichen voller Wiesen, Wanderwege und mit einer prima Aussicht auf die Stadt.

University of Oregon UNIVERSITÄT
(☎541-346-1000; www.uoregon.edu) Die Universität von Oregon wurde 1872 gegründet und ist die führende Einrichtung des Staates in Sachen höhere Bildung. Ihre Schwerpunkte sind die Künste, Wissenschaft und Recht. Der Campus ist voller historischer efeubewachsener Gebäude, und es gibt sogar einen **Pionierfriedhof** mit Grabsteinen, die einen Eindruck vom Leben und Sterben in der früheren Siedlung vermitteln. Ein Highlight des Campus ist das **Jordan Schnitzer Museum of Art** (☎541-346-3027; www.jsma.uoregon.edu; 1430 Johnson Lane; Erw./Kind Eintritt 5 US$/frei; ⏲Di–So 11–17, Mi bis 20 Uhr), das eine wechselnde Dauerausstellung mit Weltklassekunst von koreanischen Schriftrollen bis hin zu Gemälden von Rembrandt beherbergt. Das **Museum of Natural and Cultural History** (☎541-346-3024; http://natural-history.uoregon.edu; 1680 E 15th Ave; Erw./3–18 Jahre 3/2 US$, Mi Eintritt frei; ⏲Mi–So 11–17 Uhr) lohnt sich ebenfalls wegen seiner Ausstellungen über die Ureinwohner Amerikas.

Schlafen

In Eugene gibt es die üblichen Hotel- und Motelketten. Bei wichtigen Football-Spielen und Abschlussfeiern steigen die Preise.

Campus Inn MOTEL $
(☎541-343-3376; www.campus-inn.com; 390 E Broadway; DZ 70–80 US$;) Sehr angenehmes Motel mit geräumigen Zimmern im Business-Stil und einfacher, aber doch eleganter Einrichtung. Für 10 US$ extra hat man ein größeres Bett und mehr Platz. Kleiner Fitnessraum, Gemeinschafts-Whirlpool und Dachterrasse sind vorhanden.

Eugene Whiteaker Hostel HOSTEL $
(☎541-343-3335; www.eugenehostels.com; 970 W 3rd Ave; B inkl. Frühstück 25 US$, Zi. inkl. Frühstück 40–70 US$;) Gemütliches Hostel in

ABSTECHER

THERMALQUELLEN

In Oregon gibt es jede Menge Thermalquellen, und einige sind nicht weit von Salem entfernt. Ein paar Autostunden östlich der Stadt liegen die **Bagby Hot Springs** (www.bagbyhotsprings.org; 5 US$/Pers.), rustikale Thermalquellen mit verschiedenen Holzzubern in halbprivaten Badehäusern. Die Quellen sind über einen hübschen, 2,4 km langen Wanderweg zu erreichen. Von Estacada geht es über den Hwy 224 42 km in Richtung Süden. Die Straße wird dann zur Forest Rd 46. Hier noch weitere 3,5 Meilen (5,6 km) geradeaus fahren, dann rechts auf die Forest Rd 63 abbiegen und nach 3,6 Meilen (5,8 km) auf die USFS Rd 70 einbiegen. Dann geht es nochmal nach rechts, bevor man nach 6 Meilen (9,6 km) den Parkplatz erreicht.

Ebenfalls gute Quellen sind die **Terwilliger Hot Springs** (auch Cougar Hot Springs genannt), eine schöne Ansammlung terrassenförmiger Naturbecken, die von großen Felsen eingerahmt werden (6 US$/Pers.). Sie sind rustikal, aber gut gepflegt. Die heißeste Quelle befindet sich ganz oben. Vom Parkplatz aus muss man 400 m zu den Quellen laufen. Um hierher zu gelangen, biegt man vom Hwy 126 in Richtung Süden auf den Aufderheide Scenic Byway ab und fährt noch etwa 7,5 Meilen (12 km).

Ein bisschen besser erschlossen sind die **Breitenbush Hot Springs** (☎503-854-7174; www.breitenbush.com), ein schickes Spa mit Massage- und Yoga-Angebot sowie vegetarischem Essen. Breitenbush liegt östlich von Salem am Hwy 46, direkt hinter dem Ort Detroit.

einem alten, weitläufigen Gebäude. Gäste genießen das Künstlerflair, die hübschen Veranden zum Abhängen auf der Vorder- und Rückseite und ein einfaches, kostenloses Frühstück. Auch Campingstellplätze sind vorhanden (15 US$/Pers.), und die Straße runter gibt es noch ein Nebengebäude.

★C'est La Vie Inn B&B **$$**
(☎541-302-3014; www.cestlavieinn.com; 1006 Taylor St; DZ 150–170 US$;) Dieses traumhafte viktorianische Haus, das von einer freundlichen Französin und ihrem amerikanischen Ehemann geführt wird, ist das Highlight im Viertel. Wunderschöne Antikmöbel stehen in den Wohn- und Speiseräumen, und die drei geschmackvoll eingerichteten Zimmer bieten Komfort und Luxus. Auch eine unglaubliche Suite mit Kitchenette steht bereit (260 US$).

Essen

Sweet Life Patisserie CAFÉ, BÄCKEREI **$**
(☎541-683-5676; www.sweetlifedesserts.com; 755 Monroe St; Gebäck 2–5 US$; ⊙Mo–Fr 7–23, Sa & So ab 8 Uhr) Im besten Süßwarenladen Eugenes gibt es klebrige Pekannussbrötchen, leckere Croissants und *pain au chocolat*. Auch das Gebäck vom Vortag, das oft zum halben Preis verkauft wird, schmeckt noch vorzüglich. Es gibt auch Bio-Kaffee.

Belly Taquería MEXIKANISCH **$**
(☎541-687-8226; www.eatbelly.com; 291 E 5th Ave; Tacos 3–4 US$, Tostadas 5–6 US$; ⊙Mo–Do 17–21, Fr & Sa bis 22 Uhr) Hier stehen Mais-Tortilla-Tacos auf dem Programm – unbedingt die *carnitas* (langsam gekochtes Fleisch), *camarones* (Shrimps), Muscheln (in Bierteig gebraten) oder die *lengua* (Kuhzunge – nicht gleich ablehnen!) probieren!

★Beppe & Gianni's Trattoria ITALIENISCH **$$**
(☎541-683-6661; www.beppeandgiannis.net; 1646 E 19th Ave; Hauptgerichte 15–25 US$; ⊙So–Do 17–21, Fr & Sa bis 22 Uhr) Eines der beliebtesten Restaurants in Eugene und sicherlich das beste für italienisches Essen. Ein Highlight ist die selbst gemachte Pasta, und auch die Nachspeisen sind ausgezeichnet. Wartezeit einplanen!

McMenamins North Bank AMERIKANISCH **$$**
(☎541-343-5622; www.mcmenamins.com; 22 Club Rd; Hauptgerichte 9–20 US$; ⊙So–Do 11–23, Fr & Sa bis 24 Uhr) Dieses Kneipen-Restaurant in herrlicher Lage am Ufer des mächtigen Willamette River gewährt eine wunderbare Aussicht. An warmen, sonnigen Tagen sollte man sich einen Tisch auf der Terrasse zum Fluss hin schnappen und einen Cheeseburger bestellen. Dazu ein Hammerhead Ale, und der Tag ist perfekt!

Praktische Informationen

Alle möglichen Infos gibt's im **Visitor Center** (www.eugenecascadecoast.org; 754 Olive St; ⊙Mo–Fr 8–17 Uhr).

Anreise & Unterwegs vor Ort

Von Eugenes **Amtrak-Bahnhof** (☎541-687-1383; www.amtrak.com; Ecke E 4th Ave & Willamette St) fahren täglich Züge nach Vancouver, BC, nach L. A. und zu allen Orten auf den *Cascade-* und *Coast Starlight*-Strecken. Busse von **Greyhound** (☎541-344-6265; www.greyhound.com; 987 Pearl St) fahren Richtung Norden nach Salem und Portland und Richtung Süden nach Grants Pass und Medford. Täglich fährt ein Bus von **Porter Stage Lines** (www.kokkola-bus.com) vor dem Bahnhof ab zur Küste.

Lane Transit District (☎541-682-6100; www.ltd.org; 3500 E 17th Ave) betreibt Stadtbusse. Leihräder gibt's bei **Paul's Bicycle Way of Life** (152 W 5th St; ⊙Mo–Fr 9–19, Sa & So 10–17 Uhr).

Columbia River Gorge

Der mächtige Columbia River – gemessen an den Wassermengen ist er der viertgrößte Fluss der USA – bahnt sich seinen 2000 km langen Weg von Alberta in Kanada bis zum Pazifik direkt westlich von Astoria. Auf den letzten 500 km bildet der stark gestaute Wasserweg die Grenze zwischen Washington und Oregon, schneidet sich tief in die Cascade Mountains und erzeugt die spektakuläre Columbia River Gorge. Der Uferstreifen mit seinen vielen Ökosystemen, Wasserfällen und grandiosen Aussichtspunkten ist als National Scenic Area eingestuft. Dieses Gebiet ist ein beliebter Treffpunkt für Windsurfer, Radler, Angler und Wanderer.

Nicht weit von Portland entfernt ziehen die **Multnomah Falls** viele Traveller an, und das **Vista House** gewährt einen umwerfenden Blick auf die Schlucht. Für alle, die sich die Beine vertreten möchten, ist der **Eagle Creek Trail** der beste Wanderweg der Gegend – vorausgesetzt, man hat keine Höhenangst.

Hood River & Umgebung

Die kleine Stadt Hood River, 63 Meilen (101 km) östlich von Portland an der I-84, ist bekannt für ihre Obstplantagen und Weingüter und außerdem ein Mekka für Windsurfer und Kiteboarder. Starke Flussströmungen, die hier vorherrschenden Westwinde und der gewaltige Columbia River sorgen für die perfekten Voraussetzungen für diese Windsportarten.

Sehenswertes & Aktivitäten

Die 22 Meilen (35 km) lange **Mount Hood Railroad** (☎800-872-4661; www.mthoodrr.com; 110 Railroad Ave) wurde 1906 für den Holztransport zum Columbia River fertiggestellt. Heute tuckert sie im Sommer mit Travellern vorbei an duftenden Obstplantagen bis unter den schneebedeckten Gipfel des Mt. Hood. Im Voraus buchen!

Lust auf eine Weinverkostung? Ganz in der Nähe liegt die **Cathedral Ridge Winery** (☎800-516-8710; www.cathedralridgewinery.com; 4200 Post Canyon Dr).

Wer die Windsportarten von Hood River ausprobieren möchte, wendet sich für Verleih und Unterricht an **Hood River Waterplay** (☎541-386-9463; www.hoodriverwaterplay.com; Hafen von Hood River Marina). Die Gegend eignet sich auch hervorragend zum **Mountainbiken**; Infos und Verleih hat **Discover Bicycles** (☎541-386-4820; www.discoverbicycles.com; 210 State St; ⏲Mo–Sa 10–18, So bis 17 Uhr).

Schlafen & Essen

Inn of the White Salmon INN, HOSTEL **$$**
(☎509-493-2335; www.innofthewhitesalmon.com; 172 West Jewett Blvd; DZ 129–189 US$;) In White Salmon, Washington, steht dieses sehr nette und moderne Gasthaus mit 18 gemütlichen Zimmern und einem hübschen Garten mit Terrasse. Außerdem gibt es noch einen schönen Schlafsaal mit acht Betten (Einzelbett 29 US$, Queen-Size-Bett f. 2 Pers. 40 US$) und eine Gemeinschaftsküche.

Hood River Hotel HISTORISCHES HOTEL **$$**
(☎541-386-1900; www.hoodriverhotel.com; 102 Oak St; DZ 99–179 US$;) Im Zentrum von Hood River bietet dieses nette Hotel aus dem Jahr 1913 gemütliche, altmodische Zimmer mit winzigen Bädern. Die Suiten sind am besten ausgestattet und haben die schönste Aussicht. Auch Küchenzeilen verfügbar.

Double Mountain Brewery KLEINBRAUEREI **$**
(☎541-387-0042; www.doublemountainbrewery.com; 8 4th St; Sandwiches 7,50–10 US$, Pizzas 16–22 US$; ⏲So–Do 11.30–23, Fr & Sa bis 24 Uhr) Dieses beliebte Brauerei-Restaurant in Hood River eignet sich bestens für ein leckeres Sandwich, ausgezeichnete Holzofenpizza und selbst gebrautes Bier. Am Wochenende gibt's Livemusik.

Praktische Informationen

Die **Handelskammer** (☎541-386-2000; www.hoodriver.org; 720 E Port Marina Dr; ⏲ganzjährig Mo–Fr 9–17 Uhr, April–Okt. Sa & So 10–17 Uhr) hält viele Informationen parat.

An- & Weiterreise

Greyhound-Busse (☎541-386-1212; www.greyhound.com; 110 Railroad Ave) fahren täglich von Hood River nach Portland. **Amtrak-Züge** (www.amtrak.com) verbinden Hood River mit Washington.

Oregon Cascades

Die Oregon Cascades sind von unzähligen Vulkanen geprägt, die schon von fern zu sehen sind. Der Mt. Hood an der Columbia River Gorge ist der höchste Berg Oregons. Hier kann man das ganze Jahr über Ski fahren, auch die Wanderung zum Gipfel stellt kein größeres Problem dar. In Richtung Süden schließen sich der Mt. Jefferson und die Three Sisters an, bevor man den spektakulären Crater Lake erreicht. Der See entstand durch den Ausbruch des Mt. Mazama vor etwa 7000 Jahren, bei dem die gesamte Spitze des Vulkans weggesprengt wurde und der Berg in sich zusammenstürzte.

Mt. Hood

Der höchste Gipfel des Bundesstaates, der Mt. Hood (3426 m), ist an sonnigen Tagen von großen Teilen Nord-Oregons aus zu sehen und wirkt auf Skifahrer, Wanderer und Touristen unweigerlich wie ein Magnet. Im Sommer blühen auf den Berghängen Wildblumen, und versteckte Teiche schimmern blau – das macht jede Wanderung zu einem unvergesslichen Erlebnis. Im Winter haben die Leute hier nur Skifahren und Langlaufen im Sinn.

Der Mt. Hood ist ganzjährig über die US 26 von Portland aus und über den Hwy 35 von Hood River aus zu erreichen. Zusammen mit dem Columbia River Hwy bilden diese Straßen den Mt. Hood Loop, eine beliebte, landschaftlich sehr schöne Strecke. Am Pass über den Mt. Hood liegt Government Camp, das Zentrum der Action auf dem Berg.

Aktivitäten

Skifahren

Der Mt. Hood wird zu Recht wegen seiner Skihänge geliebt. Auf dem Berg gibt es sechs Skigebiete, darunter **Timberline** (☎503-272-3158; www.timberlinelodge.com; Liftkarte Erw./Kind 15–17/7–14 Jahre 68/56/42 US$), das einzige ganzjährig geöffnete Skigebiet der USA. Nicht ganz so weit von Portland entfernt liegt **Mt. Hood SkiBowl** (☎503-272-3206; www.skibowl.com; Liftkarte Erw./Kind 7–12 Jahre 49/30 US$) – auch nicht von schlechten Eltern. Es ist das größte Nacht-Skigebiet des Landes und vor allem bei Städtern sehr beliebt, die mit der Metro einem lustigen Abend im Pulverschnee entgegenfahren können. Das größte Skigebiet des Berges heißt **Mt. Hood Meadows** (☎503-337-2222; www.skihood.com; Liftkarte Erw./Kind 7–14 74/39 US$). Hier herrschen normalerweise die besten Schneebedingungen.

Wandern & Trekken

Der Mt. Hood National Forest umfasst erstaunliche 1931 km Wanderwege. An den meisten Ausgangspunkten ist der Northwest Forest Pass (5 US$) erforderlich.

Ein beliebter Rundwanderweg führt über 11 km von der Nähe des Dörfchens Zigzag zu den schönen **Ramona Falls**, die moosbedeckten Basalt hinunterstürzen. Ein weiterer Weg führt 2,4 km von der US 26 rauf zum **Mirror Lake**, 800 m rund um den See und nochmal 3,2 km weiter zu einem Bergkamm

Der 66 km lange **Timberline Trail** umringt den Mt. Hood und geht durch schöne Wildnis. Mögliche Abstecher sind die Wanderung zum McNeil Point und die kurze Klettertour zum Bald Mountain. Von der Timberline Lodge führt ein 7,2 km langer Rundweg zum Zigzag Canyon Overlook. Zum Zeitpunkt der Recherche waren Teile des Weges allerdings unterspült, und es wurde kein Datum genannt, an dem der Weg wieder instand gesetzt sein sollte.

Klettertouren auf den Mt. Hood sind kein Kinderspiel – es gibt immer wieder Todesfälle. Hundebesitzer dürfen ihre vierbeinigen Freunde ruhig mitnehmen. Die Klettertour ist an einem (langen) Tag zu schaffen. **Timberline Mountain Guides** (☎541-312-9242; www.timberlinemtguides.com) bietet geführte Touren an.

Schlafen & Essen

Im Sommer sollte man **Stellplätze** (☎877-444-6777; www.reserveusa.com; Stellplatz 12–18 US$) reservieren. Die Streamside-Campingplätze Tollgate und Camp Creek liegen an der US 26. Der große und beliebte Platz Trillium Lake bietet einen tollen Ausblick auf den Mt. Hood.

Huckleberry Inn INN $
(☎503-272-3325; www.huckleberry-inn.com; 88611 E Government Camp Loop; Zi. 85–180 US$;) Hier warten einfache und gemütlich rustikale Zimmer sowie ein Schlafsaal mit Platz für 14 Leute auf Gäste. Das Gasthaus ist wunderbar zentral in Government Camp gelegen und bietet ein gemütliches Restaurant (das gleichzeitig als Hotelrezeption fungiert). In den Ferien steigen die Preise um bis zu 20%.

★**Timberline Lodge** LODGE $$
(☎800-547-1406; www.timberlinelodge.com; DZ 115–290 US$;) Mehr Gemeindekleinod als Hotel – dieses wunderbare historische Holzgebäude aus den 1930er-Jahren bietet eine Vielzahl Zimmer: von Schlafsälen mit Platz für zehn Personen bis hin zu luxuriösen Kaminzimmern. Riesige Holzbalken wölben sich über den Kaminen, der Swimmingpool im Freien ist das ganze Jahr über beheizt, und die Skilifte sind ganz in der Nähe. Gäste kommen in den Genuss toller Ausblicke auf den Mt. Hood, bequemen Zugangs zu nahe gelegenen Wanderwegen und der Benutzung zweier Bars und eines guten Speisesaals. Unbedingt eine Übernachtung wert!

★**Rendezvous Grill & Tap Room** AMERIKANISCH $$
(☎503-622-6837; www.rendezvousgrill.net; 67149 E US 26, Welches; Hauptgerichte Mittagessen 9–16 US$, Abendessen 13–22 US$; ⏲11.30–21 Uhr) Dieses ausgezeichnete Restaurant spielt in seiner eigenen Liga. Zu den hervorragenden Gerichten, die hier serviert werden, gehören Wildlachs-Zitruscurry und Schweinekotelett vom Holzkohlegrill mit Apfel-Fenchel-Chutney. Zum Mittagessen gibt es Gourmet-Sandwiches, Burger und Salate auf der Veranda.

Ice Axe Grill KLEINBRAUEREI $$
(☎503-272-3172; www.iceaxegrill.com; 87304 E Government Camp Loop, Government Camp; Hauptgerichte 12–18 US$; ⏲11–22 Uhr) Das Ice Axe ist das einzige Brauerei-Restaurant von Government Camp und weist eine freundliche, familiäre Atmosphäre auf. Es gibt hier Kneipenkost wie gute Pizzas, Shepherd's Pie und köstliche Burger. Vegetarisches Chili und Linsen-Burger sind auch im Angebot.

Praktische Informationen

Wer von Hood River kommt, sollte bei der **Hood River Ranger Station** (541-352-6002; 6780 Hwy 35, Parkdale; Mo–Fr 8–16.30 Uhr) Halt machen. Die **Zigzag Ranger Station** (503-622-3191; 70220 E Hwy 26; Mo–Sa 7.45–16.30 Uhr) liegt an der Strecke von Portland aus. Das **Mt. Hood Information Center** (503-272-3301; 88900 E US 26; 9–17 Uhr) befindet sich in Government Camp. Das Wetter hier ändert sich schnell – im Winter an Schneeketten denken!

An- & Weiterreise

Von Portland ist Mt. Hood eine einstündige Autofahrt über den Hwy 26 (56 Meilen bzw. 90 km) entfernt. Alternativ kann man auch die hübschere und längere Anfahrt über den Hwy 84 nach Hood River und dann den Hwy 35 Richtung Süden wählen (1¾ Std., 95 Meilen bzw. 153 km). Der Shuttle-Bus von **Central Oregon Breeze** (800-847-0157; www.cobreeze.com) zwischen Bend und Portland hält kurz bei Government Camp, 6 Meilen (9,6 km) von der Timberline Lodge entfernt. Im Winter fahren regelmäßig **Shuttle-Busse** (www.skihood.com) von Portland in die Skigebiete.

Sisters

Der entzückende Ort Sisters liegt zwischen den Cascades und ödem Hochland, wo Latschenkiefernwälder auf Wüstensalbei und Kriechwacholder trifft. Sisters war einst ein Postkutschenstopp und ein Handelsposten für Holzfäller und Förster. Heute ist es ein belebtes Touristenziel, dessen Hauptstraße von Boutiquen, Kunstgalerien und Lokalen in Gebäuden mit Western-Fassaden gesäumt ist. Die Besucher kommen wegen der Bergkulisse, der spektakulären Wanderwege, der tollen kulturellen Events und eines Wahnsinnsklimas hierher – es gibt jede Menge Sonne und nur wenig Niederschlag. Und obwohl die Atmosphäre der Stadt ziemlich vornehm ist, sind die Leute freundlich und die Nebenstraßen unbefahren genug, um häufig Rehe in den Kleingärten der Nachbarschaft grasen zu sehen.

Am südlichen Ende von Sisters liegt der Stadtpark mit **Stellplätzen** (15 US$) aber ohne Duschen. Wer es komfortabler mag, kann ein Zimmer in der luxuriösen **Five Pine Lodge** (866-974-5900; www.fivepinelodge.com; 1021 Desperado Trail; DZ 170–257 US$, Hütte 179–317 US$) buchen. Etwas ruhiger und günstiger ist die **Sisters Motor Lodge** (541-549-2551; www.sistersmotorlodge.com; 511 W Cascade St; Zi. 119–225 US$;) mit elf gemütlichen Zimmern (einige mit Kitchenette).

Großartige Feinschmeckergerichte wie Trüffel-Pommes und cremiges Moschus-Kürbis-Risotto gibt es bei **Porch** (541-549-3287; www.theporch-sisters.com; 243 N Elm St; kleine Teller 6–12 US$, Hauptgerichte 15–17 US$; Di–Sa 17–21 Uhr). Wem nach selbst gebrautem Bier und Kneipenkost zumute ist, der ist bei **Three Creeks Brewing** (541-549-1963; www.threecreeksbrewing.com; 721 Desperado Ct; So–Do 11.30–22, Fr & Sa bis 23 Uhr) genau richtig.

Infos über die Gegend gibt's in der **Handelskammer** (541-549-0251; www.sisterscountry.com; 291 Main St; Mo–Sa 10–16 Uhr).

Valley-Retriever-Busse (www.kokkola-bus.com/VRBSchedule.html) verbinden Sisters mit Bend, Newport, Corvallis, Salem, McMinnville und Portland. Sie halten an der Ecke Cascade St und Spruce St.

Bend

Jeder Outdoor-Freak sollte in Bend leben – das ist ein absolutes Naturparadies. Am Vormittag kann man in feinem Pulverschnee Ski fahren, am Nachmittag eine Kajaktour unternehmen und am Abend eine Runde Golf spielen. Oder doch lieber mountainbiken, wandern, bergsteigen, stehpaddeln, fliegenfischen oder klettern? Alles da, alles nah und erstklassig! Hinzu kommt, dass man die Aktivitäten mit großer Wahrscheinlichkeit bei gutem Wetter genießen kann – in dieser Gegend gibt es pro Jahr fast 300 Tage Sonnenschein.

Der hübsche Deschutes River, der sich durch das Herz der Stadt schlängelt, macht auch das Zentrum von Bend zu einer belebten und attraktiven Gegend mit Läden, Galerien und edlen Restaurants. Südlich von Downtown wurde der Old Mill District in eine große Einkaufsmeile voller Markengeschäfte, schicker Lokale und moderner Kinos umgewandelt. Bend hat sich auch zum Paradies für Bierliebhaber gemausert: Hier gibt es mehr als ein Dutzend Brauereien, das sind pro Kopf mehr als in jeder anderen Stadt Oregons.

Sehenswertes

★ **High Desert Museum** MUSEUM
(541-382-4754; www.highdesertmuseum.org; 59800 S US 97; Erw./Kind 5–12 Jahre Mai–Okt. 15/9 US$, Nov.–April 12/7 US$; 9–17 Uhr;) Dieses ausgezeichnete Museum 3 Meilen

(etwa 5 km) südlich von Bend an der US 97 sollte man sich auf keinen Fall entgehen lassen. Mithilfe von Nachbildungen eines Ureinwohnerlagers, einer Hartgesteinsmine und einer alten Western-Stadt erzählt es bildlich von der Erforschung und der Besiedlung des Westens. Die Naturgeschichte der Gegend wird ebenfalls erläutert: Kinder lieben die Ausstellungen mit lebenden Schlangen, Schildkröten und Forellen. Auch den Raubvögeln und Ottern zuzuschauen, macht immer großen Spaß.

Aktivitäten

Radfahren

Bend ist ein Paradies für Mountainbiker: Hier gibt es Hunderte Kilometer grandioser Radwege zu erkunden. Bei der Touristeninformation Visit Bend und auch anderswo gibt es die gute Radkarte *Bend, Central Oregon Mountain Biking and XC Skiing* (12 US$).

Das Highlight unter den Mountainbike-Strecken Bends ist das **Phil's Trail**-Wegenetz, das eine Vielzahl ausgezeichneter schneller, einspuriger Waldwege nur ein paar Minuten von der Stadt entfernt umfasst. Wer frische Luft schnappen will, sollte den **Whoops Trail** ausprobieren.

Cog Wild (www.cogwild.com; 255 SW Century Dr) hat Leihfahrräder sowie organisierte Touren im Angebot und Shuttle-Busse zu den besten Ausgangspunkten.

Klettern

Ungefähr 25 Meilen (40 km) nordöstlich von Bend liegt der **Smith Rock State Park** (800-551-6949; www.oregonstateparks.org; 9241 NE Crooked River Dr; Tagesgebühr 5 US$), in dem 240 m hohe Klippen über dem Crooked River atemberaubende Möglichkeiten zum Vorstieg- und traditionellen Klettern bieten. Die über 1800 Routen im Park zählen zu den besten des Landes. Führer lassen sich über **Smith Rock Climbing Guides Inc** (www.smithrockclimbingguides.com) anheuern.

Skifahren

22 Meilen (35 km) südwestlich der Stadt liegt das beste Skigebiet Oregons: Das herrliche **Mount Bachelor Ski Resort** (800-829-2442; www.mtbachelor.com; Liftkarten Erw./Kind 6–12 Jahre/13–18 Jahre 59/36/49 US$) ist bekannt für seinen trockenen Pulverschnee, die lange Saison (bis Ende Mai) und jede Menge Platz (es ist das größte Skigebiet im Nordwesten). Auf dem Berg sind schon lange Abfahrtsläufer und Langläufer gemeinsam unterwegs; er bietet 56 km an Pisten und Loipen.

Schlafen

Mill Inn INN $

(877-748-1200, 541-389-9198; www.millinn.com; 642 NW Colorado Ave; B 35 US$, DZ inkl. Frühstück 90–130 US$;) Ein Boutiquehotel mit zehn kleinen, eleganten Zimmern, ausgestattet mit Samtvorhängen und Daunendecken. Vier Zimmer teilen sich ein Gemeinschaftsbad. Frühstück und Benutzung des Whirlpools sind inklusive. Und es gibt eine nette Veranda im hinteren Teil sowie einen Hobbyraum im Keller. Reisende mit kleinem Budget können ein Bett im kleinen Schlafsaal buchen.

★ **McMenamins Old St. Francis School** HOTEL $$

(541-382-5174; www.mcmenamins.com; 700 NW Bond St; DZ 135–175 US$, Cottage 185–395 US$;) Dieses alte Schulgebäude wurde in ein edles Hotel mit 19 Zimmern umgewandelt und ist eine der besten Unterkünfte von McMenamins. Zwei Zimmer verfügen über eine freistehende Badewanne, und das fabelhafte, geflieste türkische Salzwasserbad ist für sich allein die Übernachtung schon wert. Nicht-Gäste können hier für 5 US$ ebenfalls ins Schwitzen kommen. Ein Kneipen-Restaurant, drei weitere Bars, ein Kino und kreative Kunstwerke runden das Bild ab.

★ **Oxford Hotel** BOUTIQUEHOTEL $$$

(877-440-8436; www.oxfordhotelbend.com; 10 NW Minnesota Ave; DZ 289–549 US$;) Bends bestes und sehr beliebtes Boutiquehotel. Auch die kleinsten Zimmer sind riesig (44 m^2) und mit umweltfreundlichen Besonderheiten wie Sojaschaummatratzen und Korkböden ausgestattet. Technikfans kommen mit dank des iPod-Docks und des Schreibtischs mit Smart Panel voll auf ihre Kosten. Die Suiten verfügen über Küche und Dampfdusche, und das Restaurant im Untergeschoss ist sehr edel.

Essen & Ausgehen

★ **Chow** AMERIKANISCH $$

(541-728-0256; www.chowbend.com; 1110 NW Newport Ave; Hauptgerichte 8–14 US$; 7–14 Uhr) Die Gerichte mit pochierten Eiern sind spektakulär, wunderschön zubereitet und die Spezialität des Hauses. Dazu gibt es Beilagen wie Krabbenküchlein, selbst geräucherten Schinken und Tomaten in Maismehlkruste (unbedingt die selbst gemachten Saucen probieren!). Oder man kostet die karamellisierten Bananen-Armen-Ritter und die Bacon-Biscuits mit Thymian. Zum Mittagessen gibt es Gourmet-Sandwiches und Salate. Das Gemüse dafür wächst gleich im Garten. Außerdem gibt's sehr gute Cocktails.

Jackson's Corner AMERIKANISCH **$$**
(☎541-647-2198; www.jacksonscornerbendor.com; 845 NW Delaware Ave; Hauptgerichte 10–26 US$; ⏲7–21 Uhr; 👪) Dieses gemütliche Restaurant an der Ecke verströmt die Atmosphäre eines Marktplatzes und ist besonders bei Familien sehr beliebt. Die selbst gemachten Pizzas und die Pasta schmecken immer gut, genau wie die Bio-Salate (passend zu Hühnchen, Steak oder Garnelen). Es gibt Kinderteller und Sitzgelegenheiten im Freien für sonnige Tage – nur nicht vergessen, vorher an der Theke zu bestellen!

Deschutes Brewery & Public House BRAUEREI
(☎541-382-9242; www.deschutesbrewery.com; 1044 NW Bond St; ⏲Mo–Do 11–23, Fr & Sa bis 24, So bis 22 Uhr) Die erste Kleinbrauerei Bends serviert in ihrem wunderschönen, riesigen, zweistöckigen Restaurant mit Sitzgelegenheiten auf dem Balkon selbst gebraute Biere wie Mirror Pond Pale Ale, Black Butte Porter und Obsidian Stout sowie jede Menge Essen. Jeden Tag zwischen 13 und 16 Uhr werden stündlich kostenlose Führungen durch die Anlage angeboten, die sich in der 901 SW Simpson Ave befindet.

Crux BRAUEREI
(☎541-385-3333; www.cruxfermentation.com; 50 SW Division St; ⏲Di–So 11.30–22 Uhr) Die neueste Kleinbrauerei Bends ist absolut entzückend und befindet sich in einem industriellen Viertel – nicht von den Schildern mit der Aufschrift *private road* („Privatstraße") verunsichern lassen! Hier herrscht eine unglaublich entspannte Atmosphäre. In den Gärbehältern hinter Glasfenstern entstehen die einzigartigen, kreativen Biere. Es gibt Sitzgelegenheiten im Freien, die Brauerei ist familienfreundlich und hat eine gute Auswahl von mit Bier zubereiteten Gerichten.

ℹ Praktische Informationen

Informationen über die ganze Gegend können sich Traveller in der Touristeninformation **Visit Bend** (☎800-949-6086; www.visitbend.com; 750 NW Lava Rd; ⏲Mo–Fr 9–17, Sa 10–16 Uhr) geben lassen.

ℹ An- & Weiterreise

Central Oregon Breeze (S. 1199) fährt mindestens zweimal täglich nach Portland. Der Valley Retriever (S. 1199) und die **Porter Stage Lines** (www.kokkola-bus.com/PSLSchedule.html) verbinden Bend mit Sisters, Orten im Willamette Valley und der Küste.

Busse von **High Desert Point** (www.highdesert-point.com) fahren von Bend nach Chemult, wo der nächste Bahnhof liegt (65 Meilen bzw. 105 km südl.). High Desert Point bietet auch Busverbindungen nach Eugene, Ontario und Burns.

Cascades East Transit (www.cascadeseasttransit.com) ist das Regionalbusunternehmen in Bend mit Verbindungen nach La Pine, Mt. Bachelor, Sisters, Prineville und Madras. Es betreibt auch den Busverkehr innerhalb von Bend.

Newberry National Volcanic Monument

Das Newberry National Volcanic Monument (Tagesgebühr 5 US$) zeigt, was in 400 000 Jahren dramatischer seismischer Aktivitäten so alles passiert. Der Besuch beginnt im **Lava Lands Visitor Center** (☎541-593-2421; 58201 S Hwy 97; ⏲Mitte Juni–Labor-Day-Wochenende 9–17 Uhr, NS verkürzte Öffnungszeiten), 13 Meilen (21 km) südlich von Bend. Zu den nahe gelegenen Attraktionen zählen der **Lava Butte**, ein perfekter, 152 m hoher Kegel, und die **Lava River Cave**, die längste Lavaröhre Oregons. 4 Meilen (6,4 km) westlich der Touristeninformation liegen die **Benham Falls** – sie geben einen guten Picknickplatz am Deschutes River ab.

Der **Newberry Crater** war einst einer der aktivsten Vulkane Nordamerikas, aber nach einer gewaltigen Eruption wurde er zur Caldera. Ganz in der Nähe liegen der **Paulina Lake** und der **East Lake**, tiefe Seen voller Forellen. Über ihnen ragt der 2434 m hohe **Paulina Peak** auf.

Crater Lake National Park

Der Crater Lake ist – ungelogen – so blau, dass einem der Atem stockt. Und wenn man an einem ruhigen Tag hierher kommt, spiegeln sich die umliegenden Klippen in dem tiefen Gewässer. Das ist ein atemberaubend schönes Naturschauspiel. Der Crater Lake National Park ist der einzige Nationalpark in Oregon (Eintritt 10 US$/Fahrzeug).

Das Geheimnis liegt in der Reinheit des Wassers. In den See münden keine Flüsse oder Bäche, was bedeutet, das er komplett aus Regenwasser und geschmolzenem Schnee besteht. Noch dazu ist er außergewöhnlich tief – mit 594 m der zweittiefste See der USA. Die klassische Tour ist die 53 km lange Strecke am Ufer entlang (geöffnet ca. Juni–Mitte Okt.), aber es gibt auch ausgezeichnete Wander- und Langlaufmöglichkeiten. In der Gegend fällt oft der meiste Schnee in ganz Nordamerika, und die Uferstraße sowie der Nordeingang sind manchmal bis Anfang Juli geschlossen.

Von Ende Mai bis Mitte Oktober können Besucher in den **Hütten im Mazama Village** (☎541-830-8700; www.craterlakelodges.com; DZ 140 US$; ⊖) oder in der majestätischen historischen **Crater Lake Lodge** (☎888-774-2728; www.craterlakelodges.com; DZ 165–292 US$; ⊖ᯤ), die 1915 eröffnet wurde, übernachten. Camper versuchen es am besten auf dem **Mazama Campground** (☎888-774-2728; www.craterlakelodges.com; Stellplatz f. Zelt/Wohnmobil ab 21/29 US$; ᯤ🐾).

Weitere Infos gibt's beim **Steel Visitor Center** (☎541-594-3100; ⏲Mai–Okt. 9–17 Uhr, Nov.–April 10–16 Uhr).

Süd-Oregon

Dank des warmen und sonnigen Klimas des nahen Kaliforniens ist Süd-Oregon sozusagen der Bananengürtel des Staates. Zerklüftete Landschaften, schöne Flüsse und ein paar hübsche Orte stehen ganz oben auf der Liste der Highlights.

Ashland

Da Oregon zu Zeiten von William Shakespeare noch ein weißer Fleck auf der Landkarte war, ist es sehr befremdlich, dass sich das hübsche Städtchen Ashland im Süden Oregons als zweite Heimat des englischen Stückeschreibers anpreist. An diesem Widerspruch hätte auch Shakespeare selbst seine helle Freude gehabt. „Die ganze Welt ist eine Bühne", wie der große Barde einst schrieb ... und so strömen die Menschen aus der ganzen Welt zu Ashlands berühmtem Shakespeare Festival, das schon seit den 1930er-Jahren in verschiedenen Formen veranstaltet wird. Dabei ist der Begriff „Festival" etwas irreführend, denn das Programm erstreckt sich über neun Monate im Jahr und zieht bis zu 400 000 Theaterbesucher pro Saison an.

Aber auch ohne die Aufführungen ist Ashland interessant, gibt es hier doch zahlreiche Weingüter, elegante B&Bs und ausgezeichnete Restaurants.

Sehenswertes & Aktivitäten

Lithia Park PARK

(59 Winburn Way) Neben den drei prächtigen Theatern von Ashland (eines davon unter freiem Himmel) breitet sich einer der schönsten Stadtparks Oregons aus. Seine 38 ha erstrecken sich oberhalb des Stadtzentrums am Ashland Creek entlang. Untypischerweise steht der Park im Nationalregister historischer Orte und wartet mit Brunnen, Blumen, Pavillons und einer Eislaufbahn (nur im Winter) auf.

Schneider Museum of Art MUSEUM

(☎541-552-6245; www.sou.edu/sma; 1250 Siskiyou Blvd; freiwillige Spende 5 US$; ⏲Mo–Sa 10–16 Uhr) Wie alle guten Kunstmuseen Oregons befindet sich auch dieses auf dem Campus der Uni und zeigt eine schöne Sammlung von Gemälden, Skulpturen und Artefakten.

Jackson Wellsprings SPA

(☎541-482-3776; www.jacksonwellsprings.com; 2253 Hwy 99; ⏲8–24 Uhr, Winter verkürzte Öffnungszeiten) Wer so richtig ins Schwitzen kommen möchte, sollte zu diesem entspannten Plätzchen im New-Age-Stil kommen und den 29 °C warmen Mineralwasserpool oder die 39 °C heißen privaten Schwitzbäder ausprobieren. Das Spa liegt ungefähr 1 Meile (1,6 km) nördlich der Stadt.

Mt. Ashland Ski Resort SKIGEBIET

(☎541-482-2897; www.mtashland.com; Liftkarte Erw./Kind 7–12 Jahre 43/33 US$) In diesem Skigebiet, 18 Meilen (29 km) südwestlich von Ashland am Mt. Ashland (2296 m), gibt es erstaunlich viel Pulverschnee auf ausgezeichnetem Terrain für Fortgeschrittene.

Siskiyou Cyclery FAHRRADVERLEIH

(☎541-482-1997; www.siskiyoucyclery.com; 1729 Siskiyou Blvd; ⏲Mo–Sa 10–18, So 11–16 Uhr) Wer gern in die Pedalen tritt, kann sich hier ein Rad leihen und die Landschaft am halb fertiggestellten Bear Creek Greenway erkunden, einem 21 Meilen (34 km) langen Radweg zwischen Ashland und Central Point.

Schlafen

Für den Sommer, wenn die Schauspieler in Scharen anreisen, sollte man reservieren.

Manor Motel MOTEL $

(☎541-482-2246; www.manormotel.net; 476 N Main St; DZ 87–129 US$; ⊖❄ᯤ🐾) Niedliches

OREGON SHAKESPEARE FESTIVAL

Eines der Highlights in Süd-Oregon ist das wahnsinnig beliebte Oregon Shakespeare Festival (OSF) in Ashland. Obwohl es fest mit den Dramen von Shakespeare und dem Elisabethanischen Theater verbunden ist, werden im Rahmen des Festivals auch jede Menge Neubearbeitungen und zeitgenössische Stücke aus der ganzen Welt aufgeführt.

Die Dramen werden von Februar bis Oktober in drei Theatern nähe der Main St und der Pioneer St gezeigt: im **Elizabethan Theatre** (Juni–Okt.) im Freien, im **Angus Bowmer Theatre** und im kleinen **Thomas Theatre**. Kinder unter sechs Jahren dürfen nicht zugucken. Montags gibt es keine Aufführungen.

Die Stücke sind schnell ausverkauft; Tickets gibt's online unter www.osfashland.org. Am **Kartenschalter** (541-482-4331; 15 S Pioneer St; Tickets 25–95 US$) können auch Last-Minute-Tickets erworben werden. **Geführte Touren** (Erw./Kind 6–17 Jahre 15/11 US$) durch den Backstage-Bereich sollten weit im Voraus gebucht werden.

Infos zu weiteren Veranstaltungen wie wissenschaftlichen Vorträgen, Lesungen von Stücken, Konzerten und Diskussionen vor der Aufführung gibt es im **OSF Welcome Center** (76 N Main St; Di–So 10–18 Uhr).

Motel mit zwölf hübschen Zimmern und Wohneinheiten mit einem oder zwei Schlafzimmern in der Nähe von Downtown; Küchenzeilen sind auch verfügbar. Die Garden Suite hat ihren eigenen Garten.

Ashland Hostel HOSTEL $
(541-482-9217; www.theashlandhostel.com; 150 N Main St; B 28 US$, DZ 45–94 US$;) Zentrales und etwas vornehmeres Hostel (Schuhe müssen draußen ausgezogen werden!). Die meisten Zimmer teilen sich ein Gemeinschaftsbad, einige sind mit den Schlafsälen verbunden. Platz zum Entspannen bieten der gemütliche Wohnbereich im Untergeschoss und die schattige Vorderveranda. Auf dem Gelände sind Alkohol und Rauchen verboten. Vorher anrufen – die Rezeptionszeiten sind begrenzt!

Ashland Commons APARTMENTS, HOSTEL $
(541-482-6753; www.ashlandcommons.com; 437 Williamson Way; B 26 US$, EZ 45–65 US$, DZ 60–80 US$;) Interessante Unterkünfte in Schlafsälen oder Zimmern, die in drei großen Apartments untergebracht sind. Jedes Apartment hat eine andere Atmosphäre und verfügt entweder über zwei oder vier Schlafzimmer, Küche und Wohnbereich. Ideal auch für große Gruppen, da die Apartments komplett gemietet werden können!

The Palm BOUTIQUEHOTEL $$
(541-482-2636; www.palmcottages.com; 1065 Siskiyou Blvd; DZ 98–239 US$;) Fabelhafte, kleine Anlage, die über 16 bezaubernde Cottage-Zimmer im Garten und über Suiten (einige mit Küche) verfügt. Sie ist eine grüne Oase mit Rasen und Salzwasserpool in einer belebten Straße. In einem Haus sind drei große Suiten untergebracht (299 US$).

Columbia Hotel HOTEL $$
(541-482-3726; www.columbiahotel.com; 262 1/2 E Main St; DZ 89–179 US$;) Toll gelegenes Hotel im europäischen Stil – was bedeutet, dass die Bewohner der meisten Zimmer sich ein Gemeinschaftsbad teilen müssen. Es ist der beste Deal im Zentrum von Ashland, mit 24 altmodischen Zimmern (kein TV), einer hübschen Lobby und historischer Atmosphäre. Die Zimmer liegen im Obergeschoss; es gibt keinen Aufzug.

Essen & Ausgehen

In Ashland, wo eine Restaurantsteuer von 5% erhoben wird, gibt es jede Menge tolle Lokale. In den schickeren Restaurants sollte man im Sommer reservieren, wenn man zum Abendessen herkommen möchte.

★ **Morning Glory** CAFÉ $
(541-488-8636; www.morninggloryrestaurant.com; 1149 Siskiyou Blvd; Hauptgerichte 11–13 US$; 8–13.30 Uhr) Dieses farbenfrohe, gemütliche Café ist eines der besten Frühstückslokale Ashlands. Zu den kreativen Gerichten gehören Alaska-Krabben-Omelette, vegetarisches Hackfleisch mit gerösteten Chilis und Shrimpskuchen mit pochierten Eiern. Zum Mittagessen gibt es leckere Salate und Sandwiches. Am besten früh oder spät kommen, um lange Wartezeiten zu vermeiden!

Ashland Food Cooperative SELBSTVERSORGER $
(541-482-2237; www.ashlandfood.coop; 237 N 1st St; 7–21 Uhr) Wer eine Küchenzeile in seinem Hotelzimmer hat, sollte bei diesem

großartigen Supermarkt einkaufen. Hier gibt es all die landestypischen, gesunden Lebensmittel und außerdem noch ein keines Café und Gerichte zum Mitnehmen.

★ **New Sammy's Cowboy Bistro** FRANZÖSISCH, AMERIKANISCH $$$
(☎ 541-535-2779; 2210 S Pacific Hwy, Talent; Hauptgerichte 25–28 US$, Festpreismenü 45 US$; ⊙ Mi–So 12–13.30 & 17–21 Uhr) Eines der besten Restaurants von Oregon mit nur einer Handvoll Tische und einer spektakulären Weinkarte. Es gibt nur wenige Hauptgerichte, aber die kulinarischen Kombinationen sind unglaublich. Das meiste Gemüse kommt aus dem eigenen Garten. Das Restaurant liegt in Talent, 2 Meilen (3,2 km) nördlich von Ashland. Fürs Abendessen sollte man eine Woche im Voraus reservieren.

Caldera Tap House KLEINBRAUEREI
(☎ 541-482-4677; www.calderabrewing.com; 31 Water St; ⊙ 14 Uhr–open end) Beliebte, entspannte Kleinbrauerei mit Terrassen im Freien unter einer Straßenüberführung. Zum typischen Kneipenessen gibt's preisgekrönte Ales und Lager-Biere. Zwei- bis dreimal die Woche wird auch Livemusik geboten. In der 590 Clover St gibt's auch noch ein schickeres Restaurant.

Praktische Informationen

Weitere Infos gibt's in der **Handelskammer** (☎ 541-482-3486; www.ashlandchamber.com; 110 E Main St; ⊙ Mo–Fr 9–17 Uhr).

Jacksonville

Dieser kleine, aber reizende ehemalige Goldgräberort ist die älteste Siedlung in Süd-Oregon und ein National Historic Landmark. Die Hauptstraße ist gesäumt von gut erhaltenen Gebäuden aus den 1880er-Jahren, die heute Boutiquen und Galerien beherbergen. Musikfans sollten auf keinen Fall das **Britt Festival** (www.brittfest.org; ⊙ Juni–Sept.) im September verpassen, ein musikalisches Highlight von Weltklasse mit namhaften Künstlern. Weitere Infos gibt's bei der **Handelskammer** (☎ 541-899-8118; www.jacksonvilleoregon.org; 185 N Oregon St; ⊙ Mo–Fr 10–17, Sa & So bis 15 Uhr).

In Jacksonville gibt es jede Menge schicke B&Bs. Budgetunterkünfte finden sich eher 6 Meilen (9,6 km) weiter östlich in Medford. Das **Jacksonville Inn** (☎ 541-899-1900; www.jacksonvilleinn.com; 175 E California St; DZ 159–199 US$;) ist die schönste Unterkunft in einem kleinen Gebäude aus dem Jahr 1863. Die Zimmer in dem Downtown-Gasthaus sind mit königlich wirkenden Antiquitäten eingerichtet. Und es gibt noch ein gutes Restaurant vor Ort.

Wild Rogue Wilderness

Zwischen den Orten Grants Pass an der I-5 und Gold Beach an der Küste von Oregon liegt die passend benannte Wild Rogue Wilderness an den Ufern des tosenden Rogue River, der sich seinen Weg durch einen 64 km langen, ungezähmten und straßenlosen Canyon bahnt. Die Gegend ist bekannt für anspruchsvolle Wildwasserfahrten (Stufen III & IV) und lange Wanderungen.

Das bescheidene Örtchen **Grants Pass** ist das Tor zu jeglichen Abenteuern entlang des Rogue River. Weitere Infos gibt's bei der **Handelskammer** (☎ 541-450-6180; www.visitgrantspass.org; 1995 NW Vine St; ⊙ Mo–Fr 8–17 Uhr) direkt an der I-5, Ausfahrt 58. Rafting-Genehmigungen und Wandertipps gibt's im **Smullin Visitors Center** (☎ 541-479-3735; www.blm.gov/or/resources/recreation/rogue; 14335 Galice Rd, Galice; ⊙ 7–15 Uhr) des Bureau of Land Management in Galice, 16 Meilen (25 km) nordwestlich von Grants Pass.

Rafting auf dem Rogue River ist legendär, aber sicher nichts für Feiglinge. Ein typischer Trip dauert drei Tage und kostet 780 US$ aufwärts. Ein guter Ausstatter ist u.a. **Rogue Wilderness Adventures** (☎ 800-336-1647; www.wildrogue.com; 325 Galice Rd, Merlin). Auf dem Fluss Kajak zu fahren, ist ähnlich aufregend. Einweisung und Beratung gibt's bei **Sundance Kayak** (☎ 541-386-1725; www.sundancekayak.com).

Ein weiteres Highlight der Region ist der 67 km lange **Rogue River Trail**, ein ehemaliger Versorgungsweg von Gold Beach. Die ganze Wanderung dauert vier bis fünf Tage. Tageswanderungen führen u.a. zur Whiskey Creek Cabin (hin & zurück 9,6 km ab dem Trailhead Grave Creek). Entlang des Wanderwegs finden sich viele rustikale Lodges (110–160 US$/Pers. inkl. Essen; Reservierung erforderlich), z.B. das **Black Bar** (☎ 541-479-6507; www.blackbarlodge.com; Merlin). An der Strecke befinden sich auch einfache Campingplätze.

North Umpqua River

Der „Wild and Scenic River" eignet sich ganz ausgezeichnet zum Fliegenfischen. An seinen Ufern kann man wunderbar wandern und in aller Ruhe campen. Der fast 130 km lange **North Umpqua Trail** beginnt in der Nähe des Idleyld Park (3 Meilen bzw. 4,8 km östlich von Glide) und führt durch Steamboat bis zum Pacific Crest Trail. Ein beliebter Abstecher sind die schönen **Umpqua Hot Springs** östlich von Steamboat unweit des Toketee Lake. In der Nähe befinden sich die atemberaubend schönen, zweistufigen **Toketee Falls** (ca. 35 m), die über Basaltfelsen in die Tiefe rauschen. Die **Watson Falls** sind mit 83 m die höchsten Wasserfälle in Oregon. Weitere Infos gibt's in Glide im **Colliding Rivers Information Center** (☎541-496-0157; 18782 N Umpqua Hwy; ⏲Mai–Sept. 9–17 Uhr) und auch nebenan beim **North Umpqua Ranger District** (☎541-496-3532; 18782 N Umpqua Hwy; ⏲Mo–Fr 8–16.30 Uhr).

Zwischen dem Idleyld Park und dem Diamond Lake finden sich zahlreiche Campingplätze direkt am Flussufer, u. a. am lieblichen **Susan Creek** und am urwüchsigen (ausgetrockneten) **Boulder Flat**. Die Unterkünfte in der Gegend sind im Sommer schnell ausgebucht. Empfehlenswert sind die Zimmer in den Blockhütten des **Dogwood Motels** (☎541-496-3403; www.dogwoodmotel.com; 28866 N Umpqua Hwy; DZ 70–75 US$;).

Oregon Caves National Monument

Die sehr beliebte Höhle (es gibt nur eine) liegt 19 Meilen (30 km) östlich vom Ort Cave Junction am Hwy 46. Im Rahmen einer 90-minütigen Höhlentour werden 4,8 km lange Tunnel erkundet – inklusive 520 Steinstufen und tropfenden Höhlenkammern entlang des River Styx. Warm anziehen, festes Schuhwerk tragen und darauf gefasst sein, nass zu werden!

In Cave Junction, 28 Meilen (45 km) südlich von Grants Pass an der US 199 (Redwood Hwy), gibt es die meisten Einrichtungen der Gegend. Die beste Unterkunft bietet allerdings das **Holiday Motel** (☎541-592-3003; 24810 Redwood Hwy; DZ 68–78 US$;) 2 Meilen (3,2 km) weiter nördlich in Kerby. Eine schicke Unterkunft direkt bei der Höhle ist das beeindruckende **Oregon Caves Chateau** (☎541-592-3400; www.oregoncaveschateau.com; 20000 Caves Hwy; Zi. 109–199 US$; ⏲Mitte Mai–Ende Sept.;); am altmodischen Getränkeautomat sollte man sich unbedingt einen Milchshake holen. Camper halten sich am besten an den **Cave Creek Campground** (☎541-592-4000; Stellplatz 10 US$), 14 Meilen (22,5 km) den Hwy 46 rauf und etwa 4 Meilen (6 km) von der Höhle entfernt.

Ost-Oregon

Östlich der Kaskadenkette ähnelt der Bundesstaat – geografisch wie kulturell – nur wenig den feuchteren Landstrichen im Westen Oregons. Die Gegend ist nur dünn besiedelt, die größte Stadt Pendleton hat gerade einmal 20 000 Einwohner. Dafür findet man hier wüstenähnliche Hochebenen, in allen Farben leuchtende Felsformationen, Natronseen und den tiefsten Canyon der USA.

John Day Fossil Beds National Monument

Inmitten des weichen Gesteins und des bröckligen Erdreichs des John Day Country befindet sich eine der tollsten Fossiliensammlungen der Welt; die Fossilien sind zwischen 6 und 50 Mio. Jahre alt. Damals streiften *Nimravidae* (Katzenartige), winzige Pferde, *Amphicyonidae* (Hundeartige) und andere urzeitliche Säugetiere durch die Wälder.

Das National Monument erstreckt sich auf 57 km² über drei verschiedene Zonen: die Sheep Rock Unit, die Painted Hills Unit und die Clarno Unit. Jede bietet Wanderwege und lehrreiche Ausstellungen. Um alle drei Zonen an einem Tag zu besuchen, muss man schon ein bisschen fahren. Die Fossilienstätten liegen nämlich über 100 Meilen (160 km) über nur langsam befahrbare, kurvige Straßen voneinander entfernt. Am besten lässt man es ruhig angehen und übernachtet einmal irgendwo.

Das ausgezeichnete **Thomas Condon Paleontology Center** (☎541-987-2333; www.nps.gov/joda; 32651 Hwy 19, Kimberly; ⏲10–17 Uhr, manchmal wegen Personalmangel geschl.) liegt 2 Meilen (3,2 km) nördlich der US 26 bei der **Sheep Rock Unit**. Ausgestellt sind u. a. ein Dreizehen-Pferd und versteinerte Mistkäfereier. Hinzu kommen noch viele andere Fossilien und geologisch-geschichtliche Ausstellungen. Wer gerne wandert, kann den kurzen Blue Basin Trail ablaufen.

Die **Painted Hills Unit** in der Nähe von Mitchell besteht aus flachen, bunt gestreiften Hügeln, die sich vor über 30 Mio. Jahren formten. Noch einmal 10 Mio. Jahre älter ist die **Clarno Unit** mit freigelegten Schlammläufen, die über einen Wald aus der Eozän-Ära geschwemmt wurden und markante weiße Klippen mit Steinspitzen und Türmchen geformt haben.

Rafting ist sehr beliebt auf dem John Day River, dem längsten, frei fließenden

Fluss des Staates. **Oregon River Experiences** (☎800-827-1358; www.oregonriver.com) veranstaltet Touren von bis zu fünf Tagen. Außerdem bieten sich gute Möglichkeiten zum Angeln von Schwarzbarschen und Regenbogenforellen. Weitere Infos gibt's beim **Oregon Department of Fish & Wildlife** (www.dfw.state.or.us).

In den meisten Städten der Gegend gibt es mindestens ein Hotel, darunter das stimmungsvolle **Historic Oregon Hotel** (☎541-462-3027; 104 E Main St; B 20 US$, DZ 45–69 US$;) in Mitchell und die günstige **Dreamers Lodge** (☎800-654-2849; 144 N Canyon Blvd; DZ ab 63 US$;) in dem Ort John Day (wo es die meisten Einrichtungen der Gegend gibt). In der Region liegen auch mehrere öffentliche Campingplätze, z.B. Lone Pine und Big Bend (Stellplatz 5 US$) am Hwy 402.

Wallowa Mountains Area

Die Wallowa Mountains gehören mit ihren gletscherbedeckten Gipfeln und den kristallklaren Seen zu den schönsten Naturgebieten in Oregon. Der einzige Nachteil sind die Unmengen Besucher, die im Sommer hierher kommen, vor allem in die hübsche Gegend um den Wallowa Lake. Aber man kann ihnen auf einer langen Wanderung in die nahe gelegene **Eagle Cap Wilderness** entkommen – z.B. im Rahmen der 9,6 km lange Tour zum **Aneroid Lake** oder dem 12,8 km langen Marsch auf dem **Ice Lake Trail**.

Nördlich der Berge im Wallowa Valley liegt **Enterprise**, ein gemütliches Provinznest mit einigen Motels wie dem **Ponderosa** (☎541-426-3186; 102 E Greenwood St; DZ 70–80 US$;). Wer auf Bier und gutes Essen steht, darf auf keinen Fall die Kleinbrauerei der Stadt, **Terminal Gravity Brewing** (☎541-426-3000; www.terminalgravitybrewing.com; 803 SE School St; Hauptgerichte 9–12 US$; So–Di 11–21, Mi–Sa bis 22 Uhr), verpassen. Nur 6 Meilen (9,6 km) weiter südlich liegt der Nachbarort von Enterprise, das vornehme **Joseph**. Die Hauptstraße ist gesäumt von teuren Bronze-Galerien, künstlerischen Boutiquen und einigen guten Lokalen.

Hells Canyon

Nordamerikas tiefste Schlucht (ja: vom höchsten Berggipfel aus gemessen sogar tiefer als der Grand Canyon) bietet Besuchern atemberaubende Ausblicke. Der mächtige Snake River hat 13 Mio. Jahre gebraucht, um sich seinen Weg durch die Hochplateaus von Ost-Oregon zu graben und seine heutige Tiefe von 2438 m zu erreichen. Der Canyon selbst ist raue Wildnis ohne Straßen, geöffnet für die Neugierigen und Mutigen.

Für eine tolle Aussicht sollte man 30 Meilen (48 km) nordöstlich von Joseph nach Imnaha fahren, wo eine nur langsam zu bewältigende, 24 Meilen (38 km) lange Schotterstraße zum grandiosen Aussichtspunkt **Hat Point** führt. Von hier kann man die Wallowa Mountains, die Idahos Seven Devils, den Imnaha River und die Wildnis des Canyons selbst sehen. Die Straße ist von Mai bis zum ersten Schneefall geöffnet. Man sollte jeweils zwei Stunden für Hin- und Rückfahrt einplanen.

Wem nach Wildwasser-Action und spektakulärer Landschaft zumute ist, der sollte sich auf den Weg zum **Hells Canyon Dam** machen, 25 Meilen (40 km) nördlich der kleinen Gemeinde Oxbow. Ein paar Kilometer hinter dem Damm endet die Straße am **Hells Canyon Visitor Center** (☎541-785-3395; Mai–Sept. 8–16 Uhr), wo es nützliche Infos über die Campingplätze und Wanderwege der Gegend gibt. Dahinter arbeitet sich der Snake River mit wilden Strömungen um fast 400 m in die Tiefe. Der Fluss ist nur per Jetboot oder Rafting-Floß befahrbar. **Hells Canyon Adventures** (☎800-422-3568; www.hellscanyonadventures.com) ist der Hauptanbieter für Rafting- und Jetboot-Trips zwischen Mai und September (Reservierung erforderlich).

In der Gegend gibt es viele Campingplätze. Direkt außerhalb von Imnaha liegt das im Jagdhüttenstil gehaltene **Imnaha River Inn** (☎866-601-9214; www.imnahariverinn.com; 73946 Rimrock Rd; EZ/DZ ab 70/130 US$), ein B&B voller Tiertrophäen wie zu Hemingways Zeiten. In Oxbow befindet sich das preiswerte **Hells Canyon B&B** (☎541-785-3373; www.hcbb.us; 49922 Homestead Rd; DZ 80 US$;). Weitere Einrichtungen gibt es in Enterprise, Joseph und Halfway.

Steens Mountain & Alvord Desert

Der höchste Gipfel in Südost-Oregon, der 2979 m hohe Steens Mountain, ist Teil eines massiven, 48 km langen Bruchschollengebirges, das sich vor ungefähr 15 Mio. Jahren gebildet hat. Auf der Westseite des Gebirges haben eiszeitliche Gletscher Gräben geformt, aus denen große, u-förmige Schluchten und Täler entstanden sind. Im Osten fallen die „Steens" – wie das Gebirge umgangssprachlich genannt wird – in die 1524 m darunterliegende Alvord Desert ab.

Die in Frenchglen (12 Ew.) beginnende, 56 Meilen (90 km) lange Schotterstraße **Steens Mountain Loop Rd** ist Oregons am höchsten gelegene Straße und bietet die besten Blicke auf den Gebirgszug. Außerdem führt sie zu Campingplätzen und Wanderwegen. Hier wachsen Salbeisträucher, Kriechwacholder und Espenwälder, bis man ganz oben schließlich auf spärliche, mit Steinen durchsetzte Tundraflora stößt. Der 25 Meilen (40 km) oberhalb von Frenchglen liegende Aussichtspunkt **Kiger Gorge** ist besonders überwältigend. Wenn man durchfährt, braucht man für den gesamten Weg etwa zwei Stunden, aber wer sich auch die Sehenswürdigkeiten anschauen möchte, sollte viel mehr Zeit einplanen. Die Ostseite der Steens ist auch von der Fields-Denio-Straße aus zu sehen, die zwischen dem Hwy 205 und dem Hwy 78 durch die **Alvord Desert** führt. Unbedingt volltanken, jede Menge Wasser mitnehmen und zu jeder Jahreszeit mit Wetterumschwüngen rechnen!

In Frenchglen steht das bezaubernde **Frenchglen Hotel** (☎541-493-2825; fghotel@yahoo.com; 39184 Hwy 205, Frenchglen; DZ 75–115 US$; ⏲Mitte März–Okt.;) mit einem kleinen Speisesaal (fürs Abendessen reservieren!), einem kleinen Laden mit saisonaler Zapfsäule und nicht viel mehr. An der Steens Mountain Loop Rd liegen Campingplätze wie der hübsche **Page Springs** von BLM, der ganzjährig geöffnet hat. Es gibt auch noch ein paar andere schöne Campingplätze (Stellplatz 6–8 US$) an der Straße, die allerdings nur im Sommer geöffnet haben. An all diesen Plätzen steht Wasser zur Verfügung. In den Steens ist auch Wildcampen erlaubt.

Oregon Coast

Dank der weitsichtigen Regierung der 1910er-Jahre wurde die 584 km lange Pazifikküste von Oregon als Gemeindeland stillgelegt. Dieser atemberaubende Küstenstreifen liegt an der US 101, einem malerischen Highway, der durch Dörfer, State Parks (davon gibt es über 70) und Wildnis führt. Die Gegend hat für jeden – vom Camper bis zum Feinschmecker – etwas zu bieten.

Astoria

Astoria liegt an der 8 km breiten Mündung des Columbia River und war die erste amerikanische Siedlung westlich vom Mississippi. Der Ort verfügt über eine lange Seefahrergeschichte, und rund um den alten Hafen, in dem einst arme Künstler und Schriftsteller lebten, sind in den letzten Jahren schicke Hotels und Restaurants entstanden. Im Landesinnern stehen viele historische Häuser, darunter auch wunderschön restaurierte viktorianische Gebäude – ein paar von ihnen wurden in romantische B&Bs umgewandelt.

Sehenswertes

Zum Stadtbild trägt auch die 6,6 km lange Astoria-Megler Bridge bei, die längste durchgehende Fachwerkbrücke in Nordamerika, die den Columbia River bis nach Washington überspannt. Sie ist vom Astoria Riverwalk aus zu sehen, welcher der Straßenbahnstrecke folgt. Pier 39 ist ein überdachter Steg mit einem inoffiziellen Konservenmuseum und ein paar netten Lokalen.

★Columbia River Maritime Museum MUSEUM
(☎503-325-2323; www.crmm.org; 1792 Marine Dr; Erw./Kind 6–17 Jahre 12/5 US$; ⏲9.30–17 Uhr) Die Seefahrergeschichte Astorias wird in diesem wellenförmigen Museum sehr gut beschrieben. Durch das riesige Außenfenster kann man das Boot der Küstenwache im gespielten Einsatz nur schwer übersehen. Andere Ausstellungen behandeln die Geschichte der Lachsverpackung, einheimische Leuchttürme und die Handelsgeschichte des Flusses. Die Columbia-River-Bar-Ausstellung und das 3-D-Kino sind ebenfalls einen Besuch wert.

Flavel House HISTORISCHES GEBÄUDE
(www.cumtux.org; 441 8th St; Erw./Kind 6–17 Jahre 5/4 US$; ⏲10–17 Uhr) Das Queen Anne Flavel House wurde von Captain George Flavel erbaut, einem wichtigen Bürger von Astoria während der 1880er-Jahre.

Astoria Column WAHRZEICHEN
(☎503-325-2963; www.astoriacolumn.org; Coxcomb Hill; Parken 1 US$) Die Astoria Column (1926) hoch oben auf dem Coxcomb Hill ist ein 38 m hoher Turm, bemalt mit Szenen der gen Westen strömenden, amerikanischen Forscher und Siedler. Von der Spitze des Turms (164 Stufen hoch) bietet sich eine ausgezeichnete Sicht über die ganze Gegend.

Fort Stevens State Park PARK
(☎503-861-1671; www.oregonstateparks.org; 100 Peter Iredale Rd, Hammond; Tagesgebühr 5 US$)

LEWIS & CLARK: DAS ENDE DER REISE

Im November 1805 wankten William Clark und sein Forscherkollege Meriwether Lewis vom Corps of Discovery mit drei Dutzend Männern in eine geschützte Bucht am Columbia River, 2 Meilen (3,2 km) westlich der heutigen Astoria-Megler Bridge, und beendeten den unbestreitbar längsten Überlandmarsch der amerikanischen Geschichte.

Nach der ersten echten demokratischen Abstimmung in der amerikanischen Geschichte (bei der sowohl eine Frau als auch ein schwarzer Sklave wählen durften), entschied die Gruppe sich dafür, ihr Feldlager 5 Meilen (8 km) südlich von Astoria beim Fort Clatsop aufzuschlagen. Hier verbrachte die Truppe 1805/06 einen schrecklichen Winter. Heute heißt die Stätte **Lewis and Clark National & State Historical Parks** (www.nps.gov/lewi), und es gibt ein nachgestelltes Fort Clatsop, eine Touristeninformation und im Sommer historische Schauspiele.

10 Meilen (16 km) westlich von Astoria beherbergt dieser Park die historische Militäranlage, von der aus die Mündung des Columbia River überwacht wurde. In der Nähe des **Military Museum** (☎503-861-2000; ⏲Mai–Sept. 10–18 Uhr, Okt.–April bis 16 Uhr) GRATIS sind Kanonenreihen in die Sanddünen gegraben – interessante Überbleibsel der am stärksten zerstörten Militärgebäude des Forts. Beim kleinen Wrack der *Peter Iredale*, die 1906 aufgelaufen ist, befinden sich ein beliebter Strand, ein Campingplatz und ein Netzwerk aus 19 km geteerter Radwege.

Schlafen & Essen

Norblad Hotel & Hostel HOTEL, HOSTEL $
(☎503-325-6989; www.norbladhotel.com; 443 14th St; B 30 US$, DZ 59–89 US$;) Diese zentrale Unterkunft bietet sechs einfache, aber elegante Zimmer, fünf mit Gemeinschafts- und eines mit eigenem Bad (74 US$). Es gibt auch mehrere Schlafsäle und eine Gemeinschaftsküche. Manche Zimmer verfügen über TV und Blick auf den Fluss.

★**Commodore Hotel** BOUTIQUE-HOTEL $$
(☎503-325-4747; www.commodoreastoria.com; 258 14th St; DZ mit Gemeinschaftsbad/eigenem Bad ab 89/149 US$;) Coole Traveller sollten sich schnurstracks zu diesem schicken und angesagten Hotel mit kleinen, eleganten und minimalistischen Zimmern begeben. Hier haben die Gäste die Wahl zwischen Zimmern mit eigenem Bad und Zimmern im europäischen Stil (Waschbecken im Zimmer, aber Bad auf dem Gang; die Deluxe-Zimmer haben eine bessere Aussicht). Großartige Lobby im Wohnzimmer-Look mit zugehörigem Café. Von Zimmer 309 hat man die beste Aussicht auf den Fluss.

Blue Scorcher Bakery Café CAFÉ $
(☎503-338-7473; www.bluescorcher.com; 1493 Duane St; Hauptgerichte 7–13 US$; ⏲8–17 Uhr;) Künstlerische und umweltbewusste Mischung aus einem Kaffeehaus und einer Bäckerei. Leckere Salate, Sandwiches, Pizza und Eierspeisen zum Frühstück. Vegetarier- und veganerfreundlich; donutfreie Zone.

Fort George Brewery KLEINBRAUEREI $$
(☎503-325-7468; www.fortgeorgebrewery.com; 1483 Duane St; Hauptgerichte 9–14 US$; ⏲Mo–Do 11–23, Fr & Sa bis 24, So 12–23 Uhr) Stimmungsvolles Brauerei-Restaurant in einem historischen Gebäude – dies war die ursprüngliche Stätte der Siedlung Astoria. Heute bekommt man hier köstliche Burger, hausgemachte Würstchen, Bio-Salate und ein paar vielseitige Gerichte. Am Wochenende werden nachmittags Führungen durch die Brauerei angeboten.

Praktische Informationen

Infos über die Region gibt's in der **Touristeninformation** (www.oldoregon.com; 111 W Marine Dr; ⏲9–17 Uhr).

An- & Weiterreise

Zweimal täglich fahren Busse von **Northwest Point** (☎503-484-4100; www.northwest-point.com) nach Seaside, Cannon Beach und Portland. **Sunset Empire Transit** (☎503-861-7433; www.ridethebus.org; 900 Marine Dr) betreibt die öffentlichen Transportmittel in der Stadt, lässt aber auch Busse nach Warrenton, Cannon Beach und Seaside fahren.

Cannon Beach

Das bezaubernde Cannon Beach ist einer der beliebtesten und exklusivsten Strandorte an der Küste Oregons. Es gibt diverse Boutiquen und Kunstgalerien, und die Straße säumen bunte Blumen. Die Unterkünfte sind teuer, und die Straßen sind verstopft; an einem warmen, sonnigen Samstag muss man lange suchen, bis man einen Parkplatz findet.

Sehenswertes & Aktivitäten

Das spektakulärste Wahrzeichen an der Küste von Oregon ist der 90 m hohe **Haystack Rock**. Zu dem steinernen „Heuhaufen" am südlichen Ende von Cannon Beach kann man bei Ebbe zu Fuß hinüberlaufen. An den Klippen des Basaltfelsens nisten Seevögel, an der Basis ist er von einem Ring aus Gezeitentümpeln umgeben.

Im Naturschutzgebiet des **Ecola State Park** (503-436-2844; Tageskarte 5 US$) im Norden von Cannon Beach präsentiert sich Oregon, wie es traumhafter nicht sein könnte: riesige Felsbrocken im Meer, schäumende Wellen, einsame Strände und ursprüngliche Wälder. Der Naturpark ist 1,5 Meilen (2,4 km) von Cannon Beach entfernt und von unzähligen Wanderwegen durchzogen, darunter auch ein Abschnitt des Oregon Coast Trail, der über Tillamook Head nach Seaside führt.

Vor Cannoch Beach selbst kann man nicht surfen, dafür aber sehr gut in der Umgebung. Zu den besten Surfstränden gehören der Indian Beach im Ecola State Park 3 Meilen (4,8 km) weiter nördlich und der Oswald West State Park 10 Meilen (16 km) weiter südlich. Im Ort befindet sich der freundliche **Cleanline Surf Shop** (www.cleanlinesurf.com; 171 Sunset Blvd), der Surfbretter und die obligatorischen Nassanzüge verleiht.

Schlafen & Essen

Cannon Beach Hotel HISTORISCHES HOTEL $$
(503-436-1392; www.cannonbeachhotellodgings.com; 1116 S Hemlock St; DZ inkl. Frühstück 139–269 US$;) Ein stilvolles, zentral gelegenes Hotel mit nur zehn Zimmern. Die Standardzimmer sind hübsch, aber sehr klein. Sogar die normalen Suiten sind nicht sehr geräumig. Im Preis inbegriffen ist ein gutes Frühstück im Café in der Anlage.

Blue Gull Inn Motel MOTEL $$
(800-507-2714; www.haystacklodgings.com; 487 S Hemlock St; DZ 119–219 US$;) Einige der günstigeren Zimmer in der Stadt mit angenehmer Atmosphäre und zurückhaltendem Dekor. Auch Wohneinheiten mit Kitchenette und Whirlpool sind verfügbar. Wird von Haystack Lodgings betrieben.

Sleepy Monk Coffee CAFÉ $
(503-436-2796; www.sleepymonkcoffee.com; 1235 S Hemlock St; Mo–Di 8–14, Fr–So bis

ABSTECHER

SCENIC DRIVE: DIE DREI CAPES

Cape Meares, Cape Lookout und Cape Kiwanda liegen ungefähr auf halbem Weg zwischen Cannon Beach und Newport und gehören zu den schönsten Landzungen der Küste. Sie sind verbunden durch eine nur langsam befahrbare, kurvenreiche und manchmal holprige, 40 Meilen (64 km) lange Alternativroute zur US 101. Die Strecke lohnt sich auf jeden Fall, auch wenn im März 2013 ein Teil der Straße nördlich vom Cape Meares begonnen hat abzusinken und geschlossen wurde. Instandsetzungsmaßnahmen laufen noch – es kann also sein, dass man über Netarts und Oceanside zum Cape Meares fahren und dann den Weg zurücktuckern muss.

Vom 11,5 m hohen Leuchtturm (dem kleinsten Oregons) auf der bewaldeten Landzunge des **Cape Meares** bietet sich eine hervorragende Aussicht. Kurze Wege führen zu Oregons größter Sitka-Fichte und dem „Oktopus-Baum", einer weiteren Sitka-Fichte mit der Form eines Kronleuchters.

Die Panoramaaussicht von den 244 m über dem Pazifik aufragenden Klippen macht den **Cape Lookout State Park** zu einem Highlight. Im Winter drängen sich auf der Spitze des Kaps, das fast 1,6 km ins Meer ragt, Walbeobachter. Hier gibt es breite Sandstrände, Wanderwege und einen beliebten Campingplatz in Wassernähe.

Und dann ist da noch das **Cape Kiwanda**, eine Sandsteinklippe, die gleich nördlich vom kleinen Ort Pacific City in den Himmel ragt. Hier kann man auf hohe Dünen steigen oder mit dem Truck am Strand entlangfahren. Es ist das am besten erschlossene der drei Kaps und bietet jede Menge Einrichtungen in der Nähe. Wer Bier mag, sollte sich das **Pelican Brewpub** (Cape Kiwanda; Hauptgerichte 12–32 US$; So–Do 8–22, Sa & So bis 23 Uhr) nicht entgehen lassen. Hier kann man zusehen, wie die Fischer mit ihren Schiffen in See stechen oder nach einem Tag Fischfang so weit oben am Strand wie möglich wieder ankommen.

16 Uhr) Wer biologisch angebauten, geprüften Fair-Trade-Kaffee möchte, der sollte in dieses kleine Café in der Hauptstraße gehen. Es hat dieselben Betreiber wie das **Irish Table**, ein ausgezeichnetes Restaurant im selben Gebäude.

★ **Newman's at 988** FRANZÖSISCH, ITALIENISCH **$$$**
(☎503-436-1151; www.newmansat988.com; 988 S Hemlock St; Hauptgerichte 22–36 US$; ⏲1. Juli–15. Okt. tgl. 17.30–21 Uhr, 16. Okt.–30. Juni Di–So) Kleines, aber erstklassiges Restaurant in der Hauptstraße. Der preisgekrönte Koch John Newman tischt eine Mischung aus französischen und italienischen Gerichten auf. Die Nachspeisen sind erste Sahne.

Praktische Informationen

Infos gibt's in der **Handelskammer** (☎503-436-2623; www.cannonbeach.org; 207 N Spruce St; ⏲10–17 Uhr).

An- & Weiterreise

Northwest Point-Busse (www.northwest-point.com) fahren jeden Morgen von Astoria nach Portland (und zurück) und halten am Cannon Beach. Karten gibt's beim Beach Store neben Cannon Beach Surf.

Der **Cannon Beach Shuttle** (☎503-861-7433; www.ridethebus.org), auch bekannt als „The Bus", fährt die ganze Hemlock St entlang bis zum Ende des Tolovana Beach. Der Fahrplan ändert sich je nach Jahreszeit. Beide Busse fahren auch nach Seaside und Astoria.

Die **Wave-Busse** (www.tillamookbus.com) fahren mehrmals täglich Richtung Süden nach Manzanita und Lincoln City.

Newport

Newport, der Standort von Oregons größter kommerzieller Fischereiflotte, ist eine lebhafte Touristenstadt mit einigen schönen Stränden und einem Weltklasseaquarium. Seit 2011 hat hier die NOAA, die National Oceanic and Atmospheric Administration (Nationale Ozean- und Atmosphärenverwaltung) ihren Sitz. In dem Küstenort mit langer Geschichte gibt es jede Menge gute Restaurants sowie ein paar kitschige Attraktionen, Souvenirshops und brüllende Seelöwen. Das unkonventionelle Nye Beach bietet Kunstgalerien und eine freundliche Dorfatmosphäre. Die Gegend wurde in den 1860er-Jahren von Fischern entdeckt, die am oberen Ende der Yaquina Bay Austernbänke gefunden hatten.

Das spitzenmäßige **Oregon Coast Aquarium** (☎541-867-3474; www.aquarium.org; 2820 SE Ferry Slip Rd; Erw./Kind 13–17 Jahre/3–12 Jahre 18,95 US$/16,95/11,95; ⏲9–18 Uhr;) ist eine Attraktion, die man auf keinen Fall auslassen sollte. Hier gibt es ein Seeotterbecken, surreale Quallentanks und Plexiglastunnel durch ein Haifischbecken. Das nahe gelegene **Hatfield Marine Science Center** (☎541-867-0100; www.hmsc.oregonstate.edu; 2030 SE Marine Science Dr; ⏲10–17 Uhr;) GRATIS ist viel kleiner, aber trotzdem einen Besuch wert. Großartige Gezeitentümpel und tolle Aussichten bietet die **Yaquina Head Outstanding Area** (☎541-574-3100; 750 NW Lighthouse Dr; Eintritt 7 US$; ⏲Sonnenaufgang–Sonnenuntergang, Bildungszentrum 10–18 Uhr). Hier befinden sich der größte Leuchtturm der Küste und ein interessantes Bildungszentrum.

Camper kommen im großen und beliebten **South Beach State Park** (☎541-867-4715; www.oregonstateparks.org; Stellplatz f. Zelt/Wohnmobil/Jurte 21/27/40 US$;) 2 Meilen (3,2 km) südlich an der US 101 unter. Buchliebhaber können im **Sylvia Beach Hotel** (☎541-265-5428; www.sylviabeachhotel.com; 267 NW Cliff St; DZ inkl. Frühstück 115–220 US$;) übernachten. Die einfachen, aber gemütlichen Zimmer sind alle nach einem berühmten Autor benannt. Eine Reservierung ist erforderlich.

Ausgezeichnetes Seafood gibt's bei **Local Ocean Seafoods** (☎541-574-7959; www.localocean.net; 213 SE Bay Blvd; Hauptgerichte 11–23 US$; ⏲So–Do 11–20.30, Fr & Sa bis 21 Uhr) – besonders empfehlenswert zum Mittagessen, wenn die Glaswände zum Hafen hin geöffnet werden.

Infos gibt's bei der **Handelskammer** (☎541-265-8801; www.newportchamber.org; 555 SW Coast Hwy; ⏲Mo–Fr 8–17, Sa 10–15 Uhr).

Yachats & Umgebung

Eines der am besten bewahrten Geheimnisse der Oregon Coast ist der hübsche und freundliche kleine Ort Yachats („Ja-hots"). Die Menschen kommen hierher und in die kleinen, abgelegenen Gasthäuser und B&Bs gleich südlich des Ortes, um dem Alltag zu entfliehen. Das ist an dieser relativ unerschlossenen Küste nicht allzu schwer.

Das hohe **Cape Perpetua** 3 Meilen (4,8 km) weiter südlich wurde erstmals 1778 von Kapitän Cook gesichtet. Vulkanische Aktivitäten haben eine wunderschöne, zerklüftete Küstenlinie mit spektakulären Merkmalen wie dem Devil's Churn geschaffen. Hier krachen gewaltige Wellen in einen 9 m langen Meeresarm. Wer Lust hat auf eine einfache Wanderung, der kann den geteerten **Captain Cook Trail** (hin & zurück 1,9 km) runter zu den Gezeitentümpeln in der Nähe von Cooks Chasm laufen. Bei Flut spritzt hier ähnlich wie bei einem Geysir das Wasser aus einer Meereshöhle empor. Mehr Infos gibt's im **Cape Perpetua Visitor Center** (541-547-3289; www.fs.usda.gov/siuslaw; März–Mai & Sept.–Okt. tgl. 10-16 Uhr, Juni–Aug. bis 17 Uhr, Nov.–Feb. Di geschl.).

15 Meilen (24 km) weiter südlich an der US 101 liegen die sehr touristischen, aber trotzdem sehenswerten **Sea Lion Caves** (541-547-3111; www.sealioncaves.com; 91560 US 101; Erw./Kind 6–12 Jahre 14/8 US$; 9–18 Uhr), eine Grotte voller laut brüllender Seelöwen, die nur mit einem Lift zugänglich ist.

Einen Campingplatz gibt's beim **Beachside State Park** (800-551-6949; www.oregonstateparks.org; Stellplatz f. Zelt/Wohnmobil/Jurte 21/26/40 US$;), 8 km nördlich von Yachats an der US 101. Das **Ya'Tel Motel** (541-547-3225; www.yatelmotel.com; Ecke US 101 & 6th St; DZ 64–84 US$;) ist eine gute, preiswerte Übernachtungsmöglichkeit, und im **Green Salmon Coffee House** (541-547-4409; www.thegreensalmon.com; 220 US 101; Hauptgerichte 7–11 US$; 7.30–14 Uhr;) gibt's Snacks.

Oregon Dunes National Recreation Area

Die Oregon Dunes erstrecken sich über 80 km zwischen Florence und Coos Bay und bilden die größte Dünenfläche in den USA. Sie sind bis zu 150 m hoch und ragen etwa 4,8 km ins Landesinnere, wo sie auf Küstenwälder mit sonderbaren Ökosystemen und jeder Menge Flora und Fauna treffen. Hier gibt es Wanderwege, Reitwege und Gelegenheiten zum Bootfahren und Schwimmen. Den Abschnitt südlich von Reedsport sollte man allerdings meiden, da hier viele lärmende Strandbuggys unterwegs sind. Touristeninfos gibt's im **Hauptquartier** (541-271-3495; www.fs.usda.gov/siuslaw; 855 Highway Ave; Mo–Fr 8–16.30, Sa & So bis 16 Uhr) der Oregon Dunes National Recreation Area in Reedsport.

State Parks, in denen man campen kann, sind u.a. der beliebte **Jessie M. Honeyman** (800-452-5687, 541-997-3641; www.oregonstateparks.org; 84505 US 101 S; Stellplatz f. Zelt/Wohnmobil/Jurte 21/26/39 US$;), 3 Meilen (4,8 km) südlich von Florence, und der schöne **Umpqua Lighthouse** (800-452-5687, 541-271-4118; www.oregonstateparks.org; 460 Lighthouse Rd; Stellplatz f. Zelt/Wohnmobil/Jurte/Hütte/Deluxe-Jurte 19/24/36/39/76 US$;), 4 Meilen (6,4 km) südlich von Reedsport. In der Gegend gibt es noch jede Menge andere Campingplätze.

Port Orford

Der hübsche Weiler Port Orford liegt auf einer Landzunge zwischen zwei grandiosen State Parks an der Stelle eines ungewöhnlichen Naturhafens und bietet spektakuläre Ausblicke. Der **Cape Blanco State Park**, 9 Meilen (14,4 km) weiter im Norden, ist der zweitwestlichste Punkt auf dem Festland der USA. Die Landspitze wird oft von starken Winden mit Geschwindigkeiten von bis zu 160 km/h heimgesucht. Besucher können hier nicht nur wandern, sondern auch das **Cape Blanco Lighthouse** (541-332-2207; www.oregonstateparks.org; US 101; Eintritt 2 US$; Mi–Mo 10–15.30 Uhr) besichtigen, das 1870 erbaut wurde und der älteste und höchste funktionsfähige Leuchtturm in Oregon ist.

Im **Humbug Mountain State Park**, 6 Meilen (9,6 km) südlich von Port Orford, treffen Berge und Meer in feuchter Disharmonie samt wütender Brandung aufeinander. Den 533 m hohen Gipfel kann man über einen 4,8 km langen Wanderweg durch alte Zedernhaine erklimmen.

Eine günstige Unterkunft ist das **Castaway-by-the-Sea Motel** (541-332-4502; www.castawaybythesea.com; 545 W 5th St; DZ 85–145 US$;). Wer in dem Fischerdorf essen gehen möchte, muss im schicken **Redfish** (541-336-2200; www.redfishportorford.com; 517 Jefferson St; Hauptgerichte 21–29 US$; Mo–Fr 11–21, Sa & So 9–21 Uhr) unbedingt das beste Seafood des Ortes probieren.

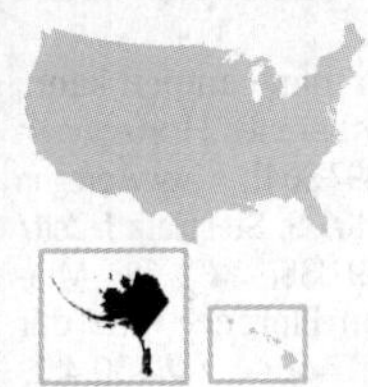

Alaska

Inhalt ➡

Gut essen

- ➡ Snow City Café (S. 1229)
- ➡ Ludvig's Bistro (S. 1220)
- ➡ Tracy's King Crab Shack (S. 1222)
- ➡ Coastal Cold Storage (S. 1219)
- ➡ Sack's Café (S. 1229)

Schön übernachten

- ➡ Copper Whale Inn (S. 1228)
- ➡ Black Bear Inn (S. 1217)
- ➡ Juneau International Hostel (S. 1222)
- ➡ Beach Roadhouse (S. 1224)
- ➡ Alaskan Sojourn Hostel (S. 1226)

Auf nach Alaska!

Groß, schön und wild; weit vom Schuss und sehr teuer... Alaska zeigt sich eigentlich nicht sehr travellerfreundlich.

Doch nur wenige Orte dieser Welt können es mit der erhabenen, atemberaubenden Schönheit Alaskas aufnehmen. Der Mt. McKinley – der höchste Gipfel Nordamerikas – bietet einen überwältigenden Anblick, wenn man am Wonder Lake das Alpenglühen miterlebt. 40 Weißkopfseeadler auf einmal – das gibt es eben nur in Haines, nicht etwa in Iowa.

Alaska ist zwar abgelegen und kostspielig, aber wenn man schon im Nordwesten der USA ist, wird ein Abstecher dorthin erschwinglich. Etwa mit einer mehrtägigen Kreuzfahrt auf der staatlichen Fähre durch den Südosten. Oder wie wär's mit einem Wochenende in Anchorage? Der Flug dauert kaum zweieinhalb Stunden. Und wer einmal die Pracht Alaskas gesehen hat, wird das ultimative Abenteuer wagen wollen: einen Sommer in Alaska. Dieses Kapitel bezieht sich vor allem auf das südöstliche Alaska und Anchorage.

Reisezeit

Anchorage

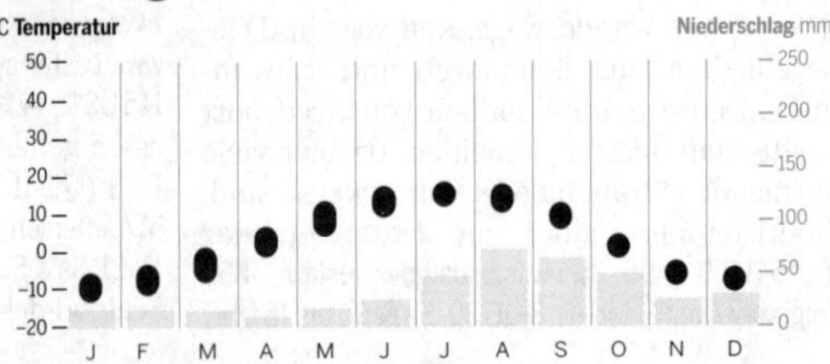

Juni Sonnwendfeste und kurze Nächte: am besten die langen Tage im Freien genießen.

Juli Höhepunkt der Lachswanderung: Millionen Fische wandern zu ihren Laichplätzen stromaufwärts.

Ende Sept. Das geheimnisvolle Nordlicht erscheint allmählich am nächtlichen Himmel.

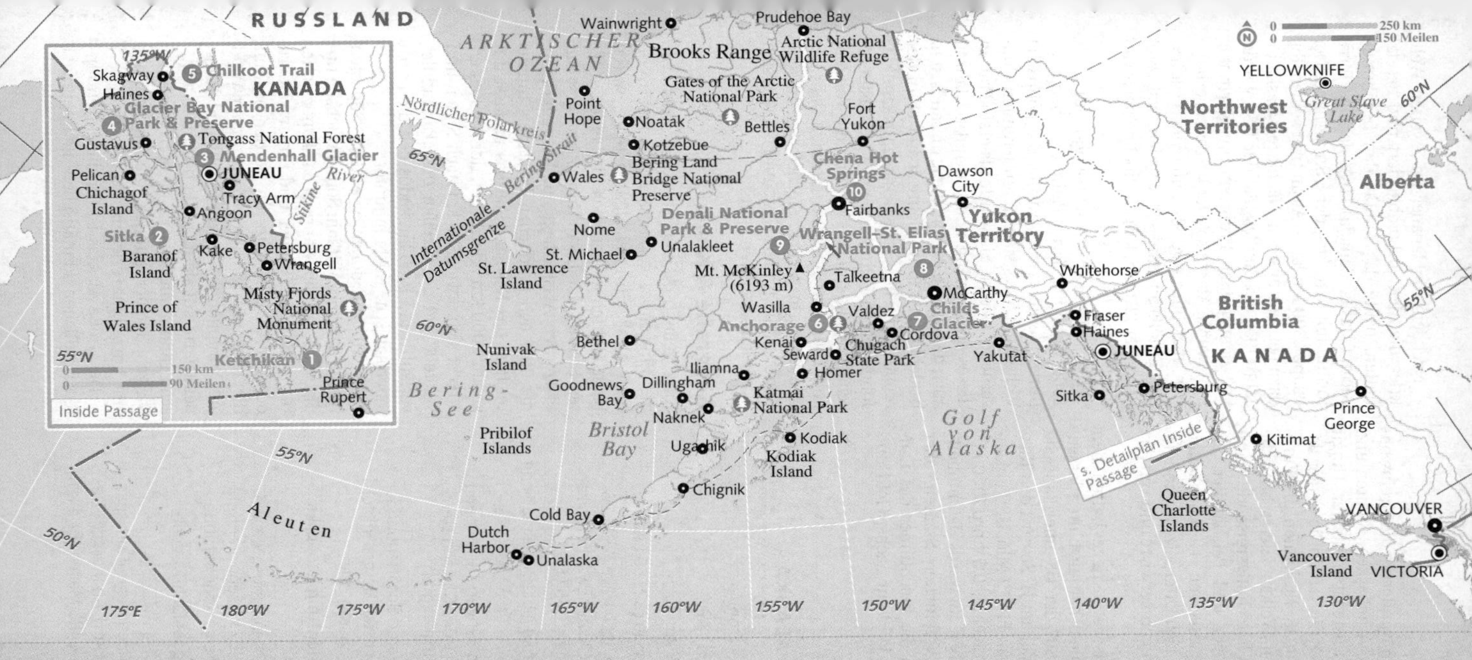

Highlights

1 In **Ketchikan** (S. 1216) an der Zip-Line hinunter zum Fluss sausen!

2 Im **Sitka National Historical Park** (S. 1219) alles über Alaskas russische Geschichte erfahren

3 Am beliebtesten Gletscher Alaskas, dem **Mendenhall Glacier** (S. 1221), wandern

4 Im **Glacier Bay National Park & Preserve** (S. 1221) zwischen Robben paddeln

5 Auf dem **Chilkoot Trail** (S. 1225) dem Klondike-Goldrausch des Jahres 1898 folgen

6 Im **Anchorage Museum** (S. 1227) Alaskas Kultur studieren

Geschichte

Vor 20000 Jahren wanderten die Ureinwohner Alaskas – die Athabasken, Aleuten und Inuit sowie die Küstenstämme der Tlingit und Haida – über die Landbrücke der Beringstraße ein. Im 18. Jh. kamen die Europäer in mehreren Wellen: zuerst britische und französische Forschungsreisende, dann russische Walfänger und Pelzhändler. Sie gaben den geografischen Gegebenheiten Namen, eigneten sich Otterpelze an und ließen die Eingeborenen verwirrt und verstört zurück.

Die Napoleonischen Kriege hatten den russischen Staatshaushalt ausbluten lassen, und so konnte 1867 der US-amerikanische Außenminister William H. Seward den Russen das Territorium für 7,2 Mio. US$ abkaufen – das sind weniger als 0,5 ¢ pro 1000 m². Ein Aufschrei über „Sewards Dummheit" ging durch die Vereinigten Staaten, aber bald zeigten sich die Reichtümer des Landes: zunächst Wale, dann Lachs, Gold und schließlich Öl.

KURZINFOS ALASKA

Spitzname Final Frontier

Bevölkerung 731449

Fläche 1518769 km²

Hauptstadt Juneau (32556 Ew.)

Weitere Städte Anchorage (291826 Ew.), Fairbanks (32213 Ew.), Ketchikan (8250 Ew.), Kodiak (6457 Ew.)

Verkaufssteuer Es gibt keine staatliche Verkaufssteuer

Geburtsort von Sängerin und Poetin Jewel (geb. 1974), des Cartoonisten Virgil F. Partch (1916–1984)

Heimat des Iditarod Schlittenhunderennens, des höchsten Berges in Nordamerika und von Sarah Palin

Politische Ausrichtung Republikanische Tendenzen

Berühmt für Riesengemüse wie ein 2010 gezogener, 57 kg schwerer Kohlkopf und eine riesige Königskrabbe

Bestes Mitbringsel Elch-Nugget-Ohrringe

Entfernungen Anchorage–Fairbanks 586 Meilen (943 km), Anchorage–Denali National Park 425 Meilen (684 km)

Nachdem die Japaner im Zweiten Weltkrieg die Aleuten bombardiert und besetzt hatten, baute das Militär den berühmten Alcan (Alaska–Canada) Hwy, der das Territorium mit dem Rest der USA verband. Der knapp 2500 km lange Alcan trug seinen Teil dazu bei, dass aus dem Nachkriegsalaska im Jahre 1959 ein Bundesstaat der USA wurde. Von dem großen Erdbeben am Karfreitag 1964 wurde Alaska schwer betroffen, erholte sich aber blitzartig, als unter der Prudhoe Bay Erdöllager entdeckt wurden, was zum Bau einer 1270 km langen Pipeline nach Valdez führte.

Bei den Gouverneurswahlen im Jahr 2006 verblüffte Sarah Palin, die ehemalige Bürgermeisterin von Wasilla, die politische Welt damit, dass sie den amtierenden Gouverneur besiegte. Sie wurde als erste Frau in dieses Amt gewählt und war mit 42 Jahren auch die jüngste Person, die je diesen Posten bekleidet hatte. Zwei Jahre später erkor der republikanische Präsidentschaftskandidat John McCain Palin zu seiner Vizepräsidentschaftskandidatin. Sie verloren die Wahlen, und Palin trat noch im gleichen Jahr als Gouverneurin zurück. Sie liefert politische Kommentare für Fox News und betätigt sich in der konservativen Politik.

Geografie & Klima

Kurz gefasst: Alaska ist riesig. Oder, wie die Einwohner gerne sagen: Selbst wenn man Alaska in zwei Hälften teilte, wären beide Hälften immer noch die beiden größten Staaten der USA; Texas käme erst auf Platz drei. Alaska liegt auf Breitengraden, die über den nördlichen Polarkreis hinaus reichen; das Kernland Alaskas umfasst ungefähr 2000 km², der Bogen der Aleuten erstreckt sich etwa 2500 km nach Süden und Westen, und der Streifen des „Panhandle" verläuft rund 1000 km südöstlich die nordamerikanische Küste hinunter.

In Küstenregionen wie dem Südosten und dem Prince William Sound wachsen üppige Nadelwälder, während das Landesinnere von Fichten-, Pappel- und Birkenwäldern dominiert wird. Weiter im Norden beginnt die Taiga, ein feuchter, subarktischer Wald aus Sumpfland, Weidendickicht und Krüppelkiefern; auf sie folgt die baumlose arktische Tundra mit Gräsern, Moosen und einer Vielzahl kleiner Blumen, die im Sommer eine kurze Blüte erleben.

Die Größe Alaskas ist für die extrem unterschiedlichen klimatischen Bedingungen verantwortlich. Im Landesinneren kann es im Sommer bis zu 32 °C warm werden, während die Küstenregionen Southeast und Southcentral Temperaturen von durchschnittlich 13 bis 21 °C erreichen. Im Südosten regnet es ab Ende September den ganzen Oktober hindurch fast täglich, im Juni sind die Tage am längsten. Für Anchorage bedeutet das 19 Stunden Sonnenschein, in Barrow scheint die Sonne dann rund um die Uhr.

Die Hauptreisezeit reicht von Anfang Juli bis Mitte August; dann sind die bekanntesten Parks überfüllt und Reservierungen für Fähren und Unterkünfte dringend erforderlich. Im Mai und im September ist das Wetter ebenfalls mild, doch es sind weniger Touristen unterwegs und die Preise sind niedriger.

Parks & Aktivitäten

Alaska bietet mit seinen Parks viel Platz für Outdooraktivitäten. Traveller kommen hierher wegen der Berge, der Wanderwege, der Wildnis, der Campingmöglichkeiten – kurz: wegen des Abenteuers. Es gibt unzählige Wanderwege, die sich bestens dazu eignen, den sommerlichen Menschenmassen, etwa in Juneau oder auf der Halbinsel Kenai, zu entkommen. Mountainbiken ist auf vielen Wanderwegen erlaubt, Fahrräder können überall in Alaska ausgeliehen werden. Im Südosten kann man Kajaks mieten und auf dem Meer in geschützten Fjorden paddeln – oft mit schönen Ausblicken auf die Gletscher. Zu weiteren beliebten Outdooraktivitäten gehören Raften, Bären- und Walbeobachtung, Angeln oder Zip-Lining. Auch schön: Einfach nur am Straßenrand anhalten und die faszinierende Landschaft bewundern.

Am besten erkundet man Alaskas Flora und Fauna in den vielen Parks und Naturschutzgebieten. Der National Park Service verwaltet Nationalparks, Naturschutzgebiete und Naturdenkmäler mit einer Gesamtfläche von fast 22 Mio. ha. Die beliebtesten Nationalparks sind der Klondike Gold Rush National Historical Park (S. 1225) in Skagway, der Denali National Park & Preserve (S. 1231) im Landesinneren und der **Kenai Fjords National Park** (☎907-224-2125; www.nps.gov/kefj) in der Nähe von Seward. Der **Tongass National Forest** (☎907-586-8800; www.fs.fed.us/r10/ton gass) bedeckt den größten Teil des Südostens, der **Chugach State Park** (☎907-345-5014; dnr.alaska.gov/parks/units/chugach) neben Anchorage ist mit 200 206 ha der drittgrößte State Park in Alaska.

Praktische Informationen

Die **Alaska Travel Industry Association** (www.travelalaska.com) ist das offizielle Fremdenverkehrsamt Alaskas und veröffentlicht einen Urlaubsplaner, in dem B&Bs, Motels, geführte Touren und mehr aufgelistet sind. Eine ausgezeichnete Informationsquelle zu Tourveranstaltern und Ausrüstern, die sich dem nachhaltigen Tourismus verschrieben haben, ist die **Alaska Wilderness Recreation and Tourism Association** (☎907-258-3171; www.visitwild alaska.com).

Die besten Informationen über Nationalparks, State Parks und die von anderen Behörden verwalteten Gebiete sowie deren Unterkunftsangebote bekommt man in einem der vier Alaska Public Lands Information Centers (APLICs), die über den ganzen Bundesstaat verteilt sind. Das größte **APLIC** (☎907-644-3661; www.alaskacenters.gov) befindet sich in Anchorage, gefolgt von dem Southeast Alaska Discovery Center (S. 1218) in Ketchikan.

Achtung: Nichtrauchergesetze werden in Alaskas Städten und Bezirken sehr unterschiedlich gehandhabt; nicht in allen Bars und Restaurants ist das Rauchen untersagt. In Anchorage etwa gilt ein Rauchverbot, in Skagway nicht. In Städten ohne offizielles Rauchverbot bleibt es den jeweiligen Eigentümern überlassen, ob in ihren Räumlichkeiten geraucht werden darf oder nicht.

Anreise & Unterwegs vor Ort

BUS

Von Anchorage aus fahren Busse in viele Gegenden des Bundesstaates.

Alaska/Yukon Trails (☎800-770-7275; www.alaskashuttle.com) fährt zum Denali National Park (75 US$, 6 Std.) und nach Fairbanks (99 US$, 9 Std.).

Seward Bus Line (☎907-563-0800; www.sewardbuslines.net) fährt nach Seward (40 US$, 3 Std.).

Homer Stage Lines (☎907-868-3914; http://stagelineinhomer.com) fährt mit diversen Zwischenstopps nach Homer (90 US$, 4½ Std.).

FLUGZEUG

Die meisten Alaska-Besucher kommen auf dem **Ted Stevens Anchorage International Airport** (ANC; www.dot.state.ak.us/anc; 📶) an. Einige Billigfluglinien mit deutlich niedrigeren Preisen haben 2013 den Betrieb aufgenommen, darunter **JetBlue** (☎1-800-538-2583; www.jetblue.com).

Alaska Airlines (☎ 800-252-7522; www.alaskaair.com) fliegt von Seattle, Chicago, Los Angeles und Denver direkt nach Anchorage. Die Fluggesellschaft verkehrt auch zwischen vielen Städten innerhalb Alaskas, bietet das ganze Jahr über täglich Flüge durch Südost-Alaska in Richtung Norden und Süden an und landet in allen größeren Städten, u. a. auch in Ketchikan und Juneau.

Continental (☎ 800-525-0280; www.continental.com) fliegt nonstop von Houston, Chicago, Denver und San Francisco nach Alaska.

Delta (☎ 800-221-1212; www.delta.com) bietet Direktflüge von Minneapolis, Phoenix und Salt Lake City an.

SCHIFF/FÄHRE

Der **Alaska Marine Highway** (AMHS; ☎ 800-642-0066; www.ferryalaska.com) verbindet Bellingham, WA, mit 14 Städten in Südost-Alaska. Die komplette Tour (Bellingham–Haines, 353 US$, 3½ Tage) mit Stopps in verschiedenen Häfen sollte im Voraus gebucht werden. Zu den Fahrten innerhalb der Inside Passage gehören die Strecken Ketchikan–Petersburg (60 US$, 11 Std.), Sitka–Juneau (45 US$, 5 Std.) und Juneau–Haines (37 US$, 2 Std.). Autos können mitgenommen werden (Bellingham–Haines 462 US$), aber der Transport muss auf jeden Fall Monate im Voraus gebucht werden. Die Fähren laufen auch fünf Städte im zentralen Südalaska an und fahren zweimal im Monat durch den Golf von Alaska von Juneau nach Whittier (221 US$).

Auch Kreuzfahrtschiffe sind in Alaska ein geeignetes Fortbewegungsmittel, vor allem für den Südosten. Ein kleineres Schiff bietet dabei größere Flexibilität und Nähe, die größeren Gesellschaften sind kostengünstiger. In der Regel sind alle Mahlzeiten sowie eine Auswahl an Touren und Erlebnissen im Preis inbegriffen. Zu den größeren Kreuzfahrtgesellschaften gehören **Princess** (www.princess.com) und die familienfreundliche **Celebrity** (www.celebritycruises.com). Mit kleineren Schiffen fahren **AdventureSmith Explorations** (☎ 800-344-2875; www.adventuresmithexplorations.com), die Reisen für zwölf oder auf einem größeren Schiff für 100 Passagiere anbieten, und **Discovery Voyages** (☎ 800-324-7602; www.discoveryvoyages.com). Beide haben ausgezeichnete Exkursionen im Programm und sind bildungsorientiert.

ZUG

Die **Alaska Railroad** (☎ 907-265-2494; www.akrr.com) verkehrt zwischen Seward und Anchorage und von Anchorage über Denali nach Fairbanks. Da diese Strecke sehr beliebt ist, sollte man die Fahrt unbedingt rechtzeitig im Voraus buchen.

SÜDOST-ALASKA

Zwar kommt im Südosten Alaska dem Rest der USA am nächsten, aber der größte Teil des Gebiets ist nicht durch Straßen erschlossen. Klar, man kann natürlich auch zu einem Kurzbesuch in den „Panhandle" fliegen. Wenn man aber eine Woche Zeit hat, ist die Schiffsreise durch die Inside Passage die deutlich bessere Alternative. Diese Wasserstraße hat Tausende von Inseln, gletscherumrahmte Fjorde und eine gebirgige Küstenlinie zu bieten. Mit den staatlichen Fähren erreicht man einige Häfen, von denen aus man Wanderungen, Kajakfahrten und Walbeobachtungstouren unternehmen kann. Kreuzfahrten (S. 1216) sind ebenfalls sehr beliebt, da man leicht zum Ziel kommt, eine Unterkunft geboten wird und man Mahlzeiten bekommt.

Ketchikan

Ketchikan, der erste Stopp am Alaska Marine Highway (s. linke Spalte), ist eine langgezogene, schmale Stadt. Sie ist mehrere Kilometer lang, aber an keiner Stelle breiter als zehn Häuserblocks. Ketchikan strotzt nur so von Alaska-Charme, Abenteuerflair und jener Landschaft, wegen der man hierher gekommen ist.

Sehenswertes & Aktivitäten

Dolly's House MUSEUM
(www.dollyhouse.com; 24 Creek St; Erw./Kind 5 US$/frei; 8–17 Uhr) Der Star in Ketchikans früherem Rotlichtbezirk, der Creek St, ist dieser Saloon der berühmtesten Puffmutter der Stadt, Dolly Arthur.

Totem Bight State Historical Park HISTORISCHE STÄTTE
(N Tongass Hwy; 6–22 Uhr) GRATIS Dieser Park, der sich 10 Meilen (16 km) nördlich des Stadtzentrums von Ketchikan am Meer befindet, beherbergt 14 restaurierte Totempfähle, ein farbenfrohes Gemeindehaus und eine Aussichtsplattform mit Blick über die Tongass Narrows. Neben dem State Park ist der ebenfalls faszinierende **Potlatch Park** (www.potlatchpark.com; 9809 Totem Bight Rd; 7.30–16 Uhr) GRATIS zu finden, mit weiteren zwölf Totempfählen und fünf wunderschönen Stammeshäusern.

Totem Heritage Center MUSEUM
(601 Deermont St; Erw./Kind 5 US$/frei; 8–17 Uhr) Hier gibt es eine Sammlung von Totem-

pfählen aus dem 19. Jh. in spiritueller Umgebung zu sehen.

Alaska Canopy Adventures EXTREMSPORT
(☎907-225-5503; www.alaskacanopy.com; 116 Wood Rd; 190 US$/Pers.) Wer wollte nicht schon immer mal durch die Bäume sausen? Hier kann man mit Hilfe von acht Zip-Lines, drei Hängebrücken und Geländewagen 1400 m den Berg hinunterrasen. Danach hat man die interessante Gelegenheit, Bären beim Lachsfang zu beobachten.

Deer Mountain Trail WANDERN
Der 3 Meilen (4,8 km) lange Wanderweg beginnt in der Nähe des Stadtzentrums und führt in die Bergwelt oberhalb der Baumgrenze, von wo aus sich ein wunderbarer Blick auf die Stadt bietet.

Schlafen

Ketchikan Hostel HOSTEL $
(☎907-225-3319; www.ketchikanhostel.com; 400 Main St; B 20 US$; ⏱Juni–Aug.) Das freundliche, saubere Hostel mit nach Männlein und Weiblein getrennten Schlafsälen ist in einer Methodistenkirche in der Innenstadt untergebracht.

New York Hotel BOUTIQUEHOTEL $$
(☎866-225-0246, 907-225-0246; www.thenewyorkhotel.com; 207 Stedman St; Zi. 149–189 US$, Suite 229 US$; @📶) Das historische Boutiquehotel liegt zwar im Herzen der Stadt, aber dennoch weit genug entfernt vom Trubel der Kreuzfahrtschiffe. Die Zimmer und einzigartigen Suiten sind mit Antiquitäten möbliert und bieten einen schönen Blick auf das Wasser oder die Creek St.

Gilmore Hotel HISTORISCHES HOTEL $$
(☎907-225-9423; www.gilmorehotel.com; 326 Front St; DZ 105–165 US$; @) Das 1927 errichtete Gilmore hat 38 „historisch zugeschnittene" (will heißen: kleine) Zimmer mit Kabel-TV, Kaffeemaschine und Fön.

★ **Black Bear Inn** B&B $$$
(☎907-225-4343; www.stayinalaska.com; 5528 N Tongass Hwy; Zi. 160–230 US$; @📶) Dieses unglaubliche B&B liegt etwa 2,5 Meilen (4 km) nördlich des Stadtzentrums und bietet sowohl Zimmer als auch kleine Apartments. Zu den vielen Annehmlichkeiten des Black Bear Inn gehört ein geschützter Whirlpool im Freien, in dem man ein Bad nehmen und dabei in den Lüften kreisende Adler beobachten kann.

NICHT VERSÄUMEN

MISTY FJORDS NATIONAL MONUMENT

Ketchikan ist umgeben von Wildnis, und in diesem 971 245 ha großen National Monument kann man Tiere in freier Wildbahn beobachten und spektakuläre, 900 m hohe Granitwände bestaunen, die direkt aus dem Meer zu wachsen scheinen. **Allen Marine Tours** (☎877-686-8100,907-225-8100; www.allenmarinetours.com; Erw./Kind 159/109 US$) veranstaltet vierstündige Touren durch das National Monument, aber es macht noch mehr Spaß, ein paar Tage durch die Fjords zu paddeln. **Southeast Sea Kayaks** (☎907-225-1258; www.kayakketchikan.com; 1621 Tongass Ave, Ketchikan; Einer-/Zweierkajak pro Tag 45/59 US$) vermietet die erforderliche Ausrüstung und bringt die Kunden mit einem Wassertaxi ins Herz der feuchten Wildnis, sodass man die lange Strecke durchs offene Wasser von Ketchikan aus nicht paddeln muss.

Essen & Ausgehen

Sushi Fever SUSHI $
(☎907-225-1233; 629 Mission St; Mittagsspecials 9–11 US$, Sushi 7–14 US$; ⏱11–21 Uhr) In diesem japanischen Restaurant treffen sich Einheimische und das Personal der Kreuzfahrtschiffe. Es stehen fast 40 verschiedene Sushi-Arten auf der Speisekarte, aber auch nach einer Schüssel Udon-Nudeln hat man wieder genug Energie für den Nachmittag.

Burger Queen BURGER $
(518 Tongass Ave; Burger 6–9 US$; ⏱Mo 11–15 Uhr, Di–Sa 11–19 Uhr) Ketchikans beliebtester Laden für Shakes und Burger. Die Hamburger werden auch hinüber in die Arctic Bar gebracht, wo man ein Bier dazu trinken kann.

★ **Bar Harbor Restaurant** MODERN-AMERIKANISCH $$$
(☎907-225-2813; 2813 Tongass Ave; Hauptgerichte 20–34 US$; ⏱Mo–Sa 5–21 Uhr) Das gemütliche Bar Harbor Restaurant mit seiner überdachten Terrasse befindet sich zwischen dem Zentrum und dem Fährhafen. Natürlich gibt's hier wie überall im Südosten auch Meeresfrüchte, aber die Spezialität des Hauses sind Prime Ribs – bessere gibt's in Ketchikan wohl nirgendwo.

First City Saloon LOUNGE
(830 Water St;) In dem großen Club gibt's im Sommer Livemusik, häufig auch ganz spontan, wenn die Musiker der Kreuzfahrtschiffe mal so richtig loslegen wollen.

Praktische Informationen

Ketchikan Visitor Information & Tour Center (907-225-6166; www.visit-ketchikan.com; 131 Front St; 7–18 Uhr) Das hilfsbereite Personal nimmt Buchungen für geführte Touren und Unterkünfte vor.

Southeast Alaska Discovery Center (907-228-6220; www.fs.fed.us/r10/tongass/districts/discoverycenter; 50 Main St; Erw./Kind 5 US$/frei; 8–17 Uhr) Hier gibt's eine beeindruckende Ausstellungshalle und detaillierte Informationen über Outdooraktivitäten.

Anreise & Unterwegs vor Ort

Alaska Airlines (S. 1216) und die Fähren des Alaska Marine Highway (S. 1216) steuern Ketchikan an. Autos vermietet **Alaska Car Rental** (907-225-5123; www.akcarrental.com; 2828; Tongass Ave; Kompaktwagen 57 US$).

Wrangell

Die strategisch in der Nähe der Mündung des Stikine River gelegene Stadt Wrangell ist der einzige Ort, der nacheinander von vier Nationen beherrscht wurde, nämlich von den Tlingit, anschließend von den Russen, später von den Briten und zum Schluss von den US-Amerikanern. Heute ist Wrangell einer der letzten Häfen, in denen die staatlichen Fähren direkt in der Innenstadt anlegen, man sollte also zumindest kurz von Bord gehen und sich in der Stadt ein wenig umschauen.

Sehenswertes

Für einen Ort dieser Größe bietet Wrangell beeindruckend viele Totempfähle. Mit dem kostenlosen *Wrangell Guide*, den man im Visitor Center bekommt, kann man sie alle an einem Nachmittag aufspüren. Unbedingt ansehen sollte man sich **Chief Shakes Island** in der Nähe vom Bootshafen im Stadtzentrum.

Wrangell Museum MUSEUM
(296 Campbell Dr; Erw./Kind/Fam. 5/2/12 US$; Mo–Sa 10–17 Uhr) In diesem Museum im Nolan Center erfährt man alles über den Goldrausch und warum Wyatt Earp hier einmal zehn Tage lang Hilfssheriff war.

Schlafen & Essen

Wrangell Hostel HOSTEL $
(907-874-3534; 220 Church St; B 20 US$) Das Hostel ist in der presbyterianischen Kirche untergebracht.

Stikine Inn MOTEL $$
(888-874-3388, 907-874-3388; www.stikineinn.com; 107 Stikine Ave; EZ 146–169 US$, DZ 163–184 US$;) Wrangells größtes Motel befindet sich am Ufer in der Nähe des Fähranlegers, hat 34 Zimmer und verfügt über ein Restaurant mit Blick auf den Schiffsverkehr im Hafen.

Alaskan Sourdough Lodge LODGE $$
(907-874-3613; www.akgetaway.com; 1104 Peninsula St; EZ/DZ 114/124 US$; @) Dieses familiengeführte Haus bietet 16 Zimmer und vorn eine Veranda mit Korbmöbeln und Blick auf den Hafen.

Diamond C Café CAFÉ $$
(223 Front St; Frühstück 6–12 US$, Mittagessen 8–17 US$; 6–15 Uhr) Man isst hier einfach das, was auch die Einheimischen essen (Eier, Zwieback und Fish & Chips) und lässt dabei die konservative Grundstimmung der Gemeinde auf sich wirken.

Praktische Informationen

Wrangell Visitor Center (907-874-3901; www.wrangell.com; 293 Campbell Dr; Mo–Sa 10–17 Uhr) Im Nolan Center.

Petersburg

Am Nordende der spektakulären Wrangell Narrows liegt die malerische Ortschaft Petersburg, eine Stadt mit norwegischen Wurzeln und Heimat der größten Fischereiflotte Alaskas.

Sehenswertes & Aktivitäten

Das Zentrum von Old Petersburg bildet die **Sing Lee Alley**, die sich an den verwitterten Gebäuden und Bootshäusern, die auf Pfählen über dem Wasser stehen, vorbeischlängelt.

Clausen Memorial Museum MUSEUM
(www.clausenmuseum.net; 203 Fram St; Erw./Kind 3 US$/frei; Mo–Sa 10–17 Uhr) Hier kann man Artefakte und Fischereigeräte aus alter Zeit bewundern. Einen kleinen, aber ausgezeichneten Museumsladen gibt es ebenfalls.

Tongass Kayak Adventures KAJAKFAHREN
(☎907-772-4600; www.tongasskayak.com; Einer-/Zweierkajak 55/65 US$) Dieser Anbieter verleiht Kajaks, organisiert den Transport zu bestimmten Ausgangspunkten und veranstaltet verschiedene geführte Kajaktouren, u.a. auch einen Tagesausflug zum **LeConte Glacier** (265 US$), Nordamerikas südlichstem Meeresgletscher, wo sich oft spektakuläre Szenen mit brechendem Eis und auftauchenden Walen abspielen.

Schlafen

Scandia House HOTEL $$
(☎907-772-4281; www.scandiahousehotel.com; 110 Nordic Dr; EZ/DZ 110/150 US$; 📶) Das beste Hotel im Ort hat 33 moderne Zimmer (einige mit Kochnische), einen kostenlosen Shuttle-Service und eine gute Lage an der Hauptstraße.

Nordic House B&B $$
(☎907-772-3620; www.nordichouse.net; 806 S Nordic Dr; Zi. ohne Bad 82–149 US$; 📶) Diese vom Fähranleger prima zu Fuß erreichbare Unterkunft hat fünf große Zimmer und einen Gemeinschaftsbereich mit Blick auf den Bootshafen.

Tides Inn MOTEL $$
(☎907-772-4288; www.tidesinnalaska.com; 307 1st St; EZ 115–126 US$, DZ 132–143 US$; @📶) Das größte Motel des Orts bietet 45 Zimmer, einige davon haben auch eine Kochnische.

Essen & Ausgehen

Coastal Cold Storage SEAFOOD $
(306 N Nordic Dr; Frühstück 4–8 US$, Mittagessen 8–12 US$; ⏲Mo–So 7–15 Uhr; 📶) Die Spezialität von Petersburg ist Heilbutt in einem Bierteig, und diese Köstlichkeit genießt man am besten hier.

Beachcomber Inn AMERIKANISCH $$
(☎907-772-3888; 384 Mitkof Hwy; Hauptgerichte 19–30 US$; ⏲Di–Sa 17–21 Uhr) Dieses wunderbare Restaurant steht auf Pfeilern im Meer. So hat man von jedem Tisch aus einen grandiosen Blick aufs Wasser und auf die Berge.

Harbor Bar BAR
(310 Nordic Dr; 📶) Diese Bar ist der klassische Ort für Hafen- und Fabrikarbeiter – mit Billardtischen, Gratis-Popcorn und einer fantastischen Bierauswahl. Ganz nach Alaska-Tradition haben die Stammgäste hier damit begonnen, Dollarscheine an die Wände zu pinnen.

Praktische Informationen

Petersburg Chamber of Commerce (☎907-772-4636; www.petersburg.org; Ecke Fram St & 1st St; ⏲Mo–Sa 9–17, So 12–16 Uhr) Hier gibt's Infos über B&Bs und den United States Forest Service.

Sitka

Russen gründeten hier 1799 die erste nichtindianische Siedlung im südöstlichen Alaska; die Stadt lebte vom Pelzhandel. Heute betrachtet sich Sitka als kulturelles Zentrum des Südostens und als dessen schönste Stadt, weil sie die einzige ist, die direkt am Pazifik liegt.

Sehenswertes & Aktivitäten

Sitka bietet exzellente Wandermöglichkeiten; direkt vom Stadtzentrum erreicht man den **Gaven Hill Trail**, der in die Berge führt. Es bieten sich auch wunderbare Kajakausflüge rund um **Baranof Island** und **Chichagof Island** an.

Dank der unmittelbaren Lage am Ozean werden in Sitka mittlerweile unzählige Bootstouren zur Beobachtung von Meerestieren angeboten.

Sitka National Historical Park HISTORISCHE STÄTTE
(www.nps.gov/sitk/index.htm;Lincoln St; Erw./Kind 4 US$/frei; ⏲8–17 Uhr) Alaskas kleinster Nationalpark hat einen faszinierenden Wanderweg, der den Besucher an 15 Totempfählen vorbeiführt. Das Visitor Center zeigt russische und indianische Kunstgegenstände sowie Vorführungen traditioneller Schnitzkunst.

Alaska Raptor Center NATURSCHUTZGEBIET
(www.alaskaraptor.org; 101 Sawmill Creek Rd; Erw./Kind 12/6 US$; ⏲8–16 Uhr; 👪) In diesem Zentrum, in dem verletzte Vögel wieder fliegen lernen, kann man Weißkopfseeadlern tief in die Augen schauen.

St. Michael's Cathedral KIRCHE
(240 Lincoln St; Eintritt 5 US$; ⏲Mo–Fr 9–16 Uhr) Der Nachbau der originalen, 1966 einem Brand zum Opfer gefallenen russisch-orthodoxen Kathedrale aus den 1840er-Jahren ist noch immer Sitkas Hauptattraktion. Die ausgestellten Ikonen und religiösen Gegenstände konnten damals gerettet werden. Es ist nur geöffnet, wenn Kreuzfahrtschiffe im Hafen liegen.

Baranof's Castle DENKMAL

Auf dem Castle Hill befindet sich Baranof's Castle – der Ort, an dem Alaska offiziell von den Russen an die USA abgetreten wurde.

Russian Bishop's House HISTORISCHES GEBÄUDE

(Lincoln St; Erw./Kind 4 US$/frei; ⌚9–17 Uhr) Das im Jahr 1842 errichtete Haus ist Sitkas ältestes, vollständig erhaltenes russisches Gebäude.

Sheldon Jackson Museum MUSEUM

(104 College Dr; Erw./Kind 5 US$/frei; ⌚9–17 Uhr) Dieses Museum beherbergt eine ausgezeichnete Sammlung zur indianischen Kultur.

Sitka Sound Ocean Adventures KAJAKFAHREN

(☎907-752-0660; www.kayaksitka.com; Einer-/Zweierkajak 75/95 US$) Dieser Veranstalter verleiht Kajaks und organisiert geführte Touren. Das Büro befindet sich in dem blauen Bus am Centennial Building.

Allen Marine Tours BOOTSFAHRT

(☎907-747-8100; www.allenmarinetours.com; Erw./Kind 99/69 US$; ⌚Sa 13.30–16.30 Uhr) Auf den dreistündigen Touren in einem vollständig geschlossenen Katamaran mit Fenstern rundherum bekommt man oft Otter und Wale zu sehen.

Schlafen

Ann's Gavan Hill B&B B&B $

(☎907-747-8023; www.annsgavanhill.com; 415 Arrowhead St; EZ/DZ 75/95 US$; @📶) Dieses B&B in einem hübschen Alaska-Haus ist vom Stadtzentrum aus gut zu Fuß erreichbar. Es gibt drei Gästezimmer und eine Rundumveranda mit zwei Whirlpools. Ahhh!

Sitka International Hostel HOSTEL $

(☎907-747-8661; www.sitkahostel.org; 109 Jeff Davis St; B 24 US$; @📶) Sitkas neues – und einziges – Hostel liegt in der Innenstadt, weniger als einen Block vom Crescent Harbor entfernt und bietet fünf nach Geschlechtern getrennte Schlafsäle sowie ein Privatzimmer (60€).

Sitka Hotel HOTEL $$

(☎907-747-3288; www.sitkahotel.net; 118 Lincoln St; EZ/DZ 116/124 US$; @📶) Dieses altehrwürdige Hotel befindet sich direkt im Stadtzentrum. Die nach hinten liegenden Zimmer sind groß, komfortabel und haben einen schönen Blick auf den Sitka Sound zu bieten.

Shee Atika Totem Square Inn HOTEL $$$

(☎866-300-1353, 907-747-3693; www.totemsquareinn.com; 201 Katlian St; Zi. 179–249 US$; @📶) Das umfassend renovierte Haus ist Sitkas bestes Hotel. Die 68 großen, komfortablen Zimmer thronen über dem Hafen, in dem es von Fischerbooten nur so wimmelt, die den Fang des Tages abladen.

Essen & Ausgehen

Kenny's Wok & Teriyaki CHINESISCH $

(210 Katlian St; Mittagessen 7–10 US$, Abendessen 9–12 US$; ⌚Mo–Fr 11.30–21 Uhr, Sa & So 12–21 Uhr) Dieses chinesische Restaurant im Katlian-Distrikt scheint immer voll zu sein, einerseits, weil es nur neun Tische gibt und andererseits, weil den Einheimischen die großen Portionen und die günstigen Preise schmecken.

★ **Ludvig's Bistro** MEDITERRAN $$$

(☎907-966-3663; www.ludvigsbistro.com; 256 Katlian St; Tapas 14–18 US$, Hauptgerichte 26–36 US$; ⌚5–21 Uhr) Sitkas kühnstes Restaurant ist auch das beste im Südosten. Die Speisekarte bezeichnet sich als „rustikal-mediterran", und fast alles, selbst das Meersalz, stammt aus heimischer Produktion.

Highliner Coffee CAFÉ

(www.highlinercoffee.com; 327 Seward St, Seward Sq. Mall; Snacks unter 5 US$; ⌚Mo–Sa 6–17 Uhr, So 7–16 Uhr; 📶) Im Highliner gibt's schwarzen Kaffee und Wildlachs. Bei einem Milchkaffee erfährt man hier den allerneuesten Klatsch und Tratsch.

Fly-in Fish Inn Bar BAR

(485 Katlian St) Eine hübsche kleine Bar mit sechs Hockern hinten in einem Gasthaus. Auf der überdachten Terrasse kann man zusehen, wie Fischer ihren Fang abladen.

Praktische Informationen

Sitka Convention & Visitors Bureau (☎907-747-5940; www.sitka.org; 330 Harbor Dr; ⌚Mo–Fr 8–17 Uhr) Gegenüber der St. Michael's Cathedral; im Centennial Building gibt's einen Info-Schalter.

United States Forest Service Office (USFS; ☎907-747-6671; 204 Siginaka Way; ⌚Mo–Fr 8–16.30 Uhr) Hier bekommt man Infos über Wander- und Kajakmöglichkeiten in der Gegend.

An- & Weiterreise

Der **Sitka Airport** (SIT; ☎907-966-2960) auf Japonski Island wird von Alaska Airlines (S. 1216) angeflogen.

Northstar Rental (☎907-966-2552; www.northstarrentacar.com; Sitka Airport) vermietet Mittelklassewagen ab 69 US$ pro Tag. Fähren des **Alaska Marine Highway** (☎907-747-8737; www.ferryalaska.com) steuern fast täglich den Fährhafen an – er befindet sich 7 Meilen (11 km) nördlich der Stadt. Mit dem **Ferry Transit Bus** (☎907-747-5800; einfache Strecke/hin & zurück 6/10 US$) kommt man in die Stadt.

Juneau

Juneau war die erste Stadt, die nach dem Verkauf Alaskas an die USA gegründet wurde. Sie wurde 1906 Hauptstadt des Territoriums und ist heute die malerischste Hauptstadt eines US-amerikanischen Bundesstaats überhaupt.

Das historische Zentrum Juneaus liegt zwischen schneebedeckten Bergen und dem geschäftigen Ufer. Der übrige Teil der Stadt reicht nach Norden bis ins Mendenhall Valley hinein. Juneau ist Alaskas Hauptanlaufhafen für Kreuzfahrtschiffe und das Tor zu vielen Attraktionen, darunter der Tracy Arm und der Glacier Bay National Park.

Sehenswertes

Mendenhall Glacier GLETSCHER

Juneaus berühmter „Drive-in"-Gletscher gehört zu den malerischsten Sehenswürdigkeiten von Südost-Alaska. Der Eisstrom und das informative **USFS Visitor Center** (Glacier Spur Rd; Erw./Kind 3 US$/frei; ⏲8–19.30 Uhr) sind 12 Meilen (19 km) von der Stadt entfernt. **Mendenhall Glacier Transport** (☎907-789-5460; hin & zurück 16 US$) betreibt eine Buslinie vom Zentrum zum Visitor Center.

Last Chance Mining Museum HISTORISCHE STÄTTE

(☎907-586-5338; 1001 Basin Rd; Erw./Kind 5 US$/frei; ⏲9.30–12.30 & 15.30–18.30 Uhr) Das Kompressorgebäude der Alaska Juneau Gold Mining Company ist jetzt ein Museum und das einzige Gebäude aus Juneaus Goldrauschzeit, das besichtigt werden kann.

Alaska State Museum MUSEUM

(www.museums.state.ak.us; 395 Whittier St; Erw./Kind 7 US$/frei; ⏲8.30–17.30 Uhr; 👪) Hier kann man verschiedene Artefakte der sechs bedeutendsten Indianerstämme Alaskas be-

ABSTECHER

GLACIER BAY NATIONAL PARK & PRESERVE

Elf Meeresgletscher schieben sich aus den Bergen hervor, füllen das Meer mit Eisbergen in unzähligen Formen, Größen und Blautönen und bilden den Glacier Bay National Park and Preserve: eine eisige, weltweit bekannte Wildnis. Von Juneau aus kann das ein recht kostspieliger Ausflug sein – aber der Trip ist jeden Cent wert.

Gustavus (www.gustavusak.com) wird einmal pro Woche (33 US$, 4½ Std.) von Alaska Marine Highway (S. 1216) angesteuert. Alaska Airlines (S. 1216) verkehrt täglich zwischen Gustavus und Juneau.

In Gustavus gibt's Restaurants, Unterkünfte und Verkehrsmittel nach Bartlett Cove im Park. Die **Annie Mae Lodge** (☎907-697-2346; www.anniemae.com; Grandpa's Farm Rd; EZ 160–220 US$, DZ 170–230 US$; 📶) hat elf Zimmer, meist mit eigenem Eingang und Bad. **Beartrack Mercantile** (☎907-697-2358; Dock Rd) hat einen begrenzten Vorrat an Lebensmitteln.

Die **Parkverwaltung** (☎907-697-2230; www.nps.gov/glba; 1 Park Rd; ⏲Mo–Fr 8–16.30 Uhr) in Bartlett Cove unterhält einen kostenlosen Campingplatz und ein **Visitor Center** (☎907-697-2627; ⏲6–21 Uhr) am Anleger, wo man Genehmigungen zum Besuch des Hinterlands sowie Karten erhält. Übernachten kann man hier in der **Glacier Bay Lodge** (☎888-229-8687; www.visitglacierbay.com; 199 Bartlett Cove Rd; Zi. 199–224 US$), dem einzigen Hotel und Restaurant in Bartlett.

Wer die Gletscher bewundern möchte, kann an Bord der *Fairweather Express* von **Glacier Bay Lodge & Tours** (☎907-264-4600; Erw./Kind 190/95 US$) an einer achtstündigen Tour auf dem Westarm der Glacier Bay teilnehmen.

Die einzigen erschlossenen Wanderwege gibt es in Bartlett Cove, aber dafür bieten sich hier ausgezeichnete Möglichkeiten zum Kajakfahren an; die Ausrüstung dazu gibt's bei **Glacier Bay Sea Kayaks** (☎907-697-2257; www.glacierbayseakayaks.com; Einer-/Zweierkajak pro Tag 45/60 US$).

wundern und darüber hinaus oben auf einem haushohen Baum ein ausgewachsenes Adlernest sehen.

Juneau-Douglas City Museum MUSEUM
(www.juneau.org/parkrec/museum; 114 W 4th St; Erw./Kind 6 US$/frei; ⌚ Mo–Fr 9–18, Sa & So 10–17 Uhr) Hier wird die Goldgräbervergangenheit der Region wieder lebendig. Im Angebot ist auch eine **Historic Downtown Walking Tour** (Erw./Kind inkl. Museum 20/15 US$; ⌚ Di–Do 13.30 Uhr).

Aktivitäten

Wandern WANDERN
Wandern ist die beliebteste Freizeitaktivität in der Gegend, einige Wege führen zu den Hütten des USFS. **Juneau Parks & Recreation** (☎ 907-586-0428; www.juneau.org/parksrec) organisiert kostenlose Wanderungen. Der **West Glacier Trail**, der sich am Mendenhall Glacier entlang schlängelt, wartet mit der eindrucksvollsten Landschaft auf. Die beliebteste Wanderstrecke in die Gebirgslandschaft oberhalb von Juneau ist der **Mt. Roberts Trail**.

Taku Glacier Lodge RUNDFLUG
(☎ 907-586-6275; www.wingsairways.com; Erw./Kind 297/250 US$) Die beliebtesten Touren in Juneau sind Rundflüge, Gletscherbesichtigungen und Lachs-Grillveranstaltungen. Wer an einem Ausflug zu diesem historischen Camp teilnimmt, bekommt alles auf einen Schlag geboten. Hin kommt man mit einem Wasserflugzeug, das über ein halbes Dutzend Gletscher fliegt. Beim Blockhaus wird einem dann ein unglaubliches Mahl geboten: köstlicher Wildlachs und dazu der Blick auf den Taku Glacier.

Mt. Roberts Tram SEILBAHN
(www.goldbelttours.com; 490 S. Franklin St; Erw./Kind 31/15,50 US$; ⌚ Mo 11–21 Uhr, Di–So 8–21 Uhr; 🚸) Die Seilbahn bringt einen direkt von der Anlegestelle bis zur Baumgrenze, wo sich ein Naturzentrum und ein Restaurant befinden.

Alaska Boat & Kayak Center KAJAKFAHREN
(☎ 907-364-2333; www.juneaukayak.com; 11521 Glacier Hwy; Einer-/Zweierkajak 50/70 US$; ⌚ 9–17 Uhr) Bootsvermietung und Paddeltouren auf dem Mendenhall Lake (109 US$).

Orca Enterprises WALBEOBACHTUNG
(☎ 888-733-6722, 907-789-6801; www.alaskawhalewatching.com; Erw./Kind 119/59 US$) Dreistündige Walbeobachtungstouren in einem 12,80 m langen Jetboot.

Schlafen

Juneau International Hostel HOSTEL $
(☎ 907-586-9559; www.juneauhostel.net; 614 Harris St; B Erw./Kind 12/5 US$; @ 📶) Alaskas bestes Hostel – wegen des historischen Gebäudes und seiner freundlichen Ausstrahlung – liegt fünf Minuten zu Fuß vom State Capitol entfernt.

Driftwood Lodge MOTEL $$
(☎ 907-586-2280; www.driftwoodalaska.com; 435 Willoughby Ave; Zi. 105–145 US$; 📶) Einfache, aber saubere Zimmer, von denen viele eine Kochnische haben. Man wird mit einem Kleinbus kostenlos vom Flughafen oder dem Fähranleger abgeholt. Außerdem gibt's einen Münzwaschautomaten und einen Fahrradverleih.

Silverbow Inn BOUTIQUEHOTEL $$$
(☎ 907-586-4146; www.silverbowinn.com; 120 2nd St; Zi. 189–219 US$; @ 📶) Ein wunderschönes Boutique-Gästehaus über einem Bagelshop im Zentrum. Neben den elf Zimmern gibt's außerdem einen Whirlpool im Freien mit Blick auf die Berge.

Juneau Hotel HOTEL $$$
(☎ 907-586-5666; www.juneauhotels.net; 1200 W 9th St; Suite 179 US$; @ 📶) Von diesem Hotel, in dem es nur Suiten gibt, sind alle Sehenswürdigkeiten der Innenstadt gut zu Fuß erreichbar.

Essen & Ausgehen

Die S. Franklin St ist Juneaus historisches und bisweilen schillerndes Ausgehviertel.

Pel'Meni KLÖSSCHEN $
(Merchant's Wharf, Marine Way; ⌚ So–Do 11.30–13.30 Uhr, Fr & Sa 11.30–15.30 Uhr) Hier gibt es nur ein einziges Gericht – eine Schüssel original selbstgemachte russische Klöße, entweder mit Kartoffeln oder mit Rinderfilet gefüllt.

Tracy's King Crab Shack SEAFOOD $$
(www.kingcrabshack.com; 356 S. Franklin St; Krebse 13–30 US$; ⌚ 10.30–20 Uhr) Dieses kleine Lokal, das sich zwischen der Library Parking Garage und den Anlegestellen der Kreuzfahrtschiffe versteckt, serviert Krabben in allen Variationen – von der herausragenden Cremesuppe bis zu Miniküchlein. Ein Korb mit Königskrabbenstücken (60 US$) enthält fast 1 kg Meeresfrüchte vom Allerfeinsten.

Island Pub PIZZERIA **$$**
(www.theislandpub.com; 1102 2nd St; große Pizza 13–20 US$; ⌚Mo–Do 16–22 Uhr, Fr 16–24 Uhr, Sa 13–24 Uhr, So 13–22 Uhr) Auf der anderen Seite des Kanals in Douglas befindet sich die beste Pizzeria der Hauptstadt. Hier genießt man Focaccias und Gourmetpizzen aus dem Steinbackofen mit Blick auf die Berge.

Twisted Fish SEAFOOD **$$**
(www.twistedfish.hangaronthewharf.com; 550 S. Franklin St; Hauptgerichte abends 16–40 US$; ⌚11–22 Uhr) Rindfleisch war einmal! In diesem Lokal zwischen den Taku Smokeries und einem Anleger, an dem Berufsfischer ihren Fang entladen, dreht sich alles um die heimischen Meeresfrüchte. Die Hälfte der Pizzen auf der Speisekarte haben einen fischlastigen Belag.

Red Dog Saloon BAR
(☎907-463-3658; 278 S. Franklin St) Im berühmt-berüchtigten Red Dog Saloon sind der Boden mit Sägespänen und die Wände mit Erinnerungsstücken bedeckt.

Alaskan Hotel BAR
(☎907-586-1000; 167 S. Franklin St) In diesem Hotel versteckt sich eine einzigartige Bar mit historischem Flair und gelegentlicher Livemusik.

Praktische Informationen

Juneau Convention & Visitors Bureau (☎907-586-2201; www.traveljuneau.com; Cruise Ship Terminal; ⌚8–17 Uhr) Mit Zweigstellen im Marine Park, am Flughafen und am Fährhafen.

Juneau Library (☎907-586-5249; 292 Marine Way; ⌚Mo–Do 11–20 Uhr, Fr 12–18 Uhr, Sa & So 12–17 Uhr; 📶) Tolle Aussicht und kostenloser Internetzugang.

Juneau Ranger Station (☎907-586-8800; 8510 Mendenhall Loop Rd.; ⌚Mo–Fr 8–17 Uhr) In diesem Büro im Mendenhall Valley gibt's Informationen zu Hütten, Wanderwegen und Kajaktouren.

Anreise & Unterwegs vor Ort

AUTO

Zahlreiche Autovermieter bieten einen Bring-/Abholdienst und unbegrenzte Kilometer an.

Rent-A-Wreck (☎888-843-4111, 907-789-4111; 2450c Industrial Blvd)

BUS

Juneaus öffentliche Busse von **Capital Transit** (☎907-789-6901; www.juneau.org/capitaltransit; Erw./Kind 2/1 US$) fahren vom Flughafen ins Stadtzentrum, aber nicht zum Fähranleger.

DIE GLETSCHER AM TRACY ARM

Der von steilen Felswänden gesäumte Fjord 50 Meilen (80 km) südöstlich von Juneau hat auf seiner gesamten Länge zwei Meergletscher und zahlreiche Eisberge zu bieten. Die Tour zum Tracy Arm ist ein interessanter Tagesauflug, der sehr viel preiswerter und vielleicht auch beeindruckender ist als ein Besuch der Glacier Bay. Man kann fast sicher sein, dass man im Tracy Arm Robben und auf dem Weg dorthin vielleicht auch Wale zu Gesicht bekommt. **Adventure Bound Alaska** (☎907-463-2509; www.adventureboundalaska.com; Erw./Kind 150/95 US$; 🚸) veranstaltet seit Langem Touren zum Tracy Arm. Die Boote starten täglich in Juneau. Wenn möglich, sollte man seinen Platz im Voraus reservieren (die Ganztagestour ist bei den Gästen der Kreuzfahrtschiffe recht beliebt). Lunch-Paket und Fernglas nicht vergessen!

FLUGZEUG

Die Hauptfluglinie, die Juneau anfliegt, ist Alaska Airlines (S. 1216). Kleinere Gesellschaften wie **Wings of Alaska** (☎907-789-0790; www.wingsofalaska.com) fliegen in abgelegene Gemeinden.

SCHIFF/FÄHRE

Die Anlegestelle des Alaska Marine Highway (S. 1216) ist 14 Meilen (22,5 km) vom Zentrum entfernt; die superschnelle M/V *Fairweather* rast nach Petersburg (66 US$, 4 Std.) und Sitka (45 US$, 4½ Std.).

Haines

Haines ist der malerischste Startpunkt ins südöstliche Alaska und eine wichtige Verbindung zum Alcan Hwy, die jeden Sommer Tausende Wohnmobil-Touristen auf dem Weg ins Landesinnere Alaskas nutzen. Die Northwest Trading Company kam 1878 hier an, gefolgt von Goldsuchern und der US-Armee, die 1903 Fort Seward, ihren ersten ständigen Stützpunkt im Land, errichtete. Weil man im Zweiten Weltkrieg eine Invasion der Japaner fürchtete, wurden der Haines und der Alcan Hwy gebaut und damit Haines mit dem Rest der USA verbunden.

IM TAL DER ADLER

Das fast 200 km^2 große **Alaska Chilkat Bald Eagle Preserve** (www.dnr.alaska.gov/parks/units/eagleprv.htm) am Chilkat River in der Nähe von Haines schützt die weltweit größte Weißkopfseeadler-Kolonie. Die meisten Vögel (bis zu 4000) kommen hier im Dezember und Januar zusammen. Aber richtig zum Leben erweckt wird Haines durch das **Alaska Bald Eagle Festival** (www.baldeagles.org/festival; Mitte Nov.) in der zweiten Novemberwoche. Zu diesem fünftägigen Event kommen Hunderte von Vogelbeobachtern aus dem ganzen Land in die Stadt.

Aber auch im Sommer kann man hier jederzeit Adler erblicken. Das geht am besten, wenn man auf dem Haines Hwy nach Norden fährt und an den Aussichtspunkten zwischen MM 18 und 22 anhält. Wer kein Auto zur Verfügung hat, kann im Sommer mit **Alaska Nature Tours** (907-766-2876; www.alaskanaturetours.net; Erw./Kind 75/60 US$;) an der dreieinhalbstündigen, von Naturforschern geführten Valley of the Eagles Nature Tour auf dem Chilkat River teilnehmen.

Und wen einen riesige Kreuzfahrtschiffe deprimieren, ist man in Haines viel besser aufgehoben als in Skagway.

Sehenswertes & Aktivitäten

Sheldon Museum MUSEUM
(www.sheldonmuseum.org; 11 Main St; Erw./Kind 5 US$/frei; Mo–Fr 10–17, Sa & So 13–16 Uhr) In diesem Museum kann man im Obergeschoss Artefakte der indigenen Bevölkerung und unten Relikte aus der Zeit des Goldrauschs bewundern.

American Bald Eagle Foundation MUSEUM
(www.baldeagles.org; 113 Haines Hwy; Erw./Kind 10/5 US$; Mo–Sa 9–17 Uhr;) Hier leben fast 180 Tierarten in ihrem natürlichen Lebensraum, darunter rund zwei Dutzend Adler.

Hammer Museum MUSEUM
(www.hammermuseum.org; 108 Main St; Erw./Kind 3 US$/frei; Mo–Fr 10–17 Uhr) Soll es etwas schrulliger sein? Dann ist das Museum, in dem Eigentümer Dave Pahl seiner Werkzeugbesessenheit mit 1500 Hämmern ein Denkmal gesetzt hat, das Richtige.

Wandern WANDERN
In Haines gibt's zwei große Wanderwegnetze – zum **Mt. Riley** und zum **Mt. Ripinsky**. Nachmittags kann man Wandertouren zum **Fort Seward** unternehmen (weitere Infos sind im Visitor Center erhältlich).

Chilkat Guides RAFTEN
(907-766-2491; www.raftalaska.com; Erw./Kind 94/65 US$) Vierstündige Raftingtouren auf dem Chilkat River.

Schlafen

Fort Seward Lodge MOTEL $
(877-617-3418, 766-2009; 39 Mud Bay Rd.; Zi. mit/ohne Bad 110/75 US$;) Im ehemaligen Post Exchange of Fort Seward gibt's die Unterkünfte mit dem besten Preis-Leistungs-Verhältnis in Haines. Die Zimmer wurden modernisiert, auch eine freundliche Bar ist dabei.

Bear Creek Cabins & Hostel HOSTEL $
(907-766-2259; www.bearcreekcabinsalaska.com; Small Tract Rd.; B/Hütte 20/68 US$) Wer der „Metropole" Haines entfliehen möchte, sollte sich dieses nette Hostel am Waldrand 1 Meile (1,6 km) außerhalb der Stadt aussuchen.

★ **Beach Roadhouse** B&B $$
(866-741-3060, 907-766-3060; www.beachroadhouse.com; Mile 1, Beach Rd.; Zi./Hütte 115/145 US$;) Dieses große Haus aus Zedernholz oberhalb des Lynn Canal in ruhiger Lage inmitten von Bäumen hat vier Zimmer mit Kochnische und zwei hübsche Hütten.

Alaska Guardhouse Lodging B&B $$
(866-290-7445, 907-766-2566; www.alaskaguardhouse.com; 15 Seward Dr; EZ/DZ 115/145 US$;) Dieses Gebäude, in dem einst „unartige" Soldaten inhaftiert wurden, bietet jetzt vier große, gemütliche Gästezimmer.

Captain's Choice Motel MOTEL $$
(907-766-3111; www.capchoice.com; 108 2nd Ave N; EZ/DZ 127/137 US$; @) Das größte Motel in Haines hat den besten Blick auf die Chilkat Mountains und den Lynn Canal sowie ein riesiges Sonnendeck.

Essen & Ausgehen

★ **Fireweed Restaurant** BISTRO $$
(37 Blacksmith St; Hauptgerichte 9–20 US$; Mi–Sa 11.30–15 Uhr & Di–Sa 16.30–21 Uhr;) Das

heiter-lässige Bistro scheint mit Stichworten wie „bio" und „vegetarisch" statt „frittiert" und „Captain's Special" eher nach Kalifornien zu gehören.

Mosey's Cantina MEXIKANISCH $$
(www.moseyscantina.com; 31 Tower Rd.; Mittagessen 8–14 US$, Abendessen 16–24 US$; ⌚ Mi–Sa 11.30–14.30 & 17.30–20.30 Uhr) Das Mosey's serviert in diesem netten, gemütlichen Lokal das beste mexikanische Essen außerhalb von Anchorage.

Klondike PIZZA $$
(Dalton City; mittelgroße Pizza 14–18 US$; ⌚ Mo–Sa 17–20 Uhr) Haines' neuestes Restaurant bietet ausgezeichnete Steinofenpizzas und Salate, und das Bier wird nur zwei Häuser weiter gebraut.

Haines Brewing Company BRAUEREI
(www.hainesbrewing.com; Dalton City; ⌚ Mo–Sa 13–18 Uhr) Der Spaziergang zu der nur aus einem Raum bestehenden Brauerei lohnt sich unbedingt.

Praktische Informationen

Haines Convention & Visitors Bureau (☎ 907-766-2234; www.haines.ak.us; 122 2nd Ave; ⌚ Mo–Fr 8–17 Uhr, Sa & So 9–16 Uhr)

An- & Weiterreise

Mehrere Charterfluggesellschaften fliegen nach Haines, am billigsten ist **Wings of Alaska** (☎ 907-983-2442; www.wingsofalaska.com).

Mit der **Haines-Skagway Fast Ferry** (☎ 888-766-2103, 907-766-2100; www.hainesskagwayfastferry.com; einfache Strecke Erw./Kind 35/18 US$; ⌚ Juni–Sept.) kommt man nach Skagway und zurück.

Eagle Nest Car Rentals (☎ 907-766-2891; 1183 Haines Hwy) im Eagle Nest Motel verleiht Autos für 57 US$ pro Tag inkl. 100 Freimeilen.

Skagway

Skagway, der nördliche Endpunkt des Alaska Marine Highway (S. 1216), war eine für ihre Gesetzlosigkeit gefürchtete Goldgräberstadt. 1887 lebten hier gerade mal zwei Menschen, zehn Jahre später war der Ort mit 20 000 Einwohnern die größte Stadt Alaskas. Heute überlebt Skagway dank des Tourismus und wird nur richtig voll, wenn einige Kreuzfahrtschiffe anlegen und Tausende Touristen über den Ort herfallen, ganz so, als wäre der Goldrausch noch in vollem Gang.

Sehenswertes & Aktivitäten

Klondike Gold Rush National Historical Park HISTORISCHE STÄTTE
(☎ 983-9223; www.nps.gov/klgo; Visitor Center Broadway St an der 2nd Ave; ⌚ 8–18, Fr bis 19 Uhr) GRATIS In dem sieben Blocks umfassenden Abschnitt der Broadway St kann man 17 restaurierte Gebäude bewundern, sich vorgesetzte Fassaden ansehen und Holzbürgersteige aus Skagways goldener Boomtown-Ära bestaunen. Dank der Kreuzfahrtschiffe ist dies auch der meistbesuchte Nationalpark Alaskas. Um jenes bemerkenswerte Zeugnis der Geschichte Skagways richtig verstehen zu können, sollte man aber auf jeden Fall an einem der kostenlosen, von Rangern geführten Stadtspaziergänge teilnehmen. Sie beginnen zwischen 9 und 16 Uhr jeweils zur vollen Stunde am Visitor Center.

Skagway Museum MUSEUM
(☎ 907-983-2420; Ecke 7th Ave & Spring St; Erw./Kind 2/1 US$; ⌚ Mo–Fr 9–17, Sa 10–17, So mittag–16 Uhr) Dies ist eines der besten Museen im Südosten, und die Ausstellungsstücke aus der Zeit des Goldrauschs gehören zu den interessantesten in diesem museumsreichen Ort.

NICHT VERSÄUMEN

CHILKOOT TRAIL

Der Chilkoot Trail ist der ultimative Treck in Alaska. Er führt durch eine Wahnsinnslandschaft, vorbei an historischen Stätten, und bietet Abenteuer pur. Auf dieser Strecke suchten 1898 die Klondike-Goldgräber ihr Glück. Auf ihren Spuren zu wandeln, ist heutzutage weniger ein Wildnisabenteuer als vielmehr eine Geschichtsstunde. Für die 33 Meilen (53 km) lange Strecke sollte man vier Tage veranschlagen. Sie führt über den Chilkoot Pass. Der steile Anstieg bis auf 1074 m wird von Wanderern nur allzu oft auf allen Vieren bewältigt. Das Highlight ist für viele die Fahrt mit der historischen White Pass & Yukon Route Railroad (S. 1226) zurück nach Skagway.

Lust bekommen? Im **Trail Center** (☎ 907-983-9234; www.nps.gov/klgo; Broadway St an der 2nd Ave, Skagway; ⌚ 8–17 Uhr) sind Wandergenehmigungen und Infos erhältlich.

Mascot Saloon MUSEUM
(290 Broadway St; ⏲8–18 Uhr) Das Museum widmet sich Skagways Blütezeit als „rauester Ort der Welt".

★White Pass & Yukon Route Railroad BAHNLINIE
(☎800-343-7373; www.wpyr.com; 231 2nd Ave; Erw./Kind ab 115/57,50 US$; ⏲Mai–Sept.) Hier wird die beste Tour angeboten: die dreistündige Summit Excursion, bei der man mit der historischen Schmalspurbahn den White Pass erklimmt.

Schlafen

Alaskan Sojourn Hostel HOSTEL $
(☎907-983-2040; www.alaskansojourn.net; 488 8th Ave; B/Zi. 28/78 US$;) Skagways bestes Hostel bietet Schlafsäle, Privatzimmer, kostenlosen Frühstückskaffee und eine Grillstelle im Hof.

Sgt. Preston's Lodge MOTEL $$
(☎866-983-2521 907-983-2521; http://sgtprestons.eskagway.com; 370 6th Ave; EZ 97–115 US$, DZ 119–151 US$; @) Dieses Motel ist das beste Angebot in Skagway und gerade weit genug entfernt von der Broadway St und den Menschenmassen, die von den Kreuzfahrtschiffen an Land gebracht werden. Die Preise inklusive Steuern.

Skagway Inn INN $$
(☎888-752-4929, 907-983-2289; www.skagwayinn.com; Broadway St an der 7th Ave; Zi. inkl. Frühstück 129–229 US$; @) Das restaurierte viktorianische Haus von 1897 war ursprünglich das Bordell des Orts – aber, so könnte man auch fragen, welches noch heute stehende Haus in Skagway war eigentlich kein Puff? Der Skagway Inn hat zehn Zimmer, vier davon mit Gemeinschaftsbad. Die kleinen Zimmer sind mit alten Schränken, Eisenbetten und Kommoden eingerichtet. Ein leckeres Frühstück ist im Zimmerpreis bereits enthalten.

Mile Zero B&B B&B $$
(☎907-983-3045; www.mile-zero.com; 901 Main St; Zi. 135–145 US$; @) Dieses B&B wirkt wie ein Motel mit dem angenehmen Komfort eines Zuhauses. Die sechs großen Zimmer haben eigene Bäder und einen separaten Eingang von der Rundumveranda aus.

Essen & Ausgehen

Seit 2012 gilt in allen Restaurants und Bars in Skagway Rauchverbot.

Stowaway Café CAJUN $$
(☎907-983-3463; www.stowawaycafe.com; 205 Congress Way; Hauptgerichte 11–24 US$; ⏲10–21 Uhr) In der Nähe der Hafenmeisterei serviert dieses schrille, fantastische Café abends ausgezeichnete Fischgerichte und Steaks auf Cajun-Art. Unbedingt den Lachs mit Wasabi probieren!

Starfire THAI $$
(☎ 907-983-3663; 4th Ave an der Spring St; Mittagessen 12–15 US$, Abendessen 14–19 US$; ⏲11–20 Uhr;) Erst ein Pad Thai oder ein Fünf-Farben-Curry (violett ist *Fire with Flavor!*) verputzen und dann draußen auf der Terrasse ein Bier genießen.

Skagway Brewing Company BRAUEREI
(www.skagwaybrewing.com; Ecke 7th Ave & Broadway; Burger 15 US$; ⏲Mo–Fr 10–22 Uhr, Sa & So 11–22 Uhr) Skagways einzige Brauerei schenkt in einem historischen Gebäude wenigstens fünf selbst gebraute Biere aus, darunter das Prospector Pale. Das Essen wie Burger und Pizza passt genau dazu.

Red Onion Saloon BAR
(205 Broadway St) Das ehemalige Bordell ist heutzutage Skagways lebendigste Bar. Na logisch!

Praktische Informationen

Klondike Gold Rush National Historical Park Visitors Center (☎907-983-9223; www.nps.gov/klgo; 154 Broadway St; ⏲8–18, Fr bis 19 Uhr) Infos über Outdooraktivitäten, hiesige Wanderwege, öffentliche Campingplätze und Programme des National Park Service.

Skagway Convention & Visitors Bureau (☎907-983-2854; www.skagway.com; Ecke Broadway St & 2nd Ave; ⏲Mo–Fr 8–18, Sa & So bus 17 Uhr) In der wegen der Treibholzfassade unverkennbaren Arctic Brotherhood Hall.

An- & Weiterreise

Wings of Alaska (S. 1225) fliegt regelmäßig von Skagway nach Juneau, Haines und zur Glacier Bay.

Die Fähren der Alaska Marine Highway (S. 1216) fahren im Sommer täglich und die Haines–Skagway Fast Ferry (S. 1225) ist täglich nach Haines unterwegs.

Sourdough Car Rentals (☎907-983-2523; www.sourdoughrentals.com; 350 6th Ave) vermietet Kompaktwagen für 80 US$ am Tag.

Der Zug der **White Pass & Yukon Route Railroad** (☎907-983-2217; www.wpyr.com; 231 2nd Ave; ⏲Juni–Aug.) fährt nach Fraser,

British Columbia, wo man dann Anschluss an einen Bus nach Whitehorse (Erw./Kind 120/60 US$) hat.

ANCHORAGE

Anchorage bietet alle Annehmlichkeiten einer US-Großstadt und ist dennoch nur eine halbe Autostunde von der Wildnis entfernt. Die Stadt wurde 1914 als Arbeitscamp für die Eisenbahn errichtet und 1964 durch das Karfreitagsbeben verwüstet, kam aber schnell als Industriezentrum des Prudhoe-Bay-Ölbooms wieder auf die Beine. Heute lebt die Hälfte der Einwohner Alaskas hier oder im Umland, da Anchorage das wirtschaftliche und politische Herz des Staates ist. Sorry, Juneau.

Sehenswertes & Aktivitäten

★ Anchorage Museum MUSEUM
(www.anchoragemuseum.org; 625 C Street; Erw./Kind 15/7 US$; ⏲9–18 Uhr; 👪) Der 106 Mio. US$ teure Umbau hat aus diesem Museum Alaskas bedeutendste kulturelle Institution gemacht. Man sollte einen ganzen Nachmittag einplanen, um sich die Gemälde von Künstlern aus Alaska wie Sydney Laurence (im Erdgeschoss) anzusehen und dann im oberen Stock durch die unglaubliche Ausstellung des Smithsonian zu schlendern. Auch für Kinder ist einiges geboten.

Alaska Native Heritage Center KULTURZENTRUM
(www.alaskanative.net; 8800 Heritage Center Dr; Erw./Kind 25/17 US$; ⏲9–17 Uhr) Auf dem 10,5 ha großen Gelände dieses Kulturzentrums befinden sich Ateliers, in denen Künstler Objekte aus den Barten von Walen schnitzen oder Boote aus Tierhäuten herstellen. Außerdem gibt es hier einen kleinen See sowie fünf nachgebaute Dörfer. Außer in der Wildnis selbst ist dies der beste Ort um zu erfahren, wie Menschen vor der Erfindung der Zentralheizung über- und sogar gut lebten.

Alaska Heritage Museum MUSEUM
(301 W Northern Lights Blvd; ⏲Mo–Fr 12–16 Uhr) Dieses in einer Bank untergebrachte Museum beherbergt die größte Privatsammlung an Originalgemälden und indianischen Artefakten in Alaska. Die Sammlung ist so groß, dass selbst in den Fahrstuhlbereichen der ganzen Bank Kunstwerke hängen.

Alaska Aviation Heritage Museum MUSEUM
(www.alaskaairmuseum.org; 4721 Aircraft Dr; Erw./Kind 10/6 US$; ⏲9–17 Uhr) Dieses Museum in idealer Lage am Lake Hood, dem weltweit verkehrsreichsten Landeplatz für Wasserflugzeuge, würdigt die schillernden Buschpiloten Alaskas. Zu sehen sind u.a. 25 ihrer zuverlässigen Flugzeuge.

Alaska Zoo ZOO
(☎ www.alaskazoo.org; 4731 O'Malley Rd; Erw./Kind 12/6 US$; ⏲9–21 Uhr; 👪) Im einzigen Zoo Nordamerikas, der sich auf die Tiere des Nordens spezialisiert hat, kann man die einzigartige Tierwelt der Arktis bewundern. Man findet hier drei in Alaska beheimatete Bärenarten und andere einheimische Säugetiere vor, von Vielfraßen über Elche bis zu Karibus und Dall-Schafen.

Flattop Mountain WANDERN
Die drei- bis vierstündige Wanderung (hin und zurück 5,5 km) auf Alaskas meistbestiegenen Gipfel beginnt an der Peripherie von Anchorage. Die passenden Landkarten bekommt man beim Alaska Public Lands Information Center (S. 1231). Zum Startpunkt gelangt man mit dem **Flattop Mountain Shuttle** (☎907-279-3334; www.hike-anchorage-alaska.com; hin & zurück Erw./Kind 22/15 US$). Es gibt auch eine Wander-Mountainbike-Kombitour.

Tony Knowles Coastal Trail WANDERN
Auf der anderen Bachseite des Flattop Mountain Trail beginnt am westlichen Ende der 2nd Ave der 17,6 km lange Wanderweg. Er ist der malerischste des insgesamt fast 200 km umfassenden befestigten Wanderwegnetzes der Stadt.

Downtown Bicycle Rental RADFAHREN
(www.alaska-bike-rentals.com; 333 W 4th Ave; Fahrradverleih 3/24 Std. 16/32 US$; ⏲8–22 Uhr) An-

CULTURE PASS JOINT TICKET

Für die beiden Top-Sehenswürdigkeiten in Anchorage, das Alaska Native Heritage Center und das Anchorage Museum, gibt es ein spezielles Kombi-Ticket, mit dem man 22 % spart. Das Culture Pass Joint Ticket kostet 29 US$ pro Person und gilt für beide Museen sowie einen Shuttle-Service zwischen den beiden Häusern. Das Kombi-Ticket ist in beiden Museen an den Kartenschaltern erhältlich

chorage wird auch „Bike Utopia" genannt. Wer die Stadt mit einem Rad erkundet, weiß schnell, warum.

Geführte Touren

Rust's Flying Service PANORAMAFLUG
(907-243-1595; www.flyrusts.com; 4525 Enstrom Circle) Angeboten werden 30-minütige Touren (100 US$), ein dreistündiger Flug zum Mt. McKinley im Denali National Park (385 US$) und eine anderthalbstündige Tour zum Knik Glacier (245 US$).

Anchorage City Trolley Tours BUSTOUR
(888-917-8687, 907-775-5603; www.alaskatrolley.com; 612 W 4th Ave; Erw./Kind 20/7,50 US$; Touren 9–17 Uhr) Die einstündigen Sightseeingtouren in einem knallroten Trolley-Bus starten zu jeder vollen Stunde und führen u. a. vorbei am Lake Hood, am Earthquake Park und am Cook Inlet.

Schlafen

Qupqugiaq Inn INN $
(907-563-5633; www.qupq.com; 640 W 36th Ave; EZ/DZ 90/100 US$, ohne Bad 75/85 US$; @) In dieser farbenfrohen Unterkunft bekommt man ein kontinentales Frühstück mit Durchdrückkaffee, Haferflocken, die man sich selber zurecht machen kann und selbstgemachten Waffeln. Die Zimmer sind hell und sauber. Für 2014 sind „Schlafschalen" (45 US$) geplant.

Alaska Backpackers Inn HOSTEL $
(907-277-2770; www.alaskabackpackers.com; 327 Eagle St; B/EZ/DZ 25/60/70 US$; @) Das geräumige, komfortable Hostel liegt etwas östlich des Stadtzentrums, aber immer noch in Laufnähe zu den Restaurants und Bars. Neue Anbauten bieten eine Lobby zum Chillen und Luxus-Suiten (75 US$).

Spenard Hostel HOSTEL $
(907-248-5036; www.alaskahostel.org; 2845 W 42nd Ave; B 25 US$; @) Dieses freundliche, eigenständige Hostel liegt in Flughafennähe. Hier kann man rund um die Uhr einchecken (nach 23 Uhr nur mit Vorabreservierung) – prima für alle, die nachts total erschöpft in Alaska ankommen. Morgens gibt's kostenlosen Kaffee. Ein Fahrradverleih (3 US$/Std.) ist ebenfalls vor Ort. Für 20 US$ kann man im Garten ein Zelt aufschlagen.

Wildflower Inn B&B $$
(907-274-1239; www.alaska-wildflower-inn.com; 1239 I St; Zi. inkl. Frühstück 144–154 US$; @) Dieses B&B in einem historischen Haus, drei Blocks südlich vom Delaney Park, bietet drei große Zimmer und nette Sitzbereiche. Zum Frühstück gibt's u. a. karamellisierte Arme Ritter.

Long House Alaskan Hotel HOTEL $$
(888-243-2133, 907-243-2133; www.longhousehotel.com; 4335 Wisconsin St; EZ/DZ 159/169 US$;) Dieses Blockhaus ist einen Block von der Spenard Rd. entfernt. Es hat 54 riesige Zimmer und zahlreiche Annehmlichkeiten, etwa einen 24-Stunden-Shuttle-Service zum Flughafen.

Puffin Inn MOTEL $$
(907-243-4044; www.puffininn.net; 4400 Spenard Rd; Zi. 125–165 US$;) Auch mitten in der Nacht kann man sich von dem kostenlosen Flughafen-Shuttle abholen lassen. Das Motel hat schöne Zimmer in vier Kategorien: von 26 klitzekleinen Budgetzimmern bis hin zu richtigen Suiten.

City Garden B&B B&B $$
(907-276-8686; www.citygarden.biz; 1352 W 10th Ave; Zi. 125–175 US$;) Offene, sonnige, schwulen- und lesbenfreundliche Unterkunft mit drei Zimmern – eines mit Bad.

★ **Copper Whale Inn** INN $$$
(866-258-7999, 907-258-7999; www.copperwhale.com; Ecke W 5th Ave & L St; Zi. 189–240 US$; @) Dieses schwulenfreundliche Gasthaus in idealer Innenstadtlage gehört zu den Top-Unterkünften in Anchorage. Die hellen, eleganten Zimmer wurden erst vor kurzem renoviert. Von vielen Zimmern und vom Frühstücksraum aus hat man einen sehr schönen Blick auf den Cook Inlet. Manchmal sieht man sogar Weißwale …

Anchorage Downtown Hotel BOUTIQUEHOTEL $$$
(907-258-7669; www.anchoragedowntownhotel.com; 826 K St; Zi. 189–212 US$;) Dieses Boutiquehotel ist eine sehr angenehme Unterkunft. Die 16 bunt und gemütlich eingerichteten Zimmer haben jeweils ein eigenes Bad, Kaffeemaschine und einen kleinen Kühlschrank. Morgens bekommen die Gäste eine Zeitung zum Start in den Tag.

Millennium Alaskan Hotel HOTEL $$$
(907-243-2300; www.millenniumhotels.com; 4800 Spenard Rd.; Zi. 249–340 US$; @) Das große Resorthotel mit 248 Zimmern wirkt wie ein elegantes Landhaus und liegt 4 Meilen (6,5 km) vom Stadtzentrum entfernt am Lake Spenard. Kinder lieben die präparierten Tiere und Fische.

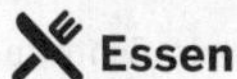

Essen

In Anchorage genießt man großartige Gerichte, von polynesisch über mexikanisch bis hin zu guten alten Burgern, und das in frischer Luft – in allen Restaurants und Bars ist das Rauchen verboten.

Yak & Yeti ASIATISCH **$**
(www.yakandyetialaska.com; 3301 Spenard Rd.; Hauptgerichte 7–13 US$; ⏲11–14.30 & 17–21 Uhr; ✎) Dieses kleine Restaurant serviert exzellente Gerichte aus der Himalaja-Region: Daal, Currys, Chai und Naan. Alkohol wird keiner ausgeschenkt, aber man kann seinen eigenen mitbringen. Es gibt auch ein kleines Café in dem Gebäudekomplex, in dem sich auch das Rei befindet.

Arctic Roadrunner BURGER **$**
(5300 Old Seward Hwy; Burger 5–7 US$; ⏲Mo–Sa 10.30–21 Uhr) Seit 1964 serviert dieses Lokal saftige Burger, die man draußen essen kann. Dabei kann man den Lachsen zuschauen, wie sie den Campbell Creek stromaufwärts ziehen.

Ray's Place VIETNAMESISCH **$**
(☎907-279-2932; www.raysplaceak.com; 32412 Spenard Rd.; Hauptgerichte 8–15 US$; ⏲Mo–Fr 10–15 & 17–21 Uhr; ✎) In diesem vietnamesischen Restaurant gibt's tolle kalte Nudelsalate, pfannengerührte Gerichte und vietnamesisches Bier. Die Pho-Suppe ist himmlisch an Regentagen.

New Sagaya's City Market SUPERMARKT **$**
(www.newsagaya.com; W 13th Ave; ⏲Mo–Sa 6–22, So 8–21 Uhr) Dieser gehobene Lebensmittelladen mit guter Auswahl hat eine großartige Feinkostabteilung, die sich auf asiatische Speisen spezialisiert hat. Es gibt drinnen und draußen Sitzplätze.

★Snow City Café CAFÉ **$$**
(www.snowcitycafe.com; 1034 W 4th Ave; Frühstück 8–15 US$, Mittagessen 10–15 US$; ⏲Mo–Fr 7–15 Uhr, Sa & So 7–16 Uhr; 📶) In diesem In-Café mit gemischtem Publikum – von tätowiert bis geschniegelt – gibt's gesunde Kost. Die Wände sind mit Werken einheimischer Künstler geschmückt. An Wochenenden sollte man besser einen Tisch reservieren.

Moose's Tooth Pub & Pizzeria PIZZERIA **$$**
(www.moosestooth.net; 3300 Old Seward Hwy; große Pizzas 16–25 US$; ⏲Mo–Do 10.30–23, Fr & Sa 10.30–24, So 11–23 Uhr; ✎) Eine Institution in Anchorage. Hier gibt's mehr als ein Dutzend selbst gebraute Biere, darunter monatliche Sonderangebote, und 40 Feinschmecker-Pizzas, von denen zehn vegetarisch sind.

Bear Tooth Grill TEX-MEX **$$**
(www.beartoothgrill.freshalepubs.com; 1230 W 27th St; Burger 10–16 US$, Hauptgerichte 12–20 US$; ⏲Mo–Fr 11–23.30 Uhr, Sa & So 10–23.30 Uhr) Der beliebte Treff mit angrenzendem Kino serviert ausgezeichnete Burger, Meeresfrüchte und Tex-Mex-Gerichte. Die Margaritas sind die besten in der Stadt und das heimische Broken Tooth Bier ist vom Fass.

Middle Way Cafe CAFÉ **$$**
(www.middlewaycafe.com; Lunch & Brunch 8–13 US$; ⏲Mo–Fr 7–18 Uhr, Sa & So 8–18 Uhr; 📶✎) Eine der besten Adressen in Anchorage zum Brunchen (die Huevos Rancheros sind spitze), aber auch Sandwiches, Salate, Kaffee und Smoothies sind lecker. Es gibt auch viele vegetarische, laktose- und glutenfreie Gerichte.

Spenard Roadhouse FUSION **$$**
(www.spenardroadhouse.com; 1049 W Northern Lights Bvld.; Hauptgerichte 9–14 US$; ⏲Mo–Fr 11–23 Uhr, Sa & So 9–23 Uhr; ✎) Zieht die Hipsters mit Bourbon, Bier und Bacon an. Es gibt günstige Häppchen wie *tater tots* (Kartoffelkroketten) und an Sonntagen Fertiggerichte.

Sack's Café FUSION **$$$**
(☎907-274-4022; www.sackscafe.com; 328 G St; Hauptgerichte mittags 12–16 US$, abends 24–34 US$; ⏲So–Do 11–14.30 & 17–21 Uhr, Fr & Sa 11–14.30 & 17–22 Uhr) Das helle, farbenfrohe Restaurant bietet kreative asiatisch-mediterrane Fusionsküche (reservieren!).

GÜNSTIGERE MIETWAGEN

Man sollte vermeiden, sich am Flughafen ein Auto zu mieten, denn dort bezahlt man eine Mietsteuer in Höhe von 34 %. Die sowieso schon preiswerteren Autovermieter in Anchorage schlagen dagegen nur 18 % drauf. Man wird zwar nicht am Flughafen abgeholt, wenn man aber das Fahrzeug zu den üblichen Geschäftszeiten abgibt, bringen einige Anbieter ihre Kunden auch zum Flughafen.

Ein Tipp zum Schluss: Im Mai oder September sind die Mietwagen gegenüber Juni oder August im Allgemeinen mehr als 30 % billiger.

Glacier Brewhouse BRAUEREI $$$

(www.glacierbrewhouse.com; 737 W 5th Ave; Mittagessen 12–19 US$, Abendessen 18–30 US$; ⌚Mo 11–21.30 Uhr, Di–Do 11–22 Uhr, Fr & Sa 11–23 Uhr, So 12–21.30 Uhr) Mit Blick auf die drei riesigen kupfernen Braukessel Meeresfrüchte, am Drehspieß gegrillte Ribs und Koteletts mit einem Glas Oatmeal Stout genießen.

Ausgehen & Nachtleben

Bernie's Bungalow Lounge LOUNGE

(www.berniesak.com; 626 D St) Hübsche Menschen, gute Drinks – hierher kommt man um zu sehen und gesehen zu werden. Auf der schönen Terrasse mit der wasserspeienden Schlange wird an Sommerwochenenden bis spät in der Nacht Livemusik geboten.

Crush WEINBAR

(www.crushak.com; 343 W 6th Ave) Dieser elegante Club mit Restaurant eignet sich hervorragend für ein Glas oder auch gleich eine ganze Flasche Wein – ein paar Knabbereien gibt's auch dazu.

Snow Goose & Sleeping Lady Brewing Co BRAUEREI

(717 W 3rd Ave) Wenn die Sonne über dem Cook Inlet und der Alaska Range untergeht, kann man sich auf der Dachterrasse dieser Brauereikneipe niederlassen. Nur das Bier ist noch besser als die Aussicht.

Humpy's Great Alaskan Alehouse KNEIPE $$

(www.humpys.com; 610 W 6th Ave; Hauptgerichte 15–21 US$; 📶) In der beliebtesten Bierkneipe der Stadt gibt's fast 60 verschiedene Biere vom Fass, Heilbutt in Bierteig, Gourmet-Pizza, Tische im Freien und fast jeden Abend Livemusik.

Unterhaltung

In der *Anchorage Press* sind die aktuellen Veranstaltungen aufgelistet.

Chilkoot Charlie's LIVEMUSIK

(www.koots.com; 2435 Spenard Rd) „Koots", wie die Einheimischen diesen heißgeliebten Schuppen gern nennen, ist mit seinen zehn Bars, vier Dancefloors und dem vielen Sägemehl überall sehr groß und grell. Hier wird jeden Abend Livemusik geboten und bis 22 Uhr kostet ein Pint 2,50 US$.

Tap Root LIVEMUSIK

(www.taprootalaska.com; 3300 Spenard Rd) Mit dem Newcomer Tap Root hat die Spenard Rd inzwischen den Ruf als Zentrum des Nachtlebens in Anchorage gefestigt. In der gut besuchten Bar gibt es 20 Biersorten aus Kleinbrauereien vom Fass, eine beeindruckende Auswahl an schottischen Single-Malt-Whiskeys und jeden Abend Livemusik.

Cyrano's Theatre Company THEATER

(☎907-274-2599; www.cyranos.org; 413 D St) Dies ist wahrscheinlich das beste Theater in Anchorage. Aufgeführt wird von Hamlet bis zum Jazz-Musical von Mel Brooks so ziemlich alles. Auf der Bühne stehen meist einheimische Schauspieler, die Stücke von Bühnenautoren aus Alaska spielen.

Mad Myrna's TANZ

(☎907-276-9762; 530 E 5th Ave) Eine witzige, lässige Bar – freitags Drag Shows und an den meisten anderen Abenden ab 21 Uhr Tanzmusik.

Shoppen

Oomingmak Musk Ox Producers Co-op BEKLEIDUNG

(www.qiviut.com; 604 H St) Große Auswahl an weicher, warmer und teurer Kleidung aus der Wolle des arktischen Moschusochsen, gestrickt in entlegenen Inupiaq-Dörfern.

REI OUTDOOR-AUSRÜSTUNG

(1200 W Northern Lights Blvd; ⌚Mo–Fr 10–20 Uhr, Sa 10–19 Uhr, So 10–18 Uhr) Die beste Auswahl an Trekking-, Kajak- und Campingausrüstung.

ANMC Craft Shop KUNST & KUNSTHANDWERK

(☎907-729-1122; 4315 Diplomacy Dr; ⌚Mo–Fr 10–14 Uhr, 1. & 3. Sa im Monat 11–14 Uhr) Der Laden im Erdgeschoss des Alaska Native Medical Center hat mit die beste Auswahl an Kunst und Kunsthandwerk der Ureinwohner Alaskas, die für die Öffentlichkeit zugänglich sind.

Praktische Informationen

GELD

Key Bank (☎907-257-5502; 601 W 5th Ave) Im Stadtzentrum.

Wells Fargo (☎907-265-2805; 301 W Northern Lights Blvd) Die Hauptfiliale ist in der Stadtmitte.

INTERNETZUGANG

ZJ Loussac Public Library (☎907-343-2975; 3600 Denali St; ⌚Mo–Do 10–21, Fr & Sa 10–18, So 13–17 Uhr) Kostenloser Internetzugang.

MEDIEN

Kostenlose Broschüren für Reisende gibt's überall, u. a. auch den *Official Anchorage Visitors Guide.*

Anchorage Daily News (www.adn.com) Tageszeitung mit der höchsten Auflage im Bundesstaat.

Anchorage Press (www.anchoragepress.com) Tolles kostenloses Wochenblatt mit Veranstaltungskalender und Kommentaren zu gesellschaftlichen Fragen.

MEDIZINISCHE VERSORGUNG

Alaska Regional Hospital (907-276-1131; 2801 DeBarr Rd; 24 Std.) Zur Notfallversorgung.

First Care Medical Center (907-248-1122; 3710 Woodland Dr, Suite 1100; 7–24 Uhr) Ambulanz in Midtown.

Providence Alaska Medical Center (907-562-2211; 3200 Providence Dr)

POST

Post (344 W 3rd Ave) In der Innenstadt beim Ship Creek Center.

TOURISTENINFORMATION

Alaska Public Lands Information Center (866-869-6887, 907-644-3661; www.alaskacenters.gov; 605 W 4th Ave, Suite 105; 9–17 Uhr) Infos über Parks, Wanderwege und Hütten und eine ausgezeichnete Ausstellung.

Log Cabin Visitor Center (907-257-2363; www.anchorage.net; 524 W 4th Ave; 8–19 Uhr) Broschüren, Karten, Busfahrpläne und Stadtführer.

Anreise & Unterwegs vor Ort

AUTO

Midnight Sun Car & Van Rental (888-877-3585, 907-243-8806; www.ineedacarrental.com; 4211 Spenard Rd.) vermietet Wagen der Kompaktklasse (70/420 US$ pro Tag/Woche),

DAS BESTE VOM RESTLICHEN ALASKA

Auf den Geschmack gekommen? Dann sollte man an die ursprünglich geplante Schnuppertour noch eine oder zwei Wochen dranhängen und beispielsweise auf den Besuch von Nebraska verzichten. Alaska hat noch so einiges zu bieten – es lohnt sich, die Reiseroute zu ändern:

- Die atemberaubende Wildnis im **Denali National Park & Preserve** (www.nps.gov/dena) mit Nordamerikas höchstem Gipfel sowie einer unglaublich vielfältigen Tierwelt.
- An der Spitze der Kenai Peninsula liegt **Homer** (www.homeralaska.org), eine idyllische Stadt mit guten Restaurants, einer großen Kunstszene und riesigen Heilbutts vor der Küste.
- Traumhafte Wanderwege in der **Chena River State Recreation Area**, wo man anschließend im von Mutter Natur bereitgestellten Jacuzzi, den **Chena Hot Springs** (www.chenahotsprings.com), wunderbar relaxen kann.
- Im **Katmai National Park** (www.nps.gov/katm) riesige Braunbären dabei beobachten, wie sie sich springende Lachse schnappen oder im Valley of 10 000 Smokes wandern.
- **Seward** (www.sewardak.org) ist eine weitere idyllische Stadt auf der Kenai Peninsula. In dem **Kenia Fjords National Park** oder dem **Alaska SeaLife Center** (800-224-2525; www.alaskasealife.org; 301 Railway Ave; Erw./Kind 20/10 US$; 8–19 Uhr) kann man wunderbar die hiesige Meeresflora und -fauna kennenlernen.
- Die **Alaska Railroad** (www.akrr.com) zwischen Seward und Fairbanks ist eine der unglaublichsten Zugstrecken der Welt.
- In der bunten Goldrauschstadt **Nome** (www.nomealaska.org) kann man auf den Spuren von Wyatt Earp wandeln und an dem Golden Sands Beach die Sonne anbeten.
- Am Ende der McCarthy Rd mitten im Wrangell–St. Elias National Park, dem größten Nationalpark des Landes, befinden sich die Zwillingsstädte **Kennecott & McCarthy** (www.nps.gov/wrst) – Geschichte, Artefakte und Gletscher en masse.
- Allein der Childs Glacier lohnt die Reise mit der Fähre der Alaska Marine Highway in den Fischereihafen **Cordova** (www.cordovachamber.com) am Prince William Sound.
- Die umwerfendste Bootstour in den USA ist die viertägige Kreuzfahrt **Trusty Tushy** nach Unalaska (www.ferryalaska.com) – von Homer zu den Aleuten.

ebenso **Denali Car Rental** (☎907-276-1230; www.akdenalicarrental.com; 1209 Gambell St) für 65/390 US$.

BUS

People Mover (☎907-343-6543; www.peoplemover.org; Erw./Kind 1,75/1 US$) heißt das städtische Busunternehmen. Der Hauptbusbahnhof befindet sich am Downtown Transit Center (Ecke W 6th Ave & G St). Weitere Busangebote siehe S. 1215.

VOM/ZUM FLUGHAFEN

Alaska Shuttle (☎907-694-8888, 907-338-8888; www.alaskashuttle.net) bietet einen Tür-zu-Tür-Service zwischen Flughafen und Innenstadt sowie South Anchorage (1–3 Pers. 50 US$) und Eagle River (55 US$) an. Die städtischen Busse (People Mover) halten am South Terminal (Bus 7) und fahren von dort zurück in die Stadt.

FLUGZEUG

Vom Ted Stevens Anchorage International Airport (S. 1215) starten mehrere Flüge zu Zielen in Alaska und anderen US-Bundesstaaten. Die Terminals befinden sich an der International Airport Rd. Alaska Airlines (S. 1216) fliegt 19 Städte in Alaska an, u. a. Fairbanks, Juneau, Nome und Barrow.

Era Aviation (☎907-266-8394, 800-866-8394; www.flyera.com) fliegt nach Cordova, Valdez, Kodiak und Homer.

Pen Air (☎800-448-4226; www.penair.com) deckt das südwestliche Alaska ab.

ZUG

Alaska Railroad (☎907-265-2494; www.akrr.com) tuckert Richtung Süden nach Whittier (Erw./Kind 74/37 US$, 2½ Std.) und Seward (79/40 US$, 4 Std.), und Richtung Norden nach Denali (150/75 US$, 8 Std.) und weiter nach Fairbanks (216/108 US$, 12 Std.).

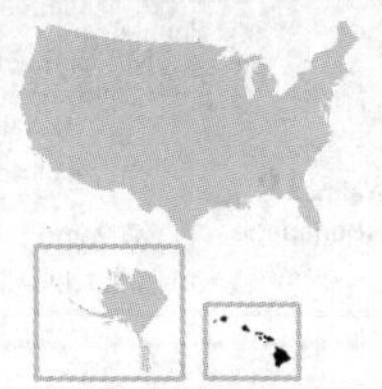

Hawaii

Inhalt ➡

Top-Strände

- ➡ Kailua Beach (S. 1241)
- ➡ Malaekahana State Recreation Area (S. 1241)
- ➡ Anaehoomalu Beach Park (S. 1244)
- ➡ Kapalua Beach (S. 1248)
- ➡ Pali Ke Kua (Hideaways) Beach (S. 1253)

Schönste Orte

- ➡ Haleiwa (S. 1241)
- ➡ Hilo (S. 1245)
- ➡ Paia (S. 1251)
- ➡ Hanalei (S. 1253)
- ➡ Hanapepe (S. 1254)

Auf nach Hawaii!

Tatsache ist: Die mehr als 2000 Meilen vom nächsten Kontinent entfernten smaragdgrünen Inseln im Pazifik sind nicht leicht zu erreichen. Und sind sie nicht außerdem überlaufen von gebräunten Touristen und turtelnden Flitterwöchnern? Und wenn schon: Die Titelmusik von *Hawaii Fünf-Null* einlegen, Elvis beim Schmachten lauschen und den mit Leis behangenen Hula-Schönheiten zusehen, die unter den windumspielten Palmen tanzen!

Hawaii, so die Tourismusbranche und Hollywood, ist das Paradies. Und wer dort ist, stellt fest, dass es stimmt: Morgens im Korallenriff tauchen, abends entspannter Gitarrenmusik lauschen und mit Hibiskusblüten im Haar die saftigen *lilikoi* (Passionsfrüchte) genießen. Diese polynesischen Inseln bestechen mit einer traumhaften Naturvielfalt – von feurigen Vulkanen über wundervolle Wasserfälle im Regenwald bis hin zu kristallklaren aquamarinblauen Buchten.

Die Einheimischen wissen zwar, dass Hawaii nicht nur paradiesisch ist – aber trotzdem fühlt es sich so an.

Reisezeit

Honolulu

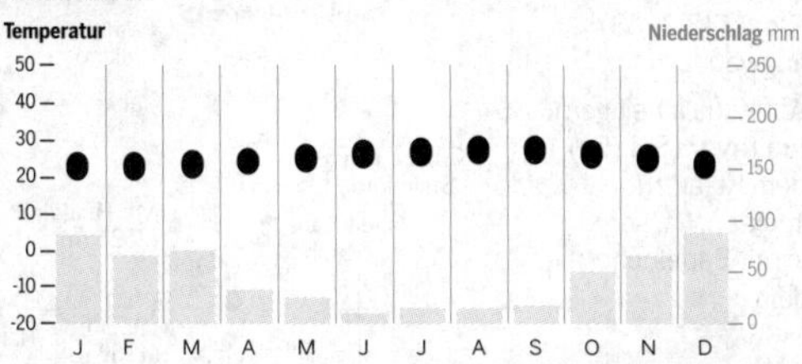

Dez.–April Etwas kühler und feuchter; Eine gute Zeit zum Surfen und für Walbeobachtungen.

Mai–Sept. Zumeist sonnig und wolkenlos; in den Ferien belebte Strände und Resorts.

Okt.–Nov. Heiß und sehr feucht; jetzt gibt's günstigere Unterkünfte, weil weniger Touristen da sind.

Highlights

1. Das multikulturelle **Honolulu** (S. 1237) mit seinen tollen Museen und den ethnischen Restaurants erkunden

2. Zwischen Tropenfischen und Meeresschildkröten in der **Hanauma Bay** (S. 1241) schnorcheln

3. Die Profisurfer beim Reiten auf den riesigen Winterwellen an Oahus herrlicher **North Shore** (S. 1241) beobachten

4. Im **Hawaii Volcanoes National Park** (S. 1246) Zeuge eines Vulkanausbruchs werden

5. Das Sternegucken auf dem Gipfel von Hawaiis höchstem Berg, **Mauna Kea** (Big Island; S. 1245), genießen

6. Im **Haleakala National Park** (S. 1252) die Morgendämmerung über Mauis „Haus der aufgehenden Sonne" bewundern

7. Auf dem **Hana Highway** (S. 1251) an Mauis Küste an schwarzen Sandstränden und Dschungelwasserfällen vorbeikurven

8. An den skulpturartigen Meeresklippen von Kauais großartiger **Na Pali Coast** (S. 1253) entlangwandern.

9. Auf Kauais heiligem **Wailua River** (S. 1252) mit dem Kajak zu versteckten Wasserfällen mit Badelöchern paddeln

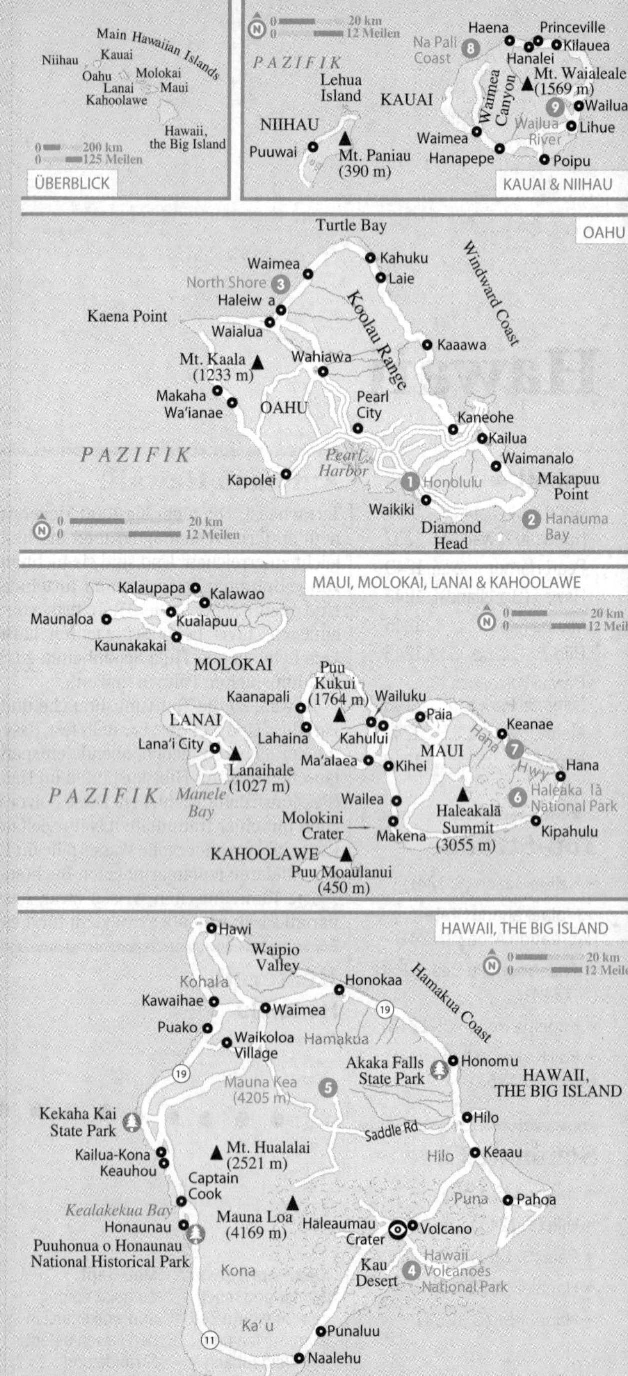

Geschichte

Über die ersten polynesischen Siedler, die Hawaii um 500 n. Chr. erreichten, ist nur wenig bekannt. Gegen 1000 n. Chr. trafen dann Tahitianer ein, die während der nächsten 300 Jahre über den Pazifik schipperten und dabei Tausende Kilometer in Doppelrumpfkanus zurücklegten. Die alte hawaiianische Gesellschaft wurde von Häuptlingen regiert und folgte auch in religiöser Hinsicht den strengen Gesetzen namens *kapu*.

Ab den 1790er-Jahren eroberte Häuptling Kamehameha von Big Island aus die Hauptinseln Hawaiis und vereinte sie unter seiner Herrschaft. Ihm wird zugute gehalten, dass er Frieden und Stabilität in eine Gesellschaft brachte, die zuvor oft von Kriegen und Machtkämpfen der herrschenden Klasse erschüttert worden war. Nach dessen Tod (1819) erbte sein Sohn Liholiho den Thron und machte Kamehamehas Lieblingsfrau namens Kaahumanu zur Mitregentin. Die beiden Herrscher wandten sich jedoch erstaunlich drastisch von Hawaiis traditioneller Religion ab und verletzten absichtlich die *kapu*. Infolgedessen wurden viele Tempel zerstört.

Bald darauf trafen christliche Missionare ein, die mitten im gesellschaftlichen und religiösen Chaos mit der „Seelenrettung" begannen. Auch Walfänger aus Neuengland gingen vor Anker; bis zu den 1840er-Jahren entwickelten sich Lahaina und Honolulu zu den geschäftigsten Walfangstädten des Pazifikraums. Gleichzeitig bemächtigten sich Ausländer des fruchtbaren Insellands und verwandelten weite Strecken in Zuckerrohrplantagen. Um den damit verbundenen Bedarf an Feldarbeitern zu decken, wurden Einwanderungswellen aus Asien und Europa begünstigt. Dies begründete einerseits die multiethnische Kultur Hawaiis, vertrieb aber auch viele indigene Einwohner, die größtenteils ihren Grundbesitz verloren.

1893 stürzte eine Gruppe amerikanischer Geschäftsleute die hawaiianische Monarchie. Die US-Regierung zögerte zunächst, den Putsch zu unterstützen. Doch schon bald rechtfertigte sie den Kolonialismus, indem sie sich auf die wirtschaftliche, politische und militärische Bedeutung der Inseln berief. Diese wurden im Jahr 1898 schließlich von Amerika annektiert und spielten noch einmal eine wichtige weltpolitische Rolle, als der japanische Überraschungsangriff auf Pearl Harbor (1941) die USA in den Zweiten Weltkrieg riss. 1959 wurde Hawaii dann zum 50. US-Bundesstaat.

Kultur

Verglichen mit dem „Mainland" – dem Rest der USA – könnte Hawaii locker als ein völlig anderes Land durchgehen. Da ist es kein Wunder, dass manch hawaiianischer Ureinwohner Hawaii gern wieder als unabhängigen Staat sehen will. Geologisch, historisch und kulturell hat sich Hawaii völlig eigenständig entwickelt – und genau wie die Flora und Fauna ist auch der Lifestyle der Insel einzigartig.

Keine Volksgruppe ist in der Mehrheit, doch die ethnische Vielfalt ähnelt auch nicht dem typischen US-Multikulturalismus. Auf Hawaii leben eine große asiatische Gemeinde, eine winzige amerikanische Gemeinde afrikanischen Ursprungs und einige Latino-Gemeinden. Etwa 10 % der Bewohner bezeichnen sich als native Hawaiianer.

Wie man es von einem tropischen Paradies erwartet, geht es auf Hawaii konsequent lässig zu. Außer im kosmopolitischen Honolulu sind Hawaiihemden und Sandalen („rubbah slippahs" – Flip-Flops) eine akzeptable Garderobe für fast jede Gelegenheit. Im Mittelpunkt des geselligen Lebens stehen das Essen und die Familie. Spaß bedeutet in erster Linie Sport und Naturerfah-

KURZINFOS HAWAII

Spitzname Aloha State

Bevölkerung 1,4 Mio.

Fläche 16 635 km2

Hauptstadt Honolulu (337 250 Ew.)

Verkaufssteuer 4 % (4,5 % auf Oahu)

Geburtsort von Duke Kahanamoku (Olympiaschwimmer; 1890–1968), Don Ho (Entertainer; 1930–2007), Barack Obama (US-Präsident; geb. 1961), Nicole Kidman (Schauspielerin; geb. 1967)

Heimat der Ukulele und des einzigen US-Königspalasts

Politik Größtenteils demokratische Wähler, Minderheit von indigenen Separatisten

Berühmt für Surfen, Hula, Mai-Tai, die längsten Vulkanausbrüche der Welt

Staatsfisch der *Humuhumunukunukuapuaa* (Diamant-Picassodrückerfisch; wörtl. „Fisch mit einer Nase wie ein Schwein")

HAWAII IN ...

... vier Tagen

Wer auf einer Pazifik-Überfahrt einen Hawaii-Zwischenstopp einlegt, wird in **Honolulu** an Land gehen und sollte die paar Tage, die er hat, auf **Oahu** verbringen. Wenn nicht gerade Surfen und Sonnenbaden am **Waikiki Beach** anstehen, lohnen sich ein Besuch in Honolulus Museen und ein Spaziergang durch **Chinatown**, eine Wanderung zum Gipfel des **Diamond Head** oder ein Schnorcheltrip in der **Hanauma Bay.** Im Winter kann man die gigantischen Wellen an der **North Shore** bewundern.

... einer Woche

Bei einer Woche bleibt genug Zeit für eine weitere Insel, z. B. **Maui**. Hier kann man die alte Walfängerstadt **Lahaina** besuchen, den Sonnenaufgang über dem Vulkankrater im **Haleakala National Park** erleben, von einem Boot aus Wale beobachten, im **Molokini Crater** schnorcheln oder tauchen oder eine Fahrt auf der kurvenreichen **Straße nach Hana** unternehmen und an den kleinen Wasserfällen von **Oheo Gulch** schwimmen.

zwei Wochen

Wer zwei Wochen Zeit hat, sollte eine dritte Insel besuchen. Auf **Hawaii (Big Island)** kann man indigene Traditionen im Puuhonua O Honaunau National Historical Park kennenlernen, die Göttin Pele im **Hawaii Volcanoes National Park** mit einem „Aloha" begrüßen, Kaffeeplantagen in **South Kona** besichtigen und an den goldfarbenen Stränden von **North Kona** oder **South Kohala** abhängen.

Auf **Kauai** stehen Kajaktrips entlang des **Wailua River**, Surfen an der **Hanalei Bay** oder Wandern in den State Parks **Waimea Canyon** und **Kokee**. auf dem Programm. Alternativ sind Treks und Paddeltouren an der **Na Pali Coast** mit den mächtigen Klippen möglich.

rungen. Sorge um das Land und Pflege des Gemeinwesens gehen ineinander über.

Und dann ist da noch das Aloha. Das ist natürlich ein Gruß: Er bedeutet „hallo" oder „auf Wiedersehen". Daneben bezeichnet es aber auch die selbstverständlich gelebte Offenheit, Gastfreundschaft und ein freundliches Willkommen, die allen, Einheimischen wie Besuchern, entgegengebracht werden.

Sprache

Auf Hawaii gibt es zwei Amtssprachen – Englisch und Hawaiianisch – und eine inoffizielle Sprache, das Pidgin. In den letzten Jahren hat das Hawaiische eine Renaissance erlebt, aber von offiziellen Anlässen und öffentlichen Orten abgesehen, hört man es nur selten. Alle Einwohner können Englisch, doch wenn die Einheimischen unter sich sind, sprechen sie ihren entspannten Pidgin-Dialekt. Pidgin entwickelte sich auf Zuckerplantagen zur gemeinsamen Sprache der immigrierten Arbeiter.

OAHU

Als *alii* (Häuptling) sticht Oahu unter den hawaiianischen Hauptinseln heraus – und zwar so sehr, dass die anderen Eilande oft nur „Nachbarinseln" genannt werden. Als Sitz der Staatsregierung ist Honolulu auch das wirtschaftliche und kulturelle Zentrum. Die benachbarten Strände von Waikiki bilden die Wurzel des weltweiten Tiki-Modewahnsinns. Wer einen Überblick über Hawaiis Facettenreichtum erhalten will, bekommt auf Oahu ein ganzes Buffet an Erlebnissen geboten: In Nullkommanichts gelangt man hier von einer bevölkerungsreichen Großstadt zu türkisfarbenen Buchten voller Meeresgetier und Surfer.

ℹ Anreise & Unterwegs vor Ort

Der **Honolulu International Airport** (HNL; ☎808-836-6411; http://hawaii.gov/hnl; 300 Rodgers Blvd, Honolulu) ist Hawaiis Hauptflughafen. Die günstigsten Flüge ab dem US-Festland starten in Kalifornien (ab ca. 400 US$). Der Shuttleservice von **Roberts Hawaii** (☎800-831-5541, 808-441-7800; www.airportwaikikishuttle.com) verbindet den Flughafen rund um die Uhr mit Waikiki (einfache Strecke/hin & zurück 13/24 US$).

Hawaiian Airlines (☎800-367-5320; www.hawaiianairlines.com) und **go!** (☎888-435-9462; www.iflygo.com) sind die Hauptanbieter von Flügen zwischen den Inseln. Beide punkten mit häufigen Verbindungen und kurzen Reisezeiten. Der Preis für die einfache Strecke kann jedoch stark variieren (80–180 US$); eine rechtzeitige Reservierung ist ratsam.

Die Regionalbusse von **TheBus** (☎ 808-848-5555; www.thebus.org; Einzelfahrt/Viertages-Besucherpass 2,50/25 US$; ⏲ Info-Hotline 5.30–22 Uhr) bedienen zwar ganz Oahu, aber steuern die meisten Wanderweg-Startpunkte und malerischen Aussichtspunkte nicht an.

Honolulu & Waikiki

Honolulu wartet mit Museen, historischen Stätten und Kulturangeboten auf. Zugleich ist die Stadt ein Feinschmeckerparadies, in dem von günstigen Nudeln bis hin zu Hawaiis regionaler Spitzenküche alles Mögliche auf den Tisch kommt. Wer zum Waikiki Beach hinüberschlendert, kann im Sand faulenzen, im Wasser herumplanschen, hawaiianischer Musik lauschen und Hula-Tänzern bei Sonnenuntergang beim Hüftenschwingen zusehen.

Sehenswertes

Direkt an Honolulus Zentrum grenzt **Chinatown**, das sich für eine Erkundung per pedes anbietet. Hierfür sollte man Appetit mitbringen: Zwischen Antiquitätenläden, Kräuterhändlern, Tempeln und Kunstgalerien wird schier ganz Asien von Märkten bzw. Cafés repräsentiert.

★ Bishop Museum — MUSEUM

(☎ Museum 808-847-3511, planetarium 808-848-4136; www.bishopmuseum.org; 1525 Bernice St; Erw./Kind 20/15 US$; ⏲ Mi–Mo 9–17 Uhr; P 👪) Das Bishop Museum ist eins der weltbesten Anthropologiemuseen über Polynesien. Zu seinen eindrucksvollen Kulturexponaten zählt z. B. die dreistöckige Hawaiian Hall. Das familienorientierte **Science Adventure Center** versetzt Kinder praktisch mitten in einen ausbrechenden Vulkan.

★ Iolani Palace — PALAST

(☎ Info-Hotline 808-538-1471, Tourreservierung 808-522-0832/0823; www.iolanipalace.org; 364 S King St; Gelände Eintritt frei, Galerien im Untergeschoss Erw./Kind 7/3 US$, Audiotour 15/6 US$, geführte Tour 22/6 US$; ⏲ Mo–Sa 9–17 Uhr, letzter Einlass 16 Uhr) Dieser historische Palast im Herzen von Downtown Honolulu ist jener Ort, an dem einst Hawaiis Monarchie gestürzt wurde. Besucher erhalten einen Einblick in die letzten Jahrzehnte des Königreichs. Für die Führungen empfiehlt sich eine Reservierung vorab.

★ Honolulu Museum of Art — MUSEUM

(☎ 808-532-8700; www.honolulumuseum.org; 900 S Beretania St; Erw./Kind 10/5 US$, Eintritt frei am 1. Mi & 3. So des Monats; ⏲ Di–Sa 10–16.30, So 13–17 Uhr, Jan–Okt. auch 18–21 Uhr am letzten Fr des Monats; P 👪) Die Sammlung asiatischer, europäischer und pazifischer Kunst ist ein Muss! Per separater Führung (25 US$, Reservierung empfohlen) kann man auch Doris Dukes frühere Villa Shangri La besichtigen, die draußen beim Diamond Head steht und islamische Kunstschätze beherbergt.

Hawaii State Art Museum — MUSEUM

(☎ 808-586-0900; www.hawaii.gov/sfca; 2. Stock, No 1 Capitol District Bldg, 250 S Hotel St; ⏲ Di–Sa 10–16 Uhr, am 1. Fr des Monats auch 18–21 Uhr) GRATIS Zeigt traditionelle und moderne Werke von einheimischen Künstlern mit verschiedenen ethnischen Wurzeln.

Lyon Arboretum — GARTEN

(☎ Info-Hotline 808-988-0456, Tourreservierung 808-988-0461; www.hawaii.edu/lyonarboretum; 3860 Manoa Rd; Spende/geführte Tour 5/5 US$; ⏲ Garten Mo–Fr 8–16, Sa 9–15 Uhr; Touren meist Mo–Fr 10 Uhr P 👪) Naturpfade im Schatten der Bäume sowie ein ethnobotanischer Garten mit heimischen Pflanzen.

Waikiki Aquarium — AQUARIUM

(☎ 808-923-9741; www.waquarium.org; 2777 Kalakaua Ave; Erw./Kind 9/2 US$; ⏲ 9–17 Uhr, letzter Einlass 16.30 Uhr; 👪) Streichelbecken und ökobewusste, lehrreiche Ausstellungen zur Meereswelt.

Aktivitäten

Alles dreht sich hier um den langen **Waikiki Beach**. Katamarane und Kanus gleiten direkt auf den Sand, während Stände u. a. Surfkurse und Leihbretter anbieten. Der 1,6 km lange **Ala Moana Beach Park** (1201 Ala Moana Blvd; P 👪) westlich von Waikiki ermöglicht Schwimmen abseits von Touristenmassen.

Im oberen Bereich des grünen Manoa und von Makiki Valley bieten ein paar von Honolulus Wanderstrecken einen tollen Blick auf die Stadt. Ganz wenige dieser Pfade – z. B. der zu den **Manoa Falls** (hin & zurück 2,6 km) – sind noch mit TheBus erreichbar. **Na Ala Hele** (http://hawaiitrails.ehawaii.gov) liefert Routeninfos.

Feste & Events

Infos zu den vielen Feierlichkeiten auf ganz Hawaii findet man unter www.gohawaii.com.

Waikiki Spam Jam ESSEN
(www.spamjamhawaii.com; Ende April;) Verrücktes Straßenfest zu Ehren des beliebten Spam-Büchsenfleisches.

Mele Mei MUSIK, KUNST
(www.melemei.com; Mai) Feiert einen Monat lang Hawaiis Musik und Hula-Kultur.

Pan-Pacific Festival KUNST, KULTUR
(www.pan-pacific-festival.com; Anfang Juni) Drei Tage lang Unterhaltung à la Japan, Hawaii und Südpazifik.

★ **Aloha Festivals** KUNST, KULTUR
(www.alohafestivals.com; Sept.) Kulturfestival auf ganz Hawaii, das Waikiki einen Königshof und ein Straßenfest beschert.

Schlafen

Waikikis Hauptabschnitt wird von eleganten Hochhausresorts gesäumt. Landeinwärts gelegene Bleiben haben ein besseres Preis-Leistungs-Verhältnis. Fürs Parken verlangen örtliche Hotels durchschnittlich mehr als 20 US$ pro Nacht. An der Lemon Road und deren Nebengassen stehen partyerprobte Backpacker-Hostels internationaler Ketten.

Hostelling International (HI) Waikiki HOSTEL $
(808-926-8313; www.hostelsaloha.com; 2417 Prince Edward St; B/Zi. mit Gemeinschaftsbad ab 25/58 US$; Rezeption 7–15 Uhr;) Ein Stück vom Strand entfernt findet man dieses saubere Hostel in einem umgebauten Wohnhaus. Die nach Geschlechtern getrennten Schlafsäle mit Ventilatoren teilen sich eine Küche, Münzwaschmaschinen und Schließfächer. Eine Sperrstunde gibt's nicht; dafür herrschen Alkohol- und Rauchverbot. Reservierung ist ein Muss.

Hotel Renew BOUTIQUEHOTEL $$
(808-687-7700, 888-485-7639; www.hotelrenew.com; 129 Pa'oakalani Ave; Zi. ab 180 US$;) Nur einen Block vom Strand entfernt befriedigt das ökobewusste, schwulenfreundliche Renew anspruchsvolle Großstädter und verträumte Romantiker gleichermaßen. Hierfür sorgen schicke Zimmer, aufmerksames Personal und viele Extras.

Aqua Hospitality HOTELS, RESORTS $$
(808-924-6543, 866-406-2782; www.aquahospitality.com; Zi. ab 80 US$;) Preiswerte Boutique-Hotelkette, die auf Oahu das Lotus, das Bamboo, das Skyline, das Pearl und das Palms betreibt.

Outrigger & Ohana HOTELS, RESORTS $$
(866-956-4262; www.outrigger.com; Zi./Apt. ab 95/190 US$;) Diese Kette ist auf ganz Hawaii vertreten. Ihre besten Strandhotels auf Oahu heißen Reef on the Beach, Regency on Beachwalk und Waikiki on the Beach.

Aston HOTELS, APARTMENTS $$
(808-924-2924, 877-997-6667; www.astonhotels.com; Zi./Apt. ab 125/140 US$;) Das Waikiki Banyan, das Waikiki Circle und das Waikiki Beach sind die Oahu-Ableger der familienfreundlichen Kette mit anständigem Preis-Leistungs-Verhältnis.

★ **Royal Hawaiian** RESORT $$$
(808-923-7311, 866-716-8110; www.royal-hawaiian.com; 2259 Kalakaua Ave; Zi. ab 400 US$;) Das aristokratisch anmutende Royal Hawaiian mit seinen Türmchen im spanisch-maurischen Stil ist Waikikis ältestes Luxushotel. Dank einer Renovierung für mehrere Millionen Dollar wirkt das knallrosa Resort heute schicker denn je. Für althergebrachtes Ambiente empfiehlt sich der historische Flügel. Wer Meerblick will, wählt ein Zimmer im modernen Turm.

Essen

Honolulu ist ein multikulturelles Gourmetparadies. Das Gastrospektrum reicht von Chinatowns Straßenimbissen und Einheimischentreffs nahe dem Ala Moana Center bis hin zu Strandlokalen unter Starkoch-Regie.

★ **Marukame Udon** JAPANISCH $
(www.facebook.com/marukameudon; 2310 Kuhio Ave; Gerichte 2–8 US$; 7–9 & 11–22 Uhr;) Ob dienstfreie Militärangehörige, asiatische Touristen, Budget-Backpacker oder Hotelangestellte: Alle lieben diese japanische SB-Nudelbude in Waikiki. Im Cafeteria-Ambiente werden hier Tempura und *musubi* mit eisgekühltem Mugicha (eine Art Gerstentee) hinuntergespült. Achtung, sehr lange Warteschlangen!

Me BBQ LOKALKÜCHE, KOREANISCH $
(151 Uluniu Ave; Gerichte 5–12 US$; Mo–Sa 7–20.45 Uhr;) Der schlichte Takeout-Laden serviert allerlei gemischte Speisen im hawaiianischen Stil. Gefuttert wird dann entweder am Strand oder an den straßenseitigen Picknicktischen.

Leonard's BÄCKEREI $
(www.leonardshawaii.com; 933 Kapahulu Ave; Snacks ab 1 US$; So–Do 5.30–22, Fr & Sa 5.30–23 Uhr;

(👪) Oahus beste *malasadas* (portugiesische Donuts) – frisch und noch ofenwarm!

Lucky Belly ASIATISCH, FUSION $$
(☎808-531-1888; www.luckybelly.com; 50 N Hotel St; Hauptgerichte 8–14 US$; ⏰Mo–Sa 11–14 & 17–24 Uhr) Pop-Art hängt über den Bistrotischen dieses Lokals in Chinatowns Künstlerbezirk. Dicht gedrängt genießen Gäste hier Pikantes aus ganz Asien, fettige Ramen-Nudeln, superstarke Cocktails (kunstvoll gemixt!) und wunderbar frische Salate (beinahe architektonisch anmutend!).

Side Street Inn LOKALKÜCHE $$
(☎808-591-0253; www.sidestreeetinn.com; 1225 Hopaka St; Hauptgerichte 7–20 US$; ⏰14–2 Uhr, Essen zum Mitnehmen nur Mo–Fr 10–14 Uhr) Die Sportsbar nahe dem Ala Moana Center hat lange geöffnet und sieht von außen äußerst übel aus. Nichtsdestotrotz hängen Honolulus Starköche hier nach der Arbeit ab. Die Spezialitäten des Hauses sind göttlich zarte *Galbi*-Rippchen und Schweinekoteletts im koreanischen Stil. Ruhig mit einer Gruppe einlaufen! In Waikiki gibt's einen Ableger.

Haili's Hawaiian Foods HAWAIIANISCH $$
(http://hailishawaiianfood.com; 760 Palani Ave; Gerichte 11–16 US$; ⏰Di–Do 10–19, Fr & Sa 10–20, So 11–15 Uhr) 🍃 Einheimische quetschen sich in dieses Lokal, um mächtige Portionen hawaiianischer Hausmannskost zu vertilgen (z. B. *kalua*-Scheinefleisch, *lomilomi*-Lachs oder *laulau*-Wraps). Dazu gibt's Poi oder Reis.

★Roy's Waikiki HAWAIIANISCH, REGIONALKÜCHE $$$
(☎808-923-7697; www.royshawaii.com; 226 Lewers St; Hauptgerichte 30–42 US$, 3-gängiges Festpreismenü ohne/mit Begleitwein 47/67 US$; ⏰So–Do 11–21.30, Fr & Sa 11–22 Uhr) Der innovative Küchenchef Roy Yamaguchi steht hier nicht selbst am Herd. Dennoch finden sich auf der Karte stets sein *misoyaki*-Butterfisch, schwarzgebratener Ahi (Thunfisch) und Mahimahi (Gemeine Goldmakrele) im Macadamia-Mantel – ergänzt durch „dekonstruierte" Sushi-Röllchen. Reservierung erforderlich.

Ausgehen & Unterhaltung

Waikiki steht im Zeichen von Livemusik und Hula. Honolulus hippste Nightlife-Meile erstreckt sich rund um die Hotel Street im einst berüchtigten Rotlichtbezirk von Chinatown.

Thirtyninehotel LOUNGE, NACHTCLUB
(☎808-599-2552; www.thirtyninehotel.com; 39 N Hotel St; ⏰Di–Sa 16–2 Uhr) Eher künstlerisch als clubbig: Der Laden ist tagsüber eine Galerie und wird abends zur ruhigen Lounge. Am Wochenende legen DJs auf, während unter der Woche Livebands die Akustik der Location testen.

Hula's Bar & Lei Stand SCHWULENBAR
(www.hulas.com; 2. Stock, Castle Waikiki Grand, 134 Kapahulu Ave; ⏰10–2 Uhr; 📶) Der luftige *lanai* (Balkon) mit Blick aufs Meer, den Diamond Head und den Queen's Surf Beach steht bei LGBT-Sonnenanbetern hoch im Kurs.

★House Without a Key LIVEMUSIK, HULA
(☎808-923-2311; www.halekulani.com; Halekulani, 2199 Kalia Rd; ⏰7–21 Uhr, Livemusik meist 17.30–20.30 Uhr) Die elegante Freiluftbar am Meer liegt neben einem 100 Jahre alten Kiawe-Baum (Prosopis). Frühere Miss-Hawaii-Schönheitsköniginnen tanzen hier Hula zu sanfter hawaiianischer Musik.

Kuhio Beach Hula Show LIVEMUSIK, HULA
(☎808-843-8002; www.honolulu.gov/moca; Kuhio Beach Park abseits der Kalakaua Ave; ⏰meist Di, Do, Sa & So 18–19 od. 18.30–19.30 Uhr, wetterabhängig; 👪) 🍃 GRATIS Nahe der Duke-Kahanamoku-Statue in Waikiki bereitet diese städtisch finanzierte Show ihren Zuschauern mit

INSIDERWISSEN

ONO KINE GRINDS

Unter dem Begriff „local grinds" versteht man die beliebtesten Speisen der polyglotten Kulturen. Zu den Grinds gehören lokale Favoriten wie *kalua pork* (in einem Erdloch gegartes Schweinefleisch), *laulau* (Fleisch in dampfgegarten Ti-Blättern) und Poi (Taro-Püree), außerdem zig Variationen von *poke* (marinierter roher gewürfelter Fisch). Am Morgen gibt's *loco moco* (Reis, Spiegeleier, Frikadelle und Sauce), gefolgt von einem Plate Lunch (gebratenes oder gegrilltes Fleisch, zwei Löffel Reis und Makkaroni-Salat) am Nachmittag. Zum Nachtisch gibt's chinesisches Crack Seed (Konservenobst) oder regenbogenfarbenes Shave Ice.

In Honolulu startet jeden Tag eine **Hawaii Food Tour** (☎808-926-3663; www.hawaiifoodtours.com; Tour ab 99 US$). Sie führt durch winzige Lokale in Chinatown. Mittags gibt's *ono* (köstliche) Plate Lunches. Weiter geht's dann durch berühmte Bäckereien, Süßwarenläden usw. (Reservierung erforderlich)..

lokalen Hula-Truppen und Musikern einen herzlichen Aloha-Empfang.

Shoppen

★ Native Books/Nā Mea Hawaii BÜCHER, GESCHENKE
(☎808-597-8967; www.nativebookshawaii.com; Ward Warehouse, 1050 Ala Moana Blvd; ⏲Mo–Do 10–20.30, Fr & Sa 10–21, So 10–18 Uhr) Dieser Spezialist für hawaiianische Bücher, Musik und Kunsthandwerksgegenstände veranstaltet kostenlose Kulturworkshops (z. B. Hula-Tanzen, *lauhala*-Weben, hawaiianische Sprache, Lei-Herstellung, Ukulelespielen).

Bailey's Antiques & Aloha Shirts BEKLEIDUNG, ANTIQUITÄTEN
(http://alohashirts.com; 517 Kapahulu Ave; ⏲10–18 Uhr) Hat Hawaiis größte Auswahl an Hawaiihemden aller Art (modern und vintage); unter den Tausenden von Stücken findet sich garantiert etwas für die Ewigkeit.

Tin Can Mailman ANTIQUITÄTEN, BÜCHER
(http://tincanmailman.net; 1026 Nu'uanu Ave; ⏲Mo–Do 11–17, Fr & Sa 11–16 Uhr) Wer auf Tiki-Kram, Bücher aus dem 20. Jh. und Drucke von den hawaiianischen Inseln steht, wird den kleinen Shop in Chinatown lieben.

Island Slipper SCHUHE
(www.islandslipper.com; Ward Warehouse, 1050 Ala Moana Blvd; ⏲Mo–Sa 10–21, So 10–20 Uhr) Bequeme rubbah slippahs (Flip-Flops) aus heimischer Produktion.

Kamaka Hawaii MUSIK
(☎808-531-3165; www.kamakahawaii.com; 550 South St; ⏲Mo–Fr 8–16 Uhr) Stellt seit 1916 Ukulelen her; für Führungen vorher anrufen.

Praktische Informationen

Internetcafés gibt's z. B. in Waikiki und im Universitätsviertel (dort jeweils ca. 6–12 US$/Std.)

Hawaii State Library (☎808-586-3500; www.librarieshawaii.org; 478 S King St; ⏲Mo & Mi 10–17, Di, Fr & Sa 9–17, Do 9–20 Uhr;) Der befristete Besucherausweis (10 US$) gewährt Gratis-Internetzugang in allen öffentlichen Bibliotheken des Bundesstaats.

Hawaii Visitors & Convention Bureau (☎808-923-1811, 800-464-2924; www.gohawaii.com; Suite 801, Waikiki Business Plaza, 2270 Kalakaua Ave; ⏲Mo–Fr 8–16.30 Uhr) Touristenbroschüren liegen auch am Flughafen aus.

Queen's Medical Center (☎808-538-9011; www.queensmedicalcenter.net; 1301 Punchbowl St; ⏲24 Std.) Honolulus größtes Krankenhaus mit Notaufnahme.

Pearl Harbor

Der japanische Angriff auf Pearl Harbor (7. Dezember 1941) kostete 2500 Militärangehörigen und Zivilisten das Leben, zerstörte 20 Schiffe und löste den Eintritt der USA in den Zweiten Weltkrieg aus. Heute gedenken ca. 1,6 Mio. Besucher pro Jahr des „Tags der Schande" am **USS Arizona Memorial** (☎808-422-3300; www.nps.gov/valr; 1 Arizona Memorial Pl; Eintritt frei, Reservierungsgebühr für Bootstour 1,50 US$; ⏲7–17 Uhr, Bootstouren 8–15 Uhr) GRATIS, das sich direkt über dem versenkten Schlachtschiff gleichen Namens befindet. Der Blick fällt hinunter auf das im Flachwasser liegende Wrack, das bis heute die letzte Ruhestätte von 1177 Seeleuten ist. Das NPS Visitor Center am Ufer beherbergt ein Museum. Die geführten Touren (75 Min.) mit Dokumentarfilm und Bootsfahrt sollten unbedingt rechtzeitig übers Internet reserviert werden (www.recreation.gov). Die Tickets sind sonst eventuell schon am frühen Vormittag komplett vergeben.

Im benachbarten **USS Bowfin Submarine Museum & Park** (☎808-423-1341; www.bowfin.org; 11 Arizona Memorial Dr; Museum Erw./Kind 5/3 US$, mit U-Boot 10/4 US$; ⏲7–17 Uhr, letzter Einlass 16.30 Uhr) kann man in ein U-Boot mit dem Spitznamen „Pearl Harbor Avenger" (Rächer für Pearl Harbor) klettern. Shuttlebusse rollen hinüber nach Ford Island, wo sich die Flugzeughangars des **Pacific Aviation Museum** (☎808-441-1000; www.pacificaviationmuseum.org; 319 Lexington Blvd, Ford Island; Erw./Kind 20/10 US$, mit Führung 30/20 US$; ⏲9–17 Uhr, letzter Einlass 16 Uhr) und das **Battleship Missouri Memorial** (☎808-455-1600, 877-644-4896; www.ussmissouri.com; 63 Cowpens St, Ford Island; Eintritt inkl. Führung Erw./Kind ab 22/11 US$; ⏲Sept.–Mai 8–16 Uhr, Juni–Aug. 8–17 Uhr) befinden. Übrigens: Auf

PEARL HARBOR 411

An den Gedenkstätten von Pearl Harbor gelten strenge Sicherheitsauflagen. Man darf keine Gegenstände mit sich führen, in denen man etwas verbergen kann (z. B. Handtaschen, Kamerataschen, Rucksäcke, etc.). Brieftaschen und handliche Fotoapparate oder Videokameras sind gestattet. Wertsachen nicht im Auto einschließen, sondern die Gepäckaufbewahrung (3 US$ Gepäckstück) am Eingang nutzen!

dem Deck der „Mighty Mo" unterzeichnete Japan seine Kapitulation.

Ab Waikiki und Honolulu fahren Busse nach Pearl Harbor (Linie 42 od. 20; 2,50 US$, 1 Std.).

Diamond Head & südöstliches Oahu

An Oahus Ostküste warten jede Menge Outdoor-Aktivitäten in spektakulärer Landschaft. Wer auf den windumtosten **Diamond Head** (www.hawaiistateparks.org; abseits der Diamond Head Rd zw. Makapuu & 18th Ave; Fußgänger/Auto 1/5 US$; ⏲ 6–18 Uhr, letzter Wegzugang 16.30 Uhr; 👪) hinaufsteigt (1,3 km), wird mit einem wunderbaren Rundumblick belohnt. Der Tuffsteinkegel des erloschenen Vulkans (230 m) ist von Waikiki aus sichtbar.

Die **Hanauma Bay** (☎ 808-396-4229; www.honolulu.gov/parks/facility/hanaumabay; Hanauma Bay Rd abseits des Hwy 72; Erw./Kind 7,50 US$/gratis; ⏲ Nov.–März Mi–Mo 6–18 Uhr, April–Okt. Mi–Mo 6–19 Uhr; 👪) ähnelt einer türkisfarbenen Badewanne umringt von schroffen Vulkanwänden. Hier können Schnorchler auf Tuchfühlung mit Tropenfischen gehen – am betsen möglichst früh, da dann die Bedingungen am besten sind (Ausrüstung vor Ort ausleihbar). Parken kostet 1 US$. Wenn der Parkplatz fast voll belegt ist (und das ist oft schon am frühen Vormittag der Fall), wird die Zufahrt für weitere Fahrzeuge gesperrt. Ab Waikiki geht's mit Bus 22 hierher (2,50 US$, 45 Min., tgl.außer Di).

Nordöstlich der Hanauma Bay säumt der lange, attraktive **Sandy Beach Park** den Highway 72. Seine extremen Shorebreaks schaffen anspruchsvolle und z.T. lebensgefährliche Bedingungen zum Bodysurfen – sehr beliebt bei Profis und obendrein ein erbaulicher Anblick. Bus 22 hält ebenfalls hier.

Kailua & Windward Coast

Die malerische Hintergrundkulisse der ganzen Windward Coast bilden die gezackten Koolau Mountains. Wer diese entlang des Pali Highway (Hwy 61) ab Honolulu durchquert, sollte einen Zwischenstopp am windigen Aussichtspunkt **Nu'uanu Pali State Wayside** (www.hawaiistateparks.org; 3 US$/Auto; ⏲ Sonnenaufgang–Sonnenuntergang) einlegen.

Unterhalb der *pali* (Klippen) liegt mit dem wunderschönen **Kailua Beach** der beste Windsurfspot auf ganz Oahu. Die vorgelagerten Inseln sind bei Kajakfahrern beliebt. Mehrere Anbieter – wie **Kailua Sailboards & Kayaks** (☎ 808-262-2555, 888-457-5737; www.kailuasailboards.com; Kailua Beach Center, 130 Kailua Rd; ⏲ Mo–Sa 8.30–17 Uhr) in Strandnähe – verleihen Wassersportausrüstungen, geben Kurse und organisieren Touren. Viele Unterkünfte und Restaurants machen **Kailua** zu einem guten Ausgangspunkt für Abenteurer. **Affordable Paradise** (☎ 808-261-1693; www.affordable-paradise.com) liefert Infos zu B&Bs, Hütten und Ferienwohnungen. Ab Honolulu geht's mit Bus 57 hierher (2,50 US$, 45 Min.).

Zu den anderen herrlichen Stränden der Windward Coast zählen z.B. der filmkulissenwürdige **Kualoa Regional Park** oder die **Park Waimanalo Bay** mit ihrem geschützten Riff – und ebenso die spektakuläre **Malaekahana State Recreation Area** (www.hawaiistateparks.org; Kamehameha Hwy; ⏲ April–Anfang Sept. 7–19.45 Uhr, Anfang Sept.–März 7–18.45 Uhr) GRATIS bei Laie. Im Umkreis des küstennahen Vogelschutzgebiets Mokuauia (Ziegeninsel) kann man schwimmen, windsurfen und schnorcheln. Führungen auf der **Kualoa Ranch** (☎ 808-237-7321, 800-231-7321; www.kualoa.com; 49-560 Kamehameha Hwy; Führungen Erw./Kind ab 26/15 US$; ⏲ Führungen 9–15 Uhr; 👪) zeigen, wo Hurley seinen Golfplatz in Lost anlegte, Godzilla seine Fußabdrücke hinterließ und die Dinos in Jurassic Park herumtobten. Reservierung ist ratsam.

Das **Polynesian Cultural Center** (PCC; ☎ 800-367-7060; www.polynesia.com; 55-370 Kamehameha Hwy; Erw./Kind ab 50/36 US$; ⏲ Mo–Sa 12–17 Uhr; 👪) in Laie wird von Mormonen geleitet und von vielen Tourbussen angesteuert. Nur Pearl Harbor zieht noch mehr Besucher an als dieser Themenpark mit Dörfern, Vorführungen und Luau-Buffetts. Im weiter nordwestlich gelegenen **Kahuku** verkaufen Foodtrucks am Straßenrand u.a. frittierte Garnelen (ca. 15 US$) – mittags ist dort mit langen Warteschlangen zu rechnen.

Ab Honolulu zuckelt Bus 55 entlang der Windward Coast nach Haleiwa (über Kaneohe; 2,50 US$, 2¼ Std.).

Haleiwa & North Shore

Oahus North Shore ist seit Langem berühmt für 9 m hohe Wellen, die hier im Winter an den Strand donnern. In den 1950er-Jahren lernten Surfer, diese mörderischen Brecher zu reiten. Mit der **Triple Crown of Surfing** (http://vanstriplecrownofsurfing.com; ⏲ Nov. & Dez.) findet heute an der North Shore *das* Profi-Surferturnier der Welt statt.

Haleiwa ist das Tor zur North Shore und die einzige echte Siedlung der Gegend. Seine Hauptstraße säumen Galerien, Surfer- und Bikiniläden sowie verrostete Pickup-Trucks mit angebundenen Surfbrettern auf den Dächern. Sobald die Brandung hoch genug ist, stürzt sich jedermann spontan hinein – und muss dazu nicht mal weit fahren: Der **Halei-wa Alii Beach Park** (66-167 Haleiwa Rd) im Ortsbereich bietet eine mächtige Dünung.

Der **Waimea Bay Beach Park** (61-031 Kamehameha Hwy) außerhalb von Haleiwa hat zwei Gesichter: Im Sommer ist das Wasser oft so ruhig wie ein Binnensee und ideal zum Schwimmen bzw. Schnorcheln geeignet. Zur Winterzeit toben hier jedoch die höchsten Wellen der Insel. Der **Sunset Beach Park** (59-104 Kamehameha Hwy) ist ein weiterer klassischer Winterspot mit kraftvollen Breaks. Die berühmte Banzai Pipeline im **Ehukai Beach Park** (59-337 Ke Nui Rd) türmt sich lebensgefährlich über einem flachen Riff auf (nur etwas für Profisurfer!). Schwimmer, Taucher und Gezeitenpool-Erkunder tummeln sich im **Pupukea Beach Park** (59-727 Kamehameha Hwy), einer Meeresschutzzone. Fürs Baden in ruhigeren Buchten empfiehlt sich die **Turtle Bay** mit ihren Resorts.

An der ganzen North Shore vermietet **Team Real Estate** (☎808-637-3507, 800-982-8602; www.teamrealestate.com; Apt. mit 1/2 Zi. ab 100/150 US$) Unterkünfte von Studio-Apartments bis hin zu luxuriösen Strandhäusern (rechtzeitig reservieren). **Food Trucks** parken am Kamehameha Highway und auf der Südseite von Haleiwa. **Ted's Bakery** (www.tedsbakery.com; 59-024 Kamehameha Hwy; Gerichte 7–16 US$; ⏲7–20 Uhr; 👪) gegenüber vom Sunset Beach ist für regionale Mittagsgerichte und *haupia* (Kokosmilch-Pudding) berühmt. In Haleiwa findet man das **Opal Thai** (☎808-381-8091; Haleiwa Town Center, 66-460 Kamehameha Hwy; Hauptgerichte 8–13 US$; ⏲Di–Sa 11–15 & 17–22 Uhr; ✍) mit feurig-authentischen Gerichten und das **Beet Box Cafe** (www.thebeetboxcafe.com; Celestial Natural Foods, 66-443 Kamehameha Hwy; Hauptgerichte 7–10 US$; ⏲Mo–Sa 9–17, So 9–16 Uhr; ✍) 🍃mit gesunder, karmaverträglicher Feinkost. Unter dem Blechdach des Gemischtwarenladens **Matsumoto's** (www.matsumotoshaveice.com; 66-087 Kamehameha Hwy; Snacks 3–5 US$; ⏲9–18 Uhr; 👪) im Stil der 1950er-Jahre stehen Ausflügler für *shave ice* (geschabtes Eis à la Hawaii) an.

Ab Honolulu verkehrt Bus 52 nach Haleiwa (2,50 US$, 1¾ Std.). Von dort fährt Bus 55 die North Shore und Windward Coast entlang.

HAWAII (BIG ISLAND)

Big Island ist fast doppelt so groß wie alle anderen hawaiianischen Inseln zusammen und ermöglicht zahllose Abenteuer. Noch aufregender: Sie wächst bis heute, weil hier der Kilauea (der aktivste Vulkan Hawaiis) seit 30 Jahren nahezu durchgängig ausbricht. Neben rotglühender Lava hat Big Island auch Sternegucken auf Berggipfeln und uralte Stätten im Angebot. Außerdem führen Wildniswanderungen durch fast vergessene Täler und zu faszinierenden Stränden, deren Spektrum von sehr hellen Abschnitten bis hin zu schwarzen Sandstreifen mit Gezeitenbecken aus Lavagestein reicht.

ℹ Anreise & Unterwegs vor Ort

Flüge ab dem Festland und dem übrigen Hawaii landen auf den Flughäfen von **Kona** (KOA; ☎808-327-9520; http://hawaii.gov/koa; 73-7200 Kupipi St, Kailua-Kona) oder **Hilo** (ITO; ☎808-961-9300; http://hawaii.gov/ito; 2450 Kekuanaoa St, Hilo), wo es Taxistände und Mietwagen gibt. Öffentliche Busse von **Hele-On** (☎808-961-8744; www.heleonbus.org; Einzelfahrt 2 US$) sind auf der ganzen Insel unterwegs. Der Betrieb beschränkt sich größtenteils auf Pendlerrouten und die Werktage (Mo–Sa).

Kailua-Kona

Kailua-Kona ist jene Art von Touristenort, in dem die Gäste von Freiluftcafés oder -bars zum Spaß die vorbeilaufenden Urlauber mit Sonnenbrand zählen. Erstklassige Strände erstrecken sich gen Norden und Süden, während viele maritime Aktivitäten in nächster Nähe möglich sind. Mit ihren zahlreichen Ferienwohnungen ist die Gegend obendrein eine erschwingliche Ausgangsbasis für ausgedehnte Inselerkundungen.

Sehenswertes & Aktivitäten

Am **Kamakahonu Beach** nahe dem Kailua Pier residierte einst König Kamehameha I. der Große. Hier steht auch der restaurierte **Ahuena-Heiau-Tempel** (www.ahuena.com; 75-5660 Palani Road) GRATIS, in dem er 1819 starb. In südöstlicher Richtung führt der kurvige Alii Drive zur **Mokuaikaua Church** (www.mokuaikaua.org; 75-5713 Alii Dr; ⏲7.30–17.30 Uhr) GRATIS, die Hawaiis erste christliche Missionare 1837 aus Lavagestein erbauten. Der gegenüberliegende **Hulihee Palace** (☎808-329-1877; www.huliheepalace.net; 75-5718 Alii Dr; Erw./Kind 6/1 US$; ⏲Di–Sa 10–15 Uhr) war einst ein Refugium des hawaiianischen

Hochadels. Heute beherbergt er ein Museum voller Erinnerungsstücke und historischer Exponate.

Ein paar Kilometer südlich des Orts passiert der Alii Drive den schimmernden **White Sands Beach**, wo man in der Sonne braten kann. Aber hier bitte nicht im Winter baden, wenn der Sand verschwindet! Surfen und Schnorcheln mit Meeresschildkröten sind weiter südlich im **Kahaluu Beach Park** bei Keauhou möglich. Zahllose Firmen in Kailua-Kona bieten ausleihbare Wassersportausrüstung und geführte Bootstrips an – darunter nächtliches Tauchen und -schnorcheln mit **Mantarochen** (www.mantapacific.org).

Schlafen

Infos zu Ferienwohnungen gibt's bei **ATR Properties** (808-311-6020, 808-329-6020; www.konacondo.com) und **Kona Hawaii Vacation Rentals** (800-244-4752, 808-329-3333; www.konahawaii.com).

Koa Wood Hale Inn/ Patey's Place HOSTEL $

(808-329-9663; 75-184 Ala Ona Ona St; B/EZ/DZ ab 30/55/65 US$, jeweils ohne Bad;) Konas beste Budget-Bleibe mit schlichten, sauberen Schlafsälen und Privatzimmern liegt ein paar Gehminuten vom Alii Drive entfernt. Die Nachtruhe ist zu beachten; drinnen dürfen keine Schuhe getragen werden.

Kona Tiki Hotel HOTEL $$

(808-329-1425; www.konatikihotel.com; 75-5968 Alii Dr; Zi. 80–145 US$;) Die größten Pluspunkte hier sind der Zimmerpreis und die donnernde Brandung direkt vor dem Fenster. Die Zimmer im Motelstil haben z.T. Kochecken und wirken recht spartanisch (kein TV oder Telefon).

King Kamehameha's Kona Beach Hotel HOTEL $$$

(808-329-2911, 800-367-2111; www.konabeachhotel.com; 75-5660 Palani Rd; Zi. 170–250 US$;) Als auffälligster Bau am Alii Drive punktet das gigantische „King Kam" mit schick renovierten Zimmern, grandiosem Meerblick und Mai-Tai an der Poolbar. Von den lärmigen Quartieren an der Straße lässt man aber besser die Finger.

Essen & Ausgehen

Da Poke Shack SEAFOOD $

(76-6246 Alii Dr; Hauptgerichte 5 US$; 10–18 Uhr) Große *poke*-Auswahl plus Picknicktische draußen vor der Tür.

Kona Brewing Company AMERIKANISCH $$

(808-334-2739; www.konabrewingco.com; 75-5629 Kuakini Hwy; Hauptgerichte 13–18 US$; So–Do 11–21, Fr & Sa 11–22 Uhr) Die älteste Kleinbrauerei von Big Island serviert tolle Ales mit Tropen-Touch zu saftigen Burgern und dünnkrustiger Pizza. Die Veranda mit Fackelbeleuchtung ist jeden Abend rappelvoll. Für Reservierungen und Brauereiführungen vorher anrufen.

Island Lava Java CAFÉ $$

(www.islandlavajava.com; Alii Sunset Plaza, 75-5799 Ali'i Dr; Gerichte 9–18 US$; 6.30–21.30 Uhr;) Dieses Straßencafé ist ein beliebter Treffpunkt zum Frühstücken in der Sonne. Es bietet einen unwiderstehlichen Mix aus sortenreinem Kona-Kaffee, Meeresluft, heimischem Seafood, selbstgemachten Sandwichs und Biosalaten.

Big Island Grill LOKALKÜCHE $$

(75-5702 Kuakini Hwy; Hauptgerichte 10–19 US$; Mo–Sa 7.30–21 Uhr;) Die hawaiianische Hausmannskost der heiß geliebten Institution (alias „Biggie's") lockt jedermann mitsamt Kind und Kegel an. Die Mittagsteller und das *loco moco* (beide mit zwei Kellen Reis) sind eine ausgezeichnete Wahl.

Kanaka Kava CAFÉ

(www.kanakakava.com; Coconut Grove Marketplace, 75-5803 Alii Dr; So–Mi 10–22, Do–Sa 10–23 Uhr) In diesem tropischen Minicafé genießen Einheimische leicht berauschenden kava (Saft der *awa*-Pflanze) und leckere *pupu* (Vorspeisen) auf hawaiianische Art.

Südliche Kona-Küste

Mit viel üppigem Grün, duftenden Kaffeeplantagen, uralten hawaiianischen Stätten und charaktervollen Kleinstädten lädt die südliche Kona-Küste zum Verweilen ein. Wer einen Eindruck vom Leben vor Ort erhalten möchte, begibt sich hinauf zum Dorf **Holualoa**: An den kühlen, dunstigen Hängen des Mt. Hualalai warten von Künstlern betriebene Galerien, das kommunal unterhaltene **Donkey Mill Art Center** (808-322-3362; www.donkeymillartcenter.org; 78-6670 Hwy 180; Di–Sa 10–16 Uhr;) GRATIS und der **Kimura Lauhala Shop** (808-324-0053; www.holualoahawaii.com/member_sites/kimura.html; Ecke Hualalai Rd & Hwy 180; Mo–Fr 9–17, Sa 9–16 Uhr), der traditionelle hawaiianische Webwaren aus Pandanusblättern verkauft.

NICHT VERSÄUMEN

DIE KAFFEEPLANTAGEN VON KONA

In South Kona bauen Familien auf Kleinplantagen leckeren, sortenreinen Kona-Kaffee an und ernten diesen bis heute von Hand. Die Region hat sich ein gewisses Traditionsbewusstsein bewahrt und scheint sich kaum verändert zu haben, seit sich Einwanderer hier im 19. Jh. niederließen. Die hervorragende **Kona Coffee Living History Farm** (☎808-323-3222; www.konahistorical.org; 82-6199 Mamalahoa Hwy; Erw./Kind 20/5 US$; ⏲Führungen Mo–Do 10–14 Uhr stündl.) im Ort Captain Cook lässt einen das ländliche Leben japanischer Einwanderer nachempfinden. Im November sollte man das zehntägige **Kona Coffee Cultural Festival** (www.konacoffeefest.com) nicht verpassen!

Abseits des Highway 11 führt eine Nebenstraße zur funkelnden, ca. 1,6 km breiten **Kealakekua Bay**. Auf deren Nordseite liegt die Kaawaloa Cove (dort wurde Kapitän Cook 1779 getötet), die heute das beliebteste Schnorchelrevier von Big Island ist. Hin geht's beispielsweise über einen steilen Rundwanderweg (hin & zurück 5,8 km). Paddeln macht jedoch mehr Spaß – einfach mal bei örtlichen Tourveranstaltern und Ausrüstungsverleihern nachfragen, ob die vorübergehend verbotenen Kajak- und Bootsausflüge inzwischen wieder möglich sind.

Im Ort **Captain Cook** steht seit 1917 das klassische **Manago Hotel** (☎808-323-2642; www.managohotel.com; 82-6151 Mamalahoa Hwy; EZ 56–75 US$, DZ 59–78 US$) mit schlichten Zimmern und einem Restaurant, in dem man am besten die Schweinekoteletts nach Art des Hauses bestellt. Perfekt für Romantiker ist das stilvolle Gartenanwesen **Kaawa Loa Plantation** (☎808-323-2686; www.kaawaloaplantation.com; 82-5990 Upper Napoopoo Rd; Zi. inkl. Frühstück 130–150 US$; @📶) mit Himmelbetten und Blick auf den Sonnenuntergang vom *lanai* (hawaiianischer Balkon) aus. Das **Super J's** (☎808-328-9566; 83-5409 Mamalahoa Hwy; Hauptgerichte unter 10 US$; ⏲Mo–Sa 10–18.30 Uhr) am Straßenrand punktet mit indigenen Hawaii-Klassikern wie *laulau* und *kalua*-Schweinefleisch.

Südlich der Kealakekua Bay liegt mit dem **Puuhonua o Honaunau National Historical Park** (☎808-328-2326, 808-328-2288; www.nps.gov/puho; 7-tägiger Zugang 5 US$/Auto; ⏲Park 7 Uhr–Sonnenuntergang, Visitor Center 8.30–16.30 Uhr) eine uralte Zufluchtsstätte: Wer die *kapu* verletzt hatte, durfte hier nicht getötet werden. Beim Schlendern über das faszinierende Gelände können Besucher auch einen rekonstruierten Tempel besichtigen. Unmittelbar nördlich des Parks liegt ein toller Schnorchelspot namens **Two-Step**. Danach erfrischt man sich am besten mit einem Bio-Smoothie des **South Kona Fruit Stand** (☎808-328-8547; www.southkonafruitstand.com; 84-4770 Mamalahoa Hwy; Snacks 5–9 US$; ⏲Mo–Sa 9–18, So 10–16 Uhr).

Nördliche Kona- & Südliche Kohala-Küste

Nördlich von Kailua-Kona säumen abgeschiedene Palmenstrände, uralte hawaiianische Stätten und vornehme Resorts die lavaschwarze Küste. Die besten Strände liegen allesamt abseits des Highway 19: Der traumhafte, zuckerfarbene **Kekaha Kai State Park** (www.hawaiistateparks.org; ⏲9–19 Uhr) erfordert einen Geländewagen. Die **Kiholo Bay** (⏲7–19 Uhr) hat schwarzen Sand, und der **Anaehoomalu Beach Park** (Waikoloa Beach Dr; ⏲6–20 Uhr) lockt Windsurfer an. Der **Beach 69** (⏲7–20 Uhr; 🚻) mit weißem Sand liegt an der Waialea Bay. Hinzu kommen die **Puako Tide Pools**, der traumhafte **Mauumae Beach** und der **Mauna Kea Beach** mit seinen Resorts an der halbmondförmigen Kaunaoa Bay.

Im Resortbereich von Waikaloa findet man denkmalgeschützte **Felsbilder** (Waikoloa Beach Dr; ⏲Sonnenaufgang–Sonnenuntergang, 1-stündige Führung 9.30 Uhr) GRATIS und zwei Einkaufszentren mit Gratis-Unterhaltung. Mit Pools, Lagunen und Aktivitäten für alle Altersgruppen verwischt das **Hilton Waikoloa Village** (☎808-886-1234, 800-221-2424; www.hiltonwaikoloavillage.com; 425 Waikoloa Beach Dr; Zi. ab 225 US$; P❄@📶≋) die Grenze zwischen Resort und Themenpark. Allerdings wird hier fast alles extra berechnet (auch das Parken).

Auch zwischen den Resorts von Mauna Lani verstecken sich alte hawaiianische Stätten (Fischteiche, Lavaröhren und über 3000 Felsbilder). Das **Mauna Lani Bay Hotel & Bungalows** (☎808-885-6622, 800-367-2323; www.maunalani.com; 68-1400 Mauna Lani Dr; Zi. ab 400 US$; P❄📶≋) an der nahen Küste ist ein ökobewusstes Resort mit Rundumservice, hohen Palmen und Aloha-Atmosphäre.

Wer unterm Sternenzelt schwofen will, begibt sich nordwärts nach Kawaihae: Das **Blue Dragon Musiquarium** (☎808-882-7771; www.bluedragonhawaii.com; 61-3616 Kawaihae Rd; Hauptgerichte 18–36 US$; ⊙Mi, Do & So 17–22, Fr & Sa 17–23 Uhr) punktet mit allerlei „Surf and Turf" (Fleisch plus Seafood) und bezaubernden einheimischen Musikern.

Mauna Kea

Von seinem Fuß im Meer aus gemessen ist der heilige Mauna Kea (er misst über dem Wasser 4205 m) der welthöchste Berg. Auf seinem Gipfel stehen zahlreiche erstklassige Sternwarten.

Die **Mauna Kea Visitor Information Station** (MKVIS; ☎808-961-2180; www.ifa.hawaii.edu/info/vis; ⊙9–22 Uhr) auf halber Höhe zeigt lehrreiche Ausstellungen und ermöglicht fast jeden Abend kostenloses Sternegucken. Der Sonnenuntergang vom Gipfel aus betrachtet ist unvergesslich. Ganz hinauf geht's aber nur per Geländewagen, anspruchsvoller Höhenwanderung (9,7 km; hin & zurück mind. 8 Std.) oder geführter Van-Tour von **Hawaii Forest & Trail** (☎808-331-8505, 800-464-1993; www.hawaii-forest.com; Gipfeltouren 200 US$).

Um herzukommen, folgt man zunächst der malerischen Saddle Road (Hwy 200) zwischen Kona- und Hilo-Küste (Achtung: Manche Autovermieter verbieten das Benutzen dieser unfallträchtigen Strecke!) Nahe der MM 28 beginnt dann die ausgeschilderte und befestigte Abzweigung, die bergauf zur MKVIS (9,7 km) und zum Gipfel führt.

Hamakua-Küste

Die Hamakua-Küste zählt zu den spektakulärsten Landschaften von Big Island: Mit ihren tiefen Schluchten, Dschungeltälern und gestuften Wasserfällen wäre sie wahrlich eine würdige Kulisse für Lost.

Am allerschönsten ist das **Waipio Valley**, das größte von insgesamt sieben tollen natürlichen „Amphitheatern" auf Hawaiis Windseite. Der Highway 240 endet hier an einem dramatischen Aussichtspunkt und die steile Straße hinunter ist nur für Geländewagen zu meistern. Der Abstieg ins Tal *und* der spätere Aufstieg (hin & zurück 1,6 km) lohnen sich: Vor der Kulisse der dahinplätschernden Wasserfälle und der davon gespeisten Taro-Felder kann man unten auf dem schwarzen Strandsand am donnernden Meer meditieren.

Vom Aussichtspunkt des Tals sind es nicht einmal 10 Meilen (16 km) bis zur früheren Plantagensiedlung **Honokaa** mit vielen Kunstgalerien und Läden. Das **Tex Drive-In** (☎808-775-0598; www.texdriveinhawaii.com; Hwy 19; Hauptgerichte 5–10 US$; ⊙6.30–20 Uhr) ist für seine scharfen *malasadas* berühmt. Außerhalb des Orts kann man bei Führungen Vanille, Honig und Tee auf familiengeführten Farmen probieren.

Weiter gen Südosten passiert der Highway 19 den **Akaka Falls State Park** (www.hawaiistateparks.org; Akaka Falls Rd; Auto/Fußgänger 5/1 US$) mit zwei herrlichen Wasserfällen, die über einen Regenwald-Rundweg (hin & zurück 640 m) leicht erreichbar sind.

Hilo

Die Hauptstadt von Big Island gilt als regenreichste Stadt der USA – ein feuchtes Image, das manche Touristen abschreckt. Doch die sind selbst schuld: Mit seinem Uferbereich und den historischen Gebäuden im Zentrum versprüht das multikulturelle Hilo den verwitterten Charme des „echten Hawaii".

Sehenswertes & Aktivitäten

★Imiloa Astronomy Center of Hawaii MUSEUM
(☎808-969-9700; www.imiloahawaii.org; 600 Imiloa Pl; Erw./Kind 17,50/9,50 US$; ⊙Di–So 9–17 Uhr) Eins von Hawaiis eindrucksvollsten Museen beschäftigt sich mit der Ökologie, der Umwelt und der indigenen Kultur der Inseln. Zudem präsentiert es astronomische Entdeckungen – und zwar durch ein Objektiv auf dem Mauna Kea.

Pacific Tsunami Museum MUSEUM
(☎808-935-0926; www.tsunami.org; 130 Kamehameha Ave; Erw./Kind 8/4 US$; ⊙Mo–Sa 9–16.15 Uhr) Hilo hat schon mehrere mächtige Tsunamis überstanden. Das Museum erweckt diese furchterregenden Ereignisse mit Multimedia-Ausstellungen (u.a. Dokumentarfilmen) auf dramatisch anmutende Weise zum Leben.

★Lyman Museum & Mission House MUSEUM
(☎808-935-5021; www.lymanmuseum.org; 276 Haili St; Erw./Kind 10/3 US$; ⊙Mo–Sa 10–16.30 Uhr) Hier wartet ein auch für Kinder interessanter Überblick über Hawaiis Natur- und Kulturgeschichte. Führungen (meist tgl. 11 & 14 Uhr) starten am benachbarten Missionsgebäude aus den 1830er-Jahren.

Mokupapapa Discovery Center MUSEUM
(☎935-8358; www.papahanaumokuakea.gov/education/center.html; 76 Kamehameha Ave; ⌚Öffnungszeiten s. Website) GRATIS Besucher erkunden virtuell die Northwestern Hawaiian Islands. Diese entlegene Kette von Inselchen und Atollen schützt die intaktesten Korallenriffe der USA.

Farmers Market MARKT
(www.hilofarmersmarket.com; Ecke Mamo St & Kamehameha Ave; ⌚ Mi & Sa 8–16 Uhr) Man sollte seinen Besuch in Hilo so legen, dass man den Markt besuchen kann. Hier geht's nur ums Tratschen und ums Einkaufen: Neben Lebensmitteln, die auf der Insel angebaut werden, wird auch Kunsthandwerk aus der Region angeboten.

Schlafen

★**Hilo Bay Hostel** HOSTEL $
(☎808-933-2771; www.hawaiihostel.net; 101 Waianuenue Ave; B ohne Bad 27 US$, Zi. mit/ohne Bad 77/67 US$; 📶) Das luftige, blitzsaubere und perfekt gelegene Hostel beherbergt Gäste aller Altersklassen in einem historischen Innenstadtgebäude.

★**Dolphin Bay Hotel** HOTEL $$
(☎877-935-1466, 808-935-1466; www.dolphinbayhotel.com; 333 Iliahi St; Wohnstudio ab 119 US$, Apt. mit 1/2 Schlafzi. ab 169/189 US$; 📶) Das bescheidene Hotel ist ein Dauerbrenner bei Travellern, die einen längeren Aufenthalt geplant haben. Die Apartmentsuiten sind nicht vornehm, aber ausreichend komfortabel und mit Küchen ausgestattet.

Shipman House B&B $$$
(☎808-934-8002; www.hilo-hawaii.com; 131 Kaiulani St; Zi. inkl. Frühstück 219–249 US$; 📶) Hilos elegantestes historisches B&B ist in einem viktorianischen Herrenhaus untergebracht. Die Hawaiiana-Gegenstände hier gehören eigentlich fast in ein Museum. Einst unterhielt hier Königin Liliuokalani persönlich ihre Gäste am Konzertflügel.

Essen

★**Farmers Kitchen Cafe** CAFÉ $
(57 Mamo St; Hauptgerichte 4–6 US$; ⌚Di–Sa 7–15 Uhr; 📶) Mitten im Stadtzentrum gibt's hier *ono* (leckere) hausgemachte Mittagsgerichte mit kreativem Touch.

Ken's House of Pancakes DINER $
(1730 Kamehameha Ave; Gerichte 6–12 US$; ⌚24 Std.) Pfannkuchen mit Macadamia-Nüssen und Omelett mit Spam zählen zu den Favoriten auf der ellenlangen Karte.

★**Hilo Bay Cafe** AMERIKANISCH, SUSHI $$$
(☎935-4939; www.hilobaycafe.com; 123 Lihiwai St; Hauptgerichte 15–30 US$; ⌚Mo–Do 11–21, Fr & Sa 11–21.30, So 17–21 Uhr) Gemütlichkeit und gute Laune auch bei Starkregen: Das schick-urbane Café in einem Einkaufszentrum serviert schlichte, aber dennoch raffinierte Gerichte aus Bio-Zutaten.

☆ Unterhaltung

Palace Theater THEATER
(☎808-934-7010, Vorverkaufsstelle 934-7777; www.hilopalace.com; 38 Haili St) Buntes Programm aus Konzerten, Hula-Vorführungen, Kulturfestivals, Kunst- und Stummfilmen (live begleitet von der hauseigenen Orgel).

Hawaii Volcanoes National Park

Selbst unter Hawaiis besonders zahlreichen Naturwundern sticht dieser **Nationalpark** (HAVO; ☎808-985-6000; www.nps.gov/havo; 7-tägiger Zugang 10 US$/Auto) hervor: Seine beiden aktiven Vulkane zeugen vom fortwährenden Wachstum der Inseln. Der majestätische Mauna Loa (4169 m) ragt wie ein schlafender Riese empor, während der jüngere Kilauea seit 1983 ununterbrochen ausbricht. Mit etwas Glück erlebt man das urzeitlich anmutende Ereignis geschmolzener Lava, die ins Meer hineinstürzt. Parallel bietet der Park viele weitere Attraktionen wie sonnenverbrannte Lavawüsten, dampfende Krater, Lavaröhren und Regenwald-Oasen.

Das **Kilauea Visitor Center & Museum** (☎808-985-6017; Crater Rim Dr; ⌚7.45–17 Uhr) am Haupteingang erlaubt einen prima Einstieg (u.a. dank Gratisfilmen). Ranger informieren Besucher über die aktuelle Vulkanaktivität und leiten Wanderungen, die z.B. die entlegene Kahuku Unit des Parks erkunden. Das nahegelegene **Volcano Art Center** (☎866-967-7565; www.volcanoartcenter.org; ⌚9–17 Uhr) 🍃 organisiert Sonderveranstaltungen, kunsthandwerkliche Workshops und hawaiianische Kulturvorführungen.

Achtung: Vulkanausbrüche können für unerwartete Wanderwegs- und Straßensperrungen sorgen. Wenn er gerade offen ist, bietet der **Crater Rim Drive** (11 Meilen/17,7 km) beim Umrunden der Kilauea Caldera eine fast ununterbrochene Aussicht auf das verbrannte, qualmende Heim der

WO FLIESST DIE LAVA?

Die Website des **USGS** (http://hvo.wr.usgs.gov) informiert über aktuelle Lavaströme. Wie man diese erreicht (falls möglich), weiß das Personal des Visitor Centers. Zum Recherchezeitpunkt unterhielt das **Hawaii County** (☎808-961-8093) einen Lava-Beobachtungspunkt außerhalb des Parks (bei Kalapana im Bezirk Puna; für aktuelle Bedingungen und Öffnungszeiten vorher anrufen). Über neu entstandene Lavaströme hinweg wandert man zu jener Stelle, an der das Einfließen des geschmolzenen Gesteins ins Meer von einer unübersehbaren Dampfwolke markiert wird. Anschließend heißt's bis nach Sonnenuntergang bleiben, um das feurige Glühen zu bewundern. **Lava Ocean Adventures** (☎808-966-4200; www.lavaocean.com; Bootstouren Erw./Kind ab 150/125 US$) veranstaltet auch Bootstouren.

Göttin Pele. Das **Jaggar Museum** (☎808-985-6051; 8.30–19.30 Uhr) GRATIS empfängt Besucher mit Seismografen und einem atemberaubenden Blick auf den feurigen **Halemaumau Crater**. Nicht verpassen sollte man auch die Riesenhöhle der **Thurston Lava Tube**, die einst von fließender Lava geschaffen wurde, und den **Kilauea Iki Trail** durch eine Mondlandschaft voller Krater. Dic gleichermaßen malerische **Chain of Craters Road** (19 Meilen/30,6 km) führt hinunter zur Küste und endet ganz unvermittelt dort, wo sie in jüngerer Zeit von Lavaströmen begraben wurde.

Der direkt befahrbare **Kulanaokuaiki Campground** (www.nps.gov/havo; Hilina Pali Rd) GRATIS des Parks nimmt keine Reservierungen an. Im Voraus gebucht werden sollten aber die A-förmigen Hütten des **Namakanipaio Campground** (☎808-756-9625, 866-536-7972; www.hawaiivolcanohouse.com; Stellplatz/Hütte 15/80 US$). Das gilt auch für die Zimmer mit Kraterblick im historischen **Volcano House** (☎866-536-7972, 808-756-9625; www.hawaiivolcanohouse.com; 1 Crater Rim Dr; Zi. 285–350 US$) in einer erst kürzlich renovierten Lodge.

Im nahegelegenen Dorf **Volcano** findet man Ferienhäuser, Regenwaldhütten und zauberhafte, künstlerisch angehauchte B&Bs. Zur weitläufigen **Kilauea Lodge** (☎808-967-7366; www.kilauealodge.com; 19-3948 Old Volcano Rd; DZ 180–290 US$, Hauptgerichte 21,50–49 US$;) mit gemütlichen Landhauszimmern gehört auch das einzige Nobelrestaurant der Gegend. Darin gibt's herzhafte Steakhaus-Klassiker (Lust auf Antilopenfilet?) sowie Kalorienbomben mit Tropen-Touch zum Frühstück. Das private Regenwald-Refugium **Volcano Country Cottages** (☎808-967-7960; www.volcanocountrycottages.com; 19-3990 Old Volcano Rd; DZ 105–135 US$;) vermietet reizend restaurierte Plantagenhütten mit allem Nötigen für die eigenhändige Frühstückszubereitung. Das einfache, umweltfreundliche **Volcano Inn** (☎800-628-3876, 808-967-7773; www.volcanoinnhawaii.com; 19-3820 Old Volcano Rd; Zi. 89–139 US$;) ist sein Geld wert.

MAUI

Manche Menschen meinen, man könne eben nicht alles haben. Aber die waren wahrscheinlich noch nie auf Maui, das in Umfragen regelmäßig zur romantischsten Insel der Welt gekürt wird. Und das zu Recht! Mit seinen Stränden, Luxusresorts, der köstlichen Küche, fantastischen Luaus (traditionelle, hawaiianische Feier mit Festessen) sowie exzellenten Möglichkeiten zum Windsurfen, Wale beobachten, Schnorcheln, Tauchen und Wandern bietet es alles, was das Herz begehrt.

Anreise & Unterwegs vor Ort

Flüge ab dem US-Festland und dem übrigen Hawaii landen auf dem Flughafen von **Kahului** (OGG; ☎808-872-3830; www.hawaii.gov/ogg; 1 Kahului Airport Rd). Von dort aus fährt **Speedi Shuttle** (☎877-242-5777; www.speedishuttle.com) unter Gebrauch von Biodiesel nach Kihei (ab 30 US$) und Lahaina (50 US$).

Die öffentliche Busgesellschaft **Maui Bus** (☎808-871-4838; www.mauicounty.gov/bus) steuert mehrmals täglich ein paar größere Ortschaften an; viele Touristenziele (z. B. der Haleakala National Park) werden aber nicht bedient. In puncto Mietwagen empfehlen sich die umweltfreundlichen Autos und Jeeps von **Bio-Beetle** (☎808-873-6121; www.bio-beetle.com; 55 Amala Pl, Kahului; pro Tag 50–90 US$, pro Woche 229–359 US$).

Lahaina & West Maui

Megahotels und Ferienortrummel erwarten Besucher in West-Maui, an dessen Stränden man erstklassige Sicht auf den Sonnenuntergang hat. Wer Wert auf historische Atmosphäre, Unterhaltung und gutes Essen legt, sollte Lahaina besuchen. Die Walfängerstadt aus dem 19. Jh. ist voller gut erhaltener Gebäude aus vergangenen Zeiten.

Sehenswertes & Aktivitäten

Lahainas Lebensmittelpunkt ist sein geschäftiger Kleinboothafen. Dahinter befinden sich der **Pioneer Inn** und der **Banyan Tree Square** mit dem größten Banyanbaum der USA. Dicht an dicht säumen Kunstgalerien, Läden und Restaurants die Front Street. In Laufentfernung zum Ufer findet man Missionarshäuser, ein paar kleine Geschichtsmuseen, einen chinesischen Tempel und ein ehemaliges Gefängnis für rauflustige Seeleute. Das **Visitor Center** (☎808-667-9193; www.visitlahaina.com; Old Lahaina Courthouse, 648 Wharf St; ⏲9–17 Uhr) verteilt Gratispläne für Stadtspaziergänge.

Weiter nördlich liegt Kaaanapali mit dem kleinen **Whalers Village Museum** (☎808-661-5992; www.whalersvillage.com/museum.htm; Whalers Village, 2435 Kaanapali Pkwy; Erw./Kind 3/1 US$; ⏲10–18 Uhr), in dem man Elfenbeinschnitzereien anschauen und Seemannslieder pfeifen kann.

Um die weltberühmten Strände zu erreichen, einfach noch weiter gen Norden fahren: Zwischen Kaanapali und Kapalua reiht sich ein Bilderbuchstrand an den nächsten. Zu den Highlights gehören der **Kahekili Beach**, der **Kapalua Beach** und der **D.T. Fleming Beach Park**. Zahlreiche Ausrüstungsverleiher und Touranbieter decken fast alle Wassersportarten ab.

Schlafen

Kaanapali Beach Hotel RESORT $$
(☎808-661-0011, 800-262-8450; www.kbhmaui.com; 2525 Kaanapali Pkwy; Zi. ab 169 US$; P ❄ @ 📶 🏊 👪) Das schlichte Resorthotel in Kaanapali ist nicht sonderlich schick, neu oder groß. Dafür punktet es mit Top-Strandlage und (am wichtigsten!) mit echter Aloha-Atmosphäre. Zudem gibt's hier kinderfreundliche Gratiskurse im Ukulelespielen, Hula-Tanzen und Herstellen von hawaiianischem Kunsthandwerk.

Plantation Inn B&B $$
(☎800-433-6815, 808-667-9225; www.theplantationinn.com; 174 Lahainaluna Rd; Zi./Suite inkl. Frühstück ab 158/248 US$; P ❄ 📶 🏊) Durchschnittsresorts braucht kein Mensch: Wer einen Eindruck vom alten Hawaii erhalten will, bucht ein Quartier in Lahainas eleganter Oase. Die kleinen Romantikzimmer sind mit Antiquitäten, Himmelbetten und hawaiianischen Steppdecken ausgestattet.

Hale Napili APARTMENTS $$$
(☎800-245-2266, 808-669-6184; www.halenapili.com; 65 Hui Dr; Apt. 190–330 US$; 📶 🏊) Direkt am halbmondförmigen Strand der Napili Bay versetzt einen der kleine, freundliche Komplex auf angenehme Art in vergangene Zeiten zurück. Die sauberen Apartments haben Tropendekor und grenzen an einen *lanai* (hawaiianischer Balkon) mit Meerblick.

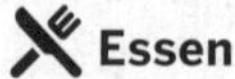

Essen

Star Noodle ASIATISCH $$
(☎808-667-5400; www.starnoodle.com; 286 Kupuohi St; Hauptgerichte 7–15 US$, Gemeinschaftsteller 3–30 US$; ⏲10.30–22 Uhr) *Top-Chef*-Kandidat Sheldon Simeon betreibt Lahainas schickstes Nudellokal. Jedermann schwelgt hier in hervorragend gewürzten Nudelgerichten und allerlei asiatischen Tapas.

★ **Mala Ocean Tavern** FUSION $$$
(☎808-667-9394; www.malaoceantavern.com; 1307 Front St; Hauptgerichte mittags 12–26 US$, abends 19–45 US$; ⏲Mo–Fr 11–21.30, Sa 9–21.30, So 9–21 Uhr) Lahainas bestes Nobellokal am Wasser kombiniert Einflüsse aus dem Mittelmeer- und dem Pazifikraum. Dabei verbindet es Bioprodukte vom Bauernhof mit fangfrischem Seafood.

Sansei SUSHI, SEAFOOD $$$
(☎808-669-6286; www.sanseihawaii.com; 600 Office Rd; Hauptgerichte 16–45 US$; ⏲Sa–Mi 17.30–22, Do & Fr 17.30–1 Uhr) Das trendige Sansei in Kapalua ist stets extrem betriebsam. Auf den Tisch kommen überirdisch gutes Sushi und japanisch-hawaiianische Fusionküche. Bis 18 Uhr gibt's 25% Rabatt; Reservierung wird empfohlen.

Ausgehen & Unterhaltung

Zu Sonnenuntergang kann man gratis einer Fackelzeremonie beiwohnen, die – samt Klippenspringen auf dem Puu Kekaa (Schwarzer Felsen) – am nördlichen Kaanapali Beach stattfindet.

Hula Grill & Barefoot Bar BAR
(www.hulagrillkaanapali.com; Whalers Village, 2435 Kaanapali Pkwy; ⏲11–23 Uhr) Die perfekte Maui-Idylle: Einen Mai-Tai zu Sonnenuntergang, Sand zwischen den Zehen und die einschläfernden Klänge hawaiianischer Slack-Key-Gitarren. Vom Essen lässt man hier aber besser die Finger.

★ Old Lahaina Luau LUAU
(☎808-667-1998, 800-248-5828; www.oldlahainaluau.com; 1251 Front St; Erw./Kind 98/68 US$; ⏲ab 17.15 od. 17.45 Uhr; 👪) Diese Luau-Location am Strand ist in Sachen Authentizität und Aloha-Atmosphäre unerreicht. Erstklassiger Hula und ein hervorragendes Festessen bereiten Gästen einen unvergesslichen Abend. Rechtzeitig reservieren!

Feast at Lele LUAU
(☎808-667-5353, 866-244-5353; www.feastatlele.com; 505 Front St; Erw./Kind 115/85 US$; ⏲ab 17.30, 18 od. 18.30 Uhr) 🍃 Kein halbherziges Buffet, sondern ein Luau für Gourmets: Kulinarische Abstecher zu diversen Kulturen des Pazifikraums werden hier von talentierten Musikern und Tänzern begleitet.

Maalaea

Die Maalaea Bay verläuft entlang jener flachen Landenge, die die Berge von West-Maui vom Vulkan Haleakala trennt. Die starken Passatwinde, die hier herrschen, suchen sich ihren Weg durch die Berge und lassen um die Mittagszeit starke Böen und mit die besten **Windsurfbedingungen** auf ganz Maui entstehen.

Das **Maui Ocean Center** (☎808-270-7000; www.mauioceancenter.com; 192 Maalaea Rd; Erw./Kind 26/19 US$; ⏲Sept.–Juni 9–17 Uhr, Juli & Aug. 9–18 Uhr; 👪) ist das größte Tropenaquarium der USA und ein echtes Fest für die Augen (aber nicht für den Magen!). Die Becken zeigen Hawaiis Unterwasserwelt, und der kommt man dort so nahe, wie es ohne Tauchausrüstung nur irgend möglich ist.

Kihei & South Maui

Kihei ist deutlich weniger schickimicki als West Maui. Südlich davon erstrecken sich über viele Kilometer hinweg sonnenverwöhnte Strände. Urlauber schätzen diesen erschwinglicheren Küstenabschnitt wegen der zahlreichen Ferienwohnungen und der Möglichkeiten zum Schwimmen, Schnorcheln oder Kajakfahren. **South Pacific Kayaks** (☎808-875-4848; www.southpacifickayaks.com; Leihkajak/geführte Tour ab 45/69 US$; ⏲Verleih 6.45–11 Uhr, Reservierungen 6–20 Uhr) bietet neben Abenteuer-Kajaktrips entlang der Küste auch Kurse im Surfen und Stand-Up-Paddle-Boarding an.

Südlich von Kihei liegt **Wailea** mit millionenschweren Resorts und einem herrlichen Küstenabschnitt, der von gelbbraunen Traumstränden gesäumt wird. Noch weiter südlich erreicht man **Makena** mit größtenteils unerschlossenen Superstränden, von denen vor allem der **Maluaka Beach** (alias „Turtle Town"), der **Big Beach** und der abgeschiedene **Little Beach** erwähnenswert sind – ebenso die **Ahihi-Kinau Natural Area Reserve** mit geschützten, versteckten Schnorchelbuchten.

Der unterseeische Vulkankrater **Molokini** steht bei Schnorchlern und Tauchern ganz besonders hoch im Kurs. Zu erreichen ist er mit Bootstrips von **Maui Dreams Dive Co** (☎808-874-5332; www.mauidreamsdiveco.com; 1993 S Kihei Rd, Kihei; Strand-/Bootstauchen ab 69/129 US$) oder **Blue Water Rafting** (☎808-879-7238; www.bluewaterrafting.com; geführte Touren 50–125 US$).

🛏 Schlafen

Bello Realty (☎800-541-3060; www.bellomaui.com) und **VRBO** (VRBO; www.vrbo.com) informieren über die verschiedenen Ferienapartments in Kihei.

NICHT VERSÄUMEN

WALBEOBACHTUNGEN

Jeden Winter (Ende Nov.–Mitte Mai) ziehen ca. 10 000 Buckelwale ins Flachwasser an Mauis Westküste, um sich zu paaren, zu kalben und ihre Jungen zu säugen. Die wahrhaft großartigen Tiere sind vom Strand aus leicht zu erspähen – vor allem, wenn sie ihre akrobatischen Sprünge vollziehen. Ihren Gesängen kann man auch online unter www.whalesong.net lauschen.

Für einen näheren Blick empfiehlt sich die nichtkommerzielle **Pacific Whale Foundation** (☎800-942-5311, 808-667-7477; www.pacificwhale.org; Bootstour Erw./Kind ab 25/18 US$), deren Walbeobachtungen per Boot an den Häfen von Lahaina und Maalaea starten. Bekannt mit den majestätischen Meeresriesen macht einen auch das **Hawaiian Islands Humpback Whale National Marine Sanctuary Headquarters** (☎808-879-2818, 800-831-4888; www.hawaiihumpbackwhale.noaa.gov; 726 S Kihei Rd; ⏲Mo–Fr 10–15 Uhr, Dez.–März auch Sa 10–13 Uhr; 👪) GRATIS: An der Küste bei Kihei warten dort lehrreiche Ausstellungen und Beobachtungsteleskope.

ABSEITS DER ÜBLICHEN PFADE

MOLOKAI & LANAI

Das ländliche Molokai ist kaum touristisch erschlossen, nur dünn besiedelt (größtenteils von indigenen Hawaiianern) und daher ideal für alle, die das „andere" Hawaii suchen: unverbaut, traditionell, wild und mit jeder Menge Aloha. Die ungezähmte natürliche Schönheit der Insel ist hier seit hundert Jahren oder mehr fast unverändert. Mit der **Molokai Ferry** (☎877-500-6284, 808-667-9266; www.molokaiferry.com; hin & zurück Erw./Kind 115/55 US$) besteht täglich eine Verbindung nach Lahaina (Maui). Molokais **Flughafen** (MKK; ☎808-567-9660; http://hawaii.gov/mkk; Hoolehua) bietet Anschluss nach Kahului (Maui) und Honolulu (Oahu).

Lanai war einst die Heimat von Hawaiis größter Ananas-Plantage. Inzwischen aber hat sich die Insel zu einer Reichenspielwiese mit exklusiven Resorts und Proi-Golfplätzen verwandelt. Sie eignet sich super für spontane Ein- oder Zweitagestrips ab Maui. Fähren von **Expeditions** (☎800-695-2624, 808-661-3756; www.go-lanai.com; einfache Strecke Erw./Kind 30/20 US$) pendeln mehrmals täglich zwischen hier und Lahaina (Maui). Auf Lanais **Flughafen** (LNY; ☎808-565-7942; http://hawaii.gov/lny; Lanai Ave, Lanai City) landen Maschinen aus Kahului und Honolulu.

Kihei Kai Nani APARTMENTS $$
(☎800-473-1493, 808-879-9088; www.kiheikainani.com; 2495 S Kihei Rd; Apt. ab 140 US$;) Der Retro-Flachbau gegenüber von Kiheis Strand hat geräumige Apartments (z. T. mit Klimaanlage und WLAN). Das Dekor bewegt ist altmodisch, aber stilvoll. Nach Wochenrabatten fragen.

Tutu Mermaids on Maui B&B B&B $$
(☎800-598-9550, 808-874-8687; www.twomermaids.com; 2840 Umalu Pl; DZ inkl. Frühstück 140–170 US$;) Die beiden Wohneinheiten des fröhlichen B&Bs punkten mit Kochecken und persönlichem Touch. Die klimatisierte Suite mit Meeresdekor hat einen Whirlpool und einen *lanai* mit Bambusdach.

★ **Punahoa** APARTMENTS $$$
(☎800-564-4380, 808-879-2720; www.punahoabeach.com; 2142 Iliili Rd; Apt. 189–299 US$;) Direkt vor diesen versteckten Boutique-Apartments an einer Seitenstraße besuchen Meeresschildkröten den ruhigen Strand. Wer braucht da einen Pool? Alle Wohneinheiten haben *lanai* mit Meerblick, die Penthouses sind klimatisiert.

Essen & Ausgehen

Ein paar von South Mauis besten Lokalen sind Ableger anderer hawaiianischer Restaurants wie **Mala** (Wailea), **Da Kitchen Express** oder **Sansei** (beide Kihei).

Eskimo Candy SEAFOOD $$
(☎808-891-8898; www.eskimocandy.com; 2665 Wai Wai Place; Hauptgerichte 8–17 US$; Mo–Fr 10.30–19 Uhr;) Der Fischverkauf in einer Seitenstraße von Kihei hat nur ein paar Tische und einen Takeout-Tresen. Seafood-Fans stürzen sich am besten auf das *poke*, die Ahi-Wraps und die Fischtacos.

Joy's Place CAFÉ $$
(www.joysplacemaui.com; Island Surf Bldg, 1993 S Kihei Rd; Hauptgerichte morgens 3–9 US$, mittags 7–13 US$; Mo–Sa 8–16 Uhr;) Das kleine Café in Kihei verwendet Bio-Zutaten und Freilandfleisch aus heimischer Produktion. Auf den Tisch kommen gesunde Sandwichs, tropische Smoothies und tolle Tagesgerichte.

808 Bistro BISTRO $$$
(☎808-879-8008; www.808bistro.com; 2511a S Kihei Rd; Gerichte morgens 7–15 US$, abends 15–24 US$; 7–12 & 17–21 Uhr) Auf einem luftigen *lanai* gibt's hier kreative Kalorienbomben wie Hochrippen-Auflauf, Schweinekoteletts mit Mango-Chutney oder Arme Ritter aus Bananenbrot. Das benachbarte 808 Deli empfiehlt sich mittags für Sandwichs.

South Shore Tiki Lounge BAR
(☎808-874-6444; www.southshoretikilounge.com; Kihei Kalama Village, 1913 S Kihei Rd; 11–2 Uhr;) Der superfreundliche Tropenschuppen an einer Einkaufsmeile punktet mit einem riesigen *lanai*, tollen Mai-Tais, Livemusik, DJs und der Gelegenheit zum Abtanzen.

Kahului & Wailuku

In der zersiedelten Landschaft gehen die beiden größten Inselgemeinden ineinander über. Kahului ist die Heimat von Mauis Windsurf-Shops, deren Kurse am stürmischen **Kanaha Beach** in Flughafennähe stattfinden. Zentrum des **Iao Valley State Monument** (www.hawaiistateparks.org; Iao Valley

Rd; Zugang 5 US$/Auto; ⌚7–19 Uhr) am Rand von Wailuku ist die Iao Needle (Iao-Felsnadel), die malerisch über dem Tal emporragt.

Der **Old Wailuku Inn** (☎808-244-5897; www.mauiinn.com; 2199 Kahookele St; Zi. inkl. Frühstück 165–195 US$; ❄📶) versetzt Gäste zurück in die 1920er-Jahre. Das elegante historische Wohnhaus wurde von den freundlichen Inhabern authentisch restauriert. In den geräumigen Zimmern sorgen hawaiianische Steppdecken auf den Betten für Behaglichkeit. Das **Northshore Hostel** (☎808-986-8095, 866-946-8095; www.northshorehostel.com; 2080 W Vineyard St; B 29 US$, Zi. ab 69 US$, ohne Bad; ❄@📶) in Wailukus Zentrum heißt Backpacker aus aller Welt willkommen.

Da Kitchen (☎808-871-7782; www.da-kitchen.com; Triangle Square, 425 Koloa St; Hauptgerichte 10–25 US$; ⌚Mo–Sa 11–21 Uhr) serviert unschlagbare *ono grinds* (Köstlichkeiten) nach Art der Insel; die Portionen sind groß genug für zwei Personen. Das *kalua*-Schweinefleisch ist so zart, dass es von selbst vom Knochen fällt. Trotz oft großen Betriebs wird man hier recht schnell bedient.

Paia

Die ehemalige Zuckerstadt Paia ist Mauis Surfhauptstadt. Den besten Eindruck davon bekommt man am **Hookipa Beach**. Das nahe gelegene **Mama's Fish House** (☎808-579-8488; www.mamasfishhouse.com; 799 Poho Pl; Hauptgerichte 35–50 US$; ⌚11–14.30 & 16.15–21 Uhr) ist Mauis meistgerühmtes Seafood-Restaurant und serviert leckeren Fisch. Eine Reservierung ist hier unerlässlich.

In der Innenstadt schießen immer mehr Restaurants und Läden aus dem Boden. Auf dem **Paia Fish Market** (☎808-579-8030; www.paiafishmarket.com; 110 Baldwin Ave; Hauptgerichte 9–19 US$; ⌚11–21.30 Uhr) bekommt man tolle Fish & Chips. Die Pizza von **Flatbread Company** (☎808-579-8989; www.flatbreadcompany.com; 89 Hana Hwy; Pizzas 12–22 US$; ⌚11–22 Uhr) wird im Holzofen gebacken und mit regionalen Zutaten belegt (oftmals Bioprodukte).

Hana

In Hana fehlen die Festlandeinflüsse, die man ansonsten überall auf Maui spürt. Die Einwohner sind oftmals indigene Hawaiianer und bewahren gezielt das gemächliche Lebenstempo in ländlicher Abgeschiedenheit. Familien planschen und schwimmen im **Hana Bay Beach Park** (mit Snackbar) oder südlich des Orts am **Hamoa Beach** (Haneoo Rd) mit seinem absolut großartigen grauen Sand.

Südlich von Hana führt eine unglaublich malerische Straße an Bio-Bauernhöfen und Obstständen vorbei. Die **Oheo Gulch** ist eine atemberaubende Reihe von Wasserfällen, die alle in die darunter befindlichen Naturbecken stürzen. Sie gehört zum Küstenbereich des Haleakala National Park (S. 1252), in dem Wanderpfade durch Bambushaine führen. Zudem gibt's dort primitive, kostenlose **Campingplätze** (reservierungsfrei) – Trinkwasser und Mückenspray aber nicht vergessen!

Wer sich von der Gegend einfach nicht losreißen kann, findet mit dem **Travaasa Hana** (☎855-868-7282, 808-359-2401; www.travaasa.com; 5031 Hana Hwy; DZ ab 400 US$; ❄) in Hana ein ruhiges Boutique-Luxushotel vor. Die luftigen Zimmer und Hütten werden durch ein hauseigenes Spa ergänzt, in dem man bei traditionellen hawaiianischen *lomilomi*-Massagen ganz ausgezeichnet entspannen kann.

NICHT VERSÄUMEN

PANORAMASTRASSE: DIE STRASSE NACH HANA

Als eine von Hawaiis spektakulärsten Panoramastrecken schlängelt sich der **Hana Highway** (Hwy 360) an Dschungeltälern vorbei und verläuft dann wieder oberhalb der schroffen Küste. Bei atemberaubender Aussicht klebt er eng an den Klippen und überquert insgesamt 54 einspurige Brücken. Vor dem Start ist es ratsam, sich in Paia gut mit Benzin, Snacks und Getränken einzudecken.

Unterwegs schreien großartige Aussichtspunkte, herrliche Wanderungen und Wasserfälle mit Badelöchern geradezu nach häufigen Zwischenstopps. Ein lohnender Abstecher führt zum **Waianapanapa State Park** (www.hawaiistateparks.org; abseits des Hwy 360) mit Küstenpfaden, einem schwarzen Sandstrand, einfachen Zeltstellplätzen (18 US$) und rustikalen Hütten (90 US$ inkl. Reinigungsservice). Eine Reservierung vorab ist erforderlich und online bei Hawaiis **Division of State Parks** (www.hawaiistateparks.org) möglich.

Haleakala National Park

Keine Reise nach Maui wäre komplett ohne einen Abstecher zu diesem herrlichen **Nationalpark** (☎808-572-4400; www.nps.gov/hale; 3-tägiger Zugang 10 US$/Auto). Vom hoch aufragenden Kraterrand in Gipfelnähe aus schaut man spektakulär auf eine Art Mondlandschaft mit kunterbunten Schlackekegeln. Unvergesslich (aber recht kühl) sind Besuche zu Sonnenaufgang – von Mark Twain einst als „erhabenstes Schauspiel" seines Lebens bezeichnet. Vor der Fahrt hinauf ist es ratsam, die aktuellen Wetterbedingungen und Sonnenaufgangszeiten zu checken.

Das Abenteuer ist aber nicht auf Aussichtspunkte am Straßenrand beschränkt: Mit Wanderstiefeln und warmer, wasserfester Bekleidung bewaffnet kann man entlang des Halemauu oder des Sliding Sands Trail in den Vulkan hinuntersteigen. Im Hosmer Grove nahe dem Haupteingang des Parks gibt's kostenlose, direkt anfahrbare Zeltstellplätze (keine Reservierungen). Unvergessliche Nächte versprechen die **Wildnishütten** (☎808-572-4400; https://fhnp.org/wcr; Hütte für 1–12 Pers. 75 US$) in der Tiefe des Vulkans. Diese Option ist extrem begehrt und sollte daher unbedingt rechtzeitig reserviert werden (das ist bis zu 90 Tage im Voraus möglich).

KAUAI

Die Natur hatte viel Zeit, sich auf Hawaiis ältester Hauptinsel auszutoben. Dabei formte sie etwa die schroffen Klippen der Na-Pali-Küste und den atemberaubend tiefen Waimea Canyon. Das vegetationsreiche Kauai ist bei Outdoorfans sehr beliebt – und seit Elvis' Heirat in *Blaues Hawaii* auch bei Flitterwöchnern. Jeder besucht die „Garteninsel" wegen ihrer wundervollen Natur. Und der Preis dafür? Nur etwas Schweiß und ein Paar Wanderstiefel oder Paddel.

ℹ Anreise & Unterwegs vor Ort

Flüge ab dem US-Festland (begrenzt) und dem übrigen Hawaii (regelm.) landen auf dem Flughafen von **Lihue** (LIH; ☎808-274-3800; http://hawaii.gov/lih; 3901 Mokulele Loop, Lihue), wo Taxis und große Autovermieter warten. Die öffentlichen Busse von **Kauai Bus** (☎808-246-8110; www.kauai.gov; Einzelfahrt 2 US$) steuern viele Ortschaften, aber nicht alle Touristenziele an. Am Wochenende verkehren sie nur eingeschränkt.

Lihue

Die frühere Plantagensiedlung ist Kauais Hauptstadt und Wirtschaftszentrum. Touristeninfos gibt's beim **Kauai Visitors Bureau** (☎800-262-1400, 808-245-3971; www.kauaidiscovery.com; 4334 Rice St). Das aufschlussreiche **Kauai Museum** (☎808-245-6931; www.kauaimuseum.org; 4428 Rice St; Erw./Kind 10/2 US$; ⊙Mo–Sa 10–17 Uhr) präsentiert die Geschichte der Insel.

Nur ein paar Minuten vom Kalapaki Beach entfernt steht das **Garden Island Inn** (☎800-648-0154, 808-245-7227; www.gardenislandinn.com; 3445 Wilcox Rd; DZ 100–150 US$; ❄📶🏊) mit schlichten, fröhlichen Zimmern. Seafood- und *poke*-Fan lassen sich eventuell dazu hinreißen, jeden Tag ein hawaiianisches Takeout-Gericht vom **Fish Express** (☎808-245-9918; 3343 Kuhio Hwy; Hauptgerichte 7–12 US$; ⊙Mo–Sa 10–18, So 10–17 Uhr, Mittagessen tgl. bis 14 Uhr) zu vertilgen. Das winzige **Hamura Saimin** (☎808-245-3271; 2956 Kress St; Gerichte 3–8 US$; ⊙Mo–Do 10–22.30, Fr & Sa 10–24, So 10–21.30 Uhr) ist auf selbstgekochte *saimin* (Nudelsuppe) und luftig-leichten *lilikoi*-Kuchen spezialisiert.

Wailua & Eastside

Der von Einkaufszentren gesäumte Kuhio Highway lässt es zunächst nicht vermuten: Die Umgebung von Wailua ermöglicht tolle Outdoor-Aktivitäten. Familien zieht es in den **Lydgate Beach Park** (www.kamalani.org; 👪) mit Hawaiis bestem Kinderspielplatz und sicheren, überwachten Bademöglichkeiten. Die Berge oberhalb von Wailua durchziehen malerische Wanderrouten wie der **Kuilau Ridge & Moalepe** oder der **Nounou Mountain Trail**.

Die meisten Besucher kommen jedoch her, um mit dem Kajak auf dem **Wailua River** zu fahren. Letzteren zählten die alten Hawaiianer zu den heiligsten Orten der ganzen Inselgruppe. Als Heimat diverser Oberhäuptlinge war das mündungsnahe Flussbecken eins von zwei königlichen Machtzentren auf der Insel. Der idyllische, leicht zu meisternde Paddeltrip entlang des Wailua (8 km) ermöglicht zwischendurch auch Wasserfallwanderungen und Pausen an Badelöchern. Aufgrund seiner großen Beliebtheit ist er inzwischen größtenteils auf geführte Touren (tgl. außer So) beschränkt. Bei **Wailua Kayak Adventures** (☎808-639-6332, 808-822-5795; www.kauaiwailuakayak.com;

4-1596 Kuhio Hwy, Kapaa; Leihkajak/geführte Tour ab 25/50 US$) und dem kleineren, familiengeführten Anbieter **Kayak Wailua** (808-822-3388; www.kayakwailua.com; 4565 Haleilio Rd, Wailua; geführte Tour 50 US$) kann im Voraus gebucht werden.

Budgetreisende werden nach ihrem Besuch dort wohl auf ewig vom **Rosewood Kauai** (808-822-5216; www.rosewoodkauai.com; 872 Kamalu Rd; Zi. ohne Bad 65–75 US$;) mit Stockbetten und Kochecken in sauberen Zimmern schwärmen. In der Nähe vermietet der Eigentümer auch Strandhäuser, Hütten und Apartments. Der **Pono Market** (808-822-4581; 4-1300 Kuhio Hwy, Kapaa; Gerichte 6–8 US$; Mo–Fr 6–18, Sa 6–16 Uhr) punktet mit zwangloser Surferatmosphäre an einer Feinkosttheke, die Regionales wie ein *laulau*-Mittagsgericht, Sushi und geräucherten Marlin serviert.

Hanalei & North Shore

Kauais unverschandelte Nordküste wartet mit genügend Traumlandschaften und Outdoor-Abenteuern für ein ganzes Leben auf.

Ein Zwischenstopp empfiehlt sich an der **Kilauea Point National Wildlife Refuge** (808-828-1413; www.fws.gov/kilaueapoint; Lighthouse Rd; Erw./Kind 5 US$/frei; 10–16 Uhr), einem lebendigen Seevogel-Schutzgebiet mit einem 100 Jahre alten Leuchtturm. Vor dem reizenden **Anini Beach Park** () sorgen schützende Riffe für ruhiges Wasser mit prima Schnorchelmöglichkeiten und Kauais besten Bedingungen für Windsurfing-Anfänger. Genehmigungen fürs abendliche Camping (gestattet tgl. außer Di) gibt's bei Kauais **Department of Parks & Recreation** (808-241-4463; www.kauai.gov; 4444 Rice St, Lihue; Stellplatz ab 25 US$; Mo–Fr 8.15–16 Uhr).

Princeville ist für sein glamouröses Resortleben mit Golf, Tennis, Wellness, Ausritten usw. bekannt. Hinzu kommen herrliche Stellen für den Blick auf den Sonnenuntergang – z.B. der **Pali Ke Kua (Hideaways) Beach** () mit Zugang über das Resort St. Regis. Die apartmentmäßigen „Meeresvillen" des **Westin Princeville Ocean Resort** (866-716-8112, 808-827-8700; www.westinprinceville.com; 3838 Wyllie Rd; Apt. ab 275 US$;) verfügen über Küchen und Badewannen mit Whirlpool-Funktion.

In **Hanalei** wird der Surfervibe spürbar. Vor allem im Winter sorgt die kräftige Brandung an der herrlichen **Hanalei Bay** für spektakuläre Brettsport-Bedingungen.

ABSTECHER

NA-PALI-KÜSTE

Beim Wandern auf Kauai ist der anspruchsvolle, aber äußerst lohnende **Kalalau Trail** (18 km) quasi Pflicht. Diese Route im **Na Pali Coast State Wilderness Park** (www.hawaiistateparks.org; am Ende des Hwy 560) GRATIS durchquert üppige Täler und führt auch an den schwindelerregenden Na-Pali-Klippen entlang. Wer über das Hanakoa Valley hinauswandern und in der Wildnis zelten möchte, kann die erforderliche Genehmigung dafür (pro Pers. & Übern. 20 US$) bis zu einem Jahr im Voraus online bei Hawaiis Division of State Parks (S. 1251) beantragen.

Hardcore-Paddler können dieselbe Landschaft auch einfach mal vom Meer aus bewundern, und zwar indem sie einer anstrengende Kajakroute (27 km; nur Mai–Sept.) entlang der Na-Pali-Küste folgen. Achtung: Dieser Trip dauert einen ganzen Tag, fühlt sich aber wesentlich länger an! **Na Pali Kayak** (808-826-6900; www.napalikayak.com; 5-5075 Kuhio Hwy, Hanalei; geführte Touren ab 200 US$) ist ein erfahrener regionaler Anbieter.

Meditatives Paddeln flussaufwärts ermöglicht **Kayak Kauai** (800-437-3507; www.kayakkauai.com; 5-5070 Kuhio Hwy; Leihgebühr Kajak/Stehpaddelbrett ab 30/45 US$, geführte Touren ab 60 US$; 7–20 Uhr), wo auch Fahrräder, Camping-, Schnorchel- und Surfausrüstungen ausgeliehen werden können. Hanalei ist zudem eine gute Zwischenstation für Hungrige:

Die **Hanalei Taro & Juice Co** (808-826-1059; Kuhio Hwy; Snacks ab 3 US$, Gerichte 8–10 US$; Mo–Sa 11–15 Uhr;) bekehrt jeden mit Taro-Smoothies und leckeren hawaiianischen Mittagsgerichten. Die trendige **Bar Acuda Tapas & Wine** (808-826-7081; www.restaurantbaracuda.com; Hanalei Center, 5-5161 Kuhio Hwy; Gemeinschaftsteller 7–16 US$; 17.30–21 Uhr) verwendet heimische Produkte wie Honigwaben von der North Shore oder Gemüse von den Kailani Farms. Nach Sonnenuntergang zieht man idealerweise sein bestes Vintage-Hawaiihemd an und besucht das **Tahiti Nui** (808-826-6277; www.thenui.com; 5-5134 Kuhio Hwy; So–Do 12–22, Fr & Sa 12–23 Uhr), eine Tiki-Bar mit Livemusik und einem wöchentlichen Luau-Abend (Reservierung ratsam).

Das Westende des Highway 560 wird markiert vom **Makua (Tunnels) Beach** und dem **Kee Beach**, wo im Sommer geschnorchelt wird. Der nahegelegene **Limahuli Garden** (☎808-826-1053; www.ntbg.org; 5-8291 Kuhio Hwy; Tour auf eigene Faust/geführt 15/30 US$; ⏲Garten Di–Sa 9.30–16 Uhr, geführte Touren Di–Fr 10 Uhr) bewahrt Hawaiis Pflanzenreichtum. Genehmigungen fürs abendliches Camping im **Haena Beach Park** (gestattet tgl. außer Mo) gibt's im Voraus bei Kauais Department of Parks & Recreation. Das **Hanalei Colony Resort** (☎800-628-3004, 808-826-6235; www.hcr.com; 5-7130 Kuhio Hwy; Apt. ab 275 US$; ❄@☎≋) in idyllischer Lage am Meer hat zwar ein betagtes Dekor, aber richtig ruhige Apartments (ohne TV und Telefon).

Poipu & South Shore

Die sensationellen Sandstrände des sonnigen, familienfreundlichen **Poipu** eignen sich super zum Surfen (Sommer) oder Schwimmen und Schnorcheln (ganzjährig). Außerdem kann man hier an einer Führung durch den **National Tropical Botanical Garden** (☎808-742-2623; www.ntbg.org; 4425 Lawai Rd; Tour auf eigene Faust Erw./Kind 15/7,50 US$, geführte Tour 45/20 US$; ⏲tgl., wechselnde Öffnungszeiten) teilnehmen oder windumtoste Klippen, Gezeitenbecken und unberührte Strände beim Wandern entlang des 6,4 km langen **Mahaulepu Heritage Trail** (www.hikemahaulepu.org) bewundern.

Poipu hat zahllose Resorts und Ferienwohnungen für jeden Geldbeutel im Angebot. **Parrish Collection Kauai** (☎800-325-5701, 808-742-1412; www.parrishkauai.com) und **Poipu Connection Realty** (☎800-742-2260; www.poipuconnection.com) führen entsprechende Onlineverzeichnisse. **Marjorie's Kauai Inn** (☎800-717-8838, 808-332-8838; www.marjorieskauaiinn.com; Hailima St, Lawai; Zi. inkl. Frühstück 140–195 US$; ☎≋) vermietet Zimmer mit Tropendekor, Kochecken und absolut grandiosem Talblick.

Abends empfiehlt sich **Josselin's Tapas Bar & Grill** (☎808-742-7117; www.josselins.com; Shops at Kukuiula, 2829 Ala Kalanikaumaka St; Gemeinschaftsteller 8–36 US$; ⏲17–22 Uhr), dessen kochfreudiger Inhaber z. B. durststillende *lilikoi* oder Litschi-Sangria zu asiatischer Fusionküche serviert. Beim **Koloa Fish Market** (☎808-742-6199; 5482 Koloa Rd; Hauptgerichte 4–8 US$; ⏲Mo–Fr 10–18, Sa 10–17 Uhr) stehen viele Einheimischen für großartiges *poke,* japanisch angehauchte Bento-Boxen und hawaiianische Mittagsgerichte zum Mitnehmen an.

Waimea & Westside

Die hiesigen Hauptattraktionen sind der **Kokee State Park** (www.hawaiistateparks.org) GRATIS und der benachbarte **Waimea Canyon** (alias „Grand Canyon des Pazifiks") mit seinen Stufenwasserfällen. Beide beeindrucken mit atemberaubender Aussicht und langen Wanderwegnetzen. Manche dieser Routen – darunter der **Awaawapuhi & Nualolo Trail** im Kokee State Park – führen am äußersten Rand von schroffen, extrem steilwandigen Klippen entlang. Viele malerische Aussichtspunkte säumen den Waimea Canyon Drive (Hwy 550). Wanderinfos gibt's beim winzigen **Kokee Museum** (☎808-335-9975; www.kokee.org; Spende 1 US$; ⏲9–16.30 Uhr).

Wer sein regenfestes Zelt im Park aufschlagen will (Stellplatz 18 US$), kann sich die erforderliche Genehmigung vorab bei Hawaiis Division of State Parks (S. 1251) holen. Die Ortschaft **Waimea** unten an der Küste ist eine angenehme Ausgangsbasis für die Erkundung der Westside. Gäste der **Waimea Plantation Cottages** (☎866-774-2924, 808-338-1625; www.waimea-plantation.com; 9400 Kaumualii Hwy; DZ ab 199 US$; ☎≋) nächtigen unter Palmen in historischen Hütten aus den 1930er- oder 1940er-Jahren.

Ebenfalls besuchenswert ist der malerische Ort **Hanapepe**, wo sich Kunstgalerien, Boutiquen und Cafés hinter nachgebauten „historischen" Fassaden verbergen. Der außerhalb gelegene **Salt Pond Beach Park** eignet sich ideal zum Schwimmen mit Kindern. Genehmigungen fürs abendliche Camping (gestattet tgl. außer Di) gibt's im Voraus bei Kauais Department of Parks & Recreation (S. 1253). Im nahegelegenen **Port Allen** werden Schnorcheltrips, Walbeobachtungen per Boot und Zodiac-Schlauchboottouren entlang der Na-Pali-Küste angeboten.

Die USA verstehen

USA aktuell

Die USA sind im Umbruch – auf dem Feld der Politik, in Sachen kultureller Vielfalt, bezüglich der Bürgerrechte. Die zweite Amtszeit für Barack Obama begann mit Momenten der Selbstbesinnung, sowohl bei den Demokraten, die auf die erste Amtszeit des Präsidenten mit gemischten Gefühlen zurückblicken, als auch bei den geschlagenen Republikanern, die ihre Agenda weiterentwickeln müssen oder auch bei zukünftigen Wahlen verlieren werden. Die gleichgeschlechtliche Ehe, die Legalisierung von Marihuana, der NSA-Skandal und sich wandelnde Essgewohnheiten bleiben heiße Eisen.

Beste Bücher

Unterwegs (1957) Jack Kerouac über die Zeit nach dem Krieg.

Der große Gatsby (1925) F. Scott Fitzgeralds großartiges Porträt der Jazz-Ära.

Menschenkind (1987) Toni Morrisons schmerzlicher Roman über die Sklaverei ist zeitlich 20 Jahre nach dem Ende des Bürgerkriegs angesiedelt und gewann den Pulitzer-Preis.

Huckleberry Finn (1884) Mark Twains bewegende Geschichte über das Reisen und die Selbstfindung.

Beste Filme

Singin' in the Rain (Du sollst mein Glücksstern sein; 1952) Eines der besten Film-Musicals aller Zeiten mit dem grandiosen Gene Kelly und zeitloser Filmmusik.

Der Stadtneurotiker (1977) Woody Allens brillante romantische Komödie, in der New York City eine der Hauptrollen spielt.

Der unsichtbare Dritte (1959) Cary Grant flüchtet in diesem Alfred-Hitchcock-Thriller quer durch die USA.

Der Pate (1972–1990) Berühmte Trilogie über die amerikanische Gesellschaft, Einwanderer und das organisierte Verbrechen.

Neue Kräfte in der Politik

Präsident Obama wurde bei der Wahl im Jahr 2012 vor allem deshalb wiedergewählt, weil es ihm gelang, die größte Koalition der amerikanischen Geschichte hinter sich zu bringen, gebildet aus ethnisch höchst unterschiedlichen Gruppen. Mehr als 90 % der Afroamerikaner und fast 70 % der Latinos stimmten für den Mann, der sich selbst als *mutt*, als Promenadenmischung, bezeichnete.

Die Unfähigkeit der Republikaner, Wähler mit unterschiedlichem ethnischem Hintergrund anzusprechen, hat die Parteimitglieder ein wenig in sich gehen lassen. Nach der Wahl 2012 kritisierte der Gouverneur von Louisiana Bobby Jindal seine eigene Partei heftig und verlangte, sie solle aufhören, sich als „die dumme Partei" zu gebärden. Vermutlich bezog er sich dabei auf bizarre Kommentare seiner Kollegen wie des Präsidentschaftskandidaten Mitt Romney, der illegale Einwanderer dazu drängte, freiwillig auszureisen, oder des Senatskandidaten aus Indiana Richard Mourdock, der sagte, dass selbst wenn Leben durch die schreckliche Tat einer Vergewaltigung entstünde, dies Gottes Wille sei, weswegen die Schwangerschaft nicht beendet werden dürfe.

Vielleicht als Reaktion auf diese Suche nach einer neuen Identität gibt es bei den Republikanern einige neue Gesichter sehr unterschiedlicher Herkunft. Der junge Senator aus Florida Marco Rubio ist kubanisch-amerikanischer Abstammung und gilt als einer der neuen Stars der Partei (vom Magazin *Time* wurde er schon nicht sehr subtil als „Retter der Republikaner" gefeiert). Er gilt als eine Stimme der Vernunft in der aufgeheizten Debatte über eine Einwanderungsreform und kann ebenso lässig über Hip-Hop plaudern wie über das Gesundheitswesen. Bei den Präsidentschaftswahlen 2016 wird man ihn im Auge behalten müssen.

Obama 2.0

Die Demokraten bejubelten seinen Sieg, aber Obama kehrte ohne die Hoffnung und den Optimismus ins Oval Office zurück, die er beim ersten Mal ausgestrahlt hatte. Die Zeiten haben sich geändert, und Amerika hat, nachdem 2007 die globale Wirtschaftskrise ausgebrochen war, wie die meisten anderen Staaten harte Jahre hinter sich bringen müssen. Als Obama 2013 den Amtseid ablegte, war die Arbeitslosenquote mit um die 8 % genauso hoch wie zu Beginn seiner ersten Amtszeit 2009, auch wenn das Wirtschaftswachstum inzwischen eine stabile Basis zu haben scheint.

Auch auf anderen Gebieten hatte Obama gemischte Resultate vorzuweisen. Er beendete das amerikanische Engagement im Irak, aber in Afghanistan stehen immer noch 63 000 Soldaten, und die Mission der USA dort wird zunehmend unklar, besonders nach der erfolgreichen „Operation Osama bin Laden".

Seine ehrgeizige Gesundheitsreform hat den Kongress passiert – das ist die bedeutendste Ausweitung des Gesundheitssystems seit der Einführung von Medicare und Medicaid im Jahr 1965. Trotz Anfechtungen durch die Republikaner, die damit drohten, das Gesetz aufheben zu lassen, und einer knappen Abstimmung im Obersten Gerichtshof (der es nur mit fünf gegen vier Stimmen für verfassungsgemäß erklärte), soll das Gesetzesvorhaben 2014 in Kraft treten. Ob es ein Erfolg oder ein Misserfolg wird, ist bei Demokraten wie Republikanern immer noch sehr umstritten – die Auswirkungen werden erst in einigen Jahren sichtbar sein.

Der Krieg im eigenen Land

In den letzten 30 Jahren gab es mehr als 67 Amokläufe. Einer der schlimmsten war das Massaker von Newtown, CT, im Jahr 2012, als ein schwer bewaffneter 20-jähriger Mann 20 Grundschulkinder und sechs Erwachsene tötete. Im folgenden Jahr ermordete ein Bewaffneter zwölf Menschen und verletzte vier, als er im Navy Yard in Washington, D.C., Amok lief. Im Schnitt werden jeden Tag 32 Amerikaner bei Schießereien getötet und 140 verletzt. Wenn man Unfälle und Selbstmorde mitzählt, verlieren etwa 32 000 Amerikaner jedes Jahr ihr Leben durch Schusswaffen.

Trotz klarer Belege (etwa aus einer Studie, die 2013 im *American Journal of Medicine* veröffentlicht wurde), dass mehr Schusswaffen zu mehr Tötungsdelikten führen, und trotz der vergleichsweise wenigen Toten durch Schusswaffen in Ländern mit strengen Waffengesetzen zögern amerikanische Abgeordnete, selbst moderate Waffenkontrollgesetze zu erlassen – der Kongress wies 2013 ein Verbot für Sturmgewehre ebenso zurück wie Obamas Vorschläge, wie Waffenbesitzer strenger kontrolliert werden könnten. Ein Grund dafür ist die überaus mächtige Waffenlobby wie die National Rifle Association (NRA): sie steckt

BEVÖLKERUNG: **317 MIO.**

BRUTTOINLANDSPRODUKT:
15,94 BIO. US$

BRUTTOINLANDSPRODUKT PRO KOPF: **50 700 US$**

ARBEITSLOSENQUOTE:
7,6 %

JÄHRLICHE INFLATIONSRATE: **2,1 %**

Gäbe es nur 100 Leute in den USA, wären ...

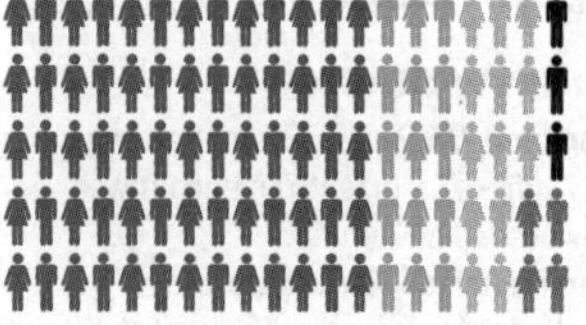

65 Weiße
15 Hispanics
13 Afroamerikaner
4 Amerikaner mit asiatischen Wurzeln
3 anderer Abstammung

Religionen

(% der Bevölkerung)

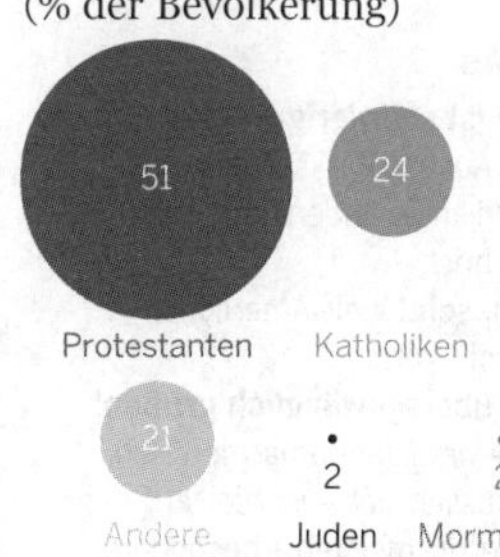

Einwohner pro km²

Beste Songs

America Simon & Garfunkel
On the Road Again Willie Nelson
Take It Easy The Eagles
Summer of '69 Bryan Adams
American Pie Don McLean
(Get Your Kicks on) Route 66 Nat King Cole
Me & Bobby McGee Janis Joplin
Goin' Down the Road Feeling Bad Grateful Dead
Midnight Train to Georgia Gladys Knight & the Pips
Walk on the Wild Side Lou Reed
Take Me Home, Country Roads John Denver
Big Yellow Taxi Joni Mitchell

Grünste Städte

Portland, OR Parks, 320 km Radwege, fußläufiges Stadtzentrum und umweltbewusste Bevölkerung.
San Francisco, CA Märkte, Bio-Restaurants und umweltfreundliche Gebäude (das Baseballstadion wird mit Solarenergie versorgt). Radler, Fußgänger und öffentlicher Nahverkehr haben Vorrang.
New York City, NY Bikesharing-Programme, Parks und Grünanlagen, in denen jährlich 100 000 Bäume gepflanzt werden. Auto unnötig!

Fauxpas

Rauchen ist schwierig – sogar draußen. Auch in Parks, auf Promenaden und an Stränden herrscht oft Rauchverbot.
Pünktlich sein! Viele Amerikaner warten nicht gern.
Nicht zu überschwänglich grüßen! Manche Amerikaner umarmen sich, Städter küssen sich eventuell auf die Wange, die meisten – besonders Männer – geben sich nur die Hand.

Vorurteile

Städter sind gebildet und Landbewohner Hinterwäldler. In den Appalachen begegnet man genauso Intellektuellen wie in Manhattan Provinzlern.
Amerikaner sprechen keine Fremdsprachen Spanisch ist im ganzen Land weit verbreitet.

jährlich über 16 Mio. US$ in politische Kampagnen auf bundesstaatlicher und nationaler Ebene.

Spione wie wir

Ein weiteres Versprechen Obamas galt einer offeneren und transparenteren Regierungsarbeit. Transparent wurde sie 2013 in der Tat durch die Snowden-Affäre. Edward Snowden arbeitete für die National Security Agency (NSA), bevor er geheime Informationen über ein Massenüberwachungsprogramm der US-Geheimdienste öffentlich machte.

Die Enthüllungen waren erstaunlich: Amerikanische und britische Geheimdienststellen haben nicht nur als feindlich eingestufte Regierungen ausspioniert, sondern auch die befreundeter Staaten und selbst amerikanische Bürger. Das streng geheime Programm Prism gestattete der NSA direkten Zugang zu E-Mails, Datenübertragungen und Livechats, die über Google, Facebook, Apple und andere US-Internetgiganten abgewickelt wurden. Der mediale Sturm der Entrüstung, der daraufhin losbrach, kostete Obama einen Gutteil seiner Glaubwürdigkeit. Seine Zustimmungsquoten sanken sofort um fast 10%.

Gras wachsen lassen

2012 unterstützten die Wähler in den Bundesstaaten Colorado und Washington Volksbegehren, nach denen Marihuana legalisiert werden sollte. Das verursachte Spannungen zwischen diesen beiden Staaten und der Regierung, die Marihuana weiterhin als illegale Droge klassifiziert. Die Obama-Regierung hat zu den neuen Gesetzen noch nicht klar Stellung bezogen und nur festgesetzt, dass das Bundesgesetz zwar in Kraft bliebe, es für die Regierung jedoch keinen Sinn ergäbe, gegen die Verwendung von Marihuana in Staaten vorzugehen, die dessen Gebrauch legalisiert haben.

Inzwischen tendieren die Meinungen überall in den USA eher dazu, die Beschränkungen für den Gebrauch von Cannabis zu lockern. Etwa 18 Staaten unterstützen die Legalisierung von Marihuana für die medizinische Nutzung. In einigen wird der Besitz von kleinen Mengen Marihuana nicht mehr als schwere Straftat behandelt, sondern nur noch als Vergehen. Es bleibt abzuwarten, wie Colorado und Washington die Besteuerung und den Verkauf von Marihuana regeln werden, wenn das Gesetz 2014 in Kraft tritt.

Heirat für alle

Ein weiteres heißes Eisen, über das sich einige Bundesstaaten und die Regierung bislang noch nicht einigen konnten, ist die Ehe von Homosexuellen. Obgleich Obama 2012 öffentlich seine Unterstützung für gleichgeschlechtliche Ehen verkündete, blieb die Regierung stillschweigend gegenteiliger Ansicht. Landesweite Meinungsumfragen zeigen, dass die Mehrheit der Amerikaner sich weiterhin für eine Legalisierung ausspricht. Inzwischen haben einige Bundesstaaten eigene Gesetze zur gleichgeschlechtlichen Ehe verabschiedet, manche überlassen die Entscheidung dem Wähler. Bis 2013 haben 13 Staaten die gleichgeschlechtliche Ehe legalisiert.

Der Durchbruch gelang im Juni 2013, als der Oberste Gerichtshof entschied, der diskriminierende *Defense of Marriage Act* – das Gesetz, das der Bundesregierung verbot, gleichgeschlechtliche Ehen anzuerkennen, die von den Bundesstaaten legalisiert waren – sei verfassungswidrig. Die Entscheidung fiel nur wenige Tage vor den geplanten landesweiten Gay-Pride-Paraden und führte zu besonders ausgelassenen und gut besuchten Feierlichkeiten.

Ungesunder Appetit

Auch ernährungstechnisch ist die US-Bevölkerung in sich gegangen. Niemand konnte abstreiten, dass viele Amerikaner übergewichtig sind – Shows wie *The Biggest Loser* und Eric Schlossers Buch und Film *Fast-food-Gesellschaft* lenken die Aufmerksamkeit auf die tödlichen Essgewohnheiten der Nation. Fast Food, Softdrinks und zu viel Fernsehen wurden in den letzten Jahren dafür verantwortlich gemacht.

Doch überall im Land finden große und kleine Veränderungen statt. New York City ging mit gutem Beispiel voran, verbot die Verwendung von Transfetten und verlangte von Fast-Food-Restaurants, den Kaloriengehalt aller Produkte auf ihren Speisekarten zu veröffentlichen (allerdings scheiterte der Versuch, den Verkauf zuckerhaltiger Getränke in mehr als 0,5 l fassenden Bechern zu verbieten).

Michelle Obama steht wie kaum eine andere für gesünderes Essverhalten. Sie prangert das starke Übergewicht schon bei Kindern an (jedes dritte amerikanische Kind ist erschreckenderweise bereits fettleibig) und ermutigt Eltern, sich besser über Nahrungsmittel zu informieren. Apps wie das von der Regierung gestaltete MyPlate – ein Nahrungsmitteltagebuch und Kalorienzähler (auf Pinterest und in anderen sozialen Netzwerken sehr beliebt) – gehören zu einer wachsenden Zahl kleiner Helferlein, die zu gesünderen Entscheidungen beim Essverhalten führen sollen.

Geschichte

Von den Anfängen als englische Kolonie bis zum Aufstieg zur Supermacht Nr. 1 des 20. Jhs. verlief die amerikanische Geschichte alles andere als langweilig. Der Krieg gegen die Briten, der Aufbruch gen Westen, die Sklaverei und ihre Abschaffung, Bürgerkrieg und Wiederaufbau, die Große Depression, der Boom der Nachkriegsjahre und die neuesten Konflikte des 21. Jhs. – das alles hat die komplizierte Identität der amerikanischen Nation geformt.

Die Schildkröteninsel

Mündlichen Überlieferungen und heiligen Mythen zufolge leben indigene Völker seit Menschengedenken auf dem nordamerikanischen Kontinent, den manche von ihnen die „Schildkröteninsel" nannten. Als die Europäer den Kontinent zum ersten Mal betraten, lebten auf dem Rücken der Schildkröte nördlich vom heutigen Mexiko zwischen 2 und 18 Mio. Menschen, die sich in über 300 Sprachen verständigten.

1502 verwendete der italienische Seefahrer Amerigo Vespucci den Begriff „Mundus Novus" (Neue Welt), um seine Entdeckungen zu beschreiben. Der Lohn? Auf neuen Karten wurde die westliche Hemisphäre 1507 als „Amerika" bezeichnet.

Zu den bedeutendsten prähistorischen Kulturen Nordamerikas gehörten die Mound Builders (etwa: Erbauer von Erdhügeln), die von ca. 3000 v. Chr. bis 1300 n. Chr. die Flusstäler am Ohio River und am Mississippi bewohnten. Das im heutigen Illinois gelegene Cahokia war mit 20 000 Einwohnern die größte präkolumbische Metropole Nordamerikas.

Im Südwesten besetzten die frühen Pueblo-Indianer zwischen 100 und 1300 n. Chr. das Colorado-Plateau, bis Krieg, Dürre und Ressourcenknappheit sie wahrscheinlich vertrieben. Ihre Höhlenbauten sind noch heute im Mesa Verde National Park in Colorado zu sehen, und im Chaco Culture National Historic Park in New Mexico sind in der Wüste die Überreste der Lehmziegelhütten der Pueblo-Kultur erhalten.

Es waren die Kulturen der Great Plains, die für die eingewanderte europäische Bevölkerung Amerikas zum Sinnbild der „Indianer" werden sollten, was zum Teil darauf gründet, dass diese Stammesvölker sich am längsten der US-amerikanischen Expansion gen Westen widersetzten. In Oklahoma gibt es zahlreiche Stätten, die das Leben der Indianer vor der Ankunft der Europäer veranschaulichen, z. B. in Anadarko und entlang des Trail of Tears (Pfad der Tränen).

ZEITLEISTE

20 000–40 000 v. Chr.

Die ersten Völker des amerikanischen Kontinents wandern über eine Landbrücke, die sich zwischen Sibirien und Alaska erstreckt, aus Zentralasien ein (der Meeresspiegel ist zu jener Zeit niedriger als heute).

8000 v. Chr.

Infolge der Organisation in Jagdgemeinschaften und des wärmeren Klimas sterben Eiszeitsäuger aus. Die indigenen Völker beginnen mit dem Sammeln von Pflanzen und der Jagd auf kleinere Tiere.

7000 v. Chr.–100 n. Chr.

Die „Archaische Periode" ist von einem nomadenhaften Lebensstil als Jäger und Sammler gekennzeichnet. Am Ende der Periode sind der Anbau von Mais, Bohnen und Kürbissen und Siedlungen etabliert.

Die Ankunft der Europäer

1492 reiste der Genueser Christoph Kolumbus im Auftrag Spaniens nach Westen. Auf der Suche nach Ostindien fand er die Bahamas. Schnell folgten weitere spanische Entdecker, die auf Gold hofften: Cortés eroberte große Teile des heutigen Mexiko, Pizarro nahm Peru ein, Ponce de León reiste auf der Suche nach dem Jungbrunnen in Florida herum. Und dann waren da noch die Franzosen, die Kanada und den Mittleren Westen erforschten, während Holländer und Engländer an den östlichen Küsten Nordamerikas entlangfuhren.

Im Gepäck hatten die Europäer Krankheiten, gegen die die indigene Bevölkerung keine Abwehrkräfte besaß. Mehr als alle anderen Faktoren – also Krieg, Sklaverei und Hunger – dezimierten Epidemien die Bevölkerung der Ureinwohner, und zwar um 50 bis 90 %. Im 17. Jh. zählten die Indianerstämme Nordamerikas nur noch ca. 1 Mio. Menschen. Viele der einst blühenden Gemeinschaften waren im Chaos versunken.

1607 errichteten englische Adlige in Jamestown die erste dauerhafte europäische Siedlung in Nordamerika. Frühere Siedlungen hatten ein schlechtes Ende genommen, und auch in Jamestown kam es fast dazu. Die Europäer hatten sich einen Sumpf ausgesucht und ihre Felder zu spät bestellt, sodass viele an Krankheiten und Hunger starben. Einige Kolonisten liefen davon, um bei den Stämmen der Region zu leben. Diese halfen der Siedlung so weit, dass das Überleben gerade so gelang.

Für Jamestown und Amerika sollte 1619 ein Schlüsseljahr werden. Die Kolonie gründete das House of Burgesses, eine repräsentative Versammlung von Bürgern, die über die Gesetze in der Region entscheiden sollte. Im gleichen Jahr kam die erste Schiffsladung mit 20 afrikanischen Sklaven an.

Das Folgejahr erwies sich als ähnlich bedeutsam. Eine Gruppe radikal religiöser Puritaner ging damals dort an Land, wo später Plymouth, Massachusetts, entstehen sollte. Die Pilgerväter waren auf der Flucht vor der religiösen Verfolgung einer „korrupten" Kirche in England. In der Neuen Welt sahen sie eine gottgegebene Möglichkeit, eine neue Gesellschaft zu erschaffen, die ein leuchtendes Vorbild an Religion und Moral werden sollte. Die radikalen Puritaner unterzeichneten den Mayflower-Vertrag, einen der bahnbrechenden Texte der amerikanischen Demokratie, in dem sie sich zur Errichtung einer gesetzlichen Ordnung verpflichteten.

Kapitalismus & Kolonialismus

Während der nächsten zwei Jahrhunderte wetteiferten die europäischen Mächte um ihre Position und das Territorium in der Neuen Welt. Dabei dehnten sie die europäische Politik auch auf Nord- und Südamerika aus. Nachdem es der British Royal Navy gelungen war, den Atlantik zu

The New World (2005) von Regisseur Terrence Malick ist ein brutaler, aber leidenschaftlicher Film, der die tragische Geschichte der Jamestown-Kolonie erzählt und schildert, welche zentrale Rolle Pocahontas, die Tochter eines Powhatan-Häuptlings, bei der Friedensstiftung spielte.

Stätten aus der Kolonialzeit

- *Williamsburg, Virginia*
- *Jamestown, Virginia*
- *Plymouth, Massachusetts*
- *North End, Boston*
- *Philadelphia, Pennsylvania*
- *Annapolis, Maryland*
- *Charleston, South Carolina*

1492
Der italienische Forschungsreisende Christoph Kolumbus „entdeckt" Amerika auf drei Reisen durch die Karibik. Aus der falschen Annahme heraus, er hätte Indien erreicht, nennt er die indigenen Völker „Indianer".

Mitte 16. Jh.
Spanier gründen die ersten Kolonien auf amerikanischem Boden, darunter das heute noch existierende St. Augustine in Florida. Andere Neugründungen werden später wieder aufgegeben.

1607
Die erste englische Kolonie, die Jamestown-Siedlung im heutigen Virginia, wird auf sumpfigem Marschland gegründet. Die ersten Jahre sind hart; viele sterben an Krankheiten oder verhungern.

DENNIS JOHNSON / GETTY IMAGES ©

➡ Memorial, Jamestown

beherrschen, konnte England immer stärker von seinen Kolonien profitieren und gierig die Früchte seiner Arbeit konsumieren – Tabak aus Virginia, Zucker und Kaffee aus der Karibik.

Im 17. und 18. Jh. wurde in Amerika die Sklaverei langsam zu einer formellen Einrichtung legalisiert, um so die Plantagenwirtschaft zu unterstützen. Um 1800 war eine von fünf Personen ein Sklave.

Die Miniserie *John Adams* (2008) des Fernsehsenders HBO erzählt aus allen Blickwinkeln die fesselnde Geschichte der Jahre, als die Amerikanische Revolution auf Messers Schneide stand und noch nicht klar war, was kommen würde.

In der Zwischenzeit überließen es die Briten den amerikanischen Kolonisten weitgehend, sich selbst zu regieren. Treffen in den Städten und repräsentative Versammlungen wurden zur Regel. Hier diskutierten die Bürger der Region – d.h. weiße Männer mit Besitz – die Probleme der Gemeinschaft und stimmten über Gesetze und Steuern ab.

Dennoch bekam Großbritannien am Ende des Siebenjährigen Krieges 1763 die Belastungen zu spüren, die die Oberherrschaft über solch ein Imperium mit sich bringt: Es hatte 100 Jahre lang gegen Frankreich gekämpft und besaß Kolonien, die überall auf der Welt verstreut lagen. Es war an der Zeit, mit der Bürokratie aufzuräumen und finanzielle Lasten aufzuteilen.

Die Kolonien lehnten die Steuern und sonstigen Taktiken jedoch vehement ab. Die öffentliche Empörung gipfelte in der Unabhängigkeitserklärung von 1776. Mit diesem Dokument griffen die amerikanischen Kolonisten viele der damals weltweit verbreiteten Ideen der Aufklärung – Individualismus, Gleichheit und Freiheit, John Lockes „natürliche Rechte“ auf Leben, Freiheit und Eigentum – auf, und formten eine neue Regierungsform, um diese umzusetzen.

Die Frustration erreichte 1773 mit der Boston Tea Party ihren Höhepunkt. Die Briten gingen dagegen mit aller Härte vor, sie schlossen den Hafen von Boston und erhöhten ihre Militärpräsenz. Im Jahr 1774 versammelten sich Vertreter aus zwölf Kolonien im Ersten Kontinentalkongress in der Independence Hall in Philadelphia, um ihre Beschwerden vorzutragen und sich auf den unvermeidbar bevorstehenden Krieg vorzubereiten.

Präsidenten-Literatur

Washington, Ron Chernow

Thomas Jefferson, R.B. Bernstein

Abraham Lincoln, David Herbert Donald

Mornings on Horseback, David McCullough

Die Brücke, David Remnick

Revolution & Republik

Im April 1775 gerieten in Massachusetts britische Truppen in ein Geplänkel mit bewaffneten Kolonisten – der Amerikanische Unabhängigkeitskrieg begann. George Washington, ein wohlhabender Farmer aus Virginia, wurde zum Führer der amerikanischen Armee gewählt. Das Problem war nur, dass Washington Schießpulver und Geld fehlten. Die Kolonisten wehrten sich sogar gegen die Steuern, die für ihr eigenes Militär aufgewendet werden sollten. Zudem stellten seine Truppen eine kunterbunte Mischung aus schlecht bewaffneten Bauern, Jägern und Kaufleuten dar, die regelmäßig aufgaben und auf ihre Farmen zurückkehrten – schließlich wurden sie ja nicht bezahlt. Dagegen verkörperten

1620

Die *Mayflower* landet mit 102 englischen Pilgern an Bord in Plymouth. Sie haben sich in die Neue Welt aufgemacht, um religiöser Verfolgung zu entkommen. Die Wampanoag retten sie vor dem Verhungern.

1675

Jahrzehntelang leben die Pilgerväter und die einheimischen Stämme in relativer Eintracht nebeneinander, bis 1675 ein tödlicher Konflikt ausbricht: der Indianeraufstand „King Philip's War“.

1756–1763

Im Siebenjährigen Krieg in Nordamerika ist Frankreich England unterlegen und zieht sich aus Kanada zurück. Großbritannien kontrolliert nun den Großteil des Territoriums östlich des Mississippi.

1773

Aus Protest gegen die britische Teesteuer verkleiden sich die Einwohner Bostons als Mohawaks, besetzen Schiffe der East India Company und werfen deren Teeladungen über Bord: die Boston Tea Party.

DER FLUCH DES TECUMSEH

Einer Legende zufolge lag mehr als 100 Jahre lang ein Fluch über jedem Präsidenten, der in einem Jahr mit einer Null am Ende gewählt wurde (also alle 20 Jahre). Begonnen hat das mit dem späteren Präsidenten William Henry Harrison, der 1811 eine Schlacht gegen die Shawnee gewann und damit die Hoffnungen Tecumsehs (Häuptling der Shawnee-Indianer) auf eine gesamtindianische Allianz zerstörte. Nach der bitteren Niederlage verfluchte ihn Tecumseh ungefähr mit diesen Worten: „Harrison wird sterben und alle 20 Jahre nach ihm jeder, der zum großen Häuptling gewählt wird. Und jedes Mal, wenn einer von ihnen stirbt, werdet ihr euch alle an das Sterben meines Volkes erinnern."

1840 William Henry Harrison wird zum Präsidenten gewählt. Er stirbt nach nur 32 Tagen im Amt an Lungenentzündung – es ist die kürzeste Amtszeit aller amerikanischen Präsidenten.

1860 Wahl Abraham Lincolns, Wiederwahl 1864. Er wird nur fünf Tage nach dem Ende des Bürgerkriegs ermordet.

1880 James Garfield wird angeschossen; er stirbt Monate später an einer Infektion.

1900 William McKinley wird für eine zweite Amtszeit gewählt. Ein Jahr später wird er von einem Anarchisten erschossen.

1920 Wahl Warren G. Hardings. Er stirbt 1923 während eines Besuchs in San Francisco an einem Schlaganfall.

1940 Franklin Roosevelt wird für eine dritte Amtszeit gewählt. Er stirbt 1945 an einem Schlaganfall, nur einen Monat vor der Kapitulation Deutschlands.

1960 John F. Kennedy wird gewählt. Er fällt 1963 einem Anschlag zum Opfer.

1980 Wahl Reagans. Er entkommt 1981 nur knapp dem Attentatsversuch von John Hinckley (dessen Kugel Reagans Herz nur um Zentimeter verfehlt). Der Fluch ist damit gebrochen.

die britischen *Redcoats* (Rotröcke) das mächtigste Militär der Welt. Der unerfahrene General Washington musste ständig improvisieren. Mal zog er sich weise zurück, mal unternahm er Angriffe aus dem Hinterhalt. Während des Winters 1777/78 wäre die amerikanische Armee bei Valley Forge beinahe verhungert.

In der Zwischenzeit versuchte der Zweite Kontinentalkongress in Worte zu fassen, wofür man eigentlich kämpfte. Im Januar 1776 veröffentlichte Thomas Paine den unglaublich beliebten *Common Sense*, in dem er sich leidenschaftlich für die Unabhängigkeit von England einsetzte. Bald erschien die Unabhängigkeit nicht nur als logisch, sondern galt als edel und notwendig. Am 4. Juli 1776 wurde ein Schlussstrich gezogen und die Unabhängigkeitserklärung unterzeichnet, die zu großen Teilen von Tho-

1775

Paul Revere reitet von Bosten nach Westen, um die Minutemen-Miliz der Kolonie vor der Ankunft der Briten zu warnen. Einen Tag später bricht der Amerikanische Unabhängigkeitskrieg aus.

1776

Am 4. Juli unterzeichnen die Kolonien die Unabhängigkeitserklärung. Zu den Männern, die an der Ausarbeitung des Dokuments beteiligt waren, zählen John Hancock, Benjamin Franklin und Thomas Jefferson.

1787

Die Constitutional Convention in Philadelphia arbeitet die amerikanische Verfassung aus. Die Machtverhältnisse zwischen dem Präsidenten, dem Kongress und der Judikative sind ausgeglichen.

1791

Die Bill of Rights wird als Zusatzartikel zur Verfassung verabschiedet. Sie umreißt Bürgerrechte wie die Rede-, Versammlungs-, Religions- und Pressefreiheit sowie das Recht, Waffen zu tragen.

mas Jefferson geschrieben worden war. In der Gründungsurkunde der USA verkündeten die 13 britischen Kolonien ihre Loslösung von Großbritannien und ihr Recht, von nun an als unabhängige und souveräne Staaten zu handeln.

Der Legende nach soll George Washington so ehrlich gewesen sein, dass er, nachdem er als Kind den Kirschbaum seines Vaters gefällt hatte, zugab: „Ich kann nicht lügen. Ich war es, mit meiner Kinderaxt."

Dennoch: Um auf dem Schlachtfeld erfolgreich zu sein, benötigte General Washington Hilfe und nicht hehre Gefühle. 1778 überredete Benjamin Franklin die Franzosen, die stets dazu bereit waren, England Schwierigkeiten zu bereiten, sich mit den Revolutionären zu verbünden. Sie beschafften die Truppen, das Material und die Seemacht. 1781 kapitulierten schließlich die Briten bei Yorktown, VA. Und zwei Jahre später wurden die „Vereinigten Staaten von Amerika" mit dem Frieden von Paris offiziell anerkannt.

Anfangs konnte der lose Bund der aufsässigen, zankenden Staaten, kaum „vereinigt" genannt werden. So trafen sich die Gründerväter 1787 noch einmal in Philadelphia und entwarfen eine Verfassung, in der die Gewaltenteilung festgeschrieben wurde. Um den Einzelnen vor dem Missbrauch staatlicher Macht zu schützen, wurde 1791 schließlich noch die Bill of Rights verabschiedet.

Mit der Verfassung wurde festgelegt, welche Wirkung die Amerikanische Revolution haben sollte: radikale Erneuerung der Regierung und Erhalt der wirtschaftlichen und sozialen Zustände. Die reichen Landbesitzer behielten ihren Besitz, wozu auch die Sklaven gehörten. Die Ureinwohner Amerikas wurden von der Nation und die Frauen von der Politik ausgeschlossen. Diese offensichtlichen Diskrepanzen und Ungerechtigkeiten wurden durchaus wahrgenommen. Doch sie waren das Resultat von pragmatischen Kompromissen (z. B. um die von der Sklavenarbeit abhängigen Südstaaten zur Zustimmung zu bewegen) und der allgemeinen Überzeugung von der Unausweichlichkeit der Lage der Dinge.

Auf in den Westen!

Die außergewöhnliche Reise der Lewis-und-Clark-Expedition nach Westen bis zum Pazifik und wieder zurück kann online unter www.pbs.org/lewisandclark mithilfe historischer Karten, Fotoalben und Tagebuchauszüge nachvollzogen werden.

Als das 19. Jh. anbrach, machte sich in der jungen Nation Optimismus breit. Die Erfindung der Egreniermaschine zur Entkörnung von Baumwolle 1793 – gefolgt von Dreschern, Erntemaschinen, Mähmaschinen und später Mähdreschern – industrialisierte die Landwirtschaft und kurbelte den US-Handel an. Der Louisiana Purchase von 1803 verdoppelte das Territorium der USA, und die Bevölkerung rückte langsam von den Appalachen in Richtung Westen vor.

Die Beziehungen zwischen den USA und Großbritannien blieben – trotz eines lebhaften Handelsaustauschs – angespannt. 1812 erklärten die Vereinigten Staaten England erneut den Krieg. Doch der zwei Jahre andauernde Konflikt endete ohne große Zugewinne für beide Seiten, obwohl die Briten ihre Forts aufgaben und die USA gelobten, sich aus den *entangling alliances* (verwickelten Allianzen) in Europa herauszuhalten.

1803

Napoleon verkauft das Gebiet von Louisiana für nur 15 Mio. US$ an die USA, woraufhin die Grenzen der neuen Nation nun vom Mississippi bis zu den Rocky Mountains reichen.

1803–1806

Präsident Jefferson schickt Lewis und Clark gen Westen. Unter der Führung einer Stammesangehörigen der Schoschonen, Sacagawea, begeben sie sich auf die Reise von St. Louis zum Pazifik.

1812

Der Krieg von 1812 beginnt mit Schlachten gegen die Briten und die Ureinwohner Amerikas im Gebiet der Großen Seen. Aber auch nach dem Frieden von Gent von 1815 gehen die Kämpfe an der Golfküste weiter.

1823

Um die Militäreinsätze der Europäer in Amerika zu beenden, formuliert Präsident Monroe die Monroe-Doktrin. Roosevelt dehnt sie später aus, um Interventionen der USA in Lateinamerika zu rechtfertigen.

In den 1830er- und 1840er-Jahren wuchs, angetrieben durch nationalistischen Eifer und Träumereien von einer Expansion über den gesamten Kontinent, die Einstellung, dass es eine Manifest Destiny (offensichtliche Bestimmung) sei, dass das ganze Land den Amerikanern gehören solle. Während der Indian Removal Act von 1830 (das Gesetz zur Umsiedlung der Indianer) ein Hindernis aus dem Weg räumen sollte, beseitigte der Bau der Eisenbahn ein anderes und verband die Farmen im Mittleren Westen mit den Märkten an der Ostküste.

Eine Gruppe von Texanern war es, die 1836 zu einer Revolution gegen Mexiko aufrief. Zehn Jahre später annektierten die Vereinigten Staaten die Republik Texas, und als die Mexikaner sich beschwerten, zogen die Amerikaner einfach gegen sie in den Krieg. Und weil sie gerade dabei waren, nahmen sie sich auch gleich noch Kalifornien. 1848 wurde Mexiko vernichtend geschlagen und musste die beiden Gebiete an die USA abtreten. Damit war die kontinentale Expansion der Vereinigten Staaten abgeschlossen.

Durch einen merkwürdigen Zufall wurde nur Tage, nachdem der Vertrag mit Mexiko 1848 unterzeichnet worden war, in Kalifornien Gold gefunden. Bereits 1849 strömten ganze Güterzüge voller Bergleute, Pioniere, Unternehmer, Einwanderer, Outlaws und Prostituierter auf der Suche nach dem großen Glück in Richtung Westen. Dies waren aufregende Zeiten, die in die Geschichte eingehen sollten, doch unter der Oberfläche brodelte eine beunruhigende Frage: Würden neue Staaten, die zu Amerika hinzukamen, Staaten mit Sklaven oder freie Staaten sein? Die Zukunft der Nation hing von der Antwort auf diese Frage ab.

Der Bürgerkrieg

Die Verfassung der USA hatte nicht zur Abschaffung der Sklaverei geführt, dem Kongress jedoch die Macht gegeben, die Sklaverei in neuen Staaten entweder zu erlauben oder zu verbieten. In der Öffentlichkeit wurde heftig über die Ausweitung der Sklaverei diskutiert, da vor allem diese Streitfrage die Machtverhältnisse zwischen dem industrialisierten Norden und dem landwirtschaftlichen Süden beeinflusste.

Seit der Gründung der USA hatten Politiker aus dem Süden in der Regierung dominiert und die Sklaverei fanatisch als „natürlich und normal" verteidigt, was ein Leitartikel der *New York Times* von 1856 als „Irrsinn" abstempelte. Die Abolitionisten (Sklavereigegner) aus dem Norden waren erzürnt über die Sklaverei-Lobby aus dem Süden, doch selbst viele Politiker aus dem Norden befürchteten, dass ein Ende der Sklaverei das Land in den Ruin treiben würde. Sie setzten sich für eine Begrenzung der Sklaverei ein und hofften, dass diese im Wettbewerb mit Fleiß und freier Arbeit dahinwelkte, ohne dass ein gewaltsamer Sklavenaufstand angefacht würde – eine ständig drohende Gefahr. Tatsächlich versuchte der

Der Historiker James McPherson ist eine Koryphäe in Sachen Bürgerkrieg. Er gewann den Pulitzer-Preis mit *Für die Freiheit sterben* (1988) – der ganzen herzzerreißenden Saga zwischen zwei Buchdeckeln.

This Republic of Suffering (2008) des Historikers Drew Gilpin Faust zeichnet ein ergreifendes Bild des Bürgerkrieg aus der Sicht von Angehörigen gefallener Soldaten auf beiden Seiten der Mason-Dixon-Linie.

1844

Die erste Telegrafenlinie wird mit der Nachricht „Was hat Gott bewirkt?" eingeweiht. Ein Jahr später erwägt der Kongress den Bau einer transkontinentalen Eisenbahnlinie, die 1869 fertig wird.

1845–1848

Die seit 1835/36 von Mexiko unabhängige Republik Texas tritt den USA bei. Ein Jahr später bricht der Mexikanisch-Amerikanische Krieg aus, in dem die USA weitere Territorien hinzugewinnt.

1849

Nach der Entdeckung von Gold bei Sacramento 1848 ist das Land in einem Goldrausch, der 60 000 49er zu Kaliforniens Mother Lode lockt. Die Einwohnerzahl San Franciscos schnellt von 850 auf 25 000.

1861–1865

Der Amerikanische Bürgerkrieg zwischen dem Norden und dem Süden bricht aus. Das Kriegsende vom 9. April 1865 wird eine Woche später von der Ermordung Präsident Lincolns überschattet.

radikale Sklavengegner John Brown 1859 bei Harpers Ferry (erfolglos), einen Aufstand anzuzetteln.

Die Wirtschaftlichkeit der Sklaverei ließ sich nicht bestreiten: 1860 gab es in den USA mehr als 4 Mio. Sklaven, die überwiegend auf den Plantagen im Süden arbeiteten. Dort wurden 75% der weltweit angebauten Baumwolle geerntet, was wiederum über die Hälfte der US-amerikanischen Exporte ausmachte. Die Wirtschaft des Südens stützte also die Wirtschaft der ganzen Nation, und dafür brauchte sie Sklaven. Die Präsidentschaftswahl im Jahr 1860 sollte zu einer Abstimmung über dieses Thema werden. Es gewann ein junger Politiker, der sich für die Einschränkung der Sklaverei einsetzte: Abraham Lincoln.

Schon der bloße Gedanke an landesweite Beschränkungen war für die Südstaatler unerträglich. Als Lincoln sein Amt antrat, fielen elf Staaten von der Union ab und gründeten die Konföderation der Staaten von Amerika. Der junge Präsident sah sich mit der bislang schwierigsten Entscheidung konfrontiert, die die Nation je zu treffen hatte. Er hatte die Wahl: entweder die Staaten des Südens ziehen zu lassen und die Union aufzulösen oder einen Krieg zu führen, um die Union aufrecht zu erhalten. Er entschied sich für die zweite Option. Der Krieg kam schnell.

Steven Spielbergs Film *Lincoln* (2012) beschwört meisterhaft die letzten Monate im Leben des größten aller amerikanischen Präsidenten (Daniel Day-Lewis gewann für seine Darstellung einen Oscar).

Er brach im April 1861 mit dem Angriff der Konföderation auf Fort Sumter in Charleston, SC, aus und sollte vier Jahre lang toben – mit den bis dahin grausamsten Schlachten, die die Welt je gesehen hatte. Am Ende waren über 600 000 Soldaten tot – beinahe eine ganze Generation junger Männer –, und die Plantagen und Städte im Süden (vor allem Atlanta) waren geplündert und niedergebrannt. Die industrielle Stärke des Nordens erwies sich als Vorteil, aber sein Sieg war nicht vorherzusehen; er zeichnete sich erst nach unzähligen blutigen Schlachten ab.

Je länger die Kämpfe andauerten, desto stärker war Lincoln davon überzeugt, dass ein Sieg ohne die Abschaffung der Sklaverei völlig sinnlos wäre. In seiner Emanzipationsproklamation von 1863 weitete er die Kriegsziele aus und verkündete die Befreiung aller Sklaven. Im April 1865 kapitulierte der General der Konföderierten, Robert E. Lee, vor dem Unionsgeneral Ulysses S. Grant in Appomattox, VA. Die Union war gerettet, aber der Preis dafür war erschreckend hoch.

Great Depression, New Deal & Zweiter Weltkrieg

Im Oktober 1929 begannen Investoren, beunruhigt über eine lahmende Weltwirtschaft, ihre Aktienpakete zu verkaufen. Und als die anderen Verkäufer dies sahen, gerieten sie so in Panik, dass schließlich alle alles verkauften, bis nichts mehr übrig war. Der Aktienmarkt kollabierte, und die US-Wirtschaft stürzte in sich zusammen wie ein Kartenhaus.

1867	1870	1880–1920	1882
Alaska Purchase: Für etwas mehr als 7 Mio. US$ bzw. 0,0004 Cent pro Quadratmeter verkauft Russland Alaska an die USA. 101 Jahre später wird man dort riesige Erdölfelder entdecken – was für ein Geschäft!	Freie schwarze Männer erhalten das Stimmrecht; die Jim-Crow-Gesetze, die im Süden unter den Befürwortern der Rassentrennung auftauchen, diskriminieren die Schwarzen im Endeffekt aber.	Millionen von Einwanderern strömen aus Europa und Asien nach Amerika und läuten das Zeitalter der Städte ein. New York, Chicago und Philadelphia entwickeln sich zu globalen Industrie- und Handelszentren.	Rassistische Ressentiments führen vor allem in Kalifornien zum Chinese Exclusion Act, dem einzigen US-Einwanderungsgesetz, das die Einwanderung einer bestimmten Rasse ausschießt.

AFROAMERIKANER: DER KAMPF UM DIE GLEICHBERECHTIGUNG

Es ist unmöglich, die Geschichte Amerikas zu verstehen, ohne das große Ringen und die hart erkämpften Siege der Afroamerikaner in allen Lebensbereichen zu berücksichtigen.

Sklaverei

Von Anfang des 17. Jhs. bis ins 19. Jh. wurden ca. 600 000 Sklaven von Afrika nach Amerika gebracht. Diejenigen, die die schreckliche Reise in überfüllten Schiffen überlebten (manchmal starb dabei die Hälfte der Menschen an Bord), wurden auf Sklavenmärkten verkauft (1638 kostete ein afrikanischer Mann 27 US$). Die meisten landeten auf den Plantagen im Süden, wo es brutal zuging (Auspeitschungen, Brandzeichen etc.).

Alle (weißen) Menschen sind gleich geschaffen

Viele der Gründerväter – George Washington, Thomas Jefferson und Benjamin Franklin – besaßen selbst Sklaven, verurteilten aber insgeheim diese Praxis. Eine Bewegung zur Abschaffung der Sklaverei entstand erst in den 1830er-Jahren, lange nachdem die aufrüttelnde, aber letztlich leere Phrase *all men are created equal* („alle Menschen sind gleich geschaffen") in der Unabhängigkeitserklärung niedergeschrieben wurde.

Endlich frei

Während einige revisionistische Historiker die Rechte der Staaten als Auslöser des Bürgerkriegs ansehen, sind sich die meisten Wissenschaftler einig, dass es bei dem Krieg eigentlich um die Sklaverei ging. Nachdem die Union bei Antietam den Sieg errungen hatte, verfasste Lincoln die Emanzipationsproklamation, die die Sklaverei in allen besetzten Gebieten abschaffte. Afroamerikaner kämpften von da an gemeinsam mit der Union, und am Ende des Krieges dienten 180 000 von ihnen in der Armee.

Jim-Crow-Gesetze

Während der Reconstruction (1865–1877) schützten Bundesgesetze die Bürgerrechte der frisch befreiten Schwarzen. Die Verbitterung der Südstaatler und die jahrhundertealten Vorurteile sorgten aber für einen Rückschlag. In den 1890ern tauchten die Jim-Crow-Gesetze (benannt nach einem stereotypen Charakter einer Minstrel-Show) auf. Afroamerikaner wurden faktisch entrechtet, und Amerika war tief gespalten.

Bürgerrechtsbewegung

Anfang der 1950er-Jahre bildete sich in afroamerikanischen Gemeinden eine Bewegung heraus, die für Gleichberechtigung kämpfte. Rosa Parks, die sich weigerte, ihren Sitzplatz für einen weißen Fahrgast zu räumen, löste den Montgomery Bus Boykott aus. Es gab Sitzblockaden an Imbissstuben, in denen Schwarze nicht zugelassen waren, Demos, die von Martin Luther King Jr. in Washington, D.C., angeführt wurden, und qualvolle Reisen von „Freiheitsrittern", die darauf abzielten, der Rassentrennung in Bussen ein Ende zu bereiten. Die Anstrengungen von Millionen Menschen zahlten sich aus: Präsident Johnson unterzeichnete 1964 den Civil Rights Act, der Diskriminierung und Rassentrennung verbot.

1896

Im Fall *Plessy vs. Ferguson* entscheidet der Oberste Gerichtshof, dass „getrennte, aber gleiche" öffentliche Einrichtungen für Schwarze und Weiße legal sind, da die Verfassung nur politische Gleichheit garantiert.

1898

Nach dem Sieg im Spanisch-Amerikanischen Krieg erlangen die USA die Kontrolle u. a. über die Philippinen. Der blutige Krieg der Philippiner lässt die USA vor weiteren kolonialen Bestrebungen zurückschrecken.

1906

Upton Sinclairs Exposé *Der Dschungel* wird veröffentlicht, das sich mit Chicagos unappetitlicher Fleischindustrie befasst. Viele Arbeiter leiden unter Armut und arbeiten unter gefährlichen Bedingungen.

1908

In Detroit, MI, wird das erste Model-T-Auto (auch als „Tin Lizzy", etwa „Blechliesel" bekannt) gebaut. Der Erfinder des Fließbands, Henry Ford, verkauft bald jährlich über 1 Mio. Automobile.

Die Great Depression nahm ihren Lauf: Verängstigte Banker kündigten unsichere Kredite auf, die Menschen konnten diese nicht zurückzahlen, und die Banken brachen zusammen. Millionen Menschen verloren ihre Häuser, Farmen, Geschäfte und Ersparnisse, und unglaubliche 50% der amerikanischen Arbeiterschaft verloren ihre Jobs.

Der Demokrat Franklin D. Roosevelt wurde 1932 zum Präsidenten gewählt. Er hatte versprochen, einen „New Deal" ins Leben zu rufen, der die USA aus der Krise retten sollte, was er mit durchschlagendem Erfolg dann auch tat. Als in Europa 1939 erneut Krieg ausbrach, war die isolationistische Stimmung in Amerika so stark wie eh und je. Dennoch hatte der unglaublich beliebte Roosevelt, der 1940 zu einer bis dahin noch nie dagewesenen dritten Amtszeit gewählt worden war, verstanden, dass die USA nicht dasitzen durften, während die faschistischen, totalitären Regimes den Sieg errangen. Roosevelt entsandte Hilfe nach Großbritannien und überzeugte den nervösen Kongress, mitzuziehen.

Dann, am 7. Dezember 1941, starteten die Japaner einen Überraschungsangriff auf Pearl Harbor auf Hawaii, töteten dabei über 2000 Amerikaner und versenkten mehrere Schlachtschiffe. Als der US-amerikanische Isolationismus über Nacht in Empörung umschlug, verfügte Roosevelt plötzlich über die Unterstützung, die er brauchte. Deutschland erklärte auch den Vereinigten Staaten den Krieg und Amerika schloss sich dem Kampf der Alliierten gegen Hitler und die Achsenmächte an. Von diesem Augenblick an investierten die USA fast ihre gesamte Kraft und ihre gesamte industrielle Macht in die Kriegsanstrengungen.

Zu Anfang liefen die Dinge für die USA weder auf dem pazifischen noch auf dem europäischen Kriegsschauplatz gut. Im Pazifik wendete sich das Blatt erst, als die Amerikaner im Juni 1942 die japanische Flotte unerwarteterweise in der Schlacht um die Midwayinseln schlugen. Danach drängten die USA die Japaner in einer Reihe von grausamen Schlachten zurück und nahmen die pazifischen Inseln wieder ein.

In Europa versetzten die USA Deutschland mit ihrer Landung in der Normandie am 6. Juni 1944 den entscheidenden Schlag. Da Deutschland nicht in der Lage war, einen Zweifrontenkrieg durchzustehen (die Sowjetunion an der Ostfront verteidigte erbittert ihr Gebiet), kapitulierten die Deutschen im Mai 1945.

Japan führte seinen Kampf dennoch fort, und so entschloss sich der neu gewählte Präsident Harry Truman – angeblich aus Sorge darüber, dass eine amerikanische Invasion in Japan zu einem beispiellosen Gemetzel führen könnte – im August 1945 zum Abwurf von Test-Atombomben auf Hiroshima und Nagasaki. Die im geheimen Manhattan-Projekt entwickelten Bomben verwüsteten beide Städte und töteten über 200 000 Menschen. Nur wenige Tage später kapitulierte Japan. Das Nuklearzeitalter hatte begonnen.

INDIGENE AMERIKANER

Entschieden und ernüchternd schildert Dee Brown in *Begrabt mein Herz an der Biegung des Flusses* (1970) die Geschichte der Indianerkriege des späten 19. Jhs. aus der Perspektive der amerikanischen Ureinwohner.

1914

Der Panamakanal verbindet nun den Atlantik mit dem Pazifik. Die USA bekamen das Recht zum Bau des Kanals, weil sie in Panama eine Revolte über dessen Unabhängigkeit von Kolumbien angezettelt hatten.

1917

Unter Präsident Woodrow Wilson treten die USA in den Ersten Weltkrieg ein. Es werden 4,7 Mio. Soldaten mobilisiert, von denen 110 000 fallen. Insgesamt fordert der Krieg 9 Mio. Todesopfer.

1919

Prohibition: Die Abstinenzbewegung bewirkt die 18. Verfassungsänderung. Das Verbot von Alkohol ist jedoch ein Fehlschlag und führt zur Blüte des organisierten Verbrechens. 1933 wird die Änderung aufgegeben.

1920er-Jahre

Angestoßen durch die Abwanderung von Schwarzen in die Städte im Norden, regt die Harlem Renaissance eine Blütezeit der Literatur, Kunst und Musik an. Bedeutende Persönlichkeiten: Du Bois und Hughes.

Die Red Scare, Bürgerrechte & die Kriege mit Asien

In den Jahrzehnten nach dem Zweiten Weltkrieg genossen die Vereinigten Staaten zwar einen noch nie dagewesenen Wohlstand, erlebten aber auch eine wenig friedliche Zeit.

Im Krieg waren sie noch Verbündete, nun lieferten sich die kommunistische Sowjetunion und die kapitalistischen USA bald einen Wettlauf um die Weltherrschaft. Die Supermächte trugen Stellvertreterkriege wie den Koreakrieg (1950–1953) und den Vietnamkrieg (1954–1975) aus, und nur die drohende Gefahr eines mit Nuklearwaffen ausgetragenen Konflikts, der den gesamten Planeten auslöschen würde, verhinderte einen offenen Krieg. Die im Jahr 1945 gegründeten Vereinten Nationen (UN) konnten diese Spaltung der Welt nicht überwinden, und nur selten gelang es ihnen, Konflikte des Kalten Krieges zu verhindern.

Unterdessen erlebte die amerikanische Heimat, die durch den Zweiten Weltkrieg nicht unmittelbar beeinträchtigt worden war, in den folgenden Jahrzehnten einen wirtschaftlichen Aufschwung und tauchte in ein Zeitalter wachsenden Wohlstands ein. In den 1950ern verließen die Menschen in Scharen die Innenstädte und zogen in die Vorstädte, in denen vermehrt erschwingliche Einfamilienhäuser entstanden. Die Amerikaner brausten mit günstigen Autos und preiswertem Sprit über nagelneue Autobahnen. Sie genossen die Bequemlichkeiten, die ihnen die moderne Technik bot, glotzten wie verrückt TV und lösten einen wahren „Babyboom" aus.

Doch an dem Wohlstand hatte nur die weiße Mittelschicht Anteil. Die Afroamerikaner blieben außen vor, arm und unerwünscht. Unter Berufung auf den Abolitionisten Frederick Douglass (19. Jh.) versuchte die „Southern Christian Leadership Coalition" (SCLC) des afroamerikanischen Predigers Martin Luther King Jr., die Rassentrennung zu überwinden und „Amerikas Seele zu retten" – d.h., eine Gerechtigkeit zu schaffen, die nicht nach Hautfarben unterschied und gleiche, faire Chancen für alle bot.

Erstmals predigte und organisierte King in den 1950er-Jahren überwiegend im Süden den gewaltlosen Widerstand in Form von Bus-Boykotten, Märschen und Sitzstreiks. Weiße Polizisten gingen häufig mit Wasserwerfern und Schlagstöcken gegen die Proteste vor, und hin und wieder eskalierten Demonstrationen zu Ausschreitungen, doch mit dem Civil Rights Act von 1964 setzte die afroamerikanische Bewegung eine Gesetzgebung in Gang, mit der die bis dahin gültigen rassistischen Gesetze aufgehoben wurden. Damit wurde der Grundstein für eine gerechtere und gleichberechtigte Gesellschaft gelegt.

Derweil brachten die 1960er-Jahre weitere soziale Umbrüche: Der Rock'n'Roll löste eine Jugendrebellion aus; von Drogen berauscht er-

In *Die Seelen der Schwarzen* (1903) beschreibt W. E. B. Du Bois, der an der Gründung der National Association for the Advancement of Colored People (NAACP; Nationale Organisation für die Förderung farbiger Menschen) beteiligt war, wortgewandt das politische und kulturelle „Rassendilemma", dem sich das Amerika des frühen 20. Jhs. gegenübergestellt sah.

RASSEN-POLITIK

1929

Der Krach an der New Yorker Börse als Folge von Überproduktion und Spekulationsfieber löst letztlich die Weltwirtschaftskrise aus. In der Folge verlieren Millionen Amerikaner Job und Vermögen.

1933–1938

Der New Deal von Präsident Franklin D. Roosevelt bekämpft die hohe Arbeitslosigkeit infolge der Weltwirtschaftskrise. Er begründet damit eine US-amerikanische Sozialpolitik.

1941–1945

Der Zweite Weltkrieg: Amerika setzt 16 Mio. Soldaten ein, von denen 400 000 fallen. Insgesamt fordert der Krieg doppelt so viele zivile wie militärische Todesopfer.

1948–1951

Der Marshallplan lässt 12 Mrd. US$ nach Europa fließen, die die Erholung vom Zweiten Weltkrieg unterstützen sollen. Der Plan soll außerdem den Sowjet-Einfluss eindämmen und die US-Wirtschaft ankurbeln.

lebten die Blumenkinder Visionen in Technicolor. Schwarze Realität war hingegen die Ermordung des Präsidenten John F. Kennedy 1963 in Dallas, der 1968 die tödlichen Anschläge auf seinen Bruder, Senator Robert Kennedy, und Martin Luther King folgten. Das Vertrauen der Amerikaner in ihre Oberhäupter und ihre Regierung wurde durch die Bombenanschläge und den Vietnamkriegs, den sie über das Fernsehen verfolgten, weiter erschüttert. In der Folge kam es zu Studentenprotesten.

Wer den Behauptungen von Politikern nicht immer Glauben schenken mag, findet auf der unabhängigen Website factcheck.org, die sich selbst als „Verfechter der Verbraucher" sieht, eine Anlaufstelle, die die Statements von US-Politikern während Debatten, Reden, Interviews und in Wahlkampfwerbespots auf ihre Richtigkeit hin überprüft. Eine tolle Seite, um die Wahrheit von leerem Geschwafel zu unterscheiden – besonders in Wahlkampfzeiten.

Doch Richard Nixon, der 1968 u. a. für sein Versprechen zum Präsidenten gewählt wurde, den Krieg zu einem „ehrenvollen Ende" zu führen, verstärkte stattdessen den Einsatz der USA und bombardierte heimlich Laos und Kambodscha. 1972 sorgte die Watergate-Affäre für Aufregung: Zwei unermüdliche Journalisten belasteten „Tricky Dick" im Zusammenhang mit einem Einbruch in das Hauptquartier der Demokratischen Partei. 1974 kam Nixon schließlich einer Amtsenthebung zuvor und erklärte als erster US-Präsident der Geschichte seinen Rücktritt.

In den stürmischen Zeiten der 1960er und 1970er erlebte Amerika außerdem die sexuelle Revolution, die Frauenbewegung, den Kampf um die Rechte Homosexueller sowie Öl- und Energiekrisen und musste – infolge der Veröffentlichung des Buches *Der stumme Frühling* von Rachel Carson 1962 – erkennen, dass die Industrie die Umwelt verschmutzt und krank gemacht hatte.

Reagan, Clinton & Bush

1980 trat der Republikaner, kalifornische Gouverneur und ehemalige Schauspieler Ronald Reagan mit dem Versprechen bei den Präsidentschaftswahlen an, den Amerikanern beim Gedanken an ihr Land wieder ein gutes Gefühl zu geben. Der leutselige Reagan gewann mühelos. Seine Wahl markierte einen ausgeprägten Rechtsruck in der US-Politik.

Reagans Ziel war es, den Kommunismus zu besiegen, die Wirtschaft wieder auf Kurs zu bringen und zu deregulieren und die Steuern zu senken. Um die ersten beiden Punkte zu erreichen, startete er die größte Aufrüstung, die es in Friedenszeiten je gegeben hatte, und forderte die Sowjets heraus, mitzuhalten. Bei diesem Versuch gingen diesen die finanziellen Mittel aus, und die UdSSR brach zusammen.

Die Militärausgaben und die Steuereinschnitte hatten zu einem riesigen Defizit im Staatshaushalt geführt, was die Präsidentschaft von Reagans Nachfolger George Bush erheblich beeinträchtigte. Obwohl er Kuwait 1991 nach einer irakischen Invasion befreien konnte und somit den Golfkrieg gewann, wurde er bei den Präsidentschaftswahlen 1992 von seinem demokratischen Herausforderer aus dem Süden, Bill Clinton, deutlich geschlagen. Dieser hatte das Glück, den Hightech- und Internetboom der 1990er-Jahre zu erwischen, der eine „neue Wirtschaft" zu verheißen schien, die auf Telekommunikation und geistiger Arbeit ba-

1954

Der Oberste Gerichtshof befindet, dass die Rassentrennung in öffentlichen Schulen dem Gleichheitsprinzip widerspreche. Der Kampf für integrierte Schulen dient der Bürgerrechtsbewegung als Katalysator.

1963

Am 22. November wird Präsident John F. Kennedy in aller Öffentlichkeit erschossen, während er in einer Wagenkolonne über die Dealey Plaza in Dallas, Texas fährt.

1964

Der Civil Rights Act wird verabschiedet; die Diskriminierung aufgrund von Rasse, Hautfarbe, Religion, Geschlecht oder Abstammung wird verboten. Das Gesetz gilt als eine Haupterrungenschaft von Präsident Johnson.

1965–1975

Die Beteiligung der USA am Vietnamkrieg spaltet die Nation: Neben 58 000 amerikanischen fordert der Krieg auch 4 Mio. vietnamesische und 1,5 Mio. laotische und kambodschanische Todesopfer.

sierte. Die amerikanische Wirtschaft glich ihr Defizit aus und fuhr sogar einen Überschuss ein, und Clinton regierte während eines der am längsten anhaltenden Wirtschaftsaufschwünge, die Amerika je gesehen hatte.

George W. Bush, ältester Sohn von George Bush, gewann die Präsidentschaftswahlen 2000 und 2004 mit solch knappem Vorsprung, dass die geteilten Ergebnisse geradezu ein Sinnbild für die immer stärker geteilte Nation zu sein schienen. Er hatte wiederum das Pech, das Land in

IHR KAMPF FÜR DEN WANDEL: FÜNF MENSCHEN, DIE DIE GESCHICHTE VERÄNDERTEN

Die amerikanische Geschichte ist voller überdimensionaler Figuren, die durch ihre kühnen Taten, oft verbunden mit großen persönlichen Opfern, einen Umschwung herbeiführten. Obwohl die meiste Aufmerksamkeit oft den Präsidenten zuteil wird, gibt es doch zahllose relativ unbekannte Visionäre, die enorme Beiträge zum gesellschaftlichen Leben geleistet haben.

Rachel Carson (1907–1964) Die wortgewandte Schriftstellerin mit dem scharfen wissenschaftlichen Verstand unterstützte die Umweltschutzbewegung, als diese noch in den Kinderschuhen steckte. Ihr Pionierwerk *Der stumme Frühling* beschreibt die Umweltbedrohungen, die von Pestiziden und einer unregulierten Industrie ausgehen. Die danach entstandene Basisbewegung trieb die Gründung der Environmental Protection Agency entscheidend voran.

Cesar Chavez (1927–1993) In der zweiten Generation mexikanischer Einwanderer in den USA in einem Arbeitslager für Landarbeiter aufgewachsen (in dem seine gesamte Familie für 1 US$ am Tag schuftete), war Chavez eine charismatische und beeindruckende Persönlichkeit – Gandhi und Martin Luther King Jr. gehörten zu seinen Idolen. Er gründete die amerikanische Farmarbeiter-Union United Farm Workers und gab damit Tausenden armer Immigranten Hoffnung, Würde und eine bessere Zukunft.

Harvey Milk (1930–1978) Kaliforniens erster offen schwuler Staatsdiener war ein unermüdlicher Verfechter im Kampf gegen die Diskriminierung und ermutigte Schwule und Lesben dazu, „sich zu outen, aufzustehen und es alle Welt wissen zu lassen. Nur so können wir irgendwann zu unseren Rechten kommen." Milk wurde 1978, zusammen mit dem Bürgermeister von San Francisco, George Moscone, ermordet.

Betty Friedan (1921–2006) Als Gründerin der National Organization of Women (NOW) wirkte Friedan maßgeblich an der feministischen Bewegung der 1960er-Jahre mit. Friedans bahnbrechendes Buch *Der Weiblichkeitswahn* inspirierte Millionen Frauen dazu, sich ein Leben jenseits des bloßen Hausfrauendaseins vorzustellen.

Ralph Nader (geb. 1934) Der ewige Präsidentschaftskandidat (2008 bekam er 738 000 Stimmen) ist einer der unerschütterlichsten Verbraucherschützer Amerikas. Anwalt Nader schloss sein Jurastudium in Harvard ab und war entscheidend daran beteiligt, dass die Autos der Amerikaner sicherer, die Medikamente günstiger und die Luft und das Wasser sauberer wurden.

1969

Amerikanische Astronauten landen auf dem Mond und erfüllen Präsident Kennedys unglaubwürdiges Versprechen von 1961, dieses Ziel innerhalb der folgenden zehn Jahre zu erreichen.

DENNIS JOHNSON / GETTY IMAGES ©

➡ Astronautenanzug

1973

Im Fall *Roe vs. Wade* entscheidet der Oberste Gerichtshof, dass Schwangerschaftsabbrüche legal sind. Bis heute wird gestritten – Anwälte proklamieren Wahlfreiheit, Abtreibungsgegner das Recht auf Leben.

1980er-Jahre

Die Finanzinstitutionen, die unter Präsident Reagan eine Deregulierung erfahren hatten, spekulieren – und verlieren. Zurück bleibt eine Rechnung von 125 Mrd. US$, die die Regierung übernehmen muss.

der Zeit zu regieren, in der die Hightech-Blase 2000 platzte. Trotzdem ordnete er Steuersenkungen an, die das Staatsdefizit so weit in die Höhe trieben wie nie zuvor. Bush war zudem ein Verfechter der „Backlash"-Bewegung der konservativen Rechten, die sich seit der Zeit Reagans formiert hatte.

The People: Indians of the American Southwest (1993) von Stephen Trimble ist ein facettenreicher Bericht über die Geschichte und die heutige Kultur der Ureinwohner – so, als erzählten hier die Ureinwohner selbst.

Am 11. September 2001 steuerten islamische Terroristen von ihnen entführte Flugzeuge in das World Trade Center in New York und das Pentagon in Washington, D.C. Dieser verheerende Anschlag vereinte die Amerikaner hinter ihrem Präsidenten, der Rache schwor und den „Krieg gegen den Terror" ausrief. Bush griff auf seiner erfolglosen Suche nach Al-Qaida-Terrorzellen schon bald Afghanistan an, fiel 2003 im Irak ein und stürzte dort den antiamerikanischen Diktator Saddam Hussein. Der Irak versank derweil im Bürgerkrieg.

Nach mehreren Skandalen und Misserfolgen – Folterbilder aus Abu Ghraib, die Reaktion der Regierung auf die Folgen des Hurrikans Katrina und die Unfähigkeit, den Irakkrieg zu beenden – erreichten Bushs Umfragewerte in der zweiten Hälfte seiner Präsidentschaft historische Tiefwerte.

Obama

2008 wählten die Amerikaner in der Hoffnung auf Veränderungen den politischen Newcomer Barack Obama zu Amerikas erstem schwarzem Präsidenten. Und er hatte gleich alle Hände voll zu tun. Es waren auch für die Wirtschaft fast beispiellose Zeiten, sahen sich die USA doch der größten Finanzkrise seit der Großen Depression ausgesetzt. 2007 platzte die Immobilienblase, gefolgt vom Zusammenbruch einiger Großbanken. Die Schockwelle raste über den Globus, und 2008 bescherte vielen Industrienationen eine mehr oder weniger stark ausgeprägte Rezession.

Das 21. Jh. begann für die USA mit Sicherheit turbulent. Vielen Amerikanern fiel es angesichts der Vergangenheit schwer, positiv in die Zukunft zu sehen. Das konnte nicht überraschen, schließlich waren die ein Jahrzehnt zuvor begonnenen Kriege in Afghanistan und im Irak im schnelllebigen Nachrichtengeschäft zwar keine Eilmeldungen mehr wert, köchelten aber im Hintergrund weiter vor sich hin. Zudem brachte der zehnte Jahrestag des 11. September die Erinnerungen an jene Tausende zurück, die den terroristischen Anschlägen zum Opfer gefallen waren. Einige Monate zuvor hatten Navy-Seals-Einheiten in einem von Präsident Obama angeordneten Überraschungsangriff das Versteck Osama bin Ladens in Pakistan ausfindig gemacht und den Kopf von Al-Qaida und Amerikas Staatsfeind Nr. 1 getötet.

Nachdem Präsident Obama in sachlichen Worten über den erfolgreichen Angriff berichtet hatte, stiegen seine Umfragewerte schlagartig um 11 %. Es war ein Auftrieb, den der Präsident dringend nötig hatte.

1989

Der Fall der 1961 errichteten Berliner Mauer markiert das Ende des Kalten Krieges zwischen den USA und der UdSSR (mittlerweile Russland). Die USA sind nun die letzte verbleibende Supermacht.

1990er

Das World Wide Web gibt 1991 sein Debüt, das die Welt der Kommunikation neu definiert. Die überbewerteten Technologie-Aktien sorgen für einen gigantischen Boom (und eine gigantische Pleite).

2001

Am 11. September entführen Al-Qaida-Terroristen vier Linienflugzeuge und steuern zwei von ihnen in die New Yorker WTC-Türme und eines ins Pentagon. Fast 3000 Menschen werden getötet.

2003

Unter Berufung auf Beweise dafür, dass der Irak Massenvernichtungswaffen besitzt, startet Präsident George W. Bush einen Präventivkrieg, der über 4000 Amerikaner das Leben kosten wird.

Die Wirtschaft war immer noch in schlechter Verfassung. Das ehrgeizige 800 Mrd. US$ schwere Konjunkturpaket, das der Kongress 2009 verabschiedet hatte, trug in den Augen vieler Amerikaner kaum Früchte – auch wenn die Ökonomen davon ausgingen, dass die Rezession durch diese Unterstützung deutlich abgemildert wurde und es auch viel schlimmer hätte kommen können. Am Ende von Obamas erster Amtszeit dümpelten die Umfragewerte um die 49%, was ohne Zweifel der lahmenden Wirtschaftslage zuzuschreiben war.

Entlassungen, überbewertete Hypotheken und wenig Hoffnung auf Besserung zogen Millionen Amerikaner in den Abgrund. Gegen diese Rezession half kein erhöhter Konsum, wie es Obamas Vorgänger versprochen hatte, und auch ein wenig mehr Sparsamkeit machte keinen Unterschied. Die Menschen waren wütend und taten sich zusammen, um ihrem Ärger Luft zu machen. Das wiederum führte zur Gründung der Tea Party, einem ultrakonservativen Flügel der Republikaner, der Obamas Politik vorwarf, zu linksgerichtet zu sein und befürchtete, dass staatliche Zuwendungen die Wirtschaft und damit die USA zerstörten. Der Zorn richtete sich besonders gegen hohe Staatsausgaben, staatliche Rettungsaktionen (im Bankensektor und in der Autoindustrie) und vor allem gegen Obamas Gesundheitsreform (höhnisch „Obamacare" genannt).

MINDERHEITEN

Wenn Geschichte eine Frage der Sichtweise ist, so macht Howard Zinn klar, für wen er Partei ergreift: In *Eine Geschichte des amerikanischen Volkes* (1980 & 2005) erzählt er die oft übersehene Geschichte der Arbeiter, Minderheiten, Einwanderer, Frauen und Radikalen.

Gesundheit für alle

Von den Demokraten wurde Obamas Gesundheitsreform, die 2010 in Kraft trat, jedoch als bedeutender Sieg gefeiert, der mehr Amerikanern das Gesundheitssystem zugänglich machte, die Kosten senkte und Schlupflöcher stopfte, die es Versicherungsträgern erlaubte, Einzelnen die Mitgliedschaft zu verweigern. Dennoch hagelte es Kritik von beiden Seiten. Die Rechte sprach von Sozialismus, die Linke bemängelte das Fehlen staatlicher Eingriffsmöglichkeiten (etwa eine staatliche Absicherung, damit die Menschen nicht der Gnade der Versicherungsgesellschaften ausgeliefert blieben).

Ob das neue Gesetz die von den Demokraten angepriesenen hohen Ziele erreicht (30 Mio. bislang unversicherten Amerikanern diesen Versicherungsschutz zukommen zu lassen, außerdem niedrigere Prämien für alle) oder aber Schiffbruch erleidet wie die Republikaner erwarten (wegen aufgeblähter Budgets und weil gigantische Arbeitsplatzverluste drohen), muss die Zukunft zeigen.

2005
Am 29. August trifft der Hurrikan Katrina die Küste von Mississippi und Louisiana und überflutet New Orleans. Über 1800 Menschen kommen ums Leben, die Kosten belaufen sich auf über 220 Mrd. US$.

2008–2009
Barack Obama wird zum ersten afroamerikanischen Präsidenten der USA gewählt. Er verspricht eine politische und moralische Erneuerung der USA.

2012
Wirbelsturm Sandy verheert die Ostküste. Die Schäden in Höhe von 65 Mrd. US$ machen ihn zum zweitteuersten der amerikanischen Geschichte. Über 80 Amerikaner sterben (und weitere 200 in anderen Ländern).

2013
Edward Snowden enthüllt Informationen über ein Abhörprogramm, mit dem der Geheimdienst die Kommunikationskanäle amerikanischer Bürger und befreundeter Staaten überwacht, und löst einen Skandal aus.

Lebensart

Amerika ist einer der größten Schmelztiegel der Welt und vereint eine erstaunliche Vielzahl von Kulturen und Religionen. Diese Vielfältigkeit de Landes wurde durch die lange Reihe der Einwanderer geprägt, auch wenn regionale Unterschiede (Ost- und Westküste, Mittlerer Westen, Süden) heute eine ähnlich herausragende Rolle spielen, wenn es darum geht, die amerikanische Identität zu definieren. Religion, Sport, Politik und natürlich der sozioökonomische Hintergrund sind ebenfalls tragende Säulen der komplexen amerikanischen Lebensart.

Multikulti

In den USA lebt nach Mexiko die größte spanischsprachige Gemeinschaft der Welt, direkt gefolgt von Spanien. Die Hispanics sind die am schnellsten wachsende Minderheit des Landes.

Von Anfang an galt Amerika als *melting pot*, als Schmelztiegel, in dem Neuankömmlinge sich in die bestehende Gesellschaft zu integrieren hatten. Dieser Gedanke ist einerseits immer noch spürbar, wenn die Vielfalt mit dem Cinco de Mayo, dem Martin Luther King Day und dem chinesischen Neujahrsfest gefeiert wird. Andererseits wollen auch viele Amerikaner lieber am Status quo festhalten.

Einwanderung ist ein heiß diskutiertes Thema. Immigranten machen heute etwas mehr als 13% der Bevölkerung aus, rund 480000 von ihnen wandern legal in die USA ein, wobei die meisten aus Mexiko, Asien und Europa stammen. Weitere etwa 11 Mio. sind illegal im Land. Genau darüber erhitzen sich die amerikanischen Gemüter, vor allem wenn das Thema politisiert wird.

Seit über zehn Jahren geistert das Wort „Einwanderungsreform" durch Washington. Manche sind der Meinung, dass die Regierung mit illegalen Einwanderern zu nachsichtig umgeht; sie fordern die Errichtung von Mauern an der Grenze, die Abschiebung illegaler Einwanderer und Sanktionen gegen Arbeitgeber, die sie beschäftigen. Andere halten die Gesetze für zu streng und sind der Meinung, dass Einwanderer, die seit Jahren in Einklang mit dem Gesetz in den USA leben und die Gesellschaft bereichern, Amnestie verdienen. Sie könnten eine Strafe zahlen, den nötigen Papierkram für die Einbürgerung erledigen und mit ihren Familien im Land bleiben. Trotz mehrerer Versuche war der Kongress bisher nicht in der Lage, ein umfangreiches Gesetz zur illegalen Einwanderung zu verabschieden. Bisher reichte es nur für die Verschärfung einiger Bestimmungen.

Jede Woche lauschen 4 Mio. Amerikaner der altmodischen Radioshow *A Prairie Home Companion* von Garrison Keillor, dem Geschichtenerzähler des Mittleren Westens; Livemusik, Sketche und Anekdoten gibt's unter http://prairiehome.publicradio.org.

Hinsichtlich der Toleranz gegenüber einer multikulturellen Gesellschaft spielt das Alter eine große Rolle. Laut einer kürzlich vom Pew Research Center durchgeführten Studie bejaht nur ein Drittel der älteren Amerikaner die Frage, ob Einwanderung das Land bereichert; bei den 18- bis 26-jährigen ist es über die Hälfte. In einer anderen Umfrage wurden Personen ab 60 gefragt, ob Weiße und Afroamerikaner miteinander ausgehen sollten. 35% sagten nein, bei Amerikanern unter 30 sank die Zahl jedoch auf 6%.

Für viele steht die Wahl des Präsidenten Barack Obama für Amerikas multikulturelle Errungenschaften. Dabei spielt nicht nur seine Biografie – weiße Mutter, schwarzer Vater, muslimischer Name, ein Leben in verschiedenen Kulturen wie der Hawaiis, Indonesiens und des Mittleren Westens – eine Rolle oder die Tatsache, dass in einem Land, in dem in den 1960er-Jahren Schwarze in manchen Regionen nicht einmal wählen durften, zum ersten Mal ein Afroamerikaner das höchste Amt innehat. Entscheidend ist, dass Amerikaner mit den verschiedensten Wurzeln und Glaubensrichtungen Obama gewählt und seine Botschaft der Vielfalt und des Wandels mit offen begrüßt haben.

Religion

Als die Pilgerväter, jene frühen Siedler, die ihre europäische Heimat verlassen hatten, um religiöser Verfolgung zu entgehen, an Land gingen, hatten sie sich fest vorgenommen, dass ihr neues Land von religiöser Duldsamkeit geprägt sein sollte. Sie schätzten den Wert der freien Religionsausübung so hoch, dass ihr protestantischer Glaube nicht Staatsreligion werden sollte. Außerdem untersagten sie der Regierung alle Aktionen, die eine bestimmte Religion oder einen bestimmten Glauben gegenüber einem anderen begünstigen könnten. Die Trennung von Staat und Kirche wurde zu einem Grundpfeiler der Verfassung.

Heute sind die Protestanten dabei, in dem von ihnen gegründeten Land zu einer Minderheit zu werden. Dem Pew Research Center zufolge nimmt ihre Zahl stetig ab und liegt gegenwärtig bei knapp über 50%. Andere Konfessionen oder Religionen hingegen haben ihre Stellung behauptet oder Mitglieder dazugewonnen.

Im Land ist zur Zeit eine starke Bereitschaft zur Konversion zu spüren. 44% aller erwachsenen Amerikaner haben laut Pew ihre religiöse Überzeugung im Lauf ihres Lebens gewechselt und sind zu einer anderen Konfession oder einer anderen Religion übergetreten oder haben sich ganz von Glaubensgemeinschaften gelöst. Eine einmalige Zeit des „religiösen Shoppens" ist angebrochen. In geografischer Hinsicht verlagert sich die Hochburg des Katholizismus vom Nordosten in den Südwesten der USA, in den Südstaaten dominieren die Evangelikalen, und im Westen ist die Zahl der Konfessionslosen besonders hoch.

Trotzdem verlaufen die größten Trennlinien in religiöser Hinsicht in den USA nicht zwischen den Religionen, ja noch nicht einmal zwischen Glaube und Skepsis, sondern zwischen fundamentalistischen und liberalen Auslegungen innerhalb der jeweiligen Glaubensgemeinschaften. Den meisten US-Amerikanern ist es gleichgültig, ob jemand Katholik, Angehöriger der Episkopalkirche, Buddhist oder Atheist ist. Wichtig hingegen ist, wie man zu Fragen der Abtreibung, der Empfängnisverhütung, der Rechte von Schwulen und Lesben, der Stammzellenforschung, der Evolutionslehre, des Schulgebets oder der staatlichen Verwendung religiöser Symbole steht. Die religiöse Rechte des Landes (wie die evangelikalen

Die Amerikaner leben ihren Glauben vermehrt außerhalb kirchlicher Institutionen. Rund 16% sagen von sich, dass sie keiner Religion angehören. 4% davon lehnen sie komplett ab, die Mehrheit hat sich jedoch ihrem individuellen Glauben verschrieben.

GLAUBE

REGIONALE CHARAKTERZÜGE

Dank der Studie *The Geography of Personality* stützen sich regionale US-Stereotypen nun auf solide Daten. Wissenschaftler werteten Persönlichkeitstests von rund 500 000 US-Bürgern aus und untersuchten die regionale Häufung bestimmter Charakterzüge. Das Ergebnis: Das Klischee, dass die Einwohner Minnesotas besonders nett sind, stimmt. Die „liebenswürdigsten" Staaten findet man im Mittleren Westen sowie in den Great Plains und im Süden – diese Regionen schnitten bezüglich Freundlichkeit und Hilfsbereitschaft am besten ab. Die neurotischsten Bundesstaaten finden sich im Nordosten. Die Ehre des ersten Platzes wird dabei überraschenderweise nicht New York zuteil, sondern West Virginia. Viele der „offensten" Bundesstaaten liegen im Westen. Kalifornien, Nevada, Oregon und Washington sind allesamt empfänglich für Neues, auch wenn sie sich hinter Washington, D.C., und New York einreihen müssen. Die pflichtbewusstesten, disziplinierten Staaten findet man in den Great Plains und im Südwesten, wobei New Mexico hier die Liste anführt. Ob's stimmt? Einfach selbst herausfinden!

EINE FRAGE DER GENERATION

Die amerikanische Kultur definiert sich nicht selten nach Altersgruppen. Folgender Überblick soll helfen, die verschiedenen Generationen von X bis Z voneinander zu unterscheiden:

➡ **Baby Boomers** Zwischen 1946 und 1964 Geborene. Nach der Rückkehr der US-Soldaten aus dem Zweiten Weltkrieg explodierten die Geburtenzahlen, deswegen der Begriff „Baby Boom". Auf jugendliche Experimentierfreude, Selbstverwirklichung und soziales Engagement folgte mit fortschreitendem Alter oft ein behäbiges Leben im Wohlstand.

➡ **Generation X** Zwischen 1961 und 1981 Geborene. Diese Generation ist geprägt von der Ablehnung der Werte der Baby Boomers, von Skepsis und Entfremdung.

➡ **Generation Y** Ungefähr zwischen den frühen 1980ern und frühen 1990ern Geborene (auch „Millennials" genannt). Die forsche, selbstbewusste Generation war die erste, die mit dem Internet aufwuchs.

➡ **Generation Z** Bezieht sich auf in den 1990ern Geborene. Ihre Welt definiert sich durch iPods, SMS, Instant Messaging und soziale Netzwerke im Internet – ohne Facebook sind sie nur halbe Menschen.

Christen oft bezeichnet werden) hat diese Themen ins Zentrum der Öffentlichkeit gerückt und nutzt die Politik, um ihre konservativen Überzeugungen in Gesetze zu gießen. Diese Versuche haben zu unzähligen Prozessen geführt, in denen das Grundprinzip des Landes, die Trennung von Staat und Kirche, auf die Probe gestellt wird. Die Spaltung in Fundamentalisten und Liberale ist einer der großen Kulturkämpfe des Landes; bei fast jeder politischen Entscheidung und bei fast jeder Wahl spielt sie eine wichtige Rolle.

Lebensstil

Der Lebensstandard in den USA gehört zu den höchsten der Welt. Das durchschnittliche Haushaltseinkommen beträgt rund 51000 US$, wobei es regionale Unterschiede gibt. Am meisten verdient man im Nordosten und Westen, gefolgt vom Mittleren Westen und Süden. Das Einkommen hängt außerdem von der ethnischen Zugehörigkeit ab, so verdienen Afroamerikaner und Latinos weniger als Weiße und Asiaten (laut Statistiken 33000 bzw. 39000 US$ sowie 56000 bzw. 66000 US$).

Fast 87% der Amerikaner haben einen Highschool-Abschluss, rund 30% absolvieren anschließend ein vierjähriges Bachelor-Studium auf dem College.

In einem großen Teil der amerikanischen Haushalte leben verheiratete, berufstätige Paare mit Kindern. Alleinerziehende machen 9% der Haushalte aus. 28% der Amerikaner arbeiten über 40 Stunden pro Woche. Scheidungen sind üblich (über 40% der ersten Ehen zerbrechen), wobei die Zahl der Eheschließungen und auch der Scheidungen in den letzten 30 Jahren abnahm. Trotz der hohen Scheidungsraten geben die Amerikaner im Jahr über 160 Mrd. US$ für Hochzeiten aus. In einer amerikanischen Familie leben durchschnittlich zwei Kinder.

Viele Amerikaner gehen zwar regelmäßig ins Fitnessstudio, walken, fahren Rad oder joggen, gemäß den Centers for Disease Control (CDC) treiben aber über 50% in ihrer Freizeit gar keinen Sport. Wissenschaftler machen die fehlende Bewegung sowie die Vorliebe der Amerikaner für zucker- und fetthaltiges Essen für die steigende Zahl von Übergewichtigen und Diabeteserkrankungen verantwortlich. Laut der CDC sind über zwei Drittel der Amerikaner übergewichtig, ein Drittel davon gilt sogar als fettleibig.

RADIO

NPR-Radiomoderator Terry Gross interviewt Amerikaner aller Couleur, von Rockstars über Umweltaktivisten bis hin zu Atomwissenschaftlern. Unter www.npr.org/freshair kann man ihm zuhören.

Rund 26% der Amerikaner engagieren sich ehrenamtlich. Laut der Corporation for National and Community Service liegt dabei der Mittlere Westen ganz vorne, gefolgt vom Westen, Süden und Nordosten. Auch ein gewisses Umweltbewusstsein wächst: Über 75% der Amerikaner recyceln ihren Müll, und die meisten großen Supermarktketten, u. a. Walmart, verkaufen mittlerweile Bio-Lebensmittel.

Die meisten Amerikaner entscheiden sich für Urlaubsziele in der Nähe. Nur rund ein Drittel hat einen Reisepass, so verbringt der Großteil der Bevölkerung die Ferien innerhalb der 50 Bundesstaaten. Laut dem Office of Travel and Tourism Industries des US Department of Commerce sind Mexiko und Kanada die beliebtesten internationalen Reiseziele, gefolgt von Großbritannien, Italien, Frankreich, Deutschland und Japan. Viele Menschen haben nur fünf bis zehn bezahlte Urlaubstage im Jahr, was Amerikas Ruf als „No-Vacation Nation“ untermauert und die meisten Beschäftigten davon abhält, große Reisen anzutreten.

Wichtige Sport-Websites

www.mlb.com – Baseball

www.nfl.com – Football

www.nba.com – Basketball

www.nascar.com – Autorennen

Sport

Was Amerikas Gesellschaft zusammenschweißt und sich beispielsweise in blauer Gesichtsfarbe und komischen Schaumstofffiguren auf dem Kopf manifestiert, ist der Sport. Ob nun konservativ oder liberal, verheiratet oder Single, Mormone oder Heide, montagmorgens im Büro wird meist über den Auftritt des jeweiligen Lieblingsteams am vergangenen Wochenende geplaudert.

Für sportliche Unterhaltung ist das ganze Jahr über gesorgt. Im Frühling und Sommer findet fast jeden Tag ein Baseballspiel statt. Im Herbst und Winter vergeht kaum ein Wochenende oder ein Montagabend ohne ein Football-Match, und an langen Wintertagen und -abenden sorgt Basketball für Abwechslung. Diese drei sind die beliebtesten Sportarten. In den letzten Jahren stieg das Interesse an Autorennen und auch der Major League Soccer (MLS) zieht immer mehr Fußballfans in seinen Bann. Eishockey, einst ein Sport der nördlichen Breitengrade, ist mittlerweile im ganzen Land sehr beliebt. Nicht zuletzt deshalb gewannen seit dem Jahr 2000 drei Mannschaften aus Kalifornien oder dem Süden den Stanley Cup.

Baseball

Trotz hoher Gehälter und Dopinggerüchte um die großen Stars bleibt die Beliebtheit des Sports ungebrochen. Zwar erreicht Baseball bei Fernsehübertragungen nicht dieselben Zuschauerzahlen und somit Werbeeinnahmen wie Football, dafür werden in einer Saison ganze 162 Spiele ausgetragen; beim Football sind es nur 16.

Baseball entfaltet seine volle Wirkung ohnehin nicht vor dem Fernseher, sondern beim Stadionbesuch: Man stelle sich einen sonnigen Tag auf der Tribüne mit Bier und Hotdog vor, dazu kommen die im ganzen Stadion gegrölten *Take Me Out to the Ballgame*-Gesängen, die die 17 Innings begleiten. Die im Oktober stattfindenden Play-offs sorgen für jede Menge Spannung und bringen oft Überraschungssieger hervor. Die New York Yankees, Boston Red Sox und Chicago Cubs sind noch immer die beliebtesten Clubs des Landes, auch wenn sie phasenweise wenig erfolgreich spielen (die Cubs haben seit über 100 Jahren keine World Series mehr gewonnen).

Die Tickets für die Spiele sind ziemlich günstig – Sitzplätze kosten in den meisten Stadien durchschnittlich 15 US$ – und leicht zu bekommen. Die Spiele der Minor League kosten sogar nur die Hälfte und sind manchmal mit ihren gut gelaunten Zuschauern, gelegentlich über das Spielfeld rennenden Hühnern oder Hunden und wilden Wurfversuchen der Spieler noch unterhaltsamer. Weitere Infos liefert die Website www.milb.com.

Sogar Footballspiele der Colleges und Highschools werden von jeder Menge Brimborium begleitet, so gehören Cheerleader, Marschkapellen, Maskottchen, Lieder und Rituale vor und nach dem Spiel zum Programm. Obligatorisch sind dabei die Tailgate Partys, die auf den Parkplätzen der Stadien mit viel Bier und Barbecue auf tragbaren Grills gefeiert werden.

Der Super Bowl kostet die USA 800 Mio. US$ in Form von verlorener Arbeitszeit, da ganz Amerika lieber über das Spiel redet, Wetten abschließt oder online einen neuen Fernseher ersteht.

Football

Football ist groß, körperbetont und milliardenschwer. Mit der kürzesten Saison und den wenigsten Spielen aller großen Sportarten hat jedes Match die Dimension einer epischen Schlacht, in der jeder Punkt zählt und jede Verletzung das Ende aller Titelträume bedeuten kann.

Football ist außerdem die härteste Sportart, denn sie wird im Herbst und Winter gespielt, egal ob es regnet, hagelt oder schneit. Zu den denkwürdigsten Matches der Geschichte gehören die, die bei Minusgraden ausgetragen wurden, wobei den Fans der Green Bay Packers in Sachen schwierige Wetterbedingungen wohl niemand etwas vormacht. Ihr Stadion in Wisconsin, bekannt als Lambeau Field, war Austragungsort des berüchtigten Ice Bowl im Jahr 1967. Bei dem Finalspiel gegen die Dallas Cowboys fiel das Thermometer auf –25 °C, wobei die gefühlte Temperatur wegen des Windes schlappe –48 °C betrug.

Der über alle Maßen beliebte Super Bowl, das Finale der Profiliga, wird Ende Januar oder Anfang Februar ausgetragen. Bei den Bowl Games wie dem „Rose Bowl" oder „Orange Bowl" handelt es sich um die Finalspiele des College-Footballs; sie finden an bzw. um Neujahr statt.

Basketball

Zu den beliebtesten Teams gehören die Chicago Bulls (dank dem noch andauernden Michael-Jordan-Effekt), die Detroit Pistons, die nicht gerade für ihre Zimperlichkeit bekannt sind, die Cleveland Cavaliers, die San Antonio Spurs und natürlich die Los Angeles Lakers, die zwischen 2000 und 2005 fünfmal den Titel holten. Weniger bekannte Mannschaften wie die von Sacramento und Portland haben oft eingeschworene Fangemeinschaften, weswegen Stadionbesuche dort besonders viel Spaß machen.

Auch College-Spiele locken Millionen Zuschauer an, besonders im Frühling während der March Madness. Die Serie von Play-off-Spielen endet mit den Final Four, bei denen die vier verbliebenen Teams um einen Platz im Finale kämpfen. In Sachen Atmosphäre und Überraschungssieger toppt sie sogar die Profiliga. Die Spiele werden landesweit übertragen – sehr zur Freude der Wettbüros in Las Vegas.

Politik

Es gibt nichts Wirkungsvolleres als eine gute, altmodische Diskussion über Politik, um ein Gespräch abzuwürgen. Viele Amerikaner haben ziemlich festgefahrene Meinungen über politische Parteien und Ideologien, und der Graben zwischen Republikanern und Demokraten scheint oftmals ähnlich unüberbrückbar wie der Grand Canyon. Hier kommt ein kleiner Spickzettel zu den dominanten Parteien und ihren Standpunkten zu aktuellen Themen.

Republikaner

Die Republikaner, auch GOP (Grand Old Party) genannt, wollen die Kompetenzen der Bundesregierung begrenzen. Sie denken auch fiskalpolitisch eher konservativ: Freie Märkte und niedrige Steuern sind der Weg zum Wohlstand. Historisch betrachtet waren die Republikaner große Umweltschützer: Präsident Theodore Roosevelts Beitrag zum Naturschutz war beträchtlich, er half das Nationalparksystem aus der Taufe zu heben, und Präsident Richard Nixon schuf 1970 die Environmental Protection Agency. In letzter Zeit jedoch stehen die Republikaner beim Streit um Umweltschutzbestimmungen auf der Seite der Wirtschaft. Der Klimawandel bleibt ein heißes Eisen: Mehr als 55 % der republikanischen Kongressabgeordneten und 65 % ihrer Senatoren lehnen die Grundannahmen der Wissenschaft ab. Ein fundamentalistischer Flügel der Partei glaubt an den Kreationismus und die wortgetreue Auslegung der Bibel. Republikaner sind auch sozial konservativ, halten am traditionellen Familienbild fest und kirchliche Wertvorstellungen hoch; dazu gehört auch die Ablehnung gleichgeschlechtlicher Ehen und der Abtreibung. Besonders erfolgreich sind die Republikaner im Süden und mittleren Westen.

Demokraten

Die Demokratische Partei ist eher liberal und fortschrittlich, das Rollenvorbild der meisten Demokraten ist Präsident Franklin D. Roosevelt, dessen Politik des New Deal (vor allem die Schaffung neuer Arbeitsplätze für die Arbeitslosen und die Reglementierung der Wall Street) einiges dazu beitrug, die Weltwirtschaftskrise zu beenden. Demokraten glauben, dass die Regierung eine aktive Rolle bei der Regulierung der Wirtschaft übernehmen sollte, um Inflation und Arbeitslosigkeit niedrig zu halten, und an ein gestaffeltes Steuersystem, um ökonomische Ungleichheiten zu verringern. In der Sozialpolitik wird die Regierung darin bestärkt, bei der Armutsbekämpfung aktiv zu werden, indem sie das soziale Sicherungsnetz aufrechterhält, Gesundheitsfürsorge für alle ermöglicht und Bürger- und politische Rechte garantiert. Im großen und ganzen unterstützen Demokraten das Recht auf Abtreibung und die gleichgeschlechtliche Ehe und halten es für wichtig, alternative Energiequellen zu subventionieren, um den Klimawandel zu bekämpfen, der für die meisten Parteimitglieder unstrittig ist. Die Demokraten sind in den Großstädten und im Nordosten am stärksten.

Amerikanische Ureinwohner

Sie mögen nur noch ein Bruchteil so viele sein wie in präkolumbischer Zeit, doch es gibt immer noch über 3 Mio. amerikanische Ureinwohner. Sie sind auf 500 Stämme überall in den USA verteilt; insgesamt existieren rund 175 Sprachen. Logischerweise besitzt jeder Stamm seine einzigartigen Bräuche und Sitten, die von seiner Heimat geprägt sind, seien es die der Inuit in der Tundra Alaskas oder die der vielen Stämme des trockenen, bergigen Südwestens.

In Reservaten gelten bestimmte Regeln: Bei vielen Stämmen ist Alkohol verboten. Wer fotografieren oder jemanden zeichnen möchte, sollte um Erlaubnis bitten, zudem ist ein Trinkgeld angebracht. Bei Zeremonien sind Respekt (keine Fotos) und angemessene Kleidung wichtig. Zuhören zeugt von Respekt.

Die Stämme

Die Cherokee, Navajo, Chippewa und Sioux sind die größten Stämme der USA außerhalb Alaskas und Hawaiis. Weitere bekannte Gemeinschaften sind die Choctaw, Nachfahren einer bedeutenden, im Mississippital lebenden Kultur, die Erdhügel errichtete, die Apachen, ein Nomadenstamm aus Jägern und Sammlern, der sich hartnäckig der Vertreibung widersetzte, und die Hopi, ein 2000 Jahre alter Pueblo-Stamm mit Wurzeln im Südwesten.

Amerikas Stammesangehörige beschäftigen sich heute mit der Frage, wie eine Integration in die moderne Gesellschaft und gleichzeitig der Schutz ihrer Traditionen und ihrer Heimat möglich ist. Zudem suchen sie Wege aus der Armut, ohne Identität oder Glauben einzubüßen.

Cherokee

Die Cherokee (www.cherokee.org) lebten ursprünglich in einem über 320 000 km² großen Gebiet im Süden, das u.a. Tennessee, Virginia, North und South Carolina sowie Kentucky umfasste. 1830 wurden sie in

KUNST & KULTUR DER UREINWOHNER

Die unzähligen Kunsttraditionen der amerikanischen Ureinwohner, von präkolumbischen Felsbildern bis hin zu zeitgenössischer Multimedia, würden eine Enzyklopädie füllen.

Was die diversen Strömungen indigener Kunst und Kultur eint, ist ihre Einbindung in das alltägliche Leben sowie ihre zeremonielle, gesellschaftliche und religiöse Bedeutung. Die Muster und Symbole geben Einblicke in die Seelen der Ureinwohner. Das gilt für Zuñi-Schnitzereien genauso wie für gemusterte Navajo-Teppiche, Pueblo-Töpferkunst aus dem Südwesten, Perlarbeiten der Sioux, Inuit-Skulpturen sowie für Holzschnitte der Cherokee und aus Hawaii, um nur ein paar Kunstformen zu nennen.

Neben der Bewahrung ihrer Kultur haben es sich zeitgenössische indigene Künstler seit Mitte des 20 Jhs. zur Aufgabe gemacht, mit ihren Skulpturen, Gemälden, Textilien, Filmen, ihrer Literatur und Aktionskunst die Moderne abzubilden und infrage zu stellen, besonders nach der Bürgerrechtsbewegung in den 1960er-Jahren und der kulturellen Renaissance der 1970er-Jahre. Eine Einführung in die facettenreiche indigene Kunst gibt *Native North American Art* von Berlo und Phillips.

Viele Stämme betreiben Läden und Galerien für indigene Kunst, meist in den größeren Städten der Reservate. Auf der Website des **Indian Arts & Crafts Board** (www.iacb.doi.gov) sind Galerien und Geschäfte von Ureinwohnern nach Bundesstaaten aufgelistet (einfach auf „Source Directory of Businesses" klicken!).

die Region östlich des Mississippi vertrieben, heute lebt der Großteil (über 200 000) in Oklahoma. Seit 1839 ist Tahlequah die Hauptstadt der Cherokee.

Die Gemeinschaft der Cherokee war einst matrilinear, d.h., verwandtschaftliche Verhältnisse waren von der Mutter geprägt. Wie andere Stämme definieren auch sie sieben Himmelsrichtungen, Norden, Süden, Osten, Westen, oben, unten und die Mitte (bzw. das Innere).

Navajo

Das Navajo-Reservat (www.discovernavajo.com) ist das mit Abstand größte und bevölkerungsreichste der USA. Es wird auch Navajo Nation oder Navajoland genannt und erstreckt sich über rund 70 000 km² in Arizona und in Teilen von New Mexico und Utah.

Die Navajo waren gefürchtete Nomaden und Krieger. Sie griffen die Pueblo-Stämme an, handelten mit ihnen und kämpften gegen Siedler und das US-Militär. Die Navajo übernahmen außerdem Traditionen anderer Kulturen, z.B. Schaf- und Pferdehaltung von den Spaniern, die Töpfer- und Webkunst von den Pueblo-Indianern sowie Silberschmiedearbeiten von den Mexikanern. Heute sind sie bekannt für ihre Webteppiche, Töpferwaren, Silberschmuck und faszinierende Sandbilder, die bei Heilungszeremonien zum Einsatz kommen.

Chippewa

Der Stamm ist unter dem Namen Chippewa oder Ojibway bekannt, die Mitglieder bevorzugen aber die Bezeichnung Anishinabe. Sie leben in Minnesota, Wisconsin und Michigan. Der Legende nach waren die Chippewa einst an der Atlantikküste ansässig und zogen innerhalb von 500 Jahren allmählich in Richtung Westen. Traditionell lebten sie vom Angeln, Jagen und dem Anbau von Mais und Kürbissen, zudem ernteten sie mit dem Kanu Wildreis – ein bis heute üblicher Brauch.

Sioux

Wie die Irokesen sind auch die Sioux nicht ein einzelner Stamm, sondern ein Verbund dreier großer Stämme und mehrerer kleiner Gemeinschaften, die verschiedene Dialekte sprechen, aber kulturelle Elemente teilen. Vor der Ankunft der Europäer lebten sie im Nordosten des heutigen Nordamerikas, zogen jedoch um das Jahr 1800 allmählich in die Great Plains. Die Sioux verteidigten ihr Land heftig. Der entscheidende Faktor für ihre Vertreibung war schließlich die gnadenlose Jagd auf den Büffel, ihre Lebensgrundlage. Heute leben Sioux in Minnesota, Nebraska und North Dakota sowie in South Dakota, wo sich die über 8000 km² große Pine Ridge Reservation, das zweitgrößte Reservat des Landes, befindet.

700–1400

Cahokia, Nordamerikas größte präkolumbische Stadt, hat 10 000 bis 20 000 Einwohner. 1400 wird sie aufgegeben.

750–1300

In der Nähe des Chaco Canyon lebende Pueblo-Stämme florieren. Die fortschrittlichen Wüstenstämme errichten riesige Lehmhüttenanlagen.

1831

Infolge des *Indian Removal Act* von 1930 werden die Cherokee und andere Stämme aus ihrer Heimat westlich des Mississippi vertrieben. Tausende sterben auf dem Pfad der Tränen.

1876

Der Lakota-Häuptling Sitting Bull schlägt Custer in der Schlacht am Little Big Horn – einer der letzten Siege der Ureinwohner im Versuch, ihr Land zu verteidigen.

1968

Das American Indian Movement (AIM) wird gegründet. Mit Protesten und Demos macht es auf Randgruppen aufmerksam.

1968

Das Navajo Community College, das erste von Ureinwohnern gegründete und verwaltete College in einem Reservat, öffnet. Andere Stämme ziehen nach – so gibt es heute insgesamt 30.

1975

Unter Nixon wird der *Indian Self-Determination Act* verabschiedet; nun können die Ureinwohner über Ausgaben für indigene Angelegenheiten bestimmen.

2011

FNX, der erste Fernsehsender der Ureinwohner, geht in Kalifornien auf Sendung. Es laufen Filme über die Ureinwohner, Dokus, Kinderprogramme u. v. m.

Die amerikanische Küche

Die Amerikaner haben unzählige kulinarische Kulturen verschmolzen, um mithilfe der reichhaltigen Gaben ihres Kontinents ihre eigene Küche zu erschaffen: dazu gehören Fische und Meeresfrüchte aus dem Nordatlantik, dem Golf von Mexiko und dem Pazifik sowie die Erzeugnisse der fruchtbaren Böden des Mittleren Westens und der riesigen Viehweiden des Westens. Heerscharen von Immigranten bereicherten die amerikanische Gastronomie, indem sie fremde Ideen an die heimische Küche anpassten, von italienischer Pizza und deutschen Hamburgern zum osteuropäischen Borscht, mexikanischen Huevos Rancheros und japanischem Sushi.

Klassische amerikanische Diner

Miss Worcester Diner, Worcester, MA

Mickey's Dining Car, St Paul, MN

Ann's Chicken Fry House, Oklahoma City, OK

Lone Spur Café, Prescott, AZ

Nickel Diner, Los Angeles

Arcade, Memphis, TN

Lou's, Dartmouth, NH

Doo-Dah Diner, Wichita, KS

Kulinarische Revolution

Erst in den 1960er-Jahren machten amerikanische Zeitungen, Magazine und das Fernsehen Essen und Wein zum Thema, angeführt von der Kalifornierin Julia Child, die den Amerikanern im Schwarzweißfernsehen von Bostons öffentlicher Sendeanstalt zeigte, wie man französische Gerichte kocht. In den 1970er-Jahren begannen nicht nur Hippies, sondern auch Durchschnitts-Amerikaner sich für biologisch angebaute, natürliche Lebensmittel und nachhaltige Landwirtschaft zu interessieren. In den 1980er- und 1990er-Jahren ermutigte der Begriff *foodie revolution* Unternehmer, vom Süden bis zur nordwestlichen Pazifikküste Restaurants zu eröffnen, die eine feinere amerikanische Küche etablierten und sich mit den besten europäischen Lokalen messen konnten.

Typisches & Spezialitäten

In den USA kommt man so einfach an Lebensmittel aus der Region, dass frühere Spezialitäten nun meist überall problemlos erhältlich sind: Ein Bostoner kann genauso selbstverständlich Tacos oder gegrillte Rippchen zum Mittagessen haben wie in Houston mittags Hummer aus Maine serviert werden.

Frühstück

Lang haben amerikanische Ernährungsexperten das Frühstück als „wichtigste Mahlzeit des Tages" angepriesen. Inzwischen ist es in den USA zu einem großen Geschäft geworden – egal wie viele Leute behaupten, es ausfallen zu lassen. Angefangen mit einem riesigen Stapel Buttermilchpfannkuchen im klassischen Diner bis hin zum üppigen Sonntags-Brunch – Amerikaner lieben ihr *breakfast*. Und sie lieben Eier mit Schinken, ihre Waffeln und Kartoffelpuffer und ihre großen Gläser frisch gepressten Orangensafts und vor allem ihr anscheinend unveräußerliches Recht auf eine dampfende Tasse Morgenkaffee mit nicht endendem Nachschub (wer in anderen Ländern umsonst nachgeschenkt haben möchte, erntet alles vom Augenrollen über ein Schmunzeln bis zu ausgesprochener Verwirrung.)

Mittagessen

Nach der üblichen Kaffeepause am Vormittag gibt es für die arbeitende Bevölkerung mittags nur ein Sandwich, einen schnellen Burger oder einen herzhaften Salat. Das formelle „Arbeitsessen“ gehört eher in die großen Städte wie New York, wo Essen nicht notwendigerweise so wichtig ist wie die Konversation.

Zwar sieht man durchaus noch Leute, die sich ein Bier oder ein Glas Wein zum Mittagessen gönnen, aber die Tage, als der „Drei-Martini-Lunch“ gesellschaftsfähig war, sind lange vorbei. Mitte des 20. Jhs. war die Praxis so verbreitet, dass sie zur stehenden Redensart für ausschweifende Geschäftsessen wurde, die gewöhnlich von der Steuer abgesetzt wurden. Tatsächlich ist das typische Mittagsgetränk weit entfernt von einem Martini: Eistee (fast immer wird ohne Ende nachgeschenkt).

Abendessen

Normalerweise früh am Abend lassen sich Amerikaner werktags zu einem reichhaltigeren Abendessen nieder, das in Anbetracht der Arbeitsbelastung vieler Doppelverdiener-Familien oft vom Italiener oder Chinesen oder aus der Mikrowelle kommt. Als Nachtisch gibt es häufig Eis, Kuchen oder Gebäck. Manche Familien bereiten immer noch ein traditionelles Sonntagabendessen zu und laden dazu Verwandte und Freunde ein. Dieses Essen besteht häufig aus Brathähnchen mit den üblichen Beilagen (Kartoffelbrei, grüne Bohnen und Maiskolben). In der warmen Jahreszeit sind auch Barbecues beliebt: Es gibt Steaks, Burger und Gemüse mit jeder Menge kaltem Bier und Wein.

Auf die Schnelle

Hotdogs, Brezeln vom Straßenverkäufer oder Tacos und Gegrilltes am Imbissstand kann man ohne die große Sorge verdrücken, sich ein paar hässliche Bazillen einzufangen. Im allgemeinen ist Fast Food einwandfrei und die Verkäufer werden regelmäßig kontrolliert. Auf Festivals und Jahrmärkten locken Zuckerwatte, *corn dogs* (Würstchen in Maisteighülle), kandierte Äpfel, *funnel cakes* (Strauben), gefrorene Schokobananen und jede Menge leckere regionale Spezialitäten. Auf Bauernmärkten gibt es oft gesunde und erschwingliche Fertigmahlzeiten.

New York City: Der Gourmethimmel

Es heißt, man könne in New York jede Nacht seines Lebens in einem anderen Restaurant speisen und hätte immer noch nicht alle Möglichkeiten ausgeschöpft. Angesichts von mehr als 23 000 Restaurants in den

Top-Kochshows im TV

Anthony Bourdain: Parts Unknown (Travel Channel)

Man vs Food (Travel Channel)

Top Chef (Bravo)

Iron Chef America (Food Network)

Diners, Drive-ins and Dives (Food Network)

Bizarre Foods with Andrew Zimmern (Travel Channel)

PARADIES FÜR VEGETARIER

Einige der angesehensten Restaurants der USA servieren ausschließlich vegetarische und vegane Gerichte. Sie sind in den großen US-Städten reichlich vorhanden, in Kleinstädten und ländlichen Gegenden abseits der Küsten jedoch etwas rarer. Ausschließlich vegetarische oder vegane Lokale sind in diesem Buch durch das ✎-Zeichen gekennzeichnet. Weitere Adressen findet man im Online-Verzeichnis auf www.happycow.net. Hier einige Favoriten, wenn man von Burgern und Steaks genug hat.

Green Elephant (S. 267), Portland, ME

Moosewood Restaurant (S. 137), Ithaca, NY

Café Zenith (S. 180), Pittsburgh, PA

Green Vegetarian Cuisine (S. 767), San Antonio, TX

Bouldin Creek Coffee House (S. 756), Austin, TX

Greens (S. 1103), San Francisco

Angelica Kitchen (S. 109), NYC

Dandelion Communitea Cafe (S. 563), Orlando, FL

DER AMERIKANISCHE DIÄTWAHN

Amerika ist fast so berühmt für seinen Diätfimmel wie für sein Fast Food. Einige der bizarrsten Diäten gefällig? In den 1920er- und 1930er-Jahren gab es die Zigarettendiät, die Bananen-und-Magermilchdiät und die Grapefruitdiät – auch bekannt als Hollywood-Diät. Die 1960er-Jahre brachten die Steak-und-Martini-Diät, die 1980er-Jahre führten die Kohlsuppendiät ein. In den 1990er-Jahren war fettfreie und kohlenhydratreiche Kost der Renner – zumindest bis die Atkins-Diät mit ihrem kohlenhydratarmen Mantra daherkam. Stars schwärmten von der „Master Cleanse", auch bekannt als Limonadendiät, und ließen dann genau so schnell wieder die Finger davon. Die Diät des Tages nennt sich Paläo-Diät und besteht darin, wie ein Höhlenmensch zu essen: Innereien, Brühe, frisches und fermentiertes Gemüse – aber kein Getreide, kein raffinierter Zucker, keine pasteurisierten Milchprodukte oder andere Nahrungsmittel, die den prähistorischen Menschen nicht zugänglich waren.

fünf Stadtteilen und jeder Menge Neueröffnungen jedes Jahr stimmt das wohl. Dank einer riesigen Zahl von Einwanderern und dem Zustrom von mehr als 50 Mio. Touristen pro Jahr gewinnt New York mühelos den Titel als Amerikas Stadt mit der größten Gastronomieszene. In den vielen Vierteln der Stadt werden authentische italienische Gerichte und Pizzas mit hauchdünnem Boden serviert, alle Arten asiatischer Kreationen, französische Haute Cuisine und klassische jüdische Delikatessen, von Bagels zu aufgetürmten Pastrami-Roggenbrot-Sandwiches. Selbst exotischere Küchen sind vertreten, von äthiopisch bis skandinavisch.

Das Magazine *New York* (www.nymag.com) und *Time Out* (www.timeout.com/newyork) informieren über die neuesten Restauranteröffnungen und bringen Kritiken zu und Einblicke in die Arbeit der berühmten und neu angesagten Starköche. Letztendlich sollte man sich vom teuren Image New Yorks nicht abschrecken lassen: man kann hier sehr gut essen ohne sich zu ruinieren, vor allem, wenn man die Cocktail-Zufuhr begrenzt. Es gibt vielleicht kein kostenloses Mittagessen in New York, aber im Vergleich zu anderen Weltstädten kann man hier durchaus zum Schnäppchenpreis ein leckeres Essen bekommen.

Neuengland: Clambakes & Hummer

Neuenglands Anspruch, die besten Meeresfrüchte des Landes zu haben, ist kaum zu widerlegen, ist doch der Nordatlantik reich an Venus- und Miesmuscheln, Austern und riesigen Hummern, an Maifisch, Blaubarsch und Kabeljau. Neuengländer lieben einen guten *chowder* (Eintopf aus Meeresfrüchten) und ein gutes *clambake* (Muschelessen am Strand), eine fast rituelle Mahlzeit, bei der die Schalentiere zusammen mit Mais, Hähnchen und Würstchen in einer Feuergrube gebacken werden. In Teig ausgebackene Muschelstücke und Hummerröllchen gibt es in der ganzen Region (Hummerfleisch wird mit Mayonnaise in einem Brötchen serviert). Vermont liefert ausgezeichneten Käse, Cranberrys (zu Thanksgiving) werden in Massachusetts geerntet und Ahornsirup wird in Neuenglands Wäldern gezapft. An der Küste Maines sind überall Hummerkörbe zu finden, gebackene Bohnen und dunkles Brot sind Bostoner Spezialitäten und in Rhode Island gießen die Menschen Kaffeesirup in die Milch und lieben die traditionellen *johnnycakes,* auf einem Blech gebackene Maisbrote.

LOUISIANA CUISINE

Louisiana ist unter Feinschmeckern bekannt für seine auf französischen Einflüssen beruhende Cajun- und kreolische Küche. Zu den berühmtesten Gerichten gehören Gumbo (ein Eintopf mit Hähnchen, Schalentieren oder Wurst und häufig Okra), Jambalaya (Reisgericht mit Tomaten, Wurst und Shrimps) und Geschwärzter *cat fish* (Wels).

Mittelatlantikstaaten: Käsesteaks, Krabbenpuffer & Scrapple

Von New York südwärts durch Maryland und Virginia teilen sich die Mittelatlantikstaaten eine lange Küstenlinie und eine Fülle von Apfel-,

Birnen- und Beerenfarmen. New Jersey und Long Island im State of New York sind berühmt für ihre Kartoffeln. Die *blue crabs* (Blaukrabben) der Chesapeake Bay sind die besten, während aus Virginia der gepökelte *country-style*-Schinken stammt; er wird mit süßen Brötchen serviert. In Philadelphia kann man sich mit einem „Philly"-Käsesteak vollstopfen, einem Brötchen mit dünn geschnittenem geröstetem Rindfleisch, Zwiebeln und geschmolzenem Käse. Im Land der deutschsprachigen Einwanderer, Pennsylvania, lohnt sich der Halt an einem Farmrestaurant für *chicken pot pie* (Hühnerfleischpastete), Nudeln und den an Hackbraten erinnernden *scrapple* (aus Maismehl und Schweinefleisch).

Der Süden: Barbecues, Biscuits & Gumbo

Keine Region ist stolzer auf ihre kulinarischen Traditionen als der Süden, wo schon immer englische, französische, afrikanische, spanische und indianische Nahrungsmittel zu Gerichten wie dem „langsam garenden Barbecue" verschmolzen wurden; davon gibt es so viele Fleisch- und Saucenvarianten wie Städte im Süden. Ein Grillhähnchen im Süden ist außen knusprig und innen weich. In Florida werden Gerichte aus Alligator, Shrimps und Muscheln mit scharfen Chilischoten und tropischen Gewürzen zubereitet. Das Frühstück ist äußerst umfangreich, und sehr geschätzt werden Dessert-Rezepte für Torten und Kuchen mit dicken Schichten aus Pekannüssen, Bananen und Zitrusfrüchten. Leichte, lockere, heiße *biscuits* (eine Art Brötchen) werden gut gebuttert serviert. Und *grits* (Maisgrütze) lieben die Südstaatler leidenschaftlich, ebenso wie kühle Pfefferminzcocktails namens *juleps*.

Louisianas legendäre Küche ist von der Kultur der ehemals französischen und spanischen Kolonien, afrokaribischer Kochkunst und den Traditionen der Choctaw-Indianer beeinflusst. Die Cajun-Küche entstammt dem Sumpfgebiet des Mississippi-Deltas und verbindet einheimische Gewürze wie Sassafras und Chilipulver mit französischer Hausmannskost. Die kreolische Küche hat sich eher in den Städten (mit Schwerpunkt in New Orleans) entwickelt; Gerichte wie Shrimp-Remoulade, Ravigote (Kräutersauce) mit Krabbenfleisch, *crawfish*-Etouffée (Flusskrebse mit Gemüse) und Beignets sind hier allgegenwärtig.

Der Mittlere Westen: Burger, Schinken, Bier

Im Mittleren Westen isst man viel und mit Begeisterung. Die Portionen sind riesig – in der landwirtschaftlich geprägten Region brauchen die Menschen Substanz, um ihre Arbeit zu erledigen. Also beginnt der Tag mit Eiern, Schinken und Toast, gefolgt von einem doppelten Cheeseburger und Kartoffelsalat zum Mittagessen und einem Steak mit Ofenkartoffeln am Abend – hinuntergespült mit einem kalten Bier, oft aus der wachsenden einheimischen Produktion. Barbecues sind beliebt, besonders in Kansas City, St. Louis und Chicago. Chicago ist auch ein ethnisch

FOOD TRUCKS

Der heißeste kulinarische Wahnsinn auf Rädern sind Food Trucks. Von Tacos mit Krabbenpuffern bis zu Red Velvet Cupcakes – man weiß nie, welche kreativen, gesunden, gourmetverdächtigen, dekadenten oder schlichtweg bizarren Fast-Food-Varianten man entdecken wird. Die besten Trucks fahren durch Portland, Austin, Minneapolis, Los Angeles, New York, Las Vegas und Miami.

LANGSAM, LOKAL, BIO

Die Slow-Food-Bewegung gewinnt in amerikanischen Restaurants im Zuge der neu entflammten Begeisterung für vor Ort angebaute Bio-Lebensmittel immer mehr an Bedeutung. Die Bewegung wurde wohl 1971 von Starköchin Alice Waters im Chez Panisse in Berkeley (S. 1114) ins Leben gerufen und wird von der First Lady Michelle Obama – eine First Lady für (gesunde) Ernährung, wie sie im Buche steht – und ihren Töchtern fortgeführt, die auf dem Rasen des Weißen Hauses einen Biogarten angelegt haben. Im ganzen Land gibt es immer mehr Bauernmärkte, die eine tolle Gelegenheit sind, Einheimische zu treffen und ein paar ordentliche Happen von der Fülle der Lebensmittel zu probieren – von alten Obst- und Gemüsesorten ebenso wie von frischen, herzhaften und süßen regionalen Delikatessen.

Etikette

Trinkgeld: 15% des Rechnungsbetrags sind üblich; 20% (oder mehr) gibt's bei ausgezeichnetem Service.

Es ist üblich, sich die Serviette auf den Schoß zu legen, auch schon bevor die Mahlzeit serviert wird.

Man sollte es vermeiden, die Ellbogen auf den Tisch zu legen.

Man fängt erst zu essen an, wenn alle bedient wurden.

Bei formellen Gelegenheiten warten die Gäste üblicherweise, bis der/die Gastgeber(in) die Gabel hebt.

Viele Amerikaner sprechen vor der Mahlzeit ein Gebet; es ist in Ordnung, dabei nur still sitzen zu bleiben.

vielfältiges kulinarisches Zentrum mit einigen der besten Restaurants des Landes. Am besten für Kostproben eignen sich Volksfeste, wo es von Bratwürsten über gebratene Teigstückchen zu gegrillten Maiskolben alles gibt. Und vor allem in den Städten kann man in Dinern und familiengeführten Restaurants die diversen Einflüsse kennenlernen, die den Küchen osteuropäischer, skandinavischer, lateinamerikanischer und asiatischer Immigranten entstammen.

Der Südwesten: Chili, Steak & Smoking Hot Salsa

Die Küche des Südwestens wird von zwei ethnischen Gruppen bestimmt: den Spaniern und den Mexikanern, die bis weit ins 19. Jh. hinein die Gebiete von Texas bis Kalifornien beherrschten. Es gibt zwar nur wenige klassische spanische Gerichte, aber die Spanier brachten das Rind nach Mexiko, das die Mexikaner in ihre eigene, auf Mais und Chili beruhende Küche aufnahmen. Sie nahmen Tacos, Tortillas, Enchiladas, Burritos, Chimichangas und andere Pfannkuchen aus Mais- und Weizenmehl und füllten sie mit allem – von Hackfleisch bis Geflügel und Bohnen. In New Mexico sollte man sich eine Schüssel mit würzigem grünem Chilieintopf nicht entgehen lassen. Steaks und Gegrilltes sind auf den Speisekarten im Südwesten immer zu finden und Bier ist das Getränk der Wahl zum Abendessen und auf Partys. Nicht verpassen darf man die faustgroßen Burritos im Mission District in San Francisco und die Fisch-Tacos in San Diego.

Kalifornien: Farm-to-Table Restaurants & Taquerías

Dank seiner ungeheuren Weite und unterschiedlichen Klimazonen bietet Kalifornien die ganze Fülle von heimischem Obst und Gemüse und ist dazu Heimat unzähliger asiatischer Märkte. Die natürlichen Ressourcen des Bundesstaates sind überwältigend; es gibt wilden Lachs, *dungeness crabs* (Strandkrabben) und Austern aus dem Meer, das ganze Jahr über ausgezeichnetes Obst und Gemüse und selbstgemachte Produkte wie Käse, Brot, Olivenöl, Wein und Schokolade. In den 1970er- und 1980er-Jahren bahnten Spitzenköche wie Alice Waters und der Österreicher Wolfgang Puck der „kalifornischen Küche" den Weg, indem sie die besten heimischen Zutaten zu einfachen, aber köstlichen Gerichten verarbeiteten. Der Einfluss der asiatischen Immigranten besonders nach dem Vietnamkrieg bereicherte die kulinarische Kultur in den Städten, in denen einst China-, Korea- und Japantowns entstanden. Auch die riesigen Enklaven von Amerikanern mexikanischer Herkunft behalten bis heute im ganzen Bundesstaat ihre eigenen kulinarischen Traditionen bei. *Global-fusion*-Restaurants sind ein weiterer Meilenstein in der kalifornischen Kochkunst.

Nordwesten: Lachs & Starbucks

Die Küche des Pazifischen Nordwestens stützt sich auf Traditionen der hiesigen indigenen Bevölkerung, deren Ernährung hauptsächlich aus Wild, Fisch – besonders Lachs – und gesammelten Pilzen, Früchten und Beeren bestand. Seattle löste mit Starbucks den internationalen Boom der modernen Coffee Shops aus.

Hawaii: der Inselstil

Mitten im Pazifik gelegen, liegen die kulinarischen Wurzeln von Hawaii in der Kultur Polynesiens. Auf dem Speiseplan steht in erster Linie vor Ort gefangener Fisch, etwa Mahi mahi, Opakapaka, Ono und Ahi (Gelbflossenthun). Bei einer traditionellen Luau-Feier am Strand darf aber auch das Kalua-Schwein nicht fehlen, das in Palmblätter gewickelt und in einer Erdgrube auf heißen Steinen gegart wird. Die zeitgenössische Küche Hawaiis verwendet frisches, auf der Insel angebautes Obst und Gemüse und bedient sich großzügig bei den Traditionen asiatischer und europäischer Einwanderergruppen. Hawaii ist der einzige Bundesstaat, in dem der Kaffeeanbau ein wirtschaftliches Standbein ist; Konabohnen von Big Island genügen höchsten Gourmet-Ansprüchen.

Esskultur

Amerikaner sind in der Regel mit den Mahlzeiten früh dran, Restaurants sind deshalb schon um 12 oder 17.30 Uhr gut gefüllt. In kleineren Städten kann es schwierig werden, nach 20.30 oder 21 Uhr noch irgendwo etwas zu essen zu bekommen. Dinnerpartys beginnen normalerweise gegen 18.30 oder 19 Uhr mit Cocktails, gefolgt von einem Buffet oder Abendessen am Tisch. Bei einer Einladung zum Abendessen gehört es zum guten Umgangston, nicht mehr als eine Viertelstunde vor oder nach der anvisierten Zeit zu erscheinen.

Amerikaner verhalten sich beim Abendessen sehr ungezwungen, doch mit dem Essen fangen sie erst an, wenn alle bedient wurden. Vieles wird mit den Fingern gegessen, eine Scheibe Brot kann mit Butter bestrichen und mit einem Happs verdrückt werden. Zur Überraschung einiger ausländischer Besucher sind Bierflaschen auf dem Abendbrottisch nicht ungewöhnlich.

Sprachführer Essen

barbecue	Zubereitung von fertig gewürztem Fleisch auf einem Grill
beignet	quadratisches, Donut-ähnliches Schmalzgebäck aus New Orleans, mit Puderzucker bestreut
biscuit	hefefreies Blätterteig-Brötchen aus dem Süden
blintz	jüdischer Pfannkuchen mit Marmelade-, Käse- oder Kartoffelfüllung
BLT	Sandwich mit Schinken, Salat und Tomaten
blue plate	Tagesgericht in einem Diner oder einer Imbissstube
Boston baked beans	Bohnenauflauf mit Sirup und Schinken
Buffalo wings	frittierte Hähnchenflügel mit scharfer Buttersauce und einem Dressing aus Blauschimmelkäse; ursprünglich aus Buffalo, NY
burrito	Mehltortilla, gefüllt mit Bohnen, Fleisch, Salsa und Reis; mexikanischer Ursprung
California roll	Fusion-Sushi mit Avocado, Krabbenfleisch und Salatgurke, eingewickelt in Sushireis und Noriblätter (Algenblätter)
chili	herzhafter Fleischeintopf mit gemahlenen Chilis, Gemüse und Bohnen; auch Chili con Carne
clam chowder	Kartoffelsuppe mit Venusmuscheln, Gemüse und manchmal Schinken, mit Milch eingedickt
club sandwich	dreilagiges Sandwich mit Hähnchen oder Truthahn, Schinken, Salat und Tomaten
corned beef	gepökeltes Rindfleisch, mit Kohl serviert das traditionelle Gericht am St. Patrick's Day (17. März)
crab cake	paniertes, gebratenes Krabbenfleisch
eggs Benedict	pochierte Eier, Schinken und Sauce Hollandaise auf englischen Muffins
French toast	Arme Ritter mit Ahornsirup
grits	Maisbrei; im Süden zum Frühstück oder als Beilage serviert
guacamole	Avocado-Dip mit Limette, Zwiebeln, Chilis und Koriander, Beilage zu Tortilla-Chips
hash browns	Kartoffelpuffer, Röstis
huevos rancheros	mexikanisches Frühstück aus Maistortillas mit Spiegelei und Salsa

jambalaya	Eintopf mit Reis, Schinken, Würstchen, Shrimps und Gewürzen, aus Louisiana
lobster roll	mit Mayonnaise und Gewürzen verrührtes Hummerfleisch in einem getoasteten Hotdog-Brötchen
lox	jüdische Version von gepökeltem Lachs
nachos	gebratene Tortilla-Chips, oft mit Käse, Rinderhackfleisch, Jalapeños, Salsa und Sauerrahm serviert; mexikanischer Ursprung
pastrami	geräuchertes und gewürztes Pökelfleisch vom Rind; jüdischer Ursprung
pickle	Essiggurke
Reuben sandwich	Corned-Beef-Sandwich aus Roggenbrot mit Schweizer Käse und Sauerkraut
smoothie	Kaltgetränk mit pürierten Früchten, Eis, Milch und/oder Joghurt
stone crab	Krabbe aus Florida, deren Scheren mit geschmolzener Butter oder einer Senf-Mayonnaise-Sauce gegessen werden
surf 'n' turf	gemischte Platte mit Meeresfrüchten (oft Hummer) und Steak
wrap	Tortilla oder Pitabrot mit unterschiedlichen Füllungen

Wein, Bier & mehr

Was Getränke angeht, haben Amerikaner eine wirklich erstaunliche Auswahl. Wegen der boomenden Kleinbrauereiszene gibt es in jeder Ecke des Landes ausgezeichnete Biersorten. US-amerikanische Winzer keltern weiterhin hervorragende Tropfen – und nicht nur auf kalifornischen Weinbergen wachsen preisgekrönte Reben. Auch in Washington, Oregon, New York, Virginia und vielen anderen Staaten werden gefeierte Pinots und Roséweine hergestellt. Die Kaffeekultur ist weiterhin auf dem Vormarsch, Cafés und Röstereien erheben die einstmals bescheidene Tasse Kaffee zu hoher Kunst.

Bier

Es lässt sich kaum bezweifeln, dass Bier zu Amerika gehört wie Chevrolet, Football und Apple Pie: Die Werbung während der Super-Bowl-Übertragung zeigt, wie sehr Bier mit den kulturellen Werten Amerikas verflochten ist. Die Slogans feiern Individualität *(This Bud's for You)*, Geselligkeit *(It's Miller Time!)*, Robustheit *(Head for the Mountains)* und Glaubwürdigkeit *(Real Men Drink Bud Light)*.

Die beliebten amerikanischen Biersorten mögen allgegenwärtig sein, doch wurden sie aufgrund ihres niedrigen Alkoholgehalts und des „leichten" Geschmacks im Ausland lange Zeit belächelt. Doch egal was Kritiker sagen: Wenn man den Verkaufszahlen Glauben schenkt, ist amerikanisches Bier beliebter denn je – und weil die Anzahl der Kleinbrauereien, die eigene Sorten herstellen, raketenartig in die Höhe geschnellt ist, müssen selbst Biersnobs zugeben, dass amerikanisches Bier sich selbst neu erfunden hat.

DUI (*driving under the influence*, Alkohol am Steuer) wird in den Staaten streng geahndet. Also am besten vor Besuchen von Restaurants, Bars, Nachtclubs oder Partys einen Fahrer bestimmen, der Brause trinken darf!

Braukunst, Klein- & Hausbrauereien

Heute verkosten Bierliebhaber (auch *beer geeks* genannt) ihr Getränk, als wäre es Wein. Manche städtische Restaurants haben Bier-Programme, -Sommeliers und -Keller. Viele Kleinbrauereien und Restaurants bieten auch Bierdinner an – eine Gelegenheit auszuprobieren, wie gut welches Bier zu verschiedenen Gerichten passt.

Kleinbrauereien schießen wie Pilze aus dem Boden; der Einzelhandelsumsatz der heimischen Bierproduktion betrug 2012 bereits etwa 12 Mrd. US$. Es gibt mehr als 1500 solcher kleiner Brauereien in den USA. Portland, Oregon, ist mit mehr als 50 davon momentan die Hauptstadt dieser Industrie – mehr gibt es in keiner anderen Stadt auf diesem Planeten. Seit einigen Jahren ist es in den ganzen USA möglich, „lokal zu trinken", siedeln sich doch die Kleinbrauereien gleichermaßen in städtischen Zentren, Kleinstädten und an unerwarteten Orten an.

In den USA zahlen Restaurants und Bars oft nur den gesetzlichen Mindestlohn (oder weniger), und die Bedienungen sind auf das Trinkgeld angewiesen, um über die Runden zu kommen. Als Faustregel gilt: wenigstens einen Dollar pro Getränk bzw. grob 15 bis 20 % der Gesamtrechnung.

Wein

In dem meisterhaften Filmepos *Der Pate* von 1972 sinnierte Marlon Brando als Vito Corleone: „Der Wein schmeckt mir in letzter Zeit besser als früher." Das Land schloss sich dieser Feststellung bald an, und vier Jahrzehnte später trinken die Amerikaner mehr Wein als je zuvor. Wie die *Los Angeles Times* berichtet, war 2010 das erste Jahr, in dem in den USA mehr Wein konsumiert wurde als in Frankreich.

Auch wenn europäische Winzer das Gesicht verziehen und selbst kalifornische Weine als zweitklassig betrachten, gewinnen inzwischen viele amerikanische Weine renommierte internationale Preise. Nach Italien, Frankreich und Spanien sind die USA inzwischen der viertgrößte Weinproduzent der Welt.

Wein ist in den USA nicht gerade billig, da er eher als Luxusartikel denn als Lebensmittel betrachtet wird – ein herzliches Dankeschön an die Puritaner! Aber es ist möglich, für etwa 10 bis 12 US$ in einem Spirituosen- oder Weingeschäft einen sehr gut genießbaren amerikanischen Wein zu bekommen.

Weinregionen

Heute stammen fast 90 % der US-amerikanischen Weine aus Kalifornien, doch auch Tropfen aus anderen Regionen haben inzwischen internationalen Rang erreicht. Vor allem die Weine von den Finger Lakes, aus dem Hudson Valley und von Long Island (alle New York) sind eine Kostprobe wert, ebenso die Weine aus Washington und Oregon, insbesondere Pinot Noir und Riesling.

Schuld ist Hollywood: Ein Merlot ist nicht mehr so toll. Paul Giamattis Vorstellung in *Sideways*, die ihm eine Golden-Globe-Nominierung einbrachte, zerstörte im Alleingang das Renommee des Weins mit folgender Zeile: „*If anyone orders Merlot, I'm leaving. I am NOT drinking any f*&%king Merlot!*" Im Film bevorzugt er einen Pinot Noir.

Die Wiege des Weintourismus im Land liegt zweifellos im Norden Kaliforniens, unmittelbar jenseits der Bay Area im Napa Valley und im Sonoma Valley. Auch andere Gegenden wie das Willamette Valley in Oregon oder das Hill Country in Texas haben mit ihrer Aufwertung zu Weinregionen eine ganze Industrie des B&B-Tourismus hervorgebracht, die scheinbar Hand in Hand mit der Suche nach dem perfekten Pinot Noir geht.

Welches sind denn nun die besten amerikanischen Weine? Erstaunlicherweise haben ziemlich viele Rebsorten in der fruchtbaren amerikanischen Erde Wurzeln geschlagen und bringen gute Erträge. Dabei ist es gerade einmal wenige Jahrzehnte her, dass viele amerikanische Restaurants auf ihrer Getränkekarte lediglich zwischen Rot- und Weißwein und allenfalls noch Rosé unterschieden. Die beliebtesten in den USA angebauten weißen Sorten sind Chardonnay und Sauvignon Blanc, bei den roten verkaufen sich Cabernet Sauvignon, Merlot, Pinot Noir und Zinfandel am besten.

Harte Sachen

Die meisten werden ihn bei seinem Vornamen Jack kennen (kleine Hilfe: der Nachname ist Daniels). Der gute alte Jack Daniel's bleibt die weltweit

EIN GLÄSCHEN IN EHREN … AMERIKANISCHE BERÜHMTHEITEN & IHRE WEISHEITEN

Obwohl die im Folgenden genannten Amerikaner für ihre Talente in Kunst oder Unterhaltung gerühmt wurden, hatten sie auch unbestreitbar einen Hang zum Alkohol (und waren häufig dafür berüchtigt). Hier eine Auswahl ihrer Kommentare.

➡ Ernest Hemingway: „Mache nüchtern immer das, was du betrunken gesagt hast, tun zu wollen. Dies wird dich lehren, deinen Mund zu halten."

➡ Frank Sinatra: „Alkohol mag der schlimmste Feind des Mannes sein, aber schon die Bibel sagt: ‚Liebe deine Feinde!'"

➡ Dorothy Parker: „Ich habe lieber eine Flasche vor mir als eine frontale Lobotomie."

➡ W. C. Fields: „Eine Frau hat mich zum Trinken verführt, und ich besaß nie die Höflichkeit, ihr dafür zu danken."

➡ William Faulkner: „Die Werkzeuge, die ich für meine Arbeit brauche, sind Papier, Tabak, Essen und etwas Whisky."

➡ Homer Simpson: „Bier – die Ursache und die Lösung für alle Probleme im Leben."

bekannteste amerikanische Whiskymarke, die 1870 gegründete Brennerei ist die älteste und wohl erfolgreichste der USA.

Whisky und Bourbon sind die beliebtesten amerikanischen Exporte, aber auch Rye (Roggenwhisky), Gin und Wodka werden in den USA gebrannt. Der aus Mais hergestellte Bourbon ist der einzige wirklich einheimische Schnaps; er wird traditionell in Kentucky gebrannt.

Cocktails wurden schon vor dem Bürgerkrieg in Amerika erfunden. Der erste, der Sazerac, wurde in New Orleans gemixt (eine angemessen feierwütige Stadt für Amerikas Beitrag zur Geschichte gepflegter Besäufnisse): Dabei handelt es sich um eine Mischung aus Roggenwhisky oder Brandy, einfachem Sirup, einem Bitter und einem Hauch von Absinth (jedenfalls bis dieser 1912 verboten wurde). Zu den unverwüstlichen Klassikern amerikanischer Cocktails, die im späten 19. und frühen 20. Jh. in den Bars erfunden wurden, zählen der Martini, der Manhattan und der Old Fashioned.

Retro-Cocktails sind in!

In amerikanischen Städten ist es ausgesprochen cool geworden, Partys im Stil der Goldenen Zwanziger zu feiern und Retro-Cocktails aus der Zeit zu trinken, als – es ist noch kein Jahrhundert her – Alkohol in den ganzen Vereinigten Staaten verboten war. Anstatt eine Nation von Abstinenzlern hervorzubringen, verfestigte die gute alte Prohibition natürlich nur eine Kultur, in der das Verbotene reizvoll wurde, es sich gut anfühlte, schlecht zu sein, die Flappers Ginfläschchen in ihren Handtaschen mit sich trugen und sich sogenannte ehrbare Bürger in geheimen *speakeasies* (billigen Kneipen) versammelten, um schwarzgebrannten Schnaps zu trinken und zu heißen, unkonventionellen Jazzrhythmen ihre Hüften zu schwingen.

Schneller Vorlauf ins 21. Jh. Obwohl keine Gefahr besteht, dass die Prohibition wieder eingesetzt wird, findet man jede Menge Kneipen, in denen der Geist der Roaring Twenties – und der verbotenen 1930er-Jahre – weiterlebt. Inspiriert von altmodischen Rezepten, brauen geschniegelte Barkeeper Spirituosen und Elixiere mit Zutaten wie etwa Likör, geschlagenem Eiweiß, von Hand zerstoßenem Eis und frischem Obst liebevoll zu Cocktails zusammen und betrachten dabei ihren Beruf als Mischung aus Kunst, Wissenschaft und Berufung. Wenn man sich einen solchen Drink schmecken lässt, kann man ja darüber sinnieren, dass er zu einer Zeit erfunden wurde, in der man nicht einfach eine Flasche Scotch im Lebensmittelladen holen konnte.

Nicht alkoholische Getränke

Leitungswasser kann in den USA bedenkenlos getrunken werden, auch wenn der Geschmack nicht in allen Regionen und Städten gleich ist. Die meisten nicht alkoholischen Getränke sind recht süß und werden auf Eis serviert, von Eistee aus den Südstaaten und Limonade bis zu uramerikanischen Softdrinks wie Coca Cola, Pepsi und Dr. Pepper. Ferner gibt es alte und neue Softdrinks, die häufig mit Rohrzucker statt Maissirup gesüßt werden.

Kohlensäurehaltige nicht alkoholische Getränke werden je nach Region unterschiedlich benannt. In großen Teilen des Südens ist eine „Coke" jede Art von Soda, sodass der Kellner beim Bestellen nachfragen wird, welche Sorte es sein darf. Im Mittleren Westen wird ein Sodagetränk „Pop" genannt, an der Ostküste dagegen einfach „Soda". Da soll einer schlau draus werden…

Kaffee-Wahnsinn

Amerikaner entspannen beim Bier und schalten mit Wein ab, doch das Land läuft nur mit Koffein. Der Kaffeewahn hat sich in den letzten 25

COCA-COLA

Das anrüchigste Gerücht über Coca Cola, das 1886 in einer Apotheke in Atlanta entwickelt wurde, ist wahr: Das Getränk wurde einst als Medizin vermarktet und enthielt bis 1903 tatsächlich Spuren von Kokain, etwa 9 mg pro Glas.

Jahren sogar noch intensiviert, seit sich die Café-Kultur explosionsartig in den Städten ausgebreitet und aufs ganze Land ausgedehnt hat.

Schuld daran hat Starbucks – mit dem Kaffee, den Amerika vor allen anderen liebt (oder hasst). Der größte Kaffeeröster der Welt wurde 1971 inmitten der fortschrittlichen Kaffeekultur des Nordwestens geboren, als Starbucks gegenüber dem Pike Place Market in Seattle seinen ersten Laden eröffnete. Die Idee, eine Vielzahl gerösteter Bohnen aus der ganzen Welt in einem gemütlichen Café zusammenzubringen, füllte die Kaffeebecher der Amerikaner mit raffinierteren, komplexeren (und teureren) Getränken als dem allgegenwärtigen Folgers-Kaffee oder dem Kaffee im Diner. In den frühen 1990er-Jahren begannen die Coffee Shops ihren Siegeszug durchs ganze Land, von der Groß- bis zur Universitätsstadt.

Viele Coffee-Shop-Ketten haben nur Platz für ein paar Stühle und einen Verkaufstresen, vor allem die unabhängigen Läden aber unterstützen eine Kaffeehauskultur, die zum Verweilen einlädt: Sie bieten kostenlosen Internetzugang, komfortable Sitzgelegenheiten drinnen und draußen und leckere Snacks oder leichte Gerichte. In den hochwertigsten Cafés lassen sich erfahrene Baristas gern über die Ursprünge der verschiedenen Röstungen aus (der letzte Schrei sind solche aus einer einzigen Quelle – Mischungen sind out) und teilen ihre Vorstellungen zur Mahlstufe der Bohnen und andere Kniffs mit ihren Gästen.

Kunst & Architektur

Das Zusammenspiel von Geografie und Ethnie ist verantwortlich für die Entstehung des bunten Regionalismus, welcher der Schlüssel zum Verständnis der amerikanischen Kunst ist. Trotz der großen Vorliebe der Amerikaner für Technologie inspirieren Natur und Wildnis immer noch die Seele der Nation und folglich auch sehr stark ihre Kunst.

Film

Hollywood und der amerikanische Film sind untrennbar miteinander verbunden. Wie das Weiße Haus ist auch Hollywood zu einem Symbol Amerikas geworden und entwickelt sich immer mehr zum Produkt der internationalisierten Film- und Kinokultur. Diese Entwicklung ist zum Teil reinstes Business: Hollywoodstudios sind Vorzeigeobjekte multinationaler Konzerne und die Finanzierung fließt in die Talente, die den höchsten Profit einfahren, ungeachtet ihrer Staatsangehörigkeit.

Dieser Wandel hat aber auch eine kreative Seite. Hollywood hat erkannt, dass die Filmstudios das riesige Potenzial von Talenten weltweit nutzen müssen, um von ihnen nicht ins Abseits manövriert zu werden. Die Aufnahme der Talente in die Filmgemeinschaft ist eine alte Strategie Hollywoods, die zuletzt dazu benutzt wurde, die Herausforderung zu unterlaufen, die von der Independent-Filmbewegung der 1990er-Jahre ausging. Sie brachte gewagte, amerikanische Filme wie *Sex, Lügen und Video* und *Reservoir Dogs – Wilde Hunde* sowie innovative europäische Filme auf die Leinwand. Aber abgesehen davon steht das amerikanische Mainstream-Publikum ausländischen Filmen unverändert gleichgültig gegenüber.

Kunst an ungewöhnlichen Orten

- *Marfa, TX*
- *Santa Fe, NM*
- *Traverse City, MI*
- *Park City, UT*
- *Bellingham, WA*
- *Beacon, NY*
- *Provincetown, MA*

Fernsehen

Man könnte sagen, dass das Fernsehen im 20. Jh. das maßgebliche Medium der Moderne wurde. Der durchschnittliche Amerikaner sieht noch immer erstaunliche 34 Stunden die Woche fern. Die Amerikaner *lieben* das Fernsehen – aber sie nutzen es anders: Sie zeichnen Filme auf oder downloaden sie. Sie erstellen sich ihr eigenes Programm (statt es sich von den Sendern diktieren zu lassen) und überspringen Werbespots. Und da das Internet die wirtschaftlichen Grundlagen dieser konzern- und werbungsgesteuerten Unterhaltungsindustrie bedroht, kann man das Zittern spüren, das durch die Führungsebenen geht.

Über Jahrzehnte hinweg verspotteten Kritiker das Fernsehen als geistig anspruchslos, und Kinostars wären eher gestorben, als sich für eine Fernsehproduktion herzugeben. Aber schon von Anfang an gab es gut geschriebene und nachdenklich stimmende Fernsehsendungen. Die in den 1950er-Jahren ausgestrahlte Show *Typisch Lucy* war bahnbrechend: Zum ersten Mal wurde eine Sendung mit Live-Publikum aufgenommen, bearbeitet und ausgestrahlt – ein wegweisender Zusammenschluss. Die Show, in der es um die dynamische Lucille Ball und ihre multiethnische Ehe ging, machte die Sitcom *(situation comedy)* bekannt.

Jhumpa Lahiri gewann den Pulitzer-Preis für ihre erste atemberaubende Kurzgeschichtensammlung *Melancholie der Ankunft*, in der sie die Erfahrungen indischer Einwanderer in den Vereinigten Staaten von heute schildert.

Das Fernsehen erwies sich in seiner kurzen Geschichte als das umstrittenste kulturelle Reizthema in der amerikanischen Gesellschaft. Es wird für viele gesellschaftliche Missstände – von enormer Fettleibigkeit bis hin zu schwindender Aufmerksamkeit und schlechten schulischen Leistungen – verantwortlich gemacht. Mit der Einführung des Kabelfernsehens und einer damit einhergehenden gewagteren und innovativeren Programmgestaltung haben sich einige der TV-Shows der letzten zehn Jahre als fesselnder und einprägsamer erwiesen als alles jemals Ausgestrahlte (und die Zahl der Zuschauer, die sich amerikanische Sendungen ansehen, war nie höher).

Natürlich gibt es „gutes" amerikanisches Fernsehen schon lange, es basiert auf künstlerischen Leistungen und ist von kultureller und politischer Bedeutung. Die in den 1970er-Jahren ausgestrahlte Sitcom *All in the Family* war eine unnachgiebige Auseinandersetzung mit Vorurteilen, verkörpert durch den von Carroll O'Connor gespielten engstirnigen Patriarchen Archie Bunker. Die Comedy-Show *Saturday Night Live* ging 1975 auf Sendung und beleuchtete mit ihrem subversiven, politischen Humor soziale Brennpunkte.

In den 1980er-Jahren brachten Videos das Kino in die amerikanischen Wohnzimmer. Der Unterschied zwischen Großleinwand und Kleinbildschirm verwischte, und das Stigma, das Hollywood dem Fernsehen aufgedrückt hatte, verblasste. Ein weiterer Wendepunkt in dieser Dekade war die *Bill Cosby Show* mit dem Komödianten Bill Cosby in der Hauptrolle. Obwohl sie nicht die erste erfolgreiche „schwarze Serie" war, verzeichnete die Sendung höchste Einschaltquoten und sorgte für ein zunehmend multikulturelles Fernsehprogramm.

In den 1990er-Jahren begeisterte sich das Fernsehpublikum für die ungewöhnliche, kompromisslose Kultserie *Twin Peaks,* was eine Reihe von provokanten Abwandlungen zur Folge hatte, z. B. *Akte X.*

Heute ändern YouTube, Hulu, Blip.tv und Konsorten erneut die Regeln, und die Sender haben mit weiteren trendigen, endlosen Seriendramen sowie günstigen drehbuchlosen Reality-Shows reagiert: Was im Jahr 2000 mit *Survivor* begann, führen die Kandidaten und „Schauspieler" von *American Idol, Dancing with the Stars, Project Runway* und *The Jersey Shore* bis heute auf Gedeih und Verderb fort.

Im letzten Jahrzehnt haben die Fernsehgesellschaften einige mittlerweile heiß geliebte Serien wie *Die Sopranos, The Wire* und *Lass es, Larry* produziert. Neuere Hits sind u. a. *Mad Men* (über die Eskapaden der New Yorker Werbebosse in den 1960er-Jahren), *Parks & Recreation – Das Grünflächenamt* (eine Comedy-Serie im Mockumentary-Stil über Bürokraten in einer fiktiven Stadt in Indiana), *Portlandia* (eine Satire über die Alternativszene in Oregon) und *Breaking Bad* (ein unheilbar kranker High-School-Lehrer baut ein Methamphetamin-Labor auf, um eine finanzielle Rücklage für seine Familie zu bilden).

Literatur

Die amerikanische Identität in der Literatur

Amerika formulierte seine Vorstellung von sich selbst zuerst in der Literatur. Bis zur Amerikanischen Revolution betrachteten sich die Bewohner des Kontinents größtenteils als Engländer, aber nach der Unabhängigkeit wurde schnell eine nationale Identität gebraucht. Die Schriftsteller begannen erst in den 1820ern, zwei Aspekte des Amerikas aufzugreifen, die es in Europa nicht gab: ungezähmte Wildnis und Grenzerfahrung.

James Fenimore Cooper gilt als der Erste, der mit *Die Ansiedler* (1823) eine wirklich amerikanische Literatur erschuf. In Coopers „Durchschnittshumor" und Individualismus erkannten sich die Amerikaner zum ersten Mal wieder.

In seinem Essay *Natur* (1836) brachte Ralph Waldo Emerson Ähnliches zum Ausdruck, allerdings auf intellektuellerer Ebene. Emerson ver-

Der große amerikanische Roman: Ein Crash-Kurs

Meine Antonia *Willa Cather*

Unterwelt *Don DeLillo*

Schall und Wahn *William Faulkner*

Der große Gatsby *F. Scott Fitzgerald*

Unabhängigkeitstag *Richard Ford*

Fiesta *Ernest Hemingway*

Einer flog über das Kuckucksnest *Ken Kesey*

Wer die Nachtigall stört *Harper Lee*

Wendekreis des Krebses *Henry Miller*

Lolita *Vladimir Nabokov*

Früchte des Zorns *John Steinbeck*

Hasenherz *John Updike*

Schlachthof 5 oder der Kinderkreuzzug *Kurt Vonnegut*

Unendlicher Spaß *David Foster Wallace*

Zeit der Unschuld *Edith Wharton*

Native Son *Richard Wright*

trat die Meinung, dass sich Gott in der Natur offenbare, dass man von ihr genauso viel lernen könne wie aus der Bibel und dass jeder Einzelne diese Anweisungen durch rationales Denken und Selbstvertrauen verstehen könne. Emersons Schriften wurden zum Herzstück der transzendentalen Bewegung, für die auch Henry David Thoreau in *Walden oder das Leben in den Wäldern* (1854) eintrat.

Zu den literarischen Highlights in dieser Zeit gehören Herman Melvilles anspruchsvolles Werk *Moby Dick* (1851) und Nathaniel Hawthornes Erkundung der dunklen Seite des konservativen Neuenglands in *Der scharlachrote Buchstabe* (1850). Die anerkannte Dichterin Emily Dickinson schrieb eindringliche, streng gegliederte Gedichte, die erstmals 1890, vier Jahre nach ihrem Tod, veröffentlicht wurden.

Ernest Hemingway sagte einst über Mark Twains Einfluss auf die amerikanische Literatur: „Die ganze moderne amerikanische Literatur basiert auf Mark Twains Buch *Die Abenteuer des Huckleberry Finn*. Vorher gab es nichts. Und danach hat es nichts gegeben, was auch nur annähernd so gut ist."

Der amerikanische Bürgerkrieg & die Zeit danach

Die Würdigung des kleinen Mannes und der Natur erreicht ihren Höhepunkt mit Walt Whitman, dessen Gedichtsammlung *Grashalme* (1855) die Geburt eines amerikanischen Meisters und literarischen Visionärs signalisierte. Whitmans ungezwungene, intime, rebellische und freie Verse waren Hymnen auf Individualismus, Demokratie, bodenständige Spiritualität, tabubrechende Sexualität und fröhlichen Optimismus – Eigenschaften, die den Kern der neuen Nation beschrieben.

Doch nicht alles verlief so reibungslos. Der umstrittene Roman *Onkel Toms Hütte* (1852) der Abolitionistin Harriet Beecher Stowe beschreibt das Leben der Amerikaner afrikanischer Herkunft unter der Sklaverei mit christlicher Romantik, aber auch mit genug Realismus, um beide Seiten der „großen Debatte" über Sklaverei gleichermaßen zu erhitzen – ein Streit, der die Nation schon bald in einen Bürgerkrieg stürzen sollte.

Nach dem Bürgerkrieg (1861–1865) kamen in der Literatur zwei dauerhafte Trends auf: Realismus und Regionalismus. Der Regionalismus gewann besonders durch die schnelle Besiedlung des Westens Ende des 19. Jhs. an Bedeutung. Der Romanautor Jack London veröffentlichte seine Abenteuer als Serien in populären Zeitungen wie der *Saturday Evening Post.*

Aber es war Samuel Clemens (alias Mark Twain), der die amerikanische Literatur neu erfand. In seinem Roman *Die Abenteuer des Huckleberry Finn* (1884) hat Twain sozusagen der Quintessenz des amerikanischen Erzählens – eine individuelle Reise zur Selbsterkenntnis – Ausdruck verliehen. Das Bild von Huck und Jim, einem armen weißen Teenager und einem durchgebrannten schwarzen Sklaven, die außerhalb gesellschaftlicher Normen stehen und gemeinsam auf dem Mississippi einer ungewissen Zukunft entgegentreiben, provoziert die amerikanische Gesellschaft noch heute. Twain schrieb umgangssprachlich, liebte „große Geschichten" und warf mit satirischem Humor und Absurditäten um sich. Seine gesellige, „anti-intellektuelle" Haltung machte ihn bei Alltagslesern sehr beliebt.

Im 20. Jh. traten afroamerikanische Schriftsteller auf die Bildfläche – allen voran Richard Wright (*Ich Negerjunge: die Geschichte einer Kindheit und Jugend*, 1945) und Ralph Ellison (*Der unsichtbare Mann*, 1952). James Baldwin war ein bahnbrechend offener schwuler Schriftsteller (*Giovannis Zimmer*, 1956). Zu den führenden afroamerikanischen Schriftstellerinnen gehören Toni Morrison (*Sehr blaue Augen*, 1970), Maya Angelou (*Ich weiß, dass der gefangene Vogel singt*, 1971) und Alice Walker (*Die Farbe Lila*, 1982).

Ernüchterung & Vielfalt

Die Schrecken der Weltkriege und die frisch industrialisierte Gesellschaft boten der amerikanischen Literatur ausreichend Stoff, um im 20. Jh. ihren Höhepunkt zu erreichen.

Als „Lost Generation" bezeichnet, siedelten viele amerikanische Schriftsteller nach Europa über – der bekannteste ist wohl Ernest Hemingway. Seine Romane sind das Exempel schlechthin für die gesamte Ära, und sein sparsamer, stilisierter Realismus wurde oft kopiert, aber nie erreicht. Weitere bedeutende amerikanische Autoren der Pariser Literatursalons waren die modernistischen Schriftsteller Gertrude Stein und Ezra Pound sowie der ikonoklastische Henry Miller, dessen halbautobiografische Romane in Paris veröffentlicht wurden und wegen ihres obszönen und pornografischen Inhalts in den USA bis in die 1960er-Jahre verboten waren.

F. Scott Fitzgerald stellt die Leere der High Society an der Ostküste dar, während John Steinbeck besonders in der Weltwirtschaftskrise zur Stimme der armen Landbevölkerung des Westens wurde. William Faulkner beschrieb die sozialen Gräben der Gesellschaft des Südens in komplexer, mit schwarzem Humor durchsetzter Prosa.

Edgar Allan Poe war Amerikas erster Schriftsteller, der internationalen Ruhm erlangte. Seine gruseligen Geschichten wie *Das verräterische Herz* (1843) trugen wesentlich zur Beliebtheit der Shortstory bei, und auch die Erfindung von Kriminal- und Horrorgeschichten sowie Science-Fiction ist ihm zuzuschreiben. Sie alle sind heute außerordentlich beliebte Genres in Amerika.

Zwischen den beiden Weltkriegen erblühte die Harlem Renaissance – afroamerikanische Intellektuelle und Künstler trugen ihre Kultur stolz zur Schau und unterliefen rassistische Stereotype. Zu den bekanntesten Schriftstellern gehörten der Dichter Langston Hughes und die Romanautorin Zora Neale Hurston.

Nach dem Zweiten Weltkrieg brachten amerikanische Schriftsteller regionale und ethnische Trennungen noch stärker zum Ausdruck. Sie unternahmen verschiedene stilistische Experimente und verhöhnten oft bissig die Werte der konservativen amerikanischen Mittelklasse. Die Werke der Schriftsteller der Beat Generation der 1950er-Jahre, u.a. Jack Kerouac, Allen Ginsburg und Lawrence Ferlinghetti, schlugen wie Molotow-Cocktails in die manikürten Rasenflächen der schmucken Vorstadtsiedlungen ein. Gleichzeitig schilderten J.D. Salinger, der russische Immigrant Vladimir Nabokov, Ken Kesey und Sylvia Plath ungeschminkt, wie Menschen, die gegen die beengten gesellschaftlichen Normen kämpften, in den Wahnsinn abgleiten.

Der Süden, der schon immer reich an Widersprüchen war, regte die Meisterinnen der Kurzgeschichten, Flannery O'Connor und Eudora Welty, sowie die Romanautorin Dorothy Allison zu ihren Werken an. Die mythische Romanze und die moderne Tragödie des Westens fanden ihren Meister im mexikanisch-amerikanischen Schriftsteller Rudolfo Anaya, in Larry McMurtry und in Cormac McCarthy, dessen Charaktere auf ergreifende Weise versuchen, mit dem rauen Leben im Westen fertig zu werden.

Gegen Ende des 10. Jhs. wurde die amerikanische Literatur persönlicher, beginnend mit dem „Ich"-Jahrzehnt der 1980er-Jahre. Die narzisstischen und oft auch nihilistischen Erzählungen von Schriftstellern wie Jay McInerney und Brett Easton Ellis katapultierten das „Brat Pack" in die Popkultur.

In Amerika einst verbotene Bücher

Are You There, God? It's Me, Margaret *Judy Blume*

Herr der Fliegen *William Golding*

1984 *George Orwell*

Der Fänger im Roggen *J.D. Salinger*

Die Abenteuer des Huckleberry Finn *Mark Twain*

Die Farbe Lila *Alice Walker*

Seit den 1990er-Jahren spiegelt eine zunehmend breit gefächerte, multiethnische Palette von Stimmen die bunt zusammengewürfelte Gesellschaft Amerikas wider. Ethnische Identität (besonders die der Einwandererkulturen), Regionalismus und Schilderungen von Selbstfindungen stehen immer noch an der Spitze der amerikanischen Literatur, ganz gleich wie experimentell sie sein mag. Die von Dave Eggers (*Ein herzzerreißendes Werk von umwerfender Genialität*, 2000) gegründete vierteljährlich erscheinende Zeitschrift *McSweeney's* veröffentlicht Werke von Titanen zeitgenössischer Literatur wie der erfolgreichen Joyce Carol Oates und Michael Chabon, die beide den Pulitzer-Preis bekommen haben. Man darf gespannt sein auf die nächsten Romane von Nachwuchstalenten wie Nicole Krauss, Junot Diaz, Gary Shytengart und Jonathan Safran-Foer. Einen mitreißenden, fast panoramahaften Einblick in die amerikanische Gesellschaft bieten die Werke *Die Korrekturen* und *Freiheit* von Jonathan Franzen. Letzterer wurde 2010 veröffentlicht und begeisterte die Kritiker weltweit, was den Londoner *Guardian* veranlasste, *Freiheit* als „Roman des Jahrhunderts" zu bezeichnen.

Zu den neueren literarischen Bestsellern gehören u.a. *Die Sonne war der ganze Himmel* (2012) von Kevin Powers, eine wirklich mitreißend geschriebene Geschichte über junge amerikanische Soldaten auf ihrem ersten Irak-Einsatz, und *Bleeding Edge* (2013) von dem öffentlichkeitsscheuen, preisgekrönten Schriftsteller Thomas Pynchon, ein gewagter, verworrener Roman, der in New York City zur Zeit der Terroranschläge vom 11. September spielt.

Malerei & Bildhauerei

Einen Ozean entfernt von den adligen Mäzenen, den religiösen Kommissionen und den historischen Kunstakademien und Salons Europas war Kolonialamerika nicht gerade der fruchtbarste Boden für die bildenden Künste. Seit damals haben sich die Zeiten aber Gott sei Dank geändert: New York, der einst sumpfige Handelsposten der Niederländer, ist jetzt das Zentrum der Kunstwelt und übt einen entscheidenden Einfluss auf den Kunstgeschmack nicht nur in den USA, sondern in der ganzen Welt aus.

Das Formen einer nationalen Identität

Künstler spielten bei der amerikanischen Expansion im 19. Jh. eine zentrale Rolle: Sie verbreiteten Bilder weit entlegener Gebiete und verstärkten den Ruf nach dem „Manifest Destiny". Thomas Cole und seine Kollegen an der Hudson River School übertrugen die europäische Romantik auf die leuchtenden, wilden Landschaften des New Yorker Hinterlands, während Frederic Remington idealisierte, oft stereotype Bilder des Wilden Westens schuf.

Nach dem Bürgerkrieg und dem Beginn der Industrialisierung gewann der Realismus zunehmend an Bedeutung. Eastman Johnson malte nostalgische Szenen des Landlebens wie auch Winslow Homer, der später für seine Seelandschaftsaquarelle bekannt wurde.

Eine amerikanische Avantgarde

Die Einwände der vornehmen Gesellschaft gegen Thomas Cowperthwait Eakins Gemälde waren nichts im Vergleich zu den Beinahe-Ausschreitungen, die New Yorks Armory Show 1913 verursachte. Diese Ausstellung machte das Land mit der europäischen Moderne bekannt und veränderte das Gesicht der amerikanischen Kunst. Gezeigt wurden Werke des Impressionismus, Fauvismus und Kubismus, u.a. auch das berühmtberüchtigte Bild *Akt, eine Treppe hinabsteigend No. 2* aus dem Jahr 1912 von Marcel Duchamp, einem französischen Künstler, der später die amerikanische Staatsbürgerschaft annahm.

Die Armory Show 1913 in New York war lediglich die erste Ausstellung, die die radikalen ästhetischen Veränderungen der europäischen Moderne predigte. Viele weitere folgten ihr. Die Ausstellungen hatten unausweichlich zur Folge, dass sich die amerikanischen Künstler mit dem, was sie gesehen hatten, auseinandersetzen mussten. Alexander Calder, Joseph Cornell und Isamu Noguchi schufen Skulpturen, die vom Surrealismus und Konstruktivismus inspiriert waren, während die Präzisionisten Charles Demuth, Georgia O'Keeffe und Charles Sheeler den Realismus mit einem Hauch kubistischer Geometrie kombinierten.

In den 1930er-Jahren gab die Works Progress Administration (WPA) als Teil von F.D. Roosevelts New Deal ein Federal Art Project in Auftrag, durch das öffentliche Gebäude im ganzen Land mit Wandmalereien, Gemälden und Skulpturen versehen wurden. WPA-Künstler ließen sich vom sowjetischen sozialistischen Realismus und von mexikanischen Wandmalern inspirieren und kreierten einen sozial engagierten, figurativen Stil mit regionalem Touch.

Abstrakter Expressionismus

Nach dem Zweiten Weltkrieg erfuhr die amerikanische Kunst eine grundlegende Veränderung durch die New York School, der Maler wie Franz Kline, Jackson Pollock und Mark Rothko angehörten. Inspiriert

Berühmte literarische Eigenbrötler

- *Emily Dickinson (1830–1886)*
- *J. D. Salinger (1919–2010)*
- *Harper Lee (geb. 1926)*
- *Don DeLillo (geb. 1936)*
- *Thomas Pynchon (geb. 1937)*

Amerikanische Top-Fotografen

- *Ansel Adams*
- *Walker Evans*
- *Man Ray*
- *Alfred Stieglitz*
- *Richard Avedon*
- *Robert Frank*
- *Dorothea Lange*
- *Cindy Sherman*
- *Edward Weston*
- *Diane Arbus*
- *Lee Friedlander*

vom Surrealismus, dessen Zelebrierung der Spontaneität und des Unbewussten, erkundeten diese Künstler die Abstraktion und ihre psychologische Kraft durch Einsatz riesiger Formate und gestischer Pinselstriche. Die „Action Painter" dieser Kunstbewegung gingen bis zum Äußersten: Pollock beispielsweise schuf seine Tropfbilder, indem er Pigmente auf große Leinwände schüttete und spritzte.

Da der abstrakte Expressionismus die Zeiten überdauert hat, wird er als erste wirklich eigenständige amerikanische Kunstschule betrachtet.

Kunst + Massenware = Pop

Nachdem sich der abstrakte Expressionismus in Amerika etabliert hatte, wurde er zum Alleinherrscher. Stilistische Revolutionen hatten jedoch schon viel früher – in den 1950er-Jahren – begonnen. Vor allem Jasper Johns wurde mit Darstellungen von alltäglichen Symbolen wie Zielscheiben und der amerikanischen Flagge bekannt, die er im künstlerischen Verfahren der Collage und Schichtmalweise herstellte, während Robert Rauschenberg Kunstwerke aus Comics, Werbeanzeigen und sogar – à la Duchamp – gefundenen Objekten (einer Matratze, einem Reifen, einer ausgestopften Ziege) zusammenbastelte. Beide Künstler trugen dazu bei, traditionelle Grenzen zwischen Malerei und Bildhauerei zu durchbrechen und so der Pop-Art in den 1960er-Jahren den Weg zu ebnen.

Auch der Wirtschaftsaufschwung der Nachkriegszeit beeinflusste die Pop-Art. Die Künstler wandten sich nicht nur Symbolen zu, sie schöpften auch Inspiration aus Werbeträgern wie Plakatwänden, Produktverpackungen und Medienikonen. Andy Warhol benutzte profane Massenproduktionstechniken, um Siebdruckbilder von Kinostars und Coca-Cola-Flaschen herzustellen, und beendete damit den Mythos des einsamen, im Studio schuftenden Künstlers. Roy Lichtenstein kombinierte die Benday-Dots-Drucktechnik mit den Techniken des Comics. Und urplötzlich war die sogenannte „seriöse" Kunst politisch, skurril, ironisch und witzig.

ANDY WARHOL

Die Pop-Art-Ikone Andy Warhol stellte die Kunstwelt Anfang der 1960er-Jahre mit seinen Porträts von Berühmtheiten wie Marilyn Monroe und Jackie Onassis auf den Kopf. Stars und Kommerz wurden sofort kritisch beleuchtet, und die amerikanische Öffentlichkeit begann, diese legendären Personen in einem überraschend anderen Licht zu sehen.

Minimalismus

Der Minimalismus schließlich teilte das Interesse der Pop-Art an der Massenproduktion: Das war's dann aber auch schon mit den Gemeinsamkeiten. Wie die abstrakten Expressionisten lehnten Künstler wie Donald Judd, Agnes Martin und Robert Ryman die Gegenständlichkeit ab. Ihre kühlen, reduzierten Arbeiten der 1960er- und 1970er-Jahre fertigten sie aus industriellen Materialien an und stellten sie oft zu seriellen Kompositionen zusammen.

Die 1980er-Jahre & danach

Seit den 1980er-Jahren hatten Themen wie Bürgerrechte, Feminismus und Aids großen Einfluss auf die Bildende Kunst. Die Künstler drückten in ihren Werken nicht nur ihren Unmut über die Politik aus, sondern verwendeten ganz bewusst ehemals ausgegrenzte Kunstformen, angefangen bei Textilien über Graffiti bis hin zu Videos, Sounds und Performance. Das Jahrzehnt führte auch zu den sogenannten Culture Wars, die mit Protesten gegen die Fotografien von Robert Mapplethorpe und Andres Serrano begannen.

Wer in puncto zeitgenössischer Kunst in den USA am Puls der Zeit sein will, sollte sich die Kunstwerke von Künstlern wie Jenny Holzer, Kara Walker, Chuck Close, Martin Puryear und Frank Stella nicht entgehen lassen.

Theater

Das amerikanische Theater ist ein Stück in drei Akten: sentimentale Unterhaltung, Revival der Klassiker und eindringliche Sozialkritik. Von

Anfang an wollten Broadway-Musicals (www.livebroadway.com) eine Touristenattraktion sein, über die gesagt wird: „Das muss man gesehen haben!" Auch heute noch gehören sie zu den Hauptattraktionen in New York City. Jährlich werden Eintrittskarten für Broadway-Shows im Wert von über 1 Mrd. US$ verkauft, Top-Shows bringen sogar 2 Mio. US$ pro Woche in die Kasse. Die erfolgreichsten Broadway-Shows ziehen oft um die Welt und erzielen noch höhere Gewinne. (Die weltweiten Bruttoeinnahmen von *Das Phantom der Oper* betrugen unglaubliche 5,6 Mrd. US$). Dauerbrenner wie *Der König der Löwen* und *Wicked – Die Hexen von Oz* sorgen noch immer für allabendlich ausverkaufte Häuser, und auch der heiß geliebte Klassiker *Les Miserables* kommt 2014 wieder auf den Broadway.

Das unabhängige Theater kam in den 1920er- und 1930er-Jahren im Zuge des Little Theatre Movement auf, das dem progressiven europäischen Theater nacheiferte und sich schließlich zur heutigen Off-Broadway-Theaterszene entwickelte. Die 1500 gemeinnützigen Regionalthe-

TANZ

Im 20. Jh. gab sich die USA dem Tanz hin. New York City ist schon immer das Epizentrum für innovativen Tanz und die Heimat der bedeutendsten Tanzgruppen, aber mittlerweile gibt es in jeder größeren Stadt feste Tanz- und Gastensembles – sowohl Ballett als auch Modern Dance.

Das moderne Ballett begann, so sagt man, mit den Stücken *Apollo* (1928) und *Prodigal Son* (1929) des in Russland geborenen Choreografen George Balanchine. Mit ihnen erfand Balanchine das „handlungslose Ballett", dessen Choreografie der inneren Struktur der Musik folgt und nicht einfach eine Geschichte erzählt. So entstand ein neues, modernes Vokabular für das Ballett. 1934 gründete Balanchine die School of American Ballet und 1948 das New York City Ballet, das er in eines der weltweit besten Ballettensembles verwandelte. 1983 übernahm Jerome Robbins, der mit der Choreografie einiger der erfolgreichsten Broadway-Musicals, beispielsweise *West Side Story* (1957), Ruhm erlangt hatte, die Leitung des Balletts. Auch heute noch ist der Broadway eine zentrale Stätte des Tanzes, und nationale Ensembles wie das Lines Ballet aus San Francisco entwickeln das zeitgenössische Ballett weiter.

Die Pionierin des Modern Dance, Isadora Duncan, wurde erst bekannt, als sie an der Wende zum 20. Jh. begann, in Europa aufzutreten. Sie orientierte sich an antiken griechischen Mythen und Schönheitsidealen, stellte die Einschränkungen des klassischen Balletts infrage und strebte nach einer intensiven Form der Selbstdarstellung.

Nach ihrem Umzug nach New York 1926 gründete Martha Graham die Martha Graham School for Contemporary Dance. Viele der heute maßgeblichen Choreografen wurden von ihr ausgebildet. In ihrer langen Karriere choreografierte sie mehr als 140 Stücke und entwickelte eine neue Tanztechnik, die inzwischen weltweit gelehrt wird und darauf abzielt, innere Bewegtheit und dramatische Narrativität auszudrücken. Ihr bekanntestes Stück war *Appalachian Spring* (1944).

Merce Cunningham, Paul Taylor und Twyla Tharp folgten Graham als führende Vertreter des modernen Tanzes und haben bis heute allesamt aktive Tanzkompanien. In den 1960er- und 1970er-Jahren entdeckte Cunningham den abstrakten Expressionismus in der Bewegung und kooperierte erfolgreich mit dem Musiker John Cage. Taylor experimentierte mit Bewegungen und Ausdrucksformen des Alltags, während Tharp dafür bekannt ist, dass er Elemente von Popmusik, Jazz und Ballett integriert.

Ein anderer Schüler von Martha Graham, Alvin Ailey, war Teil der afroamerikanischen Kulturblüte nach dem Zweiten Weltkrieg. Er machte sich einen Namen mit *Revelations* (1960), zwei Jahre nach der Gründung seines immer noch viel gepriesenen Alvin Ailey American Dance Theater in New York City.

Weitere gefeierte postmoderne Choreografen sind Mark Morris und Bill T. Jones. Neben New York sind auch San Francisco, Los Angeles, Chicago, Minneapolis und Philadelphia bedeutende Zentren für Modern Dance.

Upton Sinclairs Werk *Der Dschungel* (1906), das sofort ein moderner Klassiker wurde, schockierte die Öffentlichkeit mit der Beschreibung der erschütternden Zustände in der chicagoer Fleischkonservenindustrie. Fast 100 Jahre später machte Eric Schlosser mit *Fast Food Nation* (2001) auf die Schattenseite der Fast-Food-Industrie aufmerksam.

ater, die es aller finanziellen Schwierigkeiten zum Trotz schaffen, sich über Wasser zu halten, sind nicht nur Brutstätte für neue Stücke, sie fördern auch unbekannte Bühnenautoren. Einige zeigen Broadway-Produktionen, andere haben sich dem Barden schlechthin – William Shakespeare – verschrieben.

Eugene O'Neill – der erste große und für viele immer noch beste amerikanische Dramatiker – verhalf dem amerikanischen Schauspiel erstmals zu Ansehen. Nach dem Zweiten Weltkrieg schlossen sich die amerikanischen Dramatiker der landesweiten künstlerischen Renaissance an. Zwei der berühmtesten waren Arthur Miller, der bekanntermaßen Marilyn Monroe heiratete und über alles schrieb – von der Desillusionierung der männlichen Mittelklasse bis hin zur dunklen Psychologie des Mobs in den Hexenprozessen von Salem –, und der produktive Südstaatler Tennessee Williams.

Wie auch in Europa waren die 1960er-Jahre vom absurden Avantgarde-Theater geprägt. Kaum einer schrieb beißender als Edward Albee, der die Empfindlichkeiten der Bourgeoisie traf. Etwa zur gleichen Zeit trat Neil Simon in Erscheinung, dessen stets beliebte Komödien 40 Jahre lang am Broadway für Stimmung sorgten.

In den 1970er-Jahren wurden weitere hervorragende amerikanische Dramatiker bekannt, u.a. David Mamet, Sam Shephard und der innovative „Concept Musical"-Komponist Stephen Sondheim. August Wilson schuf einen monumentalen Zyklus aus zehn Stücken namens „Pittsburgh Cycle", der das afroamerikanische Leben im 20. Jh. analysiert.

In einem Zeitalter zunehmend isolierender Medien bemüht sich das amerikanische Theater heute, ein bedeutungsvolles Gemeinschaftserlebnis zu bleiben. Stücke wie *Breakfast with Mugabe* decken die Wunden der Vergangenheit auf, wohingegen *Avenue Q* mit den schnodderig sprechenden, liebenswerten Handpuppen das Leben in der *Sesamstraße* auf urkomische Art und Weise parodiert. Eindringlicher sind Stücke wie *Sleep No More*, bei dem die Theaterbesucher durch wild dekorierte Räume – Friedhof, Stall, Psychiatrie und Ballsaal – schlendern und das Schauspiel (frei nach *Macbeth*) rund um die Zuschauer stattfindet.

Architektur

Im 21. Jh. erlauben Computertechnik und neue Materialien die Konstruktion von gebogenen, asymmetrischen Gebäuden, die einst als unmöglich, ja unvorstellbar galten. Architekten stehen vor der Herausforderung, „Grünes" in ihren Entwürfen zu berücksichtigen, was eine ganz neue, aufregende Kreativität freisetzt, die Skylines verändert und die Haltung der Amerikaner gegenüber ihrer architektonischen Umwelt beeinflusst. Der Architekturgeschmack der Öffentlichkeit bleibt zwar konservativ, aber das macht nichts: Avantgardistische „Starchitekten" schmücken städtische Landschaften mit so radikalen Visionen, dass die Bevölkerung eines Tages unweigerlich nachziehen wird.

Die Kolonialzeit

Der einzig bleibende Einfluss, den die Kultur der Ureinwohner eventuell auf die amerikanische Architektur ausgeübt hat, ging von den Lehmhütten im Südwesten aus. Im 17. und 18. Jh. übernahmen die Spanier Elemente der von ihnen als *pueblo* (Dorf) bezeichneten Siedlungen. Ende des 19. und Anfang des 20. Jhs. tauchte die daraus resultierende architektonische Mischung wieder auf – im Pueblo-Stil (Südwesten) und im Mission-Revival-Stil (Südkalifornien).

Bis zum 20. Jh. übernahmen Amerikaner hauptsächlich englische und kontinentaleuropäische Stile und folgten deren Trends. Für die meisten frühen Kolonisten im Osten der USA musste Architektur funktional und nicht ästhetisch sein. Der Möchtegernadel ließ sich prächtige englische

Herrenhäuser nachbauen – einige gut erhaltene Beispiele gibt's in Williamsburg, Virginia.

Nach dem Unabhängigkeitskrieg suchten die Landesväter einen Stil, der der jungen Republik gebührte, und entschieden sich für den Neoklassizismus. Vorbild für das von Thomas Jefferson entworfene Kapitol in Virginia war der antike römische Tempel in Nîmes mit Säulen und Dreieckgiebel, allerdings ohne Kuppel. Bei seinem Privatdomizil Monticello orientierte sich Jefferson an den Villen des italienischen Renaissancearchitekten Andrea Palladio. Auch Monticello besitzt einen vorgelagerten Portikus und eine flache Kuppel.

Der Berufsarchitekt Charles Bulfinch half bei der Entwicklung des eher monumentalen Baustils vieler Bundesgebäude, der dem englischen georgianischen Stil glich. Das prächtigste Beispiel ist das US Capitol in Washington, D.C., das als Vorbild für Parlamente im ganzen Land diente. Im 19. Jh. orientierten sich die Amerikaner dann an der englischen Mode und bevorzugten zuerst den Stil des Neoklassizismus und dann der Neogotik – beide Stile findet man heute in vielen Kirchen und College-Gebäuden.

Die Errichtung der Nation

Die Bauweise kleiner Häuser wurde unterdessen durch die „Balloon-Frame"-Konstruktion, revolutioniert: Bei dieser Holzrahmenbauweise wird ein leichter Rahmen aus einfach gefrästen Holzbalken von billigen Nägeln zusammengehalten. Die einfachen und preiswerten „Balloon-Frame"-Läden und -Häuser ermöglichten eine rasche Besiedlung des expandierenden Westens und dann die rasante Ausbreitung der Vororte. Das eigene Heim war plötzlich in Reichweite normaler Mittelklassefamilien gerückt, und der amerikanische Traum wurde Wirklichkeit.

Nach dem Bürgerkrieg studierten einflussreiche amerikanische Architekten an der Pariser École des Beaux-Arts, was sich deutlich in der gehobeneren und selbstbewussteren Bauweise amerikanischer Gebäude widerspiegelte. Bedeutende Beispiele für den Beaux-Arts-Stil sind Richard Morris Hunts Biltmore Estate in North Carolina und die Public Library in New York.

Mitte des 19. Jhs. kam in San Francisco und in anderen Städten Amerikas die viktorianische Architektur auf. Die großen und schicken Privathäuser der Wohlhabenderen erhielten immer mehr Verzierungen: Balkone, Vorbauten, Türme, kunstvoll gestrichene Zierleisten und aufwendig gearbeitete Holzschnitzereien im viktorianischen Gingerbread-Stil.

Als Reaktion auf die viktorianische Opulenz entstand ab 1900 die Arts-and-Crafts-Bewegung, die bis in die 1930er-Jahre anhielt. Die bescheidenen Bungalows wie das Gamble House in Pasadena, Kalifornien, bestanden aus Holz- und Glasarbeiten, Keramikfliesen und anderen vor Ort hergestellten Kunsthandwerkselementen.

Den Wolken so nah

Stahlskelettbauten tauchten in Manhattan erstmals in den 1850er-Jahren auf. Sie ermöglichten eine größere architektonische Gestaltungsfreiheit, besonders nach der Erfindung des hydraulischen Otis-Aufzugs in den 1880er-Jahren. Die Chicago School of Architecture kombinierte diese Innovationen mit dem Beaux-Arts-Stil und entwickelte Wolkenkratzer – die erste wirklich moderne Architektur und Amerikas berühmtester Beitrag zur Weltarchitektur von damals.

Unter dem Einfluss des Art déco in den 1930er-Jahren – der nach der Pariser Weltausstellung 1925 schlagartig beliebt wurde – schossen überall Wolkenkratzer in den Himmel und wurden zu idealen Symbolen für Amerikas technische Errungenschaften, seine großen Ambitionen, die Kommerzialisierung und die Liebe zur Moderne.

ART DECO

Zu den bemerkenswertesten Wolkenkratzern gehören das Chrysler Building und das Empire State Building in New York City. Im ganzen Land wurden Kinos, Bahnhöfe und Bürohäuser im Art-déco-Stil errichtet und mit Miamis South Beach sogar ein ganzes Stadtviertel.

Modernismus & mehr

Als die Vertreter des Bauhaus Nazi-Deutschland verließen, brachten Architekten wie Walter Gropius und Ludwig Mies van der Rohe ihre bahnbrechenden modernen Designs nach Amerika. Van der Rohe ließ sich in Chicago nieder, wo Louis Sullivan, der als Erfinder des modernen Wolkenkratzers gilt, bereits an einem vereinfachten architektonischen Stil arbeitet, in dem die Form stets der Funktion folgen sollte. Daraus entwickelte sich der Internationale Stil, der „Vorhangfassaden" aus Glas über einem Stahlskelett favorisierte. I. M. Pei, der die Rock and Roll Hall of Fame in Cleveland entworfen hat, wird als der letzte noch lebende Architekt der Moderne bezeichnet.

In der Mitte des 20. Jhs. hielt der Modernismus Einzug in die amerikanischen Vorstädte, besonders in Südkalifornien. Die moderne Architektur der Jahrhundertmitte wurde nicht nur durch die organische Architektur der von Frank Lloyd Wright entworfenen Häuser beeinflusst, sondern orientierte sich auch an den schlichten, geometrischen, gradlinigen Designs aus Skandinavien. Die Pfosten-Riegel-Konstruktion ermöglichte Wände aus reinem Glas, die die Grenze zwischen Innen und Außen aufzuheben schienen. Heute kann man eine beachtliche Anzahl von modernen Privathäusern und öffentlichen Gebäuden, die um die Jahrhundertmitte von Albert Frey, Richard Neutra und anderen Koryphäen entworfen wurden, in Palm Springs, Kalifornien, bestaunen.

Die später im 20. Jh. aufkommende Postmoderne lehnte die „hässlichen Kisten" des Modernismus ab, und mit ihr kehrten Dekoration, Farbe und historische Bezüge zurück, begleitet von jeder Menge Kapriolen. Hier nahmen Architekten wie Michael Graves und Philip Johnson die Führungsrollen ein. Ein weiterer Ausdruck der Postmoderne ist die aufdringliche, mimetische Architektur des Las Vegas Strip, die der mit dem Pritzker-Preis ausgezeichnete Architekt Robert Venturi als triumphale Antithese des Modernismus ausgab (über Letzteren sagte er süffisant: „Weniger ist langweilig").

Die mit digitalem Werkzeug ausgestattete Architektur von heute bevorzugt kühne und einzigartige Entwürfe. Frank Gehry hat den Futurismus auf die Spitze getrieben – seine Walt Disney Concert Hall in Los Angeles ist nur ein Beispiel. Weitere bemerkenswerte Architekten sind Richard Meier (Getty Center in Los Angeles), Thom Mayne (Federal Building in San Francisco) und Daniel Libeskind (Contemporary Jewish Museum in San Francisco und das Hamilton Building des Denver Art Museum).

Selbst als 2008 die Rezession die amerikanische Wirtschaft lahm legte und neue Bauten eigentlich nicht angesagt waren, wurden ein paar phänomenale neue Beispiele einer visionären Architektur in amerikanischen Städten aus dem Boden gestampft. Besonders bemerkenswert sind das Acqua Building in Chicago von Jeanne Gang, der kultige Glaswürfel im Fifth Avenue Apple Store in New York City von Peter Bohlin und die umwerfende (und nachhaltige) California Academy of Sciences in San Francisco von Renzo Piano mit einem 1 ha großen „lebenden" Dach, auf dem 1,7 Mio. einheimische Pflanzen wachsen und gedeihen.

Die Musikszene

Die amerikanische Musik ist der Herzschlag der Nation und ihre unbeugsame Seele. Sie umfasst John Lee Hookers tiefe Bluesstimme und John Coltranes leidenschaftliche Jazz-Arien, Hank Williams jodelnden Gesang und Elvis' Schmollmund, Beyoncé und Bob Dylan, Duke Ellington und Patti Smith. Sie ist Gefühl und Kunstform zugleich und zieht Menschen in ihren Bann – sei es mitreißender Bluegrass, schweißtreibender Zydeco, rhythmischer Hip-Hop oder zum Stagediving animierender Punkrock.

Blues

Der Süden ist die Heimat der amerikanischen Musik, die größtenteils vom spannungsgeladenen Zusammenleben Schwarzer und Weißer geprägt ist. Der Blues entstand nach dem Bürgerkrieg aus Arbeiterliedern und „Shouts" schwarzer Sklaven, aus spirituellen Songs und „Call and Response"-Elementen, die ihre Wurzeln in der afrikanischen Musik haben.

Mit seinen improvisierten, tief persönlichen Elementen bleibt der Blues unmittelbarer Ausdruck von Schmerz, Leid, Hoffnung, Sehnsucht und Stolz. Fast alle folgenden Musikstile wurden von ihm geprägt.

Um die Jahrhundertwende machten sich durch den Süden reisende Bluesmusiker, insbesondere Bluessängerinnen, einen Namen. Zu den frühen Pionieren gehören Robert Johnson, W.C. Handy, Ma Rainey, Huddie Ledbetter (alias Lead Belly) und Bessie Smith, für viele die beste Bluessängerin aller Zeiten. Zur gleichen Zeit entwickelte sich aus afroamerikanischen christlichen Chorgesängen die Gospelmusik, deren größte Repräsentantin, Mahalia Jackson, in den 1920er-Jahren Berühmtheit erlangte.

Nach dem Zweiten Weltkrieg gelangte der Blues aus Memphis und dem Mississippi-Delta in den Norden, insbesondere nach Chicago, wo ihn eine neue Generation von Musikern wie Muddy Waters, Buddy Guy, B.B. King, John Lee Hooker und Etta James weiterentwickelte.

Die heutige Generation der Bluesmusiker sind unter anderem Leute wie Bonamassa, Warren Haynes (langjähriges Mitglied der Allman Brothers), Seasick Steve, die Tedeschi Trucks Band und The Black Keys, die manchmal auch Blues spielen.

Das Land, das die weltweit erfolgreichste Plattenindustrie hervorgebrachte, verbreitete auch die Technologie, die für ihren Niedergang verantwortlich gemacht wird. Sei es Filesharing oder die Einführung von Apples Musik-Streaming-Service iCloud im Jahr 2011 – es ist kein Wunder, dass Amerikas Musikindustrie massiven Druck verspürt. Abschreiben sollte man sie angesichts ihrer Wandlungsfähigkeit jedoch noch nicht.

Jazz

Der Congo Square in New Orleans, auf dem sich ab dem späten 18. Jh. Sklaven zum Singen und Tanzen versammelten, gilt als Geburtsstätte des Jazz. Die Holzblas-, Blechblas- und Saiteninstrumente der überwiegend französischsprachigen, von verschiedenen Wurzeln geprägten Kreolen, die selbst förmliche europäische Musik bevorzugten, wurden von ihren ehemaligen Sklaven übernommen, um ihre eigene, afrikanisch inspirierte Musik zu interpretieren. Dieses fruchtbare Zusammenspiel brachte einen steten Strom innovativer Klänge hervor.

Die erste Stilrichtung war der Ragtime, benannt nach seinen „zerrissenen" *(ragged)*, synkopierten afrikanischen Rhythmen. Er geht auf die 1890er-Jahre zurück, wurde durch Musiker wie Scott Joplin bekannt und fand über Notenblätter und Klavierpartituren Verbreitung.

Bald folgte der Dixieland-Jazz, dessen Zentrum New Orleans' berüchtigtes Rotlichtviertel Storyville war. 1917 wurde Storyville geschlossen und die Jazzmusiker der Stadt zerstreuten sich. 1919 zog der Bandleader King Oliver nach Chicago, bald folgt ihm sein Star-Trompeter Louis Armstrong. Armstrongs charakteristischer Gesang und seine großartigen Improvisationen machten Solostücke zu einem bedeutenden Bestandteil des Jazz des 20. Jhs.

Das Jazz Age & die Zeit danach

Die 1920er- und 1930er-Jahre sind als Jazz Age bekannt, wobei Musik nur ein Teil des Aufblühens afroamerikanischer Kultur während der Harlem Renaissance in New York war. Der Swing, ein urbaner, von Bigbands umgesetzter Jazzstil, verbreitete sich und wurde von innovativen Bandleadern wie Duke Ellington und Count Basie geprägt. Ella Fitzgerald und Billie Holiday kombinierten Jazzgesang mit seinem Südstaaten-Bruder, dem Blues.

Nach dem Zweiten Weltkrieg entstand der Bebop, auch Bop genannt, der sich von den sanften Melodien und einengenden Rhythmen des Bigband-Swings absetzte. Eine neue Generation von Musikern wie Charlie Parker, Dizzy Gillespie und Thelonious Monk übernahm das Ruder. Kritiker belächelten zunächst Varianten der 1950er- und 1960er-Jahre wie Cool Jazz, Hard Bop, Free Jazz, Avantgarde Jazz und Fusion (eine Kombination aus Jazz und lateinamerikanischer Musik bzw. Rock), die postmoderne Dekonstruktion des Jazz war jedoch nicht mehr aufzuhalten. Zu den Pionieren jener Zeit gehören Miles Davis, Dave Brubeck, Chet Baker, Charles Mingus, John Coltrane, Melba Liston und Ornette Coleman.

Country-Musik

Frühe schottische, irische und englische Einwanderer brachten ihre eigenen Instrumente und ihre traditionelle Musik mit nach Amerika. Mit der Zeit entwickelte sich daraus in den abgeschiedenen Appalachen der Fiddle-and-Banjo-Hillbilly bzw. die Countrymusik. Im Südwesten prägten Steel-Gitarre und größere Bands die sogenannte Western Music. In den 1920er-Jahren verschmolzen beide Stile zur Country-and-Western-Musik. Ihr Zentrum wurde Nashville, Tennessee, besonders seit dem Jahr 1925, als die Radioshow *Grand Ole Opry* auf Sendung ging. Berühmte Vertreter des Genres sind u.a. Hank Williams, Johnny Cash, Willie Nelson, Patsy Cline und Loretta Lynn.

Die Country-Musik beeinflusste den Rock'n'Roll der 1950er-Jahre, Country mit Rock-Elementen wiederum wurde „Rockabilly" getauft. In den 1980er-Jahren gewann Country-und-Western-Musik durch Stars wie Garth Brooks enorm an Popularität. Heute beherrschen Country-Sender die Radioszene, wobei zu den erfolgreichsten Künstlern Shania Twain, Dwight Yoakam, Tim McGraw und Taylor Swift gehören. Vertreter des facettenreichen Alternative Country sind Lucinda Williams und Lyle Lovett.

PRINCE

Eine der eindrucksvollsten Erfolgsgeschichten der Rockmusik schrieb Prince, der in den 1950er-Jahren als Prince Rogers Nelson in Minneapolis geboren wurde. Eigentlich wollte er ins Basketballteam seiner Highschool, war jedoch mit knappen 1,58 m zu klein. Womit er sich tröstete? Mit einer Gitarre ...

Folk-Musik

Die Tradition der amerikanischen Folk-Musik begründete Woody Guthrie, der zur Zeit der Depression das Land bereiste und politische Lieder sang. Ab den 1940er-Jahren machte sich Pete Seeger in seinem unermüdlichen Bemühen um die amerikanische Folkkultur einen Namen. Während der Protestbewegung in den 1960er-Jahren erlebte die Folk-Musik eine neue Blüte, der allerdings der damalige Folk-Musiker Bob Dylan quasi im Alleingang ein Ende setzte, als er unter „Verräter"-Rufen seine E-Gitarre anschloss.

Die Folk-Musik ist seit dem letzten Jahrzehnt wieder im Kommen, vor allem im Pazifischen Nordwesten. Während Joanna Newsom, mit ihrer außergewöhnlichen Stimme und ungewöhnlichen Instrumenten (sie spielt Harfe), ein neue Ebene der Folk-Musik beschreibt, verbinden die schwermütigen Melodien von Iron & Wine Pop, Blues und Rock. Das junge Schwestern-Duo Lily & Madeleine singt himmlische und unglaublich gehaltvolle Folkballaden.

Rock 'n' Roll

Für die meisten ist das Jahr 1954, in dem Elvis Presley in Sam Phillips' Sun Studio *That's All Right* aufnahm, die Geburtsstunde des Rock'n' Roll. Anfangs fragten sich die Radiosender, warum ein weißer Country-Junge schwarze Musik sang, und zögerten, seine Lieder zu spielen. Zwei Jahre später feierte Presley mit *Heartbreak Hotel* den Durchbruch.

Der Rock'n' Roll mischte Gitarren-Blues mit schwarzem Rhythm and Blues (R&B) und weißer Country-und-Western-Musik. R&B entwickelte sich in den 1940er-Jahren aus Swing und Blues und wurde damals als „Race Music" bezeichnet. Mit dem Rock'n' Roll verwandelten weiße Künstler und afroamerikanische Musiker diese Race Music in einen Stil, der die weiße Jugend begeistern sollte – und das tat er.

Der Rock'n' Roll bereitete den Weg für eine gesellschaftliche Revolution, die noch bedeutender war als die musikalische: Offen sexuell konnotiert, riss er die Jugend, unabhängig von ihrer Hautfarbe, in seinen Bann und schockierte so die Nation. Die Behörden waren eifrig darum bemüht, gegen „jugendliche Delinquenten" vorzugehen und den Rock'n' Roll zu zensieren. Sie hätten vielleicht Erfolg gehabt, doch dann startete Anfang der 1960er-Jahre die „britische Invasion" und die von Chuck Berry, Little Richard und anderen inspirierten Beatles und Rolling Stones katapultierten den Rock'n' Roll zurück ins Leben.

Die 1960er-Jahre standen ganz im Zeichen einer rebellierenden Jugend, verkörpert von den von Drogen inspirierten, psychedelischen Klängen von Grateful Dead und Jefferson Airplane und den elektrischen Wehklagen von Janis Joplin und Jimi Hendrix. Seitdem steht Rock immer auch für einen Lebensstil, zerrissen zwischen Hedonismus und Ernsthaftigkeit, Kommerzialisierung und Authentizität.

Ende der 1970er-Jahre führten die Ramones und die Dead Kennedys die Punkwelle an, zudem hielt der Arbeiter-Rock von Bruce Springsteen und Tom Petty Einzug. In den 1980er-Jahren wurde Gegenkultur zu Kultur und der Rock voreilig für tot erklärt. Doch er konnte gerettet werden, u.a. von den Talking Heads, R.E.M, Nirvana, Sonic Youth, Pavement und Pearl Jam, indem er sich immer wieder in einem neuen Gewand präsentiert, sei es als New Wave, Heavy Metal, Grunge, Indie Rock, World Beat, Skate Punk, Hardcore, Gothic Rock, Emo oder Electronica.

Auch wenn heute der Hip-Hop die Rolle des Rebellen übernommen hat, bleibt der Rock eine Erfolgsgeschichte. Wer The Killers, Yeah Yeah Yeahs, Kings of Leon, Arcade Fire oder The Strokes hört, weiß warum. Momentan sehr bekannt sind auch Vampire Weekend, The National und Band of Horses.

One-Hit Wonders in den US Charts

- *Tell Him, The Exciters (1962)*
- *Just One Look, Doris Troy (1963)*
- *Cruel to Be Kind, Nick Lowe (1979)*
- *Video Killed the Radio Star, The Buggles (1979)*
- *Funkytown, Lipps, Inc. (1980)*
- *Turning Japanese, The Vapors (1980)*
- *Mickey, Toni Basil (1982)*
- *Tainted Love, Soft Cell (1982)*
- *Come on Eileen, Dexys Midnight Runners (1983)*
- *Baby Got Back, Sir Mix-a-Lot (1992)*
- *Whoomp…There It Is, Tag Team (1993)*
- *Crazy, Gnarls Barkley (2006)*

Hip-Hop

Aus den vielen verschiedenen Musikstilen der frühen 1970er-Jahre – Funk, Soul, Latin, Reggae und Rock'n' Roll – entwickelten junge DJs aus der Bronx in NYC einen bahnbrechenden, neuen Sound, um die Tanzflächen zum Brodeln zu bringen.

Der Hip-Hop war geboren. Bands wie Grandmaster Flash & the Furious Five verlagerten die Party von der Straße in die hippen Clubs Manhattans und arbeiteten mit Punk- und New-Wave-Bands wie The Clash und Blondie zusammen. Parallel dazu tauschten die Breakout-Graffiti-Künstler Futura 2000, Keith Haring und Jean-Michel Basquiat

U-Bahn-Stationen gegen Galerien und zogen bald in die Welt der Mode und Werbung ein.

Gruppen wie Run-DMC, Public Enemy und die Beastie Boys verdienten Millionen, und schnell entwickelten sich verschiedene Stilrichtungen. Der provokante „Gangsta Rap" von Niggaz With Attitude aus L.A. wurde für seinen kühnen Sound und die gesellschaftskritischen Texte über Gewalt, Drogen, Sex und städtische Armut, die Kritiker als Aufruf zur Gewalt verurteilten, sowohl gelobt als auch verdammt.

Zur Jahrtausendwende war aus ein paar abgehalfterten Jungs, die auf illegalen Straßenpartys die Funk-Platten ihrer Eltern auflegten, ein Milliardengeschäft geworden. Russell Simmons und P. Diddy führten Medien-Imperien an, und Stars wie Queen Latifah und Will Smith stiegen in die oberste Hollywood-Liga auf. Ein weißer Rapper aus Detroit namens Eminem verkaufte Millionen von Platten – Hip-Hop avancierte zur erfolgreichsten Musikrichtung Amerikas nach dem Pop-Rock.

Heute ist Hip-Hop für viele ein seelenloses Niemandsland kommerziellen Erfolgs, das Konsum, Frauenfeindlichkeit, Schwulenhass, Drogen und andere gesellschaftliche Übel glorifiziert. Doch so wie die hedonistischen Zeiten des Rock'n'Roll den Weg für den rebellischen Punkrock ebneten, bricht auch die auf die Hip-Hop- und DJ-Kultur folgende Generation erneut die Regeln, um etwas Neues, noch Energetischeres hervorzubringen. Große Künstler sind momentan u.a. Jay-Z, Kanye West, Nicki Minaj und das etwas experimentellere Wohlfühl-Hip-Hop-Duo Macklemore & Ryan Lewis.

Natur & Umwelt

Die Bandbreite der in den USA heimischen Tiere reicht von groß bis klein und vom wilden Grizzly bis zum emsigen Biber – so zählen riesige Bisons, Schnee-Eulen, majestätische Adler, heulende Kojoten und sanfte Seekühe allesamt zur vielfältigen Fauna. Die facettenreiche Landschaft – die Küsten zweier Ozeane, Berge, Wüsten, Regenwälder, enorme Buchten und Gewässernetze – beherbergt vielfältige Ökosysteme mit Pflanzen und Tieren.

Geografie

Die USA sind groß, so viel steht fest. Mit einer Fläche von mehr als 9 Mio. km² sind sie nach Russland und dem sympathischen nördlichen Nachbarn Kanada das drittgrößte Land der Erde. Sie bestehen aus 48 zusammenhängenden Bundesstaaten („The Lower 48", Kernstaaten), Alaska, dem größten Bundesstaat, der nordwestlich von Kanada liegt, und als 50. Staat im Bunde Hawaii mit seinen Vulkaninseln, zu finden im Pazifik rund 2600 Meilen (4200 km) südwestlich vom Festland.

Doch es ist nicht allein die Fläche, die Amerika so groß wirken lässt, sondern auch seine unglaublich vielfältige Topografie, die vor 50 bis 60 Mio. Jahren entstand.

Der Osten der amerikanischen Kernstaaten – inklusive der Appalachen, eines Mittelgebirges, das parallel zum Atlantik verläuft – ist von

Filme über die Wildnis

Nomaden der Lüfte von Jacques Perrin

Grizzly Man von Werner Herzog

Into the Wild von Sean Penn

Wolfsblut von Randal Kleiser

DIE RÜCKKEHR DES WOLFES

Der Wolf verkörpert auf eindrucksvolle Weise die Wildnis Amerikas. Das intelligente, in Rudeln lebende Raubtier ist mit einem durchschnittlichen Gewicht von 45 kg und einer Schulterhöhe von rund 80 cm die weltweit größte Hundeart. Einst zogen etwa 400 000 Wölfe von Küste zu Küste, von Alaska bis nach Mexiko.

Wölfe stießen bei den europäischen Siedlern auf wenig Sympathie. Das erste Tiergesetz, das in den britischen Kolonien in Kraft trat, war eine Kopfgeldprämie auf Wölfe. Im 19. Jh. metzelten die amerikanischen Siedler in ihrem Bestreben, den Westen zu zähmen, die unzähligen Herden von Bisons, Hirschen, Rehen und Elchen nieder und ersetzten sie durch Hausrinder und Schafe. Die Wölfe jedoch fanden diese ebenso schmackhaft.

Die Regierung machte sich aufgrund der Angriffe auf Nutztiere durch die Wölfe deren Ausrottung zum Ziel. Bis 1965 wurden gegen ein Kopfgeld von 20 bis 50 US$ Wölfe geschossen, vergiftet oder gefangen und getötet, bis nur noch ein paar hundert Tiere im nördlichen Minnesota und Michigan übrig blieben.

1944 trat der Naturforscher Aldo Leopold für die Rückkehr des Wolfes ein. Seine Argumente waren dabei ökologischer, nicht nostalgischer Natur. Seine Studien hatten gezeigt, dass Ökosysteme ihre Spitzenprädatoren brauchen, um eine gesunde Artenvielfalt zu bewahren. Aufgrund komplexer wechselseitiger Abhängigkeiten litten nämlich alle Tiere und Pflanzen unter dem Niedergang des Wolfes.

Trotz großer Proteste von Farmern und Jägern wurde der graue Wolf in den Jahren 1995 und 1996 in der Greater Yellowstone Region wieder heimisch gemacht, der Rotwolf 1998 in Arizona.

Im Rahmen der Schutzprogramme konnten sich die Wolfpopulationen recht schnell erholen, so leben heute über 5500 Tiere in freier Wildbahn.

DIE SCHLIMMSTEN NATURKATASTROPHEN IN DEN USA

Erdbeben, Waldbrände, Tornados, Hurrikane und Blizzards – die USA haben ganz schön unter Naturkatastrophen zu leiden. Hier eine Liste der schlimmsten Ereignisse, die sich tief in das Gedächtnis der Nation eingegraben haben:

Galveston-Hurrikan 1900 wurde Galveston, das damals als das „Juwel von Texas" bekannt war, von einem Hurrikan der Kategorie 4 praktisch ausgelöscht. 4,6 m hohe Flutwellen zerstörten Gebäude und überschwemmten zeitweilig die gesamte Insel. Mehr als 8000 Menschen starben, mehr als bei jeder anderen Naturkatastrophe in den USA zuvor.

Erdbeben von San Francisco Ein starkes Erdbeben (nach Schätzungen der Stärke 8 auf der Richter-Skala) erschütterte 1906 die Stadt, gefolgt von noch verheerenderen Bränden. Die Stöße waren noch in Oregon und Zentralnevada zu spüren. Durch das Beben und das Feuer kamen schätzungsweise mehr als 3000 Menschen um, mehr als 200 000 (der insgesamt 410 000) Einwohner der Stadt wurden obdachlos.

Dust Bowl Während einer langen Dürre in den 1930er-Jahren trocknete die überbeanspruchte Humusschicht in den Great Plains aus, verwandelte sich in Staub und wurde in gewaltigen Staubstürmen gen Osten geweht – sogar New York und Washington, D.C., bekamen sie noch ab. Auf Hunderttausenden Hektar Anbaufläche brachen die Erträge ein, sodass mehr als 500 000 Menschen gezwungen waren, ihre Heimat zu verlassen. Den großen Exodus der Bauern und Landarbeiter machte John Steinbeck in seinem Roman *Die Früchte des Zorns* unsterblich.

Hurrikan Katrina An den 29. August 2005 wird man sich in New Orleans noch lange erinnern. Ein massiver Hurrikan der Kategorie 5 fegte über den Golf von Mexiko und traf die Küste von Louisiana. Als die Dämme brachen, wurden mehr als 80 % der Stadtfläche überschwemmt. 1836 Menschen kamen ums Leben, der materielle Schaden belief sich laut Schätzungen auf mehr als 100 Mrd. US$ – damit war dies die bislang kostspieligste Naturkatastrophe, die die USA heimgesucht hatte. Die herzzerreißenden Bilder der zerstörten Stadt und die Wut über das Versagen der Regierung in dieser Situation sind unvergessen.

Tornado Alley Im Jahr 2011 erlebten die USA den größten Tornadosturm seit Beginn der Wetteraufzeichnungen. Drei grauenvolle Tage wüteten mehr als 300 Tornados in 21 Staaten – und das geschah gerade einmal ein paar Wochen nach dem Auftreten des zweitgrößten Tornados in der Geschichte der USA. Bei den Stürmen kamen über 300 Menschen ums Leben; die Schäden beliefen sich auf 10 Mrd. US$.

Wirbelsturm Sandy 2012 wurde Amerika vom zweitteuersten Wirbelsturm seiner Geschichte heimgesucht. Etwa 24 Bundesstaaten waren betroffen, die schlimmsten Schäden erlitten New Jersey und New York. Mehr als 80 Menschen starben allein in den USA, die Schäden summierten sich auf mehr als 68 Mrd. US$. Sandy war auch der größte Wirbelsturm über dem Atlantik seit Beginn der Aufzeichnungen, die Sturmwinde erstreckten sich über 1600 km.

Laubwäldern bedeckt. Zwischen den Bergen und der Küste liegt die am dichtesten besiedelte Region des Landes, vor allem zwischen Washington, D.C., und Boston, MA.

Nördlich davon befinden sich die Großen Seen, die sowohl zu den USA als auch zu Kanada gehören. Die fünf Seen, Teil des Kanadischen Schildes, sind das größte Süßwasserreservoir der Erde – sie fassen rund 20 % des Weltbestands!

Weiter im Süden der Ostküste wird es feuchter und wärmer, bis schließlich die Sümpfe Südfloridas erreicht sind. Ein kleiner Schlenker bringt einen dann zum Golf von Mexiko und damit zur südlichen Küstenlinie der USA.

Westlich der Appalachen erstrecken sich die Ebenen des Landesinneren bis hin zu den Rocky Mountains. Der östliche Teil der Ebenen ist der

Brotkorb der USA und lässt sich grob in den nördlichen „Getreidegürtel" und den südlichen „Baumwollgürtel" aufgliedern. Die Ebenen, einst ein Binnenmeer, werden vom mächtigen Mississippi bewässert, der zusammen mit dem Missouri das viertgrößte Flusssystem der Welt bildet, nur übertroffen vom Nil, dem Amazonas und dem Jangtsekiang. Weiter im Westen weichen unter dem weiten Himmel der semiariden Great Plains die Farmen den Cowboys und Ranches.

Die jungen, zerklüfteten Rocky Mountains sind ein komplexes System aufragender Gebirgsketten, die sich von Mexiko bis hoch nach Kanada erstrecken und ein wahres Paradies für Skifahrer bilden. Westlich dieser Gebirgsketten folgen die Wüsten des Südwestens, eine aride Region, in welcher das System des Colorado River dramatische Spuren hinterlassen hat. Auf dem Weg durch Nevada gelangt man aus diesem Land der erodierten Canyons in das erbarmungslose Great Basin. Das Gebiet, ebenfalls ein urzeitlicher Meeresboden, dient als militärisches Testgelände, und hier soll auch der Atommüll der USA eingelagert werden.

Nun folgt das dritte große Gebirgssystem Nordamerikas, bestehend aus dem Granitgebirge der Sierra Nevada im Süden und der vulkanischen Kaskadenkette im Norden, die beide parallel zur Pazifikküste verlaufen. Das kalifornische Central Valley ist eine der fruchtbarsten Regionen der Erde, und die Küste zwischen San Diego und Seattle mit ihren Sandstränden und uralten Wäldern, in denen teilweise Küstenmammutbäume wachsen, wird in den Legenden der amerikanischen Ureinwohner genauso gepriesen wie in den Folksongs der Einwanderer.

Aber das sind noch nicht die ganzen USA: Nordwestlich von Kanada erstreckt sich Alaska bis zum Nordpolarmeer, ein Bundesstaat voller Tundra, Gletscher und einem Regenwald im Landesinneren. Alaska besitzt den Löwenanteil aller geschützten Naturgebiete des Landes. Und schließlich gibt es noch Hawaii, eine Kette traumhafter tropischer Inseln im Pazifik.

Eine der faszinierendsten Theorien über die Erde hat James Lovelock mit seiner Gaia-Hypothese aufgestellt. Sie besagt, dass die Erde ein lebender, komplexer, sich selbst regulierender Organismus ist, nachzulesen in Lovelocks *Das Gaia-Prinzip* und Folgebänden.

Landsäugetiere

Im 19. Jh. setzten sich die Amerikaner massiv gegen Raubtiere zur Wehr. So löschten staatliche Jagdprogramme in den USA fast alle Wölfe und Großkatzen sowie viele Bären aus. Sie alle eint ein ähnliches Schicksal:

TIERBEOBACHTUNG: BEDROHTE ARTEN

Aktuell gelten über 1300 Pflanzen- und Tierarten in den USA als gefährdet oder bedroht. Natürlich sind sie für das Ökosystem alle gleichermaßen bedeutend, wer jedoch die spektakulärsten sehen (oder fotografieren) möchte, sollte folgende Ziele ansteuern, ehe es zu spät ist:

Dickhornschaf Anza-Borrego Desert State Park, Kalifornien, und Zion National Park, Utah

Kalifornischer Kondor Big Sur, Kalifornien, und Grand Canyon National Park, Arizona

Kalifornische Gopherschildkröte Mojave National Preserve, Kalifornien

Florida-Panther Everglades National Park, Florida

Wolf Yellowstone National Park, Wyoming

Hawaii-Gans Haleakalā National Park, Hawaii

Hawaii-Mönchsrobbe Waikiki Aquarium, Hawaii

Rundschwanzseekuh Everglades National Park, Florida

Mexikanische Langnasen-Fledermaus Big Bend National Park, Texas

Schreikranich Aransas National Wildlife Refuge, Texas, und Bosque del Apache National Wildlife Refuge, New Mexico

Ursprünglich in großer Zahl vertreten, wurden sie innerhalb kürzester Zeit fast vollständig ausgerottet und erholen sich heute nur langsam wieder.

Der Grizzlybär, eine Unterart des Braunbären, ist eines der größten Landsäugetiere Nordamerikas. Männchen erreichen eine Größe von bis zu 2 m und ein Gewicht von bis zu 385 kg. Ihr Lebensraum umfasst knapp 1300 km². Einst bevölkerten schätzungsweise 50 000 Grizzlys den Westen, doch 1975 waren es nicht einmal mehr 300. Schutzprogramme, insbesondere in der Greater Yellowstone Region, ließen die Population in den USA (ohne Alaska) wieder auf rund 1300 anwachsen. In Alaska hingegen tummeln sich heute über 30 000 Exemplare. Obwohl auch ihre Zahl abgenommen hat, überleben die kleineren Schwarzbären fast überall. Die anpassungsfähigen, neugierigen Tiere geben sich mit einem sehr kleinen Revier zufrieden.

Ungewöhnliche Tierlektüre

Rats von Robert Sullivan

Pigeons von Andrew Blechman

Kabeljau von Mark Kurlansky

Ameisen von Bert Hölldobler & E. O. Wilson

Secret Life of Lobsters von Trevor Corson

Ein weiteres sehr anpassungsfähiges Tier ist der Kojote. Er ähnelt einem Wolf, ist jedoch nur halb so groß und wiegt zwischen 7 und 20 kg. Im Südwesten sind die Tiere allgegenwärtig, manchmal trifft man sie sogar in Städten. In den USA lebt außerdem eine Raubkatze, die dort unter verschiedenen Bezeichnungen bekannt ist – z. B. Silberlöwe, Kuguar, Puma oder Panther. Im Everglades National Park im Osten wird eine kleine Population von Pumas geschützt. Im Westen sind die Tiere in immerhin so großer Zahl vertreten, dass sie ab und an auf Menschen treffen. Die kräftigen Tiere zeichnen sich durch rund 70 kg pure Muskelmasse, kurzes gelbbraunes Fell, einen langen Schwanz und ein scheues Wesen aus.

Die Geschichte des amerikanischen Büffels ist tragisch. Um 1800 gab es noch rund 65 Mio. der riesigen Pflanzenfresser. So beschrieben die Entdecker Lewis und Clark eindrücklich, wie sich durch ihre dichten Herden „ganze Ebenen verdunkelten". Die Tiere wurden wegen ihres Fleischs und wegen ihres Fells getötet, außerdem machte man sich ein Freizeitvergnügen aus der Jagd oder wollte den Ureinwohnern, denen die Tiere als Lebensgrundlage dienten, damit schaden. Im 20. Jh. galt der Büffel deswegen mit nur noch wenigen Hundert Exemplaren als nahezu ausgestorben. Die Nachkommen jener Tiere bildeten jedoch neue Herden, sodass eines der edelsten Tiere Amerikas mittlerweile wieder in seiner ganzen Pracht bewundert werden kann. Um sie zu sehen, besucht man am besten die Nationalparks Yellowstone, Grand Teton und Badlands.

Hoch in den White Mountains, einer kleinen Gebirgskette östlich der kalifornischen Sierra Nevada, wächst die langlebigste Baumart der Welt. Die sogenannte Langlebige Kiefer, zu erkennen an ihren kahlen verdrehten Ästen, ist über 4000 Jahre alt und gibt Wissenschaftlern mit ihrer außergewöhnlich langen Lebensdauer Rätsel auf.

Meeressäugetiere & Fische

Wohl keinem einheimischen Fisch wird so viel Aufmerksamkeit zuteil wie dem Lachs. Während dessen Laichzeit wird entlang der Flüsse an der Pazifikküste ein einzigartiges Spektakel geboten. Dennoch gilt der pazifische ebenso wie der atlantische Lachs als bedroht. Jedes Jahr werden deshalb Millionen junger Zuchtlachse ausgesetzt, allerdings ist umstritten, ob dieses Vorgehen der Population wirklich hilft oder doch eher schadet.

Jedes Jahr locken wandernde Grau-, Buckel- und Blauwale entlang der Pazifikküste zahlreiche Schaulustige an. Alaska und Hawaii sind für Wale und Meeressäuger bedeutende Stätten für die Jungtieraufzucht, Washingtons San Juan Islands wiederum werden von Killerwalen frequentiert. Die Pazifikküste bildet außerdem den Lebensraum für schwergewichtige See-Elefanten, verspielte Seelöwen und den bedrohten Seeotter.

In Kalifornien warten der Channel Islands National Park und die Monterey Bay mit einzigartigen, facettenreichen Meereslandschaften auf. Für Fans von Korallenriffen und tropischen Fischarten sind Hawaii und die Florida Keys die richtigen Reiseziele. An der Küste Floridas ist die faszinierende, sanfte Rundschwanzseekuh beheimatet, die sowohl in Süßwasserflüssen als auch im Meer lebt. Von den eindrucksvollen, wendigen Tieren, die rund 3 m lang sind und durchschnittlich 450 kg wiegen, gibt es noch etwa 3800 Exemplare. Früher hat man sie übrigens wohl häufiger für Meerjungfrauen gehalten.

Auch der Golf von Mexiko ist ein bedeutender Meereslebensraum. Am bekanntesten sind dabei die bedrohten Meeresschildkröten, die an den Stränden ihre Eier ablegen.

Vögel

Die USA stehen bei Vogelbeobachtern ganz hoch im Kurs. Kein Wunder, schließlich machen alle Zugvögel der Hemisphäre, seien es Sing- oder Watvögel, hier irgendwann halt – und so sind hier rund 800 Vogelarten heimisch.

Als schnellster Vogel Nordamerikas gilt der Wanderfalke. Auf Beutejagd erreicht er bei Sturzflügen Messungen zufolge bis zu 280 km/h.

Der Weißkopfseeadler wurde 1782 zum Wappentier der USA erklärt und ist die einzige Adlerart, die nur in Nordamerika vorkommt. Einst beherrschten rund eine halbe Million Tiere den amerikanischen Himmel. 1963 hatte sich ihre Zahl aufgrund der Zerstörung ihres Lebensraums, vor allem aber durch den Einsatz des Insektizids DDT auf 487 Brutpaare (ohne Alaska) reduziert. Bis ins Jahr 2006 konnte sich die Population jedoch merklich erholen, sodass es mittlerweile wieder 9800 Brutpaare gibt (und in Alaska weitere 50 000) und der Weißkopfseeadler von der Liste der bedrohten Arten gestrichen werden konnte.

Ein anderer eindrucksvoller Vogel ist der bedrohte Kalifornische Kondor. Der prähistorische Aasfresser wiegt rund 9 kg und hat eine Flügelspannweite von bis zu 3 m. In den 1980er-Jahren galt der Kondor mit nur noch 22 Exemplaren als fast ausgestorben, doch dann sorgten Schutzprogramme für die erneute Ansiedlung in Kalifornien und im nördlichen Arizona, wo sie heute manchmal gesichtet werden können, wenn sie über dem Grand Canyon kreisen.

Die Umweltschutzbewegung

Die USA sind bekannt für ihre politischen und gesellschaftlichen Umwälzungen, aber auch der Umweltschutz wurde hier geboren. Die USA waren der erste Staat, der wirksame Maßnahmen zur Erhaltung seiner Naturgebiete einführte, und US-amerikanische Umweltschützer stehen häufig an vorderster Front bei weltweiten Umweltschutzkampagnen.

Der Sierra Club (www.sierraclub.org) war die erste Umweltschutzorganisation der USA und ist immer noch die aktivste. Sie setzt sich für Aufklärung ein, organisiert Trips und stellt Unmengen Informationen bereit.

Die protestantischen Siedler glaubten noch, dass die Zivilisation den göttlichen Auftrag hätte, die Natur ihren Absichten zu unterwerfen. Die Wildnis war nicht nur lebensgefährlich und unberechenbar, sie war auch ein mächtiges Symbol für das Gottlose im Menschen, seine Triebe – und die Pilgerväter setzten alles daran, beides zu unterdrücken.

In der Mitte des 19. Jhs. wurden dann die europäischen Romantiker zum Vorbild der US-amerikanischen Transzendentalisten: Für diese war die Natur nicht mehr gefallen und verflucht, sondern heilig. In *Walden oder Leben in den Wäldern* (1854) beschrieb der Bilderstürmer Henry David Thoreau (1817–1862) seinen zweijährigen Aufenthalt in den Wäldern, wo er zufrieden fern den Annehmlichkeiten der Zivilisation lebte. Mit viel Überzeugungskraft behauptete er, dass die menschliche Gesellschaft sich gefährlich weit von den wesentlichen Wahrheiten der Natur entfernt hätte. Seine Ansichten bedeuteten einen tiefen Bruch mit der gängigen Sichtweise – denn für ihn waren Natur, Seele und Gott eine Einheit.

John Muir & die Nationalparks

Die Naturwunder des Kontinents, welche die amerikanischen Landschaftsmaler des 19. Jhs. so packend in ihren Bildern festgehalten haben,

DIE ÖKOLOGISCHE WENDE IST NICHT LEICHT

Die USA sind schon lange der weltweit größte Verbraucher von Energie und darüber hinaus für ein Viertel des Ausstoßes von Treibhausgasen verantwortlich. Heute redet fast jeder von Nachhaltigkeit, und das Interesse an erneuerbaren Energien ist so groß wie nie zuvor.

Obwohl noch gewaltige Hindernisse zu beseitigen sind, sind in den USA auch deutliche Fortschritte bei der Begrenzung des Kohlendioxidausstoßes zu verzeichnen:

Windenergie Die Windenergie liefert zwar gerade einmal etwa 3,8 % des US-amerikanischen Strombedarfs, dennoch sind die USA (nach der VR China) der zweitgrößte Produzent von Windenergie mit einem ungeheuren Wachstumspotenzial. Das US-Energieministerium hat sich das Ziel gesetzt, dass bis 2030 der Energiebedarf des Landes zu 20 % aus dieser sauberen Quelle gedeckt werden soll.

Solarenergie Das Interesse an Solarenergie ist groß: Die Branche verzeichnet eine Zuwachsrate von 40 % pro Jahr. Gegenwärtig erzeugen die USA rund die Hälfte der weltweit produzierten Solarenergie. Ehrgeizige Pläne werden verfolgt, darunter der Bau dreier riesiger 500-MW-Fabriken im Westen. Aber auch Privatleute und kleine Unternehmen leisten mit Sonnenkollektoren zur Deckung ihres Energiebedarfs einen wichtigen Beitrag.

Bio-Treibstoffe Die USA sind heute der weltweit größte Produzent von Bio-Äthanol (Treibstoff aus Getreide und anderen Pflanzen). 2013 lag der Anteil am heimischen Treibstoffverbrauch bei ungefähr 10 % – eine gewaltige Entwicklung gegenüber den gerade einmal 1 % im Jahr 2001.

Elektroautos Die US-amerikanischen Autohersteller, die früher an benzinfressende SUVs und Trucks gekettet zu sein schienen, haben inzwischen auf die Nachfrage der Verbraucher nach energieeffizienteren Autos reagiert. Mehr als 18 000 Elektroautos werden jährlich verkauft, Tendenz steigend. Mehr als 5000 Aufladestationen sind über das Land verteilt. Die US-Regierung hat mehr als 2 Mrd. US$ Zuschüsse bereitgestellt, um die Entwicklung der nächsten Generation Elektroautos zu unterstützen und den Ausbau der nötigen Infrastruktur voranzutreiben.

Umweltfreundliches Bauen Grüne Architektur stößt in den USA und im Ausland auf wachsendes Interesse. Energieeffiziente Fenster, umweltfreundlichere Baustoffe und Techniken zur effizienteren Wassernutzung (beispielsweise Systeme zur Klärung von Grauwasser durch den Einsatz von Regenwasser) sind einige der Merkmale, durch die sich die wachsende Zahl LEED-zertifizierter Gebäude auszeichnet.

Radwege In den 1980er-Jahren wäre es purer Selbstmord gewesen, auf dem New Yorker Broadway Fahrrad zu fahren. Inzwischen baut nicht nur New York, sondern es bauen auch Chicago, Washington, D.C., und weitere Städte Hunderte Kilometer von Radwegen, und die Einwohner entdecken, dass sie mit dem Rad umweltfreundlicher (und manchmal sogar schneller) an ihr Ziel kommen.

sprachen für sich selbst, und wegen des ungezügelten Nationalismus der Zeit sah man in ihnen einen Aktivposten. Daher begannen die US-amerikanischen Präsidenten im späten 19. Jh., besonders wichtige Gebiete in Form von State Parks oder Nationalparks unter speziellen Schutz zu stellen.

Der schottische Naturforscher John Muir (1838–1914) setzte sich für die Wildnis um ihrer selbst willen ein. Für Muir war die Natur der Zivilisation überlegen. Er verbrachte einen großen Teil seines Lebens auf Wanderungen durch die Sierra Nevada und setzte sich leidenschaftlich für ihre Bewahrung ein. Muir war die treibende Kraft hinter der wachsenden Naturschutzbewegung des Landes, die 1890 mit der Gründung des Yosemite National Park ihren ersten großen Sieg feiern konnte. 1892 gründete Muir den Sierra Club und wurde langsam im ganzen Land bekannt.

Gesetze zu Umweltschutz & Klimawandel

Im Verlauf der letzten Jahrzehnte haben die USA eine Reihe wegweisender Gesetze zum Schutz von Umwelt und Natur erlassen, die zu beträchtlichen Verbesserungen der Luft- und Wasserqualität geführt haben, sodass die Bestände nahezu ausgerotteter Pflanzen und Tiere sich teilweise wieder erholen konnten. Der Umweltschutz erfasst immer weitere Bereiche. Angesichts verheerender Verschmutzungen, durch menschliche Eingriffe verursachte Habitatszerstörung, Artensterben und des Einbringens nicht einheimischer Arten geht es längst nicht mehr darum, neue Parks zu schaffen, sondern darum, ganze Ökosysteme zu erhalten.

Heute ist der Umweltschutz eine weltweite Bewegung, die begreift, dass die Probleme eines jeden Landes zu einer weltweiten Bedrohung beitragen: dem Klimawandel. In den USA beflügeln die Gefahren der globalen Erwärmung ein bislang nie gekanntes Umweltbewusstsein. Ob die durchschnittlichen Amerikaner glauben, dass Gott durch die Natur spricht, oder nicht – eines ist gewiss: Immer mehr sind über die Botschaft, die sie da hören, tief beunruhigt.

Lektüre zum Klimawandel

Vor uns die Sintflut von Elizabeth Kolbert

Wir Wettermacher von Tim Flannery

Eaarth von Bill McKibben

Die Klimakrise wird alles ändern. Und zwar zum Besseren von Paul Gilding

Praktische Informationen

Allgemeine Informationen

Arbeiten in den USA

Wer sich als Ausländer bzw. im Rahmen des US-Visa-Waiver-Programms oder mit normalem Touristenvisum in den USA aufhält, darf vor Ort keinerlei bezahlte Arbeit annehmen. Aufgedeckte Verstöße haben die sofortige Ausweisung zur Folge. Amerikanische Arbeitgeber sind verpflichtet, die Arbeitsberechtigung ihrer Angestellten zu kontrollieren – sonst müssen sie mit Geldstrafen rechnen. Arbeit suchende Ausländer haben es in den USA daher heute wesentlich schwerer als früher.

Um als Ausländer legal in den USA arbeiten zu können, muss man bereits vor der Abreise ein Arbeitsvisum beantragen. Junge Leute (Altersbegrenzung variiert) erhalten ein J1-Visum für Austauschbesucher. Es umfasst den Studienaufenthalt, studentische Ferienjobs, Mitarbeit in Sommercamps und Kurzpraktika bei bestimmten Arbeitgebern. Folgende Organisationen helfen bei der Suche nach einer Praktikumsstelle sowie beim Beantragen von J1-Visa und beantworten Fragen zu Studentenaustauschprogrammen:

Für befristete Tätigkeiten oder Festanstellungen brauchen Nicht-Studenten die Unterstützung eines US-Arbeitgebers, der ein Visum der Kategorie H beschafft. Solche Visa sind nicht leicht zu bekommen: Der Arbeitgeber muss nachweisen, dass kein US-Bürger oder in den USA lebender Ausländer mit unbefristeter Aufenthaltsgenehmigung den jeweiligen Job übernehmen kann.

Nationalparks, Touristenattraktionen und Skiorte suchen Saisonarbeiter. Interessenten wenden sich am besten an örtliche Chambers

PRAKTISCH & KONKRET

Maße & Gewichte

- Gewichte: Unze (*ounce*; oz), Pfund (*pound*; lb), Tonne (*ton*; t)
- Hohlmaße: Unze *(oz)*, US-Pint *(pint)*, US-Quart *(quart)*, US-Gallone (*gallon*; gal)
- Längenmaße: Fuß (*foot*; ft), Yard (yd), Meile (*mile*; mi)

Radio & Fernsehen

- Nachrichten im Radio: National Public Radio (NPR) am unteren Ende der FM-Skala
- Öffentliche Sender: ABC, CBS, NBC, FOX, PBS (Public Broadcasting Service)
- Größte Kabelsender: CNN (Nachrichten), ESPN (Sport), HBO (Spielfilme), Weather Channel (Wetter)

Strom

- US-Standard sind 120 V Wechselstrom. Die meisten mitgebrachten Geräte erfordern Adapter.

Video & DVD

- NTSC-Videostandard (nicht kompatibel zu PAL oder SECAM)

Zeitungen & Zeitschriften

- Überregionale Zeitungen: *New York Times*, *Wall Street Journal*, *USA Today*
- Große Nachrichtenmagazine: *Time*, *Newsweek*, *US News & World Report*
- DVD-Regionalcode 1 (nur USA und Kanada)

of Commerce (Handelskammern), Inhaber von Parkkonzessionen oder das Management von Skizentren. Weiteres zum Arbeiten auf Reisen findet sich im englischsprachigen *Gap Year Book* von Lonely Planet.

American Institute for Foreign Study (☎Deutschland/Schweiz 0800-777-2299, Österreich 0800-311-520; www.aifs.de)

Au Pair in America (☎800-928-7247; www.aupairinamerica.com)

Council on International Educational Exchange (☎207-553-4000; www.ciee.org)

InterExchange (☎212-924-0446; www.interexchange.org)

Studieren in den USA (☎0900-1850-055; www.in-usa-studieren.de)

Travelworks (☎02506-8303-0; www.travelworks.de)

Botschaften & Konsulate

Die Botschaften befinden sich in Washington, D.C. (komplettes Verzeichnis unter www.embassy.org), in anderen Großstädten gibt es meist ein Konsulat. Deren Adressen lassen sich über die Gelben Seiten (Yellow Pages, Sparte „Consulates") oder die lokale Telefonauskunft ermitteln. Zuerst empfiehlt sich jedoch ein Blick auf die Website des eigenen Außenministeriums.

Deutschland (☎202-298-4000; www.germany.info; 2300 M St NW, 20037 Washington, D.C.)

Kanada (☎202-682-1740; www.canadainternational.gc.ca; 501 Pennsylvania Ave NW, 20001 Washington, D.C.)

Mexiko (☎202-728-1600; embamex.sre.gob.mx/eua; 1911 Pennsylvania Ave NW)

Österreich (☎202-895-6700; www.austria.org; 3524 International Court NW, 20008 Washington, D.C.)

Schweiz (☎202-745-7900; www.swissemb.org; 2900 Cathedral Ave NW, 20008 Washington, D.C.)

Ermäßigungen

Folgende Karte bringen Vergünstigungen bei Museen, Unterkünften und manchen Verkehrsmitteln (inkl. Amtrak-Züge):

Internationale Studentenausweis (International Student Identity Card, ISIC; www.isic.com) für Studenten und Schüler (unter 26 Jahren) aus aller Welt.

Student Advantage Card (www.studentadvantage.com) für studentische Reisende aus den USA und anderen Ländern

American Association of Retired Persons (AARP; www.aarp.org) für Traveller ab 50 Jahren (Jahresbeitrag für Ausländer 28 US$).

Auch eine Mitgliedschaft in der **American Automobile Association** (AAA; www.aaa.com) bzw. einer von deren internationalen Partnerorganisationen (z. B. ADAC) bringt diverse Rabatte mit sich.

Essen

Auf S. 1282 ist alles Wissenswerte zur US-Essenskultur zu finden. Zu den Preisen für Essen s. Kasten rechte Spalte.

PREISKATEGORIEN: ESSEN

Preiskategorien für die Restaurantverzeichnisse in diesem Buch (jeweils gültig für ein Hauptgericht):

**$** unter 10 US$

**$$** 10–20 US$

**$$$** über 20 US$

Feiertage & Ferien

An den folgenden öffentlichen Feiertagen sind Banken, Schulen und Behörden (inklusive Postfilialen) landesweit geschlossen. Bei Verkehrsmitteln, Museen und anderen Einrichtungen gelten dann die jeweiligen Sonntagszeiten. Falls Feiertage aufs Wochenende fallen, werden sie gewöhnlich am darauffolgenden Montag nachgeholt.

Neujahr 1. Januar

Martin Luther King Jr. Day Dritter Montag im Januar

Presidents Day Dritter Montag im Februar

Memorial Day Letzter Montag im Mai

US-Unabhängigkeitstag 4. Juli

Labor Day Erster Montag im September

Columbus Day Zweiter Montag im Oktober

Veterans Day 11. November

Thanksgiving Vierter Donnerstag im November

Weihnachten 25. Dezember

Während der einwöchigen Frühjahrsferien (Spring Break) fallen Highschoolschüler und Collegestudenten scharenweise in Strand- bzw. Ferienorten ein. Dies gilt für den ganzen März und April. Schüler und Studenten aller Altersstufen genießen ihre Sommerferien von Juni bis August.

Fotos & Video

Herkömmliche Filme sind bei einigen Fotofachgeschäften erhältlich. Speicherkarten für Digitalkameras gibt's überall bei Ladenketten wie Best Buy oder Target.

In einigen Indianerreservaten sind Foto- und Videoaufnahmen gänzlich verboten. Wo erlaubt, muss eventuell eine Genehmigung gekauft werden. Bevor man Personen aus nächster Nähe knipst, sollte man grundsätzlich um Erlaubnis bitten. Oft wird ein kleines Trinkgeld erwartet.

Weitere Tipps für Reisefotografen enthält der englischsprachige Band *Travel Photography* von Lonley Planet.

Frauen unterwegs

Ob allein oder in Gruppen: Frauen bekommen in den USA meist keine besonderen Probleme. Die Community-Website www.journeywoman.com liefert neben Travel-Tipps von Frauen für Frauen auch Links zu weiteren praktischen Infoquellen. Die Broschüre *Her Own Way* der kanadischen Regierung enthält viele nützliche allgemeine Reisehinweise. Sie kann auf http://travel.gc.ca/travelling/publications als PDF heruntergeladen oder online gelesen werden.

Beim ersten Kontakt mit Fremden sollte man keinesfalls gleich seine Adresse preisgeben oder die Tatsache, dass man allein unterwegs ist. Die freundlichen und hilfsbereiten Amerikaner laden Alleinreisende manchmal sogar zu sich nach Hause ein, dennoch sind natürlich nicht alle Hilfsangebote für bare Münze zu nehmen: Auch bei Einladungen von vertrauenswürdigen Personen ist es grundsätzlich ratsam, Dritten (z. B. Hostel- oder Hotelmanagern) die Adresse mitzuteilen, zu der man geht. Dasselbe gilt, wenn man alleine eine Wanderung unternehmen möchte. Wer nicht wie angekündigt zurückkehrt, ist garantiert froh, wenn das jemand bemerkt und die Suche mit entsprechenden Angaben unterstützen kann.

Manche haben auch eine Trillerpfeife, Reizgas oder Pfefferspray zur Selbstverteidigung griffbereit. Wer Pfefferspray kaufen will, sollte sich bei der örtlichen Polizei nach den entsprechenden Bestimmungen erkundigen, die von Bundesstaat zu Bundesstaat variieren. US-Bundesgesetze verbieten die Mitnahme jeglicher Selbstverteidigungssprays oder -gase in Flugzeugen.

Opfer sexueller Übergriffe wenden sich am besten zuerst an eine Hotline für Vergewaltigungsopfer und rufen erst danach die Polizei (911) an (es sei denn, es besteht akute Lebensgefahr) – nicht alle Polizeibeamten besitzen genug Sensibilität oder Erfahrung für den Umgang mit Opfern von sexueller Gewalt. Spezielle Hilfszentren setzen sich dagegen unermüdlich für die Opfer ein und fungieren als Schnittstellen gegenüber anderen Einrichtungen (z. B. Polizei, Krankenhäuser). Telefonbücher enthalten Verzeichnisse mit örtlichen Anlaufstellen für Vergewaltigungsopfer. Zudem steht die **National Sexual Assault Hotline** (☎800-656-4673; www.rainn.org) rund um die Uhr zur Verfügung. Andernfalls direkt die Notaufnahme eines Krankenhauses aufsuchen!

Diese landesweit tätigen Interessenverbände könnten ebenfalls hilfreich sein:

National Organization for Women (NOW; ☎202-628-8669; www.now.org)

Planned Parenthood (☎800-230-7526; www.plannedparenthood.org) Empfiehlt spezielle Frauenkliniken und Beratungszentren im ganzen Land.

Freiwilligenarbeit

Mit Amerikas zahllosen Optionen, sich ehrenamtlich zu engagieren, lassen sich lange Trips prima auflockern. Zudem warten dabei äußerst wertvolle Erfahrungen: Man lernt Land, Leute und Kultur so intensiv kennen, wie es kaum möglich ist, wenn man durch die USA nur hindurchreist.

In Großstädten gibt's jede Menge Gelegenheiten, Einheimische bei spontanen Engagements für gemeinnützige Organisationen kennenzulernen. Als Quellen empfehlen sich Veranstaltungsverzeichnisse alternativer Wochenzeitungen und die nach Sparten sortierten Gratis-Anzeigen auf der Website von **Craigslist** (www.craigslist.org). Das staatliche Internetportal **Serve.gov** (www.serve.gov) sowie die privat betriebenen Plattformen **Idealist.org** (www.idealist.org) und **VolunteerMatch** (www.volunteermatch.org) veröffentlichen Datenbanken, die sich kostenlos nach kurz- und längerfristigen Freiwilligenjobs im ganzen Land durchsuchen lassen.

Formellere Freiwilligenprogramme sind meist mit einer heftigen Teilnahmegebühr von 250 bis 1000 US$ verbunden – vor allem solche, die speziell auf ausländische Traveller abzielen. Der genaue Betrag hängt von Dauer und Leistungsumfang (z. B. Unterkunft, Essen) ab, beinhaltet aber in keinem Fall die Anreisekosten.

Green Project (☎504-945-0240; www.thegreenproject.org) Verbessert New Orleans' grünen und umweltgerechten Aufbau.

Habitat for Humanity (☎800-422-4828; www.habitat.org) Fördert soziale Wohnungsbauprojekte.

Sierra Club (☎415-977-5522; www.sierraclub.org) „Freiwilligenferien", in denen die Teilnehmer an Renaturierungsmaßnahmen mitwirken und Wanderwege instand halten (z. B. in Nationalparks und Naturschutzgebieten).

Volunteers for Peace (☎802-540-3060; www.vfp.org) Mehrwöchige Freiwilligenprojekte, die Handwerk und internationalen Austausch an der Basis fördern.

Wilderness Volunteers (☎801-949-3099; www.wildernessvolunteers.org) Wochenlange Trips, die der Erhaltung von US-Nationalparks, Naturlandschaften oder Outdoor-Erholungsgebieten dienen.

World Wide Opportunities on Organic Farms – USA (☎415-621-3276; www.wwoofusa.org) Repräsentiert über 1500 Bio-Bauernhöfe (in allen 50 Staaten), die Freiwilligenarbeit mit Kost und Logis entlohnen. Kurz- oder längerfristige Aufenthalte möglich.

Gefahren & Ärgernisse

Trotz der scheinbar endlosen Gefahrenliste (z. B. Gewaltverbrechen, soziale Unruhen, Erdbeben, Tornados) ist Amerika ein sehr sicheres Reiseland. Verkehrsunfälle sind das größte Risiko für Traveller. Darum bitte immer anschnallen – hier herrscht Gurtpflicht!

Abzocke

Auch in den USA heißt es stets achtsam sein: In den Großstädten nehmen Betrüger gutgläubige Opfer gern mit gezinkten Karten oder bei Hütchenspielen aus. Wenn teure Elektronikgeräte, Uhren und Designerstücke auf dem Bürgersteig zu Schleuderpreisen verkauft werden, sind sie entweder gestohlen oder gefälscht. Die „Consumer Guides" auf der offiziellen US-Regierungswebsite (www.usa.gov) informieren über die zahllosen Maschen, mit denen Amerikas Kleinganoven heutzutage ihren Lebensunterhalt bestreiten. Dabei geht es vor allem um Kreditkarten-, Immobilien und Investmentbetrug.

Kriminalität

Traveller fallen höchstwahrscheinlich eher Diebstählen als Gewaltverbrechen zum Opfer. Geld sollte möglichst nur tagsüber bzw. bei Dunkelheit nur in gut beleuchteten und belebten Gegenden am Automaten abgehoben werden. Autofahrer tun gut daran, niemals Tramper mitzunehmen und Wertsachen schon vor Ankunft am Ziel sicher im Kofferraum einzuschließen. In Hotels empfiehlt sich der Haus- oder Zimmertresor.

Naturkatastrophen

In Risikogebieten warnen meist sirenengestützte Alarmsysteme vor bevorstehenden Naturkatastrophen (z. B. Tornados im Mittleren Westen, Flutwellen auf Hawaii, Hurrikans im Süden oder Erdbeben in Kalifornien). Die Sirenen werden mitunter mittags um 12 Uhr getestet. Wer ihr Signal hört und Unheil fürchtet, sollte Radio oder Fernseher einschalten: Lokalsender übermitteln Gefahrenwarnungen und entsprechende Verhaltenshinweise.

Die Vorbereitungstipps, News und Infos des **US-Ministeriums für Gesundheit & Soziales** (US Department of Health & Human Services; www.phe.gov) decken so ziemlich alle Fälle ab, die eine USA-Reise zum Horrortrip machen könnten. Aber keine Panik: Höchstwahrscheinlich geht alles gut!

Geld

Die meisten US-Amerikaner führen im Alltag keine großen Barbeträge mit sich. Stattdessen verlassen sie sich auf Geldautomaten sowie Kredit- und Bankkarten. Kleinere Läden akzeptieren eventuell nur Scheine, die einen höheren Einzelwert als 20 US$ haben. Sofern nicht anderweitig vermerkt, führt dieses Buch alle Preise ohne Steuern in US-Dollar auf.

Geldautomaten

Bei den meisten Banken sowie in Einkaufszentren, Flughäfen, Lebensmittelläden und Supermärkten stehen Geldautomaten sieben Tage in der Woche rund um die Uhr zur Verfügung. Pro Transaktion wird üblicherweise eine Gebühr von 2,50 US$ oder mehr fällig, die sich eventuell noch um Gebühren der eigenen Bank erhöhen. Achtung: Automatenabhebungen per Kreditkarte sind normalerweise besonders teuer!

Man sollte sich daher bei der eigenen Bank erkundigen, wie und zu welchen Konditionen die Bank- oder Kreditkarte an US-Geldautomaten verwendet werden kann. Wer den Bargeldbedarf vor allem durch Abhebungen vor Ort decken will – was durchaus empfehlenswert ist –, hat am besten mehrere Karten dabei und bewahrt diese getrennt voneinander auf. Die Wechselkurse am Automaten sind jedenfalls selten besser oder schlechter als anderswo.

Vor dem Start ist es ratsam, die eigene Bank oder Kreditkartenfirma von der Reise zu unterrichten. Andernfalls löst die ungewohnte Auslandsbenutzung der Karten dort eventuell falschen Betrugsalarm aus, was zum vorübergehenden Einfrieren von Konten führen kann.

Geld umtauschen

Fremdwährungen tauscht man normalerweise am besten bei Banken um. Große Stadtfilialen bieten meist einen Devisenservice an, auf dem Land kann der Geldwechsel etwas schwieriger werden. Die schlechtesten Kurse gibt's üblicherweise an den Wechselstuben von Flughäfen und Touristenzentren. Vor allem dort ist es also ratsam, zuerst nach anfallenden Gebühren und Zuschlägen zu fragen. **Travelex** (☎877-414-6359; www.travelex.com) zählt zu den größeren Dienstleistern, während die Filialen von **American Express** (☎800-528-4800; www.americanexpress.com) mitunter bessere Konditionen bieten.

Kreditkarten

Bekannte Kreditkarten (Visa, MasterCard) werden in den USA fast überall akzeptiert. Für das Mieten von Autos oder Reservierungen per Telefon oder Internet sind sie so gut wie immer ein Muss. (Manche Fluglinien bestehen sogar auf US-Kreditkartenadressen – sehr lästig, wenn man Inlandsflüge vor Ort buchen möchte.) Eine Kreditkarte gehört auf jeden Fall ins Gepäck, um wenigstens Notfälle abzudecken. Visa und MasterCard werden am häufigsten akzeptiert

Bei Verlust oder Diebstahl der Karte heißt es sofort den jeweiligen Aussteller kontaktieren:

American Express (☎800-528-4800; www.americanexpress.com)

Diners Club (☎800-234-6377; www.dinersclub.com)

Discover (☎800-347-2683; www.discover.com)

MasterCard (☎800-627-8372; www.mastercard.com)

Visa (☎800-847-2911; www.visa.com)

Reiseschecks

Geldautomaten haben Reiseschecks mittlerweile eher überflüssig gemacht, sie sind nur noch als verlässliche Reserve sinnvoll. Sie sollten in US-Dollar erworben werden, da man sonst Probleme bekommen könnte, sie einzulösen. Für den Verlust- oder Diebstahlsfall ist es ratsam, alle Schecknummern auf einem separat verstauten Zettel zu notieren. Reiseschecks von American Express und Visa werden am häufigsten von diversen Einrichtungen akzeptiert.

Steuern

Je nach Bundesstaat und County schwankt die Verkaufssteuer zwischen 5 und 9 %. Die Übernachtungssteuer in Großstädten liegt zwischen 10 und mehr als 18 % (N. Y. C.).

Trinkgeld

In den USA sind Trinkgelder mehr oder weniger obligatorisch und sollten nur bei extrem schlechtem Service nicht gegeben werden.

Barkeeper Mindestens 1 US$ pro Getränk bzw. 10–15 % des Rechungsbetrags.

Gepäckträger An Flughäfen bzw. in Hotels mindestens 2 US$ pro Gepäckstück oder 5 US$ pro Gepäckwagen.

Parkservice Mindestens 2 US$ bei Rückgabe des Autoschlüssels.

Restaurantkellner 15–20 % des Gesamtbetrags (sofern nicht bereits in der Rechnung enthalten).

Taxifahrer 10–15 % des Fahrtpreises; auf den nächsten vollen Dollarbetrag aufrunden.

Zimmermädchen Pro Übernachtung 2 bis 4 US$ unter der dafür vorgesehenen Karte hinterlegen.

Gesundheit

Die USA haben ein hervorragendes Gesundheitssystem. Das Problem dabei: Ohne gute Versicherung sind die Behandlungen unbezahlbar. Der Abschluss einer entsprechenden Auslandskrankenversicherung ist daher extrem wichtig, falls die eigene Police keine medizinischen Behandlungen in Amerika abdeckt.

Alle benötigten Medikamente sollten in ihren etikettierten Originalverpackungen mitgebracht werden. Sinnvoll ist zudem ein datierter und unterschriebener Brief des eigenen Arztes, der detailliert Aufschluss über den ganzen Gesundheitszustand und alle verordneten Medikamente (inkl. internationaler Freinamen) gibt.

Falls die eigene Krankenversicherung nicht für Behandlungskosten im Ausland aufkommt, empfiehlt sich ein zusätzlicher Schutz. Weitere Infos hierzu liefern die Travel Services auf der Website von **Lonely Planet** (www.lonelyplanet.com/usa). Wichtig: Unbedingt rechtzeitig ermitteln, ob der jeweilige Versicherer direkt mit medizinischen Behandlungsstellen im Ausland abrechnet! Andernfalls muss man zuerst selbst in Vorleistung gehen.

Infos im Internet

Per Gratis-Download veröffentlicht die Weltgesundheitsorganisation den hervorragenden Führer *International Travel and Health* (www.who.int/ith/en), der jährlich aktualisiert wird. Nützliche und aktuelle Details zu vielen Reiseländern liefern auch die **Deutsche Gesellschaft für Reise- und Touristikmedizin e. V.** (DRTM; www.drtm.de), **Fit for Travel** (www.fit-for-travel.de), **MD Travel Health** (www.mdtravelhealth.com) oder **mediScon** (www.mediscon.de).

Zudem empfiehlt sich stets ein Blick auf die Reisewebsite des eigenen Außenministeriums:

Deutschland (http://www.auswaertiges-amt.de/DE/Laenderinformationen/00-SiHi/UsaVereinigteStaatenSicherheit.html)

Österreich (http://www.bmeia.gv.at/aussenministerium/buergerservice/reiseinformation/a-z-laender/vereinigte-staaten-von-amerika-de.html)

Schweiz (http://www.eda.admin.ch/eda/de/home/travad/hidden/hidde2/unites.html)

Medizinische Versorgung & Kosten

Bei schweren Gesundheitsproblemen ist es allgemein am besten, die Notaufnahme des nächstgelegenen Krankenhauses aufzusuchen. In weniger dringenden Fällen sollte man dort anrufen und sich einen örtlichen Facharzt empfehlen lassen – dieser ist normalerweise günstiger als ein Ausflug in die Notaufnahme. Eigenständige, kommerzielle Notfallkliniken können praktisch sein, führen aber selbst bei kleinen Wehwehchen eventuell viele teure Tests durch.

US-Apotheken haben große Sortimente. Achtung: Manche Medikamente sind im Ausland rezeptfrei erhältlich, in den USA aber verschreibungspflichtig. Es kann extrem teuer werden, wenn die eigene Reiseversicherung keine Rezeptkosten abdeckt.

Reiseapotheke

Die persönliche Reiseapotheke sollte beinhalten:

- Acetylaminophenol (z. B. Paracetamol) oder Aspirin
- Antibakterielle Salbe (z. B. Betaisodona) für Schnitt- und Schürfwunden
- Antihistaminika (bei Heuschnupfen und Allergien)
- Entzündungshemmer (z. B. Ibuprofen)
- Insektenschutzmittel (für die Haut)
- Sonnenschutzmittel
- Verbandszeug, Mullbinden

WLAN

Obwohl WLAN-Hotspots noch nicht überall in den USA vorhanden sind, ist drahtloser Internetzugang an der Tagesordnung. Die meisten Groß- und Universitätsstädte unterhalten kommunale Hotspots. Selbst in den kleinsten Nestern gibt's normalerweise mindestens ein (Internet-)Café oder Hotel mit WLAN. Sogar mitten im Wald kann man sich darüber einloggen: Dies erlauben immer mehr privat betriebene Campingplätze (z. B. KOA) und einige State Parks (u. a. in Kalifornien, Michigan, Kentucky, Texas).

Folgende Websites führen kostenlose und -pflichtige WLAN-Hotspots im ganzen Land auf:

- www.hotspot-locations.com
- http://v4.jiwire.com
- www.wififreespot.com

Internetzugang

In den technikbegeisterten USA kommt man größtenteils problemlos ins Netz.

In diesem Buch weist das Internetsymbol @ auf vorhandene öffentliche Computer mit Online-Zugang hin. Kostenloses oder -pflichtiges WLAN (engl. Wi-Fi) wird durch 📶 gekennzeichnet. Heute offerieren die meisten Hotels und manche Motels entweder öffentliche Computerterminals oder WLAN (teils gratis, teils gegen Aufpreis ab 10 US$/Tag). Am besten gleich beim Reservieren nach anfallenden Gebühren fragen!

In den meisten US-Großstädten gibt's diverse Internetcafés und sogar Parks und Plätze mit WLAN-Verbindung. In kleineren Ortschaften muss man aber manchmal zu öffentlichen Bibliothek oder zu einem Copyshop gehen, wenn man kein eigenes internetfähiges Gerät (z. B. Laptop) dabeihat. Bibliotheken besitzen meist öffentliche Computerterminals (teils mit Zeitlimit) und häufig WLAN-Zugänge. Wer außerhalb des jeweiligen Bundesstaates wohnt, muss mitunter eine kleine Gebühr zahlen.

Wichtig: Ausländische Laptops brauchen einen US-kompatiblen Steckdosen- und Stromadapter. Beides ist bei größeren Elektronikläden wie Best Buy erhältlich.

Karten & Stadtpläne

Rand McNally (www.randmcnally.com) gibt gute Straßenatlanten heraus. Erhältlich sind sie in vielen Buchläden und an manchen Tankstellen. Es gibt auch eine Straßenkarten-iPad-App, die nach der Installation keine Internetverbindung mehr benötigt. Da Automobilclubs wie der ADAC mit der AAA kooperieren, können sich deren Mitglieder in AAA-Filialen mit tollen Gratiskarten eindecken. Und natürlich sind auch die **Google Maps** (maps.google.com) eine prima Quelle für Routenhinweise und kostenloses Kartenmaterial.

Ausflüge in die Wildnis erfordern unbedingt gute topografische Karten, die oft von Outdoor-Ausrüstern und Parkverwaltungen bzw. den dortigen Visitor Centers verkauft werden. Am detailliertesten sind die Karten des **US Geological Survey** (USGS; ☎888-275-8747; www.store.usgs.gov), dessen Website neben Online-Bestellfunktionen auch Direktdownloads und ein landesweites Händlerverzeichnis umfasst. Bei **Trails.com** (www.trails.com) kann man topografische Karten gegen Gebühr individuell zusammenstellen und herunterladen. Personalisierte Software zum Erzeugen topografischer Karten gibt's im Online-Shop von **National Geographic** (www.nationalgeographic.com), der alle erdenklichen Kartenprodukte anbietet.

Egal ob man sich mit dem Auto, per Rad oder zu Fuß fortbewegt, ob auf befestigten Straßen oder in der Wildnis – GPS-Geräte und Kartensoftware können einem das Leben deutlich erleichtern. Empfehlenswerte Hersteller sind **Garmin** (www.garmin.com) und **Magellan** (Karte S. 1030; www.magellangps.com). Man sollte sich jedoch nicht ausschließlich auf die Navigationsgeräte verlassen, da diese nicht überall funktionieren – Empfangsprobleme kann es beispielsweise in dichten Wäldern oder tiefen Schluchten geben.

Öffnungszeiten

Allgemeine Öffnungszeiten:

Banken Mo–Do 8.30–16.30, Fr 8.30–17.30 Uhr (z. T. auch Sa 9–12 Uhr).

Bars So–Do 17–24, Fr & Sa 17–2 Uhr

Geschäfte Einkaufszentren tgl. 9–21 Uhr; Einzelhändler Mo–Sa 10–18, So 12–17 Uhr; Supermärkte tgl. 8–20 Uhr (z.T. 24 Std.).

Nachtclubs Do–Sa 22–2 od. 4 Uhr

Postämter Mo–Fr 9–17 Uhr

RAUCHEN

2011 galt in der Hälfte aller Bundesstaaten, im District of Columbia sowie in vielen US-Gemeinden ein komplettes Rauchverbot in Restaurants, Bars und an Arbeitsstätten. Kettenhotels und billige Inns haben teilweise bis heute verrauchte Lobbys. Die meisten anderen Unterkünfte sind aber komplett qualmfrei. Weitere Infos zum Rauchen in den USA gibt's unter www.cdc.gov.

Post

Die amerikanische Post ist verlässlich und günstig. Die Homepage des **US Postal Service** (☎800-275-8777; www.usps.gov) liefert alle nötigen Informationen wie Adressen und Öffnungszeiten.

Kurierdienste wie **Federal Express** (FedEx; ☎800-463-3339; www.fedex.com) oder **United Parcel Service** (UPS; ☎800-742-5877; www.ups.com) stellen wichtige Sendungen weltweit teurer, dafür aber direkt zu.

Post versenden & erhalten

Ausreichend frankierte Sendungen unter 13 Unzen (ca. 368,6 g) Gewicht können in jeden blauen Postkasten eingeworfen werden. Schwerere Päckchen muss man bei Postfilialen aufgeben.

Posttarife

Der Preis für Inlandsbriefe (1st-Class-Mail) bis zu 1 Unze (28,4 g) Gewicht beträgt 0,46 US$ (zzgl. 0,20 US$ pro weitere Unze), Postkarten innerhalb der USA zu verschicken, kostet jeweils 0,33 US$. 1st-Class-Mail darf maximal 13 Unzen (368,6 g) wiegen – darüber werden Priority-Tarife fällig.

Der Versand von internationalen Luftpostbriefen und -karten beläuft sich auf bis zu 1 Unze Gewicht einheitlich auf 1,10 US$.

Rechtsfragen

Bußgelder für alltägliche Ordnungsvergehen (z.B. im Straßenverkehr) sind von den ertappten Sündern keinesfalls an Ort und Stelle zu bezahlen: Wer Bußgelder direkt an die Polizei loswerden möchte, wird bestenfalls schief angeguckt und schlimmstenfalls wegen versuchter Bestechung angeklagt. Bei Verkehrsverstößen erklärt der jeweilige Ordnungshüter alle Optionen für die Zahlung. Diese muss normalerweise innerhalb von 30 Tagen geleistet werden. Damit verbundene Angelegenheiten lassen sich meist postalisch regeln.

Wer wegen des Verdachts verhaftet wird, eine Straftat begangen zu haben, kann die Aussage verweigern und hat Anspruch auf einen Anwalt. Somit gibt's keinerlei Grund, unfreiwillig mit einem Vernehmungsbeamten zu sprechen. Es ist jedoch strikt untersagt, sich ohne ausdrückliche Erlaubnis zu entfernen. Allen Verhafteten ist gesetzlich ein Telefonat gestattet. Wer sich keinen Anwalt leisten kann, erhält einen kostenlosen Pflichtverteidiger. Traveller ohne anwaltliche, familiäre oder anderweitige Unterstützung sollten ihre eigene Botschaft kontaktieren. Deren Nummer wird auf Anfrage von der Polizei ermittelt.

Bis zu einer rechtswirksamen Verteidigung gilt in den USA prinzipiell die Unschuldsvermutung. Achtung: Sämtliche Bundesstaaten haben eigene Zivil- und Strafgesetze – was in einem Staat erlaubt ist, kann anderswo illegal sein.

Alkohol

In Bars und Läden muss man das Personal oft mit dem Ausweis davon überzeugen, dass man alt genug – nämlich mindestens 21 Jahre – ist, um Alkohol zu trinken. Dies ist übliche Praxis und sollte nicht persönlich genommen werden. Der Alkoholverkauf unterliegt lokalen Bestimmungen: Manche Countys bzw. Bezirke verbieten ihn z.B. sonntags, nach Mitternacht, vor dem Frühstück oder sogar komplett.

Autofahren

In allen US-Bundesstaaten ist das Fahren unter Alkohol- oder Drogeneinfluss ein schwerer Gesetzesverstoß, der mit hohen Geld- oder sogar Haftstrafen geahndet wird.

Drogen

Insgesamt 15 US-Bundesstaaten betrachten den Besitz von geringen Marihuanamengen als kleineres Vergehen, das für ertappte Ersttäter allgemein eine Geldstrafe von ca. 100 bis 200 US$ nach sich zieht. Zudem ist Marihuana in Colorado und Washington inzwischen legal, darf dort aber jeweils weiterhin nicht öffentlich geraucht werden. In beiden Bundesstaaten wird der legale Cannabisverkauf wohl 2014 beginnen.

Ansonsten verbieten nationale und bundesstaatliche Gesetze jedoch jegliche andere Drogen (z.B. Kokain, Ecstasy, LSD, Heroin, Haschisch) – ebenso den Besitz von mehr als 1 Unze (ca. 28 g) Marihuana. Verstöße gelten als Straftaten bzw. Verbrechen und werden potenziell mit langen Haftstrafen geahndet. Bei Ausländern ist jegliche Verhaftung oder Verurteilung im Zusammenhang mit Drogen ein Ausweisungsgrund. Die einzige mögliche Ausnahme greift bei Ersttätern, die mit maximal 30 g Marihuana für den Eigenkonsum erwischt werden.

Reisen mit Behinderung

Traveller mit körperlichem Handicap können sich in den USA größtenteils barrierefrei fortbewegen: Dank des Americans with Disabilities Act (ADA) müssen alle öffentlichen Gebäude und Verkehrsmittel sowie Privatimmobilien, die nach 1993 gebaut wurden (z.B. Hotels, Restaurants, Theater oder Museen), für Rollstuhlfahrer zugänglich sein. Dennoch ist es immer ratsam, vorab telefonisch nach vorhandenen Einrichtungen zu fragen. Diese werden von manchen lokalen Touristeninformationen in detaillierten Broschüren zusammengefasst.

US-Telefongesellschaften offerieren Gehörlosenservices über Fernschreibernummern (TTY). Die Geldautomaten der meisten Banken haben Bedienungshinweise in Braille, Hörbehinderten stehen oft Kopfhöreranschlüsse zur Verfügung. Alle großen Fluglinien, Greyhound-Busse und Amtrak-Züge sind auf Passagiere mit Behinderung eingestellt: Wenn man spätestens 48 Stunden vorher reserviert und seine Bedürfnisse anmeldet, wird alles Nötige veranlasst. Blindenhunde dürfen gegen offiziellen Nachweis mit an Bord.

Manche Autovermieter (z.B. Budget, Hertz) bieten handgesteuerte Autos und Vans mit Rollstuhllifte ohne Aufpreis an. Solche Fahrzeuge müssen lange im Voraus reserviert werden.

Wheelchair Getaways (☎800-642-2042; www.wheelchairgetaways.com) vermietet behindertengerechte Vans. Viele Groß- und Kleinstädte betreiben barrierefreie Nahverkehrsbusse – einfach dem Fahrer mitteilen, dass der Lift oder die Rampe benötigt wird!

Die Taxiunternehmen der meisten Städte haben mindestens ein behindertengerechtes Fahrzeug. Man muss im Voraus anrufen. Städtische U-Bahn-Netze sind meist mit Aufzügen versehen. Hier hat D.C. das beste Netzwerk (jede Station hat einen Aufzug). In N.Y.C. gibt's nur wenige Aufzüge, die noch dazu weit entfernt voneinander sind.

Nationalparks lassen sich oft auf rollstuhlgerechten befestigten Pfaden, flachen Pisten oder Promenaden erkunden. Dasselbe gilt für manche State Parks und Erholungsgebiete. Wer als Behinderter in den USA lebt, kann alle staatlich verwalteten Freizeitgebiete (z.B. Nationalparks) gratis mit dem kostenlosen Pass *America the Beautiful* besuchen. Mehr Infos dazu unter www.nps.gov/findapark/passes.htm.

Nützliche Informationsquellen:

Disabled Sports USA (☎301-217-0960; www.disabledsportsusa.org) Hat Sport- und Freizeitprogramme für Behinderte und gibt die Zeitschrift *Challenge* heraus.

Flying Wheels Travel (☎877-451-5006, 507-451-5005; www.flyingwheelstravel.com) Reisebüro mit speziellen Angeboten; empfehlenswert für Personen mit körperlichen Einschränkungen und chronischen Krankheiten.

Mobility International Schweiz (☎062-212-6740; www.mis-ch.ch; Amthausquai 21, 4600 Olten) Adressensammlung zu behindertengerechten Einrichtungen; Bibliothek.

Mobility International USA (☎541-343-1284; www.miusa.org) Berät in Sachen Mobilität und betreibt internationale Austauschprogramme für Weiterbildung.

MyHandicap Deutschland (☎089-7677-6970; www.myhandicap.de; Steinheilstr. 6, 85737 München-Ismaning)

MyHandicap Schweiz (☎043-211-4949; www.myhandicap.ch; Weinbergstr. 29, 8006 Zürich)

Nationale Koordinierungsstelle Tourismus für Alle e. V. (Natko; ☎0211-3368-001; www.natko.de; Fleher Str. 317a, 40223 Düsseldorf) Allgemeine Informationen.

Strom

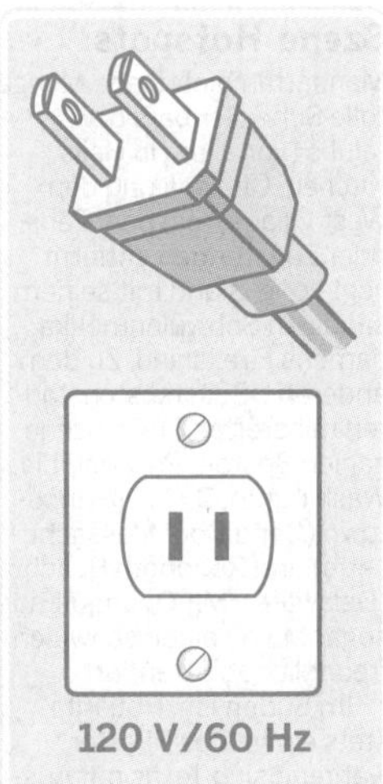

120 V/60 Hz

120 V/60 Hz

Schwule & Lesben

In den USA hatte es die GLBT-Szene nie einfacher als heute: Vielerorts können Schwule, Lesben, Bi- und Transsexuelle nun ohne Bedenken ganz sie selbst sein. Strände und Großstädte sind üblicherweise am schwulenfreundlichsten.

In zahlreichen Stadtkapiteln dieses Buchs weisen spezielle Kästen oder Abschnitte auf die besten Optionen für GLBT-Traveller hin.

Szene-Hotspots

Manhattan bietet jede Menge tolle Schwulenbars bzw. -clubs (vor allem in Hells Kitchen, Chelsea und dem West Village). ein paar Fähr- oder Zugstunden entfernt liegt Long Island mit seinem sandigen Schwulenmekka namens Fire Island. Zu den anderen US-Ostküstenstädten mit stolzer GLBT-Szene zählen Boston, Philadelphia, Washington, D. C., Provincetown (Cape Cod; Massachusetts) und Rehoboth Beach (Delaware). Mit Ogunquit hat sogar Maine einen schwulenfreundlichen Strandort.

Im Süden ist „Hotlanta" stets ein heißes Pflaster, während sich Texas mit Austin und Teilen von Houston sehr szenefreundlich zeigt. Floridas blühende Schwulengemeinden konzentrieren sich vor allem auf Miami und die „Conch Republic" (Key West); Fort Lauderdale zieht ebenfalls bronzebraune Jungs und Mädels an. Und in New Orleans flippt natürlich jedermann so richtig aus.

Im Mittleren Westen empfehlen sich Chicago und Minneapolis. Noch weiter westlich liegt mit San Francisco die wohl fröhlichste Schwulenmetropole der USA. Auch in Los Angeles und Las Vegas ist so ziemlich alles möglich. Wer davon genug hat, kann in die Wüstenresorts von Palm Springs flüchten.

Zu guter Letzt steht Hawaii (vor allem Waikiki) für eine allgemein schwulenfreundliche Inselidylle.

Toleranz & Akzeptanz

Die meisten US-Großstädte haben offene und deutlich sichtbare GLBT-Gemeinden, mit denen man leicht in Kontakt kommt.

Das Akzeptanzlevel ist jedoch landesweit sehr unterschiedlich: Mancherorts herrscht null Toleranz, während Angehörige der GLBT-Szene anderswo unbehelligt bleiben, solange sie ihre jeweilige sexuelle Präferenz „nicht offen zur Schau stellen". Vor allem ländliche und konservative US-Ecken sind aber bis heute teilweise von Intoleranz geprägt – Outen ist dort allgemein nicht angebracht, da dies gelegentlich verbale oder gar körperliche Gewalt nach sich ziehen kann. Im Zweifelsfall geht man am besten davon aus, dass die Einheimischen nach dem alten Armeeprinzip „frag nicht, sag nicht(s)" (*don't ask, don't tell*; DADT) handeln. Gleichgeschlechtliche Ehen sind auf Bundesebene gleichgestellt (Entscheidung des Supreme Courts im Jahr 2013) und in 13 US-Bundesstaaten offiziell möglich.

Infos im Internet & Medien

Paula Martinac bloggt unter queerestplaces.wordpress.com. Ihr Buch *The Queerest Places: A Guide to Gay and Lesbian Historic Sites* deckt die ganzen USA mit geschichtlichen und oft pikanten Details ab.

Advocate (www.advocate.com) Schwulenorientierte Website mit aktuellen Berichten bezüglich Wirtschaft, Politik, Kunst, Unterhaltung und Tourismus.

Damron (www.damron.com) Gibt klassische Reiseführer für die Szene heraus und hat einen nützlichen Online-Veranstaltungskalender.

Gay & Lesbian National Help Center (☎888-843-4564; www.glnh.org; ⏰Mo–Fr 13–21, Sa 9–14 Uhr; Pacific Standard Time) Landesweite Hotline mit Beratung, Infos und Empfehlungen.

Gay Travel (www.gaytravel.com) Online-Reiseführer zu zahllosen Zielen in den USA.

Gay Yellow Network (www.glyp.com) Schwule Gelbe Seiten für über 30 US-Großstädte.

National Gay & Lesbian Task Force (www.thetaskforce.org) Landesweit vertretene Aktivistengruppe mit News-Website, die über aktuelle Themen (u. a. aus der Politik) berichtet.

Out Traveler (www.out-traveler.com) Schwulenorientierte, kostenlose Online-Reiseberichte zu Hawaii.

Purple Roofs (www.purpleroofs.com) Verzeichnis mit homosexuellenfreundlichen bzw. von Homosexuellen betriebenen B&Bs und Hotels.

Telefon

Auf dem US-Telefonmarkt konkurrieren regionale Gesellschaften, Ferngesprächsanbieter und diverse Handy- bzw. Münztelefonfirmen. Insgesamt ist dieses Netzwerk zwar sehr effektiv, mitunter aber ziemlich teuer. Das gilt vor allem für Ferngespräche über Hotel- oder Münzapparate – normale Festnetz- bzw. Handyverbindungen sind in der Regel deutlich günstiger. Hotelgäste können Ortsgespräche meist gratis führen.

Telefonbücher sind spitzenmäßige Informationsquellen: Einige enthalten nicht nur Rufnummern, sondern führen auch Sehenswürdigkeiten, Aktivitäten, Firmen und öffentliche Einrichtungen oder Verkehrsmittel auf. Online-Telefonverzeichnisse gibt's z. B. unter www.411.com und www.yellowpages.com.

Handys

Die Standards der US-Handynetze (GSM 1900

oder CDMA 800) basieren auf anderen Frequenzen als ihre europäischen Pendants. Um vor Ort zu funktionieren, benötigen ausländische Geräte zwingend eine Tri- oder Quadband-Ausstattung. Besitzer solcher Handys sollten sich vorab beim jeweiligen Netzbetreiber nach den Nutzungsbedingungen bzw. Roaming-Gebühren in Amerika erkundigen. Andernfalls verwandeln sich selbst Ortsgespräche in teure Fernverbindungen.

Eventuell günstigere Alternative: Wer eine US-Handynummer inklusive Mailbox haben möchte, kann sein Tri- oder Quadband-Gerät mit einer kompatiblen amerikanischen Prepaid-SIM-Karte (z. B. von AT&T) versehen. **Planet Omni** (www.planetomni.com) und **Telestial** (www.telestial.com) bieten solche Karten sogar inklusive Leihhandy an.

Traveller ohne kompatibles Mobiltelefon können sich ein günstiges, vertragsloses Prepaid-Handy mit US-Nummer und einem bestimmten Gesprächsguthaben zulegen. Das Guthaben lässt sich nach Bedarf aufladen. Über Elektronikläden wie Radio Shack oder Best Buy bieten Virgin Mobile, T-Mobile, AT&T und andere Firmen solche Handys ab 10 US$ an (zzgl. Gesprächsguthaben ab ca. 40 US$/400 Min.).

Wichtig: Unbedingt die Netzabdeckung beim jeweiligen Betreiber ermitteln – weite Teile der ländlichen USA (u. a. viele Nationalparks und Erholungsgebiete) sind bislang die reinsten Funklöcher!

Münztelefone

Münztelefone sterben langsam aus. Bevor man Kleingeld einwirft, sollte man erstmal checken, ob überhaupt ein Freizeichen hörbar ist, also ob das Gerät funktioniert. Bei Ortsgesprächen kosten die ersten paar Minuten 0,35 bis 0,50 US$ – danach wird's teurer. Wichtig: Nur den exakten Betrag einwerfen, da Münztelefone kein Wechselgeld geben! Mancherorts (beispielsweise in Nationalparks) akzeptieren US-Telefonzellen nur Prepaid- oder Kreditkarten. Bereits zum Ortstarif schröpfen sie schnell den Geldbeutel. Fernverbindungen können exorbitant teuer sein – vor allem, wenn man z. B. für R-Gespräche zusätzlich die Vermittlung (0) bemüht. Günstiger geht's in der Regel mit Prepaid-Telefonkarten oder Einwahlservices von großen Anbietern wie **AT&T** (☎800-321-0288).

Telefonkarten

Prepaid-Telefonkarten sind eine gute Option für Budgetreisende. In größeren Ortschaften und Städten werden sie überall von Zeitungsständen, großen Handelsketten, Verbraucher- oder Supermärkten verkauft. Unbedingt sorgfältig das Kleingedruckte lesen: Bei vielen Karten erhöhen sich die Tarife um versteckte „Aktivierungskosten" oder „Verbindungsgebühren" pro Anruf (*activation* bzw. *connection fees*). Tipp: AT&T bietet landesweit eine verlässliche Telefonkarte an.

Vorwahlen & Rufnummern

Alle US-Telefonnummern bestehen aus einer dreistelligen Regionalvorwahl und einer siebenstelligen Anschlussnummer. In manchen Ecken müssen mittlerweile auch bei Ortsgesprächen alle zehn Ziffern gewählt werden.

Bei Ferngesprächen wählt man zuerst die 1, dann Regionalvorwahl und Anschlussnummer. Die Regionalvorwahlen ändern sich allerdings so oft, dass sogar Einheimische nicht mehr durchblicken. Unsicherheit bezüglich Orts- oder Ferngespräch ist dennoch kein Grund zur Panik: Einfach die bekannte Vorwahl nehmen – sollte sie nicht stimmen, wird man in der Regel durch eine automatische Ansage korrigiert.

STAATLICHE REISEHINWEISE

Deutschland (www.auswaertiges-amt.de)

Kanada (www.voyage.gc.ca)

Österreich (www.bmaa.gv.at)

Schweiz (www.eda.admin.ch)

USA (www.travel.state.gov)

Kostenlose Servicenummern beginnen mit ☎800, ☎888, ☎877 oder ☎866; zusätzlich ist zuvor die ☎1 einzugeben. Die meisten funktionieren nur innerhalb der USA, andere wiederum nur inner- oder außerhalb bestimmter Bundesstaaten. Da hilft nur Ausprobieren! Für teure Sondertarife (z. B. Telefonsex, Horoskope, Witze) stehen Nummern, die u. a. mit ☎900 beginnen.

- ☎1 Internationaler Ländercode für Ferngespräche in die USA und nach Kanada; Verbindungen zwischen beiden Ländern sind dennoch immer Auslandstelefonate.
- ☎011 Ländercode für Auslandsgespräche ab den USA; es folgen die Kennzahl des jeweiligen anderen Landes, Ortsvorwahl (normalerweise ohne die erste „0") und Anschlussnummer.
- ☎00 Vermittlung für internationale Gespräche.
- ☎411 Landesweite Telefonauskunft.
- ☎800-555-1212 Auskunft über gebührenfreie Servicenummern.

Touristeninformation

Unter www.discoveramerica.com findet man die offizielle Tourismus-Website der USA. Sie liefert Links zu allen regionalen und bundesstaatlichen Touristeninformationen, und eine Menge Ideen für die Reiseplanung.

Alle empfehlenswerten Touristeninformationen betreiben eigene Websites mit gratis herunterladbaren E-Guides. Zudem geben sie telefonische Auskünfte. Diverse Infostellen direkt vor Ort aktualisieren täglich ihr Verzeichnis der freien Hotelzimmer, nehmen aber nur selten Reservierungen entgegen. Alle Touristeninformationen haben SB-Ständer voller Broschüren und Rabattgutscheine; teilweise kann man auch Bücher und Karten kaufen.

Die offiziellen Welcome Centers der Bundesstaaten finden sich meistens an den Autobahnen und haben oft Informationsmaterial zu größeren Gebieten im Programm. Ihre Büros sind in der Regel länger geöffnet – auch an Wochenenden und Feiertagen.

Viele Städte unterhalten offizielle Convention and Visitors Bureaus (CVB), die zum Teil als Touristeninformationen fungieren. Da sich aber CVBs vor allem um Geschäftsreisende und Tagungsbesucher kümmern, sind sie für Individualreisende möglicherweise weniger nützlich.

Zu beachten ist: Touristeninformationen kleinerer Städte werden häufig von den örtlichen Chambers of Commerce (Handelskammern) betrieben, daher erwähnen ihre Hotel-, Restaurant- und Dienstleisterverzeichnisse meistens nur Mitglieder der Kammer und unterschlagen möglicherweise die günstigsten Adressen.

Hinter manchen privaten „Touristeninformationen“ in besonders beliebten Urlaubsregionen verbergen sich in Wirklichkeit Agenturen, die Hotelzimmer und geführte Touren gegen Provision reservieren. Service und Auswahl sind hier zwar manchmal vom Feinsten, beschränken sich aber ausschließlich auf die angebotenen Optionen.

Unterkunft

Die Unterkunftsverzeichnisse dieses Buches sind nach den persönlichen Präferenzen der jeweiligen Autoren sortiert. Außer bei den allerbilligsten Optionen oder während der absoluten Nachsaison sollte man grundsätzlich reservieren. Zur Hauptsaison können Quartiere in Touristenhochburgen bereits Monate im Voraus ausgebucht sein. Allgemein offerieren Hotels häufig Online-Sonderangebote. Bei telefonischer Buchung gewähren Billigketten aber manchmal etwas bessere Preise. Immer mehr Kettenhotels bieten zudem Vielfliegerrabatte und andere Ermäßigungen an – einfach beim Buchen nachfragen! Auch über Online-Reisebüros oder -Auktionshäuser und Vergleichswebsites lassen sich vergünstigte Zimmer ganz gut auftreiben. Normalerweise beschränkt sich dies aber auf Hotelketten. **Hotels.com** (www.hotels.com), **Hotwire** (www.hotwire.com) und **Booking.com** (www.booking.com) sind ebenfalls einen Blick wert.

B&Bs

Viele B&Bs (Bed & Breakfast – Übernachtung mit Frühstück) sind opulente Romantikdomizile in restaurierten historischen Gebäuden – persönlich geführt von sympathischen Gastgebern, die leckeres Frühstück servieren. Sie stehen häufig unter einem bestimmten Motto (z. B. viktorianisch, rustikal oder à la Cape Cod), und der Einrichtungsstandard fällt meistens komfortabel, mitunter sogar extrem luxuriös aus. Die Zimmerpreise beginnen in der Regel bei 100 US$; Spitzenoptionen verlangen pro Übernachtung 200 bis 300 US$ oder mehr. Bei einigen wird ein Mindestaufenthalt verlangt. Die meisten B&Bs nehmen keine Kleinkinder auf.

Darüber hinaus gibt's in den USA immer noch B&Bs im Stil europäischer Frühstückspensionen. Deren vergleichsweise schlichtere Zimmer befinden sich manchmal in privaten Wohnhäusern, ihre Gemeinschaftsbäder und das einfachere Frühstück gewinnen durch günstigere Preise an Attraktivität – oft sind diese B&Bs ideale Optionen für Familien.

In der Nebensaison sind manche B&Bs geschlossen. Reservierung ist vor allem im Luxussegment ein absolutes Muss. Um unangenehme Überraschungen zu vermeiden, sollte man neben der Kinderfrage auch vorab klären, ob jedes Zimmer ein eigenes Bad hat oder ob Gemeinschaftsbäder vorhanden sind. Alle Regionenkapitel erwähnen lokale Vermittlungsagenturen. Ansonsten hier vorbeisurfen:

Bed & Breakfast Inns Online (www.bbonline.com)

BedandBreakfast.com (www.bedandbreakfast.com)

BnB Finder (www.bnbfinder.com)

Select Registry (www.selectregistry.com)

Camping

Campingmöglichkeiten gibt's in vielen von Bundesbehörden verwalteten Naturschutzgebieten und in State

PREISKATEGORIEN: UNTERKUNFT

Die Unterkunftspreise gelten jeweils für ein Doppelzimmer während der Hauptsaison (meist Mai–Sept.) und verstehen sich stets ohne Steuern (zzgl. ca. 10–15 %). Somit muss man beim Buchen immer den Gesamttarif inklusive Steuern erfragen.

**$** unter 100 US$

**$$** 100–200 US$

**$$$** über 100 US$

UNTERKÜNFTE ONLINE BUCHEN

Unter hotels.lonelyplanet.com/usa/ gibt's weitere Unterkunftsbewertungen und unabhängig recherchierte Infos von Lonely Planet Autoren – inklusive Empfehlungen zu den besten Adressen. Außerdem kann online gebucht werden.

Parks. „Rustikale" Stellplätze (kostenlos bis max. 10 US$/Nacht) erfordern keine Reservierung, bieten dafür aber auch keinerlei Einrichtungen. Basic-Optionen (5–15 US$/Nacht) können teilweise vorab gebucht werden. Hier gibt's normalerweise Toiletten (WCs od. Plumpsklos), Trinkwasser, Feuerstellen und Picknicktische. Gut ausgebaute moderne Campingplätze (15–45 US$/Nacht) befinden sich üblicherweise in National oder State Parks und lassen oft Reservierungen zu. Mit besseren Einrichtungen (z. B. Warmwasserduschen, Grillplätzen, Wohnmobilstellplätzen inkl. Anschlüsse) bieten sie vergleichsweise mehr Komfort.

Über **Recreation.gov** (☎877-444-6777, internationaler Kundenservice 518-885-3639; www.recreation.gov) lassen sich Stellplätze in den meisten staatlich verwalteten Gebieten reservieren. Zu diesen zählen z. B. Nationalparks, National Forests und Gelände des Bureau of Land Management (BLM). Campingaufenthalte sind dort auf 14 Tage beschränkt und können bis zu sechs Monate im Voraus gebucht werden. Auch **Reserve-America** (☎California State Park Reservierungen 800-444-7275, Colorado State Park Reservierungen 800-678-2267, NRRS Federal Campground Reservierungen 877-444-6777; www.reserveamerica.com) nimmt Stellplatzreservierungen für manche State Parks entgegen. Auf beiden Websites kann man gezielt nach Regionen oder Einrichtungen fahnden, nach freien Stellplätzen suchen, direkt reservieren, Karten einsehen und Anfahrtsbeschreibungen abrufen.

Private Campingplätze zielen meist auf Familien und Wohnmobilurlauber ab, haben aber eventuell nur wenige und charakterlose Stellplätze für Zelte. Ihr Angebot umfasst z. B. Spielplätze, Verbrauchermärkte, WLAN-Zugang, Pools und weitere Einrichtungen und Aktivitäten. Außerdem gibt's auf vielen Anlagen Campinghütten, von einfachen Konstruktionen mit Holzplattformen und Zeltwänden bis zu beheizten Blockhütten mit eigenen Bädern und Betten. **Kampgrounds of America** (KOA; ☎406-248-7444; www.koa.com) heißt ein landesweites Netzwerk privater Campingplätze mit Rundumservice. Der alljährlich erscheinende, kostenlose KOA-Leitfaden kann bestellt werden (das Porto muss der Empfänger zahlen). Über die Website mit umfangreichem Platzverzeichnis sind auch Online-Buchungen möglich.

Hostels

US-Hostels konzentrieren sich vor allem auf städtische Großräume, Kalifornien, den Nordosten, den Südwesten und den pazifischen Nordwesten.

Hostelling International USA (☎240-650-2100; www.hiusa.org) betreibt landesweit über 50 Herbergen. Die meisten haben nach Geschlechtern getrennte Schlafsäle (B 23–45 US$/Nacht; N. Y. C. ist am teuersten), ein paar separate Zimmer sowie Gemeinschaftsbäder und -küchen. Ein Internationaler Herbergsausweis bringt etwas Rabatt. Gebucht werden kann auch online. Reservierungen sind möglich und vor allem während der Hauptsaison ratsam: Dann gilt eventuell ein Limit von drei Übernachtungen.

In Amerika gibt es zudem viele eigenständige Hostels, die nicht zu HI-USA gehören. Beispiele für Online-Verzeichnisse:

Hostels.com (www.hostels.com)

Hostelworld.com (www.hostelworld.com).

Hostelz.com (www.hostelz.com)

Hotels

Hotels aller Preiskategorien warten normalerweise mit Zimmertelefonen, Kabelfernsehern, eigenen Bädern und einfachem europäischem Frühstück auf. Im Mittelklassebereich gibt's meist auch Minibars, Mikrowellen, Haartrockner, Internetzugang, Klimaanlage bzw. Heizung, Pools und Schreibtische. Spitzenklassehotels bieten obendrein Extras wie Conciergedienste, Spas, Restaurants, Bars, hochwertige Möbel, Business- und Fitnesszentren.

Auch wenn mit Gratisübernachtungen für Kinder geworben wird, kosten Gitter- oder Beistellbetten eventuell extra. Und unbedingt immer nach der Abrechnungspraxis für Telefonate fragen: Alle Hotels verlangen exorbitante Gebühren für Fern- und Auslandsverbindungen – teilweise sogar für Orts- und Freigespräche!

Miethäuser & -wohnungen

Wer Häuser oder Apartments von Privatpersonen mieten möchte, findet bei **Airbnb** (www.airbnb.com) ein landesweites Verzeichnis mit Tausenden Optionen. Budgettouristen ohne Abneigung gegen Gemeinschaftseinrichtungen können auch ein Zimmer mieten und dabei super Kontakte zu Einheimischen knüpfen.

Motels

Der Hauptunterschied zwischen Hotels und Motels besteht darin, dass bei Letzteren die Parkplätze direkt vor der Zimmertür liegen. Motels stehen zumeist an Interstate-Ausfahrten und den Hauptzubringern von Städten. Einige sind bis heute recht kleine, günstige Familienbetriebe. Frühstück ist fast nie im Preis enthalten, und die Extras im Zimmer beschränken sich oft auf ein Telefon und einen Fernseher (vielleicht mit Kabelanschluss). Häufig gibt's aber ein paar Wohneinheiten mit einfachen Kochgelegenheiten.

Obwohl viele Motels relativ fad und durchschnittlich wirken, können sie prima Sparoptionen sein – oder eine gute Alternative, falls sich sonst nichts Passendes findet.

Bitte niemals nur nach dem Äußeren gehen: Hinter den teils verblassten alten Fassaden verbergen sich oft blitzsaubere Quartiere. Da natürlich auch das Gegenteil der Fall sein kann, sollte man Zimmer vor dem konkreten Buchen möglichst immer besichtigen.

Versicherung

Unabhängig von der Kürze oder Länge einer USA-Reise sollte vor dem Start eine angemessene Reiseversicherung abgeschlossen werden. Als Minimum ist ein Versicherungsschutz erforderlich, der medizinische Notfälle und Behandlungen abdeckt (einschließlich Krankenhausaufenthalte und Rückflug in die Heimat). Die medizinische Versorgung in den USA ist von bester Qualität, aber eben auch ausgesprochen teuer.

Darüber hinaus könnten eine Reiserücktrittversicherung (besonders wenn der Großteil der Reise weit im Voraus bezahlt wird) und eine Reisegepäckversicherung nützlich sein. Auf alle Fälle sollte man sich erkundigen, für welche Verluste die Hausratversicherung aufkommt, und für die übrigen Fälle eventuell eine Zusatzversicherung abschließen. Wer für seine Reise einen umfassenden Versicherungsschutz wünscht, muss mit zusätzlichen Kosten in Höhe von 5 bis 7 % des gesamten Reisepreises rechnen.

Als Autofahrer braucht man außerdem eine Kfz-Haftpflichtversicherung. Die Autovermietungen bieten Versicherungen an, die Beschädigungen am Mietwagen abdecken, und zusätzliche Haftpflichtversicherungen für Personenschäden und Sachschäden an anderen Autos.

Weltweit geltende Reiseversicherungen gibt es auch auf http://www.lonelyplanet.com/travel-insurance. Hier kann man jederzeit online Policen abschließen, verlängern oder Ansprüche geltend machen – auch wenn man bereits unterwegs ist.

Visa

Achtung: Die USA verändern immer wieder ihre nationalen Einreise- und Sicherheitsbestimmungen, darum können die folgenden Angaben schnell überholt sein! Die Informationen zu Vorschriften für Visum und Reisepass sollten vor Reiseantritt unbedingt doppelt und dreifach überprüft werden. Hierzu empfehlen sich die Onlineauskünfte der zuständigen Behörden in Deutschland (www.auswaertiges-amt.de), Österreich (www.bmeia.gv.at) und der Schweiz (www.eda.admin.ch). Die umfassendsten Informationen erteilt das **US-Außenministerium** (US State Department; www.travel.state.gov/visa) – auf der Website gibt's auch Formulare, Verzeichnisse mit US-Konsulaten im Ausland und nach Ländern sortierte Angaben zu voraussichtlichen Bearbeitungszeiten.

Visumantrag

Besucher aus der EU und der Schweiz brauchen nur für einen Aufenthalt von mehr als 90 Tagen ein Visum von einem US-Konsulat oder einer Botschaft (zur obligatorischen Registrierung über das ESTA, s. S. 1329). Sofern ein Visum erforderlich ist, benötigt man normalerweise einen Termin für ein persönliches Gespräch, zu dem alle erforderlichen Dokumente und die Quittungen für die gezahlten Gebühren mitzubringen sind. Die Wartezeiten für ein solches Gespräch sind unterschiedlich; im Anschluss daran wird das Visum innerhalb von wenigen Tagen bis höchstens einigen Wochen ausgestellt.

➡ Der Reisepass muss noch mindestens sechs Monate nach dem geplanten Termin für die Abreise aus den USA gültig sein, außerdem ist ein neueres Passfoto mit dem Antrag vorzulegen (ca. 5x5 cm); die Bearbeitungsgebühr beträgt 160 US$ und ist nicht erstattungsfähig, in einigen Fällen kommt noch eine Visumempfangsgebühr hinzu. Außerdem muss man noch das Antragsformula DS-160 für Nicht-Immigranten ausfüllen.

➡ In fast allen Fällen müssen Visumantragssteller folgende Nachweise vorlegen: die Kreditwürdigkeit oder einen US-Bürgen, der im Bedarfsfall finanzielle Unterstützung leisten würde, ein Rück- bzw. Anschlussflugticket und „bindende Verpflichtungen" zur Heimkehr (Familienangehörige, fester Wohnsitz, feste Arbeit etc.). Wer plant, über Drittstaaten in die USA einzureisen, sollte aufgrund dieser Anforderungen das US-Visum sinnvollerweise vor Reiseantritt in seinem Heimatland und nicht erst in dem Drittstaat beantragen, denn das würde die Dinge unnötig erschweren.

➡ Das am häufigsten ausgestellte Visum ist ein Besuchervisum für Nicht-Immigranten, Typ B-1 für Geschäftsreisen, B-2 für touristische Aufenthalte oder Besuche von Freunden oder

VISA WAIVER PROGRAM

Dank des Visa Waiver Program (VWP) können sich Bürger bestimmter Staaten maximal 90 Tage lang visumfrei in den USA aufhalten. Inklusive Deutschland, Österreich und der Schweiz gilt diese Regelung derzeit für 35 Länder.

Achtung: Bürger aus VWP-Ländern benötigen *nur dann* kein Visum, wenn ihr Reisepass allen aktuellen US-Bestimmungen entspricht *und* vorab eine Registrierungsbestätigung des Electronic System for Travel Authorization (ESTA) erfolgt ist. Die ESTA-Registrierung muss spätestens 72 Stunden vor der Einreise beim Department of Homeland Security (https://esta.cbp.dhs.gov/esta) vorgenommen werden. Nach Erteilen der Einreisegenehmigung ist sie zwei Jahre lang gültig. Die Gebühr beträgt 14 US$.

Auch wer aus einem VWP-Land stammt, muss bei der Einreise alle Voraussetzungen für ein herkömmliches Besuchervisum erfüllen. Somit ist z. B. nachzuweisen, dass der Aufenthalt maximal 90 Tage dauert. Benötigt werden zudem ein Rückreise- bzw. Anschlussticket sowie ausreichende finanzielle Mittel für sämtliche Reisekosten und Verpflichtungen vor Ort.

Ferner gelten dieselben Bestimmungen wie für Fälle, in denen die zuständigen US-Grenzbeamten die Einreise verweigern oder die Ausweisung anordnen können – allerdings ohne die Option, Beschwerde einzulegen oder einen Härtefallantrag zu stellen. Wenn die US-Behörden eine Einreise im Rahmen des VWP verweigern, ist der nächste verfügbare Flug im Rahmen des Rückflug- oder Anschlussflugtickets wahrzunehmen.

Verwandten. Ein Besuchervisum ist für mehrere Einreisen im Zeitraum von einem bis fünf Jahren gültig; es verbietet jegliche Annahme bezahlter Arbeit in den USA. Der derzeitige Gültigkeitszeitraum unterscheidet sich für einzelne Herkunftsländer. Der Aufenthaltszeitraum in den USA wird bei der Einreise von der Einreisebehörde festgelegt.

➡ Wer zum Arbeiten oder zum Studium in die USA einreist, braucht ein anderes Visum; die Formalitäten erledigt in diesem Fall die Institution oder Gesellschaft, bei der man zu arbeiten beabsichtigt.

➡ Weitere Kategorien von Visa, die nicht für Einwanderer gelten, sind Typ F-1 für Teilnehmer an einem Studiengang einer anerkannten Institution, H-1-, H-2- oder H-3-Visa für zeitweilige Beschäftigungen und das J-1-Visum für Teilnehmer an anerkannten Besucher-Austauschsprogrammen.

Einreiseverweigerung & Ausweisung

Wer auf seinem Visumantrag eingesteht, subversive Aktivitäten auszuüben, ein Schmuggler, eine Prostituierte, ein Terrorist, drogenabhängig oder ehemaliger Nazi zu sein, kann von der Visumerteilung ausgeschlossen werden. Ein Visum oder die Einreise in die USA können ebenfalls versagt werden, wenn eine „ansteckende, die öffentliche Gesundheit gefährdende Krankheit" oder ein Vorstrafenregister vorliegt oder wenn der Bewerber in einem früheren Fall in Zusammenhang mit einem Visumantrag für die USA falsche Angaben gemacht hat. In den letzten drei Fällen kann man jedoch um eine Ausnahmegenehmigung bitten, die in vielen Fällen auch gewährt wird.

Als ansteckende Krankheiten gelten Tuberkulose, Ebola, SARS und insbesondere HIV. Die US-Einwanderungsbehörde führt keine Tests durch, aber die Beamten können bei der Einreise nach dem Gesundheitszustand fragen. Sie können jede Person von der Einreise ausschließen, wenn sie medizinische Dokumente, Rezepte oder Arzneien entdecken, die den Schluss zulassen, dass der oder die Einreisewillige eine ansteckende Krankheit hat. Schwul zu sein ist kein Ausschlusskriterium, ein HIV-infizierter Drogenabhängiger zu sein hingegen schon. Ein Besucher kann ausgewiesen werden, wenn die US-Einwanderungsbehörde feststellt, dass er HIV-positiv ist, dies bei der Einreise aber verschwiegen hat. HIV-positiv zu sein ist also ebenfalls kein Ausweisungsgrund, wohl aber die Falschangabe auf dem Visumantrag.

Die US-Einwanderungsbehörde fasst den Begriff des Vorstrafenregisters weit. Wer jemals verhaftet oder wegen eines Vergehens angeklagt wurde, hat ein Vorstrafenregister, auch wenn die betroffene Person später nicht verurteilt wurde. In solchen Fällen sollte man nie versuchen, unter den Bedingungen des visumfreien Reiseverkehrs in die USA einzureisen – die US-Behörden prüfen genau!

Häufig gewährt der USCIS (United States Citizenship & Immigration Services) eine Ausnahmegenehmigung – einen „Verzicht auf Ausschluss" *(waiver of ineligibility)* – für Personen, bei denen Ausschließungsgründe vorliegen. Das bedeutet aber, dass man sich an ein regionales Einwanderungsbüro wenden muss, und das kann einige Zeit dauern (min. 2 Monate). Man sollte der Versuchung widerstehen, irgendetwas zu verheimlichen, da die US-Einwanderungsbehörde bei Falschaussagen absolut unnachgiebig ist. Antragsteller, die alte Vorstrafen oder eine ansteckende Krankheit angeben, werden häufig dennoch eine Einreisegenehmigung erhalten; wer aber jemals versucht hat, die Behörde auch nur bezüglich Kleinigkeiten hinters Licht zu führen, kann nicht auf irgendwelche Nachsicht hoffen. Nach zugelassener Einreise in die USA ist jeder Beweis für eine Falschaussage gegenüber der US-Einwanderungsbehörde ein Grund für die sofortige Ausweisung des Betreffenden.

Besucher, bei denen Ausschließungsgründe vorliegen, sollten sich *vor* der Stellung eines Visumantrags genau über ihre Möglichkeiten informieren.

Einreise

➡ Seit 2013 entfällt das Einreise-/Ausreiseformular I-94 (vormals bei allen Ausländern obligatorisch). Stattdessen ist lediglich die US-Zollerklärung auszufüllen, die man normalerweise im Flugzeug erhält. Dies sollte bereits vor dem Gang zum Einreiseschalter sorgfältig und vollständig erledigt sein. Ins Feld „US Street Address" (US-Wohnadresse) dann einfach die erste Übernachtungsadresse eintragen (ein Hotel reicht)!

➡ Egal, welche Angaben das Visum oder die Einreiseerlaubnis enthält: US-Grenzbeamte haben jederzeit das Recht, die Einreise zu verweigern oder bestimmten Bedingungen zu unterwerfen. Zudem fragen sie eventuell nach den jeweiligen Reiseplänen und dem Vorhandensein ausreichender Geldmittel. Somit empfiehlt es sich, eine schriftliche Darstellung der eigenen Reiseroute, ein gültiges Anschluss- oder Rückflugticket und mindestens eine bekannte Kreditkarte vorlegen zu können.

➡ Das Office of Biometric Identity Management (Registrierungsprogramm des Department of Homeland Security) erfasst alle möglichen Einreisepunkte und nahezu alle ausländischen Besucher. Letztere müssen sich zwecks Registrierung zumeist digital fotografieren und elektronische Fingerabdrücke abnehmen lassen (dauert zusammen nicht mal eine Minute).

Aufenthaltsverlängerungen

Um über den in den Pass eingestempelten spätesten Ausreisetag hinaus in den USA bleiben zu können, muss man sich an das örtliche USCIS-Büro (☎800-375-5283; www.uscis.gov) wenden. Ein Antrag auf Verlängerung sollte dort sehr frühzeitig *vor* dem eingestempelten Ausreisedatum gestellt werden. Wenn das Datum schon verstrichen ist, ist es am besten und aussichtsreichsten, einen US-Bürger als Leumundszeugen mitzubringen und mit allen nur möglichen Dokumenten nachzuweisen, dass man nicht illegal in den USA arbeiten will und genügend Geld hat, um seinen Aufenthalt hier auch zu finanzieren. Dennoch wird man im Fall eines eigenhändig verlängerten Aufenthalts normalerweise sofort ausgewiesen. Wer im Rahmen des VWP eingereist ist, kann die Aufenthaltsdauer ohnehin nicht verlängern.

Kurzfristige Aus- & Wiedereinreise

➡ Ausflüge über die Grenze nach Kanada oder Mexiko sind kein Problem, jedoch werden bei der Wiedereinreise Nicht-US-Bürger der vollen Einreiseprozedur erneut unterzogen.

➡ Beim Überschreiten der Grenze muss man stets den Pass mitführen!

➡ Wenn die Einreisebescheinigung noch einige Zeit gültig ist, wird eine Einreise damit normalerweise kein Problem darstellen. Ist sie aber fast abgelaufen, muss eine neue beantragt werden – die Grenzbeamten werden dann die gleichen Dokumente sehen wollen wie bei der ersten Einreise (Rück- oder Anschlussflugticket, Nachweis ausreichender Mittel usw.).

➡ Seit jeher war ein kurzer Trip über die Grenze eine Option, seinen Aufenthalt in den USA zu verlängern, ohne eine Verlängerung bei einem USCIS-Büro beantragen zu müssen. Man sollte sich nicht darauf verlassen, dass dies funktioniert. Wichtig ist es, die alte Einreisekarte bei der Ausreise an die US-Einwanderungsbehörde auszuhändigen und bei der Rückreise alle Dokumente zur Hand zu haben, die bei der ersten Einreise erforderlich waren. Die US-Einwanderungsbehörde ist sehr argwöhnisch gegenüber Leuten, die für ein paar Tage ausreisen, dann zurückkommen und auf eine neue sechsmonatige Aufenthaltsgenehmigung hoffen; Traveller müssen sich bei dieser Vorgehensweise auf eine intensive Befragung einstellen.

➡ Bürger der meisten westlichen Länder benötigen kein Visum für Kanada, weshalb es kein Hindernis gibt, die kanadische Seite der Niagarafälle zu besuchen, einen Abstecher nach Quebec zu machen oder auf dem Landweg nach Alaska zu fahren.

➡ Wer per Bus aus Kanada in die USA einreist, könnte eingehend überprüft werden. Ein Rundreiseticket, das nach Kanada zurückführt, dürfte die US-Grenzer in aller Regel weniger misstrauisch machen.

➡ Mexiko hat fast im gesamten Grenzgebiet zu den USA eine visumfreie Zone, zu der die Baja California und die meisten Grenzstädte wie Tijuana und Ciudad Juárez gehören. Man sollte allerdings bedenken, dass es hier seit 2009 zu über 5000 Ermordungen gekommen ist und die Stadt nicht besonders sicher ist. Ein mexikanisches

Visum oder eine Touristenkarte benötigt nur, wer über diese Zone hinaus will.

Zoll

Die Website der **amerikanischen Zoll- & Grenzschutzbehörde** (US Customs & Border Protection; www.cbp.gov) informiert über alle für die USA relevanten Zollbestimmungen.

Zollfreimengen pro Person:

➡ 1 l alkoholische Getränke (Mindestalter 21 Jahre)

➡ 100 Zigarren, 200 Zigaretten (18 Jahre und älter)

➡ Geschenke und gekaufte Waren im maximalen Gesamtwert von 200 US$

➡ Barbeträge ab einem Gesamtwert von 10 000 US$ (in Dollar und/oder ausländischer Währung) sind grundsätzlich anzumelden.

Das Einschmuggeln illegaler Drogen wird sehr streng bestraft. Ebenfalls verboten ist die Einfuhr von Drogenutensilien, Lotterielosen, gefälschten Markenprodukten und den meisten Waren aus Kuba, Iran, Nordkorea, Myanmar (Birma) oder dem Sudan. Obst, Gemüse, Lebensmittel und Pflanzen sind anzumelden oder im Wartebereich zu entsorgen.

Zeit

Mit Beginn der US-Sommerzeit (Daylight Saving Time; DST) am zweiten Märzsonntag werden die Uhren eine Stunde vorgestellt. Am ersten Novembersonntag wandern die Zeiger dann wieder eine Stunde zurück. Arizona (außer Navajo Nation), Hawaii und große Teile Indianas haben keine Sommerzeit!

Für US-Datumsangaben gilt die Reihenfolge Monat/Tag/Jahr. So wird z. B. der 8. Juni 2015 zu 6/8/15.

Sprache

Briten, Amerikaner, Australier und Neuseeländer, deutsche Geschäftsleute und norwegische Wissenschaftler, der indische Verwaltungsbeamte und die Hausfrau in Kapstadt – fast jeder scheint Englisch zu sprechen. Und wirklich: Englisch ist die am weitesten verbreitete Sprache der Welt (wenn's auch nur den zweiten Platz für die am meisten gesprochene Muttersprache gibt – Chinesisch ist die Nr. 1).

Und selbst die, die nie Englisch gelernt haben, kennen durch englische Musik oder Anglizismen in Technik und Werbung immer ein paar Wörter. Ein paar Brocken mehr zu lernen, um beim Smalltalk zu glänzen, ist nicht schwer. Hier sind die wichtigsten Wörter und Wendungen für die fast perfekte Konversation in fast allen Lebenslagen aufgelistet.

Konversation & Nützliches

Hallo. *Hello.*
Guten ... *Good ...*
Tag *day*
Tag (nachmittags) *afternoon*
Morgen *morning*
Abend *evening*
Auf Wiedersehen. *Goodbye.*
Bis später. *See you later.*
Tschüss. *Bye.*

NOCH MEHR GEFÄLLIG?

Noch besser kommt man mit dem *Sprachführer Englisch* von Lonely Planet durch die USA. Man findet den Titel unter **http://shop.lonelyplanet.de** und im Buchhandel.

Wie geht es Ihnen/dir? *How are you?*
Danke, gut. *Fine. And you?*
Und Ihnen/dir? *... and you?*

Wie ist Ihr Name?/ Wie heißt du? *What's your name?*
Mein Name ist ... *My name is ...*
Wo kommen Sie her?/ Wo kommst du her? *Where do you come from?*
Ich komme aus ... *I'm from ...*
Wie lange bleiben Sie/ bleibst du hier? *How long do you stay here?*

Ja. *Yes.*
Nein. *No.*
Bitte. *Please.*
Danke/Vielen Dank. *Thank you (very much).*
Bitte (sehr). *You're welcome.*
Entschuldigen Sie, ... *Excuse me, ...*
Entschuldigung. *Sorry.*
Es tut mir leid. *I'm sorry.*

Verstehen Sie (mich)? *Do you understand (me)?*
Ich verstehe (nicht). *I (don't) understand.*
Könnten Sie ...? *Could you please ...?*
bitte langsamer sprechen *speak more slowly*
das bitte wiederholen *repeat that*
es bitte aufschreiben *write it down*

Fragewörter

Wer? *Who?*
Was? *What?*
Wo? *Where?*
Wann? *When?*

Wie?	*How?*
Warum?	*Why?*
Welcher?	*Which?*
Wie viel/viele?	*How much/many?*

Gesundheit

Wo ist der/die/das nächste …?
Where's the nearest …?

Apotheke	*chemist*
Zahnarzt	*dentist*
Arzt	*doctor*
Krankenhaus	*hospital*

Ich brauche einen Arzt.
I need a doctor.

Gibt es in der Nähe eine (Nacht-)Apotheke?
Is there a (night) chemist nearby?

Ich bin krank.	*I'm sick.*
Es tut hier weh.	*It hurts here.*
Ich habe mich übergeben.	*I've been vomiting.*
Ich habe …	*I have …*
Durchfall	*diarrhoea*
Fieber	*fever*
Kopfschmerzen	*headache*
(Ich glaube,)	*(I think)*
Ich bin schwanger.	*I'm pregnant.*
Ich bin allergisch …	*I'm allergic …*
gegen Antibiotika	*to antibiotics*
gegen Aspirin	*to aspirin*
gegen Penizillin	*to penicillin*

Mit Kindern reisen

Ich brauche …	*I need a/an …*
Gibt es …?	*Is there a/an …?*
einen Wickelraum	*baby change room*
einen Babysitter	*babysitter*
einen Kindersitz	*booster seat*
eine Kinderkarte	*children's menu*
einen Kinderstuhl	*highchair*
(Einweg-)Windeln	*(disposable) nappies*
ein Töpfchen	*potty*
einen Kinderwagen	*stroller*

Stört es Sie, wenn ich mein Baby hier stille?
Do you mind if I breastfeed here?

Sind Kinder zugelassen?
Are children allowed?

NOTFALL

Hilfe!
Help!

Es ist ein Notfall!
It's an emergency!

Rufen Sie die Polizei!
Call the police!

Rufen Sie einen Arzt!
Call a doctor!

Rufen Sie einen Krankenwagen!
Call an ambulance!

Lassen Sie mich in Ruhe!
Leave me alone!

Gehen Sie weg!
Go away!

Papierkram

Name	*name*
Staatsangehörigkeit	*nationality*
Geburtsdatum	*date of birth*
Geburtsort	*place of birth*
Geschlecht	*sex/gender*
(Reise-)Pass	*passport*
Visum	*visa*

Shoppen & Service

Ich suche …
I'm looking for …

Wo ist der/die/das (nächste) …?
Where's the (nearest) …?

Wo kann ich … kaufen?
Where can I buy …?

Ich möchte … kaufen.
I'd like to buy …

Wie viel (kostet das)?
How much (is this)?

Das ist zu viel/zu teuer.
That's too much/too expensive.

Können Sie mit dem Preis heruntergehen?
Can you lower the price?

Ich schaue mich nur um.
I'm just looking.

Haben Sie noch andere?
Do you have any others?

Können Sie ihn/sie/es mir zeigen?
Can I look at it?

mehr	*more*
weniger	*less*
kleiner	*smaller*
größer	*bigger*

Nehmen Sie ...?	*Do you accept ...?*
Kreditkarten	*credit cards*
Reiseschecks	*traveller's cheques*
Ich möchte ...	*I'd like to ...*
Geld umtauschen	*change money*
einen Scheck einlösen	*cash a cheque*
Reiseschecks einlösen	*change traveller's cheques*

Ich suche ...	*I'm looking for ...*
einen Arzt	*a doctor*
eine Bank	*a bank*
die ... Botschaft	*the ... embassy*
einen Geldautomaten	*an ATM*
das Krankenhaus	*the hospital*
den Markt	*the market*
ein öffentliches Telefon	*a public phone*
eine öffentliche Toilette	*a public toilet*
die Polizei	*the police*
das Postamt	*the post office*
die Touristeninformation	*the tourist information*
eine Wechselstube	*an exchange office*

Wann macht er/sie/es auf/zu?
What time does it open/close?

Ich möchte eine Telefonkarte kaufen.
I want to buy a phone card.

Wo ist hier ein Internetcafé?
Where's the local Internet cafe?

Ich möchte ...	*I'd like to ...*
ins Internet	*get Internet access*
meine E-Mails checken	*check my email*

Uhrzeit & Datum

Wie spät ist es?	*What time is it?*
Es ist (ein) Uhr.	*It's (one) o'clock.*
Zwanzig nach eins	*Twenty past one*
Halb zwei	*Half past one*
Viertel vor eins	*Quarter to one*
morgens/vormittags	*am*
nachmittags/abends	*pm*

jetzt	*now*
heute	*today*
heute Abend	*tonight*
morgen	*tomorrow*
gestern	*yesterday*
Morgen	*morning*
Nachmittag	*afternoon*
Abend	*evening*

Montag	*Monday*
Dienstag	*Tuesday*
Mittwoch	*Wednesday*
Donnerstag	*Thursday*
Freitag	*Friday*
Samstag	*Saturday*
Sonntag	*Sunday*

Januar	*January*
Februar	*February*
März	*March*
April	*April*
Mai	*May*
Juni	*June*
Juli	*July*
August	*August*
September	*September*
Oktober	*October*
November	*November*
Dezember	*December*

Unterkunft

Wo ist ...?	*Where's a ...?*
eine Pension	*bed and breakfast guesthouse*
ein Campingplatz	*camping ground*
ein Hotel/Gasthof	*hotel*
ein Privatzimmer	*room in a private home*
eine Jugendherberge	*youth hostel*

Wie ist die Adresse?
What's the address?

Ich möchte bitte ein Zimmer reservieren.
I'd like to book a room, please.

Für (drei) Nächte/Wochen.
For (three) nights/weeks.

EIN ZIMMER RESERVIEREN

(per Brief, Fax oder E-Mail)

An ...	*To ...*
Vom ...	*From ...*
Datum	*Date*

Ich möchte reservieren ...
I'd like to book ...

auf den Namen ...	*in the name of ...*
vom ... bis zum ...	*from ... to ...*

(Bett-/Zimmeroptionen s. Liste Unterkunft)

Kreditkarte	*credit card*
Nummer	*number*
gültig bis	*expiry date*

Bitte bestätigen Sie Verfügbarkeit und Preis.
Please confirm availability and price.

Haben Sie ein ...?	*Do you have a ... room?*
Einzelzimmer	*single*
Doppelzimmer	*double*
Zweibettzimmer	*twin*

Wieviel kostet es pro Nacht/Person?
How much is it per night/person?

Kann ich es sehen?
May I see it?

Kann ich ein anderes Zimmer bekommen?
Can I get another room?

Es ist gut, ich nehme es.
It's fine. I'll take it.

Ich reise jetzt ab.
I'm leaving now.

Verkehrsmittel & -Wege

Öffentliche Verkehrsmittel

Wann fährt ... ab?
What time does the ... leave?

das Boot/Schiff	*boat/ship*
die Fähre	*ferry*
der Bus	*bus*
der Zug	*train*

Wann fährt der ... Bus?
What time's the ... bus?

erste	*first*
letzte	*last*
nächste	*next*

Wo ist der nächste U-Bahnhof?
Where's the nearest metro station?

Welcher Bus fährt nach ...?
Which bus goes to ...?

U-Bahn	*metro*
(U-)Bahnhof	*(metro) station*
Straßenbahn	*tram*
Straßenbahnhaltestelle	*tram stop*
S-Bahn	*suburban (train) line*

Eine ... nach (Sydney).
A ... to (Sydney).

einfache Fahrkarte	*one-way ticket*
Rückfahrkarte	*return ticket*
Fahrkarte 1. Klasse	*1st-class ticket*
Fahrkarte 2. Klasse	*2nd-class ticket*

Der Zug wurde gestrichen.
The train is cancelled.

Der Zug hat Verspätung.
The train is delayed.

Ist dieser Platz frei?
Is this seat free?

Muss ich umsteigen?
Do I need to change trains?

Sind Sie frei?
Are you free?

Was kostet es bis ...?
How much is it to ...?

Bitte bringen Sie mich zu (dieser Adresse).
Please take me to (this address).

Private Transportmittel

Wo kann ich ein ... mieten?
Where can I hire a/an ...?

Ich möchte ein ... mieten.
I'd like to hire a/an ...

Allradfahrzeug	*4WD*
Auto	*car*
Fahrrad	*bicycle*
Fahrzeug mit Automatik	*automatic*
Fahrzeug mit Schaltung	*manual*
Motorrad	*motorbike*

VERKEHRSSCHILDER

Danger	*Gefahr*
No Entry	*Einfahrt verboten*
One-way	*Einbahnstraße*
Entrance	*Einfahrt*
Exit	*Ausfahrt*
Keep Clear	*Ausfahrt freihalten*
No Parking	*Parkverbot*
No Stopping	*Halteverbot*
Toll	*Mautstelle*
Cycle Path	*Radweg*
Detour	*Umleitung*
No Overtaking	*Überholverbot*

Wieviel kostet es pro Tag/Woche?
How much is it per day/week?

Wo ist eine Tankstelle?
Where's a petrol station?

Benzin	*petrol*
Diesel	*diesel*
Bleifreies Benzin	*unleaded*

Führt diese Straße nach ...?
Does this road go to ...?

Wo muss ich bezahlen?
Where do I pay?

Ich brauche einen Mechaniker.
I need a mechanic.

Das Auto hat eine Panne.
The car has broken down.

Ich habe einen Platten.
I have a flat tyre.

Das Auto/Motorrad springt nicht an.
The car/motorbike won't start.

Ich habe kein Benzin mehr.
I've run out of petrol.

Wegweiser

Können Sie mir bitte helfen?
Could you help me, please?

Ich habe mich verirrt.
I'm lost.

Wo ist (eine Bank)?
Where's (a bank)?

In welcher Richtung ist (eine öffentliche Toilette)?
Which way's (a public toilet)?

Wie kann ich da hinkommen?
How can I get there?

Wie weit ist es?
How far is it?

Können Sie es mir (auf der Karte) zeigen?
Can you show me (on the map)?

links	*left*
rechts	*right*
nahe	*near*
weit weg	*far away*
hier	*here*
dort	*there*
an der Ecke	*on the corner*
geradeaus	*straight ahead*
gegenüber ...	*opposite ...*
neben ...	*next to ...*
hinter ...	*behind ...*
vor ...	*in front of ...*

Norden	*north*
Süden	*south*
Osten	*east*
Westen	*west*

Biegen Sie ... ab.	*Turn ...*
links/rechts	*left/right*
an der nächsten Ecke	*at the next corner*
bei der Ampel	*at the traffic lights*

Zahlen

0	*zero*
1	*one*
2	*two*

SCHILDER

Police	*Polizei*
Police Station	*Polizeiwache*
Entrance	*Eingang*
Exit	*Ausgang*
Open	*Offen*
Closed	*Geschlossen*
No Entry	*Kein Zutritt*
No Smoking	*Rauchen verboten*
Prohibited	*Verboten*
Toilets	*Toiletten*
Men	*Herren*
Women	*Damen*

3	*three*
4	*four*
5	*five*
6	*six*
7	*seven*
8	*eight*
9	*nine*
10	*ten*
11	*eleven*
12	*twelve*
13	*thirteen*
14	*fourteen*
15	*fifteen*
16	*sixteen*
17	*seventeen*
18	*eighteen*
19	*nineteen*
20	*twenty*
21	*twentyone*
22	*twentytwo*
23	*twentythree*
24	*twentyfour*
25	*twentyfive*
30	*thirty*
40	*fourty*
50	*fifty*
60	*sixty*
70	*seventy*
80	*eigthy*
90	*ninety*
100	*hundred*
1000	*thousand*
2000	*two thousand*
100 000	*hundred thousand*

Fahren in den USA

Vor allem für Touren durch die Weiten der ländlichen USA gilt: Wer möglichst flexibel und komfortabel reisen möchte, braucht unbedingt ein eigenen fahrbaren Untersatz. Benzin und Diesel sind mit Europa verglichen recht günstig. Mietwagen gibt's außer in NYC oft recht preiswert, manchmal schon für 20 US$ pro Tag. Mehr Infos über Verkehrsmittel & -wege in den USA, siehe S. 1343.

Automobilclubs

Die **American Automobile Association** (AAA; www.aaa.com) kooperiert wechselseitig mit diversen internationalen Automobilclubs (z.B. dem ADAC). Deren Mitglieder sollten trotzdem ein paar Vorabinfos einholen und unbedingt ihren eigenen Clubausweis mitbringen. Wer der AAA bzw. einem offiziellen Partnerverband angehört, kommt z.B. in den Genuss von Reiseversicherung, Straßenkarten oder -atlanten, Gebrauchtwagen-Gutachten und von einem landesweiten Zweigstellennetz. Allerdings steht die AAA auf der Seite der Fahrzeugindustrie.

Der umweltbewusstere **Better World Club** (☎866-238-1137; www.betterworldclub.com) spendet 1% seiner Einnahmen für Umweltschutzmaßnahmen und gestaltet seine Dienstleistungen nachhaltig und ökologisch sinnvoll. Zudem tritt er auch auf der politischen Bühne für die Umwelt ein.

Die Organisationen bieten den Riesenvorteil eines landesweiten Pannendiensts, den Mitglieder rund um die Uhr anfordern können – jeweils ergänzt durch Hilfe bei der Routenplanung, kostenlose Karten, Reisebüroservices, Autoversicherung und diverse Rabatte (z.B. bei Hotelzimmern, Mietwagen oder Sehenswürdigkeiten).

Das eigene Auto einführen

Details zum Einführen eines Fahrzeugs über die kanadische oder mexikanische Grenze stehen auf S. 1344. Sofern man nicht in die USA umsiedelt, ist das Verschiffen des eigenen Autos aber vollkommen sinnlos.

Drive-Away-Cars

Mit dem Begriff Drive-Away-Cars wird der Vorgang umschrieben, Autos für Leute durch die Staaten zu fahren, die umziehen oder ihren Wagen aus anderen Gründen nicht selbst von A nach B befördern können. Für flexible Traveller kann das ein wahr gewordener Traum sein: Lange Strecken kosten einen nur den Sprit. Entscheidend sind hier das Timing und die Verfügbarkeit.

Der Fahrer muss dafür mindestens 23 Jahre alt sein, einen gültigen, möglichst internationalen Führerschein besitzen und 350 US$ als Sicherheit hinterlegen (die manchmal in bar verlangt und bei Ablieferung des unbeschädigten Autos zurückerstattet werden). Es müssen auch eine Kopie des Auszugs aus dem „sauberen" heimischen Verkehrszentralregister, eine gültige Kreditkarte und/oder drei Identifikationsdokumente (oder ein Pass) vorgelegt werden.

Das Überführungsunternehmen trägt die Versicherungskosten, der Fahrer bezahlt das Benzin. Die Bedingung ist, dass das Auto zu einem bestimmten Zeitpunkt an seinem Zielort abgeliefert und nur die vereinbarte Kilometerzahl zurückgelegt wird. Mit anderen Worten: Man darf pro Tag nicht mehr als acht Stunden hinter dem Steuer sitzen und nur etwa 400 Meilen fahren – und jeweils die kürzeste Route wählen (d.h. es ist kein Sightseeing möglich). Das Angebot richtet sich nach der Nachfrage.

Eine großes Unternehmen ist **Auto Driveaway** (☎800-346-2277; www.autodriveaway.com) mit über 40 Büros in den ganzen USA.

Führerschein

Ausländische Besucher können ihre heimische Fahrerlaubnis maximal zwölf Monate lang legal in den USA

Streckenlängen & Fahrtzeiten

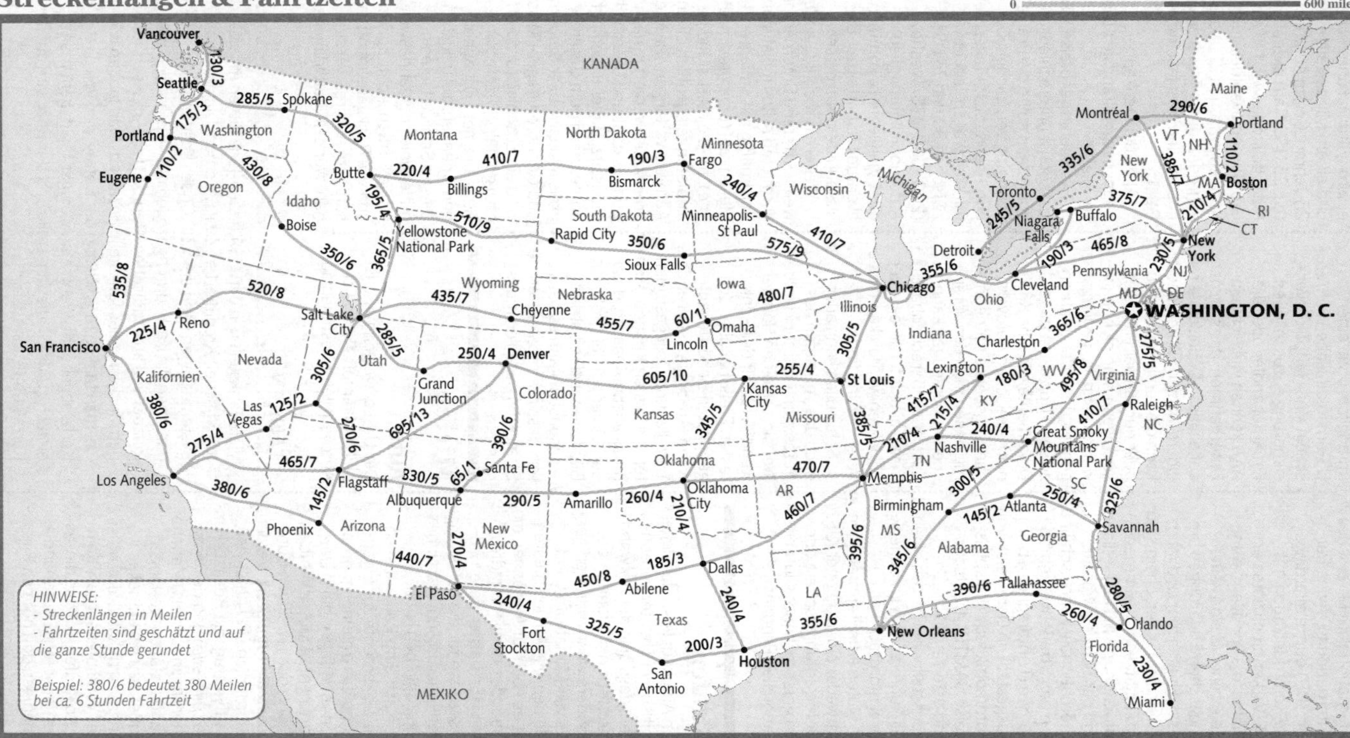

benutzen. Ein zusätzlicher internationaler Führerschein (International Driving Permit; IDP) dürfte allerdings die Kommunikation mit US-Verkehrspolizisten erleichtern – vor allem, wenn die eigene Version keine englischen Erklärungen umfasst. Heimischer und internationaler Führerschein sind grundsätzlich zusammen mitzuführen! In Deutschland und der Schweiz werden internationale Führerscheine von den Straßenverkehrsbehörden (Führerscheinstelle) ausgestellt, in Österreich von Automobilclubs (beispielsweise ÖAMTC). Deutsche und österreichische Antragssteller benötigen einen EU-Führerschein im Scheckkartenformat.

Motorradfahrer brauchen entweder einen gültigen US-Motorradführerschein oder ein entsprechendes internationales Pendant.

Kaufen

Ein Autokauf ist in der Regel mit so viel Theater verbunden, dass sich der Aufwand meistens nicht lohnt – besonders wenn man weniger als vier Monate im Land bleiben will. Am leichtesten ist es noch für Ausländer, die Freunde oder Verwandte in den USA haben, deren Adresse man für die Zulassung, Registrierung und Versicherung angeben kann.

Nach dem Kauf müssen die Dokumente zur Eigentumsübertragung innerhalb von zehn Tagen beim Department of Motor Vehicles (DMV) des jeweiligen Bundesstaats registriert werden; erforderlich sind dafür der Kaufvertrag, die Besitzurkunde (*pink slip*) und der Versicherungsnachweis. Manche Bundesstaaten verlangen außerdem ein aktuelles Abgaszertifikat. Dafür muss der Verkäufer sorgen. Kein Auto kaufen, für das dieses Zertifikat fehlt! Autohändler erledigen den nötigen Papierkram mit dem DMV.

Für Ausländer ist es fast unmöglich, ohne einen US-amerikanischen Führerschein eine Haftpflichtversicherung abzuschließen. Ein Autohändler oder die AAA kennen vielleicht ein Unternehmen, das sich darauf einlässt. Doch selbst mit einem lokalen Führerschein kann die Versicherung teuer oder nur schwer erhältlich sein, wenn man nicht nachweisen kann, in der Vergangenheit unfallfrei gefahren zu sein. Tipp: Geeignete Dokumente wie eine Kopie der heimischen Autoversicherungspolice mitnehmen, mit denen man den Versicherer überzeugen kann, dass er ein berechenbares Risiko eingeht. Fahrer unter 25 Jahren werden kaum eine Versicherung finden.

Schließlich kann auch noch das Verkaufen des Autos zum Albtraum werden. Wer sich an einen Händler wendet, erzielt den schlechtesten Preis, hat aber den geringsten Behördenaufwand. Ansonsten sind andere Traveller und Collegestudenten die besten Kunden. Man muss aber aufpassen, dass der Käufer bei der DMV den Besitzwechsel registriert – ansonsten kann es passieren, dass man später fremde Strafzettel bezahlen muss.

Mieten

Auto

Der US-Leihwagenmarkt ist heiß umkämpft. Die meisten Autovermieter bestehen auf einer bekannten Kreditkarte, einem gültigen Führerschein und einem Mindestalter von 25 Jahren. Gegen Aufpreis (ca. 25 US$/Tag) akzeptieren manche landesweit tätigen Großfirmen eventuell auch Kunden zwischen 21 und 24 Jahren. Jüngere Traveller haben allerdings fast immer Pech.

Alle Regionenkapitel nennen eigenständige Autovermieter.

Die Mietwagenpreise fallen höchst unterschiedlich aus – man sollte die Preise sorgfältig vergleichen. Der durchschnittliche Tagespreis für Kleinwagen liegt etwa zwischen 30 und 75 US$ (200–500 US$/Woche). Automobilclubmitglieder oder Vielflieger bekommen eventuell Rabatte bzw. Bonuspunkte oder -meilen.

Weiterhin wichtig: Landesweit vertretene Unternehmen vermieten Autos meist standardmäßig mit unbegrenzter Meilenzahl (*unlimited mileage*), für die eigenständige Anbieter gelegentlich einen Aufpreis verlangen. Die Mietpreissteuer variiert je nach Bundesstaat und Unternehmenssitz. Daher unbedingt immer nach dem Gesamtpreis inklusive aller Steuern und Gebühren fragen! Meist wird ein Zuschlag (*drop-off charge*) fällig, wenn man das Auto an einem Ort abholt und woanders zurückgibt. Diesen Service bieten normalerweise nur landesweit tätige Firmen. Achtung: Verspätete Rückgabe ist oft mit saftigem Aufpreis verbunden. Wer sein Auto dagegen

TANKEN

Viele Tankstellen in den USA haben Tanksäulen mit automatischen Kreditkarten-Zahlsystemen. Die meisten Systeme fragen nach dem ZIP Code (Postleitzahl) nachdem man die Karte durchgezogen hat. Ausländer – oder Inhaber von ausländischen Kreditkarten – müssen vor dem Tanken in der Tankstelle bezahlen. Man gibt an wie viel man tanken möchte und der Betrag wird von der Karte abgebucht. Wenn man weniger tankt, geht man einfach zurück in die Tankstelle und der Rest wird auf der Karte gutgeschrieben.

früher zurückbringt, verspielt vielleicht den ursprünglich vereinbarten Wochen- oder Monatsrabatt.

Manche landesweit vertretenen Großfirmen wie Avis, Budget oder Hertz vermieten auch Hybridautos (z. B. Toyota Prius, Honda Civic) im Rahmen von „grünen" Fuhrparks. Allerdings kosten solche spritsparenden Modelle in der Regel wesentlich mehr. Vor allem an der Westküste werden Hybridfahrzeuge auch von eigenständigen Agenturen angeboten. Diesbezüglich empfehlen sich beispielsweise **Simply Hybrid** (www.simplyhybrid.com) in Südkalifornien und **Bio-Beetle** (www.bio-beetle.com) auf Hawaii.

Motorrad & Wohnmobil

Wer von einem Harley-Ritt durch Amerika träumt, ist bei **EagleRider** (☎888-900-9901; www.eaglerider.com) richtig. Dieser Verleiher mit landesweit vertretenen Großstadtfilialen hat auch noch andere Abenteuervehikel im Programm. Achtung: Miet- und Versicherungstarife für Motorräder sind teuer!

Straßenzustand & Gefahren

Amerikas Highways sind makellos asphaltiert. Ausnahmen bestätigen allerdings die Regel. Gefahren stellen u. a. Schlaglöcher, die Rushhour und Wildtiere dar – und natürlich andere Fahrer, die am Steuer in Rage geraten, mit dem Handy telefonieren oder von ihren Kindern abgelenkt werden. Doch bei vorsichtiger, vorausschauender und passiver Fahrweise lassen sich kritische Situationen mit etwas Glück normalerweise meistern. Die Website www.fhwa.dot.gov/trafficinfo/index.htm informiert über die Verkehrslage und gesperrte Straßen im ganzen Land.

In schneereichen Gegenden sind die Winterreifen vieler Autos mit Spikes besetzt. In Bergregionen werden teilweise Schneeketten benötigt. Viele Autovermieter untersagen es ihren Kunden, mit den Mietautos *offroad* oder auf unbefestigten Straßen zu fahren. Das birgt nämlich vor allem bei Regen ein beachtliches Gefahrenpotenzial.

In Wüsten- und Weideregionen gibt's mancherorts keine Zäune, die grasendes Vieh von der Straße fernhalten. Schilder mit der Aufschrift *Open Range* oder der Abbildung einer Kuh weisen auf solche Straßenabschnitte hin. Verkehrszeichen mit einem abgebildeten Hirsch warnen vor Wildwechsel – besonders bei Dämmerung sollte man die damit verbundenen Risiken nicht auf die leichte Schulter nehmen!

Verkehrsregeln

In den ganzen USA herrschen Rechtsverkehr, Kindersitz- und Gurtpflicht. Die meisten Autovermieter können Kindersitze (ca. 13 US$/Tag) ausleihen, die aber beim Buchen mitreserviert werden müssen. Manche Bundesstaaten schreiben Schutzhelme für Motorradfahrer vor.

Auf den Interstates sind teilweise 75 mph (120 km/h) erlaubt. Ansonsten gelten generell Höchstgeschwindigkeiten von 55 oder 65 mph (89 bzw. 105 km/h) auf Highways und 25 bis 35 mph (40–56 km/h) innerhalb geschlossener Ortschaften. Das Tempolimit im Bereich von Schulen liegt bei 15 mph (24 km/h) und wird während der Schulzeit sehr streng kontrolliert. Schulbusse mit blinkenden Warnlichtern dürfen grundsätzlich nicht überholt werden.

Sofern es nicht durch Schilder untersagt ist, darf man an roten Ampeln rechts abbiegen. (Vorsicht: In NYC ist es verboten an einer roten Ampel rechts abzubiegen!) Dabei ist die Vorfahrt des fließenden Verkehrs zu beachten. An Kreuzungen mit vier Stoppschildern geht's in Ankunftsreihenfolge weiter. Bei gleichzeitigem Erreichen gilt „rechts vor links". Im Zweifelsfall sollte man dem anderen Fahrer einfach mittels höflichen Winkens Vorrang gewähren. Sobald sich Einsatzfahrzeuge (z. B. Polizei, Feuerwehr, Rettungswagen) aus beliebiger Richtung nähern, heißt es verkehrsgerecht am Straßenrand halten bzw. eine ausreichend große Gasse bilden.

In immer mehr US-Bundesstaaten ist es mittlerweile verboten, während der Fahrt mit dem Handy am Ohr zu telefonieren. Eine geeignete Freisprecheinrichtung ist sinnvoll.

In den USA gilt eine Promillegrenze von 0,8. Parallel sind die Strafen für DUI (*Driving Under the Influence*; Fahren unter dem Einfluss von Alkohol oder anderen Drogen) sehr streng. Die Polizei kann Verkehrsteilnehmer jederzeit auf Alkohol- und Drogenkonsum überprüfen. Wer dabei negativ auffällt, muss sich einem Atem-, Urin- oder Bluttest unterziehen. So wird festgestellt, wie viel Alkohol oder Drogen man intus hat. Eine Weigerung entspricht einem Schuldeingeständnis.

Manche Bundesstaaten verbieten das Mitführen von „geöffneten Alkoholbehältern" (*open containers*) im Fahrzeuginnenraum – selbst dann, wenn sie leer sind.

Versicherung

Ohne offiziell vorgeschriebene Versicherung sollte man den Schlüssel gar nicht erst ins Zündschloss stecken: Im Fall eines Unfalls drohen finanzieller Ruin und rechtliche Konsequenzen. Wer bereits eine (heimische) Kraftfahrzeugversicherung hat oder eine spezielle Reiseversicherung abschließt, sollte sicherstellen, dass die Police auch einen adäquaten Haftpflichtschutz für ausländische Mietwagen umfasst. Dies ist in der Regel zwar gegeben, doch die US-

Bundesstaaten verlangen unterschiedliche Mindestdeckungen.

Die meisten Autovermieter bieten Haftpflichtversicherungen gegen Aufpreis an. Vollkaskoschutz ist jedoch so gut wie nie möglich. Stattdessen gibt's optional Collision Damage Waivers (CDW) oder Loss Damage Waivers (LDW), die im Schadensfall normalerweise eine Selbstbeteiligung zwischen 100 und 500 US$ vorsehen. Auch diese kann in der Regel gegen eine Extraprämie abgedeckt werden. Maximaler Versicherungsschutz erhöht die Mietwagenkosten um bis zu 30 US$ pro Tag.

Parallel offerieren viele Kreditkartenfirmen kostenlose Versicherungen für Mietwagenkunden. Voraussetzung hierfür: Die Leihdauer darf 15 Tage nicht überschreiten und die Mietgebühr muss komplett per Kreditkarte bezahlt werden. So lassen sich Zusatzkosten beim Autovermieter ganz gut vermeiden. Eventuell muss man diesem aber zunächst den ganzen Schaden ersetzen und sich sein Geld dann vom Kreditkartenunternehmen zurückholen. Auch wegen potenzieller Ausschlussklauseln (z. B. für „Exoten" wie Allradjeeps oder Cabrios) sollten alle Kreditkartenkonditionen unbedingt rechtzeitig und sorgfältig überprüft werden!

Verkehrsmittel & -wege

AN- & WEITERREISE

Flüge und geführte Touren kann man online unter www.lonelyplanet.de/buchen buchen.

Einreise

Bei Flügen in die USA sind am ersten Zielflughafen die Einreise- und Zollformalitäten zu erledigen. Das gilt auch, wenn man danach zu einem anderen Flughafen weiterfliegt. Bei der Ankunft müssen sich alle Besucher beim Department of Homeland Security's Office of Biometric Identity Management Program registrieren lassen. Dazu gehört auch, Fingerabdrücke nehmen und ein digitales Foto machen zu lassen. Mehr Informationen dazu, welche Visumsbestimmungen für einen Besuch in den USA gelten, und auch zum Electronic System for Travel Authorization (ESTA), das für Bürger aus Visa-Waiver-Program-(VWP-)Ländern (darunter auch Deutschland, Österreich und die Schweiz) Pflicht ist, sind auf S. 1328 zu finden.

Nach der Einreise nehmen die Reisenden ihr Gepäck in Empfang und durchlaufen den Zoll. Wenn man nichts zu verzollen hat, bleibt es einem vermutlich erspart, dass das Gepäck durchsucht wird – eine Garantie dafür gibt's aber nicht. Wer mit demselben Flugzeug weiterfliegt oder in ein anderes umsteigen will, muss sich selbst darum kümmern, dass sein Gepäck an die richtige Stelle kommt. Üblicherweise stehen hilfsbereite Angestellte der Fluglinie gleich außerhalb des Zolls bereit.

Väter oder Mütter, die ohne den anderen Elternteil reisen, sowie Großeltern und andere Aufsichtspersonen, die Minderjährige unter 18 Jahren begleiten, sollten ein Dokument mitführen, das die

REISEN & KLIMAWANDEL

Der Klimawandel stellt eine ernste Bedrohung für unsere Ökosysteme dar. Zu diesem Problem tragen Flugreisen immer stärker bei. Lonely Planet sieht im Reisen grundsätzlich einen Gewinn, ist sich aber der Tatsache bewusst, dass jeder seinen Teil dazu beitragen muss, die globale Erwärmung zu verringern.

Fast jede Art der motorisierten Fortbewegung erzeugt CO_2, doch Flugzeuge sind mit Abstand die schlimmsten Klimakiller – wegen der großen Entfernungen und der entsprechend großen CO_2-Mengen, aber auch, weil sie diese Treibhausgase direkt in hohen Schichten der Atmosphäre freisetzen. Die Zahlen sind erschreckend: Zwei Personen, die von Europa in die USA und wieder zurück fliegen, erhöhen den Treibhauseffekt in demselben Maße wie ein durchschnittlicher Haushalt in einem ganzen Jahr.

Die englische Website www.climatecare.org und die deutsche Internetseite www.atmosfair.de bieten CO_2-Rechner. Damit kann jeder ermitteln, wie viele Treibhausgase seine Reise produziert. Das Programm errechnet den zum Ausgleich erforderlichen Betrag, mit dem der Reisende nachhaltige Projekte zur Reduzierung der globalen Erwärmung unterstützen kann, z. B. Projekte in Indien, Honduras, Kasachstan und Uganda.

Lonely Planet unterstützt gemeinsam mit Rough Guides und anderen Partnern aus der Reisebranche das CO_2-Ausgleichs-Programm von climatecare.org. Alle Reisen von Mitarbeitern und Autoren von Lonely Planet werden ausgeglichen. Weitere Informationen gibt's auf www.lonelyplanet.com.

Aufsichtspflicht nachweist. Alternativ wird eine notariell beglaubigte Einverständniserklärung des anderen Elternteils/der Eltern benötigt, in dem das Einverständnis mit der Reise erklärt wird. Man ist dazu zwar nicht gesetzlich verpflichtet. Allerdings sind die USA bestrebt, Kindesentführungen zu vereiteln: Fehlen die entsprechenden Dokumente, sind Verzögerungen möglich – im schlimmsten Fall wird sogar die Einreise verweigert.

Reisepass

Wer aus dem Ausland in die USA einreisen möchte, braucht grundsätzlich einen Reisepass. Er muss nach der geplanten Abreise aus den USA noch mindestens sechs Monate lang gültig sein. Die Einreise wird verweigert, wenn der Pass nicht den aktuellen US-Bestimmungen entspricht: Alle am oder nach dem 26. Oktober 2006 ausgestellten Pässe müssen sogenannte e-Pässe sein, also ein digitales Foto und einen RFID-Chip (Radio Frequency Identification) mit biometrischen Daten enthalten.

Flugzeug

Flughäfen

In den USA gibt es mehr als 375 Inlandsflughäfen, aber nur 13 internationale Flughäfen. Sie sind die Tore zu den USA. Viele weitere Flughäfen nennen sich *International*, haben aber nur ein paar Auslandsflüge zu bieten – in aller Regel Flüge nach/ab Mexiko und Kanada. Und auch wer zu einem internationalen Flughafen fliegen will, muss manchmal auf einem anderen Einreiseflughafen umsteigen (bei vielen Flügen von London nach Los Angeles steigt man z. B. in Houston um).

Internationale Flughäfen in den USA:

Hartsfield-Jackson International Airport (ATL; Atlanta; www.atlanta-airport.com)

Logan International Airport (Boston; www.massport.com/logan)

O'Hare International Airport (Chicago; www.ohare.com)

Dallas-Fort Worth International Airport (DFW; www.dfwairport.com)

Honolulu International Airport (HNL; ☎808-836-6411, http://hawaii.gov/hnl; 3000 Rodgers Blvd, Honolulu)

Houston George Bush Intercontinental Airport (IAH; www.fly2houston.com/iah; Will Clayton Parkway oder JFK Blvd, abseits der I-59, Beltway 8 oder I-45)

Los Angeles (LAX; www.lawa.org/lax)

Miami International Airport (MIA; www.miami-airport.com)

John F. Kennedy (JFK; New York; www.panynj.gov)

Liberty International (EWR; Newark; www.panynj.gov)

San Francisco International Airport (SFO; www.flysfo.com)

Seattle-Tacoma International Airport (SEA; www.portseattle.org/Sea-Tac)

Dulles International Airport (Washington, D.C.; www.metwashairports.com/dulles/)

Tickets

Unter der Woche und in der Nachsaison (Herbst bis Frühjahr, Ferien ausgenommen) sind Flüge stets günstiger. Der Preiskrieg kann aber jederzeit ausbrechen. Nur ein akribischer Vergleich gewährleistet den wirklich niedrigsten Preis für den gewünschten Flug. Insofern lohnt es sich, die Angebote mehrerer Online-Buchungsseiten mit der Website der jeweiligen Fluglinie abzugleichen. Bei komplexeren Planungen empfiehlt sich jedoch die Hilfe eines Reisebüros.

Zudem sollte man immer die ganze Reiseroute im Kopf haben. Manche günstigen US-Inlandsflüge sind in Europa nur zusammen mit internationalen Flugtickets buchbar. Auch Kombinationen aus Flugticket und Mietwagen bringen eventuell eine Ersparnis. Als Anschlussflüge zu internationalen Flugtickets sind US-Inlandsverbindungen teilweise billiger erhältlich.

Travelocity (www.travelocity.de), **Orbitz** (www.orbitz.com), **Opodo** (www.opodo.de), **Swoodoo** (www.swoodoo.com/de/) und **Expedia** (www.expedia.de) gehören zu den größten Buchungsseiten für USA-Flüge. Ähnlich aufgebaut und ebenfalls interessant sind **Cheap Tickets** (www.cheaptickets.com) und **Lowest Fare** (www.lowestfare.com). Diese Anbieter haben jedoch normalerweise keine Billigfluglinien wie Southwest im Programm.

Meta-Websites wie **Kayak** (www.kayak.com) und **Hipmunk** (www.hipmunk.com) sammeln Infos aus diversen Quellen. Sie eignen sich gut für Preisvergleiche, erlauben aber keine Direktbuchung.

Über Online-Auktionshäuser wie **Hotwire** (www.hotwire.com), **Skyauction** (www.skyauction.com) oder **Priceline** (www.priceline.com) kann man super Schnäppchen machen. Vor dem Bieten aber stets sorgfältig das Kleingedruckte studieren!

Auf dem Landweg

Grenzübergänge

Die USA unterhalten über 20 offizielle Grenzübergänge nach Kanada im Norden und fast 40 zu Mexiko im Süden. In beiden Fällen gestaltet sich die Ausreise recht einfach. Die Einreise *in die Staaten* kann dagegen problematisch werden, wenn erforderliche Papiere fehlen. Nur einige wenige Grenzübergänge haben rund um die Uhr offen.

Zu den geschäftigsten Grenzübergängen nach Kanada gehören Detroit, MI–Windsor; Buffalo, NY–Niagara Falls; Blaine, WA–British Columbia.

Die amerikanisch-mexikanischen Hauptschnittstellen sind San Diego, CA–Tijuana; Nogales West, AZ–Nogales East; El Paso, TX–Ciudad Juárez und Brownsville, TX–Matamoros. An sämtlichen Übergängen heißt's alle nötigen Papiere bereithalten und stets höflich zu den Beamten sein. Wichtig: Vor allem US-Grenzer mögen Witze, Smalltalk oder Ähnliches ganz und gar nicht!

Achtung: Zum Zeitpunkt der Recherche herrschte in der ganzen nördlichen Grenzregion Mexikos extreme Gewaltkriminalität vor (u.a. durch Drogenkartelle). Vor dem Grenzübertritt gen Süden sollte man daher unbedingt alle spezifischen Reisewarnungen des **US-Außenministeriums** (US State Department; www.travel.state.gov/visa) bzw. der eigenen Regierung (s. S. 1325) beachten.

Kanada

AUTO & MOTORRAD

Wer per Auto von Kanada aus in die USA einreisen möchte, benötigt die Zulassungspapiere des Fahrzeugs, den Nachweis einer Haftpflichtversicherung und seinen Führerschein – idealerweise ergänzt durch eine internationale Fahrerlaubnis (International Driving Permit bzw. IDP). Kanadische und amerikanische Autoversicherungen gelten meistens auch im jeweils anderen Land.

Wenn alle Papiere in Ordnung sind, geht der Grenzübertritt meist schnell und stressfrei vonstatten. Gelegentlich nehmen die Beamten hüben oder drüben ein Auto aber *wirklich* gründlich unter die Lupe. Vor allem im Sommer können die wichtigsten Übergänge an Wochenenden und Feiertagen stark frequentiert sein – dann ist viel Geduld vonnöten.

BUS

Greyhound unterhält Direktverbindungen zwischen kanadischen Großstädten und Zielen in den nördlichen USA. Allerdings muss an der Grenze mitunter der Bus gewechselt werden. Tickets gibt's direkt bei **Greyhound USA** (☎800-231-2222 in den USA, internationaler Kundenservice 214-849-8100; www.greyhound.com) oder **Greyhound Canada** (☎800-661-8747 in Kanada; www.greyhound.ca). Der Discovery Pass des Unternehmens gilt uneingeschränkt in beiden Ländern.

ZUG

Amtrak (☎gebührenfrei 800-872-7245; www.amtrak.com) und **VIA Rail Canada** (☎888-842-7245; www.viarail.ca) sind täglich auf den Strecken Montreal–NYC, Toronto–NYC (über Niagara Falls), Toronto–Chicago (über Detroit) und Vancouver–Seattle unterwegs. Die Zollkontrolle findet direkt an der Grenze statt.

Mexiko

AUTO & MOTORRAD

Wer aus Mexiko (wie auch aus Kanada) mit dem Auto in die USA einreist, benötigt die gültigen Zulassungspapiere, einen Nachweis über eine Haftpflichtversicherung und seinen Führerschein. Ein internationaler Führerschein ist von Vorteil.

Nur sehr wenige Autovermietungen erlauben es, mit ihren Wagen über die Grenze nach Mexiko zu fahren. US-amerikanische Kfz-Versicherungen sind in Mexiko ungültig. Selbst für einen kurzen Ausflug in die mexikanische Grenzregion wird eine mexikanische Versicherung benötigt, die für etwa 25 US$ pro Tag an den meisten Grenzübergängen oder auch bei der **AAA** (☎800-874-7532; www.aaa.com) erhältlich ist.

Für einen längeren Ausflug nach Mexiko, der über die Grenzzone oder den Bundesstaat Baja California hinausführt, braucht man eine mexikanische *permiso de importación temporal de vehículos* (Genehmigung zur zeitweiligen Einfuhr eines Autos). Die Details kann man bei der mexikanischen Tourismusinformation in den USA erfragen (☎800-446-3942).

BUS

Greyhound USA (☎800-231-2222 in den USA, internationaler Kundenservice 214-849-8100; www.greyhound.com) und **Greyhound México** (☎in Mexiko 800-710-8819; www.greyhound.com.mx) unterhalten Direktverbindungen zwischen mexikanischen und amerikanischen Verkehrsknotenpunkten.

Viele mexikanische Busgesellschaften steuern kleinere Ziele südlich der Grenze an. **Ticketbus** (☎800-009-9090, in Mexiko 5133-5133; www.ticketbus.com.mx) vereint mehrere dieser Firmen.

Übers Meer

Das spezialisierte Reisebüro **Cruise Web** (☎800-377-9383; www.cruiseweb.com) empfiehlt sich für alle, die Amerika und weitere interessante Ziele auf einer Kreuzfahrt besuchen möchten.

Auch Frachtschiffe legen in den USA an und ab. Verglichen mit Kreuzfahrtschiffen sind sie oft nur halb so teuer, aber auch deutlich langsamer und weniger komfortabel. Dennoch ist die Einrichtung der Frachter keinesfalls spartanisch und wird gelegentlich sogar mit „Kreuzfahrtniveau" beworben. Die einwöchige bis zweimonatige Überfahrt umfasst meistens kurze Zwischenstopps in verschiedenen Häfen.

Weitere Infos:

Cruise & Freighter Travel Association (☎800-872-8584; www.travltips.com)

Geführte Touren

Mit Gruppenreisen lassen sich die USA auf eine angenehme Weise erreichen und erkunden.

Verlässliche Veranstalter:

American Holidays (☎01-673-3840; www.americanholidays.com) Irischer Spezialist für Pauschalreisen nach Nordamerika.

Contiki (☎866-266-8454; www.contiki.com) Sightseeing per Tourbus für feierwütige 18- bis 35-Jährige.

DERTOUR (☎01805-337-666; www.dertour.de) Prima Adresse für USA-Rundreisen.

Onlineholidays (☎089-7989-3377; www.onlineholidays.de) Organisiert z. B. kombinierte Flug- und Busrundreisen zu vielen US-Highlights.

USA-Reisen (☎Deutschland 030-707-9340, Österreich 0720-515-975, Schweiz 032-512-7006; www.usareisen.de) Auto- oder Busrundreisen durch die USA; ferner kann man Kreuzfahrten, Mietwagen und -motorräder buchen.

UNTERWEGS VOR ORT

Auto & Motorrad

Infos für Selbstfahrer liefern die Kapitel „Road Trips & Panoramastraßen" (S. 38) und „Fahren in den USA" (S. 1338).

Bus

Vor allem bei Reisen zwischen amerikanischen Großstädten kann man mit Bussen Geld sparen. Wer sich's leisten kann und/oder es eilig hat, nimmt in den USA das Flugzeug oder das Auto. Im Bus sieht man aber die Landschaft und trifft unterwegs Einheimische. In den generell verlässlichen, relativ sauberen und bequemen Bussen herrscht Rauchverbot. Zur Ausstattung gehören u. a. Klimaanlage, kaum verstellbare Sitze und eine Bordtoilette.

Greyhound (☎800-231-2222; www.greyhound.com), die größte Fernbusgesellschaft des Landes, unterhält Strecken durch die gesamten USA und Kanada. Um Effizienz und Profit zu steigern, fährt Greyhound seit kurzer Zeit viele Kleinstädte nicht mehr an. Die Busse sind allgemein auf den großen Highways unterwegs und halten in größeren Ballungszentren. Um Städte abseits der Hauptverkehrsadern über Landstraßen zu erreichen, muss man eventuell auf lokale oder regionale Anbieter zurückgreifen. Entsprechende Kontaktdaten kann normalerweise Greyhound liefern. Greyhound hat oft tolle Online-Preise – die Online-Angebote sind oft viel billiger als am Schalter.

Die über 50 Subunternehmer von **Trailways** (☎703-691-3052; www.trailways.com) machen Greyhound Konkurrenz. Bei Langstreckenfahrten schneiden sie vergleichsweise etwas schlechter ab, sind dafür aber auch günstiger. Zu den neuen Langstreckenbuslinien, die fairere Preise und kostenloses WLAN (funktioniert nicht immer) haben können, gehören **Megabus** (☎877-462-6342; www.megabus.com) und **BoltBus** (www.boltbus.com). Beide Unternehmen bieten hauptsächlich Routen im Nordosten und Mittleren Westen an.

Der Großteil des Gepäcks muss aufgegeben werden. Eine klare und deutliche Kennzeichnung verhindert, dass es verloren geht. Sperrige Gegenstände wie Skier, Surfbretter oder Fahrräder können mitgenommen werden, allerdings wird eventuell ein Zuschlag fällig – vorher anrufen!

Abhängig von der jeweiligen Strecke verkehren die Busse unterschiedlich häufig. Obwohl viele kleinere Haltestellen gestrichen wurden, legen Greyhound-Busse immer noch alle 80 bis 160 km Zwischenstopps ein. Fernbusse machen zudem Pausen, bei denen man sich stärken kann und der Fahrer gewechselt wird.

Die Busbahnhöfe sind meistens sauber und sicher, liegen aber teilweise in zwielichtigen Ecken. Wenn man abends ankommt oder abfährt, lohnt sich daher die Investition in ein Taxi. In manchen Ortschaften gibt's lediglich eine Haltestelle ohne Schalter. Wer hier zusteigt, kauft sein Ticket beim Fahrer und sollte das Geld genau passend bereithalten.

Preise

Um bei Greyhound-Fahrkarten gut Geld zu sparen, sollte man sie mindestens sieben Tage im Voraus kaufen; 14 Tage vorher wird's noch günstiger. Tickets mit Hin- und Rückfahrt sind billiger als zwei einzelne Einfachstrecken. Die regelmäßigen Sonderangebote auf der Unternehmenswebsite gelten vor allem bei Onlinebuchung. Ferner bietet Greyhound einen Mitfahrtarif (*companion fare*) an: Wer mit seiner Familie oder mit Freunden reist und sein Ticket spätestens drei Tage vor dem Start erwirbt, kann maximal zwei Begleiter jeweils zum halben Preis pro Nase mitnehmen.

BUSVERBINDUNGEN & -PREISE

Beispiele für Standardpreise und Reisezeiten bei Greyhound-Fernbussen (jeweils pro Erw. & einfache Strecke)

STRECKE	PREIS (US$)	DAUER (STD.)
Boston–Philadelphia	57	7
Chicago–New Orleans	149	24
Los Angeles–San Francisco	59	8
New York–Chicago	119	18
New York–San Francisco	269	72
Washington, DC–Miami	155	25

Weitere Rabatte gewährt die Firma z. B. für Kinder (2–11 Jahre; 25 %), Senioren (ab 62 Jahren; 5 %) und Studenten (20 %) mit **Student Advantage Discount Card** (20 US$; www.studentadvantage.com).

Reservierungen

Tickets für manche Busse von Trailways und anderen Unternehmen können nur unmittelbar vor Abfahrt gekauft werden. Fahrkarten von Greyhound, Megabus oder BoltBus sind online buchbar und lassen sich jeweils selbst zu Hause ausdrucken. Bei Megabus und BoltBus reicht es sogar, einfach die Kaufquittung in E-Mail-Form auf einem Smartphone vorzuzeigen. Greyhound-Passagiere können ihre Tickets auch persönlich an speziellen „Will-Call"-Terminals abholen.

Sitzplatzreservierungen sind in der Regel nicht möglich. Um einen freien Sitz zu ergattern empfiehlt Greyhound, spätestens eine Stunde vor Abfahrt zu erscheinen.

Fahrrad

Radtouren durch die Regionen sind beliebt. Da Fahrräder auf Freeways oft tabu sind, strampelt man dabei über kurvenreiche Nebenstrecken. Es sollte also eine untergeordnete Rolle spielen, wie schnell man unterwegs ist. Obwohl für Radfahrer dieselben Verkehrsregeln gelten wie für Autofahrer, glauben manche motorisierte Verkehrsteilnehmer, es herrsche das Recht des Stärkeren. Ein spezielles Programm des **Better World Clubs** (www.betterworldclub.com) greift Radfahrern unterwegs bei Bedarf unter die Arme.

Bei Langstreckentouren durch das ganze Land wendet man sich am besten an einen Tourveranstalter. Der anspruchsvolle Trip von Küste zu Küste dauert rund zwei Monate.

Die Website der League of American Bicyclists (www.bikeleague.org) umfasst neben nützlichen Tipps auch Verzeichnisse mit örtlichen Fahrradclubs und Werkstätten. Wer seinen eigenen Drahtesel mit in die USA bringen möchte, sollte sich vorab über die Preise und Beschränkungen bei Sperrgepäck informieren. Der Transport von Fahrrädern in amerikanischen Amtrak-Zügen oder Greyhound-Bussen ist möglich, doch teilweise mit Zuschlägen verbunden.

Fahrräder können in den USA einfach erworben und vor der Abreise wieder verkauft werden. Fahrradgeschäfte gibt's in allen Groß- und Kleinstädten. Garagenverkäufe und die Schwarzen Bretter von Hostels oder Hochschulen sowie Anzeigen auf **Craigslist** (www.craigslist.org) sind die besten Anlaufstellen für den An- und Verkauf günstigerer Gebrauchträder. Auch spezielle Secondhand-Bikeshops können eine gute Adresse sein.

Ebenso einfach lassen sich Leihfahrräder für einen längeren Zeitraum auftreiben. Auf empfehlenswerte Anbieter wird in den Regionenkapiteln hingewiesen. Der Startpreis liegt bei 100 US$ pro Woche oder mehr. Meistens sind per Kreditkarte mehrere 100 US$ Kaution zu hinterlegen.

Flugzeug

Bei einem straffen Reiseplan empfiehlt es sich, größere Distanzen mit dem Flugzeug zurückzulegen. Das Inlandsflugnetz ist gut ausgebaut und vertrauenswürdig – dafür sorgen etliche konkurrierende Airlines, Hunderte von Flughäfen und Tausende von Flugverbindungen pro Tag. Im Vergleich zu Bus-, Zug- oder Autoreisen sind Flüge normalerweise teurer, doch man gelangt mit keinem anderen Transportmittel so schnell und direkt ans Ziel.

Zu den wichtigsten Knotenpunkten in den USA gehören neben allen internationalen Flughäfen auch die Airports diverser anderer Großstädte. Die regionalen Flughäfen der restlichen Städte und Ortschaften sind normalerweise nur über einen dieser Verkehrsknoten zu erreichen.

US-Inlandsfluglinien

Verglichen mit Fahrten auf amerikanischen Highways besteht bei US-Inlandsflügen nur ein sehr geringes Risiko. **Airsafe.com** (www.airsafe.com) informiert umfassend über die Sicherheitsstatistiken der einzelnen Airlines.

Größte Inlandsfluglinien:

AirTran Airways (☎800-247-8726; www.airtran.com; Drehscheibe: Atlanta) Bedient vor allem den Süden, den Mittleren Westen und den Osten der USA.

Alaska Airlines (☎800-252-7522; www.alaskaair.com) Fliegt ab Seattle, Chicago, Los Angeles oder Denver nach Anchorage und verkehrt auch zwischen vielen Ortschaften innerhalb Alaskas. Beispielsweise geht's ganzjährig Richtung Norden und Süden durch Südost-Alaska, wobei alle großen Siedlungen (u. a. Ketchikan, Juneau) angesteuert werden.

American Airlines (☎800-433-7300; www.aa.com) Landesweites Streckennetz.

Delta Air Lines (☎800-221-1212; www.delta.com) Landesweites Streckennetz.

Frontier Airlines (☎800-432-1359; www.flyfrontier.com; Drehscheibe: Denver) Landesweites Streckennetz (inkl. Alaska).

Hawaiian Airlines (☎800-367-5320; www.hawaiianair.com)

JetBlue Airways (☎800-538-2583; www.jetblue.com) Nonstop-Flüge zwischen US-Großstädten an der West- und Ostküste; zudem Verbindungen nach Florida, Texas und New Orleans.

Southwest Airlines (SWA; ☎800-435-9792; www.southwest.com) Landesweites

Streckennetz (ohne Alaska und Hawaii).

Spirit Airlines (☎801-401-2200; www.spiritair.com; Drehscheibe: Florida) Bedient viele große US-Verkehrsknotenpunkte.

United Airlines (☎800-864-8331; www.united.com) Landesweites Streckennetz.

US Airways (☎800-428-4322; www.usairways.com) In Arizona zwischen Flagstaff und dem Sky Harbor International Airport (Phoenix) unterwegs.

Virgin America (☎877-359-8474; www.virginamerica.com) Pendelt zwischen Las Vegas und Großstädten an der Ost- oder Westküste.

Flugpässe

Wer für seine Reise mehrere Flüge plant, sollte den Kauf eines North-American-Flugpasses in Betracht ziehen. Solche Pässe können normalerweise nur zusammen mit einem internationalen Flugticket erworben werden. Die Bedingungen und Kostenstrukturen können recht verwirrend sein – alle Angebote enthalten eine bestimmte Anzahl von Inlandsflügen (2–10), die innerhalb von 60 Tagen genutzt werden müssen. Oft muss man seine Reiseroute im Voraus festlegen, es gibt aber auch Varianten, bei denen die Daten (oder sogar die Flugziele) offengelassen werden können. Reisebüros beraten Reisende, mit welchem Flugpass man sparen kann.

Zwei der größten Fluglinien-Allianzen mit Flugpässen im Angebot sind die **Star Alliance** (www.staralliance.com) und **One World** (www.oneworld.com).

Geführte Touren

Hunderte Firmen bieten alle Arten von geführten USA-Touren an, die sich meistens auf bestimmte Städte oder Regionen konzentrieren.

Backroads (☎800-462-2848, 510-527-1555; www.backroads.com) Diverse Aktiv-, Sport- oder Outdoortouren für alle Fitnesslevel und Geldbeutel.

Gray Line (☎800-472-9546; www.grayline.com) Breites Angebot an landesweiten Standard-Sightseeingtouren für Touristen mit wenig Zeit.

Green Tortoise (☎800-867-8647, 415-956-7500; www.greentortoise.com) Die berühmten Schlafkojenbusse zielen auf Individualreisende mit kleinem Geldbeutel ab. Sie starten meist in San Francisco und rollen durch den Westen oder das ganze Land.

Road Scholar (☎800-454-5768; www.roadscholar.org) Angesehene und gemeinnützige Organisation, die in allen 50 US-Bundesstaaten „Bildungsabenteuer" für Reisende ab 55 Jahren veranstaltet.

Nahverkehr

Ist man nicht gerade in den Großstädten der USA unterwegs, sind öffentliche Verkehrsmittel nur selten eine gute Wahl. Die Verbindungen zu abgelegenen Klein- und Vorstädten sind oft recht dürftig. Allerdings ist der öffentliche Nahverkehr in der Regel preiswert, sicher und zuverlässig. In mehr als der Hälfte aller Bundesstaaten erreicht man unter der Nummer ☎511 die Auskunft für den öffentlichen Nahverkehr.

Bus

Die meisten großen und mittleren Städte haben ein gutes Nahverkehrsbusnetz. Es ist aber normalerweise auf Berufspendler ausgelegt, sodass die Busse abends und am Wochenende seltener fahren. Busse dürfen mancherorts kostenlos benutzt werden, anderswo muss man pro Fahrt zwischen 1 und 3 US$ bezahlen.

Fahrrad

Nicht alle Städte sind im gleichen Maß fahrradfreundlich. In den meisten Städten gibt's aber zumindest ein paar gekennzeichnete Radstreifen und -wege. Üblicherweise können Fahrräder auch in öffentlichen Verkehrsmitteln mitgenommen werden.

Flughafenshuttles

In den meisten Großstädten verbinden preiswerte Shuttlebusse das Stadtgebiet mit den Flughäfen. Meist sind größere Vans mit Platz für zwölf Personen im Einsatz. Manche Shuttles klappern festgelegte Strecken ab und haben feste Haltestellen an der Route (beispielsweise auch vor den wichtigsten Hotels), andere bieten innerhalb ihres Einsatzgebiets einen Tür-zu-Tür-Service an. Kostenpunkt: zwischen 15 und 30 US$ pro Person.

Taxi

Taxis haben Taxameter. Die Grundgebühr liegt bei 2,50 US$, pro Meile kommen 2 bis 3 US$ dazu. Wartezeiten und Gepäck kosten extra. Die Fahrer erwarten ein Trinkgeld von 10 bis 15 %. Taxis findet man entlang der Hauptstraßen der Großstädte; es ist jedoch oft unkomplizierter, eines telefonisch zu bestellen.

U-Bahn & Zug

Die größten Netze gibt's in New York, Chicago, Boston, Philadelphia, Washington, D.C., Los Angeles und in der Bucht von San Francisco. In anderen Großstädten existieren nur kleine Netze mit einer oder zwei Linien, die hauptsächlich die Stadtzentren bedienen.

Schiff/Fähre

Die Flüsse und Kanäle der USA gehören nicht zum öffentlichem Verkehrsnetz. Trotzdem gibt es vielerorts kleinere Küstenfähren, die oft von den Bundesstaaten sehr effizient betrieben werden. Mit diesen Schiffen kann man malerische Touren zu den zahlreichen Inseln vor beiden US-Küsten unternehmen. Die meisten größeren Fähren nehmen auch Privatautos, Fahr- und Motorräder an Bord.

BITTE ALLES EINSTEIGEN!

Wer genießt nicht das Schnaufen und Pfeifen einer mächtigen Dampflok, während vor dem Fenster eine herrliche Landschaft vorüberzieht? Dutzende historischer US-Schmalspurbahnen sind heute eher Touristenattraktionen als Verkehrsmittel. Sie fahren meist nur in den wärmeren Monaten und sind teilweise äußerst beliebt – daher unbedingt rechtzeitig buchen!

Hier eine Auswahl der besten Strecken:

1880 Train (☎866 367 1880; www.1880train.com; 103 Winter St; hin & zurück Erw./Kind 21/12 US$) Klassische Dampfzugfahrt durch die wilden Black Hills.

Cass Scenic Railroad (www.cassrailroad.com) In den Appalachen von West Virginia.

Cumbres & Toltec Scenic Railroad Depot (☎888-286-2737; www.cumbrestoltec.com; 5234 Hwy 285; Erw./Kind ab 89/49 US$; 👪) Lebendiges Museum, das von Chama (NM) aus in die Rocky Mountains (CO) hineinrollt.

Durango & Silverton Narrow Gauge Railroad (☎970-247-2733, gebührenfrei 877-872-4607; www.durangotrain.com; 479 Main Ave; hin & zurück Erw./Kind ab 85/51 US$; ⏲Abfahrt 8, 8.45 & 9.30 Uhr; 👪) Endstation ist die historische Bergbaustadt Silverton in den Rocky Mountains (CO).

Great Smoky Mountain Railroad (☎800-872-4681; www.gsmr.com; 226 Everett St, Bryson City; Fahrt durch die Nantahala Gorge Erw./Kind 2–12 Jahre ab 55/31 US$; ⏲März–Dez.) Rattert ab Bryson City (NC) durch die Great Smoky Mountains.

Mount Hood Railroad (☎800-872-4661; www.mthoodrr.com; 110 Railroad Ave) Schlängelt sich durch die malerische Columbia River Gorge außerhalb von Portland (OR).

Skunk Train (☎707-964-6371; www.skunktrain.com; unteres Ende der Laurel St; Erw./Kind ab 20/10 US$; 👪🐾) Durchquert Kaliforniens Redwood-Wälder zwischen Fort Bragg an der Küste und dem weiter landeinwärts gelegenen Willits.

White Pass & Yukon Route Railroad (☎800-343-7373; www.wpyr.com; 231 2nd Ave; Erw./Kind ab 115/57,50 US$; ⏲Mai–Sept.) Verbindet Skagway (AK) seit dem Goldrausch am Klondike mit Fraser (British Columbia), Carcross und Whitehorse (beide Yukon) in Kanada.

Ebenfalls lohnenswert sind die alten Diesel- und Dampfzüge der **Grand Canyon Railway** (Arizona; ☎800-843-8724, 928-635-4253; www.thetrain.com; Railway Depot, 233 N Grand Canyon Blvd; hin & zurück Erw./Kind ab 75/45 US$; 👪), der **Delaware & Ulster Rail Line** (New York State; ☎845-586-3877; www.durr.org; Hwy 28; Erw./Kind 12/7; ⏲Juni–Nov. Sa & So 11 & 14 Uhr, Juli–Sept. auch Do & Fr; 👪) oder der **Pikes Peak Cog Railway** (Colorado; www.cograilway.com).

Die spektakulärsten Fährrouten folgen der Inside Passage und Alaskas Südostküste. Viele Inseln in den Großen Seen sind nur per Boot zu erreichen. Dazu zählen z.B. Mackinac Island, MI, die Apostle Islands vor Wisconsin und der entlegene Isle Royale National Park, MN. Andere Fähren schippern zu den malerischen San Juan Islands vor der Küste Washingtons (Bundesstaat).

Zug

Das umfangreiche landesweite Schienennetz der **Amtrak** (☎800-872-7245; www.amtrak.com) ist über die Thruway-Busse des Unternehmens auch mit kleineren Zentren und Nationalparks verbunden. Verglichen mit anderen Verkehrsmitteln sind Züge wohl kaum die schnellste, günstigste, modernste oder praktischste Option. Allerdings lässt sich der urtypisch amerikanische Charakter von Land und Leuten bei relaxten Bahnfahrten besonders intensiv erleben.

Mehrere Amtrak-Fernstrecken durchziehen die USA von Osten nach Westen. In Nord-Süd-Richtung gibt's noch wesentlich mehr Verbindungen. Dieses landesweite Netz deckt alle großen amerikanischen Ballungsräume und viele kleinere Städte ab. Auf den meisten Routen sind täglich Fernzüge mit eigenen Namen unterwegs. Sie bedienen manche Strecken aber nur drei- bis fünfmal pro Woche. Detaillierte Streckenpläne liefern die Amtrak-Website und der Abschnitt „Unterwegs vor Ort" in den einzelnen Regionenkapiteln.

Pendlerzüge bedienen kürzere Strecken schneller und häufiger, besonders im nordöstlichen Korridor zwischen Boston, MA, und Washington, D.C. Die Acela-

ZUGVERBINDUNGEN & -PREISE

Beispiele für Standardpreise und Reisezeiten bei Amtrak-Fernzügen (jeweils pro Erw. & einfache Strecke in Coach Class):

STRECKE	PREIS (US$)	DAUER (STD.)
Chicago–New Orleans	127	20
Los Angeles–San Antonio	182	29
New York–Chicago	101	19
New York–Los Angeles	248	68
Seattle–Oakland	163	23
Washington, D.C.–Miami	179	23

Expresszüge der Amtrak kosten am meisten und dürfen nicht mit den Zugpässen des Unternehmens genutzt werden. Weitere Pendlerzüge sind rund um Chicago, IL, am Ufer des Lake Michigan im Einsatz – ebenso zwischen Großstädten an der Westküste und im Großraum von Miami, FL.

KLASSEN & PREISE

Die Amtrak-Ticketpreise richten sich nach Zugtyp und gewünschtem Sitzplatz. Auf Fernstrecken gibt's Großraumwaggons (einfache *coach seats* mit und ohne Reservierungsmöglichkeit), eine Businessclass und die 1. Klasse, zu der auch alle Schlafwagenabteile gehören. Letztere enthalten einfache Kojen (*roomettes*), Schlafkabinen mit eigenen Toiletten und Vierpersonen-Suiten mit zwei Bädern. Der Schlafwagentarif beinhaltet Mahlzeiten im Speisewagen. Dort können alle Passagiere reservierungsfrei essen – allerdings recht teuer, sofern das Essen nicht im Ticketpreis inbegriffen ist. Auf Pendlerstrecken gibt's (wenn überhaupt) nur Sandwiches und Snacks. Allgemein empfiehlt sich bei Zugreisen somit stets eigene Verpflegung.

Amtrak-Tickets gelten entweder für die einfache Strecke, Hin- und Rückfahrt oder ganze Touren. Senioren ab 62 Jahren und Studenten mit Student Advantage Card (20 US$) oder internationalem Studentenausweis (International Student Identity Card; ISIC) erhalten jeweils 15 % Ermäßigung. Wenn ein erwachsener Begleiter das Ticket bezahlt, fahren Kinder zwischen zwei und 15 Jahren zum halben Preis mit. Mitglieder der AAA oder einer internationalen Partnerorganisation (z. B. ADAC) bekommen 10 % Rabatt. Ausschließlich online gibt's zudem stark vergünstigte „Weekly Specials" für bestimmte Züge mit geringerer Auslastung.

Allgemein gilt: Je früher die Buchung, desto niedrigerer der Preis. Viele Standardrabatte greifen nur, wenn man mindestens drei Tage vorab reserviert. Wer Acela- oder Metroliner-Züge nehmen möchte, sollte die Spitzenzeiten im Berufsverkehr meiden und lieber am Wochenende fahren.

Die pauschalen Urlaubsangebote von **Amtrak Vacations** (☎800-268-7252; www.amtrakvacations.com) beinhalten Mietwagen, Hotel, geführte Touren und diverse Attraktionen. Hinzu kommen Air-Rail-Kombinationen mit Hinfahrt im Zug und Rückreise per Flugzeug.

Reservierungen

Reservierungen können bis zu elf Monate im Voraus und spätestens am Abreisetag vorgenommen werden. Da die Platzkontingente meist begrenzt und manche Strecken sehr gefragt sind (vor allem zur Sommer- bzw. Ferienzeit), sollten Zugpassagiere so früh wie möglich buchen. Diese Methode bringt zudem die besten Rabatte ein.

Zugpässe

Mit dem USA Rail Pass können ausländische Touristen die *coach class* der Amtrak insgesamt 15 (439 US$), 30 (669 US$) oder 45 Tage (859 US$) lang nutzen. Diese Passvarianten sind auf acht, 12 bzw. 18 „Abschnitte" (*segments*) in einfacher Fahrtrichtung beschränkt. Achtung: Ein solcher Abschnitt entspricht nicht der einfachen Fahrtstrecke im herkömmlichen Sinn! Wenn man vor dem Endziel umsteigen bzw. den Zug wechseln muss (z. B. zwischen NYC und Miami in Washington, D. C.), benötigt man mindestens zwei *segments*.

Um die Tickets für die einzelnen Touren abzuholen, legt man seinen Zugpass bei einem Büro oder Schalter der Amtrak vor. Zudem empfiehlt sich die frühestmögliche Reservierung per Telefon (☎inner-/außerhalb der USA 800-872-7245/215-856-7953). Jedes *segment* der Reise muss einzeln gebucht werden. An manchen Bahnhöfen auf dem Land halten die Züge nur, wenn eine entsprechende Reservierung vorliegt. Obwohl sich die Tickets nicht auf nummerierte Sitze beziehen, übernimmt der Zugbegleiter eventuell die Platzzuweisung. Businessclass, 1. Klasse oder Schlafwagen kosten extra und sind separat zu reservieren.

Ab dem Kaufdatum müssen alle Reisetage innerhalb von 180 Tagen wahrgenommen werden. Alle Passvarianten gelten nicht für Acela-Expresszüge, Autozüge (Auto Train), Thruway-Anschlussbusse oder die kanadischen Abschnitte der Gemeinschaftsstrecken von Amtrak und Via Rail Canada. Wenn man die Pässe nicht mindestens drei oder vier Tage im Voraus kauft, kann es passieren, dass sich die Preise verdoppeln.

Hinter den Kulissen

WIR FREUEN UNS ÜBER EIN FEEDBACK

Post von Travellern zu bekommen, ist für uns ungemein hilfreich – Kritik und Anregungen halten uns auf dem Laufenden und helfen, unsere Bücher zu verbessern. Unser reiseerfahrenes Team liest alle Zuschriften ganz genau durch, um zu erfahren, was an unseren Reiseführern gut und was schlecht ist. Wir können solche Post zwar nicht individuell beantworten, aber jedes Feedback wird garantiert schnurstracks an die jeweiligen Autoren weitergeleitet, rechtzeitig vor der nächsten Auflage.

Wer uns schreiben will, erreicht uns über **www.lonelyplanet.de/kontakt**.

Hinweis: Da wir Beiträge möglicherweise in Lonely Planet Produkten (z. B. Reiseführer, Websites, digitale Medien) veröffentlichen, gegebenfalls auch in gekürzter Form, bitten wir um Mitteilung, falls ein Kommentar nicht veröffentlicht oder ein Name nicht genannt werden soll. Wer Näheres über unsere Datenschutzpolitik wissen will, erfährt das unter www.lonelyplanet.com/privacy.

DANK VON LONELY PLANET

Vielen Dank den Reisenden, die uns nach der letzten Auflage des Reiseführers hilfreiche Hinweise, nützliche Ratschläge und interessante Anekdoten schickten: Alexander Farrill, Alison Wolf, Berna Collier, Deborah Taylor, Diane Antonich, Dennis Klein, Eric Young, Evgeny Knyazev, Jamie McBride, Jeremy Crowley, Jeremy Lock, Julia Kimmerly, Lucinda Steer, Marla Black, Martin Aristia, Neal Salan, Nick Shchetko, Sonja Heuscher und Stefan Hey.

DANK DER AUTOREN

Regis St. Louis

Dieses Buch ist den vielen talentierten Redakteuren gewidmet, mit denen ich bei Lonely Planet in den letzten elf Jahren zusammengearbeitet habe. Mein besonderer Dank geht an Suki Gear und Kathleen Munnelly, die all die Jahre dabei geholfen haben, viele Weltklasse-Reiseführer zu produzieren. Es war ein Segen für mich, euch kennengelernt zu haben. Ich werde eure Hingabe, Kreativität und gute Stimmung zutiefst vermissen. Ich wünsche euch für zukünftige Unterfangen alles Gute und ein Leben lang lohnende Abenteuer.

Amy C. Balfour

Ein großer Dank an meine Freunde und Experten in den Carolinas: Mike Stokes, Jay Bender, Dan Oden, Lori Bauswell, Jeff Otto, Paul Stephen, Josh Lucas, Barry Radcliffe, Patricia Robison, Lacy Davidson, Deborah Wright, Amy Marks, Paige Abbitt Schoenauer, Barbara Blue, Anna Schleunes, David Kimball, Noell und Jack Kimball und Jennifer Pharr Davis. Hut ab vor dem BLM-Maestro Chris Rose im Südwesten für sein Wissen über Nevada und über Elvis; Dank an Justin Shephard, Tracer Finn, Jim Christian, Alex Amato, Mike Roe, Catrien van Assendelft, Lewis Pipkin, Sara Benson, Dan Westermeyer, an meine Mitabenteurer Sandee McGlaun, Lisa McGlaun, Paul Hanstedt und an die Grand-Canyon-Powerwalkerin Karen Schneider.

Sandra Bao

Dank an meinen Mann Ben Greensfelder, der unser Heim (größtenteils) intakt hielt, während ich recherchierte. Hut ab vor meinen erstklassigen Co-Autoren im Nordwesten (deren Infos ich für dieses Buch bearbeitet habe), Celeste Brash und Brendan Sainsbury. Eine feste Umarmung für die verantwortliche Redakteurin Suki Gear – Danke für den Auftritt und alles erdenklich Gute in den kommenden Abenteuern deines Lebens. Und schließlich hätte ich dieses Buch nicht machen können ohne die Unterstützung meiner Eltern und meines Bruders.

Michael Benanav

Ein großer Dank an Suki, die mich dazu gebracht hat, in alle kleinen Ecken New Mexicos zu fahren, einem Bundesstaat, den ich liebe – und für ihre perfekt passende Mischung aus Professionalität und Humor. Auch an Kelly und Luke, die mich immer wieder gehen und zurückkehren lassen.

Greg Benchwick

Ein besonderer Dank an meine Freundin und verantwortliche Redakteurin Suki, meinen Co-Autor und den Rest des Lonely Planet Teams.

Sara Benson

Dank an Suki Gear, Sasha Baskett, Alison Lyall, Regis St. Louis und alle bei Lonely Planet, die dieses Buch möglich gemacht haben. Ich bin dankbar für jeden, den ich unterwegs getroffen habe, von den Parkrangern zu *beer geeks* und Gourmets, die ihr Wissen vor Ort großzügig mit mir teilten. Ein großer Dank an meine Freunde und Familie im Golden State, besonders an die Picketts, Starbins und Boyles. Jonathan, du bist immer weiter gefahren, auch wenn du nicht genau wusstest, wo wir landen würden – ich danke dir.

Alison Bing

Ein herzliches Danke an Suki Gear, Superhirn dieses Bandes, an die Redakteurin Sasha Baskett und meinen Co-Autor und Mitabenteurer John Vlahides; an die unerschrockenen Begleiter meiner Recherchen Sahai Burrowes, Haemin Cho, Lisa Park, Yosh Han, Rebecca Bing, Tony Cockrell und Akua Parker; und ganz besonders an Marco Flavio Marinucci, der aus einer Muni-Busfahrt eine Traumreise machte.

Catherine Bodry

Dank an Suki Gear, die mich angeheuert hat, an Celeste Brash für Hilfe in letzter Minute und an das ganze Team für seine tolle Arbeit.

Celeste Brash

Dank an meine Familie, die mir an manchen Tagen half, Strände und Berge zu erkunden und an anderen ohne mich zu Hause klar kam. An alte Freunde, die ich in ganz Washington verteilt fand: Oliver Irwin, Kati Halmos Jones, Dan Jones, Familie Forster und Jackie Capalan-Auerbach. Und an die neuen Freunde – zu viele um sie namentlich zu erwähnen!

Gregor Clark

Mein Dank an die Menschen in Vermont, die mir halfen, besonders John McCright, Sarah Pope, Namik Sevlic, Saba Rizvi, Sarah Shepherd, Sue Heim und David Alles. Alles Liebe auch an Gaen, die meine Aufregung über die Erkundung einer weiteren Seitenstraße teilte, an Meigan für Umarmungen angesichts des Abgabetermins und an Chloe, deren Begeisterung darüber, den Mt. Mansfield barfuß zu besteigen, mich immer wieder lächeln lässt.

Lisa Dunford

So viele verwandte Geister auf Utahs Straßen – danke an alle, auch an Karla Player für die wunderschöne Handwerkskunst. Karen und John, es war toll mit euch zu ratschen. Und ich bin so froh, meine Freundin Trista Kelin Rayner wieder getroffen zu haben; alles Gute für sie und ihre Tochter Mechelle.

Ned Friary

Vielen Dank all den Menschen, die ich auf meinen Wegen getroffen habe, die mich mit Tipps versorgten, auch die hilfreichen Leute hinter den Theken der örtlichen Fremdenverkehrsbüros. Ein spezieller Dank an die Ranger des Cape Cod National Seashore und an Bob Prescott von der Massachusetts Audubon Society, die ihre Einsichten mit mir teilten.

Michael Grosberg

Ein besonderer Dank an Carly Neidorf, meine zeitweilige Reise- und anderweitige Begleitung; Dank an meine Eltern Sheldon und Judy für ihre Ratschläge; an Kristin Mitchell und Claire Shubik wegen Pittsburgh; Darrah Feldman wegen Milford; Rebbecca Steffan für die Adirondacks-Hilfe; Gregory Henderson in den Catskills; Julie Donovan in den Laurel Highlands; Nina Kelly im Brandywine Valley und Terri Dennison für Einblicke auf der Route 6.

Paula Hardy

Ich möchte folgenden Menschen danken, dass sie das Beste von Connecticut und Rhode Island mit mir teilten: Anne McAndrews, Dave Fairty, Pat und Wayne Brubaker, Rick Walker, Sanjeev Seereeram, Cinta Burgos, David King, Dave Helgerson, Harry Schwartz, Elizabeth MacAlister und die Preservation Society of Newport. Dank auch an die tollen Jennye Garibaldi und Mara Vorhees. Und schließlich danke an Rob Smith für das Lachen und dass ich Baggo mit nach Hause bringen durfte.

Adam Karlin

Dank an die Lonely Planet Mannschaft: Regis St. Louis für die Koordination dieser Bestie, Michael Grosberg, den verständnisvollen, liebenswürdigen und immer hilfsbereiten leitenden Autor von *New York & the Mid-Atlantic's Best Trips*, im Haus dem tollen Team um Suki Gear, Bruce Evans, Alison Lyall, Emily Wolman und Jennye Garibaldi. Dank an Mom und Dad, dass sie mich so aufzogen wie sie es taten und an Rachel Houge, meine Frau, mein größter Fan und meine beste Freundin. Und schließlich danke Lonely Planet. Du lässt mich die Welt durchwandern und darüber schreiben. Das ist zum Glück eine aufregende und lohnende Art, seinen Lebensunterhalt zu verdienen.

Mariella Krause

Dank an Suki Gear für ein erstaunliches Jahr voller Lonely Planet-Qualität und an Jay Cooke, der mich dazu gebracht hat. Und Dank an all die unglaublichen Menschen, die ich unterwegs traf und die mich ständig daran erinnerten, worum es beim Reisen geht.

Carolyn McCarthy

Ich bin den Menschen in den Rocky Mountains zu Dank verpflichtet, besonders Lance und seinen Ouray-Freunden für Bett und Barbecue, Melissa und Steve für die große Billings-Tour, den erstaunlichen Jones in Steamboat und Jennifer in Crested Butte. Richard und Rachel waren die besten Fahrer und Begleiter. Dank an Coraline für standhaftes Fahren und an den großzügigen Conan Bliss. Ein virtuelles Glas Bier an Regis St. Louis, Greg Benchwick und Chris Pitts, weil es so toll war mit ihnen zu arbeiten.

Brendan Sainsbury

Dank an all die ungenannten Busfahrer, Helfer an den Touristeninfoschaltern, Gastwirte, Baristas und Indie-Punkrocker, die mir bei meinen Recherchen halfen. Ein besonderer Dank an meine Frau Liz und meinen siebenjährigen Sohn Kieran für ihre Begleitung unterwegs.

Caroline Sieg

Dank an alle für ihre Tipps und für die freundlichen Unterhaltungen in Hummerhütten, Skiresorts und Bierkneipen. Ein spezielles Dankeschön an Familie Schmidt, die mich jedes Jahr wieder nach Neuengland zurückkehren lässt.

Adam Skolnick

Dank an Stephanie Greene, Dana McMahan, Carla Carlton, Phoebe Lipkis, Kristin Schofield und Louisville Basketball in Louisville; an Jennifer Bohler und Shanna Henderson in Nashville; an Nealy Dozier, Walter Thompson, Chloe Friedman, Lydia Hardy und Chi Bui in Atlanta und an Keith, Peggy und Melissa in Natchez. Meine Liebe gilt den besten Kumpels in Savannah Alicia Magee, Anna Cypris Jaubert und (stellvertretend) Joe Bush. Dank auch an Suki Gear, Regis St. Louis und das Lonely Planet Team. Es ist eine Freude und ein Privileg euch zu kennen und mit euch zu arbeiten!

Ryan Ver Berkmoes

Tiefempfundenen Dank an meine Eltern, die an den Nutzen von Autoreisen glaubten und an meine Schwester, die immer mit mir einer Meinung war, dass der Pool im Motel eine Rutsche haben müsste. In South Dakota traf ich Sue Hegland, mein formelles Date eines Highschool-Winters (sie folgte dem unsichtbaren Pfad aus Santa Cruz, CA, hinaus zu den Plains). Bei Lonely Planet gilt mein großer Dank Suki und Regis für ihre harte Arbeit. Und ein weiteres Dankeschön an die Köche und Barkeeper überall in den Plains.

Mara Vorhees

Mein Herz ist bei den Opfern des Anschlags auf den Boston Marathon, bei den Läufern und der Stadt. Am Patriots Day ging es immer darum, Herausforderungen mit Mut zu begegnen – das gilt jetzt noch mehr als zuvor. Die Bostoner lieben ihre Stadt. Die Liebe wird siegen.

Karla Zimmerman

Vielen Dank an Carrie Biolo, Lisa DiChiera, Lea Dooley, Jim DuFresne, Ruggero Fatica, Mark Fornek, Jonathan Hayes, April Ingle, Julie Lange, Kari Lydersen, Melissa McCarville, Betsy Riley und Neil Anderson, Susan Hayes Stephan, Andrea und Greg Thomson, Sara Zimmerman und Karen und Don Zimmerman. Am meisten danke ich Eric Markowitz, dem weltbesten Partner fürs Leben, der bei all meinen bekloppten Road Trips Nachsicht zeigt. Sorry wegen der Insektenstiche.

QUELLENNACHWEIS

Die Klimakartendaten stammen von Peel MC, Finlayson BL & McMahon TA (2007) *Updated World Map of the Köppen-Geiger Climate Classification* erschienen in der Zeitschrift *Hydrology and Earth System Sciences*, Ausgabe 11, 1633–44. Abbildungen S. 86/87, S. 286/287 von Javier Martinez Zarracina; S. 1094/1095 von Michael Weldon. Titelfoto: Freiheitsstatue, New York City, Travelpix.

ÜBER DIESES BUCH

Dies ist die 5. deutschsprachige Auflage von *USA*, basierend auf der 8. englischsprachigen Auflage von *USA*, die von einem tollen Autorenteam (s. S. 1372) recherchiert und geschrieben wurde. Dieser Reiseführer wurde vom Lonely Planet Büro in Oakland, Kalifornien, in Auftrag gegeben und von folgenden Mitarbeitern betreut:

Verantwortliche Redakteurin Suki Gear
Leitende Redakteure Briohny Hooper, Lorna Parkes
Leitende Kartografin Alison Lyall
Buchdesignerin Jessica Rose
Redaktion Sasha Baskett, Bruce Evans, Angela Tinson
Redaktionsassistenz Alison Barber, Michelle Bennett, Elin Berglund, Janice Bird, Carolyn Boicos, Penny Cordner, Kate Daly, Samantha Forge, Carly Hall, Kate James, Kate Mathews, Alan Murphy, Susan Paterson, Monique Perrin, Alison Ridgway, Jeanette Wall, Simon Williamson
Kartografieassistenz Rachel Imeson
Umschlagrecherche Naomi Parker
Dank an Anita Banh, Ryan Evans, Larissa Frost, Genesys India, Jouve India, Trent Paton, Mazzy Prinsep, Gerard Walker

Register

ABKÜRZUNGEN

AK Alaska
AL Alabama
AR Arkansas
AZ Arizona
CA Kalifornien
CO Colorado
CT Connecticut
DC District of Columbia
DE Delaware
FL Florida
GA Georgia
HI Hawaii
IA Iowa
ID Idaho
IL Illinois
IN Indiana
KS Kansas
KY Kentucky
LA Louisiana
MA Massachusetts
MD Maryland
ME Maine
MI Michigan
MN Minnesota
MO Missouri
MS Mississippi
MT Montana
NC North Carolina
ND North Dakota
NE Nebraska
NH New Hampshire
NJ New Jersey
NM New Mexico
NV Nevada
NY New York
OH Ohio
OK Oklahoma
OR Oregon
PA Pennsylvania
RI Rhode Island
SC South Carolina
SD South Dakota
TN Tennessee
TX Texas
UT Utah
VA Virginia
VT Vermont
WA Washington
WI Wisconsin
WV West Virginia
WY Wyoming

Verweise auf Karten **000**
Verweise auf Fotos 000

A

Verweise auf Karten **000**
Verweise auf Fotos **000**

Verweise auf Karten **000**
Verweise auf Fotos **000**

I

J

K

L

Verweise auf Karten **000**
Verweise auf Fotos 000

M

N

Verweise auf Karten **000**
Verweise auf Fotos **000**

Verweise auf Karten **000**
Verweise auf Fotos 000

Q

R

Verweise auf Karten **000**
Verweise auf Fotos **000**

Verweise auf Karten **000**
Verweise auf Fotos 000

Y

Z

Verweise auf Karten **000**
Verweise auf Fotos 000

Kartenlegende

Sehenswertes
- Strand
- Vogelschutzgebiet
- buddhistisch
- Schloss/Palast
- christlich
- konfuzianisch
- hinduistisch
- islamisch
- jainistisch
- jüdisch
- Denkmal
- Museum/Galerie/historisches Gebäude
- Ruine
- Sento-Bad/Onsen
- schintoistisch
- sikhistisch
- taoistisch
- Weingut/Weinberg
- Zoo/Tierschutzgebiet
- andere Sehenswürdigkeit

Aktivitäten, Kurse & Touren
- bodysurfen
- tauchen
- Kanu/Kajak fahren
- Kurs/Tour
- Ski fahren
- schnorcheln
- surfen
- Schwimmbecken
- wandern
- windsurfen
- andere Aktivität

Schlafen
- Unterkunft
- Camping

Essen
- Lokal

Ausgehen & Nachtleben
- Bar/Kneipe
- Café

Unterhaltung
- Unterhaltung

Shoppen
- Shoppen

Praktisches
- Bank
- Botschaft/Konsulat
- Krankenhaus/Arzt
- Internetzugang
- Polizei
- Post
- Telefon
- Toilette
- Touristeninformation
- andere Einrichtung

Geografisches
- Strand
- Hütte/Unterstand
- Leuchtturm
- Aussichtspunkt
- Berg/Vulkan
- Oase
- Park
- Pass
- Picknickplatz
- Wasserfall

Städte
- Hauptstadt (Staat)
- Hauptstadt (Bundesland/Provinz)
- Großstadt
- Kleinstadt/Ort

Verkehrsmittel
- Flughafen
- BART-Station
- Grenzübergang
- T-Station (Boston)
- Bus
- Seilbahn/Gondelbahn
- Fahrrad
- Fähre
- Metro/Muni-Station
- Einschienenbahn
- Parkplatz
- Tankstelle
- U-Bahn/SkyTrain-Station
- Taxi
- Bahnhof/Zug
- Straßenbahn
- U-Bahnhof
- anderes Verkehrsmittel

Achtung: Nicht alle der abgebildeten Symbole werden auf den Karten im Buch verwendet

Verkehrswege
- Mautstraße
- Autobahn
- Hauptstraße
- Landstraße
- Verbindungsstraße
- sonstige Straße
- unbefestigte Straße
- Straße im Bau
- Platz/Promenade
- Treppe
- Tunnel
- Fußgänger-Überführung
- Stadtspaziergang
- Abstecher (Stadtspaziergang)
- Pfad/Wanderweg

Grenzen
- Internationale Grenze
- Bundesstaat/Provinz
- umstrittene Grenze
- Region/Vorort
- Meerespark
- Klippen
- Mauer

Gewässer
- Fluss/Bach
- periodischer Fluss
- Kanal
- Wasser
- Trocken-/Salz-/periodischer See
- Riff

Gebietsformen
- Flughafen/Startbahn
- Strand/Wüste
- Friedhof (christlich)
- Friedhof
- Gletscher
- Watt
- Park/Wald
- Sehenswürdigkeit (Gebäude)
- Sportgelände
- Sumpf/Mangrove

DIE LONELY PLANET STORY

Ein ziemlich mitgenommenes, altes Auto, ein paar Dollar in der Tasche und eine Vorliebe für Abenteuer – 1972 war das alles, was Tony und Maureen Wheeler für die Reise ihres Lebens brauchten, die sie durch Europa und Asien bis nach Australien führte. Die Tour dauerte einige Monate, und am Ende saßen die beiden – pleite, aber voller Inspiration – an ihrem Küchentisch und schrieben ihren ersten Reiseführer *Across Asia on the Cheap*. Innerhalb einer Woche hatten sie 1500 Exemplare verkauft. Lonely Planet war geboren. Heute hat der Verlag Büros in Melbourne, London und Oakland und mehr als 600 Mitarbeiter und Autoren. Und alle teilen Tonys Überzeugung: „Ein guter Reiseführer sollte drei Dinge tun: informieren, bilden und unterhalten."

DIE AUTOREN

Regis St. Louis

Hauptautor Regis stammt aus Indiana und wuchs in einem verschlafenen Städtchen am Fluss auf, wo er von der großen wilden Stadt träumte. 2001 verwirklichte er seinen Traum und zog nach New York. Er lebte außerdem in San Francisco und Los Angeles und lernte bei seinen Reisen mit Zug, Bus und Auto durch die gesamte USA die abgeschiedensten Flecken kennen. Zu den schönsten Erlebnissen seiner letzten Reise gehören die vielen Dörfer mit ihren Obstplantagen im östlichen Teil von Long Island, die Bergwanderungen in den Catskills und die Krabben-Festessen an der Chesapeake Bay. Regis schrieb für über 40 Lonely Planet Bände, darunter *New York* und *Washington, D. C.* Für diesen Band verfasste er die Kapitel „Reiseplanung" und „Die USA verstehen".

Amy C. Balfour

Der Süden, Der Südwesten Amy ist schottisch-irischer Abstammung und im Süden der USA geboren. Sie erkundete das Land zu Fuß, mit dem Rad, dem Kanu und auf anderen abenteuerlichen Wegen. Sie kennt die Outer Banks seit sie ein Kind war und wird niemals müde, den Jockey's Ridge hinunter zu rennen. In Arizona genoss sie die Rückkehr zur Phantom Ranch, wanderte den South Kaibab Trail hinunter und den Bright Angel Trail hinauf. Amy arbeitete an mehr als 15 Lonely Planet Bänden mit und schrieb außerdem für *Backpacker, Every Day with Rachael Ray, Redbook, Southern Living* und *Women's Health.*

Sandra Bao

Nordwesten Sandra lebte in Buenos Aires, New York und Kalifornien, bevor sie letztlich in Oregon landete. Hier im „Biberstaat" zu recherchieren war ein Höhepunkt in den 14 Jahren, die Sandra schon für Lonely Planet arbeitet, eine Zeit, die sie für Dutzende Bände auf vier Kontinenten verbrachte. Sie hat die erstaunliche Schönheit ihres Heimatstaates schätzen gelernt, wieviel er Besuchern wie Einheimischen zu bieten hat und wie freundlich die Menschen in winzigen Städtchen mitten im Nirgendwo sein können.

Michael Benanav

Der Südwesten Michael kam 1992 nach New Mexico, verfiel dessen Charme und zog in ein Dorf in den Ausläufern der Sangre de Cristo Range, wo er immer noch lebt. Er hat Jahre damit verbracht, als *wilderness instructor* die Bergwelt, die Wüsten und die Flüsse des Staates zu erkunden. Neben seiner Tätigkeit für Lonely Planet verfasste er zwei Sachbücher und schreibt und fotografiert für Magazine und Zeitungen (www.michaelbenanav.com).

Greg Benchwick

Rocky Mountains Greg ist in Colorado geboren und kennt den Centennial State wie seine Westentasche. Er war Skilehrer in Vail, kennt sämtliche Campingplätze des Bundesstaates und besuchte die Journalistenschule in Boulder. Denvers Highlands sind seine Heimat.

Mehr über Greg gibt's hier:
lonelyplanet.com/members/gbenchwick

Sara Benson

Kalifornien, Hawaii Nach ihrem Collegeabschluss in Chicago setzte sich Sara ins Flugzeug nach San Francisco – mit nur einem Koffer und 100 US$ in der Tasche. Seitdem zog sie durch ganz Kalifornien, lebte außerdem in Asien und auf Hawaii und arbeitete als Nationalpark-Ranger. Sara schrieb 50 Reise- und Sachbücher und erkletterte bei den Recherchen für diesen Band die Gipfel der Sierra Nevada, enttarnte die Lost Coast und überlebte die Hitze des Death Valley. Online sind ihre Abenteuer unter www.indietraveler.blogspot.com und @indie_traveler bei Twitter nachzulesen. Sara schrieb auch das Kapitel über die Nationalparks der USA.

Mehr über Sara gibt's hier:
lonelyplanet.com/members/sara_benson

Alison Bing

Kalifornien Nach mehr als 15 Jahren in San Francisco hat Alison alles in der Stadt erlebt, was man erleben sollte (oder auch nicht). So hat sie sich z. B. im Bus auf der Haight St verliebt und einen auskömmlichen Job im Silicon Valley geschmissen, um an 43 Lonely Planet Bänden mitzuarbeiten und Kommentare für Magazine, mobile Führer und andere Medien zu verfassen. Ihre zukünftigen Abenteuer kann man bei Twitter @AlisonBing verfolgen.

Catherine Bodry

Alaska Catherine hat den Großteil ihres Lebens damit verbracht, ihrer spießigen Herkunft zu entkommen und sieht nach 13 Jahren in Alaska dort ihre Heimat. Sie liebt Berge und Autoreisen und verbringt viel Zeit damit, die Wege in der Chugach Range entlangzulaufen. Catherine hat an einigen Lonely Planet Bänden mitgearbeitet, etwa *Alaska, Thailand, Kanada* und *Pacific Northwest's Best Trips*.

Celeste Brash

Nordwesten Die Einheimischen tun sich schwer damit es zu glauben, aber nach 15 Jahren auf Tahiti war es die Schönheit des Nordwestens, die Celeste zurück in die USA zog. Sie war begeistert darüber, dass sie für diesen Band die Schätze ihrer neuen Heimat erkunden und sich einverleiben konnte – sie wanderte auf schneebedeckte Gipfel, hielt nach Schwertwalen Ausschau und kam mit ihren Cowboy- und Indianerwurzeln in Berührung. Mehr zu Celeste und ihren preisgekrönten Arbeiten unter www.celestebrash.com.

Gregor Clark

Neuengland Gregor verliebte sich in Vermont, als er mit 16 einen Sommer lang als Freiwilliger im Naturschutz in der südwestlichen Ecke des Bundesstaates arbeitete. Seit 1997 lebt er dort und hat seine Heimat seither von oben bis unten erkundet. Gregor spricht mehrere Sprachen und hat einen Abschluss in Romanische Sprachen. Für Lonely Planet schreibt er seit 2000 regelmäßig, mit Schwerpunkt auf Europa und Lateinamerika. Er lebt mit seiner Frau, zwei Töchtern, fünf Katzen und zwei Hühnern in Middlebury, VT.

Lisa Dunford

Der Südwesten Als eine potenzielle Ur-ur-urenkelin von Brigham Young zog es Lisa nach Utah. Dass sie seit zehn Jahren immer wiederkommt, liegt aber an den unglaublich roten Felsen. Sie fühlt sich zuhause, wenn sie durch den blassrosa Sand rund um die Nationalparks Zion oder Arches wandert bis ihre Schuhe fleckig bleiben, wenn sie um eine Kurve biegt und sich von violett-, purpur- und rosafarbenen Klippen angesprochen fühlt, oder wenn sie die prächtigen Wildblumen auf den versteinerten Dünen des Grand Staircase-Escalante National Monument (GSENM) beobachtet. Lisa schrieb auch für den Lonely Planet Band *Zion & Bryce Canyon National Parks*.

Ned Friary

Neuengland Ned verbrachte seine Collegezeit in Amherst und wenn er seine alten Tummelplätze bereist, fühlt sich das immer an als käme er nach Hause. Er lebt jetzt auf Cape Cod und hat die Region von einem Ende zum anderen erkundet. Dabei fand er die besten Hummerbrötchen, hat die Sümpfe mit dem Kanu befahren und die Wander- und Radwege erforscht. Das schönste Erlebnis bei seiner Recherche für diesen Band war der Sonnenuntergang über dem Tal des Connecticut River, den er vom Gipfel im Skinner State Park aus beobachten durfte.

Michael Grosberg

New York, New Jersey & Pennsylvania Onkel und Tante besaßen ein Haus im Hinterland am Delaware River in den südlichen Catskills, was Michael zwei Jahrzehnte lang die Möglichkeit bot die Gegend zu erkunden – zumindest wenn er nicht zu Hause im New Yorker Stadtteil Brooklyn weilte. Auch wenn er die Stadt sehr liebt, sind kleine Fluchten hin und wieder notwendig, und so nutzt Michael jede Gelegenheit, kreuz und quer durch New York, New Jersey und Pennsylvania zu streifen: Skilanglauf in den Adirondacks, Campen auf einer Insel im St-Lorenz-Strom, ein Piratenspiel in Pittsburgh oder ein klassisches Abendessen im Pine Barrens in Jersey.

Paula Hardy

Neuengland Als britische Hälfte eines amerikanisch-britischen Paares verbringt Paula viel Zeit damit, über den großen Teich zu hüpfen, hin- und hergerissen zwischen den strahlenden Lichtern Londons und Boston, wo sie nahezu jedes Wochenende auf dem Land in Neuengland verbringt. Die Recherchen für diesen Band führten sie abseits gewohnter Pfade in Connecticuts Kuhställe, Hummer-Buden (lecker!) und Weinkeller ebenso wie in die winzigen Dörfer der East Bay von Rhode Island oder auf die windigen Radwege von Block Island. Bleibenden Erinnerungswert behalten für Paula die Niederlagen beim *baggo* (oder Cornhole) und die Mudslide-Dämmerschoppen.

Adam Karlin

Washington, D.C. & Capital Region, Der Süden Adam wurde in Washington, D.C. geboren, wuchs im ländlichen Maryland auf und lebt heute in New Orleans – einer Stadt, die er einst im Auftrag von Lonely Planet auch für sich entdeckte. Seine Liebe zum Reisen kommt von einer Vorliebe für Weite, die wiederum von den Marschen der Mittelatlantikstaaten hervorgerufen wurde. Dieses Bedürfnis nach Bewegung trieb ihn nach Übersee und in die ganze Welt und unterwegs schrieb er an etwa 40 Lonely Planet Bänden mit, von den Andamanen bis an die Grenze Simbabwes.

Mariella Krause

Florida, Texas Dies ist Mariellas vierte Runde mit dem Band *USA*, bei der sie sich erstmals um zwei Staaten kümmerte. Nachdem sie die Kapitel über Florida und Texas geschrieben hat, sieht sie sich nun als Expertin für Orte mit „Pfannenstielen". Mariella wird Texas immer als ihre Heimat ansehen und sie streut immer noch so oft wie möglich „Texanismen" in ihre Sprache, sehr zur Belustigung aller, die *y'all* nicht als echtes Pronomen betrachten.

Carolyn McCarthy

Rocky Mountains Carolyn verliebte sich als Studentin des Colorado College in die Rockies, als sie in ihren ersten Ferien beim Zelten in den Bergen der Sangre de Christo Range in einen Blizzard geriet. Für diesen Band sammelte sie Biersorten der Kleinbrauereien aus vier Staaten, spürte Wölfen nach und hörte weitere Geistergeschichten aus dem Wilden Westen. Carolyn hat an mehr als 20 Lonely Planet Bänden mitgearbeitet und sich dabei auf den amerikanischen Westen und Lateinamerika spezialisiert. Außerdem schrieb sie für *National Geographic, Outside, Lonely Planet Magazine* und andere Publikationen.

Christopher Pitts

Rocky Mountains Chris fuhr das erste Mal auf einem Familienurlaub quer durch die USA nach Westen und verliebte sich sofort in die sternenübersäten Nächte Colorados. Nach vier Jahren am Colorado College beschloss er, seinen Abschluss oben in Boulder zu machen – wollte zuvor aber noch chinesisch lernen. 15 Jahre, einige Kontinente und zwei Kinder später hatte er diese Strecke, für die man normalerweise 90 Minuten Fahrzeit benötigt, endlich geschafft. Im Moment teilt Chris seine Zeit zwischen Schreiben, Vatersein und Erkundung der wilderen Ecken Colorados. Man kann ihn auch online besuchen auf www.christopherpitts.net.

Brendan Sainsbury

Nordwesten Brendan ist aus Hampshire, England eingewandert und lebt in der Nähe von Vancouver in Kanada. Er liebt Nirvana, schätzt vor Ort gebrautes Bier und Outdoor-Aktivitäten, ist ein Kunstgenießer, Busbenutzer und kaffeesüchtig und er hat keine Probleme, Seelenverwandte in Seattle zu finden. Er schreibt seit neun Jahren für Lonely Planet und macht sich seit 2009 Notizen zu Seattle. Er hat die aktuelle englische Ausgabe des Lonely Planet Band *Seattle* verfasst und zu den letzten drei Ausgaben des *USA* Bandes Beiträge geschrieben.

Caroline Sieg

Neuengland Caroline Sieg ist halb Schweizerin, halb Amerikanerin. Die Beziehung der Autorin zu Neuengland begann, als sie das erste Mal in Boston lebte und anfing wegen des leckeren Essens und windumtoster Küstenspaziergänge nach Maine hinaufzufahren. Sie freute sich sehr, für Lonely Planet in das Land der Hummer und der Blaubeerkuchen zurückzukehren.

Mehr über Caroline gibt's hier:
lonelyplanet.com/members/carolinesieg

Adam Skolnick

Der Süden Adam schreibt für Lonely Planet, *Outside, Men's Health* und *Travel & Leisure* über Reisen, Kultur, Gesundheit und Politik. Er hat an über 20 Lonely Planet Bänden zu Zielen in Europa, den USA, Mittelamerika und Asien mitgeschrieben.Für die Recherchen zu diesem Band fuhr er fast 10 000 km und gibt ab jetzt dem Bundesstaat Kentucky die Schuld an seiner wachsenden Bourbon-Abhängigkeit. Mehr zu seinen Arbeiten findet man auf www.adamskolnick.com, ihn selbst auf Twitter und Instagram (@adamskolnick).

Ryan Ver Berkmoes

Great Plains Ryan fuhr erstmals in den 1960er-Jahren mit seiner Familie durch die Great Plains. Zu seinen kostbarsten Erinnerungsstücken gehören zwei Wild-West-Revolver aus Wall Drugs in South Dakota, die er allerdings nicht unter dem Kopfkissen aufbewahrt. Er hat jede Gelegenheit genutzt, die Nebenwege in Amerikas Kernland zu erwandern und dabei faszinierende Landschaften zu entdecken. Näheres gibt's unter www.ryanverberkmoes.com bzw. @ryanvb.

Mara Vorhees

Neuengland Geboren und aufgewachsen ist Mara in St. Clair Shores, Michigan. Sie bereiste die Welt (wenn nicht sogar das Universum), bevor sich sich in ihrem Mittelpunkt niederließ – sie lebt jetzt mit ihrem Mann, zwei Kindern und zwei Katzen in einem pinkfarbenen Haus in Somerville, MA. Sie verfasste u. a. die Lonely Planet Bände *New England* und *Boston*. Online findet man ihre Abenteuer unter www.havetwinswilltravel.com.

Karla Zimmerman

Die Großen Seen Karla kennt sich als eingefleischte Mittelwestlerin bestens mit den Stränden, Baseballstadien, Brauhäusern und Pie-Shops der Region aus. Wenn sie nicht daheim in Chicago ein Cubs-Spiel schaut – äh, natürlich für Magazine, Websites und Bücher schreibt –, ist sie auf Entdeckungsreise. Dieses Mal spielte sie in Minnesota Curling, surfte in Michigan, verspeiste Cheese Curds in Wisconsin und trank eine eindrucksvolle Anzahl von Milchshakes in Ohio. Karla schrieb für mehrere Lonely Planet Bände über die USA, Kanada, die Karibik und Europa.

Lonely Planet Publications,

Locked Bag 1, Footscray,
Melbourne, Victoria 3011,
Australia

Verlag der deutschen Ausgabe:
MAIRDUMONT, Marco-Polo-Str. 1, 73760 Ostfildern,
www.lonelyplanet.de
lonelyplanet@mairdumont.com

Chefredakteurin deutsche Ausgabe: Birgit Borowski
Übersetzung: Julie Bacher, Berna Ercan, Tobias Ewert, Derek Frey, Marion Gref-Timm, Christina Kagerer, Laura Leibold, Britt Maaß, Marion Matthäus, Ute Perchtold, Dr. Christian Rochow, Erwin Tivig
An früheren Auflagen haben außerdem mitgewirkt: Dorothee Büttgen, Anne Cappel, Eva Dinnessen, Agnes Dubberke, Imke Früh, Karen Gerwig, Dr. Peter Göbel, Stefanie Gross, Nicola Halschke, Joachim Henn, Barbara Imgrund, Christina Jacobs, Jürgen Kucklinski, Dr. Alwin Letzkus, Annika Plank, Andrea Schleipen, Frauke Sonnabend, Katja Weber
Redaktion: Annegret Gellweiler, Olaf Rappold, Julia Wilhelm (red.sign, Stuttgart)
Redaktionsassistenz: Dr. Dirk Mende, Adriana Popescu, Karin Rappold, Sylvia Scheider-Schopf
Satz: Stefan Dinter, Susanne Junker (red.sign, Stuttgart)

USA

5. deutsche Auflage Juli 2014, übersetzt von *USA, 8th edition*, März 2014, Lonely Planet Publications Pty

Printed in China